철학 vs 철학

개 정 완 전 판

철학 vs 철학

동서양 철학의 모든 것

강신주 지음

오월의봄

개정 완전판 머리말

'동서양 철학의 모든 것'이란 약간은 과장된 부제로 《철학 VS 철학》이 출간
된 지 어느새 6년이 되었다. 당시 나는 200자 원고지로 3,500매 분량의 원고
에 나의 거의 모든 걸 쏟아부었다. 순수 집필 시간 5개월. 최종 원고를 마무
리하자, 나의 몸은 탈진 상태에 이르렀다. 눈에 결막염 증세가 왔을 정도였
으니까. 그 당시 내 몸과 정신은 처음으로 설악산을 종주했을 때의 상태와
별반 다르지 않았다. 극도의 피곤함과 극도의 긴장감이 팽팽하게 맞서고 있
다는 느낌! 피곤하지만 잠들 수 없었고, 정신은 날카롭게 벼려졌지만 더는
아무것도 생각할 수 없었다. 긴장된 피곤함 혹은 피곤한 긴장됨의 팽팽한 희
열 속에서 나는 직감할 수 있었다. 내 인생에서 가장 중요한 임무 하나를 완
수했다고.

2010년 2월 나는 《철학 VS 철학》 머리말을 썼다. 5개월의 가슴 벅찬 종
주가 마무리된 셈이다. 물론 동서 철학의 산맥 구석구석까지 다 살펴본 것
은 아니다. 그렇지만 동서 철학이라는 거대한 산맥의 능선들에 때로는 웅장
하게 때로는 비장하게 늘어선 중요한 고봉들은 몸소 전부 섭렵했다고 자부
한다. 돌아보면 김수영이 시에서 했던 걸 나도 모르게 철학에서 했던 것 같
다. 누구의 힘도 빌리지 않고 온몸으로 온몸을 밀어붙여 험준한 봉우리들
을 넘기! 누구의 제스처도 취하지 않아야 온몸이 되는 법이다. 어떤 학파도,
어떤 선생도, 혹은 대중적 선호도도 고려 대상일 수는 없었다. 고봉을 붙잡
고 오르며 내가 진실이라고 온몸으로 느낀 것, 다른 누구도 아닌 내가 중요
하다고 판단한 것. 그것을 《철학 VS 철학》에 담아내려고 했던 것이다.

10개월 전 나는 《철학 VS 철학》을 다시 꼼꼼히 읽었다. 당시의 고뇌와

감격, 그리고 희열이 바로 어제 일인 것처럼 고스란히 밀려왔다. 그렇지만 결코 작지 않은 불만도 아울러 찾아왔다. 그동안 철학자로서의 공부와 사유를 게을리하지 않은 덕분인지, 6년 전의《철학 VS 철학》이 작은 묘목처럼 느껴진 것이다. 내가 온 힘을 다해 심었던 것이 실은 거대한 나무를 키우기 위한 초석이었다는 자각! 철학자로서 내가 이 세상에서 사라진다고 해도 결코 사라지지 않을 굳건한 나무처럼《철학 VS 철학》을 성장시킬 필요가 있다는 것을 절감한 순간이었다.《철학 VS 철학》개정판은 이렇게 탄생한 것이다.

완전히 새로 쓰다시피 집필에 몰두한 탓인지, 사실 개정판이라는 생각이 거의 들지 않는다. 집필 시간도 과거보다 거의 두 배나 들었고, 원고도 과거보다 두 배 가까이 증가되었다. 그 대가는 치명적이었다. 6년 전보다 더 심한 육체적 후유증이 찾아왔으니 말이다. 오른쪽 어깨가 컴퓨터 자판을 칠 수 없을 정도로 탈이 나고 만 것이다. 나름 치료를 받고는 있지만, 머리말을 쓰는 지금도 내 어깨에는 찌릿한 통증이 여전하다. 6년 전《철학 VS 철학》이 안겨준 결막염이 작은 묘목을 심은 대가였다면, 지금《철학 VS 철학》이 남긴 오른쪽 어깨의 통증은, 그 묘목이 풍성한 잎사귀의 큰 나무로 자랐다는 증거일 듯하다.

50대에 접어드는 나로서는 이렇게 방대한 작업을 할 수 있는 마지막 기회인지도 모른다. 천재일우의 기회를 놓치지 않으려는 절박함에 심신의 모든 에너지를 쏟아부었다. 마침내 6년 전 묘목으로 심었던 나무가 이제야말로 근사하게 완성된 것이다. 작렬하는 태양빛과 휘몰아치는 비바람을 넉넉히 피할 수 있도록 풍성해진 나무라야 철학사의 준령들을 독자 스스로 온전히 마주칠 수 있도록 도울 수 있다. 이렇게 스스로 격려하며 달려온 10개월이다. 이제 다시 손을 댈 필요가 없을 정도로 다듬어진《철학 VS 철학》이 내 앞에 놓여 있다. 이제야 마음이 편하다. 이제 정말 되었다. 정말.

2016년 7월
아직도 광화문에서 강신주

머리말

맬러머드Bernard Malamud(1914~1986)라는 작가의 작품 중 《수선공The Fixer》이라는 소설이 있다. 이 소설에 등장하는 주인공은 스피노자의 《에티카》를 읽고서 이렇게 말했다. "나는 그의 책을 인근 도시의 한 골동품상에게서 구입했습니다. 값으로 1코펙을 지불했는데 벌기 힘든 돈을 그렇게 책 사는 데 낭비했다고 금방 후회했습니다. 얼마 후 몇 쪽을 읽게 되었고, 그다음에는 마치 돌풍이 등을 밀고 있기라도 하듯 멈출 수가 없었습니다. 당신에게 말씀드리지만, 제가 모든 것을 이해하고 있는 것은 아닙니다. 그러나 그와 같은 생각을 접하게 되자마자 우리는 마치 요술쟁이의 빗자루를 타는 것과 같은 경험을 하게 됩니다. 나는 이제 더 이상 이전과 동일한 인간이 아니었습니다."

너무나 부럽지 않은가? 한 권의 철학책을 넘기자마자 누군가는 "돌풍이 등을 밀고 있기라도 하듯 멈출 수가 없었"던 경험을 한 것이다. 나도 마찬가지의 경험을 했던 적이 있다. 장자, 나가르주나, 비트겐슈타인, 알튀세르, 그리고 들뢰즈를 읽으면서 말이다. 지금도 이들과 관련된 자료나 책이 나오면, 당장 읽을 수 없더라도 꼭 구입해놓고는 한다. 그들을 처음 만났을 때 받았던 감당하기 힘들 정도의 강렬한 자극이 그만큼 생생했던 것이다. 젊은 시절 겨울밤 도서관을 나오면서 차가운 하늘을 올려다보며, 나는 나의 정신적 키가 한 뼘 정도 커졌다는 것을 알게 되었다. 정말로 그 당시 "나는 이제 더 이상 이전과 동일한 인간이 아니었다"고 느꼈다. 만약 이들을 만나지 못했다면 나는 철학자가 될 수 있었을까? 아마 그렇지 못했을 것이다.

철학자가 되지 않았다면 지금쯤 나는 무엇을 하고 있었을까? 어느 후미진 곳에서 억만년의 시간과 씨름하는 지질학자가 되었거나 혹은 깊은 산맥 어느 한편에 모닥불을 벗 삼아 잠을 청하는 외로운 여행가가 되었을지도 모른다. 인적이 드문 낯선 곳에 대한 동경을 접게 했을 정도로 몇몇 철학자들과 그들의 텍스트들은 내게 너무나 강한 희열을 안겨주었다. 기쁨과 행복은 사랑하는 사람들과 함께 나누고 싶은 법이다. 지금까지 내가 강의 혹은 책을 통해 사람들과 만나려고 했던 것도 이런 이유에서였다. 하지만 나에게 영향을 주었던 철학자가 다른 사람들에게도 마찬가지의 매력과 기쁨을 줄지 아직은 알 수 없는 일이다. 어떤 사람들은 임제나 원효 혹은 라이프니츠나 메를로-퐁티 같은 다른 인물들로부터 희열을 얻을 수도 있을 테니 말이다. 하지만 무슨 상관이란 말인가? 모든 사람들에게는 자신만의 연인이 있듯 그들에게는 역시 자신만의 철학자가 있는 법이다.

나는 다짐했다. 언젠가는 동서양의 수많은 철학자들을 한 권에 담아 사람들에게 알려주어야겠다고 말이다. 무엇인가와 마주쳐야만 사랑에 빠질 수도 있고 혹은 미워할 수도 있을 것이다. 철학자들과 그들의 텍스트를 접하지 않는다면, 자신을 돌풍처럼 밀어붙이는 철학자를 어떻게 발견할 수 있겠는가? 마침내 기회가 주어졌고, 나는 동양과 서양 그리고 과거와 현재를 활기차게 넘나드는 새로운 철학사를 집필하게 되었다. 이 철학사의 흐름 속에서 독자들은 100여 명 이상의 굵직한 철학자들의 사유를 통해 인류의 지적인 정수를 쉽지만 매우 강렬하게 맛볼 수 있을 것이다. 하지만 나의 철학사는 단순한 철학사적 정보를 제공하는 것으로 결코 만족하지 않는다. 나의 야심은 이보다 더 크다. 그것은 나의 철학사를 통해 독자들이 자신을 달뜨게 만드는 정신적 멘토를 찾고, 나아가 자신만의 철학자를 마치 열광적인 팬처럼 사랑하도록 하는 것이다. 사랑이 강할수록 우리의 앎도 깊어지고, 우리 자신 역시 그만큼 성숙해질 테니 말이다.

2010년 2월
광화문 사무실에서
강신주

차례

I   서양철학

2 동양철학

부록

프롤로그

만일 행복이 눈앞에 있다면 그리고 큰 노력 없이 찾을 수 있다면,
그것이 모든 사람에게 등한시되는 일이 도대체 어떻게 있을 수 있을까?
그러나 모든 고귀한 것은 힘들 뿐만 아니라 드물다.

– 스피노자, 《에티카》

1.

철학에 대한 해묵은 편견이 하나 있다. 그것은 철학이 너무 어렵고 난해하다는 인상과 관련된다. 하지만 이것은 글자 그대로 편견일 뿐이다. 충분히 납득이 가는 이런 편견을 극복해서라도 철학을 공부해야 하는 이유는 무엇일까? 인문학에서 철학이 차지하고 있는 위상은 자연과학에서 수학이 차지하는 위상과 같다. 수학은 많은 사람들이 골머리를 앓는 힘든 과목이다. 그러나 간단한 계산 규칙이나 논리를 정확히 숙지하고 나면, 수학처럼 쉬운 과목도 없을 것이다. 나아가 수학에 능통해지는 순간, 기적과도 같은 일이 벌어지게 된다. 물리학, 화학, 경제학, 통계학 등 수학적 공식이 난무하는 다양한 텍스트들이 선명하게 눈에 들어오기 때문이다. 철학도 마찬가지다. 철학을 통해서 철학적 사유에 적응하는 순간, 누구든지 사회학, 정치학, 문학, 공연예술 등 다양한 텍스트가 전제하는 사유 논리를 별다른 어려움 없이 해독하는 놀라운 경험을 하게 된다. 인문학적 감성과 사유 능력을 배양하기 위해 철학 공부가 불가피한 이유가 바로 여기에 있다.

수학책은 수학에 능숙한 사람의 경우 별 어려움 없이 다른 언어로도 번역할 수 있다. 이것은 그만큼 수학이 보편적인 언어, 다시 말해 오해의 여지가 없는 언어를 구사하기 때문이다. 철학도 마찬가지가 아닐까? 김수영의 시를 외국어로 번역하는 것, 그래서 김수영이 지닌 특유의 감성을 온전히 전달하는 것은 거의 불가능한 일이다. 하지만 철학책은 시보다 훨씬 더 용이하게 번역할 수 있다. 인문학의 특성상 철학책 번역이 수학처럼 100퍼센트 완전하게 이루어질 수는 없겠지만, 시나 소설에 비해 훨씬 더 번역이 용이하다는 것은 숨길 수 없는 사실이다. 그것은 철학적 사유가 수학과 유사하게 보편적이고 추상적인 개념으로, 그리고 논리적인 방식으로 진행되기 때문이다. 사실 철학은 약간의 끈기만 있으면 누구나 향유할 수 있는 학문이라고 할 수 있다. 그렇다면 어떻게 해야 철학을, 혹은 철학적 사유를 배울 수 있을까? 가장 좋은 방법은 역시 위대한 철학자들이 집필한 철학책을 직접 섭렵하는 것이다.

그런데 여기에도 한 가지 문제가 있다. 모든 인문학이 그렇듯이 철학도 기본적으로는 고유명사에 깊이 각인되어 있는 학문이다. 유사점이 많은데도 철학이 수학과 다를 수밖에 없는 결정적인 이유가 바로 여기에 있다. 다시 말해 철학은 개개인의 철학자들을 떠나서는 존재할 수 없는 학문이다. 스피노자의 철학이나 장자의 철학은 스피노자나 장자를 떠나서는 아무 의미도 없다. 통일된 하나의 학문으로서 철학은 존재하지 않는다. 단지 다양한 철학자들의 다양한 철학만이 존재할 뿐이다. 플라톤의 철학, 스피노자의 철학, 칸트의 철학, 니체의 철학, 들뢰즈의 철학, 공자의 철학, 장자의 철학, 나가르주나의 철학, 왕충의 철학, 정약용의 철학 등등. 그렇다면 이렇게 많은 철학자들과 그들의 텍스트를 모두 읽어야만 할까? 원칙적으로는 그래야만 한다. 한 명의 위대한 철학자와 그의 텍스트를 읽는다는 것은 바로 세상과 자신을 성찰할 수 있는, 다른 것이 대신할 수 없는 하나의 고유한 시선을 얻는다는 것을 의미하기 때문이다.

한 권의 철학 텍스트는 하나의 세계를 우리에게 열어 보여준다. 스피노자의 철학을 접하면, 우리는 그의 시선으로 세상과 자신을 바라볼 수 있고 예전에는 생각하지 못한 것을 경험할 수 있다. 장자의 철학을 접하더라도 역시 마찬가지이다. 그리고 우리는 이렇게 외칠지도 모른다. "왜 이제야 이 철학자를 알게 된 것일까. 만약 이 철학자를 몰랐다면 나는 지금과 같은 시선을 얻지 못했을 것이다." 어느 철학자라도 애정을 가지고 공부하다보면 결국 이러한 탄성이 저절로 나오게 된다. 하지만 불행히도 철학자들과 그들이 지은 책은 너무도 많다. 어떻게 이 많은 시선들을 모두 진지하게 음미할 수 있단 말인가? 그렇다고 포기하고 주저앉아 있을 수만도 없다. 내가 아직 접하지 못한 철학자가 사실 나에게 가장 바람직한 전망을 제공할 수도 있기 때문이다. 그래서 다양한 철학자들의 시선을 강렬하고 깊이 있게 알려주는 철학사가 우리에게 절실히 요구되는 것이다.

2.

철학사는 우리에게 수많은 철학자들과 텍스트들에 대한 간접경험을 제공한다. 철학사는 철학의 방대하고 다채로운 세계를 친절하게 안내하는 지도와도 같다. 좋은 지도는 시간과 공간의 제약을 넘어서 반드시 가봐야 할 곳, 다시 말해 가지 않는다면 후회할 곳을 먼저 찾아보도록 도와주는 법이다. 하지만 아쉽게도 우리가 철학자들의 숲에서 길을 잃지 않도록 해주는 좋은 철학사가 우리 주변에는 별로 눈에 띄지 않는다. 시중에서 독자들이 쉽게 접할 수 있는 대표적인 철학사로 서양철학의 경우 휠쉬베르거Johannes Hirschberger의 《서양철학사》가 있고, 동양철학의 경우 펑유란馮友蘭의 《중국 철학사》가 있다. 그렇지만 교과서처럼 집필되어서 그런 것인지, 대개의 철학사들은 철학자들이 우리에게 던진 강렬한 지적 자극을 온전히 전하지 못한다. 이래서야 어떻게 독자들로 하여금 직접 철학자들의 텍스트들을 읽도록 자극하고 안내할 수 있겠는가? 심지어 기존의 철학사를 보고 철학에 대한 관심을 아예 접었다는 독자들의 이야기도 종종 듣게 된다.

여기서 한 가지 더 지적하고 싶은 것이 있다. 그것은 기존 철학사들이 철학의 세계에서 반드시 성찰해야 할 모든 철학자를 포괄적이고 체계적으로 다루고 있지 않다는 점이다. 대부분 서양철학에만 편중되어 있거나 그렇지 않으면 동양철학에만 편중되어 있다. 동양적 사유와 서양적 사유가 교차되는 역동적인 시공간에 살고 있는 우리로서는 매우 아쉬운 일이 아닐 수 없다. 우리는 플라톤이나 아리스토텔레스로부터 들뢰즈나 아감벤에 이르는, 혹은 공자나 싯다르타로부터 정약용이나 가라타니 고진에 이르는 동서양의 다양한 철학자들을 음미해야만 한다. 서양철학을 넘어서 동양철학까지 포괄적으로 다룬 철학사가 필요한 이유가 바로 여기에 있다. 어쩌면 이러한 작업은 역설적이게도 우리만이 수행할 수 있는 것인지도 모른다. 우리는 서양철학의 중심지도 아니고, 동양철학의 중심지도 아닌 제3의 공간에서 삶을 영위해왔기 때문이다. 바로 이러한 악조건이야말로 우리에게는 더없이 좋은 기회가 될 것이다. 서양철학의 시선도 아니고 동양철학의 시선도 아닌 제3의 시선으로 인류의 철학사를 조망할 수 있을 테니 말이다.

평상시 나는 강의나 책을 통해 철학자들의 다채로운 시선으로 우리 삶을 인문학적으로 조망하는 작업을 꾸준히 진행해왔다. 그 과정에서 나는 학생들이나 청중 혹은 독자들에게서 한 가지 배운 것이 있다. 그것은 생각보다 많은 사람들이 철학에 대한 강렬한 욕구를 가지고 있다는 점이다. 그들은 사석에서 좋은 철학사를 추천해달라고 주문한다. 하지만 그럴 때마다 나는 당혹감을 느낀다. 우리의 현재 삶을 보듬어주고, 미래적 소망을 펼쳐 보이는 철학사가 내 눈에 별로 들어오지 않기 때문이다. 휠쉬베르거나 펑유란의 철학사 외에도 시중에는 여타의 철학사나 다른 철학 개론서들이 많이 나와 있다. 그러나 대부분의 경우 철학자와 그들의 텍스트에 대한 단편적인 정보를 제공하는 데 머물고 있다. 이런 일률적인 철학 정보들은 우리의 교양을 과시하는 데 도움이 될지는 모르지만, 우리 삶을 철학적으로 성찰하는 데는 큰 도움이 되지 않을 것이다. 이 때문에 나는 철학을 본격적으로 공부한 20년 동안의 경험을 다시 떠올리며 새로운 철학사를 집필하게 되었다.

집필을 하면서 나는 내가 만난 독자들과 청중, 수많은 학생들의 초롱초롱한 눈망울을 잊지 않으려고 했다. 그들의 철학적 욕구를 충족시켜줄 수 있는 철학사, 동서양의 중요한 철학자들의 속앓이를 직접 보여주는 철학사, 읽자마자 철학자들의 텍스트를 넘기도록 유혹하는 철학사. 나는 바로 이런 철학사를 쓰고 싶었다. 구체적으로 이 작업을 진행하면서 제대로 된 철학사라면 반드시 갖추어야 할 두 가지 목적을 항상 염두에 두었다. 첫째, 교과서적 철학사를 극복하고, 독자들의 철학적 사유를 자극할 수 있는 강렬한 철학사를 재구성할 것. 이 목적을 충족시키기 위해 언제든 새롭게 숙고할 필요가 있는 철학적 쟁점들을 중심으로 각 쟁점에 대해 상이한 입장을 피력한 철학자들을 함께 초대했다. 각 쟁점에 대한 역동적이고 생생한 논쟁은 독자들로 하여금 철학자들의 속내와 개성을 명료하게 파악하는 데 도움을 줄 것이다. 둘째, 동양과 서양 한쪽에 치우친 단편적인 철학사를 극복하고, 독자에게 동서양의 거의 모든 사유 전통을 아우르는 균형 잡힌 철학사를 제공할 것. 이를 통해 현재까지 상대적으로 취약하게 다루어진 동양철학이 이 철학사를 통해서 자신만의 고유한 논리와 현재적 의의를 분명하게 드러내 보일 것이다.

3.

이 철학사는 '서양철학 편'이 33장, '동양철학 편'이 33장, 그래서 전체 66장으로 구성된다. 66장 각각은 하나의 철학적 쟁점을 테마로 최소 2명의 철학자들이 격렬하게 대립하는 논쟁의 장소라고 할 수 있다. 수치상으로 볼 때 132명 이상의 철학자들이 등장한다. 이들 가운데 사유의 깊이나 폭 면에서 중복해서 언급할 수밖에 없는 철학자들도 있었다. 서양철학의 경우 플라톤, 칸트, 헤겔, 니체, 들뢰즈, 동양철학의 경우 나가르주나나 주희가 바로 그들이다. 66장을 철학적 쟁점을 중심으로 서술하다보니, 불가피하게 독창적인 철학적 시선을 제공한 몇몇 중요한 철학자들이 빠질 수밖에 없었다. 예를 들어 후설, 소쉬르, 푸코, 화이트헤드, 다르마키르티, 카말라실라, 주돈이, 정호, 정이 등과 같은 철학자들이다. 이들 역시 반드시 언급될 필요가 있는 인물들이다. 그래서 이 철학자들을 적절한 대목에서 함께 소개할 수 있도록 전체 내용을 배치했다. 비록 목차에는 빠져 있지만, 독자들은 색인을 통해 그들의 입장을 다양한 맥락에서 확인할 수 있을 것이다.

66장은 모두 다음과 같은 네 부분으로 구성된다. 첫째, 각 쟁점의 중요성을 설명하는 부분이다. 여기서는 각각의 철학적 쟁점과 관련해 반드시 알아두어야 할 기본 문맥, 동서양 사유 전통에서 이 쟁점을 이해하는 방식, 혹은 본론에서 다루지 못한 중요 철학자들의 사유 등에 대해 언급했다. 두 번째와 세 번째는, 각 쟁점에 대해 상이한 입장을 표명한 철학자들의 견해를 밝힌 곳으로 이 책에서 가장 중요한 부분이다. 각 철학자들의 입장을 생생하게 음미하려면 그들의 말을 직접 들어보는 것이 가장 좋은 법이다. 그래서 해당 철학자의 사유를 보여주는 중요한 원문을 최소 두 가지는 직접 인용하려고 했다. 마지막 넷째는 '고찰Remarks'이란 표제가 붙어 있는 곳이다. 대립 관계로 철학사를 집필하느라 놓칠 수도 있는 중요한 철학사적 쟁점과 정보들, 그리고 해당 쟁점과 관련된 비교철학적 전망들을 소개하고 있는 대목이다. 개인적으로는 상당히 많은 정성을 들인 부분으로, 이곳을 통해 독자들은 한층 더 완전한 철학사적 조망을 얻을 수 있을 뿐만 아니라, 아울러 논의된 철학적 쟁점이 오늘날 우리 삶을 조망하는 데 왜 중요한지 납득하게 될 것이다.

한 가지 더 말할 것이 있다. 이 책을 통해 나는 동양의 사유 전통과 서양의 사유 전통이 그렇게 이질적이지만은 않다는 사실을 보여주고, 동시에 서양철학보다 신비주의적이라거나 혹은 나이브하다는 동양철학과 관련된 해묵은 편견들도 바로잡고 싶었다. 그래서 각 장의 첫째 부분과 '고찰' 부분에서 나는 동서양을 가로지르는 비교철학적 작업에 많은 노력을 기울였다.

여기에는 물론 명실상부한 철학사, 혹은 주체적인 철학사를 구성하고 싶었던 나의 속내가 그대로 반영되어 있다. 서양철학에도 치우치지 않고 동양철학에도 치우치지 않아야 한다. 이런 균형감이 없다면, 특정 사유 전통에 대한 종교적 맹목이 싹트게 될 것이다. 이런 균형감을 유지하려고 나는 때로는 동양과 서양, 혹은 과거와 현재를 부단히 충돌시켰고, 때로는 그 사이의 대화를 집요하게 시도했던 것이다. 그러니 나의 작업을 한쪽으로 넘어지지 않으려고 자전거 페달을 끈질기게 밟는 것에 비유할 수도 있을 것 같다. 멋진 균형감 속에서 제대로 이 철학사가 진행된다면, 우리만의 주체적 철학사가 가능할 수도 있다는 희망도 생기리라 믿으면서 말이다.

구성상 제일 말미에 붙어 있는 색인에 대해 이야기하고 싶다. 색인은 색인이면서 동시에 일종의 간결한 철학사전으로 기획되었다. 철학자의 사유는 그가 사용하는, 혹은 그가 창조한 개념으로 응축되는 법이다. 그러니 역으로 어떤 철학자의 개념을 능숙하게 사용할 수 있다는 것은 그만큼 우리가 그 철학자의 사유에 정통하다는 것을 보여준다. 이 책을 읽는 와중에나 책을 독파한 뒤에도 낯선 개념이나 철학자를 만날 때마다, 독자들은 철학사전의 역할도 수행하는 이 색인에서 많은 도움을 얻을 것이다. 사실 색인에 철학사전의 기능을 부여한 진정한 이유는 다른 데 있다. 나는 독자들이 이 철학사전을 하나의 이론적 무기창고로 이용하기를 바라고 있다. 인문주의자로서 자신의 주장을 정당화하거나 아니면 체제의 입장을 옹호하는 주장을 무력화시키려고 할 때, 철학적 개념을 능수능란하게 사용하는 것보다 더 효과적인 방법도 없을 것이다. 그렇지만 자신이 사용하려는 개념이 제대로 쓰이고 있는지 불확실할 때가 많을 것이다. 이런 경우 색인의 철학사전을 넘기고 해당 페이지를 찾아 다시 이 철학사를 읽으면, 그런 불확실성은 현저히 사라질 것이고 그만큼 아주 당당하고 세련되게 철학적 개념을 사용하여 대화와 논쟁에 참여할 수 있을 것이다.

4.

나의 철학사는 객관적 철학사를 표방하지 않는다. 이건 나의 철학사가 문제가 있다는 고백은 아니다. 오히려 철학자 강신주의 입장이 철저하게 관철된 주관적 철학사라는 걸 자랑으로 여긴다는 자부심이다. 66개의 철학적 쟁점을 추린 것도 나고, 그 쟁점을 조명할 수 있는 상이한 철학자들을 캐스팅한 것도 나고, 각 철학자들의 텍스트에서 특정 인용문을 선택한 것도 바로 나다. 다른 사람의 철학사였다면 아마 철학적 쟁점들도, 선호하는 철학자들도, 그리고 선택한 인용문들도 나의 것과는 사뭇 달랐을 것이다. 이것은 어쩌면 너무나 당연한 일 아닌가. 결국 철학사에는 절대적으로 객관적인 관점이란 존재하지 않는다. 단지 과거의 철학자와 현재의 철학사가 사이에 치열하고 정직하게 펼쳐지는 진실한 대화만이 존재할 뿐이니까. 과거 철학자들에 대한 맹종도 아니고, 또 철학사가로서 나 자신의 독백도 아니어야 한다. 중요한 철학자들의 이야기를 제대로 진지하게 경청하고, 이어서 나의 소감과 생각을 허심탄회하게 이야기하는 것, 이것이 바로 나의 철학사다.

어느 역사나 마찬가지지만, 철학사도 집필하는 사람의 철학적 관심 그리고 삶에 대한 태도에서 결코 자유로울 수 없는 법이다. 나는 인간의 자유와 사랑을 다른 무엇과도 바꿀 수 없는 소중한 가치를 지닌 것으로 확신하는 인문학자다. 나는 국가, 자본, 가족, 종교, 과학 등 이미 우리에게 주어져 있는 것, 혹은 자명한 것이라고 전제되는 것들에 대해 항상 비판적인 입장을 견지했다. 주어진 것들의 가치를 긍정하는 사람들은 흔히 위와 같은 것들이 인간의 자유와 사랑을 위해 절대적으로 긴요한 수단일 뿐이라고 이야기한다. 하지만 나는 항상 의심했고, 앞으로도 그럴 것이다. 절대적 수단이란 결국 그것을 제외한 다른 수단이 없다는 것을 의미하지 않는가? 그렇다면 절대적 수단은 마침내 절대적 목적이 되고 말 것이다. 주어진 것들이 절대적 수단일 뿐이라고 주장하는 이들은 사실 이와 같은 것들을 문제 삼지 말라고 주장하는 것과 다를 바 없다. 하지만 인문학, 특히 철학은 주어진 어떤 것이든 그것의 정당성을 문제 삼을 수 있어야만 한다. 그래야 비로소 새로운 삶의 가능성을 꿈꿀 수 있을 테니 말이다.

체제와 권력을 옹호하는 입장과 인간의 자유와 사랑을 긍정하는 입장! 혹은 수직적 질서의 사유와 수평적 연대의 사유! 항상 나는 전자의 입장이 아닌 후자의 입장에서 강연을 했고 글을 써왔다. 1940년에 완성된 벤야민의 〈역사의 개념에 대하여Über den Begriff der Geschichte〉에 등장하는 "억압된 자들의 전통"에 서지 않는다면, 인문학자는커녕 철학자라고 자처할 수 없다고 나는 확신하고 있기 때문이다. 그래서 66장으로 펼쳐진 66가지의 쟁점은 일종의 이론적 전장의 성격을 띠게 된 것이다. 쟁점을 둘러싼 두 사람의 철학자들 중 한쪽은 체제를 옹호하는 입장이라면, 다른 한쪽은 인문주의의 입장을 취하는 경우가 많기 때문이다. 물론 나는 주저하지 않고 전자가 아니라 후자의 입장을 옹호했다. 내가 지지하는 철학자의 논거가 약하다면, 나는 기꺼이 그 논거를 제공하려고 개입하기까지 했다. 인간의 자유와 사랑을 긍정하고 사수하는 인문주의 전선을 강화하는 데 주저할 것이 무엇이 있겠는가.

나는 이제 하나의 철학사, 인간의 자유와 사랑이 지고한 가치이며 인간에게는 삶을 결정할 수 있는 힘이 있다는 소망스러운 사실을 보여주는 철학사를 여러분 앞에 내놓게 되었다. 여러분이 이 철학사를 통해 오늘의 우리 삶을 조망할 수 있는 일말의 가능성이라도 찾을 수 있다면 나로서는 진정 행복한 일이 될 것이다. 그렇지만 이것만으로는 이렇게 방대한 철학사를 집필한 이유가 되기에는 충분하지 않을 것이다. 66장의 철학적 쟁점들을 제대로 통과하면, 누구라도 나보다 백배나 탁월한 인문주의자로 성숙하게 될 것이다. 그러니 이 철학사는 권력과 체제에 당당히 맞설 수 있는 인문주의자를 키우는 일종의 훈련장인 셈이다. 이 철학사의 본문을 구성하는 66장은 고수가 되려면 반드시 통과해야 하는 무협영화에 등장하는 관문들인 셈이다. 진지하고 성실하게 넘다보면 체제와 권력에 길들여진 수동적인 자아가 사라지고, 그 자리에 인간의 자유와 사랑을 찬양하는 능동적 주체가 자라나게 될 것이라 믿는다.

소크라테스와 공자

철학이란 무엇인가? 60여 가지의 굵직한 철학적인 쟁점들을 살펴보는 위대한 여행을 떠나기 전, 우리는 이 질문을 먼저 숙고할 필요가 있다. 흔히 철학을 공부한다고 하면, 소크라테스, 공자, 나가르주나, 원효, 스피노자, 칸트, 비트겐슈타인, 그리고 들뢰즈의 책을 읽고 이해하는 것으로 생각하는 경향이 있다. 이런 생각에 따르면 결국 철학을 공부하기 위해서 우리는 철학과에 진학해서 특정 철학자나 그의 사유 경향을 배워야만 한다. 물론 그 과정에서 석사학위 논문이나 박사학위 논문을 쓰면 금상첨화일 것이다. 그렇다면 스피노자를 연구해 박사학위를 받은 사람은 철학자가 된 것일까? 그냥 그는 스피노자 전문가가 된 것은 아닐까? 만일 스피노자를 공부하면서 철학함을 배웠다면, 그는 철학자가 되었을 것이다. 반대로 스피노자의 철학을 배웠다면 그는 스피노자 전문가가 되었을 것이다. 철학함을 배우는 것과 철학을 배우는 것은 완전히 다른 일이다. 그래서 자신의 주저 《순수이성비판Kritik der reinen Vernunft》에서 칸트Immanuel Kant(1724~1804)도 "철학을 배우지 말고, 철학함을 배우라"고 역설했던 것이다.

　"철학함을 배운다!" 이 말을 이해하기 위해 다시 칸트에게 도움을 구해 보도록 하자. 어떤 강의에서 칸트는 말했다고 한다. "철학함을 배운다는 것은 자기 이성을 스스로 사용할 수 있음을 배운다는 것이다." 《논리학 강의록Die Vorlesungen über Logik》이란 책에 들어 있는 말이다. 결국 논점은 자기 스스로 생각할 수 있는 힘을 배워야 한다는 것이다. 스피노자를 모방하지 않고, 장자도 답습하지 않고, 심지어 칸트마저 흉내 내지 않고, 자기만의 이성을 사용할 줄 알아야 한다는 것이다. 바로 이것이 철학함이다. 스피노자가 위대한 철학자가 되었던 이유는 그가 자기만의 이성을 사용하는 데 성공했기 때문은 아닐까. 그러니까 스피노자를 제대로 배운 사람은, 스피노자를 앵무새처럼 읊조리는 스피노자 전문가가 아니라, 오히려 자기만의 이성을 사용할 줄 알게 된 사람이라고 할 수 있다.

물론 그렇다고 해서 타인의 생각을 철저하게 부정하라는 이야기는 아니다. 스스로 생각해서 타인의 생각이 옳다는 결론에 이르렀으면, 옳다고 평가하는 것도 자기만의 이성을 사용하는 것이기 때문이다. 중요한 것은 앵무새처럼 과거 철학자들을 맹목적으로 읊조리지 말고, 자기 스스로 생각하고 판단할 줄 알아야 한다는 점이다. 이것이 바로 '철학'이 아니라 '철학함'이고, 이렇게 자기 스스로 생각할 수 있는 사람이 바로 '철학자'다. 그러나 여기서 근본적인 물음이 하나 생긴다. 언제 우리는 스스로 생각하게 되는가? 지금까지 배웠던 모든 가르침으로는 알 수 없는 무언가와 마주쳤을 때가 아닌가? 바로 이 점이 중요하다. 다른 어떤 학설로도 그 미지의 타자나 사건을 알 수 없다는 자각! 이런 무지의 자각을 통해서만 우리는 "자기 이성을 스스로 사용"하게 된다. 아니 정확히 말해 자기 이성을 사용할 수밖에 없는 상황에 우리는 던져지게 되는 것이다.

"철학이 아니라 철학함을 배워야 한다"는 칸트의 주장이 의미가 있으려면, 우리는 자신이 새로운 사건과 마주칠 수밖에 없는 존재라는 사실을 인정해야만 한다. 세계는 무한히 다양하고, 무한히 생성적인 곳이다. 그러니 기존의 철학으로 모든 문제가 해결될 리 만무한 것이다. 바로 이것이 우리가 철학이 아니라 철학함을 굳이 배워야 하는 이유라고 할 수 있다. 기존의 앎으로는 어떤 도움도 되지 않는 난처한 상황은 항상 벌어지는 법이다. 그러니 우리는 자기 이성의 힘으로 그 미지의 사건을 생각해야만 하는 것이다. 부모의 훈시도, 선생의 가르침도, 체제의 규범도 전혀 도움이 되지 않는다. 무엇보다도 먼저 이런 미지의 사건에 직면할 때 우리에게 "모른다" 혹은 "모르겠다"는 자각이 발생한다는 점이 중요하다. 이런 무지의 자각이 없다면, 우리는 철학함을 시작할 수 없을지도 모른다. 그래서일까, 서양철학의 시조라고 할 수 있는 소크라테스Sokrates(BC 469~BC 399)가 그렇게도 자주 '무지의 지' 혹은 '자신의 무지에 대한 자각'을 강조했던 것이다.

> 자기가 무언가를 결여하고 있다고 생각하지 않는 자가 있다면, 그는 자기가 결여하고 있다고 생각하지 않는 그것을 욕망하지 못하네. …… 그렇지만 모르는 것을 모른다고 여전히 생각하는 자들이 남아 있네. 그렇기 때문에 아직 훌륭하지도 나쁘지도 않은 자들이 지혜를 사랑하네 philosophein.
> —《향연Symposium》

훌륭한 자는 사태의 실상을 정확히 아는 사람이고, 나쁜 자는 그것에 대해 전적으로 무지한 사람이다. 그런데 이 두 종류의 사람은 모두 알려고 하지 않는다. 훌륭한 사람은 이미 알고 있으니 알려고 하지 않고, 나쁜 사람은 자신이 모른다는 걸 자각하지 못하니 알려고 하지 않는 것이다. 그렇다면 도대체 누가 알려고 할까? 누가 알려는 욕망에 사로잡힐까? 훌륭한 자와 나쁜 자 사이에 있는 사람, 즉 "모르는 것을 모른다고 여전히 생각하는 사람"이다. 배고픈 것을 절실하게 자각한 사람만이 먹을 것을 찾으려고 하듯이, 무지하다는 것을 절실하게 자각한 사람만이 앎을 욕망하는 법이다. 바로 여기서 소크라테스가 생각하고 있던 철학함, 즉 필로소피philosophy가 의미를 갖게 된다. "아직 훌륭하지도 나쁘지도 않은 자들", 그러니까 자신의 무지를 자각한 사람만이 '지혜를 사랑하기philosophein' 때문이다.

서양철학의 기원에는 '무지의 자각'이 있고, 바로 이것을 발견했기에 소크라테스는 서양철학의 시조 자리를 차지할 수 있었던 것이다. 아이러니하게도 이것은 서양에만 적용되는 것이 아니라, 동양의 경우에도 그대로 적용된다. 소크라테스보다 앞서 중국의 공자孔子(BC 551~BC 479)도 제자에게 '무지의 자각'을 강조했던 적이 있다.

공자가 말했다. "자로야! 너에게 앎에 대해 가르쳐주겠다. 아는 것을 안다고 하고 모르는 것을 모른다고 하는 것, 그것이 바로 앎이다."

-《논어論語》,〈위정爲政〉

　자로子路라는 제자에게 공자는 앎知에 대해 가르침을 내리고 있다. "아는 것을 안다고 하고 모르는 것을 모른다고 하는 것"이 바로 "앎"이라고 말이다. 자로가 아니더라도 누구든지 제한적으로 아는 것은 분명히 있다. 그렇지만 자신이 정확히 모르는 것을 아는 척하는 것이 문제다. 아니 아는 척하는 것은 그나마 상태가 괜찮은 것이다. 아는 척하는 사람은 스스로 진짜로 알지 못하면서 아는 척한다는 것을 자각하고 있기 때문이다. 그러니 더 심각한 상태는 모르는 것을 아는 척하는 수준을 넘어서 정말로 안다고 만족해버리는 데 있다. 소크라테스라면 아마 이런 구제불능의 의식을 가지고 있는 사람을 "나쁜 사람"이라고 불렀을 것이다. 결국 공자의 가르침의 핵심도 "모르는 것을 모른다고 하는 것", 즉 무지의 자각에 있었던 것이다.

　놀라운 우연의 일치 아닌가? 아니 어쩌면 기적이라고 할 수 있을지도 모른다. 동양과 서양의 최초의 철학자라고 할 수 있는 소크라테스와 공자가 모두 '무지의 자각'이 '앎', 혹은 '철학함'의 동력이라고 강조했던 것이다. 그렇지만 무지의 자각은 데카르트René Descartes(1596~1650)의 '방법적 회의doute méthodique'와는 다른 것이다. 분명 영민한 데카르트도 철학의 핵심이 무지의 자각이라는 걸 간파했던 것이다. 그렇지만 무지의 자각과 무지의 제스처가 어떻게 같을 수 있다는 말인가. 정말로 하늘을 보고 "나는 모른다"고 절규하는 것과 방법론적으로 "나는 모른다"고 추정해보는 것 사이에는 하늘과 땅만큼의 차이가 나는 것 아닐까. "정말 모르겠다"는 자괴감과 절망감이 깊을수록, 모르는 것을 알려고 하는 우리의 욕망, 혹은 지혜에 대한 우리의 갈망은 커지는 법이다. 그러니 무지의 제스처를 대신해서 무지의 자각이 우리를 사로잡아야만 한다.

　소크라테스와 공자 이후 모든 철학자들은 '무지의 자각'이란 절망스런 심연을 통과한 사람들이다. 철학자들의 위대함과 깊이를 판단하고 싶은가?

해당 철학자들이 얼마만큼 깊고 통렬하게 자신의 무지에 절망했는지 헤아리는 것으로 충분할 것이다. 다른 누구도 그 무지의 심연을 채울 수 없기에, 그들은 자기만의 이성을 사용해서 그 심연을 차곡차곡 메워갔던 것이다. 이것이 바로 '앎'이자 '철학함'이다. 무지를 앎으로 채우려는 철학자들의 노력은, 자기 앞을 가로막고 있는 늪에 차곡차곡 돌덩이들을 집어던져 그곳을 메우려는 노력에 비유할 수 있을 것 같다. 언젠가 늪은 메워지게 될 것이고, 그곳에는 질서정연하게 쌓인 돌덩이들만이 남게 될 것이다. 앎을 욕망했던 철학자의 경우도 마찬가지 아닐까. 바닥을 헤아릴 수 없는 무지의 심연을 자기만의 이성으로 채우게 되면, 그곳에는 바로 그들만의 철학이 남게 되니까 말이다.

I

서양철학

I

본질은 어디에 있는가?

플라톤

———————— VS ————————

아리스토텔레스

본질을 넘어서 자유로

철학책을 읽을 때 '본질essence'이란 표현만큼 자주 등장하는 개념도 없다. 대부분의 경우 본질은 어떤 사물의 불변하는 측면 혹은 그 사물을 다른 사물과 구별시켜주는 특성을 의미한다. 이런 본질이 존재한다고 굳게 믿는 사람들이 바로 본질주의자들이다. 물론 그렇다고 해서 그들이 세계의 변화와 생성을 부인하지는 않는다. 아니 부정할 수 없을 것이다. 불변하는 본질을 찾는다는 것 자체에는 이미 변하는 세상에 대한 이해가 전제되어 있으니까. 그러니 그들은 변화에도 불구하고 변화하지 않는 측면, 즉 본질이 있다고 주장하는 것이다. 결국 본질주의에 따르면 사물에는 본질적인 측면이 있고 그렇지 않은 측면이 있다. 컵을 예로 들어보자. 액체를 담을 수 있는 특성이 컵의 본질적 특성이라면, 손잡이가 있는지 여부는 컵의 비본질적 특성이라고 할 수 있다.

여기서 우리가 잊지 말아야 할 것이 있다. 많은 철학자들이 강조해온 본질이란 것은 사실 사후적으로 구성된 것에 지나지 않는다는 점이다. 컵의 본질을 알아서 우리는 컵을 사용하는 것이 아니다. 오히려 컵을 사용한 다음에야 우리는 컵의 본질에 대해 생각하거나 말할 수 있는 것이 아닐까. 이 것이 바로 사후적 구성이다. 책상을 예로 논의를 더 심화시켜보자. 누군가 '책상의 본질은 무엇인가?'라고 묻는다면, 대부분의 사람들은 의자에 앉아서 책을 보거나 글을 쓰는 도구라고 이야기할 것이다. 하지만 '의자에 앉아서 책을 보거나 글을 쓸 수 있다'는 것은 경험적으로 그렇게 행동한 뒤에 생각하고 말하는 것에 지나지 않는다. 다시 말해 어린 시절부터 책상에 앉아서 책을 보고 글을 쓰도록 교육받았던 경험을 사후적으로 반성하면서, 우리는 그것이 바로 책상의 본질이라고 생각하게 된다는 것이다.

이제 본질을 구성하는 이러한 사후적 구성의 논리는 다음과 같이 형식화될 수 있겠다. 'X가 현실적으로 Y를 한다. 그렇다면 X에게는 Y를 할 수 있는 본질이 미리 주어져 있다.' 구체적으로 컵의 본질을 규정할 때, 우리는 다음과 같은 사유 과정을 거친다. "컵으로 나는 음료수를 담아 마신다. 그렇다면 컵에는 음료수를 담을 수 있는 본질이 미리 주어져 있다." 마찬가지로 책상의 본질도 다음의 과정을 거치게 된다. "책상에서 나는 책을 읽거나 글을 쓴다. 그렇다면 책상은 인간이 책을 읽거나 글을 쓸 수 있도록 하는 본질을 미리 가지고 있었던 것이다." 이 대목에서 비트겐슈타인Ludwig Wittgenstein(1889~1951)의 다음 이야기가 우리에게 많은 통찰을 안겨줄 것이다.

> "그럼에도 불구하고 그건 이러해" 하고 나는 되풀이해서 중얼거린다. 만일 내가 나의 시선을 이 사실에다 그저 아주 명확하게 맞출 수만 있다면, 나는 틀림없이 사물의 본질을 파악할 수 있을 것 같은 느낌이 든다.
>
> ─《철학적 탐구Philosophical Investigations》

자신이 앉은 책상을 어루만지며 "책상은 이렇게 사용되어야 해"라고 중얼거리는 모습, 물론 이것은 사후적 구성의 메커니즘이 작동하고 있다는 것을 말해준다. 또한 이런 반복적인 사후적 응시를 통해 어떤 사물의 본질을 파악한 것만 같은 느낌, 혹은 파악할 것만 같은 느낌, 즉 본질에 대한 착각이 함께 발생한다. 더 심각한 상황도 벌어질 수 있다. 자신이 사후적으로 구성한 본질을 우리가 절대적인 것으로 믿는 순간 의도치 않게 우리 자신은 보수주의자로 변할 수도 있기 때문이다. 가령 누군가가 책상에 편하게 걸터앉으려고 한다면, 책상의 본질을 맹신하는 사람은 상당한 불쾌감을 느끼게 될지도 모른다. 만약 이 상대방이 자신의 아이였다면, 본질주의자는 분명 아이를 야단쳤을 것이다. 책상에 걸터앉는 것은 책상의 본질, 즉 공부하고 책을 읽는다는 본질적 행위에 어긋나는 것이라고 혀를 차며 말이다. 흥미로운 일 아닌가? 이 간단한 하나의 사례만 보더라도 흔히 본질주의자라는 사람들은 결과적으로 볼 때 의도했든 그렇지 않든 간에 보수주의자일 수밖에 없다는 사실을 알 수 있다.

본질주의자는 사물의 사용 목적에 편집증적으로 집착한다. 나아가 자신이 믿고 있는 본질을 어기는 타자에 대해서는 폭력적이고 보수적인 태도를 견지하기 쉽다. 그런데 불행히도 우리 대부분은 본질주의자로서 보수적인 삶을 영위하고 있는 것은 아닐까. 자신뿐만 아니라 세계의 모든 것에는 주어진 본질이 있다고 믿고 있기 때문이다. 그렇기에 비트겐슈타인은 우리에게 애정 어린 충고를 아끼지 않는 것이다.

> 우리는 어떤 사물에 관해서 그것들의 목적이 이러이러하다고 말할 수 있다. 본질적인 것은, 그것이 하나의 램프라는 것, 빛을 비추는 데 쓰인다는 것이다.—그것이 방을 장식한다거나 빈방을 채운다거나 하는 따위는 본질적인 것이 아니다. 그러나 본질적이니 비본질적이니 하는 것들이 언제나 명료하게 분리되어 있지는 않다. ─《철학적 탐구》

본질주의자들은 램프가 밤에 빛을 비추는 본질을 가지고 있다고, 따라서 램프가 방을 장식하거나 빈방을 채우는 것 등은 결국 비본질적인 측면이라고 주장한다. 그래서일까, 자신의 아이가 대낮임에도 커튼을 친 채 램프를 밝혀놓고 있는 모습을 볼 때 대개의 부모들은 눈살을 찌푸리곤 한다. 램프란 어두운 밤에 공부하거나 일할 때 켜놓는 것이라고 믿고 있기 때문이다. 하지만 때때로 램프는 좋은 그림처럼 방을 아름답게 장식하는 것이 될 수도 있지 않을까? 혹은 어린 딸의 장난감 친구처럼 가지고 놀 수 있는 물건이 될 수도 있지 않을까? 만약 당신이 본질주의자라면 책상이 없을 경우 책을 보거나 공부하는 데 어려움을 느낄 것이다. 심지어 매우 피곤할 때라도 함부로 책상에 걸터앉지 못할 것이다. 이런 부자유를 해체하기 위해, 불교에서는 오래전부터 공空, śūnyatā을 이야기해왔던 것이다. 불교에서 본질이란 것은 '자기동일성'을 의미하는 '자성自性, svabhāva'이라고 불린다. 이런 자성이 존재하지 않는다는 것, 다시 말해 무자성無自性, asvabhāvatva이 바로 불교에서 가장 강조해온 공이 가진 가장 중요한 의미다. 불교의 공은 본질을 맹신하는 집착 혹은 부자유를 치유하기 위해 제안된 개념이었던 셈이다. 공의 지혜를 얻는다면, 누구라도 본질에 대한 맹신, 즉 집착에서 자유로울 수 있다.

중국 송나라의 도원道源이 편찬한《경덕전등록景德傳燈錄》에는 이와 관련된 흥미로운 에피소드가 하나 수록되어 있다. 단하丹霞(739~824) 스님이 목불木佛을 불태운 이야기로 흔히 '단하소불丹霞燒佛'이라고 알려진 유명한 에피소드다. 이야기는 다음과 같다. 혜림사惠林寺라는 사찰에 들른 단하는 날씨가 너무 추워서 나무로 만든 불상을 태우기 시작했다. 당연히 혜림사의 주지는 어떻게 부처를 나타내는 불상을 태울 수 있느냐고 힐난한다. 그러자 단하는 사리를 찾으려고 이 불상을 태우고 있다고 대답한다. 이에 혜림사 주지는 나무에 무슨 사리가 있느냐고 반문하다가 마침내 자신도 모르게 깨달음에 이르게 된다. 도대체 혜림사 주지는 무엇을 깨달았던 것일까? 그는 목불에도 부처처럼 숭배받아야 하는 본질이 있다고 맹신했다. 그런데 지금 그는 자기 입으로 목불이 나무에 불과하다고 말해버린 것이다. 바로 이 순간 그에게는 집착으로부터의 해방, 즉 깨달음이 찾아온 것이다.

바로 이 대목이 중요하다. 목불은 부처가 아니라 나무라는 자명한 사실을 그는 자각한 것이다. 물론 그렇다고 해서 이제부터 목불을 포함한 모든 조형물을 땔감으로 써야 하는 것은 아니다. 이것 또한 본질에 대한 새로운 집착일 테니 말이다. 중요한 것은 상황과 문맥에 따라 행동할 수 있는 자유다. 사찰에 하루 잠자리를 빌려야 한다면 목불에 기꺼이 절을 하고, 얼어죽을 지경이 되면 목불을 땔나무로 기꺼이 사용할 수 있는 자유 말이다. 본질에 구속되는 것이 아니라, 본질을 창조할 수 있을 때에만 자유는 가치가 있는 법이다. 어쨌든 '단하소불' 에피소드에서 혜림사 주지의 깨달음은, 그가 목불의 본질이라고 가정한 해묵은 집착에서 벗어났다는 데 있다. 하지만 비트겐슈타인이란 인물이 등장하기 전까지 서양철학사의 주류는 본질주의를 거부했던 불교와는 전혀 다른 방향으로 전개되고 있었다. 그것은 '본질'에 대한 집요한 탐구와 그것에 대한 배타적인 집착으로 규정지을 만한 것이었다.

본질주의는 서양철학의 발원지라고 할 수 있는 고대 그리스 철학에서 시작된 것이다. 탈레스Thales(BC 624?~BC 546?)가 세계의 본질을 '물'이라고 이야기했을 때 이미 서양철학은 세계와 만물의 본질, 즉 불변하는 측면을 탐구하도록 강제되었다고 볼 수 있다. 그로부터 서양철학은 거의 모든 것에 대해 불변하는 측면과 그렇지 않은 측면을 탐구하기 시작했다. 당연히 불변하는 측면이 변하는 측면보다 훌륭하다는 가치평가도 뒤따르게 된다. 흥미롭게도 고대 그리스에서조차 본질에 대한 철학자들의 답은 그들 개인마다 천차만별로 달랐다. 그중 가장 강력한 답, 그러니까 후대 서양철학자들에게 지속적인 영향을 끼친 답을 제공했던 두 사람의 철학자가 있었다. 그들은 바로 본질을 세계 밖에서 찾으려고 했던 플라톤Plato(BC 428?~BC 348?)과 본질을 세계 안에서 찾으려고 했던 아리스토텔레스Aristoteles(BC 384~BC 322)이다.

Ⓚ

플라톤: "개별자에게 본질은 초월적이다."

우리는 종이나 땅바닥에 수많은 삼각형을 그릴 수 있다. 하지만 과연 우리는 제대로 된 삼각형을 한 번이라도 그렸던 적이 있을까? 보통 삼각형은 내각의 합이 180도인 도형으로 정의한다. 불행히도 지구는 둥글기 때문에 우리가 그린 모든 삼각형은 내각의 합이 180도보다 클 수밖에 없다. 따라서 현실세계에서는 어느 누구도 정확하게 내각의 합이 180도인 삼각형을 그렸던 적이 없는 셈이다. 그렇다면 내각의 합이 180도인 삼각형은 과연 어디에 존재하는 것일까? 우리는 그것이 추상으로만, 다시 말해 관념 속에서만 존재한다는 것을 알 수 있다. 하지만 플라톤의 생각은 달랐다. 내각의 합이 180도인 삼각형은 우리 머릿속에만 존재하는 것이 아니라, 실제로 존재한다고 주장했기 때문이다. 그렇다면 그것은 과연 어디에 존재한다는 말인가?

　　플라톤은 내각의 합이 한 치의 오차도 없이 180도인 삼각형이 바로 그 유명한 이데아의 세계에 실제로 존재한다고 믿었던 철학자였다. 그의 이와 같은 입장을 염두에 두고 다음 대목을 살펴보면, 우리는 2,000여 년 전에 살았던 플라톤의 속내를 그리 어렵지 않게 이해할 수 있다.

> 우리는 태어나기 전에도 그리고 태어난 직후에도 동일함이나 큼, 작음 뿐만 아니라 이와 같은 것들 일체를 이미 알고 있었겠지? 왜냐하면 지금 우리의 논의는 특별히 동일함에 관한 것만이 아니고, 아름다움 자체라든가 좋음 자체, 그리고 올바름 자체나 경건함 자체에 관한 것이기도 하니까. 말하자면 내가 지금 말하고 있듯이 우리의 문답을 통해서 묻고 대답할 때, "~인 것 자체auto ho esti"라는 표시를 하는 모든 것들에 관한 것이기도 하기 때문일세. 그래서 이 모든 것에 대한 지식들은 우리가 태어나기도 전에 획득해 갖고 있었다는 것이 필연적인 것일세.
>
> -《파이돈Phaidon》

방금 읽은 구절에서 핵심은 "~인 것 자체"라는 표현이다. 예를 들어 내각의 합이 한 치의 오차도 없이 180도인 삼각형이 바로 '삼각형인 것 자체'라고 할 수 있다. 플라톤의 사유를 상징하는 이데아idea, 즉 에이도스eîdos는 바로 "~인 것 자체"를 가리키는 용어였다. 그의 말대로 아름다움 자체, 좋음 자체, 올바름 자체, 경건함 자체를 포함해서 삼각형 자체, 사각형 자체, 인간 자체 등이 모두 에이도스라는 것이다. 물론 현실세계에 삼각형 자체가 존재하지 않는 것처럼 아름다움 자체, 좋음 자체, 사각형 자체, 동물 자체, 인간 자체란 현실세계에는 존재하지 않는다. 단지 불안전한 아름다움, 불안전한 좋음, 불완전한 사각형, 불완전한 인간만이 존재할 뿐이다. 이 대목에서 플라톤은 묘한 생각을 하게 된다. 현실에서 확인되는 불완전한 것들은 이데아 세계에 존재하는 완전한 에이도스들의 불완전한 복사물이라고 말이다. 결국 현실세계에 존재하는 복사물들은 원판인 에이도스보다 흐릴 수밖에 없고, 그러니 당연히 에이도스보다는 가치가 떨어질 수밖에 없는 것이다.

파올로 베로네세의 〈플라톤〉(1560). 플라톤은 내각의 합이 한 치의 오차도 없이 180도인 삼각형이 바로 그 유명한 이데아의 세계에 실제로 존재한다고 믿었던 철학자였다.

원판과 복사물이라는 흥미로운 발상을 토대로 플라톤은 에이도스와 존재자들 사이의 관계를 설명하는 분유分有, participation이론을 만들게 된다. 여기서 분유라는 말은 그리스어로 '관여'나 '참여'를 의미하는 '메텍시스methexis'라는 말에서 유래한 것이다. 《파이돈》의 다른 대목에서 플라톤은 다음과 같이 말했던 적이 있다. "모든 아름다운 것들은 이 아름다움 자체에 의해서 아름답게 된다." 다시 말해 아름다운 사물들이 아름다운 이유는 그것들이 아름다움 자체, 즉 아름다움이라는 에이도스에 관여하고 있기 때문이라는 것이다. 아름다운 사물들의 입장에서 아름다움 자체에 관여하는 것은 아름다움이란 에이도스를 나누어 가지는 것으로 드러난다고 볼 수 있다. 아름다움 자체는 하나이지만, 아름다운 것들은 많으니까 말이다. 그래서 보통 '메텍시스'와 관련된 플라톤의 존재론을 '분유'라고 부르기도 하는 것이다. '분유分有'라는 표현은 글자 그대로 아름다운 것들의 '일부분分'으로 아름다움 자체에 참여하여 '존재한다有'는 것을 뜻하기 때문이다. 이것은 20세기의 논리철학자 프레게Gottlob Frege(1848~1925)와 러셀Bertrand Russell(1872~1970)에게서 확인할 수 있는 집합론적인 발상의 원형이기도 하다.

이제 마지막으로 《파이돈》 인용문 후반부에 피력되어 있는 플라톤의 인식론을 살펴볼 차례다. "이 모든 것에 대한 지식들은 우리가 태어나기도 전에 획득해 갖고 있었다." 플라톤은 우리가 현실에서 '사각형 같다' '아름다운 것 같다' '좋은 것 같다' '인간답다'라는 표현을 자주 사용하는 것에 주목한다. 이런 말을 사용할 때 우리가 '사각형 자체' '아름다움 자체' '인간 자체'를 이미 알고 있는 것 아니냐고 플라톤은 논의를 전개한다. 이것이 바로 '분유이론'과 함께 플라톤 철학을 구성하는 양대 산맥이라고 할 수 있는 '상기이론theory of recollection'이다. 상기想起, recollection란 아남네시스anamnēsis라는 그리스어를 번역한 말로 글자 그대로 '잊어버렸던 것을 기억한다'는 의미이다. 플라톤은 인간의 영혼이 육신에 들어오기 전에 이데아의 세계, 그러니까 "~인 것 자체"들로 가득 차 있던 세계 속에 살고 있었고, 당연히 인간 영혼은 이미 에이도스를 알고 있을 수밖에 없다고 믿었다. 불행히도 육신에 갇혀 살면서 인간의 영혼은 점차 에이도스를 망각하게 된다. 다행스런 점은 인간이 아름다운 사물들을 보면서 아름다움 그 자체를 다시 인식할 수 있다는 점이다. 플라톤에 따르면 이것은 자신이 원래 알고 있던 아름다움 자체를 기억하는 것에 지나지 않는다. 플라톤에게 인식epistēmē이란 것이 상기 혹은 기억일 수밖에 없었던 것도 이런 이유에서였다.

《국가Politeia》를 넘겨보면 상기이론을 설명하기 위해 플라톤은 흥미로운 신화 한 가지를 소개하고 있다. 그것은 레테Lēthē로 유명한 망각의 강 이야기다.

그들 모두는 무섭도록 이글거리며 숨이 막히게 하는 무더위를 뚫고,

'망각의 평야Lēthēs pedion'로 나아갔다네. 이곳은 나무도 없고 땅에 자라는 것이라곤 아무것도 없는 곳이기 때문이었다네. 그들은 '무심의 강Amelētēs potamos' 옆에서 야영을 하게 되었는데, 이 냇물은 어떤 그릇으로도 담을 수 없는 것이라네. 그래서 이 물은 모두가 어느 정도는 마시기 마련이지만, 분별의 도움을 받지 못한 자들은 정도 이상으로 마시게 된다네. 일단 이를 마시게 된 자는 모든 걸 잊어버리게 된다는군. -《국가》

레테는 이승과 저승의 경계에 있는 들판인데, 이곳은 풀 한 포기 자라지 않을 정도로 황량하다고 한다. 문제는 이 세상에 태어나려면 영혼이 반드시 이 레테를 가로질러야만 한다는 점이다. 당연히 목이 너무나 마른 영혼은 레테를 가로질러 흐르고 있는 강물을 마실 수밖에 없다. 그러나 바로 이 강은 '무심의 강', 즉 '망각의 강'이다. 이 강물을 마시면 영혼은 저승에 있었던 에이도스에 대한 기억을 망각하게 된다. 그럼에도 타들어갈 듯 목이 마른 영혼들은 강물의 유혹을 뿌리치지 못하고 결국 망각의 물을 마시고 만다. 그나마 강물을 적게 마신 영혼은 현명한 인간으로 태어날 것이고, 반대로 너무 많은 강물을 섭취한 영혼은 동물처럼 우둔한 인간으로 태어나게될 것이다. 플라톤에게 진리가 '알레테이아alētheia'로 표기되었던 것도 결국이런 이유 때문이 아니었을까? '알레테이아'는 부정을 뜻하는 접두사 '아a'와 망각을 뜻하는 '레테Lēthē'가 합성된 말이다. 결국 진리란 망각의 부정, 즉 기억의 과정을 통해 발견된다. 바로 이것이 플라톤의 상기설이다.

현실에 살고 있는 인간이 에이도스를 상기하는 것은, 다시 말해 진리를 깨닫는 것은 레테의 강을 거슬러 올라가는 운동을 필요로 한다고 볼 수 있다. 진정한 에이도스는 이데아의 세계에만 존재하기 때문이다. 하지만 레테의 강을 거슬러 올라가 순수한 에이도스를 본다는 것은 사실 죽음을 의미하는 것이 아닐까? 육체를 가지고서는 되돌아갈 수 없는 곳이 바로 이데아의 세계니까 말이다. 이런 이유로 플라톤은 죽음을 찬양했던 것이다. 그에게 죽음이란 것은 육체를 벗어나 순수한 영혼으로 되돌아가는 과정이었다.

《파이돈》에서 플라톤이 "지혜를 사랑하는 사람의 영혼은 육체를 대수롭게 여기지 않는다"고 강조했던 것도 이런 이유에서일 것이다. 물론 플라톤이 자살을 권유하고 있는 것은 아니다. 그는 에이도스를 상기하려면 우리가 육체적 감각이 아니라 순수한 정신에 의존해야 한다고 강조했을 뿐이다. 하지만 경험과 감각을, 그래서 경험세계를 부정하는 순간, 우리는 자신이나 세계의 진실에 등을 돌리게 되는 것은 아닐까? 이것이 플라톤의 제자 아리스토텔레스가 자신의 스승에 대해 품고 있었던 의문이었다.

Ⓚ

아리스토텔레스: "개별자 안에 본질은 내재한다."

라파엘로Sanzio Raffaello(1483~1520)가 그린 〈아테네 학당〉이란 그림에는 흥미로운 장면이 하나 있다. 그것은 플라톤이 하늘을 가리키고 있고, 아리스토텔레스가 땅을 향해 손바닥을 펼치고 있는 장면이다. 하늘이 초월적인 세계를 상징한다면, 땅은 구체적인 경험세계를 나타낸다. 사변 대 경험, 이상 대 현실, 이성 대 감성, 불변 대 변화, 혹은 관념론 대 유물론 등 서양철학사를 구성했던 씨줄과 날줄 사이의 긴장은 이렇게 모두 플라톤과 아리스토텔레스 사이의 긴장으로부터 유래한 것이다. 이것이 바로 화가 라파엘로의 생각이었던 셈이다. 구체적으로 말해 스승과 제자가 상이하게 가리키는 방향은 정확히 말해 사물의 본질, 즉 에이도스가 존재하는 장소를 의미한다. 플라톤에게 사물의 본질, 즉 에이도스는 현실세계에 있는 것이 아니라 죽은 뒤 우리의 영혼이 돌아가는 이데아의 세계에 모여 있다. 그래서 플라톤은 하늘을 가리키고 있었던 것이다. 반면 아리스토텔레스에게 사물의 본질은 사물을 초월해 있는 것이 아니라 사물 안에서만 찾을 수 있다. 그래서 아리스토텔레스는 사물들이 존재하고 있는 현실세계, 즉 땅을 향해 손바닥을 펼치고 있었던 것이다.

라파엘로의 〈아테네 학당〉(1510~1511). 정중앙 왼쪽에 오른손을 높이 들어 하늘을 가리키고 있는 인물이 플라톤이다. 그가 손에 들고 있는 책은 자신의 저서 《티마이오스》. 그 옆에 땅을 향해 손바닥을 펼치고 있는 인물이 아리스토텔레스다. 그도 역시 자신의 저서 《니코마코스 윤리학》을 손에 들고 있다. 하늘이 초월적인 세계를 상징한다면, 땅은 구체적인 경험세계를 나타낸다. 서양철학사를 구성했던 씨줄과 날줄 사이의 긴장은 이렇게 모두 플라톤과 아리스토텔레스 사이의 긴장으로부터 유래한 것이다.

현실세계를 긍정하는 아리스토텔레스의 정신은 실체ousia에 대한 그의 생각에서 가장 분명하게 드러난다. 《범주론Categoriae》에서 아리스토텔레스는 실체를 '제1실체'와 '제2실체'로 나눈다.

실체는 주어에 대해서나 혹은 주어 안에서 말해지지 않는 것이다. 예를 들어 개별적 사람이나 개별적인 말이 그렇다. 일차적 실체들이라고 불리는 사물들 안에서 존재하게 되는 종들은 이차적 실체인데, 이런 종들의 유類, genos도 마찬가지다. 예를 들어 개별적 인간은 인간이란 종에 속하고, 동물은 이런 종들의 유라고 할 수 있다. 그래서 인간이란 것과 동물이란 것은 이차적 실체라고 불린다. 　　　　－《범주론Categoriae》

첫 문장만 힘들다. "실체는 주어에 대해서나 혹은 주어 안에서 말해지지 않는 것이다"라는 주장 말이다. 다음 두 문장을 살펴보면 우리의 곤혹스러움은 쉽게 해결된다. "아리스토텔레스는 남자다Aristotle is a man"라는 문장과 "아리스토텔레스는 건강하다Aristotle is healthy"라는 문장을 생각해보자. 그러나 그 반대로 "남자는 아리스토텔레스다", 혹은 "건강한 것은 아리스토텔레스다"라는 문장은 쓸 수가 없다. "남자는 아리스토텔레스다"라는 문장이 바로 '일차적 실체는 주어에 대해서 말해지지 않는다'는 주장의 사례라면, "건강한 것은 아리스토텔레스다"라는 문장은 '일차적 실체는 주어 안에서 말해지지 않는다'는 주장의 사례라고 할 수 있다. 그러니까 항상 주어로만 쓰일 수 있지 결코 술어로 쓰일 수 없는 것이 바로 실체, 즉 제1실체라는 것이다. 그러나 주어로도 쓰일 수도 있고 술어로도 쓰일 수 있는 것이 있지 않은가? 이것이 바로 제2실체다.

제1실체가 구체적인 개체들, 즉 개별적 사물들을 가리킨다면, 제2실체는 개체들이 속해 있는 종種이나 유類를 가리키는 것이다. 예를 들어 "아리스토텔레스는 사람이다"라는 문장이 있다면, '아리스토텔레스'로 지칭되는 개체가 제1실체라면 '사람'으로 지칭되는 종이 바로 제2실체라고 할 수 있다. 그런데 제2실체는 특이한 성격을 가진다. 다음 두 문장을 비교해보라. "아리스토텔레스는 인간이다." "인간은 동물이다." 바로 이 두 문장에서 사용된 '인간'이 바로 제2실체다. 간단히 정리해보면 제1실체는 주어로만 사용되지만, 제2실체는 주어로도 그리고 술어로도 모두 사용된다. 중요한 것은 제1실체가 없다면 제2실체는 의미도 없을 뿐만 아니라 존재할 수도 없다는 점이다. 논리학적으로 말하자면 제1실체는 개별자particulars이고, 제2실체는 보편자universals에 해당한다고 하겠다. 어쨌든 아리스토텔레스는 자신을 포함한 모든 인간이 현실세계에서 전부 사라진다면, 인간이라는 제2실체는 존재할 수 없다고 본 것이다. 물론 플라톤은 모든 인간이 다 사라져도 인간이란 제2실체는 이데아의 세계에서 영원히 존재한다고 말했을 것이다.

이제 아리스토텔레스가 하늘을 가리키던 플라톤과 달리 땅을 가리키

프란치스코 하예즈의 〈아리스
토텔레스〉(1811). 아리스토텔
레스는 스승 플라톤이 쓴 용
어들을 그대로 사용하지만, 그
의미는 근본적으로 다르게 사
용한다.

고 있었던 이유가 분명해지지 않았는가. 그에게 하늘은 제2실체를 상징한
다면, 땅은 바로 제1실체를 상징했던 것이다. 바로 이런 맥락에서 아리스토
텔레스는 플라톤의 철학을 전복시키려고 했다. 아리스토텔레스가 강조했던
제1실체가 플라톤이 부정한 현실세계를 가리킨다면, 아리스토텔레스가 제1
실체에 비해 경시했던 제2실체는 결국 플라톤이 긍정했던 이데아의 세계를
의미하기 때문이다. 이제 아리스토텔레스는 당당하게 하늘이 아니라 땅에
서 존재하는 개체들, 즉 제1실체에서 본질을 찾아야 한다고 말하게 된 것이
다. 그런데 여기서 잊지 말아야 할 게 하나 있다. 아리스토텔레스는 스승 플
라톤이 사용했던 용어들을 그대로 사용하지만, 그 의미는 근본적으로 다르
게 사용한다. 이것을 간과하는 순간, 누구에게라도 아리스토텔레스의 사유
는 난해하게만 보일 것이다. 이제 직접 아리스토텔레스의 이야기를 들어보

도록 하자.

전체hapan, 즉 이 개별적인 살과 뼈 속에 있는 이러저러한 에이도스가 칼리아스 혹은 소크라테스이다. 그리고 그것들은 질료hylē에 있어서 다르다. 왜냐하면 그것들의 질료들이 다르기 때문이다. 하지만 그것들은 종種에 있어서는 같다. 왜냐하면 그것들의 종은 나누어지지 않기 때문이다.

－《형이상학Metaphysica》

칼리아스라고 불리는 개체와 소크라테스라고 불리는 개체가 있다. 이들이 바로 제1실체다. 그런데 아리스토텔레스는 우리가 감각할 수 있는 개체들 안에 이미 분할이 불가능한 전체로서의 에이도스가 내재하고 있다고 이야기한다. 바로 이 에이도스가 그 개체의 본질인 셈이다. 그러니까 칼리아스의 본질은 칼리아스라는 육체 속에 내재하는 칼리아스의 에이도스이고, 소크라테스의 본질은 소크라테스라는 육체 속에 내재하는 소크라테스의 에이도스라는 것이다. 칼리아스라는 개체에서 칼리아스의 에이도스를 제외하면 남는 것은 칼리아스의 "살과 뼈", 즉 칼리아스의 질료일 것이다. 소크라테스의 경우에도 소크라테스의 에이도스를 제외하면 소크라테스의 "살과 뼈"가 남을 것이다. 분명 칼리아스를 구성하는 살과 뼈는 소크라테스를 구성하는 살과 뼈와는 다를 것이다. 그래서 아리스토텔레스는 "그것들은 질료에 있어서 다르다"고 이야기했던 것이다. 하지만 칼리아스와 소크라테스라는 두 가지의 제1실체는 결국 인간종이라는 제2실체를 함께 공유하고 있다. 아리스토텔레스가 "그것들은 종에 있어서는 같다"고 말했던 것도 이런 이유에서이다.

복잡함과 난해함을 피하기 위해 방금 논의를 다시 간결하게 정리해보자. 칼리아스는 질료와 에이도스의 결합체다. 칼리아스가 전쟁으로 왼손을 잃어버려도, 우리는 그가 칼리아스라는 사실을 안다. 칼리아스가 음식을 못 먹어 바짝 말라도, 우리는 그가 칼리아스라는 것을 안다. 칼리아스가 나이가 들어 노인이 되어도, 우리는 그가 칼리아스라는 것을 안다. 바로 이렇게 어떤 질료의 변화가 있어도 칼리아스를 칼리아스로 식별하도록 하는 것이 바로 하나의 전체, 즉 칼리아스의 에이도스다. 이것은 소크라테스의 경우도 마찬가지다. 소크라테스도 소크라테스의 에이도스를 가지고 있기 때문이다. 지금 우리 눈앞에 칼리아스와 소크라테스라는 두 개체가 있다면, 여기에는 칼리아스의 에이도스와 소크라테스의 에이도스라는 두 가지 에이도스가 있는 셈이다. 물론 이렇게 비교하는 순간, 칼리아스의 질료와 소크라테스의 질료는 서로 다른 것이지만 말이다. 어쨌든 칼리아스의 몸과 소크라테스의 몸은 다른 몸이기 때문이다. 그렇지만 칼리아스나 소크라테스는 모두 인간이란 종에 포섭된다. 플라톤이라면 아리스토텔레스가 말한 인간이란 종, 혹은 인간 자체를 에이도스라고 불렀을 것이다.

《영혼론De Anima》을 넘겨보면 우리는 아리스토텔레스가 구체적인 개체들을 이루고 있는 질료들의 조직 원리를 영혼psychē이라고 정의하면서, 이것을 개체들의 본질, 즉 에이도스라고 말하고 있다는 것을 확인할 수 있다. 잊지 말아야 할 것은 영혼은 인간에게만 국한된 것이 아니라 동물과 식물 등에도 거의 그대로 적용된다는 점이다. 어쨌든 아리스토텔레스가 말하는 영혼은 플라톤이 생각했던 영혼과는 서로 상이한 것이다. 플라톤의 영혼은 육체와는 무관한 것으로 불변하는 실체라고 할 수 있지만, 아리스토텔레스의 영혼은 개체가 완전히 소멸되면 함께 소멸하는 것으로 사유되었기 때문이다. 이렇게 해서 아리스토텔레스는 칼리아스나 소크라테스라는 개체가 질료의 차원에서 변한다고 하더라도 왜 동일한 칼리아스나 소크라테스로 불릴 수 있는지 해명하는 데 나름대로 성공했던 것이다. 현대 생물학에 따르면 지금 이 순간 우리 몸을 이루고 있는 질료들은 최근 6개월 사이에 먹은 음식이 변형되어 이루진 것이라고 한다. 결국 1년 전 우리가 먹은 음식들은 이미 땀과 대소변으로 모두 빠져서 사라지고 만 셈이다. 제1실체를 강조하면서 아리스토텔레스는 플라톤이 해결하지 못했던 문제, 즉 개체들의 자기동일성 문제를 나름 깔끔하게 해결했던 것이다.

인간적인 너무나 인간적인 본질!

고대 그리스 사람들은 사물의 본질을 '에이도스'라고 불렀다. 플라톤에게 칼리아스와 소크라테스라는 개체들의 본질은 결국 '인간'이었다. 반면 경험세계를 강조했던 아리스토텔레스에게 칼리아스의 본질과 소크라테스의 본질은 서로 다른 것이었다. 분명 플라톤과 아리스토텔레스의 사유는 다르다. 그렇지만 '본질'이란 것이 필연적으로 존재한다고 생각했다는 점에서, 두 사람은 생각보다 더 유사했던 것은 아닐까. 어쨌든 '본질'이란 우리와 무관하게 미리 존재하고 있어서, 지혜롭기 위해 혹은 삶을 잘 영위하기 위해 우리는 그것을 발견해야만 한다. 이것이 바로 플라톤과 아리스토텔레스가 공유한 생각이었던 셈이다.

다행히도 니체Friedrich Wilhelm Nietzsche(1844~1900)에 이르러서야 서양철학은 사물의 '본질'이란 단지 우리 인간의 가치가 투영된 것에 지나지 않는다는 통찰에 이르게 된다.《유고Nachgelassene Fragmente: 1888년~1889년 1월》에서 니체는 말한다. "본질이나 본성은 관점적인 것이며, 이미 다양성을 전제한다. 언제나 근저에 놓여 있는 것은 '그것은 나에게 무엇인가?'(우리에게, 혹은 존재하는 모든 것에게 등……)이다. …… 모든 사물에 대한 자신의 고유한 관계와 관점을 가지고 있는 존재자가 하나라도 빠져 있다고 해보자: 그 사물은 여전히 정의되고 있지 않은 것이다."

지금 니체는 플라톤과 아리스토텔레스의 페이스에 말려든 우리를 깨우고 있다. 플라톤과 아리스토텔레스 이후 서양철학에서 사물의 본질이란 사물의 불변하는 측면이라고 정의된다. 그렇지만 '삼각형 자체'와 같은 본질은 그 자체로 존재하는 것이 아니라, 결국 우리 인간만의 관점에서 가능한 것 아닌가. 박쥐의 관점에서도 삼각형 자체가 본질일 수 있을까? 초음파로 세상을 인식하는 박쥐에게 내각의 합이 180도인 도형은 아무런 의미도 없는 것이다. 이처럼 우리 인간과는 다른 인식구조를 가지고 있는 생명체들에게 세계는 전혀 다르게 인식될 것이다. 만일 그 생명체들이 우리 인간처럼 언어를 사용할 수 있다면, 그것들이 말하는 사물의 본질은 우리와는 사뭇 다를 게 분명하다.

그렇다고 하더라도 본질이란 개념을 폐기처분할 필요는 없다. 단지 제약을 가해 사용하면 본질은 아무런 문제를 일으키지 않을 테니 말이다. 과거에는 "X는 무엇인가?"라고 물었다면, 이제 니체를 따라 우리는 "X는 Y에게 무엇인가?"라고 묻도록 하자. 예를 들어 "의자는 무엇인가?"라고 묻지 말고, "의자는 인간에게 무엇인가?"라고 묻자는 것이다. 더 디테일하게 들어가면 "의자는 어른에게 무엇인가?", 혹은 "의자는 어린아이에게 무엇인가?"라고 물을 수도 있다. 이처럼 인식하는 자와 인식되는 것, 혹은 주체와 대상은 밀접한 관련이 있다. 당연히 인식된 대상의 본질도 인식하는 주체가 누구인지, 또는 어떤 상태에 있는지에 따라 영향을 받을 수밖에 없다. 플라톤과 아리스토텔레스가 간과했던 것이 바로 이런 자명한 사실이었다. 결국 본질은 우리의 생각과는 달리 인간과 무관한 것이 아니라, 너무나도 인간적인 것이었던 셈이다.

물론 그렇다고 해서 인간적인 색채를 제거하고 모든 인간, 나아가 다른 모든 생명체가 동의할 수 있는 본질을 찾으려고 해서는 안 된다. 그것은 불가능할 뿐만 아니라 바람직하지도 않기 때문이다. 내가 있어야 나의 환경이란 말이 의미가 있는 것과 마찬가지다. 나를 없애고 나의 환경을 구성하는 사물들, 그리고 본질들을 이야기한다는 것은 불가능한 일이다. 물론 그렇다고 해서 우리는 나와 나의 세계에서 빠져나올 수 없다고 절망해서는 안 된다. 내가 변하면 나의 세계도 변하고, 반대로 나의 세계가 변하면 내가 변한 것이기 때문이다. 또 이렇게 내가 현재와 다른 몸과 마음으로 생성되었을 때, 우리는 전혀 다른 본질들의 세계에 살게 된다. 바로 이것이 인간의 가치가 아닌가.

나를 괄호 치면서 객관주의자라는 제스처를 취해서는 안 된다. 나를 포함한 모든 생명체가 동의하는 본질을 찾으려는 헛된 형이상학적 의지는 '죽음에의 본능'과 다름없기 때문이다. 또 역으로 철저한 주관주의 혹은 유아론을 선택해서는 안 된다. 이것은 고립을 선택해서 자신의 성장과 생성을 부정하는 또 다른 '죽음에의 본능'일 테니 말이다. 철저한 객관주의나 철저한 주관주의는 모두 나와 타자와의 마주침, 그리고 그로부터 생성되는 본질을 부정할 뿐이다. 그러니 당당히 나를 내세우며 '내게 X의 본질은 이러저러하다'고 외쳐야만 한다. 그럴 때 우리는 사물뿐만 아니라 자기 자신의 존재도 긍정하게 될 테니 말이다.

세계는 어떻게 만들어졌는가?

플라톤

VS

루크레티우스

동서양 우주발생론의 차이, 초월주의와 내재주의

근대사회가 진행되면서 사회의 모든 층위에서 분업화와 전문화가 진행되었다. 그것은 학문 세계에서도 예외가 아니다. 경제학을 전공한 사람은 물리학이나 철학에 대해 별로 알지 못하고 동시에 관심도 가지지 않는다. 물론 그 반대도 마찬가지일 것이다. 그래서 그런지 전문화에 익숙해진 대부분의 사람들은 우주와 그 탄생에 대해 별다른 관심을 갖지 않는 것이 보통이다. 오늘날 우주 발생에 대해 관심을 갖는 사람은 단지 물리학자 혹은 천문학자를 포함한 소수의 전문가들뿐이다. 하지만 근대사회 이전에는 어떤 학문이든 통일적인 전체를 지향하고 있었다. 그리고 그 궁극적인 지점에는 전체 세계, 즉 우주 탄생에 대한 성찰이 있었다. 인간의 삶이 사회를 넘어서 전체 우주 속에서 영위될 수밖에 없다는 생각 때문이었다. 우주를 알아야 전체 생물의 삶을 이해할 수 있고, 전체 생물의 삶을 알아야 인간의 삶을 이해할 수 있고, 인간의 삶을 알아야 나 자신의 삶을 이해할 수 있다고 보았던 것이다. 전근대사회에서 우주발생론cosmogony이 중요했던 이유도 바로 여기에 있다. 우주가 생긴 이유와 목적을 알 수 있다면, 전근대 사람들은 우주의 성원으로서 인간이 영위하는 삶의 이유와 목적을 더 잘 이해할 수 있다고 믿었던 것이다.

　서양의 경우 우주발생론의 대표 사례로《성경》의 〈창세기Genesis〉 편을 생각해볼 수 있다. 〈창세기〉 편은 신이 우주를 창조하는 이야기를 알려주고 있다. 〈창세기〉 편은 오늘날의 우주가 7일간의 신의 작업으로 창조되었다고 말한다. 첫째 날 신은 빛을 만들어 빛과 어둠을 구분하고, 둘째 날 하늘의 모양을 만들며, 셋째 날 바다와 육지 및 초목을 만들고, 넷째 날 해와 달 그리고 별을 창조하며, 다섯째 날 물고기와 새를 만들었다. 그리고 여섯째 날 신은 육지 동물과 지금까지 만든 모든 것을 다스리는 인간을 함께 창조했다. 흥미로운 것은 신의 창조 과정에서 보이는 인간의 특권적 지위이다. 〈창

〈세기〉 편에 따르면 신은 자신의 모습을 본떠서 인간을 창조했고, 또한 인간에게 "땅을 정복하고 바다의 고기와 공중의 새와 땅에 움직이는 모든 생물을 다스리는" 권한을 부여해주었다. 그리고 마지막 일곱째 날, 지금도 우리가 일요일이라고 해서 일하지 않고 쉬는 이날, 신은 모든 창조 작업을 마무리하고 휴식을 취하게 된다.

〈창세기〉 편에서 주목해야 할 것은 우주를 창조한 지 일곱째 되는 날 신은 휴식을 취한다는 내용이다. 휴식을 취하다니 이것은 전능한 신의 모습이라기보다 오히려 너무도 인간적인 신의 모습이 아닌가? 서양 중세철학자들이 신을 전지전능하다고 이야기했던 것과는 너무나 다른 모습이다. 중세철학자들에게 신은 노동하는 존재가 아니다. 《신학대전Summa Theologiae》에서 토마스 아퀴나스Thomas Aquinas(1225?~1274)는 '진리란 사유와 존재의 일치'라고 거듭 강조했던 적이 있다. 당연히 진리의 존재인 신에게 사유와 존재는 일치할 수밖에 없다. 한마디로 말해 신이 무언가를 생각하는 순간, 그것이 바로 존재하게 된다는 것이다. 예를 들어 신이 자동차를 생각하면 바로 그 순간 자동차가 세상에 존재하게 되고, 개구리를 생각하면 바로 그 순간 개구리가 세상에 존재하게 된다는 식이다.

반면 인간의 경우 그가 자동차를 생각한다고 해도, 바로 그 순간 자동차가 세상에 존재하게 되지는 않는다. 단지 자동차는 그의 머릿속에만 존재할 뿐이다. 당연히 인간은 여러 재료를 모아 그것을 구성하여 자동차를 만들어낼 수밖에 없다. 그럴 때에만 머릿속의 자동차가 아닌 현실의 자동차가 탄생할 테니까 말이다. 이것이 바로 '노동'이다. 그러니까 노동은 머릿속에 존재하는 관념을 구체적인 현실에 만들어내는 합목적적인 활동이라고 정의할 수 있다. 그래서 〈창세기〉 편은 매우 흥미롭다. 신이 진리의 존재가 아니라 노동의 존재로 그려지고 있기 때문이다. 신은 노동을 했고, 그 결과 피로를 느끼는 존재였다. 여기서 우리는 인간중심주의anthropocentricism를 직감할 수 있다. 〈창세기〉 편의 저자는 노동하는 인간의 모습을 투사해서 신을 상상했던 것이다. 결국 〈창세기〉 편의 저자가 생각했던 신과 중세철학자들이 생각했던 신, 인격적인 신과 초인격적인 신 사이에는 건널 수 없는 강이 도사리고 있었던 셈이다.

이제 궁금해진다. 그렇다면 동아시아, 특히 중국의 경우에는 어떤 우주발생론이 최초로 전개되었을까? 중국의 우주발생론은 고대 중국인들의 정치적 관심사를 강하게 반영하고 있다. 최고 통치권자가 천자天子, 즉 '우주의 아들'이라고 불렸다. 천자가 자신의 아버지인 우주의 모습을 안다는 것은 단순한 지적 호기심을 넘어 일종의 정치적 의무에 해당되는 것이었음을 알 수 있다. 아들이 아버지의 뜻을 알아야 효도를 행할 수 있는 것처럼, 천자도 천의 뜻을 알아야 효도를 행할 테니 말이다. 이처럼 고대 중국인들도 〈창세기〉 편의 저자와 마찬가지로 하늘을 인격적으로 이해했다. 그러나 그 이후의 흐름은 서양과 동양이 상이했다. 서양 중세철학자들이 신을 초인격적인 전지전능한 존재로 정당화하는 방향으로 나아갔다면, 이와 달리 중국 고대 철학자들은 인격성을 제거하며 천을 정당화하는 방향으로 사유를 전개했다. 결국 서양의 우주발생론에서 신은 자신이 창조한 세상을 초월하는 것으로 존재한다면, 중국의 우주발생론에서 천은 자신이 창조한 세상에 내재하는 것으로 사유되었던 것이다.

초월주의로 전개되는 서양의 우주발생론과 달리 중국의 우주발생론은 내재주의적 경향으로 진행된다. 그래서 중국의 우주발생론에서 천은 세상과 불가분의 관계에 있는 것으로 사유될 수밖에 없었다. 여기서 천과 세상을 일원적으로 설명할 수 있는 개념에 대한 필요성이 대두된다. 이것이 바로 기氣라는 개념으로 우주를 설명하려는 경향이었다. 전한前漢 시대에 쓰인 《회남자淮南子》라는 책에는 전통 동아시아의 우주발생론의 원형을 알 수 있게 해주는 단서가 실려 있다. 이 책의 〈천문훈天文訓〉 편에 따르면 동아시아 우주발생론은 신이라는 개념이 아니라 오히려 기라는 개념을 가지고 비로소 전개되기 시작했다.

기에는 구분이 있다. 맑고 밝은 것은 위로 올라가 하늘이 되고 무겁고 탁한 것은 응결되어 땅이 되었다. 맑고 미묘한 것이 모이기는 쉽지만 무겁고 탁한 것은 응결되기 어렵다. 그래서 하늘이 먼저 생기고 땅이 나중에 생겼다. 하늘과 땅이 부합한 기가 음양이 되고, 음양의 순수한 기는 사시四時가 되었으며 사시의 흩어진 기는 만물이 되었다.

-《회남자》, 〈천문훈〉

〈천문훈〉 편에 따르면 기가 저절로 나뉘어 '하늘과 땅天地'을 만들어낸다. 이어서 하늘은 양陽이라는 기를 분출하고 땅은 음陰이라는 기를 분출하여, 봄·여름·가을·겨울의 사시를 낳게 된다. 음과 양이 사시를 낳았다는 생각은 그리 어렵지 않게 이해할 수 있다. 고대 중국인은 하늘이 분출한 양의 기가 땅이 분출한 음의 기보다 상대적으로 많은 계절이 여름이라면, 겨울은 그 반대의 상태라고 생각했기 때문이다. 하늘과 땅, 음과 양, 그리고 네 계절이 갖추어진 뒤, 이런 조건하에서 마침내 인간을 포함한 만물이 생성된다고 보았다. 사실 이곳에서 전개된 우주발생론은 다음과 같은 한마디의 말로 간단히 요약할 수 있다. 하늘을 포함한 모든 것이 기의 양태일 뿐이다. 이 간단한 우주발생론은 동아시아 형이상학의 기초를 이루고 있다는 점에서 매우 의미심장하다. 물론 이 관점이 철학적으로 더 체계화되기 위해서는 장재張載(1020~1077)라는 중국 송대의 걸출한 형이상학자가 등장할 때까지 기다려야 했다.

기독교로 대표되는 서양의 우주발생론과 동아시아의 우주발생론을 함께 살펴보면, 두 문화 전통 사이의 미묘한 차이점을 느낄 수 있다. 우선 기독교의 창조론을 살펴보면, 누구든 강한 인간중심주의적 시선을 감지할 수 있다. 특히 인간이 신의 형상을 갖고 있으며, 동시에 신으로부터 땅과 모든 다른 생명들에 대한 절대적 주권을 부여받았다는 대목을 보면 인간중심주의적 색채는 더욱 분명해진다. 만약 기독교의 창조론을 글자 그대로 믿는다면, 우리는 인간을 제외한 자연 모두에 대해 아무 거리낌도 없이 자유롭게 접근하고 이용할 수 있다고 생각하게 될 것이다. 반면 동아시아 전통을 따른다면, 우리는 자신이 다른 생명체에 비해 월등한 지위를 차지하고 있다고 주장할 수 없다. 기의 입장에서 보았을 때, 인간을 포함한 만물은 모두 동일한 기의 다양한 양태들에 지나지 않기 때문이다. 한마디로 말해 인간은 다른 동식물과 마찬가지로 모두 기의 자손에 지나지 않는다는 것이다. 동양의 사유가 인간중심주의를 벗어나 자연주의적 경향을 강하게 띠게 되는 것도 이런 이유에서다.

기독교의 창조론에서 신은 만물을 초월하는 별개의 위상을 갖지만, 동아시아 우주발생론에서 기는 만물 가운데 내재하는 것으로 사유되었다. 물론 서양의 경우도 예외는 있다. 그것이 바로 스피노자Baruch de Spinoza(1632~1677)의 범신론pantheism이었다. 기가 모든 것들에 내재하고 있는 것처럼, 신도 모든 것들에 내재하고 있다고 스피노자는 생각했던 것이다. 그러니 현대의 근본적 생태론radical ecology이 스피노자 혹은 동아시아의 내재주의 철학 전통에 관심을 갖게 된 것에도 다 이유가 있다고 볼 수 있다. 내재주의 전통에서는 인간과 다른 생명들이 하나의 거대한 우주가족의 일원으로 사유되고 있기 때문이다. 여기서 한 가지 의문이 든다. 기독교의 사유, 혹은 중세철학의 우주발생론이 그렇게도 쉽게 서양에 뿌리를 내리게 된 이유는 무엇이었을까? 어쩌면 그 대답은 고대 그리스 철학을 상징하는 플라톤이 이미 초월주의와 인간중심주의를 표방하고 있었다는 데서 찾아야 할 것이다.

그렇지만 다행스럽게도 많은 사람들에 의해 간과되고 있지만 사실 기독교가 유입되기 이전에도 내재주의적인 우주발생론이 이미 서양에도 존재하고 있었다. 에피쿠로스학파Epicurean school라고 불리는 이들이 바로 그 주인공들이다. 결국 이 학파는 스피노자의 직접적인 선배였다고 할 수 있다. 불행히도 이 학파의 저술들이 오늘날에 그리 많이 남아 있지 않다. 서양 사유의 주류를 형성했던 플라톤 철학과 기독교로 상징되는 초월주의가 너무나도 힘이 강했던 탓에, 에피쿠로스학파의 저술들은 금서 취급을 받았기 때문이다. 그러나 불행 중 다행이라고 해야 할까? 우리에게는 에피쿠로스학파의 일원이었던 루크레티우스Lucretius(BC 96?~BC 55)가 지은 책《사물의 본성에 관하여De Rerum Natura》라는 저술이 남아 있다. 운문으로 집필되었기에 문학서로 분류된 탓이다. 산문으로 집필되었다면, 바티칸은 이 책을 금서로 분류해 훼손했을 것이다. 그럼 루크레티우스의 내재주의적 우주발생론을 살펴보기 전에, 우선 초월적 우주발생론을 제안하면서 기독교 사유를 영접하는 운명 에 빠지게 되는 플라톤의 사유부터 점검해볼 필요가 있다.

ⓚ

플라톤: "우주는 제작자가 만든 것이다."

화이트헤드Alfred North Whitehead(1861~1947)는 자신의 주저 《과정과 실재Process and Reality》에서 "2000년 동안 서양의 철학은 모두 플라톤의 각주에 불과했 다"고 말했던 적이 있다. 그만큼 플라톤의 철학적 사유는 부정적이든 긍정 적이든 서양철학의 밑바닥을 관통하는 주된 흐름이었다고 볼 수 있다. 플라 톤은 저서를 매우 많이 남긴 것으로도 유명하다. 대부분의 저서들은 그의 스승 소크라테스가 누군가와 행했던 대화를 기록한 형식으로 이루어져 있 고, 그래서 그런지 소크라테스의 대화 상대방 이름이 그의 대화편들의 제목 이 되는 경우가 많았다. 그중 가장 중요한 텍스트를 고르라고 한다면, 오늘 날 대다수 학자들은 예외 없이 《국가》를 꼽곤 한다. 하지만 이런 평가는 사 실 근대사회에 들어서면서 굳어진 한 가지 견해에 지나지 않는다.

근대사회는 신이 지배하던 중세시대의 정치질서가 붕괴되고 인간적 정 치질서가 확립되던 시기였다. 당연히 근대사회의 기초를 닦으려는 당시 지 성인들은 기독교가 지배했던 중세시대를 넘어 고대 그리스로부터 지혜를 얻 으려고 했다. 바로 이 맥락에서 플라톤의 정치론이 부각되었고, 근대 이후 그의 정치론이 담긴 《국가》가 중시되었던 것이다. 사실 중세시대까지 플라 톤의 저술 가운데 주저의 자리를 차지하고 있었던 것은 《국가》가 아니라, 현 대인들에게는 좀 생소할 수도 있는 작은 텍스트 《티마이오스Timaios》였다. 이

윌리엄 블레이크의 〈플라톤의 정신〉(1820). 서양 중세시대 지성인들이 플라톤의 우주발생론에 주목했던 이유는 플라톤의 데미우르고스라는 개념이 아직 기독교를 낯설게 여겼던 당시 유럽인들에게 창조주로서 신이 존재한다는 것을 설득하는 데 유용했기 때문이다.

책에는《성경》〈창세기〉편의 난해한 창조설을 합리적으로 이해할 수 있는 한 가지 실마리를 제공해주는 플라톤의 우주발생론이 기록되어 있기 때문이었다. 이런 이유로 중세 유럽인들은《티마이오스》에 그렇게도 많은 관심을 표명했던 것이다. 이제 신화적인 글쓰기 양식으로 플라톤이 제안했던 그의 우주발생론을 직접 살펴보도록 하자.

생성되는 모든 것은 또한 필연적으로 원인이 되는 어떤 것에 의해 생성됩니다. 어떤 경우에도 원인이 없이는 생성될 수 없기 때문입니다. 그런데 무엇을 '만드는 이dēmiourgos'이건 간에, 그가 '언제나 같은 상태로 있는 것'을 바라보며, 이런 것을 본paradeigma으로 삼고서, 자기가 만든 것이 그 형태와 성능을 갖추게 할 경우에라야, 또한 이렇게 완성되어야만

모든 것이 필연적으로 아름다운 것이 됩니다.　　　　－《티마이오스》

플라톤의 우주발생론은 기본적으로 '제작'이란 이미지로 구성되어 있다. 예를 들어 어떤 제작자가 의자를 만든다고 해보자. 그에게는 의자의 설계도가 있어야 하며, 동시에 의자로 만들어질 나무라는 원료가 있어야만 한다. 그래서 제작에는 항상 세 가지 계기가 전제될 수밖에 없다. 그 세 가지는 '제작자', '설계도', 그리고 '재료'이다. 이제 플라톤은 제작의 이미지를 우주발생론으로까지 확대한다. 그에 따르면 우주는 다음과 같은 세 가지 계기를 원인aitios으로 해서 발생했다고 볼 수 있다. 지금은 낯설지만 당시에는 너무도 유명했던 플라톤의 원인론aitiology은 바로 이 과정을 거쳐 탄생하게 되었다. 첫째 계기는 제작자를 의미하는 '데미우르고스'이고, 둘째 계기는 '언제나 같은 상태로 있는 것'으로서 본이 되는 '형상eidos, form'이다. 마지막 셋째 계기는 원료를 의미하는 '질료hylē, matter'이다. 아쉽게도 방금 읽은 구절에는 첫째와 둘째 계기는 명료하게 제기되어 있지만, 셋째 계기에 대해서는 함축적으로 드러나고 있을 뿐이다.

제작의 세 가지 계기, 혹은 '제작 이미지'가 분명해지면, 우리는 플라톤 대화편의 많은 부분을 쉽게 읽을 수 있다. 그 대표적인 것으로 수사학, 즉 웅변술과 관련된 다음 대목을 살펴보도록 하자.

가장 좋은 것을 위해서 말하는 훌륭한 사람은 무슨 말을 하든 아무렇게나 말하지 않고 무엇인가를 바라보면서 말하겠지요? 다른 모든 장인들도 마찬가지일 겁니다. 그들은 자신들의 작품을 주목하면서 각자가 〔자신의 작품에〕 사용하는 것들을 선택해서 아무렇게나 사용하는 것이 아니라, 그가 만들어내는 작품이 어떤 형상eidos을 갖게 되도록 사용합니다.　　　　－《고르기아스Gorgias》

"가장 좋은 것을 위해서 말하는 훌륭한 사람"이 '제작자', 즉 '데미우르고스'에 해당한다면, "작품에 사용하는 것들"은 바로 '질료'에 해당한다. 그러나 웅변을 준비하는 사람이나 혹은 그가 준비하는 자료들은 모두 하나의 형상, 즉 에이도스의 지배를 받는다. 그래야 그의 원고나 혹은 그의 웅변이 내용에서나 형식 면에서 더 근사하고 멋지게 만들어질 수 있다. 하긴 의자의 설계도가 부실하다면, 아무리 나무가 좋아도 아무리 목수가 부지런해도 구체적인 의자를 만드는 데 무슨 소용이 있단 말인가? 이렇게 플라톤의 사유를 결정하는 것이 바로 제작의 이미지다. 작게는 의자를 만드는 일, 연설문이나 글을 쓰는 일에서부터 크게는 우주가 탄생하는 일까지, 플라톤의 뇌리에는 제작의 이미지가 떠났던 적이 없었다. 그러니까 플라톤의 대화편을 읽을 때, 질료 이야기가 명시적으로 나오지 않아도 그것을 보강해서 읽어야 하고, 반대로 제작자 이야기가 없어도 반드시 그걸 보강해서 읽어야 한다.

어쨌든 서양 중세시대 지성인들이 플라톤의 우주발생론에 '데미우르고스', 즉 '제작자'의 계기가 있다는 사실에 주목했던 이유는 무엇일까? 그것은 데미우르고스라는 개념이 아직 기독교를 낯설게 여겼던 당시 유럽인들에게 창조주로서 신이 존재한다는 것을 설득하는 데 유용했기 때문이었다. 하지만 자세히 살펴보면 플라톤의 우주발생론과 기독교의 관점 사이에는 건널 수 없는 간극이 있다는 것을 알 수 있다. 그것은 기독교의 신이 모든 것을 창조할 수 있는 것으로 상정된 반면, 플라톤의 데미우르고스는 모든 것을 창조할 수 없다는 사실과 관련되어 있다. 다시 말해 플라톤에게 데미우르고스는 형상과 질료 자체는 창조할 수 없는 존재로 간주되었던 것이다. 이렇게 기독교의 관점과는 좀 다른 면이 있긴 했지만, 플라톤을 통해서 서양철학은 어떤 사태를 설명할 때 이제 세 가지 주된 원인으로 설명하는 사유 패턴을 공유하게 되었다.

'데미우르고스', '형상', 그리고 '질료'라는 세 가지 원인이 그 이후 칸트Immanuel Kant 같은 철학자에게서 '이성vernunft', '오성verstand', 그리고 '감성sinnlichkeit'이란 인식론의 세 가지 계기로 변주되어 반복된다는 사실을 한 가지 예로 들 수 있을 것이다. 데미우르고스가 형상을 가지고 질료에 조작을 가하여 세계에 존재하는 다양한 사물을 만들었던 것처럼, 칸트에게서 이성은 오성이 가진 다양한 범주들을 가지고 물자체物自體, Ding an Sich, the Thing-in-Itself에 조작을 가하여 다양한 표상들을 만들어낸다. 이것은 서양철학의 내적인 논리구조가 항상 '능동적인 주체', '불변하는 법칙', 그리고 '유동적인 타자'라는 세 가지 변별적 요소의 함수로 기능했다는 것을 암시한다. 이 세 가지 변별적 요소들과 그것들이 관계하는 방식을 염두에 둔다면, 우리는 서양철학사에 속한 어떤 난해한 철학자들이라도 어렵지 않게 그 내적 구조를 파악할 수 있다. 예를 들어 정신분석학 이론가 라캉Jacques Lacan(1901~1981) 사유의 핵심 구조로 등장하는 '상상적인 것Imaginaire', '상징적인 것Symbolique', '실재적인 것Réel'도 각각 주체, 법칙, 타자라는 세 요소에 대응하는 것으로 독해할 수 있다는 것이다.

서양철학이 플라톤 철학의 각주에 불과하다는 화이트헤드의 말은 단순한 과장법만은 아니다. 플라톤의 원인론은 서양철학의 가능성과 한계를 규정하는 구조적 원리로도 기능하기 때문이다. 주저《차이와 반복Différence et Répétition》에서 들뢰즈Gilles Deleuze(1925~1995)는 자기 이전의 서양철학 전통 일반이 '나무 이미지'로 전개된다고 말했던 적이 있다. 그렇지만 서양철학의 전통 일반을 더 정밀하게 이해하려면, '나무 이미지'보다는 오히려 '제작 이미지'가 더 타당하고 효과적이라고 할 수 있다. 제작 이미지에 따르면 원리적으로는 '제작자', '설계도', '재료'는 서로 구별된다. 그렇지만 여기서 '설계도'의 위상을 놓고서 고민해보면, 세 가지 원인들은 기묘하게 연결되어 세 가지 사유 형식들을 낳게 된다. '설계도'가 그 자체로 존재한다는 첫 번째 입장, '설계도'는 재료에 따른다는 두 번째 입장, 그리고 마지막으로 '설계도'는 '제작자'의 마음에 근거한다는 세 번째 입장! 거칠게 말해서 플라톤과 아퀴나스가 첫 번째 입장을, 스피노자나 니체, 혹은 마르크스Karl Marx(1818~1883)는 두 번째 입장을, 마지막으로 흄David Hume(1711~1776)이나 칸트는 세 번째 입장을 따르고 있다고 할 수 있다. 물론 '설계도'나 '재료'마저도 모조리 '제작자'에 근거한다고 주장하는 입장도 가능하다. 이것은 기독교 사유나 헤겔의 사유에서 그 원형을 찾을 수 있을 것이다.

Ⓚ

루크레티우스: "우주는 원자들의 마주침이 만들었다."

플라톤의 우주발생론에 따르면 어떤 사물의 의미는 미리 존재하고 있는 것으로 사유되어야 한다. 예를 들어 내 눈앞에 나무 의자가 있다고 해보자. 플라톤에 따르면 구체적인 나무 의자가 만들어지기 이전에 목수(제작자), 나무(질료), 설계도(형상)가 미리 존재했다. 여기서 나무 의자의 의미는 바로 설계도, 즉 형상이라고 할 수 있다. 의자의 설계도는 나무 의자의 형상, 즉 인간이 앉을 수 있는 것으로서 의자의 의미를 결정하기 때문이다. 사물에 앞서서 그 사물을 사물이게끔 하는 의미, 본질, 혹은 형상이 먼저 있다는 생각은 바로 이로부터 기원한 것이다. 이처럼 '제작 이미지'는 플라톤이 우주를 사유하는 데 결정적인 역할을 수행한다. 그런데 얼마 지나지 않아 플라톤의 이런 생각, 혹은 그의 이미지를 정면으로 거부했던 철학자가 탄생한다. 〈마주침의 유물론이라는 은밀한 흐름Le courant souterrain du matérialisme de la rencontre〉이라는 강력한 논문에서 알튀세르Louis Althusser(1918~1990)가 그 존재를 부각시키기 전까지 서양철학사에서 비주류로 자리매김되었던 루크레티우스라는 인물이 바로 그 사람이다. 문명에서 '제작 이미지'를 끌어냈던 플라톤과는 달리, 루크레티우스는 자연에서 우주의 발생을 설명하는 근본적 이미지를 찾아낸다. 바로 '비 이미지'다.

　　아테네 저잣거리에서 무언가를 만드는 장인을 응시했던 사람이 플라톤이었다면, 대자연의 하늘에서 내리는 비를 응시하고 있었던 사람, 그가 바로 루크레티우스였다. 거의 평행으로 빗방울들은 땅으로 떨어진다. 하나하나 빗방울은 작고 그만큼 무기력하게 보인다. 그러나 모였다 하면, 빗방울들은 정말 모이기 전에 그렇게 작고 무기력한 것이었는지 의아스러울 정도로

미카엘 부르거스의 〈루크레티우스〉(1682). 루크레티우스는 자연을 응시하며 우주의 발생을 설명하는 근본적 이미지를 착안한다. 하늘에서 내리는 비를 응시하고 있었던 사람, 그가 바로 루크레티우스였다.

거대한 자태와 위력을 뽐내게 된다. 물론 사막에 떨어진 빗방울들은 그야말로 흔적도 없이 사라지는 것처럼 소멸할 수도 있다. 그러나 제대로 모이게 되면 빗방울들은 작은 웅덩이도 만들고, 시내도 만들고, 아니면 범람하는 거대한 강물도 만들고, 끝내는 거대한 대양으로도 합류되는 법이다. 비록 쪼개지지 않은 원자가 모여 세상을 만든다고 주장했던 데모크리토스와 함께 서양 원자론의 시초라고 불리지만, 루크레티우스가 데모크리토스와 달라지는 지점은 바로 여기에 있다. 그는 하늘에서 내리는 비를 이미지 삼아 원자론을, 그리고 우주발생론을 사유했던 것이다. 루크레티우스의 원자론이 추상적이라기보다는 더 구체적이고 역동적인 이유도 바로 여기에 있었다.

'비 이미지'로 루크레티우스는 플라톤의 '제작 이미지'에 반기를 든다. 작은 시내가 될지, 커다란 강이 될지, 혹은 대양이 될지, 빗방울들의 운명은 사전에 미리 결정되지 않으니 말이다. 그가 받아들인 유일한 원인은 빗방울처럼 자발적으로 움직이는 질료들, 정확히 말해 원자들과 그것들의 운동뿐이었기 때문이다. 운동하는 원자들은 어떻게 세계를 만든 것일까? 루크레티우스의 견해를 들어보자.

자신들이 가진 무게라는 속성 때문에 원자들이 허공을 관통해 아래로 떨어질 때, 절대적으로 예견할 수 없는 시간과 장소들에서 그것들은 자신들의 직선 경로로부터 아주 조금, 단지 한순간의 위치 이동이라고 이야기될 수 있는 작은 정도로, 틀어진다. 만일 그것들이 직선 경로를 벗어나지 않는다면, 모든 원자들은 빗방울처럼 깊이를 헤아릴 수 없는 허공을 관통하여 아래로 떨어지게 될 것이며, 일차적 성분들 사이에 어떤 충돌도 벌어지지 않을 것이며, 어떤 타격도 생기지 않을 것이다. 그렇다면 결과적으로 자연은 결코 어떤 것도 만들지 못하게 될 것이다.

-《사물의 본성에 관하여》

너무나 명백한 비, 혹은 빗방울의 이미지다. 루크레티우스는 세계가 형성되기 이전에 원자들이 비처럼 평행으로 떨어지는 상태에 있었다고 생각한다. 여기서 평행으로 떨어진다는 조건은 원자들 사이에 어떤 마주침도 없는, 따라서 무의미한 상태라고 할 수 있다. 그런데 만약 원자들이 영원히 평행으로만 떨어진다면, 세계와 만물은 결코 발생할 수 없을 것이다. 한마디로 무의미가 지속되는 상태인 셈이다. 여기서 루크레티우스는 기발한 가설을 하나 제안한다. 어느 순간 이 원자들 가운데 어떤 원자가 평행에서 조금 이탈한 운동을 하게 된다는 것이다. 평행에서 어긋나는 미세한 차이, 거의 느껴지지도 않을 것 같은 미세한 편차를 루크레티우스는 '클리나멘Clinamen'이라고 이야기한다. 잊지 말아야 할 것은 클리나멘은 사전에ex ante factor 미리 결정되지 않고 오직 사후에만ex post factor 발생했다고 인정되는 계기라는 사실이다. 그러니까 의미 있는 세계가 완성되었을 때에만 우리는 그 세계를 이루는 요소들 사이에 클리나멘이 발생했다고 말할 수 있다는 것이다.

루크레티우스의 생각에 따라 클리나멘이 발생하면, 다시 말해 평행으로 떨어지던 원자들 중 어느 하나가 평행 궤도에서 약간 벗어나게 되면, 그 원자는 다른 원자와 마주치게 될 것이다. 이렇게 마주친 두 원자는 또 다른 원자와 마주칠 수밖에 없고, 마침내 이러한 일련의 현상들로 인해 거대한 세계가 만들어지게 된다는 것이다. 마치 작은 눈덩이가 다른 눈덩이와 연쇄적으로 계속 마주쳐서 거대한 눈사태를 만들어내는 것처럼 말이다. 그러니 루크레티우스의 우주발생론은 플라톤의 우주발생론이나 기독교의 창조론에서 가장 멀리 떨어져 있는 관점이라고 할 수 있다. 플라톤의 철학이나 기독교 관점에서는 세계가 만들어지기 이전에 제작자나 창조주, 혹은 형상이나 창조주의 의도가 미리 존재하고 있다고 보기 때문이다. 하지만 루크레티우스에게 제작자나 창조주, 혹은 형상과 같은 선재된 의미는 전혀 설정될 필요가 없다. 세계는 물질적인 원자들의 우발적인 마주침으로, 그리고 의미는 무의미의 공간 속에서 우연히 생성된 것으로 간주되기 때문이다.

사실 우리 시대 가장 탁월한 유물론자 알튀세르가 루크레티우스, 혹은 에피쿠로스학파를 매우 중시했던 것은 다음과 같은 이유 때문이었다. 알튀세르는 무한한 원자들 사이의 우발적인 마주침이야말로 플라톤과 기독교 사유에 맞설 수 있는 사유, 즉 진정한 유물론에 대한 철학적 기초를 제공할 수 있으리라 확신했던 것이다. 하지만 그의 최종 표적은 플라톤 철학도 기독교도 결코 아니었다. 그는 역사적 필연성을 주장하는 낡은 역사유물론을 폐기하기 위해 우발적 마주침을 강조했던 것이다. 그가 생각한 낡은 유물론은 공산당이 역사의 의미를 미리 알고 있기에 그에 따라 사회를 개조해야 한다고 주장했던 소비에트 공산당의 입장이었다. 겉으로는 경제를 강조해서 유물론인 것처럼 보이지만, 공산당은 이미 플라톤의 제작자와 너무나 유사한 것 아닌가. 그러니 알튀세르는 제도권 공산당이 표방하는 유물론이 낡았다고 이야기했던 것이다. 한마디로 그에게 낡은 유물론이란 마주침이 발생하는 현실을 무시한 채 선재된 의미, 혹은 필연성을 강조하는 가장 위험한 적이었던 셈이다.

이제 루크레티우스가 표방했던 우발성의 유물론으로 알튀세르가 낡은 유물론을 어떻게 공격하는지 살펴보도록 하자.

> 마주침이 응고의 결과로 나오는 모든 것은 요소들의 '응고'에 선행하는 것이 아니라 그것에 뒤이어 나오며, 이 사실로 말미암아 그것은 '응고하지' 않을 수도 있고, 더구나 '마주침이 발생하지 않을 수도 있다'. 마르크스는 이 모든 것을, 분명히 몇 마디 암시 속에서이긴 하지만, 그가 우리에게 돈 많은 사람과 벌거벗은 노동력의 '마주침das Vorgefundene'에 대해 그토록 자주 말할 때, 그의 정식 속에서 말하고 있다. 심지어 더 나아가 역사에서 이 마주침은 그것이 서구에서 응고하기 전에도 여러 번 일어났으나 당시에는 한 요소의 결여 혹은 몇몇 요소들의 배치의 결여로 '응고하지' 않았다고 추측할 수 있다. 18세기와 19세기 포 강 유역의 이탈리아 국가들이 그 증거가 된다. 그곳에는 돈 많은 사람들과 테크놀로지와 (강의 수력으로 가동되는 기계들의) 에너지와 숙련 인력(실업 상태의 장인들)이 있었으나 그럼에도 그 현상은 '응고하지' 않았다. 아마(아마도, 이것은 하나의 가설이다) 거기에는 마키아벨리가 민족국가를 건설하자는 호소의 형태로 필사적으로 추구한 것이, 즉 가능한 생산을 흡수하기에 적절한 내부 시장이 결여되어 있었다.
>
> ―《마주침의 철학Philosophy of the Encounter》

복잡해 보일 수도 있지만 사실 알튀세르의 생각은 단순하다. 자본주의가 발생하려면 '돈 많은 사람(자본가)', '벌거벗은 노동력(노동자)', '테크놀로지', '시장' 등 너무나 많은 요소들이, 루크레티우스의 원자들처럼, 마주쳐서 응고되어야만 한다는 것이다. 그 가운데 어느 하나의 요소라도 결여된다면, 우리가 알고 있던 자본주의는 발생하지 않았을 것이라는 말이다. 이것은 스탈린losif Vissarionovich Stalin(1879~1953)으로 대표되는 일국사회주의자들의 생각을 정면으로 공격하는 생각이기도 했다. 가령 일국사회주의자들에 따르면 경제적인 것, 즉 하부구조가 정치적인 것 및 사회적인 것을 모두 결정한다. 따라서 결국 그들에게 경제적인 것은 플라톤의 제작자나 형상, 혹은 기독교의 신과도 같은 형이상학적 실체에 지나지 않았던 셈이다. 일국사회주의자들은 공산당이 이러한 신의 계시와 명령을 읽어낼 수 있다고 자임했다. 당연히 나머지 국민들은 공산당이 제시한 방향으로 나아가기만 하면 된다고 생각했던 것이다.

실제로 1841년 마르크스는 자신의 박사학위 논문으로 〈데모크리토스와 에피쿠로스 자연철학의 차이Über die Differenz der demokritischen und epikureischen Naturphilosophie〉를 제출하면서, 에피쿠로스의 중요성을 강조했던 적이 있다. 에피쿠로스는 누구인가? 바로 루크레티우스가 속한 에피쿠로스학파의 좌장이었다. 루크레티우스는 에피쿠로스의 혁명적 사유를 문학적으로 전파했던 사상가였다. 한마디로 루크레티우스는 에피쿠로스에게 예수의 사도 바울과도 같은 역할을 한 것이다. 그래서 알튀세르는 확신했던 것이다. 마르크스 정신의 핵심에는 에피쿠로스의 자연철학, 즉 우발성의 유물론이 자리를 잡고 있다고 말이다. 그는 일국사회주의자들이 인간의 자유로운 연대를 추구하려는 마르크스의 코뮤니즘communism 이념을 심하게 왜곡시키고 있다고 직감했다. 알튀세르는 바로 이 점을 바로잡고 싶었던 것이다. 물론 그러기 위해서 우선 그는 일국사회주의자들의 경제결정론부터 극복해야만 했다. 이런 과제 앞에 선 그에게 에피쿠로스에서 시작되어 루크레티우스에 의해 체계화된 '마주침의 유물론matérialisme de la rencontre'은 자신의 철학적 입장을 지지해주는 매우 중요한 버팀목이 되었다.

여기서 가장 중요한 점은 마주침의 유물론이 이념 혹은 선재된 의미, 결정된 역사법칙에 사로잡힌 인간들에게 자유와 혁명의 역능을 새롭게 부여해줄 수 있다는 점이다. 지금 우리가 살고 있는 세계가 다양한 요소들의 우발적 마주침으로 응고되었던 것처럼, 우리는 새로운 마주침을 시도함으로써 지금과는 매우 다른 세계를 응고시킬 수 있기 때문이다. 알튀세르가 루크레티우스의 '클리나멘'에서 읽어냈던 점은 바로 이것이었다. 대부분 철학사가들이 클리나멘에서 인간의 자유의지를 정당화하는 논리를 찾으려고 했던 것도 이런 이유에서였다. 할 수도 있고 안 할 수도 있는 것이 자유의지 아닌가. 물론 무언가를 하려고 결정했다고 해서, 그것이 바로 새로운 세계를 만들 수 있는 클리나멘으로 작동하지 않을 수도 있다. 그러나 기존의 행동과는 다른 무언가 새로운 행위를 시작하지 않으면, 클리나멘은 아예 꿈도 꿀 수 없을 것이다. 좌우지간 평행으로 움직이는 비가 거대한 강물을 만들려면, 클리나멘과 아울러 마주침이 발생해야만 하는 법이다.

의미의 위상,
사전성과 사후성 사이의 간극

플라톤은 우리가 경험하는 사물에는 이미 어떤 본질 혹은 의미가 내재되어 있다고 생각했다. 사물에는 그것을 만든 제작자가 부여한 필연적 의미가 있을 수밖에 없다고 보았기 때문이다. 반면 루크레티우스는 세계나 사물이 만들어지기 전에 의미나 본질이 미리 존재하지 않는다고 이야기한다. 아이가 태어난 다음에야 그 아이에게 이름이 붙는 것처럼, 원자들의 우발적인 마주침으로 사물이 형성된 뒤에야 그것에 대한 의미를 부여할 수 있다고 보았던 것이다. 결국 플라톤은 사물에 앞서 의미가 미리 존재한다는 입장을 취했던 반면, 루크레티우스는 의미의 사후성이라는 입장을 강하게 옹호했다고 볼 수 있다.

의미의 사전성과 사후성이란 문제는 철학적으로 타자의 문제와 관련이 된다. 나의 행동에 대한 상대방의 반응이 사전에ex ante factor 예측될 수 있을 때, 아무리 다른 사람이라고 할지라도 상대방은 내게 타자일 수는 없다. 반면 사전적인 예측이 항상 좌절되고 상대방의 반응이 오직 사후적ex post factor으로만 확인될 수밖에 없을 때, 그는 바로 '타자'라고 할 수 있다. 그래서 의미의 사전성을 확신하는 철학은 타자를 부정하는 입장이고, 의미의 사후성을 긍정하는 철학은 타자를 긍정하는 입장이라고 할 수 있다. 서양철학사를 관통하는 '본질essence의 철학'과 '생성becoming의 철학'의 구분은 이렇게 시작되었던 것이다.

우리와 무관하게 의미가 미리 주어져 있다면, 우리는 그걸 발견하려고 노력해야만 한다. 이럴 때 의미는 바로 '본질'이라는 외양을 띠게 된다. 마침내 사전에 결정된 의미를 찾은 순간, 우리는 그 의미에 따라 자신의 삶을 영위하게 될 것이다. 물론 현실적으로 사전에 주어진 의미는 사실 기성세대나 기득권 세력이 강요한 것에 지나지 않는다. 그러니 의미의 사전성에 입각한 본질의 철학은 기본적으로 보수적인 색채를 띠는 것이다. 실제로 본질을 강조했던 플라톤이나 아리스토텔레스는 민주주의보다는 군주제를 옹호한 것으로 유명하다. 아무리 그것을 '철인왕哲人王'으로 포장한다고 해도 말이다.

반대로 의미가 타자와의 마주침이란 사건을 통해 사후적으로 만들어지는 것이라면, 우리는 타자의 마주침에 더 각별히 신경을 쓰게 될 것이다. 나아가 우리는 현재의 의미도 과거에 일어났던 타자와의 마주침의 흔적에 지나지 않다는 걸 알게된다. 결국 타자와 마주칠 때마다 그만큼 의미는 과거와 판이한 색깔로 변모하기 마련이다. 이것이 바로 본질과는 다른 '생성'이 아닌가. 고정된 의미를 강요하고 묵수하려는 본질의 철학과는 달리 생성의 철학이 항상 진보적이고 래디컬해질 수밖에 없는 것도 이런 이유에서다.

사실 우리 시대에 와서 플라톤으로부터 유래한 본질의 철학은 거의 종적을 감추었다. 존재론적 측면에서는 화이트헤드와 들뢰즈, 언어철학적 측면에서는 비트겐슈타인과 데리다, 그리고 정치철학적 측면에서는 알튀세르와 랑시에르, 심지어 자연과학에서도 마찬가지다. 하이젠베르크의 양자역학이나 프리고진의 비평형 열역학도 본질이 아니라 생성에 방점을 찍고 있기 때문이다. 현실적으로도 본질의 철학과 생성의 철학 중 어느 것을 따르느냐는 상당히 중요한 실천적 함의를 띤다. 본질의 철학이나 생성의 철학 중 어느 것을 받아들였을 때 우리가 취할 수 있는 삶의 태도가 확연히 달라질 수밖에 없기 때문이다.

플라톤을 따른다면, 우리는 자신이나 사물들 이면에 숨겨져 있는 의미를 찾는 탐구자가 될 것이다. 반면 루크레티우스를 따른다면 우리는 새로운 마주침, 혹은 새로운 세계를 꿈꿀 수 있는 여행을 지속해야만 할 것이다. 예를 들어 플라톤을 따른다면, 우리는 주어진 짝이 있다고 생각해서 그 짝을 하염없이 기다릴 것이다. 반대로 루크레티우스를 따르는 사람이라면 마주침을 만들기 위해 적극적으로 집 밖으로 나갈 것이다. 한마디로 본질의 철학에서 사랑의 슬로건은 "우리 만남은 숙명이야!"라고 정리된다면, 생성의 철학에서 사랑은 "행복할 때까지만 만나자!"로 요약될 수 있다는 것이다.

또 잊지 말아야 할 것은 플라톤과 루크레티우스 사이의 차이는 서양에만 국한되는 것이 아니라 동양에서도 그대로 적용된다는 사실이다. 동양 사유 전통에서도 의미의 선재성을 주장하는 입장과 의미의 사후성을 주장하는 입장이 모두 존재하고 있었다. 가장 극단적인 예로 보통 같은 계열의 사상가로 이해되는 노자와 장자를 생각해볼 수 있다. "유명은 만물들의 어머니有名萬物之母"라고 주장했을 때 노자老子가 전자의 입장을 따랐다면, "사물은 사람들이 그렇게 불렀기 때문에 그렇게 구분된 것이다物謂之而然"라고 말했을 때 장자莊子는 후자의 입장을 따르고 있기 때문이다. 흔히 노장老莊이라고 병칭되던 노자와 장사의 사유에도 이처럼 건널 수 없는 깊은 강이 놓여 있었던 셈이다. 의미의 사전성과 의미의 사후성이라는 분명한 간극!

3

행복은 언제 가능한가?

에피쿠로스학파

————————— VS —————————

스토아학파

미래 서양철학 그 가능성의 중심, 헬레니즘 철학

푸코Michel Foucault(1926~1984)라는 현대철학자의 중요성은 그가 권력의 지배라는 문제가 개체의 육체 혹은 내면에까지 집요하게 관철된다는 사실을 보여주었다는 데 있다. 이제 권력의 문제는 지배자와 피지배자 사이의 관계뿐만 아니라, 자신을 검열하는 자아의 부분과 검열을 당하는 자아의 부분 사이의 관계 문제로 확산된 것이다. 그래서 자유를 쟁취하려는 인간의 투쟁은 어떤 국경선이나 바리케이드가 아니라 바로 자기 자신에게 그어져야만 한다. 하지만 이 싸움은 성공을 장담할 수 없을 만큼 힘든 일일 수밖에 없다. 가족, 학교, 매스컴, 감옥, 병원 등을 통해 권력은 집요하게 오랜 세월에 걸쳐 인간이란 생명체를 훈육시켜왔기 때문이다. 도대체 나의 어느 부분이 권력의 노예로 길들여져 있는지, 그리고 아직도 권력에 포획되지 않은 나의 나머지 부분은 어디인지를 확인하는 것조차 만만한 일이 아니다. 그렇다면 한 생명체로서 개체의 차원에서 볼 때 어떻게 권력에 맞서 싸울 수 있을까?

죽기 전까지 푸코가 고민했던 문제는 바로 이것이었다. 그의 말년 저작인 《성의 역사Histoire de la sexualité》 세 권과 '콜레주 드 프랑스Collège de France'에서 행했던 일련의 강의록들은 이러한 그의 관심을 잘 반영하고 있다. 그런데 권력으로부터 구성된 주체가 아니라 자기 삶을 구성하는 주체를 꿈꾸면서, 푸코는 스토아학파Stoicism가 강조했던 파르헤지아parrhesia라는 개념을 통해 자기 수양의 논리가 가진 중요성을 다시 한 번 강조하게 된다.

철학이 하나의 삶의 형식이라는 사실은 고대철학의 세계에 관통하고 스며들어 있으며 지속되고 있는 파르헤지아라는 기능, 즉 용감하게 진실을 말하는 기능이란 일반 도식으로 해석되어야만 한다. 철학적 삶이란 무엇인가? 그것은 물론 어떤 것들의 포기를 초래할 수밖에 없는 특별한 인생의 선택이다.　　　　　－《주체의 해석학L'herméneutique du Sujet》

푸코에게 철학은 19세기 이후 대학에 포섭된 철학과라는 형식을 넘어선 것이다. 철학은 진리와 오류를 구분한다고 알려져 있다. 그러나 더 중요한 것은 진리, 혹은 진실을 말할 수 있는 용기가 있느냐의 여부다. 객관적인 척 진리와 오류를 구분하는 것으로 자신이나 세상이 바뀔 리 없다. 문제는 권력이나 자본과 같은 체제가 진실을 말하는 사람에게 직접적이거나 간접적으로 피해를 준다는 점이다. 그러니 진실을 말하는 데에는 용기가 필요한 법이다. 파르헤지아는 바로 이것이다. 용감하게 진실을 말하는 것이기 때문이다. 이 순간 진실을 말한 사람은 내면의 회유도 극복해야 하고, 동시에 외적인 압력도 이겨내야 한다. 당연히 그는 체제가 마련한 많은 혜택도 포기해야 할 것이다. 그러니 푸코의 말대로 파르헤지아는 우리에게 과거와는 다른 "특별한 인생의 선택"을 가능하게 하는 핵심적 계기인 셈이다.

푸코가 의지하고 있는 스토아학파는 플라톤과 아리스토텔레스로 상징되는 고대 그리스 철학 사유 전통에 이어서 등장했던 철학 학파였다. 이 학파는 철학사적으로 헬레니즘Hellenism 시기에 에피쿠로스학파Epicurean school와 함께 당시 철학계를 양분하고 있었다고 알려져 있다. 아무튼 이와 같은 스토아학파의 사유가 없었다면, 아니 더 넓게 말해서 헬레니즘 철학의 전통이 없었다면, 생명정치biopolitics에 대한 푸코의 통찰은 우리가 알고 있는 현재의 그것과는 상당히 다른 모습을 띠게 되었을지도 모른다. 물론 이것은 푸코의 경우에만 적용되는 현상은 아니다. 알튀세르와 들뢰즈의 사유도 결국은 헬레니즘 철학과 깊은 관련을 맺고 있기 때문이다. 알튀세르의 평생소원은 마르크스가 정치적으로 악용되지 않도록 그의 정치경제학 저작들에 철학을 부여하는 것이었다. 바로 이 대목에서 그는 에피쿠로스학파의 우주발생론에서 중요한 철학적 영감을 수용하면서, 마침내 '우발성의 유물론matérialisme aléatoire'을 제안할 수 있었던 것이다.

들뢰즈의 사유도 헬레니즘 철학, 특히 스토아학파와 깊이 연루되어 있다. 들뢰즈의 주저 가운데《의미의 논리Logique du sens》라는 책이 있다. 이 책은《차이와 반복Différence et Répétition》과 함께 들뢰즈가 어떤 철학적 사유 전통을 따르고 있는지를 가장 잘 보여주는 저작이다. 《의미의 논리》는 결정론을 피력하는 스토아의 형이상학이 아니라 우발성을 강조하는 스토아의 논리학에 주목하고 있다. 그만큼 스토아학파는 일관된 사유를 전개했다기보다 다양한 사유 경향들의 집결체였던 셈이다. 스토아의 논리학에서 특히 들뢰즈가 가장 깊이 영향을 받은 부분은 '세계는 물체들의 집합체이고 의미는 물체들의 마주침에서 발생한다'는 스토아학파의 발상이었다. 이를 통해 들뢰즈는 의미란 물체들 내부에 본질로 내재하는 것이 아니라, 물체들의 마주침을 통해서 사후적으로 출현하는 것이라고 주장할 수 있었다. 결국 스토아학파를 통해 들뢰즈는 자신이 모색했던 '의미 발생의 논리학'에 철학사적 정당성을 부여하는 데 성공했던 셈이다.

현대 프랑스 철학자들이 가진 혁명성 혹은 새로움의 기원은 그들이 지금까지 철학사에서 무시되었던 헬레니즘 철학의 가능성을 새롭게 발굴했다는 데서 찾을 수 있다. 그런데 헬레니즘 철학의 부활은 현대 프랑스에서만 국한된 현상이 아니다. 영미권에서도 헬레니즘 철학을 새롭게 부각하고자 하는 움직임이 20세기부터 지금까지 지속적으로 진행되고 있기 때문이다. 전문적인 철학적 관심, 특히 인식론, 논리학, 언어철학, 그리고 심리철학이라는 주제와 관련된 헬레니즘 철학의 관점들은 영미 철학자들에게 오늘날에도 여전히 중요한 지적 자극을 제공해주고 있다. 특히 영미 철학자들에게 강한 영감을 주었던 것은 인간 정신을 물질적으로 독해하려는 헬레니즘 철학의 전통이었다. 플라톤, 기독교, 그리고 데카르트로 이어지는 주류 서양철학전통이 인간 정신을 물질과는 무관한 정신적 실체로 이해했다면, 에피쿠로스학파나 스토아학파는 인간의 정신을 철저하게 물질적인 것으로 사유했다. 과학적 연구를 토대로 인간을 이해하려는 오늘날의 영미권 철학자들에게 헬레니즘 철학이 각광받는 이유가 바로 여기에 있다.

프랑스나 영미권의 헬레니즘 철학에 대한 관심은 사실 전문 철학자들을 넘어서 평범한 일반 사람들에게도 미치고 있다. 이런 경향은 누스바움 Martha Nussbaum(1947~)과 같은 철학자를 대중적 스타로 만들었을 정도다. 자신의 수많은 주저 중 하나인《욕망의 치유: 헬레니즘 윤리학에서 이론과 실천The Therapy of Desire: Theory and Practice in Hellenistic Ethics》에서 그녀는 헬레니즘 철학이 얼마나 현대인의 삶에서 중요한지 매력적으로 보여주고 있다. 그녀가 스타가 된 이유는 분명하다. 에피쿠로스학파나 스토아학파의 상이한 관점은 철학 전문가 이외에도 일반 사람에게 강한 시사점을 주고 있기 때문이다. 실제로 이 두 입장은 세계 속에 우리가 어떻게 존재하는지, 그래서 우리는 어떻게 살아야 하는지를 보여주는 두 가지 전형적인 방식이다.

에피쿠로스학파의 독특한 개인주의적 실천철학을 따를 것인가, 아니면 세계 전체 질서에 따르는 삶을 영위하라는 스토아주의의 실천철학을 따를 것인가? 헬레니즘 철학자들은 지금 우리에게 선택을 강요하고 있다. 그들이 남긴 실천철학적 전망이 우리에게 심각하게 다가오는 이유는 무엇일까? 헬레니즘 시대나 지금의 시대가 모두 제국의 시대이기 때문일 것이다. 헬레니즘 시대 사람들은 '팍스 로마나Páx Romána' 속에서, 다시 말해 로마라는 정치적 권력에 의해 유지되던 제국의 시대에 살았다. 이와 유사하게 현대 서양 사람들은 '팍스 아메리카나Páx Americána' 속에서, 다시 말해 미국으로 상징되는 '자본=권력'이 지탱하고 있는 제국의 시대에 살고 있다. 제국의 시대에서 우리는 어떤 삶을 영위하는 것이 좋을 것인가? 헬레니즘 철학자들의 실천적 고뇌가 현대에도 반향을 일으키는 것도 다 이유가 있는 셈이다.

또 한 가지 주목할 만한 점은 헬레니즘 철학이 동양의 사유 전통이 가진 철학적 전제들을 많은 부분 공유하고 있다는 점이다. 결정론을 거부하는 독특한 우주론을 피력했던 에피쿠로스학파의 생각은 왕충王充(27~100)의 존재론적 가정들과 유사하며, 개체적 삶의 향유를 강조한 에피쿠로스학파의 제안은 양주楊朱(BC 440?~BC 360?) 혹은 장자莊子(BC 369~BC 289?)의 생명 긍정 논리와 맥을 같이하고 있다. 한편 이와 달리 전체와 개체의 관계, 그리고 전체와의 조화가 가능한 삶을 위해서 개인의 수양을 유독 강조했던 스토아학파의 사유는 중국 위진魏晉 시대의 현학玄學이나 송나라 이후의 신유학新儒學의 관점과 놀라울 정도로 유사하다. 현학을 대표하던 왕필王弼(226~249)은 세계를 어머니나 뿌리로 그리고 개체를 자식이나 나뭇가지로 비유하면서, 자식이나 가지를 보호하려면 어머니 혹은 뿌리를 보존하는 수양론이 먼저 필요하다고 강조했다. 또한 신유학의 대표자 주희朱熹(1130~1200)는 개체의 본성과 전체 세계의 이치가 동일하다는 '성즉리性卽理' 테제를 내세우면서 전체와 조화된 개체의 삶을 실현하기 위해 노력해야 한다고 역설했다. 이들의 관점이 스토아학파의 세계관과 너무도 유사하다는 것을 어렵지 않게 엿볼 수 있다.

에피쿠로스학파: "당신의 즐거움을 사유하고 배려하라!"

에피쿠로스Epíkouros(BC 341~BC 270)와 루크레티우스로 대표되는 에피쿠로스학파는 흔히 쾌락주의Hedonism를 표방하고 있는 것으로 알려져 있다. 국가와 같은 전체 공동체를 중시했던 대개의 철학자들은 개체의 쾌락을 긍정한 에피쿠로스학파의 입장을 반사회적인 것으로 저주하곤 했다. 물론 여기에는 숨겨진 진실이 하나 있다. 그것은 쾌락은 오직 통치자나 통치계층에게만 독점되어야 한다는 그들의 생각이다. 한마디로 당시의 통념은 민주주의를 혐오하고 있었던 것이다. 이런 입장에서 대다수 피통치자들이 모두 쾌락을 향유한다는 건 여간 못마땅한 일이 아니었을 것이다. 쾌락의 독점, 이것이 억압적 사회의 한 가지 특징 아닌가.

어쨌든 주류 철학자들의 저주와는 달리 사실 에피쿠로스학파는 개체의 육체적 쾌락만을 추구하는 지독한 이기주의자들과는 거리가 멀었다. 고대 그리스어에는 '헤도네Hédoné'라는 말이 있다. 이 개념은 오늘날 성급하게 '육체적 쾌락'이라고 이해되고 있지만, 사실 이것은 인간이 기쁨이나 유쾌함을 느끼는 모든 체험, 그러니까 육체적 쾌락뿐만 아니라 정신적 쾌락까지 모두 포괄하는 의미를 가진다. 어쨌든 헤도네, 즉 쾌락을 강조했다는 것이 논

1493년에 출간된 역사책 《누렘베르크 연대기》에 실린 에피쿠로스 삽화. '에피쿠로스의 정원'에는 인간이면 누구나 행복하고 유쾌한 삶을 살아야 한다는 에피쿠로스의 가르침에 동의했던 사람들이 함께 모여 살았다. 특히 여자들이나 노예들도 동등한 구성원으로 함께 참여하고 있었다.

점은 아닐 것이다. 에피쿠로스학파가 비난받았던 이유는 이 학파가 일부 통치자가 독점하고 있었던 쾌락을 모든 사람들에게 허용하라고, 심지어 허용되지 않더라도 모든 사람들은 자신의 쾌락을 충족해야 한다고 주장했기 때문이다.

역사적으로 에피쿠로스학파의 창시자인 에피쿠로스는 아테네 교외에 정원을 사서 공동체 생활을 영위했던 것으로 유명했다. 이 정원은 '에피쿠로스의 정원The Garden of Epicurus'이라고 불렸으며, 이곳에는 인간이면 누구나 행복하고 유쾌한 삶을 살아야 한다는 에피쿠로스의 가르침에 동의했던 사람들이 함께 모여 살았다. 에피쿠로스학파가 개인적인 쾌락에 매몰되어 있다는 저주가 이 대목에서 허구임이 분명해진다. 여기서 눈여겨보아야 할 점은 에피쿠로스의 정원에는 여자들이나 노예들도 동등한 구성원으로 함께 참여하고 있었다는 점이다. 중심과 주변, 혹은 지배와 피지배라는 권위 구조를 가진 기존 공동체들이 에피쿠로스의 자유로운 공동체를 저주했던 것도 사실 다 이유가 있었던 셈이다. 심지어 그들의 눈에는 창녀들과 동등한 입장에서 서신 교환을 했을 뿐만 아니라, 그녀들을 친절하게 대우해주었던 에피쿠로스가 음란하고 저급한 인물로까지 비쳤다. 독립된 자유로운 개인들, 그리고 그들 사이에서 이루어지는 자유로운 관계에 대해 혐오감 내지 불쾌감을 느끼는 것은, 억압 관계를 유지하려는 기득권자들의 입장에서 볼 때 예나 지금이나 비슷했던 것이다.

사실 에피쿠로스학파가 당대의 지식인들에게서 모욕에 가까운 저주를 받았던 데에는 이것 외에도 또 다른 이유가 있었다. 에피쿠로스학파는 플라톤으로 상징되는 주류 서양철학 전통의 근본 전제들을 강하게 부정했던 것이다. 여기에서 우리가 반드시 살펴보아야 할 점은 에피쿠로스학파가 공유하고 있던 육체와 정신에 대한 특이한 입장이다. 자유로운 공동체에 대한 해묵은 질시 때문이었는지 사실 에피쿠로스학파의 저작들은 매우 단편적으로만 전해지고 있다. 작은 단편들일망정 로마 바티칸 비밀서고 금서로 안전하게(?) 보관되어 있었기에 지금 우리가 읽을 수 있다는 건 정말 역사의 아이러니다. 그러나 이외에 가장 자세한 저서가 금서로 지정되지 않고 전해지고 있다. 바로 루크레티우스가 지은 《사물의 본성에 관하여》라는 책이다. 이 책이 금서로 정해지지 않았던 것은 루크레티우스가 《아이네이스Aenēis》라는 대서사시로 유명한 버질Virgil, 즉 베르길리우스Publius Vergilius Maro(BC 70~BC 19)라는 문학자와 함께 로마제국 시대를 양분했을 정도로 유명한 문학자였기 때문이다.

어쨌든 루크레티우스의 이 중요한 책을 통해 우리는 에피쿠로스학파의 전모를 비교적 자세하게 확인할 수 있다. 《사물의 본성에 관하여》에 들어 있는 한 대목을 살펴보도록 하자.

마음이 신체와 더불어 생겨나며 신체와 함께 성장하고 신체와 함께 늙어감을 우리는 지각한다. 부드럽고 연약한 신체를 가진 어린아이가 간신히 걷듯이, 그들의 판단력도 미약하다. 성숙해져서 힘이 강해질 때, 그들의 판단도 나아지고 그들의 마음의 힘도 강해진다. 나중에 거친 세월의 힘이 그들의 신체를 공격하고, 수족이 무디어져 제대로 힘을 쓰지 못하게 된 후에, 지력이 떨어지고 혀가 헛돌아가며, 마음은 갈팡질 팡하고, 이와 동시에 모든 것이 약해지고 스러진다. 그래서 생명력이 있는 실체는 모두 연기처럼 공기 중의 높은 미풍으로 흩어져버리는 것이 적절한 일이다.　　　　　　　　　　　　　　 -《사물의 본성에 관하여》

방금 읽은 구절에서 주목해야 할 점은 루크레티우스가 마음과 육체에 대한 스피노자의 입장, 즉 평행론parallelism을 연상시키는 주장을 전개하고 있다는 점이다. 그는 육체의 역량과 마음의 역량은 반비례 관계가 아니라 비례 관계에 있다고 주장한다. 이 점에서 "마음이 신체와 더불어 생겨나며 신체와 함께 성장하고 신체와 함께 늙어간다"는 구절은 매우 중요하다. 이 구절만큼 에피쿠로스학파가 플라톤의 철학이나 후대의 기독교 사유로부터 얼마나 멀리 떨어져 있는지 잘 보여주는 것도 없기 때문이다. 플라톤 철학이나 기독교에서는 마음과 신체가 대립적인 것으로, 동시에 마음은 신체와는 달리 불멸성을 갖는 것으로 사유되었다. 이런 주류 전통의 입장에서 볼 때 영혼의 우월성을 부정하는 에피쿠로스학파의 입장은 이단적인 것으로 보일 수밖에 없었을 것이다. 하지만 에피쿠로스학파에게 "생명력이 있는 실체는 모두 연기처럼 공기 중의 높은 미풍으로 흩어져버리는 것"에 지나지 않는 것이었다.

에피쿠로스학파의 평행론을 살펴보았다면 우리는 이제 이 학파가 왜 에픽테토스Epiktētos(50?~138?) 같은 스토아 철학자에게 "방탕하다"고 비판받았는지 어느 정도 납득할 수 있다. 사실 에픽테토스는 육체적 쾌감이 정신적 쾌감과 함께 우리 실존의 쾌감을 드러내는 두 가지 측면 가운데 하나라는 사실을 간과하고 있었다. 그렇기 때문에 그의 눈에는 쾌락을 중시했던 에피쿠로스학파가 기본적으로 육체적 쾌락만을 추구하는 것으로 보였던 것이다. 직접 에피쿠로스학파가 주장했던 쾌락주의의 전모를 살펴보면, 우리는 에픽테토스의 오해가 얼마나 부당한 것인지를 어렵지 않게 이해할 수 있다. 다음 구절은 에피쿠로스가 메노이케우스Menoikea라는 젊은이에게 바람직한 삶에 대해 조언하면서 보낸 서신 가운데 일부이다.

쾌락이 행복한 삶의 출발점이자 끝이라고 우리는 말한다. 쾌락이 원초
적이고 타고날 때부터 좋은 것이라고 인정하기 때문이다. 우리는 선택
하거나 회피하는 모든 행위를 쾌락에서 시작하며, 우리의 쾌락 경험을
모든 좋은 것의 기준으로 사용하면서 쾌락으로 되돌아간다. …… 그
러므로 우리가 "쾌락이 목적이다"라고 할 때, 이 말은 우리를 잘 모르
거나 우리의 입장에 동의하지 않는 사람들이 생각했던 것처럼, 방탕한
자들의 쾌락이나 육체적인 쾌락을 의미하는 것이 아니다. 내가 말하는
쾌락은 몸의 고통이나 마음의 혼란으로부터의 자유이다. 왜냐하면 삶
을 즐겁게 만드는 것은 계속 술을 마시고 흥청거리는 일도 아니고, 욕
구를 만족시키는 일도 아니며, 물고기를 마음껏 먹거나 풍성한 식탁을
가지는 것도 아니고, 오히려 모든 선택과 기피의 동기를 발견하고 공허
한 추측들─이것 때문에 마음의 가장 큰 고통이 생겨난다─을 몰아
내면서 멀쩡한 정신으로 헤아리는 것이기 때문이다.

– 〈메노이케우스에게 보내는 서한Epistolē pros Menoikea〉

에피쿠로스학파에게 인간은 쾌락의 존재였다. 인간은 쾌락을 가져다
주는 것을 선택하고 쾌락을 방해하는 것을 회피하려는 본질을 가지고 있
다고 보았기 때문이다. 바로 이 대목이야말로 스피노자와 프로이트Sigmund
Freud(1856~1939)의 자연주의적 사유 전통이 과연 어디에서 유래한 것인지 잘
보여주고 있다. 에피쿠로스와 마찬가지로 스피노자는 인간의 본질이 기쁨
을 지키려고 하고 슬픔을 제거하려고 하는 삶의 힘, 즉 코나투스에 놓여 있
다고 정의한 적이 있다. 또한 프로이트도 인간의 행동이 쾌락을 지향하고 불
쾌를 피하는 쾌락원리Lustprinzip에 의해 지배된다고 이야기하고 있다. 바로 이
들의 관점에 앞서 에피쿠로스학파는 쾌락이야말로 인간 행위의 제1원리라
고 확신했던 것이다. 심지어 그들은 죽음마저도 쾌락원리에 의해 선택될 수

있다고 이야기했을 정도였다.《사물의 본성에 관하여》에 따르면 "죽음은 근심 걱정에 빠진 사람을 제거해서, 더 많은 불행을 더 겪을 수도 있는 인간이 존재하지 않도록 해주기" 때문이다.

　잠시 죽음에 대한 에피쿠로스학파의 입장에 주목할 필요가 있다. 사실 인간이 압도적인 자연이나 사회체제에 저항할 수 있는 가장 강력한 무기는 바로 '자살'이라고 할 수 있다. 질병이나 노화에 의해 서서히 죽어가는 운명을 자살로 저항할 수도 있고, 체제의 억압이나 수탈도 자살로 저항할 수 있기 때문이다. 하긴 노예로 부리려고 했는데, 노예가 자살하면 주인은 얼마나 황당하겠는가. 아직도 체제에서 자살을 금지하는 것도 이런 이유에서다. 억압받은 개인이 할 수 있는 가장 수동적인 저항이지만, 억압자의 입장에서는 정말 어찌할 수 없이 무서운 저항이 바로 개체의 자살이기 때문이다. 그러니까 쾌락을 추구하는 인간으로서 가장 불쾌한 상태는 죽지도 못하고 노예처럼 부려지는 상황이라고 할 수 있는 것이다. 에피쿠로스학파와 비슷하게 쾌락주의를 표방하며 중국 전국시대戰國時代를 풍미했던 양주도 마찬가지의 입장이었다. 그의 입장은 양주학파의 사상가로 보이는 자화자子華子라는 인물의 글로《여씨춘추呂氏春秋》에 전해지고 있다.

> 온전한 삶全生이 첫째이고 부족한 삶虧生이 둘째이며, 죽음死이 그다음이고 핍박받는 삶迫生이 제일 못하다. 존중받는 삶은 온전한 삶을 의미한다. 온전한 삶은 인간의 다양한 욕망이 모두 적절함을 얻은 것이다. 부족한 삶은 그 적절함을 부분적으로만 얻은 것이다. 부족한 삶은 옅게 존중받는 삶이다. 부족함이 심하면 그만큼 더 존중받음이 옅어질 수밖에 없다. 죽음이란 지각 능력을 잃고 삶 이전으로 되돌아간 것을 말한다. 핍박받는 삶이란 인간의 욕망이 그 적절함을 얻지 못하고, 최악으로 불쾌한 상태에 있다는 걸 말한다. 굴종이 그렇고 치욕이 또한 그렇다. 그래서 '핍박받는 삶은 죽음보다 못하다'고 한 것이다.
>
> ―《여씨춘추呂氏春秋》,〈귀생貴生〉

에피쿠로스학파든 양주학파든 개인의 쾌락을 중시하는 쾌락주의가 가장 싫어하는 것은 모두 굴종과 치욕이다. 굴종과 치욕의 상태, 그것은 노예의 상태이자 부자유의 상태다. 결국 에피쿠로스학파에게 최고로 불쾌한 상태는 죽음이 아니고 부자유의 상태였던 것이다. 자유가 아니면 죽음을 달라! 에피쿠로스학파의 자유정신은 이렇게 외치고 있다. 체제 입장에서는 정말로 위험하기 이를 데 없는 얼마나 혁명적인 생각인가. 그래서 체제는 에피쿠로스학파를 동물적인 쾌락이나 추구하고 있다고 저주하면서, 그들의 생각이 체제에 순응하고 있던 사람들에게 전염되는 걸 막으려고 했던 것이다. 이미 죽을 각오를 하고 있는 이 개인주의자들, 혹은 쾌락주의자들을 어떻게 부릴 수 있다는 말인가? 억압적 권력이 자신의 힘을 과시하는 최종적 무기는 생명에 대한 위협이니 말이다. 에피쿠로스학파가 죽음을 긍정하고 있다고 하더라도, 그것은 억압받는 삶이 더 불쾌하기 때문이다. 문제는 억압받는 삶에서 벗어날 수 있는 방법이 있는데도 그런 방법이 없다고 잘못 인식하고 자살을 선택할 수 있다는 데 있다. 그래서 에피쿠로스학파는 사유와 선택을 그리 강조했던 것이다.

맞는 이야기다. 우리가 쾌락이라고 생각했던 것이 사실 쾌락이 아니었고, 불쾌하다고 생각했던 것이 사실 쾌락일 수도 있다. 예를 들어 기름진 음식이나 맛있는 술, 혹은 성적인 대상은 순간적으로는 쾌락을 주지만, 이것들은 인간 자체를 약하게 만들고 더 이상 쾌락을 누릴 수 없는 존재로까지 만들어버리기도 한다. 반면 입에 너무 쓴 약이나 괴로움의 감정을 가져다주는 고된 운동은 순간적으로는 불쾌감을 주지만, 이런 것들은 인간 자체를 더 강하게 만들어 더 큰 쾌락을 느끼도록 할 수 있다. 에피쿠로스학파가 "공허한 추측들"을 우리의 정신에서 제거하려고 했던 것도 바로 이런 이유에서였다. 혼란된 생각들은 우리 삶에 진정한 쾌락을 주는 것들에 대해 착각하도록 만들 수 있기 때문이다. 이런 이유에서 에피쿠로스는 쾌락을 "몸의 고통이나 마음의 혼란으로부터의 자유"라고 정의했던 것이다.

이제 에피쿠로스학파가 육체적 향락에만 빠져 있다는 당시 세간의 오해가 얼마나 그릇된 것인지 분명하게 드러난 셈이다. 에피쿠로스의 쾌락은 "선택과 기피의 동기를 발견하고 공허한 추측들을 몰아내면서 멀쩡한 정신으로 헤아리는" 지적인 통찰에서만 가능한 것이다. 그래서 그는 잘못된 생각에서 발생하는 쓸데없는 욕망을 부정하려고 했다. 에피쿠로스학파가 체제의 억압이 작동하는 정치적 활동을 멀리하면서 자신만의 공동체 생활을 영위했던 이유도 바로 여기에 있다. 지금도 그렇지만 국가와 같은 권위주의적 공동체는 명예나 부 혹은 권력을 대가로 인간들로 하여금 상호 파괴 혹은 상호 갈등의 관계에 빠지도록 유인하곤 한다. 바로 이 대목에서 우리는 에피쿠로스학파가 양주의 쾌락주의와 다시 연결될 수 있는 지점을 발견하게 된다. 《맹자》〈진심盡心〉 상편을 읽어보면, "양주는 '위아爲我'를 주장하면서 털하나를 뽑아서 천하를 이롭게 한다고 해도 절대로 하지 않았던" 철학자였기 때문이다. 양주는 각자가 자신의 삶을 다른 그 무엇과도 바꿀 수 없는 고유한 것으로 간주할 때에만 세계에 진정한 평화가 도래할 수 있다고 확신했던 것이다. 놀랍지 않은가? 비슷한 시기에 활동했던 동양의 양주라는 인물과 서양의 에피쿠로스라는 철학자가 매우 유사한 논리로 정치적 욕망의 세계를 강하게 부정했던 것이다.

스토아학파: "전체와의 조화를 도모하라!"

에피쿠로스학파의 탁월한 철학자 루크레티우스가 우발성의 우주론을 주장했을 때, 사실 그는 인간의 삶과 행복에도 우발성의 관념을 도입하려 했다고 볼 수 있다. 에피쿠로스학파에 따르면 우주의 탄생은 평행으로 내려오는 원자들 가운데 어떤 하나에 클리나멘, 그러니까 최대한으로 작은 기울어짐이 발생했기 때문에 가능했던 것이다. 이와 마찬가지로 인간은 어떤 외부 존재와 우발적으로 마주쳤을 때에만 쾌감이나 불쾌를 느낄 수 있게 되는 것이다. 비록 오늘은 불쾌하지만 내일은 쾌감을 느낄 수도 있다는 것, 그리고 그것은 필연적인 것이 아니라 우발적인 것일 수밖에 없다는 것, 이것이 바로 에피쿠로스학파가 공유했던 중요한 관점이었다. 그런데 헬레니즘 철학을 양분했던 스토아학파는 에피쿠로스학파와는 전혀 다른 세계관을 가지고 있었다. 20세기 초에 폰 아르님Hans Friedrich August von Arnim(1859~1931)은 초기 스토아학파의 어록을 네 권의 책으로 묶었는데, 여기에는 다음과 같은 흥미진진한 구절이 등장한다.

> 모든 원인의 결과를 지각하는 사람이 있을 수 있다면, 어떤 것도 그를 속이지 못할 것이다. 미래 사건의 원인을 파악하는 사람이라면 일어날 모두를 분명히 파악할 것이기 때문이다. …… 시간의 경과는 줄을 다시 푸는 것과 같으며, 새로운 것을 만들지 않는다.
> ─《초기 스토아 철학자의 단편Stoicorum Veterum Fragmenta》

돌돌 말린 실패를 연상해보라. 스토아학파는 세계와 그 속에서 이루어지는 우리의 삶의 모습이 마치 실패에서 실을 푸는 과정과 같다고 이해했던 것이다. 실을 완전히 풀면 우리는 실 중간 부분에 노랗게 염색된 부분이 있다는 것, 혹은 전체 실의 길이가 얼마 안 된다는 것 등을 모두 알 수 있다. 비록 우리가 이런 사실들을 실을 완전히 풀기 전에는 전혀 알 수 없다고 하더라도, 이미 모든 것은 이처럼 결정되어 있는 것이다. 이것이 스토아학파의 핵심 견해였다. 스토아학파는 세계가 철저한 인과관계 혹은 인과적 질서에 의해 발생하고 움직인다고 보았다. 따라서 당연한 일이지만 우리가 원인을 알게 되면 결국 이 원인에 따른 결과 역시 미리 다 알아낼 수 있다고 생각했던 것이다. 결정론에서 가장 멀리 벗어났던 에피쿠로스학파와는 달리 스토아학파는 이처럼 완전한 결정론을 믿고 있었던 셈이다. 거의 라플라스가 주장했던 기계론적 결정론의 선구에 해당한다고 할 수 있다.

스토아학파의 결정론적 세계관은《신본성론De natura deorum》에 나타난

스토아학파의 일원인 마르쿠스 아우렐리우스. 스토아학파는 세계가 철저한 인과관계 혹은 인과적 질서에 의해 발생하고 움직인다고 보았다. 따라서 우리가 원인을 알게 되면 결국 이 원인에 따른 결과 역시 미리 알아낼 수 있다고 생각했다.

키케로Marcus Tullius Cicero(BC 106~BC 43)의 다음과 같은 발언, 즉 "우주의 본성은 자발적 운동과 노력, 그리고 욕구를 지닌다"라는 말로 요약할 수도 있을 것이다. 만약 전체 우주가 자신만의 고유한 질서 혹은 욕구를 가지고 있다면, 인간은 이러한 전체 질서를 잘 파악해서 그것에 일치하도록 노력해야만 할 것이다. 우리는 단지 전체의 작은 부분에 지나지 않는 존재이니까 말이다. 키케로가 다음과 같은 행위 원칙을 제안했던 것도 이런 이유에서였다.

스토아 철학자의 말에 따르면 스스로 자연과 조화되거나 아니면 자연과 조화되는 그런 사태를 일으키는 것에 가치가 있다. 따라서 충분히 가치 있다고 여겨지는 요소가 그것에 있기 때문에 그런 것은 선택될 가치가 있는 반면, 그런 것의 반대는 그 가치를 인정받을 수 없다. 그래서 우리는 자연과 일치되는 것을 그 자체를 위해 획득해야 하며, 그와 반대되는 것을 거부해야 한다는 점을 기본 원리로 입증했다. 생물의 본성에 따르는 첫째 기능은 자신을 자연적 상태로 유지하는 것이다. 둘째 기능은 그것이 자연과 조화되는 것을 붙잡고 그와 반대되는 것을 없애 버리는 기능이다. -《최고선과 최고악에 관하여De finibus bonorum et malorum》

우주라는 커다란 실패에서 풀어져 나오는 실의 작은 마디들에 불과한 우리는 전체 실의 질서에 따르는 삶을 영위해야만 한다. 다시 말해 우리는 전체 자연과 조화되는 방향으로 자신의 모든 행동을 조절해야만 한다는 것이다. 물론 우리가 잘못된 판단으로 인해 전체 자연과 대립하는 방향으로 행동을 결정할 수도 있을 것이다. 하지만 전체의 부분으로서 우리의 그런 행동은 결정되어 있는 세계 전체의 인과적 질서를 동요시키게 될 것이고, 그 결과 우리 자신에게도 파괴적인 영향을 미치게 될 것이다. 이 때문에 결국 전체의 질서에 따라 삶을 영위해야 한다는 것이 스토아학파의 최종 가르침이 되었던 것이다.

스토아학파의 일원이자 동시에 로마제국의 황제이기도 했던 마르쿠스 아우렐리우스Marcus Aurelius Antoninus(121~180)는 확신에 차서 다음과 같이 말하기도 했다.

전체에 이로운 것이라면 부분에게도 해롭지 않다. 전체는 그에게 이롭지 않은 것을 지니지 않기 때문이다. …… 내가 그런 전체의 부분이라는 점을 기억하는 한, 나는 어떤 일이 일어나더라도 크게 만족할 것이다.
-《명상록Imperium Romanum》

스토아학파의 윤리적 입장을 상징하는 아파테이아apatheia라는 개념은 바로 이런 삶에 대한 태도에서 유래한 것이다. 인간의 주관적인 감정 상태에서 자유로운 상태가 곧 아파테이아 상태이다. 아파테이아는 글자 그대로 '파토스pathos'가 '부재한a' 상태, 즉 일체의 인간적 감정에서 초연한 상태를 의미한다. 자신의 입장에서 불리한 일이 생기더라도 스토아학파는 결코 그것에 분노하지 않는다. 동시에 자신에게 행운이 닥쳐와도 함부로 쾌감을 느끼지도 않는다. 그것들은 모두 전체 세계가 필연적으로 자신을 전개해가는 과정, 즉 운명factum의 과정일 뿐이기 때문이다. 불행이든 행운이든 그것이 결국 필연적인 전체 질서에 따라 벌어진 일이라면, 우리는 이에 대해 분노하거나 쾌락을 느끼는 감정 상태에 빠질 이유가 전혀 없다. 이토록 삶에 초연했던 스토아학파의 기본 정신은 크뤼시포스Chrysippos(BC 280?~BC 207?)라는 철학자의 다음 말에도 잘 요약되어 있다. "신이 지금 질병을 나에게 정해주었다는 사실을 내가 알았다면, 나는 질병을 추구했을 것이다." 이는 《초기 스토아 철학자의 단편》에 실려 있는 말이다.

삶에 대해 초연했던 스토아학파의 태도는 여러 면에서 전통 동아시아인들, 특히 유학자들이 보여왔던 삶의 태도와 유사하다. 중국 신유학新儒學을 대표하는 철학자 소옹邵雍(1011~1077)의 다음 이야기는 스토아학파의 철학을 그대로 요약하고 있는 것 같아 경이롭기까지 하다.

> 크고 작은 일에는 모두 자연天과 사람人을 지배하는 이理가 갖추어져 있다. 몸을 닦아 기르는 것은 사람의 일이며, 그가 행운을 누리고 불행을 겪는 것은 자연에 달려 있다. 행운을 얻든 잃든 간에 마음을 어지럽히지 않는 것이 자연에 복종하는 길이다. 그러나 도리가 아닌 험악한 일을 하면서 오히려 요행을 바라는 것은 자연을 거역하는 일이다. 추구하는 것은 사람이 할 일이지만, 그것을 얻고 얻지 못하는 것은 자연에 달려 있다. 얻든 얻지 못하든 마음을 동요시키지 않는 것이 자연에 순응하는 길이다. 억지로 취하고 반드시 얻으려고 하는 것은 자연의 이치를 거역하는 것이다. 자연을 거역한 사람은 반드시 근심과 재난을 당할 것이다.
> ─《황극경세서皇極經世書》

전체 자연의 질서에 순응해야만 하고, 따라서 자신에게 불리하게 혹은 유리하게 펼쳐지는 자연 질서에 대해 부동심을 가져야 한다는 소용의 주장을 들었다면, 아마 스토아학파는 무릎을 탁 쳤을 것이다. 신유학이 아니더라도 동아시아에서는 사실 스토아적 사유가 하나의 생활철학으로 이미 자리를 잡았다고 할 수 있다. 대부분의 사람은 '진인사盡人事, 대천명待天命'이란 유명한 구절을 어디선가 들어보았을 것이다. "사람의 일을 모두 다하고, 천명을 기다린다"는 의미이다. 사실 이 말은 남송南宋의 유학자 호인胡寅(1098~1156)이 자신의 저서《독사관견讀史管見》에서 처음 사용한 것으로,《삼국지연의三國志演義》에 등장하는 제갈량諸葛亮(181~234)의 말, 즉 "사람의 일을 닦고 천명을 기다린다"는 의미의 '수인사대천명修人事待天命'에서 유래한 것이다. 유학자, 혹은 선비는 자신이 할 수 있는 일을 모두 수행했다면, 그 결과가 불행으로 나타나든 혹은 행운으로 나타나든 기쁘게 받아들일 뿐이다. 스토아학파의 철학자나 유학의 선비들이 거의 동일한 삶의 태도를 견지하고 있다는 사실은 이채롭기까지 하다.

서양철학의 과제,
에피쿠로스학파와 스토아학파의 통일

헬레니즘 철학은 에피쿠로스학파와 스토아학파로 양분된다. 에피쿠로스학파는 개체의 삶과 개체의 쾌락을 중시한다. 그래서 그들은 전체 질서가 자신의 삶을 몹시 불쾌하게 만든다면, 개체는 죽음을 통해서라도 전체 질서에서 벗어나야 한다고 보았다. 그것이 살아 있는 것보다 오히려 더 쾌락을 줄 테니까. 반면 스토아학파는 개체의 삶보다는 전체 질서를 더 중시한다. 그들은 전체 질서가 만약 개체에게 불쾌감을 주었다면 개체는 그 불쾌감을 기쁜 마음으로 수용해야 한다고 역설했다. 흥미로운 것은 개체의 쾌락을 강조하는 에피쿠로스의 사유 전통이나 전체의 필연적 질서를 중시한 스토아학파의 사유는 스피노자에게서 비판적으로 종합되고 있다는 점이다.

우리는 스피노자의 주저 《에티카》에서 스토아학파의 냄새가 나는 주장뿐만 아니라 에피쿠로스학파의 속내를 반영하는 주장도 모두 발견할 수 있다. 전자를 대표하는 주장으로 "사물의 본성에는 우연적인 것이란 전혀 없고, 오히려 모든 것은 어떤 방식으로 존재하며 작용을 미치는 신적 본성의 필연성에 의해 규정된다"는 명제를 들 수 있다. 한편 후자를 대표하는 주장으로 "정신은 신체의 활동 능력을 증대시키거나 촉진시키는 것을 가능한 한 생각하고자 한다"는 명제를 생각할 수 있다. 스피노자 철학의 중요성을 현대에 다시 살려낸 들뢰즈의 탁월함도 다른 데 있는 것이 아니다. 그도 《에티카》에 나타난 이런 두 가지 흐름에 주목했기 때문이다. 《대담 1972~1990Pourparlers 1972-1990》에서 들뢰즈는 이렇게 말한다.

"《에티카》는 정의, 명제, 논증, 귀결 등의 연속적 흐름을 보여주고 있는데, 그 속에는 개념의 놀라운 전개가 이루어지고 있다. 마치 웅장하고 잔잔하며, 끊임없이 흐르는, 저항할 수 없는 강물과도 같다. 하지만 동시에 주석이란 이름 아래 '작은 사건들'이 불연속적으로, 독자적으로, 여기저기 솟아나 서로 부딪치면서 …… 모든 정열들을 폭발시켜 슬픔과 기쁨의 전쟁터를 이루고 있다."

들뢰즈의 탁월함이 번뜩이는 부분이다. 들뢰즈는 스피노자의 속내를 꿰뚫어 보면서, 연속적 흐름을 중시했던 스토아학파의 정신 그리고 우발적 사건들의 불연속성을 강조했던 에피쿠로스학파의 정신을 모두 드러내 보였으니까 말이다. 들뢰즈를 후기구조주의로 분류하는 것도 이런 이유에서다. 생각해보라. 개인의 자유를 중시했던 사르트르Jean-Paul Sartre(1905~1980)의 실존주의는 여러모로 에피쿠로스학파의 생각과 비교될 수 있다면, 개인을 넘어서는 구조의 필연성을 강조했던 레비-스트로스Claude Lévi-Strauss(1908~2009)의 구조주의는 스토아학파의 사유와 너무나 유사하다.

스피노자가 에피쿠로스학파와 스토아학파를 비판적으로 종합했던 것처럼, 들뢰즈는 스피노자의 도움으로 실존주의와 구조주의를 종합하고자 했던 것이다. 한마디로 말해 스피노자와 마찬가지로 들뢰즈도 무제한적인 자유가 아니라 구조에 직면해 있는 자유, 혹은 구조를 넘어서려는 자유를 이야기하려고 했던 것이다. 자연의 질서든 아니면 사회적 구조든 이걸 전제하지 않고 논의되는 자유는 공허할 뿐만 아니라, 삶에 아무런 도움도 되지 않을 테니 말이다. 이것은 들뢰즈에게만 해당되는 것은 아니다. 스피노자나 들뢰즈의 방식으로 꿈꾸지 않으면, 일반 사람들도 삶의 기쁨을 증진시키는 자유를 현실에 관철시킬 수 없을 것이다.

여기서 한 가지 수정해야 할 것이 있다. 스피노자도 그렇지만 들뢰즈에게 스토아학파의 정신과 에피쿠로스학파의 정신은 동등하게 종합되어 있지 않다. 오히려 종합에서 핵심은 에피쿠로스학파에 있기 때문이다. 이렇게 비유해도 좋을 듯하다. 에피쿠로스학파의 정신이 주인공이라면, 스토아학파의 정신은 주인공의 삶에 의미를 부여하는 배경이나 혹은 주인공이 자신의 삶을 관철하기 위해 극복해야만 하는 현실적 한계로 기능하기 때문이다. 극복될 현실이 없는 이상은 백일몽에 지나지 않고, 이상이 없는 현실주의는 체념의 허무주의로만 남을 뿐이다. 스피노자나 들뢰즈의 종합은 백일몽과 체념이란 양쪽 절벽으로 떨어지지 않고 능선을 건너려는 신중한 시도였던 셈이다.

1

보편자는 존재하는가?

아퀴나스

VS

오컴

실재론과 유명론의 정치적 속내

실재론realism이 개념은 마음 바깥에 지시 대상을 가진다고 주장한다면, 유명론nominalism은 모든 개념은 단지 인간이 붙인 이름일 뿐이라고 주장한다. 서양 중세철학 전통에서 실재론과 유명론을 가름하는 핵심적인 관건은 개별사물res과 보편자universals 사이의 관계 설정 문제이다. "아리스토텔레스는 인간이다"라는 명제를 예로 들어보자. 여기서 '아리스토텔레스'가 가리키는 구체적인 사물이 개별사물이라면, '인간'이라는 추상명사는 바로 보편자이다. 실재론에 따르면 보편자는 개별적 '사물에 앞서서ante res' 실제로 존재하는 것이다. 반면 유명론에 따르면 보편자는 개별적 '사물 뒤에서post res' 인간이 만든 이름에 불과한 것, 다시 말해 보편자는 단지 '인간 정신 속에만in mente' 존재하는 것이다. 그래서 그런지 실재론적 경향이 개별사물보다 보편자를 더 중시한다면, 유명론적 경향은 결국 보편자보다는 개별사물을 중시하게 된다.

실재론적 경향에 따르면 개별사물들은 자신들이 '부분으로서 참여participation'하고 있는 보편자를 자신들의 존재 근거로 가지고 있다. 물론 이런 생각의 유래는 플라톤에게서 찾을 수 있다. 그에 따르면 모든 개별자들은 불변하는 '에이도스'에 참여하고 있기 때문에 현실에서 존재할 수 있게 된 것이다. 종이에 그리든 땅에 그리든 구체적인 삼각형들은 내각의 합이 정확히 180도인 경우는 없다. 그러나 이것들이 모두 '삼각형'이라고 불리는 것은 가장 완전한 상태, 정확히 내각의 합이 180도인 삼각형, 즉 '삼각형 자체'가 존재하기 때문이다. 실재론자들은 삼각형이란 개념은 바로 이 '삼각형 자체'를 가리킨다고 주장했던 것이다. 그러나 현대에 와서 실재론을 주장하는 철학자는 더 이상 찾아보기 힘들다. 언어학과 언어철학의 발달로 이제 철학자들은 인간이 사용하는 모든 개념은 단지 우리 정신 속에서만 존재한다는 것에 의견 일치를 보이고 있기 때문이다. 지금은 실재론이 아니라 유명론의 시대인 셈이다.

이 점에서 과거 동양철학 전통은 서양보다 더 발달했다고 할 수 있다. 일상의 경우와는 달리 동양철학을 대표하는 대가들은 대부분 유명론의 입장을 확고히 견지하고 있었기 때문이다. 중국 철학자 장자도 일찌감치 말하지 않았는가? "사물들은 그렇게 불려서 그럴 뿐物謂之而然"이라고 말이다.《장자莊子》〈제물론齊物論〉 편에 등장하는 말이다. 그러나 이런 유명론적 경향을 마음의 차원에서까지 밀어붙여 집요하게 숙고했던 더 심오한 전통이 있다. 그것이 바로 바수반두Vasubandhu, 世親(320?~400?)의 유식철학이다.

단지 개념일 뿐이다. 왜냐하면 그것은 실제로 존재하지 않는 대상을 가리키기 때문이다. 마치 눈병이 걸린 사람이 있지도 않은 털이 보이거나 아니면 달이 두 개 있는 것으로 보는 것처럼 말이다.

-《유식이십송Vimśatikāvijñaptimātratāsiddhi》

자신이 쓰는 개념에 해당하는 대상이 실제로 존재하고 있다고 생각하는 것이 불교에서 가장 문제시하는 '집착'이다. 결국 집착은 실재론적 사유에 사로잡혀 벗어나지 못하는 심리 상태라고 할 수 있다. 불교 철학자였던 바수반두도 예외 없이 집착을 해소하려고 한다. 그 방법이 바로 "단지 개념일 뿐이다"라는 유명론적 선언이었다. 예를 들어 바수반두라는 이름이 있다고 하자. 이 사람은 지금 실제로 죽었지만, 실재론자들은 그가 다른 방식으로 어디선가 존재한다고 주장할 것이다. 이런 식으로 천국도 나오고 극락도 발생하는 것이다. 이것이 바로 집착이 아닌가. 바수반두는 지금 "단지 개념, 혹은 표상일 뿐"이라고, 바수반두로 지칭되는 존재는 인연이 다 되어서 사라진 것이라고 역설하고 있는 것이다. 그래서 바수반두의 주저 제목에 주목할 필요가 있다. '유식이십송'이라고 번역된 'Vimśatikāvijñaptimātratāsiddhi'에 들어 있는 '비쥬납티마트라vijñaptimātra'는 '단지 개념일 뿐'이라는 의미니까 말이다.

사족이지만 잠시 서양철학 전통에서 실재론이란 용어와 관련해서 생길 수 있는 오해 하나를 살펴보고 논의를 진행하도록 하자. 서양 중세철학에서는 실재론이 유명론과 반대되는 사유 경향을 가리키는 것이었다. 그런데 근대철학의 실재론은 물질적 대상들이 인식 주체 바깥에 객관적으로 그리고 독립적으로 존재한다고 보는 사유 경향을 가리킨다. 따라서 근대철학의 실재론은 유명론과 대립되는 것이 아니라, 오히려 관념론idealism과 대립되는 것이다. 관념론은 어떤 물질적 대상이나 외부 물체들도 우리의 인식이나 의식을 떠나서는 존재하지 못한다고 보는 관점이다. 이에 비해 근대철학의 실재론은 이러한 대상 혹은 물체들이 우리 의식과 관계없이 외부에 존재한다고 가정한다. 따라서 결과적으로 보면 매우 아이러니한 현상이지만, 중세철학의 실재론은 오히려 근대철학의 관념론과 연결되고, 이와 반대로 중세철학의 유명론은 결국 근대철학의 실재론과 유사한 것으로 서로 연결될 수 있다.

　　중세철학에서 전개된 보편논쟁, 즉 실재론과 유명론 사이의 논쟁을 단순히 언어철학적 논쟁이라고 이해해서는 안 된다. 실재론과 유명론 사이의 논쟁은 정치철학적 논쟁으로 바로 확대되기 때문이다. 근대의 관념론에 해당하는 중세의 실재론이 정치경제학적으로 볼 때 보수적인 입장을 취하고 있다면, 근대의 실재론에 해당하는 중세의 유명론은 매우 진보적인 관점을 견지한다. 실재론을 적극 옹호했던 아퀴나스Thomas Aquinas(1225?~1274)는 사유재산을 직접적인 자연권으로 인정해 자식들에게 대대로 물려주는 것을 긍정했지만, 반대로 유명론을 지지했던 오컴William of Ockham(1285?~1349)은 인간에게는 사유재산이나 공동재산도 존재할 수 없다고 주장한 적이 있다. 아퀴나스에 따르면 보편자가 개체 앞에 존재하는 것과 마찬가지로 사유재산이란 것도 아직 태어나지 않았지만 태어날 자신의 자식 앞에 미리 존재하는 것으로 인정될 수 있는 것이었다. 이와 달리 오컴의 입장에 따르면 보편자가 개체 앞에 존재하지 않는 것과 마찬가지로, 사유재산이 태어날 자식 앞에 미리 존재할 수는 없는 것으로 간주되었다. 이 때문에 오컴은 굶주린 자들이 생존을 위해서라면 기존의 사유재산 질서를 파괴할 수도 있다고 보는 혁명적 입장을 피력하게 되었던 것이다.

많은 점에서 오컴의 입장은 1950년대 이후 라틴아메리카에서 번성했던 해방신학theology of liberation의 성격을 닮았다. 기독교는 기본적으로 세계종교의 하나이다. 다시 말해 기독교는 특정한 가족, 특정한 지역, 특정한 민족, 특정한 정치를 넘어서 세계적 규모의 보편성을 지향하는 종교로 성장하게 되었던 것이다. 이 점에서 '하느님 아버지'라는 말은 글자 그대로 무서운 파괴력을 함축하고 있다. 모든 인간들이 신을 유일한 아버지로 삼고 있다면, 혈육으로 이어진 아버지는 가짜 아버지에 불과할 수밖에 없다. 그렇기 때문에 기독교는 세계종교가 될 수 있었던 것이다. 그렇다면 인간 가운데 어느 부류를 신이 가장 아끼고 사랑할 것인가? 해방신학에서는 그것이 정치적으로 억압받는 사람들과 경제적으로 착취되는 노동자들이라고 생각한다. 부유하게 살고 있는 자식들보다 비참한 삶을 영위하는 자식에게 부모가 더 깊은 애정과 관심을 기울이듯이 말이다.

이에 따르면 신의 뜻을 따르는 모든 기독교들은 당연히 가진 자들보다는 가지지 못한 자들의 편에 서야 한다. 그리고 가진 자들의 것을 그렇지 못한 자들에게 골고루 나누어주어야 한다. 오직 그럴 때에만 천상의 신이 가장 기뻐할 것이다. 이것이 바로 해방신학의 핵심 취지였던 셈이다. 이 점에서 보면 오컴은 곧 중세의 해방신학자였다고 말할 수도 있다. 그가 사유재산을 철저히 거부했던 이유는 그것이 바로 가진 자들의 기득권 논리를 반영한 것이기 때문이었다. 같은 신의 자식임에도 민중에게 인색했던 기득권자들은 오컴의 눈에는 신이 가장 미워할 수밖에 없던 자들로 보였던 것이다. 반대로 일반 민중은 신이 주신 생명을 보존하는 것을 지상의 목적으로 삼아야만 한다. 이런 이유로 오컴은 생존의 위협을 느낀다면 당시의 법률적 소유권을 어겨도 된다고 주장하게 된 것이다. 오컴이 그 당시 정치권력에게 심각한 살해 위협에 시달리게 되었던 것도 결국 이유가 있었던 셈이다.

아퀴나스: "보편자는 신이 만든 실재이다."

플라톤의 우주발생론은 기독교가 서양에 들어오면서 많은 변형을 겪게 된다. 플라톤은 우주가 세 가지 원인의 결합에 의해 만들어진다고 이야기했다. 데미우르고스라는 작용인, 에이도스(=이데아)라는 형상인, 그리고 무한정자라는 질료인이 바로 그것이다. 하지만 기독교는 세계가 유일하고 절대적인 신에 의해 '무로부터 창조되었다'고 주장한다. 이것이 바로 그 유명한 '무로부터ex nihilo의 창조론'이다. 존재론적으로 기독교는 신 안에 플라톤이 말한 세 가지 원인들을 모두 수렴시킬 수밖에 없었다. 만약 기독교의 신, 즉 하느님 외부에 그 자신이 창조하지 않은 질료가 있다고 가정한다면, 이것은 절대자이자 무한자로서의 하느님을 상대적이고 유한한 존재로 만들어버릴 것이기 때문이었다. 아퀴나스가 '무로부터의 창조론'을 그토록 논증하려고 애썼던 이유도 바로 여기에 있다.

> 사실 어떤 사람이 A에서 B를 만드는 경우, A로부터 만든다는 것이 그의 작업에 전제된다. 당연히 A는 그의 작업에 의해 만들어지지 않는 것이다. 이것은 예를 들면 장인이 나무와 청동 같은 자연물들을 가지고 작업하는 것과 같은 경우이다. 이런 자연물들은 장인의 기술이 작용하기 때문에 원인이 된다. …… 그러므로 만일 하느님이 어떤 전제된 것으로부터 작업할 수밖에 없다고 가정한다면, 그런 전제는 하느님으로부터 원인이 된 것이 아닐 것이라는 귀결이 될 것이다. …… 존재자들 중 존재 전체의 보편적 원인인 하느님으로부터 존재하게 되지 않는 것이란 아무것도 존재하지 않는다. 그러므로 하느님이 무로부터 사물들을 존재로 산출해내는 것은 필연적이다. –《신학대전Summa Theologiae》

어떤 장인이 나무나 청동이라는 원료를 가지고 어떤 조각상을 만든다

베노초 고촐리의 〈토마스 아퀴나스의 승리〉 (1468~1484).아퀴나스는 사람 자체, 사자 자체, 해바라기 자체, 장미 자체, 아름다움 자체, 정의 자체 등 이 수많은 이데아들은 하느님의 정신 안에 미리 존재하고 있었다고 주장한다. 바로 이런 이데아라는 모형들을 통해 하느님은 이 세계의 만물을 창조했다는 것이다.

고 해보자. 여기서 장인이 작용인이고 나무나 청동이 질료인이라면, 장인의 머릿속에 있는 조각상의 모델이 곧 형상인이라고 할 수 있다. 그런데 이 경우 장인은 나무나 청동이라는 질료의 제약을 받을 수밖에 없을 것이다. 그렇지만 기독교도로서 아퀴나스는 자신이 숭배하는 절대적 하느님이 이처럼 질료의 제약을 받는 존재라는 사실을 결코 허용할 수 없었다. 단순한 장인의 제작 활동과 신의 창조 활동이 같을 수는 없다는 입장인 셈이다. 그에게는 "존재자들 중 존재 전체의 보편적 원인인 하느님으로부터 존재하게 되지 않는 것이란 아무것도 존재하지 않는다". 하지만 지금 아퀴나스는 논리적 증명을 제안했다기보다는 오히려 하나의 신학적 가정을 믿으라고 주장하고 있을 뿐이다. 여기서 잠깐 아퀴나스의 진리론에 대해 잠시 알아두자. 아퀴나스뿐만 아니라 대부분의 스콜라철학자들에게 진리는 "존재와 사유의 일치"라고 정의된다. 예를 들어 "카페에서 들뢰즈가 커피를 마시고 있다"고 생각했을 때, 이 생각이 진리가 되려면 정말로 들뢰즈는 카페에서 커피를 마시고 있어야 한다는 것이다.

얼핏 당연해 보이는 아퀴나스의 진리관이 중요한 이유는 이것이 하느님은 무엇을 생각하든 생각하는 순간 어떤 노력도 없이 그것이 존재하게 된다는 창조론과 밀접히 연관되기 때문이다. 그러니까 하느님은 그 자체로 진리라는 주장이 성립되는 셈이다. 반면 장인은 생각했다고 해서 그것이 바로 창조되지는 않는다. 의자를 생각한다면, 그는 시간을 들여 재료를 구해서 일일이 노력을 해서 구체적인 의자를 만들어야만 한다. 그래서 인간은 진리의 존재가 아니라 노동의 존재라고 할 수 있다. 진리는 오직 노동을 통해서만 달성되니 말이다. 그래서 장인과 하느님은 존재론적 위상 자체가 다르다. 그렇지만 의자를 보고서 어떤 생각으로 장인이 의자를 만들었는지 추정해볼 수 있는 것처럼, 이 세상 모든 존재자들을 보면서 우리는 하느님의 생각이랄까 의지를 읽어낼 수 있고 그래야만 한다는 것이다. 이것이 바로 아퀴나스가 유럽인들이 기독교에 귀의하도록 만드는 전략으로 아리스토텔레스의 자연철학을 이용한 이유다.

피조물들의 존재 이유를 하나하나 따져나가면 끝내 하느님의 마음에 이르게 된다는 확신이 아퀴나스에게 없었다면, 신학을 다룬 책이면서 동시에 자연철학에 관한 책이기도 한《신학대전》은 탄생할 수 없었을 것이다. 당연히 이렇게 질료마저도 모두 하느님이 창조했다고 강변하면서, 혹은 신앙으로 믿으라고 주장하면서, 아퀴나스는 이제 형상인의 문제를 해명하려는 작업에 착수하게 된다. 형상인은 신의 생각을 읽을 수 있는 가장 중요한 계기니까 말이다.

사실 장인은 그가 바라보는 모형 혹은 원형이 있음으로 해서 질료 안에 특정한 형상을 산출한다. 마찬가지로 자연(본성)적으로 발생하는 것들은 (각기) 특정한 형상을 따라 형성되는 것이 명백하다. 그런데 형상들의 이런 결정은 하느님의 지혜를 제1근원으로 하여 이것에 귀속되는 것이어야 한다. 이런 하느님의 지혜는, 사물들의 구별 안에 성립되는 우주의 질서를 창안하였다. 그러므로 우리는 하느님의 지혜 안에 모든 사물의 이념들이 있다고 말해야 하며, 이런 이념들을 우리는 위에서 '이데아들'이라 불렀다. 즉 그런 것들은 하느님의 정신 안에 존재하는 모형적 혹은 원형적 형상들이다.　　　　　　　　　　　－《신학대전》

아퀴나스는 이렇게 주장한다. 사람 자체, 사자 자체, 해바라기 자체, 장미 자체, 아름다움 자체, 정의 자체 등 이 수많은 이데아들은 하느님의 정신 안에 미리 존재하고 있었다고 말이다. 바로 이런 이데아라는 모형들을 통해 하느님은 이 세계의 만물을 창조했다는 것이다. 아니 정확히 말해 이데아를 생각하는 순간, 세계 만물은 바로 창조되었다고 해야 할 것이다. 아퀴나스가 이야기하는 이데아들은 플라톤의 경우에도 마찬가지였지만 기본적으로 보편자로서 기능하는 것들이다. 중요한 것은 사람들, 사자들, 해바라기들, 장미들, 아름다운 것들, 정의로운 것들이 있기 전에 이것들을 식별할 수 있게 해주는 보편자가 신의 정신 안에 미리 존재하고 있었다고 보는 생각이다. 이러한 관점에 따르면 결국 모든 개별자들은 보편자 다음에 오는 것이지, 보편자들에 앞서 존재할 수는 없는 것이다. 아퀴나스라면 소크라테스를 보고 '인간'이라고 말할 때, 혹은 저 화분에 피어 있는 붉은 장미를 보고 '꽃'이라고 말할 때, 우리 인간과 사물들이 모두 신의 지혜에 참여하고 있다고 이야기할 것이다. 우리는 주어진 개별자들을 보고서 그것을 그렇게 창조했던 신의 마음, 구체적으로 말해 신이 품고 있었던 원형적 형상들을 직관할 수 있기 때문이다.

이제 아퀴나스가 주장했던 실재론을 매우 단순하게 다음과 같이 정리할 수 있을 것이다. 보편자들은 바로 신의 마음속에 모두 미리 존재하고 있었다고 말이다. 한 가지 문제가 이 이데아의 위상 때문에 발생할 수 있다. 비록 자신의 머릿속에 있다고 할지라도, 하느님은 합리적 질서의 근원인 이데아들에 의해 제약될 수 있기 때문이다. 아니면 하느님은 변덕에 가까운 자유를 행사하게 될 것이다. 그러나 이데아들에 의해 제약된 하느님은 의자를 만드는 장인과 유사해진다. 이것이 아퀴나스의 스콜라철학이 가진 문제였다. 이데아들이 확고해야 아리스토텔레스 자연철학의 도움으로 신의 뜻을 읽을 수 있을 텐데, 이 순간 하느님도 자기 머릿속에 있는 이데아들에 복종하는 존재가 된다. 무제약자인 하느님을 선택할 것인가? 아니면 이데아에 제약된 하느님을 선택할 것인가? 아퀴나스는 전자를 선택한다. 《신학대전》을 완성하지 못하고 포기한 이유도 바로 여기에 있다. 아리스토텔레스 자연철학을 이용한 선교 전략은 그 최고 권위자에 의해 파국을 맞게 된 것이다.

ⓚ

오컴: "보편자는 인간의 정신이 만든 것이다."

서양의 중세철학은 고대 그리스 철학의 이성ratio과 기독교의 신앙fides을 중재하려는 시도였고, 어찌 보면 '사생아'로 탄생한 비극적인 철학이라고도 할 수 있다. 이성적이고 논리적이었던 유럽인들을 기독교 신앙으로 이끌기 위해 초기 기독교 사상가들은 불가피하게 이성과 논리에 호소할 수밖에 없었다. 안셀무스Anselm of Canterbury(1033~1109)의 유명한 말, "참된 이성은 필연적으로 사람들을 신앙의 진리로 이끈다"라는 말은 중세철학의 이런 정신을 잘 대변한다. 하지만 이것은 기독교 내부에서 많은 문제를 야기했다. 과연 이성

오컴은 모든 구체적인 사물들이 미리 존재하는 보편자들, 즉 이데아들에 의해 만들어진다는 아퀴나스의 입장을 전면으로 거부했다. 오컴이 이데아를 부정했을 때 그는 중세철학의 파국을 선언하고 있는 것이나 마찬가지였다.

이 먼저인가, 아니면 신앙이 먼저인가? 사실 안셀무스조차도 사랑을 한 가지 비유로 들면서 "나는 알기 위해서 믿는다"라고 이야기했을 정도였다. 사랑하는 대상이 생기면 그 대상에 대해 알려고 노력하듯이, 신을 사랑하게 되면 신과 그가 만든 모든 것을 알려고 시도하게 된다는 것이다. 이것은 다른 진리 한 가지도 가르쳐준다. 신을 안다고 해서 우리가 반드시 그 신을 사랑하리라는 법은 없다는 진리!

아퀴나스는 안셀무스의 정신을 이어받아 이성과 신앙 사이의 완전한 조화를 꿈꾸며 《신학대전》을 집필했다. 하지만 아퀴나스마저도 자신의 글쓰기를 중지하며 자신의 비서 레지널드Reginald에게 "나는 더 이상 나갈 수 없다. 내가 본 것에 비하면 내가 쓴 것들은 모두 지푸라기처럼 보인다"라고 술회했을 정도였다. 이런 중세철학의 속앓이를 한 방에 날려버리면서 당당히 신앙의 길로 나아간 신학자가 바로 다름 아닌 오컴이었다.

하느님은 자신의 제2원인을 수단으로 만들어내는 모든 것을 직접적으로 그리고 그것들 없이도 만들어낼 수 있다. …… 시공간적으로 다른 독자적인 대상과는 구별되는 독자적인 대상res absoluta은 오직 신적인 전능omnipotens을 통해서만 현존한다. 이 독자적 대상은 다른 독자적 대상이 파괴되더라도 독자적으로 현존하는 것이다. -《임의토론집Quodlibeta》

오컴이 말한 제2원인은 아퀴나스가 신의 지혜 안에 있다고 말했던 이데아들을 가리키는 것이다. 지금 오컴은 모든 구체적인 사물들이 미리 존재하는 보편자들, 즉 이데아들에 의해 만들어진다는 아퀴나스의 입장을 전면으로 거부하고 있다. 사실 고대 그리스 철학에서 빌려온 이데아, 즉 에이도스는 기독교 신앙을 이성적으로 설득하려는 중세철학의 고뇌를 대변하는 개념이라고 할 수 있다. 다시 말해 이데아는 중세철학의 두 마리 토끼 중 한 마리에 해당하는 이성을 상징하는 것이었다. 그래서 오컴이 이데아를 부정했을 때 그는 중세철학의 파국을 선언하고 있는 것이나 마찬가지였다. 하느님 아버지라는 말이 있듯이, 오컴은 모든 개별자들, 즉 그의 표현을 빌리자면 "독자적인 대상들"이 직접적으로 하느님에 의해 창조된 것들이라고 주장한다. 그러니까 에이도스로 상징되는 보편자는 신의 창조에 조금도 개입하지 않는다고 주장했던 셈이다.

심지어 그는 독자적인 대상들이 독자적인 대상으로 현존하는 것 자체도 하느님의 전능에 의해 가능한 것이라고 설명하기까지 한다. 예를 들어 지금 눈앞에 장미가 피어 있다면, 그것도 결국 하느님의 힘에 의해 가능해졌다는 것이다. 이것은 하느님이 창조에만 개입하는 것이 아니라, 창조된 개체들의 생존에도 직접 개입하고 있다는 것을 의미한다. 그렇기 때문에 오컴은 하느님의 전능을 강조했던 것이다. 만약 개체들의 창조에만 개입하고 그들의 삶에는 관여할 수 없다면, 하느님의 전능은 훼손될 수밖에 없을 것이다.

생각해보라. 창조에만 개입하고 창조된 존재자들의 삶에 개입할 수 없다면 하느님은 장인과 무슨 차이가 있는가? 의자를 만들어 다른 사람에게 판 장인은 그 의자의 운명에 개입하지 못한다. 의자의 운명은 구매한 사람이 어떻게 사용하느냐에 따라 변할 수밖에 없다.

장미 하나, 길거리에 버려진 아이 한 명, 귀를 간질이는 바람 한 줄기에도 하느님은 직접 관여하고 있다. 하느님이 자신의 관여를 철회한다면 장미, 아이, 바람은 그 순간 바로 파괴될 것이다. 바로 이것이 오컴이 말한 하느님의 전능이다. 결국 아퀴나스의 스콜라철학은 하느님의 전능을 제약하기에, 하느님에게 불경죄를 저지른 꼴이 된다. 그렇다면 현실적으로 우리가 사용하는 보편자들, 예를 들어 인간, 장미, 정의, 아름다움 등은 어떻게 존재하는 것일까? 오컴은 보편자들이 신의 정신 속에 있는 것으로 우리가 발견해야 하는 것들이 아니라, 단지 우리 정신 가운데 존재하는 것일 뿐이라고 이야기한다. 유명한 오컴의 유명론은 이렇게 해서 탄생했던 것이다.

나는 보편자가 주체 속에, 정신의 내부나 외부 가운데 어느 곳에 존재하는 실제적인 것은 아니지만, 오직 정신 속에서 사유의 대상으로서만 존재한다고 주장한다. …… 이런 경우는 비유하자면 예술가의 행위와 비슷할 것이다. 왜냐하면 마치 정신 외부의 집 또는 건물을 본 예술가가 우선 그 정신 속에 어떤 유사한 집을 그린 다음에 이후 그 처음 집과 오직 수적으로만 구별되는 유사한 집을 현실 속에서도 만들어내는 것과 마찬가지로, 우리 경우에도 밖에서 무엇인가를 본 것으로부터 얻게 된 정신 속의 그림이 이후 하나의 본으로 작용할 것이기 때문이다.

−《정리집Ordinatio》

《정리집》의 다른 대목을 살펴보면 오컴이 '직관적 인식notitia intuitiva'과 '추상적 인식notitia abstractiva'을 구분하고 있는 것을 알 수 있다. 직관적 인식이 내 앞에 현존하는 사물이나 사건, 혹은 자신의 내면 상태를 직접적으로 인식하는 것이라면, 추상적 인식은 내 앞에 현존하지 않는 사물이나 사건, 혹은 나의 내면에 벌어지지 않은 상태를 인식하는 것이라고 할 수 있다. 물론 오컴은 직관적 인식이 없다면 추상적 인식도 불가능하다고 단언한다. 예를 들어 우리가 현재 보지도 않고 "북한산에 눈이 내렸을 것이다"라고 이야기한다면, 이것은 우리가 이미 과거 어느 한때에 북한산에서 눈을 직접 보고 인식했기 때문에 가능한 일이라는 것이다. 혹은 우리가 실연한 사람에 대해 "마음이 많이 아프지"라고 말해준다면, 이 점 역시 우리가 이미 실연했을 때 자신의 마음 상태를 직접 인식했던 경험이 있기 때문에 가능하다는 것이다. 합리론과 함께 근대철학사를 양분했던 경험론이 예감되는 부분이다.

그렇다면 결국 오컴이 말한 보편자들은 직관적 인식을 기초로 추상적 인식을 통해 만들어진 것으로, 우리 정신 속에만 존재하는 것이 된다. 오컴이 "정신 외부의 집 또는 건물을 본 예술가가 우선 그 정신 속에 어떤 유사한 집을 그린 다음에 이후 그 처음 집과 오직 수적으로만 구별되는 유사한 집을 현실 속에서도 만들어낸다"고 이야기했던 것도 이 때문이다. 오컴의 지적이 타당하다면 보편자가 실재한다는 아퀴나스의 주장은, 인간의 정신 속에만 존재하는 보편자를 오만하게도 하느님의 정신 속에 투영한 것에 지나지 않게 된다. 유명한 '오컴의 면도날Ockham's Razor'은 바로 이런 그의 관점과 연관된 것이다. "다수성은 필연성 없이 설정되어서는 안 된다pluralitas non est ponenda sine necessitate." 여기서의 다수성은 물론 보편자의 다수성을 의미하는 것이다. 인간의 머릿속에만 존재하는 다양한 보편자들로 세계의 사물들을 불필요하게 분류하고, 나아가 이런 보편자들이 실제로 존재한다고 믿는 인간 이성의 오만에 대한 일종의 경고성 발언이라고도 이해할 수 있는 것이다. 오컴에게 진정으로 존재하는 것은 오직 신과 개체들뿐이었기 때문이다. 이로써 그는 전지전능하신 신의 위상과 능력이 온전하게 잘 이해될 수 있다고 보았다.

중세철학의 두 보석, 스코투스와 오컴

아퀴나스에게 신은 이성적인 창조자였다. 다시 말해 신이 합리적으로, 어떤 법칙을 가지고 세계를 창조했다고 본 것이다. 이 때문에 우리는 사물들의 본질이나 질서를 탐구함으로써 신의 뜻을 이해할 수 있다. 하지만 오컴은 신이 이성의 지배를 받는다고 생각하지 않았다. 그에게 신은 절대적인 그리고 무조건적인 창조자를 의미했기 때문이다. 아퀴나스에게는 오컴만이 강력한 반대자는 아니었다. 오컴과 함께 황혼기의 중세철학을 대표하던 탁월한 철학자가 한 명 있었다. 바로 '섬세한 박사Doctor Subtilis'라고 불렸던 둔스 스코투스Duns Scotus(1266?~1308)이다. 소를 섬세하게 잘랐던 포정의 칼처럼 그의 섬세하고 날카로운 비판의 메스는 아퀴나스와 아우구스티누스 Aurelius Augustinus(354~430)로 상징되는 중세철학 일반 전통에 가해졌다.

무엇보다 중요한 것은 스코투스는 신학을 위해서라는 이유로 플라톤에 의존했던 아우구스티누스, 그리고 동일한 이유로 아리스토텔레스에 의존했던 아퀴나스의 시도 자체를 붕괴시켰다는 데 있다. 결국 스코투스에게 신학과 철학은 완전히 다른 학문이었다. 한마디로 신앙과 이성은 다르다는 것이다. 신학은 신과 그의 속성들을 다루고, 철학 혹은 형이상학은 존재와 그 속성들을 다루기 때문이다. 당연히 신학적 진리들은 아퀴나스처럼 감각적 증거들로, 혹은 아우구스티누스처럼 이성의 올바른 사용으로 정당화되거나 강화될 수 없다. 그에게 신학은 철학보다 훨씬 더 심오하고 더 외연이 넓은 학문이었다. 물론 존재와 그 속성들을 다루는 철학은 신을 다룰 수 있다. 분명 신도 존재이기 때문이다. 이런 맥락에서 바로 스코투스의 유명한 테제, '존재의 일의성Univocity of Being'이 등장한다.

신에 대해서나 그의 피조물들에 대해서나 존재라는 단어는 유비적이 아니라 일의적으로, 즉 어느 경우나 같은 의미로 사용되어야 한다는 주장이다. 신학자가 스코투스의 주장을 접하면 당혹감을 느낄 수도 있다. '신이 존재한다'는 말에서 나오는 '존재'와 '똥이 존재한다'는 말에서 나오는 '존재'가 같은 의미라는 게 불쾌하게 다가올 테니 말이다. '존재라는 개념은 일의적으로 사용되어야 한다'고 주장했다고 해

중세철학의 또 하나의 보석 둔스 스코투스. 스코투스라는 탁월한 철학자가 없었다면 오컴의 새로운 길은 멀고도 험난했을 것이다.

서, 둔스 스코투스가 신의 초월성을 부정했던 것일까? 그렇지 않다. 역설적이게도 둔스 스코투스는 아퀴나스보다 더 강력하게 신의 초월성을 긍정하려고 했다. 존재의 일의성이란 원리에 따르면 존재라는 개념을 다룰 수밖에 없는 철학이나 형이상학으로는 신의 초월성을 정당화하기 어렵다. 바로 이것이 둔스 스코투스가 '존재의 일의성'을 역설했던 첫 번째 의미였다. 흥미롭게도 철학과 형이상학의 한계는 곧 신학의 탁월성으로 귀결된 셈이다. 그래서 우리는 스코투스가 신을 설명할 때 '필연성'과 '우발성'이란 두 범주를 사용하고 있다는 것에 주목할 필요가 있다.

스코투스에 따르면 신은 철학적이고 형이상학적인 필연성으로 세계와 존재자들을 창조하는 것은 아니다. 그에게 신과 피조물 사이의 관계는 '필연적'인 것이 아니라 '우발적'인 것이기 때문이다. 충분히 신은 다른 세계와 존재자들을 만들 수 있었다는 이야기다. 여기서 우리는 라이프니츠와 현대 양자역학이 피력했던 '가능세계론'에 대한 원형적 주장을 발견하게 된다. 어쨌든 주어진 세계에 대한 감각 경험이나 그 세계에 대한 이성적 판단으로 우리는 자유로운 신의 의지를 완전히 엿볼 수는 없게 된다. 아우구스티누스와 아퀴나스가 붕괴되는 지점이다. 철학과 형이상학을 통해서 신에 이르겠다는 아우구스티누스나 아퀴나스의 시도가 정당화되려면, 신은 다양한 세계들이 아니라 오직 이 세계만을 창조할 수밖에 없는 필연성에 지배되어야만 하니까 말이다. 그렇지만 신은 다른 세계도 충분히 만들 수 있었다! 이렇게 '가능세계론'으로 스코투스는 신의 초월성을 확보하는 데 성공한다.

그렇지만 수많은 가능세계들 중에서 신이 바로 이 세계를, 구체적인 개체들이 우글거리는 이 세계를 창조했다는 건 어김없는 사실이다. 바로 여기서 '존재의 일의성'이 가진 또 다른 함의가 드러난다. 어쨌든 신은 다른 세계가 아닌 이 세계를 창조했고, 당연히 세계 속의 개체들은 어떻게 해도 좋을 덧없는 것들이 아니라 신에 의해 창조된 소중한 것들이다. 그것들은 '존재'한다, 신이 존재하는 것만큼이나. '이 꽃도 존재하고, 이 똥도 존재하고, 이 구름도 존재하고, 이 바람도 존재한다.' 이제 모든 개체들은 신적인 무엇으로 이해될 여지가 생긴 것이다. 범신론을 표방했던 스피노자나 내재주의를 표방했던 들뢰즈가 주목했던 것도 바로 '존재의 일의성'이 가진 이

두 번째 의미였다. 그러니까 가능세계론을 거친 다음에야 '존재의 일의성'이 가진 두 번째 의미가 드러나게 된다. 《의미의 논리Logique du Sens》에서 스피노자주의자 들뢰즈가 스코투스에게서 읽어내려고 했던 것이 바로 이것이다.

"존재의 일의성uni-vocité은 존재가 목소리Voix라는 것, 그리고 존재가 말해진다는 것, 모든 대상의 하나의 유일하고 동일한 '의미'에 있어 말해진다는 것을 의미한다. 존재가 언표되는 대상은 결코 동일한 것이 아니다. 그러나 존재가 언표되는 모든 것에 대해 존재는 동일한 것이다. 그래서 존재는 극히 다양한 사물들에서 일어나는 모든 것에 대해 하나의 유일한 사건으로서, 모든 사건들에 대한 그 유일한 사건으로서, (그것 안에서 분산된 것들로 머무는, 그러나 그들의 선언을 반향하게 만들고 가지를 치게 만드는) 모든 형식들에 대한 극단적인 형식으로 도래한다. 존재의 일의성은 선언적 종합의 적극적 사용, 극단의 긍정과 일치한다." 어떤 남자와 어떤 여자가 존재한다. 사랑에 빠진 남녀는 아이를 낳는다. 그러나 아이도 부모만큼, 아니 부모와 동일한 의미로 존재한다. 비록 부모에 의해 탄생했다고 해도, 아이의 존재가 부모보다 열등한 것은 아니다. 부모가 존재하는 것만큼 동등하게 아이도 존재하기 때문이다. 결국 존재의 일의성은 이처럼 생성과 생성된 존재를 긍정하는 논리로 기능한다. 이것이 바로 들뢰즈의 속내였던 셈이다.

신이 존재한다는 의미를 깊게 숙고하면서, 동시에 둔스 스코투스는 비록 신의 피조물이라고 할지라도 엄연히 존재하고 있는 개체들을 부정할 수 없었다. 아니 어쩌면 부정할 수도 없었을 것이다. 신에 대해서나 개체들에 대해서나 존재는 일의적이기 때문이다. 달리 말해 개체들의 존재를 부정하거나 폄하하는 순간, 신의 존재도 부정되거나 폄하된다고 할 수 있다. 그러니 어떻게 개체들을 부정할 수 있겠는가? 그렇기에 스코투스는 중세철학 역사상 가장 집요하게 '개체화individuation'의 문제에 파고들었던 것이다. 스코투스 이전의 서양 형이상학은 형상과 질료만으로 개체를 설명하려고 했다. 바로 여기서 문제가 벌어진다. 형상이 개체들을 포괄하는 공통 본성, 혹은 보편성으로 사유되었다면, 결국 질료는 개체를 개체로 만드는 원리가 되어야만 한다. 그러나 어떻게 내 눈앞에 있는 '이 나무', '이 돌'이라고 개체를 식별 가능하게 해주는 원리가 질료일 수 있다는 말인가? 형상은 규정되는 것이기에 인식 가능한 것인 반면, 질료는 무규정적이어서 인식 불가능한 것이기 때문이다. 질료도 형상도 개체를 규정할 수 없다. 이것이 바로 스코투스의 영민함이다. 그래서 그는 마침내 '핵시어티Haecceity'라는 개념을 도입한다. 이것은 하이세이타스haecceitas라는 라틴어 어원 그대로 '이것임this-ness'를 의미한다. 《오르드나티오Ordinatio》에서 스코투스는 말한다.

"개체화individuation, 수적 단일성numerical unity, 혹은 단독성singularity으로 내가

이해하고 있던 걸 설명했다. 확실히 그것은 특정 종에 속한 어떤 것이 수적으로 하나라고 말할 수 있게 하는 비규정적 단일성은 아니다. 차라리 나는 그 단일성을 '이것this'이라고 지목된 단일성이라고 생각한다. 앞에서 한 개체는 하위 부분들로 분할되는 사태와 '공존 불가능하다incompossible'고 말했고 그런 공존 불가능성의 이유도 검토되어야만 하는 것과 마찬가지로 여기서 나는 또 말하고 싶다. 개체는 이 단독성으로 '이것'이라고 지목되지 않는 사태와 공존 불가능하다고, 그리고 그 이유는 개체는 일반적인 단독성이 아니라 '이것'이라고 지목된 특수한 단독성에 대해서만, 즉 규정적으로 이것인 것으로 검토되어야만 하기 때문이다."

섬세한 박사답게 논의가 너무 어렵기만 하다. 간단히 결론만 말하자. 스코투스는 존재론적으로나 인식론적으로 개체는 세 가지 계기를 함축하고 있다고 보았다. 형상, 질료, 그리고 핵시어티가 바로 그것이다. 그러나 개체성은 바로 이 '핵시어티'라는 개념으로만 규정될 수 있다. '저것'도 '그것' 아닌 바로 '이것', 스코투스의 표현을 빌리자면 "'이것'으로 지목되지 않는 사태와 공존 불가능한" '이것'이 바로 핵시어티이기 때문이다. 형상과 질료라는 범주에 사로잡히느라, 지금까지 망각된 개체성이 부각되는 대목이다. 바로 이 순간 내 눈앞에서 다른 어떤 것과도 구별되고 동시에 부분으로 분할되지 않는 개체성이 없다면, 형상이니 질료니 하는 이야기는 아무런 의미도 없을 테니 말이다. 한마디로 말해 신은 형상도 그리고 질료도 창조했지만, 더 중요한 것은 바로 핵시어티도 창조했다는 것이다. 그렇다고 해서 형상, 질료, 핵시어티가 동일한 위상을 가지고 있다고 해서는 안 된다.

핵시어티가 없다면, 이야기되는 형상이나 질료도 구체성이 제거된 추상적인 담론에 지나지 않는다. 그렇지만 핵시어티는 개념적으로 인식되는 것일 수는 없고, 스코투스의 말대로 그냥 단적으로 '이것'이라고 지목되는 것, 달리 말하면 직관되는 대상일 수밖에 없다. 개념적으로 인식되는 것, 다시 말해 추상적으로 사유되는 것은 '형상'일 뿐이다. 결국 인식 가능한 형상 이외에 스코투스는 직관되는 핵시어티를 동시에 이야기하고 있는 셈이다. 그러니 그는 아퀴나스와 오컴 사이에 있는 철학자였다고 할 수 있는 것이다. 스코투스가 핵시어티와 형상을 모두 긍정하고 있다면, 오컴은 보편자, 즉 형상을 부정하고 핵시어티만 존재론적 원리로 긍정하기 때문이다. 어쩌면 철학사적으로 핵시어티 개념을 근본적으로 밀어붙인 사람은 오컴이라고 말해도 좋을 듯하다.

어쨌든 아퀴나스가 물러나고 둔스 스코투스라는 과도기를 거쳐서 오컴이 등장한 것은 아퀴나스의 시도가 좌절했다는 증거라고 할 수 있다. 그렇지만 또 한 가지 우리가 주목해야 할 것은 아퀴나스의 시도가 나름 성공했다는 아이러니다. 아리스토텔레스의 자연철학을 이용해서 기독교 신앙을 선교하려는 노력이 지속되자, 유럽인들은 마침내 기독교를 신앙으로 받아들이게 될 것이다 물론 그것은 아리스토텔레스의 자연철학 때문은 아니었다. 그저 중세 스콜라철학자들이 고군분투하는 사이에 유럽인들은 그냥 기독교에 익숙해져버린 것이다. 토사구팽兎死狗烹이라는 표현이 떠오른다. 토끼를 사냥했으면 이제 필요가 없어진 사냥개는 삶아 먹어야 한다. 마침내 중세 기독교는 이제 고대 그리스 철학이라는 사냥개가 불필요하다고 느끼게 된 것이다. 아니 어쩌면 아퀴나스를 필두로 했던 중세 스콜라철학자들이 바로 사냥개였는지도 모를 일이다.

이런 흐름 속에서 마침내 스코투스와 오컴, 그리고 그들의 추종자들이 중세 말기의 대학을 지배했다. 이것은 물론 이성과 신앙을 조화시키려고 했던 아퀴나스의 시대가 저물었다는 것을 상징하는 사건이기도 했다. 오컴의 추종자들은 아퀴나스로 대표되는 기존 신학 전통을 '낡은 길via antiqua'이라고 조롱하면서 자신들의 방법을 '새로운 길via moderna'로 자랑하곤 했다. 물론 스코투스라는 탁월한 철학자가 없었다면 오컴의 새로운 길은 상당히 멀고 구불구불했을 것이다. 어쨌든 오컴이 닦았던 새로운 길은 글자 그대로 근대철학modern philosophy의 선구가 된다. 사실 오컴이 '직관적 인식'을 강조했을 때 그 조짐이 이미 분명히 드러나고 있었다. 내 눈앞에 현존하는 개체들을 강조하던 그의 정신은 로크John Locke(1632~1704), 흄David Hume(1711~1776), 버클리George Berkeley(1685~1753)의 경험론적 사유 경향으로, 그리고 내면 상태에 대한 확실성을 강조한 그의 정신은 코기토와 신을 둘러싼 데카르트의 방법론적 회의로 그대로 이어졌기 때문이다.

역으로 말해 이것은 서양의 근대철학이 한편으로는 신으로부터 독립된 것처럼 보이기도 하지만, 사실 오히려 전지전능한 오컴의 신이 모든 것들을 여전히 내려다보고 있다는 것을 말해주기도 한다. 겉으로는 더 이상 신을 이야기하지 않지만, 아직도 웬만한 서양철학자들 저서 속에 오컴의 신이 냄새를 풍기는 것도 다 이유가 있다고 볼 수 있겠다. 그래서 오컴은 서양철학사를 이해하는 데 정말 중요한 철학자이다. 그렇지만 오컴의 후광에 가려서 중세철학의 또 하나의 보석 스코투스가 망각되어서는 안 된다. 라이프니츠로 이어지는 신학적 사유뿐만 아니라, 스코투스의 존재론은 들뢰즈의 형이상학에 결정적인 영향을 미친다. 들뢰즈에 익숙한 사람이라면 존재의 일의성과 핵시어티가 들뢰즈에게 얼마나 중요한 개념이었는지 어렵지 않게 확인할 수 있을 것이다. 중세철학이 지배했던 '어두운 시대'에도 두 가지 보석은 희미하게나마 그 빛을 뿜어내고 있었던 것이다.

5

인간은 어떤 존재인가?

파스칼

———————— VS ————————

데카르트

인문학의 탄생과 인문정신의 숙명

신이 세계를 지배하면 인간은 더 행복해질 수 있을까? 아직도 많은 사람들
은 종교적 가르침이 현실에 실현되지 않는 것에 대해 깊은 아쉬움을 토로하
곤 한다. 하지만 그들은 실제로 신의 이름으로 세계가 지배되었던 시대가 이
미 있었다는 사실을 쉽게 망각하고 있다. 그것은 바로 서양의 중세시대이다.
사실 중세시대는 종교의 시대였다고 불릴 수 있을 만큼 신앙과 믿음이 강조
된 시대임에도, 사랑과 은총으로 넘쳤던 시대라기보다 오히려 신의 이름으
로 자행된 억압과 살육의 시기였다고 볼 수 있다. 중세시대의 또 다른 별명
이 '암흑시대Dark Age'인 것도 바로 이런 이유에서이다. 물론 중세 기독교가 남
긴 근본적 상처가 사실 신 때문은 아니라는 변명을 늘어놓는 것도 가능할
것이다. 중세시대가 암흑으로 덮였던 진정한 이유는 신 때문이 아니라, 신의
말을 곡해해서 그것을 맹종했던 인간들 때문이라고 주장할 수도 있으니 말
이다.

　그러나 종교의 문제는 종교라는 구조 자체에 내재하는 것이지, 인간의
태도와는 크게 상관이 없다. 종교는 인문학과는 달리 신으로 상징되는 초월
적인 것에 초점을 맞춘다. 그 결과 종교가 지배적일 때, 인간은 중심이 아닌
주변적인 존재로 격하되고 만다. 중세의 어둠은 이런 메커니즘에서 생긴 것
일 뿐이다. 신에 서치라이트가 비춰지면, 인간은 어둠의 자리를 차지할 수밖
에 없다. '암흑시대'를 극복하는 방법은 간단하다. 신을 주목했던 서치라이
트를 돌려 인간을 비추는 것이다. 생각해보라. 만약 전지전능하다고 전제된
신이란 관념이 없었다면, 타인의 생각을 부정하는 인간들의 맹종과 맹신도
없었을 것이다. 다시 말해 자신만이 전지전능한 신의 편에 서 있기에 진리를
알고 있다는 독선이 가능했던 것도, 그리고 자신과는 다른 생각을 가진 타
인들은 악의 편에, 혹은 잘해야 무지의 편에 서 있다는 편견이 가능했던 것
역시 절대자로서 신에 대한 관념과 믿음이 전제되어 있었던 것이다. 11세기

말에 시작되어 13세기 말에 끝난 십자군전쟁을 보라. 이것만큼 바로 종교가 한 사회를 철저하게 지배했을 때 벌어질 수 있는 비극을 잘 보여주는 사례도 없을 것이다. 사실 이런 폭력적 메커니즘은 단지 중세시대에만 국한된 것이 아니라는 사실을 우리는 너무나 잘 알고 있지 않은가. 지금도 세계 도처에서는, 심지어 우리나라 내부에서도 점점 더 종교가 지닌 반인문주의적 독선과 그로부터 발생한 폭력이 진행되고 있기 때문이다.

14세기 이탈리아에서 시작된 르네상스Renaissance 운동은 바로 암흑시대에 빛을 가져오는 서막이라고 할 수 있었다. 글자 그대로 르네상스는 '다시 태어남'을 의미하는데, 다시 태어난 주체는 다름 아닌 '인간' 자신이었다. 마침내 신과 그것의 본성을 다루는 신학 대신, 인간다움Humanity과 그것을 숙고하는 인문학the humanities이 탄생하게 된 것이다. 고대 그리스와 로마의 정신이 중세시대 기독교의 세계관을 뚫고 새롭게 부활한 셈이다. 르네상스 시대 이후, 서양 근대사회의 인문학은 인간을 넘어서는 일체의 초월적 가치들에 대해 일정 정도 회의적인 자세와 비판적 태도를 견지하게 된다. 그 초월적 가치가 종교이든, 정치권력이든, 아니면 자연의 힘이든 관계없이 말이다. 만약 지금도 인문학이 가능하다면, 그것은 인문학이 인간의 편에 서겠다는 이런 정신을 잊어버리지 않았기 때문일 것이다. 반대로 만약 종교적, 정치적, 경제적 권위에 종속된다면, 인문학은 더 이상 살아 있다고 스스로 이야기할 수 없게 될 것이다.

이렇게 보면 일본 제국주의에 의해 반강제적으로 도입된 서양 문명 중 좋은 점 한 가지 정도는 있었던 셈이다. 서양의 화려한 물질문명과 함께 인간을 존중하는 인문학 정신도 동시에 유입되었으니 말이다. 19세기와 20세기 초에 폭력적으로 우리 땅에 들어온 자본주의, 제국주의, 물질문명 내부에는 그것을 문제 삼을 수 있는 인문학 정신도 함께 함축되어 있었다는 것. 이것만큼 중요했던 역사의 아이러니가 또 있을까? 물론 그렇다고 해서 우리에게 인문정신이 없었던 것은 아니다. 모든 사람이 부처가 되는 불국토佛國土를 꿈꾸었던 원효元曉(617~686)의 불교도 있었고, 자신이 바로 하늘처럼 존귀한 존재라고 선언했던 최제우崔濟愚(1824~1864)의 동학東學도 있었기 때문이다. 그렇지만 아무래도 진정한 인문정신을 피력하기에는 너무나 역부족이었다. 바로 이런 때 인간의 자유와 연대를 강조하는 서양 인문정신이 들어왔으니, 그야말로 백만 원군에 다름 아닌 셈이었다.

인문학적 정신을 갖는다는 것은 무슨 의미일까? 그것은 일체의 초월적 가치에 대해 비판적인 거리를 유지하면서 삶에서 마주치는 타자와 관계하려는 정신이라고 할 수 있다. 한마디로 말해 인문학은 어떤 외적인 권위에 의지하지 않고 인간의 힘으로 자유로운 공동체를 구성하려는 꿈을 가지고 있다는 것이다. 그러니 인문학적 정신의 소유자는 타자를 통해서만 행복할 수 있고 반대로 타자를 행복하게 할 수도 있다고 확신하는 사람이라고 할 수 있다. 물론 그렇기 위해서 우리는 타자가 나에게 건네주는 표현을 통해 타자의 속내를 읽을 수 있는 인문학적 감수성을 갖추고 있어야만 한다. 그래서 '휴머니티humanity'라는 말의 번역어이지만 '인문人文'이란 표현은 매우 중요한 가치를 지닌다. 이 말은 사람이 드러내는 문양, 혹은 무늬라는 의미이다. 나도 사람이고 내가 만나는 타인도 사람이다. 그러니 인문에는 타인의 표현을 읽어내는 동시에 자신의 속내도 표현한다는 이중적 의미가 존재하게 된다.

그래서 무엇보다도 먼저 인문학 공부는 타인의 표현을 통해 그의 속내를 읽어내는 방법을 배우는 것에서부터 시작해야 한다. 그러기 위해서 우리는 평소에 많은 문학, 철학, 예술작품을 보고 있는 것이다. 이렇게 표현된 작품들을 통해 우리는 어느 작가, 어느 철학자, 어느 예술가의 고유한 속앓이와 울분을 공유하는 연습의 시간을 가지게 된다. 물론 이런 연습은 모두 우리가 삶에서 마주치고, 나아가 앞으로 마주칠 사람들의 속내를 읽기 위해서는 불가피한 것이다. 인문학을 공부해서 타자의 속내를 읽을 수 있게 된 것으로 충분할까? 그렇지 않다. 인문학은 나와 타자 사이의 행복한 관계를 지향하는 세계를 꿈꾼다. 그래서 타자의 표현을 읽을 수 있는 인문학적 감수성보다 더 중요한 것은 아마도 나의 삶과 정서를 타자가 오해하지 않도록 표현할 수 있는 인문학적 표현성이라고 할 수 있다. 타자의 표현을 곡해하여 그와 불행한 관계에 빠질 수 있는 것처럼, 나의 속내를 잘못 표현하여 타자로 하여금 오해에 빠지도록 할 수 있기 때문이다.

　타자의 잘못으로 관계가 훼손되는 것은 어쩔 수 없는 일로 치부할 수 있지만, 나 자신의 잘못으로 그런 비극이 초래되는 것은 견디기 힘든 일이다. "나는 내가 존재하지 않는 곳에서 생각한다. 그러므로 나는 내가 생각하지 않는 곳에서 존재한다." 라캉의 《세미나Le séminaire》 17권 《정신분석의 다른 측면L'envers de la psychanalyse》에 등장하는 유명한 말이다. 이것은 우리가 자신의 삶이라고 생각하고 표현하고 있는 것이 실제로 이루어지고 있는 자신의 삶과는 항상 불일치한다는 비극적인 현실을 표현하고 있다. 바로 이 숙명적인 괴리나 간극을 넘어서야만 한다. 물론 그렇게 하기 위해서 우리는 자신의 실제 삶을 생각으로 명료하게 떠올리고 나아가 적절한 표현으로 타자에게 전달할 수 있어야만 한다. 이런 소명은 단순히 정신분석학에 국한된 것일까? 그렇지 않다. 그것은 바로 인문학 전체의 소명이자 운명이다. 한마디로 다른 사람들의 표현을 능숙하게 읽어내는 인문학 공부의 목적은 오직나 자신을 제대로 표현할 수 있는 가능성을 확보하려는 데 있었던 것이다. 그러니 인문학이 지향하는 궁극적 인간형은 독자나 관람객이 아니라 저자나 작가라고 할 수 있다.

　어쨌든 근대철학은 르네상스가 새롭게 부각시킨 인문학적 정신의 총화라고 할 수 있다. 근대철학에는 신을 중심으로 해서 전개되던 사유 대신 인간을 중심으로 모든 것을 숙고하려는 근대의 정신이 잘 응축되어 있기 때문이다. 바로 이 대목에서 "나는 생각한다, 그러므로 나는 존재한다Cogito, ergo Sum"라는 데카르트René Descartes(1596~1650)의 명제가 상징적인 의미를 갖는다. 데카르트는 중세시대에서 자명하다고 생각되던 모든 지식 체계를 인간을 중심으로 재편하기 위해서, 확고부동한 중심 혹은 그 토대를 다시 세우려고 시도했다. 데카르트가 생각했던 토대는 바로 인간 자신이었다. 물론 데카르트에게 인간의 모든 측면이 토대가 될 수는 없었다. 그의 의도에 따르면 모든 것을 의심하고 새롭게 생각할 수 있는 인간의 이성만이 오직 진정한 토대가 될 수 있는 자격이 있었다. 데카르트는 이렇게 생각했다. 통용되는 진리들을 모두 의심할 수 있지만, 의심할 수 있는 역량을 가진 나의 생각 자체에 대해서는 더 이상 의심할 수 없다고. 마침내 중세시대의 모든 지식들을 해체해서 다시 쌓아올릴 수 있는 확고한 토대로서 코기토, 혹은 인간 이성이 바로 이렇게 해서 그 탄생을 알리게 된 것이다.

물론 신의 명령을 맹목적으로 듣는 인간에서 스스로 사유하는 인간으로 진행된 것으로 인문학적 과업이 완수되는 것은 아니다. 무엇보다 종교적 권위를 완전히 해체해야 하고, 나아가 정치적 권위나 경제적 권위마저 해체해야 한다. 이론적 차원에서 근대철학의 정신은 19세기 이후 인간을 제외한 일체의 권위를 해체하는 데 성공했다고 할 수 있다. 그래서 서양의 경우 19세기는 인문정신이 정점에 이르렀던 시대라고 할 수 있다. 종교적 차원에서 "신은 죽었다"고 선언한 니체Friedrich Wilhelm Nietzsche(1844~1900)나 "인간이 신을 본뜬 것이 아니라, 신이 인간을 본뜬 것"이라고 주장했던 포이어바흐Ludwig Feuerbach(1804~1872)는 종교로부터 인간을 해방시켰다. 정치와 경제적 차원에서 억압과 착취의 메커니즘은 이미 슈티르너Max Stirner(1806~1856), 바쿠닌Mikhail Bakunin(1814~1876), 그리고 마르크스Karl Marx(1818~1883)가 철저하게 폭로했던 적이 있다.

20세기 들어 반인문주의를 표방하는 적들이 인문주의에 대한 공격을 시작하게 된다. 사이비 인문학, 혹은 수정주의 인문학자들이 등장한 것이다. 교회도 다니면서 인간의 자유를 노래하는 흉내를 내거나, 부르주아 정권이나 공산당 정권에 속해 있으면서 인간의 행복을 꿈꾼다는 어용학자도 등장했다. 이들은 교묘한 방식으로 인문주의를 대학이란 제도 안에 감금시키려고 하고 있다. 나아가 현실세계에서 승리를 구가하는 억압적 체제도 자신의 승리에 취해 니체나 마르크스 등 인문정신을 책상물림이라고 백면서생이라고 조롱하고 있다. 그만큼 아직도 우리 주변에는 종교적 권위, 정치적 권위, 경제적 권위 등 일체의 초월적 가치들이 횡행하고 있다. 지금 인문학이 인문학이란 포즈만 취하고 있는 사이비 인문학에 맞서 목소리를 높여야 하는 것도, 그리고 현실적 억압으로 작동하는 정치적 권위와 경제적 권위에 맞서 치열하게 투쟁해야 하는 것도 이런 이유에서다.

Ⓚ

데카르트: "인간은 합리적이고 이성적인 존재이다."

데카르트를 이해하고자 할 때 우리는 두 명의 데카르트가 있다는 사실에 주목해야 한다. 물론 두 명의 데카르트는 이론적 차원에서 이야기한 것이다. 어쨌든 데카르트는 한 사람이니까 말이다. 한 명은《방법서설Discours de la Méthode》(1637년)에 등장하는 '실존적인 데카르트'이다. 그리고 다른 한 명은 《성찰Meditationes de prima philosophia》(1641년)에 등장하는 '추상화된 데카르트'이다. 중요한 것은 전자가 없었다면, 후자도 불가능했을 것이라는 점이다.《방법서설》에 등장하는 '실존적인 데카르트'는 네덜란드의 암스테르담이라는 낯선 곳, 당시 가장 코스모폴리탄적인 도시에 머물렀다. 이곳에 거주하면서 그는 프랑스에 있는 동안 자신이 참이라고 생각했던 대부분의 것들이 사실은 프랑스 내에서만 통용되던 협소한 것이라는 사실에 놀라게 된다. 다시말해 자신이 참이라고 생각했던 모든 것이 프랑스에서만 통용될 수 있는 특수한 것일 뿐 보편적인 것은 아니라는 점을 절감한 것이다.

> 우리에게 확신을 주는 것은 확실한 인식이 아니라 관습이라는 선례라는 점, 더욱이 그럼에도 좀처럼 발견하기 힘든 진리에 대해서는 그 발견자가 국민 전체라기보다 단 한 사람이라고 생각하는 편이 훨씬 더 진실한 것으로 생각되기 때문에, 그것에 동의하는 사람이 많다고 해서 그 진리성이 유효하게 증명되는 것이 아님을 알게 되었다.   -《방법서설》

세바스티앙 부르동의 〈르네 데카르트로 추정되는 초상〉. 데카르트가 말한 이성은 무엇인가를 의심할 때 가장 분명하게 드러난다. 의심할 때만큼 인간의 생각이 가장 왕성하게 작동하는 경우도 없을 테니 말이다.

　결국 여행이 중요했던 것이다. 익숙한 공동체를 벗어나 다른 공동체에서 살아봐야, 우리는 독단의 잠에서 깨어날 수 있으니 말이다. 만약 데카르트가 프랑스라는 한정된 곳에만 계속 머물러 있었다면, 낯선 곳에서 회의하게 되는 '실존적인 데카르트'는 기대하기 어려웠을 것이다. 따라서 《성찰》에 등장하는 사유주체로서 데카르트는 바로 이 '실존적인 데카르트'에서 논리적으로 재구성된 '추상화된 데카르트'였다고 볼 수 있다. 여기서 근대철학은 여행에서 시작되었다는 점을 기억해둘 필요가 있다. 데카르트의 선배격이라고 할 수 있는 몽테뉴Michel Eyquem de Montaigne(1533~1592)가 남긴 방대한 저작 《수상록Essais》에는 다음과 같은 구절이 나온다. "여행을 통해 아무것도 얻지 못했던 사람이 있었다는 말을 듣고 소크라테스는 말한다. '아마도 그는 자기 자신을 짊어지고 갔다 온 모양일세.'"

중세시대가 마무리되면서, 유럽 지성인들 사이에는 여행이 빈번해진다. 천국만 바라보다가 이제는 심드렁해진 것이다. 성당을 중심으로 하는 지역 공동체를 넘어서 다른 곳으로 여행을 가려는 움직임이 발생한 것이다. 여행을 가는 순간, 그들은 차이, 즉 자신이 살던 공동체와 타인들이 살고 있는 공동체 사이의 차이에 머물 수밖에 없다. 이런 차이에 머물면서 그들은 자신의 삶과 타인의 삶을 성찰할 수 있는 충분한 거리를 확보하게 된다. 반성이니 성찰이니 묘사니 하는 것도 모두 여행이 발생시킨 차이에서 나온 것이다. 그러니까 '실존적 데카르트'가 여행 중인 데카르트였다면, '추상화된 데카르트'는 여행을 마치고 프랑스로 돌아온 데카르트라고 할 수 있다.

불행히도 추상적 데카르트는 자신이 발견한 코기토가 실존적 데카르트의 여행 경험에서 유래했다는 걸 쉽게 망각한다. 만약 암스테르담이 아니라 당시 그가 조선이란 나라에 왔다면, 아마도 데카르트가 회의했던 내용이나 그것을 통해 새롭게 구성된 코기토 역시 상당히 다른 면모를 띠었을 것이다. 하긴 당연한 일 아닌가? 보라색이 검은색을 만나면 자신이 밝은 색이라고 생각할 테지만, 보라색이 밝은 핑크색을 만나면 자신이 무거운 색이라고 자각할 테니 말이다. 어쨌든 데카르트는 암스테르담의 냄새가 물씬 풍기는 특정한 성격의 코기토를 모든 인간들에게 적용시키려고 시도하게 된다. 흥미로운 점은 코기토의 확대 적용이 단지 《성찰》에서만 발견되는 것이 아니라, 이미 《방법서설》에서도 그 흔적이 발견된다는 점이다. 이에 관한 그의 말을 직접 들어보도록 하자.

양식bon sens은 이 세상에서 가장 공평하게 분배되어 있는 것이다. 왜냐하면 사람들은 누구나 그것을 충분히 가지고 있다고 생각하고 있으며, 다른 모든 것에는 좀처럼 만족하지 않는 사람도 그것만큼은 자신이 갖고 있는 것보다 더 바라지 않기 때문이다. 이 점에서 모든 사람의 생각이 잘못되었다고 볼 수는 없다. 오히려 이는 잘 판단하고, 참된 것을 거짓된 것에서 구별하는 능력, 즉 일반적으로 양식 혹은 이성으로 불리는 능력이 모든 사람들에게 천부적으로 동등하다는 사실을 보여주는 셈이다.　　　　　　　　　　　　　　　　　　　　　　　　　－《방법서설》

데카르트에게 양식은 그의 말대로 "참된 것을 거짓된 것에서 구별하는 능력", 즉 이성을 의미했다. 데카르트는 모든 인간이 양식, 즉 이성을 천부적으로 갖추고 있다고 이야기하고 있다. 분명 대다수 인간이 참된 것과 거짓된 것을 구분하는 것은 사실이다. 그렇지만 무엇이 참이고 거짓인지 묻는 질문에 사람들은 모두 동일한 대답을 내놓을 수 있을까? 자신이 속한 시공간적인 공동체의 차이에 따라 사람들은 진리에 대해 전혀 다른 입장을 표명할 것이다. 사실 이 때문에 여러 공동체의 성원들이 서로 대립하고 갈등하는 것 아닌가? 여성이 남성적 질서에 항상 복종하는 것이 참된 행동이라고 간주한 시절이 있었다면, 그와 달리 남성에 대한 여성의 복종이 거짓된 행위라고 비판하는 시절도 있었다. 이런 이유로 데카르트는 무엇을 참이라고 생각하는지의 여부는 문제 삼지 말자고 제안한다. 구체적으로 무엇을 참이라고 주장하는지의 여부와 상관없이 인간이라면 누구나 참된 것과 거짓된 것을 구분한다는 것에만 주목하자는 것이다.

《방법서설》에서 그 단초를 살짝 보인 데카르트는 이제 《성찰》에 이르러 방법론적 회의를 통해 합리적이고 보편적인 양식, 혹은 이성을 '코기토'라는 개념으로 정당화하려고 시도했다. 수학적 진리를 포함한 거의 모든 것을 의심할 수 있는 사유주체로서 코기토는 가장 순수한 양식, 혹은 가장 순수한 이성이라고 할 수 있을 만한 것이었다.

'나는 있다, 나는 현존한다ego sum, ego existo.' 이것은 확실하다. 그러나 얼마 동안? 내가 사유하는 동안이다. 왜냐하면 내가 사유하기를 멈추자마자 존재하는 것도 멈출 수 있기 때문이다. 지금 나는 필연적으로 참이 아닌 것은 아무것도 인정하지 않고 있기 때문이다. 그러므로 나는 정확히 말해 단지 하나의 사유하는 것, 즉 정신, 영혼, 지성 혹은 이성인데, 나는 이 용어의 의미를 전에는 알지 못하고 있었다. 그런데 나는 참된 것이며, 참으로 현존하는 것이다. 그렇다면 나는 어떤 것일까? 나는 말한다, 바로 사유하는 것이라고.   -《성찰》

《방법서설》에서 데카르트는 어떤 회의주의자도 부정할 수 없는 제1명제를 밝혔던 적이 있다. 그것이 바로 "나는 생각한다, 고로 나는 존재한다"라는 명제이다. 아무리 모든 것을 회의하는 사람이라도 회의하고 있다는 것, 그러니까 생각하고 있다는 것마저 부정할 수는 없기 때문이다. 심지어 회의주의자는 자신의 육체마저 회의할 수도 있다. 꿈에서 우리는 전혀 다른 몸을 가진 존재로 살기까지 하니 말이다.《성찰》에서 데카르트는 기존에 제1명제로 자신이 말하고자 했던 것을 좀더 분명하게 설명한다. "내가 사유하는 동안만 나는 존재하고, 사유를 멈추자마자 존재하는 것을 멈춘다"라고 말이다. 결국 데카르트가 존재한다고 말한 것은 육체를 포함하는 나의 실존은 아니었던 셈이다. 그것은 '순수한 생각', 혹은 그의 말을 빌리자면 "정신, 영혼, 지성 혹은 이성"을 의미했던 것이다. 이렇게 보면 결국 그가 말한 존재란 육체와는 아무런 관련이 없었던 셈이다. 데카르트의 유명한 심신이원론은 이렇게 코기토 논증에서 도출된 것이다.

데카르트가 말한 이성은 무엇인가를 의심할 때 가장 분명하게 드러난다. 의심할 때만큼 인간의 생각이 가장 왕성하게 작동하는 경우도 없을 테니 말이다. 사실 의심만큼 인간이 이성적인 존재라는 것을 잘 보증해주는 것도 별로 없을 것이다. 의심한다는 것은 참이라고 통용되는 진리에 다시 근거를 요구하는 것과 다름없기 때문이다. 다시 말해 의심한다는 것은 내가 지금까지 참이라고 믿고 있던 것이 진정으로 참일 수 있는지 근거를 찾는 것을 의미한다. 이 점에서 이성reason이란 말이 가진 함의는 매우 시사적이다. 'reason'이란 단어는 사전적으로 인간이 가진 추리 능력을 의미할 뿐만 아니라 동시에 '이유'나 '근거'를 의미하기 때문이다. 이로 인해 이성은 '이유를 댈 수 있는 능력'이라고 정의할 수 있다. 물론 참과 거짓을 구분하는 이유나 근거가 데카르트의 생각처럼 명확한 것인지는 여전히 의심의 여지가 있다. 결국 확실한 것은 생각이나 이성밖에 없지만, 그것이 내용이 있는 이유나 근거를 댈 수 있을지는 미지수다. 그러니 데카르트의 코기토는 내용이 없는 순수한 형식만으로 존재하는 불행한 신세로 전락하고 만다.

Ⓚ

파스칼: "인간은 허영에 물든 심정적 존재이다."

데카르트를 포함한 많은 철학자들은 인간을 합리적인 존재라고 주장해왔다. 하지만 이러한 생각과 믿음 역시 인간의 자기중심적인 생각이나 소박한 소망에 불과한 것이 아닐까? 과거에 살았던 인간을 되돌아보아도 아니면 지금 이 시대를 함께 살고 있는 인간을 살펴보아도, 우리는 인간이 합리적인 존재라는 주장이 얼마나 허황된 것인지를 그리 어렵지 않게 확인할 수 있다. 인간은 합리적이거나 이성적이라기보다 오히려 권태, 탐욕, 잔인, 자만, 허영으로 가득 차 있는 존재에 가까워 보이기 때문이다. 이런 점에서 인간을 낙관했던 데카르트의 순진함을 조롱하면서 인간의 적나라한 모습을 응시했던 철학자가 곧 나타났던 것도 어쩌면 당연한 일이었는지 모르겠다. 그가 바로 파스칼Blaise Pascal(1623~1662)이었다.

파스칼은 코기토와 같은 추상적인 사유주체가 아니라 화장품 냄새 혹은 잔인한 피 냄새가 풍기는 구체적인 인간, 아니 정확히 말해 몸을 가진 인간을 응시하려고 했다. 이런 맥락에서 파스칼은 데카르트와 달리 우리의 마음에는 이성보다는 오히려 심정이 강하게 작동하고 있다는 사실을 강조하게 된다. 바로 이 심정의 측면에서 구체적인 인간의 모습을 엿보려고 했던 것이다.

심정cœur은 이성이 모르는 자신만의 이유를 가지고 있다. 우리는 수많

프랑수아 케넬이 그린 파스칼 초상화(1691). 파스칼은 데카르트와는 달리 우리의 마음에는 이성보다는 오히려 심정이 강하게 작동하고 있다는 사실을 강조했다.

은 일에서 이것을 알 수 있다. 심정은 자기가 열중하는 데 따라서 자연적으로 보편적 존재l'être universel를, 아니면 자연적으로 자기 자신soi-même을 사랑하게 된다고 나는 생각한다. 그리고 자신이 선택하는 데 따라 전자 또는 후자에 대해 냉담해진다. 당신은 전자를 버리고 후자를 선택했다. 당신이 자신을 사랑하는 것은 과연 이성에 의해서인가?

–《팡세Pensées》

파스칼은 인간이라면 심정과 이성이라는 두 가지 마음의 계기를 가지고 있다고 이야기한다. 그에게 이성이 "기하학적 정신esprit de géométrie"과 관련된다면, 심정은 바로 "섬세한 정신esprit de finesse"과 관련된다고 볼 수 있다. 그의 눈에는 기하학적 정신, 혹은 이성만을 신성시하는 데카르트의 사유는 매우 편협하고 제한적인 것일 수밖에 없었다. 이성이란 것이 인간이라면 누구나 잠재적으로 가지고 있는 보편적 능력이라면, 심정은 개체들마다 고유하게 가지고 있는 직관적 감성과 판단 능력을 의미한다. 파스칼에 따르면 인간의 심정은 신과 같은 보편적 존재를 사랑하거나 아니면 자신을 사랑하는 감정을 즉각적으로 이끌어낸다. 그는 이 지점에서 인간의 호오好惡가 이성적 판단에 따른 것이라기보다 심정에 따른 즉흥적 결과일 뿐이라는 점을 강하게 의식했던 것이다. 그래서 파스칼은 물어보는 것이다. "당신이 자신을 사랑하는 것은 과연 이성에 의해서인가?"

한편 우리는 기독교를 옹호하고 선교하려는 파스칼의 또 다른 전략을 감지할 수도 있다. 그것은 물론 아퀴나스의 방법이 아니라 오컴의 방법에 가까운 것이라고 할 수 있다. 우리는 지성으로 무언가를 알아서 사랑하는 존재가 아니라, 항상 심정으로 무언가를 사랑해서 알아가는 존재라는 것이다. 파스칼이 말했던 것처럼 동시대 사람들은 심정적으로 신을 사랑하거나 아니면 자기 자신을 사랑한다. 그렇다면 신을 사랑하게 만드는 방법은 분명하다. 인간들이 자신을 사랑하지 않도록 하면 된다. 《팡세》 전반부에서 파스칼이 그렇게도 인간의 어두운 면을 들추어내는 것도 이런 이유에서다. 이렇게 잔인하고 추하고 변덕스러운 인간을 사랑할 수 있느냐는 것이다. 그래서 파스칼의 종교철학은 묘하게 피학증적인 데가 있다. 그러나 파스칼 덕에 우리는 인간이 지성적인 존재라기보다 심정적인 존재라는 사실을 배우게 된다. 이것도 또 아이러니 아닌가. 파스칼은 인간의 모습에 혐오감을 표현했지만, 우리는 그 모습을 인간적인 것으로 받아들일 수도 있으니 말이다.

자신을 사랑하는 사람이라면 누구나 타인도 자신을 사랑해주기를 원하게 될 것이다. 현실적으로도 누군가 자신을 아껴준다는 걸 안다면, 우리는 그만큼 더 자신을 사랑하게 된다. "칭찬은 고래도 춤추게 한다"는 우리 시대의 명언도 있지 않은가. 대개의 경우 남들이 자신을 아끼거나 존경하는 이유는 대개 그들이 쉽게 가질 수 없는 걸 내가 가지고 있기 때문이다. 주변의 시선을 한 몸에 받는 미모일 수도 있고, 열악한 보건 환경에도 불구하고 복숭아 빛 피부를 자랑하는 건강일 수도 있고, 아니면 대저택쯤은 한두 채

가볍게 살 수 있는 재력일 수도 있고, 아니면 모든 사람들을 고개 숙이도록 만드는 권력일 수도 있다. 그러나 평범한 사람들이 어떻게 이런 것을 쉽게 가질 수 있다는 말인가? 그렇지만 우리는 남들의 시선과 존경을 한 몸에 받으려는 욕망을 쉽게 포기하지 않으려 할 것이다. 바로 여기에서 인간적인 너무나 인간적인 허영이 우리 내면에 뿌리를 내리게 된다.

> 허영vanité은 사람의 마음속에 너무도 깊이 뿌리박혀 있는 것이라서 병사도, 아랫것들도, 요리사도, 인부도 자기를 자랑하고 찬양해줄 사람들을 원한다. 심지어 철학자들도 자신의 찬양자를 갖기를 원한다. 이것을 반박해서 글을 쓰는 사람들도 훌륭히 썼다는 영예를 얻고 싶어한다. 이것을 읽는 사람들은 읽었다는 영광을 얻고 싶어한다. 그리고 이렇게 글을 쓰고 있는 나 자신도 아마 그런 바람을 가지고 있는지 모르겠다. 또한 이것을 읽을 사람들도 아마 그러할 것이다.　　　　　　－《팡세》

미모가 아름답다고 추앙받던 배우는 나이 들어 초라해지면 우울증에 빠지거나 약물중독에 걸리기 쉽고, 심지어 자살이라는 극단적인 결정을 내릴 수도 있다. 물론 이것은 자신의 젊은 날의 아름다움, 팬들이 찬양했던 미모가 바로 자신의 본모습이라고 항상 믿고 있기 때문이다. 그래서 나이 들어 쭈글쭈글해진 얼굴을 거울을 통해 응시하면 배우는 자신의 정체성이 와해되는 느낌을 받을 수밖에 없을 것이다. 이와 달리 젊은 시절부터 추녀라고 손가락질 받은 여성은 외모란 것이 우리에게 별로 중요한 것이 아니라고 생각한다. 나이가 들어 얼굴이 더 볼품없이 변했다고 할지라도, 이런 여성은 우울증에 걸리거나 자살하는 경우가 별로 없다. 그녀의 허영은 "미모가 중요한 것이 아니라 선한 마음씨가 인생에서 가장 고귀한 것이다"라는 속삭임을 끊임없이 자신에게 들려주기 때문이다. 흥미로운 것은 미녀와 추녀가 모두 자기 나름의 허영을 가지고 살아가고 있다는 점이다.

파스칼에 따르면 인간은 항상 외부로부터 칭찬 혹은 찬양을 받으려고 갈망하는 존재이다. 물론 자신의 행실이 타인의 칭찬과 찬양에 부합되는 것이라면, 별 문제가 없을 수도 있다. 하지만 문제는 불행히도 인간이 과도한 칭찬이나 찬양을 욕망한다는 데 있다. 독재자는 훌륭한 통치자라는 칭찬을 듣고 싶어하고, 바람을 피우는 사람조차도 지조가 있다는 말을 듣고 싶어한다. 심지어는 도둑도 정직해 보인다는 이야기를 들으려고 한다. 이것은 사람의 허영vanité이 어떠한지를 잘 보여준다. 'vanité'라는 말보다는 그 번역어인 허영虛榮이란 글자가 더 많은 것을 이야기해준다. 이 글자는 '비어 있다'라는 의미의 '허虛'란 글자와 '꽃이 화려하게 핀다'는 의미의 '영榮'이란 글자로 이루어져 있다. 다시 말해 내실은 비어 있지만 겉은 매우 화려하다는 것을 뜻한다. 그러니까 부유한 척, 미인인 척, 지적인 척, 좋은 집안 출신인 척, 명문대학을 졸업한 척, 이런 수많은 포즈들이 바로 허영이라는 것이다.

심지어 파스칼은 자신도 결국 허영의 논리에서 예외가 아니라고 이야기하고 있다. 인간은 허영의 존재라고 주장하는 자신의 글을 통해서 그 자신도 남들의 칭찬과 찬양을 들으려는 욕망에 사로잡혀 있는지 모른다고 말하고 있다. 데카르트가 인간이 가진 선천적인 양식, 즉 이성을 긍정하고 있던 근대철학의 여명기에, 지금 파스칼은 자신을 포함한 모든 인간이 무의식적인 허영의 노예라는 사실을 토로했던 것이다. 파스칼이 이렇게까지 주장하는 데는 분명한 종교적 이유가 있다. 이렇게 인간이 역겨운 존재로 되는 순간, 우리는 자신을 더 이상 사랑하지 않게 된다. 물론 자기 자신을 사랑하지 않는다고 해서 인간이 바로 신을 사랑하는 것은 아니다. 그러나 최소한 신을 사랑할 수 있는 필요조건은 갖추어졌다고 할 수 있다. 얼마나 자애롭고 인자하신가? 이런 역겨운 허영 덩어리를 사랑하는 신이라는 존재는. 여기서 파스칼의 피학증은 마침내 그 종교적 엑스터시에 오를 준비를 끝내게 된다.

데카르트적인 것과 파스칼적인 것

철학은 여행에서 출발한다. 이것은 타자와 마주치고 대화하지 않으면 철학적 사유는 불가능하다는 의미다. 서양의 경우 소크라테스의 대화에서 철학이 출발하고, 동양의 경우 제자와 대화하면서 공자의 사유가 전개되는 것도 이런 이유에서다. 반대로 신학과 같은 독단적 사유는 여행을 혐오하는 법이다. 《성경》이든《코란》이든《법화경》이든 모든 것에 적용되는 보편적인 진리를 알고 있다고 맹신하기에 독단적 사유는 여행뿐만 아니라 대화도 인정하지 않는다. 여행을 해도 그것은 배우겠다는 의지가 아니라 가르치겠다는 의지, 즉 포교의 의지에 불과하다. 그러니 이런 여행은 말이 여행이지 정복이라고 해야 할 듯하다.

이성적인 사유주체, 즉 '코기토'를 발견한 데카르트는 근대철학의 아버지라고 불린다. 타당한 평가이다. 그렇지만 우리는 그가 당시 가장 자유로웠던 도시 암스테르담에 머물렀다는 사실을 잊지 말아야 한다. 프랑스 촌놈이 대도시에서 얼마나 문화적 충격을 받았을지 미루어 짐작이 가는 일이다. 바로 여기에서 그의 회의와 성찰은 이루어졌던 것이다. 한마디로 데카르트는 여행을 했던 것이다. 낯선 곳에서 겪은 경험만큼 우리에게 회의와 성찰의 시간을 주는 것도 없으니까 말이다. 암스테르담에서 그는 프랑스에서 보낸 자신의 삶을 되돌아볼 수 있었다. 바로 이때 자신의 삶을 반성하는 사유주체, 즉 코기토가 탄생한다. 잊지 말아야 할 것은 이렇게 탄생한 코기토를 낳은 진정한 어머니는 바로 암스테르담이라는 사실이다. 그러니 데카르트의 코기토는 바로 중세의 질서에서 벗어난 자유로운, 하지만 동시에 고독한 도시인들의 내면을 반영한다고 할 수 있다. 이 점에서 근대 대도시 사람들의 내면에 대한 짐멜Georg Simmel(1858~1918)의 통찰, 즉 기분이나 정서적 관계에 의존했던 중세적 삶에 비해 근대 "대도시의 정신적 삶은 지적 성격을 더 강하게 띤다"는 통찰은 매우 시사적이다. 데카르트의 코기토에는 대도시의 번잡함, 주체의 고독함, 타자에 대한 지적인 반응 등 다양한 도시적 계기들이 함축되어 있기 때문이다.

데카르트의 후광에 가려 파스칼은 종종 에세이나 썼던 사람으로 기억되곤 한다. 하지만 여러 면에서 볼 때 파스칼은 오히려 데카르트보다 더 심오하다. 그것은 그가 근대사회에서 살아가던 사람들의 삶을 있는 그대로 직시하려고 했기 때문이다. 그는 데카르트가 인간을 과대평가하고 있다고 비판한다. 인간은 결코 지적이지 않다. 인간은 무의식적 충동과 허영에 지배되는 기이한 존재로 보였기 때문이다.

여기서 한 가지 궁금증이 생긴다. 근대사회를 직시했던 파스칼의 힘은 어디에서 유래한 것일까? 파스칼은 근대사회를 관찰할 수 있는 거리감을 어디에서 얻은 것일까? 바로 《성경》이다. 혹은 중세적 사회다. 데카르트처럼 회의하고 성찰하기 위해 파스칼은 근대사회의 상징 암스테르담과 같은 곳을 여행할 필요가 별로 없었던 것이다. 이미 그가 살았던 곳에는 근대사회가 새로운 바람처럼 몰려들고 있었기 때문이다. 데카르트가 여행을 통해 중세와 근대 사이의 차이를 느꼈다면, 파스칼은 자신에게 몰려드는 근대적 삶으로 양자 사이의 차이를 충분히 느낄 수 있었던 것이다.

물론 그렇다고 해서 파스칼이 기독교적 세계, 혹은 중세적 세계로 회귀하자는 보수적인 입장을 견지했던 것은 아니다. 단지 그는 성경적 세계라는 관점에서 관찰되는 근대인의 비참함을 응시했을 뿐이다. 실제로 파스칼은 근대 자연과학의 기초자들 중 한 사람이자 위대한 수학자이기도 했다. 그가 강조했던 '기하학적 정신'이란 바로 근대 자연과학의 정신을 대표하는 것이다. 물론 그렇다고 해서 파스칼은 인간과 사회의 문제를 모두 자연과학적으로 환원하려고 할 정도로 거친 지성은 아니었다. 인간과 사회를 다루기 위해서 '섬세한 정신'이 필요하다는 걸 그도 잘 알고 있었기 때문이다. 문제는 바로 이 섬세한 정신의 토대가 성경적 세계라는 데 있다.

결국 천국이란 시선에서 보았기 때문에 파스칼은 더 이상 신성을 믿지 않게 된 근대인들의 속물근성을 직시할 수 있었다. 어쨌든 그가 보기에 동시대 인간들은 허영, 비참, 부조리로 점철된 삶을 영위하고 있을 뿐이기 때문이다. 사실 파스칼이 기독교의 신을 다시 살려내려고 했던 것도 이런 이유에서였다. 이런 비루하고 부조리한 삶의 조건에서 신마저 없다면 인간은 얼마나 더 참담하겠냐는 것이다. 《팡세》 후반부에서 파스칼이 신에게 매달렸던 것도 어느 정도 이유가 있었던 셈이다.

흥미로운 것은 인간의 자발적인 사유 능력을 강조한 데카르트의 전통, 이와 반대로 인간의 비자발적인 삶의 양상을 응시했던 파스칼의 전통이 현대에 와서도 그대로 반복된다는 점이다. 《데카르트적 성찰Cartesianische Meditation》에서 후설Edmund Husserl(1859~1938)은 다시 한 번 인간의 자발적인 사유 능력을 강조했고, 《파스칼적인 성찰Méditations Pascaliennes》에서 부르디외Pierre Bourdieu(1930~2002)는 인간의 무의식적인 아비투스, 즉 허영이라는 비합리적인 습관 체계를 분석하려고 했기 때문이다. 아직도 서양은 데카르트와 파스칼이 열어놓은 근대철학의 지평 속에서 벗어나지 못하고 있다고 볼 수 있겠다.

6

국가는 불가피한가?

홉스

———————— VS ————————

클라스트르

절대주의와 아나키즘 사이에서

동서양 모두 전근대사회에서는 국가의 주권자, 혹은 왕 자신이 신과 같은 절대자이거나 초월적인 절대자를 대리하는 존재로 간주되었다. 물론 이것은 피지배층이 자신의 권위에 도전하는 것을 막으려는 이데올로기적 장치라고 할 수 있다. 제정일치祭政一致의 시대에나 통용되는 것처럼 보이지만, 역사시대에 들어와서도 이런 이데올로기적 장치는 여전히 다양한 모습으로 변주되어 동서양을 구분하지 않고 작동했다. 서양의 경우 16~17세기를 풍미했던 왕권신수설王權神授說, divine right of kings도 그 대표적인 사례라고 할 수 있다. 중국의 경우는 그보다 훨씬 앞서서 더 세련된 형식이 만들어졌다. 바로 동중서董仲舒(BC 170?~BC 120?)가 제안했던 왕도王道 논리다. 왕권신수설은 글자 그대로 왕의 권력을 신으로부터 받았다는 주장이다. 이 이론에 근거하면 당연히 신을 제외하고는 그 누구도 왕권에 도전할 수 없게 된다. 마찬가지로 동중서는 '왕王'이란 글자를 분석하면서 동양적 왕권신수설을 주장했다.

> 옛날에 글자를 만든 인물은 먼저 가로획을 三처럼 나란히 세 번 쓴 뒤에 한가운데 세로획을 그어 세 획을 이어서 王이란 글자를 만들었다. 가로의 세 획三은 각각 하늘天, 땅地 그리고 인간人을 상징하고, 가운데를 이은 획丨은 세 영역의 원칙을 하나로 통일시킴을 상징한다. 이처럼 글자를 만든 사람은 하늘, 땅, 인간을 상징하는 획의 가운데 지점을 찾아 연결시켜서 하나로 통일시키니, 왕이 아니라면 누가 이런 역할을 감당할 수 있겠는가?
> −《춘추번로春秋繁露》, 〈왕도통삼王道通三〉

왕이란 글자는 '삼三'이란 글자와 그것을 관통하는 한 획丨의 글자로 구성되어 있다. 동중서에 따르면 '삼'이란 글자는 제일 위가 '하늘天', 중간이 '인간人', 그리고 제일 밑이 '땅地'를 가리킨다. 이 때문에 결국 '천지인天地人'을 상징하는 것이 된다. 그는 왕이란 존재는 바로 이 세 가지 요소를 관통하고 연결하는 일종의 제사장과 같은 기능을 가진다고 설명한다. 물론 이 세 가지 요소 가운데 가장 우월한 것은 역시 하늘이었다. 그래서 중국의 왕들을 보통 '천자天子', 즉 '하늘의 아들'이라고 불렀던 것이다. 서양의 왕권신수설보다 무엇인가 세련되었다는 느낌이 든다. 비록 하늘이 가장 압도적인 힘을 갖지만, 땅과 인간도 결코 무시할 수 없는 요소라는 인식이 깔려 있기 때문이다.

관례적으로 국가와 주권을 신적인 권위로 정당화하는 논리를 절대주의absolutism라고 부른다. 국가나 주권이 신적인 존재와 같이 절대적인 것이라고 간주하기 때문이다. 그래서 절대주의의 입장을 따를 때 인간은 국가나 주권을 결코 의심하거나 회의할 수조차 없다. 르네상스 이후 서양 근대사회는 신의 초월적 권위가 약화되고 그만큼 인간과 인간이 가진 이성적 능력에 강한 신뢰를 보내게 된다. 이제 주권자나 그가 통치하는 국가를 신과 같은 절대자로 정당화하는 논리는 힘을 잃게 된 것이다. 그래서 근대사회의 국가주의 철학자들은 국가나 주권자를 정당화하는 새로운 논리를 다시 모색하지 않을 수 없었다. 하지만 신과 같은 초월적 존재의 힘이 약화되었기 때문에 국가주의 철학자들은 국가의 권위를 더 이상 신에 빗대지 못하고, 이제는 스스로 사유하고 자신의 행동을 결정할 수 있는 인간 개체들에 근거해 국가의 정당성을 논증할 수밖에 없게 되었다. 바로 이 대목에서 의미심장하게 등장했던 것이 바로 사회계약론theory of social contract이다. 사회계약론은 사실 데카르트의 코기토와 함께 근대철학의 성격을 규정하는 두 가지 중요한 원리라고 할 수 있다. 사회계약론이 중요한 이유는 이 논의가 대의제representative system라는 형식으로 작동하는 민주주의democracy의 정치적 이데올로기를 정당화하는 중요한 논리적 근거로 작동해왔기 때문이다.

로크John Locke(1632~1704)가 자신의 주저 《통치에 대한 두 가지 논고Two treatises of Government》에서 언급하려고 했던 것도 바로 이 문제였다. 그에 따르면 국가의 목적은 개인의 자연적인 권리인 자유와 평등을 실현하고 보장하는 데 있다. 그렇다면 국가나 주권자는 그 자체가 더 이상 신성한 목적이 아니라, 단지 개인의 자유와 권리를 실현시키는 수단에 지나지 않는다. 이처럼 표면적으로 볼 때 근대철학에 들어와서 국가와 주권은 자유로운 개인들의 삶을 위한 단순한 수단으로 전락한 것처럼 보인다. 그렇지만 루소의 논의를 함께 살펴보면 국가와 주권은 수단이기는 하지만 거의 절대적인 수단이라는 미묘한 성격을 점유하고 있는 것을 엿볼 수 있다. 국가와 주권은 수단은 수단이지만, 결코 함부로 폐기할 수 없는 절대적인 수단으로 간주된 것이다. 그렇다면 명목으로만 수단일 뿐 사회계약론을 옹호하던 철학자들에게도 국가는 여전히 신성불가침성을 가진 것으로 이해되었다고 볼 수 있다. 국가가 절대적인 수단이란 주장은 사실 그것이 절대적인 목적이라는 생각과 거의 다를 바 없기 때문이다.

개인들의 자유로운 선택과 합의에 의해 국가와 주권이 정당화되었다면, 원칙적으로 개인들의 새로운 선택과 합의에 의해 국가와 주권의 논리 자체도 다시 폐기할 수 있어야 한다. 하지만 사회계약론자들은 결코 그 방향으로는 논의를 진행시키지 않았다. 바쿠닌Mikhail Bakunin(1814~1876)이나 크로포트킨Pyotr Kropotkin(1842~1921)이 외롭게 외쳤던 아나키즘Anarchism이 의미를 갖는 것도 바로 이 대목에서이다. 그들은 국가가 인간의 자유로운 삶을 위한 수단에 불과하다는 원칙적 입장을 일관되게 추구하려고 했다. 만약 구성원들이 원하지 않는다면 국가의 어떠한 측면도 다시 변경되거나 혹은 폐지될 수 있어야 하는 것이 아닌가? 하지만 어떤 개인도 국가의 법률적 강제력에 저항하며 이러한 의문을 공개적으로 제기할 수 없다는 것을 어린아이라도 아는 일이다. 사실 아나키스트들은 절대적 수단으로서 국가라는 생각 자체가 국가를 절대적인 목적으로 간주하는 것과 같으며, 나아가 국가를 자유로운 개인보다 훨씬 우월한 위치에 둔 것에 지나지 않는다고 우려했다. 현대 정치철학자 네그리Antonio Negri(1933~)도 이 점에서 예외가 아니다. 아나키스트로서 그는 다중multitude이란 개념을 통해 국가와 주권의 논리를 넘어서는 새로운 삶의 공동체를 모색하려고 평생 동안 노력했기 때문이다.

네그리는 지금까지 자본주의나 정치권력이 자신이 통제하던 사람들 상호 간의 마주침과 연대의 가능성을 애초부터 차단해왔다고 진단한다. 다시 말해 자본과 국가는 사람들이 주체적으로 기쁨을 느끼거나 혹은 슬픔을 느낄 수 있는 여지를 원천적으로 차단했다는 것이다. 그런데 이런 자본과 국가, 즉 권력의 시도는 발달된 네트워크를 토대로 세계화를 시도하면서 위기에 봉착하게 된다. 세계화와 네트워크화가 의도하지 않게 사람들 사이의 마주침과 연대의 가능성을 우리에게 제공해주었기 때문이다. 네그리가 주목했던 것은 한 번의 마주침을 통해 기쁨의 연대를 구성해본 경험이 있는 사람들은 누구든 그 연대를 가로막는 일체의 장애와 권력을 결국 극복의 대상으로 간주할 수밖에 없다는 점이다.

> 전 지구적 위계의 모든 층위에서 보이고 있는, 권력 부패의 모든 징후와 민주적 대의의 모든 위기는 민주주의적 힘에의 의지democratic will to power에 직면하고 있다. 이 분노와 사랑의 세계는 다중의 구성적 힘이 놓여 있는 현실적 토대이다. 다중의 민주주의는 '새로운 과학', 즉 이 새로운 상황과 대면할 수 있는 새로운 이론적 패러다임을 필요로 한다. 이 새로운 과학의 제1의 의제는 민주주의를 위해 주권을 파괴하는 것이다. 주권은 그것이 어떤 형태를 띠건 불가피하게 일자의 지배로서 제시되고, 완전하고 절대적인 민주주의의 가능성을 침식한다. 민주주의의 기획은 오늘날 민주주의를 확립하기 위한 전제조건으로 모든 현존하는 주권 형태들에 도전한다.
>
> -《다중: 제국이 지배하는 시대의 전쟁과 민주주의
> Multitude: War And Democracy In The Age Of Empire》

네그리의 이야기 가운데 '분노와 사랑의 세계'라는 표현이 중요하다. 마주침을 통해 얻게 된 기쁨의 연대가 '사랑의 세계'라면, 이 기쁨의 연대를 가로막는 기존 정치권력의 세계가 곧 '분노의 세계'로 드러나기 때문이다. 네그리는 이런 기쁨의 연대가 주권sovereignty 논리를 파괴할 수 있는 "민주주의적

안토니오 네그리는 지금까지 자본주의나 정치권력이 자신이 통제하던 사람들 상호 간의 마주침과 연대의 가능성을 애초부터 차단해왔다고 진단한다. 다시 말해 자본과 국가는 사람들이 주체적으로 기쁨을 느끼거나 혹은 슬픔을 느낄 수 있는 여지를 원천적으로 차단했다는 것이다.

힘에의 의지"를 가능하게 한다고 역설한다. 여기서 주권의 논리란 선거를 통해서 사람들이 자신의 정치적 권력을 한 사람 혹은 다수의 대표자들에게 양도하는 대의민주주의representation의 이념을 말한다. 만약 정치적 권력을 양도할 수 있다고 여긴다면, 엄격하게 말해 우리는 대표자의 임기 동안 어떠한 정치적 행위도 해서는 안 된다. 주어진 기간 동안 우리는 그 대표자를 주인으로 받아들어야만 하기 때문이다. 네그리가 집요하게 문제 삼았던 것이 바로 이 대의민주주의의 허구적 논리였다.

권력을 대표자에게 양도하는 순간, 우리는 권력이 없는 존재, 즉 글자 그대로 노예적인 존재로 전락하게 된다. 그리고 권력을 양도받은 대표자는 과잉된 권력을 가진 존재, 즉 새로운 형식의 군주처럼 사람들 위에 군림하게 된다. 자발적인 권력 양도가 논리적으로 '자발적 복종voluntary servitude'으로 이어지는 것도 바로 이런 이유에서이다. 그래서 대의민주주의는 결코 민주주의적일 수가 없으며, 오히려 진정한 민주주의로 이행하는 것을 가로막는 심각한 장애물로 기능할 뿐이다. 네그리가 "주권은 그것이 어떤 형태를 띠건 불가피하게 일자의 지배로서 제시되고, 완전하고 절대적인 민주주의의 가능성을 침식한다"고 진단했던 것도 바로 이런 이유에서였다. 하지만 '사랑의 연대', 즉 다중을 통해 우리는 자신의 권력이 어느 한때라도 결코 양도될 수 없다는 점, 그리고 이와 아울러 모든 주권의 논리가 사실은 억압의 논리에 지나지 않았다는 점을 자각하게 된다. 다중 속에서 우리는 자신의 삶이 힘과 기쁨으로 넘치는 것을 이미 경험해버렸기 때문이다. 불행히도 대부분의 사람들은 아직도 다중을 개념적으로나 경험적으로 음미하기 어려운 상황에 처해 있을 것이다. 그래서 우리는 대의민주주의, 혹은 사회계약론이 탄생했던 바로 그 첫 순간으로 거슬러 올라갈 필요가 있다. 단추가 잘못 채워진 첫 지점으로 되돌아가지 않으면, 우리는 단추를 올바로 채울 수가 없을 테니 말이다.

Ⓚ

홉스: "국가는 야만을 극복한 문명상태이다."

사회계약론에 입각해서 국가를 정당화하려고 했던 최초의 근대철학자는 홉스Thomas Hobbes(1588~1679)였다. 자신의 주저 《리바이어던Leviathan》에서 그는 '자연상태' 및 '국가권력'과 관련된 흥미진진한 사유실험을 시도한다. 그것은 일체의 국가나 공동체가 없는 자연상태를 생각해보자는 것이다. 이제 이념적으로나 종교적으로 국가가 정당화되지 않기에 가장 현실적인 차원, 그러니까 인간의 이해관계 차원에서 국가를 정당화하려는 것이다. 종교적 정당화가 아니라 세속적 정당화인 셈이다. 신에 대해서도 혹은 세습 왕조에 대해서도 심드렁해진 근대 사람들에게 전혀 새롭게 그러나 누구나 쉽게 공감할 수 있도록, 국가를 정당화하려고 한다. 여기서 홉스는 일종의 귀류법歸謬法, reductio ad absurdum적인 전략을 사용한다. 국가가 없는 자연상태의 불안과 불행을 증명해서 국가가 존재하는 문명상태의 안정과 행복을 증명하려고

홉스는 사회계약론에 입각해서 국가를 정당화하려고 했던 최초의 근대철학자였다. 홉스에 의하면 '자연상태'의 공포를 해소하기 위해서 개인들은 상호계약을 맺어 자신들의 권력을 한 곳으로 모아주게 되었다. 그는 이것이 바로 리바이어던, 즉 국가가 탄생한 근본적 이유라고 설명한다.

하니 말이다. 사회나 국가가 없는 상태의 인간들, 다시 말해 자신의 생존에만 관심이 있는 원자화된 개인들에서부터 홉스는 자신의 논의를 시작한다.

인간의 자연상태는 만인의 만인에 대한 전쟁상태이며, 이런 상황에선 각각의 사람들은 오로지 그 자신의 이성에 의해서만 통치되며, 자신의 생명을 그 적들로부터 지키고 유지하기 위해선 그가 유익하다고 생각하는 것으로서 이용할 수 없는 것, 이용해서 안 되는 것은 없다. …… 그러므로 모두가 만물에 대해 이와 같은 자연(으로부터)의 (보편적) 권리를 갖고 있는 상태가 존속하는 한, 자연이 보통 인간에게 살도록 허용한 시간을 다 살 수 있는 안전은 어떠한 인간에게도 (그가 아무리 힘이 세고 현명하다 할지라도) 보증되지는 않는다. 그러나 상호 신뢰에 의한 계약covenants은 어느 쪽이든 한쪽에 불이행의 우려가 있는 곳에선 무효이며, 그러므로 정의의 원천은 계약에 있다고는 하지만 이런 우려의 원인이 제거되기 전까지는 실제로 정의는 있을 수 없다.   -《리바이어던》

그에 따르면 자연상태의 인간은 자신과 자신의 재산을 외부의 강력한 위협에서 보존하려는 본능적인 욕망을 가지고 있다. 그의 논의에서 중요한 것은 자신을 보호하려는 인간의 욕망에 기본적으로 타인에 대한 강한 불신이 깔려 있다는 점이다. 스스로 타인과 그의 재산을 약탈하지는 않을 것이라고 다짐하더라도, 우리는 타인도 나와 같은 다짐을 하리라고 확신할 수가 없다. 그렇기 때문에 자연상태는 홉스에게서 '만인에 대한 만인의 전쟁' 혹은 '총체적인 전쟁상태'와 다름없는 것이라고 이해되었던 것이다. 상호 불신과 선제공격으로 점철될 수밖에 없는 자연상태에서 인간은 자기 자신뿐만 아니라 자신의 소유물들을 보존하기 어렵게 된다. 그러니 계약이 필요하다는 것이다. 물론 확고한 약속 이행이 전제되는 계약 말이다. 바로 여기서 확고한 약속 이행을 강제할 수 있는 강력한 주권의 필요성이 대두된다.

잊지 말아야 할 것은 자연상태에 대한 상이한 가치평가가 충분히 가능하다는 점이다. 홉스에게 자연상태는 악이다. 그렇지만 자연상태는 지배와 복종이 없는 자유로운 상태이기에 절대적으로 선한 상태라는 입장도 충분히 가능하다. 이것이 바로 루소Jean-Jacques Rousseau(1712~1778)의 생각이었다.

어떤 자가 폭력으로 지배하면, 다른 사람들은 다만 그 주먹에 굴복하여 한탄하면서 시달림을 받게 될 것이다. 이것은 우리 사회에서 흔히 볼 수 있는 일이다. 그러나 이런 일은 미개인 사이에서는 찾아볼 수 없다. 그들에게는 복종과 지배가 무엇인지 이해시키기조차 어려울 것이다. 어떤 사람이 남이 따온 과일이나 잡아온 먹이 또는 은신처인 동굴을 빼앗을 수는 있을 것이다. 그렇지만 그가 어떻게 남들을 지속적으로 복종시킬 수 있겠는가? 게다가 아무것도 소유하지 않은 사람들 사이에 어떤 주종관계의 사슬이 있을 수 있겠는가? 한 나무에서 쫓겨났다면 그때는 다른 나무로 옮겨가면 그만이다. …… 주종관계란 사람들의 상호 의존과 그들을 결합시키는 서로의 욕구가 있지 않으면 성립되지 않는다. 그러므로 어떤 사람을 복종시킨다는 것은, 미리 그를 다른 사람이 없이는 살아가지 못하는 처지에 두지 않는 한 불가능한 일이다.

이것은 누구나 알 수 있다. 그런데 이와 같은 처지는 자연상태에서는 존재할 수 없으므로, 거기서는 누구나 구속에서 떠나 자유의 몸이며 강자의 법률이 무용지물이 되고 만다.

－《인간 불평등 기원론Discours sur l'origine et les fondements de l'inégalité parmi les hommes》

사회계약론을 표방했던 루소는 지금 선배 사회계약론자 홉스를 조롱하고 있는 중이다. 국가기구를 정당화하기 위해 자연상태를 끌어들였던 홉스와는 달리 지금 루소는 지배와 억압의 메커니즘을 폭로하기 위해 자연상태를 끌어들이고 있으니 말이다. 오랑캐로 오랑캐를 제압한다는 '이이제이以夷制夷'의 테크닉도 이 정도면 예술의 경지에 이르렀다고 하겠다. "만인의 만인에 대한 전쟁상태"라고 정의된 자연상태에서 루소는 인간의 자유를 엿본다. 물론 자연상태에서 인간들 사이에 갈등은 있을 수 있다. 그렇지만 이 상태에서 인간은 자유를 구가할 수 있었고, 동시에 강자가 자신의 이득을 위해 제정한 법률도 무용지물이 된다. 물론 루소는 홉스와 함께 사회계약론을 주장했던 상징적 인물이다. 그러나 루소가 꿈꾸었던 사회계약은 자연상태에서 향유되었던 인간의 자유를 지속적으로 보장하기 위한 방법이었다. 그러니까 그가 꿈꾸던 사회는 여전히 일방적으로 관철되는 지배나 복종의 상태, 혹은 강자의 이익을 대변하는 법률이 지배하는 상태와는 무관한 사회였다.

루소의 선배 홉스는 전혀 달랐다. 그에게는 루소와 같은 낭만주의적 열정 대신 기계론적이고 차가운 현실감각만이 존재했던 것이다. 자유의 상태가 아닌 전쟁의 상태로 이해된 자연상태! 그리고 이런 야만적인 상태에서 벗어나기 위한 인간들 사이의 약속, 그리고 약속 이행을 보장하거나 강제할 수 있는 강력한 권력! 인간의 자유가 과연 중요한가? 안정적인 생존이 무엇보다 더 중요한 것 아닐까? 이것이 바로 홉스의 속내였다. 마침내 홉스는 모든 갈등과 대립을 종식시켜줄 공통적 권위, 즉 주권sovereign에 대한 필요성을 절감하게 된다.《구약 성경》에 등장하는 바다 괴물 리바이어던으로 묘사된 국가가 탄생하게 된 것은 바로 이런 과정을 통해서였다.

다수의 사람들이 하나의 인격으로 결합되어 통일되었을 때, 이를 국가 Commonwealth라고 부른다. 이렇게 해서 저 위대하고 가공할 괴물 리바이어던이 탄생하는 것이다. …… 국가란 하나의 인격person으로서, 다수의 인간이 상호계약에 의해 스스로가 그 인격이 하는 행위의 본인Author이 되며, 그 목적은 그 인격이 공동의 평화와 방어에 필요하다고 생각할 때 다수의 모든 힘과 수단을 적절히 이용할 수 있도록 하는 데 있다. 그리고 이 인격을 담당한 자를 주권자Sovereign라고 칭하며, 주권Sovereign Power을 가지고 있다고 말한다. 그리고 그 이외의 모든 인간은 그의 국민Subject이라고 부른다. — 《리바이어던》

홉스에 의하면 '자연상태'의 공포를 해소하기 위해서 개인들은 상호계약을 맺어 자신들의 권력을 한 곳으로 모아주게 되었다. 그는 이것이 바로 리바이어던, 즉 국가가 탄생한 근본 이유라고 설명한다. 그의 이야기가 타당하다면, 인간은 드디어 국가라는 공통적 권위에 의해 무질서와 전쟁을 종식시키면서 '문명상태'로 이행하는 데 성공하게 된 셈이다. 이제 자신의 권력을 하나의 유일한 절대적 주권에게 양도한 개인들은, 자신의 신체와 재산을 안정적으로 보호할 수 있는 장치를 갖추게 되었기 때문이다. 하지만 과연 홉스의 전망은 생각대로 이루어졌을까? 불행히도 역사는 그렇지 않다는 점을 잘 말해주고 있다. 절대주권 자체가 오히려 자신에게 권력을 양도한 개인들의 자기 보존 욕망을 억누르고 억압해왔기 때문이다.

개인과 개인 사이의 갈등은 절대주권의 공권력에 의해서 줄어들 수도 있다. 하지만 절대주권 사이에서 진행되는 갈등은 대규모 절멸 전쟁으로 치달으면서 자연상태에서 이루어졌던 개인 사이의 갈등보다 더 참혹하고 비참한 결과를 낳고 있다. 사적으로는 아무런 악감정도 없는 두 개인이 자신이 속한 국가가 다르다는 이유만으로 서로 죽일 수밖에 없는 것이 곧 우리의 현실이 되어버린 것이다. 과연 이것이 홉스가 말한 자기 보존의 진정한 상태라고 말할 수 있을까? 모든 인간이 자신의 고유한 의사와 관계없이 국가의

홉스의 《리바이어던》 표지. 자유의 상태가 아니라 전쟁의 상태로 이해된 자연상태! 그리고 이런 야만적인 상태에서 벗어나기 위한 인간들 사이의 약속, 그리고 약속 이행을 보장하거나 강제할 수 있는 강력한 권력! 마침내 바다 괴물 리바이어던으로 묘사된 국가가 탄생하게 되었다.

철저한 지배를 받는 상태가 곧 인간의 문명상태라고 볼 수 있을까?

사실 사회계약론의 입장에서 국가를 정당화하는 홉스의 논리에는 철학적으로 심각한 문제가 하나 도사리고 있다. 과연 인간이 자신의 권력, 즉 힘을 다른 사람에게 양도한다는 것이 가능한 일인가 하는 의문이 바로 그것이다. 자신을 보호하고 자신의 삶의 방향을 온전히 결정할 수 있는 힘이라는 점에서, 자유로운 개인의 권력은 원칙적으로 어떤 타인에게도 결코 양도될 수 없는 것이다. 그래서 자신의 권력을 주권자에게 양도하는 순간, 우리는 삶의 주체가 아닌 주권자의 노예로 전락할 수밖에 없는 것이다. 예를 들어 독일 사람들이 히틀러Adolf Hitler(1889~1945)를 압도적인 지지를 통해 자신들의 주권자로 선출했던 사건을 생각해보라.

당시 독일인들은 자신의 권력을 히틀러에게 몰아주었다. 하지만 불행히도 히틀러는 자신이 가진 주권을 전쟁을 일으키거나 유대인을 학살하는 데 사용하게 된다. 과연 독일 사람들은 전쟁과 학살을 진정으로 원해서 히틀러를 선출했던 것일까? 물론 그렇지는 않을 것이다. 하지만 정해진 임기 동안 그 누구도 히틀러의 명령에 복종하지 않을 수 없었다. 이미 그들은 히틀러에게 자신의 모든 권력을 계약에 의해 합법적으로 양도했기 때문이다. 불행히도 이 상황에 이르면 사람들은 마치 히틀러가 강제하는 것을 마치 자신들 역시 원하고 있었던 것처럼 기꺼이 수행하려고 한다. 이것은 어찌 보면 권력을 양도한 자신들의 행위가 결코 그릇된 것이 아니었다는 것을 스스로에게 납득시키려는 무의식적인 몸부림과 같은 것이다.

Ⓚ

클라스트르: "자유로운 사회는 국가에 저항했다."

홉스가 국가를 정당화하는 방법은 단순하다. 즉 자신의 삶을 타인들의 공격과 위협에서 보호하기 위해서 개인들은 국가와 주권자를 만들기로 서로 약속했다는 것이다. 그의 논증이 타당하려면 우선 모든 사람이 정말 서로 합의해서 국가를 만들었는지를 생각해볼 필요가 있다. 사실 이 문제는 그리 어렵지 않게 해결할 수 있는데, 오늘날 우리 가운데 그 누구도 이러한 원초적 합의에 대해 경험한 바 없을 뿐만 아니라 이 점은 오래전의 과거로 거슬러 올라가도 역시 마찬가지이다. 또한 홉스가 말한 국가가 없는 상태, 즉 자연상태에 대해서도 다시 생각해볼 필요가 있다. 이 자연상태는 홉스에 따르면 자신의 생명조차 유지하기 힘들 정도로 극도의 야만적 상태여야 한다. 그래야 강제력과 공권력을 가진 국가의 탄생이 정당화될 수 있을 테니까. 하지만 과연 국가가 없는 인간 사회는 야만적인 사회였을까?

이런 의문은 우리를 클라스트르Pierre Clastres(1934~1977)라는 정치인류학자의 통찰로 이끌어준다. 그에 따르면 가령 오늘날과 같은 국가 형식이 존재하지 않던 인디언 사회는 야만사회가 아니라 고도의 문명사회였으며, 이와는 반대로 진정한 야만사회는 오늘날 우리가 몸담고 있는 국가사회라고 볼 수 있다. 클라스트르의 주장에서 우리는 국가나 권력이 가혹한 야만의 상징이며, 동시에 그것이 인간의 자유와는 서로 양립 불가능하다는 점을 이해할 수 있게 된다.

> 고대적 사회, 각인의 사회는 국가가 없는 사회, 국가에 대항하는 사회이다. 모든 신체에 똑같이 새겨진 각인은 다음과 같이 선언한다. 즉 "너희는 권력의 욕망을 지니지 않을 것이고 복종의 욕망을 지니지 않을 것이다"라고. 우리와 분리되지 않는 이 법은, 분리되지 않는 공간, 즉 신체 그 자체 이외의 어느 곳에도 새기는 것이 불가능한 것이다. 이미 이 모든 것을 알고 있었고, 끔찍한 참혹함을 대가로 그보다 더 끔찍한 참혹함이 출현하는 것을 막고자 한 이 야생인들(인디언들)의 감탄을 금할 수 없는 심오함, 그것은 바로 신체에 새겨진 법은 망각할 수 없는 기억이라는 점이다. ─《국가에 대항하는 사회La Société Contre l'Etat》

프랑스의 대표적인 정치인류학자 피에르 클라스트르. 누구도 지배하려고 하지 않고 누구의 지배도 받지 말아야 한다! 이것이 클라스트르가 우리에게 마지막으로 남긴 교훈이었다.

클라스트르가 보고한 것에 따르면 인디언들은 독립적인 자유인으로 인정받기 위해서 잔혹할 정도로 심한 통과의례를 거쳐야만 한다. 예를 들어 어느 부족에서는 통과의례를 집행하는 사람이 통과의례를 거치는 젊은 이의 어깨나 가슴살을 1인치 이상 잡아당겨 칼로 그 살을 뚫기도 했다. 그런데 이 경우 그 젊은이는 작은 비명소리조차 내서는 안 된다. 비명을 지르게되면, 그 젊은이는 의례를 통과할 수 없기 때문이다. 통과의례에서의 비명은 그가 작은 고통마저도 감당하지 못한다는 것, 따라서 인디언 사회의 자유로운 성원이 되기에 아직 부적합한 사람임을 드러내는 것이다. 이런 과정을 통해 인디언 사회에서 독립적인 성원으로 인정받게 된 모든 사람들은 예외 없이 누구나 통과의례의 상처를 몸에 지니게 된다. 이로써 보면 인디언 사회의 통과의례는 어떤 사람 혹은 소수의 지배자가 일방적으로 다른 사람에게 가하는 강제적 고문 행위가 아님을 알 수 있다.

다양한 인디언 사회의 통과의례를 관찰하면서 클라스트르는 의문을 품을 수밖에 없었다. 인디언들은 왜 이런 고통을 서로에게 주려고 했던 것일까? 왜 그들은 인디언 사회 모든 성원들의 육체에 동일한 상처와 흉터를 각인시키려고 했던 것일까? 오랫동안의 의문과 분석을 통해 마침내 클라스트르는 인디언 사회의 한 가지 핵심적인 비밀을 알아차리게 된다. 무엇보다도 먼저 그가 주목했던 것은 인디언들이 국가로 대표되는 권력 관계나 차별 관계를 '문명'의 현상으로 간주하지 않았다는 점이다. 그들에게 국가라는 것은 억압되어야 할 '자연', 눌러서 억제해야 할 인간의 탐욕스런 본능 혹은 권력욕을 나타내는 것일 뿐이었다. 그들에게 진정한 '문명'이란 어떤 차별도 존재하지 않는 독립적인 자유인들의 공동체로 사유되었다. 결국 이 과정을 통해 클라스트르는 인디언들의 통과의례가 '자연'에서 '문명'으로 이행하는 상징적인 행위라는 사실을 이해하게 되었다. 자신의 살 속으로 칼이 깊숙이 뚫고 들어올 때 그들이 어떤 신음소리도 내지 않았던 것은 '문명인'으로서 살아가겠다는 데 대한 강렬한 동의였던 셈이다.

인디언들의 생각에 따르면 몸에 본능적인 탐욕과 권력욕이 배어들지 않게 하려면, 타인을 얕보고 무시하며 궁극적으로는 노예로 삼고자 하는 야만스런 심성이 생기지 않도록 하려면, 누구나 반드시 이런 엄청난 고통의 경험을 겪어야만 한다. 억누르고 있던 권력욕이 자신도 모르게 튀어나올 때마다 인디언들은 자신의 살에 새겨진 흉터, 그리고 몸에 각인된 고통스러웠던 기억을 떠올리며 마음을 잡으려고 했던 것이다. 그리고 단호한 얼굴로 다시 진정한 문명인으로 남겠다는 각오를 다지게 된다. "나는 권력의 욕망을 지니지 않을 것이고, 복종의 욕망도 지니지 않을 것이다!" 인디언들에게는 약하다고 해서 강한 자에게 비굴하게 복종하고, 강하다고 해서 약한 자를 지배하는 것은 문명이 아니라 자연, 혹은 야만이라고 생각했다. 만약 홉스의 국가 모델을 보았다면, 그들은 그곳에서 문명이 아니라 약육강식과 같은 생생한 야만의 논리를 보았을 것이다.

어쨌든 '국가에 대항했던' 인디언 사회에 대한 통찰을 통해 이제 클라스트르는 우리에게 다음과 같이 묻고 있다. 강한 자가 약한 자를 지배하고 약한 자가 강한 자에게 복종하는 약육강식의 세계에 살고 있다면, 인간을 동물로부터 구별할 수 있는 근거는 과연 어디에 있는가? 약육강식의 '경쟁' 논리에 따르면, 인간은 결국 동물과 한 치도 다를 바 없는 존재에 지나지 않는다. 인간이 동물이 아니라 진정한 인간일 수 있으려면, 인간은 강한 사람에게 복종하지도 않고 약한 자를 지배하려고도 하지 않는 자유인의 의지, 그리고 이와 아울러 자신을 죽일 수는 있어도 자신의 자유를 빼앗지는 못할 것이라는 확고한 용기를 가지고 있어야만 한다. 이 점에서 클라스트르가 찾아가보았던 인디언들의 사회는, 아주 오래된 사회임에도 가장 문명이 발달했던 사회였던 셈이다. 오늘날 우리가 국가 체제에서 흔히 엿볼 수 있는 권위적 지배와 복종이라는 야만적 상태에서 가장 멀리 떨어진 사회가 바로 그들의 공동체였기 때문이다. 바로 이 때문에 인디언 사회는 여전히 우리에게 '오래된 미래Ancient futures'로 남을 수밖에 없는 것이다.

클라스트르의 정치인류학적 연구는 인디언들이 살았던 야만사회가 문명적이었고 반대로 우리가 살고 있는 문명사회가 야만적이라는 걸 알려준다. 결국 그는 홉스가 아니라 루소의 손을 은근히 들어준 셈이다. '자연상태'는 분명 전쟁상태라는 건 옳았다. 그렇지만 그 전쟁의 대상은 동료 인간들이 아니라 국가라는 억압기구였던 것이다. 불행히도 국가기구, 즉 지배자와 피지배자라는 형식은 한 번 탄생하자마자, 놀라운 생명력과 지속력을 보이게 된다. 지배자라는 형식에 제정일치의 종교지도자, 왕이나 황제, 대통령이나 국회의원, 심지어 자본가가 들어와도 상관이 없다. 어쨌든 지배자와 피지배자라는 형식은 그 내용의 변화와는 무관하게 유지되고 있으니 말이다. 그래서 중요한 과제는 어떻게 하면 지배와 피지배라는 국가 형식을 없애서 자유로운 공동체를 만들 수 있느냐는 것이다. 원칙적으로 우리 인간은 "권력의 욕망을 지니지 않고 복종의 욕망을 지니지 않는" 강력한 자유의 전사가 되어야 한다. 바로 이 대목에서 클라스트르는 마르크스의 테제 하나를 전복시키려고 한다. 1859년에 출간된《정치경제학 비판Kritik der Politischen Ökonomie》에서 마르크스는 말했던 적이 있다.

> 인간들은 불가피하게 자신의 의지와 무관하게 규정된 관계, 즉 그들의 물질적 생산력의 발전에 주어진 단계에 부합하는 생산관계에 들어갈 수밖에 없다. 전체 생산관계는 사회의 경제적 구조, 즉 토대를 구성한다. 이 토대 위에 법적이고 정치적인 상부구조가 발생하고, 동시에 이 토대에 규정된 사회적 의식은 대응하게 된다. 물질적 삶의 생산양식은 사회적, 정치적, 그리고 지적인 삶의 일반 과정의 조건이 된다.
> 　　　　　　　　　　　　　　　　　　　　　－《정치경제학 비판》

경제적 토대는 사회 차원에서는 정치나 법률과 같은 상부구조를, 그리고 개인 차원에서는 의식을 결정한다. 마르크스주의자나 부르주아 지식인이라도 누구나 받아들이고 있는 너무나 유명한 주장이다. 그러나 이 주장이 맞으면 자본가와 노동자라는 억압적 생산양식이 아니라 억압이 없는 생산양식으로 변해야만, 우리 인간은 자유를 회복할 수 있다. 어쨌든 상부구조는 하부구조가 결정하니 말이다. 그러나 클라스트르의 생각은 다르다. 억압적 생산양식이 저절로 자유로운 생산양식으로 변할 리 만무하기 때문이다. 결국 억압적 생산양식을 없애는 것도 우리 인간일 수밖에 없다. 지금 당장 우리 각자는 자유의 전사가 되어야만 한다. 그래서 그는 경제적 토대가 정치적 상부구조나 개인의 의식을 지배한다는 마르크스의 도식을 공격할 수밖에 없었다.

사회의 핵심적 분할, 즉 노동 분할을 포함한 다른 모든 분할들의 기초가 되는 분할은 사물들에게 낮은 것과 높은 것이란 수직적 질서를 부과하는 분할이다. 군사적이든 아니면 종교적이든 권력을 잡은 사람들과 그런 권력에 복종하는 사람들 사이의 정치적 구분이 핵심적인 분할이란 것이다. 정치적 권력 관계는 경제적 착취 관계에 선행하고 그것에 기초를 제공한다. 소외는 그것이 경제적이기 이전에 이미 정치적인 것이다. 권력은 노동에 선행하고, 경제적인 것은 정치적인 것에서부터 파생된 것이다. 국가의 탄생이 계급의 도래를 결정했던 것이다.

-《국가에 대항하는 사회》

국가에 대항했던 인디언 사회를 연구하면서 클라스트르는 경제적 억압은 단지 정치적 억압의 파생물이라는 걸 발견했던 것이다. 하긴 당연한 일 아닌가. 복종하는 다수가 있어야 그들을 피라미드나 만리장성과 같은 거대한 건축물 공사 현장에서 노예로 부릴 수 있고, 혹은 공장이나 회사에서 노동자로 부릴 수 있다. 결국 노예에서 노동자로의 변화는 복종과 지배 양식의 변화, 혹은 국가 형식의 세련화일 뿐이다. 타율적 복종에서 자발적 복종으로 변한 것이 진보라고 할 수 있을까? 타율적이냐 자발적이냐의 여부는 정신승리의 경우를 제외하고는 전혀 중요한 것이 아니다. 단지 중요한 것은 복종이란 정치적 태도뿐이다. 복종이 있으니 지배가 있고, 지배가 가능하니 복종이 있는 것이기 때문이다. 이것이 클라스트르가 우리에게 마지막으로 남긴 교훈이었던 셈이다.

물론 복종이 존재하는 원인은 그것을 강요하는 소수 지배자의 억압에서 찾아야 한다. 사회적 잉여를 독점하고, 그것을 토대로 다수를 지배하는 지배계층! 자신들의 지배를 정당화하기 위해 종교적이고 이념적인 이데올로기를 발명했던 지배자들! 이들에 맞서서 자유로운 공동체를 회복하는 방법은 다른 데 있는 것이 아니다. 누구도 지배하려고 하지 않고 누구의 지배도 받지 말아야 한다! 이것은 정치적 소외에 맞서는 가장 원론적이지만 동시에 가장 실천적인 강령이라고 할 수 있다. 이 강령을 확고하게 따를 때, 어떻게 우리가 국가권력이나 자본권력의 노예가 될 수 있다는 말인가.

사회계약론의 맨얼굴, 국가주의

국가를 철학적으로 사유한다는 것은 무척 어려운 일이다. 국가가 언제든지 압도적인 무력으로 개체들을 압박할 수 있다는 무의식적 공포가 항상 우리 뇌리를 사로잡고 있기 때문이다. 이 점에서 중세사회에서 근대사회로 급변하던 시기는 국가 문제를 사유하는 데 매우 중요한 실마리를 제공해준다. 이 급변기에 신을 정점으로 이루어졌던 국가질서가 여지없이 붕괴된다. 그런데 흥미로운 점은 이 시기에 국가를 정당화하는 논의들이 모두 예외 없이 사회계약론이라는 형식을 취하고 있다는 점이다. 사회계약론의 바닥에는 '인간=무질서, 국가=질서'라는 묘한 등식이 전제되어 있다. 국가가 존재하지 않으면 인간들은 서로를 약탈하고 살육하리라는 것, 그러니 이걸 막는 국가는 선하다는 것이다.

사실 이런 국가주의는 홉스에게서만 확인되는 것이 아니라, 동아시아에서는 제자백가 시절에도 발견되는 생각이었다. 진秦나라가 전국시대를 통일하려고 할 즈음, 당시 진나라의 재상 여불위呂不韋가 편찬한 《여씨춘추呂氏春秋》 〈탕병湯兵〉 편에는 다음과 같은 구절이 등장한다. "아직 치우蚩尤가 없던 시절에 백성들은 나무를 벗겨들고 싸웠다. 이긴 자는 우두머리가 되었는데, 우두머리로도 아직 다스리기에는 충분하지 않았다. 그래서 군주를 세웠는데, 군주로도 다스리기에는 충분하지 못했다. 그래서 천자를 세웠다. 천자는 군주에서 나왔고, 군주는 우두머리에서 나왔고, 바로 이 우두머리란 투쟁에서 나왔다." 전설적인 군주 치우를 인용하면서, 여불위는 동아시아적 사회계약론, 혹은 국가주의를 피력하고 있다. 인간들 사이의 투쟁을 종식시키기 위해 강력한 공권력을 소유한 국가가 불가피하다는 생각이다.

이런 국가주의적 발상을 세련되게 다듬은 것이 서양 근대 초기의 사회계약론이라고 할 수 있다. 그러니 로크나 홉스를 사회계약론적 국가주의를 표방하고 있다고 정의할 수 있다. 사회계약론에는 개개인들은 악이고 국가는 선이라는 해묵은 국가주의가 전제되어 있기 때문이다. 결국 사회계약론을 표방하면서 마치 개인들이 자유로운 계약 주체인 것처럼 이야기하지만, 로크나 홉스는 모두 국가를 정당화하려고 했던 것이다. 두 사람은 모두 기본적으로 자유로운 개인들이 자발적으로 자신의 권리를 주권자에게 양도한다고 이해했다. 물론 홉스의 말대로 그 순간 자유로운 개인들은 주권자의 지배를 받는 '국민'으로 전락하게 될 뿐이다. 바로 이 순간이 '자발적 복종'이라는 허구적 논리와 그에 대한 환각이 발생하는 지점이기도 하다. '자발'에 초점을 두는 순간 개개인은 자신이 자유롭다는 환각에 빠지지만, 그것은 단지 국가에 대한 복종일 뿐이다.

사회계약론이 하나의 진리인 것처럼 통용되던 시절, 그것이 단지 하나의 허구에 불과하다고 공격했던 또 다른 철학자가 있었다. 그가 바로 스코틀랜드 출신의 경험론자 데이비드 흄David Hume(1711~1776)이었다. 그의 논문 〈원초적 계약에 대하여 Of the Original Contracts〉가 중요한 이유도 바로 여기에 있다. 이 짧은 논문에서 흄은 인간이 결코 자유롭게 계약을 맺기 어렵다는 사실을 '가난한 농민들과 장인들'의 사례를 예로 들며 설명한다. 다른 지역으로 떠나서는 결코 조금도 살 수 없는 가난한 사람들은 어떤 계약이든 달게 수용할 수밖에 없는 처지에 있다는 것이다. 만약 진정으로 사회계약이 가능하려면, 모든 사람들이 자유롭게 주어진 국가나 사회를 떠나서 살 수도 있어야만 한다. 이 점이 바로 흄으로 하여금 당시 유행하던 다양한 사회계약론들을 허구에 불과한 것으로 공격하게 했던 핵심 근거였다.

나아가 흄은 인간이 어떤 사회에 참여하는 것 자체가 비자발적이라는 사실도 덧붙이고 있다. 다시 말해 우리는 어떤 국가나 사회를 자율적으로 선택하는 것이 아니라, 주어진 국가나 사회에 맹목적으로 던져지면서 훈육되는 존재일 뿐이라는 말이다. 흄의 지적이 타당하다면 우리는 우리가 자유롭게 몸담을 공동체를 선택할 수도 없을 뿐만 아니라, 경제적 비참함이 극복되지 않을 경우 이러한 부자유 상태는 영원히 지속될 수밖에 없다. 흄의 후배격인 현대 역사학자 포크너Neil Faulkner(1958~2022)도 말한다. "통치자는 빈곤poverty과 재산property의 조합으로부터 자신의 부와 권력을 추구하는 동력을 얻는다." 2013년 출간된 《좌파 세계사A Marxist History of the World》에 등장하는 말이다.

피지배층의 가난과 지배층의 재산! 아니 정확히 말해 피지배층을 가난하게 만들어야 지배층은 자신의 재산으로 가난한 이들을 유혹하고 궁극적으로 지배할 수 있다. 물론 이들 지배층의 재산은 원래 피지배층에게 돌아가야 할 몫을 독점한 것에 지나지 않는다. 결국 지배층의 재산은 그들의 압도적 무력에서 나온 것이다. 이런 식으로 지배와 복종 관계는 고착되어 영속화된다. 바로 이 대목에서 우리는 클라스트르의 통찰에서 큰 힘을 얻을 수 있다. 그는 우리에게 아주 오랫동안 인류가 경제적으로 곤궁하기도 했지만 한편으론 자유로운 연대를 실현하고 유지하기도 했던 사실을 알려주었기 때문이다.

7

소통은 가능한가?

스피노자

VS

라이프니츠

근대철학의 맹점, 타자

데카르트는 근대철학의 시작을 알리는 서막이었다. 그리고 그 서막의 핵심부에는 모든 것을 의심하는 주체, 즉 코기토가 존재한다. 코기토는 사유하는 주체이기 이전에 의심하는 주체로 기억될 필요가 있다. 의심은 낯선 곳에서 발생하는 정서다. 예수회 수도원에서 유년 시절을 보낸 데카르트가 암스테르담이란 당시 가장 번화했던 도시로 가지 않았다면, 그는 의심하는 주체 코기토를 발견할 수조차 없었을 것이다. 당시 암스테르담은 신이 지배하던 중세시대로부터 가장 멀리 벗어나 있던 자유 도시였다. 그러기에 스피노자와 같은 범신론자도 이곳 암스테르담을 떠나지 않았던 것이다. 아직도 중세적 질서가 지배하는 다른 곳에 갔다가는 사상의 자유는커녕 생명마저 부지하기 힘들었을 테니 말이다. 바로 이곳 암스테르담 후미진 곳에서 데카르트는 당분간 머물게 된 것이다. 중세 기독교의 규칙이 적용되던 예수회 수도원과 그와는 전혀 다른 근대적 삶의 규칙이 통용되는 암스테르담 사이에서, 데카르트는 로마에 가면 로마법을 따라야 한다는 절절한 자각에 이른 셈이다. 그러니 어떻게 진리에 대한 의심이 싹트지 않을 수 있겠는가?

　모든 도시생활이 그렇듯이 암스테르담은 철학자에게 필수적인 익명성을 보장해주었다. 자신에게 피해를 주지 않는 한, 도시인들은 타인의 사유와 행동에 대부분 무관심한 법이다. 새로운 사유를 꿈꾸던 데카르트에게 암스테르담이 편안한 안식처가 될 수 있었던 것도 바로 이 때문이었다. 번화한 암스테르담 거리, 그 누구도 신경 쓸 필요 없는 대도시의 생활은 데카르트에게 자유를 제공했지만, 동시에 그에게 과거 프랑스에서 느껴보지 못한 고독도 안겨주었다. 그래서일까, 데카르트의 코기토에는 자유로운 주체라는 느낌과 고독한 주체라는 분위기가 동시에 느껴진다. 이 대목에서 1903년에 출간된 짐멜의 유명한 논문 〈대도시와 정신적 삶Die Grossstädte und das Geistesleben〉에 등장하는 한 구절을 읽어보도록 하자.

엠마누엘 데 위테의 〈암스테르담 증권 거래소 뜰〉(1653). 데카르트가 암스테르담이란 당시 가장 번화했던 도시로 가지 않았다면, 그는 의심하는 주체 코키토를 발견할 수조차 없었을 것이다. 당시 암스테르담은 신이 지배하던 중세시대로부터 가장 멀리 벗어나 있던 자유 도시였다.

좀더 정신적이고 세련된 의미에서 대도시인은 사소한 일들과 편견들에 얽매이는 소도시인들에 비해 '자유롭다'. 대도시와 같이 큰 집단이 가진 지적인 삶의 조건들이나 상호 무관심이나 속내 감추기라는 태도를 가장 강하게 느끼는 것은, 개인의 자립성이 훼손되곤 하는 작은 집단에 속한 개인들이라기보다는 대도시처럼 인구가 극도로 밀집한 곳에서 살고 있는 개인들일 것이다. 이는 신체적 거리의 가까움과 공간의 협소함이야말로 정신적 거리를 가장 잘 드러내주기 때문이다. 대도시의 우글거리는 군중 속에서 사람들은 자신의 외로움과 쓸쓸함을 가장 잘 느끼게 마련이다. 물론 이것은 위에서 말한 자유의 이면일 따름이다. 왜냐하면 대도시만큼 한 개인이 누릴 수 있는 자유가 반드시 그의 정서적 안정으로 나타날 필요가 없다는 사실을 가장 잘 드러내주는 곳도 없기 때문이다.   ─〈대도시와 정신적 삶〉

짐멜에 따르면 대도시라는 삶의 조건은 우리의 내면을 특정한 방식으로 규정한다. 특히 중요한 것은 '상호 무관심'과 '속내 감추기'로 표현되는 개인들의 자유이다. 시골 사람들을 규정하는 것이 '인격적 만남'이라면, 도시인들에게는 비인격성이 대부분의 만남을 규정하는 계기이다. '인격성'을 어렵게 생각할 필요는 없다. 상점 주인이 우리를 알고 있기 때문에 외상이 가능하다. 이것이 바로 인격적 만남이다. 반면 대도시의 편의점에서는 외상이 불가능하다. 편의점 점원과 우리 사이에는 그저 돈과 상품만이 오갈 뿐이다. 이것이 바로 '비인격적 만남'이다. 시골 사람에 비해 도시인들이 타인들의 삶에 무관심할 수밖에 없는 것도 바로 이 '비인격성' 때문이다. 사실 이런 비인격성은 도시생태학적 결론이라고 할 수 있다. 일일이 인격적으로 대응하기에는 대도시에서는 만나는 사람들이 너무나 많다. 그러니 만나는 모든 사람과 인격적 관계를 유지하려고 한다면, 도시인들은 금방 신경과민에 빠질지도 모를 일이다.

도시인들이 자신들의 속내를 감추는 이유도 다른 데 있는 것이 아니다. 속내를 드러내면 타인들이 아는 척하는 것이 귀찮기 때문이다. 예를 들어 최근에 죽은 애완견 때문에 슬픔을 표현했다고 해보자. 만나는 사람마다 애도의 말을 던질 것이다. 그러나 이것도 한두 명이지 만약 100여 명 정도가 그렇게 하면 애도의 말을 듣는 것 자체가 곤혹스러울 것이다. 그러니 웬만하면 희로애락 등의 감정은 그저 속내에 묻어두는 것이 편하다. 이처럼 도시인들은 자신의 속내를 별로 털어놓지 않는다. 그냥 아무 일도 없다는 듯 무표정으로 일관하는 것이 에너지 소모가 적을 테니 말이다. 더군다나 자신을 잘 알지도 못하는 사람들이 자신의 속내를 아는 척할 때는 불쾌하기까지 하다. 자신의 일거수일투족이 감시당하는 느낌, 자신이 벌거벗겨진 것과 같은 느낌이 들고, 자신의 자유가 침해당하고 있다는 불쾌감이 일기도 하다. 그래서 대도시에 살고 있는 사람들은 암묵적으로 서로의 삶을 침해하지 않는 한 타자의 삶에 간섭하지 않는다는 원칙에 서로 합의하고 있는 것처럼 보인다.

마침내 인간은 도시에 살면서 시골에서는 꿈도 꿀 수 없던 자유를 얻었다. 그렇지만 행복의 이면에는 불행이 항상 도사리고 있는 법이다. 도시인들이 얻은 자유의 이면에는 고독이라는 치명적인 질병이 잠복해 있기 때문이다. 타인에 대한 무관심과 속내 감추기라는 냉담한 태도는 도시인들을 원치 않는 고독에 빠지도록 한다. 냉담한 태도를 지속하다보면, 혹은 상호 무관심한 자유를 향유하다보면, 도시인들에게는 자신의 속을 털어놓을 사람이 사라질 수밖에 없다. 그래서 도시인들의 사랑은 편집증적이다. 타인에게 무관심했던 도시인이 누군가에게 자신의 속내를 털어놓는 순간, 그는 간만에 얻은 인격적 관계에 그야말로 올인하게 되니까 말이다. 마치 뚜껑이 열려 걷잡을 수 없이 거품을 쏟아내는 샴페인 병처럼 말이다. 그만큼 대도시에 살고 있어도 인간은 타인에게서 사랑과 인정을 받으려는 존재였던 것이다. 그러나 과연 그 상대방도 나처럼 자신의 속내를 쏟아낼 수 있을까? 바로 이 지점에서 타자와의 소통이란 심각한 문제, 도시에서만 주로 발생하는 문제가 생기게 된다. 도시인들의 타자에 대한 반응은 이율배반적이다. 타자는 자신의 고독을 달래주어 자신을 행복으로 이끌 수 있는 존재이면서, 동시에 자신이 얻은 자유를 침해할 수도 있는 존재이기도 하기 때문이다.

다른 각도에서 타자의 문제에 접근할 수도 있다. 근대철학의 서막을 알렸다는 점에서 코기토의 발견은 매우 의미심장하다. 이제 신의 명령에 무반성적으로 따르던 인간이 스스로 생각하고 판단하는 주체가 되었기 때문이다. 바야흐로 신의 시대가 저물고 인간의 시대가 열린 것이다. 도시에서 살아가는 대부분의 사람들이 그런 것처럼 코기토는 고독한 사유주체를 의미한다. 이제 우리는 생각하는 존재다. 일차적으로 생각하는 주체로서 나는 지금 내 자신이 무엇을 생각하고 있는지 안다. "저 여자는 멋지다", "미적분학은 너무나 힘들다" 등등 우리는 자신이 무엇을 생각하고 있는지, 자신이 무엇을 원하고 있는지, 혹은 자신이 어떤 감정을 갖고 있는지 안다. 문제는 타인도 나와 마찬가지로 코기토를 가지고 있다는 사실이다. 타자 본인은 자신이 무엇을 생각하고 있는지 스스로는 분명히 알고 있을 것이다. 하지만 불행히도 우리는 타자가 어떤 생각을 하는지 확실히 알 수 없다. 이는 내가 타자가 아니기 때문에 발생하는 자연스런 현상이다. 내가 자유롭게 생각하듯이 타자도 자유롭게 생각할 수 있다. 타자가 나와는 전혀 다른 생각, 전혀 다른 선택, 전혀 다른 행동을 하는 것도 사실 이 때문이다. 어찌 보면 매우 귀찮고 불편한 일이지만, 그렇다고 해서 타자와 단절할 수도 없는 노릇이다. 인간은 혼자 힘으로 자신의 삶을 육체적인 차원에서나 정서적 차원에서 안정적으로 유지하기 어려운 법이다.

어찌 보면 데카르트가 코기토를 발견하자마자, 근대철학계가 타자와의 소통이란 문제를 떠맡게 된 것도 이런 이유에서일 것이다. 결국 우리는 어떤 식으로든지 타자와 공존할 수 있는 지혜를 찾아야만 한다. 그렇지 않다면 고독한 사유주체들은 서로 무관심에 방치되거나 아니면 격렬한 갈등에 노출될 수도 있을 것이다. 정치철학적으로 홉스나 루소 등이 사회계약의 문제를 논의하게 된 것도 이런 이유에서다. 타자가 원하는 것, 혹은 생각하는 것이 나와는 전혀 다를 수 있다. 그렇기에 계약을 통해 나와 타자가 원하는 것과 생각하는 걸 확정할 수 있다. 결국 타자의 속내를 완전히 규정하겠다는 의지가 아니라면, 사회계약론이 무슨 의미가 있다는 말인가. 모든 계약이 그렇지만, 항상 약속 불이행의 가능성은 존재하는 법이다. 나도 그렇지만 타자도 맺어진 계약을 파기할 수 있는 원초적 자유를 가지고 있기 때문이다. 계약을 맺는 것도 주체의 자유이고, 그것을 파기하는 것도 주체의 자유일 뿐이다. 결국 계약은 타자의 문제를 해결하는 근본적 해법일 수는 없다. 우리가 타자와의 소통이란 문제를 사회계약론과는 다른 방식으로 고민했던 철학자들을 살펴보려는 것도 이런 이유에서다. 그들은 데카르트와 함께 대륙 합리론의 삼총사라고도 불릴 만한 스피노자Baruch de Spinoza(1632~1677)와 라이프니츠Gottfried Wilhelm von Leibniz(1646~1716)이다. 두 철학자의 논의가 중요한 이유는 그들이 제안했던 논리가 오늘날에도 여전히 유효할 뿐만 아니라 논쟁적이기 때문이다.

스피노자: "기쁨을 주는 타자와 연대하라."

자유로운 근대 도시 암스테르담이 데카르트만을 성장시켰던 것은 아니다. 오히려 암스테르담이 자신의 모든 자유정신을 불어넣어 만든 탁월한 사상가는 데카르트라기보다 바로 스피노자였다고 할 수 있다. 이런 사실을 누구보다 잘 알고 있던 사람도 결국 스피노자 본인이었다. 스피노자의 가족은 스페인에서 종교 탄압을 피해 네덜란드로 이주했던 유대인, 즉 마라노Marrano 였다. 그럼에도 스피노자 본인은 항상 네덜란드를 자신의 조국이라고 이야기하는 데 주저하지 않았다. 그만큼 스피노자는 네덜란드로 상징되는 암스테르담의 자유정신을 깊이 사랑했고 자신이 이곳에 머물게 된 것을 큰 행운으로 여겼다. 심지어 그는 1673년에 있었던 하이델베르크 대학의 교수가 되라는 제안마저도 거부했을 정도였다. 아마 하이델베르크의 제안을 받았다면, 스피노자는 그곳에서 이단으로 박해받거나 아니면 암살되었을 수도 있다. 바보가 아닌 이상, 그런 위험한 곳으로 갈 리 없는 일이다.

　　암스테르담에서 데카르트가 고독한 사유의 주체를 발견했다면, 스피노자는 고독한 삶의 주체를 발견하게 된다. 사유가 아니라 삶이다. 스피노자는 우리의 삶은 육체적인 것과 정신적인 것이 결합되어 영위된다고 보지 않는다. 오히려 사정은 그 반대다. 삶은 하나의 실체이고, 정신과 육체는 삶의 두 가지 표현, 즉 두 가지 속성일 뿐이다. 결국 삶이 사라지면, 육체뿐만 아니라

스피노자에게 삶의 주체란 자신의 삶을 유쾌하고 즐겁게 증진시키려는 의지, 즉 코나투스를 가진 주체라고 할 수 있다.

정신도 사라질 수밖에 없다. 그래서 스피노자의 사유는 데카르트가 기대고 있던 플라톤주의나 기독교 사상으로부터 가장 멀리 서 있게 된다. 정신 혹은 이성이 아니라 삶이 중심이 되는 순간, 육체는 잃어버린 권리를 되찾는다. 이것이 바로 스피노자 철학이 가진 의의라고 할 수 있다. 어쨌든 스피노자에게 삶의 주체란 자신의 삶을 유쾌하고 즐겁게 증진시키려는 의지, 즉 코나투스conatus를 가진 주체라고 할 수 있는 것이었다. 사실 이것은 인간에게만 국한된 것은 아니다. 그에게 인간을 포함한 모든 사물은 "자신의 존재 안에서 지속하고자 노력하는 코나투스"를 "현실적 본질"로 모두 가지고 있기 때문이다. 인간의 정신과 육체를 이원론적으로 파악했던 데카르트와는 달리 스피노자는 코나투스 개념을 통해 이제 정신과 육체를 통일적으로 설명하려고 시도한다.

코나투스가 정신에만 관계될 때에는 의지voluntas라고 일컬어지지만, 그것이 정신과 신체 동시에 관계될 때에는 충동appetitus이라고 일컬어진다. 그러므로 충동은 자신의 유지에 유용한 것에서 생겨서 인간으로 하여금 그것을 행하도록 하는 인간의 본질 자체에 지나지 않는다. 다음으로 충동과 욕망cupiditas의 차이는, 욕망은 자신의 충동을 의식하는 한 주로 인간에게 관계된다는 것뿐이다. 따라서 욕망이란 의식을 동반하는 충동으로 정의할 수 있다. 그러므로 이상의 모든 것에서 다음과 같은 사실이 분명해진다. 즉 우리는 그것을 선이라고 판단하기 때문에 그것을 향해 노력하고 의지하며 충동을 느끼고 욕구하는 것이 아니라, 반대로 노력하고 의지하며 충동을 느끼고 욕구하기 때문에 어떤 것을 선이라고 판단한다. ―《에티카Ethica in Ordine Geometrico Demonstrata》

스피노자에게 코나투스는 정신에서는 '의지'로 드러나며, 정신과 육체를 포함한 실존의 전체 영역에서는 '충동'으로 드러난다. 자신의 삶을 보호하는 데 도움이 되는 것과 마주쳤을 때, 우리는 그것을 가지려고 할 것이다. 물이나 음식, 혹은 따뜻한 관심과 애정 등이 이런 사례가 될 수 있다. 이것은 인간을 포함한 모든 동물들의 본질적인 행동양식이기도 하다. 물론 스피노자의 말대로 자신의 의지나 충동을 의식할 수 있다는 점에서 인간은 동물과 차이가 있다. 인간은 자신이 무엇인가를 원하고 있다는 사실을 스스로 의식할 수도 있기 때문이다. 스피노자는 이런 경우 '충동'을 '욕망'이라고 부르고 있다. 그러니까 인간이 가진 충동만은 욕망이라고 부르자는 것이다.

여기서 핵심적인 문제는 스프노자에게 코나투스나 충동, 혹은 욕망이 먼저이고 의식적인 판단은 그다음에 온다는 사실이다. 다시 말해 그의 말대로 "우리는 그것을 선이라고 판단하기 때문에 그것을 향해 노력하고 의지하며 충동을 느끼고 욕구하는 것이 아니다". 오히려 거꾸로 우리는 "노력하고 의지하며 충동을 느끼고 욕구하기 때문에 어떤 것을 선이라고 판단한다". 이처럼 사유보다는 욕망에 우선성을 부여하면서 스피노자는 데카르트에게서 상당히 멀리 벗어나게 된다. 데카르트는 의식적인 판단 혹은 사유가 우선

적이고 의지나 욕망은 그다음에나 가능한 것이라고 주장했기 때문이다. "사유하는 것이란 무엇인가? 의심하고 이해하며, 긍정하고 부정하며, 의욕하고 의욕하지 않으며, 상상하고 감각하는 것이다."《성찰》에 나오는 데카르트의 말을 통해 이 점을 잘 엿볼 수 있다.

또 하나 중요한 점은 스피노자에게는 인간을 포함한 모든 사물이 가지고 있는 코나투스가 불변하는 실체와 같은 것이 결코 아니라는 점이다. 그것은 타자와 우발적으로 마주치면서 증가하거나 혹은 감소될 수 있는 역동적인 힘이었다. 이제 직접 스피노자의 말을 통해 그의 속내를 살펴보도록 하자.

> 우리는 정신이 큰 변화를 받아서 때로는 한층 큰 완전성으로, 때로는 한층 작은 완전성으로 이행할 수 있다는 것을 안다. 이 정념passiones은 우리에게 기쁨laetitia과 슬픔tristitia의 감정을 설명해준다. 그러므로 나는 아래에서 기쁨을 정신이 더 큰 완전성으로 이행하는 정서로 이해하지만, 슬픔은 정신이 더 작은 완전성으로 이행하는 정념으로 이해했다. 더 나아가 나는 정신과 신체에 동시에 관계되는 기쁨의 정서를 쾌감titillatio이나 유쾌함hilaritas이라고 부르지만, 슬픔의 정서는 고통dolor이나 우울함melancholia이라고 말한다. ─《에티카》

이 대목에서 무엇보다 중요한 것은 인간이 정신적으로나 신체적으로 "큰 변화를 받는다"는 스피노자의 생각이다. 고독하고 폐쇄된 사유 영역에서 벗어나 스피노자는 인간의 현실적 경험에서 자신의 사유를 전개하고 있다. 유한자로서 인간은 타자와 어떤 식으로든 마주칠 수밖에 없고, 거기에서 싫든 좋든 어떤 자극을 받게 된다. 당연히 이런 자극은 인간의 정신과 육체에 모종의 변화를 초래할 것이다. 스피노자는 타자와 마주쳤을 때 주체의 내면에 발생할 수 있는 변화를 다음과 같은 두 가지의 원초적 감정 상태로 정리한다. 기쁨의 감정과 슬픔의 감정이 바로 그것이다. 스피노자에 따르면 정신과 신체를 포함한 인간의 삶에서 기쁨의 감정이 쾌감이나 유쾌함이라고 규정될 수 있다면, 슬픔의 감정은 고통이나 우울함이라고 표현될 수 있다.

기쁨, 쾌감, 혹은 유쾌함의 감정이 발생했을 때, 모든 인간은 자신의 삶의 의지가 증가되었다는 것을 직감할 수 있다. 물론 이것은 자신이 가지고 있는 코나투스가 증진되었다는 것을 의미한다. 스피노자의 생각에 따르면 삶의 주체가 코나투스의 증가를 지향하는 쪽으로 행동하고 실천하게 된다는 것은 필연적인 귀결이다. 바로 이 점에서 스피노자의 윤리학이 지향하는 바가 명료해진다고 할 수 있다. 인간은 자신의 코나투스가 증진되는 것을 가능하게 하는, 다시 말해 자신의 삶에 기쁨과 유쾌함을 가져다주는 타자와의 소통과 연대를 끈덕지게 도모하고 유지해야 한다. 물론 반대의 경우도 생각해볼 수 있다. 다시 말해 인간은 타자와의 유쾌한 연대를 가로막는 일체의 부정적인 힘에 맞서 싸워야 하며, 동시에 자신의 삶에 슬픔과 우울함의 정서를 가져다주는 타자와는 단호하게 단절해야만 한다. 이 대목에서 스피노자의 윤리학은 필연적으로 정치학적 테마와 연결될 수밖에 없다. 코나투스의 윤리학이 네그리의 다중과 기쁨의 정치철학으로 연결되었던 것도 바로 이런 이유 때문이었다.

그럼에도 인간은 자신의 코나투스를 증가시키는 타자와의 관계를 포기하고, 자신의 코나투스를 약화시키는 타자와의 관계를 지속할 수 있다. 스피노자의 욕망 개념이 중요한 이유도 바로 여기에 있다. "욕망이란 의식을 동반하는 충동으로 정의할 수 있다." 바로 이 의식이 문제가 된다. 바로 이 의식이 코나투스, 혹은 충동을 왜곡할 수 있기 때문이다. 그러니 당연히 우리의 욕망도 왜곡될 수 있다. 자신의 코나투스를 지킬 수 없을 때, 의식은 인간 내면에 기쁨과 유쾌함의 감정을 순간적인 쾌감에 불과하다고 폄하할 수 있다. 일종의 신포도 전략인 셈이다. 높은 곳에 자란 포도를 따먹기가 너무나 힘들 때, 우리는 그 포도가 시기 때문에 따먹지 않는다고 자위할 수 있다. 한마디로 스피노자에게 의식은 일종의 정신승리 기능을 하는 것이다. 의식과 욕망의 잘못된 인식이 결국 우리의 본질인 충동과 코나투스를 적대시할 수 있다. 그렇기에 《에티카》에는 인식론적 논의가 그렇게 많이 출현한 것이다. 의식의 잘못된 인식을 수정해서 우리로 하여금 코나투스를 긍정하는 삶으로 이끌려는 것, 이것이 바로 스피노자의 속내였던 셈이다.

어쨌든 스피노자는 타자와의 소통을 우리 삶 차원에서 사유하고 있다. 결국 소통은 고독한 골방에서 꿈꾸는 것이 아니라, 무엇보다도 먼저 몸으로 시작되어야만 한다. 신체의 마주침이 소통의 시작이니 말이다. 물론 신체의 마주침, 즉 삶의 마주침이 항상 우리에게 기쁨과 유쾌함을 제공하지는 않는다. 그럼에도 골방에 갇혀 있어서는 안 된다. 아무리 의식이 깨어 있어도 골방에서의 고독 자체는 소통에 대한 부정에 지나지 않기 때문이다. 그래서 스피노자는 말한다. 유아론적 의식에서 벗어나 온몸으로 타자와 부딪치라고. 골방에서 나와 바깥으로 나가라고. 비록 슬픔의 위험도 있지만, 그만큼 기쁨의 기회도 얻을 수 있으니 말이다.

Ⓚ

라이프니츠: "예정되어 있는 소통에 조바심치지 말라."

데카르트가 고독한 사유주체를 발견하자마자 근대철학에서는 타자와의 소통이란 문제가 전면에 대두되었다고 했다. 스피노자가 중요한 이유는 그가 삶의 의지, 즉 코나투스라는 개념을 통해 소통의 가능성을 진지하게 숙고했기 때문이다. 여기서 우리는 스피노자와 함께 데카르트 이후 유럽의 근대철학계를 양분한 라이프니츠라는 철학자에 주목할 필요가 있다. 그는 스피노자와는 전혀 다른 방식으로 타자와의 소통 문제를 해명하려고 했다. 소통이란 문제를 풀어가는 라이프니츠의 방식은 재기발랄하고 심지어는 기발하다는 인상마저 풍긴다. 그는 우리가 타자와 소통할 수도 없고, 동시에 소통할 필요도 없는 존재라고 주장했던 것이다. 고개를 갸우뚱거리게 만드는 내용

라이프니츠는 스피노자와는 전혀 다른 방식으로 타자와의 소통 문제를 해명하려고 했다. 그는 우리가 타자와 소통할 수도 없고, 동시에 소통할 필요도 없는 존재라고 주장했다.

이다. 라이프니츠는 도대체 어떤 의도를 가지고 있었던 것일까? 그의 설명을 직접 들어보자.

하나의 단자Monad가 어떤 다른 피조물에 의해 그의 내부에 영향을 받거나 변화될 수 있는지를 설명할 수 있는 가능성이 존재하지 않는다. 단자들은 어떤 것이 그 안으로 들어가거나 그 안에서 밖으로 나올 수 있는 창문을 가지고 있지 않다. …… 모든 창조된 사물들을 개별자 각각에, 그리고 각 개별자들을 다른 모든 것에 결합 또는 순응시킨 것은, 모든 단순한 실체가 다른 실체들의 총체를 표현하는 관계를 포함하고 그 결과로 그는 살아 있고 영속하는, 우주의 거울이 되게 하는 결과를 낳는다.

-《단자론The Monadology》

라이프니츠를 잘 모르는 사람도 '창이 없는 모나드windowless monad'라는 유명한 표현에 대해서는 어디선가 한번쯤 들어보았을 것이다. 이것은 글자 그대로 우리와 타자 사이에는 소통할 수 있는 '창'과 같은 통로가 전혀 존재하지 않는다는 것을 의미한다. 그래서 '창이 없는 모나드'라는 표현은 현대인들의 고독한 삶을 묘사하는 수식어로 자주 쓰이곤 한다. 그렇지만 오늘도 우리는 누군가를 만나서 이야기를 나누고 있고, 누군가와 사랑에 빠지기도 하며, 누군가를 미워하기도 하지 않는가? 만약 라이프니츠의 말대로 우리에게는 타자에게로 열려 있는 창이 전혀 없다면, 이런 일들은 도대체 어떻게 해서 발생하는 것일까?

라이프니츠의 복잡한 속내를 이해하기 위해서 우리는 '분석명제analytic proposition'와 '종합명제synthetic proposition'를 먼저 구분할 필요가 있다. '분석명제'는 주어만 이해해도 참과 거짓이 결정되는 명제를 말한다. "총각은 결혼한 남자이다"라는 명제를 예로 들 수 있다. '총각'이란 주어의 의미를 안다면 누구든 이 명제가 거짓이라는 것을 알 수 있다. 반면 '종합명제'는 주어에 대한 이해를 통해서 참과 거짓이 결정되지 않는 명제를 가리킨다. 예를 들어 "강신주는 결혼한 남자다"라는 명제를 보면, '강신주'라는 주어를 명확히 이해한다고 해서 그가 결혼했는지 혹은 그렇지 않은지를 확인할 수 없다. 이 명제의 참과 거짓을 결정하려면, 우리는 경험을 통해 확인할 필요가 있을 것이다. 만약 결혼생활을 하고 있다는 것이 확인되면 이 명제는 참일 것이고, 그렇지 않다면 이 명제는 거짓일 것이다. 요약하자면 분석명제가 참과 거짓을 결정하기 위해 경험을 필요로 하지 않는 것인 데 반해, 종합명제는 그 진위를 판단하기 위해 반드시 경험을 필요로 하는 것이다.

라이프니츠는 '분석명제'와 '종합명제'라는 용어 대신 '필연적 진리necessary truth'와 '우연적인 진리contingent truth'라는 말을 더 자주 사용했다. 어쨌든 두 진리 사이의 구분은 인간이라는 유한자의 시선에서만 구분 가능하다는 것이 그의 입장이었다. 이것은 신이란 무한자의 시선에서는 '분석명제'와 '종합명제', 혹은 '필연적 진리'와 '우연적인 진리' 사이의 구분이 무의미해진다는 것을 의미한다. 다시 말해 신의 입장에서는 모든 명제가 '필연적 진리'를 담보하고 있는 '분석명제'일 수밖에 없다는 것이다.

개별적 실체에 대한 완전하고 완벽한 개념에는 그것이 가질 수 있는 과거, 현재, 미래의 모든 술어들이 함축되어 있다. …… 그러므로 베드로와 유다에 대한 완전한 개별적 개념에는 그것에게 발생할 수 있는 모든 것들이 갖추어져 있다. 그리고 이런 모든 것은 신이 알고 있다.

-《고트프리티 빌헬름 라이프니츠: 철학적 논문과 서신들
Gottfried Wilhelm Leibniz: Philosophical Papers and Letters》

라이프니츠는 주어가 될 수 있는 모든 개체의 내부에는 그에게 앞으로 붙여질 모든 술어가 미리 잠재되어 있다고 생각했다. 라이프니츠는 베드로와 유다의 경우를 예로 들고 있다. 하지만 여기서는 기독교에 익숙하지 않은 사람들을 위해서 카이사르Gaius Julius Caesar(BC 100~BC 44)와 클레오파트라 Cleopatra(BC 69~BC 30)의 사례가 더 적절해 보인다. "카이사르가 클레오파트라에게 키스를 한다"는 명제를 생각해보자. 라이프니츠는 '카이사르'에게는 "클레오파트라에게 키스를 한다"라는 술어가 함축되어 있다고 주장한다. 마치 '총각'에는 "결혼한 남자다"라는 술어가 함축되어 있는 것처럼 말이다. 반대로 라이프니츠의 이런 생각은 클레오파트라의 경우에도 그대로 적용된다. 그는 '클레오파트라'에도 "카이사르에게 키스를 허락한다"라는 술어가 함축되어 있다고 보기 때문이다. 그런데 여기서 다시 생각해볼 점은, 카이사르와 클레오파트라가 직접 키스를 한 적이 결코 없다고 라이프니츠가 주장한다는 점이다.

그의 생각에 따르면 단지 카이사르는 자신에게 함축되어 있던 "클레오파트라에게 키스를 한다"라는 술어를 실현한 것일 뿐이고, 동시에 클레오파트라 역시 자신에게 이미 함축되어 있던 "카이사르에게 키스를 허락한다"라는 술어를 실현한 것에 지나지 않는다. 이것이 바로 유명한 라이프니츠의 '예정조화설the doctrine of pre-established harmony'을 보여주는 대목이다. 물론 카이사르나 클레오파트라는 자신의 입술로 자신의 의지에 따라 키스를 했다고 생각할지도 모른다. 하지만 라이프니츠는 이런 생각은 단지 인간의 유한한 시선에서만 가능한 것이라고 주장한다. 카이사르와 클레오파트라의 키스

는 신이 예정한 것이라고, 다시 말해 카이사르나 클레오파트라를 창조할 때 그 속에 넣어둔 예정된 술어가 실현되어 나온 것에 불과하다고 보았기 때문이다. 그래서 라이프니츠는 우리가 타자와 소통할 수도 없고, 동시에 소통할 필요도 없는 존재라고 생각하게 된 것이다. 타자와의 사이에서 생길 수 있는 모든 행복과 불행은 새롭게 혹은 우연히 발생한 것이 결코 아니라, 우리가 탄생할 때부터 모두 신이 예정해놓은 질서에 의해 하나씩 실현되고 있는 것에 불과하다고 보았기 때문이다.

라이프니츠의 주장은 충격적이다. 아니 기이하기까지 하다. 우리 모두 홀로 영화관에 앉아 신이 만들어놓은 영화를 보고 있는 형국이다. 이 고독한 영화관이 바로 창이 없는 모나드였던 것이다. 타인을 보고 있지만, 그건 영상일 뿐이다. 꽃을 보지만 그것도 영상일 뿐이다. 전쟁을 목도하지만 그것마저 영상일 뿐이다. 놀라운 건 옆 영화관의 타자도 그렇게 하고 있다는 사실이다. 그러니 우리가 느끼는 희로애락은 얼마나 덧없는 것인가? 우리가 세계라고 믿고 있는 것 또한 얼마나 황당한 것인가? 놀라운 것은 이런 기묘한 라이프니츠의 생각이 작동하는 세계에 우리가 살고 있다는 사실이다. 스마트폰과 컴퓨터 화면을 고독하게 응시하며 가상세계에 빠져 있는 우리의 모습을 떠올려보라. 실재세계는 모조리 증발하고 이제 이미지만이 우리를 둘러싸고 있지 않은가? 그럼에도 우리는 세계와 소통하고 있다고, 심지어 더 많이 소통하고 있다고 믿고 있다. 신의 예정조화설이 자본과 체제의 예정조화설로 현실화된 셈이다. 지금 우리는 라이프니츠의 세계에 빠져 살고 있는 것이다.

관계는 외재적인가, 아니면 내재적인가?

데카르트는 고독한 사유주체, 즉 '코기토'를 발견했다. 이것은 결국 인간이 유한하다는 사실을 발견한 것이기도 하다. 사실 유한성의 발견은 항상 어떤 외부성의 발견과 동시적으로 진행된다는 점에 주목할 필요가 있다. 한계가 있다는 말은 바깥이 있다는 말에 지나지 않기 때문이다. 이제 이 문제로부터 근대철학의 속앓이가 본격적으로 시작된다. 어떻게 하면 유한자로서 인간은 외부와 관련을 맺을 수 있을까? 어떻게 하면 우리는 타자와 적절한 관계를 맺을 수 있을까? 데카르트 이후 지금까지 지속되어온 서양철학의 속앓이는 이렇게 시작된 것이다. 타자와의 소통의 문제는 돌아보면 근대철학에만 국한된 것이 아니라, 중세철학에도 유효했다고 할 수 있다. 바로 유한자와 무한자 사이의 소통 문제다. 중세 시절 무한자가 신이었다면, 근대 이후에는 타자로 바뀐 것뿐이다.

스피노자가 탁월한 이유는 그가 좁게는 데카르트의 고뇌를, 크게는 중세철학의 고뇌를 한 방에 돌파하려고 했다는 데 있다. 세속적 타자와 절대적 타자! 스피노자는 인간에게 가능한 이 두 가지 타자와의 소통 가능성을 모색했던 것이다. 그렇지만 여전히 그의 관심사는 세속적 타자에 있었다고 할 수 있다. 에피쿠로스가 '쾌락'의 원리를 제안했던 것처럼, 스피노자는 '기쁨'의 원리를 제안한다. 타자와 마주쳤을 때 '기쁨'을 느낀다면, 우리는 그 타자와의 관계를 지속해야만 한다. 반대로 타자와 마주쳤을 때 기쁨을 느끼지 않는다면, 우리는 그 타자와의 관계를 지속할 필요가 없다는 것이다. 바로 여기서 스피노자 특유의 기쁨의 윤리학이 시작되고 있다.

스피노자와 함께 대륙 합리론을 양분했던 라이프니츠도 절대적 타자와 세속적 타자를 동시에 문제 삼고 있다. 그렇지만 타자와의 소통 가능성을 사유할 때 라이프니츠는 세속적 타자와의 현실적 관계가 아니라 절대적 타자의 은총을 더 중시한다. 스피노자는 세속적 타자와의 관계를 통해 절대적 타자와의 관계를 모색했다. 반면 라이프니츠는 타자와의 관계나 무관계는 모두 사전에 신에 의해 예정되어 있다고 주장한다. 다시 말해 신은 모든 개체들에게 자신을 제외한 전체와 관계를 맺을 수 있는 잠재성을 부여했다는 것이다. 구체적으로 우리가 누군가와 처음 만나 관계를 지속한다고 해도, 라이프니츠는 이것이 우리의 자유에 의해 가능한 것이 아니라고 생각했다. 단지 구체적인 삶에서 신이 부여한 관계의 한 가지 잠재성이 지금 실현되고 있을 뿐이라고 본 것이다. 우리가 라이프니츠를 읽을 때 스토아학파가 생각나는 것도 다 이유가 있었던 셈이다. 스토아학파에게서도 우주의 현실적인 모습은 모두 감겨진 실패가 차례대로 풀리는 것처럼 진행된 결과에 지나지 않기 때문이다.

결국 스피노자가 '관계의 외재성externality'이라는 테마를 따르고 있다면, 라이프니츠는 '관계의 내재성internality'이란 테마를 취하고 있다고 할 수 있겠다. 스피노자에 따르면 우리는 타자와 마주쳤을 때 기쁠지 혹은 그렇지 않을지를 사전에 미리 결정할 수 없다. 반면 라이프니츠에게 기쁨의 관계나 슬픔의 관계는 모두 내재화된 관계가 실현되어 드러난 것에 불과한 것이다. 이런 측면에서도 타자의 문제를 고려할 수 있을 것 같다. 타자란 정확히 말해 관계의 외재성에 있는 존재이기 때문이다. 결국 관계의 외재성이란 테마를 따른다면, '역지사지易地思之'라는 입장은 한마디로 웃기는 발상일 뿐이다. '역지사지'는 관계의 내재성이 전제되어야만 가능할 테니 말이다.

관계의 내재성과 외재성 사이의 간극을 보여주는 더 명료한 예로 생수를 생각해보자. 생수병에는 1,000원이란 가격표가 붙어 있다. 정상적인 경우라면 이 생수는 1,000원에 사고팔릴 것이다. 관계의 내재성이 적용되는 사례라고 할 수 있다. 그러나 사막과도 같은 극한적 조건에서라면 1,000원이란 내재된 가치는 아무런 의미도 없다. 수분 부족으로 죽어가는 사람에게 이 생수병은 1억 원이란 가치가 창출될 테니 말이다. 바로 이것이 관계의 외재성이다. 계보학, 혹은 발생론적 입장에서 관계의 외재성은 관계의 내재성에 선행한다고 할 수 있다. 1,000원의 가치가 내재되어 있다고 생각되는 생수나 1억 원의 가치가 내재되어 있다고 생각되는 생수나 모두 생수를 필요로 하는 타자의 상황에 의존한다. 극단적으로 맑은 샘물이 곁에 있다면 생수는 아무런 가치도 없을 수도 있으니 말이다.

결국 이렇게 정리할 수 있다. 관계의 외재성이 타자에 의해 결정되면 관계는 내재해 있는 것으로 보인다고 말이다. 혹은 타자가 도입되는 순간, 그래서 관계의 외재성이 분명해지는 순간, 관계의 내재성은 일종의 맹목적 신화라는 사실이 폭로된다고 말할 수도 있다. 철학에서 다루는 본질이나 의미 등의 개념은 모두 관계의 내재성을 전제하고 있다. 결국 이런 내재적 본질이나 본성, 혹은 절대적 의미 등을 해체하려면, 우리는 그것을 가능하게 했던 관계의 외재성, 혹은 타자라는 계기를 담론에 도입하는 것으로 충분하다. 철학사적으로 니체의 '계보학'나 데리다의 '해체'는 관계의 외재성이란 테마를 담론에 도입한 시도였다고 할 수 있다.

8

선함은 언제 드러나는가?

흄

_____ VS _____

칸트

선악을 넘어서 윤리의 세계로

전통 유학 사회에서 가장 암울했던 사람들은 다른 누구보다 바로 여자들이었을 것이다. 조선시대 여성들에게는 자신의 의사와 상관없이 여자라는 이유만으로 반드시 따라야만 했던 철칙이 있었다. 그것이 바로 삼종지도三從之道이다. 여기서 '삼종'이란 여자로 태어났으면 반드시 따라야 할 세 가지 원리를 말한다. 여자는 시집가기 전에는 아버지의 말을 따르고, 시집가서는 남편의 말을 따라야 하고, 남편이 죽은 뒤에는 아들의 말을 따라야 한다. 한마디로 여성은 태어나서 죽을 때까지 한결같이 남성을 따라야만 한다는 것이다. 삼종지도는 말 그대로 조선시대 여성이라면 누구나 예외 없이 반드시 걸어가야만 하는 보편적 길道이었다. 그리고 죽을 때까지 이 길을 따라간 여성에게 조선시대는 '열녀'라는 호칭과 아울러 열녀문을 하사했고, 동시에 그 가문이나 마을에 세금 감면 등과 같은 경제적 혜택까지 부여했다. 반면 이 길을 벗어나면 어느 여성도 온당한 대우를 받을 수 없었는데 이는 스스로 사회로부터 배제되려는 행위로 간주되었기 때문이다.

그런데 우리가 다시 생각해볼 점은 삼종지도란 것이 여성의 뜻과는 무관하게 여성에게 가해진 절대 원칙이었다는 점이다. 다시 말해 삼종지도는 여성의 윤리적인 결단에서 기원한 것이 아니라, 철저하게 유학적 가부장제에 입각해서 남성들로부터 강제되었던 것이다. 하지만 어렸을 때부터 골수에 사무치도록 삼종지도를 교육받으며 자란 여성들에게 삼종지도란 마치 제2의 천성인 것처럼 느껴질 수밖에 없었다. 프로이트라면 초자아의 탄생이라고 이야기했을 것이다. 내면에 공동체가 강요한 규범이 자리를 잡은 것이다. 마침내 여성들 입장에서도 삼종지도의 거부는, 자신의 자아를 파괴하는 행위로 느껴지는 지경에 이르게 된 것이다. 이처럼 조선시대 여성의 경우를 포함해서, 전근대사회 규범의 기본 특징은 일체의 개인성을 고려하지 않고 있다는 데 있다. 전근대사회에서 인간은 자신의 인격 혹은 그에 근거한 결단과는 무관한 삶, 자신이 선택할 수 없었던 조건들에 의해 규정된 삶을 영위했던 것이다.

다시 조선시대를 살펴본다면 전근대사회에서 중요했던 것은 단지 두 가지뿐이었다. '운 좋게도 양반의 집안에서 태어났는가, 아니면 불행하게도 백정의 집안에서 태어났는가?' 혹은 '운 좋게도 남성으로 태어났는가, 아니면 불행하게도 여성으로 태어났는가?' 이러한 삶의 조건에 지배되던 조선사회는 현재 우리 눈에 일면 동방예의지국東方禮義之國인 것처럼 비칠지라도 결코 윤리적인 사회라고 보기는 어려운 곳이었다. 한 사람의 인격과 그의 자유를 배려해주지 않는다면, 그 사회는 윤리적인 것과는 아무런 관련이 없는 곳이기 때문이다. 잘 길들인 애완견이 인간이 명령한 행동을 순순히 따른다고 해서, 우리가 그 개를 윤리적인 개라고는 생각하지 않는다. 이와 마찬가지로 개인의 자유를 고려하지 않고 부과된 인간의 예절 혹은 다양한 규범들은 윤리와는 사실 아무런 상관이 없는 것이다. 그저 말을 잘 듣는 애완견처럼 주어진 명령과 규범에 맹목적으로 복종하는 인간은 결국 윤리로부터 가장 멀리 떨어져 있는 존재일 수밖에 없기 때문이다.

여기서 우리는 서양 근대철학이 알려준 윤리학적 교훈 하나를 생각해볼 필요가 있다. 그중 우리의 관심을 끄는 것은 바로 도덕moral에서 윤리ethics를 구별하려고 했던 스피노자의 통찰이다. 스피노자는 인간은 마주침의 존재라고 생각했다. 물론 이것은 인간이 자유로운 존재이기 때문에 가능한 것이다. 문제는 마주침이 우리의 삶의 의지, 즉 코나투스를 증진시킬 때가 있고, 혹은 코나투스를 감소시킬 때가 있다는 데 있다. 스피노자는 코나투스가 증가되는 경우를 '좋음good'이라고 불렀고, 이와 반대로 감소되는 경우를 '나쁨bad'이라고 이야기한다. 그렇다면 '좋음과 나쁨'은 절대적인 것이 아니라 관계적이며 상대적인 범주라고 할 수 있다. 무엇이 좋고 나쁜지는 사전에 미리 결정될 수 있는 것이 아니기 때문이다. 스피노자는 좋음을 지향하고 나쁨을 피하는 것이 윤리적인 행동이라고 이야기한다. 이것이 바로 그가 '윤리'라는 개념으로 말하고자 했던 것이다.

그렇다면 스피노자는 '도덕'을 어떻게 이해하고 있었을까? 그는 도덕법칙이 인간의 자유로운 마주침을 부정하면서 출발하는 것이라고 이야기한다. 다시 말해 인간이 타자와 만나서 좋음과 나쁨을 느끼기도 전에, 도덕법칙은 미리 어떤 것은 선하고 어떤 것은 악하다고 결정해놓았다는 것이다. 마치 조선시대의 삼종지도라는 도덕법칙이 여성에게 선과 악을 미리 결정해주듯이 말이다. 그래서 그런지 스피노자의 사유에 공감했던 니체도 《도덕의 계보학Zur Genealogie der Moral》에서 말한다.

> 최근 내 저서에 적합하게 들어맞는 '선악을 넘어서'라는 저 위험한 표제어를 내가 사용하고자 한다는 것, 즉 내가 원하는 것이 오래전부터 충분히 해명되었다고 가정한다면, 내게는 결말을 지을 만한 충분한 근거가 있는 것이다. …… 이것은 '좋음과 나쁨을 넘어서'라는 의미는 아니다.   -《도덕의 계보학》

니체는 말한다. "선악을 넘어. 이것은 적어도 '좋음과 나쁨을 넘어'를 의미하지는 않는다"고 말이다. 선과 악이 공동체적 차원의 논의라면, 좋음과 나쁨은 우리 개체 차원의 논의다. 선과 좋음이 일치하고 악과 나쁨이 일치한다면 별다른 문제가 벌어지지 않지만, 불일치할 때는 정말 심각한 갈등이 불가피한 법이다. 조선시대에 청상과부가 있었다고 하자. 남편과 첫날밤도 보내지 못하고 남편을 여읜 불행한 여인네다. 당시 양반 공동체는 과부가 절개를 지키는 것이 선이라고 규정하고 있었다. 어느 날 근사한 남자가 그녀의 눈에 들어왔다. 그와 함께 있거나 멀리서 보는 것만으로 그녀는 '좋았고', 잠시라도 그를 보지 못할 때 그녀는 '나빴다'. 여기서 선과 악, 그리고 좋음과 나쁨 사이에는 심각한 불일치가 발생하게 된다. 니체는 그녀에게 권고한다. 양반사회가 부여한 선악을 따르지 말고, 당신의 기쁨과 슬픔을 따르라고 말이다.

스피노자와 니체의 사유는 공동체가 아니라 우리 개개인의 편에 서려고 한다. 그래서 두 사람의 사상은 국가나 공동체의 입장에서는 불온하기 이를 데 없을 정도로 혁명적이었다. 이런 혁명성이 두려웠던 것일까? 불행하게도 근대철학의 역사를 되돌아보면, 스피노자의 윤리학, 혹은 도덕에 대한 니체의 비판은 폄하되거나 심각하게 오해되는 운명에 처하게 되고, 마침내 그 혁명성은 점차로 희석돼버리고 만다. 그리고 그 자리에는 오늘날까지도 우리를 강하게 지배하고 있는 동정심의 윤리학 혹은 자율의 윤리학이 들어서게 된다. 바로 흄의 윤리학과 칸트의 윤리학이다. 분명 공동체가 아니라 개인을 중심으로 전개되는 근대적 윤리학이지만, 동정심의 윤리학이나 자율의 윤리학은 인간이 가진 가장 원초적 감정, 즉 기쁨과 나쁨을 우회해버리고 만다. 그러니 아무리 개인의 윤리학이라고 할지라도, 동정심과 자율의 윤리학은 결국 '도덕'의 변주된 형태일 수밖에 없다고 하겠다. 다행스럽게도 최근에 이르러 스피노자의 혁명적 윤리학이 동정심과 자율의 윤리학을 비판하는 핵심 논거로 다시 부활하고 있다는 점은 사실이다. 그러나 아쉽게도 여전히 선과 악이란 범주가 기쁨과 나쁨이란 범주를 압도하고 있는 것이 현재까지의 풍경이다.

⑥

흄: "고통의 경험으로 타인에 대한 동정심이 발생한다."

근대철학은 신에서 찾았던 모든 것을 인간과 그의 정신에서 찾으려고 했다. 당연히 윤리적인 것도 인간의 내면세계에서 찾으려는 움직임이 강하게 대두되기 시작했다. 특히 이 대목에서 우리의 주목을 끄는 것은 인간이 가진 선천적인 동정심sympathy에서 윤리성의 기초를 찾으려고 했던 데이비드 흄David Hume(1711~1776)의 시도이다. 물론 그렇다고 해서 흄이 동정심 자체를 쇼펜하우어Arthur Schopenhauer(1788~1860)처럼 형이상학적 감정이라고 주장하려 했던 것은 아니다. 주저 《의지와 표상으로서의 세계Die Welt als Wille und Vorstellung》에서

앨런 램지가 그린 데이비드 흄 초상화(1766). 흄은 동정심이란 것이 우리가 겪은 경험에서 타인의 경험을 추론하면서 생기는 사후적 감정이라고 이해했다. 동정심이 자신의 이익을 넘어서서 행동할 수 있게 해주는 중요한 윤리적 근거라고 생각했다.

쇼펜하우어는 맹목적 의지에 지배되는 인간은 이기적인 투쟁에 골몰하게 된다고 이야기한다. 맹목적인 삶에의 의지가 개체를 통해 이기성으로 드러난다는 것. 이것이 바로 그가 말한 '개별화의 원리principium individuationis'다. 그러나 개별화의 원리를 파악하는 순간, 우리는 이 치명적인 이기적 원리에서 벗어날 수 있다. 지적인 파악은 개별화의 원리의 맹목성을 완화시키기 때문이다. 그래서 쇼펜하우어는 말한다. "개별화의 원리를 비교적 미미한 정도로 파악하면 정의가 생기고, 더 높은 정도로 파악하면 다른 사람들에 대한 순수한, 즉 이기적이지 않은 사랑으로 나타나는 본래적인 착한 마음씨가 생긴다." 개별화 원리에 사로잡힌 자신이나 타인에 대한 하염없는 연민이 발생한 것이다. 이것이 바로 동정심이다. "모든 것이 고통이다─切皆苦"라는 깨달음에서 자비의 마음이 나온다는 불교의 가르침과 유사한 논리라고 하겠다.

쇼펜하우어와는 달리 흄의 동정심은 형이상학적이지 않다. 경험론자답게 그는 동정심도 고통을 겪었던 우리 경험에서 유래한 것이라고 주장한다.

흄에 따르면 동정심은 우리가 겪은 고통의 경험에서 타인의 경험을 추론하면서 생기는 감정일 뿐이다. 이제 직접 그의 육성을 들어보자.

> 어떤 사람의 목소리나 몸짓에서 내가 그의 고통의 결과를 볼 때, 나의 마음은 즉시 이런 결과들로부터 그것의 원인으로 옮아가서, 그 자리에서 고통의 정념 그 자체로 전환될 정도로 생생한 고통의 관념을 형성한다. 비슷한 방식으로 내가 어떤 감정의 원인을 지각할 때 나의 마음은 그것이 낳은 결과로 인도되어 비슷한 감정에 의해 자극을 받게 된다. 내가 만약 무시무시한 외과수술에 입회한다면, 수술이 시작되기 전이라도, 수술 도구를 준비하고 붕대를 정돈하며 철제 기구를 열로 소독하는 것을 볼 때, 이 모든 광경이 나의 마음에 커다란 영향을 미쳐 매우 강한 연민과 공포의 감정을 유발시킬 것이다. 다른 사람이 느끼는 고통의 정념 그 자체가 직접 나의 마음에 느껴질 수는 없다. 우리는 다른 사람이 느끼는 정념의 원인이나 결과를 감각할 수 있을 뿐이다. 우리는 이것으로부터 정념을 추리해낸다. 그리고 결과적으로 이것들이 곧 우리의 동정심을 불러일으키는 것이다.
>
> ─《인간 본성에 관한 논고A Treatise of Human Nature》

흄은 수술의 사례를 들고 있지만, 우리는 치통에 걸린 친구를 보았을 때 느끼는 동정심의 사례를 생각해보도록 하자. 친구가 치통에 걸려서 너무나 고통스러워하고 있다고 해보자. 좋아하는 에스프레소 커피도 마시지 못하고, 나와의 대화에도 집중하지 못할 정도로 친구의 고통은 너무나 커 보인다. 이럴 때 우리는 친구에 대해 동정심을 느끼게 된다. 동정심同情心, sympathy은 글자 그대로 감정情, pathos을 공유한다同, sym는 의미이다. 그러니까 이 경우 우리가 친구의 고통을 함께 경험하고 있는 듯한 감정이 바로 동정심인 셈이다. 흄은 이런 동정심이 친구의 고통을 직접 내가 느끼는 것은 아니라고 주장한다. 바로 이 점이 그가 쇼펜하우어와 구별되는 지점이기도 한데,

쇼펜하우어는 동정심이 타자의 감정에 대한 직접적인 공감이라고 이해했기 때문이다.

흄에 따르면 친구의 고통에 대해서 우리가 아는 것은 단지 그가 치통에 걸렸다는 사실, 그리고 그 고통 때문에 친구가 인상을 쓰면서 땀을 뻘뻘 흘리고 있다는 사실뿐이다. 이런 사실들을 토대로 우리는 친구가 치통으로 인해 느끼고 있는 감정을 추론할 수 있을 뿐이라는 것이다. 만약 치통 혹은 유사한 고통을 경험하지 않았다면, 우리는 친구의 고통에 공감할 수 없었을 것이다. 만약 흄의 지적이 옳다면, 친구의 고통에 대한 우리의 동정심은 과거 고통에 대한 우리의 지나간 경험과 그에 대한 기억 능력에 의존한다고 볼 수 있다. 그렇다면 결국 동정심이란 것은 타자의 고통에 대한 인식에서 촉발되는 나의 고통에 대한 회상 혹은 기억이라고 정의할 수 있을 것이다. 사실 인간의 경험이 대부분 유사한 경우가 많기 때문에, 우리가 느끼는 동정심은 현실적으로는 타자에 대한 고통을 마치 직접적으로 느끼는 것처럼 작동하기 쉽다.

동정심을 경험론적으로 설명하는 흄의 통찰력도 흥미롭지만, 더 중요한 것이 있다. 진정으로 흄이 말하고 싶었던 것은 윤리적 행위가 있으려면 무엇보다도 먼저 동정심이 들어야만 한다는 사실이다. 혹은 타자의 고통이 마치 나의 고통인 것처럼 우리는 정념passions에 사로잡혀야만 한다. 그다음 우리의 이성은 작동하게 될 것이다. 어떻게 하면 그의 고통을 완화시켜줄 수 있을까? 의사한테 덜 고통스럽게 해달라고 부탁할 수도 있고, 아니면 환자에게 마취제 때문에 별로 고통스럽지 않을 거라고 이야기할 수도 있다. 결국 흄의 이야기가 옳다면 이성만으로 우리는 윤리적인 주체가 될 수 없다.

정념과 이성 사이의 전투에 대해 말할 때, 우리는 엄격하게 그리고 철학적으로 말하지는 않는다. 이성은 정념들의 노예이고 동시에 노예여야만 한다. 이성은 정념들을 돕고 그것들에 복종하는 것 이외에 어떤 기능도 하려고 해서는 안 된다. …… 도덕은 정념을 자극하고, 어떤 행동들을 낳고 어떤 행동들은 막는다. 이성 그 자체는 이런 특수한 경우에서는 전적으로 무능력하다. 그러므로 도덕성의 법칙들은 우리 이성이 내리는 결론들이 아니라고 할 수 있다. -《인간 본성에 관한 논고》

　도덕은 기본적으로 이성 차원이 아니라 감정 차원에서 다루어야만 한다. 경험론자인 흄이니까 가능한 생각이다. 그것이 동정심이어도 되고, 아니면 분노여도 상관이 없다. 자기 자신에 대한 것이 아니라 타인의 처지에 대한 어떤 공감이나 동정만으로도 우리는 충분히 윤리적일 수 있다. 예를 들어 노숙자를 보고 측은한 마음이 들었다고 하자. 이 측은한 마음이란 정념이 발생할 때, 우리의 이성은 작동할 수 있다. "지금 저 사람에게 필요한 것은 따뜻한 빵과 커피일 거야." 이렇게 판단하고 우리는 가까운 빵집에 들를 수도 있다. 이것이 바로 흄이 "이성은 정념에 복종하는 노예"라고 말했던 사례라고 할 수 있다. 반면 동정심에도 불구하고 이성은 다음과 같이 결론을 내릴 수도 있다. "지금 도와주면 저 사람은 계속 노숙자가 될 거야. 그러니 도와주지 말자." 이럴 때 이성은 우리의 정념을 돕기는커녕 방해하고 있다. 여기서 아무런 윤리적 실천도 발생할 수 없을 것이다.

　자연과학의 법칙처럼 혹은 사회의 법률처럼 도덕도 이성적인 인간 활동이라고 보는 사람들로서는 흄의 입장은 여간 불편한 것이 아닐 것이다. 실제로 칸트마저도 흄의 동정심 이론에 대해 신랄한 비판을 보냈을 정도다. 그럼에도 흄의 동정심 이론, 혹은 감정에 중심을 둔 윤리론은 현대에 이르러 지배적인 지위를 차지하게 된다. 하긴 이론 차원에서만이 아니라 삶의 차원에서도 동정심과 같은 따뜻한 감정이 없이 인간에 대한 의무만으로 이루어진 선행을 윤리적이라고 말하기는 어려운 것이 사실이다. 현대의 감정윤리학은 셸러Max Scheler(1874~1928)의 현상학에서 그 정점을 이룬다. 오르테가 이 가세트José Ortega y Gasset(1883~1955)가 "철학적 천국의 첫 번째 남자"라고 불렀을 정도로, 셸러는 후설이 시작했던 현상학phenomenology이 배출했던 첫 번째 현상학자, 혹은 후설의 첫 제자였을 정도로 중요한 사상가였다. 인간의 감정과 가치에 현상학적 방법으로 적용했던 그의 이야기를 직접 읽어보도록 하자.

> 동감하는 만큼 사랑하는 것이 아니라 사랑하는 만큼 동감한다. 이 문장은 우리가 사랑하는 만큼만 그리고 사랑의 깊이만큼만 동감한다는 명료한 법칙에서 알 수 있다. 동감하는 대상을 우리가 깊이 사랑하지 않는다면 우리의 동감은 곧 끝나고 절대로 그의 인격 중심에까지 들어가지 않는다. 그렇다고 해서 이 문장이, 우리가 동감하는 바로 그 동일한 대상을 사랑해야 한다는 것을 의미하지는 않는다.
>
> ─《동감의 본질과 형식Wesen und Formen der Sympathie》

동정을 중요한 윤리적 계기로 인정하지만, 셸러는 더 나아가서 사랑의 가치를 강조하고 있다. 분명 우리가 쉽게 공감할 수 있는 교훈이다. 사랑하는 사람의 고통은 그렇지 않은 사람의 고통보다는 더 깊게 공감할 수밖에 없는 것이 사실이니 말이다. 그러나 타인의 감정에 공감하는 사람에게 그 타인을 사랑해야만 한다고 셸러는 강요하지 않는다. 감정이란 그렇게 의지적으로 혹은 지적으로 강요될 수 없다는 걸 누구보다 잘 알고 있기 때문이다. 어쨌든 동감이든 아니면 사랑이든 셸러가 지향하는 윤리학은 어느 경우든 이성 중심의 윤리학, 혹은 그의 말대로 형식주의 윤리학은 아니다. 동정이나 동감도 그렇지만 사랑도 기본적으로 우리 정념 차원에서 다루어지는 계기들이니 말이다. 잊지 말아야 할 것은 흄이든 셸러든 동감이나 동정이란 내용이 없는 윤리학은 그저 회색빛 의무만이 남을 수밖에 없다는 사실이다. 그래서 우리가 정말 고민해야 할 것은 감정과 정념 차원의 계기를 내용으로 하는 실질적 윤리학이라고 할 수 있을 듯하다.

칸트: "자율적 행동만이 선할 수 있다."

윤리적인 문제는 타자와의 관계에서 내가 어떤 행위를 하는 것이 올바른가 하는 문제로 표현할 수 있다. 흄은 동정심이 고독한 유아론을 벗어나서, 다시 말해 자신의 이익을 넘어서서 행동할 수 있게 해주는 중요한 윤리적 근거라고 생각했다. 동정심을 가지고 있기 때문에 별다른 이익이 생기지 않음에도 우리는 타자의 고통에 대해 함께 아파할 수 있다. 하지만 가령 나와 사이가 매우 좋지 않은 사람이 고통에 빠진다면, 과연 우리는 이 경우에도 내면에서 강한 동정심을 느낄 수 있을까? 내가 싫어하는 사람이 위험에 빠졌다고 해보자. 이 경우 우리는 동정심을 갖기 힘들 뿐만 아니라, 심지어 그가 이 위험으로 인해 고통을 당하는 것이 당연하다고 생각할 수도 있다. 그렇다면 과연 이것은 윤리적으로 선한 상태라고 볼 수 있을까? 동정심은 나와 타자를 연결할 수 있는 중요한 윤리적 매개가 될 수도 있지만, 개인의 변덕혹은 상황의 차이에 따라 전혀 다른 양상으로 드러나는 심각한 문제점을 지니고 있기도 하다.

　동정심과 같은 감정의 차원에서 윤리 문제를 논의하는 것 자체가 항상이런 위험에 직면해 있다고 볼 수 있는데, 이 점을 가장 예민하게 의식했던사람이 바로 칸트Immanuel Kant(1724~1804)였다. 칸트는 윤리를 변덕에 노출되어 있는 수동적인 감정 차원이 아니라, 감정이 변할지라도 항상 그 보편성을유지할 수 있는 도덕법칙의 차원에서 다시 정당화하려고 노력했다.

　우리는 자신이 행하는 것을 우리가 단지 수동적으로 느낀 어떤 것에서 시작한 것이라고 생각하며, 그래서 너무나 쉽게 도덕적 동기를 감각적 충동인 것으로 받아들인다. 순수한 이성 법칙에 의해 행위들이 직접 규정된다는 것은 인간의 자연본성에 있어서 매우 숭고한 것이며, 이렇게 의지를 지성적으로 규정할 수 있는 주체적인 일을 감성적인 일로,

1974년 칸트 탄생 250주년을 기념해 독일에서 만든 우표. 칸트는 윤리를 변덕에 노출되어 있는 수동적인 감정 차원이 아니라, 감정이 변할지라도 항상 그 보편성을 유지할 수 있는 도덕법칙의 차원에서 다시 정당화하려고 노력했다.

그리고 특수한 감성적 감정의 작용 결과로 생각하는 것은 사기이기도 하다.
　　　　　　　　　　　　 -《실천이성비판Kritik der praktischen Vernunft》

　　칸트는 당시 지식인 사회에서 통용되던 언어인 라틴어를 쓰지 않고 최초로 독일어로 사유하려고 했던 철학자였다. 그래서 그런지 방금 읽은 구절은 무척 난해해 보인다. 이런 난해함을 해소하기 위해 칸트의 속내를 명확히 보여주는 다른 구절을 함께 살펴보도록 하자. "너는 네 의지의 준칙에 의거하여 자기 자신을 동시에 보편적 입법자로서 간주할 수 있도록 그렇게 행위해야만 한다." 이것은 칸트의 《도덕형이상학원론Grundlegung zur Metaphysik der Sitten》에 나오는 유명한 말이다. 칸트에 따르면 어떤 사태를 만났을 때, 자신이 어떻게 행동할 것인지를 우리는 자율적으로 결정해야만 한다. 그는 이 경우 우리 자신이 마치 보편적인 입법자가 된 것처럼 그렇게 행위를 결정해야 한다고 주장한다. 이것은 우리가 선택한 결정과 행동들이 자신뿐만 아니라 다른 모든 사람들에게도 허용될 수 있는 그런 방식으로 이루어져야만 한다는 것을 의미한다. 《도덕형이상학원론》에 등장하는 사례 하나를 살펴보자.

돈이 없어서 어쩔 수 없이 빌리지 않으면 안 될 사람이 있다. 그는 자신이 빌린 돈을 갚을 수 없다는 것을 분명히 알지만, 정해진 기일 안에 돌려준다고 약속하지 않으면 돈을 빌릴 수 없다는 사실 또한 알고 있다. 그래서 그는 거짓 약속을 하고자 한다. …… 만일 그가 거짓 약속을 결심한다면, 그의 행위 준칙은 "되돌려줄 수 없음을 뻔히 알면서도, 수중에 돈이 없으면 거짓 약속을 해서라도 돈을 빌려야 한다"라고 정식화될 수 있다. …… 어려움에 빠진 사람이라면 지킬 의도가 없더라도 아무 약속이나 해도 좋다는 것이 법칙으로서 보편화된다면, 그것은 약속 자체를 불가능하게 만들며, 또한 약속을 통해 도달하고자 하는 목적 자체를 불가능하게 만든다. 왜냐하면 어느 누구도 다른 사람의 약속을 믿지 않을 것이고, 사람들은 그와 같은 말은 모두 공허한 거짓 핑계일 뿐이라고 조소할 것이기 때문이다.   -《도덕형이상학원론》

이렇게 딜레마적 상황에서 우리는 어떻게 행동할지 정해야만 한다. 이것이 바로 행위 준칙이다. 이 행위 준칙이 자기만이 아니라 모든 사람에게도 통용되는지 점검해서 실천하는 사람, 이것이 바로 칸트가 말한 자율적 주체다. 준칙을 만든 것도 자신이고, 그것의 보편성을 점검한 것도 자신이고, 마침내 그것을 행위로 옮긴 것도 바로 주체 자신이기 때문이다. 칸트의 생각에 따르면 "동정심을 전혀 느끼지 않는 사람이 위험에 빠졌을 때 그를 구할 필요가 없다"라는 생각은 보편적인 것일 수 없게 된다. 만약 이런 생각이 일종의 도덕법칙으로 정립된다면, 만약 내가 위험에 빠졌을 때 나에게 동정심을 느끼지 않는 사람들은 나를 구할 필요도 없을 것이고, 또 TV나 인터넷을 통해서 알게 된 위기에 빠진 지구 반대편 사람들을 구할 필요도 없게 될 것이기 때문이다. 이 때문에도 칸트는 동정심에 근거한 윤리적 행동이 보편적일 수 없다는 결론을 내리게 된다.

칸트는 윤리적인 결단의 상황에서 나는 내가 아닌 다른 누구라도 선택할 수 있는 그런 보편적 법칙을 수립하고 바로 그 보편적인 법칙에 따라 행동해야만 한다고 강조했다. 바로 이것이 "순수한 이성 법칙에 의해 행위들이 직접 규정된다"고 말했을 때 칸트가 염두에 두고 있던 점이다. 이 때문에 그의 윤리학은 자율의 윤리학이라고 불리기도 한다. 내가 만든 도덕법칙을 내가 따른 것이기 때문에 이것은 타율heteronomy이 아니라 자율autonomy이라고 할 수 있다. 하지만 무엇인가 이상한 기분이 들지 않는가? 내가 만든 도덕법칙을 충실히 따르는 자율의 모습이, 외적으로 강제된 도덕법칙을 충실히 따르는 자의 모습과 겉으로 봐서는 잘 구별되지 않기 때문이다. 그래서 프로이트는 바로 이 점을 의심했던 것이다. 칸트의 자율이 사실 내면화된 타율에 지나지 않는 것이 아니냐고 말이다. 마침내 프로이트는 칸트의 도덕법칙이나 도덕 의지의 작용이 주체의 자유에 입각한 것이 아니라, 내면화된 검열 구조, 즉 초자아Über-Ich의 기능에 불과한 것이라고 다음과 같이 비판하게 된다.

인간 존재로 성장해가는 아이가 부모에 의존하여 사는 긴 유아기의 침전물로 자아 속에서는 하나의 특별한 기관이 형성되는데, 여기서 부모의 영향은 지속된다. 이 기관은 '초자아'라는 이름을 얻는다. 이 초자아가 자아와 구별되거나 자아에 대립하는 한에서, 그것은 자아가 고려할 수밖에 없는 제3의 힘이다. 자아의 행위는 그것이 이드, 초자아 및 실재의 요구를 동시에 충족시킬 때, 따라서 이들의 요구를 서로 조화시킬 수 있을 때 올바른 것이다. …… 초자아는 개인 발달 과정에서 나중에 나타나는 전승자와 부모의 대체 인물 편에서 오는 기여도 받아들이는데, 그것은 교육자, 공공의 모범, 사회에서 숭배되는 이상과 같은 것들이다. 여기서 알 수 있는 것은 이드와 초자아가 근본적으로 상이함에도 불구하고 하나의 일치점을 보이고 있다는 사실이다. 그것들은 과거의 영향들을 대변하는바, 이드는 유전된 과거의 영향을, 초자아는 본질적으로 다른 이로부터 넘겨받은 과거의 영향을 대변한다. 반면 자아는 스스로 체험한 것, 따라서 우연적이고 현재적인 것에 의해 주로 규정된다.
　　　　　　　　　　　　　　　　　　　　－《정신분석학 개요Abriss der Psychoanlyse》

프로이트에 따르면 마음은 '이드-자아-초자아'로 구성되어 있다. 이 드ld와 초자아는 근본적으로 상이한 것이다. 이드가 인간의 신체에서 기원하는 본능의 힘을 상징한다면, 초자아는 인간의 사회성에서 기원하는 문명의 힘을 상징하기 때문이다. 흥미로운 것은 자아와의 관계라는 측면에서 살펴보면 이드와 초자아가 모두 '과거'라는 시간성을 공유하고 있다는 점이다. 이드가 유전적인 영향을 나타낸다면, 초자아는 역사·문화적 전통의 영향을 대표하기 때문이다. 결국 우리의 자아Ich는 이드라는 생물학적 과거와 초자아라는 문화적 과거에서 영향을 받으며, 동시에 현실에서는 "실재의 요구"를 받고 있다고 할 수 있다. 프로이트가 말한 "실재의 요구"라는 것은, 자아가 현실에서 만나는 타자적 사건들이 우리에게 가하는 압력을 의미하는 것이다.

프로이트에게 초자아는 기본적으로 자아에 대해 검열자나 재판관의 기능을 수행한다. 비록 양심의 명령이나 도덕적인 의지인 것처럼 드러나는 경우라고 하더라도, 결국 이것은 사회적으로 형성된 초자아에 의한 검열 과정일 가능성이 높다. 하지만 자아에게 초자아란 부모나 선생의 훈육으로부터 유래하는 과거 문명의 질서에 지나지 않는 것이다. 프로이트의 지적이 타당하다면, 주체의 내면에 도덕적 의지나 양심의 가책이 발생했다고 하더라도, 그것이 반드시 주체가 자율적으로 선택한 것이라고 볼 만한 증거가 거의 없다. 도덕적 의지나 양심의 가책은 초자아의 기능에 불과하며, 초자아란 부모, 가족, 선생님 등 과거 세대의 요구가 자신의 마음에 내면화되어 형성된 흔적에 지나지 않기 때문이다. 그렇다면 현재 내 마음에 생생하게 울려 퍼지는 양심의 소리란 단지 과거에서 흘러나오는 낡은 유물에 지나지 않을 수도 있다. 물론 자율적으로 입법할 수 있는 윤리 주체를 상정했던 칸트에게는 매우 당혹스러운 일이 될 것이다.

주체의 윤리학을 넘어 타자의 윤리학으로

동양의 윤리학은 사단四端, 즉 '측은지심惻隱之心' '수오지심羞惡之心' '사양지심辭讓之心' '시비지심是非之心'과 관련된 맹자의 사유를 제외한다면 제대로 논의될 수 없을 것이다. 맹자는 이 네 가지 마음이 주체의 의식적인 노력이나 판단으로 출현하는 것이 아니라 인간의 본성에서 직접적으로 발현된 것이라고 보았다. 이에 근거해 맹자는 인간이 본성적으로 윤리적인 존재라고 주장할 수 있었던 것이다. 이것이 바로 그 유명한 맹자의 성선설性善說이다. 성선설의 대표적 상징은 사단 가운데서도 특히 '측은지심'이라는 동정심일 것이다. 맹자는 이렇게 말한다. 우물에 빠지려는 아이를 보았을 때 우리는 동정심을 느끼지 않을 수 없다. 바로 이것이 측은지심이다. 이 때문에 동양의 윤리학은 한편으론 동정심의 윤리학으로 규정될 수 있었다. 후에 신유학에 이르면 이제 측은지심은 만물일체萬物一體, 즉 모든 존재자들이 나의 수족처럼 느껴지는 우주론적 감정으로까지 확장된다. 동양의 윤리학이, 우주적 연대감으로서 동정심을 강조했던 쇼펜하우어의 형이상학과 가까워지는 것도 바로 이 대목에서이다.

하지만 서양의 주류 전통에서 동정심이란 것은 선천적으로 주어진, 다시 말해 인간의 본성으로부터 본성적으로 주어진 것으로 사유되지 않았다. 그것은 누적된 자기 경험을 외부로 투사하는 것에 지나지 않는다고 간주되었기 때문이다. 이것이 바로 흄의 입장이다. 이것은 감정이란 것이 습관적인 반응 체계에 지나지 않는다는 생각과 밀접한 관련이 있다. 감정은 본능의 산물이라기보다 경험의 산물이라고 이해된 것이다. 하지만 윤리란 결단과 책임의 문제를 수반해야 하는 것이 아닐까? 이것이 곧 흄의 윤리적 관점에 대한 칸트의 문제 제기였다. 행위의 결과에 대한 책임을 묻기 위해서, 그 행위자는 자율적 결단의 주체여야만 한다는 것이다. 칸트에게서 동정심을 포함한 일체의 감정들에 입각한 행동이 결과적으로 선한 행위를 이끌었다고 할지라도, 감정에 사로잡힌 주체는 자율적인 주체라고 할 수는 없는 것이었다. 명료한 의식, 고뇌에 찬 결단만이 주체에게 자신의 선택과 행동에 책임을 묻는 것을 가능하도록 해준다고 보았기 때문이다.

칸트의 의도와 달리 그가 말한 자율적 주체 역시, 동정심이 습관적 반응 체계의 하나였던 것과 마찬가지로, 사회의 습관적 반응 체계에 지나지 않는다는 비판을 받을 수 있다. 이것은 오늘날 칸트를 공격하는 정신분석학의 핵심 비판이다. 표면적으로 보면 순수한 결단이 이루어지는 것처럼 보이는 우리의 내면세계에 '초자아'라는 불순한 계기가 작동하고 있다는 것이다. 그러니까 부모, 선생, 그리고 권력 등의 검열 체계가 내면화되어, 우리는 지금 자신의 감정과 내면을 통제하고 있을 수 있다는 것이다. 이 점에서《에크리Écrits》에 실려 있는 작은 논문〈사드와 함께 있는 칸트 Kant avec Sade〉는 매우 중요하다고 볼 수 있다. 이 글을 통해 라캉은 자신이 왜 칸트의 윤리학에서 사디즘Sadism의 냄새를 느꼈는지 잘 보여주고 있기 때문이다.

표면적으로 흄과 칸트의 입장은 서로 상이하고, 심지어 대립적이기까지 하다. 그러나 양자 사이에는 얼핏 간과하기 쉬운 중요한 공통점이 있다. 바로 두 사람이 모두 주체의 윤리학을 피력하고 있다는 점이다. 외적인 조건에 수반된다고 할지라도 흄의 감정이나 혹은 칸트의 결단은 모두 '일인칭', 그러니까 오직 주체라는 영역 안에서 발생한다. 그러니 두 경우 모두 타자에 대한 고려란 있을 수 없다. 그저 타자는 감정이나 결단을 일으키는 외적인 어떤 계기일 뿐이니 말이다. 결국 흄이나 칸트는 모두 일인칭의 윤리학에 포획되어 있다고 할 수 있다. 자신의 윤리적 행위가 타자에게 어떤 영향을 미칠지 두 사람은 별다른 고민을 하지 않기 때문이다.

20세기에 들어와서 사정은 조금 나아진다. 들뢰즈도 그렇지만 레비나스의 경우 타자가 삶의 영역이나 윤리학의 영역 중심부로 들어오기 때문이다. 나의 동정심을 타자에게 관철시키거나 혹은 나의 윤리적 결단을 타자에게 적용하는 윤리학은 유아론적일 뿐만 아니라 폭력적이기까지 하다는 통찰이 드디어 생긴 것이다. '주체의 윤리학'이 아니라 '타자의 윤리학'인 셈이다. 잊지 말아야 할 것은 동아시아의 오랜 전통에서는 이미 타자의 윤리학이 그 자리를 잡고 있었다는 점이다. 대붕大鵬이 바람을 타지 않는다면 날 수가 없듯이 인간은 타자와의 관계에서 자유를 얻어야 한다고 이미 장자도 생각하지 않았던가? "타자를 자신의 수레로 삼아 마음을 움직이도록 하고, 멈추려 해도 멈출 수 없는 것不得已에 의존해서 균형을 기르는 것이 우리가 할 수 있는 최선의 일이다夫乘物以遊心, 託不得已以養中, 至矣."《장자》〈인간세人間世〉편에 등장하는 장자 윤리학의 핵심적 전언이다.

타자의 윤리학이라고 해서 전적으로 타자에 따르는 윤리학이라고 오해해서는 안 된다. 만약 전적으로 타자의 의지에 복종하는 것이라면, 그것은 그냥 굴종일 뿐 윤리학이라는 이름마저 아까운 일이다. 다시 말해 타자의 윤리학은 타자를 삶의 짝으로 긍정하는 것이지 결코 주체의 역량을 부정하는 것이 아니라는 것이다. 결국 타자도 파괴하지 않고 자신도 파괴하지 않는 윤리학, 타자도 긍정하고 자신도 긍정하는 윤리학이 바로 타자의 윤리학이라고 할 수 있다. 그러나 분명 타자의 윤리학의 출발점은 타자의 고유성이라고 할 수 있다. 장자의 '물物'이라는 개념, 그리고 '부득 이不得己'라는 개념이 중요한 이유도 바로 여기에 있다. 특히나 "멈추려고 해도 멈출 수 없다"고 번역했던 '부득이'라는 개념은 간과할 수 없는 중요성을 갖고 있다. 이 개념만큼 타자의 고유성, 혹은 타자의 타자성을 근사하게 포착하는 것도 없으니 말이다. 그러나 타자의 윤리학은 타자의 타자성에 몸을 던지는 것만으로 완성되지 않는다. 타자의 고유성과 자기의 고유성이 모두 긍정될 수 있는 어떤 균형 지점에 우리는이를 수 있어야 한다. 바로 이것이 장자가 말한 균형, 즉 '중中'이다. 이런 균형 지점에이르게 되었을 때, 장자의 윤리적 전언은 마침내 완성되었다고 할 수 있다.

《장자》〈달생達生〉편에 등장하는 '수영 에피소드'가 말하고자 했던 것도 바로이 점이다. "공자가 여량이라는 곳에 유람을 했다. 그곳의 폭포수가 삼십 길이나 되었다. 그 폭포수에서 떨어져 나온 물거품이 사십 리나 튈 정도로 험해서, 자라나 물고기 등도 수영할 수 없었을 정도였다. 그런데 한 사나이가 그런 험한 곳을 수영하는 것을 목도하게 되었고, 공자는 그 사람이 어떤 삶의 고민으로 인해 자살하려고물에 들어간 것이라고 여겼다. 그래서 제자들로 하여금 물길을 따라가서 그 사나이를 건지도록 했다. 그러나 그 사나이는 수백 보의 물길 뒤에 물속에서 모습을 드러내면서 산발을 하고 노래를 부르며 둑 아래를 걸어갔다. 공자가 그를 따라가서 물어보았다. '나는 그대가 귀신인 줄 알았네. 그러나 지금 보니 자네는 귀신이 아니라 사람이군. 물을 건너는 데 그대는 어떤 특이한 방법이라도 지니고 있는가?' 그 사나이가 대답했다. '무슨 특별한 방법이 있겠습니까? …… 물이 소용돌이쳐서 빨아들이면 저도 같이 들어가고, 물이 나를 물속에서 밀어내면 저도 같이 그 물길을 따라 나옵니다. 물길에 따라 그것을 사사롭게 여기지 않습니다. 이것이 제가 물을 건너는 방법입니다.'"

장자의 이야기가 조금 막연하고 추상적으로 들린다면, 원효元曉(617~686)의 가르침을 받는 것이 좋을 듯하다. 《보살계본지범요기菩薩戒本持犯要記》에서 원효는 말한다. "옛날 매우 지혜로웠던 사람이 자기 아들에게 훈계하였다. '스스로 조심해서 선善을 행하지 않으려고 해야 한다.' 그러자 그 아들이 반문했다. '그러면 반드시 악惡을 행하라는 것입니까?' 아버지는 아들에게 말했다. '선마저도 행하지 말라고 했는데, 하물며 악을 행해서야 되겠느냐!'" 흄과 칸트가 들었다면 아마 커다란 지적 충격에 빠졌을 이야기다. 너희가 생각하고 있는 선과 악은 결국 너희 마음에만 있는 것이지, 세상 혹은 타자와는 아무런 상관이 없는 것이라는 지적이다. 한마디로 주체의 윤리학에서 벗어나 타자의 윤리학에 따라야 한다는 것이다. 그래서 아버지는 아들에게 말했던 것이다. 네가 가지고 있는 선과 악의 관념에 따라 타인, 혹은 중생을 만나지 말라고 말이다. 특히나 자신이 선하다고 생각한 것이 문제가 된다. 비록 동기는 선할지라도, 이런 맹신은 결국 타자에 대한 폭력으로 귀결될 테니 말이다.

'선을 행하지 말라!'는 말은 주체의 윤리학을 표방하는 사람이나 아니면 일반 사람들에게 타자에 대한 무관심으로 오해될 수도 있다. 그렇지만 장자나 원효가 역설했던 타자의 윤리학은 타자에 대해 무관심하기는커녕 오히려 극도로 타자에 민감하다. 자신이 타자에게 선이라고 생각했던 것이 오히려 악이 될 수 있다는 깊은 성찰이 전제되어 있기 때문이다. 주체의 윤리학에서 중요한 것은 자신이 선을 행했는지의 여부일 뿐이다. 선을 행한 결과가 어떻게 되었는지는 전혀 문제가 되지 않는다. 결국 주체의 윤리학은 타자를 사랑하기보다는 자기 자신을 사랑하는 윤리학일 뿐이다. 이와는 달리 타자의 윤리학은 자기 자신보다는 타자를 사랑하는 윤리학이라고 할 수 있다. 자기가 선이라고 생각하는 것마저도 타자에게 악으로 작용할 수 있다면, 타자의 윤리학을 표방하는 사람은 기꺼이 자신의 선마저도 포기할 준비가 되어 있기 때문이다. 바로 이것을 원효는 "선을 행하지 말라!"는 명령으로 명료화했다. 사랑이 자신이 아니라 타자가 원하는 것을 하도록 만드는 감정이라면, 결국 타자의 윤리학은 사랑의 윤리학일 수밖에 없다. 어쩌면 원효의 윤리학은 그가 탁월한 불교 이론가였다는 사실에서 쉽게 도출될 수 있다고 하겠다. 불교란 자비의 윤리학을 표방하는 사유 체계였으니 말이다.

9

사유재산은 정당한가?

로크

──────────── VS ────────────

루소

보이는 것만 소유할 수 있다.

서양 근대철학의 두 가지 특징 가운데 하나는 고독한 사유주체, 즉 코기토의 발견이었고, 다른 하나는 사회계약론의 대두였다고 볼 수 있다. 물론 이두 가지는 긴밀하게 서로 연결되어 있는 테마이다. 인간은 신처럼 홀로 실존할 수 없는 유한자이기 때문에 결국 고독한 코기토라고 하더라도 다른 코기토와 공동생활을 영위할 수밖에 없었기 때문이다. 그렇다면 코기토가 사회적인 계약을 통해 국가를 형성하는 가장 주된 이유는 무엇일까? 대부분의 근대철학자들은 개인이 가진 재산과 신체를 보호하기 위해서였다고 주장한다. 여기서 우리는 소유라는 관념이 서양 근대철학의 이면에 강하게 흐르고 있다는 것을 직감하게 된다. 흥미롭게도 소유는 시각이란 감각과 불가분의 관계에 있다. 눈에 보이는 것만을 우리는 소유할 수 있으니 말이다. 개인이 가진 재산이 보통 동산動産, movables과 부동산不動産, immovables으로 분류되는 것도 이런 이유 때문이다. 움직이는 것이나 움직이지 않는 것 모두 결국에는 시각적인 것에 포함되는 것이다. 이와 관련해서 짐멜의 흥미로운 논문 〈감각의 사회학Soziologie der Sinne〉을 잠시 살펴볼 필요가 있다.

> 일반적으로 우리는 단지 가시적인 것만을 '소유할' 수 있는 반면에, 다만 들을 수 있기만 한 것은 현재 순간과 더불어 이미 과거가 되어버리며 하등의 '소유물'로도 보증하지 못한다. …… 왜냐하면 듣는 것은 그 본질상 초개인적이기 때문이다. 어느 한 공간에서 진행되는 것은 그 안에 있는 모든 사람이 들을 수밖에 없으며, 한 사람이 그것을 수용한다는 것이 다른 사람으로부터 그것을 박탈하는 것을 의미하지는 않는다.
> - 〈감각의 사회학〉

짐멜은 지금 시각적으로 보이는 것과 귀로 들리는 것을 분명하게 구분하고 있다. 물론 그도 보이는 것만 '소유' 대상일 수 있다고 강조하기는 한다. 그림과 음악을 예로 들어보자. 우리는 화랑에 들어가서 원하는 그림을 살펴본 후 그것을 돈으로 살 수 있고 따라서 언제든 개인적으로 소유할 수 있다. 하지만 음악의 경우에도 이렇게 말할 수 있을까? 어느 귀족의 홀에서 지금 현악 5중주가 연주되고 있다고 해보자. 홀 내부에 울려퍼지는 아름다운 음악소리는 악사들을 초빙한 귀족들뿐만 아니라 홀을 청소하던 하녀나 시종들도 들을 수 있다. 그림처럼 음악을 개인이 소유하기 위해서 인류는 들리는 것 또한 보이는 것과 유사한 형태의 것으로 만들어내야 했다. LP나 CD의 등장이 바로 그렇다. 비록 그 자체로 어떤 소리도 내지는 않지만, LP나 CD는 눈에 보이는 것이고 따라서 그것은 개인적으로 소유할 수 있는 것이다. 심지어 LP나 CD에 기록되어 있는 음악이 재생기를 통해서 흘러나오는 순간, 내가 LP나 CD를 사는 데 어떤 도움도 주지 않은 친구 녀석이 이 음악을 함께 듣는 것을 방지할 방법마저 등장했다. 바로 이어폰으로 들을 수 있는 휴대용 음악 재생기다.

결국 보이는 것이란 누군가가 소유할 수 있는 것이다. 보이는 것과 들리는 것 사이의 이러한 구분은 사실 서양철학과 동양철학 각각의 특이성을 구분해주는 중요한 계기가 되기도 한다. 서양철학의 시조라고 할 수 있는 플라톤의 사유에서 가장 핵심적인 것은 형상, 즉 이데아였다. 그런데 이데아를 뜻하는 '에이도스'라는 그리스어는 '보다'라는 뜻의 '이데인idein'이라는 동사에서 파생되었다는 점에 주목할 필요가 있다. 이것은 기본적으로 플라톤의 사유가 보이는 세계를 기초로, 다시 말해 소유의 논리에 기반을 두고 있다는 것을 보여주는 것이다. 반면 동양철학, 특히 유학에서 최고의 범주는 천명天命이다. '천명'이란 글자 그대로 '하늘의 명령'을 의미하는데, 동양철학에서는 바로 이 천명의 소리를 듣는 것을 무엇보다도 중시해왔다. 중국 철학의 시조라고 할 수 있는 공자가 자신이 60세에 이르러 얻은 정신적 경지를 이순耳順이라고 표현했던 것에도 역시 마찬가지의 이유가 있었다고 볼 수 있다. 이순이란 말은 어떤 타자의 말이라도 순조롭게 듣는다는 것을 의미하기 때문이다.

비록 폴리스에 살고 있던 자유로운 남성에게만 해당한 것이었지만, 개인의 소유권을 인정했던 고대 그리스에서 플라톤이 '보이는 본질'로서 '에이도스'를 강조했던 것은 단순한 우연일 수만은 없었다. 보이는 세계는 구별의 세계이고, 이런 구별은 "이것은 나의 것이고 저것은 너의 것이다"라는 판단이 가능한 소유의 세계이기도 하기 때문이다. 반면 가족, 공동체, 그리고 천하의 화합을 강조하던 동양의 전통에서 공자는 '하늘의 명령'으로서 천명을 강조했는데, 사실 소리는 누구나 들을 수 있는 것이기에 하늘의 소리는 공자 외에도 모든 사람이 함께 들을 수 있었다. 《중용中庸》에서 인간의 본성을 사유할 때 "하늘이 명령한 것이 곧 우리의 본성이다天命之謂性"라는 말이 등장하는 것도 이런 맥락에서이다. 사실 동양의 본성性은 개체의 고유한 개성과는 상관이 없는 것으로 모든 개체에 내재하는 공동체적 범주라고 독해될 수 있는 것이었다. 그렇다면 결론적으로 다음과 같이 정리할 수 있겠다. 플라톤 이래로 서양철학의 중심부에는 보이는 세계, 혹은 개인적 소유의 열망이 전제되어 있었다면, 공자 이래로 동양철학의 핵심에는 들리는 세계, 혹은 공동체적 공유의 소망이 전제되어 있었다고 말이다.

물론 그렇다고 해서 청각적 세계가 시각적 세계보다 더 우월하다고 섣부른 판단을 내려서는 안 된다. 본다는 것이 소유하겠다는 의지, 혹은 지배하겠다는 의지라면, 듣는다는 것은 소유당하겠다는 의지, 혹은 지배를 기꺼이 당하겠다는 의지의 발현이기도 하니까 말이다. 그래서 전통적으로 보는 자는 우월한 지위에 있는 사람이고, 보지 않고 듣는 자는 열등한 자리에 있는 사람이다. 천자나 황제 앞에서 절을 하고 고개를 조아리는 사람을 연상해보자. 보는 자와 듣는 자 사이의 위계질서를 이처럼 명료하게 보여주는 것도 없을 것이다. 본다는 것은 그 대상과 거리를 두고 자신이 어떻게 할지 예측할 수 있는 시간을 확보한다는 것이다. 반대로 상대방에게 고개를 조아리는 것은 그가 칼로 나의 목을 쳐도 어떤 대비도 없이 그걸 감당하겠다는 것이다. 대부분의 종교적 사유에서도 신은 우리를 보지만 우리는 신을 볼 수 없다. 그러니 신은 우리보다 우월한 것이다. 미신에서도 마찬가지 아닌가. 귀신은 우리를 보고 있지만 반대로 우리는 귀신의 실체를 확인할 수 없으니 말이다.

어쨌든 보이는 것과 관련된 서양철학의 무의식적 욕망이 마침내 의식적으로 분명하게 드러난 것이 근대 초기에 형성된 사유재산에 대한 논의라고 볼 수 있다. 이 대목에서 가장 두드러진 역할을 수행했던 철학자가 바로 흄과 함께 영국 경험론을 양분했던 로크John Locke(1632~1704)이다. 자신의 주저 《인간오성론Essay Concerning Human Understanding》에서 로크는 외부 세계에 대한 우리의 모든 지식이 관념idea을 통해서 우리에게 전달된 것이라고 주장했다. 물론 여기서 관념이란 플라톤의 이데아와 같은 것이 아니라, 우리가 감각을 통해서 외부 대상들과 접촉할 때 우리 마음속에 발생하는 대상들의 이미지를 의미하는 것이다. 결국 로크에게서 관념은 표상representation인 셈이다. 그래서 로크는 이런 관념이나 표상을 떠나 외부 대상 자체를 알 수 있는 방법은 없다고 주장하게 된다. 중요한 것은 로크의 발상이 나와 대상의 접촉으로 인해 생기는 대상에 대한 이미지, 즉 관념이 나의 것이 된다는 것이다. 흥미롭게도 이것이 사유재산제를 정당화하는 로크의 논증에서 구조적으로 반복된다. 외부 대상에 나의 노동이 가해진 결과물이 나의 것이라고 보는 생각은, 사실 외부 대상에 나의 지각이 가해진 관념이 나의 것이라고 보는 로크의 인식론적 발상과 구조적으로 동일한 것이기 때문이다.

ⓚ

로크: "내가 손댄 것은 전부 나의 것이다."

로크의 정치철학을 이해하는 데 반드시 함께 기억해두어야 할 정치철학자가 한 사람 더 있다. 그 사람은 바로 필머Robert Filmer(1589~1653)이다. 그의 사후 1680년에 간행된 주저 《가부장권력론Patriarcha》을 통해 필머는 《성경》을

고드프리 넬러가 그린 존 로크 초상화(1697).
결국 로크의 사유재산 논리는 항상 타자의 불
만에 노출될 수밖에 없었다. 부패할 수밖에
없는 사과를 영원히 썩지 않는 화폐와 교환해
서 화폐 형식으로 축적하게 되는 길이 열렸기
때문이다.

이용하여 군주의 절대적 위상을 정당화한 적이 있다. 필머의 논의를 통해
그 유명한 왕권신수설이 체계화될 수 있었던 것이다. 당시 왕정에 반대했
던 섀프츠베리 백작Earl of Shaftsbury의 직간접적인 요구로 로크는 필머의 왕권
신수설을 극복하기 위한 새로운 정치철학 저서를 준비하게 되는데, 그 결과
1690년에《통치에 대한 두 가지 논고Two treatises of Government》를 출간하기에 이
른다. 이 책을 통해 로크는 주권은 자유로운 시민의 계약에 의해 대표자에
게 양도될 때에만 정당화될 수 있다는 점을 논증하려고 했다. 결국 로크도
당시 시대적 유행의 하나였던 사회계약론에 한 표를 던졌던 셈이다. 이 점에
서《통치에 대한 두 가지 논고》는 어찌 보면 별로 새로울 것이 없는 저술이
었다고도 볼 수 있다. 하지만 그렇다고 해서 성급하게 로크의 이 책을 덮어
버려서는 안 된다. 이 책의 진정한 가치는 사회계약론을 정당화하는 과정에
서 출현한 사유재산제도와 관련된 로크의 논증이 있기 때문이다.

　자유로운 시민이 존재하지 않는다면, 사실 자유로운 계약도 불가능할

것이다. 로크는 자유로운 계약이 가능하기 위해서는 먼저 시민의 자유를 정당화할 필요가 있다고 보았다. 물론 경제적 독립이 불가능하다면 시민의 자유란 화려한 미사여구에 불과하다는 것, 이것이 바로 로크의 핵심적 통찰이었다. 그렇다면 로크는 시민의 자유를 논증하기 위해 과연 어떤 방식으로 사유재산제를 정당화했던 것일까? 이 문제에 대한 그의 설명을 직접 들어보자.

비록 대지와 모든 열등한 피조물은 만인의 공유물이지만, 모든 사람은 자신에 대해서는 소유권을 가지고 있다. 이것에 관해서는 그 사람 자신을 제외한 어느 누구도 권리를 가지고 있지 않다. 인간 신체의 노동과 손의 작업은 당연히 그의 것이라고 할 수 있다. …… 인간이 자연 안에 놓여 있는 것에 자신의 노동을 섞어 자신의 것을 보탠다면, 자연의 대상물은 결국 노동한 자의 소유가 된다.   -《통치에 대한 두 가지 논고》

우선 대지와 모든 동식물은 모든 사람이 공유하는 것이라고 이야기하면서 로크는 사유재산제에 대한 자신의 입장을 피력하기 시작한다. 만약 로크의 첫 전제가 인정된다면 대지와 모든 동식물을 모든 사람이 함께 공유하면 될 일이다. 하지만 로크의 진정한 목적은 경제적으로 독립된 시민을 정당화하는 데 있었다. 그가 신속하게 "모든 사람은 자신에 대한 소유권을 가진다"라는 말로 논의를 간단히 건너뛰었던 것도 바로 이 때문이다. 흥미롭지 않은가? 사유재산제의 창시자라고 알려진 로크도 원리적으로는 자연물에 대한 인간 개인의 사적인 소유를 부정했다는 것이 말이다. 그렇다면 이 상황에서 "모든 사람은 자신에 대한 소유권을 가진다"는 말의 의미는 무엇이었을까? 이에 대해 로크는 주저하지 않고 이렇게 대답한다. "인간 신체의 노동과 손의 작업은 당연히 그의 것"이라고 말이다. 결국 "모든 사람은 자신에 대한 소유권을 가진다"고 그가 말했을 때, '자신'이란 결국 자신의 '육체적 활동'을 의미했던 것이다.

여기까지는 별다른 문제가 없는 것으로 보인다. 하지만 그다음 논증이 문제가 된다. 로크는 이어서 이렇게 주장한다. "인간이 자연 안에 놓여 있는 것에 자신의 노동을 섞어 자신의 것을 보탠다면, 자연의 대상물은 노동한 자의 소유가 된다." 예를 들어 자신이 딴 사과는 자신의 노동이 그 사과에 첨가되었기 때문에 결국 자기 것이라는 말이다. 그저 인간의 노동이 가해지면 그것은 모두 자기의 것이 된다는 말이므로, 밭을 갈면 그 밭도 밭을 간 사람의 소유물이 될 것이고, 돼지를 키우면 그 돼지도 돼지를 키운 사람의 소유물이 될 것이며, 유정油井을 채굴하면 그 유정 역시 채굴했던 사람의 소유물이 될 것이라는 말이다. 하지만 이러한 로크의 소유권 논리에는 심각하게 고려되지 않은 다음과 같은 두 가지 문제가 있다. 하나는 로크가 '열등한 피조물들'이라고 표현했던 것들의 권리 문제이고, 다른 하나는 노동 경쟁에서 소유할 가능성을 박탈당한 타자들의 권리에 대한 문제이다.

로크에게 사과나무나 돼지가 생명체로서 가지는 기본 생존의 권리는 철저하게 무시되고 있다. 그의 관점에 따르면 열등한 피조물인 사과나무는, 결국 인간을 먹이기 위해서 사과라는 열매를 맺었던 것이 된다. 또한 돼지는 인간에게 자신의 고깃살을 주기 위해서 우리에 갇혀 있는 꼴이 된다. 따라서 사과나무나 돼지라는 생명체의 입장에서 볼 때 로크가 제안했던 소유권의 논리는 잔혹한 살육의 논리에 지나지 않는 것이 된다. 사실 이 점만 보더라도 열등한 피조물들에 대한 로크의 권리 주장은 논리적으로 정당화되기 어렵다. 인간을 특권적 존재로 사유해온 기독교 전통에 있었던 로크는 열등한 피조물을 소유할 수 있는 권리가 신에게서 부여받은 정당한 권리라고 간주했던 것이다. 이 점에서 로크는 오늘날 우리가 중시하는 생태학적 상상력 자체가 아예 부재했던 철학자였다고 할 수 있다. 그런데 로크는 두 번째 문제, 즉 우리가 타자로부터 그가 소유할 가능성을 박탈할 수 있다는 문제에 대해서는 좀더 진지하게 숙고했던 것으로 보인다. 사과나무에 열린 사과를 내가 밤새도록 모두 땄다면, 내가 딴 사과들은 모두 나의 것이 된다. 하지만 이것은 다른 사람들이 사과를 딸 수 있는 노동의 기회를 박탈해버린 격이 될 것이다. 그렇다면 이것은 과연 정당한 행위일까? 이 문제에 대해 로크는 이렇게 답하고 있다.

> 하나님은 어느 누구든 그것이 썩기 전에 삶에 이득이 되도록 사용할 수 있는 만큼만 주셨다. 곧 그가 자신의 노동에 의해 자신의 소유로 확정할 수 있는 만큼만 주셨던 것이다. 그것보다 많은 것은 그의 몫을 넘어서며, 다른 사람의 몫에 속한다. …… 하지만 화폐는 인간이 상하지 않고 보관할 수 있는 것으로서, 인간은 상호 간 합의를 통해서 참으로 유용하지만 썩기는 쉬운 생활용품과 교환하여 이 화폐를 받게 되었다.
> ─《통치에 대한 두 가지 논고》

로크는 우선 누구든 과일이 썩지 않을 만큼만 따야 한다는 매우 이상한 해결책을 제안한다. 비록 노동이 투입된 것들은 모두 나의 소유가 되지만, 창고에서 그 열매들이 썩을 정도로 소유해서는 안 된다는 것이다. 하지만 이미 노동이 투여되면 모든 것이 자기 소유라는 것을 받아들인 사람들이 타자를 위해 자신의 소유를 자발적으로 제약할 수 있을까? 만약 타자에 대한 사람들의 배려가 그만큼 강했다면, 인간은 오히려 사적 소유가 아니라 타자와의 공적 소유를 지향했을 것이다. 사실 로크는 공적 소유라는 열린 소유의 방향으로 논의를 진행할 생각조차 애초에 없었던 사람이다. 그가 사적 소유를 정당화하려고 했던 이유는 자유로운 시민 사이에서 이루어질 사회계약의 물질적 토대를 마련하기 위해서였을 뿐이기 때문이다. 따라서 그는 처음부터 사적 소유를 제약할 생각이 별로 없었던 셈이다. 그가 화폐라는 것을 도입하여 소유물의 부패 문제를 일소해버리려고 했던 것도 결국 이런 이유에서였다.

결국 로크의 사유재산 논리는 항상 타자의 불만에 노출될 수밖에 없었다. 부패할 수밖에 없는 사과를 영원히 썩지 않는 화폐와 교환해서 화폐 형식으로 축적하게 되는 것이 용인됨으로써, 이제 누구든지 사과나무에 열린 사과를 모조리 딸 수 있는 길이 열렸기 때문이다. 로크의 사유재산 논리가 근대 부르주아 사회를 정당화하는 논리로 채택되었던 것도 결국 이런 측면 때문이었다. 내가 먼저 노동하여 얻게 된 것은 무한히 나의 소유로 삼을 수 있고, 분수를 넘을 정도로 마련한 이 물건들을 모조리 화폐로 바꿔 영원히 사적으로 소유하는 것이 논리적으로 정당화되기 시작했던 것이다. 하지만 로크는 이 대목에서 불길한 예감을 지울 수가 없었다. 사유재산을 무한하게 축적하면 할수록 타자들의 불만도 그에 걸맞게 무한히 커질 것이라는 불안감이 엄습했기 때문이다. 이 때문에 로크는 사유재산을 보호할 수 있는 장치, 다시 말해 소유하지 못한 타자들의 불만을 무력화할 수 있는 강제력을 동시에 상상하지 않을 수 없었다.

> 인간이 이미 결합되어 있는 다른 사람들 또한 그럴 생각이 있는 다른 사람들과 더불어 그들의 생명과 자유, 자산estate —내가 재산property이라는 일반적 명칭으로 부르는 것—의 상호 보존을 위해서 사회를 결성할 것을 추구하거나 기꺼이 사회에 가입하려고 하는 것은 오히려 당연한 일이다. 그러므로 인간이 공동체를 결성하고 스스로를 정부의 지배하에 두고자 하는 가장 큰 목적은 그들의 재산을 보존하기 위함이다.
> -《통치에 대한 두 가지 논고》

결국 사유재산을 가진 사람들은 그렇지 않은 타자들에 대한 불안감으로 인해 "공동체를 결성하고 스스로를 정부의 지배하에 두고자" 했다는 것이다. 이로써 보면 근대에 상정된 국가기구의 최종 목적이 개인의 사유재산을 보호하는 데 있었다는 점을 어렵지 않게 확인할 수 있다. 역설적인 것은 로크의 국가 논리에, 개인의 무한한 사유재산이 부당하다는 그의 무의식적 판단이 함께 전제되어 있다는 점이다. 만약 사유재산제도가 참으로 정당한 것이라고 생각했다면, 사유재산을 가진 사람들은 그렇지 않은 모든 타자들에 대해 당당할 수 있었을 것이다. 하지만 불행히도 사유재산을 긍정하자마자 사람들은 그것을 보존하기 위해서 배타적인 보호 장치로서 국가의 강제력을 요청할 수밖에 없었다. 이 대목에서 우리는 로크의 처음 고백, 즉 "대지와 모든 열등한 피조물은 만인의 공유물이다"라는 생각을 다시 한 번 진지하게 성찰해볼 필요가 있다. 우리에게는 타자들의 삶을 실질적으로 함께 배려해줄 수 있는 열린 소유의 논리가 여전히 필요하기 때문이다. 시몬 베유 Simone Weil(1909~1943)가 진정한 소유란 모든 사람으로 하여금 삶에 뿌리내릴 수 있는 가능성을 제공하는 것이라고 그토록 역설했던 이유도 바로 여기에 있을 것이다.

루소: "사유재산제는 모든 불평등의 주범이다."

우리에게 많은 숙제를 남겨준 로크의 사유재산 논리는 1755년에 결정적인 도전에 직면하게 된다. 1753년 프랑스의 디종Dijon 아카데미는 자신의 기관지《메르퀴르 드 프랑스Mercure de France》를 통해 현상 공모 과제를 제안한 적이 있다. 과제 제목은 '사람들 사이에 불평등이 발생하게 된 기원은 무엇이며, 이런 불평등은 자연법에 근거하고 있는가?'라는 것이었다. 이 공모 과제에 응했던 사람 가운데 루소Jean-Jacques Rousseau(1712~1778)도 있었는데, 그는 이때《인간 불평등 기원론Discours sur l'origine et les fondements de l'inégalité》이라는 장문의 글을 보냈던 것이다. 사실 루소는 1750년에 있었던 디종 아카데미의 첫 번째 공모전 때《학문예술론Discours sur les sciences et les arts》이라는 글을 제출해서 당선되기도 했지만, 그보다 훗날 더 유명해진《인간 불평등 기원론》은 그 과격한 내용으로 인해 당선되지 못했다. 흥미로운 것은 루소 자신도《인간 불평등 기원론》이 당선되지 않으리라는 것을 미리 예감하고 있었다는 점이다.

"나는 인간에 관해 말하려고 한다"는 문장으로 시작되는 이 논문에서

모리스 켕탱 드 라 투르가 그린 루소의 초상화. 루소가 당시 일반적으로 공유되던 입장을 재차 강조하면서 사유재산제를 공격했던 진정한 이유는 어디에 있었을까? 그것은 사유재산제가 바로 모든 범죄, 전쟁, 살인, 공포, 그리고 불운을 인류에게 가져다주는 핵심 원인으로 이해되었기 때문이다.

루소는 사유재산에 대한 로크의 입장을 신랄하게 공격한다. 사유재산이야말로 인간 사이의 불평등을 조장하는 가장 심각한 원인들 가운데 하나라는 이유에서였다.

> 조그만 땅에 울타리를 치면서 "이것은 나의 것이다"라고 말해야 한다고 생각했고, 사람들이 자신의 말을 믿기에 충분히 단순하다는 사실을 발견했던 최초의 인간이 바로 시민사회의 진정한 기초자였다. 말뚝을 잡아 뽑거나 도랑을 채우면서 동료에게 "이 사기꾼의 이야기를 따르고 있다는 것에 주의하라. 만일 땅의 모든 결실이 모든 사람에게 속하며 땅 그 자체는 누구에게도 속하지 않는다는 사실을 한 번이라도 잊는다면 당신은 타락한 것이다"라고 외친다면, 이 사람은 얼마나 많은 범죄, 전쟁, 살인으로부터 그리고 수많은 공포와 불운으로부터 인류를 구제해주었을까?　　　　　　　　　　　　　　　　　－《인간 불평등 기원론》

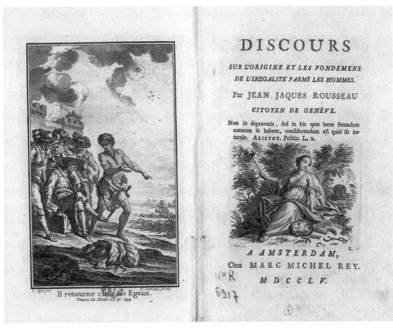

1755년 네덜란드에서 출간된 《인간 불평등 기원론》 속표지와 삽화. "나는 인간에 관해 말하려고 한다"는 문장으로 시작되는 이 논문에서 루소는 사유재산에 대한 로크의 입장을 신랄하게 공격한다.

루소는 시민사회의 기초가 사유재산제에 있다고 단언하는 것에서 논의를 시작한다. 그에게 "조그만 땅에 울타리를 치면서 '이것은 나의 것이다'라고 말한 사람", 즉 로크 혹은 로크를 따른 사람들은 일종의 "사기꾼"에 불과했다. 로크는 누군가의 노동이 가해지면 대지나 열등한 피조물들이 모두 노동한 사람의 소유가 된다고 주장했다. 그렇지만 루소는 "땅의 모든 결실이 모든 사람에게 속하며 땅 그 자체는 누구에게도 속하지 않는다"라고 주장한다. 사실 어떤 면에서는 로크 역시 이 원칙을 알고 있으면서도 무리하게 사유재산제를 정당화하려고 했다. 로크의 내적 갈등을 통해 당시에는 사유재산제란 것이 지금과는 달리 상당히 낯설고 부당한 제도로 생각되었던 측면이 있었음을 어렵지 않게 짐작할 수 있다. 그렇다면 루소가 당시 일반적으로 공유되던 입장을 재차 강조하면서 사유재산제를 공격했던 진정한 이유는 어디에 있었을까? 그것은 사유재산제가 바로 모든 범죄, 전쟁, 살인, 공포, 그리고 불운을 인류에게 가져다주는 핵심 원인으로 이해되었기 때문이다.

로크가 주장했던 사유재산제, 그리고 무한한 사적 소유를 가능하도록 만든 화폐의 논리에 따르면 모든 대지와 그 결실은 몇몇 사람이 독점할 수밖에 없다. 당연히 나머지 사람들에게는 노동을 할 수 있는 대지조차 전혀 남지 않게 될 것이다. 이로부터 토지 소유자와 토지 경작자라는 구분, 혹은 고정된 계급이 출현하게 된다. 토지 경작자는 자신의 결실을 당연히 토지 소유자에게 바쳐야만 한다. 토지 소유자가 토지를 빌려주지 않았다면 어떠한 결실도 얻는 것이 불가능하기 때문이다. 하지만 바로 이 부분이 로크의 사유재산 논리가 자기모순에 빠지는 대목이다. 토지 경작자는 분명 로크의 말대로 "자연 안에 놓여 있는 것에 자신의 노동을 섞었기" 때문에 토지나 그 결실을 모두 자기 소유로 가질 수 있게 되었다. 하지만 소유자와 경작자라는 고정된 위계 관계의 형성 이후 실제 소유자는 어떠한 노동도 더 이상 행하지 않게 된다. 이와 달리 토지를 갖지 못한 토지 경작자는 전혀 노동에 개입하지 않았던 토지 소유자에게 자기 노동의 결과물을 대부분 제공해야 하는 모순된 상황에 봉착한다.

따라서 로크의 기본 원칙에 따르더라도 노동하는 토지 경작자들은 토지 소유자들에게 강한 불만을 가질 수밖에 없으며, 자신에게 토지가 없다는 사실을 불운으로 느낄 수밖에 없을 것이다. 당연히 사유재산제에 대한 탄식과 불만이 축적될 수밖에 없을 것이다. 어느 순간 이런 불만은 약탈과 봉기라는 직접행동으로 발화될 수도 있다. 토지 소유자로서는 바로 이러한 위기 상황을 미리 차단해야만 했다. 바로 이 대목에서 이들의 요구에 의해 국가와 법률이 탄생했다는 것이 곧 루소의 진단이었다.

예컨대 "이 울타리를 세운 것은 나다. 나는 내 노동으로 이 땅을 손에 넣었다"고 우겨도 아무런 소용이 없다. 누가 당신에게 경계선을 정해주었느냐고 누군가가 그에게 대꾸할 수 있다. …… 약탈이란 공통된 목적으로 뭉쳐진 적에 대항하여 자기의 동지들을 규합할 수도 없어 혼자서 여럿을 상대해야 하는 이 부자는 드디어 절실한 필요에 따라 일찍이 인간이 궁리해내지 못했던 가장 심오한 계획을 구상하게 되었다. 그 것은 바로 자기를 공격하는 자들의 힘을 자기를 위해 사용하고, 자기의 적을 자기의 방어자로 만드는 일이다. …… 사회와 법률의 기원은 결국 이와 같은 것이었거나 당연히 이러했을 것이다. 이 사회와 법률은 약자에게 새로운 구속을 부여하고 부유한 자에게는 새로운 힘을 줌으로써 자연의 자유를 영원히 파괴해버리는가 하면, 사유재산과 불평등의 법률을 영구히 고정시키고 교묘한 약탈을 당연한 권리로 확립시켜 몇몇 야심가들의 이익을 위해 온 인류를 영원한 노동과 예속 그리고 빈곤에 복종시켰던 것이다. ─《인간 불평등 기원론》

　루소는 사유재산제가 인간에게 원초적인 갈등과 상호 불신의 비극을 가져다준 제도라고 확신했다. 그래서 사유재산제는 인류 문명에서 도려내야 할 암적 존재로 간주한 것이다. 이미 상당한 사유재산을 확보하고 있는 사람들은 노동의 수고로움을 다시 감당할 생각을 전혀 하고 있지 않을 것이다. 토지를 빌려주는 것만으로도 충분한 결실을 얻을 수 있는 이 호사스러운 생활을 어떻게 쉽게 그만둘 수 있겠는가? 그들은 이런 결과 정당하지 못한 제도, 즉 노동하지 않고도 계속 자신의 소유물을 늘려가는 이 상황을 어떻게든 유지하려고 애를 쓸 수밖에 없었다. 부당한 것을 유지하기 위해서는 결국 부당한 방법을 쓸 수밖에 없는 법이다. 사유재산제를 보호하기 위한 부당한 방법이 바로 법률과 국가에 의한 강제적 통치였다.
　루소에 따르면 국가와 법률은 대지를 소유한 사람들의 소유권을 그렇지 못한 사람들의 잠재적 약탈로부터 영원히 보호하기 위해 고안된 장치라고 할 수 있다. 그런데 아이러니한 점은, 국가와 법률이 제정한 공권력을 대행하는 사람들이 사실 대부분 사유재산제에서 소외된 사람들, 다시 말해 원초적으로 대토지를 소유하지 못한 사람들이었다는 점이다. 토지를 갖지 못한 사람들이 국가에서 봉급을 받아 생계를 유지하기 위해 관료 혹은 경찰이 되었기 때문이다. 따라서 토지를 가지지 못한 가난한 농민들의 봉기를 막기 위해 토지를 가지지 못한 관료나 경찰들의 힘을 동원하게 된 셈이다. 그래서 루소는 이런 몇몇 야심가들의 책략을 "자기를 공격하는 자들의 힘을 자기를 위해 사용하고, 자기의 적을 자기의 방어자로 만드는 일"이라고 폭로하게 된 것이다.

무서운 것은 루소가 사유 실험으로 제안했던 사회와 법률의 기원은 아직도 유효하다는 사실이다. 그러나 더 무서운 것은 강자를 영원히 강자로 만들려고 만들어진 법률을 집행하는 담당자가 바로 약자라는 아이러니다. 예를 들어 집회 현장을 떠올려보라. 강자는 현장을 벗어나 항상 보고를 받고 명령을 내리는 안락한 자리에 앉아 있다. 반대로 현장에서 시위 대중과의 격렬한 물리적 충돌로 마모되는 사람들은 병역의 의무든 혹은 생계를 위해서든 공권력의 집행자가 될 수밖에 없었던 바로 그 약자들의 이웃, 혹은 그들의 가족이다. 약자들이 약자들을 잡아먹지 못해 안달하는 장면을 보고 희미한 미소를 짓고 있는 강자를 떠올려보라! 바로 이 강자들의 흉계를 직시하고 있었던 철학자, 바로 그가 루소였던 것이다.

사랑의 공동체를 만드는 방법,
소유에서 무소유로

《사기史記》〈진시황본기秦始皇本紀〉 편을 보면 흥미로운 대목이 하나 등장한다. "동서 남북 그리고 하늘과 땅 안의 모든 것은 황제의 땅이고, …… 인적이 이른 모든 곳의 사람들은 황제의 신하가 아닌 사람이 없다六合之內, 皇帝之土. …… 人迹所至, 無不臣者"는 구 절이 그것이다. 황제는 모든 것의 소유자로서, 자신이 가진 것의 생사여탈권을 가지 고 있는 절대적인 주권자라는 말이다. 이런 절대 주권자의 논리는 서양에서도 예외 는 아니었다. 왕권신수설을 보라. 왕은 신에게서 지상의 모든 것을 소유할 수 있는 절대적 권한을 부여받았다. 그러니 누구도 왕의 소유를 탐해서는 안 되는데, 그것은 신에게 도전하는 일이기 때문이다.

배타적인 권력은 항상 배타적 소유의 권력이었다고 볼 수 있다. 로크가 사적 소유를 긍정했던 이유는 다른 데 있었던 것이 아니다. 새롭게 도래한 부르주아계급 에게 권력을 제공하는 논리를 마련하기 위해서였다. 하지만 루소는 소유라는 것은 항상 울타리로 상징되는 배제의 관념, 즉 타자가 소유할 수도 있는 가능성들에 대한 원천적인 폭력이라고 폭로한다. 부당한 폭력이기 때문에 이에 대한 저항 역시 발생 할 것이고, 마침내 이러한 저항을 원천적으로 봉쇄하기 위해 국가가 출현하게 되었 다는 것, 이것이 바로 루소의 통찰이었다. 우리는 루소로 인해 소유가 권력의 내적 계기라는 사실, 즉 소유=권력이라는 논리를 이해하게 되었다.

바로 이 대목에서 우리는 지배와 복종의 논리를 벗어날 수 있는 실마리도 얻 을 수 있다. 소유를 철폐하면, 권력도 소멸될 것이기 때문이다. 물론 이것은 사적 소 유에서 국가 소유로 이행하는 것을 의미하는 것이 아니다. 우리가 알다시피 국가 소 유는 최고 주권자 일인의 소유를 의미할 뿐이기 때문이다. 따라서 사적 소유도 아니 고 국가의 소유도 아닌 제3의 길을 찾아야만 한다. 가령 소유 철폐, 혹은 권력 철폐 의 길이 너무도 멀다면, 당분간 우리는 소유될 수 있다고 생각되는 것들을 소유될 수 없는 것으로 회복시키는 작업을 먼저 수행할 필요가 있을 것이다. 한마디로 말해 누구도 소유할 수 없기에 아무나 소유할 수 있는 영역을 계속 확장해야 한다는 것이다. 여기서 불교의 가르침을 떠올리는 것이 좋을 듯하다.

흔히 불교에서는 여섯 가지 '바라밀波羅蜜, pāramitā'을 이야기한다. '저 멀리'를 뜻하는 '파람pāram'이란 어근과 '도달한다'는 뜻을 가진 '이타itā'라는 어근으로 구성된 파라미타는 글자 그대로 '저 멀리에 이르려고 한다'는 의미다. 그래서 파라미타, 즉 바라밀은 자비慈悲, maitri-karuṇa의 화신, 즉 부처가 되는 여섯 가지 방법을 말한다. 보시布施, dāna, 지계持戒, śila, 인욕忍辱, kṣānti, 정진精進, vīrya, 선정禪定, dhyāna, 그리고 지혜智慧, prajñā가 바로 그것이다. 여섯 가지 바라밀 중 첫 번째가 바로 보시 바라밀이다. 보시는 타인에게 기꺼이 자신의 소중한 것을 선사하는 행위를 말한다. 소유욕이 강한 사람이 실천하기는 정말 힘든 수행법이라고 할 수 있다. 자비는 타자에 대한 환대, 혹은 생면부지의 타자에 대한 사랑이라고 할 수 있다. 당연히 자비의 화신인 부처가 되기 위해 우리는 자비가 자발적으로 이루어질 때까지 보시라는 인위적인 수행을 반복해야 한다.

가까운 가족이나 친구나 애인에게 소중한 것을 주는 건 어렵지 않다. 가족, 친구, 애인은 기본적으로 '나의 소유'라는 생각을 하고 있으니 말이다. 더군다나 그들도 내가 무언가를 필요로 하면 언제든지 그걸 주리라는 기대도 함께한다. 그러나 생면부지의 타자라면, 혹은 전혀 내게 보답을 할 수 없는 타자라면, 무언가를 준다는 것은 정말로 힘든 일이다. 그것은 아무런 대가도 없이 선행을 베푸는 것이기 때문이다. 수확의 기대도 없이 파종을 한다는 것은 얼마나 힘든 일인가? 그러니 보시가 수행법이 될 수 있는 것이다. 보시를 하는 순간, 우리는 그만큼 소유욕에서 벗어날 수 있을 테니 말이다. 결론적으로 타인을 환대하고 사랑하기 위해서, 우리는 해묵은 소유에 대한 욕망에서 벗어날 수 있어야만 한다. 그래서 자비를 포함한 일체 사랑의 논리는 소유의 논리와는 질적으로 다른 것이다. 사랑이 지배하는 사회, 바로 이것이 원효가 그렇게도 강조했던 불국토佛國土 아닌가? 물론 이런 사회를 만들기 위해서 우리는 사적 소유든 공적 소유든 일체의 해묵은 소유 논리를 극복해야만 할 것이다.

타자는 왜 중요한가?

버클리

— VS —

들뢰즈

경험론과 합리론이란 구분을 넘어서

서양 근대철학은 흔히 합리론rationalism과 경험론empiricism이라는 대립되는 사유 경향이 충돌하는 것으로 시작되었다고 한다. 그리고 후에 칸트가 합리론과 경험론을 종합하게 된다고 대다수 철학사들은 기록하고 있다. 이들 철학사를 읽어보면 합리론이 진리가 경험으로부터 도출되지 않고 우리 이성으로부터 가능한 것이라고 주장한 반면, 경험론은 진리가 경험을 통해서만 가능한 것이라고 주장한다고 설명한다. 하지만 이러한 경험론과 합리론의 구분은 근대 초기 철학자들의 복잡성을 지나치게 단순화하는 도식일 뿐이다. 이런 판단은 이들의 저작을 실제로 살펴보면 더 분명해진다. 흔히 합리론을 옹호했다고 하는 스피노자나 라이프니츠도 경험론자의 측면이 있고, 경험론을 옹호했다고 하는 버클리George Berkeley(1685~1753)나 흄 역시 합리론자의 측면이 있다.

　스피노자의 경우를 먼저 살펴보자. 스피노자는 범신론pantheism을 주장한 것으로 유명하다. 범신론은 글자 그대로 '모든 것pan'이 '신theos'이라는 '주장ism'을 의미한다. 당시가 아직도 기독교 사상이 지배하고 있던 시대라는 것을 감안한다면, 스피노자의 주장은 파문을 받아도 전혀 이상할 것이 없는 과격한 것이었다. 그렇지만 스피노자는 자신의 파격적인 주장을 경험을 빌리지 않고 철저히 논리적인 절차를 통해서만 정당화하려고 했다. 동시대 사람들이 아무리 기독교를 맹신하다고 해도 수학적 논리로 무장한 당시 자연과학적 성과를 부정하기는 어려울 수밖에 없기 때문이다. 그래서 스피노자는 기하학적 논증 절차로 범신론을 글자 그대로 증명하려고 했던 것이다. 스피노자의 논증 구조를 단순화하면 다음과 같다. 신은 세계를 창조했다. (기독교도도 이 점에 대해서는 이견이 없을 것이다.) 그런 다음 스피노자는 신이 무한자인가, 유한자인가 물어본다. (물론 기독교도는 신이 인간과 같은 유한자일 수 없기 때문에 당연히 신이 무한자라고 보는 관점을 받아들일 것이다.) 이어서 스피노자는 무한자에게는 바깥이 있는지 없는지 물어본다. (기독교도는 무한자는 한계가 없기 때문에 바깥도 없다고 이야기할 것이다.) 스피노자는 최종적으로 다음과 같은 결론을 내리게 된다. 그렇다면 신이 만들었다고 하는 이 세계는 결국 신의 바깥에 있을 수 없다고 말이다. 신의 바깥에 무엇인가 있다고 한다면 신은 유한자로 전락할 것이기 때문이다.

결국 이와 같은 합리적 논증 절차를 통해 스피노자는 신이 곧 세계일 수밖에 없다고 주장했다. 이로부터 '신=세계'라는 유명한 도식, 즉 '능산적 자연natura naturans=소산적 자연natura naturata'이라는 주장이 성립되었다. 이 과정에서 경험으로부터 일체 도움을 받지 않기 때문에 스피노자는 분명 합리론자로 보일 것이다. 하지만 그의 범신론은 신의 지배에서 인간을 자유롭게 하려는 의도된 것에 불과했다. 이제 세계의 한 일원으로서 인간 개체 자신도 신적인 위상을 갖는다고 말할 수 있게 되었다. 인간에게도 신처럼 항상 무엇인가를 새롭게 만들 수 있는 힘이 있으며, 바로 이렇게 개체에 내재한 능산적 자연이 스피노자가 말한 코나투스이다. 스피노자에 따르면 코나투스는 타자와의 마주침을 통해 증가할 수도 있고, 혹은 감소할 수도 있다. 타자와 마주쳐서 코나투스가 증가하면 우리는 기쁨을 느끼지만 코나투스가 감소하면 슬픔을 느낀다. 그런데 이 대목에서 주목할 점은 타자와의 마주침이란 사건이 결코 합리적이지 않다는 것, 오직 우연한 경험을 통해서만 확인될 수 있다는 점이다. 바로 여기서 일종의 경험론자로서 스피노자의 면모를 엿볼 수 있다.

스피노자 외에 라이프니츠의 경우에도 사정은 마찬가지다. 합리론자로서 라이프니츠는 모나드 이론을 통해 이 세상에 존재하는 모든 개체를 분석명제의 주어로 파악하려고 했다. 이런 논리에 따르면 모든 개체의 운명은 처음부터 정해져 있다고 할 수 있다. 마치 '원은 둥글다'라는 분석명제의 주어 '원'처럼 말이다. 하지만 이런 측면 외에 경험론자로서 라이프니츠의 모습도 존재한다.《신인간오성론Nouveau essais sur l'entendement humain》에서 그가 주장하는 미세지각minute perception론은 경험론자로서 그의 면모를 잘 보여준다. 그의 미세지각론에 따르면 우리의 일상적 지각은 미세한 지각들의 종합의 결과로 도래한다. 예를 들어 바닷가에서 들리는 파도 소리는 작은 물방울 하나하나를 잠재적인 층위에서 모두 듣고 종합한 것이다. 여러 악기들이 제각기 소리를 모아 만들어내는 웅장한 오케스트라를 생각해볼 수도 있다. 여러 악기들의 미세한 소리를 듣지 않았다면, 우리는 오케스트라의 장엄한 교향곡을 감상할 수조차 없을 것이다. 여기서 중요한 점은 비록 잠재적 층위에서 작동하는 것이라고 하더라도, 라이프니츠의 미세지각은 분명 경험의 층위에서 설명되고 있다는 점이다.

합리론을 대표하는 스피노자와 라이프니츠가 경험론자의 측면을 가지고 있는 것과 마찬가지로, 경험론자로서 유명한 흄도 합리론자의 측면을 분명 가지고 있다. 예를 들어 공을 방바닥에 던지면 튀어 오르는 사실을 관찰했다고 해보자. 반복되는 경험을 통해서 우리는 공을 바닥에 던지면 공이 반드시 튀어 오른다는 것, 즉 일종의 인과관계를 이해하게 된다. 다시 말해 '공을 바닥에 던지는' 사건이 원인이라면 '공이 바닥에서 튀어 오르는' 사건이 결과라는 것이다. 그런데 바로 이 맥락에서 흄은 인과관계가 '공을 던짐'과 '공이 튀어 오름'이란 두 가지 외부 사건이 아니라, 우리의 상상력에서 존재하는 것이라고 이야기한다. 다시 말해 '공을 던지면 튀어 오르는' 사건을 반복적으로 경험함으로써 우리가 공을 바닥에 던지자마자 공이 튀어 오를 것이라고 상상한다는 것이다. 이것은 흄이 인과관계와 같은 법칙적인 것, 다시 말해 진리라는 것이 결국 우리의 정신에 근거한 것이라고 이해했음을 보여준다. 바로 여기에 그의 합리론자로서의 측면이 함께 존재한다. 합리론은 우리의 정신 능력을 통해 진리를 알 수 있다고 주장하는 경향이기 때문이다. 물론 외부 사건에 대한 경험이 없다면, 인간의 상상력도 작용할 수 없다고 본 점에서 여전히 흄은 경험론자의 면모를 견지하고 있다고 할 수 있다.

합리론적 경향과 경험론적 경향을 좀더 섬세하게 식별하기 위해서 인간의 삶이나 사유에 '타자'라는 개념을 도입할 필요가 있다. 진리를 우리의 경험과는 무관하게 인간의 이성을 통해 알 수 있다는 주장은, 타자와의 관계에서 다시 생각해보면 유아론적인 입장이라고 할 수 있다. 데카르트의 코기토가 암스테르담의 고독 속에서 발견되었다는 사실을 다시 한 번 상기해보자. 메를로-퐁티Maurice Merleau-Ponty(1908~1961)가 《지각의 현상학Phénoménologie de la perception》에서 말했던 것처럼 고독은 타자를 함축하는 사건이다. 타자의 타자성에 직면하게 될 때, 그리고 그 직면이 불확실성으로 우리를 몰고 갈 때, 우리는 골방 속의 고독을 선택할 수 있다. 데카르트의 고독한 코기토는 이런 문맥에서 탄생한 것 아닐까? 그렇다면 결국 합리론이 타자로부터 오는 불확실성을 해소하기 위해 내면으로 후퇴하려고 할 때 발생하는 것이라면, 경험론은 타자로부터 초래되는 불확실성을 견뎌내려는 의지를 함축하는 사유 경향이라고 볼 수 있을 것이다. 이 점에서 경험론자라고 알려진 버클리가 '지각'을 매우 강조하면서도 동시에 인간 지각의 불확실성 문제 때문에 경험할 수 없는 기독교의 신으로 후퇴했던 것은, 근대철학사의 매우 의미심장한 장면이라고 할 수 있을 것 같다. 철학사적으로 볼 때 버클리의 사유가 흥미로운 이유는, 그의 철학적 관점이 들뢰즈Gilles Deleuze(1925~1995)의 '초월론적 경험론transcendental empiricism'을 이해하는 데 많은 시사점을 주고 있기 때문이다.

⑯

버클리: "신이 보고 있기에 세계는 존재한다."

사실 버클리는 철학자라기보다는 성직자, 즉 아일랜드의 '버클리 주교bishop'로 더 잘 알려졌던 인물이다. 당시 영국 철학계를 지배하고 있던 것은 역시 경험론적인 사유 경향이었다. 경험론을 따르는 사람들은 우리가 생각할 수 있는 모든 것이 경험에서 유래했거나 아니면 경험적인 요소들로 구성되어 있다고 주장했다. 버클리는 경험론의 타당한 측면을 수용하면서도 동시에 기독교의 초월적 신도 함께 정당화하려고 시도했던 인물이다. 아니 더 정확

존 스미버트가 그린 버클리 초상화(1727). 버클리는 경험론의 타당한 측면을 수용하면서도 동시에 기독교의 초월적 신도 함께 정당화하려고 시도했던 인물이다. 아니 더 정확히 말하자면, 경험론, 즉 과학이 지배하는 시대에 신의 존재를 정당화하려고 했던 보수적인 인물이었다.

히 말하자면, 경험론, 즉 과학이 지배하는 시대에 신의 존재를 정당화하려고 했던 보수적인 인물이었다고 할 수 있다. 신이란 존재가 경험으로 확인되지 않기에, 정말 신은 이제 위기에 빠진 것이다. 정상적인 경험으로 확인되지 않은 신을 어떻게 경험론으로 정당화할 것인가? 버클리는 바로 이 해결 불가능해 보이는 난제를 해결하려고 팔을 걷어붙였던 성직자였던 셈이다. 우선 경험론자로서 버클리가 어떤 입장을 피력했는지 다음 사례를 통해 살펴보자.

정원사를 붙들고서, 왜 저기 벚나무가 정원에 있느냐고 물어보게나. 그는 자기가 그것을 보고 느끼기 때문이라고, 다시 말해 자기가 그것을 자신의 감각들을 통해 지각하기 때문이라고 자네에게 말할 것이네. 그럼 그에게 왜 오렌지 나무는 거기에 없다고 믿느냐고 물어보게나. 그는 자기가 그것을 지각하지 않기 때문이라고 자네에게 말할 것이네. 그가 감각을 통해 지각하는 것을 그는 실재적으로 존재자라고 칭하네. 그리고 그것은 있다고 혹은 존재한다고 말하네. 그러나 지각될 수 없는 것에 대해서는, 그것은 존재를 갖지 않는다고 말하네.

－《하일라스와 필로누스 사이의 세 가지 대화

Three Dialogues between Hylas and Philonous》

버클리는 플라톤의 대화편 이래 끊어졌던 대화 형식의 저술을 복원한 사람으로도 유명하다. 이것은 아마 대화 형식이 일반 대중에게 자신의 철학적 입장을 설득하는 데 가장 효과적인 방법이라고 생각했기 때문일 것이다. 방금 읽은 버클리의 대화편은 하일라스Hylas라는 사람과 필로누스Philonous라는 사람 사이에 이루어진 가상의 대화를 담고 있다. 질료를 의미하는 '힐레hylē'에서 유래한 하일라스라는 사람은 물질에 집중하는 경험론자의 입장을 취하고 있고, 정신을 뜻하는 '누스nous'와 사랑을 뜻하는 접두사 '필로philo'의 합성어로서 '정신에 대한 사랑'을 의미하는 필로누스라는 인물은 버클리 자신의 입장, 즉 신을 믿고 있는 사람의 입장을 대변하고 있다. 하지만 필로누스는 우선 경험론자들의 근본적 입장을 수용하고 있다. 당시 대부분의 사람들이 경험론에 경도되어 있기에, 필로누스가 경험론을 부정하기는 어려웠을 것이다. 모든 대화나 설득에서 중요한 것은 상대방의 근본적인 입장을 나름 인정해야 한다는 점이다. 상대방의 근본적 입장을 부정하는 순간, 대화나 설득은커녕 갈등과 분란만 발생할 테니 말이다.

경험론자의 제스처를 취하면서 필로누스는 이야기한다. 정원에 벚나무가 존재한다고 할 수 있는 이유는 우리가 그것을 지각할 수 있기 때문이며, 반대로 정원에 오렌지 나무가 없다고 할 수 있는 이유는 우리가 그것을 지각할 수 없기 때문이라고 말이다. 여기에서 버클리의 유명한 명제, "존재하는 것은 지각된 것이다Esse est percipi"라는 경험론적 명제가 도출되었다. 역으로 말해 이것은 지각되지 않는 것은 존재하지 않는다는 말이기도 하다. 그런데 만약 이와 같다면 우리는 버클리가 어떤 식으로 지각되지 않는 초월적 신을 정당화할 수 있을지 의구심이 든다. 우리가 감각적으로 지각하는 것만이 존재한다고 보는 버클리의 이야기가 옳다면, 신은 존재하지 않는다고 이야기하는 것이 오히려 타당해 보이기 때문이다. 과도한 금식으로 인한 신경대사 장애를 겪고 있는 일부 사람들을 제외하고 대부분의 정상적인 사람들은 결코 신을 감각적으로 지각한 적이 없을 것이다.

경험론자의 면모를 갖고 있는 버클리가 신을 정당화하는 부분에는 사실 반전의 매력이 있다. 그럼 그 논증의 일면을 살펴보도록 하자.

> 기독교도에게는 확실히 그의 정신과 무관하게 존재하는 실재적인 나무가 참으로 신의 무한한 정신에 의해 인식되고 파악된다는 주장이 충격적일 리가 없네. 모르긴 몰라도 그는 첫눈에 나무나 다른 어떤 감각적 사물의 단순한 존재가 그것이 들어 있는 정신의 존재를 전제한다는 데 대한 직접적이고도 무매개적인 증명을 의식하지는 못할 것이네.
>
> -《하일라스와 필로누스 사이의 세 가지 대화》

버클리 논증의 백미는 신을 지각의 대상이 아니라 지각의 주체로 설정했다는 데 있다. 버클리의 대변인 필로누스의 속내를 이해하려면 '지금 내가 지각하고 있지 않는 것은 존재하는가?'라고 다시 물어보아야 한다. 이 경우 우리는 심각한 딜레마에 빠지게 된다. 원리적으로 그것은 존재한다고 말할 수 없기 때문이다. 예를 들어보자. 강의실에 들어오기 이전 건물 바깥에서 내가 지각했던 자동차는 그 순간 존재했다. "지각되는 것은 존재하는 것"이기 때문이다. 하지만 강의실에 들어왔기 때문에 지금은 지각할 수 없게 된 그 자동차는 그렇다면 현재 존재한다고 말할 수 있을까? 이 경우 엄격하게 말해서 우리는 그것이 존재한다고 말할 수 없다. 왜냐하면 나는 지금 그것을 지각하고 있지 않기 때문이다. 물론 우리가 지각하지 않을 때 자동차가 존재하는지 확인하기 위해서 우리는 건물 바깥으로 다시 나가서 자동차를 지각해야만 한다. 다행스럽게도 얼마 전 보았던 자동차를 지각할 수 있었다.

하지만 그렇다고 하더라도 여전히 문제가 남는다. 강의실에 들어와 있는 동안 그 자동차는 잠시 다른 곳에 갔다가 마침 내가 확인하러 나갔을 때 원래 자리로 돌아왔을 수도 있으니 말이다. 한마디로 말해 내가 강의실에 있는 동안 그 자동차는 그 자리에 있었을 수도 혹은 없었을 수도 있었다는 것이다. 그렇다면 다시 원론으로 돌아오게 된 셈이다. 내가 강의실에 들어와 있는 동안 자동차는 존재했던 것일까? 바로 이 대목에서 버클리의 재주넘기가 시작된다. 현재 내가 지각하지 않더라도 자동차는 계속 존재한다는 것이다. 그렇다면 "지각되는 것은 존재하는 것이다"로 정리된 경험론적 원칙을 그는 폐기하려고 했던 것일까? 그렇지 않다. 내가 지각하지 않고 있는 자동차를 지각하는 존재만 있으면 버클리의 원칙은 폐기될 필요가 없었기 때문이다.

그렇다면 내가 지각하지 않는 것을 지각하는 그 존재란 과연 누구일까? 버클리는 그가 바로 절대자이면서 초월자인 신이라고 이야기한다. 결국 신을 믿으면 우리는 존재에 대한 불안감에서 완전히 벗어날 수 있다. 이것이 바로 버클리의 근본적인 입장이었다. 신은 모든 것을 언제나 동시에 지각하고 있기 때문이다. 이렇게 신은 우리 인간의 조각난 세계, 혹은 불안한 세계를 메워주는 존재로 다시 화려하게 복귀하게 된다. 내가 지금 특정한 어떤 것을 보느라고 세상의 다른 것들을 보지 못해도, 신은 나를 대신해 그것들을 지각하고 있기 때문이다. 얼마나 고마운 일인가? 무한한 힘을 가진 신이 이 세상의 모든 것을 지각하고 있기에, 우리가 보지 못한다고 할지라도 세상의 모든 것은 확고히 존재하고 있었던 것이다. "지각되는 것은 존재하기" 때문이다. 지각의 주체가 신이든 인간이든 상관없이!

들뢰즈: "타인은 내가 못 보는 걸 보고 있다."

버클리의 신은 우리의 앎을 보장해주는 절대적이면서 초월적인 불변의 타

들뢰즈는 경험 자체, 다시 말해 대상과 주체 사이의 마주침과 그 효과를 사유하려고 한다. 들뢰즈의 '초월론적 경험론'에 따르면 인간, 혹은 주체도 사건이나 타자와의 마주침, 혹은 경험에 의해 생성된다.

자였다. 그런데 바로 버클리의 이러한 신의 자리에, 상대적이며 내재적이고 가변적인 타자를 새롭게 도입하면, 우리는 들뢰즈의 초월론적 경험론 transcendental empiricism이 어떤 구조를 가지는지 어렵지 않게 이해할 수 있다. 흔히 칸트의 철학을 '초월론적 관념론transcendental idealism'이라고 이야기한다. 칸트의 초월론적 관념론은 '인식의 가능성의 조건', 다시 말해 인간이 인식하는 방법 자체를 해명하려고 시도한 것이다. 반면 들뢰즈의 '초월론적 경험론'은 '경험의 가능성의 조건'을 해명하려는 시도였다고 볼 수 있다. 인식이든 경험이든 간에 그것은 주체와 대상 사이의 관계를 전제로 한다. 칸트가 모든 가능한 경험에 적용되는 주체의 인식 능력에 주목한다면, 들뢰즈는 경험 자체, 다시 말해 대상과 주체 사이의 마주침과 그 효과를 사유하려고 한다. '초월론적 관념론'과 '초월론적 경험론'을 직관적으로 이해하는 데 간단한 비유가 도움이 될 수 있다.

먼저 칸트의 '초월론적 관념론'은 카메라가 가장 적절한 비유가 될 수 있다. 카메라 자체가 인식 주체, 카메라가 찍은 사진은 우리의 인식이나 경험, 그리고 카메라가 탑재하고 있는 다양한 기능들이 인식 능력, 즉 감성, 오성, 그리고 이성이란 능력이다. 그러니 초월론적 관념론이란 카메라를 구매하면 주어지는 카메라 사용법과도 같은 것이라고 생각하면 된다. 아직 사진을 찍지 않았기에 '초월론적'이라는 것이다. 결국 카메라의 렌즈 성능, 화소 범위 등등은 앞으로 찍게 될 모든 사진들의 성격을 규정할 수밖에 없다. 초월론적 관념론이 '인식의 가능성의 조건'을 다룬다고 말했을 때, 칸트가 염두에 두고 있었던 것은 바로 이것이다.

이와는 달리 들뢰즈의 '초월론적 경험론'은 카메라의 비유로는 설명하기 불가능하다. 오히려 바이러스를 비유로 드는 것이 더 좋다. 바이러스는 조건이 맞으면 생명처럼 작동하고, 조건이 맞지 않으면 무생물처럼 존재한다. 구체적으로 말해 다른 생명체 안에서 살게 되면 바이러스는 보통 생명체처럼 자신을 복제하지만, 홀로 있게 되면 바이러스는 그냥 핵단백질로 존재한다. 결국 바이러스 자체만을 가지고 우리는 그것이 생명체인지 무생물인지 규정할 수 없다. 핵단백질 덩어리인 줄 알았던 무생물이 우발적으로 다른 생명체 안에 들어가는 순간, 그것은 자신을 복제하는 생명체로 생성되는 것이다. 바이러스에 대한 논의에서 주체가 먼저 있는 것이 아니라, 마주침이라는 근본적 경험이 우선한다. 생명체와 마주치는 경험이 이루어져야, 핵단백질 덩어리는 생명체로 생성되니 말이다.

바이러스의 비유는 '초월론적 경험론'의 핵심 취지를 알려준다. 들뢰즈의 '초월론적 경험론'에 따르면 인간, 혹은 주체도 사건이나 타자와의 마주침, 혹은 경험에 의해 생성되기 때문이다. 이제 직접 들뢰즈의 이야기를 들어보자.

사건은 경험된 것을 초월적인 주체, 즉 자아에 연결시키지 않는다. 반대로 사건은 주체가 없는 내재적 조망과 연결된다. 또한 타자는 다른 자아에 대한 초월성을 회복하지 않고, 모든 다른 자아를 조망된 장의 내재성으로 되돌려준다. 경험주의는 단지 사건들과 타자들만을 인식한다. …… 경험주의의 힘은 주체를 정의하는 계기로부터 유래한다. 그에 따르면 주체란 아비투스habitus, 습관, 다시 말해 내재적 장에서의 습관, '나'라고 이야기하는 습관에 지나지 않는 것이다.

−《철학이란 무엇인가Qu'est-ce que la philosophie》

초월적인 주체는 카메라처럼 초월론적 인식 능력을 가진 불변하는 주체를 가리킨다. 그러나 사건과 타자는 이런 초월적인 불변하는 주체의 존재 자체를 불가능하게 만든다. 생각해보라. 전쟁이란 사건을 온몸으로 겪은 사람이 어떻게 과거와 똑같은 자아를 유지할 수 있겠는가? 혹은 타자를 만나 사랑에 빠진 사람이 어떻게 과거와 똑같은 자아를 유지할 수 있다는 말인가? 그러나 전쟁 이전이나 이후에도 나는 스스로 '나'라고 부르고, 사랑에 빠진 이전이나 이후에도 나는 스스로를 '나'라고 부른다. 바로 여기서 마치 초월적인 주체로서 '나'가 있다는 환각이 발생할 수 있다. 그러나 '나'라고 불리는 내용을 조사해보면, 우리는 사건과 타자와의 마주침 이전의 자아와 이후의 자아가 완전히 다른 내용을 가지고 있다는 걸 어렵지 않게 확인할 수 있다.

이렇게 사건과 타자는 우리 인간뿐만 아니라 모든 존재를 생성으로 이끈다. 바로 이것이 들뢰즈가 말한 내재성이다. 결국 내재성이란 사건, 타자, 그리고 주체가 서로 연결되어 생성되는 역동적인 장을 가리키는 용어였던 셈이다. 바로 이 내재성의 장을 면밀하게 규정하고자 하는 입장이 바로 들뢰즈의 '초월론적 경험론'이다. 들뢰즈는 우리 자신뿐만 아니라 우리의 경험에도 타자라는 요소가 항상 '초월론적' 계기로 개입되어 있다고 주장한다. 물론 여기서 타자란 절대적인 타자가 아니라 상대적인 타자를, 다르게 말한다면 초월적인 타자가 아니라 내재적인 타자를 의미한다는 점이 중요하다. 그렇다면 이제 구체적으로 타자가 어떻게 주체와 관련되는지, 아니 정확히 말해 주체를 생성시키는지 살펴보도록 하자.

대상에서 내가 보지 못하는 부분, 그 부분을 동시에 나는 타자가 볼 수 있는 부분으로 정립한다. 내가 대상의 숨겨진 쪽을 보기 위해 돌아가면, 나는 대상 뒤에서 타자를 만나게 되고 타자의 봄과 나의 봄이 합쳐질 때 대상의 총체적 봄이 달성될 것이다. 그리고 내가 볼 수 없는 내 등 뒤의 대상들은 타자가 그것들을 볼 수 있음으로 해서 하나의 세계를 형성하며, 나는 그것들을 감지할 수 있다. …… 결론적으로 타자는 세계 안에서의 여백들과 전이들을 확보해준다.

－《의미의 논리Logique du Sens》

내 앞에 아름다운 조각상이 놓여 있는 테이블이 있다고 해보자. 이 순간 나는 조각상의 뒷부분을 볼 수 없다. 만약 이때 어떤 타자가 테이블 건너편에 있다면, 그는 내가 볼 수 없는 부분까지 보고 있을 것이다. 들뢰즈에 따르면 반드시 타자가 테이블 건너편에 있을 필요는 없다. 우리는 무의식적으로 타자가 건너편에 있는 것으로 그래서 내가 보지 못하는 부분을 마치 보고 있는 것처럼 간주하기 때문이다. 그러니 구체적인 타자여도 좋고, 아니면 초월론적 타자여도 상관이 없다. 어느 경우든 타자로부터 조각상의 입체적인 면모에 대한 우리의 경험은 성립하니까 말이다. 여기서 중요한 것은 우리가 언제든지 타자의 자리로 옮겨가서 타자의 시선을 얻을 수 있다는 사실이다. 들뢰즈가 "대상 뒤에서 타자를 만나게 되고 타자의 봄과 나의 봄이 합쳐질" 수 있다고 이야기했던 것도 이 때문이다.

버클리의 경우 나의 봄이 반드시 신의 봄과 일치될 필요는 없었다. 신의 봄이란 것은 다만 내가 보지 않을 때 보는 것으로 충분하기 때문이다. 내가 보고 있을 때 신도 보고 있다고 할지라도, 그것은 내가 어떤 사물이 존재한다고 판단 내리는 데는 별다른 영향을 미치지 못한다. 내가 보고 있다면 어떤 사물은 이미 존재하는 것이기 때문이다. 사실 기독교의 입장에서 볼 때 유한자로서 인간이 무한자로서 신과 유사하게 그 지각이 합치된다고 생각하는 것은 있을 수 없는 일이다. 바로 여기서 절대적 타자와 상대적 타자

사이의 간극이 확연히 드러난다. 나라는 존재는 버클리의 신과 같은 절대적 타자의 자리에 설 수는 없지만, 들뢰즈가 말한 상대적 타자의 자리에는 언제든지 들어설 수 있다.

들뢰즈는 우리 경험 가운데 초월론적 계기로 내재되어 있는 상대적 타자를 발견했다. 하지만 삶에서 마주칠 수 있는 상대적 타자는 단순히 감각 경험만을 가능하게 해주는 것으로 그 역할을 그치고 마는 것이 아니다. 오히려 더 중요한 역할이 있다. 상대적 타자는 나에게 새로운 생성의 계기를 제공해준다. 다시 말해 상대적 타자와 조우하지 않았다면, 나는 과거의 나를 버리고 새로운 나로 거듭 생성될 수 없다는 것이다. 들뢰즈는 말한다.

타자는 나의 의식이 필연적으로 "나는 ~였다" 속에서, 즉 더 이상 대상과 일치하지 않는 하나의 과거 속에서 흔들리게 만든다. 타자가 나타나기 전에 예컨대 어떤 안정된 세계가 있었다. 우리는 그것을 의식과 구분하지 못했다. 타자는 하나의 위협적인 세계의 가능성을 표현하면서 등장하며, 이 세계는 타자 없이는 펼쳐지지 못한다. 나? 나는 나의 과거 대상들이며, 나의 자아는 바로 타자가 나타나게 만든 한 과거의 세계에 의해 형성되었을 뿐이다. 타자가 가능세계라면 나는 과거의 한 세계이다. ─《의미의 논리》

비트겐슈타인의 표현을 빌리자면 타자는 나와 삶의 규칙이 다른 존재라고 할 수 있다. 이런 타자와 마주쳤을 때 나는 낯섦을 느낄 수밖에 없다. 내가 보기에 그는 심하게 느끼한 이탈리안 파스타를 좋아한다. 이 순간 나는 내 자신이 얼큰한 음식을 좋아했다는 사실을 의식하게 된다. 그러나 단지 음식만 그렇게 낯설겠는가? 정치적인 입장, 미적인 감각, 성적인 취향 등 나는 타자와의 사이에서 너무도 큰 차이를 직감하게 된다. 타자와의 마주침은 이렇게 나로 하여금 자신의 모습을 반추하게 만드는 힘을 가진다. 잊지 말아야 할 것은 이렇게 반추된 자신의 모습은 실제로 과거 자신의 모습에 지나지 않는다는 점이다. 타자와 마주치는 시제가 현재라면, 이로부터 확인된 나의 모습은 과거의 모습일 수밖에 없다. 이 경우 우리는 두 가지 갈림길에 서게 된다. 하나는 과거 자신의 모습으로 후퇴하는 것이고, 다른 하나는 타자와의 마주침을 지속하는 것이다. 전자를 결정했다면 우리는 별로 변하지 않겠지만, 후자의 경우에는 우리는 당당히 많은 변화를 겪게 될 것이다.

타자와의 마주침이 지속될 때, 나는 변화하게 된다. 이런 지속적인 마주침 중 가장 강력한 경우가 바로 사랑이다. 스피노자의 정의대로 사랑은 내게 기쁨을 주는 타자와의 마주침을 지속하려는 감정이기 때문이다. 사랑이 아니어도 불가피한 상황으로 인해 타자와 함께 있을 수밖에 없는 경우도 있다. 어느 경우든 나는 과거 자신이 살았던 안정된 세계를 자각하며, 동시에 타자를 "하나의 위협적인 세계의 가능성"으로 직감하게 될 것이다. 물론 여기서의 "위협적인 세계"라는 표현을 오해해서는 안 된다. 그것은 타자로 인해 과거의 자아가 와해되고 전혀 낯선 세계로 나아갈 것 같다고 내가 느낀다는 걸 의미하기 때문이다. 어쨌든 위협적인 가능성의 느낌에 어울리게 내가 변했다면, 그것은 내가 타자와의 마주침과 그로부터 야기되는 새로운 배치agencement를 실현했기 때문일 것이다. 슈베르트를 좋아하지 않던 내가 타자 때문에 슈베르트를 좋아하게 되고, 생선회를 먹지 않던 내가 타자 때문에 생선회를 즐기게 될 수도 있다. 결국 타자와의 지속적인 마주침으로 인해 지금까지 내가 영위해온 삶의 규칙은 완전히 새롭게 재편된다. 들뢰즈가 "타자가 가능세계라면 나는 과거의 한 세계이다"라고 결론 내린 것도 이 때문이다. 그러니 우리 삶에서 타자란 얼마나 커다란 축복이자 선물인가? 만약 타자가 없다면 나는 과거의 한 시점에 매몰된 삶을 영위할 수밖에 없었으니 말이다.

타자에 대한 신뢰, 그것은 목숨을 건 모험!

신을 배제하고 출발했던 근대철학은 절대적 타자가 아니라 상대적 타자의 문제를 떠맡게 된다. 그래서 다음 에피소드는 근대철학의 속앓이를 가장 분명하게 보여줄 수 있다. 도서관을 나와 강의실로 들어간 학생이 있었다고 하자. 그는 갑자기 정체 모를 불안감에 사로잡히게 된다. "도서관은 과연 내가 보았던 그곳에 그대로 있을 까?" 이런 의문이 들었기 때문이다. 도서관이 전혀 보이지 않는 강의실 안에서 그는 심각하게 고민했다. 지금 볼 수 없기 때문에 그는 도서관이 그 자리에 계속 존재하 는지 그렇지 않은지 확인할 수 없었다. 초조해진 그는 친구에게 전화를 걸었다. "도 서관이 그곳에 존재하는지 확인 좀 해줄래." 당황스러운 내색을 했지만 친구는 흔쾌 히 그러겠다고 대답했다. 잠시 뒤 친구의 전화가 걸려왔다. "지금 도서관 앞인데, 도 서관은 멀쩡하게 그 자리에 있어. 근데 무슨 일이니?" 그는 안심한 듯 "별일 아니야" 라며 전화를 끊었다. 하지만 갑자기 그에게 또 다른 불안감이 생겼다. "혹시 친구가 거짓말을 하고 있는 것은 아닐까? 도서관이 없어졌는데도 있다고 거짓말을 하고 있 는 것인지도 몰라." 하지만 얼마 지나지 않아 그는 도서관이 그 자리에 있을 것이라 고 믿기 시작했다. 친구는 자신에게 절대로 거짓말을 하지 않을 것이라고 생각했기 때문이다.

　　방금 살펴본 에피소드는 우리의 앎에 타자가 어떤 효과를 미치는지 잘 보여주 고 있다. 우리는 모든 것을 한꺼번에 조망할 수 있는 신적인 시선을 가지고 있지 않 는 유한자이다. 따라서 내가 알지 못하는 부분을 보충하고 보완해줄 타자가 반드시 필요하다. 나의 세계가 완전하려면, 타자는 진실만을 이야기해야 한다. 그러나 의도 적이든 그렇지 않든 인간은 거짓을 전할 수 있다. 이런 경우 타자가 보충해준 나의 세계는 불완전해질 수밖에 없다. 인간이 신이란 절대 타자를 발명한 것도 이런 이유 에서다. 항상 진실을 말하는 존재가 없으면 인간은 불안을 떨쳐내지 못하기 때문이 다. 그러나 신앙은 결국 나나 타자, 즉 인간에 대한 자기부정 아닌가? 그래서 생성과 긍정의 철학자 들뢰즈는 버클리의 '신' 대신 삶에서 만나는 세속적인 타자를 있는 그대로 긍정하려고 한다. 방금 살펴본 학생의 친구처럼 말이다. 사실 내가 결코 볼 수 없는 등 뒤의 보푸라기도 쉽게 볼 수 있고 내가 직접 내려다보기 어려운 코도 가볍게 쳐다볼 수 있는 것 역시 세속적인 타자가 아닌가? 그렇지만 세속적 타자는 항상 거짓말을 할 수 있는 가능성이 있는 존재다. 이것은 절대적 타자가 항상 진실만을 이야기하는 존재로 상정되는 것과는 대조되는 대목이다. 만일 그가 거짓말을 했다면, 내가 구성한 세계는 불완전해질 수밖에 없다. 물론 그렇다고 해서 우리가 타자를 완전히 불신할 수도 없다. 이 경우 우리의 세계는 불완전할 뿐만 아니라 유아론적으로 폐쇄될 테니 말이다. 그래서 타자의 문제에서 중요한 것은 강력한 믿음이나 애정일 수 있다. 아니 어쩌면 '모험'이라고 해야 할 것 같다.

세속적 타자는 의도성의 여부를 떠나 항상 나의 믿음을 저버릴 수 있다. 타자의 타자성이란 바로 이런 것이다. 그렇지만 그가 우리 자신을 속였다는 걸 확신할 때까지 우리는 세속적 타자를 믿어야만 한다. 세속적 타자가 속였다는 걸 아는 순간, 우리로서는 잃을 게 별로 없다. 최소한 과거 그 세속적 타자가 은폐하려고 했던 진실이 이제 무엇인지 알았으니까 말이다. 세속적 타자의 말을 믿는 순간, 우리의 신뢰는 배신당할 수도 있고 아니면 보답을 받을 수도 있다. 그러나 배신이든 보답이든 그것은 모두 신뢰한 사람만이 누릴 수 있는 것이다. 바로 이것이 불확실한 세상에서 살아가는 유일한 방법 아닌가? 비록 타자에게 배신당할지라도 우리는 타자를 신뢰하는 모험을 매번 감내해야만 한다. 멍청해 보일 정도로 단호한 믿음, 그리고 맹목적인 것처럼 보이는 애정이 없다면, 어떻게 우리가 타자에게로 건너갈 수 있다는 말인가? 그러나 이것은 절대적 타자에 대한 믿음과는 격이 다른 성숙한 믿음이다. 배신의 가능성이 없는 존재, 즉 신과 같은 절대적 타자를 믿는 것보다 배신의 가능성을 함축하는 세속적 타자를 믿는 것이 수십 배나 더 어렵기 때문이다. "타자는 지옥이다"라고 사르트르는 말했다. 그러나 이 말은 반은 사실이고 반은 거짓이다. 때론 지옥으로 나를 안내하기도 하지만, 타자는 때론 천국일 수도 있으니 말이다.

II

물자체는 존재하는가?

칸트

―――――――― VS ――――――――

니체

하나의 생명체가 죽으면 하나의 세계가 사라진다.

우리 대부분은 자신이 죽은 뒤 세계가 자신이 보고 있는 그대로 존재할 것이라고 믿고 있다. 마치 방 안에 놓인 가구들 중 하나를 빼버린 것처럼 자신만이 세계에서 빠져나오고 나머지 것들은 그대로 있을 것이라고 말이다. 이 것이 바로 대부분의 사람들이 믿고 있는 객관주의objectivism의 시선이다. 하지만 이것이 사실일까? 뱀을 예로 들어보자. 뱀은 인간과는 완전히 다른 방식으로 세계를 감각한다. 적외선 카메라처럼 뱀은 세계를 온기를 가진 것과 그렇지 않은 것으로 식별한다. 그렇다면 이 뱀이 자신이 죽을 때 남겨진다고 생각하는 세계란 과연 어떤 모습일까? 혹은 박쥐의 경우를 생각해보자. 모든 사람이 알고 있는 것처럼, 박쥐는 초음파를 외부로 쏘아 반사되어 돌아온 초음파로 세계를 식별한다. 그렇다면 박쥐가 자신이 죽을 때 남겨진다고 생각하는 세계 역시 어떤 모습일까? 또한 인간이 보는 세계와 박쥐나 뱀이 보는 세계 중 과연 어느 것이 진짜 세계이며, 객관적인 세계인가? 모든 생물종을 넘어서는 절대적으로 객관적인 세계란 것이 과연 존재할까?

'객관적 세계'는 생물종마다 다양한 방식으로 존재할 수 있다. 이것은 사실 다른 면에서 보면 모든 생명체와 독립된 '객관적 세계'가 별도로 존재하지 않는다는 것을 말해준다. 아니 정확히 말하면, 인간에게는 자기 나름대로의 '세계'가 있고, 뱀에게도 자기 나름대로의 '세계'가 있으며, 그리고 박쥐에게도 자기 나름대로의 '세계'가 있는 법이다. 그렇다면 인간만의 세계는 인간이란 종에 속하는 모든 개체들에게 동일한 것일까? 이 또한 그렇지 않다. 비록 동일한 인간이기에 유사성은 있지만, 개개인에게는 각각 그들만의 세계가 있기 때문이다. 예를 들어 정상적으로 색을 보는 사람과 색맹 때문에 붉은색을 보지 못하는 사람을 생각해보자. 붉은 장미꽃을 보고 두 사람은 모두 '붉다'고 이야기할 수 있다. 물론 두 사람은 자신의 망막에 들어오는 특정한 어떤 색 X에 대해 서로 다르게 감각하면서도 이렇게 유사하게 표현하는 것이다. 색깔 X가 다른 색들과는 구분된다고 느끼며 그것에 '붉다'라는 언어를 붙여야 한다고 학습했다면, 두 사람은 여전히 붉은 장미를 '붉다'고 말하면서 장미에 대해 이야기를 나눌 수 있다.

하지만 정상적으로 붉은색을 감각하는 사람은 색맹에 걸린 사람의 세계를 경험할 수 없다. 또한 그 역도 마찬가지이다. 그런데 이 경우 색맹에 걸린 사람의 세계는 잘못된 인식의 결과라고 이야기할 수 있을까? 단지 대부분의 인간이 어떤 특정한 대상을 붉은색으로 감각하기 때문에, 전자의 경우가 정상이고 색맹이 있는 후자의 경우는 비정상으로 분류될 뿐이다. 색맹이 있는 사람은 자신이 죽은 뒤 세계가 어떻게 남겨질 것이라고 추정할까? 물론 그것은 일반적인 색 감각을 가진 사람이 남겨질 것이라고 믿는 세계와는 다를 것이다. 모든 생명체, 나아가 모든 개체는 자신만의 세계를 가지고 있고, 그들은 자신의 세계를 넘어서 다른 세계를 마음대로 가질 수 없다. 마투라나Humberto R. Maturana(1928~2021)가 비행기를 조종하는 비행사들을 비유로 들어 설명하려고 했던 것도 바로 이 점이었다.

조종사들이 조종실에 앉아 칠흑 같은 어둠 속에서 비행기를 조종하는 것을 상상해보라. 그들은 외부 세계에 직접 접근할 수도 없고 그럴 필요도 없다. 그들은 측정값들과 표시기들을 기초로 해서 행동하고, 수치들이 변하거나 또는 수치들의 특수한 조합들이 나타날 때 자신들의 계기들을 이용한다. 그들은 적절한 수치들을 지정된 한계들 내에서 유지하기 위하여 감각운동적 상호 관계들을 설정한다. 비행기가 착륙하면 비행기가 도착하는 것을 지켜보았던 친구들과 동료들이 나타나서는, 짙은 안개와 위험한 폭풍우 속에서 조종사들이 성공적이고 훌륭하게 착륙한 것에 대해 축하할지도 모른다. 하지만 조종사들은 당황해하면서 이렇게 물을 것이다. "폭풍우라고? 안개라고? 무슨 말을 하는 거야? 우리는 단지 우리의 계기들을 다루었을 뿐이라고!" 알다시피 비행기 외부에서 일어난 것은 비행기 안의 작동적인 동학과는 관계가 없으며, 아무런 의미가 없었던 것이기 때문이다.

-《있음에서 함으로Vom Sein Zum Tun》

마투라나에 따르면 인간, 박쥐, 뱀은 모두 서로 다른 계기판들로 이루어지는 상이한 비행기들이라고 할 수 있다. 물론 이것은 각각의 생물종에 속하는 개체들에게 마찬가지로 적용된다. 그들은 자신의 비행기를 떠날 수가 없다. 색맹인 사람은 색맹인 비행기를 떠날 수가 없고, 시각 장애인인 사람은 시각 장애인으로 되어 있는 비행기를 떠날 수 없다. 평생 그들은 자신들의 비행기에 장착되어 있는 계기판이나 모니터로만 세계와 관계할 수 있을 따름이다. 따라서 그들에게 다른 세계를 이야기한다는 것은 아무런 의미도 없다. 그들은 자신들의 비행기에서 결코 벗어날 수 없기 때문이다. 만약 비행기가 흔들리거나 위험에 빠지면 그들은 계기판과 모니터를 능숙하게 조종할 뿐이다.

만일 비행기가 통제 불능의 상태에 빠진다면, 그들은 비행기 내부에서 새로운 계기판이나 모니터를 마련해야만 한다. 만약 이 작업에 실패한다면, 비행기는 결국 추락하게 될 것이다. 사실 지금 나를 포함한 생명체들이 적절히 잘 존재한다는 것은 거의 기적에 가까운 일이라고도 볼 수 있다. 살아간다는 것은 엄청난 폭풍우와 안개를 헤치고 나갈 수 있는 계기판과 모니터를 비행기 안에서 만들 수 있었다는 것을 의미하기 때문이다. 그런데 중요한 것은 조종사에게는 비행기 내부의 계기판이나 모니터가 세계의 전부라는 점이다. 이는 생명체마다 자기만의 계기판과 모니터, 즉 자기만의 고유한 세계를 가지고 있기 때문이다.

어쨌든 어느 한 생명체의 탄생은 하나의 세계가 탄생했다는 것을 의미한다. 물론 반대로 하나의 생명체가 사라질 경우, 하나의 세계도 동시에 사라진다고 말할 수 있다. 객관적인 세계가 존재한다는 생각은 특정 생물체의 특정한 세계만을 절대화할 때 나타나는 주장이라고 볼 수 있다. 객관적 세계에 대한 주장이 항상 다른 생명체 혹은 개체들을 억압하거나 탄압하는 계기가 되었던 것도 이런 이유 때문이었는지 모른다. 생명체나 개체들마다 가지고 있는 다양한 세계에는 유사한 것들도 있을 수 있지만, 완전히 일치하는 두 세계란 있을 수는 없다. 하지만 그렇다고 하더라도 무엇인가 우리 외부에 별도로 존재하는 것이 아닐까? 비록 우리가 그것을 알 수 없다고 할지라도 말이다. 이것이 바로 플라톤 이후 서양철학의 역사에 가장 뚜렷한 발자취를 남긴 칸트Immanuel Kant(1724~1804)의 마음을 괴롭혔던 문제였다.

ⓚ
칸트: "알 수는 없지만 무언가 바깥에 존재한다."

《순수이성비판Kritik der reinen Vernunft》에서 칸트는 자신의 철학을 '코페르니쿠스적 혁명 혹은 코페르니쿠스적 전회'에 비유했던 적이 있다. 이것은 그가 자신의 관심을 외부 대상에서 그 대상을 가능하게 하는 '주체의 자발적인 능력'으로 전환했기 때문이었다. 예를 들어 내 앞에 둥근 사과가 있다고 하자. 칸트 이전에는 둥근 사과의 본질이나 존재를 묻는 것이 철학자의 임무였다. 이것이 바로 '대상'에 대한 관심을 반영한 질문이다. 하지만 칸트는 우리의 인식 능력이 없다면 둥근 사과는 존재할 수도 없다고 이야기한다. 사실 우리에게 눈이라는 감각기관 그리고 둥긂이란 개념이 먼저 주어져 있지 않다면, 우리는 눈앞에 보이는 대상을 '둥근 사과'라고 인식할 수 없을 것이다. 그래서 칸트에 따르면 '둥근 사과'는 그 자체로 존재하는 것이 아니라 우리의 자발적인 인식 능력에 의해 구성된 결과물이라고 볼 수 있다.

　이제 칸트에 이르러 세계의 모든 대상은 우리의 인식에서 독립해 존재하는 것이라고 사유할 수 없게 되었다. 그것들은 모두 인간이 가진 자발적인 인식 능력이 능동적으로 작용하여 구성해낸 결과물들이라고 간주되었기 때문이다. 이것이 바로 칸트가 자임했던 코페르니쿠스적인 혁명의 중요한 의미였다. 하지만 여기서 우리는 잠시 의구심을 가지지 않을 수 없다. 그

칸트는 자신의 철학을 '코페르니쿠스적 혁명 혹은 코페르니쿠스적 전회'에 비유했다. 이것은 그가 자신의 관심을 외부 대상에서 그 대상을 가능하게 하는 '주체의 자발적인 능력'으로 전환했기 때문이었다.

것은 '인식이 대상을 따르는 것이 아니라 대상이 인식을 따른다'는 칸트의 통찰이 코페르니쿠스의 혁명에 비유되기에는 적절치 않는 것으로 보이기 때문이다. 가령 코페르니쿠스Nicolaus Copernicus(1473~1543)는 프톨레마이오스Klaudios Ptolemaeos(85?~165?)의 천동설, 즉 지구중심주의geocentricism를 강하게 비판하면서, 태양중심주의heliocentricism라는 지동설을 제안했던 사람이다. 과거에는 동쪽에서 태양이 떠서 서쪽으로 진다고 생각했다. 하지만 코페르니쿠스가 등장하면서 우리는 사실 지구가 태양을 돌고 있다는 것을 알게 된 것이다. 물론 여기서 중요한 것은 지구라는 것 자체가 바로 태양을 바라보고 있는 우리 인식의 토대라는 점이다. 태양과 지구의 관계는 이 때문에 결국 대상과 우리 인식 사이의 관계와 동일한 것이다.

바로 이 대목에서 우리는 일말의 현기증을 느끼지 않을 수 없다. 태양(혹은 대상)과 지구(혹은 인식)의 관계에서 코페르니쿠스가 전자를 중심으로 긍정했던 사람이라면, 칸트는 오히려 후자의 관점을 긍정했던 인물이기 때문이다. 사실 코페르니쿠스의 천문학적 혁명은 지구(혹은 인식)중심주의를 극복하고 태양(혹은 대상)중심주의를 정립했다는 데 있다. 반면 칸트의 철학적 혁명은 태양(혹은 대상)중심주의를 극복하고 지구(혹은 인식)중심주의를 상정했다는 데 있다. 양자가 과거의 관점을 전도시키고 새로운 관점을 만들어낸 지적 혁명을 달성했던 것은 사실이다. 하지만 그 방향은 오히려 정반대를 지향했던 것처럼 보인다. 코페르니쿠스가 태양과 대상의 관점에 서 있다면, 칸트는 지구와 인식의 관점에 서 있기 때문이다.

그런데 사실 칸트는 무의식적으로는 코페르니쿠스의 혁명을 자신의 관점에서 다시 계승하려고 했던 셈이다. 예를 들어 지구에 있는 우리는 태양이 동쪽에서 떠서 서쪽으로 진다고 인식한다. 하지만 칸트라면 이렇게 인식된 태양은 결국 우리 인식이 구성한 것에 지나지 않는다고 주장했을 것이다. 무언가를 우리가 구성했다면, 우리의 구성과는 구별되는 무언가가 존재한다는 것 아닌가? 마침내 칸트의 무의식적인 코페르니쿠스적 혁명, 그가 의식하고 있던 혁명보다 더 심오한 혁명이 우리 눈앞에 들어오게 된다. 동쪽에서 떠올라 서쪽으로 지는 태양이 내가 구성한 대상에 지나지 않는다는 사실을 아는 순간, 우리는 내가 인식하고 있는 태양과는 무관한 태양 그 자체에 대해 사유할 수 있기 때문이다. 물론 태양 자체는 감각할 수 없는 법이다. 여전히 우리의 감각에서 볼 때 태양은 동쪽에서 떠올라 서쪽으로 아름답게 지고 있을 뿐이기 때문이다.

우리가 감각할 수는 없지만, 그럼에도 존재하는 바로 그 태양 자체, 들여다보려고 해도 눈이 부셔서 볼 수 없는 태양 그 자체! 칸트는 바로 이것을 발견했던 것이다. 그는 이제 이것을 '초월론적 대상transzendentale Gegenstand, transcendental object'이라고 부르고 있다.

우리는 현상Erscheinung 일반의 원인, 다시 말해 단지 지적으로만 이해할 수 있는 원인을 '초월론적 대상'이라고 부를 수 있다. 이것은 단지 수용성으로서의 감성Sinnlichkeit에 대응하는 어떤 것을 우리가 가지기 위해서이다. 우리는 우리의 가능한 지각들의 모든 범위와 연관을 이 '초월론적 대상'에 귀속시킬 수 있고, 이 '초월론적 대상'은 일체의 경험에 앞서 자체적으로 주어져 있다고 말할 수 있다. 하지만 현상은 이 '초월론적 대상'에 적합하도록, 자체적으로 주어져 있지 않고, 오직 경험 가운데 주어져 있을 뿐이다. 현상은 단지 표상Vorstellung일 뿐이고, 표상은 '지각이 다른 모든 지각과 경험을 통일하는 법칙에 따라서 연결될 때' 단지 지각으로서 '현실적 대상'을 의미할 뿐이다. ─《순수이성비판》

이제 우리는 난해해 보이는 칸트 철학의 핵심에 도달하게 되었다. 칸트에게 동쪽으로 떠오르는 태양이 '현상'이자 '표상'이고 '현실적 대상'이라면, 태양 자체는 지적으로만 이해할 수 있는 '초월론적 대상'을 의미하는 것이었다. 바로 이 초월론적 대상이 칸트의 유명한 '물자체Dinge an sich, the thing-in-itself'이다. 물자체는 글자 그대로 우리와 무관하게 자체적으로 존재하는 사물을 말한다. 결국 우리의 현상세계 혹은 표상세계란 것은 우리의 인식 능력과 "자체적으로 주어져 있는" 물자체와의 마주침의 결과물이라고 이야기할 수 있다. 그렇기 때문에 우리는 함부로 세계를 구성할 수 없다. 우리가 인식하고 있는 "현상은 이 '초월론적 대상'에 적합한 것"이어야만 하기 때문이다. 불행한 것은 우리가 인식하고 있는 현실적 대상이 초월론적 대상에 과연 적합한 것인지의 여부를 우리가 확인할 수 있는 길이 없다는 점이다. 초월론적 대상은 우리의 인식을 촉발하지만, 우리는 현상세계를 넘어서 있는 초월론적 대상을 인식할 수 없기 때문이다. 이 점에서 초월론적 대상, 혹은 물자체는 타자의 타자성을 상징한다고도 말할 수 있는 것이다.

서양철학의 역사는 칸트라는 인물을 영국의 경험론과 대륙의 합리론을 비판적으로 종합했던 철학자로 기억하고 있다. 수동적인 감각 경험을 강조했던 경험론이나 능동적인 오성을 중시했던 합리론과는 달리 칸트는 감각과 오성이 우리 인식의 두 가지 가능 조건이라고 주장했기 때문이다. 다시 말해 우리 마음에 감각이라는 작용과 오성이라는 능력이 동시에 없다면, 우리는 대상들을 인식할 수 없다고 보았던 것이다. 하지만 우리는 칸트의 진정한 위대함이 타자성으로서 물자체를 발견했다는 데 있다는 것을 잊어서는 안 된다. 이 대목에서 칸트가 인간의 인식 능력을 해명하고 있는 유명한 다음 구절을 함께 살펴볼 필요가 있다.

> 우리의 마음이 그 어떠한 방식에서 촉발되는 한에서 표상을 받아들이는 마음의 수용성을 감성이라고 한다면, 이와 반대로 표상 자신을 산출하는 능력 즉 인식의 자발성이 오성Verstand이다. …… 감성이 없으면 대상은 주어지지 않을 것이다. 오성이 없으면 대상은 절대로 생각되지 않을 것이다. 내용이 없는 사고는 공허하고, 개념이 없는 직관은 맹목적이다. ─《순수이성비판》

인간에게는 감성과 오성이란 인식 능력이 있고, 둘 중 하나라도 없으면 인식은 불가능하다. 그래서 오성만 작동할 때 우리의 인식은 공허하고, 반대로 감성만 작동하면 우리의 인식은 맹목적이게 된다. 그러나 감성과 오성이란 개념에 빠져 더 중요한 것을 놓쳐서는 안 된다. 그것은 무엇일까? 물자체의 중요성을 알고 있다면, 누구에게나 여기서 가장 중요한 단어로 '촉발Affektion'이란 표현이 금방 눈에 들어올 것이다. 예를 들어 우리는 "태양이 둥글고 붉다"라고 생각할 수 있다. 이런 생각이 가능하기 위해서는 무엇보다도 먼저 태양 자체가 우리의 감성을 촉발해야만 한다. 그다음 우리는 감성에 들어온 현실적 대상에 대해 자발적이고 능동적으로 '태양' '둥긂' '붉음' 등의 개념들을 붙일 수 있다. 그 결과 우리는 마침내 둥글고 붉은 태양을 표상으로, 혹은 현실적 대상으로 인식하게 된다는 것이다. 만약 물자체에 의해 촉발되지 않는다면, 우리는 어떤 것에 대한 표상도 가질 수 없다.

이제 우리는 "우리의 마음이 그 어떠한 방식으로 촉발되어야 한다"라는 칸트의 설명을 어느 정도 이해할 수 있게 되었다. 우리는 물자체에 대해서는 결코 알 수 없다. 하지만 그럼에도 물자체는 부단히 우리 마음을 촉발하고 있다. 이러한 촉발을 계기로 해서만 우리 감성과 오성은 대상에 대한 표상을 수용하고 산출할 수 있게 된다. 칸트는 우리가 물자체를 생각할 수 있을 뿐 결코 그에 대해 직접적으로 인식할 수 없다고 주장한다. 칸트의 생각이 어렵다면, 희미한 풍경을 전하는 사진 한 장을 달랑 가지고 있는 입장에 서보면 좋을 것 같다. 우리가 인식할 수 있는 것은 사진 한 장이 전부이다. 바로 이 희미한 사진이 바로 표상, 혹은 현상을 비유한다. 너무나 희미한 풍경만 담고 있는 이 사진으로부터 우리는 모든 상상력을 동원하여 카메라 자체와 물자체에 대해 생각해볼 수 있다. 이런 식으로 칸트는 인식 주체와 물자체를 이야기했던 것이다.

칸트 이후부터 독일 철학계의 화두는 바로 '물자체'에 집중되었다. 그중 가장 흥미로운 것은 헤겔이 물자체를 이해하는 방식이라고 할 수 있다. 칸트가 "알 수 없다"고 생각했던 물자체에 대한 헤겔의 묘수풀이는 아주 간단하다. "알 수 없다"는 말에 "아직"이란 시간을 나타내는 부사어를 첨가하는 방식이다. 그러니까 물자체는 "아직 알 수 없을 뿐"이라는 것이다. 헤겔은 물자체는 언젠가 알게 된다는 낙관론을 도입하고 있는 셈이다. 결국 헤겔의 변증법은 단순한 것이다. 그것은 "아직 알 수 없는 것"을 언젠가 "알게 되는" 과정과 다름없으니 말이다. 타자가 익숙한 대상이 되는 과정이라고 해도 좋고, 아니면 차이가 동일성으로 지양되는 과정이라고 말해도 좋다. 그러나 헤겔의 방법은 여전히 수정주의적이기만 하다. 어쨌든 물자체를 긍정하면서 동시에 부정하고 있기 때문이다. 그래서 물자체에 대한 가장 근본적인 비판을 위해서 우리는 니체를 기다려야만 한다.

⑯

니체: "우리가 느끼는 세계만이 존재한다."

칸트는 현상phenomenon의 세계와 실체noumenon의 세계를 양분했다. 전자가 바

에드바르트 뭉크의 〈프리드리히 니체〉(1906). 니체는 물자체란 단지 현상세계에 대한 앎, 혹은 우리의 경험을 통해서 사후적으로 추상화된 것에 지나지 않는다고 폭로했다. 다시 말해 "사물성이란 우리 인간이 만들어낸 것"에 지나지 않는다는 것이다.

로 '현실적 대상'의 세계라면 후자는 물자체, 즉 '초월론적 대상'의 세계라고 할 수 있다. 칸트에게 현상세계는 우리의 인식 능력과 실체의 세계가 마주침으로 인해 발생하는 것이다. 하지만 실체의 세계는 우리의 감성을 촉발하기는 하지만, 우리는 그것에 대해 인식할 수 없다. 우리가 알 수 있는 것은 단지 물자체와 우리의 인식 능력 사이의 마주침의 결과물에 지나지 않는다. 여기서 한 가지 의문이 발생한다. 이것은 물자체가 단지 사후적으로만 생각될 수 있다는 점과 관련된 것이다. 현상세계가 존재해야만 우리는 그 현상세계를 넘어서는 물자체의 세계를 생각할 수 있기 때문이다. 동쪽에서 떠오르는 태양이 존재한 뒤에야, 우리가 태양 자체에 대해 숙고할 수 있듯이 말이다. 그렇다면 결국 더 중요한 것은 물자체가 아닌 현상세계가 아닐까? 이런 의문을 거듭하다가 마침내 칸트의 두 가지 세계 가운데 실체의 세계가 결국 불필요한 것에 지나지 않는다는 결론에 이른 철학자가 있었다. 바로 니체 Friedrich Wilhelm Nietzsche(1844~1900)다.

현상세계는 우리가 실재라고 받아들이는 정돈된 세계다. "실재성"은 동일하다고 알려져 있고 유사한 사물의 지속적인 회귀에, 그것들의 논리화된 성격에, 우리가 계산할 수 있고 산정할 수 있다는 믿음에 놓여 있다. …… 우리의 감관의 수용성과 오성의 자발성을 완전히 배제하는 '물자체'가 어떻게 가능한지에 대한 물음은 다음의 질문에 의해 거부되어야만 한다. 사물이 존재한다는 것을 우리는 어떻게 알 수 있단 말인가? '사물성'이란 우리가 만들어낸 것이다. 문제는 이런 가상적 세계를 만들어내는 또 다른 종류들이 많이 있을 수 없는가 하는 것이다. 그리고 이러한 창조, 논리화, 정돈, 위조 행위야말로 최고로 보증된 실재 자체가 아닌가 하는 것이다.

-《유고Nachgelassene Fragmente: 1887년 가을~1888년 3월》

우리 눈에는 《순수이성비판》을 넘기며 칸트와 씨름하고 있는 니체가 눈에 잡히는 듯이 다가온다. 특히 "우리의 감관의 수용성과 오성의 자발성을 완전히 배제하는 '물자체'가 어떻게 가능한지"라는 칸트의 물음을 다시 숙고하는 대목에서는 니체가 누구를 표적으로 삼고 있는지 노골적으로 드러난다. 하지만 니체는 칸트의 물음을 다음과 같은 형식으로 바꾸면서 이 물음 자체를 해체하려고 했다. "사물이 존재한다는 것을 우리는 어떻게 알 수 있단 말인가?" 이런 물음을 통해 니체는 물자체의 존재란 단지 현상세계에 대한 앎, 혹은 우리의 경험을 통해서 사후적으로 추상화된 것에 지나지 않는다고 폭로했다. 다시 말해 "사물성이란 우리 인간이 만들어낸 것"에 지나지 않는다는 것이다. 이처럼 칸트가 현상세계 너머를 엿보려고 할 때, 니체는 현상세계를 그 자체로 긍정하려고 했다.

현상세계를 있는 그대로 긍정하지 못하고 실체의 세계를 기웃거리는 칸트의 모습에서 니체는 초월자를 중시했던 기독교의 신학적인 냄새를 맡았던 것이다. 현상세계를 넘어서는 세계를, 그것이 칸트처럼 물자체의 세계든 혹은 기독교의 천국이든 간에 긍정하게 되는 순간, 우리는 허무주의에 빠질 수밖에 없다. 추상적으로 정립된 세계에 골몰하느라 자신의 현상세계와 현실적인 삶을 돌보지 못하기 때문이다. 무엇보다도 먼저 현상세계가 존재한다. 이어서 현상세계로부터 추상화해서 물자체나 천국 등이 만들어진다. 그다음 이렇게 인간이 날조한 물자체나 천국이 실재이고 현상세계는 허구라는 주장이 이어진다. 여기서 바로 가치의 전도가 벌어진다. 실재가 허구가 되고 허구가 실재가 되기 때문이다. 그렇기에 니체는 있는 그대로의 현상세계를 그 자체로 긍정하자고 주장했던 것이다. 현상세계를 감당하지 못하는 약한 영혼만이 허구적인 가상세계를 만들어 거기에 집착할 뿐이다. 이와 달리 니체가 강조했던 초인은 바로 현상세계를 긍정하는 인격이었던 것이다.

마침내 니체는 칸트가 경악할 만한 결론에 이르게 된다. "창조, 논리화, 정돈, 위조 행위야말로 최고로 보증된 실재 자체가 아닌가?" 결국 물자체를 발명해낸 인간 정신이 진정한 실재 자체, 즉 물자체가 아니냐는 조롱인 셈이다. 단순한 의문이나 조롱을 넘어서 긍정적 입장을 피력하려면, 니체는 칸트의 물자체란 것이 결국 인간만의 추상 결과에 불과하다는 사실을 더 명확히 보여줄 필요가 있었다. 니체가 다른 생물종들까지 자신의 논의에 도입하게 된 것도 이런 이유에서다. "이런 가상적 세계를 만들어내는 또 다른 종류들이 많이 있을 수 없는가?" 인간의 감성과 오성과는 다른 인식 능력을 가진 생물종들은 우리와는 다른 현상세계를 가질 수밖에 없을 것이다. 바로 이 대목에서 니체는 생물종마다 고유한 현상세계가 존재한다고 보는 입장, 즉 관점주의perspectivism를 다음과 같이 제안하게 된다.

세계의 가치는 우리의 해석 속에 있다는 점(단순한 인간적 해석 이외에 다른 해석들도 어디선가 가능하다는 것), 지금까지의 해석들은 우리가 힘을 증가시키기 위해 생명, 즉 힘에의 의지를 보존할 수 있도록 해주는 관점주의적 평가들이라는 점, 인간의 모든 향상은 편협한 해석들의 극복을 수반한다는 점, 힘의 강화나 증가는 새로운 관점들을 열어놓고, 새로운 지평들을 믿게 한다는 점. 이런 생각이 나의 저작들을 관통하고 있다.

-《유고: 1885년 가을~1887년 가을》

마투라나의 지적처럼 하나의 생명체가 존재하는 순간, 그 생명체에는 하나의 현상세계가 새롭게 탄생한다. 사실 뱀은 박쥐와는 전혀 다른 세계를 가지고 있다. 냄새와 열로만 세계를 감지할 수 있는 뱀에게는 냄새와 열로 구성된 세계만이 존재하는 반면, 초음파로만 세계를 감각할 수 있는 박쥐에게는 초음파로 이루어진 세계만이 존재하기 때문이다. 중요한 것은 뱀이나 박쥐가 자신에게 주어진 현상세계를 결코 넘어서지 못한다는 점이다. 그럼에도 인간처럼 자의식을 가지고 있다면 뱀은 자신이 죽을 때 냄새와 열로 이루어지는 세계가 남겨질 것이라고 착각할 수 있다. 그런데 인간의 경우에는 뱀이나 박쥐를 넘어서는 측면이 있다. 뱀이나 박쥐가 생물종 차원에 국한된 현상세계를 가지고 있다면, 인간은 생물종 차원에서뿐만 아니라 개체적이고 역사적인 차원에서도 현상세계를 가질 수 있기 때문이다. 다른 생물종들은 자연사라는 거대한 시간을 통해서만 자신을 극복할 수 있지만, 인간만은 역사라는 단기적 시간 안에서도 자신을 극복할 수 있다. 다시 말해 오랜 진화 과정을 통해서만 자신의 관점을 변화시킬 수 있는 다른 생명체들과 달리, 오직 인간만은 자신의 생애 내에서도 수차례 관점 변화를 겪을 수 있다는 것이다.

사실 이러한 이유 때문에 생물학적으로는 크게 변하지 않았음에도 인간에게는 세계를 다르게 볼 수 있는 다양한 해석 체계, 즉 역사가 존재할 수 있었던 것이다. 니체는 명확히 알고 있었다. 인간은 생물학적 존재이지만 동시에 역사적인 존재라는 사실을. 그리고 바로 이 후자의 측면이 인간이 다른 생명체보다 우월한 특징이라는 사실을. 니체는 하나의 해석 체계를 극복하고 새로운 해석 체계를 창조하려는 동력이 인간이 가진 '힘에의 의지Der Wille zur Macht, The Will to Power' 때문에 가능하다고 보았다. 다시 말해 인간은 자신이 가진 힘을 약화시키거나 줄이는 해석 체계를 부정하고, 자신이 가진 힘을 강화시키거나 증가시키는 해석 체계를 지향한다는 것이다. 물론 해석 체계가 변할 때마다 현상세계가 새롭게 펼쳐지기 마련이다. 이 점에서 니체는 스피노자의 계승자라고도 할 수 있다. 그렇지만 표면적으로 니체는 스피노자의 코나투스 개념을 비판한다.

> 자기 보존 명제는 틀렸다. 그 반대가 참이다. 바로 살아 있는 것들 전부가 가장 명료하게 보여주고 있다. 이것들은 자신을 보존하기 위해서가 아니라, 그 이상이 되기 위해서 행위한다.
>
> ─《유고: 1888 초~1889년 1월 초》

방금 읽은 구절은 니체가 이미 스피노자의 《에티카》를 꼼꼼하게 읽었다는 것을 잘 보여주고 있다. 《에티카》에서 스피노자는 코나투스를 "자신의 존재 안에서 지속하고자 하는 노력"으로 정의했던 적이 있다. 이런 정의는 힘에의 의지란 힘의 강화나 증가에 대한 의지로 이해하고 있던 니체의 눈에 너무나 미흡한 것일 수밖에 없었다. 스피노자의 코나투스는 자기 보존에만 급급한 너무나 수동적인 힘 개념에 지나지 않는 것으로 보였기 때문이다. 그래서 니체는 스피노자에게 살아 있는 생명체가 어떻게 삶을 영위하는지 살펴보라고 역설한다. 생명체는 "자신을 보존하기 위해서가 아니라, 그 이상이 되기 위해서 행위하기" 때문이다. 자신을 보존하는 데 급급하다면, 독수리의 새끼는 창공을 누비는 독수리가 될 수 없고, 갓난아이는 들판을 뛰어다니는 건강한 성인이 될 수 없는 법이다.

분명 정의상 스피노자의 코나투스 개념은 힘에의 의지라는 니체의 개념과는 다르다. 니체가 강조했던 것처럼 생명체의 자기 보존은 수동적인 보존을 통해서가 아니라, 오직 힘의 증가를 통해서만 가능한 것이기 때문이다. 그래서 그는 "자기 보존 명제는 틀렸다. 그 반대가 참이다"라고 이야기했던 것이다. 그렇지만 그 정신에서 스피노자는 니체와 그렇게 멀리 떨어져 있는 철학자는 아니다. 스피노자도 코나투스의 증가를 나타내는 기쁨을 유지하고, 코나투스의 감소를 상징하는 슬픔을 멀리하는 것이 개체의 본질이라고 주장했기 때문이다. 이것은 그가 니체와 마찬가지로 코나투스의 증가, 즉 힘에의 의지를 지향했다는 사실을 잘 보여준다. 새로운 관점을 창조하는 정신의 힘을 긍정한 니체의 주장을 통해 우리가 스피노자가 지향했던 기쁨의 윤리학을 어렵지 않게 다시 확인할 수 있는 것도 이런 이유에서이다.

'물자체'에 대한 의문을 풀기 위해 다음과 같은 간단한 에피소드 하나를 더 들어보도록 하자. 철학적 훈련을 받은 사람이 안경을 벗고 착용하기를 반복하면서 다음과 같은 의문을 던졌다고 해보자. "안경으로 바라본 세계와 맨눈으로 바라본 세계 중 과연 어느 것이 진짜일까?" 이 경우 칸트는 안경으로 보든, 맨눈으로 보든 그것은 진정한 세계가 아니라고 답할 것이다. 진정한 세계란 우리가 무엇으로 보는지와 관계없이 무관하게 존재하는 '물자체'의 세계라고 보기 때문이다. 반면 니체는 두 세계가 모두 다 진정한 세계라고 주장할 것이다. 그렇지만 니체는 안경으로 바라본 세계와 맨눈으로 바라본 세계 가운데 어느 것이 과연 우리 삶이 가진 '힘에의 의지'에 더 잘 부합하는지 되물어볼 것이다. 그리고 단호하게 안경을 쓰라고 이야기했을 것이다. 사실 안경이 있을 때가 그렇지 않았을 때보다 세상을 살아가는 우리에게 더 큰 힘을 제공해준다. 니체가 새로운 가치 창조 혹은 새로운 관점의 도입을 강조했던 것도 결국 이런 이유에서였다.

도플갱어, 서양 근대철학과 불교 철학

동서 철학사를 여행하다보면, 한 가지 흥미로운 사실이 보인다. 그것은 서양 기준으로 근대철학 이후에는 서양철학이 상당히 생산적이고 자극적인 논의를 주도하고 있지만, 근대철학 이전에는 동양이 탁월한 사상적 성취를 주도하고 있다는 사실이다. 동아시아의 경우 춘추전국시대를 빛냈던 제자백가의 다양한 사유를 보라. 데리다와 비트겐슈타인을 연상시키는 장자, 라이프니츠를 연상시키는 노자, 슈티르너와 프루동의 아나키즘과 유사한 양주와 송견, 마키아벨리를 연상시키는 상앙과 한비자 등등. 또한 인도의 경우만 하더라도 인도의 정통 철학 사유에 대립했던 불교 사유를 보라. 마음과 인식과 관련된 섬세한 철학적 논의가 정말 무진장 펼쳐지고 있다.

그냥 도식적으로 정리하자. 근대 시대 이전에는 동양이, 근대 시대 이후에는 서양이 철학적 담론의 주도권을 행사했다고 말이다. 어쩌면 이렇게 말해도 좋을지도 모른다. 이제야 서양이 동양의 철학 사상을 이해할 만큼 성숙해졌다고 말이다. 13세기 인도의 정통 철학자 마다바Mādhava의 《사르바다르샤나 상그라하Sarvadarśana samgraha, 全哲學綱要》를 읽다보면, 우리는 4세기 전후 인도에서 '물자체'를 둘러싼 치열한 논쟁이 있었다는 걸 확인하게 된다. 18~19세기 서양 근대철학의 화두가 1,500여 년 전 인도에서 이미 뜨거운 쟁점이었다는 사실이 경이롭기까지 하다. '물자체'와 관련된 논쟁을 주도했던 학파는 바로 불교였다. 물자체에 대한 사고가 집착을 낳는 원인이라고 생각했던 불교는 싯다르타 이래로 계속 불변하는 실체, 혹은 물자체를 부정했다. 그 유명한 무아無我, Anātma라는 주장은 바로 이로부터 탄생한 것이다.

마다바는 이와 관련하여 불교를 네 가지 학파로 분류한다. 설일체유부說一切有部, Sarvāstivādin, 경량부經量部, Sautrāntika, 유식학파唯識學派, Yogācāra, 그리고 중관학파中觀學派, Mādhyamika가 바로 그것이다. 마다바의 구체적인 논의는 다음과 같다. 설일체유부는 '외부 대상bāhyārtha'은 실재하고 바로 '직접지각現量, pratyakṣa'의 대상이 된다는 입장이고, 경량부는 외부 대상은 찰나멸, 즉 순간적으로 소멸하기에 외부 대상은 단지 '추론比量, anumāna'의 대상일 뿐이라고 주장한다. 설일체유부와 경량부를 소승불교小乘佛教라고 폄하했던 대승불교大乘佛教의 두 학파는 전혀 다른 주장을 한다. 먼저 유식학파는 외부 대상은 존재하지 않고 오직 '의식vijñāna'만이 존재한다고 주장하고, 중관학파는 외부 대상뿐만 아니라 의식도, 그러니까 대상이나 주체도 모두 '실재하지 않는다空, śūnya'고 주장하기 때문이다.

흥미롭게도 불교 학파의 네 가지 주장은 근대철학의 네 가지 경향들에 비유될 수 있다. 외부 대상을 경험을 통해 알게 된다는 흄과 로크의 경험론, 외부 대상 자체는 우리 감각을 촉발하지만 그 자체는 알 수가 없다는 칸트의 초월론적 관념론이나 후설의 현상학, 외부 대상 자체는 우리 정신이나 의지의 표상들에 지나지 않는다는 헤겔과 쇼펜하우어의 절대적 관념론, 그리고 외부 대상과 인간의 사유는 별도로 독립된 것이 아니라는 니체의 관점주의.

설일체유부 Sarvāstivādin	외부 대상 감각성 bāhyārthapratyakṣatva	경험론 (로크, 흄)
경량부 Sautrāntika	외부 대상 추리성 bāhyārthānumeyatva	초월론적 관념론 (칸트, 후설)
유식학파 Yogācāra	외부 대상 비존재성 bāhyārthaśūnyatva	절대적 관념론 (헤겔, 쇼펜하우어)
중관학파 Mādhyamika	전체 비존재성 sarvaśūnyatva	관점주의 (니체, 마투라나)

이 네 가지 분류는 단지 과거 철학사를 이해하는 데 도움이 되는 것만이 아니라, 우리 일상적인 삶을 반성하는 데도 유용하다. 그렇지만 아무래도 일상적으로 이해되기 쉬운 것은 '외부 대상 감각성'이나 '외부 대상 추리성'이라는 입장일 것이다. 그것은 외부 대상, 혹은 물자체를 고려하고 있기 때문이다. 타자의 문제만 생각해도 쉬울 듯하다. '외부 대상 감각성'에 따르면 우리는 타자의 속내를 경험을 통해 쉽게 이해할 수 있다. 반대로 '외부 대상 추리성'에 따르면 우리는 타자의 속내라고 추론한 것이 정말로 타자의 속내인지 알 수 없다. 이와 달리 '외부 대상 비존재성'이나 '전체 비존재성'은 깨달음의 차원이라고 볼 수 있다. 그러니까 이 두 입장은 외부 대상에 대한 소박한 생각이나 혹은 자기 의식에 대한 확신을 뒤흔들어놓는 메타적 차원으로 우리를 이끈다. 그렇지만 두 입장에만 머물러서는 일상적 삶을 영위하기 힘들지도 모른다. 결국 '외부 대상 비존재성'이나 '전체 비존재성'을 거친 다음 우리는 다시 타자가 우글거리는 저자거리로 내려와야만 한다는 것이다. 니체의 차라투스트라나 원효라는 소성거사가 그랬던 것처럼 말이다.

12

기억은 긍정적인가?

피히테

VS

니체

플라톤을 가볍게 넘어갔던 동양의 전통

화이트헤드의 말처럼 서양철학의 역사에서 플라톤이 차지하는 위상은 거의 절대적이라고 할 수 있다. 마치 동양철학, 특히 중국 철학에서 공자가 차지하는 위상이 절대적인 것처럼 말이다. 플라톤과 공자는 상이한 두 사유 전통에서 계승의 대상이거나 혹은 극복의 대상으로서 계속 반복해 출현했기 때문이다. 그만큼 서양 사유는 플라톤의 그림자에 가려 있었다고 할 수 있다. 그렇다면 플라톤이 드리운 짙은 그림자의 정체는 과연 무엇이었을까? 우선 플라톤의 상기설을 언급할 수 있다. 그런데 여기서 중요한 것은 상기설이 함축하고 있는 이데아, 즉 형상에 대한 형이상학적인 논의가 아니다. 오히려 우리가 주목해야 할 것은 이데아가 일종의 '기억'에 의해 발견된다는 점이다. 여기서는 이데아에 대한 플라톤의 논의가 함축하고 있는 기억이란 테마에 대해 좀더 생각해볼 필요가 있다.

우리는 이 대목에서 진리와 관련된 하이데거Martin Heidegger(1889~1976)의 다음과 같은 주장을 떠올려볼 수도 있다. 하이데거는 진리를 나타내는 그리스어 '알레테이아aletheia'가 망각의 강을 품고 있던 '레테lethe'라는 평야를 '거슬러 가는a=not' 운동, 즉 기억을 의미한다고 강조했기 때문이다. 이 점은 상기를 상징하는 '아남네시스anamnēsis'라는 말도 결국 '기억상실'을 의미하는 '암네시스amnēsis'라는 글자에 부정을 나타내는 '안an'이 붙어서 만들어진 것을 보면, 거의 구조적으로 동일한 의미라는 것을 알 수 있다. 이처럼 플라톤에서 하이데거에 이르기까지 지속된 기억에 대한 편집증적인 집착이 서양철학사의 중심부를 관통하고 있다. 하지만 동양철학 전통에서는 오히려 이와 반대되는 경향이 두드러지게 나타난다. 인도의 나가르주나 Nāgārjuna(150?~250?)는 '공空, śūnyatā'을 이야기하고, 중국의 장자는 '허虛'나 '망忘'의 가치를 긍정했으며, 선불교의 혜능慧能(638~713)도 '무념無念'을 강조하고 있기 때문이다. 특히 장자의 '망'이란 개념은 상당수 동양의 철학자들이 기억보다는 오히려 망각을 최고의 가치라고 긍정했던 것을 잘 보여준다.

> 안회는 말했다. "저는 나아졌습니다."
> 그러사 공사가 물었다. "무엇을 말하는가?"
> 안회가 대답했다. "저는 인의仁義를 잊었습니다."
> 그러자 공자가 이야기했다. "만족스럽다. 그렇지만 너는 아직 멀었구나."
> 다른 날 안회는 공자를 다시 보고 말했다. "저는 나아졌습니다."
> 그러자 공자는 물었다. "무엇을 말하는가?"
> 안회는 대답했다. "저는 예악禮樂을 잊었습니다."
> 그러자 공자가 말했다. "만족스럽다. 그렇지만 너는 아직 멀었구나."
> 다른 날 안회는 공자를 다시 보고 말했다. "저는 나아졌습니다."
> 그러자 공자는 물었다. "무엇을 말하는가?"
> 안회는 대답했다. "저는 단지 앉아서 잊었습니다."
> 공자가 깜짝 놀라며 말했다. …… "너는 진실로 현명하구나!
> 나는 너를 따르는 제자가 되고 싶구나."
>
> ─《장자莊子》, 〈대종사大宗師〉

공자의 유명한 제자 안회는 도덕 규범과 사회 제도 등 외적인 것을 모두 망각하다가, 드디어 앉아 있는 채로 자신을 잊어버리는 경지에 이르게 되었다는 말이다. 이것이 바로 '좌망坐忘'의 경지이다. 공자는 안회라는 제자가 자신도 부러워하는 최고의 경지, 즉 자신을 망각하는 경지에 이르렀다고 극찬을 하고 있다. '망忘'이란 글자는 없음을 상징하는 '망亡'이란 글자와 마음을 뜻하는 '심心'이란 글자로 이루어져 있다. 결국 망은 마음을 없애야 한다, 즉 마음을 잊어야 한다는 의미이다. 아마도 플라톤이나 하이데거가 보았다면 놀라서 혀를 찼을지도 모를 일이다. 하지만 동양의 사유 전통에서 망각이란 것은 허무주의와는 무관한 긍정적인 마음의 역량으로 간주되어왔다. 바로 여기에 동양철학의 중요한 가능성이 숨겨져 있다고 볼 수 있겠다.

그런데 서양철학사의 경우 들뢰즈에 이르러 망각과 기억이란 쟁점이 진지하게 다시 숙고되기 시작한다. 그는 자기동일적인 의식의 해체, 혹은 망각의 힘에서 생성의 존재론을 구축하려고 시도했기 때문이다. 들뢰즈의 생성은 기독교처럼 무에서 유가 창조되는 것이 아니라, 기존에 존재하는 것들이 새롭게 연결되는 것을 의미했다. 여기서 중요한 것은 새로운 연결 관계에 들어가기 위해서 우리가 과거의 연결 관계를 '잊어야만' 한다는 점이다. 이것은 물론 자의식의 동일성을 망각한다는 것을 의미하는 것이기도 하다. 들뢰즈가 망각을 강조한 이유는 자의식이 강할수록 세계와의 새로운 연결이 더욱 힘들어지기 때문이다. 사실 자신을 강하게 의식하면 할수록, 우리가 세계와의 연결을 꺼리게 된다는 것은 자명한 일이라고 할 수 있다. 반면 기존의 자의식을 약화시킬 수 있다면, 그만큼 우리에게는 세계와 새롭게 연결될 수 있는 가능성이 확보될 것이다.

기억을 강조하는 사유에서는 망각을 일종의 무기력이라고, 혹은 수동적인 정서 상태라고 폄하하는 경향이 있다. 그러나 망각은 타자와의 소통을 방해하는 '의식의 자기동일성'만을 잊으려는 것이지, 삶 자체의 능동성을 잊으려는 것이 아니다. 그래서 망각은 우리의 삶을 가장 높은 긍정의 상태로 고양시킬 수 있는 중요한 한 가지 힘이라고 할 수 있다. 기존의 삶, 그리고 무의식적인 습관 체계를 망각하지 않는다면, 우리가 어떻게 타자와 소통하여 새로운 주체로 생성될 수 있다는 말인가? 이처럼 망각에는 마르크스의 표현을 빌리자면 "신비한 껍질 속에 들어 있는 합리적인 알맹이"가 박혀 있었던 것이다. 그런데 이미 들뢰즈 이전에 서양철학사에서도 망각의 문제를 긍정했던 철학자가 있었다. 그가 바로 니체이다. 흥미로운 점은 망각에 대한 니체의 사유가 결국 중국 고대의 장자나 불교의 사유와 마치 우연의 일치인 듯이 강하게 공명한다는 점이다. 그럼 니체의 생각을 읽기 전에 기억을 세계 경험에 대한 최고 수준의 기능으로 긍정했던 철학자 피히테Johann Gottlieb Fichte(1762~1814)의 논의를 먼저 읽어둘 필요가 있다. 그럴 때에만 망각 혹은 기억과 관련된 철학적 쟁점의 중요성이 더 분명하게 드러날 것이기 때문이다.

피히테: "주체나 세계는 모두 기억이 만든 것이다."

《순수이성비판》에서 칸트는 "인식이 대상을 따르는 것이 아니라 대상이 인식을 따른다"는 혁명적 발상을 전개한다. 칸트의 지적이 옳다면 진정으로 중요한 것은 나의 의식이라고 할 수 있다. 그에게는 내가 구별하고 있는 모든 대상은 단지 나의 의식이 구성한 결과이기 때문이다. 칸트가 '자기의식 Selbstbewußtsein' 혹은 '나'라는 주체를 중시했던 것도 다 이유가 있었던 셈이다. 중요한 것은 칸트 이후 독일 관념론Idealism이 자기의식에 대한 칸트의 통찰에서 중요한 영감을 얻기 시작했다는 점이다. 이 대목에서 우리는 피히테라는 철학자를 기억해둘 필요가 있다. 그가 없었다면 독일 관념론은 우리가 아는 것과는 상당히 다른 방향으로 전개되었을 것이다. 칸트의 경우만 하더라도 자기의식을 강조했다고 하더라도 물자체라는 외부는 엄연히 존재하고 있었다. 반면 피히테에 와서는 모든 것은, 혹은 모든 학문은 자기의식에 기초하는 것으로 더 철저하게 사유되기 시작한다.

> 너 자신에 주목하라. 너를 둘러싼 모든 것이 아니라 너 자신의 내적 삶에 주의를 집중하라. 이것은 철학이 자신의 제자들에게 가하는 최초의 요구였다. 우리의 관심은 당신 바깥에 있는 어떤 것이 아니라 바로 당신 자신이다. …… 우리의 임무는 모든 인간 지식의 원초적이고 절대적으로 무조건적인 제일 원리를 발견하는 데 있다. …… 그것은 우리의 경험적 의식 상태 속에서 나타나지 않고 나타날 수도 없는, 아니 그보다는 차라리 모든 의식들의 기초에 놓여 있어서 그것들을 가능하게 하는 활동을 표현하는 데 있다.
>
> -《전체지식론의 기초Grundlage der gesammten Wissenschaftslehre》

플라톤의 대화편에 등장하는 "너 자신을 알라!"는 말에서부터 피히테는 자신의 논의를 시작한다. 물론 그렇다고 해서 소크라테스나 플라톤이 피히테의 생각처럼 자기의식에 몰두한 것은 아니다. 두 철학자가 관심을 갖고 있던 것은 '에이도스'나 '이데아'로 불리는 본질이었기 때문이다. 그러나 피히테는 주장한다. 인간이 생각하지 않는다면 본질은 발견되지 않는다고. 그리고 인간 사유는 오직 자기의식을 통해서만 가능하다고. 그가 "너 자신을 알라!"는 고대 그리스 철학의 격언을 강조했던 것도 이런 이유에서이다. 이것은 그의 야심이 단순히 칸트와 싸우는 것이 아니라, 서양철학사 나아가 서양 역사 전체에 자기의식이란 기초를 제공하려는 데 있다는 걸 보여준다.

칸트에게 자기의식은 '생각하는 나' 정도의 의미였지만, 피히테는 이 자기의식을 더 체계적으로 확대해서 설명하려고 시도했다. 인간의 모든 경험적 의식을 포괄하는 것이니, 그것은 그의 말대로 인간의 전체 지식을 포괄하는 과업이라고 할 수 있다. 그렇다면 모든 경험적 의식 상태에서는 나타날 수 없는, 그렇지만 그것들을 가능하게 하는 그 '활동'이란 무엇인가? 그것이 바로 자기의식이다. 그런데 여기서 주목해야 할 것이 한 가지 있다. 그것은 자기의식을 강조하면서 피히테는 플라톤으로부터 유래하는 서양철학의 중요한 한 가지 특징, 즉 기억에 대해 특권적 지위를 부여했던 사유 전통을 의식적으로 부활시키고 있다는 점이다. 이것은 어쩌면 '자기의식'이란 개념에서 이미 예견된다. 자기를 의식한다는 것, 그것은 바로 기억한다는 의미니까 말이다. 의학적으로도 기억상실증이나 치매에 걸린 사람에게 주로 나타나는 것은 자신이 누구인지 모르는 자기의식 결여 현상이다. 이제 피히테가 어떻게 자기의식에 서치라이트를 비추는지 살펴보자.

명제 "A는 A이다A ist A, A=A"는 누구나 인정하는 것이며, 그것도 그에 대해 최소한의 의심도 갖지 않고 인정하는 것이다. …… 그와 같이 의심할 여지없는 보편적 인정을 가지고 주장함으로써 우리는 자신에게 어떤 것을 단적으로 정립Setzen하는 능력을 부여한다. …… 나 안에 항상 같으며 항상 하나이고 동일한 어떤 것이 있다는 것이 정립된다. 이

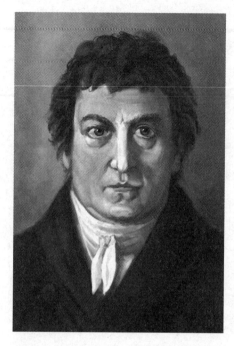

피히테는 플라톤으로부터 유래하는 서양철학의 중요한 한 가지 특징, 즉 기억에 대해 특권적 지위를 부여했던 사유 전통을 의식적으로 부활시키고 있다. 그가 없었더라면 독일 관념론은 우리가 아는 것과는 상당히 다른 방향으로 전개되었을 것이다.

단적으로 정립된 필연적 연관은 다음과 같이 표현할 수 있다. 나=나 (Ich=Ich), 나는 나다.   -《전체지식론의 기초》

물자체, 표상, 오성, 감성, 이성 등 유명한 칸트의 개념들을 가볍게 제쳐두고 피히테는 직접 자기의식을 설명할 수 있는 방법을 제안한다. 그것은 대상의 동일성에서 바로 자아의 동일성으로 이행하는 방법이다. 나무는 나무이고, 벤치는 벤치이다. 이런 명제들을 부정하는 사람들은 피히테의 말처럼 거의 없을 것이다. 그런데 우리가 주목해야 할 점은 "나무는 나무이고 벤치는 벤치이다"라는 주장, 즉 A=A라는 주장을 하는 것이 바로 '나'라는 주체라는 사실이다. 바로 이 대목에서 피히테는 능숙하게 기억 이론을 도입하면서 '나', 즉 자기의식의 내적 논리를 해명하려고 한다. 어떤 대상에 대해 A=A라는 주장을 할 때, 우리는 단순히 불변하는 '나'로 존재하는 것이 아니다. 오히려 우리는 어떤 사유 운동, 즉 '나=나'라는 운동으로서 존재한다는 것이다. 분명 독일 관념론에 익숙하지 않은 사람들은 'A=A'가 가능하기 위해서 '나=나'가 존재해야만 한다는 피히테의 말에 당혹감을 느끼기 쉬울 것이다. 그렇지만 다음과 같은 간단한 예로 우리의 당혹감은 쉽게 해소될 수 있다.

'벤치는 벤치이다'라는 동일성을 주장하는 명제가 현실적으로 어떤 때 쓰이는지 생각해보자. 예전에 애인과 같이 앉아 있던 벤치를 보았을 때, 우리는 이 벤치가 바로 그때의 벤치라고 주장할 수 있다. 결국 A=A라는 명제는 '현재의 A가 바로 과거의 A이다'라는 주장으로 현실화될 수 있다. 중요한 것은 이런 주장이 가능하기 위해서 한 가지 전제가 더 충족되어야 한다는 점이다. 그것은 우리가 과거의 벤치, 그러니까 젊은 시절 애인과 함께 밀어를 나누곤 했던 그 벤치를 기억하고 있어야만 한다는 것이다. 사실 과거의 벤치를 기억하고 있다는 것은 과거 그 벤치에 앉았던 자신을 기억하고 있다는 것과 마찬가지 일이다. 만약 불행히도 나와 벤치와 관련된 과거의 일을 내가 현재 기억하지 못한다면, 우리는 그 벤치를 그냥 스치고 지나가든가 아니면 벤치에 그냥 앉아 휴식을 취할 수밖에 없을 것이다. 당연히 이 경우 '이 벤치는 바로 과거에 내가 앉았던 벤치이다'라는 생각, 나아가 A=A라는 동일성의 주장은 발생하기 어렵게 될 것이다.

피히테의 간결한 공식은 다음과 같이 이해하는 것이 좋을 것 같다. 즉 나(과거)=나(현재)가 가능해야만, A(과거)=A(현재)가 가능하다는 것이다. 나(현재)는 내(과거)가 벤치(과거)에 앉았다는 것을 먼저 기억하지 못한다면, 벤치(현재)가 벤치(과거)라는 것을 알지 못한다는 것이다. 이것은 결국 내가 과거의 나를 기억하지 못한다면, 지금 내가 보고 있는 벤치도 과거에 내가 앉았던 벤치라는 것을 알 수 없다는 의미이다. 이런 식으로 피히테는 칸트의 자기의식을 '나=나'로 명료화했던 것이다. 그의 이야기가 타당하다면 자기의식은 '='으로 표현될 수 있는 것이라고 할 수 있다. 자기의식은 과거의 나가 현재의 나와 '같다'는 의식이기 때문이다. 피히테의 관점을 따를 경우 결국 자기의식이란 것은 기억의 능력으로 요약될 수밖에 없다. 현실적으로도 피히테의 지적은 사실 유의미한 면이 있다. 기억 혹은 자기의식이 없다면 우리는 친구를 만나도 친구인 줄 모를 것이고, 애인을 만나도 애인인 줄 모를 것이기 때문이다.

ⓚ

니체: "망각만이 창조와 생성을 가능하게 한다."

피히테 이후 독일 관념론은 자기의식을 어떻게 사유하느냐에 따라 다양한 변천 과정을 겪게 된다. 셸링Friedrich Wilhelm Joseph von Schelling(1775~1854)과 헤겔Georg Wilhelm Friedrich Hegel(1770~1831)을 거쳐서 자기의식은 추상화되어 절대적인 자기의식, 즉 절대정신absoluter Geist으로까지 실체화된다. 그래서 인간의 자기의식은 단지 절대정신의 자기의식이 실현되는 한 개체적 계기에 지나지 않는다고 간주되기도 했다. 하지만 인간의 자기의식이든 절대정신의 자기의식이든, 자기의식이란 것은 기본적으로 기억 능력일 수밖에 없다는 점을 잊어서는 안 된다. 바로 이 대목에서 우리는 니체가 얼마나 혁명적인 철학자였는지를 다시 한 번 직감하게 된다. 그는 플라톤에서 헤겔에게까지 이어지는 사유 전통, 즉 기억에 특권적 지위를 부여했던 사유 전통을 전면적으로 거부했기 때문이다. 망각의 능력이 중요하다고 강조하면서 니체는 다음과 같이 기억 능력에 대한 비판을 개시한다.

> 망각이 없다면, 행복도, 명랑함도, 희망도, 자부심도, 현재도 있을 수 없다. 이런 저지 장치가 파손되거나 기능이 멈춘 인간은 소화불량 환자에 비교될 수 있다. …… 이런 망각이 필요한 동물에게 망각이란 하나의 힘, 강건한 건강의 한 형식을 나타내지만, 이 동물은 이제 그 반대 능력, 즉 …… 망각을 제거하는 기억을 길렀던 것이다.
>
> ―《도덕의 계보학Zur Genealogie der Moral》

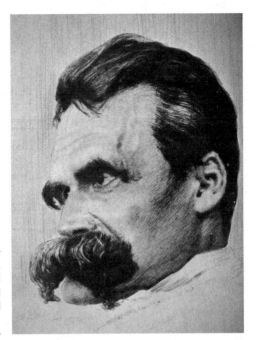

한스 올데가 그린 니체(1899). 니체는 플라톤에서 헤겔에게까지 이어지는 사유 전통, 즉 기억에 특권적 지위를 부여했던 사유 전통을 전면적으로 거부했다. 니체는 망각의 능력이 중요하다고 강조하면서 기억 능력을 비판했다.

스피노자의 후계자답게 니체는 신체와 관련된 흥미로운 사례를 이야기한다. 새로운 음식을 먹기 위해서 우리는 위를 비워야만 한다. 그럼에도 먹었던 것을 배설할 수 없는 소화불량에 걸린다면, 우리는 건강한 삶을 영위할 수 없게 될 것이다. 니체는 정신도 육체와 마찬가지라고 이야기한다. 과거의 기억들이 정신에 가득 차 있다면, 우리는 새로운 것들을 받아들일 수 없을 것이기 때문이다. 과거 기억의 노예로 살고 있는 사람에게 살아 있는 현재가 있을 리 만무하다. 과거에 집착하고 있는 사람들은 새로운 것을 낯선 것으로, 그래서 불편한 것으로 경험하기 마련이다. 당연히 그는 변화보다는 불변을, 혹은 차이보다는 동일성에 더 의존하게 된다. 하지만 역동적인 변화와 화려한 차이를 긍정할 수 없기 때문에 오직 기억 능력만이 강한 사람은 불행으로, 우울함으로, 절망으로, 그리고 소심함으로 현재의 삶을 영위할 수밖에 없게 된다.

물론 니체가 인간이 가진 기억 능력 자체를 완전히 제거하자고 주장했던 것은 아니다. 철저한 기억의 망각은 현실적으로 불가능할 뿐만 아니라 이론적으로도 니체가 원했던 것은 아니다. 음식이 위에 일정 정도 머물러야 하는 것처럼, 일시적인 기억은 우리의 정신을 건강하게 하는 또 다른 기능을 맡고 있기 때문이다. 만약 음식이 위에 전혀 머무르지 않고 곧바로 배설된다면, 우리는 건강한 삶을 영위할 수 없을 것이다. 이처럼 니체에게도 현재를 향유하고 긍정할 수 있는 어느 정도 지속의 폭을 가진 기억은 긍정될 수 있다. 물론 새로운 사건의 장에 들어갔을 때, 과거 사건들의 장에서 얻은 기억은 제거되어야 하겠지만 말이다. 사건을 새로운 것으로 긍정하기 위해서, 우리는 자신의 기억을 망각해야만 한다. 피히테의 논리를 빌리자면, 'A≠A'라는 것을 향유하기 위해서 우리는 '나≠나'여야만 한다는 것이다. 물론 건강한 망각의 역량을 복원하기 위해서는, 우리가 집요한 자기변형의 과정을 스스로 감내할 수 있어야 한다.

니체가 보았을 때 대부분의 사람들은 기억의 지배를 받는 노예 상태에 머물러 있다.《차라투스트라는 이렇게 말했다Also sprach Zarathustra》에서 니체가 정신의 자기변형을 강조했던 것도 바로 이런 맥락에서였다.

짐깨나 지는 정신은 이처럼 더없이 무거운 짐 모두를 마다하지 않고 짊어진다. 그러고는 마치 짐을 가득 지고 사막을 향해 서둘러 달리는 낙타처럼 그 자신의 사막으로 서둘러 달려간다. 그러나 외롭기 짝이 없는 저 사막에서 두 번째 변화가 일어난다. 여기에서 낙타는 사자로 변신하는 것이다. 사자가 된 낙타는 이제 자유를 쟁취하여 그 자신이 사막의 주인이 되고자 한다. …… 새로운 가치의 창조. 그러나 사자라도 아직은 그것을 해내지 못한다. 다만 새로운 창조를 위한 자유의 쟁취, 적어도 사자의 힘은 그것을 해낼 수는 있다. …… 그러나 말해보라, 형제들이여. 사자조차 할 수 없는 일을 어떻게 어린아이는 해낼 수 있는가? 왜 강탈을 일삼는 사자는 이제 어린아이가 되어야만 하는가? 어린아이는 순진무구요 망각이며 새로운 시작, 놀이, 스스로의 힘에 의해 돌아가는 바퀴이며 최초의 운동이자 거룩한 긍정이다. 그렇다, 형제들이여. 창조의 놀이를 위해서는 거룩한 긍정이 필요하다. 정신은 이제 자기 자신의 의지를 원하며, 세계를 상실한 자는 자신의 세계를 획득하게 된다.
　　　　　　　　　　　　　　　　－《차라투스트라는 이렇게 말했다》

　　니체에게 낙타는 과거 기억을 자신의 숙명이라도 되는 것처럼 짊어지고 다니는 대부분의 사람들을 상징한다. 대다수 사람들은 태어나자마자 가족제도나 국가제도에 의해 훈육되고 길들여진다. 물론 훈육은 체제가 개체의 정신과 육체에 기존 질서를 각인시키는 작업이기도 하다. 따라서 당연한 얘기지만 이 단계에서 개체들에게 가장 중시되는 덕목은 '기억'의 능력일 수밖에 없다. 어른을 보면 인사해야 한다는 기억, 아침에 일어나면 세수를 해야 한다는 기억, 선생님에게 복종해야 한다는 기억, 여자에게는 순결이 가장 중요하다는 기억, 국가에 충성해야 한다는 기억 등등. 결국 이러한 기억에 기반을 둔 각종 훈육 과정은 나이 든 자들 혹은 기득권을 가진 자들이 자신들 삶의 규칙을 새로운 개체들의 실존에 낙인찍으려는 과정과 다름없는 것이다.
　　낙타에게는 짐을 부과할 수도 있지만, 사자는 자신을 제외한 어떤 것도 짐으로 지려고 하지 않는 존재이다. 누가 감히 사자 위에 올라탈 수 있겠는가! 만약 사자 위에 올라타고 싶다면, 누구든 사자를 먼저 죽여야 할 것이다. 이 때문에 니체에게 사자란 자신의 삶을 긍정하는, 그리고 일체의 외부적 압력을 거부하는 자유정신을 상징하는 것이었다. 어느 정도 성숙한 인간은 자신들에게 가해진 짐들 혹은 자신의 신체나 정신에 각인된 기억의 상처들을 조금씩 의식하기 시작한다. 그리고 마침내 그 짐들이 자신의 삶을 위한 것이 아니라, 다른 사람들의 삶을 위한 것에 지나지 않는다는 것을 자각하게 된다. 이때 인간은 비로소 낙타에서 사자로 변신하게 된다. 모든 짐들을 몸에서 떼어내고 자신의 의지를 관철하려고 하기 때문이다. 비록 순간적이긴 하지만 우리는 사자의 상태에서 기억을 망각하게 되는 질적인 변화 혹은 현기증과도 같은 전화의 과정을 경험하게 될 것이다. '나≠나'라고 볼 수 있는 정신의 역량을 회복했기 때문이다.

하지만 니체는 사자의 단계에 머물려고 하지 않는다. 그는 인간의 자기 변형의 최종 단계로 '어린아이'를 설정하고 있다. 사실 니체가 낙타에서 사자로의 변형을 강조했던 것은 "새로운 창조를 위해서는 자유의 쟁취"가 불가피했기 때문이었다. 사실 니체에게 망각이란 것은 새로운 창조를 위한 관문이었던 셈이다. 망각에 대한 니체의 입장이 허무주의Nihilism와 아무런 관련이 없는 것도 바로 이런 측면 때문이다. 그에게 망각이란 우리가 자신의 본질인 '힘에의 의지'를 긍정하는 한 가지 계기였다고 할 수 있는 것이다. 기존의 가치를 망각해야만 인간은 자신에게 내재한 '힘에의 의지'를 새롭게 표현할 수 있을 것이고, 그에 따라 새로운 가치를 창조할 수 있게 된다. 그래서 니체는 어린아이의 단계에 이르렀을 때에만 인간이 "자신의 세계를 획득하게 된다"고 역설했던 것이다.

니체에게 망각 개념이 중요한 이유가 이제 분명해졌다. 이 개념을 통해서 그는 보수적인 독일 관념론의 세계, 나아가 서양의 사유 전통을 극복할 수 있는 중요한 실마리 하나를 제공하려고 했던 것이다. 그렇지만 더 중요한 것은 니체의 망각이 지닌 실천철학적 함의가 아닐까? 외적인 지배나 억압을 의식하기는 쉽지만, 우리는 내면에 각인되어 마치 제2의 본성이라도 되는 것처럼 작용하고 있는 억압적 기억을 의식하기는 힘들다. 진정으로 무서운 적은 무의식적인 차원에서 우리를 통제하고 있는 이 억압적 기억이 아닐까? 그래서 우리에게 니체는 너무나도 소중한 철학자라고 할 수 있다. 그는 우리에게 억압적 기억이 아니라 자신의 삶을 긍정할 수 있는 기억을 새롭게 만들어야만 한다는 사실을 가르쳐주었다. 바로 이것이야말로 니체의 후계자 푸코가 평생 동안 골머리를 싸맸던 문제이기도 했다.

비인칭성, 새로운 자아 탄생의 계기

많은 위대한 사람들은 자서전을 쓴다. 하지만 자서전은 이제 새로운 삶의 가능성이 희박해졌을 때 회고적으로retrospectively 쓰는 슬픈 글이기도 하다. 아마도 이런 자서전에 가장 많이 나오는 단어가 바로 '나'일 것이다. 나는 어디에서, 누구 밑에서, 몇 번째로 태어났는지, 혹은 나는 누구를 만나서 결혼했는지 등등의 이야기들. 그러나 이런 수많은 '나'는 과연 동일한 사람을 지칭하는 것일까? 철학자가 아니더라도 조금만 생각하면 우리는 갓난아이 때의 '나'와 현재의 '나'가 다르다는 걸 알 수 있다. 우리는 생성하는 존재이기 때문이다. 어머니와 처음 마주쳤을 때 그 흔적으로 갓난아이 때의 '나'가 생성되고, 어머니와 다른 타자를 마주쳤을 때 우리는 그 흔적으로 다른 '나'를 갖게 된다. 결국 '나', 혹은 '자아'는 이제 타자와의 마주침과 그로부터 발생하는 생성의 흔적이라고 생각하도록 하자.

자서전이 가치가 있으려면 그것은 자신이 평생 동안 만난 다양한 타자들에 대한 기록이어야만 한다. 다시 말해 타자와 조우할 때마다 내가 어떻게 과거와 다르게 생성되었는지를 기록하지 않는다면, 자서전은 아무런 의미가 없는 지루한 이야기에 불과할 것이다. 이 점에서 자서전의 진정한 주인공은 내가 아니라 오히려 내가 만난 타자들이라고 할 수 있다. 단지 나는 비어 있는 형식, 다시 말해 타자들이 묵고 돌아가는 여인숙과 같은 곳에 지나지 않기 때문이다. 하지만 피히테는 자서전의 주인공이 나라고 생각했던 철학자였다. 인식의 밑바닥에는 의식의 자기동일성, 즉 '나는 나다'라는 인칭성personality이 전제되어 있다고 생각했기 때문이다. 만약 그렇지 않다면 인식은 파편화되고 우리는 분열증에 빠지게 될 것이라고 우려했다. 어제 애인과 달콤한 키스를 나누던 나 자신을 기억하지 못한다면, 나는 오늘 애인을 만나도 그 사람이 내 애인인지조차 알 수 없을 것이다. 이것이 피히테의 생각이었다.

반면 니체에게 피히테는 낙타와도 같은 사유를 대변하고 있는 무거운 정신의 소유자에 지나지 않았다. 그가 인칭성을 부정하고 비인칭성impersonality을 긍정했던 것도 이런 이유에서이다. 오직 비인칭성을 회복할 때에만 인간은 어린아이처럼 가벼움과 경쾌함을 획득할 수 있기 때문이다. 물론 가벼움과 경쾌함이 중요한 이유는 이럴 때에만 우리는 타자와의 마주침과 그로부터 발생하는 생성에 몸을 던질 수 있기 때문이다. 무거운 짐을 들고는 타자와 나 사이에 가로놓여 있는 심연을 건너뛸 수 없는 법이다. '나는 나다'라는 인칭성만큼이나 타자와 관계하는 데 무거운 짐이 또 있을까. 인칭성을 내려놓는다고 해서 우리가 사람들이 말하는 것처럼 정신줄을 놓는 것은 아니다. 인칭성이 기본적으로 기억 능력이라는 사실을 생각한다면, 인칭성을 내려놓는다는 것은 우리의 정신이 과거가 아니라 바로 지금 현재에 집중한다는 것을 의미한다.

실연이나 실패의 아픔을 딛고 새로운 사랑을 시작했다고 해보자. 사랑의 대상이 이성異性이어도 좋고 아니면 어떤 일이어도 상관이 없다. 새로운 사랑에 성공하려면 '실연당한 나'나 '실패한 나'라는 인칭성이 완화되거나 제거되어야만 한다. 이럴 때 우리는 지금 마주치고 있는 이성이나 일에 집중할 수 있고, 그만큼 사랑에 성공할 가능성은 높아진다. 마침내 사랑에 성공했다면, 이제 '실연당한 나'나 '실패한 나'는 완전히 사라지고, 전혀 예상하지 못했던 '새로운 나'가 탄생하게 될 것이다. 결국 비인칭성은 그 자체로 추구되는 것이 아니라, 타자에 맞는 새로운 인칭성을 만들기 위해 필요한 조건일 뿐이다. 한마디로 말해 우리는 비인칭성의 상태에 지속적으로 머물려고 해도 그럴 수 없다는 것이다. 비인칭성의 상태는 단지 섬광처럼 작열하는 어떤 질적인 단절의 순간이기 때문이다. 그러니까 비인칭성의 상태는 과거의 인칭성이 사라지고 그 자리에 새로운 인칭성이 생성되는 찰나의 순간으로 이해되어야 한다. 생성은 찰나로 경험되고, 존재는 지속으로 경험되는 것도 이런 이유에서다.

아이러니하게도 이렇게 순간으로 경험되는 비인칭성의 상태가 전체 인생이란 지평에서 보면 가장 지속적이기도 하다는 사실이 드러난다. 그러니 이제 인칭성은 단지 비인칭성이란 거대한 생성의 흐름 중 순간적인 지속의 국면이라고 생각할 필요가 있다. 인칭성과 비인칭성! 짧은 시기에는 인칭성이 우리를 지배하는 것처럼 보이지만, 조금 긴 국면에서 보면 비인칭성이 우리를 지속적으로 관통하고 있다는 사실을 잊지 말아야 한다. 아무리 '나는 나다'라고 주장해도, 우리는 생물학적으로나 사회적으로 끊임없이 변하고 있기 때문이다. 그래서 실제로 과거의 나는 현재의 나와 동일한 것일 수 없다. 단지 과거의 나나 현재의 내가 같다는 착각은 두 경우 모두 '나'라는 용어를 사용했기 때문에 생기는 결과일 뿐이다. 비트겐슈타인이라면 이런 착각을 문법적인 착각grammatical illusion이라고 말했을 것이다. 조금만 생각해보면, 우리는 어렵지 않게 이를 확인할 수 있다. 초등학교 때의 나, 고등학교 때의 나, 대학교 때의 나, 지금의 나, 그리고 나아가 노인이 되었을 때의 나가 모두 다르다는 사실을.

13

역사는 무엇이 움직이는가?

헤겔

—————— VS ——————

마르크스

'역사적'이라는 말의 의미

우리를 둘러싸고 있는 일체의 대상은 모두 특정한 의미가 있는 것처럼 보인다. 그러나 대상의 의미는 대상이 원래 가지고 있던 것이 아니라 우리가 부여한 것 아닐까? 사실 이 점은 우리 자신에게도 그대로 통용된다. 다시 말해 우리 자신도 결국 특정한 의미 부여의 결과물이라고 이해할 수 있다는 것이다. 가령 사랑이라는 의미가 발생하면, 타인은 나의 연인이 되고 나는 사랑에 빠진 사람이 되는 식으로 말이다. 하지만 그렇다고 해서 타인에게 사랑받을 만한 본성이 나에게 미리 있었던 것도 아니며 나에게 남을 사랑할 수 있는 본성이 내재되어 있었던 것도 아니다. '사랑받을 만한 본성' 혹은 '사랑할 수 있는 본성' 등은 모두 사랑이라는 의미가 발생한 후, 주체나 타자에게서 그 의미를 확인하려고 하기 때문에 생기는 환상일 뿐이다. 따라서 의미 창조 혹은 의미 부여 행위가 먼저라고 할 수 있고, 주체 혹은 대상의 성격은 여기에서 구성되는 사후의 결과물이라고 할 수 있을 것이다.

　의미와 관련된 이와 같은 견해를 따른다면, 우리는 새로운 주체가 가능하기 위해서 무엇이 필요한지 어렵지 않게 이해할 수 있다. 새로운 주체가 출현하기 위해서는 새로운 의미 부여가 불가피하게 요구될 것이기 때문이다. 그런데 새로운 의미 부여가 단순히 '이렇게도 볼 수 있지 않을까'라는 정도로 구성되는 것이라면, 새로운 주체는 만들어질 수 없다. 이 정도의 의미는 단지 현존하는 주체의 공허한 상상에 불과할 수 있고, 따라서 주체는 여전히 기존의 고정된 의미에 사로잡혀 있을 수 있기 때문이다. 결국 중요한 것은 창조된 의미를 마치 절대적인 진리인 것처럼 관철하려는 의지와 용기라고 할 수 있다. 우리 시인 김수영金洙暎(1921~1968)이라면 "온몸으로 온몸을 밀어붙이는" 자유라고 이야기했을 만한 의미로의 헌신이 필요한 셈이다. 결국 새로운 의미는 정말 마음뿐만 아니라 온몸에 그야말로 철저하게 젖어들어야만 한다. 그럴 때 우리는 대상에도 새로운 의미를 부여할 힘을 얻을 수 있으니 말이다.

그런데 여기서 주목해야 할 것은 새로운 주체나 새로운 대상의 출현, 다시 말해서 새로운 의미 부여가 발생한다면, 바로 이로부터 비로소 역사가 가능해진다는 점이다. 가령 태어나는 모든 인간이 자신들의 부모가 그랬던 것처럼 동일한 의미만을 공유한다면, 이 고정된 의미 계열 속에서 역사란 결코 존재할 수 없기 때문이다. 역사는 의미의 단절 혹은 의미의 변화를 통해서만 비로소 성립될 수 있는 것이다. 예를 들어 부모 자식 관계는 언제 어디서나 확인할 수 있는 생물학적 사실이라고 할 수 있다. 조선시대에도 그리고 지금도 생물학적인 부모 자식 관계는 그대로 존재한다. 만약 역사를 이러한 생물학적 지속의 측면에서 바라본다면 아무런 의미도 구성할 수 없을 것이다. 수백 년 전과 지금이나 전혀 달라진 것이 없기 때문에 우리는 이에 대해 아무런 논평도 가할 수 없다. 하지만 오늘날 부모 자식 관계를 매개하는 의미는 조선시대의 그것과는 현격히 다르다. 부모가 자식을 바라보는 관점 혹은 자식이 부모에게 바라는 관점 등이 급격히 변화된 것이다. 역사는 바로 이러한 두 지점 사이의 간극에 존재한다.

역사란 부모와 자식 사이를 매개하는 의미가 현격하게 달라졌기 때문에 비로소 존재할 수 있는 것이다. 만약 아침에 일어나 내가 부모님에게 문안인사를 올리는 것이 부모님이 조부모님에게 했던 것을 그대로 반복하고 있다면, 여기에서 우리는 어떤 역사도 기대할 수 없다. 새로운 의미가 주체와 대상에 새로운 내용을 부여하듯이, 의미의 변화는 주체의 실존양식의 변화 및 대상의 경험양식의 변화를 수반할 수밖에 없다. 따라서 만약 누군가 역사를 변화시키려고 한다면, 혹은 현존하는 사회를 변혁하고자 한다면, 그 사람은 의미의 체계를 총체적으로 변화시킬 수 있어야 한다. '역사적'이라는 수식어는 그래서 함부로 붙여서는 안 되는 표현이다. 역사적 사건이란 표현은 새로운 의미를 도래하게 한 사건에 대해서만, 그리고 역사적 인물이란 표현은 새로운 의미를 도래하게 만든 인물에 대해서만 사용될 수 있기 때문이다.

예를 들어 마르크스Karl Marx(1818~1883)는 역사적 인물이고 그의《자본론Das Kapital》은 역사적인 저작이라고 말할 수 있다. 이것은 마르크스와 그의 《자본론》이 등장하기 이전의 노동자와 그 이후의 노동자의 의미 및 사회적 성격 등이 전혀 달라졌기 때문이다. 다시 말해 마르크스와《자본론》을 통해서 노동자들은 이전과는 전혀 다른 의미를 가진 주체로 부상되었기 때문이다. 이전의 노동자가 어떤 착취에도 임금을 받을 수 있다는 이유 하나만으로 자본가의 착취와 탄압을 달게 견뎌내야 하는 존재였다면,《자본론》이후의 노동자는 자신들의 정당한 노동의 대가를 요구할 수 있으며 자신도 자본가와 마찬가지로 동등한 인권을 가진 인간임을 주장할 수 있게 되었다. 이것이 가능했던 이유는 과연 무엇일까? 그것은 마르크스와《자본론》이 전적으로 새로운 노동자와 노동의 의미를 생산 혹은 창조해냈기 때문이다. 사실 철학이란 기존에 주어진 주체 혹은 세상에 던져진 대상들 자체에 대한 탐구가 결코 아니다. 철학은 주체와 대상을 분절시키는 의미의 층위에서 작동하는 학문, 다시 말해 의미의 재구성에 주목하는 학문이다.

⊗

헤겔: "역사는 절대정신이 자기 모습을 드러내는 과정이다."

철학의 다양한 분야 가운데 하나가 역사철학이다. 역사철학은 '기존의 의미를 해체하고 새로운 의미를 부여하는 과정', 즉 역사에 대한 철학적 반성이라고 할 수 있다. 그래서 역사철학에서도 새로운 의미 부여가 어떻게 가능한가라는 문제에 모든 관심을 집중한다. 주목해야 할 것은 역사철학 자체가 근대사회가 도래하면서 출현하게 되었다는 점이다. 근대사회는 신이 지배하는 사회, 그래서 영원할 것만 같았던 중세사회가 붕괴되면서 출현하게 되었다. 이런 근대사회에서 신을 대신하여 세계의 모든 것에 의미를 부여하는 권좌에 오른 것은 다름 아닌 인간과 그의 이성이었다. 이런 급격한 변화 때문에 근대철학자들에게는 역사라는 것이 눈에 들어왔던 것이다. 인간의 이성을 중심으로 새로운 사회가 열리는 것을 목도한 뒤, 오직 인간의 이성만이 진정한 역사의 동력이라고 주장하는 철학자가 출현하게 된 것이다. 가장 대표적인 인물 가운데 한 사람이 바로 헤겔Georg Wilhelm Friedrich Hegel(1770~1831)이다.

철학적 역사가 말하는 개인이란 세계정신Weltgeist이다. 철학이 역사를 다룰 때 대상으로서 제시하는 것은 구체적 형태로 그리고 필연적 진화를 통해 포착되는 구체적인 대상이다. 철학이 다루는 최초의 사실은 인민의 운명, 에너지, 열정이 아니며, 나아가 사건들의 무정형적인 웅성거림도 아니다. 철학이 다루는 최초의 사실은 사건들의 정신 자체, 그 사건들을 생산해낸 정신이다. 인민의 지도자인 헤르메스는 바로 이 정신이기 때문이다.　-《역사철학강의Vorlesungen über Geschichte der Philosophie》

방금 읽은 구절은 헤겔이 자신의 역사철학을 피력한 부분이다. 난해한 표현이기 때문에, 우리는《법철학Grundlinien der Philosophiie des Rechts》에 등장하는 헤겔의 유명한 이야기를 함께 참고할 필요가 있다. "이성적인 것은 현실적이며 현실적인 것은 이성적이다Was vernünftig ist, das ist wirklich; und was wirklich ist, das ist vernünftig." 여기서 '현실적인 것'이 '눈앞에 펼쳐져 있는 문명세계'를 의미한다면, '이성적인 것'은 '인간의 정신'을 상징하는 것이라고 할 수 있다. 구체적인 예를 들어보자. 지금 서울 도심지의 경복궁이 내 눈앞에 고색창연한 빛을 내며 서 있다고 해보자. 이것이 바로 '현실적인 것'이다. 그런데 현실의 경복궁이라는 것은 조선시대 사람들의 '정신'이 외적으로 실현된 것이라고 볼 수 있다. 다시 말해 경복궁이라는 '현실적인 것'은 조선시대 사람들의 '이성적인 것'이 실현된 하나의 결과라고 이해할 수 있는 것이다. 헤겔에게 '이성'이나 '정신'은 기본적으로 자기를 반성할 수 있는 힘으로서 사유되었다. 이성이나 정신의 작용을 통해 인간은 현재 자신의 모습을 반성하고 그것을 극복하여

야콥 슐레징어가 그린 헤겔 초상화(1831). 헤겔은 인간의 이성을 중심으로 새로운 사회가 열리는 것을 목도한 뒤, 오직 인간의 이성만이 진정한 역사의 동력이라고 주장하는 대표적인 철학자였다. 개인의 정신은 세계정신의 한 매체에 지나지 않는다는 것, 이것이 바로 역사와 관련된 헤겔의 최종 진단이었다.

더 바람직한 모습으로 만들어나갈 수 있다고 생각했던 것이다.

헤겔에 따르면 '경복궁(=조선 사람의 정신)'을 보고서, 현대인들 가운데 누군가는 그보다 더 발전된 혹은 더 바람직한 모습의 건물을 '정신' 속에 그려볼 수 있을 것이다. 그리고 더 나아가 이 현대인의 정신은 또 다른 '새로운 건물'로 구체적인 모습을 띠고 실현될 것이다. 헤겔이 "이성적인 것이 현실적인 것"이라고 말했을 때, 그가 염두에 두었던 것이 바로 이러한 과정이었다. 그런데 이 대목에서 잊지 말아야 할 점은 헤겔의 '정신'이 단독적인 개인의 정신을 넘어선 '세계정신'으로 사유되고 있다는 점이다. 앞 시대의 문명을 반성하여 새로운 문명을 현실화시키는 것은 개인의 힘만으로는 불가능하다는 것이 헤겔의 생각이었다. 그것은 세계정신이라는 거대한 반성의 힘이 개인의 정신을 매개로 작동했을 때에만 실현 가능한 것이다. 따라서 헤겔에게 역사라는 것은 한 개인으로서는 어쩔 수 없는 거대한 세계정신의 자기반성 과정을 의미했다고 볼 수 있다. 그가 "개인이란 세계정신이다"라고 말했던 속내도 바로 여기에 있었던 셈이다.

개인의 정신은 세계정신의 한 매체에 지나지 않는다는 것, 이것이 바로 역사와 관련된 헤겔의 최종 진단이었다고 볼 수 있다. 이미 헤겔은 가장 낭만적인 열정으로 집필했던, 그래서 가장 난해하기도 한 주저《정신현상학 Phänomenologie des Geistes》에서 이런 정신의 메커니즘을 설명했던 적이 있다.

정신은 자기의 현실, 즉 자기 눈앞에 발견되는 타자적 존재의 다양한 방식에 대해 상이한 태도를 취하게 된다. 정신이 이렇게 상이한 태도를 취하게 되는 까닭은, 한편으로는 정신이 다양한 방식을 자기 안으로 수용하고 자기 눈앞에서 발견되는 관습, 풍속, 그리고 사유방식—이 점에서 정신은 자신을 현실로서, 즉 대상으로서 파악한다—에 맞추기 위한 것이다. 또 다른 한편으로는, 정신은 이 현실의 다양한 방식과 비교했을 때 자신이 자기 활동적이라는 것을 알기 위해 그런 상이한 태도를 취한다. 정신은 취향이나 열정을 가지고 현실의 다양한 방식에서 자신에 대한 것을 끄집어 올려 대상적인 것을 자기에게 적합한 것으로 만들려고 그러한 상이한 태도를 취하게 된다. 앞의 경우에서는 정신이 개별성으로서의 자기 자신에 대해 부정적인 태도를 취하고, 뒤의 경우에는 정신이 일반성으로서의 자기에 대해 부정적인 태도를 취하는 셈이다.　　　　　　　　　　　　　　　　　　　　　-《정신현상학》

순응과 저항! 지금 헤겔은 현실과 관련되어 정신이 가진 두 가지 계기에 주목하고 있다. 우선 순응이다. 군대에 입대한 사람이 있다고 하자. 그는 우선 군대의 모든 현실, 즉 그 관습, 풍속, 그리고 사유방식을 있는 그대로 받아들여 거기에 순응할 수 있다. 이것이 바로 헤겔이 말한 것처럼 "정신이 개별성으로서의 자기 자신에 대해 부정적인 태도"를 취하는 경우다. 자기만의 개별성, 즉 개성을 부정하지 않는다면, 군대에 순응할 수 없으니 말이다. 다음은 저항이다. 군대에 적응한 사람은 어느 순간 자신이 거대한 현실에 의해 좌지우지되는 객체가 아니라는 사실을 자각한다. 자신은 스스로 활동하는 주체라는 자각인 셈이다. 이 경우 정신은 군대라는 현실의 여러 요소들 중 일부를 자기에게 적합한 것으로 만들려고 할 것이다. 이제는 전체가 아닌 일부분이라도 군대생활을 자기에 맞도록 바꾸려는 것이다. 헤겔이 말한 "정신이 일반성으로서의 자기에 대해 부정적인 태도를 취하는" 경우가 발생한 셈이다. 여기서 '일반성으로서의 자기'란 바로 군인으로서의 자신을 말한다.

순응과 저항! 이것이 바로 정신, 혹은 이성이 겪는 변증법적 과정의 또 다른 사례라고 할 수 있다. 순응이 "현실적인 것"을 가리킨다면, 저항의 측면은 바로 "이성적인 것"을 가리키기 때문이다. 아니면 변증법의 전문용어로 순응을 '즉자卽自, an sich'로, 저항을 '대자對自, für sich'로 바꾸어도 상관이 없다. 현실에 순응해서 사는 모습이 '즉자'라면, 자신의 모습을 반성하는 모습이 '대자'이기 때문이다. '대자'란 글자 그대로 '자신自에 대對하여 있다'는 뜻으로, 자신을 반성한다는 의미이다. 새로 태어난 어린아이는 항상 이런 메커니즘을 겪기 마련이지 않는가? 먼저 아이는 부모 나아가 학교나 사회에서 통용되는 "현실적인" 규칙들에 순응한다. 그렇지만 아이가 동물이 아닌 이상, 그는 그만의 고유한 자기의식을 갖고 있다. 얼마 지나지 않아 아이는 "현실적인" 규칙들을 자기에게 맞게 이용하기 시작할 것이다. 그러면서 점점 더 아이의 "이성적인" 자기 활동은 현실적인 규칙들을 변모시키기 시작할 것이다. 이것이 바로 정신이 성장하는 변증법적 과정, 정신이 발전하는 모양, 즉 '정신현상학' 아닌가.

개인의 자기 극복 과정이지만, 그것은 동시에 개인이 살고 있는 공동체의 현실을 바꾼다. 그래서 헤겔이 말하는 인간의 이성 능력은 한 개인의 차원을 훌쩍 넘어서서 전체 역사로까지 확장될 수밖에 없다. 《역사철학강의》에서 헤겔이 "개인이란 세계정신이다"라고 역설했던 것도 이런 이유에서다. 순응하는 개인이 특정 공동체의 규칙을 내면화한다면, 저항하는 개인은 그 규칙을 합리적으로 바꾸기 때문이다. 자기 삶을 위해 투쟁한 것뿐이지만 그 결과 전체 역사는 변한 것이다. 결국 의도하지 않았지만, 개인의 정신은 세계정신으로 작동하고 있는 셈이다. 바로 이것이 헤겔이 말한 '이성의 간지List der Vernunft'가 아닌가?

⑯

마르크스: "물질적 생산력이 인간과 사회를 변화시킨다."

《법철학》이나 《정신현상학》에서, 헤겔은 정신의 자기반성과 더 바람직한 현실화의 과정을 변증법이라고 부르고 있다. 그런데 여기서 문제가 되는 점은, 헤겔이 부르주아 근대사회, 즉 자본주의 사회야말로 정신의 최종적인 자기현실화의 모습이라고 평가했다는 데 있다. 다시 말해 부르주아 근대사회는 정신이 더 이상 반성할 수 없을 정도로, 정신이 가장 완전하게 실현된 모습이라고 간주했던 것이다. 헤겔의 이런 주장은 그 이후 사회주의권이 몰락하는 것을 목도한 후쿠야마Francis Fukuyama(1952~)에 의해 다시 반복된 것이기도 하다. 후쿠야마는 자신의 주저인 《역사의 종언과 최후의 인간The End of History and the Last Man》에서 부르주아 사회, 그러니까 시장경제 체계야말로 "역사의 종언"을 나타내는 지점이라고 강조한 적이 있었다. 하지만 과연 무슨 근거에서 시장경제 체제 혹은 자본주의 사회 일반을 세계정신의 자기반성이 정지되는 마지막 순간이라고 생각했던 것일까? 헤겔은 하필이면 왜 자신의 동시대인 부르주아 근대사회가 정신의 마지막 자기실현 상태라고 간주했던 것일까? 바로 이런 의문을 가지고 헤겔에 도전했던 사람이 마르크스였다.

《자본론》〈서문〉에서 마르크스는 과거의 헤겔이 관념적인 변증법을 주장했다면 자신은 물질적인 변증법, 즉 유물변증법을 옹호한다고 밝히면서 헤겔에 대한 반대 입장을 명확히 표명하고 있다. "헤겔에게는 사고 과정이 현실세계의 창조자고, 현실세계는 이념의 외부 현상에 지나지 않는다. 나에게는 반대로 관념적인 것은 물질적인 것이 인간의 두뇌에 반영되어 사고의 형태로 변형된 것에 지나지 않는다." 그렇다면 마르크스는 역사를 구체적으

1875년의 마르크스. 헤겔은 세계정신의 실현이 역사의 발전이라고 주장하면서 인간의 주체적 개입을 무력화시켰다. 이것을 정확히 간파하고 있던 마르크스는 주어진 조건에 대한 주체의 능동적인 개입을 강조했다.

로 어떻게 사유했기에 이처럼 헤겔의 역사관을 비판하게 된 것일까? 다음은 1848년 2월 런던에서 출간되자마자 세계적인 반향을 불러일으켰던 마르크스와 엥겔스의 《공산당선언Manifest der Kommunistischen Partei》의 한 대목이다. 이를 통해 마르크스의 역사철학 관점을 살펴보도록 하자.

부르주아는 백 년도 채 못 되는 계급 지배 기간 동안에 과거의 모든 세대가 만들어낸 것을 다 합친 것보다 더 많고, 더 거대한 생산력을 만들어냈다. 자연력의 정복, 기계에 의한 생산, 공업 및 농업에서의 화학의 이용, 기선에 의한 항해, 철도, 전신, 세계 각지의 개간, 하천 항로의 개척, 마치 땅 밑에서 솟은 듯한 방대한 인구. 이와 같은 생산력이 사회적 노동의 태내에서 잠자고 있었다는 것을 과거의 어느 세기가 예감이나 할 수 있었으랴! …… 하지만 이제 사회가 가지고 있는 생산력은 이미 부르주아적 문명과 부르주아적 소유관계의 발전에 봉사하지 못하게 되었다. 오히려 그것은 이런 소유관계에 비하면 너무도 방대해져서, 이제는 부르주아적 소유관계가 생산력의 발전을 억제하게 되었다.

-《공산당선언》

생산력이 점차 발달하면서 과거 중세사회를 지탱하던 정신적 문명과 소유관계는 더 이상 유지될 수 없게 되었다. 그래서 출현하게 된 사회가 바로 부르주아 사회였다. 하지만 마르크스는 헤겔과는 달리 부르주아 사회가 최종 목적지라고 생각하지 않았다. 오히려 그에게 부르주아 사회는 갈등과 긴장을 내포하는, 그래서 또 다른 반성과 극복의 대상일 뿐이었다. 마르크스에 따르면 산업자본을 고도로 발달시키면서 부르주아는 과거와 비교도 할 수 없을 정도로 엄청난 생산력을 발전시켜왔다. 하지만 문제는 이런 생산력이 부르주아 사회를 지탱하는 부르주아적 소유관계에 의해 오히려 제약되고 있다는 점이다. 마르크스는 인간의 생산력을 그 극한에까지 발전시키면 부르주아적 소유관계 역시 결국은 철폐될 수밖에 없다고 생각했다. 바로 이 경우에 이르러 불가피하게 출현할 수밖에 없는 것이 곧 프롤레타리아 사회, 즉 프롤레타리아 독재 사회라고 보았던 것이다. 마치 생산력 발전이 중세의 소유관계를 철폐했을 때 부르주아 사회가 자연스럽게 출현했던 것처럼, 생산력 발전이 이제 부르주아 사회의 소유관계를 철폐시키면서 또 다른 새로운 프롤레타리아 사회를 낳게 된다고 이해했기 때문이다.

하지만 아이러니한 점은 생산력 문제를 그토록 강조했던 마르크스 역시 얼마 지나지 않아 그의 후배들에게 상당한 비판을 받게 된다는 점이다. 그 가운데 가장 신랄하고 집요하게 마르크스의 생산력 중심주의를 비판했던 인물이 바로 보드리야르Jean Baudrillard(1929~2007)였다.

한 망령이 혁명적인 상상의 세계를 떠나지 않고 있다. 그것은 바로 생산이라는 환각이다. 그것은 도처에 생산성이라는 억제할 수 없는 낭만주의를 조장하고 있다. …… 사회적인 부이건 언어활동이건, 의미이건,

가치이건, 기호이건 혹은 환각이건 간에, '노동'에 의해 '생산되지' 않는 것이라고는 아무것도 없다. 가령 이것이 자본의 진리이고 정치경제학의 진리라고 하면서, 혁명은 이것을 전적으로 다시 취하려고 한다. 왜냐하면 혁명가는 진정으로 근본적인 생산성이라는 이름으로 자본주의적 생산 체계를 전복하려고 할 것이기 때문이다. 또한 자본주의적 가치 기준이 파괴되는 것 역시 소외를 극복한 초생산성의 이름으로 이루어질 것이다. 자본은 생산력을 확대하지만 아울러 생산력을 억제하기도 하므로, 생산력을 해방해야만 한다고 하면서 말이다.

-《생산의 거울Le miroir de la production》

　《공산당선언》은 "하나의 유령이 유럽을 배회하고 있다. 공산주의라는 유령이"라는 유명한 문구로 시작된다. 감성적 글쓰기로 유명한 프랑스 철학자답게 보드리야르 역시 마르크스의 《공산당선언》 문구를 패러디하면서 생산력 중심주의를 비판하고 있다. "한 망령이 혁명적인 상상의 세계를 떠나지 않고 있다. 그것은 바로 생산이라는 환각이다"라고 말이다. 사실 보드리야르는 자본주의가 지속적으로 작동할 수 있는 진정한 비밀은 '생산'이 아니라 '소비'에 있다는 것을 통찰한 철학자였다. 아무리 산업자본의 상품 생산력이 막강하다고 할지라도, 상품이 소비자들에 의해 소비되지 않는다면 결코 산업자본은 제대로 영위될 수 없을 것이라는 점, 이것이 바로 그의 핵심 논지였던 셈이다. 당연히 그의 눈에는 마르크스도 기존의 철학자들과 마찬가지로 생산중심주의라는 환각에 빠져 있는 것으로 보였다. 보드리야르는 생산 중심주의적 환각을 '생산의 거울', 즉 모든 것을 생산이라는 관점에서 해명하려는 태도라고 비판하고 있다.

　사실 보드리야르의 비판은 상당히 주목할 만한 것이었다. 소비의 과정이 담보되지 않으면 아무리 생산력이 발달하고 생산량이 늘어나도 자본주의 메커니즘이 지속적으로 작동할 수 없기 때문이다. 그런데 소비, 즉 유통의 영역이야말로 그 이후의 생산 과정을 보장하는 중요한 계기라는 것, 이것은 마르크스 본인도 이미 받아들였던 관점이기도 했다. 그럼에도 마르크스는 《공산당선언》에서 왜 생산중심주의만을 표방했던 것일까? 그것은 마르크스가 이론가일 뿐만 아니라 현실적인 실천가의 면모도 갖고 있었기 때문에 일어난 불가피한 현상이었다. 그는 혁명에 대해 몹시 주저하고 있던 노동자들에게 역사는 그들의 편이라는 것을 보여주고 싶었던 것이다. 그러다보니 마르크스는 이 시점에서 인간의 의지적 개입보다는 생산력의 필연적 발전, 즉 역사의 불가피한 변혁 과정을 더 강조함으로써 그들에게 힘을 불어넣어줄 수밖에 없었던 것이다. 하지만 지나친 강조는 단순화를 낳고, 이렇게 발생한 단순화는 원하지 않던 오해를 낳을 수밖에 없는 법이다.

헤겔은 세계정신의 실현이 역사의 발전이라고 주장하면서 인간의 주체적 개입을 무력화시켰다. 이것을 정확히 간파하고 있던 마르크스가 세계정신의 자리에 필연적 생산력을 바꿔 넣은 것에 만족했을 리 없다. 사실 마르크스가 진정으로 강조하고 싶었던 것도 주어진 조건에 대한 주체의 능동적인 개입이었기 때문이다.

우리에게 코뮤니즘communism은 조성되어야 할 하나의 상태, 혹은 현실이 따라야 할 하나의 이상이 아니다. 우리는 오늘날의 상태를 지양하는 현실적인 운동을 코뮤니즘이라고 일컫는다. 이 운동의 조건들은 현존하는 전제들로부터 생겨난다. -《독일 이데올로기Die Deutsche Ideologie》

마르크스는 자신이 지향하는 코뮤니즘이 "현실이 따라야 할 하나의 이상이 아니라고" 분명히 이야기하고 있다. 이것은 생산력이 신적인 역능을 가지고 있다고 본 《공산당선언》의 발상과는 확실히 구분되는 관점이다. 생산력이 발전하면 코뮤니즘은 저절로 도래하며, 이런 역사의 발전에 대해 인간은 불가피하게 따라야만 한다는 것, 마르크스는 사실 이런 생각을 품었던 적이 없다. 이런 생각은 세계정신의 자기실현 과정에 대해 개별적인 인간은 무력할 뿐이라는 헤겔의 입장을 반복하고 있는 것에 지나지 않기 때문이다. 생산력 지상주의, 혹은 생산력이 인간의 삶을 지배한다는 입장은 역사에 대한 인간의 능동적인 개입을 무화하는 신학적 관념일 수밖에 없다. 생산력이 발전하면 코뮤니즘은 저절로 도래한다는 주장은 마르크스의 정치적인 레토릭에 지나지 않는다. 마르크스가 코뮤니즘을 "오늘날의 상태를 지양하는 현실적인 운동"이라고 정의했던 것이 중요한 이유가 바로 여기에 있다. 물론 《공산당선언》에서 이야기했던 것처럼 생산력은 이 과정에서 간과할 수 없는 한 가지 중요한 계기가 될 것이다. 하지만 그것은 인간의 현실적 운동이 시작되는 전제들인 한에서만 그러하다.

마르크스에 따르면 주어진 생산력과 생산관계라는 어느 조건에서나 인간은 자유로운 공동체라는 이념, 즉 코뮤니즘을 실현하려는 노력을 멈추어서는 안 된다. 이 점에서 마르크스의 코뮤니즘은 칸트의 용어를 빌리자면 '구성적 이념constitutive idea'이 아니라 '규제적 이념regulative idea'이었다고 할 수 있다. 《순수이성비판》에서 칸트는 신을 '구성적 이념'이 아니라 '규제적 이념'이라고 했다. '구성적 이념'으로서 신은 세상을 창조하고 주재하는 실제로 존재하는 초월자를 말한다. 반면 '규제적 이념'으로서 신은 실제로 존재하는 신이 아니라 '없을 수도 있지만 있다'고 상정되는 신을 말한다. 우리의 윤리적 행동을 심판하는 신이 있다고 상정하면, 우리는 더 윤리적으로 행동하게 될 것이다. 이처럼 규제적 이념으로서 신은 우리의 행동을 규제하는 데 도움이 될 수 있다는 것이 칸트의 생각이었다.

칸트의 신과 마찬가지로 마르크스의 코뮤니즘은 현재에 존재하는, 혹은 미래에 필연적으로 존재하게 될 것이 아니라 인간의 자유로운 실천을 규제하는 이념이었다고 할 수 있다. 역으로 말해 이것은 서유럽의 사회민주주의자들이나 스탈린으로 대표되는 일국사회주의자들의 치명적인 착각이 어디에서 유래한 것인지를 설명해준다. 그들은 마르크스의 '코뮤니즘'을 '구성적 이념'으로 이해했던 것이다. 그렇기 때문에 그들은 생산력이 일정 정도에 도달할 때까지 인간의 모든 자유로운 실천을 유보할 수 있었던 것이다. 사회민주주의자들이 생산력 발전을 위해 자본가계급을 도왔던 것도, 그리고 스탈린이 아예 '당=국가=자본가'의 등식으로 국가독점자본주의를 관철시키려고 했던 것도 이런 이유에서였다. 이런 불길한 조짐을 이미 직감하고 있던 말년의 마르크스는 이렇게 말했다. "나는 마르크스주의자가 아니다"라고 말이다. 1882년 사회민주주의자 베른슈타인Eduard Bernstein(1850~1932)에게 보내는 엥겔스의 서신에 등장해서 유명해진 마르크스의 말이다. 물론 아직 스탈린의 국가독점자본주의가 도래하기 전이니, 그가 부정했던 마르크스주의자는 사회민주주의자를 가리키고 있다.

19세기 후반 사회민주주의자들은 프랑스에서나 독일에서 모두 마르크스주의자라고 자처하고 있었다. 그러나 억압과 지배가 없는 사회를 꿈꾸지 않는다면, 아무리 마르크스주의를 참칭하는 사람이 있다고 하더라도 그는 진정한 마르크스주의자일 수는 없는 법이다. 사회민주주의는 국가기구의 재분배를 통해서 사회주의를 도모할 수 있다는 생각이다. 한마디로 말해 자본가계급에게 더 많은 세금을 걷어, 그걸 노동자들에게 나누어주겠다는 것이다. 당연히 사회민주주의자는 두 가지를 전제하고 있다. 하나는 자본/노동이란 자본주의적 위계구조를 인정하고 있다는 것이고, 다른 하나는 수탈과 재분배라는 메커니즘으로 작동하는 정치적 위계구조를 인정한다는 것이다. 결국 사회민주주의는 억압 메커니즘인 자본주의와 국가를 부정하기는커녕 양자를 결혼시켜 억압의 면모를 희석시키고 있을 뿐이다. 이제 국가는 자본의 편을 들어야 한다. 노동자, 즉 국민에게 더 많은 것을 분배하려면, 자본의 생산성을 긍정해야 하기 때문이다. 마찬가지로 이제 자본도 국가의 편을 든다. 국가가 자본/노동 사이의 위계구조를 정치적으로, 법률적으로 수호하기 때문이다. 그래서 사회민주주의가 지배적인 담론이 되면, 억압받는 사람들은 자본주의를 문제 삼기보다는 국가로부터 재분배를 기다리는 수동적 주체로 전락하게 된다. 당이나 국가가 중심이 되는 순간 혁명 주체는 대중이나 민중에게서 당이나 국가로 옮겨가게 되고, 이것은 결단코 자유로운 공동체라는 이념과는 양립할 수 없는 것 아닐까?

안타깝게도 생산력을 강조하면서 《공산당 선언》은 너무나 많은 오해에 노출된다. 헤겔의 절대정신을 생산력으로 바꾸어 역사적 유물론을 언급한 순간, 마르크스는 헤겔로부터 그다지 멀리 벗어나지 못하기 때문이다. 절대정신의 필연성이든 생산력의 필연성이든, 이런 초월성 앞에서 개개인의 인간은 무력감을 느낄 수밖에 없다. 이제 인간은 그 필연성을 발견하고 그에 순응하는 신세로 전락하기 때문이다. 역사적 필연성과 인간! 새로운 지배관계가 탄생한 것이다. 물론 여기서 역사적 필연성을 알고 있다고 자임하는 국가와 당이 등장하면, 새로운 억압관계는 화룡점정을 이루게 된다. 물론 이런 황당한 상황을 마르크스가 의도한 것은 아니다. "자유로운 개인들의 공동체"를 꿈꾸었던 탁월한 인문주의자가 어떻게 새로운 지배관계를 모색할 수 있겠는가? 그러나 아직도 고개를 갸우뚱거리는 사람에게 마르크스의 인문정신을 그의 육성으로 들려줄 필요가 있을 듯하다. "오늘날의 상태를 지양하는" 인간의 능동성이 탁월한 현실감각 속에 빛을 낸다. 《루이 보나파르트의 브뤼메르 18일Der 18te Brumaire des Louis Bonaparte》에 등장하는 구절이다. "인간은 자신의 역사를 만들어가지만, 자신이 원하는 그대로 만드는 것은 아니다. 인간은 스스로 선택한 환경이 아니라 이미 존재하고 주어진, 물려받은 환경 속에서 역사를 만들어간다." 이것이 바로 마르크스다.

제도적 마르크스주의 유감

《자본론》〈서문〉에서 마르크스는 헤겔의 변증법을 "신비화된" 변증법이라고 비판하면서, 자신의 변증법만이 "합리적인" 것이라고 주장했다. "그 합리적인 형태에서는 부르주아와 그 이론적 대변자들에게 분노와 공포를 줄 뿐이다. 왜냐하면 변증법은 현존하는 것을 긍정적으로 이해하면서도 동시에 그것의 부정(즉 그것의 불가피한 파멸)을 인정하기 때문이며 …… 또한 변증법은 본질상 비판적·혁명적이어서 어떤 것에 의해서도 제약을 받지 않기 때문이다." 여기서 중요한 것은 마르크스에게 역사란 목적론을 배제하는 역동적인 과정, 그러니까 끝이 없는 역동적 과정으로 이해되고 있다는 점이다. 그는 헤겔의 역사가 부르주아 사회를 최종 목적으로 간주하고 있다는 점을 파악했던 것이다. 사실 바로 이런 점 때문에 마르크스는 헤겔의 변증법이 거꾸로 되어 있다고 비판했던 것인지도 모른다. 헤겔은 하나의 과정에 불과한 것을 목적으로 생각하며 정당화하려고 했으니까 말이다. 그렇다면 헤겔의 변증법이 목적론적 변증법이었다면, 마르크스의 관점은 무목적론적인 변증법이었다고 볼 수 있을 것이다.

한편 《공산당선언》에서 마르크스의 변증법이 최종적으로 정리되는 한 지점이 있다. 그것은 바로 '프롤레타리아 독재'에 이어서 출현하는 '자유로운 개인들의 연합'이다. 마르크스는 그것을 "계급과 계급 대립이 있던 낡은 부르주아 사회 대신에, 각자의 자유로운 발전이 모든 이의 자유로운 발전을 위한 조건이 되는 연합체"라고 표현한다. 그렇다면 마르크스도 헤겔과 성격은 좀 다르지만 일종의 목적론적 변증법을 피력했던 것이 아닐까? 여기서 우리는 헤겔 변증법의 주체가 개인의 정신이 아니라, 그것을 넘어선 세계정신이었다는 것을 다시 한 번 상기할 필요가 있다. 그렇지만 마르크스에게 개인들의 정신을 미리 규정하는 세계정신과 같은 것은 허용되지 않는다. 결국 '자유로운 개인들의 연합'이란 이념은 헤겔적 목적론, 혹은 신비화된 변증법과 아무런 상관이 없다. 오히려 자유로운 개인들이 자유롭게 자신을 발전시키는 과정에서 사전에 미리 예측할 수 없는 형태의 공동체가 만들어진다는 것이 마르크스의 합리적 변증법의 핵심이라고 할 수 있다.

자유로운 개인들 VS 개인들을 넘어선 필연성. 자유로운 공동체 VS 전체화된 공동체. 마르크스와 헤겔이 대립하는 지점이다. 결국 자유로운 개인들을 넘어서는 무언가를 도입하는 순간, 그것은 아무리 변증법일지라도 "신비적"일 수밖에 없다. 이 것이 합리적 변증법을 표방했던 마르크스의 속내였다. 결국 합리적 변증법의 핵심 은 자유로운 개인들의 적극적인 변혁의지와 그에 수반하는 자유로운 공동체를 긍정 하느냐에 달려 있다. 그러나 아이러니하게도 마르크스는 또한 구체적인 개인을 넘어 서는 생산력 발달의 힘, 그리고 그로부터 필연적으로 발생하는 프롤레타리아 독재 를 강조하고 있지 않은가? 이로부터 마르크스와 관련된 모든 오해가 발생한다. 역사 의 동력을 구체적인 개인들에게서 찾을 것인가, 아니면 헤겔의 절대정신처럼 개인을 초월한 생산력과 생산관계에서 찾을 것인가? 개인들이 역사를 끌고 가는가? 아니면 역사의 필연적 흐름이 개인들을 끌고 가는가? 후자의 측면으로 마르크스를 강하게 독해한 것이 바로 20세기 제도적 마르크스주의였다. 서구의 사회민주주의와 동구의 강력한 일국사회주의가 바로 그것이다. 어느 경우든 생산력 발전이 자유로운 사회를 만드는 동력이라고 생각한다. 이런 생각은 개개인의 힘을 넘어서기에 국가권력을 강 조하게 되는 결과를 낳았다.

먼저 서부 유럽에서 발전한 사회민주주의를 보자. 사회민주주의자들은 국가가 생산력 발전에 따른 잉여가치를 프롤레타리아에게 공정하게 재분배해야 한다고 주 장한다. 한마디로 말해 자본가가 얻은 잉여가치를 세금 형식으로 거두어들여서 프 롤레타리아에게 나누어주겠다는 것이다. 결국 사회민주주의는 자본주의 체제를 제 거할 생각 자체가 없는 것이다. 더군다나 그들은 유사 이래 가장 강력한 억압기구인 국가마저 긍정하려고 한다. 공정한 재분배 기구로 국가를 재정의하면서 말이다. 결 국 사회민주주의는 억압적 경제제도인 자본주의도 극복하지 못하고, 억압적 정치제 도인 국가주의마저도 건드리지 못한다. 그래서 사회민주주의에서는 자본가와 프롤 레타리아 구분은 폐기되지 않았다. 더 심각한 것은 사회민주주의 국가는 프롤레타 리아 편을 들고 있는 외양을 하고는 있지만, 최종적으로는 자본가 편을 들 수밖에 없다는 점이다. 국가가 재분배를 하려면 당연히 자본가로부터 거두어들이는 세금이 많아야 한다. 당연히 사회민주주의 국가는 자본의 잉여가치를 보장하는 방향으로 정책 기조를 정할 수밖에 없다.

스탈린주의로 상징되는 동유럽의 일국사회주의 정권도 사정은 별반 다르지 않 다. 자본주의가 발달하지 않은 낙후된 조건이기에 일국사회주의 정권은 프롤레타리 아 독재로 가기 위해 먼저 자본주의를 발달시키려고 했다. 물론 그렇다고 해서 자본 가계급을 만드는 무리수를 쓰지는 않았다. 그들은 아예 국가 자체를 하나의 유일한 자본가로 만들어 국가 안의 모든 생산력을 통제하고 발전시키려고 했다. 아주 신속하게 자본주의를 발달시킨 다음에 공산주의로 이행시키겠다는 명분으로 말이다. 국가독점자본주의는 이렇게 탄생한 것이다. 결국 일국사회주의 정권에서는 자본가가 없어진 것처럼 보이지만, 사실 그 자리에 단지 국가나 당이 들어서 있었던 셈이다. 일국사회주의가 사실 일국자본주의였던 아이러니도 바로 여기서 발생한 것이다. 20세기의 제도적 사회주의는 서유럽의 경우든 동유럽의 경우든 이처럼 억압관계를 철폐하는 데 전혀 도움이 되지 않았다. 벤야민이 〈역사의 개념에 대하여Über den Begriff der Geschichte〉로 비판하고자 했던 것도 바로 이것이다. 비록 그의 표적이 표면적으로는 '사회민주주의'에 가 있다고 할지라도, 사회민주주의에 대한 벤야민의 비판은 논리적으로 일국사회주의에도 그대로 적용된다. 일체의 억압이 없는 사회를 꿈꾸었던 벤야민의 사자후를 직접 경청해보자.

"처음부터 사회민주주의가 길들어 있던 타협주의는 그들의 정치적 전술뿐만 아니라 그들의 경제적 관념들에서도 찾을 수 있다. 그 타협주의가 이후의 붕괴를 가져온 원인이다. 자신들이 시대의 물결을 타고 간다는 견해만큼 독일 노동자계급을 타락시킨 것도 없다. 기술의 발전이 그 계급에게는 그 계급이 타고 간다고 생각하는 흐름의 낙차로 여겨졌다. 여기서부터 기술의 진보 과정 속에 있는 공장노동이 정치적 업적을 나타낸다고 생각하는 환상에 이르는 것은 단 한 걸음이면 족하다. 해묵은 프로테스탄트적 노동윤리가 세속화된 형태로 독일 노동자들에게 부활을 맞았던 것이다. 고타강령에는 이미 이런 혼란의 흔적이 담겨 있다. 그 강령은 노동을 '모든 부와 모든 문화의 원천'으로 정의한다. 여기서 불길한 징조를 보던 마르크스는 그에 응수하여 자신의 노동력 이외에 아무것도 갖고 있지 못하는 사람은 '소유주가 …… 된 다른 사람들의 노예가 될 수밖에 없다'고 했다. 그럼에도 불구하고 혼란은 더 확산되어, 요제프 디츠겐은 곧이어 이렇게 선언한다. '노동은 새 시대의 구세주를 뜻한다. …… 노동이 …… 개선되면 …… 지금까지 어떤 구원자도 성취하지 못했으며 지금에야 최종적으로 성취할 수 있는 부가 생겨날 것이다.' 노동의 본질에 대한 이런 속류 마르크스주의적인 개념은 노동자들이 노동의 산물을 이용할 수 없는 한, 그 산물이 그들 스스로에게 어떤 효과를 가져올 것인가의 물음을 오랫동안 숙고하지 않는다. 이런 노동 개념은 자연 지배의 진보만을 보고 사회의 퇴보는 보려고 하지 않는다. 이런 노동 개념은 나중에 파시즘에서 나타나게 될 기술주의적 특징들을 이미 보여준다."

사회민주주의에서 자본가계급은 그대로 긍정되고 국가기구가 자본가계급의 잉여가치를 재분배한다면, 일국사회주의는 국가기구 자체가 절대적인 자본가계급의 노릇마저 수행할 뿐이다. 바꾸어 말하자면 사회민주주의에서는 국가기구와 자본가

계급이란 두 가지 지배계급이 존재한다면, 일국사회주의에서는 '국가기구=자본가계급'이라는 하나의 유일한 지배계급이 존재할 뿐이다. 결국 생산력의 발전에 집중하는 순간, 이것은 불가피한 일이다. 생산력은 개개인이 어찌할 수 없는 전체적인 성격을 갖는다. 당연히 생산력에 개입할 수 있는 것은 국가 이외에 있을 수가 없다. 여기서 벤야민은 파시즘의 전조를 읽어낸다. 개개인이 사회를 변화시키기에는 역부족이고 권력자나 국가가 그런 변화를 추진해야 한다는 생각이 팽배해질 때, 한 사회는 파시즘적 전체주의에 휩싸이게 되는 법이다. 흥미롭게도 벤야민이 말했던 것처럼 이미 1875년 마르크스는 《고타강령비판Kritik des Gothaer Programms》에서 독일 사회민주주의자들이 1872년에 채택한 〈고타강령〉의 허구성을 강하게 비판했던 적이 있다.

고타강령의 핵심 취지는 첫째, '노동이 부를 낳는다'는 주장, 둘째, '노동자에게 공정한 분배를 해야 한다'는 주장으로 요약된다. 이에 대해 마르크스는 자신의 반대 입장을 명확히 한다. 첫째 주장이 하나 마나 한 주장이라고 조롱하면서 이렇게 말한다. "자신의 노동력 이외에 다른 재산을 갖고 있지 못하는 사람은 어떤 사회 상태나 문화 상태 아래에서도 물질적인 노동조건들을 소유하고 있는 다른 사람들의 노예가 되지 않을 수 없다. 그는 오직 그런 사람들의 허락이 있어야만 노동할 수 있으며, 따라서 그들의 허락이 있어야만 살 수 있는 셈이다." 둘째 주장에 대해 마르크스는 말한다. "이른바 분배를 중시하고 거기에 중점을 두는 것은 대부분 잘못된 생각이다. 소비재의 분배는 언제나 생산조건 그 자체의 분배 결과일 뿐이다. 그런데 그 생산조건의 분배는 바로 생산양식 그 자체다. 예를 들어 자본주의적 생산양식은, 생산의 물질적 조건은 자본 소유 및 토지 소유 형태로 노동하지 않는 자들의 수중에 있는 반면 대중은 생산의 인적 조건, 즉 노동력만을 소유하고 있다는 사실에 기초하고 있다. 생산요소들이 이렇게 분배되면, 결국 오늘날과 같은 소비재의 분배가 저절로 발생한다. 그러나 만일 생산의 물질적 조건들이 노동자들 자신의 집단적 소유라면, 소비재의 분배 또한 오늘날과 달라질 것이다. 속류사회주의(및 그들 중에서도 일부 민주주의자들)는 부르주아 경제학을 본받아 분배를 생산양식으로부터 독립된 것으로 보고 또 그렇게 다루고 있으며, 따라서 사회주의는 주로 분배 문제에 중점을 두는 것처럼 설명하고 있다. 그러나 진정한 관계가 오래전에 이미 해명되었는데 무엇 때문에 뒤로 돌아간다는 말인가?"

벤야민도 그렇지만 마르크스에게도 억압이 없는 사회란 자본주의 체제뿐만 아니라 국가 체제가 사라진 사회이다. 그러나 사회민주주의도 혹은 일국사회주의도 이 문제를 근본적으로 해결하지 못하고 있다. 아니 정확히 말해 해결할 뜻이 없었다고 하는 것이 정직한 평가인지도 모를 일이다. 해결되지 않아야 자신들이 잡고 있는 정치권력이 정당화될 테니 말이다. 생각해보라. 사회민주주의는 자본가계급의 착취가 존재해야만 한다. 오직 그럴 때에만 재분배의 필요성으로 국가기구를 정당화할수 있을 테니 말이다. 일국사회주의도 마찬가지다. 비록 자본가계급은 명목적으로 없앴지만, 생산력의 지속적인 발전과 재분배를 동시에 수행할 수 있는 국가기구는 필요하다는 것이 일국사회주의의 입장이기 때문이다.

결국 표면적으로 자본가계급을 공격하는 것처럼 보이지만, 사회민주주의든 일국사회주의든 제도적 마르크스주의는 국가의 역량을 긍정하고 있을 뿐이다. 재분배의 기구로서 국가든 혹은 생산력 향상 주체로서 국가든지 간에 말이다. 제도적 마르크스주의는 인간의 자유와 해방이 아니라, 자신들의 집권욕만을 긍정하고 있었던 것이다. 그러나 이 모든 불씨를 남긴 것은 결국 마르크스 자신 아닌가?《정신현상학》을 거꾸로 뒤집은 《공산당선언》이 문제가 된다는 것이다. 사실 절대정신이 생산력으로 대치된 것일 뿐,《공산당선언》에는 개개인의 실천적 역량을 부정할 수 있는 위험성이 내재되어 있었던 것이다. 절대정신의 자기 전개든 혹은 생산력 발전이든 이것은 개개인이 어찌할 수 없는 역사적 필연으로 사유될 수밖에 없기 때문이다. 그래서 헤겔을 따르는 부르주아 국가에서나 마르크스를 참칭하는 사회주의 국가에서나 개개인의 사유와 실천에 대해 '반동reaction'이란 평가가 가능했던 것이다.

마르크스는 역사란 개개인의 의지와 무관하게 어떤 필연적인 힘에 의해서 진보한다는 생각을 강하게 피력했다. 물론 이런 주장은 프롤레타리아에게 힘을 불어넣기 위한 정치적 방편이라는 성격이 강하다. 역사가 자기편이라는데 프롤레타리아가 어떻게 힘을 내지 않을 수 있겠는가? 그렇지만 개개인의 실천역량이 부정되는 순간, 다시 말해 민주주의 역량이 부정되는 순간, 국가나 정치권력은 그만큼 강력해지고 비대해지는 것 아닌가. 마르크스가 의도하지 않았던 부작용이 발생한 것이다. 벤야민은 마르크스의 곤혹감을 누구보다 잘 이해하고 있었다. 〈역사의 개념에 대하여〉와 관련된 유고에서 벤야민은 말한다. "마르크스는 계급 없는 사회의 관념 속에 메시아적 시간관을 세속화했다. 그리고 그것은 잘된 일이다. 불행은 사회민주주의가 이런 생각을 '이상'으로 떠받든 데서 시작한다." 물론 사회민주주의만이 이런 불행을 만든 것은 아니다. 일국사회주의자들도 사회민주주의자들에게 조금도 뒤처지지 않으니 말이다.

14

아름다움은 어떻게 느껴지는가?

칸트

——————— VS ———————

부르디외

칸트, 진선미를 구분하다.

서양철학사에서 가장 위대한 철학자를 한 사람 꼽으라면, 대부분의 사람은 별로 주저하지 않고 칸트를 지목할 것이다. 과거의 위대한 철학적 사유들이 대부분 칸트라는 저수지로 합류하여, 다시 다양한 길로 흘러갔다고 보고 있기 때문이다. 그렇다면 칸트의 철학적 위대함은 과연 어디에 있는 것일까? 그것은 우선 그가 진眞, the true, 선善, the good, 미美, the beautiful라는 세 영역을 분명히 구별했던 데에서 찾을 수 있다. 칸트 이전에 진선미는 일종의 삼위일체 trinity로서 작동했다. 그러니까 참된 것은 선하고 아름답다는 판단, 선한 것은 참되고 아름답다는 판단, 혹은 아름다운 것은 참되고 선하다는 판단이 모두 통용되었다는 것이다. 고대 그리스의 조각상이나 혹은 중세 시절의 성화 聖畫 등을 보면, 진선미 삼위일체가 어떻게 작동하는지 직감할 수 있다. 레오나르도 다빈치Leonardo da Vinci(1452~1519)의 그림들을 보아도 명확하다. 그림이나 조각에서 완전한 기하학적 대칭성과 아름다운 외모 등등은 묘사된 인물이 선하다는 느낌을 분명히 주고 있으니 말이다.

개개인보다 공동체를 강조했던 근대 이전의 사회에서 진선미 중에서 가장 높은 지위를 부여받은 것은 바로 선이었다. 결국 선 중심의 삼위일체가 진선미를 규정하는 전통적인 관념이었던 것이다. 여기서도 플라톤의 영향력이 두드러진다.

'좋음to agathon의 이데아'가 가장 중요한 배움이라는 것을, 그리고 바로 이 이데아 덕분에 정의로운 것들도 그 밖의 다른 것들도 유용하고 유익한 것들로 된다는 것을 자네는 여러 차례 들었을 테니까 말일세. 자네는 방금도 이걸 내가 말하려 하고 있었다는 걸 익히 알고 있었으며, 게다가 우리가 이 이데아를 충분히는 알고 있지 못하다는 것도 알고 있네. 그러나 만약에 우리가 이걸 모른다면, 이것을 제외한 채 다른 것들을 우리가 아무리 많이 안다고 할지라도 그건 우리에게 아무런 덕도 되지 않는다는 걸 자네는 알고 있네. 마치 우리가 어떤 것의 '좋음'을 빠뜨린 채 그걸 소유한들 아무 소용이 없듯이 말일세. 혹시 자네는 소유가 정작 좋은 것이 아닐지라도 모두 이득이 되는 것이라 생각하는가? 혹은 좋음을 제외한 다른 모든 것을 이해하면서도 정작 아름답고 좋은 것은 아무것도 이해하지 못한다고 할지라도 그렇겠는가?

-《국가Politeia》

형상, 즉 이데아는 플라톤에게 지식episthēmē과 진리alētheia의 대상이다. 그것은 변화하는 생성의 세계에 동일성을 부여하는 원리이기도 하다. '사람 자체', '삼각형 자체', '테이블 자체' 등등 다양한 이데아들이 존재할 수 있다. 이런 이데아들이 이데아로 불리려면, 그것들에는 최종적 이데아가 존재해야만 한다. 이것은 '이데아 자체'라고 부를 만한 것이다. 그것이 바로 '좋음의 이데아', 즉 '선의 이데아'다. 다양한 삼각형들이 삼각형 자체, 즉 삼각형 이데아에 수렴되고, 다양한 테이블들이 테이블 자체, 즉 테이블 이데아에 수렴되는 것처럼, 이번에는 삼각형 이데아나 테이블 이데아 등등은 모두 '선의 이데아'로 수렴된다는 것이다. 테이블을 만드는 장인은 '테이블 이데아'만 알면 되지만, 전체 사회를 지배하는 통치계층에 속한 사람들은 모든 이데아들의 이데아, 즉 선의 이데아를 알아야만 한다.

결국 눈앞에 있는 '아름다운' 테이블은 '참된' 테이블 이데아의 규정을 받아서 만들어진 것이고, 바로 이 테이블 이데아는 '선의 이데아'에 의해 최종 규정된다는 것이다. 바로 여기서 선 중심의 진선미 삼위일체가 완성된다. 1700년대까지 지배하던 이런 통념이 칸트에 의해 와해된 것이다. 삼위일체가 파괴된 셈이다. 그것이 바로 칸트의 위대함이다. 미학의 혁명이라고 해도 좋을 듯하다. 이제까지 참됨에 의해 지배되었던 아름다움이, 그리고 최종적으로 선함에 의해 지배되었던 아름다움이 마침내 독립을 했으니 말이다. 이제는 아름다움은 참되지 않아도 충분히 아름다울 수 있고, 선하지 않아도 충분히 아름다울 수 있게 된 것이다. 이제 미학이 하나의 학문으로 탄생한 것이다. 인물을 묘사하기 위해 해부학을 공부했던 레오나르도 다빈치로서는, 혹은 선한 사람만이 아름다움을 가질 수 있다고 생각했던 미켈란젤로로서는 경천동지할 일이다. 물론 그렇다고 해서 칸트가 진선미 자체를 부정했던 것은 아니다. 단지 그는 진과 선과 미는 서로 독립적이라고 주장했을 뿐이니 말이다. 그에 따르면 우리는 동일한 대상이라도 최소한 세 가지 영역, 다시 말해 세 가지 종류의 관심으로 다르게 볼 수 있다. 이것이 바로 진과 선과 미의 기원인 셈이다.

예를 하나 들어보도록 하자. 어느 날 길을 가다가 갑자기 쿵하는 소리와 함께 나이가 별로 들어 보이지 않는 젊은 청년 한 사람이 투신자살한 장면을 우연히 목격하게 되었다고 해보자. 칸트에 따르면 우리는 이 충격적인 장면을 다음과 같은 세 가지 관심에 입각해 서로 다르게 이해할 수 있다. 첫째는 '이론적 관심'이다. 만약 이 장면을 '이론적 관심'으로 바라본다면, 우리는 그 청년의 실제 몸무게와 빌딩의 높이 등을 계산해서 그의 몸이 보도 바닥에 닿았을 때의 충격량을 이론적으로 계산해볼 수 있다. 이것이 바로 진리眞의 영역이다. 그러나 우리는 이 충격적인 장면을 '이론적 관심'이 아니라 '실천적 관심', 즉 '윤리적 관심'을 통해 바라볼 수도 있다. 이 경우 우리는 젊은 청년을 자살로까지 내모는 살인적인 취업 경쟁과 자본주의 사회의 비정함, 그리고 관료와 정치인들의 사회적 무책임 등에 분노를 느끼게 될 것이다. 이 경우 우리는 지금 한 청년을 죽음으로 몰고 간 윤리적 책임을 따지고 있는 셈이다. 이것이 바로 칸트가 말한 윤리善의 영역이다. 한편 '이론적 관심'이나 '실천적 관심'을 포함한 일체의 관심을 전혀 가지지 않고, 다시 말해 시종일관 '무관심'으로 빌딩 아래 떨어진 한 청년의 시신을 바라볼 수도 있다. 이 경우 우리는 참혹한 이 장면에서 마치 느와르 영화의 한 장면이라도 보고 있는 것처럼 오히려 의도치 않은 미적 유혹을 느낄 수도 있다. 이것이 바로 아름다움美의 영역이다.

칸트에 따르면 진선미의 세계가 우리가 가진 관심이 이론적 관심이냐,

실천적 관심이냐, 아니면 무관심이냐에 따라서 서로 다르게 드러난다. 이제 우리는 세 가지 안경을 얻게 된 셈이다. 참과 거짓을 보는 안경, 선과 악을 보는 안경, 아름다움과 추함을 보는 안경. 칸트의 유명한 세 가지 비판서가 쓰인 이유도 바로 여기에 있다. 첫 번째,《순수이성비판》을 통해 칸트는 이론적 관심으로 드러나는 진리의 세계를 다루고 있다. 두 번째,《실천이성비판》을 통해 칸트는 실천적 관심으로 드러나는 윤리의 세계를 해명하려고 했다. 그리고 마지막 세 번째,《판단력비판Kritik der Urteilskraft》을 통해서 칸트는 무관심을 통해서 드러나는 아름다움의 세계를 설명하고 있다. 그런데 우리가 좀더 생각해볼 점은 위와 같이 세 가지 관심으로 동일한 대상이나 사건을 모두 바라볼 수 있다는 것은 현실적으로 볼 때 아무나 할 수 있는 것이 아니라는 점이다. 물론 타고난 천재라면 저절로 그럴 수 있을지도 모르지만, 우리가 칸트가 구별했던 진선미의 세계를 별도로 식별하기 위해서는 상당한 정도의 교육과 학습 과정을 거쳐야만 한다. 바로 그런 특별한 교육과 경험을 대가로 해서만 얻을 수 있는 분별력discernment이 우리에게 갖추어져 있어야 비로소 우리는 어떤 대상이나 사물을 다양한 관심에 따라 서로 다르게 판단하고 이해할 수 있을 것이다. 사실 자본주의 사회에서 이런 분별력을 얻을 수 있는 사람들은 그렇게 많을 수가 없다. 우수한 교육과 학습에 장기간 투자할 수 있는 여유를 가진 부르주아계층이 아니라면 어떻게 이런 과정을 학습할 수 있겠는가.

결국 칸트에 따르면 분별력이 있는 사람, 혹은 배운 사람이라는 것은, 동일한 대상이나 사건을 자신의 필요에 따라 이론적 관심으로도, 혹은 실천적 관심으로도, 그리고 무관심으로도 바라볼 수 있는 사람을 의미한다. 반면 분별력 없는 사람, 혹은 배우지 못한 사람은 이론적 관심으로 보아야 할 때 다른 관심으로 보거나, 아니면 무관심하게 보아야 할 때 특정한 관심을 갖고 보는 사람이라고 할 수 있다. 예를 들어보자. 의사는 사람의 몸을 하나의 기계처럼 보도록 철저히 배우고 훈련받은 사람이다. 그래서 평범한 사람이 의사가 되려면, 반드시 장시간의 해부학 실습 과정과 이론적 학습 과정을 거쳐야만 한다. 해부학 실습을 통해서 평범한 사람은 수술대 위의 사람들 몸을 마치 기계의 일부처럼 다루는 법을 배울 수 있기 때문이다. 그런데 만약 이런 학습 과정이 잘못되어 의사가 이론적 관심이 아닌 특정한 다른 관심, 예를 들어 환자를 지나치게 동정하여 감정의 동요를 일으킨다면 그는 위험한 수술을 성공적으로 수행할 수 없을 것이다. 한편 미술가는 이성의 나체를 보고도 성적인 관심이 아니라 무관심으로 나체의 아름다움을 느낄 수 있도록 훈련을 받아야만 한다. 그런데 이 경우에도 누드화를 그리는 미술가가 미적 관심 혹은 무관심이 아닌 다른 관심에 따라 이성의 나체를 바라보면 제대로 된 그림을 완성하기 어렵게 된다. 이것은 칸트가 생각했던 세 종류 관심의 구별이 제대로 이루어지지 않은 전형적 사례라고 볼 수 있겠다.

Ⓚ

칸트: "무관심한 관심에서 미적인 것은 탄생한다."

칸트의 《판단력비판》은 미학aesthetics을 가능하게 한 텍스트라고 할 수 있다. 칸트 미학의 핵심은 '무관심'의 관조라는 생각에 달려 있다. '무관심'하게 보지 못한다면, 아름다움의 영역은 존재할 수 없다는 것이 그의 생각이기 때문이다. 그렇다고 무관심하게 본다는 것이 멍청하게 세상을 바라보는 것이라고 오해해서는 안 된다. 오히려 이것은 아름다운 여인을 주시하다가 다른 일체의 생각을 떠올리지 못하는 정신 상태와 흡사하기 때문이다. 《판단력비판》에서 칸트가 다루는 미적인 대상은 다음과 같은 두 가지 종류이다. 첫째가 바로 단순한 아름다움, 즉 '미Das Schöne, the beautiful'이고 둘째가 곧 '숭고Das Erhabene, the sublime'이다. "미는 우리에게 어떤 것을, 자연까지도 관심을 떠나서 사랑하도록 마음을 준비시키고, 반면 숭고는 그것이 비록 우리의 관심에 거슬릴지라도 존중하도록 마음을 준비시킨다." 어느 경우든 특정한 관심을 떠

칸트 미학의 핵심은 '무관심'의 관조라는 생각에 달려 있다. '무관심'하게 보지 못한다면, 아름다움의 영역은 존재할 수 없다는 것이다. 《판단력비판》에서 칸트가 다루는 미적인 대상은 다음과 같은 두 가지 종류이다. 첫째가 바로 단순한 아름다움, 즉 '미'이고 둘째가 곧 '숭고'이다.

나 무관심이란 마음 상태에서 논의되고 있다는 것에 주목할 필요가 있다.

우선 먼저 '미', 즉 단순한 '아름다움'에 대한 그의 설명을 좀더 들어보도록 하자. "관심을 떠나서 무언가를 사랑하도록 마음을 준비시킨다"는 정의와는 달리, 칸트는 무관심을 의지적 노력으로 가능한 능력인 것처럼 말하고 있다.

> 취향Geschmack, taste은 어떤 대상이나 표상 방식을 일체의 관심을 떠나 만족이나 불만족에 의해서 판단하는 능력이다. (이와 같은 판단에 의해 가능한) 만족의 대상은 아름답다고 말해진다.　　　　　　－《판단력비판》

칸트에 따르면 미적인 취향은 "일체의 관심을 떠나서 만족이나 불만족에 의해 판단하는 능력"이다. 무관심하게 보았을 때 만약 어떤 대상이 만족을 준다면, 그 대상은 아름다운 것으로 간주된다. 그렇지 않고 우리에게 불만족을 준다면, 그 대상은 결국 추한 것이라고 할 수 있다. 상큼한 사과를 묘사하고 있는 정물화를 보았을 때, 배고픈 사람은 자신에게 식욕이 생기는 것을 느낀다. 이어서 그는 상큼한 사과가 아름답게 묘사되었다고 이야기할 수 있다. 그런데 칸트에 따르면 이것은 무관심한 만족감이 아니다. 무관심한 만족이려면 식욕과 같은 다른 관심이 전혀 개입하지 않아야 한다고 보았기 때문이다. 이 점에서 마르셀 뒤샹Marcel Duchamp(1887~1968)이야말로 가장 칸트적인 예술가였다고 할 수 있다. 변기를 〈샘Fountain〉(1917)이란 이름으로 전시했던 그의 작품은 관객들에게 다음과 같이 묻고 있기 때문이다. "당신들은 이 변기를 무관심하게 볼 수 있는가? 그렇다면 당신들은 아름다움이나 혹은 추함이라는 미적인 느낌을 가지게 될 것이다. 그러나 만약 그럴 수 없다면 당신은 스스로가 미를 느낄 수 없는, 그래서 전시회에 들어올 필요가 없는 사람이라는 것을 자인하고 있는 셈이다."

만약 여러분이 변기 그림을 보고 예술품이라기보다 역겨운 감정만을 느꼈다면 이것은 여러분에게 미적인 아름다움을 느낄 수 있는 인식 능력, 즉 무관심의 능력이 없다는 것을 말해준다고 뒤샹의 그림은 반문하는 셈이다. 그러나 중요한 것은 미에 대한 이해를 가능하게 하는 무관심이 우리의 내면에서 자연적으로 생기기는 힘들다는 점이다. 일반인들이 미술관에 전시된 변기나 혹은 상큼한 사과를 무관심하게 볼 수 있다는 것은, 그들이 미술관에 전시된 작품을 일상적 관심으로 보아서는 안 된다는 점을 이해하고 있거나 혹은 그것에 대해 이미 교육받았다는 것을 전제한다. 이 점에서 미를 가능하게 하는 무관심은 우리의 의지적인 노력에 의해 학습된 결과라고 할 수 있다. 바로 이 대목에서 칸트는 무관심의 다른 가능성에 대해서도 생각한다. 그것이 바로 숭고의 느낌이다.

숭고의 느낌은 무관심이란 것이 우리의 의지적인 노력에 의해 가능한 것이 아니라, 외부 대상이나 사건에 의해 무조건적으로 강제될 때 발생하는 미적 감정이다. 칸트의 이야기를 직접 들어보도록 하자.

우리가 이런저런 설명을 붙이지 않고 순전히 어떤 대상을 포착할 때 우리 내부에 숭고의 감정을 일깨우는 것은 그 형식에서는 우리의 판단력에 대해 물론 반목적적이며 우리의 현시 능력에 대해 부적합하고 상상력에 대해서는 흡사 난폭한 것같이 보일지도 모른다. 그러나 그것은 그 때문에 더욱더 숭고하다고 판단되는 것이다.   -《판단력비판》

하늘과 땅, 그리고 바다가 뒤엉켜 보일 정도의 엄청난 폭풍우와 직면할 때가 있다. 혹은 숲으로 우거진 산길을 걷다가 갑자기 시야가 트이며 거대한 폭포를 목격하게 될 때도 있다. 이런 경우 우리는 자신의 의지와 관계없이 강제적으로 무관심의 상태에 빠지게 된다. 아니 정확히 말해서 이런 압도적인 광경은 우리로 하여금 다른 일체의 생각이나 관심을 갖는 것을 허락하지 않는다고 해야 할 것이다. 한마디로 말해 타자적 경험에 빠진 것이다. 하늘과 땅 그리고 그 사이에 있는 모든 것을 뒤엎어버릴 것 같은 폭풍우, 혹은 어디에서 시작되어 어디까지 떨어지는지 감도 잡히지 않는 거대한 폭포 앞에서 우리는 지금까지 자신의 모든 생각과 상상력이 얼마나 보잘것없었는지 느낀다. 한마디로 생각했던 것, 혹은 상상했던 것 이상의 풍경이 우리를 덮칠 때, 우리는 그저 입만 벙긋 벌린 채 망연자실하게 된다. 자신의 의지와는 관계없이 우리는 무관심의 상태에 빠지고 만 것이다. 칸트에 따르면 바로 이때 우리가 느끼는 미적인 감정이 바로 '숭고'의 감정이다.

비록 칸트가 분명하게 설명하지는 않았지만, 논리적으로 두 가지 종류의 '무관심의 상태'가 있는 셈이다. 하나는 주체의 노력과 연습으로 달성되는 '자발적인 무관심'의 상태이고, 다른 하나는 주체의 노력과 연습을 조롱하듯이 외부 풍경이 우리가 다른 일체의 것에 관심을 갖지 못하도록 만드는 '비자발적인 무관심'의 상태다. '자발적 무관심'의 상태는 바로 아름다움, 그러니까 미와 관련된다. 어떤 대상이나 사건을 조용하고 편안한 가운데 무관심하게 판단할 때 '미'의 감정이 출현한다는 이야기다. 반면 '비자발적 무관심'의 상태는 숭고와 관련된다. 압도적인 대상이나 사건이 우리의 모든 관심을 폭풍우처럼 날려버리고 일체 다른 것에 대해서는 무관심하게 만들어버리릴 때, 우리는 '숭고'의 감정에 젖어들게 된다. 어쨌든 '미'나 '숭고'가 모두 미적인 감정일 수 있는 이유는 그것의 경로가 어떻든 간에 우리 내면에 '무관심의 상태'가 발생했기 때문이다.

부르디외: "칸트의 미학은 부르주아의 미학일 뿐이다."

사실 칸트의 미학은 어느 정도 교육을 받은 부르주아계층의 미적 의식을 정당화하는 논리라고 할 수 있다. 물론 이것은 칸트가 의식적으로 의도했던 것은 아니었다. 칸트는 단지 자신의 미적 경험을 반성함으로써 아름다움이 인간의 무관심한 관조로부터 가능하다는 것을 일반화했을 뿐이다. 하지만 그는 분명 부르주아계층의 일원으로서 쾨니히스베르크 대학의 교수였던 사람이다. 그래서 그의 미학은 의도적인 것은 아니었지만, 자신과 사회적 신분이 동일한 사람들, 즉 당시 특정한 도시의 부르주아계층에게만 적용될 만한 것이었다. 사실 대부분의 노동자계층에 속한 사람들은 누드화를 철저하게 무관심하게 볼 수도 없을 것이다. 어떤 성적인 흥분이나 동경을 마음에 품을 수도 있기 때문이다. 물론 그렇다고 해서 모든 부르주아계층 사람들이 단지 무관심하게 누드화를 볼 수 있다는 것은 아니다. 몇몇 예외적인 사람들을 제외하고 대부분 부르주아계층들은 자신들이 미술관에서는 성적인 관심에 무관심한 척해야 한다는 사실을 잘 알고 있을 뿐이다. 그래서 '아름다움', 즉 칸트의 미학을 너무 순진하게 받아들이는 것은 위험한 일이라고 할 수 있다. 바로 이것이 부르디외Pierre Bourdieu(1930~2002)가 《구별짓기La Distinction》라는 기념비적 저작을 쓰게 된 진정한 동기라고 할 수 있다.

칸트는 다음과 같은 세 가지 관심을 분리시키려고 노력했다. 첫째

《구별짓기》를 통해서 부르디외는 인간에게는 자신을 타인으로부터 구별하려는 강렬한 욕구가 있다는 것을 밝히고 있다. 그에 따르면 이런 구별짓기의 본능에서 가장 중요하고 강렬한 계기는 바로 다름 아닌 미적 취향이다.

는 미적인 관조를 미학적이도록 보장해주는 유일한 특징인 '무관심 disinterestedness'이고, 둘째는 '쾌적한 것'을 규정하는 '감각의 관심the interest of the senses'이며, 그리고 셋째는 '선함'을 규정하는 '이성의 관심the interest of Reason'이다. 이와 반대로 민중계급은 단순히 기호의 기능에 그치더라도 모든 이미지가 특정한 기능을 수행하기를 기대하며 아주 분명하게 모든 판단을 내리려고 한다. 따라서 민중계급에게 죽은 병사를 찍은 사진은 긍정적이든 부정적이든 재현 대상의 현실 또는 그런 재현이 수행할 수 있는 기능을 갖는다. 다시 말해 이 사진은 보는 사람에게 전쟁에 대한 공포심을 갖도록 하거나, 아니면 사진가가 보여주려고 하는 전쟁에 대한 공포감을 보는 사람이 거부하면서 일정한 판단을 불러일으킬 수 있다는 것이다. …… 예술을 둘러싼 투쟁에서는 항상 특정한 생활양식에 대한 강요가 핵심적인 요구로 자리 잡고 있다. 하나의 임의적인 생활양식을 전통적인 생활양식으로 만들면서 나머지 다른 생활양식을 자의적인 것으로 만들어버리려는 시도가 숨어 있기 때문이다.

　　　　　　　　　　　　　-《구별짓기: 판단력에 대한 사회적 비판》

　《구별짓기》를 통해서 부르디외는 인간에게는 자신을 타인으로부터 구별하려는 강렬한 욕구가 있다는 것을 밝히고 있다. 그에 따르면 이런 구별 짓기의 본능에서 가장 중요하고 강렬한 계기는 바로 다름 아닌 미적 취향이다. 그가 부제로 '판단력에 대한 사회적 비판Critique sociale du jugement'을 선택했던 것도 이런 이유에서였다. 부르디외는 칸트가 말한 방식으로 아름다움을 느낄 수 있는 사람은 결국 부르주아계층에 국한된 소수일 수밖에 없다고 지적한다. 무관심하게 무엇인가를 바라보는 태도 자체가 이미 상당한 돈과 시간을 투자해 학습한 결과라고 보았기 때문이다. 그래서 부르디외는 칸트의 순수미학과 구별되는 대중의 미학에 대해 이야기하는 것이다. 경제적, 정치적 권력이 없어서 미적인 학습을 받을 기회가 없었던 대중도 나름대로 미적인 판단을 수행하고 있다. 물론 대중에게 아름다움은 감각적 쾌적함이나 윤리적인 메시지가 서로 밀접하게 결합되어 있는 형태로 나타난다. 그래서 그들은 칸트와는 달리 핏빛 사진을 보고 감각적인 불편함을 느끼거나 아니면 도시의 자본주의 생활이 가진 비정함을 함께 읽어내려는 경향을 보이는 것이다.

부르디외의 이야기처럼 노동자계급은 "모든 미적인 이미지가 특정한 기능을 수행하기를", 다시 말해 '관심을 가진 미적인 판단'을 지향하려고 한다. 다시 말해 죽은 병사를 찍은 사진에서는 반드시 전쟁의 비정함 혹은 인생의 고통과 같은 분명히 가능한 구체적 의미를 찾아내려고 하는 경향을 보이는데, 이는 무관심한 예술적 차원에서 사진을 보려는 부르주아계층의 취향과 구별될 만한 것이다. 이 점은 경제적·정치적·문화적 조건들에 따라 '미적 취향'도 천차만별로 달라진다는 것을 보여준다. 이런 논증을 통해 부르디외가 시도했던 것은, 칸트의 미학이 결코 보편적이지도 그리고 유일한 미적 기준도 아니라는 사실을 폭로하는 것이었다고 할 수 있다. 그러나 더 중요한 통찰을 부르디외에게서 얻을 수 있다. 무관심의 미학은 관조적 미학을, 그래서 현실에 무관심한 태도를 만들 수도 있다는 교훈이다. 한마디로 말해 칸트의 미학은 예술의 순수성을 강조하면서 주어진 현실의 모순에 등을 돌리도록 할 수 있다는 것이다. 순수예술이라는 허구적 공간을 만들어 현실의 변화를 원치 않는 자본가들이나, 현실을 변화시킬 용기가 부족한 학생이나 노동자들이 정신승리를 구가할 수 있는 길을 만든 셈이다. 바로 이것이 무관심의 미학, 즉 칸트의 미학이 함축하고 있는 정치적 효과라고 할 수 있다.

여기서 잠깐 칸트의 숭고미가 현대철학에서 어떻게 독해되는지도 살펴볼 필요가 있다. 흥미로운 것은 부르디외가 칸트의 아르다움에서 부르주아 계급이 갖고 있는 무의식적 계급의식, 혹은 구별짓기의 의식을 찾아냈던 것처럼, 현대철학에서는 칸트의 숭고미를 통해 산업자본주의의 논리를 찾아낸다는 점이다. 이것이 바로 리오타르Jean-François Lyotard(1924~1998)라는 현대 프랑스 철학자가 칸트의 숭고미를 독해하는 한 방식이다.

> 어느 시대에 등장하든 간에, 모더니티는 기존의 믿음을 산산이 부수지 않고서는 그리고 "실재의 결여"를 발견하지 않고서는 존재할 수가 없었다. …… '숭고'는 상상력이—단지 원리적으로만 어떤 개념과 어울릴 수도 있는—어떤 대상을 표현할 수 없을 때 발생한다. …… 어떤 작품도 우선 포스트모던해야만 모던하게 될 수 있다. 이렇게 이해된 포스트모더니즘은 곤경에 빠진 모더니즘이 아니라 발생 중에 있는 모더니즘이고, 이런 상태는 불변하는 것이다.
>
> ―《포스트모던의 조건La Condition Postmoderne》

산업자본주의는 소비자로 하여금 새로운 상품을 구매하도록 유도하여 잉여가치를 남기는 메커니즘이다. 그런데 중요한 점은 산업자본주의가 추구하는 '새로움'이 일종의 강박이나 저주처럼 계속 반복될 수밖에 없다는 점이다. 새로운 상품은 얼마 지나지 않아 반드시 낡아지기 때문에, 산업자본은 새로운 제품을 강박적으로 계속 만들어내야만 한다. 이런 이유로 처음 산업자본주의를 접했을 때, 우리는 산업자본주의가 추동하는 세계를 '모던 세계'로 경험할 수 있었던 것이다. '새로운'을 의미하는 라틴어 형용사 '모데르나moderna'에서 '모던'이란 말이 유래했다는 사실을 다시 한 번 생각해보

자. 과거에는 접하지 못했던 새로운 상품들이 백화점의 화려한 조명을 받으며 진열되어 있는 광경을 떠올려보면 '새로운 세계', 즉 '모던 세계'가 어떤 느낌으로 다가왔을지 어렵지 않게 짐작이 간다. 결국 모던 세계는 산업자본이 만들어놓은 새로운 상품들이 무한정 펼쳐진 세계였던 셈이다.

흥미로운 것은 이런 사실이 산업자본주의를 처음 접했을 때에만 한정되지 않는다는 점이다. 지금도 우리는 여전히 새로움이란 가치가 지배하는 사회 속에서 살고 있다. 결국 포스트모던 세계에 살고 있다고 생각하지만, 우리는 여전히 모던을 지향하는 세계에 살고 있다고 볼 수 있다. 새로운 상품도 다른 새로운 상품이 나오는 순간 낡아질 수밖에 없다. 계속 새로워지지 않는다면 가치를 상실할 수밖에 없는 세계에서 새로움의 강박증은 불가피한 법이다. 그래서 모던은 자신을 극복해야만 모던으로서 존재할 수 있게 된다. 리오타르가 "어떤 작품도 우선 포스트모던해야만 모던할 수 있다"라고 이야기했던 것도 이런 이유에서이다. 모던은 포스트모던해야만, 다시 말해 모던을 '넘어서야만post' 역설적이게도 계속 모던한 것으로 유지될 수 있기 때문이다. 결국 모던의 핵심은 계속 새로움을 넘어서려는 강박증적 운동을 상징하는 '포스트'라는 단어에 온전히 함축되어 있다고 할 수 있겠다.

그런데 이와 같은 모던의 저주받은 강박증을 리오타르는 이제 칸트의 숭고미 개념과 연관시킨다. 칸트에게서 '숭고'란 상상력이 대상을 표현할 수 없을 때, 정확히 말해 너무 압도적이어서 그것을 표현할 수단이 없을 때 발생하는 미적인 감정이었다. 예를 들어 우리를 압도하며 엄청난 굉음을 내면서 떨어지는 폭포, 혹은 수백 미터 수직으로 하늘로 솟구쳐 나를 압도할 것만 같은 암벽 앞에 예기치 않게 마주쳤다고 해보자. 이 경우 우리는 그저 입만 벌리고 서 있을 수밖에 없다. 이 순간 우리는 숭고미에 사로잡혀 있는 것이다. 그러나 문제는 숭고미를 강제했던 폭포나 암벽을 두세 번 반복적으로 보았을 때 우리에게 찾아온다. 이제 더 이상 우리는 첫 번째 보았을 때 느꼈던 숭고의 감정을 계속 느낄 수 없기 때문이다. 리오타르는 이것이 바로 산업자본이 생산한 새로운 상품의 운명과 구조적으로 같다는 것을 직감했던 것이다. 새로운 상품은 한 번 보았을 때에만 새로움으로 다가올 뿐이다. 새로운 상품을 반복적으로 접하게 되면, 우리는 그것에서 더 이상 새롭다는 느낌을 받을 수 없기 때문이다. 칸트의 숭고미 역시 매번 엄청난 대상을 새롭게 만나지 않는 이상 우리에게 발생하기 어려운 감정으로 이해된 이유가 바로 여기에 있다.

부르디외와 리오타르로 인해 칸트의 미학은 위기에 봉착한다. 이것은 진, 선, 미라는 삼위일체를 붕괴시키려는 칸트의 시도가 좌절될 수도 있다는 걸 의미한다. 미학의 독립은 칸트에게 있어 인간의 마음이 무관심의 상태에 있을 수 있느냐의 여부에 달려 있다. 그런데 부르디외는 미를 느끼는 학습된 무관심의 이면에는 프롤레타리아로부터 자신을 구별하고자 하는 집요한 계급적 관심이 있다는 걸 찾아냈다. 결국 무관심은 무관심이 아니었던 셈이다. 이제 남은 건, 비자발적 무관심에서 느껴지는 숭고라는 감정이다. 그러나 이마저도 리오타르에 의해 의문시되고 만다. 숭고는 일회적 감정에, 다시 말해 새로운 것에 직면했을 때 발생하는 일회적 감정에 지나지 않기 때문이다. 더군다나 숭고의 감정은 신상품에 대한 감정과 구별되지 않기에 순수한 미적 감정이란 지위도 박탈당한다. 이것은 모두 칸트의 미학이 부르주아계급과 산업자본주의 체제에서 탄생했기 때문이다. 그래서 칸트의 미학을 묵수한다는 것은 자본주의 체제를 문제 삼지 않겠다는 삶의 태도와 무관하지 않다. 아이러니하게도 칸트의 무관심은 정치경제학적 삶의 조건에 대한 무관심과 함께했던 셈이다. 그리고 이런 무관심 속에 자본주의 체제는 승승장구하게 될 것이다. 미와 숭고를 가능하게 했던 무관심이 정치경제학적 관심과 결합될 수는 없을까? 만약 가능하다면 칸트의 미학은 혁명과 창조의 미학으로 비약할 수도 있을 듯하다. 이것이 우리에게 남겨진 숙제다.

고찰
REMARKS

관람의 미학에서 창조의 미학으로

벤야민은 '아우라aura의 상실'에 대해 이야기했다. 아우라는 예술작품의 반복 불가능성, 혹은 단독성에서 유래하는 유일무이하다는 느낌 혹은 분위기를 의미한다. 예를 들어 레오나르도 다빈치가 그린 〈모나리자〉는 유일무이한 것이기 때문에 다른 것이 대신할 수 없는 미적인 아우라를 가지고 있다고 할 수 있다. 그런데 문제는 과학기술의 발달로 다빈치의 〈모나리자〉를 대량 복제하는 것이 가능해졌다는 점이다. 《기술복제시대의 예술작품Das Kunstwerk im Zeitalter seiner technischen Reproduzierbarkeit》에서 그는 말한다. "복제에서 빠져 있는 예술작품의 유일무이한 현존성을 우리는 아우라라는 개념을 가지고 다음과 같이 요약할 수 있다. 즉 예술작품의 기술적 복제 가능성의 시대에서 위축되고 있는 것은 예술작품의 아우라이다. …… 복제기술은 복제품을 대량생산함으로써 일회적 산물을 대량 제조된 산물로 대치시킨다. 복제기술은 수용자로 하여금 그때그때의 개별적 상황 속에서 복제품과 대면하게 함으로써 그 복제품을 현재화한다. 이 두 과정, 즉 복제품의 대량생산과 복제품의 현재화는 결과적으로 전통적인 것을 마구 뒤흔들어놓았다."

　벤야민의 지적은 날카롭다. 이제 〈모나리자〉는 유일무이한 것이 아니라, 지나칠 정도로 많아진 셈이다. 티셔츠에, 벽지에, 혹은 머그잔에, 심지어 문신으로도 〈모나리자〉는 도처에 출몰한다. 이런 대량 복제기술로 〈모나리자〉는 마침내 아우라를 상실하게 된 것이다. 바로 이 점에서 우리는 미적 가치의 문제에 대해 새롭게 생각할 실마리 하나를 얻을 수 있다. 칸트는 일상적인 관심과 이론적인 관심을 떠나서 어떤 사물을 바라보았을 때 만족을 준다면, 그것이 바로 미적 가치를 가진 것이라고 생각했다. 하지만 미적 가치의 문제가 그렇게 주관적인 차원만 갖는다는 것은 너무 소박한 생각이 아닐까? 오히려 미적 가치는 '가치' 일반이 가진 사회적 차원을 함축하는 것이라고 보아야 한다. 다시 말해 미적 가치도 교환 과정을 통해서만 생성되고 사라질 수 있다는 것이다. 자신의 주저 《돈의 철학Philosophie des Geldes》에서 짐멜은 청년 벤야민의 스승답게 가치란 대다수의 사람이 욕망하는 것이 희소할 때에만 발생할 수 있다고 이야기했다. 이미 가치에는 나 외의 다른 타자, 그들의 시선이 개입되어 있었던 셈이다. 그렇다면 결국 사람들이 욕망하긴 하지만 매우 희소한 상태의 대상에 대해 느껴지는 감정, 바로 이것이 벤야민이 말한 아우라의 다른 의미였던 셈이다.

부르디외가 말했던 구별짓기에 대한 무의식적인 취향, 그리고 리오타르가 말한 새로움에 대한 강박증적 집착 역시 이 아우라의 느낌과 관련된 것이다. 모든 사람이 가질 수 있는 것이라면 그것은 비록 아름답다고 하더라도 더 이상 과거와 같은 미적인 가치를 가질 수는 없게 될 것이다. 결국 칸트가 이야기했던 아름다움은 부르디외와 벤야민에 의해 해체되고 만다. 더군다나 아름다움과 함께 미적인 것의 쌍벽을 이루던 숭고도 리오타르에게 조롱거리로 전락해버렸다. 새로운 표현 기법이나 새로운 작품이 나온다고 해도, 그것이 산업자본주의에 포획된 신상품의 논리에서 얼마나 벗어날 수 있다는 말인가? 이렇게 칸트의 미학이 죽은 개 취급받는다는 것은 그가 애써 확보했던 미학의 독립성이 훼손되었다는 걸 의미한다. 현대미학은 지금 갈림길에 서 있다. 칸트의 미학을 수리해서 더 단단한 반석에 올려놓을 것인가? 아니면 칸트 이전의 미학, 그러니까 진선미의 삼위일체를 표방하던 전통 미학으로 다시 돌아갈 것인가?

현대미학의 운명을 가늠하느라 우리가 쉽게 간과할 수 있는 것이 있다. 그것은 플라톤도 칸트도 부르디외도 리오타르도 심지어 벤야민마저도 모두 예술작품을 창조하는 예술가가 아니라 관람객에 지나지 않는다는 사실이다. 그러니까 이들 철학자들은 고급 관람객이나 혹은 고급 평론가에 지나지 않는다. 결국 지금까지 우리는 관람의 미학만 다룬 셈이다. 그러나 미학에서 정말로 중요한 것은 바로 예술작품을 만드는 예술가가 아닐까? 일단 예술작품이 만들어진 다음에야 관람도 그리고 평론도 할 수 있을 테니 말이다. 그렇다면 창조의 미학, 즉 예술작품을 만드는 예술가의 내적 메커니즘을 알려주는 창조의 미학의 실마리는 어떻게 잡을 수 있을까? 흥미롭게도 그것은 서양에서가 아니라 동아시아 제자백가에서 먼저 찾을 수 있다. 《장자》의 〈전자방田子方〉편을 먼저 읽어보자.

"송宋나라 원군元君이 어떤 그림을 그리려고 하자, 여러 화공들이 많이 모여들었다. 화공들은 그림을 그리라는 명령을 받고 읍하고 서서 붓을 빨며 먹을 가는데, 방 안에 미처 들어가지 못한 화공들이 반수를 넘을 정도였다. 어떤 화공이 뒤늦게 도착하였지만 여유로운 듯이 종종걸음을 하지도 않았고, 명령을 받고도 읍하고 서는 일도 없이 자신에게 배정된 숙소로 돌아가버렸다. 원군은 사람을 시켜 살펴보게 하였는데, 그는 옷을 벗고 다리를 쭉 뻗어 벌거숭이가 되어 있는 상태였다. 보고를 받자 원군은 말했다. '됐다! 이 사람이 진짜 화가眞畵者'다."

자신의 초상화나 아니면 다른 그림을 갖고 싶었던 어느 군주가 진짜 화가를 고르는 에피소드다. 진짜 화가는 주변의 인간관계와 권력관계마저 의식하지 않는 어린아이와 같은 모습을 하고 있다. 바로 이 대목이 관람의 미학이 엿볼 수 있는, 창조의 미학관이 누릴 수 있는 혁명성을 보여준다. 창조의 과정은 일체 기존의 권위구조를 부정해야만 가능하기 때문이다. 《차라투스트라는 이렇게 말했다》에 등장하는 "어린아이는 순진무구요 망각이며 새로운 시작, 놀이, 스스로의 힘에 의해 돌아가는 바퀴이며 최초의 운동이자 거룩한 긍정이다"라는 니체의 말이 연상되는 대목이다. 그는 단지 자신이 그릴 그림에만 집중할 뿐이다. 그러니 자신과 그림 이외에 일체의 것들을 의식 속에서 깨끗하게 지워버린 것이다. 진짜 화가의 어린아이와 같은 모습은 이렇게 등장하게 된 것이다. 그렇다면 구체적으로 예술작품을 창조하기 직전 예술가의 내면, 즉 어린아이와 같은 내면은 어떤 모습인지 살펴보도록 하자. 《장자》의 〈달생達生〉 편에는 이와 관련된 흥미로운 에피소드가 하나 실려 있다.

"재경梓慶이라는 유명한 목수가 나무를 깎아서 악기 받침대를 만들었다. 받침대가 만들어지자 그것을 본 사람들은 귀신의 솜씨와 같다며 놀라워했다. 노나라 군주도 악기 받침대를 보고 재경에게 물었다. '자네는 어떤 방법으로 이렇게 만들었는가?' 그러자 재경이 대답했다. '저는 비천한 목수인데, 무슨 별다른 방법이 있었겠습니까? 그렇지만 한 가지 방법이 있기는 합니다. 받침대를 만들 때 저는 기氣를 소모하는 일이 없이 재계하여 마음을 고요하게 만듭니다. 삼일 동안 재계하면 축하, 상, 그리고 작록 등에 대한 기대를 마음에 품지 않게 됩니다. 오일 동안 재계하면 비난과 칭찬, 그리고 잘 만듦과 그렇지 않음에 대한 기대를 마음에 품지 않게 됩니다. 칠일 동안 재계하면 문득 내 자신에게 사지와 몸이 있다는 것을 망각하게忘 됩니다. 이때가 되면 국가의 위세에 대한 두려운 생각이 마음속에 없어지게 되고 안으로는 마음이 전일해지고 밖으로는 방해 요인들이 사라지게 됩니다. 이런 다음에 저는 산림으로 들어가 성질과 모양이 좋은 나무를 살펴보다가, 완성된 악기 받침대를 떠올리도록 만드는 나무를 자릅니다. 만약 그렇지 않다면 저는 결코 나무에 손을 대지 않습니다. 저의 역량과 나무의 역량이 부합되니以天合天, 제가 만든 악기 받침대가 귀신이 만든 것 같다고 하는 이유도 아마 여기에 있는 것 같습니다.'"

재경이란 목수는 지금 입장에서 보면 조각가라고 할 수 있다. 분명 그는 누군가의 주문으로 악기 받침대를 만든 것이다. 제작 과정에서 주문자를 의식하는 순간, 재경은 그냥 단순한 목수에 지나지 않을 것이다. 그러나 재경은 예술가의 반열에 올라서 있다. 예술가는 자신과 작품 사이에 일체의 가치를 두지 않기 때문이다. 심지어 국가의 위세마저 철저하게 배제해야 예술가는 창조 작업을 시작할 수 있다. 창조 과정 중 처음 단계에서 그의 의식에 들어오는 것은 악기 받침대를 만들겠다는 막연한 생각뿐이다. 그러나 최종적으로 만들어지는 악기 받침대는 전적으로 이런 막연한 제작 계획으로 가능한 것은 아니다. 오히려 어떤 악기 받침대를 만들지를 결정하는 것은 산속의 나무들이라고 할 수 있다. 산속에서 그는 완성된 악기 받침대를 떠올리게 하는 나무와 우선 마주쳐야만 하기 때문이다. 악기 받침대라는 막연한 관념이 완성될 악기 받침대라는 구체적인 관념으로 변하는 것은 바로 이 순간이다. 아니 정확히 말해 바로 이 순간에 재경의 뇌리에는 악기 받침대라는 막연한 관념마저 사라진다고 해야 할 것이다. 그래야만 특정 나무가 강제하는 완성될 악기 받침대라는 구체적 관념이 그 자리를 대신할 수 있을 테니 말이다.

그래서 만들어진 악기 받침대는 재경이 만드는 것인지 아니면 그가 마주친 나무가 강제하는 것인지 식별되지 않는다. 모든 것이 마치 나무가 스스로 자신을 악기 받침대로 탈바꿈하는 식으로 이루어지기 때문이다. 그래서 "저의 역량과 나무의 역량이 부합한다"는 재경의 말이 중요하다. 동아시아에서 천(天)은 인(人)과 대립되는 개념이다. 인(人)이 어떤 인위적인 의도나 노력을 가리킨다면, 천(天)은 어떤 의도도 없는 자발적인 움직임을 의미한다. 결국 재경의 손과 나무의 결이 어떤 매개도 없이 마주치는 것이 바로 창조의 과정이었던 셈이다. 질료들의 충돌! 몸들의 충돌! 이를 통해 귀신이 만든 것처럼 정교한 악기 받침대가 탄생한 것이다. 결국 창조에서 관건은 관념이 아니라 몸, 플라톤의 용어를 빌리자면 형상이 아니라 질료였다고 할 수 있다. 그래서 니체도《차라투스트라는 이렇게 말했다》에서 이렇게 말했던 것이다.

"신체를 경멸하는 자들에게 나는 말하련다. 저들로서는 이제 와서 마음을 바꿔 새로운 것을 배우거나 전과 다른 새로운 가르침을 펼 필요가 없다. 그 대신에 자신들의 신체에게 작별을 고하고 입을 다물면 된다. '나는 신체이자 영혼이다.' 어린아이는 그렇게 말한다. 어찌하여 사람들은 어린아이처럼 이야기하지 못하는가? 그러나 깨어난 자, 깨우친 자는 이렇게까지 말한다. '나는 전적으로 신체일 뿐, 그 밖에는 아무것도 아니며, 영혼이란 것도 신체 속에 있는 그 어떤 것에 붙인 말에 불과하다'고. 신체는 커다란 이성이며, 하나의 의미를 지닌 다양성이고, 전쟁이자 평화, 가축 떼이자 목자이다. 형제여, 네가 '정신'이라고 부르는 그 작은 이성, 그것 또한 너의 신체의 도구, 이를테면 너의 커다란 이성의 작은 도구이자 놀잇감에 불과하다. 너희들은 '나Ich'라고 말하고는 그 말에 긍지를 느낀다. 믿기지 않겠지만 그 자아보다 더 큰 것들이 있으니 너의 신체와 그 신체의 커다란 이성이 바로 그것들이다. 커다란 이성, 그것은 '나'라고 말하는 대신에 그 자아를 실천한다."

예술작품이 탄생하는 순간, 예술가는 '나는 신체이자 영혼이다'라고 말할 수 있는 상태에 이른다. 그림도 그렇고, 글도 그렇고, 음악도 그렇고, 조각도 그렇다. 그저 손이 움직인다. 춤을 추듯 손이 캔버스에서, 오선지에서, 키보드에서, 혹은 나무 토막에서 움직이고 정신은 그저 자신의 손에 경탄할 뿐이다. 그러니 일상적인 자아와는 다른 자아, 일상적 자아보다 더 거대한 창조적 자아가 존재한다고 할 수 있다. 신체적 자아 혹은 자아적 신체라고 말해도 좋다. 결국 신체의 운동, 혹은 실존 전체의 운동에서 분리된 '자아' 혹은 '정신'은 그보다 더 거대한 '신체적 자아'나 '신체적 정신'의 그림자에 불과한 것이다. 그래서 《차라투스트라는 이렇게 말했다》에는 다음과 같은 말이 등장할 수 있었던 것이다. "정신이란 것, 신체에게 그것은 어떤 존재인가? 신체가 벌이는 싸움과 승리를 알리는 전령사, 전우 그리고 메아리 정도가 아닌가. …… 형제들이여 너희들의 정신이 비유를 들어 이야기하려 들면, 항상 주목하라. 바로 거기에 너희들의 덕의 근원이 있으니. 그렇게 되면 너희들의 신체는 고양되고 소생하게 되리니. 신체는 자신의 환희로 정신을 매료시킨다. 정신으로 하여금 창조하는 자, 평가하는 자, 사랑하는 자, 그리고 온갖 사물에게 선행을 베푸는 은인이 되도록."

어쨌든 예술가는 신체가 가고자 하는 대로 끌리는 사람이지만, 평론가는 자신의 정신으로 예술작품을 포획하려고 하는 사람이다. 그래서 예술가는 어린아이와 같고, 반대로 아무리 우호적인 평론가라고 해도 관객은 어른일 수밖에 없다. 어린아이를 이해하려고 해도 어른은 결코 어린아이를 완전히 이해할 수 없는 법이다. 물론 이것은 예술작품을 만든 예술가에게도 그대로 적용된다. 예술작품이 완성된 순간, 그러니까 창조의 순간이 지나자마자, 예술가는 어린아이에서 다시 어른으로 되돌아올 테니 말이다. 결국 신체의 움직임에 홀린 듯이 이끌리지 않는 예술가나 혹은 정신만으로 예술작품을 이해하려는 평론가나 모두 창조의 순간에서는 벗어나 있다고 할 수 있다. 그래서 어쩌면 창조의 순간을 그나마 비슷하게라도 포착하고 싶다면, 우리는 어린아이의 자발적 유희를 관찰하는 것으로 충분할지 모른다. 20세기 최고의 평론가라고 할 수 있는 벤야민이 《일방통행로Einbahnstraße》에서 했던 것도 바로 이것이다.

"교육가들은 심리학에 홀려 있기 때문에 이 세상에는 아이들의 주목을 끌고 그들이 갖고 놀 수 있는 온갖 비할 데 없는 물건들이 넘쳐나고 있다는 사실을 알 리가 만무하다. 딱 안성맞춤인 물건들 말이다. 아이들은 성향상 특히 사물을 다루는 방법을 분명하게 알 수 있는 곳이라면 어디든지 쫓아가는 것을 좋아하기 때문이다. 그들은 건축, 정원 일이나 가사, 재봉이나 목공에서 발생하는 쓰레기에 끌리는 것을 어쩌지 못한다. 쓰레기로 발생하는 것 중에서 아이들은 사물들의 세계가 바로 자신들에게, 자신들에게만 돌리고 있는 얼굴을 인식한다. 그것들을 이용해 아이들은 어른들의 작품을 모방하기보다 그냥 놀다가 만든 것을 통해 실로 다양한 종류의 소재 상호 간에 새로운, 비약적인 관계를 만들어낸다. 그런 식으로 그들만의 사물 세계, 커다란 사물 세계 속의 작은 사물 세계를 스스로 만들어낸다."

바로 이것이다. 어른이면서 어린아이의 희열을 가슴에 품고 있는 사람, 이 사람이 바로 예술가다. 사물들이 자신에게 말을 걸고 얼굴을 들이밀고 있다는 걸 느끼고 있는 사람. 그래서 주변에서 정신 차리라는 충고를 듣는 사람. 타인의 작품을 모방하는 걸 지루한 일이라고 아는 사람. 그래서 주변에서 학습 능력이 없는 사람이라고 지탄받는 사람. 즐겁게 사물들을 만지다가 그것들 사이에 전적으로 새로운 비약적 관계를 만들어내는 사람. 그래서 기존 사람들한테서 세계의 질서를 어지럽힌다는 비난을 받는 사람. 자기만의 스타일로 자기만의 세계를 확고히 만들어 타인에게 보여줄 수 있는 사람. 그래서 사람들한테서 난해하다는 평가를 받고 무관심에 방치되는 사람. 이런 사람이 예술가가 아니면 누가 예술가일 수 있겠는가. 불행히도 지금 우리는 어린아이면서도 이미 어른이 되어버린 아이들이 많은 시대에 살고 있다. 아니 더 심각한 것은 어린아이마저도 다 살아버린 어른처럼 되어가고 있는 실정이다. 예술가는 사라지고 관객만 남는 살풍경이 벌어지는 시대에 산다는 건 정말 쓸쓸한 일 아닌가?

　　관람과 창조는 다른 것이다. 그래서 관람의 미학과 창조의 미학은 다를 수밖에 없다. 아니 더 정확히 말해 관람은 창조에 비해 열등한 것이라고 할 수 있다. 창조가 없다면, 어떻게 관람이 있을 수 있다는 말인가? 결국 칸트 이후 발달하기 시작해서 아예 미학과라는 이름으로 제도화하는 데 성공한 관람의 미학은 원천에서부터 재고되어야 한다. 아니 미학과가 아니라고 하더라도 국문학과, 불문학과, 심지어 철학과마저도 창조보다는 기존 작품의 향유와 평가에 초점이 맞추어져 있는 것이 실정 아닌가. 이런 향유와 평가는 예술작품의 창조에 비해 무가치한 활동일 가능성이 크다. 아무리 장미에 대해 미사여구를 늘어놓는다고 하더라도, 이것으로는 들판의 장미꽃 한 송이조차도 피워내지 못하는 법이니 말이다. 더군다나 부르주아 사회에서 예술작품에 대한 미학적 평가가 예술작품의 상품가치와 소비와 밀접한 관련을 맺는다는 점도 간과해서는 안 될 것이다. 물론 그렇다고 해서 창조의 미학을 체계화하자는 이야기는 아니다. 창조는 자신을 정당화하는 창조의 미학이 없이도 충분히 창조의 역량을 발휘할 테니 말이다.

15

에로티즘은 본능적인가?

쇼펜하우어

_____ VS _____

바타유

쾌락원리와 현실원리 사이에서

라캉이 이야기했던 것처럼 욕구need와 욕망desire은 다른 개념이라고 할 수 있다. 들뢰즈는 반대하겠지만 라캉에게 욕구나 욕망은 모두 어떤 결여를 전제로 하는 개념이다. 그런데 욕구가 단순히 부족한 무엇인가를 얻으면 간단히 충족되는 것인 반면, 욕망은 단순한 충족을 뒤로 연기하면서도 여전히 충족을 지향하는 복합적인 감정이라고 할 수 있다. 가령 동물이나 인간은 모두 배고픔을 느끼는데, 이 가운데 오직 인간만이 배고픔에 대한 직접적인 충족을 뒤로 미룰 수 있다. 인간만이 애피타이저를 즐기고 상대방과 대화를 나누면서 배고픔의 완전한 충족을 뒤로 미룰 수 있다. 이것은 성욕의 경우에도 마찬가지다. 성적으로 성숙해지면 동물이나 인간은 모두 성적인 결핍감을 느낀다. 동물이 발정기가 되면 허겁지겁 짝짓기를 하는 반면, 인간은 이성에게 성적 욕구를 느끼지만 그럼에도 직접적인 욕구의 충족은 뒤로 미루곤 한다. 상대방과 와인을 마시며 환담을 나누거나 혹은 가볍게 애무와 키스를 나누면서 직접적인 성교를 뒤로 미루는 것 등이 바로 이러한 사례이다.

그렇다면 인간에게만 고유한 욕망, 동물이 보기에는 너무도 번잡해 보이기까지 하는 이런 복잡한 경로의 욕망은 어떻게 해서 발생하는 것일까? 우리는 그에 대한 실마리를 프로이트의 정신분석학에서 찾을 수 있다.

'쾌락-자아'는 쾌락을 '소망'하며, 다시 말해 쾌락 생산에만 매진하고 불쾌는 회피하려고 노력한다. 마찬가지로 '현실-자아'는 '유용한' 것만을 추구하고 손상을 당하지 않으려고 스스로의 경계를 늦추지 않는다. 사실은 쾌락원리를 현실원리로 대체한다고 해서 쾌락원리를 완전히 폐기해버리는 것을 의미하는 것은 아니다. 오히려 그와 같은 현실원리의 대체가 쾌락원리를 보호한다고 할 수 있다. 그 결과가 불확실한 어떤 순간적인 쾌락은 포기되지만 그것은 새로운 길을 통해서 나중에 더욱 확실한 쾌락을 보장받기 위해서이다.

-《정신적 기능의 두 가지 원칙

Formulierungen über die zwei Prinzipien des psychischen Gesschehens》

쾌락원리에 지배되는 '쾌락-자아'는 쾌감을 지향하고 불쾌함을 피하는 데 모든 관심을 집중한다. 이런 '쾌락-자아'는 갓난아이에게서 더 분명히 관찰되는 자아 형식이라고 할 수 있다. 예를 들어보자. 배고픔이 불쾌감으로 다가온다면, 갓난아이는 배를 채움으로써 불쾌감을 피하려고 할 것이다. 반면 어머니의 가슴이 주는 온기가 쾌감을 준다면, 갓난아이는 어머니의 가슴에 파고들려고 할 것이다. 아주 어렸을 때는 자신의 욕구가 대부분 손쉽게 충족되는 것을 느끼겠지만, 점차 한두 살 나이를 먹으면서 주변 상황이 달라지는 것을 감지하지 않을 수 없다. 가령 할아버지 제사상의 음식을 보았을 때 이 어린아이가 멋모르고 덥석 음식을 집었다고 해보자. 그 순간 이 아이는 자신의 부모에게서 따가운 눈총을 받거나 아니면 등짝을 한 대 얻어맞을 수도 있다. 이것은 이 아이에게 일종의 트라우마가 될 수 있는데, 최초의 타자로서 어머니 혹은 아버지가 보내는 차가운 시선이 아이로 하여금 자신의 존재에 대한 불안감을 느끼도록 만들 수 있기 때문이다. 특히 어머니의 관심과 사랑은 자신의 생존을 위해 절대적으로 필요하다는 것을 본능적으로 알고 있는 아이가 어머니의 사랑이 철회될 수도 있고 혹은 사라질 수도 있다는 불안감을 점차 의식하게 되는 것이다. 이런 메커니즘을 통해 기존의 '쾌락-자아'는 '현실-자아'로 변형된다. 이때 '현실-자아'라는 것은 결국 현실원리Realitätsprinzip, reality principle를 수용한 자아 형식이라고 할 수 있다.

'현실-자아'란 직접적인 욕구 충족을 뒤로 미룰 수 있는, 혹은 미룰 수밖에 없는 주체를 가리킨다. 앞서 언급한 아이는 이제 제사를 모두 마칠 때까지 자신의 배고픔을 참을 수 있게 된다. 아니 반드시 참아야만 한다. 이것은 어머니의 욕망, 즉 "내 아이가 제사가 끝난 뒤에 음식을 먹기를 바라는"

어머니의 욕망을 아이가 수용한 결과라고 할 수 있다. 자신의 안정적인 생존을 위해 '현실-자아'는 어머니가 사랑할 만한 대상이 되려고 노력해야 하기 때문이다. 오직 그럴 때에만 어머니의 관심과 애정이 지속적으로 확보된다는 것을 이 아이도 너무나 분명히 알고 있었던 것이다. 바로 이 대목에서 우리는 《에크리Écrits》에 나타나는 라캉의 정의, 즉 욕망에 대한 그의 난해한 정의를 이해할 수 있는 실마리 하나를 얻을 수 있다.

> 욕망désir은 충족을 위한 충동besoin도 아니고 사랑을 위한 요구demande도 아니고, 후자에서 전자를 뺀 차이이다.　　　　　　　　-《에크리》

여기서 '충족을 위한 충동'이란 곧 욕구를 의미한다. 제사음식을 보고 아이의 내면에서 발생하는 먹고 싶은 충동이 그 예가 될 수 있다. 그래서 '충족을 위한 충동'은 프로이트의 표현을 빌리자면 쾌락원리Lustprinzip, pleasure principle의 지배를 받는다. 한편 '사랑을 위한 요구'는 어머니의 지속적인 관심과 애정을 바라는 요구를 말한다. '사랑을 위한 요구'가 '충족을 위한 충동'보다는 더 간접적이고 더 지속적이라고 할 수 있다. '사랑을 위한 요구'가 달성되면, 아이는 어머니로부터 지금은 아니지만 앞으로 다양한 쾌락을 제공받을 수도 있다. 하긴 어머니의 사랑을 받는다면, 아이는 제사음식뿐만 아니라 달콤한 아이스크림, 혹은 쾌적한 잠자리 등도 제공받을 수 있으니까. 이처럼 '사랑을 위한 요구'는 '충족을 위한 충동'과는 달리 현실원리의 지배를 받는다.

라캉은 욕망이 '충족을 위한 충동'도 아니고 그렇다고 '사랑을 위한 요구'도 아니라고 명확히 말한다. 그의 말대로 '사랑을 위한 요구'에서 '충족을 위한 충동'을 빼고 남은 것이 바로 욕망이기 때문이다. 제사음식을 먹고 싶은 '충족을 위한 충동'을 '사랑을 위한 요구'로 억누르면, 그때에만 우리는 제사음식에 대한 욕망이 발생한다는 것이다. 그러니까 라캉의 지적에 따른다면 욕망이란 것은, 배고픔을 채우려는 욕구를 주체가 현실원리를 수용하면서 미룰 때 발생하는 것이라고 할 수 있다. 욕망이 '쾌락원리'와 '현실원리' 사이의 차이, 혹은 욕구의 주체와 사회적 금기 사이의 차이라고 정의할 수 있는 이유가 바로 여기에 있다. 여기서 현실원리라는 것은 어머니라는 최초의 타자를 매개로 해서 수용된 사회적 규범 혹은 사회적 금기와 다름없는 것이다. 성적 욕망도 마찬가지다. 인간의 성적 욕망도 단순히 성적인 욕구를 채우는 것과는 구별될 필요가 있다. 라캉에 따르면 성적인 욕망도, '사랑을 위한 요구'에서 '성적인 욕구', 즉 직접적인 충족에 대한 욕구를 뺀 차이라고 볼 수 있기 때문이다. 물론 이 경우 '사랑을 위한 요구'도 어머니를 대표로 하는 현실원리와 다름이 없다.

불행히도 프로이트와 라캉 이전에는 성적인 욕망이란 것이 성적인 욕구와 별다른 차이가 없는 것으로 사유되었다. 이것은 인간의 에로티즘을 동물적인 충동으로 사유했다는 것을 의미한다. 예를 들어 《고백록Confessiones》에서 아우구스티누스Aurelius Augustinus(354~430)는 자신의 의지로 통제할 수 없는 에로티즘이 모든 고통의 기원이라고 고백했다. 그는 육체적이고 동물적인 에로티즘을 극복하고 신에 대한 정신적인 사랑으로 개종하려고 했던 인물이다. 이것은 물론 육체보다 영혼의 우월성을 유독 강조했던 플라톤 철학의 유산이기도 했다. 하지만 18세기에 들어와서 에로티즘을 단순히 육체적인 것이 아니라 종족 보존을 위한 삶의 의지로 긍정하려는 사유 경향이 일부 대두되었다. 아마도 쇼펜하우어Arthur Schopenhauer(1788~1860)가 그 대표적인 사상가라고 할 수 있을 것이다. 에로티즘이 개체의 단순한 욕구가 아니라 개체에 내재된 종을 보존하겠다는 맹목적 의지의 발현쯤으로 이해한 것이다. 그러나 여전히 인간 욕망을 동물적 충동과 같은 것으로 사유하고 있다는 맹점은 그대로 노출되어 있다.

쇼펜하우어: "생의 맹목적 의지가 인간의 성욕을 촉발한다."

현상세계와 실체세계를 구분하면서, 칸트는 실체세계가 우리의 감성을 촉발할 뿐 우리가 인식할 수 있는 대상은 아니라고 강조했다. 인도 사상, 특히 힌두교와 불교에서 깊은 영향을 받은 쇼펜하우어는 현상과 실체라는 칸트의 도식을 새롭게 해석해낸다. 그는 물자체를 칸트와 달리 맹목적인 의지라고 정의 내렸다. 여기서 맹목적 의지는 무언가를 촉발하고 발생시키는 어떤 힘으로 이해하면 쉽다. 사실 의지의 맹목성은 우리 입장에서만 맹목적인 것으로 보일 뿐이다. 의지의 입장에서는 자신을 보존해야 한다는 명확한 목적을 가지고 있다. 스피노자의 영향이 짙게 드리워진 대목이다. 어쨌든 쇼펜하우어에게 현상세계란 단지 맹목적 의지가 드러난 것에 지나지 않았다. 사실 우리의 감성을 촉발하는 물자체만이 맹목적인 의지인 것은 아니다. 현상세계를 인식하고 있는 인간 자체도 맹목적 의지라고 볼 수 있기 때문이다. 인간 자신도 물자체의 범주에 들어간다는 점에서, 인간 자체가 맹목적 의지에 지배된다는 생각은 당연한 귀결일 것이다.

이제 쇼펜하우어에게서 근대 독일 철학의 화두였던 투명한 '자기의식'의 논의도 희석되고 만다. 외부의 물자체를 알 수 없는 것과 마찬가지로, 우리는 자기 자신도 알 수 없기 때문이다. 쇼펜하우어는 인간을 포함한 모든 생물의 현상적인 의지, 혹은 개체적인 의지가 절대적이고 유일한 우주론적 의지의 한 가지 구체적 실현 양상이라고 이해했다. 이 부분에서 힌두교가 주장하는 범아일여梵我一如 사상이 그에게 미친 영향이 분명하게 드러난다. 범아일여 사상에 따르면 우주적 신인 브라흐만brahman, 즉 범梵과 세상에 존재하는 다양한 개체들의 아트만ātman, 즉 아我는 동일한 것이다. 쇼펜하우어에게는 브라흐만의 자리에 맹목적 의지가 그리고 아트만의 자리에 개체적 의지가 들어간다. 그러니까 쇼펜하우어는 범아일여의 구조를 힌두교에서 빌리지만, 그것을 부정적 뉘앙스로 사용하고 있다고 할 수 있다. 그에게 개체

펠릭스 발로통이 그린 쇼펜하우어 캐리커처(1896). 성욕, 에로티즘, 사랑은 오직 하나의 목적, 즉 종족 보존을 실현하기 위한 수단에 불과하다는 것, 이것이 쇼펜하우어의 근본적인 입장이었다.

를 지배하는 맹목적인 삶의 의지는 정의와 인류애를 가로막는 일종의 장애물이자 질병이기 때문이다.

쇼펜하우어가 불교적인 철학자였던 것도 이런 이유에서다. 그는 동정심, 혹은 타인의 고통에 대한 감수성을 중시했기 때문이다. 바로 이것이 불교의 자비 아닌가? 결국 개체적 의지를 지배하는 맹목적 의지에 대한 쇼펜하우어의 성찰은 질병의 원인을 찾으려는 의사의 진단과 유사한 것이다. 주저 《의지와 표상으로서의 세계Die Welt als Wille und Vorstellung》에서 쇼펜하우어가 "전체, 즉 물자체의 본질에 대한 인식은 모든 의욕의 진정제가 된다"고 말했던 것도 이런 이유에서다. 이러한 관점을 가진 그에게 인간의 에로티즘, 혹은 성욕이란 것은 개체들의 작은 의지와 그 이면에 존재하는 더 거대한 맹목적 의지를 가장 잘 보여주는 사례였다고 할 수 있다.

성욕은 정욕 중에서 가장 격심한 것으로 욕망 중의 욕망, 즉 우리의 모든 욕망의 집결체이다. 그리고 개인적인 성욕, 즉 어떤 특정한 개인을 대상으로 한 그 사람 고유의 성욕의 만족은 행복에 대한 결정이자, 하나의 왕관이며, 이것만 손에 넣으면 모든 것을 얻게 되는 것이고, 반면에 이것을 손에 넣지 못하면 모든 것에 실패한 듯이 생각되는 것이다. 그러므로 우리는 성욕의 생물학적 측면으로서 객체화된 의지 속에서, 다시 말해 인간의 조직 속에서 호르몬이 분비물 중의 분비물이며 모든 액체의 정수이고, 유기적인 모든 기능의 최종 결과임을 상기하지 않을 수 없다. —《의지와 표상으로서의 세계》

쇼펜하우어에게 성욕, 혹은 에로티즘은 정신과 관련된 것만은 아니었다. 그것은 우리 인간 개체의 전 실존, 즉 정신적 측면과 육체적 측면을 포괄하는 맹목적 의지의 실현으로 이해되었기 때문이다. 우선 정신적으로 보면 성욕이란 것은 그의 말대로 '어떤 특정한 개인을 대상으로 해서 그 사람을 통해 성욕이 만족되면 모든 것을 얻을 것 같은' 확신을 정신에 심어준다. 하지만 쇼펜하우어는 성욕에 빠진 인간의 신체적 변화도 간과하지 않았다. 어떤 성적 대상에 에로티즘을 느낀 우리의 몸에는 호르몬이 저절로 분비되기 때문이다. 그래서 그에게 "호르몬은 분비물 중의 분비물이며 모든 액체의 정수이고, 유기적인 모든 기능의 최종 결과"로 간주되었던 것이다. 그렇다면 정신적 차원과 육체적 차원에서 동시에 작동하는 개체의 성욕을 통해 맹목적 의지가 진정으로 실현하길 원했던 것은 무엇일까? 쇼펜하우어는 종족 보존이라는 측면에서 그 문제의 답을 구한다.

본래 사랑하는 두 남녀의 애정이 깊어진다는 것은 이미 이 두 사람이 낳을 수 있고, 또 낳고 싶어하는 새로운 개인의 삶에 대한 의지를 말한다. 이뿐만 아니라 두 사람이 서로 눈짓을 교환할 때 이미 새로운 삶이 꿈틀거리고 있으며, 장차 잘 조화되고 결합된 개성으로서 모습을 나타내고 있다. 사랑하는 두 사람은 자기들이 만들 새로운 생명을 통하여 장래에도 계속해 살아가기 위해 현실에 하나의 존재로 결합되고 융합되기를 동경하는 마음을 갖는다. 이 동경은 두 사람이 갖고 있는 각각의 개성이 새로운 생명 속에서 유전되고 결합되고 융합되었을 경우에 이 새로운 생명에 의해 열매를 맺게 된다.

-《의지와 표상으로서의 세계》

성욕, 에로티즘, 사랑은 오직 하나의 목적, 즉 종족 보존을 실현하기 위한 수단에 불과하다는 것, 이것이 쇼펜하우어의 근본적인 입장이었다. 그래서 "사랑하는 두 사람은 자기들이 만들 새로운 생명을 통하여 장래에도 계속해 살아가려고 한다"는 그의 말이 중요하다. 사실 새로운 생명을 낳는다고 해서 사랑하는 두 사람이 계속해서 함께 살 수는 없는 법이다. 마지막까지 계속 살아가는 것은 인간이라는 종족 그 자체라고 보아야 할 것이다. 정확히 말해 종족 보존의 의지, 혹은 맹목적 생존 의지가 사랑하는 두 사람을 매개로 삼아 새로운 개체로 전달되고 있다고 볼 수 있다. 이 점에서 쇼펜하우어는 일정 부분 헤겔의 역사철학 테마를 다른 방식으로 반복하고 있다고 할 수 있다. 《역사철학강의》에서 헤겔은 역사를 '이성의 간지List der Vernunft'라고 규정했다. 헤겔에 따르면 역사를 이끌어가는 주체는 인간 개체들인 것처럼 보이지만 사실 진정한 주체는 인간 개체들을 조종하는 이성, 즉 절대정신이다. '이성의 간지'라는 개념은 쇼펜하우어의 에로티즘이나 사랑 개념에도 그대로 적용될 수 있다. 물론 이성의 간지보다는 '의지의 간지List der Wille'라는 표현이 더 정확하겠지만 말이다.

표면적으로 사랑하는 남녀가 자유롭게 사랑과 결혼생활을 영위하는 것처럼 보이지만, 그것은 종족을 보존하려는 맹목적인 삶의 의지의 한 책략, 혹은 한 가지 계기에 지나지 않는다. 사랑하는 남녀는 단지 맹목적 의지의 간지에 빠져서 허우적거리고 있을 뿐이라는 것이다. 흥미로운 것은 쇼펜하우어의 발상이 아직도 생물학에서는 그대로 적용되고 있다는 점이다. 《이기적 유전자The selfish gene》에서 도킨스Richard Dawkins(1941~)는 생명의 운동에서 인간 개개인은 매체에 지나지 않을 뿐 생명의 진정한 주인공은 바로 유전자라고 주장했다. 이에 따르면 모든 개별적 생명체들은 유전자의 의도를 실현하고 있는 단계적 매체에 불과하다. 그러나 잊지 말아야 할 것은 도킨스는 쇼펜하우어의 절반만 취하고 있다는 사실이다. 도킨스가 유전자와 맹목적 의지에 복종할 때, 쇼펜하우어는 의지의 간지를 극복하려고 한다. 종족 보존의 의지와 같은 맹목적 의지를 절실히 자각해야 그것을 극복할 수 있다. 이것이 바로 맹목적 의지로부터 자유를 꿈꾸었던 쇼펜하우어의 속내였다. 결국 그도 인문주의자였던 것이다.

Ⓚ

바타유: "사회적 금기가 성욕을 인간적으로 만든다."

우리의 상식적인 견해와는 달리 '사치', '소비', '선물'이 더 중요한 역할을 한다고 주장했던 현대철학자가 있다. 그가 바로 보드리야르의 정신적 멘토이기도 했던 바타유Georges Bataille(1897~1962)다. 자신의 주저 《저주의 몫La part Maudite》에서 그는 '절약', '생산', '축적'을 강조하던 기존의 상식적인 경제적 사유를 '제한경제restrictive economy'라고 규정하면서, 그 논리의 부적절함을 폭로한다. 주어진 체계에 에너지가 들어오면 어느 정도까지 체계는 성장할 수 있지만, 에너지 유입이 그치지 않으면 체계는 폭발할 수밖에 없다는 것이 그의 입장이었다. 그래서 체계는 과잉된 에너지를 어떻게 해서든지 외부로 배출해야만 한다. 이것은 체계로서는 사활을 건 문제라고 할 수 있다. 이에 따르면 결국 진정한 경제학적 사유는 생산이나 축적보다는 소비나 선물의 논리를 사유할 수 있어야 한다. 바타유는 자신이 제안한 새로운 경제학적 사유를 '일반경제general economy'라고 규정하고 있다. '일반경제'라는 표현은 글자 그대로 '제한경제'보다 더 일반적이고 포괄적인 사유라고 확신했기 때문이다.

자본주의가 인류의 무한한 성장과 진보를 약속했지만, 바타유는 생산

바타유는 에로티즘이 동물의 성행위와는 전혀 다른 성격을 갖는다고 주장했다. 그에게 인간의 에로티즘은 사회적 금기 그리고 이 금기에 대한 위반의 문제와 밀접한 관련을 갖기 때문이다. 이런 금지된 것에 대한 인간의 선망이 바로 성적인 대상과 관련될 때, 바타유가 말한 에로티즘이 비로소 강렬하게 발생한다.

과 축적이라는 자본주의적 가치는 인류의 파멸을 낳을 것이라고 경고하고 있다. 사실 그는 20세기에 두 차례에 걸쳐 일어났던 세계대전도 과잉된 에너지를 소모하는 과정에서 발생한 것이라고 진단한다. 그래서 바타유는 우리에게 다음과 같은 결단을 촉구했다. 자본주의 체계가 초래하는 '불유쾌한 파멸'의 길을 따라갈 것인가? 아니면 자본주의를 넘어서는 '유쾌한 파멸'의 길을 우리가 먼저 선택할 것인가?

> 넘치는 에너지를 소모하는 것과 그것을 이용하는 것은 다른 일이다. 완벽하고 순수한 상실, 사혈瀉血은 필연적으로 발생하며 애초부터 성장에 사용될 수 없는 초과 에너지는 파멸될 수밖에 없다. 이 피할 수 없는 파멸은 어떤 명목으로든 유용한 것이 될 수 없다. 따라서 이제 불유쾌한 파멸보다는 바람직한 파멸, 유쾌한 파멸이 중요해질 것이다. 그리고 그 결과는 분명하게 다를 것이다. —《저주의 몫》

불유쾌한 파멸이란 과잉된 에너지로 체계가 붕괴되면서 이 과잉 에너지를 배출할 때 발생하는 파멸을 의미한다. 한편 바람직한 파멸 혹은 유쾌한 파멸은 체계의 안정성을 도모하면서 과잉된 에너지를 아무런 대가 없이 소모할 때 발생하는 파멸의 다른 양상이라고 할 수 있다. 가령 이 문제는 다음과 같은 간단한 사례로도 쉽게 이해할 수 있다. 계속 먹고서 몸이 폭발할 정도로 비만해지면서 신경질적 반응을 보이면서 살 것인가, 아니면 내 수중에 있는 음식들을 다른 사람들에게 아낌없이 나누어주거나 혹은 운동을 통해 이 과잉된 에너지를 배출하면서 기분 좋게 살 것인가? 전자가 불유쾌한 파멸의 사례라면, 후자가 바로 유쾌한 파멸의 사례라고 할 수 있다. 물론 우리가 유쾌한 파멸의 방식을 따른다면 현행 자본주의 체계가 인정할 수 없는 형태의 소비 양식을 선택해야 할 것이다. 과잉된 에너지를 합리적으로 혹은 계산적으로만 이용하려는 자본주의 체계 편에서 보았을 때, 아무런 대가 없이 이루어지는 "완벽하고 순수한 상실"이란 것은 받아들이기 매우 힘든 일일 수밖에 없기 때문이다.

바타유의 지적인 노력은 모두 일반경제를 정당화하려는 데 집중되어 있다. 그는 이 맥락에서 죽음이나 부패와 같은 사례들을 함께 연구하기도 했다. 물론 이런 사례들 역시 바타유의 관점에서 보았을 때는, 넘치는 에너지를 소멸시키려는 인간의 무의식적인 의지 혹은 일반경제에 대한 인간의 무의식적인 감각을 보여주는 것이었다. 에로티즘에 관한 바타유의 논의 역시 바로 이와 같은 상황에서 출현했던 것이다. 그에게 에로티즘은 소비, 사치, 상실의 가치를 가장 잘 보여주는 대표적인 사례로 간주되었기 때문이다. 다시 말해 에로티즘은 종족 보존이란 제한경제에 속하는 것이 아니라, 유쾌한 파멸과 관련된 일반경제의 문제라는 것이다.

바타유의 에로티즘 논의의 파괴력을 제대로 음미하려면, 먼저 플라톤의 《향연symposion》에 등장하는 구절을 읽어볼 필요가 있겠다. "무엇이 이런 사랑과 욕망의 원인이겠습니까? 걷는 동물이건 나는 동물이건 모든 동물은 생식하기를 원할 때 특별한 상태에 빠져듭니다. 모두 병적인 상태가 됩니다.

사랑으로 인해 병이 듭니다. 처음에는 성교를 하기 위해서, 그다음에는 자식들을 위해서 말입니다." 이 구절은 에로티즘에 대한 가장 고전적인 이해 방식을 담고 있다. 2,000여 년이 지난 뒤 등장한 에로티즘에 대한 쇼펜하우어의 논의는 플라톤 시대에서 기원하는 통념을 형이상학적으로 체계화한 것에 지나지 않는다. 매혹적인 이성에 대한 인간의 에로티즘, 즉 플라톤의 표현을 빌리자면 "생식하기를 원할 때 빠지는 특별한 상태"는 결국 종족 보존을 위한 맹목적 의지의 발현이라고 보았던 것이다. 그러나 인간이라면 누구나 알고 있지 않은가? 인간에게 에로티즘은 단순한 생식 기능을 넘어서 무언가 유희의 느낌이 강하다는 사실을 말이다.

관음증, 페티시즘, 자위행위, 그리고 콘돔 등 임신 억제 도구 사용만 보더라도, 인간의 에로티즘은 그렇게 단순하지 않다. 물론 플라톤이나 쇼펜하우어의 입장에서 이런 행위들은 모두 비정상적인 것으로 보일 테지만 말이다. 그래서 에로티즘과 관련된 바타유의 논의가 더 현실적이라고 할 수 있다. 물론 과거 전통적 생각에 비해 혁명적으로 보이기도 하지만 말이다. 이제 드디어 에로티즘과 관련된 그의 육성을 직접 들어볼 차례가 된 것 같다.

> 에로티즘에는 유혹과 공포, 긍정과 부정의 엇갈림이 있으며, 바로 그런 점 때문에 인간의 에로티즘은 단순한 동물의 성행위와는 다르다고 할 수 있다. …… 거꾸로 금기의 대상은 금지되었다는 사실 그 하나만으로 강력한 탐욕의 대상이 되기도 한다. 성적인 것과 관련이 있는 금기는 대체로 대상의 성적 가치(혹은 에로틱한 가치)를 강조하는 결과를 낳는다. …… 금지된 대상에 대한 선망이 없다면 결국 에로티즘도 없을 것이다. 　　　　　　　　　　　　　　　　　-《에로티즘의 역사L'histoire d'érotisme》

쇼펜하우어나 도킨스와 같은 사람들은 인간의 에로티즘이 종족을 보존하기 위한 맹목적 의지나 유전자의 책략에 의해 발생하는 것이라고 주장했다. 이 점에서 보면 인간은 다른 생물들과 별다른 차이를 보이지 않을 것이다. 다른 모든 생물종도 종족 보존의 본능에 따라 짝짓기를 하고 있기 때문이다. 하지만 바타유만은 인간의 에로티즘이 동물의 성행위와는 전혀 다른 성격을 갖는다고 주장했다. 그에게 인간의 에로티즘은 사회적 금기 그리고 이 금기에 대한 위반의 문제와 밀접한 관련을 갖기 때문이다. 사실 인간은 금지된 것에 대한 강한 욕망을 가지고 있는 존재이다. 금지된 것에 대한 선망은 남녀노소를 막론하고 예외 없이 관찰되는 현상일 것이다. 이런 금지된 것에 대한 인간의 선망이 바로 성적인 대상과 관련될 때, 바타유가 말한 에로티즘이 비로소 강렬하게 발생한다. 바타유가 에로티즘에는 "유혹과 공포, 긍정과 부정의 엇갈림"이 존재한다고 이야기했던 것도 바로 이런 이유에서이다.

여기서 우리는 "금기의 대상은 금지되었다는 사실 그 하나만으로 강력한 탐욕의 대상이 되기도 한다"는 바타유의 말을 조금 더 음미할 필요가 있다. 이 지적만큼 인간의 본성이랄까, 아니면 인간의 숙명이나 비극을 간파한 것도 없으니 말이다. 바타유의 지적처럼 인간은 통제하기 어려운 존재다. 통제가 주어진다면, 인간은 그 이유 하나만으로 그 통제를 넘어서려고 하기 때문이다. 이처럼 인간에게는 자유의 본능이라고 할 수도 있고, 아니면 모험의 본능이라고도 할 수 있는 묘한 특성이 존재한다. 아이러니하게도 이것은 역으로 우리 인간은 직접적인 욕망 대상을 갖지 못한다는 걸 말해준다. 무언가 금지되어야만 강한 욕망이 작동한다면, 우리의 욕망은 이미 매개된 것이기 때문이다.

《에로티즘의 역사》라는 책 제목이 말해주는 것처럼 에로티즘에는 역사가 존재한다. 이것은 인간의 에로티즘이 쇼펜하우어의 생각과는 달리 본능적이라기보다는 오히려 사회적이라는 것을 말해준다. 시간적으로나 공간적으로 다양한 인간 사회는 자신만의 금기 체계를 가지고 있다. 예를 들어 조선시대에는 남녀 사이에 '남녀칠세부동석男女七歲不同席'이라는 금기가 적용되었다. 일곱 살이 넘은 남녀는 한곳에 같이 있어서는 안 된다는 것이 그들 시대의 사회적 금기 혹은 성적 금기 사항이었다. 따라서 당연한 일이지만 이 시대에서는 남녀가 한곳에 같이 있다는 것만으로도 강렬한 에로티즘을 느꼈을 것이다. 하지만 지금은 일곱 살이 넘은 남녀들이 한곳에 같이 있다는 이유만으로 에로티즘을 느끼기는 힘들다. 젊은 남녀가 같이 있는 것이 별다른 금기가 될 수 없는 사회에 우리가 살고 있기 때문이다.

바타유는 에로티즘이 생물학적인 짝짓기의 문제로 환원될 수 없다는 사실을 잘 보여주었다. 그에게 인간의 에로티즘은 사회적으로 금지된 짝짓기에 대한 욕망에 지나지 않는다. 특히 여기서 핵심은 사회적으로 '금지된 것'을 넘어서려는 인간의 욕망이다. '금지'가 사회적 차원을 띤다는 점에서, 이제 에로티즘 역시 '사회적' 층위를 함축하는 욕망으로 이해될 수밖에 없게 되었다. 나아가 '금지'가 역사적 차원을 띤다는 점에서, 에로티즘은 결국 '역사적' 층위도 내포하고 있다고 볼 수 있다. 따라서 이 에로티즘 문제를 잘 숙고하면, 인간과 동물 사이에 건널 수 없는 간극이 있다는 것을 이해할 수 있다. 동물이 본능에 따라 성생활을 영위하는 반면, 인간은 사회적이고 역사적인 의미를 매개로 동물과는 다른 방식의 성생활을 영위하기 때문이다. 라캉은 이렇게 말한다. "성관계란 존재하지 않는다il n'y a pas de rapport sexuel"고. 이것은 물론 인간의 성관계가 사회적 층위를 함축하는 '상징적인symbolique 것'의 지배를 받는다는 의미이다. 만약 바타유의 통찰이 없었다면, 인간의 성관계에 대한 라캉의 통찰은 우리에게 훨씬 더 이해하기 어려운 것이 되었을 수도 있다.

다이아몬드 수레에 탄 에로티즘

기독교적 사유가, 아니 일체의 금욕주의적 사유가 문제다. 육신의 쾌락을 모조리 희생해야만 정신의 아버지가 살고 있는 천국으로 가서 정신의 희열을 느낄 수 있다고 설교했기 때문이다. 여기에 질료보다는 형상을 우선시하는 고대 그리스 사유 전통이 결합되면서, 육체는 부정되고 당연히 육체적 쾌락, 즉 섹스의 쾌락은 저주의 대상이 된다. 스피노자나 니체와 같은 아주 비범한 철학자들만이 육체와 섹스를 긍정했을 뿐이다. 불행히도 플라톤에서 쇼펜하우어에 이르기까지 서양 주류 철학 전통은 섹스를 오직 종족 보존의 목적으로만 긍정했을 뿐이다. 심지어 에로티즘을 탁월하게 분석했던 바타유마저 섹스에 대한 금기를 받아들이면서 논의를 진행하고 있을 정도다. 한편으로는 금기를 넘어서려는 인간의 자유를 긍정하는 것 같지만, 바타유의 에로티즘은 섹스를 긍정하는 논의라기보다는 섹스의 금기를 전제하는 논의에 불과하다.

불행히도 바타유는 섹스를, 따라서 인간의 건강한 육체적 역량을 있는 그대로 긍정하지 못하고 있다. 그의 사유에는 금기라는 부정적 계기가 너무 강하게 작동하기 때문이다. 그러나 섹스에 대한 금기를 넘었다고 해서 섹스는 긍정될 수 있는 것일까? 여기서 부정의 부정은 긍정이라는 형식논리적 사유를 전개할 필요는 없다. 중요한 것은 섹스 자체가 아니라 섹스에 대한 금기이기 때문이다. 금기가 있기에 욕망이 있었고, 금기를 넘어서면 욕망은 충족된다. 이것이 바로 바타유의 핵심 논리다. 여기에는 섹스가 그다지 중요하지 않다. 섹스는 단지 금기와 위반의 변증법에 포획된 재료에 불과하기 때문이다. 그러니 중요한 것은 신과 형상을 부정할 수 있느냐는 것이다. 바로 이 신과 형상이 금기를 낳은 기원이다. 한마디로 육체와 섹스를 그 자체로 긍정하려면, 우리는 초월적 세계를 부정해야만 한다.

여기서 우리는 동양을 지배했던 강력한 사유 전통인 불교에 주목할 필요가 있다. 불교는 범아일여梵我一如라는 초월적 세계관을 부정하면서 인도에서 출현했던 사유 체계였다. 여기서 범梵은 우주적 신인 브라흐만을, 그리고 아我는 개별자의 불멸하는 아트만을 가리킨다. 그러니까 범아일여는 개별자의 자아가 바로 우주적 신과 같다는 주장이다. 불교는 바로 이 우주적 신도 그리고 불멸하는 자아도 모두 부정한 다. 불교의 트레이드마크인 무아론無我論은 바로 이런 문맥에서 탄생한 것이다. 영원 성과 불멸성을 제대로 부정해야, 우리는 찰나성과 가변성을 긍정할 수 있다. 결국 무 아론은 단독적인 세계와 자신의 삶을 긍정하는 것으로 귀결되어야만 한다.

불교에는 밀교密敎, 즉 탄트라 불교Tantric Buddhism라고도 불리던 금강승金剛乘, Vajrayāna의 전통이 있다. 밀교 즉 금강승은 모든 것에는 실체가 없다는 공空의 가르 침, 즉 무아의 가르침에 기초하고 있다. 그러니까 철학적 계보로 보아서는 유식불교 唯識佛敎가 아니라 중관불교中觀佛敎 계통에 속한다고 하겠다. 금강승의 가장 뚜렷한 개성은 이 전통이 지식인 중심의 불교가 아니라 민중 중심의 불교를 지향했다는 데 있다. 그래서 금강승은 논리적 담론보다는 문맹자가 많은 민중들을 위해 다양한 방 편들을 사용한다. 금강승은 불교 가르침을 요약한 주문인 다라니Dhāranī를 외우면 열반에 이를 수 있거나 혹은 악귀와 질병을 쫓을 수 있다고 말한다. 혹은 요가를 통 해 몸과 마음을 강건하게 만들어 헛된 집착에 빠지지 않도록 가르치기도 했다. 간혹 섹스마저도 무아의 가르침을 얻는 좋은 방법으로 권하기도 한다.

금강승의 방편은 모두 민중들과 그들의 생활 속에서 찾은 것들이다. 글을 몰 라서 소외된 민중들에게 어떻게 부처가 되는 길을 열어줄까 고민했던 금강승의 애 정이 짙게 느껴지는 대목이다. 그래서 '작은 수레'를 의미하는 소승小乘도 아니고 '큰 수레'를 의미하는 대승大乘도 아니고 금강승이라는 이름이 만들어진 것이다. 민중 들을 '다이아몬드 수레'에 태우겠다는 각오다. 금강승의 대표적인 경전은 5세기경 인도에서 만들어진《금강정일체여래진실섭대승현증대교왕경金剛頂一切如來眞實攝大乘現 證大敎王經, Vajraśekhara - sarvatathāgata - tattvasaṃgraha - mahāyāna - pratyutpannābhisambuddha - mahātantrarāja - sūtra》이다. 줄여서《금강정경金剛頂經, Vajraśekhara - sūtra》이라고 불리는 경 전이다. 그러나 우리가 주목하고 싶은 것은 그로부터 100여 년 뒤 만들어진 경전 《이취경理趣經》이다. 이 경전의 정식 명칭은《반야바라밀다이취오백십송般若波羅蜜多理 趣百五十頌, Prajñāpāramitā - naya - śatapañcaśatikā》이다.《금강정경》의 밀교적 가르침에 따라 《이취경》은 못 배운 민중들이 어떻게 하면 척박한 땅에서 불국토를 이루게 되는지 다양한 방편들을 그들에게 제시하고 있다. 여기서 가장 흥미로운 부분은 '십칠청정 구十七淸淨句'라고 불리는 17가지 다라니다.

십칠청정구는 몸과 관련된 것이 대부분이다. 특히 강조하고 있는 것은 섹스와 감각이다. 아무리 못 배운 민중들이라고 하더라도 감각기관이 있고 성욕이 있는 법 이기 때문이다. 아니 많은 것을 배우지 않아서 오히려 감각적 쾌락과 성적 쾌락이 거 의 전부일지도 모른다. 그러나 이를 통해 그들은 자기만이 아닌 타자가 존재한다는

	십칠청정구十七清淨句	의미
1	묘적청정구시보살위妙適淸淨句是菩薩位	섹스도 청정하면 보살이 된다.
2	욕전청정구시보살위慾箭淸淨句是菩薩位	욕망의 격렬함도 청정하면 보살이 된다.
3	촉청정구시보살위觸淸淨句是菩薩位	남녀의 애무도 청정하면 보살이 된다.
4	애박청정구시보살위愛縛淸淨句是菩薩位	사랑해서 붙어 있는 것도 청정하면 보살이 된다.
5	일체자재주청정구시보살위一切自在主淸淨句是菩薩位	신처럼 되는 희열도 청정하면 보살이 된다.
6	견청정구시보살위見淸淨句是菩薩位	이성을 보는 것도 청정하면 보살이 된다.
7	적열청정구시보살위適悅淸淨句是菩薩位	섹스의 희열도 청정하면 보살이 된다.
8	애청정구시보살위愛淸淨句是菩薩位	남녀의 애정도 청정하면 보살이 된다.
9	만청정구시보살위慢淸淨句是菩薩位	자만심도 청정하면 보살이 된다.
10	장엄청정구시보살위莊嚴淸淨句是菩薩位	꾸미는 것도 청정하면 보살이 된다.
11	의자택청정구시보살위意滋澤淸淨句是菩薩位	생각이 풍성해지는 것도 청정하면 보살이 된다.
12	광명청정구시보살위光明淸淨句是菩薩位	마음이 빛나는 것도 청정하면 보살이 된다.
13	신락청정구시보살위身樂淸淨句是菩薩位	만지고 싶은 것도 청정하면 보살이 된다.
14	색청정구시보살위色淸淨句是菩薩位	보고 싶은 것도 청정하면 보살이 된다.
15	성청정구시보살위聲淸淨句是菩薩位	듣고 싶은 것도 청정하면 보살이 된다.
16	향청정구시보살위香淸淨句是菩薩位	맡고 싶은 것도 청정하면 보살이 된다.
17	미청정구시보살위味淸淨句是菩薩位	맛보고 싶은 것도 청정하면 보살이 된다.

걸 배우게 된다. 좋은 걸 보고 싶고, 맛난 걸 먹고 싶고, 근사한 남자와 몸을 섞고 싶고, 근사한 여자와 섹스를 하고 싶다. 그렇지만 그것이 모두 뜻대로 되지는 않는다. 처음에는 감각적 희열을 주는 존재를 소유하려고 하지만, 이런 소유욕이 좌절되는 경우도 많다. 맛난 음식을 너무나 많이 먹어서 배탈이 나기도 하고, 너무 짙은 향을 맡아서 후각이 마비되기도 할 것이다. 혹은 사랑하는 이성과의 섹스로 갈등이 벌어지기도 할 것이다.

특히나 이 대목에서 중요한 것이 바로 섹스다. 사랑이 없는 섹스는 상대방을 그저 자위도구로만 소유하려고 드는 것이다. 그러니까 이런 식의 섹스는 나의 쾌락만 중요하고 타자의 쾌락일랑 아무런 상관도 없다는 전제에서나 가능하다. 당연히 섹스가 줄 수 있는 최상의 쾌락을 얻기는 힘든 법이다. 나와 너라는 구분 자체가 사라지는 쾌감이 섹스가 줄 수 있는 최대의 쾌락일 테니 말이다. 결국 섹스에서도 자아에 대한 집착이 전혀 도움이 되지 않는다는 것을 배울 수 있다. 중관불교는 금강승의 이론적 기초라고 할 수 있다. 중관불교의 창시자 나가르주나 Nāgārjuna(150?~250?)는 자신의 주저 《중론中論, Madhyamaka-śāstra》에서 말했던 적이 있다. "내我, ātman가 없는데 어찌 나의 것我所, ātmani이 있을 것인가. 나와 나의 소유가 없으므로 그는 나라는 의식도 없고 소유하려는 의식도 없는 자가 된다. …… 안으로나 밖으로나 나라는 생각이 없고 나의 것이라는 생각이 없다면 집착은 없어질 것이다."

나와 내 욕망이 없어질 때, 우리는 무아를 체험하게 된다. 바로 이럴 때 우리는 불변하는 자아나 소유에 대한 집착에서 벗어날 수 있다. 섹스에서 이것은 자신보다는 타인의 쾌감을 증진시켜주려는 사랑을 가능하게 한다. 반대로 타인도 자신의 쾌감보다 나의 쾌감을 증진시키려고 노력할 수도 있다. 바로 이럴 때 두 사람은 오르가즘을 체험하게 된다. 내가 타자인지, 타자가 나인지 구별될 수 없는 느낌! 타자가 즐거워 내가 즐거운 것인지, 내가 즐거워 타자가 즐거운 것인지 확인할 수 없는 느낌! 아니 역으로 오르가즘을 느끼는 순간, 나나 타자는 무아의 상태에 이를 수도 있다. 원효가 말한 '자리이타自利利他', 즉 자신도 무아의 경지에 이르도록 하고, 타인도 무아의 경지에 이르도록 한다는 가르침이 현실화되는 순간이다. 십칠청정구에서 반복되는 '청정清淨, viśuddhi'이라는 단어는 바로 이 무아의 상태, 즉 공空의 경지를 가리켰던 셈이다. 그러니까 금강승은 민중들에게 권고하고 있었던 것이다. 자신의 자아나 소유에 대한 집착이 없이 모든 육체적 역량을 실현하라는 것이다.

싯다르타는 무아를 이야기했고, 제2의 싯다르타라 불리는 나가르주나는 무아를 공空이란 개념으로 명료화했다. 바로 제법무아諸法無我, niratmanah sarva-dharmah의 가르침이다. 한마디로 모든 것에는 불변하는 실체가 없다는 가르침이다. 당연히 제법무아는 모든 것에 대한 자비의 마음을 낳게 된다. 모든 것을 의미하는 제법sarva-dharmah이라는 말에 주목하자. 그러니 무아나 공의 가르침은 당연히 섹스에도 애무에도 그리움에도 그리고 꾸미는 것에도 적용되어야만 한다. 금강승의 위대한 통찰은 바로 여기에 있다. 섹스를 해도 상대방을 소유하려고 해서는 안 되고, 나의 쾌락만 추구해서도 안 된다. 감각의 경우도 마찬가지다. 꽃이 보기 좋다고 혹은 향이 좋다고 혼자 소유하려고 꺾어서는 안 되기 때문이다. 자신도 타자도 실체라고 여길 때에만 강력한 소유욕이 발생하는 법이다. 반대로 모든 것에는 실체가 없다는 걸 안다면, 우리에게는 소유의 욕망 대신 싯다르타가 그렇게도 강조했던 자비慈悲, maitri-karuṇa라는 사랑이 가능해진다.

기독교 신자이거나 칸트라면, 혹은 공자와 같은 유학자들이 금강승의 십칠청정구를 보았다면, 혀를 끌끌 찼을지도 모른다. 어떻게 육체적인 것에서 윤리적인 것을 읽어내려고 하느냐고 비판하면서 말이다. 승려나 불교 신자도 금강승을 나무랄 수 있다. 그들은 감각 대상이나 섹스 대상과는 가까이하지 않아야 싯다르타의 제자라고 강변할 것이다. 그러나 그들은 어떤 것에 가까이하지 않겠다는 의지도 소유욕의 또 다른 양태라는 걸 간과하고 있다. 금강승은 자신의 입장을 이런 말로 멋지게 표현했던 적이 있다. 금강승은 "연꽃의 몸은 본래 더럽기에 더러운 티끌로 더럽혀지지 않는如蓮體本染, 不爲垢所染"것과 같다고. 어쨌든 금강승 덕택에 이제 민중들은《중론》과 같은 복잡한 이론서를 읽을 필요가 없다. 아니 읽을 수도 없고 읽어도 이해할 수도 없다는 것이 어쩌면 더 정직한 평가일지도 모르겠다. 그러나 금강승은 지식인들이나 귀족층들이 가장 천하게 생각하는 민중들의 삶 속에서 불국토의 씨앗을 뿌리는 데 성공한 것이다.

청정하게 섹스를 해야 한다고 주문을 외우고, 간혹 청정하게 꽃을 봐야 한다고 주문을 외우는 무식한 민중들을 떠올려보라. 그리고 그 주문대로 섹스를 하고 그 주문대로 꽃을 보는 민중들을 생각해보라. 바로 이들이 부처가 아니라면, 누가 부처라는 말인가? 금강승은 바타유가 경악할 수 있는 아주 건강한 에로티즘을 이야기했던 것이다. 일체의 부정의식이 없는 아주 건강한 에로티즘, 금강, 즉 다이아몬드처럼 강고한 에로티즘이다. '십칠청정구'를 보았다면, 바타유는 아마도 자신의 한계를 자각했을지도 모를 일이다. 바타유의 에로티즘은 갖지 못하도록 강제하는 금기가 있기에 더 가지려고 하는 강력한 소유욕에 기초하고 있으니 말이다. 바타유의 에로티즘이 칙칙하게 느껴지고, 금강승의 에로티즘이 봄날 개나리와 같이 풋풋하게 다가오는 것도 다 이유가 있었던 셈이다.

16

마음은 언제 움직이는가?

하이데거

VS

메를로-퐁티

서양의 마음이 동양의 심心과 만날 때까지

《대학大學》에는 "마음이 없다면 눈이 있어도 볼 수가 없다心不在焉, 目不見"라는 구절이 등장한다. 과거 우리 조상들도 "마음이 콩밭에 가 있다"라고 이야기하곤 했다. 이 두 가지는 모두 같은 맥락의 말이다. 내 앞에 아름다운 꽃이 피어 있음에도 만약 나의 마음이 어제 일어났던 사건을 기억하려고 한다면, 그 꽃은 없는 것이나 마찬가지일 것이다. 이처럼 동양에서는 기본적으로 마음이란 것이 마치 물처럼 움직이는 유동적인 것으로 사유되었다. 동쪽으로 흘러가면 서쪽으로 흘러갈 수 없는 물의 경우처럼, 사람의 마음도 어딘가로 흘러가면 다른 곳으로는 흐를 수 없다고 본 것이다. "그것에는 마음이 가지 않는다"라는 우리의 일상적 표현도 마음에 대한 동양의 사유 전통을 무의식적으로 반복하고 있는 셈이다. 그렇다면 서양의 경우 마음을 어떻게 이해하고 있었을까? 서양철학의 저수지라고 비유되는 칸트의 철학에서는 마음을 어떻게 이해하고 있었을까?

> 우리의 인식은 마음의 두 기본 원천에서 발생한다. 하나의 원천은 표상을 받아들이는 능력(인상의 수용성)이다. 또 하나의 원천은 이런 표상을 통해서 대상을 인식하는 능력(개념의 자발성)이다. 전자에 의해서 대상이 우리에게 주어지고, 후자에 의해서 (마음의 규정으로서의) 대상의 표상에 관계해서 생각하게 된다. 그러므로 직관과 개념은 우리의 모든 인식의 지반이다.
>
> ─《순수이성비판》

내 앞에 예쁜 꽃이 피었다는 것을 인식하려면, 꽃의 인상이 우선 감성의 직관을 통해서 우리에게 주어져야 한다. 이렇게 주어진 인상을 우리는 개념을 통해 판단하게 된다. '내 앞에 예쁜 꽃이 있다'라고 말이다. 그런데 여기서 중요한 점은 칸트가 생각하고 있는 인식의 순서이다. 만약 감각 인상을 수용하지 않는다면, 우리는 생각할 수조차 없다는 것이 바로 칸트의 입장이었다. 감각이 먼저이고 마음은 나중이라는 주장인 셈이다. 하지만 칸트의 생각은 마음이 예쁜 꽃으로 간 경험을 사후적으로 재구성했기 때문에 생긴 일종의 착시효과가 아닐까? 마음이 가지 않았다면, 우리는 어떤 것을 감각할 수조차 없기 때문이다. 그렇다. 만약 어제 만났던 사람과 있었던 불쾌한 경험을 생각하고 있다면, 칸트는 자신이 걸어가던 산책로에 예쁜 꽃들이 피어 있다는 사실조차 의식하지 못할 것이다. 이렇게 눈으로는 분명 꽃과 산책로의 흙길을 봤을 테지만, 다시 말해 우리에게 일말의 감각 인상이라도 수용되었을 테지만, 그럼에도 우리는 그것의 존재조차 의식하지 못하는 경우가 많다.

따라서 감각 인상이 수용된 이후 이에 관한 표상을 통해 대상을 개념적으로 인식하게 된다고 본 칸트의 관점은 재고될 필요가 있는 것이다. 감각이 먼저이고 마음이 다음이라는 주장은 이론적인 주장일 뿐, 실제로는 마음이 먼저이고 감각은 다음이니까 말이다. 아마 동양의 철학자들이라면 칸트를 이렇게 비판했을 것이다. 이런 문맥에서 선불교의 상징이라고 할 수 있는 혜능의 다음 에피소드를 읽어보자.

바람 때문에 사찰의 깃발이 펄럭이고 있었다. 이를 두고 두 승려가 논쟁을 벌였다. 한 승려는 깃발이 펄럭인다고 하고, 다른 승려는 바람이 펄럭인다고 했다. 둘의 논쟁이 해결되지 않고 반복되자 육조 혜능이 이렇게 말했다. "바람이 펄럭이는 것도, 깃발이 펄럭이는 것도 아니다. 너희의 마음이 펄럭이고 있을 뿐이다." 두 승려는 이 말에 깜짝 놀랐다.

−《무문관無門關》

이것은 중국 남송시대 무문無門(1183~1260)이란 스님이 편찬했던 《무문관》에 등장하는 유명한 에피소드이다. 남종선南宗禪의 창시자 혜능慧能(638~713)이 불교계에 화려하게 등장한 일화를 다루고 있기 때문이다. 사찰에 펄럭이는 깃발을 보고 두 스님 사이에 격렬한 논쟁이 벌어졌다. 한 스님이 깃발이 움직이는 것이라고 주장하고 있다면, 다른 한 스님은 바람이 움직이는 것이라고 주장했다. 그러자 혜능은 다음과 같은 한마디 말로 두 스님의 논쟁을 무화시키고 만다. 움직이는 것은 바람도 아니고 깃발도 아니다, 다만 스님들 마음이 움직이고 있을 뿐이라고 말이다. 이것은 도대체 무슨 말일까? 지금 혜능은 마음이 움직이는 원초적 상황, 너무도 쉽게 망각될 수 있는 마음의 모습을 이야기하고 있는 것이다. 마음이 펄럭이는 깃발에 가 있지 않았다면, 깃발과 바람을 두고 벌어졌던 두 스님의 논쟁조차 애초에 불가능했을 것이다. 예를 들어 두 스님이 불경을 읽고 토론하고 있었다면, 다시 말해 마음이 불경과 토론에 가 있었다면, 그들에게는 바람에 나부끼는 깃발이란 없는 것에 지나지 않는다는 것이다. 그렇다면 이러한 관점은 과연 불교에만 통용되던 생각일까?

주희의 성리학性理學과 쌍벽을 이루던 양명학陽明學의 창시자 왕수인王守仁(1472~1528)의 다음 이야기도 이와 유사한 맥락에서 이해할 수 있다.

어떤 제자가 바위틈에 자라고 있는 꽃을 가리키며 물었다. "세상에는 마음 바깥에 사물이 없습니다. 그런데 가령 이 꽃은 깊은 산속에서 저절로 피어나 저절로 지곤 하니 그것이 내 마음과 무슨 상관이 있겠습니까?" 그러자 선생이 말했다. "그대가 이 꽃을 보기 전에 이 꽃은 그대의 마음과 함께 고요한 상태에 있었지만, 그대가 와서 이 꽃을 보는 순간 이 꽃의 모습은 일시에 분명해진 것이네. 이로부터 이 꽃이 그대의 마음 바깥에 있지 않다는 것을 알 수 있네." ―《전습록傳習錄》

왕수인은 평상시 "마음 바깥에 사물은 없다心外無物"라고 가르쳤던 철학자였다. 이 가르침을 기억하고 있던 제자가 스승의 가르침에 문제를 제기하고 나섰다. 자신이 보지 않아도 깊은 산중의 꽃은 저절로 피고 저절로 지고 있다고 반문하면서 말이다. 이것은 마음 바깥에도 우리와 무관한 사물들이 존재하고 있다고 보는 주장일 것이다. 이에 왕수인은 조금도 당황하지 않고 다음과 같이 자신의 관점을 해명해주었다. 바로 지금 이 순간 자신과 함께 꽃을 보았기 때문에, 즉 마음이 이 순간 꽃으로 갔기 때문에 제자가 "꽃은 나와 무관하게 바위틈에서 자라고 진다"라는 생각을 비로소 전개할 수 있게 되었다는 것이다. 다시 말해 지금 제자는 마음이 지향하고 있는 꽃이란 대상에서 임의적으로 마음만을 제거해 마치 꽃이 저절로 피고 진다고 주장하게 된 것에 지나지 않는다는 것이었다. 만약 지금 꽃을 보지 않았다면, 꽃에 대한 사변도 불가능했으리라는 말이다. 무릎을 칠 만한 탁월한 답변이 아니었을까? 칸트의 입장에서 보면 혜능이나 왕수인의 생각이 매우 난해한 것으로 보였을지도 모른다. 하지만 칸트 이후 얼마 되지 않아 서양의 사유 전통에서도 혜능과 왕수인의 마음을 이해하는 인물이 등장하게 되었다.

> 우리는 이 지향성Intentionalität, intentionality들을 제시하면서 이것들에 관해 반복해서 다음과 같이 말하지 않을 수 없다. 즉 이 지향성들이 없이는 객관들과 세계는 우리에 대해 현존하지 않을 것이다. 그리고 객관들은 의미와 존재양상을 지닌 채로만 우리에 대해 존재하며, 이러한 의미와 존재양상에 있어서 객관들은 항상 주관적 작업으로부터 발생하고 있거나 혹은 발생해 있는 것이다.
>
> ―《유럽 학문의 위기와 선험적 현상학
>
> Die Krisis der europäischen Wissenschaften und die transzendentale》

방금 읽은 구절은 현대철학자 후설Edmund Husserl(1859~1938)의 이야기이다. 흔히 후설의 철학을 현상학phenomenology이라고 부른다. 이것은 물론 인간의 마음과 무관한 대상의 실체에 대해서는 더 이상 탐구하지 않겠다는, 다시 말해 마음에 주어진 현상만을 다루겠다는 그의 철학적 결단 때문에 붙여진 이름일 것이다. 후설에게 우리의 마음은 기본적으로 지향성을 가지고 있다. 다시 말해 우리의 마음은 무엇인가를 구체적으로 지향하고 있다

흔히 후설의 철학을 현상학이라고 부른다. 이것은 물론 인간의 마음과 무관한 대상의 실체에 대해서는 더 이상 탐구하지 않겠다는, 다시 말해 마음에 주어진 현상만을 다루겠다는 그의 철학적 결단 때문에 붙여진 이름일 것이다.

는 것이다. 그래서 그는 "지향성들이 없이는 객관들과 세계는 우리에 대해 현존하지 않는다"고 말했던 것이다. 바로 이 대목에서 우리는 깃발이나 바람이 움직이는 것이 아니라 마음이 움직이는 것이라는 사자후를 토했던 혜능 그리고 마음 바깥에는 사물이 없다고 역설했던 왕수인의 정신을 일면 목도할 수 있다. 서양철학사에서 후설이 중요한 이유도 바로 여기에 있다. 그를 통해서 우리는 동양과 서양이 만날 수 있는 접점을 확보할 수 있기 때문이다. 최소한 마음이란 쟁점에서는 말이다.

아이러니하게도 지향성에 대한 후설의 논의는 얼마 지나지 않아 곧 수많은 도전에 직면하게 된다. 그것도 후설의 현상학에 반대했던 다른 외부 사람들이 아니라 그에게서 강한 학문적 영향을 받은 그의 제자들이 먼저 그를 비판하기 시작했던 것이다. 그를 비판했던 가장 대표적인 제자가 바로 하이데거Martin Heidegger(1889~1976)였다. 그러나 더 치명적인 위기는 반유대주의를 표방했던 나치가 독일을 장악하면서 찾아온다. 1933년 나치가 정권을 잡자 유대인이었던 후설은 강연과 출판 등 일체의 공적인 활동을 할 수 없게 되었다. 1933년은 공교롭게도 과거 그의 조교로도 활동했던 하이데거가 나치 정권하에서 프라이부르크 대학 총장으로 부임하던 해이기도 했다. 그러나 1933년 이후 하이데거는 나치 정권하에서 위기에 빠졌던 철학자 후설을 그대로 방치해둔다. 어떤 이유에서든 제자로서는 해서는 안 될 일이었다.

1938년 후설은 세상 사람들의 무관심, 아니 정확히 말해 유대인 멸시의 분위기 속에서 쓸쓸히 숨을 거두게 된다. 가장 큰 문제는 그가 집필했던 방대한 연구 초고들, 사절지 4만 5,000매에 달하는 방대한 원고들의 보관 문제였다. 다행스럽게도 1938년 8월, 벨기에 루벵 대학 박사과정 학생인 반 브레다Herman van Breda가 논문 작성에 필요한 자료를 얻기 위해 후설의 미망인을 찾아왔다. 이 당시 브레다는 후설의 방대한 연구 자료들이 위기에 빠질 것이라고 직감했다. 이미 같은 해 5월 나치 정권은 유대인 학자들의 저서에 대한 분서焚書를 단행했기 때문이다. 결국 브레다의 노력으로 4만 5,000매에 달하는 후설의 초고들은 비밀리에 루벵 대학으로 옮겨졌고, 이것이 바로 그 유명한 '후설 아키브Husserl-Archiv'의 중요한 토대가 되었다. 메를로-퐁티 Maurice Merleau-Ponty(1908~1961)나 레비나스Emmanuel Levinas(1906~1995)가 이곳 후설 아키브에 있던 후설의 미출판 원고를 보지 않았다면, 메를로-퐁티의 신체의 현상학이나 레비나스의 타자의 현상학은 우리가 지금 알고 있는 모습과는 사뭇 달랐을 것이다.

ⓚ

하이데거: "마음은 낯선 상황에서만 깨어나 작동한다."

후설의 위기를 이토록 방관하기만 했고 또한 철학적으로도 자신의 스승과 입장을 달리했던 하이데거는 인간의 마음을 어떻게 이해했던 것일까? 그보다 먼저 하이데거가 자신의 스승과 그의 유고에 대해 이토록 무관심했던 이유부터 잠시 살펴보도록 하자. 그것은 1926년의 불미스러운 사건으로 거슬러 올라간다. 당시 하이데거는 스승의 생일선물로 자신의 연구물을 헌정했다. 하지만 이 선물을 받은 후설은 하이데거의 연구물이 '불충분하다'는 이유로 이 원고를 반송해버렸다. 더구나 그 사건 이후 스승 후설은 하이데거의 연구가 현상학의 근본정신을 어기고 있다고 공공연히 제자의 관점을 비판하기도 했다. 그런데 1926년 생일선물로 후설에게 보낸 하이데거의 연구물은 바로 그의 주저《존재와 시간Sein und Zeit》의 앞부분을 장식하게 된 내용들이다. 자신의 주저를 '불충분하다'고 비판했을 뿐만 아니라, 그 후로도 계속 자신의 사유를 비판했던 스승을 고집 센 제자 하이데거는 천천히 자신의 마음속에서 지워나갔던 것이다. 이러한 일련의 사건들을 계기로 하이데거는 후설을 더 이상 자신의 학문적 스승으로 삼기보다 오히려 그를 인간적으로 원망하기도 하고 나아가 철학적으로도 거리를 두려고 했던 것으로 보인다.

그렇다면 후설은 하이데거의 사유를 왜 그토록 비판했던 것일까? 그것은 하이데거가 후설의 지향성 개념을 근본적으로 동요시켰기 때문이었다. 물론 하이데거가 스승 후설의 지향성 개념을 철저하게 부정했던 것만은 아니다. 단지 그는 마음이 무엇인가를 지향하기에 앞서 인간이 '세계-내-존재In-der-Welt-sein'로서 존재한다는 사실을 더 강조하고자 했다. 이것은 무엇인가를 의식하기 이전에, 다시 말해 우리 의식이 무엇인가를 지향하기 이전에, 인간은 이미 혹은 벌써 세계와 관계를 맺고 있는 존재라는 사실을 의미한다. 이 점을 염두에 두면《존재와 시간》의 다음 구절이 얼마나 후설을 자극했을지 어렵지 않게 짐작해볼 수 있다.

〔우리는〕 가까이 손 안에 있는 존재자를 '배려함'에서 사용 불가능한 것으로, 〔다시 말해〕 특정한 용도로 사용하기에는 부적절한 것으로 만나게 될 수 있다. 이 경우 작업 도구는 파손된 것으로 판명되고 재료는 부적합한 것으로 드러난다. 도구는 여기에서도 어쨌거나 손 안에 있는 것이

하이데거의 근본적 통찰은 마음의 지향성이 어느 경우에나 발생하는 것이 아니라, 오직 제한된 경우에만 발생한다는 데 있었다. 익숙하게 사용하던 도구들이 망가질 때처럼 사물들과의 친숙한 관계가 와해되었을 때에만, 우리는 그 사물들을 의식적으로 지향하게 된다는 것이다.

기는 하다. …… 이런 사용 불가능성의 발견에서 도구는 마침내 우리 '눈에 띄게' 되는 것이다.　　　　　　　　　　　-《존재와 시간》

하이데거에 따르면 세계-내-존재로서 인간은 이미 사물들과 '배려함'을 통해서 관계하고 있다. 예를 하나 들어보자. 아침에 회사나 학교에 들러 우리는 별다른 생각 없이 컴퓨터를 부팅한다. 그리고 아무런 문제없이 컴퓨터가 켜진다. 이런 컴퓨터와 나 사이의 친숙한 관계가 바로 하이데거가 말한 '배려함'의 관계 혹은 '손 안에 있는' 관계이다. 이런 경우 우리는 컴퓨터를 의식적으로 지향하지 않는다. 바로 이것이 하이데거가 강조하고 싶었던 점이다. 이미 너무 친숙한 세계 속에서 사물들과 살고 있다면, 우리는 그 사물들을 의식할 필요가 없다는 것이다. 물론 그렇다고 해서 우리 마음에 지향성이 전혀 없다는 얘기는 아니다. 단지 하이데거는 지향성이 특수한 경우에만 발생하는 것이라고 이야기하고 싶었을 뿐이다. 가령 오늘 어제와 마찬가지로 컴퓨터를 부팅했지만 컴퓨터가 켜지지 않았다고 해보자. 바로 이런 사태를 하이데거는 "가까이 손 안에 있는 존재자를 '배려함'에서 '사용 불가능한 것'으로 만나게 된다"라고 해서하고 있다. 바로 친숙하게 사용하던 사물이나 도구가 사용 불가능하게 되었을 때, 그것은 "마침내 우리 '눈에 띄게' 된다"는 것이다. 이러한 경우에야 비로소 마음의 지향성이 작동하게 된다는 것이다.

결국 하이데거의 근본적 통찰은 마음의 지향성이 어느 경우에나 발생하는 것이 아니라, 오직 제한된 경우에만 발생한다는 데 있었다. 익숙하게 사용하던 도구들이 망가질 때처럼 사물들과의 친숙한 관계가 와해되었을 때에만, 다시 말해 친숙한 사물들이 낯선 사물이 되었을 때에만 우리는 그 사물들을 의식적으로 지향하게 된다는 것이다. 이것은 역으로 사물들과 친숙한 관계에 있는 인간, 즉 '세계-내-존재'로서 인간은 사물들을 지향하지 않는다는 것을 의미하는 것이기도 하다. 이와 같은 하이데거의 견해는 다음과 같이 간단히 정리할 수 있겠다. '세계-내-존재'로서 인간은 평상시 사물들을 지향하지 않고 배려할 뿐이다. 인간이 무엇인가를 지향할 때에는 사물들에 대한 배려가 불가능하게 되었을 때뿐이다.

이로써 하이데거는 마음의 지향성을 넘어서 있는 다른 지평을 발견하게 된 것이다. 하지만 그의 스승 후설은 모든 것이 인간의 지향성을 통해서만 의미를 갖는다는 입장을 고수했던 사람이다. 그런 그에게 하이데거가 주장했던 '세계-내-존재'라는 개념은 지향성과는 무관한 형이상학적 전제에 지나지 않는 것이었다. 그렇기에 후설은 자신의 생일선물로 받은 《존재와 시간》 초고를 꼼꼼하게 읽은 뒤 '불충분하다'고 반송할 수밖에 없었다. 후설이 시작했던 현상학의 기본 정신은, 기존 철학이 마음의 지향성과 무관한 본질 혹은 실체 등을 설정했던 것에 반대하려는 데 있었다. 그런데 지금 자신의 제자 가운데 한 명이 '세계-내-존재'라는 개념으로 현상학의 근본정신을 훼손하고 있다고 판단하게 된 것이다. 후설이 학문적 입장에서 볼 때 얼마나 큰 배신감을 느꼈을지 미루어 짐작할 수 있는 일이다.

스승의 비판에도 독자적인 길을 갔던 하이데거는 마침내 현상학과는 다른 자신만의 존재론을 구축하게 된다. 이미 죽은 스승을 관에서 깨울 정도로 파격적인 그의 존재론을 경청해보자.

> 존재Sein는 '탈은폐하는 건너옴die entbergende Überkommnis'으로서 스스로를 내보인다. 존재자로서 존재자Seiende 자체는 '비은폐성 속으로 [다가와 그 안에서] 스스로를 간직하는 도래의 방식die in die Unverborgenheit sich bergende Ankunft'으로 나타난다. ─《동일성과 차이Identität und Differenz》

하이데거의 존재론은 익숙하지 않은 사람에게는 풀리지 않은 수수께끼로 보일 것이다. 이럴 때는 가장 근접한 예로 설명하는 것이 좋다. 플라톤이 '제작의 이미지'로, 혹은 루크레티우스가 '비의 이미지'로 사유했던 것처럼 하이데거는 '숲길의 이미지'로 사유한다. 심지어 그는 1950년에 《숲길Holzwege》이란 책을 출간했을 정도였다. 터널처럼 양쪽에 빽빽한 산림이 우거져 있는 좁고 어두운 오솔길을 홀로 걸어가고 있다. 한참 가다가 숨이 확 뚫리는 것처럼 넓은 공터가 마치 숲속의 섬처럼 나타났다. 그 공터를 지나면 다시 빽빽한 산림들에 둘러싸인 좁고 어두운 오솔길로 들어가야 한다. 이 공터에 아름다운 히아신스 한 송이가 피어 있다. 자, 이런 장면으로 하이데거의 존재론을 설명해보도록 하자. 여기서 우리는 직접 오솔길을 걸어가고 있는 중이라고 생각해야 한다.

언제 끝날지도 예측하기 힘든 좁고 어두운 오솔길을 가다가 갑자기 환한 공터가 등장한다. 이것이 바로 존재다. '탈은폐하여 건너옴'이다. 아니 나의 마음에는 일체의 가림이 없이 공터가 내게 건너온다고 느껴진다. 이런 환한 공터에 수줍게 피어 있는 히아신스 꽃이 바로 존재자다. 그러나 환한 공터가 없었다면 히아신스는 내게 알려지지 않았을지도 모른다. '비은폐성 속에서 스스로 간직하는 도래의 방식'이란 바로 그것이다. 공터가 확 트여 있는 것, 이것이 바로 비은폐성이다. 이렇게 환한 공터가 내게 드러나야 그 속에 피어나는 히아신스도 내게 드러난다. 결국 환한 공터가 없었다면 히아신스는 나와 무관한 꽃으로 있었을 것이다. '존재'가 없었다면 '존재자'는 존재자로서 내게 지향되지 않는다. 그러니 착각해서는 안 된다. '히아신스가 존재한다'고 말할 때의 '존재', 혹은 '히아신스의 존재'라고 말할 때의 '존재'는 존재의 근본적인 뜻이 아니다.

히아신스가 있어서 존재라는 말을 쓸 수는 있으나, 하이데거에 따르면 이것은 제대로 존재를 숙고하지 못한 판단일 뿐이다. 중요한 것은 바로 히아신스를 우리에게 보여주었던 공터, 바로 그 '탈은폐하여 건너옴'이 진정한 의미의 '존재'이기 때문이다. '공터-히아신스-히아신스의 존재'라는 순서로 '존재-존재자-존재자의 존재'라는 존재론적 위상을 생각할 필요가 있다. 공터가 없으면 히아신스는 내 마음에 들어오지 않고, 당연히 히아신스가 존재한다는 판단도 불가능할 것이다. 마찬가지로 '존재'가 없으면 '존재자'는 내 마음에 들어오지 않고, '존재자가 존재한다'는 판단도 불가능하다는 것이다. 그러니 존재자를 가능하게 했던 존재의 의미와 '존재자가 존재한다'는 판단에서의 존재의 의미를 혼동해서는 안 된다. 그러나 '히아신스가 존재한다'고 판단하는 순간 우리가 공터를 쉽게 망각하는 것처럼, '존재자가 존재한다'고 판단하는 순간 우리는 존재를 망각하기 쉽다.

이런 존재 사유를 접했다면 후설은 배신감을 넘어 당혹감마저 들었을 것이다. 마음의 지향성을 떠나서 일체의 것을 다루지 않으려는 현상학적 태도를 무시하고 강한 존재론, 혹은 존재의 형이상학을 하이데거가 피력하고 있으니 말이다. 하이데거도 우리가 히아신스라는 존재자를 지향한다는 것을 인정한다. 그러나 그러려면 먼저 공터와 같은 존재가 우리에게 "스스로를 내보여야"만 한다. 이것이 하이데거의 근본 입장이다. 결국 그의 존재는 우리로 하여금 존재자를 지향하도록 만드는 힘이나, 혹은 지향을 강요하는 신처럼 기능한다. 하이데거의 존재론을 존재신학이라고 부르는 것도 이런 이유에서다. 인간의 마음을 넘어서는 것들을 부정했던 후설로서는 배신도 이만한 배신은 없었다. 그러나 하이데거는 확신했다. 오솔길이 끝나는 순간 순간적으로나마 공터가 내 마음에 들어오는 것처럼, 존재도 우리 마음으로 하여금 존재자를 지향하도록 만든다고 말이다.

메를로-퐁티: "마음은 몸과 무관하게 움직일 수 없다."

후설은 하이데거를 매몰차게 공격했다. 하지만 상대를 공격하다보면 결국 상대를 닮는다고 했던가? 어느 사이엔가 후설은 지향성 개념을 더 철학적으로 정당화해야 할 필요를 느끼게 되었다. 오직 그럴 때에만 제자들에게 더 이상 학문적 오해와 배신의 상처를 받지 않을 것이라고 보았기 때문이다. 물론 그렇다고 해서 후설은 마음의 지향성 개념을 하이데거가 지적했던 것처럼 제한적으로 볼 수도 없었다. '후설 아카이브'의 유고들에는 그런 후설의 고뇌와 노력이 담겨 있었다. 이 유고들의 특징은 초기 현상학의 정신, 즉 "마음의 능동적인 지향성"이라는 발상이 좀 약화되고, 오히려 "생활세계 lebenswelt"를 강조하는 경향이 대두하고 있다는 데 있다. 그래서 후설 초기의 현상학을 '선험적 현상학'이라고 부른다면, 유고에 나타난 후설 후기의 현상학을 '생활세계의 현상학'이라고 부르고 있다. 예를 들어 어느 아름다운 여인을 지향하고 있다고 할 때, 내 마음은 자신의 신체를 통해 영위해온 기존 생활세계의 역사에 일정한 영향을 받을 수밖에 없을 것이다. 역사마다 혹은 사회마다 아름다운 여인에 대한 실제 규정이 달랐던 것도 이와 관련이 있을 것이다.

'생활세계의 현상학'이라고 불리는 후설 말년의 연구는 인간의 능동적 지향성에는 구체적인 생활세계의 흔적들이 개입되어 있다는 점을 해명하는 데 초점을 맞추고 있다. 다시 말해 인간 마음의 능동적 지향성 이면에는 수동적 수용성이 내재되어 있을 수밖에 없다는 것이다. 강연과 출판 금지 때문에 말년의 후설 연구 결과물들은 유고 형식으로 '후설 아카이브'에 보관되어 있었다. 바로 이곳을 들른 젊은 프랑스 철학자가 있었는데, 그가 바로 메를로-퐁티였다. '후설 아카이브' 가운데 메를로-퐁티는 아직 공개되지 않은 후설의 유고들, '생활세계'를 고민하고 있던 후설의 말기 저작들을 숙고하면서 자신만의 독특한 철학적 통찰을 길러나갔던 것이다. 결국 그는 '생활세

메를로-퐁티는 '생활세계', 즉 삶의 핵심에는
신체가 있을 수밖에 없다고 결론 내리게 된다.
인간의 의식적인 지향 경험 이면에 신체의 활
동이 존재한다는 메를로-퐁티의 통찰, 혹은 신
체의 현상학은 바로 이런 과정을 통해 탄생했
던 것이다.

계', 즉 삶의 핵심에는 신체가 있을 수밖에 없다고 결론 내리게 된다. 인간의
의식적인 지향 경험 이면에 신체의 활동이 존재한다는 메를로-퐁티의 통
찰, 혹은 신체의 현상학은 바로 이런 과정을 통해 탄생했던 것이다.

심장이 유기체 안에 있는 것처럼 고유한 신체는 세계 안에 있다. 그것
은 시각적 광경을 살아 있게 계속 유지하고 생명을 불어넣으며, 내적으
로 풍부하게 하고 그것과 더불어 하나의 체계를 형성한다. 내가 나의
아파트를 걸어 다닐 때, 그 아파트가 나에게 자기 모습을 드러내게 되
는 여러 가지 국면들이 제각각 여기서 또는 저기서 보인 아파트를 표상
한다는 것을 내가 모른다면, 나 자신의 운동을 내가 의식하지 않고 나
의 신체를 그 운동의 단계들을 통해서 동일한 것으로 내가 의식하지
않는다면, 그 국면들은 동일한 사물의 다양한 측면들로 나에게 나타나
지 않을 것이다. 분명히 나는 그 아파트를 생각으로 훑어볼 수도 있고
상상할 수도 있으며 또는 종이 위에 그릴 수도 있다. 그러나 그때라고

해도 나는 신체적 경험의 매개가 없다면 대상의 통일성을 파악할 수 없다. —《지각의 현상학Phénoménologie de la perception》

우리는 어떤 아파트를 의식적으로 지향할 수 있다. 이때 나는 아파트를 단순한 평면이 아니라 입체적인 것으로 지각한다. 심지어 "나는 그 아파트를 생각으로 훑어볼 수도 있고 상상할 수도 있으며 또는 종이 위에 그릴 수도 있다." 그런데 이와 같은 모든 의식적 지향이 가능한 이유는 신체적 경험이 존재하기 때문이다. 메를로-퐁티가 주목했던 것은 바로 이 점이다. 나의 신체는 동쪽에 서 있다. 그러니 서쪽 방향으로 나는 아파트를 본다. 나의 신체는 서쪽에 서 있다. 그러니 동쪽 방향으로 나는 아파트를 본다. 나의 신체는 남쪽에 서 있다. 그러니 나는 북쪽 방향으로 아파트를 본다. 나의 신체는 북쪽에 서 있다. 그러니 나는 남쪽 방향으로 아파트를 본다. 심지어 나의 신체는 아파트 바로 밑에 서 있을 수도 있다. 그러니 나는 아파트를 올려다볼 수 있다. 이런 다양한 신체적 경험이 거듭 쌓였을 때에만, 우리의 의식은 하나의 아파트를 통일된 입체로서 지향할 수 있게 되는 것이다.

결국 우리가 의식적으로 지각하고 있는 것은 순수하게 우리 마음에 들어오는 것은 아니라고 볼 수 있다. 그것은 우리의 신체 경험을 전제하고 있는 것, 어쩌면 신체 경험을 추상화한 것에 지나지 않는다. 메를로-퐁티가 "지각된 광경은 순수 존재를 갖지 않는다"고 말했던 것도 바로 이런 이유에서이다.

지각된 광경은 순수 존재를 갖지 않는다. 내가 보는 그대로 정확하게 지각되는 광경은 개인적인 나의 역사의 한 계기이다. 또한 감각은 재구성이기 때문에 나에게 사전에 구성된 것들의 침전을 전제하고, 감각하는 주체로서 나는 자연적인 능력들로 가득 차 있다. 이는 정말 놀라운 일이다. 따라서 나는 헤겔의 말처럼 '존재 속의 구멍'이 아니라, 만들어졌지만 파괴될 수도 있는 함몰이자 주름이다. —《지각의 현상학》

지금 카페 안에 들어오고 있다고 지각되는 친구는 순수 존재를 갖는 것이 아니다. 메를로-퐁티의 말대로 나의 의식적인 지각에는 "육체가 가진 자연적 능력"이나 "개인적인 나의 역사"가 전제되어 있기 때문이다. 눈이 없다면 혹은 시력이 급속하게 약화되었다면, 우리는 친구를 지각할 수 없거나 다르게 지각하게 될 것이다. 나아가 친구와 어울렸던 역사가 전제되어 있지 않다면, 나는 카페 안에서 그를 기다릴 이유도 없으며 심지어 들어오는 사람이 친구라는 사실조차 분명히 알 수 없을 것이다. 이처럼 표면적으로 볼 때는 매우 투명한 것처럼 보이는 우리의 지각에도 불투명한 것들, 즉 육체와 역사가 개입되어 있다는 것이 바로 그의 핵심적인 통찰이다.

'존재의 구멍'이란 개념은 헤겔이 《미학강의Vorlesungen über die Ästhetik》에서 사용했던 것이다. 이 책에서 그는 청년들의 낭만적인 열정과 활동이 "현존하는 질서에 구멍을 내고 세계를 변혁하고 개혁하려는" 경향을 갖는다고 이야기한 적이 있다. 이 당시 헤겔에게서 '존재의 구멍'이란 바로 새로운 것을 도래시킬 수 있는 인간의 순수한 자유를 의미했던 것이다. 하지만 메를로-퐁티에게 인간은 순수할 수 없는 존재였다. 인간은 신체가 가진 자연적 능력과 개인적인 역사로 얼룩져 있기 때문이다. 그가 인간을 "함몰이나 주름"이라고 비유했던 것도 이 때문이다. 여기서 중요한 것은 인간에게 내재하는 함몰이나 주름이 "만들어졌지만 파괴될 수도 있다"는 그의 생각이다. 결국 인간에게 자유가 존재한다면, 그것은 절대적이고 순수한 자유라기보다 기존의 함몰이나 주름 위에 새로운 함몰이나 주름을 만들 수 있는 가능성으로서의 자유라고 할 수 있겠다.

여기서 한 가지 아쉬움이 생긴다. 그것은 우리가 새롭게 만들 함몰이나 주름이 과연 앞으로의 우리 삶에 긍정적인 기억으로 작동할 것인지 여부와 관련된 안타까움이다. 정리해고되어 노숙자로 전락한 사람은 비참한 생활에 맞게 자신의 주름을 만들고, 어린 문학도는 군대에 들어가 가혹한 명령체계에 부합되는 주름을 만들 수 있다. 반대로 소심했던 어느 남자가 사랑하는 애인을 만나 이전과는 달리 자신을 긍정하는 주름을 만들고, 수영을 못하던 사람이 선원 생활을 하면서 바다에 어울리는 주름을 만들 수도 있다. 그렇지만 전자의 주름은 우리를 안타깝게 하고, 후자의 주름은 우리의 얼굴에 미소를 머금게 하지 않는가? 이 점에서 우리에게는 인간에게 만들어진 함몰이나 주름에 대한 가치를 명확히 평가할 수 있는 기준, 나아가 그를 토대로 새로운 함몰이나 주름을 가능하게 하는 조건에 대한 성찰이 필요하다. 아쉽게도 메를로-퐁티는 더 진전된 논의를 우리에게 보여주지 않는다.

어쩌면 이것은 그에게는 너무 가혹한 요구인지도 모를 일이다. 후설이 창시한 현상학의 정신을 계승했던 그는 자신에게 주어진 사태, 혹은 그만의 원초적 체험을 해명하고 분석하는 데 집중하고 있을 뿐이기 때문이다. 다행스러운 것은 불운한 주름을 해체하고 소망스러운 주름을 만들어야 한다는 우리의 요구는 얼마 지나지 않아 진지하게 성찰된다는 점이다. 푸코와 들뢰즈가 바로 그들이다. 먼저 그들은 주름에 대한 가치 평가를 시도한다. 물론 가치 평가의 기준은 니체나 스피노자가 제안했던 것처럼 우리의 '힘에의 의지'가 증가했는가, 혹은 기쁨을 통해 코나투스가 증가했는가의 여부였다. 푸코나 들뢰즈가 니체나 스피노자를 다시 읽어내려 했던 진정한 이유가 바로 여기에 있었던 것이다. 마침내 메를로-퐁티가 발견한 "만들어졌지만 파괴될 수도 있는 함몰이자 주름"은 이제 실천철학적 전망 속에서 새롭게 각광을 받게 된 셈이다.

현상학, 우리 시대 철학하기의 다른 이름

칸트는 우리가 '물자체'의 세계가 아니라 '현상'의 세계만을 알 수 있다고 이야기했다. 이미 칸트에게서 후설 현상학의 단초가 보이는 대목이다. 저기 멀리 서 있는 사과나무는 나와 무관하게 객관적으로 있는 것처럼 보인다. 하지만 그 사과나무는 단지 우리의 의식이 구성한 것이라는 것, 이것이 바로 후설 현상학의 핵심 취지였다. 그는 모든 주관적인 것들, 그리고 모든 객관적인 것들을 우리의 의식 체험으로 환원하려고 한다. 나의 의식을 떠나서 사과나무는 존재할 수 없고, '나'라는 자아도 존재할 수 없다고 보기 때문이다. 객관이나 주관에 대한 일상적인 생각에 대한 판단을 중지하라! 그리고 생생한 의식 체험에 시선을 집중하라.

'현상학적 환원phenomenological reduction' 혹은 판단중지라는 의미를 가진 '에포케epoché'라는 말로 후설이 주장했던 것은 바로 이 점이었다. 의식 체험은 후설에 따르면 두 가지 측면을 갖는다. 하나는 순수한 의식 작용으로서 노에시스Noesis라면 의식 작용으로 구성된 대상으로서 노에마Noema가 또 다른 것이다. 노에시스가 '지향성'이라면, 지향된 대상을 '노에마'라고 이해해도 좋겠다. 노에시스나 노에마는 고대 그리스 철학에서 즐겨 사용하던 '정신'을 의미한 '누스Nous', 그리고 '안다'라는 의미의 '노에인Noein'에서 유래한 말이다. 노에마가 있어서 노에시스가 생기는 것이 아니라, 노에시스가 먼저 발생해야만 한다. 그리고 그 노에시스의 끝에 바로 노에마가 있는 것이다. 이처럼 후설이 개시했던 현상학적 운동은 생생한 의식 체험, 지향성, 그리고 노에시스에 대한 강조에서 시작된 것이다.

그런데 과연 우리는 항상 모든 것을 의식하고 있을까? 오히려 우리가 무엇인가를 의식할 때는 습관적으로 영위되던 친숙한 세계에 문제가 발생했을 때만이 아닐까? 형광등을 의식할 때는 그것이 고장 났을 때가 아닌가? 이런 의문을 던지면서 스승을 괴롭혔던 사람이 바로 그의 제자인 하이데거였다. 한편 마음의 지향성 자체가 순수하지 않다는 것, 그것은 신체적 경험이 없다면 불가능하다는 것을 밝혔던 또 다른 철학자도 등장했다. 그 사람이 바로 메를로-퐁티인데, 그의 신체 현상학은 이미 후설이 숙고했던 것을 바탕으로 전개된 것이다. 바로 후설이 말년에 숙고했던 '생활세계의 현상학'이 그 토대가 되기 때문이다. 물론 메를로-퐁티는 후설의 생활세계 현상학을 단순히 반복하지만은 않았다. 그는 생활세계의 현상학을 통과해서 자신만의 독창적인 지평을 펼치려고 시도했기 때문이다. 하지만 미인박명이라고 했던가? 메를로-퐁티는 너무도 일찍 세상을 떠나고 말았다.

여기서 한 가지 궁금한 것이 있다. 하이데거, 셸러, 사르트르, 메를로-퐁티, 레비나스 그리고 심지어 데리다까지 탄생시켰던 현상학, 후설이 시작하여 20세기 유럽의 지성계를 휩쓸었던 현상학의 정체는 도대체 무엇일까? 하나의 공통된 전제를 갖고 있는 플라톤학파나 칸트학파, 혹은 주자학이나 양명학처럼 같은 학파에 속해 있는가? 그러나 현상학자로 분류되는 다양한 사상가들을 살펴보면, 우리는 그들이 공유하고 있는 원리를 찾으려 해도 찾을 수가 없다. 심지어 현상학자들은 서로의 생각을 논박하기까지 하니, 현상학은 하나의 학파라고 부르기도 애매하다. 그렇다면 도대체 현상학은 무엇인가? 도대체 후설은 무슨 일을 했던 것일까? 《지각의 현상학》 서문에서 메를로-퐁티가 고민했던 것도 바로 이것이다. 잠시 그의 이야기를 경청해보자.

"기술하는 것이 문제이지 설명하는 것과 분석하는 것이 문제인 것은 아니다. 후설이 초기 현상학에 하달했던 최초의 지령은 '기술심리학psychologie descriptive'이어야 한다는, 또는 '사물 그 자체로aux choses même' 복귀해야 한다는 것이었다. 우선 그것은 학문의 부인이다. 나Je는 나의 신체 또는 '심리현상'을 결정하는 복잡한 인과관계의 결과나 교차가 아니다. 나는 나를 세계의 일부로, 생물학과 심리학 그리고 사회학의 단순한 대상으로 생각할 수 없고 나를 학문의 세계에 가두어둘 수 없다. 나는 내가 세계에 대해서 알고 있는 모든 것이, 비록 학문적 인식이라고 할지라도, 나의 관점 또는 학문적 상징들이 의미 없는 것으로 되지 않는 세계의 경험에서 나온다는 것을 알고 있다. 모든 학문의 세계는 직접 체험된 세계 위에 세워지고, 만일 우리가 학문 그 자체를 엄밀하게 사유하고 그 의미와 범위를 정확하게 평가하기를 원한다면, 우리는 우선 학문이 2차적 표현이 되는 세계의 경험을 일깨우지 않을 수 없다."

메를로-퐁티는 말한다. 현상학은 무엇보다도 통용되는 학문의 거부라고 말이다. 그러니까 대학에서 배운 것이나 혹은 타인의 가르침을 맹목적으로 따른다면, 이것은 현상학과 아무런 관련이 없는 일일 뿐만 아니라, 심지어 반현상학적 행위라고 할 수 있다는 것이다. 그래서 메를로-퐁티 이야기에서 우리는 빈번히 등장하는 '나'라는 단어에 주목해야 한다. 나다. 너도 아니고 우리도 아니고 인류도 아니다. 그저 나다. 다른 누구도 아닌 바로 내가 경험한 것, 혹은 체험한 것을 긍정하고, 그걸 기술하는 순간 누구나 바로 현상학자가 되는 것이다. 다른 사람의 사랑 경험이 아무리 근사해도, 내가 겪지 않은 사랑에 대해 설명하고 분석하는 것은 아무짝에도 쓸모가 없는 법이다. 사실 돌아보면 우리가 대학에서 배우는 모든 것도 누군가가 겪은 생생한 체험과 그 체험에 대한 그의 기술에서 유래한 것일 뿐이다. 그러나 그것은 그의 체험이지, 나의 체험은 아니다. 아니 더 정확히 말하면 그의 체험이 타당한 것인지 검토할 수 있는 유일한 근거는 바로 나의 체험일 뿐이다.

칸트의 철학을 잘 배워서 그걸 적용하는 건 현상학이 아니다. 오히려 칸트의 철학을 나의 체험으로 검증하고 판단하는 것이 바로 현상학이다. 결국 현상학은 바로 철학이 아니라 철학하기였던 셈이다. 후설이 말한 노에시스와 노에마는 후설 본인의 체험이었던 것이다. 너의 경험과 체험을 기술하라! 이렇게 가르치는 순간, 후설의 모든 제자들은 후설에게서 멀어질 수밖에 없었던 것이다. 후설의 경험은 하이데거의 경험과 다르고, 메를로-퐁티의 경험과도 다르고, 셸러의 경험이나 데리다의 경험과도 다를 테니 말이다. 그래서 현상학자들의 사유는 그렇게도 달랐던 것이다. 어쨌든 현상학은 18세기 이후 대학에 포섭된 철학에 맞서 철학하기가 다시 사자후를 토한 현상이었다고 할 수 있다. "그건 칸트나 교수님의 생각이지요. 제 경험상 사랑과 정의는 그런 것이 아닙니다." 바로 이것이 현상학이다. 20세기 서양은 다시 철학이 아니라 철학하기에 뛰어들었던 것이다.

결국 후설이 현상학의 방법이라고 역설했던 '에포케epoche'는 '판단중지'라는 뜻 이상의 의미를 가지고 있었던 것이다. 판단중지는 사실 가장 강력한 판단작동이었다고 할 수 있으니 말이다. 판단중지의 대상이 나를 제외하는 일체 타인의 생각이었다면, 이것은 결국 다른 누구의 생각도 아니라 자신의 생각만으로 사태를 판단하겠다는 의지의 발현이라고 할 수 있다. 모든 생각과 모든 관습을 판단중지할 수 있을 때에만, 혹은 다른 모든 판단을 중지할 수 있을 때에만, 우리는 자기의 힘만으로 사유하고 판단할 수 있게 되는 것 아닌가. 특히나 20세기 프랑스 철학이 서양철학의 동력으로 작동할 수 있었던 것도 있는 그대로 사태에 직면해서 스스로 판단하겠다는 후설의 정신을 가장 래디컬하게 밀어붙였기 때문이라고 할 수 있다. 메를로-퐁티, 데리다, 레비나스, 푸코, 알튀세르, 그리고 들뢰즈의 사유에 그토록 강력한 개성과 단독성이 빛났던 것도 이런 이유에서였던 게 아닐까?

17

이름은 바뀔 수 있는가?

러셀

————————— VS —————————

크립키

고유명사에도 내포가 있을까?

아리스토텔레스의 실체substance라는 용어는 주어가 될 수 있는 명사를 가리킨다. 결국 실체라는 개념을 이해하기 위해 우리는 주어로 사용되는 명사를 언어철학적으로 숙고할 필요가 있다. 예를 들어 "강신주는 철학자다"라는 문장과 "철학자는 사람이다"라는 문장을 생각해보자. 이 문장에서 '강신주'는 이 글을 쓰고 있는 어떤 저자를 가리키는 고유명사proper noun이고, '철학자'는 철학과 관련된 모든 일을 하고 있는 사람들을 분류하는 일반명사general term이다. 여기서 우리는 아리스토텔레스의 제1실체와 제2실체가 무엇을 가리키는지 알 수 있다. 제1실체가 바로 '강신주'와 같은 고유명사로 지칭되는 개체를 가리킨다면, 제2실체는 '철학자'라는 일반명사를 가리키기 때문이다. 제1실체와 제2실체, 그러니까 고유명사와 일반명사 사이의 결정적인 차이는 제1실체 혹은 고유명사가 주어로만 쓸 수 있지만, 제2실체 혹은 일반명사는 주어뿐만 아니라 술어로도 쓰일 수 있다는 데 있다. 다시 말해 '강신주'의 경우 "강신주는 인간이다"라는 표현만 가능하고 "인간은 강신주다"라는 말은 불가능하지만, '철학자'의 경우 "철학자는 인간이다" 혹은 "강신주는 철학자다"라는 두 가지 표현이 모두 가능하다는 것이다.

고유명사는 제1실체를 가리키기 때문에 결코 술어로 사용될 수 없다는 아리스토텔레스의 전통은 영국의 논리학자 밀James Mill(1773~1836)에게도 그대로 전해진다. 모든 개념은 내포connotation와 외연denotation이라는 두 측면에서 살펴볼 수 있다. 내포란 어떤 개념이 함축하는 성질을 의미한다면, 외연은 그 개념이 지시하는 것을 가리킨다고 볼 수 있다. 밀은 고유명사가 단지 외연만을 가지고 내포는 가지지 않는다고 이야기했다. 예를 들어 누구든지 나를 처음 보고 '강신주'라는 이름을 가지고 있다는 것을 안다면, 그가 아는 것은 단지 내가 강신주라는 이름을 가지고 있다는 사실뿐이다. 이 경우 '강신주'라는 고유명사는 어떤 내포도 없이 다만 외연만을 갖는다고 할

프레게가 등장하면서 아리스토텔레스에서 밀에 이르는 고유명사의 전통이 그 뿌리에서부터 뒤흔들리기 시작했다. 고유명사가 외연뿐만 아니라 내포도 가진다는 프레게의 새로운 견해 때문이었다.

수 있다. 그런데 프레게Gottlob Frege(1848~1925)가 등장하면서 아리스토텔레스에서 밀에 이르는 고유명사의 전통이 그 뿌리에서부터 뒤흔들리기 시작했다. 고유명사가 외연뿐만 아니라 내포도 가진다는 다음과 같은 프레게의 새로운 견해 때문이었다.

> 기호의 지시체the referent라고 불릴 수 있는 것으로서 기호가 지시하는 것 외에도 그 기호(이름, 단어들이나 문자들의 결합)와 연계되어 존재하는 것, 즉 내가 기호의 의미sense라고 의도하는 바를 생각해내는 것이 자연스러운 일이다. 기호의 의미에 표현의 양식이 포함되어 있다. 이에 관한 예를 들면 …… '저녁별'의 지시체는 '새벽별'의 지시체와 동일하지만 그 의미는 동일하지 않다.
>
> － 〈의미와 지시체에 관하여Über Sinn und Bedeutung〉

프레게는 고유명사에 두 가지 기능이 있다고 이야기한다. 하나는 '지시bedeutung, reference'의 기능이라면 다른 하나는 '의미sinn, sense'의 기능이다. 보통 서양에서는 금성을 두 가지 고유명사로 불렀다. 하나는 '저녁별'이었고 다른 하나는 '새벽별'이었다. 두 고유명사는 모두 동일하게 하나의 금성을 지시하고 있다. 하지만 두 고유명사의 의미는 다르다고 할 수 있다. '저녁별'이 저녁에 볼 수 있는 금성을 의미한다면, '새벽별'은 새벽에 볼 수 있는 금성을 가리키는 말이기 때문이다. 이로부터 프레게는 고유명사에는 외연뿐만 아니라 내포도 포함되어 있다고 주장하게 되었다. 하지만 우리가 주목해야 할 것은 고유명사에 내포도 있다고 본 프레게의 주장이 '사후적인 입장ex post facto stance'에 서 있을 때에만 가능하다는 점이다. 소크라테스라는 이름을 들었을 때 우리는 이 고유명사가 '플라톤의 스승'이라는 내포를 가지고 있다고 생각하기 쉽다. 하지만 이런 내포는 이미 우리가 철학사나 역사를 공부하면서 소크라테스라는 고유명사와 관련된 정보들을 먼저 배웠기 때문에 가능한 것이다.

서양 문명에 대해 전혀 모르는 사람에게 '소크라테스'를 이야기하면, 아마 그는 이 고유명사에서 어떠한 내포도 찾을 수 없을 것이다. '소크라테스'라는 고유명사에 '플라톤의 스승'이라는 내포가 함축돼 있는 것처럼 보이는 것은 결국 사후적 입장에 서 있기 때문에 생기는 일종의 착시효과라고 볼 수 있다. 고유명사에는 외연과 내포도 함께 있다는 프레게의 생각도 마찬가지다. 사실 금성이 새벽별이나 저녁별로도 불린다는 정보를 모두 알고 있었기 때문에 프레게는 이 두 고유명사를 자신의 입장을 정당화하는 사례로 사용할 수 있었던 것이다. 스트로슨Peter Frederick Strawson(1919~2006)이 《개체들 Individuals》이라는 책에서 '사후적으로' 고유명사를 보는 입장을 거부하려고 했던 것도 이런 이유에서였다. 그에게 '소크라테스'와 같은 고유명사들의 핵심 기능은 여전히 한 영역의 모든 대상 속에서 단독적인 어떤 대상을 구별해내는 데 있다고 보았기 때문이다. 스트로슨은 고유명사는 외연만 갖는다는 밀의 입장을 다시 복원시킨 셈이다.

아리스토텔레스에 따르면 외연만 가진 고유명사는 어느 경우에든 결코 술어로 사용할 수가 없다. 반면 외연뿐만 아니라 내포도 가진 일반명사, 예를 들어 '인간'이라는 명사는 주어나 술어 어느 경우에나 쓰일 수 있다. "강신주는 인간이다" 혹은 "인간은 동물이다"라는 문장이 모두 가능한 것도 이 때문이다. 이제 고유명사에도 내포가 있을 수 있다는 프레게의 언급이 철학적으로 중요한 이유가 더 분명해진다. 그것은 고유명사에도 술어가 함축되어 있다는 발상을 가능하게 한다. 고유명사를 주어로 가진 명제는 기본적으로 종합명제일 수밖에 없다. '강신주'라는 고유명사를 아무리 들여다보아도 우리는 "강신주는 인간이다"라는 명제가 참인지 거짓인지 확인할 수 없다. 오직 경험을 통해서만 우리는 이 명제의 진위를 확정할 수 있다. 그렇지만 '강신주'라는 고유명사에 '인간이다'라는 술어가 함축되어 있다면, 우리는 이 명제의 진위를 가리기 위해 경험을 참조할 필요가 없다.

논리와 이성을 추구하는 철학자에게 얼마나 고유명사가 거치적거리는 대상이었는지 쉽게 짐작이 간다. 비트겐슈타인의 스승이자 가장 탁월한 분석철학자 러셀Bertrand Russell(1872~1970)이 프레게의 통찰을 놓칠 리가 없다. 마침내 러셀은 그 유명한 기술이론theory of descriptions으로 고유명사에도 내포가 있다는 언어철학적 주장을 체계화해낸다. 러셀의 기술이론에 따르면 고유명사는 몇몇 기술구들descriptions로 해체될 수 있는 것으로 간주된다. 이제 모든 명제는 일종의 분석명제로 다루어질 수 있는 길이 열린 셈이다. 물론 프레게의 논리가 스트로슨에 의해 공격되었던 것처럼, 러셀의 기술이론도 얼마 지나지 않아 크립키Saul A. Kripke(1940~2022)라는 젊은 철학자에 의해 공격당하게 되지만 말이다.

Ⓚ

러셀: "고유명사도 일반명사들로 번역할 수 있다."

우리가 러셀의 사유를 이해하고자 할 때 함께 검토해야 할 가장 중요한 철학자는 스피노자와 함께 근대철학의 합리론적 사유를 양분했던 라이프니

러셀은 '소크라테스'와 같은 고유명사들이 '기술어들에 대한 축약'에 불과하다고 주장한다. 다시 말해 소크라테스라는 고유명사는 '플라톤의 스승', '독약을 마신 사람', 혹은 '논리학자들이 죽는다는 예로 많이 제시하는 사람'으로 바뀔 수 있다는 것이다.

츠이다. 사실 러셀은 1900년에 라이프니츠에 관한 연구서 《라이프니츠 철학에 대한 비판적 해설Critical Exposition of the Philosophy of Leibniz》을 집필한 적도 있었다. 라이프니츠의 철학적 통찰 가운데 러셀에게 가장 큰 영향을 미친 것은 바로 신의 시선에서 모든 명제는 분석명제라고 보는 관점이었다. 분석명제의 사례로 우리는 "총각은 남자다", "사각형 내각의 합은 360도다", "일산화탄소는 산소를 가지고 있다" 등의 명제를 생각해볼 수 있다. 이처럼 분석명제는 주어 안에 이미 술어까지 함축되어 있는 명제를 의미한다. 그래서 분석명제의 경우 우리는 주어를 정확히 알게 되면 어떤 경험에 의존하지 않고도 그 명제의 참과 거짓을 미리 결정할 수 있다.

　　라이프니츠는 고유명사로 지칭되는 모든 대상이 가능한 모든 술어를 이미 함축하고 있다고 주장한다. 물론 이것은 개체들을 창조한 신의 시선에서만 인식 가능한 것이고 따라서 인간적 시선에서는 인식하기 불가능한 것이다. 라이프니츠의 '모나드'는 바로 고유명사로 지칭되는 대상, 모든 술어를 잠재적으로 함축하고 있는 주어를 가리키는 것이었다. 이런 라이프니츠의 발상은 러셀에게도 다음과 같이 그대로 반복되고 있다.

> '소크라테스'와 같은 통상적으로 사용하는 이름들은 실제로는 기술어들에 대한 축약에 불과하다. …… 우리는 소크라테스를 직접 대면하지 못했다. 따라서 우리는 그를 명명할 수 없다. 우리들이 '소크라테스'라는 낱말을 사용할 경우에 실제로는 하나의 기술어를 사용하고 있는 것이다. 우리의 생각은 '플라톤의 스승', '독약을 마신 사람', '논리학자들이 죽는다는 예로 많이 제시하는 사람' 등과 같은 이런 몇몇 구들에 의해 만들어지고 있지만, 이름이라는 낱말의 고유한 의미에서 그 이름을 하나의 이름으로 사용하고 있지는 않다.
>
> ―《논리적 원자론의 철학The Philosophy of Logical Atomism》

러셀은 '소크라테스'와 같은 고유명사들이 '기술어들에 대한 축약'에 불과하다고 주장한다. 다시 말해 소크라테스라는 고유명사는 '플라톤의 스승', '독약을 마신 사람', 혹은 '논리학자들이 죽는다는 예로 많이 제시하는 사람'으로 바뀔 수 있다는 것이다. 여기서 우리는 고유명사에도 내포가 있다는 프레게의 영향을 어렵지 않게 직감할 수 있다. 하지만 러셀은 프레게보다 좀 더 나아간다. 그는 고유명사에 어떤 외연도 없다고 주장했기 때문이다. 중요한 것은 이것이 2,000여 년 전에 독약을 마시고 죽은 소크라테스와 같이 죽은 사람의 경우에만 적용되는 것이 아니라는 점이다. 그것은 지금 살아 있는 사람을 가리키는 '강신주'라는 고유명사의 경우에도 동일하게 적용되는 원칙이다. 그는 '강신주'라는 고유명사도 '기술어들에 대한 축약'으로 이해할 것이다.

러셀의 관점에 따르면 '강신주'는 《김수영을 위하여》의 저자'이거나 혹은 '장자 연구자'로 바뀔 수 있다. 하지만 그는 '강신주'라는 고유명사가 구체적인 어떤 것을 지시할 필요는 없다고 주장한다. 그가 "소크라테스'와 같은 통상적으로 사용하는 이름들은 실제로는 기술어들에 대한 축약에 불과하다"고 주장했던 것도 이 때문이다. 사실 어떤 사람이 강신주라는 고유명사가 《김수영을 위하여》의 저자'나 '장자 연구자'를 의미한다고 알고 있을지라도, 그는 구체적으로 눈앞에서 어떤 개체를 '강신주'라고 지목하지 못할 수도 있다. 특히 강신주라고 불리는 사람을 본 적이 없다면 말이다. 물론 강신주라는 사람이 살아 있기 때문에 누구든 이 고유명사로 지칭된 사람을 현실에서 만날 가능성은 있다. 이럴 경우에도 러셀은 강신주라는 고유명사가 "이름이라는 낱말의 고유한 의미에서 그 이름", 즉 진정한 고유명사는 아니라고 주장한다. 그에게 진정한 고유명사란 '이것this'이나 '저것that'과 같은 단어들일 수밖에 없기 때문이다.

> 논리적 의미에서 이름들로서 사용할 수 있는 유일한 낱말들은 '이것' 혹은 '저것'과 같은 낱말들뿐이다. '이것'이란 낱말을 말하는 순간에 직접 대면하게 되는 개별자를 지시하기 위한 하나의 이름으로 사용한다. 우리들은 "이것은 하얗다"라고 말한다. 만약에 '이것'이라는 낱말을 말하는 순간에 보고 있는 것을 의미하면서 "이것은 하얗다"라고 말한다면, 이때의 '이것'은 고유명사로 사용되고 있는 것이다.
>
> ―《논리적 원자론의 철학》

러셀은 '이것'이나 '저것'과 같은 지시대명사를 '논리적 고유명사logically proper names'라고 부른다. 물론 이때 '이것'이나 '저것'은 주체가 직접 감각적으로 의식하는 것들, 즉 우리가 감각을 통해 다른 것과 구별하는 것들을 지칭하는 단어이다. 러셀의 입장은 분명하다. 경험적으로 구별되는 것을 지칭하는 이것이나 저것과 같은 단어만이 진정한 고유명사이고, 바로 이것과 저것에 《김수영을 위하여》의 저자'나 '장자 연구자'라는 내포가 덧붙여질 때 강신주라는 고유명사가 가능하게 된다고 본 것이다. 물론 강신주라는 고유명사는 가짜 고유명사이고 그 실체는 일련의 기술구들 혹은 기술구들의 축약에 지나지 않지만 말이다. 결국 강신주라는 고유명사는 소크라테스라는 고유명사와 같은 것 아니냐는 것이다. 어차피 논리적 고유명사가 아니라면, 강신주라는 고유명사도 기술구들의 축약에 불과하니까 말이다. 한마디로 말해 보통의 고유명사는 특정 개인을 모른다고 해도 아무런 문제없이 사용된다는 것이다.

분명 논리적 고유명사를 이야기할 때, 러셀은 영국 철학자 특유의 경험론적 입장을 피력하고 있다. 반대로 일반적 고유명사를 이야기할 때, 그는 라이프니츠처럼 합리론적 입장을 전개하고 있다. 그의 인식론에 경험론적인 측면과 아울러 합리론적 측면이 동시에 있는 것도 이런 이유에서다. 실제로 러셀은 인식을 두 종류로 구분한다. 하나는 '직접 대면에 의한 인식knowledge by acquaintance'이고 다른 하나는 '기술구에 의한 인식knowledge by description'이다. 만일 강신주가 집필실에서 글을 쓰고 있는 상황에 직면한 사람이라면, '어떤 남자가 책을 쓰고 있다'고 이야기할 수 있다. 이것이 바로 '직접 대면에 의한 인식'이다. 반면 직접 강신주를 직면하지 않았더라도 누군가는 '강신주는 노자를 싫어한다'고 이야기할 수 있다. '강신주=노자를 비판하고 장자를 옹호했던 철학자'라는 걸 알고 있기에 가능한 것이다. 이것이 바로 '기술구에 의한 인식'이다.

결국 러셀은 프레게의 주장을 끝까지 관철하여 마침내 우리가 사용하는 고유명사에는 외연이 전혀 필요 없다고 주장하게 된다. 러셀의 논리가 철학적으로 중요한 이유는 아리스토텔레스가 말한 제1실체, 즉 주어만 될 수 있고 술어는 결코 될 수 없다는 제1실체의 특권적 지위를 박탈했다는 데 있다. 이것은 분명 혁명적인 발상이지만, 그 이면에는 중요한 전제가 하나 더 놓여 있다. 그것은 프레게의 경우와 마찬가지로 러셀의 기술이론도 '사후적인 입장'에서만 성립 가능하다는 점이다. 강신주가 《김수영을 위하여》의 저자'라는 사실을 알고, 동시에 그가 '장자 연구자'라는 것을 안 뒤에만, 러셀은 강신주가 몇 가지 기술구들의 축약에 불과하다고 주장할 수 있기 때문이다. 하지만 이런 사후적인 정보를 몰라도 우리는 강신주와 같은 고유명사를 의미 있게 사용하고 있지 않는가? 우연히 특정한 고유명사를 배운 뒤에 우리는 그 고유명사로 지칭되는 사람이 어떤 일을 했는지에 대한 정보를 그 고유명사에 축적하는 것 아닐까?

𝒦

크립키: "고유명사는 모든 가능세계에 그대로 적용된다."

크립키는 고유명사가 일련의 기술구들의 축약에 불과하다는 러셀의 입장을 가장 신랄하게 비판한 철학자였다. 영민했던 크립키는 러셀의 기술이론이 기본적으로 사후적 입장에 서 있다는 것을 정확히 파악하고 있었다. 여기서 우리는 고유명사에 대한 크립키의 생각이 러셀과 달리 '사전적인 입장 ex ante factor stance'에서 가능했을 것이라고 짐작해볼 수 있다. 사실 그에게 러셀의 기술이론을 비판할 수 있는 이론적 기반을 제공한 철학자는 러셀의 제자이기도 했던 비트겐슈타인이었다. 바로 이 비트겐슈타인은 러셀처럼 '사후적 입장'이 아니라, 항상 '사전적 입장'을 취한 걸로 유명하다. 《철학적 탐구》를 보면 비트겐슈타인은 이름, 즉 고유명사를 사후적인 입장이 아니라 사전적인 입장에서 다음과 같이 관찰했다.

> 어린이는 자기 인형에 이름을 부여하고 그것에 관해서, 그리고 그것에게 말을 한다. 이와 관련하여 우리가 어떤 사람의 이름으로 그 이름을 가진 사람을 부르는 쓰임이 얼마나 독특한지 생각해보라!
>
> ─《철학적 탐구》

이미 누군가가 어떤 사람에게 '강신주'라는 이름을 먼저 붙인다. 물론 강신주라는 이름을 부여한 사람들은 그 자신이 아니라 그의 부모님이나 가

크립키는 고유명사가 일련의 기술구들의 축약에 불과하다는 러셀의 입장을 가장 신랄하게 비판한 철학자였다. 크립키는 러셀의 기술이론이 기본적으로 사후적 입장에 서 있다는 것을 정확히 파악하고 사전적인 입장에서 성찰하고자 했다.

족들이겠지만 말이다. 그리고 그 사람은 시간이 지나서《김수영을 위하여》를 집필했고 또한 장자를 연구했다. 러셀은 이런 전후 과정을 사후적으로 추론하여 '강신주'라는 고유명사는 《김수영을 위하여》의 저자'나 '장자 연구자'라는 기술구들의 축약어라고 주장했지만, 이와 달리 비트겐슈타인은 이름, 즉 고유명사가 부여되는 그 처음 순간에 주목하고 있다. 이것은 분명 러셀의 시선과는 달리 사전적인 입장을 그가 취하고 있다는 것을 말해준다. 바로 크립키는 비트겐슈타인이 던진 충고, 즉 "우리가 어떤 사람의 이름으로 그 이름을 가진 사람을 부르는 쓰임이 얼마나 독특한지 생각해보라!"라는 요구에 충실히 따르려고 했다. 그가 비트겐슈타인의 충고를 어떻게 따랐는지 다음 대목을 통해 살펴보도록 하자.

보통의 경우 우리의 지시 행위는 단순히 우리가 생각하는 내용에 의존하지 않고 언어 공동체의 다른 사람들과 그 이름이 어떻게 그에게 도달했는가의 역사와 그와 같은 것들에 의존한다. 그런 역사를 추적하면서 우리는 그 이름이 지시하는 것을 이해하게 된다. …… 다음과 같이 말할 수 있을 것이다. 최초의 명명의식이 일어난다. 여기서는 실제의 사물을 직접 보여줌으로써 대상을 명명할 수도 있고, 이름의 지시체가 하나의 기술을 통해 확정될 수도 있다. 아무튼 그 이름이 '다음 사람에서 다음 사람으로 넘어갈' 때, 이름을 받은 사람은 이를 배울 때 틀림없이 그 이름을 전해준 사람과 동일한 내용을 지시하기 위해 이름을 사용해야만 할 것이다. ─《이름과 필연Naming and Necessity》

크립키가 주목하고 있는 "최초의 명명의식"은 그가 고유명사를 사전적인 입장에서 성찰하고자 했던 점을 잘 보여주고 있다. 2,000여 년 전 한 아이가 태어났다. 그리고 누군가 그 아이를 '소크라테스'라고 명명하기 시작했다. 크립키의 말처럼 누군가 갓 태어난 아이를 보고 '소크라테스'라고 명명한 것이다. 물론 크립키도 기술구의 의미를 일부 인정하기는 했다. 예를 들어 플라톤의 스승이 소크라테스라는 것을 들은 누군가가 소크라테스라고 불리는 어떤 사람을 만나서 그가 바로 '플라톤의 스승'인 소크라테스 바로 그 사람이라고 확정할 수도 있기 때문이다. 당시에도 이미 소크라테스라고 불리던 사람들이 많았을 테니까 말이다. 하지만 중요한 것은 이 경우 역시 일종의 명명의식이라고 할 수 있다는 점이다. 특정한 사람을, 다시 말해 '플라톤의 스승'으로 유명한 그 사람을 소크라테스라고 명명하기 때문이다.

중요한 것은 "그 이름이 '다음 사람에서 다음 사람으로 넘어갈' 때, 이름을 받은 사람은 이를 배울 때 틀림없이 그 이름을 전해준 사람과 동일한 내용을 지시하기 위해 이름을 사용해야만 한다"는 크립키의 생각이다. 소크라테스는 자라면서 철학적 사유를 했고, 플라톤과 같은 제자를 키웠으며, 마침내 비극적으로 독약을 마시고 죽음을 선택했다. 당시 그리스 사람들은 소크라테스라는 이름을 가진 사람이 했던 행적들을 '소크라테스'라는 고유명사를 통해 이야기했을 것이다. 소크라테스를 직간접적으로 관찰했던 사람들이 죽더라도, 그들은 소크라테스에 대한 이야기를 후손들에게 말로 혹은 글로 남기려고 했을 것이다. 마침내 이렇게 해서 한국에 살고 있는 우리에게 소크라테스라는 고유명사가 전해지게 된 것이다. 물론 이것은 직접 소크라테스를 보고서 소크라테스라는 고유명사로 그를 이야기했던 사람들의 이야기가 전해지고, 또다시 전해져서 마침내 우리에게까지 이른 것이다.

크립키는 특정 고유명사로 지시되는 사람이 죽더라도, 그 고유명사가 이처럼 최초의 명명의식을 전제하고 있다는 사실에 주목하고 있다. 그래서 그는 "우리의 지시 행위는 단순히 우리가 생각하는 내용에 의존하지 않고 언어 공동체의 다른 사람들과 그 이름이 어떻게 그에게 도달했는가의 역사와 그와 같은 것들에 의존한다"고 강조했던 것이다. 이것은 러셀과는 분명히 구별되는 입장이다. 러셀은 "우리는 소크라테스를 직접 대면하지 못했다. 따라서 우리는 그를 명명할 수 없다"고 보았기 때문이다. 하지만 크립키가 보았을 때 러셀이 간과한 것이 하나 있었다. 그것은 소크라테스라는 이름을 전한 사람들을 거슬러 추적하다보면, 어떤 갓난아기에게 소크라테스라는 이름을 붙이는 최초의 명명의식이 존재한다는 점이다. 다시 말해 러셀은 아주 먼 과거에서 행해졌던 최초의 명명의식을 존중하지 않았던 것이다. 러셀의 기술이론에 유아론적 냄새가 났던 것도 다 이유가 있었던 셈이다. 그는 최초의 명명의식을 거행했던 타자나 그 명명자에게 고유명사를 들은 타자들의 중요성을 무시하고 있기 때문이다. 이 점이 바로 크립키가 러셀의 기술이론을 비판하려고 했던 핵심 논거였다고 볼 수 있다.

러셀이 고유명사를 기술구들의 축약이라고 정의한다면, 크립키는 고유명사를 '고정 지시어rigid designator'라고 설명한다. 최초의 명명의식을 통해 어떤 사람에게 이름이 부여될 때 그것이 바로 어떤 고유명사가 탄생하는 순간이기 때문이다. 특정 고유명사로 불리던 사람이 죽었다고 할지라도, 우리는 최초의 명명의식을 존중해야 한다. 우리는 특정 고유명사를, 마치 어떤 아이를 최초로 명명했던 사람들의 입장에 서서 사용해야 하기 때문이다. 크립키에 따르면 이것이 바로 비트겐슈타인이 말했던 우리가 고유명사를 사용하는 "독특한" 방식이다. 러셀의 기술이론을 그 뿌리에서부터 뒤흔들기 위해서 크립키는 논리적 장치를 하나 더 만든다. 그것이 바로 그 유명한 크립키

의 가능세계 논리이다. 크립키의 천재성이 번뜩이는 흥미로운 논증 하나를
더 검토해보자.

> 한 이름의 지시체가 하나의 기술 또는 일단의 기술에 의해 주어진다고
> 하자. 만일 이 이름이 그러한 기술과 같은 것을 의미한다면, 그 이름은
> 고정 지시어rigid designator가 아닐 것이다. 그 이름은 모든 가능세계에서
> 동일한 대상을 반드시 지시하지는 않을 것이다.   -《이름과 필연》

크립키가 비판하려는 표적은 어떤 고유명사가 기술구들의 축약에 불과
하다는 러셀의 생각이다. 다시 말해 그는 '고유명사=기술구'라는 공식을 해
체하려고 했던 것이다. 간단한 예로 크립키의 논증을 재구성해볼 수 있다.
허균의 누나로 조선보다는 중국 문단을 풍미했던 여류 시인 허난설헌許蘭雪軒
(1563~1589)이라는 사람이 있었다. 러셀의 논리에 따르면 '허난설헌'은 '허균
의 누나'나 '중국 문단을 풍미했던 조선의 여류 시인'이란 기술구들과 다름
없는 것이다. 바로 이 대목에서 크립키는 가능세계의 논리를 도입한다. 가능
세계에서는 '허난설헌'은 허균의 누나가 아닐 수도 있고, 혹은 시를 짓지 않
았을 수도 있다. 흥미로운 것은 그럼에도 우리가 가능세계에서 '허난설헌'이
란 고유명사를 계속 사용할 수 있다는 점이다. 하지만 이 가능세계에서는
'허난설헌' 대신 '허균의 누나'라거나 '중국 문단을 풍미했던 여류 시인'이라
는 기술구들을 주어로 바꿀 수는 없다.

왜 그럴까? 크립키의 논리를 조금 더 따라가보자. 가능세계에서는 오히
려 "허난설헌은 허균의 누나가 아니다"라는 명제는 사용 가능하다. 왜냐하
면 글자 그대로 가능세계니까. 하지만 '허난설헌'이란 고유명사를 '허균의 누
나'라는 기술구로 바꾸는 순간 문제가 발생한다. "허난설헌은 허균의 누나
가 아니다"라는 명제는, 주어 허난설헌 대신 '허균의 누나'라는 기술구로 바
꾸면, "허균의 누나는 허균의 누나가 아니다"라는 명제가 된다. 이러한 표현
은 사실 가능세계에서조차 통용될 수 없는 것이다. 어떻게 허균의 누나인

여자가 허균의 누나가 아닐 수 있다는 말인가? 이 때문에 크립키는 고유명 사를 기술구로 환원하려고 했던 러셀의 논리를 비판하면서 다음과 같이 결론 내린다. 기술구들은 특정한 세계에만 한정되지만, 고유명사는 "모든 가능세계에서 동일한 대상을 반드시 지시하고 있다"라고 말이다. 이것은 고유명사가 '고정 지시어'이기 때문에 가능한 일이다.

여기서 잠시 고유명사는 가능세계에 그대로 통용되어야 한다는 크립키의 주장을 조금 더 현실적으로 해석해보도록 하자. 아무래도 가능세계론이 납득이 가지 않는 독자도 충분히 있을 테니 말이다. 그것은 가능세계를 미래라는 시제로 해석하는 것이다. 허난설헌이나 소크라테스처럼 이미 죽은 사람에게는 더 이상 미래는 없지만, 지금 살아 있는 강신주라는 사람에게는 지금과는 다른 삶을 살 수 있는 미래가 존재한다. 이것이 바로 현실적인 가능세계가 아니면 무엇이겠는가. 허난설헌이나 소크라테스에 대해서는 역사적 정보를 통해 기술구들을 다 모을 수가 있다. 그러니까 러셀의 기술이론과 같은 사후적 해석이 가능했던 것이다. 그렇지만 지금 여기 살아 있는 강신주의 경우 앞으로 어떤 기술구가 붙을지 사전에 미리 결정할 수 없다. '설악산 양양에서 아웃도어 상점을 운영하는 남자'라는 기술구가 붙을 수 있는 삶을 영위할 가능성도 충분히 있으니 말이다. 정말로 인문 저자가 아니라 아웃도어 상점 사장이 되었어도, 강신주는 여전히 강신주로 불리게 될 것이다.

어쨌든 크립키의 재기발랄한 논증으로 마침내 고유명사를 뒤흔들려고 했던 라이프니츠에서 프레게, 그리고 러셀에 이르는 노력은 허망하게 좌절되고 만다. 이것은 모두 크립키의 영민함 때문에 일어난 일이다. 불행히도 크립키 자신은 자신의 논의가 얼마나 폭발적인 해석 가능성을 가지고 있는지 모르는 것처럼 보인다. 러셀의 기술이론은 고유명사를 일련의 일반명사들로 해체하려는 논의였다. 남자나 여자와 같은 명사들처럼 일반명사는 기본적으로 개체들을 분류할 때 사용하는 말이다. 불행히도 분류의 이면에는 항상 배제와 폭력의 논리가 도사리고 있다. 유대인이란 일반명사에 분류된 수많은 개체들이 아우슈비츠에서 검은 연기로 사라지게 되었던 역사적 사실이 이 점을 웅변적으로 보여준다. 이들은 바로 고유명사를 빼앗긴 사람들이었다. 고유명사를 빼앗긴다는 것, 그것은 개체로서의 존엄성을 부정당한다는 걸 의미한다. "어이! 아줌마, 거기서 뭐해요!" "거기! 흑인 두 놈 이리로 와!" "그래! 조센진 너희 세 사람 말이야!" 고유명사를 긍정한다는 것, 그것은 개체가 교환 불가능한 존재라는 걸 긍정한다는 것이다. "나는 아줌마이기 이전에 이설라예요!" "나는 흑인이기 이전에 스미스예요!" "나는 조선 사람이기 이전에 강신주예요!" 고유명사를 앞세운다는 것은 이런 당당함을 피력하는 것이다. 반대로 일반명사로 자신의 고유명사를 빼앗긴 사람은, 혹은 그것을 당연한 듯 감내하는 사람은 누구와도 바꿀 수 없는 자신의 삶을 부정하는 사람일 수밖에 없다. 그래서 우리는 크립키에게 고마워해야 한다. 그의 논리에서 우리는 고유명사를 개체들에게 되돌려줄 수 있는 가능성을 발견할 수 있으니 말이다. 그가 의도하지 않았다고 해도.

분석철학의 이카루스, 러셀

논리학은 많은 부분 수학, 특히 집합론과 밀접한 관련이 있다. 예를 들어 유명한 아리스토텔레스의 삼단논법을 보자. "모든 사람은 죽는다. 소크라테스는 사람이다. 그러므로 소크라테스는 죽는다." 여기서 중요한 것은 삼단논법의 추리 규칙 중 결정적인 것이 두 번째 명제, 즉 소크라테스로 지칭되는 개체가 '사람'이란 집합에 속한다는 사실이다. 만약 소크라테스로 지칭된 개체가 '개'라든가 혹은 '장난감 로봇'이라는 집합에 속한다면, 모든 사람이 죽는다는 사실을 들어 소크라테스가 죽는다고 주장할 수는 없을 것이다. 여기서 우리는 소크라테스와 같은 고유명사라는 것이 논리적으로 사유하는 사람들에게 얼마나 장애가 되는 대상인지 알 수 있다.

'소크라테스'라는 이름은 존재하는 혹은 존재했던 어떤 개체에게도, 혹은 상상으로만 존재하는 가공의 개체에게도 모두 적용할 수 있기 때문이다. 이런 경우 우리는 소크라테스라는 고유명사가 어떤 집합에 속하는지 미리 알 수가 없다. 러셀이 고유명사는 기술구들의 축약에 불과하다고 주장했던 것도 이런 이유에서이다. 만약 그의 주장이 타당하다면, 소크라테스는 '플라톤의 스승', '아테네에 살던 남자', '독약을 먹고 자살한 사람'이라는 기술구로 치환 가능하다. 그렇다면 이제 소크라테스는 '스승'이라는 집합으로, '유럽인'이라는 집합으로, '남성'이라는 집합으로, 그리고 '자살한 사람'이란 집합으로 너무도 쉽게 분류 가능하게 된다. 불행히도 승승장구할 것 같았던 러셀의 기술이론은 크립키라는 영민한 학자를 만나 좌절되고 만다.

사실 화이트헤드와 함께 지은 《수학원리Principia Mathematica》에서 러셀은 자연수를 집합 개념을 통해 정의하려고 했을 정도로 집합으로 모든 것을 환원하려고 했던 인물로도 유명했다. 수학기초론에서 흔히 논리주의Logicism라고 불리는 사유 전통이다. 자연수에 논리적 기초를 마련하려는 화이트헤드와 러셀의 작업은 의외로 간단하다. 1은 공집합 { }로 표시되고, 2는 {1}={{ }}로 표시되고, 3은 {2}={{{ }}}로 표시하는 등의 방식으로 말이다. 자연수를 수많은 중첩된 공집합 기호들로 환원하려는 러셀의 시도가 사실 고유명사를 복잡한 기술구들로 환원하려고 했던 그의 시도와 구조적으로 같다는 점이 매우 이채롭게 보인다. 여기서도 러셀의 시도는 좌절되고 만다. 괴델Kurt Gödel(1906~1978)이란 천재 수학자가 제안했던 불완전성의 정리가 등장하면서, 수학에 기초를 마련하려는 러셀 등의 이성적 시도 자체가 불가능해졌기 때문이다.

러셀의 근본적 시도는 라이프니츠에게서 영감을 얻은 것이다. 그것은 특히 인간에게만 종합명제와 분석명제가 구분되지만, 신에게는 오직 분석명제만 있다는 라이프니츠의 생각과 관련된다. 결국 고유명사를 기술구들로 분석하려는 러셀의 시도는 아이러니하게도 신의 차원에 설 수 있다는 이카루스Icarus의 오만함과 비견될 수 있다. 그리스 로마 신화에 따르면 이카루스는 새의 깃털들과 밀랍을 이용해 날개를 만들어 하늘로 날아올랐다고 한다. 그러나 태양에 가까워질수록 밀랍은 녹아내렸고, 마침내 이카루스는 에게해로 추락해 죽게 된다. 고유명사와 자연수를 일상적인 용례로 사용하려고 했다면, 러셀은 분석철학자로서 그나마 안정적 지위를 유지했을 수도 있다. 불행히도 러셀은 지금 분석철학계의 이카루스, 혹은 반면교사로만 기능하고 있다.

이이제이以夷制夷라는 말이 있다. 오랑캐로 오랑캐를 제압한다는 동양의 오랜 속담이다. 라이프니츠에게 영감을 받아서 러셀은 기술이론을 만들었다. 그런데 크립키도 마찬가지 아닌가. 고정 지시어를 이야기할 때 크립키가 도입한 가능세계론도 바로 라이프니츠에게서 유래한 것이니 말이다. 신은 가능한 세계들 중 최선의 세계를 창조했다는 것이 라이프니츠의 주장이 아닌가. 바로 여기서 크립키의 유머감각이 번뜩인다. 라이프니츠를 이용해서 러셀을 제압한 것이다. 여담이지만 러셀의 수학기초론을 무력화시켰던 괴델도 라이프니츠에게서 많은 영감을 받았다는 사실이다. 라이프니츠로 흥한 자, 라이프니츠로 망한 셈이다. 정말 아이러니한 일 아닌가!

18

자유는 가능한가?

사르트르

VS

알튀세르

칸트의 자유를 넘어 대붕의 자유로

《실천이성비판》에서 칸트는 자유에 대해 "한 상태를 자신으로부터 시작하는 능력"이라고 정의했다. 일면 타당한 정의라고도 할 수 있다. 그런데 그가 자유 개념을 도덕적 자율autonomy 개념과 연결하면서 민감한 문제가 한 가지 발생하게 된다. 칸트에 따르면 윤리적 결단 상황에서 인간은 자신이 갖고 있는 이성의 힘으로 보편적인 도덕법칙을 자유롭게 만들 수 있고 그것을 충실하게 따를 수 있다. 이 경우 그는 자율적인 주체라고 불릴 수 있다. 그런데 자신이 자유롭게 만들었다고 하는 도덕법칙이 과연 일체의 외적인 압력 혹은 영향 없이 주체의 자유로운 의지로부터 만들어졌는지의 문제를 다시 생각해볼 필요가 있다. 바로 이 점을 문제 삼았던 것이 프로이트에서 라캉에 이르는 정신분석학의 공헌이었다고 볼 수 있겠다.

정신분석학에 따르면 인간의 윤리적 고뇌와 결단은 내면화된 규범으로서 초자아와 현실적 자아 사이의 분열에서 유래하는 것이다. 그래서 현실적 자아가 만든 도덕법칙은 자신과 초자아 사이의 분열을 미봉하는 것, 따라서 초자아의 검열을 수용하는 것에 지나지 않는 것이라고 할 수 있다. 정신분석학은 초자아의 내면화된 규범이나 주체가 만든 도덕법칙이 모두 부모에게서 유래하는 기존의 사회적 의미에 사로잡혀 있다고 주장한다. 정신분석학의 지적이 타당하다면, 인간은 다른 일체의 외적 원인들에 의해서가 아니라 자신의 순수한 실천이성의 명령에 따라 어떤 행위를 선택해서 실천한다고 믿더라도, 결국 무엇인가 새롭게 시작되는 것이란 전혀 있을 수 없게 된다. 이 점에서 칸트는 자유를 정의 내리면서 "자신으로부터 시작한다"라고 너무 쉽게 말했다고 할 수 있다. 고정된 의미체계를 그대로 둔 채 어떤 행동을 자신으로부터 시작할 수는 없는 법이기 때문이다.

자신으로부터 시작하기 위해서 우리는 기존의 의미체계와는 다른 의미체계를 생산할 수 있어야 한다. 그래야 우리는 과거의 의미체계에 의해 규정된 주체 형식에서 벗어나 새로운 주체 형식으로 변화할 수 있기 때문이다. 여성을 복종하는 존재, 삼종지도를 따라야만 하는 존재라고 의미 부여하는 여성이 있다면 그녀는 결코 자유로운 존재일 수 없다. 물론 소수의 어떤 여성들은 자신이 칸트의 주장처럼 본인 스스로 자유롭게 보편적 입법의 원리에 따라서 삼종지도의 규범을 선택한 것이라고 강변할 수도 있다. 하지만 이것은 자유도, 선택도, 그 무엇도 아니며 단지 고정된 의미에 대한 자발적 복종에 지나지 않는 것이다. 그래서 자유란 다음과 같이 새롭게 정의되어야 할 필요가 있다. "새로운 의미를 생산해내서 한 상태를 자신으로부터 시작하는 능력"이라고 말이다. 여기서 의미라는 것은 특정한 주체와 특정한 타자를 생산하는 선험적인 관계의 원리로 이해할 수 있다. 주목해야 할 점은 새로운 의미를 생산한다는 것이 홀로 이리저리 몽상에 빠지는 것과는 반드시 구별될 필요가 있다는 점이다. 만약 자의적으로 혼자 의미를 생산했다면 이것은 우연히 만나는 타자에 의해 여지없이 무력화될 수밖에 없을 것이기 때문이다.

새로운 의미의 생산을 강제하는 힘은 결국 우리 자신의 순수한 결단이라기보다 우리가 마주친 타자의 타자성이라고 보아야 한다. 기존의 의미를 뒤흔드는 타자와의 마주침을 통해서만 주체는 의미를 새롭게 생산하는 과제에 직면할 수 있기 때문이다. 그래서 주체에게 타자의 타자성은 의미의 공백 혹은 의미의 블랙홀과도 같은 현상으로 드러난다. 사랑의 사례가 이 점을 가장 잘 보여준다고 할 수 있다. 어떤 남자가 어떤 여자를 만났다고 해보자. 처음에 그녀는 그에게 단지 후배에 불과했다. 그러던 어느 날 후배라는 의미로는 완전히 관계 맺을 수 없는 어떤 공백과 결여가 그녀에게 나타났다. 물론 그는 이런 공백과 결여를 애써 잊으려고 할 수도 있고, 또 최근에 자신이 사귀던 애인과 이별했기 때문에 이 여자 후배에게서 그런 이상한 감정이 나타났다고 스스로 위로할 수도 있다. 하지만 이런 모든 노력에도 그녀에게 나타난 의미의 공백은 더욱더 커져만 간다. 결국 사랑이라는 의미를 부여해야만 이 공백은 사라질 수 있게 되었다. 이때 비로소 놀라운 일이 벌어진다.

그는 이제 사랑에 빠진 사람으로, 그리고 그 여자 후배는 사랑하는 애인으로 의미 부여되기 때문이다.

인간의 자유는 다른 데 있는 것이 아니라 '새로운 의미를 창조하면서 자신을 새로운 주체로 변형시킬 수 있는' 데서 찾아야만 한다. 물론 이러한 능동적 창조의 과정에는 타자와의 마주침이라는 불가피한 단서가 붙는다. 이것은 마치 자물쇠를 열 수 있는 비밀번호가 타자에게 있는 것과도 같은 상황에 비유될 수 있다. 제대로 된 의미 창조에 실패한다면 그것은 결국 비밀번호를 잘못 풀어서 자물쇠를 열지 못하는 상황이라고 볼 수 있을 것이다. 이처럼 타자란 우리로 하여금 해석과 이해를 강제하는 일종의 기호signe라고 말할 수 있다. 《프루스트와 기호들Proust et les Signes》에서 들뢰즈는 이렇게 말했다. 기호는 "우리에게 사유하도록 강요하고 참된 것을 찾도록 강요"하는 힘을 갖고 있다고. 그래서 우리가 인간의 자유가 갖는 성격을 이해하려면 다음과 같은 두 측면에 모두 주의를 기울어야 한다. 즉 타자와 관련된 비자발성 그리고 이것을 해석하려는 주체의 자발성, 이 두 가지 가운데 어느 하나라도 망각하면 우리는 자유의 가능성과 한계를 이해할 수 없게 될 것이다. 이 대목에서 장자가 대붕의 비상을 통해 말하고자 했던 자유의 의미를 함께 생각해볼 필요가 있다. 대붕의 웅장한 비상과 메추라기들의 경쾌한 비상을 서로 비교하면서 장자의 그 유명한 대붕 이야기는 시작된다.

북쪽 바다에 물고기 한 마리가 있었는데, 그 물고기의 이름은 '곤鯤'이다. 곤의 둘레의 치수는 몇천 리인지를 알지 못할 정도로 컸다. 그것은 변해서 새가 되는데, 그 새의 이름은 '붕鵬'이다. 붕의 등은 몇천 리인지를 알지 못할 정도로 컸다. 붕이 가슴에 바람을 가득 넣고 날 때, 그의 양 날개는 하늘에 걸린 구름 같았다. 그 새는 바다가 움직일 때, 남쪽 바다로 여행하려고 마음먹는다. …… 물의 부피가 충분히 크지 않으면, 그 물은 큰 배를 실어 나를 수 있는 힘이 부족하게 된다. 당신이 한 사발의 물을 바다의 움푹한 곳에 부으면, 갈대는 그곳에서 배가 될 수 있다. 하지만 그곳에 큰 사발을 띄우려고 한다면, 그것은 바닥에 붙어버릴 것이다. 당신의 배는 그런 얕은 물에 비해 너무 크기 때문이다. 바람의 부피가 충분히 크지 않으면, 그것은 커다란 양 날개를 실어 나를 수 있는 힘이 부족할 수밖에 없다. 그래서 붕은 구만리를 날아올라 자신의 밑에 바람을 두었을 때에만, 그 새는 자신의 무게를 바람에 얹을 수 있다. 그리고 그 새는 남쪽으로 자신의 여정을 시작하려면, 자신의 등에 푸른 하늘을 지고 앞에 명료한 시야를 얻어야만 한다. …… 메추라기가 그것을 비웃으며 말했다. "그는 어디로 가려고 생각하는가? 나는 뛰어서 위로 날며, 수십 길에 이르기 전에 수풀 사이에서 자유롭게 날개를 퍼덕거린다. 그것이 우리가 날 수 있는 가장 높은 것인데, 그는 어디로 가려고 생각하는가?" ―《장자》, 〈소요유逍遙遊〉

엄청난 덩치를 가진 대붕의 비상에만 주목하면 우리는 어떻게 이 대붕이 날 수 있었는지 간과하기 쉽다. 곤이라고 불리던 물고기는 바다에서 태어나 충분한 크기가 될 때까지 자라야 한다. 그리고 어느 순간 붕이란 새로 변신하여 하늘 위로 치솟아 오르게 된다. 곤에게 바다는 너무나 좁았기 때문이다. 하지만 좀더 자세히 살펴보자. 남쪽으로 비행하기 위해 붕은 우선 구만리 상공으로 비약해야만 했다. 그는 혼자 힘으로는 결코 구만리 상공에 이를 수가 없었다. 그래서 붕은 무엇인가를 기다리고 있다. "바다가 움직일 때", 그러니까 자신의 몸을 지탱해줄 만한 거대한 바람이 불 때를 기다린 셈이다. 바로 이 대목이 중요하다. 붕은 '바람'을 기다려야만 했던 것이다. 자신의 몸을 얹을 바람이 충분하지 않다면, 붕은 자신의 무게를 견디지 못하고 추락했을 것이다. 그래서 대붕의 비상은 거침없는 자유를 상징하기보다 오히려 비자발적 조건하에서 이루어지는 제한된 자유를 상징하고 있다. 태풍이 보내주는 거대한 바람과 마주치지 않았다면, 대붕은 구만리 상공에까지 비상할 수도, 또 남쪽 방향으로 유유히 비행을 계속할 수도 없었을 것이다.

장자의 대붕 에피소드는 인간의 자유가 어떤 성격을 갖는지 잘 보여주고 있다. 우리는 타자와 마주쳐서 새로운 의미를 창조하며 마침내 자신을 새롭게 변형시킬 수 있다. 마치 대붕이 엄청난 바람과 마주쳐서 구만리 상공에 올라야 진정한 의미의 대붕이 될 수 있었던 것처럼. 하지만 대붕을 조롱하는 메추라기들의 경우를 보자. 그들은 대붕의 거추장스러움, 비상하기 위해서 초조하게 바람을 기다리는 대붕의 모습이 오히려 더 부자유스럽다고 생각하고 있다. 메추라기들은 파닥파닥 날개가 가는 대로 자유롭게 나는 것이 자유가 아니냐고 반문하는 것이다. 메추라기들이 어떻게 대붕의 뜻, 혹은 대붕의 자유를 알 수 있겠는가? 메추라기들에게는 타자와의 마주침도 없고, 새로운 의미의 창조도 없다. 단지 그들은 주어진 자신의 의미체계에 갇혀 사는 것을 자유라고 여기면서 스스로 만족하고 있을 뿐이다. 인간의 자유를 가장 집요하게 문제 삼았던 사르트르Jean-Paul Sartre(1905~1980)는 마치 대붕과도 같은 존재가 되려고 했던 철학자였다. 하지만 불행히도 사르트르는 결국 하늘을 날기 힘들게 되는데, 그의 자유 개념에는 타자의 문제가 결여되어 있었기 때문이다. 바람이 없다면, 혹은 타자가 없다면 우리는 주어진 곳을 벗어나 다른 곳으로 날 수 없는 존재이다. 이런 점에서 사르트르의 대붕은 힘겹게 발버둥은 치지만 결코 구만리 창공으로 비상할 수 없던 불행한 존재였던 셈이다.

사르트르: "인간은 자유롭도록 저주받은 존재이다."

내 앞에 있는 의자는 자유롭지 않다. 이것은 칸트의 말대로 의자에 "한 상태를 자신으로부터 시작하는 능력"이 결여되어 있기 때문이다. 잉크병도 자유롭지 않기는 마찬가지다. 잉크병은 사람이 창가 쪽으로 옮겨놓으면 창가 쪽에 머물고, 책상 쪽으로 옮겨놓으면 책상 쪽에 머물 뿐이다. 여기서 한 가지 더 생각해볼 점은 잉크병이라는 본질이 내 눈앞에 있는 구체적 잉크병에

제라르 프로망제의 팝아트 〈장 폴 사르트르〉(1976). 사르트르는 인간이 자유롭도록 저주받은, 다시 말해 자유로울 수밖에 없는 존재라고 보았다. 사르트르에 따르면 '탈존'으로서 인간은 자신의 현재 모습을 부단히 넘어갈 수 있는 자유를 가진 존재이다. 인간은 본질의 지배를 받는 존재가 아니라 자신의 본질을 새롭게 만들 수 있고 또 만들어야만 하는 존재이다.

선행한다는 점이다. 예를 들어보자. 인간은 잉크를 안정적으로 담아 보관하는 잉크병의 형태 혹은 잉크병의 본질을 먼저 생각한다. 이어서 인간은 잉크병의 본질을 실현할 적당한 재료를 먼저 구한다. 마침내 잉크병의 본질을 실현하고 있는 구체적인 잉크병 하나를 만들게 된다. 이런 과정에서 볼 때 잉크병의 본질은 내 책상 위에 있는 구체적인 잉크병보다 선행하는 것이라고 할 수 있다. 하지만 인간의 경우는 과연 어떨까? 인간의 경우도 잉크병과 마찬가지로 본질이 미리 존재하고 있다고 볼 수 있을까? 사르트르는 인간이 의자와 같은 사물과는 질적으로 다르다고 단호하게 선언한다. 그가 소개한 흥미진진한 사례를 하나 읽어보자.

> 카페의 웨이터는, 이 잉크병이 잉크병으로 존재하고 이 안경이 안경으로 존재하는 것과 같은 의미로 직접적으로 카페의 웨이터로 존재할 수는 없다. …… [내가 문제의 웨이터라고 한다면] 그 웨이터는 내가 되어야만 하고 동시에 내가 아닌 사람이다. 물론 이것은 내가 웨이터가 되기를 원하지 않는다는 것도 그리고 내가 이 웨이터가 다르게 되기를 원한다는 것도 아니다. 차라리 그 웨이터라는 존재와 나 자신 사이에는 어떤 공통된 척도도 존재하지 않는다고 해야 할 것이다. 그 웨이터라는 존재는 타인들이나 나 자신에 대한 '표상'이다. 이것은 나는 단지 표상에서만 웨이터일 수 있다는 것을 의미한다. 그렇지만 설령 내가 나 자신을 웨이터로 표상한다고 해도, 나 자신은 웨이터가 아니다. 나는 주체로부터는 대상이라고 할 수 있는 그 웨이터와 분리되어 있다. 즉 나는 무Néant에 의해 분리되어 있다. 이 무가 나를 그 웨이터로부터 구별하는 것이다. 나는 웨이터로 단지 연기할 수 있을 뿐이다.
>
> ─《존재와 무L'Être et le Néant》

사르트르가 말하지 않아도 우리도 인간이 잉크병이나 안경과는 분명 다르다는 걸 안다. 그러나 과연 어떤 점에서 다른 것인지 명료하게 이야기하기는 조금 힘들다. 그냥 대부분의 경우 차이점들만 끝도 없이 장황하게 나열하기 십상이다. 그러나 사르트르는 단도직입적으로 인간이 다른 사물들과 다른 이유를 '무無, Néant'에서 찾는다. 무슨 의미인지 명료화하기 위해, 사르트가 마련한 에피소드를 따라가보자. 대도시에서는 쉽게 카페를 발견할 수 있다. 그리고 이곳에는 웃으며 우리를 기다리는 웨이터들이 근무하고 있다. 타인을 위한 감정노동은 정말로 힘든 법이다. 그렇지만 돈을 벌기 위해 우리는 기꺼이, 아니 부득이하게 감정노동을 선택한다. 자, 이제 우리 자신이 웨이터가 되었다고 하자. 그러나 사르트르의 말처럼 "그 웨이터는 내가 되어야만 하고 동시에 내가 아닌 사람이다". 돈을 벌기 위해 지금 나는 웨이터라는 역할을 하고 있지만, 언제든지 나는 웨이터라는 역할을 벗어던질 수 있다.

지금 웨이터로 일하고 있는 나, 그리고 웨이터를 언제든지 때려치울 수 있는 나! 두 가지 나는 다르다. 지금 카페에서 나는 웨이터라는 표상으로 존재한다. 카페 사장도 나를 웨이터로 생각하고, 손님들도 나를 웨이터로 생각하고, 잠시지만 나 스스로도 나를 웨이터로 생각할 수 있다. 그러나 그 표상 이면에는 특정한 웨이터라는 직업과 무관한 자유로운 내가 존재한다. 언제든지 웨이터를 때려치울 수 있는 나 말이다. 이것은 내가 다른 무엇이 될 수 있다는 걸 의미한다. 이것이 바로 '무'다. 웨이터라는 역할을 없앨 수 있다는 것이다. 물론 무엇이든지 될 수 있는 자유의 존재로서 나의 모습이 카페에서 드러나면, 웨이터로서 나는 서빙에 집중하지 않는 심드렁한 웨이터가 될 것이다. 이제 카페라는 무대를 곧 떠날 생각이니, 어떻게 서빙에 집중할 수 있다는 말인가.

철학자답게 사르트르는 무로서의 인간을 명확히 개념화하려고 시도한다. 그러나 당혹할 필요는 없다. 그의 복잡한 논의도 방금 살펴보았던 사례를 추상화한 것에 지나지 않으니 말이다.

내가 있어야 할 것으로 있는 이 미래가 단순히 존재를 너머서 존재에 대해 현전할 수 있는 나의 가능성이다. 이런 의미에서 미래는 엄밀하게 과거에 대립한다. 확실히 과거는 내가 나의 바깥에서 있게 되는 존재다. 그러나 과거는 내가 그것으로 있지 않을 가능성이 없는 존재다. 이것이 바로 우리가 '자기 배후에 자기의 과거로 있다'고 정의했던 것이다. 반대로 내가 있어야 할 것으로 '미래'의 존재는 단지 내가 그것으로 있을 '수도 있는' 것이다. 왜냐하면 나의 자유는 미래를, 그 아래서부터 갉아먹고 있기 때문이다. 이는 미래가 나의 대자의 가능성의 기투로서 나의 현재적 '대자pour-soi, for-Itself'의 의미를 구성하지만, 그러나 미래는 결코 도래할 나의 '대자'를 미리 결정하는 것이 아님을 의미한다. 왜냐하면 '대자'는 항상 자신이 무Néant의 근거로 있어야 한다는 이런 무화하는 의무를 떠맡고 있기 때문이다.　　　　　　　　-《존재와 무》

　　표현은 매우 난해한데 사실 사르트르의 속내는 그의 주저인 《존재와 무》라는 제목에서 이미 웅변적으로 드러난다. '존재'라는 개념은 의자처럼 본질이 미리 정해져 있는 사물들, 따라서 자유가 없는 것들을 나타내는 개념이다. 반면 '무'라는 것은 인간에게 미리 주어진 본질이 '없다'는 점, 그래서 인간은 자신의 본질을 스스로 만드는 존재라는 점을 의미하는 표현이다. 이 후자의 측면과 관련해 사르트르는 인간을 '존재'가 아니라 '실존existence'이라고 부른다. 여기서 'existence'라는 개념이 '실존實存'으로 번역되는 관례에 대해 생각해보도록 하자. 인간을 'existence'라고 이야기하면서 사르트르는 인간이 '밖으로ex' 향하는 '존재istence'라는 사실을 분명히 표명하려고 했던 것으로 보인다. 'existence'의 번역어로 '실존'보다는 '탈존脫存'이라는 용어가 적절한 이유가 바로 여기에 있다. 사르트르에 따르면 '탈존'으로서 인간은 자신의 현재 모습을 부단히 넘어갈 수 있는 자유를 가진 존재이다. 예를 들어 매사에 소심한 사람이 있다고 하자. 그는 자신의 소심한 모습을 반성하여 그것을 극복함으로써 대담한 사람이 되려고 노력한다.
　　《실존주의는 휴머니즘이다L'existentialisme est un humanisme》라는 자신의 책에서 사르트르는 "탈존existence은 본질essence에 선행한다"라고 강조했던 적이 있다. 소심한 인간도 매번 대담한 인간으로 거듭나면서 변할 수 있고, 웨이터인 사람도 여행가가 될 수 있기 때문이다. 따라서 소심함도 웨이터임도 결코 사람의 주어진 본질, 혹은 불변하는 본성과 같은 것이라고 볼 수 없다. 이렇게 인간은 본질의 지배를 받는 존재가 아니라 자신의 본질을 새롭게 만들 수 있고 또 만들어야만 하는 존재이다. 이것이 가능한 이유는 인간이 현재 자신의 모습을 반성하고 성찰할 수 있는 존재이기 때문이다. 물론 여기서 반성과 성찰에 도덕적인 의미를 찾아서는 안 된다. 그냥 자신이 지금 맡고 있는 역할에 대해 거리를 두는 것이고, 따라서 아무거나 될 수 있는 '무'의 존재가 되는 계기가 바로 반성이나 성찰이니 말이다.

반성이 가능하다는 것은 인간이 자신에 대해서, 즉 자신으로부터 거리를 둘 수 있는 존재라는 것을 말해준다. 이것이 바로 사르트르가 '대자對自, for-Itself'라는 개념으로 의도했던 것이다. 즉 인간은 '자신自, Itself'에 '대해서對, for' 있을 수 있는 존재라는 것이다. 소심한 사람이 자신의 소심함을 들여다볼 때, 바로 그 순간 그는 소심하지 않다. 또 웨이터인 사람이 자신의 역할을 들여다볼 때, 바로 그 순간 그는 웨이터가 아니다. 이처럼 '대자'라는 존재 구조를 가지고 있기 때문에 인간은 자신을 스스로 반성하고 나아가 미래의 삶을 결정할 수 있는 새로운 가능성을 확보하게 된다. 다시 말해 반성하는 존재로서 인간은 과거나 현재의 자신과는 다른 모습의 자신을 자기 의지에 따라서 결정할 수 있다는 것이다. 오직 인간에게만 미래라는 시간의 계기가 존재할 수 있는 것도 다 이유가 있었던 셈이다. 인간에게 미래가 있다는 것은 그가 앞으로 전개될 자신의 삶을 결정할 수 있는, 즉 기투projet할 수 있는 가능성을 가질 수 있다는 사실을 달리 표현한 것에 지나지 않기 때문이다.

알튀세르: "이데올로기가 인간을 주체로 탄생시킨다."

사르트르는 인간이 자유롭도록 저주받은, 다시 말해 자유로울 수밖에 없는 존재라고 보았다. 그런데 현실에서 인간은 사르트르의 생각처럼 자신의 자유를 구가하기 힘들다. 봉건사회에서 여성이 그랬고, 자본주의 사회에서 노동자가 그렇듯이 말이다. 그래서 사르트르는 인간의 자유를 가로막고 있는 사회체계, 예를 들어 봉건사회나 자본주의 사회에 대해 강한 반감을 드러낸다. 그가 마르크스주의에 동조적이었던 것 역시 이런 맥락에서였다. 개인적 층위의 탈존과 자유의 문제를 다루고 있는《존재와 무》를 1943년에 집필한 뒤에, 사르트르는 1960년 《변증법적 이성비판La critique de la Raison Dialectique》이라는 또 다른 저서를 통해 집단적 층위에서 탈존과 자유를 논하게 되었다. 물론 인간의 자유에 대한 사르트르의 기본 입장에는 변화가 없었다. 《변증법적 이성비판》에서도 그는 역사라는 것이 인간의 자유가 회복되는 장이며, 혁명이란 인간의 자유가 극적으로 실현되는 지점이라고 주장하고 있다.

사르트르의 마르크스주의는 기본적으로 인간의 자유를 옹호하는 휴머니즘이었다고 할 수 있다. 그런데 이러한 입장에 강한 반감을 피력했던 사람이 바로 알튀세르Louis Althusser(1918~1990)였다. 사르트르가 인간이 사회적 구조를 만든다고 본 입장이었다면, 알튀세르는 인간이란 주체는 사회적 구조의 결과물에 지나지 않는다고 주장했던 것이다. 구체적으로 말해 자본가와 노동자 사이에 벌어지는 계급투쟁은 '자유인들의 투쟁'이 아니라, 생산관계라는 모순된 구조에서 야기된 현상에 지나지 않는다고 본 것이다. 만약 누군가가 자본주의적 구조에서 자본가의 배역에 캐스팅된다면 그는 자본가의 입장을 관철하려고 할 것이고, 반대로 노동자의 배역에 캐스팅된다면 그는 노동자의 입장을 관철할 수밖에 없다는 말이기도 하다. 결국 알튀세르에게 자유로운 주체란 상상적인 것에 지나지 않는 것이었다. 이 점에서 〈이데올로기와 국가장치Idéologie et Appareils d'Etat〉라는 논문이 매우 중요한 의미를 갖는다. 이 장편 논문에서 알튀세르는 주체가 이데올로기적 국가장치에 의해 어떻게 만들어지는지를 보여주려고 시도했기 때문이다.

나는 최초의 정식으로서 모든 이데올로기는 구체적인 개인들을 주체로 호명한다고 말하고자 한다. …… 우리는 아주 흔한 경찰의 (또는 다른) 일상적인 호명과 같은 유형 속에서 그것을 표상할 수 있다. "헤이, 거기 당신!" 만일 우리가 상정한 이론적 장면이 길거리에서 일어난다고 가정한다면, 호명된 개체는 뒤돌아볼 것이다. 이 단순한 180도의 물리적 선회에 의해서 그는 주체가 된다. 왜? 왜냐하면 그는 호명이 '바로' 그에게 행해졌으며, '호명된 자가 바로 그'(다른 사람이 아니라)라는 사실을 깨달았기 때문이다.   —〈이데올로기와 국가장치〉

여기서 중요한 것은 "모든 이데올로기는 구체적인 개인들을 주체로 호명한다"라는 알튀세르의 생각이다. 이것은 흔히 '호명interpellation 테제'라고 불리는 주장이다. 어떤 인간이 태어났을 때, 그는 벌거벗은 한 개인에 지나지 않는다. 하지만 사회는 이미 그를 부를 준비가 되어 있다. 그는 자신의 의지와는 상관없이 김이라는 성을 쓰는 가정의 한 성원, 남자, 한국인, 노동자 계층이라는 사회구조 속에 던져지게 되는 것이다. 이런 사회구조에 익숙해 있는 가족이나 주변 사람들은 이제 하나둘씩 순차적으로 정해진 내용들을 가지고 그를 부르기 시작한다. "애야!"라고 부르는 순간, 그리고 그것이 자신을 부르는 것이라는 것을 알고 대답하는 순간, 구체적인 개인은 점차 특정한 주체로 구성되기 시작한다. 결국 호명이란 행위를 통해서 주체는 스스로 사회구조의 어떤 한 가지 배역을 떠맡게 되는 것이다. 알튀세르에 따르면 이렇게 주체로 호명된 뒤, 구체적인 개인이 현실적으로 수행하는 생각이나 행동들에 이데올로기가 무의식적인 표상체계로서 작동하게 된다.

흥미로운 것은 알튀세르에게 주체라는 범주가 이데올로기와 분리 불가능하다는 점이다. 예를 들어 자본주의 체계에 익숙해져 있는 노동자는 자

사르트르가 인간이 사회적 구조를 만든다고 본 입장이었다면, 알튀세르는 인간이란 주체는 사회적 구조의 결과물에 지나지 않는다고 주장했다. 구체적으로 말해 자본가와 노동자 사이에 벌어지는 계급투쟁은 '자유인들의 투쟁'이 아니라, 생산관계라는 모순된 구조에서 야기된 현상에 지나지 않는다고 본 것이다. 결국 알튀세르에게 자유로운 주체란 상상적인 것에 지나지 않는 것이었다.

본주의에 입각한 무의식적인 표상체계를 가질 수밖에 없는데, 이 경우 그는 자본주의 이데올로기에 의해 호명된 주체라고 할 수 있다. 반면 마르크스주의에 익숙해져 있는 노동자는 마르크스주의에 입각한 무의식적인 표상체계를 가지게 되며, 이 경우 마르크스주의에 의해 호명된 주체 형식을 갖게 된다고 할 수 있다. 물론 여기서 가장 중요한 것은 이데올로기에 의해 호명된 어떤 주체 형식이 구체적인 개체에게 삶의 행복을 가능하게 해주는가의 문제이다. 사실 알튀세르는 주체가 설정되기 위해서는 그것이 어떤 형태이든지 특정한 이데올로기가 먼저 전제되지 않을 수 없다고 생각했다. 이제 직접적으로 우리 개개인을 주체로 호명하는 이데올로기의 작용을 살펴보자.

사실상 부르주아는 타자들을 설득시키기 이전에 우선 자신들이 자신의 신화를 믿어야 한다. 이는 단지 타자들을 설득시키기 위해서만은 아니다. …… 그래서 자유의 이데올로기 속에 부르주아는 자신의 존재 조건에 대한 자신의 관계, 즉 상상적 관계(자유노동자들을 포함한 모든 인간은 자유롭다) 속으로 침투된 자신의 실재적 관계(자유주의적 자본주의 경제의 법률)를 매우 정확하게 체험한다. 부르주아의 이데올로기는 자유를 빌미 삼아('자유로운!') 굴레에 묶어두기 위해 피착취자들을 신비화하려는 부르주아의 의지를 드러내줄 뿐만 아니라 자신들의 계급적 지배를 피착취자들의 자유인 것처럼 체험하려는 부르주아의 필요를 드러내주는, 자유에 대한 말장난에 입각해 있다. …… 계급 없는 사회가 세계에 대한 자신의 관계의 부적합성과 적합성을 체험하는 것도 이데올로기 속에서이며, 계급 없는 사회가 사람들의 '의식'을, 즉 사람들의 태도와 행동을 그들의 임무와 존재 조건의 수준에 맞도록 변형시키는 것도 이데올로기 속에서, 이데올로기에 의해서다. -《마르크스를 위하여Pour Marx》

현대 프랑스 정신분석학자 라캉에 익숙한 사람이라면 지금 알튀세르가 라캉의 유명한 도식을 사용하여 이데올로기론을 피력하고 있다는 걸 금방 알아챌 것이다. 바로 '상상적인 것Imaginaire', '상징적인 것Symbolique', 그리고 '실재적인 것Réel'이란 라캉의 삼원적 도식 말이다. 라캉의 도식을 가장 쉽게 이해하자면 다음과 같은 비유가 적절할 듯하다. 오목렌즈가 장착된 안경을 하고 있는 남자가 있다고 하자. 보통 사람들이 그러는 것처럼 그도 안경을 쓰고 있다는 걸 잠시 잊고 세상을 본다고 하자. 저 멀리서 통통하지만 귀여운 여인네가 오고, 그녀를 한눈에 사랑하게 된다. 여기서 오목렌즈가 바로 '상징적인 것'이고, '귀여운 여인'이나 '사랑에 빠진 자신'이 바로 '상상적인 것'이라면, 오목렌즈 안경을 벗은 채 펼쳐지는 자신이나 타자 그리고 세계가 '실재적인 것'이다.

알튀세르에게 라캉의 삼원론은 다음과 같이 변주된다. 부르주아 자유 이데올로기가 '상징적인 것'이고 자신만큼 노동자도 자유롭다고 생각하는 것이 '상상적인 것'이라면, 노동자를 착취하고 억압하는 현실세계가 바로 '실재적인 것'이다. 부르주아 이데올로기라는 안경을 착용하는 부르주아는 자신이 노동자를 착취한다는 것이 보이지 않고, 반대로 부르주아 이데올로기를 착용한 노동자는 자신도 열심히 일하면 부르주아가 될 수 있다고 믿게 된다. 이럴 때 부르주아의 자유 이데올로기는 완전히 전체 사회를, 심지어 인간의 내면까지도 완전히 지배하게 된다. 그렇다면 억압과 착취가 사라진 사회에서 인간은 '상징적인 것', 즉 이데올로기가 없는 삶을 영위할 수 있을까? 불행히도 그럴 수 없다는 것이 알튀세르의 생각이었다. 안경을 벗고 맨눈으로 세계를 보는 일은 있을 수 없고, 우리는 그저 다른 안경을 착용할 수 있을 뿐이다.

알튀세르를 구조주의자로 부르는 이유도 바로 여기에 있다. 그에게 우리가 결코 벗어날 수 없는 이데올로기란 '상징적인 구조 혹은 상징적 질서'이기 때문이다. 그러나 민감한 독자라면 직감하게 된다. 낡은 안경을 벗고 새로운 안경을 쓰려면, 우리는 이론적으로나마 잠시 동안이라도 맨눈으로 있을 수 있는 것 아닐까? 억압적 이데올로기에서 해방적 이데올로기로 바뀌는 그 지점 혹은 그 순간, 우리는 구조에서 벗어날 수 있다! 바로 이 순간 인간의 자유는 빛을 발한다. 자본주의적 이데올로기를 벗어던지고 마르크스적 이데올로기라는 새로운 의미체계를 수용하려면, 우리는 어떤 이데올로기도 부재한 상태를 거쳐야만 한다. 바로 이 상태는 사르트르가 말한 '무'의 상태가 아닌가? 주체는 이데올로기라는 의미체계, 즉 구조로부터 자유로울 수 없다고 역설했지만, 알튀세르는 '무'의 상태, 즉 자유의 상태를 인정할 수밖에 없다. 그러니 알튀세르에게도 인간이 자유롭도록 저주받은 존재라는 사르트르의 교훈이 일정 정도 반복되고 있는 셈이다. 알튀세르는 인간이 이데올로기에 의해 호명되고 특정한 주체로 구성된다고 보면서도, 한편으론 인간이 지속적으로 새로운 이데올로기를 형성함으로써 자신의 자유를 구가할 수 있다고 보았기 때문이다. 아이러니하게도 알튀세르는 사르트르를 비판하면서도 결국 많은 부분에서 사르트르의 자유 개념이 가진 끝없는 자기 극복의 과정 혹은 영웅적인 자기 변신의 관점을 공유하고 있었던 것이다.

노년의 지혜, 사르트르와 알튀세르의 화해

초기의 사르트르는 인간에게 모든 것을 할 수 있는 절대적인 자유가 있다고 생각했다. 이때의 인간은 마치 신과도 같은 존재로 부각되었다. 그렇지만 후기에 이르러 그는 인간에게는 주어진, 혹은 극복되어야 하는 사회적 조건들이 존재한다는 사실을 심각하게 고려하기 시작한다. 물론 이것은 그가 자신의 자유를 철저하게 관철시켜보았기 때문에 얻어낸 통찰이다. 이 점에서 그의 진정한 주저는 《존재와 무》라기보다 《변증법적 이성비판》이라고 할 수 있겠다. 아쉽게도 지금 우리는 이 미완성의 주저가 가진 중요성을 의식적이든 혹은 무의식적이든 간과하고 있다. 《변증법적 이성비판》의 서론이라고 할 수 있는, 그러니까 《존재와 무》와 《변증법적 이성비판》의 교량이 되는 사르트르의 작은 책이 있다. 바로 1957년에 출간된 《방법의 탐구Questions de méthode》다. 이 책에서 사르트르는 본격적으로 구조와 자유의 문제가 앞으로 자신의 과제가 될 것임을 선언한다.

"우리는 결정론을 유지하면서도, 사회적 환경을 가로질러 주어진 조건의 기초 위에서 세계를 변형하는 인간 행위의 특수성 또한 인정한다. 우리는 인간이란 무엇보다도 상황의 극복, 즉 주어진 상태를 바탕으로 자신을 만들어가는 특성을 가진다고 본다. …… 가장 초보적인 행위는 그 행위를 조건 짓는 현존의 실재적 요인들과의 관련하에서, 그리고 동시에 그 행위가 배태시키려는 미래의 어떤 대상과의 관련하에서 규정되어야 한다. 이것이 바로 우리가 기투projet라고 말한 것이다. …… 한 인간의 진실은 그의 노동의 본질이며, 그가 받는 임금인 것이다. 그러나 이 진실은 인간이 끊임없는 실제 행위를 통해(예를 들어 사회주의 사회에서는 불법 노동을 하거나, '행동주의자'가 되거나 혹은 노동량 상승에 은밀히 저항하면서, 그리고 자본주의 사회에서는 조합에 가입하거나 파업을 위한 투표 등을 통해서) 어느만큼 자기 현실을 극복하느냐에 따라서 결정된다."

이제 한 개인 층위에서 거의 절대적인 것처럼 보이는 자유가 아니라 구체적인 구조에서의 자유가 문제가 되고 있다. 사르트르의 표현을 빌리자면 인간의 출발점은 "결정론"적이지만, 이것은 단지 자신이 극복해야 할 구조적 조건이라는 점에서만 그렇다. 사르트르가 자유라는 문제 설정을 그대로 가슴에 품고 구조의 문제마저 돌파하려고 했다면, 알튀세르는 그와 반대의 행보를 보인다. 구조의 문제를 염두에 두고서 그는 구조를 변화시킬 혁명 주체의 가능성을 숙고하기 때문이다. 정말 아이러니한 일 아닌가. 사르트르와 알튀세르의 사유 전개의 역사가 반대로 진행되는 것처럼 보이니 말이다. 사르트르가 인간에서 사회와 역사로 나아갔다면, 알튀세르는 사회와 역사에서 다시 인간에게로 나아가고 있기 때문이다.

〈이데올로기와 국가장치〉라는 중요한 논문에서 알튀세르는 우리가 어떤 메커니즘을 통해 하나의 주체로, 아니 더 정확히 말해 하나의 노예로 구성되는지를 해명하고자 했다. 이 논의에 따르면 인간에게 자유의 가능성은 거의 없는 것처럼 보인다. 하지만 비정한 진단에도 치유의 희망이 따르는 법. 비극적인 삶을 영위하던 말년에 알튀세르는 〈마주침의 유물론이라는 은밀한 흐름〉이라는 장문의 논문을 통해서 스피노자적이면서도 니체적이고 동시에 루크레티우스적인 냄새가 물씬 풍기는 주장, 다시 말해 인간의 실존과 자유에 대한 이야기를 펼치기 시작한다. "코나투스를 타고난, 다시 말해 자신의 존재를 집요하게 유지하려는 힘과 의지 그리고 자신들의 '자유의 공간'을 마련하기 위해 자기 앞을 비워두려는 힘과 의지를 타고난 개인들이 (나중에 서로 마주치게 될) '사회의 원자들'이다. 원자화된 개인들, 그들의 운동의 조건으로서 공백."

청년 시절 알튀세르는 인간이 구조의 지배를 받는다는 구조주의의 입장에 강하게 동감했다. 이런 그가 새로운 구조의 가능성을 꿈꾸게 된 것이다. 물론 그것은 인간이 기쁨의 코나투스를 가지고 있다는 통찰 때문에 가능했던 것이다. 자신이 속한 구조가 슬픔을 준다면, 인간은 자신의 기쁨을 위해서라도 구조를 해체하고 새로운 구조를 만드는 방향으로 실천할 것이라고 확신한 셈이다. 인간은 '코나투스'를 가지고 있다는 알튀세르의 생각에서 스피노자가, 자유로운 운동을 하기 위해 '공백'이 필요하다는 생각에서 니체가, 그리고 공백을 통해 원자화된 개인들의 우발적인 마주침을 꿈꾸는 전망에서 루크레티우스의 미소가 빛을 발하고 있지 않은가? 그리고 바로 이 대목에서 늙은 사르트르와 늙은 알튀세르는 미소를 띠며 포옹하게 된다.

19

무한은 잡을 수 있는가?

힐베르트

VS

브라우어

무한에 발을 내디딘 현대 수학의 운명

"기하학을 모르는 자는 이곳에 들어오지 말라!" 플라톤이 제자를 키웠던 학원 아카데미아academia의 정문 위에 새겨진 경고문이다. 피타고라스Pythagoras(BC 570?~BC 495?)와 유클리드Euclid(BC 33?~BC 275?)에 의해 그 모습을 갖춘 기하학geometry을 이해할 수 없다면 플라톤의 철학을 이해할 수 없다는 뜻이다. 그것은 물론 불변하는 형상, 즉 이데아를 추구했던 플라톤의 형이상학과 관련된다. 시시각각 변하는 세계를 넘어서 불변하는 원리를 모색하는 데 수학만큼 더 적절한 분과가 있겠는가? 예를 들어 직각삼각형이 있다고 하자. 90도를 마주보는 변의 길이가 a라고 하고, 90도를 만드는 두 변의 길이를 각각 b, c라고 했을 때, 피타고라스는 세 변 사이의 기하학적 관계를 피타고라스의 정리로 명료히 한다. $a^2=b^2+c^2$. 역으로 말해 이 식을 각각 만족시키는 세 직선으로 우리가 만들 수 있는 삼각형은 오직 직각삼각형일 뿐이다. 기하학에서 가장 유명한 피타고라스의 정리는 역사, 문화, 그리고 인종을 떠나 어느 곳에나 적용된다. 그러니 불변하는 법칙이자 보편적인 진리인 셈이다.

　20세기 들어와 서양에서는 플라톤의 형이상학에 대한 근본적인 공격이 가해졌다. 아니 정확히 말해 플라톤의 형이상학을 대체할 수 있는 새로운 형이상학을 만들려는 모색이 이루어졌다고 해야 할 것 같다. 그 대표적인 인물로 우리는 들뢰즈와 바디우라는 두 명의 프랑스 철학자를 생각해볼 수 있다. 두 철학자는 서양철학, 특히 불변하는 원리를 모색하는 형이상학 사유에서 수학이 얼마나 중요한지를 몸소 보여준 사람들이다. 플라톤의 형이상학과 기하학 사이의 관계는 들뢰즈의 형이상학과 미적분학calculus 사이의 관계, 그리고 바디우의 형이상학과 집합론theory of sets 사이의 관계와 위상학적으로 같기 때문이다. 마이몬Salomon Maimon(1753~1800)이 철학적으로 사유했던 미적분학 개념이 없었다면, 그리고 칸토르Georg Cantor(1845~1918)가 시작한 현대 집합론이 없었다면, 지금 우리가 알고 있는 들뢰즈와 바디우의 사유는 불가능했을지도 모를 일이다.

어쩌면 들뢰즈는 바디우에 비해 약간 불리한 입장에 있다고 할 수 있다. 뉴턴Isaac Newton(1642~1726)과 라이프니츠가 고안했던 미적분학은 17세기적 수학 사유이기 때문이다. 그러나 20세기, 21세기는 집합론과 논리학이 수학의 대세를 이루고 있는 시대 아닌가? 물론 17세기에 태어났지만 미적분학은 아직도 현대 물리학이나 화학에서 없어서는 안 되는 중요한 수학 기법이긴 하다. 그러나 수학이란 학문 세계에서 미적분학은 이제 더 이상 일급의 수학자들에게 흥미를 끌지 못한다. 푸코가 21세기는 들뢰즈의 시대가 되리라는 예언이 그다지 신빙성이 없는 이유도 바로 여기에 있다. 새 술은 새 부대에 담으라는 이야기가 있다. 그러나 들뢰즈는 새 술을 헌 부대에 담은 것 아닐까.

바디우의 영민함이 우리 눈에 띄는 이유도 딴 데 있는 것이 아니다. 그는 17세기적 미적분학이 아니라, 20세기 이후 지금까지 일급의 수학자들을 사로잡고 있는 집합론을 토대로 자신의 형이상학을 구성하려고 했기 때문이다. 물론 그렇다고 해서 들뢰즈의 사유와 바디우의 사유가 대립적이지는 않다. 두 사람은 모두 사건과 생성을 강조하고 있으니 말이다. 그러나 들뢰즈가 미적분학의 미분소differential 개념으로 설명하려고 했던 사건과 생성 개념을 바디우는 현대 집합론의 성과를 토대로 설명한다. 바디우는 새 술을 새 부대에 담으려고 했던 것이다. 그렇다면 바디우가 미적분학이 아니라 집합론을 선택한 가장 결정적인 이유는 무엇일까? 그것은 집합론이 수학이란 학문에서 가장 기초적인 지위를 차지하고 있는 것과 무관하지 않다. 기하학이든 미적분학이든, 아니면 대수학이든 수학의 가장 기본은 여전히 1, 2, 3과 같은 수number가 아닌가. 그래서 수학 체계에서 수론theory of number은 아주 중요한 위상을 갖는다. 수학의 기초를 형성하는 것이 바로 수일 수밖에 없으니 말이다.

바로 이 수론을 정당화하고 이 수론에 체계를 마련한 것이 바로 현대

칸토르가 시작한 현대 집합론이 없었다면
지금 우리가 알고 있는 들뢰즈와 바디우
의 사유는 불가능했을지도 모를 일이다.

의 집합론이다. 예를 들어 {들뢰즈, 바디우, 플라톤}이라는 집합과 {사과, 바나나, 귤}이라는 집합이 있다고 하자. 이 두 집합의 원소 개수는 모두 3이다. 자연수 3은 이렇게 집합론으로 정당화될 수 있다. 어쨌든 철학에서 형이상학이 갖는 위상과 수학에서 집합론이 갖는 위상은 동일하다고 할 수 있다. 그러니 바디우가 영민하다는 것이다. 우리 시대의 형이상학을 구성하려면 대수학이나 미적분학과 같은 수학의 가지들이 아니라 수론과 집합론이란 수학의 뿌리와 씨름해야 한다는 걸 그는 직감했던 것이다. 바로 그 결과물이 그의 양대 주저 《존재와 사건L'Être et l'Événement》(1988)과 《세계의 논리Logiques des mondes》(2006)이다. 물론 그렇다고 해서 바디우가 수학에만 국한된 집합론을 함부로 이용해 그만의 특유한 사건 존재론을 만들었다고 속단해서는 안 된다. 집합론 자체가 형이상학적인 작업을 수행했기 때문이다.

　현대 집합론은 모든 수학 분과들에 튼튼한 기초를 제공해야 한다는 야망만 있었던 것이 아니다. 집합론은 20세기 철학자들이 하지 못했던 작업, 무제약적이고 보편적이고 불변적인 진리를 탐구하려는 더 큰 야심이 있었기 때문이다. 그래서 현대 집합론의 창시자인 칸토르가 중요한 것이다. 무한을 정복하는 것! 혹은 무한을 이해 가능하게 하는 것! 1874년 논문 〈모든 실제적인 대수학적 수들 전체의 속성에 관하여Über eine Eigenschaft des Inbegriffes aller reellen algebraischen Zahlen〉를 발표하면서 시작된 칸토르의 꿈은 바로 이것이었다. 얼마나 형이상학적 작업인가. 유한뿐만 아니라 무한까지도 인간의 이성에 포함된다면, 정말로 인간의 이성은 무제약적이고 보편적인 지위에 이를 테니 말이다. 수학적으로 표현하자면 칸토르는 무한infinite을 세려고 했던 최초의 인간이었다고 할 수 있다. 여기서 간단히 센다는 것이 어떤 의미인지 생각해보자. 우리는 '하나'라고 하면서 첫 번째 사과를, '둘'이라고 하면서 두 번째 사과를 가리킨다. 이런 식으로 1에서 10까지의 숫자와 사과 10개를 1:1로 대응시키는 것이 바로 센다는 행위의 본질이다. 그러니 센다는 행위의 본질은 기본적으로 1:1 대응관계를 만드는 데 있었던 것이다.

자, 이제 칸토르는 다양한 무한집합들을 세기 시작한다. 아무도 시도하지 않았던 작업을 시작하자, 상식과는 어긋나는 너무나 충격적인 결과들이 속출하기 시작한다. {1, 2, 3 …}으로 표기되는 자연수의 집합도 무한집합이고, {… -3, -2, -1, 0, 1, 2, 3 …}으로 표기되는 정수의 집합도 무한집합이다. 무한집합이니 원소 수라고 쓰지 않고, 칸토르처럼 '농도power'라는 표현을 쓰도록 하자. 상식적으로, 아니 정확히 말해 유한의 입장에서 보자면 정수 집합의 농도는 자연수 집합의 농도보다 최소 2배는 많을 것처럼 보인다. 그러나 1:1 대응관계로 두 집합의 원소를 묶으면 놀랍게도 자연수 집합의 농도와 정수 집합의 농도는 같다! 분명 자연수 집합은 정수 집합의 부분집합이다. 그런데 부분집합의 농도가 전체집합의 농도와 같다는 역설이 발생한 것이다. 이런 역설이 발생한 이유는 바로 '무한집합'이 가진 '무한성'이라는 성격 때문에 벌어진 것이다.

유명한 호텔 비유를 생각해보자. 유한호텔과 무한호텔이 있다. 손님을 넣은 객실 수가 50개인 호텔이 있다고 하자. 이것이 바로 유한호텔이다. 이

호텔에서 하룻밤 쉬고 가기 위해 손님 한 명이 들어선다. 그러나 불행히도 호텔의 50개의 방은 손님으로 꽉 차 있다. 잠잘 곳을 찾는 이 불행한 손님에게 호텔 프런트 직원이 해줄 수 있는 일이라고는 하나도 없다. 다행스럽게도 직원이 친절하다면, 그는 말할 것이다. "갑자기 손님이 나가는 경우도 있으니 로비에서 기다려보실래요? 만일 그런 일이 벌어진다면, 손님에게 객실 하나를 드릴 수 있을 테니까요." 그러나 객실 수가 무한한 호텔, 다시 말해 무한호텔은 전혀 다르다. 호텔의 객실이 꽉 차 있어도, 무한호텔의 프런트 직원은 손님을 받을 수 있다. 고개를 갸우뚱거린다면, 아직도 유한의 세계에 갇혀 있는 셈이다. 방법은 쉽다. 첫 번째 객실의 손님을 두 번째 객실로 옮기고, 두 번째 객실 손님을 세 번째 객실로 옮기고, 이런 식으로 계속 한 칸씩 객실 손님을 옮기면 된다. 마지막으로 비어 있는 첫 번째 객실에 새로운 손님을 들이면 되는 것이다.

칸토르는 정수 집합에만 머무르지 않고 유리수 집합까지 셈법을 작동시킨다. 또 놀라운 일이 벌어진다. 1:1 대응관계를 맺어나가자, 유리수 집합의 농도마저도 자연수 집합의 농도와 정수 집합의 농도와 같은 것 아닌가. 이제 다음 수순은 뻔하지 않은가. 그럼 유리수 집합과 무리수 집합으로 구성된 실수 집합의 농도는 어떨까? 다행인지 불행인지 실수 집합의 농도는 유리수 집합의 농도보다 엄청나게 컸다. 칸토르는 그 유명한 대각선 논법對角線論法, diagonal argument으로 이런 사실을 증명하게 된 것이다. 실수 농도를 계산할 때 먼저 칸토르는 '실수 농도는 유리수 농도와 같다'고 가정한다. 그러자 결론은 이런 가정과 어긋나게 도출된다. 결국 가정이 그릇된 것이다. 당연히 칸토르는 '실수 농도는 유리수 농도와 같지 않다'고 결론 내린다. 결국 '실수 농도'>'유리수 농도'='정수 농도'='자연수 농도'라는 식이 성립된 것이다. 유리수, 정수, 그리고 자연수 농도를 칸토르는 $\aleph_0$이라고, 실수의 농도를 $\aleph_1$이라고 불렀는데, 이것이 바로 그의 유명한 초한수transfinite number다.

어떤 가정을 했을 때 결론이 부조리하면, 그 가정은 그른 것이다. 당연히 원래 가정의 반대가 옳다고 우리는 추론한다. 칸토르가 실수 농도를 계산할 때 사용했던 이 증명 방법이 바로 귀류법歸謬法, reductio ad absurdum이다. 귀류법은 사실 아리스토텔레스가 명료화했던 배중률排中律, principle of excluded middle을 이용한 증명 방법이라고 할 수 있다. 글자 그대로 배중률은 중간을 배제하는 법칙을 말한다. 그러니까 'A다'라는 주장과 'A가 아니다'라는 주장을 동시에 할 수 없다는 것이다. 논리학을 개척했던 아리스토텔레스 이후 논리학을 지배했던 삼대법칙을 기억하는가? 'A는 A다'라는 동일률同一律, principle of identity, 'A는 A가 아니다는 주장은 거짓이다'라는 모순율矛盾律, principle of contradiction, 그리고 배중률이다. 그런데 지금 칸토르는 유한집합의 진리라고 인정되던 배중률을 근사하게 무한집합에도 적용한 셈이다.

묘한 느낌이 들지 않는가? 무한호텔과 유한호텔의 비유에서처럼 무한집합과 유한집합은 그 성격부터가 다르다. 무한집합 안에는 다른 무한집합이 부분집합으로 있을 수 있다. 무한한 유리수 집합 안에 무한한 정수 집합이 들어가 있는 것처럼 말이다. 그러나 유리수 집합과 정수 집합은 개수, 즉 농도가 같다. 무한성이란 바로 이런 것이다. 유한, 혹은 상식의 입장에서는 있을 수 없는 일이 일어난 것이다. 반대로 유한집합의 경우는 이런 일이 생길 수가 없다. {1, 2, 3}이란 유한집합을 생각해보라. 이 집합의 부분집합은 {1}, {2}, {3}, {1, 2}, {2, 3}, {1, 3}, {1, 2, 3}이다. 자기 자신 그러니까 {1, 2, 3}이란 부분집합을 제외한 다른 모든 부분집합, 즉 진부분집합眞部分集合, proper subset의 원소 개수는 전체 집합보다 적을 수밖에 없다. 결국 무한집합의 경우 부분은 전체와 그 개수가 같을 수 있지만, 유한집합의 경우에는 그런 일이 불가능하다.

칸토르는 무한집합이 얼마나 유한집합과 다른지 보여주었다. 그런데 동일한 사람이 유한집합 영역에만 타당한 배중률을 무한집합에도 적용하고 있는 것이다. 마치 무한집합이 유한집합과 질적으로 유사하다는 듯이. 무한까지 정복하려는 칸토르의 야망에 치명적인 아킬레스건이 있었던 셈이다. 유한집합에서 타당했던 배중률은 과연 무한집합에도 적용 가능할까? 만일 이것을 입증하지 못한다면, 칸토르의 집합론은 그 기초에서부터 흔들릴 것이다. 더군다나 만일 배중률이 무한집합에 적용될 수 없다면, 서양 이성을 상징하는 논리학도 그 보편성을 상실하게 된다. 과연 칸토르와 집합론, 그리고 논리학은 이 위기에서 탈출할 수 있을 것인가?

Ⓚ

힐베르트: "무한의 세계에서도 이성의 법칙은 보편타당하다."

무한을 정복하려는 노력, 혹은 무한을 세려는 시도는 칸토르의 동시대에도 많은 저항과 논란을 낳았다. 특히 칸토르에게 충격적이었던 건 스승 크로네커Leopold Kronecker(1823~1891)의 반응이었다. 스승은 칸토르의 작업을 도와주기는커녕 방해하거나 좌절시키는 데 분주했다. 물론 그렇다고 해서 크로네커가 제자에 대한 질투심에 사로잡힌 치졸한 사람이라고 오해해서는 안 된다. 오히려 무한을 다루려는 제자가 위기에 빠져 있다고 느껴서 그를 무한에서 멀어지도록 하려고 했다는 게 그의 속내에 가깝기 때문이다. 크로네커는 '수학자들의 왕자Princeps Mathematicorum'라고 불렸던 가우스Carl Friedrich Gauss(1777~1855)의 지적 적장자였다. 바로 이 가우스에게 무한이란 물리적 실재가 아니라 단지 관념적 추상에 지나지 않는 것이었다. 1831년 가우스는 슈마허Schumacher라는 어느 수학자에게 보내는 유명한 서신에서 무한에 대한 자신의 입장을 밝힌 적이 있다.

> 당신의 증명에 대해 나는 무한을 완성된 어떤 것으로 사용하는 것에 아주 단호하게 반대합니다. 무한은 수학에서 결코 허용되어서는 안 되기 때문입니다. 무한은 단지 비유의 말에 불과한 것입니다. …… 물론 유한한 인간이 무한을 고정된 어떤 것으로 오해하지 않는 한, 무한을 한정된 어떤 것으로 습득하는 버릇에 휘둘리지 않은 한, 무한과 관련된 어떤 모순도 발생하지 않을 겁니다.

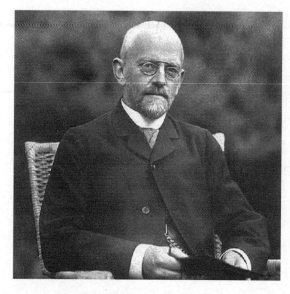

힐베르트는 케임브리지 대학이 잡고 있던 수학 패권을 괴팅겐 대학으로 옮겨온 수학자였다. 그의 관심사는 유클리드 기하학을 포함한 모든 수학 분과들에 엄정하고 강고한 기초를 부과하여, 수학을 확고한 반석에 올려놓는 것이었다.

가우스의 지적은 나름 설득력이 있다. 현실에서는 무한 개의 사과, 무한 개의 산 등을 확인할 수 없다. 그저 사과가 무한하게 많다는 것, 산이 무한하게 많다는 것은 우리의 관념에서만 확인 가능하다. 그러나 수학적 기법에서 무한을 사용하는 것을 가우스가 반대하는 것은 아니다. 객관적 실재가 아니라 어떤 유용한 결과를 내는 지적 수단으로 무한을 이용하자는 것이 바로 가우스의 입장이었다. 가우스를 이어 수론을 발전시켰던 크로네커가 칸토르의 시도를 막았던 것도 이런 이유에서다. 그러니까 크로네커는 자신의 자의적 입장이 아니라 수론을 기초했던 가우스의 통찰을 근거로 칸토르의 시도를 막으려고 했던 것이다. 지금 자신의 제자는 무한을 하나의 고정된 실체로 다루고 있는 것 아니냐는, 혹은 세계에 존재하지 않고 관념에만 존재하는 것에 매몰되어 유아론에 갇힐 위험에 노출된 것이 아니냐는 스승으로서의 기우였던 셈이다.

가우스의 절대적 권위를 따르던 당시 수학계가 모두 칸토르를 공격했다면, 아마 그는 무한을 정복하려는 자신의 시도를 접거나, 아니면 미쳐버렸을지도 모를 일이다. 다행히 칸토르의 시도를 인정하고 격려했던 탁월한 수학자 친구가 그의 옆에 있었다. 바로 그가 데데킨트Richard Dedekind(1831~1916)였다. 그러나 친구 한 명이 무슨 도움이 되겠는가. 그저 갈증을 잠시 해결하는 한 잔의 물과 같은 효과만 있을 뿐이었다. 다행스럽게도 얼마 지나지 않아, 칸토르는 그야말로 천군만마를 얻게 된다. 지금까지 케임브리지 대학이 잡고 있던 수학 패권을 괴팅겐 대학으로 옮겨온 수학자 힐베르트David Hilbert(1862~1943)가 바로 그 사람이다. 자의반타의반 힐베르트는 이미 가우스 이후 거의 공석으로 방치되었던 수학계의 왕좌에 근접했던 수학자로 인정받고 있었다. 물론 그의 관심은 단순히 가우스의 수론이나 칸토르의 무한론에 국한된 것은 아니었다. 힐베르트의 야망은 더 컸다. 그의 관심사는 유클리드 기하학을 포함한 모든 수학 분과들에 엄정하고 강고한 기초를 부과하여, 수학을 확고한 반석에 올려놓는 것이었다.

20세기 초는 그야말로 수학의 전성시대였다. 양자역학 등 당시 새로운 물리학은 수학적이고 논리적인 추론이 없다면 접근조차 불가능하던 시절이었다. 결국 과학은 수학에 기초를 두고 있으니, 수학이 흔들리면 양자역학이나 상대성이론 등 거의 모든 자연과학이 무너질 수도 있다. 이것이 바로 힐베르트가 본인에게 부여한 소명이었다. 수학의 기초를 튼튼히 하자! 그것이 자연과학, 나아가 인류 문명에 탄탄한 발전을 가능하게 할 테니 말이다. 이런 그에게 경험적으로 관측되지 않는다고 해서, 무한을 부정하는 것은 정말로 어리석은 판단일 뿐이다. 하긴 양자역학의 세계마저 경험적으로나 상식적으로 이해되기 어렵지만, 분명 유효한 실제 결과를 낳고 있지 않은가. 그의 입장은 1925년 6월 4일 베스트팔렌 수학회Westphalian Mathematical Society에서 발표된 다음 논문에서 확인할 수 있다.

우리는 칸토르 학설의 가장 핵심을 이루는, 집합론의 독특하면서 독창적인 부분, 즉 초한수들의 이론에만 관심이 있다. 내 생각으로는, 이 이론은 수학적 재능의 가장 멋진 산물이며 인간의 순수한 지적 활동의 최고의 업적 중 하나다. …… 우리는 아리스토텔레스 논리학의 간단한 법칙들의 사용을 포기하는 것을 원하지 않는다. 더구나 어느 누구도, 설령 천사의 혀로 말하더라도, 사람들이 일반적인 진술들을 부정하거나, 부분적 판단들을 내리거나, 또는 배중률teritum non datur을 사용하는 것을 막을 수 없을 것이다. — 〈무한에 관하여Über das Unendliche〉

힐베르트는 칸토르의 작업이 가진 핵심과 그 파괴력을 누구보다 잘 알고 있었다고 할 수 있다. 무한을 정복하려고 했다는 것과 이때에도 어김없이 적용되는 배중률의 힘! 먼저 무한 개념에 대한 힐베르트의 속내를 알아보자. 가우스의 우려에도 불구하고 무한이란 개념이 없다면, 현대 수학은 성립할 수도 없었다. 그러니 경험에서 확인되기는 힘들지만 논리적인 사유로 정립되는 수학적 대상을 두려워할 필요는 없다. 이것이 바로 힐베르트의 확신이다. 예를 하나 들어볼까? 열역학이나 양자역학을 발전시키는 데 지대한 공을 세웠던 푸리에 급수fourier's series를 생각해보라.

$$u(t) = \frac{1}{2}a_0 + \sum_{n=1}^{\infty} a_n \cos(2n\pi ft) + \sum_{n=1}^{\infty} b_n \sin(2n\pi ft)$$

극단적으로 말해 푸리에 급수가 없었다면, 20세기 물리학과 화학은 지금처럼 찬란하게 발전하기 힘들었을 것이다. 여기서 우리는 푸리에 급수를 표시하는 공식에서 합의 기호 Σ(시그마)에 있는 기호 ∞에 주목하자. 이 기호는 무한을 나타내는 것 아닌가. 결국 칸토르가 증명했던 무한집합 이론, 혹은 초한수 이론이 없다면 우리가 어떻게 이 경험적인 푸리에 급수를 정당화할 수 있다는 말인가? 바로 이것이다. 칸토르의 집합론은 언젠가 새로운 물리학 이론을 정당화할 수 있는 공리로 사용될 수 있을 뿐만 아니라, 무한에 둘러싸여 있는 인간을 이해하는 데도 관건이 된다는 것! 이것이 힐베르트의 확신이었다. 같은 논문에서 "무한의 성질에 관한 결정적인 해명이 필요하다. 과학 분야의 전문적인 관심에 부응할 뿐만 아니라 인간이 자기 자신을 이해하기 위해서도 무한에 대한 이해가 필요하다"고 그가 역설했던 것도 이런 이유에서다.

또 한 가지 칸토르가 힐베르트에게 깊은 영감을 주었던 것이 있다. 그 것은 바로 아리스토텔레스 이후 논리학의 근본 법칙 중 하나인 배중률이 무한집합에도 통용될 수 있다는 충격이었다. 배중률이 무엇인가? 'A다'라는 주장과 'A가 아니다'라는 주장을 동시에 할 수 없다는 법칙이다. 여기서 A 에는 어떤 내용이라도 들어올 수 있다. 그러니 무한집합에 배중률을 적용했던 칸토르의 시도에서 어떻게 깊은 자극을 받지 않을 수 있었겠는가? 내용이 무엇인가와 무관하게 어느 경우에나 타당한 형식적 법칙들을 찾는다면, 기하학뿐만 아니라 수론까지 거의 모든 수학 분과들에 토대를 제공할 수 있을 것이다. 이것이 바로 힐베르트의 생각이었던 것이다. 힐베르트는 수학에 토대를 마련할 수 있는 형식적 법칙들을 찾으려고 했고, 바로 그것을 '공리axiom'라고 불렀다. 조금 어렵다면 그냥 힐베르트의 공리들은 기하학이든 수론이든 주어진 수학 분과를 증명하거나 정당화할 수 있는 기호논리학적 법칙들이라고 보면 된다.

참고로 〈무한에 관하여〉에서 그가 제안했던 기하학의 공리들 중 하나를 살펴보자. 힐베르트가 부정의 공리들 중 하나로 제안했던 것이 '{A→(B&-B)}→-A'이다. A가 참이라고 가정했는데, 그것이 (B&-B)라는 모순을 낳는다. 그렇다면 당연히 A의 부정인 -A가 참이라는 것이다. 이 공리 하나만으로 우리는 그가 왜 칸토르를 옹호했는지 직감하게 된다. 유리수 농도와 실수 농도가 같다고 가정한 뒤, 칸토르는 이것이 모순을 낳는다는 걸 보여준다. 이어서 칸토르는 처음 가정의 반대, 즉 '유리수 농도와 실수 농도가 같지 않다'는 주장이 참이라고 주장했다. 이런 부정의 공리들 이외에 다양한 공리들로 하나의 공리계를 구성해서 주어진 수학 분과를 참이라고 증명하는 것, 이것이 바로 수학에 토대를 마련하는 것이다. 물론 여기서 가장 중요한 공리계의 조건이 있다. 공리계를 구성하는 모든 공리들이 무모순성의 증명proof of consistency을 통과해야 한다는 조건이다. 한마디로 말해 공리들은 서로 모순되지 않아야 한다는 사실이 입증되어야 한다는 것이다.

브라우어: "인간의 이성은 삶을 넘어서려고 해서는 안 된다."

칸토르의 집합론으로 이성의 무한 가능성에 확신을 가졌던 힐베르트는 얼마 지나지 않아 강력한 저항에 봉착하고 만다. 바로 브라우어Luitzen Egbertus Jan Brouwer(1881~1966)라는 영민한 수학자가 당시 수학계의 왕좌를 차지하고 있던 힐베르트에게 도전장을 던졌던 것이다. 브라우어의 비판은 구조적으로 칸토르에 대한 크로네커의 비판을 반복하고 있다고 할 수 있다. "신은 자연수를 창조했고, 나머지는 모두 인간의 창작이다"라는 크로네커의 슬로건은 브라우어에게도 마찬가지로 적용된다. 정수든, 유리수든, 무리수든, 복소수든 모두 인간이 만든 것일 뿐, 세상에 존재하지 않는다는 것이다. 칸토르가 마치 실제로 존재하는 것처럼 다룬 무한도 인간이 구성한 것에 지나지 않는다. 자신이 상상한 걸 실제로 존재한다고 믿는 순간, 우리는 유아론에 갇히게 된다. 무한과 씨름하던 대부분의 수학자들이 일정 정도 심각한 정신질환을 앓게 된 것도 이런 이유에서인지 모를 일이다. 실제로 칸토르는 1918년 1월 6일 할레Halle에 있던 어느 정신병원에서 쓸쓸히 이 세상을 떠나기도 했다.

크로네커의 생각은 상식적인 것처럼 보이지만 사실 심각한 철학적 함의를 가지고 있다. 예를 하나 들어볼까? '-1'이라는 음의 정수를 생각해보자. '-1'은 외부 세계에 객관적으로 존재하는 것이 아니라, 우리 인간의 주관적인 마음에서만 존재하는 것이다. 바구니에 사과 3개가 있었다면, 우리 인간은 '3'이라는 자연수를 만들 수 있다. 여기서 실재와 마음 사이의 묘한 대응관계가 이루어진다. '3'이란 자연수를 알아서 사과 3개를 식별하는지, 반대로 사과 3개를 세었기에 '3'이라는 자연수를 알게 되는지 여부가 애매하니, 자연수와 관련된 대응관계는 묘하다는 것이다. 어쨌든 얼마 지나지 않아 바구니 안을 들여다보니 사과가 2개만 있다. 사과가 3개가 있다는 걸 기억하는 사람이라면, 이때 '-1'이라는 음의 정수를 떠올리게 될 것이다. 그러나

브라우어는 수학의 토대를 인간의 삶에서 찾으려고
했다. 그래서 칸토르가 시작했고 힐베르트가 옹호
하려고 했던 무한론의 아킬레스건에 치명적인 화살
을 날린 것이다. 이 화살을 맞고 칸토르의 무한론과
힐베르트의 형식주의는 회복 불가능한 치명상을 입
었을까?

이런 기억을 공유하지 않는 대부분의 사람들은 사과 바구니를 들여다보고
'2'라는 자연수를 이야기하게 될 것이다. 결국 중요한 것은 '2'나 '3'이란 자연
수이고, '-1'과 같은 음의 정수는 우리의 기억, 즉 인간의 마음이 만든 관념
적 기호에 지나지 않는다는 점이다.

　자, 이제 브라우어가 1912년 10월 14일 암스테르담 대학 교수로 취임하
면서 발표한 논문을 통해 그의 육성을 직접 들어보도록 하자. 가우스에서부
터 크로네커에 이르는 자연수를 중시했던 생각이 칸트 철학의 도식으로 말
끔하게 정리되는 현장을 목도하게 될 것이다.

　칸트의 입장 중 공간의 선험성을 포기하고 시간의 선험성을 더 확고히
견지하면서, 직관주의는 회복되고 있다. 이렇게 새로워진 직관주의는
다음처럼 생각한다. 질적으로 구별되는 부분들로 분리된 삶의 계기들
은, 시간에 의해 분리된 채로 있는 한 재결합되어야 한다. 인간 이성의

근본 현상에 따르면 추상화의 작용에 의해 그런 계기들의 정서적 내용으로부터 수학적 사고의 근본 현상인 원초적인 '둘-하나two-one'임으로 이행하기 때문이다. 수학의 근본 직관인 '둘-하나'임의 직관은 단지 수 1과 2만을 창조하는 것은 아니라 …… 모든 유한 서수들 역시 창조할 수 있다. ─〈직관주의와 형식주의Intuitionisme en Formalisme〉

논문 제목 자체가 매우 의미심장하다. 형식주의formalism가 형식적 공리들을 강조했던 힐베르트의 입장이라면, 브라우어는 자신이 직관주의 intuitionism를 취하고 있다는 걸 분명히 하고 있다. 논문이 이야기하고 있는 것처럼 브라우어의 직관주의는 칸트의 인식론에 등장하는 직관intuition 개념에 근거한 것이다. 《순수이성비판》에서 칸트는 직관의 두 가지 형식, 공간과 시간을 강조했던 적이 있다. 예를 들어보자. 나는 가을바람이 근사하게 불고 있는 공원 벤치에 앉아 있다. 그 순간 나의 눈에 지나가는 무언가가 들어온다. 내가 특정한 공간에 있었기에 가능한 것이다. 이것이 바로 공간의 선험성이다. 이 무언가는 곧 내 눈앞에서 사라졌다가 다시 내게 등장할 수 있다. 이럴 때 우리는 그 무언가가 다시 나타났다는 걸 안다. 기억의 능력이다. 그러니 무언가를 경험하기 전에 우리에게는 선험적으로 시간이란 형식이 주어져 있었던 것이다. 이것이 바로 시간의 선험성이다.

간단히 말해 감성이 가진 직관 능력은 구체적인 대상, 그러니까 특정 시공간에 위치한 대상을 우리에게 알려주는 것이다. "지금 바로 이 순간 이곳에 무언가가 있다." 여기까지가 감성과 직관이 하는 일이다. 그다음 우리의 지성은 그 무언가가 무엇인지를 알게 된다. "그것은 개다." 이것이 바로 지성의 작용이다. 그러니 《순수이성비판》에서 칸트는 이야기했던 것이다. "우리의 인식은 마음의 두 기본 원천에서 발생한다. 하나의 원천은 표상을 받아들이는 능력이다. 또 하나의 원천은 이런 표상을 통해서 대상을 인식하는 능력이다. 전자에 의해서 대상이 우리에게 주어지고, 후자에 의해서 대상의 표상에 관계해서 우리는 생각한다. 그러므로 직관anschauung과 개념begriff은 우리의 모든 인식의 지반이다." 직관주의라고 했을 때 브라우어가 염두에 두고 있던 것은 바로 이 직관, 가장 구체적인 시공간적 경험, 아직 '개'나 '인간' 등등 보편적인 개념이 적용되지 않은 생생한 경험이었다.

여기서 한 가지 흥미로운 것이 있다. 그것은 공간의 선험성을 포기하고 시간의 선험성을 견지하자는 브라우어의 주장이다. 지금 그는 직관에 관한 칸트의 설명마저 근본적으로 변형시키려고 하고 있다. 수학 분과로 말하자면, 공간의 선험성은 기하학과 관련되고, 시간의 선험성은 수론과 관련된다. 결국 브라우어는 수론을 기초로 기하학 등 수학 분과에 토대를 마련하고자 했던 것이다. 그러니 공간의 선험성을 포기하면서 기하학을 부정했다고 브라우어의 입장을 단순히 규정해서는 안 될 것이다. 시간의 선험성을 토대로 공간의 선험성마저도 설명하겠다는 의도이니 말이다. 하긴 기하학도 수에 대한 감각이 없다면 불가능한 학문 아닌가. 실제로 피타고라스의 정리만 봐도, 수로 표시되는 구체적인 길이와 그것들의 비율이 없다면 이해 불가능한 법이다. 그러니 브라우어가 표방했던 직관주의는 시간의 직관주의라고 정의 내릴 수 있을 것이다.

이제 논문에 등장하는 '둘-하나'라는 개념을 이해할 수 있는 실마리를 얻게 된다. 공원에서 '그것은 개다'라는 지적인 판단을 하기 전에 이루어졌던 생생한 직관의 경험을 다시 떠올려보자. '무언가가 내 앞을 지나간다.' '그 무언가가 다시 내 앞을 지나간다.' 여기에는 이미 '둘'이라는 원초적 경험과 '하나'라는 원초적 경험이 다 포함되어 있다. 사후적으로 생각해보면 한 마리의 개가 두 번 내 앞을 지나갔으니 말이다. 결국 브라우어는 자연수, 특히 첫째, 둘째, 셋째 등등 서수ordinal numbers가 수론의 대상 중 가장 원초적인 것이라고, 혹은 우리의 직관에 의해 처음으로 알려지는 것이라고 주장하고 있다. 이것이 바로 브라우어의 직관주의다. 당연히 이런 입장을 따르면 유한한 우리 인간이 타당하게 논의할 수 있는 것은 유한집합일 뿐이다. 그것도 원소의 개수가 상당히 작은 유한집합 말이다. 생각해보라! 1,000개의 콩을 셀 수는 있지만, 이것이 얼마나 힘든 일인가. 하물며 1억 개의 콩은 어떻겠는가. 당연히 무한한 자연수 집합이라는 것은 결코 직관적이지 않은 하나의 추상에 지나지 않게 된다.

직관주의, 혹은 유한주의 입장에 서 있던 브라우어가 칸토르와 힐베르트의 형식주의, 혹은 무한주의를 받아들일 수 있다는 말인가? "감성적 직관의 대상을 생각思考하는 능력이 지성이다"라는 《순수이성비판》의 말이 옳다면, 지금 칸토르나 힐베르트는 직관에 주어지지 않는 것을 사유하려고 하고 있다. "직관이 없는 개념은 인식이 될 수가 없다"는 칸트의 입장을 따르는 브라우어에게 두 사람은 지성을 잘못 사용하고 있는 셈이다. 논적 힐베르트가 죽은 지 5년 뒤인 1948년, 암스테르담에서 열린 제10회 국제철학대회International Congress of philosophy에서 브라우어는 자신의 입장을 다시 한 번 강조하는 논문을 발표하게 된다.

경험적이지 않는 진리는 없다는 관점과 논리가 진리를 발견하는 데 절대적으로 신뢰할 수 있는 도구는 아니라는 관점은 실생활과 과학에 관해서보다는 훨씬 뒤 수학에 관해서 받아들여지게 되었다. 이와 같은 관점으로부터 엄밀하게 다루어진 수학을 …… 직관주의 수학이라고 부른다. …… 수학에서 배중률이 보편적으로 성립된다는 오랜 동안의 확신은 직관주의에 따르면 π가 유리수라든가 지구를 관통하는 축을 중심으로 천공이 회전한다는 것과 같은 종류의 케케묵은 믿음과 같은 문명 역사의 한 현상으로 생각되고 있다.

　　　　　－〈의식, 철학 그리고 수학Consciousness, philosophy and mathematics〉

자신이 피력한 직관주의를 다시 한 번 정리한 뒤, 브라우어는 배중률이 이미 폐기되었다고 선언한다. 한참 칸토르와 힐베르트의 무한주의와 형식주의와 싸우던 시절에 브라우어는 배중률은 유한집합에만 통용된다는 논지의 주장을 했던 적이 있다. "고전 논리학의 법칙은 유한집합을 전제로 하고 있다. 사람들은 이런 기원을 망각하고 아무런 정통성도 검증하지 않은 채 그것을 무한집합에까지 적용해버리고 있는 것은 아닌가?" 1908년에 발표된 유명한 논문 〈논리적 원리들에 대한 불신에 관하여De onbetrouwbaarheid der logische principes〉에 등장하는 브라우어의 문제 제기다. 한마디로 말해 귀납법과 그것의 기초가 되는 배중률은 유한집합에만 통용되기에, 무한집합에는 적용해서는 안 된다는 취지였다. 그러나 이제 브라우어는 아예 배중률 자체를 수학의 세계에서 추방해버린 것이다.

칸토르가 시작했고 힐베르트가 옹호하려고 했던 무한론의 아킬레스건은 두 가지였다. 하나는 무한을 마치 실재라도 되는 것처럼 세려고 했다는 것, 그리고 나머지 하나는 초한수를 구성할 때 배중률을 사용한다는 것이었다. 브라우어는 두 가지 아킬레스건에 치명적인 화살을 날린 것이다. 이두 가지 화살을 맞고 칸토르의 무한론과 힐베르트의 형식주의는 회복 불가능한 치명상을 입었을까? 인간의 이성은 무제약적으로 모든 것에 적용될 수 있다는 희망은 좌절된 것일까? 브라우어에게는 불행한 일이지만, 칸토르나 힐베르트는 그렇게 생각하지 않았던 것 같다. 아이러니하게도 무한을 긍정했던 두 사람의 형식주의자에게 치명타를 가한 것은 칸토르를 좋아했던 괴델Kurt Gödel(1906~1978)과 코헨Paul Joseph Cohen(1934~2007)이었다. 특히 괴델은 힐베르트가 그리도 좋아했던 논리학의 법칙들을 사용해서 공리계를 구축하려는 힐베르트의 꿈을 산산조각 내버렸다. 공리계를 구성하는 공리 중 하나는 반드시 참과 거짓을 결정할 수 없다는 걸 증명했기 때문이다. 모든 결정적인 비판은 항상 내부에서 이루어진다는 교훈이 떠오르는 대목이다. 참, 한 가지 기억해두어야 할 것이 있다. 수학의 토대를 인간의 삶에서 찾으려는 브라우어의 시도는 비트겐슈타인의 수학기초론과 커다란 맥을 함께하고 있다는 점이다. 물론 디테일에서 브라우어와 비트겐슈타인은 많은 차이점을 보이지만 말이다.

힐베르트의 꿈과 비트겐슈타인의 미소

20세기 초는 그야말로 물리학을 정점으로 하는 자연과학이 폭발적으로 개화하던 시기였다. 이때 자연과학 발전을 추진했던 동력은 바로 수학적 사유였다. 그러니까 자연과학의 토대는 수학이었던 셈이다. 당연히 수학에 확고한 토대를 부여하려는 노력이 영국과 독일에서 시작되었다. 수학이 흔들리면 물리학이 흔들리고, 물리학이 흔들리면 자연과학과 응용과학 전체가 무너질 테니 말이다. 한마디로 말해 수학이 흔들리면 서양 문명 전체가 완전히 붕괴될 수도 있다. 20세기 전반부 서양의 지성계가 수학기초론에 몰입한 이유도 바로 여기에 있다. 수학기초론의 핵심은 수론number theory에 있다고 할 수 있다. 결국 수가 문제가 된다. 이를테면 -1이라는 숫자를 생각해보자. 자연수 1은 어렵지 않게 이해할 수 있다. 우리 바깥에 사과 1개, 바둑알 1개 등등을 가리키면 1은 직관적으로 이해된다. 그러나 -1은 도대체 무엇을 가리키는가? 결국 음의 정수만 하더라도 단지 우리 관념에서만 가능한 것이다. 예를 들어 냉장고에 사과 10개가 있었는데, 나중에 돌아와보니 9개만 있을 때, 우리는 1개가 빈다고 말할 것이다. -1은 이렇게 설명할 수 있다. 그러나 이 사실을 모르는 친구가 냉장고를 열어보면, 그는 -1을 마음에 떠올리지도 못하고 그저 9라는 숫자만 이야기할 것이다.

산수에서 가장 중요한 역할을 하는 0이란 숫자는 또 어떤가? 이것도 -1처럼 역시 관념에서만 기능하는 숫자일 것이다. 무언가 있었는데 사라졌을 때, 우리는 0이라는 숫자를 생각할 테니 말이다. 결국 자연수, 혹은 양의 정수만 '실재적인 수'이고, 0과 음의 정수는 '관념적인 수'라고 할 수 있다. 그러나 이것만인가? 수학에서는 'i'라는 기호가 있다. '$i^2=-1$'로 정의되는 것이 바로 'i'다. 그러나 제곱해서 -1이 된다는 건 있을 수 없는 일 아닌가? 이런 황당함 때문에 제곱해서 -1이 되는 수를 'i'라고 표기한다. 'i'는 '상상적'이라는 뜻의 '이매지너리imaginary'의 앞 글자에서 유래한 것이다. 그래서 보통 'i'가 들어 있는 수들, '5i', '2+3i' 등등을 서양에서는 'imaginary number'라고 부르고 동양에서는 허수虛數라고 부른다. 실제로 존재하지 않는 상상적인 숫자, 혹은 허구적인 숫자라는 뜻이다. 그래서 보통 허수를 제외한 모든 수들을 실수實數, real number라고 부른다. 그렇지만 앞에서 보았던 것처럼 철학적으로 말하자면 양의 정수, 즉 자연수를 제외하고는 실수라고 부르는 것은 옳지 않다. 관념 속에서만 존재하는 0이나 음의 정수도 실재로 존재하지 않기는 마찬가지니 말이다.

잊지 말아야 할 것은 음을 나타내는 '−' 기호를 쓰든 분수를 나타내는 '/' 기호를 쓰든 아니면 'i'라는 기호를 쓰든, 모든 숫자는 본질적으로 자연수를 토대로 이해된다는 점이다. 그러니 수론의 핵심은 역시 자연수라고 할 수 있다. 당연히 수학기초론에서 자연수의 문제는 매우 중요하다. 자연수가 흔들리면 모든 수체계가 흔들리고, 이어서 수학과 자연과학 전반이 흔들릴 테니 말이다. 그래서 자연수에 확고한 토대를 마련하려는 시도가 이루어졌다. 공리에 의해 자연수에 기초를 부여하려고 했던 페아노Giuseppe Peano(1858~1932), 그리고 집합론으로 자연수에 기초를 부여하려고 했던 프레게Gottlob Frege(1848~1925)가 아마 그 대표자들이라고 할 수 있을 것이다. 여기서는 간단히 프레게의 방식을 살펴보자. 1884년 출간된《산수의 기초Die Grundlagen der Arithmetik》에서 프레게는 셈counting이란 행위와 집합론을 이용해서 자연수를 정당화하려고 했다. 사실 프레게의 발상은 유치할 정도로 단순하기까지 하다. 그러니까 1은 {a}처럼 원소 하나를 가진 집합이라고 보고, 2는 {a, b}처럼 원소 2개를 가진 집합으로 보자는 것이다. 이런 식이라면 3은 {a, b, c}처럼 원소 3개를 가진 집합으로 설명된다. 물론 집합 안의 원소들은 최소한의 성질을 공유해야만 한다. 예를 들어 3이란 숫자를 정당화하는 집합은 {원숭이1, 원숭이2, 원숭이3}과 같은 것이어야지, {원숭이1, 원숭이2, 삼각형}이면 안 된다는 것이다.

프레게처럼 집합론으로 수학기초론을 전개하는 입장을 보통 논리주의logicism라고 부르며, 그로부터 많은 지적 자극을 받았던 러셀도 바로 이 입장을 취하고 있다. 그러나 수학기초론에는 논리주의만 있는 것이 아니다. 페아노처럼 공리계를 강조하는 형식주의formalism, 그리고 칸트의 인식론에 영감을 받은 직관주의intuitionism도 있었기 때문이다. 논리주의는 글자 그대로 수학의 토대로 집합론적 논리학을 제안했던 입장인데, 프레게과 함께 케임브리지 대학의 화이트헤드와 러셀이 중심인물이었다. 형식주의는 자유롭게 선택된 형식적인 공리들의 체계로 수학에 토대를 제공하려는 시도인데, 괴팅겐 대학의 힐베르트가 그 중심인물이었다. 마지막으로 직관주의는 칸트 철학을 따라 인간의 유한한 감성 경험을 수학의 토대로 제안한 것인데, 네덜란드 출신 수학자 브라우어가 영국의 논리주의와 독일의 형식주의를 공격하면서 내세운 입장이다. 그러나 수학 내적으로 수학에 토대를 마련하려고 했던 입장은 아무래도 힐베르트의 형식주의일 수밖에 없다. 논리주의는 수학을 논리학으로, 직관주의는 수학을 인식론으로 환원하고 있으니 말이다. 그래서일까, 힐베르트는 논리주의나 직관주의가 아무리 공격해도 자신의 입장을 굽히지 않았던 것이다. 결국 수학기초론을 이끌었던 동력은 아무래도 힐베르트였다고 할 수 있을 것이다.

무모순적이고 참인 공리들로 주어진 수학 분과에 확고한 토대를 주려는 힐베르트의 지적인 노력이 와해된 것은 아이러니하게도 가장 지적이고 가장 수학적인 증명 때문이었다. 바로 1931년 발표된 괴델의 불완전성의 정리Gödel's incompleteness theorems다. 힐베르트가 꿈꾸었던 공리계 안에는 참과 거짓을 결정할 수 없는 공리가 최소한 하나가 존재한다는 것을 증명해버린 것이다. 아이러니하게도 최종적으로 수학에 확고한 토

괴델은 1931년에 불완전성의 정리를 발표해 무모순적이고 참인 공리들로 주어진 수학 분과에 확고한 토대를 주려고 했던 힐베르트의 꿈을 좌절시켰다.

대를, 그러니까 참인 토대를 마련하려고 했던 수학기초론은 불가능한 꿈으로 확인된 셈이다. 결국 수학기초론 중 살아남은 것은 브라우어의 직관주의였다. 이미 프레게와 러셀의 논리주의는 수학기초론으로서는 자폭했기 때문이다. 바로 러셀 자신이 제안했던 역설이 그 도화선이 된다. 곧 그 유명한 거짓말쟁이의 역설이다. "어느 크레타 사람이 '모든 크레타 사람들은 거짓말쟁이다'라고 말했다." 이 문장은 참과 거짓을 결정할 수 없다. 한마디로 역설에 빠진 문장이다. 거짓말쟁이 역설이 중요한 이유는 자신을 포함한 집합은 항상 역설에 봉착한다는 사실을 보여주기 때문이다. 결국 집합론으로 수학에 기초를 마련하려던 논리주의는 실패하고 만 것이다. 어떻게 역설에 노출된 집합론이 수학의 튼튼한 기초가 될 수 있겠는가! 그렇지만 힐베르트의 꿈이 괴델에 의해 좌절된 순간, 수학계는 더 이상 수학기초론에 연연하지 않게 된다. 하긴 괴델과는 다른 의미에서지만 브라우어의 목적도 오직 힐베르트의 꿈을 공격하는 데 있었다. 당연히 힐베르트의 꿈이 산산이 깨지는 순간, 직관주의를 강하게 주장하려는 브라우어의 열망도 곧 식을 수밖에 없었던 것이다. 결국 논리주의가 자폭하고, 형식주의마저 사형 선고를 받은 뒤, 브라우어의 직관주의도 자의반타의반 수학자들의 관심에서 벗어나게 된 것이다.

수학에 난공불락의 기초를 제공하려는 힐베르트의 꿈, 그리고 그것이 불가능하다고 증명했던 괴델의 증명! 20세기 가장 중요한 철학자였던 비트겐슈타인이 이 드라마틱한 과정을 간과했을 리 없다. 더군다나 그의 제자가 튜링기계로 유명한 수

학자 튜링Alan Mathison Turing(1912~1954) 이었으니, 수학에 대한 비트겐슈타인의 관심은 어쩌면 너무 자연스런 반응인지도 모를 일이다. 흥미로운 건 튜링은 비트겐슈타인에게는 괴델의 화신이었다는 사실이다. 일종의 계산기계라고 할 수 있는 튜링기계를 통한 사유실험으로 튜링은 괴델과 유사한 취지의 계산 불가능성을 증명하기 때문이다. 더군다나 비트겐슈타인이 머물렀던 케임브리지 대학에는 힐베르트와 유사한 수학기초론자가 한 명 있었다. 바로 러셀이었다. 수학에 기초를 제공하려는 힐베르트와 러셀의 수학기초론과 그 기초가 결코 완전할 수 없다는 걸 보여주었던 괴델과 튜링의 증

튜링은 일종의 계산기계라고 할 수 있는 튜링기계를 통한 사유실험으로 괴델과 유사한 취지의 계산 불가능성을 증명했다.

명! 비트겐슈타인의 생각은 어떠했을까?

먼저 수학기초론에 대한 비트겐슈타인의 입장을 살펴보자. 《철학적 고찰들 Philosophische Bemerkungen》에서 그는 말한다. "내가 일정한 규칙에 따라 상대방과 체스를 둘 수 있다. 그러나 나는 그 규칙 자체를 가지고 놀 수 있는 게임을 고안할 수 있다. 이제 내가 하는 게임은 체스의 규칙들이 되며, 게임의 규칙들은 이를테면 논리 법칙이 되는 셈이다. 그와 같은 경우에 나는 여전히 또 다른 게임을 하는 것이지 메타게임을 하는 것이 아니다." 자연수를 집합론으로 정당화하려고 했던 러셀의 작업은 새로운 또 다른 게임, 정확히 말해 지식인들만의 지적 유희를 만든 것에 지나지 않는다는 것이다. 일반 사람들은 자연수를 가지고 아무런 문제없이 일상생활을 하고 있으니까 말이다. 하긴 그냥 3이라고 하면 되지, 그걸 장황하게 공통된 성질의 원소를 가진 집합으로 나열해서 무엇하겠는가? 프레게나 러셀은 그저 집합론적 자연수론을 만들었을 뿐이다. 사실 3을 어떻게 사용하는지 알고 있기에, 프레게나 러셀은 그걸 나름 집합론으로 바꾸어보는 놀이를 만든 것 아닌가. 이것이 비트겐슈타인의 입장이다.

다음으로 괴델이든 튜링이든 증명과 관련된 비트겐슈타인의 입장을 알아보자. 《수학기초에 대한 고찰들Bemerkungen über die Grundlagen der Mathematik》에서 그는 말한다. "증명에 의해 입증된 명제는 규칙으로서, 하나의 패러다임으로서 기여한다. 왜냐하면 우리는 규칙에 따라 방향을 잡기 때문이다. …… 증명이 어떤 새로운 개념을

창조한다는 생각은 대충 다음과 같이 표현될 수도 있다. 즉 증명은 그 기초와 추론 규칙들을 합한 것이 아니라 오히려 어떤 새로운 집이라고—비록 이 집이 이러저러한 양식의 한 가지 예일지라도, 증명은 새로운 패러다임이다." 증명은 증명된 명제에 규칙, 혹은 패러다임이란 힘을 부여한다. 결국 특정한 증명은 어떤 명제를 규칙으로 환기시키는 효과만 있지, 그것의 튼튼한 기초가 될 수는 없는 셈이다. 하나의 명제를 증명하는 데 수많은 상이한 증명 방법이 있다는 걸 잊지 말자. 괴델의 증명이나 튜링의 증명도 마찬가지다. 더군다나 괴델이나 튜링의 증명은 튼튼한 기초가 불가능하다는 불완전성, 불가능성과 관련된 증명이다. 그러니 두 사람의 증명은 정말로 무언가의 기초라는 인상도 주지 않고 확실히 별도의 집과 같은 것이라고 할 수 있다.

수학기초론도 불완전성의 증명도 모두 수학과 관련된 인간의 삶에서 그다지 필요하지 않은 것이다. 물론 수학과 교수나 수리철학 교수, 혹은 그들 학자 집단을 매료시키는 새로운 게임이라면 상관없지만 말이다. 그래서 《수학기초에 대한 고찰들》에서 비트겐슈타인은 말한다. "수학은 무엇을 위해 기초를 필요로 하는가? 내가 믿는 바로는 물리적 대상에 대한 명제들, 또는 감각 인상을 다루는 명제들이 어떤 분석을 필요로 하지 않는 것과 마찬가지로 수학은 어떤 기초도 필요로 하지 않는다. 그러나 당연히 수학적 명제들이 필요로 하는 것은 다른 명제들과 마찬가지로 그 문법의 명료화이다."《철학적 탐구》에서 비트겐슈타인은 "우리는 규칙을 맹목적으로 따른다"는 사실을 강조했던 적이 있다. 수학의 경우도 마찬가지다. 계산이나 추론이 무언가 잘못되었다면, 그것은 우리가 수학적 명제의 규칙을 잘못 따르기 때문에 벌어진 현상일 뿐이다. 그러니 수학적 명제들이 전제하는 규칙, 혹은 문법을 명료화하면, 수학적 활동은 아무런 문제가 없이 작동하리라는 것이다.

비트겐슈타인의 입장은 분명하다. 무엇보다도 먼저 우리는 수학을 맹목적으로 배운다. 그다음 수학기초론이니 증명이니 하는 활동이 가능하다. 그러나 수학기초론이나 증명은 모두 새로운 게임을 만든 것에 지나지 않는다. 수학기초론이나 증명이 없어도, 우리는 충분히 수학적 활동을 할 수 있다. 결국 아이러니하게도 우리가 맹목적으로 배운 수학이 사실 기초나 뿌리였고, 수학기초론이나 증명은 그 위에 새로 지은 집이나 가지들이었던 셈이다. 하긴 교과 과정만 봐도 분명하지 않은가? 유년 시절 우리는 그냥 산수를 배웠고, 고학년에 가서야 증명을 배우지 않았던가? 심지어 수학기초론은 수학과에 들어가야 배울 수 있다. 비트겐슈타인은 웃으면서 되묻는다. 고학년의 증명법을 배우지 않았다고 해서 혹은 수학기초론을 전공하지 않았다고 해서 산수, 삼각함수, 미적분, 벡터, 행렬 등 우리의 수학적 활동에 장애가 있었던 적이 있느냐고. 바로 이것이 비트겐슈타인의 영민함이다.

20

언어는 무엇인가?

청년 비트겐슈타인

—————— VS ——————

장년 비트겐슈타인

내 생각을 말로 다 표현할 수 있을까?

나의 내면을, 혹은 나의 생각을 말로 다 표현할 수 없다는 것은 일상적인 통념 중 하나이다. 이런 통념이 가능한 이유는 바로 타자가 존재하기 때문이다. 자신의 속내를 말로 표현했을 때, 불행히도 타자가 나의 말이 가진 절박함을 수용하지 않을 수도 있고, 아니면 아예 나의 말을 오해해서 이상하게 이해할 수도 있다. 이런 경험이 반복되다보면, 우리는 나의 내면 혹은 나의 생각을 있는 그대로 표현하는 것이 불가능하다는 생각을 하게 된다. 그런데 만약 타자가 없을 때도 나는 내 생각을 언어로 표현하기 힘들다는 느낌을 갖게 될까? 아마 그런 일은 거의 불가능할 것이다. 생각한다는 것 자체가 항상 언어를 통해서 이루어지기 때문이다. 그래서 홀로 생각할 때, 우리는 자신이 사용하는 언어를 별로 의식하지 않는다. 자신이 사용하는 언어를 의식하려면, 타자의 개입은 불가피한 법이다. 별다른 의식 없이 사용하고 있는 우리 국어를 의식하기 위해서는, 우리는 반드시 국어를 공유하지 않은 외국인을 만나야 하는 것도 이런 이유에서이다.

타자가 가정되지 않는다면 나의 생각을 말로 표현하기 힘들다는 느낌조차 사실 갖기 어렵다. 잊지 말자. 타자와 관계할 때에만 우리는 말이 자신의 생각을 온전히 전달하지 못한다고 느낄 수 있다. 결국 타자는 우리에게 말과 생각이 별개라는 느낌을 준다고 할 수 있다. 이런 느낌으로부터 철학적으로 중요한 한 가지 착각이 발생한다. 말과 생각, 혹은 언어와 사유 사이에는 건널 수 없는 간격이 있고, 그만큼 양자는 질적으로 다르다는 착각 말이다. 그러나 더 중요한 것은 타자의 해석에 휘둘리는 말보다는 타자가 엿보기 힘든 나의 생각이 더 중요하다는 인간의 자기중심적인 허영 아닐까? 타자가 오해할 수 있는 언어는 불순하지만, 우리 자신의 내면이나 정신은 순수하다! 육체와 정신이란 이분법에 비교할 만한 말과 생각이란 허구적 이분법은 이런 인간중심적인 허영 속에서 탄생했던 것이다. 바로 이 문제에 주목하면서 메를로-퐁티는 다음과 같이 말했다.

> 말하는 사람은 말하기에 앞서 생각하지 않으며 말하는 동안에도 생각하지 않는다. 말하는 사람의 말이 생각 자체인 것이다. …… 생각은 내적인 것이 아니다. 또한 그것은 세계와 말의 밖에 있지도 않다. 그 점에서 우리를 속이는 것, 표현 앞에 대자적으로 존재한다는 생각을 우리로 하여금 믿게 하는 것, 이것은 이미 구성된 것이자 이미 표현된 생각들이며, 이것들을 우리는 말없이 스스로에게 회상시키고 이것들에 의해서 우리는 스스로에게 내적 삶의 환상을 제공한다.
>
> ─《지각의 현상학》

메를로-퐁티는 이렇게 말하고 있다. "말하는 사람은 말하기에 앞서 생각하지 않는다"라고. 여기서 '말하기'란 겉으로 표현되어 타자가 들을 수 있는 말에만 국한되지 않는다. 거기에는 말을 통해 표현 가능한 생각하기 작용도 포함되어 있기 때문이다. 이것은 사실 매우 중요한 통찰이다. 우리의 생각 자체가 언어를 통해 가능하다는 것, 따라서 일종의 말하기에 지나지 않는다는 것. 이 때문에 메를로-퐁티의 지적처럼 "말하는 동안에 우리는 생각할 필요가 없는" 것이다. "말하는 사람의 말은 생각 자체"이기 때문이다. 하지만 우리는 흔히 생각을 먼저 하고 나중에 그것을 말로 표현한다고 착각하고 있다. 우리는 이렇게 믿곤 한다. 친구에게 돈을 빌려야 한다고 생각하고 나서 그에게 "돈 좀 빌려줄 수 있니?"라고 말하게 된다고 말이다. 바로 이 대목에서 메를로-퐁티는 친구에게 돈을 빌려야 한다는 생각 자체가 말을 통해서만 가능했던 것이라고 이야기한다. 이런 그에게 "표현 앞에 대자적으로 존재한다는 생각이 있다고 우리가 믿는 것"은 하나의 착각일 수밖에 없는 것이다.

그럼에도 말하기에 앞서 생각이 순수하게 존재한다는 느낌이 드는 이유는 무엇일까? 메를로-퐁티는 이렇게 이야기한다. 말을 통해서만 가능했던 생각을 떠올리는 순간, 우리는 자기도 모르게 이것을 말과는 무관한 순수한 생각이라고 오인하게 된다는 것이다. 물론 이러한 오해는 생각 자체 혹은 타인에게 말하기 등이 모두 동일한 말하기의 사례라는 것을 망각했기 때문에 발생하는 것이다. 그렇다면 "나의 생각을 말로 다 표현할 수 있을까?"라는 질문은 그 질문 자체가 이미 잘못 제기된 것임을 알 수 있다. 이미 어떠한 종류의 생각이든 이미 말로서 등장한 것이기 때문이다. 사실 위의 질문은 "나의 생각을 타자가 오해하지 않을 수 있게 표현할 수 있을까?"라고 바뀌어야 한다. 이제 우리는 이 대목에서 언어의 문제에 대한 동양철학자의 견해를 함께 읽어볼 필요가 있다. 동양에서는 언어 혹은 말의 기능을 어떻게 이해했던 것일까?

통발은 물고기를 잡으려는 수단이기 때문에 물고기를 얻었다면 통발은 잊는다. 올무는 토끼를 잡으려는 수단이기 때문에 토끼를 얻었다면 올무는 잊는다. 말言은 뜻意을 잡는 수단이기 때문에 뜻을 얻었다면 말은 잊는다. 나는 어디서 말을 잊은 사람을 얻어서 그와 말을 나눌 수 있단 말인가?

—《장자》, 〈외물外物〉

타당한 말이다. 물고기를 잡았다면 통발을 제거해야 하고, 토끼를 잡았다면 올무를 벗겨내야 한다. 여기서 통발이나 올무는 말을, 그리고 물고기나 토끼는 뜻을 상징한다. 표면적으로 장자의 이야기는 말을 경시하고 뜻을, 다시 말해 생각을 중시해야 한다는 취지로 독해될 수도 있을 것이다. 상당수 학자들이 바로 이러한 경향의 해석에 빠져들곤 했다. 하지만 장자가 고민했던 것은 말과 생각 사이의 관계가 결코 아니다. 그를 괴롭히고 있었던 것은 타자와의 의사소통이 낳는 난점과 관련된 것이었기 때문이다. 마지막 대목을 보면 장자가 "나는 어디서 말을 잊은 사람을 얻어서 그와 말을 나눌 수 있을까?"라고 한탄한 것을 살펴볼 수 있다. "말은 뜻을 잡는 수단이기 때문에 뜻을 얻었다면 말은 잊는다"라는 구절은 "내가 건네는 말을 통해서 타자가 내 속내를 알았다면 그는 나의 표현 방법에 신경 쓰지 않을 것이다"라는 의미였던 셈이다.

실연으로 인해 힘든 나날을 보내고 있는 내가 어떤 사람에게 "하늘이 오늘 유난히 푸르네"라고 말했다고 해보자. 타자가 만약 나의 상황과 나의 의도를 알고 있다면 이렇게 답할 수 있을 것이다. "좋은 사람이 곧 나타날 거야"라고 말이다. 그런데 만약 제3자가 우리 사이의 대화를 들었다면, 그는 매우 황당무계한 선문답이라고 혀를 찼을지도 모른다. 하지만 누구든지 이런 타자를 만나서 이야기하고 싶지 않을까? 내가 건네는 말로 내 생각, 다시 말해 내 의중까지를 알아주는 타자를 만나는 것 말이다. 이것은 장자 그리고 우리가 모두 공유하는 소망이라고 할 수 있다. 장자가 "나는 어디서 말을 잊은 사람을 얻어서 그와 말을 나눌 수 있을까?"라고 물었던 것은 바로 이런 소망을 나타낸 것이다. 사실 나만의 말하기라고 할 수 있는 나의 생각을 타자에게 말로 표현하는 것은 그리 어려운 일은 아니다. 하지만 이와 달리 타자가 나의 생각과 의도를 제대로 간파하고 이해한다는 것은 거의 기적에 가까운 일이라고 할 수 있다. 잘 이야기했다고 확신하더라도, 타자는 언제든지 나의 확신을 좌절시킬 수 있기 때문이다.

우리는 언제나 의사소통에서 야기되는 절망에 노출되기 쉽다. 다시 말해 세계나 인생에 대한 나만의 고뇌를 타자에게 말로 표현할 때, 우리는 좌절할 위험에 쉽게 노출된다는 말이다. 사실 우리가 고독한 유아론에 빠지기 쉬운 것도 바로 이 때문이다. 윤리적인 문제, 종교적인 문제, 그리고 미적인 문제에 대해서, 즉 자신에게 진정으로 중요한 문제들에 대해 우리는 남을 어렵게 설득하려고 하기보다 오히려 침묵으로 일관하는 경우가 많다. 하지만 그렇다고 해서 우리 모두가 타자와의 의사소통을 완전히 거부하면서 살아갈 수는 없는 법이다. 바로 여기서 청년 비트겐슈타인Ludwig Wittgenstein(1889~1951)의 고뇌가 시작된다. 그는 타자에게 말할 수 있는 것과 그럴 수 없는 것을 구분하려고 했다. 말할 수 없는 것을 말한다는 것은 얼마나 소비적인 일인가? 쓸데없는 오해나 받지 않으면 다행일 것이다. 그렇기 때

비트겐슈타인에게 언어라는 것은 결국 자신 혹은 타자 모두 지각이 가능한 방식으로 표현된 것이어야만 했다. 비트겐슈타인은 이런 언어만이 유일하게 타자들에게 말해질 수 있는 것이라고 확신했다.

문에 내성적인 청년은 말할 수 있는 것만을 말하고자 했다. 하지만 이 또한 얼마나 결벽증적인 태도인가? 타자에게 받을 오해와 몰이해를 견디지 못할 정도로 이 청년은 소심했던 셈이다.

Ⓚ

청년 비트겐슈타인: "말할 수 없는 것에 대해서는 침묵해야만 한다."

20대 초반 비트겐슈타인은 케임브리지 대학에 있던 러셀의 연구실을 자주 방문했다. 어느 날 스승의 연구실에 들른 청년은 아무 말 없이 소파에 앉아 있었다. 러셀은 윤리적인 문제가 아니라 논리적인 문제라면 자신이 도움이 될 수 있으리라 말했다. 그러자 청년 비트겐슈타인은 논리적인 문제와 윤리적인 문제가 결국 같은 것이라고 말했다. 논리적이든 윤리적이든 관건은 바로 명료함clarity이라고 청년은 확신했던 것이다. 청년 비트겐슈타인의 삶을 지배하고 있던 것은 바로 명료한 삶과 명료한 사유였던 셈이다. 이것만큼 청년 비트겐슈타인의 정서를 잘 보여주는 사례도 없을 것이다. 그가 논리에 관심을 기울인 이유는 학문적 관심이 아니었던 셈이다. 논리학이 지향하는 명료함을 통해 청년 비트겐슈타인은 명료한 삶 혹은 윤리적 삶을 영위하려고 했던 것이다. 이처럼 그가 지향했던 논리학은 다분히 주관적인 동기에서 유래한 것이었다.

그의 나이 33세 때, 그러니까 1921년에 독일어로(그리고 1922년 영어로) 출간된 《논리철학논고Tractatus Logico - Philosophicus》라는 책을 통해 그는 '말할 수 있는 것'과 '말할 수 없는 것'을 구분하려고 했다. 그는 자신의 책을 출판할 담당자인 폰 피커Ludwig von Ficker에게 편지를 보냈다. "(서문에서) 저는 제 연구가 두 부분으로 되어 있다고 쓰고 싶었습니다. 한 부분은 그 책에 있는 내용이며, 다른 한 부분은 제가 쓰지 않는 모든 것에 관한 내용입니다. 그리고 바로 이 두 번째가 중요한 부분입니다. 윤리적인 것은 사실상 제 책에 의해 내부로부터 한계가 정해지기 때문입니다." 책에 쓴 부분과 쓰지 않는 부분은 각각 '말할 수 있는 것'과 '말할 수 없는 것'에 상응한다. 마침내 비트겐슈타인은 양자를 구분하는 데 성공한 것이다. 물론 이런 구분의 동기는 지극히 윤리적인 것이었다. 그에게 말할 수 없는 것을 말하는 것은 윤리적이지 못한 일이었기 때문이다.

이 작은 책 한 권으로도 청년 비트겐슈타인은 당시 살아 있는 전설이 되었다. 그렇지만 전설은 항상 공상과 오해 속에서 만들어지는 법이다. 물론 자신에 대한 공상이나 오해를 불러일으키는 데 비트겐슈타인도 크게 일조했다고 하겠다. 말할 수 없는 것을 책에 담지 않았기에 그걸 부정하고 있다는 그릇된 오해를 낳았기 때문이다. 정말로 중요한 부분을 다루지 않았다면, 책을 출판하지 않아야 하는 것 아닐까? 중요하지 않은 부분은 가급적 삭제하고 독자에게 중요한 부분을 알려주는 것이 집필의 관례 아닌가? 그러니 비트겐슈타인의 의도와는 달리 몇몇 독자들은 책에 쓰인 부분만 중요하고, 책에 없는 부분은 중요하지 않다고 오해할 수밖에 없었던 것이다. 물론 말할 수 있는 것과 말할 수 없는 것을 구분했지만, 비트겐슈타인은 한 번도 말할 수 없는 것에 대해 부정했던 적이 없었다. 오히려 그에게 말할 수 없는 것은 다만 삶을 통해서 보여줄 수 있을 뿐인 것으로, 철학적으로 볼 때는 오히려 가장 중요한 부분이었다. 하지만 비트겐슈타인의 책을 읽은 사람들은 그가 말할 수 없는 것을 부정했다고 오해했다. 그들이 바로 논리실증주의 Logical Positivism를 표방하면서 전통 형이상학을 부정했던 빈Wien 학파이다. 당시 비트겐슈타인의 생각은 이들과 전혀 달랐다.

사실 비트겐슈타인은 《논리철학논고》에서는 말할 수 있는 것만을 말했던 셈이다. 그의 말이 옳다면, 이 책에 등장하는 것을 제외하고 우리는 사실 어떤 것도 말해서는 안 될 것이다. 말해질 수 없는 것은 또한 타자에게 전달될 수 없는 것이며, 단지 보여줄 수 있는 윤리적인 고뇌와 관련된 것들이기 때문이다. 그럼 이제 청년 비트겐슈타인이 말할 수 있는 것이라고 했던 것이 무엇인지를 직접 살펴보도록 하자.

> 우리는 사실들의 그림들을 만들어낸다. …… 명제는 현실의 그림이다. 명제는 우리가 생각하는바 현실의 모델이다. …… 그림 속에서 그림의 요소들은 대상들에 대응한다. …… 그림은 그 요소들이 일정한 방식으로 서로 관계 맺는 데서 이루어진다. ─《논리철학논고》

비트겐슈타인은 명제, 즉 언어는 현실을 보여주는 그림과 같다고 생각했다. 이것을 지금은 보통 그림이론picture theory이라고 부른다. 다시 말해 언어는 세계의 사실들과 그 관계를 보여준다는 것이다. 그에게 언어라는 것은 결국 자신 혹은 타자 모두 지각이 가능한 방식으로 표현된 것이어야만 했다. "자동차가 백화점 건물로 들어가고 있다"는 말을 생각해보자. 여기서 자동차, 백화점, 들어감 등의 말은 정확히 세계의 어떤 구체적 사실들에 대응하는 것으로 보인다. 비트겐슈타인은 이런 언어만이 유일하게 타자들에게 말해질 수 있는 것이라고 확신했던 것이다. 이 말을 들었을 때, 상대방도 시선을 자동차에 두면서 내가 보았던 것을 그대로 볼 수 있기 때문이다. 결국 비트겐슈타인은 외부 대상에 대해 그림처럼 묘사할 수 있는 언어만을 진정한 언어라고 생각했던 것이다.

이처럼 말할 수 있는 것들을 논증하다가 드디어 비트겐슈타인은《논리철학논고》마지막 부분에 이르러 말할 수 없는 것에 대해 이야기하기 시작한다. 사실 이 책의 대부분은 말할 수 있는 것만을 다루고 있었다. 하지만 이제야 비트겐슈타인은 자신이 정말 하고 싶었던 이야기를 꺼내게 된 셈이다.

> 말할 수 없는 것이 있다. 이것은 드러난다. 그것이 신비스러운 것이다. 말해질 수 있는 것, 그러므로 자연과학의 명제—그러므로 철학과는 아무런 상관이 없는 어떤 것—들 이외에는 아무것도 말하지 말고, 다른 어떤 사람이 형이상학적인 어떤 것을 말하려고 할 때는 언제나, 그가 그의 명제들 속에 있는 어떤 기호들에도 아무런 의미도 부여하지 못했음을 입증해주는 것—이것이 본래 철학의 올바른 방법일 것이다. ……
> 말할 수 없는 것에 대해서는 침묵해야 한다.   -《논리철학논고》

비트겐슈타인에 따르면 인간은 말할 수 있는 것을 말하기도 하고, 말할 수 없는 것을 말하기도 한다. 이 대목에 이르기 전까지 그는 말할 수 있는 것들을 치밀하게 명제 형식으로 규정했다. 그에게 말할 수 있는 것들은 일종의 자연과학의 명제들이었다. 세계의 사실들과 그 관계들을 그림이나 모형처럼 묘사하는 언어만이 말할 수 있는 유일한 언어였기 때문이다. 이것을 제외한 모든 것은 결국 말할 수 없는 것들이다. 하지만 역설적이게도 말할 수 없는 것은 말할 수 있는 것이 아니면 드러낼 수가 없다. 말할 수 있는 것이 '내부'라면 말할 수 없는 것은 그 '외부'이기 때문이다. 홍운탁월烘雲托月이라고나 할까? 서양의 유화처럼 노골적으로 달을 그리기보다는 오히려 구름을 그림으로써 달이 자연히 드러나도록 하는 동양화 기법처럼 말이다. 물론 비트겐슈타인에게 말할 수 없는 것은 윤리적인 문제, 종교적인 문제, 혹은 미적인 문제 같은 우리 내면과 관련된 것이었다. 이런 내면적인 문제는 말할 수 없는 것이다. 타자는 그것을 이해하지 못할 뿐만 아니라, 심지어는 그것에 대해 오해할 수도 있다.

비트겐슈타인이 《논리철학논고》를 마무리하면서 "말할 수 없는 것에 대해서는 침묵해야만 한다"고 말했던 이유도 바로 여기에 있다. 하지만 누군가 이 점에 대해 비트겐슈타인을 공격할 수 있을 것이다. 말할 수 없는 것에 대해 침묵해야 한다고 이야기하면서, 비트겐슈타인은 말할 수 없는 것을 이야기한 셈이기 때문이다. 이런 비판을 의식했던지 《논리철학논고》 말미에서 그는 "사다리를 딛고 올라간 후에는 그 사다리를 던져버려야 한다"고도 이야기한다. 말할 수 없는 것에 대한 자신의 이야기에 함축되어 있는 진정한 의미를 이해한다면, 누구든지 "말할 수 없는 것이 있다. 이것은 드러난다"와 같은 비트겐슈타인의 명제를 이제는 잊어야만 할 것이다. 그것은 말할 수 없는 것에 대해 말하고 있는 무의미한 명제이기 때문이다. 아무튼 이렇게 해서 당시 청년 비트겐슈타인은 이미 자신이 철학 작업을 완성했다고 확신하게 되었다. 그러고는 표연히 케임브리지 대학을 떠났다. 말할 수 있는 것만을 말하고 난 뒤 이제부터는 말할 수 없는 것을 보여주는 삶, 그가 그토록 원했던 명료한 삶을 영위하기 위해 홀연히 도시를 떠났던 것이다.

Ⓚ

장년 비트겐슈타인: "언어는 삶의 문맥과 떨어질 수 없다."

1929년 경제학자 케인스John Maynard Keynes(1883~1946)는 친구에게 편지를 쓴다. 그 안에는 흥미로운 구절이 하나 들어 있었다. "신이 도착했다!" 도대체 신이라니 누구를 말하는 것인가? 《논리철학논고》로 철학적 문제들을 궁극적으로 해소했다고 자신했던 천재적 인물, 다름 아닌 비트겐슈타인이 다시

비트겐슈타인은 약 6년간 오스트리아의 시골마을에서 교사생활을 했다. 당시의 경험은 그로 하여금 삶에 대한 새로운 전망을 가능하게 해주었다. 삶은 아무런 저항도 없이 빙판에서 홀로 노는 것이 아니라 마찰과 저항이 있는 거친 땅에서 타자와 함께 관계하는 일일 수밖에 없다는 점을 자각했던 것이다.

케임브리지로 돌아왔던 것이다. 이것은 사실 의도치 못한 일이었다. 케임브리지로 돌아왔다는 것 자체는 비트겐슈타인이 철학을 다시 재개한다는 선언과도 같았는데, 도대체 그는 무엇 때문에 자신이 그만두겠다고 결정한 철학을 다시 시작하게 된 것일까? 이 대목에서 중요한 것은 케임브리지를 떠나서 비트겐슈타인이 오스트리아 시골마을에서 약 6년간 초등학교 교사생활을 했다는 점이다. 기록에 따르면 그는 이곳에서 아이들 교육 문제로 지역 주민들과 매우 심각한 갈등을 겪었다고 한다. 독일 철강왕을 아버지로 둔 부유한 집안의 아들이었으며 케임브리지 대학에서 공부할 수 있었던 그로서는 오스트리아 시골 가난한 촌사람들과의 갈등이 불가피한 일이었는지도 모른다.

아마도 그가 가장 크게 충격을 받을 수밖에 없었던 것은 그곳 사람들의 언어 사용이었을 것이다. 매우 고상하고 지적인 분위기에서 자랐던 비트겐슈타인에게 시골 사람들의 삶과 언어생활은 너무도 거칠고 지나치게 감정적인 것으로 보였을 것이다. 말할 수 없는 것은 침묵하고 말할 수 있는 것만을 말하려고 했던 그의 원칙은 그곳에서 볼 때 오직 자기 자신만의 원칙에 불과했다는 것을 절감했다. 물론 처음 이곳에 왔을 때 비트겐슈타인은 자신의 원칙을 학생들이나 지역 주민들에게 억지로라도 관철하려고 했을 것이다. 하지만 시간이 지나자 그는 점차 다음과 같은 사실을 자각하지 않을 수 없게 되었다. 그곳 사람들도 나름대로 완벽한 언어생활을 구사하고 있다는 사실을 말이다. 이런 그의 통찰은 다음과 같은 구절에 분명하게 반영되어 있다.

> 서로 화해될 수 없는 두 원리가 실제로 마주치는 곳에서, 각자는 타자를 바보니 이단자니 하고 선언한다. 나는 내가 타자와 '싸우게' 될 것이라고 말했다. 그러나 나는 도대체 왜 그 타자에게 근거들을 주지 못하는 것일까? 물론 줄 수도 있을 것이다. 하지만 그것들이 어디까지 가겠는가? 근거들의 끝에는 (결국) 설득이 있을 뿐이다. (선교사들이 원주민들을 개종시킬 때 무슨 일이 일어나는지를 생각해보라.)
>
> -《확실성에 관하여Über Gewißheit》

오스트리아 시골로 부임한 자신의 모습을 마치 미개인을 개종하려고 했던 선교사 같은 인물로, 그리고 그곳 학생들과 학부모들을 원주민으로 비유하는 부분이 매우 흥미롭다. 선교사의 언어는 원주민의 언어와는 매우 다를 수밖에 없다. 그럼에도 선교사가 자신의 언어로 이루어진 원리를 원주민들에게 억지로 관철시키려고 할 때 갈등은 불가피하게 발생하고 말 것이다. 원주민들도 고유한 원리에 따라 기능하는 자신만의 언어를 이미 가지고 살아왔기 때문이다. 결국 선교사는 자신의 종교를 주장하기 위해 원주민들을 감정적으로 설득할 수밖에 없을 텐데, 바로 이와 같은 선교사의 모습이 오스트리아 시골의 초등학교 교사 비트겐슈타인의 모습을 그대로 보여준다고 생각했던 것이다. 이런 과정을 통해 비트겐슈타인은 언어에 대한 자신의 통찰이 얼마나 제한된 것이었는지를 직감하게 되었다. 마치 암스테르담에 도착해서야 자신의 사유가 프랑스와 같은 시골에서나 통용되는 것이라는 사실을 놀랍게 자각했던 데카르트의 경우처럼 말이다.

오스트리아 시골마을에 머물 때 오직 논리적인 자연과학적 언어만이 말해질 수 있는 것이라고 믿었던 비트겐슈타인의 신념은 심하게 동요되었다. 사실 자연과학적이거나 논리적인 언어들은 단지 유복하고 지적인 분위기에서 자란 비트겐슈타인 같은 사람들에게나 어울리는 언어양식이었을 뿐이다. 이런 그에게 오스트리아 시골에서의 교사생활은 그로 하여금 타자의 언어를 경험하고 발견하게 만들었던 중요한 계기가 되었다고 할 수 있다.

> 실제 언어를 조금 더 면밀하게 검토하면 할수록 그것과 우리의 요구 사이의 갈등은 더 첨예해진다. (논리학의 수정 같은 순수성이란 물론 탐구의 산물이 아니라 하나의 요구 조건이었다.) 그 갈등은 감당하기 힘들어진다. 요구 조건은 이제 공허한 것이 될 위험에 처해 있다. 우리는 마찰이 없기 때문에 어떤 의미에서는 이상적인 조건인 미끄러운 얼음에 올라섰지만 동시에 바로 그 이유로 인해 걸을 수 없게 된 것이다. 우리는 걷고 싶다. 따라서 마찰이 필요하다. 거친 땅으로 돌아가라!
>
> -《철학적 탐구Philosophische Untersuchungen》

청년 비트겐슈타인은 말할 수 있는 것과 그렇지 않은 것을 혼자만의 힘으로 구분하려고 했다. 그 결과 말할 수 있는 것은 외부 사실들과 관계들을 그림처럼 명확히 지시하는 것이어야만 한다는 결론을 내리게 되었다. 이런 젊은 시절의 생각이 이제 장년 비트겐슈타인의 눈에는 모두 유아론적인 것으로 보였던 것이다. "논리학의 수정 같은 순수성"은 다양한 타자들이 사용하고 있는 구체적인 언어들을 직접 탐구해서 만든 결과물이 결코 아니었다. 단지 이것은 자신이 유아론적으로 요구한 이상적인 조건에 불과했던 것이다. 어쩌면 이상적이라는 말은 현실적이지 않다는 자백과도 같은 것이다. 마침내 비트겐슈타인은 청년 시절 자신이 확신했던 통찰이 현실적인 삶을 영위하는 데 도움이 되지 않을 뿐만 아니라, 오히려 장애가 된다는 사실을 새삼 확인하게 된 셈이다. 이와 아울러 당시의 경험은 그로 하여금 삶에 대한 새로운 전망을 가능하게 해주었다. 삶은 아무런 저항도 없이 빙판에서 홀로 노는 것이 아니라 마찰과 저항이 있는 거친 땅에서 타자와 함께 관계하는 일일 수밖에 없다는 점을 자각했던 것이다.

"우리는 걷고 싶다. 따라서 마찰이 필요하다. 거친 땅으로 돌아가라!"는 비트겐슈타인의 울부짖음은 자신의 《논리철학논고》 기획이 좌절되었다는 것을 선언한 것과 다름없었다. 동시에 이것은 비트겐슈타인이 어떤 방향으로 자신의 철학을 재개할 것인지를 잘 암시해준다. 그가 돌아가고자 했던 '거친 땅'은 자신과는 다른 언어를 사용하고 있는 타자들, 그리고 그들이 모여서 살고 있는 삶의 세계를 상징하기 때문이다. 그렇다면 '거친 땅'에서 그가 발견했던 것은 과연 무엇일까? 그것은 다양한 언어 규칙들을 가진 다양한 언어들이 존재한다는 통찰이었다.

> 우리가 언어라고 부르는 모든 것에 공통적인 어떤 것을 진술하는 대신,
> 나는 이러한 현상들에는 우리로 하여금 그 모두에 대해 같은 낱말을
> 사용하도록 만드는 어떤 일자가 공통적으로 있는 것이 결코 아니고,
> 그것들은 서로 다양한 방식으로 유사하다고 말한다. -《철학적 탐구》

비트겐슈타인이 말한 '언어'란 일본어, 영어, 프랑스어와 같은 모국어들만을 말하는 것이 아니다. 그것은 다양한 삶의 문맥에서 사용되는 상이한 성격의 언어들을 가리키기도 한다. 가령 케임브리지와 같은 곳에서는 지성인들의 '언어'가 존재한다. 오스트리아 시골마을 같은 곳에서는 시골 사람들 특유의 '언어'가 존재한다. 반면 가난한 사람들이 주로 활용하는 재래시장과 같은 곳에서도 그곳 나름의 '언어'가 존재한다. 재판정도 자신만의 '언어'를 가지고 있고, 유치원에서도 나름대로 독특한 '언어'가 통용된다. 같은 국어를 공유하고 있다고 할지라도, 이처럼 다양한 삶의 문맥에 따라 다양한 '언어들'이 서로 다르게 혹은 유사한 모습으로 존재하는 것이다. 당연한 일이지만 동일한 한 단어라도 삶의 문맥에 따라 전혀 다른 용례로 사용될 수도 있다. 예를 들어 "머리가 좋다"라는 말은 '지적인 능력이 탁월하다'는 사전

적 의미로만 사용되는 것이 결코 아니다. 물론 이런 사전적 의미로만 사용되는 경우도 있을 수 있지만, 다른 문맥에서 보면 이 말은 '머리만 좋다'는 의미로, 그러니까 '말만 잘할 뿐 사실 행동은 그렇지 못하다'라는 매우 부정적 의미로 사용될 수도 있다.

《철학적 탐구》에서 비트겐슈타인이 "한 낱말의 의미는 언어에서 그것의 쓰임에 있다"라고 수차례 강조했던 것도 이런 이유에서였다. 이것은 그가 《논리철학논고》의 입장에서 벗어나 있다는 것을 말해준다. 청년 시절 그는 한 낱말의 의미가 그것이 지시하는 한 가지 대상에 있다고 생각했기 때문이다. 하지만 이제 그는 예전의 그가 아니었다. 동일한 낱말이지만 그것은 다양한 언어들에서 서로 다른 의미로 사용될 수 있다는 점을 강조하고 있기 때문이다. 그래서 비트겐슈타인은 《논리철학논고》의 그림이론과는 달리 언어를 일종의 게임으로 보는 입장을 피력하게 된다. 예를 들어 장기 게임과 체스 게임이 있다고 해보자. 장기와 체스가 다양한 언어들 가운데 두 가지 경우를 상징하는 것이라면, 장기나 체스에 사용되는 장기말이나 체스말은 각각의 낱말들을 상징한다고 할 수 있다. 만약 장기말 중에서 차車라는 장기말이 없다면, 우리는 체스말들 가운데 비숍Bishop을 가지고 와서 차라는 말 대신 사용하면 된다. 이 경우 누군가 장기판을 보고서 비숍은 그렇게 움직이면 안 된다고 이야기할 수 있을 것이다. 아마도 이 사람은 장기 게임을 전혀 이해하지 못하거나, 아니면 체스 게임에서 사용되었던 비숍의 용례만을 고집하느라 다른 성격의 게임들이 존재한다는 사실을 간과했을 것이다.

《철학적 탐구》의 첫 부분에서 비트겐슈타인은 "언어와 그 언어에 얽히는 행위로 구성된 전체를 '언어 게임'이라 부르겠다"고 말한 적이 있다. 그렇다면 언어를 게임이라고 비유할 때 비트겐슈타인이 의도했던 것은 무엇일까? 그것은 각 언어마다 고유한 규칙이 있다는 것, 그리고 각 언어 안의 낱말들은 그 규칙에 따라 움직인다는 사실이었다. 그런데 여기서 중요한 점은 우리가 각 언어마다 내재하는 고유한 규칙을 맹목적으로 배우고 따라야 한다는 사실이다. 그래서 비트겐슈타인은 다음과 같이 강조한다.

내가 규칙을 따를 때, 나는 선택하지 않는다. 나는 규칙을 맹목적으로 따른다.
                                                              -《철학적 탐구》

장기에는 포砲라는 말이 있다. 보통 이것은 상대편이나 자기편의 말을 건너뛰면서 움직인다. 그렇지만 단서가 하나 있다. 그것은 상대편이나 자기편의 포는 뛰어넘지 못한다. 만약 누군가 포를 다른 포를 건너뛰도록 움직인다면, 우리는 그에게 이야기할 것이다. "그렇게 움직이면 안 돼." 그러고는 우리는 그가 장기를 둘 줄 모른다고 추정하게 될 것이다. 이 경우 그가 "왜 그래? 뛰어넘어도 되는 것 아니야. 나는 이렇게 움직일래"라고 고집을 피운다면, 화가 난 우리는 그와 장기를 두는 일을 멈추게 될 것이다. 그렇다면 우리는 어떻게 포가 움직이는 규칙을 배웠던 것일까? 우리는 자라면서 장기 두는 규칙을 맹목적으로 배웠을 뿐이다. 나는 다른 식의 규칙을 선택할 수가 없다. 만약 선택했다면, 그 누구도 나와 장기를 두려고 하지 않을 것이다. 비트겐슈타인이 "내가 규칙을 따를 때, 나는 선택하지 않는다. 나는 규칙을 맹목적으로 따른다"라고 강조했던 것도 이 때문이다.

장기에만 우리가 맹목적으로 따르는 규칙이 내재해 있을까? 그렇지 않다. 다양한 언어권에서도, 동일한 언어권이라도 지역마다, 가정에서도, 학교에서도, 직장에서도, 군대에서도, 백화점에서도, 자세히 살펴보면 삶이 맥락을 이루고 있는 곳 어디에나 다양한 언어들이 존재하고 그만큼 다양한 규칙들이 존재하는 법이다. 비트겐슈타인이 항상 제발 "생각하지 말고, 보라!"고 강조했던 것도 이런 이유에서이다. "이 삶의 문맥에서는 언어가 이렇게 사용될 거야"라고 생각하지 말고, 이곳 사람들은 어떻게 언어를 사용하고 있는지 보라는 것이다. 만약 주어진 규칙을 맹목적으로 따르지 않는다면, 혹은 주어진 규칙을 발견하지 못한다면, 우리는 그 언어가 통용되는 곳에서 자신의 삶을 제대로 영위할 수 없게 될 것이다. 가령 장기 게임의 규칙을 발견하지 못한다면, 우리는 장기 게임에서 추방될 수밖에 없다. 그래서 오스트리아 시골에서 통용되던 규칙을 발견하지 못했기 때문에, 비트겐슈타인은 그곳에서 추방될 수밖에 없었던 것이다.

마침내 그는 언어들이 너무나 다양하다는 사실을 발견하게 된 것이다. 이것은 다양한 국어들이 존재한다는 것뿐만 아니라, 같은 모국어를 사용한다고 할지라도 다양한 삶의 문맥에서 다양한 언어들이 존재 가능하다는 통찰이었다. 이로 인해 다시 철학 작업이 시작되었고, 어느새 장년이 된 비트겐슈타인은 언어와 인간의 삶 사이의 관계를 차근차근 다시 성찰하기 시작했다. 그 결과물이 바로 《철학적 탐구》를 포함한 그의 후기 저작들이다. 출간되지 않은 수많은 초고들에서 다양한 게임들에 비유될 수 있을 정도로 복잡하고 수많은 언어와 언어 규칙, 따라서 타자들이 존재한다는 것에 대한 그의 성숙한 통찰이 고스란히 담겨 있다. 언어 게임들이 너무나 복잡하고 다양했던 것이다. 당연히 그것들을 고스란히 연구해서 하나의 체계로 환원하기란 거의 불가능한 일이다. 더군다나 새로운 통찰을 끌어낸 순간, 그 통찰을 흔드는 다른 언어 게임들이 그의 눈에 반복해서 들어오기까지 했다. 바로 이것이 말년의 비트겐슈타인으로 하여금 자신의 성숙한 통찰을 담은 확정된 주저를 출간하는 걸 계속 미루도록 했던 원인이 아닐까?

서양철학사를 돌아보면, 칸트 이전까지 철학은 우주나 사물의 본질을 해명하는 데 집중했다. 그러니까 우리 자신보다는 외적인 대상들에 더 관심이 많았던 것이다. 하지만 칸트에 이르러 드디어 대상에 대한 관심은 주체에 대한 관심, 즉 '나'와 '나의 생각'에 대한 관심으로 전회되었다. 그 유명한 '코페르니쿠스적인 전회'가 바로 이것이다. 그런데 20세기부터 서양철학은 주체에 대한 관심에서 벗어나 주체뿐만 아니라 대상까지도 규정하는 언어에 대한 관심으로 그 폭을 확장시켰다. 이것은 '언어적 전회linguistic turn'라고 불릴 만한 철학적 혁명이었다. 이를 이끌었던 중심인물이 바로 비트겐슈타인이었다. 그렇지만 말년의 비트겐슈타인에게 확인할 수 있었던 것처럼 철학의 '언어적 전회'는 이제 막 시작되었다고 할 수 있다. 언어와 관련된 모든 독단론과 신비주의를 극복하기 위해, 우리는 상당히 오랫동안 비트겐슈타인적일 필요가 있다. 아직 우리는 비트겐슈타인의 시대에 살고 있는 셈이다.

치료로서의 철학, 비트겐슈타인과 나가르주나

청년 비트겐슈타인과 장년 비트겐슈타인의 결정적 차이점은 언어에 대한 그의 입장에서 찾을 수 있다. 청년 비트겐슈타인이 언어의 의미를 그것이 가리키는 실재에서 찾으려고 했다면, 장년 비트겐슈타인은 언어의 의미를 그것의 사용 방법에서 찾으려고 했다. '그림이론'에서 '게임이론'으로의 전회라고 불릴 만한 단절이다. 언어관의 결정적인 변화로 인해 비트겐슈타인의 철학관도 현격하게 변화된다. 《철학적 탐구》에서 비트겐슈타인은 말한다. "철학은 언어의 실제 사용을 어떤 방식으로도 침해해서는 안 된다. 철학은 그러니까 결국 그것을 단지 기술할 수 있을 뿐이다. 왜냐하면 철학은 또한 그것의 기초를 놓을 수도 없기 때문이다. 철학은 모든 것을 있는 그대로 놓아둔다." 플라톤에게서 시작된 형이상학 전통에 대한 단호한 거부다. 철학은 세계에 기초를 부여하는 작업을 수행할 수 없다. 아니 해서도 안 된다는 것이 비트겐슈타인의 입장이다. 플라톤도 칸트도 러셀도 그리고 청년기의 자신도 세계에 통일된 기초를 제공하는 철학적 용어들, 즉 개념들을 제공하려고 했다. 그렇지만 이것은 혼동만 가중시킬 뿐 아닌가? 이것이 비트겐슈타인의 생각이었다.

　철학자로서 자기 속죄일까? 비트겐슈타인은 지금까지 형이상학적 개념들이 자신뿐만 아니라 철학자들을 병들게 했다고 진단했고, 그걸 치유하고 싶었던 것이다. 그 방법으로 제안했던 것이 바로 "언어의 실제 사용을 기술하는" 것이다. 칸트나 피히테, 혹은 헤겔에게 가장 중요한 개념이라고 할 수 있는 '자기의식'과 관련된 예를 하나 살펴보자. 《철학적 탐구》에서 비트겐슈타인은 말한다. "나는 당신이 무엇을 생각하고 있는지 안다'고 말하는 것은 옳다. 그리고 '나는 내가 무엇을 생각하는지 안다'고 말하는 것은 잘못이다. (철학을 뒤덮고 있는 구름의 전체는 한 방울의 언어이론에 응축된다.)" 최종적으로 자기인식으로 수렴되는 근대철학의 관념론에 쐐기를 박는 판단이다. 일상적 언어 사용을 보자는 것이다. 비트겐슈타인의 지적대로 아무도 "나는 내가 무엇을 생각하는지 안다"고 말하지 않는다. 결국 자기의식이란 개념 자체가 삶과 무관한 허구적인 추상에 지나지 않는다는 것이다. 바로 이것이 "철학을 뒤덮고 있는 구름 전체"를 한 방울의 빗방울로 만들어 날려버리는 비트겐슈타인의 방법이다.

지금까지 철학자들이 개념의 형이상학적 사용으로 세계와 인간을 뒤죽박죽 만들었다면, 이제 철학자는 실제 언어 사용법을 기술해서 형이상학적 개념들이 만드는 착시효과를 제거해야만 한다. 비트겐슈타인의 눈에는 청년기의 자신을 포함한 모든 철학자들은 세상 사람들의 지적 혼동을 가라앉히기보다는 그걸 더 가중시켰던 사람으로 보였던 것이다. 물론 사악한 의도 때문에 그런 것은 아니다. 그들도 '존재', '본질', '현상', '지각' 등등의 개념에 지적 혼동을 겪었고, 이런 혼동이 타인들에게 그대로 전가된 것뿐이기 때문이다. 그래서《철학적 탐구》에서 비트겐슈타인은 말한다. "철학자들이 어떤 하나의 낱말―'지식', '존재', '대상', '자아', '명제', '이름'―을 사용하면서 사물의 본질을 파악하려 애쓸 때, 우리는 언제나 이렇게 자문해보아야 한다. 즉 대체 이 낱말은 자신의 고향인 언어 속에서 실제로 언제나 그렇게 사용되는가? 우리가 하는 일은 낱말들을 그것들의 형이상학적 사용으로부터 그것들의 일상적 사용으로 다시 돌려보내는 것이다."

개념들의 "형이상학적 사용metaphysical use"과 "일상적 사용everyday use"! 이것보다 청년 비트겐슈타인과 장년 비트겐슈타인의 차이를 규정할 수 있는 것이 또 있을까. 개념에는 세계에 대응하는 것이 있으리라고 언어를 사용하는 것이 "형이상학적 사용"이라면, "일상적 사용"은 개념을 포함한 모든 언어를 '언어 게임'으로 이해하는 방식이다. 청년 비트겐슈타인의 '그림이론'이 형이상학적 사용을 대표한다면, 장년 비트겐슈타인의 '게임이론'은 언어의 형이상학적 사용을 비판하고 일상적 사용으로 되돌아가려는 노력이었던 셈이다. 물론 언어 게임이란 비유를 아무렇게나 시작하고 아무렇게나 끝낼 수 있는 일상적인 게임처럼 가볍게 이해해서는 안 된다. 오히려 비트겐슈타인이 사용하는 게임이란 비유는 나만이 아니라 타자가 존재한다는 사실, 그리고 게임에는 암묵적으로 주어진 규칙이 있다는 사실을 나타내는 것이기 때문이다. 그래서《철학적 탐구》에서 비트겐슈타인은 설명했던 것이다. "'언어 게임'이란 낱말은 여기서, 언어를 말한다는 것은 어떤 활동의 일부, 또는 삶의 양식의 일부임을 부각시키고자 의도된 것이다."

언어를 형이상학적으로 사용하지 말고, 누구나 사용하는 일상적인 용법으로 사용하라! 그렇다면 언어로 발생하는 모든 혼동과 착각, 그리고 그로부터 발생하는 고뇌도 모두 사라질 것이다. 이것이 바로 장년 비트겐슈타인의 생각이었다. 불교에 조금이라도 관심이 있는 사람이라면 비트겐슈타인의 속내가 중관불교의 창시자 나가르주나Nāgārjuna, 龍樹(150?~250?)의 문제의식과 그대로 공명한다는 걸 발견하게 될 것이다. 불교의 창시자 싯다르타는 초월적 존재인 브라흐만이나 아니면 불변하는 개별 자아인 아트만을 맹신하는 순간, 우리의 삶은 고통과 번뇌로 물들게 된다고 이야기했다. 바로 이것이 싯다르타가 무아론無我論을 역설했던 이유이다. 싯다르타 사후 등장한 소승불교 전통이 문제가 된다. 다양한 학파로 분화된 소승불교는 싯다르타의 가르침을 정리하는 과정에서 본의 아니게 무아론과 상충되는 주장을 했기 때문이다. 특히 가장 지적이고 이론적이었던 설일체유부說一切有部가 중요하다. 글자 그대로 그들은 '모든 것一切이 존재한다有'고 주장했던 학파였기 때문이다.

정확히 이들이 존재한다고 말한 '모든 것'은 싯다르타가 말한 개념들, 혹은 경전의 개념들이라고 해야 한다. '번뇌煩惱', '열반涅槃', '색色', '수受', '상想', '행行', '식識' 등 싯다르타가 말한 개념들은 모두 지시체referent가 명확히 있다는 입장인 셈이다. 청년 비트겐슈타인이 《논리철학논고》에서 했던 것을 설일체유부는 싯다르타의 가르침에 그대로 적용했던 것이다. 바로 이런 '형이상학적 사용'을 비판하기 위해서 나가르주나는 《중론》을 집필하게 된다. 바로 이때 중요한 개념이 공空이다. 한마디로 말해 모든 개념들에는 자성自性, svabhāva, 즉 불변하는 본성을 지닌 지시체가 존재하지 않는다는 것이다. 《중론》에서 나가르주나는 말한다. "여러 인연으로 발생한 존재를 나는 공이라고 말한다. 이렇게 발생한 존재는 또한 관습적인 이름에 불과할 뿐이며, 이것이 또한 중도의 의미이기도 한다."

개념뿐만 아니라 개념의 지시체도 그 자체의 본성을 가지고 있지 않다는 것이 바로 '공'이다. 모든 것은 다양한 인연들의 마주침으로 발생하기 때문이다. 그래서 그는 번뇌도, 열반도 공하다고 주장했던 것이다. 당연한 일 아닌가? 번뇌가 있으니, 그것이 소멸된 상태인 열반도 가능한 법이다. 또한 열반이 있으니, 우리는 자신이 번뇌의 상태에 있다는 걸 알게 되는 법이다. 이렇게 번뇌와 열반은 개념 차원에서나 그 지시체 차원에서나 의미론적으로 상호 의존하고 있다. 문제는 그럼에도 번뇌는 번뇌이고 열반은 열반이라고 두 개념을 분리하고, 나아가 각각의 개념은 불변하는 지시체를 갖는다고 믿는 데 있다. 이것이 바로 집착이다. 그렇다고 해서 나가르주나가 '번뇌'나 '열반'이란 단어를 쓰지 말자고 주장하는 것은 아니다. 그저 관습적인 의미에서, 혹은 비트겐슈타인의 생각을 빌리자면 "일상적 사용"으로 번뇌와 열반이란 말을 사용하자는 것이다. 나가르주나가 말한 중도中道란 다른 것이 아니다. 모든 언어를 사용할 때 "형이상학적"으로 사용하지 말고 "일상적"으로 사용하는 것이다.

《중론》에서 나가르주나는 형이상학적으로 사용된 불교 개념들을 일상적으로 사용할 수 있도록 만들고 싶었다. 그래서 그는 불교의 개념을 포함한 모든 개념의 지시체에는 불변하는 본성이 없다는 걸 보여주었던 것이다. 어쩌면 집착으로부터 자유를 꿈꾸는 것이 불교라면 개념에 대한 집착만큼 위험한 것도 없을 것이다. 특히나 설일체유부처럼 아주 지적인 불교 학자 집단에게는 이것은 치명적인 문제였던 것이다. 결국 《중론》은 당시 인도 민중들이 아니라 지적으로 배운 사람들을 위해 쓰인 책이라고 할 수 있다. 하긴 글도 모르고 이해력도 떨어지는 민중들이 개념적 집착에 빠질 리 만무한 일일 것이다. 나가르주나는 자신의 공 개념마저 자기 동시대 지성인들이나 혹은 후대 지성인들에게 지시체가 있는 개념으로 오해될 여지가 있다는 걸 매우 잘 알고 있었다. 그래서 《중론》에서 나가르주나는 경고했던 것이다. "위대한 싯다르타가 공의 진리를 이야기한 것은 여러 견해에 대한 집착에서 벗어나도록 하기 위함이었다. 그런데도 다시 공이 존재한다고 생각하는 사람이 있다면, 많은 부처가 와도 이 사람을 바로잡을 수가 없을 것이다"

　　나가르주나는 어떤 형이상학적 체계를 만들려고 하지 않았다. 이것은 비트겐슈타인의 경우도 마찬가지다. 나가르주나에게 불교의 목적은 그리고 비트겐슈타인에게 철학의 목적은 집착에서 발생하는 삶의 문제를 해소하는 데, 그러니까 개념의 "형이상학적 사용"을 "일상적 사용"으로 돌리는 데 있다. 그래서 나가르주나의 공 개념도, 비트겐슈타인의 게임이론도 모두 '형이상학'에 사로잡힌 마음의 병을 고치는 치료제, 즉 약이라고 할 수 있다. 《철학적 탐구》에서 비트겐슈타인이 불교, 특히 나가르주나와 유사한 철학관을 피력했던 것도 이런 이유에서다. "우리는 우리의 말의 사용을 위한 규칙 체계를 전대미문의 방식으로 정화하거나 완전하게 만들고자 하지 않는다. 왜냐하면 우리가 얻고자 하는 명료성은 물론 완전한 명료성이지만, 그러나 이는 단지 철학적 문제들이 완전히 사라져야 한다는 뜻일 뿐이기 때문이다. …… 하나의 철학 방법은 존재하지 않는다. 그러나 물론 방법들은 존재한다. 마치 다양한 치료법들처럼."

　　결국 우리가 건강한 심신으로 잘 살고 있다면, 한마디로 말해 문제가 없는 삶을 살고 있다면, 나가르주나도 그렇지만 비트겐슈타인도 우리에게 그윽한 미소를 보낼 것이다. 반대로 삶에 문제가 발생했고 그것이 우리의 잘못된 생각 탓이라면, 나가르주나와 비트겐슈타인은 우리에게 적절한 약을 제공할 것이다. 그러나 지식인 사회에서는 공 개념에 다시 집착하거나 게임이론에 다시 집착할 가능성이 언제든지 있다. 실제로 중관학파도 생기고, 비트겐슈타인학파도 생기지 않았는가? "약 모르고 오용 말고, 약 좋다고 남용 말자!"는 표어가 있다. 위장병에 걸려 고통스러운 사람에게 의사가 위장약을 주었다고 하자. 당연히 그의 위장병은 씻은 듯이 나았다. 고통이 사라진 사람은 위장약을 만병통치약이라고 집착할 수 있다. 치통이나 생리통 등 다른 고통이 와도 그는 위장약을 먹으려고 할 것이고, 아예 평상시 아프지 않는데도 위장약을 상용할 수도 있을 것이다. 위장병의 고통보다 더 심한 고통이 그에게 찾아올 것이고, 이럴 때는 의사도 어떻게 해볼 도리가 없을 것이다.

　　《문화와 가치Culture and Value》에 등장하는 비트겐슈타인의 말을 생각해보자. "문이 폐쇄되어 있지 않더라도, 안에서 열리게 되어 있더라도, 어떤 사람이 그 문을 밀치는 대신에 잡아당길 생각을 떠올리지 못한다면, 그 사람은 방 안에 붙잡혀 있을 것이다." 계속 문을 밀지만 문이 열리지 않아 지친 채로 방 안에 갇혀 있는 사람이 있다고 해보자. 그는 문은 밀어야 열린다는 선입견을 강하게 가지고 있다. 그러니 나갈 수가 없는 것이다. 방이 문제가 아니라 바로 그의 집착이 문제였던 것이다. 이 경우 치료제는 '잡아당기세요!'라는 가르침일 것이다. 이 가르침으로 무사히 방에서 탈출한 이 사람에게 진정한 위기가 찾아온다. 그것은 방에 갇힐 때마다 그는 잡아당기려고 할 수 있으니 말이다. 문을 '잡아당기는' 것은 방을 탈출하는 만병통치약이 아니다. 비트겐슈타인이 "다양한 치료법들"이 존재한다고 이야기했던 이유도 바로 여기에 있다.

4세기 초 인도에서 활약했던 핑갈라Pingala, 한자문화권에서는 청목靑目이라고 불리는 이 불교 학자는 《중론》의 주석에서 말했던 적이 있다. "비유하여 말한다면 병이 들었을 때 그 병에 따라 약을 복용하면 치료할 수가 있는데 그 약으로 다시 병이 생긴다면 더 이상 치료할 수 없는 것과 같다." 나가르주나와 비트겐슈타인의 모든 담론은 치료제라는 성격을 가지고 있다. 고통을 낳은 질병을 치료하듯, 두 사람은 문제에 빠진 삶을 치료하기 위해 이야기를 했던 것이다. 그러나 질병들이 다양한 것처럼 우리 삶의 문제도 다양할 수밖에 없다. 당연히 치료제도 그만큼 다양할 수밖에 없다. 만일 공이라는 개념이나 게임이론을 만병통치약으로 생각했다면, 두 사람의 철학은 모두 그토록 비판하고자 했던 개념의 "형이상학적 사용"에 지나지 않게 될 것이다. 그러나 다행히도 두 사람은 돌팔이 의사는 아니었다. 능숙한 내과의사처럼 두 사람은 사람들의 고통과 문제를 아주 섬세하게 진단하고 그에 맞는 처방전을 내렸으니 말이다. 체계를 주장했던 철학이 아니라 치료로서의 철학을 다룰 때 조심해야 하는 것도 이런 이유에서다. 어쨌든 나가르주나나 비트겐슈타인 덕택에 우리는 한 가지 지혜를 배우게 된다. 철학 모르고 오용 말고, 철학 좋다고 남용 말자!

21

진실은 어떻게 전달되는가?

그람시

VS

벤야민

진실에서 방편으로, 혹은 용기에서 애정으로

프랑스 구조주의에 대한 한 가지 커다란 오해가 있다. 그것은 구조주의가 일종의 결정론적 담론이란 생각과 관련된다. 이런 오해는 20세기 서양철학의 중심이었다고 할 수 있는 프랑스 철학의 철학사적 논리를 간과했기 때문에 벌어진 일종의 착시효과라고 할 수 있다. 구조주의는 실존주의가 후기구조주의로 귀결하기 위해 반드시 건너야만 했던 교량과 같은 것이었다. 돌아보라. 20세기 프랑스 철학계는 다음 세 단계를 거치게 된다. 첫 번째 단계가 사르트르로 대표되는 실존주의existentialism였다면, 그다음 단계는 레비-스트로스와 푸코 등으로 유명한 구조주의structuralism였고, 세 번째 단계는 데리다나 들뢰즈로 상징되는 후기구조주의post-structuralism였다. 이 세 단계를 자유와 구조라는 개념으로 요약해보자. 인간이 절대적으로 자유롭다는 신념에 따라 그 자유를 실천했던 시절이 있었다. 그렇지만 그 자유는 더 이상 나아갈 수 없는 담벼락에 부딪히게 된다. 바로 이 담벼락이 우리 인간을 감금하는 거대하지만 동시에 세밀한 구조다. 바로 이 구조에서 인간은 진정한 자유의 가능성을 증명해야만 했다. 어떻게 담벼락처럼 우리를 막고 있는 구조를 돌파할 것인가? 이것이 바로 '구조를 넘어서는 자유'를 모색했던 후기구조주의 철학자들의 고민거리였다.

푸코의 삶과 사상만 보더라도, 그는 사르트르와 함께 인간의 자유를 위해 억압체제와 싸웠던 실존주의 시기, 감금과 훈육의 논리를 통해 우리가 어떻게 구조에 포획되는지를 보여주었던 구조주의 시기, 마지막으로 그런 구조를 넘어서려는 자유를 꿈꾸었던 후기구조주의 시기를 모두 통과했던 철학자였다. 후기구조주의자로서 말년의 푸코 사상을 가장 잘 보여주는 개념이 바로 '파르헤지아parrhēsia'라고 할 수 있다.

파르헤지아는 모든 것을 말하는 것이다. 실제로 그것은 "모든 것을 말

푸코는 사르트르와 함께 인간의 자유를 위해 억압체제와 싸웠던 실존주의 시기, 감금과 훈육의 논리를 통해 우리가 어떻게 구조에 포획되는지를 보여주었던 구조주의 시기, 마지막으로 그런 구조를 넘어서려는 자유를 꿈꾸었던 후기구조주의 시기를 모두 통과했던 철학자였다.

하는" 문제를 넘어선다. 파르헤지아에서 근본적으로 문제가 되는 것은, 우리가 말하고 싶을 때, 말하는 데 필요한 형식이라고 생각하는 방식으로, 우리가 말하고 싶은 대로 말해야만 하는 것을 말하도록 이끄는 솔직함, 자유, 그리고 개방성이다. 파르헤지아라는 용어는 라틴어로는 리베르타스_libertas_로 번역되는 화자의 선택, 결단, 그리고 태도와 연관되어 있다. 그래서 파르헤지아의 모든 것을 말하기는 화자의 자유를 뜻하는 리베르타스로 번역되는 것이다. -《주체의 해석학_L'herméneutique du sujet_》

아무것도 숨기지 않고 진실을 있는 그대로 말하는 것, 이것이 바로 파르헤지아다. 대학이란 제도에 포섭되어 사변적이고 관조적인 경향이 강한 근대와 현대 서양철학자들과는 달리 고대 그리스 로마 시절 철학자들, 특히 헬레니즘 시대 철학자들에게 가장 중요한 철학자의 덕목은 바로 이 파르헤지아였다. 푸코가 헬레니즘 철학자들이 숭배했던 파르헤지아 개념에서 구조를 벗어날 수 있는 자유의 계기를 본 것도 이런 이유에서였다. 억압적 구조에 대한 진실을 알고 있으면 무엇하겠는가. 그걸 솔직하고 당당하게, 한마디로 자유롭게 이야기할 수 없다면, 진실은 있으나 없으나 마찬가지니까 말이다. 그렇지만 압력과 불이익에 맞서 진실을 말한다는 것이 어떻게 쉬울 수 있겠는가. 당연히 파르헤지아의 주체에게 가장 요청되는 덕목은 '용기'일 수밖에 없다. 1983년에서 1984년 동안 '콜레주 드 프랑스'에서 강의했던 것을 묶은 책《자기와 타자의 통치: 진리의 용기 Le Gouvernement de soi et des autres II: Le Courage de la vérité》에서 푸코가 '용기'를 집요하게 분석했던 것도 다 이유가 있었던 셈이다. "자유로운 발화, 진리 말하기, 그리고 진리를 말하는 용기라는 테마는 용기의 진리라는 테마와 연결되어 있다."

온갖 불이익과 억압, 그리고 내적 검열에 맞서 용감하게 진실을 말하는 순간, 그 사람은 과거와는 전혀 다른 삶을 살 수밖에 없다. 현대사회에서 쟁점이 되는 내부 고발자의 경우를 생각해보라. 그는 더 이상 조직이나 구조에 속할 수 없게 될 것이고, 결국 전혀 다른 삶을 영위하게 될 것이다. 바로이 순간 구조에서 훈육된 주체가 아니라, 자신의 삶을 영위하는 주체가 탄생하는 것이다. 파르헤지아 개념, 그리고 용기라는 덕목을 강조하면서 푸코는 후기구조주의적 주체, 즉 "구조에 맞서는 자유"를 모색하고 있었던 셈이다. 불행히도 푸코의 파르헤지아 개념에서 우리는 낭만적 주체만을 발견하게 된다. 용감하게 진실을 말하지만 그 결과 온갖 불이익과 압력에 휘둘려파괴될 수도 있는 주체, 다시 말해 오디세우스 Odysseus와 같은 여린 주체만으로 세계와 구조를 변화시킬 수 있을까. 중요한 것은 진실, 혹은 진리를 타인과 공유하면서 강고한 연대를 만드는 것 아닐까. 진실의 연대를 구성하려면, 다음 문제가 해결되어야 한다. 자신이 발견한 진리, 혹은 자신이 자각한 진리를 타인에게 어떻게 전달해서 타인도 나와 마찬가지로 진리를 용감하게 말할 수 있는 주체로 만들 수 있을까?

타인에게 진실을 전달할 때, 중요한 것은 그가 진실을 감당할 만큼 성숙하지 않거나 용기가 없을 경우도 있다는 점이다. 이런 경우 화자가 진실을 모두 솔직하게 말해버리면, 타인은 진실은커녕 화자에게도 반감과 불쾌감을 가지기 쉽다. 예를 들어 순진한 꼬맹이에게 인간 탄생의 진실, 섹스의 진실을 이야기한다고 해보자. 무언가 동물적이고 점액질적인 느낌에 꼬맹이는 충격에 빠져버릴 수 있고, 심지어는 그 충격으로 자라서도 성적인 불구가 될 수도 있을 것이다. 그렇다. 진실을 말하는 것으로는 충분하지 않다. 어떻게 하면 타인의 수준에 맞게 내가 알고 있는 진실을 그에게 전달하느냐가 더 중요하기 때문이다. 수준에 맞게 전달된 진실은 타인도 천천히 능동적인 주체로 만들고, 끝내는 진실의 공동체에 합류하도록 유도할 수 있다. 불교, 특히 대승불교에서 방편方便, upāya을 강조했던 것도 이런 이유에서다. 스스로 주인이 되는 자리自利의 길 이외에도 타인을 주인으로 만드는 이타利他의 길도 있기 때문이다.

대승大乘, Mahāyāna이란 커다란 수레를 의미한다. 자신도 타고 타인도 탈수 있는 큰 수레가 바로 대승이다. 반면 소승小乘, Hīnayāna은 자신만 탈 수 있는 작은 수레라고 할 수 있다. 여기서 수레에 탄다는 건, 삶의 주인이 된다는 것, 푸코의 말을 빌리자면 주체로 탄생한다는 것을 의미하는 것이다. 바로 이 순간 우리는 깨달은 자, 삶의 주인, 다시 말해 부처가 된다. 문제는 훨씬 더 빨리 움직이고 또 지면보다 높은 수레에 올라타기를 두려워하는 타인도 있으리라는 점이다. 맨바닥에서는 수레에 타고 있는 삶은 상당히 위태로운 것으로 보일 수도 있다. 하긴 스스로의 삶을 결정하는 것보다 타인의 명령이나 아니면 훈육된 채로 사는 것이 더 편하다고 느낄 수도 있기 때문이다. 한 번도 주인으로 살아본 적이 없으니 주인 되는 것이 무서운 것이다. 바로 이때 수레에 타고 있는 사람은 수레에 오르는 걸 두려워하는 사람에게 유혹하는 말을 할 수밖에 없다. 이곳이 좋은 곳이니 올라오라고 말이다. 이것이 바로 '방편'이다.

자비의 공동체, 혹은 자유로운 개인들의 공동체, 불교의 용어를 빌리자면 불국토佛國土, Buddhakṣetra로 유혹하는 방편을 《임제어록臨濟語錄》에서는 '공권空拳', 즉 '빈주먹'에 비유했던 적이 있다. 이것은 절벽인 줄 모르고 나아가려는 꼬맹이를 말리기 위해 빈주먹이지만 "애야! 이 손 안에 맛있는 사탕이 있다"라고 유혹하는 것과 같다. 빈주먹에는 거짓말을 해서는 안 된다는 자기 엄격성보다는 거짓말을 해서라도 꼬맹이를 위험에서 구출하겠다는 사랑이 담겨 있지 않은가. 자신만을 사랑한다면, 당당하게 진실을 이야기하면 된다. 그러니 용기의 진리이든 진리의 용기이든 이것은 오직 자신의 내면과만 관계하는 것이다. 스스로 당당하면 되니까 말이다. 그렇지만 타인을 사랑하는 순간, 방편을 사용할 줄 알아야 한다. 이것이 바로 사랑이다. 중요한 건 이렇게 될 때에만 우리는 진실, 혹은 진리의 주체에 머물지 않고, 진실의 공동체를 구성할 수 있다는 점이다. 연대와 유대가 없이, 어떻게 국가나 자본이란 거대한 압력에 효과적으로 대응해서 자유를 얻을 수 있다는 말인가?

⑯

그람시: "대중과 함께 움직이고 인도하라!"

마르크스 이후 이미 자본주의, 국가기구와 관련된 진실 혹은 진리는 다 드러났다고 할 수 있다. 자본은 동일한 인간을 노동자와 소비자로 분열시켜 잉여가치를 얻는다. 노동자로서 한 인간은 돈을 벌기 위해 취업해서 상품을 만든다. 이렇게 임금을 받아든 노동자는 번데기가 나비가 되듯이 소비자로 변신한다. 그리고 자신이나 동료 노동자가 만든 상품을 구매한다. 노동자가 소비자가 되고, 소비자가 다시 노동자가 되는 다람쥐쳇바퀴의 삶을 인간에게 강요하면서 자본은 잉여가치를 획득하는 것이다. 반면 국가는 어떠한가? 국가가 국민을 위해 예산을 집행한다고 생각하지만 국가의 예산은 모두 국민의 주머니에서 나온 것일 뿐이다. 수탈과 재분배, 그리고 다시 이어지는 수탈과 재분배, 이것이 바로 국가기구의 메커니즘이다. 문제는 자본주의 시대에 국가는 가장 많은 세원을 제공하는 자본가계급의 이익을 옹호하게 된다는 점이다. 여기서 자본가와 국가기구 사이의 비열한 야합, 대부분의 이웃들이 알려고 하지 않은 밀월 관계가 존재하는 것이다.

그람시는 진실이 왜 대다수 민중에게 전달되지 않는가를 고민했다. 그람시는 문화 헤게모니, 즉 지배와 억압의 진실을 맹목적으로 수용하도록 만든 문화권력을 직시했던 철학자였다.

　　마르크스 이후 많은 지식인들은 이 가공할 만한 밀월 관계를 조목조목 폭로했다. 그럼에도 대다수 사람들은 그들의 목소리를 외면할 뿐만 아니라 심지어 조롱하기까지 했다. 도대체 무슨 일인가? 국가나 자본과 싸우기가 두려워 지레 투쟁을 역설하는 지식인들을 멀리하는 것일까. 어쨌든 대다수 사람들은 자본과 국가의 편에 서서 진보적 지식인과 그의 생각에 짜증을 내거나, 조롱하고, 심지어는 공격하기까지 한다. 그러니 진실을 말하는 것만으로는 충분하지 않다. 오히려 중요한 것은 진실이 항상 통용되지 않는다는 통찰일 테니 말이다. 도대체 무슨 이유로 대다수 사람들은 자신의 친구인 진보적 지식인을 적으로 생각하고, 반대로 자신의 적인 자본과 국가를 친구로 생각하는가? 이것이 바로 그람시Antonio Gramsci(1891~1937)가 투옥된 감옥에서 1929년에서부터 1936년까지 숙고했던 문제였다(그는 20년 4개월 5일의 형을 선고받고 복역하던 중 건강이 악화돼 병원에서 숨졌다). 한마디로 그는 진실이 왜 대다수 민중에게 전달되지 않는가를 고민했던 것이다.

　　그람시의 숙제를 해결한다면, 진보적 지식인에게는 자신의 진리가 민중에게 전달되어 억압적 사회를 전복시킬 수 있는 대중적 역량을 이끌어낼 희망도 생기게 될 것이다. 푸코가 심각하게 생각하지 못했던 것을 그보다 50년 앞서 그람시는 투리의 감옥에서 고민했던 것이다. 이것이 바로 무솔리니 정권을 두렵게 만들었던 그람시의 영민함이었다. 당시 그를 기소했던 검사가 "20년 동안 이 두뇌가 기능하지 않도록 해야만 한다"고 말했던 것도 다 이유가 있었던 셈이다. 오랜 숙고 끝에 그람시는 진실을 말하려는 자들이 반드시 명심해야 할 사항들을 하나둘 알려주기 시작한다.

새로운 문화를 창조한다는 것은 단지 한 개인 자신만의 독창적인 발견만을 의미하는 것은 아니다. 그것은 가장 특수하게는 비판적 형식으로 이미 발견된 진리들의 확산, 말하자면 그것들의 '사회화', 그리고 그런 진리들을 중추적인 행동의 기초, 즉 지적인 질서와 도덕적 질서를 조정하는 계기로 만든다는 것을 의미하기도 한다. 많은 민중이 정합적으로 생각하게 된다는 것, 즉 정합적으로 동일한 방식으로 현존하는 실재 세계에 대해 생각하게 된다는 것은, 지금은 소수 지성인들의 소유물로만 남아 있는 진리, 과거 몇몇 '천재들이' 발견한 진리보다 훨씬 더 중요하고 '독창적인' '철학적' 사건이라고 할 수 있다. …… 상식common sense 은 불균질적인 관념들의 혼돈스런 집합체이기에, 어떤 사람도 자신이 원하는 걸 이곳에서 발견할 수 있을 것이다. -《옥중서신Lettere dal carcere》

분명 새로운 이론, 혹은 진리를 발견하는 것은 소수 지성인들의 천재성에 기인한다. 그러나 그것만으로 새로운 사회와 새로운 문화가 만들어지지 않는다. 그람시의 말처럼 "진리들의 확산" 혹은 "진리들의 사회화"가 없다면, 새로운 사회나 문화는 백일몽에 지나지 않는다. 역으로 다음처럼 말할 수도 있다. 새로운 사회나 문화를 만들 정도로 진리들이 확산되었기에, 우리는 진리를 발견하는 천재성을 발휘한 그 소수의 지성인들을 기억하는 것이라고. 그래서 그람시는 진리의 발견보다 진리의 확산이 "훨씬 더 중요하고 독창적인 철학적 사건"이라고 말했던 것이다. 칸트의 표현을 빌리자면 확산되지 않은 진리는 공허하고 진리가 없이 통용되는 지식은 맹목적일 수밖에 없다.

그람시는 문화 헤게모니Egemonia culturale, 즉 지배와 억압의 진실을 맹목적으로 수용하도록 만든 문화권력을 직시했던 철학자였다. 피지배자가 아니라 지배자의 이익에 종사하는 문화적 관념들이 개개인의 일상생활과 사회생활에 스며들어서 상식의 일부분으로 자리를 잡는 순간 문화 헤게모니는 관철된다. 그렇다고 해서 상식은 무조건 나쁜 것이라고 말해서는 안 된다. 그람시의 말대로 다양하고 이질적인 관념들이 퇴적층처럼 쌓여 있는 것이 바로 상식이기 때문이다. 여기에는 문화 헤게모니의 잔재도 있고, 자유로운 삶을 지향하는 긍정적인 요소도, 그리고 사랑과 행복을 꿈꾸는 희망적인 요소도 아울러 존재하고 있다. 예를 들어 자발적 복종이란 관념을 생각해보자. 이 상태는 자발, 혹은 자유라는 관념과 아울러 복종이란 관념이 뒤죽박죽 섞여 있는 것이다. 그래서 자발, 혹은 자유라는 관념 자체가 정합적인 사유를 통해 복종이란 관념을 축출할 수 있는 뇌관이 될 수도 있다. 그러니 무반성적이고 비정합적인 행동을 낳는 무의식적인 습관 체계로 작동한다고 해서, 상식 자체를 부정해서는 안 된다. 정말 빈대 한 마리 잡자고 초가삼간 다 태우는 꼴이 날 수도 있으니까 말이다.

뒤죽박죽 혼돈스런 '상식'을 반성해서 존재하는 세계를 정합적으로 생각할 때 바로 '양식good sense'이 등장한다. 이처럼 상식을 양식으로 성숙시키는 것, 그람시는 이것이 바로 철학의 소임이라고 생각했다. 그래서《옥중서신》에서 그람시는 "철학은 지적인 질서이지만, 종교나 상식은 지적이지 않다. …… 철학은 종교와 '상식'의 비판이자 지양이다. 이런 의미에서 철학은 '상식'과는 대조적으로 '양식'과 일치한다"라고 말했던 것이다. 그렇지만 천재적인 철학자 한 명이 고독하게 상식 속에서 발견한 합리적 진실들, 혹은 진리들만으로는 충분하지 않다. 억압적 사회에 살고 있다는 진실이 대부분의 민중에게 전달되어 공유되지 않는다면, 억압이 없는 세계를 직시하는 정합적인 생각과 아울러 그것을 지향하는 행동은 출현할 수조차 없기 때문이다. 이제 그람시에게 남은 문제는 철학자가 양식을 대다수 사람들과 공유하는 방법이다. 먼저 그람시는 지성인과 대중 사이의 괴리가 왜 일어나는지 고민하기 시작한다.

> 인식에서부터 이해나 느낌으로의 이행, 그리고 그 역으로 느낌에서 이해나 인식으로의 이행. 대중은 '느끼지만' 항상 인식하거나 이해하는 것은 아니다. 지성인들은 '인식하지만' 항상 이해하거나 특히 항상 느끼는 것은 아니다. …… 지성인들의 오류는 우리가 이해 없이도 심지어는 느낌이나 열정 없이도 인식할 수 있다고, 다른 말로 지성인은 민중-민족으로부터 구별되고 분리되어야, 즉 민중의 기본적인 정념들을 느끼지 않아야, 지성인일 수 있다고 믿는다는 데 있다.   -《옥중서신》

갑자기 감성, 오성, 이성이란 칸트적 도식이 등장했다고 당혹할 필요는 없다. 지금 그람시는 인식, 이해, 느낌이란 용어를 그냥 일상적인 의미로 사용하고 있으니까 말이다. 정치, 역사, 문화를 중시했던 그람시의 정신을 떠올릴 수 있는 예를 하나 들어보자. 비정규직의 문제가 좋을 것 같다. 비정규직은 불안한 신분이라는 느낌, 비정규직은 여러 법적 보호를 받지 못해서 안정성이 없다는 이해, 비정규직은 노동시장을 유연화하려는 자본과 국가의 책략이라는 인식. 이처럼 느낌은 '나'가 개입되어 주관적인 성격을 강하게 드러낸다면, 인식은 '나'라는 주관을 괄호 안에 넣어두고 순전히 구조적이고 객관적인 성격을 강하게 드러낸다. 느낌과 인식 사이에 있는 이해는 주관적인 성격과 객관적인 성격을 동시에 갖고 있을 수밖에 없다. 이렇게 느낌에서 이해로, 그리고 이해에서 인식으로 이를 때, 대중 누구나 지성인이 될 수 있다. 예를 들어 비정규직이란 불안한 삶의 조건이고 더불어 노동시장 유연화 전략이라고 인식하는 데 이르는 순간, 지성인은 탄생한다는 것이다.

잊지 말아야 할 것은 이런 처절하고 집요한 성숙 과정을 망각하는 순간, 지성인은 대중과 유리되고 만다는 점이다. 자본과 국가의 헤게모니에 휘둘리는 대중의 삶을 산 밑의 척박한 삶에 비유한다면, 인식에 이른 지성인의 삶은 산 정상의 삶에 비유할 수도 있겠다. 산 밑의 느낌의 세계, 산 중턱의 이해의 세계, 그리고 마지막으로 산 정상의 인식의 세계! 산 밑의 삶을 제대로 조망하기 위해 산 정상에 올라왔다는 걸 잊어서는 안 된다. 산 정상에 고독하게 살기 위해 산에 오른 것이 아니다. 이제 충분히 산 밑의 삶을 조망했다면 다시 내려가야 한다. 그리고 능숙하고 친절한 가이드처럼 자신이 올라갔고 내려왔던 그 길을 따라 대중을 산 정상으로 이끌어야만 한다. 그람시가 "인식에서부터 이해나 느낌으로의 이행, 그리고 그 역으로 느낌에서 이해나 인식으로의 이행"을 이야기했던 것도 이런 이유에서다. 이런 반복적인 과정, 혹은 변증법적 과정을 통해 지성인은 대중성을, 그리고 대중은 지성을 확보하게 될 것이다. 마침내 대중적 지성과 지성적 대중이 만들어지는 것이다.

대중적 지성인은 비정규직의 문제나 파트타임 제도의 문제는 자본의 노동시장 유연화 전략의 일환이라고, 뭘 그렇게 새삼스럽게 설레발을 치냐고 냉정하게 말하지 않는다. 자본이 만든 불안하고 척박한 노동 조건에 던져진 대중의 불안과 절망을 함께하려는 애정 때문이다. 당연히 대중은 대중적 지성인에게 더 많은 신뢰를 보내게 될 것이다. 그들의 입장에서 대중적 지성인의 말은 느끼기 쉽고 동시에 이해하기 쉽다. 마침내 대중적 지성인은 대중을 인식으로 이끌 수 있다는 희망을 품을 수 있게 된 것이다. 그러니 애써 오른 정상에서 산 밑을 바라보며 이쪽으로 올라오라고 공허하게 외칠 일이 아니다. 모든 이들과 함께 올라오기 위해 지성인은 다시 대중이 있는 곳으로 내려가야만 한다. 그리고 그들 앞이 아니라 그들 옆에서, 수다를 떨면서 웃으면서 노래하면서 한 걸음 한 걸음 함께 걸어 올라야 한다. 상식이 아니라 양식이 지배하는 세계는 바로 이런 지난한 과정을 통해서만 탄생할 수 있는 것이다. 이것이 그람시가 지성인들에게 말한 가르침이었다. 자리自利에만 매몰되지 않고 이타利他로 나아가는 대승적 길 말이다.

벤야민: "사람들을 놀라게 해서 깨워라!"

그람시는 철학과도 같은 인식의 영역보다는 대중의 느낌과 이해에 접해 있는 영역, 즉 문화 영역에 더 큰 관심을 기울였다. 그람시를 때로는 문화철학자로 규정하는 것도 이런 이유에서이다. 그렇지만 이것은 이미 자본이나 국가가 먼저 알고 있었던 것 아닌가. 자신들의 헤게모니를 관철시키기 위해 그들이 사활을 걸고 있는 영역이 바로 문화니까 말이다. 언론과 예술 분야에서 작동하는 검열이 그 좋은 증거라고 하겠다. 이를 통해 자본이나 국가는 대중을 체제에 순종하도록 훈육할 뿐만 아니라, 동시에 대중이 자기 삶의 조건을 인식하지 못하도록 방해한다. 그러니 문화에서 헤게모니 싸움은 불가피한 법이다. 이제 더 이상 인식의 정상으로 올라오라는 고독한 절규만으로 세상을 바꾸지는 못하는 시대가 된 것이다. 거의 비슷한 시기 독일에서도 그람시와 유사한 통찰에 이른 철학자가 있었다. 고상한 상아탑에서 안주하기보다는 저잣거리에서 대중에게 정치경제학적 진리를 알려주려고 좌충우돌했던 철학자, 바로 벤야민Walter Benjamin(1892~1940)이다.

흥미로운 건 벤야민에게는 그람시에게서 산의 정상과도 같았던 철학, 인식, 양식의 영역 자체가 가급적 배제되고 있다는 점이다. 그는 모든 걸 내려다볼 수 있는 그런 조망 자체를 부정하기 때문이다.

바보들이나 비판의 쇠퇴를 애석해한다. 비판의 명맥이 끊어진 지 이미 오래인데도 말이다. 비판이란 정확하게 거리를 두는 문제이다. 비판이 본래 있어야 할 곳은 원근법적 조망과 전체적 조망이 중요한 세계, 특정한 관점을 취하는 것이 아직도 가능한 세계이다. 그런데 지금 온갖 사물들이 너무 긴박하게 인간 사회를 짓누르며 다가오고 있다. '편견 없는', '자유로운 시선' 같은 것은—그저 전혀 그럴 능력이 없다는 것을 있는 그대로 표현하는 방식이 아니라면—거짓말이 되었다. 오늘날 사

바로 이곳에서 자본과 국가랑 목숨을 건 투쟁을 해야 하는 것, 그것도 자본과 국가가 가장 자랑하는 광고와 영화의 힘을 이용해서 투쟁하는 것, 이것이 벤야민이 자기 자신에게 부과한 소명이었다.

물의 핵심에 가장 본질적으로 가닿는 시선은 광고라고 불리는 상업적 시선이다. 광고는 자유롭게 관찰할 여지를 없애버리며, 영화의 스크린에서 차가 점점 더 거대해지면서 우리 쪽으로 흔들리며 질주해오듯이 사물들을 바로 우리 눈앞에까지 들이민다. —《일방통행로Einbahnstraße》

"바보들이나 비판의 쇠퇴를 애석해한다!" 칸트의 비판을 떠올릴 수 있다면 이 말은 "바보들이나 철학의 쇠퇴를 애석해한다!"고 이해할 수도 있다. 존재니, 생성이니, 주체니, 정신이니, 물질이니, 경제니, 무엇이라고 불리든 모든 것을 한꺼번에 조망할 수 있는 "특정 관점"이 가능해야 비판활동, 혹은 철학이 가능한 법이다. 그렇지만 벤야민이 보았을 때, 우리 시대를 근본적으로 규정하는 자본주의는 그런 초월적인 전망이나 조망의 여유를 허락하지 않는다. 아마도 가능하다면 그건 케케묵은 책들로 둘러싸인 대학에서나 가능할지도 모른다. 자본주의의 발달과 변형은 우리를 새로운 사물, 새로운 문제, 그리고 새로운 사건의 파노라마 속으로 던져 넣어버린 것이다. 이곳이 바로 벤야민이 살았던 1920년대나 1930년대의 베를린이나 파리였다. 상대적으로 낙후된 이탈리아에서 살고 있던 그람시는 너무나 빨라져서 현기증마저 일으키는 문화 영역을 미처 예상하지 못했을 것이다. 노동조합의 문제를 해결하기도 전에 비정규직 문제가 도래해버리거나, 이혼 문제를 해결하기도 전에 독신자 증가의 문제가 발생해버리는 형국이라고나 할까.

광고와 영화로 상징되는 소비문화에 젖어 있는, 그래서 실천자가 아니라 구경꾼으로 전락한 대중에게 억압과 착취의 진실을 전할 수 있을까? 꼰대처럼 정신과 주체, 수탈과 재분배, 혹은 잉여가치나 이윤율을 읊조리는 순간, 이미 매스컴의 현란한 불빛에 포획된 그들의 느낌과 이해를 깨울 수는 없는 법이다. 벤야민의 영민함은 그가 '이이제이以夷制夷', 그러니까 '오랑캐로 오랑캐를 제압해야 한다'는 동양적 지혜를 알고 있다는 데서 빛을 발한다. 우리로 하여금 상품을 사도록 유혹하거나 자본주의적 삶을 긍정하도록 만드는 광고, 그리고 우리의 푼돈을 노리거나 우리의 정치적 판단을 흐리게 하는 영화의 강력한 힘을 역이용하는 것이다. 그렇다. 몽타주와 클로즈업 등 편집의 힘으로 필요한 사물에게 빛을 부여하는 것이다. 주목과 부각의 방법! 이제 비평처럼 "정확하게 거리를 두는" 방법이 아니라, 오히려 보는 사람의 내면을 압도하도록 사물에 "더 가깝게 접근하는" 방법이 필요한 것이다. 광고의 상상력이 상품에 매혹되게 하는 데 있다면, 영화의 상상력은 어떤 이데올로기에 빠지도록 하는 데 있다. 그러니 이런 힘을 가진 상상력을 제대로 이용한다면, 대중으로 하여금 억압과 자유와 관련된 인간의 진실에 매혹되도록 할 수 있지 않은가. 이것이 바로 벤야민의 '이이제이' 전술이다.

벤야민은 그람시보다 더 나아갔던 것이다. 결국 그에게 남는 것은 그람시의 표현을 빌리자면 느낌과 이해의 세계, 그것도 숨 가쁘게 변신하는 현란한 매스컴의 시대였다. 바로 이곳에서 자본과 국가랑 목숨을 건 투쟁을 해야 하는 것, 그것도 자본과 국가가 가장 자랑하는 광고와 영화의 힘을 이용해서 투쟁하는 것, 이것이 벤야민이 자기 자신에게 부과한 소명이었던 것이다. 물론 그렇다고 해서 벤야민이 독립영화를 제작하려고 했던 것은 아니다.

그람시와 마찬가지로 그에게는 펜 한 자루밖에 없었기 때문이다. 결국 핵심은 글쓰기에 영화적 편집 기법을 도입하는 데 있다. 그래서 벤야민은 《아케이드 프로젝트》에서 강조했던 것이다. "이 작업에서는 인용 부호 없이 인용하는 기술을 최고도로 발전시켜야 한다. 그와 관련된 이론은 몽타주 이론과 극히 밀접하게 연관되어 있다. …… 이 프로젝트의 방법: 문학적 몽타주. 말로 할 건 하나도 없다. 그저 보여줄 뿐."

그렇다. 광고에서 거대한 코카콜라를 네온사인으로 각인하듯, 아니면 미녀의 행복한 미소 속에서 깔끔하게 정돈된 냉장고를 각인하듯, 영웅주의 영화를 통해 좋은 지배자의 이미지를 각인하듯, 벤야민도 글을 통해 대중에게 진실을 각인하려고 했던 것이다. 아니 정확히 말해 스스로 진실을 향해 깨어나도록 유혹하는 것이다.

> 진리 또한 (우리를 사랑하지 않는 아이나 여자처럼) 우리가 검은 천 아래 쪼그리고 앉아 글쓰기라는 렌즈를 들이댈 때는 가만히 사랑스러운 얼굴로 이쪽을 바라봐주기를 거부한다. 소동에 의해서든 아니면 음악에 의해서든 또는 도움을 요청하는 외침에 의해서든 진리는 화들짝, 돌연한 일격을 당한 듯 자기 침잠에서 깨어나기를 바란다. 진정한 작가의 내면에 갖춰져 있는 비상경보기를 헤아릴 수 있을까? 그리고 '집필한다'는 것은 그런 비상경보기를 켠다는 것과 다름없을 것이다. -《일방통행로》

벤야민은 영화처럼 글을 쓰려고 했다. "영화의 스크린에서 차가 점점 더 거대해지면서 우리 쪽으로 흔들리며 질주해오듯이 사물들을 바로 우리 눈앞에까지 들이미는" 것처럼, 벤야민은 설명하거나 논증하는 지적인 글보다는 보여주는 글을 쓰고 싶었던 것이다. 몽타주 이론, 특히 관객들의 감각과 아울러 사유까지도 매혹시키려는 '견인 몽타주' 이론에 따라 영화를 만들었던 에이젠슈타인처럼 말이다. 에이젠슈타인의 영화 〈전함 포템킨〉에 등장하는 그 유명한 오데사 계단 학살 장면을 떠올려보라. 대열을 맞추어 총을 쏘며 무자비하게 진군하는 군인들의 군홧발, 그리고 어머니의 손을 떠나 계단을 굴러떨어지는 유모차! 두 숏이 하나의 몽타주로 결합되었을 때, 관객들은 억압의 진실을 가슴에 아로새길 수밖에 없지 않은가. 이렇게 하나의 사태와 또 다른 사태, 혹은 하나의 인용문과 또 다른 인용문, 그리고 하나의 광고 '찌라시'와 또 다른 광고 '찌라시'를 결합시켜 '문학적 몽타주'를 만들려고 했던 사람이 바로 벤야민이었다.

불행히도 모든 몽타주가 관객에게 강렬한 자극을 주는 것은 아니다. 잘 만든 광고나 영화가 있는 것처럼, 잘 쓰인 글도 있기 마련이다. 벤야민이 "집필한다는 것은 비상경보기를 켜는 것"이라고 할 때 말하고자 했던 것도 바로 이것이었다. 독자, 혹은 대중에게 충격을 주어서 진리에 눈을 뜨게 할 수 없다면, 문학적 몽타주를 만들어 무엇하겠는가? 제대로 집필을 했다면, 독자들은 깨어날 것이고 당연히 저자가 전달하려고 했던 진실도 전달될 것이다. 결국 하나의 몽타주를 만든다는 것은 진리와 독자를 동시에 깨우는 행위라고 할 수 있다. 물론 진리를 깨우는 것은 독자를 깨우는 것의 필요조건이지 충분조건은 아니다. 다시 말해 진리를 깨운 저자가 항상 독자를 깨우는 것은 아니라는 것이다. 그렇지만 진리를 깨우지 못한 저자는 독자를 깨울 수 있으리라는 희망마저 가질 수 없다. 그래서일까,《아케이드 프로젝트》에 등장하는 벤야민의 말은 우리에게 깊은 울림을 준다. "인식은 오직 번개의 섬광처럼 이루어진다. 텍스트는 그런 후에 길게 이어지는 천둥소리 같다."

당혹감, 냉소주의의 해독제

그람시의 말대로 인식의 정상에 서 있는 지성인은 느낌과 이해의 영역에 매몰된 대중에게 자기가 서 있는 정상으로 올라오라고 외친다. 불행히도 대중이 콧방귀도 뀌지 않는다면, 지성인은 냉소주의에 빠질 수밖에 없다. 냉소주의에 빠지지 않으려면, 그 지성인은 고독한 정상에서 니체의 차라투스트라처럼 저잣거리로 내려와야만 한다. 마찬가지로 벤야민도 지금은 모든 것을 조망하는 그런 정상과도 같은 것은 불가능할 뿐만 아니라, 있어도 무용한 것이라고 선언한다. 그럼에도 "원근법적 조망과 전체적 조망"의 자리, 즉 비판이나 철학의 자리에 머물려고 한다면, 그는 꼰대로 전락할 것이고 세상의 조롱을 받을 것이다. 그 결과 벤야민의 지식인도 냉소주의에 빠지고 말 것이다.

　과거와는 달리 무지가 문제가 아니라 너무나 많이 아는 것이 문제가 되는 시대에 우리는 살고 있다. 계몽주의가 더 이상 힘을 발휘할 수 없는 시대가 도래한 셈이다. 무지를 지식의 등불로 밝히겠다는 것이 바로 계몽주의였다. 그렇지만 지금은 너무나 많은 정보, 너무나 많은 앎, 우리가 수용할 수 없을 정도로 다양하고 복잡한 지식이 매일매일 우리에게 쏟아지고 있다. 마치 스마트폰이나 컴퓨터 화면에서 쏟아지는 현란한 빛처럼 말이다. 우리가 감당할 수 없을 만큼 쏟아지는 지식은 우리를 지치게 하고, 끝내는 지식들에 무관심하게 만든다. 여기서 현대판 무지몽매가 발생한다. 알 필요가 없는 것을 아느라 정작 알아야만 하는 지식에 대해서는 무지 상태에 이를 수 있기 때문이다. 결국 체제의 지배 논리는 완전히 달라진 것이다. 과거에는 알지 못하게 하는 것이 체제의 논리였다면, 이제는 지칠 정도로 많이 알게 해서 냉소주의에 빠지도록 만드는 것이 현대 체제의 세련된 논리이기 때문이다.

　무엇이 옳고 그른지 알고 있지만 자기만의 힘으로 바꿀 수 없다고 느낄 때, 우리는 냉소주의에 빠진다. 그러니까 냉소주의에 빠지지 않는 방법은 쉽다. 첫째, 감당할 수 없을 정도로 많은 것을 알아서는 안 된다. 한마디로 무식하면 된다. 무식하면 용감해지니, 여기서 차가운 냉소가 아니라 뜨거운 열정이 생길 것이다. 둘째, 혼자라는 생각을 버리고 연대와 사랑의 길로 나아가면 된다. 무엇이 옳고 그른지를 많은 사람과 공유하면, 우리는 자신이 무기력하다고 느끼지 않을 테니 말이다. 냉소주의의 치료제로 그람시는 "인식에서 이해나 느낌으로 이행해야 한다"고 역설했고, 벤야민도 "원근법적 조망과 전체적 조망"의 자리를 찾으려는 욕망을 거부하라고 이야기한다.

자신의 주저《냉소적 이성 비판Kritik der zynischen Vernunft》에서 슬로터다이크Peter Sloterdijk(1947~)도 냉소주의에서 벗어나는 방법을 모색했던 적이 있다. "사물이 우리를 귀찮게 치근거린다면, 이 불편함을 표현할 수 있는 비판이 있어야 한다. 비판은 적당한 거리를 두는 문제가 아니라 적당한 가까움을 유지해야 하는 문제다. '당사자의 당혹'이란 말은 이런 풍토 위에서 만들어져 사람들에게 파고든다." 벤야민이 적당한 거리를 두는 비판을 냉소주의의 징후로 비판했다면, 슬로터다이크는 한 걸음 더 나아가 그렇다면 "적당한 가까움을 유지하는" 비판이 가능한 것 아니냐고 기염을 토하고 있다. 그렇다. 슬로터다이크의 말대로 느낌과 이해의 세계, 삶과 사물의 세계로 내려오는 순간, 누구나 당혹감을 느끼게 될 것이다. 물리학자도 자기 자동차가 고장 났을 때 당혹감을 느끼고, 윤리학자도 성폭력으로 임신한 청소년과 만났을 때 당혹감을 느끼게 될 것이다.

바로 이 당사자의 당혹감이 중요하다. 당혹감을 느낀 사람은 당혹감을 제거하려고 노력할 것이다. 그것은 당혹감을 주는 문제를 회피하는 것으로 가능하지 않다. 오히려 정면으로 돌파해야만 당혹감은 제거될 수 있다. 어떤 우여곡절이든 자동차의 시동을 걸 수가 있어야 물리학자로서 당혹감은 해소될 것이고, 태아를 죽이는 것과 산모의 삶을 파괴하는 것, 그 딜레마에서 어떤 결정을 내릴 수 있을 때 윤리학자의 당혹감은 해소될 것이다. 어느 경우든 당장 당혹감이 해소되지 않아도 좋다. 당사자는 어쨌든 그 당혹감을 해소하려고 뜨겁게 고민하고 노력할 테니 말이다. 당혹감을 낳은 문제에 과감히 달려들어 그걸 해소하려고 열정적으로 노력할 때, 냉소주의로 싸늘하게 식은 머리는 다시 뜨겁게 타오르게 되는 것 아닐지. 슬로터다이크의 벤야민적 교훈, "적당한 가까움을 유지해야 한다!"는 명령에 충실할 수만 있다면, 어떤 지성이라도 냉소주의의 마수에서 벗어나게 될 것이다.

22

전체주의는 왜 발생하는가?

아도르노

—————————— VS ——————————

아렌트

나치즘과 하이데거 사이의 은밀한 동거

국가사회주의Nationalsozialismus, 즉 나치즘Nazism은 히틀러라는 고유명사로 기억되고 있다. 서양 대의민주주의 이념의 핵심적인 가정 가운데 하나는, 각 개인들의 의지가 선거를 통해서 보편적으로 실현되기 때문에 투표에 의해 뽑힌 대표자는 그가 대통령이든 혹은 국회의원이든 공정하고 선한 정치를 할 수 있다고 믿는 데 있다. 지금도 여전히 작동하고 있는 대의민주주의 이념의 이런 가정은 히틀러의 총통 당선으로 인해 이미 여지없이 깨져버렸다. 히틀러는 국민의 직접선거에 의해 압도적인 지지와 열광 속에서 당선되었던 정치 대표자였기 때문이다. 이것은 다수결의 이념이 절대적인 진리일 수 없다는 사실을 잘 보여주는 슬픈 사례였다. 당시 독일은 자본주의의 내적 모순에 시달리고 있었고, 독일 국민은 당시 상황에 대해 커다란 불안과 불만을 품고 있었다. 이때 히틀러는 불안과 불만에 가득 찬 독일인에게 '위로부터의 해결'을 약속하면서 말 그대로 왕처럼 강림했던 것이다.

《파시즘의 대중심리Die Massenpsychologie des Faschismus》에서 라이히Wilhelm Reich(1897~1957)가 지적한 것처럼 당시 히틀러 통치하의 독일 국민은 자신들이 곧 '작은 히틀러'인 것처럼 생각하고 행동했다. 다시 말해 독일 국민은 총통의 결정이 곧 바로 자신들의 결정인 것처럼 믿고 생각했다는 것이다. 이 점에서 보면 '자발적인 복종'이야말로 나치즘의 고유성을 규정하는 중요한 한 가지 계기라고 할 수 있다. 피통치자가 자신이 수탈의 대상이라는 것을 오히려 망각하고, 그 수탈을 외적인 결정과 의지에서가 아닌 내적인 자기 의지와 결정으로 수용하는 것처럼 느끼는 경우가 있다. 바로 이것이 자발적 복종이다. 자발적 복종이란 모순된 조건을 은폐하기 위해 권력자에 대한 열광과 환호가 더 거세진다. 자발적 복종에서 '자발'에 방점을 찍어 '복종'의 진실을 가리려는 일종의 정신승리 반응이다. 바로 이런 열광과 환호 속에서 피통치자들은 자신이 엄연한 판단의 주체이자 또한 책임의 주체라는 사실

히틀러 통치하의 독일 국민은 자신들이 곧 '작은 히틀러'인 것처럼 생각하고 행동했다. 다시 말해 독일 국민은 총통의 결정이 곧 바로 자신들의 결정인 것처럼 믿고 생각했다는 것이다. 이 점에서 보면 '자발적인 복종'이야말로 나치즘의 고유성을 규정하는 중요한 한 가지 계기라고 할 수 있다.

을 망각하게 된다. 다시 말해 총통과의 내면화된 관계를 통해, 이제 주체의 초자아에 내면화된 총통이 각기 들어서게 된 것이다. 이런 나치즘의 논리에 20세기 최대의 존재론자 하이데거 역시 깊이 연루되어 있었던 것은 매우 아이러니한 일이 아닐 수 없다.

　　하이데거는 1933년에서 1945년까지 나치당에 자발적으로 그리고 지속적으로 기부금을 헌납했던 인물로서 일련번호 312589를 받은 상당히 열성적인 나치 당원이었다. 1933년 하이데거는 라디오 방송에 출현하거나, 혹은 프라이부르크 대학 총장으로 있으면서 학생들과 독일 국민에게 나치즘 합류를 독려하는 연설을 자주 행했다. 다음 글은《프라이부르크 학생신문》에 실린 〈독일의 남성과 여성들이여!〉라는 제목의 하이데거 기고문 가운데 일부이다.

독일 교직원 여러분 그리고 독일 민족 여러분! 독일 민족은 지금 영도자Führer로부터 투표하라고 소환되었습니다. 그렇지만 영도자께서는 우리 민족에게 어떤 것도 원하지 않으십니다. 차라리 그분께서는 우리 민족에게 모든 것을 가장 탁월하게 결정할 수 있는 가능성을 제공하고 계십니다. 전체 우리 민족이 우리 민족으로서의 현존Dasein을 원하는지 아니면 전체 우리 민족이 그것을 원하지 않는지의 여부를 결정할 수 있는 가능성을 말입니다. ─《프라이부르크 학생신문》(1933년 11월 10일)

지금 하이데거는 독일 민족이 히틀러를 선택하는 것은 독일 민족 각 개인이 자신의 현존을 선택하는 것과 마찬가지의 일이라고 역설하고 있다. 이런 투표는 사실 주체적 투표 행위라고 할 수도 없는 것이었다. 그것은 대표자를 뽑는 결정과 판단의 자리가 아니라 오히려 자신이 독일 민족의 한 성원이라고 고해성사를 하는 종교적 열광의 자리에 지나지 않았기 때문이다. 단순히 표면적으로 보면 이러한 하이데거의 선거 독려는 독일 민족에게 자신이 독일 민족임을 선언하는 당연한 권리를 행사하라고 요구하는 것처럼 보이기도 한다. 심지어 하이데거는 영도자 히틀러가 독일 국민에게 원하는 것은 아무것도 없다고 강변하면서, 오직 독일 민족의 현존을 밝히는 일이 중요할 뿐이라고 강조하기도 한다. 여기서 우리가 간과해서는 안 될 점은 하이데거의 철학 체계 자체가 이미 위와 같은 나치즘의 내적 구조와 그 맥을 같이하고 있다는 점이다.

《동일성과 차이Identität und Differenz》에서 하이데거는 자신의 존재론을 강력하게 피력했던 적이 있다. 우리가 존재자를 인식하려면, 무엇보다도 먼저 존재가 우리 자신과 존재자를 밝혀주어야 한다는 것이다. 어두운 밤 우리는 방 안에서 익숙한 물건들을 어렵지 않게 확인한다. 그것은 우리의 눈이 밝아서가 아니라 사실 집 밖과는 달리 방 안에 형광등이 켜져 있기 때문이다. 바로 이 형광등의 불빛이 하이데거가 강조했던 존재에 해당한다. 그러나 우리는 형광등도 의자나 컵처럼 하나의 존재자에 지나지 않는다고 생각하기 쉽다. 물론 캄캄한 밤 형광등이 고장 나는 순간, 우리는 형광등이 단순한 물건이 아니라는 걸 알게 된다. 결국 태양이나 형광등처럼 빛을 내는 것들은 사물이면서 동시에 단순한 사물이라고 할 수 없다. 그것은 자신뿐만 아니라 다른 것도 밝혀주는 빛을 발하기 때문이다.

빛을 드러내는 태양이나 형광등처럼 존재를 드러내는 탁월한 존재자가 있다. 하이데거에 따르면 고대 그리스의 시인이나 자신과 같은 철학자의 소임이 바로 그것이다. 문제는 하이데거가 이 소임을 히틀러에게 허용했다는 데 있다. 그에게 히틀러라는 영도자는 독일 민족에게 강림하지만 그들에게 어떤 것도 원하지 않고 단지 그들 각자로 하여금 자신이 독일 민족임을 선택할 수 있는 기회를 주는 탁월한 존재자였던 셈이다. 독일 민족의 형광등이자 태양! 하이데거가 논쟁하거나 추론하면서 진리를 얻으려고 했던 철학자가 아니라, 존재의 소리를 직접적으로 들을 수 있었다고 전해지는 소크라테스 이전의 시인 혹은 사상가들을 좋아했던 이유가 바로 여기에 있다. 존재의 소리를 들었던 시인, 사상가들처럼 하이데거는 총통의 강림을 맞이하는 충실한 사제 노릇을 스스로 실천했던 셈이다. 존재신학의 사제!

나치즘에 열광하던 독일 국민과는 달리 당시의 광기를 겁에 질린 시선으로 바라보는 사람들도 있었다. 히틀러에 의해 정치적 권리를 박탈당한 유대인들이 바로 그 주인공인데, 불행히도 그들의 공포감은 얼마 지나지 않아 아우슈비츠로 현실화된다. 사실 나치즘은 유대인들에게는 지옥 그 자체로 기억될 것이다. 당연히 나치즘 이후 수많은 유대인 철학자들이 나치즘으로 상징되는 전체주의를 철학적으로 해부하는 데 집중하게 되었다. 그중 독일에서 활동했던 아도르노Theodor Wiesengrund Adorno(1903~1969)와 미국으로 건너간 아렌트Hanna Arendt(1906~1975)는 가장 대표적인 인물이다. 아도르노와 아렌트에게 전체주의는 단순한 지적 호기심의 대상이 아니었다. 두 사람은 모두 나치 정권 초기 독일에서 활동했던 경험을 가지고 있었기 때문이다. 만약 일찍 독일에서 탈출하지 않았다면, 아도르노와 아렌트도 그 악명 높던 아우슈비츠에서 허무하게 살해되었을 수도 있다. 400만 명의 죄 없는 생명들이 아우슈비츠의 독가스실에서 살해되고 소각되었다. 통계 자료에 의하면 그중 약 3분의 2가 유대인이었다고 한다. 이 점에서 유대인이었던 아도르노와 아렌트에게 아우슈비츠란 그들이 용케도 한 번은 벗어나는 데 성공했던 것이지만, 한편으로는 현실의 또 다른 일상적 모습이기도 했다.

Ⓚ

아도르노: "이성이 추구하는 동일성이 배제와 억압을 낳는다."

젊은 시절부터 아도르노는 쇤베르크Arnold Schönberg(1874~1951)의 무조음악에 심취했을 정도로 탁월한 예술적 재능을 보였다. 예술적 감수성이 풍부했던 그에게 아우슈비츠는 벗어나기 힘든 트라우마로 작용할 수밖에 없었을 것이다. 그가 "아우슈비츠 이후에 서정시를 쓰는 것은 야만이다"라고 말했던 것도 다 이유가 있었던 셈이다. 자신이 좋아하는 음악을 듣고 있을 때조차 그는 자신의 몸이 아우슈비츠에서 소각되는 환상을 지울 수가 없었다. 이런 상황에서 어떻게 인간의 여린 심성을 노래하는 서정시를 쓸 수 있단 말인가? 그것은 자기 대신 사라진 동료들에 대한 죄악이라고 생각했던 것이다. 정신분석학의 교훈처럼 아우슈비츠라는 트라우마에서 해방되기 위해서 그는 끈덕지게 전체주의 문제를 숙고해야만 했다. 그 결과 그는 충격적인 결론에 도달하게 된다. '아우슈비츠'를 낳은 것은 광기나 비정상이 아니라고 판단한 것이다. 오히려 그 참혹한 학살을 일으켰던 주범은 지금까지 서양철학이 그토록 자랑하던 '이성' 혹은 '합리성'이었기 때문이다.

1961년 아도르노는 자신의 통찰을 파리에서 콜레주 드 프랑스 강의를 통해 처음으로 대중에게 알렸다. 1966년에 출간된 《부정변증법Negative Dialektik》은 바로 이때의 강의를 책으로 엮은 것이다. 먼저 아우슈비츠라는 비극이 발생하게 된 원인에 대한 그의 입장을 직접 들어보자.

아우슈비츠라는 트라우마에서 해방되기 위해서 아도르노는 끈덕지게 전체주의 문제를 숙고해야만 했다. 그 결과 그는 충격적인 결론에 도달하게 된다. '아우슈비츠'를 낳은 것은 광기나 비정상이 아니라고 판단한 것이다. 오히려 그 참혹한 학살을 일으켰던 주범은 지금까지 서양철학이 그토록 자랑하던 '이성' 혹은 '합리성'이었기 때문이다.

대량학살이란 절대적 통합이다. 이런 통합은 사람들이 획일화되는 곳이면 어디서나, 사람들이 완전한 무가치성의 개념으로부터 벗어날 경우 문자 그대로 말살될 때까지—군대에서 말하듯이—마모되는 곳이면 어디서나 등장하게 된다. 아우슈비츠는 순수 동일성은 죽음이라는 철학 명제가 진실임을 확증했다.　　　　　　　　　 -《부정변증법》

플라톤 이후 서양철학은 인간의 이성이 복잡하고 다양한 세계를 파악할 수 있는 순수한 동일성, 혹은 본질을 추구하고 추구해야만 한다고 강조해왔다. 그렇게 출현한 것이 바로 존재, 인간, 동물, 생물, 여성, 남성, 백인, 흑인, 독일인, 유대인 등과 같이 다양한 개체들을 분류하고 규정하는 개념이다. 개념을 뜻하는 영어 'concept'나 독일어 'begriff'가 모두 무엇인가를 '붙잡는다'는 의미를 가지고 있는 것도 다 이 때문이다. 개념으로 무엇인가를 포착하기 위해서 이성은 개체들이 가진 복잡성과 차이는 제거하고 획일화해야만 한다. 이처럼 이성이 지향하는 내적인 논리는 개념으로 개체들을 포획하기 위해서 개념의 동일성을 편집증적으로 지향한다는 데 있다. 동일성을 추구하는 이성의 욕망에서 아도르노는 마침내 전체주의의 기원을 발견하게 된다. 동일성에 대한 욕망은 게르만 민족의 순수성을 지향하며, 이런 순수성을 더럽히는 차이로서 유대인과 집시들을 제거하려는 나치의 편집증적 욕망으로 실현되었다고 본 것이다.

하나의 개념 속에 포획된 개체들은 이제 교환 가능한 것으로 사유된다. 《차이와 반복》에서 들뢰즈가 이야기했던 것처럼 '일반성généralité'과 '특수성particularité'의 회로가 개념의 자기동일성이 관철되는 형식이기 때문이다. 동일성의 논리에 따르면 유대인 네 사람, 예를 들어 아도르노, 벤야민, 아렌트, 레비나스는 이제 그들이 가진 단독성singularité으로서 사유되지 않는다. 단독성은 '교환 불가능성'을 전제로 하는, 각 개체들의 개체성을 의미하는 표현이기 때문이다. 동일성의 논리에 지배되면 그들은 이제 유대인1, 유대인2, 유대인3, 유대인4라는 '특수성'으로만 사유될 뿐이다. 물론 여기서 '유대인'이란 개념은 '일반성'을 상징하는 것이다. 그래서 만일 히틀러가 유대인 한 명을 데려오라고 명령을 내린다면, 그의 부하는 아도르노, 벤야민, 아렌트, 레비나스 중 누구라도 데리고 오면 된다. 어차피 이 네 사람은 유대인이라는 '일반성'에 의해 포획된 '특수한' 것에 지나지 않기 때문이다.

개념의 동일성 혹은 이성의 순수성이 아우슈비츠를 낳았다면, 다시는 이 세상에 학살의 비극이 도래하지 않도록 막는 유일한 방법이 '일반성'과 '특수성'의 회로, 혹은 개체들을 다른 것으로 교환 가능한 것이라고 보는 이성의 논리를 해체하는 것이다. 아도르노가 '비개념적인 것'을 강조했던 것도 바로 이런 맥락에서였다.

역사적 위치에 비추어보면 철학은 헤겔이 전통에 따라 무관심을 표명한 것에, 즉 비개념적인 것, 개별적인 것, 특수한 것에 진정으로 관심을 둔다. 말하자면 플라톤 이래 덧없고 사소한 것이라고 배척당하고 헤겔이 '쓸모없는 실존'이라고 꼬리표를 붙인 것에 관심을 두는 것이다. 철학의 테마는 철학에 의해, 우발적인 것으로서, 무시할 수 있는 양으로 격하된 질들일 것이다. 개념으로는 도달하지 못하는 것, 개념의 추상 메커니즘을 통해 삭제되는 것, 아직 개념의 본보기가 되지 않은 것, 그런 것들이 개념에 대해서는 절박한 것이 된다.　　　　　－《부정변증법》

'비개념적인 것', '개별적인 것', '특수한 것', 다시 말해 헤겔이란 이성주의 철학자가 "쓸모없는 실존"이라고 배척했던 것들을 아도르노는 철학적으로 구제해야 한다고 보았다. 여기서 주의해야 할 것은 아도르노가 언급한 '특수한 것'은 들뢰즈에 따르면 '단독적인 것'으로 번역될 수 있는, 그러니까 교환 불가능한 개체성을 의미하는 것으로 이해되어야 한다는 점이다. 아도르노의 부정변증법은 이런 맥락에서 제안된 것이다. 헤겔의 변증법은 개체들 간의 대립과 차이를 강조하는 것 같지만, 최종 목표는 개념을 통한 종합이었다. 그렇기 때문에 헤겔의 변증법은 개념의 자기동일성에서 자유롭지 못한 것이다. 하지만 아도르노는 자신이 제안한 변증법의 중심은 종합이 아니라, 종합되지 않은 모순의 원칙을 관철하는 데 있다고 주장한다.

헤겔의 변증법을 생각해보라. 아주 거칠게 말해 변증법의 운동은 정正, these에서 반反, antithese으로, 그리고 마침내 합合, synthese에서 완성된다. 아도르노는 정과 반만 남기고 합을 거부하려고 한다. 여기서 부정변증법이 탄생한다. 정과 반은 서로를 부정하기 때문이다. 부정변증법의 핵심은 정이 반을 지배하거나 흡수해 합으로 가는 걸 막는 데 있다. 이럴 때 반의 계기는 부정적이지만 자신의 지위를 유지할 수 있으니 말이다. 《부정변증법》에서 그가 개념의 자기동일성에 저항하는 이질적인 것을 강조하면서 자신의 변증법이 "비동일성에 대한 일관된 의식"이라고 강조했던 것도 이런 이유에서이다. 그의 변증법에 따르면 이제 아도르노, 벤야민, 아렌트, 레비나스는 특수성의 굴레에서 벗어나 단독적인 것으로 사유될 수 있는 길이 열리게 된다. 그래서 아도르노의 부정변증법은 단독성의 변증법 혹은 차이의 변증법이라고 말할 수 있는 것이었다.

⑥

아렌트: "무사유란 타자의 입장에서 생각하지 못한다는 것이다."

아도르노와 마찬가지로 아렌트의 평생 화두도 나치즘으로 상징되는 전체주의를 철학적으로 해명하는 것이었다. 1951년《전체주의의 기원The Origins of Totalitarianism》이라는 책을 출간한 것도 이 때문이었다. 하지만 이 책을 읽으면 상당한 아쉬움이 남는데, 그것은 아렌트가 전체주의에 대해 기술하고는 있지만 전체주의 발생의 진정한 원인을 철학적으로 해부하는 데는 성공하지 못한 것으로 보이기 때문이다. 이 저작 이후로도 그녀는 집요하게 전체주의 문제를 숙고했다. 1963년 출간된《예루살렘의 아이히만Eichmann in Jerusalem》은 이 점에서 매우 중요한 저작이라고 볼 수 있다. 이 책을 통해 비로소 아렌트는 전체주의의 비밀을 풀기 위한 나름의 진지한 해법을 보여주고 있다.

　　《예루살렘의 아이히만》은 1961년 12월, 예루살렘에서 열렸던 아이히만Adolf Otto Eichmann(1906~1962)의 재판을 다룬 책이다. 유대인 학살 과정의 총책임자 아이히만은 1960년 5월 아르헨티나에서 이스라엘 비밀경찰 모사드에 의해 체포된다. 이 당시 아이히만은 강제로 예루살렘에 이송되어 재판을 받게 된 것이다.《뉴요커New Yorker》의 특파원 자격으로 재판을 참관했던 아렌트는 아이히만이란 인물, 그리고 재판 과정을 면밀히 기록하며 전체주의에 대한 자신의 관점을 더욱 심도 있게 해명하기 시작했다. 하지만 문제는 당시 아렌트의 글이 그녀의 동포, 즉 세계 각지에 흩어져 살고 있던 유대인들에게서 심한 거부반응을 불러일으켰다는 점이다. 그것은 그녀가 아이히만이란 인물이 잔혹한 악마가 아니라, 이웃의 빵집 아저씨처럼 너무도 평범한 사람이라고 이야기했기 때문이다. 이 책의 부제로 아렌트가 '악의 평범성에 대

아이히만의 범죄를 숙고하면서 아렌트는 우리에게 중요한 교훈을 던지고 있다. 사유란 단순한 생각함이 아니라 '타자의 입장에서 생각하고 판단하는 능력'이라는 점을 말이다. 그렇기 때문에 아렌트에게 사유는 우리에게 주어진 천부적인 능력이 아니라, 우리가 반드시 수행해야만 하는 의무라고 할 수 있는 것이었다.

한 보고서A Report on the Banality of Evil'라는 제목을 달았던 것도 이런 이유에서였다. 악이 평범하다는 그녀의 말은 무슨 의미였을까? 해답을 얻기 위해서 우리는 아이히만의 악에 관한 아렌트의 분석을 살펴보도록 하자.

> 자신의 개인적인 발전을 도모하는 데 각별히 근면한 것을 제외하고는 그는 어떤 동기도 갖고 있지 않았다. 그리고 이런 근면성 자체는 결코 범죄적인 것이 아니다. …… 그는 어리석지 않았다. 그로 하여금 그 시대의 엄청난 범죄자들 가운데 한 사람이 되게 한 것은 (결코 어리석음과 동일한 것이 아닌) 철저한 무사유sheer thoughtlessness였다. …… 이처럼 현실로부터 멀리 떨어져 있다는 것과 이러한 무사유가 인간 속에 아마도 존재하는 모든 악을 합친 것보다 더 많은 대파멸을 가져올 수 있다는 것, 이것이 사실상 예루살렘에서 배울 수 있는 교훈이었다.
>
> ─《예루살렘의 아이히만》

아렌트의 눈에는 아이히만이란 인물은 히틀러의 명령을 충실히 따르려고 했던 근면한 관료에 지나지 않는 것으로 보였다. 다시 말해 그는 보통 사람들과 마찬가지로 출세를 지향했으며, 나아가 그러기 위해서 근면을 생활의 준칙으로 삼은 인물이었을 뿐이라고 본 것이다. 만약 그의 상관이 히틀러가 아니라 훌륭한 인격자였다면, 아이히만은 유사 이래로 가장 청렴한 관료로 독일 역사에 기록되었을지도 모를 일이다. 아니나 다를까 아이히만은 재판정에서 자신에게 죄가 있다면 그것은 상부의 명령을 충실히 따른 것밖에 없다고 수차례 강변했다. 관료로서 상부의 명령을 따랐기 때문에 자신에게 죄를 물어서는 안 된다는 것이다. 만약 죄가 있다면 그것은 결국 명령을 내린 상부에 물어야 한다는 것이었다.

아이히만은 자기 변론이 타당하다고 믿고 있었다. 어떻게 하면 이런 아이히만을 설득하여 자신이 저지른 죄를 인정하도록 만들 수 있을까? 아렌트라면 아이히만에게 이렇게 말했을 것이다. '철저한 무사유' 역시 책임을 져야 하는 것이라고 말이다. '철저한 무사유'란 무엇일까? 히틀러의 명령을 듣고 수행했을 때 아이히만은 자신의 명령 수행이 어떤 결과를 낳을지 전혀 생각하지 않았던 것일까? 물론 그렇지는 않았을 것이다. 그는 히틀러가 내린 명령의 내용, 그리고 그것의 실행 절차에 대해 충분히 숙지하고 있었을 것이기 때문이다. 여기서 우리는 아렌트가 말한 '철저한 무사유'가 어떤 특수한 의미를 띠고 있다는 것을 알 수 있다. 그것은 과연 무엇일까?

> 아이히만의 말을 오랫동안 들으면 들을수록, 그의 말할 수 없음은 그의 생각할 수 없음, 즉 타자의 입장에서 생각할 수 없음과 매우 깊이 연관되어 있음이 점점 더 분명해진다. 그와는 어떤 소통도 가능하지 않았다. 이는 그가 거짓말을 하기 때문이 아니라, 그가 말과 타자의 현존을 가로막는, 따라서 현실 자체를 막는 튼튼한 벽으로 에워싸여 있었기 때문이다.
> ─《예루살렘의 아이히만》

이제 아렌트가 말한 '철저한 무사유'가 무엇을 의미하는지 더 분명히 이해할 수 있을 것이다. 그것은 바로 "타자의 입장에서 생각할 수 없음"을 의미했던 것이다. 히틀러에게서 받은 명령을 집행할 때, 아이히만은 자신의 서명이 그 서명과 관련된 유대인들에게 어떤 효과를 미칠지 생각했어야만 했다. 구체적으로 말해 자신이 집행한 상부의 명령으로 아우슈비츠에 갇힌 유대인들의 불안감을, 그리고 수용 공간이 부족하다는 이유로 유대인들을 죽이라는 명령에 의해 가스실로 걸어가는 유대인들의 공포를 사유했어야만 했다는 것이다. 물론 아렌트의 유죄 평결을 아이히만이 듣고서 자신의 죄를 인정했을 리 만무하다. "그는 말과 타자의 현존을 가로막는, 따라서 현실 자체를 막는 튼튼한 벽으로 에워싸여 있었기" 때문이다.

아이히만의 범죄를 숙고하면서 아렌트는 우리에게 중요한 교훈을 던지고 있다. 그것은 생존을 위한 도구적 사유와 달리 타자를 고려하는 인문학적 사유가 시급히 필요하다는 교훈이다. 이제 진정한 사유란 단순한 생각함이 아니라 '타자의 입장에서 생각하고 판단하는 능력'일 수밖에 없다. 그렇기 때문에 그녀에게 사유는 우리에게 주어진 천부적인 능력이 아니라, 우리가 반드시 수행해야만 하는 의무라고 할 수 있는 것이었다. 이 의무를 지키지 않을 때, 언제든지 우리는 누구나 제2의 아이히만이 될 수 있다. 그래서 아렌트는 우리에게 악은 너무도 평범한 것이 아니냐고 반문했던 것이다. 무서운 일이다. 중대한 악이 우리 주변에서 우리 곁의 친근한 이들에게서 그리 어렵지 않게 출현할 수 있다는 사실이 말이다.

전체주의를 막기 위한 아도르노나 아렌트의 노력은 절박한 것이다. 그 혹은 그녀 자신이 아우슈비츠에서 흔적도 없이 소멸될 수도 있었기 때문이다. 그렇지만 "쓸모없는 실존"을 숙고하려는 아도르노의 노력, 혹은 사유를 의무로 수행하라는 아렌트의 충고는 너무 무기력하다는 느낌이 든다. 세계화되어가는 자본의 운동 속에서 사회는 갈수록 분업화, 전문화, 체계화되고 있기 때문이다. 이런 거대한 체계 속에 포획된 인간은 그만큼 왜소해지고 있다. 이런 상황에서 그 누가 아도르노나 아렌트의 충고를 귀담아들을 수 있겠는가? 또 듣는다고 해서 작은 개인 한 명이 어떻게 체계에 효과적으로 맞설 수 있다는 말인가? 전체주의를 막는 유일한 방법은 주체의 시선이나 태도의 변화로만 가능한 것이 아니다. 전체주의적 비극을 조장하는 사회구조나 체계를 새롭게 변형시키려는 직업도 동시에 수반되어야만 한다.

그렇다면 사회의 체계를 어떤 식으로 바꾸어야 할까? 우리는 그 실마리를 시몬 베유에게서 찾을 수 있다.《자유와 사회적 억압의 원인들에 대한 성찰Réflexions sur les causes de la liberté et de l'oppression sociale》에서 그녀는 "가장 인간적인 문명은 육체노동을 최고의 가치로 삼는 문명"이라고 이야기했다. 바로 이 점이다. 사회의 분업화와 체계화의 핵심에는 항상 정신노동과 육체노동의 이분법이 도사리고 있고, 육체노동에 비해 정신노동을 중시하는 가치평가가 내재하는 법이다. 체계는 최고 상급자가 가장 정신적인 노동에, 그리고 최하 계층은 가장 육체적인 노동에 종사하는 구조로 작동한다. 베유는 바로 이 구조를 붕괴시켜야 한다고 이야기한다. 상급자도 육체적 노동에 종사하게 된다면, 그 체계는 결코 거대해질 수 없는 법이다. 베유가 제안했던 인간적인 문명이 실현된다면, 당연히 인간 개체를 하나의 작은 수단으로 간주하는 국가와 같은 거대 체계들은 더 이상 발을 붙일 수가 없을 것이다. 누가 이 과업을 수행할 것인가?

고찰
REMARKS

축제의 열기, 그 이면의 싸늘한 논리

나치는 근대 정치의 핵심이라고 할 수 있는 대의민주주의 제도의 맹점을 상징하는 사건이다. 압도적인 지지와 열광, 그리고 광적인 축제를 통해 대표자가 된 히틀러가 결코 대다수 독일인의 의지를 대변하지 못했기 때문이다. 누가 자신의 생존을 위협하는 전쟁을 원했고, 혹은 누가 이웃에 빵집을 운영하던 마음씨 좋은 유대인 아저씨를 가스실로 끌고 가길 원했겠는가? 하지만 국민의 대표자가 되자마자 히틀러는 독일인의 뜻을 대변하기보다는 독일인의 뜻을 조작했고, 그들을 환상의 노예로 만들어 조종했다. 대표자에게 권리를 양도한 이상, 독일인은 대표자의 명령을 들을 수밖에 없었다. 이 대목에서 아쉬운 것은 나치즘에 의해 가장 피해를 보았던, 혹은 자신도 가스실에서 덧없이 죽을 수도 있었던 철학자 아도르노와 아렌트가 대의민주주의 제도의 심각한 맹점을 우회해버렸다는 데 있다. 아도르노가 나치즘과 대량학살이 '이성'이 가진 동일성의 논리의 필연적 귀결이라고 평가했다면, 아렌트는 그 원인을 각 개인들의 '무사유'에서 찾았기 때문이다. 결국 그들은 각 개인들에게 책임을 묻고 있었던 셈이다. 개인들이 이성을 지나치게 중시하고 타자의 입장에서 사유하지 못한다면, 나치즘과 같은 전체주의가 항상 반복될 수밖에 없다는 것, 이것이 두 사람의 공통된 입장이었기 때문이다.

하지만 나치즘을 이해하려면 개인

짐멜은 대도시가 탄생하자 인간의 내면세계가 과거와는 다르게 변모했다고 이야기한다. 서로 무관심하며 자신의 속내를 감추는 지적인 대도시인들이 출현하면서 19세기 이후부터 지금까지 정치는 전혀 다른 외양을 띠게 되었다.

내면의 문제뿐만 아니라 구조의 문제도 함께 숙고해야 하는 것이 아닐까? 이 점에서 짐멜의 작은 논문 〈대도시와 정신적 삶〉은 20세기 정치철학을 이해하는 데 매우 중요한 글이다. 이 논문에서 짐멜은 산업자본주의의 발달이 대도시의 탄생으로 이어지고, 이로부터 인간의 내면세계가 과거와는 다르게 변모했다고 이야기한다. 그가 주목하는 변화는 대도시인들이 "상호 무관심이나 속내 감추기라는 태도", 그리고 "정서적인 태도보다는 지적인 태도"를 지니게 되었다는 점이다. 대도시에서는 자신에게 피해를 주지 않는 한 상대방에게 어떤 정서적 반응도 하지 않는다. 이렇게 서로 무관심하고 냉담하며 자신의 속내를 감추는 지적인 대도시인들이 출현하면서 19세기 이후부터 지금까지 정치는 전혀 다른 외양을 띠게 되었다.

르봉은 《군중심리학》에서 군중은 개인의 합리성을 상실하고 맹목적 목적인 감정에 따라 행동하는 인간 집합체라고 보았다. 정치가들은 자발적으로 군중이 상호 연대하기 전에 그들을 다른 논리에 근거해 응집시키려고 한다.

　　대도시는 인간에게서 유대감을 빼앗아버렸다. 전문화, 파편화, 그리고 부품화된 인간은 정말 라이프니츠의 말대로 "창이 없는 모나드" 신세로 전락한 셈이다. 자본이나 국가 입장에서는 너무나 소망스런 결과다. 지배의 공식을 생각해보라. 소수가 다수를 지배하려면, 소수는 다수를 깨알처럼 와해시킬 수 있어야 한다. 역사를 돌아보아도, 소수가 지배하는 억압체제는 항상 다수 피지배자들의 약간의 연대만으로 전복되는 경우가 많다. 문제는 근대 이후 부르주아 지배체제는 민주주의라는 정치 이념을 표방하고 있다는 데서 생긴다. 바로 대의민주주의 제도로 부르주아계급은 자신의 헤게모니를 정당화하는 현실이 난점이 될 수 있다는 것이다. 서로 무관심한 대도시인들은 정치에도 등을 돌리기 쉽다. 그러나 이들이 투표에 참여하지 않거나 혹은 자신을 지지하지 않는다면, 부르주아 체제는 약화될 수밖에 없다. 바로 이것이 부르주아 체제의 딜레마다. 피지배자들이 상호 무관심하고, 나아가 정치에도 무관심하기를 원하지만, 부르주아 체제는 대의민주주의 이념에 따라 자신에게 관심을 표명하기를 원한다. 피지배자들의 무관심과 관심을 동시에 원하니 딜레마라는 것이다. 딜레마를 해소하는 방법은 단순하다. 공동체의 정치적 시간을 질적으로 이분화하면 된다. 선거가 없을 때와 선거가 있을 때! 무관심을 조장하는 시간과 관심을 유인하는 시간!

대표가 되기 위해서, 부르주아 체제의 정치가들은 고민한다. 어떻게 하면 이 익명의 도시인들, 자신의 사적인 일에 몰두하는 고독한 개인들을 모여들게 할 것인가? 사실 이것은 정치가들에게는 사활을 건 문제였다고 할 수 있다. 만약 고독한 개인들, 즉 군중을 먼저 묶지 않는다면, 정치가들은 군중이 어떤 우발적인 계기로 상호 연대하여 자신들에게 저항할 수도 있다는 것을 이미 경험한 적이 있기 때문이다. 바로 1871년 기존 대표자들에 대해 강렬히 저항하며 파리를 장악했던 파리코뮌이 대표적인 사례이다. 1895년 르봉Gustave Le Bon(1841~1931)이 《군중심리학La Psychologie des foules》을 썼던 것도 이런 이유 때문이었다. 정치가들은 자발적으로 군중이 상호 연대하기 전에 그들을 다른 논리에 근거해 응집시킬 필요가 있었다. 만약 이들을 효과적으로 응집시킬 수만 있다면, 과거 히틀러가 조성했던 환호와 열광 속에서 대통령 혹은 국회의원이 되는 것은 시간문제일 것이다. 이때 중요한 것이 바로 '축제 festival'였다. 이것은 물론 로마시대 콜로세움의 열광에 대한 반복이라고 독해될 만한 것이다. 대도시의 군중을 일종의 정치적 축제로 묶을 수 있다는 사실의 재발견. 이것은 1934년, 1935년, 그리고 1936년 뉘른베르크에서 연이어 열린 나치 전당대회나 1937년 베를린 올림픽을 통해서 확인된 바 있다.

사실 축제의 논리는 나치에만 통용되었던 것은 아니다. 지금 우리 사회에서도 대통령 선거, 국회의원 선거, 지방자치단체장 선거, 심지어 대학 학생회장 선거, 초등학교 반장 선거 등에서 상호 무관심하며 지적이고 냉담한 대중을 어떤 열기로 묶기 위한 집요한 노력이 반복되고 있는 것을 알 수 있다. 주위를 한번 둘러보자. 정치 조직이나 행정 조직이 얼마나 많은 '축제'를 개최하고 있는지 말이다. 그리고 이 축제의 열기 속에서 사유하지 않는 군중을 이리저리 조직하고 있는 다양한 양상들을 말이다. 하지만 물론 이에 대비되는 대항적 성격의 축제도 가능하다. 이것은 결국 기존의 대의민주주의 제도에 저항하는 축제일 것이다. 네그리가 '다중'이라고 이야기했던 것도 바로 이 대항 축제를 통해 구성된 혁명적 군중, 혹은 대의민주주의 제도를 거부하고 직접민주주의를 꿈꾸는 주체들이라고 할 수 있는 것이다. 어떤 면으로 보나 우리는 현재 '축제'의 정치 속에서 살고 있다. 물론 그것은 그만큼 우리가 파편화되어 있고 생활 속에서 강렬한 유대를 상실했다는 점을 반영하는 현상일 것이다. 따라서 현재 우리는 어떤 결단의 지점에 서 있는지도 모른다. 그들의 정치적 '축제'에 의해 휘둘리는 축제의 수동적 대상이 될 것인가? 아니면 자신의 연대적 삶을 표현할 수 있는 우리 축제의 능동적 주체가 될 것인가?

23

미래는 어떻게 도래하는가?

베르그손

_____ VS _____

레비나스

마음에서 찾은 시간의 비밀

"시간이란 도대체 무엇인가?" 그리고 "그것은 어떻게 존재하는 것인가?" 누구나 한번쯤 이러한 의문을 가져보았을 것이다. 하지만 아무리 고민을 많이 한다고 해도 명쾌한 답이 쉽게 떠오르지는 않는다. 오래전 아우구스티누스 Aurelius Augustinus(354~430) 역시 《고백록Confessiones》에서 이렇게 말한 적이 있었다. "시간이란 무엇입니까? 아무도 내게 묻는 자가 없을 때는 아는 것 같다가도, 막상 묻는 자가 있어서 그에게 설명하려고 하면 나는 알 수가 없습니다"라고 말이다. 아우구스티누스의 경우처럼 우리도 시간에 대해 깊이 사유하면서 좌절을 느끼기 쉽다. 하지만 확실한 것은 그럼에도 시간이 엄연히 존재한다는 사실이다. 사랑하는 사람과 만날 수 있는 것도, 그리고 그 사람과 행복한 시간을 공유할 수 있는 것도, 그리고 어느 날 불행히도 그 사람과 헤어지게 된 것도 모두 우리에게 시간이 존재한다는 사실을 말해주는 것이 아닌가?

서양철학에서 시간 문제를 숙고하려고 할 때 앞서 인용한 아우구스티누스의 관점을 우회할 수 없다. 《시간의식Zur Phänomenologie des inneres Zeitbewußtseins》(1893~1917)이란 책에서 후설이 다음과 같이 술회했던 것도 다 이유가 있었던 셈이다. "시간의식의 분석은 기술적 심리학과 인식론의 매우 오래된 교차점이다. 여기에 놓여 있는 극히 곤란한 점들을 깊이 깨닫고 이러한 문제에 필사적으로 각고의 노력을 기울였던 최초의 사람은 아우구스티누스였다. 그의 《고백록》 제11권 14장에서부터 28장까지는 오늘날에도 여전히 시간 문제에 몰두하는 모든 사람이 근본적으로 연구해야 할 부분이다. 왜냐하면 지식을 과시하는 현대에도 이러한 문제에 대해 진지하게 노력한 이 위대한 사상가보다 더 탁월하거나 혹은 훨씬 더 두드러진 연구는 이루어지고 있지 않기 때문이다." 후설의 지적이 타당하다면 철학적으로 시간을 성찰한 최초의 공로는 아우구스티누스에게로 돌아가야 할 것이다. 그렇다면

산드로 보티첼리가 그린 아우구스티누스(1480). 아우구스티누스는 과거, 현재, 미래란 객관적인 것이 아니라, 주관적인 것이라고 이해하고 있다. 구체적으로 말해서 우리의 마음이 가진 세 가지 능력들, 즉 기억, 지각, 기대의 능력이 없다면 과거와 현재, 미래도 불가능하다는 것이 그의 근본적인 통찰이었다.

시간에 대한 아우구스티누스의 성찰 가운데 어떤 측면이 후설을 감동시켰던 것일까? 아우구스티누스의 다음 설명은 이러한 우리 의문에 대해 한 가지 실마리를 제공해준다.

마음은 기대·지각·기억이란 기능을 통하여, 기대한 것으로 지각하고 지각한 것을 기억해두는 것이다. 사실 미래의 것이 아직 존재하지 않음을 누가 부정하겠는가? 하지만 그럼에도 마음은 미래의 일에 대한 기대를 이미 하고 있다. 또한 과거의 것이 더 이상 존재하지 않음을 누가 부정하겠는가? 하지만 그럼에도 마음은 과거의 일에 대한 기억을 아직도 하고 있다. 또한 현재의 시간은 순간적으로 존재하다가 지나가는 것인 까닭에 길이가 없다는 사실을 누가 부정하겠는가? 하지만 그럼에도 마음은 지각하는 기능을 계속 수행하는 까닭에, 미래의 존재는 그것을 통과하여 과거의 존재로 변천해가는 것이다.   -《고백록》

우리는 흔히 시간이란 것을 과거, 현재, 미래로 나누곤 한다. 보통 과거라고 하면 이미 지나가버린 때를, 현재라고 하면 지금 이 순간을, 마지막으로 미래라고 하면 아직 오지 않은 때를 가리킨다. 이 때문인지 대부분의 사람들은 과거, 현재, 미래가 객관적으로 존재한다고 생각하는 경향이 강하다. 하지만 아우구스티누스는 과거, 현재, 미래란 객관적인 것이 아니라, 주관적인 것이라고 이해하고 있다. 구체적으로 말해서 우리의 마음이 가진 세 가지 능력들, 즉 기억memory, 지각perception, 기대expectation의 능력이 없다면 과거와 현재, 미래도 불가능하다는 것이 그의 근본적인 통찰이었다. 한마디로 의식이 없다면 시간도 불가능하다는, 칸트를 예견하는 통찰이라고 하겠다.

아우구스티누스의 생각은 아직도 음미할 만한 가치가 있다. 만약 어제 일어난 일을 우리가 기억하지 못한다면, 우리에게 어제라는 과거는 존재할 수도 없을 것이다. 기억상실증에 걸린 사람의 경우를 생각해보아도 이 점은 분명해진다. 나아가 어제 일어난 사건을 생각(=기억)하느라 여념이 없다면, 우리는 지금 눈앞에 펼쳐져 있는 풍경을 쳐다(=지각)볼 수도 없을 것이다. 한편 거친 눈보라를 맞으며 스키를 타면서 설사면의 상태를 주시(=지각)하고 있다면, 우리는 내일 일어날 일들을 미리 기대할 수도 없을 것이다. 여기서 잊지 말아야 할 점은 우리가 기억하는 순간, 지각하는 순간, 기대하는 순간 등은 모두 그 자체로 현재라는 점이다. 어제 일을 기억할 때 나는 어제에 있는 것이 아니라 현재에 있는 것이고, 내일 약속을 기대할 때 나는 내일에 있는 것이 아니라 현재에 있는 것이다. 그렇다면 아우구스티누스의 최종 입장을 다음과 같이 정리해볼 수 있겠다. 과거는 현재의 과거이고, 현재는 현재의 현재이며, 미래는 현재의 미래라고 말이다.

아우구스티누스의 통찰이 중요한 것은 그가 시간이란 것이 우리 마음과 밀접한 관련이 있다고 주장했기 때문만은 아니다. 더 중요한 것은 그를 통해 서양철학이 그동안 폄하되어온 시간을 긍정적인 계기로 사유할 수 있게 되었다는 점이다. 사실 플라톤 이래 서양철학은 공간을 중시했고 그만큼 시간에 대해 폄하하는 경향을 보였다. 플라톤에게 본질을 의미하는 에이도스êidos가 본다는 뜻인 '이데인idein'에서 유래한다는 것은 이 점에서 상징적이다. 사진을 찍으면 확인되는 것처럼 보이는 것은 기본적으로 공간적인 것을 의미하기 때문이다. 이런 상황에서 아우구스티누스는 공간보다는 시간을 중심으로 사유할 수 있는 실마리를 제공했던 철학자라고 할 수 있다. 그러나 시간을 본격적으로 사유하는 장면을 목도하려면, 우리는 베르그손Henri Bergson(1859~1941)이 태어나기를 기다려야만 한다. 아우구스티누스에게 시간이 인간의 마음과 관련된 것이었다면, 베르그손에게 시간은 마음을 넘어서 모든 존재자의 내재적 원리로 사유되기 때문이다. 이제 형상의 시대가 저물고 질료의 시대가 제대로 시작된 것이다.

베르그손: "기대하는 마음 때문에 미래가 가능하다."

활짝 핀 장미꽃을 살펴보자. 이 순간 우리는 시간적인 것이 아닌 공간적인 무엇인가를 보게 된다. 장미꽃은 공간의 일정 부분을 점유하고 있는 것으로 보이기 때문이다. 그렇지만 시간이 흘러 장미꽃을 다시 살펴보면, 우리는 꽃 잎들이 모두 떨어져나간 초라한 가지를 발견하게 될 것이다. 이전에 꽃잎들이 점유하고 있던 부분이 공허한 공간으로 변해버린 것이다. 도대체 이런 일은 어떻게 해서 가능했던 것일까? 이것은 물론 장미꽃이 어느 시간 동안 피었다가 졌기 때문에 발생한 현상이다.《물질과 기억Matière et mémoire》에서 베르그손은 "우리를 현실 자체에 직면시켜야 한다"고 말했던 적이 있다. 그가 '현실 자체'라는 개념으로 생각하고 있던 것은 바로 이런 시간이 가진 힘이었다. "설탕이 녹기까지 우리는 기다려야만 한다"는 베르그손의 유명한 표현을 통해 이 문제를 좀더 살펴보도록 하자.

> 설탕물 한 잔을 마시고 싶을 때, 내가 서둘러본들 소용이 없으며 설탕이 녹기까지 기다려야 한다. 이 조그만 사실은 큰 교훈을 지니고 있다. 왜냐하면 내가 기다려야 하는 시간은 물질계의 모든 역사에 걸쳐 적용되는 수학적인 시간이 아니다. …… 그 시간은 나의 조바심, 다시 말하면 마음대로 더 늘일 수도 없고 더 줄일 수도 없는, 나에게 속하는 지속durée의 어떤 부분과 합치되고 있다. 그것은 관념적인 것이 아니라 체험적인 것이다.
>
> −《창조적 진화L'évolution créatrice》

베르그손의 논의를 이해하려면 우리는 '체험된 시간'과 '시계의 시간'이 갖는 차이를 생각해볼 필요가 있다. 두 시간 동안 상영되는 두 가지 영화를 각각 따로 보게 되었다고 해보자. 하나는 너무나 재미있어서 영화가 끝나자마자 "어, 벌써 끝났네"라는 감탄사가 절로 나오는 영화였다면, 다른 하나는 영화가 상영되는 도중 계속 시계를 보면서 "아직도 한 시간이나 남았어"라고 말하게 만드는 지루한 영화였다. 베르그손은 바로 이 체험된 시간이야말로 우리의 진정한 시간이라고 이야기했던 셈이다. 시간이란 질적인 변화를 의미하는 것이지 시계가 상징하는 것처럼 양적인 변화를 의미하는 것은 아니라고 보았기 때문이다. 이제 베르그손은 질적인 시간 혹은 체험된 시간에서 지속durée이란 개념을 이야기한다. 체험된 시간에는 두 가지 지속이 결합되어 있다. 영화의 지속과 나의 지속! 내가 극장에 들어가지 않았다면, 영화는 자기만의 지속을 드러내고 있었을 것이다. 그러나 내가 영화를 보는 순간, 영화의 지속과 나의 지속은 결합된다. 그래서 상영 시간은 짧게 느껴질 수도 아니면 더 길게 느껴질 수도 있었던 것이다.

《창조적 진화》라는 책의 제목처럼 베르그손은 모든 존재자들이 창조적으로 진화하는 역동적인 변화 과정 속에 있다고 생각했다. 이런 창조적 진화 과정 이면에는 존재들의 마주침, 정확히 말해 지속들의 중첩과 간섭 과정이 존재한다. 결국 다양하고 복잡한 지속들의 마주침이 생성을 가능하게 한다. 물론 그러기에 앞서 존재자들의 고유성으로서 지속은 실재하는 것이어야만 한다. 베르그손이 《사유와 운동La Pensée et le mouvant》에서 모든 것이 '실재적 지속durée réelle'을 가지고 있다고 강조했던 것도 이런 이유에서이다. 인간인 나 자신도 마찬가지로 지속을 가지고 있다. 설탕도 지속을 가지고 있고 장미꽃도 지속을 가지고 있다. 바로 이 지속들이 마주치면서, 체험된 시간도 가능했던 것이다. 설탕이 물에 녹는 "시간은 나의 조바심, 다시 말하면 마음대로 더 늘일 수도 없고 더 줄일 수도 없는, 나에게 속하는 지속의 어떤 부분과 합치되고 있다"라고 베르그손은 말했다. 몹시 피곤함을 느끼는 나의 지속은, 설탕물을 먹고 편안함을 느낄 미래를 향해 가고 있기 때문에, 설탕이 녹는 지속을 견디기가 힘들다. 역으로 만약 충분히 휴식을 취해 당분에 대한 요구가 발생하지 않을 때, 나의 지속은 설탕이 물에 녹는 지속에 대해 그렇게까지 조바심치지 않을 것이다.

다른 존재자의 지속과 마주치기에, 인간 혹은 인간의 지속은 미래를

마침내 베르그손에 이르러 시간은 공간을 제치고 가장 핵심적인 철학 범주로 승격하게 된다. 변화를 상징하는 질료의 위상을 낮게 평가했던 서양철학 전통에서는 매우 놀라운 사건이라고 할 수 있는 것이었다.

향해 창조적으로 진화하게 된다. '창조의 진화'라는 생각 속에 이미 미래는 과거나 현재보다 특권적 지위를 누리고 있다. 고민할 필요도 없이, 설탕이 녹기를 기다리는 것 자체가 인간이 미래로 지향된 존재라는 사실을 잘 보여 주는 간단한 사례라고 할 수 있다.

> 당신의 정신이 언제나 향해 있는 방향을 생각해보라. 당신은 그것이 지금 있는 것에 관심을 갖고, 특히 앞으로 올 것에 대해 염려하고 있음을 발견할 것이다. 주의는 하나의 기대이다. 삶에 대한 주의가 없이는 의식도 없다. 미래는 여기에 있다. 그것은 우리를 부르고, 혹은 오히려 우리를 그것이 있는 쪽으로 끌어당긴다. 우리를 시간의 길 위에서 전진하게 하는 이런 끊이지 않는 끌어당김이, 바로 우리가 계속해서 움직이고 있는 이유이다. 모든 행동은 미래를 조금씩 잠식하는 것이다. 이미 더 이상 없는 것을 붙잡는 것, 아직 오직 않은 것을 예상하는 것, 이것이 바로 의식의 첫 번째 기능이다. 의식에게 현재란 없다.
>
> ─《정신적 에너지L'Énergie Spirituelle》

아우구스티누스에게 기대, 기억, 지각은 모두 현재에 작동하는 의식의 세 가지 기능이라고 할 수 있다. 사실 현재라는 시점에서 우리는 도래할 일들을 기대하고, 지나간 일들을 기억하고 있다. 하지만 베르그손은 의식의 본질적인 시간성은 현재가 아니라고 단언한다. 그에게 의식의 본질적인 기능은 "더 이상 없는 것을 붙잡는 것, 아직 오지 않는 것을 예상하는 것"이기 때문이다. 예를 들어 아름다운 음악을 듣는다고 해보자. 베르그손에 따르면 이것은 앞에 들었던 음들을 기억하면서 아직 오지 않는 음들을 기대하는 과정이라고 할 수 있다. 이런 과정에서 현재의 음을 지각한다는 것은 단지 추상적으로만 가능하다고 본 것이다. 흐르는 물을 잘라서 현재의 물을 얻을 수 없듯이 말이다. 그렇게 얻은 물은 항상 이미 과거의 물일 수밖에 없기 때문이다. 베르그손에 따르면 흐르는 물 혹은 음악은 과거에서 미래로 연속적으로 흘러가는 일종의 지속이기 때문에, 결코 하나의 단면을 추상적으로 분리해내서 이해할 수 없다.

비록 베르그손이 기억의 능력을 강조하고는 있지만, 사실 이것은 아직 오지 않는 것을 예상하는 토대나 발판 정도의 역할을 가지고 있을 뿐이다. 물론 이 점은 지각 능력의 경우에도 마찬가지로 적용된다. 이 때문에 그는 다만 "당신의 정신이 언제나 향해 있는 방향을 생각해보라"고 권고했던 것이다. 기억이든 지각이든 모든 것은 "앞으로 올 것에 대해 염려"와 "기대"에 종속되는 것이라고 보았기 때문이다. 창조적 진화를 주장했던 베르그손에게 어울리는 생각이다. 진화란 미래로 나아가는 운동일 수밖에 없을 테니까. 흥미로운 것은 베르그손에게 미래라는 것이 우리 정신의 창조적 진화 과정에서 정립된다는 점이다. 그러니 베르그손의 논의는 그의 후배 사르트르에게서도 그대로 반복되는 것이라고 할 수 있다. 사르트르 역시 인간의 미래란 인간의 자유, 즉 미래에 기투할projet 수 있는 인간의 능력 때문에 가능하다고 보았기 때문이다.

레비나스: "타자와 마주쳐야 미래가 열린다."

베르그손에서 사르트르로 이어지는 시간에 대한 철학적 사유의 특징은 미래를 만들어가는 인간의 자유를 긍정한다는 데 있다. 가령 위 두 사람에게 인간 주체는 미래에 대해 마치 신적인 권능을 가진 존재인 것처럼 묘사되곤 했다. 하지만 미래에 대한 이런 낙관은 너무 유아론적인 견해가 아닐까? 과연 미래라는 것이 두 철학자가 말했던 것처럼 우리가 기대하고 기투하는 방식대로 전개될 수 있는 것일까? 바로 이러한 의문을 던졌던 철학자가 리투아니아 출신의 유대인 철학자 레비나스Emmanuel Levinas(1906~1995)이다. 그는 우리의 기대 혹은 기투는 뜻하지 않은 타자의 개입으로 말미암아 언제든 좌절될 수 있다고 생각했다. 어렸을 때 레비나스는 도스토옙스키Fyodor Mikhailovich Dostoevsky(1821~1881)로 대표되는 러시아 문학에 눈을 뜨면서 철학적 의문을 갖게 되었다. 사실 그가 러시아 문학에 심취했던 이유는, 언젠가 리투아니아가 러시아로 편입될 것을 예감했던 그의 아버지가 어렸을 때부터 레비나스에게 리투아니아어 대신 러시아어를 가르쳐주었기 때문이다. 나라 없이 떠도는 유대인 특유의 현실감각이 발휘된 것이라고 볼 수 있는데, 이 때문에 레비나스는 자신의 뜻과는 무관하게 러시아어와 러시아 문학에 빠져들게 되었다.

《지하생활자의 수기》라는 작품을 통해 도스토옙스키는 세상에서 도피한 채 홀로 살아가는 한 남자의 유아론적인 삶을 기술하면서 우리 삶에 미치는 타자의 효과를 탁월한 감각으로 묘사했다. 어린 시절 레비나스는 도스토옙스키를 통해 타자에 대한 감수성을 배웠고, 이것이 그로 하여금 타자의 철학을 개진하게 만든 중요한 계기가 되었다. 그런데 바로 타자의 문제를 핵심 과제로 도입했기 때문에 레비나스는 베르그손이나 사르트르와는 전혀 다른 사유를 전개할 수밖에 없었다. 따라서 시간에 대한 그의 이해가 베르그손이나 사르트르와 다르게 된 것도 어쩌면 당연한 일이다.

레비나스는 미래가 손에 거머쥘 수 없는 것이라고 보았다. 그것은 미래와의 관계가 바로 타자와의 관계이기 때문이다. 타자와 마주치고 그와 관계하면, 우리는 자신의 미래 모습이 과거나 현재의 모습과는 전혀 다를 것이라고 직감하게 된다.

어떤 방식으로도 나의 손아귀에 쥘 수 없는 것은 미래이다. 미래의 외재성은, 미래가 절대적으로 예기치 않게 닥쳐온다는 사실로 인해서 공간적 외재성과는 전혀 다른 성격을 띤다. 미래에 대한 기대, 미래의 기투는, 베르그손에서 사르트르에 이르기까지 모든 이론이 마치 시간의 본질적 특성인 것처럼 일반적으로 인식해왔지만, 사실 이것은 미래의 현재에 지나지 않을 뿐 진정한 미래라고 말할 수 없는 것이다.

−《시간과 타자Le Temps et L'Autre》

미래는 마치 미개척지처럼 인간의 손길을 기다리고 있다는 베르그손과 사르트르의 생각과는 달리, 레비나스는 단호하게 미래는 "어떤 방식으로도 나의 손아귀에 쥘 수 없는 것"이라고 주장하고 있다. 그에게 미래는 외재적인 것, 다시 말해 나의 내면으로 결코 환원할 수 없는 외재성extériorité을 가진 것이다. 미래는 창조적 진화가 작동하는 비어 있는 공간, 혹은 한 번 미끄러지면 계속 미끄러질 수밖에 없는 빙판과도 같은 것이 아니었다. 레비나스에게 미래란 비트겐슈타인의 표현을 빌리자면 "거친 땅"과 같은 것이라고 볼 수 있기 때문이다. 물론 여기서 '거친 땅'은 내가 앞으로 내디딜 발걸음을 방해하는 온갖 타자를 상징하는 것이다. 타자는 나의 기대나 예측을 항상 좌절시키는 방식으로 출현한다. 이 때문에 레비나스에게 기대나 예측에 의해 적중되는 미래란 진정한 미래가 아니었다. 이것은 단지 미래로 투사된 현재라는 점에서 미래의 현재에 지나지 않기 때문이다.

> 미래는 손에 거머쥘 수 없는 것이며, 우리를 엄습하여 우리를 사로잡는 것이다. 미래, 그것은 타자이다. 미래와의 관계, 그것은 타자와의 진정한 관계이다. 오로지 홀로 있는 주체라는 관점에서 시간을 이야기한다는 것, 순수하게 개인적인 지속에 관해서 이야기한다는 것은 우리에게 불가능한 것으로 보인다.　　　　　　　　　　　　　　　-《시간과 타자》

이제 레비나스는 왜 미래가 손에 거머쥘 수 없는 것이라고 보았는지 더 분명히 밝히기 시작한다. 그것은 미래와의 관계가 바로 타자와의 관계이기 때문이다. 타자와 마주치고 그와 관계하면, 우리는 자신의 미래 모습이 과거나 현재의 모습과는 전혀 다를 것이라고 직감하게 된다. 누군가를 사랑하게 되었을 때, 우리는 한편으로는 두려운 마음을, 다른 한편으로는 설레는 마음을 갖게 된다. 앞으로 자신의 삶이 이 타자로 인해 어떻게 펼쳐질지 모르기 때문이다. 이 때문에 레비나스는 "미래와의 관계, 그것은 타자와의 진정한 관계"라고 강조했던 것이다. 그리고 이런 이유로 레비나스는 홀로 있는 주체라는 사르트르의 관점 혹은 순수한 개인적 지속이라는 베르그손의 이야기가 공허한 이야기로 보일 수밖에 없다고 보았다. 어떤 타자도 만나지 않는다면, 우리의 내일은 오늘의 반복에 지나지 않을 것이기 때문이다.

그런데 레비나스에게 타자란 새로운 삶, 새로운 시간을 가능하게 해주는 축복의 대상으로 간주되었다. 사실 타자가 나의 삶에 개입해 내 인생을 송두리째 동요시킬 수 있다는 것, 그래서 레비나스가 말한 것처럼 이로부터 진정한 미래가 열리게 된다는 것을 사르트르 본인도 이미 이해하고 있었다. 하지만 그럼에도 사르트르에게 나의 자유와 갈등할 수밖에 없는 타자의 존재는 축복이라기보다 오히려 재앙 혹은 저주에 가까운 것이었다. 사르트르가 타자와의 마주침이 낳는 설렘보다는 두려움에 주목하면서 "지옥, 그것은 타자이다L'enfer, c'est les autres"라고 말했던 것도 이런 이유 때문이었을 것이다. 그렇지만 지옥이라도 그것은 타자와 마주쳤을 때에만 가능한 것이 아닌가. 사실 모든 타자와의 마주침이 우리를 반드시 지옥으로 끌고 가는 것은 아니다. 따라서 비록 두려운 마음이 든다고 하더라도 우리는 타자와의 마주침을 전적으로 거부할 수 없고 또한 그래서도 안 된다. 어쩌면 마주칠 타자가 없다는 것, 그것이야말로 아무것도 발생하지 않는 공허한 지옥일 것이다. 이 점이 바로 레비나스로 하여금 베르그손과 사르트르의 시간 논의를 넘어서도록 한 중요한 통찰이었다고 할 수 있겠다.

표상적 시간론을 넘어서

본격적으로 시간을 사유했던 아우구스티누스에서 사르트르에 이르기까지 서양철학은 시간을 고독한 주체의 내면과 관련된 것으로 사유했다. 물론 베르그손만은 이런 내면적인 시간, 생생하게 체험된 시간을 전체 우주로까지 확장했다. 하지만 지속으로 표현되는 베르그손의 우주론적 시간은 지루한 영화나 흥미로운 영화를 볼 때 느껴지는 시간의식을 통하지 않는다면 이해될 수 없는 것이었다. 이 점에서 볼 때 시간에 대한 철학적 사유에서 레비나스의 중요성이 더 분명해진다. 그는 타자를 도입함으로써 서양철학자들의 고독한 시간의식을 질적으로 변화시켰기 때문이다. 레비나스는 타자가 부재한다면 진정한 의미의 시간은 있을 수 없다고 주장했다. 그의 주장은 시간을 주체와 타자가 엮이는 삶의 공간에서 다루어야만 한다는 발상을 전제하고 있다. 전체적으로 보았을 때, 지금까지 전개된 대부분의 시간론은 항상 인간 중심적이거나 아니면 인간과 관계된 시간을 다룬다는 것이 특징이다. 다시 말해 내가 없다면 시간도 존재하지 않는다는 입장이 시간론의 주류를 형성하고 있다는 것이다.

레비나스의 경우도 예외가 아니다. 내가 존재해야 타자도 존재할 테니 말이다. 타자와 마주치는 생생한 순간, 우리는 그 순간 현재를 경험하게 된다. 그리고 바로 이 순간 타자와 마주치기 이전의 시간이 과거로, 그리고 타자와 마주쳐서 만들어갈 시간이 미래로 주어진다. 그러나 과연 시간은 인간을 떠나서, 정확히 말해 인간의 의식을 떠나서는 다룰 수 없는 것일까? 비록 베르그손이 인간을 떠난 창조적 진화로서 우주론적 시간을 이야기하고 있지만, 그것은 모두 인간의 시간 경험을 외부 존재에게까지 확장한 것에 지나지 않는다. 한마디로 말해 서양철학에서 다루는 시간은 의식의 시간, 혹은 표상의 시간이라는 성격을 갖는다는 것이다. 표상에 국한된 시간은 심지어 자연과학에서도 관철되고 있다. 시간과 공간을 통일된 하나의 장場, field으로 다루었던 아인슈타인Albert Einstein(1879~1955)의 상대성이론마저도 인간이란 관측자를 전제로 하고 있기 때문이다.

《상대성Relativity》이라는 그의 논문집을 넘겨보면 아이슈타인은 상대성이론을 떠받치는 두 가지 가설을 이야기하고 있다. 하나는 '광속불변의 가설The Speed of Light Postulate'이고, 다른 하나는 '상대성 가설The Relativity Postulate'이다. '광속불변의 가설'에 따르면 '진공 속에서 광속은 모든 관성기준들에서 동일하게 c, 즉 299,792,458m /s이다'. 한마디로 말해 질량을 가진 어떤 입자를 아무리 가속해도 빛의 속력에 이를 수 없다는 것이다. 여기서 주목해야 할 것은 '상대성 가설'이다. 이 가설에 따르면 '물리법칙은 모든 관성기준들의 관측자에게 동일하다'. 물리량이 아니라 물리법칙이란 말이 사용되고 있다는 것에 주목해야 한다. 동일한 물리법칙이 적용된다고 하더라도, 관성기준이 다르다면 관측자에게는 측정된 물리량은 서로 다르다. 그러나 상이한 관성기준에 측정된 상이한 물리량들을 관련시키기 위해서는 물리법칙이 동일하다고 가정하자는 것이 아인슈타인의 생각이다. 바로 이 상대성 가설에 측정과 관련된 인간중심적 시간론이 전제되어 있었던 것이다.

아인슈타인도 관련되어 있는 표상적 시간론, 혹은 인간관계적 시간론의 핵심은 결국 시간은 우리 인간의 의식이나 표상과 관련된다는 점에 있다. 그렇다면 현재까지 서양 문명의 시간론은 기본적으로 칸트의 자장에서 벗어나지 못했다고 할 수 있다. 《순수이성비판》을 보면 칸트는 시간의 표상성을 가장 확고하게 주장하고 있다. "시간은 내감內感, ineren sinnes의 형식, 즉 우리 자신과 우리의 내적 상태를 직관하는 형식임에 틀림이 없다. 시간은 외적 현상에 관한 어떤 규정일 수 없기 때문이다. …… 우리의 직관은 항상 감성적이기 때문에 시간의 조건에 일치하지 않는 대상은 경험 중에 주어질 수가 없다. 그래서 우리는 시간의 절대적 실재성에 대한 모든 요구를 거부한다. 즉 우리의 감성적 직관의 형식을 고려하지 않고, 시간이 절대적으로 조건이나 혹은 성질로서 물자체에 속한다고 하는 것을 거부한다."

칸트가 강조했던 통각Apperzeption, 즉 자기의식Selbstbewußtsein을 생각해보라. 바로 '나를 생각하는, 혹은 의식하는' 자기의식이 바로 통각이다. 단순히 보면 자신과 자신의 내적 상태를 직관한다는 칸트의 시간론은 피히테가 명료화했던 방식이라고 할 수 있다. 오늘 본 사람이 어제 보았던 사람과 같다는 걸 안다는 건, 오늘의 내가 어제의 나를 의식하고 있다는 것이다. 만일 오늘의 내가 어제의 나를 기억하지 못한다면, 내게 오늘 본 사람은 완전히 새로운 사람일 테니 말이다. 그러니까 의식하든 말든 우리의 일상적 삶은 시간의식, 혹은 자기의식이 작동하고 있다는 것이 칸트의 근본 입장이었던 셈이다. 이것은 우리의 모든 경험이 결국 과거, 현재, 미래라는 시간의식에 지배되고 있다는 걸 말한다. 칸트를 조금 더 근본적으로 해석해보자. '나는 나를 생각한다.' 여기서 목적어로 사용된 '나'의 시제는 과거가 될 것이고, 주어로 사용된 '나'는 현재 시제일 것이다. 예를 들어 내가 다음과 같이 자신을 의식한다고 해보자. "내가 그렇게 말하지 않았더라면 그녀는 화를 내지 않았을 텐데." 그녀로 하여금 화를 내게 만들었던 과거의 나를 현재의 내가 반성하는 셈이다. 당연히이 경우 자기의식을 거친 나는 그녀를 다시 만날 때 새로운 나, 즉 미래의 나로 탄생할 가능성이 크다. 물론 칸트는 이렇게 현상학적으로 사유하지는 않는다. 그렇지만자기의식의 논리에는 이런 현상학적 해석을 가능하게 만드는 시간론이 함축되어 있는 건 분명하다.

표상적 시간론, 혹은 의식적 시간론의 가장 큰 맹점은 우리의 의식이 깨어 있을 때에만 유효하다는 사실에 있다. 깨어 있는 의식만이 과거를 기억할 수도 미래를기대할 수도 있으니 말이다. 불행히도 의식이 깨어 있지 않을 때가 있다. 잠을 잘 때도 그렇고, 최면 상태에 있을 때도 그렇다. 물론 프로이트와 라캉의 정신분석학을 알고 있는 사람이라면 '무의식'도 작동하지 않느냐고 반문할 수도 있다. 그러나 무의식은 어쨌든 나를 나로 의식하는 자기의식은 아니고, 오히려 자기의식에서 풀려난 파편화된 의식들의 분출에 지나지 않는 것이다. 그리고 이 무의식도 끝내는 깨어나서의식이 되어야만 의미가 있을 뿐이다. 그러나 의식에게 잠이나 최면 상태보다 더 무서운 것이 있다. 그것은 바로 죽음이다! 의식의 담지자라고 할 수 있는 육체 자체가기능을 정지하는 것, 나아가 육체 자체가 썩어가는 것이다. 의식의 진정한 한계 상황은 수면도 최면도 아니라 바로 이 죽음이라고 할 수 있다. 삶에서 죽음으로 이행하는 것! 이것은 표상적 시간론이나 의식적 시간론이 좌절되고 진정한 시간이 출현하는 사건 아닌가? 심지어 베르그손이 그렇게 강조했던 '창조적 진화L'évolution créatrice'나 '지속durée'마저 허무하게 느껴지는 시간 아닌가?

자기의식과 지속의 좌절·혹은 붕괴! 탄생의 순간도 있지만 이렇게 죽음의 순간도 있다. 결국 탄생과 죽음 사이의 삶에서의 시간, 혹은 살아 있는 의식의 시간은 너무나 협소한 시간이었던 셈이다. 아니 정확히 말해 탄생의 순간과 죽음의 순간을 은폐하기 위해 만들어진 일종의 색안경과도 같은 자기기만적인 시간인지도 모를 일이다. 아무리 자기의식이 과거를 기억하려고 해도 그것은 탄생과 탄생 이전을 기억할수는 없고, 아무리 자기의식이 기대하려고 해도 그것은 죽음과 죽음 이후를 기대할수는 없는 법이다. 여기서 물론 우리가 인간으로 탄생하기 이전의 상태, 그리고 우리가 인간으로서 죽은 다음의 상태에서 시간을 생각해보자는 건 아니다. 그렇다면 이것은 칸트가 말한 것처럼 "물자체의 시간"을 논의하는 것이니 말이다. 그건 어쩌면우리 인간에게는 별다른 의미가 없는 시간인지도 모른다.

비존재로 있으면 그만이지만 그렇지 않고 존재하게 되는 탄생의 시간, 혹은 존재로 있으면 그만이지만 그렇지 않고 비존재가 되는 죽음의 시간. 바로 이 시간이중요하다. 이 순간에 자기의식의 인간적 시간과 물자체의 시간, 혹은 정신의 시간과 육체의 시간이 접할 수 있기 때문이다. 여기서 객관적 시간이나 주관적 시간, 어느 한쪽으로 빠지지 않고 시간들을 다룰 수 있는 실마리가 생긴다. 탄생과 죽음이란 절대적 시간! 바로 이 시간에 직면하려고 했던 것이 불교였다. 죽음을 목전에 둔 싯다르타는《열반경涅槃經》에서 무상無常, anitya을 정직하게 직면하자는 마지막 당부를 남긴다. 무상을 뜻하는 산스크리트어 아니트야anitya는 부정을 나타내는 '아a'와 영원을 뜻하는 '니트야nitya'로 결합되어 있다. 모든 것은 태어나고 그리고 죽어서 영원하지 않다는 가르침이다. 살아 있는 사람에게만 문제가 되니 무상을 직면하자는 것은 결국 죽음을 직면하자는 것과 다름없다.

　《성실론成實論, Satyasiddhi-śastra》이라는 소승 경전은 싯다르타의 가르침을 삼법인三法印, tridharma laksana으로 정리했던 적이 있다. 첫 번째가 바로 제법무아諸法無我, niratmanah sarva-dharmah의 가르침인데, '모든 존재에는 불멸하는 실체가 없다'는 뜻이다. 두 번째는 제행무상諸行無常, Anityā bata saṃskārāh의 가르침이다. '만들어진 존재는 영원하지 않다'는 뜻이다. 그리고 마지막으로 세 번째는 열반적정涅槃寂靜, samatam nirvanam의 가르침인데, '번뇌로부터 자유로운 마음은 편안하고 고요하다'는 뜻이다. 세 가지 가르침은 별도로 독립하거나 단계적으로 존재하는 것은 아니다. 그것은 깨달은 사람, 즉 번뇌에서 자유로운 사람의 내면을 규정하는 세 가지 특성laksana을 나타낼 뿐이기 때문이다. 결국 모든 것에는 불멸하는 실체가 없다는 걸 온몸으로 안다면 우리는 열반에 들게 되고, 만들어진 존재는 영원하지 않다는 걸 온몸으로 안다면 우리는 열반에 들게 된다. 반대로 열반에 들어 마음이 편안하고 고요해졌다면, 우리는 제법무아와 제행무상을 온몸으로 알고 있다고 할 수 있다.

　제법무아가 일종의 존재론이란 성격을 갖고 있다면, 제행무상은 시간론이라고 할 수 있다. 사실 모든 것에는 불멸하는 실체가 없다는 주장에는 이미 영원을 부정하는 시간론이 함축되어 있다. 그 역도 마찬가지다. 만들어진 존재는 영원하지 않다는 주장이 어떻게 불멸하는 실체를 받아들일 수 있다는 말인가? 어쨌든 불행히도 제법무아나 제행무상의 가르침은 불교 내부에서나 외부에서 엄청난 오해와 비판에 노출되었다. 인간에게 불변하는 자아가 없다면 행위의 책임을 어떻게 물을 수 있느냐는 반문, 그리고 당연히 선한 행위를 해야 하고 악한 행위를 멀리할 이유가 없는 것 아니냐는 반문이 불가피한 법이다. 또한 만들어진 존재가 영원하지 않다면, 자살하지 않고 살아야 할 이유가 무엇이냐는 반문, 혹은 번뇌로부터 벗어나 부처가 되는 것이 무슨 필요가 있느냐는 반문이 불가피한 일이다. 그래서 제법무아나 제행무상을 지키는 건 싯다르타의 가르침을 표방하는 불교 이론가들에게 숙명과도 같은 과업이 되었다. 불교 역사는 바로 이렇게 시작된 것이다.

　대승불교의 초기, 그러니까 3세기에는 나가르주나와 그의 제자 아리야데

바Āryadeva의 중관불교가 공이라는 개념으로 '제법무아'의 가르침을 지키려고 했고, 6세기 이후에는 디그나가Dignāga(480~540)와 7세기에 활동했던 다르마키르티Dharmakīrti의 불교인식론이 '제행무상'의 가르침에 집중했다. 아리야데바와 다르마키르티 사이의 대승불교에는 바로 바수반두Vasubandhu(320?~400?)가 체계화한 유식불교가 자리를 잡고 있다. '제법무아' 중심의 논의에서 '제행무상' 중심의 논의로 이어지는 과도기답게, 바수반두는 제법무아와 제행무상 중 어느 것에도 무게중심을 두지 않고 적절히 싯다르타의 가르침을 옹호하려고 했다. 그렇지만 이런 불교 철학사의 흐름에서 주목해야 할 것은 제법무아의 논증만으로 불교 내부의 오해와 외부의 반박을 논박하기에는 충분치 않았다는 불교 이론가들의 자각이다. 마침내 그들은 싯다르타가 시작한 불교를 지키기 위한 최종적이고 결정적인 심급은 제행무상이란 시간론일 수밖에 없다고 확신했던 것이다.

나가르주나는 자신의 주저 《중론》에서 주로 제법무아, 즉 공의 가르침을 관철시키려고 한다. 그러나 제목 그대로 시간을 성찰하고 있는 19장 〈관시품觀時品〉에서 나가르주나는 앞으로 전개될 불교적 시간론을 예감하는 논의를 피력하고 있다. 다른 장들에 비해 현저히 짧은 〈관시품〉은 단지 여섯 개의 게송으로 이루어져 있다. 첫 번째 게송에서 다섯 번째 게송까지 나가르주나는 표상적 시간론을 논박하고 있다. 표상적 시간론에 따르면 기억된 과거는 비록 의식의 차원이지만 과거 그 자체로 존재한다. 예를 들어 유년 시절 궁핍하게 살았던 과거는 기억의 층위에서 어찌할 수 없는 실체로 존재한다는 것이다. 그러나 모든 것은 인연의 마주침에 의해 형성된다는 공의 논리에 입각해서, 나가르주나는 과거, 현재, 미래는 상호 의존적이라는 사실을 지적한다. 예를 들어 과거보다 더 궁핍한 삶을 현재 살고 있다면, 유년 시절은 궁핍한 시절로만 기억되지 않을 수 있다는 것이다. 또한 만일 시한부 생명을 선고받은 상태라고 한다면, 힘들고 궁핍했다고 판단되었던 과거와 현재는 너무나 아름답고 풍성하고 찬란한 것으로 탈바꿈하게 될 것이다.

이것만으로 부족했는지 나가르주나는 〈관시품〉을 마무리하면서 마지막 여섯 번째 게송을 덧붙인다. "만일 시간이 존재자에 의존하는 것이라면, 존재자와 독립해서 어떻게 시간이 존재할 수 있다는 말인가? 그러나 어떤 존재자도 존재하지 않으니, 어떻게 시간이 존재할 수 있다는 말인가?" 게송에 반복되는 '시간'이란 개념은 표상적 시간론의 '시간'을 의미한다. 자기의식을 갖춘 내가 있으니, 과거, 현재, 미래라는 시간이 존재한다. 과거도 현재도, 미래도, 그리고 시간이란 범주마저도 나와는 독립적으로 존재할 수 없다. 여기서 나가르주나는 자신의 논증을 끝내지 않고, 이어서 "어떤 존재자도 존재하지 않는다"고 말하기 시작한다. 바로 제행무상의 가르침이다. 나가르주나의 말은 다음 두 가지로 해석하면 더 명확해진다. 하나는 "어떤 존재자도 영원히 존재하지 않는다"고 해석하는 것이고, 다른 하나는 "주어진 존재자는 얼마 지나지 않아 죽는다"고 해석하는 것이다. 어느 경우나 나가르주나는 의식을 넘어서는 우리 실존의 시간, 즉 죽음의 시간을 긍정하고 있는 것이다. 죽는 순간에 과거를 기억하고 현재를 지각하고 미래를 기대하는 우리의 표상적 시간은 존재할 수조차도 없다는 것이다.

"어떤 존재자도 존재하지 않으니, 어떻게 시간이 존재할 수 있다는 말인가?" 나가르주나의 반문이 우리를 몸서리치게 만든 것은 표상적 시간이 아닌 죽음의 시간을 그가 언뜻 보여주기 때문일 것이다. 나가르주나의 제자 아리야데바에게는 400개의 게송, 26장으로 구성된 《사백론四百論, Catuḥśataka》이라는 책이 티베트 번역본으로 남아 있다. 현장玄奘(602~664)이 한문으로 번역한 《백론百論》 혹은 《광백론廣百論》은 《사백론》 26장 중 1장에서부터 10장까지만 수록하고 있다. 우리로서는 너무나 안타까운 일이다. 바로 11장이 아리야데바의 시간론이 피력된 중요한 장이기 때문이다. 이 11장에서 아리야데바는 무상과 지속의 문제를 숙고하고 있다. 273번 게송, 274번 게송, 그리고 마지막 275번 게송을 연이어 읽어보도록 하자. 먼저 273번 게송이다. "만일 무상이 항상 존재한다면, 지속은 항상 존재할 수 없을 것이다. 혹은 영원한 것처럼 보이는 것도 나중에는 무상하게 될 것이다." 다음은 274번 게송이다. "만일 존재자들이 지속과 무상을 동시에 가지고 있다면, 존재자가 무상하다는 주장이 틀렸거나 아니면 지속이 오류일 것이다." 그리고 마지막 275번 게송이다. "지금 보고 있는 존재자들은 다시 등장하지 않거나 우리의 의식은 다시 발생하지 않는다." 스승 나가르주나가 하려고 했던 제행무상의 가르침을 아리야데바는 더 명료화하고 있다.

바수반두를 거쳐서 디그나가와 다르마키르티 이후 불교인식론의 이론가들은 제행무상의 가르침을 난공불락의 요새로 만들려고 했다. 이때 중요한 개념이 바로 찰나멸刹那滅, kṣaṇa-bhaṅga이다. 조금의 지속도 없이 순간적으로 소멸한다는 뜻이다. 그들은 존재론적 차원에서 찰나멸을 논증해서 제행무상을 정당화하려고 했던 것이다. 표상 수준의 논증이 아니라 표상 바깥의 논증이기에, 무상을 증명하려는 그들의 논쟁을 "존재성으로부터의 추론sattvānumāna"이라고 부른다. 디그나가에서 시작되어 다르마키르티에 이르러 정점을 이룬 찰나멸 논증은 마침내 즈냐냐스리미트라Jñanasrimitra(975~1025)를 만나 《찰나멸론kṣaṇabhaṅgādhyāya》으로 정리된다. 이어서 11세기에 활동했던 그의 제자 라트나키르티Ratnakīrti는 《찰나멸논증kṣaṇabhaṅgasiddhi》을 집필하여 스승의 이론을 논증식으로 더 세련되게 완성한다. 불교인식론 이론가들의 논증이 성공적이었는지 여부를 차치하고, 우리가 확인할 수 있는 것은 불교 이론가들이 표상적 시간론을 넘어서 찰나멸, 그러니까 죽음의 시간을 숙고하고자 했다는 사실이다.

사족이지만 불교인식론학파가 클라우시우스Rudolf Clausius(1822~1888)를 만났다고 가정해보자. 그들은 정말 기뻐했을 것이다. 찰나멸이 자연과학적 공식으로 정당화되는 장면을 목도했을 테니 말이다. 1867년 출간된 영어로 번역된 논문집《역학적 열이론The Mechanical Theory of Heat》에서 클라우시우스는 그 유명한 엔트로피entropy 개념을 피력한다. "닫힌계closed system에서 비가역 과정irreversible process이 일어난다면 계의 엔트로피 S는 항상 증가하며 결코 감소하지 않는다." 이것이 바로 유명한 열역학 제2법칙이다. 뜨거운 물과 차가운 물이 섞이면 미지근한 물이 만들어진다. 그러나 미지근한 물은 자발적으로 결코 뜨거운 물과 차가운 물로 분리될 수 없다. 비가역적인 반응이 발생한 것이고, 그만큼 엔트로피가 증가했던 것이다. 이런 물리적 조작의 사례뿐만 아니라 원자 하나하나마다 엔트로피는 상이하게 주어진다. 마치 고양이의 수명과 사람의 수명이 다르고, 소나무의 수명과 버섯의 수명이 다른 것처럼 말이다. 어쨌든 모든 것은 엔트로피가 증가하는 방향으로 변하고 끝내는 파괴될 것이다.

아직은 소박하게 자연계를 다룰 때에만 엔트로피 개념을 사용하고 있지만, 이 개념이 가진 궁극적 파괴력은 제행무상이나 찰나멸이 갖는 그것과 같다. 베르그손이나 아인슈타인마저 연루되어 있는 의식을 넘어서는 시간이 존재한다는 걸 보여주니 말이다. 바로 무상의 시간이자 죽음의 시간이고, 육체의 시간과 정신의 시간이 만나는 중도中道의 시간 말이다. 물론 무상의 시간을 보았다고 해서 우리가 허무주의에 빠지는 건 아니다. 반대로 무상을 보는 순간, 우리에게는 놀라운 기적이 일어난다. 자신과 타인, 혹은 모든 존재에 대한 강렬한 사랑이 기적처럼 출현할 테니까 말이다. 바로 자비慈悲, maitri-karuṇa다. 부모의 노쇠함을 볼 때, 목련이 시꺼멓게 변하며 지는 모습을 볼 때, 암으로 말라가는 친구의 모습을 볼 때, 우리는 무상의 시간을 본 것이다. 바로 이 순간 우리는 부모에게, 목련에게, 친구에게 애끓는 연민과 사랑을 느낀다. 이것이 자비가 아니면 무엇인가!《열반경》에서 무상에 직면하라고 싯다르타가 역설했던 이유도, 싯다르타 이후 수많은 불교 이론가들이 제행무상과 찰나멸에 목숨을 걸었던 이유도 바로 여기에 있었다. 놀라운 역설 아닌가. 육체의 시간과 정신의 시간이 만나는 바로 그 순간, 우리에게는 엄청난 사랑의 힘이 분출된다는 사실이.

24

자본은 무엇으로 사는가?

베버

VS

보드리아르

자본이 살아가는 방법

우리는 보통 전자본주의 시대와 자본주의 시대를 구분하곤 한다. 그런데 사실 전자본주의 시대란 말은 정확한 표현이 아니다. 전자본주의pre-capitalism 시대라는 말은 더 엄밀히 말하면 산업자본주의industrial capitalism 이전 시대를 가리키는 용어이기 때문이다. 이 말은 우리가 살고 있는 산업자본주의 시대 이전에도 자본주의가 이미 있었다는 것을 말한다. 물론 그것은 산업자본주의가 아니라 상업자본주의merchant capitalism 형태였다고 볼 수 있다. 상업자본과 산업자본은 자본을 통해서 잉여가치를 창출한다는 점에서는 서로 동일하다. 하지만 잉여가치를 창출하는 방식에서는 자본의 두 형식이 현격한 차이를 보인다. 상업자본이 공간적 차이를 이용해서 잉여가치를 창출한다면, 산업자본은 시간적 차이를 이용해서 잉여가치를 창출하기 때문이다. 물론 이와 같이 잉여가치를 낳는 방식에서는 차이를 보이지만, 상업자본과 산업자본은 마르크스가 이야기했던 자본 운동의 일반 공식을 그대로 반복하고 있다.

자본주의가 잉여가치를 남기는 과정의 완전한 형태는 $M - C - M'$이다. 여기서 $M'=M+\Delta M$이다. 다시 말하면 M'는 최초에 투입된 화폐액에 어떤 증가분을 더한 것과 같다. 이 증가분, 즉 최초의 가치를 넘는 초과분을 잉여가치라고 부른다. 그런데 최초에 투입된 가치는 유통 과정에서 단지 자신을 보존할 뿐만 아니라 자신의 가치량을 변화시켜 잉여가치를 첨가해준다. 바꾸어 말하면 스스로 가치를 증식시키는 것이다. 그리고 바로 이 운동이야말로 가치를 자본으로 전환시켜주는 것이다.

-《자본론》

M이 '화폐'를 의미하는 'Money'의 약자라면, C는 '상품'을 의미하는

'Commodity'의 약자이다. 그리고 ΔM은 '잉여로 남은 화폐', 즉 '잉여가치'를 나타낸다. 마르크스의 공식, M-C-M′은 사실 두 가지 과정을 축약한 형태이다. 하나는 M-C로 표시되는 생산과정이고, 다른 하나는 C-M′으로 표시되는 유통과정이다. 생산과정은 상업자본가가 어떤 지역의 상품을 사거나, 혹은 산업자본가가 노동자를 고용하고 원료를 사는 과정을 의미한다. 유통과정은 상업자본가가 자신이 구매한 상품을 다른 지역에서 팔아서 돈을 벌거나, 혹은 산업자본가가 공장에서 만든 상품을 소비자에게 팔아서 돈을 버는 과정을 의미한다. 중요한 것은 어느 경우나 초기에 투입된 돈(M)보다 상품을 팔아서 회수된 돈(M′)이 많아야 한다는 점이다. 바로 이 차이 때문에 자본가는 잉여가치를 남길 수 있다. 물론 그 결과가 더 많지 않을 수도 있는데, 이 경우 상업자본가나 산업자본가는 결국 파산의 길로 들어설 것이다.

이제 구체적으로 상업자본과 산업자본이 잉여가치를 남기는 방법에 대해 살펴보자. 우리는 한 가지 사례를 통해 어떻게 상업자본이 공간적 차이를 이용하여 상당한 잉여가치를 획득했는지 어렵지 않게 이해할 수 있다. 가령 바닷가에서 매우 싸게 생선을 대량으로 사들여 내륙에서 비싸게 팔 수도 있고 거꾸로 도심지의 공산품을 섬이나 외딴 지역에 가서 비싼 값에 팔 수도 있다. 상업자본이 공간적 차이를 이용해 잉여가치를 남긴다고 했을 때 이것은 결국 가격체계가 다른 두 지역 사이의 차이를 의미하는 것이다. 상업자본과는 달리 산업자본은 시간의 차이를 이용해서 잉여가치를 만든다. 공간적 제약을 받는 상업자본의 경우와는 달리 산업자본에서는 잉여가치 획득의 장애물이 원리적으로 존재하지 않는데, 그 이유는 시간적 격차를 산업자본 자신이 만들어낼 수 있기 때문이다. 예를 하나 들어보자. 계속 신제품을 만듦으로써 산업자본은 기존 제품들이 유행에 뒤떨어졌다는 것을 보여준다. 물론 이것은 소비자로 하여금 기존 제품을 버리고 새로운 제품을 계속 사도록 유혹하는 전략을 동반할 것이다. 새로운 제품을 만드는 행위, 다시 말해 새로운 유행을 만드는 산업자본의 행위 자체가 이미 시간의 차이를 만들어낸 셈이다. 보통 많은 사람들은 유행이란 소비자들이 집단적으로 특정 스타일을 선호하고 선택해서 이루어지는 것이라고 믿고 있다. 하지만 산업자본이 대중매체를 통해, 구체적으로 CF를 통한 직접광고 및 드라마와 영화 등을 통한 간접광고를 통해 자신들이 만든 상품을 하나의 유행으로 소비자에게 각인시키고 있을 뿐이다.

　　마르크스는 자본주의, 정확히 말해 산업자본이 노동자를 착취한다고 주장했다. 이것은 산업자본이 잉여가치를 남기는 과정에서 불가피하게 파생되는 결과라고 생각했다. 자본가는 공장에서 상품을 만들기 위해서 무엇보다도 노동자의 노동력을 임금을 주고 먼저 사와야 한다. 그리고 자본가는 이렇게 구매한 노동력을 기초로 기술 혁신과 신제품 창조를 통해서 새로운 상품을 만들어낸다. 이렇게 만든 새로운 상품은 시장을 통해서 사람들에게 돈을 받고 팔릴 것이다. 이러한 전체 과정을 통해서 자본가는 막대한 잉여가치를 확보하게 된다. 그렇다면 과연 어디에서 잉여가치가 발생한 것일까? 이 물음에 대한 해답은 노동자가 동시에 소비자라는 현실에서 찾을 수 있다. 다시 말해 노동자는 자신의 노동력을 판 대가로 받은 임금으로 산업자본이 만들어낸 상품을 소비했던 것이다. 임금을 소비과정에서 소진해버린 소비자는 앞으로 새로운 상품을 구매할 수 있는 임금을 벌기 위해서 다시 노동자로서 자본가에게 포섭될 수밖에 없다.

ⓚ

베버: "금욕정신이 없다면 자본의 생산력은 저하된다."

산업자본주의만큼 인간의 삶과 역사를 포괄적으로 변화시켰던 경제체계는 없을 것이다. 역사를 거칠게 전근대사회와 근대사회로 이분하게 된 것도 이 때문이다. 여기서 근대사회란 산업자본주의에 입각해서 새롭게 구성된 사회, 그러니까 18세기의 산업혁명과 프랑스혁명으로 시작되어 19세기에 자신의 모습을 거의 완전하게 갖추게 된 사회를 의미한다. 그동안 많은 서양 학자들은 산업자본주의 대두가 가진 의미, 그리고 산업자본주의가 그렇게 빠른 시간에 인간과 사회를 재편시키는 데 성공했던 동력을 해명하는 데 노력을 경주해왔다. 구체적으로 말해 그들의 노력은 "왜 서양 사회에서만 유독 자본주의가 발달하게 되었는가?"라는 질문에 적절한 답을 제공하는 데 모아졌다. 이 점에서 베버Max Weber(1864~1920)와 그의 주저《프로테스탄티즘 윤리와 자본주의 정신Die Protestantische Ethik und der Geist des Kapitalismus》은 매우 중요한 가치를 가진다고 할 수 있다. 자본주의 발달의 원인을 설명하려는 베버의 근본적인 입장은 이 책의 제목에서 이미 상징적으로 드러나 있기 때문이다. 베버는 프로테스탄티즘이라는 정신적 조건이 갖추어져 있었기 때문에 서양에서만 유독 자본주의가 발달하게 되었다고 주장했던 것이다.

프로테스탄트적 금욕 자체는 아무런 새로운 점이 없다. 그러나 프로테스탄트적 정신은 이런 금욕의 과정을 매우 강력하게 심화시켰을 뿐만 아니라, 그 규범은 통용되기 위해서 유일하게 중요한 것을 만들어냈다. 즉 노동을 직업[소명]으로, 다시 말해 구원을 확보하기 위한 가장 좋은 그리고 궁극적으로 유일하기도 한 수단으로 파악함으로써, 심리적 동인을 만들어냈던 것이다. 그리고 이 금욕은 다른 면에서 기업가의 화폐 취득도 '소명'이라고 해석하여, 위와 같이 특별히 노동 의욕을 가진 자들에 대한 착취를 정당화했다. 분명한 것은 직업으로서의 노동이란 의무를 수행하면서 부르주아계급이 신의 나라를 배타적으로 소망할 때나, 혹은 교회 규율이 당연히 프롤레타리아트계급에게 강제할 때 요구되었던 것이 엄격한 금욕이었다는 점이다. 이 금욕 정신이 자본주의적 의미에서의 노동 '생산성'을 강력히 촉진시키지 않을 수 없었던 것이다. 영리활동을 '소명'으로 보는 것이 근대 기업가의 특징이듯이, 노동을 '소명'으로 보는 것도 근대 노동자들의 특징이 된 것이다.

-《프로테스탄티즘 윤리와 자본주의 정신》

베버는 자본가나 노동자들이 모두 자신들의 임무를 '금욕'적으로 수행함으로써 자본주의가 발전하게 되었다는 측면에 초점을 맞추었다. 이것은 프로테스탄티즘에서 금욕주의가 산업자본주의하에서 직업, 즉 천직에 대한 금욕적 행위로 옮겨갔다는 것을 의미한다.

모든 기독교도들에게 현세의 삶은 심판의 대상으로서만 의미가 있다. 그들에게 진정으로 중요한 것은 천국과 지옥을 가름하는 사후의 심판 그리고 심판 이후 내세에서의 영원한 삶이기 때문이다. 이 때문에 기독교도들은《성경》에 맞게 자신을 검열하는 방식의 삶을 영위하게 된다. 사후의 삶은 정신의 삶일 것이기 때문에, 당연히 생전의 삶에서도 가장 중요한 것은 인간의 육신이 아니라 정신적 차원이라고 보았다. 이런 이유로 기독교는 육체적 욕망과 쾌락을 저주하며, 그것을 사탄의 유혹으로까지 비난하게 되었다. 바로 이것이 기독교의 금욕주의적 신념을 잘 보여준다. 당연한 얘기지만 프로테스탄티즘 역시 기독교 특유의 금욕주의 정신을 고스란히 공유하고 있다. 그런데 베버는 이러한 금욕주의가 절약과 근검으로 상징되는 자본주의 정신을 가능하게 해주었다고 주장했다. 그는 우선 프로테스탄티즘이 직업을 일종의 소명, 즉 의무로 간주했다는 점에 주목한다. 'vocation'이라는 단어가 '직업'이라는 의미와 동시에 '소명召命', 즉 '신의 부르심'이란 의미를 함께 가지게 된 것도 이런 이유에서일 것이다. 이 때문에 프로테스탄티즘에서 직업이란 것은 일종의 종교적인 천직의 의미를 띠게 되었다고 본 것이다.

사실 베버는 정치적으로 볼 때 상당히 보수적인 입장을 띠고 있다. 자본가와 노동자라는 양대 계급이 수행하고 있는 임무를 천직으로, 다시 말해서 신이 정해준 숙명인 것처럼 사유하고 있었기 때문이다. 자본가와 노동자라는 현세의 대립이 베버에게 보이지 않았던 것도 이 때문이다. 그는 자본가나 노동자들이 모두 자신들의 임무를 '금욕'적으로 수행함으로써 자본주의가 발전하게 되었다는 측면에 초점을 맞추었다. 이것은 프로테스탄티즘에서의 금욕주의가 산업자본주의하에서 직업, 즉 천직에 대한 금욕적 행위로 옮겨갔다는 것을 의미한다. 베버의 지적이 옳다면, 자본주의의 발달은 자본가와 노동자 두 계급이 '소비' 부문을 억제하고 '생산' 부문에만 집중했기 때문에 가능했던 것이다. 먹고살기 빠듯한 노동자들은 어떤지 몰라도, 자본가의 경우 검소한 생활을 강조할 때 자신의 지출보다 수입이 더 많아질 것이 분명하다. 결국 이런 여윳돈을 가지고 자본가는 다시 생산 부문에 재투자할 수 있게 될 것이고, 이를 통해 자본주의의 생산성을 계속 높이게 될 것이다.

물론 베버는 20세기 들어와서도 프로테스탄티즘적인 금욕주의가 유효하다고 보지는 않는다. 프로테스탄티즘과 같은 종교적 요소는 자본주의 발달을 시작하는 계기였지만 자본주의가 본래 궤도에 오르는 순간 불필요한 것이 되어버렸다는 것이다. 한마디로 말해 금욕주의는 토사구팽兎死狗烹당한 셈이다.

금욕주의는 세계를 리모델링하고 자신의 이상들을 세계에 펼치는 임무를 수행했기 때문에, 물질적 재화들은 역사적으로 과거 어떤 시대에도 유례가 없을 정도로 인간의 삶을 점점 더 지배하게 되었고 최종적으로는 인간이 벗어날 수 없는 권력을 획득하게 되었다. 오늘날 종교적 금욕주의의 정신은 새장으로부터 이미 탈출해버렸다. 그렇지만 성공을 구가하는 자본주의는, 기계라는 기초에 의존하고 있기에, 더 이상은 종교적 금욕주의의 도움을 필요로 하지 않는다.

-《프로테스탄티즘 윤리와 자본주의 정신》

자본주의는 재화들을 풍성하게 생산하는 시스템이다. 이것이 바로 베버의 아마추어와 같은 확신이었다. 그의 눈에는 잉여가치를 얻기 위해 맹목적으로 움직이는 자본이란 괴물이 보이지 않는다. 그러나 누구나 알고 있지 않은가? 자본은 잉여가치를 위해서라면 애써 생산한 재화들마저도 파괴한다는 사실을. 인간의 생존마저 위기에 빠뜨리는 자본에게 재화가 무슨 가치가 있다는 말인가? 베버는 금융자본이나 투기자본의 야만성을 보려고도 하지 않았던 셈이다. 어쨌든 자본주의는 초기에 생산성을 높이려고 금욕주의를 필요로 했지만, 발달된 자본주의는 기계의 힘으로 생산성을 비약적으로 향상시킬 수 있었다. 그러니 이제 더 이상 금욕주의와 같은 종교적 요소가 불필요하다는 것이 베버의 생각이다. 정말 측은할 정도로 순박하기까지 한 베버다.

또 한 가지 우리가 고민해야 할 것이 있다. 20세기 자본주의는 베버의 지적처럼 종교성을 완전히 벗어나 세속화된 것일까? 베버와 동시대에 활동했던 탁월한 사회철학자 짐멜Georg Simmel(1858~1918)은 전혀 다른 이야기를 우리에게 전해준다.

존재의 모든 낯섦과 화해 불가능성은 신에서 통일성과 화해를 발견한다는 이 이념으로부터 평화에 대한 감정, 안전에 대한 감정 그리고 모든 것을 포괄하는 풍성함에 대한 감정이 발생하게 된다. 이런 감정은 신에 대해 생각하거나 아니면 우리가 신을 소유하고 있다는 생각으로부터 가능한 것이다. 의심할 여지없이 돈이 자극하는 감정은 이런 종교적 감정과 심리학적 유사성을 지닌다. …… 이렇게 해서 돈은 우리들로 하여금 개별적인 것을 초월하도록 해주며, 돈이 지닌 전능을 마치 하나의 최고 원리가 지니는 전능인 양 신뢰하도록 만든다. 동시에 이 원리는 언제든지 우리를 개별적이고 비천한 것으로 바꾸어버리기도 한다. 따라서 순전히 심리학적으로 보면—이른바 형식적으로 보면—돈의 소유가 허락해주는 안정과 평온의 감정, 그리고 돈으로 모든 가치들을 포괄할 수 있으리라는 확신은 돈이 우리 시대의 신이라는 탄식에 대해 심층적 근거를 제시해주는 방정식이다.

-〈현대 문화에서의 돈Money in Modern Culture〉

짐멜의 생각은 단순하지만 그만큼 자본주의의 핵심을 드러내고 있다. 기독교가 초월종교였다면 자본주의는 세속종교였던 것이다. 기독교가 지배하던 시절, 신을 믿는 신도에게는 안정, 평화, 그리고 풍성함의 감정이 발생했다. 그러나 자본주의가 도래하면서 이제 신의 역할을 돈이 하고 있다는 것! 이것이 바로 짐멜의 생각이었던 것이다. 하긴 그렇지 않은가? 방금 구매한 수많은 상품들이 집에 있는 것보다는 그만큼의 돈을 현금이든 아니면 예금의 형태든 가지고 있는 것이 더 많은 안정과 평화, 그리고 풍성함을 주는 법이다. 불행히도 화려한 상품들, 즉 재화들에 시선을 빼앗기느라 베버가 보지 못했던 것, 즉 자본과 돈이 가진 종교성을 짐멜은 예민한 후각으로 간파했던 것이다. 더군다나 짐멜 덕에 이제 금욕주의의 실체도 우리 눈에 더 분명하게 들어온다. 기독교 시대의 금욕주의는 정신적이거나 육체적 에너지를 아껴서 그것을 신에게 쓰려고 했던 태도였다면, 자본주의 시대의 금욕주의는 상품에 에너지를 쓰기보다는 돈에 에너지를 쓰려는 태도라고 정의할수도 있으니 말이다.

어쨌든 19세기 자본주의 동력으로 지목된 금욕주의든 아니면 20세기 자본주의 동력으로 지목된 기계의 생산력이든, 베버는 자본주의의 엄청난 재화 생산 역량을 강조한다. 금욕주의가 소비를 억제하여 생산 부문을 강화할 수도 있고, 기계가 인간의 소비를 넘어 재화 생산을 비약적으로 증가시킬 수도 있다고 그는 판단하고 있기 때문이다. 어느 경우든 비약적 생산력이 자본주의 발전의 동력이라고 베버는 확신했던 셈이다. 생산과정과 함께 자본의 운동을 구성하는 유통과정, 즉 소비과정에 대한 고려가 없는 것도 이런 이유에서다. 그러니 우리는 베버에게 되물어보아야 한다. 팔리지 않는다면 엄청나게 생산된 재화들이 무슨 가치와 의미가 있느냐고 말이다.

Ⓚ

보드리야르: "방탕한 소비는 자본을 생기롭게 만든다."

1970년 베버의 입장에 근본적으로 도전하는 충격적인 책이 하나 등장한다. 보드리야르의《소비의 사회La Société de consommation》라는 책이 바로 그것이다. 이 책의 저자 보드리야르Jean Baudrillard(1929~2007)는 산업자본주의 발달의 핵심에는 기술 개발에 의한 생산력의 비약적 발전이 있었던 것이 아니라, 오히려 인간의 허영과 욕망을 부추기는 유혹적인 소비사회의 논리가 있다고 선언한다. 그의 이야기에 따르면, 산업자본주의하에서는 생산보다 오히려 소비가 더 '생산적'이라는 역설적인 주장이 성립할 수 있다. 표면적으로 보드리야르의 생각은 우리의 상식과 맞지 않기 때문에 놀라움과 당혹감을 줄지도 모른다. 하지만 곰곰이 생각해보자. 상품들이 '소비되지' 않는다면, 산업자본은 과연 자신이 자랑하는 무한한 생산력을 과시할 수 있었을까? 이것은 아마도 불가능한 일이었을 것이다. 결국 자신의 수명을 연장하기 위해서 산업자본은 반드시 사람들로 하여금 지속적인 소비를 하도록 강제할 수 있어야만 했다. 바로 이런 산업자본이 가진 아킬레스건을 통찰했던 사람이 보드리야르였던 것이다.

잉여가치를 지속적으로 획득하기 위해 산업자본은 상품에 사용가치 그 이상의 것을 각인시켜 넣어야 했다. 특정 상품이 사용가치만 가지고 있다면, 소비자는 자신이 구입한 상품의 사용가치가 완전히 소멸될 때까지는 같은 종류의 상품을 더 이상 구입하지 않을 것이다. 산업자본은 소비자로

보드리야르는 산업자본주의 발달의 핵심에는 인간의 허영과 욕망을 부추기는 유혹적인 소비사회의 논리가 있다고 선언한다. 결국 산업자본은 반드시 사람들로 하여금 지속적인 소비를 하도록 강제할 수 있어야만 했다. 바로 이런 산업자본이 가진 아킬레스건을 통찰했던 사람이 보드리야르였던 것이다.

하여금 사용가치가 소멸되기 전에도 상품을 폐기하고 유사한 사용가치를 가진 또 다른 신상품을 사게끔 유혹할 수 있어야만 한다. 마침내 상품에는 사용가치 이외에 특이한 가치가 더 부여되었다. 보드리야르는 이 특이한 가치를 '기호가치'라고 부르면서 산업자본의 유혹 전략을 다음과 같이 해명하려고 한다. 그의 주장을 직접 살펴보자.

객관적 기능의 영역 안에서 사물들은 교환 불가능하다. 그렇지만 이런 명시적 의미의 영역 밖에서 어떤 사물이라도 무제약적인 방식으로 대체 가능하게 된다. 이런 암시적 의미의 영역 안에서는 사물은 기호sign라는 가치를 띠게 된다. 따라서 세탁기는 도구로서 쓰이는 것과 함께 행복, 위세 등의 요소로서의 역할도 한다. 바로 이 후자의 영역이 소비의 영역이다. 여기에서는 다른 모든 종류의 사물들이 '의미를 표시하는 요소signifying element'로서 세탁기를 대신할 수 있다. 상징symbols의 논리와 마찬가지로 기호의 논리에서도 사물은 이제 명확하게 규정된 기능이나 요구와 더 이상 관련되어 있지 않다. 바로 그 이유는 사물이 전혀 다른 것(그것은 사회적 논리일 수도 있고 욕망desire의 논리일 수도 있는데)에 대응하고 있으며, 그것에 대해서 사물은 의미작용signification의 무의식적이고 유동적인 영역으로 사용되고 있기 때문이다.　　　　－《소비의 사회》

보드리야르에 따르면 "객관적 기능의 영역"이란 구체적인 사용의 세계를 의미한다. 예를 들어 자동차는 사람들의 이동을 편하게 하는 객관적 기능을 가지고 있고, 아파트는 사람들의 주거를 편하게 해주는 객관적 기능을 가지고 있다. 이렇기에 객관적 기능의 영역에서 자동차는 아파트를 대신할 수 없게 된다. 그래서 보드리야르는 "객관적 기능의 영역 안에서 사물들은 교환 불가능하다"고 말했던 것이다. 하지만 객관적 기능의 영역을 넘어서면 사정은 전혀 달라진다. 만약 자신의 신분이나 부유함을 나타내는 차원이라면, 고급 자동차나 고급 아파트는 서로 대체 가능한 것으로 드러나기 때문이다. 사실 이 경우라면 다이아몬드나 골프 회원권도 자동차 혹은 아파트를 대신할 수 있게 될 것이다.

보드리야르는 객관적 기능의 영역을 넘어서는 차원, 즉 "암시적 의미의 영역"에서 사물들이 '기호'의 가치를 갖는다고 주장한다. 기호의 차원이 바로 산업자본주의가 소비의 논리에 의해 작동하고 있는 영역이라고 보면서, 보드리야르는 그 사례로 바로 세탁기를 언급하고 있다. 그는 세탁기가 "도구로서 쓰이는 것과 함께 행복, 위세 등의 요소로서의 역할"도 수행한다고 지적한다. 세탁기가 도구로 쓰인다는 것은 세탁기가 '사용가치'를 가진 것으로 이용된다는 것을 의미한다. 분명 세탁기는 사람들을 빨래라는 힘든 노동에서 해방시켜준 도구이다. 하지만 보드리야르가 주목하고 있는 것은 세탁기가 상징하는 '행복, 위세 등의 요소'라는 다른 가치이다. 이것은 사용가치와는 구분되는 가치라고 할 수 있다. 그는 세탁기의 사용가치와 무관한 이런 관념적 가치를 '기호'라고 부른다. 그가 말한 소비의 논리란 바로 이 '기호'를 구매하는 것과 관련되어 있다.

소비사회에 대한 보드리야르의 통찰이 중요한 이유는, 그가 인간에게 는 타인에게서 자신을 구별하려는 욕망 혹은 허영이 있다는 것을 분명히 드러냈기 때문이다. 그런데 인간의 구별짓기 욕망에는 다음과 같은 의식이 깔려 있다. 부당하게도 자신의 현재 삶은 행복하지 못하다는 일종의 피해의식 말이다. 또한 이런 피해의식의 이면에는 모든 인간에게 행복, 위세 혹은 안락함이 주어지지 않는다는 비판도 함께 깔려 있다고 할 수 있다. 그래서 행복, 위세 혹은 안락함은 선택받은 소수의 사람에게만 허용될 수 있다는 생각이 가능하게 된 것이다. 자신도 선택받은 소수의 사람들에 속하고 싶다는 욕망, 다시 말해 대다수의 평범한 사람들로부터 자신을 구별하려는 욕망은, 바로 부르디외가 말했던 귀족적 취향이나 선택받은 소수가 되고 싶은 욕망과 맥을 같이하는 것이라고 볼 수 있다.

이처럼 보드리야르는 '기호가치'를 해명함으로써 산업자본이 어떤 식으로 우리 인간을 포획하는지를 보여주려고 했다. 하지만 이러한 통찰을 통해 그가 진정으로 꿈꾸었던 것은 자본에서 벗어날 수 있는 새로운 실마리를 얻는 데 있었다. 그 실마리는 방금 읽은 《소비의 사회》 인용문 안에 들어 있다. "상징의 논리와 마찬가지로 기호의 논리에서도 사물은 이제 명확하게 규정된 기능이나 요구와 더 이상 관련되어 있지 않다." 소비의 논리와 관련된 기호가치 이외에도 사용가치와 무관한 가치가 하나 더 있다. 바로 상징의 논리, 혹은 상징가치다. 보드리야르는 사물을 상징가치로 사용할 때, 우리는 자본으로부터 벗어날 수 있다고 생각했던 것이다. 그에게 상징의 논리는 선물이나 증여의 논리였다. 이제 직접 심화된 보드리야르의 이야기를 직접 들어보자.

네 가지 논리가 논쟁의 대상이 될 것이다. …… 유용성의 논리, 거래의 논리, 증여의 논리, 신분의 논리. 사물은 이 가운데 어느 하나에 입각하여 정돈됨에 따라 각각 '도구', '상품', '상징' 또는 '기호'의 지위를 취하게 된다. …… 정확하게 말해서 선물은 사용가치도 경제적 교환가치도 지니고 있지 않다. 증여된 물건은 상징적 교환가치만을 갖는다. 이것이 선물의 역설이다.

　　　　　　　－《기호의 정치경제학 비판Pour une Critique de l'Economie Politique du Signe》

　　우리가 사물을 네 가지의 시선으로 볼 수 있다는 것, 이것이 보드리야르의 주장이다. 그는 이 가운데 유용성, 거래, 신분의 논리가 자본주의 안에 포섭된 논리라면, 오직 한 가지 증여의 논리만이 반자본주의적 논리를 함축하고 있다고 보았다. 핸드폰은 '전화를 편리하게 할 수 있다'는 유용성의 논리를 가지면 '도구'가 되고, '20만 원으로 구매할 수 있고 10만 원에 중고 제품으로 되팔 수 있다'는 거래의 논리를 가지면 '상품'이 되고, '지적이고 섹시한 20대 여성을 표시한다'는 신분의 논리를 가지면 '기호'가 된다. 사실 핸드폰이란 사물에는 이 세 가지 논리가 하나의 논리인 양 융합되어 있다. 반면 애인에게서 선물로 받은 한 권의 책, 사랑하는 마음을 가득 담은 글이 속지에 깨알처럼 적혀 있는 한 권의 책을 생각해보자. 우리는 이 책으로 '그 안에 적힌 정보를 학습하는 데 사용하지 않고'(유용성 논리에 대한 거부), '헌책방에 팔려고 하지도 않고'(거래 논리에 대한 거부), '그 책을 가슴에 품고 다니면서 지적이란 분위기를 풍기려고 하지도 않는다'(신분 논리에 대한 거부). 오직 선물로 받은 책이 순수한 증여의 논리에 따르는 순간 '상징'이 되며, 자본주의 논리에서 가장 멀리 벗어나게 된다. 선물은 마르크스가 이야기한 것처럼 "인간을 인간으로서만, 사랑을 사랑으로서만, 신뢰를 신뢰로서만 교환하도록" 만들기 때문이다. 마르크스의 《경제학 – 철학 수고Ökonomisch-philosophische Manuskripte aus dem Jahre 1844》에 나오는 말이다.

　　인간과 인간 사이에 존재하는 사물들이 인간을 지배하는 것이 아니라, 오히려 인간과 인간 사이의 관계가 사물들을 지배하는 것. 이것은 화폐와 상품의 논리로 사물뿐만 아니라 인간마저도 장악하고 있는 자본주의 논리를 벗어나지 못한다면 불가능한 꿈이 될 것이다. 말년의 저서《암호Mots de passe》에서 보드리야르가 세계의 모든 것을 교환 불가능한 것, 즉 일종의 선물로 보자고 역설했던 것도 이런 이유 때문이다.

> 세계는 교환될 수 없는 것이다. 총괄적으로 보면 세계는 아무 데서도 등가물을 갖지 않기 때문이다. 모든 것이 세계의 일부를 이루기 때문에, 그것이 가치로서 평가되고 비교되고 측정될 수 있는 외적인 것이라는 것은 전혀 존재하지 않는다. ─《암호》

세계에 존재하는 모든 것은 다른 것으로 교환될 수 없는 것이다. 옳은 이야기이다. 해맑게 웃고 있는 아이도 다른 누구와 바꿀 수 없는 바로 그 아이이고, 들판의 들장미 한 송이도 다른 것과 바꿀 수 없는 바로 그 들장미이기 때문이다. 그러나 우리가 보는 대상들만 그럴까? 우리 자신도 다른 누구와 바꿀 수 없는 바로 우리 자신 아닌가? 보드리야르가 강조하는 것은 바로 이런 세계에 대한 태도 변경이었다. 해맑은 아이, 들장미, 그리고 나 자신마저 다른 것과 바꿀 수 있는 상품이 아니라 이 세계에 던져진 선물로 보자는 것이다. 바로 이 순간이 산업자본주의가 던져놓은 덫에서 우리가 점차 자유로워지기 시작하는 순간이기도 하다. 죽기 직전 그가 남긴 유언은 너무나 시적이고 비범하기까지 하다. 탁월한 심미적 감수성을 갖추지 않는다면, 그 누가 자본주의를 넘어서려는 보드리야르의 유언을 지속적으로 집행할 수 있겠는가? 그러나 사물이 인간을 지배하는 것이 아니라 인간이 사물을 지배하기 위해, 혹은 같은 말이지만 인간이 서로 착취하지 않고 연대하고 사랑하기 위해, 우리는 보드리야르의 유언을 충실히 지켜야 한다. 언젠가 모든 사물, 모든 타자, 심지어 우리 자신마저도 하나의 선물로 긍정되는 순간이 도래할 때까지!

고찰
REMARKS

우리 시대의 타짜, 자본가

베버는 서양에서 유독 자본주의가 발달한 이유를 프로테스탄티즘이 지향하는 금욕적인 생활에서 찾으려고 했다. 이런 금욕적인 생활을 추구했기 때문에 자본가와 노동자는 모두 '소비' 부문을 억제하고 '생산' 부문에만 집중하게 되었고, 이것이 결국 부의 축적을 낳았다는 것이다. 그렇지만 다음과 같이 물으면 베버 논리의 허약함이 금방 폭로된다. "베버가 말한 대로 금욕적인 소비생활이 자본주의 발달의 동력이었다면, 산업자본이 만들어낸 엄청나게 많은 상품들은 그동안 과연 누가 구매해온 것인가?" 이것이 바로 보드리야르가 품었던 중대한 의문이다. 이러한 의문의 결과 보드리야르는 생산 부문보다 소비 부문이 자본주의 발달의 진정한 동력이라고 주장하게 된다. 아무리 상품을 많이 만들어도 소비를 하지 않으면, 자본가는 잉여가치를 남길 수 없는 법이다. 결국 자본주의 발전에서 정말 중요한 분야는 생산이 아니라 소비 분야였던 것이다.

자본주의는 상품을 가진 사람보다는 자본을 가진 사람에게 우월함을 보장하는 체제이다. 노동력이란 상품만을 가지고 있을 때 우리가 자본가보다 열등한 지위에 있게 되는 것도 이런 이유에서이다. 그런데 무엇 때문에 자본가는 자본을 사용하여 노동력과 원자재를 구매해서 상품을 만드는 것일까? 그 결과 자본가 자신에게 남는 것은 돈이 아니라 상품이고, 노동자에게 남는 것은 임금, 즉 돈일 테니 말이다. 왜 자본가는 자신이 가진 우월한 지위를 순간적이나마 버렸던 것일까? 그 해답은 자본가라는 우월한 지위를 지속적으로 유지하기 위해 그는 반드시 그 지위를 잠시 떠날 수밖에 없다는 데서 찾을 수 있다. 간단한 예를 들어보자. 1억 원을 가진 자본가가 있다고 하자. 그는 돈이 자신에게 얼마나 우월한 지위를 주는지 잘 알고 있다. 그래서 그는 1억 원을 금고에 고이 모셔둔다. 10년 정도 지나면 아마 1억 원은 실질 가치가 5천만 원 정도로 떨어질 것이다. 액면가격은 1억 원이지만 그걸로 살 수 있는 상품 가격은 두 배로 뛴 것이다. 지혜로운 자본가가 자신이 가진 돈으로 원자재나 노동력 등 상품을 구매해서 특정한 상품을 만들 수밖에 없는 것도 이런 이유에서다.

마르크스가 제안했던 M‐C‐M′이란 공식을 떠올려보자. 1억 원으로 원자재나 노동력을 사고 이걸로 상품을 만든다. 여기까지가 생산과정이다. 이렇게 만든 전체 상품에 1억 1천만 원의 가격을 붙여 상품을 모두 파는 데 성공한다면, 자본가에게는 1천만 원의 잉여가치가 남게 된다. 바로 이것이 유통과정이다. 그런데 상품을 사고 말고는 자본가가 결정하는 것이 아니라 생산과정에서는 노동자였지만 유통과정에서는 소비자로 탈바꿈한 바로 우리들이다. 만약 우리가 상품을 사지 않는다면, 자본가는 원래 투자했던 1억 원마저 회수하기 힘들 수도 있다. 결국 모든 자본가는 무한히 증식하려는 자본의 맹목적인 충동 때문에 이중의 딜레마에 빠진다. 돈을 구두쇠처럼 가지고 있어도 자본가가 가진 자본의 가치는 하락한다. 돈으로 상품을 만드는 데 투자해도 그 상품이 팔리지 않으면 자본가가 가진 자본의 가치는 하락한다. 어떻게 할 것인가? 자본가들만이 가진 고질적인 번뇌는 바로 이 딜레마에 있다.

돈을 금고에 보관해도 자본의 가치는 하락하고, 상품을 만들어 팔아도 자본의 가치가 하락할 수 있다. 그렇지만 전자의 가치 하락은 자본주의의 생리상 필연적이고, 후자의 가치 하락은 반드시 필연적인 것만은 아니다. 자본가가 상품을 생산할 수밖에 없는 것도 이런 이유에서다. 그나마 자본의 가치 상승을 기대할 수 있는 쪽에 운명을 맡기는 것이다. 자본이 강요하는 압력에 휘둘리는 자본가의 불가피한 선택이다. 물론 그렇다고 해서 자본가가 넋 놓고 불확실성에 몸을 던지는 것이 아니다. 불확실성을 가급적 확실성으로 바꾸기 위해 자본가는 노동자들이 헤아릴 수 없을 정도로 노력을 경주하기 때문이다. 그럼에도 불확실성은 줄어들 뿐 결코 사라지지 않는다. 이런 자본과 자본가의 생리를 마르크스는 《자본론》에서 아주 말끔하게 정리했던 적이 있다.

"자본의 운동에는 한계가 없다. 이 운동의 의식적인 담장자로서 화폐 소유자는 자본가가 된다. 그의 일신, 또는 더 정확히 말해서 그의 주머니는 화폐의 출발점이자 귀착점이다. 이런 유통의 객관적인 내용―가치의 증식―이 그의 주관적인 목적이 되고 추상적인 부를 점점 더 많이 취득하는 것이 그의 행동의 유일한 추진적인 동기로 되는 한에 있어서만, 그는 자본가로서, 곧 의지와 의식이 부여된 인격화된 자본으로서 기능하는 것이다. 그러므로 사용가치는 결코 자본가의 진정한 목적으로서 간주될 수 있는 것이 아니며, 어떤 하나의 거래에서의 이윤도 또한 그렇게 될 수 없고, 다만 이윤을 추구하는 끊임없는 운동만이 그의 진정한 목적이 될 수 있다. 이 절대적인 치부의 충동, 이 정열적인 가치 추구는 자본가와 화폐 퇴장자에게 공통된 것이지만, 화폐 퇴장자는 얼빠진 자본가에 지나지 않는 반면에 자본가는 합리적인 화폐 퇴장자다."

합리적 화폐 퇴장자, 즉 자본가가 되었다고 해도 자신이 만든 상품이 유통과정에서 돈으로 회수되는지 여부를 사전에 미리 예측하기란 여간 어려운 것이 아니다. 좌우지간 자본주의의 생리상 돈을 가진 사람이 상품을 사거나 말거나 결정할 수 있을 뿐이기 때문이다. 그래서 《아케이드 프로젝트》에서 벤야민은 말했다. "자본가는 주식에 투자하지만, 주가와 배당의 등락 원인은 자본가로서는 알 길이 없다. 그래서 그는 전문 도박꾼이 된다." 결국 합리적 도박이 투자이고, 비합리적인 투자가 도박이라고 할 수 있다. 그러나 합리적이었는지 아니면 비합리적이었는지 여부는 전적으로 상품이 팔려서 자본이 회수되었느냐의 여부로, 그러니까 오직 사후적으로만 결정될 수 있을 뿐이다.

도박에서는 세상 사람들이 말하는 '타짜'가 있다. 도박이라는 확률 게임에서 이길 확률을 높이기 위해 상대방에게 들키면 안 되는 다양한 기술들을 사용하는 도박꾼을 말한다. 자본도 마찬가지다. 타짜가 되어야 한다. 상품을 만들었다면 그것을 반드시 팔리도록 해야만 하기 때문이다. 그것이 바로 마케팅이다. 무언가에 홀리듯 자신이 만든 상품을 보면 주머니를 열도록 '노동자=소비자'인 우리를 유혹하는 현란한 손기술인 셈이다. 현란한 손기술은 제대로 배워야 한다. 다행히 우리 시대에는 자본주의 타짜 양성소가 버젓이 설립되어 있다. 바로 대학이다. 심지어 인문학마저도 문화 콘텐츠로, 그러니까 고급 상품으로 전락한 지 오래이니 더 말해 무엇하겠는가. 그러나 자본가 타짜는 너무나 쉽기만 하다. 그것은 파스칼이 말한 것처럼 우리가 대부분 엄청난 허영의 동물이기 때문이다. 소비자의 허영을 가지고 놀면 모든 것이 뜻대로 된다는 걸 자본가는 이미 간파했던 것이다.

자신의 우월성을 보장해주는 돈을 강제로 뺏을 수 없다면, 자본가에게 남은 길은 자발적으로 소비하도록 유혹하는 방법을 사용하는 것밖에 달리 길이 없다. 여기서 상품에 부가된 '기호'가 바로 자발적 소비를 유도하는 치명적인 미끼로 기능하게 된다. '기호!' 우리의 허영을 자극하는 핵심적 기능을 담지하고 있는 것이라면, 무엇이든 기호가 될 수 있다. 자신을 유혹하는 이런 미끼에서 우리는 벗어날 수는 없을까? 보드리야르는 불가능한 교환L'échange impossible을 이야기한다. 교환은 교환이지만 자본주의 입장에서는 불가능한 교환이라는 것이다. 바로 선물의 교환이다. 우리 모두, 그리고 우리 사이에 존재하는 모든 것을 교환될 수 없는 선물로 사유하자는 것이다. 교환될 수 없는 것들을 주고받을 때, 우리의 교환은 반자본주의적일 수밖에 없다. 죽음에 임박했을 때 보드리야르가 유언에서 선물의 논리를 그토록 강조했던 것 역시 이와 같은 맥락에서였다.

25

사랑은 하나가 되는 것인가?

헤겔

_____ VS _____

바디우

"사랑해"라는 말의 내적인 논리

'사랑'이란 개념을 숙고하다보면, 우리는 이 개념이 함의하는 것이 너무도 다채로워 당혹감을 느끼게 된다. 이성 혹은 동성에 대한 육체적 욕망에도, 직접적인 관계가 없는 지구 반대편 아이들에 대한 동정에도, 가족들에 대한 배타적인 관심에도, 심지어는 신과 같은 초월자에 대한 헌신에도, 모두 '사랑'이란 용어가 동일하게 사용되기 때문이다. 이런 혼란스러움을 정리하는 가장 좋은 방법으로 가장 친근한 사례를 통해 사랑의 내적 논리를 하나하나 해명하는 것이 제일 효과적일 것이다. 그럼 "너를 사랑해!"라는 평범한 말에서부터 출발해보자. 우리는 무엇을 표현하기 위해 이 말을 사용한 것일까? 겉으로 봐서는 어떤 대가도 바라지 않고 헌신적으로 너에게 애정을 기울이겠다는 서약처럼 보인다. 하지만 "너를 사랑해"라는 표현의 진정한 의미는 "나는 '당신이 나를 사랑하기'를 원해"일 수도 있다. 그래서 "너를 사랑해"라고 말한 사람은 설레는 마음에서건, 확신에 찬 마음에서건 상대방에게서 "나도 너를 사랑해"라는 말을 기대하게 되는 것이다.

바로 이 대목에서 우리는 사랑에 심각한 문제가 될 수 있는 것 하나를 짐작하게 된다. 그것은 바로 내가 관심을 기울인 타자가 나를 좋아할 수도 있고 혹은 나를 좋아하지 않을 수도 있는 '자유'를 가진 존재라는 사실이다. 다시 말해 지금 내가 좋아하는 상대방 혹은 사랑하는 상대방인 타자는 언제든지 나를 버리고 떠날 수 있는 자유를 가지고 있다는 것이다. 사랑과 관련된 사르트르의 통찰이 빛을 발하는 것도 바로 이 대목에서이다.

만일 내가 타자에 의해서 사랑을 받아야 한다면, 나는 사랑받는 자로서 자유로이 선택되어야만 한다. 알다시피 사랑과 관련된 통상적인 용법에 따르면 '사랑받는 자'는 '선택된 사람'이라고 불린다. 그러나 이 선택은 상대적이거나 우발적인 것이어서는 안 된다. …… 사실 사랑에 빠

진 자가 원하는 것은 사랑받는 자가 자신을 절대적으로 선택해야 한다는 점이다.   -《존재와 무》

사르트르는 사랑에 빠진 사람이 원하는 것을 정확히 지적하고 있다. 사랑에 빠진 사람은 자신의 애인이 다른 일체의 외적인 압력 없이 자유롭게 자신을 사랑하기를 원하는 법이다. 하지만 타자가 자유로운 선택의 결과로 나를 사랑하게 되었던 것에는 비극의 씨앗이 잉태되어 있지 않은가? 타자가 나를 자유롭게 사랑할 수 있다는 것에는 언제든지 그 타자가 나에 대한 사랑을 자신의 뜻에 따라 자유롭게 철회할 수도 있는 가능성이 함축되어 있기 때문이다. 그렇기 때문에 사랑에 빠진 사람은 불가능에 가까운 소망을 품게 된다. 타자는 나를 자유롭게 사랑하지만 그러한 타자의 자유는 딱 한 번만 작용했으면 하고 바라는 것이다. 다시 말해 상대방은 나를 선택할 수 있는 자유를 갖고 있지만, 나를 사랑하자마자 그 자유를 포기해야 한다고 믿는 것이다. 사르트르가 "사랑에 빠진 자가 원하는 것은 사랑받는 자가 자신을 절대적으로 선택해야 한다는 점이다"라고 지적했던 것도 바로 이런 달성될 수 없는 욕망을 잘 보여주고 있다.

여기서 우리는 한 가지 다루지 못한 것이 있다. 그것은 우리에게 사랑이 찾아오는 이유이다. 나는 왜 어떤 사람을 특별한 사람으로 사랑하게 되는 것일까? 여기서 사랑에 대한 라캉의 설명을 들어보는 것이 도움이 될 것 같다. 《세미나》 8권에서 그는 "욕망과 그 대상 사이의 불일치" 때문에 사랑이 발생한다고 이야기했다. 사랑에 빠진 주체는 타자에게 자신의 욕망을 충족시켜줄 무엇인가가 있다고 상상한다. 이렇게 상상된 타자의 모습이 실재 타자의 모습과 부합되면, 사랑은 촉발되지 않는다는 것이 라캉의 근본적 입장이다. 그것은 마치 목이 마를 때 물을 마시는 것과 같아서, 욕망이 곧바로 충족되기 때문이다. 반면 상상의 모습이 실재의 모습과 일치되지 않을 때, 그럼에도 타자가 자신의 욕망을 충족시켜줄 수 있다는 상상에 계속 집착할 때, 사랑은 불꽃처럼 타올라 결코 꺼지지 않을 것처럼 강하게 빛을 발한다는 것이다. 사랑에 대해 라캉은 결국 욕망이란 것 역시 기본적으로는 '결여'를 전제로 한다고 보았던 것이다.

사랑은 우리가 특정한 타자를 특별한 사람으로 느끼고, 동시에 그 타자가 우리를 특별한 사람으로 생각해주기를 바라는 감정이라고 할 수 있다. 라캉을 통해 우리가 어떤 타자를 특별한 존재로 생각하고 사랑에 빠지게 되는 심리적 메커니즘을 살펴보았지만, 사랑과 관련된 가장 중요한 난점은 사르트르가 이야기했던 것처럼 타자로 하여금 나를 특별한 사람으로 생각하도록 강제할 수는 없다는 데 있다. 사랑에 빠지자마자 우리는 우선 자신뿐만 아니라 타자도 자유를 가지고 있다는 중요한 사실을 배우게 된다. 물론 우리는 타자를 노예처럼 만들어 나를 사랑하도록 강제할 수도 있을 것이다. 하지만 이렇게 강요된 타자의 사랑은 거짓된 사랑이기 때문에 결코 우리를 행복하게 만들지 못한다. 상대방의 자유가 아닌 강제된 복종을 통해 드러나는 사랑 표현을 누구라도 쉽게 진실인 것처럼 간주하지는 못할 것이다. 이처럼 사랑의 내적 논리에 근접하면 할수록, 우리는 타자의 타자성이란 문제가 사랑에 있어 심각한 난점을 던져주고 있음을 자각하게 된다.

사랑의 숙명은 우리가 자신만의 힘으로는 혼자 버려져 있다는 고독의 느낌에서 빠져나올 수 없다는 데 있다. 오직 사랑하는 타자가 손을 내밀 때만 우리는 고독에서 벗어날 수 있기 때문이다. 그러나 불행히도 내게 손을 내밀고 말고는 전적으로 타자에게 달린 일이다. 그러니 타자의 타자성 혹은 타자의 자유는 사랑의 감정에서 가장 이율배반적인 것이라고 할 수 있다. 그것은 사랑의 열정을 가능하게 해주면서 동시에 사랑을 비극으로 만드는 계기이기도 하기 때문이다. 사랑의 소설가 프루스트Marcel Proust(1871~1922)가 《잃어버린 시간을 찾아서À la recherche du temps perdu》에서 묘사하고자 했던 것도 바로 이것이다.

연애할 때 발생하는 호기심curiosité의 법칙을 간단하게 요약하려면 그것은 '눈결에 본 여인'과 '다가가서 애무한 여인' 사이에 놓여 있는 '차이의 최대le maximum de d'écart'에서 찾아야 할 것이다. 옛날 창녀집이라고 불리던 곳의 여인들, 아니 고급 창녀들마저도 (그녀들이 고급 창부라는 것을 알기만 한다면) 그다지 이쪽 마음을 끌지 않는 것은, 그녀들이 다른 여인만큼 아름답지 않아서가 아니라, 만반의 준비를 갖추고 있는 탓이다. 획득하고자 하는 바로 그것을, 그녀들이 벌써 내맡기고 있는 탓이다. 이것은 승리의 획득이 결코 아니다. 이 경우 차이écart는 최소이다. 창녀는 거리에서 벌써 미소를 짓고 있는데, 나중에 단둘이 되었을 때에도 그런 미소를 지을 것이다. 그런데 우리는 조각가다. 여인이 우리에게 나타낸 모습과 전혀 다른 조각상을 그녀에게서 얻고자 한다.

―《잃어버린 시간을 찾아서》,〈갇힌 여인La Prisonniére〉

'눈결에 본 여인'과 '다가가서 애무하는 여인' 중 누구에게 우리는 호기심을 갖게 되는지 프루스트는 자문자답하고 있다. 여기서 물론 '눈결에 본 여인'은 나의 눈결을 사로잡을 정도의 매력은 가지고 있는 여인이다. 그리고 '다가가서 애무하는 여인'은 뇌쇄적인 매력을 가진 매춘부를 가리킨다. 객관적으로 두 여인의 외모가 비슷하다면, 혹은 '눈결에 본 여인'이 '다가가서 애무하는 여인'보다 조금 외모가 미흡하더라도, 우리는 '눈결에 본 여인'에게 더 매료된다. 두 여인 사이에는 건널 수 없는 '차이'가 있기 때문이다. 그리고 그 차이를 결정하는 것이 바로 자유라고 할 수 있다. 돈으로는 얻을 수 없는 여인과 돈으로 쉽게 잠자리를 함께할 수 있는 여인! 두 여인 사이에는 바로 자유의 유무가 존재했던 것이다. 프루스트의 통찰은 자유와 관련된 사르트르의 속내를 거의 그대로 반복하고 있다. 상대방이 자유롭게 나에게 복종하기를 원하는 아이러니한 욕망을 사랑에 빠진 사람이라면 누구나 갖기 때문이다. 그러나 나를 사랑할 수밖에 없게 되면, 혹은 나의 욕망에 완전히 '갇힌 여인'이 된다면, 상대방에게서 자유는 신기루처럼 사라진 것 아닌가?

애인이 자유롭기에 구속하려고 했는데, 애인을 구속하자마자 사랑이 식어버리는 역설! 애인에게서 자유를 뺏은 순간, 사랑도 식어버리는 역설!

리처드 린드너가 그린 프루스트. 프루스트의 통찰은 자유와 관련된 사르트르의 속내를 거의 그대로 반복하고 있다. 상대방이 자유롭게 나에게 복종하기를 원하는 아이러니한 욕망을 사랑에 빠진 사람이라면 누구나 갖기 때문이다.

이 역설은 우리가 사랑의 딜레마에 빠져 있다는 걸 보여준다. 생각해보라. 누군가를 사랑할 때 상대방 역시 자신을 사랑하지 않을 수 없게 된다면, 사랑의 열정은 우리에게서 금방 식어버릴 것이다. 반대로 누군가를 사랑할 때 상대방이 자신을 사랑하지 않는다면, 우리는 자신이 사랑에 빠진 것을 비극으로 경험하게 될 것이다. 물론 이 비극은 비교할 수 없는 희열을 잉태하기에 감미로운 것이다. 자신을 사랑하지 않던 그 혹은 그녀가 나의 사랑을 받아주었을 때, 그 벅찬 희열을 생각해보라. 원리적으로 우리는 선택의 기로에서 있다. 타자의 자유를 부정하여 사랑의 비극을 피할 것인가? 아니면 타자의 자유를 긍정하면서 사랑의 비극을 감내할 것인가? 전자의 길을 따랐던 사람이 바로 헤겔Georg Wilhelm Friedrich Hegel(1770~1831)이라면, 후자의 길을 따랐던 사람이 바로 바디우Alain Badiou(1937~)였다고 볼 수 있다.

헤겔: "결혼과 가족은 불완전한 사랑을 완성한다."

사랑과 관련된 헤겔의 생각은 매우 중요하다. 헤겔은 사랑과 관련된 우리의 일상적인 입장을 가장 체계적으로 정당화하는 논리를 마련했기 때문이다. 그는 자본주의 시민사회를 전제로 사랑과 아울러 가족의 논리를 다음과 같이 사유했다. 자유로운 두 사람이 만나 사랑을 하고 결혼을 하여 가족을 구성한다. 마침내 두 사람에게서 아이가 생김으로써 하나의 완전한 가족이 완성된다. 이것은 대부분의 사람들이 의식적이든 무의식적이든 실천하고 있는 사랑과 결혼의 메커니즘이다. 바로 이 메커니즘을 철학적으로 정당화하려고 했던 철학자가 바로 헤겔이었던 셈이다. 그래서 현재 통용되는 사랑과 결혼을 긍정하려는 사람들은 헤겔에게서 든든한 지원을 받을 수 있을 것이다. 반면 현재 통용되는 사랑과 결혼 양태를 부정하려는 사람들이 있다면, 그들은 헤겔의 논리를 먼저 극복하지 않고서는 사랑과 결혼에 대한 새로운 전망을 내놓기 힘들 것이다. 이제 직접 사랑의 감정을 헤겔이 어떤 식으로 해명하는지 살펴보도록 하자.

> 사랑을 이루는 첫 번째 계기는 내가 오직 나만을 위한 독립적인 인격이기를 바라지 않는다는 것, 그리고 만약 그럴 수만 있다면 내가 스스로를 결함을 지닌 불완전한 인간으로 느낀다는 데 있다. 두 번째 계기는 내가 자신을 타자 안에서 발견하고 이 타자 안에서 인정을 얻는다는 것, 그리고 역으로 그 타자도 역시 내 안에서 자신을 발견하고 인정을 얻는다는 데 있다. ─《법철학 강요Grundlinien der Philosophie des Rechts》

헤겔은 사랑을 두 가지 단계로 나누어 분석하고 있다. 첫 번째 단계에서 그는 사랑에 빠진 우리의 내면을 분석한다. 어떤 타자와 마주치자 나는 더 이상 홀로 살아가서는 완전해질 수 없다는 것을 직감하게 된다. 상대방이 없다면 자신의 삶이 불완전함에 빠질 것이라는 느낌이 밀려온 것이다. 이제 곧 타인과의 사랑이 시작된다. 헤겔은 이런 우리의 내면을 "내가 오직 나만을 위한 독립적인 인격이기를 바라지 않게" 되는 상태라고 묘사한다. 두 번째 단계에서 헤겔은 나만의 사랑이 아니라 상대방도 나를 사랑하게 된 행복한 장면에 대해 분석하고 있다. "자신을 타자 안에서 발견한다"는 것은 타자가 이제 자신을 마음속에 품고 있다는 것을 의미한다. 상대방도 이제는 자신을 사랑하는 사람으로 간주하여 받아들이고 있다는 것이다. 물론 반대쪽에서도 마찬가지이다. 타자도 내가 사랑한다는 것, 그래서 내 마음 안에 자신이 깃들어 있다는 것을 확인할 수 있을 것이기 때문이다. 이런 과정을 통해 나와 타자는 서로를 사랑하게 된다고 보았다.

여기서 우리가 짚어보아야 할 점은 헤겔이 너무도 쉽게 타자의 타자성, 혹은 타자의 자유 문제를 처리해버리고 있다는 점이다. 이것은 헤겔이 사랑에 대해 사후적인 입장을 취하고 있다는 걸 보여준다. 다시 말해 헤겔의 사례에서는 타자는 당연히 나를 사랑하는 존재로 그려지는 것이다. 하지만 그것 역시 타자의 자유로운 결단에 의해 이루어진 결과일 것이다. 그런데 이것은 타자가 나에 대한 사랑을 언제든 철회할 수 있다는 가능성을 가지고 있다는 것을 함축하는 사태이기도 하다. 이런 위험 때문이었는지 헤겔은 서둘러 연애를 마치고 결혼으로 이행하는 장면을 연출한다. 그렇다면 이제 결혼을 통해 사랑의 비극, 즉 타자가 언제든지 나를 떠날 수도 있는 자유의 가능성을 막을 수 있을까? 물론 이것은 불가능한 일이다. 헤겔도 이 점을 알고 있었다. 그래서 그는 이제 부부 사이의 아이 문제까지 역설하게 된 것이다.

부부 사이의 사랑의 관계는 아직 객관적이지 않다. 왜냐하면 비록 사랑의 감정이 실체적 통일을 이룬다고는 하지만 이 통일은 아직 아무런 객관성도 지니지 않기 때문이다. 결국 부모는 자녀를 통해 비로소 이런 객관성을 갖게 되며 또한 바로 이들 자녀를 통해 결합의 전체를 목도하는 것이다. 어머니는 자녀를 통해 남편을 사랑하고 남편은 자녀를 통해

학생들과 함께 있는 헤겔. 프란츠 쿠글러의 그림(1828). 헤겔에게 결혼과 가족은 사랑하는 '두' 사람이 '하나'로 결합되는 계기, 혹은 '둘'의 주관적 사랑이 '우리'라는 객관적 사랑으로 질적으로 변화하는 계기로서 사유되었다. 그 결과 자식이 태어난다. 헤겔에게 자식이란 존재는 남편과 아내의 사랑을 변증법적으로 종합한 결과물이라고 할 수 있다.

> 아내를 사랑하는 가운데, 마침내 두 사람은 자녀에게서 다름 아닌 그 자신들의 사랑을 직감하게 된다.   -《법철학 강요》

헤겔은 "부부 사이의 사랑의 관계는 아직 객관적이지 않다"고 지적한다. 바로 이 대목에서 우리는 역으로 두 사람의 주관적인 내면, 혹은 사랑에 깃든 자유에 대한 헤겔의 두려움을 직감할 수 있다. 동시에 우리는 헤겔이 지향하는 객관적인 사랑이란 것이 결국 타자의 자유를 부정하는 형식을 띠게 되리라는 점 역시 예측할 수 있다. 아니나 다를까 헤겔이 말한 객관적 사랑의 정체는 바로 자녀를 낳는 행위로 드러난다. 헤겔의 논리는 매우 단순하다. 어느 순간 남편과 아내는 서로에 대해 강한 사랑을 느껴서 육체적 관계를 맺는다. 그 결과 자식이 태어난다. 헤겔에게 자식이란 존재는 남편과 아내의 사랑을 변증법적으로 종합한 결과물이라고 할 수 있다. 헤겔의 변증법을 난해하다고 생각하는 사람이 있다면, 그에게 남편, 아내 그리고 자식

사이의 관계가 바로 정과 반 그리고 합이라는 변증법적 논리의 구체적인 사례라는 걸 알려주면 많은 도움이 될 것이다. 이어지는 헤겔의 논리를 좀더 살펴보자. 모든 어머니와 아버지가 그렇듯이 남편과 아내는 자식을 사랑할 것이다. 아내가 자식을 사랑한다. 그리고 남편도 자식을 사랑한다. 그런데 자식은 바로 아내와 남편 사이의 사랑이 객관화된 존재이다. 그러니까 자식을 사랑하는 남편은 결국 아내를 사랑하는 셈이고 아내 역시 자식을 사랑함으로써 남편을 사랑하게 되는 셈이라는 말한 것이다.

　사실 여기서 부모와 자식 사이에 사랑을 말하는 것도 어폐가 있는 일이다. 사랑에는 본질적으로 자유가 개입되어 있어야 한다. 그러나 부모와 자식 사이에서 이루어지는 보호하고 보호받는 관계는 자유와는 아무런 관련이 없다. 이 경우 자유의 감정보다는 동정, 연민, 의무 등등 자유와 무관한 감정이 부모와 자식 사이를 지배하는 경우가 많을 것이다. 주변을 보면 부모도 자식을, 그리고 자식도 부모를 사랑한다고 너무나 쉽게 말한다. 경제적이거나 정서적으로 자식이 부모의 보호 없이 살 수 있게 되었을 때, 한마디로 말해 자식에게 독립과 자유가 주어질 때가 온다. 오직 이런 조건에서만 '부모와 자식 사이의 사랑'이란 말을 사용해야 한다. 그러나 불행히도 대부분의 경우 독립을 달성한 자식들은 과거 부모들이 자신을 보호해주었던 것처럼 늙은 부모들을 보호하는 것에 지나지 않는다. 그리고 이 경우 늙은 부모들은 자식들의 보호를 간절히 원하게 된다. 당연히 이때 지배적인 감정은 동정, 연민, 의무감 등등과 같은 사이비 사랑의 느낌일 것이다.

　어쨌든 자식을 사랑한다면 남편과 아내는 서로를 사랑하는 것이라고 본 헤겔의 가족 변증법은 정말 타당한 것일까? 헤겔은 "두 사람은 자녀에게서 다름 아닌 그 자신들의 사랑을 직감한다"고 이야기했다. 그러나 정확히 말해 헤겔의 이 표현은 "두 사람은 자녀에게서 다름 아닌 그 자신들의 과거의 사랑을 직감한다"라고 바꾸어야 할 것이다. 분명 육체적 관계를 맺었을 때, 두 사람이 서로를 사랑했을 가능성은 높다. 그렇지만 그것은 단지 과거의 일일 뿐이다. 자식을 낳은 뒤 두 사람은 서로를 사랑하지 않게 될 수도 있기 때문이다. 만약 이런 경우라면 자식은 사랑의 객관적 모습이라기보다, 이제 더 이상 사랑하지 않게 된 두 사람을 억지로 붙잡아두는 족쇄로서 기능하는 것이라고 볼 수 있다. 결국 결혼과 자식은 두 사람의 사랑을 보장해주는 어떤 확실한 역할도 수행할 수 없다. 다만 결혼과 자식은 타자의 자유를 제한하는 데 일시적으로 효과적인 방식이 될 수 있을 뿐이다. 물론 그동안에조차 내가 관계하는 타자는 더 이상 내가 사랑했던 과거의 그 사람이 아닐 수도 있다.

⑱

바디우: "사랑은 둘의 경험이자 무한히 열린 관계이다."

사랑과 결혼에 대한 헤겔의 판타지는 주관적일 수밖에 없는 사랑을 객관적으로 만들려고 할 때 결국 비극으로 결말을 맺게 된다. 여기서 사랑이 함축하고 있는 주관성이란 것은, 사랑과 관련된 주체들의 자유를 전제하기 때문에 발생하는 것이다. 타자의 자유를 긍정하지 못한다면, 다시 말해 타자의 주관 혹은 내면을 긍정하지 못한다면, 사랑에 남겨지는 것은 참담한 비극일 수밖에 없다. 이 점에서 사르트르와 보부아르Simone de Beauvoir(1908~1986)의 사랑은 우리로 하여금 많은 것을 생각하도록 해준다. 그들은 타자의 자유를 긍정하면서도 사랑이 가능하다는 것을 몸소 보여주었기 때문이다. 우리는 그들이 헤겔의 사랑에 대한 관점을 실천적으로 거부한 것으로 이해할 수도 있을 것이다. 그렇다면 사르트르의 사랑은 철학적으로 어떻게 정당화될 수 있을까? 이것이 바로 그의 후배 바디우에게 남겨진 숙제의 하나였다.

만약 바디우가 사르트르의 사랑을 정당화하는 데 성공한다면, 드디어 우리는 사랑과 결혼과 관련된 헤겔의 해묵은 이론을 극복할 수 있는 한 가지 단서를 얻게 될 것이다. 사랑을 새롭게 숙고하면서 바디우는 먼저 사랑에 대한 기존의 편견을 다음과 같이 해체하려고 시도한다.

바디우에게 둘이 주인공으로 대두되는 느낌은 사랑의 완성이 아니라, 사랑의 시작으로 사유되고 있다. 이제 둘로서 직대면하게 된 두 사람은 마치 무인도에 표류한 사람들처럼 모든 것을 새롭게 시작하고 모든 것을 새롭게 경험할 수밖에 없기 때문이다. 그래서 헤겔과는 달리 바디우의 사랑은 혁명적인 성격을 띠게 된다.

사랑은 융합적인 것이라는 관념에 대한 거부. 사랑은 구조 속에서 주어진 것으로 가정되는 둘이 황홀한 하나를 만드는 것이 아니라. …… 황홀한 하나란 단지 다수를 제거함으로써만 둘 너머에 설정될 수 있는 것이기 때문이다. …… 사랑은 희생적인 것이라는 관념에 대한 거부. 사랑은 동일자를 타자의 제단에 올려놓는 것이 결코 아니다. …… 오히려 사랑은, 둘이 있다는 후後사건적인 조건 아래 이루어지는, 세계의 경험 또는 상황의 경험이다.   -《조건들Conditions》

헤겔에게 결혼과 가족은 사랑하는 '두' 사람이 '하나'로 결합되는 계기, 혹은 '둘'의 주관적 사랑이 '우리'라는 객관적 사랑으로 질적으로 변화하는 계기로서 사유되었다. 웨딩마치와 신혼여행은 바로 이런 '하나'로의 진입을 주관적으로나 객관적으로 선포하는 상징이라고 할 수 있다. 하지만 바디우는 '하나'라는 것은 '둘'의 일시적인 효과로 사유될 수 있을 뿐이라고 지적한다. 가령 내가 설레는 마음으로 손을 내밀었을 때 다행스럽게도 타자도 그 손을 잡아줄 때가 있다. 이 경우 나와 타자는 '하나'라는 순간적인 느낌을 받을 수 있을 것이다. 하지만 둘이 자신의 자유에 입각하여 손을 마주잡았 던 것처럼, 둘은 자신의 자유에 입각해서 손을 놓아버릴 수도 있다. 결국 아 주 오랫동안 손을 마주잡고 있다고 할지라도, 이것은 단지 두 사람이 서로 의 손을 잡으려고 의지적으로 노력했기 때문에 가능한 것이다. 그렇다면 결 국 '하나'라는 순간적 느낌의 이면에는 '둘'의 의지가 끈질기게 지속되고 있 었던 것을 알 수 있다. 바디우가 "황홀한 하나란 단지 다수를 제거함으로써 만 둘 너머에 설정될 수 있을 뿐"이라고 지적했던 것도 이런 이유에서이다.

하나의 느낌에 매혹되어 사랑이 '둘'의 자유로운 의지에서만 가능하다 는 것을 쉽게 망각해버리면, 이것은 사랑의 본질에 대한 배신이라고 할 수 있다. 결국 '둘'을 강조하고 있을 때, 바디우는 사랑을 유지하고 지속해나가 는 동력이 '둘'의 자유에 의해서만 가능하다는 사실을 강조하고 싶었던 것 이다. 당연히 상대방에 대한 일방적인 헌신이나 희생은 사랑의 문제에서 존 재해서는 안 될 것이라고 할 수 있다. 일방적인 헌신이나 희생은 자신의 자 유를 부정하는 행위이기 때문이다. 나아가 상대방의 속내를 고려하지 않고 그에게 자신의 삶을 헌신하거나 희생하는 것은 오히려 상대방에 대한 폭력 이 될 수도 있다. 또한 결혼해서 '하나'가 되었다는 이유로 상대방에게 자유 를 포기하고 결혼생활에 헌신할 것을 강요하는 것 역시 타자에 대한 사랑과 는 거리가 먼 행위라고 할 수 있다. 이것은 상대방의 자유를 부정하는 행위 이기 때문이다. 스스로 행한 헌신이든 아니면 상대방에게 강요한 희생이든 이는 사랑의 관계가 둘의 자유에 근거한 의지 위에 기초하고 있음을 간과한 것이다. 이 때문에 바디우는 "사랑이란 동일자를 타자의 제단에 올려놓는 것"이 결코 아니라고 역설했던 것이다.

마침내 바디우는 우리에게 사랑에 대한 다음과 같은 놀라운 정의를 제 안하게 된다. "사랑은, 둘이 있다는 후사건적인 조건 아래 이루어지는, 세계 의 경험 또는 상황의 경험"이라고 말이다. 다시 말해 사랑은 하나가 되는 것이 아니라 둘의 사건이라는 것이다. 바디우의 표현 중 "둘이 있다는 후사건적 조건"이란 표현이 매우 난해하게 느껴질 수 있다. 여기서 다음과 같은 경험을 떠올려보면 그의 말이 이해 불가능한 것도 아니다. 사랑에 빠진 사람이라면 누구나 이 세상에는 자신과 상대방이 주인공으로 등장하는 경험을 하게 마련이다. 반대로 사랑의 경험에서 나와 타자를 제외한 일체의 사람들은 모두 조연들로서 배경의 자리로 물러나게 된다. 이처럼 둘만이 주인공으로 대두되는 경험은 사랑이란 사건이 발생한 뒤에나 가능한 것이다. 이 때문에 바디우는 "둘이 있다는 후사건적인 조건"을 이야기했던 것이다.

그런데 바디우에게 둘이 주인공으로 대두되는 이러한 느낌은 사랑의 완성이 아니라, 사랑의 시작으로 사유되고 있다. 이제 둘로서 직대면하게 된 두 사람은 마치 무인도에 표류한 사람들처럼 모든 것을 새롭게 시작하고 모든 것을 새롭게 경험할 수밖에 없기 때문이다. 그래서 헤겔과는 달리 바디우의 사랑은 다음과 같은 혁명적인 성격을 띠게 된다. 사랑이란 기존의 모든 사회관계를 배경으로 내보내면서 둘만이 만들어나가는 새로운 관계를 형성할 수 있는 힘이기 때문이다.

> 사랑이란 그 자체가 비 – 관계, 탈 – 결합의 요소 속에 존재하는 이 역설적 둘의 실재성이다. 사랑이란 그런 둘에의 '접근'이다. 만남의 사건으로부터 기원하는 사랑은 무한한 또는 완성될 수 없는 경험의 피륙을 짠다.
> ─《철학을 위한 선언Manifeste pour la philosophe》

'비 – 관계'나 '탈 – 결합'은 사랑에 빠진 사람들이라면 누구나 경험하는 감정일 것이다. 기존에 별다른 의식 없이 영위하던 모든 일상적 관계들에서 벗어나야 비로소 둘은 오직 둘로서만 마주볼 수 있게 된다. 혈연, 학연, 지연, 심지어는 민족이라는 관계마저도 벗어나지 않는다면, 둘은 둘로서 마주볼 수 없을 것이다. 따라서 당연한 귀결이지만 사랑하는 사람들이 씨줄과 날줄처럼 만들어가는 경험의 피륙은 기존의 관계 경험과는 매우 다른 것일 수밖에 없을 것이다. 바디우가 사랑은 "무한하고 완성될 수 없는" 관계라고 말한 것도 이런 이유에서다. '하나'로 함몰되지 않고 팽팽한 긴장 상태에 있기에, 사랑은 '둘' 중 한쪽이 떠나거나 혹은 죽을 때까지 역동적 경험을 생산할 수밖에 없다는 것이다.

　　바로 이 대목에서 우리는 헤겔이 얼마나 보수적이었는지를 다시 한 번 확인하게 된다. 그는 자유의 사건으로서 사랑을 결혼과 가족으로 상징되는 기존의 관계로 편입시킴으로써 인간의 사랑과 자유가 지닌 혁명적 성격을 원천적으로 무력화시키려고 했기 때문이다. 한마디로 말해 헤겔은 '둘'을 '하나'로 변질시키고, 따라서 자유로운 개인들을 전체로 포섭시키려고 했다는 것이다. 하지만 바디우의 말대로 둘의 경험으로서 사랑은 '자유'라고 하는 인간의 근본적 숙명과 함께할 수밖에 없다. 인간의 자유를 갈망했던 많은 사상가들에게 둘 혹은 자유의 진실을 가르쳐준 연인들이 있었던 것도 다 이유가 있었던 셈이다. 마치 사르트르에게는 보부아르가, 그리고 벤야민에게는 아샤 라시스Asja Lacis(1891~1979)가 있었던 것처럼 말이다.

　　사랑과 관련해서 헤겔은 '하나'로 상징되는 동일성을 추구한다면, 바디우는 '둘'로 상징되는 차이를 지향하고 있다. 문제는 아직도 우리 현실은 동일성이 압도적 우위를 점하고 있다는 데 있다. 이것은 결국 우리가 자유를, 자신의 자유뿐만 아니라 타자의 자유도 긍정하지 못하고 있는 남루한 현실에 살고 있다는 걸 보여준다. 아직도 우리는 20세기 말 프랑스에서 유래한 해체의 작업을 끈덕지게 수행해야 할 시대에 살고 있는 셈이다. 해체주의 기획은 범주적으로 동일성identity이 의미를 지니기 위해 그간 차이difference를 억압하고 은폐해왔다는 사실을 폭로했다는 데 있다. 다시 말해 차이가 우선적이고, 동일성은 이런 차이를 억압하고 나서야 비로소 등장하게 되는 파생적 범주에 지나지 않는다고 본 것이다. 또 기원이나 근거도 아니면서 그 자리를 찬탈했다는 점에서, 동일성은 지배의 의지에 의해 발생하는 것이라고도 볼 수 있다. 따라서 동일성을 해체하는 것은, 그것의 파생성과 그것의 지배 의지를 폭로하는 일이다. 하지만 그렇게 한다고 해서 우리의 사정이 더 나아진 것은 아니다. 우리는 이제 차이라는 원초적 관계에 내던져지게 되었기 때문이다.

동일성의 해체를 통해 차이를 발견한다는 것은 차이를 가능하게 하는 타자를 발견한다는 것과 같은 이야기이다. 동일성이 미리 설정된 관계의 논리로 작동했다면, 차이는 그런 미리 설정된 관계가 없이 우연한 타자와 어떤 우발적인 관계를 만들도록 강제한다. 이제 차이에 내던져진 우리는 어떤 전망과 약속도 없는 타자와 매우 위험한 관계에 놓일 수밖에 없다. 해체의 끝에서 우리는 타자, 더 정확히 말해서 타자와의 비대칭적 차이asymmetrical difference의 관계를 발견하게 되었다. 사실 헤겔도 타자와의 비대칭적 차이를 발견했던 철학자였다. 하지만 그의 불행은 비대칭적 차이를 견디지 못하고 '하나'로, 혹은 '하나 됨'을 통해 이 차이를 미봉하려고 했다는 데 있다. 사랑 앞에서 쩔쩔매며 서둘러 결혼과 가족제도에 의존해 차이를 미봉하려 했던 헤겔의 비겁함이 바로 여기에서 유래한다. 반면 바디우는 우리에게 비대칭적 차이를 힘들어서 포기하고 싶더라도 "끈덕지게 견뎌내야만 한다"고 역설한다. 사랑의 관계에서 그가 역설했던 '둘'이란 바로 이 비대칭적 차이를 상징하는 것이다. 이처럼 바디우에 따르면 '둘'을 '하나'로 환원하려는 유혹을 견뎌낼 때에만 우리는 비로소 사랑의 주체가 될 수 있다. 《윤리학L'éthique》에서 그가 주체란 충실성fidelité의 지지자가 아니면 아무것도 아니라고 강조했던 것도 이런 이유에서다. 이는 결국 '둘'에 대한, 즉 '비대칭적 차이'에 대한 충실성을 일컫는다.

사랑의 철학 혹은 철학의 사랑

1991년 가타리와 함께 들뢰즈는《철학이란 무엇인가Qu'est-ce la philosophie》라는 책을 출간한다. 미네르바의 올빼미는 낮이 지나 밤이 되어서야 운다는 헤겔의 말이 맞기는 맞나보다. 가장 왕성했던 삶을 보내고 60세가 넘어서야 '철학이란 무엇인지'를 이야기하려고 했으니 말이다. 얼핏 파안대소가 일어나는 지점이다. "그런데 들뢰즈 선생님, 선생님은 지금까지 철학이 무엇인지도 모르면서 그렇게 많은 철학책들을 써왔던 건가요?" 그렇지만《철학이란 무엇인가》라는 책에서 들뢰즈는 친절한 철학 입문서를 우리에게 제공하려고 했던 건 아니다. 오히려 이 책에서 들뢰즈가 하고 싶었던 것은 에필로그, 즉 결론 부분을 집필하는 것이었다. 결국 그가 1991년까지 출간했던 수많은 철학책들은 본문의 챕터들이었던 셈이다.

어쨌든《철학이란 무엇인가》에서 가장 눈에 띄는 부분은 다음과 같은 들뢰즈의 말이다. "우리의 시대는 의사소통의 시대다. 그렇지만 작은 논의나, 토론회 혹은 간단한 대화마저 제안될 때마다, 모든 고귀한 영혼은 잽싸게 달아나거나 어쩔 수 없다면 꼬물꼬물 자리를 피하려고 할 것이다." 그가 얼마나 제도권 대학의 철학과에서 이루어진 토론과 논쟁 등등을 싫어했는지를 알 수 있는 글귀다. 여기서 우리는 직감한다. 들뢰즈에게 철학은 토론이나 논쟁 등등 의사소통communication과는 무관한 것이다. 아마 대부분의 제도권 철학자들, 즉 철학 교수나 철학 강사들은 들뢰즈의 철학관에 당혹감을 느끼게 될 것이다. 학부나 대학원에서 이루어지는 철학 수업이나 석사나 박사 학위 논문 심사를 할 때 그들은 의사소통이 가장 우선하는 핵심이라고 확신하고 있기 때문이다. 심지어 그들이 수업하고 있거나 논문을 심사하고 있는 주제가 들뢰즈 철학이라면, 정말 웃기는 풍경이 펼쳐지고 있는 셈이다.

설마 나이가 들어 들뢰즈라는 철학자가 노망에 든 것일까? 아니다. 오히려 의사소통에 갇히면서, 철학은 힘을 잃게 되었다는 것! 날카로운 통찰보다는 안온한 합의를 중시하면서, 철학은 자신이 가진 혁명성을 망각했다는 것! 이것이 들뢰즈의 일관적인 입장이었다. 이미 1964년에 출간된《프루스트와 기호들Proust et les Signes》에서 그는 자신의 속내를 피력했던 적이 있다. 《잃어버린 시간을 찾아서》에서 프루스트는 우정과 철학, 그리고 사랑과 예술이란 커플을 구분했던 적이 있다. 당연히 탁월한 소설가로서 프루스트는 사랑과 예술이란 커플의 우월성을 긍정한다. 프루스트를 따라 《프루스트와 기호들》에서 들뢰즈는 말한다.

"지성이 지향하는 사물, 기획, 가치 역시 다양하다. 지성은 우리를 '대화'로 향하게 한다. 대화를 통해서 우리는 관념들을 교환하고 전달한다. 지성은 우리에게 '우정'을 고취시키는데 우정이란 관념과 느낌을 공유한다는 점에 근거한다. 지성은 우리에게 '노동'을 권유하는데 노동을 통해 우리는 전달 가능한 새로운 진리들을 발견하게 된다. 지성은 '철학', 다시 말해 자발적이며 사유가 미리 생각해놓은 하나의 훈련으로 우리를 초대한다. …… 프루스트는 우정과 철학이라는 전통적인 커플에다가 사랑과 예술이라는 보다 막연한 커플을 대립시킨다. 그렇지만 평범한 사랑이라도 위대한 우정보다 낫다. 왜냐하면 사랑은 기호signe의 측면에서 볼 때 풍부하고, 무언의 해석을 자양분으로 삼아 살아가기 때문이다. 하나의 예술작품이 철학적 작업보다 더 낫다. 왜냐하면 기호 속에 감싸여 있는 것은 모든 명시적 의미들보다 더 심오하기 때문이다. 우리에게 폭력을 행사하는 기호가 우리의 선의지와 우리의 사려 깊은 노동이 낳은 모든 성과보다 더 풍부하다."

친구는 나와 유사하게 생각하고 유사하게 느끼는 존재다. 그래서 항상 '대화'는 지속적으로 이루어진다. 혹은 반대로 말해도 좋다. '대화'가 지속 가능하다면, '친구'가 된다고 말이다. 취미동호회나 학회 등을 떠올려보라. 공통의 관심사에 의해 지배되고, 그 공통의 관심사에 부합되는 걸 찾으면 열정적으로 그걸 공유한다. 결국 우정을 통해서 우리는 근본적으로 달라지지 않는다. 단지 공통의 관심사가 양적으로 확장될 뿐이다. 반대로 애인은 나로 하여금 그가 도대체 무엇을 생각하고 무엇을 느끼는지 항상 해석하도록 만드는 존재다. 우정과는 달리 사랑에는 공통된 관심사가 전제되지 않기 때문이다. 정말 기적과도 같은 일 아닌가. 공통된 것이 하나도 없음에도 우리는 사랑하기를 멈추지 않으니 말이다. 이렇게 공통된 것이 없기에 사랑은 우리를 질적으로 완전히 다른 사람으로 만들 수 있다. 애인이 바흐의 첼로 무반주곡을 좋아한다면, 클래식에 관심이 없는 사람이라고 할지라도 어느새 바흐의 선율을 읊조리는 사람이 되기 쉽다. 이처럼 우정에서는 공통된 것이 먼저 오지만, 사랑에서는 공통된 것이 나중에 오거나 영영 오지 않기도 한다. 그래서 우정과는 달리 사랑에는 새로운 무엇인가가 발생하는 생성의 기적이 가능한 것이다.

프루스트는 우정을 닮은 것이 철학이고, 사랑을 닮은 것이 예술이라고 생각했다. 들뢰즈는 프루스트의 생각에 따라 철학을 폐기하고 예술로 전향한 것일까? 그렇지 않다. 들뢰즈는 사랑을 닮은 철학, 혹은 사랑 이미지의 철학을 하고 싶었던 것이다. 사람이어도 좋고 자연이어도 좋고 아니면 문화적인 것이어도 좋다. 이런 것들을 뜨겁게 사랑하는 철학, 그래서 이런 것들이 분출하고 있는 기호들을 민감하게 포착하고 해석하는 철학을 하고 싶었던 것이다. 아니 최종적으로 그는 기호들을 마구 뿜어내어 독자들을 사랑에 빠지도록 만드는 철학책을 쓰려고 했던 것이다. 물론 그렇다고 해서 들뢰즈의 야심과 속내가 이질적이라고 나무랄 필요는 전혀 없다. 오히려 18세기 이후 대학이란 제도, 나아가 국가라는 제도에 포획된 철학이 전체 철학사적 흐름에서는 이질적인 것이다. 공통된 관심사를 두고 아무리 많은 논문을 발표하고 아무리 격렬한 토론을 해도, 제도권 철학은 한 걸음도 나아갈 수 없다.

우정 이미지의 철학에서 탈출해서 사랑 이미지의 철학을 창조하는 것! 이것이 바로 들뢰즈의 깊은 속내였던 셈이다. 아니 사랑 이미지의 철학이 아니라 바로 사랑이 들뢰즈 철학의 최종 귀결이라고 하는 것이 더 적절할지도 모를 것이다. 실제로 들뢰즈가 강조했던 리좀 이미지는 바로 사랑 이미지에 기초한다. 수직적 생장이나 번식이 아니라 수평적인 연대와 결합이 나무와는 다른 뿌리 식물, 즉 리좀의 속성이니 말이다. 세계의 모든 존재자들을 애인으로 격렬히 사랑하는 것이다. 사랑이 깊어지면 그만큼 앎도 깊어질 테니 말이다. 무언가를 안다고 해서 필연적으로 그걸 사랑하게 되는 것은 아니다. 결국 사랑은 앎의 충분조건이었던 셈이다. 사랑일 뿐이다!《프루스트와 기호들》에서 들뢰즈는 말한다. "우정은 관조와 대화를 양분 삼아 자라날 수 있는 반면 사랑은 무언의 해석에서 태어나고 또 그것으로 양육된다. 사랑받는 존재는 하나의 기호, 하나의 '영혼'으로 나타난다. 그 존재는 우리가 모르는 어떤 가능 세계를 표현한다. …… 사랑, 그것은 사랑하는 사람 속에 감싸여진 채로 있는 우리가 모르는 세계들을 '펼쳐서 전개시키고자' 하는 우리의 노력이다."

친구의 침묵과는 달리 애인의 침묵은 우리를 불안하게 하고, 우리의 마음을 번뇌에 빠지도록 한다. 침묵하는 친구가 있다면, 우리는 그가 말할 때까지 기다리면 된다. 그러나 내 앞에서 침묵하는 애인은 그런 관조를 허락하지 않는다. 침묵으로 닫힌 애인의 마음을 열 수 있는 열쇠를 바로 이 순간 만들지 못한다면, 우리는 그와 영영 헤어질지도 모른다는 불안감에서 벗어날 수 없을 테니 말이다. 열쇠가 정확히 맞을지 확신할 수 없지만, 우리는 다양한 열쇠로 애인의 마음을 열려고 노력할 것이다. 여기서는 관조나 대화가 들어설 틈이란 전혀 없다. 오직 불안감, 해석, 가능성 등만이 우리 내면을 지배할 뿐이다. 중요한 것은 바로 이 대목에서 우리는 타자를 관조하는 대신 타자에 육박하려는 삶의 철학자가 된다는 점이다. 이럴 때 사변철학speculative philosophy은 마침내 실천철학practical philosophy에 자리를 내주게 된다. 들뢰즈가 자신의 사랑의 철학으로 원했던 것이 바로 이것이다.

26

과학사는 연속적인가?

포퍼

———————————— VS ————————————

쿤

과학의 혁명성 사이에서, 하이데거와 바디우

생물학 책을 살펴보면 흔히 현미경을 통해 촬영된 세포 그림이 있는 것을 볼 수 있다. 여기서 우리는 다음과 같은 질문 하나를 던져볼 수 있다. '과연 세포가 먼저일까, 아니면 현미경이 먼저일까?' 당연히 세포가 먼저 있으니까 현미경으로 그것을 볼 수 있다고 쉽게 단정할 수도 있을 것이다. 하지만 이것은 사실이 아니다. 예를 들어 전염병을 악마의 장난이라고 말하던 시절, 누군가 질병은 어떤 '미세한 무엇인가'에 의해 발생하는 것이라고 추정했던 적이 있을 것이다. 이런 생각은 결국 '미세한 무엇인가'를 볼 수 있는 장치가 필요하다는 발상을 낳았고 현미경과 같은 도구를 발명하도록 유도했다. 비로소 현미경이 만들어졌을 때, 그리고 처음으로 현미경을 통해 미세 세계를 보게 되었던 사람은 과연 어떤 생각을 하게 되었을까? 작은 창을 들고 있는 작고 검은 악마가 보일 수도 있고 아니면 전혀 다른 무엇인가가 감지될 수도 있을 것이다. 바로 이러한 긴장 속에서 '세포'라는 것이 발견되었던 셈이다. 그렇다면 우리는 '세포가 먼저가 아니라 현미경이 먼저다'라고 이야기할 수도 있을 것이다. 물론 현미경이 만들어지기 이전에 '미세한 무엇인가'가 병을 일으킨다는 발상이 먼저 가능했어야 하지만 말이다. 프랑스의 과학철학자 뒤엠Pierre Duhem(1861~1916)이나 바슐라르Gaston Bachelard(1884~1962)가 "실험도구는 물질화된 이론"이라고 반복적으로 강조했던 것도 바로 이런 맥락에서이다.

현미경과 망원경은 우리가 일상적 경험으로는 확인할 수 없는 세계를 열어놓았다. 보이지 않던 세계를 보이게끔 만들었기 때문이다. 이제 우리는 악마의 농간으로 여겨졌던 질병의 원인이 세균이라는 것을 알 수 있게 되었으며, 또 계수나무 밑에서 방아를 찧고 있는 토끼를 더 이상은 볼 수가 없게 되었다. 한번 상상해보라. 최초로 현미경과 망원경을 들여다보았던 어느 과학자의 설렘을. 영화가 시작되기 직전 극장에 앉아 있는 관객처럼, 그는 긴장과 두려움 속에 빠졌을 것이다. 앞으로는 도대체 어떤 세계가 펼쳐질까? 어떤 세계가 펼쳐지더라도, 그것이 우리의 일상적 세계와는 상당히 다를 것만은 분명하다. 과학이 단순히 기술을 넘어서게 되는 이유도 결국 여기에 있다. 과학은 근본적으로 새로운 시선을 만드는, 따라서 기존의 시선을 폐기하는 혁명성을 가지고 있기 때문이다. 반면 과학의 혁명성을 추동하는 기술은 유용성으로써 자신의 존재 가치를 증명해야 한다. 하지만 과학은 인간적 유용성을 넘어서려는 초월성, 새로운 세계를 열어주는 혁명성을 통해서만 자신의 존재를 혹은 그 가치를 증명할 수 있을 뿐이다.

'과학혁명scientific revolution'을 고찰하면서 쿤Thomas Kuhn(1922~1996)은 정상과학의 시기와 과학혁명의 시기에 대해 이야기했다. 그러나 사실 정상과학의 시기에는 기술의 결합이나 축적이 있다고 할 수 있을지라도 과학이 자신의 본래 모습을 잘 드러내지 않는다. 친숙하던 세계를 파괴할 수도 있는 낯선 세계를 보여주는 과학혁명의 시기에서만 과학은 자신의 위용을 드러내기 때문이다. 과학은 세계에 대한 새로운 시선을 창조하고, 따라서 새로운 진리를 발명한다. 렌즈가 그랬던 것처럼 여기서 중요한 것은 진짜냐 거짓이냐라는 구분이 중요한 것이 아니고, 다만 낡은 것이냐 새로운 것이냐는 구분이 중요하다. 그러나 아쉽게도 하이데거를 포함한 많은 철학자들은 과학이 제공하는 새로운 세계에 대해 진짜냐 거짓이냐는 구분 기준을 관철시키려고 했을 뿐이다. 하이데거가 '숲길'에서 느껴지는 목가적인 정서를 노래하면서 마침내 기술이 가져다주는 지구 황폐화를 진지하게 고발했던 것도 바로 이런 이유 때문이다.

여기서 우리가 주목해야 할 것은 하이데거가 과학을 단순히 '기술 통치'의 결과라고 주장하는 대목이다. 물론 과학과 기술이 일정 정도의 연관 관계를 가지고 있다는 것은 숨길 수 없는 사실이다. 하지만 그는 과학이 새로운 기술을 추동하는 것이지, 기술이 결코 과학을 추동할 수 없다는 사실을 망각하고 있다. 하이데거의 이런 오류를 다시 생각해보아야 하는 이유는, 의도했든 그렇지 않든 간에 그가 과학이 가진 혁명성을 은폐하는 데 일조해버렸기 때문이다. 소크라테스 이래로 철학은 과학을 비롯한 모든 앎에 대한 비판적 성찰이라고 이해되어왔다. 이것은 철학이 과학의 혁명성을 긍정해야 한다는 것을 의미한다. 하이데거의 사유가 보수적인 이유는 그가 기술의 병폐를 지적하느라 과학의 혁명성마저 부정했기 때문이다. 빈대 잡자고 초가삼간 다 태우는 격이다. 아니 정확히 말해 하이데거는 빈대를 명목으로 초가삼간을 다 태우려고 했던 철학자였는지도 모를 일이다. 이 점에서 현대 프랑스 철학자 바디우는 철학의 본령에 가장 충실한 학자였다고 볼 수 있을 것이다.

> 우리는 철학의 네 가지 조건들이 있고, 그들의 집합ensemble의 출현이 철학의 발생을 조건화하는 것인 만큼 그것들 가운데 한 가지만이라도 결여되면 철학이 해체될 것이라고 가정할 수 있다. 그 조건들이란 수학, 시, 정치의 발명, 그리고 사랑이다. …… 철학의 개념적 매개 속에서, 시, 수학, 정치적 발명 그리고 사랑과 같은 내재적으로 이질적인 지역적 현상들이 시대의 고유성에 결부되거나 결부되어질 수 있다. 철학은 진리가 아니라 국면을, 즉 진리들의 사유되어질 수 있는 엮어짐을 발설한다.　　　　　　　　　　　　　　　　　　　　 -《철학을 위한 선언》

바디우는 진리의 공정들이 철학의 조건이라고 이야기한다. 이것은 결국 철학이 진리를 직접적으로 생산하지는 못한다는 것을 의미한다. 그렇다면 진리란 무엇이 생산하는 것일까? 바디우에 따르면 수학, 시, 정치 그리고 사랑이 진리를 생산하는 네 가지 중요한 진리 공정이다. 여기서 진리 공정들이 이 네 가지로만 한정될 이유는 전혀 없을 것이다. 중요한 것은 철학이란 다양한 진리 공정들에 대한 숙고나 성찰에서 출현하는 것이라고 본 바디우의 주장이다. 그에 따르면 철학은 다양한 진리 공정들이 각자의 자리를 잡고 서로 소통할 수 있는 통일된 개념적 공간을 마련하는 데 있다. 시, 정치, 사랑이라는 진리 공정이 새로운 세계를 우리에게 열어주듯이, 수학으로 상징되는 과학도 새로운 세계를 우리에게 열어주는 진리 공정 가운데 하나이다. 이 때문에 과학 역시 그 본성상 이미 혁명적인 것일 수밖에 없다.

과학이 존재한다면, 그것은 매번 새로운 세계와 진리를 창조하고 우리로 하여금 새로운 세계에 적응하도록 강제하기 때문이다. 흥미로운 것은 바로 이 대목에서 기존 철학이 두 가지 경향의 흐름으로 갈라설 수 있다는 점이다. 하나의 흐름은 과학이 제공하는 새로운 세계에 대해 불신하는 입장, 즉 하이데거로 대표되는 철학적 입장이다. 반면 다른 하나의 흐름은 과학이 열어놓은 새로운 세계를 긍정하며 그것을 포괄하는 새로운 철학적 전망을 모색하는 철학적 입장이라고 할 수 있다. 사실 전자는 쉽고 후자는 매우 어렵다. 이런 이유로 대다수 철학자들이 하이데거가 취했던 전자의 입장을 따르는 경향을 보이곤 했다. 반면 과학이 제공하는 새로운 세계에 대한 전망을 긍정하는 순간, 철학자는 그 세계와 소통할 수 있도록 시, 정치, 사랑을 다시 숙고해야만 하는 지난한 과정에 빠지게 된다.

과학에는 역사가 있고, 그만큼 철학에도 역사가 있다. 역사 속에는 세계를 거짓된 세계와 진짜 세계로 양분하려는 종교적이고 허위적인 이분법이 발을 들여놓을 수가 없다. 오직 역사는 낡은 세계와 새로운 세계라는 역동적인 생성과 창조의 과정만이 숨을 쉬는 곳이기 때문이다. 이 점에서 과학과 철학은 역사성, 따라서 역동성을 대표하는 것이라고 할 수 있다. 물론 바디우의 말처럼 혁명적인 진리 공정이기 때문에, 과학은 역사성을 가지게 된 것이다. 가장 객관적인 학문이라고 자임하는 과학에도 역사성이 있다는 사실이 낯설 수도 있다. 그렇지만 이미 우리는 지구중심설geocentricism이 태양중심설heliocentricism로 바뀌고, 혹은 고전역학Classical mechanics이 양자역학quantum mechanics에 자리를 내주었던 과학의 역사적 사실들을 잘 알고 있지 않은가? 그렇다면 한 가지 궁금증이 더 발동한다. 과학의 이러한 역사적인 혁명적 변화는 어떤 논리에 의해 발생하는 것일까?

포퍼: "과학은 비판적 지성처럼 연속적으로 발전한다."

포퍼Karl Popper(1902~1994)는 과학이나 사회의 발전에는 인간의 비판적 이성이 핵심 역할을 담당한다고 확신했던 철학자였다. 이런 그의 통찰은 과학사에 대한 그의 성찰에서 유래한 것이다. 과학의 역사를 살펴보면 인간은 자신이 이론적으로 옳다고 생각하는 주장을 경험의 잣대로 비판하고 수정할 수 있었기 때문이다. 이로부터 그의 비판적 합리주의critical rationalism가 형성되었다. 비판적 합리주의는 이성의 합리적인 추론만을 맹신하지 않고 논리적 추론을 항상 경험에 비추어 점검하려는 포퍼의 의지를 반영하는 입장이라고 할 수 있다. 이 대목에서 중요한 것은 그가 강조했던 '반증 가능성falsifiability'이란 개념이다. 반증 가능성은 어느 이론이 과학적이려면 경험으로부터 반박되거나 수정될 수 있는 가능성을 가지고 있어야 한다는 것을 뜻한다.

《과학적 발견의 논리The Logic of Scientific Discovery》에서 포퍼는 검은 백조의 사례를 들며 그가 말하고자 했던 반증 가능성을 설명하고 있다. "모든 백조는 희다"라고 주장했을 때, 불행히도 경험적으로 검은 백조를 발견하게 된다면, 이 주장은 반증될 수 있다. 이때 "모든 백조는 희다"라는 주장은 과학적인 주장으로서는 가치가 있는데, 그것은 이 주장이 반증 가능성을 가지고 있기 때문이다. 비록 이 주장이 "대부분의 백조는 희다"라는 새로운 주장으로 수정되더라도 말이다. 반증 가능성의 원리에 입각해서 포퍼는 과학의 발전을 비판적 합리성이 점진적으로 승리를 확보해가는 과정이라고 이해하게 된다. 그의 말을 직접 들어보자.

> 과학적인 지식의 성장에 관하여 말할 때, 내가 염두에 두고 있는 것은 관찰 결과의 축적이 아니라 과학 이론들을 끊임없이 파기하는 한편 더 낫거나 만족스러운 이론으로 대체하려는 노력이다. 그런데 이것은 새로운 실험과 관찰에서 과학적 지식의 성장이 지닌 가장 중요한 측면을 보

포퍼는 과학이나 사회의 발전에는 인간의 비판적 이성이 핵심 역할을 담당한다고 확신했던 철학자였다. 이런 그의 통찰은 과학사에 대한 그의 성찰에서 유래한 것이다. 과학의 역사를 살펴보면 인간은 자신이 이론적으로 옳다고 생각하는 주장을 경험을 잣대로 비판하고 수정할 수 있었기 때문이다. 이로부터 그의 비판적 합리주의가 형성되었다.

는 사람들까지도 주목할 만한 가치가 있다고 여겨지는 절차이다. 왜냐하면 이론에 대한 비판적 검토를 통해 우리는 이론을 시험하고 폐기하려는 시도를 하게 되며, 이런 시도들은 더 나아가 이론과 그 이론에 대한 비판이 가져다주는 자극이나 인도가 없었다면 어느 누구도 생각조차 할 수 없는 실험과 관찰로 우리를 인도하기 때문이다.

-《추측과 논박: 과학적 지식의 성장

Conjectures and Refutations: The Growth of Scientific Knowledge》

반증 가능성의 원리만 놓고 보면, 과학 이론의 타당성은 경험적 실험이나 관찰에 의해 최종으로 심판을 받아야 한다. 하지만 포퍼가 근본적으로 합리론자의 길을 걸어가고 있다는 점에 주목할 필요가 있다. 이론이 없다면, 그에 따른 실험이나 관찰도 있을 수 없다고 믿었기 때문이다. 이 점에서 그는 실험 과학자라기보다 오히려 이론 과학자의 입장에서 과학과 과학사를 성찰했던 사람으로 보인다. 포퍼는 인간의 이성을 낙관했던 철학자였는데, 그는 오직 비판적 이성을 통해 과거의 과학 이론과는 다른 새로운 과학 이론을 구성할 수 있다고 보았기 때문이다. 아마도 그로 하여금 이런 확신을 갖게 했던 계기는 빈에서 아인슈타인Albert Einstein(1879~1955)의 강의를 직접 들었던 청년 시절의 경험에서 찾을 수 있을 것이다. 뉴턴Isaac Newton(1643~1727)의 고전물리학에 맞서 전혀 다른 새로운 물리학을 제안하면서 새로운 관찰과 경험을 유도했던 아인슈타인이야말로 그에게는 비판적 합리성의 전형으로 보였던 것이다. 아인슈타인과 같은 비판적 지성을 통해서 과학은 새로운 이론을 만들면서 점진적으로 진보한다는 것, 이것이 바로 포퍼가 생각했던 과학의 발전이었다.

불행히도 포퍼는 당시 인문학의 총아라고 할 수 있는 프로이트의 정신분석학 혹은 마르크스의 역사철학을 심하게 공격했다. 빈 대학을 다니던 시절 젊은 포퍼는 프로이트나 마르크스의 이론에 강한 매력을 느꼈다. 패기 넘치는 당시 젊은 지성인들이 그랬던 것처럼 포퍼도 프로이트를 숭배하던 그룹과 마르크스를 숭배하던 그룹에서 인정을 받으려고 노력했다. 하지만 그는 과학적 태도로 프로이트나 마르크스의 주장을 이해하려고 했다. 프로이트를 추종했던 누군가가 인간의 의식적 행동은 무의식에 의해 결정된다고 주장했다면, 혹은 마르크스를 추종했던 누군가가 인간의 행동이 경제적 동기에 의해 지배된다고 주장했다면, 포퍼는 아마도 일관적으로 과학 논리를 통해 자신의 동료와 맞섰을 것이다. 당연한 결과였지만 포퍼의 이러한 태도는 프로이트나 마르크스 추종자들에게서 강한 반발을 일으키게 된다. 그들은 포퍼가 기존의 보수적인 이론을 묵수하면서 새로운 이론의 형성과 발전을 방해한다고 간주했던 것이다.

이런 갈등은 젊은 포퍼에게 많은 상처와 고독감을 주었을 것이다. 사실 그의 상처는 포퍼가 인문학적 감수성과 상상력을 그만큼 결여했기 때문에 생긴 결과이기도 했다. 인문학은 인간과 사회, 그리고 역사를 미래적이고 보편적인 가치의 잣대로 해석해서 실천적인 전망을 낳으려는 학문이다. 하지만 과학의 비판적 합리성에만 매몰되어 있던 포퍼의 눈에는 정치, 경제, 그리고 학문 자체에서 소외된 대다수 사람들의 삶이 보일 리가 없었다. 아무튼 이러한 일련의 경험을 통해 학문 집단에서 상처를 받게 된 포퍼는 개인적 감정 때문이었는지 이제 진보적인 인문학 이론들에 반복적으로 공격 성향을 드러내게 된다. 포퍼가 반증 가능성의 원리를 프로이트나 마르크스의 이론에 엄격하게 적용하기 시작했던 것도 바로 이런 상황에서였다. 마침내 포퍼는 정신분석학이나 정치경제학을 '유사과학pseudo-science'이라고 공공연히 비난하는 보수적인 입장을 취하게 된다.

> 약 25년 전에 나는 경험적 이론을 논박 가능한 이론으로, 비경험적 이론을 논박 불가능한 이론으로 정의함으로써, 경험적 또는 과학적 이론과 비경험적 또는 비과학적 이론을 정확하게 구별해야 한다고 말했다. 그렇게 말한 이유는 다음과 같다. 이론에 대한 모든 진지한 시험은 그것을 논박하기 위한 시도다. 그러므로 시험 가능성testability은 논박 가능성refutability이나 반증 가능성falsifiability과 동일하다. 그리고 우리는 오직 경험적으로 시험될 수 있는 이론들만을 '경험적' 또는 '과학적'이라고 불러야 하기 때문에, 경험적 또는 과학적 이론을 구별하는 것은 경험적 논박 가능성이라고 결론지을 수 있다. 이 '논박 가능성의 기준'을 받아들인다면, 철학적 이론들이나 형이상학적 이론들은 정의에 의해 논박 불가능한 것이라는 것을 곧바로 알 수 있다.
>
> ─《추측과 논박: 과학적 지식의 성장》

한마디로 말해 경험적으로 검증 가능하지 않은 이론은 과학적인 이론이 아니라는 이야기다. 그러나 누구나 알고 있듯이 인간의 삶은 검증 가능한 경험으로만 이루어지는 것은 아니다. 오히려 삶에서 더 중요한 것은 믿음이나 확신, 혹은 사랑처럼 경험으로 검증되기 어려운 것들 아닌가. 극단적으로 말해 누군가 포퍼에게 물어본다고 하자. "당신 부인은 당신을 사랑했나요?" 분명 포퍼는 "그렇다"고 대답할 것이다. 그러나 포퍼는 아내의 사랑에 반증 가능성을 도입할 수 있을까? 분명 포퍼도 알 것이다. 논박 가능성도 없고 반증 가능성도 없는 확신이 바로 사랑이라는 것을. 다행스럽게도 포퍼의 표적은 이런 일상적 삶이 아니라, 형이상학적 담론을 겨냥하고 있다. 프로이트나 마르크스의 주장에는 반증 가능성이 부재하다는 이유를 들어 그들의 이론은 과학적 논리에 근거하지 않았다고 맹렬히 비판한 것이다. 하지만 포퍼의 치우친 평가와는 달리 프로이트나 마르크스의 주장에도 반증 가능성이 충분히 존재한다고 볼 수 있다. 그렇기에 프로이트를 비판적으로 계승한 라캉이란 인물이 등장하고, 또한 마르크스를 비판적으로 계승한 알튀세르와 같은 이론가들이 나올 수 있었던 것이다.

후에 포퍼가 《열린 사회와 그 적들The open society and its enemies》에서 마르크스 철학을 공격했던 것도 역시 마찬가지 이유 때문이었다. 반증 가능성이 없는 철학이 어떤 사회를 지배하는 순간, 인간의 비판적 이성은 숨을 쉴 수가 없으며 따라서 그런 사회는 닫힌 사회로 치닫게 된다는 것이다. 모든 이론과 주장에 반증 가능성을 허용하는 사회야말로 그가 원했던 '열린 사회'라고 할 수 있었다. 불행히도 제도화된 마르크스주의, 즉 스탈린 체제는 포퍼의 비판처럼 닫힌 사회였다. 이런 현실적 경험이 그로 하여금 마르크스 철학 자체를 비판하도록 만든 것이다. 그렇지만 사회철학이란 맥락에서 마르크스의 사유 자체가 '비판적 이성'의 힘을 입증하는 증거라고 할 수 있다. 부르주아 경제학과 철학을 합리적으로 검토하지 않았다면, 마르크스의 사유는 출현할 수도 없었다는 것이다. 바로 이 점을 쉽게 간과한 것이 포퍼의 순진함이었다. 그만큼 젊은 시절의 상처는 이처럼 집요하게 한 인간을 사로잡는 법이다.

한 가지 더 주목해봐야 할 점은 우리나라의 경우 포퍼가 과학철학자로서가 아니라 마르크스 철학을 공격하는 정치철학자로 먼저 소개되었다는 점이다. 불행히도 당시 우리 사회는 닫힌 사회의 전형 가운데 하나였다. 사실 군사독재정권만큼 닫힌 사회가 또 있겠는가? 그럼에도 1980년대 우리나라의 보수적 학자들이 《열린 사회와 그 적들》을 번역하고 포퍼의 정치철학을 선전했던 진정한 이유는 무엇이었을까? 독재정권을 비판하려고 그랬던 것일까? 결코 아니었다. 포퍼의 권위를 빌려 그들은 독재에 저항하던 진보세력들을 '닫힌 사회'를 지향하는 좌익으로 몰아붙이려고 했던 것이다. 현재의 상황이 비록 독재라고 할지라도 남한의 정권을 비판한다는 것은 결국 북한을 돕는다는 유치하지만 효과적인 전략을 선택했던 것이다. 하지만 오늘날 우리는 누구나 알고 있지 않은가? 포퍼의 논리를 따른다고 선전하면서도, 결국 우리 사회를 닫힌 사회로 만든 적들은 민주세력들이 아니라 독재정권과 이 정권에 기생했던 지식인들이었다는 사실을 말이다.

쿤: "과학은 불연속적인 혁명의 과정을 거친다."

포퍼에게서 과학적 지식은 그의 책 제목 그대로 이론적 추측Conjectures과 논박Refutations의 과정을 통해서 누적적으로 진보하는 것이었다. 사실 포퍼의 이런 생각은 소박하고 낙관적인 진보관을 반영하는 것이라고 할 수 있다. 그런데 얼마 지나지 않아 포퍼의 진보적 과학관은《과학혁명의 구조The Structure of Scientific Revolution》라는 책이 1962년 출간되면서 큰 위기를 맞게 된다. 이 책은 지금까지 20개 이상의 언어로 번역, 출간되어 수백만 부가 팔렸을 정도로 과학 분야 최고의 베스트셀러로도 유명하다. 이 책에서 토머스 쿤은 포퍼의 생각과는 달리 과학이 누적적으로 진보하는 것이 결코 아니라, 혁명적인 단절을 겪는다고 주장했다. 쿤은 이런 혁명적인 단절과 변화를 '패러다임paradigm'이란 개념으로 설명하려고 했다.

> 패러다임은 방법들의 원천이요, 문제 영역이며, 어느 주어진 시대의 어느 성숙한 과학자 사회에 의해 수용된 문제풀이의 표본이다. 따라서 새로운 패러다임의 승인은 필연적으로 상응하는 과학을 다시 정의하도

토머스 쿤은 과학이 누적적으로 진보하는 것이 결코 아니라, 혁명적인 단절을 겪는다고 주장했다. 쿤은 이런 혁명적인 단절과 변화를 '패러다임'이란 개념으로 설명했다. 쿤에 따르면 정상과학의 붕괴는 새로운 패러다임의 도래 때문에 발생한다. 바로 이러한 정상과학들 사이에서 패러다임의 단절, 혹은 과학혁명이 발생했던 것이다.

록 만드는 경우가 많다. 옛날 문제들은 더러 다른 과학 분야로 이관되거나 또는 완전히 '비과학적unscientific'인 것이라고 선언되기도 한다. 이전에는 존재하지 않았거나 또는 사소해 보였던 여러 문제들이 새로운 패러다임의 등장과 더불어 유의미한 과학적 성취의 원형 바로 그것이 될 수도 있다. 그리고 문제들이 바뀜에 따라서 단순한 형이상학적 추론, 용어 놀음, 또는 수학적 조작으로부터 참된 과학적 해답을 구별짓는 기준도 바뀌게 되는 일이 흔하다. 과학혁명으로부터 출현하는 정상과학적 전통은 앞서 간 것과는 양립되지 않을incompatible 뿐만 아니라, 통약 불가능한incommensurable 것이다. ─《과학혁명의 구조》

패러다임이란 말은 '패턴pattern' '모델model' '예example'를 의미하는 희랍어 '파라데이그마paradeigma'에서 유래한 것이다. 쿤은 패러다임을 "어느 주어진 시대의 어느 성숙한 과학자 사회에 의해 수용된 문제풀이의 표본"이라고 정의한다. 예를 들어 어느 고등학교 실험실에서 10그램의 마그네슘을 10그램의 산소로 연소시키는 실험을 했다고 하자. 그러자 놀랍게도 연소 결과물인 산화마그네슘의 질량이 25그램으로 측정되었다. 실험을 하던 학생이 '질량보존의 법칙'의 반례를 발견했다고 주장했다. 이 경우 선생님은 어떻게 대응할까? 아마 선생님은 학생의 머리를 쥐어박으며 부주의로 5그램의 산소가 더 공급된 것이라고 이야기할 것이다. 그러고는 다시 실험을 하라고 요구할 것이다. 이 경우 선생님은 하나의 패러다임을 가지고 있었던, 혹은 기존 패러다임에 지배를 받고 있었던 셈이다.

쿤은 각 시대를 장악하는 패러다임들이 서로 '양립 불가능하고' 동시에 '통약 불가능하다'고 주장한다. 양립 불가능하다는 것이 두 가지 패러다임이 공존할 수 없다는 것을 의미한다면, 통약 불가능하다는 것은 두 가지 패러다임 사이에는 공통점이 없다는 것을 의미한다. 다시 말해 패러다임 사이에는 질적인 단절이 있다는 것이다. 그러니 과학혁명 이전의 패러다임이 완전히 비과학적인 것이고, 과학혁명 이후의 새로운 패러다임이 더 과학적이라고 말할 근거는 어디에도 없다. 그러니 여기서 과학의 진보 등을 말한다는 것은 무의미한 일이다. 패러다임들은 서로 '통약 불가능하다'는 쿤의 말이 중요한 이유도 바로 여기에 있다. 사실 과학혁명이란 말 자체가 과학의 발전이 누적적인 과정이 아니라 단절적인 과정이라는 것을 웅변적으로 보여준다.

철학적으로 살펴볼 때 쿤의 패러다임 개념은 많은 부분 비트겐슈타인적인 통찰에 의존하고 있다. 《철학적 탐구》에서 비트겐슈타인은 우리에게는 다양한 언어활동이 존재하며 그 활동마다 양립 불가능하고 통약 불가능한 고유한 규칙이 함축되어 있다고 주장했기 때문이다. 그가 다양한 언어활동을 게임에 비유했던 것도 이런 이유에서이다. 우리는 장기와 바둑 두 가지를 모두 게임이라고 부른다. 그렇다고 할지라도 장기와 바둑은 동일한 게임 규칙을 공유하는 것은 아니다. 다시 말해 장기와 바둑이 가지고 있는 게임의 규칙은 '양립 불가능하고 통약 불가능한' 것이다. 장기에 바둑의 규칙을 적용하거나 반대로 바둑에 장기의 규칙을 적용하면, 이 순간 장기나 바둑이란 게임 자체가 불가능해지기 때문이다.

쿤은 다양한 언어활동에는 환원 불가능한 고유한 규칙이 존재한다는 비트겐슈타인적 통찰을 과학 활동과 역사에 적용했던 셈이다. 《과학혁명의 구조》에서 쿤이 "규칙"이란 단어를 빈번하게 사용했던 것도 다 이유가 있었던 셈이다. 비록 역사적인 순서로 진행되었지만 새로운 정상과학이 발생하는 과학혁명의 과정은 마치 장기 게임이 사라지고 새로운 바둑 게임이 도래하는 것과 매우 유사하다. 그래서 쿤은 "패러다임으로부터 패러다임으로의 이행은 강제될 수 없는 개종 경험conversion experience"과 비슷하다고 이야기했던 것이다. 물론 새로운 패러다임으로 개종한 과학자들은 기존의 패러다임을 비판할 수도 있다. 마치 불교에서 기독교로 개종한 사람이 과거 종교를 낡은 것이라고 비판하는 것처럼 말이다. 하지만 쿤에 따르면 패러다임들은 양립 불가능하고 통약 불가능하다. 당연히 우리는 어느 패러다임이 다른 패러다임에 비해 더 우월하다고 말할 수는 없는 셈이다.

아주 예외적인 과학혁명의 시기를 제외하고, 대부분의 과학자들은 특정 패러다임의 지배를 받은 정상과학의 시기에 연구활동을 하게 된다. 정상과학 시기에 포퍼가 그렇게도 강조했던 반증 가능성, 추측, 논박, 비판적 이성 등의 개념들은 손쉽게 무력해진다. 정상과학 시기에 과학자들은 패러다임을 비판적으로 검토하기보다는 그것을 맹신하기 때문이다.

어느 주어진 시기에 당면하게 되는 퍼즐들을 모두 풀 수 있는 이론들은 없다. 이미 얻은 풀이들 또한 완전하지 못한 경우도 많다. 반대로 데이터와 이론 사이의 일치성, 이미 존재하는 이 일치성이 완전하거나 완결적이지 못하다는 사실이, 주어진 시기가 어떻든지 간에, 정상과학normal science을 특징짓는 퍼즐들의 대부분을 정의한다. 만일 그런 일치가 실패했다는 것이 이론을 거부하는 근거가 된다면, 모든 이론들은 어느 때에나 거부되어야 할 것이다. ―《과학혁명의 구조》

쿤은 지금 인간의 지적 활동, 특히 인간의 과학적 활동에도 거의 결벽 증적으로 반증 가능성이나 논박 가능성이란 잣대를 들이대려는 포퍼를 은 근히 조롱하고 있다. 과학사에 정통했던 쿤은 과학적 이론들이 반증 가능성이나 논박 가능성에 그렇게 심각하게 흔들리지 않는다는 것을 잘 알고 있었던 것이다. 그의 말대로 하나의 패러다임이 지배하는 정상과학의 시기에도 과학자들이 풀기 힘든 난제들, 즉 퍼즐들이 존재한다. 그렇다고 해서 패러다임이 붕괴되어 정상과학이 와해되는 것은 아니다. 이렇게 퍼즐들이 출현할 때, 대부분의 과학자들은 이론을 수정하고 보충하면서 퍼즐들을 풀려고 할 것이다. '비판적 합리성'이 아니라 '무비판적인 확신'인 셈이다. 여기서 잊지 말아야 할 것은 이론을 수정한다는 말이 기존 이론을 완전히 폐기한다는 의미는 아니라는 사실이다. 결국 폐기나 거부라는 극단적인 용어가 사용되어야 하는 차원은 이론들 수준에서가 아니라 패러다임 수준에서 논의되어야 한다는 것, 이것이 쿤의 입장이라고 할 수 있다.

사실 패러다임의 전환, 즉 과학혁명마저도 포퍼의 생각처럼 반증 가능성이나 논박 가능성으로 발생하지 않는다. 그냥 과학혁명은 사후적으로만 확인될 수 있는 우발성에 노출되어 있기 때문이다. 그러니 과학혁명이 언제 어떻게 일어날지 우리는 사전에 미리 예측할 수 없다. 현실적으로 고등학교나 대학의 과학 실험은 새로운 이론의 발견이 아니라 패러다임을 습득하기 위한 과정으로만 진행되고 있다. 이처럼 정해진 패러다임에 따라 이루어지는 과학적 활동을 쿤은 '정상과학'이라고 부른다. 사실 과학혁명은 이러한 정상과학이 붕괴되는 것을 의미하는 것이다. 쿤에 따르면 정상과학의 붕괴는 새로운 패러다임의 도래 때문에 발생한다. 즉 고대에서 중세시대까지의 물리학, 갈릴레이에서 시작된 근대 물리학, 아인슈타인 이후의 현대 물리학은 각각 상이한 패러다임의 지배를 받는 상이한 정상과학이었다고 할 수 있다. 바로 이러한 정상과학들 사이에서 패러다임의 단절, 혹은 과학혁명이 발생했던 것이다.

쿤의 패러다임 이론을 살펴보면, 우리는 푸코의 '에피스테메^{épistémé}' 개념을 연상하지 않을 수 없다. 《말과 사물Les mots et les choses》에서 푸코는 '에피스테메'는 "한 문화의 어떤 시점에 하나만 존재하는 모든 지식의 가능성 조건"이라고 정의하면서, 르네상스 시기(1500~1660), 고전주의 시기(1660~1800), 근대 시기(1800~1950), 그리고 구조주의 시기(1950년대 이후)를 서로 통약 불가능한 시대로 구분했던 적이 있다. 각각의 시대는 자신만의 고유한 에피스테메를 가지고 있기 때문이다. 물론 쿤의 패러다임 개념과 푸코의 에피스테메 개념은 그 적용이나 함축에서 미세한 차이를 보인다. 그렇지만 쿤과 푸코를 통해 우리는 20세기의 역사학적 상상력이 공유하는 한 가지 중요한 특징을 확인할 수 있다. 그것은 역사를 연속적이고 누적적이라기보다 불연속적이고 단절적으로 보려는 사유 경향이다.

사실 우리가 특정 에피스테메나 패러다임이란 규칙에 의해 지배될 때 우리는 그것을 의식하기 힘들다. 오직 새로운 에피스테메나 패러다임으로 개종했을 때에만, 우리는 과거에 자신이 맹목적으로 따랐던 에피스테메나 패러다임이 어떤 성격을 가진 것이었는지 의식할 수 있을 뿐이다. 그렇다면 지금 우리가 무의식적으로 따르고 있는 현재의 규칙들은 과연 어떤 것일까? 푸코나 쿤이 우리에게 던진 심각한 문제는 바로 이것이었다. 미래로 갈 수 없는 우리가 자신의 현재를 알기 위해서 갈 수 있는 곳은 과거뿐이다. 과거 사람들이 무의식적으로 영위했던 다른 패러다임, 혹은 다른 에피스테메에 충분히 익숙해졌을 때, 우리는 지금 자신이 맹목적으로 따르고 있던 패러다임이나 에피스테메를 자각할 수 있게 될 것이다. 외국에 나가보았을 때에만 우리는 자신이 지금까지 따르고 있던 무의식적인 삶의 규칙을 자각할 수 있는 것처럼 말이다. 쿤과 푸코를 통해 이제 역사학은 과거 시대의 흥미로운 정보를 제공하는 단순한 역할을 그치게 된다. 현재 우리의 삶을 지배하는 내적인 규칙을 반성하기 위한 성찰을 담당하면서, 역사학은 인문학의 중심에 당당히 서 있을 수 있게 되었기 때문이다.

20세기는 투명한 이성 혹은 명료한 사유와 같은 이념이 좌절되었던 시기라고 미래 세대는 기억할 것이다. 의식 이면에 무의식이란 암흑지대를 발견했던 프로이트, 우리가 맹목적으로 따르고 있는 언어 규칙을 해명했던 비트겐슈타인, 우리의 의식 이면에는 신체적 세계가 있다는 것을 사유했던 메를로-퐁티, 고독한 주체도 텍스트의 지배를 받는다는 사실을 통해 투명한 의식의 신화를 해체했던 데리다, 현실적인 주체 이면에 유동적인 욕망의 힘이 있다는 것을 강조했던 들뢰즈, 모든 시대에는 무의식적인 사유 규칙으로서 에피스테메가 존재한다고 폭로한 푸코 등등. 이러한 사유 경향은 과학사에서도 결코 예외가 아니었다. 물론 포퍼처럼 과학의 역사를 인간의 투명한 이성, 혹은 비판적이고 합리적인 사유의 전개 과정이라고 이해한 순진한 철학자도 있었다. 하지만 토머스 쿤에 의해 과학의 역사도 과학자가 의식하지 못한 일종의 사유 규칙, 즉 패러다임의 지배를 받고 있다는 사실이 밝혀졌다.

그럼에도 쿤의 패러다임 이론은 포퍼에 의해, 그리고 그의 추종자들에 의해 계속 집요한 비판의 표적이 되었다. 투명한 이성을 지키고자 하는 마지막 몸부림이라고나 할 수 있을 것이다. 그렇지만 쿤의 입장은 아직도 견고하기만 하다. 그런데 무의식, 언어 규칙, 신체적 세계, 텍스트, 욕망, 에피스테메, 그리고 패러다임이라는 현대철학의 중요 범주들이 공통적으로 말해주는 것은 무엇일까? 그것은 인간을 해명할 때 반드시 사회철학적이고 역사철학적인 통찰이 수반되어야 한다는 점이다. 그래서 현대철학의 움직임은 근본적으로 데카르트의 코기토라는 투명한 주체의 이념, 즉 자신의 생각으로 모든 세계의 확실성을 담보할 수 있다는 유아론적 이념에 대한 파산 선고라고도 할 수 있다. 물론 우리는 인간의 사유 능력을 함부로 과소평가해서는 안 될 것이다. 우리 사유의 불투명성을 발견한 것도 바로 우리의 사유이기 때문이다. 따라서 우리에게는 다음과 같은 한 가지 철학적인 과제가 남게 된다. 20세기를 전후해 발견한 인간의 불투명성을 수용하면서, 우리는 소망스러운 미래의 모습을 열어 보여주는 새로운 사유를 어떻게 창조할 수 있을 것인가?

바슐라르, 과학과 문학 사이에서

과학이 연속적으로 발전한다는 포퍼의 주장을 토머스 쿤이 과학사의 불연속성의 테마로 비판하기에 앞서, 프랑스에서는 이미 쿤과 대동소이한 주장을 했던 과학철학자가 있었다. 바로 바슐라르Gaston Bachelard(1884~1962)다. 프랑스의 문맥에서 포퍼의 역할을 했던 사람들은 실증주의의 대부 콩트Auguste Comte(1798~1857)와 메예르송 Émile Meyerson(1859~1933)이었다고 할 수 있다. 1934년 《새로운 과학정신Le nouvel esprit scientifique》, 그리고 1938년 《과학정신의 형성La formation de l'esprit scientifique》을 출간하면서 바슐라르는 과학사가 불연속적으로 발전한다는 입장을 확고하게 견지한다. 이런 불연속성을 강조할 때 바슐라르가 사용했던 두 가지 개념이 바로 '인식론적 장애물obstacle épistémologique'과 '인식론적 단절coupure épistémologique'이었다.

과학혁명 시기에 과학혁명을 막으려는 정상과학 옹호자들의 낡은 사고를 설명하려면, 바슐라르의 '인식론적 장애물'이라는 개념이 유효할 것이다. 또한 과학혁명을 시도하는 과학자들의 내면에는 '인식론적 단절'이 있다고 말하는 것이 좋을 것이다. 흥미로운 것은 이 두 가지 개념을 바슐라르가 의식적으로 사용하지는 않았다는 점이다. 오히려 이 개념을 현대 프랑스 철학에서 핵심적인 것으로 만든 사람은 알튀세르였다. 그는 과학사를 넘어서 역사 일반을 설명할 수 있는 개념으로 '인식론적 장애물'과 '인식론적 단절'에 주목했던 것이다. 혁명을 꿈꾸던 마르크스주의자로서 어쩌면 너무 당연한 일인지도 모를 일이다. '인식론적 장애물'로는 혁명에 저항하는 인간의 보수성을, 그리고 '인식론적 단절'로는 혁명가의 내면을 그리고 싶었던 것이다.

흥미롭게도 바슐라르는 토머스 쿤처럼 과학사가에 머무는 것에 만족하지 않았다. 그는 연속적 발전을 주장하는 사람들의 인식론적 전제를 해체하고, 자신이 주창하는 불연속성에 인식론적 틀을 마련하고자 했기 때문이다. 바로 이때 공격 대상으로 그가 끌어들인 철학자가 바로 베르그손Henri Bergson(1859~1941)이었다. 그것은 베르그손이 연속적 발전이란 테마, 혹은 그의 주저 제목처럼 '창조적 진화Évolution créatrice'로서 '지속durée' 개념을 강조하고 있기 때문이다. 《사유와 운동La Pensée et le mouvant》에서 베그르손은 말한다. "지속은 분할될 수 없고 분해될 수도 없는 멜로디의 연속성이며, 여기서 과거는 현재 속으로 침투하여 그것과 분할되지 않은 전체를 형성하는데, 이 전체는 매 순간 첨가되는 것에도 불구하고, 아니 더 정확히 말해서 그 첨가되는 것의 덕택으로, 언제나 분할되지 않은 채 있고, 더구나 분할될 수조차 없는 것이다. 우리는 지속에 대한 직관Intuition을 지니고 있다."

베르그손의 지속은 과거는 항상 현재 속에 침투해서 미래를 예감하는 식으로 진행되는 시간을 말한다. 그래서 그는 멜로디의 비유를 떠올렸던 것이다. 피아노 소나타를 감상한다고 해보자. 앞에 울렸던 피아노 소리는 지금 울리는 피아노 소리에 개입해 들어온다. 만약 앞에 울렸던 피아노 소리가 그 순간 울리고 사라졌다면, 우리는 음악을 감상할 수조차 없을 것이다. 새로운 음이 연주될 때, 바로 앞의 음, 그리고 앞의 앞의 음 등등은 사라지지 않은 채 하나의 전체적인 멜로디를 형성하게 된다. 음악만 그런 것이 아니다. 설탕이 녹을 때도 꽃이 필 때도 그렇다. 이렇게 대상만이 그런 것이 아니라, 우리 인간 자체도 마찬가지다. 유년 시절은 사라지지 않고 아직도 현재 우리 자신에 개입되어 있는 것 아닌가. 유년 시절뿐만 아니라 바로 지금 이 순간의 경험도 마찬가지다.

베르그손은 이런 지속의 경험, 혹은 그의 말대로 지속에 대한 직관이 가장 원초적인 실재성이라고 생각했던 철학자였다. 그러니 3악장으로 구성된 피아노 소나타에 대한 악장별 분석은 단지 추상일 뿐이다. 현재의 삶과 독립된 것으로 다루어진 과거 유년 시절의 경험도 단지 추상일 뿐이다. 바로 이 점이 중요하다. 베르그손에게는 연속성의 경험이 일차적이고, 그로부터 분석되거나 사유된 요소들은 단지 추상에 불과하다. 결국 연속성은 구체이고, 불연속성은 추상이라는 공식이 도출될 수 있다. 불연속성과 단절을 강조했던 바슐라르가 개입하는 부분은 바로 이 대목이다. 연속성을 인식론적, 존재론적으로 정당화하는 지속 개념을 붕괴시키지 않고서 어떻게 인식론적 단절 개념을 주장할 수 있다는 말인가? 그가 베르그손의 도식 자체를 전복시키려고 했던 것도 바로 이런 이유에서다. 짧지만 철학사적으로 중요한 저서《순간의 직관L'Intuition de l'instant》에서 바슐라르는 말한다.

"베르그손은 시간을 우리가 경험하는 것으로 단순화하고자 한다. 그렇게 하기 위해 그는 음악작품을 출발점으로 선택한다. 그렇지만 그는 음악작품은 단지 음들의 다양성 때문에 의미를 갖는다는 사실을 강조하지 않고, 그리고 모든 음들은 그 자체로 다른 것과 차이나는 삶을 가진다는 사실을 인정하지 않는다. 그 대신 베르그손은 다양한 음들의 다양성뿐만 아니라 단일 음 안의 다양성마저도 제거함으로써 우리가 궁극적으로 통일성uniformité에 이르게 된다는 사실을 보여주려고 했다. …… 감각 자료를 단순화할 수 있는 일종의 성찰을 발견할 수 있다는 생각을 품고 있는 어떤 사람이라도 추상화의 희생물이 될 것이다. 감각 작용은 다양성이고, 오직 기억만이 통일성을 부여할 수 있다."

바슐라르의 입장은 명확하다. 베르그손이 가장 원초적이고 구체적인 경험이라고 주장했던 지속의 직관은 일종의 추상화 작업에 지나지 않는다는 것이다. 바슐라르는 베르그손이 좋아했던 음악 감상의 비유를 다르게 해석한다. 하나하나의 음을 듣고서야 우리는 멜로디를 구성할 수 있다는 것이 바슐라르의 근본적인 생각이었다. 결국 전체 멜로디가 직관 대상이 아니라, 개별 음들이 직관 대상이라는 이야기가 된다. 여기서 전체 멜로디가 '지속'을 상징하는 것이라면, 개별 음들은 '순간'을 상징하는 것이다. 바슐라르가 자신의 책 제목을 '순간의 직관'이라고 명명했던 것도 이런 이유에서다. 흥미롭게도 베르그손과 치열한 논쟁을 벌여서라도 불연속적 과학사를 정당화하려고 했던 바슐라르가 세상을 떠났던 바로 1962년, 미국에서 《과학혁명의 구조》가 책으로 출간된다는 사실이다. 정말 아이러니한 일이다.

놀랍게도 바슐라르는 그 어느 것도 포기하지 않는다. 과학철학자이면서 동시에 탁월한 문학평론가로, 얼핏 보기에 서로 이질적인 길을 당당히 걸어갔으니 말이다.

사족일 수도 있지만 문학평론가로서 바슐라르에 대해 간단한 언급이 필요할 듯하다. 우리에게 바슐라르는 평론가 김현 등 여러 사람을 통해 문학평론가로 먼저 소개되었기 때문이다. 가장 수학적이고 합리적인 자연과학과 가장 시적이고 낭만적인 문학에 동시에 관심을 기울인다는 건 정말 특이한 경우다. 1938년이 기점이 된다. 1938년 이전 10년 동안 바슐라르는 과학사와 과학철학에 발군의 연구를 진행한다. 그런데 1938년 이후 10년 동안에는 어쩌면 가장 비과학적이라고 할 수 있는 문학, 특히 시와 관련된 연구에 몰두한다. 도대체 무슨 일이 벌어진 것일까? 1938년 바슐라르는 《과학정신의 형성》의 후속 작업으로 《불의 정신분석La psychanalyse du feu》을 출간한다. 바로 이 책이 바슐라르의 삶에 나비효과를 일으킨 문제작이었다. 바슐라르는 과학의 새로운 발견을 가로막는 '인식론적 장애물'을 다루기 위해 '불'의 이미지를 분석하려고 했던 것으로 보인다. 특히 4장과 5장에 이런 취지가 노골적으로 드러나 있다.

문제는 나머지 장들이다. 1, 2, 3장에서 바슐라르는 자신의 유년 시절 경험이나 신화와 인류학적 차원에서 '불'의 이미지를 다루고 있고, 6, 7장에서는 '불'과 관련된 시적 상상력을 아주 긍정적이고 열정적으로 다루고 있다. 《불의 정신분석》은 체제상 일종의 탈구 상태에 있는 것이다. 유치한 불의 상상력, 인식론적 장애물로서 불의 이미지, 그리고 불의 시적 상상력으로 이어지는 순서가 문제가 된 것이다. 4, 5장 이전은 유치한 어린아이의 상태, 4, 5장은 이런 어린아이의 마음 상태가 과학에 대한 인식론적 장애물로 기능하는 모습을 다루었다. 그렇다면 4, 5장 이후에서 바슐라르는 불의 이미지, 혹은 불의 상상력을 제거해야 한다는 주장이나 그 방법을 이야기했어야 했다. 그런데 갑자기 '불'의 상상력에 매료되어버린 것이다. 그러니까 원래 바슐라르의 글은 어린아이의 정신 상태, 어른이지만 어린아이와 같은 안 좋은 정신 상태, 그리고 최종적으로 내면의 어린아이를 제거해서 어른이 된 정신 상태로 이어져야 했다. 그렇지만 글을 집필하는 과정에서 바슐라르는 어른 속에서 작동하는 어린아이를 찬양하는 식으로 변모해버린 것이다.

《불의 정신분석》은 생산적으로 뒤죽박죽인 책, 혹은 바슐라르라도 어떻게 해볼 수 없는 무질서한 책이 되어버린 것이다. 그러니 바슐라르의 사유에서 이 책보다 문제적인 작품도 없다고 말할 수 있다. 실제로 바슐라르도 이 책을 "무질서하며 동시에 불완전하기에 내가 다시 쓰고 싶은 책"이라고 술회했을 정도다. 그래서 《불의 정신분석》은 아이러니하게도 일종의 '인식론적 단절'을 보여준 책이라고 할 수 있다. 문학적 상상과 단절해서 과학적 상상력에 이르자는 것이 아니라, 과학적 상상력을 단절해서 문학적 상상력을 복원하자는 논의니까 말이다. 그러니 바슐라르 개인에게 '인식론적 단절'이 있었던 해는 1938년이라고 해도 좋을 듯하다. 이때부터 바슐라르는 인간의 시적 상상력을 네 가지 물질적 상상력 이론으로 설명하는 도전적인 문학평론 작업에 몰두하게 된다. 네 가지 물질적 요소는 고대 그리스, 인도, 그리고 심지어 동아시아에서도 지배적이었던 지地, 수水, 화火, 풍風과 관련된 상상력이었다.

1942년 《물과 꿈L'eau et les rêves》, 1943년 《바람과 그 노래들L'air et les songes》(국내에는 《공기와 꿈》으로 번역됨), 그리고 1946년 《대지와 휴식의 몽상La terre et les rêveries du repos》을 바슐라르는 연이어 출간한다. 우리 평론가들을 흥분에 빠뜨릴 정도로 매력적인 책 제목들이 모든 걸 말해준다. 바슐라르는 확신했던 것이다. 저 멀리 인류 초기부터 현대의 시인들에 이르기까지 인간은 지수화풍이란 네 가지 요소, 혹은 네 가지 물질적 원소의 이미지에 지배받으며 꿈을 꾼다고. 개체 발상은 계통 발생을 반복하는 것처럼, 이것은 바슐라르 본인의 삶에도 그대로 작동하는 것이다. 어린 시절 꿈꾸기를 좋아했고 그만큼 시를 좋아했던 바슐라르가 이제 어른이 되어서 그 꿈을 긍정하기 시작한 것이다. 바슐라르 본인에게는 심각한 위기가 아닐 수 없다. 아마 알튀세르는 바슐라르가 과학적 사유를 배신했다고 탄식했을 수도 있다. 이제 베르그손에 맞서 단절과 불연속을 강조했던 바슐라르가 오히려 베르그손보다 더 강력하게 연속성을 강조하는 입장을 취하고 있으니 말이다. 그렇다면 1938년 이전의 과학철학자 바슐라르는 폐기된 것일까?

놀랍게도 바슐라르는 그 어느 것도 포기하지 않는다. 과학철학자이면서 동시에 탁월한 문학평론가로, 얼핏 보기에 서로 이질적인 길을 당당히 걸어갔으니 말이다. 1949년《응용합리주의Le Rationalisme appliqué》와 1953년《합리적 유물론Le matérialisme rationnel》이라는 과학철학 성과물을 출간하면서도, 1958년《공간의 시학La poétique de l'espace》과 1960년《몽상의 시학La poétique de la rêverie》이라는 문학평론서도 아울러 출간하기 때문이다. 그리고 주목해야 할 것은 그가 문제작이었던《불의 정신분석》을 개정하기보다는 '불'의 상상력을 다룬 새로운 책, 국내에서는《촛불의 미학》으로 번역된 1961년《초의 불꽃La flamme d'une chandelle》을 출간한다는 점이다. 바슐라르를 지배하던 물질적 상상력은 바로 '불'이었음을 보여주는 증거가 아닐까? 죽음을 앞둔 노철학자가 다시 촛불로 꿈을 꾸는 어린 시절로 돌아간 것이 애잔하기만 하다. 마지막 광휘를 발하던 촛불은 바로 이 노인이기도 했으니 말이다. 자신을 과학으로도 이끌고 시로도 이끌었으니, 그에게 촛불은 정말 근사한 꿈의 서막이자 완성이었던 셈이다.

문학과 과학, 혹은 시와 물리학이 바슐라르에게 마침내 통합된 것일까? 시가 양자역학과 같은 물리학의 발전에 도움이 된다는 것일까? 혹은 양자역학과 같은 물리학이 시인에게 자극이 된다는 것일까? 어느 것도 답이 아니다. 바슐라르는 시인이나 과학자 모두 일상적이고 친숙한 세계와 그 대상들을 넘어서 새로운 세계와 대상들을 창조한다고 보았다. 시와 과학은 질적으로 다른 담론이지만, 현실세계를 낯설게 바라보는 인식론적 단절을 제공한다는 점에서 동일한 작용을 한다는 것이다. 현실세계와 단절해서 서 있을 수 있는, 다시 말해 현실세계에서 벗어나 그곳을 바라볼 수 있는 입각점은 다를 수 있다. 비유를 해보자. 동일한 어떤 사람을 정면에서 보거나 뒷면에서 볼 수도 있다는 것이다. 어느 입각점에 서 있느냐에 따라 그 사람은 다르게 보이겠지만, 그 사람은 단지 동일한 그 사람일 뿐이다. 그러니 문학과 과학이란 두 가지 관점만 가질 필요는 없을지도 모른다. 음악도 미술도, 혹은 경제학이나 사회학도 충분히 그런 인식론적 단절을 낳을 수 있으니 말이다.

27

그림은 어떻게 우리를 흔드는가?

클레

———— VS ————

로스코

재현의 위기, 혹은 세잔의 고뇌

레오나르도 다빈치Leonardo da Vinci(1452~1519)의 그림에 우리는 감동한다. 어떻게 세상을 있는 그대로 담을 수 있었을까? 특히 그가 그린 많은 말 그림들을 보라. 말들은 금방이라도 그림에서 뛰쳐나와 우리에게 달려들 것만 같다. 보통 인문학에서는 재현再現, representation이란 말을 많이 사용한다. 글자 그대로 '다시re' '표현한다presentaion'라는 의미다. 그러니까 저 평야에 달리고 있는 말을 그림으로 다시 표현한 것이니, 회화는 기본적으로 재현의 매체라고 할 수 있다. 그러나 사실 엄격히 말해 3차원, 아니 시간까지 포함한 4차원의 사물을 있는 그대로 그림으로 재현한다는 것은 불가능한 일이다. 이미 캔버스나 도화지는 2차원의 평면이니까 말이다. 그러니 있는 그대로를 재현한다는 것은 정말로 탁월한 능력과 연습이 없다면 불가능한 일일 것이다.

재현된 것이 실제 대상과 거의 일치한다면, 우리는 경탄하게 된다. 재현의 능력과 기술! 미술에서뿐만 아니라 일상생활에서도 가장 중요시하는 것이다. "어머! 똑같네" "엄마를 정말 잘 그렸네" "너 그림에 소질이 있구나" 등등. 이런 입장이 바로 사실주의realism다. 사실주의는 회화가 실재reality를 그대로 화폭에 재현해야 한다는 입장을 견지하기 때문이다. 그러나 사실주의 회화이론, 즉 재현이론은 19세기에 들어 완전히 위기에 봉착하게 된다. 1827년 프랑스의 화학자 니에프스Joseph Nicéphore Niépce(1765~1833)가 사진술을 발명하면서 위기가 시작된다. 마침내 위기는 엄연한 현실이 되어버린다. 풍경화가 다게르Louis Jacques Mandé Daguerre(1787~1851)가 1839년 8월 19일 지금 우리가 알고 있는 사진을 찍었기 때문이다. 이제 화가가 세상을 근사하게 재현해도, "사진 같네!"라는 평에 만족할 수밖에 없다. 여기서 시각예술의 나라답게 프랑스의 화가들은 심각한 고민에 빠지게 된다. 사진이 할 수 없는 것을 하지 못한다면, 화가들은 더 이상 자신의 존재 이유를 찾지 못할 테니 말이다.

마침내 화가들은 탈출구를 찾았다. 1872년 모네Claude Monet(1840~1926)

클로드 모네의 〈인상, 일출〉(1872). 마침내 화가들은 탈출구를 찾았다. 모네는 사진이 결코 찍을 수 없는 풍광을 그림에 담는 데 성공했다.

가 그린 〈인상, 일출Impression, soleil levant〉이라는 그림이 그 서막이 되었다. 물론 아직도 사실주의에 젖어 있던 주류 화가들은 모네의 그림을 혹평했다. 무언가 완성되지 못한 흐릿한 항구의 일출 풍경이 영 마음에 들지 않았던 것이다. 그러나 어쨌든 모네는 사진이 결코 찍을 수 없는 풍광을 그림에 담는 데 성공한 것이다. 모네는 자신이 항구에서 받았던 인상을 화폭에 옮겨놓았다. 아마도 다른 화가였다면 다른 인상을 받았을 수도 있다. 바로 이것이다. 이제 자신이 받은 인상을 타인에게 전달할 수 있는 회화가 탄생한 것이다. 사실주의에 맞서는 이런 경향을 모네가 그림에 붙인 단어 '인상impression'을 따서 인상주의impressionism라고 부른다. 사실 동일한 실재에 대해서도 화가의 수만큼이나 다양한 인상들이 가능하다. 그러니 화가의 내면과 화가만의 고유성이 강조되는 시대, 즉 인상주의 시대가 활짝 열리게 된 것이다.

인상들의 다양성은 화가만의 고유성, 혹은 단독성에서 유래한다. 그것은 모든 사람이 자기만의 역사를 가지고 역사를 만들며 살기 때문에 가능한 것이다. 예를 들어 최근에 사랑하는 어머니와 사별한 화가가 있다고 하자. 공원에서 구걸을 하고 있는 할머니를 보았을 때, 그가 받은 인상은 그런 역사를 갖지 않은 화가의 인상과는 사뭇 다를 것이다. 또 이성만 보면 지나치게 수줍어하는 화가와 바람둥이 화가가 이성에 대해 갖는 인상은 다를 수밖에 없을 것이다. 결국 다양한 인상들에서는 '재현'의 논리보다는 '표현expression'의 논리가 더 중요한 역할을 한다고 할 수 있다. 그러니 인상주의에서는 데생의 정밀함보다 색채의 풍성함을 더 선호할 수밖에 없다. 색채보다 화가의 내면 상태나 감정 상태를 잘 보여주는 것도 없으니 말이다.

사실주의에 따르면 화가는 정밀한 데생으로 사물들의 윤곽선을 그리고, 이어서 그 윤곽선들이 만든 면에 색을 칠해야 한다. 그러나 인상주의에 들어서면 이런 관계는 전복된다. 화가이자 미술평론가였던 베르나르Émile Bernard(1868~1941)는 1904년 7월 잡지 《록시당L'Occident》에 기고한 〈폴 세잔〉이란 글에서 세잔Paul Cézanne(1839~1906)의 말을 인용했던 적이 있다.

어떤 선도 존재하지 않는다. 어떤 조형법도 존재하지 않는다. 단지 대조들만 존재할 뿐이다. 검정색과 흰색이 이런 대조들을 제공하지는 않는다. 색 감각들이 대조들을 제공하는 것이다. 조형법은 색들의 완전한 관계에서 유래한 것이다. 색들이 조화롭게 병치되고 모두 살아 있고 완전할 때, 그림은 저절로 입체적인 느낌을 갖는다. 데생과 색은 서로 그렇게 떨어지지 않는다. 색을 점점 칠할수록, 우리는 데생을 하고 있는 것이다. 색들이 더 조화로울수록, 데생은 더 엄밀해질 것이다. 색들이 가장 풍성해질 때, 형태는 가장 충만해진다. 데생과 조형법의 비밀은 색들의 대조와 친밀성에 달려 있다.

폴 세잔의 〈자화상〉(1872). 세잔을 통해 인상주의는 더 이상 비주류 화풍이 아니라, 시대를 풍미하는 주류 화풍으로 자리를 잡을 수 있었다.

사진이 탄생한 해에 함께 태어난 세잔은 자신의 60년 인생을 인상주의라는 제단에 바쳤던 인상주의의 대가였다. 세잔을 통해 인상주의는 더 이상 비주류 화풍이 아니라, 시대를 풍미하는 주류 화풍으로 자리를 잡을 수 있었다. 사실주의에 맞서서 회화의 고유성을 지키려고 분투했던 인상주의 투사는 인상주의를 아주 간명하게 '색couleur'이라는 단어 하나로 요약한다. 노련함과 완숙함이 아니라면 간명함은 불가능한 덕목일 것이다. 인상주의는 이론적인 틀로 세상을 보는 것이 아니라, 있는 그대로 느껴지는 감각 인상을 중시한다. "있는 그대로"의 자연은 어떻게 보일까? 세잔은 무엇보다도 먼저 그것이 색들의 세계라고 단언하고 있는 것이다. 보통 사실주의 화풍에서나 아카데미 실습장에서는 선을 먼저 그리고 색을 칠한다. 그러나 바로 이것이 이론적인 태도이고, 따라서 생생한 인상과는 무관하다는 것이 세잔의 입장이다.

색깔들이 대조될 때 윤곽선이나 선을 발견하는 우리 경험을 상기하는 것으로 세잔의 입장은 충분히 이해 가능하다. 설원에 흰색 옷을 입고 있는 사람이 있다면, 그래서 설원의 흰색과 옷의 흰색이 대조되지 않는다면, 우리는 그 사람을 식별할 수 없다. 그 사람과 설원 사이에 윤곽선이 감각되지 않기 때문이다. 만일 흰색 옷이 설원과는 다른 색조의 흰색이라면, 혹은 그의 검은 머리카락이 보였다면, 아니면 그의 홍조를 띤 얼굴이라도 보였다면, 우리는 그 사람을 금방 식별할 수 있을 것이다. 결국 색들이 대조될 때 윤곽선이 나온다는 것, 이것이 우리가 세상을 감각하는 방법이다. 그러니 세잔은 "색을 점점 칠할수록 우리는 데생을 하고 있다"고 말할 수 있었던 것이다. 물론 아직 세잔은 화가 개인마다 색 인상이 미묘하게 다를 수밖에 없다는 데까지 논의를 진행하지는 않았다.

세잔 본인이 중요하게 생각한 것은 자신이 얼마나 정직하게 자연이나 풍광이 주는 색 인상에 충실했는지의 여부였다. 그러나 고흐Vincent van Gogh(1853~1890), 고갱Paul Gauguin(1848~1903), 마티스Henri Matisse(1869~1954) 등 세잔 이후의 인상주의를 이끌었던 화가들의 그림만 보더라도 인상주의 화가들은 아주 개성적인 색 인상을 가지고 있다는 걸 우리는 어렵지 않게 확인할 수 있다. 결국 색 인상은 내부와 외면의 마주침, 혹은 화가 자신의 본성과 외부 자연의 본성 사이의 마주침에서 결정된다고 말할 수 있다. 여기서 만약 화가의 내면, 혹은 화가의 고유성을 강조하게 된다면 우리는 인상주의를 넘어서 표현주의라는 화풍에 이르게 된다. 표현주의expressionism에서는 외부나 자연은 우리의 내면세계를 드러내는 계기에 지나지 않는다. 외부나 자연에 의존하지 않고 더 과감하게 내면세계를 표현할 수 있는 길, 전시회를 찾은 일반인들이 이해하기 어려운 추상화Abstract Painting의 길은 이렇게 열리게 된다.

클레: "선으로도 다른 세계를 표현할 수 있다."

1940년 9월 26일 오전 10시 프랑스와 스페인 국경 마을 포르 부Port Bou에서 우리 시대 가장 치열했던 인문주의자 한 명이 자살로 파란만장한 생애를 마감한다. 바로 벤야민Walter Benjamin(1892~1940)이다. 그의 유품 중에는 항상 그가 소장하던 그림 한 점이 있었다. 서양미술사에 조예가 깊은 사람이라면 그것이 클레Paul Klee(1879~1940)의 수많은 천사 그림들 중 한 점, 벤야민 때문에 가장 유명세를 타게 될 운명을 가진 그림 한 점이라는 걸 알 것이다. 〈새로운 천사Angelus Novus〉라는 그림이다. 나치에 생명의 위협을 느낀 벤야민을 끝까지 지켜주었던 수호천사가 바로 클레의 천사였던 것이다. 얼마나 이 그림이 인상적이었던지, 벤야민은 서둘러 남긴 자신의 유고 〈역사의 개념에 대하여Über den Begriff der Geschichte〉의 9번째 테제를 아예 이 그림을 해석하는 데 할애하고 있을 정도였다.

> 클레가 그린 〈새로운 천사〉라는 그림이 하나 있다. 이 그림 속의 천사는 마치 자신이 응시하고 있는 어떤 것에서 금방 멀어지려고 하는 것처럼 보인다. 천사는 눈을 크게 뜨고 있고 입은 벌어져 있으며, 또 그의 날개는 펼쳐져 있다. 틀림없이 역사의 천사도 바로 이렇게 보일 것이다. …… 천사는 잠시 동안이라도 머물러 죽은 자들을 소생시키고 또 산산이 부서진 것을 모아서 다시 결합하려고 한다. 그러나 천국에서 폭풍이 불어오고, 또 그 폭풍은 그의 날개를 옴짝달싹 못하게 할 정도로 세차게 불고 있기에, 천사는 자신의 날개를 더 이상 접을 수조차 없다.
> – 〈역사의 개념에 대하여〉

지배자들, 혹은 승자의 역사에 맞서 억압받았던 대다수 사람들의 삶을 긍정하려는 벤야민 자신의 모습을 연상시키는 것이 바로 클레의 천사였던

클레는 선, 혹은 윤곽선이 가장 지적이라고 생각했던 통념을 와해시키고, 선마저도 표현의 매체로 승격시켰다. 이것이 바로 클레가 가진 고유성이다.

것이다. 어쨌든 지상에 머물고 싶지만 폭풍우 때문에 머물 수도 없는 천사의 신세나, 사람들 편에 있어야 하지만 도주자 신세로 전락해버린 벤야민의 처지나 애처롭기는 마찬가지다. 전체주의와 자본주의에 맞서 인문주의를 지키려고 분투했던 벤야민은 그의 예민한 감성으로 클레가 자신과 같은 심장을 가지고 있다는 걸 직감했던 것이다. 그러니 그의 외로움도 클레의 그림에서 많은 위로를 받았을 것이다. 그런데 벤야민은 자신이 가장 좋아하던 화가 클레가 자신이 죽기 세 달 전, 그러니까 6월 29일 파란만장한 삶을 마쳤다는 것을 알았을까? 어쨌든 여러모로 1940년은 유럽 지성인들에게는 슬픈 해로 기억될 만하다.

나치 정권으로부터 퇴폐 화가로 낙인찍혀 정치적으로 억압받던 중 클레는 지병이었던 피부경화증scleroderma마저 악화되어 세상을 떠난 것이다. 하긴 사회민주주의를 지향하던 독일 바이마르공화국과 그 맥을 같이했던 예술학교 바우하우스Bauhaus의 교수였으니, 사회민주주의를 적대시했던 나치

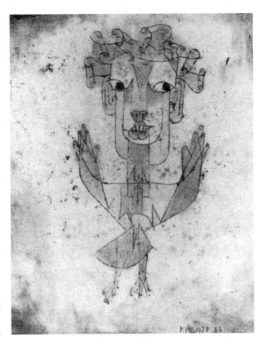

파울 클레의 〈새로운 천사〉(1920). 이 그림은 나치에 생명의 위협을 느낀 벤야민을 끝까지 지켜주었던 수호천사였다.

정권이 바우하우스 교수를 가만히 내버려둘 리 만무했다. 인상주의를 넘어서 표현주의를 표방했던 클레에게 전체주의는 정말 독가스와도 같이 치명적인 것일 수밖에 없었다. 전체주의는 자신의 체제가 영원한 것이라고, 그리고 개체들은 전체를 위한 수단에 지나지 않는다고 주장하기 때문이다. 새로운 것을 창조해서 자기만의 단독성을 표현하려고 했던 표현주의자 클레! 이런 클레의 존재 자체가 전체주의자에게는 눈엣가시일 수밖에 없었다. 직접 클레의 예술혼을 느껴보도록 하자.

예술은 보이는 것을 재현하는 것이 아니라, 차라리 보이도록 만드는 것이다. …… 과거에 우리는 세상에 있는 가시적인 사물들, 우리가 즐겨 보거나 즐겨 볼 수 있다고 여기는 사물들을 재현하곤 했다. 오늘 우리는 가시적인 것들 이면에 있는 실재를 드러낸다. 이렇게 우리는 가시적 세계란 우주와의 관계에서 볼 때 단지 고립된 사례라는 믿음, 그리고 수많은 다른 잠재적인 실재들이 존재한다는 믿음을 표현한 것이다. 그래서 사물들은 더 넓고 다양한 의미를 갖는 것으로, 종종 과거 합리적 경험과는 모순되는 것처럼 보인다. -《창조와 관련된 고백Creative Confession》

1920년에 작성된 이 짧은 글에서 클레는 예술이란 창조활동이라고 역설하고 있다. 예술은, 작게는 미술은 보이는 것을 있는 그대로 재현하는 것이 아니라, 지금까지 자신이나 주변 사람들이 보지 못했던 것을 "보이도록 만드는 것"이다. 긍정적으로 말해서 새로운 예술작품은 새로운 감각을 창시하는 것이다. 창조란 그런 것 아닌가. 과거에는 없었던 무언가를 있도록 만드는 것, 혹은 과거에 볼 수 없었던 것을 보도록 하는 것이 창조니 말이다. 당연히 제대로 창조된 예술작품은 난해할 수밖에 없다. 현존하는 세계에 타성적으로 적응한 사람일수록 그 난해함은 가중될 것이다. 결국 하나의 예술작품은 사람들로 하여금 자신이 살고 있는 세계를 넘어서 다른 세계로 이행하도록 강요하는 힘을 갖는다고 하겠다. 그러니 나치 정권 입장에서 클레는 얼마나 불온한 존재로 보였겠는가? 논리적으로 현존하는 국가사회주의 정권마저도 극복되어야 할 것으로 사유하니 말이다.

1924년에 작성된 팜플렛《현대미술에 관하여Über die Moderne Kunst》에서도 클레는 다시 한 번 자신의 입장을 강조한다. "화가는 철학자가 되려는 의도가 있든 없든 철학자다. 그는 낙관론자들처럼 가능한 모든 세계 중에서 이 세계가 최선의 세계라거나, 모델로 삼기에 부적할 만큼 최악의 세계라고 주장하지는 않는다. 그는 다만 말한다. '현재 형태의 이 세계가 유일하게 가능한 세계는 아니다.'" 마찬가지로 화가가 보여준 세계는 최선의 세계가 아니어도 되고 최악의 세계가 아니어도 상관없다. 중요한 것은 현재의 세계 이면에 느껴지는 가능한 세계, 혹은 현재의 세계가 보지 못하도록 은폐하고 있는 가능한 세계를 화가가 느꼈느냐의 여부일 뿐이다. 이념이나 이상이 먼저가 아니라 감수성과 느낌이 우선적이다. 단지 화가는 그 가능한 세계를 강하게 느끼고 있고, 그걸 형상화하는 작품을 만드는 것이다. 1933년 1월 30

일 히틀러가 독일제국 총통이 될 때까지, 클레는 이렇게 가능한 세계에 대한 느낌을 회화로 창조하는 작업을 쉬지 않았다. 스스로 철학자를 표방할 정도로 클레는 상당히 지적인 화가로 보이지만, 사실 가장 감성적인 사람이란 걸 잊어서는 안 된다. 대부분 사람들이 가시적인 세계에 머물러 타성에 젖어 세상을 감각하고 있다면, 클레는 아직 가시적이지 않은 것을 온몸으로 느끼고 그것에 형상을 부여하려고 한 것이다.

'아직 가시적이지 않은 것', 그것은 들뢰즈의 표현을 빌리자면 감성에 포착되지만 정체를 모르기에 우리에게 해석을 강요하는 '기호signe'와 같은 인식론적 위상을 갖는다. 느꼈지만 정체를 모르니 그 정체를 그림으로 형상화한 것, 이것이 바로 클레의 작품이었다. 전체주의가 집권했던 1933년에서부터 1940년까지 대부분의 독일 사람들은 간과하고 있었지만 클레는 느끼고 있는 것이 있었다. 그것은 전체주의의 핏빛 미래와 임박하는 대량살육에 대한 불길한 예감에 대한 것이었다. 당시 대부분의 클레 그림들이 어두워 보이는 것도 이런 이유에서다. 여기서 한 가지 첨언할 것이 있다. 벤야민이 가지고 있던 천사 그림은 나치 시절이 아니라 1920년에 그린 것이다. 1918년 제1차 세계대전이 종결되었지만, 더 큰 위험이 도사리고 있다고 느낀 클레가 그린 예언적인 작품이었던 셈이다. 이 작품에 벤야민이 크게 공감했던 것은 그도 클레와 마찬가지로 파시즘의 대두를 위기 상태로 직감하고 있었기 때문이다.

기호처럼 느껴지지만 아직 가시적이지 않은 것이 있다. 이것을 가시화하려고 할 때, 그러니까 자신의 동요나 감정을 표현하려고 할 때, 클레는 선을 사용해 표현했다. 물론 클레는 세잔의 교훈을 잊지 않고 있었다. 색도 화가의 감정을 표현하는 수단이기에, 가시화의 작업에서 중요한 역할을 한다는 걸 그도 충분히 알고 있었으니 말이다. 바우하우스에 근무하던 1921년에서 1931년까지 클레의 강의 준비 노트에는 선뿐만 아니라 색의 사용법에 대한 수많은 고민의 흔적들이 나오는 것도 이런 이유에서다. 어쨌든 색도 중요하지만 일차적으로 클레가 고민했던 것은 선이었다. 그러니 그의 입장은 색들이 대조되면 윤곽선이 나온다는 세잔의 입장과는 명확히 구분되는 것이다. 선이 표현적 매체 중 가장 우선적이라는 입장은 다음 글에서 더 명확해진다.

> 추상으로의 경향은 데생에 본질적인 것이다. 윤곽에 한정된 회화적 가공물은 요정 이야기와 같은 성질과 아울러 동시에 대단한 정밀함도 달성할 수 있다. 회화작품이 더 순수할수록—데생을 기초하는 형식적 요소들이 더 강조될수록—가시적 대상에 대한 사실주의적 재현은 더 부적절하게 된다. 회화의 형식적 요소들은 점, 선, 면, 그리고 공간이다. …… 이것이 주어진 작품은 단지 이런 요소들로만 구성되어야만 한다는 걸 의미하지는 않는다. 차라리 이런 요소들은 형태들을 만들지만 그 과정에서 사라지지는 않고 보존된다는 것이 중요하다.
>
> ─《창조와 관련된 고백》

인상주의가 색의 추상으로 귀결하는 경향을 보이지만, 클레의 표현주의에는 데생, 즉 선의 추상이 중요한 역할을 한다. 여기서 선이 지적이라면 색은 감정적이라는 통상적인 사실에 주목해보도록 하자. 나무가 회색 색조로 그려진 그림이 하나 있다고 하자. 그 윤곽선을 통해 우리는 그것이 나무인지 사람인지 지적으로 식별한다. 반면 그 회색으로 우리는 화가의 감정 상태를 공감하게 된다. 이건 누구나 경험하는 일이다. 동일한 방이라도 벽지나 커튼의 색만 바꾸어도 우리는 전혀 다른 분위기, 과거와는 다른 감정 상태에 젖어드니 말이다. 그러나 클레의 선은 지적이라기보다 감정적인 효과를 낳도록 고안된 것이다. 선의 굵기와 방향 그리고 속도감, 선으로 만드는 면의 크기와 모양 그리고 위치 등등은 우리에게 강한 감정적 효과를 남긴다는 것을 클레는 잘 알았던 것이다. 그러니까 사실주의에서 선은 지성과 관련된 것이라면, 클레에게 선은 감성과 관련된 것이라고 정리할 수 있다.

인상주의든 표현주의든 미술에서 '추상'이란 단어는 지성과 관련된 것이 아니라 감성과 관련된 용어다. 철학이나 수학의 용례와 다르니 항상 주의해야 한다. 어쨌든 그래서 "회화작품이 더 순수할수록—데생을 기초하는 형식적 요소들이 더 강조될수록—가시적 대상에 대한 사실주의적 재현은 더 부적절하게 된다"는 클레의 말이 중요하다. 재현이 부적절하게 되어야 그림은 화가의 내면과 역사, 혹은 감정적 동요를 유효하게 전달할 수 있다. 재현의 요소가 많으면 표현의 요소는 줄어들고, 반대로 표현의 요소가 커지면 재현의 요소는 그만큼 줄어들 수밖에 없다. 회화의 표현주의적 특성, 혹은 추상적 특성을 세잔은 색으로 전달하려고 했는데, 지금 클레는 선으로 그걸 시도하려고 하는 것이다. 이것이 바로 클레가 가진 고유성이다. 선, 혹은 윤곽선이 가장 지적이라고 생각했던 통념을 와해시키고, 선마저도 표현의 매체로 승격시킨 것이다.

이제 클레는 두 가지 표현 매체를 손에 쥐게 된 셈이다. 하나는 선, 그리고 다른 하나는 색이다. 선과 색은 클레의 그림에서 세 가지 관계 중 하나에 속하게 될 것이다. 하나는 선이 주는 강렬한 감정적 효과를 색이 증폭시켜주는 경우, 두 번째는 선이 주는 감정적 효과를 색이 억제하는 경우, 그리고 마지막 세 번째는 선이 주는 감정적 효과와 색이 주는 효과가 완벽한 조화를 이루는 경우일 것이다. 물론 선으로만 이루어진 클레의 데생 그림만으로도, 혹은 세잔의 방식으로 색을 대조해서 만든 색채 그림으로도 우리는 충분히 감정적 충격을 받을 수 있다. 이것이 바로 클레를 유럽 표현주의의 최상급 화가로 만든 핵심이라고 할 수 있다.

⑯

로스코: "작열하는 색들만이 비극적 감정을 전달할 수 있다."

세잔의 그림에서는 선과 색이 분명 함께 있다. 그러나 세잔에게는 색이 무엇보다도 일차적이다. 색들이 맞닿아 있을 때, 윤곽선이 나온다는 것이 그의

로스코는 그림이란 작가 자신의 내면에 대한 거침없는 표현과 무관하다고 이야기한다. 그는 자신을 표현하려고 그림을 그렸던 것이 아니라, 타인과 소통하기 위해 그림을 그렸다고 이야기한다. 구체적으로 그는 그림을 통해 말라 버린 사람들의 감성을 되살리려고 했던 것이다.

입장이기 때문이다. 가령 보색 관계에 있는 두 색들이 연결되어 있다면 윤곽선은 더 짙을 것이고, 반대로 연접해 있는 색들이 맞닿아 있다면 윤곽선은 상대적으로 흐릿할 것이다. 그러나 이제 아예 윤곽선 자체를 부정하고 색만으로 그림을 그리려는 움직임이 생기게 된다. 어쩌면 세잔의 인상주의가 열어놓은 가능성을 극한으로 밀어붙이는 화풍이 나온 것은 논리적으로 당연한 귀결인지도 모를 일이다. 선의 기술이라고 할 수 있는 데생이 사실주의를 따른다면, 화가 개개인의 내면적 감정과 무의식적 욕망을 폭발하는 데는 역시 색이 일차적일 테니 말이다. 특히나 이런 경향은 제2차 세계대전 이후 서양 회화의 중심지로 거듭난 미국 뉴욕을 중심으로 발달한다. 바로 추상표현주의abstract expressionism의 등장이다.

잭슨 폴락Jackson Pollock(1912~1956)의 그 유명한 액션 페인팅action painting을 예로 들어보자. 그의 그림은 그냥 붓을 유화 물감통에 담갔다 꺼내자마자 스튜디오 바닥에 깔린 커다란 캔버스 위에 휘두른 것이다. 정말 어떤 생각도 하지 않고 붓을 거의 무의식적이고 즉각적으로 휘두를 뿐이다. 10분 정도 지나서 캔버스를 보면 정말 화가의 바닥없는 무의식과 욕망들이 색들의 향연, 혹은 색들의 난장판으로 펼쳐진다. 그나마 유럽의 표현주의에서는 확인 가능한 윤곽선이라도 있었다면, 미국의 표현주의에서는 그것마저 희미해지거나 아예 존재하지 않게 된 것이다. 윤곽선이 있다고 하더라도 그냥 물감의 색깔이 번지는 지점까지 그냥 자연스럽게 형성될 뿐이었다. 그러니 화가의 내면을 표현한다는 '표현주의'라는 용어에 '추상'이란 용어가 덧붙여져, 추상표현주의라는 개념이 탄생한 것이다.

1950년대 뉴욕을 장악했던 추상표현주의 운동에서 특이한 위상을 차지하고 있는 화가가 로스코Mark Rothko(1903~1970)라고 할 수 있다. 추상표현주의의 대표적 인물이었던 그가 '표현'보다는 늘 '소통'을 강조했으니 말이다.

> 나는 그림을 그리는 것이 '자기표현self-expression'과 관계가 있다고는 생각하지 않습니다. 그것은 다른 누군가에게 행해지는 세계에 대한 '소통communication'입니다. 이런 소통 뒤에 세계가 납득이 된다면, 세계는 변하게 될 것입니다.　　　　－〈프랫인스티튜트 연설문Lecture at the Pratt Institute〉

방금 읽은 구절은 1958년 완숙기에 접어든 로스코가 자신의 회화를 정의하는 대목이다. 그런데 로스코는 그림이란 작가 자신의 내면에 대한 거침없는 표현과 무관하다고 이야기한다. 놀라운 일이다. 지금 로스코는 자신에게 부과된 추상표현주의의 대가라는 라벨을 부정하고 있기 때문이다. 그는 자신을 표현하려고 그림을 그렸던 것이 아니라, 타인과 소통하기 위해 그림을 그렸다고 이야기한다. 구체적으로 그는 그림을 통해 말라버린 사람들의 감성을 되살리려고 했던 것이다. 한마디로 그는 사람들을 감동시키는 그림들을 그리고 싶었던 것이다. '소통'이란 단어를 그가 그렇게 강조했던 것도 바로 이런 이유에서다. 로스코는 제1차 세계대전과 제2차 세계대전을 모두 겪은 사람이다. 더군다나 그는 자신의 가족과 함께 러시아에서 미국에 이르기까지 반유대주의의 광풍을 온몸으로 맞았던 사람 아닌가. 사람들이 바뀌어야 하고 세계가 바뀌어야 한다. 그렇지 않으면 자신을 포함한 모든 사람들은 공멸하고 말 것이다.

불행히도 고압적인 강요나 지적인 설득만으로 사람들과 그들이 살고 있는 세계가 바뀌지는 않는다. 사람들의 경직된 감성, 아니 거의 화석이 되어버린 감성을 활성화해야만 한다. 타인을 죽이려면, 타인에게 비참과 고뇌의 낙인을 찍으려면, 우리는 그의 고통을 느끼지 않아야 한다. 감성의 활성화! 결국 타인에게 공감한다면, 우리는 그를 해칠 수 없는 법이다. 여기서 중요한 것은 지적인 설득이 아니라 감성적 울림이다! 지성은 머리에만 머물지만 감성적 울림은 우리 실존 전체를 움직이는 힘이 있는 법이다. 로스코는 바로 이것을 알았던 것이다. 소통! 그것은 로스코 본인의 생생한 감성을 관객들에게도 전하는 것이다. 1957년에 출간된 《예술가들과의 대화Conversations with Artists》라는 인터뷰집에서 로스코는 말한다. "나는 기본적인 인간적인 감정들, 즉 비극tragedy, 환희ecstasy, 그리고 숙명doom과 같은 감정들을 표현하는 데 관심이 있습니다. 내 그림에 직면했을 때 많은 사람들이 주저앉아 운다는 사실은 내가 그런 기본적인 인간적 감정들을 '소통시켰다communicate'는 걸 보여주는 겁니다."

'소통'을 강조했다고 해서 로스코가 '표현'의 중요성을 간과했다고 속단해서는 안 된다. 이미 1941년에 집필된 〈창조적 충동의 충족The satisfaction of the creative impulse〉이라는 짧은 글에서 로스코는 말했던 적이 있다. "예술은 '표현적일expressive' 뿐만 아니라 동시에 '소통·적이기communicable' 때문에, 이런 소통 가능성이 예술에 사회적 기능을 부과하는 것이다"라고. 온 삶이 멍드는 것처럼, 슬플 때 우리는 그걸 '표현'하게 된다. 그러나 제대로 표현하지 못하면, 타인들은 내가 얼마나 슬픈지 알 수가 없다. 극단적으로 말해 슬픔을 표현하느라 이죽이죽 웃고만 있다면, 누가 나의 슬픔을 제대로 알겠는가. 아마도 내게 즐거운 일이 있다고 오해하며 타인들은 덩달아 미소를 지을 수도 있다. 표현은 했지만 소통은 실패한 것이다. 제대로 자신의 감정이 전달되도록 표현할 수 있어야 한다. 나의 슬픔에 공명해서 슬픔에 빠질 수 있도록, 우리는 슬픔을 표현할 수 있어야만 한다. 이럴 때 예술가는 탄생하는 것이다. 그러니 최소한 로스코에 대해서만큼은 추상표현주의라는 라벨을 붙여서는 안 된다. 그럼에도 라벨을 붙인다면 '소통표현주의communicative expressionism'라는 신조어를 만드는 것이 좋을 것이다.

이제 로스코에게 남은 문제는 하나다. 어떻게 표현해야 관객들과 자신의 감정을 잘 소통할 수 있을까? 이 대목에서 인상주의의 대가 마티스가 로스코에게 얼마나 강력한 영향을 주었는지 기억해둘 필요가 있다. 1949년 뉴욕의 현대미술관the Museum of Modern Art, MoMA은 인상주의의 대가 마티스의 1911년 작품 〈붉은 아틀리에L'Atelier Rouge〉를 영구히 전시하게 된다. 1949년 수개월 동안 로스코는 미술관을 찾아 〈붉은 아틀리에〉만을 응시했다고 한다. 로스코는 마티스의 작품에서 관객에게 감동을 줄 수 있는 색 사용법을 배웠던 것이다. 1988년 10월 12일에 이루어진 어느 인터뷰에서 그의 제자 쉘리나 트리프Celina Trief는, 마침내 색의 비밀을 알아내서 감동했던 스승 로스코의 육성을 다음과 같이 전한다. "그 그림을 응시한다면, 마치 음악이 그런 것처럼 당신은 그 색이 될 것이고, 전적으로 그 색에 젖어들게 될 것이다."

물론 마티스만이 아니라 화가로 성장할 때 로스코는 세잔에게서 아주 강한 영향을 받았던 적이 있다. 1934년에 집필된 《휘갈겨 쓴 책Scribble Book》을 보면, 마티스에게 영향을 받기 전에도 로스코는 색을 강조했던 세잔의 입장에 강하게 공감하고 있었다. "전통적으로 아카데미는 그림이 드로잉에서 시작된다는 관념을 품고 있다. 그러나 우리는 색에서 출발할 수 있어야 만 한다." 그러나 로스코는 인상주의를 있는 그대로 반복하지는 않는다. 색 들이 대조되면 윤곽선이 드러난다는 세잔의 생각을 다시 떠올려보자. 일상 적 의미에서 윤곽선은 사물을 식별하게 만드는 지적인 요소이고, 색들은 화 가의 감정 상태를 보여주는 감성적 요소라고 할 수 있다. 인간의 감정들을 제대로 전달하려면, 당연히 이차적인 역할을 한다고 할지라도 윤곽선의 요 소를 제거해야만 한다. 윤곽선은 계속 감정 소통을 막는 지적 요소라는 장 애물로 작용할 테니 말이다. 그러나 색들이 대조되는 경우 저절로 드러나는 윤곽선을 어떻게 제거할 수 있다는 말인가?

이 문제를 해결했다는 데, 그리고 그것도 기가 막힌 반전을 가진 해법 을 마련했다는 데, 로스코의 천재성이 있다. 색들이 더 강하게 대조될수록, 윤곽선은 더 검고 짙게 드러날 것이다. 그러나 역으로 윤곽선이 빛을 발하 는 것처럼 밝게 만들어질 수 있다면, 관객들은 윤곽선을 자각하지 못하고 색들만 볼 수 있는 것 아닌가. 색들이 대조되어 윤곽선이 드러나는 순간, 그 색들 사이의 공간에 태양처럼 작열하는 빛이 쏟아지게 만들면 된다. 태양을 보다 눈이 부신 사람들처럼 관객들은 색들로 시선을 돌리게 될 것이다. 그러 나 어떻게 이것이 가능할까? 마티스의 그림이 가르쳐준 것이 바로 이것이다. 또한 중퇴하긴 했지만 예일대에서 인문학을 공부했던 경험도 윤곽선의 자 리에서 윤곽선을 제거하는 기법의 실마리를 제공했다고 할 수 있다. 여기서 바로 니체가 중요한 통찰력을 제공한다.

아폴론은 조각의 신이리라. 그리고 극단적으로는 또한 빛의 신이다. 작 열하는 광채로부터 모든 것들은 빛을 받는다. 그런데 광채의 강도가 지 나치게 세지면 이제 모든 것들이 보이지 않게 사라져버린다. 이게 바로 내가 작열하는 빛에 디오니소스적인 것을 포함하려고 사용한 비밀이다.
- 〈기록 카드Notecards 1950 -1960〉

젊은 시절 로스코가 허리춤에 끼고 살았던 니체의 저작이 바로《비극의 탄생Die Gebut der Tragödie》이다. 이 책에서 니체는 아폴론적인 것과 디오니소스적인 것을 구분한다. "광란의 바다 위에 뱃사람 하나가 자신이 탄 보잘것없는 조각배를 믿고 의지하면서 그것 안에 앉아 있는 것처럼, 고통의 세계 한가운데에 인간 개개인은 개별화의 원리를 믿고 의지하면서 고요히 앉아 있다. 그 원리에 사로잡혀 있는 자가 그것을 굳건히 신뢰하면서 고요히 앉아 있는 자세가 아폴론의 형상에 가장 숭고하게 표현되어 있다. ⋯⋯ 갑자기 현상의 인식 형식에 대한 신뢰를 상실할 때 엄청난 전율이 사람들을 엄습하게 된다. 개별화의 원리가 이런 식으로 부서지면, 인간의, 아니 자연의 가장 깊은 근저로부터 환희에 찬 황홀감이 용솟음친다. 앞에서 언급한 전율에 이런 황홀감을 덧붙일 경우에 우리는 디오니소스적인 것의 본질을 엿볼 수 있다."

아폴론적인 것이 개별자나 분리의 원리라면, 디오니소스적인 것은 개별화의 원리가 사라진 상태라고 할 수 있다. 니체의 생각을 로스코의 말로 바꾸면 아폴론적인 것이 윤곽선의 원리이고, 디오니소스적인 것은 윤곽선을 제거하는 원리가 된다. 여기서 우리는 로스코의 속내를 이해할 수 있는 실마리를 얻게 된다. 참고로 1956년 로스코의 전성기 그림 〈샤프란Saffron〉을 보라. 오렌지색 덩어리들 사이에 오렌지에 물들어 작열하며 전율하는 빛을 보라. 여기서 오렌지색 덩어리들이 아폴론적인 윤곽선을 만드는 순간, 그 선에서 작열하는 빛은 디오니소스적인 효과를 만든다. 윤곽선의 자리에서 윤곽선이 발생하는 걸 막으려는 로스코의 시도가 마침내 성공한 것이다. 그래서 로스코의 그림 속의 색 덩어리들은 둥둥 떠다니며 마침내 관객들의 마음에 깃드는 것이다. 그 색들이 슬픔의 색이면 관객들은 슬픔의 눈물을 흘릴 것이고, 그 색들이 환희의 색이라면 관객들은 희열의 눈물을 흘리게 될 것이다.

사실 색과 색 사이의 윤곽선에만 디오니소스적인 것이 작동하는 것은 아니다. 가능한 모든 윤곽선들이 문제가 될 테니 말이다. 화가와 그림 사이의 윤곽선! 그림과 관객 사이의 윤곽선! 사람과 사람 사이의 윤곽선! 색과

프랜시스 베이컨. 형태의 변형은 색의 변형을 낳고, 색의 변형은 형태의 변형을 낳는다! 이것이 베이컨의 속내였다.

색 사이의 윤곽선이 무너져야 색들은 감정을 전달하는 힘을 갖게 될 것이고, 화가와 그림 사이의 윤곽선이 무너져야 화가의 손은 그림의 색과 하나가 될 것이고, 그림과 관객 사이의 윤곽선이 무너져야 관객은 색에 젖어 화가가 전하려는 감정에 공명하게 될 것이다. 그리고 최종적으로 사람과 사람 사이의 윤곽선도 붕괴되어야 한다. 화가는 화가이고 관객은 관객이라는 아폴론적 원리가 붕괴되고 디오니소스적인 공명이 발생하는 순간, 화가, 그림, 그리고 관객은 하나의 감정으로 묶이게 된다. 바로 이 순간 인간을 갈라놓는 인종주의, 인간을 구획 짓는 전체주의, 그리고 인간을 경쟁시키는 자본주의마저 녹아버리게 될 것이다. 어쩌면 로스코의 그림은 감정의 소통이 이루어지는 순간 무의미해져버릴 수밖에 없는 운명인지도 모른다. 아니 정확히 말해 화가와 관객이 소통하는 순간, 그림은 망각되어야 한다고 할 수 있다. 동양의 오래된 지혜가 떠오르지 않은가? 강을 건넜으면 배를 버려야 한다는 지혜 말이다.

　　인상주의 이후 현대미술은 윤곽선, 즉 선 일반의 문제와 씨름한다. 예

술가로서 자신이 느끼는 것과 자신의 속내를 표현하는 것에 현대 화가들은
사활을 걸었던 것이다. 그래서 현대미술의 키워드는 사실이나 재현이 아니
라 표현과 소통에서 찾을 수 있다. 클레가 선마저도 재현의 매체가 아니라
표현의 매체로 만드는 법을 고민했고, 로스코가 윤곽선이 발생하는 바로 그
장소에서 그것을 무화시키는 방법을 고민했던 것도 이런 이유에서다. 결국
클레가 선도 작가의 감성을 표현하는 매체로 만들었다면, 로스코는 윤곽선
을 제거해서 색채로만 작가의 감성을 표현하는 기법을 만들었던 것이다. 여
기서 선과 색이 아주 유기적으로 결합되어 더 강력한 표현의 매체가 되도록
고민했던 화가 한 사람을 기억해둘 필요가 있다. 바로 프랜시스 베이컨Francis
Bacon(1909~1992)이란 아일랜드 출신 화가다.

　　자신이 느낀 감정을 관객에게 제대로 전달하려고 베이컨이 생각했던
방법을 재구성해보면 다음과 같다. 테이블 위에 붉은 사과가 놓여 있는 그
림이 있다고 하자. 우선 이 붉은 사과의 윤곽선을 늘이거나 뒤틀어버린다.
이런 변형이 일어난 뒤에도 여전히 처음의 붉은색을 칠할 수는 없는 법이다.
뒤틀리고 변형된 만큼 그에 어울리는 짙은 브라운 계열의 붉은색을 칠해야
만 한다. 형태의 변형은 색의 변형을 낳고, 색의 변형은 형태의 변형을 낳는
다! 이것이 베이컨의 속내였다. 그렇다고 베이컨과 클레가 유사한 작업을 했
다고 생각해서는 안 된다. 물론 두 사람은 표현적 효과를 위해 데생 작업과
색채 작업을 모두 강조했다. 그렇지만 클레에게 선과 색은 독립성을 유지한
채로 공명해서 감정을 표현했다면, 베이컨에게서 선과 색, 아니 정확히 면과
색은 내적 필연성으로 묶여서 표현력을 배가시키고 있기 때문이다.

　　그래서일까, 변형된 모양과 변형된 색은 클레나 로스코보다 더 강렬한
정서적 자극을 우리에게 주는 경우가 있다. 하긴 뒤틀린 사과, 입으로 쏟아
져 나오는 내장들, 완전히 뒤로 말려져버린 양팔 등등도 얼핏 불쾌한 느낌
을 줄 정도로 강한 자극을 주는데, 여기에 이런 불쾌한 모양들에 걸맞은 색
마저 더해지니 정서적 충격은 두세 배에 이를 수밖에 없기 때문이다. 1952
년《타임Time》에 실렸던 인터뷰에서 베이컨은 말한다.

미술은 단순히 대상을 묘사하는 작업이라기보다는 느낌의 영역을 열어놓는 방법이다. …… 그래서 그림은 대상의 묘사가 아니라 사건의 재창조여야만 한다. 그렇지만 대상과의 투쟁이 없다면, 그림에서는 어떤 긴장도 없을 것이다. ─《타임》

사과의 뒤틀림 등과 같은 위상학적 변형이 바로 사건이다. 현실에서도 마찬가지 아닌가. 경찰에게 얼굴을 맞게 되면 얼굴은 변형되고 그 변형된 얼굴에는 파란 멍이 생긴다. 이것이 바로 사건이다. 베이컨은 그림에서 사건을 나타내고자 했던 것이고, 그러니 대상의 위상학적 변형은 불가피한 것이다. 당연히 그에 맞게 색의 변형도 수반되어야 한다. 실제로 일어난 것이 아니라 화가의 내면과 화폭에 나타나는 대상의 변형이 바로 그가 말한 대상과의 투쟁인 셈이다. 클레의 표현을 빌리자면 베이컨은 "가시적인 것들 이면에 있는 실재"를 드러내고자 한 것이다. 가시적인 것은 익숙한 것이고, 당연히 그것은 화가나 관객에게 어떤 긴장도 제공하지 못할 테니 말이다. 클레, 로스코, 그리고 베이컨 중 누가 우월한가? 이런 질문은 사실 전혀 무의미한 것이다. 오히려 어떤 작가의 그림이 우리에게 느낌의 영역을 열어놓는지가 더 중요할 테니 말이다.

슈베르트의 선율에서 비트겐슈타인이 느낀 것

세잔, 클레, 로스코, 그리고 베이컨을 통해 우리는 그림이 함축하는 철학적 논리를 색과 윤곽선의 문제로 정리할 수 있었다. 특히나 여기서 공식으로 기억해두어야 할 것은 그림에서 색은 감성과 관련된다면, 선은 지성과 관련된다는 사실이다. 근사한 바닷가 풍광을 담은 한 폭의 그림이 있다고 하자. 윤곽선을 통해 우리는 화가가 무엇을 그렸는지 지적으로 이해하게 된다. 멀리 바다와 하늘이 만나는 수평선, 가까운 해변의 높다란 파도의 윤곽선, 그리고 바다를 내려다보고 있는 절벽의 압도적 자태 등등. 한 폭의 그림에 담겨 있는 다양한 윤곽선들을 보면서 관객들 대부분은 안도감을 느낀다. 자신이 그림을 감상할 수 있다고 느끼기 때문이다. 화가는 바다를 그린 것이고, 자신도 이미 바닷가에 가본 적이 있었다. 이렇게 그림에서 윤곽선을 읽어내는 데 성공한 지성은 편안함을 느낀다. 그렇지만 이 그림의 핵심은 윤곽선으로 할당된 면을 채운 색채에 있다. 예를 들어 수평선 부분이 어둡다면 무언가 더 안 좋은 일이 생기리라는 불안감이 들 것이고, 반대로 수평선 부분이 밝다면 어둠이 걷히듯 희망적인 일이 생기리라는 기대감이 들 테니 말이다.

아무리 윤곽선을 사용한다고 하더라도 화가는 색을 통해 자신을 표현하고 관객은 그 색을 통해 감동받는 법이다. 이것이 바로 그림, 즉 회화가 작동하는 방식이다. 그러나 무엇을 그렸는지 식별할 수 있는 윤곽선들이 그림에서 사라질수록, 화가의 그림은 대중들의 무관심에 방치될 수밖에 없다. 관객들은 색들의 향연만으로 바로 화가가 표현하고 싶었던 감정에 젖어들기 힘들기 때문이다. 물론 어느 예술가나 마찬가지로 화가도 관객과의 소통을 욕망한다. 그렇다고 해서 우리는 화가에게 그러면 윤곽선을 풍성하게 그려서 관객과의 소통을 도모하라고 충고할 수는 없다. 그러나 윤곽선이 많아지고 정교해질수록, 색채의 힘은 떨어질 수밖에 없다. 색채의 힘이 떨어지는 그림으로 화가는 자신의 감정을 제대로 표현할 수 없다. 윤곽선에 사로잡힌 대중들은 색채가 어떻게 화가의 감정을 표현하는지 느끼기 힘들기 때문이다. 수평선의 어두운 색채를 통해 화가의 절망과 불안을 느끼기보다, 수평선의 윤곽선을

구스타프 클림트의 〈피아노 앞의 슈베르트〉(1899). 육체적으로 죽음을 예감했든 아니면 민감한 영혼답게 죽음을 직감했든, 슈베르트는 항상 죽음을 곁에 두고 살았던 사람이다.

통해 관객들은 바다에 갔을 때 행복했던 과거 경험만을 떠올리기 쉬운 법이다. 절망과 불안을 전하려고 했는데, 윤곽선 때문에 희망과 행복이란 감정을 전하게 된 아이러니가 발생한 것이다.

모든 예술 장르가 그렇듯이 회화는 지성이 아니라 감성에 호소한다. 그래서 회화의 예술성은 근본적으로 선이 아니라 색에서 찾아야 하는 것도 이런 이유에서다. 선, 특히나 대중들이 쉽게 식별할 수 있는 윤곽선을 풍성하게 사용하면, 그림은 대중성을 얻겠지만 오해될 여지가 있다. 반대로 화가 자신의 감정을 표현하는 색채를 풍부하게 사용하면, 그림은 예술성을 확보할 수 있겠지만 난해해서 아무도 쳐다보지 않는 무관심의 대상으로 전락할 수도 있다. 선과 색 사이의 이율배반, 혹은 소통성과 표현성 사이의 이율배반이라고 할 만한 현상이다. 그러나 과연 이것은 회화만이 겪는 운명일까? 그렇지 않다. 이것은 모든 예술가와 그의 작품들이 겪을 수밖에 없는 운명이기 때문이다. 과거에도 그랬지만 지금도 예술의 양대 산맥은 그림과 음악이라고 할 수 있다. 바로 음악도 그림과 같은 이율배반을 겪는다. 그림이 선과 색 사이에서 이율배반을 겪고 있다면, 음악은 어떤 이율배반을 견디고 있을까? 다시 물어본다면 음악이 감당하는 소통성과 표현성 사이의 이율배반은 구체적으로 어떤 계기에서 드러나는가? 그것은 바로 가사와 선율 사이의 이율배반이다.

슈베르트Franz Schubert(1797~1828)의 애절한 음악은 누구라도 한번은 들어보았을 것이다. 여기서는 그의 수많은 명곡 중 말기 작품 세 가지만 주목하도록 하자. 1827년에 작곡된 가곡 《겨울나그네Winterreise》, 1824년에 처음 작곡되어 1826년 최종 개작된 《죽음과 소녀Der Tod und das Mädchen》로 더 유명한 《14번 D단조 현악사중주 String Quartet No. 14 in D minor》, 그리고 1828년에 작곡된 《A장조 피아노 소나타Sonata in A major》(D.959)가 있다. 가곡 《겨울나그네》는 뮐러Wilhelm Müller(1794~1827)의 서정시를 가사로 사용하여 그것을 피아노 선율이 뒷받침하는 식으로 연주되고, 실내악 《죽음과 소녀》는 '죽음과 소녀'라는 테마로 네 대의 현악기의 선율만으로 연주된다면, 《A장조 피아노 소나타》는 어떤 주제도 없이 피아노 솔로로만 연주된다. 당연히 대중들이 금방 이해하기 쉬운 곡은 가사 중심으로 이루어진 《겨울나그네》일 것이다. 반대로 가장 이해하기 힘든 곡은 《A장조 피아노 소나타》일 것이다. 결국 소통성이 강한 음악이 《겨울나그네》라면, 표현성이 강한 음악이 《A장조 피아노 소나타》라고 정리할 수 있겠다. 가사가 있는 가곡 《겨울나그네》가 감상하기 어렵지 않다는 것은 분명한 사실이다. 그러나 이것은 모두 지성으로 이해할 수 있는 가사 내용 때문에 생기는 착시효과가 아닐까?

전체 24개로 이루어진 《겨울나그네》의 첫 번째 노래 〈밤새 안녕Gute Nacht〉의 가사를 옮겨보자. "이방인으로 왔다 이방인으로 떠나네. 5월은 아름다웠네. 그녀는 내게 사랑을 속삭였고 그녀의 어머니도 결혼을 약속했지만, 이제 세상은 슬픔으로 가득 차고 길은 눈으로 덮였네. 너의 꿈을 방해하지 않도록, 너의 휴식을 방해하지 않도록, 나의 발자국 소리가 들리지 않도록, 살며시 문을 닫네. 지나는 길에 너의 집 문에 '밤새 안녕!'이라고 적으리라. 얼마나 너를 생각하고 있었는지 언젠가는 알 수 있도록!" 애잔한 피아노 선율을 배경으로 근사한 바리톤 가수의 노래를 들으면, 누구나 한번쯤 이루지 못한 사랑을 떠올리며 상념에 잠길 것이다. 그러고는 이제 이 곡에 담긴 슈베르트 본인의 정서를 알았다고 확신할 것이다. 이런 우리의 판단은 옳은 것일까? 정말 슈베르트는 이루지 못한 사랑 때문에 이 아름답고 애잔한 가곡을 작곡한 것일까?

여기서 우리는 슈베르트가 항상 죽음을 예감하며 살았던 것을 기억해둘 필요가 있다. 실제로 그는 30대 초반에 요절하기도 했다. 장티푸스로 죽었다고는 이야기하지만, 전해지기로는 친구와 사창가에 한번 들른 뒤 발생한 매독 때문이라는 설도 파다하다. 매독으로 죽을 때 그 증상이 장티푸스와 비슷하다는 이야기도 있다. 어쨌든 육체적으로 죽음을 예감했든 아니면 민감한 영혼답게 죽음을 직감했든, 슈베르트는 항상 죽음을 곁에 두고 살았던 사람이다. 현악사중주곡 《죽음과 소녀》는 그 증거가 될 수 있을 것이다. 죽는다는 생각에 두려움을 느끼는 소녀, 그리고 죽음이란 그렇게 무서운 것이 아니라고 설득하는 죽음의 신 사이에 대화가 벌어진다. 여기서

한 가지 더 주목할 것은《죽음과 소녀》가 1824년에 처음으로 작곡되었다가 1826년에 개정되었다는 사실이다. 그러니까 1828년에 사망했으니, 죽기 2년 전부터 슈베르트는 다시 죽음과 죽음에 대한 공포, 그리고 나약하고 유한한 삶을 가슴에 품고 있었던 것이다. 바로 이런 관점에서 우리는《겨울나그네》의 가사를 음미해야 하고, 나아가 그 가사에 풍성한 감정적 색채를 덧칠하는 슈베르트의 피아노 선율을 들어야만 한다.

우리는 죽음의 신 앞에 무기력한 삶을 상징했던《죽음과 소녀》에서의 '소녀'가《겨울나그네》의 첫 번째 곡에서 화자를 사랑하고 그로부터 사랑받았던 '그녀'로 변주되고 있다는 사실을 직감하게 된다. 그렇지만 죽기 1년 전 슈베르트는 죽음과 삶에 대해 조금 다른 정서를 보이고 있다.《죽음과 소녀》의 '소녀'는 죽음을 두려워하고 죽음에 저항하느라 자신이 살아 있다는 걸 의식하지 못하고 있다. 그러나《겨울나그네》의 화자, 즉 '겨울나그네'는 '그녀'로 상징되는 사랑과 삶을 긍정하며, 그것과의 이별을 담담하게 노래하고 있다. 겨울로 상징되는 죽음에 연연하기보다는 지금까지 잘 살았다는 만족감마저 피력하기까지 한다. 겨울처럼 차가운 죽음의 땅으로 떠나야만 하는 나그네였지만, 슈베르트는 지금까지 자신의 삶과 음악을 따뜻하게 회상할 정도로 담대해진 것이다. 심지어 그는 자신에게 '밤새 안녕'이라고 인사할 정도로 여유까지 생긴 것이다. 이렇게 슈베르트는 죽음과 삶을 화해시키는 데 성공했다. 이것은 그가 죽은 1828년 같은 해에 작곡된《A장조 피아노 소나타》에 더 극적으로 드러난다.

서양음악의 교과서적 공식이 하나 있다. 단조Minor는 슬프고 우울한 정서를 나타낸다면, 장조Major는 반대로 밝고 유쾌한 정서를 나타낸다는 공식 말이다. 그렇지만《A장조 피아노 소나타》는 이 음악 공식을 조롱하고 심지어 좌절시키기까지 한다. 분명 장조로 작곡되었지만 이 피아노 소나타의 정서적 효과는 단조보다 더 단조스럽기 때문이다. 마치 웃으면서 눈물을 흘리는 것 같아, 그 슬픔이 더 배가되는 느낌이 든다. 특히 두 번째 악장인 '안단티노Andantino' 부분을 들어보라. 죽음과 삶의 화해이니, 눈물과 웃음의 화해일 수밖에 없다. 그렇지만 그 눈물은 공포에 사로잡혀 절망적으로 터뜨리는 눈물이 아니고, 그 웃음은 천진난만하고 해맑은 웃음이 아니다. 오스트리아 빈에서 서양음악을 생활로서 경험했던 비트겐슈타인은 슈베르트의 이런 특이성을 누구보다 잘 알고 있었다.《문화와 가치》에서 그는 "슈베르트의 장조는 종종 단조보다 더 슬프다"고 이야기했던 적이 있다. 슈베르트의 은밀한 속내를 읽어낸 비트겐슈타인의 감수성이 빛나는 대목이지만, 그가 엄밀한 지성뿐만 아니라 예술적 감성마저 가지고 있었다고 부러워할 필요는 없다.

《문화와 가치》를 읽어보면, 비트겐슈타인이 처음부터 슈베르트를 들었던 것 같지는 않다. 55세 이전 그가 주로 듣던 음악은 브람스, 멘델스존, 브루크너, 하이든, 모차르트, 베토벤 등이었다. 이 시기에 비트겐슈타인이 비망록을 남길 정도로 주목했던 작곡가는 브람스, 멘델스존, 브루크너 정도였다. 그러나 1946년, 그러니까 그의 나이 58세 이후 비트겐슈타인은 처음으로 진지하게 슈베르트를 듣기 시작한 것으로 보인다. 그전에는 다양한 작곡가 중 한 명 정도로 다루어졌던 슈베르트가 이제 본격적으로 그의 성찰 대상이 되었기 때문이다. 이때 비트겐슈타인은 다음과 같은 기록을 남긴다. "슈베르트는 비종교적이며 우울하다." "슈베르트의 선율들은 요점들로 가득 차 있다고 말할 수 있는데, 이런 말은 모차르트의 선율들에 대해서는 할 수 없는 말이다. …… 우리는 슈베르트의 멜로디의 어떤 지점을 가리키며 말할 수 있다. '보게나, 그게 바로 핵심일세. 여기에서 사고가 첨예화된다네.'"

비트겐슈타인은 1951년 4월 29일 63세의 나이로 세상을 떠난다. 그의 사인은 1950년 11월 25일 최종 진단된 전립선암이었다. 점점 노쇠해지고 아울러 자신도 모르는 사이에 몸에 암세포가 자라는 동안, 비트겐슈타인은 슈베르트의 음악에 자주 몸을 맡겼던 것이다. 치통을 겪은 사람이 치통을 겪는 사람의 고통에 공감하기 쉽고, 지인의 죽음을 경험한 사람이 동일한 경험을 하고 있는 사람의 고통을 위로할 수 있는 법이다. 그래서 "슈베르트는 비종교적이며 우울하다"는 판단에서 우리는 삶에 대한 비트겐슈타인의 태도를 엿볼 수 있다. 비종교적이면서 동시에 우울한 상태! 이것은 비트겐슈타인이 평생 떨치지 못했던 그 자신의 심리 상태 아닌가. 슈베르트와의 묘한 공감대를 느낀 뒤 "슈베르트의 장조는 종종 단조보다 더 슬프다"는 기록도 가능했던 것이다. 이 글은 1950년, 그러니까 그가 죽기 1년 전 62세에 작성한 것이다. 당시 비트겐슈타인은 죽음과 화해하고 있었던 슈베르트의 말기 작품들을 그대로 느낄 수 있는 실존적 상태에 있었던 것으로 보인다.

한 가지 더, 슈베르트의 선율 안에 "사유가 첨예화되는" 요점을 찾아냈던 비트겐슈타인의 속내에 주목해보자. 우리는 장년과 말년의 비트겐슈타인이 다양한 언어게임들이 분기되고 연결되는 지점을 더듬었던 언어철학적 작업에 몰두했다는 걸 잘 알고 있다. 그래서 모차르트와 슈베르트에 대한 그의 언급은 매우 중요하다. 이것은 그의 청년기 언어철학과 장년 언어철학 사이의 관계를 반영하고 있기 때문이다. 말년의 주저 《철학적 탐구》에서 그는 말했던 적이 있다. "우리는 마찰이 없기 때문에 어떤 의미에서는 이상적인 조건인 미끄러운 얼음에 올라섰지만 동시에 바로 그 이유로 인해 걸을 수 없게 된 것이다. 우리는 걷고 싶다. 따라서 마찰이 필요하다. 거친 땅으로 돌아가라!" 요점이 없이 미끈한 모차르트는 이상적인 천상의 음악일 뿐인데, 그것은 삶의 다양한 문맥을 보지 않고 빙판을 미끄러지듯 논리학에 매몰되었던 청년 비트겐슈타인의 모습과 유사하다. 반대로 요점이 있어 울퉁불퉁한 슈베르트는 삶이 이루어지는 거친 땅, 다양한 타자와 이질적인 문맥을 가진 삶의 지평을 강조했던 장년 비트겐슈타인을 닮아 있다.

　모차르트와 슈베르트 사이의 차이! 혹은 청년 비트겐슈타인의 언어철학과 장년 비트겐슈타인의 언어철학 사이의 차이! 인공적으로 만들어져 미끈하기만 한 플라스틱 막대기와 옹이와 마디들로 거칠기만 한 나무 막대기 사이의 차이라고나 할 수 있다. 1951년 비트겐슈타인은 주치의의 집에서 주치의 부인이 지켜보는 가운데 세상을 떠나게 된다. 아마도 전립선암이 온몸으로 퍼지는 순간 비트겐슈타인은《겨울나그네》나《A장조 피아노 소나타》를 휘파람으로 자주 불었을 것이다. 어린 시절 한 번 들은 교향곡을 휘파람으로 그대로 재연할 정도로 음악에 소질이 있었던 비트겐슈타인이었으니 말이다. 임종을 맞아 그는 슈베르트처럼 삶과 죽음을 화해시키는 데 성공했고 파란만장하게 펼쳐졌던 자신의 삶에 '밤새 안녕'이라고 인사할 정도로 담대했다. 의식을 잃기 바로 직전 비트겐슈타인은 침대 곁에 자신을 지키고 있던 주치의 부인에게 말했다고 한다. "친구들에게 전해주세요. 나는 멋진 삶을 살았다고."

　어쨌든 슈베르트의 음악은 가사와 선율 사이의 이율배반을 잘 보여준다. 대중들이 쉽게 식별할 수 있는 가사를 사용하면, 음악은 대중성과 소통성을 얻겠지만 오해될 여지가 존재한다. 반대로 작곡가 자신의 감정을 선율로만 전달하려고 하면, 음악은 예술성과 표현성을 확보할 수 있지만 난해한 작품이 되기 쉽다. 그래서 어쩌면 역설적이게도《겨울나그네》가《A장조 피아노 소나타》보다 듣기 몇 배가 더 힘든 것인지 모른다. 피아노 솔로의 애절한 연주로 선율만 제공하는《A장조 피아노 소나타》를 통해 우리가 지금 당장 슈베르트의 고뇌를 느끼지 못할 수도 있다. 그렇지만 언젠가 그의 고뇌와 공명할 수 있는 날을 기대할 수는 있다. 반면 이루어지지 못한 사랑을 노래한다고 지성으로 이해된《겨울나그네》는 영원히 슈베르트의 고뇌를 멀리하도록 만들기 쉽다. 그래서 가사의 반주로 여겨지는《겨울나그네》의 피아노 선율이《A장조 피아노 소나타》의 선율처럼 슈베르트의 고뇌를 표현하고 있다는 사실이 영영 은폐될 수 있다.

　사실 클래식 음악이 아니더라도 가사와 선율 사이의 이율배반은 모든 음악이 겪는 숙명과도 같은 것이다. 대중음악 중 트로트를 생각해보라. 이별의 서러움, 실향의 아픔, 늙음의 회한 등등 가사는 지적으로 보아도 다양하지만, 모든 트로트의 선율은 동일한 정서를 유발하지 않는가? 결국 궁극적으로 회화가 선이 아니라 색으로 발전하는 것처럼 음악도 가사가 아니라 선율을 지향하게 될 것이다. 이것은 작곡자뿐만 아니라 청중에게도 그대로 적용되는 사실이다. 처음에는 가사가 있는 선율을 만들거나 듣다가, 점점 성숙해지면 가사가 없는 선율을 만들거나 들으려고 하기 때문이다. 결국 예술은 무언가를 식별하고 분류하는 지성이 아니라 느끼고 공감하는 감성을 중심으로 움직일 수밖에 없다. 간혹 지성이 감성을 환기시키는 데 도움이 되기도 한다. 슈베르트의 삶에 대한 정보가 그의 음악을 듣는 데 도움이 되고, 6·25 동란이나 개발경제에 대한 정보가 트로트를 듣는 데 도움이 되는 것처럼 말이다. 그러나 어느 순간 예술의 창조와 향유에서 지성은 사라지고 그 자리에 철저하게 감성이 들어서야만 한다.

현대음악은 여러모로 현대미술을 닮았다. 재현보다는 표현성에 집중하니 말이다. 클레를 통해 현대음악의 특이성을 간단히 점검해보자. 클레는 그림의 두 요소, 즉 선과 색을 모두 표현의 매체로 만들려고 했다. 현대음악에서도 음악을 이루는 두 요소, 즉 가사와 선율에도 동일한 시도가 이루어졌다. 대중음악의 랩이나 힙합을 보라. 식별되지 않는 가사나 무의미하게 반복되는 가사가 넘쳐난다. 가사에서 재현의 요소를 약화시키거나 무화시키려는 의도다. 여기서 가사를 표현의 매체로 만들려는 의지가 분명해진다. 또한 쇤베르크Arnold Schönberg(1874~1951)의 무조음악無調音樂, atonal music을 보라. 전통적인 클래식 음악이 몇몇 조성調性, tonality을 가진 선율로 작곡되었다면, 무조음악은 글자 그대로 선율에 조성을 제거하려고 한다. 당연히 현대 클래식은 과거보다 더 듣기 힘들게 된다. 익숙한 조성이 선율에서 사라졌기 때문이다. 가사보다 더 표현적이었던 선율마저 극단적인 매체로 만드려는 현대음악가의 고뇌가 두드러지는 대목이다. 가사가 지적으로 이해되는 순간 가사를 희석시키고, 선율이 익숙해지는 순간 선율을 흐트러뜨린다. 바로 이것이 현대음악이다.

현대음악이 더 표현적으로 변할수록, 그 반동도 불가피하다. 가사의 뜻을 더 강화시키거나 아니면 익숙한 조성을 반복적으로 사용하는 경향이 나타날 수 있다. 그 극단적인 사례가 대중적으로 엄청난 인기를 구가하는 오페라의 재등장이라고 할 수 있다. 표현성에서 후퇴해 재현성으로 회귀해버린 셈이다. 그렇지만 오락이 아니라 예술을 지향한다면, 우리 시대 음악은 예술가의 표현성을 긍정해야만 한다. 예술의 표현성을 긍정할 때, 예술가가 아닌 일반인도 자기 삶의 표현성을 자각할 수 있으니 말이다. 표현이 표현을 낳고 감성이 감성을 환기하지 않으면, 예술이 무슨 소용이 있겠는가. 어쨌든 예술가는 쉽게 이해되는 작품이 아니라 깊은 울림을 가진 작품을 창조해야만 한다. 결국 예술작품은 지성의 대상이 아니라 감성의 대상이라고 할 수 있다. 그러니 그림과 마찬가지로 음악도 제대로 향유하는 방법은 오직 한 가지뿐이다. "머리를 쓰지 말고 온몸으로 보고, 온몸으로 들어라!"

28

욕망은 부정적인가?

라캉

——————— VS ———————

들뢰즈

욕망이란 개념의 저주가 풀릴 때까지

지금까지 대개의 경우 욕망은 매우 부정적인 것으로, 혹은 심지어 저주받은 개념으로까지 사용되기도 했다. 보통 욕망은 식욕과 같이 생명체의 이기적인 욕구와 관련된 것으로 이해되거나 아니면 성욕과 같이 윤리적으로 위험한 욕구로 간주돼왔던 것이다. 이런 이유로 사실 서양의 정신을 지배해온 그리스 철학 전통과 기독교에서도 욕망이란 기본적으로 억제되어야 할 것으로 사유되었다. 욕망에 대한 이런 부정적 견해는 정신과 육체, 혹은 신과 피조물이라는 두 가지 이원론의 틀에서 이해될 수 있는 것이다. 보통 아리스토텔레스 이후 서양철학에서 인간은 이성을 가진 동물로 규정되었다. 다시 말해 인간이 동물과 다른 본질적인 이유는 인간만이 가진 이성 때문이라고 본 것이다. 여기서 순수한 이성만을 가진 존재(=신), 이성과 동물성이 섞여 있는 존재(=인간), 그리고 마지막으로 순수하게 동물성만을 가진 존재(=동물들)에 대한 추론 역시 가능해졌다.

서양 사유의 전통에서 볼 때 인간은 신이 될 수도 있고 동물로 전락할 수도 있는 분열적인 존재로 이해되었다. 인간이 신이 될 수 있는 가능성은 인간에게 이성과 같은 정신적 요소가 있기 때문이다. 반면 다른 동물들과 마찬가지로 육체를 가지고 있기 때문에 인간은 단순한 동물처럼 생존할 수도 있다. 물론 인간이 동물적인 욕망에 사로잡히게 된 이유는 그가 자신이 가진 정신적 능력을 방기했기 때문이라고 보았다. 그런데 흥미로운 것은 욕망에 대한 이런 사유 경향은 서양뿐만 아니라 동양 사유 전통에서도 그대로 반복되고 있다는 점이다. 불교에서는 탐욕貪欲을 극복해야 할 대상으로 설정했으며, 아울러 유학도 절욕節欲이나 과욕寡欲을 강조했기 때문이다. 이 점에서 보면 "마음을 기르는 데는 욕망을 적게 하는 것보다 더 좋은 방법은 없다養心莫善於寡欲"라고 강조했던 맹자는 동서양을 관통하는 전통적 욕망관을 대표하는 아이콘이라고 할 수 있다.

이성과 욕망, 혹은 정신과 육체라는 이분법에서 이성과 정신의 측면만을 중시하려는 경향이 동서양의 사유 전통에서 동일하게 등장하는 이유는 무엇일까? 그것은 아마도 빈약한 생산력에서 그 중요한 원인을 찾을 수 있을 것 같다. 생산력이 매우 저조할 때, 인간이 공동생활의 규범으로 채택할 수 있는 것은 금욕이나 절욕일 수밖에 없기 때문이다. 물론 이런 때도 지배층은 자신의 욕망을 마음껏 충족시켰지만 말이다. 사실 18, 19세기 이후 서양에서 비로소 욕망을 긍정적으로 응시하려는 움직임이 발생하게 된 것도 이 점에서 볼 때 우연만은 아니라고 할 수 있다. 18세기 이후 산업자본주의의 급격한 발달로 서양 사회는 폭발적인 생산력의 시대로 들어서게 되었기 때문이다. 특히 20세기 후반 서양 사회가 보드리야르의 말처럼 소비사회로 본격 진입하면서부터, 욕망은 이제 인간에게 가장 소중한 가치로까지 격상하게 된다. 물론 이것은 인간의 욕망을 증폭시킴으로써 자신의 상품을 판매하려는 산업자본의 무의식적인 동기 때문에 가능했던 결과였지만 말이다. 그래서 보드리야르의 다음 통찰은 우리를 두렵게 만들 수도 있다.

> 지출, 향유, 무계산적인 구매('사는 것은 지금, 지불은 나중에')라고 하는 주제가 절약, 노동, 유산이라는 기존의 '청교도적'인 주제들을 대체하고 있다. 그러나 이러한 대체는 외관상으로만 인간의 혁명일 뿐이다. …… 소비자의 욕구와 그 충족은, 오늘날에는 다른 생산력(노동력 등)과 마찬가지로 강요되고 합리화된 생산력에 지나지 않는 것이다. -《소비의 사회》

철학적으로 볼 때 20세기 후반부터 공동체보다는 개인을, 이성보다는 감성을, 정신보다는 몸을, 동일성보다는 차이를, 그리고 정착민보다는 유목민을 강조하는 지적인 경향이 더 강하게 대두했다. 흔히 이러한 일련의 경향들을 포스트모더니즘postmodernism이나 해체주의deconstructionism라고 부르기도 한다. 이런 새로운 사유 경향은 기존의 낡고 억압적인 사유를 극복하면서 개인의 자유와 해방을 도모하려고 했다. 따라서 이 같은 사상적 흐름은 분명 인문학적으로 볼 때 바람직한 현상이라고 할 수 있다. 그래서 우리는 데리다Jacques Derrida(1930~2004)나 들뢰즈Gilles Deleuze(1925~1995)의 철학에 열광하게 된 것인지도 모른다. 하지만 우리는 이 대목에서 보드리야르의 차가운 진단을 잊어버려서는 안 된다.

산업자본의 입장에서 볼 때 공동체적 소비보다 파편화된 개인적인 소비가 더 많은 잉여가치를 남기는 것은 자명한 사실이다. 심지어 산업자본은 다양한 광고 전략을 통해 하나의 개인마저도 다양한 소비 주체들로 분열시키기까지 한다. 엄마로서 소비해야 할 때가 있고, 직장 여성으로서 소비해야 할 때가 있으며, 동창회 일원으로서 친구들 앞에 과시하기 위해 소비해야 할 때도 있다. 이처럼 어떤 개인이 상품들에 대해 다양한 각도에서 서로 상이한 취향과 관심을 가지면 가질수록, 산업자본은 통일된 한 개인의 경우에서보다 더 많은 잉여가치를 얻을 수 있다. 그래서 보드리야르는 이렇게 경고하고 있다. 산업자본이 개인적 욕망과 그 충족의 자유를 선전하는 것은 인간의 자유와 해방을 위해서가 아니라 오직 자기 자신의 생존을 위해서라고 말이다. 매우 두려운 일이 아닌가? 모든 억압적인 중심을 공격해서 삶을 해방시키려고 했던 인간의 사상적 노력마저도, 자본주의는 자신의 생존을 위해 이토록 적절히 활용하고 있다는 사실이 말이다.

ⓑ

라캉: "나는 타자의 욕망을 욕망한다."

지금까지 부정적으로 억압되어왔던 욕망 개념을 사유하는 데 가장 중요한 첫 번째 통로는 프로이트가 정초했던 정신분석학이라고 할 수 있다. 프로이트는 투명하고 이성적이라고 이해되어온 인간 정신의 이면에 무의식으로 요약되는 욕망의 세계가 존재한다는 사실을 밝혔다. 사실 이것만으로도 프로이트의 정신분석학은 혁명적인 함의를 갖는다고 할 수 있다. 프로이트의 말

라캉은 욕망이 인간의 삶과 사유에서 핵심 역할을 수행한다는 점을 밝혔다. 그의 말대로 "자신이 욕망하는 것이 진실로 자신이 소망하는 것인지 혹은 소망하지 않는 것인지를 알기 위해서, 주체는 다시 태어날 수 있어야만" 한다.

대로 인간의 정신이 무의식적 욕망에서 분리될 수 없는 것이라면, 순수한 이성과 정신을 추구했던 과거 동서양 사유 전통의 꿈은 불가능한 것일 수밖에 없기 때문이다. 정신분석학이 어떻게 욕망을 사유했는지 이해하기 위해서, 우리는 라캉Jacques Lacan(1901~1981)의 정신분석학적 통찰을 살펴볼 필요가 있다. 라캉을 통해서 정신분석학은 욕망에 대한 명확한 이론화에 성공한다. 그런데 욕망과 관련된 라캉의 사유를 살펴보기에 앞서 코제브Alexandre Kojève(1902~1968)의 다음 이야기를 먼저 살펴보고자 한다. 코제브의 욕망이론만큼 라캉의 사유에 강한 영향을 미친 것이 없기 때문이다.

　　우리의 욕망은 오직 다음과 같은 조건에서만 인간적일 수 있다. 우리가 타자의 육체를 욕망하는 것이 아니라 타자의 욕망을 욕망할 때에만, …… 다시 말해 만일 우리가 타자가 인간 개체로서의 우리의 존재를 그리고 우리 자신의 인간적 가치를 '욕망하거나', '사랑하거나', 혹은 '인정하기'를 원할 때에만 말이다. 마찬가지로 자연적 대상에 대한 우리의 욕망도 단지 다음과 같은 조건에서만 인간적일 수 있다. 우리의 욕망이 동일한 대상에 대한 타자의 욕망에 의해 매개된다면 말이다. 타자가 욕망하기 때문에 우리는 타자가 욕망하는 것을 욕망한다. 이것은 인간적인 것이다.　　　　　　　　　-《헤겔 독해 입문Introduction à la lecture de Hegel》

코제브는 인간의 욕망이 기본적으로 타자의 욕망일 때에만 인간적일 수 있다고 이야기한다. 한마디로 나의 욕망에는 항상 타자의 욕망이 직간접적으로 개입되어 있다는 것이다. 이어서 그는 인간의 욕망을 타자에 대한 것과, 대상에 대한 것으로 나누어 설명한다. 타자에 대한 우리의 욕망을 가장 분명하게 보여주는 것은 바로 사랑이라고 할 수 있을 것이다. 사랑에 빠진 사람에게 중요한 것은 자신이 사랑하는 타자의 육체를 통해 성적인 만족을 얻는 것이 아니라, 그 타자로부터 자신이 사랑받으려는 데 있다. 그러니까 사랑에 빠진 사람이 진정으로 원하는 것은 상대방이 자신을 사랑해주는 것이다. 물론 여기서 우리에게 타자는 충분히 매력적이고 사랑스러워야만 한다. 오직 이런 타자만이 욕망하고 사랑하고 인정할 가치가 있기 때문이다. 한마디로 말해 가난한 사람, 비천한 사람, 혹은 추한 사람의 욕망을 우리는 원하지 않는다는 것이다.

다음으로 코제브는 자연적 대상에 대한 욕망도 분석하고 있다. 대부분의 사람은 돈, 권력, 미모, 명예를 욕망한다. 코제브는 우리가 그런 대상들을 욕망하는 이유는 타자들이 그것을 욕망하기 때문이라고 이야기한다. 물론 타자들이 돈, 권력, 미모 등을 욕망하는 것은 그것들이 희소하기 때문이다. 희소해서 얻기 힘든 만큼 그것을 얻었을 때, 더 큰 관심과 주목을 받을 수 있다는 구별짓기의 욕망이 작동한 것이다. 바로 이런 욕망의 메커니즘에 우리도 쉽게 빠져들게 된다. 사실 이것은 경험적으로도 쉽게 확인된다. 상당히 지적인 것처럼 보이는 어떤 사람이 서점의 서가에서 어떤 책을 뽑았다고 하자. 혹은 상당히 매력적인 사람이 백화점에서 옷을 몸에 걸치면서 살펴보고 있다고 하자. 어느 경우든 그 타자가 자리를 떠나자마자 우리는 자신도 모르게 그 사람이 뽑은 책을 살펴보거나 혹은 앞의 사람이 걸친 옷을 자신의 몸에 내볼 수도 있을 것이다. 무의식적으로 우리는 모두 타자가 욕망하는 대상을 스스로 욕망하게 되는 셈이다.

결국 인간의 모든 욕망에는 타자의 욕망이 개입되어 있다는 것, 이것이 바로 욕망에 대한 코제브의 근본적인 통찰이었다. 그리고 이것이 바로 욕망에 대한 라캉의 입장을 해명하는 관건이 되기도 했다. 문제는 주체는 타자가 아니라는 데 있다. 이것은 우리에게 심각한 균열이 있을 수밖에 없다는 걸 말해준다. 타자의 욕망을 자신의 욕망이라고 우리가 생각한다고 할지라도, 우리에게는 우리만의 고유한 욕망이 존재할 수밖에 없으니 말이다. 바로 이런 불행한 균열을 사유했기에, 라캉은 코제브를 넘어서게 된다고 할 수 있다.

> 만일 욕망이 누군가를 겁쟁이로 만든다면, 욕망, 혹은 욕망이라고 불리는 것은 삶을 무의미하게 만들기에 충분하다. 그리고 법이 진정으로 현존할 때, 욕망은 일어서지 못한다. 그렇지만 이것은 법과 억압된 욕망이 동일한 것이기 때문이다. 이것이야말로 정확히 프로이트가 발견했던 것이다.　　　　　　　　　　　　　　　　　　　　　　　　－《에크리Écrits》

타자의 욕망, 혹은 어머니로 대변되는 사회의 욕망은 우리에게 해서는 안 될 것, 혹은 해야만 할 것을 규정한다. 그러니 타자의 욕망을 우리는 '법'이라고 불러도 좋을 것이다. 처음에는 타자의 욕망이라는 이질감 때문에 우리는 저항할 수도 있다. 당연히 타자는 자신의 욕망을 관철하기 위해 물리력을 행사하게 될 것이다. 그러나 이런 저항에도 불구하고 불행히도 '법', 혹은 타자의 욕망은 우리 내면에 자리를 잡게 된다. 이것이 바로 프로이트가 말한 '초자아'다. 아이러니한 것은 초자아로 타자의 욕망을 수용한 순간, 주체는 지금까지 물리력의 충돌을 초래했던 저항을 괜히 했다는 느낌마저 갖게 된다. 이제 세상과는 별다른 갈등 없이 편안하게 지낼 수 있으니 말이다. 물론 이런 상태는 주체가 자신만의 욕망을 철저하게 억압했기 때문에 가능한 법이다. 그러나 살아 있는 한, 어떻게 주체가 자신의 욕망을 제거할 수 있다는 말인가? 비록 억압할 수는 있지만, 주체는 결코 자신의 욕망을 제거할 수는 없다.

억압된 욕망이 억압을 뚫고 주체에게 돌아올 때가 있다. 1896년 초기 논문 〈방어 신경증에 대한 또 다른 고찰Weitere Bemerkungen über die Abwehr-Neuropsychosen〉에서부터 프로이트가 가장 많이 사용했던 "억압된 것의 회귀"라고 불리던 현상이다. 눌린 용수철이 어느 순간 압력을 견디지 못하고 튕겨 나오는 것과 같다. 바로 이 억압된 욕망이 주체에게 의식될 때, 주체는 갈림길에 서게 된다. 자신의 욕망을 관철시키지 못하면, 주체는 겁쟁이가 될 테니까 말이다. 겁쟁이에게 자신의 삶은 라캉의 말처럼 "무의미한" 것이 된다. 두려움 때문에 자신의 삶을 살지 못하고 타인이 원하는 대로 사는 삶에 무슨 의미가 있다는 말인가? 한 가지 잊지 말아야 할 것은 억압된 욕망이 억압에서 풀려났다는 것 자체가 초자아, 혹은 '법'의 지배가 느슨해졌다는 사실이다. 그러니 사실 겁쟁이의 단계는 자신의 욕망을 되찾기 위한 작은 실마리이기도 하다는 점도 중요하다. 바로 이것이 라캉이 프로이트를 이어 정신분석학의 과제로 설정한 것이기도 하다. 라캉은 말한다.

세상에 태어날 때 주체는 타자로부터 욕망되는 자로서건 아니면 욕망되지 않는 자로서건 간에 타자의 욕망의 대상으로 존재한다. 자신이 욕망하는 것이 진실로 자신이 소망하는 것인지 혹은 소망하지 않는 것인지를 알기 위해서, 주체는 다시 태어날 수 있어야만 한다. 정신분석의 방법을 고안함으로써 프로이트가 밝힌 진리의 본성은 바로 이런 것이었다. —《에크리》

프로이트도 마찬가지지만 라캉의 정신분석학은 한 가지 전제에서 출발한다. 그것은 인간이 기본적으로 미숙아로 이 세상에 태어난다는 사실이다. 인간이 독립적인 생활이 가능해질 때까지 주변의 애정과 도움을 절실히 필요로 하는 것도 이 때문이다. 아프리카 초식동물의 경우 태어난 지 한두 시간 안에 혼자 걸을 수 있다. 아니 정확히 말해서 걸어야만 한다. 자신이 태어난 곳을 빨리 벗어나지 않으면 피 냄새를 맡은 육식동물들이 몰려들 것이기 때문이다. 그렇지만 인간의 경우 갓난아이는 1년이 되어서야 간신히 걸을 수 있다. 물론 그것도 위험에서 벗어날 정도의 걸음마는 결코 아니다. 몇 년의 긴 시간이 더 지나야 비로소 위험에서 스스로 피할 수 있을 정도가 된다. 이처럼 타자의 사랑과 보살핌이 없다면, 인간은 결코 생존을 기약할 수 없는 나약하고 취약한, 다시 말해 매우 결핍된 존재라고 볼 수 있을 것이다. 이 때문에 인간이 타자에게서 지속적인 사랑을 받아야 한다는 점은 단순한 선택 사항이 아니라 생존을 위한 필수 조건이라는 걸 알 수 있다.

갓난아이에게 최초의 타자는 곧 어머니라고 할 수 있다. 물론 최초의 타자가 자신을 낳아준 어머니일 필요는 전혀 없다. 중요한 것은 최초의 타자가 자신을 지속적으로 돌봐주느냐의 여부이기 때문이다. 타자에게서 지속적인 사랑을 받기 위해서 갓난아이는 자신을 돌보는 타자가 자신에게서 욕망하는 것을 행하려고 한다. 예를 들어 어머니가 자신이 김치를 먹는 것을 좋아한다면, 갓난아이는 김치에 대한 자신의 불쾌감을 무릅쓰고 그것을 먹으려고 한다. 비록 괴롭긴 하지만 김치를 먹었을 때 어머니가 자신을 사랑스럽게 생각할 것이라는 점을 갓난아이는 직감적으로 알고 있기 때문이다. 만약 어머니가 아주 느끼한 파스타를 좋아했던 경우라도 마찬가지의 결과가 나올 것이다. 이 아이는 어머니에게 지속적인 사랑을 얻기 위해서 파스타를 기꺼이 먹을 테니까 말이다.

어른이 되었을 때, 인간은 자신이 타자의 욕망을 욕망한다는 사실을 쉽게 망각하게 된다. 그래서 자신이 원하는 음식은 다른 누구도 아닌 자신이 원하는 것이라고 믿게 된다. 하지만 김치찌개나 파스타를 먹고 싶어하는 자신의 욕망은 사실 어머니의 욕망을 반복하고 있는 것일 뿐이다. 타인의 욕망에 입각해서 욕망하는 것은 어떤 문제도 일으키지 않을 수 있다. 그렇다고 안심할 수는 없다. 불행은 언제든 찾아오기 마련이다. 본인이 진정으로 원하는 것, 그러니까 어머니의 욕망을 수용하느라고 억압되었던 자신의 욕망이 분출되는 경우가 종종 발생할 수 있기 때문이다. 그래서 부모와 자식 간의 대립 혹은 갈등은 매우 자연스런 현상의 하나라고 볼 수 있다. 하지만 결국 어머니의 욕망은 어머니의 것이지 우리의 것은 아니다. 언젠가 우리는 진정한 주체로서 다시 태어나는 선택의 갈림길에 놓이게 될 것이다. 타자의 욕망이 아니라 자신의 욕망을 회복할 수 있다면 결국 진정한 주체가 되는 것도 가능해질 것이다. 라캉의 말대로 "자신이 욕망하는 것이 진실로 자신이 소망하는 것인지 혹은 소망하지 않는 것인지를 알기 위해서, 주체는 다시 태어날 수 있어야만" 한다.

ⓚ

들뢰즈: "욕망은 새로운 관계를 만들려는 힘이다."

욕망과 관련된 라캉의 공헌은 이중적이다. 우선 그는 욕망이 인간의 삶과 사유에서 핵심적인 역할을 수행한다는 점을 밝혔다. 이 점에서 그는 욕망을 금기시해왔던 서양 전통에서 멀리 벗어나 있다고 할 수 있다. 하지만 그는 인간의 욕망을 결여와 결핍에서 설명하려고 시도했다. 그래서 그가 설명하고 있는 욕망 개념에는 결여와 결핍이라는 이미지, 즉 부정적인 이미지가 여전히 남아 있게 된 것이다. 들뢰즈라는 철학자가 중요한 이유가 바로 여기에 있다. 그는 욕망의 중요성을 긍정하면서, 동시에 라캉의 욕망 개념에 남아 있는 부정적 이미지를 극복하려고 했기 때문이다. 욕망에 대한 들뢰즈의 입장을 이해하기 위해서, 우리는 먼저 생성 개념과 관련된 들뢰즈의 존재론을 간단히 살펴볼 필요가 있다.

우선 생성이란 개념은 창조라는 개념과 구별되어야만 한다. 기독교

들뢰즈에게 욕망은 결여가 아니라 충만으로 사유된다. 욕망은 생산적이고 창조적인 역량, 혹은 외부의 타자와 접촉함으로써 새로운 삶의 모습을 창조하려는 근본적인 동력으로 간주되었기 때문이다. 이처럼 들뢰즈는 욕망이 결여되지 않았을 뿐만 아니라 새로움을 찾아서 끝없이 움직이고 변화한다고 보았다.

의 우주론이 시사하는 것처럼 창조가 '무에서 유가 발생하는' 것을 의미한다면, 들뢰즈가 말한 생성은 '유에서 유가 발생하는' 것을 말하기 때문이다. 《과정과 실재Process and Reality》에서 화이트헤드는 '이접적 다양성disjunctive diversity'이 '연접적으로conjunctively' 결합되는 것이 창조성이라고 이야기했다. 화이트헤드의 이런 생각은 들뢰즈를 이해하는 데 일말의 단서가 된다. 들뢰즈에게서도 생성은 이접적인 것들이 연접적으로 연결되어 새로운 배치, 즉 아장스망agencement을 구성하는 것으로 사유되고 있기 때문이다.

아장스망은 무엇인가? 그것은 다양한 이질적인 항들로 구성되어 있으며, 나이 차이, 성별 차이, 신분 차이, 즉 차이 나는 본성들을 가로질러서 그것들 사이에 연결이나 관계를 구성하는 다중체multiplicité이다. 따라서 아장스망은 함께 작동하는 단위이다. 그것은 공생이며 공감이다.

-《대화Dialogues》

낡은 자동차가 있다고 해보자. 그리고 달리기를 잘하는 사람도 있다. 거친 도로도 있다. 이런 조건이 바로 '이접적 다양성'의 사례라고 하겠다. 그냥 A '또는' B '또는' C와 같이 서로 무관계한 방식으로, 혹은 이접적인 방식으로 병존하고 있을 뿐이기 때문이다. 그런데 이 사람이 낡은 자동차를 타고 거친 도로를 몇 년에 걸쳐 아주 반복적으로 주행한다면, 어떤 일이 벌어질까? 우선 달리기를 잘하는 이 사람의 경우 달리기를 통해 만들어졌던 기존의 근육이 사라지고 클러치와 브레이크를 밟는 근육이 발달하는 것을 확인할 수 있을 것이다. 물론 울퉁불퉁한 노면 때문에 허리나 목의 뼈 구조도 조금씩 달라졌을 수 있다. 이것은 낡은 자동차, 거친 도로가 이 사람을 중심으로 '연접적으로' 결합된 결과이다. 그는 이제 정확히 표현하면, '인간 그리고 낡은 자동차 그리고 거친 도로'라고 불릴 수 있는 방식으로 새롭게 생성된 것이다. 이것이 바로 들뢰즈가 말한 생성을 의미한다. 생성의 과정 속에서 새로운 배치, 즉 '아장스망'이 실현된 것이다.

흥미로운 것은 낡은 자동차로 거친 도로를 주행했던 그에게는 낡은 자동차와 거친 도로의 흔적이 마치 주름처럼 잡혀 있다는 점이다. 들뢰즈가 아장스망을 '다중체'라고 이야기했던 것도 이 때문이다. 많은multi 주름pli이 새롭게 생성된 개체에 각인되어 잠재되어 있기 때문에 이렇게 표현했던 것이다. 새로운 주름, 혹은 새로운 배치가 그에게만 벌어지는 현상은 아니다. 낡은 자동차도 거친 도로도 그와 마찬가지로 다르게 생성될 것이기 때문이다. 낡은 자동차도 달리기를 잘하는 사람과 거친 도로에 적합하게 새로운 주름을 만들었을 것이고, 거친 도로도 낡은 자동차와 달리기를 잘하는 사람에게 맞게끔 새로운 주름을 만들었을 테니까 말이다. 이제 우리는 들뢰즈의 욕망 개념을 분석할 준비가 되었다. 아장스망과 다중체라는 개념으로 정립된 들뢰즈의 생성 개념을 염두에 두면서 들뢰즈의 다음 이야기를 읽어보도록 하자.

현실적인 것은 욕망의 수동적 종합passive synthesis의 결과적인 산물이다.

여기서 욕망이란 무의식의 자기 생산을 말한다. 욕망은 어떤 것도 결여하고 있지 않다. 다시 말해 욕망은 자신의 대상을 결여하고 있지 않다는 것이다. 욕망에서 결여되어 있는 것은 오히려 주체이다. 혹은 욕망은 고정된 주체를 결여하고 있다. 억압이 없다면 고정된 주체는 존재할 수 없다. 욕망과 그 대상은 동일한 것, 즉 기계의 기계로서 존재하는 기계이다. 욕망은 기계이며, 욕망의 대상 역시 그것에 연결된 또 다른 기계이다.

－《안티 오이디푸스L'anti Oedipe》

방금 읽은 구절에서 '기계'라는 낯선 개념은 '아장스망'이나 '다중체'와 마찬가지로 '연접적으로 종합되면서 생성된 개체'를 가리키고 있다. 들뢰즈에게 기계machine도 기본적으로는 '연결connection' 작용을 통해서 새로운 것으로 생성되는 기능을 나타내는 개념이기 때문이다. 그런데 들뢰즈는 우리가 가진 욕망을 '수동적 종합'의 힘이라고 이야기한다. 여기서 '수동적'이라는 말이 우리가 만나는 타자가 '우발적인 마주침'의 대상이라는 것을 의미한다면, '종합'이란 말은 우발적으로 마주친 타자에 맞게 역동적으로 자신을 변형시킨다는 것을 강조하는 개념이라고 할 수 있다. 들뢰즈에게 우리의 욕망은 새로운 타자와 마주쳐서 그것과 연결하려는 긍정적인 힘, 다시 말해 새로운 연결 관계를 만들려는 생산적인 힘을 의미하는 것이라고 볼 수 있다. 물론 이 경우 욕망이 추구하는 새로운 연결은 새로운 대상, 그리고 동시에 새로운 주체도 출현시키게 될 것이다. 따라서 주체나 대상이 먼저 있고 난 뒤 연결이 이루어지는 것이 결코 아니라, 새로운 연결이 발생하면서 비로소 주체나 대상이 사후적으로 출현한다는 점에 주목할 필요가 있다.

어머니는 다양한 이유를 들어 젖물기를 포기할 수 있다. 젖이 아파서일 수도 있고, 젖이 나오지 않아서일 수도 있고, 아니면 이유식을 먹이려는 목적에서일 수도 있다. 어머니의 젖꼭지와 연결 관계를 계속 유지하려는 아이에게 젖꼭지를 물리지 않으면 어떤 일이 벌어질까? 이때 아이는 젖꼭지를 욕망하는 주체로, 그리고 젖꼭지는 그가 욕망하는 대상으로 고착될 것이다.

이 때문에 갓난아이들은 인공 젖꼭지를 물거나 혹은 손가락을 빨게 되는 것이다. 이처럼 어떤 특정한 억압이 일어나면, 새로운 연결 관계를 추구하려는 욕망이 왜곡되어버린다. 다시 말해 사회가 특정한 연결 관계만을 계속 고수하려고 하면, 욕망은 기존에 만들어진 특정한 주체의 욕망으로 축소되고 만다. 이렇게 탄생된 고정된 주체는 고정된 대상에 대해서만 연결 관계를 유지하려고 할 뿐이다. 여기서 중요한 점은 억압이 일어나는 경우에만 고정된 주체가 결여 혹은 결핍을 경험하게 된다는 사실이다. 하지만 그렇지 않고 만약 갓난아이가 젖꼭지와의 연결 관계에서 다른 것과의 연결 관계로 자연스럽게 이행하도록 내버려두면, 이 아이의 욕망은 결여나 결핍의 상태가 아니라 생산적productive이고 긍정적positive인 욕망, 다시 말해 새로운 연결을 도모하려는 순수한 힘의 상태에 머물게 될 것이다. 이처럼 욕망이 결여되지 않았을 뿐만 아니라 새로움을 찾아서 끝없이 움직이고 변화한다고 보는 것, 이것이 바로 들뢰즈가 욕망을 새롭게 이해하는 방식이었다.

배가 고프면 식욕을 느낀다. 이것이 욕망을 이해하는 전형적인 방식이다. 라캉은 바로 이 결여의 모델에 따라 욕망을 사유한다. 미숙아로, 다시 말해 결여의 존재로 태어났기 때문에 주위의 보살핌이 절대적으로 필요하다는 사실을 언급하면서 말이다. 결여의 모델에 따르면 결여만 충족되면 욕망은 발생할 이유가 없게 된다. 이런 경우 욕망은 결여의 상태에서 충족을 지향하는 일시적인 작용으로 이해될 뿐이다. 반면 들뢰즈에게 욕망은 결여가 아니라 충만으로 사유된다. 욕망은 생산적이고 창조적인 역량, 혹은 외부의 타자와 접촉함으로써 새로운 삶의 모습을 창조하려는 근본적인 동력으로 간주되었기 때문이다. 그의 정신적 멘토 스피노자와 니체가 생각나는 대목이다. 스피노자가 인간의 본질을 원천적인 욕망 '코나투스'로 정의했다면, 마찬가지로 니체도 '힘에의 의지'가 인간의 본질이라고 이야기했기 때문이다. 결국 욕망은 결여를 느낀 주체가 결여를 충족시키려는 욕구와는 아무런 상관이 없는 것이 되었다.

오히려 들뢰즈는 주체를 탄생시키는 것이 욕망의 좌절이라고까지 이야기한다. 주체는 접촉과 연결을 지향하는 욕망이 방해될 때 발생하는 것이기 때문이다. 그러니까 들뢰즈에게 주체란 태생적으로 부정적인 것일 수밖에 없었던 셈이다. 자전거와 연결되어 자전거의 리듬과 육체의 리듬을 결합시키고 있을 때, 우리는 즐거움을 느낀다. 만약 이 순간 누군가가 자전거를 빼앗는다면 과연 어떻게 될까? 이때 자전거를 온몸으로 지키려고 하는 특정한 주체가 발생하게 될 것이다. 금기를 통해 욕망의 주체가 탄생한다는 바타유의 생각, 혹은 호명을 통해서 주체가 구성된다는 알튀세르의 통찰이, 혹은 훈육을 통해서 사회적 주체가 구성된다는 푸코의 경고가 상호 교차되는 순간이다. 들뢰즈에게 주체란 둥그런 용기를 빼앗긴 둥근 얼음과도 같다. 얼음은 자신이 만들어졌던 둥근 용기를 동경한다. 둥근 용기에 담길 때에만 편안함을 느끼기 때문이다. 그렇지만 욕망은 둥근 용기에서 얼기 이전의 유동적인 물과도 같다. 마주치는 용기가 무엇이든지 간에 물은 그 용기의 모양에 따라 달라지지만, 그렇다고 해서 결코 자신의 유동성을 상실하지는 않기 때문이다. 이런 유동적이고 생산적인 욕망을 회복하는 것! 이것이 바로 들뢰즈가 우리에게 요청했던 것이다.

가장 단독적이어야
가장 보편적일 수 있다는 역설

들뢰즈의 주저는 사실 한 권밖에 없다고 할 수 있다. 《차이와 반복Différence et Répétition》! 1968년 그가 자신의 박사학위 논문을 책으로 출간한 것이 바로 《차이와 반복》이다. 다양한 개념들을 이용하고 간혹 새로운 개념들을 창조하지만 들뢰즈의 철학은 '차이'와 '반복'이란 개념을 중심으로 전개된다. 여기서 '차이'가 니체의 철학을 상징하는 개념이라면, '반복'은 키르케고르의 철학을 상징한다. 먼저 '차이'라는 개념을 살펴보자. 니체가 강조했던 디오니소스적인 경험에 주목하자. 이것은 자신의 동일성이 아니라 차이를 긍정하는 경험이다. 그렇다면 '반복'이란 개념은 무슨 이유로 키르케고르와 관련된다는 것일까. 키르케고르는 1843년에 《반복Gjentagelsen》이란 책을 썼던 적이 있다. 이 책에서 키르케고르는 반복이란 구체적으로 이미 존재하는 어떤 것이 아니라, 가능성이나 잠재성을 실현하는 것이라고 정의한다. 예를 들어 피카소의 작품을 모방하는 것이 아니라, 자신의 잠재성과 가능성을 실현해서 자기만의 작품을 만드는 것이 바로 반복이라는 것이다. 지금 니체와 키르케고르가 동일한 이야기를 다르게 이야기하고 있는 것 아닌가. 이것이 바로 들뢰즈의 생각이었다. 반복되는 것은 차이이고, 차이만이 반복되니까 말이다. 《차이와 반복》이란 방대하고 난해한 책에서 들뢰즈가 논증하고 싶었던 건 바로 이것이다.

그래서 우리는 1964년에 출간된 또 다른 책 《프루스트와 기호들》에 등장하는 들뢰즈의 다음 말을 기억해둘 필요가 있다. "본질을 반복하지 않는다면, 궁극적 차이인 본질을 가지고 무엇을 만들 수 있을 것인가? 위대한 음악은 오로지 반복되는 연주를 통해서만 존재할 수 있고, 시를 외워서 암송할 수밖에 없는 것도 바로 이 때문이다. 차이와 반복은 겉으로만 대립될 뿐이다. 우리가 '이 작품은 같으면서도 다른 것이다'라고 인식하게끔 하지 않는 작품은 위대한 예술가의 작품이 아니다." 들뢰즈가 말한 것처럼 우리 개개인의 본질은 '차이'이다. 그러니까 일체의 모방이나 검열이 없다면, 우리의 삶이나 우리가 만든 작품은 본질적으로 다른 사람과 다를 수밖에 없을 것이다. 우리의 본질이 '차이'이니 우리가 자신의 삶을 진술하게 살아내면

타인과는 다른 '차이'를 보이게 된다는 것이다. 그러니 자신만의 작품을 만드는 데 성공했을 때, 그의 작품은 과거 그 누구나 동시대 그 누구의 작품과도 다르게 되는 법이다. 이것이 바로 '차이의 반복', 혹은 '반복된 차이'이다. 다른 작품과 바꿀 수 없는 차이를 드러내는 순간, 피카소의 작품은 단독성singularité을 가지게 된 것이다. 여기서 놀라운 반전, 혹은 역설이 하나 발생한다. 그건 가장 단독적인 작품만이 가장 커다란 감동을 준다는 사실과 관련된다. 그러니 묘한 역설 아닌가. 단독성을 가진 작품만이 보편성universalité을 가진다는 사실이 말이다.

예를 하나 들어볼까. 1774년 출간된 괴테Johann Wolfgang von Goethe(1749~1832)의 소설《젊은 베르테르의 슬픔Lie Leiden des jungen Werthers》에 등장하는 사랑은 단독적이어서, 현재 우리의 사랑과는 그 모습이 다를 수밖에 없다. 그럼에도 우리는 베르테르의 사랑에서 감동을 받는다. 그리고 베르테르의 사랑이 보편적이라는 걸 안다. 그래서 '단독성=보편성'이란 기적적인 도식이 성립되는 것이다. 나의 사랑이 단독적일 때, 나는 보편적인 사랑을 하고 있는 것이다. 베르테르의 사랑이 단독적일 때, 베르테르는 보편적인 사랑을 했던 것이다. 또한 나의 사랑이 단독적일 때, 나는 보편적인 사랑을 하고 있는 것이다. 그러니까 만일 내가 온몸으로 사랑을 제대로 하고 있다면, 우리는 베르테르가 나였다면 그도 나처럼 사랑하리라는 확신을 하게 된다. 반대로 괴테의 작품을 읽은 뒤 베르테르의 사랑에 감동을 받았다면, 우리는 자신이 베르테르였다면 베르테르처럼 사랑을 했으리라고 느끼게 된다. 베르테르와 나는 다르다. 그만큼 베르테르의 사랑과 나의 사랑은 다른 것이다. 그렇지만 베르테르와 나의 사랑은 온몸으로 이루어진 것이기에 같다고 할 수 있다. 한마디로 베르테르의 사랑과 나의 사랑은 다르지만 같다는 것이다.

"이 작품은 같으면서도 다른 것이다"라고 들뢰즈는 말했다. 이 말은 "사랑은 같으면서도 다른 것이다"라고 말할 수 있는 것과 마찬가지의 맥락에 있다. 결국 다른 누구도 아닌 나만의 단독성, 나만의 차이를 반복해야만 한다. 오직 그럴 때에만 나의 삶과 나의 작품은 단독성을 가질 수 있고, 동시에 보편성을 띠면서 타인을 감동시킬 수 있으니까 말이다. 이제 우리는《차이와 반복》에 등장하는 들뢰즈의 근사한 이야기를 이해할 준비가 된 것 같다. "모네의 첫 번째 수련은 그 밖의 다른 모든 수련을 반복한다. 그러므로 특수자의 일반성이라는 의미의 일반성은 '단독자'의 '보편성'이라는 의미의 반복에 대립한다. 우리는 예술작품을 개념 없는 단독성으로서 반복한다. 그리고 시를 마음으로 새겨야만 하는 것은 결코 우연이 아니다. 머리는 교환의 신체기관이지만 심장은 반복을 사랑하는 기관이다." 바로 여기에 문학, 예술, 그리고 심지어 철학의 정수가 놓여 있다. 단독성의 깊이가 바로 보편성의 척도였던 셈이다.

29

소리는 어떤 힘이 있는가?

데리다

―――――― VS ――――――

들뢰즈

유식불교에서 우리가 배울 수 있는 것

중관불교와 함께 대승불교 전통을 양분하고 있던 유식불교는 인간의 의
식을 여덟 가지 층위로 해부했다. 이것이 바로 바수반두Vasubandhu, 世親
(320?~400?)의 유명한 팔식Aṣṭa Vijñāna에 관한 이론이다. 첫 번째 의식에서부터
다섯 번째 의식은 서양 전통에서 감각으로 분류하는 의식들로서, 첫 번째
'눈의 의식眼識', 두 번째 '귀의 의식耳識', 세 번째 '코의 의식鼻識', 네 번째 '혀의
의식舌識', 그리고 마지막 다섯 번째 '촉감의 의식身識'이 바로 그것이다. 문득
감각을 의식이라고 부를 수 있는지 의심이 갈 수도 있을 것이다. 의식이란
기본적으로 베르그손의 말처럼 '지속durée'의 폭을 가지고 있는 것이기 때문
이다. 달리 말해 의식이라고 하면 기억과 기대라는 측면을 가지고 있어야 한
다고 생각되는 것이다. 조금만 주의하면 우리는 눈을 포함한 다섯 가지 감
각 역시 카메라처럼 수동적이지 않다는 걸 알 수 있다.

  실제로 감각은 기억의 능력을, 그래서 일정 정도 지속 능력을 가지고
있다. 예를 들어 누구나 어두운 극장에 들어가자마자 순간적으로 아무것도
보이지 않는 경험을 해본 적이 있을 것이다. 하지만 시간이 지나 어둠에 적
응하면 어둠 속에서 하나둘 형체가 드러나 보이기 시작한다. 이것은 바로 눈
이 밝은 곳을 기억하고 있었다는 것을 말해주는 것이다. 귀, 코, 혀, 촉감도
눈과 마찬가지로 지속의 능력을 가지고 있다. 시끄러운 소리를 듣다가 그보
다 덜 시끄러운 소리를 들으면 별로 시끄럽게 느끼지 않고, 역한 냄새를 맡
다가 그보다 덜 역한 냄새를 맡으면 별로 역하다는 느낌을 받지 않고, 매운
것을 먹다가 덜 매운 것을 먹으면 별로 맵다는 느낌을 갖지 않으며, 차가운
것을 만지다가 뜨거운 것을 만지면 순간적으로 뜨거움을 느끼지 않는 것도
다 이런 감각 층위의 기억 작용 때문이다. 이 점에서 유식불교가 다섯 가지
감각기관에도 의식이 있다고 사유한 것은 지금 생각해보아도 타당한 것이라
고 할 수 있겠다.

양파의 껍질을 벗기듯이 다섯 가지 감각의식을 벗긴 다음에 나오는 여섯 번째 의식은 다섯 가지 감각의식이나 언어 혹은 개념을 대상으로 하는 '뜻의 의식意識, mano-vijñāna'이다. 이것마저 벗기고 나면, 나는 나라고 생각하는 자의식, 즉 마나스manas라는 일곱 번째 의식이 나온다. 그렇다면 프로이트가 무의식이라고 부르는 심층의식은 바수반두의 관점 가운데 어떤 것을 지칭한다고 볼 수 있을까? 그것에 해당하는 것은 바로 여덟 번째 의식, 즉 알라야식ālayavijñāna이다. 이것은 일종의 기억의식이라고 할 수 있는 것인데 여기서 알라야ālaya가 '저장'을 의미한다면 비쥬냐나vijñāna는 '의식'을 의미한다. 태어났을 때부터 외부와 관계하면서 인간은 그 흔적을 간직하게 된다. 마치 불고기집에 들어가면 고기 굽는 냄새가 몸에 배듯이 말이다. 그 흔적이 켜켜이 쌓여 심층에 가라앉아 있는 것을 바로 알라야식이라고 불렀던 것이다.

물론 바수반두는 알라야식을 긍정적이라고 생각하지 않았다. 번뇌에 사로잡힌 사람이 부처가 되려면, 기억의식이라고 할 수 있는 알라야식을 끊어야만 한다. 이것이 바수반두의 생각이었다. 하긴 과거에 사로잡힌 사람이 현실에서 자유를 구가하기는 힘든 법이다. 들뢰즈Gilles Deleuze(1925~1995)가 니체를 따라서 망각을 강조했던 이유도 여기에 있다. 사실 인간 실존의 근본적인 변화는, 유식불교에서 말하듯이 알라야식이라는 기억의식과의 근본적인 단절이 없을 경우 불가능해질 것이다. 이 점에서 들뢰즈가 기억이 아닌 망각을 강조한 것은, 혁명적인 주체의 가능성 혹은 푸코의 이야기를 빌리면 훈육된 주체가 아닌 새롭게 구성하는 주체를 가능하게 해준 근본적 계기였다고 할 수 있다.

한편 우리가 유식불교에서 배울 수 있는 점 한 가지가 더 있다. 그것은 감각들이 단순히 병렬되어 있는 것이 아니라 어떤 깊이로 배열되어 있다는 유식불교의 통찰이다. 다시 말해 눈보다는 귀, 귀보다는 코, 코보다는 혀, 마지막으로 혀보다는 촉감이 더 우리의 실존적 상태에 밀접히 맞닿아 있다는 것이다. 물론 이것은 눈이 열어놓는 세계가 객관적인 세계라면, 반대로 촉감의 세계가 가장 주관적인 세계를 열어놓는다는 것을 의미하는 맥락에서다. 결론적으로 다섯 가지 감각의 파노라마에서 보이는 세계로 가면 갈수록 상대적으로 객관적인 세계가, 반대로 감촉의 세계로 가면 갈수록 주관적인 세계가 열린다고 본 것이다. 누군가 나를 보는 것은 우리로서는 어쩔 수 없는 법이다. 보는 세계는 객관적인 세계이기 때문이다. 하지만 누군가 허락도 없이 나의 냄새를 맡으려 하거나 혹은 나를 만지려고 할 때 우리는 어떤 반응을 보이는가? 아마 대부분의 사람은 그런 상황에서 모욕을 당한 듯한 불쾌한 느낌을 받을 것이다. 역으로 사랑하는 사람들은 상대방이 자신을 만지거나 키스를 하거나 냄새를 맡거나 귓속말로 밀어를 나누는 것을 기꺼이 허락한다. 이것은 자신의 가장 사적이고 가장 내밀한 세계로 상대방을 초대하는 행위라고 할 수 있을 것이다.

서양철학이 보이는 것과 들리는 것, 즉 눈과 귀라는 감각에서 벗어나지 못했을 때, 유식불교가 후각, 미각, 촉각의 세계의 중요성을 사유했다는 것은 놀라운 일이다. 사실 유식불교도 다른 불교 전통과 마찬가지로 주체의 자유, 즉 해탈을 꿈꾸는 사유의 하나였다. 물론 불교의 해탈이란 것 역시 하나의 구성된 주체에서 또 다른 구성하는 주체로의 이행을 의미한다. 인간의 일상적 의식이 여덟 가지 의식들의 앙상블로 종합된 것이라면, 사실 여덟 가지 의식들 중 어느 하나라도 변할 경우 인간의 의식은 크게 달라질 수밖에 없을 것이다. 그런데 유식불교의 가르침에 따르면 눈 의식의 변화보다는 귀 의식의 변화가, 귀 의식보다는 촉감 의식의 변화가 더 광범위한 주체의 변화를 낳을 수 있다. 물론 가장 근본적인 변화는 무의식적인 심층에 있는 기억 의식, 즉 알라야식의 변화로 인해 가능하겠지만 말이다.

한편 서양철학은 유독 보이는 세계에 대한 논의에 가장 집중해왔는데 이 점은 이데아를 강조한 플라톤의 경우에서부터 드러난 전형적인 현상이었다. 그러나 보이는 객관적 세계에 주목한다면, 들리는 세계나 냄새의 세계 혹은 접촉의 세계를 사유하기 힘들어질 것이다. 그렇지만 다행스럽게도 데카르트 이후 서양철학은 드디어 들리는 세계에 주목하기 시작한다. 코기토의 자기반성이든 아니면 내면에 울려퍼지는 양심의 소리이든, 서양 근대 철학은 내면적 소리의 세계에 개입하기 시작했던 것이다. 이 점에서 현대 프랑스 철학이 서양철학사에서 차지하는 중요성이 더 분명해진다. 현대 프랑스 철학에 이르러, 드디어 보이는 세계를 넘어서 들리는 세계마저도 비판적으로 성찰되기 시작했기 때문이다. 여기서 우리는 현대 프랑스 철학자들 중 데리다Jacques Derrida(1930~2004)와 들뢰즈에 주목할 필요가 있다. 두 사람은 모두 음성이나 소리의 세계를 진지하게 성찰했던 인물인데, 흥미로운 점은 소리의 세계에 대한 두 사람의 성찰이 전혀 다른 방향으로 전개되었다는 점이다. 데리다가 시선의 세계보다 심층에 있다는 내면적 소리의 세계를 해체하며 그 이면에 있는 텍스트의 세계를 드러내려고 한다면, 들뢰즈는 소리의 세계를 해체하기보다 소리 자체가 가진 혁명성을 사유하려고 하기 때문이다.

ⓚ

데리다: "내면의 소리는 텍스트에 오염되어 있다."

데리다는 플라톤 이래 서양철학이 이성중심주의logocentrism로 전개되었다고 평가했다. 그런데 데리다에게 이성중심주의라는 것은 음성중심주의phonocentrism를 의미하는 것이었다. 고대 그리스에서 로고스logos라는 개념은 '법칙'이라는 의미 이외에 '말'이나 '언어'라는 뜻도 있었다는 점을 상기하면, 이성중심주의가 음성중심주의라는 점을 그리 어렵지 않게 이해할 수 있다. 《그림엽서La Carte Postale》라는 책에서 데리다는 프로이트와 라캉의 정신분석학을 논평하면서, 정신분석학이 자유연상이나 혹은 최면기법으로 발화되는 피분석자의 생생한 말만을 강조하고 있다고 지적했다. 사실 정신분석학에서는 피분석자의 생생한 말만이 그의 내면 상태를 가장 잘 드러내주는 유일한 수단이라고 생각했기 때문이다. 이것은 정신분석가가 분석가로서 훈련을 거치지 않은 사람들이 기록한 피분석자의 진술들을 불신했기 때문에 생긴 반응일 수도 있다. 그러나 데리다는 정신분석학의 음성중심주의를 다음과 같은 맥락에서 비판적으로 해체하고 있다.

> 현재 생생하게 들려오는 말을 우선시하고 녹음된 것이나 반복되는 것을 자격 무효라고 판결하는 것은 매우 잘 알려진 프로그램이다. 그런데 이런 폄하되어온 반복이야말로 체계에 없어서는 안 되는 필수 조건이다. '진실한 말' 혹은 '작동 중인 말'의 체계는 반복을 평가절하하거나 저주하지 않고서는 불가능하다.　　　　　　　　　　　-《그림엽서》

　　정신분석학은 '피분석자의 생생한 말'과 '피분석자의 반복되는 말'을 구분하면서, 후자를 폄하하는 경향이 있었다. 하지만 '피분석자의 생생한 말'이 의미가 있기 위해서는 우선 '피분석자의 녹음된 말'이나 '피분석자의 반복되는 말' 자체가 먼저 논의 지평에 있어야 하는 것이 아닐까? 이것이 바로 정신분석학이 함축하는 음성중심주의를 해체하는 데리다의 한 가지 방법이다. 만약 녹음된 말이나 반복되는 말 자체가 완전히 제거된다면, 정신분석학은 '피분석자의 생생한 말'이 '진실한 말'이라고 이야기할 수조차 없을 것이라는 말이다. 결국 '진실한 말'에 대한 정신분석학의 강조가 의미가 있으려면, '녹음된 말'은 계속 존재하면서 지속적으로 평가절하되어야 한다는 것이다. 하지만 이것은 얼마나 역설적인 논리인가? 반복되는 말이 계속 있어야만 진실한 말도 의미 있게 될 수 있는 것이 말이다.

　　사실 데리다가 음성중심주의를 비판한 더 큰 이유는 순수한 의식 주체를 해체하기 위해서였다. 《목소리와 현상La voix et le Phénomène》에서 데리다는 "의식이란 자신의 목소리를 듣는 것"이라고 이야기했다. 다시 말해 의식 주체란 자신의 독백을 듣는 고독한 주체라는 것이다. 바로 데리다는 이런 고독한 의식 주체의 순수성을 해체하고 싶었던 것이다. 그는 이것이 음성중심주의를 해체함으로써 가능하다고 보았다. "나는 그것을 원하지 않아!" "내가 잘못한 것 같아!" "나는 반드시 살아남아야 돼!" 이런 다양한 내면적 독백

데리다는 정신분석학의 음성중심주의를 비판적으로 해체하고 있다. 데리다가 보여주려고 했던 것은 추상적 사태가 아니라 언어와 생각이 서로 얽혀 들어가는 구체적인 우리 인간의 삶이었던 셈이다. 한마디로 인간적 삶이 있은 다음에 생각이나 언어를 추상화할 수 있지, 그 역은 결코 아니라는 것이다.

의 세계는 기본적으로 음성적으로 전개되기 때문이다. 이제 데리다가 어떤 방식으로 음성중심주의를 해체하는지 직접 살펴보도록 하자.

> 나의 죽음은 내가 살아 있다는 것을 발언하는 데 구조적으로 필수적이다. …… "나는 살아 있다"라는 언표는 나의 죽어 있음을 수반하며, 그것의 가능성은 내가 죽어 있을 가능성을 요구한다. 그리고 거꾸로도 그렇다. 이것은 포우E. A. Poe의 기이한 이야기가 아니라 언어의 평범한 이야기이다. 위에서 우리는 "나는 존재한다"에서 출발해서 "나는 죽을 자로 존재한다"에 이르렀던 적이 있다. 여기서 우리는 "나는 죽어 있다"로부터 "나는 존재한다"를 이해할 수 있게 된다.　　-《목소리와 현상》

내가 속으로 "나는 살아 있다"라고 독백했다고 하자. 이 경우 데리다는 이렇게 지적하고 있다. "나의 죽음은 내가 살아 있다는 것을 발언하는 데 구조적으로 필수적"이라고 말이다. 무척 난해한 표현인 것 같지만 이것은 사실 단순한 이야기라고도 할 수 있다. "나는 살아 있다"라는 독백은 죽음의 위협에서 다행스럽게도 살아났을 때에만 가능한 것이기 때문이다. 예를 들어 대형 교통사고가 발생해서 수많은 사람이 한순간에 피투성이 시신으로 변했지만 자신만은 기적적으로 살아남아 약간의 부상만 입고 돌아왔다고 해보자. 오직 이와 유사한 경우에서만 우리는 "나는 살아 있다"라고 중얼거리게 될 것이다. 따라서 내가 죽는 사태가 전제되지 않는다면 내가 살아 있다는 표현조차 사용하기 어려워질 것이다.

음성중심주의나 순수한 주체를 맹신하는 사람들은 "나는 살아 있다"라는 말 자체가 죽음과 깊게 연루되어 있다는 사실을 쉽게 간과한다. 그들은 "나는 살아 있다"라는 말 자체가 자신이 살아 있음을 표현하는 순수한 음성 표현이라고 이해하기 때문이다. 하지만 이것은 사실 당혹스러운 생각이 아닐까? 예를 들어 애인이 전화로 "나는 살아 있어!"라고 다급하게 말할 때, 우리는 다음과 같이 대응하게 될까? "그럼 당연히 살아 있지. 살아 있으니까 전화를 한 것 아니겠어?" 아마 대부분의 사람들은 이렇게 반응하지는 않을 것이다. 애인이 "나는 살아 있어!"라고 말하면, 우리는 "무슨 일 있었니? 지금 괜찮은 거니? 많이 다친 것은 아니야?"라고 되물을 것이기 때문이다.

'삶'과 '죽음'이 동일한 맥락에서 동시에 작동하지 않는다면, 우리는 죽음에 대해 혹은 삶에 대해 발언할 수 없게 될 것이다. 하지만 이것은 과연 죽음과 삶에 대해서만 적용될 수 있을까? 데리다에 따르면 삶과 죽음, 남성과 여성, 밤과 낮, 아래와 위, 안과 바깥 등이 대립되면서 서로 의존하고 있는 차이의 체계가 우리의 의식이나 현재적 발언까지 지배하고 있다. 사실 음성만으로 우리가 모든 내용을 순수하게 파악할 수 없는 것도 이 때문이다. 음성으로 발화된 언어는 자신을 넘어서는 무엇인가와 깊이 연루되어 있다고 본 것이다. 데리다가 "텍스트 바깥에는 아무것도 없다"라고 말했던 것도 이런 이유에서이다. 아무리 순수해 보이는 음성언어 혹은 순수의식도 결국 차이의 체계, 즉 일정한 텍스트를 전제하고 있다는 것이다. 우리는 이런 차이의 체계를 떠날 수가 없다. 이 대목에서 언어에 대한 가장 깊은 이해를 보여주었던 비트겐슈타인의 생각은 데리다를 이해하는 데 많은 도움을 줄 수 있다. 비트겐슈타인은 말한다.

> 이제 우리는 이렇게 말할 수 있다고 나는 믿는다. 즉 아우구스티누스는 인간의 언어 학습을 이해하지 못하고 있는 듯이 그렇게 기술하고 있다고. 즉 단지 이 언어가 아닐 뿐, 어린아이가 이미 어떤 하나의 언어를 가지고 있는 듯이. 또는 심지어 단지 말하지 못할 뿐 어린아이가 이미 생각할 수 있다는 듯이. 그리고 여기서 '생각한다'는 것은 '자기 자신에게 이야기한다'와 같은 어떤 것을 뜻할 것이다. -《철학적 탐구》

아우구스티누스는 내성과 독백을 강조했던 가장 대표적인 철학자였다고 할 수 있다. 그의 대표 저작《고백록》은 제목부터가 이 중세철학자의 특징을 극명하게 보여준다. 비트겐슈타인에 따르면 아우구스티누스의 주장은 다음과 같이 정리된다. 자신을 제외하고는 아무도 이해할 수 없는 언어를 가지고서 어린아이는 생각하고 있다. 시간이 지나 구체적인 특정 언어를 배우면서 어린아이는 마침내 자신의 생각을 언어로 표현하게 된다는 것이다. 여기서 두 가지 언어가 등장한다. 하나는 '자신을 제외하고는 아무도 이해하지 못하는 언어'이고, 다른 하나는 '타인도 충분히 이해할 수 있는 언어'다. 전자, 즉 '아무도 이해하지 못하는 언어', 바로 이것이 비트겐슈타인이 그렇게도 비판했던 '사적 언어private language'다. 데카르트의 코기토나 독일 관념론의 자기의식은 모두 사적 언어의 담지자로 환원시켜 설명할 수 있다. 그래서 사적 언어를 부정한다는 것은 코기토나 자기의식을 부정한다는 것과 마찬가지라고 할 수 있다.

사적 언어가 불가능하다는 비트겐슈타인의 주장에 대해 이견이 분분하다. 그러나 생각해보면 아우구스티누스의 사적 언어가 그나마 타당하게 적용되는 것은 어른들이지 어린아이들일 수는 없다. 예를 들어 모국어를 배운 사람이 외국에 나가 살게 되었다고 해보자. 당연히 새로운 환경에 적응하느라 그는 자신이 배웠던 모국어로 엄청난 생각과 반성을 하게 될 것이다. 결국 언어가 완전히 다른 새로운 나라에 있을 때, 그가 배운 모국어는 정말 사적 언어로 작동하는 것처럼 보인다. 그러나 모국어를 가진 어른이 새로운 언어를 배우는 것과 어린아이가 모국어를 배우는 것이 같을 수 있을까? 어쩌면 중세철학자답게 아우구스티누스는 인간의 언어를 배우기 이전에 어린아이는 천국의 언어로 생각하고 있다고 주장하고 싶었는지도 모를 일이다. 그래도 또 마찬가지다. 어린아이는 천국의 언어를 어떻게 배웠을까? 이때도 여전히 사적 언어가 존재한다고 해야 할까? 결국 아우구스티누스의 이야기가 옳다면 모든 어린아이는 사실 일종의 어른이라는 결론을 내려야 한다는 건 분명하다.

천국에서 배운 언어든 혹은 모국에서 배운 언어든 잊지 말아야 할 것은 언어를 떠나서 생각한다는 건 있을 수 없다는 사실이다. 바로 이 점이 중요하다. 데리다의 말대로 우리는 "텍스트를 넘어설 수 없는" 존재이기 때문이다. 심지어 비트겐슈타인이 이해한 아우구스티누스조차도 "생각한다는 것은 자기 자신에게 이야기하는 것"으로 이해되고 있다. 그러니 어쨌든 순수한 생각, 혹은 순수한 자기의식은 불가능하다고 할 수 있다. 《지각의 현상학》에서 메를로-퐁티는 "말하는 이는 말하기 전에 생각하지 않으며 말하는 사이에 생각하는 것도 아니다. 말하는 이의 말은 사고 그 자체다"라고 말했던 적이 있다. 어쩌면 생각과 언어를 분리시켜 각각을 실체화했기 때문에, 음성중심주의도 그리고 사적 언어에 대한 생각도 등장했는지도 모를 일이다. 결국 비트겐슈타인도 그렇지만 데리다가 보여주려고 했던 것은 추상적 사태가 아니라 언어와 생각이 서로 얽혀 들어가는 구체적인 우리 인간의 삶이었던 셈이다. 한마디로 인간적 삶이 있은 다음에 생각이나 언어를 추상화할 수 있지, 그 역은 결코 아니라는 것이다.

들뢰즈: "외면의 소리는 시각적 세계를 전복시킬 수 있다."

음성중심주의에 대한 데리다의 비판을 따라가다보면, 우리는 그가 음성을 너무나 협소하게 사용하고 있다는 인상을 받게 된다. 특히 주목되는 점은 음성과 소리에 대한 데리다의 지나친 지적 태도이다. 다시 말해 그는 음성으로 발화된 소리가 가진 의미의 내적 논리를 지적으로 해명하는 작업에만 몰두했던 것이다. 이것은 그가 보이는 세계뿐만 아니라 들리는 세계마저도 빨리 돌파해 텍스트에 도달하려고 했기 때문이다. 이를 통해 데리다는 인간의 이면에 언어, 정치, 그리고 삶이 복잡하게 얽혀 침전되어 있는 습관적 체계를 폭로하려고 했다. 마치 바수반두가 일곱 겹의 의식들을 통과해 제일 밑 여덟 번째 의식, 알라야식에 이르려고 했던 것처럼 말이다. 결론적으로 라캉의 상징적인 것과 마찬가지로 데리다의 텍스트는 유식불교의 알라야식과 그 구조적 위상이 같았던 것이다. 하지만 음성이나 소리의 세계에는 데리다의 비판과 달리 우리가 생각하지 못한 또 다른 충위가 있는 것이 아닐까? 여기서는 들리는 세계를 보이는 세계로 환원시키지 않고 들리는 세계 그 자체를 긍정하는 것이 필요할 텐데, 바로 이러한 작업을 진지하게 수행했던 사람 가운데 한 명이 들뢰즈였다.

> 음은 탈영토화déterritorialisation될수록 그만큼 더 정련되고, 특수성을 획득해 자율적인 것이 되어가는 것처럼 보인다. 이와 반대로 색채는 사물까지는 아니더라도 적어도 점점 더 영토성에 밀착되어간다. 즉 색채는 탈영토화될수록 용해되고, 다른 성분들에 의해 인도되는 경향이 있는 것처럼 보인다. —《천개의 고원Mille Plateaux》

들뢰즈는 음과 색채를 비교하면서 논의를 시작한다. 여기서는 그의 유명한 개념 '탈영토화'가 중요한 역할을 담당한다. 탈영토화는 고정된 지역

들뢰즈는 색채와 음을 통해 보이는 세계와 들리는 세계를 질적으로 구분하고자 한다. 보이는 세계가 현실성이 지배하는 세계라면, 들리는 세계는 그보다는 잠재성이 지배하는 세계라고 본 것이다. 이런 추론 끝에 들뢰즈는 보이는 세계보다는 들리는 세계가 더 우리의 정서를 자극하게 된다고 주장하게 된다.

을 벗어난다는 의미로서, 새로운 가치와 의미를 창조하기 위해 기존의 가치와 의미를 떠나는 운동을 나타내는 개념이다. 《차이와 반복》에서 들뢰즈는 잠재성virtualité과 현실성actualité이 실재성réalité의 두 가지 측면이라고 이야기했다. "잠재적인 것은 실재적인 것에 대립하지 않는다. 다만 현실적인 것에 대립할 뿐이다. …… 잠재적인 것은 심지어 실재적인 대상을 구성하는 어떤 엄정한 부분으로 정의되어야 한다. 마치 실재적 대상이 자신의 부분들 중의 하나를 잠재성 안에 갖고 있는 것처럼." 결국 '실재성=잠재성+현실성'이라는 공식이 성립된다. 그래서 우리가 어떤 대상의 현실성만 파악한다면, 우리는 그 대상의 실재성을 완전히 이해한 것이라고 할 수 없다. 그 대상이 어떤 식으로 생성될 수 있는지, 그 잠재성에 무지하기 때문이다. 다시 말해 주어진 어떤 현실적인 대상도 현실적으로 주어진 모습(=현실성) 이외에 앞으로 다르게 생성될 수 있는 잠재적인 성격(=잠재성)도 아울러 가지고 있다는 것이다. 그래서 새로운 모습으로 생성되기 위해서는 잠재성의 층위로의 운동이 우선 불가피하다. 이때 '탈영토화'란 것은 현실성을 떠나서 잠재성의 충위로 복귀하는 운동이라고도 할 수 있다. 들뢰즈가 즐겨 사용하는 은유에 따르면 '정주민적인sédentaire' 삶이 현실성을 상징한다면, '유목민적인nomadique' 삶은 잠재성을 상징한다고 할 수 있겠다.

이제 들뢰즈가 색채와 음을 탈영토화라는 개념으로 구별하려고 했던 이유가 분명해진다. 그림을 예로 들어 생각해보자. 하나의 그림에는 다양한 색채들이 다양하게 분배되어 있다. 빨강, 노랑, 파랑 등의 색깔들은 마치 정주민처럼 캔버스 위에 분배되어 있다는 것이다. 그런데 이런 색깔들은 자신이 속한 위치에서 벗어나 탈영토화되려는 순간 서로 용해되어버리고 만다. 예를 들어 모나리자 그림을 구성하고 있는 모든 색깔이 자신의 위치를 벗어나서 탈영토화되는 순간 이 그림 안에서 거대한 색들의 용해 현상이 벌어질 것이고, 우리는 더 이상 모나리자를 현실적으로 식별할 수 없게 될 것이다. 하지만 이와 달리 소리의 경우는 어떤가? 가사를 가진 대중음악을 가사가 없는 음악으로, 나아가 그것을 다시 더 추상적인 음악으로 탈영토화시켜보도록 하자. 이 경우 우리는 더 세련되고 자율적인 것으로 들리는 음악, 혹은 순수한 추상 음악을 얻게 될 수 있을 것이다.

들뢰즈는 색채와 음을 통해 보이는 세계와 들리는 세계를 질적으로 구분하고자 한다. 보이는 세계가 현실성이 지배하는 세계라면, 들리는 세계는 그보다는 잠재성이 지배하는 세계라고 본 것이다. 그래서 탈영토화가 진행되면 색채의 세계는 용해되어버리지만, 음의 세계는 자율성을 갖게 된다고 보았다. 탈영토화를 통해 얻어진 자율적인 음은 들리는 사람에 따라 상이한 정서적 감응을 줄 수 있는 잠재성을 갖는다. 아주 추상적인 음악의 경우를 생각해보라. 이런 음악이 귀에 울려퍼지면 슬픈 사람은 슬픔으로, 기쁜 사람은 기쁨으로, 아니면 피곤한 사람은 나른함으로 음악에 감응하게 될 것이다. 이런 추론 끝에 들뢰즈는 보이는 세계보다는 들리는 세계가 더 우리의 정서를 자극하게 된다고 주장하게 된다. 정서란 지성에 비해 상대적으로 잠재성의 충위에 더 가깝기 때문일 것이다.

음은 우리 내면으로 침투하고, 우리를 몰아내고, 질질 끌고 가고, 가로 지른다. 음은 대지를 떠난다. 하지만 그렇게 되면 우리가 검은 구멍으로 떨어지는 경우가 있는가 하면 반대로 우리를 우주를 향해 열어주는 경우도 있다. …… 황홀과 최면. 색깔로는 대중을 움직일 수 없다. 국기는 트럼펫 연주가 없으면 무력해지며, 레이저 광선 역시 음에 맞추어 조절되어야만 한다.
　　　　　　　　　　　　　　　　　　　　　　　　　－《천개의 고원》

색깔이 우리의 현실성에 부합한다면, 음악은 우리의 잠재성을 자극한다. 그래서 들뢰즈는 "음은 우리 내면으로 침투하고, 우리를 몰아내고, 질질 끌고 가고, 가로지른다"고 이야기했던 것이다. 그림을 보고서 우는 경우는 별로 없지만, 음악을 듣고서 격한 감정에 휘둘리는 경우가 많은 것도 모두 이런 이유에서일 것이다. 시각의 세계보다 청각의 세계가 우리의 실존을 더 심층적으로 자극하기 때문이다. 그래서 들뢰즈는 "색깔로는 대중을 움직일 수 없다"고 주장했던 것이다. 시각적 자극은 우리 실존의 표면만 건드리고 지나갈 뿐이다. 그리고 불쾌하면 눈을 감으면 그만이다. 들뢰즈의 말대로 국기라는 시각적 대상도 비장한 트럼펫 연주가 없으면 애국심을 촉발시키지 못하고, 화려한 쇼의 레이저 광선도 음악을 수반하지 않으면 공허한 불빛에 지나지 않을 뿐이다. 사실 공포영화에서 공포감을 자아내는 음악을 뺀다면, 우리는 그 영화를 통해 별다른 공포감을 느끼지 못하게 될 것이다. 스크린은 멀리 있지만 비명소리나 유리창이 깨지는 소리는 바로 우리 귀에 곧바로 들리기 마련이다.

데리다는 직접적인 내면의 소리 그리고 그로부터 발생하는 자의식이라는 착각은 음성중심주의에 지나지 않는다고 해체하면서, 텍스트의 우선성을 강조하게 된다. 어린 시절부터 우리는 세계를 특정한 방식으로 분절할 수 있는 방법, 즉 텍스트를 내면화하게 된다. 데리다가 우리는 텍스트 바깥으로 나갈 수 없다고 주장했던 것도 이런 이유에서였다. 데리다는 바수반두와 유사한 결론에 이른 셈이다. 이 대목에서 소리의 세계가 가진 중요성을 성급하게 비판했다는 반론이 발생하게 되는데, 그 비판의 주인공은 바로 들뢰즈다. 소리의 세계, 즉 청각의 세계를 형태의 세계, 즉 시각의 세계와 상호 대조함으로써 들뢰즈는 소리의 세계가 가진 고유성, 혹은 소리의 세계가 실존을 뒤흔드는 강력한 힘을 발견하게 된다. 물론 그렇다고 해도, 들뢰즈가 자신의 소리를 들을 수 있는 자의식을 다시 긍정하려고 한 것은 아니었다. 오히려 그가 강조하는 것은 외부에서 들려오는 소리, 즉 인간의 정서를 여지없이 동요시키는 강렬함을 가진 소리의 혁명성이었다. 파시즘도 소리의 세계를 조작함으로써 개체들을 자발적 복종의 상태로 만들었듯이, 해방적 전략도 개체들의 자기 긍정을 위해서 소리의 세계를 창조적으로 생성할 필요가 있다고 본 것이다.

텍스트마저 혹은 상징적인 것마저 해체할 때, 우리는 새로운 삶을 시작할 수 있다. 데리다나 라캉이 바수반두와 만나는 지점이다. 그러나 어떻게 새로운 삶은 시작될까? 여기서 다시 우리는 풍성한 감각들의 세계를 긍정해야 한다. 들뢰즈가 현실적 소리의 세계와 잠재적 소리의 세계를 긍정했던 것처럼 말이다. 그렇지만 들뢰즈가 소리의 세계가 가진 고유성을 해명했던 것처럼, 우리는 냄새의 세계, 맛의 세계, 나아가 촉감의 세계를 더 깊이 사유해야만 한다. 우리가 이것을 게을리하면, 국가 혹은 자본이 먼저 우리의 일상적 감각 세계들을 점령할 수 있기 때문이다. 어쩌면 국가나 자본은 이미 오래전부터 우리의 실존 깊숙이 잠재되어 있는 감각 세계들을 통제하고 있었는지도 모른다. 사실 대학의 모든 연구소들은 국가에, 그리고 자본에 종속되어 있지 않은가. 불행인지 다행인지 우리의 삶이 향기, 맛, 그리고 감촉의 역량으로부터 어느 정도까지 영향을 받고 있는지 제대로 해명되지 못하고 있다. 그렇지만 바수반두가 이야기했던 것처럼 더 중요한 것이 남아 있다. 그것은 이 모든 감각이 마치 침전물처럼 가라앉아서 형성된 기억의식이나 심층적인 정서와 행동의 문제라고 할 수 있을 것이다. 물론 이 문제에 접근하기 위해서 우리는 들뢰즈의 철학, 뇌와 신경과 관련된 최신 과학, 정신분석학, 그리고 유식불교의 지혜를 모두 모아야만 할 것이다.

우리의 뇌, 그리고 예술의 힘!

신경과학Neuroscience이 발달하면서, 이제 우리는 과거보다 더 많이 우리 자신을 이해하게 되었다. 물론 신경과학 연구는 대부분의 자연과학 연구와 마찬가지로 집약적인 기술과 자본, 그리고 수준 높은 연구자 집단이 필요하다. 당연히 신경과학 연구 성과를 대부분 독점하는 것은 자본이나 국가일 수밖에 없다. 그러나 그렇다고 해서 신경과학의 성과들 자체를 무작정 부정해서는 안 된다. 자본이나 국가가 신경과학적 메커니즘을 이용해서 착취와 지배를 강화할 수 있는 것처럼, 인문주의자들은 인간의 자유와 사랑을 위해 신경과학적 메커니즘을 전복적으로 사용할 수도 있으니 말이다. 신경과학 연구 중 가장 흥미로운 것은 "인간은 지적인 존재"라는 정의가 매우 협소하다는 걸 보여주었다는 데 있다. 오히려 신경과학은 인간은 정서적이고 즉흥적인 존재, 한마디로 말해 감정적인 존재에 가깝다고 이야기하고 있다. 결국 추상적인 인간이 아니라 살아 있는 구체적인 인간을 설명하는 키워드는 '쾌감' '상상' '감성' '미적 경험' '이미지' 등이라는 것이다.

　미국 경제학, 특히 마케팅 분야에서는 신경과학적 성과에 매우 주목하고 있다. 추상적인 인간이 구매를 하는 것이 아니라 항상 구체적인 인간이 구매자로 등장하기 때문이다. 아예 '신경마케팅Neuromarketing'이란 개념이 등장할 정도도. 그중 가장 대표적인 논문이 아마 2005년 발표된 렌볼스Patrick Renvolse와 모린Christopher Morin이 공동 집필한 〈뇌에서 '구매 버튼'은 존재하는가?Is There a 'Buy Button' in the Brain〉일 것이다. 실험은 코카콜라와 펩시콜라 사이에 이루어졌다. 왜 아무리 노력해도 펩시콜라는 코카콜라를 넘을 수 없을까? 이런 화두로 시작된 실험이었다. 물론 신경과학적 실험답게 기능성자기공명영상기계f-MRA도 동원되어 뇌를 스캔하는 작업도 함께 수반되었다. 눈을 가리고 코카콜라와 펩시콜라의 맛을 보고 선택하라고 했을 때, 펩시콜라를 선택하는 사람이 많았다. 그렇지만 눈을 뜨고서 상표를 선택하라고 하자, 코카콜라가 더 많이 선택된 것이다. 코카콜라라는 음료로 연상되는 이미지가 더 큰 쾌감과 미적 만족도를 주지 않았다면 이런 결과는 불가능했을 것이다.

도대체 신경과학이 다루고 있는 뇌에서는 무슨 일이 발생한 것일까? 신경과학적 연구에 따르면 우리의 뇌는 거시적으로 보면 일종의 삼층집으로 이루어져 있다. 제일 밑 1층은 후뇌hindbrain, 뇌간brain stem, 소뇌cerebellum로 구성된 부분으로서 생명 유지와 행동과 관련된 기능을 담당하는데, 보통 '오래된 뇌old brain'라고 불린다. 두 번째 층은 중뇌midbrain가 차지하고 있는 부분으로서 정서와 감정과 관련된 기능을 담당한다. 보통 '중간 뇌middle brain'라고 불린다. 여기서 '중간 뇌'라고 할 때 중간에는 시간적 의미가 들어 있다는 걸 잊지 말자. 마지막 제일 위 3층에는 대뇌피질cerebral cortex이 있는 전뇌forebrain다. 시기적으로 가장 최근에 발달된 것으로 '새로운 뇌new brain'라고 불리는데, 사유와 판단 등 추상적이고 창조적인 정신 기능을 담당한다. '오래된 뇌', '중간 뇌', 그리고 '새로운 뇌'라는 명칭은 진화론적 의미가 가미되어 있다. '오래된 뇌' 영역이 파충류와 유사하기에 '파충류의 뇌'라고 불리고, '중간 뇌'는 포유류와 유사하기에 '포유류의 뇌'라고 불리지만, '새로운 뇌'는 오직 인간에게서만 집중적으로 발달되었기 때문이다.

여기서 우리가 주목해야 할 것은 정서와 감정 기능을 담당하는 '중간 뇌'의 기능이다. 옳다고 판단한 것이 행동으로까지 가려면 반드시 이 중간 뇌를 거쳐야 한다. 이 중간 뇌를 통과해야만 우리의 오래된 뇌는 행동을 개시할 수 있다. 그러니 중간 뇌는 이론과 실천을 매개하는 가장 중요한 연결고리인 셈이다. 목적을 갖는 행동을 낳기 위한 결정적인 심급은 바로 중간 뇌라고 할 수 있다. 결국 한 사람을 특정한 행동으로 이끄는 가장 강력한 방법은 바로 이 중간 뇌에 자극을 가하는 것이다. 지적인 설득과 토론으로 납득시켰다고 하더라도, 상대방이 직접적으로 행동을 개시하지 않는 경우가 많은 것도 이런 이유에서다. 정서와 감정 부분을 통과하지 못한 지적인 결론은 결코 행동에까지 이르지 않기 때문이다. 반대로 스스로 납득하지 못한 행동을 기꺼이 할 때도 있다. "저 사람을 사랑해서는 안 된다"라고 판단을 내렸음에도 그 사람을 만나러 간다거나 혹은 전화를 하는 경우다. 물론 이건 정서적으로 이미 상대방을 사랑하고 있기 때문이다.

흥미로운 것은 지적인 사유가 오래 반복되면, 그것은 정서적이고 감정적인 층위로 침전된다는 점이다. 또한 정서적 층위에서의 작용이 오래되면, 그것은 행동의 층위로 침전되기도 한다. 결국 이것은 우리가 얼마나 완고한 존재인지 보여준다. 가르침과 훈계로 사람이 일순간에 변하지 않는 것도 이런 이유에서다. 아니 어쩌면 이것은 생명체로서 당연한 반응인지도 모른다. 오직 자기 생명에 도움이 되는 것만, 확실하게 반복적으로 검증된 것만을 침전시키는 것이 여러모로 안전할 테니 말이다. 어쨌든 추상적 사유는 정서적 분위기를 통과하지 못하면 행동을 낳을 수 없다는 사실, 그리고 추상적 사유는 시간이 지나면 정서로, 최종적으로는 행동으로까지 침전될 수 있다는 사실을 잊지 말자. 이처럼 사유, 정서, 행동 사이의 관계에 대한 신경과학의 통찰은 과거 철학자들이 파악하지 못했던 많은 걸 알려준다.

인문과학이든 사회과학이든 자연과학이든 간에 흔히 과학이라고 불리는 영역에 속하는 작품은 제일 표피에 있는 우리의 '새로운 뇌'만 자극하기 쉽다. 물론 간혹 '새로운 뇌'뿐만 아니라 '중간 뇌'를 자극하는 작품도 있을 수 있다. 우리가 고전적 반열에 올리는 사상가나 과학자의 작품들이 그렇다. 그래서 예술의 고유성은 주목할 만한 것이다. 예술은 바로 '중간 뇌'의 정서적 기능을 자극하는 힘을 갖고 있기 때문이다. 시도 그렇고 음악도 그렇고 미술도 그렇고 영화도 그렇다. 아니 예술이 정서적 기능을 활성화한다는 말은 정확하지 않다. 오히려 사정은 정반대이기 때문이다. 무언가가 우리의 정서적 기능을 활성화한다면, 우리는 그걸 '예술적'이라고 말해야 한다. 만일 어떤 정서적 자극도 주지 않는다면, 아무리 훌륭한 예술작품이라고 할지라도 그것은 예술적이라고 할 수 없으니까 말이다. 여기서 한 가지 주목해야 할 것은 중간 뇌의 활성화, 혹은 우리의 정서적 기능의 활성화는 '오래된 뇌'를 자극할 뿐만 아니라 동시에 '새로운 뇌'도 자극한다는 것이다. 사랑이라는 정서는 상대방에게 저절로 쏠리게 되는 행동을 낳을 뿐만 아니라, 동시에 상대방을 알려고 하는 사유도 강하게 자극하게 되는 것도 이런 이유에서다.

자본이나 국가는 개개인에게 정서적 자극을 주어 특정한 행동을 유발하고자 한다. 코카콜라를 구매하도록 하고, 혹은 체제를 지지하도록 만든다. 그렇지만 자본과 국가는 정서적 자극이 '새로운 뇌'를 자극하는 걸 극히 꺼린다. 스스로 생각하는 순간 개개인들은 자본과 국가의 억압에 저항하는 주체가 될 수도 있으니 말이다. 결국 '예술다운 예술'은 사유뿐만 아니라 행동까지도 동시에 촉발시킬 수 있어야만 한다. 들뢰즈가 문학, 미술, 그리고 영화와 관련된 수많은 책들을 썼던 것도 바로 이런 이유에서다. 그만큼 예술이 가진 혁명성, 혹은 예술과 신경계 사이의 관계를 명료하게 자각했던 철학자도 없었던 셈이다. 예술과 관련된 들뢰즈의 단행본 저작들을 나열해보자. 1964년 《프루스트와 기호들》, 1967년 《매저키즘Présentation de Sacher-Masoch》, 1975년 《카프카: 소수문학을 위하여Kafka: Pour une Littérature Mineure》, 1981년 《프랜시스 베이컨: 감각의 논리Francis Bacon: Logique de la sensation》, 1983년 《시네마 I: 운동이미지Cinéma I: L'image-mouvement》, 1985년 《시네마 II: 시간이미지Cinéma II: L'image-temps》 등등. 그의 관심은 점점 문학에서 회화로, 그리고 영화로 이행하고 있다. 《시네마 II: 시간이미지》에 등장하는 들뢰즈의 다음 이야기는 그가 얼마나 신경과학적 사유에 자극을 받고 예술론을 피력했는지 여실하게 보여준다. "뇌는, 우리의 지배, 우리의 해법, 혹은 우리의 결정이 아니라, 우리의 문제, 우리의 질병, 우리의 열정이 되어버렸다."

30

과학은 결정론적인가?

하이젠베르크

VS

프리고진

기계론적 세계관의 흔들리는 토대

근대세계, 그러니까 17세기와 18세기에 들어오기 전, 서양은 고대 그리스의 아리스토텔레스의 자연관, 특히 그의 두 권의 주저 《자연학Physica》과 《형이상학Metaphysica》에 등장하는 원인이론에 의해 지배되고 있었다. 아리스토텔레스는 자연을 설명할 때 네 가지 원인이 있어야 한다고 이야기한다. 그것이 바로 '질료인causa materialis', '형상인causa formalis', '작용인causa efficiens', 그리고 '목적인causa finalis'이다. 의자가 있다고 해보자. 의자의 재료인 나무가 바로 '질료인'이고, 네 다리를 갖고 있는 모양이 '형상인'이고, 의자를 만든 목수가 '작용인'이며, 그리고 글을 쓰거나 쉬기 위해 앉으려는 목적이 바로 '목적인'이다. 네 가지 원인 중 아리스토텔레스가 특히 강조했던 것은 플라톤의 영향 때문인지 형상인과 목적인이었다. 근대 자연과학의 세례를 받은 우리는 직감적으로 형상인과 목적인이 아니라, 질료인과 작용인이 중요하다는 걸 안다. 이런 우리의 직감은 어디에서 유래했던 것일까? 근대 자연과학의 서막을 여는 데 크게 영향을 끼쳤던 베이컨Francis Bacon(1561~1626)에서 유래한 것이다.

1605년에 출간된 《학문의 진보Advancement of Learning》에서 베이컨은 자연을 탐색할 때 '질료인과 작용인'만을 고려해야 한다고 강조한다. 목적인이나 형상인은 너무나 인간중심주의적 원인들이었다고 한다면, 질료인과 작용인은 그와는 대조적으로 무언가 객관적인 냄새가 강하게 풍긴다. 생각해보라. 나무는 인간의 뜻과는 무관하게 나무가 가질 수 있는 객관적 특성을 가지고 있다. 또한 어떤 것을 만들거나 움직이려면 그에 해당하는 힘이 가해져야 한다. 여기서 그 힘의 기원이 말이나 소와 같은 동물이든 아니면 사람이든 아무런 상관이 없다. 단지 중요한 것은 힘의 양이니까 말이다. 이것 또한 아리스토텔레스가 생각하지도 못할 정도로 객관적인 생각이다. 이미 베이컨은 갈릴레오와 뉴턴이란 탁월한 물리학자로 상징되는 '과학혁명'을 예감하고 있었던 것이다. 과학혁명은 본질적으로 '형상인'과 '목적인'에 대한 '작용인'과 '질료인'의 혁명이기 때문이다.

과학혁명을 통해 대두한 근대 자연과학은 서로 밀접하게 연관된 두 가지 특이성으로 규정될 수 있을 듯하다. 하나는 '양적quantitative'이라는 특징이고, 다른 하나는 '기계론적mechanistic'이라는 특징이다. 먼저 '양적인 자연관'에 대해 알아보자. 그러기에 앞서 우리는 '양quantity'과 '질quality'이라는 개념을 살펴볼 필요가 있다. 사실 인간의 구체적인 경험은 모두 질적인 것이다. 내 앞에 사과와 바나나가 있다고 하자. 사과는 시고, 바나나는 달다. 이것이 바로 사과와 바나나만이 가지고 있는 고유한 '질'이다. 만일 사과와 바나나의 질을 모두 고려하면, 우리 앞에 있는 것은 '두 개'라고 이야기할 수가 없다. 그러나 분명 우리는 우리 앞에 과일이 '두 개'가 있다고 말한다. '사과'나 '바나나'가 아니라, '과일'이라는 개념이 핵심이다. 사과와 바나나 각각이 가진 고유한 질을 무시하지 않으면, '과일'이라는 추상명사를 사용할 수 없으니 말이다. 그러니 우리는 정의할 수 있다. '질을 무시하면 양을 경험할 수 있고, 양을 무시하면 질을 경험할 수 있다'고 말이다. 물론 그렇다고 해서 근대 자연관이 질을 무시한다고 성급하게 판단해서는 안 된다. 인간이 감각적으로 경험하는 모든 질을 양적인 관계로 합리적으로 설명될 수 있다는 것이 근대 자연관의 핵심이기 때문이다.

양적인 관계로 주어진 것을 합리적으로 설명하는 것, 이것이 바로 수학 아닌가. 그래서 우리는 서양 근대 자연과학의 특징을 양화量化, quantification에의 의지나 혹은 수학에의 의지라고 말할 수 있다. 다시 말해 질적으로 다양한 것으로 경험되는 자연현상들을 측정 가능한 양적인 관계로 환원하고, 이렇게 얻어진 양적인 관계를 수학적 법칙으로 파악하려고 했다는 것, 이것이 바로 근대 자연과학의 특징이다. 근대 자연과학의 총화라고 할 수 있는 광학光學, Optics을 통해 양화의 구체적인 메커니즘을 확인해보자. 프리즘으로 태양 광선의 스펙트럼을 관찰해보면, 가시광선 즉 우리가 육안으로 확인할 수 있는 무지개가 보인다. 무지개색은 대략 380~780nm(nanometer) 범위의 파장을 가진 전자파에 지나지 않는다. 그리고 780nm 이상의 파장은 적외선 계열의 전자파고, 그 반대쪽 380nm 이하의 파장은 자외선 계열의 전자파다. 적외선 계열과 자외선 계열의 전자파는 우리 눈으로 확인할 수 없다.

결국 스펙트럼을 통해 질적으로 구별되어 보이는 색깔들, 혹은 자연계에서 간혹 관찰되는 무지개의 색깔들은 파장들의 크기의 함수로 표현될 수 있다. 색깔의 방정식이 얻어진 셈이다. 물론 색깔의 방정식을 만들 때 결정적인 것은 바로 길이m로 측정 가능한 양이라고 할 수 있는 파장이다. 이를 통해서 파장을 양적으로 줄이고 늘림으로써 다양한 종류의 색깔을 모두 만들 수 있게 된다. 한마디로 양들을 통제함으로써 우리는 다양한 질들을 만들 수 있다는 것이다. 이것이 바로 양화의 힘이다. 예를 들어 만일 특정한 장치로 파장만 조절하면, 우리는 가시광선을 이루는 전자파를 언제든지 적외선 계열과 자외선 계열의 전자파로 변형시킬 수 있다. 아마 자연과학을 모르는 사람들에게는 마법으로 보일지도 모를 일이다. 빨주노초파남보의 색깔들이 갑자기 없어질 수도 있고, 역으로 무지개 색깔이 다시 등장할 수도 있으니 말이다. 근대 자연과학자들은 양적인 법칙을 파악하고, 그것을 예측 가능한 방식으로 조작할 수 있는 가능성을 확보했던 것이다.

양적이라는 특성, 다시 말해 수학적이라는 특성은 근대 자연과학에 '기계론적'이라는 또 한 가지 결정적인 특성을 부여하게 된다. 뉴턴을 포함한 초기 근대 과학자들은 시계의 비유를 자주 사용하지만, 이것은 사실 기계론적인 특성보다는 이신론理神論, deism이란 신념을 정당화하려는 비유라고 할 수 있다. 초기 근대 자연과학자들은 인격적 신보다 법칙적 신, 종교인의 신이 아니라 과학자의 신을 강조하고 싶었던 것이다. 어쨌든 이신론에 따르면 신은 수학적 법칙으로 세상을 창조했기에, 세상의 모든 것은 그 법칙에 의해 움직인다는 것이다. 시계의 비유를 들자면, 시계공은 시계를 만든 다음 그것에 관여하지 않는다는 것이다. 완전히 기계적으로 작동하기에 개입할 여지가 없다. 그러니 남겨진 사람들은 시계를 분해하고 결합해서, 시계의 작동원리만 알면 된다. 시계의 기계론적 작동원리가 바로 시계를 만든 시계공의 속내가 될 테니 말이다. 현재까지 영향을 미치는 기계론적 자연과학은 시계의 구조뿐만 아니라 시계 작동의 인과관계와 관련된다. 예를 들어 태엽을 감은 양을 정확히 측정하면, 언제까지 시계가 작동하는지 알 수 있다는 것이다. 바로 여기서 기계론적인 성격과 양적인 성격은 극적으로 결합된다.

원인을 정확히 파악하면, 결과도 정확히 예측된다는 것! 이것이 기계론적인 근대 자연과학의 핵심이다. 이런 정신을 가장 명료하게 표현한 대목은 프랑스의 수학자이자 물리학자였던 라플라스Pierre-Simon Laplace(1749~1827)가 1812년에 출간한 《확률 해석 이론Théorie analytique des probabilités》에 등장한다. "우리는 우주의 현재 상태를 과거의 결과로, 그리고 미래의 원인으로 간주할 수 있다. 어떤 주어진 순간에 자연을 움직이는 모든 힘들과 그것을 구성하는 존재들의 상호 위치들을 모두 아는 지성은, 만일 이 지성이 그런 데이터를 분석하기에 충분히 넓다면, 우주라는 가장 큰 것의 운동이나 가장 작은 원자의 운동을 공식 하나로 응축할 수 있을 것이다. 그런 지성에게 어떤 것도 불명료한 것은 없으며, 과거와 마찬가지로 미래도 그의 눈앞에 있는 것처럼 보일 것이다." 근대 자연관의 정신을 이처럼 멋지게 요약한 구절도 없을 것이다.

근현대 서양 물질문명을 추동하며 승승장구했던 근대 자연과학은 20세기에 들어서면서 심각한 위기에 직면하게 된다. 물론 그전에도 위기의 조짐은 있었지만, 위기를 가속화시켰던 한 남자를 기억해둘 필요가 있다. 바로 아인슈타인Albert Einstein(1879~1955)이다. 자신의 유명한 상대성이론相對性理論, theory of relativity으로 그는 뉴턴 이래로 근대 우주론의 토대라고 할 수 있는 절대적 시간과 절대적 공간 개념을 와해시켜버린다. 1905년에 발표된 특수상대성이론으로 그는 시간과 공간이 절대적으로 독립된 것이 아니라 관측자에게 상대적일 뿐이고 시간과 공간은 상호 관련되어 시공간을 이루고 있다는 것을 밝혀냈다. 이어서 1916년에는 일반상대성이론으로 중력은 공간을 휠 뿐만 아니라 시간마저도 변하게 한다는 걸 밝혀냈다. 아인슈타인의 상대성이론이 등장하자 언론들은 뉴턴 체계가 붕괴되었다는 자극적인 기사를 쏟아냈지만, 이 정도만으로 근대 자연과학의 뿌리가 흔들리지는 않는다. 질을 무시하고 양을 강조하는 양화에의 의지와 결정론적 인과론을 피력하는 기계론적 확신이 붕괴되어야만, 근대 자연과학은 정말 골리앗처럼 땅에 고꾸라질 테니 말이다.

사실 상대성이론을 제안했던 아인슈타인 본인은 여전히 기계론적 세계관을 견지하고 있었다. 어쩌면 그는 뉴턴에서부터 라플라스를 잇는 근대 자연과학의 마지막 황제였는지도 모를 일이다. 사실 근대 자연관이 붕괴된 것은 바로 양자역학Quantum mechanics, 혹은 양자론theory of Quantum이 출현하면서 시작된다. 흥미롭게도 양자역학의 발달에 초석을 두었던 인물도 바로 아인슈타인이었다. 사실 아인슈타인에게 노벨물리학상을 안겨준 것은 상대성이론이 아니라 양자역학과 관련된 연구였다. 〈빛의 생성과 변환에 관한 발견적 관점에 관하여Heuristic Point of View Concerning the Production and Transformation of Light〉라는 논문으로 정리된 광전효과photoelectric effect 연구로 그는 1921년에 노벨상을 받았기 때문이다. 광전효과란 금속판에 빛을 쬐면 금속판이 전자를 방출하는 현상이다. 이 현상을 연구하면서 아인슈타인은 "한 지점에서 방출된 광선이 퍼져나갈 때 그 에너지는 연속적으로 분포되지 않는다. 그 에너지는 공간의 어느 지점에 집중된 유한한 수의 양자로 구성되어 있고, 완전한 단위로서만 흡수되거나 생성될 수 있다"고 잠정적 결론을 내린다. 양자역학의 서막은 이렇게 열린 것이다.

Ⓚ

하이젠베르크: "미시세계는 확률이 지배하는 불연속적인 세계이다."

양자quantum라는 말을 원자, 분자, 이온, 전자 등등처럼 어떤 물리적 실체를 가리키는 말로 오해해서는 안 된다. 예를 들어보자. 연필 한 다스에는 12자루가 들어 있다. 그러니까 26자루의 연필이 있다고 하면, 우리는 두 다스와

하이젠베르크가 명료화한 불확정성원리에 따르면 우리는 미시세계의 정확한 실체를 확인할 수 없고, 단지 불확실하게만 추측할 수 있을 뿐이다. 양자역학은 근대적 자연과학에 양자 도약의 불확실성, 그리고 파동함수의 확률적 세계라는 비수를 던졌다.

2자루의 연필을 갖게 된다. 한 다스를 양자 1, 두 다스를 양자 2라고 생각하면, 양자의 논리가 어렵지 않게 이해될 수 있을 것이다. 12자루 연필로 가득 차 있는 한 다스에 새로운 연필을 하나 넣으려면, 과거 연필 중 하나가 빠져나와야 한다. 만일 11자루 연필로 채워져 있는 한 다스에 새로운 연필을 하나 넣으면, 어떤 연필도 빼낼 필요가 없다. 이미 한 다스가 꽉 채워져 있으니 말이다. 아인슈타인의 광전효과에서 금속판에 빛을 쬐었을 때 불연속적으로 전자가 분출된 것도 바로 이런 이유에서다. 어떤 경우 광자가 꽉 차 있을 경우에는 빛 에너지 대신 바로 전자가 튀어나오지만, 광자가 꽉 채워져 있지 않을 경우, 빛 에너지가 투여된다고 해서 전자가 바로 튀어나올 이유가 없었던 것이다.

　　양자의 논리를 심화시키려면 아인슈타인 이후 보어Niels Bohr(1885~1962)

가 제안했던 수소 원자 모델을 생각해보는 것으로 충분하다. 수소는 전자 하나를 가진 가장 단순한 원자다. 보어의 수소 원자 모델에 따르면 한가운데 원자핵이 있고 그 주변에 전자 하나가 일정한 궤도로 회전하는 단순한 모형이다. 마치 지구를 돌고 있는 달과 같은 그림이다. 이렇게 회전하고 있는 전자에 에너지가 가해지면 어떤 일이 벌어질까? 회전이 더 빨라진 전자는 원자핵과 힘의 균형을 맞추기 위해, 상위 궤도로 비약하게 된다. 양자도약quantum leap이 바로 이것이다. 반대로 상위 궤도를 돌고 있는 전자가 에너지를 밖으로 분출하면, 이 전자는 다시 원래 궤도로 돌아와 원자핵 주변을 돌게 된다. 흥미롭게도 전자가 돌 수 있는 궤도들은 플랑크상수 h, 즉 $6,626 \times 10^{-34} \mathrm{J \cdot s}$의 정수배로 표기될 수 있다는 점이다. 제일 낮은 궤도에서부터 높은 궤도까지 보어는 1, 2, 3과 같은 숫자를 붙였는데, 이것이 바로 양자수quantum number다. 물론 여기서도 양자의 논리, 즉 띄엄띄엄 불연속의 논리는 그대로 적용된다. 그러니까 외부 에너지가 공급된다고 해서 바로 전자가 상위 궤도로 도약하지는 않는다는 것이다.

양자의 논리가 옳다면 라플라스가 주장했던 기계론적 인과율이 적용되기 힘들다. 지금 수소에 에너지를 공급한다고 해서 전자가 상위 궤도로 바로 비약할지 불확실하기 때문이다. 그러니 궤도를 양자의 논리로 돌고 있는 전자가 문제가 된다. 전자가 비약하기 위해 1 정도의 에너지가 필요한지 아니면 10 정도의 에너지가 필요한지를 결정하려면, 우리는 지금 정확히 전자라는 이 작은 입자의 상태를 규정할 수 있어야만 한다. 그러나 전자가 활동하는 세계는 거시세계와는 너무나 다른 미시세계가 아닌가. 보어의 수소 모델에서는 분명 전자를 일종의 입자인 것처럼 다루고 있지만, 이것은 모델을 만들기 위한 일종의 단순화에 지나지 않는다. 보어가 활동하던 시대의 과학자들은 전자도 파동의 속성을 아울러 갖고 있다는 걸 확인했다. 이미 빛이 파동이냐 입자이냐를 둘러싼 해묵은 논쟁은 빛이 파동으로 보이기도 하고 입자로 보이기도 한다는 식으로 해결되었다. 그런데 이 파동성과 입자성은 빛만이 아니라 미시세계의 전자를 포함한 거의 모든 입자들에 그대로 적용되었던 것이다.

양자역학의 또 하나의 난제가 주어진 것이다. 전자는 입자로 보일 수도 있고, 파동으로 보일 수도 있다. 아이슈타인의 광전효과는 분명 전자를 입자로 보고 있다. 반대로 이중 슬릿 실험double-slit experiment은 전자가 파동의 성격을 가지고 있다는 걸 보여주고 있다. 슬릿, 그러니까 판을 두 개 설치하자. 제일 앞에는 전자를 쏠 수 있는 전자총을 준비한다. 전자총 앞의 판에는 구멍을 두 개 뚫어놓고, 뒤의 판은 그 구멍을 통과해서 나온 전자들을 기록하게 될 것이다. 분명 전자총에서 튀어나온 전자들은 입자처럼 앞 판에 부딪히고 몇몇 전자들만 두 구멍을 통과해서 뒤 판에 도달하게 될 것이다. 문제는 뒤 판이 보여주는 전자의 거동은 두 가지 파동이 전달된 것처럼 간섭interference현상을 보인다는 점이다. 두 가지 파동이 동일한 위상에서 겹치면 진폭이 두 배가 되지만, 반대 위상으로 겹치면 파동들은 상쇄된다. 이것이 바로 간섭현상이다. 이제 정말 뒤죽박죽이다. 전자를 포함한 미시세계의 입자들은 파동인가, 아니면 입자인가?

사실 이제 입자라는 말도 사용해서는 안 된다. 우리의 언어 습관상 무언가 에너지를 가지고 운동하는 작은 실체에 입자라는 말을 붙이지 않을 수 없지만 말이다. 그만큼 미시세계의 거주민들은 우리의 상식이나, 혹은 거시세계의 법칙과는 어울리지 않을 정도로 기이하기만 한다. 그러나 정말 궁금하지 않은가? 거시세계의 거주민인 우리에게 입자로도 보이고 파동으로도 보이는 미시세계의 거주민들은 정말 정체가 무엇일까? 마치 야구선수들의 변화구처럼 파동운동을 하고 있는 입자인가? 입자로 돌출하는 파동일 뿐인가? 아니면 과거 어린 시절 만화영화 주인공 아수라 백작처럼 반은 입자이고 반은 파동인 기묘한 무엇인가? 불행히도 우리는 이걸 확인할 도리가 없다. 물론 언젠가 확인할 수 있다는 것도 아니다. 그냥 단연코 미시세계 거주민들의 맨얼굴을 우리는 영원히 볼 수 없다. 과학자에게 좌절을 안겨줄 만한 이런 불행한 사태를 엄밀하게 증명했던 물리학자가 바로 하이젠베르크 Werner Heisenberg(1901~1976)다.

하이젠베르크가 명료화한 불확정성원리不確定性原理, uncertainty principle에 따르면 우리는 미시세계의 정확한 실체를 확인할 수 없고, 단지 불확실하게만 추측할 수 있을 뿐이다. 그의 육성을 직접 들어보자.

사람들은 뉴턴 역학에서와 같이 전자의 위치와 속도를 말할 수 있고, 그 크기를 관찰하고 잴 수 있지만, 두 가지를 동시에 정확하게 규정할 수 없다. 속도와 위치의 부정확성의 제곱은 플랑크 상수보다 적을 수 없다는 사실이 주어진다. 아울러 그것은 입자의 질량으로 나누어진 플랑크 상수보다 작을 수 없다. 유사한 관계가 또 다른 실험적 상황에서 공식화될 수 있다. 이를 '불확정성의 원리'라고 부른다. …… 대상의 계측 장비, 그리고 이를 통해 외부 세계와 상호 작용하자마자, '가능'에서 '실재'로의 이행은 시작된다고 말할 수 있다. 이 이행은 관찰자의 정신 속에 있는 관찰 결과의 기록과 무관하다. 확률함수의 단속적 변화는 아무튼 기록 행위를 통해 시작된다. -《물리학과 철학Physics and Philosophy》

어렵게 생각하지 말자. 테이블 위의 사과를 보고 있을 때, 우리의 망막은 사과에 부딪혀 튕겨나온 빛 입자를 보는 셈이다. 그러나 거시세계의 사과는 너무나 커서 빛 입자에 의해 위치가 바뀔 가능성은 거의 없다. 문제는 미시세계다. 빛 입자처럼 작은 입자, 즉 전자를 관찰한다고 해보자. 빛 입자가 전자와 부딪힌 뒤 반사되어 우리 눈에 들어와야 한다. 분명 모종의 입자와 부딪혔으니 반사되었을 테지만, 바로 이런 부딪힘의 순간 그 모종의 입자는 빛 입자 때문에 다른 곳으로 튕겨나갈 수밖에 없다. 그러니까 우리가 '저 앞에 입자가 있네'라고 판단했을 때, 사실 그 입자는 이미 다른 곳에 있는 셈이다. 여기서 놀라운 역설이 생긴다. 어디에 있다고 관측되는 순간, 전자와 같은 작은 입자들은 최소한 바로 그곳에는 없다! 그럼 어디에 있을까? 원래 있던 곳의 좌측일까? 우측일까? 위일까? 아래일까?

우리의 의구심을 해소하는 데 하이젠베르크가 말한 '확률함수'가 실마리가 된다. 이 확률함수는 오스트리아 이론물리학자 슈뢰딩거Erwin Schrödinger(1887~1961)의 파동함수wave function를 가리킨다. 그는 빛 입자, 전자 등등 미시세계의 주역들이 보이는 파동성과 입자성을 한꺼번에 설명할 수 있는 함수를 만들었고, 그 함수에 Ψ(프사이)라는 이름을 부여한다. 여기서 파동함수라는 말을 오해해서는 안 된다. 파동함수는 입자가 가진 파동성을 나타내려는 것이 아니라, 미시세계 거주자들의 거동을 확률로 표기하려는 함수이기 때문이다. 확률을 나타내는 함수가 파동 모양을 띠고 있기에 파동함수라고 불린 것뿐이다. 슈뢰딩거에 따르면 확률을 나타내는 파동함수로 우리는 미시세계의 거주민들이 어떤 상태에 있는지 확률적으로 진단할 수 있다. 직관적으로 파동함수에는 골과 마루가 있는데, 바로 이 부분에서 특정 입자를 발견할 확률이 가장 높다. 물론 그렇다고 해서 슈뢰딩거의 파동함수가 미시세계의 법칙을 완전히 보여주는 것은 아니다. 오히려 상황은 그 반대다.

미시세계 거주민들의 거동을 짐작하는 데 확률을 사용했던 것 자체가 문제가 될 수 있기 때문이다. 예를 들어 전자는 특정 장소에 30퍼센트 정도 있을 수도 있고 아니면 70퍼센트 정도 있을 수도 있다. 이런 확률적인 전자의 위치로 어떻게 미래를 기계론적으로 예측할 수 있다는 말인가. 원인에 해당하는 부분에 확률이 도입되면, 결과를 정확히 예측한다는 것은 너무나 힘들 수밖에 없다. 더 논의를 심화하기 위해 슈뢰딩거의 유명한 사유실험을 살펴보자. 바로 역사상 가장 유명한 고양이, '슈뢰딩거의 고양이'와 관련된 사유실험이다. 여기서 준비해야 할 것은 밀폐할 수 있는 커다란 상자, 방사능 물질, 방사능 계측기, 독극 물병, 독극 물병을 깰 수 있는 망치, 그리고 그 유명한 슈뢰딩거 고양이가 전부다. 만일 방사선이 분출되면 방사능 계측기는 이걸 읽고 연결된 장치로 망치를 작동시켜 독극 물병을 깨는 것이 주된 메커니즘이다. 당연히 슈뢰딩거 고양이는 죽을 것이다. 반대로 방사선이 분출되지 않으면, 고양이는 무사할 것이다.

모든 방사능 물질이 그렇지만 원자핵이 붕괴되면 방사선이 나온다. 그러나 방사선도 전자와 마찬가지로 확률적인 존재라고 할 수 있다. 그러니까 밀폐된 상자 안의 상태는 미시세계를 상징한다. 논리적으로 이 안에서 고양이가 죽을 확률은 50퍼센트, 반대로 살아 있을 확률은 50퍼센트다. 슈뢰딩거의 파동함수가 작동하는 세계, 고양이가 죽었으면서도 동시에 살아 있는 상태, 양자역학에서는 '중첩superposition'이라고 불리는 상태다. 그러나 우리가 밀폐된 상자를 여는 순간, 상자 안의 세계는 거시세계가 된다. 어느 경우 우리는 슈뢰딩거 고양이의 시신을 발견하게 될 것이다. 이 경우 파동함수는 붕괴되거나 무의미해진다. 반대로 우리는 꼬리를 핥고 있는 슈뢰딩거 고양이를 만날 수도 있다. 이 경우도 파동함수가 붕괴되기는 마찬가지다. 슈뢰딩거의 사유실험을 요약하면 미시세계는 파동함수의 확률적 세계가 지배하고, 우리가 관측을 시작하는 거시세계에서는 확률이 사라지고 엄연한 한 가지 사실이 펼쳐진다는 것이다.

참고로 이와 관련하여 '다수세계론many worlds theory'도 알아둘 필요가 있다. 미국의 물리학자 에버렛Hugh Everett(1930~1982)은 파동함수가 보여주는 미시세계의 중첩 상태, 즉 고양이가 죽을 수도 있고 살아 있을 수도 있는 상태를 기발하게 해석한다. 밀폐된 상자를 열기 전, 상자 안에는 중첩 상태라기보다 두 세계가 동일한 가능성으로 공존하고 있다고 해석한 것이다. 그러니 슈뢰딩거 고양이가 죽어 있는 세계도 존재하고, 살아 있는 세계도 그만큼 동등하게 존재한다는 것이다. 결국 상자를 열었을 때, 거시세계의 관측자는 두 세계 중 하나를 선택한 것이다. 하이젠베르크가 불확정성의 원리를 이야기하면서 언급했듯이 '가능'에서 '실재'로 이행한 셈이다. 에버렛이 이렇게 다수세계론, 혹은 가능세계론을 피력한 이유는 관측의 세계, 즉 거시세계에도 파동함수가 무의미해지지 않도록 하려는 생각에서였다. 파동함수는 미시세계뿐만 아니라 거시세계에서도 유효해야만 한다는 것, 이것이 에버렛의 속내였던 것이다. 어쨌든 이제 우리가 슈뢰딩거 고양이가 죽은 세계를 선택했다고 할지라도, 우리 옆에는 전혀 다른 차원에서 슈뢰딩거 고양이가 살아 있는 세계도 마찬가지로 존재한다.

양자역학은 근대적 자연과학에 양자 도약의 불확실성, 그리고 파동함수의 확률적 세계라는 비수를 던졌다. 원인을 정확히 파악하면 결과는 기계론적으로 도출된다는 기계론적 인과론은 양자역학의 발달로 죽은 개 취급을 받게 된 것이다. 아마 라플라스가 살아 있었다면 아연실색했을 일이다. 아이러니한 것은 이런 양자역학의 발달과 승리에 끝까지 맞섰던 뉴턴과 라플라스의 적장자가 있었다는 점이다. 바로 아인슈타인이다.

> 당신은 주사위 놀이를 하는 신을 믿고 나는 객관적으로 존재하고, 매우 사변적인 방법으로 파악하고자 노력하고 있는 세계에서 완전한 법과 질서를 믿습니다. 나는 굳게 '믿습니다'. 그러나 나는 다른 사람이 내가 할 수 있는 것보다 더 사실적인 방법 또는 더 구체적인 근거를 발견하기를 희망합니다. 양자이론이 초기에 이룬 큰 성공에도 불구하고 나는 근본적인 주사위 논리를 믿을 수는 없습니다. 나는 또한 당신의 젊은 동료들이 나의 이런 생각을 나의 탓으로 돌릴 것이라는 것도 잘 알고 있습니다.　　　　　　　　 －《서신Correspondence: 1916 - 1955》

뛰어난 양자물리학자 보른Max Born(1882~1970)에게 보낸 편지에서 아인슈타인은 신은 주사위 놀이를 하지 않는다고 단언한다. 광전효과에 대한 연구로 양자역학의 서막을 열었던 아인슈타인은 지금 미시세계가 확률의 지배를 받는다는 걸 전혀 인정하지 않는다. 이것은 그가 하이젠베르크의 불확정성의 원리나 슈뢰딩거의 파동함수를 부정한다는 것이다. 미시세계의 거주민들 중 하나인 전자마저도 확률적 존재라면, 이걸 토대로 기계론적 인과관계를 구축하기는 불가능하기 때문이다. 그래서일까, 아인슈타인은 항상 아직 숨겨진 변수를 찾지 못해서 확률론이 득세하게 되었다는 입장을 지지했다. 시간, 온도, 거리, 질량 이외에 '숨겨진 차원hidden dimension'이 발견되는 날, 그는 미시세계마저 라플라스의 정신이 관철될 수 있다고 소망했던 것이다. 그러나 앞으로 어떻게 전개될지 모르지만, 여전히 대학이나 연구소에서는 슈뢰딩거 방정식을 풀고 있고, 그걸로 양자역학 실험이 시도되고 있다. 어쨌든 20세기 후반에서부터 지금까지 아인슈타인의 희망이 실현될 기미는 별로 보이지 않고 있다는 건 숨길 수 없는 사실이다.

⑥

프리고진: "무질서는 파괴뿐만 아니라 생성도 가능하게 한다."

근대 자연과학의 아킬레스건은 확률론이라고 할 수 있다. 미시세계의 거주민 중 하나인 전자마저 확률적 존재이니, 어떻게 이걸 토대로 결정론적 자연과학을 만들 수 있다는 말인가. 결국 아인슈타인을 당혹하게 만들었던 양자역학의 힘은 미시세계의 거동을 가능성의 차원, 즉 확률론에 따라 탐구했던 파동함수에 있었다고 할 수 있다. 그러나 물리학이란 분야를 넘어서면 우리는 슈뢰딩거의 파동함수 이전에 이미 확률론이 과학계에 도입되었다는 걸 알게 된다. 이미 열역학thermodynamics 분야에서 볼츠만Ludwig Eduard Boltzmann(1844~1906)이 확률론을 도입했기 때문이다. 특히 열역학 제2법칙, 즉 엔트로피entropy 법칙을 공식화할 때, 볼츠만은 확률론을 노골적으로 사용한다. $S=k\ln W$라는 공식이 바로 그것이다. 여기서 S는 엔트로피, k는 볼츠만 상수로 $(1.380622\pm0.000043)\times10^{-23}$ J·K^{-1}의 값이다. 문제는 자연로그($\ln$) 안에 들어 있는 W인데, 시스템의 배열과 관련된 경우의수를 가리킨다. 바로 이 W에 확률론이 도입되고 있는 것이다.

예를 들어 어떤 상자 속에 네 개의 기체 분자가 있다고 하자. 가상의 선을 그어 이 상자를 이분화하고, 좌측 공간을 b1이라고 우측 공간을 b2라고 하자. 네 개의 분자는 상자 안에서 다음과 같은 경우의수로 배열될 수 있다. 첫째 b1에는 네 개의 분자가 다 있고 b2에는 하나도 없는 경우인데, 경우의 수는 1이다. 둘째는 b1에 세 개의 분자가 있고 b2에는 한 개의 분자가 있는 경우인데, 경우의수는 4이다. 셋째는 b1에 두 개의 분자가 있고 b2에 두 개

프리고진은 근대 자연과학의 맹점을 파고들어 생성을 강조했던 화학자였다. 프리고진은 비평형 상태에서 엔트로피가 증가하는 순간, 놀랍게도 새로운 질서가 자발적으로 탄생한다고 말한다. 마치 태평양 한가운데 격렬한 요동 속에서 태풍이 만들어지는 것처럼 말이다.

의 분자가 있는 경우인데, 경우의수는 6이다. 넷째는 b1에 한 개의 분자가 있고 b2에 세 개의 분자가 있는 경우인데, 경우의수는 4이다. 마지막 다섯째는 b1에는 한 개의 분자도 없고 b2에 네 개의 분자가 있는 경우인데, 경우의수는 1이다. 결국 엔트로피가 가장 높은 상태는 좌측 공간과 우측 공간에 동일하게 두 개의 분자가 배치된 경우다. 결국 네 개의 기체 분자는 외적인 간섭이 없다면, 이런 식으로 골고루 배치되는 방향으로 움직이게 된다는 것이다.

열역학에서 엔트로피는 무질서도를 의미한다. 차가운 물과 뜨거운 물을 차단벽으로 막은 채 수조에 담았다고 하자. 이 차단벽을 제거하는 순간 차가운 물과 뜨거운 물은 서로 섞여버린다. 무질서도가 증가한 것이다. 항상 이런 식으로 질서에서 무질서로 변하는 것이 자연의 모습이고, 이걸 양화한 것이 바로 열역학 제2법칙의 의미다. 그러니까 미지근한 물이 차가운 물

과 뜨거운 물로 되돌아갈 수 없다는 것이다. 이것을 바로 비가역성irreversibility
이라고 말한다. 자연은 항상 엔트로피가 증가하는 방향으로 변하게 된다. 바로 이 엔트로피를 지금 볼츠만은 확률론으로 명료화하고 있는 것이다. 한쪽에 뜨거운 물이 있고 다른 쪽에 차가운 물이 있는 경우는 한쪽에 기체 분자들이 모두 모여 있고 다른 쪽에는 기체 분자들이 하나도 없는 것과 마찬가지다. 그러니 무질서도가 가장 낮은 상태였던 것이다. 반대로 미지근한 물은 기체 분자들이 골고루 퍼져 있는 경우와 같고, 무질서도가 가장 높은 상태라고 할 수 있다. 그래서 간혹 볼츠만의 열역학을 통계열역학statistical thermodynamics이라고 부르기도 한다.

아인슈타인이 열역학을 다루지 않은 건 천만 다행스러운 일이다. 여기서도 라플라스가 강조했던 결정론적 인과관계란 애초에 성립되지 않기 때문이다. 그러나 중요한 것은 볼츠만의 열역학이 가지는 시간성의 의미다. 그것은 바로 시간은 역전되지 않는다는 것이다. 모래성은 무너져 완전히 주변 모래사장과 구별되지 않게 된다. 이것이 바로 엔트로피 증가의 법칙이다. 반대로 주변 모래사장과 구별되지 않게 된 모래들은 저절로 모여서 과거 모래성으로 돌아갈 수 없다. 이것이 바로 시간 아닌가? 과거로 되돌리지 못하는 시간, 죽은 자가 다시 살아나지 못하고 떨어진 꽃잎들이 다시 가지에 붙지 못하는 시간 말이다. 바로 여기에 주목해서 근대 자연과학의 맹점을 파고들어 생성becoming을 강조했던 화학자가 있다. 볼츠만의 통계열역학을 토대로 비평형 열역학nonequilibrium thermodynamics을 체계화했던 화학자 프리고진Ilya Romanovich Prigogine(1917~2003)이 바로 그 사람이다.

고전역학과 양자역학은 모두 (궤적들이나 파동함수들에 대한) 임의의 초기 조건들과 결정론적인 법칙들에 근거를 두고 있다. 어떤 의미에서는 법칙들은 초기 조건들 속에 이미 존재하는 것을 단지 분명히 했을 뿐이다. 비가역성이 고려되면 더 이상 그렇지 않게 된다. 이런 전망에서는 초기 조건들이 과거의 진화로부터 생기는 것이며, 후에 일어나는 진화를 통하여 같은 급의 상태들로 변환되는 것이다.

－《혼돈으로부터의 질서Order out of chaos》

뉴턴의 고전역학이든 현대의 양자역학이든 물리학에서는 엔트로피가 사유되지 않는다. 하긴 강제로 만들어진 실험실 조건에서 원자핵, 전자, 소립자 등에 주목하니, 자연계 일반을 지배하는 비가역적인 변화를 다룰 여지도 없을 것이다. 그러나 돌아보라! 나무나 쇠, 혹은 기체나 액체 등등을 떠나서 원자나 전자 등이 독립적으로 존재할 수는 없는 법이다. 결국 고전역학도 그렇지만 양자역학마저도 실제로 살아 움직이는 자연이 아니라 인위적으로 통제된 자연만을 다루고 있다고 할 수 있다. 인위적으로 통제할 때에만 가역성은 확보될 수 있다. 예를 들어 자연상태에서 뜨거운 물은 주변으로 열을 배출하며 미지근해지지만, 실험실과 같은 인위적 상태에서 언제든지 과학자는 열을 공급해서 미지근한 물을 원래 상태로 되돌릴 수 있다. 그러니 양자역학을 대표하는 슈뢰딩거 파동함수에도 비가역성은 사라져 있는 것이다. 결국 양자역학의 시간마저도 고전역학의 시간과 동일한 영역, 즉 가역성의 시간 차원에 속한다고 할 수 있다. 이것이 바로 프리고진이 양자역학마저 비판할 수밖에 없었던 이유였다.

여기서 다시 근대 자연과학의 전제를 상기해보자. 하나는 질적인 것을 사장하고 양적인 것을 찾는 경향, 그리고 다른 하나는 결정론적인 기계론적 인과율이었다. 프리고진 입장에서 결정론적 인과율은 확률론의 도입으로 흔들 수 있지만, 여전히 질적인 것을 복원하지 않고는 근대 자연과학의 기초를 뒤흔들 수는 없다. 그래서 비가역성에 기초를 마련하는 엔트로피 개념이 중요한 것이다. 모든 원소, 모든 분자들은 모두 질적으로 구별되는 엔트로피를 가지고 있다. 그러니 엔트로피는 양화에의 의지 때문에 망각된 질적인 차원을 복원할 수 있다. 또한 볼츠만에서 확인했듯이 엔트로피는 확률론에 입각해 통계열역학으로 공식화될 수 있다. 이처럼 엔트로피는 '질적인 확률론'에 토대를 두고 있다. 그 자체로 이미 엔트로피 개념은 근대 자연과학의 토대였던 '양적인 결정론'을 극복하고 있었던 것이다.

열역학의 혁명성을 파악한 프리고진은 비평형 열역학을 통해 엔트로피는 부정적 의미만 있는 것이 아니라 긍정적 의미도 있다는 걸 증명하려고 노력한다. 보통 자연의 방향이자 시간성의 기원이라고 할 수 있는 엔트로피의 증가는 죽음이나 허무의 이미지가 강하다. 간혹 엔트로피의 법칙을 접한 사람들이 허무주의나 냉소주의에 빠지는 것도 이런 이유에서다. 그러나 평형 상태에서 아주 먼 비평형 상태에서 무질서의 증가는 파괴나 소멸이기도 하지만 동시에 새로운 질서가 생성될 수 있는 조건이기도 하다.

오랫동안 난류turbulence는 무질서 또는 소음으로 규명되어왔다. 오늘날 우리는 그렇지 않다는 걸 알고 있다. 실제로 난류의 운동이 거시적인 차원으로는 불규칙적이고 혼란스러운 것으로 보이지만, 반면 미시적인 차원에서는 고도로 조직적인 것이다. 난류와 관계되는 다중적인 공간과 시간이란 차원은 엄청나게 수많은 분자들의 일관적 거동에 상응한다. 이런 식으로 볼 때, 층류laminar flow에서 난류로의 전이는 자기-조직화self-organization의 과정이다. 층류에서 분자들의 열운동에 있었던 시스템의 에너지 일부분은 거시적인 조직 운동으로 전달되고 있는 것이다.
  —《혼돈으로부터의 질서》

관성력과 점성력의 비율로 만들어진 일종의 상수가, 보통 Re로 표기되는 레이놀즈수Reynolds number다. 레이놀즈수가 4000 이상일 때 유체는 난류가 된다. 이와 달리 레이놀즈수가 4000 이하인 경우 유체는 평행으로 흐르는데 이것을 층류라고 부른다. 층류는 더 안정적이고 질서가 잡혀 있는 흐름이다. 층류로 흘렀던 유체가 4000 이상의 레이놀즈수로 흐르게 되는 순간, 층류는 난류로 변하게 된다. 장마철 급류도 그렇고, 쾌속선 주변의 바닷물도 그렇다. 한마디로 평형 상태에서 아주 멀어져 있는 상태로 엔트로피가 엄청나게 증가한 것이다. 그러나 이렇게 엄청난 속도로 흐르는 물을 가만히 들여다보면, 맴돌이와 같은 묘한 작은 조직들이 생기는 것을 발견할 수 있다. 바로 이것이다. 비평형 상태에서 엔트로피가 증가하는 순간, 놀랍게도 새로운 질서가 자발적으로 탄생한다는 것이다. 마치 태평양 한가운데 격렬한 요동 속에서 태풍이 만들어지는 것처럼 말이다. 충류나 난류로부터 결정되지 않은 자발적으로 만들어진 질서! 만들어진 다음에야 사후적으로 충류와 난류와의 관계에서 해명될 수 있는 질서! 이것이 바로 궁극적으로 결정론적 인과론을 넘어서는 도약대 아닌가.

"과거와 마찬가지로 미래도 그의 눈앞에 있는 것처럼 보일 것"이라는 라플라스의 신념은 비평형의 요동 상태에서 마침내 산산조각 난다. 과거, 현재, 미래가 결정론적으로 연결된 곳에서는 새로운 질서의 탄생, 즉 생성이 사유되는 것은 불가능한 법이다. 비평형 열역학으로 생성을 사유하는 데 성공한 프리고진은 자신뿐만 아니라 모든 지성인들의 과제를 그의 주저 제목처럼 '존재가 아니라 생성'으로 설정한 것도 이런 이유에서였다. "이론적 가역성은 고전 또는 양자역학에서 어떤 유한한 정확성을 갖는 측정의 가능성을 넘는 이상화에 연유한다. …… 지금 결정론적 법칙이 점점 더 제약되고 있다. 이것은 우리가 모든 것이 주어져 있는 닫혀 있는 우주로부터 요동이나 혁신에 열려 있는 새로운 우주로 나아가고 있다는 걸 의미한다. 아인슈타인을 포함한 고전 과학의 창시자들에게 과학이란 현상의 세계를 넘어서 최상의 합리성이 지배하는 영원한 세계—즉 스피노자의 세계—에 도달하려는 노력이었다. 그렇지만 법칙들과 게임들, 혹은 시간과 영원성과 동시에 관련되어 있는 실재의 더 섬세한 형식들이 존재한다." 자신의 주저《존재에서 생성으로From Being to Becoming》를 마무리하면서 프리고진이 남긴 말이다.

고찰
REMARKS

자연과학, 형이상학, 그리고 정치철학

근대 자연과학의 결정론을 넘어서 우연과 생성을 사유하려는 우리 시대 자연과학자들의 다양한 노력이 철학사의 다양한 경향들과 짝을 이룬다는 것은 무척 흥미로운 일이다. 양자역학에서 하이젠베르크나 슈뢰딩거의 입장을 보자. 이들은 미시세계에서 활동하는 거주자들의 거동을 정확히는 알 수 없고, 우리는 단지 거시세계에 드러난 것만을 알 수 있을 뿐이라고 주장한다. 하이젠베르크가 말했던 것처럼 미시세계의 거주자들을 인간이 정확히 관측하는 것은 거의 불가능한 일이기 때문이다. 미시세계와 거시세계라는 구분은 구조적으로 '물자체'와 '현상세계'라는 칸트의 구분과 유사하다. 《순수이성비판》에서 이미 우리는 '물자체'는 알 수 없고 우리가 알 수 있는 것은 감성에 포착된 현상일 뿐이라는 칸트의 이야기를 읽었던 적이 있다.

슈뢰딩거와는 달리 다수세계론을 주장했던 에버렛의 경우는 둔스 스코투스나 라이프니치의 가능세계론을 연상시키는 주장을 한다. 라이프니츠는 신은 가능한 세계 중 최선의 세계를 선택한다고 이야기했던 적이 있다. 여기서 신의 자리에 관찰자를 넣으면 그야말로 근사한 다수세계론이 만들어지는 것 아닌가. 슈뢰딩거의 고양이 사유실험에서 고양이가 죽은 세계와 고양이가 살아 있는 세계는 동등하게 존재했는데, 그중 하나의 세계가 특정한 관찰자에 의해 선택되었다는 것이다. 만약 고양이가 죽은 세계가 선택되었다고 할지라도, 고양이가 살아 있는 세계는 여전히 존재한다는 것이다. 물론 이제 이 관찰자는 고양이가 살아 있는 세계에 개입할 수는 없다. 신기한 발상 아닌가. 우리 옆에 우리가 개입할 수도 없는 별도의 완전한 또 하나의 세계가 병존하고 있다는 사실이 말이다. 둔스 스코투스나 라이프니츠가 에버렛을 보았다면 너무나 뿌듯했을 일이다.

양자역학마저 추상적인 과학에 지나지 않는다고 비판했던 프리고진은 자신의 글 도처에서 화이트헤드의 생성의 철학과 그의 주저 《과정과 실재》를 극찬하고 있다. 이것은 그가 변화를 다루는 화학자였기에 가능했던 것이다. 물리학이 미시세계의 양적 변화에 집중한다면, 화학은 거시세계의 질적 변화에 관심이 많은 학문이라고 할 수 있다. 프리고진이 전공했던 열역학의 엔트로피 개념만 생각해보아도, 화학이 얼마나 생성과 변화에 민감한지 미루어 짐작할 수 있는 일이다. 난류에서 자발적인 조직이 만들어지는 것을 관찰했던 프리고진이 화이트헤드를 간과할 리 없다. 다양한 것들이 연접되면서 새로운 것이 만들어진다고 강조하면서, 화이트헤드는 합생合生, concrescence의 논리를 역설했기 때문이다.

홍미롭게도 슈뢰딩거, 에버렛, 그리고 프리고진의 입장은 철학사적 구조와 공명할 뿐만 아니라, 사실 사회철학적 함축이나 윤리학적 함축도 아울러 가지고 있다. 슈뢰딩거의 입장은 대의민주주의 체제와 밀접한 관련이 있다. 대의민주주의 체제는 개개인들의 정치적 의지를 하나하나 파악할 수 없지만, 그것들이 모여서 여론이 정해지는 순간 대표자를 통해 정치적 행위가 결정론적으로 작동한다는 입장이기 때문이다. 그렇지만 개개인들의 정확한 정치적 의지는 여전히 미지수일 수밖에 없다. 당연한 일 아닌가? 다수의 지지를 받아 대표자가 선출되었다고 해도, 그 다수 각각은 전혀 상이한 동기에 의해 그 대표자를 지지했을 수 있기 때문이다. '대표자가 가정적인 사람이어서' '대표자가 하버드 대학 출신이어서' 혹은 '대표자가 섹시해 보여서' 등등 너무나 많은 투표 동기가 존재할 수 있다는 것이다. 어쨌든 미시세계의 불확정성이 거시세계의 확정성으로 이행한다는 점에서, 슈뢰딩거나 대의민주주의자의 입장은 유사하다고 하겠다.

에버렛의 생각은 체제의 대안을 꿈꾸는 유토피아주의와 유사한 귀결을 갖게 된다. 지금 체제가 절대적인 것이 아니라, 분명 다른 체제도 논리적으로 가능하기 때문이다. 새롭게 관찰을 시작하면 우리는 전혀 다른 세계를 개시할 수도 있다는 느낌을 제공한다. 혁명의 느낌이랄까, 아니면 현존하는 체계가 절대적 체계가 아니라는 거리두기가 가능하다는 것이다. 그러나 자세히 생각해보면 다른 세계란 단지 꿈으로만 기능할 뿐이다. 한 번 선택된 세계를 넘어서는 것은 실제로는 불가능하기 때문이다. 아버지가 죽은 세계를 선택했다면, 아버지가 살아 있는 세계에 우리는 결코 개입할 수 없다. 그러나 문득 아버지가 살아 있는 세계를 꿈꾸어보는 것으로, 우리는 아버지의 부재가 안겨준 고통에서 조금 벗어날 수도 있을 것이다. 그래서 에버렛의 입장은 현존하는 세계를 묵묵히 수용하는 보수적인 측면도 아울러 가지고 있다.

프리고진의 입장은 에버렛보다는 더 급진적이라고 할 수 있다. 새로운 체제를 모색하는 혁명의 논리가 프리고진의 비평형 열역학에 숨어 있기 때문이다. 비록 새로운 체제는 아직 존재하지 않지만, 현 세계에서 현실적으로 생성될 수 있다. 그래서 프리고진의 입장은 에버렛과 다른 것이다. 프리고진에 따르면 공동체의 극단적 동요는 무질서의 극치로 보이지만, 사실 자발적인 조직이 탄생할 수 있는 조건이기도 하다. 무질서는 기존 체제의 기득권자의 눈에는 혼돈 상태로 보일 테지만, 혁명을 꿈꾸는 사람들에게는 새로운 세계의 도래에 대한 약속일 것이다. 한마디로 무질서와 혼돈의 힘을 강조하면서 혁명을 꿈꾸는 혁명가에게 프리고진은 자연과학적 토대를 제공할 수도 있다.

어쨌든 과학의 내적 논리가 철학사적 논리, 현실 논리와 묘하게 공명할 수 있다는 건 정말 흥미로운 일 아닌가. 그렇지만 다시 한 번 생각해보면 이것은 인간의 사유가 나름대로 일관성consistency에 따라 이루어지기 때문에 벌어지는 현상이라고 할 수 있다. 물론 이때의 일관성은 협의의 일관성이 아니라 더 넓은 구조적 차원에서의 일관성이다. 예를 들어 이성과 감성의 구분, 형상과 질료의 구분, 마음과 몸의 구분, 자아와 타자의 구분, 엘리트주의와 민주주의를 생각해보자. 이성이란 범주를 중시하는 사람은 형상, 마음, 자아, 그리고 엘리트주의와 공명하기 쉽고, 반대로 감성이란 범주에 우선성을 부여하는 사람은 질료, 몸, 타자, 그리고 민주주의에 더 친밀성을 느끼기 쉬울 것이다. 이성은 감성을 통일하고, 형상은 질료에 질서를 부과하고, 마음은 몸을 통제해야 하고, 자아가 존재하니 타자가 존재한다는 입장은 대표자나 권력자가 민중 위에 군림해야 한다는 정치적 입장에 공명하고, 반대로 감성의 다양성, 질료의 역동성, 몸의 생성, 그리고 타자와의 소통을 강조하는 입장이라면 직접민주주의라는 정치적 입장과 그 맥을 같이하기 때문이다.

담론 사이의 구조적 일관성은 서양철학사에만 국한되는 것이 아니다. 동양철학사의 핵심 범주들, 즉 이理와 기氣, 본성性과 감정情, 마음心과 몸身, 대인大人과 소인小人 사이에도 여전히 통용되는 것이기 때문이다. 그래서 민주주의를 지향하는 동아시아 철학자들은 기, 감정, 몸, 그리고 소인이란 범주를 중시할 수 있었던 것이다. 이점에서 불교의 무아론은 특기할 만하다고 하겠다. 그것은 아주 노골적으로 유동성과 다양성을 지배하는 어떤 불변하는 실체도 철저하게 부정하는 입장이기 때문이다. 감성, 질료, 몸, 타자, 민주주의, 기, 감정, 소인 등등의 계열들이 불교를 통해서 완전히 복권될 수 있다. 이를 통해서 불교는 지배가 아니라 사랑의 논리를, 일자적 통치가 아니라 민주주의적 공동체를 꿈꿀 수 있었던 것이다. 자비의 공동체라고 해도 좋고, 아니면 모든 사람이 부처가 되는 땅, 즉 불국토佛國土라고 불러도 좋다. 말년의 들뢰즈가 어느 인터뷰에서 앞으로 자신은 선불교와 마르크스주의에 대한 글을 쓰고 싶다고 술회했던 것도 다 이유가 있었던 셈이다. 데리다와 함께 그는 동일성과 자아로 상징되는 본질의 형이상학을 해체하고 차이와 타자로 대변되는 생성의 철학을 구축하려고 했기 때문이다.

31

생명은 어떤 논리를 따르는가?

도킨스

──────── VS ────────

마투라나

유전자의 논리를 넘어서 생명의 논리로

베르그손은 생명이란 문제 해결의 과정이라고 이야기했다. 그렇다면 이 경우 베르그손은 '문제problem'로 무엇을 생각하고 있었을까? 오직 촉각에만 의지해서 살고 있는 달팽이를 예로 생각해보자. 사전에 미리 예측할 수 없는 사태에 접하기 위해서 민감하게 움직이는 달팽이의 촉각은 능동적이고 자발적인 것처럼 보인다. 그러나 달팽이의 촉각은 끝도 없는 절망 속에서 알지 못하는 절대자에게 기도하는 손과 다를 바가 없다. 우리의 무심한 한 걸음, 그리고 한 방울의 물, 돌멩이 하나, 이 모두가 달팽이에게는 기도의 대상이자 바로 '문제'로서 등장하는 것이다. 이 점에서 보면 달팽이의 문제라는 것은 어떤 기도로도 사전에 미리 알 수 없는 절대자의 모습과 닮아 있다. 이처럼 '문제'는 특정 생명체에게 사전에 미리 결정될 수 없는 그 무엇, 즉 미지의 사건들과 관련된 것이다. 따라서 이것은 '미지 혹은 미래'의 사태이면서 또한 동시에 생명체가 자신의 생명을 지속하기 위해 반드시 해결해야 할 과제로 주어진 것이라고도 볼 수 있다.

하나의 달팽이 개체를 넘어서는 거시적 생명 역사의 흐름에 대해서도 생각해보자. 촉각, 나아가 이 촉각을 가진 달팽이라는 생명체 자체가 이미 생명의 문제 해결의 결과일 것이다. 그렇다면 지금 달팽이 자체는, 현존하고 있다고 할지라도, 엄밀하게 보면 과거의 존재 혹은 과거의 흔적에 지나지 않을 것이다. 반면 이 달팽이라는 생명체가 지금 만나고 있는 '문제'는 그의 미래를 구성하는 것이다. 지금 자신이 봉착한 문제를 해결함으로써 달팽이와 문제는 서로 변하게 될 수밖에 없기 때문이다. 하지만 여기서 가장 중요한 것은 문제 해결의 결과로서 주어진 한 생명체에게 그 해결된 문제는 이미 회복 불가능한 흔적으로만 남게 된다는 점이다. 예를 들어 우리의 시력을 가능하게 하는 기관으로서 눈은 분명히 어떤 것에 대한 문제 해결, 즉 해법으로서 등장하게 된 결과라고 볼 수 있다.

전통적인 설명에 따르면 흔히 눈이란 기관은 보기 위한 목적을 충족시키기 위해서 탄생했다고 말한다. 그러나 이것은 동어반복에 지나지 않는 설명이 아닐까? 도대체 무엇을 보기 위해 이것이 만들어졌으며, 또 봄으로써 어떤 문제가 해결되었는지 여전히 미궁에 빠져 있기 때문이다. 가령 본다는 것이 어떤 문제의 해결이라면 도대체 보기 이전에 그 생명체가 조우했던 문제는 과연 무엇이었을까? 왜 생명은 보는 기관인 눈을 만들어냈는가? 이곳이 바로 유전자의 논리로 대표되는 현대의 자연과학적 탐구가 근본적 한계에 부딪혀 한 걸음도 나가지 못하는 지점이며, 생명에 대한 철학적 숙고가 다시 필요한 지점이기도 하다. 생명과 생명체에게 시간성이 도입될 수 있는 이유도 문제와 그 문제 해결 과정이 있기 때문이다. 사실 우리는 문제 해결의 노력을 도입하지 않고서는, 생명체를 비생명체와 구분할 수 있는 어떤 기준도 정확히 제시할 수 없게 된다.

유전자의 논리에서처럼 일상적인 우리의 의식 속에서 형식화된 '문제'들은 항상 '풀린 문제'라는 것에 유념해야 한다. 이런 문제는 이미 생명체와의 비대칭성 혹은 무한성을 상실한 문제 유형에 지나지 않기 때문이다. 따라서 이런 경우의 문제들은 사실 문제라고 말할 수도 없다. 베르그손이 말한 '문제'에 접근하기 위해서 우리는 '문제'라는 것을 전혀 알 수 없는 미지의 어떤 사건으로 사유해야 한다. 여기서 말한 '미지의 어떤 사건'이란 우리의 반복적 습관이나 사유 혹은 우리의 전체 능력의 범위를 벗어나 있지만 동시에 우리와 접촉하고 있는 그 무엇을 가리킨다. 그것은 생명체에게는 절대적이고 무한한 외부를 구성하는 것이기도 하다. 그래서 '문제'와 생명체와의 관계는 무한과 유한으로 규정될 수 있는 비대칭적 차이asymmetrical difference의 관계라고도 말할 수 있다. 그것은 무관계가 아니라 가장 강한 강도의 관계라고 할 수 있는 것이다. 바로 이 관계에서 생명체는 키르케고르Søren Kierkegaard(1813~1855)가 말했던 것처럼 '목숨을 건 비약salto mortale'을 감행해야 하기 때문이다.

'문제'와 특정 생명체 사이의 관계, 이 비대칭적 차이의 관계는 아무리 강조해도 지나치지 않다. 우리는 이 비대칭적 차이의 관계에서 비로소 생명의 논리를 사유할 수 있기 때문이다. 만약 그렇지 않다면 우리는 이미 '주어진 사태'만을 문제 삼는 자연과학적 사유에서 한 걸음도 앞으로 나아갈 수 없을 것이다. 하지만 현실의 우리에게는 단지 살아 있는 특정한 생명체만이 주어져 있을 뿐이다. 이것은 생명이 문제와 조우해서 자기조절을 끝낸 하나의 결과물이다. 나아가 그 결과물들 가운데 하나가 바로 유전자라고 할 수 있다. 유전자는 존재하는 생명체의 기능을 설명할 수는 있지만, 유전자를 아무리 조사한다고 해도 끝끝내 주어진 사태로서의 생물체로부터 도대체 생명이 어떤 문제와 만났던 것인지 그리고 이 생명체가 자기조절을 행하기 이전에 어떤 체계를 지니고 있었는지 해명할 수 없다. 주어진 생명체에게 이미 문제는 비대칭성을 상실해버렸고, 주어진 생명체는 그 문제에 맞게 자기조절의 과정을 끝마쳐버린 것이다.

결과적으로 볼 때 우리 앞에 '사태'로서 주어진 생명체와 여기에서 추상화해낸 이 생명체의 임시적 동일성은 비대칭적 차이, 즉 비대칭적 복수성의 결과일 뿐이지 그 역은 아니라는 점에 주목할 필요가 있다. 사실 생명의 논리에서도 차이가 동일성의 존재론적 기원이 된다. 반면 유전자의 논리는 이 주어진 생명체의 임시적 동일성을 유전자라는 구조적 형상으로 환원시켜버리며, 동일성이 마치 차이의 근거가 된다고 이야기한다. 따라서 이 논리에서는 비대칭적 차이와 비대칭성에서 대칭성으로의 문제 해결 과정이 은폐될 수밖에 없다. 그럼에도 대부분의 사람들은 너무나 손쉽게 유전자가 생명체를 지배한다는 논리를 받아들이고 있는 것처럼 보인다. 이런 우리의 착오에 불을 지핀 사람이 바로 도킨스Richard Dawkins(1941~)라는 탁월한 유전자 전도사였다. 하지만 그나마 다행스러운 것은 생명이란 것이 동일성의 논리가 아니라, 차이의 논리로 진화한다는 원칙에 충실했던 또 다른 학자도 존재한다는 점이다. 그가 칠레 출신의 위대한 생물학자 마투라나Humberto Maturana(1928~2021)이다.

도킨스: "인간은 유전자의 매체에 불과하다."

공군으로 제2차 세계대전에 참여했던 아버지로 인해 도킨스는 케냐 나이로비에서 태어났다. 이때 아프리카 자연의 광활한 풍광에 감동하게 된 그는 동물행동학자의 길로 들어서게 된다. 그런데 도킨스는 연구 업적이 탁월해서가 아니라 매력적인 문체의 글쓰기와 흡인력 있는 강연으로 전 세계에서 각광을 받게 되었다. 한마디로 그는 독창적인 과학자였다기보다 대중적인 전도사였던 셈이다. 간결한 문체, 생생한 비유, 그리고 과감한 주장은 1976년에 출간된 《이기적 유전자The selfish gene》를 공전의 히트작으로 만들었다. 유전자는 글자 그대로 부모가 자식에게 자신의 특성을 물려주는 단위이다. 유전자의 핵심은 염색체 속에 들어 있는 DNAdeoxyribonucleic acid라는 고분자에 있다고 할 수 있다. 이 고분자의 특이한 배치로 유전 정보가 저장되어 후속 세대에게 전달되는 것이다. 그런데 바로 이런 유전자에 '이기적'이라는 수식어를 붙이면서, 도킨스는 유전자와 생명체 사이의 관계를 드라마틱하게 전도하기 시작했다.

> 개체는 안정한 것이 아니다. 정처 없이 떠도는 존재이다. 염색체도 또한 트럼프 놀이의 카드장처럼 즉시 혼합되고 즉시 잊어버리게 된다. 그러나 카드 자체는 섞여져도 살아남는다. 이 카드가 유전자이다. 유전자는 교차에 의해서도 파괴되지 않는다. 그저 파트너를 바꾸어 행진할 따름이다. 물론 그들은 계속 행진한다. 그것이 그들의 임무이다. 그들은 자기 복제자이고 우리는 그들의 생존기계인 것이다. 우리는 목적으로 쓰인 후 버려진다. 그러나 유전자는 지질학적 시간을 사는 거주자이다. 유전자는 영원하다.　　　　　　　　　　　　　　　　　－《이기적 유전자》

방금 읽은 구절에서 도킨스 특유의 단호한 어투, 그리고 생생한 비유

도킨스는 유전자에 '이기적'이라는 수식어를 붙이면서, 유전자와 생명체 사이의 관계를 드라마틱하게 전도하기 시작했다. 도킨스는 유전자의 최종 목적은 '자기 복제', 즉 영원한 생명을 누리려는 데 있다고 단언한다. 그리고 인간의 모든 사유와 행동의 진정한 주인은 유전자라고 말했다.

가 빛을 발하고 있다. 다양한 생명체들을 유전자를 다양하게 섞어놓은 카드로 비유하는 대목이 이채롭다. 어떻게 섞여서 교차되든지 각각의 카드는 영원할 수밖에 없는 것처럼, 생명체를 결정짓는 유전자들은 파괴되지 않은 채 영속한다는 것이다. 도킨스는 유전자의 최종 목적은 '자기 복제', 즉 영원한 생명을 누리려는 데 있다고 단언한다. 이 점에서 구체적인 생명체, 예를 들어 우리 인간은 유전자의 입장에서 잠시 얻어 타고 있는 일종의 자동차와도 같은 것이라고 할 수 있다. 자동차가 멈추기 전에 다른 자동차를 갈아타야만 하는 것처럼, 유전자는 자신이 머물고 있는 생명체가 가장 건강할 때 성호르몬을 분비하도록 명령을 내린다. 오직 그럴 때에만 유전자는 새롭게 결합할 자신의 반쪽을 찾아서 한 세대를 건너뛸 수 있기 때문이다. 물론 우리 인간의 입장에서는 매력적이고 젊은 이성을 만나서 성적 희열을 느끼고 있는 것으로 보이겠지만 말이다. 사실 이런 희열도 다음 세대에 계속 존속하기 위한 유전자의 책략으로 인해 느낄 수 있게 되는 셈이다.

결론적으로 도킨스는 유전자와 생명체 사이의 관계를 다음과 같이 정의한다. "유전자는 자기 복제자이고 우리는 그들의 생존기계인 것이다." 가령 그의 생각이 타당하다면, 인간의 모든 사유와 행동의 진정한 주인은 우리 자신이라기보다 영원히 살려고 하는 이기적인 책략가 유전자라고 해야 할 것이다. 이 지점은 그동안 인간을 주체로 정립하기 위해 고군분투한 수많은 철학적 노력들이 일순간 와해되는 순간이기도 하다. 우리 삶의 진정한 목적은 자기 자신의 삶의 향유가 아니라 자신을 만든 유전자를 안전하게 보존해서 가장 건강한 상태로 후세에 물려주는 것이라고 보기 때문이다. 물론 누군가 인간은 스스로 욕망을 억제할 수 있고 심지어는 후손을 낳지 않으려고 결정할 수 있다는 사실을 반례로 들어 도킨스를 비판할 수도 있겠지만, 결국은 후손을 낳지 않는 것이 실패한 생존기계라는 증거가 될 뿐 그것으로 인해 유전자가 끊어진다는 것을 증명하지는 못할 것이다. 이런 맥락에서 진화와 관련된 도킨스의 다음 이야기가 중요한 의미를 갖는다고 할 수 있겠다.

어떤 유전자는 100만 년을 살 수가 있으나 많은 새로운 유전자는 최초의 세대조차 다 살지 못한다. 소수의 유전자가 성공을 거두는 이유는 부분적으로 운이 좋아서이지만, 대개는 그 유전자가 필요로 하는 것을 갖고 있기 때문이며, 이는 곧 그들의 유전자가 생존기계를 만드는 데 뛰어나다는 것을 의미한다. …… 예컨대 '우세한' 유전자는 자기가 붙어살고 있는 몸에 긴 다리를 주어 그 몸이 포식자로부터 도망가기 쉽게 하므로 자기의 생존을 확실하게 할 것이다. 이것은 개별적인 예이지 보편적인 예는 아니다. 즉 긴 다리는 반드시 이점이라고만은 할 수 없다. 두더지에게는 긴 다리가 핸디캡일 수밖에 없다. -《이기적 유전자》

도킨스에 따르면 유전자는 우리를 만드는 원초적인 정보이자 동력이라고 할 수 있다. 그렇지만 유전자가 만든 모든 생존기계들이 적응에 성공하는 것은 아니다. 만약 환경에 적응하는 데 실패한다면, 유전자들은 자신이 만든 생존기계와 함께 숨을 거두게 될 것이다. 이것이 바로 다윈Charles Darwin(1809~1882)의 자연선택natural selection 이론에 대한 도킨스의 이해 방식이다. 도킨스는 소수의 유전자들만이 100만 년에 걸쳐서도 생존하는 데 성공했다고 이야기한다. 이것은 그들이 자신들의 생존에 불가피한 생명체를 환경에 적응하도록 잘 만드는 데 성공했다는 것을 의미한다. 한마디로 말해 생존기계를 잘 만든 유전자들만이 영속적으로 생존할 수 있다는 것이다. 그렇다면 자살하거나 굶거나 성관계를 회피하는 개체들은 유전자가 잘 만들지 못한 생존기계라고 할 수 있을 것이고, 그 책임은 전적으로 유전자가 감당해야 할 몫이라고 할 수 있다.

사실 도킨스의 논리는 일견 그럴듯해 보이기도 하지만, 자세히 생각해 보면 치명적인 약점을 갖고 있다. 도킨스는 잘 만든 생존기계의 사례로 "긴 다리"를 가진 생명체를 이야기한다. 그는 "'우세한' 유전자는 자기가 붙어살고 있는 몸에 긴 다리를 주어 그 몸이 포식자로부터 도망하기 쉽게 하므로 자기의 생존을 확실하게 한" 것이라고 해석한다. 도킨스의 논리는 사실 거대한 동어반복에 불과하다고 할 수 있다. 어떤 생명체가 환경에 적응하여 존재한다면, 그는 이것이 모두 유전자가 생존기계를 만드는 데 탁월했다는 증거라고 해석하기 때문이다. 하지만 이것은 유전자에게 지나치게 전지전능한 힘을 부여하는 것이 아닐까? 도킨스의 생각이 옳다면, 유전자는 환경의 변화마저도 예측하면서 가장 합리적인 생존기계를 만들 수 있는 능력이 있는 것처럼 보인다. 그렇지만 과연 이것이 가능한 일일까?

르원틴Richard C. Lewontin(1929~2021)은 《DNA 독트린The Doctrine of DNA》에서 진화의 과정에 있는 생명체에게는 적응과 무관해 보이는 속성들이 자주 생긴다는 사실을 강조했다. 르원틴의 말대로 우발적인 환경 변화가 일어난다면, 적응에 무관해 보이는 속성들이 오히려 결정적인 역할을 담당할 수 있다. 반대로 환경이 변화되기 이전에 적응에 유리했던 속성들은 새로운 적응에 불리한 요소로 작용하게 될 것이다. 이 점에서 보면 유전자는 앞날을 내다보고 미리 합리적 계산에 따라 생존기계를 만드는 것이 결코 아니다. 유전자의 새로운 교차와 배열 과정에서 고려하지 않았던 요소들이 생명체의 차원에서 부각될 수 있다. 이런 우발적 요소들에 의해 새로운 환경에 적응하는 데 성공한 유전자는 운이 좋아 생존할 수 있게 된 것일 뿐이다. 결국 '우세한' 유전자가 미리 존재하여 적응에 유리한 새로운 생존기계를 만드는 것이 아니다. 운 좋게 적응에 성공했던 생명체의 유전자만이 생존할 수 있게 되는 것인데, 이에 대해 우리는 사후적으로 '우세한'이라는 수식어를 붙일 수 있을 뿐이다. 한마디로 강한 자가 생존하는 것이 아니라, 생존한 자가 강하다는 것이다.

⑯

마투라나: "진화는 자연선택이 아닌 자연표류의 결과이다."

만약 궁벽한 지역 칠레 출신만 아니었어도 생명과 인식에 관한 마투라나의 통찰은 지금보다 훨씬 더 큰 사회적 파장을 불러일으켰을지도 모른다. 물론 베이트슨Gregory Bateson(1904~1980)과 같은 학자가 이미 마투라나의 중요성을 역설했던 적도 있긴 했지만 말이다. 마투라나의 주장 가운데 철학적으로 중요한 것은 니체의 관점주의를 연상시키는 대목이라고 할 수 있다. 그는 세계란 생명체의 감각 구성물에 지나지 않는다고 지적하면서, 객관적 세계에 대한 과학적 신화를 공격했던 것이다. 박쥐에게는 초음파로 파악된 그만의 세계가 있고, 뱀에게는 혀와 몸으로 느껴지는 고유한 세계가 주어진다. 결국 모든 생물종이 동의하는 유일하고 객관적인 세계란 허구에 불과한 셈이다. 달리 말해 개미나 물고기 등도 자기 나름대로의 세계를 가지고 있는데, 모든 생명체가 이처럼 자신의 탄생과 함께 각각 하나의 세계가 주어진다고 본 것이 마투라나의 핵심적 통찰이었다.

　　기본적으로 생물학자라고 할 수 있는 마투라나는 자신과 자기만의 세

마투라나는 세계란 생명체의 감각 구성물에 지나지 않는다고 지적하면서, 객관적 세계에 대한 과학적 신화를 공격했다. 그의 지적이 옳다면 우리가 느끼고 행동하는 세계란 생명체의 탄생 때문에 가능한 것이라고 볼 수 있다. 달리 말해 그는 모든 생명체가 이처럼 자신의 탄생과 함께 각각 하나의 세계를 만든다고 본 것이다.

계를 만드는 생명체를 '자기생산', 즉 '오토포이에시스autopoiesis'라고 정의한다. 다시 말해 생명체는 자신auto을 제작poiesis하는 존재라는 것이다. 여기에서 우리는 그가 도킨스의 유전자 결정론을 거부할 수밖에 없었던 사실을 미리 직감하게 된다. 도킨스의 생명체는 유전자에 의해 지배되는, 다시 말해 유전자가 만든 생존기계, 따라서 '헤테로포이에시스heteropoiesis'일 수밖에 없기 때문이다.

> 흔히들 유전자에 한 생물을 구체적으로 결정하는 정보가 들어 있다고 말한다. …… 어떤 특정 세포의 특징을 구성하고 결정하는 것은 상호작용 그물 전체이지 세포의 한 구성 요소가 아니다. 물론 유전자라는 구성 요소에 변화가 생기면 세포 구조에 극적인 변화가 일어난다. 그러나 위의 주장이 틀린 까닭은 결정적인 참여를 유일한 결정으로 잘못 본 데에 있다. 만약 그 주장이 옳다면 한 나라의 정치제도가 그 나라의

역사를 결정한다는 주장도 똑같이 옳을 것이다. 그러나 이것은 분명히 터무니없는 소리이다. 왜냐하면 한 나라의 정치제도가 그 나라를 구성하는 본질적인 요소이기는 하지만 그렇다고 해서 역사를 구체적으로 결정하는 '정보'가 정치제도에 들어 있는 것은 아니기 때문이다.

−《앎의 나무The tree of knowledge》

마투라나도 도킨스와 마찬가지로 유전자의 중요성을 인정하고 있다. 그렇지만 도킨스가 유전자를 생명체 안의 신과 같은 절대적 존재로 보았던 것과는 달리, 마투라나는 유전자가 세포의 구성 요소 중 하나에 불과하다고 지적하고 있다. 다시 말해 유전자는 생명 현상에서 중요한 역할을 수행하기는 하지만, 유전자만으로 모든 생명 현상을 설명할 수 없다는 것이다. 사실 유전 현상의 경우에서도 유전자뿐만 아니라 세포의 다른 성분들도 유전에 깊이 개입하고 있다고 보는 것이 오늘날 생물학계의 정설이기도 하다. 이점을 분명히 하기 위해서 그는 세포를 전체 국가에, 유전자를 정치제도에 비유해서 설명하고 있다. 정치제도가 어떤 국가를 구성하는 본질적인 요소이긴 하지만, 정치제도만으로는 구체적인 국가의 역사를 모두 결정할 수는 없다는 것이다. 다시 말해 정치제도 안에 그러한 결정의 논리가 미리 함축되어 있는 것은 전혀 아니라고 본 셈이다. 경제제도, 문화제도 등도 국가를 결정하는 데 나름대로 중요한 역할을 하기 때문이다.

이 대목에서 우리는 알튀세르의 중층결정surdétermination 개념을 떠올리게 된다. 이 개념을 통해 알튀세르는 경제라는 하부구조가 최종적으로 사회를 결정하지만 법률과 정치라는 상부구조도 나름대로 자율성을 가진다고 주장했기 때문이다. 이것은 사회 전체의 구성 요소들이 나름대로 사회의 모습을 결정하는 데 참여한다는 것을 의미하는 것이다. 그래서 유전자만이 생명을 결정하는 유일한 원인이라는 것을 거부할 때, 마투라나는 일종의 중층결정론을 피력하고 있었던 셈이다. 비록 그가 경제구조 대신 정치제도를 중심적인 것으로 비유하고 있긴 하지만 말이다. 사실 알튀세르나 마투라나는 전체를 결정하는 것은 비록 결정적인 요소는 있다고 할지라도 전체 자체일 수 없다는 입장을 공유하고 있었던 것이다.

그렇다면 이제 마투라나가 진화를 어떻게 이해하고 있는지 생각해볼 차례이다. 도킨스는 다윈의 자연선택 개념을 받아들여서 진화를 이해했다. 자연환경에 적응할 수 있는 새로운 생명체를 만든다면, 유전자는 그만큼 잘 보존될 수 있다는 것이 도킨스의 생각이었다. 그렇지만 '자기생산'을 강조하는 마투라나에게 자연선택 개념은 생명체의 능동성과 부합되지 않는 발상으로 보였을 뿐이다. 그가 진화를 설명하기 위해서 '자연표류natural drift'라는 개념을 제안했던 것도 이런 이유에서이다. 거대한 산, 그 정상 위에 물을 부으면, 그 물은 다양한 방향으로 표류하면서 흘러내려가게 된다. 어느 경우는 물이 더 흐르지 못해서 물길이 차단될 수도 있고, 다른 경우는 나름대로 길을 찾아서 지금까지 물길이 계속 이어져 올 수도 있다. 전자가 지금은 모습을 감춘 어느 생명종이라면, 후자가 우리가 지금도 확인하고 있는 식물이나 동물의 경우라고 볼 수 있다. 자기생산을 하는 생명은 자연표류를 하면서 다양한 생명종들로 진화했다는 것이다. 그래서 마투라나는 진화를 '방랑하는 예술가'에 비유한다.

> 진화란 오히려 방랑하는 한 예술가와 비슷하다. 그는 세상을 떠돌아다니며 여기저기에서 실 한 가닥, 깡통 한 개, 나무 한 토막을 주어 그것들의 구조와 주위 사정이 허락하는 대로 그것들을 합친다. 그가 그렇게 합치는 데는 특별한 이유가 없다. 그저 그렇게 할 수 있을 뿐이기 때문이다. 그가 떠돌아다니면서 서로 어울리게 연결해놓은 부분들이나 형태들로부터 온갖 복잡한 형태들이 생겨난다. 여기에는 어떤 계획도 없으니, 그저 자연스럽게 표류하는 가운데 생겨날 뿐이다.
>
> -《앎의 나무》

유전자들이 자신을 보존하기 위한 어떤 계획을 가지고 생존기계를 만든다는 이미지는 마투라나에게서는 찾아보기 매우 힘들다. 세상에 떠도는 예술가들처럼 생명은 자신의 경로에서 우연히 마주치는 것들과 결합함으로써 새로운 형태로 자신을 만들어나간다. 이런 과정을 통해 소나무, 고래, 그리고 인간마저 탄생한다. 그러니 소나무와 인간은 아무리 형태나 거동이 다르다고 할지라도, 생각보다 유사한 것이다. 물론 소나무와 인간의 특성은 각각의 유전자적 특성과 부합된다. 그러나 소나무 형태의 생명은 다시 표류하며 흘러내려갈 것이고, 그것은 고래나 인간의 경우에도 마찬가지다. 앞으로 어떤 형태의 생명체가 탄생할지, 그래서 어떤 종류의 유전자가 만들어질지는 모를 일이다. 마투라나의 말처럼 진화에는 "어떤 계획도" 미리 주어지지 않기 때문이다.

흥미로운 것은 마투라나의 진화 이미지가 알튀세르의 유고에 등장하는 짧은 글, 〈유물론 철학자의 초상Portrait du philosophe matérialiste〉에서도 잘 드러나고 있다는 점이다. 알튀세르가 묘사한 진정한 유물론자는 마투라나의 생명체와 너무도 닮아 있다.

이 사람의 나이는 문제가 아니다. 그는 아주 늙었을 수도 있고, 아주 젊었을 수도 있다. 핵심적인 것은 그가 자신이 어디에 있는지 모른다는 것, 그리고 어디론가 가고 싶어한다는 것이다. 이 때문에 언제나 그는 미국 서부영화에서 그런 것처럼 달리는 기차를 탄다. 자기가 어디서 와서(기원), 어디로 가는지(목적) 전혀 모르면서. 그는 도중에 아주 조그만 어느 역 부근 오지에 내린다.   - 〈유물론 철학자의 초상〉

알튀세르는 진정한 유물론자에게 나이는 중요하지 않다고 말한다. 그것은 그가 자신의 삶을 긍정하는 데 이르렀다는 것을 말해주는 것이다. 나란 사회적인 분류법의 지배를 받고 있는 상대적인 것에 지나지 않는다. 물론 직접 보았다면, 누군가는 그가 자신보다 늙었다거나 혹은 젊었다고 이야기할 수는 있다. 그렇지만 진정한 유물론자는 이런 평가를 귀담아듣지 않을 것이다. 당연히 그는 자신보다 늙은 사람을 맹목적으로 존경하지도 않고, 혹은 자신보다 젊은 사람을 함부로 대하지도 않는다. 그는 누구를 만나든 자신과 마찬가지로 단독적인 삶을 영위하는 주체로서 대우할 뿐이기 때문이다. 알튀세르에 따르면 "자기가 어디서 와서(기원), 어디로 가는지(목적) 전혀 모르는" 진정한 유물론자는 "도중에 아주 조그만 어느 역 부근 오지에 내리는" 사람이다. 그렇다. 유물론자는 자신의 출발지나 도착지를 의식하지 않는 진정한 여행가와 같은 사람이다. 그에게 중요한 것은 여행 도중에 마주치는 우발적인 사건에서 발생하는 기쁨이기 때문이다. 반면 출발지와 도착지를 의식하는 여행가는 여행을 즐길 수 없다. 출발지나 도착지에 연연하는 여행가는 과거나 미래에 사로잡혀 현재를 긍정할 수 없을 것이다.

지금 우리는 알튀세르가 들뢰즈와 공명하는 멋진 장면을 목격하고 있다. 《스피노자: 실천철학Spinoza: Philosophie practique》에서 들뢰즈도 말했지 않은가? "우리는 중간milieu으로 미끄러져서 들어간다. 우리는 리듬들을 취하거나 아니면 리듬들을 부여하기도 한다"고 말이다. 여행 도중에서 우발적으로 어느 작은 오지에 내려서는 유물론자는 "중간으로 미끄러져 들어간다". 그는 자신만의 리듬을 갖고 있고, 이 작은 오지에 살고 있는 미지의 사람들도 그들만의 리듬을 가지고 있다. 그렇지만 그의 리듬은 이곳 사람들의 리듬과 상호 작용할 것이고, 마침내 두 가지 리듬은 하나의 새로운 리듬으로 결합할 것이다. 알튀세르의 유물론자는 점점 더 들뢰즈의 유목민Nomad에 가까워진다. 《천개의 고원》에서 "유목민들은 단지 생성과 상호 작용 속에서만 존재한다"고 강조했기 때문이다. 이제 분명해지지 않았는가! 말년의 알튀세르가 우발성의 유물론, 그러니까 우발적인 마주침과 그로부터 발생하는 새로운 생성을 꿈꾸었다는 것을 기억한다면, 혹은 들뢰즈가 새로운 연결을 통한 생성을 이야기했다는 것을 기억한다면, 우리는 마투라나를 통해서 마주침과 생성의 철학에 대한 생물학적 기초 하나를 얻을 수 있을 것이다.

마투라나가 주목하고 있는 것은 생명체 자신이 가지고 있는 능동적인 자기생산의 능력이었다. 물론 이런 능력이 항상 성공하는 것은 결코 아니다.

그것은 외부와의 우발적인 마주침에 상당 부분 의존하기 때문이다. 그래서 마투라나가 이야기하는 진화 과정은 생물체가 벌이는 일종의 게릴라전과도 같다고 볼 수 있다. 적진에 뛰어들어 적이 남긴 무기나 식량으로 삶을 영위해야 하기 때문이다. 마투라나의 통찰은 스승보다 먼저 죽은 바렐라Francisco J. Varela(1946~2001)라는 제자, 그리고 바렐라와 함께 작업했던 톰슨Evan Thompson이라는 인물을 통해 지금도 발전되고 있다. 마투라나의 통찰이 가진 이론적이고 실천적인 중요성을 확인하려면, 톰슨이 2007년도에 출간한 대작《삶 속의 마음Mind in Life》을 다시 넘겨볼 필요가 있다. 이 책을 통해 우리는 생명과 마음에 대한 새로운 통찰뿐만 아니라 동양사상, 특히 불교와 마투라나 사이의 대화 가능성도 확인할 수 있기 때문이다.

뉴로부디즘Neuro-Buddhism 혹은 시냅스와 해탈

들뢰즈의 '생성'이어도 좋고, 화이트헤드의 '합생'이어도 좋고, 알튀세르의 '마주침'이어도 좋고, 아니면 마투라나의 '자연표류' 개념이어도 좋다. 결국 우리 시대 존재론은 바로 '우발성contingency'이라는 개념으로 수렴된다. 'or'로 상징되는 이접적 상태에서 마주침이 발생하고 그리고 그 마주침이 새로운 연결을 만든다. 다시 말해 'and'로 상징되는 연접적 상태가 도래하는 것이다. 그러나 놀랍게도 이것은 거시세계에만 적용되는 것이 아니라 우리 인간의 내부에서도 이루어지는 현상이라는 점이다. 그것이 바로 신경과학의 핵심 개념 '시냅스'가 가진 의의라고 할 수 있다. 뉴런Neuron, 즉 신경세포들의 특정한 연결을 가리키는 개념인 시냅스synapse라는 개념은 그리스어 시냅시스synapsis에서 유래한 것이다. '함께'를 의미하는 신syn이라는 어근과 '묶다'라는 뜻의 앱시스apsis라는 어근이 결합되어 이루어진 말이다.

먼저 우리는 다른 생명체와 마찬가지로 세포로 이루어져 있다. 다양한 성격을 가진 세포들 중 가장 놀라운 것은 뉴런이라고 불리는 뇌세포, 즉 신경세포다. 다른 세포들은 마치 하나의 생명체처럼 후손을 낳고 죽는 과정을 반복한다. 그렇지만 뉴런만은 예외다. 그것은 우리가 태어날 때 함께 태어나서 우리와 그 생명을 함께하기 때문이다. 또 뉴런의 놀라운 특징, 어쩌면 더 중요한 특징이 한 가지 있다. 그것은 뉴런이 다른 뉴런들과 다양한 연결 관계, 즉 시냅스를 만들 수 있다는 것이다. 뉴런은 해부학적으로 세 가지 요소로 구성되어 있다. 세포체cell body, 수상돌기dendrite, 그리고 축삭axon이다. 뉴런과 뉴런은 붙어 있지 않고 전기 신호로 정보를 전달한다. 여기서 수상돌기가 정보를 받아들이는 부분이라면 축삭은 다른 뉴런에 정보를 전달하는 부분이다. 축삭의 말단 부분, 그러니까 다른 뉴런과 연결되는 연결 부위를 바로 시냅스라고 부른다. 시냅스에서 신경전달 물질이 작용하면서 전기적 신호가 만들어지는데, 이런 전기화학적 반응이 정보를 전달하는 근본 매체라고 할 수 있다.

결국 한번 만들어진 뉴런은 우리가 죽을 때까지 변하지 않고 함께 간다. 이것은 어린아이의 뉴런 수와 성숙한 어른의 뉴런 수, 그리고 자연사하기 직전 노인의 뉴런 수가 같다는 걸 말한다. 그렇다면 사유와 행동의 복잡함과 세련됨, 그리고 능숙함에서 어린아이, 성숙한 어른, 그리고 노인이 다른 이유는 무엇일까? 바로 여기서 시냅스라는 개념이 중요한 역할을 담당한다. 보통 태어날 때 가지고 있는 뉴런들의 정보량, 그러니까 어린아이의 뉴런 정보량은 대략 1억 비트라고 한다. 그러나 뉴런들 사이의 새로운 시냅스가 만들어져서 어른은 10조 비트의 정보량을 가지게 된다. 결론적으로 어른은 어린아이보다 10만 배나 복잡한 신경세계를 가진 셈이다. 이것이 바로 시냅스라는 연결 관계가 가진 힘이다. 이렇게 복잡한 시냅스는 반복되는 학습 때문에 가능해진다.

간단한 예를 들어보자. 테니스를 배운다고 하자. 정말로 테니스를 능숙하게 치게 되었다면, 이것은 테니스에 어울리는 시냅스가 우리 신경계에 안정적으로 구축되었다는 걸 말해준다. 이런 메커니즘은 테니스에만 국한되지 않고 우리 인간의 거의 모든 생각과 행동의 메커니즘과 관련된 것이다. 피아노 치기, 혹은 자두라는 말을 들으면 침이 입 안에 고이는 현상 등등. 흥미로운 것은 몇 년이 지나 다시 테니스 경기를 하더라도 전성기에는 미치지 못하지만 어느 정도 테니스공을 칠 수 있다는 사실이다. 이것은 우리 뇌에 테니스 연습으로 만들어진 시냅스가 나름 유지되고 있기 때문이다. 시냅스의 보수성, 혹은 안전성이 드러나는 대목이다. 시냅스의 관성이라고도 부를 만한 이 현상은 매우 중요하다. 결국 철학에서 말하는 기억과 망각은 시냅스로 간단히 설명될 수 있다. 기억이란 특정 행동과 특정 연상과 관련되어 시냅스가 만들어졌다는 걸 의미한다면, 반대로 망각은 그렇게 만들어진 시냅스가 부분적으로 와해되었거나 해체되었다는 걸 말해준다.

우리는 테니스를 치기도 하고, 만두를 먹기도 하고, 외국어를 능숙하게 사용하기도 하고, 누군가 근사한 사람을 사랑하기도 한다. 이런 거시적인 행동의 저변에는 시냅스라는 미시적 연결 관계가 있다는 것이다. 스피노자의 심신평행론이 옳았던 것이다. 스피노자에 따르면 마음과 몸은 동일한 실체의 두 가지 표현법이다. 바로 이 동일한 실체가 뉴런들의 시냅스였다. 결국 우리의 행동과 사유는 뉴런들의 복잡한 네트워크, 즉 시냅스의 표면효과에 불과했던 것이다. 당연히 우리가 '나'라고 부르는 자아도 시냅스의 효과에 지나지 않는다. 거시적으로 우리가 수행하는 행동들이나 생각들의 표면효과로 드러나는 것이 바로 '나'라는 관념이니 말이다. 결국 우리는 자아 관념이 시냅스의 표면효과 중 가장 표층에 있는 거라고 말할 수 있다. 르두 Joseph LeDoux가 자신의 저서《시냅스와 자아Synaptic Self》에서 "당신은 바로 당신의 시냅스다"라고 주장했던 것도 이런 이유에서다.

여기서 주목해야 할 것은 시냅스의 논리에 따르면 뉴런들 사이의 네트워크가 해체되고 새로운 네트워크를 구성할 수 있다는 사실이다. 이럴 때 우리의 행동과 사유, 심지어 우리의 자아도 변하게 될 것이다. 그렇지만 특정한 자아 관념을 유지하고, 그리고 그에 따라 유사한 행동과 사유를 반복한다면, 신경계의 시냅스는 변할 가능성이 거의 없다. 결국 다른 삶과 다른 자아를 갖고 싶다면, 우리는 특정한 자아를 유지하려는 경향과 맞서 싸워야만 한다. 오직 그럴 때에만 우리는 다른 행동과 다른 사유를 할 수 있을 테니 말이다. 바로 이 대목에서 우리는 불교의 가르침과 신경과학의 지혜가 맞물려 들어가는 지점에 이르게 된다. 불교가 무아無我를 주장한 이유는 자아를 갖지 말라는 이야기가 아니다. 고통과 번뇌를 낳는 자아가 아니라 자유로운 자아, 평범한 사람이 아니라 부처를 꿈꾸는 것도 이런 이유에서다.

결국 불교에서 말한 해탈은 시냅스의 논리로 쉽게 설명될 수 있다. 그것은 특정 시냅스를 유지시키는 자아 관념을 해소하는 것이다. 물론 해소하려는 것은 거시적 차원에서 타자와의 유대와 연대를 불가능하게 만들거나 훼손하는 특정한 자아 관념이다. 그래서 자아라는 독재자의 지배에서 행동과 사유를 해방시키는 것, 나아가 뉴런들을 해방시키는 것이 바로 해탈이라고 할 수 있다. 물론 그렇다고 해서 일체의 시냅스를 붕괴시켜서 어린아이의 뉴런 단계로 회귀하자는 건 아니다. 오히려 수많은 시냅스들이 가능하다는 것을 긍정하는 것이라고 할 수 있기 때문이다. 다시 말해 해탈을 위한 수행은 일체 관계를 맺지 않는 고립된 뉴런들로 회귀하는 것이 아니라, 관계를 맺기에 가장 민감하고 능동적인 뉴런들의 상태를 회복하려는 데 있다는 것이다. 그러나 타자를 만나기 전에 특정한 시냅스를 미리 만드는 건 불가능한 일이다. 타자와 반복적인 상호 작용을 해야만 우리는 내면에 새로운 시냅스를 만들 수 있기 때문이다.

거시적 차원에서 주체와 타자 사이의 유대나 연대가 반복적으로 시도되는 것, 그리고 미시적 차원에서 우리 내면에 새로운 시냅스가 만들어진다는 것. 이 두 가지는 동일한 사태의 두 가지 측면이라고 할 수 있다. 결국 타자에 대한 사랑은 신경계에 새로운 시냅스를 만드는 첩경이었던 셈이다. 어쩌면 뉴런과 뉴런 사이의 사랑이라고 말해도 좋을 듯하다. 정말 흥미로운 일 아닌가? 내가 타자와 사랑의 관계에 묶이면, 내 안의 뉴런들도 사랑의 관계로 묶인다는 사실이 말이다. 미움이 관계의 단순화나 단절을 의미한다면, 사랑은 관계의 복잡함과 풍성함을 의미한다. 하긴 싫은 테니스를 하는 것보다 좋아하는 테니스를 하는 것이 테니스의 시냅스를 멋지게 만드는 데 더 도움이 되는 법이다. 당연히 내가 타자를 사랑하는 강도만큼, 그와의 관계에 어울리는 내 안의 시냅스들도 쉽게 만들어질 것이다. 거시적 층위에서의 사랑의 정도만큼 미시적 층위에서의 시냅스 생성은 더 활성화되는 법이다. 사랑의 마음, 혹은 자비의 마음이 강하면 나는 과거에 생각하지도 못했을 만큼 더 복잡해지고 더 풍성해지게 된다. 이것이 싯다르타가 말한 해탈이고, 원효가 강조했던 자리이타自利利他가 아니면 무엇이겠는가. 싯다르타도 원효도 뇌는 있었던 것이다.

32

영화는 얼마나 새로운 매체인가?

메를로-퐁티

VS

리오타르

몽타주, 동양적인 너무나 동양적인

푸코도 그렇지만 바르트Roland Barthes(1915~1980)도 일본을 무척이나 동경한다. 왜 현대 프랑스 철학자들은 일본을 동경하는가? 사실 그들은 플라톤 이래 서양을 지배했던 이성중심주의를 넘어서기 위해 무언가 새로운 계기가 필요했던 것이다. 그 새로운 계기는 상상의 산물이 아니라 엄연한 현실성을 가지고 있는 무엇이어야 했다. 이성중심주의에 갇혀 있다면 아무리 상상해도 그 것은 결국 이성중심주의에 포획될 수밖에 없기 때문이다. 그래서 현대 프랑스 철학자들에게는 서양 너머에 있는 다양한 문명권을 직접 만져보려는 열망이 그만큼 컸던 것이다. 이런 갈망의 손길에 가장 쉽게 닿을 수 있었던 것이 바로 일본이고 일본의 문화였던 셈이다. 20세기 초 이미 서양에서 유래한 자본주의 문명을 발전시켜 제국주의 패권 경쟁에 뛰어들 만큼, 일본은 서양과 직간접적인 접촉이 용이했던 국가였기 때문이다. 서양과 나름대로 연속성도 있고 아울러 동아시아 특유의 문화도 유지하고 있었기에, 20세기 초나 중엽 일본은 서양 지성인들에게 중국이나 한국보다 더 접근하기가 쉬웠던 셈이다.

사망하기 1년 전, 그러니까 1979년 1월 13일 예정된 콜레주 드 프랑스 강연을 준비하면서 바르트가 작성한 강의록을 보면, 그의 말년의 관심이 일본 특유의 시 형식인 하이쿠俳句에 가 있다는 걸 우리는 어렵지 않게 확인할 수 있다. 자신의 마지막 강의록에서 바르트는 마쓰오 바쇼松尾芭蕉(1644~1694)의 하이쿠를 인용하면서 이야기한다.

겨울바람이 불어대자　　冬の風が吹き
고양이들의 눈이　　　　猫の眼は
깜박댄다.　　　　　　　まばたきする

이 하이쿠는 믿을 수 없을 정도로, 그리고 놀라울 정도로 겨울을 느끼게 합니다. 극단적으로 이렇게 말할 수 있을 것 같습니다. 많은 말로 할 수 없는 것을 '이 적은 말로' 시도하고 있다고 말입니다. 물자체를 불러 내는 것이라고도 할 수 있습니다.　　　　-《소설의 준비La Préparation du Roman》

　여기서 안타까운 것은 바르트가 영화를 철학적으로 깊게 숙고하지 않고 있었다는 점이다. 바쇼의 하이쿠는 영화적이기 때문이다. 그러니까 칸트의 물자체라는 용어를 사용하면서 극찬할 필요까지는 없었다. 그냥 하이쿠가 영화적이라고만 말하는 것으로 충분한 것이다. 겨울바람이 부는 숏shot이 있고, 그리고 고양이들의 깜박거리는 눈을 잡은 숏이 있다. 이 두 가지 숏이 연결되면서, 바르트가 극찬한 것처럼 "놀라울 정도로 겨울을 느끼게 하는" 효과가 발생한 것이다. 바로 이것이 영화 제작의 핵심인 몽타주montage 효과가 아닌가. 1929년에 발표된 작은 논문 〈영화의 원리와 표의문자The Cinematographic principle and the Ideogram〉라는 글에서 에이젠슈타인Sergei Eisenstein(1898~1948)은 하이쿠를 인용하면서 몽타주에 대해 이야기했던 적이 있다. "우리의 관점에서 이런 하이쿠들은 모두 몽타주 구문이고 숏의 목록이다. 단순하게 물질적인 특성을 가진 두세 개의 디테일을 조합하는 것만으로도 또 다른 특성, 즉 심리적 특성을 가진 완벽하게 완결된 재현이 이루어진다"고 말이다.
　에이젠슈타인은 몽타주의 논리가 일본 문화를 지탱하는 한자 문명의 저변에 흐르고 있다는 걸 직감한다.

　물의 그림과 눈의 그림을 결합하면 '울다泣'를 뜻한다. 문의 그림 속에서 귀의 그림을 넣으면 '듣다聞'를 뜻한다. …… 그런데 이것이 바로 몽타주다! 그렇다. 정확하게 우리가 영화에서 하고 있는 것이 바로 이것이다. 다시 말해서 묘사적이며 의미상으로 단일하고 내용상으로 중립적인 숏들을 조합해서 지적인 내용과 계열을 만들어내는 것이다.
　　　　　　　　　　　　　　　　-〈영화의 원리와 표의문자〉

등잔 밑이 어두운 것은 서양도 마찬가지인가. 영화를 깊게 숙고하지 않은 탓에, 푸코나 바르트는 1895년 자신의 조국 프랑스에서 시작된 영화, 이성중심주의를 넘어설 수 있는 영화의 잠재성을 읽어내는 데 실패한 셈이다. 1895년 12월 28일에 뤼미에르 형제, 그러니까 오귀스트 뤼미에르Auguste Lumière(1862~1954)와 루이 뤼미에르Louis Lumière(1864~1948)는 최초의 영화 〈열차의 도착L'Arrivée d'un Train en Gare de la Ciotat〉을 만들어 상영했다. 가공할 속도를 자랑하는 열차의 질주처럼, 20세기 가장 강력한 매체로 군림하게 되었던 영화를 숙고했더라면, 돌고 돌아 일본 문화에 이르게 되는 수고로움도 없었을지 모른다. 이 점에서 우리는 들뢰즈의 영민함에 다시 한 번 탄복하게 된다. 동일성과 이성의 논리에서 벗어나 차이와 감성의 논리로 넘어가는 길을 찾으면서, 들뢰즈는 영화에서 많은 통찰을 길러내고 있기 때문이다.

영화를 통해 이성중심주의를 넘어서려고 분투했던 들뢰즈의 난해한 결과물이 영화와 관련된 두 권의 굵직한 책《시네마 I: 운동 – 이미지Cinéma I: L'image - mouvement》(1983)와 《시네마 II: 시간 – 이미지Cinéma II: L'image - temps》(1985)로 선보였다. 잊지 말아야 할 것은 이 두 권의 책이 들뢰즈가 자신의 말년에 집필했던 책들 중 가장 방대한 분량이라는 점이다. 그만큼 그는 '영화적인 것'에서 새로운 인식과 삶의 잠재성을 찾으려고 자신의 여생을 불태웠던 것이다. 흥미롭게도 들뢰즈는 영화와 관련된 주저를 시작하면서 에이젠슈타인의 몽타주 이론을 숙고하는 것으로 시작하고 있다. 그러니 들뢰즈에게는 일본에 대해 별다른 동경이나 갈망을 보일 이유가 전혀 없었던 것이다. 비록 그렇다고 할지라도, '영화적인 것'의 핵심에 놓여 있는 몽타주에는 에이젠슈타인이 영화에서 찾아냈고 바르트가 하이쿠에서 발견했던 그 어떤 잠재성, 혹은 동양과 서양이 긴밀히 대화해야만 하는 어떤 쟁점이 있다는 사실을 잊어서는 안 된다. 몽타주라고 불리든 아니면 연기緣起, pratītyasamutpāda라고 불리든 그것은 바로 동일성의 효과는 차이 나는 것들의 마주침과 연결에서 출현한다는 입장과 관련된다.

메를로-퐁티: "우리는 영화에서 행동을 배운다."

의식의 순수성이나 절대성을 부정하면서 신체의 중요성을 부각시켰던 현대 프랑스 철학자가 바로 메를로-퐁티Maurice Merleau-Ponty(1908~1961)다. 그러니까 한마디로 우리의 정신이나 의식은 신체와 몸과 불가분의 관계에 있다는 것이다. 메를로-퐁티 이후 우리가 '정신의 신체'나 '신체의 정신'이란 표현, 혹은 '정신적 신체'나 '신체적 정신'이란 용어를 사용할 수 있는 것도 이런 이유에서일 것이다. 바로 여기에 메를로-퐁티가 지닌 혁명성이 있다. 서양을 지배했던 해묵은 편견, 그러니까 신체나 육체와 무관하게 독립적인 영혼, 혹은 기독교에서 말한 사후에 불멸하는 영혼이란 메를로-퐁티에게서는 애초에 불가능하기 때문이다. 그래서 1964년에 메를로-퐁티가 죽은 뒤 출간된《보이는 것과 보이지 않는 것Le Visible et l'invisible》에 등장하는 그의 말은 매우 의미심장하다. "정신은 땅에 박힌 말뚝처럼 신체에 박혀 있다. 달리 말하자면 정신은 신체의 동굴이고 반대로 신체는 정신을 부풀려놓은 것이다."

《지각의 현상학Le Visible et l'invisible》에서도 이미 메를로-퐁티는 말하지 않았던가? 나의 의식이란 "나는 그걸 생각하고 있다"는 내면적 성찰보다는 무엇보다도 먼저 "나는 할 수 있다"는 육체적 경험과 관련된다고 말이다. "나는 할 수 있다!" 이것은 기본적으로 신체와 육체의 일, 혹은 신체의 행동과 관련된 것이다. 그런 그가 영화를 보고서 얼마나 흥분했을지 미루어 짐작이 가는 일이다. 영화란 남자의 몸, 여자의 몸, 개의 몸, 고양이의 몸, 자동차의 몸, 산의 몸, 건물의 몸 등등이 마주치고 교차하고 변형되는 장소, 혹은 운동하는 몸들의 경연장이기 때문이다. 이런 다양한 몸들의 얽힘에서 우리는 신체의 동굴로서 정신 상태를 미루어 짐작하게 된다. 우리는 키스를 하는 남녀를 보고 그들이 연인이라는 걸 안다. 혹은 키스를 하는 연인 중 한 사람이 눈물을 흘리고 있다면, 최소한 우리는 그 키스가 마지막 키스일 수 있다는 걸 안다. 개를 부드럽게 쓰다듬고 있는 아이를 보면, 우리는 개에 대한 그 아이의 애정을 알게 된다.

육체의 행동이 없다면, 우리는 거기에 뿌리를 내리고 있는 정신을 읽어낼 수가 없다. 한마디로 무언가의 영혼이나 정신은 오직 그것의 행동에서만 드러난다는 것이다. 그는 몸의 철학이 그대로 구현되는 극적인 장면을 영화에서 목도했다. 영화는 등장인물들과 사물들의 행동을 통해 정신적 의미를 표현하는 매체이기 때문이다. 그가 당시 탁월한 문학자였던 말로André Malraux(1901~1976)에게 실망을 느꼈던 것도 다 이유가 있었던 셈이다.

영화가 우리에게 현기증을 느끼는 사람을 보여주고 싶으면 …… 말로가 자신의 영화 〈희망〉에서 하려고 했던 것처럼 현기증을 느끼는 내면 풍경을 묘사하려고 해서는 안 될 것이다. 현기증을 외부에서 바라봄으로써, 바위 위에 뒤틀리는 균형을 잃은 신체를 바라보거나 어디서 오는지 전혀 알 수 없는 공간의 전복에 적응하려고 애쓰는 비틀거리는 걸음을 바라봄으로써 우리는 현기증을 더 잘 느낄 수 있다.

－《의미와 무의미Sens et non-sens》,

〈영화와 새로운 심리학Le cinéma et la nouvelle psychologie〉

앙드레 말로는 1937년 스페인내전 체험을 기초로 르포 형식의 소설 《희망L'Espoir》을 썼던 적이 있다. 여기까지는 아무런 문제가 없었다. 그런데 말로는 스스로 이 소설을 토대로 영화를 만드는 작업에 뛰어들면서 사달이 나게 된 것이다. 마침내 1945년 말로가 만든 영화 〈희망〉이 개봉한다. 평론가들의 극찬을 받은 말로의 영화는 같은 해 루이 들뤼크Louis Delluc 상을 수상하게 된다. 동시대 지성인들의 긍정적인 평가와는 달리 메를로-퐁티의 눈에는 말로의 영화는 영화가 가진 잠재성을 제대로 실현하지 못한 것으로 보였다. 그의 생각에 말로는 훌륭한 소설가일 뿐이지, 훌륭한 영화감독은 아니었던 셈이다. 등장인물의 현기증을 보여주기 위해 말로는 현기증을 느끼고 있는 등장인물의 내면 풍경을 보여주고 있다. 얼마나 쓸데없는 일인가.

메를로-퐁티는 의식의 순수성이나 절대성을 부정하면서 신체의 중요성을 부각시켰다. 그러니까 한마디로 우리의 정신이나 의식은 신체와 몸과 불가분의 관계에 있다는 점이다.

"균형을 잃은 신체"나 "비틀거리는 걸음"만 보여주면 관객들은 더 쉽게 등장인물의 현기증에 공감할 테니 말이다. 불행히도 인물의 내면 묘사에 치중했던 소설가의 습관이 그대로 영화에도 관철되고 만 것이다.

　　등장인물의 행동을 직접 볼 수 없는 소설에서는 등장인물의 내면 묘사가 무척 중요할 수 있다. 그렇지만 영화는 등장인물의 행동을 너무나 쉽게 보여줄 수 있지 않은가? 이것이 영화라는 매체의 힘이 아닌가? 이렇게 스크린에 드러난 행동을 통해 관객들은 아주 쉽게 등장인물의 내면 상태에 공감할 수 있는 것 아닌가? 그래서 메를로-퐁티는 소설이 가질 수 없는 영화의 특성을 다음과 같이 규정한다.

　　소설이 오랫동안 그렇게 해왔던 것처럼 영화는 인간의 사유를 우리에게 제시하는 것이 아니다. 영화는 인간의 행위와 행동을 우리에게 제시하며 세계에 현존하는 특별한 방식, 사물과 타인을 다루는 특별한 방식을 우리에게 직접 제공한다. 이것은 우리가 몸짓과 시선과 거동에서 볼 수 있는 것이며 우리가 알고 있는 사람들 각각을 명백하게 규정해준다.

－《의미와 무의미》, 〈영화와 새로운 심리학〉

소설은 인간의 사유, 혹은 인간의 내면을 제시해주는 데 탁월하다. 이와 달리 영화는 우리에게 인간의 행위와 행동, 한마디로 몸의 움직임을 보여주는 데 우월한 매체다. 수영하는 법을 알려주는 책을 읽는 것보다는 동네 형이 수영하는 걸 보는 것이 수영을 배우는 데는 더 좋은 법이다. 수영교본을 달달 외운 사람은 아마도 물 앞에서 자신이 수영을 할 수 없다는 냉엄한 현실에 직면하게 될 것이다. 그렇지만 동네 형이 수영하는 장면을 본 꼬맹이는 비록 두려움을 느끼겠지만 물에 몸을 맡기기가 더 쉬울 것이다. 영화에서 메를로-퐁티가 강조했던 행위와 행동을 접했다면, 아감벤Giorgio Agamben(1942~)이 그것이 바로 자신이 말한 '제스처'와 같은 것이라고 무릎을 쳤을 것이다. 1996년에 출간된《목적 없는 수단: 정치에 관한 노트Mezzi senza fine: Note sulla politica》에서 아감벤은 말하지 않았던가. "영화의 요소는 이미지가 아니라 제스처다"라고 말이다.

몸의 움직임으로 실현되는 타인의 행동과 행위는 메를로-퐁티의 지적처럼 "사물과 타인을 다루는 특별한 방식을 우리에게 직접 제공한다". 돌아보라. 키스 장면을 다루는 소설 천 권보다는 키스 행동을 보여주는 영화 한 편이 우리에게 더 도움이 되는 법이다. 키스만 그런가. 이별하는 방법, 개와 노는 방법, 산에 오르는 방법, 자동차 핸들을 잡는 방법, 파업을 하는 방법, 사람을 죽이는 방법, 혁명을 하는 방법, 춤을 추는 방법 등등. 영화는 이런 모든 것을 우리에게 가르쳐준다. 그리고 혁명가의 내면은 어떤지, 근사한 춤을 추는 사람의 희열은 무엇인지, 사랑하는 사람과 이별할 때의 슬픔은 무엇인지 등등, 그 정신과 영혼마저 덤으로 가르쳐주게 될 것이다. 어쩌면 살아가는 방법을 신속하고 정확히 배우려면, 책일랑 던져버리고 영화관에 가는 것이 더 좋을지도 모를 일이다. 메를로-퐁티가 영화를 예찬했던 건 바로 이 때문이었다.

리오타르: "영화는 전복적인 쾌락을 제공할 수 있다."

어둠 속에서 밝음은 더 밝아 보인다. 어두운 동굴을 지나서 출구가 보여주는 광명처럼 말이다. 영화관은 일종의 동굴이고, 스크린은 광명을 보여주는 출구와 같다. 그러니 스크린에 비친 등장인물들의 몸동작, 즉 행동은 그만큼 우리에게 지워지지 않는 강한 상처를 새기기 마련이다. 꼬맹이들이 영화관을 나오자마자 바로 주인공의 행동을 흉내 내는 것도 다 이유가 있었던 셈이다. 그래서 영화에서 행동을 배운다는 메를로-퐁티의 통찰은 매우 중요하다. 그렇지만 모방되는 모든 행동이 좋은 것만은 아니다. 체제는 체제 나름대로 체제에 도움이 되는 행동과 그런 행동을 구분할 것이고, 개개인은 자신의 삶에 도움이 되는 행동과 그렇지 않은 행동을 구분하게 될 것이다. 그렇다. 영화에 관한 메를로-퐁티의 통찰에는 가치 평가의 문제가 누락되어 있었던 것이다. 지배자를 위해 좋은 영화는 억압받는 사람에게 나쁜 영화일 수밖에 없고, 반대로 지배자들에게 나쁜 영화는 억압받는 사람에게는 유익한 영화일 수 있다.

영화라는 매체는 노예의 행동을 가르쳐줄 수도 있고, 아니면 주인의 행동을 가르쳐줄 수도 있다. 이 점에서 영화와 관련해서 메를로-퐁티는 순진했다고 할 수 있다. 우리 시대 체제의 내적 논리에는 자본의 맹목적 충동이 자리 잡고 있다. 결국 영화는 자본주의 체제에 순응하는 행동을 가르칠 수도 있고, 아니면 그에 저항하는 행동, 다시 말해 자본주의 논리와는 무관한 행동도 가르쳐줄 수도 있다. 리오타르Jean-François Lyotard(1924~1998)가 중요한 이유도 바로 여기에 있다. 그를 통해 우리는 속칭 할리우드나 영화제 수상작으로 대변되는 주류 영화와 그 반대로 체제의 흐름을 교란시키거나 파열시키는 비주류 영화를 구분할 수 있기 때문이다. 리오타르는 전자를 '영화cinéma'로, 후자를 '반영화acinéma'라고 부른다. 그렇다고 해서 리오타르가 정치적 신념에 입각해서 반영화를 옹호하고 있다고 속단해서는 안 된다. 반

리오타르를 통해 우리는 속칭 할리우드나 영화제 수상작으로 대변되는 주류 영화와 그 반대로 체제의 흐름을 교란시키거나 파열시키는 비주류 영화를 구분할 수 있게 되었다.

영화에 대한 리오타르의 입장은 반영화가 일깨우는 감각이 인간 개개인의 진정한 희열에 더 가깝다는 그의 통찰에 근거하니까 말이다.

> 켜진 성냥은 소비된다. 일하러 가기 전에 커피 물을 데우고자 당신이 성냥으로 불을 켠다면, 이 소비는 비생산적이지 않다. 그것은 '상품 – 성냥', '상품 – 노동력', '봉급 – 돈', '상품 – 성냥'으로 이어지는 자본의 순환에 속하는 움직임이다. 그러나 아이가 보기 위해 쓸데없이 성냥을 켤 때는 아이는 단지 움직임을 좋아하는 것이다. 차례차례 바뀌어가는 색채를, 켤 때 정점에 오르는 빛을, 작은 성냥개비의 소멸을, 쉬익 하는 소리를 좋아하는 것이다. 따라서 아이는 아무것도 만들어내지 않는 비생산적 차이를 좋아하는 것이다.
>
> – 《영화: 이론, 강연cinéma: théorie, lectures》, 〈반영화L'acinéma〉

호이징하Johan Huizinga(1872~1945)는 1938년에 출간된 자신의 주저 《호모

루덴스Homo Ludens》에서 인간은 근본적으로 놀이하는 존재라고 역설했던 적이 있다. 수단과 목적의 분리가 노동이라면, 수단과 목적의 일치가 바로 놀이라고 할 수 있다. 대개의 경우 어른들이 성냥을 켤 때는 일종의 노동이라고 할 수 있다. 리오타르의 말처럼 "커피 물을 데우기" 위해 어른들은 성냥을 켜니까 말이다. 반대로 아이의 경우에는 그냥 성냥을 켠다. 리오타르의 말대로 아이들은 "쓸데없이 성냥을 켜는" 존재라고 할 수 있다. 어른의 켜진 성냥은 사라지지만, 그 대가로 따뜻한 커피 물이 남는다. 반면 아이의 켜진 성냥은 아무것도 만들지 않고 허무하게 사라지고 만다. 그렇지만 성냥이 켜지고 꺼질 때까지 아이는 세상 누구도 부러워하지 않을 정도로 행복에 젖어들게 된다.

수단과 목적으로 나뉜 노동의 세계, 즉 자본의 세계에서는 현재 주어진 계기는 단지 수단으로 보이기 때문에 그 자체로 향유의 대상이 되어서는 안 된다. 수단은 항상 미래에 실현할 목적을 위해 소멸되어야 하는 것이기 때문이다. 잊지 말아야 할 것은 미래에 실현된 목적은 바로 그 순간 또 다른 미래의 목적을 위해 소멸되어야 할 수단으로 변신한다는 점이다. 그러니까 다람쥐 쳇바퀴처럼 수단과 목적의 회로에 갇힌 순간, 우리에게 행복은 항상 유보되고 연기될 수밖에 없다. 반면 수단과 목적의 회로에서 벗어나는 순간, 우리가 매 순간 만나는 것들은 모두 놀이와 향유의 계기가 된다. 불꽃놀이로 스크린을 불태우는 영화, 즉 반영화를 리오타르가 꿈꾸는 것도 어쩌면 당연한 일이라고 할 수 있을 것 같다. 이를 통해 관객들은 노동의 세계, 자본의 세계, 혹은 생산적 차이의 세계에 억압된 그 내밀한 희열의 순간을 복원할 수 있을 테니 말이다. 물론 체제에 포획된 주류 영화는 그 희열의 순간, 비생산적 차이의 놀이를 계속 배제하고 억압하려 할 테지만 말이다.

영화는 소비할 수 있는 생산품이 되는 대신에 진정한 것, 다시 말해 헛된 것, 대용의 것, 강렬한 희열을 주는 것을 만들어낸다. …… 예술가가 자본주의 산업 속에서 만들어내는 영화, 그리고 흔히들 말하듯이 비정상적인 움직임, 헛된 방출, 순전한 소비를 위한 차이 등을 제거함으로써 만들어진 영화는 통일되어 있으며 번식력 있는 육체, 즉 생식력 있고 집중된 전체로 구성되어 자기가 운반하는 것을 상실하지 않고 전달하게 된다.　　　　　　　　　　　　－《영화: 이론, 강연》,〈반영화〉

　　어두운 영화관의 밝은 스크린은 켜진 성냥불, 혹은 밤하늘을 수놓는 폭죽과 같은 것이다. 그 순수한 낭비, 그 순수한 희열, 그 비생산적 차이를 포착해서 관객을 성냥을 켠 아이로 만들 수 있다면, 영화는 정말 전복적인 도구로 기능할 수 있을 것이다. 리오타르의 말처럼 이럴 때 "영화는 헛된 것, 대용의 것, 강렬한 희열을 주게" 될 것이다. 이런 영화가 그가 강조했던 '반영화'일 수 있다. 들뢰즈의 말을 빌리자면 반영화는 잠재적 영화, 혹은 우리를 정주민이 아니라 유목민으로 만드는 영화라고 할 수 있다. 그렇지만 이미 자본의 세계에 거의 완전히 훈육된 어른들에게 리오타르나 영화 예술가들이 꿈꾸는 반영화는 난해한 예술 영화로 보일지도 모른다. 그러나 정확히 어른들은 어린 시절 느꼈던 그런 순수한 희열의 세계가 다시 찾아오는 걸 무서워하는지도 모른다. 반영화가 열어놓은 세계가 자본주의에 정착해 살고 있는 자신의 삶을 동요시킬까 두려운 것이다.

　　리오타르의 말처럼 주류 영화는 "비정상적인 움직임, 헛된 방출, 순전한 소비를 위한 차이 등을 제거함으로써 …… 자기가 운반하는 것을 상실하지 않고 전달하려고" 한다. 아예 노골적으로 아이들의 성냥 놀이와 같은 숏은 철저하게 배제하고, 커피 물을 끓이려고 켜진 어른들의 성냥과 같은 숏만을 나열할 수 있다. 아니면 불가피하게 아이들의 성냥 놀이와 같은 숏들을 쓸 수밖에 없다면, 주류 영화는 그런 숏들을 자신이 말하려는 취지에 종속되도록 강제할 수도 있다. 리오타르가 연출이란 기본적으로 "(사전적) 배제와 (사후적) 삭제"라고 말한 것도 이런 이유에서다. 그러나 아무리 비생산적 차이의 섹스를 부정한다고 하더라도, 그 부정의 대상으로서 섹스의 희열은 우리 삶 어느 부분에 기록될 수밖에 없는 것 아닐까. 마찬가지로 전체 영화의 취지에 맞지 않는 숏들이 영화 어딘가에 숨어 있기 마련이다. 파란 하늘을 배경으로 덧없이 흘러가는 흰 구름, 혹은 밤바다에 뜬금없이 펼쳐지는 폭죽놀이, 아니면 멋진 여인의 살짝 열린 입술 등등.

아무리 저항해도 노동의 세계에도 잃어버린 놀이에 대한 향수가, 그러니까 자본의 세계에도 비생산적 차이에 대한 향수가 녹아 있는 것은 아닌가. 예를 들어 아이를 낳기 위한 섹스라고 하더라도, 섹스를 하는 순간 아이를 낳으려는 생각은 사라지고 강렬한 순간적 희열만이 마치 아이가 황홀하게 켜는 성냥 놀이처럼 남을 수도 있으니까 말이다. 간혹 반영화가 아닌 영화, 즉 주류 영화를 보러 갔을 때, 영화 전체가 아니라 영화의 한 장면만 기억나는 경우가 있다. 주류 영화에 포획된 반영화적 요소, 즉 순수한 희열의 세계에 노출된 탓이다. 어쩌면 그나마 우리가 어두운 영화관에서 주류 영화를 보는 것도 영화의 중심으로 환원되지 않는 그런 장면들을 기대했기 때문은 아닐까. 억압된 것의 회귀! 삭제와 배제된 것의 귀환!

벤야민, 영화적 상상력 그리고 영화적 인문학

대중에게 혁명에 대한 열정과 관심을 끌어내기 위해 에이젠슈타인은 서로 강렬하게 대립되는 숏을 결합해 몽타주를 구성하려 했다. 그리하여 '아트락치온 몽타주' 그러니까 '견인 몽타주Montage of Attractions'가 탄생하게 된다. 1925년에 상영된 에이젠슈타인의 〈전함 포템킨〉은 바로 이 견인 몽타주의 강력한 유인력을 상징적으로 보여주는 영화였다고 할 수 있다. 20세기가 영화의 시대였다는 사실에 주목한다면, 우리는 20세기의 중요한 철학자들의 이면에 에이젠슈타인이 정립했던 몽타주 이론이 도도하게 흐르고 있다는 걸 직감하게 된다. 몽타주 이론의 핵심이 무엇인가? 에이젠슈타인의 말대로 "단순하게 물질적인 특성을 가진 두세 개의 디테일을 조합하는" 몽타주 기법으로 "또 다른 특성, 즉 심리적 특성을 가진 완벽하게 완결된 재현"을 만들 수 있다. 여기서 중요한 것은 숏들에는 없는 '또 다른 특성'이란 바로 관객들의 내면에 생기는 어떤 자극과 어떤 자각이라는 점이다. 에이젠슈타인이 자신의 몽타주를 '견인 몽타주'라고 불렀던 것도 이런 이유에서다. 그는 자신의 영화로 대중을 깨우치고 싶었던 것이다.

대중을 유혹하겠다는 에이젠슈타인의 입장을 있는 그대로 수용했던 현대철학자는 발터 벤야민이라고 할 수 있다. 정말 그는 역사에 대해서나 정치에 대해서나 그리고 문화에 대해서나 철저하게 '견인 몽타주'라는 방법론을 관철했기 때문이다. 한마디로 그는 에이젠슈타인이 영화에서 했던 걸 저술에서 실현했던 것이다. 벤야민은 직접적인 관계가 없는 독립적인 두 장면을 붙여서 역사나 사회, 문화에 대한 새로운 이해를 독자의 내면에 낳고자 한 것이다. 자신의 저술에 적용된 몽타주를 벤야민은 '변증법적 이미지dialectical image'라고 불렀다. 예를 들어 백화점에서 소비하는 인간의 모습과 공장에서 일하는 인간의 모습을 강렬하게 병치하는 데 성공하는 순간, 독자들은 자신이 소비자이기 이전에 노동자라는 엄연한 사실을 자각할 수 있다. 《아케이드 프로젝트》에서 벤야민은 말한다.

"이 프로젝트의 방법: 문학적 몽타주. 말로 할 건 하나도 없다. 그저 보여줄 뿐.

에이젠슈타인은 대중에게 혁명에 대한 열정과 관심을 끌어내기 위해 서로 강렬하게 대립되는 숏을 결합시켜서 몽타주를 구성했다. 〈전함 포템킨〉은 바로 이견인 몽타주의 강력한 유인력을 상징적으로 보여주는 영화였다.

가치 있는 것만 발췌하거나 재기발랄한 표현을 자기 것으로 만드는 것 같은 일은 일체 하지 않는다. 누더기와 쓰레기들을 목록별로 정리하는 것이 아니라 유일하게 가능한 방법으로 그것들이 정당한 권리를 찾도록 해줄 생각이다. 즉 그것들을 재인용하는 것이다. …… 마르크스주의 역사 이해는 무조건 역사의 시각성Anschaulichkeit을 희생시켜야만 비로소 획득될 수 있는 것일까? 아니면 어떤 방식으로 시각성을 높이는 것과 마르크스주의적 방법을 관철시키는 것을 결합시킬 수 있을까? 이러한 길로 나가기 위한 첫 번째 단계는 몽타주 원리를 역사 속에서 도입하는 것이 될 수 있을 것이다. 즉 극히 작은, 극히 정밀하고 잘라서 조립할 수 있는 건축 부품들로 큰 건물을 세우는 것이다. 실로 자그마한 개별적 계기들에 대한 분석을 통해 전체 사건의 결정체를 찾아내는 것이다."

　방대한 《아케이드 프로젝트Das Passagen-werk》라는 책에는 19세기와 20세기 초 자본주의 풍경을 보여주는 수많은 인용문들과 자료들이 실려 있다. 영화 용어로 말하자면 이것은 모두 일종의 독립적인 숏들의 목록이라고 할 수 있다. 비록 미완의 작업이 되었지만 그는 그것들을 결합해서 자본주의 내적 논리를 폭로할 수 있는 다양한 변증법적 이미지들을 만들고자 했던 것이다. 몽타주로서 '변증법적 이미지'를 만드는 데 귀재였던 철학자! 인문사회 분야의 탁월한 영화감독! 그가 바로 발터 벤야민이었다. 촬영만 하고 불행히도 영화를 완성하지 못하고 죽은 거장 감독이 있다고 해보자. 감독은 무슨 영화를 만들려고 했을까? 이런 의문이 들 때 우리는 감독이 남긴 숏들로 완성된 영화를 만들려고 시도해볼 필요가 있다. 얼마 지나지 않아 우리는 감독이 왜 그 숏을 찍었는지 이해하게 될 것이다. 벤야민의 경우도 마찬가지다. 벤야민을 이해하고 싶다면, 그가 끌어모았던 수많은 인용문과 자료들로 가급적 완성된 글을 써보려고 노력해야만 한다. 이런 각오를 가진 사람만이 《아케이드 프로젝트》의 단편들이 편집을 기다리는 숏들의 목록이라는 걸 알게 될 것이다.

33

정치는 어디로 가는가?

슈미트

─────────── VS ───────────

아감벤

새로운 정치철학의 패러다임, 푸코의 '생명정치'

물속에 살고 있는 물고기는 자신이 물속에 살고 있다는 사실을 알기 어렵다. 이것은 국가에 살고 있는 우리에게도 마찬가지로 적용되는 사실이 아닐까? 우리도 국가 속에서 살고 있지만 국가 속에서 살고 있다는 사실을 별로 의식하지는 않고 있기 때문이다. 아니 어쩌면 국가는 이미 철저하게 우리의 습성으로 내재화되어 있기 때문에, 이것을 반성한다는 것조차 불가능한 일일 수도 있다. 우리는 자유로운 결정으로 어떤 국가 속에 살고 있는 것이 아니다. 오히려 우리는 어떤 국가에 태어나서 훈육된 존재라고 할 수 있다. 그러나 우리가 자명한 국가를 거리를 두고 반성할 수 있는 주체가 되는 특정한 순간이 있다. 물론 이것은 자유로운 사색의 결과라기보다는 오히려 삶에서 오는 충격과 당혹스러움을 통해 강제된 것이라고 할 수 있을 것이다. 대부분의 경우 국가에 대한 반성은 국가가 우리 삶에 결코 이롭지 않다는 구체적인 개인 경험에서 대안적 사회를 꿈꿀 때 발생하는 것이기 때문이다.

국가 논리를 이해하고 그것에서 벗어나는 것이 어떻게 가능한가를 점검하기 위해서, 《인간 불평등 기원론》에서 루소가 피력한 권력의 계보학을 상기하는 것으로 충분하다. "주종 관계란 사람들의 상호 의존과 그들을 결합시키는 서로의 욕구가 있지 않으면 성립되지 않는다. 그러므로 어떤 사람을 복종시킨다는 것은, 미리 그를 다른 사람이 없이는 살아가지 못하는 처지에 두지 않는 한 불가능한 일이다. 이것은 누구나 알 수 있다." 그에 따르면 권력 관계, 즉 주종 관계는 기본적으로 폭력과 이에 근거한 결핍의 발생을 통해서만 작동한다. 문제는 결핍된 자들이 이런 결핍을 자신의 탓으로 돌린다는 점에 있다. 마치 자신은 본성상 결핍된 존재인데, 이런 결핍은 오직 다른 사람을 통해서만 채워질 수 있다고 믿는다는 것이다. 그러나 사실 그렇게 결핍을 채워주는 사람이 바로 애초에 결핍을 만들어낸 장본인이기도 하다. 여기서 분명해지는 것은 주종 관계의 내적 논리이다.

주종 관계는 원초적인 폭력, 즉 원초적인 수탈을 통해서 피통치자들을 결핍 상태로 만들고, 수탈한 것을 제한적이나마 수탈당한 자들에게 재분배함으로써 피통치자들의 결핍 상태를 심화시키면서 유지하는 것이다. 사실 이러한 과정을 통해 오늘날 우리가 보고 있는 국가가 탄생하게 되었고, 《자본론》에서 마르크스가 이야기한 상황이 마침내 도래하게 된 것이다. "어떤 인간이 왕이라는 것은 다만 다른 인간이 신하로서 그를 상대해주기 때문이다. 심지어 그들은 그가 왕이기 때문에 자기들은 신하가 아니면 안 된다고까지 믿고 있다." 이렇게 국가 속에서 살아가는 대다수 사람들은 원초적 폭력, 즉 원초적 수탈이라는 사건을 망각하고 있다. 그들이 기억하는 것은 단지 통치자로부터 유래하는 재분배, 즉 시혜뿐이기 때문이다. 사실 논리적 순서에서 재분배는 항상 두 번째로 오는 것이지만, 그들은 이것을 첫 번째로 오는 것이라고 잘못 믿고 있는 것이다.

자발적 복종 상태에 있는 피통치자들은 지도자의 시혜 행위 혹은 은혜에 대해 그것을 반드시 갚아야만 하는 부채로 간주하게 된다. 이러한 역사적 과정 때문에 지금도 국가 안에서 이루어지는 다양한 종류의 저항 혹은 불복종을 국가에 대한 배은망덕한 부도덕 행위라고 보는 견해가 남아 있게 된 것이다. 국가의 은혜와 보호를 받았으면서 왜 그 고마움을 모르냐는 것이다. 바로 이런 채권과 채무의 관계에서 정치적인 윤리 문제가 탄생하게 된다. 수탈과 재분배라는 국가의 교환논리에 포획되자마자, 우리는 채무의 주체로서 구성되기 때문이다. 그렇다면 어떻게 우리는 이와 같이 구성된 주체로부터 벗어나 구성하는 주체로서 자유를 다시 영위할 수 있을까? 바로 이것이 푸코가 평생 동안 풀려고 노력했던 과제였다. 그의 강의록 《자기와 타자의 통치Le gouvernement de soi et des autres》에는 이런 그의 속내가 매우 분명하게 잘 드러나 있다.

인생의 시작부터 사물화되어버린 오류·왜곡·악습·의존성의 심층부에 훈육이 가해진다. 그 결과 인간 존재가 여전히 머무르고 있을지도 모르는 젊음의 상태나 유년기의 어떤 단계로 되돌아가는 것이 관건이 아니라, 즉각적으로 결함 있는 교육 및 신앙 체계에 사로잡힌 인생 속에서 결코 나타날 기회가 없었던 '속성'을 참조하는 것이 관건이 된다. 자기 실천의 목표는 자기 자신 내에서 결코 나타날 기회가 없었던 속성과 자기 자신을 일치시키면서 자기를 해방하는 행위이다.

-《자기와 타자의 통치: 콜레주 드 프랑스 강의 1982~1983년》

주인이 자신을 돌봐준다고 생각하기 때문에 집 지키는 개는 주인과 그의 재산을 잘 지켜야만 한다고 생각하게 된다. 이미 집 지키는 개는 자신이 어떤 존재였는지, 그리고 자신이 어떤 식으로 훈육되어 그렇게 생각하게 되었는지를 망각하고 있는 것이다. 개의 내면과 신체의 수준에서 권력이 관철되어 있는 것과 마찬가지로 인간도 이런 식으로 권력에 의해 훈육되어 있다는 것이 바로 푸코의 생각이었다. 그렇다면 어떤 식으로 해서 인간은 권력으로부터 구성된 주체가 아니라 스스로를 구성하는 주체로 다시 태어날 수 있을까? 푸코는 권력의 훈육이 완성되기 이전의 유년 상태로 돌아갈 수 없다는 것을 너무나 잘 알고 있었다. 그래서 그는 훈육 과정을 통과했음에도 훈육되지 않은 채 불쑥 드러나곤 하는 우리 삶의 '속성'들에 시선을 집중시킨다. 그 순간 바로 그것을 꽉 잡아야 한다! 푸코는 훈육의 권력이 미치지 않았던 그런 속성을 권력과 싸울 때 이용할 수 있는 게릴라 진지로 삼으려고 했던 것이다. 물론 이런 게릴라전의 최종 목표는 내 실존에 각인된 권력을 완전히 추방하고, 스스로 자신의 실존을 구성하는 것이라고 할 수 있다. 푸코의 생명정치는 바로 이런 맥락에서 출현했던 것이다.

하지만 불행히도 우리 대부분은 정치라는 것이 몇몇 대표자들의 일이라고 치부하는 정치적 무관심에 깊이 길들여져 있다. 물론 이것은 대의민주주의 이념을 우리가 곧이곧대로 받아들이고 있기 때문에 벌어진 불가피한 현상이라고 할 수 있다. 사실 논리적으로 대의민주주의 제도하에서 우리는 대표자들의 권력 행사를 무기력하게 관조할 수밖에 없다. 이미 대표자들에게 일정한 기간 동안 자신의 권력을 모두 양도해버렸기 때문이다. 하지만 우리가 이런 무기력에 빠져 있는 동안 권력은 대부분의 사람들을 자신의 권력 형식에 맞게 훈육하고 길들이는 일에 모든 노력을 다 쏟아붓는다. 과연 어떻게 하면 우리는 대의민주주의 제도의 허구성을 공격하고, 자신을 훈육시키는 권력의 힘에 맞서 삶의 권력을 다시 회복할 수 있을까? 그러기에 앞서 우리는 주권적 권력이 어떤 논리로 작동하는지부터 성찰할 필요가 있을 것이다. 주권적 권력이 선택한 정치제도가 바로 대의민주주의이기 때문이다.

슈미트: "정치적인 것은 개체들을 적과 동지로 구분한다."

1927년에 작은 책 한 권, 즉 《정치적인 것의 개념Der Begriff des Politischen》이란 책이 출간되어 독일 학계를 발칵 뒤집어놓는다. 예외상태, 즉 비상사태를 선언할 수 있는 최고 주권자의 정치권력을 긍정하고, 독재를 긍정했던 정치철학자 슈미트Carl Schmitt(1888~1985)가 우리 앞에 등장한 것이다. 슈미트가 나치 독재와 일정 정도 관련을 맺은 것도 다 이런 이유 때문이었다. 그래서 루카치György Lukács(1885~1971)도 자신의 대작 《이성의 파괴Die Zerstörung der Vernunft》에서 《정치적인 것의 개념》이란 책을 "히틀러와 (당시 외무부 장관을 지냈던) 로젠베르크가 고안해낸, 일종의 인종차별적인 사이비 학문의 서론"이라고 비판했다. 루카치의 비판은 타당하지만 그것은 사후적인 규정에 불과하다. 사실 1933년 5월 1일 나치 정당에 가입했을 때 슈미트의 당원 번호는 서열상 200만 번을 넘을 정도로 미미했고, 현실적으로도 슈미트는 나치 정권하에서 경쟁하던 동료 법학 교수들의 공격으로 인해 1년 만에 당직뿐 아니라 교수직도 박탈당하게 되었다. 정권의 비밀이 공개된다는 것은 정권으로서는 여간 불쾌한 일이 아니었던 셈이다.

　　그런데 《정치적인 것의 개념》이란 작은 책자가 출간 당시뿐만 아니라

슈미트가 쓴 《정치적인 것의 개념》이 지금까지도 인구에 회자되고 있는 이유는 무엇일까? 그것은 무엇보다도 그가 '정치적인 것'을 범주적으로 독립시키려고 했기 때문이었다. 슈미트는 '적과 동지'라는 범주가 선악, 미추, 이해라는 범주와는 구별되어야 한다고 이야기하고 있다.

지금까지도 지속적으로 인구에 회자되고 있는 진정한 이유는 무엇일까? 그것은 무엇보다도 먼저 이 책에서 그가 '정치적인 것'을 범주적으로 독립시키려고 했기 때문이었다.

> 선악의 대립이 그대로 간단히 미추美醜 또는 이해利害의 대립과 동일시되지 않고, 또한 곧바로 그와 같은 대립으로 환원하는 것이 허용되지 않는다면, 적과 동지의 대립은 더구나 이상의 대립들과 혼동하거나 혼합해서는 안 된다. …… 적이란 바로 타인, 이질자이며, 그 본질은 특히 강한 의미에서 존재적으로 어떤 타인이며 이질자라는 것만으로 족한 것이다. …… 모든 종교적, 도덕적, 경제적, 인종적 또는 그 밖의 대립은 그것이 실제로 인간을 적과 동지로 분류하기에 충분할 만큼 강력한 경우에는 정치적인 대립으로 변화하게 된다. ─《정치적인 것의 개념》

슈미트는 '적과 동지'라는 범주가 선악, 미추, 이해라는 범주와는 구별되어야 한다고 이야기하고 있다. 이 점에서 그는 정치를 윤리에서 독립해서 사유했던 마키아벨리Niccolò Machiavelli(1469~1527)의 정치철학을 계승하고 있다고도 말할 수 있다. 《순수이성비판》에서 칸트는 과학적인 것의 범주로 '참과 거짓眞僞'을 정립했고, 《실천이성비판》에서 윤리적인 것의 범주로 '선과 악善惡'을 정립했다면, 《판단력비판》에서 미적인 것의 범주로 '아름다움과 추함美醜'을 정립했다. 칸트는 언급하지 않았지만 경제적인 것의 범주는 아마 '이로움과 해로움', 즉 이해利害라고 할 수 있다. 더 나아가 엘리아데Mircea Eliade(1907~1986)라면 종교적인 것의 범주로 '성스러움과 세속적임', 즉 성속聖俗을 제안했을 것이다. 칸트, 경제학, 그리고 엘리아데의 지적에 따르면 우리는 동일한 현상이라도 최소한 다섯 가지 정도 이상의 범주들로 판단할 수 있을 것이다. 슈미트는 바로 여기에 '정치적인 것'의 범주를 하나 더 덧붙였던 사람이다. '적과 동지'라는 범주를 말이다.

그런데 슈미트에 따르면 위의 나머지 다섯 가지 범주들은 항상 '정치적인 것'으로 변질될 위험에 노출되어 있다고 할 수 있다. "종교적, 도덕적, 경제적, 인종적 또는 그 밖의 대립들"은 심각해지면 적과 동지라는 정치적 대립으로 곧바로 격화될 수 있기 때문이다. 바로 이 대목에서 슈미트는 예외상태를 규정할 수 있는 초법적인 독재자의 역량을 긍정하게 된다. 만약 다양한 계층들의 이해관계가 국가를 적과 동지라는 이분법으로 분열시킬 때, 독재자는 외부에 적을 설정함으로써 내부인 모두를 동지로 변화시킬 수 있어야 할 것이다. 만약 그렇지 않을 때 국가는 내란에 휩싸일 수밖에 없을 것이기 때문이다. 놀라운 것은 외부에 적을 설정하는 순간, 동시에 내부 분열이 순식간에 미봉된다는 점이다. 우리의 경우 박정희朴正熙(1917~1979) 독재정권이 오랫동안 유지될 수 있었던 것도 북한 정권을 불변하는 적으로 설정하고 있었기 때문이다. 외부에 적을 설정하는 경우, 독재자와 국민은 하나의 동지로 묶이게 된다. 만약 일부 국민이 독재자에게 불만을 제기한다면, 그들은 곧바로 북한과 같은 적의 존재로 규정되면서 공격받게 될 것이다. 한마디로 '이적 행위자'로 낙인찍힌다는 것이다. 자신의 동지를 공격하는 사람은 결국 적과 마찬가지의 부류로 간주되니 말이다. 나치가 유대인과 집시들을 공격함으로써 독일 민족을 하나의 국민으로, 혹은 하나의 동지로 강하게 결속시켰던 것도 다 이유가 있었다고 볼 수 있다.

슈미트에 따르면 국가는 다른 무엇보다도 가장 '정치적인' 기구이다. 국가도 적과 동지라는 범주에 의해서만 계속 존속할 수 있는 것이기 때문이다. 이것은 논리적으로 모든 국가가 최소한 하나의 국가를 적대적인 국가로 규정할 수 있을 때에만 존속할 수 있다는 것을 의미한다. 적을 상정하지 않으면 국가의 성립 자체가 불가능하다고 보았기 때문이다. 슈미트가 국가가 존속하는 한 세계평화라는 것은 영원히 목가적 이념에 불과하다고 진단했던 것도 바로 이런 이유에서였다.

> 정치적인 것의 개념적 징표로부터 국가 세계의 다원론이 생긴다. 정치적 통일체는 적의 현실적 가능성을 전제로 하며, 이와 동시에 공존하는 다른 정치적 통일체를 전제로 한다. 따라서 무릇 국가가 존재하는 한은 항상 복수의 국가들이 지상에 존재하며, 전 지구와 전체 인류를 포괄하는 세계국가라는 것은 존재할 수 없다. 정치적 세계란 다원체 Pluriversum이지 단일체Universum가 결코 아니다. …… 오늘날 강대국 사이의 전쟁은 세계전쟁으로 쉽게 발전하기 때문에 따라서 이 전쟁의 종결은 세계평화를 의미하고, 또한 동시에 철저하고 궁극적인 탈정치화라는 목가적인 최종 상태를 의미할 것이 틀림없다고 생각하는 것은 곧 사라지게 될 착오에 불과하다. -《정치적인 것의 개념》

슈미트는 전체 인류를 포괄하는 세계국가라는 것은 결국 꿈에 지나지 않는다고 지적한다. 모든 인류가 동지가 된다면 이것은 결국 '적과 동지'라는 범주의 파기이자 동시에 정치적인 것의 폐기가 될 것이기 때문이다. 만약 어떤 적도 설정되지 않는다면 정치적인 것이 성립될 수 없고 어떤 국가도 존립할 수 없을 것이기 때문에, 결코 세계를 하나의 동지로 이루어진 평화적 집단으로 만들 가능성은 매우 희박하다고 본 것이다. 이 때문에 슈미트는 "정치적 세계란 다원체이지 단일체가 결코 아니다"라고 단언할 수 있었던 것이다. 흥미로운 것은 그가 두 차례에 걸쳐 발발했던 세계대전으로 세계평화가 도래할 것이라는 착각을 여지없이 공격하고 있는 대목이다. 바로 이 부분에서 슈미트의 비관론이 날카로움을 발한다. 그는 국가란 어떤 식으로든지 서로 대립과 갈등을 조장하면서 그것을 자신의 주요한 양분으로 삼아 존속하는 것이라고 보았기 때문이다. 사실 슈미트의 생각 이면에는 인간이란 존재가 끊임없이 적과 동지라는 정치적 범주를 통해서 편 가르기를 할 것이라는 비관이 깔려 있었던 것으로 보인다.

국가의 억압과 국가 사이의 전쟁을 막기 위해서, 우리는 슈미트의 지적을 다시 한 번 진지하게 성찰해볼 필요가 있다. 물론 그것은 '적과 동지'라는 범주 자체를 무력화시키는 방법에 대한 고민일 것이다. 하지만 오늘날 우리의 모습은 불행하게도 너무나 정치적이지 않은가? 학연, 지연, 혈연 등은 언제든지 '적과 동지'라는 정치적인 대립으로 점화될 수 있는 기폭제이다. 학벌을 가로지르고, 지연을 가로지르며, 그리고 혈연을 가로지르지 못한다면, 우리가 어떻게 적과 동지라는 범주를 폐기할 수 있단 말인가? 그렇지만 슈미트의 통찰이 옳다면 우리는 국가의 고질적인 억압과 국가 간의 반복되는 전쟁을 원천적으로 막을 수 있는 방법을 추상적으로나마 추론해볼 수 있다. 물론 핵심은 '정치적인 것'의 범주인 '적과 동지'를 해체하는 데 있다. 모든 짝 개념이 그렇지만, '정치적인 것'을 폐기하기 위해서는 '적'이란 범주나, 아니면 '동지'라는 범주를 제거하면 된다. 구체적으로 말해 자신을 포함한 모든 사람을 '동지'로 보거나, 자신을 제외한 모든 사람을 '적'으로 보면 된다. 후자의 경우에는 잊지 말아야 할 것이 하나 있다. 자신을 제외한 모든 사람을 '적'으로 간주하는 후자의 방법은 일체의 부정이 없이 자신의 삶을 절대적으로 긍정하는 형식으로 구체화될 수 있는 것이다.

철학사를 살펴보면 모든 사람을 '동지'로 보는 입장을 취했던 대표자로는 서양의 경우 기독교를 창시했던 예수와 동양의 경우 겸애兼愛를 주장했던 묵자墨子를 생각해볼 수 있다. 반면 자신의 삶을 절대적인 긍정의 대상으로 삼은 대표자로는 서양의 경우 에피쿠로스나 슈티르너Max Stirner(1806~1856), 그리고 동양의 경우 양주나 장자가 있었다. 두 경우 모두 실현만 된다면, 국가라는 형식은 지상에서 사라질 것이다. 물론 그렇다고 해서 인간 공동체마저 아예 소멸되는 것은 아니다. 억압이 없는 공동체, 혹은 인문주의적 공동체가 국가를 대신할 테니 말이다. 그렇지만 이론적으로 인문주의적 공동체는 두 가지 형식을 가질 수 있다. 모든 사람을 동지로 보는 입장이 실현된다면, 그것은 '유위有爲의 공동체'가 될 것이다. 이와 달리 모든 사람을 적으로 보는 입장, 즉 자신의 삶을 긍정하는 입장이 실현된다면 '무위無爲의 공동체'가 도래할 것이다. 여기서 '유위'가 모든 사람이 동지일 수 있는 공동체를 의도하는 것이라면, '무위'란 그런 의도마저 없다는 걸 의미한다.

⑯

아감벤: "정치는 배제에 대한 공포를 우리 내면에 각인시킨다."

발터 벤야민은 1930년대 대부분을 파리 국립도서관에서 보내며 19세기 자본주의 혹은 모더니티의 중심지 파리를 연구한 적이 있다. 나치가 파리를 점령하는 시간이 임박해지자, 한때 독일에서 히틀러의 나치즘을 신랄하게 비판했던 유대인 철학자 벤야민은 서둘러 파리를 떠나야만 했다. 하지만 그는 프랑스와 스페인을 가로지르는 국경선이 폐쇄되자 절망하여 그곳에서 자살하고 만다. 불행한 것은 그의 죽음으로 그가 10여 년 동안 연구했던 방대한 자료들까지 함께 행방불명되었다는 점이다. 다행히도 이 자료들은 파리 국립도서관 바타유 서고에서 발견된다. 지혜롭게도 벤야민은 자신의 연구 자료들을 금기의 철학자 바타유에게 맡겨놓았던 것이다. 벤야민의 연구 자료들이 발견되는 데 가장 중요한 역할을 했던 철학자가 바로 아감벤Giorgio

프랑스 현대 미술관 '혼돈의 집 Abode of Chaos'에 있는 벽화. 아감벤은 슈미트의 적과 동지라는 논리보다 더 깊은 층위의 정치적인 것의 범주를 해명하려고 시도했던 셈이다. 적이 아닌 동지에 속해 있어도 정치적 존재로서 비오스는 항상 자신의 미래에 대해 불안할 뿐이다. 언제든 자신도 다시 벌거벗은 생명으로 돌아갈 수 있다고 보는 공포감 때문이다.

Agamben(1942~)이었다. 아감벤의 노력으로 1982년에 벤야민의 연구는 두꺼운 책 한 권으로 묶여 나왔는데, 그것이 바로 《아케이드 프로젝트》라는 책이다.

아이러니하게도 아감벤이 벤야민에게 큰 영향을 받은 부분은 자본주의에 대한 것이 아니라, 정치철학에 대한 관점이었다. 특히 법에는 폭력성이 불가피하게 내재해 있다는 취지의 작은 논문인 〈폭력비판을 위하여Zur Kritik der Gewalt〉, 그리고 정치적 예외상태는 결코 예외가 아니라 상례라는 점을 밝힌 〈역사의 개념에 대하여Über den Begriff der Geschichte〉라는 저술이 바로 아감벤의 정치철학을 가능하게 했던 중요한 기초가 되었다. 물론 이러한 벤야민의 통찰에 푸코의 생명정치론이 결합되어야 비로소 아감벤의 정치철학이 그

전모를 드러낼 수 있을 테지만 말이다. 이렇게 벤야민과 푸코의 정치철학적 통찰을 계승하면서 아감벤은 슈미트가 설정했던 '적과 동지'라는 범주를 대체하는 새로운 범주를 제안하여 '정치적인 것'을 정의하려고 시도한다.

> 서양 정치의 근본적인 대당 범주는 '동지 – 적'이 아니라 '벌거벗은 생명 – 정치적 존재', '조에zoë – 비오스bios', '배제 – 포함'이라는 범주쌍이다. 정치가 존재하는 것은 인간이 언어를 통해 자신에게서 벌거벗은 생명을 분리해내며, 그것을 자신과 대립시키는 동시에 그것과의 포함적 배제 관계를 유지하는 생명체이기 때문이다. —《호모 사케르Homo Sacer》

슈미트의 적과 동지라는 범주는 사람들 사이에서 설정될 수 있는 것이다. 반면 아감벤이 제안한 정치적 범주 '벌거벗은 생명과 정치적 존재'는 한 개체 차원에서 그어지는 범주, 혹은 개체를 분열시키는 범주라고 할 수 있다. 여기서 '벌거벗은 생명'이 정치적 보호를 받지 못하는 개체의 한 측면을 상징한다면, '정치적 존재'는 정치적 권리와 의무에 의해 보호되는 개체의 또 다른 측면을 상징하기 때문이다. 아감벤이 지적하고 있듯이 고대 그리스에서는 폴리스라는 정치공동체에 속할 수 없었던 사람들을 '조에'라고 불렀고, 반면 정치공동체에 속했던 사람들은 '비오스'라고 불렀다. 여기서 중요한 것은 '비오스', 즉 '정치적 존재'로 분류되는 사람이 가지고 있는 공포심이다. 그것은 언제든지 정치공동체에서 부여한 의무를 수행하지 못할 경우 '조에', 즉 '벌거벗은 생명'이 될 수 있다는 점에 대한 두려움을 가리킨다. '벌거벗은 생명'과 '정치적 존재', 혹은 '조에'와 '비오스'는 '포함적 배제 관계'에 있다고 이야기하면서 아감벤이 주목했던 것도 바로 이 점이었다.

이제 아감벤은 슈미트의 적과 동지라는 논리보다 더 깊은 층위의 정치적인 것의 범주를 해명하려고 시도했던 셈이다. 적이 아닌 동지에 속해 있어도 정치적 존재로서 비오스는 항상 자신의 미래에 대해 불안할 뿐이다. 언제든 자신도 다시 벌거벗은 생명으로 돌아갈 수 있다고 보는 공포감 때문이다. 그래서 개체는 자신의 내면에서 벌거벗은 생명의 힘이 분출되는 것을 감시하고 억제하려고 노력한다. 권력에 의한 자기 감시 혹은 자기 검열이 바로 이런 방식으로 작동하게 되는 것이다. 푸코의 흔적이 분명하게 엿보이는 대목이다. 해고의 위험에 몸을 사리는 노동자들처럼, 혹은 왕따가 되지 않기 위해서 스스로 먼저 왕따를 공격하는 입장을 취하는 아이들의 경우처럼 말이다. 바로 이것이 아감벤이 말한 '포함적 배제' 관계다. 정치적인 것의 범주를 새롭게 제안하면서 마침내 그는 근대 민주주의의 허구성에 비판의 칼날을 들이대기 시작한다.

> 만약 근대 민주주의에 고대 민주주의와는 구별되는 무엇인가가 있다면, 그것은 아마 근대 민주주의가 처음부터 조에의 권리 주장과 해방으로서 등장했으며, 끊임없이 벌거벗은 생명 그 자체를 하나의 삶의 방식으로 변형시키려 한다는, 즉 '조에의 비오스'를 찾아내려고 한다는 점일 것이다. 여기에 또한 근대 민주주의 특유의 아포리아가 존재하는데, 근대 민주주의는 인간의 예속화를 표시하고 있는 바로 그곳—'벌거벗은 생명'—에서 인간의 자유와 행복을 실현하려고 한다는 점이 바로 그것이다. ―《호모 사케르》

고대 그리스에서 '벌거벗은 생명'들은 항상 살해될 수 있었다. 그들은 폴리스 외부의 존재로 간주되었기 때문이다. 이 점에서 근대 민주주의는 고대 그리스의 민주주의와는 다르다고 할 수 있다. 근대 민주주의는 표면적으로는 '벌거벗은 생명'을 자신의 체제 내에 포섭하고 있기 때문이다. 이주자의 인권, 여성의 인권, 심지어는 애완견의 권리마저도 보호한다고 선전하고 있다. 아감벤이 말한 '조에의 비오스'의 모색은 이렇게 출현한다. 그러나 바로 이 순간 심각한 난점이 발생한다. '조에의 비오스'는 조에로 상징되는 인간의 예속화, 그리고 비오스로 상징되는 인간의 권리 주장을 모두 포함하는 개념이다. 결국 이주자지만 배타적 공동체의 성원으로 받아들여지고, 여성이지만 가부장적 공동체에서 동등한 성원으로 인정된다는 논리다. 바로 여기서 문제가 발생한다. 체제에 의해 권리가 주어졌기에 이주자나 여성은 그 권리를 언제든지 빼앗길 수 있다. 조에라는 지위도 체제가 규정하고, 비오스라는 권리도 체제가 부여했기 때문이다. 뺨 때리고 안아주는 전략도 이 정도면 예술의 경지에 이르렀다고 할 수 있다. 물론 아감벤의 지적처럼 근대 민주주의의 평등이란 이념은 '벌거벗은 생명'의 집요한 투쟁을 통해서 가능했던 것이다. 하지만 아쉽게도 '벌거벗은 생명'의 투쟁은 자신들을 '벌거벗은 생명'으로 만들었던 권력의 해체가 아니라 오히려 권력의 지배하에 들어가는 '자발적 복종'의 형식을 취하고 있다.

고대 민주주의에서 공동체 외부의 '벌거벗은 생명(조에)'과 공동체 내부의 '정치적 존재(비오스)' 사이에 그어져 있었던 적대 관계는 근대 민주주의에서는 외양을 달리하면서 등장한다. 적대 관계는 한 개체 내부에 그어진 '벌거벗은 생명'과 '정치적 존재' 사이의 적대 관계로 이행되었기 때문이다. 푸코의 말대로 개인들을 일종의 정치적 존재로 훈육하는 근대 민주주의가 도래한 것이다. 근대의 주체는 벌거벗은 생명이 되지 않기 위해서 매번 스스로를 검열하는 개체의 노력으로 구성된다. 사실 벌거벗은 생명에 대한 공포감이 개인들의 내면에 각인되어 있다면, 이러한 공포감을 현실화하는 일은 그리 어려운 일이 아닐 것이다. 슈미트의 적과 동지가 그렇게 쉽게 작동할 수 있었던 것도 결국 동일한 이유 때문이었을 것이다. 하지만 아감벤이 말한 것처럼 우리는 벌거벗은 생명, 즉 조에의 권리 주장과 해방의 잠재력을 완전히 잊어서는 결코 안 된다. 우리는 '벌거벗은 생명'에 대한 공포심을 이용해 그동안 정치권력이 제안해왔던 '정치적 존재'로의 유혹에서 벗어날 수 있어야만 한다. 물론 이것은 '벌거벗은 생명'에게는 너무도 가혹한 임무가 될지도 모른다. 하지만 내부에 숨어 있는 우리 자신의 이 같은 공포감을 극복하지 못한다면, 우리는 권력으로부터 당당한 주체, 벌거벗은 생명 자체에서 나오는 삶의 권력을 긍정하는 주체가 결코 될 수 없을 것이다.

대의제를 넘어서 민주주의로,
혹은 치안을 넘어서 정치로

《순수이성비판》에서 칸트는 물자체는 알 수 없고, 우리가 아는 것은 모두 표상일 뿐이라고 말했던 적이 있다. 칸트에게는 미안한 일이지만 20세기 이후 현대철학에서 표상이란 개념은 그야말로 난도질을 당하게 된다. 특히 대륙 철학에서는 데리다나 들뢰즈, 혹은 아도르노 등이 선두주자이고, 영미권 철학에서는 비트겐슈타인이나 로티가 대표주자라고 할 수 있다. 현대철학의 거장들은 예외없이 표상보다는 물자체를 긍정한다. 한마디로 억압된 물자체가 칸트에 의해 무시되었던 자기 자리를 되찾으려고 했던 것이다. 표상이 동일성의 논리에 지배된다면, 물자체는 차이와 타자의 논리를 따른다. 차이와 타자라는 개념의 부각은 지진과도 같은 전복성을 가지고 있다. 지금까지 튼튼한 대지 위에 있던 건물처럼 영원할 것만 같았던 표상은 흔들리고 균열되어 무너지기 직전에 이른 것이다.

잊지 말아야 할 것이 하나 있다. 표상의 위기가 현대철학의 성격을 규정한다면, 대표의 위기는 현대 정치의 본질을 강타하고 있다. 하긴 표상이 대표이고, 대표가 표상이기도 하니 어쩌면 당연한 귀결인지도 모를 일이다. '표상'을 뜻하는 현대 독일어 Vorstellung의 영어 번역어가 representation이라는 것을 생각해보라. 표상이면서 동시에 대표라는 뜻 아닌가. 실제로 이 말의 파생어 representative라는 말은 대표자를 의미하기도 한다. 한마디로 우리는 대의민주주의representative democracy가 위기에 봉착한 시대를 살고 있다는 것이다. 그러나 표상의 위기가 대표의 위기로 확산되었다고 생각해서는 안 된다. 오히려 사정은 정반대니까 말이다. 헤겔의 말대로 철학은 밤이 되어야 활동하는 미네르바의 올빼미처럼 현실을 반성하는 지적 활동이다. 한마디로 말해 철학은 뒷북을 치기 쉽다는 것이다.

1933년 3월 5일 독일의 총선거가 아마 대의민주주의의 위기를 상징하는 사건이라고 할 수 있다. 총선 결과 독일에서는 바이마르공화국이 막을 내리고 20세기를 피로 물들이게 되는 나치가 권력을 잡게 된다. 민주주의의 상징이라고 할 수 있는 대표를 뽑는 선거에서 독일 국민은 반민주주의를 결정했던 것이다. 물론 이것은 대표자가 되려고 했던 히틀러와 나치당의 선동에 독일 국민이 휘말려서 생긴 일이라고 할 수 있다. 대표자가 피대표자를 대표하기보다는 피대표자에게 환각을 심어주었던 것이다. 어쨌든 민주주의의 가능성을 지키려면 우리는 '대의제=민주주의'라는 공식 자체를 의심해야만 한다. 심지어 대의제는 민주주의를 왜곡시킬 수 있는 위험한 제도라는 자각도 동시에 이루어져야 할 것이다. 결국 모든 것은 대의제에 의해 선출된 대표가 시민들을 대표하지 못해서 생긴 현상이다. 아니 대표하지 못하는 정도가 아니라, 대표자의 권력으로 피대표자의 민주주의 의지를 훼손하고 왜곡하고 방해하기까지 한다고 말해도 좋을 듯하다.

히틀러가 대표자로 선출된 1933년 3월 5일은 대표자는 피대표자를 반영하지 못한다는 사실, 심지어 대표자는 피대표자의 정신과 삶을 파괴할 수도 있다는 사실이 확인된 날이다. 대의제 자체의 위기, 즉 대표의 위기가 백일하에 드러난 셈이다. 20세기 중반 서양을 휩쓸었던 해체주의, 혹은 포스트모더니즘의 사유 경향은 대의제의 위기를 철학적 사유에서 확인했던 것이다. 철학을 위기에 빠뜨린 표상주의를 해체하자! 당연히 이것은 물자체를 사유에 담으려는 시도로 이어졌다. 물자체를 타자라고 해도 좋고 차이라고 해도 좋다. 나의 표상에 포착되기 힘든 이런 타자적 계기를 수용한 사유는 아마도 들뢰즈에서 정점을 찍었다고 해야 할 듯하다. 그리고 이번에는 정치철학적 사유에도 반향을 일으키게 된다. 그것은 바로 대의제가 아니라, 직접민주주의를 어떻게 관철시킬 것이냐는 논의다. 구체적으로 말해 대표자에 의해 억압되고 소외되었던 피대표자의 목소리를 어떻게 정치의 장에 울려퍼지게 하느냐의 문제를 고민하게 되었다는 것이다. '벌거벗은 생명'에 대한 아감벤의 고민도 바로 이런 맥락에서 나온 것이다.

아쉽게도 대의제를 선택하고 있는 우리나라나 서양에서는 아직도 히틀러적 현상이 반복되고 있다. 권력의지를 가진 기득권층들은 선거를 통해 시민들의 정신을 혼미하게 만들어 대표자가 되는 데 혈안이 되어 있다. 그러고는 대다수 시민들, 자본주의 사회를 구성하는 대다수의 노동자들의 뜻을 반영하기보다는 자본주의와 국가권력의 이익을 대변하는 법률들을 입법한다. 정말 놀랍지 않은가? 피대표자들의 뜻을 반영한다고 공약을 남발하지만, 대표자들은 자신들의 계급적 이익을 위한 입법활동을 거침없이 시도하고 있으니 말이다. 이것이 나치 독일과 무슨 차이가 있다는 말인가? 그러나 행정부의 수장이나 국회에서는 다수결이라는 민주주의 제스처를 통해 오늘도 법을 통과시킨다. 그리고 이렇게 통과된 법은 '합의'에 의해 탄생한 것이라고 선전한다. 그러나 시민들 대다수는 도대체 무슨 법이 통과되었는지, 그리고 그 법이 어떻게 자신들의 삶에 영향을 미치는지 알기가 어렵다. 대의제가 계급독재나 입법독재로 변질된 셈이다. 아니 이것은 정확한 진단이 아닌지도 모른다. 대의제 자체의 본질에는 계급독재와 입법독재가 함축되어 있었다고 하는 것이 더 옳은 평가일지도 모른다.

대의제가 가장 이상적인 정치 형식이라고 확신했던 존 스튜어트 밀John Stuart Mill(1806~1873)마저도 가장 경계했던 것이 계급입법class legislation 아니었던가? 그의 주저 《대의정부론Considerations on Representative Government》의 한 대목을 읽어보자. "다른 모든 정부 형태에서도 마찬가지지만, 권력을 가진 자들이 사악한 이익에 몰두한다는 사실이 민주주의에 내재한 가장 큰 위험 중 하나가 된다. 다른 말로 하면 무엇보다도 계급입법, 즉 정부가 일반 이익에 장기간 해를 끼치면서 지배계급의 눈앞의 이익을 충족시키려고 획책하는 것(실제로 그런 효과를 거둘 수 있는지는 두고 보아야 한다)이 가장 심각한 경계 대상이 되는 것이다. 그러므로 최선의 대의정부를 구성하고자 할 때 이 같은 해악을 어떻게 효율적으로 제어하느냐가 첫째 과제가 된다."

집중된 권력을 가진 대표자가 존재하는 한, 그들이 선거로 선출된 대표자든 아니면 왕위를 계승한 대표자든 간에 지배계급의 이익을 대변하는 계급입법은 불가피한 일이다. 결국 밀은 착각한 것이다. 그의 생각처럼 계급입법은 대의제의 부수 효과가 아니라, 대의제 자체의 목적이었다고 해야 한다. 다시 말해 피지배자의 뜻인 양 계급입법을 하려고 고안된 제도가 대의제였던 것이다. 이미 이것은 홉스와 루소 이후 사회계약론이 예견했던 것 아닌가. 시민들이 투표로 자신들의 권리를 대표에게 양도한다는 논리 말이다. 자신의 권리를 양도했으니, 시민들은 권리가 없어진 것이다. 반대로 권리를 양도받았으니, 대표자는 비대한 권력을 가진 지배자가 된 것이다. 투표라는 제도가 들어와 있다는 외면상의 차이에도 불구하고, 대표자는 논리적으로 임기 동안 거의 절대적인 권력을 행사할 수 있다. 아나키스트들이 대의민주주의를 "독재자를 뽑을 수 있는 권리Right to elect a dictator"라고 조롱했던 것도 다 이유가 있었던 셈이다.

만일 대의제가 민주적인 제도라면, 항상 대표자를 피대표자가 회수recall할 수 있어야만 한다. 이것은 대표자의 임기 동안에도 피대표자가 자신의 권리를 양도하지 않았다는 걸 전제해야만 한다. 이 경우 놀라운 이율배반이 발생한다. 대표자를 회수할 수 있다는 것은 논리적으로 선거 때 피대표자들이 자신의 권리를 양도하지 않았다는 걸 의미한다. 당연히 대표자의 과도한 권력 남용은 발생할 수 없다. 이럴 때 사회계약론뿐만 아니라 대의제도 자체가 그 정당성을 상실하고 만다. 반대로 사회계약론과 대의제를 신봉한다면, 우리는 대표자에게 피대표자들의 권리가 집결되었다는 걸 인정하고, 대표자의 임기를 철저히 보장해야만 한다. 그러나 이 순간 계급독재와 계급입법을 막을 방법은 사라지고, 민주주의가 허울뿐인 미사여구로 전락하게 된다. 불행히도 우리나라나 서양 대부분의 국가는 대의제를 밀어붙이고 있다.

대의제에 무게를 두면 둘수록 민주주의의 가치는 훼손되는데도 말이다.

투표가 아니더라도 시민들은 광장에 모여 대표자를 반대하는 시위를 할 수 있다. 그러나 체제는 다양한 하위 법률들로 시위의 권리 자체를 무력화시키려고 한다. 우리의 경우 '도로교통법', 혹은 '집회 및 시위에 관한 법률' 등이 그것이다. 그리고 동시에 체제는 오직 선거와 투표가 민주주의의 꽃이라는 논리를 시민들의 뇌리에 주입시키려고 한다. 그러니까 현대의 지배체제는 민주주의라는 외양은 갖고는 있지만, 대의제로 계급독재를 관철하려 한다고 정의할 수도 있다. 대의제로 계급독재를 꿈꾸는 지배계급은 매스컴과 대학 등 담론을 지배하고 있다. 이를 통해 그들은 선거가 민주주의의 꽃이라는 논리, 그리고 자신들이 임기 중에 제정한 법률은 반드시 지켜야 민주시민이라는 논리도 최면제처럼 사회에 유포시킨다. 물론 그들은 법률이 마음에 들지 않으면 다음 선거 때 새로운 대표자를 뽑아 개정하면 된다고 주장하면서, 짐짓 대의제가 얼마나 합리적이고 민주적이냐는 기염을 토하기까지 한다.

그러나 현실은 어떤가? 새로운 선거가 다가오면 입후보자들은 모두 계급독재에 맞는 사람들로 공천되고, 시민들은 또 울며 겨자 먹기 식으로 질적으로 다르지 않은 후보들 중 한 명에게 투표를 하게 될 것이다. 마치 민주시민인 것처럼 말이다. 당연히 제정된 법률이 폐기되는 경우는 거의 없다. 제정된 법률이 폐기되는 것은 현실적으로는 거의 불가능하지만 이론적으로는 충분히 가능하다. 거의 불가능하지만 정말로 제정된 법률이 폐기되는 사건이 벌어진다고 해도 더 큰 문제가 남는다. 이미 대표자의 임기 동안 제정된 법률은 계급 이익을 충분히 달성했을 테니 말이다. 더군다나 새로운 법률들을 만들어도 여전히 계급입법일 가능성이 상당히 농후하다. 물론 또 지배계급의 논리라면 우리는 다시 대표자의 임기가 끝나기를 기다려야만 할 것이다. 결국 바뀌는 것은 하나도 없다. 당연히 투표율은 점점 떨어질 것이고, 정치에 대한 무관심이 시민들 사이에서 독가스처럼 퍼져갈 것이다.

이것이 민주주의 사회인가? 시민들이 계급독재와 계급입법의 거수기 노릇을 하는 것이 과연 민주주의 이념이 관철되는 사회라고 할 수 있을까? 나치 독일 이후 현재까지 모든 인문주의적 정치철학자들의 속앓이는 바로 여기에서 시작된다. 결국 선거는 민주주의의 꽃이 아니라, 시위가 민주주의의 꽃이었던 셈이다. 아니 정확히 말해 시민들이, 혹은 피대표자들이 대표자를 찾기보다는 스스로 목소리를 높일 수 있는 시위야말로 민주주의의 심장이었던 셈이다. 그러니 현대 정치철학자들은 선거보다 시위, 혹은 대표자의 선출보다 대표자의 소환, 혹은 대표자의 권력 보장보다 대표자의 권력 통제가 민주주의 가치를 실현하는 핵심이라고 주장했던 것이다. 대의제가 아니라 민주주의를 관철하려고 고민했던 가장 대표적인 정치철학자가 랑시에르Jacques Rancière(1940~)다.

랑시에르는 대의제가 아니라 민주주의를 관철하려고 고민했던 가장 대표적인 정치철학자다. 그는 어떻게 하면 민주주의의 꽃이 선거라고 주장하는 대의제로부터 민주주의의 가치를 지키고 실현할 수 있을지를 고민했다.

랑시에르는 1996년 10월 볼로냐의 그람시 연구소에서 민주정치에 대한 지금까지의 성찰을 11개의 테제로 정리해서 발표했던 적이 있다. 11가지 테제는 1997년 2월 철학 잡지 《피로조프스키 베스트니크Filozofski Vestnik》에 10개로 다시 정리되어 〈정치에 대한 열 가지 테제10 Thèses sur la Politque〉로 발표된다. 이 글은 2001년에 잡지 《이론과 사건Theory & Event》에 〈Ten Theses on Politics〉로 번역되기도 했다. 이 테제들로 랑시에르는 대의제의 허구성을 폭로하고 민주주의를 숙고하고 있다. 어떻게 하면 계급독재와 계급입법의 도구인 대의제, 민주주의의 꽃이 선거라고 주장하는 대의제로부터 민주주의의 가치를 지키고 실현할 수 있을까? 이런 고뇌가 랑시에르의 테제들에 절절하게 녹아 있다. 10가지 테제 중 일곱 번째 테제를 먼저 보자. 그 테제는 이렇게 시작된다. "정치politique는 분명히 치안police과 대립한다."

고대 그리스 아테네의 민주주의는 폴리스라는 공간에서 번성했다. 여기에서 유래한 두 가지 말이 있다. 하나는 정치를 의미하는 '폴리티크'이고 하나는 치안을 의미하는 '폴리스'다. 계급입법으로 탄생한 '도로교통법', 혹은 '집회 및 시위에 관한 법률'에 따라 행정부, 특히 경찰은 시위를 지체시키거나 방해하거나 혹은 와해시킨다. 이것이 바로 '치안'이다. 대의제는 치안이 바로 민주주의의 유일한 실현이라고 강변한다. 시민들이 대표를 뽑고, 대표들이 '도로교통법', 혹은 '집회 및 시위에 관한 법률'을 제정했으니, 이런 법률들은 시민들이 만든 것이라는 억지 논리다. 결국 대의제가 계급입법에 이어 입법독재의 마수를 드러내는 대목이다. 이 논리에 걸리는 순간, 어떤 사회라도 민주주의, 즉 정치는 사라지고 만다. 이것이 바로 랑시에르의 주장이었다. 그렇다면 이런 상황에서 민주주의, 혹은 정치를 어떻게 관철시킬 수 있을까?

여덟 번째 테제가 그 실마리가 될 수 있다.

"정치의 중요 기능은 자신의 고유한 공간을 짜는 데 있다. 그것은 정치 주체의 세계와 정치 작용의 세계를 드러내는 데 있다. 정치의 본질은 두 세계를 하나의 세계에 현재하도록 만듦으로써 불일치dissensus를 현시하는 것이다." 조금 어렵다면, 이 여덟 번째 테제에 대한 랑시에르 본인의 해설 부분을 읽어보자. "'그냥 지나가시오! 여기에는 아무것도 볼 것 없어!' 치안은 도로 위에 볼 것이 아무것도 없으며, 거기에서는 그냥 지나가는 것 말고는 달리 할 것이 없다고 말한다. 치안은 통행 공간이 그저 통행 공간일 뿐이라고 말한다. 정치는 이 통행 공간을 한 주체—인민, 노동자, 시민—가 드러나는 공간으로 변형하는 것으로 이루어진다. 정치는 공간의 모양을 바꾸는 것, 곧 거기에서 할 것이 있고 볼 것이 있으며, 명명할 것이 있는 것으로 바꾸는 것으로 이루어진다."

경찰이 막고 있는 도로가 바로 치안과 정치가, 혹은 대의제와 민주주의가 극명하게 대립해서 불꽃이 일어나는 현장이다. 계급독재가 도로라고 규정하는 공간을 시위하는 공간으로 바꾸는 것, 랑시에르가 말한 정치는 혹은 민주주의란 바로 이런 결단이자 실천이었던 것이다. 만일 경찰의 말대로 시위 공간을 도로라고 받아들이는 순간, 우리는 대의제라는 계급독재의 지배를 받는 피통치자로 전락한다. 반대로 도로를 시위 공간으로 만드는 순간, 우리는 계급독재에 저항하는 민주시민이 된다. 바로 이 정치적 결단이 중요하다. 체제의 노예로 살 것인가? 아니면 주인으로 살 것인가? 마르크스의 표현을 빌리자면 "바로 여기가 로도스다. 여기서 뛰어보라!Hic Rhods, hic salta!"

2

동양철학

사랑은 어떻게 실현되는가?

공자

VS

묵자

공자가 주장했던 사랑은 보편적인 것이었나?

타자와의 소통은 기본적으로 나와 타자 사이에 간극이 있음을 전제로 하는 개념이다. 나와 타자를 가로막고 있는 깊은 간극을 이해할 때 비로소 타자와의 소통이란 것도 의미가 있을 것이다. 하지만 나와 타자 사이를 가로막은 심연을 건너뛰려는 결단과 용기를 갖는다는 것은 결코 쉬운 일이 아니다. 타자에게로 건너가려는 자신의 시도가 반드시 성공한다는 보장이 전혀 없을 뿐만 아니라, 어느 경우 위험을 감수해야 하기 때문이다. 바로 이런 점에 소통이라는 개념이 함축하는 심각한 의미가 놓여 있다고 볼 수 있다. 공자孔子(BC 551~BC 479)라는 인물이 중국 철학사에서 중요한 위상을 차지하게 된 것도 바로 이 때문이다. 그는 나와 타자 사이의 길道, 즉 소통의 방법에 대해 가장 먼저 진지하게 숙고했던 인물이었던 것이다.

> 자공子貢이 물었다. "평생에 지침이 될 만한 한 말씀이 있겠습니까?" 공자가 대답했다. "서恕일 것이다. 자신이 원하지 않는 것을 남에게도 행하지 말라己所不欲, 勿施於人!"
> —《논어論語》, 〈위령공衛靈公〉

자공이란 제자는 공자에게 평생 동안 시금석이 될 만한 가르침을 청했다. 그러자 공자는 '서'라는 하나의 행위 원리를 제안한다. 후대의 사람들은 이 '서'라는 한자를 '같다如'와 '마음心'의 두 글자로 분석하여 이해하기도 했다. 다시 말해 "타인의 마음을 나의 마음과 같다고 생각하는 것"이 곧 '서'의 의미라는 것이다. 인용문에서처럼 공자의 말에 따르면 서라는 원리는 "자신이 원하지 않는 것을 남에게도 행하지 말라"라는 명령으로 간략하게 정리할 수 있다. 그런데 여기서 우리가 주목해봐야 할 것은 "자신이 원하지 않는 것 己所不欲"이라는 표현이다. 이 표현 안에는 공자가 강조하려고 했던 주체의 자기반성의 역량이 함축되어 있다고 볼 수 있다. 다시 말해 주체가 자신을 반성하지 않는다면, 즉 '자신이 원하는 것'이 무엇인지에 대해 먼저 반성해보지 않는다면, 이 요구는 아무런 의미도 없을 것이다. 그런데 바로 여기서 주체로 하여금 반성을 하도록 만들었던 타자라는 존재에 대해 생각해볼 필요가 있다. 다시 말해 타자와 만났기 때문에, 그리고 그에 대해 생각 없이 행동할 수는 없기 때문에, 공자는 '자신이 원하는 것'을 먼저 성찰해봐야 한다고 주장했던 것이다.

하지만 얼마 지나지 않아 곧 장자莊子(BC 369~BC 289?)라는 철학자가 등장하게 된다. 중국 철학사에서 장자라는 인물의 중요성은 그가 바로 공자 사유의 핵심, 즉 서의 논리를 집요하게 문제 삼았다는 데 있다. 물론 이것은 장자가 관념 속에서 정립된 타자가 아니라, 삶에서 마주칠 수밖에 없는 진정한 타자를 새롭게 이해했기 때문에 가능한 일이었다. 이 점을 가장 분명하게 보여주는 사례가 바로 '바닷새 이야기'라고 불리는 다음의 에피소드이다.

너는 들어보지 못했느냐? 옛날 바닷새가 노나라 서울 밖에 날아와 앉았다. 노나라 임금은 이 새를 친히 종묘 안으로 데리고 와 술을 권하고, 아름다운 궁궐의 음악을 연주해주고, 소와 돼지, 양을 잡아 대접하였다. 그러나 새는 어리둥절해하고 슬퍼하기만 할 뿐, 고기 한 점 먹지 않고 술도 한 잔 마시지 않은 채 사흘 만에 결국 죽어버리고 말았다. 이것은 자기와 같은 사람을 기르는 방법으로 새를 기른 것이지, 새를 기르는 방법으로 새를 기르지 않은 것이다.　　－《장자莊子》,〈지락至樂〉

앞서 공자가 강조한 행위 원리를 더 적극적으로 표현하면, "자신이 원하는 것을 남에게 행하라"라는 말로 바꿔볼 수 있을 것이다. 하지만 바로 이점을 문제 삼으면서 장자는, 가령 공자의 원칙이 타당하려면 '자신이 원하는 것'과 '타자가 원하는 것'이 항상 동일해야 한다고 지적한다. 하지만 어떻게 내가 원하는 것을 상대방도 똑같이 원할 수 있겠는가? 나아가 내가 원하는 것이 상대방이 원하는 것과 같다면, 자신이 원하는 것이 무엇인지를 우리가 성찰할 필요가 있을까? 어차피 나의 호오好惡는 상대방의 호오와 동일한 것일 텐데 말이다. 바로 이런 의문점들 때문에 장자는 에피소드 하나를 만들어 공자의 사유를 조롱했던 것이다. 우연히 만난 바닷새를 노나라 임금은 자신의 가까이에 두려고 했다. 그래서 자신이 가장 좋다고 생각한 많은 것을 기꺼이 새에게 주고 경험하도록 했다. 하지만 결과는 오히려 새를 죽음으로 몰고 가는 데 이르고 말았다. 장자는 만약 공자의 말대로 자신이 진정으로 원하는 것을 상대방에게 베풀어주어도 이런 비극적 결과가 초래될 수 있다는 점을 경고하려고 했던 것이다.

장자는 노나라 임금의 경우를 비유로 들면서 공자와는 다른 새로운 유형의 행동 원리를 제안한다. 그것은 공자처럼 "자신이 원하지 않는 것을 남에게도 행하지 말라"는 원리가 아니라 "남이 원하지 않는 것을 남에게 행하지 말라"는 원칙으로 정리할 수 있겠다. 자신이 원하는 것으로 상대를 대하지 말고 오히려 나는 원하지 않더라도 상대가 정말 원하는 것으로 그를 대우하라는 말이다. 진정한 사랑은 바로 이런 것 아닌가? 사랑하는 사람이 원하는 것이 무엇인지 알고, 비록 그것이 자신이 원하는 것이 아닐지라도 그것을 기꺼이 하는 것, 그것이 바로 사랑이니 말이다. 장자의 비판을 통해 우리는 공자 사상이 가진 가능성과 한계를 아울러 직감할 수 있다. 그의 위대함이 타자에 대한 감수성에 있었다면, 그의 한계는 그가 제안한 행위 원리가 타자에 대한 그의 감수성에 걸맞지 않게 폭력적인 결과를 초래할 수도 있다는 데 있었다. 그렇다면 공자가 제안했던 최고의 가치, 즉 인仁이란 덕목도 결국 이런 한계를 가지고 있는 개념이 아니었을까?

흔히 공자가 강조한 인 개념은 보편적인 사랑을 의미한다고 이해되어왔다. 예수Jesus Christ(BC 4?~30)의 사랑이나 싯다르타Gautama Siddhārtha(BC 563?~BC 483?)의 자비慈悲, maitri-karuṇa와 상호 비교되면서 말이다. 이 때문에 공자는 예수 그리고 싯다르타와 함께 인류 3대 성인으로 불리게 되었는지도 모른다. 하지만 우리는 공자의 인 개념을 엄격하게 비판하면서 등장한 묵적墨翟(BC 470?~BC 390?)이란 철학자의 주장을 함께 기억해둘 필요가 있다. 그는 겸애兼愛, 즉 "모든 사람을 사랑하자"라는 슬로건으로 유명했던 사상가였다. 만약 공자의 인이 당시에 이미 보편적인 사랑을 의미했던 것이라면, 묵적의 슬로건은 세상 물정을 모르는 멍청한 자의 주장에 불과했을 것이다. 바로 얼마 전에 모든 사람을 사랑하자는 의미의 인을 주장한 공자라는 인물이 있었는데, 그가 왜 다시 동일한 슬로건인 겸애를 주장하면서 공자의 한계를 비판하려고 했겠는가? 이런 의문을 가져본다면 오히려 당시 공자의 인개념이 오늘날 우리가 생각하는 것과는 다른 맥락을 강조하고 있었던 것이 아닌가 추측해볼 수 있다. 그렇기에 묵자라는 인물이 공자가 주장한 덕목의 한계를 비판하면서 보편적 사랑으로서 겸애를 주장할 수 있었을 것이다. 그러면 공자의 인이라는 개념에는 어떤 의미가 있었고, 묵자는 공자의 어떤 점을 문제 삼았던 것인지 좀더 구체적으로 살펴보도록 하자.

⑮

공자: "지배층의 화목이 사회 전체의 화목을 가능하게 한다."

기독교가 처음 동양에 들어왔을 때 가장 결정적인 역할을 한 것은 마테오 리치Matteo Ricci(1552~1610)와 그의 책 《천주실의天主實義》였다. 당시 유학 사상을 신봉하던 동양 사람에게 기독교는 이질적인 사유 전통일 수밖에 없었다. 유학 전통에 따르면 인간은 누구나 살아 있을 때 이상적인 인격, 즉 성인聖人이 될 수가 있다. 그렇지만 기독교는 인간은 스스로의 힘으로 이상적인 인격에 도달할 수 없다고 이야기한다. 인간은 신의 감시와 심판을 받는 열등한 존재이기 때문이다. 기독교와 유학 사상 사이의 이런 간극을 미봉하기 위해서 마테오 리치는 기발한 전략을 선택한다. 그 핵심은 기독교의 핵심 범주인 '사랑'을 '인仁'이란 유학 개념으로 번역했다는 데 있다. 동양 사람에게 공자와 그의 어록인 《논어》는 절대적인 권위를 행사하고 있다는 현실적 판단 때문이었다. 마테오 리치는 공자의 권위를 빌려 기독교를 선교하려고 했던 것

공자가 강조했던 인이란 덕목은 보편적 사랑이 아니라, 귀족계급 내부의 애정 혹은 상호 간의 배려 정신이었다. 인과 함께 공자 사상의 핵심인 또 다른 개념인 예라는 개념에도 귀족계급을 편애하는 공자의 속내가 유사하게 반영되어 있다.

이다. 바로 이 순간 '인'이란 유학 범주에 '사랑'이란 의미가 강하게 덧씌워지게 된다.

하지만 과연 '인'이란 용어는 '사랑'이란 개념으로 번역 가능한 것이었을까? 이것을 확인하기 위해서 우리는《논어》에서 '애인愛人'이란 말이 어떤 용례로 사용되고 있는지 먼저 검토해볼 필요가 있다.

공자가 말했다. "천승의 국가를 다스릴 때에는, 일을 공경히 하여 신뢰가 있어야 하며, 쓰는 것을 절약하여 애인愛人해야 하며, 사민使民할 때는 철時에 맞게 해야 한다." ―《논어》, 〈학이學而〉

여기서 우리는 공자가 인간을 가리키는 두 종류의 개념을 별도로 사용하고 있다는 사실을 확인할 수 있다. 하나는 '애인'이라고 할 때의 '인'이고,

다른 하나는 '사민'이라고 할 때의 '민'이다. 자전을 넘겨보면 'ㅅ'이란 한자는 '사람 인'으로, 그리고 '民'이란 한자는 '백성 민'으로 풀이되어 있다. 따라서 이에 근거하면 '애인'이란 표현은 '사람을 사랑한다'는 뜻이 되고, '사민'이란 표현은 '백성을 부린다'는 의미가 된다. 이런 맥락에서 보면 공자의 의식 속에는 두 종류의 사람이 구분되어 있었던 셈이다. 하나가 '인'이라고 불리는 사람들로서 마땅히 사랑받아야만 하는 존재라면, 다른 하나는 '민'이라고 불리는 사람들로서 다른 이에게 부림을 받아야 하는 존재들이었다. 그런데 사실 이와 같은 공자의 차별적 인간관은 그가 살았던 춘추시대春秋時代의 문헌들을 살펴보면 너무도 당연했던 것임을 알 수 있다.

당시 몇몇 문헌들을 살펴보면 '노인魯ㅅ' '진인晉ㅅ' '제인齊ㅅ'이라는 용어들은 각각 '노나라의 지배층' '진나라의 지배층' '제나라의 지배층'을 가리키고 있다. 반면 '노민魯民' '진민晉民' '제민齊民'이란 용어들은 각각 '노나라의 피지배층' '진나라의 피지배층' '제나라의 피지배층'을 가리키는 것이었다. 그리고 각 국가에서 '인' 계층들은 자신들 스스로를 '국인國ㅅ'이라고 불렀다. 지배층이었던 국인들은 제후를 필두로 해서 국가의 군사, 제사, 외교 문제 등을 장악했고, 아울러 그 국가의 민과 토지를 모두 지배하고 있었다. 민은 국가의 토지를 경작하는 직접 생산자였는데, 사료를 살펴보면 민과 토지는 이미 국인의 소유물로 간주되고 있었다. 이처럼 각 제후국은 '인ㅅ'이 '민民'을 지배하는 차별적 정치구조를 분명한 형태로 실현하고 있었던 것이다.

그렇다면 방금 읽어본《논어》〈학이〉 편에 등장하는 구절, 즉 "쓰는 것을 절약하여 애인해야 하며, 사민할 때는 철에 맞게 해야 한다"라는 공자의 말은 다음과 같이 번역할 수 있다. "쓰는 것을 절약하여 국인들을 사랑해야 하며, 민중을 부릴 때는 철에 맞게 해야 한다." 결국 공자가 강조한 '애인'이란 우리가 예상하는 '인간에 대한 보편적 사랑'을 의미했던 것이 아니라는 걸 알 수 있다. 그가 강조했던 것은 '지배층 내부에만 국한되는 특수한 형태의 사랑'에 불과했기 때문이다. 인과 애인 사이의 관계를 더 분명하게 밝히기 위해서 공자와 번지樊遲라는 그의 제자 사이에 있었던 대화를 잠시 읽어보도록 하자.

> 번지가 인仁에 대해 물었다. 공자는 "인人을 사랑하는 것"이라고 말했다.
> 지혜로움知에 대하여 묻자, 공자는 "인人을 알아보는 것"이라고 말했다.
> 번지가 잘 알아듣지 못하자 공자는 말했다. "정직한 사람을 등용하여
> 바르지 못한 사람 위에 놓으면, 바르지 못한 사람도 정직하게 만들 수
> 있다."
> 　　　　　　　　　　　　　　　　　　　　　　　　－《논어》, 〈안연顏淵〉

　　아직도 많은 사람은 바로 이 구절에 근거해서 공자의 인仁이 사람들에
대한 보편적인 사랑을 가리킨 것이었다고 이해하고 있다. 하지만 공자가 말
한 인人이 한정된 사람들, 즉 지배계급의 특정한 사람들만을 가리키는 것이
었음을 상기하면 의미가 좀 달라진다. 공자의 인仁은 지배계급 내부에서 이
루어지던 정서적인 상호 배려라는 정도의 의미를 갖던 것이기 때문이다. 인
이 한정적인 의미를 갖는다는 점은, 지혜로움이란 "인人을 알아보는 것"이라
는 공자의 말에서도 간접적으로 확인될 수 있다. 이어지는 부연 설명에서 공
자는 자신이 말한 인人이 기본적으로 관직에 등용될 수 있었던 지배계급을
가리킨다는 사실을 밝히고 있기 때문이다. 그렇다면 이제 우리는 "민중民은
따라오도록 하면 되지 알게 해서는 안 된다"(《논어》, 〈태백泰伯〉)라고 말했던 공
자 말의 의미에 대해서도 더 이상 고개를 갸우뚱거릴 필요가 없다. 그에게
민民 일반이란 인人과는 전혀 다른 지배의 수동적 대상을 가리키던 존재였
기 때문이다.

　　따라서 공자가 당시 강조했던 인仁이란 덕목은 보편적 사랑이 아니라,
귀족계급 내부의 애정 혹은 상호 간의 배려 정신이었다는 것을 알 수 있다.
사실 이 점은 인仁이란 글자의 부수로 귀족계급을 상징하는 인人이란 글자
가 사용되고 있다는 점에서도 확인되는 것이다. 한편 인仁과 함께 공자 사상
의 핵심인 또 다른 개념, 즉 예禮라는 개념에도 귀족계급을 편애하는 공자의
속내가 유사하게 반영되어 있다. 공자의 추종자들이 예의 종류와 그 의의를

기록해두었던 《예기禮記》라는 책을 보면 다음과 같은 흥미로운 구절 하나가 등장한다.

예는 서민들에게까지 적용되지 않고, 형벌刑은 귀족들에게는 적용되지 않는다.   -《예기》, 〈곡례曲禮〉 상편

공자가 이상으로 숭배했던 주周나라는 단순히 예만으로 사회질서를 유지했던 것은 아니었다. 주나라에는 수많은 형벌도 함께 존재했기 때문이다. 기본적으로 예가 지배 귀족 사이의 위계질서를 유지하고 통치계급 내부의 분열을 막기 위해 사용된 것이었다면, 형벌은 평민을 비롯한 피지배층을 통치하는 수단으로 사용되던 것이었다. 형벌은 결국 육체적인 형벌로 적용되었다. 다시 말해 피지배층이 사회질서를 어지럽혔을 때 지배층은 그들에게 매우 잔혹한 육체적 형벌을 가했던 것이다. 그 육체적 형벌에는 죄의 경중에 따라 얼굴에 문신을 새기는 것, 코를 자르는 것, 생식기를 잘라내는 것, 발뒤꿈치를 잘라내는 것, 아니면 사지를 찢어 죽이는 것 등, 우리가 상상하기 어려운 온갖 종류의 가혹한 방법들이 동원되고 있었다. 《예기》에 따르면 피지배층들이 육체적 형벌을 받는 조항은 무려 3,000가지 이상이나 되었다고 한다.

공자에게는 문화와 문명의 상징으로 간주된 주나라에 이처럼 반문화적이고 반문명적인 육체적 형벌들이 다수 존재했다는 점이 우리를 당혹스럽게 만들지도 모르겠다. 그러나 공자가 강조했던 예는 이와 같은 잔혹한 육체적 형벌과는 판이하게 달랐다. 지배 귀족 내부에는 군주와 신하, 부모와 자식, 형과 동생 간의 위계와 서열이 있었고, 이에 따라 의복, 음식, 거주, 상례, 결혼 등에 적용되는 '예'라는 행위규범이 다양하게 실행되고 있었다. 흥미로운 점은 어떤 귀족이 '예'를 어겼을 경우, 그에 대한 처벌은 단지 정신적 형벌에 불과했다는 점이다. 그러나 정신적 형벌은 말이 형벌이지, 사실상 동료 귀족들의 나쁜 평판 그리고 그에 수반되는 수치심을 느끼는 정도에 지나

지 않았다. 한마디로 '예'를 어기는 경우 귀족에게는 처벌이랄 것도 없는 경고와 개인 반성 정도의 조치가 취해졌던 셈이다.

⑯

묵자: "일체의 차별 없이 모든 사람을 아끼고 도와야 한다."

공자를 추종했던 유학자들, 특히 맹자孟子(BC 372?~BC 289?)와 같은 유학자는 공자의 사상을 인의仁義라는 말로 정리하기도 했다. 그런데 여기서 인이 지배계급 내부의 상호 배려로서 '애정'을 의미한다면, 의는 지배계급의 관습적 에티켓인 예절禮에 맞는 행위들의 '합당함'을 의미하는 것이었다. 그래서 지배계급 내부에서 인과 의는 각각 정서적 유대의 측면과 형식적 예절의 측면을 나타내는 것이었다고 볼 수 있다. 그런데 이처럼 특정 계급에 한정되어 있던 인과 의라는 슬로건을 계급 구별을 넘어 모든 인간에게 보편적으로 확장시킬 수는 없을까? 우리가 살펴볼 묵적이라는 철학자, 즉 묵자墨子의 속내는 바로 이 점에 있었던 것이다. 그가 '겸兼'과 '교交'라는 글자를 수없이 반복해서 사용했던 것도 어찌 보면 당연한 일이었다고 할 수 있다. 이 두 글자는 공자가 말한 차별적인 애정에 대해 모두 '차별이 없음', '두루 아우름' 혹은 '상호 관계' 등의 의미를 부각시키려고 했던 것이기 때문이다.

> 세상 사람들이 모두 서로 사랑하지 않는다면, 강자는 반드시 약자를 핍박할 것이고, 부자는 가난한 자를 업신여기며, 신분이 높은 자는 비천한 자를 경시할 것이고, 약삭빠른 자는 반드시 어리석은 자를 기만할 것이다. 세상의 모든 전란과 찬탈과 원한이 일어나는 까닭은 서로 사랑하지 않기 때문이다. 일단 반대하면 무엇으로 그것을 바꾸겠는가? 묵자가 말했다. "서로 사랑하며兼相愛 서로 이롭게 하는交相利 원칙으로 그것을 바꾼다."
> ─《묵자》, 〈겸애〉 중편

묵자는 지배계급에게만 한정되어 있던 공자의 인仁 개념을 겸애로 확장하면서 모든 사람에게 적용 가능한 정서적 유대의 원칙으로 만들어내려고 노력했다. 나아가 의義라는 행위 규범도 실질적으로 상호 간에 이익을 제공하는 교상리交相利의 원리로 확장하려고 시도했다.

묵자는 모든 전란, 찬탈, 원한이 발생하는 이유를 '서로 사랑하지 않는' 사태에서 찾으려고 했던 사상가이다. 바로 이 대목에서 묵자 철학을 상징하는 '겸애'라는 개념이 의미심장하게 대두한다. 〈겸애〉 상편을 보면 겸애를 외치는 묵자의 절절한 목소리를 확인할 수 있다. "만약 세상 사람들이 서로 사랑하여 남을 자기 몸처럼 아낀다면, 어찌 불효자가 있을 수 있으며 …… 어찌 자비롭지 못한 자가 있겠는가? 남을 내 몸처럼 본다면, 누가 (또한) 절도를 할 것인가? …… 따라서 도적이 없을 것이고, 또한 귀족이 남의 봉토를 침입하고 제후가 남의 나라를 침입하는 일이 있겠는가? 남의 봉토를 내 봉토처럼 여기면 누가 침입할 것인가? 남의 나라를 내 나라로 보면 누가 공격을 하겠는가?" 결국 묵자가 강조한 겸애는 남의 집을 내 집처럼, 남의 아버지를 내 아버지처럼, 남의 국가를 내 국가처럼 사랑해야 한다는 간단한 원리로 정리할 수 있겠다. 그래서 몇몇 학자들이 묵자의 사랑을 "원수마저 사랑하라"라는 예수의 사랑과 종종 비교했던 것도 다 이유가 있었던 셈이다.

이처럼 그에게 '겸애'라는 표현은 표면적으로 볼 때 '차별이 없는 사랑' 혹은 '상호 간의 사랑'을 의미했던 것으로 보인다. 하지만 우리는 묵자의 '겸애'가 기독교적 사랑과 유사한 '평등박애'를 의미했던 것이라고 속단해서는 안 된다. 묵자의 '겸애'는 현존하는 정치적 질서나 위계적 구조를 긍정하는 토대 위에 실현 가능한 사랑을 의미했기 때문이다. 묵자는 공자와 마찬가지로 전통적인 가족제도나 정치질서를 전혀 의심하지 않았던 인물이다. 따라서 묵자가 주장했던 '겸'은 단지 '나'와 '남'의 차별을 없애자는 것이었지, 부모, 집안, 도읍, 국가라는 정치적 단계나 구별을 없애자는 것은 아니었다. 이 점에서 묵자의 '겸애' 또한 '평등박애'였다기보다는 '불평등한 박애'를 의미한 것이었다고 볼 수 있다. 불평등한 억압 구조를 문제 삼지 않은 탓에, 묵자의 겸애 정신은 그의 의도와는 달리 한계를 드러낸 셈이다.

묵자의 사랑과 관련해 한 가지 더 주목해볼 점은, 그가 말한 사랑이 정서적 유대감을 넘어 물질적인 상호부조로까지 확장되었다는 점이다. 다시 말해 묵자는 사랑이 아끼고 배려해주는 단순한 감정을 넘어서 물질적으로 표현되어야 한다고 생각했던 것이다. 그래서 묵자는 항상 '겸애' 혹은 '겸상애兼相愛'라는 표현을 '교상리交相利'라는 표현과 함께 사용했다. 참혹한 살육으로 점철된 전국시대 민중의 삶이 고통 그 자체였으리라는 것은 어렵지 않게 추측할 수 있다. 묵자는 이 당시 민중의 고통을 다음과 같은 세 가지로 정리했다. "굶주린 자가 먹을 것을 얻지 못하고 추운 자가 옷을 얻지 못하며 수고하는 자가 휴식을 얻지 못하는 것, 이 세 가지가 민중의 커다란 환난이다."《묵자》, 〈비악非樂〉 상편) 이에 준해본다면 당시 군주들이 민중을 사랑하기 위해서는 단순히 그들을 불쌍하게 여기는 마음을 갖는 것으로 그쳐서는 안 되었다. 반드시 굶주린 자에게 먹을 것을 주어야 하고, 추운 자에게 옷을 주어야 하며, 노동이나 병역으로 지친 자에게 휴식을 제공해야만 백성을 아끼는 군주라는 말을 들을 수 있을 것이기 때문이다.

그런데 국가 안에서 민중을 가장 효과적으로 사랑할 수 있는 사람, 민중에게 가장 유효한 이익을 제공해줄 수 있는 자는 바로 다름 아닌 군주 자신이다. 그렇기에 묵자는 '윗사람을 높이 받들며 따라야 한다尚同'는 독재론마저 피력할 수 있었던 것이다. 그러나 이것은 묵자의 무리들이 독재를 지향했던 전체주의자라서가 아니라, 군주야말로 국가 안에서 유일하게 사람들을 사랑하고 사람들에게 이익을 제공할 수 있는 실질적 재력과 권력을 지닌 존재라고 판단했기 때문이다. 이로부터 우리는 《묵자》에 등장하는 다음 네 가지 주장 또한 어렵지 않게 이해할 수 있다. "전쟁을 금지해야 한다非攻." "재정 지출을 절제해야 한다節用." "장례를 절제해야 한다節葬." "음악을 금지해야 한다非樂." 겸애를 실천하는 군주는 민중에게 자신이 가진 것을 주어야만 한다. 그렇게 하기 위해서 군주는 허례허식에 드는 비용을 줄여야 하고, 재정 지출을 절제해야 하며, 마지막으로 민중의 삶 자체를 고통에 빠뜨리는 전쟁도 수행해서는 안 된다.

결론적으로 볼 때 묵자는 지배계급에게만 한정되어 있던 공자의 인仁 개념을 겸애로 확장하면서 모든 사람에게 적용 가능한 정서적 유대의 원칙으로 만들어내려고 노력했다. 나아가 의義라는 행위 규범도 실질적으로 상호 간에 이익을 제공하는 교상리交相利의 원리로 확장하려고 시도했다. 그러나 아쉬운 점은 묵자가 보편적 사랑이나 이익의 공유를 불가능하게 만드는 위계적 정치제도 그 자체에 대해선 더 이상 문제를 제기하지 못했다는 점이다. 오히려 그는 자신이 표방한 사랑의 철학을 관철시키기 위해서 거의 법가法家의 절대군주에 버금가는 독재 군주를 주장하는 자충수를 두었을 뿐이다. 그렇지만 묵자의 독재론이 그 자체로 목적이 아니라 겸애의 이념을 실현하기 위한 수단이었다는 사실을 잊어서는 안 된다. 묵자가 독재 군주가 겸애의 이념을 저버릴 경우를 고민했던 것도 이런 이유에서였다.

천자는 천하에서 가장 귀한 사람이며 천하에서 가장 부유한 사람이다. 그리고 부하고 귀한 사람은 마땅히 하늘의 뜻에 따라서 순종하지 않을 수 없는 법이다. 하늘의 뜻을 따르는 사람은 서로를 사랑하며 서로를 이롭게 해주기 때문에 반드시 하늘의 상을 받을 것이다. 하늘의 뜻에 반하는 사람은 서로를 미워하며 서로를 해쳐서 반드시 하늘의 벌을 받을 것이다. — 《묵자》, 〈천지天志〉 상편

가령 독재 군주가 보편적 사랑이나 이익 공유의 정책을 실시하지 않을 수도 있다. 이런 위험성을 이미 어느 정도는 알고 있었기 때문에 묵자는 바로 상제上帝라고도 불리는 하늘과 귀신의 의지를 긍정하는 초월적 종교론을 피력하게 된 것이다. 다시 말해 하늘과 귀신은 사랑의 철학을 실현하는 군주를 도와주고, 그렇지 않은 군주에게는 재앙을 내린다는 것이다. 겸애를 위해 절대 군주의 독재를 요청하고, 이어 독재의 위험을 견제하려고 초월적 종교론도 만든 셈이다. 불행히도 묵자는 춘추전국시대의 살풍경이 발생한 진정한 원인이 국가라는 형식 자체에 있다는 걸 간과했던 것이다. 국가는 사랑이 아니라 적대와 증오를 증식시키는 주범이다. 당연히 당시의 군주들은 묵가와 그들의 이념을 따르려고 하지 않았다. 묵자가 제안했던 사랑의 철학이 현실적으로 무기력한 이상에 불과했던 것도 바로 이런 이유 때문이다.

결국 현실 정치 세력들이 겸애의 이념을 받아들이지 않자, 묵자들은 자신들만이라도 겸애를 실천하려고 더 각오를 다지게 된다. 모든 사람들이 너무나 이상적인 생각 아니냐고 반문하자, 묵자들은 자신들의 신념에 조바심이 생겼던 것이다. 옳은 것은 아무리 실행하기 어려워도 옳은 것일 수밖에 없다는 확신이기도 했다. 이런 조바심과 고독한 확신에 그나마 위로가 되었던 것이 아마도 하늘과 그의 뜻이었을 것이다. 그런데 한 가지 흥미로운 점은 독재 군주를 통제하기 위해서 '하늘의 뜻天志'을 설정하고자 했던 묵자의 생각이 후대에 천인감응天人感應의 형태로 동중서董仲舒(BC 176~BC 104)에 의해서 다시 부각되었다는 점이다. 동중서의 천인감응론은 군주가 어진 행동을 하는지 그렇지 않은지의 여부에 따라 하늘이 그에 상응하는 복과 화를 내린다고 본 주장이었다.

묵자로서 살아가는 자긍심

모든 대립과 갈등에서 원론적으로 제기되는 가치가 바로 '사랑'이다. 그렇지만 여기서 사랑은 지금 부르주아 커플이나 부부에게 포획되어 협소해진 사랑이란 개념과는 구분해야 한다. 그러니 사실 사랑은 유대, 연대, 혹은 우정이란 개념처럼 공적으로 확장되어 이해할 필요가 있다. 물론 공적인 가치가 있었던 사랑이란 개념을 사적인 감정 차원으로 감금한 것은 자본주의 체제의 힘이었다. 소수가 지배하는 체제의 논리에 따르면 피지배자의 공적인 유대나 연대처럼 무서운 것도 없으니 말이다. 어쨌든 대립의 종결 원칙도 사랑이고, 갈등의 종결 원칙도 사랑이고, 경쟁의 종결 원칙도 사랑이다.

춘추전국시대의 참혹한 전쟁을 종식시키기 위해서 공자가 인을 제안했던 것도 바로 이런 이유에서이다. 하지만 공자는 귀족층들의 대립만 해소되면 혼란은 끝낼 수 있다고 낙관했던 것으로 보인다. 그에게 일반 민중 혹은 여자들의 존재는 별로 안중에 없었던 것이다. 인사이라고 불리는 지배층들 상호 간의 사랑만 회복할 수 있다면, 나머지 사람들은 "바람에 풀잎이 눕듯이" 저절로 지배층을 존경하고 따르게 될 것이라고 보았기 때문이다. 한편 묵자는 공자가 제안했던 사랑이 차별적이라고 폭로하면서, 사랑은 반드시 보편적이어야 한다고 역설했던 사상가였다. 그래서 묵자의 철학은 항상 '겸애'라는 슬로건으로 기억된다.

묵자의 겸애는 민중의 정치적 위상이 그만큼 강화되었다는 사실을 반영하는 주장이라고 할 수 있겠다. 하지만 묵자는 겸애를 현실화시키기 위해서 도리어 강력한 군주와 강력한 종교를 요구하는 무리수를 쓰게 된다. 이 대목에서 사람들로 하여금 겸애를 실천하도록 요구하는 하늘의 뜻, '천지天志'라는 개념이 중요하게 등장한다. 묵자의 철학을 기독교와 비교하려는 시도가 끊이지 않았던 것도 이런 이유 때문이었을 것이다. 하지만 묵자가 제안한 하늘의 뜻은 겸애를 실현하기 위한 수단에 불과했을 뿐 기독교에서처럼 절대적인 목적으로 간주된 것은 아니었다. 실제로 묵자는 겸애를 실천하기 위한 다른 구체적인 방법도 모색했던 적이 있다. 그것이 바로

'비공非攻', 즉 묵자의 반전사상이다.

묵자의 반전사상은 단순히 구호에만 그친 것은 아니다. 실제로 그들은 공격 혹은 전쟁을 감행했던 국가에 맞서 단호히 싸웠다. 공격을 당한 국가에 자발적으로 참여해 그들을 지켜주는 형식으로 말이다. 《묵자》에 들어 있는 〈비성문備城門〉편이 중요한 이유도 바로 여기에 있다. 편 제목 그대로 강자에 맞서 약자가 성문을 잘 수비하는 방법을 논하고 있다. 실제로 묵자 한두 명이 들어가 공격에 앞서 성곽을 미리 정비하면 수십 배의 적군을 거뜬히 물리쳤다고 한다. 그래서일까, 묵자들은 당시 가장 탁월한 엔지니어이기도 했다. 니담Joseph Needham(1900~1995)이 총괄 편집했던 기념비적 시리즈물 《중국의 과학과 문명Science and Civilisation in China》에서도 중국 고대 과학 사상의 대부분이 《묵자》 분석에 할애된 것도 이런 이유에서다.

그렇다면 목숨을 걸고 묵자들이 고립무원의 신세로 성곽에 갇혀 있는 약자를 구하러 갔던 이유는 무엇일까? 약자를 도와줌으로써 그에게 겸애의 가치를 알려주기 위해서였다. 묵자들은 위기에서 벗어난 약자들도 겸애의 이념을 가슴에 품고 살기를 원했던 것이다. 고립무원의 처지에 있던 약소국과 군주는 자신들을 도우러 달려온 묵자들에게 얼마나 감동했을까? 고마움에 근사한 침소와 음식을 주어도 묵자들은 그걸 향유하지 않았다고 한다. 자신들이 목숨을 걸고 포위된 성안으로 들어온 이유는 약자에 대한 사랑 때문이지 좋은 침소와 음식을 얻기 위해서가 아니었기 때문이다. 그래서 그들은 항상 마구간과 같은 비천한 곳에 침소를 마련하고 가장 보잘것없는 음식만을 먹었던 것이다.

《장자》 〈천하天下〉편은 묵자의 헌신적인 삶을 술회했던 적이 있다. "묵자는 자신의 도道에 대해 말했다. '옛날 우禹임금은 홍수를 막고자 양자강과 황하의 물줄기를 터놓아서 사방 야만족의 땅과 구주九州를 소통시켰다. 큰 강이 300이고 지류는 3,000이나 되었고, 작은 물 흐름은 이루 다 셀 수 없었다고 한다. 우임금은 몸소 삼태기와 보습을 가지고 천하의 물줄기를 서로 이어놓고 갈라놓았다. 그의 장딴지는 마르고 정강이에는 터럭이 없었으며 그는 폭우에 목욕하고 강풍으로 머리를 빗었다. 이런 초인적인 노력으로 그는 수많은 거주 지역을 만들었던 것이다. 우禹는 큰 성인이면서도, 천하를 위해 몸을 수고롭게 하기를 이와 같이 하였도다!' 뒤의 묵자들도 대부분

남송 시대 화가 마린馬麟이 그린 우임금.

천한 짐승가죽과 베옷을 입고, 나막신과 짚신을 신고서 밤낮으로 쉬지 않고 스스로의 고생을 철칙으로 삼고서 말했다. '이렇게 하지 않고서는 우임금의 도가 아니니 묵자墨者라 말할 수 없다.'"

"묵자라 말할 수 없다不足謂墨!" 이 구절에서 우리는 묵자들의 자긍심을 읽어낼 수 있다. 누구나 다 쉽게 할 수 있는 일이라면 하지 않겠다는 어떤 숭고한 의지마저 느껴진다. 이런 강한 자긍심은 묵자학파의 창시자 묵적墨翟에 대한 그들의 존경에서도 드러난다. 춘추시대부터 전국시대까지 약 500여 년 지속된 묵자학파의 사상은 《묵자》에 기록되어 있는데, 묵자墨者들은 자신의 창시자 묵자墨子 묵적을 매우 특이하게 인용하고 있다. 《논어》에서 공자의 말을 인용할 때, '자왈子曰'을 사용한다. "선생님께서 말했다"는 뜻이다. 그런데 《묵자》에서는 '자묵자왈子墨子曰'이라는 말로 묵자의 이야기를 인용한다. 보통 연구자들은 "묵선생님께서는 말했다"로 번역하고 있지만, 이럴 경우 '묵자왈' 앞에 붙어 있는 '자子'라는 글자는 해석되지 않게 된다. 차라리 "(유일한) 선생이신 묵선생님께서는 말했다"는 강한 의미로 해석되어야 할 것이다.

겸애라는 숭고한 이념을 실천했던 자긍심 강했던 묵자들은 이해에 따라 이합집산을 반복하는 춘추전국시대 동안 대부분 사람들과는 확연히 다른 길을 걸어가고 있었던 것이다. 그러나 이런 일관성 때문에 묵자들의 삶은 그만큼 더 비극적인 색채를 띠게 된다. 부국강병이란 당시 시대의 추세를 거스르는 삶이 어떻게 편안할 수 있다는 말인가? 더군다나 묵자가 지금 당장 돕고 있는 약소국도 언젠가 강대국이 되어 겸애를 쓰레기통에 던져버릴 수 있는 것 아닌가? 영원한 강대국도 영원한 약소국도 없는 것이 바로 춘추전국시대의 양상이었기 때문이다. 묵자의 도움으로 국가를 유지하는 데 성공한 군주도 얼마 지나지 않아 강력한 국가의 군주가 될 수 있다. 그러나 이 군주가 과거 묵자의 도움을 가슴에 새기고 겸애의 군주로 살아갈 수 있을까? 아마도 불가능한 일일 것이다.

마침내 묵자에게는 예상치 못했던 아이러니가 발생하게 되었다. 한때 공격받았던 국가가 이제 공격하는 국가가 되었으니 말이다. 이때 어쩔 수 없이 묵자는 과거 자신들이 도왔던 국가와 다시 맞서 싸울 수밖에 없었다. 그것이 바로 비공, 즉 겸애의 정신이니까 말이다. 이런 식으로 묵자들은 춘추전국시대를 온몸으로 살았다. 항상 강자에 맞서 약자와 함께했기에, 묵자들은 그들과 함께 강자와 싸웠고 죽어갔다. 비록 비극적이었지만 묵자로서 삶을 살아가는 데에는 춘추전국시대가 더 나았다고 할 수 있다. 전국시대가 종식된 후 등장한 대제국에게 묵자들은 눈엣가시로 전락할 수밖에 없었기 때문이다. 통일 제국시대에 약자의 편에 선다는 것, 그것은 국가에 저항한다는 것과 다름없으니 말이다. 묵자가 춘추전국시대와 그 운명을 같이할 수밖에 없었던 것도 이런 이유에서다.

2

자아는 무엇인가?

로카야타학파

———————— VS ————————

싯다르타

범신론 혹은 범아일여의 세계

인도 사상의 발생을 논하려면 고대 인도의 종교적 텍스트인 네 가지 종류의 베다veda, 즉 《리그 베다Rg-veda》《사마 베다Sāma-veda》《야주르 베다Yajur-veda》, 《아트르바 베다Atharva-veda》를 우회할 수가 없다. 이 네 종류의 베다는 모두 네 부분으로 구성되어 있다. 제1부분은 신에 대한 찬가나 주문 등이 들어 있는 삼히타Saṃhita이며, 제2부분은 제사의식의 실행 방법과 그 의의를 다루는 브라흐마나Brāhmaṇa이며, 제3부분은 삼림 속에서 배워야 할 종교적 비밀을 다루는 아라니야카Āraṇyaka이고, 마지막 제4부분은 고대 인도인의 추상적인 철학 사유를 가장 잘 보여주는 우파니샤드Upaniṣad이다. 현재 우리가 알고 있는 《우파니샤드》라는 책은 바로 이 베다 경전 중 네 번째 부분을 편집한 것이라고 할 수 있다. 수많은 우파니샤드 중 고대 인도인의 철학적 사유혹은 세계관을 가장 잘 보여주는 것은 아마도 《브리하다라냐카 우파니샤드Bṛhadāraṇyaka Upaniṣad》일 것이다. 이 자료에는 유명한 '범아일여梵我一如, Brahman-ātman-āikyam'의 사유가 생생하게 실려 있기 때문이다.

> 진정으로 태초에 이 세계는 브라흐만brahman이었네. 그것은 자기 자신ātmānam만을 알았기에 이렇게 말했지. "나는 브라흐만이다." 그래서 그것은 모든 것이 되었지. 이것을 깨닫게 된 신이라면 누구든지 정말 그것이 되었네. 예언자의 경우도, 그 밖의 사람들의 경우도 마찬가지지. 참으로 이것을 본 예언자 바마데바는 이렇게 말했다네. "나는 마누Manu였고 태양이었구나!" 이것은 지금도 마찬가지지. "나는 브라흐만이다"라고 아는 자는 누구나 이 모든 것이 되네. 신들도 그가 이렇게 되는 것을 막을 수 없지. 왜냐하면 그가 그들의 자아ātman가 되니까.
>
> ─《브리하다라냐카 우파니샤드》

인도 신화의 최고의 신이며 우주 창조의 주역인 브라흐마. 1700년대 그림. 브라흐만의 인격적 실체이다.

　'범아일여'라는 표현에서 '범'은 브라흐만Brahman을, 그리고 '아'라는 글자는 아트만ātman을 소리 나는 대로 옮긴 글자이다. 우주적 신이었던 브라흐만이 바로 세상에 존재하는 다양한 개체들의 아트만, 즉 자아와 동일하다고 보는 것이 바로 범아일여라는 주장의 취지였다고 할 수 있다. 고대 인도인들에게 다양한 개체들이란 태양이나 달과 같은 무생물, 동물·식물·인간과 같은 생명체, 심지어는 다양한 신들까지도 포함되는 것이었다. 이 점에서 보면 범아일여의 사유가 기본적으로 범신론汎神論적인 세계관을 함축하고 있다고 말할 수 있다. 범신론pantheism은 글자 그대로 '만물pan'이 '신theos'이라고 주장하는 이론이기 때문이다. 흔히 범신론이라고 말하면 서양 근대 초의 철학자 스피노자를 떠올리기 쉽다. 신은 만물을 창조한 인격적인 초월자라는 기독교의 신학을 공격하기 위해서 스피노자는 범신론을 제안했다고 알려져 있기 때문이다.

하지만《우파니샤드》의 범신론을 스피노자의 범신론과 혼동해서는 안 된다. 양자의 범신론은 다음과 같은 분명한 차이가 있기 때문이다. 스피노자는 그동안 기독교 전통에 의해 폄하되어왔던 만물의 지위를 신적인 자리로까지 격상시키기 위해 범신론을 주장했다고 볼 수 있다. 스피노자는 코나투스라는 개념을 통해 모든 개체에게는 신적인 본성, 즉 새로운 것을 창조하고 생성할 수 있는 힘이 주어져 있다고 주장했기 때문이다. 그렇지만《우파니샤드》의 범신론은 각각의 개체들에게 창조적인 생산력을 부여하지 않았다. 오히려《우파니샤드》의 범신론은 개체로 하여금 자신의 현재 삶을 덧없는 것으로 관조하도록 만드는 역할을 해왔다. "나는 마누였고 태양이었구나!"라는 어느 예언자의 표현처럼 개체들은 인간의 시조인 마누가 될 수 있고, 태양도 될 수 있고, 사자도 될 수 있고, 남자도 될 수 있고, 여자도 될 수 있다. 하지만 현실에서 무엇이 되든지 간에 내가 가진 현재 모습은 매우 일시적일 뿐이라는 것, 그러니까 지속적인 애정과 관심을 기울일 필요가 없다는 점을 깨닫도록 만들었을 뿐이다.

그렇다면 결국 '만물=신'을 전제하는 범신론의 공식은 다음과 같은 두 가지로 해석될 여지가 있다. 하나의 해석은 스피노자의 경우처럼 만물에 신이 가진 창조력을 부여하면서 만물을 그 자체로 긍정하는 것이다. 또 다른 해석은《우파니샤드》의 경우처럼 만물을 모두 신으로 환원시킴으로써 만물의 현재성이나 개체성을 덧없는 것으로 보도록 만드는 것이다. 그런데《우파니샤드》의 주장과 관련해 주목해보아야 할 한 가지 사항이 더 있다. 그것은 왜 어느 때는 마누가, 어느 때는 태양이, 어느 때는 벌레가 되는지와 관련된 문제이다.《우파니샤드》의 다른 대목들을 다시 넘겨보면 우리는 이 물음에 대한 답을 얻을 수 있다. 특정한 개체로서 자신이 수행한 행동은 다음 생에서 자신의 모습을 결정한다는 설명이 등장하기 때문이다. 바로 잘 알려진 윤회samsāra 사상이다. 이 때문에《우파니샤드》가 최종으로 추구했던 것은 윤회로부터의 자유였다고 볼 수 있다.

이런 모습, 저런 모습으로 전전하다보면 불가피하게 악행을 저지르고 악행의 대상이 될 수밖에 없을 것이다. 따라서 끝없는 여행과도 같은 윤회의 고리를 끊어서 영원히 브라흐만과 하나가 되는 것, 이것이 바로 《우파니샤드》에서 확인할 수 있는 고대 인도인의 소망이었던 셈이다. 범아일여로 정당화되는 윤회 사상은 고대 인도인들을 일종의 염세주의로 몰고 가게 된다. 그들은 한 번밖에 없는 소중한 삶을 윤회의 사슬을 끊기 위한 수단과 같은 것으로 간주했기 때문이다. 다시 말해 그들은 언젠가 윤회를 벗어나 되돌아갈 성스러운 장소인 브라흐만을 응시하면서 자신의 현재 삶을 소모적으로 허비했던 것이다. 이런 인도인들의 고뇌를 해소하기 위해 범아일여의 논리를 해체하려는 다양한 움직임이 전개되었다. 여기서는 그 가운데 가장 중요한 두 가지 사례를 살펴보도록 하자.

⑯

로카야타학파: "인간은 몸 이상도 이하도 아니다."

불교의 창시자 고타마 싯다르타Gautama Siddhārtha(BC 563?~BC 483?)가 활동하던 시절에 범아일여의 사상으로 요약되는 베다의 권위에 정면으로 도전했던 사람들이 있었다. 불교에서는 보통 그들을 불교의 정통적 가르침을 따르지 않았던 여섯 명의 선생, 즉 육사외도Sad-darama, 六師外道라고 불렀다. 이 여섯 명의 자유사상가들은 '범아일여'의 논리와 윤회로 상징되는 인과론을 회의하거나 공격했다는 점에서 동일한 노선을 따랐다. 《베다》나 《우파니샤드》의 권위를 인정하지 않기에, 이들 여섯 명의 사상가들은 인도에서는 이단이란 의미의 나스티카Nāstika로, 한자어로는 외도外道라고 불린다. 아이러니한 것은 싯다르타도 이들을 외도라고 부른다는 점이다. 사실 엄격하게 보자면 싯다르타 본인도 베다 전통에서 볼 때는 외도의 한 경우에 지나지 않기 때문이다. 싯다르타는 베다의 자아ātman 이론을 부정하면서 '무아無我, Anātma'를 주장했던 장본인이 아닌가.

《사문과경沙門果經, Sāmaññaphala Sutta》이란 불교 초기 경전을 보면 불교도들은 육사외도로 다음 여섯 명의 사상가들을 지목하고 있다. 인과응보를 부정했던 푸라나 캇사파Pūraṇa Kassapa, 숙명론을 내세웠던 막칼리 고살라Makkhali Gosāla, 진리에 대한 불가지론을 피력했던 회의론자 산자야 벨랏티풋타Sañjaya Bellaṭṭhiputta, 철저한 유물론의 입장을 피력했던 아지타 케사캄발라Ajita Kesakambala, 선악의 인과관계를 부정했던 파쿠다 카챠야나Pakudha Kaccāyana, 마지막으로 불살생ahimsā의 정신을 강조했던 자이나교의 창시자 니간타 나타풋타Nigantha Nātaputta가 바로 그들이다. 그중 육사외도가 베다의 사유 전통을 어떻게 공격했는지 가장 극적으로 보여주는 사람은 극단적인 유물론을 피력했던 아지타 케사캄발라였다고 할 수 있다. 범아일여의 논리를 해체하려는 그의 집요한 주장을 한번 읽어보도록 하자.

> 좋은 행동이나 악한 행동은 어떤 결과도 수반하지 않는다. 아버지나 어머니, 혹은 양친 없이 태어나는 존재자들도 존재하지 않는다. 최상의 경지에 도달하여 완벽하게 살면서, 홀로 이 세계와 다음 세계를 깨달아 자신들의 지혜를 타인들에게 알려줄 수 있는 어떤 은둔자나 사문도 이 세계에는 존재하지 않는다. 인간은 네 가지 요소로 만들어져 있다. 그래서 그가 죽을 때 그 안에 있는 땅의 요소는 땅으로, 물의 요소는 물로, 불의 요소는 불로, 그리고 바람의 요소는 바람으로 되돌아가고 그의 능력들도 허공으로 사라진다. …… 신에게 바친다는 공물이나 제물에 대한 논의는 바보들의 논의일 뿐이다. 그것은 공허한 거짓말이자 쓸데없는 이야기일 뿐이다. 자신의 몸이 해체될 때 어리석은 자나 지혜로운 자는 모두 분해되어 파괴되며 죽은 뒤에 그들은 존재하지 않게 된다. ─《사문과경》

아지타의 유물론적 논의 또한 사실《우파니샤드》의 핵심 사상, 즉 범아일여와 윤회를 배경으로 할 때 제대로 읽힐 수 있다.《우파니샤드》에 따르면

아지타의 말을 적은 고대 팔리어 문헌. 아지타가 속한 로카야타학파는 모든 초월적 세계를 부정하고 지금 우리가 살고 있는 이 세계를 유일한 세계로 긍정했다. 당시 인도 사람들에게 로카야타학파의 가르침은 일종의 해방구 노릇을 했다.

어떤 개체가 죽더라도 그의 아트만은 불멸한다고 볼 수 있다. 불변하는 아트만은 브라흐만이라는 세계정신으로 돌아갈 뿐만 아니라 또한 개체가 죽기 전에 수행했던 행동의 결과로 인해 다른 개체로 또다시 태어나게 된다. 이것이 바로 윤회 사상이다. 결국《우파니샤드》에서 확인되는 고대 인도인의 사유는 '자아의 동일성'과 '인과론'에 대한 확신으로 요약할 수 있겠다. 하지만 아지타가 "좋은 행동이나 악한 행동은 어떤 결과도 수반하지 않는다"고 주장했을 때, 그는 결국 윤회 사상의 밑바닥에 흐르고 있던 인과론을 거부하려고 했던 것이다. 물론 우리는 아지타의 주장이 과도하다는 걸 쉽게 알아챌 수 있다. 비록 좋은 행동이 좋은 결과를, 그리고 악한 행동이 처벌을 필연적으로 수반하지 않는다고 하더라도, 행동은 분명 모종의 결과를 낳을 수밖에 없기 때문이다. 그럼에도 아지타가 이런 극단적인 주장을 한 이유는 무엇일까? '인과론'을 철저히 파괴하지 않으면, 범아일여와 윤회 사상을 근절시킬 수 없다고 그는 판단했기 때문이다.

또 한 가지 주목해야 할 것이 있다. '인과론'을 거부하면서 동시에 아지타는 윤회의 주체로 상정되는 불변하는 자아를 부정한다. "양친 없이 태어나는 존재자들은 존재하지 않는다." 결국 자기동일성을 유지하는 윤회 주체는 불가능하다는 것이다. 당연히 인간을 포함한 모든 존재자는 태어나서 경험한 것들만 인식할 수 있을 뿐이다. 결국 전생이나 후생과 관련된 모든 이야기는 일고의 가치도 없는 미신에 지나지 않는다. 그래서 아지타는 이야기했던 것이다. "최상의 경지에 도달해서 윤회의 모든 단계를 통찰할 수 있는 수행자는 존재하지 않는다"고 말이다. 아지타가 보기에 그런 통찰을 갖고 있다고 자임하는 사람이 있다면, 그는 정신착란에 빠진 사람이거나 아니면 사기꾼에 불과할 뿐이다.

이것도 부족했는지 아지타는 범아일여 논리의 마지막 숨통을 끊기 위해 철저한 유물론을 제안하게 된다. 그의 논의에 따르면 인간은 네 가지 요소, 즉 땅의 요소, 물의 요소, 불의 요소, 바람의 요소가 결합되어 구성된 존재일 뿐이다. 고대 그리스와 고대 동아시아에 강한 영향을 끼친 네 가지 물질적 요소에 대한 이론, 즉 4원소설이다. 불교에서 사대四大, Catvāri mahābhūtāni라고 부른 것이 이것이다. 참고로 이 4원소설은 현대 프랑스의 과학철학자이자 문학평론가인 바슐라르에게 강한 영향을 행사한다. 어쨌든 중요한 것은 지수화풍地水火風이란 네 요소를 도입하는 순간, 어떤 사유라도 초월적 실재를 부정하는 유물론적 경향을 띠게 된다는 사실이다.

결국 《우파니샤드》가 말한 불멸하는 아트만과 같은 것은 존재하지 않는다고 보았다. 아지타의 견해에 따르면 인간의 자아란 네 가지 요소가 결합되어 생긴 표면적인 효과에 지나지 않기 때문이다. 아지타는 우리에게는 전생도 존재하지 않고 후생도 존재하지 않는다고 강조했다. 그저 네 가지 요소가 임시적으로 결합되어 있는 현재의 삶만이 우리에게 주어져 있을 뿐이다. 아지타를 대표로 하는 여섯 명의 자유사상가들의 사유 전통은 대중의 광범위한 지지를 받으며 하나의 강력한 학파를 형성하게 되는데, 그것이 바로 차르바카Cārvāka라고 불리던 학파였다. 1350년경 활동했던 마다바Mādhava

라는 학자는 이들 차르바카의 사유를 다음과 같이 정리하고 있다.

지, 수, 화, 풍. 이 네 가지 요소들만이 궁극적 원리다. 그 이외에 어떤 것도 존재하지 않는다. 단지 지각된 것만 존재한다. 지각될 수 없는 것들은, 그것들이 결코 지각된 적이 없기에, 존재하지 않는다. 심지어 보이지 않은 것의 존재를 믿는 사람들조차도 보이지 않은 것이 지각되었다고 말하지 않는다. …… 사람들은 행복과 불행으로부터 미덕과 악덕의 존재를 가정하지 않아야만 한다. 사람이 행복하거나 불행한 것은 모두 자연의 법칙 때문이다. 그 이외에 다른 원인은 존재하지 않는다. …… 영혼은 "나는 튼튼해" "나는 젊어" "나는 자랐어" "나는 늙었어" 등등의 표현으로 가리켜진 속성들로 규정되는 몸에 지나지 않는다. 몸 이외에 어떤 것도 존재하지 않는다. …… 이 세계 이외에 어떤 세계도 존재하지 않는다. 천상의 세계도 존재하지 않고 지옥도 존재하지 않는다. …… 천상의 향유는 맛난 음식을 먹고, 젊은 여자와 섹스를 하고, 근사한 옷, 향수, 모자, 신발 등등을 사용하는 데 있다. 지옥의 고통은 적들, 무기들, 질병들로부터 발생하는 곤경에 달려 있다. 이로부터 벗어나는 해탈은 호흡의 정지라고 할 수 있는 죽음이다. 그러니 현명한 사람은 해탈 때문에 고통을 취하려고 하지는 않는다. 단지 어리석은 사람들만이 고행과 단식으로 자신을 괴롭힐 뿐이다.

-《사르바다르샤나 상그라하Sarvadarśana saṃgraha, 全哲學綱要》

학파 차르바카는 또한 로카야타Lokāyata라는 이름으로 학계에 알려져 있다. '차르바카'는 '달콤하게 말한다'는 의미이고, 로카야타는 '세계를 지향한다'는 의미다. 그러니까 로카야타학파는 이 세계 이외에 어떤 다른 세계도 인정하지 않았던 학파라고 할 수 있다. 불교에서는 '세간世間'이란 표현을 많이 사용한다. '이 세상'이라는 의미다. 그런데 이 세간의 산스크리트어 표현이 바로 '로카-다투loka-dhātu'다. '세계라는 영역'이라는 뜻이다. 그만큼 세계를 뜻하는 '로카'라는 말은 강력한 의미를 갖는다. 모든 초월적 세계를 부정하고 지금 우리가 살고 있는 이 세계를 유일한 세계로 긍정했던 학파가 바로 로카야타학파였다. 종교적 관습의 지배로 현세를 부정했던 인도 사람들, 혹은 현세를 부정하도록 강요당했던 인도 사람들에게 로카야타학파의 가르침은 일종의 해방구 노릇을 했을 것이다. 당연히 종교와 사상의 헤게모니를 쥐고 있던 인도의 정통 학파들의 반발과 폄훼가 시작된다. 그들은 로카야타학파를 감언이설로 민중을 유혹한다고 비하했던 것이다. 로카야타학파가 차르바카학파라고 불리게 된 것도 이런 이유에서다. 비록 차르바카라는 말이 학계의 공식 명칭으로 사용되고는 있지만, 우리만이라도 이 학파를 로카야타학파라고 부르는 것이 좋을 듯하다.

로카야타학파는 학파의 이름처럼 태어나기 전이나 죽은 뒤 자아가 가야 할 세계를 부정하고 지금 살고 있는 세계만을 지향한다. 이로부터 그들의 모든 주장은 자연스럽게 도출될 수 있다. 일단 몸이 죽으면 정신도 죽는다는 주장, 정신은 몸의 변화를 수식하는 속성들에 지나지 않는다는 주장, 천상이나 지옥 등 지각할 수 없는 것의 존재는 부정해야 한다는 주장, 천상이나 지옥이란 말이 의미가 있다면 우리 삶에 쾌감을 가져다주는 것이 천상이고 반대로 불쾌감을 주는 것이 지옥이라고 할 수 있다는 주장, 이 세계 이외에 어떤 세계도 존재하지 않기에 지나친 고행으로 몸을 괴롭혀 다른 세계로 가야 한다는 어리석은 생각을 포기해야만 한다는 주장 등. 이렇게 로카야타학파는 초월적인 세계와 불변하는 자아를 부정하고, 내재적인 세계와 몸적 자아만을 긍정했던 사상가 집단이었다.

싯다르타: "인간에게는 몸뿐만 아니라 마음도 존재한다."

범아일여와 윤회로 상징되는 인도 전통 사상은 현세의 삶을 부정하는 허무

당나라 화가 오도현이 그린 싯다르타. 싯다르타는 인간이라면 누구나 겪을 수밖에 없는 실존적 괴로움을 이야기한다. 그의 말대로 슬픔, 비탄, 낙심의 감정도 괴로움이며, 불쾌한 것과 접촉하고 유쾌한 것과 헤어지는 것도 괴로움이며, 바라는 것을 갖지 못하게 되는 것도 괴로움이라고 할 수 있다.

주의를 조장하는 경향이 있었다. 아지타를 포함한 육사외도가 수렴되어 탄생한 로카야타학파는 바로 이런 허무주의를 극복하기 위해 등장했던 것이다. 하지만 로카야타학파는 그의 의도와 달리 또 다른 종류의 허무주의를 낳고 있다는 사실에 주목할 필요가 있다. 어떤 행동을 하더라도 자신과 상관이 없다고 보는 그의 주장이 이 점을 분명하게 보여준다. 예를 들어 아지타는 "좋은 행동이나 악한 행동은 어떤 결과도 수반하지 않는다"고 주장했고, 이와 유사하게 로카야타학파도 "사람들은 행복과 불행으로부터 미덕과 악덕의 존재를 가정하지 않아야만 한다"고 주장한다. 반드시 필연적인 것은 아니겠지만, 가령 내가 타인에게 행하게 된 악한 행동은 그로 하여금 나에게 또다시 악한 행동을 하도록 유도할 수 있지 않은가? 바로 이와 같은 문제점을 고려하면서 싯다르타는 범아일여를 무력화하려는 로카야타학파의 정신과 논리를 다시 비판적으로 종합하려고 했다. 그는 인간의 현세적이고 경험적인 삶을 새롭게 성찰하면서 다음과 같은 견해를 피력했다.

> 올바른 지혜를 가지고, 있는 그대로 세상의 일어남을 지각하는 사람에게는, 세상에 '비존재'라는 개념은 나타나지 않는다. 카챠야나Mahākātyāyana야. 올바른 지혜를 가지고, 있는 그대로 세상의 소멸함을 지각하는 사람에게는, 세상에 '존재'라는 개념은 나타나지 않는다. ……카챠야나야. 바로 이것이 '올바른 견해正見'이다. '모든 것은 존재한다.' 카챠야나야! 이것은 하나의 극단이다. '모든 것은 존재하지 않는다.' 카챠야나야! 이것 또한 하나의 극단이다. 카챠야나야! 두 극단에 치우치지 않고 여래는 중도로써 하나의 가르침을 설하여주마!
>
> ─《가전연경迦旃延經, Kaccyanagotta Sutta》

카챠야나, 즉 한문으로는 가전연迦旃延이라고 불리는 사람은 육사외도 가운데 한 사람으로서 싯다르타의 제자가 되었던 사람이다. 싯다르타는 그에게 자신이 두 가지 극단을 피해서 중도中道, madhyamā-pratipad를 가르쳐주겠다고 이야기한다. 그가 피하려고 했던 첫 번째 극단은 '모든 것은 존재한다'라는 표현으로 정리할 수 있는 견해로서, 이 세계의 모든 것에는 변화와는 무관한 자기동일성自性이 존재한다고 보는 입장이다. 불교에서는 이런 견해를 '상견常見, śāśvasta-dṛṣṭi'이라고 규정한다. 두 번째 극단은 '모든 것은 존재하지 않는다'는 표현으로 요약되는 견해로서, 세계의 모든 것에는 어떠한 자기동일성도 존재하지 않고 끝없이 변화할 뿐이라고 보는 입장이다. 불교에서는 이런 견해를 '단견斷見, ucchesadarśana'이라고 부른다. '상견'이 범아일여의 주장을 가리킨다면, '단견'은 이 경우 로카야타학파의 유물론적 주장을 가리키는 것이다.

예를 들어보자. 어떤 사람이 훗날 사과를 얻기 위해 정성스레 사과나무를 심고 가꾸었다고 하자. 그의 정성 때문인지 사과나무는 수많은 열매를 맺게 되었다. 반대로 불행히도 태풍을 만나서 사과나무에 열린 사과들이 모조리 땅에 떨어질 수도 있다. 전자의 경험을 추상하면 '상견'이 등장하고, 후자의 경험을 추상하면 '단견'이 탄생한다. 싯다르타에 따르면 상견이나 단견은 모두 일상적인 경험을 사변적으로 추상화해서 구성된 형이상학적인 주장들에 지나지 않았다. 그래서 그는 "있는 그대로의 세상"을 보라고 강조했던 것이다. "있는 그대로의 세상", 이것은 '상견'이나 '단견'이란 추상적 사유가 탄생하기 이전, 우리가 살아가는 구체적인 삶을 말한다. 추상적 관념에 매몰되지 않고 "있는 그대로의 세상"을 보는 것이 싯다르타가 말한 "올바른 견해"다. 이럴 때 우리는 '상견'과 '단견'을 극복한 입장, 즉 중도에 서게 된다.

반대로 "있는 그대로의 세상"을 긍정하지 못할 때, 우리는 허무주의에 빠지고 극단에 빠진다. 범아일여의 허무주의와 로카야타학파의 또 다른 허무주의를 동시에 극복하려고 시도하면서 싯다르타가 자신의 사유의 출발점으로 삼았던 것은, 구체적인 삶의 과정에 점철돼 있는 '고통'에 대한 통찰이었다. 그는 인간이면 누구나 경험하는 '실존적 고통'을 문제 삼았고, 바로 이 고통을 해소하려고 노력했다. 또한 그가 주의했던 점은 인간의 고통이 결코 로카야타학파의 쾌락주의적 제안으로 손쉽게 해소되지 않는다는 점이었다. 어차피 인간이란 물질적 요소들의 결합이기 때문에 인간이 느끼는 고통역시 의미가 없다는 로카야타학파의 충고를 듣더라도, 어떤 한 인간이 현재 느끼고 있는 실존적 고통이 해소되는 것은 아니었기 때문이다. 이 때문에 싯다르타의 중도란 표현은, 인간의 실존적 고통을 해소하려는 의지의 결과였다고 볼 수 있다. 현세의 삶을 고통으로 내몰면서 오직 윤회의 고리만을 끊자고 주장하는 범아일여의 사상과 달리 싯다르타는 현세의 삶 가운데서 고통의 문제를 해소할 수 있다고 이야기한다. 반면 고통이란 어떤 의미도 없는 것이라고 주장하는 로카야타학파와는 달리 싯다르타는 고통이 인간 삶에서 가장 실제적인 핵심 문제라고 이야기한다.

싯다르타의 가르침을 추종한다면 사실 어떤 불교 종파라도 고통의 문제를 우회할 수 없을 것이다. 비록 표면적으로는 '고통'의 문제를 직접 언급하지 않는다고 하더라도 고통을 해소하려는 것은 모든 불교 종파가 떠안고 있던 공통의 과제였기 때문이다. 《법구경法句經, Dhammpada》을 살펴보면 우리는 고통과 관련된 싯다르타의 가르침이 '네 가지 성스러운 진리', 즉 사성제四聖諦로 요약되어 기록된 것을 엿볼 수 있다.

생사의 '고통苦', 이 고통의 원인인 '집착集' 그리고 이 모든 고통을 이미 떠난 '소멸滅'과 그 소멸로 나아가는 여덟 가지 '방법道', 이 네 가지 가르침은 우리를 여러 고통에서 건져줄 것이다.　　　　　　-《법구경》

사성제는 두 가지 인과관계로 구성되어 있다. 하나는 집착이라는 원인과 고통이라는 결과의 관계이고, 다른 하나는 집착을 소멸시키는 방법이라는 원인과 고통의 소멸이라는 결과의 관계이다. 전자가 실존적 고통에 대한 진단이라면, 후자는 고통이라는 질병에 대한 처방전이라고 볼 수 있다. 여기서 소멸을 뜻하는 '열반涅槃', 즉 니르바나nirvāṇa는 '불꽃vāna'이 '꺼진다nir'는 의미를 가지고 있다. 집착을 해소하는 방법을 성공적으로 수행하면 결국 일체의 고통이 없는 상태, 즉 열반에 이르게 된다는 것이다. 그런데 싯다르타는 집착을 제거하는 '방법'을 여덟 가지로 제안하고 있다. 이것을 흔히 팔정도八正道라고 부른다. '올바른 견해正見' '올바른 사유正思' '올바른 말正語' '올바른 행동正業' '올바른 생활正命' '올바른 노력正精進' '올바른 집중正念' '올바른 참선正定' 등이 바로 팔정도를 구성하는 것들이다.

팔정도와 열반이 아무리 중요해도, 그것은 집착과 고통의 문제보다 근본적인 것은 아니다. 그러니 우선 싯다르타가 집착과 고통 사이의 메커니즘을 어떻게 성찰했는지 살펴보도록 하자.

태어남이 괴로움이고, 늙음도 괴로움이며, 병듦도 괴로움이고, 죽음 또한 괴로움이다. 슬픔과 비탄과 낙심 역시 괴로움이다. 즐겁지 않은 것과 접촉하거나 즐거운 것과 멀어지는 것도 괴로움이다. 바라는 것을 얻지 못하는 것 또한 괴로움이다. 간단히 말해 인간을 이루는 다섯 가지 덩어리들五蘊, 즉 몸rūpa, 色 감각vedanā, 受 지각sanna, 想 성향saṅkhāra, 行 의식 vinnāṇa, 識을 나의 자아가 가진 것이라고 집착하는 것이 괴로움이다.

－《전법륜경轉法輪經, Dharmacakrapravartanasūtra》

불교에서는 인간의 실존을 구성하는 다섯 가지 요소를 오온五蘊, pañca khandha이라고 부른다. 싯다르타에 따르면 인간은 다섯 가지 요소의 결합체에 지나지 않는다. 다섯 가지 요소는 크게 두 가지 부분, 즉 '몸'이라는 물질적이거나 육체적 부분, 그리고 '감각' '지각' '성향' '의식'이라는 정신적이거나 심리적 부분으로 나뉜다. 싯다르타가 인간을 종종 명색名色, nāmarūpa이라고 부른 것도 이런 이유에서다. 여기서 명은 우리 실존의 정신적 측면을, 그리고 색은 육체적 측면을 가리킨다. 그러니까 명색이란 '정신과 육체의 통일체'를 의미한다. 오온이 중요한 이유는 싯다르타가 집착이 일어나는 메커니즘을 이 오온을 통해 설명했기 때문이다. 먼저 그는 인간이라면 누구나 겪을 수밖에 없는 실존적 괴로움을 이야기하는 것에서 논의를 시작한다. 그의 말대로 생로병사라는 인간의 생명 과정도 괴로움이고, 슬픔, 비탄, 낙심의 감정도 괴로움이며, 불쾌한 것과 접촉하고 유쾌한 것과 헤어지는 것도 괴로움이며, 바라는 것을 갖지 못하게 되는 것도 괴로움이라고 할 수 있다.

최종으로 싯다르타는 이런 괴로움의 기원을, 오온이란 것이 '자아'가 가지고 있는 고유한 것이라고 집착하는 데서 찾았다. 사실 이 표현에는 오해를 낳을 소지가 있다. 마치 싯다르타가 오온과 무관한 자아를 인정한 것처럼 보이기 때문이다. 그렇지만 이미 그는 "인간을 이루는 다섯 가지 덩어리들五蘊"이라고 이야기했다. 이것은 싯다르타가 자아를 오온과 무관한 별도의 기능으로 생각하지 않았다는 것을 말해준다. 그에게 자아란 오온이 결합되어 발생한 일종의 표면 효과에 불과한 것이었다. 마치 다양한 부품과 연료가 모여서 자동차가 움직이듯이 말이다. 그렇다면 오온을 자신의 소유라고 생각하는 자아의 착각은 어디서부터 유래하는 것일까? 나무와 태양빛의 마주침으로 만들어진 그림자가 나무와 태양빛을 자기 소유라고 집착하는 일은 어떻게 가능한 것일까?

예를 들어 몸이 건강했을 때 오온이 결합되어 나타난 자아를 자아 A로, 그리고 몸이 병들었을 때 나타나는 자아를 자아 B로 가정해보자. 자아 A로 있을 때의 건강한 몸을 기억하고 있다면, 자아 B는 자신의 현재 상태에 대해 슬픔과 비탄의 감정을 느끼게 될 것이다. 여기서 중요한 역할을 하는 것은 '의식'의 기능이다. 의식은 기억 능력을 가지고 있다. 현재 자신을 구성하는 것은 병든 몸과 나머지 네 심리적 요소로 형성되었음에도, 자아 B는 의식이 가진 기억의 힘으로 자신이 원래 가졌던 건강한 몸을 지금 상실했다고 느끼게 된다. 싯다르타가 "몸, 감각, 지각, 성향, 의식을 나의 자아가 가진 것이라고 집착한다"고 이야기한 것이 바로 이런 의미였다고 볼 수 있다. 자아 B가 자신의 것이라고 집착하고 있는 것은 현재 자신을 구성하는 오온이 아니라 기억 속에만 존재하는 과거의 오온, 결국 자아 A라고 할 수 있다.

싯다르타가 분석한 집착의 메커니즘은 사실 아직도 유효한 면이 있다. 그의 통찰은 육체적 상해를 입은 사람, 실연을 당한 사람, 부자였다가 가난해진 사람, 권력을 잃은 사람이 고통의 나날을 보내고 있는 이유를 잘 보여주기 때문이다. 그들은 모두 건강했을 때, 사랑에 빠졌을 때, 부자였을 때, 권력을 가졌을 때 구성된 과거의 자아에 집착하고 있기 때문이다. 이들이 고통에서 벗어나는 길은, 과거의 오온 상태에서 파생되어 나온 자아에 대한 현재의 집착을 무화시키는 것밖에 없다. 싯다르타의 유명한 무아론은 바로 이런 맥락에서 출현한 것이다. 그렇다고 해서 싯다르타의 무아론을 로카야타학파의 경우와 마찬가지로 허무주의적 발상이라고 쉽게 비판해버릴 수는 없다. 그가 부정했던 것은 시간의 흐름에 따라 불변할 것이라고 믿어진 과거의 자아이지, 현재의 오온들이 결합해 만들어낸 자아의 모습은 아니기 때문이다. 그는 우리가 직면한 실존적인 현재 자아의 모습에 대해선 결코 부정하지 않았다. 싯다르타의 정신이 새로운 마주침, 그리고 그로부터 야기되는 새로운 자아의 생성을 긍정하는 것이었다고 말할 수 있는 이유도 바로 여기에 있다.

아찔한 균형, 중도의 어려움

범신론은 "모든 것이 신이다"라고 주장하는 충격적인 이론이다. 범신론적 사유는 특히 기독교와 같은 유일신을 표방하는 사유 전통에서는 가장 이단적인 생각이라고 저주받았다. 스피노자가 유대교로부터 이단으로 파문당했던 이유도 다른 데 있었던 것은 아니다. 스피노자를 포함한 모든 범신론적 사유는 피조물을 신의 반열에 올려놓기 때문이다. 범신론의 가장 거친 공식은 '개체=신'이라고 할 수 있다. 그러나 이 공식은 현실적으로 묘한 비대칭성을 보일 수 있다. 현실적으로는 '개체≥신'도 가능하고 '개체≤신'도 가능하기 때문이다. 전자로 흐르면 범신론은 혁명적인 진보 사상의 토대가 되고, 후자로 흐르면 범신론은 겉보기에는 진보적이지만 내적으로 보면 보수적인 사상의 토대로 전락할 수도 있다.

인도의 범아일여 사상은 범신론이 혁명적이라기보다는 오히려 보수적으로 악용될 수 있다는 사실을 잘 보여주는 사례라고 할 수 있다. 이런 보수성은 범아일여의 논리가 윤회 사상과 결합되었기 때문에 발생한 것이다. 인도에서 윤회는 아주 단순한 논리다. 그러니까 우리의 영혼은 자유를 얻기까지는 계속 다른 생명체들의 몸을 빌려 태어난다는 것이다. 이것이 바로 윤회다. 문제는 인도의 정통 사상과 종교는 윤회의 사슬을 끊는 것을 지상의 목적으로 생각한다는 데 있다. 윤회의 부정은 몸을 부정하는 것으로, 나아가 살아 있는 현재를 부정하는 것으로 귀결된다. 그래서 고대 인도인들은 삶의 목적을 현세가 아닌 내세의 브라흐만에 둘 수밖에 없었던 것이다. 현세의 삶을 부정한다는 점에서 이것은 명백한 허무주의이다.

아지타나 로카야타학파는 범아일여를 부정하기 위해서 강력한 유물론적 주장을 피력했다. 하지만 그도 결국 또 다른 종류의 허무주의에 빠져버리고 말았다는 것이 바로 싯다르타의 생각이었다. 모든 것이 단순히 물질의 일시적인 효과에 지나지 않는다고 본다면 우리의 삶은 덧없는 것일 뿐이기 때문이다. 허무주의란 어려운 주장이 아니다. 삶과 세계를 부정해서, 우리를 무기력하게 만드는 것이 바로 허무주의니까 말이다. 결국 허무주의를 극복한다는 것은 삶과 세계를 있는 그대로 긍정해서,

그것을 향유한다는 것을 뜻한다. 있는 그대로의 삶은 영원이란 극단과 순간이란 극단 어느 사이엔가 자리를 잡고 있다. 그래서 우리를 포함한 모든 존재자들은 영원히 존재할 수도 없고, 순간적으로 사라지지도 않는다. 혹은 이렇게 말해도 좋다. 모든 존재자들은 영원의 지평에서 보면 순간적인 존재로 보이지만, 순간의 지평에서 보면 영원한 존재로 보인다고 말이다.

싯다르타는 범아일여와 유물론이라는 두 종류의 허무주의를 극복하려고 노력했다. '중도'라는 유명한 주장은 바로 이런 맥락에서 출현한 것이다. 영원에 집착하여 현세적 삶을 부정적으로 볼 때, 싯다르타는 우리가 순간적 존재라는 사실을 환기시킨다. 반대로 순간적 변화에 매몰되어 현세적 삶에 무기력할 때, 그는 우리가 순간 이상의 지속을 가진 존재라는 사실을 환기시킨다. 이것이 바로 중도의 논리다. 마침내 싯다르타는 중도의 논리를 통해 불변하는 자아도 부정하고 가변적인 자아도 부정하게 된다. 불연속적이지만 또한 동시에 연속성도 있는 현실적인 자아는 이렇게 탄생한 것이다. 그러나 싯다르타의 주장을 들었다면, 로카야타학파는 불교가 근본적으로 수정주의적 입장을 취하고 있다고 비판했을 것이다. 자아에 일종의 연속성을 부여하는 순간, 범아일여로 정당화되는 불변하는 자아로 나아가는 데는 한 걸음이면 족하기 때문이다.

또한 객관적으로 말해 로카야타학파의 자아가 싯다르타의 주장처럼 허무주의적 자아인지는 의심스럽다. 오히려 이 학파가 제안했던 세계와 자아는 가장 현실적이고 가장 긍정적인 것이었던 것은 아닐까. 어쨌든 싯다르타를 따르는 불교는 유아有我와 무아無我 사이의 중도, 혹은 줄타기를 할 수밖에 없는 운명에 던져지게 된 것이다. 제도로서 불교는 윤회하는 자아가 존재한다는 유아의 입장을 취하는 경향이 강하다. 그래야 종교경제학적 기능, 혹은 일종의 영혼 장사가 가능하기 때문이다. 반대로 이념으로서 불교는 아주 근본적이고 철저하게 무아를 주장하곤 한다. 그러나 궁금해진다. 제도로서 불교와 이념으로서 불교가 공존하는 것이 과연 싯다르타가 역설했던 중도의 의미였을까. 그러나 어찌하겠는가? 싯다르타가 중도를 역설한 순간, 이런 갈등은 불교 사상 내부에서 항상 꿈틀거릴 수밖에 없으니 말이다.

3

승리는 무엇이 결정하는가?

손자

——————————— VS ———————————

오자

제도화된 전쟁 기구로서의 국가

《리바이어던》에서 홉스는 국가의 기원에 대한 흥미로운 가설 하나를 제안했던 적이 있다. 그에 따르면 자연상태에서는 '만인에 대한 만인의 전쟁'에 빠질 수밖에 없기 때문에, 인간은 계약을 맺어 투쟁을 종식시킬 객관적인 주권, 즉 국가를 만들게 되었다는 것이다. 그러나 홉스의 것이든 아니면 루소의 것이든 사회계약론 자체는 역사 속에서 결코 확증될 수 없는 것이다. 오히려 사정은 정반대라고 할 수 있다. 왕권신수설이 죽은 개 취급을 받자, 홉스든 루소든 엄연한 폭력으로 존재하는 국가를 정당화하려고 했던 것이다. 물론 사회계약론으로 정당화된 순간, 국가는 과거처럼 일방적으로 피통치자들을 억압할 수는 없을 것이다. 그러나 달라진 것이 하나도 없지 않은가? 국가는 여전히 존재하기 때문이다. 국가가 존재하는 한, 인간들은 언제든지 자신의 목을 조를 수 있는 국가의 민낯을 두려워할 수밖에 없다. 그래서 탁월한 아나키스트 프루동Pierre-Joseph Proudhon(1809~1865)은 아주 신랄하게 국가를 정당화했던 사회계약론을 비판했던 것이다.

> 진실로 제네바 시민인 루소, 당신은 주옥같은 말씀을 하시는군요. 그러나 주권자와 영주, 권력기관과 재판관에 대해서 말하기에 앞서 내가 논한 것에 대해서도 한 말씀 해주십시오. 뭐라고요! 내가 도시, 시골, 하천, 삼림 등지의 경찰들에게 기소당하도록 만드는 문서에 서명해야 한다고요. 내가 손해, 사기, 약탈, 절도, 파산, 유린, 국가법에 대한 불복종, 공중도덕을 해친 죄, 부랑죄로 법정에 소환되어 유죄를 선고받을 수 있다고 생각하신다고요. 그러나 이 문서 속에서 나는 나의 권리나 의무에 대한 것을 단 한 줄도 찾을 수가 없습니다. 단지 형벌들만 나와 있군요.　　　—《19세기의 혁명사상Idée générale de la révolution au XIXe siècle》

귀스타브 쿠르베의 〈프루동과 그의 아이들〉(1865). 프루동은 국가를 정당화했던 사회계약론을 신랄하게 비판했던 탁월한 아나키스트였다.

　　프루동에게 사회계약이란 하나의 허구이거나 잘해야 멋진 이념에 지나지 않았던 셈이다. 아니 정확히 말해 사회계약론은 '자발적 복종'의 논리에 지나지 않았던 셈이다. 역사적으로 국가는 사회계약으로부터 탄생한 것이 아니라 수탈기구, 혹은 억압기구로서 탄생한 것이다. 돌아보라. 압도적인 힘을 가진 어떤 공동체가 그렇지 않은 공동체를 침략하여 영속적으로 지배하기 위해 수많은 국가가 출현했던 것이다. 물론 새롭게 출현한 국가 내부에서도 지배 공동체의 성원들은 특권층으로 자리 잡고, 피지배 공동체 성원들은 노예나 평민 계층으로 자리를 잡게 되는 것 역시 늘 발생하던 유사한 과정이었다. 국가기구는 외부의 위협에서 피지배자의 삶을 보호하고 육성하려고 한다. 물론 그것은 피지배자들의 삶을 위해서가 아니라 정확히 말하면 안정적인 수탈을 확보하기 위한 전략일 뿐이다. 그런데 바로 이 지점에서 피지배자들의 거대한 착각이 발생하기 시작한다. 그것은 국가가 자신들을 지켜주기 때문에 자신들이 그 대가로 국가가 부여한 의무를 수행해야만 한다는 전도된 생각이다. 하지만 간과해서는 안 될 점은, 피지배자들 가운데 그 누구도 국가가 의무로서 부여한 것들, 예를 들어 병역의 의무 혹은 조세의 의무 등을 자유롭게 거부할 수 있는 권한을 갖고 있지 않다는 점이다.

만약 의심이 든다면, 병역의 의무를 거부하고 세금 납부를 거부하려는 운동을 전개해보라. 아마도 국가는 보호자라는 자신의 아름다운 외양을 벗어던지고 바로 압도적인 무력을 가진 냉혹한 지배자의 모습을 드러낼 것이다. 지배의 명령에 충실하게 복종한다면 국가는 보호자의 모습으로 우리를 대우할 것이다. 하지만 지배의 명령에 의문을 제기하고 저항한다면, 국가는 원초적 폭력자로서 자신의 본모습을 드러낼 것이다. 이것은 결국 국가와 우리 사이의 계약이란 것이 역사에서 성립될 수 없었다는 것을 잘 보여준다. 만약 계약 당사자 가운데 한 사람이라도 불만을 품으면 그 계약을 변경 혹은 폐지할 수 있어야 우리는 자유로운 계약에 참여했다고 말할 수 있을 것이고, 국가와의 계약 결과 우리가 의무를 수행하고 있다고 주장할 수도 있을 것이다. 하지만 만약 현재 우리가 그럴 수 없는 처지에 있다면, 이것은 '계약' 개념을 통해 국가기구의 기원을 밝히려던 기존의 설명에 오류가 있음을 보여주는 것일 뿐이다.

비록 평화스러운 외양을 하고 있더라도 사실 국가란 압도적인 폭력수단을 독점하고 있는 폭력기구에 지나지 않는다. 이것은 국가의 기원에 하나의 공동체가 다른 공동체와의 전쟁을 통해서 지배권을 확보했던 잔혹성, 혹은 피의 흔적이 내재되어 있다는 사실과 불가분의 관계를 갖는다. 국가라는 지배 형식이 유지된 이래 항상 대외적으로는 전쟁이, 그리고 내부적으로는 유혈 진압이 빈번하게 발생했던 것도 이런 이유에서이다. 그래서 푸코의 이야기는 국가와 관련된 우리의 착각과 오해를 바로잡는 데 결정적인 도움을 줄 수 있다.

자기만의 기술과 절차들로 무장한 권력을, 이론적으로는 권력을 통제하고 있는 법의 형식으로부터 분리하려고 노력하자마자, 우리는 다음과 같은 기본적인 질문을 던지지 않을 수 없다. 권력은 단지 전쟁과 유사한 지배 형식 아닐까? 그러므로 우리는 권력의 모든 문제를 전쟁 관계라는 점에서 생각해야만 하는 것 아닐까? 권력은 어떤 특정한 순간에는 평화와 국가라는 형식들을 취하고 있는 일종의 일반화된 전쟁 아닐까? 그렇다면 평화는 전쟁의 한 형식이고, 국가는 전쟁을 수행하는 도구일 것이다. ―《권력 / 지식Power / Knoeledge》

권력은 일반화된 전쟁이다! 푸코의 핵심적 생각은 바로 이것이다. 그러니까 착각하지 말라는 것이다. 권력이 불가피하게 전쟁을 일으키는 것이 아니라, 전쟁은 움츠러들어 재충전을 하고 있던 권력이 자신의 속내를 드러낸 것뿐이다. 혹은 이렇게 말해도 좋다. 평화란 압도적인 권력에 누구도 대항하지 않을 때 발생하는 양태라고 말이다. 그러니 푸코도 "평화는 전쟁의 한 형식"이라고 말했던 것이다. 여기서 권력에 대항하는 것이 외부 세력이든 아니면 내부 세력이든 중요하지 않다. 결국 중요한 것은 국가가 아니라 전쟁인 셈이다. 푸코의 말대로 국가는 전쟁을 수행하는 도구에 지나지 않는다. 대부분 시민들이 국가를 무서워하는 이유는 국가가 전쟁을 할 수 있는 압도적힘이 있다는 걸 무의식적으로 알고 있기 때문이다. 군대의 총검과 미사일은 외부의 적이 아니라 내부 시민에게 그 방향을 충분히 돌릴 수 있으니 말이다. 푸코가 아니더라도 이것은 이미 한비자韓非子(BC 280?~BC 233)도 《한비자》〈오두五蠹〉 편에서 지적했던 것 아닌가. "왕이란 다른 이들을 공격할 수 있는 자다夫王者能攻人者也"라고 말이다.

고대 중국의 춘추전국시대에 주목해야 하는 이유도 바로 여기에 있다. 이 시대만큼 국가가 전쟁을 통해 탄생하고 전쟁이 국가를 강화시킨다는 엄연한 사실, 국가기구의 살풍경스러운 민낯이 적나라하게 드러난 적도 없었기 때문이다. 당시 패권을 다투었던 제후諸侯들의 최대 관심사는 매우 간단했다. 어떻게 하면 부국강병富國强兵을 이루어서 무한 생존경쟁 속에서 살아남을 수 있을 것인가? 물론 당시 제후들에게 피지배자들의 삶에 대한 보호는 부차적인 문제였을 뿐이다. 어떻게 하면 자신의 피지배자들을 효율적으로 조직해서 전쟁에서 승리할 것인가가 그들의 주된 관심사였기 때문이다. 인간의 자유라는 문제에 대해 꿈꾸는 사람들이 반드시 전쟁을 숙고해봐야 하는 이유도 바로 여기에 있다. 전쟁이란 국가기구의 잔혹하고 억압적인 본성이 가장 적나라하게 드러나는 일대 사건이기 때문이다. 그러니 인간의 자유를 꿈꾸는 사람이 어떻게 권력, 국가, 그리고 전쟁이란 테마를 우회할 수 있겠는가?

손자: "싸울 수밖에 없는 형세에 병사들을 던져 넣어라!"

사마천司馬遷(BC 145?~BC 86?)이 지은 《사기史記》의 〈손자오기열전孫子吳起列傳〉에는 손무孫武(BC 6세기경), 즉 손자孫子의 승리 방정식에 대한 흥미로운 사례 하나가 등장한다. 그 내용은 다음과 같다. 손자를 만난 오나라 군주 합려闔閭(BC 515~BC 496)는 그의 병법을 시험해보려고 했다. 손자의 능력을 시험해보지 않고 국가의 흥망성쇠를 결정하는 군대의 지휘권을 맡길 수는 없었던 것이다. 그러자 손자는 합려에게서 궁녀 180명을 받아 그들을 두 편으로 나누었다. 그리고 그중 합려에게 총애를 받고 있던 두 명의 궁녀를 각 편의 대장으로 삼았다. 손자는 그녀들에게 창을 들게 하고 군령의 내용을 가르쳐주었지만, 궁녀들은 그의 명령을 비웃고 있을 뿐이었다. 마침내 그는 합려의 만류에도 대장 역할을 하고 있던 두 명의 궁녀 목을 베어버렸다. 그러자 그 자리에 있던 모든 궁녀들은 손자의 군령에 따라 일사분란하게 움직이게 되었다고 한다.

　《사기》에 등장하는 손자의 이야기를 통해서, 우리는 그의 병법의 몇 가지 특징을 다음과 같이 추론해볼 수 있다. 첫째, 손자는 조직과 군령을 무척 중시했다. 둘째, 그는 전쟁에서 승리하는 데 장수의 자율성을 긍정하고 있다. 그래서 그는 군주의 권위도 수용하지 않았던 것이다. 셋째, 그는 군인들로 하여금 장수의 명령에 의해 일사불란하게 움직이도록 만드는 형세勢를 조성하려고 했다.

손자의 병법이 지닌 세 가지 특징 중 가장 중요한 것은 바로 셋째 측면일 것이다. 첫째와 둘째 측면이 장수가 군인들을 일사불란한 시스템에 들어가도록 만드는 방법과 수단을 보여준다면, 이 셋째 측면은 최종 목적에 해당되는 것이기 때문이다. 이제 구체적으로 손자병법의 핵심이라고 할 수 있는 시스템, 혹은 세勢의 문제에 대해 알아보도록 하자.

형세에 대응하는 사람은 군사를 싸우게 할 때 마치 목석木石을 굴리는 것같이 한다. 목석의 성질은 편안한 곳에 두면 가만히 있고 위태로운 곳에 두면 움직이며, 모가 나게 만들면 멈추고 둥글게 만들면 구르는 것이다. 그러므로 군사로 하여금 잘 싸우게 하는 형세란 마치 둥근 돌을 천 길이나 되는 산 위에서 굴리는 것과 같은 것이니, 이것이 바로 형세이다.　　　　　　　　　　　　　　　　　　　－《손자孫子》, 〈세勢〉

손자에게 형세, 즉 세란 군사들이 장수의 명령에 따라 죽음을 불사하고 전쟁에 임할 수밖에 없는 무형의 조건을 가리키는 것이었다고 볼 수 있다. 손자는 형세를 설명하기 위해 천 길이나 되는 산 위에서 둥근 돌을 굴리는 것을 비유로 들었다. 나무나 돌은 편안한 곳에 있으면 전혀 굴러가려고 하지 않는다. 또한 나무나 돌은 모가 나면 굴리기 힘든 법이다. 물론 여기서 나무와 돌은 장수에게 맡겨진 군사들을 비유한 것이다. 그렇다면 훌륭한 장수는 어떤 역량을 가지고 있어야 할까? 첫째, 나무와 돌을 모가 없이 둥글게 만들어야만 한다. 이것은 군사들이 자신만의 자율성을 유지해서는 안 되고, 전체 군대의 조직 속에 녹아들어가도록 만들어야 한다는 것을 말해준

손자가 제안하는 승리 방정식은 '세'라는 개념 하나에 응축되어 있다. 그것은 군사들로 하여금 장수의 명령을 무겁게 듣도록 만들고, 나아가 그들이 목숨을 걸고 적과 싸우도록 만드는 조건이다.

다. 둘째, 나무와 돌은 낮고 편안한 곳이 아닌 높아서 위태로운 곳에 놓아두어야만 한다. 이것은 군사들이 용감하게 싸우지 않을 수 없는 불가피한 조건을 만들어놓아야 한다는 것을 말한다.

손자가 제안하는 승리의 방정식은 사실 세라는 개념 하나에 응축되어 있다고 할 수 있다. 그것은 군사들로 하여금 장수의 명령을 무겁게 듣도록 만들고, 나아가 그들이 목숨을 걸고 적과 싸우도록 만드는 조건이기 때문이다. 결국 세, 즉 형세란 압도적인 권위를 의미한다고 할 수 있다. 형세는 군사들에게 강요한다. "나의 명령을 들을 것인가? 너희 마음대로 할 것인가?" 손자는 적과 맞서는 전쟁을 하기 전에 내부에서 이미 강력한 전쟁을 수행하고 있었던 것이다. 군사들을 먼저 철저하게 굴복시키는 내부의 전쟁 말이다. 이

전쟁에서 승리할 때, 마침내 장수는 명목상의 세가 아니라 실질적인 세를 장악하게 된다.

그런데 여기서 우리가 간과해서는 안 될 점이 있다. 세 아래에서 군사들이 어떤 의식을 갖게 되는가라는 문제이다. 손자의 방법에 따르면 군사들은 적보다는 자신의 지휘자가 내리는 군령을 더욱 무서워한다. 결과적으로 그들은 일체의 자의식을 버리고, 장수와 혼연일체가 되어 움직이게 되는 것이다. 한마디로 군사들은 모든 생각과 판단을 철저하게 장수에게 의존하게 된다는 것이다. 아니 더 정확히 말한다면, 군사들은 적보다 장수를 더 두려워하게 된다고 할 수 있다. 이렇게 장수와 하나의 유기체가 되었을 때라야, 그들은 전투를 수행할 때 평상시와는 다른 용사로 거듭나게 되고 예상치 못한 승리를 달성하게 될 것이다. 둥글게 다듬어진 채로 높은 산 위에서 굴러 떨어지는 나무와 돌처럼 그 누구도 그들의 전투의지를 막을 수 없을 것이기 때문이다. 바로 이것이 형세, 즉 세가 가지고 있는 힘이며, 손자가 제안하는 승리 방정식의 그럴듯한 해답이라고 볼 수 있다.

외적인 강제력을 통해 군사들을 장수의 수족처럼 만들어야 한다는 손자의 병법은 그대로 국가 통치의 논리로 승격된다. 법가는 바로 손자가 제안했던 병법의 논리를 정치철학적으로 확장했던 사상가 집단이라고 볼 수 있다. 철학적으로 중요한 대표적인 초기 법가 사상가로 세 사람을 거론할 수 있다. 첫 번째는 군주의 통치술, 즉 술術을 강조했던 신불해申不害(?~BC 337?)이고, 두 번째는 정치적 권력이나 공권력의 힘, 즉 세를 강조했던 신도愼到(BC 395~BC 315)이다. 그리고 마지막 세 번째는 군주가 전체 사회를 통제하는 방법, 즉 법을 강조했던 상앙商鞅(?~BC 338)이었다. 이 중 손자병법의 지혜를 정치 이론으로 만든 사람은 바로 신도였다.《한비자》에는 신도가 생각했던 세의 정치철학이 잘 요약되어 있다.

날아다니는 용이 구름을 타고 날아다니는 뱀이 안개 속에서 노닌다. 구름이 걷히고 안개가 개이면 용과 뱀은 땅에서 지렁이와 뱀과 다를 바 없으니, 그들이 타야 할 것을 잃은 것이다. 현인이 못난 사람에게 굴복한다면 권력이 작고 지위가 낮기 때문이다. 못난 사람이 현인을 굴복시키는 것은 권력이 많고 지위가 높기 때문이다. 그러니 현군이었던 요임금이 필부였다면 세 사람도 다스릴 수 없으나 폭군 걸임금은 천자가되어 온 세상을 어지럽힐 수가 있었다. 나는 이 때문에 권세勢와 지위位는 믿을 만하지만 현인의 지혜는 부럽지 않다는 걸 안다. 활이 약해도화살이 높이 오르는 것은 높은 곳에 있어서 바람의 도움을 받기 때문이고, 못났지만 명령이 통하는 것은 높은 곳에 있어서 대중의 도움을얻기 때문이다.　　　　　　　　　　　　　 -《한비자》,〈난세難勢〉

평지에서 둥근 돌은 아무런 역할을 못 할 뿐만 아니라 심지어 사람들의 의자 노릇에 만족할 수밖에 없다. 그렇지만 가파른 산 정상에서 아찔하게 놓여 있는 둥근 돌이라면 사정은 완전히 다르다. 사람들은 그 돌이 언제굴러떨어져 자신을 덮칠까 노심초사하며 올려다볼 테니 말이다. 바로 이것이 '세'다. 결국 중요한 것은 돌 자체가 아니다. 얼마나 높은 고도에 돌이 올라 있는지가 중요하다. 고도가 높을수록, 굴러떨어지는 돌은 그만큼 강력한 파괴력을 가질 테니 말이다. 물론 높은 고도에 있는 것만으로 충분한 세가 형성되는 것은 아니다. 산 정상이 평평해서 그곳에 놓인 돌이 굴러떨어질가능성이 없다면, 누가 그 돌을 무서워하겠는가. 그러니 돌은 언제든지 굴러떨어질 수 있는, 일종의 임계상태에 놓여 있어야만 한다.

돌은 어디에 위치해서 어떤 상태에 있느냐에 따라 생각하지도 못한 힘을 발휘한다. 사람도 마찬가지 아닌가. 신도의 말대로 "현군이었던 요임금이필부였다면 세 사람도 다스릴 수 없으나 폭군 걸임금은 천자가 되어 온 세상을 어지럽힐 수가 있었다". 높은 자리와 험악한 분위기라는 형세를 차지하고 있지 않으면, 어떤 사람도 힘을 발휘할 수 없는 법이다. 결국 중요한 것은자연과 사회에서 높은 자리와 낮은 자리라는 일종의 위계성이 존재하고 있다는 발상일 것이다. 물론 사회의 경우 높은 자리와 낮은 자리라는 위계성은 미리 존재한다기보다는 인간이 조성하는 것이라고 할 수 있다. 그러나 이렇게 한번 조성된 위계성은 마치 한번 융기한 산맥처럼 쉽게 완화되거나 해소되기 힘든 법이다. 더군다나 당시는 크고 작은 전쟁이 끊이지 않았던 압도적 위계성의 시대 아니었던가. 이미 높은 자리는 생명을 유지하고 낮은 자리는 생명을 부지하기 힘든 형세가 조성되었던 것이다. 당연히 신도의 입장은 민주주의와는 가장 거리가 멀다고 하겠다. 민주주의가 역사적으로 조성된 위계성을 완화해야 한다는 입장이라면, 신도는 주어진 위계성을 철저히 이용하거나 아니면 더 크게 조성해야 한다는 입장이었으니 말이다.

오자: "병사들의 자발적 복종을 유도하라!"

한비자는 법가 사상의 집대성자로 불린다. 그것은 그가 세, 법, 그리고 술을 하나의 국가 이론으로 통합했던 인물이기 때문이다. 정치권력을 의미하는 세, 민중에게 강제되는 상벌체계로서 법, 그리고 신하를 통제하는 통치술을 뜻하는 술 가운데 중심은 세일 수밖에 없다. 압도적인 세가 없다면, 법이나 술이 무슨 소용이 있다는 말인가? 당연히 법가 사상을 집대성할 때, 한비자도 세를 가장 중시할 수밖에 없었다. 한비자가 손자병법의 완전한 계승자라고 불릴 수 있는 이유도 바로 여기에 있다. 군주의 총애를 받고 있는 애첩을 본보기로 죽임으로써 손자는 궁녀들을 자신의 수족처럼 부리는 데 성공했다. 한마디로 말해 손자는 궁녀들을 하나의 시스템에 몰아넣어 빠져나오지 못하도록 만든 것이다. 여기서 중요한 점은 군주와의 친밀한 기존 관계를 끊어버리지 못할 경우, 장수로서 손자는 다른 궁녀들을 효과적으로 통제할 수 없었다는 점이다. 한비자와 같은 인물이 가족이라는 사적 관계가 국가 관계와 모순될 수밖에 없다고 통찰했던 이유도 바로 위와 동일한 맥락에서였다. 그의 말을 들어보자.

오자는 병졸들에게 자애로운 장수가 승리의 관건이라고 주장했다. 그는 장수의 자애로움만이 군사들에게서 자발적 복종을 유도할 수 있고, 결과적으로 강력한 군대를 만들 수 있다고 생각했다.

초楚나라에 몸가짐이 정직했던 사람이 있었다. 자신의 아버지가 양을 훔치자 그는 그것을 관리에게 알려주었다. 그렇지만 당시 초나라의 재상은 그를 죽이라고 말했다. 군주에게 정직하나 아버지에게는 못되게 행동한 것이라고 여겨서 그에게 죄를 주라는 판결을 내린 것이다. 이렇게 보면 군주의 정직한 신하는 아버지의 못된 자식인 셈이다.

－《한비자》, 〈오두五蠹〉

지금 한비자는 위의 에피소드를 통해 공자가 제안했던 정치철학을 조롱하고 있다. 공자에게 가족질서 내의 '아버지와 자식父子' 관계는 국가질서의 '통치자와 피통치자君臣 관계'와 동일한 구조를 가진 것이었다. 가족 내에서 자식이 잘못을 했을 때 육체적 체벌을 가하는 것으로서 자식의 잘못을 바로잡을 수 있을까? 공자에 따르면 이것은 사후약방문에 불과하다. 그는 아버지가 평상시에 모범적으로 생활하면 자식이 아버지를 본받아 애초에 잘못을 범할 수 없다고 보았다. 국가에도 마찬가지 논리가 적용될 수 있다. 백성이 죄를 짓기 이전에 군주가 정치를 모범적으로 수행하면 백성은 자신들의 잘못이 처벌받기도 전에 스스로 반성하고 부끄러워할 것이기 때문이다. 유학의 한 경전인 《대학大學》에 등장하는 "수신제가치국평천하修身齊家治國平天下"라는 구절은 바로 이런 공자의 생각을 명료화한 것이라고도 볼 수 있다. 다음 이야기는 공자가 얼마나 사적인 가족질서, 그리고 그 사이에 통용되는 효도와 순종의 윤리를 중시했는지 잘 보여준다.

> 섭공이 공자에게 말했다. "우리 마을에 몸가짐이 정직한 사람이 있는데, 그의 아버지가 양을 훔치자 자식이면서도 그것을 증언했습니다."
> 공자가 말했다. "우리 마을의 정직한 사람은 그와 다릅니다. 아버지는 자식을 위해 그런 일을 숨기고, 자식은 아버지를 위해 그런 일을 숨기지만, 정직함은 바로 그 속에 있습니다." ─《논어》, 〈자로子路〉

공자는 지금 절도행위보다는 효도의 정신을 더 중요한 것으로 우선시하고 있다. 이것은 그가 형벌이 함축하는 국가질서보다는 효도로 상징되는 가족질서를 먼저 생각했다는 것을 잘 말해준다. 물론 공자가 국가질서를 폐기해도 된다는 식으로 주장했다는 말은 아니다. 그의 생각은 훨씬 더 깊은 데 있었다. 부모에 대한 자식의 효도와 자식에 대한 부모의 자애로움으로 표현되는 가족질서가 회복된다면, 이 가족 안의 어떤 구성원도 국가질서를 어기는 범죄를 저지르지 않을 것이라고 공자는 확신했기 때문이다. 그래서 공자는 법치法治를 반대하고 덕치德治 혹은 예치禮治를 주장했던 것이다. 그런데 흥미로운 것은 공자의 정치철학을 전쟁에 이용한 색다른 전쟁 이론가가 등장했다는 점이다. 그가 바로 오기吳起(BC 440~BC 381), 즉 오자吳子라는 인물이다. 그는 공자 제자였던 증자曾子, 즉 증삼曾參(BC 505~BC 433)에게서 유학 사상을 배웠던 인물이다. 바로 이 점이 중요하다. 증자, 나아가 공자에게서 받은 철학적 영향이 오자의 전쟁 이론을 결정하는 가장 중요한 계기가 되었기 때문이다.

구체적으로 오자는 어떤 승리 방정식을 제안했을까? 그는 병졸들에게
자애로운 장수가 승리의 관건이라고 주장했다. 오자는 장수의 자애로움만
이 군사들에게서 자발적 복종을 유도할 수 있고, 결과적으로 강력한 군대를
만들 수 있다고 생각했던 것이다. 그래서 그는 가장 강한 군대는 군령과 장
수를 두려워하는 병사들이 아니라, 장수를 아버지처럼 따르는 병사들로 가
득 차 있는 군대라고 역설했던 것이다. 가족과 같은 자발적인 군대를 꿈꾸었
던 오기의 견해는, 사적인 관계를 군령과 세로 무력화시키려고 했던 손자의
그것과는 확연히 대조된다고 볼 수 있다. 오기의 전쟁 이론이 구조적으로
공자의 덕치 이론을 닮을 수밖에 없었던 것도 바로 이런 이유에서다. '아버
지와 아들의 군사', 즉 '부자의 군사'를 역설했던 오기의 말을 직접 들어보자.

장수와 편안함을 같이하고 장수와 위태로움을 함께하기 때문에, 이런
군사들은 뭉쳐서 흩어지지 않고, 항상 쓸 수 있지만 지쳐 있지 않습니
다. 전투가 있는 곳마다 이들을 투입하면 천하의 그 누구도 이들을 대
적할 수 없을 것이니, 이런 군사들을 '부자父子의 군사'라고 합니다.

－《오자》, 〈치병治兵〉

〈손자오기열전〉을 보면 오자가 장군의 신분임에도 병졸들과 동고동락
을 같이했다는 에피소드가 등장한다. 심지어 그는 어느 병졸의 종기를 직접
입으로 빨기까지 했다고 전한다. 병사들의 입장에서 오자의 이런 행동은 지
금까지의 지휘관들이 보여준 것과는 분명히 다른 것으로 비쳤을 것이다. 이
전의 지휘관들은 고급스런 옷을 입고 좋은 음식을 먹으며, 이동할 때는 마
차나 말을 탔고 따뜻하고 포근한 침대에서 잠을 잤기 때문이다. 그러나 오
자는 이런 장군의 특혜를 모두 거부하고, 스스로 몸을 낮추어 병사들과 동
고동락했던 것이다. 더구나 오자는 병사의 종기를 직접 입으로 빨아줄 정
도로 병사들에게 깊은 애정을 드러냈다. 물론 이것은 그가 천성적으로 선한

사람이었기 때문에 그런 것은 아니었다. 그는 병사들의 자발적인 복종을 유도해서, 자신이 통솔하고 있던 군대의 전투력을 극대화하려고 그런 전략적인 행동을 취했을 뿐이다. 결국 장수로서 오자의 솔선수범과 병사들에 대한 애정은 단지 수단에 지나지 않았던 것이라고 할 수 있다.

〈손자오기열전〉을 보면 오자의 속내를 간파한 또 다른 한 사람이 등장한다. 그는 바로 아들의 종기를 장군인 오자가 직접 빨아주었다는 이야기를 듣고 통곡했던 병졸의 어머니였다. 병졸의 어머니는 자기 아들이 장군의 정성에 감복해 목숨을 내던지고 싸우리라는 것을 짐작했던 것이다. 이처럼 이 어머니는 오자의 행동이 그 자체로 선한 마음에서 나온 것이 아니었음을 누구보다도 잘 알고 있었다. 그러나 어떻게 하겠는가? 그녀의 아들은 오자의 애정에 감동하여 불나방이 모닥불에 뛰어들듯, 전진에 몸을 던질 테니 말이다. 바로 이와 같은 이유가 있었기에, 오자가 위나라 장수가 되었을 때 다른 어떤 나라도 위나라를 감히 공격하지 못했던 것이다.

전쟁에서 승리를 가능하게 하는 두 가지 방식이 있다. 손자의 방법과 오자의 방법! 그렇지만 이 두 가지 승리 방정식은 병술에만 국한되지 않는다. 두 가지 전생술은 동시에 두 가지 국가가 가능하다는 걸 보여주기 때문이다. 하나는 손자의 방법처럼 피통치자가 다른 무엇보다 통치자를 두려워하도록 만드는 국가다. 두려움이 극한에 이르러 피통치자는 스스로 아무런 감정도 느낄 수 없고, 아무런 생각도 하지 않는 상태에 이를 수 있다. 완전히 억압적이고 타율적인 국가 형식이다. 다른 하나는 오자의 방법처럼 통치자를 열렬히 사랑하도록 만드는 국가 형식이다. 손자의 경우 피통치자의 자의식이 거의 소멸되었다면, 오자를 따르는 국가에서 피통치자들의 자의식은 지나칠 정도로 과잉된다. 이 경우 피통치자는 "통치자=나"라고 믿는 데까지 이를 수 있다. 자율적 복종도 이 정도에 이르면 거의 예술적이지 않은가!

장 지오노의 혜안,
전쟁이 국가의 아킬레스건일 수도 있다

국가는 수탈과 재분배의 기구이다. 이것은 지금도 변하지 않은 진실이다. 물론 재분배를 하기 위해서, 혹은 국민의 복지 향상을 위해서 수탈한다는 명분을 내세우는 것도 여전히 유사하다. 어쨌든 우리에게서 수탈한 것을 다시 우리에게 분배하면서 생색을 내는 것이 바로 국가가 작동하는 형식이다. 분배에 시선이 쏠리는 순간, 우리는 강제적으로 이루어지는 수탈의 논리를 망각하기 쉽다. 이럴 때 국가는 마치 우리를 위해 존재한다는 착각도 발생한다. 하지만 수탈의 기능에 대해 국민 중 누구도 의문을 제기할 수 없다는 점에서, 국가는 분명 강제적 기구라고 할 수 있다. 사실 현재 권력을 잡은 최고 주권자가 선한 사람인가 혹은 그렇지 않은 사람인가가 중요한 문제가 아니다. 가장 중요한 것은 수탈이란 강제력을 갖고 있는 국가라는 형식 자체이기 때문이다. 선한 주권자, 혹은 성군聖君은 단지 국민의 자발적 복종을 유도하는 데 성공한 주권자일 뿐이다.

　　국가의 기능 중 하나는 다른 국가와 교전할 수 있는 권능을 가지고 있다는 점이다. 원하든 원치 않든 우리 개인이 전쟁에 참여할 수밖에 없는 이유도 바로 여기에 있다. 물론 전쟁과 그와 관련된 모든 경비는 다름 아닌 수탈에서 얻어진다. 우리가 국가에 바친 것이 우리 목을 조이는 형국이다. 진정으로 인간 사이의 전쟁을 종식시키고 싶은가? 그렇다면 그것은 국가의 강력한 힘에 의해서가 아니라, 국가 그 자체의 폐지를 통해서만 가능한 일이다. 국가는 본래 전쟁의 피 냄새를 먹고 자라나는 기구이기 때문이다. 외부에 적이 없다면 내부의 적을 설정해서라도 갈등과 대립을 조장하는 것이 바로 국가다. 대립이 상존할 경우 바로 그 대립을 해소한다는 명분으로 국가는 자신의 공권력을 자유자재로 활용할 수 있기 때문이다.

　　이처럼 분쟁 혹은 전쟁과 국가 사이에는 불가분의 관계가 있다. 중국 고대의 철학자 손자와 오자의 전쟁 논리를 성찰해야만 하는 이유도 바로 여기에 있다. 손자가 압도적인 힘으로 장졸들을 통제하려고 했다면, 오자는 장졸들의 자발적 복종을 유도하는 방식으로 그들을 통제하려고 했다. 우리는 손자와 오자를 단순한 호기심에서가 아니라 인문학적 시선으로 독해해야만 한다. 이로부터 우리는 국가가 우리의 삶을 어떤 식으로 길들이는지 자각할 수 있는 실마리를 얻을 수 있다. 압도적인 무력을 가지고 있는 장수가 전쟁에서 어떻게 대다수의 장졸들을 통제하는지 그 메커니즘을 이해해야 한다. 이것은 국가가 대다수의 사람들을 어떻게 통제하는지 보여주는 원형이기도 하기 때문이다. 국가와 정치를 이해하고 싶은가? 그렇다면 우리는 전쟁의 살풍경을 직시해야만 한다. 가장 탁월한 정치철학을 전쟁사에서 찾을 수 있는 것도 이런 이유에서다.

국가는 인간을 타율적 복종으로 내몰기도 하고, 자율적 복종으로 훈육하기도 한다. 타율적 복종이든 자발적 복종이든 복종은 노예의 길일 수밖에 없다. 그러나 누가 노예의 길을 의식적으로 선택하겠는가? 그러니 자발적 복종은 묘한 정신승리라고 할 수 있다. 복종은 복종이지만 그것이 자신의 자유에 입각해서 이루어졌다고 자위할 수 있으니 말이다. 그러나 조금만 생각해보면 우리는 자유에 입각한 행동, 즉 자발적 행동은 그렇게 할 수도 있고 하지 않을 수도 있을 때에만 의미가 있다는 걸 쉽게 알 수 있다. 자발적 복종은 우리가 복종하지 않을 수 없는 조건에 놓여 있을 때 발생할 수 있는 것이다. 자발적 복종에서 복종의 측면을 은폐하고 가급적 자발의 측면을 강조하는 것, 이것이 정치경제학적 측면에서 대부분의 사람들이 취하고 있는 정신승리의 핵심 메커니즘이라고 할 수 있다.

자발을 강조하는 허위는 더 강화되어, 국가나 주인에 대한 자신의 복종을 '배려'라고 둔갑시키는 데까지 이를 수 있다. "내가 세금을 내지 않으면 어떻게 국가가 작동할 수 있겠어. 그러니 나는 기꺼이 세금을 내야 해!" "내가 없으면 어떻게 주인님이 식사를 하고 옷을 입을 수 있겠어. 그러니 나는 주인님을 돌봐야 해!" 무언가를 할 수 있고 하지 않을 수도 있을 때 자유가 의미가 있는 것처럼, 배려도 누군가를 돌볼 수도 있고 돌보지 않을 수도 있을 때 진정한 가치가 있는 법이다. 억압받는 자들이 이런 안타까운 정신승리를 구가할 때, 국가로 상징되는 지배와 복종의 관계는 영속화될 수밖에 없다. 그러나 이런 정신승리의 이면에는 국가로부터 자유를 쟁취할 힘이 없다는 무기력이 도사리고 있다. 그만큼 국가로부터의 자유는 정말 목숨을 건 용기가 없으면 달성하기 힘든 법이다. 국가와의 싸움은 최종 심급에서는 전쟁을 일으킬 수 있는 압도적 무력과의 싸움일 수밖에 없기 때문이다. 그러니 국가와의 싸움은 거의 패배가 예견된 싸움인지도 모른다.

그나마 국가와의 싸움에서 승리를 기대할 수 있는 경우가 있기는 하다. 아이러니하게도 그것은 국가가 전쟁기구라는 자신의 민낯을 드러낼 때다. 외부에서 전쟁을 수행하고 있기에 국가는 내부에서 자유의 투쟁에 대한 전쟁을 수행하기 힘들다. 아니 더 정확히 말해 전쟁상태에서는 국가의 말을 들으면 죽을 수 있고 그렇지 않으면 그나마 살 수 있다는 묘한 아이러니가 발생한다. 징집과 부역 등을 거부할 수 있는 공백 상태를 전쟁상태가 만들어놓는 셈이다. 그렇다고 해서 자유를 위한 투쟁에 맞서 국가가 전면전을 벌일 수는 없는 법이다. 외부에는 교전 중에 있는 다른 국가기구가 존재하기 때문이다. 그래서일까, 반전 평화주의 작가 지오노Jean Giono(1895~1970)는 제2차 세계대전을 목전에 두고 '전쟁=국가'를 막는 방법을 농민들에게 제안했다.

반전 평화주의 작가 장 지오노.

"전 세계의 농민들이여, 당신들을 살해하고자 하는 어두운 도살장에 주목하십시오. 왜 여러분이 그들의 도살장에 인력을 공급하는 수고를 감수해야만 합니까! 여러분은 그들이 기근에 시달리도록 만들 수 있습니다. 국회와 국가를 굶주리게 하여 그들이 노동자들을 공장으로 되돌려 보냈던 것처럼 여러분을 들판으로 되돌려 보낼 수밖에 없도록 만들 수 있습니다. …… 아래에 서명한 농민들은 전쟁이 일어날 때 그들의 소유가 될 밀 보유고를 파괴할 것과 수확을 위해서만 땅을 경작할 것을 맹세하는 데 참여하는 겁니다."

《농민에게 보내는 가난과 평화에 대한 서신Lettre aux paysans sur la pauvreté et la paix》에 들어 있는 구절이다. 아무리 옳아도 평상시에 지오노가 제안했던 방식을 받아들일 농민은 없을 것이다. 그의 제안대로 했다가는 국가기구가 농민들을 그대로 방치하지 않을 테니 말이다. 그러나 전쟁이 임박했거나 혹은 전쟁 중이라면, 도대체 농민들을 누가 통제할 수 있다는 말인가. 슈미트의 적과 동지라는 개념을 역이용하는 방법 중 이것보다 근사한 것이 있는가? 국가기구가 노골적으로 적과 동지라는 이분법에 빠져버릴 때, 그러니까 전쟁이란 상황이 벌어질 때가 있다. 명령을 듣지 않은 농민이 있다고 할지라도, 국가는 그 농민을 철저하게 적으로 돌려 탄압할 수만은 없다. 지금 국가는 적과 대치하고 있기 때문이다. 바로 이것을 간파했다는 것, 지오노의 영민함이 두드러지는 대목이다.

4

도道는 어디에 있는가?

노자

———————— VS ————————

장자

진리와 도 혹은 서양과 동양 사이

철학은 옳고 그름을 합리적 이유로 구분한다. 쉽게 말해 시시비비를 가리는 것이 철학적 사유라는 것이다. 서양에서 옳다고 정당화된 것을 '진리truth'라고 하는 반면, 동양에서는 그것을 '도道'라고 부른다. 그러니까 서양철학에서 '진리'가 차지하고 있는 위상을 동양에서는 '도'라는 개념이 차지하고 있는 셈이다. 보통 서양의 사유 전통에서 진리라는 것은 '존재와 사유의 일치'로 정의된다. 다시 말해 우리 바깥에 있는 사태의 모습이 우리가 생각하고 있는 것과 일치할 때 진리라고 불렀던 것이다. "그녀는 영국 사람이다"라고 생각할 경우, 이 생각은 실제로 그녀가 영국 사람이었다면 진리가 된다고 말할 수 있다. 따라서 결과적으로 볼 때 서양에서 진리란 가령 우리가 생각하지 않는다면 어떤 의미도 없는 개념인 셈이다. 사실 서양의 진리 개념 이면에는 생각의 힘을 긍정하는 서양인들의 무의식적인 태도가 전제되어 있다고 볼 수 있다. 그렇다면 동양철학에서 도라는 개념은 과연 어떤 함의를 가지고 있었을까? 이 점에서 공자의 다음 이야기가 어쩌면 우리의 의문을 해소하는 한 가지 실마리가 될 수 있을지도 모르겠다.

> 공자가 말했다. "아침에 도에 대해 들으면 저녁에 죽어도 좋다朝聞道, 夕死
> 可矣."
> ―《노자》, 〈이인里仁〉

이 구절을 읽을 때 우리는 다음과 같은 의문을 가질 수 있다. "왜 공자는 아침에 도에 대해 들었는데, 지금 바로 죽을 정도로 좋다고 말하지 않고 저녁까지 기다린 뒤 죽어도 좋다고 말한 것일까?" 이때 중요한 것은 아침과 저녁 사이의 시간적 차이라는 문제이다. 아침과 저녁 사이에는 과연 무슨 일이 벌어지는가? 아침과 저녁, 즉 낮 동안의 시간은 기본적으로 타자와 만나서 이루어지는 삶과 실천의 공간이라고 말할 수 있다. 반면 낮이 아닌 밤

당나라 화가 오도현이 그린 공자. 공자가 말하고자 했던 도는 실천적 진리에 해당하는 것이었다. 그렇기 때문에 그는 아침에 듣고 한참이 지난 저녁에 죽어도 좋다는 식으로 이야기했던 것이다.

시간에 우리는 타자와 헤어져서 홀로 남게 된다. 바로 이 홀로 있는 공간에서 우리는 낮 동안 일어났던 일들을 반추해보는 성찰의 시간을 갖게 될 것이다.

그렇다면 이제 우리는 공자가 들으려고 했던 도가 개인의 내적인 생각에만 국한된 진리가 아니라, 실천과 불가분의 관계에 있었다는 사실을 직감할 수 있다. 만약 그가 추구했던 진리가 '1+1=2'와 같은 산술적 진리였다면, 공자는 이런 진리를 듣는 순간 바로 죽어도 좋다고 술회했을 것이다. 하지만 공자가 말하고자 했던 도는 실천적 진리에 해당하는 것이었다. 그렇기 때문에 그는 아침에 듣고 한참이 지난 저녁에 죽어도 좋다는 식으로 이야기했던 것이다. 낮 동안 자신이 들은 도를 실천해야 했기 때문이다. 비록 "아! 그렇게 살면 되는구나!"라고 깨우쳤다고 할지라도, 그런 깨우침을 낮 동안 몸소 실천해보지 않는다면, 우리는 실천적 진리의 타당성을 제대로 검증할 수 없을 것이다.

공자에게 도는 서양의 진리 개념으로 규정하기에는 너무 큰 개념이었다고 말할 수 있다. 도에는 진리뿐만 아니라 실천이란 함의도 함께 들어 있기 때문이다. 그래서 공자의 도는 '길' '방법' '기술' 등과 같은 용어로 번역되는 것이 바람직할 것이다. 예를 들어 우리는 "수영을 하는 방법"을 듣고 "아! 이제 죽어도 좋을 정도로 행복하다"고 말하지는 않는다. 직접 물에 뛰어들어 그 방법으로 수영을 능숙하게 할 수 있을 때에만, 우리는 그렇게 말할 수 있을 것이기 때문이다. 이 점에서 자신의 주저인 《마음의 개념Concept of Mind》이란 책에서 라일Gilbert Ryle(1900~1976)이 시도했던 구분은 매우 시사적이라고 할 수 있다.

라일은 '명제적 앎know-that'과 '실천적 앎know-how'을 구분한다. 전자의 예로는 "자전거는 바퀴가 두 개라는 것을 안다"는 명제를, 후자의 예로는 "자전거를 탈 줄 안다"는 명제를 들 수 있다고 말한다. 그런데 이 대목에서 중요한 점은 "자전거 바퀴가 두 개다"라는 앎은 "자전거를 탈 줄 안다"는 앎에서 이해될 수 있는 것이지, 그 역은 아니라는 것이다. 완전히 일치되는 것은 아니겠지만, 라일이 강조한 실천적 앎은 공자의 도에 가까운 것이었다고도 볼 수 있을 것이다. 물론 양자 사이에는 미묘한 차이점이 있기도 하다. 라일이 말한 '실천적 앎'이 삶의 과정을 통해서 맹목적으로 배우게 된 기술이라면, 공자가 말한 도는 타인과의 관계라는 윤리적인 맥락에서 주로 강조된 것이기 때문이다. 다시 말해 도는 단순히 자전거 타는 방법, 수를 세는 방법 혹은 기술에만 국한된 것이 아니라, 바람직한 인간의 삶이라는 윤리적 방법도 포괄하고 있다는 것이다.

누군가가 "나는 자전거를 탈 줄 안다"고 주장했을 때, 우리는 이 주장을 어떻게 검증할 수 있을까? 우리는 그렇게 주장하는 사람에게 "그럼, 한번 타봐!"라고 요구하면서, 그가 제대로 자전거를 타는지 못 타는지 시간을 두고 관찰할 수밖에 없다. 이처럼 실천적 진리나 도의 타당성이란 것은 삶의 과정을 통해서, 구체적인 실천을 통해서만 확인될 수 있는 것이다. 바로 이런 측면 때문에 동양철학에서는 항상 지행합일知行合一─ 혹은 언행일치言行─致 등을 강조해왔던 것이다. 효도를 해야 가정이 평화로워진다는 것을 알기만 한다면, 이것은 단지 사변적인 이해에 머물러 있는 것이다. 실제로 더 중요한 것은 효도를 실천해야 한다는 점이다. 오직 실천할 수 있을 경우에만 우리는 그 사람에 대해 "효를 행할 줄 안다知孝"고 말할 수 있을 것이다.

중국 철학에서 강조된 지知나 언言이란 것은 항상 실천적 함축을 가질 수밖에 없는 앎 혹은 말이었던 것이다. 이제 우리는 왜 공자가 "아침에 도에 대해 들으면 저녁에 죽어도 좋다"라는 식으로 말했는지 어느 정도 이해할 수 있게 되었다. 누군가에게 살아가는 방법에 대해 들었을 때, 공자는 그것이 실제로 옳은 방법인지를 확인하기 위해 낮 동안 몸소 실천해볼 수밖에 없었던 것이다. 이 점에서 우리는 동양철학의 도가 흔히 말로 표현할 수 없는 것이라고 강조된 연유를 이해할 수 있다. 도는 오직 실천을 통해서만 드러날 수 있는 것이기 때문이다. 하지만 공자가 말한 도가 비록 실천적 의미까지 요구한 것이었다고 하더라도, 그가 생각했던 도는 결국 개별적 인간에 앞서 미리 존재하던 것임을 상기할 필요가 있다. 그는 새로운 길을 만들기보다는 오히려 망각된 과거의 길을 찾으려고 했기 때문이다. 바로 이 점이 공자 사유가 함축하는 보수성을 드러내는 대목이기도 하다.

노자: "만물에 선행하여 그것들을 낳는 일자가 존재한다."

공자가 살았던 춘추시대는 혼란의 시대였다. 혼란이란 주체와 타자 사이에 삶의 규칙, 즉 도가 통용되지 않았다는 것을 의미한다. 그래서 공자는 자신

명나라 화가 진홍수가 그린 노자.
노자는 공자보다 한 발 더 나아가
도란 주체와 타자뿐만 아니라 세
상 모든 만물들 간의 절대적 매개
라고 긍정했던 철학자였다.

의 시대를 도가 없는 시대라고 규정했던 것이다. 그가 빈번히 언급했던 '천
하무도天下無道'라는 표현은 글자 그대로 "하늘 아래 길이 없다"라는 의미를
담고 있다. 하지만 그 당시 공자는 아쉽게도 과거에 잃어버렸다고 생각된 도
를 회복하려는 다분히 보수적인 입장을 취하게 된다. 공자는 주례周禮, 즉 춘
추시대 이전에 통용되던 주나라의 예禮를 다시 업데이트하려고 했기 때문이
다. 공자의 이런 정신은 《시경詩經》에 나오는 '유신維新' 개념을 통해서도 잘 설
명된다. 주례를 단지 새롭게 하는 데 성공하기만 한다면, 공자는 주체와 타
자 사이의 갈등을 피하고 조화로운 관계를 회복할 수 있다고 확신했던 것이
다. 공자가 꿈꾸었던 도는 주체와 타자를 매개하는 원리, 다시 말해 주체와
타자에 대한 적절한 관계 맺음의 원리를 의미했기 때문이다.

　　그런데 공자보다 한 발 더 나아가 도란 주체와 타자뿐만 아니라 세상
모든 만물들 간의 절대적 매개라고 긍정했던 철학자가 있었다. 그가 바로 노
자老子(?~?)라는 사상가이다. 그는 자신의 주장을 정당화하기 위해서 도란 만
물이 생성될 수 있는 근원이자 동시에 삶을 영위하는 것을 가능하게 해주

는 최종 근거라고 주장했다.

> 도라고 인정되는 도는 영원한 도가 아니다. 명名이라고 인정된 명은 영
> 원한 명이 아니다. 무명無名은 만물들의 시작이고 유명有名은 만물들의
> 어머니이다. — 《노자》 1장

동양철학에 별로 관심이 없는 사람도 "도가도비상도道可道非常道"라는 말
을 들어보았을 것이다. 보통 "말할 수 있는 도는 도가 아니다"라고 번역된다.
《노자》 1장은 이렇게 낭만주의적으로 해석되는 경우가 많다. 그러니까 도로
상징되는 실재는 언어를 초월한다는 취지로 대부분의 사람들이 노자의 사
상을 이해한다는 것이다. 그러나 노자는 결코 낭만주의적으로 구별과 분별
을 낳는 언어를 부정했던 적이 없다. "도가도비상도" 다음에 오는 "명가명비
상명名可名非常名"이 바로 그 증거라고 할 수 있다. 심지어 노자는 "상명常名", 즉
영원한 언어를 긍정하기까지 한다. 한마디로 그에게 언어는 도만큼이나 중요
했던 것이다. 그래서 우리는 낭만주의적이고 신비주의적인 노자 이해를 넘
어서야만 한다. 그렇다면 노자 본인의 속앓이는 무엇이었을까?
　　노자의 형이상학 체계는 구체적인 사물들에 선행해서 두 가지 존재 원
리가 먼저 존재한다는 간단한 생각에서 출발한다. 그런데 이 두 가지 존재
원리는 각각의 개체들의 상이한 경향성을 추상화해서 사후적으로 구성된
것이다. 모든 개체는 다른 개체들과 구분되지만 동시에 다른 개체들과 관
계를 맺고 있다. 예를 들어 컵은 물이나 알코올 등과는 분명하게 구분되지
만, 컵은 물이나 알코올을 담을 수 있다. 그런데 우리가 현재 감각적으로 확
인할 수 있는 것은 아무것도 담고 있지 않은 어떤 컵이다. 이 컵만 보아서는
이것이 어떤 것과 관계 맺을지를 미리 결정할 수 없다. 노자에 따르면 이처
럼 컵이 컵으로 구별되는 원리를 '유명'이라고 부른다. 감각적으로 쉽게 확인
가능하며 따라서 다른 것과 비교해서 간단히 식별 가능하기 때문이다. 반면
노자는 앞으로 타자와 관계를 맺게 될 원리를 '무명'이라고 부른다. 지금 감

각적으로 확인 불가능하며 식별도 불가능하기 때문이다. 조금 어렵다면 다음 노자 이야기가 도움이 될 것이다.

> 진흙을 이겨서 그릇을 만드는데 그릇 속에 아무것도 없기 때문에 그릇의 작용이 있는 것이다. 방을 만들 때 방문과 창문을 뚫는데 방문과 창문 안에 아무것도 없기 때문에 방의 작용이 있는 것이다.
>
> -《노자》 11장

그릇 혹은 방은 분명 다른 것과 구별된다. 그릇은 그릇이고 방은 방으로 식별 가능하기 때문이다. 그래서 노자는 그릇과 방이 모두 '유명'이라는 식별 원리를 가지고 있다고 사유했던 것이다. 반면 그릇과 방은 그 자체로서 자립적으로 존재하는 것은 아니다. 아무것도 담을 수 없는 그릇이나 방은 이미 그릇이나 방일 수 없기 때문이다. 만약 이런 그릇이나 방이 있다면, 우리는 그것을 폐기해버릴 것이다. 그릇과 방은 다른 무엇인가를 담기 위해서 존재하는 것이다. 그래서 그릇과 방에는 '비어 있는' 공간이 있기 마련이다. 하지만 무엇인가가 구체적으로 들어오기 전에 우리는 그릇과 방에 과연 무엇이 들어올지 알 수 없다. 노자가 '무명'이라고 이야기했던 것이 바로 이런 측면이다. 그러니까 무명은 '다른 것과 관계할 수 있는 잠재성'을 상징하는 원리라고 할 수 있겠다.

노자는 모든 개체를 그릇이나 방, 혹은 컵과 같은 것으로 사유하려고 한다. 모든 개체에는 눈에 보이지 않는 측면과 눈에 보이는 두 측면이 있다는 것이다. 그래서 그는 전자의 측면을 관계의 원리인 무명이나 도로, 그리고 후자의 측면을 식별의 원리인 유명이나 명이라고 규정했던 것이다. 노자의 생각이 옳다면 개체들은 도와 명이라는 두 가지 계기를 가지고 있다고 할 수 있다. 그런데 한 가지 더 살펴볼 것은 노자가 관계의 원리로서 도(혹은 무명)를 개체의 원리로서 명(혹은 유명)보다 존재론적으로 우월한 것으로 간주했다는 점이다. 사실 컵으로 식별되는 어떤 개체가 다른 것을 담으려는 목적, 즉 우선 다른 것과 관계하기 위해서 만들어졌다고 보는 것이 어쩌면 상식에 가까운 생각일지도 모른다.

《노자》에 대한 가장 강렬한 해석자 왕필王弼(226~249)도 주목했던 것이 바로 이것이다. 노자의 형이상학에는 두 가지 존재론적 계기가 있다는 것, 그리고 두 가지 계기 중 관계의 원리가 식별의 원리보다 우선적이라는 사실. 노자가 도와 명 혹은 무명과 유명으로 이야기했던 두 가지 존재론적 계기를 왕필은 깔끔하게 무無와 유有라는 범주로 정리한다.

존재론의 두 계기	노자의 개념	왕필의 개념	비유
관계의 원리	도道 혹은 무명無名	무無	그릇의 비어 있음
식별의 원리	명名 혹은 유명有名	유有	특정 모양의 그릇

노자는 개체들을 이해하는 자신의 논리를 우주론으로까지 확장시켰다. 《노자》 42장에서, 그가 "도는 하나를 낳고, 하나는 둘을 낳고, 둘은 셋을 낳고, 셋은 만물을 낳는다道生一, 一生二, 二生三, 三生萬物"라고 주장했던 것도 이런 이유에서이다. 여기서 하나가 무분별한, 즉 구별되지 않는 관계 원리를 상징한다면, 둘과 셋이란 것은 분별과 식별의 원리를 상징한다고 볼 수 있다. 바로 이런 무명과 유명의 두 계기를 통해 세상의 모든 만물이 생성되었다고 이해했던 것이다. 이렇게 해서 노자는 만물의 근원적인 관계 원리로서의 도를 모든 개체에 선행하여 존재하는 절대적 원리라고 이해하게 되었다. 따라서 이로부터 다양한 개체들이 상호 조화로운 관계를 맺으려면, 이 개체들은 자신을 낳은 관계 원리, 즉 도를 먼저 회복해야만 한다는 결론이 자연스럽게 도출된다.

⑮

장자: "우리가 걸어가야 그 흔적으로 길은 만들어진다."

공자와 유사하게 노자도 도란 개체들 이전에 존재하는 무엇으로 사유했으

명나라 시대 화가 육치가 그린 〈호접몽胡蝶夢〉. 장자에게 도는 미리 존재하는 것이 아니라, 사후적으로 만들어지는 것에 지나지 않는다. 그가 도를 원래 뜻 그대로 길이라고 사유했던 이유도 바로 여기에 있다.

며, 나아가 도는 개체들 사이의 조화로운 관계 맺음을 가능하게 해주는 최고의 원리로 간주했다. 하지만 관계 맺음의 원리가 다양한 개체들 이전에 미리 존재한다는 것이 타당한 주장일까? 여기서 우리는 심각한 철학적 문제한 가지와 직면하게 된다. 관계 원리는 개체에 선행하는 것인가? 아니면 개체들이 존재하고 나서야 비로소 관계 원리가 만들어지는 것인가? 분명 공자나 노자의 경우는 개체들 앞에 관계 원리가 선행한다는 입장을 따르고 있다. 하지만 구체적인 개체들이 관계 원리에 선행하여 먼저 존재한다고 보는 주장도 충분히 가능하다. 바로 이러한 입장을 취했던 철학자가 장자莊子(BC 369~BC 289?)라는 인물이었다. 최소한 이 점만 보더라도 장자라는 인물이 노자를 계승했다기보다는 차라리 노자와는 철저하게 다른 길을 가려고 시도했던 사상가였음을 알 수 있다.

노자에게서 도(혹은 무명)나 명(혹은 유명)은 모두 개체에 선행하여 존재하는 것이었다. "무명은 만물들의 시작이고 유명은 만물들의 어머니이다"라고 말했을 때 노자가 염두에 두었던 것도 바로 이 점이다. 관계 원리나 식별 원리가 모두 개체들과 무관하게 미리 정해져 있다는 것이다. 그러나 장자는 바로 노자의 이런 생각과 근본적으로 단절하려고 한다. 그는 관계 원리나 식별 원리가 구체적인 개체들이 발생하기 이전부터 절대적으로 존재하고 있다고 보는 생각을 거부하려고 했던 것이다. 이 문제에 대한 장자의 견해를 직접 살펴보도록 하자.

> 도는 걸어 다녔기 때문에 만들어진 것이고, 사물物은 그렇게 불렀기 때문에 그렇게 구분된 것이다道行之而成, 物謂之而然.   -《장자》,〈제물론齊物論〉

장자에게 관계 원리, 즉 도는 개체들에 선행해서 미리 존재하는 것이 아니라, 개체들의 활동을 통해 사후적으로 만들어지는 것에 지나지 않는다. 그가 도를 원래 뜻 그대로 길이라고 사유하고자 했던 이유도 바로 여기에 있다. 예를 들어 깊은 산에 나 있는 등산로의 경우를 생각해보자. 구불구불한 산길은 분명 우리와 무관하게 미리 만들어져 있는 것처럼 보일 수도 있다. 하지만 장자는 바로 그 길로 무수히 많은 사람들이 걸어 다녔기 때문에 비로소 등산로가 만들어진 것에 지나지 않는다고 생각했다. 그에게 '도'는 관계의 흔적, 혹은 소통의 결과와 다름없는 것이었다. 또 다른 예를 하나 더 생각해보자. 어떤 사람이 소복이 쌓인 겨울 눈길을 걷고 있다고 해보자. 그 사람이 한 발 한 발 걸었던 길에는 뚜렷한 발자국이 남게 되고, 바로 그것이 내가 보는 길道이 된다. 애초에 눈밭 위에 어떤 정해진 길이 있었던 것은 아니다.

가만히 생각해보면 구체적이든 혹은 추상적이든 간에 모든 길은 인간이 걸어감으로써 비로소 발생하게 된다. 그러나 이렇게 생긴 길들은 뒷사람들에게는 안전한 길로 보일 수 있을 것이다. 자신이 새로 길을 만들기보다는 이미 만들어진 길을 가는 것이 더 안전하게 보이는 것은 어쩌면 당연한 반응일 것이다. 그래서 이 길을 가는 사람들이 대다수를 차지하게 되고, 어느 사이엔가 이 길은 절대적인 길로 변해버리기도 한다. 장자가 비판하려고 했던 표적은 바로 이렇게 절대적인 길에 대한 잘못된 환각을 갖는 태도였다. 장자가 "길은 걸어 다녔기 때문에 만들어진다"고 이야기했을 때, 그의 정신은 '걸어감衍'이라는 글자에 함축되어 있다고 말할 수 있다. 장자에 따르면 우리는 '걸어감'을 통해서 길을 만들 수 있는 존재이다. 그런데 만약 주어진 길이 우리의 삶에 긍정적인 전망을 주는 것이라면, 누구도 기존에 이미 주어진 길을 따르는 사람을 나무랄 수는 없을 것이다. 하지만 만약 주어진 길이 그 길을 따르는 사람들의 삶을 소외시키고 왜곡시킨다면, 우리는 이 경우 어떻게 해야 할까? "길은 걸어 다녔기 때문에 만들어진다"라는 장자의 전언을 상기할 수 있다면, 우리는 몹시 힘이 들더라도 새로운 길을 만들려고 노력하게 될 것이다.

그럼 이제 식별의 원리, 즉 명에 대한 장자의 입장을 좀더 생각해보자. 장자에 따르면 우리 앞에 구분되어 드러나는 어떤 대상도 원래부터 그런 구분을 자신의 본성으로 가지고 있던 것은 아니다. 단지 특정 공동체의 관습적인 언어 사용에 의해 그 대상은 마치 실제로 구분되어 있는 것처럼 그렇게 간주되었을 뿐이다. 이 점에서 언어에 대한 장자의 입장은 프랑스 구조주의 언어철학자 소쉬르Ferdinand de Saussure(1857~1913)의 생각을 선취하고 있다고도 볼 수 있다. 소쉬르도 무엇인가를 표시하는 기호(기표)와 그것이 의미하는 내용이나 대상(기의) 사이에는 어떤 필연성도 없다고 주장했기 때문이다. 예를 들어 우리가 어떤 과일을 '자두'라고 '부른다謂'고 해보자. 이제 '자두'라는 이름은 이 과일을 지시하는 개념이 된다. 그런데 이 대목에서 주의해야 할 점은 어떤 사물에 붙여진 기존의 명칭이 생각 이상으로 깊게 우리 몸에 각인된다는 점이다. 우리가 '자두'라는 이름을 들으면 입에 침이 고이게 되는 것도 바로 이런 이유에서이다. 이 때문에 우리는 곧 '자두'라는 개념이 가진 자의성을 쉽게 망각하곤 한다.

그러나 다른 문명권의 사람들도 과연 '자두'라는 음성을 들었을 때, 우리와 동일한 반응을 보일까? 결코 그렇지 않다. 그들은 예를 들면 '자두'가 아닌 'plum'이라고 들었을 때에만 그런 반응을 보일 것이다. 이것은 우리가 어떤 대상에 대해 이러저러하다고 부여한 이름이나 속성이 본질적으로는 그 대상과 필연적인 관계가 없었다는 것, 다시 말해 자의적이었다는 점을 의미한다. 우리는 단지 과거의 자신들이 무의식적으로 명명해왔던 것에서 다시 그 이름을 재발견하고 있을 뿐이다. 그런데 더 중요한 것은 언어의 자의성이란 문제가 개체 수준의 자의성을 의미하는 것이 아니라는 점이다. 그것은 공동체 수준, 혹은 집단적 무의식의 수준에서 이야기될 수 있는 자의성이기 때문이다. 비트겐슈타인이 지적했던 것처럼 특정 공동체에서 태어나서 맹목적으로 언어의 규칙을 배운 우리에게 언어란 결코 회피할 수 없는 실존의 조건이자 한계, 다시 말해 필연적인 것으로 드러날 수밖에 없는 것이다. 하지만 새로운 공동체가 가능해지기만 한다면, 우리는 전혀 다른 대상들의 세계를 구성할 수도 있음을 항상 기억해두자.

도와 언어에 대한 장자의 원칙적인 입장을 분석해보았다. 그렇지만 이것으로 장자가 어떤 식으로 새로운 길을 만들었는지, 그리고 그가 어떤 식으로 언어를 사용했는지에 대해서는 알 길이 없다. 다행스럽게도 같은 〈제물론〉 편에 등장하는 이 유명한 에피소드는 우리의 이런 궁금증을 거의 해소해줄 것이다.

> 원숭이 키우는 사람이 원숭이들에게 도토리를 주면서 "아침에 셋, 저녁에 넷을 주겠다"고 말했다. 원숭이들이 모두 성을 냈다. 그러자 그 사람은 "그러면 아침에 넷, 저녁에 셋을 주겠다"고 말했다. 원숭이들이 모두 기뻐했다.   −《장자》, 〈제물론〉

방금 읽어본 것은 '조삼모사朝三暮四'라는 고사로 더 유명한 이야기이다. 이 에피소드를 읽을 때 단서가 하나 있다. 그것은 원숭이 키우는 사람, 즉 이야기의 주인공이 원숭이들을 무척 사랑하고 있다는 사실이다. 주인공에게는 걱정거리가 하나 생겼다. 경제적 사정으로 우리 주인공은 원숭이들에게 줄 수 있는 도토리의 양을 7개로 줄일 수밖에 없었기 때문이다. 만약 원숭이를 사랑하지 않았다면, 그는 원숭이를 내다팔아서 경제적 곤란을 모면할 수도 있었다. 그렇지만 원숭이들에 대한 그의 애정으로 차마 그럴 수는 없었다. 주인공은 심사숙고하여 아침에 도토리를 세 개 주고, 저녁에는 네 개를 주겠다고 생각했다. 바로 이것이 그가 원숭이와 소통하기 위해 제안한 첫 번째 도였다. 아마 그는 저녁에 많이 주어야 원숭이들이 숙면을 취할 것이라고 예측했던 것 같다. 잠자기 직전의 허기짐처럼 곤란한 것도 없을 테니 말이다. 그렇지만 그의 제안은 여지없이 거부된다.

주인공은 원숭이들에게 이르는 길을 잘못 뚫은 것이다. 그렇지만 실망하지 않고 그는 아침에 네 개를 주고 저녁에 세 개를 주겠다는 두 번째 제안을 하게 된다. 원숭이와 소통하려는 두 번째 도인 셈이다. 다행스럽게도 원숭이들은 그의 제안을 받아들인다. 마침내 원숭이들의 마음에 이르는 길이 새롭게 만들어진 셈이다. 방금 우리는 "도는 걸어 다녔기 때문에 만들어진 것이고, 사물은 그렇게 불렀기 때문에 그렇게 구분된 것"이라는 장자 전언을 풀어주는 생생한 사례를 살펴보았다. 계속 도를 만들고 새로운 제안을 계속 말할 수밖에 없었던 이유는 모두 타자의 타자성 때문이었던 셈이다. 이제 새로운 도와 새로운 언어가 만들어진 것이다. 물론 타자의 타자성이 새로 만들어진 도와 언어를 통용 가능한 것으로 지속시킬지 여부는 여전히 미지수이지만 말이다.

도道, 혹은 길에 대한 상상력은 중국 철학을 이해하는 데 매우 중요하다. 논리적으로 길에는 두 가지 종류가 있을 수 있다. 하나는 이미 존재하고 있었던 길, 즉 과거의 많은 사람들이 걸었던 길이 있다면, 다른 하나는 지금은 존재하지 않지만 앞으로 우리가 만들어야 할 길도 있을 것이다. 길을 전자의 입장에서 생각한다면, 우리는 보수적인 입장을 취하게 될 것이다. 반면 후자의 입장을 따른다면, 우리는 혁명적인 입장을 선택한 셈이 된다. 과거에 존재하던 길을 거부하고 앞으로 새로운 길을 만들려는 시도가 불가피하기 때문이다. 길에 대해 가장 극단적으로 보수적인 입장을 취했던 철학자가 바로 노자라고 할 수 있다. 보수적이라고 불리는 공자에게서도 사실 길이란 과거 사람들의 삶과 관련된 역사적인 의미를 띠고 있었다. 하지만 노자는 길로부터 역사적 의미를 제거하여 그것을 형이상학적으로 절대화시키고 있다. 이 점에서 장자의 사유는 주목받을 만한 것이었다.

관례적으로 노장老莊 사상은 도가 사상을 가리키는 데 사용된다. 그러다 보니 많은 사람들은 노장이란 이름에 사로잡혀 장자를 노자의 아류쯤으로 생각해왔다. 이것은 흔히 유가儒家 사상도 공자와 맹자를 병칭해서 공맹孔孟 사상이라고 부르는 것과 유사하다. 그러나 잊지 말자! 맹자는 스스로 공자를 계승했다고 자임하고 있지만, 장자는 노자를 계승했다고 한 번도 자임한 적이 없었다. 최초의 중국 고대철학사라고 할 수 있는 《장자》〈천하天下〉 편을 보더라도 노자와 장자는 전혀 다른 계통의 사상가로 규정되고 있고, 심지어 〈양생주養生主〉 편에서 장자는 대놓고 노자, 즉 노담老聃을 비판하기까지 한다. "처음에는 노담이 완전한 인간至人인 줄 알았지만, 지금 보니 그렇지 않았다始也吾以爲至人也, 而今非也." 그러나 무엇보다도 결정적인 것은 장자가 "도행지이성道行之而成"이라는 주장으로 노자를 비판한다는 사실이다. 길은 원인이 아니라 우리가 만들어낸 결과라고 본 것이다. 과거에 존재했던 길도 인간이 여러 차례 걸어 다녀서 만들어진 것이라면, 앞으로의 새로운 길 역시 우리가 계속 걸어가면서 만들어낼 수 있다는 것이다. 그러니 노자와 장자는 생각 이상으로 거리가 있는 철학자들이었다고 할 수 있다. 길을 절대적인 원인이라고 강조했던 노자가 길은 단지 결과에 지나지 않는다고 생각했던 장자와 어떻게 같은 계열의 사상가일 수 있다는 말인가!

일자의 사유 VS 타자의 사유

하이데거는 존재를 사유했던 존재론자다. 그렇지만 그가 사유한 존재는 정확히 말해 '존재자들을 존재하게 만드는 존재'였다. 그러니까 '사과가 존재한다', 혹은 '고양이가 존재한다'라고 말할 때의 존재와는 아무런 상관이 없는 것이다. 그래서 하이데거는 자기가 사유한 존재를 명명하기 위해 신조어 '자인Seyn'을 만들었던 것이다. 이 글자는 존재를 뜻하는 '자인Sein'이란 독일어를 하이데거 본인이 변형해서 만든 것이다. 결국 하이데거에게 존재론적 위계는 명확하다. '존재Seyn / 존재자Seiende / 존재 Sein'이다. 존재Seyn는 존재자를 존재하게 만들고, 이렇게 우리 의식에 들어온 존재자를 통해 우리는 그것이 '존재Sein'한다고 판단한다는 것이다.

조금 난해할 수도 있으니 간단한 비유를 들자. 태양과도 같은 것이 바로 '존재 Seyn'이고, 대낮에 우리 눈에 들어온 사과나 고양이 등이 바로 '존재자'이고, 이렇게 사과의 존재나 고양이의 존재에 대해 우리가 말할 때의 존재가 바로 '존재Sein'라고 생각하면 쉽다. 하이데거가 서양 형이상학 역사를 존재 망각의 역사라고 했을 때, 그가 염두에 둔 것은 바로 모든 것을 존재하도록 만드는 바로 이 '자인Seyn'이었던 셈이다. 그렇지만 역으로 하이데거의 철학은 존재자 망각의 사유라고 할 수 있는 것 아닐까? 태양으로 환히 밝혀진 곳에 등장하는 사과, 고양이, 혹은 연꽃과도 같은 다양한 존재자들의 세계보다는 경탄의 마음으로 태양이란 일자를 올려다보는 철학자가 바로 하이데거이니 말이다. 결국 존재자들의 단독성은 존재의 빛에 가려져 하이데거에게서는 철저하게 망각될 위험에 처하게 된다.

하이데거가 히틀러라는 일자에 가려져 자기 스승이었던 후설을 포함한 모든 유대인들을 망각할 수 있었던 것도 이런 이유에서다. 그래서 한때 존경했던 하이데거를 리투아니아 출신 유대인 철학자 레비나스가 신랄하게 비판했던 것이다. 아예 그는 하이데거의 철학을 노골적으로 비판했던 책을 썼을 정도였다. 1947년 제2차 세계대전이 끝난 뒤 레비나스가 출간한 《존재에서 존재자로De l'Existence à l'Existent》라는 책이 그것이다. 레비나스는 하이데거의 존재Seyn가 모든 존재자들을 품어주는 것 같지만 사실 모든 존재자를 압살할 수 있다는 걸 직감했던 것이다. 단독성을 가진 존재자들! 이것은 우리 개개인의 입장에서 바로 타자라고 정의될 수 있는 존재자들이다.《존재에서 존재자로》를 마무리하면서 레비나스는 말한다.

"우리는 동지들의 집단성에다 그에 앞서는 '나moi - 너toi'의 집단성을 대립시키고자 한다. 나-너의 집단성은 제3항—매개자, 진리, 교리, 노동, 직업, 관심, 습관, 식사 등—에 대한 참여가 아니다. 다시 말해 그것은 공동체가 아니다. 그것은 중개자도, 매개자도 없이 무섭도록 얼굴과 얼굴을 마주한 관계다. 그렇기에 사람 사이의 관계는 무관심한 즉자적 관계가 아니며, 서로 교환할 수 있는 두 항 사이의 상호적 관계도 아니다. …… 상호 주체적 공간은 무엇보다도 비대칭적이다. …… 단일성과 다수성의 범주들은 사물들에 타당한 것이다. 다시 말해 그것들은 홀로 떨어져 있는 주체, 혼자 있는 정신의 세계에서 타당성을 지니는 것이다. 상호주관성은 다수성의 범주를 단순하게 정신의 영역에 적용하는 것도 아니다. 상호주관성은 에로스Eros를 통해 우리에게 주어진다."

에로스, 즉 사랑의 특성만 생각해보면, 우리는 상호주관성이 그의 말대로 '비대칭성'이 있다는 걸 쉽게 알 수 있다. 처음에 우리는 누군가를 수많은 직장 후배들 중 하나라고 생각할 수 있다. 그리고 이때 우리는 그에 대해 거의 모든 걸 알고 있다고 확신한다. 그의 출신 학교, 그의 부서, 그의 능력, 그의 인간관계 등. 그러나 어느 순간 그를 사랑하면, 우리는 마침내 절망스럽게 토로하게 된다. "그에 대해 아는 것이 거의 없다!" 레비나스의 말대로 사랑에 빠지는 순간 우리는 '동지들의 집단성'에서 '나-너의 집단성'으로 이행해버린다. 대칭적 관계에서 비대칭적 관계로 이행했다고 해도 좋다. 한마디로 말해 역지사지易地思之가 불가능하게 된 셈이다. 이럴 때 우리는 너, 즉 타자를 만나게 된다.

사랑에 빠진 사람이라면 누구나 레비나스를 금방 이해할 수 있을 것이다. 반대로 사랑을 해보지 못한 사람은 자신이 남성이나 여성에 대해 모르는 것이 없다고 자위할 것이다. 어떤 여자를 만나도 그녀는 여성 일반에 속한 개별자에 지나지 않을 것이고, 어떤 남자를 만나도 그는 남성 일반에 속한 개별자에 지나지 않을 것이다. 당연히 누군가와 헤어져도 이런 사람은 별로 슬퍼할 일이 없다. 왜냐하면 다른 남자도, 혹은 다른 여자도 지천에 깔려 있다고 생각할 테니 말이다. 결국 이런 식으로 자신은 남자나 여자에 대해 모르는 것이 없다고 확신하는 사람의 생각은 레비나스의 말대로 "홀로 떨어져 있는 주체, 혼자 있는 정신의 세계에서 타당성을 지닐" 뿐이다.

하이데거와 레비나스를 살펴본 이유는 두 사람의 대립적 관계가 노자와 장자를 이해하는 데 도움이 되기 때문이다. 이미 우리는 조삼모사 이야기에서 원숭이 키우는 사람이 얼마나 원숭이들을 아끼고 사랑했는지, 그래서 이 사람과 원숭이들 사이에는 역지사지가 불가능한 비대칭적 관계가 작동하고 있다는 사실을 확인했던 적이 있다. 그렇다면 여기서 내면에 갇혀 있는 노자의 유아론을 확인해보도록 하자. 《노자》 47장은 말한다. "문을 나서지 않아도 천하를 알고, 창문을 통해 내다보지 않아도 천도를 안다. 멀리 나가면 나갈수록 아는 것은 점점 줄어든다. 그러므로 성인은 돌아다니지 않아도 알고, 보지 않고도 규정하며, 하지 않고도 이룬다." 타자를 애초에 고려조차 하지 않는 지독한 유아론에 노자는 빠져 있었던 것이다.

일자와 다자로 사유되는 도와 만물 사이의 관계는 레비나스가 말한 것처럼 만물에 대한 애정과 사랑 없이 이루어지는 고독한 내면적 성찰로부터 숙고되고 있다. 바로 이것이 핵심이다. 모든 유아론자들, 혹은 내면에 갇힌 사람들은 역지사지를 타자에게 관철하려고 한다. 이것은 자기가 옳다고 판단한 것은 모든 사람에게 옳다는 독선과 아집을 낳게 될 것이다. 불행히도 이런 사람이 권력을 잡게 되면, 공동체는 일순간 파시즘에 오염되고 말 것이다. 실제로 존재자들을 망각하고 존재를 사유하는 순간, 하이데거는 히틀러로 상징되는 파시즘적 공동체에 개입하지 않았던가.

당연히 만물들보다 도를 강조하는 순간, 노자도 국가의 논리나 제국의 논리와 손을 잡게 된다. 《노자》에 대한 최초의 주석가가 한비자라는 사실이 모든 걸 웅변하고 있지 않은가? 불행히도 아직도 《노자》를 정치와는 무관한 형이상학적 책으로 읽으려는 사람이 많다. 마찬가지로 아직도 하이데거를 정치와 무관한 철학자로 독해하려는 사람도 많다. 순수한 철학이 가능하다는 생각, 그것은 순수문학이란 생각만큼이나 음험한 것이거나 아니면 그 음험한 생각을 맹목적으로 따르는 단순한 지성만이 할 수 있다. 순수에 대한 모든 주장은 불순한 탄생의 계기를 은폐하고 동시에 일체의 비판과 검증을 회피하려는 의도를 갖고 있다. 우리의 경우 친일을 했던 주류 문학자들이 모두 문학의 순수성을 강조했던 것도 이런 이유에서다. 그러나 장자를 통해, 혹은 레비나스를 통해 우리는 이런 시도가 얼마나 무서운 결과를 낳을 수 있는지 배우게 된다.

그러니 잊지 말자! 도든 존재든 일자를 중시하는 사유는 정치적으로 군주제나 파시즘과 공명하게 된다는 것을. 실제로 존재를 혹은 파시즘을 긍정했던 하이데거는 마찬가지의 구조를 가진 동아시아의 형이상학에 깊은 관심을 가졌던 것으로 유명하다. 마이Reinhard May의 연구서 《하이데거의 숨겨진 원천: 그의 작품에 대한 동아시아 사유의 영향들Heidegger's Hidden Sources: East-Asian Influences on his Work》을 보면 일본 도쿄대 교수였던 토미오 테즈카塚富雄와의 대화를 통해 하이데거는 평상시 자신이 형이상학적으로 독해된 동양사상, 특히 노자와 선불교에 얼마나 관심을 기울였는지 피력하기도 했다. 유유상종類類相從이 진리로 확인되는 흥미로운 사례라고 할 수 있다.

5

논리학은 동양에서 가능한가?

혜시

─────────── VS ───────────

공손룡

오랫동안 망각된 고대 중국의 논리적 사유 전통

지금까지도 중국 철학은 논리적이라기보다 신비적이며, 추론적이라기보다 직관적이라고 이해되어왔다. 하지만 고대 중국의 철학사는 우리의 이런 평가가 과장된 것에 불과하다는 것을 잘 보여주고 있다. 전국시대 중기부터 철학적 쟁점은 명실名實 개념과 관련된 언어철학 및 논리철학이 주도하고 있었기 때문이다. 이 점에서 우리는 《장자》의 〈천하天下〉 편, 《순자》의 〈정명正名〉 편, 《묵자》의 〈경經〉 편과 〈경설經說〉 편 등의 자료를 다시 주목할 필요가 있다. 그런데 불행히도 이 자료들은 너무 많이 훼손되어 있어서, 당시에 언어철학적 논쟁이 어떻게 전개되었는지를 명확히 이해하기는 어렵다. 이것은 언어와 논리를 허구적인 구별 의식의 주범으로 폄하했던 불교 사유가 중국에 들어오면서, 고대 중국의 논리철학과 언어철학이 방기되었기 때문에 생긴 현상이라고도 할 수 있다. 가령 언어철학적 논쟁을 주도했던 혜시惠施(BC 370?~BC 310?)나 공손룡公孫龍(BC 320?~BC 250) 같은 학자들이 명가名家로 불리면서 단순한 궤변론자로 치부되었던 것도 이런 이유와 연관이 있을 것이다. 구분과 차별을 넘어서 실재를 발견하려는 형이상학적 논의가 주류를 이루어오면서, 구분과 차별에 근거해 언어를 숙고했던 고대 중국 명가는 비주류의 자리를 차지하게 된 것이다.

명가는 글자 그대로 언어名와 여기에서 발생하는 논리의 문제를 전문적으로 사유했던 학파이다. 《설문해자說文解字》라는 고대 중국의 사전에 따르면 '명'은 의미론적으로 저녁夕과 입口으로 구성된 개념이다. 당시 '명' 개념은 어두운 밤, 피아를 식별하기 어려운 전쟁터에서 이루어지는 암구호와 같은 것이었다. "당신 누구야?" "나는 돌쇠야." 이런 상황에 '돌쇠'라는 말은 어두운 곳에 나타난 사람이 나의 전우라는 사실을 분명하게 보여주는 이름이라고 할 수 있다. 이 때문에 명이란 기본적으로 구별과 식별이라는 의미를 갖게 된 것이다. 고대 중국 사상계에서 언어와 관련된 철학적 사유는 주로 지시

언어철학자 소쉬르는 기표와 기의 사이의 관계는
필연적인 관계가 없다고 말했다.

reference의 문제와 관련하여 전개되었기 때문에, 당시 언어철학적 논쟁은 명
실론名實論이라고 불리고 있다. 여기서 '명'이 대상을 가리키는 언어를 뜻한다
면, '실'은 언어에 의해 지시되는 대상을 의미한다. 이 점에서 《장자》〈천하〉
편 후반부에 등장하는 몇 가지 명제들은 매우 중요하다. 이것들은 명실론과
관련된 언어철학적 논쟁이 어떻게 진행되었는지를 보여주고 있기 때문이다.
그중 가장 중요한 것이 "가리킴은 이르지 못하지만, 이르게 되면 끊어지지
않는다指不至,至不絶"는 명제일 것이다.

　　이 명제에서 '가리킴'을 뜻하는 한자인 '지指'는 사실 언어를 의미하는
것이다. 방금 살펴본 명제가 중요한 이유는 언어와 지칭의 문제를 역설의 형
식으로 명료화하고 있기 때문이다. 과거 당唐제국의 수도 장안長安에는 나흔
那昕이라고 불리던 아름답고 매력적인 여인이 있었다고 한다. 그녀의 아름다
운 비파 연주는 당대 문인들의 애간장을 녹일 정도로 탁월했다고 한다. 누
군가 어떤 여자를 만나 그녀가 '나흔'이란 이름을 쓴다는 것, 그리고 그녀

가 비파를 아주 매혹적으로 연주한다는 것을 경험하게 되었다. 이제 '나혼(언어)'이란 말을 들으면, 그는 실제 인물인 '나혼(사람)'을 연상하고 이어서 귀에는 그녀의 매혹적인 비파 연주가 들리는 듯한 느낌이 생길 것이다. 이것이 바로 "이르게 되면 끊어지지 않는다"라는 명제의 의미이다. 그러나 현대의 언어학자 소쉬르가 지적했던 것처럼, 사실 나혼(언어)과 나혼(사람) 사이에는 어떤 필연적인 연관 관계도 없다. 얼마든지 나혼(사람)에는 다른 이름이 붙을 수도 있기 때문이다.

> 기표signifiant를 기의signifié에 결합시키는 관계는 자의적arbitraire이다. 또한 좀더 간략히 언어 기호는 자의적이라고 말할 수 있다. …… 가령 'sœur'(누이)라는 개념은 그것의 기표 구실을 하는 s-ö-r라는 일련의 소리들과는 아무런 내적 관계도 맺고 있지 않다. 그 개념은 다른 어떤 소리에 의해서도 똑같이 표현될 수 있을 것이며, 그 증거로 언어들 사이의 차이점과 서로 다른 언어들의 존재 그 자체를 들 수 있다.
>
> -《일반언어학강의Cours de linguistique générale》

프랑스 사람들은 s-ö-r라는 소리를 들으면 누나를 관념 속에서 떠올리게 될 것이다. 이런 음성이 '기표'라면, 관념 속에 떠오른 누나가 바로 '기의'라고 할 수 있다. 소쉬르는 기표와 기의 사이의 관계가 자의적이라고 이야기한다. '누나'를 떠올리려면, 한국 사람은 '누나'라는 소리를 들어야 하고 영미권 사람들은 'sister'라는 소리를 들어야 하기 때문이다. 결국 s-ö-r라는 기표와 누나라는 기의 사이에는 필연적인 관계가 없었던 셈이다. "가리킴은 이르지 못한다"는 명제가 의미를 갖는 지점은 바로 이 대목에서이다. 가령 영어를 모르는 한국 사람이라면 '애플'이란 단어 소리를 듣고 입에 침이 고일 수는 없다. 그렇지만 누군가 '애플'은 바로 '사과'를 의미한다고 이야기한다면, 상황은 완전히 달라질 것이다. 사과를 연상하자마자 그는 자신의 입에 침이 고일 것이기 때문이다. 언어를 문제로 삼았던 혜시와 공손룡 같은 명가가 중요한 이유가 바로 여기에 있다. 물론 그들은 언어가 특정 대상을 지시하게 되면 그 언어는 마치 대상과 하나가 된 것처럼 기능한다는 점, 즉 "가리킴은 이르게 되면 끊어지지 않는다"는 점을 이미 알고 있었다. 하지만 그들이 철학적으로 중요한 이유는 그럼에도 언어와 실제 대상 사이에는 아무런 필연적 관계가 없다는 점을 통찰했다는 데 있다. 다시 말해 그들은 "가리킴은 이르지 못한다"는 명제의 중요성을 더 집요하게 파고들었던 것이다.

혜시: "사랑으로 충만한 사람만이 만물의 동일성을 발견한다."

사실 혜시는 당시에는 철학자라기보다는 정치가나 논변가로 더 알려져 있던 사람이다. 그는 백규白圭라는 이름을 가진 양梁나라 재상과 논변을 벌였으며, 마침내 양혜왕梁惠王(재위 기간 BC 370~BC 319)의 재상이 되어 '합종설合縱說'을 주장했다. 즉 진秦나라를 제외한 다른 국가들과 종으로 연대하자는 것이다. 그렇지만 불행히도 진나라와 수평으로 연대하자는 장의張儀(?~BC 310)의 '연형설連衡說'이 득세하면서, 그는 실각하고 초楚나라로 들어가 재기를 노렸다. 뜻을 얻지 못했는지 그는 다시 남쪽의 초나라를 떠나 북쪽의 송宋나라로 들어간다. 물론 그의 정치적 재기는 송나라에서도 좌절되었다. 그렇지만 이곳에서 그는 고대 중국 철학의 히어로 장자를 만나게 된다. 장자에게 비정한 정치 현실과 군주를 설득시키는 유세의 논리를 가르쳐주었던 사람이 바로 혜시였던 셈이다. 과거 통념을 예리하게 전복시키고 해체했던 장자의 이면에는 파란만장한 정치 여정을 거친 유능한 웅변가이자 정치가였던 혜시가 있었다. 아마도 장자의 정치, 관직, 그로부터 수반되는 부귀에 대한 혐오는 혜시가 그에게 들려준 경험담과 혜시의 모습을 통해 강화되었을 것이다.

순자는 혜시를 일종의 경험론자라고 이해한 적이 있다. 그것은 혜시가 "산과 연못은 같은 높이에 있다山淵平"라는 주장을 했던 적이 있기 때문이다.

혜시는 《혜자惠子》 1편을 지었다고 한다. 불행히도 이 책은 전해지지 않고 있다. 다행스럽게도 《장자》에 그에 대한 논의가 남아 있어, 혜시에 대한 우리의 궁금증은 약간이나마 해소될 수 있다.

분명 대개의 경우 산은 연못보다 높은 곳에 있다. 그렇지만 어느 경우, 예를 들어 백두산이나 한라산 정상에는 연못이 있는 경우도 있다. 혜시는 이런 특이한 사례를 통해서 일반인들의 통념과는 거리가 먼 궤변적인 주장을 한 것이라고 이해한 것이다. 그렇지만 이런 순자의 평가는 혜시의 속내를 정확히 반영한 것이 못 된다. 혜시는 경험론자라기보다 오히려 합리론자라고 할 수 있는 측면이 훨씬 더 많기 때문이다. 혜시가 인간의 경험을 벗어나서, 단지 인간의 이성으로만 논의할 수 있는 영역에 대해 관심을 기울인 것도 이런 이유 때문이다.

《한서漢書》〈예문지藝文志〉 편을 보면, 혜시는 《혜자惠子》 1편을 지었다고 한다. 불행히도 이 책은 전해지지 않고 있다. 다행스럽게도 《장자》〈천하〉 편 제일 마지막 부분에 나오는 그의 '역물麻物'에 대한 논의가 남아 있어, 혜시에 대한 우리의 궁금증은 약간이나마 해소될 수 있다. 그중 일부만 살펴보도록 하자. '역물麻物'이란 말은 '역물歷物'과 같은 의미다. 그러니까 '사물들物'을 하나하나 '겪어본다歷'는 뜻을 가지고 있다. 그렇다고 해서 혜시가 경험론자라고 오해되어서는 안 된다. 그의 논의를 살펴보면, '역물'은 경험론적 논의가 아니라 사변적이고 추상적인 논의이기 때문이다. 이제 직접 그의 이야기를 들어보자.

가장 큰 것은 외부가 없는데 이것을 '가장 큰 일자大一'라고 부른다. 가장 작은 것은 내부가 없는데 이것을 '가장 작은 일자小一'라고 부른다. …… 크게 같음과 작게 같음은 다른데, 이것을 '작은 같고 다름小同異'이라고 말한다. 만물은 '모두 같고異同' '모두 다른데異異', 이것을 '커다란 같고 다름大同異'이라고 말한다. …… 만물을 널리 사랑하면 천지는 하나의 단위로 세어질 수 있다.

　　　　　　　　　　　　　　　　　　　　　　　　　　　　　　－《장자》,〈천하〉

우선 혜시의 첫 명제를 분석해보도록 하자. "가장 큰 것은 외부가 없는데 이것을 '가장 큰 일자'라고 부른다. 가장 작은 것은 내부가 없는 것은 '가장 작은 일자'라고 부른다." 외부가 없는 것, 혹은 내부가 없는 것은 결코 경험에서 얻어질 수 있는 것이 아니다. 경험세계에서 우리는 내부도 있고 외부도 있는 것들만을 볼 수 있기 때문이다. 결국 혜시의 명제는 순수한 논리, 즉 사유를 통해서만 이해할 수 있는 것이었다. 가령 '가장 큰 것은 외부가 없다'라는 것은 순수하게 논리적인 명제이다. 만약 가장 큰 것이 외부를 가진다면, 오히려 그 외부를 포함한 것이야말로 가장 큰 것이 될 것이다. 따라서 만약 가장 큰 것이 있다면 그것은 전혀 외부가 없어야 하는데, 이것은 결코 경험으로는 확인될 수 없는 성질의 것이다.

혜시가 합리적이고 사변적으로 사유했다는 점을 우리는 그의 다음 명제에서도 다시 한 번 확인하게 된다. "크게 같음과 작게 같음은 다른데, 이것을 '작은 같고 다름'이라고 말한다. 만물은 모두 같고 모두 다른데, 이것을 '커다란 같고 다름'이라고 말한다." 지금 혜시는 자신이 순수한 사변을 통해서 구성한 논리적 세계관을 피력하고 있는 중이다. 예를 들어 이 세계에 두 개의 개체, 즉 사자 한 마리와 호랑이 한 마리만 있다고 해보자. 혜시에 따르면 이 세계의 모든 개별자는 '모두 같음/크게 같음/작게 같음/모두 다름'이라는 위계로 설명될 수 있다. '모두 같음'이라는 위상에는 '존재'라는 정의가 속할 수 있을 것이다. 어쨌든 사자나 호랑이는 모두 존재하는 것이기 때문이다. 그다음에 '크게 같음'이라는 위상에는 '생물'이라는 정의가 언급될 수 있다. 사자나 호랑이는 모두 살아 있는 것이기 때문이다. 그다음 '작게 같음'이라는 위상에서는 '동물'이라는 정의가 언급될 수 있다. 사자와 호랑이는 식물과는 달리 활동하면서 생명을 유지하는 것들이기 때문이다. 마지막으로 '모두 다름'이란 위상에서는 '개별성'이라는 정의가 강조될 수 있다. 어떤 사자는 다른 사자들과는 구별되는 바로 그 한 마리의 사자이고, 호랑이도 다른 호랑이들과 구별되는 바로 그 한 마리의 호랑이이기 때문이다.

순수한 사변에 의한 논리적 추론 끝에 혜시는 만물이 '모두 같을異同' 수 있는 차원을 발견하게 된다. 그것이 바로 '존재'의 영역이다. 흥미로운 것은 '존재(언어)'라는 언어를 사변적으로 구성하자마자, 그는 이 언어가 지시하는 '존재(대상)'라는 세계를 동시에 발견하게 되었다는 점이다. 명실론에 따르면 모든 언어는 그 지시 대상을 가지고 있기 마련이다. 이런 순수한 존재 차원을 발견했기 때문에 그는 "만물을 널리 사랑하면, 천지는 하나의 단위로 세어질 수 있다"라고 주장할 수 있었던 것이다. 여기서 우리는 윤리적 태도와 논리적 태도의 묘한 공명을 읽어내야 한다. 그것은 만물을 모두 '존재'라고 논리적으로 추론하려면, 우선 만물을 사랑하는 윤리적 태도가 전제되어야 한다는 사실과 관련된다. 어쩌면 이건 너무 자명한 일인지도 모른다. 만물이 모두 같다고 느끼는 순간, 우리는 만물을 사랑하지 않을 수 없기 때문이다. 예를 들어 나무도 나와 같다고 느낀다면, 우리는 아무런 거리낌 없이 나무를 벨 수가 없을 것이다. 사랑이 아닌 적대 행위는 상대방이 나와 다르다고 생각해야 가능한 것 아닌가?

혜시의 속내가 이제 분명해진다. "만물을 사랑해야 우리는 만물이 '모두 같다'는 사실을 알게 된다." 이것은 반대의 가르침도 함축한다. "만물 중 어느 것도 사랑하지 않을 때, 우리는 만물들이 '모두 다르다'는 사실을 알게 된다." 만물들이 모두 다르게 되는 영역, 즉 개별성의 영역에서 만물들은 서로 분리되고 심지어 우리와 만물들 사이의 관계도 와해된다. 결국 '모두 같음/크게 같음/작게 같음/모두 다름'은 논리적이고 존재론적인 위계였지만, '보편적 사랑/큰 사랑/작은 사랑/무관심'이란 윤리적 위계를 함축했던 셈이다. 여기서 우리는 묵자의 겸애 사상이 고대 중국 지성계에 얼마나 영향력이 있었는지 확인할 수 있다. 약육강식의 살풍경이 펼쳐져 있다고 해도, 당시 지성계는 보편적 사랑이란 이념에 공감하고 있었던 것이다. 혜시는 당시 지성계의 공감대를 명실론에까지 적용하려고 했던 것이고, 이것이 바로 혜시의 언어철학을 규정짓는 중요한 특성이라고 할 수 있다.

혜시와 관련해서 한 가지 잊지 말아야 할 것이 있다. 그것은 혜시가 장자의 사유에 가장 깊은 영감을 주었던 사상가라는 사실이다. 장자보다 나이가 많았던 혜시는 논리철학자로 알려져 있지만, 그의 논리철학적 통찰은 다양한 국가들을 누비며 빛나는 외교술을 구가했던 경험에서 나온 것이다. 당연히 혜시는 장자에게 탁월한 정치적 현실감각과 논리적 사유 능력마저 전해준 것이다. 혜시를 만나지 않았다면, 정치에 대한 장자의 혐오, 모든 비천한 것들에 대한 장자의 애정, 그리고 〈제물론〉 편에 등장하는 장자의 해체논리도 불가능했거나 혹은 양상이 사뭇 달랐을 것이다. 《장자》에는 두 사람이 어떤 식으로 논리를 가르치고 배웠는지 보여주는 흥미로운 사례 하나가 기록되어 있다.

> 장자가 혜시와 호강의 다리 위에서 거닐 때였다. 장자는 말했다. "피라미들이 나와 한가하게 노니니, 이것이 바로 물고기의 즐거움이구나!" 혜시가 말했다. "자네는 물고기가 아닌데, 무슨 근거로 물고기의 즐거움을 안다는 것인가!" 그러자 장자가 반박했다. "선생님은 제가 아니니, 무슨 근거로 내가 물고기의 즐거움을 알지 못한다고 하십니까?" 혜시가 대답했다. "나는 그대가 아니니, 정말 그대의 속내를 알지 못하네. 마찬가지로 그대도 물고기가 아니니 물고기의 즐거움을 알 수가 없다는 사실이 논리적인 것 아닌가." 그러자 장자가 말했다. "원래대로 돌아가죠. 선생님께서 '그대는 무슨 근거로 물고기의 즐거움을 아는가'라고 말씀하셨는데, 그것은 이미 내가 알고 있다는 걸 알고 내게 물었던 것입니다. 나는 호강의 다리 위에서 안 겁니다." —《장자》, 〈추수秋水〉

유아론唯我論의 입장을 취하면서 혜시는 장자를 괴롭히고 있다. 아니 정확히 장자를 지적으로 훈련시키고 있었다고 말해도 좋다. 누구도 자신을 제외한 타인의 속내를 알 수 없다는 것, 그래서 결국 우리는 자기 자신만 알 수 있다는 것이 바로 유아론이다. 이에 대한 장자의 대응은 정말 발군이다. 유아론은 엄격하게 관철시킬 수 없다는 것이 장자의 근본적 입장이다. 그러니까 '그대는 무슨 근거로 물고기의 즐거움을 안다고 하는가'라고 물었을 때, 혜시는 사실 유아론을 넘어서 있었던 것이다. 물고기의 즐거움에 대한 장자의 생각이 참인지 거짓인지는 여기서 중요하지 않다. 지금 물고기의 즐거움을 안다는 장자 주장의 근거를 되묻고 있다. 일단 장자의 주장을 알았거나 혹은 받아들였을 때에만, 근거를 물을 수 있는 것 아닌가? 지금 장자는 이걸 지적하고 있었던 것이다. 그렇기에 혜시는 자신의 유아론을 관철시키지 못하고 있는 것이다. 이미 장자가 무슨 주장을 하고 있는지, 혜시는 이해하고 있기 때문이다.

대화 상대방이자 스승이기도 했던 혜시를 논박하면서, 장자는 장자답게 마지막에 유머감각을 뽐내기도 한다. 그것은 바로 "나는 호강의 다리 위에서 안 겁니다"라는 대답이다. 번역문에서 '무슨 근거로'라고 번역된 원문은 '안安'이라는 의문사다. 기본적으로 '안'은 '어디에?'라고 번역할 수 있다. 물론 이 의문사는 그 뜻이 확장되어 '어찌?'나 '왜?' 등으로 번역하기도 한다. '무슨 근거로?'나 '어찌?'라는 뜻으로 '안'이란 의문사를 사용했던 혜시의 표현법에 맞서 장자는 그의 말대로 정말 "원래대로 돌아"간 것이다! 혜시가 사용한 '안'이란 의문사를 원래 뜻 그대로 '어디에?'로 받아들인 뒤, 장자는 자신과 혜시가 지금 서 있는 장소를 알려준 것이다. 일순간 당혹했겠지만 아마도 혜시는 곧 박장대소할 것이다. 정말 청출어람청어람靑出於藍靑於藍이라고 할 만하지 않은가?

혜시가 먼저 세상을 떠났을 때, 장자는 정말로 슬퍼했다. 이제 대화할 만한 사상가가 없다는 쓸쓸함 때문이었다. 장자의 심경은 다음 에피소드에서 고스란히 우리에게 전해지고 있다.

초나라 수도 영郢에 살고 있는 사람이 파리날개 두께로 자신의 코에 회분을 발랐다. 그러고는 목수 석石에게 그 회분을 잘라내도록 했다. 목수 석은 도끼를 휘둘러 바람을 일으키며 회분을 떼어내기 시작했다. 회분이 다 제거되어도 코는 조금도 상하지 않았고, 심지어 영에 살고 있던 그 사람은 평온한 얼굴로 서 있었다고 한다. 송나라 원군元君이 그 이야기를 듣고 목수 석을 불러 말했다. "과인을 위해서도 그렇게 해보라." 그러자 목수 석은 대답했다고 한다. "저는 예전에는 그렇게 할 수 있었습니다. 그렇지만 저의 짝이 죽은 지 오래되었습니다." 선생님이 죽은 뒤로는 내게는 짝이 될 만한 사람이 없었다. 나는 함께 말할 사람이 없어진 것이다!

— 《장자》, 〈서무귀徐无鬼〉

장자가 누군가의 장례를 마치고 돌아오다가 혜시의 무덤을 들르게 되었다. 바로 이 순간 그는 자신을 따르던 제자들에게 혜시를 잃은 비통함을 이야기한다. 혜시와 장자! 두 사람은 완전한 신뢰 관계에 있었던 것이다. 석이란 이름의 목수가 도끼를 마음대로 휘둘러 신기한 재주를 부릴 수 있었던 것은 이 목수를 완전히 신뢰하는 친구가 있었기 때문이다. 그 친구는 목수를 믿었기에 코끝의 회분을 자르느라 윙윙 소리를 내며 날아다니는 도끼 소리에도 일체의 동요 없이 가만히 서 있을 수 있었다. 장자가 보았을 때 혜시도 완전히 자신을 신뢰했던 선생이었다. 도끼보다 더 날카로운 논리를 장자가 구사해도 혜시는 완전히 평화로운 마음으로 그걸 다 받아주었으니 말이다. 자신의 사유나 논리를 들으면 이제 화를 내거나 역정을 내거나, 혹은 짜증을 내는 사람들만 남았으니, 장자가 얼마나 외로웠을지 충분히 짐작이 가는 일이다.

공손룡: "경험론과 화용론만이 논증의 기초가 될 수 있다."

순자가 "대상을 사용하는 데 미혹되어 이름을 어지럽혔다惑於用實以亂名"고 혜시를 비판했다면, 그는 이제 "이름을 사용하는 데 미혹되어 대상을 어지럽혔다惑於用名以亂實"라는 말로 공손룡을 비판한다. 사실 순자의 평가는 두 경우 모두 적절한 것이 아니었다. 이미 앞에서 우리는 혜시가 경험 대상을 통해서 언어 세계를 혼란에 빠뜨렸던 경험론자라기보다는, 오히려 순수한 사변과 논리를 통해서 언어 세계를 구성함으로써 합리적인 세계관을 구성했던 합리론자였다는 점을 살펴본 적이 있다. 비록 순자가 공손룡이 언어를 궤변적으로 사용함으로써 실재 세계를 혼동에 빠뜨렸다고 평가한 바 있지만, 사실 공손룡은 합리론자 혜시와는 달리 철저한 경험론자의 측면을 보이고 있다. 공손룡의 논의를 통해 우리가 확인하고 싶은 것도 바로 이 점이다.

> "굳음, 흰색, 돌은 셋이라고 할 수 있는가?" "그렇지 않다." "둘이라고 할 수 있는가?" "그렇다." "왜 그런가?" "굳음이 없고 흰색만을 얻으면 가리키는 것이 둘이 되고, 흰색이 없이 굳음만을 얻으면 가리키는 것이 둘이 된다." "이미 흰색을 얻었다면 흰색이 없다고 할 수 없고, 이미 굳음을 얻었다면 굳음이 없다고 할 수 없다. 그 돌에 이렇게 굳음과 흰색이 있는데 어떻게 셋이 아닌가?" "눈으로는 굳음을 볼 수 없고 흰색만을 볼 수 있으므로 굳음은 없다. (어루만지면) 흰색은 알 수가 없고 굳음만을 알 수 있으므로 흰색은 없다." ─《공손룡자公孫龍子》, 〈견백론堅白論〉

공손룡의 논의를 이해하기 위해서는 아리스토텔레스의 실체론을 먼저 살펴볼 필요가 있다. 《범주론Categoriae》에서 아리스토텔레스는 실체를 제1실체the first substance와 제2실체the second substance로 구분했다. 제1실체는 내 눈앞에 드러나는 구체적인 개체들을 의미한다면, 제2실체는 제1실체에 붙어서

공손룡은 외부 대상에 대한 우리의 생각과 판단이 기본적으로는 우리의 다양한 감각 경험에 근거해서 구성된 것에 지나지 않는다는 점을 통찰했던 사상가였다.

술어가 될 수 있는 추상명사들을 가리킨다. 예를 하나 들어보자. 여기 눈앞에 있는 구체적인 어떤 사람, 즉 강신주라는 남자가 바로 제1실체를 의미하는 개별자이다. 이 경우 '인간'이란 보편자는 기본적으로 강신주라는 개별자로부터 경험되어 추상화되는 제2실체라고 할 수 있다. 그런데 아리스토텔레스에게 중요했던 점은 '강신주'와 같은 제1실체가 없다면 '사람' 혹은 '인간'이라는 제2실체는 결코 존재할 수 없다는 것이었다.

그렇다면 이제 공손룡의 이야기를 분석해보도록 하자. '희고 굳은 돌'이 여기 하나 놓여 있다고 해보자. 이것을 보고 어떤 사람이 공손룡에게 물어보았다. 공손룡에게 그는 지금 우리 눈앞에 '흼', '굳음' 그리고 '돌'이라는 세 가지 범주로 구성된 것이 있다고 주장한다. 그러자 공손룡은 '둘'이 있다고 대답한다. 이어서 그는 자신이 '희고 굳은 돌'을 왜 두 가지 범주라고 이야기했는지를 설명한다. 공손룡은 감각의 종류, 즉 촉각과 시각을 구별해 논의를 진행한다. 먼저 촉각을 통해서는 우리가 단단함과 그 단단함이라는 속성을 가지고 있는 돌, 즉 두 요소만을 지시할 수 있다고 설명한다. 이와 마찬가지로 그는 시각을 통해서는 힘과 그 힘이라는 속성을 가지고 있는 돌, 즉 두 요소만을 지시할 수 있다고 말한다. 그러므로 감각 경험에 따라 힘과 단단함을 분리해야 한다고 본 것이다. 이것이 바로 공손룡이 '단단함과 힘을 분리해야 한다離堅白'고 주장했던 근거이기도 하다.

아리스토텔레스의 논의를 빌리자면 '돌'은 제1실체라고 할 수 있고, '힘'과 '굳음'은 제2실체라고 할 수 있다. 그런데 공손룡은 '힘'과 '굳음' 혹은 양자 가운데 어느 하나라도 함께 경험될 수 있어야 제1실체로서 '돌'도 존재할 수 있다고 보았다. 한마디로 말해 제2실체가 감각되지 않고는 제1실체에 대해 말할 수 없다는 것이다. 우리가 공손룡을 경험론자였다고 말할 수 있는 이유는, 그가 '힘'과 '굳음'이라는 제2실체를 감각 경험의 입장에서 구별하려고 했기 때문이다. 정상인에게는 '힘' '굳음' '돌'이 세 가지 구별되는 범주로 경험될 것이다. 하지만 만약 누군가가 장님이라면, 다시 말해 시각 경험이 불가능하다면, 그의 경험세계에는 '굳음'과 '돌'만이 존재하게 될 것이다. 반면 누군가 심한 화상을 입어 촉각 경험이 불가능해졌다면 그의 경험세계에는 '힘'과 '돌'만이 존재할 것이다. 이처럼 공손룡은 외부 대상에 대한 우리의 생각과 판단이 기본적으로는 우리의 다양한 감각 경험에 근거해서 구성된 것에 지나지 않는다는 점을 통찰했던 사상가였다. 만약 감각기관을 통한 우리의 경험이 불가능하다면, 외부 대상은 존재할 수 없을 뿐만 아니라 당연히 우리 자신마저도 존재할 수 없다는 것이 그의 입장이었기 때문이다.

방금 살펴본 공손룡의 논증을 보통 견백론堅白論이라고 부른다. 견백, 즉 '굳음'과 '힘'을 다룬 논의라는 뜻이다. 그렇지만 그를 유명하게 만들었던 또 한 가지 논증이 있다. 그것이 바로 백마론白馬論이다. '흰 말에 대한 논증'이란 의미다.

질문: "백마가 있으면 말이 없다고 말할 수는 없다. 말이 없다고 말할 수 없는 것이 말이 있다는 것 아닌가? 백마가 있다는 것은 곧 말이 있

다는 것인데, 도리어 백마는 말이 아니라고 하니, 왜 그런가?"

대답: "말을 찾으면求馬 백마나 황마 중 어느 것을 가져와도 좋다. 그러나 백마를 찾을 때 황마나 흑마를 가져올 수는 없다. 백마가 말이라면 이것은 찾는 것이 한 가지라는 것이다."

— 《공손룡자》, 〈백마론白馬論〉

아리스토텔레스 이후의 논리학이나 집합론에 익숙한 사람들에게 공손룡의 입장은 그야말로 황당한 궤변으로 들린다. "백마비마白馬非馬", 즉 "흰 말은 말이 아니다"라고 지금 공손룡은 주장하고 있기 때문이다. 그러나 지금 공손룡은 논리적 입장이 아니라 화용론적pragmatic 입장을 취하고 있다. 논리적으로는 백마, 황마, 흑마 등은 모두 말에 속한다. 그렇지만 화용론적으로 백마, 황마, 흑마는 전혀 다른 말로 사용될 수 있다. 그래서 중요한 것은 바로 "말을 찾으면"이라고 할 때의 동사, '구求'라고 할 수 있다. 그래서 '구백마비구마求白馬非求馬', 즉 "백마를 찾는 것은 말을 찾는 것이 아니다"라는 것이 바로 공손룡이 하고 싶었던 주장인 셈이다.

물론 여기서도 공손룡에 대한 반론은 충분히 가능하다. 백마를 찾을 때는 황마나 흑마를 데리고 와서는 안 된다. 그렇지만 과연 이걸로 백마가 말이 아니라는 주장이 정당화될 수 있을까? 실제로 공손룡도 말을 찾을 때는 백마도, 황마도, 흑마도 모두 가능하다고 말하고 있기 때문이다. 그러나 화용론에 주목해야 한다. 이것은 언어의 의미는 그 쓰임에 있다는 주장이다. 만약 누군가 말을 찾는다면, 그것은 말을 타고 어딘가로 빠르게 갔다 오겠다는 뜻이다. 이때는 정말 닥치는 대로 신속하게 백마든 황마든 흑마든 가지고 와야 한다. 이와 달리 백마를 찾는다면, 그것은 승마라는 사용 때문에 찾는 것은 아니다. 백마는 군주나 장수의 권위를 상징하기 때문이다. 사실 백마는 제사나 혹은 군대 사열과 같은 격식적인 자리에서 권력자가 사용하는 말이다.

아직도 고개를 갸우뚱거리는 독자가 있다면 법리학法理學에 관심이 많왔던 후기 묵가의 이야기를 하나 읽어보자. "비록 도둑은 사람이지만, 도둑을 사랑하는 것은 사람을 사랑하는 것은 아니다. 도둑을 사랑하지 않는 것은 사람을 사랑하지 않는 것은 아니다. 또 도둑을 죽이는 것은 사람을 죽이는 것은 아니다雖盜人人也. 愛盜非愛人也. 不愛盜非不愛人也. 殺盜人非殺人也."《묵자墨子》〈소취小取〉 편에 등장하는 구절이다. 논리적으로 도둑은 사람이다. 그렇지만 도적질의 대가로 도둑을 처형하는 것, 즉 도둑을 죽이는 것을 사람을 죽이는 것이라고 말하지는 않는다. 범죄자를 죽이는 것이 사람을 죽이는 것이라고 한다면, 지금이나 그때나 형법 자체는 적용이 불가능할 것이다. 지금 후기 묵가가 주장하는 것과 공손룡이 주장하는 것 사이에는 별다른 차이가 없다. 중요한 것은 논리적인 참과 거짓 이외에도 화용론적 참과 거짓도 존재한다는 점이다. 이것을 간과할 때, 우리는 공손룡의 백마론이 궤변으로만 보이게 될 것이다. 그렇지만 공손룡은 그렇게 단순한 사상가는 아니다. 화용론의 의미를 정확히 알고 있던 언어철학자였으니 말이다.

동아시아의 사유, 좁게는 중국 사유도 충분히 논리적이었다. 혜시와 공손룡은 그것의 생생한 사례 아닌가? 그러나 두 사람의 논리적 사유는 너무나 대조적이다. 혜시가 만물들의 모두 같음의 관점, 즉 '존재'에 입각해 있다면, 공손룡은 혜시의 용어를 빌리자면 만물들이 모두 달라지는 관점, 즉 '개별자'에 입각해 있기 때문이다. 그러나 두 사람이 지향하는 세계는 전쟁과 살육이 없는 세계였다는 건 숨길 수 없는 사실이다. 논리와 추론, 그리고 논증만큼 전쟁과 살육을 거부하는 것이 또 어디에 있겠는가? 이성과 토론에의 의지는 그래서 반전의 의지라고 할 수 있다. 물론 혜시나 공손룡의 논리적 사유는 그 결을 달리하고 있다. 혜시는 '존재'에 입각해서 모든 것을 사랑하라고 역설했고, 반면 공손룡은 '개별자나 감각'의 관점에서 섣부른 동일화에 저항했기 때문이다. 그러나 어느 경우든 반전을 지향하고 있다. 모든 것에 대한 사랑도 전쟁을 불가능하게 하지만, 모든 것에 대한 무관심도 마찬가지로 전쟁을 막을 수 있기 때문이다. 결국 혜시와 공손룡은 춘추전국시대의 살풍경을 없애려고 노력했던 인문주의자였던 셈이다.

논리학, 그리고 수사학과 위타비량

고대 그리스 철학에서 논리가 발달했던 이유는 당시 폴리스가 제한적이나마 민주주의가 실현되던 곳이었다는 사실과 깊은 관련이 있다. 동등한 권리가 있다고 인정되는 폴리스 주민으로서 당시 그리스 사람들은 상대방을 폭력이 아니라 논리로 설득해야만 했기 때문이다. 여기서 중요한 것은 폴리스가 가진 지리적 협소함이다. 협소한 폴리스에서 살았기에, 고대 그리스인들은 삶의 규칙을 기본적으로 공유할 수 있었다. 이렇게 공유된 삶의 규칙과 정치적으로 동등한 발언권이 결합되는 순간, 논리는 유효성을 가지게 된다. 그래서 《변증법Dialectics》에서 레셔Nicholas Rescher(1928~)는 말할 수 있었던 것이다.

"승복시키기에 충분한 논증이라든가 충분한 이유라는 개념은, 논쟁 과정에서 타인을 설득하려고 하는 것이든 합리적인 탐구에서 자기 자신을 설득하려고 하는 것이든, 어느 경우에나 모두 똑같이 적용된다고 할 수 있다. 이유나 근거라는 개념은 비개인적이고 객관적인 것이기 때문이다. 사적 언어는 있을지 모르지만 개인에게 특유한 교리로서의 추리 기준, 즉 사적 논리는 분명 존재하지 않는다."

자신을 설득하는 과정과 타인을 설득하는 과정은 같기에, 논쟁 과정과 합리적 탐구 과정도 같다는 지적에 주목하자. 이것은 자신이나 타인이 동일한 규칙을 공유하고 있다는 것, 그리고 자신이나 타인은 동등한 발언권을 가지고 있다는 사실을 함축한다. 결국 정치적 지위가 동등한 사람들이 동일한 규칙에 따라 살고 있는 폴리스와 같은 특이한 사회 조건이 있었기 때문에 논리, 논쟁, 그리고 토론 등의 형식이 발달할 수 있었던 것이다. 그렇지만 동아시아와 인도의 경우는 폴리스처럼 결코 협소하지 않다. 지역이 방대할 뿐만 아니라, 그만큼 다양한 인종과 문화가 공존하고 있었기 때문이다. 더군다나 고대 그리스의 폴리스와는 달리 민주주의와는 상당히 거리가 멀었던 전제군주의 지배가 관철되던 곳이 바로 인도와 동아시아였던 것이다.

먼저 동아시아의 경우를 보자. 고대 중국의 제자백가는 고대 그리스 사람들과는 전혀 다른 조건에서 자신들의 사유를 피력할 수밖에 없었다. 이것이 바로 유세遊

說의 전통이다. 당시 군주들이 자신의 이론을 받아들여주지 않으면, 자신의 철학을 현실화시킬 창구가 거의 없었던 것이다. 그래서 그런지 제자백가의 글들은 다분히 수사학적으로 진행된다. 복잡한 논리보다는 정서적으로 군주를 감동시켜야만 했기 때문이다. 제자백가의 저술에서 논증보다는 흥미로운 이야기들, 즉 전설, 우화, 에피소드들이 자주 등장하는 것도 이런 이유에서이다. 하지만 이것이 곧 제자백가가 논리를 거부했다는 것을 말해주는 것은 결코 아니다. 상대방이 자신과 동등한 권리와 자신과 유사한 지적 상태를 보유하고 있다면, '논리'라는 것이 가장 좋은 방법일 수도 있다. 제자백가 가운데 혜시와 공손룡으로 상징되는 명가가 중요한 이유도 바로 여기에 있다.

명가를 통해 우리는 제자백가들에게 고대 그리스의 폴리스와 유사한 환경들이 간혹 주어졌다는 걸 짐작하게 된다. 논리가 통용되었을 환경은 어디서 찾을 수 있을까? 전국시대의 패권을 다투던 일곱 국가들 중 가장 문화적으로 성숙했던 제齊나라에 설치된 직하학궁稷下學宮이다. 당시 제나라의 수도 임치臨淄는 60만의 인구를 자랑하던 전국시대 중기 가장 번성했던 도시였다. 임치라는 도성 서쪽에 있던 직문稷門이란 곳에 선왕宣王(재위 기간, BC 319~BC 301)은 고급주택을 짓고 각 제후국들에서 활약했던 사상가들을 초빙하게 된다. 기록에 따르면 1,000여 명에 이른 사상가들이 임치의 직하학궁에 모여들었고, 상대부上大夫라는 고관 대우를 받았던 학자도 76명에 이르렀다고 한다. 자유로운 분위기에서 제자백가는 자신의 사상이 탁월하다는 것을 보여주기 위해 다른 사상가와 치열한 논쟁을 주고받았던 것이다. 결국 명가는 직하학궁이란 지적 조건에서 탄생할 수 있었던 것이다.

불행히도 명가가 탄생할 수 있었던 직하학궁과 같은 조건은 동아시아에서는 예외적이었다. 그래서 동아시아 담론은 주로 수사학적으로 진행될 수밖에 없었다. 동아시아가 논리보다는 수사학이 발달한 것과는 달리 인도의 경우 논리를 더 분화시키는 방향으로 발전하게 된다. 이런 경향을 대표하는 것은 중관불교와 유식불교와 함께 인도 대승불교를 떠받치고 있던 불교인식론학파였다. 디그나가와 다르마키르티가 이 학파의 대표주자였다. 두 사람은 추론과 논리를 상징하는 비량比量을 둘로 나눈다. 하나는 자신을 위한 추론, 즉 위자비량爲自比量, svārthānumāna이고, 다른 하나는 타인을 위한 추론, 즉 위타비량爲他比量, parārthānumāna이다. 레셔가 폴리스에서 관찰했던 타인 설득과 자기 설득 사이의 동일성이 마침내 디그나가와 다르마키르티에 의해 와해되는 순간이다. 자기만 구원하는 것이 아니라 타인도 구원해야 한다는 소명을 자임했던 대승불교가 위타비량을 고민했다는 것은 어쩌면 당연한 귀결인지도 모른다. 이것이 또한 '방편方便, upāya'이 가진 의의가 아닌가?

6

몸은 어떻게 움직이는가?

유부

——————————— VS ———————————

편작

되살아나는 유기체적 자연관

지금은 과학이라고 하면 서양을 생각하지만, 사실 17세기까지의 상황은 우리의 상상과는 좀 달랐다. 당시까지 동아시아의 과학과 기술은 서양 어떤 나라도 따라오지 못할 정도로 최고의 수준을 유지하고 있었기 때문이다. 동아시아가 이런 우월한 자리를 서양에게 빼앗기게 된 이유는 서양에서 기계론적 자연관에 기초한 고전역학이 탄생했기 때문이다. 갈릴레이Galileo Galilei(1564~1642)와 뉴턴Isaac Newton(1642~1727)으로 상징되는 고전역학은 서양의 과학혁명the Scientific Revolution을 달성하는 주춧돌이 된다. 고전역학을 통한 과학혁명은 아리스토텔레스의 자연관으로 상징되는 '질적인 자연관'에서 '양적인 자연관'으로 혁명적인 변화를 야기했던 것이다. 아리스토텔레스에게 천상의 질서와 지상의 질서는 질적으로 다른 것이었다. 따라서 그는 천상의 질서에서만 수학 언어가 통용될 수 있다고 보았으며, 지상의 질서에서는 일상 언어만이 적절하다고 생각하고 있었다. 그래서 중세까지 천문학과 물리학은 별개의 학문 영역에서 연구되었던 것이다. 천문학이 수학을 가지고 천상의 질서를 논하는 것이었다면, 물리학은 일상 언어로 지상 사물의 운동을 논한 것이라고 생각했기 때문이다.

아리스토텔레스 이후 중세의 물리학은 수학의 방정식과는 무관했다. 그저 사물들의 운동을 목적론적으로 설명하는 데 만족했을 뿐이다. 예를 들어 돌이 지상으로 낙하하는 이유는 돌이 자신이 원래 있던 땅으로 돌아가려는 목적을 가지고 있기 때문이라고 설명하거나, 불이 위로 타오르는 이유는 불이 태양이 있는 곳으로 올라가려는 목적을 가지고 있다고 설명하는 식이었다. 그러나 갈릴레이에 이르면 모든 것이 혁명적으로 변하게 된다. 그는 천문학뿐만 아니라 물리학에도 수학을 사용하려고 했기 때문이다. 마침내 천문학과 물리학이 동일한 수학적 언어로 기술될 수 있다는 생각이 대두한 것이다.

크리스티아노 반티의 〈로마의 이단 심판소에서 재판을 받고 있는 갈릴레이〉(1857). 갈릴레이는 아리스토텔레스의 중요한 유산 가운데 하나인 '목적론적 세계관'을 해체하고 모든 것을 혁명적으로 변하게 했다.

여기서 수학이란 학문이 기본적으로 질이 아니라 양을 다루는 학문이라는 점에 주목할 필요가 있다. 그래서 갈릴레이는 아리스토텔레스의 중요한 유산 가운데 하나인 '목적론적 세계관'을 해체할 수밖에 없었던 것이다. 수학을 자연을 기술하는 보편 언어로 관철시키려면 우선 목적론적 세계관부터 해체해야 했기 때문이다. 이렇게 해서 마침내 목적론적 세계관은 소멸되고, 그 대신 출현한 것이 바로 수학에 입각한 '기계론적 자연관'이었다. '기계론적 자연관'은 말 그대로 자연을 일종의 기계로 사유하는 견해를 의미한다. 좀더 엄밀히 말하면 모든 사물과 자연현상이 마치 하나의 기계인 것처럼 분석되고 수학적으로 설명될 수 있다는 신념 체계가 바로 '기계론적 자연관'인 것이다. 그래서 이 자연관은 자연현상이 지닌 목적을 논하지 않고, 오직 그것이 가진 기계론적 필연성에만 관심을 집중시킨다.

시계를 예로 들면 '목적론적 자연관'과 '기계론적 자연관'의 차이점이 더 분명해질 것이다. 아리스토텔레스에게 시계란 인간에게 시간을 알려주려는 목적을 가진 것이다. 반면 갈릴레이는 이런 목적에 전혀 관심을 두지 않는다. 오히려 그가 관심을 가졌던 것은 시계가 어떤 부품으로 이루어져 있으며, 그것들이 어떻게 연결되어 있기에 시침과 분침이 작동하게 되는가의 여부였다. 한마디로 갈릴레이는 시계의 기계론적 필연성에만 관심을 기울였던 것이다. 바로 이런 자연관이 서양에서 과학혁명을 촉발시켰으며, 동시에 1,500여 년 동안 지속적으로 유지되어왔던 과학·기술에 대한 동아시아의 헤게모니를 붕괴시켜버렸다. '기계론적 자연관'으로 무장한 서양의 근대 과학과 기술은 지금까지는 승승장구하고 있는 것처럼 보인다. 그러나 아이러니하게도 서양의 과학문명은 스스로 위기를 불러오고 있다. 지구를 완전히 파괴할 정도의 핵전쟁을 가능하게 만들었으며, 나아가 자연환경을 회복 불가능할 정도로 파괴시키고 있기 때문이다.

이제 서양의 지성인 가운데 일부는 서양의 과학문명을 가능하게 해주었던 세계관, 즉 '기계론적 자연관' 자체를 반성하지 않을 수 없게 되었다. 그런데 흥미롭게도 '기계론적 자연관'을 회의하는 데 고전역학의 계승자였던 상대성이론이나 양자이론이 커다란 역할을 수행하게 되었다. 20세기 후반부터 미국을 중심으로 '기계론적 자연관'을 대체할 만한 새로운 세계관을 모색하려는 움직임이 일어났는데, 그것이 바로 '신과학운동New Age Science Movement' 이다. 신과학운동은 기계론적 자연관 대신 '유기체적 자연관'을 새로운 대안으로 제시했다. 신과학운동이 표방하는 유기체적 자연관은 다음과 같은 세 가지 주장으로 요약할 수 있다. 첫째, 영원불변하는 실체와 같은 것은 존재하지 않고, 모든 것은 과정과 변화 가운데 있다. 둘째, 관찰자와 관찰 대상은 하나의 유기적 관계나 시스템에 들어 있기 때문에 결코 분리될 수 없다. 셋째, 모든 것은 관계성 속에서 드러나며, 따라서 통합된 전체 속에서 발생하는 것이다.

유부: "기계를 다루듯 몸을 진단하고 치료할 수 있다."

신과학운동의 이론가이자 전도사를 자처하는 카프라Fritjof Capra(1939~)는 자신의 주저《물리학의 도The Tao of Physics》에서 동양의 과학 사상이나 철학이 신과학운동의 '유기체적 자연관'과 비슷한 세계관을 피력하고 있다고 이야기했다. 이것은 카프라에만 국한된 것은 아니다.《중국의 과학과 문명》이라는 기념비적 총서의 총괄 편집자인 니담 역시 중국 과학 사상의 정수는 '유기체적 자연관'에 있으며, 언젠가 이 자연관은 서양의 '기계론적 자연관'의 대안이 될 수 있을 것이라고 주장하기도 했다. 화이트헤드의 철학을 신봉했던 니담은 화이트헤드가 제안한 '과정 철학the Process philosophy' 또는 '유기체 철학the Philosophy of Organism'을 중국의 과학 사상과 철학 사상에서 찾으려고 시도하기도 했던 인물이다.

분명 카프라나 니담이 이야기했던 것처럼 동아시아를 지배했던 주류 사유 전통 가운데 하나가 바로 '유기체적 자연관'이라고 할 수 있다. 하지만 고대 동아시아에는 유기체적 자연관만이 존재했던 것은 아니었으니, 전국시대 때에는 기계론적 자연관 역시 등장한 바 있기 때문이다. 그렇다면 유기체적 자연관이야말로 동아시아의 고유성을 규정한다고 너무 성급하게 결론 내릴 필요는 없다. 사실 기계론적 자연관과 유기체적 자연관은 동서 어느 문명만의 고유한 특성을 나타내는 계기라기보다 인류가 공유했던 두 가지 자연관에 해당된다고 보는 것이 더 타당하기 때문이다. 동아시아의 기계론적 자연관은 지금은《사기》에 실려 있는 〈편작창공열전扁鵲倉公列傳〉에 그 흔적으로만 남아 있다. 이 작은 문헌에서 우리는 낯선 이름 하나를 확인할 수 있는데, 그가 바로 기계론적 자연관에 입각하여 질병을 치유하려고 했던 유부俞跗(?~?)라는 의사이다.

상고시대에 유부라는 의사가 있었는데, 병을 치료할 때 탕액湯液, 예쇄醴

灑, 참석鑱石, 교인撟引, 안올案扤, 독위毒熨를 쓰지 않았다. 병의 증상이 드러나는 것을 잠깐 보는 것만으로도 그는 오장의 수혈腧穴에 근거하여, 곧 피부를 가르고 살을 열어 막힌 맥을 통하게 하고 끊어진 힘줄을 잇고, 척수와 뇌수를 누르고 고황과 횡격막을 바로잡고, 장과 위를 씻어내고 오장을 씻어내어 정기를 다스리고, 신체를 바꾸어놓았다고 한다.

－《사기》, 〈편작창공열전〉

방금 읽은 구절은 편작扁鵲(?~?)이란 의사와 중서자中庶子라는 관직을 가진 어떤 사람 사이에 이루어진 대화 속에서 등장한다. 동양의학, 즉 한의학의 시조라고 할 수 있는 편작 앞에서 어떤 관료가 전설적인 의사, 즉 유부라고 불렸던 인물의 의술에 대해 이야기하고 있는 것이다. 유부의 의술에서 눈에 띄는 부분은 그가 직접 외과수술을 실시했다는 대목이다. 유부의 외과수술은 현재 서양의학의 외과수술과 별로 다르지 않는 것처럼 보인다. 자동차가 고장 났을 때 보닛을 열고 기계 부품들과 그것들 사이의 연결 관계를 점검하는 것처럼, 유부는 신체의 내부를 직접 열어서 외과수술을 집도했던 것이다. 이 점에서 유부는 서양 근대의학의 전제라고 할 수 있는 기계론적 자연관을 따르고 있다고도 볼 수 있다. 서양 근대 초기 자연과학자들이 즐겨 사용했던 시계의 비유를 생각해보자.

시간을 알려주는 기계인 시계를 정확히 알려면 우리는 어떻게 해야 할까? 무엇보다 먼저 시계를 분해해야 할 것이다. 아마 다양한 부품들로 시계는 이루어져 있을 것이다. 이 다양한 부품들이 전체 시계에서 어떤 역할을 하는지, 그래서 부품들은 서로 어떤 관계를 맺고 있는지를 명확하게 알아야 한다. 그리고 분해의 역순으로 시계를 다시 조립한다. 분해와 조립을 통해 우리는 시계의 작동 원리를 알게 된 것이다. 만약 시계에 문제가 생겼다면, 고장 난 시계를 분해해보면 된다. 분해와 조립 과정을 통해 시계 작동 원리를 알고 있기에, 우리는 제대로 기능하지 못하는 부품 한두 개를 발견할 수 있을 것이다. 그 부품을 수선하거나 아니면 다른 걸로 대체한 뒤 다시 부품들을 조립하면, 고장 난 시계는 기적처럼 다시 움직이기 시작할 것이다.

서양 근대의학의 발달도 마찬가지다. 인간의 몸을 일종의 기계로, 즉 특정한 기능들을 가진 부품들과 그 부품들 사이의 관계로 해명하는 것이다. 서양 근대의학에서 해부학이 발달한 것도 이런 이유에서다. 장기, 뼈, 그리고 혈관은 이제 모두 부품으로 사유될 것이다. 이런 이유로 시신을 해부하고 결합해보는 해부학은 아직까지도 서양의학 공부의 기초 과정으로 여겨지고 있다. 그래야 몸에 이상이 있을 때, 어느 장기가 문제인지 쉽게 알 수 있기 때문이다. 만약 위장이 문제라면, 위장을 정비하면 된다. 그러면 위장병으로 고통스러워하는 나의 신체는 정상으로 기능하게 될 것이다. 그래서 보통 서양의학사에서 하비William Harvey(1578~1657)를 서양 근대의학의 아버지로 생각하는 것도 이런 이유에서다.

몸의 모든 부분들이 피와 함께 양분을 공급받고 성장하면 생기를 띤다. 피는 따뜻하고, 완벽하며, 증기 같고, 정령으로 가득 차 있으며, 영양분을 담고 있다. 일부의 피는 차갑고, 굳어져 있으며, 황폐화된 모습으로 변하는데, 그런 상태에서 피는 마치 몸의 샘이나 고향을 향하듯 심장으로 돌아와 강력하고 격렬한 자연열로 다시 그 완벽함을 회복한다.

　　　　　　　　－《동물의 심장과 혈액의 운동에 관한 해부학적 연구
　　　　　　　　Exercitatio Anatomica de Motu Cordis et Sanguinis in Animalibus》

1628년에 출간된 하비의 책 일부분을 읽어보았다. 책에는 아직도 무언가 신비주의적인 표현법이 난무한다. '정령'이란 표현이 그렇다. 이것은 하비가 르네상스 시대와 근대, 그사이에 살고 있어서 벌어진 현상이다. 그렇다고 해도 하비가 심장이란 장기, 그리고 동맥과 정맥이란 혈관의 기능을 거의 정확히 알고 있었다는 사실이 부정될 수는 없다. 특히나 중요한 것은 책 제목에 보이는 '해부학적 연구'라는 표현이다. 해부학적 실험과 연구를 통해 하비는 심장이란 가장 중요한 장기의 기능을 파악했던 것이다. 아마도 시간여행을 통해 2,000여 년 전 중국에 들어갔다면, 하비는 경악했을 것이다. 유부라는 의사가 해부학적 지식에 입각해 외과수술을 집도하는 장면을 보았을 테니 말이다.

서양 근대의학에 필적할 만한 유부의 의술은 그 자신에게만 그치는 것은 아니었다. 예를 들어 《삼국지연의三國志演義》를 보면 화타華陀(145~208)라는 의사가 유부의 외과수술 전통을 발전적으로 계승했던 의사로 등장하고 있기 때문이다. 화타가 독화살을 팔에 맞고 괴로워하는 관우關羽(?~219)를 치료했던 에피소드는 매우 유명하다. 화타는 먼저 독이 퍼진 환부의 살을 도려낸다. 이어서 그는 독이 퍼져 색이 변질되어 있는 관우의 뼈를 칼로 긁어내는 외과 시술을 집도했다. 이것은 문제가 된 신체의 부분에 직접 물리적인 치료를 시행한 것으로, 서양 근대의학의 방법에 필적할 만한 수술법이었다고 볼 수 있다. 물론 이것은 탕약을 의미하는 '탕액', 돌로 만든 침을 의미하는 '참석', 그리고 환부에 붙이는 고약을 의미하는 '독위' 등을 이용했던 전통적인 한의학 기법, 다시 말해 편작에게서 기원하는 전통 동양의학의 치료법과도 서로 구별되는 것이었다.

ⓑ

편작: "몸은 기계가 아니라 부분이 전체를 반영하는 유기체이다."

편작에게서 시작되는 전통 동양의학은 인간 신체를 '기계'가 아닌 살아 있는 '유기체'로 다루려는 의지를 반영하고 있다. 유기체란 어느 한 부분의 변화가 전체의 변화를 낳을 수 있고, 전체의 변화가 모든 부분의 변화를 낳을 수 있는 통일체를 말한다. 어떤 면에서 보면 살아 있는 신체를 '기계'로 보는 관점 자체가 사실 매우 낯선 태도라고 볼 수 있다. '신체'란 다름 아닌 살아 있는 '유기체'이기 때문이다. 망가진 부품을 언제든지 새로운 부품으로 대치할 수 있는 기계와 달리, 신체는 그렇게 단순하지 않다. 현재에도 장기이식 수술이 힘든 이유가 바로 여기에 있다. 새로운 장기를 이식할 때도 그 장기가 기존의 신체가 지닌 전체 조직과 맞지 않는 경우가 종종 발생한다. 이것은 신체가 단순한 기계가 아니라는 것을 분명히 보여주는 사례라고 할 수 있다. 신체를 유기체로 다루기 위해서 편작은 유부의 기계론적 상상력을 정면으로 돌파할 필요가 있었다. 다음은 유부의 의술을 극찬했던 관료에게 편작이 자신의 의술을 설명하는 대목이다.

> 저의 의술은 환자의 맥을 짚어보거나 기색을 살펴보고 목소리를 들어보거나 몸의 상태를 살펴보지 않아도 병이 어디에 생겼는지를 말할 수 있습니다. 양陽에 관한 증상을 진찰하면 음陰에 관한 증상을 미루어 알 수 있고, 음에 관한 증상을 진찰하면 양에 관한 증상을 알 수 있습니다. 몸속의 병은 겉으로 드러나는 것이니 굳이 천리 먼 곳까지 가서 진찰하지 않아도 병을 진단할 수 있는 경우가 아주 많아 감추려고 해도 감출 수가 없습니다. ─《사기》, 〈편작창공열전〉

지금 편작은 '신체의 각 부분은 전체 신체를 반영한다'라는 유기체적 신체관을 피력하고 있다. 그렇기 때문에 그는 "양에 관한 증상을 진찰하면 음에 관한 증상을 미루어 알 수 있고, 음에 관한 증상을 진찰하면 양에 관한 증상을 알 수 있다"라고 이야기할 수 있었던 것이다. 여기서 '양에 관한 증상'이 겉으로 드러나 눈으로 확인할 수 있는 증상을 의미한다면, '음에 관한 증상'은 피부 속에 숨겨져 있어서 눈으로 확인할 수 없는 장기들과 관련된 증상을 의미한다. 유기체로서 신체는 전체와 부분이 서로를 반영하고 있다고 보는 입장에 근거했기 때문에, 편작은 겉으로 드러난 증상과 숨겨져 있는 증상이 서로 밀접한 관련을 맺고 있다고 주장할 수 있었다. 서양 근대의학은 엑스레이 검사법이나 내시경 등 직접 신체 내부를 살펴보겠다는 의지를 반영하는 진단법을 발전시켜왔다. 그것은 서양의학이 기계론적 자연관에 입각한 해부학적 치료법을 따르고 있기 때문이다. 하지만 유기체적 신체

편작은 '신체의 각 부분은 전체 신체를 반영한다'라는 유기체적 신체관을 피력하고 있다. 편작은 해부학적 상상력에 입각한 외과수술은 신체의 질병을 다스리는 데 부적절하다고 보았다.

관을 따르는 편작에게는 해부학적 상상력에 입각한 외과수술은 신체의 질병을 다스리는 데 부적절한 방법에 지나지 않는 것으로 보였다.

　유부의 의술에 대해 편작의 발상이 가진 혁명적 성격에 대해서는 가노우 요시미츠加納喜光(1940~)의 글을 읽어보는 것으로 충분할 것 같다.

　몸을 열겠다는 해부학적 발상은 이미 유부라는 의사에게도 있었던 것이지만 편작에게서 비판을 받은 뒤 없어져버렸다. 편작을 이어받은《황제내경黃帝內經》의 의학은 살갗을 찔러서 경락을 매개로 하는 장부臟腑의 기혈을 조절한다는 온화한 치료법을 이론화했다. 그것은 다른 말로 표현하면 신체를 하나의 닫힌 블랙박스로 보고, 체표의 작은 틈(안면과 손의 징후)에서부터 몸 안의 모습을 상상하여 몸 안을 흐르고 있는 물길의 이상異常을 외부에서부터 조작하는 수리水利 치료법이었다. …… 해부학적 사고는 신체의 생활 기능을 전부 감각기관으로 파악할 수 있는,

적어도 감각기관적으로 생각할 수 있는 물질적인 것에 근거를 둔다고 보는 사고이다. 정밀하게 말하면 물질적 형태와 구조와 그 작용 사이에 인과적인 관계가 명백히 존재한다고 보는 사고라고 할 수 있다.

－《중국 의학의 탄생中國醫學の誕生》

유부나 서양의학 전통이 따르고 있던 해부학적 사고는 몸을 열어 그 내부를 직접 보겠다는 의지를 전제하고 있다. 반면 편작은 몸을 일종의 블랙박스로 보려고 했던 사람이다. 그는 블랙박스 내부의 움직임이 안면이나 손과 같은 피부에 드러난다고, 그렇다면 신체의 표면에 대한 자극은 블랙박스 내부의 움직임에 영향을 줄 수 있다고 확신했던 것이다. 가노우 요시미츠가 설명한 것처럼 편작의 유기체적 신체관은 질병을 수리학水利學, hydrography에 입각한 상상력으로 사유하려고 했던 전통 동양의학으로 구체화되었다. 그 대표적인 저서가 춘추전국시대 의술을 집대성한 《황제내경》이다. 동양의학의 수리학적 상상력은 당시 중국의 사회경제사적 상황과 밀접한 관련을 맺고 있다. 잘 알려진 것처럼 농경사회를 토대로 유지되었던 중국 역대 정권에게 치수治水 사업은 정권의 사활을 건 과제였다. '다스린다'는 의미를 지닌 '치治'라는 글자에 '물水'을 뜻하는 'ⲻ'라는 부수가 붙어 있다는 것도 이 점을 잘 보여준다고 하겠다. 비의 형태로 내려와 하천과 그 지류를 흐르며 대지를 가로지르는 물길을 조절하는 사업, 즉 치수 사업이 실패하면, 정권은 통치의 정당성을 상실한 것으로 간주되었다.

고대 중국인은 신체에서 하천 및 그 지류와 같은 일을 담당하는 것이 바로 '경락經絡', 즉 '맥脈'이라고 생각했다. 신체에 있는 거대한 열두 가지 하천이 바로 '경맥經脈'이라면, 이런 열두 가지 하천 사이에 존재하는 무수히 많은 지류가 바로 '낙맥絡脈'이었던 셈이다. 바로 이 경락에는 물이 아니라 기氣가 흐르고 있다. 그러니 치료의 관건은 경맥과 낙맥, 즉 경락에 흐르는 기를 원활히 하는 데 있다. 치수 사업의 핵심이 막힌 물줄기를 뚫어주는 데 있는 것처럼, 편작 전통의 동양의학도 막힌 경락을 침으로 뚫어 기가 원활하게 움직이도록 조치를 취하려고 했던 것이다.

> 침을 찌르는 이치는 경맥에서 시작하는데 경맥의 순행 경로를 찾고 경
> 맥의 길이를 재어보니, 경맥이 안으로는 오장과 차례로 연결되고 밖으
> 로는 육부에 나누어 귀속된다. …… 경맥은 생사를 결정하고 백 가지
> 병을 다스리며 차고 빈 것으로 조절하므로 제대로 알지 않으면 안 된
> 다. 12경맥들은 갈래갈래 나뉜 힘줄 사이에 잠복하여 운행하므로 깊숙
> 하여 보이지 않는다. …… 여러 맥들 가운데에서도 표면에 떠 있어 늘
> 볼 수 있는 것은 모두 낙맥이다.　　　-《황제내경·영추靈樞》,〈경맥〉

동양의학에서 가장 중시했던 것은 신체를 유기적으로 연결시키는 경
락, 즉 경맥과 낙맥, 그리고 경락을 흐르는 기였다. 경락이 막히면 유기체로
서 신체를 유지하게 해주는 기의 흐름이 원활하지 않게 된다. 동양의학은 이
것을 바로 질병의 기원이라고 생각했던 것이다. 하지만 아쉽게도 경락은 신
체를 해부해보아도 결코 관찰되지 않는다. 이 점에서 우리 몸 안에 흐르던
기의 통로로서 경락은, 실체는 없지만 기능은 하는 독특한 성격을 지닌 것
이었다고 말할 수 있다. 그래서 해부학적 상상력에 입각한 서양의학에선 결
국 경락이란 것이 의심의 대상이 될 수밖에 없었고, 나아가 동양의학은 실
체가 없는 미신적인 기술이라고까지 혹평을 받기도 했던 것이다.

마침내 동양의학에 대한 해묵은 편견에 반전이 일어나는 사건이 발생
하게 된다. 1972년 닉슨 미국 대통령이 중국을 방문했을 당시, 서양의학은
동양의학에 강한 충격을 받게 된다. 텔레비전을 통해 서양 사람들은 마취제
를 쓰지 않고도 침으로 마취해서 뇌를 수술하는 장면을 직접 볼 수 있었기
때문이다. 현재도 위장의 질병을 고치기 위해 발에 침을 꽂거나, 치질도 정
수리에 뜸을 놓아 고치는 현상이 종종 보고되고 있다. 이것은 동양의학의
신체관, 즉 '신체의 각 부분은 전체 신체를 반영한다'는 유기체적 신체관이
일면 타당할 수 있다는 점을 보여주는 흥미로운 사례라고 할 수 있다.

그렇다면 과연 니담이나 카프라의 견해처럼 중국의 '유기체적 자연관'은 서양의 '기계론적 자연관'의 대안이 될 수 있을까? 1953년 아인슈타인은 슈비처J. E. Switzer라는 인물에게 보낸 편지에서 이렇게 말한 적이 있다. "서양 근대 자연과학의 발전은 두 가지의 위대한 업적, 즉 (유클리드 기하학에서 볼 수 있는 것처럼) 그리스 철학자들에 의한 형식적인 논리체계의 발견, 그리고 (르네상스의) 체계적 실험에 의하여 인과관계를 찾아낼 수 있다는 발견에 근거하고 있다." 아인슈타인은 갈릴레이로 대표되는 근대 자연과학의 핵심을 정확히 파악하고 있었다. 그것은 그의 말대로 '형식적인 논리체계'와 '체계적인 실험'의 결합이었기 때문이다. 다시 말해 갈릴레이가 새로웠던 이유는, 그가 경험적인 관찰과 수학적 연역, 즉 '경험'과 '이성'을 서로 결합할 수 있었기 때문이었다. 사실 현대 물리학도 이 점에서는 결코 예외가 아니다. 닐스 보어Niels Bohr(1885~1962)가 빛의 입자성과 파동성을 상보성complementarity이라는 개념으로 명명했다고 할지라도, 그는 빛을 '수학'과 '경험'이라는 과학 정신을 통해서 다루었던 것이다.

　　결국 현대 물리학의 상보성을 유기체적 자연관의 사례라고 주장하는 신과학운동의 입장은 지나친 데가 있다. 이런 과도한 주장은 '수학'과 '경험'이라는 과학 정신을 은폐할 수 있기 때문이다. 그러니까 빛의 상보성이란 문제에서 우리가 놓쳐서는 안 되는 것이 있는데, 그것은 우리가 두 가지 모델 중 어느 경우를 선택한다고 할지라도 빛을 수학적으로 이론화하고 나아가 그것을 실험을 통해서 검증할 수 있다는 점이다. 이 점은 부분들이 일종의 유기체적 통일성에 의해 규정된다는 단순한 '유기체적 자연관'과는 분명히 구별되는 과학적 발상이다. 따라서 서양 현대 물리학자들이 중국 고대의 유기체적 자연관의 어떤 측면을 긍정했다고 해서, 이것이 그들의 최신 과학 이론이 중국의 그것과 유사했기 때문이라고 오인해서는 안 된다. 사실 중국의 전통 과학 사상이 '유기체적 자연관'을 2,000여 년 동안 가지고 있었는데도 지금까지 현대 물리학이 발생하지 않았던 이유는, 바로 수학적 이성과 체계적 실험 혹은 수학적 이성과 체계적 실험 양자 간의 결합이 부재했기 때문이었다.

음양과 오행, 동아시아 전통 자연관의 중심

서양 근대 자연관의 한계를 느끼고 있던 서양 지성인들은 동아시아의 전통 자연관에 쉽게 매료되는 경향이 있다. 바로 유기체적 자연관이다. 그렇다면 서양 근대문명이 유입되기 전, 동아시아 사람들의 사유와 삶을 지배했던 유기체적 자연관은 어떻게 전개된 것일까? 그 실마리는 바로 음양陰陽과 오행五行이란 개념에서 찾을 수 있다. 흔히 음양오행설이라고 하지만, 사실 음양과 오행은 서로 모순되지는 않기에 양립 가능한 별개의 두 범주라고 해야 한다. 고대 동아시아 사람들은 상황에 따라 어느 때는 음양론으로 세계를 설명하기도 하고, 또 어느 때는 오행론으로 세계를 설명하기도 했다. 이 두 범주가 나름 정합적으로 통일되려면, 북송北宋 시대를 기다려야 한다. 바로 신유학의 창시자라고 할 수 있는 주돈이周敦頤(1017~1073)의 저작 《태극도설太極圖說》에서 음양과 오행은 통일되기 때문이다. 주돈이는 말한다.

신유학의 창시자 주돈이. 마침내 주돈이에 의해 음양은 오행의 지배 원리로 승격되었다.

"무극이면서 태극이다無極而太極. 태극은 운동하여 양을 낳는다. 운동이 극단에 이르면 정지한다. 그것은 정지하여 음을 낳는다. 정지 상태가 다하면 다시 운동한다. 한 번은 운동하고 한 번은 정지하는 것이 순환하여 서로 그 뿌리가 된다. 순환 과정에서 음으로 갈라지고 양으로 갈라져서 음양의 두 짝이 세워진다. 양이 변화하고 음이 그것과 결합하여 수·화·목·금·토의 오행을 낳는다."

마침내 주돈이에 의해 음양은 오행의 지배 원리로 승격된 것이다. 물론 주돈이는 음양을 지배하는 최종적인 일자로 '태극'을 설정하지만 말이다. 아쉽게도 음양과 오행 사이의 관계에 대한 주돈이의 논의는 불명료하기만 한다. 주돈이의 설명에 따르면 음양의 결합으로 구태여 오행만이 아니라 칠행도 구행도 충분히 가능하기 때문이다. 아무리 주돈이가 음양의 지배를 받는 것으로 규정했다고 할지라도, 그만큼 오행은 나름 내적 논리와 고유한 역사를 갖고 있는 강력한 범주였던 것이다. 그러니 차라리 음양이란 범주와 오행이란 범주를 따로따로 살펴보는 것이 더 좋을 듯하다.

먼저 음양이란 범주를 보자. '음'이라는 글자가 '구름이 해를 가린 것'을 의미한다면, '양'은 그 반대로 '구름이 걷히고 해가 나타난 것'을 의미한다. 이로부터 고대 중국인들은 음과 양을 서로 대립되지만 서로 의존해서만 이해될 수 있는 대립 항목들을 포괄하는 일반적 용어로 사용하게 된다. 대립 항목의 대표적인 예로는 다음과 같은 것들을 생각해볼 수 있다.

음	땅	응축	여성	차가움	은폐	내부	어둠	아래	작고 약한 것	물	정지	밤
양	하늘	팽창	남성	따뜻함	현현	외부	밝음	위	크고 강한 것	불	운동	낮

음양론적 세계관은 어떤 것이든 그것이 기본적으로 '음'인지 혹은 '양'인지를 규정하려고 한다. 예를 들면 물은 우리에게 흐린 날씨와 유사한 느낌을 주기 때문에 음으로 분류되고, 반대로 불은 마치 구름이 걷히고 등장한 해처럼 따뜻하기에 양으로 분류된다. 이처럼 음양론은 일종의 분류법이자, 동시에 사물들을 정의하는 방법이라고 말할 수 있다. 문제는 음양론에 의한 분류법이 전혀 체계적이지 않다는 데 있다. 여성이 전통적으로 음으로 정의되어 분류된 것은 전통 사회에서 여성이 사회 활동을 하지 않아 정지해 있는 듯한 이미지를 주었기 때문이다. 이렇게 여성을 음으로 정의한 다음, 여성에게는 음으로 분류되는 다른 사물들의 속성이 부여되곤 한다. 유비적 사유analogical thinking다. 땅을 보면 여성을 생각하고, 물을 보면 밤을 생각하고, 밤을 생각하면 어둠을 생각하고, 어둠을 생각하면 내부를 생각하고, 내부를 생각하면 숨기는 것을 생각하는 방식으로 말이다.

음양론이 가진 유비적 성격을 명확히 하려면 유비보다는 논리를 강조했던 서양의 존재론을 살펴보는 것으로 충분하다. 아리스토텔레스에서부터 서양은 사물을 유類, genus와 종차種差, specific difference로 정의한다. 예를 들면 인간은 '생각하는 동물'이라고 정의될 수 있다. 여기서 '동물'은 인간이 속하는 상위 범주를 가리킨다면, '생각'은 인간이 속해 있는 동물들에서 인간만을 구별해주는 속성, 즉 종차를 가리킨다. 이와 마찬가지로 동물은 '운동하는 생물'로, 생물은 '살아 있는 존재'로 정의될 수 있다. 이렇게 서양의 존재론은 개별자에서 존재에 이르는 거대한 피라미드식 체계로 구성되어 있다. 여기서 내포內包, intension와 외연外延, extension이라는 논리적 개념들이 출현한다. 내포가 어떤 개념이 함의하고 있는 속성들을 의미한다면, 외연은 그 개념이 가리키는 대상을 의미한다. 예를 들어 '강신주'라는 사람이 있다고 하자. 이 경우 '강신주'라는 개념의 내포는 '철학자' '남자' '사람' '동물' '존재' 등등으로 무한하다. 그렇지만 이 개념의 외연, 즉 이 개념이 가리키고 있는 것은 단지 강신주란 한 사람일 뿐이다. 반면 '존재'라는 개념을 생각해보자. 이 경우 이 개념의 내포는 '있다'라는 특성 하나뿐이지만, 그 외연은 무한하다고 말할 수 있다. 어쨌든 우리 자신을 포함한 모든 것은 '존재'하는 것이기 때문이다.

논리를 강조하는 서양과는 달리 음양에 의한 유비를 강조하는 동아시아에서는 내포와 외연이라는 논리적 관계가 성립될 여지가 별로 없다. 단지 인상적이고 감각적인 유사성에 의한 유비analogy만이 존재할 뿐이기 때문이다. 유비적 사유는 마치 시에서의 은유나 직유와 유사하게 기능한다. 간혹 동아시아 사유가 신비적이거나 주관적으로 보이는 것도 이런 이유에서다. 여기서 잊지 말아야 할 것이 있다. 고대 중국인들이 음양론을 단순히 분류 방법에만 국한시키지 않았다는 점이다. 그들은 모든 사물과 사태에는 기본적으로 음의 요소와 양의 요소가 동시에 내재해 있다고 생각하는 방식으로 자신들의 사유를 확장시켰다. 음양 내재론이라고 불릴 만한 사유 방식이다. 낮과 밤의 경험은 밝음이 어둠으로, 어둠이 밝음으로 변하는 현상에 대한 경험이라고 말할 수 있다. 이런 경험들을 통해 고대 중국인들은 밝음 속에 어둠의 계기가 잠재해 있고, 또 역으로 어둠 속에는 밝음의 계기가 잠재해 있다고 생각했다. 이렇게 해서 음양론은 사물들의 단순한 유비적 분류법을 넘어서 이제 사물들과 사태들의 변화를 설명해주는 근본적 원리로도 기능하게 되었다.

음양 분류론이 퇴조하고 음양 내재론이 대두하자, 이제 낮도 단순히 양으로만 분류되지 않는다. 낮에도 양과 음이라는 대립되는 두 힘이 모두 내재되어 있기 때문이다. 낮이 밤이 되고 밤이 다시 낮이 되는 변화를 관찰했던 고대인들은, 낮에는 밤의 계기가 반대로 밤에는 낮의 계기가 잠재되어 있어야 한다고 추론했던 것이다. 낮에는 음의 힘이 약하고 양의 힘이 강할 뿐이고 반대로 밤에는 양의 힘이 약하고 음의 힘이 강하다는 차이만 있을 뿐이다. 그러나 낮에는 약한 음의 계기나 밤에는 약한 양의 계기는 미래를 결정하는 근본적인 것으로 사유된다. 이런 식으로 시간이 지나면 양의 힘이 약해지고 음의 힘이 강해지게 된다. 이럴 때가 바로 낮이 밤으로 바뀌는 시점이다. 이런 방식으로 음양 내재론이 가장 정연하고 체계적으로 정리되어 있는 자료가 바로 《역易》이다. 인간의 길흉화복을 점치던 점서였던 《역》은 음양 내재론을 받아들이면서 동아시아 특유의 형이상학을 구성하게 되었던 것이다.

《역》에서는 음과 양을 '--'과 '—'라는 기호로 표기했는데 이 각각을 음효陰爻와 양효陽爻라고 부른다. 그다음 음효와 양효를 세 번 반복하여 여덟 개의 기호를 만드는데 이것이 바로 '여덟 가지 괘', 즉 팔괘八卦다. '☰'는 건乾괘라고 불리고 하늘天을 상징하며, '☷'은 곤坤괘라고 불리며 땅地을 상징한다. '☳'은 진震괘라고 불리며 우레나 천둥雷을 상징하고 '☶'은 간艮괘라고 불리면 산山을 상징한다. '☲'는 이離괘라고 불리며 불火을 상징하고 '☵'은 감坎괘라고 불리며 물水을 상징한다. '☱'는 태兌괘라고 불리며 연못澤을 상징하고, 그리고 마지막으로 '☴'은 손巽괘라고 불리며 바람風을 상징한다. 팔괘 체계에서 눈에 띄는 것이 있는데, 그것은 건괘가 모두 양으로만 구성되어 있고 곤괘는 모두 음으로만 구성되어 있다면, 나머지 여섯 가지 괘들은 모두 음과 양으로 구성되어 있다는 점이다.

음양을 함께 가지고 있는 이 여섯 괘들에는 기본적으로 변화와 운동의 잠재력이 있다. 그래서 이 여섯 괘들이 상징하는 자연물들인 우레, 산, 불, 물, 연못, 바람 등은 모두 하늘과 땅이라는 절대적 공간에서 엄청난 변화를 겪는 것들이다. 이렇게 팔괘를 구성한 이후《역》은 또다시 이 팔괘를 중첩하여 8^2개의 괘, 즉 64개의 괘를 만들어낸다.《역》을 구성했던 고대 중국인들은 이런 방식으로 만들어진 64괘를 가지고 자연현상뿐만 아니라 사회현상까지도 모두 설명하고 예측해낼 수 있는 체계를 완성했던 것이다. 보통 64괘는 각 괘들의 고유성에 따라서 이름이 붙여진다.

| 주역 64괘 표 |

	☰ 건	☱ 태	☲ 리	☳ 진	☴ 손	☵ 감	☶ 간	☷ 곤
☰ 건	重天乾 중천건	澤天夬 택천쾌	火天大有 화천대유	雷天大壯 뇌천대장	風天小畜 풍천소축	水天需 수천수	山天大畜 산천대축	地天泰 지천태
☱ 태	天澤履 천택리	重澤兌 중택태	火澤睽 화택규	雷澤歸妹 뇌택귀매	風澤中孚 풍택중부	水澤節 수택절	山澤損 산택손	地澤臨 지택림
☲ 리	天火同人 천화동인	澤火革 택화혁	重火離 중화리	雷火豐 뇌화풍	風火家人 풍화가인	水火旣濟 수화기제	山火賁 산화비	地火明夷 지화명이
☳ 진	天雷无妄 천뢰무망	澤雷隨 택뢰수	火雷噬嗑 화뢰서합	重雷震 중뢰진	風雷益 풍뢰익	水雷屯 수뢰둔	山雷頤 산뢰이	地雷復 지뢰복
☴ 손	天風姤 천풍구	澤風大過 택풍대과	火風鼎 화풍정	雷風恒 뇌풍항	重風巽 중풍손	水風井 수풍정	山風蠱 산풍고	地風升 지풍승
☵ 감	天水訟 천수송	澤水困 택수곤	火水未濟 화수미제	雷水解 뇌수해	風水渙 풍수환	重水坎 중수감	山水蒙 산수몽	地水師 지수사
☶ 간	天山遯 천산돈	澤山咸 택산함	火山旅 화산려	雷山小過 뇌산소과	風山漸 풍산점	水山蹇 수산건	重山艮 중산간	地山謙 지산겸
☷ 곤	天地否 천지비	澤地萃 택지취	火地晉 화지진	雷地豫 뇌지예	風地觀 풍지관	水地比 수지비	山地剝 산지박	重地坤 중지곤

64괘 각각은 음과 양의 상이한 배치로 여섯 효로 구성된다. 위의 표에서 기재되어 있는 64괘를 읽어내는 데는 중요한 하나의 법칙이 있다. 그것은 위에 있는 효들이 현재 드러난 측면이고 밑에 있는 효들은 앞으로 드러날 측면을 나타낸다는 사실이다. 그러니까 64괘 각각을 구성하는 여섯 효를 읽을 때, 제일 위의 효는 현재를 나타낸다면, 제일 밑의 효는 미래를 나타내는 것으로 읽어야 한다. 그래서 64괘로 구성된 《역》의 상징구조는 현실성과 잠재성을 축으로 하는 사건의 변화, 즉 시간성의 계기도 아울러 가지고 있다.

복復괘. 시간적으로 가장 추운 겨울, 즉 동지冬至를 상징하기에 복괘는 추움을 상징하는 음효가 다섯 개나 된다. 그러나 중요한 것은 가장 밑의 양효다. 극단적으로 추운 날에도 따뜻함의 계기는 뿌리처럼 자라고 있기 때문이다.

복復괘를 예로 들어보자. '복'이란 글자는 기본적으로 '반복'이나 '회복'을 의미한다. 그래서 이 복괘는 한 해가 마무리되는 가장 추운 겨울, 즉 동지冬至를 상징하게 된다. 고대 중국인들은 이렇게 가장 추운 동지 때가 바로 따뜻한 봄이 올 수 있는 잠재성이 실현되는 출발 지점이라고 생각했던 것이다. 복괘의 구조도 고대 중국인들의 이런 믿음을 그대로 반영하고 있다. 복괘는 위는 땅을 상징하는 곤괘(☷)로 아래는 우레를 상징하는 진괘(☳)로 구성되어 있다. 다시 말해 땅속에 우레가 있다는 의미이다. 결국 복괘는 꽁꽁 얼어붙은 대지 깊은 곳에 하나의 양, 즉 따뜻함이 내재해 있음을 상징하는 괘이다. 낮과 밤을 비유로 들자면, 한낮이 밤이 될 수 있는 잠재성을 지닌 지점이라면 한밤중은 낮이 될 수 있는 잠재성을 지닌 지점이라고 볼 수 있는 것과 마찬가지다.

음양론은 유비적 분류법을 넘어 세계와 변화를 설명하는 형이상학으로 세련화된다. 이것이 바로 《역》에서 정리된 음양 내재론이다. 이제 오행론을 살펴볼 차례다. 음양론이 역사적 기원이 명백하지 않은 것과 달리, 상대적으로 오행론은 전국시대에 추연鄒衍(BC 350~BC 270)이라는 사상가가 체계화한 것으로 알려져 있다. 오행론은 속성이 서로 다른 다섯 가지 요소로 자연현상뿐만 아니라 사회현상도 설명한 이론체계를 말한다. 여기서 다섯 가지 요소는 바로 나무木, 불火, 흙土, 쇠金, 물水을 말한다. 그렇다고 추연이 일종의 소박한 원소론을 피력하고 있다고 속단해서는 안 된다. 추연이 전국시대를 풍미했던 이유는 그가 오행론으로 일종의 근사한 역사철학을 구성하는 데 성공했기 때문이다. 《사기》〈맹자순경열전孟子荀卿列傳〉에서 사마천은 오행론을 토대로 구성된 추연의 역사철학을 소개하고 있다.

"추연은 음양의 소식消息을 깊이 관찰하고 그 기이한 변화를 논하여 10여만 자에 달하는 〈종시終始〉편과 〈대성大聖〉편을 지었다. 그의 말은 과장되고 황당하였으나, 반드시 작은 사물을 먼저 경험적으로 논의한 후, 그것으로 큰 사물을 무한대까지 유추하는 방법을 취하였다. 먼저 현재에서 출발하여 위로 황제黃帝의 시대까지 거슬러 올라가 학자들이 공통적으로 주장하는 것과, 각 시대의 흥망성쇠, 그 상서祥瑞 및 흉조, 그리고 제도를 논한 후, 그것을 더욱 멀리 미루어 그 근원을 알 수 없는 천지가 생기기 이전의 먼 과거의 일까지 추론하였다. 또 그는 먼저 중국의 명산, 대천, 큰 계곡, 새와 짐승, 각 지방의 산물과 진귀한 물건을 열거한 후, 이것으로 사람들이 볼 수 없었던 해외의 사정을 추론하기도 하였다. 또 그는 천지가 나뉜 이래 모든 사물은 오덕五德의 전이에 따라 변화하였으며, 각 시대마다 그 고유한 덕에 상응하는 징조가 나타났다고 주장하였다. …… 당시의 군주와 대부들은 그의 주장을 들었을 때 크게 두려워하고 감탄하였지만, 끝내 그의 가르침을 실천하지는 못했다.”

사마천이 기록하고 있는 것이 옳다면, 추연은 자생적 자연과학자였다고 할 수 있다. 무엇보다도 먼저 그는 쉽게 경험되는 사물들을 주의 깊게 관찰했다. 그다음 그는 여기서 어떤 패턴을 발견하고, 이것을 관찰하지 못했거나 혹은 관찰할 수 없었던 대상들에게 적용했다. 특히 중요한 것은 추연이 발견한 역사적 패턴이다. 여기서도 추연은 주변 자연현상을 살펴보고 시간적 패턴을 먼저 포착했던 것 같다. 흙에서 나무가 자라기에 나무는 흙을 이기고木克土, 날카로운 무기가 되어 나무를 자를 수 있기에 쇠는 나무를 이기고金克木, 날카로운 칼이나 농기구도 녹여버릴 수 있기에 불은 쇠를 이기며火克金, 아무리 활활 타오르는 불도 물로 끌 수 있으므로 물은 불을 이긴다水克火는 것이다. 이렇게 오덕, 즉 오행의 주기가 끝나면 이 패턴은 다시 영원히 되풀이된다. 물길은 흙이 있으면 막히거나 다른 방향으로 흘러가기 때문에 흙이 물을 이긴다土克水고 볼 수 있기 때문이다.

하나의 주기를 이루며 진행하는 이 다섯 가지 계기가 바로 오덕, 즉 나무, 불, 흙, 쇠, 물이다. 추연은 바로 ‘……→토→목→금→화→수→토→……’로 진행되는 패턴을 발견하고, 이것을 자연현상뿐만 아니라 사회현상 나아가 역사현상에도 그대로 적용한 사상가이다. 이것이 바로 ‘오덕종시五德終始’설, 혹은 ‘오행상극五行相克’설이다. 《문선文選》〈직도부稷都賦〉 편의 주석은 추연의 오행상극설을 다음과 같이 설명하고 있다. “추연이 제안한 오덕이 순환하는 순서는 이길 수 없는 것이 뒤에 온다. ‘흙의 덕土德’ 뒤에는 ‘나무의 덕木德’이 이어지고, ‘쇠의 덕金德’이 그다음이고, ‘불의 덕火德’이 그다음이고, ‘물의 덕水德’이 그다음이다.” 추연의 이론에 따르면 ‘오덕五德’, 즉 오행은 모두 자신의 전성기를 마치면 다른 요소에게 전성기를 내줄 수밖에 없다. 이것은 군주 개인이 막을 수 있는 성질의 것이 아니라, 거대한 역사의 필연적 흐름이다. 그러니 아무리 영민해도 군주는 그저 역사철학적 흐름을 읽고서 거기에 맞추는 수밖에 없다.

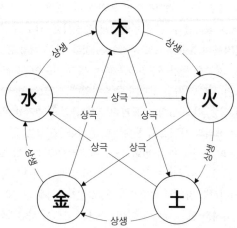

하루 앞도 예측하기 힘든 약육강식의 시대, 전국시대 군주들이 추연을 중시했던 것도 다 이유가 있었던 것이다. 자신이 다스리는 국가의 흥망성쇠보다 군주들의 관심을 더 끌 만한 것이 있었을까? 추연에 따르면 중국 역사는 황제의 통치, 즉 우왕禹王의 통치, 탕왕湯王의 통치, 문왕文王의 통치행위가 바로 '토→목→금→화'라는 오행상극의 과정으로 이해되고 있었다. 그렇다면 앞으로 등장할 새로운 통일국가는 오행 중 어느 요소가 지배적인 국가일까? 추연의 이론에 따르면 새로운 통일국가는 물이 지배하는 국가일 수밖에 없다. 불火 다음에는 물水이 오기 때문이다. 전국시대의 혼란상을 통일하고 진시황秦始皇으로 등극할 영정嬴政(BC 259~BC 210)이 물의 덕水德을 내세우고, 물을 상징하는 검은색과 물을 상징하는 숫자 6을 숭상한 것도 바로 이런 이유에서였다.

단명한 진秦제국(BC 221~BC 206)의 뒤를 이어 한漢제국(BC 202~220)이 들어서면서 정국이 안정되자 추연의 오행상극설은 터부시된다. 중국의 패권을 잡은 유일한 권력이 어떻게 자신도 앞으로 소멸할 것이라는 논의를 받아들일 수 있겠는가. 그래서일까? 한제국 이후 오행은 상극설이 아니라 상생설로 포장된다. 아무래도 갈등적인 역사철학보다는 조화로운 역사철학이 더 필요했을 테니 말이다. 상생설도 단순한 논리로 구성되어 있다. 나무를 마찰하면 불이 생기므로 '나무는 불을 생기게 하고木生火', 타고 난 재가 흙이 되므로 '불은 흙을 생기게 하며火生土', 흙에서 철광석이 발견되므로 '흙은 쇠를 생기게 하고土生金', 쇠로 만든 그릇이 새벽이 되면 이슬을 머금게 되므로 '쇠는 물을 생기게 하고金生水', 마지막으로 나무는 물을 주면 자라게 되므로 '물이 나무를 생기게 한다水生木'는 것이다. 결국 오행상생설의 도식은 ……→목→화→토→금→수→목→……으로 정리될 수 있겠다.

오행상생설이 발생하면서 나무, 불, 흙, 쇠, 물이란 다섯 가지 요소들은 서로를 죽여야만 살 수 있는 오행상극설의 갈등론적 구조에서 벗어나게 된다. 오행은 이제 서로 공존이 가능하게 된 것이다. 이로부터 바로 한제국 시대의 유기체론, 일종의 구조론이 이론적으로 완성된 형태로 탄생할 수 있었다. 그러나 오행상생설이 오행구조론으로 변하기 위해서는 무엇보다 먼저 오행을 순환론적인 열린 구조가 아니라 중심이 있는 닫힌 구조로 변모시켜야만 한다. 한제국 최고의 형이상학자 동중서는 오행을 닫힌 구조로 만드는 데 가장 커다란 공헌을 했던 철학자였다. 동중서는 흙의 덕을 중앙에 놓고, 그것이 나머지 네 덕을 관장한다고 설명함으로써 오행구조론을 결정적으로 구성해낸 것이다. 마침내 동중서의 주저 《춘추번로春秋繁露》 〈오행지의五行之義〉 편에서 오행구조론은 완전한 체계로 등장하게 된다.

"세계에는 오행이 있다. 첫째는 나무木이고 둘째는 불火이고 셋째는 흙土이며 넷째는 쇠金이고 다섯째는 물水이다. …… 나무가 있어 불이 생기고 불이 있어 흙이 생기고, 흙이 있어 쇠가 생기고 쇠가 있어 물이 생긴다. …… 나무는 동쪽에 자리하여 봄의 기를 주관하고, 불은 남쪽에 자리하여 여름의 기를 주관하고, 쇠는 서쪽에 자리하여 가을의 기를 주관하고, 물은 북쪽에 자리하여 겨울의 기를 주관한다. 결

오행	나무[木]	불[火]	흙[土]	쇠[金]	물[水]
계절	봄[春]	여름[夏]	-	가을[下]	겨울[冬]
방위	동[東]	남[南]	중앙[中]	서[西]	북[北]
맛	신맛[酸]	쓴맛[苦]	단맛[甘]	매운맛[辛]	짠맛[鹹]
냄새	누린내[羶]	매운내[焦]	향내[香]	비린내[腥]	썩은내[朽]
소리	각(角)	치(徵)	궁(宮)	상(商)	우(羽)
별자리	창룡(蒼龍)	주작(朱雀)	황룡(黃龍)	백호(白虎)	현무(玄武)
색깔	푸른색[靑]	붉은색[赤]	노란색[黃]	흰색[白]	검은색[黑]
기후	바람[風]	더위[暑]	천둥[雷]	추위[寒]	비[雨]
제후국	제(齊)나라	초(楚)나라	주(周)나라	진(秦)나라	연(燕)나라
인간의 감정	화냄[怒]	즐거움[樂]	기쁨[喜]	슬픔[哀]	두려움[懼]
신체의 부분	근육	혈관	살	피부·머리카락	뼈
인간의 내장	지라[脾]	폐	심장	신장	간
숫자	8	7	5	9	6
정부 부처	농업[司農]	전쟁[司馬]	수도[首府]	법률[司徒]	작업[司空]
곡식	보리	콩	피	삼 혹은 마	기장
희생물	양	닭	황소	개	돼지
동물종	비늘[어류]	날개[조류]	알몸[인류]	털[포유류]	껍질[무척추동물]

국 나무는 생명의 계기를 주관하고, 쇠는 죽음의 계기를 주관하고, 불은 더위를 주관하고, 물은 추위를 주관한다. …… 흙은 가운데 자리하므로 하늘의 혜택이라고 할 수 있다. 흙은 사람의 팔과 다리처럼 하늘의 조력자여서 능력이 다양하고 아름다워 제한된 계절로 규정할 수 없다. 따라서 오행 가운데 사행은 각각 네 계절 중 하나와 연결되지만 토행土行은 네 계절을 포괄한다. 쇠·나무·불·물이 각각 나름대로 할 일이 있을지라도 흙에 의존하지 않으면 반듯하게 제자리를 지킬 수 없다. 이것은 신맛·짠맛·매운맛·쓴맛이 단맛과 섞이지 않으면 제대로 맛을 낼 수 없는 것과 마찬가지이다. 단맛은 다섯 가지 맛의 근본이고, 흙은 오행에서 주도적 역할을 한다."

　　방금 읽은 내용은 음양론을 유기체론으로 변모시켰던 동중서의 논의다. 이제 오행론은 상생론이나 상극론과 같은 역사철학적 함의를 완전히 벗어던진 것이다. 이렇게 해서 음양론과 함께 동아시아 자연관의 핵심을 구성하는 오행론은 일종의 구조론으로 확정된다. 한 번 구조론으로 확정된 후, 오행론은 그야말로 세계의 모든 것을 해석하는 유비추리의 중심으로 자리를 잡게 된다. 앞의 표는 그 일부분만을 정리해본 것이다. 유유상종類類相從이란 말이 있다. 사실 이 말의 가장 정확한 사례는 오행구조론에서 얻을 수 있다. 그러니까 이제 겨울에는 북쪽 찬바람이 몰아치고, 날개가 달린 철새들이 찾아든다. 또 겨울이 되면 뼈가 시리기도 하고 간에 이상이 올 수도 있다. 동아시아의 유비추리는 이제 음양론과 오행론이 결합되면서 정점에 이르게 된 셈이다. 불행히도 거의 사이비 형이상학이란 지위에 이른 동아시아의 유비추리 논리는 아직도 사주, 명리, 풍수, 그리고 점이라는 형식으로 망령처럼 우리를 떠나지 않고 있다.

　　표에서 살펴본 사례들은 오행구조론이 적용되는 일부일 뿐이다. 한제국 시대 이후부터 동아시아는 자연적인 현상이든 사회적인 현상이든 간에 거의 모든 사물과 사태를 이 오행구조에 맞춰 이해했다. 오행론은 기본적으로는 질적인 세계관, 유기체적 세계관, 유비적 세계관을 내세운다. 첫째, 오행론은 우선 질적인 세계관이다. 공간의 개념만 보아도 모든 공간을 동질적인 것으로 사유했던 서양 근대 자연관과는 달리 오행론의 세계관에서는 동, 서, 남, 북 네 방위가 각각 고유한 질적인 공간으로 경험된다. 둘째, 오행론은 유기체적 세계관을 표방한다. 오행 가운데 어떤 한 요소만 건드려도 전체 오행구조는 동요될 수밖에 없기 때문이다. 셋째, 오행론의 세계관은 논리적 세계관이라기보다는 유비적 세계관이다. 오행구조론은 자연현상의 구조뿐만 아니라 인간의 감정이나 육체의 구조, 정치 체제의 구조에도 일관되게 적용되기 때문이다. 이런 유비적 세계관에 근거를 두기 때문에, 서한 시대 사람들은 우주를 커다란 인간으로 유비해서 이해했고, 반대로 인간을 작은 우주로 유비해서 이해할 수 있었다.

7

인간성은 선한가?

맹자

—————— VS ——————

순자

정치적인 너무나 정치적인 인성론을 넘어서

중국 철학의 한 가지 특징은 인간 본성에 대한 논의, 즉 인성론人性論이 매우 발달했다는 점이다. 중국에서 논의되었던 인성론의 특징 가운데 하나는 바로 인간의 본성이 항상 선과 악이라는 윤리적 범주와 관련되어 논의되었다는 점이다. 대부분의 사람들이 맹자孟子(BC 372?~BC 289?) 하면 성선설性善說을, 순자荀子(BC 298?~BC 238?) 하면 성악설性惡說을 단번에 떠올릴 정도이다. 그러나 중국의 사유 전통에서 인간의 본성에 대한 논의는 이 두 가지 경우만 있었던 것이 아니다. 맹자와 순자의 인성론은 단지 다양한 인성론의 양 극단을 차지하고 있던 것일 뿐이다. 그렇다면 맹자와 순자 외에 중국에서 논의되었던 인성론의 다양한 양상으로 과연 어떤 것들이 있었을까? 다행스러운 것은 중국에서 전개되었던 인성론의 다양한 양상이 중국 후한後漢 시대에 왕충王充(27~100)이란 철학자에 의해 다음과 같이 정리되어 전해졌다는 점이다.

> 주나라 사람 세석世碩은 사람의 본성에는 선도 있고 악도 있다고 했다. 그의 주장에 따르면 사람의 선한 본성을 기르면 그 선함이 자라고, 반면 악한 본성을 기르면 악함이 자라난다. …… 맹자는 사람의 본성이 모두 선하다고 했다. 그리고 그는 사람이 선하지 않은 경우는 외물이 선한 본성을 어지럽혔기 때문이라고 설명한다. 다시 말해 사람이 이 세상에 태어났을 때는 모두 선한 본성을 가지고 있지만, 성장해서는 외물과 관계하기에 방종하고 윤리를 어기게 되어 불선함이 나날이 자라게 된다는 것이다. …… 맹자와 동시대 사람인 고자告子는 인간의 본성에는 선과 악의 구분이 없다고 말하면서 그 비유로 '소용돌이치는 물湍水'을 들었다. 소용돌이치는 물을 동쪽으로 흘러가도록 터주면 이 물은 동쪽으로 흘러간다. 또한 이 물을 서쪽으로 흘러가도록 터주면 이 물

은 서쪽으로 흘러간다. 하지만 소용돌이치는 물 자체에는 동쪽이니 서쪽이니 하는 방향의 구분이 원래 없었다. 이것은 마치 사람에게는 선과 악이라는 구분이 원래 없었던 것과 마찬가지이다. …… 맹자의 인성론에 반대했던 순자는 사람의 본성은 악한 것이라고 했다. 그리고 만약 사람이 선해진다면 그것은 인위僞의 결과라고 주장했다. 사람의 본성이 악하다는 것은 사람들이 태어날 때부터 모두 악한 본성을 가지고 태어났다는 것을 말한다. 순자의 인위란 인간이 성장해서 선을 실천하기를 힘쓴다는 것을 말한 것이다. …… 육가陸賈는 이 세상이 인간을 낳을 때 예의禮義의 본성을 주었다고 말한다. 그에 따르면 인간은 자신이 받은 명령, 즉 예의의 본성을 살펴서 이에 순종하면 된다고 했다. …… 동중서董仲舒는 순자와 맹자의 이론을 살피고서, 인간의 본성은 선과 악이라는 두 가지 측면을 다 가지고 있다고 주장했다. …… 유자정劉子政은 인간의 본성은 우리 자신에게 있지만 겉으로 드러나지는 않는 것이라고 주장했다.

-《논형論衡》,〈본성本性〉

자신의 주저인《논형》에서 왕충은 그가 살고 있던 동시대까지 유행한 인성론을 자그마치 일곱 가지나 열거해놓았다. 그러나 그가 열거한 논의를 본성 그리고 선과 악이라는 세 종류의 범주로 분류해서 정리해보면, 다음과 같은 네 가지 경우로 요약할 수 있다. 첫 번째가 인간의 본성은 선하다는 성선설이고, 두 번째는 인간의 본성은 악하다는 성악설이며, 세 번째는 인간의 본성은 선하기도 하고 동시에 악하기도 해서 두 가지 측면을 모두 갖추고 있다는 성선악혼설性善惡混說이고, 마지막으로 인간의 본성에는 애초에 선과 악이라는 구분이 전혀 없다는 성무선악설性無善惡說이다. 흥미로운 점은 성무선악설을 주장했던 고자(BC 420~BC 350)를 제외하고는 모두 인간의 본성을 선과 악이라는 범주들과 연결시켜 설명하고 있다는 점이다. 맹자와 순자를 포함한 대부분의 사상가들이 인간 본성을 선악이란 개념 쌍을 사용하여 설명했음에도, 고자는 왜 인간의 본성을 선악 개념으로 정의하기를 거부했던 것일까?

고자에 대한 의구심을 해소하기 위해 우리가 주목해야만 할 것이 하나 있다. 그것은 맹자와 순자를 포함한 대부분의 중국 철학자들이 인간 본성을 순수하게 이론적 측면에서 탐구했던 것이 결코 아니라는 사실이다. 오히려 그들은 항상 사회적이고 정치적인 관심을 가지고 인성론을 구성하고 변형시켜왔다. 이 점은 다음과 같은 역사적 사실에서도 충분히 확증될 수 있다. 즉 중국 역사에서 맹자의 성선설이 국가 공권력에 저항하기 위해 호족들 및 지주들이 선한 본성을 갖춘 자신들을 간섭하지 말라는 이념적 논거로 사용되었다면, 순자나 법가의 성악설은 군주가 국가 공권력을 정당화할 때 그 논거로서 사용되었던 것이다. 여기서 우리는 한 가지 흥미로운 사실 하나를 더 확인할 수 있다. 그것은 선악이란 윤리적 개념이 치란治亂이라는 정치적 개념과 불가분의 관계에 놓여 있다는 점이다. 다시 말해 성선설에 따르면 개체가 외부의 강제적인 간섭 없이도 '정치적 질서治'를 낳고 유지할 수 있다고 본 반면, 성악설에 따르면 외부의 간섭이 없을 경우 개체는 '정치적 무질서亂'를 초래할 뿐인 존재라고 본 것이다.

따라서 중국 철학사 가운데 다양한 인성론이 전개된 것은 사실이지만, 인간의 본성 그 자체에 대한 진지한 철학적 고민은 부재했다고도 말할 수 있다. 인성론은 항상 정치철학이란 자장 속에서 논의되었기 때문이다. 이 점에서 고자의 인성론이 오히려 철학사적으로는 중요한 의미가 있다고 하겠다. 고자는 성무선악설을 제안했다. 한마디로 인간의 본성에는 선과 악이 존재하지 않는다는 것이다. 그는 선과 악이 개체에게 부여되는 공동체적 규범 혹은 지배자가 피지배자에게 부과하는 규범이란 걸 직감했던 것이다. 결국 고자의 성무선악설은 선악 개념으로 인간의 본성을 규정하려는 일체의 국가주의적 시도를 무화시키려는 인성론이었던 셈이다. 공동체의 규범이나 지배자의 질서를 넘어서야만 우리는 참된 인간 본성에 직면할 수 있는 것 아닐까? 바로 이것이 고자의 속내였다. 고자의 시도에서 우리가 "선과 악을 넘어서려고 했던" 니체의 강력한 인문주의를 느끼게 되는 것도 이런 이유에서다.

이름을 불러 친숙해지기에는 너무나도 높은 곳에 너의 덕이 자리하도록 하라! 그리고 네가 그 덕에 관해 말을 해야 한다면, 말을 더듬게 되더라도 부끄러워하지 말라! 그러니 더듬더듬 말하라! "이것은 나의 선이며, 나는 이것을 사랑한다. 이것은 전적으로 내 마음에 든다. 나는 이러한 선만을 원한다. 나는 그 덕을 어떤 선의 율법으로서 원하지 않으며 사람의 제도나 편의로서도 원하지 않는다."

-《차라투스트라는 이렇게 말했다》

공동체가 강요하는 선과 악이 사라졌을 때, 아니 정확히 말해 공동체의 도덕을 극복했을 때, 우리 인간은 우리 자신만의 선과 악을 갖게 된다. 이것이 바로 좋음과 나쁨이다. 《도덕의 계보학》에서 니체가 말했던 적이 있다. "선악을 넘어. 이것은 적어도 '좋음과 나쁨을 넘어'를 의미하지는 않는다"고. 그렇지만 자기만의 선과 악, 그러니까 좋음과 나쁨을 가지고 산다는 것은 만만한 일이 아니다. 니체도 이런 삶이 가능한 사람, 즉 선악을 넘어서 좋음과 나쁨으로 삶을 살아가는 사람을 초인Übermensch이라고 부른 적이 있다. 평범한 인간을 뛰어넘은 인간이란 의미다. 초인은 선과 악을 강요하는 공동체의 반발과 억압을 극복해야만 가능하다. 이것은 또 얼마나 힘든 일인지 미루어 짐작이 가는 일이다. 그래서 성무선악은 단순히 인성론적 테마로만 읽어서는 안 된다. 그것은 가장 강력한 실천적 테마이기도 하다. "우리 인성에 부가된 선과 악의 규정을 없애자無!"는 슬로건으로 독해할 수도 있으니 말이다.

맹자: "선한 본성이 있기에 인간은 자율적으로 선해질 수 있다."

고자는 공동체의 지평이 아니라 개체의 지평에서 인성론을 사유했던 거의 최초의 중국 철학자였다. 그러기에 그는 인성에 부여된 선과 악의 가치를 부정할 수 있었던 것이다. 선악을 부정하는 순간, 고자는 개체에 가해지는 일체의 외적 간섭에 저항하는 입장을 갖게 된다. 고자의 인성론이 지닌 이런 특징은, 중국 철학사에서 논의된 다양한 인성론들이 모종의 사회적·정치적 이념에 종속되어 있던 점과 선명하게 대비되는 것이었다고 볼 수 있을 것이다. 그래서 고자의 인성론에는 아나키즘의 성격이 매우 강하게 배어 있다. 그것은 그가 인간의 본성을 외적인 규제와는 무관한 역동적인 것으로 간주했다는 점에서 명확해진다. 고자의 아나키즘적인 인성론의 위험성을 감지했던 철학자가 바로 다름 아닌 맹자였다. 그의 사유를 담고 있는 《맹자》라는 책에 고자에 대한 맹자의 비판이 많이 실리게 된 이유도 바로 여기에 있다.

우선 맹자와 고자 사이에 이루어졌던 논쟁 가운데 첫 번째 것을 살펴볼 필요가 있다. 첫 번째 논쟁은 맹자의 성선설이 어떤 논리에서 구성된 것인지를 명확히 보여주고 있기 때문이다.

> 고자가 말했다. "본성性은 버드나무杞柳와 같다. 의로움義은 버드나무로 만든 나무 술잔桮棬과 같다. 인간의 본성을 어질고 의롭다고 하는 것은 마치 버드나무를 나무 술잔으로 여기는 것과 같다."
> 맹자가 대답했다. "그대는 버드나무의 본성을 따라서 나무 술잔을 만든다고 생각하는가? 아니면 버드나무의 본성을 해쳐서 나무 술잔을 만든다고 생각하는가? 만약 버드나무의 본성을 해쳐서 나무 술잔을 만든다고 본다면 또한 사람의 본성을 해쳐서 어질고 의롭게 된다고 보는 것인가? 천하 사람들을 이끌고서 어짊과 의로움을 해치는 것이 분명 그대의 말일 것이다."   ―《맹자》, 〈고자〉 상편

맹자는 인간이 선한 본성을 가지고 태어
나서 우리의 의지나 노력이 없이도 불쌍
한 타인을 목격할 때 측은한 마음이 저절
로 흘러나온다고 했다.

맹자와 고자의 논쟁은 살아 있는 버드나무와 그것으로 만들어진 나무 술잔을 비유로 삼아 전개되고 있다. 논쟁 과정을 자세히 들여다보면, '버드나무/나무 술잔' 사이의 관계는 두 사람에게 상이한 의미를 띠고 있다는 것을 알 수 있다. 고자에게 '버드나무/나무 술잔' 사이의 관계는 '삶/죽음' 사이의 관계로 사유된 것이다. 하지만 맹자에게 '버드나무/나무 술잔' 사이의 관계는 '재료/제품' 사이의 관계로밖에 이해되지 않았다. 다시 말해 맹자는 버드나무가 죽어야만 나무 술잔이 만들어질 수 있다는 점을 간과하고 있었던 것이다. 바로 이런 맥락에서 맹자는 '나무 술잔'으로 쓰일 수 있는 본성이 이미 '버드나무' 안에 있었다는 식으로 자신의 논의를 전개하고자 했다. 그에게는 '버드나무'가 '나무 술잔'으로 만들어지는 것이 버드나무가 본래 가진 자신의 본성을 실현하는 모습으로 비쳤던 것이다.

만약 맹자의 주장을 들었다면 고자는 다음과 같이 반박했을지도 모른다. "당신에게는 냇가에서 살아가는 '버드나무'가 인간에게 유용한 재료로 보일 뿐, 다른 무엇과도 바꿀 수 없는 단독적인 삶을 영위하고 있는 '생명체'로는 이해되지 않고 있다." 아마 맹자는 고자의 반박에 콧방귀를 뀌었을 것이다. 버드나무로 살아가느니 죽어서 술잔으로 남는 것이 더 훌륭한 일이 아니냐고 확신했던 철학자가 맹자였으니 말이다. 하긴 "자신을 죽여서라도 인仁을 이루자"는 살신성인殺身成仁이 공자 이래 유학자의 삶의 태도 아니었던가? 맹자에 따르면 버드나무에게 나무 술잔이 될 수 있는 본성이 있는 것처럼, 인간에게도 특정한 인간의 본성이 미리 잠재되어 있다.《맹자》〈공손추公孫丑〉 상편을 보면 맹자가 인간이 선천적으로 가진 본성을 인의예지仁義禮智 네 가지로 규정한 것을 엿볼 수 있다.

지금 사람이 갑자기 어린아이가 장차 우물에 빠지는 상황을 보게 되면, 모두 깜짝 놀라고 측은해하는 마음을 갖게 된다. 그것은 어린아이의 부모와 교분을 맺으려고 해서도 아니고, 지역 사회의 친구들에게서 칭찬을 바라서도 아니며, 우물에 빠지는 그 아이의 울음소리를 듣기 싫어서 그렇게 한 것도 아니다. 이러한 상황으로부터 관찰해보면, '측은해하는 마음惻隱之心'이 없으면 사람이 아니고, '부끄러워하고 미워하는 마음羞惡之心'이 없으면 사람이 아니며, '사양하는 마음辭讓之心'이 없으면 사람이 아니고, '시비를 가리는 마음是非之心'이 없으면 사람이 아니다. 측은지심은 인仁의 단서이고, 수오지심은 의義의 단서이며, 사양지심은 예禮의 단서이고, 시비지심은 지智의 단서이다.   -《맹자》,〈공손추〉 상편

고통에 빠진 타인을 측은히 여기는 동정심, 즉 측은지심을 인간이라면 누구나 갖고 있다고 설명하면서 맹자는 인간에게 선한 본성이 존재한다는 점을 논증하려고 했다. 맹자는 의식과 감각 때문에 측은지심이 발생하는 것이 아님을 논증한다. 우선 위기에 빠진 아이의 부모로부터 얻을 이익을 생각하거나, 혹은 의로운 사람이란 칭찬을 기대한 것도 아니다. 그렇다고 해서 아이의 비명소리가 듣기 싫어서 아이를 구하려는 것도 아니다. 한마디로 의식적 사유나 분명한 감각 경험에서 측은지심이 나온 것은 아니라는 것이다.

그렇다면 측은지심은 우리 내면 깊은 무의식적 층위, 즉 본성에서 나올 수밖에 없다. 이것이 바로 맹자의 논증 방식이다. 맹자는 '측은해하는 마음' 이외에도 세 가지 마음이 표면적 의식이 아니라 심층적 본성에서 나온다고 주장한다. '부끄러워하고 미워하는 마음', '사양하는 마음', 그리고 '시비를 가리는 마음'이 바로 그것이다. 네 가지 마음이 본성에서 유래하기에, 맹자는 본성에는 네 가지 본질적 계기가 있다고 이야기한다. 바로 인의예지仁義禮智다.

그렇다면 내면 깊은 곳에 이러한 본성이 작동하고 있음에도 인간이 자주 악한 행동을 하게 되는 이유는 무엇일까? 맹자의 답은 매우 단순하다. 인간은 자신이 선한 본성을 가지고 있다는 사실을 망각하고, 본성에 위반되는 행동을 하게 되는 것일 뿐이다. 《맹자》〈고자〉 상편에서 맹자가 "인의예지는 다른 사람이 나에게 준 것이 아니라 내가 본래 가지고 있는 것이지만 사람들은 다만 그것을 생각하지 않을 뿐이다"라고 말했던 것도 바로 이런 이유에서이다. 지금 맹자는 생각思하라고 이야기한다. 아이가 우물에 빠지려할 때 측은지심이 들었다는 사실을 생각하고, 자신의 잘못이 공개되었을 때 수오지심이 발생한다는 사실을 생각하자는 것이다. 우리의 본성은 부지불식간에 항상 우리 마음에 실현되고 있으니, 이것을 자각하라는 이야기다. 실현되고 있는 본성을 생각하기를 반복하면 언젠가 우리의 모든 행동은 의식적이고 사사로운 동기에서가 아니라 모두 본성으로부터 이루어지게 될 것이다. 바로 이 순간 우리는 성인聖人이 될 수 있다는 것, 이것이 바로 맹자의 생각이었다.

⑯

순자: "성선설은 공권력과 규범의 존재 이유를 무력화시킨다."

버드나무가 나무 술잔이 되기 위해서는 외적인 강제력이 반드시 필요하다. 아무리 맹자의 말처럼 버드나무에는 나무 술잔이 될 수 있는 본성이 미리

순자는 맹자의 성선설이 비현실적일 뿐만 아니라 정치적인 질서를 해칠 가능성이 있다고 보았다. 그만큼 그는 정치질서를 정당화하는 작업에 사활을 걸었던 사상가였다.

주어져 있다고 볼지라도 말이다. 그런데 바로 이 대목에서 맹자는 인간만큼은 오히려 예외로 두려고 한다. 인간은 스스로의 노력으로 본성을 실현할 수 있는 존재, 즉 타인의 힘이 아닌 자력에 의해 수양할 수 있는 존재라고 보고 싶었던 것이다. 아이가 우물에 빠지려고 할 때 측은지심이 발생한 것을 알고 있다면, 인간은 위험에 빠진 모든 사람을 만났을 때 즉각적으로 측은지심이 발생하지 않더라도 측은지심을 가지려고 노력할 수 있다는 것이다. 이것이 바로 맹자 수양론의 기본 전제이다. 그런데 맹자의 논리에는 치명적인 약점이 하나 있다. 만약 인간이 수양을 하지 않고 계속 악행을 저지른다면, 우리는 이 사태를 스스로 개선할 때까지 방관한 채 그냥 두어야만 하는가? 이런 문제의식을 갖고 맹자를 비판했던 인물이 바로 순자였다. 그의 이야기를 한번 직접 들어보자.

맹자는 "인간의 본성이 선하다"고 말했지만, 이것은 사실이 아니다. 무릇 예로부터 지금까지 세상 사람들이 선이라고 말한 것은 올바르고, 질서 있고, 공평하고, 다스려진 것이었고, 악이라고 말한 것은 치우치고,

음험하고, 어긋나고, 혼란스러운 것이었다. 이것이 선함과 악함의 구분이다. 지금 진실로 사람의 본성을 올바르고 질서 있고 공평하고 다스려진 것으로 생각한다면, 성왕聖王은 무슨 소용이 있으며 예의禮義는 무슨 소용이 있겠는가! 비록 성왕과 예의가 있다고 할지라도 올바르고 질서 있고 공평하고 다스려진 것에 무엇을 더할 수 있겠는가!

-《순자》,〈성악性惡〉

맹자에 따르면 모든 인간은 선한 본성을 가지고 있고, 이 선한 본성의 실현은 주체 자신의 노력에 의해서만 가능하다. 그런데 이런 맹자의 생각은 현실 사회에서 국가 공권력과 사회규범의 역할을 전적으로 부정하는 논거로도 사용될 수 있었다. 선한 인간이 되기 위해서 인간은 국가질서, 학문, 관습 등과 같은 외적인 것에 의존할 필요가 없다고 보았기 때문이다. 그래서 순자가 보았을 때 맹자의 성선설은 사변적이고 낙관적일 뿐만 아니라, 현실감각이 결여되어 있는 주장에 불과한 것이었다. 인간이 스스로 선해질 수 있다는 맹자의 주장은 일체의 외적 간섭을 부정하는 논리로 기능할 수 있다. 성선설에 따르면 모든 교육제도, 모든 권위자들, 심지어 국가권력마저도 그 정당성을 의심받게 된다.

엄연히 존재하는 국가권력과 훈육 체계를 부정하는 논의는 순자에게 있어 비현실적인 몽상에 지나지 않는다. 이것이 바로 맹자의 이상주의와 대조되는 순자의 현실주의적 사유 방식이다. 그렇지만 순자의 현실주의란 주어진 국가권력과 관습 체계를 무반성적으로 수용한 것에 지나지 않는다. 결국 그의 현실이란 지배와 억압의 현실이었을 뿐이다. 어쨌든 순자의 견해처럼 인간의 본성이 악하다고 전제할 때 그것을 교정하고 순치할 수 있는 외적 강제력, 즉 국가권력이나 전통적인 예의전장제도禮義典章制度들이 의미심장하게 부각될 수 있다. 결국 성악설로 순자는 국가질서와 사회규범을 정당화하려고 했던 것이다. 이걸로 부족했던지, 순자는 일종의 사회계약론으로 질서와 규범을 공고히 하려고 시도하기까지 한다.

사람은 태어날 때부터 욕망을 가지고 있다. 욕망을 부려도 채워지지 않으면 (그것을 끝없이) 추구하지 않을 수 없다. 욕망을 추구하는 데 일정한 분수와 한계가 없으면 서로 다투지 않을 수 없고, 서로 다투면 사회는 혼란하게 되고 혼란해지면 (한정된 재화가) 바닥이 나고 만다. 선왕은 이러한 혼란을 싫어했다. 그래서 예의를 제정하여 사람마다 분수를 정하고, (이 분수에 따라) 사람의 욕망을 정도에 맞도록 길러주고 사람의 욕구를 채워주었다. 또 욕망이 결코 재화를 바닥내는 데까지 이르지 않도록 하고, 재화가 욕망 때문에 바닥나는 일이 없도록 해서, 이 둘(욕망과 재화)이 서로 연관되어 발전하도록 했다. 이것이 예禮의 기원이다.

- 《순자》, 〈예론禮論〉

순자는 인간의 욕망이 무한하지만 그것을 충족시켜줄 재화는 매우 한정되어 있다고 이야기한다. 이런 모순을 해결하기 위해서 국가에 의해 예禮가 만들어졌다는 것이 순자의 입장이다. 이런 순자의 생각에 따라 반대로 인간에게 외적인 공권력과 사회규범이 없는 경우를 생각해보자. 이 경우 인간은 자신들의 욕망을 충족하는 데 턱없이 부족한 재화를 놓고 일종의 전쟁상태에 빠지게 될 것이고, 그 결과 사회는 걷잡을 수 없는 무질서 상태로 전락하게 될 것이다. 물론 그렇다고 해서 순자가 개개인의 주체성과 능동성을 완전히 부정한다고 속단해서는 안 된다. 실제로 순자가 가장 강조한 개념은 '인위'를 뜻하는 '위僞'였다. 사람을 뜻하는 '인人'과 행위를 의미하는 '위僞'로 구성된 글자답게 '위僞'는 개개인의 주체적 노력과 능동적 행위를 의미한다. 순자가 맹자의 성선설을 공격했던 논거 중 하나도 맹자는 본성과 인위를 구분하지 못했다는 것이었다.

맹자는 "인간의 본성이 선하다"고 말했지만, 이것은 사실이 아니다. 그는 인간의 본성을 제대로 알지 못했을 뿐만 아니라 '본성과 인위의 구분性僞之分'에도 밝지 못했던 것이다. 본성이란 자연스런 취향이어서 배울 수도 없고 힘쓸 수도 없는 것이다. 예의란 성인이 만든 것으로 배워서 실현할 수 있고 힘써서 달성할 수 있는 것이다. 사람에게 있어 배울 수도 없고 힘쓸 수도 없는 측면이 바로 본성이고, 사람에게 있어 배워서 실천할 수 있고 힘을 써서 달성할 수 있는 측면이 바로 인위다. 이것이 바로 본성과 인위의 구분이다. 사람의 본성은 눈으로 볼 수 있고 귀로 들을 수 있는 것과 같다. 볼 수 있는 능력이 눈을 떠나지 않고, 들을 수 있는 능력이 귀를 떠날 수 없으니, 시력과 청력은 배울 수 없다는 것이 분명하다.   -《순자》, 〈성악〉

공자 이후 유학을 양분했던 맹자와 순자가 달라지는 지점은 양자가 생각했던 인간 본성이 상이하다는 데서 확인된다. 맹자의 본성이 개인에게 미리 주어진 사회성이었다면, 순자의 본성은 개체의 자연스런 감성이자 욕망이었다. 맹자는 그래서 본성만 실현하면, 우리는 사회적인 인간이 될 수 있다고 주장한다. 반면 순자에게 사회성은 치열한 인위에 의해서만 가능한 것이다. 여기서 순자의 인위는 치열한 노력이자 학습을 의미한다. 물론 그 학습의 대상은 성인聖人과 그가 사회적 규범으로 제정한 예의禮義다. 그래서 순자의 인위는 사실 자발적 복종에 가까운 것이라고 할 수 있다. 학습이란 측면에서 자발성과 능동성의 여지가 있지만, 학습의 대상이 외적인 권위이니 결국 복종의 계기도 함축하기 때문이다.

어쩌면 맹자와 순자의 차이는 생각보다 그리 크지 않은지도 모른다. 여기 한 사람이 있다고 하자. 맹자가 그의 내면에 본성으로 존재하는 인의예지에 주목한다면, 순자는 그의 외면에 제도나 책으로 존재하는 인의예지에 주목하고 있을 뿐이다. 그래서 맹자는 생각思을 강조하고, 순자는 인위를 강조했던 것이다. 내면의 본성을 생각하든, 아니면 외면의 예의를 학습하든, 이제 개인은 자신에게 주어진 자연스런 감상과 욕망을 극복해야만 한다. 경로는 다르지만 결과는 마찬가지였던 셈이다. 그러나 맹자보다 순자가 우월해지는 대목이 있다. 그것이 성인이든 군주든, 순자는 우월한 자의 외적인 권위를 정당화할 수 있는 근거를 제공할 수 있다. 당시 군주들이 맹자를 멀리하고 순자를 존경했던 것도 다 이유가 있었던 셈이다. 그들은 순자의 논의에서 국가권력을 정당화하는 논리를 찾았기 때문이다.

　이런 이유로 전국시대에는 순자의 평판이 맹자를 압도할 수 있었던 것이다. 당시 순자와 맹자의 철학적 영향력을 지금 사정으로 비유해보면, 순자가 명문대학교 총장급 인물이었던 반면 맹자는 지방 소도시의 학원 원장 수준에 지나지 않았다. 혼란한 때에 광범위한 영향력을 발휘할 수 있는 것은 맹자와 같은 이상주의적인 사유보다는 아무래도 탁월한 현실감각을 갖춘 순자의 현실적인 사유일 수밖에 없었던 것이다. 하긴 외적 권위를 부정하는 맹자를 어느 군주가 좋아할 수 있겠는가? 실제로 군주 권력이 강해질 때, 순자의 사유는 항상 각광을 받았다. 통치자와 피통치자의 관계를 스승과 제자의 관계로 정당화할 수 있었기 때문이다. 이와 반대로 황제나 군주가 아니라 지방 호족들이 득세할 때, 그들은 맹자의 사유로 자신들의 자율성을 옹호했다. 그래서 정치철학적으로 아주 간단한 공식이 하나 생긴다. 맹자를 자주 인용하는 사람이라면, 그는 황제 권력에 맞서 호족이나 지식인계급의 자율성을 옹호하고 있는 것이다. 이것은 중국뿐만 아니라 일본, 그리고 우리의 경우에도 그대로 적용되는 공식이다.

진정한 인성론자, 고자

중국 고대철학에서 가장 활발했던 논쟁은 바로 인성론과 관련되어 벌어졌다. 성선을 주장했던 맹자가 인성과 관련된 논쟁에서 한쪽 측면을 맡고 있다면, 성악을 주장했던 순자는 그 반대쪽 측면에 서 있었다. 그런데 당시 전개된 다양한 인성론들은 순수한 철학 논쟁이 결코 아니라 매우 강한 정치철학적 함의를 지닌 것이었다. 본성이 선하다면, 인간은 국가의 공권력이나 교육제도가 없어도 자기 스스로 선해질 수 있을 것이다. 후에 맹자의 인성론이 왕권에 저항하는 지식인들의 정당성 논리로 채택되었던 것도 바로 이런 이유에서이다. 반면 본성이 악한 것이 사실이라면, 국가는 공권력이나 교육제도를 통해서 인간을 선하게 훈육할 수 있는 정당성을 확보하게 된다. 순자의 성악설에서 그의 제자 한비자가 법가 사상을 도출했던 것도 이 점에서 볼 때 결코 우연이 아니었다.

　　여기서 중요한 것은, 성선설이나 성악설의 선과 악 개념이 항상 사회적 차원의

고자는 인성론이라는 이름에 걸맞은 논리를 피력했던 유일한 철학자였다. 그에 따르면 개체의 본성은 사회적 훈육과는 무관하게 삶의 고유한 의지로서 정의되고 있다.

치治와 난亂을 전제하고 있었다는 점이다. 그래서 맹자나 순자의 인성론은 기본적으로 개체의 고유성에 대한 성찰과는 거리가 먼 논의였다고 할 수 있다. 진정한 인성론은 무엇으로도 환원되지 않는 개체성에 대한 성찰을 전제해야 하지 않을까? 이 점에서 오히려 고자야말로 인성론이라는 이름에 걸맞은 논리를 피력했던 유일한 철학자였다고 볼 수 있다. 그에 따르면 개체의 본성은 사회적 훈육과는 무관하게 삶의 고유한 의지로서 정의되고 있기 때문이다. 인간의 본성을 '무선무악無善無惡'이라고 규정했을 때, 그는 인간의

개체성에 대한 일체의 사회적 논의를 차단하려고 했던 것이다. 다행스럽게도 전국시대 고자의 인성론은 당시 사람들에게 상당한 지지를 받았던 것으로 보인다. 그러기에 당시 이미 죽은 개 취급을 받았던 유학을 살리려고 좌충우돌 주류 사상들을 물어뜯었던 맹자에게서도 그렇게 커다란 비중으로 다루어지고 있는 것이다. 예나 지금이나 자기보다 우월한 영향력을 발휘하는 사람만 공격하는 법이니까 말이다. 그래서 아이러니하게도 우리는 맹자에게 고마움을 표해야 한다. 이 유학 사상가 덕에 우리는 고자의 핵심 사유를 그마나 접할 수 있게 되었으니 말이다.

《맹자》〈고자〉 상편에는 사람의 본성과 관련된 고자의 테제가 세 가지 등장한다. 첫째는 본문에서도 살펴본 것처럼 "본성은 버드나무와 같다. 의로움은 버드나무로 만든 나무 술잔과 같다"는 주장이다. 두 번째 테제는 인간의 본성을 역동성으로 보는 주장이다. 고자는 말한다. "인간의 본성은 '소용돌이치는 물'과 같다. 이런 역동성을 가지고 있기에 동쪽으로 길을 터주면 동쪽으로 흐르고, 서쪽으로 길을 터주면 서쪽으로 흐른다. 사람의 본성에 선과 불선의 구분이 없는 것은 물이 동쪽과 서쪽에서 구분이 없는 것과 같다." 소용돌이치는 물처럼 역동적인 인간의 본성에서 중요한 것은 역동성이지 선이나 불선이란 외적인 규정이 아니라는 것, 이것이 고자의 속내였다. 결국 인간의 본성은 선과 불선을 초월한다는 것이다. 그래서 고자에게 선에만 머물러 있거나 혹은 불선에만 머물러 있는 인간이 있다면, 그는 이미 역동적 본성을 잃어버린 사람, 이미 죽은 사람에 지나지 않는다.

인간의 본성을 파릇파릇 살아가는 버드나무에 비유하거나, 혹은 어디라도 흘러갈 수 있는 소용돌이치는 물에 비유했을 때, 고자가 염두에 두고 있었던 것은 바로 '죽음'이 아니라 '삶'이었다. 그러니까 그는 어떤 외적인 규정보다는 '삶'이 가진 내재적 본성에 주목하고자 했던 것이다. '생생함' '활기' '유동성' '역동성' 등등. 이런 삶의 내재적 역동성을 해친다면, 고자는 공동체가 가하는 도덕마저도 과감히 버려야만 한다고 역설한다. 그래서 고자는 맹자가 따르던 공자의 유학 이념에서 가장 멀리 벗어나 있었던 철학자였다고 할 수 있다. 《논어》〈위령공衛靈公〉 편에서 공자는 말한다. "뜻있는 선비와 어진 사람은 생명에 연연하여 인仁을 해치지 않고 오히려 몸을 죽여 인을 이룬다." 바로 '살신성인殺身成仁'의 이념이다. 그러나 고자의 눈에는 공자의 이념은 자살에 지나지 않는 것으로 보였다. 스스로 죽어 인간이 사용하는 그릇이 되면서 뿌듯해하는 버드나무란 얼마나 우스운 존재인가? 고자는 공자가 삶이 최상의 가치라는 걸 망각하고 있는 전도된 사상가라고 보았을 것이다. 그래서 그는 성性이란 개념을 구성하는 생生이란 글자를 거듭 강조하게 된다. 여기서 인간 본성에 관한 고자의 마지막 세 번째 테제가 등장한다. "살아 있는 것을 본성이라고 말한다生之謂性." 삶을 긍정했던 삶의 철학자, 바로 그가 고자였던 셈이다.

8

삶은 어떻게 보호되는가?

양주

———————— VS ————————

한비자

적과 동지, 혹은 정치적인 것을 넘어서

슈미트는 적과 동지라는 범주가 작동하는 순간 이미 '정치적인 것'이 작용하고 있다고 주장한 적이 있다. 이 대목에서 특히 중요한 것은 국가라는 기구이다. 국가는 내부적으로도 또한 외부적으로도 적을 규정할 수 있는 탁월한 역능을 지닌 존재로 작동하기 때문이다. 그래서 국가는 기본적으로 전쟁기구의 성격을 갖게 된다. 내적으로 내부의 '적'을 설정하면서 국가는 자신의 지배하에 있는 일부 국민과 전쟁을 벌일 수도 있고, 외적으로는 다른 국가를 '적'으로 간주하면서 실질적인 전쟁을 수행하기 때문이다. 바로 이럴 때 국가는 '정치적인 것'을 주도하는 자신의 역량을 충분히 실현할 수 있게 된다. 국가의 정치력에 의해 내부적으로는 동일한 국가 성원들이 적과 동지로 나누어 대립하게 되고, 외부적으로는 다른 국가의 국민과 적대 관계를 유지하게 된다. 그러나 결국 이런 대립과 갈등 속에서 이득을 얻는 것은 국가이고, 피를 흘리면서 사라져가는 것은 국가의 구성원인 개별적 인간이다.

국가 논리를 극복하지 못한다면, 인간은 끝내 분열과 대립을 피할 수 없다. 국가라는 것 자체가 어떤 조직 혹은 집단의 분열 및 그 분열로 인한 갈등을 먹이 삼아 성장하고 더욱 공고해지기 때문이다. 그렇다면 국가와 전쟁을 근본적으로 이 세계에서 추방할 수 있는 방법은 과연 없는 것일까? 슈미트의 논리가 그 해법의 실마리를 제공해준다. '적과 동지'라는 범주를 폐기하여 '정치적인 것'이 작동하지 않도록 할 수만 있다면, 거듭된 국가의 발호를 원초적으로 방지할 수 있기 때문이다. 슈미트도 무의식적으로나마 '정치적인 것'의 소멸만이 국가, 전쟁, 그리고 적대 관계를 막을 수 있다고 고백했던 것도 바로 이런 이유에서이다.

인류란 보편적인, 즉 지상의 전 인류를 포괄하는 사회적 이상구조이며, 투쟁의 현실적 가능성이 배제되고, 어떤 적과 동지의 결속도 불가능하게 된 때에 비로소 현실적인 존재가 되는 개개인 상호 관계의 체계이다. 그때에 이 보편적 사회 내부에는 정치적 통일체로서의 어떤 국민도, 나아가서는 투쟁하는 어떤 계급, 적대하는 어떤 집단도 이미 존재하지 않을 것이다.　　　　　　　　　　　　－《정치적인 것의 개념》

　　슈미트에 따르면 '인류'라는 범주는 적과 동지를 폐기하는 범주라고도 할 수 있다. 적대국의 군인들이 특정한 국가의 국민이 아니라 나와 마찬가지의 인류라고 할 때, 우리는 그들에게 적대 행위를 지속할 수는 없는 법이다.《성경》의 〈마태복음〉에서 "원수를 사랑하라"고 했던 예수의 슬로건, 혹은 인도 전통의 '불살생ahimsā'에 기반을 두고 비폭력을 주장했던 간디의 정신은 기본적으로 '정치적인 것'을 폐기하려는 시도였다고 볼 수 있을 것이다. 동아시아에도 마찬가지의 전통이 존재했다. 모든 것을 차별 없이 사랑하는 묵자의 '겸애兼愛' 사상이 대표적인 예일 것이다. 나아가 동일한 기氣의 자손들이기 때문에 모든 존재는 우주가족의 일원이라고 주장했던 장재張載(1020~1077)의 기철학氣哲學도 이런 인류애를 지향하고 있었던 것으로 이해할 수 있다. 그러나 현실적으로 볼 때 인류라는 슬로건만으로는 국가와 전쟁이 억제되지 않았다. 오히려 인류라는 이름이 정치적으로 악용되는 경우가 더 많았던 것을 우리의 역사가 가르쳐주고 있다. 그렇다면 국가와 전쟁을 극복하기 위한 방법은 결국 없는 것일까? 바로 이 점에서 우리는 슈티르너Max Stirner(1806~1856)의 통찰에 다시 한 번 귀를 기울여보아야 한다. 그는 '정치적인 것', 즉 적과 동지라는 범주를 파괴하는 전혀 다른 방법을 제안한 바 있기 때문이다.

　　먼저 내가 세계를 사랑해서 현재의 세계에 무언가를 덧붙여줄 수 있다고 가정해보자. 이때 나는 세계를 사랑하지 않는 것이 된다. 왜냐하면 내가 내 자신을 무화시킨 것처럼 결국 세계도 무화시키게 되기 때문이다. 나는 세계를 이용하고 세계를 손상시켰던 것이다. …… 나는 내가

프리드리히 엥겔스가 그린 막스 슈티르너 캐리커처. 슈티르너는 자신의 자유로운 삶을 방치한 채, 세계의 평화를 위해 동분서주하는 것은 자신이나 세계에 전혀 도움을 주지 않는 행위일 뿐이라는 입장이었다.

할 수 있는 모든 것을 마음껏 하고 있을 뿐이다. 왜 내가 그렇다고 자신 있게 말하면 안 되는가!

－《유일자와 그의 소유Der Einzige und sein Eigentum》

슈티르너는 예수가 주장했던 인류, 즉 세계라는 범주도 폐기하려고 한다. "세계를 사랑한다는 것은 세계를 이용하고 손상시키는 일"이라고 이해했기 때문이다. 슈티르너의 논점을 따라가보자. "내가 세계를 사랑해서 현재의 세계에 무언가를 덧붙였다"고 한다면, 이것은 두 가지 난점을 낳는다. 첫째, 사랑은 사랑하는 대상에 무언가를 덧붙이는 것이 아니라, 그가 원하는 걸 긍정하는 것이다, 그런데 무언가를 덧붙였다면, 그것은 있는 그대로의 세계를 부정한 셈이 된다. 이것은 결국 세계의 '무화' 아닌가. 둘째, 세계에 덧붙였던 무언가는 결국 나한테서 나온 것이다. 이것은 결국 내게서 무언가가 결여된다는 것을 말한다. 슈티르너가 말한 나 자신의 '무화'이다.

세계를 그리고 인류를 사랑하고자 한다면 우리는 결국 대개의 경우 자신의 삶을 희생할 수밖에 없을 것이다. 마치 십자가에 못 박힌 예수나 암살당한 간디처럼 말이다. 그러나 개인이 자신의 삶을 희생하는 순간 이것은 곧 세계를 무화시키는 순간이기도 한 것이 아닌가? 나 자신이 바로 다름 아닌 세계의 주요 성원이기 때문이다. 결국 자신의 자유로운 삶을 방치한 채, 세계의 평화를 위해 동분서주하는 것은 자신이나 세계에 전혀 도움을 주지 않는 행위일 뿐이라는 것이 슈티르너의 입장이었다. 그래서 그에게 남은 유일한 대안은 각자가 다른 무엇과도 바꿀 수 없는 유일자로서 자신의 자유로운 행동을 향유하는 것뿐이었다. 모든 사람이 세계를 사랑하기보다 오히려 자신의 삶을 사랑한다면, 놀랍게도 세계는 더욱 사랑스러운 삶의 공간으로 변할 수 있을 것이라는 말이다. 우리 자신이 세계의 부분이니, 부분이 아름다우면 전체 세계가 더 아름다워지는 건 당연한 일 아닌가!

세계의 평화는 유일자들 각각이 자신의 삶을 향유하면 저절로 찾아오게 된다는 것이 슈티르너의 주요한 관점이었다. 이럴 때라야 유일자들의 자유로운 연대, 즉 슈티르너가 강조했던 '국가state나 사회society'가 아닌 '연대association' 또한 가능하게 될 것이다. 물론 국가가 부과해놓은 적과 동지라는 외적 범주를 거부할 수 있을 때에만, 결국 유일자들의 삶 역시 환원 불가능한 소중한 것이 될 수 있을 것이다. 가령 예수의 방법이 원수인 적마저도 사랑함으로써 적과 동지라는 '정치적인 것'의 범주를 완전히 붕괴시키려고 한 것이었다면, 슈티르너의 방법은 동지를 사랑하지 않는 것으로, 다시 말해 내 편을 만들지 않는 것을 통해 '정치적인 것'을 없애려고 한 것이었다고 이야기할 수 있다. 결국 어떤 사람을 사랑하지 않는다면 그 상대방을 더 이상 동지라고 부를 수 없을 것이다. 이렇게 해서 동지가 사라지면, 당연히 적도 사라질 수밖에 없고, 최종적으로는 '정치적인 것'의 범주가 완전히 소멸될 수밖에 없을 것이다. 슈티르너의 아나키즘은 바로 이런 논리를 통해 구성된 것이다. 물론 그의 권고에 따라 자신의 삶 이외에 어떤 것도 돌보지 않고 간섭하지 않는다면, 각 개인들은 어디에도 귀속되지 않는 독립적인 주체, 혹은 그의 표현처럼 '유일자'가 될 것이다. 바로 이 유일자들의 새로운 공동체가 그가 최종적으로 꿈꾼 '연대'의 모습이었다고 할 수 있을 텐데, 그렇다면 과연 그것은 어떻게 가능할까?

양주: "국가로부터 자유로운 공동체는 가능하다."

전국시대는 제자백가가 가장 활발하게 활동한 시대였다고 할 수 있다. 그렇다면 전국시대를 풍미했던 제자백가 가운데 가장 영향력이 컸던 사상가들은 누구였을까? 맹자가 기록한 내용에 따르면 우리는 양주楊朱(BC 440?~BC 360?)와 묵적의 사상이 전국시대 담론을 주도하고 있었다는 사실을 확인할 수 있다. 겸애, 즉 보편적 사랑을 주장했던 묵적, 즉 묵자에 대해 우리는 앞서 살펴본 바가 있다. 묵자와 그의 후예들의 사상을 담은 책《묵자》는 현재까지 전해지고 있다. 하지만 양주의 경우는 사정이 전혀 다르다. 그의 사상을 기록하고 있는 책이 전혀 남아 있지 않기 때문이다. 다만 다행스러운 것은《열자列子》라는 책에 〈양주〉라는 한 장이 남아 있어서 간접적으로나마 그의 사상을 확인할 수 있다는 점이다. 우선《맹자》에 등장하는 다음 두 구절을 통해 양주 사상의 윤곽을 먼저 살펴보도록 하자.

> 양주는 자신만을 위하니為我 이것은 군주를 없애는 것無君이고, 묵적은 두루 사랑하니兼愛 이것은 부모를 없애는 것無父이다.
>
> -《맹자》, 〈등문공滕文公〉 하편

석도의 그림. 양주는 국가나 공동체라는 것은, 각자의 삶을 위한 하나의 단순한 수단일 뿐이지 결코 그 자체가 목적이 될 수는 없다고 생각했다. 양주는 우리에게 묻는다. 국가를 위해 개체의 삶이 존재하는가, 아니면 개체를 위해 국가가 존재하는가.

양주는 '위아'를 주장하면서 털 하나를 뽑아서 천하를 이롭게 한다고 해도 절대로 하지 않는다. 묵적은 '겸애'를 주장하면서 머리 꼭대기부터 발뒤꿈치까지 털이 닳아 없어지더라도 천하에 이롭다면 반드시 했다.

-《맹자》,〈진심盡心〉상편

맹자의 기록을 살펴보면 우리는 양주의 사상이 묵적과의 비교를 통해서 설명되고 있다는 점을 확인할 수 있다. 맹자가 살았던 전국시대에 양주의 사상은 묵적의 사상과 함께 양대 주류 사상으로 간주되었기 때문일 것이다. 묵적은 '겸애', 즉 보편적 사랑을 주장했고 몸소 그것을 헌신적으로 실천했던 인물이다. 타인을 사랑하느라 자신의 몸에 난 털이 다 닳아 없어질 정도였다. 그래서 맹자는 타인을 사랑하느라 자신의 가족도 돌보지 못한다고 그들을 조롱했던 것이다. 반면 양주는 이와는 매우 대조적인 주장과 행보를 보이고 있다. 양주는 자신만을 위해야 한다고, 다시 말해 자신의 삶을 지고한 목적으로 삼아야 한다고 주장했기 때문이다. 심지어 털 하나를 뽑아서 천하를 이롭게 할 수 있다고 하더라도, 양주는 털 하나를 뽑는 일마저도 거부했을 정도였다. 얼핏 보면 양주의 사상이 극단적인 이기주의로 보일 수도 있을 것이다. 여기서 맹자는 양주 사상에 대한 흥미로운 진단을 내린다. 양주는 '군주를 없애는', 즉 군주를 정점으로 하는 국가 체제를 부정하는 아나키스트와 같은 인물이라고 이해했던 것이다.

아이러니하게도 우리는 맹자의 평가를 통해 양주라는 인물이 전통적으로 알려진 것처럼 단순한 이기주의자가 아니었다는 사실을 새삼 확인할 수 있다. 양주의 위아주의爲我主義는 국가 체제 혹은 국가 논리를 벗어나려는 한 가지 일환으로 강조된 것이었던 셈이다. 그렇다면 도대체 빈번한 전쟁으로 유혈이 낭자했던 전국시대 사람들은 왜 양주 사상에 그토록 환호했던 것일까? 이제 드디어《열자》〈양주〉편을 넘겨보면서 이 물음에 답할 차례이다.

> 백성자고伯成子高는 한 개의 터럭으로서도 남을 이롭게 하지 않았고, 나라를 버리고 숨어서 밭을 갈았다. 우임금은 한 몸을 가지고 스스로를 이롭게 하지 않았고 그의 몸을 지치고 깡마르도록 만들었다. 옛날 사람들은 한 개의 터럭을 뽑음으로써 천하가 이롭게 된다고 하여도 뽑아주지 않았고, 천하를 다 들어 자기 한 사람에게 바친다 하더라도 받지 않았다. 사람마다 한 개의 터럭도 뽑지 않고, 사람마다 천하를 이롭게 하려고 하지도 않는다면, 천하는 다스려질 것이다.   -《열자》,〈양주〉

전쟁으로 얼룩진 전국시대를 종결시키는 방법으로 양주가 제안한 것은 표면적으로는 말도 되지 않는 것처럼 보인다. 전체 세계에 진정한 평화가 도래하기를 원한다면, 우리는 천하를 이롭게 한다는 생각 자체를 버려야만 한다고 그가 주장하고 있기 때문이다. 바로 여기에 양주의 철학적 사유가 지닌 극적인 측면이 놓여 있다. 대개의 사람들이 전체 사회를 무질서하게 만든 원인이 국가나 국가가 추구하는 이념이 부재했기 때문이라고 생각했을 때, 오직 양주만은 무질서의 원인이 '바람직한 사회를 위해서 삶을 희생하라'고 선동하는 유가 혹은 묵가의 국가 지향적 이념에 놓여 있다고 간파했기 때문이다. 유가든 묵가든 모두 자신의 이념을 따라야만 세계에 평화가 온다고 주장한다. 문제는 어느 이념이든 자신의 이념을 따르는 사람을 '동지同志'라고 규정한다는 데 있다. 한마디로 말해 '적'이 아니라 '친구'라는 것이다. 결국 법치주의든, 덕치주의든, 아니면 겸애주의든 이념 지향적인 사상가들은 자신도 모르게 '적과 동지'라는 이분법을 강요할 수밖에 없다. 그래서 모든 이상주의자들은 국가주의자로 귀결되는 법이다. '적과 동지'의 범주를 작동시키는 순간, 누구라도 국가의 논리를 활성화시키는 것이기 때문이다.

양주는 우리에게 묻고 있는 것이다. 국가를 위해서 개체의 삶이 존재하는가? 아니면 개체를 위해서 국가가 존재하는가? 양주의 질문에 대부분의 사람들은 개체를 위해 국가가 존재하는 것이라고 이야기할 것이다. 하지만 그들은 조용히 한 가지 단서를 더 달 것이다. 국가는 구성원들을 보호하는 불가피한 수단이라고 말이다. 그러나 불가피한 수단은 절대적인 수단이 되고, 절대적인 수단은 유일한 수단이기에 바로 절대적인 목적으로 변질된다. 2,000여 년 전 양주라는 철학자는 정확히 이 문제점을 통찰하고 있었다. 개체의 삶을 위해 바람직한 국가가 있어야 한다는 모든 주장이, 결국은 강력한 공권력을 독점한 국가에 의해 개체의 삶을 일종의 수단으로 전락시키게 될 것이라는 점을 말이다. 결국 양주는 우리의 삶 자체가 다른 무엇으로도, 그것이 비록 우리 삶에 대한 보호의 명분을 내건 국가라고 하더라도, 결코 그것으로 환원되지 않는 고유한 목적임을 긍정하려고 했던 것이다. 한마디로 말하면 국가나 공동체라는 것은, 각자의 삶을 위한 하나의 단순한 수단일 뿐이지 결코 그 자체가 목적이 될 수는 없다는 것이 양주의 관점이었던 셈이다.

그럼에도 국가나 공동체의 유지를 위해서 개체의 삶이 희생될 수도 있다고 본다면, 사실 이런 태도야말로 본말이 전도된 현상이 아니겠는가? 세계의 평화나 안정은 대다수 개체들의 삶이 그 자체로 긍정될 때에만 도래할 수 있는 것이다. 개체들의 삶을 희생하고서 얻어야 하는 세계의 평화란 것이 있다면 그것은 단지 하나의 미사여구에 지나지 않는 것이다. 이 때문에 양주는 모든 사람이 국가주의적 이념에 사로잡히지 않고 자신들의 삶이 무엇으로도 바꿀 수 없는 절대적 가치를 가지고 있음을 자각해야 한다고 역설했던 것이다. 바로 이 순간 역설적이게도 우리에게는 국가들이 개입할 수 없는 세계의 진정한 평화가 도래한다고도 주장한다. 서양철학사에 등장한 유일자에 대한 슈티르너의 통찰이 이미 동양철학 전통에서 오래전부터 싹텄다는 것은 놀라운 일이 아닌가?

⑯

한비자: "법치국가만이 전쟁과 살육을 종식시킬 수 있다."

순자는 공권력과 규범의 외재성을 강조하면서 성악설을 주장했던 철학자이다. 물론 그가 말한 규범이란 전통적으로 내려오던 군주와 신하, 아버지와 아들, 그리고 남편과 아내 사이의 조화로운 관계를 주장한 유학적 이념을 가리켰다. 하지만 개체의 본성이 악하기 때문에 사회의 안정을 위해서 외적인 강제가 불가피하다면, 전통적인 규범보다는 강력한 공권력이 더 효과적일 수밖에 없을 것이다. 순자의 수제자 한비자韓非子(BC 280?~BC 233)가 규범을 제거하고 공권력에 종속된 법을 내세우게 된 것도 바로 이런 이유에서이다. 유학자로 자란 스승이 끝내 미련을 버리지 못했던 부분을 한비자가 확실히 도려낸 것이다. 그런데 이 대목에서 함께 생각해볼 필요가 있는 것은, 제자백가의 일원으로서 한비자가 강력한 법치로 무장한 국가를 꿈꾸었던 실제 이유이다. 그는 단순히 군주에게 아첨만 했던 인물이 아니라, 전국시대의 핏빛 혼란을 종식시킬 수 있는 유일한 방법으로 강력한 절대군주론을 요청했던 것이기 때문이다. 당계공堂谿公이란 사람이 법치 시행을 비판하자, 한비자는 자신의 속내를 다음과 같이 피력했던 적이 있다.

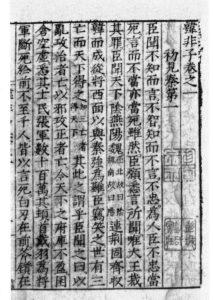

한비자는 법치의 진정한 의도는 군주의 자의적인 권력 행사에서 백성을 보호하기 위해서라고 밝히고 있다. 결국 그가 꿈꾸었던 법치국가는 동시대를 살아가는 모든 사람의 이익을 위해서 마련되었던 셈이다.

천하를 다스리는 권력의 자루나 민중을 가지런히 하는 제도 등은 쉽게 처리할 수 있는 것은 아닙니다. 그러나 선왕의 가르침을 폐하고 비천한 저의 주장을 실천하려는 것은 법술을 세우고 법도를 설정하는 것이 백성을 이롭게 하고 민중을 편하게 해주는 도리라고 여기기 때문입니다. 따라서 혼란을 일으키는 군주나 어리석은 군주에게서 받을 불행을 겁내지 않고 반드시 민중의 이익을 가지런히 하도록 도모하는 것이야말로 어질고 지혜로운 행동仁智之行이라고 할 수 있습니다.

−《한비자》, 〈문전問田〉

지금 이 대목에서 한비자는 법치의 진정한 의도를 밝히고 있다. 그것은 군주의 자의적인 권력 행사에서 백성을 보호하기 위해서였다. 결국 그가 꿈꾸었던 법치국가는 동시대를 살아가는 모든 사람의 이익을 위해서 마련되었던 셈이다. 그러나 바로 이 대목에서 양주의 비판이 빛을 발하게 된다. 법치국가만이 모든 사람에게 평화와 번영을 약속하는 절대적인 수단이라면, 법치국가는 어느 순간 한비자의 기대와 달리 절대적인 목적으로 변질될 수 있기 때문이다. 양주의 눈을 통해서 살펴보면, 한비자의 경우는 국가 자체를 부정한다는 것은 생각조차도 할 수 없었던 사상가였다. 그가 고민했던 것은 단지 좋은 국가와 나쁜 국가의 구별뿐이었기 때문이다. 물론 그에게 좋은 국가는 법치에 의해 통치되는 것이라면, 그렇지 않은 국가는 예치나 덕치로 통치되는 자의적인 국가였다. 그렇다면 한비자는 왜 법치를 가장 확실한 국가 조직의 원리라고 확신했던 것일까?

무엇보다 중요한 것은 한비자의 현실주의적 인간관이다. 그는 모든 인간이 손해를 피하고 이익을 도모하는 방향으로 움직인다고 믿었다. 한비자의 냉정한 인간관을 직접 그의 육성으로 들어보자.

군주가 피통치자와 관계할 때 부모와 자식 사이의 애정이 없는데도 이를 근거로 정의를 행하여 피통치자를 통제하기를 바라니, 반드시 그 관계에 틈이 생길 것이다. 심지어 부모와 자식 사이의 관계를 보라. 아들을 낳으면 서로 축하하지만, 딸을 낳으면 그 아이를 바로 죽인다. 아들이든 딸이든 모두 부모의 품에서 나왔다. 그러나 아들은 축하받고, 딸은 죽게 되는 것은 뒷날의 이점을 생각해 장기적인 이득을 따진 결과다. 부모도 자식에 대해 계산하는 마음으로 상대하는데, 하물며 부모와 자식 사이의 애정도 없는 관계에서 말해 무엇하겠는가!

−《한비자》, 〈육반六反〉

공자의 인仁이든 묵자의 겸애兼愛든 사랑의 원리는 인간의 현실적 모습을 직시하지 못한 이상주의적이고 낭만주의적인 정치 이념에 지나지 않는다. 이것이 한비자의 일관된 생각이었다. 그래서일까, 한비자는 가족 사이에도 사랑의 원리보다 이익을 '계산하는 마음'에 주목한다. 농경시대에 아들은 성장하면 소 한 마리의 생산력을 의미했지만, 딸은 아무리 성장해도 식량만 축내지 그런 생산력을 발휘할 수 없었다. 그래서 부모는 아들이 태어나면 기뻐하고, 딸은 낳자마자 죽여버렸던 것이다. 물론 딸을 죽일 때, 부모의 마음이 편할 리는 없다. 그러나 딸에 대한 애정도 장기적 이득의 유혹에 힘을 잃어버리기 쉽다. 그렇다고 해서 한비자가 딸에 대한 사랑으로 딸을 죽이지 않은 부모의 사례를 부정하는 것은 아니다. 그러나 이런 예외적인 경우는 너무나 희소하기에, 이를 근거로 사랑의 원리가 이익의 원리보다 더 보편적이라고 주장해서는 안 된다. 바로 이것이 한비자의 현실주의였다.

이제 직접 이익의 원리에 입각한 정치, 즉 법치에 대한 한비자의 소회를 들어보자.

군주와 신하는 계산으로 만난 것이다. 따라서 신하들로 하여금 무릇 어려운 일을 당하여 반드시 죽을 각오를 하고 그들의 지능과 힘을 다하게 하는 것은 법 때문에 그렇게 하는 것이다. 따라서 이전의 훌륭한 군주들은 상을 내리는 조건을 명시하여 신하들을 분발하게 하였고 엄혹한 형벌로 그들을 위세 있게 다스렸다. 상과 벌의 시행이 분명하면 민중은 모두 목숨을 다하여 일을 하고, 민중이 목숨을 다하여 일을 하면 군대가 강해지고 군주의 위세는 높아진다. 형벌과 상의 시행 원칙을 분명히 파악하지 못하면 민중이 나라에 공로가 없어도 이득을 얻게 되고 죄를 지어도 형벌을 요행으로 피하게 된다. 그러면 군대는 약해지고 군주의 위세는 낮아지게 된다. ─《한비자》, 〈식사飾邪〉

한비자가 제안했던 정치철학의 기초에는 이상적인 인간형이 아닌 현실적인 인간형에서 정치를 사유하려고 했던 그의 관점이 내재되어 있었던 것이다. 그에게 '법'은 기본적으로 상벌의 체계를 의미한다. 그래서 법치는 상벌이란 이익과 손해의 원리에 따른 정치 이념이다. 강력한 공권력으로 법을 지키면 상을 내리고, 어기면 벌을 내린다. 한비자는 이익을 추구하는 인간이 법을 지켜서 상이라는 이익을 얻는 방향으로 움직일 것이라고 확신했다. 물론 이런 효과가 발생하기 위해서 상과 벌의 원칙은 군주도 어쩌지 못할 정도로 분명하고 강력하게 자리 잡아야만 한다. 결국 법치를 통해서 국가는 강력해지고, 동시에 민중도 국가에게서 충분한 보호를 얻고 자신의 이득을 지속적으로 확보할 수 있게 될 것이다. 물론 이 경우 민중의 이득이란 결국 다른 나라와의 전쟁을 통한 약탈로부터 기원하는 것이긴 하지만 말이다. 이처럼 국가 형식 자체를 긍정하고 있었던 한비자에게 양주의 사상은 당연히 너무나도 위험한 것으로 보였을 것이다.

　　지금 여기에 어떤 사람이 있어 위태로운 성에 들어가지 않고 군대에 참여하지 않는 것을 의롭게 여겨서 천하의 큰 이익 때문에 정강이에 난 털 하나라도 바꾸지 않으려고 한다. 그런데도 세상의 군주들은 그를 따르고 예우하며 그의 지혜를 귀하게 여기고 그의 행동을 높이면서 외물을 가볍게 여기고 삶을 중시하는 선비라고 생각한다. 대저 윗사람이 좋은 땅과 커다란 집을 진열하고 작록을 베푸는 것은 백성의 목숨과 바꾸기 위해서이다. 지금 윗사람이 '외물을 가볍게 여기고 삶을 중시하는輕物重生' 선비를 존중하면서도, 민중이 목숨을 던지면서 윗사람의 일을 위해 죽는 것을 중하게 여기기를 바란다면, 이것은 이루어질 수 없는 일이다.　　　　　　　　　　　　　　　　　－《한비자》, 〈현학顯學〉

　　한비자는 양주의 사상이 '외물을 가볍게 여기고 삶을 중시한다'고 생각한 관점이라고 규정했다. 그도 양주가 삶을 최상의 목적으로, 그리고 외물을 단지 수단에 불과할 뿐이라고 사유했다는 사실을 정확히 간파하고 있었던 셈이다. 자신의 삶 이외의 모든 것을 단순한 수단으로 간주하는 사람은 국가의 지배를 받지 않으려고 한다는 것이 바로 한비자의 지적이다. 그의 말대로 국가가 내건 온갖 화려한 상을 가볍게 여긴다면, 그 누구도 "목숨을 던지면서 윗사람의 일을 위해 죽으려고" 하지 않을 것이 분명하기 때문이다.

결국 양주의 사상을 실천하는 사람이 많으면 많을수록, 법치국가를 기대한 한비자의 꿈은 좌절될 수밖에 없었다. 그렇기 때문에 그는 상당한 지면을 할애하여 양주 철학의 위험성을 경계하고자 했던 것이다.

양주의 사상, 그것은 모든 국가주의를 한 번에 날려버릴 수 있는 다이너마이트였다. 천하보다는 정강이에 난 털이 더 가치 있다고 생각하는 사람을 국가가 어떻게 움직일 수 있다는 말인가? 털은 자라다가 떨어지고, 새로운 털이 그 자리를 대신한다. 그러니 우리의 삶, 혹은 생명에서 털은 가장 가치가 떨어지는 것일 수밖에 없다. 그렇다면 도대체 우리 자신의 생명은 얼마나 중요하다는 말인가? 여기서 양주는 우리에게 이득과 손실을 계산하라고 요구하는 셈이다. 생명을 지킬 것인가? 생명을 잃은 뒤, 천하를 가져서 무슨 소용이 있는가? 아니 가질 수 있기라도 하겠는가? 가장 큰 이익이라는 천하를 준다고 해도 그걸 털보다 무가치하다고 생각하는 순간, 우리는 국가로부터 자유로워지고 국가는 그만큼 약해져 마침내 소멸하게 될 것이다. 아이러니하게도 양주의 속내를 가장 정확히 알고 있었던 것이 한비자였다. 더군다나 양주의 사상은 한비자처럼 계산의 논리에 따르고 있으니, 한비자로서는 예상하지 못한 강적을 만난 셈이다.

다시 읽고 깊게 새겨야 할 양주의 철학

제자백가들이 활동했던 고대 중국 사회에서 가장 영향력이 있었던 철학자는 공자도, 맹자도, 장자도, 노자도 아니라 사실 양주라는 인물이었다. 그는 묵자와 함께 당시 사상계를 양분했던 가장 영향력 있는 철학자였던 것이다. 모든 사상가가 전쟁으로 얼룩진 당시 사회를 통합시키기 위해서 나름대로 이념을 제안하려고 했을 때, 오직 그만은 사회를 통일하려는 이념 자체가 인간의 삶을 위태롭게 한다는 사실을 통찰하고 있었다. 양주에 따르면 인간의 삶이 위태로울 수밖에 없는 진정한 이유는 인간이 자신의 삶을 숭고한 목적으로 생각하지 않고, 단순한 수단으로만 간주했기 때문이다. 이 점에서 볼 때 당시 새롭게 제안된 다양한 이념들은 그의 눈에는 인간에게 자신의 고유한 삶을 되돌려주기보다 오히려 또 다른 새로운 이념을 위해 인간의 삶을 희생하도록 유혹하는 장치에 지나지 않는 것으로 보였다.

인간의 삶을 수단으로 보기를 포기했을 때, 양주는 국가주의에서 가장 멀리 벗어날 수 있었다. 국가주의를 선택했던 한비자가 양주의 철학을 그렇게도 신랄하게 비판했던 것도 이런 이유에서이다. 진시황이 천하를 통일한 뒤 중국은 국가주의와 제국주의로 무장한 제국으로 발전했다. 당연히 양주가 꿈꾸었던 '자유로운 개인들의 공동체', 혹은 '지배가 없는 사회'에 대한 열망은 억압받지 않을 수 없었다. 전국시대에 묵자와 함께 사상계를 양분했던 양주의 사상은 의도적으로 점점 희석되어갔고, 그가 남긴 저술들도 산산이 흩어져버렸다. 다행스러운 것은 《열자》 이외에도 《여씨춘추》나 《장자》에 그 흔적이 남아 전해지고 있다는 사실이다. 그래서 여기 그 일부분이라도 기록해두려고 한다. 《여씨춘추》 〈중기重己〉 편에서 양주학파는 말한다.

"지금 나의 생명은 나를 위해 있는 것이니 나를 이롭게 하는 것 역시 크다고 할 수 있다. 귀함과 천함을 논한다면 천자天子의 작록이 가장 귀하다고 할 수 있지만, 이것도 나의 생명에 짝할 수 없다. 가벼움과 무거움을 논한다면, 천하를 가진 부유함이 있다고 하더라도 그것으로 나의 생명과는 바꾸려고 하지 않을 것이다. 편안함과 위태로움을 논한다면, 나의 생명은 하루아침에 한 번 잃으면 죽을 때까지 다시 얻을 수 없다. 이 세 가지 사항은 도道를 가진 자라도 신중히 생각해야 하는 것이다. 신중히 하느라 도리어 생명을 해치는 경우가 있으니, 이것은 생명의 진실을 잘 알지 못했기 때문이다."

유학은 살신성인殺身成仁을 강조하면서 생명보다는 이념을 중시한다. 유학자, 특히 맹자가 생명을 중시했던 양주를 그렇게 싫어했던 것도 이런 이유에서다. 맹자의 눈에는 양주학파는 살신성인을 뒤집어 살인성신殺仁成身을 주장하는 것으로 보였을 것이다. 옳은 판단이다. 양주학파는 '명분을 제거하고 몸을 이루려고' 했으니 말이다. 이렇게 개체의 생명을 중시하는 순간, 양주학파는 동물적 쾌락주의라는 비방에 시달리게 될 것이다. 이것은 서양 고대철학사에서 에피쿠로스학파가 그대로 겪었던 일이기도 하다. 그렇지만 에피쿠로스학파와 마찬가지로 양주학파에서도 감각적 쾌락이나 본능적 쾌락도 개체의 생명이란 잣대로 잰다는 걸 잊어서는 안 된다. 감각이나 쾌락도 개체의 생명에 장애가 된다면 통제하자는 것이 바로 양주학파의 생각이기 때문이다. 《여씨춘추》〈본생本生〉 편은 말한다.

"지금 여기에 어떤 음악이 있는데 귀로 들으면 마음은 쾌적하다. 그러나 일단 그것들을 들어서 귀가 먹게 된다면 반드시 듣지 않을 것이다. 여기에 어떤 색깔이 있는데 눈으로 그것을 보면 반드시 쾌적하다. 그러나 일단 그것을 보아서 장님이 된다고 하면 반드시 보지 않을 것이다. 여기에 어떤 맛이 있는데 그것을 입으로 맛보면 반드시 마음은 쾌적하다. 그러나 일단 맛보아서 벙어리가 된다면 반드시 먹지 않을 것이다. 이렇기 때문에 성인은 음악이나 색깔이나 맛이 생명에 이로우면 취하고 생명에 해로우면 버린다. 이것이 생명을 온전히 하는 원칙이다."

개체의 삶이 제일 원칙이다. 당연히 양주학파는 개체의 삶을 위태롭게 만드는 사회적 명분도, 혹은 몸을 훼손할 수도 있는 지나친 욕망도 단연코 배격한다. 그렇지만 양주학파의 삶의 철학은 국가주의에 반대하는 그들의 입장에서 가장 분명해진다. 그러니 《여씨춘추》〈귀생貴生〉 편에 등장하는 "핍박받는 삶은 죽음보다 못하다 迫生不若死"는 선언보다 더 강렬한 것은 없다고 하겠다. 양주학파의 이 선언은 자유로운 삶이 아니라면 가치가 없다는 반국가주의를 표방한 주장이라는 점이 우리 눈에 들어온다. 국가권력의 최종 무기는 개인의 생명을 담보로 압박하는 것이다. 억압을 당하느니 생명을 버릴 각오를 하고 있는 개인을 국가가 어떻게 통제할 수 있다는 말인가?

다음으로 《장자》에 기재되어 있는 양주 계열 사상 기록을 살펴보자. 《장자》에 대한 번역서이자 연구서인 《장자: 내편Chuang-Tzu: The Inner Chapters》에서 그레이엄Angus Graham(1919~1991)은 《장자》 33편 중 〈양왕讓王〉 편, 〈도척盜跖〉 편, 〈설검說劍〉 편, 그리고 〈어부漁父〉 편은 양주 사상을 피력하고 있다고 지적했던 적이 있다. 실제로 이

네 개의 편을 읽어보면 우리는 이 편들이 한비자가 지적했던 것처럼 경물중생輕物重生의 취지를 공유하고 있다는 걸 어렵지 않게 확인하게 된다. 그중 대표적인 것으로 〈양왕〉 편에 나오는 다음 에피소드를 읽어보자.

"요堯임금이 천하를 허유許由에게 양보했지만, 허유는 그것을 받지 않았다. 다음에 그는 그것을 자주지보子州支父에게 주려고 하자, 그도 거부하며 말했다. '나를 천자로 삼으려는 것은 괜찮은 일이지만, 나는 마침 심각한 질병이 있습니다. 질병을 치료해야 하기에 천하를 다스릴 시간이 없군요.' 천하는 가장 중요한 것인데도 그는 그것 때문에 자신의 삶을 해치지 않았는데, 그 밖의 다른 사물들에 대한 것은 말해서 무엇하겠는가! 오직 천하를 목적으로 생각하지 않는 사람에게만 천하를 맡길 수 있는 법이다."

방금 읽은 에피소드에서 자주지보는 확신하고 있었다. 천하, 즉 전체를 목적으로 삼는 순간, 누구라도 쉽게 전체주의에 매몰될 수밖에 없다. 바로 이 순간 전체의 작은 부분으로 지위가 강등된 개체들은 주어진 자신의 삶을 적극적으로 긍정할 수 없게 된다. 그래서 천하는 개체들의 삶을 위한 수단일 뿐이라고 말이다. 만일 천하를 목적으로 생각하는 사람이 있다면, 그는 천하를 위해, 혹은 대의를 위해 개체들에게 희생을 강요하게 될 것이다. 이런 사람에게 천하를 맡기는 순간, 세상 사람들은 자신의 삶을 온전하게 지키지 못할 것이다. 이것이 바로 〈양왕〉 편 저자의 속내였던 것이다. 잊지 말아야 할 것은 양주를 따르고 있는 이 저자가 결코 공동체를 부정하지 않고 있다는 사실이다. 단지 그는 '개체들의 생명을 최우선 가치로 여기는 공동체'를 꿈꾸었을 뿐이다.

9

인정투쟁은 불가피한가?

순자

———————— VS ————————

송견

소심한 인정투쟁을 넘어 당당한 주체로

서양철학의 흐름에는 변증법dialectic이란 개념이 도사리고 있다. 어원 그대로 변증법은 '대화dialogue'에서 유래한 것이다. 그러니까 주체와 타자, 혹은 나와 너 사이의 대화를 통해 새로운 인식이나 종합적인 이해에 이르게 되는 것, 그것이 바로 변증법인 셈이다. 소크라테스에서부터 시작된 이 변증법의 전통은 헤겔에게서 단순한 대화법이나 논증법이 아니라 그야말로 형이상학적인 차원으로까지 비약된다. 그래서 1807년 출판된《정신현상학Phenomenologie des Geistes》은 헤겔의 야심만만한 기획을 웅변하는 저작이라고 할 수 있다. 우주가 주체와 타자 사이의 대화처럼 진행된다는 헤겔의 생각은 너무나 인간 중심적이고 너무나 낙관적인 발상일 수밖에 없다. 아니나 다를까, 20세기 들어와서 우주론적 변증법, 아니 우주론적 대화 이론은 신랄하게 비판을 받는다. 물론 그렇다고 해서 변증법적 이념이 사라진 것은 아니다. 오히려 일종의 인간론으로 새롭게 업데이트되는데, 그것이 바로 '인정'과 관련된 논의이다. 변증법, 아니면 대화의 핵심에는 인정욕구와 그와 관련된 인정투쟁이 있다는 지적은 1947년에 코제브Alexandre Kojève(1902~1968)가 이미 말했던 것이다.

헤겔의《정신현상학》에 등장하는 '주인과 노예의 변증법'을 강조하면서, 코제브는 인정투쟁의 중요성을 역설했던 것이다. 코제브의 주저《헤겔독해입문Introduction à la lecture de Hegel》에 등장하는 주인과 노예의 변증법은 사실 아주 간단하다. 주인은 노예에게서 주인으로 인정받으려고 한다. 그렇지만 주인을 무서워하는 노예가 마음에도 없이 주인을 주인으로 인정할 수도 있다. 그래서 진정한 인정에 목마른 주인은 노예에게 자유를 줄 수밖에 없다. 가장 자유로운 상태에 있는 타인이 자신을 인정해줄 때에만, 그 인정은 의미가 있으니까 말이다. 문제는 노예에게 자유를 주는 순간, 노예는 인정은커녕 주인에게서 도망칠 수도 있다는 점이다. 바로 여기에 인정욕구를 가진 주인의 딜레마가 있다. 억지 인정에만 만족할 것인가, 아니면 진정한 인정을 위해 위험을 감수할 것인가? 인정욕구가 너무나 크다면 위험을 감수하더라도 주인은 노예에게 자유를 부여하리라는 것, 이것이 바로 코제브가 헤겔에게서 읽어낸 주인과 노예의 변증법이었다.

코제브에 이어 인정투쟁을 정말 본격적으로 사유했던 현대 서양철학자가 헤겔의 고향 독일에서 탄생한다. 그가 바로 호네트Axel Honneth(1949~)다. 1992년에 출간된《인정투쟁Kampf un Anerkennung》과 2005년에 출간된《물화: 인정이론적 탐구Verdinglichung: Eine anerkennungstheoretische Studie》를 보면 우리는 호네트가 얼마나 인정욕구와 인정투쟁을 중요시했는지 직감하게 된다. 코제브와는 달리 호네트가 좋아했던 헤겔의 저서는《정신현상학》이 아니라《예나시대의 실재철학Jenaer Realphilosophie》이라는 강연록이었다. 이 강연록에는 호네트가 너무나 좋아했던 헤겔의 말이 등장한다. "인정 행위 속에서 나는 개별자가 아니다. 나는 당연히 인정 행위 속에서 존재하며, 더 이상 매개 없는 현존재가 아니다." 한마디로 말해 인간의 모든 행동, 그리고 모든 사유는 항상 타인으로부터 인정받겠다는 욕망과 관련된다는 것이다. 그러니까 비록 혼자서 하는 것처럼 보이지만, 혹은 고독한 방에서 홀로 이루어지는 사유처럼 보이지만, 인간의 행동과 사유에는 타자에게서 인정받는다는 매개가 따라다닌다는 것이다.

인정투쟁은 많은 걸 설명해주는 개념이다. 부모, 선생님, 선배, 종교, 자본, 정치권력으로부터 인정을 받는 것. 이런 수많은 차원의 인정을 통해 우리의 자아는 완성되고, 심지어 미래도 결정되는 법이다. 그렇지만 동시에 인정투쟁에는 만족스럽지 못한 그림자가 보인다. 그것은 타자의 눈치를 보는 위축된 자아, 혹은 히스테리에 시달리는 자아의 탄생이다. 타인에게 인정받으려면 타인이 인정하는 규칙을 따라야 하기 때문에 벌어지는 비극이라고 할 수 있다. 그래서 말 잘 듣는 아이, 모범생, 믿음직한 후배, 충실한 신도, 능력 있는 직장인, 선량한 시민이 되어도 우리의 내면에는 무언가 잘못되었다는 불길한 느낌이 들기 마련이다. 자기만의 사유와 욕망을 관철하려는 주체적 당당함, 혹은 위풍당당한 뻔뻔함이 너무나 위축되었기 때문이다. 인정

존 윌리엄 워터하우스의 〈디오게네스〉(1882). 디오게네스는 자신이 '위대한 자'이기는커녕 '개'라고 당당히 말하는
철학자였다.

투쟁의 시원이라고도 할 수 있는 고대 그리스 시대에 인정투쟁 자체를 부정하는 홍미로운 사유 전통, 진정한 의미에서 서양철학의 비주류적 전통이 있었다는 건 조금도 놀라운 일이 아니다. 위축보다는 당당함, 혹은 우울함보다는 명랑함을 추구하는 건, 인간의 본능에 가깝기 때문이다.

변증법과 대화를 기치로 하는 주류 서양철학에 당당히 맞섰던 철학 전통이 바로 시니시즘Cynicism이고, 시니시즘을 표방했던 일련의 철학자들을 견유학파犬儒學派라고 부른다. '견유'라는 한자어는 '개 같은 선비', 즉 '개 같은 지식인'이란 의미다. 시니시즘에 등장하는 시닉cynic이란 말은 고대 그리스말 키니코스kynikos, κυνικός에서 유래했는데, 키니코스라는 형용사는 '개와 같은'이란 의미이다. 그러니 서양 문물을 받아들였던 100여 년 전 일본 학자들은 정말 근사한 번역어를 만든 셈이다. 그 대표적인 철학자로는 디오게네스Diogenēs of Sinope(BC 412~BC 323)를 들 수 있겠다. 서기 3세기에 활약했던 동명이인 디오게네스 라에르티오스Diogenēs Lāertios는 자신의 주저에서 그에 대한 홍미로운 이야기를 하나 전해준다.

자신이 알렉산더가 되지 않았다면 디오게네스가 되기를 원한다고 알렉산더는 말했다. …… 알렉산더가 디오게네스 앞에 서서 자신을 소개했다. "당신은 지금 알렉산더 왕, 위대한 자를 보고 있소. 당신을 만나서 기쁘오." 그러자 디오게네스는 대답했다. "나는 디오게네스, 개요."

-《유명한 철학자들의 생애와 사상Lives and Opinions of Eminent Philosophers》

영어로 번역된 원문을 참조하면 디오게네스의 매력이 더 잘 드러날 것이다. "King Alexander, the Great"라는 말과 "Diogenes, the Dog"라는 말. 디오게네스를 만났을 때, 알렉산더는 너무나 기뻤다. 아마도 알렉산더는 저 잣거리에서 뒹굴고, 아무 데서나 똥을 싸고, 공개적인 장소에서 자위행위를 했던 이 철학자의 비범함을 잘 알고 있었던 것 같다. 디오게네스는 지적이고, 선량하고, 품위가 있다는 일체의 칭찬에서 자유로웠던 철학자, 한마디로 인정투쟁 자체를 초월했던 철학자였다. 칭찬과 모욕으로 부릴 수가 없는 사람, 한마디로 상벌로 움직일 수 없는 사람에게 권력자는 무기력을 느낄 수밖에 없을 것이다. 영민했던 알렉산더는 이 비범한 철학자에게 진정한 인정을 받고 싶었다. 인정받으려는 욕망에 알렉산더는 그리스 사회에서 추앙받던 자신의 측면을 무의식적으로나마 부각시키고 만다. "위대한 자"라고 말이다. 그러자 디오게네스는 자기 자신을 "개"라고 대답한다.

선불교禪佛敎에 익숙한 사람은 위대한 두 사람의 대화에서 선문답禪問答을 연상했을 것이다. 분명 알렉산더가 디오게네스를 찾아온 이유는 그 위대한 철학자한테서 인정받으려는 목적 때문이었다. 그런데 그 철학자가 지금 스스로 "개"라고 답한다. 결국 알렉산더가 디오게네스한테서 인정을 받아도 그것은 개에게서 받은 것이니 가치가 없는 셈이다. 스스로 "위대한 자"라고 말했던 알렉산더가 "개"의 인정에 목말라 있는 형국에 빠진 것이다. 사실 이미 인정을 받으려고 온 순간, 알렉산더는 "위대한 자"이기는커녕 쓰다듬을 받으려는 "개"가 아닌가? 반대로 일체의 인정으로부터 자유로운 디오게네스는 "개"이기는커녕 진정한 "위대한 자"가 아닌가?

반전이다. 한마디의 문답을 통해 디오게네스는 알렉산더보다 더 위대해졌고, 알렉산더는 디오게네스 앞에서 꼬리를 치는 개가 된 것이다. 철학자라면 이 정도 마음은 가지고 있어야 하지 않을까? 어쨌든 세계를 통일하는 제국의 왕이 되어서 "위대한 자"로 알려지기를 바라는 알렉산더와는 달리 디오게네스는 인정을 받는다고 해서 우쭐대거나, 인정을 받지 못해서 위축되는 자아가 아니었던 셈이다. 여담이지만 디오게네스 라에르티오스의 《유명한 철학자들의 생애와 사상》은 알렉산더가 젊은 나이에 세상을 떠나던 날, 디오게네스도 세상을 떠났다는 기묘한 사실을 전하고 있다! 세속적으로 위대했지만 실제로는 나약했던 알렉산더, 그리고 세속적으로 천박했지만 실제로는 위대했던 디오게네스! 인정투쟁을 긍정했던 정복자와 인정투쟁을 초월했던 철학자!

순자: "인간은 사회적 인정을 욕망하는 존재이다."

입신양명立身揚名! 공자 이래 모든 유학자의 모토다. 높은 관직에 올라 출세를 해서 자신의 이름뿐만 아니라 가문의 이름을 널리 알리는 것이다. 어차피 누구나 죽지만, 그 명예와 이름은 영원성을 확보할 수 있다는 유학자들의 확신이었던 셈이다. 이것은 다분히 사마천의 영향이라고 보아야 할 것이다. 그의 주저《사기》중 대부분을 차지하는〈열전列傳〉이 문제가 된다. 한제국 초기까지 황제와 제후를 제외한 유명인사의 삶을 기록하고 있는 것이 바로〈열전〉이다. 그런데〈열전〉의 첫 번째 장은 바로 육신의 죽음으로 영원한 명성을 얻게 된 사람을 다루고 있다. 바로〈백이열전伯夷列傳〉이다. 이 부분에는 멸망한 왕조와의 의리를 지키느라 수양산에서 굶어죽은 백이와 숙제의 전기가 다루어져 있다. 여기서 사마천은 공자의《논어》를 인용하면서 두 사람을 극찬한다.

공자는 "가는 길이 같지 않은 사람과는 서로 도모하지 않는다"고 말했는데, 이 또한 사람은 제각기 자신의 뜻에 따라 행한다는 의미다. 그러므로 공자는 "부귀라는 것이 만약 추구해서 얻을 수 있는 것이라면 비록 말을 모는 사람과 같은 천한 직업이라도 나는 그것을 하겠지만, 만약 구할 수 없는 것이라면 나는 내가 좋아하는 것을 따르겠다"고 했고, "추운 계절이 된 뒤에야 소나무와 잣나무가 시들지 않는다는 것을 안다"라고도 했다. 이것은 세상의 모든 사람이 그처럼 부귀를 중시하고 청렴한 사람은 이처럼 부귀를 경시하기 때문이 아니겠는가? 그래서 공자는 "군자는 죽은 뒤에 자기의 명성이 칭송되지 않을까 걱정한다"고 했던 것이다.　　　　　　　　　　　　　　　　－《사기》,〈백이열전〉

마지막 공자의 말, 즉 "군자는 죽은 뒤에 자기 명성이 칭송되지 않을까

채용신이 그린 최익현 초상화(1905). 최익현은 당시 실질적 집권자였던 흥선대원군에 맞서 도끼를 놓고 상소를 올렸던 것으로 유명한 사람이다. 즉 자신의 뜻을 받아들이지 않을 것이라면 자신의 목을 쳐달라는 것이다.

걱정한다"는 구절은 《논어》〈위령공衛靈公〉 편에도 등장한다. 명성과 명예에 대한 유학자의 관심이 이처럼 분명하게 피력된 글도 없을 것이다. 심지어 사마천은 〈열전〉의 첫 번째 장을 백이와 숙제에게 할애하면서, 죽음으로 바꾼 그들의 기개를 기록하기까지 한다. 부귀와 목숨에 연연하지 않은 사람이 있다면 그들의 명예로운 삶을 기록으로 남겨서 영원히 칭송받도록 만든 장본인이 바로 사마천이었다. 결국 사마천은 후대 지식인들에게 명성과 명예를 위해 부귀나 생명 따위는 버려도 된다는 묘한 풍조를 만든 역사가였던 셈이다. 공자의 가르침과 아울러 사마천의 기록을 신뢰하면서 후대의 유학자들은 죽음과 맞바꾸어 명예를 얻는 것을 가장 소중하게 여기기까지 했다.

　　조선 후기 유학자 최익현崔益鉉(1833~1906)을 보라. 당시 실질적 집권자였던 흥선대원군興宣大院君 이하응李昰應(1820~1898)에 맞서 지부상소持斧上疏를 올렸던 것으로 유명한 사람이다. 도끼를 놓고 상소를 올리는 것이니, 자신의 뜻을 받아들이지 않을 것이라면 자신의 목을 쳐달라는 것이다. 아무나 할 수 있는 일은 아니다. 바로 이때 최익현의 머릿속에는 〈백이열전〉이 그대로 각인되어 있었을 것이다. 자신이 죽더라도 역사는 자신을 기억하리라는 확신을 사마천에게서 받았을 것이고, 동시에 군자는 목숨보다 명예를 소중히 해야 한다는 공자의 가르침도 그의 내면에 울려퍼졌을 것이다. 최익현의 속내를 환히 알고 있던 이하응은 그를 죽이지 않는다. 최익현의 명성을 빛나게 해주는 악역을 맡는 것을 이하응은 극히 꺼렸던 것이다. 이하응도 최익현처럼 〈백이열전〉의 자장에 포획된 인물이었던 셈이다. 어쨌든 비록 죽지는 않았지만 최익현은 인인仁人이나 의인義人이란 명성을 얻는 데 성공했다.

유학 이념이 지배적이었던 시대에서 인인이나 의인이란 사람은 공동체, 혹은 타자 일반에게서 인정을 받는 사람을 가리킨다. 여기서 우리는 유학이 지향했던 인간형이 기본적으로 호네트가 지적했던 것처럼 인정욕구를 가지고 있다는 걸 직감하게 된다. 유학 전통이 강조하는 수양도 바로 이런 목적에서 출현한 것이다. 그래서 유학 사상에 형이상학적 체계를 부여했던 주희朱熹(1130~1200)는《주자어류朱子語類》(97권)에서 말했던 것이다. "홀로 고요히 앉아 있을 때, 아직 군주나 부모를 섬기지 않고 친구들을 만나지 않지만 자신은 전적으로 충성스런, 효성스런, 그리고 믿음직한 사람이려고 노력해야 한다. 이런 수양을 마치고 외부로 나오면 부모를 섬길 때 반드시 효성스럽고, 군주를 섬길 때 반드시 충성스럽고, 친구들과 교제할 때 반드시 믿음직스러운 것이 인위적인 노력을 기다리지 않아도 그렇게 된다."

충성忠, 효성孝, 그리고 믿음信! 공자에서부터 주희, 아니 조선시대 정약용丁若鏞에 이르기까지 모든 유학자는 충성스럽다는, 효성스럽다는, 그리고 믿음직하다는 평가와 인정에 목말라했던 것이다. 이미 맹자는 이런 인정욕구를 인간의 본성이라고 단정했던 적이 있다.

삶生도 내가 원하는 것이고 의로움義도 내가 원하는 것일 때, 두 가지를 다 가질 수 없다면, 삶을 버리고 의로움을 선택해야 한다. …… 현자만이 이런 마음을 가진 것이 아니라, 사람이라면 모두 이런 마음을 갖고 있다. 단지 현자만이 이런 마음을 잃지 않았을 뿐이다. 한 그릇의 밥과

한 그릇의 국을 얻으면 살고, 얻지 못하면 죽는 경우가 있다. 그렇지만 함부로 부르며 주면 길거리의 사람도 받지 않을 것이고, 발로 차서 주면 거지도 받지 않을 것이다.　　　　　　　　　 -《맹자》, 〈고자〉 상편

맹자에 따르면 인간이면 가지고 있는 네 가지 본성적인 마음, 즉 사단四端 중 하나가 수오지심羞惡之心이다. 주희의 설명처럼 수羞는 자신의 행동에 대한 부끄러움이고, 오惡는 타인의 행위에 대한 미워함이다. 한마디로 타인에게 인정을 받지 못하는 행동에 대한 본능적인 거부감이 바로 수오지심이라는 것이다. 치열한 수양을 끝낸 현인은 바로 이 수오지심을 잃지 않은 사람이고, 당연히 타인이나 자신에게 부끄러운 행동을 하지 않는다. 그렇다고 해서 수양을 하지 않는 사람들에게서 수오지심이 완전히 사라진 것은 아니다. 그래서 맹자는 설득력 있는 사례 한두 가지를 든다. 개를 부르듯이 "어이! 무능한 놈! 이리 와. 이것 좀 먹어"라는 말을 들으면 누구나 수치심을 느낄 것이다. 심지어 거지마저도 음식을 발로 차서 주면 수치스러워 음식을 먹지 않으려고 할 것이다. 거지나 일반 사람에게도 흔적으로나마 남아 있는 수오지심을 기르면 누구나 현인이 될 수 있다는 것, 그래서 공동체로부터 인정을 받게 된다는 것, 맹자가 말하려고 했던 것은 바로 이 점이다.

보통 맹자와 대립된다는 순자荀子(BC 298~BC 238)도 인간의 본질이 인정 욕구에 있다는 입장을 확고히 견지하고 있다. 심지어 순자는 제대로 인정을 받으면 당연히 지배층이 될 수밖에 없다는 낙관론을 노골적으로 피력하기까지 한다.

의로움義을 앞세우고 이익利을 뒤로하는 자에게는 영예榮가 있고 이익을 앞세우고 의로움을 뒤로하는 자는 치욕辱이 따른다. 영예를 갖는 자는 언제나 통달하지만 치욕을 당한 자는 언제나 곤궁하다. 통달한 자는 남을 통제하지만 곤궁한 자는 남에게 통제된다.

　　　　　　　　　　　　　　　　　　　　 -《순자》, 〈영욕榮辱〉

군자와 소인, 혹은 대인과 소인은 지배층과 피지배층에 대한 윤리적 레토릭이라고 할 수 있다. 한마디로 대인은 커다란 사람이고, 소인은 작은 사람이라는 것이다. 당연히 이런 사회적 분업론에는 커다란 사람이 작은 사람을 이끌고 지배해야 한다는 정치론이 전제되어 있다. 대인이 커다란 이유는 그가 자기만을 생각하는 것이 아니라 공동체 전체를 생각하기 때문이다. 반면 소인이 작은 이유는 그가 공동체에 살면서도 자기만을 생각하기 때문이다. 당연히 대인이 소인을, 그러니까 전체를 이끌어야 한다. 그래야 공동체는 안정적으로 유지될 테니 말이다. 누가 고양이에게 생선을 맡긴다는 말인가? 물론 공자나 맹자처럼 순자의 생각도 순진한 생각, 혹은 이상적인 생각일 수밖에 없다. 현실은 강력한 무력을 가진 사람이 그렇지 않은 사람을 지배하고 착취하고 있기 때문이다. 다시 말해 공권력을 장악한 사람이 대인이고 그렇지 않은 사람이 소인이라는 것이 현실이라는 것이다.

어쨌든 지금 순자는 일종의 유학 버전의 '주인과 노예의 변증법'을 피력하고 있다는 점이 중요하다. 자, 이제 인정투쟁이 시작된 셈이다. 누구라도 먼저 의로움을 앞세우고 이로움을 뒤로하는 경쟁에서 이겨야 한다. 만일 이 투쟁에서 승리한다면, 그는 영예를 얻게 될 것이다. 한마디로 타인에게서 인정을 받게 된다는 것이다. 이를 통해 그는 영향력을 증대시킬 수 있을 것이고, 궁극적으로는 인정투쟁에서 승리하지 못한 사람들, 즉 대다수 소인들을 지배할 테니 말이다. 그렇지만 언제든지 대인과 소인의 관계는 뒤집어질 여지는 남게 된다. 지배자가 되었을 때, 대인은 공동체 전체를 사유화할 수도 있다. 당연히 피지배자들은 진심으로 그를 인정하지 않게 될 것이다. 이럴때 피지배자들 중 누군가 의로움을 앞세우는 인정투쟁에 성공한다면, 그가 이제는 대인이 될 것이고 전체 공동체 성원들의 인정을 받게 될 것이다. 바로 이것이 순자, 나아가 유학자 일반이 공유했던 '대인과 소인의 변증법', 혹은 '대인과 소인 사이의 인정투쟁'의 전모였던 셈이다.

송견: "인정욕구가 모든 대립과 갈등의 원인이다."

동아시아 버전의 인정투쟁을 집요하게 주장했던 순자의 최고 라이벌은 누구였을까? 아니 정확히 말해 순자로 하여금 공자로부터 향후 2,000여 년 동안 동아시아 사유를 지배할 유학의 핵심 테마를 지키도록 강제했던 철학자는 누구였을까? 그가 바로 송견朱銒(?~?)이다. 물론 그것은 송견이란 철학자가 인정투쟁 자체를 무력화시키려고 노력했기 때문이다. 사실 순자의 비난은 새로운 것은 아니었다. 《맹자》〈고자〉 하편을 보면 맹자도 집요하게 송견을 비판하고 있기 때문이다. 그러니까 전국시대 중기를 대표하는 유학자 맹자의 눈에도 송견과 그의 사상은 비판의 대상이 될 정도로 대중의 지지를 받았으며, 아울러 유학의 숨통을 끊을 수도 있다는 불안감을 야기하는 위험한 사유 경향으로 보였던 것이다. 불행히도 맹자의 비판에도 전국시대 후기 순자의 시대에도 송견의 영향력은 조금도 줄지 않았던 것으로 보인다. 그러니 순자의 사상을 담은 《순자》〈정론正論〉 편에는 송견의 핵심 주장을 조목조목 비판하는 흥미로운 대목이 등장하는 것이다.

아이러니하게도 맹자나 순자가 이처럼 송견을 공격하지 않았다면, 지금 우리에게는 송견의 사유를 알려주는 자료마저 남아 있지 않았을 것이다. 이제 순자가 전해주는 송견 사상의 핵심을 음미해보도록 하자.

> 송견이 말했다. "모욕당해도 치욕辱으로 생각하지 않아야 한다는 걸 밝히면 사람들이 다투지 않도록 할 수 있다. 사람들은 모두 모욕당하는 걸 치욕으로 생각하기에, 서로 다투는 것이다. 모욕당하는 것이 치욕이 아니라는 걸 알면, 곧 다투지 않게 될 것이다." — 《순자》,〈정론〉

맹자나 순자가 인간의 본성이라고 하는 인정욕구는 영욕榮辱이란 사회적 평가와 밀접한 관련이 있다. 송견의 사회심리학적 분석은 단순하지만 그

염립본의 〈역대 제왕도〉부분. 송견은 대규모 살육전을 감행하려는 군주들에게 모욕을 당해도 치욕으로 여기지 말아야 한다고 가르쳤다. 한마디로 말해 타인들에게 인정받아야 한다는 내재화된 체제의 명령을 극복하라는 것이다. 대규모 살육전의 피비린내가 풍기고 있던 시절, 송견은 반전 평화주의의 기치를 외롭게 붙잡고 있었던 것이다.

만큼 강렬하다. 사회적인 인정을 받을 때 인간은 고대하던 영예를 얻게 되고 행복을 느끼게 될 것이다. 문제는 사회적 인정은커녕 모욕을 당할 때, 우리의 인정욕구는 여지없이 좌절된다는 데 있다. 이럴 때 영예를 꿈꾸던 사람에게는 자신이 가장 피하고 싶었던 치욕이란 주홍글씨가 새겨지게 된다. 그리고 이어서 자신을 모욕했던 타인에게 강한 적개심, 나아가 복수심을 품게 될 것이다. 마침내 자신을 모욕했던 타인과 목숨을 건 보복행위가 시작될 것이다. 여기서 송견은 공동체 내부의 갈등과 다툼의 원인을 찾게 된 것이다. 그것은 모두 유학자들이 긍정했던 인정욕구, 나아가 인정투쟁 때문에 발생하는 것이다. 원인을 알았으면 해법은 간단하지 않은가. 인정욕구 자체를 거부하는 것이다. 누군가 모욕을 가해도 치욕으로 생각하지 않아야 한다!

어떤 행동이 영예로운가, 아니면 치욕스러운가 여부는 개개인이 아니라 특정 체제가 규정한 것이다. 그래서일까, 영예와 치욕의 구분, 혹은 영예와 치욕의 내용은 시대마다 공동체마다 천양지차일 수밖에 없었던 것이다. 그래서 모욕을 당해도 치욕으로 여기지 않아야 한다는 송견의 주장은 매우 혁명적이라고 할 수 있다. 그건 특정 체제의 명령, 혹은 프로이트의 말을 빌리자면 내면의 검열 메커니즘으로 정착된 초자아의 명령 자체를 거부하는 것이기 때문이다. 서양의 마키아벨리도, 그리고 동양의 한비자도 말하지 않왔던가. 당근과 채찍, 혹은 상과 벌은 체제가 개인들을 그 내면에까지 지배하는 핵심이라고 말이다. 어린 시절 우리에게 영예와 치욕을 가르쳐주었던 상과 벌, 혹은 등수를 매긴 성적표를 생각해보라. 결국 일등이란 영예를 얻기 위해 혹은 꼴등이란 치욕을 피하기 위해, 우리는 동료들과 경쟁했던 것이다. 성적만이 아니다. 권력, 부, 평판 등등이 모두 마찬가지 아닌가.

모욕당해도 치욕으로 여기지 않는다는 송견의 생각은 상호 파괴로 귀결되는 일체의 경쟁에 대한 거부 선언이자, 동시에 우리를 훈육하고 지배하려는 체제에 대한 반역 선언이었던 것이다. 인정욕구와 인정투쟁을 거부하면서, 송견이 반전 평화주의를 굳건히 견지했던 것도 이런 이유에서다. 전국시대 제자백가 사상의 전모를 알려주는 가장 객관적인 철학사 중 하나가 《장자》〈천하〉 편에 전개되어 있다. 〈천하〉 편을 집필한 익명의 철학사가는 송견을 다음과 같이 평가하고 있다.

> (송견은) 모욕당해도 치욕으로 여기지 말아야 한다는 주장으로 민중을 다툼에서 구하려고 했고, 공격을 금지하고 무기를 없애야 한다는 주장으로 세상을 전쟁에서 구하려고 했다. 이런 주장으로 세상을 돌아다니며 권력자에게는 유세하고 민중을 가르쳤다. 세상 사람들이 받아들이지 않아도 자신의 주장을 피력하기를 그치지 않았다. 비록 그래도 송견은 남을 위한 것이 정말 많고, 자신을 위한 것이 정말 적었던 사람이다.
>
> ─《장자》, 〈천하〉

자본주의가 발전한 뒤 전쟁은 기본적으로 자본이 자신의 침체로부터 벗어나려는 맹목적 충동 때문에 벌어진다. 인간과 재화 등을 전쟁의 용광로에 집어던져서, 이윤율 하락을 근본적으로 재조정하려는 것이다. 그렇지만 자본주의 이전 시대의 전쟁은 공동체의 생존을 위해 약탈을 자행하는 것이 아니라면, 대부분 군주의 명예욕, 그러니까 자존심 때문에 벌어지는 경우가 많았다. 전국시대 중국도 예외가 아니었다. 당시 전쟁은 다른 나라의 군주가 자신을 인정하지 않는 걸 치욕으로 여기면서 발생하는 복수전의 성격을 강하게 띠었다. '와신상담臥薪嘗膽'의 고사가 나온 것도 다 이유가 있었던 셈이다. 패전의 수치를 잊지 않기 위해 어느 군주는 땔나무에서 잠을 잤고, 다른 군주는 쓰디쓴 쓸개를 핥았다는 이야기다. 그러니까 개개인들뿐만 아니라 군주들까지도 인간의 인정욕구를 증폭시키는 기존의 가치체계의 지배를 받고 있었던 것이다.

저잣거리에서 갈등을 일으키는 민중에게나, 대규모 살육전을 감행하려는 군주들에게 송견은 모욕을 당해도 치욕으로 여기지 말아야 한다고 가르쳤다. 한마디로 말해 타인들에게 인정받아야 한다는 내재화된 체제의 명령을 극복하라는 것이다. 송견의 말대로 인정욕구에서 벗어나는 순간, 당연히 타인에게서 인정받고 존경받으려고 가장 높은 곳, 혹은 가장 앞선 곳에 서려는 인정투쟁은 사라질 수밖에 없다. 송견은 자신의 가르침이 받아들여질 때, 전쟁을 감행하거나 군비를 증강하려는 의지 자체가 사라지리라고 확신했던 것이다. 그렇지만 경쟁과 전쟁에 몰입했던 대부분의 사람들은 먼저 무기를 놓지 않으려고 했다. 상대방이 무기를 놓지 않는데 자신부터 무기를 내려놓기가 두려웠던 것이다. 무기를 먼저 내려놓는 순간, 경쟁 상대에게 공격을 당할 수도 있고, 끝내는 삶이 치욕적으로 마무리될까 두려웠기 때문이다. 부국강병의 논리가 힘을 얻던 시절, 그래서 대규모 살육전의 피비린내가 풍기고 있던 시절, 송견은 바람에 넘어질 것처럼 위태로웠던 반전 평화주의의 기치를 초인적인 힘으로 외롭게 붙잡고 있었던 것이다. 치명적인 인정투쟁에 빠지지 말라고 절규하면서 말이다.

고찰
REMARKS

당당함이란 우아한 미덕

"너는 부끄럽지도 않니? 성적이 이게 뭐니." "당신은 창피하지 않나요? 후배가 승진을 하다니." '견모불욕見侮不辱', 즉 모욕당해도 수치로 생각하지 않는다는 송견의 가르침을 따르는 순간, 우리는 과거와는 완전히 다른 주체, 자유로운 주체가 된다. "엄마, 저녁 반찬은 뭐야?" "내일 낚시 가야지." 우리에게 모욕을 주려고 했던 사람, 그래서 우리를 사회적 평판과 인정의 세계로 유혹하려고 했던 사람은 우리의 대응을 '뻔뻔하다'고 혀를 찰 것이다. 인정욕구와 인정투쟁을 벗어버리는 순간, 우리는 당당한 자유와 진정한 행복을 맛보게 된다. 당연히 자본이나 국가와 같은 체제의 논리에서도 벗어나게 될 것이다. '수치스럽게 생각하지 않아야 한다'는 송견의 뻔뻔한 정신이 그를 반전 평화주의의 투사로 만들었다는 것에 주목하자.

아테네에서 뻔뻔함을 휘날렸던 디오게네스도 마찬가지였다. 《유명한 철학자들의 생애와 사상》은 그에 대한 한 가지 에피소드를 전한다. "당신은 어느 나라 사람이냐고 누군가 묻자, 디오게네스는 대답했다. '나는 세계 시민입니다.'" 세계 시민, 즉 국가라는 협소한 영역을 넘어선 사람이라는 것이다. 슈미트가 말한 것처럼 '적과 동지'라는 정치적인 것의 범주를 훌쩍 넘어선 것이다. 결국 반전 평화주의자는 코스모폴리탄cosmopolitan, 즉 우주kosmos의 시민politēs일 수밖에 없는 것이다. 제한된 국가나 제국 안에서 존중받았던 알렉산더가 세계 시민 디오게네스를 존경했던 것도 이런 이유에서였다. 어쩌면 송견과 디오게네스는 주류 철학자들이나 혹은 체제 옹호자들에게 가장 껄끄러운 존재였을지도 모를 일이다. 인정욕구나 인정투쟁을 부정하는 순간, 그들은 타인의 시선과 평가보다는 자신의 진솔한 삶을 당당히, 그리고 뻔뻔하게 영위할 테니 말이다. 그러니 그들이 어떻게 자본주의나 국가주의의 유혹에 말려들 수 있다는 말인가?

선불교의 정신에는 송견이나 디오게네스의 뻔뻔한 당당함이 흐르고 있다. 남종선南禪宗의 창시자 혜능慧能의 사자후를 들어보자. "선善도 생각하지 말고, 악惡도 생각하지 말라! 이럴 때 당신의 맨얼굴本來面目은 무엇인가?" 선악이라는 사회적 평판에서 벗어날 때, 그때야 자신의 맨얼굴을 발견할 수 있다. 남에게 인정받으려고 위선적인 화장이나 가면을 하는 것이 아니라, 있는 그대로 자신의 맨얼굴을 세상에 드러내게 된다. 그러니 다른 사람들은 맨얼굴로 들이미는 당당한 사람에게서 뻔뻔함을 발견하는 것이다. 당당하게 뻔뻔한 자, 혹은 뻔뻔하게 당당한 자가 바로 부처가 아니면 무엇이겠는가. 그렇지만 당당함과 뻔뻔함은 동전의 양면처럼 함께 가야 한다는 걸 잊지 말자. 당당함이 없는 뻔뻔함은 그저 무위도식의 후안무치일 따름이기 때문이다.

어쨌든 선종만이 아니라 불교 전통 일반은 디오게네스처럼 코스모폴리탄이 되고자 했다. 중국에 불교가 정착하려고 할 때 흥미로운 책 한 권이 쓰인다. 그것이 바로 위진남북조시대의 승려 혜원慧遠(334~416)이 집필한《사문불경왕자론沙門不敬王者論》이다. 제목 그대로 사문沙門, śramaṇa, 즉 승려는 왕에게 예의를 차리지 않아야 한다는 내용을 담고 있는 책이다. 부처가 된다는 것은 스스로 삶의 주인이 되려고 한다는 것이다. 당연히 주인이 되려는 사람이 어떻게 다른 사람에게, 그가 비록 왕이라고 할지라도, 머리를 숙일 수 있다는 말인가? 알렉산더를 막 대했던 디오게네스의 정신이 동아시아 불교에서 다시 섬광처럼 빛을 뿜은 것이다. 어쩌면 제국의 질서에 숨죽이고 있던 송견의 정신이 다시 화려하게 복귀한 것일 수도 있다.

이 대목에서 우리는 원효元曉(617~686), 김수영金洙暎(1921~1968)과 함께 우리 인문정신의 세 다리를 이루는 신채호申采浩(1880~1936)의 당당함을 기억해둘 필요가 있다. 〈명名과 이利와 진眞의 삼인三人〉이란 에세이에서 신채호는 이익에 좌지우지되는 인간, 명성과 명예에 요동치는 인간, 그리고 자기 마음으로 움직이는 당당한 인간을 구분한다. 여기서 중요한 것은 이익과 명성은 자신이 아니라 외부, 즉 체제로부터 기원한다는 사실이다. 결국 이익과 명성을 중시하는 사람은 자기 삶의 주인일 수는 없는 노릇이다. 누군가 이익을 제공하면 그에 따르고, 누군가 칭찬을 하면 그에 따를 테니 말이다. 반대로 참된 사람, 즉 진인眞人은 자기 삶의 주인이다. 먹고 싶으면 먹고, 가고 싶으면 간다. 말하고 싶으면 말하고, 웃고 싶으면 웃는다. 얼마나 근사한 일인가. 송견, 디오게네스, 혜능 등 역대 자유인들이 말하고자 했던 것을 신채호는 깔끔하게 정리해버린 것이다.

우발성은 존재하는가?

동중서

———————————— VS ————————————

왕충

우발성의 철학과 필연성의 철학

다양한 철학적 경향들을 나누는 데 많은 기준이 있다. 그 가운데서도 가장 결정적인 것은 '우발성'을 기준으로 삼는 구분법일 것이다. 다시 말해 동양과 서양에서 전개되었던 다양한 철학적 사유들을 우발성을 긍정하는 철학과 우발성을 부정하고 필연성을 강조하는 철학으로 구분해볼 수 있다는 것이다. 우발성을 의미하는 'contingency'라는 말은 접촉contact을 의미하는 라틴어 'contingere'에서 유래한 것이다. 그래서 우발성의 철학은 접촉이나 조우encounter를 긍정하는 철학이라고 생각할 수 있다. 흥미롭게도 우발성의 철학이든 필연성의 철학이든 서양의 경우 모두 일종의 원자론적 사유에서 출발한다. 원자론은 원자와 세계 사이의 관계를 원인과 결과의 논리로 사유하려고 한다. 여기서 원자론이 취할 수 있는 사유 가능성은 두 가지로 정리할 수 있다. 하나는 인과관계의 필연성을 강조하는 결정론determinism이고, 다른 하나는 인과적 결정론에 반대하는 비결정론indeterminism이다.

서양철학사에서 먼저 등장한 것은 결정론적 사유였다. 강력한 인과적 결정론을 최초로 주장했던 철학자는 데모크리토스Democritus(BC 460?~BC 370?)의 스승으로 유명한 레우키포스Leucippus(BC 5C?)였다.《원자론자들: 레우키포스와 데모크리토스, 단편들The Atomists: Leucippus and Democritus, Fragments》에 등장하는 단편을 보면 "어떤 것도 무의미하게 일어나지 않는다. 모든 것은 이유logos로부터 그리고 필연성ananke에 의해서 발생한다". 아주 단호한 인과적 결정론이다. 그러나 얼마 지나지 않아 데모크리토스나 레우키포스와는 다른 묘한 원자론이 출현하게 된다. 바로 루크레티우스Lucretius(BC 96?~BC 55)다. 그는 세계가 원자들로 구성되는 것은 맞지만, 원자들이 세계로 형성되는 과정은 우발성에 의해 지배된다고 주장했다. 그러니까 지금 만들어진 세계와는 다른 세계도 충분히 가능하다는 것이다. 레우키포스의 표현을 빌리자면 루크레티우스는 "어떤 것도 무의미하게" 일어난다고 주장한 셈이다.

레우키포스의 결정론과 루크레티우스의 비결정론, 혹은 필연성과 우발성은 고대 그리스 로마 시절 원자론자들 사이에 벌어진 에피소드로 간주해서는 안 된다. 과학적 사유의 본성, 나아가 인간 이성의 가능성과 관련되어 있기에, 아직도 결정론과 비결정론 사이의 첨예한 논쟁은 뜨겁게 진행되고 있기 때문이다. 레우키포스의 적장자는 근대 기계론적 자연관의 수호자 라플라스Pierre-Simon Laplace(1749~1827)일 것이다. 1786년에 출간된 글에서 라플라스는 우연을 부정하면서 결정론에 대한 자신의 확신을 당당히 피력한다.

우연이란 말은, 어떤 분명한 질서도 없이 연달아 발생한다고 관찰되는 일련의 현상들에 대한 원인들을 우리가 알지 못한다는 것만을 말해준다. 확률이란 부분적으로 이런 우리의 무지와 관련되어 있고, 부분적으로는 우리의 인식과 관련된 것이다.

　　　　　　　　　－《매우 큰 수들의 함수 공식들의 근사치에 대한 회상

Mémoire sur les Approximations des Formules qui sont Fonctions de Très Grands Nombres》

세계의 모든 현상들은 원인과 결과의 관계로 완전히 결정되어 있다. 이런 확신을 가지고 있었던 라플라스는 우연, 혹은 우발성이란 다만 현상들의 원인에 대한 우리의 무지 때문에 발생하는 일종의 착시효과에 지나지 않는다고 주장한다. 결국 우리의 무지가 개선되면, 우발성은 사라지고 그 자리에 다시 결정론적 인과관계, 즉 필연성이 등장하게 된다는 것이다. 완전한 무지 상태와 완전한 인식 상태 사이에는 애매한 단계가 있을 수 있다. 일부 원인들만 알고 다른 원인들은 아직 알지 못하는 난감한 상황이라고 할 수 있다. 바로 이 단계에서 라플라스는 확률을 사용할 수 있다고 이해한다. 그러나 이것은 그저 임시방편일 뿐이다. 원인들에 대한 완전한 이해에 이르면, 우리는 확률 자체를 폐기할 수 있으니까 말이다. 고전역학의 마지막 적장자 아인슈타인의 말이 떠오르는 대목이다. "신은 주사위 놀이를 하지 않는다!"

자신의 주저《사물의 본성에 관하여De Rerum Natura》에서 루크레티우스는

근대 기계론적 자연관의 수호자 피에르 시몽 라플라스. 그는 세계의 모든 현상들은 원인과 결과의 관계로 완전히 결정되어 있다고 확신하고 있었다.

평행으로 내리는 비를 비유로 사용한다. 평행으로 내리는 빗줄기 중 하나에 클리나멘이라고 불리는 조그만 편차가 발생하면, 이 빗줄기는 옆 빗줄기와 부딪히게 된다. 이런 식으로 서로 평행으로 운동하는 원자들 중 어느 하나가 조그만 편차를 일으키면, 원자들은 서로 마주치게 되고 이러기를 반복하면 우리가 살고 있는 세계가 탄생한다는 것이다. 루크레티우스의 생각에 따르면 우발성, 혹은 우연은 우리의 무지와는 아무런 상관이 없는 존재론적 원리라고 할 수 있다. 라플라스의 결정론을 비판하면서 "독립적인 인과계열들 사이의 마주침rencontre de deux séries causales indépendantes"을 강조했던 쿠르노 Antoine - Augustin Cournot(1801~1877)가 루크레티우스의 계승자라고 할 수 있는 것도 이런 이유에서다.

　　독립된 계열들에 속하는 현상들의 조합이나 마주침 때문에 인과적으로 발생한 사건들이 우리가 운이라고 부르는 것들이거나 아니면 무작위성으로부터 발생한 것들이다. …… 폭풍우에 놀란 남자가 홀로 서 있는 나무 아래로 숨어들었지만 그는 번개에 맞아 죽었다. 이 사건은 순전히 무작위적이지는 않다. 물리학은 전기를 띤 유체가 나무 꼭대기나 피뢰침과 같은 곳에서 전기를 발산한다고 알려주고 있다. 물리학적 원리에 무지했던 남자가 나무를 피난처로 선택한 것, 그리고 번개가 바로 그 장소에서 쳤다는 것이 이유가 될 수 있다. 반대로 어떤 남자가 대초원이나 혹은 숲속에서 번개에 맞아 죽었다면, 이 사건은 운이라는 요소가 개입되어 있는 것으로 보인다. 왜냐하면 그 사람을 그 장소로 이끈 원인들과 그 순간에 번개가 그를 때린 이유 사이에는 어떤 연결 관계도 없는 것처럼 보이기 때문이다.

–《우연과 확률 이론에 대한 해명

Exposition de la théorie des chances et des probabilités》

우발성, 혹은 우연을 강조한다고 해서 쿠르노가 무엇이든지 아무것이나 생길 수 있다고 주장하는 것은 아니다. 오히려 중요한 것은 쿠르노도 인과관계를 부정하지 않는다는 점이다. 루크레티우스의 수많은 빗줄기들처럼 쿠르노는 인과관계들도 평행으로 작동하고 있다고 생각했을 뿐이다. 그러니까 쿠르노에게는 하나의 절대적인 인과관계가 아니라, 거의 무한에 가까운 수많은 인과관계들이 병존하고 있는 셈이다. 문제는 "독립된 계열들에 속하는 현상들의 조합이나 마주침"이 항상 발생할 수 있다는 데 있다. 바로 이것이 쿠르노가 말하는 '사건événement'이다. A는 이가 너무 아파서 치과에 가려고 한다. 인과관계 A다. 한편 B는 급한 약속 때문에 차의 액셀러레이터를 강하게 밟고 있다. 인과관계 B다. 이 두 가지 인과계열이 서로 마주쳤을 때, 다시 말해 병원에 가던 사람이 약속에 늦지 않으려던 사람의 차에 치였을 때, 마주침이 일어난 것이고 '사건'이 발생한 것이다.

사건들의 우발성은 인간의 단순한 무지가 아니라 세계의 실상에 해당한다. 쿠르노에게 다양한 인과계열들은 마주치지 않으면 그뿐이지만, 마주쳤다 하면 새로운 사건들은 반드시 돌출하기 때문이다. 쿠르노는 사건과 관

루크레티우스의 계승자라고 할 수 있는 쿠르노. 루크레티우스의 수많은 빗줄기들처럼 쿠르노는 인과관계들도 평행으로 작동하고 있다고 생각했다.

련된 흥미로운 사례 두 가지를 든다. 첫 번째는 폭풍우와 번개가 사납게 치는 날 홀로 서 있는 나무 근처에서 어느 남자가 번개에 맞아 죽은 사건이다. 남자의 죽음은 충분히 인과론적으로 설명할 수 있다. 전기는 최단 거리로 이동하는 속성이 있는 것처럼, 번개도 지표면보다는 그보다 높은 나무나 피뢰침에 먼저 닿는다. 이걸 모르고 번개가 치는 날 나무 근처에 있었기에 그 남자는 죽은 것이다. 어쨌든 폭풍우를 피하려고 남자가 나무로 들어간 인과계열과 가장 가까운 곳에 전하를 배출하려는 번개가 가진 인과계열이 마주친 것이다. 잊지 말아야 할 것은 이 두 가지 인과계열이 마주치지 않았다면, 그 남자는 결코 죽지 않았으리라는 점이다.

　　두 번째는 대초원이나 숲속에서 번개에 맞아 죽은 보기 드문 사건이다. 대초원이나 숲속에서 번개를 맞을 가능성은 별로 없다. 그런데 이런 곳에서 번개를 맞아 사람이 죽은 사건이 벌어진 것이다. 무언가 운이 매우 나쁜 남자라는 생각이 든다. 그렇지만 첫 번째 사건과 마찬가지로 대초원에 서 있거나 숲속으로 들어가게 된 인과계열과 대초원이나 숲에 번개가 떨어지게 된 인과계열이 마주쳐서 생긴 사건이라는 건 분명한 일이다. 이 두 번째 사건이 첫 번째 사건과 달라지는 지점은 어디일까? 첫 번째 사건에서 우리는 관련된 두 가지 인과계열의 정체를 쉽게 납득하지만, 두 번째 사건에서 우리는 불행한 사건을 만든 두 가지 인과계열의 정체를 잘 모른다. 우리는 이 남자가 왜 대초원에 홀로 서 있거나 숲속으로 홀로 들어가게 되었는지 모르고, 동시에 높은 곳도 아닌 낮은 곳에 왜 번개가 친 것인지도 모른다. 그렇지만 이 두 번째 사건에서도 사건은 "독립된 계열들에 속하는 현상들의 조합이나 마주침 때문에 발생한" 것이다.

조우와 접촉이란 말은 우리가 사전에 미리 예측하지 못한 타자 혹은 사건과 만나게 되는 것을 의미한다. 그리고 이렇게 접촉 혹은 조우에서 유래하는 사건의 특징을 철학에서는 우발성이라고 이야기한다. 이전에 서로를 전혀 몰랐던 남자와 여자가 특정한 날, 특정한 장소에서 서로 마주친다. 그렇지 않을 수도 있지만 요행히 두 사람은 사랑에 빠지게 된다. 남자는 친구에게서 연락이 와서 친구를 만나러 가는 계열을 따르고 있었고, 여자는 잘못 구매한 상품을 환불하러 백화점에 가는 계열을 따르고 있었다. 두 계열은 두 가지 직선이 어느 지점에서 교차하듯이 서로 마주치는 것이다. 그런데 흥미로운 것은 사랑에 빠지자마자 대부분의 남녀는 자신들의 마주침이 마치 필연이었던 것처럼 사후적으로 회고하기 쉽다는 점이다. 이것은 우발적 마주침이 지닌 우발성을 회피하고 자신들의 만남을 영원하게끔 만들려는 심리적인 자기기만이라고 할 수 있다. 마주침의 우발성이란 결국 헤어짐의 우발성도 함축하는 논리지만, 사랑에 빠진 두 남녀는 헤어짐을 가급적 생각하지 않으려고 애써 노력하고 있기 때문이기도 하다.

사랑에 빠진 두 남녀의 사례는 우리에게 우발성에서 필연성이란 관념이 발생하는 심리학적 메커니즘을 잘 보여준다. 이 점에서 흥미로운 문제는 인간이 지닌 고질적인 허영의 문제이다. 소망스러운 마주침에 대해 인간은 그것이 함축하는 우발성을 부정하고 필연성을 가장하려는 태도를 보이기 마련이다. 반면 너무나 불쾌해서 피하고 싶은 마주침에 대해 인간은 그것의 우발성을 있는 그대로 받아들이려는 경향을 갖고 있다. 예를 들어 우산도 없이 나왔다가 소나기와 마주쳤을 때, 과속하는 차에 부딪혔을 때, 시험을 보는 날 심한 몸살에 걸렸을 때, 그 누구도 "이건 절대로 우연이 아니야. 필연적인 일이야"라고 말하지는 않을 것이다. 오로지 자신이 원하고 소망하는 경향의 일들만을, 그것이 발생했을 때 필연성의 논리로 이해하고 싶어하는 의지를 갖고 있다는 말이다. 그렇다면 우리는 우발성을 긍정하는 철학이 타자 혹은 사건에 대한 담대한 시선을 가지고 있다는 점, 그리고 반대로 필연성을 긍정하는 철학은 소망스러운 마주침에 대해서만 시선을 고정시키고 그것에 편집증적인 의미 부여를 하고 있다는 점을 새삼스럽게 다시 확인할 수 있다.

현대 서양철학자들 가운데 우발성의 철학을 가장 명료하게 보여주었던 사람은 바로 알튀세르라고 할 수 있다. 그에 따르면 모든 사건은 기본적으로 개체들 사이의 우발적인 마주침으로 인해 발생하는 것이다. 나아가 그는 서양철학사의 전통 속에도 바로 이런 우발성의 철학, 혹은 마주침의 철학이 면면히 흐르고 있다는 점을 강력하게 주장한다. 그는 이 전통을 '마주침의 유물론matérialisme de la rencontre'의 전통이라고 부른다. 알튀세르는 마주침의 유물론이 "세계의 형성 이전에는 어떤 의미도, 또 어떤 원인도, 어떤 목적, 어떤 근거나 부조리도 실존하지 않았다"라는 견해를 공유하는 전통이라고 생각했다. 그렇다면 당연히 마주침의 유물론이란 전통은 플라톤이나 아리스토텔레스의 철학, 그리고 기독교의 사유와 같은 필연성의 사유 전통과는 대립되는 것일 수밖에 없을 것이다. 필연성을 긍정하는 사유 전통에 따르면 세계가 만들어지기 이전에 창조주 혹은 절대적인 의미나 목적이 이미 존재한다고 보기 때문이다. 그래서 필연성의 철학은 항상 세계 속에 숨겨져 있는 창조주의 의도나 절대적인 의미를 찾으려고 노력한다. 알튀세르가 동아시아 철학사에 정통했다면, 그는 이 사유 전통에서도 필연성을 강조하는 주류 철학과 그에 맞서 우발성을 중시하는 은밀한 사유 전통을 발견하는 행운을 누렸을 것이다.

동중서: "하나의 필연적 인과관계가 세계를 지배한다."

동중서董仲舒(BC 176~BC 104)는 한나라 무제武帝 유철劉徹(BC 156~BC 87)에게 유학 사상을 강력한 중앙집권의 이데올로기로 제안했던 사상가이다. 동중서가 제안한 이데올로기의 핵심은 그의 주저인 《춘추번로春秋繁露》 안의 한 편명이기도 한 '왕도통삼王道通三'이라는 구절로 요약할 수 있을 것이다. 이 구절은 "왕의 도는 셋을 소통시키는 것이다"라고 해석할 수 있다. 여기서 셋은 하늘, 인간, 땅, 그러니까 삼재三才를 의미한다. 왕은 하늘, 인간, 땅을 소통시키는 역할을 함께 수행해야 한다고 본 것이다. 이것을 정당화하기 위해서 동중서는 '왕王'이란 글자가 '셋'을 의미하는 '三'이라는 글자와 '뚫는다'를 의미하는 'ㅣ'이란 글자로 이루어져 있다고 주장했다. 표면적으로는 왕이 가진 역량을 강조하고 있는 것 같아 보이지만, 사실 동중서는 왕이 가진 권력을 하늘, 인간, 땅 속에 가두어놓으려고 한 것이다. 이제 왕은 자의적으로 권력을 행사해서는 안 되고, 하늘, 인간, 땅의 요구를 소통시키는 역할에 충실해야 하기 때문이다.

그런데 삼재 가운데 가장 중요한 위상을 차지하는 것은 하늘이다. 전통적으로 중국에서 최고 통치자를 '천자天子', 즉 '하늘의 아들'이라고 부른 것도 이런 이유에서이다. 동중서에게 하늘은 확고한 의지가 있는 인격적인 주재자로 간주되었다. 그는 하늘의 의지가 '만물에 대해 애정과 복리'(《춘추번로》 〈왕도통삼〉)로 드러난다고 자주 이야기했다. 그렇다면 하늘을 아버지로 숭배해야만 하는 군주는 결국 하늘의 뜻을 반드시 따라야만 할 것이다. 그것이 바로 유학에서 강조하는 '효孝'이기 때문이다. 이런 논리에 입각해서 동중서는 왕의 정치란 하늘의 의지에 따라서 유학 이념을 통치 이념으로 실현하는 것이라고 주장하게 되었다. 그에 따르면 만약 하늘의 의지에 반해 정치가 이루어질 경우, 하늘은 왕을 준엄하게 질책할 수밖에 없다. 이것이 바로 그의 유명한 재이설災異說의 의미이다.

동중서는 유학 사상을 강력한 중앙집권의 이데올로기로 제안했던 사상가이다. 동중서는 왕은 자의적으로 권력을 행사해서는 안 되고, 하늘, 인간, 땅의 요구를 소통시키는 역할에 충실해야 한다고 말한다.

하늘과 땅 사이의 모든 개별자에게 보통 있을 수 없는 사건이 나타나게 되면, 그것을 '사변異'이라고 하고 규모가 작은 경우 '이상현상災'이라고 한다. 둘 중 이상현상이 늘 먼저 일어나고 사변은 뒤따라서 출현한다. 이상현상이 하늘의 질책이고 경고라면, 사변은 하늘의 징벌이자 위력이다. 하늘이 경고했는데도 사람이 알아차리지 못하면 위력을 행사하여 사람을 두렵게 만든다. …… 이상현상과 사변의 근원은 한결같이 국가의 실책에서 생겨난다. 국가의 실책이 처음으로 가시화되려고 하면 하늘이 이상현상을 일으켜 경고하여 다가올 위험을 알려준다. 경고를 했는데도 정치인들이 고칠 줄을 모르면 사변을 일으켜 사람들을 놀라게 하고 두렵게 만든다. 그럼에도 여전히 두려워할 줄 모르면 재앙이 일어난다. 이런 경과를 보면 우리는 하늘의 의지가 사랑에 있지 사람을 위험에 빠뜨려 그들을 다치게 하는 데에 있지 않다는 것을 알 수 있다.

-《춘추번로》, 〈필인차지必仁且智〉

동중서에게 '재災'는 규모가 작은 기이한 자연현상을, 반면 '이異'는 그것보다 커다란 규모로 진행되는 두려운 자연현상을 가리킨다. 그에게 하늘의 의지는 기본적으로 '만물에 대한 애정과 복리', 즉 '인仁'에 있다. 그럼에도 왕이 백성들을 사랑하지 않거나 그들의 복리를 증진시키지 않는다면, 하늘은 왕에게 분노를 표현할 수 있다. 재와 이는 바로 하늘이 분노를 표현하는 수단이었던 셈이다. 그러나 하늘은 기본적으로 왕을 포함한 만물을 사랑하기 때문에 자신의 분노를 점진적으로 표현한다. 우선 규모가 작은 기이한 자연현상을 보여줌으로써, 하늘은 왕이 정치를 잘못하고 있다는 것을 질책하고 경고한다. 그럼에도 왕이 하늘의 뜻을 계속 무시하면, 하늘은 마침내 크게 분노하여 홍수와 같은 대재앙을 내리게 된다는 것이다.

재이설로 상징되는 동중서의 종교적 사유에서 철학적으로 중요한 것은, 그가 기이한 자연현상을 포함한 모든 사건을 하늘의 필연적 의지의 실현이라고 보았다는 점이다. 이것은 동중서가 현상적 사건들이 하늘이 설정한 절대적인 필연성, 혹은 절대적인 목적에 의해 지배되고 있다고 이해했음을 보여준다. 그렇다면 이제 궁금해진다. 동중서는 하늘을 인격적인 주재자로 사유했던 종교적 사상가였던 것일까? 기대와는 달리 동중서는 그렇게 단순한 사상가는 아니었다.

하늘의 의지는 사랑仁에 있고, 하늘의 도는 마땅함義에 있다. 그러므로 군주가 된 자는 주고 뺏고 살리고 죽이는 것이 모두 마치 사시四時처럼 알맞아야 하고, 관직을 만들어 관리를 배치하는 것은 마치 오행五行처럼 반드시 그 능력에 따라야 하고, 어진 사람을 좋아하고 사악한 사람을 싫어하며 덕을 쓰고 형벌을 멀리하는 것은 마치 음양陰陽처럼 해야한다. 이것을 "하늘에 배필이 될 수 있다"고 말한다. 하늘의 도는 만물을 기르는 것이고, 왕王은 사람을 기르는 것이다. 군주의 위대함은 그가 하늘과 땅과 함께 셋을 이루기 때문이다. 좋아하는 것과 싫어하는 것이 구분되는 것은 음양의 이치처럼 분명해야 하고, 즐거움과 노여움이 드러나는 것은 한서寒暑와 비유할 만큼 확실해야 하고, 관직의 일은 오행의 운행처럼 마땅해야만 한다. 이런 식으로 하늘과 땅 사이의 인간들을 기르고 나라를 안정시키면, 왕은 음양의 기 그리고 하늘과 땅에 섞여 들어간다. 그러므로 사람들은 "왕은 하늘과 땅과 함께 셋이 된다"고 말했던 것이다. 진실로 하늘과 땅과 함께 셋이 되어야, 세계는 생성하는 법이다. 어찌 신비스러운 하늘과 땅만이 그렇겠는가! 왕도 하늘과 땅과 셋이 되어 그것에 부합하는 존재다. 그러니 왕이 정치를 잘하면 올바른 기가 세계의 생성에 섞여 들어갈 것이고, 정치를 잘하지 못하면 사악한 기가 세계의 생성에 섞여 들어갈 것이다. 같은 것은 서로를 돕고 다른 것은 서로를 훼손하는 법칙은 전혀 의심할 바 없는 것이다.

－《춘추번로》,〈천지음양天地陰陽〉

인격적 주재자이기에 하늘이 재이를 내리는 것이 아니다. 하늘로 하여금 재이를 내리도록 만드는 것은 인간, 특히 군주이기 때문이다. 왕이란 글자가 함축하듯이 군주는 하늘, 땅, 그리고 인간을 유기적으로 연결시키는 일종의 축과 같은 존재다. 전통적으로 삼재三才라고 불리는 이 세 가지 요소를 더 압축해보자면, 군주는 자연세계와 문명세계를 연결시키는 매개자라고 할 수 있다. 물론 그렇다고 해서 자연세계와 문명세계가 대등하다는 것은 아니다. 문명세계는 하늘과 땅으로 상징되는 자연세계 속에 존재하기 때문이다. 결국 위계는 명확한 것이다. 그래서 동중서는 문명세계의 작동원리마저 자연세계의 작동원리와 구조적 유사성을 가져야만 한다고 강조했던 것이다. 심지어 그는 군주의 감정과 행위마저도 자연세계의 법칙과 유사해야만 한다고 이야기하기까지 한다.

왕의 인도로 문명세계, 즉 인간세계가 인仁과 의義에 따라 작동한다면, 자연세계를 상징하는 하늘이 어떻게 재이를 내릴 수 있다는 말인가? 이것이 바로 동중서의 생각이었던 것이다. 재이가 발생하는 것은 마치 재판관이 죄인에게 벌을 내리는 행위와 유사해 보인다. 그렇지만 이것은 표면적인 인상에 지나지 않는다. 하늘과 땅, 특히 하늘은 자기의 내적 필연성, 혹은 인의 仁義라는 법칙에 따라 움직일 뿐이다. 그리고 이 법칙에 따라 인간을 포함한 만물을 낳고 기른다. 그러니 모든 개별자들이 따라야 하는 일차적 법칙은 바로 인의인 셈이다. 그러나 유독 인간만이 인의를 저버릴 수 있다. 바로 이 것이 동중서의 문제의식이었다. 하늘, 땅, 그리고 인간이란 삼재, 즉 세 가지 재목으로 이루어진 것이 전체 세계인데, 오직 인간만이 자신이 전체 세계를 떠받치는 하나의 기둥이라는 사실을 망각할 수 있다. 당연히 세 기둥 중 하 나가 흔들흔들하니, 전체 집도 흔들흔들거릴 수밖에 없다. 바로 이것이 재이 災異가 발생하는 내적 메커니즘이었던 것이다.

전체 세계가 안정적으로 유지되기 위해서는 하늘도 없어서는 안 되고, 땅도 없어서도 안 되고, 인간도 없어서는 안 된다. 이처럼 동중서는 전체 세 계를 세 가지 계기를 부분으로 갖는 유기체로 사유하고 있었던 것이다. 하 늘은 하늘로서 자기 기능을 유지하고, 땅은 땅으로서 자기 기능을 유지하고 있다. 그러나 오직 인간만이 세계를 떠받치는 기둥의 역할을 방기할 수 있 다. 다시 말해 인간들은 전체 세계를 염두에 두기보다 자기만의 이익에 몰두 할 수도 있는 존재라는 것이다. 문제는 인간이 전체 세계에 참여하도록 독려 해야 하는 군주가 오히려 앞장서서 전체 세계를 사유화하려고 할 수 있다는 데 있다. 한 사람이 아무리 전체 세계를 망각하고 사리사욕에 달려든다고 해도, 그것만으로 하늘, 땅, 그리고 인간으로 이루어지는 거대한 우주의 유 기적 구조를 동요시키기에는 충분하지 않다. 그러나 군주라면 사정이 완전 히 다르다. 하늘과 땅 사이에 존재하는 인간들 전체를 동원할 수 있으니까 말이다. 비유하자면 머리카락이 망가진다고 해서 우리의 몸이 크게 망가지 는 것은 아니지만, 심장에 이상이 생기면 우리 전체 몸은 심각한 위기를 맞 게 되는 것과 같다.

동중서의 우주론은 이렇게 압도적인 스케일을 자랑한다. 그가 압도적 인 우주론으로 포획하고자 했던 것은 물론 무소불위의 권력을 휘두르는 군 주를 통제하기 위해서다. 그래서 그의 재이론이 중요한 것이다. 그러나 돌아보라. 지금도 그렇지만 과거에는 얼마나 많은 천재지변이 발생했을지 말이다. 동중서의 우주론을 받아들인다면, 군주는 계속 자신이 정치를 잘하고 있는지 반성하고 성찰할 수밖에 없다. 우박이 많이 떨어질 수도 있고, 개구리떼들이 몰살할 수도 있고, 혜성이 떨어질 수도 있다. 아니 매일 매시간 매초마다 기이한 자연현상들은 셀 수 없을 만큼 발생하니 말이다. 군주를 삼재의 매개자, 즉 왕으로 신성시하는 것처럼 보이지만, 사실 동중서는 군주의 권력을 통제하고자 한 것이다. 영민했던 황제 유철이 동중서의 속내를 파악하지 못할 리 없다. 그랬기에 유철은 동중서의 말을 무겁게 듣는 척했지만, 그를 자기 곁에 두지 않았던 것이다. 노골적으로 말해 유철은 동중서의 사상 중 군주를 정당화하는 왕의 논리는 받아들였지만, 군주의 권력을 제약하는 재이의 논리는 무시해버린 셈이다.

ⓑ

왕충: "모든 것은 우발적인 마주침에서 생성된다."

동중서에게 하늘은 뚜렷한 의지나 목적을 가지고 세계를 지배하는 인격적 주재자였다. 보통 중국 철학 전통에서 '의지나 목적을 가지고 있다'는 생각은 '유위有爲'라는 용어로 표현된다. 하늘을 유위의 존재라고 보았던 점에서 동중서의 사유 체계는 기본적으로 종교적인 체계였다고 말할 수 있다. 혹은 동중서는 자연세계와 인간세계 사이에 필연성을 상정했던 철학자로 이야기해도 된다. 그러나 종교적 사유, 나아가 필연성을 긍정하는 동중서의 사유는 얼마 되지 않아 극심한 저항에 봉착하게 된다. 당시의 여러 자연과학적 성과들을 토대로 필연성의 철학을 전면적으로 거부했던 철학자, 즉 왕충王充(27~100)과 같은 인물이 등장했기 때문이다. 먼저 그가 동중서의 재이설을 어떻게 비판하고 있는지 살펴보도록 하자.

이상현상災과 사변異을 논하는 자들은 이렇게 말한다. 즉 이상현상과 사변이 닥친 것은 군주가 정치로 하늘을 움직이고, 하늘은 기氣를 움직여 이에 응한다는 것이다. 그것은 마치 어떤 물건으로 북을 두드리고, 몽둥이로 징을 치는 것과 같다. 북은 하늘과 같고, 몽둥이는 정치와 같다. 종소리와 북소리는 하늘이 응답하는 것과 같다. 군주가 아래에서 정치를 하면 하늘의 기는 사람에 따라서 이른다는 것이다. 하지만 이것은 또한 의심스러운 것이다. 대체로 하늘이 개별자를 움직일 수는 있으나, 개별자가 하늘을 움직일 수도 있을까? …… 인간이 하늘과 땅 사이에 있는 것은 마치 벼룩이 옷 속에 있는 것과 같고, 개미가 굴 속에 있는 것과 같은 것이다. 벼룩과 개미가 이리 뛰고 저리 날뛰지만 옷 안과 굴 속의 기를 움직일 수가 있겠는가? 벼룩과 개미는 그렇게 할 수 없다. 그런데 인간만이 할 수 있다고 말하는 것은 개별자와 기의 이치를 명확히 알지 못하는 것이다. ―《논형論衡》,〈변동變動〉

재이설에 대해 왕충이 비판한 핵심은 동중서가 인간중심주의 anthropocentricism에 매몰되어 있다는 데 있었다. 재이설이 사실이라면, 왕의 올바른 정치적 행동은 하늘을 움직일 수 있어야만 한다. 그렇지만 왕충이 보았을 때 자연세계가 인간에게 영향을 줄 수 있을지는 모르지만, 그 역은 불가능한 것으로 보였다. 예를 들어 가뭄이 인간에게 커다란 영향을 주는 것은 사실이지만, 인간의 어떤 행동들, 특히 기우제를 지낸다거나 하는 인간의 특정한 행위가 거꾸로 가뭄에 영향을 줄 수는 없다고 본 것이다. 이 점에서 왕충의 사유는 많은 부분 순자의 자연주의 정신을 계승하고 있는 것처럼 보인다.《순자》〈천론天論〉 편에서 순자는 말한다.

기우제雩를 지내면 비가 오는 것은 무엇 때문인가? 순자가 말한다. "어떤 이유도 없다. 기우제를 지내지 않아도 비가 내리는 것과 마찬가지다. 일식이나 월식이 생기면 태양과 달을 구하려고 하고, 가뭄이 들면 기우

왕충의 철학적 탁월함은 그가 우발성의 철학을 체계적으로 정립했다는 데 있다. 그는 세상의 모든 생명체들이 의도나 목적이 아니라 어떤 마주침의 결과로 도래한 것이라고 말한다.

제를 지내고, 거북점과 시초점을 쳐서 중요한 일을 결정한다. 이것은 우리가 간절히 원하는 것을 얻으려고 하는 구복 행위가 아니라, 주어진 상황을 꾸미는 것이다. 그러므로 통치자는 이런 행위를 꾸미는 행위라고 생각하고, 백성들은 신과 관련된 일이라고 생각한다. 이런 종교적 행위를 꾸미는 행위라고 생각하면 좋은 일들이 찾아올 테지만, 신과 관련된 일로 생각하면 불행한 일들이 생길 것이다." ―《순자》, 〈천론〉

순자는 "기우제를 지내면 비가 오지만 기우제를 지내지 않는다 하더라도 비는 온다"고 말한다. 한마디로 말해 기우제와 비는 어떤 인과관계도 없다는 것이다. 그렇지만 가뭄에 지내는 기우제뿐만 아니라 천재지변이나 사회적 위기에서 수행하는 모든 종교적 행위를 부정하지 않고 있다. 대부분 민중들은 자연세계와 인간세계를 주재하는 초월적인 신이 있다고 믿고 있기 때문이다. 당연히 자연계에 이상 징후가 생기면, 민중들은 심하게 동요할 것이다. 이런 동요는 바로 통치의 안정성을 훼손할 것이다. 그렇기에 순자는 기우제와 같은 종교적 행위가 필요하다고 본 것이다. 결국 이런 종교적 행위는 어리석은 민중을 정신적으로 위로하기 위해 펼치는 일종의 연극이었던 셈이다. 그러나 문제는 어리석은 통치자도 민중들처럼 종교적 행위를 맹신하고 그로부터 위로를 받으려고 할 수 있다는 데 있다. 이렇게 종교 행위의 본질을 망각한 통치자는 자신의 지위뿐만 아니라 국가마저도 위기에 빠뜨리게 될 것이다. 초월적 신에게 매료된 만큼 통치자가 천재지변이나 사회적 위기를 능동적으로 해결할 노력을 방기할 테니 말이다.

순자의 자연주의 정신을 계승한 왕충은 동중서의 필연성의 철학, 혹은 종교적 철학을 그 근본 바닥에서부터 붕괴시키려고 한다. 그러나 그의 작업은 인간중심주의를 비판하고 자연주의를 표방하는 것만으로는 충분할 수 없었다. 왕충 스스로 우발성의 철학을 체계적으로 정립하지 않는다면, 동중서의 철학에 대한 왕충의 비판은 미약할 수밖에 없기 때문이다. 왕충의 철학적 탁월함은 그가 이 점을 더 명확히 알고 있었다는 데 있다. 그가 우발성의 철학을 정립하는 데 가장 크게 공헌한 것은 세계의 사건과 사태들을 주시하는 그의 탁월한 현실감각이었다. 왕충은 자신의 주변에서 일어나는 다양한 사건과 그 변화를 한 번도 무심히 지나친 적이 없었다. 여기서 그는 복수의 인과관계들에 대한 감각뿐만 아니라 그것들의 마주침과 마주치지 않음을 성찰했던 것이다.

땅강아지와 개미가 땅 위를 기어갈 때 사람이 발로 밟고 지나간다. 발에 밟힌 땅강아지와 개미는 눌려 죽고, 발에 밟히지 않은 것은 다치지 않고 온전히 살아남는다. 들풀에 불이 붙었을 때 마차가 지난 곳은 불이 붙지 않는다. 사람들은 그것을 좋아하며 행초幸草라고 부르기도 한다. 발에 밟히지 않은 것, 불길이 미치지 않은 것이라도 반드시 좋은 것은 아니다. 우연히 불이 붙었고, 사람이 길을 가다가 때맞게 그렇게 된 것이다. ―《논형》,〈행우幸偶〉

사람들은 의식하지 못하지만, 경솔한 우리의 발걸음에 얼마나 많은 작은 생물들이 죽었을까? 왕충은 그것들이 왜 죽게 되었는지를 성찰하고, 마침내 최종 결론을 내린다. 그것들은 단지 우발적으로 우리, 혹은 우리의 발과 마주친 것이다. 물론 그 결과 발에 밟혀 죽은 벌레, 아니면 우리의 발과 마주치지 않고 제 갈 길을 간 벌레도 있었던 것이다. 그러나 그것은 단지 마주쳤는지, 혹은 마주치지 않았는지의 차이일 뿐이다. 이어서 왕충은 들판을 휩쓸고 지나간 들불의 열기에도 살아남은 풀들을 이야기한다. 그것들은 마차가 밟고 지나가 땅바닥에 눌려 있어 위험을 면할 수 있었다. 이런 풀들을 당시 사람들은 행운의 풀, 즉 행초幸草라고 부르면서 신성시했던 것으로 보인다. 이런 미신적 경향에 대해 왕충은 행초가 단지 우발적인 마주침의 결과에 지나지 않는다고 폭로한다. 실제로 바퀴와 마주쳐서 땅에 눌린 풀들은 들불과 마주치지 않는다면 행운의 풀이기는커녕 불쌍한 풀로 머물렀을 것이다.

우발성에 대한 그의 현실적 감각들은 차근차근 축적되어 마침내 동중서가 구상했던 목적론적 형이상학을 전면적으로 공격하게 된다.

> 유학자들은 하늘과 땅이 '의도를 가지고故' 인간을 낳았다고 하지만, 이말은 허황된 것이다. 대체로 하늘과 땅이 기를 합할 때, 인간은 '우발적으로偶' 저절로 생겨나는 것이다. 그것은 부부가 기를 합할 때 자녀가 저절로 생겨나는 것과 마찬가지이다. 부부가 기를 합하는 것은 당시에 자녀를 얻으려고 한 것이 아니라, 정욕이 발동하여 합한 것이며 합한 결과 자녀를 낳은 것이다. 부부가 '의도를 가지고' 자녀를 낳은 것이 아니라는 것으로 하늘과 땅이 '의도를 가지고' 인간을 낳는 것이 아님을 알 수 있다. ―《논형》, 〈물세物勢〉

왕충의 논의를 이해하려면, 우선 '고故' 개념과 '우偶' 개념의 구별에 주목해야만 한다. '이유나 까닭'으로 번역할 수 있는 '고'는 '사건들의 목적이나 숨겨진 의도'를 의미한다. 반면 '마주친다'는 뜻을 가지고 있는 '우'는 '의도나 목적이 없는 우발적인 마주침'을 의미한다. 왕충 이전의 사람들, 특히 동중서를 대표로 하는 유학자들은 아이는 부부가 자손을 번식하려는 의도적인 목적을 가지고 성행위를 함으로써 태어난 것이라고 생각했다. 하지만 왕충은 인간을 포함한 생명체들은 어떤 성스러운 목적이나 의도, 특히 하늘과 땅의 성스러운 계획에 의해 태어난 것이 아니라고 선언한다. 자신의 주장을 정당화하기 위해서 그는 남녀가 아이를 낳게 되는 메커니즘을 동일한 사례로 들고 있다. 왕충에 따르면 아이는, 부모가 어느 날 정욕이 발동하여 성행위를 하는 과정에 의해 우발적으로 생긴 것에 불과하다는 것이다.

아마 누군가는 아이를 낳으려는 의도를 가지고 부모가 성행위를 할 수도 있다고 반론을 펼 수 있을 것이다. 이런 반론에 대해 왕충은 과연 어떤 식으로 이야기했을까? 아마도 그는 이렇게 답했을 것이다. 과연 그런 분명한 의도가 있다고 하더라도 아이가 필연적으로 태어나지는 않는다고 말이다. 부모가 의도를 갖고 성행위를 한다고 하더라도, 아이는 태어나지 않을 수도 있다. 아버지의 기와 어머니의 기, 지금 용어로 한다면 정자와 난자는 마주칠 수도 있고 혹은 마주치지 않을 수도 있기 때문이다. 인간이 부모의 정욕 때문에 우발적으로 탄생했다고 이야기하면서, 왕충은 자신의 우발성의 테마를 전체 세계로까지 확장시킨다. 즉 세상의 모든 생명체들은 하늘과 땅으로 상징되는 자연세계 내부에서 어떤 마주침의 결과로 도래한 것이지 특정한 의도나 목적으로 인해 생긴 결과가 아니라는 것이다. 바로 여기서 동중서의 필연성의 철학에 맞서는 왕충의 우발성의 철학이 그 정점에 이르게 된다.

동아시아 사유의 뇌관, 왕충

동중서는 중국 철학사, 특히 유학 철학사에서 부당하게 경시되는 경향이 있다. 공자나 맹자가 가진 친절함과 생생함에 미치지 못하고, 그렇다고 해서 장재나 주희가 가진 형이상학적 체계성도 가지지 못했다는 인상 때문일 것이다. 그렇지만 공자와 맹자로 대표되는 중국 고대의 유학 사상이 장재나 주희의 신유학으로 발전하는 데 동중서의 유기체적 형이상학은 결정적인 역할을 한다. 특히나 천인합일天人合一로 설명될 수 있는 동중서의 유기체론은 매우 중요하다. 재이설 등이 가진 종교적 요소를 제거한다면, 그것은 장재의 우주가족이나 혹은 주희의 이일분수理一分殊 논의처럼 형이상학 체계로 구체화될 수 있으니 말이다. 그래서 재이설과 함께 동중서의 유기체론을 규정하는 천인감응天人感應 이론에 우리는 주목할 필요가 있다. 자연계와 인간계가 서로 영향을 주고받는다는 주장보다 더 천인합일을 설득할 수 있는 것도 없을 테니 말이다. 《춘추번로》〈동류상동同類相動〉 편에서 동중서는 말한다.

"하늘에는 음과 양이 있으며, 사람도 음과 양을 가지고 있다. 하늘과 땅의 음기가 일어나면 사람들의 음기도 이에 대응해서 일어난다. 또 역으로 사람들의 음기가 일어나면 하늘과 땅의 음기도 이에 대응해서 일어나게 된다. (자연계와 인간계의) 도道는 동일한 것이기 때문이다. 이 점을 분명히 아는 사람은 비를 오도록 하려면 음을 움직여 작동하도록 해야 하며, 비를 그치고자 하려면 양을 움직여 작동하도록 해야 한다."

동중서는 이야기한다. 하늘도, 땅도, 동물도, 식물도, 무생물도, 그리고 인간도 모두 음양陰陽이란 내재적 원리를 갖고 있다고. 그러니 모든 사물에는 음과 양의 계기가 있는데, 음은 음끼리, 양은 양끼리 상호 작용한다. 이것이 바로 동중서의 천인감응설이다. 이제 인간이 음을 상징하는 비가 오게 하려면 그것을 유발할 수 있는 음의 행위를 해야 하고, 비가 그치게 하려면 양의 행위를 함으로써 비가 함축하는 음의 힘을 상쇄해야 한다. 마치 하나의 현을 튕기면 다음 현이 앞의 현의 진동을 받는 것과 같다. 이제 동중서는 순자가 그렇게도 비판했던 기우제와 비 사이에 필연적인 인과관계, 정확히 말하면 유기체적 통일성을 설정해버린 셈이다.

바로 이런 생각을 집요하게 공격했던 사상가가 바로 왕충이었다. 동중서의 유기체론을 방치하는 순간, 우리는 그저 전체의 무기력한 부분에 지나지 않게 된다. 무서운 것은 유기체적 필연성에 갇히는 순간 우리는 새로운 관계를 만들 생각마저 품을 수 없다는 점이다. 왕충의 비판은 동중서의 유기체론에만 국한된 것은 아니다. 과거로 거슬러 올라가면 도가 만물을 낳았다는 노자의 사유, 그리고 후대로 내려가면 이일분수로 정리되는 신유학의 사유 등 왕충은 필연성을 정당화하려는 일체의 초월적인 사유들을 문제 삼는다. 만물의 생성에는 그것을 지배하는 숭고한 목적이나 확고한 체계 같은 것이 따로 없고 단지 우발성만이 지배한다는 것이 왕충의 입장이었기 때문이다. 그래서 왕충의 입장은 순자의 사유뿐만 아니라 장자의 사유와 공명하고 있다고 하겠다. '도행지이성道行之而成'이라고 외쳤던 장자를 생각해보라. 미리 주어진 그래서 우리가 반드시 따라야 할 체계나 필연성은 존재하지 않는다는 생각이다.

아이러니하게도 중국에 사회주의 체제가 들어오지 않았다면 왕충과 그의 주저 《논형論衡》은 케케묵은 먼지에 덮여 망각되었을지도 모른다. 보통 중국 철학사는 유교, 도교, 불교라는 세 가지 주된 흐름으로 요약된다. 사회주의 정권 입장에서 보면 다분히 관념론적인 사유 전통이다. 그들은 과거 중국 철학사에 이 세 흐름이 주요하게 흐르고 있다는 것이 여간 못마땅한 게 아니었다. 잘못하면 사회주의는 완전히 중국 문명과는 이질적인 수입품의 지위로 떨어질 수도 있기 때문이다. 사회주의의 철학적 토대는 유물론, 그러니까 정신은 단지 물질의 파생물에 지나지 않는다는 생각이라고 할 수 있다. 그래서 1970년대와 1980년대 중국 철학계는 중국 철학 전통에서 유물론적 사유의 맹아를 찾는 과업을 수행해야만 했다. 물론 공산당 정권으로부터 위임을 받아서 말이다.

당시 중국 철학계로서는 한숨을 돌릴 만한 인물과 그의 주저가 발굴된다. 그것이 바로 왕충과 그의 주저 《논형》이었다. 왕충만큼 기존의 관념론적 전통을 비판했던 철학자도 없었으니까 말이다. 당연히 베이징 대학에서는 '논형주석소조'라는 《논형》 해석 모임도 구성되었다. 지금도 베이징 대학교 논형주석소조가 교정해서 편찬한 《논형》은 가장 권위 있는 판본이다. 아니나 다를까, 그 이후 중국 철학계에서 내놓은 중국 철학사에서 왕충의 자리는 괄목할 만큼 커졌다. 어떻게 그렇지 않을 수 있겠는가. 정권의 요구에 가장 직접적으로 부응하는 것이 왕충의 철학이었으니까 말이다. 그렇지만 아이러니한 일은 왕충의 사유가 근본적으로 반형이상학적인 성격을 아주 강하게 띠고 있다는 사실이었다. 통상적으로 관념론은 만물이 정신의 결과물이라고 주장하는 입장이라면, 유물론은 그 반대로 정신까지 포함해 만물은 모두 물질의 결과물에 지나지 않는다는 입장이다.

관념론이든 유물론이든 이런 사유는 기본적으로 형이상학적일 수밖에 없다. 형이상학은 수많은 다양한 것들을 하나의 원리로 수렴하여 설명하는 내적 논리 구조를 가지고 있다. 현대 프랑스의 위대한 철학자 들뢰즈Gilles Deleuze의 표현을 빌리자면 과거 모든 형이상학은 기본적으로 '나무 이미지'로 구성되어 있다. 다시 말해 '하나의 뿌리와 수많은 가지'라는 도식을 모든 형이상학은 공유하고 있다는 것이다. 사실 관념론이 생각하는 하나의 뿌리는 바로 정신이나 관념이고, 유물론이 생각하는 하나의 뿌리는 물질이나 자연일 뿐이다. 그러니 관념론이나 유물론은 모두 형이상학적 사유일 수밖에 없다고 할 수 있다. 바로 여기에 심각한 문제가 도사리고 있다. 《논형》에는 모든 형이상학의 공통된 구조, 그러니까 '나무 이미지'가 보이지 않는다는 점이다. 이것은 결국 왕충의 사유가 근본적으로 반형이상학적이라는 성격을 갖는다는 것을 함축하는 것 아닌가.

사실 왕충의 사유 방식은 들뢰즈가 '나무 이미지'를 해체하면서 주장했던 '리좀 이미지'에 가깝다. 리좀은 부단히 증식하면서 다른 뿌리줄기와 연결되기도 하고 분리되기도 하면서 온갖 방향으로 뻗어나가는 식물을 가리킨다. 그러니까 '리좀 이미지'의 사유는 일자와 다자의 논리를 따르지 않고, 오히려 다자들과 그것들로 구성되는 새로운 관계에 주목한다. 만약 리좀 이미지를 따르고 있다면, 왕충의 철학은 관념이 유일한 뿌리라는 주장뿐만 아니라 물질이 유일한 뿌리라는 주장마저도 붕괴시킬 수 있는 힘을 가질 수밖에 없다. 얼마나 아이러니한 일인가? 중국 철학사의 관념론적 전통을 붕괴시키려고 왕충의 철학을 도입했는데, 오히려 이 철학이 유물론적 전통마저도 폐기해버릴 수 있다는 사실이 말이다. 어쨌든 우리로서는 너무나 다행한 일이 아닌가. 어떤 우여곡절을 겪었든 간에 들뢰즈와 버금갈 만한 사유를 일구었던 왕충이란 철학자를 알게 되었으니 말이다.

우발성을 표방했던 왕충의 사유는 일체의 일원론적 사유, 그러니까 유일한 인과관계만을 긍정하는 사유를 표적으로 한다. 그것이 정신이든 물질이든 상관없다. 왕충의 눈에는 세계는 셀 수 없이 수많은 인과관계들이 존재하고, 그것들의 마주침과 어긋남으로 충만해 있기 때문이다. 결국 중국 사회주의 정권의 테마가 공산당 중심주의와 유물론 등의 일원론적 구조로 작동한다면, 왕충의 비판으로부터 자유로울 수 없다. 유교, 도교, 불교 등 관념론에 맞서 유물론적 사유 전통이라고 발굴해낸 왕충의 사유가 오히려 유물론적 사유에 대한 가장 강력한 적이 되어버린 셈이다. 아니나 다를까, 시간이 지날수록 왕충에 대한 연구는 중국에서 점점 약화되기 시작했다. 그만큼 왕충이 사유했던 우발성의 철학은 상상 이상의 폭발력과 파괴력을 가지고 있었던 것이다. 그래서 필연성을 신봉하고 나아가 일원론을 주장하는 사람이라면, 그가 관념론자이든 혹은 유물론자이든 웬만하면《논형》을 읽지 않는 것이 정신 건강에 여러모로 도움이 될 것이다.

왕충은 동중서가 표방했던 목적론적 형이상학을 요약하는 개념이었던 '고故' 대신 자신의 사유 방식을 '우遇'라고 요약했다. 이것은 무척 의미심장한 일이다. '우' 는 무엇인가와 마주친다는 의미이기 때문이다. 그렇다. 목적론적 사유가 의도나 목 적을 중시한다면, 왕충의 사유는 필연성이 없는 마주침을 강조하는 우발론적 사유 였던 것이다. 여기서 한 가지 가능한 오해를 바로잡을 필요가 있다. 그것은 왕충이 인과관계를 부정하고 있다는 오해이다. 아이를 낳으려는 의도를 가지고 있다면 반드 시 성교를 하게 된다는 인과관계를 왕충은 부정하지 않는다. 단지 의도를 관철시키 기 위해 성교를 한다는 인과관계와 아이가 잉태된다는 인과관계는 전혀 다른 종류 의 인과관계라는 것, 이것이 왕충이 말하고자 했던 것이다.

왕충의 사유 핵심이 아직도 한눈에 들어오지 않는다면, 다음 비유가 도움이 될 수도 있겠다. 남자가 이가 아파서 치과에 간다. 이것은 하나의 인과관계다. 이가 아픈 것이 '원인'이라면, 치과에 간다는 것은 '결과'라고 할 수 있으니까 말이다. 여자 가 교재를 사려고 서점에 간다. 이것도 하나의 인과관계다. 교재가 필요하다는 것이 '원인'이라면, 서점에 간다는 것은 '결과'에 해당하기 때문이다. 문제는 남녀가 어느 건물 코너에서 마주칠 수도 있다는 것이다. 물론 남녀 사이에 아무런 일이 일어나지 않을 수도 있고, 아니면 사랑에 빠질 수도 있다. 어쨌든 세상에는 다양한 인과관계 들이 존재한다는 것, 그리고 그것들은 서로 마주칠 수도 있고, 마주치지 않을 수도 있다는 것. 이것이 바로 왕충의 우발론적 사유가 지향하는 핵심이다. 잊지 말아야 할 것은 남자가 이가 아프지 않았다면 여자와 마주칠 일도 있을 수 없고, 반대로 여 자가 이미 교재를 구입했다면 남자와 마주칠 일도 있을 수 없다는 점이다.

왕충은 결코 '고'로 대표되는 의도를 부정했던 적은 없다. 단지 수많은 '고', 그 러니까 수많은 인과관계가 존재할 수 있고, 그것이 마주치면서 새로운 사건과 결과 들이 생성될 수 있다는 사실, 그는 바로 이 점을 보여주려고 했던 것이다. 이제 드디 어 의도와 관련된 왕충의 복잡한 논증을 읽을 준비가 된 것 같다.《논형》〈봉우逢遇〉 편을 직접 읽어보자. "'마주친다遇'는 것은, 능력을 미리 닦아두는 것도 아니고 유세 할 내용을 미리 갖추어두는 것도 아니지만 군주의 마음에 우연히 맞게 되기 때문 에, '마주친다'고 한 것이다. 만약 군주의 마음을 헤아려 유세할 내용을 조절하여 존 귀한 지위를 얻었다면, 이것은 '잰다揣'라고 하지, '마주친다'고 하지는 않는다. 봄에 종자를 심고 곡식이 자라나면 가을에 수확하여 곡식을 거두는 경우나, 어떤 것을 구해서 그것을 얻고 일을 해서 그것이 완수되는 경우는 '마주친다'고 하지 않는다. 구하지 않았는데도 저절로 이르고 하지 않았는데도 일이 저절로 완수되어야 '마주친다'고 이야기한다. …… 지금 세상 사람들은 이미 '마주친다'와 '마주치지 않는다'라는 논의를 정확히 이해할 수 없는데도, '마주친' 경우에 대해 그것을 칭송하고 '마주치지 않은' 경우에 대해 그것을 비난하고 있다. 이것은 드러난 결과에 근거한 것이며 이미 이루어진 일을 판단한 것이지, 이것으로는 그 사람의 행실과 재능을 헤아릴 수 없는 법이다."

왕충이 의도를 부정하지 않고 있다는 것은 그가 '잰다'라는 뜻을 가진 '췌揣'라는 개념을 긍정적으로 사용하고 있다는 점에서 분명히 확인된다. 사실 그의 모든 논의의 출발점은 바로 이 '췌'라는 개념이다. 좋은 결과를 예상하고 기대한다는 것, 이것이 바로 '췌'라는 개념이 가진 가장 중요한 뜻이다. 예를 하나 들어볼까. 시냇가에 가서 낚싯대를 드리우는 행위가 바로 '췌'라고 할 수 있다. 뜻대로 물고기를 잡았다면 아무런 문제가 없다. 계산한 대로, 다시 말해 미래를 잰 대로 그 결과가 나왔기 때문이다. 반면 뜻대로 물고기가 잡히지 않은 경우라면, 우리는 이 사태를 '불우不遇'라고 판단할 수 있다. '불우', 그러니까 물고기와 마주치지 않았다는 것이다. 물이 오염되어서 물고기들이 다른 곳으로 도망갔을 수도 있다. 그러니 낚싯대에 물고기가 걸리지 않을 수밖에 없다. 다른 경우도 충분히 가능하다. 발을 씻기 위해 시냇가에 나왔다. 시냇가의 돌을 정리하다가 시내에 돌을 던졌다. 묘하게도 이렇게 던진 돌에 물고기가 맞았다고 하자. 왕충은 이런 사태를 '우遇'라고 판단할 것이다. 이 경우 주인공은 물고기를 잡으려는 의도가 전혀 없었다. 그러니까 그는 물고기를 잡으려는 의도가 없는 '불췌不揣'의 상태에 있었던 셈이다. 단지 발을 씻기 위해 시냇가에 왔다가 우연히 물고기를 잡게 된 것이다. 어쩌면 물고기는 다른 짝을 만나기 위해 헤엄치고 있었는지 모른다. 이런 물고기의 인과관계가 발을 씻으려는 인간의 인과관계와 용케 마주쳤던 것이다.

정리하자면 '췌'의 상태에 있다면 우리는 의도대로 되든가 아니면 '불우'의 상태에 놓이든가 둘 중 하나일 것이다. 반대로 '불췌'의 상태에 있다면 우리에게는 아무런 일도 일어나지 않든가 아니면 '우'의 상태에 놓이게 될 것이다. 결국 왕충의 사유는 동양의 전통적인 인생관, 그러니까 '진인사대천명盡人事待天命'에 철학적 기초를 마련하고 있다는 것을 알 수 있다. 다시 말해 왕충은 '불췌'의 상태에 관심을 기울이기보다는 오히려 '췌'의 상태에 관심을 기울이고 있다는 것이다. 만약 좋은 결과를 기대하며 최선을 다해 노력한다고 하자. 그 결과가 좋을 수도 있고 좋지 않을 수도 있다. 특히 중요한 대목은 좋은 결과는커녕 나쁜 결과가 도래할 때다. 이 경우 왕충은 실망하거나 좌절할 필요가 없다고 말한다. 중요한 것은 자신의 인과관계, 그러니까 물고기를 잡기 위해 시냇가에 낚싯대를 제대로 드리웠는지의 여부일 뿐이다. 잡히고 안 잡히고는 물고기의 인과관계와 마주쳤는가, 아니면 마주치지 않았는가에 달려 있기 때문이다.

11

해탈은 어떻게 가능한가?

나가르주나

VS

바수반두

기억, 부재, 그리고 집착의 메커니즘

우리의 내면은 기억 혹은 과거의 흔적들로 구성되어 있다. 이것은 물론 타자도 마찬가지일 것이다. 타자가 나에게 낯설게 다가오는 것, 그의 행동과 말이 나로 하여금 항상 사유를 강제하는 것은 무엇 때문일까? 그것은 타자가 나와 다른 이질적인 기억을 구축하고 있는 존재이기 때문이다. 낯선 타자로서 서로 만나 열정적인 사랑에 빠진 뒤 마침내 결혼하게 되었고 그 이후 수십 년이 지난 노부부의 경우를 생각해보자. 그들은 이제 더 이상 서로에 대해 별로 낯설어하지 않는다. 그것은 그들이 공유된 기억을 그만큼 많이 가지고 있기 때문이다. 사실 기억의 중요성은 정치철학적 지평에서 더 크게 부각될 수도 있는 문제이다.

국가나 사회 혹은 가족은 개인들로 하여금 자신들에게 유리한 기억을 공유하도록 만들고 싶어한다. 그래서 어린 시절부터 국가 혹은 사회에 불리한 정보는 배제하고 자신들의 논리를 정당화할 수 있는 정보들을 아이들에게 각인시키는 것이다. 어떤 국가라도 그들 나름의 '국사'를 가지고 있는 것도 이런 이유에서다. 그런데 가장 중요한 문제는 이렇게 각인된 다양한 기억들이 개인들의 삶에 자유와 행복을 가져다주느냐 혹은 그렇지 못하느냐에 달려 있다. 자신의 삶에서 힘을 빼앗는 기억에 맞서려면, 우리는 자신의 삶에 종사하는 기억들을 재구성하거나 아니면 새롭게 만들어내야 한다. 푸코의 고고학이나 벤야민의 역사철학은 바로 이런 억압적 기억 및 해방적 기억 사이의 투쟁을 문제 삼았다는 점에서 우리에게 중요한 의미가 있는 것이다.

그런데 우리의 의식 자체가 기본적으로는 일종의 기억이라고 말할 수 있다. 카페에서 애인을 초조하게 기다리는 한 명의 남자가 있다고 해보자. 설레는 마음에서인지 카페 문이 열릴 때마다 연신 고개를 돌려 누가 들어오는지 확인하려고 한다. 어느 순간 문이 열리며 누군가 들어올 때 그의 표정에는 환한 미소가 떠오른다. 어제 보았던 바로 그녀이기 때문이다. 만약 그나 혹은 그녀와의 약속에 대한 기억이 없었다면, 그는 카페에 오지도 않았을뿐더러 상대가 카페에 들어섰을 때 알아보지도 못했을 것이다. 이처럼 기억이란 과거의 대상뿐만 아니라 현재 나 자신의 의식마저도 가능하게 만드는 것이다. 기억상실증은 이 점을 역설적으로 보여주는 좋은 사례라고 할 수 있다. 기억이 사라지면, 우리는 대상뿐만 아니라 결국 자기 자신에 대해서도 전혀 생각할 수 없게 되기 때문이다.

이 점에서 베르그손의 통찰은 우리에게 많은 점을 시사해준다. 기억 혹은 기대가 없다면 '없음'에 대해서조차 이야기할 수 없다는 그의 주장을 한 번 살펴보자.

기억하고 기대하는 능력이 있는 존재에게만 무엇이 없다는 것이 가능하다. 아마 그는 어떤 대상을 기억하고 있어서 그것과 만날 것을 기대하고 있었을 것이다. 그러나 그는 다른 대상을 발견한다. 이때 그는 기대를 좌절시키는 것 앞에서 원래의 기억을 상기하게 되고, 자신에게는 이제 아무것도 발견되지 않는다고, 자기는 '없음'과 조우했다고 말하게 된다.　　　　　　　　　　　　　　　　　　　　－《창조적 진화》

동서양 할 것 없이 보통 형이상학자들은 '없음'과 '있음', 혹은 '무'와 '유'라는 대립 개념을 즐겨 사용한다. 그리고 대부분 '없음'이 '있음'보다 심오하다는 듯 이야기한다. 결국 '있음'은 '없음'에서 나왔다는 것이다. 그러나 베르그손만큼은 존재론적으로 '없음'은 존재하지 않는다고 주장한다. '없음'은 단지 무언가를 기억하거나 기대하고 있는 우리 의식이 좌절될 때에만 출현하는 범주라는 것이다. 한마디로 세계에는 '없음'은 없고, '있음'만 있다는 것이다. 고개를 갸우뚱거릴 필요는 없다. 책상 위에 책 한 권을 놓고 앞에 있는 사람에게 무엇이 있냐고 물어보자. 그 사람은 "책이 있다"고 말할 것이다. 그 책을 책상에서 치우고 똑같이 물어본다면, 그는 "책이 없다"고 말하게 될 것이다. 이런 사정을 모르는 지나가는 사람에게 책상을 가리키며 무엇이 있냐고 물어보면 이 제3의 사람은 "책상이 있다"고 말할 것이다. 결국 "없음"은 단지 "있음"을 기억하는 사람에게만 발화될 수 있고, 논리적으로 "없음"은 "있음"에 대해 2차적인 위상을 가진다고 할 수 있다.

기존의 대다수 형이상학 이론이 '없음'이란 것은 존재론적 실체인 것처럼 신비화하려고 했을 때, 베르그손만은 '없음'이 하나의 의식적 효과라는 점을 명확히 이야기했던 것이다. 호주머니에 돈이 '없다'는 것을 의식하거나 말한다는 것은, 돈이 호주머니에 있었다는 기억이나 아니면 그것으로 상품을 사려는 기대가 없었다면 불가능한 일일 것이다. 베르그손은 기억이나 기대를 동일한 차원에서 열거하고 있지만, 사실 이 가운데 더 중요한 것은 기억이 아닐까? 기대란 것 역시 기억이 없다면 전혀 불가능하기 때문이다. 물론 창조적 진화, 즉 미래로의 진화를 형이상학적으로 구성하려고 했던 베르그손으로서는 기대라는 미래적 의식을 좀더 강조하려고 했을지도 모르겠지만 말이다.

그런데 바로 이 대목에서 우리는 집착이란 문제 역시 항상 어떤 부재에 대한 감각과 함께 발생한다는 점을 생각해볼 필요가 있다. 돈이 호주머니에 그대로 있을 때, 우리는 돈에 대해 별다른 관심을 두지 않는다. 하지만 돈이 사라지자마자 잃어버린 돈에 대한 우리의 집착은 매우 강해질 수밖에 없다. 나아가 그 돈으로 할 수 있으리라고 가정된 모든 것을 생각하면 할수록 우리의 집착은 거의 병적으로 치닫게 될 것이다. 이 경우 우리는 잃어버린 돈 때문에 지금 만나고 있는 사람의 이야기에조차 제대로 귀를 기울이지 못할 수 있다. "이미 돈을 잃어버린 것을 어떡해! 그냥 잊어버리자"라고 아무리 생각해도 소용이 없다. 이런 생각을 하면 할수록 돈에 대한 집착은 더 커질 것이 분명하기 때문이다. 돈만 그런 것이 아니다. 사랑하는 사람이 행방불명되었거나 불가피하게 사망했을 때에도 우리는 기억, 부재, 그리고 집착이라는 치명적인 메커니즘을 다시 반복할 수밖에 없기 때문이다.

나가르주나: "개념이 실재를 가리킨다는 형이상학적 착각에서 벗어나라."

한마디로 말하면 불교는 고통의 치료학이라고 정의할 수 있다. 불교가 고통과 그 치료를 집요하게 문제 삼기 때문이다. 만약 고통의 원인을 제대로 파악하고 그것을 제거할 수만 있다면, 우리는 고통의 원인을 제거함으로써 최종적으로 고통이 없는 마음 상태, 즉 열반에 이를 수 있을 것이다. 불교에 따르면 고통은 집착에서 일어나는데, 집착은 세상에 실체, 즉 불변하는 무엇인가가 존재한다는 잘못된 생각 때문에 발생한다. 예를 들어 사랑하는 사람이 죽었을 때 마음이 괴로운 것은 무의식적으로나마 우리가 모든 사람은 잠시 동안 생존하다가 결국 사라진다는 사실, 즉 인간은 불변하는 실체가 아니라는 사실을 망각하고 있기 때문일 것이다. 결국 고통을 낳는 집착은 잘못된 생각에서 유래한다. 바로 이 잘못된 생각을 바로잡아서 있는 그대로의 자기 자신과 세상을 보는 것이 '정견正見'이고, 정견을 가지게 된 사람이 바로 부처라고 할 수 있다. 그래서 불교는 마음의 치료술이라고 불릴 수 있게 된 것이다.

자신의 주저 《중론中論, Madhyamaka-śāstra》에서 나가르주나Nāgārjuna, 龍樹(150?~250?)는 불변하는 실체가 존재하지 않는다는 점, 즉 모든 것이 공空하다는 생각을 체계적으로 표명한 철학자였다. 다음 논의는 그가 어떻게 불변하는 실체를 부정하는지, 다시 말해 모든 존재자가 공하다고 이야기하는지를 잘 보여주는 사례일 것이다.

> 가는 자는 가지 않는다. 가는 자가 아닌 것도 가지 않는다.
>
> ─《중론》, 〈관거래품觀去來品〉

나가르주나의 논의는 매우 어렵다. 그래서 우회로로 니체의 번개 비유

나가르주나는 불변하는 실체가 존재하지 않는다는 점, 즉 모든 것이 공空하다는 생각을 체계적으로 표명한 철학자였다. 그가 공하다고 판단했던 것은 오직 실체나 자성 혹은 본질에 집착하는 형이상학적 사유였을 뿐이다.

를 여기서 한번 생각해보는 것이 좋을 것 같다. 니체가 이야기했던 것처럼 "번개가 친다"라는 표현을 생각해보자. 그렇다면 "번개가 치지 않는다"라는 표현도 가능할까? 만약 그것이 가능하다고 본다면 이런 생각은 지금 번개를 하나의 실체로 전제하고 있다는 것을 말해준다. "번개가 치지 않는다"라는 말이 타당하다고 생각한다면, 이것은 우리가 번개라는 실체가 저 멀리 하늘 위에 존재하고, 그것이 칠 수도 있고 치지 않을 수도 있다는 점을 무의식적으로 생각하고 있다는 것을 말해주기 때문이다. 그러나 사실 "번개가 친다"라는 표현은 비록 주어와 술어로 구성되어 있긴 하지만, 결국 한 가지의 역동적인 사태만을 가리키는 것일 뿐이다. 나가르주나가 경계했던 것은 언어에 의한 문법적 착각 때문에 우리가 형이상학적 사유에 속을 수도 있다는 점이었다. 다시 말해 우리는 어법상 주어에 해당되는 어떤 것이 마치 하나의 실체로 존재하고 있다고 오해하는 잘못을 범할 수 있다는 것이다.

　나가르주나에게 불변하는 실체를 상정하는 사유를 포함한 모든 형이상학적 사유는 극복해야 할 대상이었다. 그에 따르면 형이상학은 크게 두 가지 경향으로 나뉠 수 있다. 불변하는 실체가 존재하며 그의 모든 작용은 그의 본성에서 기원한다고 주장하는 상견常見, 불변하는 실체가 존재하지만 그의 모든 작용은 우발적이라고 주장하는 단견斷見이 바로 그것이다. 인도 철학 전통에서 상견은 인중유과론因中有果論으로, 그리고 단견은 인중무과론因中無果論으로 이해되어왔다. 다시 말해 상견이 원인(혹은 주어) 속에 그 결과(혹은 술어)가 미리 내재하고 있다고 보는 입장이라면, 단견은 원인(혹은 주어) 속에 그 결과(혹은 술어)가 미리 존재하지 않는다고 보는 입장이라고 할 수 있다. "철수가 간다"라고 할 때 상견에서는 철수라는 실체에 간다는 본성이 있기 때문에 철수가 갈 수 있다고 주장하는 반면, 단견에서는 철수라는 실체에 간다는 본성이 없기 때문에 철수가 간다는 것은 단지 우연에 지나지 않는다고 주장한다.

나가르주나는 상견으로 이해된 "철수는 간다"라는 명제는 반복 혹은 중복의 오류를 범한다고 비판했다. 실체로 이해된 철수는 본질적으로 '가는 자'이기 때문에, 그에게 '간다'라는 술어를 붙일 수 없다는 것이다. 그래서 나가르주나는 "가는 자는 가지 않는다"라고, 즉 "가는 자가 간다"라는 명제는 성립되지 않는다고 주장했던 것이다. 반면 나가르주나는 단견으로 이해된 "철수는 간다"라는 명제는 사실을 위배하는 오류를 범하고 있다고 비판한다. 실체로 이해된 철수는 본질적으로 '가지 않는 자'이기 때문에, 그에게 '간다'라는 술어를 붙일 수 없다는 말이다. 나가르주나가 "가는 자가 아닌 것은 가지 않는다"라고, 즉 "가는 자가 아닌 것이 간다"라는 명제는 성립되지 않는다고 보았던 이유도 바로 여기에 있다. 그런데 이 대목에서 중요한 것은 나가르주나가 상견과 단견을 모두 비판하고 있다는 점이다. 상견과 단견이 문제가 되는 것은, 두 사유가 모두 주어로 표시되는 어떤 대상이나 주체를 실체로 간주하고 있기 때문이다.

나가르주나가 상견과 단견을 모두 거부하는 이유는 어떤 대상이나 주체를 불변하는 실체로 생각할 경우 결국 우리가 그것에 집착하기 쉽기 때문이다. 보통 불교에서는 불변하는 실체의 자기동일성을 자성自性, svabhāva이라는 전문용어를 통해 설명한다. 바로 이 때문에 다른 측면에서 공空, śūnyatā을 이제 무자성無自性, asvabhāvatva이라고 표현하기도 하는 것이다. 불변하는 실체가 있다고 보지 않는다는 것은 바로 공으로 세상을 본다는 것을 의미한다. 또한 상견과 단견이라는 양극단을 거부했다는 것은 결국 우리가 중도中道에서 있다는 것을 의미한다. 나가르주나의 주저가 《중론》이었던 이유도 바로 여기에 있다. 나가르주나에게 중도란 있음을 강조하는 상견과 없음을 강조하는 단견을 동시에 극복해야만 드러날 수 있는 입장이었기 때문이다.

중도의 입장 혹은 공의 입장은 철수를 불변하는 실체로 간주하지 않고, 일상적인 언어를 긍정하는 방식을 통해 표현할 수 있다. 우리는 "철수는 간다"라는 표현을 자주 사용한다. 나가르주나는 철수를 실체로 생각하지 않는다면 이러한 표현에는 아무런 문제가 없다고 생각한다. 마치 "번개가 친다" "비가 온다"라는 표현이 '번개'나 '비'를 실체로 생각하지 않는다면 아무런 문제도 낳지 않는 것과 마찬가지로 말이다. 사실 철수를 실체로 생각한다는 것은 얼마나 황당한 이야기인가? 철수 자체는 그의 어머니와 아버지, 그날 선선한 바람이 불던 카페의 음악소리, 25년산 포도주, 부드러운 이불 등의 조건으로 인해 태어난 존재, 즉 인연因緣으로 태어난 존재에 불과하다.

여러 인연으로 발생한 존재를 나는 '공空, śūnyatā'이라고 말한다. 이렇게 발생한 존재는 또한 '관습적 이름假名, prajñaptih'에 불과할 뿐이며, 이것이 또한 '중도中道, madhyamā-pratipad'의 의미이기도 하다.

-《중론》, 〈관사제품觀四諦品〉

불교에서 인因, hetu은 직접 원인을, 그리고 연緣, pratītya은 간접적인 조건을 가리키는 용어이다. 그러니까 무엇인가 인연에 의해 태어났다고 말하는 것은, 그 존재의 동일성이란 것이 단지 인연의 마주침을 통해 사후적으로 구성된 것에 지나지 않는다는 것을 의미하는 것이다. 이렇게 모든 개체나 사건이 인연의 마주침으로 인해 발생한다는 메커니즘을 불교에서는 보통 연기緣起, pratītyasamutpāda라고 부른다. 모든 것은 자성自性으로 인해서 발생하는 것이 아니라, 다른 것들에 '의존하여緣 일어난다起'고 이해하기 때문이다. 물론 그렇다고 해서 지금 눈앞에 보이는 개체나 사건들이 존재하지 않는다고 말하는 것은 아니다. 분명 그것들은 다른 개체나 사건들과 구별되어 존재한다. 그렇기 때문에 우리는 '철수' 혹은 '교통사고' 등의 관습적 이름을 붙일 수 있는 것이다.

인연들의 우발적인 마주침으로 인해 발생한 모든 개체나 사건들은 자성은 가지지 않지만, 즉 나가르주나의 표현을 빌리자면 공한 것이지만, 그렇다고 해서 이름을 붙일 수 없을 정도의 상태로 존재하는 것도 아니다. 이것이 바로 나가르주나가 생각했던 중도의 의미이다. 나가르주나의 생각이 옳다면, 우리가 어떤 개체나 사건들을 다른 것과 구별하기 위해 특수한 이름을 붙이는 것은 아무런 문제가 되지 않는다. 만약 우리가 내가 명명했던 것들의 이면에 자성과 같은 형이상학적으로 불변하는 본질이 있다고 가정하지만 않는다면 말이다. 만약 나가르주나의 지적을 충실히 따른다면, 우리는 일상생활을 아무런 문제없이 영위할 수 있을 것이고, 동시에 우리 자신이나 타자 혹은 사건에 대한 불필요한 집착도 사라질 것이다. 물론 집착에서 야기되는 모든 실존적 고통도 사라질 것이다. 한 번 더 강조하고 싶은 점은 나가르주나가 일상적으로 이루어지는 우리의 삶 자체를 부정했던 적이 없다는 점이다. 그가 부정하려고 했던 것은, 즉 그가 공하다고 판단했던 것은 오직 실체나 자성 혹은 본질에 집착하는 형이상학적 사유였을 뿐이기 때문이다.

인연의 논리 혹은 연기의 법칙이 중요한 이유는 그것이 인과관계의 복수성과 마주침을 전제하고 있기 때문이다. 예쁜 컵에 아이스크림이 담겨 있다고 하자. 아이와 아버지는 잠시 이야기를 나누다보니 아이스크림이 녹아 하얀 액체로 변했다는 걸 알고 경악한다. 아이스크림은 어디로 갔을까? 영혼의 형태로 천상으로 간 것일까? 아니면 그냥 완전히 소멸한 것일까? 녹기 이전의 아이스크림을 생각해보라. 우유와 물, 생크림이 존재했다. 그리고 냉

동고의 냉기도 존재했다. 나아가 특정 모양의 틀도 존재했다. 이 많은 것들이 인연이 되어 아이스크림이란 기적을 만든 것이다. 그렇지만 '아이스크림'이란 말을 사용하는 데에는 어떤 제약도 있을 수 없다. 단지 '아이스크림'으로 지칭되는 지시체가 실체로 존재한다는 집착만 없으면 된다. 그래서 나가르주나라면 '아이스크림'이란 개념은 '관습적 이름', 즉 '가명假名'이라고 했을 것이다.

더군다나 이 아이스크림이 예쁜 컵에 담긴 것도, 그리고 특정한 실내온도와 마주친 것도 모두 인연이다. 그러나 무엇보다도 결정적인 인연은 사이가 너무 좋은 아버지와 아이를 만난 것이다. 아버지와 아이가 흥겹게 담소를 나누는 동안, 아이스크림은 사람의 입과 마주치지도 못한 채 허무하게 컵 안에서 녹아버린 것이다. 그렇다면 환담을 나눈 아버지와 아이가 소멸된 아이스크림의 인因이라고 할 수 있을까? 아니면 따뜻한 실내온도가 인因이고, 아버지와 아이의 환담이 연緣이라고 할 수 있을까? 어느 것도 정답은 아니다. 인因과 연緣은 그때그때 다르게 규정될 수 있으니 말이다. 어느 것이 인因이고, 어느 것이 연緣이라고 확정할 수 없다. 중요한 것은 단지 수많은 요소들, 혹은 수많은 인과관계들의 마주침이니 말이다. 마치 한 아이가 태어날 때 직접 원인, 즉 인因이 아버지냐 어머니냐라고 논쟁하는 것만큼 인과 연을 고정시키려는 시도는 무의미한 것일 테니 말이다. 그냥 어떤 문맥에서는 아버지를 인으로 보면 되고, 다른 문맥에서는 아버지를 연으로 보면 된다. 중요한 것은 복수적 인과관계들의 마주침이니까 말이다.

인연이든 연기든 공의 통찰은 실체에 대한 고질적인 집착, 불변에 대한 우리의 해묵은 집착을 치유해준다. 인연의 마주침과 지속으로 세계의 모든 것은 잠시 존재하는 것이고, 반대로 인연의 흩어짐으로 나와 모든 것은 사라지게 된다. 그래서 나가르주나는 인연을, 연기를, 그리고 공을 이야기했던 것이다. 그러나 이것은 그가 이야기하려는 것의 절반일 뿐이다. 더 중요한 것은 과거와 현재의 일이 아니라 현재와 미래의 일 아닌가? 그러니까 우리 자신이 인이 되어서 혹은 연이 되어서 새로운 무언가를, 소망스런 무언가를 연기緣起할 수 있다는 점이 중요하다. 좋은 선지식善知識을 만나 스스로 부처가 될 수 있고, 혹은 스스로 선지식이 되어 타인을 부처가 되도록 할 수 있으니 말이다. 하긴 당연한 일 아닌가? 나나 타자가 불변하는 실체라면 우리는 집착에 사로잡힌 상태에서 자유로운 상태로, 다시 말해 평범한 사람에서 부처로 나아갈 수 없을 테니 말이다. 바로 이것이 나가르주나가 말하고 싶었던 나머지 절반이었다.

⑯

바수반두: "무의식적으로 작동하는 기억의식과 완전히 단절하라."

형이상학적 편견을 이론적으로 극복하면서 집착을 해소하려고 했던 나가르주나와는 달리 바수반두Vasubandhu, 世親(320?~400?)는 집착을 실제로 제거하기 위한 복잡한 심리학을 제안한다. 바수반두에 따르면 인간의 의식은 여덟 가지 층위로 구성되어 있다. 흔히 이것을 '팔식설八識說'이라고 부른다. 우선 가장 심층에 있는 여덟 번째 의식이 바로 알라야식ālayavijñana이다. 바수반두는 행동이나 행위를 의미하는 업業, karma의 결과가 씨앗처럼 알라야식에 저장된다고 보았다. 비유를 들자면 담배 연기 자욱한 카페에 있으면 그 연기가 내 몸에 배어드는 것과 같다. 가령 우리의 심층의식이 일종의 기억 덩어리라면, 우리가 집착하고 있는 나나 대상은 모두 기억이 만들어낸 존재들일 뿐이다. 아름다웠다는 기억 혹은 사랑했다는 기억, 미워했던 기억 등등. 바수반두가 알라야식을 제거함으로써 모든 집착을 끊어버릴 수 있다고 단언했던 것도 바로 이런 측면 때문이었다.

알라야식 위에 있는 일곱 번째 의식인 마나스manas는 일종의 자기의식이라고 할 수 있는 것이다. 바수반두는 마나스를 알라야식에 근거하면서도, 동시에 그것을 불변하는 자아라고 믿고 있는 의식이라고 정의한다. 알라야식과 마나스를 토대로 여섯 가지의 일상적 의식이 작용하는 것이 가능

바수반두에 따르면 주체와 대상의 이분법은 어느 경우에든 철저하게 제거되어야만 한다. 그것이 바로 깨달음, 즉 해탈의 상태이기 때문이다. 그래서 바수반두는 "파악되는 대상이 없다면 그것을 파악하는 주체도 있을 수 없다"고 말했다.

해진다. 그것은 구체적으로는 '눈의 의식眼識, cakṣur-vijñāna' '귀의 의식耳識, śrotra-vijñāna' '코의 의식鼻識, ghrāṇa-vijñāna' '혀의 의식舌識, jihvā-vijñāna' '촉감의 의식身識, kāya-vijñāna', 그리고 '의식意識, mano-vijñāna' 등이다. '눈의 의식'이 시각 대상에 대한 것이라면, '귀의 의식'은 청각 대상, '코의 의식'은 후각 대상, '혀의 의식'은 미각 대상, 그리고 마지막으로 '의식' 자체는 다섯 가지 감각 데이터나 개념을 대상으로 하는 것이다.

　《유식30송Triṃśikā》에서 바수반두는 아트만atman과 다르마dharma, 즉 주체와 대상이라는 구분, 그리고 집착이 기본적으로 알라야식에 근거해서 발생한다고 주장한다. 이 점에서 《유식30송》은 주체나 대상의 계보학이라고 명명될 수 있는 것이었다. 그 계보학을 거꾸로 거슬러 올라가서 알라야식을 해체하여 주체와 대상이란 이분법이 사라지게 만들면, 결국 집착도 사라질 수밖에 없을 것이다. 집착은 기본적으로 집착하는 주체와 집착되는 대상이라는 이분법을 전제로 해서 작동하는 것이기 때문이다. 《유식30송》의 28번째 게송에 나오는 바수반두의 말을 직접 들어보도록 하자.

의식이 더 이상 대상을 지각하지 않을 때, 그 경우 의식은 '단지 의식의 표상일 뿐'이라는 깨달음에 머물게 될 것이다. 왜냐하면 파악되는 대상이 없다면, 그것을 파악하는 주체도 있을 수 없기 때문이다.

−《유식30송》

바수반두의 간결한 계송을 직관적으로 이해하려면 간단한 사례 하나로 충분하다. 어린 시절 우리는 부모의 명령을 들으며 삶을 영위한다. 이런 삶의 기억은 알라야식의 형태로 우리에게 남아 있다. 나이가 들어 우리는 스스로 삶을 영위할 정도로 성장한다. 그러나 내면에 작동하는 알라야식은 우리 자신을 부모의 말에 전전긍긍하는 주체로, 그리고 이미 노쇠한 부모도 지엄한 대상으로 여전히 보이게 한다. 마마보이를 생각해보라. 그렇지만 자신을 마마보이라고 생각하는 것이나 노쇠한 부모를 무서운 대상으로 생각하는 것은 모두 알라야식의 힘일 뿐이다. 다행히도 어른이 되었을 때 무섭고 권위적인 대상으로 부모를 지각하지 않는다면, 그 순간 우리는 "무섭고 권위적인 부모"라는 의식이 단지 알라야식의 표상일 뿐이라는 걸 깨달은 것이다. "단지 의식, 즉 알라야식의 표상일 뿐이라는 깨달음"을 얻게 되면, 동시에 우리 자신은 마마보이로서 부모에게 전전긍긍하는 주체에서 벗어나게 된다. 결국 주체와 대상이란 이분법은 알라야식이라는 과거 의식에 의해 만들어지는 것이다. 그래서 알라야식이 해체되면, 주체와 대상이란 이분법이 사라지고, 반대로 주체와 대상이란 이분법이 사라졌다면 알라야식은 우리 내면에서 소멸된 것이다.

바수반두에 따르면 주체와 대상의 이분법은 어느 경우에든 철저하게 제거되어야만 한다. 그것이 바로 깨달음, 즉 해탈의 상태이기 때문이다. 그렇다면 우리를 사로잡고 있는 이분법은 어떤 식으로 붕괴시킬 수 있을까? 주체나 대상 어느 한쪽을 붕괴시키면 이분법은 자연히 소멸될 수밖에 없을 것이다. 그래서 바수반두는 "파악되는 대상이 없다면 그것을 파악하는 주체도 있을 수 없다"고 말했던 것이다. 예를 들어 사랑하는 주체와 사랑받는 대상이 있다고 해보자. 사랑받는 연인이 더 이상 자신을 사랑하지 않을 때, 사랑하는 주체도 더 이상 사랑하는 주체로 남아 있을 수 없는 법이다. 여기서 잊지 말아야 할 것은 이분법이 붕괴되었다고 할지라도, 두 개체 자체가 파괴되지는 않는다는 점이다. 주체와 대상이라는 이분법이 붕괴되었다는 것은, 그것을 가능하게 했던 알라야식이 더 이상 기능을 하지 않게 되었다는 것을 의미한다. 바수반두의 다음 논의는 바로 이런 상태에 대해 이야기한다.

> 아는 마음도 그리고 알려지는 대상도 없을 때, 이런 상태가 탈속적인 지혜의 상태이다. 이 상태는 두 층위에서 일어나는 악을 제거함으로써 발생하는 '바탕의 변화Āśraya-paravṛtti'를 뒤따르는 것이다.   -《유식30송》

방금 읽은 구절은《유식30송》의 29번째 게송이다. 이 게송에 이르러서야 바수반두는 고질적인 이분법을 제거했을 때, 우리의 마음속에서 무슨 일이 벌어지는지를 이야기하기 시작한다. 그것은 바로 '바탕의 변화'이다. '바탕의 변화'는 산스크리트어로 'Āśraya-paravṛtti'의 번역어인데, 이 개념은 한자문화권에서는 '전의轉依'라고 번역된다. 다시 말해 '의지하는 것을 바꾼다'라는 의미이다. 결국 '바탕의 변화' 혹은 '전의'는 알라야식으로 상징되는 '의식vijñāna'의 상태에서 '지혜prajñā'나 '(깨달은 자의) 앎jñāna'의 상태로 마음이 변형되었다는 것을 함축하는 개념이다. 이 점에서 주목해야 할 것은 '의식'을 뜻하는 'vijñāna'라는 단어에 들어 있는 어근 '비vi'가 '깨달은 자의 앎'을 뜻하는 '즈냐나jñāna'에는 없다는 점이다. '비'는 분별과 구분을 뜻하는 어근이기 때문이다. 결국 깨달은 자의 앎이나 지혜는 '의식'에서 '주체와 대상을 분별하는 작용'을 제거했을 때 발생하는 것이라고 이해할 수 있겠다.

내가 불변한다는 생각도 나를 고통스럽게 하기에 악이고, 특정 대상이 불변한다는 집착도 나를 고통스럽게 하기에 악이다. 그래서 "두 층위에서 일어나는 악을 제거해야만 한다". 어느 경우든 먼저 악이 제거되기만 하면, 주체와 대상이란 해묵은 이분법도 와해된다. 이런 종류의 이분법은 주체나 대

평범한 사람의 여덟 가지 의식	깨달은 사람의 여덟 가지 의식
눈의 의식(眼識, cakṣur-vijñāna) 귀의 의식(耳識, śrotra-vijñāna) 코의 의식(鼻識, ghrāṇa-vijñāna) 혀의 의식(舌識, jihvā-vijñāna) 촉감의 의식(身識, kāya-vijñāna)	성소작지(成所作智, kṛtyānuṣṭhāna-jñāna)
의식(意識, mano-vijñāna)	묘관찰지(妙觀察智, pratyavekṣaṇa-jñāna)
마나스(末那識, manas)	평등성지(平等性智, samatā-jñāna)
알라야식(阿賴耶識, ālaya-vijñāna)	대원경지(大圓鏡智, mahādarśa-jñāna)

상이 불변하는 실체, 나아가 자성自性을 가진 자족적 실체라는 형이상학적인 편견에 의해 가능하기 때문이다. 어쨌든 마음에서 이분법이 제거되면 우리 마음의 바탕, 즉 알라야식이 점차 변하게 된다. 그렇다면 깨달음을 얻었을 때, 혹은 '바탕의 변화'가 달성되었을 때, 우리의 마음은 어떻게 변하는 것일까? 기존의 알라야식은 과연 어떻게 될까? 《불지경론佛地經論》과 《성유식론成唯識論》은 이분법의 제거로 가능해진 바탕의 변화에 대한 우리의 궁금증을 해소해준다.

우리 의식의 바탕에는 알라야식이 소멸되자마자 곧 그 자리에 대원경지大圓鏡智, mahādarśa-jñāna가 들어서게 된다. 대원경지는 글자 그대로 위대하고大 완전한圓 거울과 같은 앎 혹은 지혜를 의미한다. 그렇다면 대원경지는 타자나 사태를 마치 거울처럼 있는 그대로 비추는 마음의 상태라고 볼 수 있다. 따라서 이 마음에는 배제의식이나 편견 혹은 기대나 기억의식 등 일상적인 형태의 의식은 존재할 수 없을 것이다. 알라야식이 대원경지로 대체되었다면, 자기의식으로 작동하는 '마나스'는 이제 평등성지平等性智, samatā-jñāna로 대체된다. 여기서 평등성지라는 것은 편협한 자기의식을 버리고 자아와 타자를 똑같이 볼 수 있는 지혜를 의미한다. 다음으로 감각 데이터 혹은 개념들과 관계하는 '의식'은 묘관찰지妙觀察智, pratyavekṣaṇa-jñāna로 대체된다. 여기서 묘관찰지는 사물들의 일반성이나 특수성이 있는 그대로 식별되는 지혜를 뜻한다. 마지막으로 '눈의 의식' '귀의 의식' '코의 의식' '혀의 의식' '촉감의 의식' 등 다섯 가지 감각의식들은 성소작지成所作智, kṛtyānuṣṭhāna - jñāna로 대체된다. 성소작지는 감각의식이 수행할 필요가 있는 기능을 가장 완벽하게 수행하는 지혜를 의미한다.

불교는 고통의 치료학을 자임하는 사상이다. 그렇다면 무엇보다도 먼저 불교는 고통의 원인을 찾아야만 한다. 어떤 원인 때문에 고통이 발생했을 경우, 그 원인을 제거하면 고통은 사라질 것이기 때문이다. 그런데 불교가 찾아낸 고통의 원인은 '집착'이란 말로 요약할 수 있다. 특히 중요한 것은 무엇인가 불변적으로 존재해야만 한다고 생각하는 이런 종류의 집착이다. 자신이 가진 삶도, 젊음도, 미모도, 부도 영원해야만 한다고 집착하는 순간 고통이 찾아올 수밖에 없다는 것이다. 나가르주나는 집착을 언어에 대한 형이상학적 맹신에서 찾으려고 한다. 그래서 그는 언어를 포함한 모든 것들이 상호 의존적인 관계를 통해서만 의미를 갖는다는 것을 보여주려고 했다. 그는 젊음은 오직 늙음과의 관계 속에서만, 미모도 오직 추함과의 관계 속에서만 의미를 가질 뿐, 그 자체로는 독립된 의미를 갖지 않는다고 지적했다.

여기서 바수반두는 나가르주나보다 더 나아가려고 한다. 언어에 대한 집착은 결국 인간이 가진 무의식적 기억의 문제라는 생각이다. 자신의 젊음에 대한 무의식적인 기억이 강할수록 젊음에 대한 집착은 강해질 것이고, 당연히 그만큼 늙어가는 자신의 모습을 고통스럽게 느낄 것이다. 그래서 바수반두는 가장 심층에 있는 무의식적 기억, 즉 알라야식을 끊으려고 했던 것이다. 한 가지 기억해둘 필요가 있는 것은 "무의식이 언어처럼 구조화되어 있다"라는 라캉의 교훈을 떠올려보면, 언어에 의한 집착을 문제 삼은 나가르주나와 알라야식이라는 무의식을 문제 삼은 바수반두의 상이점이 결국 해소 가능한 정도의 것임을 알 수 있다는 점이다. 해탈이든 자유든 인간을 편견과 억압의 굴레에서 해방시키려는 인문정신은 동양과 서양을 가리지 않는 법이다. 정말 다행스러운 일이다.

인도 불교의 네 학파,
설일체유부, 경량부, 중관학파, 유식학파

나가르주나의 중관불교, 그리고 바수반두의 유식불교는 대승불교를 대표하는 양대 학파라고 할 수 있다. 기원전 5세기에 활동했던 싯다르타와 2세기에 활동했던 나가르주나 사이에는 대승불교로부터 소승불교라고 폄하된 불교 전통이 존재한다. 이제 싯다르타라는 인격체가 사라졌으니, 그들은 싯다르타가 남긴 가르침을 경전으로 만드는 작업도 수행했다. 지금 우리가 알고 있는 초기 불경들은 모두 이들 소승불교에 속해 있던 사람들의 노력의 결실이었던 셈이다. 모든 책이 그렇지만 이렇게 만들어진 경전들은 다양한 해석에 노출될 수밖에 없다. 동일한 경전이라고 해도 어느 부분을 강조하느냐에 따라 경전의 취지는 전혀 달라질 수밖에 없기 때문이다. 그래서일까, 소승불교가 지배하던 시대를 부파部派, Nikāya불교의 시대라고도 한다.

부파불교의 문헌들을 보통 아비다르마Abhidharma라고 부른다. 아비다르마는 '싯다르타의 설법dharma에 대한abhi 연구'를 뜻하기에 한자로는 간혹 대법對法이라고 번역되기도 한다. 싯다르타의 가르침을 코끼리라고 한다면, 코끼리의 코를 강조하는 학파, 눈을 강조하는 학파, 벽처럼 탄탄한 등을 강조하는 학파, 기둥과도 같은 다리를 강조하는 학파 등등이 탄생한 것이다. 전해진 기록에 따르면 자그마치 18개의 학파로 불교는 분화되었다고 한다. 그러나 최근 연구에 따르면 더 많은 학파들이 있었던 것으로 보인다. 앙드레 바로André Bareau(1921~1993)의 고고학적 연구에 따르면 자그마치 34개의 학파가 있었다고 고증된다. 이것은 그가 기원전후에 만들어졌던 비문과 문헌을 샅샅이 찾아 모두 대조해서 내린 결론이었다.

여기서 우리가 주목해야 할 것은 불교를 일종의 이단으로 보는 정통 인도 사상가들의 생각이다. 크게 여섯 가지 학파로 나눌 수 있는 인도 정통 사상은 다양한 개성에도 불구하고 한 가지 전제를 공유한다. 그것은 바로 '범아일여梵我一如'라는 입장이다. 우주 영혼과 개별 영혼, 즉 브라흐만梵과 아트만我은 불변하는 실체인데, 이 두 영혼은 본질적으로 같다는 생각이다. 범아일여를 믿었던 그들은 대승불교를 중관학파와 유식학파, 이 두 가지 학파로 분류한다. 마찬가지로 그들은 소승불교를 설일체유부說一切有部, Sarvāstivādin와 경량부經量部, Sautrāntika라는 두 가지 학파로 분류한다. 작게는 18개 학파에서 많게는 34개 학파가 있는데 그중 오직 이 두 가지 학파만 거론하는 이유는 무엇이었을까? 그것은 소승불교 중 이 두 학파만이 범아일여를 공격했던 싯다르타의 무아론無我論을 계승하고 있었기 때문이다.

결국 설일체유부와 경량부의 무아론이 유효하지 못했기에, 나가르주나를 필두로 시작된 대승불교가 출현했다고 할 수 있다. 설일체유부와 경량부의 무아론이 유효하지 못한 것은 두 가지 측면 때문이다. 하나는 싯다르타의 무아론을 제대로 계승하지 못했다는 것, 다른 하나는 인도 주류 정통 사상의 유아론에 효과적으로 대응하지 못했다는 것이다. 나가르주나가 《중론》에서 부파불교의 무아론을 바로잡고, 이를 토대로 《회쟁론廻諍論》으로 인도 정통 사상의 선두주자 니야야학파의 반박을 무력화시키려고 했던 것도 이런 이유에서다. 그렇다면 설일체유부와 경량부는 어떤 식으로 무아론을 피력했던 것일까? 그리고 대승불교의 입장, 특히 나가르주나의 입장에서 그들의 무아론은 어떤 한계가 있었던 것일까?

설일체유부는 산스크리트어로나 한자로나 모두 "모든 것一切은 존재한다有고 주장했던說" 학파였다. 여기서 모든 것은 싯다르타의 설법에 담겨 있는 중요한 개념들을 가리킨다. 싯다르타가 '열반'을 긍정적으로 이야기했다면 '열반'의 지시체는 존재하고, 그가 '허공'에 대해 말했다면 '허공'의 지시체도 존재한다고 보자는 식이다. 바수반두가 청년기에 편찬했던 《구사론俱舍論》은 설일체유부가 존재한다고 생각했던 다섯 가지 범주로 분류된 75가지 다르마, 즉 법法을 소개하고 있다. 75법은 우리의 현상적 자아를 구성하거나 그와 관련된 요소들이라고 생각하면 된다. 그러니 75법은 일종의 심리학적이고 생리학적인 원자들이라고 보면 쉽다. 우리의 자아, 즉 아트만은 결국 이런 75가지 요소들이 결합된 결과일 뿐이라는 것이다.

예를 들어 지혜의 힘으로 선택한 열반, 즉 '택멸擇滅, pratisaṃkhyā-nirodha'이란 요소가 다른 요소들에 비해 풍부할 때, 우리 자아는 부처의 자아가 될 것이고, 반대로 무지를 의미하는 '무명無明, avidyā'이란 요소가 많은 자아는 고통에 사로잡힌 평범한 사람들의 자아를 규정하게 될 것이다. 여기서도 잊지 말아야 할 것은 설일체유부가 무아無我의 입장은 확실하게 견지하고 있다는 사실이다. 그래서 설일체유부는 싯다르타와 마찬가지로 '인무아人無我, pudgala-nairātmya'를 주장하고 있다고 평가되는 것이다. 문제는 바로 75법이다. 그들은 자아를 구성하는 이 원소들은 자성을 가지고 존재한다고 보았기 때문이다. 그러니 설일체유부의 주장을 우리는 간단히 요약할 수 있다. '인공법유人空法有!' 사람에게는 자아와 같은 실체가 없지만, 그것을 구성하는 법들은 실체로서 존재한다.

《중론》에서 나가르주나는 75법마저도 자성을 가진 실체로 존재하지 않는다는

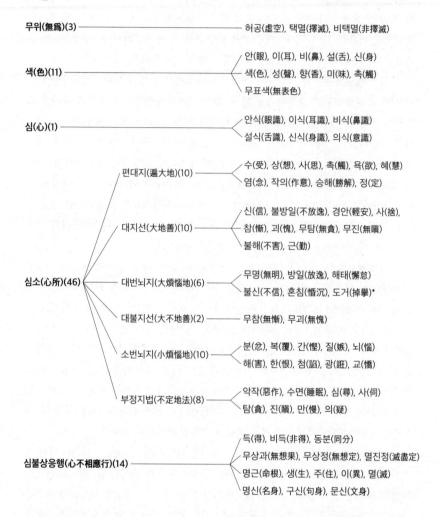

무위(無爲)(3) ———— 허공(虛空), 택멸(擇滅), 비택멸(非擇滅)

색(色)(11) ————
- 안(眼), 이(耳), 비(鼻), 설(舌), 신(身)
- 색(色), 성(聲), 향(香), 미(味), 촉(觸)
- 무표색(無表色)

심(心)(1) ————
- 안식(眼識), 이식(耳識), 비식(鼻識)
- 설식(舌識), 신식(身識), 의식(意識)

심소(心所)(46)
- 편대지(遍大地)(10) ————
  - 수(受), 상(想), 사(思), 촉(觸), 욕(欲), 혜(慧)
  - 염(念), 작의(作意), 승해(勝解), 정(定)
- 대지선(大地善)(10) ————
  - 신(信), 불방일(不放逸), 경안(輕安), 사(捨),
  - 참(慚), 괴(愧), 무탐(無貪), 무진(無瞋)
  - 불해(不害), 근(勤)
- 대번뇌지(大煩惱地)(6) ————
  - 무명(無明), 방일(放逸), 해태(懈怠)
  - 불신(不信), 혼침(惛沉), 도거(掉擧)*
- 대불지선(大不地善)(2) ———— 무참(無慚), 무괴(無愧)
- 소번뇌지(小煩惱地)(10) ————
  - 분(忿), 복(覆). 간(慳), 질(嫉), 뇌(惱)
  - 해(害), 한(恨), 첨(諂), 광(誑), 교(憍)
- 부정지법(不定地法)(8) ————
  - 악작(惡作), 수면(睡眠), 심(尋), 사(伺)
  - 탐(貪), 진(瞋), 만(慢), 의(疑)

심불상응행(心不相應行)(14) ————
- 득(得), 비득(非得), 동분(同分)
- 무상과(無想果), 무상정(無想定), 멸진정(滅盡定)
- 명근(命根), 생(生), 주(住), 이(異), 멸(滅)
- 명신(名身), 구신(句身), 문신(文身)

것을 보여주려고 했다. 그러니까 그는 싯다르타의 무아론을 철두철미하게 관철시키려고 했던 것이다. 나가르주나의 전매특허 개념 공空은 바로 무아無我, anātman, 즉 불변하는 실체我, ātman가 없다는 뜻이니까 말이다. 그래서 나가르주나의 입장은 '인공법공人空法空'이라고 정리될 수 있겠다. 사람에게도 실체가 없고, 그것을 구성하는 법들도 실체가 없다는 '법무아法無我, dharma-nairātmya'로 요약될 수 있는 주장이다. 심지어 나가르주나는 자신이 사용하는 개념 공空도 실체가 있다고 오해받을 여지를 원천봉쇄하려고까지 한다. 그것이 바로 '공공空空'이다. 공에도 실체는 존재하지 않는다

인도 마투라에서 출토된 불좌상(2세기 초).

는 주장이다. 결국 나가르주나의 중관철학은 최종적으로 '인공법공공공人空法空空空空'으로 정리될 수 있다. 잊지 말아야 할 것은 나가르주나가 설일체유부를 공격하기 이전 너무나 낯선 실체론적 사유를 공격하는 움직임이 이미 소승불교 내에서 있었다는 점이다. 그것이 바로 경량부라는 학파가 지닌 철학사적 중요성이다.

경량부라는 학파 이름에 들어 있는 경량經量은 산스크리트어나 한자어 모두 "'경전經'을 '진리 기준量'으로 삼는다"는 의미다. 바로 여기서 중요한 것은 싯다르타의 불교를 나타내는 핵심 개념, 즉 무아와 무상無常, anitya일 것이다. 다양한 조건들에 의해 발생한 것이므로 우리 인간을 포함한 모든 것은 '실체가 없고無我', 당연히 그만큼 '일정한 상태로 있지 않고 변하는無常' 존재라는 것이다. 그러니까 경량부는 자아를 구성하는 75법이란 발상 자체가 무아와 무상이란 싯다르타의 가르침에 부합되지 않는다고 주장했던 것이다. 경량부는 자신의 입장을 더 밀고 나간다. 그것은 무아와 무상이란 싯다르타의 가르침을 인식론적으로, 그리고 존재론적으로 정당화하는 것이다. 그것이 바로 찰나刹那, kṣaṇa 이론이다.

예를 들어보자. 눈앞 테이블 위에 사과가 있다고 하자. 그것은 우리에게 달콤한 향기를, 그리고 붉은 색깔을 뿜어낸다. 그 순간 우리의 감각은 그런 다양한 것들에 자극을 받고, 그것을 사과라고 판단한다. 그러나 우리에게 어떤 영향과 힘을 미친 그것은 그만큼 변할 수밖에 없다. 그래서 엄격히 우리가 사과라고 감각하는 그것은 이미 테이블 위의 사과와는 다른 것이다. 사과는 아주 작은 순간에 변한 것이다. 결국 우리가 개별자로 감각한 것은 단지 우리가 구성한 것일 뿐이다. 불교에서는 이런 개별자를 자상自相, svalakṣaṇa이라고 부른다. 그런데 경량부는 '자신만의自 특성相'을 뜻하는 자상, 즉 개별자마저도 우리가 구성한 것에 지나지 않는다고 주장한 셈이다. 물론 그렇다고 해서 경량부가 완전히 자상을 허구적이라고 주장하는 것은 아니다. 어쨌든 우리 감각에 외부 대상이 찰나적으로나마 작용한 결과가 자상이니까 말이다. 단지 경량부가 부정하고 있는 것은 우리가 느끼는 자상이 그 외부 대상과 완전히 일치한다는 생각이었다. 이로부터 '찰나'로 요약되는 인식론으로 경량부는 싯다르타가 말한 '무아'와 '무상'에 토대를 마련했다고 확신했던 것이다.

숲은 존재하지 않고, 나무들만 존재한다. 맞는 말이다. 숲은 우리가 나무들을 보고 구성한 것에 지나지 않기 때문이다. 그러나 경량부는 나무도 존재하지 않는다고 주장한다. 개별자로 인식된 나무마저도 우리가 구성한 것이기 때문이다. 만일 실제로 존재하는 것이 있다면, 그리고 우리가 그것을 감각했다면, 그것은 찰나의 존재가 찰나의 순간에 우리 감각에서 마치 번개처럼 작열하고 사라진 것에 지나지 않는다. 개념적 인식, 혹은 사유를 불교나 인도 철학 전통에서는 비량比量이라고 부르고, 감각적 인식을 현량現量이라고 부른다. 경량부는 비량뿐만 아니라 현량마저도 우리가 구성한 것이라고 생각했던 것이다. 이런 급진적인 경량부의 입장에 대해서 나가르주나는 일종의 허무론이라고 비판하게 된다. 그의 주저 이름이 상징하는 것처럼 나가르주나는 설일체유부와 같은 모든 실체론자를 '상견'이라고 비판했고, 동시에 경량부와 같은 모든 찰나론자들은 '단견'이라고 비판했다. 그는 이것이 싯다르타가 말한 중도中道라고 확신했던 것이다.

흥미롭게도 나가르주나와 달리 유식불교의 이론가 바수반두는 경량부에 대해 우호적이었다. 유식불교에 체계를 마련하기 전, 바수반두는 소승불교의 텍스트들을 한 권의 책으로 요약했던 적이 있다. 그것이 바로《구사론俱舍論》이다. 원제목이《아비달마구사론阿毘達磨俱舍論, abhidhamakosa-sāstra》이니 소승불교 이론서들을 읽고 만든 선집이라는 뜻이다. 여기서 '구사俱舍'란 갖출 것은 '갖추고俱' 버릴 것은 '버렸다舍'는 의미다. 이 책 대부분에서 바수반두는 설일체유부의 사유를 다루고 있지만 또한 상당한 분량을 경량부에 할애하고 있다. 흥미롭게도 그는 설일체유부에 대해서는 비판적이지만 경량부에 대해서는 상당히 긍정적인 입장을 피력하고 있다. 무언가 외부 대상이 존재하는 것처럼 보이지만, 그것은 우리 의식이 구성한 것에 지나지 않는다는 입장이 바로 '유식唯識'이다. 그래서 유식학파의 체계자 바수반두는 경량부를 긍정하게 된 것이다.

경량부는 바수반두의 유식철학으로 흡수되어 사라지지 않는다. 경량부 전통은 중관불교와 유식불교 이후 인도의 불교계에 강력한 힘을 발휘했던 한 가지 특이한 학파로 개화하게 된다. 흔히 불교논리학, 혹은 불교인식론이라고 불리는 학파로서 디그나가Dignāga, 陳那(480~540)와 7세기에 활약했던 다르마키르티Dharmakīrti, 法稱가 그 대표자라고 할 수 있다. 이 학파는 현량과 비량에 대한 집요한 사유를 통해 싯다르타의 무아론과 무상론을 굳건한 토대에 올려놓으려고 했다. 두 명의 대표자 중 그래도 가장 강력했던 건 디그나가라고 할 수 있다. 인식과 논리를 강조했던 그는 바수반두가 강조했던 심층적 무의식인 알라야식마저도 거부했으니 말이다. 하긴 개인마다 다른 무의식적 기억을 강조한다면, 어떻게 인식과 논리, 그리고 논쟁이 가능하다는 말인가? 그러나 현량이든 비량이든 우리 마음의 구성 능력을 강조한다는 점에서 디그나가는 바수반두와 분명한 연결고리를 가지고 있다.

다르마키르티가 디그나가의 불교인식론과 바수반두의 유식철학을 종합하려고 했던 것도 이런 이유에서다. 그러나 더 깊게 생각한다면, 이런 종합마저도 디그나가든 바수반두든 아니면 다르마키르티든 그들 모두가 경량부라는 불교 학파의 전통 속에 놓여 있기에 가능했던 것이라고 할 수 있다. 디그나가와 바수반두의 종합자라고 불리는 다르마키르티가 싯다르타의 무상을 논리적으로 입증하려고 평생을 다바쳤다는 사실은 무척 의미심장하다. 다르마키르티도 여전히 경량부의 입장을 확고하게 관철시키고 있었던 것이다. 디그나가의 주저《집량론集量論, Pramāṇa-samuccaya》에 대한 해설서이자 동시에 본인의 주저이기도 했던《양평석量評釋, Pramāṇavārttikakārika》에서 다르마키르티는 모든 존재 자체는 소멸과 파괴의 내적 프로그램이 장착되어 있다는 사실을 보여주려고 할 정도였다.

결국 소승이나 대승이란 구분을 넘어서 불교 철학사에는 세 가지 사유 경향이 경쟁하고 있었다고 할 수 있겠다. 하나는 다르마키르티까지 이어지는 경량부의 사유 전통이고, 둘째는 나가르주나의 중관철학적 사유 전통이고, 마지막 세 번째는 바수반두가 체계화한 유식철학적 사유 전통이라고 할 수 있다. 그리고 이 사유 전통의 공통점은 싯다르타가 집착을 제거하기 위해 제안했던 무아론과 무상론을 견고히 지키려고 했다는 데 있다. 그러기에 아론我論과 상론常論을 지키려고 했던 인도 주류 정통 철학자들에게 가장 강력한 적들이 될 수 있었던 것이다. 무아론이 불변하는 실체가 없다는 주장이라면 아론은 그런 것이 존재한다는 주장이고, 무상론이 불변성을 부정하는 입장이라면, 상론은 불변성을 긍정하는 입자이기 때문이다.

불교 철학사 내부에서는 수정주의적 사유 경향이 존재했다는 것도 기억해 둘 필요가 있다. 그것은 주류 인도 철학의 아론이나 상론을 불교 내부로 끌어들이는 경향이다. 바로 여래장如來藏, tathāgatagarbha이나 불성佛性, buddhadhatu과 관련된 논의다. 여래장이 글자 그대로 여래, 즉 부처가 될 수 있는 잠재성을 가리킨다면, 불성은 부처가 될 수 있는 본성을 말한다. 한마디로 말해 싯다르타가 그리도 경계했던 불변하는 본성, 혹은 진실한 자아에 대한 논의를 부활시킨 것이다.《여래장경如來藏經, Tathāgatagarbha Sūtra》《승만경勝鬘經, Śrīmālādevīsiṃhanāda Sūtra》《입능가경入楞伽經, Laṇkavatāra Sūtra》《화엄경華嚴經, Avataṃsaka Sūtra》등이 그 대표적인 경전들일 것이다. 당시 인도 불교 내에서 비주류의 자리를 차지하고 있던 여래장과 불성 논의는 인성론 전통이 강했던 동아시아에 들어오면서 마치 불교 주류인 것처럼 영향력을 행사하게 된다. 나가르주나, 바수반두, 혹은 디그나가나 다르마키르티가 알았더라면 아연실색했을 일이다.

12

공空은 정당화될 수 있는가?

니야야학파

—————— VS ——————

나가르주나

논리에서 수사학으로, 혹은 집착에서 해탈로

에피메니데스Epimenides의 역설이란 것이 있다. 구체적으로 말해 이것은 크레타 사람인 에피메니데스가 "모든 크레타 사람은 거짓말쟁이다"라고 말했을 때 발생하는 역설을 가리킨다. 그의 말이 참이라고 한다면 "모든 크레타 사람은 거짓말쟁이다"라는 말은 거짓이 되고, 그의 말이 거짓이라고 한다면 "모든 크레타 사람은 거짓말쟁이다"라는 말은 참이 되어버리기 때문이다. 결국 "에피메니데스라는 크레타 사람이 '모든 크레타 사람은 거짓말쟁이다'고 말했다"라는 명제는 참인지 거짓인지를 결정할 수 없게 되어버린다. 흔히 '거짓말쟁이의 역설'이라고 불리는 이것은 논리logic를 중요하게 생각했던 서양의 모든 철학자들에게 반드시 제거해야 할 혹처럼 남겨졌다. 그리고 마침내 현대에 이르러 러셀이란 철학자가 등장해서 이 혹을 제거했다고 자부하게 된다. 그렇다면 그는 어떻게 에피메니데스의 역설을 풀었던 것일까?

> 거짓말쟁이는 "내가 주장하고 있는 모든 것은 거짓이다"라고 말했다. 사실상 이 말은 그가 만든 주장이지만, 그 자신의 주장이 전체 집합을 지시하고 있다. 역설이 생기게 된 것은 그러한 전체 집합 속에 이 말이 포함되어 있기 때문이다. …… 전체 집합을 지시하지 않는 명제를 1차 명제들이라고 정의한다. 2차 명제들은 1차 명제들의 전체 집합을 지시하는 명제로서 정의되며, 이러한 방식으로 무한히 진행한다. 그래서 우리가 예로 든 거짓말쟁이의 말은 이제 "나는 거짓인 1차 명제를 거짓이라고 주장하고 있다"라고 말하는 것이 되어야 한다. 그러나 이 말 자체는 2차 명제이다. 그래서 그는 어떤 1차 명제들도 주장하고 있지 않다. 따라서 그가 말한 것은 단순히 거짓이라는 내용이며, 그것이 참이 될 수 있다는 논증은 무너져버린다.
>
> –《나의 철학적 발전My Philosophical Development》

러셀은 에피메니데스의 역설을 간단히 "내가 주장하고 있는 모든 것은 거짓이다"라는 거짓말쟁이의 역설로 단순화하며, 그런 다음 거짓말쟁이 역설이 역설로 보이는 이유를 설명한다. 그것은 거짓말쟁이의 말, 즉 "내가 주장하고 있는 모든 것은 거짓이다"라는 명제가 그가 주장하고 있는 '모든 것'에 결국 속하기 때문이다. 그렇다면 역설을 막는 유일한 방법은 "내가 주장하고 있는 모든 것은 거짓이다"라는 명제를 그가 주장하고 있는 '모든 것'에서 빼버리는 것이다. 러셀이 '1차 명제'와 '2차 명제'를 구분하고, 거짓말쟁이의 주장을 2차 명제에 속하는 것으로 분리하려고 했던 것도 바로 이런 이유에서였다. 이 때문에 결국 거짓말쟁이인 "나는 '내가 주장하고 있는 모든 것은 거짓이다'라고 주장한다"는 명제는 "나는 거짓인 1차 명제를 거짓이라고 주장한다"라고 번역할 수 있을 것이다. 이렇게 보면 사실 "나는 거짓인 1차 명제를 거짓이라고 주장한다"는 명제는 결과적으로 어떤 역설도 발생시키지 않는다. 내가 주장하는 것은 단지 거짓인 1차 명제를 거짓이라고 주장하고 있기 때문이다. 결국 1차 명제와 2차 명제를 혼동했기 때문에 에피메니데스의 역설은 역설로 보였던 것이지, 명제의 두 차원을 구분하기만 한다면 역설은 마침내 해소될 수 있다는 것이 러셀의 근본 입장이었다. 그렇지만 이런 방식을 통해 러셀은 과연 에피메니데스의 역설을 해결했다고 말할 수 있을까?

사실 에피메니데스의 역설은 우리의 일상적 삶에서 빈번히 등장하는 것이다. 중요한 것은 이 역설에 빠질 때 우리가 흔히 정신적 분열증에 노출된다는 점이다. 베이트슨은 '이중구속double bind'이란 조건 속에서 우리가 분열증에 빠질 수 있다고 지적했다. 흥미로운 것은 그가 이중구속의 사례로 인용했던 말들이 대부분 에피메니데스의 역설을 함축하고 있다는 점이다.

> (벌을 주면서) '이것을 벌로 생각하지 마라', (처벌을 하면서) '나를 처벌의 행위자로 생각하지 마라', '내가 금지한 것에 복종하지 마라', '네가 반드시 해서는 안 되는 것을 생각하지 마라'…… 등등이다. 이중구속이 한

사람이 아니라 두 사람에 의해 고통받을 때는 다른 예들이 가능하다. 예를 들면 부모 중 한 사람은 다른 부모의 명령을 더 추상적인 차원에서 부정할 수 있다.　－《마음의 생태학Steps to an ecology of mind》

베이트슨이 들고 있는 이중구속의 예 중 가장 대표적인 것으로 "내가 금지한 것에 복종하지 마라"라는 어머니의 말을 생각해보자. 어머니에게 이 말을 듣는 순간, 아이는 몹시 당혹스러울 것이다. 어머니가 금지한 행동을 수행하는 순간, 아이는 어머니의 말을 따른 것이고 동시에 어긴 셈이 되기 때문이다. 또한 반대로 어머니가 금지한 행동을 수행하지 않는 순간, 아이는 어머니의 말을 어긴 것이며 동시에 따른 셈이라고도 볼 수 있다. 이런 상황이라면 아이는 어찌해야 할지를 모르는 분열증적 상황에 빠지게 될 것이다. 지금 어머니는 자신이 금지한 것을 나보고 하라는 것일까? 아니면 하지 말라는 것일까? 그러나 과연 이런 말을 듣는다고 해서 모든 아이가 분열증에 빠지게 되는 것일까?

베이트슨은 이중구속이 한 사람이 아니라 두 사람에 의해서도 가능하다고 말한다. 어머니는 "공부하라!"고 명령하고, 아버지는 "나와 산책 가자!"라고 요구하는 경우다. 어머니의 말을 들으면 아버지의 말을 어기게 되고, 아버지의 말을 들으면 어머니에게 저항하는 셈이 된다. 아이로서는 이러지도 저러지도 못하는 딜레마에 빠진 셈이다. 어머니의 말을 들을까? 아버지의 말을 들을까? 이런 이중구속에 빠졌다고 해서 아이는 정말 분열증에 걸리게 될까? 우리의 현실은 그와 전혀 다른 결과를 가르쳐주고 있다. 대부분의 아이들은 부모들의 변덕이나 경솔함에 의해 내뱉어진 이중구속의 명령을 듣고도 분열증에 빠지는 일이 별로 없기 때문이다. 지나치게 순종적이고 유약한 아이만 문제가 될 뿐이다. 어머니가 "내가 금지한 것에 복종하지 마라!"라고 했을 때, 만일 대범한 아이라면 편의에 따라 어머니가 금지한 것을 하기도 하고, 아니면 하지 않기도 할 것이다. 또 어머니의 요구와 아버지의 요구가 상충될 때, 대범한 아이는 자기 편의에 따라 어머니의 말을 듣거나 혹은 아버지의 말을 들을 것이다.

　논의를 단순화하기 위해서 베이트슨이 들고 있는 이중구속의 또 다른 예를 생각해보도록 하자. 아이에게 손을 들고 있으라고 하면서 "이것을 벌이라고 생각하지는 마라"라고 한 어머니가 말했다고 해보자. 어머니에게서 이 말을 듣고 과연 모든 아이가 당혹스럽게 생각할까? 간혹 이중구속의 논리에 빠져 분열증을 느끼는 아이도 있겠지만, 대부분의 아이들은 그렇지 않을 것이다. 그렇다면 논리적으로 보았을 때 명확한 이중구속의 사례임에도 대부분의 아이들이 분열증에 빠지지 않는 이유는 무엇일까? 그것은 아이들이 어머니의 이야기를 '논리적'인 것이 아니라 그냥 '수사학적'인 표현이라는 사실을 지레짐작으로 알고 있기 때문이다. 그래서 가령 그들은 논리적으로는 분명 모순적인 어머니의 말을 다음과 같은 방식으로 해석할 수 있을 것이다. "네가 행동을 잘못했기 때문에 대가를 치러야 한다. 그래야 다시 잘못을 저지르지 않을 테니까. 네가 꼭 미워서 벌을 주는 것이 아니라 네가 잘되기를 바라는 엄마의 마음 때문에 그런 것이란다. 그러니 이것을 벌이라고 생각하지는 마라!"

　앞서 언급한 에피메니데스의 역설도 마찬가지이다. 이것이 끝끝내 역설로만 보이는 사람들은 논리를 맹신하는 사람들의 경우뿐이다. 이 점에서는 철학자 러셀도 예외가 아닐 수 없다. "에피메니데스라는 크레타 사람이 '모든 크레타 사람은 거짓말쟁이다'라고 말했다"는 명제는 '논리'의 수준에서는 여전히 역설을 일으킨다. 그렇기 때문에 러셀은 1차 명제와 2차 명제를 구분하는 논리적 절차를 통해 이 역설을 없애려는 부질없는 노력을 시도했던 것이다. 하지만 '수사학rhetoric'의 수준에서는 이 명제가 전혀 문제를 일으키지 않는다고 할 수 있다. 만약 '모든 크레타 사람은 거짓말쟁이다'라고 말하자 누군가가 '너도 크레타 사람이니까 너의 말은 역설이다'라고 말했다면, 당사자 에피메니데스는 당혹감을 느끼고 침묵하고 말았을 것이다. 그는 아마도 상대방이 대화를 나눌 필요도 없는 고지식한 사람이라고 느꼈을 것이다. '모든'이란 단어가 '대부분'을 의미할 수도 있다는 사실을 모르는 사람과 대화한다는 것은 난감한 일이기 때문이다.

만약 누군가 "나는 너를 사랑하지만 사랑할 수도 없어"라고 말한다면, 대부분의 사람들은 이 말이 무슨 의미인지를 어느 정도 알 수 있을 것이다. 가령 러셀이나 베이트슨이 이러한 표현을 들었다면 여전히 역설이라고 혹은 이중구속이라고 이야기했을 것이다. 어떤 문장을 역설로 만드는 것은 그 문장의 내용이 아니라 논리를 맹신하는 사람들의 집착 때문이라고 할 수 있다. 이 점에서 우리는 자신의 《국가》 안에서 시인들을 추방하려고 했던 플라톤이 얼마나 어리석었는지를 이해할 수 있다. 역설적인 표현이나 모순적인 묘사가 아니라면, 플라톤은 시인이 자신의 미묘한 감정을 표현할 수 없다는 것을 알고 있었던 것이다. 그러나 이데아의 자기동일성만을 추구했던 플라톤은 이 점을 견딜 수가 없었던 것이다. 그는 마치 사랑의 고뇌에 빠진 애인에게 "나를 사랑하거나 혹은 사랑하지 않거나 둘 중에 하나일 수밖에 없다"라고 따져 묻는 사람과도 비슷했던 것이다.

고대의 플라톤에서 현대의 러셀에 이르기까지 논리중심주의 혹은 이성주의를 따르는 사람에게는 매우 불행한 일일지도 모르지만, 사실 논리의 한계란 매우 명확한 것이다. 어떤 사람에게든 적용 가능하다고 주장하지만, 논리에는 타자란 것이 전혀 고려되지 않기 때문이다. 논리를 맹신하는 사람들이 대화 상대방, 즉 타자의 속내를 읽으려 하지 않고 그의 말꼬리만을 잡고 있다는 느낌을 주는 것도 바로 이런 측면 때문이다. 이 점에서 논리는 보편적인 것 같지만, 그 내면에 지독한 유아론을 품고 있다고 말할 수 있다. 이런 경향은 논리를 맹신하는 사람이 '모든' 혹은 '~하지만 동시에 ~하지 않는'과 같은 언어 표현에 과도하게 집착하고 있기 때문에 발생하는 것이다. 이와는 달리 '수사학'은 항상 타자를 염두에 두고 진행된다는 특성을 가진다. 그래서 수사학은 언어의 표면적 내용에 집착하지 않고 타자의 속내를 읽으려는 인문학적 감수성을 갖추고 있는 사람에게만 적용된다고 할 수 있겠다. 논리로부터 자유로워지려면, 우리에게는 비트겐슈타인의 경우에서 확인되는 것처럼 '수사학적 전회rhetorical turn'가 불가피하다고 볼 수 있다.

니야야학파: "모든 것이 공하다는 주장은 자기모순에 빠진다."

인도 철학사에서 불교는 이단적 사유로 간주되었다. 어쩌면 그랬기 때문에 불교는 티베트를 거쳐서 중국으로, 나아가 한국과 일본에까지 건너와 뿌리를 내리려고 했는지도 모를 일이다. 그렇다면 인도 주류 철학은 과연 무엇이었을까? 《우파니샤드》의 권위를 인정하느냐 그렇지 않느냐가 인도에서는 정통이냐 이단이냐를 가르는 중대한 기준이었다. 나가르주나가 활약했던 당시 인도에서 번성했던 정통 철학에는 여섯 학파, 즉 상키야Sāṃkhya학파, 요가Yoga학파, 바이쉐쉬카Vaiśeṣika학파, 니야야Nyāya학파, 미망사Mīmāṃsa학파, 그리고 베단타Vedānta학파 등이 있었다. 《우파니샤드》의 권위를 인정하고 있었기 때문에, 이 여섯 학파는 범아일여와 윤회 사상을 모두 믿었으며, 윤회에서 해탈되는 것, 다시 말해 윤회에 종지부를 찍는 것을 최종 목표로 설정하고 있었다. 결국 핵심은 불변하는 실체가 존재한다는 생각을 이 여섯 학파가 공유하고 있다는 데 있다. 이런 실체가 없다면 범아일여나 윤회 사상은 정당화되기 어려웠던 것이다.

홍미로운 것은 이 여섯 학파가 다시 세 가지 짝으로 분류된다는 점이다. 상키야학파와 요가학파가 첫 번째 짝이고, 바이쉐쉬카학파와 니야야학파가 두 번째 짝이며, 그리고 미망사학파와 베단타학파가 마지막 세 번째 짝이다. 여섯 학파 중 논리학과 인식론을 가장 중시했던 니야야학파는 "모든 것이 공하다"는 나가르주나의 주장을 비판하는 선봉장 역할을 담당하게 된다. 연속적인 실체나 불변하는 본질을 부정했던 나가르주나의 주장은 그만큼 당시 인도 지성계에 핵폭탄과 같은 위력을 발휘하고 있었던 것이다. 그렇다면 니야야학파는 어떻게 나가르주나를 공격했으며, 반대로 나가르주나는 어떤 방식으로 니야야학파의 비판에 대응하게 된 것일까? 이 점에서 나가르주나가 지었다고 하는 《회쟁론廻諍論, Vigrahavyāvartanī》은 매우 의미심장한 텍스트라고 볼 수 있다. 이 텍스트에는 니야야학파의 논박과 그에 대한 나가르주

《우파니샤드》. 《우파니샤드》의 권위를 인정하느냐 그렇지 않느냐가 인도에서는 정통이냐 이단이냐를 가르는 중대한 기준이었다.

나의 응답이 함께 실려 있기 때문이다. 먼저 니야야학파가 어떤 논리로 "모든 것이 공하다"라고 본 나가르주나의 입장을 논박했는지 살펴보도록 하자.

> 만일 그대가 "모든 것의 자성svabhāva은 그 어디에든 존재하지 않는다"라고 말한다면, 자성을 갖지 않는다는 그대의 바로 그 말은 결코 자성을 부정할 수 없다. 그렇다고 해서 만일 "모든 것은 자성이 없다"라는 바로 그 말만은 자성을 갖고 있다고 말한다면, "모든 것은 자성이 없다"라는 그대의 주장은 파괴될 것이다.　　　　　　　　　　－《회쟁론》1·2

나가르주나에게 공空, śūnyatā은 자성이 없는 것, 무자성無自性, asvabhāvatva을 의미하는 것이었다. 실체나 본질을 규정하는 자기동일성이 존재하지 않는다는 것이다. 니야야학파가 내놓은 논박의 핵심은 '모든 것은 공하다'라는 나가르주나의 주장이 논리적으로 볼 때 결국 자기모순에 빠진다는 점을 보여주는 데 있었다. 구체적으로 살펴보면 니야야학파의 논증 절차는 다음과 같았다. 모든 것이 공하다면, '모든 것이 공하다'라는 나가르주나의 말 자

	공통점	차이점	비고
상키야학파, 요가학파 (심신이원론)	세계의 모든 존재는 정신(puruṣa)과 물질(prakṛti)이란 두 가지 원리로 구성된다. 인간에게도 불변하는 자아, 즉 푸루샤(puruṣa)가 존재한다.	상키야는 세계관과 형이상학에 집중한다. 요가는 실천과 수행에 집중한다	독자적으로 생존하지는 못했지만, 후에 베단타학파로 흡수되어 인도 정통 사유의 형성에 큰 영향을 준다.
바이쉐쉬카학파, 니야야학파 (실재론)	세계는 여섯 가지 범주, 즉 '실체' '속성' '행위' '보편' '특수' '내재'로 구성된다. 실체에 속하는 아트만이나 보편에 속하는 보편자들도 실재한다.	바이쉐쉬카는 형이상학적 존재론에 집중한다. 니야야는 인식론과 논리학에 치중한다.	실재론의 입장을 취하기 때문에 인도 정통 철학 학파 중 가장 불교에 적대적으로 반응했다.
미망사학파, 베단타학파 (절대적 관념론)	'범아일여'라는 《우파니샤드》의 철학에 가장 충실하다. 일자로서의 브라흐만과 현상 세계의 다양한 아트만들 사이의 관계에 대해 고민한다.	미망사는 제사 의식의 실행 방법과 의의에 집중한다. 베단타는 추상적이고 철학적인 사유에 집중한다.	베단타는 불교를 포함한 다른 학파들의 장점들을 비판적으로 흡수하여 인도 정통 철학의 정점으로 등극한다.

체도 공할 수밖에 없다. 그러니 '모든 것은 공하다'는 주장은 무의미한 주장에 불과하게 된다. 반대로 '모든 것이 공하다'는 말만은 공하지 않다고 주장한다면, 이것은 '모든 것은 공하다'는 나가르주나의 주장과 모순에 빠지게 된다. 결국 나가르주나의 주장은 에피메니데스의 역설처럼 참과 거짓을 결정할 수 없는 무의미한 상태에 이르고 만다.

　니야야학파의 논박의 핵심은 '모든 것'에 놓여 있다. 이것은 모종의 집합을 전제로 하는 것이다. "에피메니데스라는 크레타 사람이 '모든 크레타 사람은 거짓말쟁이다'라고 말했다"는 에피메니데스의 역설이 발생한 이유도 바로 이 '모든 크레타 사람'이라는 구절 때문이었다. 만일 에피메니데스가 '일부 크레타 사람은 거짓말쟁이다'라고 말했다면, 별다른 역설이 발생할 이유가 없었을 것이다. 결국 나가르주나는 '모든 것이 아니라 일부분만 공하다'고 주장하는 것이 좋았다고 보는 것이 니야야학파의 입장이라고 할 수 있다. 니야야학파의 비판은 여기서 그치지 않았다. 다음 한 구절을 더 살펴보면 우리는 니야야학파의 나가르주나에 대한 논박 전략이 얼마나 집요했는지를 확인할 수 있다. 그들은 나가르주나의 주장이 그 자신이 속한 불교 사유 전통을 어기고 있다는 점을 보여줌으로써 나가르주나를 사이비 불교 학자로 만들려고 시도했기 때문이다.

> "모든 것은 공하다"라고 말할 경우, 이것은 '직접 지각pratyakṣa'으로 우선 사물들을 지각한 다음에 사물들의 실재성을 파기한다는 것을 의미한다. 이런 경우 사물들을 지각하는 도구인 '직접 지각'도 역시 존재할 수 없다.
> —《회쟁론》5

불교 전통과 니야야학파는 모두 진리를 보장할 수 있는 네 가지 인식 방법pramāṇa이 있다는 사실에 동의하고 있다. 첫째는 현량現量, pratyakṣa으로 감각에 의한 직접 지각이고, 둘째는 비량比量, anumāna으로 추상적인 개념과 논리를 통한 이성적인 추론이며, 셋째는 비유량譬喩量, upamāna으로 직접 지각하지 않았지만 언어적 표현을 통해 어떤 이름을 어디에 붙여야 하는지 아는 인식 방법이고, 마지막으로 넷째는 성언량聖言量, āptopadéśa-pramāṇa으로 신뢰할 만한 사람, 즉 성인聖人의 가르침을 따라서 알게 되는 인식 방법이다. 그렇지만 핵심은 여전히 현량과 비량일 수밖에 없다. 비유량이나 성언량은 모두 현량과 비량을 토대로 이루어지는 것이니 말이다. 특히나 여기서 중요한 것은 바로 현량이다. 불교 전통에서 강조하는 '타타타tathaāt, 眞如'도 "있는 그대로" 혹은 "모든 현상이 있는 그대로가 참모습"이라는 뜻 아닌가. 한마디로 말해 부처가 되면 일체의 편견과 집착이 없이 세상을 지각한다는 것이다. 감각지각인 현량을 부정한다면, 무의미한 개념이 바로 타타타라고 할 수 있다.

　니야야학파는 불교에서 현량만은 부정할 수 없다는 점을 집요하게 물고 늘어진다. 이 학파의 논증을 재구성해보자. "모든 것은 공하다"는 주장에서 일단 '모든 것'은 현량의 대상일 수가 있다. 결국 '모든 것'이란 말은 감각에 포착된 모든 것이란 의미를 가진다는 것이다. 그다음 '공하다'는 술어는 직접적인 감각지각이라기보다는 비량, 즉 추론을 거친 판단이라고 할 수 있다. 결국 나가르주나는 현량으로 포착된 대상들을 비량으로 부정하고 있는 셈이다. 그러나 아무리 '공하다'는 추론을 내렸다고 할지라도, 나가르주나는 현량으로 무엇인가 포착되었다는 걸 인정하는 것 아닐까? 나가르주나를 비판할 때 니야야학파가 염두에 두고 있는 의구심은 바로 이것이다. 어쨌든 모든 것이 공하다는 나가르주나의 주장이 사물들의 실재성을 파괴할 뿐만 아니라, 그 결과 실재하는 사물들을 감각적으로 지각하는 '직접 지각'도 부정하게 되고 만다고 지적했다. 이 때문에 결국 나가르주나는 현량을 긍정했던 불교의 정통적인 가르침까지도 어기게 되었다고 비판한 것이다.

⑯

나가르주나: "공은 모든 것의 상호 의존을 나타내는 개념일 뿐이다."

대부분의 사람들은 "모든 것이 공하다"는 나가르주나의 주장에서 일종의 허무주의적인 냄새를 맡을지도 모르겠다. 혹은 어떤 사람들은 나가르주나의 공이 언어로 표현될 수 없는 실재를 가리키는 용어였다고 이해할 수도 있을 것이다. 과연 이런 통념들은 타당한 것일까? 《회쟁론》은 바로 이런 의문들에 가장 친절한 해답을 줄 수 있는 텍스트라고 볼 수 있다. 《회쟁론》을 통해 우리는 많은 오해와 편견에 사로잡혀 있는 공 개념의 정확한 면모를 이해할 수 있기 때문이다. 먼저 나가르주나가 니야야학파의 첫 번째 비판, 즉 나가르주나의 주장이 에피메니데스의 역설처럼 참과 거짓을 결정할 수 없는 무

나가르주나는 모든 것은 인연의 결합에 의해 생성되므로, 그것들에 자성이 있을 수는 없다고 말했다. 이것이 나가르주나가 말한 공 개념이다.

의미한 주장이라는 비판에 대해 어떻게 대응했는지 살펴보도록 하자.

> 사물들이 다른 것에 의존하여 존재하는 것을 공성空性이라고 부른다. 왜냐하면 다른 것에 의존하여 존재하는 것은 자성自性이 없는 것이기 때문이다. …… '모든 것에는 자성이 없다'라는 나의 말은 자성을 갖는 것이 아니다. 그러므로 나의 논의는 파괴되지 않는다.
>
> -《회쟁론》22·24

니야야학파에 따르면 "모든 것이 공하다"라는 나가르주나의 말이 참이라면, "모든 것이 공하다"는 그의 말 자체도 공할 수밖에 없다는 것이었다. 나가르주나는 공의 원래 의미를 언급하면서 반박을 시작한다. 그에 따르면 "사물들이 다른 것에 의존하여 존재한다면" 그것들은 공하다고 말할 수 있다. 여기서 나가르주나는 공이란 개념이 어떤 사물이 부재한다는 것을 나타내는 말이 아니라고 강조하고 있다. 공이 부정하는 것은 오직 어떤 사물에 존재한다고 생각되는 불변하는 본질, 즉 자성일 뿐이다. 모든 것은 인연의 결합에 의해 생성되므로, 그것들에 자성이 있을 수는 없다는 것, 이것이 바로 나가르주나가 공 개념으로 말하고자 했던 것이다. 그래서 그는 "모든 것에는 자성이 없다"라는 자신의 말 역시 자성을 갖지 않는다고 주장할 수 있었던 것이다. 이것은 그의 이 말 역시 어떤 조건에 의존해서 발설되었다는 것을 의미한다. 여기서 생각해볼 수 있는 조건들 가운데 하나는, 대부분의 사람이 모든 것에 불변하는 자성이 있다고 집착하면서 고통에 빠져 있는 상황을 사례로 들 수도 있을 것이다.

그렇다면 '직접 지각'을 부정하고 말았다는 니야야학파의 반론에 대해 이제 나가르주나가 어떻게 반박하고 있는지 살펴볼 차례이다.

> 만일 아버지에 의해 아들이 존재하게 되는 것이라면, 또 만일 바로 그 아들에 의해 그 아버지가 존재하게 되는 것이라면, 이런 경우 누가 누구를 발생시키는 것인지 말해보라. …… 인식 방법pramāṇa들은 스스로 성립되는 것이 결코 아니며 …… 인식 대상prameya에 의해서 성립되는 것도 아니고, 아무 원인 없이 성립되는 것도 아니다. -《회쟁론》49·51

니야야학파는 모든 것이 공하다는 나가르주나의 주장이 실재하는 사물을 부정할 뿐만 아니라, 그것을 지각하는 인간의 직접 지각 능력, 즉 현량도 부정하게 된다고 비판했다. 이런 비판에 대해서도 나가르주나는 "의존하여 발생하는 것은 자성이 없다"라는 논리를 관철시키려고 한다. 먼저 그는 아버지와 아들의 관계를 예로 든다. 흔히 우리는 아버지가 아들을 낳는다고 생각한다. 그렇지만 아들이 없다면 아버지도 존재할 수 없는 법이다. 누군가 아버지라고 불린다면, 그에게는 이미 아들이 있어야만 하기 때문이다. 이런 측면에서 아버지를 낳은 것은 아들이라고도 말할 수 있다. 이것은 아버지와 아들이 상호 의존하는 관계에 있다는 것을 말해준다. 그래서 아버지도 공하고, 마찬가지로 아들도 공하다고 말할 수 있다는 것이다.

현량, 즉 '직접 지각'과 그 지각 대상 사이도 마찬가지다. 시각을 예로 들어보자. 시각이 있으니 시각 대상이 있는 것이고, 시각 대상이 보인다는 것은 우리에게 시각이 있다는 것이다. 그러니 시각과 시각 대상 각각은 공한 것이다. 양자는 상호 의존하는 관계에 있기 때문이다. 결국 나가르주나가 부정하려는 것은 시각과 전적으로 무관한 시각 대상이 존재한다는 주장, 혹은 시각 대상과 전적으로 무관한 시각 자체가 존재한다는 주장일 뿐이다.

논의가 조금 어렵다면 원시인 사람과 근시인 사람의 시각 대상을 생각해보자. 멀리 있는 나무가 있을 때, 원시인 사람은 그것이 뚜렷이 보인다. 반대로 근시인 사람에게 그것은 불명료하게 보일 것이다. 이처럼 시각 이미지는 주체의 시력에 의존되어 있다. 그러나 만일 원시인 사람이 그 뚜렷한 소나무가 자신과 무관하게 보이는 대로 자성을 가지고 존재한다고 주장한다면, 이것은 얼마나 터무니없는 일이겠는가? 나가르주나가 인식 방법도 인식 대상도 공하다고 주장했던 것도 이런 이유에서다. 니체의 관점주의가 떠오르는 대목이다.

아버지와 아들의 관계는 인식 방법과 인식 대상 사이의 관계에도 그대로 적용된다. 니야야학파는 나가르주나가 '직접 지각'을 부정했다고 비판했다. 과연 나가르주나는 시각 경험과 같은 직접 지각을 부정했던 것일까? 니야야학파에 따르면 시각 능력은 나의 내부에, 그리고 시각 대상은 외부에 자성을 가진 채로 존재한다. 지금 나가르주나가 공격하려고 했던 것은 바로 이 지점이다. 그는 시각 경험을 가능하게 했던 시각 능력과 시각 대상을 완전히 무화시키려고 했던 것은 아니다. 자성을 가진 것으로 사유하지만 않는다면, 우리는 아버지와 아들이란 용어를 자유롭게 사용할 수 있다. 이와 마찬가지로 우리는 인식 방법과 인식 대상에 대해서도 자유롭게 이야기할 수 있다. 인식 방법이나 인식 대상이 자성을 가지고 있다고 생각하지만 않는다면 말이다. 결국 그는 직접 지각을 포함한 네 가지 인식 방법 중 어느 것도 부정한 적이 없었던 셈이다.

칸토르의 역설과 나가르주나의 지혜

니야야학파는 모든 개념들이 지시체referent를 가지고 있다는 실재론realism적 입장을 견지했다. 물론 여기서 실재론이란 규정은 서양 중세철학에서 유명론nominalism에 대립되는 의미로 이해할 수 있는 것이다. 이 점에서 니야야학파가 나가르주나의 '공' 개념을 비판한 것은 어쩌면 당연한 일이라고도 할 수 있다. '모든 것에는 자성 혹은 본질이 없다'라는 나가르주나의 입장은 언어철학적으로 번역하면 '모든 개념이 가리키는 확정된 지시체는 존재하지 않는다'는 표현으로 치환 가능하기 때문이다. 그래서 니야야학파는 나가르주나의 주장이 유명론을 피력하고 있다고 이해할 수밖에 없었다. 사실 나가르주나는 모든 개념이 관습적으로 사용될 뿐이라고 했다는 점에서 유명론자라고 할 수 있다.

유명론을 공격해서 실재론을 구원하기 위해 니야야학파는 "모든 것은 공하다"는 나가르주나의 주장에 '에피메니데스의 역설'이란 올가미를 씌우려고 한다. 단순하지만 그만큼 결정적일 수 있는 논박이라고 할 수 있다. 그렇지만 에피메니데스의 역설은 프레게나 러셀처럼 논리적 사유를 편집증적으로 밀어붙이는 사람들에게만 치명타가 될 뿐이다. 다행스럽게도 엄격한 논리적 언어 사용 이외에 우리는 일상 언어를 사용하면서 삶을 영위하고 있다. 예를 들어 교실에서 어떤 학생이 외쳤다고 하자. "모두 조용히 해!" 이 말을 듣고 "너는 왜 그렇게 큰 소리로 시끄럽게 하니!"라고 반박하는 사람들이 얼마나 있을까? 어쨌든 나가르주나를 공격하면서 니야야학파가 20세기 논리학과 수학 철학 영역을 뒤흔들었던 에피메니데스의 역설, 혹은 무한이나 전체의 역설을 도입했다는 건 여러모로 흥미로운 일이라고 할 수 있다.

'칸토르Georg Cantor(1845~1918)의 역설'을 생각해보라. 모든 집합의 집합을 S라고 명명하고, 그 멱집합power set을 2^S라고 하자. 참고로 집합 A={1, 2}가 있을 때, A의 멱집합은 2^A={ { }, {1}, {2}, {1, 2} }가 된다. 이때 A의 원소 개수는 2개이고, 2^A의 원소 개수는 4개다. 유한집합의 경우 원소의 수라고 하지만, 무한집합의 경우 그 수가 무한하기에 농도라는 개념을 쓴다. 이제 무한집합 S와 그 무한집합의 멱집합 2^S

의 농도를 비교해보자.

'S의 농도'≤'2^S의 농도' ……… ① (멱집합의 정의에 따라)
'2^S의 농도'≤'S의 농도' ……… ② (집합 S의 정의에 따라)

①과 ②는 분명히 모순된다. 이것이 바로 칸토르의 역설이다. 그냥 간단히 집합론 버전 에피메니데스 역설이라고 보면 된다. 칸토르의 역설이 보여주는 것처럼 '모든', 혹은 '전체'라는 용어를 쓰는 순간 우리는 이런 역설에 빠질 수 있다. 한마디로 말해 에피메니데스의 역설은 집합론을 강하게 밀어붙일 때 발생하는 것이라고 할 수 있다. 이것은 집합론의 숙명과도 같은 것이다. 칸토르의 역설도 마찬가지다. 무한을 집합에 넣으면서 이런 일이 벌어졌던 것이다. 크로네커나 브라우어가 그렇게도 칸토르의 무한집합론을 공격했던 것도 이런 이유에서다. 결국 칸토르의 무한집합에서 중요한 것은 '무한'이란 개념이 아니라 '집합'이란 개념이었던 셈이다. 그래서 '모든' 혹은 '전체'라는 슬로건으로 작동하는 집합론적 사유를 하지 않으면, 우리는 에피메니데스의 역설이나 칸토르의 역설을 피해갈 수 있다.

니야야학파가 나가르주나를 밀어붙여 도달하고 싶었던 지점은 바로. 이것이다. "모든 것은 공하다"고 하지 말고, "어떤 것은 공하다"고 주장하자는 악마의 유혹이었던 셈이다. 이 악마의 손을 잡는 순간, 나가르주나는 싯다르타를 배신하게 된다. "어떤 것은 공하다"는 주장은 "다른 어떤 것은 공하지 않다"는 주장을 함축하는 법이다. 그러나 '제법무아諸法無我'의 가르침, 혹은 '모든 것은 공하다'는 가르침을 부정하고서 어떻게 불교가 불교일 수 있다는 말인가? 이제 나가르주나에게는 심각한 숙제가 남은 셈이다. "모든 것은 공하다"는 주장도 견지하면서 에피메니데스 역설도 피하는 방법은 무엇일까? 《회쟁론》은 그래서 집필된 것이다.

먼저 나가르주나는 공의 의미를 명료히 한다. "다른 것에 의존하여 존재하는 것"이 바로 공이라고 말이다. 당연히 "모든 것은 공하다"라는 주장도 공한 것일 수도 있다. 이 주장이 다른 것에 의존해서, 혹은 특정한 요구에 의해서 행해진 것이라면 말이다. 사물과 인간에게는 불변하는 실체가 있다고 집착하기에 사람들은 고통에 사로잡힌다. 그런 사람들을 위해 '그런 실체가 존재하지 않는다'고, 한마디로 '사물이나 인간은 공하다'는 주장이 나왔다는 것이다. 이를 통해 나가르주나는 "'모든 것은 공하다'는 주장도 공하다"고 말하면서 니야야학파가 놓은 덫, 에피메니데스의 역설을 피해가려고 했던 것이다. 어쨌든 니야야학파의 집요한 공격 탓에 우리는 공이란 개념에 대한 나가르주나의 육성을 더 잘 들을 수 있었으니, 이것도 행운이라고 할 수 있을 듯하다.

13

정신은 영원한가?

혜원

———————— VS ————————

범진

고대 중국인은 몸과 마음을 어떻게 생각했을까?

서양의 경우 마음과 몸을 기본적으로 이원론적으로 이해하는 경향이 지배적이었다. 예를 들어 기독교적 사유에서는 죽은 뒤에 마음이 영혼이라는 형식으로 천국으로 올라간다고 이해한다. 이와 유사하게 데카르트도 몸은 물질과 같은 연장extension이란 속성을 가지고 있는 반면 마음은 사유라는 속성을 가지고 있다고 하면서 몸과 마음을 속성이 다른 별개의 것으로 이해했다. 그렇다면 고대 중국인들은 마음과 몸을 어떻게 이해하고 있었을까? 우리의 의문을 해소하려면 《황제내경黃帝內經》이란 텍스트를 먼저 읽어보는 것이 좋을 듯하다. 구체적인 의학 기술이란 문제에서 마음과 몸에 대한 고대 중국인들의 이해 방식이 더 분명하게 드러날 수 있기 때문이다. 한제국 초기에 만들어졌던 이 텍스트는 전국시대부터 발전했던 동양 전통의학 사상과 기술을 집대성해놓은 것이다. 그런데 《황제내경》에서 가장 두드러진 점은 '장기에 정신의 작용이 속해 있다'고 본 것이다. 바로 이 점이 동양의 심신관心身觀을 마음과 몸을 이원적인 것으로 사유했던 서양의 그것과 구별해주는 결정적인 대목이라고 할 수 있다.

> 간은 눈을 주관하고 정신 작용으로는 '노여움怒'이 해당된다. 그러므로 노여움은 간을 상하게 한다. …… 심장心은 혀를 주관하고 정신 작용으로는 '기쁨喜'이 해당된다. 그러므로 기쁨은 심장을 상하게 한다. …… 지라脾는 입을 주관하고 정신 작용으로 '사유思'가 해당된다. 그러므로 사유는 지라를 상하게 한다. …… 폐는 코를 주관하고 정신 작용으로는 '걱정憂'이 해당된다. 그러므로 걱정은 폐를 상하게 한다. …… 신장은 귀를 주관하고 정신 작용으로는 '두려움恐'이 해당된다. 그러므로 두려움은 신장을 상하게 한다.
>
> ─《황제내경 소문素問》, 〈음양응상대론陰陽應象大論〉

《황제내경》은 인간의 감정과 사유 능력을 모두 신체 내부의 장기에 배속시켜서 이해했던 것이다. 인간의 기본적인 감정, 즉 노여움, 기쁨, 걱정, 두려움 각각이 간, 심장, 폐, 신장의 기능과 밀접한 관련이 있다면, 사유 능력은 지라와 직접 관련된 것으로 이해되었기 때문이다. 본문에도 등장하지만 너무 지나치게 기쁘면, 혹은 기쁨이 통제가 되지 않고 표현되면, 우리의 심장은 그만큼 망가지게 된다는 것이다. 이것은 그 역도 마찬가지다. 어떤 이유에서든 심장이 약한 사람은 기쁨의 감정이 과도하게 분출된다고 보기 때문이다. 마음과 육체 사이의 이런 관련성은 어떤 해부학적 근거나 신경과학적 메커니즘을 토대로 주장된 것이 아니라, 오랜 임상적 경험과 관찰로부터 옳다고 추론된 것이다. 사실 동양 고대 의학서인 《황제내경》의 이와 같은 견해는 서구 근대철학자 스피노자의 평행론parallelism을 연상시키기 쉽다. 이에 해당되는 스피노자의 다음 발언을 잠시 살펴보도록 하자.

> 정신과 신체는 동일하며, 그것은 때로는 사유의 속성 아래에서, 때로는 연장의 속성 아래에서 파악된다. 그러므로 사물의 질서나 연결은 자연이 이 속성 혹은 저 속성 어느 것 아래에서 파악되든지 간에 하나이며, 따라서 우리 신체의 능동과 수동의 질서는 본성상 정신의 능동과 수동의 질서와 일치한다.　　　　　　　　　　　　　　　　-《에티카》

스피노자에 따르면 인간의 정신과 육체는 동일한 인간 행동의 두 가지 측면일 뿐, 서로 인과관계를 맺고 있는 것은 아니었다. 그의 평행론은 정신과 육체가 서로 인과관계가 아닌 상태로 하나의 동일한 원리 혹은 양상을 제각기 반영하고 있다고 보았기 때문이다. 스피노자 이전 서양에서는 흔히 정신과 육체가 반비례 관계에 놓여 있다고 사유했다. 다시 말해 육체의 활동이 강해지면 정신의 활동이 약화되고, 정신의 활동이 강해지면 육체의 활동이 약화된다고 본 것이다. 그렇지만 스피노자에 이르러 드디어 정신과 육체의 활동은 오히려 밀접한 비례 관계에 있다고 사유하는 경향이 등장했다. 건강한 정신에 건강한 육체를, 그 반대로 건강한 육체가 건강한 정신을 표현한다고 보았기 때문이다.

이와 같은 맥락에서 볼 때《황제내경》이 스피노자의 평행론과 유사한 심신 관계를 주장했던 것처럼 보이는 것이 사실인데, 그 내막을 더 자세히 살펴보면《황제내경》이 결코 스피노자의 평행론을 표방하지 않았음을 알 수 있다. 오히려 동양의학은 육체가 정신에 영향을 미치고, 나아가 정신도 육체에 영향을 미친다는 상호 역동적 인과관계를 주장하고 있기 때문이다. 그래서 앞에서 살펴본〈음양응상대론〉편에는 "노여움은 간을 상하게 한다"는 설명이 있고,《황제내경 영추靈樞》〈본신本神〉편에는 "간의 기가 실하면 화를 잘 낸다"라는 반대 설명이 실려 있는 것이다. 따라서 간이란 장기의 물질적 상태로 노여움이라는 정신 상태가 나타날 수 있고, 반대로 노여움이라는 정신활동이 간이라는 장기를 상하게 할 수도 있는 것으로 간주된 것이다. 이것은 정신활동이 육체활동의 원인일 수도 있고, 육체활동이 정신활동의 원인일 수도 있다는 점을 분명히 보여준다.

참고로 현대 과학에서는 사유와 감정을 가능하게 하는 것을 뇌의 기능이라고 이해한다. 그렇다면《황제내경》은 뇌에 대해서는 어떻게 생각했을까? 놀랍게도《황제내경》은 뇌를 뼈, 자궁과 같이 정신적 기능과 무관한 것으로 이해하고 있다. 어찌 보면 바로 이 점이《황제내경》의 과학적 낙후성을 보여주는 것이라고 말할 수도 있다. 하지만 정신활동과 육체활동 사이에 필연적인 관계가 있다고 사유했다는 점에서《황제내경》은, 기독교적 사유 혹은 서양 근대의 데카르트적 사유보다는 오히려 더 현대의 뇌과학적 사유에 쉽게 접근할 수 있는 가능성을 가진 것이라고 볼 수 있다. 뇌의 활동을 정신의 활동과 장기의 활동을 매개하는 것으로 사유한다면, 고대 중국인의 심신관은 오늘날의 뇌과학적 연구 결과와도 결코 모순되는 것만은 아니기 때문이다. 뇌과학과《황제내경》을 결합시킨다면, 우리는 다음과 같이 말할 수 있을지도 모르겠다. 노여움이 지나치면 (뇌에 영향을 주어) 간이 상하고, 기쁨이 지나치면 (뇌에 영향을 주어) 심장이 상하고, 사유가 지나치면 (뇌에 영향을 주어) 지라가 상하고, 걱정이 지나치면 (뇌에 영향을 주어) 폐가 상하며, 두려움이 지나치면 (뇌에 영향을 주어) 신장이 상하며, 또한 그 반대도 마찬가지라고 말이다.

ⓑ

혜원: "마음은 몸의 변화와 무관한 것이다."

인도에서는 이단적 사유로 받아들여졌던 불교가 최초로 중국에 들어오게 된 것은 언제일까? 불교의 도래에 대한 많은 전설이 있지만 실제로는 한나라 무제 때 장건張騫(?~BC 114)이 서역을 개척했던 당시에 불교가 중국에 들어온 것으로 보인다. 아이러니한 점은 불교가 처음 중국에 발을 디뎠을 때, 중국인들은 불교가 윤회Samsāra, 輪廻 이론을 주장한다고 이해했다는 점이다. 윤회 이론이 불교에서 계속 문제가 된 이유는 이 이론이 불변의 주체를 설정할 수밖에 없었고, 이것이 집착을 낳는 주범이기 때문이다. 사람에서 소로 그리고 소에서 개로 무한히 윤회하지만, 윤회의 주체, 즉 아트만ātman은 불변한다는 것이 문제가 된 것이다. 물론 이것은 불교의 핵심 이론과 정면으로 부딪히는 발상이었다. 싯다르타의 '무아無我' 이론에 따르면 불변하는 실체로서 자아는 결코 존재하지 않으며, 나가르주나의 '공空' 이론에 따르더라도 모든 존재자에게는 불변하는 본질, 즉 자성自性이 결코 존재하지 않기 때문이다.

인도 철학의 전통을 다시 상기해보면, 윤회 이론은 범아일여를 주장했던 정통 인도 사상과 밀접한 연관이 있던 논리라고 볼 수 있다. 그렇다면 왜 불교 사상에, 혹은 초기 불교 경전에 윤회 이론의 흔적이 강하게 남아 있는 것일까? 그것은 싯다르타가 당시 인도 사람들을 가르칠 때 마치 윤회 이론을 긍정하는 것처럼 보이는 이야기들을 자주 했기 때문이었다. 가르치는 대상이 믿고 있던 것을 처음부터 모두 거부한다면, 가르침은 성공적으로 이루

혜원은 정신의 불멸을 주장하며 윤회설을 옹호했다. 그는 현실적으로 정신이 외부 대상에 반응을 하며, 동시에 관념들에 따라 움직인다는 점을 지적한다.

어질 수 없을 것이다. 당시 인도 사람들 대부분은 범아일여의 논리와 거기에서 파생되는 윤회 사상을 철석같이 믿고 있었다. 나중에 그것을 부정하더라도 가르치는 과정에서는 윤회 이론을 일부 긍정할 수밖에 없었던 싯다르타의 고뇌가 바로 여기에 있었다. 아무튼 이런 연고로 중국에 처음 들어온 불교는 중국인들에게 마치 윤회 사상만을 전파하려는 것으로 이해되기까지 했다. 또 한가지 주목해야 할 것은 동아시아의 오래된 제사 문화다. 죽은 조상이 기일에 제사 음식을 흠향하러 온다고 확신했던 고대 동아시아 사람들에게 윤회 논리는 나름 친숙했던 것이다.

　《황제내경》이 보여주는 것처럼 정신과 육체를 하나의 계기로 사유했던 중국 사람들에게 불멸하는 정신과 그와 반대로 소멸하고 마는 육체라는 이분법이 얼마나 낯설었을지는 미루어 짐작이 가는 일이다. 3세기 초에 모융牟融(165?~251?)이란 사람이 《이혹론理惑論》을 써서 윤회 이론과 영혼불멸 이론에 대해 회의적인 반응을 강하게 보인 것도 다 이유가 있었다. 하지만 '무아'와 '공' 이론이 가진 함축에 대해 매우 무지했던 초기 불교의 옹호자들이 한 발 나서서 아예 윤회설이야말로 불교의 핵심이라고 주장했던 사실은 매우 아쉬운 일이 아닐 수 없다. 혜원慧遠(334~416)이란 승려도 이 점에서 결코 예외가 아니었다. 윤회설을 옹호하려는 그의 목소리를 직접 들어보도록 하자.

> 정신은 사물物에 감응하여 작동하고 자신이 속한 종류數에 따라 움직인다. 그러나 정신은 사물에 감응하지만 사물이 아니기 때문에, 사물이 변한다고 해도 소멸되지 않는다. 또 정신은 자신이 속한 종류에 따라 움직인다고 해도 그 종류가 아니기 때문에, 종류가 소진된다고 해도 없어지지 않는다. …… 이로부터 추론해보면 윤회化는 감정으로 인해 반응하는 것이고, 정신은 윤회로 인해 옮겨지는 것이다. 감정은 윤회의 어머니이고 정신은 감정의 근본이니, 감정에는 사물과 만나는 도가 있고, 정신에는 신비하게 (한 개체에서 다른 개체로) 움직이는 작용이 있다.
>
> ―《홍명집弘明集》, 〈사문불경왕자론沙門不敬王者論〉

혜원은 현실적으로 정신이 외부 대상에 반응을 하며, 동시에 관념들에 따라 움직인다는 점을 지적한다. 이어서 그는 특정 외부 대상이 사라진다고 해서 혹은 특정 관념이 없어진다고 해서 정신까지 사라지는 것은 아니라고 이야기한다. 예를 들어 아름다운 장미꽃이 있어서 정신이 그에 유혹되어 움직이지만 장미꽃이 얼마 지나지 않아 시들어 사라진다고 하더라도 정신이 함께 사라지는 것은 아니며, 이와 마찬가지로 돌아가신 어머니에 대한 나의 관념이 사라진다고 해서 나의 정신이 사라지는 것은 아니라고 본 것이다. 그렇다면 이런 불멸하는 정신은 어떤 메커니즘으로 윤회하는 것일까? 만일 우리 정신이 장미꽃을 보고 싶던 감정에서 자유롭지 않으면, 우리 정신은 나비의 몸을 빌려 태어날 수 있다. 또한 어머니에 대한 감정이 강하다면, 우리의 정신은 어머니의 묘소를 지키는 뱀의 몸에 깃들 수 있다. 이것이 혜원이 윤회를 이해하는 방식이다.

　다양한 논증을 통해 마침내 혜원은 정신이란 것은 불멸하는 것으로서 윤회의 주체가 된다고 주장하게 된다. 살아 있을 때의 감정 상태가 정신을 윤회로 이끌게 된다고 덧붙이면서 말이다. 정신의 불멸성과 윤회의 논리를 중국인들에게 더 설득력 있게 주장하기 위한 혜원의 노력은 여기서 그치지 않았다.

　　불이 장작에 옮겨지는 것은 정신이 육체에 옮겨지는 것과 같다. 불이 다른 장작에 옮겨지는 것은 정신이 다른 육체에 옮겨지는 것과 같다. …… 어리석은 사람은 육체가 하나의 삶에서 소진하는 것을 보고, 정신과 감정이 모두 없어졌다고 생각한다. 이것은 불이 하나의 장작에서 소진하는 것을 보고, 불 자체가 영원히 소진했다고 이야기하는 것과 마찬가지이다.　　　　　　　　　　　　　－《홍명집》, 〈사문불경왕자론〉

　근사한 비유는 우리의 이해를 돕지만, 반대로 부적절한 비유는 우리의 지성을 미혹되도록 만든다. 불행히도 혜원은 후자의 길로 나아가게 된다. 혜원은 정신과 육체의 관계를 불과 장작의 관계에 비유해서 설명하고 있다. A라는 장작에 붙어 있는 불꽃이 B라는 장작으로 옮겨가는 장면을 상상하도록 만들면서, 그는 정신도 A라는 육체에서 B라는 육체로 건너갈 수 있다고 주장한다. 이 대목에서 혜원은 아직도 윤회설에 회의를 표명하는 중국인들에게 이렇게 되묻는다. A라는 장작이 불로 전소된다고 해서 불 자체도 모두 사라진다고 생각한다면 이것은 얼마나 어리석은 일인가? 이와 마찬가지로 사람이 죽었다고 해서 그의 정신도 소멸된다고 믿는 것 역시 매우 어리석은 생각일 뿐이다.

　얼핏 들으면 혜원의 이야기는 설득력이 있는 것처럼 보인다. 그러나 다른 장작에 옮겨지지 않고, 그냥 장작과 함께 소멸하는 불도 있지 않은가? 또한 불이 옮겨지는 장작이란 일종의 시신 같은 것이라는 인상도 든다. 결국 혜원의 논의는 본의 아니게 육체에 비해 정신의 역량을 긍정하는 방향으로 흐르게 된다. 사실 시들고 마른 장작이 더 밝은 불빛을 내니, 몸이 약해질수록 정신이 밝아진다는 혜원의 생각은 그야말로 기독교적 논의로까지 확장될 여지도 보인다. 그렇지만 이런 생각은 동아시아의 전통적인 심신관과는 너무나 다른 것 아닌가? 《대학大學》에는 '심광체반心廣體胖'이란 말이 등장한다. "마음이 넓어지면 몸도 비옥해진다"는 뜻이다. 그러니 의구심이 든다. 불과 장작의 비유만으로 윤회설을 중국인들에게 충분히 설득시킬 수 있을까? 더군다나 윤회설을 부정할 수 있는 비유 역시 어렵지 않게 거론할 수 있기 때문이다.

범진: "마음과 몸은 우리 삶의 두 측면이다."

정신의 불멸을 주장하는 혜원의 이론은 당시에도 많은 반론을 낳게 되었다. 하승천何承天(370~447)이란 자연철학자도 《달성론達性論》을 쓰면서 반론의 대열에 가담한 적이 있었다. 하지만 당시 중국인들의 신체관을 토대로 불교의 윤회설을 정면으로 공격했던 선봉장은 다름 아닌 범진范縝(450~515)이라고 할 수 있을 것이다. 정신은 육체와 함께 소멸된다는 그의 입장은 지금은 〈신멸론神滅論〉이란 짧은 논문에 남아 전해지고 있다. 이제 직접 그의 글을 읽어 보도록 하자.

> 정신은 곧 육체이고, 육체는 곧 정신이다. 그러므로 육체가 보존되면 정신은 보존되고, 육체가 파괴된다면 정신도 소멸한다. …… 정신과 (육체라는) 바탕 사이의 관계는 날카로움과 칼날 사이의 관계와 같은 것이다. 육체와 (정신이란) 작용 사이의 관계는 칼날과 날카로움 사이의 관계와 같은 것이다. '날카로움'은 칼날을 가리키는 것이 아니고, '칼날'은 날

오대 시대의 화가 구문파가 그린 〈문회도文
會圖〉. 범진이 살았던 시대의 문사들의 모습
을 엿볼 수 있다. 세 명의 문사들이 붓을 들
고 솜씨를 뽐내고 있다.

카로움을 가리키는 것이 아니다. 그렇지만 날카로움을 제거하면 칼날
은 존재하지 않고, 칼날을 제거하면 날카로움은 존재할 수 없다. 칼날
이 없는데도 날카로움이 존재한다는 것을 아직 들어보지 못했는데, 어
찌 육체가 없어져도 정신이 존재한다고 설명한단 말인가?

−《홍명집》, 〈신멸론〉

영민한 범진은 정신의 불멸성을 논증하기 위해서 혜원이 제안했던 불
과 장작의 비유를 부정할 만한 또 다른 비유 하나를 예로 든다. 그것이 바로
'날카로움'과 '칼날'의 비유이다. 사실 불과 장작의 비유는 정신의 불멸성을
설득하는 데 매우 매력적인 비유였다고 할 수 있다. 우리는 경험을 통해 장

작 A에 붙은 불을 장작 B에 옮길 수 있다는 것을 알고 있기 때문이다. 그렇기 때문에 범진은 혜원의 비유 자체를 파기하고 새로운 비유를 만들려고 했던 것이다. 그에게 '칼날'은 육체를, '날카로움'은 정신을 상징하는 것이다. 그에 따르면 '칼날'과 '날카로움'은 동일한 실체에 대한 두 가지 양태에 지나지 않는다. '칼날'을 제거하면 '날카로움'은 존재할 수가 없고, '날카로움'을 제거해도 '칼날' 역시 존재할 수 없기 때문이다. 이런 비유를 통해서 범진은 중국인의 전통적인 심신론, 즉 "정신은 곧 육체이고 육체는 곧 정신"이라는 관점을 옹호하려고 했던 것이다.

한편 범진의 비판적인 주장을 불교계라고 그대로 받아들였을 리 없다. 아니나 다를까 범진의 논리를 반박하려는 움직임 역시 곧바로 등장하게 된다. 그러나 비판자든 혹은 이에 대한 또 다른 논쟁자든 당시 대다수 사람들이 '불교=윤회설'이라고 생각했던 점에서는 별다른 차이가 없었다. 불교의 정신 불멸성에 대한 범진의 비판과 그에 대한 새로운 반론자의 대화 내용을 잠시 살펴보도록 하겠다.

조사인曹思仁이 물었다. "지금 논의한 것은 모두 실정에 맞는 말이지만, 성인의 가르침은 아닙니다. 바라건대 경전의 기록을 들어 성인의 가르침을 증명해보십시오. 《효경孝經》에는 '옛날 주공은 후직을 교외에서 제사 지내며 하늘에 배향하였고, 문왕을 명당에서 제사 지내며 상제에 배향하였다'라는 말이 있습니다. 만약 육체와 정신이 함께 소멸하는 것이라면, 도대체 무엇을 하늘에 배향한다는 것입니까? 또 무엇을 상제에 배향한다는 것입니까?"

범진이 대답했다. "만약 모든 이들이 똑같이 성인처럼 지혜로웠다면, 이런 가르침은 없었을 것입니다. 이런 가르침이 적용되는 대상은 실제 민중들입니다. 민중들의 정서는 항상 삶을 귀하게 여기고 죽음을 천한 것으로 생각합니다. 죽어서 혼령이 있다고 한다면, 두렵고 공경하는 마음이 길러지게 됩니다. 반면 죽어서 지각이 없다고 한다면, 오만하고 경박한 마음이 생기게 됩니다. 성인은 민중들이 이와 같다는 것을 알고서, 제사 지내는 다양한 장소를 만들어서 민중들의 성실한 마음을 두텁게 하고, 여러 제기들을 내려서 조상에 대한 끊이지 않는 그리움을 보존하도록 한 것입니다." ─《홍명집》,〈답조사인答曹舍人〉

　여기 등장하는 조사인은 범진과 동시대에 살았던 조사문曹思文을 가리킨다. 조사문의 비판 전략은 범진의 이론적 토대인 유학 사상을 이용하여 그의 논지를 공격하는 것이었다. 지금도 그렇지만 유학 전통에서는 제사를 매우 중시한다. 이 점을 이용해서 지금 조사문은 제사를 지내는 유학 전통이 이미 사람이 죽어도 정신은 불변한다는 점을 전제로 하고 있는 것이 아니냐고 반문한 것이다. 실제로 제사에서는 향을 피우는 의식을 진행한다. 불과 장작의 비유는 여기서 향을 피우는 의식과 겹쳐진다. 향이 연기를 내는 동안, 고인이 제사에 참여하고 있다는 믿음이다. 그래서 제사 의식에서 향을 꺼뜨리지 않도록 지금도 주의하고 있는 것이다. 조사문의 반문은 이런 맥락에서 이루어진다.

　범진은 유학의 귀신 및 제사 논리가 민중이 함부로 사람을 죽이거나 사람을 핍박하는 일이 없도록 하기 위한 성인의 배려에서 나온 것이라고 대답했다. 분명 효과적인 반론이었을 수도 있다. 하지만 아이러니한 점은 정신이 육체와 함께 소멸한다는 범진의 주장이 그로 하여금 자신을 포함해 전통 유학자들이 숭상해온 제사마저도 현실주의적으로 새롭게 독해하도록 강제했다는 점이다. 더 심각한 것은 그가 유학에서뿐만 아니라 대다수 민중들이 진리의 말이라고 인정했던 경전의 권위마저 부정하고 있다는 사실이다. 경전의 가르침은 보편적 진리가 아니라 무지한 민중에게만 적용되는 정치적 도구에 지나지 않는다고 범진은 주장하기 때문이다. 정말 흥미로운 일이다. 윤회의 논리를 부정하는 동안, 범진은 마치 선사禪師처럼 당당히 삶의 주인공으로 살라고 사자후를 토하고 있다. 마찬가지로 윤회설을 극복할 때 불교는 삶을 긍정하는 사유로 거듭날 수 있다는 증거 아닐까?

철학과 종교 사이에서, 혹은 정량부의 고뇌

몇몇 불교 연구자들은 불교 철학에 심각한 모순 한 가지가 있다고 주장하곤 한다. 불교에서는 '무아'를 주장하기도 하고, 그와 동시에 '윤회'도 주장하기 때문이다. '무아'란 불변하는 자아가 존재하지 않는다고 보는 주장이다. 반면 '윤회'는 우리가 죽더라도 정신은 계속 살아남아 다른 몸을 빌려서 다시 태어난다고 보는 주장이다. 그렇기 때문에 '무아'와 '윤회'는 충돌할 수밖에 없다는 것이다. 하지만 불교 철학의 가장 핵심 테마는 결국 '무아'라는 점을 의심해서는 안 된다. 만약 윤회가 불교 철학의 핵심이라고 주장하는 순간, 윤회 사상의 철학적 근거인 범아일여와 그토록 투쟁했던 싯다르타의 치열한 정신이 무력화될 수밖에 없다. 그럼에도 초기 불교 경전에서 윤회를 이야기했다면, 그것은 무엇 때문일까? 대다수 설법의 대상들, 즉 인도의 민중이 윤회를 깊게 믿고 있었기 때문이다. 모든 설득이 그런 것처럼, 설득의 대상이 믿고 있는 것을 처음부터 모두 부정하는 것은 설득 자체를 포기하는 것에 지나지 않는 법이다.

초기 인도 불교는 설득의 논리를 충실히 따랐다. 대부분 인도인들이 윤회를 믿고 있으니, 윤회로부터 논의를 시작한 것이다. 반면 초기 중국 불교 이론가들은 설득의 논리를 방기하고 자신이 수입한 인도 불교 이론에 교조적으로 접근했다. 당시 중국 민중들은 '윤회'를 믿고 있지 않았다! 그럼에도 초기 중국 불교 이론가들은 자신도 납득하기 힘든 '윤회'를 스스로에게나 중국 민중들에게 각인하려고 노심초사했던 것이다. 여기에는 인도 불교의 '무아' 개념에 대해 이미 알고 있다는 중국 지성계의 치기 어린 오만도 한몫 단단히 한다. 노자와 장자 철학에서는 이미 '무無'니 '허虛'라는 개념이 중시되고 있었다. 그래서 초기 중국 불교 이론가들은 불교의 고유성은 '무아'보다는 '윤회'에 있다고 오해했던 것이다. 불행히도 '무'나 '허'는 불교의 '무아'나 '공'과는 전혀 다른 개념이다. 이만큼 초기 중국 불교 이론가들은 인도 불교를 피상적으로 이해하고 있었던 것이다.

결국 중국의 초기 불교 이론가들이 불교의 외양을 그대로 띠고는 있었지만, 결국 불교의 정신 그 자체는 제대로 잇지 못했다고 말할 수 있다. 그래서 그들은 무아가 아니라 오히려 윤회를 정당화하는 작업에 평생을 허비하게 된다. 이들 때문에 동아시아에는 불교의 핵심이 '윤회'에 있다고 보는 그릇된 편견이 강하게 자리 잡게 된 것이다. 물론 이런 편견은 제도로서의 불교에 유용했다. 영혼 장사에 윤회만큼 도움되는 이론이 어디에 있는가. 사실 윤회를 변호하려고 했던 혜원의 기대와는 달리 불교의 무아론은 오히려 여러 면에서 범진의 '신멸론'과 대화 가능한 이론이었다고 할 수 있다. 정신과 육체는 동일한 실존의 두 가지 측면일 뿐이라는 범진의 주장은 사실 절대적인 자아가 있다는 주장을 무력화하는 가장 강력한 논거들 가운데 하나이기 때문이다.

여기서 한 가지 기억해두어야만 할 것이 있다. 그것은 혜원이 윤회의 주체, 즉 영혼이나 자아의 존재를 주장할 때 사용한 비유의 기원이다. 바로 장작과 불의 비유 말이다. 흥미롭게도 이것은 인도 불교 역사에서 아주 유명한 비유였다. 싯다르타가 세상을 떠난 뒤 등장한 작게는 18개, 많게는 34개가 되었던 다양한 소승불교 학파들 중 자아의 존재를 긍정했던 유일한 학파가 하나 있었다. 바로 정량부正量部, Saṃmitīya라는 학파였다. 독자부犢子部, Vatsiputrīya에서 파생된 이 학파는 자아를 긍정했던 학파였다. 산스크리트어로 '풋갈라pudgala'라는 말이 있다. 이것은 개체의 자아, 인격 등등을 의미한다. 정량부는 바로 이 '풋갈라'가 존재한다고 주장했던 것이다. 무아를 설명할 때 싯다르타는 오온五蘊, pañca khandha을 이야기한다. '몸rūpa, 色' '감각 vedanā, 受' '지각sañña, 想' '성향saṅkhāra, 行' '의식viññāṇa, 識', 이 다섯 가지가 바로 오온이다. 싯다르타는 이 다섯 가지 요소가 결합되어 인간을 형성한다고 말했다. 이 중 한 가지만 부재해도 인간은 파괴되고 만다. 결국 자아란 오온이 결합되어서 발생한 표면 효과일 뿐, 실재하는 것이 아니다. 그런데 정량부는 싯다르타의 오온을 받아들이면서도 여기에 다시 풋갈라라는 '자아'를 도입한 것이다.

싯다르타가 무아론을 피력한 뒤, 처음으로 무아론에 모순되는 주장을 시도했던 불교 학파가 출현한 것이다. 바로 이것이 정량부가 차지하는 사상사적 의의였다. 바수반두가 소승 부파불교를 요약했던 책《아비달마구사론阿毘達磨俱舍論》은 정량부가 어떻게 풋갈라, 즉 자아를 정당화하는지 소개하고 있다. 풋갈라와 오온 사이의 관계는 불과 연료 사이의 관계와 동일하다는 것이다. 불과 연료의 관계처럼 정량부는 풋갈라와 오온이 동일하지도 않고 다르지도 않은 관계에 있다고 주장한다. 불과 연료는 동일하지 않다. 연료는 뜨겁지 않고 불은 뜨겁기 때문이다. 불과 연료는 다르지도 않다. 연소되는 연료는 연소시키는 불과 같기 때문이다. 또《잡아함경雜阿含經, Saṃyukta Āgama》을 보면 이들 정량부의 또 다른 유명한 비유가 등장한다. 풋갈라와 오온 사이의 관계를 짐꾼과 짐들로 설명하는 비유도 등장한다. 짐들과 짐꾼은 동일하지 않지만, 짐이 없으면 짐꾼이 아니라는 점에서 짐과 짐꾼은 다르지 않다는 것이다. 여기서 짐들이 오온이고 짐꾼이 바로 풋갈라를 비유한 것이다.

어쨌든 풋갈라와 오온은 같기도 하고 다르기도 할 수 있다. 그래서 정량부는 풋갈라를 "정의할 수 없는 풋갈라avaktavya pudgala"라고 묘사했던 것이다. 싯다르타는 모든 집착의 근원이기에 자아 관념을 해체하려고 했다. 그런데 지금 싯다르타를 따르는 불교 학파로서 정량부는 풋갈라라는 자아 개념을 불교에 다시 도입하고 있다. 아무리 '정의할 수 없는'이란 용어를 붙인다고 해도, 정량부가 자아 관념을 도입하고 있는 건 숨길 수 없는 사실이다. 당연히 정량부는 설일체유부나 경량부 등 다른 소승 학파들의 공공의 적이 되어버렸다. 심지어 정량부는 대승불교 학파들에게도 신랄한 비판과 조롱의 대상으로 전락했다. 그럼에도 불구하고 아이러니한 것은 정량부는 인도에서 가장 번성했던 불교 학파였다는 사실이다. 어떤 이유로 가장 조롱받던 정량부가 가장 번성했던 종파가 된 것일까? 해답의 실마리를 찾기 위해 우리는 인도 불교사를 엿볼 필요가 있다.

라모트Étienne Lamotte(1903~1983)의 《인도 불교사Histoire du bouddhisme indien》에 따르면 정량부는 4세기에서부터 7세기까지 인도 불교계를 지배했던 것으로 보인다. 인도로 구법여행을 떠났던 현장玄奘(602~664)의 눈에도 당시 가장 번성했던 불교 종파는 중관이나 유식불교가 아닌 바로 정량부였다. 특히 이들 정량부는 중동쪽 서인도 신드Sindh 지역에서 가장 번성했다고 하는데, 1993년 출간된 연구서 《아랍 신드 지역의 종교와 사회Religion and Society in Arab Sind》에 따르면 신드 지역 450개의 사원들 중 350개가 정량부 사원일 정도였다고 한다. 비극은 6세기부터 시작된 이슬람권의 인도 공격이 10세기에 정점을 이루면서 발생한다. 당연히 이슬람 지역과 가까웠던 신드 지역이 가장 먼저 피해를 보았을 것이다.

유일신을 믿었던 이슬람은 힌두교마저도 초토화시켰는데, 무신론적 성격이 강했던 불교를 가만둘 리 만무했다. 흥미로운 것은 바로 이때부터 불교가 인도에서 쇠퇴하기 시작한다는 사실이다. 이것은 소승불교와 대승불교의 집중 포화를 받던 정량부가 사실 종교, 혹은 제도로서 불교를 지탱하던 힘이었다는 방증 아니었을까? 정량부의 쇠퇴로 이제 인도에서 불교는 이론적 형태로 남을 수밖에 없었다. 이것이 바로 디그나가와 다르마키르티의 불교인식론적 전통이다. 그러나 다른 길도 있었다. 그것은 실천적이고 제도적인 불교를 계속 모색하기 위해 인도를 떠나는 방법이다. 샨타락시타Śāntarakṣita(725~788)와 카말라실라Kamalaśīla(740?~795?)가 자신의 뜻을 펴기 위해 티베트로 들어간 것도 이런 이유에서이지 않았을까? 티베트 불교가 실천적이고 종교적인 함축이 강한 이유도 바로 여기에서 찾을 수 있을 듯하다.

이제 이론적으로는 조롱거리였지만 그럼에도 정량부가 번성했던 이유가 분명해졌다. '풋갈라'라는 자아 이론 때문이었을 것이다. 불교는 사람들이 존재하는 걸 부정하지 않지만 그들의 내면에 불멸하는 자아가 있다는 걸 부정한다. 그렇지만 일반 사람들에게 이런 무아론은 얼마나 낯선 것인가? "내 안에 자아가 없다고. 그럼 보시나 수행을 실천해서 무엇하는가? 선업善業, 즉 좋은 행동을 하면 그 결과가 자신에게 언젠가 되돌아온다는 업보業報 이론이 그르다는 것인가? 싯다르타도 수행을 해서 싯다르타가 된 것 아닌가?" 아마 대부분 이렇게 생각하기 십상일 것이다. 바로 여기서 '풋갈라' 이론이 등장하게 된다. 모든 불은 연료와 구분되지 않고 타고 있지만, 불과 연료는 다르다. 연료와 무관한 순수한 불이 있을 가능성이 생긴다. 짐꾼과 짐은 구분되지 않지만, 짐꾼과 짐은 다르다. 모든 짐을 벗어던져 짐꾼으로부터 해방된 사람이 있을 가능성이 생긴다.

먼 곳을 생각할 필요도 없다. 주변 사찰을 가보아도 어김없이 명부전冥府殿이 있을 테니 말이다. 영혼이 일곱 개 지옥을 거쳐서 전생의 업에 대한 심판을 받는다는 사실을 상징화한 전각이다. 이런 식으로 '풋갈라' 이론은 더 대중적인 관심과 호응을 이끌어낼 수 있었던 것이다. 아무리 중생들을 함께 태우는 커다란 수레, 즉 대승을 표방한다고 해도, 그것은 대승불교를 지향했던 불교 수행자들의 바람일 뿐이다. 공空과 유식唯識이란 가르침을 쉽게 이해할 수 있는 불교도들이 얼마나 있을까? 그래서 그들은 대승불교로부터 이단 취급을 받았던 정량부의 수레에 올라탔던 것이다. 비록 정량부의 수레가 궁극적 자유가 아니라 고통에 대한 일순간의 당의정을 제공한다고 할지라도 말이다.

혜원은 후대에 인도에서 불교가 겪게 될 상황을 예견하고 있었는지도 모를 일이다. 불과 연료라는 정량부의 비유를 통해 정신은 불멸한다는 '신불멸론'을 주장했을 때, 혜원은 철학이나 이론으로서의 불교가 아니라 아직도 뿌리를 내리지 못한 제도나 종교로서의 불교를 염두에 두고 있었는지도 모를 일이다. 어쩌면 불교 학자나 불교 이론가들은 사라져도 마애석불에 홀로 치성을 드리는 할머니가 존재하는 한, 그리고 땀으로 범벅이 된 몸으로 삼천배를 올리는 어느 처자가 있는 한, 제도로서의 불교, 혹은 종교로서의 불교는 남아 있을 것이다. 무아와 윤회 사이의 갈등, 혹은 참선과 예불 사이의 갈등, 혹은 간화看話와 간경看經 사이의 갈등! 이런 수많은 갈등을 지혜롭게 돌파했기에, 우리 주변에는 아직도 고즈넉한 사찰의 풍경과 목탁과 염불 소리가 존재하는지도 모를 일이다. 그럼에도 진정한 불교도라면 항상 외쳐야만 한다. 불교의 정수는 윤회가 아니라 무아에 있다는 것, 그리고 불교의 혁명성은 부처에 대한 숭배가 아니라 스스로 부처가 될 수 있다는 가능성에 있다는 사실을.

14

일자는 존재하는가?

왕필

———————— VS ————————

곽상

낡은 형이상학에서 새로운 형이상학으로

푸코가 "21세기는 들뢰즈의 세기가 될 것이다"라고 예언했던 적이 있다. 진지하기로 유명한 푸코였기 때문에 그의 이야기는 가볍게 흘려버릴 수 없을 것 같다. 도대체 그는 들뢰즈에게서 무엇을 보았기에 그의 철학이 미래의 사유를 지배할 것이라고 단언했던 것일까? 그것은 들뢰즈가 20세기까지 집요하게 인간의 사유를 따라다니던 사유의 이미지에서 단절했기 때문이었다. 더 중요한 것은 들뢰즈가 과거 사유를 비판하는 데 그친 것이 아니라 미래 사유를 결정할 수 있는 새로운 사유의 이미지를 만들었다는 점이다. 이 점에서 다음 짧은 구절은 들뢰즈라는 철학자가 미래의 철학자로 인정받을 수밖에 없는 결정적인 이유를 보여준다.

> '리좀'은 출발하지도, 끝에 이르지도 않는다. 그것은 언제나 중간에 있으며, 사물들 사이에 있는 '사이' 존재이고 간주곡이다. '나무'는 친자 관계filiation를 이루지만 '리좀'은 결연 관계alliance를 이루며, 오직 결연 관계일 뿐이다. …… 리좀은 '~와et ~와et ~'라는 접속사를 조직으로 갖는다. 이 접속사 안에는 '~이 존재한다être'라는 동사에 충격을 주고 뿌리를 뽑을 수 있는 힘이 충분하게 들어 있다.
>
> ―《천개의 고원: 자본주의와 정신분열증
>
> Mille Plateaux: Capitalisme et schizophrénie》

나무가 땅에 굳건히 뿌리를 박고 서서 무성한 가지와 잎들을 지탱한다면, 리좀은 땅속에서 부단히 증식하면서 다른 뿌리줄기와 연결되기도 하고 분리되어 다른 방향으로 뻗어가기도 하는 식물을 가리킨다. 나무 이미지의 사유는 하나의 뿌리와 다양한 가지와 잎들의 논리, 즉 '일―, the one 대 다多, the many'의 논리로 구성되어 있다. 반면 리좀 이미지의 사유는 다자들이 특정한 관계에서 새로운 관계로 이양하는 논리를 따른다. 들뢰즈는 전자의 이미지가 중심과 토대에 기초해서 작동하는 위계적인 전통 철학을 상징한다면, 후자의 이미지는 바로 타자와의 조우를 통해서 부단히 자신을 변형시키는 새로운 철학을 상징한다고 보았다. 기존의 나무 이미지의 철학이 '중심이 있는 체계centered system'를 가지고 있다면, 뿌리줄기 이미지의 철학은 '중심이 없는 체계acentered system'를 가지고 있다고 볼 수 있을 것이다.

들뢰즈가 말했던 것처럼 동양과 서양을 가릴 것 없이 전통 철학은 기본적으로 나무 이미지, 즉 중심이 있는 체계로 구성되어왔다. 동양의 경우를 먼저 살펴보자. 동중서에게는 '천天'이 만물의 절대적인 중심이자 뿌리였으며, 노자에게는 '도道'가, 주희朱熹(1130~1200)에게는 '태극太極'이 그런 역할을 수행했다. 서양의 경우도 마찬가지다. 기독교에서는 '신God'이 만물의 절대적인 근거였고, 플라톤의 경우는 '로고스logos'가, 플로티누스Plotinus(204?~270?)에게는 '일자Hen'가 신과 비슷한 역할을 수행하고 있었다. 그러나 다행스러운 점은 동서양의 경우 모두 이와 같은 나무 이미지, 혹은 중심 이미지의 사유에 저항하려는 움직임이 미미하긴 했지만 존재했다는 점이다. 동양의 경우에는 장자, 나가르주나, 왕충을 대표적인 인물로 꼽을 수 있다면, 서양의 경우에는 에피쿠로스학파, 스피노자, 알튀세르를 언급할 수 있겠다.

이 점에서 미래 철학의 가능성이라고 평가되는 리좀 이미지의 사유는 들뢰즈 본인의 독창적인 견해였다기보다 '오래된 미래'의 영역에 잠재되어 있었다고 보는 것이 더 타당해 보인다. 이제 더 구체적으로 리좀 이미지의 사유가 어떤 논리로 작동하는지 들뢰즈의 논의를 빌려 생각해보자. 그는 나무 이미지가 친자 관계를 상징한다면, 리좀 이미지는 결연 관계를 상징한다고 말했다. 친자 관계는 족보에서 확인되는 것처럼 남성의 성씨를 따라서 자식들의 성이 결정되는 것으로 설명된다. 후손들은 자신의 성씨를 보면 아버지, 할아버지, 나아가 시조의 성씨도 확인할 수 있다. 여기서 문제가 되는 것은 어머니, 할머니, 나아가 시조의 부인의 성씨는 철저하게 망각된다는 점이다. 하지만 자식을 낳기 위해서는 근본적으로 남성과 여성 사이의 결연 관계가 있어야 하지 않은가? 결국 친자 관계는 결연 관계를 망각 혹은 억압할 때에만 탄생할 수 있는 것이다. 역으로 세계의 모든 존재자를 결연 관계로 사유한다면, 친자 관계가 얼마나 허구적으로 구성된 것인지 어렵지 않게 밝혀낼수 있다.

친자 관계에 따르면 "질 들뢰즈가 존재한다"고 이야기할 수 있다. 여기서 우리가 알 수 있는 것은 그의 아버지가 들뢰즈라는 성씨를 쓰고 있다는 점이다. 하지만 결연 관계에 따라 사유한다면 우리는 질 들뢰즈가 '아버지'와 '어머니'의 마주침으로 탄생했다는 것을 알게 된다. 들뢰즈가 "'~와'라는 접속사 안에는 '~이 존재한다'라는 동사에 충격을 주고 뿌리를 뽑을 수 있는 힘이 충분하게 들어 있다"고 말했던 이유도 바로 여기에 있다. 결국 하나의 개체는 다양한 계기들의 결합에서 탄생할 뿐만 아니라, 살아가면서 다양한 타자들과 마주치면서 새로운 모습으로 변형될 수 있는 것이다. 이런 논의는 하나의 개체가 형성되기 이전에 다양한 개체들 및 사건들로 이루어진 세계가 미리 존재해야만 한다는 사실을 전제로 한다. 생성이란 바로 이런 것이다. 무에서 유가 생기는 창조와는 달리, 생성은 다양한 계기들이 결합되어 새로운 요소로 출현하는 것이기 때문이다.

흥미로운 것은 다양한 계기들 사이의 마주침과 연결, 그리고 새로운 요소의 출현이라는 리좀 이미지의 사유가 들뢰즈에게만 국한된 것은 아니었다는 점이다. 아마 들뢰즈와 함께 현대의 가장 중요한 형이상학자로 기억될 인물 중 하나인 화이트헤드 역시 들뢰즈와 너무도 유사한 사유를 전개했던 적이 있다.

'다자many'라는 술어는 '이접적 다양성disjunctive diversity'의 관념을 전달한다. 이 관념은 존재라는 개념에 있어 본질적인 요소이다. 다수의 존재자들이 이접적인 다양성 속에 존재한다. ⋯⋯ 창조성creativity은 이접적 방식인 다자를 연접적인conjunctive 방식의 우주인 하나의 현실적 계기actual occasion로 만드는 궁극적인 원리이다. 다자가 복잡한 통일 속으로 들어간다는 것은 사물의 본성에 속한다. '창조성'은 '새로움novelty'의 원리이다. 현실적 계기는 그것이 통일하고 있는 '다자'에 있어서의 어떤 존재와도 다른, 새로운 존재이다. 그러므로 '창조성'은 이접적인 방식의 우주인 다자의 내용에 새로움을 도입한다. —《과정과 실재》

'이접적' 관계가 'A 또는 B'로 표현된다면, '연접적' 관계는 'A와 B'로 표현될 수 있는 관계이다. 예를 들어 들뢰즈의 아버지가 들뢰즈의 어머니를 만나기 이전으로 돌아가보자. 들뢰즈의 아버지는 다른 많은 여자들과 '이접적'인 관계에 있었다. 하지만 들뢰즈의 아버지가 들뢰즈의 어머니를 아내로 맞이하게 되면 두 남녀는 이제 '연접적 관계'에 들어가게 된다. 이런 이유로 들뢰즈라는 개체, 과거에는 없었던 새로운 존재가 탄생하게 된 것이다. 이것은 사실 들뢰즈 본인에게도 그대로 적용되는 생성의 공식이다. 예를 들어 어린 시절 들뢰즈는 니체나 스피노자의 책들과 '이접적'인 관계에 있었을 것이다. 그렇지만 어느 순간 니체나 스피노자와 '연접적'에 들어서면서 들뢰즈는 과거와는 다른 들뢰즈로, 지금 우리가 알고 있는 철학자로 새롭게 생성될 수 있었다. 화이트헤드가 말한 '현실적 계기actual occasion'라는 것은 연결에 의해 탄생하고 연결에 의해 변형되는 들뢰즈와 같은 개체를 가리키는 개념이었던 셈이다.

그렇다면 동양 사유, 중국 사유에서는 장자와 왕충의 뒤를 이어 리좀 이미지를 가진 생성의 철학이 어떻게 전개되었을까? 이런 관심을 가지고 위진남북조魏晉南北朝시대에 이루어졌던 사유의 양상을 조망해볼 필요가 있다. 한제국이 멸망한 220년에서부터 수隋제국이 건국한 589년까지 지속되었던 위진남북조시대는, 중국인들을 이전의 춘추전국시대에 비견될 정도로 복잡한 정치적·사회적·사상적 혼란 속으로 내몰았다. 혼란이 너무나 깊고 복잡해서였는지, 위진남북조시대의 철학자들은 중국 철학사에서 유례를 찾을 수 없을 정도로 추상적인 사유를 전개했다. 이 때문에 당시의 철학 사조를 현학玄學이라고 부르기도 한다. 《노자》 1장에 나오는 개념인 '현玄'은 '신비하다'는 의미를 가지고 있다. 구체적으로 말해 당시 철학자들은 《노자》《장자》《주역周易》을 삼현三玄, 즉 "세 가지 신비한 텍스트"라고 부르면서 숭상했던 것이다. 그들은 이 세 권의 텍스트들에 우주와 인생에 대한 해법이 들어 있다고 확신했다. 이것이 바로 현학이다. 역사적으로 현학은 왕필王弼(226~249)이란 천재적인 철학자가 제안한 본말本末 형이상학에서 시작된다. 여기서 본말은 글자 그대로 '뿌리와 가지'를 의미한다. 그는 세계와 인생을 이해하는 데 들뢰즈가 그리도 비판했던 나무 이미지를 활용했던 것이다. 왕필이 중요한 이유는 현학의 역사가 모두 본말 형이상학을 극복하기 위한 시도로 전개되었기 때문이다. 우리의 기대처럼 왕필을 극복하고 리좀 이미지의 사유에 도달했던 철학자는 존재했던 것일까?

⑯

왕필: "나무의 이미지로 세계를 사유하라."

중국 철학사에는 두 명의 젊은 천재가 있었다. 한 명은 승조僧肇(374~414)이고, 다른 한 명은 왕필이다. 중국 불교계가 아직도 윤회설에서 허우적거리고 있을 때 31세의 나이로 요절한 승조는 나가르주나의 공 이론을 제대로 이해했던 거의 유일무이한 중국인이었다. 그가 어떻게 난해한 공 이론을 이해하고 있었는지는 지금도 전해오는 《조론肇論》이란 그의 저작을 통해서 확인해볼 수 있다. 26세의 나이로 요절한 왕필도 승조에 결코 뒤떨어지지 않는다. 동양 사람들에게 아직도 난해하다고 정평이 나 있는 《노자》와 《주역》을 정합적으로 이해하여 22세에 《노자주老子註》를, 그리고 22세에서 24세 사이에 《주역주周易註》를 완성했기 때문이다. 흥미로운 것은 아직도 《노자》와 《주역》을 공부하려는 사람들에게 왕필의 주석이 간단히 무시할 수 없는 무거운 권위를 지니고 있다는 점이다.

그런데 왕필에게 《노자》와 《주역》의 핵심 사상은 동일한 것이었다. 먼저 그가 난해한 노자의 철학을 어떻게 이해하고 있었는지 살펴보도록 하자.

> 천하의 모든 개별자들은 모두 있음有을 삶이라고 생각한다. 그렇지만 있음이 시작되기 위해서는 없음無을 뿌리本로 생각해야 하니, 장차 있음을 온전하게 유지하고 싶다면, 반드시 없음으로 돌아가야만 한다.
>
> -《노자주》40장

들뢰즈는 과거 서양의 형이상학 전통이 나무 이미지를 은폐하고 있다고 폭로했지만, 왕필은 노자의 철학 체계를 글자 그대로 뿌리와 가지로 이루어진 나무 이미지로 독해하려고 했다. 왕필의 사유가 '본말의 형이상학'이라고 불리는 것도 이런 이유에서이다. 여기서 '본本'과 '말末'이라는 글자는 많은 것을 이야기해준다. 본이나 말이란 글자는 모두 나무를 뜻하는 글자인 '목木'에서 파생된 것이다. 나무에서 땅속에 가려져 있는 부분을 지칭하기 위해 고대 중국인들은 목이란 글자 하단부에 선을 하나 더 그었고, 또한 나무에서 땅 위로 노출되어 있는 부분을 지칭하기 위해 목이란 글자 상단부에 선을 하나 더 그었다. 전자가 바로 '본'이란 글자의 유래이고, 후자가 바로 '말'이란 글자의 유래이다. 그래서 '본'이 뿌리를, '말'이 가지를 가리키게 된 것이기도 하다.

왕필이 제안했던 '본말 형이상학'의 매력은 뿌리와 가지의 이미지로 전체 세계와 그 속에서의 인간의 위상을 명료하게 설명했다는 데 있다. 여기서 가지란 인간을 포함한 모든 개체를 상징한다. 그런데 수많은 가지들은 서로 갈등과 대립을 피해야만 한다. 그것들은 모두 하나의 뿌리에서 기원했고, 하나의 뿌리를 통해서 존재하는 가족 성원들에 지나지 않기 때문이다. 따라서 가지들이 가지들로서 자신들의 삶을 잘 영위하는 방법은 매우 단순하다. 자신들의 모습에 치중하기보다 자신들의 근거인 뿌리를 북돋아주어야 하는 것이다. 가지들이 탐욕스럽게 자신을 성장시키려고 하면, 끝내 비대해진 가지들로 인해 전체 나무가 뿌리째 뽑힐 수도 있을 것이다. 그래서 다른 대목

왕필에 의하면 군주는 다양한 세계의 위계질서에 매몰되기보다 보이지 않고 움직이지 않는 곳에서 뿌리를 북돋아주는 역할만 수행해야 했다. 왕필은 군주라면 모름지기 뿌리의 자리에 들어가서 고요함과 부동의 자세를 지킬 수 있어야 한다고 주장했다.

에서 왕필은 역설했던 것이다.

> 어머니를 지켜서 그 자식을 보존하고 뿌리를 숭상해서 그 가지들을 지탱하면, 개별자들形과 이름들名이 함께 있어도 사악함이 생기지 않는다.
> -《노자주》 38장

젖먹이 아이들을 키우는 어머니를 생각해보라. 그녀가 없다면 아이들은 모두 굶주려 죽을 것이다. 수많은 가지들을 지탱하는 뿌리도 마찬가지다. 뿌리가 부실한 나무에서 어떻게 가지들이 무성할 수 있다는 말인가? 어머니를 보지 못해도 자식들이 건강하면, 그것은 모두 그 어머니의 공이다. 마찬가지로 가지들이 윤택하고 풍성하면 그것은 모두 튼튼한 뿌리의 공일 수밖에 없다. 그런데 가지들은 직접 뿌리를 볼 수가 없다. 그래서 왕필은 눈에 보이는 가지들을 유형有形이나 유有라고 부르고, 뿌리를 무형無形이나 무無라고 나누어 규정했던 것이다. 왕필은 《노자》에서 찾아낸 본말 형이상학을 《주역》에서도 그대로 찾아내려고 했다. 마침내 그는 《주역》 역시 본말 형이상학으로 일관되게 해석하게 된다. 직접 그의 주장을 살펴보도록 하자.

> 대개 많음으로는 많음을 다스릴 수 없으니, 많음을 다스릴 수 있는 것
> 은 절대적으로 적은 것이다. 대개 움직임은 움직임을 통제할 수 없으니,
> 천하의 모든 움직임을 통제할 수 있는 것은 저 하나―를 체득하고 있는
> 자이다. 그러므로 많음이 모두 함께 존재할 수 있기 위해서, 군주는 반
> 드시 하나를 달성해야만 한다.　　　　　―《주역약례周易略例》,〈명단明彖〉

왕필에게 본과 말은 각각 현상세계의 통일성과 다양성을 상징하는 것
이었다. 가지들이 다양한 개체를 상징하고, 뿌리가 개체들의 통일된 근거를
상징했기 때문이다. 그래서 뿌리 혹은 보이지 않는 무는 세계를 통제하는
일자를, 가지들 혹은 보이는 유는 일자에 의해 통제되는 다자들을 의미할
수 있게 된 것이다. 그런데 바로 이 대목에서 중요한 점은 왕필이 자신의 본
말 형이상학을 통해 군주의 정치철학을 해명했다는 것이다. 왕필의 제안을
받아들이면 군주는 다양한 세계의 위계질서에 매몰되기보다 보이지 않고
움직이지 않는 곳에서 뿌리를 북돋아주는 역할만 수행해야 했다. 결국 왕필
이 제안한 정치 논리는 노자가 수차례 강조했던 '무위無爲' 이념을 실현하는
것과 유사했던 셈이다. 하지만 사람들이 군주가 되려고 했던 현실적인 이유
는 압도적인 힘의 우위를 바탕으로 피통치자들을 지배하고 그들에게서 존경
과 경외를 받고 싶었기 때문이 아닐까? 그러나 지금 왕필은 이러한 욕망을
가지들의 작은 욕망에 불과한 것이라고 보면서, 군주라면 모름지기 뿌리의
자리에 들어가서 고요함과 부동의 자세를 지킬 수 있어야 한다고 주장했다.

사실 왕필의 《노자》 해석과 그의 《주역》 해석 사이에는 미묘한 차이가
보인다. 분명 두 책을 해석하면서 왕필은 본말 형이상학을 관철시키고 있다.
그러나 《노자》 해석에서 왕필의 관심사는 피통치자들에게 가 있고, 《주역》
해석에서는 군주 일인에게 관심이 가 있다. 본말 형이상학이 전제하는 나무
이미지에 비유하자면, 잎들이 작은 가지들은 큰 가지들이나 나무 몸체보다

비대해서는 안 된다. 당연히 큰 가지들이나 몸체도 나무 뿌리보다 비대해서는 안 된다. 말에 해당한 것들이 뿌리, 즉 '본'보다 커지면 전체 나무는 무너질 것이고, 결국 '말'도 파괴될 테니까 말이다. 이것이 바로 왕필이《노자》에서 읽어낸 것이다. 그러나 전체 나무가 붕괴되는 또 다른 원인도 있을 수 있다. 그것은 땅 밑에서 전체 나무를 지탱해야 할 뿌리가 자신을 과시하기 위해 땅 위로 모습을 드러내는 경우다. '본'이 지표면으로 드러났다는 것, 그것은 바로 전체 나무가 쓰러졌다는 것을 의미하는 것 아닌가? 바로 이것이 왕필이《주역》에서 얻었던 교훈이다.

결국 왕필은《노자》를 통해 다수의 피통치자들은 통치자들에게 복종하라고 권고한다. 여기서 우리는 왕필이 민주주의에 얼마나 적대적인지 확인할 수 있다. 반대로 왕필은《주역》을 통해 군주는 일체의 사사로운 감정과 욕망을 버려야 한다고 역설한다. 이것은 그가 군주의 정치력을 제약하고 있다는 것을 보여준다. 왕필은 민주주의자도, 그렇다고 독재주의자도 아니었다. 그는 나무처럼 유기적으로 작동하는 국가를 꿈꾸었던 국가주의자였기 때문이다.

ᕕ

곽상: "만물의 관계는 조화롭도록 예정되어 있다."

왕필의 본말 형이상학은 다음과 같은 두 가지 귀결을 수반한다. 하나는 개체들의 존재 근거가 개체 자신에게 있는 것이 아니라 개체를 넘어선 초월적인 일자에 있다는 것이고, 다른 하나는 군주가 초월적 일자의 자리에 서려고 노력하는 정치, 즉 무위 정치를 수행해야만 한다는 것이다. 앞의 귀결이 개체들의 자율성과 능동성을 부정하는 논리로 작용한다면, 뒤의 귀결은 군주의 능동적 정치 참여를 반대하는 근거로 사용될 수 있다. 그래서 그런지 왕필이 죽은 뒤, 그의 본말 형이상학은 다양한 도전에 직면하게 되었다. 주

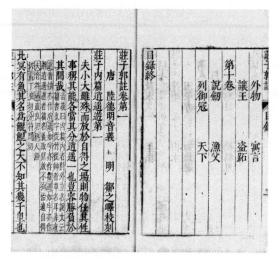

곽상의 《장자주莊子注》. 곽상은 왕
필이 미처 다루지 못했던 텍스트
《장자》에 가장 체계적인 주석을 달
았다. 곽상은 왕필의 형이상학을 모
든 면에서 탈피하려고 했다.

목할 만한 첫 번째 도전은 배위裴頠(267~249)라는 사상가에 의해 이루어진다.
그의 도전은 노골적이기까지 했다. 왕필이 무를 숭상하는 것에 비해 자신은
유를 숭상한다는 취지를 밝히기 위해 그는 자신의 글에 《숭유론崇有論》이라
는 이름을 붙였을 정도였다. 그의 논의를 잠시 읽어보도록 하자.

> 무릇 형체가 있는 만물은 비록 없음無에서 태어났지만, 살아가면서는
> 유위有爲를 자신의 직분으로 삼는다. 없음無이란 단지 있음有이 남긴 흔
> 적일 뿐이다. 이미 태어난 있음有을 기르는 것은 무용無用이 할 수 있는
> 것이 아니고, 이미 존재하는 개체들을 다스리는 것은 무위無爲가 할 수
> 있는 것이 아니다. …… 이로부터 살펴보면, 있음有을 구제하는 것은 모
> 두 있음有이라고 할 수 있다. 빔虛과 없음無이 이미 존재하는 여러 생명
> 들에게 무슨 도움이 되겠는가!   ―《숭유론》

배위는 만물은 '없음'에서 태어난다고 하면서 논의를 시작한다. 그러나
이것은 왕필을 긍정한 것은 아니다. 오히려 만물이 태어났다면, 다시 말해
'있음'이 생겼다면, 이제 '없음'은 아무런 힘도 없고, 의미도 없다고 그는 생각

했기 때문이다. 배위에게 '없음'과 '있음'은 이렇게 서로 무관한 범주였을 뿐이다. '있음'이 생겼다면, 이제 '없음'은 그저 '있음'의 종속 변수에 지나지 않는다. 그래서 배위는 "없음이란 단지 있음이 남긴 흔적일 뿐"이라고 이야기했던 것이다. 그의 생각에 따르면 우리는 '없음'에 대해 바로 이야기할 수 없다. 우리는 항상 어떤 있는 것에 대해서만, 그것이 없어졌을 때 '없음'을 이야기할 수 있을 뿐이다. 사실 태어나지 않은 아이가 없다고 떠들고 다니는 사람이 있다면 이는 정신이 나간 사람이 아니냐는 것이 배위의 근본적인 입장이었다고 할 수 있다.

배위가 왕필 철학의 핵심인 무를 공격하게 된 진정한 속내는 사실 무위 정치를 반대하는 점에 있었다. 비록 모든 개체가 결과론적으로 없었다가 생긴다고 할 수는 있지만, 생기는 순간부터는 개체들이 유위, 즉 능동적이고 주체적인 삶을 영위한다고 보았기 때문이다. 하지만 현실의 개체들이 모두 자신의 삶을 제대로 영위하기는 어려운 법이다. 그래서 적극적으로 개체들의 삶에 개입하는 군주가 필요하다는 것이 배위의 결론이었다. 이제 왕필에 의해 땅 밑에 감금된 군주는 땅 위로 나와도 된다. 그리고 적극적으로 군주의 통치권을 행사해야 한다. 그렇다면 배위는 전통적인 나무 이미지를 극복하는 데 성공했던 것일까? 사실 그렇지 않다. 그는 비록 뿌리를 강조하던 왕필과 달리 가지들의 작용을 긍정했지만, 결국 군주와 민중 간의 정치적 구조는 그대로 답습했기 때문이다. 배위의 주장은 형이상학적 나무 이미지를 포기한 것이지만, 정치적 나무 이미지는 그대로 수용했던 것이라고 볼 수 있다.

이렇게 배위의 주장이 등장하면서 위진 시대의 사유는 더욱 첨예하게 대립되기 시작했다. 왕필을 따라 무를 따를 것인가? 아니면 배위를 따라 유를 따를 것인가? 이때 이 두 가지 경향의 움직임을 통합시키려는 사상가가 한 명 등장하게 된다. 왕필이 미처 다루지 못했던 텍스트《장자》에 가장 체계적인 주석을 달았다고 평가되는 곽상郭象(252?~312)이 바로 그 사람이다. 그렇다면 곽상은 이전의 선배들과 달리 나무 이미지를 극복하는 데 성공할 수 있었을까?

없음無은 이미 없는 것이니, 있음有을 생기게 할 수가 없다. 아직 생기지 않은 있음을 생겼다고 할 수도 없다. 그렇다면 생긴 것을 생기게 한 것은 누구인가? 홀로 스스로 생긴自生 것일 뿐이다. 스스로 생긴 것일 뿐이니 내가 생기게 한 것이 아니다. 나는 이미 다른 사물을 생기게 할 수 없고, 다른 사물도 나를 생기게 할 수 없다. 그렇다면 나는 스스로 그러한 것이다. ─《장자주莊子注》, 〈제물론齊物論〉

곽상은 왕필의 무가 가진 무형의 힘, 즉 뿌리가 가지들을 지탱하고 그것들에 영향을 공급하는 작용력을 무시하면서 논의를 전개한다. 그는 무란 그저 없는 것이라고 단순히 정의 내린다. 이것은 물론 일정 정도 배위의 논의를 따른 것이기도 하다. 배위도 무란 단지 유의 '결여태' 정도라고 이해했기 때문이다. 곽상은 결여태로서 없음이 있음을 생기게 할 수는 없다고 보았다. 그렇다면 도대체 있음으로 상징되는 개체들은 어떻게 해서 발생한 것일까? 이에 대한 곽상의 해답은 단순하기까지 하다. 모든 개체는 "홀로 스스로 생기는 것"일 뿐이라고 보았던 것이다. 매우 기묘한 생각이다. 그냥 몇몇의 개체들이 결합해서 새로운 개체들을 낳았다고 이야기하면 별다른 무리가 없을 텐데, 곽상은 이렇게 해명하지 않고 모든 존재자가 자기 스스로 태어났다고 주장한 것이다.

사실 그는 왕필의 형이상학을 모든 면에서 탈피하고 싶었다. 왕필에게서 벗어나려는 곽상의 집념은 배위보다 사실 더 집요했다. 만약 그가 부모가 자식들을 낳았다고 주장한다면, 이것은 왕필의 본말 형이상학을 다시 반복하는 것에 지나지 않는다고 보았다. 뿌리와 가지들의 자리가 각각 부모와 자식들의 자리로 바뀌는 것에 지나지 않기 때문이었다. 그래서 그는 새로운 개체가 태어나도 그것은 "홀로 저절로 생기는 것"이라고 주장할 수밖에 없었던 것이다. 비록 겉으로는 부모의 육체적 관계로 태어난 것처럼 보이더라도 말이다. 이 점에서 보면 곽상은 부모가 육체적 관계를 맺는다고 해서 필연적으로 새로운 생명이 태어나는 것은 아니라고 본 왕충의 통찰을 이해하고 있었던 것 같기도 하다. 그런데 모든 개체가 "홀로 저절로 생긴다"는 그의 주장이 타당하려면, 이제 그가 해결해야 할 중요한 문제가 한 가지 더 남게 된다. 그것은 대개의 개체들이 현실에서 나름대로 조화로운 관계에 놓여 있기 때문이다. 어떻게 외적인 영향력이 없이 저절로 생긴 개체들에게 이런 조화로운 관계가 가능한 것일까? 곽상은 이 질문에 대해 다음과 같이 이야기한다.

> 천하에는 서로 피아彼我가 되지 않는 것들이 없으며, 피아는 모두 자신이 하고자 하는 것을 하려고 한다. 이것은 마치 동쪽과 서쪽이 서로 대립되는 것과 같다. 하지만 피아는 서로 입술과 이빨과 같은 관계에 있기도 하다. 그런데 입술과 이빨은 서로를 위해서 있는 것은 아니지만, 입술이 없으면 이빨은 차가움을 느낀다. 그러므로 타자가 스스로 한 행위가 나의 공적을 이루어주는 경우가 많다. 이것은 서로 대립되지만 서로 없어서는 안 된다는 것을 말한다. ―《장자주》, 〈추수秋水〉

곽상이 인용하고 있는 '순망치한脣亡齒寒'이란 유명한 고사는 "입술이 없어지면 이빨이 시리다"라는 뜻을 담고 있다. 이 고사를 통해 그는 모든 개체가 단지 자신이 하고자 하는 일을 할 뿐이지만 놀랍게도 결과적으론 입술과 이빨의 관계처럼 조화로운 관계를 맺게 된다고 주장한다. 놀랍다는 생각이 든다. 지금 곽상의 뇌리에는 라이프니츠가 주장했던 예정조화설이 스쳐 지나간 듯 보이기 때문이다. 라이프니츠는 자신의 주저인 《단자론The Monadology》에서 개체들을 의미하는 "모든 모나드가 각각에 고유한 방식으로 우주를 표상하는 거울"이라고 이야기했다. 이것은 개체들이 자신만의 고유한 삶을 영위하는 것 같아 보이지만, 그들의 삶은 이미 전체 질서에 종사하도록 예정되어 있다는 말이었다. 그런데 바로 이런 측면 때문에 라이프니츠의 예정조화설 속에서는 개체들 사이의 우발적인 마주침과 연결, 혹은 새로운 생성이라는 테마가 제대로 사유될 수 없었다. 이미 모든 가능성이 전체 질서에 맞게 예정되어 있기 때문에, 라이프니츠의 세계에서는 우발성이란 것이 결코 사유될 수 없는 범주였다.

그렇다면 라이프니츠 관점의 이러한 한계는 곽상에게도 그대로 통용되는 것이 아닐까? 왕필의 본말 형이상학을 넘어서 개체들의 고유성을 사유하려고 했던 곽상 역시 결국은 기존의 나무 이미지를 벗어나는 데 실패하고 말았기 때문이다. 그는 세계를 지배하는 하나의 뿌리를 뽑아버린 것처럼 보이지만, 사실 그것을 그대로 복사해서 개체들의 내면에 각인시켜놓았을 뿐이기 때문이다. 마치 전체 나무의 설계도라고 할 수 있는 나무 유전자가 모든 잎, 가지, 몸통에 편재하고 있는 것처럼 말이다. 하지만 그럼에도 곽상의 형이상학적 도식은 철학사적으로 볼 때 나름대로 중요한 가치가 있다고 할 수 있다. 개체들의 독자성과 그것들 사이의 예정조화에 대한 그의 주장이 이후 화엄 철학의 '일즉다一卽多, 다즉일多卽一'의 논리로 반복되어 나타나기 때문이다.

왕필에게서 시작되어 곽상에서 일단락되는 현학이 철학사적으로 중요한 이유도 바로 여기에 있다. 화엄 철학의 전체론적 논의뿐만 아니라 신유학의 형이상학적 구조도 현학의 사변적 형이상학이 없었다면 불가능했을 테니 말이다. 제자백가 사유 이후 동아시아의 모든 형이상학적 사유는 의식적이든 무의식적이든 현학적 사유를 반복하고 있었던 것이다. 현학적 사유의 핵심은 아무래도 왕필의 '본말 형이상학'에서 찾아야 할 것 같다. 그러나 왕필의 사유를 동아시아라는 특수한 지역과 특정 시대의 산물로 가볍게 다루어서는 안 된다. 동양과 서양을 넘어서 왕필의 사유는 초월적 형이상학의 근본적 구조를 가장 간명하게 상징하기 때문이다. 들뢰즈가 말한 것처럼 일체의 초월적인 형이상학은 '본말'이란 비유, 즉 나무 이미지로 구성되어 있다. 인간의 자유로운 연대를 가로막는 나무 이미지의 사유를 극복하기 위해, 우리가 왕필을 포함한 현학적 사유와 씨름해야 하는 이유도 바로 여기에 있다.

중국 최고의 아나키스트, 포경언

들뢰즈가 구분했던 사유의 두 가지 이미지를 기억하고 있는 사람이라면, 중국 위진 시대를 풍미했던 현학이 하나의 지적인 충격으로 다가올 것이다. 세계를 하나의 뿌리와 다양한 가지들로 사유했던 왕필은 글자 그대로 나무 이미지로 세계를 사유했던 대표적인 철학자였다고 할 수 있기 때문이다. 가지들은 뿌리에서 유래하며 동시에 뿌리에서 영양을 공급받는다. 결국 가지들로 상징되는 우리 인간들은 자신의 사사로운 욕망을 버리고 뿌리의 절대적인 명령을 수용해야만 한다. 오직 그럴 때에만 우리는 자신의 존재를 안전하게 유지할 수 있다. 왕필 이후 그의 나무 이미지를 공격하려는 다양한 시도들이 나타나기 시작했다. 곧 현학이 자랑하는 형이상학적 사변의 역사가 화려하게 전개된 것이다.

배위라는 사람은 왕필의 뿌리를 공격했지만, 그 대신 군주와 피통치자라는 정치적 나무 이미지를 그대로 유지하고 말았다. 왕필에 대해 이루어졌던 첫 번째 도전은 좌절되고 만 것이다. 다음으로 등장한 사람이 바로 곽상이었다. 하지만 그 역시 나무 이미지를 공격하면서도 끝내 일원적인 나무 이미지를 유기체 이미지로 바꾸었을 뿐이다. 왕필에 대한 두 번째 도전마저도 실패하고 만 셈이다. 사실 왕필, 배위, 그리고 곽상이 이처럼 나무 이미지나 유기체 이미지를 벗어나지 못한 것은 세 사람 모두 본질적으로 국가주의자였기 때문이다. 그렇다면 위진 시대 현학의 역사에서 들뢰즈가 말했던 다른 사유 이미지, 즉 리좀과 유사한 사유 이미지는 끝내 증발했던 것일까? 길은 걸어가야만 이루어진다는 장자의 철학 혹은 모든 것은 우발적인 마주침에서 생성된다는 왕충의 철학처럼 수직적 위계구조가 아니라 수평적 연대구조에 공명한 사상가는 없었던 것일까?

아주 희미하게나마 그런 사상가가 존재하고 있었다. 양주를 넘어 아예 군주제도 자체를 부정하려고 했던 사상가, 무군론無君論으로 당시 중국을 뒤흔들었던 포경언鮑敬言이다. 그러나 3세기쯤에 활동했던 포경언과 그의 사상을 국가권력이 그대로 남겨둘 리 만무한 일이다. 그의 행적도 그의 저술도 우리에게 정말 오리무중이다. 그러나 다행스럽게도 갈홍葛洪(283~343?)의 《포박자抱朴子》에 중국 역사상 가장 강력했던 아나키스트 포경언의 사상이 단편적으로나마 전해지고 있다. 바로 〈힐포詰鮑〉 편이다. 글자 그대로 '포경언을 힐난한다'는 의미니까, 갈홍은 포경언을 신랄하게 비판하면서 자신이 국가주의와 대립하지 않는다는 걸 보여주려고 했던 것이다. 갈홍은 종교적 도가 사상, 즉 도교道敎를 체계화했던 종교 사상가였다. 참고로 도교는 불로장생不老長生을 꿈꾸는 유사종교라고 할 수 있다. 크게 도교는 수양을 통해 불로장생을 꿈꾸는 내단內丹의 경향과 환약丸藥을 만들어 복용해서 불로장생에 이르려는 외단外丹으로 양분된다.

도교라는 이름에서 연상할 수 있듯이, 이 종교는 도가 철학, 특히 《도덕경》과 《장자》를 매우 중시한다. 특히 내단을 강조하는 도교가 이런 경향을 취한다. 바로 이런 내단 경향의 도교를 체계화했던 인물이 갈홍이었다. 문제는 이 두 권의 책에는 권력이나 군주를 부정하는 논거로 쓰일 수 있는 자료들이 엄청 많다는 데 있다. 예를 들어 《도덕경》 80장에는 그 유명한 '소국과민小國寡民'이란 표현이 나온다. "국가의 규모를 축소하고 민중의 수도 적게 하라!"는 가르침이다. 물론 이 구절은 우민 정책의 일환으로 독해할 수도 있지만, 표면적으로는 국가권력의 축소를 주장하고 있다. 국가 규모가 줄고 민중의 수도 적어지면, 국가권력은 그만큼 약해질 테니 말이다. 또한 《장자》도 마찬가지다. 〈외·잡편〉에는 양주 사상의 편린들뿐만 아니라 국가권력이 부재했던 태고 시절을 몹시 그리워하는 구절들이 도처에 산재해 있다. 더군다나 장자 본인의 사상을 그나마 온전히 담고 있다는 〈내편〉에도 군주를 부정하는 논의가 나와 있다. 장자 사상의 정수를 알려주는 〈제물론〉 편을 한번 읽어보자.

"꿈속에서 술을 마시며 즐기던 자가 아침이 되어 울게 되는 수가 있다. 꿈속에서 슬피 울던 자가 아침에는 즐거이 사냥을 나가기도 한다. 막 꿈을 꾸고 있을 때에는 그것이 꿈인 줄을 알지 못한다. 꿈속에서 또 그 꿈을 점치기도 한다. 꿈을 깬 뒤에야 그것이 꿈이었음을 알게 되는 것이다. 또한 큰 깨어남이 있어야만 비로소 이 삶이 큰 꿈임을 알게 된다. 그런데도 어리석은 자들은 스스로 깨어 있다고 생각하고 버젓이 아는 체를 하여 군주니 목동이니 구분하지만 고루한 일이다. 나는 그대와 더불어 모두 꿈을 꾸고 있는 것이다. 내가 그대는 꿈을 꾸고 있는 것이라고 말하는 것도 역시 꿈인 것이다."

군주나 목동으로 상징되는 정치적 위계질서마저 꿈으로 치부하니 국가권력 입장에서는 영 껄끄러운 구절이다. 도가 철학 텍스트들이 가진 이런 반국가주의적 측면 때문에 갈홍은 〈힐포〉 편을 쓰지 않을 수 없었던 것이다. 다시 말해 자신이 전파하려고 했던 도교는 반국가주의와 전혀 무관하니, 권력은 자신을 의심하지 말라는 것이다. 모든 종교적 사유가 그렇지만, 도교도 국가권력과 일정 정도 타협하지 않으면 현실적으로 존속하기가 쉽지 않다. 이런 목적으로 갈홍은 국가권력이 눈엣가시처럼 불편해했던 가장 강력한 아나키스트를 비판했던 것이다. 우리로서는 정말 다행스러운 일이다. 갈홍이 포경언을 비판하지 않았다면, 우리는 아예 위진 시대 가장 강력했던 사상가 한 명이 있는 줄도 몰랐을 테니 말이다. 그것은 그만큼 포경언이 당시 상당한 영향력을 행사했다는 방증일 것이다. 양주가 묵자와 함께 전국시대 사상계를 양분하자, 맹자와 한비자는 양주를 공격하지 않을 수 없었던 것과 마찬가지의 논리다. 이제 직접 〈힐포〉 편에 등장하는 포경언의 사상, 그러니까 갈홍이 비판하기 위해 인용하고 있는 포경언의 주장을 보도록 하자.

"무릇 곡식과 비단을 조정에 쌓아두면 민중은 굶주리고 추운 위험에 노출된다. 모든 관직이 설치되면 관료들은 앉아서 민중의 세금을 받아먹는다. 관청에 무위도식하는 무리가 있으면 민중은 놀고먹는 사람을 봉양하지 않을 수 없는 법이다. 민중도 옷과 음식이 부족하여 자급하기도 이미 어려운데, 거기에 세금을 부과하고 힘든 노역을 가중시키고 있다. 이렇다면 민중은 군주의 명령을 감당할 수 없어서 춥고 굶주리게 될 것이니, 법을 어기는 사례가 빈번해지는 것은 모두 이 때문이다. …… 무릇 자신은 국가를 위해 노역하지 않고 가족도 세금을 바칠 일도 없어서 향촌에서 즐겁게 자신의 생업에 힘쓰고 환경에 따라 토지를 나누어 가지면, 안으로는 옷과 음식이 풍족하고 밖으로는 권력과 이익을 위해 투쟁하지 않게 된다. 결국 이처럼 창이나 칼을 들고 공격하는 것은 사람의 실정이 아닌 것이다."

이 정도면 홉스 등의 국가주의와 싸울 정도로 강력한 아나키즘이라고 할 수 있다. 포경언은 확신한다. 사람들이 굶주리는 것은 국가, 혹은 국가기구가 존재하기 때문이라고 말이다. 국가기구를 폐기하자는 말에서 무질서를 바로 연상해서는 안된다. 포경언의 뇌리에는 오히려 자발적인 향촌 공동체, 혹은 생산과 소비가 결합되어 있는 농업 공동체가 전제되어 있다. 그러니까 국가기구가 존재하기에 갈등과 살육이 발생한 것이지, 그 역은 결코 아니라는 생각이다. 포경언은 홉스식의 사회계약론 혹은 국가주의와는 완전히 결별하고 있다. 당연히 그는 인간의 무한한 욕망 때문에 공권력과 질서가 생겼다는 순자의 논의마저 부정한다. 그래서 정신노동과 육체노동의 분업을 통해 지배자와 피지배자 사이의 위계 관계를 정당화하려고 했던 유학의 정치철학은 포경언의 첫 번째 표적이 된다.

"유가들은 '하늘이 백성을 낳았고 군주를 세웠다'고 말한다. 그러나 과연 하늘이 백성을 깨우치려고 말한 것일까? 아니다. 장차 군주가 되고자 하는 자가 지은 말일 뿐이다! 무릇 강자가 약자를 누르면衆 약자는 그에게 복종한다. 지혜로운 자가 어리석은 자를 속이면詐 어리석은 자는 그를 섬긴다. 복종하기 때문에 군신의 도가 생긴 것이다."

포경언은 단오하고 거침이 없다. 그에 따르면 국가는 먼저 약자를 누르는 억압을 통해 탄생하고, 억압을 강자가 아니라 약자를 위한 것이라고 속이는 이데올로기적 작업을 통해 견고해진다. 억압이 개개인들에게 가해지는 물리적 공권력이라면, 이데올로기적 작업은 개개인들의 내면을 지배하려는 정신적 훈육이라고 할 수 있다. 이런 이데올로기적 작업을 전담했던 사람들이 바로 유가儒家였다. 군주가 아니면서 군주의 입장을 공고히 하니, 유가들은 포경언의 눈에는 권력의 개로 보였을 것이다. 자신도 권력에 복종하니, 모든 사람들도 권력에 복종하도록 만드려는 유가 지식인들은 결국 물귀신과 같은 존재가 아닌가!

《주역》〈괘사卦辭·상上〉편을 보면 흥미로운 구절이 등장한다. "하늘은 존귀하고 땅은 비루하니, 이로부터 건과 곤이 정해진 것이다. 비루함과 높음으로 펼쳐지니, 이로부터 귀함과 천함이 생긴 것이다天尊地卑, 乾坤定矣, 卑高以陳, 貴賤位矣." 하늘과 땅으로 군신 관계를 정당화하는 논리다. 영민했던 포경언은《주역》논리의 위험성을 직감한다. 물리적 공권력과 정신적 훈육으로 지배와 복종 관계가 만들어지고, 이로부터 군주와 신하라는 억압적 관계가 탄생한 것이다. 단지 인위적인 억압적 관계를 바꿀 수 없는 자연법칙으로 정당화하고 있는 것이 바로《주역》의 논리일 뿐이다. 이렇게 포경언은 국가주의자들이 애써 은폐하고 정당화했던 국가기구 탄생의 비밀을 신랄하게 폭로하고 있다. 그러니 물리적 공권력을 강조하는 법가 사상가들과 정신적 훈육을 강조하는 유가 사상가들이 어떻게 이 당당한 아나키스트를 용인할 수 있다는 말인가?

결국 왕필이나 곽상을 위진 시대를 대표하는 아이콘으로 다루고 있지만, 정말 위진 시대의 숨은 보석은 바로 이 포경언이란 사상가였다고 할 수 있다. 모든 위대한 아나키스트와 마찬가지로 포경언은 지배와 피지배의 위계구조, 즉 국가 메커니즘을 부정한다. 이것은 그가 나무 이미지의 사유를 부정한다는 것을 말해준다. 신과 피조물이든 가부장적 아버지와 자식이든 혹은 일자와 다자이든 모든 나무 이미지의 사유 형식은 국가기구로부터 발생하고, 그것을 정당화하는 법이다. 그래서 "복종하기 때문에 군신의 도가 생긴다"는 포경언의 말이 중요하다. 그것이 신이든 아버지이든 일자이든 복종의 대상을 응시하는 순간, 우리는 권위적 위계구조에 포획되기 때문이다. 타율적이든 자발적이든 복종에 대한 의지를 제거하지 않고, 어떻게 우리가 수평적 연대를 모색하는 리좀의 자유를 얻을 수 있겠는가? 이것이 바로 거의 망각된 위대한 동아시아 아나키스트의 마지막 절규였던 셈이다.

15

경전은 진리인가?

스티라마티

—————— VS ——————

디그나가

믿음, 혹은 목숨을 건 비약

우리 시대 가장 중요한 철학자 들뢰즈에게는 고개를 갸우뚱거리게 할 만한 특이 사항이 한 가지 있다. 그건 그가 키르케고르Søren Kierkegaard(1813~1855)를 무척 중시한다는 점이다. 기독교와 같은 초월적인 철학에 맞서 내재주의 철학의 기치를 내세웠던 철학자 들뢰즈가 무슨 일로 덴마크 출신 기독교 철학자 키르케고르에게 관심을 가졌던 것일까? 기독교로 상징되는 일체의 초월적 철학을 부정했던 니체를 들뢰즈가 좋아하는 건 어쩌면 너무나 당연한 일이라고 할 수 있다. 그렇지만 그가 무슨 이유로 기독교라는 사상의 자장 안에 있던 키르케고르를 좋아했던 것일까? 누구나 알다시피 키르케고르는 헤겔의 합리적 철학을 반대했던 철학자였다. 헤겔은 자신의 주저 《정신현상학》을 통해 절대정신은 합리적 이성이기에 인간의 이성을 통해 포착 가능하다고 주장했던 적이 있다. 바로 이것이 키르케고르가 날을 세운 지점이다. 절대자, 즉 신은 이성적으로 포착될 수 없다고 그는 확신했던 것이다. 이성적으로 신이 이해될 수 있다면, 신앙 즉 믿음은 그 자리를 차지할 수 없다는 걸 그는 직감했기 때문이다.

여기서 바로 키르케고르의 유명한 개념, 즉 '목숨을 건 비약salto mortale' 이 의미를 갖게 된다. 그러니까 신이란 목숨을 건 비약이란 믿음을 통해 가까이할 수 있는 것이지, 책상머리에 앉아서 지성을 통해 파악될 수 없다는 것이다. 중세 스콜라철학이란 전통에 비추어본다면, 키르케고르는 토마스 아퀴나스보다는 안셀무스Anselm of Canterbury(1033~1109)에 더 가깝다고 할 수 있다. 자신의 주저 《프로슬로기온Proslogion》에서 안셀무스는 자신의 슬로건을 분명하게 밝힌다. "이해하기 위해서 나는 믿어야만 한다"고 말이다. 안셀무스의 후배격인 아퀴나스의 입장은 이와는 달리 "믿기 위해서 나는 이해해야만 한다"는 슬로건으로 정리할 수 있다. 그러니 절대자에 대한 헤겔의 지적인 이해를 반대할 때, 키르케고르는 안셀무스와 연속적인 입장에 설

키르케고르 캐리커처(1846). 키르케고르는 절대자, 즉 신은 이성적으로 포착될 수 없다고 확신했다. 이성적으로 신이 이해될 수 있다면, 신앙 즉 믿음은 그 자리를 차지할 수 없다는 걸 직감했기 때문이다.

수밖에 없었던 것이다. 어쩌면 우리는 키르케고르의 입장에서 에크하르트 Meister Eckhart(1260~1328)의 부정신학을 연상할 수도 있다. 중세 시절 에크하르트는 신은 부정적으로만 묘사될 수 있다고 강조했기 때문이다. 결국 합리적이고 규정적으로 신을 설명할 수는 없다는 것이다.

목숨을 건 비약의 대상을 절대적 타자에서 세속적 타자로 바꾸자! 바로 이것이 들뢰즈가 키르케고르를 둘러싸고 수행했던 재주넘기의 비법이었다. 재주넘기가 성공하는 순간, 키르케고르는 기독교에서 벗어나 니체의 친구가 될 수도 있다. 들뢰즈의 주저 《차이와 반복》이 키르케고르 일병 구하기로 독해할 수 있는 것도 바로 이런 이유에서이지 않을까. 어쨌든 저 멀리 포착하기 너무나 힘든 신비스런 절대자가 아니라, 자신의 삶에서 마주칠 수밖에 없는 타자를 제대로 알려면 우리는 그것에 몸을 던져야만 한다는 것이다. 물론 그러기 위해 우리는 그 타자가 자신을 파괴하지 않으리라는 어떤 믿음을 가지고 있어야 한다. 하긴 너무나 당연한 일 아닌가. 사랑의 경험을 떠올려보면, 들뢰즈식의 키르케고르가 얼마나 우리에게 많은 통찰력을 가져다주는지 분명해질 것이다. 우리는 누군가를 알아서 그 사람을 사랑하는 것은 아니다. 오히려 그 반대 아닌가? 우리는 누군가를 사랑해서 그를 알아나가는 법이다. 정확히 알지도 못하는데도 누군가를 사랑한다! 아니 우리는 정확히 알지도 못하기에 누군가를 사랑한다! 그러니 사랑이란 결국 키르케고르가 말한 '목숨을 건 비약'이 아니면 무엇이란 말인가.

사랑은 무엇보다도 먼저 일종의 믿음 행위라고 정의할 수 있다. 상대방을 잘 알지도 못하면서 자신의 모든 존재를 내걸기 때문이다. 그러니 우리는 애인에 대한 사랑이든 아니면 다른 종류의 사랑이든 간에 믿음의 본질에는 '목숨을 건 비약'이란 격정적인 계기가 내재되어 있다고 말해야만 한다. 물론 그렇다고 해서 그 비약이 항상 성공하는 것은 아니다. 비약이 실패하면 글자 그대로 우리는 목숨을 내놓을지도 모른다. 아마도 목숨을 내놓는 것보다 더 심한 자괴감이 찾아올 것이다. 반대로 다행히도 비약에 성공했다면 우리에게는 지금까지 맛볼 수 없었던 희열이 찾아올 것이고, 동시에 비약에 실패했다면 결코 알 수 없었을 많은 것들을 이해하게 될 것이다. 바로 이것이 들뢰즈가 키르케고르에게서 찾은 '목숨을 건 비약'이 가진 혁명성이다.

만일 타자에 대한 믿음이 부족하다면, 다시 말해 만일 '목숨을 건 비약'에 용기가 나지 않는다면, 우리는 어떻게 타자를 알 수 있을까? 믿음이나 사랑의 대상이 아닐지라도, 우리는 생존을 위해서라도 자신의 삶을 둘러싸고 있는 타자에 대해 알아야만 한다. 이럴 때 우리가 믿을 수 있는 건 바로 우리 자신의 이성과 감성, 혹은 사유와 감각이 가진 힘일 것이다. 감성을 통해 우리는 타자에게서 나오는 정보를 취합하고, 그리고 이성을 통해 우리는 타자에 대해 판단을 내리게 될 것이다. 그러나 타자에게로 과감히 비약하지 않고 추론한 타자의 실상이 정말 옳은 것일까? 냄새와 모양만으로 어떤 음식이 맛있는지 완전히 결정할 수 없는 법이다. 자극적인 냄새를 풍기고 모양이 좋지 않더라도 충분히 우리의 미감을 사로잡는 음식도 있기 때문이다.

이처럼 '목숨을 건 비약'을 피하는 순간, 우리는 자기 내면에 갇힌 고독한 유아론자가 되기 쉽다. 결국 음식은 용기를 내서 먹어봐야만 한다

인간의 사유와 감정을 중시했던 근대철학의 기원은 바로 여기에 있다. 중세철학을 지배했던 믿음이 동요되지 않았다면, 자신만의 감각과 사유를 중시하는 경향은 생길 수도 없었을 것이다. 그렇지만 안다고 해서 반드시 사랑하는 것은 아니지만, 사랑하게 된다면 반드시 알게 된다는 가르침을 떠올려볼 때, 우리는 근대철학의 대표자라고 할 수 있는 데카르트나 칸트는 사랑하지 못하고 사랑받지 못하는 일종의 고독한 유아론에 빠져 있다는 걸 직감하게 된다. 들뢰즈의 철학은 바로 이 근대철학의 유아론에서 인간을 빼내려고 출발했던 것 아닌가. 들뢰즈는 기독교 사유를 근본적으로 개조하면서 그 방법론을 마련하려고 했던 것이다. 그가 선택한 전략은 사랑과 믿음 등 이미 박제가 되어버린 개념들에 새로운 생명을 불어넣는 것이었다. 둔스 스코투스Duns Scotus(1266~1308)와 같은 중세 스콜라철학자도 좋고, 아니면 근대철학의 자폐적 자아를 비판했던 기독교 철학자 키르케고르여도 상관이 없다. 그저 사랑과 믿음의 대상이었던 신이라는 절대적 타자를 제거하고, 그 자리에 애인, 아이, 풀, 바람 등등 삶에서 마주치는 세속적 타자를 두면 되니까 말이다.

사랑에만 믿음의 계기, 즉 '목숨을 건 비약'이란 계기가 있는 것이 아니다. 그것은 배움에도 마찬가지로 적용되기 때문이다. 여기 어떤 내용이 쓰여 있는지 정확히 모르는 책이 한 권 있다고 해보자. 이 책의 내용을 알려면, 우리는 그냥 책에 '목숨을 건 비약'을 단행해야 한다. 만일 책에 몸을 맡기지 않는다면, 독서를 마친 뒤 우리가 배울 수 있는 것은 거의 아무것도 없을 것이다. 키르케고르가 신은 '목숨을 건 비약'의 대상이라고 했지만, 비약의 현실적인 대상은 기독교의 신과 그의 아들의 말을 기록했다고 하는 《성경》이란 책일 수밖에 없다. 극단적으로 말해 《성경》이란 책이 없었다면 신도 존재할 수 없을 테니 말이다. 그러니 신에 대한 목숨을 건 비약이란 다름 아니라 《성경》에 대한 목숨을 건 비약이었던 셈이다. 사실 이것은 기독교에만 적용

아잔타 석굴의 관세음보살 벽화(4~5세기).

되는 것은 아니다. 아시아 문명권에 결정적이고 지속적인 영향을 미쳤던 불교 사유에서도 마찬가지 아닌가.

스티라마티: "불경의 가르침은 신성불가침한 것이다."

불교 전통에서는 삼보三寶, tri-ratna라는 개념이 있다. 불법승佛法僧, 그러니까 깨달은 자인 부처, 부처의 가르침, 그 가르침을 전하는 승려, 이 세 가지를 보물처럼 여기라는 말이다. 그렇지만 여기서 핵심은 뭐니 뭐니 해도 바로 법法이라고 할 수 있다. 제대로 된 가르침이 있어야 부처라고 존경할 만한 사람도 있을 수 있고, 동시에 그것을 전하는 사람도 중요한 역할을 한다고 인정할 수 있을 테니 말이다. 부처의 가르침, 즉 불법佛法을 담고 있다는 불경

佛經이 중요한 이유도 바로 여기에 있다. 그래서 불교 전통에서는 현량現量, pratyakṣa-pramāṇa, 비량比量, anumāna-pramāṇa, 그리고 비유량譬喩量, upamāna-pramāṇa 과 함께 성언량聖言量, āptopadésa-pramāṇa을 불교의 네 가지 진리 기준 중 하나로 긍정하게 된 것이다. 엄격하게 말해 이 네 가지 진리 기준은 니야야학파로 대표되는 인도 정통 철학에서 만든 것이다. 불교 사상가들이 네 가지 진리 기준을 받아들인 것은 그들이 인도 내부의 다른 사유 전통과 교류하고 경쟁할 수밖에 없었기 때문이다.

네 가지 진리 기준 중 현량은 직접적인 감각적 인식이다. 눈앞에 비가 내리는 걸 직접 오감으로 경험하는 것이 바로 현량이다. 반면 비량은 합리적 추론에 의한 인식이다. 그 예로 "여자가 두 명 있다면, 인간이 둘 있다는 것이다"라는 판단을 들 수 있겠다. 비유량은 비교를 통한 인식이다. 고양이를 한 번도 못 본 사람에게 "들판에 가면 작은 호랑이와 같은 것이 있는데, 그것이 바로 고양이다"라고 알려주었다고 하자. 이 말을 들은 사람이 들판에서 아주 작은 호랑이와 같은 동물을 보면 고양이라고 판단할 수 있을 것이다. 이것이 바로 비유량이다. 마지막으로 성언량은 절대적으로 신뢰할 수 있는 부처의 말이라고 할 수 있다. "해탈을 하면 몸이 편해진다"라고 경전에 기록되어 있다면, 우리는 그걸 진리로 받아들여야 한다는 것이다.

보통 타당한 진리 기준으로 현량, 비량, 비유량, 성언량을 들기도 하고, 이 중 비유량을 빼고 현량, 비량, 성언량만 진리 기준으로 삼기도 한다. 현량, 비량, 비유량은 지금 우리도 충분히 인정할 수 있는 진리 기준이다. 문제는 바로 성언량이다. 불교를 기독교처럼 초월적인 종교라고 생각한다면, 별다른 문제가 없다. 그저 신의 명령을 맹목적으로 따르듯이, 부처의 설법에 따라 살면 되니까 말이다. 그러나 불교는 부처를 맹목적으로 숭배하는 것이 아니라 스스로 부처가 되려는 사유 체계이자 실천 체계다. 동아시아 선종禪宗의 대표자 임제臨濟(?~867)의 말을 빌리자면, "부처를 만나면 부처를 죽여라! …… 그렇게 한다면 비로소 해탈할 수 있다"는 입장이 바로 불교의 정수라고 할 수 있다는 것이다. 한마디로 부처가 된다는 것은 누군가의 노예가 되는 것이 아니라 자기 삶의 주인이 된다는 걸 의미하는 것이다. 당연히 부처의 설법, 즉 성언량의 가치를 부정하지 않고서는 부처가 될 수 없는 법이다. 불경을 앵무새처럼 읊조리고 따라 하는 사람은 부처의 노예일 뿐 당당한 삶의 주인일 수는 없으니까 말이다. 그러니 해탈에 이르러 부처가 되기 위해서는 과거의 부처도 죽이는 마당에 그의 말을 앵무새처럼 따라만 해서 무엇하겠는가.

그렇지만 평범한 사람이 부처가 되는 험난한 길에 가이드가 될 만한 설법은 반드시 필요한 법이다. 부처가 무엇인지, 해탈이란 어떤 상태인지, 어떻게 수행해야 해탈에 이르러 부처가 될 수 있는지, 치열한 자기 수행의 여정을 떠나기 전에 우리가 먼저 알아야만 할 것들이 있다. 생각해보라. 해탈에 이른 부처의 설법이 없다면, 해탈을 꿈꾸는 사람은 길을 헤매게 될 것이다. 그렇지만 과거 부처의 설법을 맹목적으로 따르면, 해탈의 꿈은 끝내 이루어지지 않을 것이다. 부처의 설법, 그러니까 성언량은 진리이기는 하지만 진리가 아니다. 성언량을 전적으로 거부해서도 안 되고 동시에 맹목적으로 따라 해서도 안 된다는 딜레마를 어떻게 해결할 수 있을까? 해탈에 이르는 치열한 자기 수양을 강조했던 유식불교에서 성언량과 관련된 동요가 불가피했던 것도 다 이유가 있었던 셈이다.

유식불교를 철학적으로 체계화했던 바수반두의 주저 《유식30송》의 가장 권위적인 주석가로 유명한 스티라마티Sthiramati, 安慧(510~570)는 성언량을 굳건히 진리로 인정하는 방향에 서 있었던 불교 철학자였다.

> 지혜dhī는 반야般若, prajñā를 말한다. 그것은 또한 성찰해야 할 것들을 선택하는 것이다. 이치에 맞게 구성된 것, 이치에 맞지 않게 구성된 것, 또는 그 둘과 다르게 구성된 것들을 선택하는 것이다. …… '이치에 맞는다'는 말은 진리들을 말하는데, 그것은 '성언량', '비량', 그리고 '현량'이다. 이런 세 종류의 진리에 의해 구성된 것이 바로 '이치에 맞게 구성된 것'이다. ──《유식30송석唯識三十頌釋, trimśikāvijñaptibhāṣya》

헤겔의 절대 관념론과는 달리 유식불교는 인간 개개인을 넘어서는 초월적인 의식을 다루지는 않는다. 유식불교는 개개인의 의식만을 집요하게 문제 삼고 있기 때문이다. 그래서 유식불교 전통은 우리 마음을 표면적인 의식에서 심층적인 의식에 이르기까지 철저하게 들여다보고자 하는 것이다. 가장 표면적인 의식에는 눈, 귀, 코, 혀, 몸과 관련된 감각의식들이, 그 중간에는 생각하고 판단하는 지적인 의식이, 그리고 가장 심층에는 무의식적인 기억의식이라고 할 수 있는 알라야식이 존재한다. 당연히 유식불교에서 감각의식인 '현량'과 지적 의식인 '비량'을 부정하지 않는다. 현량과 비량은 오류가 있을 수 있다고 할지라도 나의 의식, 혹은 내 마음이 가진 능력이다. 그러니 내가 죽어 마음이란 기능도 사라지면 현량이라는 나의 감각이나 비량이란 나의 사유는 아무런 의미가 없는 것이다. 그러니 철저하게 현량과 비량은 우리 마음의 일이라고 할 수 있다.

그런데 문제는 바로 앞서 해탈에 이른 부처의 가르침, 즉 '성언량'이다. 비량과 현량과는 달리 성언량은 나의 의식, 혹은 나의 경험을 넘어서 있는 무언가 초월적인 것이기 때문이다. 그건 나의 의식이나 경험의 결과물이 아니라, 이미 깨달은 자의 의식과 경험에서 나온 성스러운 말이다. 그러니 성언량은 나의 것이 아니라 타인의 것일 수밖에 없다. 당연히 여덟 겹으로 이루어진 자신의 의식, 즉 '눈의 의식' '귀의 의식' '코의 의식' '혀의 의식' '촉감의 의식' '의식' '자기의식' '기억의식'을 아무리 들여다보아도 부처의 설법은 찾을 수 없다. 그렇다. 성언량은 부처의 성스러운 말을 그냥 진리로 받아들여야만 가능한 것이다. 바로 이 순간 우리는 많은 것을 판단하게 된다. 집착은 나와 타인을 병들게 한다는 것, 스스로 자유로운 사람만이 타인을 자유롭게 할 수 있다는 것, 언어는 집착을 낳는 무서운 도구이기도 하다는 것 등등. 한마디로 성언량을 인정하는 순간, 우리는 현량과 비량과는 다른 새로운 차원의 진리를 갖게 된다고 할 수 있다.

현량과 비량이 자신의 직접 경험과 직접 사유의 영역이라면, 성언량은 기본적으로 타인의 경험이나 타인의 사유의 영역이다. 그러니까 성언량은 주체 입장에서 잘해야 간접 경험에 해당한다고 하겠다. 일반적인 사람들이라면 문제가 없겠지만, 모든 것이 내 의식이 만든 것일 뿐이라고 주장하는 유식불교에서는 이것은 심각한 문제다. 이렇게 주체, 혹은 주체의 마음을 강조하면서 동시에 타인의 경험을 신뢰하는 것은 철학적으로 심각한 문제들을 낳을 수 있으니 말이다. 흥미로운 것은 한역漢譯으로만 존재하는 청목靑目, Piṅgala 주석의《중론中論》에도 성언량이 진리의 한 가지 종류로 긍정되고 있다는 사실이다.

> 신뢰할 수 있는 것에는 네 가지 종류가 있다. 첫째, 직접 보는 것은 신뢰할 수 있다. 둘째, 추리한 것도 신뢰할 수 있다. 연기만 보고 불이 났다는 걸 아는 것처럼 말이다. 셋째, 비유를 통한 것도 신뢰할 수 있다. 어떤 나라에 구리가 없는 경우 그것은 금과 같다고 비유하는 것처럼 말이다. 넷째, 깨달은 자가 말한 것도 신뢰할 수 있다. 깨달은 자가 지옥도 있고 천상도 있고 우타라쿠루uttarakuru와 같은 이상향이 있다고 말하는 경우와 같아서, 직접 보지 못한 자라도 깨달은 자의 말을 신뢰하기에 안다고 한다.   -《중론》,〈관법품觀法品〉

청목, 즉 핑갈라는 4세기 초반에 활동했던 중관철학자였다고 한다. 중관철학은 나가르주나 이후 집착의 대상이 무엇이든지 간에 그것이 실체가 없다는 걸, 다시 말해 공空하다는 걸 입증하려고 했다. 그런데 나가르주나를 숭상했던 핑갈라는 지금 우리가 신뢰할 수 있는 것이 있다고 말하고 있다. 현량, 비량, 비유량, 그리고 성언량이다. 특히나 과거 불교 경전에 등장하는 지옥, 천상, 그리고 이상향마저도 신뢰할 수 있다는 그의 말에서 우리는 심한 당혹감을 느끼게 된다. 현세에 존재하지 않는 초월적 세계만큼 우리의 삶을 잿빛으로 만드는 것이 또 어디에 있다는 말인가? 지옥을 피하고 천상을 잡으려는 열망이 클수록, 우리는 자신의 삶이나 타인의 삶에 무관심하기 쉬운 법이다. A에 집중하면 B에는 그만큼 무관심해지는 것이 인지상정 아닌

가. 그래서 초월적 세계에 대한 맹신은 구체적으로 존재하는 대상이나 타인에 대한 집착보다 더 심각한 집착일 수 있다는 것이다.

결국 중관철학자 펑갈라도 그리고 유식철학자 스티라마티도 모두 불교가 아직 인도에서 확고한 지위를 차지하지 못했던 시절에 살았던 인물들이었다고 할 수 있다. 이럴 때 중심을 잡아주는 것은 뭐니 뭐니 해도 불교 경전들일 것이다. 경전들은 사람들을 모이게 하는 놀라운 힘이 있다. 《아함경阿含經》이어도 좋고 《화엄경華嚴經》이어도 좋고 아니면 《반야경般若經》이어도 좋다. 깨달은 자, 즉 부처의 말이니 사람들은 더 집중해서 그 가르침을 이해하고 따르려고 할 것이다. 이런 와중에 성언량 자체를 부정하는 것은 너무나 무모한 일인지도 모를 일이다. 더군다나 펑갈라나 스티라마티는 모두 대승불교를 지향했던 이론가 아닌가. 수행자 자신뿐만 아니라 모든 중생들을 깨달음과 자유의 세계로 인도해야 하니, 성언량을 방편으로라도 사용할 수밖에 없는 일이다.

디그나가: "음미되지 않은 싯다르타의 말은 진리가 아니다."

성언량을 인정한다는 것은 단순히 타자의 경험을 신뢰한다는 것, 그러니까 간접경험을 인정한다는 것과는 차원이 다르다. 그것은 평범한 타인의 경험이 아니라 깨달은 자, 즉 부처의 경험이기 때문이다. 그러니까 성언량을 인정하는 순간, 우리는 부처의 가르침을 따르겠다고 맹세한 신도信徒가 된다. 그렇다! 신信, 즉 믿음이 없다면 결코 불가능한 것이 바로 '성언량'인 것이다. 원효가 《대승기신론大乘起信論》을 그렇게도 높였던 이유가 바로 여기에 있다. '대승불교에서 믿음을 일으키는 논의'이니 어떻게 중요하지 않을 수 있겠는가. 원효가 보았을 때 이 책은 어느 독자에게라도 부처의 말을 진리로, 즉 성언량으로 받아들이도록 만드는 매력이 있다고 보았던 셈이다. 그렇지만 맹목

디그나가는 참된 앎을 정당화하려면, 감각의 증거나 아니면 합리적인 추론을 내세워야 한다고 했다. 즉 내가 보지 못하거나 내가 추론할 수 없는 그 어떤 것도 진리로 받아들일 수 없다는 입장이다.

적으로 과거 부처의 말만 따른다면, 우리는 과거 부처의 앵무새일 뿐 스스로 부처가 될 수는 없는 법이다. 결국 어떤 식이든지 성언량이 맹목적인 신앙의 대상이 아니라, 부처가 되려는 개개인들에게 관련이 있어야만 한다. 스티라마티와 달리 이 문제를 심각하게 고민했던 불교 철학자가 디그나가 Dignāga, 陳那(480~540)였다.

> 인식의 기원에는 정확히 현량과 비량, 이 두 가지밖에는 없다. 왜냐하면 인식 대상에는 오직 두 종류만이 있기 때문이다. 특수성만을 갖는 자상과 일반성만을 갖는 공상 이외에는 다른 인식 대상이란 존재할 수 없다. …… 신뢰할 만한 사람들의 말聖言, āptopadésa은, 그릇되지 않다는 일반적 성격을 갖는 한, 추론일 수 있다. 왜냐하면 우리가 신뢰할 만한 사람들의 말을 들었을 때, 발생되는 인식은 거짓이 아니기 때문이다. 이

런 특성이 그런 말을 비량과 유사하게 만들기 때문에 우리는 언어적 증언이 일종의 비량이라고 말하는 것이다.

－《집량론集量論, Pramāṇa-samuccaya》

인식, 그러니까 참된 앎을 정당화하려면, 우리는 감각의 증거나 아니면 합리적인 추론을 내세워야만 한다. 이것이 바로 디그나가의 근본적 입장이다. 그의 생각을 더 정확히 이해하기 위해 앞에 모닥불을 보고 있는 경험을 떠올려보자. 붉은색과 더운 기운 등이 뿜어져 나오는 그 모닥불을 감각하는 것이 바로 현량이다. 바로 이 현량의 대상이 '자상自相, svalakṣaṇa'이다. 자상은 글자 그대로 자기만自의 특징相이란 뜻으로, 서양철학 용어를 빌리면 개별자particulars라고 할 수 있다. 그러니까 현량의 대상은 바로 이 자상인 셈이다. 어쨌든 모닥불이 가진 이런 개별적인 특징들을 인식한 다음, 우리는 내가 감각하고 있는 이 모닥불이 바로 '불'이라고 추론하게 된다. 모닥불, 산불, 촛불 등등 특수한 불들에 모두 적용되는 추상명사 '불'이 바로 '공상共相, sāmānyalakṣaṇa'이다. 공통된共 특징相을 뜻하는 공상은 서양의 경우에서는 보편자universal라고 불리는 것이다. 이 공상을 대상으로 혹은 수단으로 삼아서 추론하는 것이 바로 비량이다. 예를 들어 모든 불은 물로 꺼지니까, 이 모닥불도 물로 끌 수 있다고 추론하는 것이 바로 비량이라는 것이다.

디그나가는 현량과 비량, 즉 감각과 추론 이외에는 어떤 인식도 인정하지 않고 있다. 그가 얼마나 강렬한 주체적 입장을 품고 있었는지 말해주는 대목이다. 내가 보지 못하거나 내가 추론할 수 없는 것은 그 어떤 것도 진리로 받아들일 수 없다는 입장이기 때문이다. 문제는 이 순간 그에게 성언량은 심각한 숙제로 부각된다는 점이다. 싯다르타가 남긴 말은 싯다르타의 감각과 추론에서 나온 말이지, 나의 감각과 추론에서 나온 것이 아니기 때문이다. 물론 그렇다고 해서 그가 성언량 자체를 부정할 수는 없는 일이다. 디그나가가 자신이 불교의 가르침을 따르고 있는 불교 철학자였으니까. 바로 이 대목에서 디그나가의 묘수풀이가 시작된다. 그의 묘수풀이는 성언량을 비량의 한 종류로 포섭해버리는 것으로 시작된다. "우리가 신뢰할 만한 사람들의 말을 들었을 때, 발생되는 인식은 거짓이 아니다." 성언량도 버리지 않고 비량도 버리지 않는 길! 신뢰할 만한 사람의 말도 저버리지 않고 나의 주체적 사유도 포기하지 않는 길! 그것은 바로 어떤 훌륭한 가르침이라도 나의 앎과 나의 삶에서 검증되어야만 한다는 것이다.

예를 들어 '집착은 세상을 있는 그대로 보는 우리의 인식을 방해한다'는 가르침이 있다고 하자. 이 가르침에 따라 자신의 삶을 돌아보면, 우리는 집착이 얼마나 우리 삶에 해로운지 어렵지 않게 자각하게 될 것이다. 잃어버린 사람에게 집착하느라 우리의 마음은 아름다운 꽃이나 맑은 구름도 품을 수 없을 테니 말이다. 심지어 내게 돌진하는 승용차에도 신경을 쓰지 않을 수도 있을 것이다. 그래서 우리는 "모든 집착은 삶에 해롭기에, 젊음에 대한 집착도 삶에 해로울 수밖에 없다. 그러니 젊음에 대한 집착도 버려야만 한다"고 추론하게 될 것이다. 성언량의 이런 메커니즘은 "모든 불은 물로 끌 수 있으니, 저 모닥불도 물로 끄면 된다"는 비량의 메커니즘과 유사하다고 디그나가는 생각했던 것이다. 잊지 말아야 할 것은 아무리 절대적 권위를 행사하는 싯다르타의 말, 불교 이론가들의 말이 있어도 디그나가는 우리 삶에서 검증되지 않는다면 과감하게 버릴 준비를 하고 있었다는 사실이다. 바로 이것이 성언량을 비량에 귀속시킨 디그나가의 속내였던 것은 아닐까.

디그나가에게 비량은 성언량을 흡수할 만큼 중요한 것이다. 비량이 중시될수록, 비량의 대상인 공상, 즉 보편자의 위상이 커질 수밖에 없다. 그래서 디그나가의 입장은 잘못하면 보편자가 실재한다는 서양 중세의 실재론을 표방하고 있다는 오해에 빠질 수 있다. 그렇지만 기본적으로 모든 불교 철학자들은 실재론자가 아니라 근본적으로 유명론자라고 할 수 있다. "모든 것이 의식이고 개념일 뿐"이라고 주장했던 유식철학도 그렇고 "개념도 그 대상도 모두 공하다"고 주장했던 중관불교도 그렇다. 이것은 불교 철학자 디그나가에게도 예외는 아니다. 그가 비량이나 공상을 강조하는 이유는 일종의 방편으로 보아야 한다. 비량은 부처의 가르침을 이해하는 데 도움이 될 뿐만 아니라, 중생들을 가르치는 데도 도움이 되기 때문이다. 그렇지만 방편을 실제로 여길 수도 있기에, 디그나가는 아포하apoha 이론을 만들어 비량 혹은 공상의 한계를 분명히 하려고 했다.

우리는 지식을 획득하는 두 가지 방법, 즉 현량과 비량을 살펴보았다. 누군가는 언어적 의사소통도 지식을 획득하는 또 다른 방법이라고 주장할 것이다. 그렇지만 언어적 의사소통은 지식을 획득하는 방식으로서 비량과 아무런 차이도 없는 것이다. …… 언어기호는 자신이 적용되는 대상의 일부분, 다시 말해 자신과 필연적으로 관련되는 일부분만을 드러낸다. 그런데 언어기호가 대상의 일부분을 드러내는 방법은 바로 '양립 불가능한 것을 배제하는 것'이다. 그러므로 언어기호는 추론과 어떤 차이도 없다는 것이다. -《집량론》

언어적 의사소통이나 비량은 모두 공상, 즉 보편자를 이용한 것이다. 그러나 바로 보편자는 그 자체로 무언가를 가리키는 것이 아니라, 항상 대립적인 보편자를 배제하는 방식으로 의미를 갖기 마련이다. '여성'이란 단어는 '남성이 아닌 것'으로, 다시 말해 '남성'을 배제하는 것으로 의미작용을 할 수 있다. 모든 보편자가 마찬가지 아닌가. '뜨거움'도 '차가움'을 배제하는 방식으로, '운동'도 '정지'를 배제하는 방식으로 작동하기 때문이다. 아포하는 바로 이런 배제 작용을 가리키는 말이다. 사실 아포하apoha라는 산스크리트어 자체가 '배제'를 의미하기도 한다. 그래서 보통 디그나가는 '아냐아포하anya-apoha'라는 말을 주로 사용한다. 여기서 '아냐anya'는 다른 것, 혹은 타자를 의미한다. 그러니 아냐아포하는 '타자의 배제'라는 의미다. 어쨌든 디그나가의 아포하는 여러모로 데리다나 구조주의자가 강조했던 차이difference라는 개념을 연상시킨다. 모든 언어는 차이에 의해서만, 혹은 타자를 배제하는 방식에 의해서만 의미작용을 한다는 것이 바로 구조주의 언어학자의 근본적 입장이기 때문이다. 야콥슨Roman Jakobson(1896~1982)은 이렇게 말했던 적이 있다.

단순하고 불가분적인 이원적 대립들로 분해될 수 있는 것은 모든 언어의 모든 음소들 사이에 있는 모든 차이들이다. 따라서 각각의 개별적 언어에서의 모든 음소들, 즉 모음과 자음들은 분해할 수 없는 여러 변별적 특징들로 나뉠 수 있다. 이제 명백한 것처럼 보이던 모순들은 제거된다. 그와 같은 차이 나는 성질들의 대립들은 논리학의 정의를 따르자면 진정한 이원적 대립들이다. 즉 대립의 항들 각각은 반드시 자신의 반대를 함축하는 그런 대립들이다. 따라서 닫힘이란 관념은 오직 열림이라는 관념에 의해서만 대립되고, 앞면과 뒷면도 서로가 서로를 함축한다. -《소리와 의미에 관한 여섯 강의Six Lectures of Sound and Meaning》

야콥슨의 입장은 분명하다. 모든 언어는 차이로 작동한다. 구체적으로 대립된 항들이 서로를 함축하고 동시에 배제하는 차이의 기능으로 인해 언어는 의미작용을 한다는 것이다. 바로 이것이 또한 디그나가가 말하고자 했던 것 아닌가. 불교 이론가답게 디그나가는 야콥슨보다 한 걸음 더 나아간다. 이렇게 아포하에 의해 작동하는 언어기호도 대상 전체를 드러내는 것이 아니라, 일부분만을 드러낼 뿐이라고 그는 주장하고 있으니 말이다. 결국 어떤 개체를 '여성'이라는 이름으로 모두 포괄했다고 착각하지 말라는 것이다. 여성으로 불리는 개체에게는 '여성' 이외에 수많은 개념으로 부를 수 있는 다양한 계기들도 존재하니까 말이다. 사실 하나의 보편자로 개체들을 포괄하려는 시도는 개체들을 해탈로 이끌기보다는 그것들을 억압하는 계기가 될 뿐이다. 아마 아도르노라면 이런 시도야말로 파시즘의 논리라고 개탄했을 것이다. '유대인'이라는 이름으로, 그리고 '유대인=악'이라는 논리로 모든 유대인을 말살하려고 했던 것이 바로 히틀러의 파시즘 아니었던가. 이처럼 언어나 추론, 즉 디그나가의 표현을 빌리자면 공상과 비량은 그 자체로 세계의 실상을 알려주는 데 한계가 있다. 그렇기에 디그나가는 아포하 이론으로 공상과 비량에 한계를 부여하려고 했던 것이다.

흥미로운 것은 우리의 최고 지성 원효도 디그나가에 이어 '비량'의 중요성을 간파하고 있다는 사실이다. 그것이 바로 불행히도 너무나 많이 훼손된 채 전해져오는 《판비량론判比量論》이 가진 철학사적 의미다. 남아 있는 내용만 보더라도, 원효는 비량의 가능성과 한계를 정확히 알고 있던 것으로 보인다. 이것은 원효의 사유가 직관적으로 전개된 것이 아니라, 논리학을 토대로 이루어졌다는 걸 말해준다. 나가르주나의 중관불교와 바수반두의 유식불교를 통합하려는 화쟁의 논리의 이면에도, 그리고 다양한 대승경전들에 체계적 주석을 시도하는 해석학적 논리의 이면에도, '비량'에 대한 원효의 비판철학적 숙고가 자리 잡고 있었던 것이다. 바로 이 점이 원효와 그의 불교 사상을 화엄 사상이 지배했던 동아시아라는 좁은 지평에 놓아서는 안 되는 이유다. 동시대 화엄불교 이론가들, 예를 들어 중국의 법장法藏(643~712)이나 우리의 의상義相(625~702)이 따르기 힘들 만큼 원효의 사유 지평은 생각 이상으로 거대했던 셈이다.

인도 철학의 심장, 디그나가

성언량을 비량에 포섭하자! 이를 통해 디그나가는 불교가 맹목적인 초월 종교가 아니라, 인문학적 정신을 공명할 수 있는 내재 종교가 되는 토대를 구축했다고 할 수 있다. 성언량! 혹은 불경의 가르침! 동아시아 불교 전통에서 성언량을 절대적으로 긍정하는 것이 '교종敎宗'이었다면, 이것을 철저하게 부정했던 것이 바로 '선종禪宗'이었다. 그렇지만 교종이든 선종이든 제대로 된 불교 이론가라면 그들은 사실 스티라마티의 입장이 아니라 디그나가의 입장을 따르고 있었다. 아니 따를 수밖에 없었다고 할 수 있다. 불경에 대한 독창적 해석이 나온 것도 '비량'의 힘이고, 불경에 대해 '불립문자'의 사자후를 토한 것도 바로 '비량'의 힘이었으니까 말이다.

지혜로운 사람의 말을 온몸과 온 마음으로 받아들여야 한다. 들뢰즈의 키르케고르의 말을 빌리자면 '목숨을 건 비약'이 필요하다. 그다음 그 지혜로운 말이 우리의 인식과 우리의 삶을 어떻게 변화시키는지 경험하고 냉정하게 판단해야 한다. 만일 그것이 우리 삶을 피폐하게 한다면, 자신이 맹신했던 말이 사실 옳지 않은 것이었다면 폐기하면 된다. 이런 식으로 우리는 점점 스스로 지혜로워지는 것 아닌가. 부처가 된다는 것, 아니 자기 삶의 주인이 된다는 건 일체의 모든 것을 부정하는 것은 아니다. 이건 '이유 없는 반항'에 불과한, 유치한 태도일 수밖에 없으니까 말이다. 중요한 것은 타인의 것이라도 내 삶에 도움이 된다면 과감히 받아들이는 것이다. 이 점에서 성언량은 일종의 옷과 같은지도 모른다.

자신에게 좋은 옷이라는 생각이 든다면, 우리는 그 옷을 직접 걸쳐보아야만 한다. 입지 않았으면서 입은 척하는 것은 여기에서는 아무런 도움도 되지 않는다. 직접 걸쳐보고 생활해봐야, 우리는 그 옷이 좋은 것인지 나쁜 것인지 알 수 있기 때문이다. 처음 생각처럼 좋다면 그냥 입으면 된다. 혹 나쁘지만 버리기가 아깝다면, 옷을 수선하면 된다. 정말 문제는 나쁘다는 것을 알면서도 벗어버리지 않고 심지어 자신이 입고 있다는 이유로 옷이 근사하다고 자신을 기만하는 행위가 아닐까. 맹목성을 버려야 한다는 것! 타인의 지혜에 과감히 몸을 던지되, 아니라면 과감히 몸을 빼는 것! 오직 이럴 때에만 주인으로서의 삶이 가능하다는 것! 디그나가의 가르침이 불교를 떠나 모든 철학과 이론에 적용될 수 있는 파괴력을 가지는 건 바로 이런 통찰 때문은 아닐지.

결국 중요한 것은 나다. 그래서 나의 감각과 나의 추론이 디그나가에게서 그렇게 중시되었던 것이다. 그가 네 가지 혹은 세 가지로 분류한 진리 기준을 단 두 가지, 즉 현량과 비량으로 압축했던 것도 이런 이유에서다. 그래서 이제 디그나가에 이르러 불교의 논리학은 인식론에 포섭된다. 동아시아 불교 전통에서는 바수반두까지의 불교 논리학을 구인명舊因明, 즉 '옛 논리학'으로 부르고 디그나가 이후의 것을 신인명新因明, 다시 말해 '새 논리학'이라고 부른다. 그러나 '새 논리학'이란 말은 어폐가 있다. 디그나가는 논리학을 새롭게 체계화했다기보다는 논리학을 인식론의 토대 위에 두려고 했기 때문이다. 논리학이란 틀을 이미 넘어서 있는 디그나가를 '새 논리학'이란 틀에 가둘 수는 없는 법이다. 어쨌든 논리학에서 인식론으로의 전회를 통해 디그나가는 중관불교와 유식불교를 넘어서 불교인식론이라는 새로운 불교 전통을 열었던 것이다.

또 한 가지 디그나가가 인도 철학사에서 수행했던 역할에 주목할 필요가 있다. 디그나가에게서 시작되어 다르마키르티에 이르러 정점에 이른 불교인식론 전통은 불교 내부뿐만 아니라 정통 인도 철학 학파들에도 엄청난 자극제가 된다. 특히나 중요한 것은 지금까지 힌두교의 제사 집전에 집중했던 미망사학파마저 논쟁에 끌어들인 점이다. 이것은 당연히 성언량을 부정한 디그나가 논증의 파괴력 때문에 벌어진 현상이다. 나가르주나가 본의 아니게 니야야학파 사상가들의 사유를 활성화시켰던 것처럼, 디그나가는 니야야학파를 넘어서 미망사학파까지 활기찬 사유와 토론의 장으로 끌어들인 것이다. 그중 가장 대표적인 사상가가 바로 대략 8세기에 인도에서 활동했던 쿠마릴라Kumārila Bhaṭṭa다.

모든 예식이 그렇지만 힌두교 예식에서도 예식과 관련된 언어와 그 언어에 대한 신뢰는 절대적일 수밖에 없다. 미망사학파를 실질적으로 체계화했다고 할 수 있는 기원전 4세기의 인물 자이미니Jaimini는 《미망사 수트라Mimamsa Sutra》를 완성했다. 바로 이 텍스트를 절대적인 근거로 제사와 관련된 활동을 했던 학파가 미망사학파였던 것이다. 그런데 지금 디그나가는 현량과 비량만 남기고 성언량 자체에는 자립적인 진리성이 없다고 선언한 것이다. 이건 미망사학파로서는 학파의 사활을 건 문제였다고 할 수 있다. 바로 이때 쿠마릴라가 등장한 것이다. 기원초 샤바라Śabara라는 학자는 《미망사 수트라》에 주석을 달았던 적이 있다. 쿠마릴라는 바로 이 샤바라의 주석본에 다시 주석을 달게 된다. 이때 탄생한 것이 바로 두 권의 책 《쉬로카바르티카Ślokavārtika》와 《탄트라바르티카Tantravārtika》이다.

흥미로운 것은 《쉬로카바르티카》는 《미망사 수트라》의 첫 번째 권 중 첫 번째 챕터에만 주석을 붙인 책이라는 사실이다. 그리고 《미망사 수트라》의 방대한 나머지 부분에 대한 주석은 《탄트라바르티카》에 담겨 있다. 바로 《쉬로카바르티카》에서 쿠마릴라는 디그나가에 맞서 현량, 비량, 성언량의 문제를 집중적으로 다루게 된다. 사실 디그나가는 현량과 비량을 근본적으로 단절적인 것으로 이해했던 철학자였다. 이것은 그가 비량과 관련된 개념들이나 범주들은 세계에 존재하는 것이 아니라 단지 우리 마음에만 존재하는 것이라고 생각했던 불교 일반 전통에 속해 있었기 때문이다. 이에 대해 쿠마릴라는 《쉬로카바르티카》에서 다음과 같이 반박한다. "사유의 추론 과정에 등장하는 논리적 근거나 다른 요소들은, 현량은 개념화를 포함하지 않기 때문에, 현량으로 파악되지 않는다는 견해에 관해서, 이런 견해는 그릇된 것이다. 개념들vikalpa로 우리가 대상을 인식할 수 있다는 점에서 개념들은 현량에 함축적이기 때문이다."

"개념들이 현량에 함축되어 있다"는 말이 중요하다. 결국 쿠마릴라는 디그나가의 유명론을 반대하고, 개념의 지시체가 실재한다는 실재론을 피력하고 있는 것이다. 그렇다면 쿠마릴라는 직접 성언량을 옹호하지 않고 디그나가의 현량과 비량 개념을 비판한 이유는 무엇일까? 현량과 비량 개념이 흔들리게 되면 성언량에 대한 디그나가의 주장도 근본적으로 좌초되리라는 걸 쿠마릴라는 알고 있었던 것이다. 바로 이것이 그가 《쉬로카바르티카》를 독립된 한 권의 책으로 완성했던 이유이기도 하다. 어쨌든 디그나가에 대한 쿠마릴라의 반박은 당시 상당히 설득력을 얻었던 것으로 보인다. 쿠마릴라와 동시대에 살았던 다르마키르티가 디그나가 대신 반격을 시도했으니 말이다. 이런 치열한 주장과 반박, 그리고 재반박으로 이어지는 과정에서 고사 직전의 인도 철학계 전반은 새로운 활기를 되찾게 된다. 디그나가가 인도 철학의 심장인 이유도 바로 여기에 있다.

16

집착은 어떻게 발생하는가?

신수

VS

혜능

혜능의 전설이 만들어질 때까지

명明제국(1368~1644)이 지배하던 시절 오승은吳承恩(1500?~1582?)은 요괴소설 《서유기西遊記》를 집필한다. 불교 사상을 일반 대중, 나아가 어린이들에게 포교하기 위한 목적으로 출간된 소설이라고 할 수 있다. 내용은 단순하다. 삼장법사三藏法師가 세 명의 제자 저팔계豬八戒, 사오정沙悟淨, 그리고 손오공孫悟空을 데리고 인도로 구법求法여행을 간다. 인도에서 불교의 가르침을 담은 불경들을 입수해 오라는 황제의 명령이 있었기 때문이다. 저팔계, 사오정, 손오공은 인간이 아닌 요물이었다. 저팔계는 돼지 요괴였고, 사오정은 물귀신이었고, 손오공은 원숭이 요괴였으니 말이다. 탐욕에 지배되는 저팔계, 비관적이고 염세적인 사오정, 그리고 단순무식했던 손오공. 작가 오승은은 이들이 요괴가 아니라 이보다 더 완전한 존재가 되려면 무엇이 필요한지를 이들의 이름에 각인시키고 있다. 여덟 가지 계율을 의미하는 '팔계八戒', 어두운 마음을 맑게 하는 수행법을 안다는 의미의 '오정悟淨', 그리고 인연의 마주침으로 생기니 모든 것은 공空하다는 걸 깨닫는다는 의미의 '오공悟空'이 바로 그것이다.

《서유기》의 작가 오승은은 부처가 되려면 세 가지 배움이 있어야 한다는 걸 정확히 알고 있었던 것이다. 전통적으로 불교에서 강조하는 삼학三學, triśikṣa이 바로 그것이다. 삼학은 계학戒學, adhiśilaśikṣa, 정학定學, samādhiśikṣa, 혜학慧學, adhiprajñāśikṣa으로 구분되는데, 불교도라면 누구나 힘써 배워야만 하는 것이다. 저팔계처럼 탐욕스러우면 계학에, 사오정처럼 마음이 맑지 않으면 정학에, 그리고 손오공처럼 단순무식하다면 혜학에 집중하는 것이 좋을 것이다. 여기서 계śila는 불교도로서 반드시 지켜야 할 생활의 계율을, 정samādhi 혹은 dhyāna은 불교도가 수행하는 자기 수양, 즉 참선을, 그리고 마지막 혜prajñā는 세계와 자신에 대한 지적인 통찰을 의미한다. 이론적으로 볼 때 불교 내부에서 세 가지 종파가 가능한 것도 바로 이런 이유에서다. 계율을 중시하면 율종律宗, 참선을 중시하면 선종禪宗, 지혜를 중시하면 교종敎宗으로 불리게 되는 것이다. 그런데 이렇게 강조점이 서로 상이하지만 세 불교 종파들은 계·정·혜 삼학을 모두 따르려고 했다.

동아시아 불교사에서는 율종보다는 선종과 교종이 주로 발달되어왔다. 아무래도 엄격한 계율을 강조하면 유학의 예절 전통에 신물이 나 있던 일반 백성을 포섭하기가 힘들었을 것이다. 먼저 교종의 경우를 살펴보자. 교종의 선두주자는 천태종天台宗과 화엄종華嚴宗이다. 수隋제국(581~619)의 비호를 받았던 천태종이 가장 먼저 번성한다. 천태종은 나가르주나의 중관불교를 토대로 형성되었고, 가장 중시했던 대승경전이 바로《묘법연화경妙法蓮華經, Saddharmapuṇḍarīka Sūtra》, 즉《법화경法華經》이었다. 이와는 달리 수제국에 이어 중원의 패권을 잡은 당唐제국(618년~907), 특히나 측천무후則天武后로 유명한 전대미문의 여성 황제 무조武曌(623~705)의 후원을 받던 화엄종은 바수반두의 유식불교와 내적인 관련을 맺고 있었으며, 중시했던 대승경전은 바로 종파 이름의 기원이기도 한《화엄경華嚴經, Avataṃsaka Sūtra》이었다. 천태종과 화엄종의 상이한 개성은 이미 그들이 중시했던 경전 이름 속에 함축되어 있다. '연화蓮花'가 '더러운 진흙탕에 하얗게 피어난 연꽃'을 가리킨다면, '화엄華嚴'은 '화려하게 장식된 꽃다발, 혹은 화려하게 피어난 다양한 꽃들'을 나타낸다.

천태종에 체계를 부여했던 천태天台 지의智顗(538~597)는 정말 더러운 진흙탕에서 살았던 구도자였다. 당시는 수제국이 곧 중원의 패권을 잡기 직전의 혼란과 살육의 시대였다. 이런 아수라장 속에서 불교는 정치권에 휘말려 심한 탄압을 받기도 했다. 예를 들어 북주北周 왕조(557~581)는 4만에 달하는 사찰을 헐어버리고 300만에 달하는 승려들을 환속시키는 폐불廢佛 정책을 밀어붙였을 정도였다. 민중의 고통과 구도자들의 고통이 맞물려 절망적인 상황이 펼쳐졌을 때, 지의는 자신과 아울러 민중을 구할 수 있다는 희망을 바로《법화경》에서 찾았던 것이다. "모든 부처는 …… 중생이 부처의 깨달음을 깨닫도록 하기 위해 출현한 것이며, 중생이 부처의 깨달음으로 들어가도록 하기 위해 출현한 것이다."《법화경》〈방편품方便品〉에 등장하는 구절이다.

물론 그러기 위해서 무엇보다도 먼저 구도자들은 하루라도 빨리 스스로 부처가 되어야만 한다.

연꽃은 악취가 가장 심한 곳일수록 그 향기가 짙고 깊은 법이다. 천태종의 승려들은 모두 연꽃이 되려고 했던 사람들이다. 그것이 바로 자기 자신이 향내 나는 삶을 살아갈 수 있는 유일한 방법이자, 동시에 아수라장 속에서 신음하는 중생들의 삶에 빛이 되어줄 수 있는 유일한 방법이었기 때문이다. 그래서 천태종의 구도자들은 지눌知訥(1158~1210)보다 앞서 '정혜쌍수定慧雙修'를 역설했던 것이다. 여기서 '정定'이 스스로 부처가 되려는 치열하고 고독한 자기 수행, 즉 참선을 가리킨다면, '혜慧'는 자신과 중생이 처한 비참한 처지와 그로부터 벗어날 방법과 방향에 대한 지적인 이해라고 할 수 있다. 그러나 아무리 지적 이해와 자기 수행을 함께 닦아야 한다고 해도, 우리의 눈은 여전히 천태종의 구도자들이 마치 선종처럼 참선을 강조하고 있다는 사실에 가닿게 된다. 천태종은 단순한 교종이 아니었던 셈이다.

반면 화엄종의 대표자 법장法藏(643~712)은 아수라장이나 진흙탕이 아닌 가장 근사하게 꾸며진 당제국 황실 정원에 서 있었던 구도자였다. 당제국은 몇백 년 혼란을 겪던 중원의 질서를 안정적으로 다졌다. 그 일환으로 당제국은 《화엄경》을 새롭게 번역하는 등 불교를 숭상했다. 《서유기》의 주인공 삼장법사의 실제 모델인 현장玄奘(602~664)으로 하여금 인도에 가서 직접 불교 경전들을 가져오게 한 것도 바로 당제국이었다. 화려한 꽃들이 천상의 분위기를 자아내고 있고, 그 한쪽 편에는 꽃의 자태를 압도하는 금으로 만든 사자상이 놓여 있던 황실 내원에 법장은 서 있었던 것이다. 진흙탕을 향기롭게 만들 연꽃을 갈망할 필요가 없었던 환경에 법장과 화엄종은 들어와 있었던 것이다. 바로 여기서 우리는 화엄 철학에서 정定보다는 과도하게 혜慧가 부각되는 이유를 확인하게 된다. 황제를 포함한 최상층 인사들의 지적 허영을 만족시키는 것이 그들에게 치열한 참선을 강요하는 것보다 훨씬 더 중요한 일이었기 때문이다. 화엄종이 중국 대륙에서 압도적 지위를 얻기 위해 필요했던 것이 바로 권력의 비호였으니까 말이다.

선종 혹은 선불교가 흔히 교종을 극복하고 중국 불교계의 패권을 장악했다고 이해되고 있지만, 사실 당제국 시절 천태종 및 화엄종과 함께 동시에 발달했던 종파였다. 그런데 얼마 지나지 않아 교종이 붕괴되고 선종만이 남게 되는 정치적 사건이 발생하게 된다. 그것이 바로 842년에서 845년까지 이루어졌던 회창법란會昌法亂이었다. 당제국 황실은 난립하던 당시 사찰들을 몇 개로 정리하고 동시에 승려들을 강제로 환속시키는 조치를 단행했던 것이다. 물론 피해를 본 대부분의 승려들은 화엄종 소속이었다. 당연히 일부 남아 있던 천태종 승려들도 법란에서 자유로울 수는 없었을 것이다. 회창법란으로 교종이 재기하지 못할 정도로 엄청난 타격을 입은 반면, 번화한 도시가 아닌 한적한 산야 깊은 곳에 있던 선종 계열 사찰들은 별다른 피해 없이 교세를 유지할 수 있었다. 따라서 이후 선종이 득세하게 된 현상은 이론적 우월성 때문이 아니라 역사적, 정치적 사건의 우연성 때문이었다고 할 수 있다.

정치적 폭풍이 불어오기 전에 선종은 두 파로 나뉘어 치열한 헤게모니 쟁탈전을 벌이고 있었다. 이 과정에서 선종의 상징으로 부각된 인물이 전면에 등장하게 되는데, 그가 바로 혜능慧能(638~713)이다. 당시 당제국의 장안과 낙양이란 대도시는 혜능의 제자들이 아니라 오히려 신수神秀(?~706)의 제자들이 점령하고 있었다. 그때 남중국에서 활동했던 혜능과 그의 제자들의 선불교는 남종선南宗禪으로, 북중국에서 활동했던 신수와 그의 제자들의 선불교는 북종선北宗禪으로 불리고 있었다. 732년 혜능의 제자 신회神會(670~762)는 공개적으로 북종선을 공격하면서 선불교 내부의 이단 논쟁을 주도했다. '점진적인 수양', 즉 점수漸修를 주장하는 북종선은 이단이며, '돌연한 깨달음', 즉 돈오頓悟를 강조하는 남종선이야말로 선종의 정통이라는 것이 신회의 핵심 취지였다. 그는 제국의 중심지 장안과 낙양을 차지할 수 없다면, 남중국에 주로 퍼진 남종선이 영원히 비주류로 남을 수밖에 없다고 판단했기에 이처럼 논쟁을 벌여 주목을 끌었던 것이다. 이로부터 남종선과 북종선은 선종의 주도권을 놓고 지루하지만 치열한 사상 투쟁을 벌이게 된다.

명나라 화가 대진이 그린 육조대사 부분.

796년 당제국 덕종德宗 이괄李适(742~805)에 의해 열린 대집회에서 마침내 신회는 남종을 선종의 정통으로 만들고 북종을 이단으로 만드는 데 성공한다. 그 결과 신회는 선종의 일곱 번째 스승, 즉 제7조祖라는 자리를 차지하게 되었다. 물론 그의 스승 혜능은 힘들이지 않고 제6조의 자리를 덩달아 차지하게 된다. 선종 하면 떠오르는 전등傳燈의 계보, 즉 제1조 달마達磨(460~532?), 제2조 혜가慧可(487~593), 제3조 승찬僧璨(?~606), 제4조 도신道信(580~651), 제5조 홍인弘忍(601~674), 제6조 혜능에 이르기까지 이 계보는 신회의 현실 정치력에 의해 완성된 것이다. 무능했던 제자들이 지켜주지 못했기 때문에 한때 측천무후 무조에게서 대통선사大通禪師라고 추앙받았던 신수는 혜능에게 패한 이단으로 몰려 역사의 뒤안길에 놓이는 운명을 맞게 된다. 그러나 과연 신수는 선종 역사에서 이단적인 인물로 부정되어야 할 인물이었을까?

신수: "집착하는 마음은 때가 낀 거울과 같다."

혜능의 불교 사상, 즉 남종선의 특성을 보여주는 자료로는 그의 제자 법해法
海가 기록했다고 하는 《육조단경六祖壇經》이 남아 있다. 이 책에는 혜능이 제5
조 홍인에게서 인정을 받아 제6조가 되는 에피소드들, 그리고 그가 중국 남
부에서 행했던 남종선과 관련된 설법들이 담겨 있다. 남종선의 신화가 완성
된 뒤 만들어진 텍스트이지만, 여기에는 선불교 역사 가운데 전설처럼 남아
있는 신수와 혜능과 관련된 흥미로운 에피소드가 하나 등장한다. 이야기에
따르면 혜능과 신수는 모두 선불교의 다섯 번째 스승이었던 홍인의 제자였
다. 홍인은 관례대로 여섯 번째 스승六祖이 될 만한 사람을 선발해서 자신의
가사와 밥그릇鉢盂을 남겨주려고 결심했다. 그래서 제자들에게 각자의 깨달
음을 벽에 써보라고 말했던 것이다. 먼저 답안을 작성하여 벽에 글을 남긴
것은 당시 홍인의 수제자라고 불린 신수였다.

이 몸이 바로 보리수	身是菩提樹
마음은 맑은 거울	心如明鏡臺
날마다 힘써 깨끗이 닦아야 하리라!	時時勤拂拭
먼지가 앉지 않도록	勿使惹塵埃

-《육조단경》

홍인의 모든 제자는 신수의 글을 보고 감탄했다. 누구도 신수가 홍인에
게서 가사와 밥그릇을 물려받지 않으리라고는 생각도 하지 못할 정도였다.
신수에 따르면 우리 인간은 어떤 번뇌와 집착도 없는 마음을 가지고 태어난
다. 하지만 살아가면서 우리는 무엇인가에 집착하게 된다. 이것은 마치 맑은
청동거울도 시간이 지나면 때가 껴서 녹스는 것과 같은 이치이다. 그래서 신
수는 우리의 마음을 청동거울, 즉 경鏡에 비유했던 것이다. 거울에 녹이 끼

신수에 따르면 우리 인간은 어떤 번뇌와 집착도 없는 마음을 가지고 태어난다. 신수는 항상 마음을 관찰하면서 조심하고 약간이라도 집착이 발생하면 바로 제거해야 한다는 생각이었다.

지 않도록 하려면 날마다 계속 거울을 닦아주어야 한다. 마찬가지로 마음에 집착이 발생하지 않도록 하기 위해서는, 항상 마음을 관찰하면서 조심하고 약간이라도 집착이 발생하면 바로 제거해야 한다는 것이 신수의 생각이었다. 비록 남종선 계열의 텍스트이지만《육조단경》에서 전하는 내용은, 신수로 상징되는 북종선 사유의 특징을 잘 보여준다고 할 수 있겠다. 이런 우리의 판단은《관심론觀心論》이라는 신수의 저작을 살펴보면 더 확실해진다.

질문: "만약 어떤 사람이 부처님의 가르침을 구하려고 한다면 마땅히 어떤 방법으로 수양하는 것이 가장 핵심적인 것이라고 할 수 있겠습니까?"

대답: "오직 마음을 살피는 관심觀心이란 한 가지 방법만이 모든 방법을 수렴할 수 있으니 가장 핵심적인 것이라고 할 수 있다."   -《관심론》

부처가 되려는 방법의 핵심을 누군가 물었을 때 신수는 '정定', 즉 참선의 중요성을 거듭 강조했다. 다시 말해 가부좌를 하고 참선을 하면서 불교도라면 항상 자신의 마음을 살펴야 한다고 말한 것이다. 신수에 따르면 그것이 바로 '관심'이다. 물론 이것은 청동거울처럼 우리의 마음이 어느 사이엔가 집착과 그로부터 야기되는 편견에 사로잡힐 수 있다는 통찰을 전제로 한 발언이었다. 자신의 내면을 돌아보지 않는다면, 우리는 때가 낀 부분과 그렇지 않고 밝게 빛나는 부분을 확인할 수가 없다. 그러니 쉬지 않고 우리는 자신의 내면을 들여다봐야 한다. 오직 그럴 때에만 우리는 밝은 마음을 가리고 있는 때를 제거할 수 있을 것이다.

남종선의 입장에서는 신수를 이단으로 몰아갔지만, 우리는 신수 그 자신이 결코 선종 역사에서 이단이 아니라는 점을 기억해야 한다. 그는 지적 통찰만을 강조한 교종을 극복하려 했던 선종의 정신, 즉 사변적인 이해보다는 치열하게 이루어지는 주체적인 자기 수양으로서 참선을 강조했던 인물이기 때문이다. 다시 말해 신수는 '불립문자不立文字'와 '견성성불見性成佛'의 취지를 단 한 번도 어기지 않았던 것이다. 경전을 받들지 않고 관심의 수양을 했으니, 신수는 '불립문자'의 이념을 실천한 것이다. 또한 청동거울의 원래 밝은 상태처럼 '자성청정심自性淸淨心'을 확보하려고 했으니, 신수는 또한 '견성성불'의 가르침을 배신한 적도 없다. 한마디로 그는 선종 근본주의자였던 셈이다. 실제로도 남종선 전통을 이었다고 자부하는 선사禪師들마저도 거울의 비유로 설명되는 자성청정심 개념을 전가의 보도처럼 사용하고 있다. 결국 선종의 헤게모니를 잡으려는 싸움에서 신수는 패했지만, 그의 맑은 거울은 선종의 주류를 차지한 남종선에도 빛나고 있었던 것이다.

⑮

혜능: "마음을 거울로 생각하는 것 자체가 가장 큰 집착이다."

《육조단경》에 따르면 신수가 일찍이 홍인의 수제자라는 지위에 있었다면, 혜능은 남중국에서 올라온 일자무식의 촌놈이었다고 한다. 신수가 벽에 자

김홍도의 〈혜능삼매〉. 혜능은 마음을 실체적인 것으로 생각하지 않았다. 그는 불변하는 본질이 존재한다는 생각이 오히려 집착을 낳는다고 말한다.

신의 경지를 글로 적던 날, 혜능은 나무를 하러 나가서 해가 진 뒤 밤늦게야 돌아왔다. 신수가 자신의 경지를 피력하는 글을 썼다는 이야기를 듣고, 혜능은 동료 스님에게 벽에 쓴 글귀를 읽어달라고 요청했다. 혜능은 글을 전혀 몰랐기 때문이다. 동료 스님이 읊은 신수의 글을 듣자마자, 혜능은 웃으면서 동료 스님에게 신수 글 옆에 다음과 같은 자신의 글을 써달라고 부탁했다. 이글은 남종선의 정신을 상징하는 글이자, 남종선의 입장에서는 제5조 홍인이 자신의 가사와 밥그릇을 혜능에게 넘겨주도록 만든 결정적인 계기였다.

보리는 본래 나무가 아니며	菩提本無樹
맑은 거울에는 틀이 없다	明鏡亦非臺
본래 아무것도 없는데	本來無一物
어디에 먼지가 모이겠는가!	何處惹塵埃

-《육조단경》

그가 쓴 글을 읽어보면 우리는 마음에 대한 신수와 혜능의 입장 차이를 어렵지 않게 확인할 수 있다. 신수가 마음을 청동거울과 같은 자족적인 실체로 이해했다면, 혜능은 마음을 실체적인 것으로 생각하지 않았기 때문이다. 마음을 실체적인 것으로 이해한다는 것은 마음에는 불변하는 본질이 있는 것으로 사유한다는 것을 의미한다. 사실 이것은 싯다르타나 나가르주나가 그렇게도 해체하려고 노력했던, 불변하는 자아 이론의 변형된 모습에 지나지 않는 것이었다. 이 때문에 사실 혜능의 비판은 그리 놀랍거나 새로울 것도 없는 것이라고 할 수 있다. 그는 지금 불변하는 본질이 존재한다는 생각이 오히려 집착을 낳는다는 불교의 핵심적 가르침을 그대로 반복하고 있기 때문이다.

사실 마음을 거울처럼 맑게 닦겠다는 신수의 생각은 강박관념의 지배를 받고 있는 것과 같았다. 혜능에 따르면 신수는 왜 마음을 닦는지조차 알지 못하는 사람이다. 그저 이전의 부처들과 선배 스님들이 마음을 닦았기 때문에 자신도 늘 마음을 닦고 있을 뿐이라는 것이다. 다시 말해 신수의 생각에는 도대체 마음이 무엇인지에 대한 근본적인 고민이 빠져 있다는 것이 혜능의 판단이었다. 예측할 수 없는 타자와의 소통을 가능하게 하는 것이 마음이 아니라면 과연 이것은 무엇이란 말인가? 신수는 그저 맑은 거울과 같은 마음에만 집착하고 있을 뿐이다. 그렇다면 이와 같은 신수의 착각은 어디에서 유래한 것일까? 그것은 신수가 타인과의 관계에 상관없이 인간의 마음을 실체적인 것으로 이해했기 때문이다. 그래서 혜능은 "거울에는 틀이 없다"는 말로, 마음을 자족적 실체로 간주한 신수를 비판한 것이다.

마음에 대한 것이든 아니면 잃어버린 어떤 다른 것에 대해서든 집착은 우리로 하여금 타자와의 소통을 가로막는 주범이 된다. 자기 마음을 깨끗이 닦는 데 골몰하여 타인의 마음을 제대로 간파하지 못하게 된다면, 불교가 강조했던 자비慈悲는 과연 무슨 소용이 있겠는가? 불교에서 자비란 타자에 대한 절대적인 감수성에서 나오는 강력한 동정심을 의미한다. 깨달은 사람의 마음은 고요한 물과 같다. 당연히 작은 바람이 불면 작은 파문이 만들어지고, 커다란 바람이 불면 들끓듯이 요동치기 마련이다. 병아리가 죽어서 슬퍼하는 아이, 실연의 고통에서 쉽게 벗어나지 못하는 젊은 아가씨, 불의의 사고로 아이를 떠나보낸 어머니, 직장에서 정리해고를 통보받은 아저씨 등등. 그들의 고뇌, 그들의 슬픔, 그들의 서러움에 같이 고뇌하고 슬퍼하고 서러워하는 것이 바로 깨달은 자의 마음, 즉 자비라고 할 수 있다. 이로부터 우리는 왜 보살菩薩, bodhisattva이 대승불교의 이념적 인간형이 되었는지를 이해하게 된다. 보살이란 세계의 고통을 나의 고통으로 느끼고, 나를 고통에서 구제하는 것처럼 세계를 고통에서 구제하려는 마음을 가진 인간형이기 때문이다.

일반인들이 타인의 고통과 슬픔을 돌보지 못하는 이유는 다른 데 있는 것이 아니다. 그들 대부분은 무엇인가에 강하게 집착하고 있기 때문이다. 잃어버린 돈이나 죽은 아이에게 집착하게 되면, 그 누구든지 친구의 고뇌와 고통에 동정심을 느끼기 힘든 법이다. 어떤 형식이든지 집착은 우리 자신을 고통에 빠뜨릴 뿐만 아니라, 고통에 빠진 타인에 대해서도 결국 무관심하도록 만든다. 이 가운데 특히 중요한 문제는 후자의 경우라고 할 수 있다. 우리가 무엇인가에 몰입하고 있을 때, 자신의 사랑과 관심이 필요한 타자는 오히려 방치된 채 시들어갈 수 있기 때문이다. 이 점에서 우리는 《육조단경》에 나오는 혜능의 다음과 같은 육성을 직접 들어볼 필요가 있다.

> 무념無念이란 불법은 일체의 모든 대상을 보면서도 그것들에 집착하지 않는 것이며, 일체의 모든 장소를 두루 다니면서도 그것들에 집착하지 않는 것을 말한다. …… 모든 것을 마음에 두지 않으려면 생각을 끊어야 한다고 하지 마라. 이것은 곧 불법에 속박된 것이며, 한쪽에 치우친 편견이라고 말한다.　　　　　　　　　　　　　　　　　　-《육조단경》

신수는 선종의 정신이 관심, 즉 자신의 마음에 대한 성찰에 있다고 보았다. 분명 이것은 선종이 교종이 아니라 선종이라고 불릴 수 있도록 만든 중요한 근거의 하나라고 할 수 있다. 깨달은 자의 마음을 맑은 거울에 비유했던 신수는 우리의 고통이 이 거울에 비친 하나의 이미지에 대한 편집증적인 집착에서 발생한다고 보았다. 그래서 신수는 마치 때가 묻은 거울을 닦듯 무언가에 집착하는 마음을 닦아 원래의 맑고 깨끗한 상태로 되돌려놓으려고 한다. 이 점에서 많은 부분 신수의 논의는 바수반두의 알라야식 논의와 일면 유사하다고 하겠다. 집착에 사로잡힌 마음이란 결국 과거에 있었던 무엇인가를 광적으로 기억하려는 마음과 같기 때문이다. 그렇지만 혜능은 맑은 거울처럼 깨끗한 거울을 추구하는 것 자체가 이미 하나의 집착일 뿐이라고 신수를 조롱한다. 그래서 혜능의 입장에는 공도 결국 공하다고 본 나가르주나의 역설을 연상시키는 매력이 있다.

혜능은 싯다르타의 근본적 가르침, 즉 집착을 제거해야만 고통에서 자유로워지는 해탈에 이를 수 있다는 가르침에 더 충실하고자 했다. 그 집착의 대상이 무엇이든지 간에 집착은 고통을 낳을 수밖에 없는 법이다. 이 점에서 보면 마음에 집착이 생기지 않을까 노심초사하는 그 생각 자체도 오히려 또 하나의 집착이며 고통을 낳는 주범일 수 있다. 거울은 항상 더러울 수밖에 없다는 것이 혜능의 생각이었다. 물론 혜능이 말한 더러움은 거울이 사과와 만나면 사과를 비추고 오렌지와 만나면 오렌지를 비추기에 발생하는 결과이다. 그런데 여기서 바로 사유의 반전이 일어난다. 거울이 문제를 일으키는 것은, 오렌지와 만날 때 사과의 이미지를 지키려고 하거나 혹은 사과와 만날 때 오렌지의 이미지를 지키려고 할 때뿐이다. 따라서 거울로서 마음을 닦는다는 것은, 오직 구체적인 타자와 만난 바로 그 순간에 이루어질 수밖에 없다. 혜능이 "일체의 모든 대상을 보면서도 그것들에 집착하지 않는" 무념의 공부를 강조했던 것도 바로 이런 이유에서였을 것이다.

선불교와 관련된 사족 하나만 더 달도록 하자. 선불교 하면 화두話頭를 생각하지만, 이런 관례는 당제국 때가 아닌 송제국 시절에 만들어진 것이다. 송제국의 대혜大慧(1089~1163)가 만든 간화선看話禪 전통이 바로 그것이다. 당제국 시절에 선사들은 '불립문자'와 '견성성불'의 정신으로 참선을 통해 자신의 내면에 있는 불성을 개화하려는 데 진력했다면, 송제국 시절 선사들은 역대 조사들의 일화를 화두로 삼아 그 깨달음의 의의를 자각하는 데 힘을 썼다. 전자를 묵조선默照禪이라고 부른다면, 후자가 바로 간화선이다. 간화선의 전통에 따라 조사들의 에피소드를 묶어서 만든《벽암록碧巖錄》이나《무문관無門關》이란 책이 등장하게 된 것도 이런 이유에서이다. 《벽암록》에는 100개의 에피소드가 수록되어 있다면, 그 뒤에 출간된 《무문관》에는 48개의 에피소드가 수록되어 있다. '화두話를 살펴보는看 선禪'이라는 의미인 '간화선'은 바로 이런 에피소드들을 추체험하는 것을 강조하게 된다. 예를 하나 들어보자.

어느 스님이 "무엇이 달마 대사가 서쪽에서 온 뜻인가요?"라고 묻자, 조주 스님이 대답했다. "뜰 앞의 잣나무!"   -《무문관》

《벽암록》에도 등장하는 유명한 화두다. '여기 그리고 지금hic et nunc' 나의 마음이 살아 있다면, 바로 그 순간 누구나 부처가 될 수 있다는 의미다. 달마에 집착하느라 풍성한 잣나무를 마음에 담아두지 못하는 스님에 비해 조주趙州(778~897) 스님의 마음은 자유롭기만 하다. 간화선은 이 화두를 성찰하며 조주 스님의 경지를 납득하고 추체험하는 것이다. 그러나 아이러니하지 않은가? 경전을 살펴보려는 이전 교종의 공부 방법, 즉 간경看經이 이제 선사들의 에피소드를 살피는 선종의 공부, 즉 간화看話로 탈바꿈하게 된 사실이 말이다. 결국 '불립문자'라는 당제국 시대 초기 선불교의 정신은 이렇게 해서 뜻하지 않은 변형과 타락을 경험하게 되고 만다. 비록 선종의 주류라는 인상을 주지만 간화선은 '불립문자'를 슬로건으로 용맹정진했던 신수의 정신이나 '집착이라면 불법에도 속박되어서는 안 된다'는 혜능의 사자후와는 상당한 거리를 드러내고 있던 것이다.

화엄종과 선종,
그 사이에서 찬란했던 천태종

중국 불교사에서 천태종, 화엄종, 그리고 선종은 수당隋唐제국의 부침과 함께했던 불교 학파들이었다. 그중 천태종이 제일 빨리 정점에 이르렀지만, 수제국의 몰락과 함께 쇠락하고 만다. 그다음으로 화엄종과 북종선이 당제국의 비호로 불교계의 헤게모니를 잡았으나 회창법란으로 치명타를 입게 된다. 정치권력과 일정 정도 거리를 두고 있던 남종선은 두 마리의 호랑이가 쫓겨나자 중국 불교계의 맹주 자리에 무혈 입성하게 된 셈이다. 그러나 화엄종에 패권을 넘겨준 천태종이 그냥 불교계에서 사라졌던 것일까?

우리의 궁금증을 해결할 실마리는 천태종이 '정혜쌍수'를 주장했던 종파였다는 사실에 있다. 비록 정혜쌍수라는 슬로건을 내걸었지만, 천태종에서는 정定이 혜慧보다 더 강조되고 있다. 천태종에 체계를 부여했던 천태天台 지의智顗의 주저 제목을 보라. 《마하지관摩訶止觀》이다. '마하摩訶'라는 말은 커다란 수레, 즉 대승을 의미하는 '마하야나mahāyāna'의 준말이고, 지관止觀은 마음을 닦는 수행법을 의미한다. 그러니까 천태종의 최고 이론서는 사실 일종의 수행 이론서였던 셈이다. '마하지관'을 풀면 '대승불교의 지관 수행법'을 의미하니 말이다. 자신의 주저 앞부분에서 지의는 말했던 적이 있다. "지관止觀이 모든 깨달은 자들의 스승이라고 알아야 한다. …… 이미 이러한 진리를 믿는다면 반드시 세 종류의 책을 알아야 한다. 《차제선문次第禪門》, …… 《육묘문六妙門》, …… 그리고 여기 이 책이다."

각각 참선과 지혜를 의미하는 정定과 혜慧라는 개념이 수양론의 차원에서 지止와 관觀이란 개념으로 변주된 것이다. 그렇다면 구체적으로 지관이란 수행은 어떻게 실행될까? 지관이란 수행법에 도움이 되는 책으로 지의는 자신의 책 《마하지관》이외에 두 권의 책을 더 인용하고 있다. 그 하나가 《차제선문》이고 다른 하나가 바로 《육묘문》이다. 지관이 어떤 식으로 이루어지는지, 그리고 구체적으로 지관이 무엇인지 이해하려면 난해한 《마하지관》보다는 《육묘문》을 참고하는 것이 좋다. '육묘문'은 글자 그대로 '열반의 신비妙에 이르는 여섯 가지 관문'이란 의미다. 그 순서는 다음과 같다. 수數, 수隨, 지止, 관觀, 환還, 정淨이다.

먼저 결가부좌를 하고 참선을 시작한다. 편안하게 복식호흡을 하는데, 이때 호흡의 수를 세는 것이 바로 첫 번째 수數라는 수행법이다. 여기서 수는 그러니까 '센다'는 의미다. 다음으로는 호흡의 수를 세지 말고 그냥 호흡 자체에 정신을 집중하는 수隨라는 수행법이다. 여기서 수는 '(호흡을) 따른다'는 의미다. 이 두 가지 수행법은 참선뿐만 아니라 등산할 때도 도움이 된다. 평지를 걷다가 산에 오르기 시작하면 누구나 호흡이 가빠지는 것을 느낀다. 이때 깊은 숨을 천천히 또박또박 쉬면 도움이 된다. 깊은 숨을 세는 단계다. 이런 식으로 산을 계속 오르면 얼마 지나지 않아 깊은 숨을 또박또박 쉬는 것마저 잊는 상태에 이른다. 산의 경사와 호흡이 일치된 상태가 달성된 셈이다. 이제는 그냥 걸음과 숨을 따라 산을 오르면 된다.

호흡에도 신경을 쓰지 않고 마음을 고요해지도록 하는 지止라는 수행법이 다음으로 이어진다. 여기서 지는 물을 고요하게 한다는 의미의 지수止水와 같은 뜻이다. 다음에는 자신을 포함한 대상을 고요한 마음으로 명료하게 보는 관觀이란 수행이 이루어진다. 무엇을 보

천태종에 체계를 부여했던 지의.

든지 간에 이미 마음이 고요한 상태이니 일체의 감정적 동요나 가치 평가도 없이 있는 그대로 사태의 진실을 보는 것이다. 또 등산에 비유해보자. 지止는 정상에 오르는 것과 같고, 관觀은 산의 정상에서 세상과 자신을 조망하는 것과 같다. 정상에 서야 세상을 제대로 내려다볼 수 있는 것처럼, 지의 상태에 이른 사람만이 관이란 지혜를 발휘할 수 있다.

이어지는 수행법은 환還이다. 대상에 직면하는 마음이 이제 자기 마음 자체로 되돌아오는 것이다. 환이 '되돌아온다'는 의미인 것도 이런 이유에서다. 마지막으로 마음이 자기 자신에 더 가까워질수록, 우리의 마음은 점점 맑아지게 된다. 불행히도 이 맑아진 마음은 일순간적이거나 아직 미진한 경우도 있으니, 이것이 정淨이란 수행법이 필요한 이유다. 그러니 정은 최종적 수행법이기도 하지만 또한 열반에 이른 상태라고도 할 수 있다. 다시 등산에 비유하자면, 환은 정상에서 하산하는 것이라면 정은 이제 완전히 평지로 내려온 것과 같다. 그러나 정상에서의 조망과 함께 심신의 건강함을 회복했기에, 산행을 마친 사람은 누구나 자신이 산행하기 전보다 훨씬

맑아졌다는 걸 자각할 것이다.

　이 여섯 단계의 수행법은 근본적으로 차례를 밟아 이루어져야 하지만, 첫 번째 수라는 수행법에서 바로 관이나 혹은 환의 단계로 비약할 수도 있다. 어쨌든 여섯 단계의 수양법을 수數와 수隨라는 첫 번째 계열, 지와 관이라는 두 번째 계열, 그리고 마지막으로 환과 정이라는 세 번째 계열로 구분해보자. 첫 번째 계열은 수렴의 계기로, 이때 수행자의 마음은 외부에 흔들리는 마음이 아니라 자기 마음이 된다. 두 번째 계열로 수행자는 자기 마음으로 대상의 세계로 나아간다. 세 번째 계열로 수행자의 자기 마음은 더 큰 마음으로 되돌아온다. 결국 부처가 되는 수행법의 핵심은 두 번째 계열 지관에 있었다고 할 수 있다. 수數와 수隨라는 첫 번째 계열의 수행법은 결국 지로 수렴되고, 환과 정이라는 마지막 계열의 수행법은 관에서 출발하기 때문이다.

　지관을 통과해서 부처가 되는 순간, 수행자는 세계의 고통을 자신의 고통처럼 느끼고 반응할 수 있다. 그래서 지의는 《마하지관》에서 이야기했던 것이다. "일심一心이 앞에 있고 모든 세계가 뒤에 있다고 말할 수도 없고, 또 모든 세계가 앞에 있고 일심이 뒤에 있다고 말할 수도 없다. …… 왜냐하면 단지 일심이 모든 존재이고 모든 존재가 일심이기 때문이다." 일심은 자비의 마음이다. 병든 고양이를 보아도 그 고양이와 고통을 함께하니, 고양이와 자신의 마음이 분열되지 않는다. 그러니 하나 된 마음, 즉 일심이다. 실연으로 마음이 무너져내린 아가씨의 허허로움을 함께하니, 아가씨의 마음과 자신의 마음이 분열되지 않고 하나가 된다. 그러니 일심이다.

　지관이 달성된 마음, 즉 일심이 어떻게 기능하는지 설명하는 《마하지관》의 한 대목에서 지의는 나가르주나의 중관불교를 끌어온다. "하나의 지止가 곧 세 가지 지다. 이는 공空, 가假, 중中의 세 가지 모습이 '한순간의 마음一念心'에 있으니, 한순간의 마음은 세 가지 모습을 갖는 셈이다. …… 관觀에 근거해서 대상境을 관찰하면, 하나의 대상이 곧 세 가지의 대상이다. 대상에 근거해서 관을 일으키면, 하나의 관이 곧 세 가지의 관이다." 나가르주나의 《중론》〈관사제품觀四諦品〉의 18번째 게송은 "중인연생법, 아설즉시공, 역위시가명, 역시중도의衆因緣生法, 我說即是空, 亦爲是假名, 亦是中道義"다. "모든 원인과 조건으로 생성된 존재를 나는 바로 '공'이라고 말하지만 이것 또한 '억지로 빌린 개념假名'이니, 이것이 또한 중도中道의 의미다"라고 번역된다. 지의는 이 게송에서 세 가지 개념을 추출하여 자기만의 고유한 개념으로 변형시킨다. 바로 공空, 가假, 중中이다.

　우리 앞에 아이스크림이 있다고 해보자. 다양한 원인과 조건에 의해 아이스크림은 만들어진다. 잠시 아이스크림으로 남아 있지만 원인과 조건이 달라지면 아이스크림은 녹아 없어지게 된다. 순간의 지평에서 아이스크림은 영원히 있을 것처럼 존재하고 있다. 이것이 아이스크림이 가진 '가假'의 측면이다. 영원의 지평에서는 아이스크림은 금방 생겼다가 금방 사라지는 순간적인 존재다. 아이스크림이 가진 '공空'의 측면이다. 그렇지만 순간과 영원이란 극단적인 두 측면을 배제하면 지속의 측면, 혹은 현실의 측면이 부각된다. 영원할 것이라고 기대하지도 말고 그렇다고 해서 덧없이 순간적이라고 좌절하지도 말고 아이스크림을 보았을 때, 우리는 아이스크림이 가진 '중中'의 측면을 보고 있는 것이다. 오직 이럴 때에만 우리는 아이스크림을 정말 맛나게 먹을 수 있을 것이다.

아이스크림만 그런 것이 아니라 우리 마음도 마찬가지다. 아이스크림이 영원할 것이라고 믿는 마음, 아이스크림의 덧없음을 보는 마음, 그리고 영원과 순간이란 극단을 넘어 아이스크림을 있는 그대로 보는 마음. 그러니까 '가'의 아이스크림을 보는 마음이 '가'의 마음이고, '공'의 아이스크림을 보는 마음이 '공'의 마음이다. 그리고 '중'의 아이스크림에 대응하는 마음이 바로 '중'의 마음이라고 할 수 있다. 돼지의 눈에는 돼지만 보이고 부처의 눈에는 부처만 보인다는 속설이 옳긴 옳은 모양이다. 당연히 부처의 마음은 '중'의 마음으로 '중'의 대상을 본다고 할 수 있다.

세 가지 지평	《중론》의 개념	대상	마음
순간의 지평	공空	녹아버리는 아이스크림	허무한 마음
영원의 지평	가假	녹지 않을 것 같은 아이스크림	집착하는 마음
지속의 지평	중中	일정 정도 지속하는 아이스크림	자비의 마음

고통에 빠진 중생을 '공'으로 보지 않아야 한다. 어차피 덧없는 삶, 고통도 다 지나간다는 허무주의에서 어떻게 자비심이 나올 수 있다는 말인가? 또한 그들을 '가'로 보지 말아야 한다. 무지몽매한 그들에게 고통은 고칠 수 없는 것이라고 절망하니 여기서 어떻게 자비심이 나올 수 있다는 말인가? 그들을 '중'으로 보아야만 한다. 오직 그럴 때에만 배고픈 아이에게 밥을 주고 외로운 노인에게 말 친구가 되어줄 수 있다. 그럼에도 여기서 잊지 말아야 할 것은 '공', '가', '중'이 항상 함께 간다는 사실이다. 결국 부처도 조금만 잘못하면 '공'의 측면으로, 심하면 '가'의 측면으로 추락할 수도 있다. 어차피 죽을 사람에게 밥을 먹여서 무엇하는가? 사악해서 고쳐지지 않을 사람에게 설법을 해서 무슨 도움이 되겠는가? 이럴 때 부처는 중생들을 '중'으로 보지 못하고, 당연히 '중'의 마음을 잃어버리게 된 셈이다. 그러니 한때 부처였던 사람도 언제든지 평범한 사람으로 전락할 수 있다.

그래서일까, 자신의 또 다른 저서 《관음현의觀音玄義》에서 지의는 강조한다. "일천제—闡提, Icchantika란 일찍이 선한 본성에 이르지 못한 자다. 그러나 비록 성선에 이르지 못했다고 하더라도 다시 선을 행하여 선에 물들면 선한 행위를 일으켜 온갖 악을 치료할 수 있다. 또한 부처는 악한 본성과 단절할 수 없어서 악에 이를 수도 있다." 이것은 화엄불교의 성기설性起說과는 확연히 다르다. 성기설은 불성佛性을 회복하면 우리는 부처가 된다는 입장이다. 물론 일천제에게는 불성이 없으니, 그들은 포기한다. 그렇지만 천태종은 언제든지 부처도 타락할 수 있고, 조금이라도 선을 행하지 않게 태어난 존재라는 일천제도 선을 행할 수 있다고 강조한다. 바로 성구설性具說이다. 부처의 마음이든 일천제의 마음이든 한순간의 마음에는 항상 공, 가, 중이라는 세 상태가 공존하고 있기 때문이다. 천태종의 도저한 현실주의가 주목되는 부분이다.

천태종은 아주 강렬했던 불교 전통이었다. 강한 구세의식도 그렇고, 치열한 자기 수행도 마찬가지다. 그리고 부처가 되어서도 수행을 멈출 수 없다는 생각에서 우리는 천태종 구도자들이 화엄 철학의 낙관적이고 이상적인 이론주의와 얼마나 거리가 멀었는지 직감하게 된다. 스스로 연꽃이 되어 추한 냄새를 풍기는 진흙탕에 자신의 향내를 더하려고 했던 사람들, 이들이 바로 천태종이다. 말이나 이론이 아니라, 정말로 세계의 고통을 품어주는 부처가 되려고 치열한 노력을 했던 구도자들이었다. 천태종의 많은 부분은 간화선看話禪이든 묵조선默照禪이든 선종과 긴밀히 연결될 여지가 많다. 결국 당제국이 들어서면서 화엄종이 득세하자, 천태종이 사라진 것처럼 보이지만 그들의 정신은 스스로 부처가 되겠다는 선종의 정신 속으로 고스란히 옮겨갔던 것이다.

사족을 하나 달자면, 우리 경우 불교사는 중국과는 사뭇 다르게 전개된다. 중국에서 불교의 헤게모니가 천태종, 화엄종, 그리고 선종으로 흘러갔다면, 우리의 경우 신라와 통일신라 시절의 화엄종, 고려왕조 초기의 천태, 그리고 그 이후의 선종으로 불교 헤게모니가 변천하기 때문이다. 사변적이고 이론적인 불교에서 정말 부처가 되려는 치열한 자기 수행의 불교로, 혹은 정치 이데올로기로 기능했던 불교에서 인문주의를 지향하는 불교로 진행되고 있었던 것이다. 이런 와중에 심각한 문제가 하나 발생한다. 보조국사 지눌에서 시작된 우리의 선종, 즉 조계종은 자기 구도의 방법과 방향을 화엄 철학을 끌어들여 이해하고 설명하고 있다는 사실이다. 지눌이 중국의 종밀宗密(780~840)을 벤치마킹했기 때문에 벌어진 일이다. 교종과 선종의 일치, 즉 선교일치禪敎一致를 주장했던 종밀은 화엄 제5조의 지위를 가졌던 선사 아니었던가? 사변적이고 이론적이었을 뿐만 아니라 그만큼 정치 이데올로기로도 악용되었던 화엄 철학의 지혜慧, 그리고 몸소 부처가 되려는 치열한 자기구도를 시도했던 선종의 참선定! 빙탄지간氷炭之間, 차가운 얼음과 뜨겁게 달궈진 석탄 사이의 관계만큼이나 지속하기 어려운 동거 아닌가.

17

부처는 무엇을 보는가?

의상

———— VS ————

원효

원효와 의상, 한국 지성이 걸었던 두 갈래 길

661년 두 명의 신라 스님이 원대한 포부를 품고 당나라로 유학길을 떠나게 된다. 당시 당제국에는 불교가 인도보다도 더 화려하게 꽃을 피우고 있었다. 이때 두 스님은 집착의 갈망을 꺼진 불처럼 소멸시켜 해탈, 즉 자유를 얻는 가장 확실한 방법을 찾고 있었다. 두 스님이 꿈꾸었던 구도의 길은 사실 661년이 처음이 아니었다. 이미 650년에 두 사람은 유학의 꿈을 공유한 채 당제국으로 떠났던 적이 있었기 때문이다. 그러나 불행히도 두 사람은 국경을 지키던 고구려 병사에게 잡히는 바람에 그 뜻을 이루지 못했던 것이다. 10년이 지난 뒤 그들은 마침내 자신들의 이루지 못한 꿈을 실현하기 위해서 다시 유학길에 오른다. 바로 이 두 스님이 육두품六頭品 출신의 원효元曉(617~686)와 진골眞骨 출신의 의상義相(625~702)이다. 해탈이란 간절한 열망을 공유했기 때문에 두 스님에게는 신분 차이가 별로 안중에 없었다고 볼 수 있다. 하지만 유학의 꿈이 실현되려던 바로 그 순간, 아이러니하게도 그들은 각자의 길을 가기 위해 이별을 준비해야 했다. 도대체 두 사람 사이에 무슨 일이 있었던 것일까? 연수延壽(904~975)라는 스님이 지은 《종경록宗鏡錄》에는 그 자초지종이 다음과 같이 기록되어 있다.

옛날 동국의 원효 법사와 의상 법사 두 분이 함께 스승을 찾아 당제국으로 왔다가 밤이 되어 황폐한 무덤 속에서 잤다. 원효 법사가 갈증으로 물 생각이 나던 참에 마침 그의 곁에 물이 고여 있어 손으로 움켜 마셨는데 맛이 좋았다. 다음 날 보니, 그것은 시체가 썩은 물이었다. 그 때 마음이 불편하고 토할 것 같았는데, 그 순간 원효 법사는 활연히 크게 깨달았다. 그러고는 말했다. "나는 부처님께서 '이 세상의 모든 것이 단지 나의 마음이고三界唯心' '모든 대상들이 단지 나의 의식이다萬法唯識'라고 하셨던 것을 들었다. 그러기에 아름다움과 추함은 나에게 있지 실제로 물에 있지 않다는 것을 알겠구나." 마침내 그는 고향으로 돌아가 지극한 가르침을 널리 전파하였다.　　　　　　　　　　－《종경록》

　　방금 읽은 구절은 너무도 유명한 에피소드이다. 시체가 썩은 물은 어느 때는 목마름을 가시게 해주는 달콤한 물이 되고, 또 어느 때는 구토를 유발하는 불쾌한 물이 된다. 그렇지만 어느 경우든 시체가 썩은 물은 시체가 썩은 물일 뿐이다. 이 사건으로 마침내 원효는 자신의 마음을 제외하고는 세상에 변한 것이 아무것도 없다는 사실을 절실히 깨닫게 된다. 모든 것이 마음의 문제라는 사실을 자각하자마자, 이제 원효에게 당제국 유학은 별다른 의미가 없는 것으로 변하고 만다. 원효는 자신의 삶을 바꿀 만한 강렬한 깨달음을 얻자 당제국 유학을 포기할 수밖에 없었던 것이다. 하지만 원효와 달리 의상은 당제국 유학의 꿈을 버리지 않는다. 의상과 헤어진 뒤 신라로 돌아온 원효는 주체적이고 독창적인 시선으로 많은 저술을 완성했으며, 실천적으로도 신라의 민중과 호흡을 함께하려는 노력을 지속했다. 반면 꿈에 그리던 당제국에 입성한 의상은 두순杜順(557~640)이 시작하고 지엄智儼(602~668)에 의해 발전하고 있던 화엄종華嚴宗에 가담해서, 마침내 지엄의 수제자라는 지위에까지 오르게 된다. 화려한 유학 경력을 토대로, 다른 한편으로 타고난 진골 출신의 신분이 준 혜택에 힘입어, 신라로 돌아온 의상은 부석사浮石寺 등 10개의 화엄종 사찰을 건립하면서 그곳을 모두 주관할 수 있는 막강한 권한을 얻게 되었다. 그리고 당시 최신의 불교 이론인 화엄 사상을 신라에 전파하는 데 자신의 남은 인생을 보내게 된다.

　　사실 원효와 의상의 극적인 이별, 이 오래된 사건은 그 이후 한국 지성이 선택할 수 있는 두 가지 가능한 길의 원형을 보여준 것이기도 했다. 마음과 삶에 대한 주체적인 통찰 혹은 외적인 이론에 대한 학습과 수입. 민중의 삶과 함께하려는 실천적 태도 혹은 민중을 계몽하려는 선각자의 계몽주의적 태도. 불교에 대한 원효와 의상의 상반된 태도는 조선 후기 유학과 관련하여 정약용丁若鏞(1762~1836) 대 박지원朴趾源(1737~1805)의 모습에서도 반복되

일본 고산사에서 소장하고 있는 원효(왼쪽)와 의상의 초상화. 원효와 의상의 극적인 이별, 이 오래된 사건은 그 이후 한국 지성이 선택할 수 있는 두 가지 가능한 길의 원형을 보여준 것이기도 했다. 마음과 삶에 대한 주체적인 통찰 혹은 외적인 이론에 대한 학습과 수입. 민중의 삶과 함께하려는 실천적 태도 혹은 민중을 계몽하려는 선각자의 계몽주의적 태도.

어 나타난다. 평생 조선 땅을 벗어나지 못한 유배지의 정약용이 당시 동아시아의 유학 사상을 주체적으로 사유하여 자신만의 고유한 체계로 녹여냈다면, 북학파의 박지원은 청제국으로 떠나 새로운 이국의 기풍을 맛보고 그것을 국내에 소개하면서 새로운 세상에 눈뜨게 되었기 때문이다. 한국 지성의 두 가지 방향, 즉 국내파와 유학파의 학문 태도는 서양문화에 대해서도 그대로 적용된다. 주체적인 안목에서 자신들 삶의 조건을 성찰하려는 지성인들이 있는 반면, 서양에서 유행하는 새로운 사조를 신속하게 배워와 매번 신경향의 사상들을 국내에 전파하는 지성인들도 있기 때문이다.

의상: "부처에게는 개체가 전체이고 전체가 개체일 뿐이다."

원효와 헤어지고 당제국으로 유학길을 떠난 의상은 오래지 않아 화엄종 제 2조라고 할 수 있는 지엄의 총애를 받게 된다. 당시 지엄에게는 의상 이외에 도 중국인 제자가 한 명 더 있었다. 그 사람이 뒤에 화엄종 제3조로 명성을 날리게 되는 법장法藏(643~712)이다. 따라서 얼마 안 가 법장과 의상 두 사람 은 라이벌 관계에 놓이게 되었다고 볼 수 있다. 그렇다면 지엄은 법장과 의 상 가운데 누구를 더 탁월한 학자로 인정했을까?《백화도량발원문약해白花 道場發願文略解》에서 우리는 지엄의 속내를 알 수 있는 단서를 하나 확인할 수 있다. 이 자료를 보면 지엄이 법장을 문지文持로, 의상을 의지義持로 불렀다는 사실이 기록되어 있다. '문지'가 '문장이나 표현을 가지고 있다'라는 뜻이라 면, '의지'는 '뜻이나 의미를 가지고 있다'라는 뜻이다. 이러한 호칭에 근거하 면 적어도 지엄은 의상이 법장보다 화엄종의 취지를 더 잘 알고 있다고 인정 했던 것으로 보인다. 만약 의상이 신라인이 아니라 중국인이었더라면, 아마 도 화엄종의 3조는 법장이 아니라 그의 차지가 되었을 것이다. 그만큼 의상 은 중국인 스승에게서 깊이 인정받는 유학생이었다. 그런데 여기서 함께 생 각해보아야 할 점이 있다. 그것은 법장이 사실 신라에 남은 원효에게서 지대 한 영향을 받은 인물이라는 점이다. 법장이 저술한《대승기신론의기大乘起信論 義記》는 사실 원효의《대승기신론소별기大乘起信論疏別記》를 표절에 가까울 정도 로 원용할 정도였다. 화엄종의 3조인 법장은 중국 유학파인 의상이 아닌 원 효의 작품을 통해 자신의 우월성을 드러낸 것이다.

　한편 의상이 얼마나 화엄종의 취지에 정통했는가를 알아보려면, 우리 는 7언 30구, 그러니까 210개의 글자로 의상이 저술한《화엄일승법계도華嚴 一乘法界圖》를 살펴볼 필요가 있다.《화엄경華嚴經》의 판본은 60권으로 된 것도 있고, 80권으로 된 것도 있다. 의상은 이런 방대한《화엄경》의 내용을 단지 210개의 글자로 요약하고 도표화했던 것이다.

```
一 微 塵 中 含 十      初 發 心 時 便 正 覺 生 死
一 量 無 是 卽 方      成 益 寶 雨 議 思 不 意 涅
卽 劫 遠 劫 念 一 切    別 生 佛 普 賢 大 人 如 槃
多 九 量 無 卽 一      生 十 海 仁 能 境 如 出 相
切 世 十 是 如 亦 中    滿 別 印 三 昧 中 繁 共
一 相 二 無 融 圓 性    虛 分 無 然 冥 事 理 和
卽 諸 智 所 知 非 餘 境  空 生 隨 器 得 利 益 是
一 法 證 甚 性 眞 佛    衆 回 際 本 遠 者 行 界 故
中 不 智 深 極 微 妙 名  息 盡 寶 莊 嚴 法 意 實 寶
多 動 切 絶 相 無 不    妄 無 隨 家 歸 資 如 殿
切 一 來 寂 無 名 守    想 尼 分 得 以 捉
一 中 一 成 緣 隨 性 自  必 羅 陀 糧 緣 善 巧 窮
          來 舊 不 得 無 道 中 際 實 坐
```

　　흔히 《법성게法性偈》라는 이름으로 더 유명한 《화엄일승법계도》는 '법성원융무이상法性圓融無二相'이라는 구절에서 시작해 미로를 한 바퀴 돌아 '구래부동명위불舊來不動名爲佛'이라는 구절로 끝을 맺는다. 화엄 철학을 요약한 의상의 지성을 전체 210자, 구체적으로 7언 30구를 읽어보는 것으로 확인해보자.

　　1. 존재자들의 본성은 원융해서 따로 나뉘는 특성이 없어法性圓融無二相
　　2. 모든 존재자들은 움직이지 않고 본래 고요하네諸法不動本來寂
　　3. 명칭이나 특성 등 일체를 끊었으니無名無相絶一切
　　4. 깨달은 지혜만이 알 뿐 다른 경계가 아니네證智所知非餘境

5. 참된 본성은 매우 깊고 미묘하여眞性甚深極微妙

6. 자기 본성을 지키지 않고 조건에 따라 이루어지네不守自性隨緣成

7. 하나 가운데 전체가 있고 전체 가운데 하나가 있어一中一切多中一

8. 하나가 곧 전체이고, 전체가 하나라네卽一切多卽一

9. 하나의 티끌이 모든 세계를 포함하고一微塵中含十方

10. 모든 티끌 속에서도 마찬가지네一切塵中亦如是

11. 영원함은 한 생각일 뿐이고無量遠劫卽一念

12. 한 생각은 바로 영원함이네一念卽是無量劫

13. 아홉 가지 세계와 열 번째 세계는 서로 포함하여九世十世互相卽

14. 뒤섞이지도 않고 각기 별도로 이루어지네仍不雜亂隔別成

15. 처음 구도의 마음을 일으킬 때가 바로 깨달음이니初發心時便正覺

16. 생사와 열반은 항상 함께한다네生死涅槃常共和

17. 이치와 현상에는 아득히 구별이 없는 것이理事冥然無分別

18. 모든 부처와 보현보살의 경지라네十佛普賢大人境

19. 해인삼매에 들어가서能入海印三昧中

20. 뜻대로 불가사의한 방편을 무한히 낼 수 있어야繁出如意不思議

21. 중생을 이롭게 하는 소중한 가르침의 비가 허공을 가득 채우고雨寶益生滿虛空

22. 중생들은 자기 그릇에 따라 이익을 얻을 수 있네衆生隨器得利益

23. 그러므로 수행자는 본래 고향으로 돌아가야 하니是故行者還本際

24. 망상을 끊지 않으려고 해도 저절로 끊어질 것이네叵息妄想必不得

25. 인연에서 자유로운 좋은 방편을 뜻대로 잡아서無緣善巧捉如意

26. 자신의 집에 돌아갈 수 있는 식량을 얻게 되네歸家隨分得資糧

27. 소진되지 않은 보물 다라니로써以多羅尼無盡寶

28. 존재 세계의 진짜 보물 궁전을 꾸미고莊嚴法界實寶殿

29. 마침내 참된 경지인 중도의 자리에 앉게 되네窮坐實際中道床

30. 예로부터 그 자리에 한 번도 움직이지 않았기에 부처라 부르네舊來不動名爲佛

–《화엄일승법계도》

30구절에서 설명이 필요한 개념은 사실 몇 가지 없다. 그중 '아홉 가지 세계'는 과거, 현재, 미래에 각각 과거, 현재, 미래를 붙여서 만든 세계를 가리킨다. 그러니까 과거의 과거세, 과거의 현재세, 과거의 미래세, 현재의 과거세, 현재의 현재세, 현재의 미래세, 미래의 과거세, 미래의 현재세, 그리고 미래의 미래세가 바로 아홉 가지 세계다. 그리고 과거, 현재, 미래의 세계가 서로 하나의 유기적 전체를 구성하는 것이 바로 '열 번째 세계'다. '해인삼매海印三昧, sāgara-mudrā-samādhu'라는 것은 잔잔한 '바다海'의 표면이 모든 존재자의 실상을 마치 '도장을 찍은印' 듯이 비추는 마음 상태, 즉 부처의 마음 상태를 말한다. 그리고 마지막 다라니陀羅尼, dhāraṇi는 원래는 불교의 가르침을 기억하는 정신적 힘을 의미했지만, 뒤에는 정신적 혼돈이나 외적 재앙을 피하는 주문의 뜻으로 사용되는 말이다. 《화엄일승법계도》에서 사용된 다라니는 원래의 의미, 즉 지혜의 힘을 뜻하고 있다.

메타적으로 보면 《화엄일승법계도》 자체가 다라니로 의도해서 만든 것일 수도 있다. 그렇다면 7언 30구절로 의상은 화엄 철학을 압축하는 다라니를 만든 셈이다. 일종의 암기법이라고 보아도 좋다. 수많은 불법들을 모아서 잊어버리지 않으려면, 모종의 암기법이 필요한 법이다. 결국 엄청난 분량의 《화엄경》을 독파할 때 이 210자의 글자는 길을 잃지 않도록 해주는 일종의 지도의 역할을 수행하게 된다. 한 가지 더 기억해야 할 것은 의상이 210자의 글자를 일종의 미로 형식으로 배치하고 있다는 점이다. 세계의 다양한 존재자를 나타내는 '법法'이라는 글자에서 출발해서 우리는 세계의 진상을 파악한 인격으로서 부처를 나타내는 '불佛'이라는 글자에 이르러야만 한다. 결국 《화엄일승법계도》 한 장은 화엄 철학을 신봉하던 학승學僧들에게는 일종의 압축파일로 기능했고, 그만큼 소중하게 간직할 보물이었던 셈이다. 이런 관례는 그대로 민간에도 내려온다. 글자를 뺀 미로 문양만 남은 《화엄일승법계도》는 오랫동안 부적으로 민간에 사용되었을 정도였다.

《화엄일승법계도》에는 《화엄일승법계도기華嚴一乘法界圖記》가 붙어 있다. 210자를 이해하는 데 필요한 의상의 친절한 해석인 셈이다. 먼저 그는 30구가 어떻게 구성되어 있는지 설명한다. "먼저 앞부분 열여덟 구절은 자리행自利行을 요약한 것이고, 그다음 네 구절은 이타행利他行을 요약했고, 나머지 여덟 구절은 수행자의 방편과 얻을 이익을 구별한 것이다." 그러니까 1번 구절에서 18번 구절까지는 자리自利, 즉 스스로 부처가 되는 수행과 관련되어 있고, 19번 구절에서 22번 구절까지는 이타利他, 즉 타인을 부처로 이끄는 보살행을 다루고 있다는 것이다. 그리고 마지막 남은 여덟 구절, 즉 23번 구절에서 30번 구절까지는 수행자의 수행 방향과 그를 통해 얻을 경지를 요약하고 있다. 여기서 한 가지 특징이 우리 눈에 들어온다. 그것은 중생을 구제하는 부분이 스스로 부처가 되는 부분에 비해 현격하게 양이 적다는 것이다. 더군다나 중생을 구제하는 부분마저도 상당히 엘리트주의적이고 계몽주의적인 내용으로 가득하다.

이타 부분의 핵심은 21번째 구절과 22번째 구절에 압축되어 있다. "중생을 이롭게 하는 소중한 가르침의 비가 허공을 가득 채우고, 중생들은 자기 그릇에 따라 이익을 얻을 수 있네." 우선 화엄 철학의 핵심을 파악한 승려가 화엄 철학을 대중 앞에서 설법한다. 목마른 사람에게 내리는 비처럼, 화엄 철학의 정수는 진리에 목마른 중생들에게는 엄청난 도움이 될 것이다. 그러나 중생들은 자신들의 수준에 따라 도움을 얻을 것이다. 목이 너무나 말라 큰 양동이를 가져오면 많은 물을 담고, 작은 양동이를 가져온 사람이라면 작은 물만 담아가는 것처럼 말이다. 문제는 법회에 참여하지 않는 대부분의 사람들도 존재한다는 점이다. 목이 말라도 목이 마르다는 것을 모르는 것처럼, 정말로 구제불능의 사람들일 것이다. 바로 이런 사람들에 대한 치열한 동정심과 자비심이 의상에게는 없었다. '나는 나의 깨달음을 이야기할 테니 그것을 들으려는 사람들만 들으면 된다'는 식의 엘리트주의에 의상은 사로잡혀 있었던 것이다.

어쨌든 《화엄일승법계도》에서 가장 중요한 대목은 논의의 양에서나 질에서도 화엄 철학의 정수를 깨닫는 자리自利 부분이라고 할 수 있다. 의상이 우리에게 전하려고 했던 화엄 사상의 핵심을 잠시 음미해보도록 하자.

'존재자들의 본성法性'은 원융해서 따로 나뉘는 특성이 없어, 모든 존재자들은 움직이지 않고 본래 고요하네. …… (존재자들의) 참된 본성은 매우 깊고 미묘하여, 자기 본성自性을 지키지 않고 조건에 따라 이루어지네. 하나 가운데 전체가 있고 전체 가운데 하나가 있어서-中一切, 多中一, 하나가 곧 전체이고 전체가 곧 하나라네-卽一切, 多卽一-. …… 마침내 참된 경지인 중도中道의 자리에 앉게 되네. 예로부터 그 자리에 한 번도 움직이지 않았기에 부처라 부르네.　　　　　　　　　-《화엄일승법계도》

　　방금 읽은 구절에서 일一이 개체를 가리킨다면, 일체一切나 다多는 전체를 가리킨다. 라이프니츠의 사유에 대해 알고 있는 사람이라면, 화엄종의 생각이 라이프니츠의 견해와 구조적으로 같다는 인상을 지울 수 없을 것이다. 라이프니츠는《단자론》에서 "모든 단순한 실체가 다른 실체들의 총체를 표현하는 관계를 포함하고 그 결과로 그는 살아 있고 영속하는, 우주의 거울이 되게 하는 결과를 낳는다"라고 말했기 때문이다. 겨울 카페 창가에 얼어붙은 성에를 예로 생각해보자. 성에라는 개체에는 차가운 바람, 유리의 두께, 카페 문의 구조, 어느 여인의 한숨, 그 여인의 화장품 향기, 그 여인이 마시던 에스프레소, 종업원의 입김, 그 여인이 떠난 자리에 앉았던 어느 남성의 술 냄새 등을 모두 함축하고 있다. 따라서 어떤 특정한 성에는 성에 자신의 입장에서 전체 세계를 모두 반영하고 있다고 말할 수 있다.

　　라이프니츠의 모나드론은 각각의 개체들이 전체 질서를 이미 내재하고 있다고 주장한 것이다. 그렇다면 "하나가 곧 전체이고 전체가 곧 하나다"라고 말했을 때 의상도 결국 전체와 개체 사이의 관계를 라이프니츠처럼 사유하고 있었던 것이다. 이 때문에 의상의 입장에서 보면 집착이란 것은 개체들의 본성, 즉 존재자들의 본성法性이 "원융해서 따로 나뉘는 특성이 없다"는 사실을 잘 이해하지 못할 때 발생하는 것이다. 여기서 원융은 개체들이 전체에 원만하게 융합되는 모양을 가리키는 말이다. 결국 의상에 따르면 집착은 어떤 것에 자신만의 고유한 본성이 전제되어 있다고 무의식적으로 기대하는 데서 발생한다. 의상은 해탈 혹은 자유란 것 역시 어떤 개체가 결국 전체라는 사실을 다시 한 번 깨닫는 데서 가능하다고 본 셈이다.

라이프니츠도 그렇지만 의상의 사유에는 한 가지 맹점이 존재한다. 그것은 싯다르타에서부터 나가르주나에 이르기까지 불교 사유의 핵심이라고 할 수 있는 연기緣起와 관련된 것이다. 놀랍게도 의상은 연기를 제대로 사유하지 못한다! 새로운 개체가 오늘도 어김없이 탄생하고, 또 어떤 개체는 오늘 그 수명을 다해 이 세상에서 사라져간다. 바로 싯다르타가 말한 연기라는 원리에 의해서 말이다. 연기라는 원리에 따르면 원인과 조건의 마주침으로 새로운 무언가가 탄생하고, 그 마주침이 다할 때에는 사멸해간다. 그렇지만 연기는 냉엄한 자연법칙, 그 이상의 의미를 지니고 있다. 비록 우리 존재가 연기에 의해 만들어졌지만, 우리는 스스로 원인이 되거나 조건이 되어서 전혀 새로운 무언가를 만들 수 있는 존재이기도 하기 때문이다. 그러니 연기라는 원리는 발생적 주장이지만 동시에 실천적인 주장이기도 하다. 우리는 발생론적으로 어떤 작용의 결과물이기도 하지만, 실천론적으로 어떤 작용을 일으킬 수도 있는 주체이기도 하다. 업業의 결과이면서, 동시에 업을 낳는 원인!

불행히도 싯다르타가 제안했고 나가르주나가 명료화했던 연기 개념을 의상은 전체론적 입장에서 심각하게 왜곡하게 된다.

이른바 연기緣起란 위대한 성인이 중생을 포섭하여 이치理를 깨달아 현상事을 버리도록 하려는 가르침이다. 그런데 평범한 사람들은 현상을 보면 이치를 놓치고, 영민한 사람은 이치를 얻으면 현상을 부정하게 된다. 그러므로 실제 이치를 들어 미혹된 마음을 깨닫게 하고 중생들로 하여금 현상이란 바로 무無라는 걸 알아 현상에서 바로 이치를 깨닫도록 해야 한다. ─《화엄일승법계도기》

의상은 '이사무애理事無碍'로 정리되는 유명한 가르침을 반복하고 있다.

이치와 현상은 서로 장애가 없다는 주장이다. 그에 따르면 자신을 포함한 모든 개별자들, 혹은 개별 현상들은 그 자체 근거가 없다. 물론 그것은 개별자들이 단지 전체에 의해 규정되는 작은 부분이기 때문이다. 이것이 바로 의상이 강조했던 무無, 즉 이치理다. 나가르주나가 강조했던 무자성無自性, 즉 개별적 본성은 없다는 걸 전체성으로 실체화해서 이해하는 재주넘기를 의상은 시도하고 있는 셈이다. 결론적으로 의상이 말한 무, 혹은 이치는 바로 전체나 전체성을 의미하고, 사事는 개별자들이나 개별 현상들을 의미했던 것이다. 바로 여기서 이치와 현상은 서로 장애가 없다는 주장이 가능해지며, 이런 사태가 바로 연기緣起라는 것이다. 그러나 '이사무애'로 이해된 연기가 어떻게 싯다르타가 말한 연기일 수 있겠는가? 싯다르타나 나가르주나에 따르면 인연에 의해 생성되기에 개별자들에게는 본성이 없다. 인연에 따라 만들어지기에 '연기'라는 개념이 나온 것이고, 본성이 없으니 '공'이란 개념이 출현한 것이다.

연기는 나를 포함한 모든 존재자들이 복수적 인과계열의 마주침의 효과라고 본다. 그래서 연기는 이루어진 것을 발생론적으로 해명하며, 동시에 이루어질 것을 실천론적으로 조망하는 법칙이라고 할 수 있다. 의상은 이것을 형이상학적이고 사변적인 주장으로 탈바꿈시켜버린 것이다. 결국 의상은 개별성에 대한 집착을 제거할 수 있어도, 그 대신 전체성에 대한 집착을 새롭게 도입하고 있는 셈이다. 물론 의상은 그것이 이치에 대한 통찰, 혹은 해탈이라고 강변할 테지만 말이다. 나가르주나였다면 아마도 개별이 있기에 전체도 있고, 전체가 있기에 개별도 있다고 말하면서, 개별에 대한 집착과 아울러 전체에 대한 집착도 해체하려고 했을 것이다. 한마디로 말해 개별도 공하고 전체도 공하다고 주장하면서 의상의 생각을 비판했으리라는 것이다. 나아가 실천적으로도 의상의 입장은 심각한 난점을 초래하기 쉽다. 의상의 라이프니츠적 사유에서 개별자의 능동성을 긍정하기 어렵기에 초래되는 난점이다. 이미 전체에 규정되어 있는데, 개별자가 어떻게 새로운 결과를 낳는 업을 행할 수 있다는 말인가? 만일 개별자가 새로운 업을 수행하는 것이

가능하다면, 이미 우리는 전체를 넘어서게 된다. 최소한 과거 전체에 무언가 새로운 것을 더했으니 말이다.

《화엄일승법계도》의 30번째 마지막 구절에서 의상은 부처를 정의한 적이 있다. "예로부터 그 자리에 한 번도 움직이지 않았기에 부처라 부르네舊來不動名爲佛." 부처는 자신의 개별성에 따라 움직이지 않고 전체의 질서에 따라 움직이는 인격일 것이다. 그러니 부처는 (전체성에 따라) 움직이지만 동시에 (개별성에 따라서는) 움직이지 않는 존재라고 할 수 있다. 어쨌든 한 번도 움직이지 않는 부처는 묘하게도 사찰 대웅전에 안치되어 있는 화려한 부처상과 너무나 닮아 있지 않은가. 목불이든 석불이든 황동불이든 불상이 새로운 업을 수행할 수는 없는 법이다. 그저 불상과 마찬가지로 의상의 부처는 그윽한 미소로, 때로는 측은한 미소로 중생을 내려다볼 뿐이다. 그러고는 중생들에게 무언의 압력을 가하고 있다. "너희도 너희 자신을 버리고 전체성에 투항하라!"

🕉

원효: "해탈한 마음에는 타인의 고통이 사무치게 전달된다."

황폐한 무덤에서의 깨달음을 통해 원효는 우리 자신의 마음에 해탈과 고통의 두 계기가 모두 내재되어 있다는 통찰을 얻게 되었다. 원효가 인도의 마명馬鳴, Asvaghoṣa(100~160?)이 저술했다고 하는 《대승기신론大乘起信論, Mahāyānaśraddhotpāda》이라는 텍스트에 주목했던 것도 이런 이유에서이다. 원효의 눈에는 이 책이 자신의 통찰을 이론적으로 잘 설명해주는 논리를 담고 있었기 때문이다. 그래서 마침내 원효는 《대승기신론》에 대한 가장 탁월한 주석서인 《대승기신론소별기》를 쓰게 되었다. 원효의 주석서는 중국에서도 《해동소海東疏》라고 불릴 정도로 영향력이 컸다. 그렇다면 원효가 마명의 《대승기신론》에서 본 것은 어떤 논리였는지 직접 살펴보도록 하자.

논: 일심一心의 법에 의거하여 두 가지 종류의 문이 있다. 무엇을 두 가지라고 하는가? 하나는 심진여문心眞如門이고, 다른 하나는 심생멸문心生滅門이다.

별기: 생멸하지 않는 마음과 생멸의 마음의 경우 마음의 체는 둘이 아니다. 심생멸이라는 것은 여래장에 '의거하기' 때문에 생멸심이 있는 것이다. …… 예를 들어 움직이지 않는 물에 바람이 불 때 그것은 움직이는 물이 된다. 움직임과 고요함이 비록 다르다고 할지라도 물의 본체는 하나일 따름이어서, '고요한 물에 의거하여 이런 움직이는 물이 있다'고 말할 수 있다. ―《대승기신론소별기》

《대승기신론》에 따르면 인간이 가진 하나의 마음에는 두 가지 측면, 즉 해탈의 마음이란 측면과 번뇌의 마음이란 측면이 모두 있다. 해탈의 마음이란 측면이 '심진여문'이라면, 번뇌의 마음이란 측면이 바로 '심생멸문'이다. 원효는 마음의 두 측면을 물에 비유하면서 자신의 이야기를 풀어나간다. 연못을 예로 들어보자. 잔잔한 연못은 바람이 불면 요동치는 연못이 된다. 하지만 이 경우 기존의 잔잔한 연못이 사라진 것은 결코 아니다. 요동치는 연못이 바로 잔잔한 연못이기도 하기 때문이다. 그래서 바람이 불지 않으면 요동치는 연못은 바로 잔잔한 연못이 될 수 있는 것이다. 결국 원효에 따르면 번뇌에 사로잡힌 그 누구라도 번뇌를 제거하기만 하면 해탈한 사람, 즉 부처가 될 수 있다. 불교에서는 누구나 가지고 있는 부처가 될 수 있는 잠재성을 여래장如來藏, tathāgatagarbha이라고 부른다. 이 때문에 위 인용문에서 말한 심진여문이란 것은 곧 여래장을 말한 것이라고 볼 수 있다.

가령 부처가 되려면 우리는 심생멸문에서 심진여문으로 우리 마음의 양태를 바꾸면 된다. 그런데 여기서 중요한 것은 과거의 기억에 의존하는 집착이 우리의 마음을 요동치게 만든다는 점이다. 다시 연못의 비유로 이야기하자면, 요동치는 연못을 요동치게 하는 진정한 원인은 연못 내부에 이미 있다고 말할 수 있다. 이 내부의 요동을 제거하면, 연못은 잔잔하게 된다.

잔잔한 연못처럼 우리의 마음이 심진여문이 되었을 때 바로 그 상태를 해탈한 것이라고 볼 수 있다. 그래서 원효는 생멸문에서 진여문으로 변화하는 것을 '자리自利'의 길이라고 이야기했던 것이다. 스스로를 이롭게 하는 것 가운데 최선의 것은 결국 해탈이기 때문이다. 그렇다면 진여문에 도달했을 때 우리에게는 생멸문이 완전히 사라지게 되는 것일까? 그렇지 않다. 자리의 과정에서 도달한 진여문에서는, 단지 우리 내면 깊숙이 작동하는 집착만이 제거되어 있기 때문이다. 비유하자면 연못은 이제 내부의 동요로는 더 이상 요동치지 않게 되었을 뿐이다. 하지만 연못 바깥에는 다양한 타자들이 여전히 존재하기 마련이다. 바로 이 대목에서 원효의 통찰력이 가장 강하게 번뜩인다.

고요한 연못이라고 해도 외부의 바람으로 인해 언제든 다시 요동칠 수 있다. 내부의 요동을 잠재울 수는 있어도 외부에서 불어오는 바람을 모두 막을 수는 없는 법이다. 그래서 자리의 과정에서 도달한 진여문은 다시 생멸문으로 변화할 수밖에 없다. 그런데 여기서 생멸문은 이제 타자와의 마주침으로 인해 불가피하게 발생할 수밖에 없다는 점을 잊어서는 안 된다. 강한 바람이 불면 연못은 강하게 요동치고, 약한 바람이 불면 연못은 약하게 요동치게 된다. 이와 마찬가지로 해탈한 자의 마음은 슬픔에 빠진 타자와 마주치면 슬퍼지고, 기쁨에 들뜬 타자와 마주치면 기쁘게 된다. 물론 이를 통해서 해탈한 사람은 그 타자도 자신과 같은 마음을 갖도록 도울 수 있다. 그래서 깨달은 자는 불가피하게 '이타利他'의 길로 나아가게 되는 것이다. 즉 자비의 실천이 비로소 시작되는 것이다. 원효가 '불사의업不思議業', 즉 '생각하고 논의할 수 없을 정도로 탁월한 실천'을 강조했던 이유도 바로 여기에 있다. 다양한 타자에 맞게 자비를 실천할 수 있기 때문에, 비로소 깨달은 자의 실천이 생각하고 논의할 수 없을 정도로 다양한 모습을 띨 수 있는 것이다.

결국 원효를 이해하는 데 결정적인 계기는 마음이 작동하는 양태, 즉 생멸문이라고 할 수 있다. 해탈을 달성해서 부처가 되어도 생멸문은 작동하기 때문이다. 부처가 되기 이전에 생멸문은 번뇌의 마음이지만, 부처가 된 뒤에 생멸문은 자비의 마음이다. 번뇌의 마음에서 우리는 자신에 대한 집착, 즉 아집我執과 대상에 대한 집착, 즉 법집法執에 사로잡혀 있다. 한마디로 자신의 관점, 자신의 역사, 혹은 자신의 무의식을 자기와 세상에 투사하여 그것에 집착하고 괴로워하는 것이 바로 번뇌의 마음이라는 것이다. 반면 고요한 물처럼 번뇌가 가라앉은 마음이 찾아오면, 그제야 우리는 세상에 제대로 대응할 수 있게 된다. 문제는 부처의 마음으로 바라본 세계와 중생들의 모습이 살풍경에 가깝고 그만큼 측은하기까지 하다는 것이다. 그들도 부처가 깨우치기 이전에 가지고 있었던 지혜롭지 못한 삶을, 다시 말해 집착과 번뇌, 그리고 고통으로 점철된 삶을 살고 있기 때문이다.

여기서 부처의 마음은 심하게 흔들릴 수밖에 없다. 자신 때문에 흔들리는 것이 아니라, 타인 때문에, 다시 말해 타인에 대한 안타까움으로 마음이 흔들리는 것이다. 자신이 열고 닫는 생멸문이 아니라, 타인이 열고 닫는 생멸문의 단계가 시작된 것이다.

〔경經〕

생멸하는 모든 것들을 없애서
열반에 머물더라도
대비에 빼앗겨
열반이 사라져 열반에 머무르지 않는다

〔논論〕

이승二乘의 사람은 육신과 인식 등 생멸하는 것들을 없애서 열반에 들어가 그중 팔만겁에 머물거나 만겁에 머무른다. 그렇지만 모든 부처들의 동체대비同體大悲 때문에 그 열반을 빼앗겨 다시 마음을 일으키게 된다.

– 《금강삼매경론金剛三昧經論》

세상이 어떻든 간에 맑고 고요한 마음을 유지하는 것, 이것이야말로 어쩌면 가장 강력한 집착인지 모를 일이다. 세상을 있는 그대로 본다는 건

얼어붙어 투명한 연못의 빙판처럼 세상을 냉랭하게 관조한다는 것은 아니다. 오히려 사정은 그 반대라고 할 수 있다. 그것은 아주 조그만 미풍에도 흔들리는 생생하게 살아 있는 연못의 표면처럼 되는 것이니 말이다. 나 자신에 대해 몰두하지 않아야 타인이 보이는 법이다. 그러니 결국 맑은 연못의 물처럼 마음이 고요해졌다는 것, 즉 해탈은 사실 세계와 타자에 대한 가장 민감한 마음을 획득한 상태와 다름없다. 그래서 원효는 동체대비, 즉 대자대비한 부처의 마음을 이야기했던 것이다.

자기 하나 간수하기에 여념이 없던 우리가 열반에 이르자, 우리는 이제 모든 것에 감응하는 존재가 된 것이다. 동체同體라는 말은 '같은 몸'이라는 뜻이다. 다리를 다치면 아픔이 느껴진다. 그것은 다리가 나의 몸이기 때문이다. 이와 마찬가지로 생로병사에 고통스러워하는 중생들을 보고서 마치 나의 고통처럼 느껴진다면, 그들도 나와 '같은 몸'이라는 것이다. 어쩌면 열반에 들어가기 이전이 더 나은 상태인지도 모를 일이다. 그때는 오직 자기만 신경 쓰면 족했으니 말이다. 이제 도처에 세계의 고통이 나의 고통인 것처럼 밀려들어온다. 병이 든 할머니도 나를 고통스럽게 하고, 배가 고파서 울고 있는 아이도 나를 고통스럽게 하고, 바람에 허무하게 떨어진 꽃잎도 나를 고통스럽게 하고, 임종을 눈앞에 둔 고양이도 나를 고통스럽게 한다. 열반이 절대적 평화와 행복이라고 믿었지만, 그건 순간적인 상태였을 뿐이다. 집착에서 벗어난 부처는 이제 세계로 나아갈 수밖에 없게 되었으니 말이다.

자기 다리가 아프면 붕대라도 묶어야 하는 것처럼, 타인의 아픔도 어루만져야 하기 때문이다. 한마디로 세계의 모든 존재가 눈에 밟히니, 어떻게 그들을 방관할 수 있다는 말인가? 그렇지만 이것은 인간의 의무를 따르려는 의지와는 상관이 없는 일이다. 타인의 고통을 나의 고통으로 느끼는 마음, 즉 열반의 마음에 이르렀기에 생기는 거의 자연스러운 반응이기 때문이다. 그래서 원효는 열반의 아이러니를 말했던 것이다. "열반에 들어가지만 …… 모든 부처들의 동체대비 때문에 그 열반을 빼앗겨버리고 만다." 열반에 들어간 마음이란 바로 타인의 고통에 극도로 민감한 대자대비의 마음이기에 불가피하게 발생할 수밖에 없는 아이러니다. 이것은 이승=乘, 즉 직접 싯다르타에게 가르침을 받아서 열반에 이른 성문승聲聞乘이나 홀로 싯다르타 사후 불교의 이치를 깨우쳐 열반에 이른 독각승獨覺乘이든 간에 열반에 이른 모든 수행자들이 겪을 수밖에 없는 아이러니다. 바로 이것이 의상이 알지 못했던 대승불교의 진리였던 셈이다. 자리와 이타는 별개가 아니라 '자리=이타'가 되는 것이 대승불교의 핵심인 이유도, 그리고 원효가 서라벌 저잣거리로 나아가 민중과 어울린 이유도 바로 여기에 있었던 것이다. 원효! 그는 열반에 이르렀던 수행자였던 것이다.

화엄의 라이프니츠적인 형이상학은 매우 조심스럽게 독해되어야 한다. '전체=개체'라는 도식은 표면적으로 볼 때는 개체의 위상을 높이는 것처럼 보이기도 하지만, 결국 개체의 모든 행동을 전체 질서로 미리 규정해버리는 논리이기 때문이다. 그래서 항상 화엄 철학은 전체주의적 정치질서를 아름답게 미화하려고 할 때 슬그머니 재등장하는 것이다. 사실 신라의 왕족으로 화엄 사상을 수입했을 때, 의상은 토착불교를 탄압했던 인물로도 유명했다. 의상이 만들었던 부석사浮石寺를 포함한 화엄 10개의 사찰은 그런 억압을 토대로 해서 건립되었던 것이다. 당제국이 화엄을 통해 제국의 질서를 정당화하려고 했던 것처럼, 어쩌면 신라와 의상도 화엄에서 그런 역할을 기대했는지도 모를 일이다. 이 점에서 민중과 함께 생활하면서 민중을 고통에서 구제해주려고 했던 원효의 보살행은 의상의 정치적 행보와는 매우 대조적이었다. 원효에게 타자에 대한 예민한 감수성과 깊은 애정이 없었다면 불가능한 일이었을 것이다. 어쩌면 이렇게 말해도 좋을 듯하다. "열반에 이르면 열반에 머물 수 없다"는 열반의 아이러니를, 원효가 통렬히 자각했던 그 아이러니를, 의상은 죽을 때까지 알 수 없었을 것이다.

원효의 사유, 그 가능성의 중심

원효 사상의 특이성, 혹은 그의 사유의 가능성이 어디까지인지를 알려면 두 권의 저서에 주목해야 한다. 하나는 671년 그의 나이 55세에 집필된《판비량론判比量論》이고 다른 하나는 정황상 그가 말년에 집필한 것으로 보이는《금강삼매경론金剛三昧經論》이다. 먼저《판비량론》을 살펴보도록 하자. 현장은 인도로 구법여행을 떠나 그곳에서 불교 이론을 공부했다. 아울러 그는 645년 귀국길에 많은 경전들을 가지고 온다. 이때 그와 그의 제자들이 번역한 두 권의 특이한 책이 있었다.《인명입정리론因明入正理論》과《인명정리문론因明正理門論》이 바로 그것이다. 현장이 가져온 경전들은 대부분 유식불교 계통이었는데, 그 와중에 흔히 인명학因明學, hetuvidya이라고 불리는 전통에 속한 책도 두 권 가지고 들어온 셈이다.

인명因明이란 말은 '이유因, hetu를 해명한다'는 뜻이다. 인도의 경우 중관불교와 유식불교를 이어서 대승불교는 새로운 바람에 휩싸여 있었다. 디그나가를 중심으로 하는 '불교인식론' 전통이 바로 그것이다. 불교인식론학파는 현량現量과 비량比量, 즉 지각과 사유라는 인간의 인식 능력을 중심으로 감각, 추론, 판단, 논리, 언어 등의 문제를 다루었다. 이제 불교의 가르침을 배우고 전파하는 데도 감각과 이성의 검증을 거쳐야만 하는 시대가 도래한 셈이다. 현장이 한문으로 번역한《인명입정리론》과《인명정리문론》은 바로 디그나가의 불교인식론에 대한 간략한 개론서였다. 647년《인명입정리론》이 번역되고, 뒤이어 650년에《인명정리문론》이 번역된다. 결국 원효와 의상이 뱃길로 당제국에 들어가기 위해 '당제국으로 가는 나루터' 당진唐津에 있었던 661년에는 이미 불교인식론이 동아시아에 소개된 지 10년이 넘은 뒤였던 셈이다.

현장이 장안으로 돌아왔을 즈음, 인도에서 불교인식론학파를 이끌었던 사상가는 7세기에 왕성하게 활동했던 다르마키르티Dharmakīrti, 法稱였다. 그러니까 불행히도 현장은 다르마키르티나 자신보다 100여 년 전에 유행했던 불교인식론, 즉 낡은 불교인식론을 가지고 들어온 셈이다. 어쨌든 논리보다는 수사학이나 주석학이 지배했던 동아시아 사유 전통에서 인명학은 하나의 충격일 수밖에 없었다. 자신의 감각적 경험과 합리적 추론을 통과하지 않은 일체의 독단적인 주장을 이제 우리는 맹목적으로 따를 필요가 없으니 말이다. 의상과의 당나라 유학을 접은 뒤, 원효의 손에 들어온 《인명입정리론》과 《인명정리문론》이 중요한 이유도 바로 여기에 있다.

무덤 속에서 원효의 극적인 경험, 즉 "이 세상의 모든 것이 단지 나의 마음이고三界唯心, 모든 대상들이 단지 나의 의식이다萬法唯識"라는 깨달음은 아마도 불교인식론이 원효에게 주었던 충격을 극화한 이야기에 지나지 않을지도 모른다. '나의 마음과 의식', 이것은 바로 디그나가가 그리도 강조했던 현량과 비량 영역이 아닌가. 어쨌든 현장이 번역한 두 권의 책을 읽으며 원효는 자신의 사유를 날카롭게 만들어 나간다. 지금은 남아 있지 않은 원효의 두 권의 책, 《인명입정리론기因明入正理論記》와 《인명론소因明論疏》는 현장의 번역서를 통해 디그나가의 불교인식론을 공부했던 결과물이었을 것이다. 이성과 논리라는 날카로운 칼을 벼리는 데 성공한 원효는 《판비량론》이란 저서를 집필하게 된다.

역사소설처럼 들리겠지만 원효의 삶과 사상에 짙게 드리운 어둠을 없애보도록 하자. 당시 당주항唐州港이라고 불렸던 지금의 당진에서 원효는 해골물을 만났던

인도로 구법여행을 떠났던 현장. 그는 그곳에서 불교 이론을 공부하고 많은 경전을 가지고 돌아왔다.

것이 아니라 《인명입정리론》과 《인명정리문론》을 만났던 것은 아닐까? 당주항에는 서라벌에서 찾을 수 없던 당제국의 서적들이 많았을 것이다. 당제국의 문명이 한반도에 이르는 첫 관문이 바로 지금의 당진이니 말이다. 결국 원효는 당진에서 디그나가를 만났던 것이다. 성언량, 즉 불경마저 나 자신의 감각과 이성으로 검증하려고 했던 불교 이론가가 바로 디그나가 아니었던가? 해골물이 아니라 디그나가가 당제국을 가려던 원효를 돌려세웠던 셈이다. 661년 유학을 포기한 뒤 원효는 10년의 시간을 디그나가의 불교인식론을 공부하는 데 할애한다. 마침내 원효는 671년 디그나가의 불교인식론이 아닌 원효 자신만의 불교인식론을 완성하게 된다.

원효의 생애에서 가장 중요한 날은 671년 음력 7월 16일이라고 할 수 있다. 이날 행명사行明寺에서 원효는 《판비량론》을 탈고한다. 《인명입정리론기》와 《인명론소》를 집필하면서 다듬어 나갔

던 통찰을 그는 《판비량론》에 응결시켰던 것이다. 10년 공부가 마무리된 셈이다. 이제 원효는 중국 불교와 유식불교, 그리고 깨달음의 세계와 일상세계, 그의 개념을 빌리자면 무無와 유有, 그리고 진眞과 속俗을 화쟁和諍시킬 수 있는 논리적이고 인식론적인 장치를 갖춘 것이다. 그러니 661년 당진에서의 깨달음을 유식불교적 깨달음으로 설명하는 것은 무리가 있다고 할 수 있다. 만일 모든 것이 내 마음의 문제라는 것을 자각했다면, 원효는 군이 불교인식론을 공부할 필요도 없이 그냥 유식불교를 신봉했으면 족했을 것이다. 그러나 원효는 유식불교나 중관불교 어느 한편에 치우치지 않고, 이 대승불교 양대 조류를 통일하고자 했던 이론가였다. 어쨌든 기적과도 같은 일 아닌가? 현장이 얼떨결에 들여온 불교인식론이 중국이 아니라 한반도에서 원효에 의해 꽃을 피운 것이다.

불행히도 현재 《판비량론》은 대략 7분의 1 정도만 남아 있을 뿐이다. 그렇지만 남아 있는 자료만으로도 원효가 《판비량론》을 집필한 이유가 분명해진다. 이 책으로 원효는 현장과 그의 수제자 규기窺基(632~682)가 지금까지 독점하던 불교인식론을 치밀하게 그리고 논리적으로 공격하고 있다. 신분, 국적, 지위와 상관없이 논리의 힘만으로 상대를 설득시키거나 좌절시키는 것이 디그나가의 정신이라면, 이제 원효는 최소한 동아시아에서 최고 수준의 논리학자가 된 셈이다. 현장의 여러 주장들이 논리적이지 않다고 비판할 때, 원효가 주로 사용한 것은 바로 디그나가 본인도 곤혹스러워하던 논리적 오류였던 '상위결정相違決定, viruddha-avyabhicārin'이었다. 두 가지 철학적 주장이 있다고 하자. 각각의 주장은 정당한 이유나 근거를 가지고 있기에 그 자체로 타당하다. 이렇게 정당한 근거로 주장이 제기되는 경우를 '결정'이라고 말한다. 그러나 문제는 이 두 가지 주장이 서로 모순될 수 있다는 데 있다. 이것이 바로 '상위'다. 한자 그대로 '서로를 배척한다'는 의미다. 각각의 주장은 그 자체로는 논리적인데 함께 고려할 때에는 모순에 빠지는 경우가 바로 '상위결정'이었던 셈이다. 서양철학에 익숙한 사람이라면 '상위결정'이란 개념에서 칸트를 떠올렸을 것이다. 칸트도 그 자체로는 타당하지만 서로 모순되는 주장을 심각하게 고민했기 때문이다.

《순수이성비판》에서 칸트는 '순수이성의 이율배반Antinomie der reinen Vernunft'이네 가지가 있다고 이야기했던 적이 있다. 칸트에 따르면 인간의 이성은 경험과 무관하게 합리적으로 사유할 수 있는 능력을 말한다. 그래서 순수이성이란 말이 나온 것이다. 경험에 섞이지 않으니, 다시 말해 감각과 연루되지 않으니 순수라는 말을 사용한 것이다. 경험과 무관해서일까, 이성은 서로 모순되지만 각각은 합리적인 주장을 하게 된다. 이것이 바로 이율배반이다. 첫 번째 이율배반은 "세계는 시공간상 유한하다"는 주장과 "세계는 시공간상 무한하다"는 주장 사이에 성립한다. 두 번째 이율배반은 "모든 것은 단순한 부분들로 구성된다"는 주장과 "모든 것에는 단순한 부분과 같은 것은 존재하지 않는다"는 주장 사이에 성립한다. 세 번째 이율배반은 "자유에 의한 인과성이 존재한다"는 주장과 "자유는 존재하지 않고 모든 것은 법칙에 따라 생긴다"는 주장 사이에 있다. 그리고 마지막으로 네 번째 이율배반은 "세계에는 단적으로 하나의 필연적인 어떤 존재가 있다"는 주장과 "단적으로 필연적인 존재는 존재하지 않는다"는 주장 사이에 있다.

네 가지 이율배반을 구성하는 모순되는 각각의 주장들을 칸트는 참이라는 걸 증명한다. 그렇지만 서로 모순된 주장이 동시에 참일 수 있다는 것이 어떻게 가능하겠는가. 분명 이율배반에 빠진 주장들은 각각 참이라고 증명될 수 있지만, 그럼에도 그 두 주장은 함께 공존할 수 없다. 하나를 참이라고 하면 다른 하나는 거짓이 되고, 또 반대로 하나를 거짓으로 놓으면 다른 하나는 참이 되기 때문이다. 정말 황당한 일 아닌가? 예를 들어 "자유"와 관련된 세 번째 이율배반을 보자. 자유에 따라 행동한다는 것은 자기 자신이 원인이 되어 행동한다는 의미다. 이와 달리 우리가 법칙에 따라 움직인다는 것은 자기 자신이 원인이 아니라, 자신이 아닌 다른 것이 원인이 되어 움직인다는 의미다. 인간이 자유에 따라 행동한다면, 우리의 행동은 법칙에 따라 이루어지는 것일 수는 없다. 반대로 우리의 행동이 법칙에 따라 이루어진 것이라면, 우리에게는 행동을 시작할 자유가 없는 셈이 된다.

예를 들어 지하철이 갑자기 급발진해서 누군가가 나의 발을 밟았다고 하자, 이 경우 나는 그 사람에게 내 발을 밟은 책임을 물을 수가 없다. 반대로 지하철이 정차해 있을 때, 누군가 나의 발을 밟았다고 하자. 이 경우 나는 그 사람에게 책임을 물으며 화를 내기 마련이다. 다른 어떤 외적 원인이 없이 그는 나의 발을 밟은 행동을 했다고 추정하기 때문이다. 한마디로 그는 자유, 즉 자기를 원인으로 나의 발을 밟는 행동을 했다는 것이다. 그러나 전자의 경우 급발진을 핑계로 상대방이 나의 발을 밟을 수도 있고(법칙으로 보였지만 자유가 지배한 경우), 후자의 경우 구두만 보면 밟을 수밖에 없는 강박증 때문에 상대방이 나의 발을 밟았을 수도 있다(자유라고 보았지만 법칙이 지배한 경우). 이처럼 순수한 이성의 세계가 아니라 현실 세계에서는 자유와 법칙이 이렇게 복잡하게 교차된다. 그렇지만 이 경우에도 "자유에 의한 인과성은 존재한다"는 주장을 했다면, 결코 "자유는 존재하지 않고 모든 것은 법칙에 따라 생긴다"는 주장을 해서는 안 된다. 물론 그 반대도 마찬가지일 것이다.

불교의 경우를 생각해보자. "의식만이 존재한다"는 유식학파의 주장과 "모든 것이 공하다"는 중관학파의 주장! 유식학파는 경험적이거나 논리적인 다양한 근거들로 자신의 주장을 정당화한다. 반대로 중관학파도 유식학파만큼이나 다양한 논증 방법으로 자신들의 주장을 정당화한다. 그렇지만 이 두 주장은 동시에 있을 수 없는 것 아닌가? 이것이 아마도 '상위결정'의 대표적인 사례라고 할 수 있다. 개별 주장의 타당성에 사로잡혀서인지, 영민했던 디그나가는 문제가 많은 입장을 피력하고 만다. 다시 말해 결론이 서로 모순되더라도 각각의 주장들은 타당할 수 있을 가능성이 있다는 것이다. 디그나가는 칸트의 입장을 따른 것이다. 그러나 원효는 디그나가와 다른 방식으로 '상위결정'을 생각했다. 상위결정에 빠진 두 주장은 모두 제대로 된 이유나 근거를 가지고 있지 않다는 것이 그의 입장이었으니 말이다. 결국 상위결정에 빠진 두 주장은 올바른 이유나 근거가 아닌 확정되지 않은 이유나 근거, 즉 부정인不定因을 가지고 있다는 것이다. 한마디로 말해 제대로 확정된 이유나 근거를 마련한다면, 상위결정에 빠진 두 주장은 해소될 수 있다는 것이다.

디그나가의 애매함을 그대로 답습하고 있던 현장과 규기를 공격하는 것은 원효로서는 이제 식은 죽 먹기일 뿐이다. 유식唯識과 관련된 현장의 주장이 상위결정에 빠진다는 걸 보여주는 것으로 충분하니 말이다. 놀랍게도 원효의 이런 입장은 당시 동아시아에 소개되지도 않았던 디그나가의 후예 다르마키르티의 입장과 같다는 사실이다. 《니야야빈두Nyāyabindu》에서 다르마키르티는 상위결정에 빠진 두 가지 주장이 그 자체적으로는 타당할 수 있다는 가능성을 완강하게 거부하고 있기 때문이다. 원효의 《판비량론》에 충격을 받았던 당시 중국 불교계가 원효를 '디그나가의 후신'으로 보는 것도 다 이유가 있었던 셈이다. 물론 그렇다고 해서 이 표현이 원효가 디그나가의 입장을 그대로 답습했다는 의미가 아니다. 오히려 디그나가처럼 논리적으로 사유한다는 뜻이다. 철학적으로 원효는 디그나가가 아니라 그의 불교인식론을 체계화했던 다르마키르티와 가까웠기 때문이다. 마지막으로 진제眞諦와 속제俗諦, 혹은 중관불교와 유식불교 사이의 논쟁을 종식시키려는 원효의 화쟁和諍 논리도 이 상위결정과 관련된 원효의 입장과 불가분의 관계에 있다는 걸 첨언하는 것으로 《판비량론》의 의의에 대한 이야기는 이 정도로 마치도록 하자.

다음은 원효의 말년 주저 《금강삼매경론》이다. 정확한 집필 연도를 모르는 이 책을 말년 주저라고 보는 이유는 사실 단순하다. 《대승기신론소별기》에는 《금강삼매경론》의 내용이 별로 보이지 않지만, 《금강삼매경론》에는 《대승기신론소별기》를 포함한 다른 저작들에서 원효가 피력했던 사상들이 양념처럼 도처에 편재하기 때문이다. 보통 원효의 주저를 《대승기신론소별기》라고 보지만, 사실 이런 판단은 동아시아 불교 전통이 여래장如來藏이나 불성佛性을 중시했기에 가능했던 것이다. 정말 《대승기신론》에 대한 숭상은 중국, 일본, 그리고 우리나라라는 지역의 차이도 넘고, 화엄 사상으로 정점에 이른 교종과 불립문자를 외친 선종이라는 종파의 구분도 넘어서, 심지어 과거 불교계와 현재의 불교계라는 역사적 차이마저도 가볍게 뛰어넘을 정도다. 그러니 화엄 이론가 법장마저도 표절에 가깝게 모방하고 있는 《대승기신론소별기》가 어떻게 원효의 주저로 보이지 않을 수 있겠는가.

어쨌든 원효 스스로는《대승기신론소별기》에 만족하지 않고《금강삼매경론》을 집필한다는 사실이다. 여기서 문제는《금강삼매경론》이란 원효의 주석서에 있는 것이 아니라《금강삼매경》이란 경전에 있다. 일본 불교학자 미즈노 코오겐水野弘元(1901~2006)은 다양한 고증 절차를 통해 이 경전이 당제국 초기 대략 650~665년 사이에 산동이나 요동 지방에서 만들어진 위경僞經이라고 주장했다.《금강삼매경》이 가짜라면, 가짜에 주석을 붙여 만든 원효의《금강삼매경론》의 가치도 그만큼 떨어질 수밖에 없다는 복안인 셈이다. 그러자《금강삼매경론》과《금강삼매경》과 관련된 지속적인 논쟁은 시작된다. 국내 연구자 김영태는 아예 미즈노의 주장을 이용해서《금강삼매경》이 진평왕과 선덕여왕 시절 활동했던 혜공惠空이 집필자라고 주장한다. 하긴 싯다르타의 말이라고 주장하는 대부분의 대승 경전들 중 사실 위경이 아닌 것이 어디에 있는가. 모조리 위경일 뿐이다. 그러니 신라 시대 우리 불교계에서《금강삼매경》을 만들었다고 해도, 이것이 사실 흠이 될 리는 없다. 오히려 이런 사실이야말로 우리 불교계의 독자성을 상징한다고 보는 셈이다. 어쨌든 한일 대립이 원효에게까지 비화된 것이 재미있기까지 하다.

《금강삼매경론》,《금강삼매경》과 관련된 문제를 해결하려면, 먼저《송고승전宋高僧傳》〈신라국황룡사원효전新羅國黃龍寺元曉傳〉에 기록되어 있는 이야기부터 읽어보는 것이 좋을 듯하다.

"얼마 안 되어서 왕의 부인 머리에 악성 종기가 생겼는데, 의원들도 효험을 내지 못했다. 그러자 왕과 왕자 그리고 신하들이 산천의 신령한 사당에 기도를 드렸는데, 이르지 않는 곳이 없었을 정도였다. 이때 어떤 무당이 나타나 말했다. '만일 사람을 시켜 다른 나라에 가서 약을 구하면 이 병이 곧 나을 겁니다.' 이에 왕은 사신을 선발하여 바다를 건너 당제국에 들어가서 치료법을 찾게 하였다. 남쪽 바다 가운데서 갑자기 한 노인이 파도에서 뛰쳐나와 배에 올라 사신을 맞이하여 바닷속으로 함께 들어갔다. 그리고 용궁의 장엄함과 화려함을 보여주고 용왕을 뵙게 하니 용왕의 이름은 검해鈐海였다. 용왕은 사신에게 말했다. '너희 나라 왕비는 청제의 셋째 딸이다. 우리 용궁에는 예전부터《금강삼매경》이 있었는데, 곧 두 가지 깨달음이 원만히 통하고 보살행을 나타내고 있다. 이제 왕비의 병을 인연으로 이 경전을 부쳐서 저 나라에 출현시켜 유포시키고자 한다.' 곧 삼십 장쯤 되는 중첩된 흩어진 경전을 사신에게 주면서 용왕은 말했다. '이 경전이 바다를 건너가는 도중에 마구니의 장난에 걸릴지도 모른다.' 그리고는 용왕은 칼로 사신의 장딴지를 찢어 그 속에 넣고서 밀랍 종이로 봉하여 약을 바르니, 장딴지가 예전과 같았다.

준비를 마치자 용왕은 말했다. '성스러운 대안大安에게 차례를 매겨 엮게 하고 원효 법사에게 주석을 지어 강론하도록 하면, 왕비의 병이 낫는 것은 의심할 바가 없을 것이다. 가령 설산의 아가타약의 효력도 이것보다 좋지 않을 것이다.' 용왕의 전송을 받아 해수면으로 다시 나온 사신은 드디어 배에 올라 귀국하였다. 왕이 이야기를 듣고 기뻐하며 대안을 불러 차례에 따라 묶게 하였다. 대안은 신비한 사람이었는데, 특이한 차림새로 항상 저잣거리에서 동으로 만든 발우를 치며 '크게 편안하시오! 크게 편안하시오!'라고 외쳤기에 대안이란 이름이 붙은 것이다. 왕이 대안에게 명을 내리니, 대안은 말했다. '경전만 가져오십시오. 왕의 궁궐에는 들어가고 싶지 않습니다.' 대안이 경전을 얻어 배열하여 여덟 품으로 만드니, 모두 부처님의 뜻에 부합되었다. 이어 대안은 말했다. '빨리 원효에게 주어 강론하게 하십시오. 다른 사람은 안 됩니다.'"

불교에서 새로운 사상이 등장할 때 용왕은 빈번히 등장하는 주인공이다. 나가르주나에게 《반야경》을 준 것도 바로 용왕 아니었던가? 자신이 만든 작품에 누구도 범접할 수 없는 신적인 권위를 부여하고자 한 것이다. 그러니 용왕의 전설로 우리는 《금강삼매경》이 새로운 불교 사조를 만들려고 했던 신라 불교계의 열망을 읽을 수 있다. 결국 김영태의 지적처럼 《금강삼매경》은 신라에서 만들어진 경전인 셈이다. 여기서 편찬자로 등장하는 인물이 바로 대안이란 승려다. 국가 불교에 염증을 느끼고 있던 승려로서 대안은 직접 저잣거리에 나아가 민중에게 자비행을 실천했던 것으로 보인다. 동체대비의 마음을 가진 원효와 대동소이한 입장을 가진 승려였던 것이다. 그렇다면 파계 이후 서라벌 저잣거리에서 민중과 함께 생활하며 불교의 가르침을 펼쳤던 원효와 대안은 동선이 너무나 겹친다는 느낌이 든다.

한쪽에서는 "크게 편안하시오! 크게 편안하시오!"라고 외치는 대안이란 승려, 그리고 다른 한쪽에서는 광대짓을 하면서 민중을 만났던 소성거사小姓居士 원효! 원효와 대안! 그냥 같은 사람으로 보자. 저잣거리에 마음을 두고 그곳을 떠나지 않으려고 했던 원효가 대안이고, 저잣거리에서 벗어나 상류층에게도 보살행을 펼치려고 했던 대안이 원효라고 말이다. 그러니까 민중적 원효가 대안이고, 황룡사에서 사자후를 내뱉었던 대안이 원효라고 정리하면 깔끔하다. 《판비량론》을 쓰면서 디그나가뿐만 아니라 현장마저도 주체적 사유로 논박했던 원효이고, 불교의 핵심이 동체대비의 마음으로 중생을 품어주는 데 있다는 걸 알았던 원효다. 당시는 내용의 옳고 그름을 떠나 싯다르타의 말이 수록된 경전인지 아닌지에 집중하는 작태가 동아시아 불교 지성계에서 횡행하던 시절이었다. 원효가 이이제이以夷制夷의 전략을 선택한 것도 어쩌면 당연한 일 아닌가. 경전을 좋아하니 경전을 만들어줄 뿐이다. 중요한 것은 당시 불교 지성인들로 하여금 중생을 구제하는 자비심을 갖게 하는 일이니 말이다. 《금강삼매경》을 만들고 여기에 《금강삼매경론》이란 주석을 붙인 희극은 바로 이런 문맥에서 나왔던 것은 아닐까.

18

불교는 권력을 초월할 수 있는가?

법장

———————— VS ————————

백장

대승불교와 정치권력 사이의 은밀한 관계

보통 불교에서는 수행자들을 세 종류의 그룹으로 구별하는데, 성문聲聞, śrāvaka, 독각獨覺, pratyeakabuddha, 보살菩薩, bodhisattva이 바로 그것이다. 성문이 부처의 설법을 듣고 집착을 벗어던진 수행자들을 가리킨다면, 독각은 일체의 어떤 도움도 없이 홀로 집착을 벗어던지는 데 성공한 수행자들을 의미한다. 보통 이 성문과 독각으로 분류되는 수행자들을 소승불교도라고 부른다. 반면 대승불교도들의 이상이라고 할 수 있는 보살은 단순히 자신의 집착만이 아니라 타인의 집착도 벗어던지도록 도와주는 수행자들을 가리킨다. 대승불교도들이 성문과 독각을 소승小乘, hīnayāna이라고 조롱했던 이유는, 바로 자신들과 달리 그들은 혼자만의 해탈을 추구한다고 생각했기 때문이다. 사실 소승이란 개념은 '작은 수레바퀴'를 의미하고, 대승大乘, mahāyāna은 '커다란 수레바퀴'를 의미한다. 이것은 결국 보살로 상징되는 대승불교도들이 자신뿐만 아니라 타인도 불법의 수레에 태우려는 이상을 가지고 있었다는 것을 상징적으로 보여주는 것이다. 대승불교도들의 눈에는 성문이나 독각의 수행자들은 자신만을 간신히 태우고 있는 작은 수레에 불과한 것으로 보였던 것이다.

그런데 잊지 말아야 할 것은 대승인가 혹은 소승인가라는 구분은 결국 대승불교의 입장에서 만들어졌다는 사실이다. 이 점에서 보면 대승불교가 소승보다 더 우월하다는 일반적인 평가를 단순하게 받아들이기 어려운 측면이 있다. 불교는 기본적으로 실존적인 사상 체계라고 할 수 있다. 불교는 '나'의 실존적인 고통을 치유하려는 동기에서 만들어진 것이기 때문이다. 그렇다면 여기서 우리는 '남'의 고통을 치유하는 것이 가능한지를 다시 되물어볼 필요가 있다. 집착을 제거함으로써 고통에서 자유롭게 되었을 때, '나'는 이런 경험으로 '남'의 고통까지 함께 해소해줄 수 있을까? 만약 그것이 가능하려면, 결국 '나' 혹은 '남'이 모두 동일한 고통을 갖고 있어야만 한다. 그렇지 않으면 내 고통의 해소가 타인의 고통 해소로 직접 이어지기 어려울 것이다. 하지만 현실에서 우리는 각자의 고통 양상이 매우 다르다는 것을 잘 알고 있다.

만약 모든 개인들에게 고통이 동일한 것으로 드러난다면 대승의 이념은 쉽게 정당화될 수 있을지도 모른다. 유사해 보이는 고통도 개인들에게는 전혀 다르게 다가온다는 것을 알았던 대승불교 이론가들은 불행히도 별로 없었다. 대승불교가 진정으로 '큰 수레'가 되려면, 타자의 타자성을 긍정해야만 했다. 그런데 개인들의 고통을 동일한 것으로 간주하는 순간, 대승불교는 고통을 해소할 수 있는 포괄적인 치유책을 내놓으려고 할 것이다. 사실 이런 측면 때문에 전통적으로 대승불교는 항상 현실의 정치권력과 일정 정도 관계를 가질 수 있었다. 정치권력도 종교와 마찬가지로 자신들의 정당성을, 피통치자의 고통과 고달픔을 구제한다는 명목에서 찾았기 때문이다. 인도의 대승불교 운동이 마우리아 왕조Maurya Dynasty의 세 번째 황제 아소카Ashoka(BC 304~BC 232)와 불가분의 관계에 있었던 것도 바로 이런 이유에서이다. 중국 대승불교의 경우도 결코 예외는 아니었다. 천태종을 체계화한 지의智顗(538~597)가 수제국 양제煬帝 양광楊廣(569~618)으로부터, 그리고 화엄종을 체계화한 법장法藏(643~712)이 측천무후 무조武曌(623~705)로부터 적극적인 후원을 받았던 것은 너무나 잘 알려진 사실이다.

물론 선종의 경우도 예외는 아니었다. 신수의 북종선이나 혜능의 남종선도 모두 당제국 황실과 일정 정도 깊은 관계를 맺고 있었기 때문이다. 흥미로운 것은 국가권력과 결탁했던 대승불교의 종파들은 결국 자신들을 후원해준 정치권력과 그 운명을 같이했다는 점이다. 화엄종이 천태종에게서 교종의 패권을 빼앗은 것도 사실 수제국이 당제국으로 바뀌면서 가능했던 일이다. 또한 선종의 경우 남종선이 북종선의 패권을 빼앗은 이유도 측천무후 무조의 권력이 와해되고 제국의 중심이 다시 당제국으로 옮겨간 사건과 밀접한 관련이 있었다. 하지만 그렇다고 하더라도 개인의 치열한 자기 수양을 교종에 비해 더 강조했다는 점에서, 선종은 국가권력에서 일정 정도 자유로울 수 있는 가능성이 있었다. 이 점에서 우리는 백장百丈(749~814)이란 인물을 기억해둘 필요가 있다. 그는 국가권력에서 독립된 스님들의 공동체를 구성하는 데 중요한 공헌을 했던 선사이기 때문이다. 경제적으로 독립된 스님들의 공동체를 가능하게 해준 규약, 즉 백장청규百丈淸規를 만듦으로써 마침내 백장은 대승불교 발전의 새로운 전기를 마련할 수 있었던 것이다.

ⓛ

법장: "화엄의 세계관으로 동양적 전체주의의 길을 열다."

측천무후 무조는 뛰어난 여제女帝였다. 당제국 고종高宗 이치李治(628~683)의 황후였지만, 나중에 자신의 아들 예종睿宗 이단李旦(662~716)을 폐위시키고 주周나라를 세우면서 스스로 황제에 오르게 된다. 비록 가부장적인 시선에서 보면 저주받을 만한 여자였지만, 아이러니한 점은 그녀의 통치가 당제국 태종太宗 이세민李世民(598~649)의 '정관貞觀의 치治'에 버금간다는 의미에서 '무주武周의 치治'라고 불릴 정도로 대단했다는 점이다. 그런데 당시 스승 지엄智儼(602~668)에게서《화엄경》을 배웠던 법장은 식샤난타實叉難陀, Śikasānanda(652~710)라는 인도 승려가《화엄경》을 새롭게 80권으로 번역할 때 이 작업에 참여하게 된다. 이때부터 무조라는 여걸과 법장이란 화엄 이론가 사이의 운명적인 만남이 시작된다.《화엄경》에 대한 새로운 번역이 완성되자, 법장은 704년 궁궐로 들어가 무조에게《화엄경》의 핵심 사상을 강의하게 된 것이다.

　30여 차례나 지속된 강의는 궁궐 안에 서 있던 금사자金獅子상을 비유로 진행되었다고 한다. 그래서 이때 이루어진 법장의 강의는 그 뒤《화엄금사자장華嚴金獅子章》이라는 책으로 정리되었다. 금방 좌대에서 뛰어내려 우리를 덮칠 것처럼 정교하게 만들어진 금사자를 연상하면서, 직접 법장의 강의한 대목을 들어보도록 하자.

華嚴三祖賢首法藏法師

법장은 모든 개인적 고통은, 자신이 전체의
일부분이라는 사실을 망각했을 때 발생한
다고 이해했다. 법장의 화엄 철학이 전체주
의적 정치 이념을 정당화하는 논의로 변질
되고 만 것도 다 이유가 있었던 셈이다.

금에는 자성自性이 없다. 유능한 장인에 의해 제작될 수 있는 조건緣을
수반해야만 비로소 사자의 모습이 드러난다. 사자의 모습이 드러난 것
은 다만 조건에 의해서 생기한 것이다. 그러므로 연기緣起라고 한다. 사
자의 모습은 허상이고 오직 참된 것은 금뿐이다. 사자는 참으로 존재
하는 것은 아니지만, 금은 없지 않다. 그러므로 그 둘을 색色과 공空이
라고 부른다. 공은 고유한 형상을 가지지 않으므로 색에 관련시켜서
말하게 되는데, 그렇게 하여도 색이 환상으로 존재하는 것을 가로막지
않으므로 색과 공이라고 말하게 된 것이다. …… 사자의 모든 기관들
과 하나하나의 터럭조차도 모두 금이라는 것으로 사자의 모든 것을 흡
수한다. 그것들 하나하나는 사자의 눈에 두루 펴져 있으며, 눈은 귀이
고, 귀는 코이고, 코는 혀이고, 혀는 몸이다. —《화엄금사자장》

《반야심경般若心經》에도 등장하는 유명한 말이 있다. "색즉시공色卽是空, 공즉시색空卽是色", 즉 "색은 공이고 공은 바로 색이다"라는 뜻이다. 산스크리트어 '루파rūpa'의 번역어인 색色은 색깔처럼 감각적으로 구별되어 확인될 수 있는 개별자들을, 더 구체적으로 육체나 몸을 가리키는 말이다. 반면 산스크리트어 슌야타śūnyatā의 번역어인 공空은 현상적으로 다른 것과 구별되어 자기동일성自性이 있는 것처럼 보이지만 개별자들에게는 사실 그런 자기동일성이 없다는 걸 나타내는 개념이다. 원래《반야심경》에 등장하는 색이란 개념은 싯다르타가 인간의 자기동일성을 해체하기 위해 사용했던 개념, 즉 오온五蘊, pañca khandha과 관련된 것이다. 싯다르타에 따르면 인간은 다섯 가지 요소의 결합체에 지나지 않는다. 바로 그 다섯 요소가 오온, 즉 몸rūpa, 色, 감각vedanā, 受, 지각sanna, 想, 성향saṅkhāra, 行, 의식vinnāṇa, 識이다. 싯다르타는 인간의 자아, 자기동일성을 해체하기 위해서 오온을 이야기했다. 그러니까 자아 관념은 잘해야 이 다섯 가지가 결합했을 때 생긴 결과일 뿐이라는 것이다. 이것이 바로 싯다르타의 연기緣起가 가지는 의미다. "조건緣에 따라 발생하는起" 것이 자아이니, 조건이 사라지면 없어지는 것도 자아라는 것이다. 이로부터 싯다르타는 무아無我, anātman, 즉 불변하는 자아로서 아트만과 같은 것은 존재하지 않는다는 파격적인 주장을 할 수 있었던 것이다.

불행히도 싯다르타 사후 소승불교에서는 무아를 논증하기 위해 싯다르타가 도입한 다섯 가지 요소들을 실재론적으로 이해하려는 사유 경향이 등장하게 된다. 다시 말해 불교 내부에서 인간의 자아는 허상이지만 다섯 가지 요소들 자체는 자기동일성을 가지고 있다고 생각하는 학파가 출현했다는 것이다. 바로 설일체유부說—切有部, Sarvāstivādin, 줄여서 유부有部라고 불리는 학파다. 한자 표현 그대로 "싯다르타가 설법했던 모든 것은 존재한다"고 주장하는 학파였으니, 유부학파는 서양 중세철학의 실재론과 유사한 생각을 하고 있었던 셈이다. 그러나 인간의 자아, 즉 자기동일성이 존재한다고 하는 순간, 우리는 이것에 집착하여 고통에 물든 삶을 영위하게 된다. 그런데 다시 오온 각각의 것에는 자기동일성이 있다는 주장이 발생한 것이다.

이것 또한 집착을 낳을 수밖에 없다고 판단했던 사람이 바로 《반야심경》의 저자였다. 그래서 《반야심경》은 오온 각각에 대해 '공'하다고, 다시 말해 오온 각각도 자기동일성을 갖지 않는다고 주장했던 것이다. 그 첫 구절이 바로 "색즉시공, 공즉시색"이었던 셈이다. 그래서 《반야심경》은 나가르주나의 중관철학과 같은 입장을 취하고 있었다고 할 수 있다. 아니 정확히 말해 《반야심경》을 포함한 반야 계통 경전들의 사유를 중관철학으로 체계화했던 것이 나가르주나라고 해야 할 듯하다.

이런 복잡한 불교사적 배경을 아는지 모르는지, 법장은 색과 공을 전혀 다른 맥락으로 설명하고 있다. 그의 금사자 비유를 따라가보자. 경악스러운 것은 그가 선택한 비유는 불교와 아무런 상관이 없는 플라톤의 구도와 별 차이가 없다는 사실이다. 《티마이오스Timaios》에는 '질료', '제작자', 그리고 '형상'으로 설명되는 제작의 비유가 등장한다. 예를 들자면 꼬마가 해변에서 모래로 모래성을 만들었다고 하자. 이때 모래가 질료, 꼬마가 제작자, 그리고 꼬마의 머릿속에 있는 모래성의 모양이 형상이다. 이 세 가지 원인들로 해서 해변에 이러저러한 모양의 모래성이 만들어졌다는 것이다. 법장의 설명도 마찬가지다. 아무런 모양도 없는 금이 '질료'이고, 대장장이가 '제작자'이며, 대장장이 머릿속이나 도면으로 있는 사자 이미지가 '형상'이다. 이렇게 해서 금사자상이 만들어진 것이다. 법장은 금사자상이 만들어지는 과정이 바로 '연기'라고 주장한다. 이때 아무런 모양이 없는 금이 바로 '공'이고, 마침내 만들어진 금사자상이 '색'이라는 것이다. 공이 색이 되도록 만든 조건이 바로 대장장이니, 바로 이 대장장이가 '연緣'이 된다.

'공' '색' '연기' 등을 설명한 뒤 법장은 무조에게 정말로 하고 싶었던 이야기를 시작한다. 그것은 엄청 스펙터클한 세계관에 대한 이야기다. 법장은 네 종류의 세계관이 가능한데, 그중 가장 올바른 것은 자신이 표방하는 화엄 철학의 세계관이라고 말하고 싶었던 것이다. 이제 천천히 그의 논의를 따라가보자. 첫째는 색에 매몰되는 가장 열등한 세계관이다. 이런 세계관을 가진 사람들은 금사자상이니 혹은 코니 눈이니 귀에만 마음을 쓰게 된다. 그래서 그들은 금사자가 자신에게 달려들지도 모른다는 두려움에 사로잡힐 수도 있다. 둘째는 공에만 매몰되는 세계관이다. 어차피 아무리 정교한 금사자라도 금에 지나지 않는 것 아니냐는 입장을 가진 사람들의 세계관이다. 이런 사람들은 금사자의 정교함과 예술성을 즐길 감수성은 없을 것이다.

셋째는 색과 공을 동시에 파악하는 세계관이다. 금사자도 그리고 금사자의 코나 눈도 모두 금에 지나지 않는다는 사실을 알지만, 동시에 금사자의 예술성도 음미할 수 있다. 이보다 더 탁월한 마지막 네 번째 세계관이 남아 있다. 그것은 구별되어 보이던 색들이 서로 동일하다는 입장을 취하는 세계관, 즉 화엄 철학의 세계관이다. 금사자도 금이고, 금사자의 코도 금이고, 금사자의 눈도 금이고, 금사자의 터럭도 금이다. 그렇다면 결국 금사자는 코이고, 코는 눈이기도 하고, 눈은 터럭이기도 하고, 터럭은 금사자이기도 하다. 금이란 매개를 거쳐서 생긴 결론인 것이다. 법장의 논리에 따르면 세 번째 세계관에서는 '금사자=금, 코=금, 눈=금, 터럭=금'이란 등식이 성립된다. 그러나 네 번째 화엄 철학적 세계관은 '금사자=코=눈=터럭'이란 등식만 남겨놓고 금마저도 초월해버린 것이다. 바로 여기서 '전체=부분'이란 화엄 철학 특유의 전체론적holistic 사유가 탄생하게 된다.

화엄 철학에서는 세계관을 법계法界, dharmadhātu라고 부른다. 네 가지 세계관에 대한 법장의 논의를 사법계설四法界說이라고 부르는 것도 이런 이유에서다. 법장의 제자였던 징관澄觀(737~838)은 자신의 《법계현경法界玄鏡》에서 스승이 피력한 세계관을 사법계설로 깔끔하고 세련되게 정리한다. 먼저 징관은 '색'과 '공'을 함부로 사용하고 있는 스승의 잘못을 가리려고 한다. 그래서 그는 '색'을 '사事'로, 그리고 '공'을 '이理'로 바꾸는 것이다. 이제 색에 매몰되었던 첫 번째 세계관은 '사법계事法界'로, 공에 매몰되었던 두 번째 세계관은 '이법계理法界'로, 색과 공을 동시에 보았던 세 번째 세계관은 '이사무애법계理事無碍法界'로, 그리고 공마저 초월해서 색들의 전체성을 피력했던 네 번째 화엄의 세계관은 '사사무애법계事事無碍法界'로 근사한 화장을 하게 된 것이다. 여기서 '무애無碍'라는 개념은 글자 그대로 '장애碍가 없다'는 뜻이니, 문제가 되는 두 가지 상황이 서로 상충되지 않는다는 것을 의미한다.

《금사자장》의 비유	《법계현경》의 사법계설
금사자≠눈≠귀≠터럭≠ ⋯⋯	사법계(事法界)
금	이법계(理法界)
눈=금, 귀=금, 터럭=금 ⋯⋯	이사무애법계(理事無碍法界)
눈=귀=터럭= ⋯⋯	사사무애법계(事事無碍法界)

정관은 스승 법장의 화엄 사상을 '사사무애법계'에 기초한 최상의 진리라고 긍정한다. '구별되어 보이는 두 가지 사태가 사실 서로 모순되지 않는다'는 점을 직관했으니, 얼마나 놀라운 사유인가? 이제 직접 사사무애법계로 정리된 화엄 철학의 핵심을 법장이 어떻게 설명하는지 확인해도보록 하자.

일체는 곧 하나이니—切卽—, 일체와 하나는 모두 자성을 가지지 않는다. 하나는 일체이니, 원인과 결과가 분명하게 드러난다. 하나의 힘과 여럿의 작용은 서로를 포괄하고, 그것들의 말고 펼쳐짐卷舒은 자유롭다.

—《화엄금사자장》

일체란 것은 말 그대로 전체를, 하나는 개체를, 자성이란 말은 자기동일성을 의미한다. 법장은 전체가 바로 개체라고, 나아가 전체나 개체는 모두 자기동일성을 가지고 있지 않다고 이야기한다. 주사위의 눈을 예로 들어 법장의 생각을 설명해보자. 주사위의 전체 세계는 1, 2, 3, 4, 5, 6이다. 주사위 전체는 그 스스로 동일성을 가지고 있지 않다. 주사위는 하나가 아닌 여섯 개의 서로 다른 눈으로 이루어지기 때문이다. 그리고 주사위의 눈 1도 자기동일성을 가지고 있지 않다. 1은 단지 2, 3, 4, 5, 6이 아니라고 임시적으로 정의할 수 있을 뿐이기 때문이다. 다시 말해 주사위 눈 1은 스스로 1로 존재할 수 없다는 것이다. 주사위가 던져졌을 때, 그 순간 1, 2, 3, 4, 5, 6이라는 눈은 순수한 잠재성으로 '말려 있다卷'고 할 수 있다. 반면 주사위를 던져서 나온 1의 눈, 2의 눈, 3의 눈, 4의 눈, 5의 눈, 6의 눈은 각각 주사위의 전체 세계를 '펼친彰' 것이라고 볼 수 있다.

법장의 화엄 철학에 따르면 이제 전체 세계는 하나의 존재자로 펼쳐지면서 그 속에 말려져 있다. 하지만 이런 형이상학적 사유는 싯다르타의 고뇌에서 시작된 불교의 원래 정신에서 상당히 벗어나 있는 것은 아니었을까? 처음 불교의 정신은 무의식 층위에 내재되어 있는 집착을 제거하기만 하면, 모든 인간이 자유를 얻을 수 있다는 데 있었다. 반면 법장은 모든 개인적 고통은, 자신이 전체의 일부분이라는 사실을 망각했을 때 발생한다고 이해했다. 그의 생각이 옳다면, 실존적 고통을 극복하려는 개인의 절실한 노력은 부차적인 논의로 전락할 수밖에 없을 것이다. 법장의 화엄 철학이 전체주의적 정치 이념을 정당화하는 논의로 변질되고 만 것도, 나아가 최고 정치권력자였던 측천무후 무조가 화엄 철학을 좋아했던 것도 다 이유가 있었던 셈이다. 한 가지 흥미로운 것은 일본이 제국주의에 골몰하고 있었을 때, 스즈키 다이세쯔鈴木大拙(1870~1966)라는 불교학자 또한 천황에게《화엄경》을 강의했던 적이 있었다는 점이다. 개체가 곧 전체라는 화엄의 관점은 제국의 논리를 구사하는 정치권력자들의 구미에도 잘 맞았던 것이다. 이렇게 개체의 단독성을 무시한 어떤 사유라도 쉽게 전체주의에 오염될 수 있는 법이다.

⑱

백장: "차별 없는 육체노동에서 권력으로부터의 자유를 모색하다."

중국 불교사의 양대 산맥은 화엄종을 축으로 하는 교종과 남종선을 축으로 하는 선종이라고 정리할 수 있다. 교종이 지적인 통찰과 가르침을 강조한다면, 선종은 주체적인 수양과 깨달음에 무게를 두고 있다. 교종이 객관적인 표현 수단인 문자를 중시했던 것과 달리, 선종에서 '불립문자'라는 슬로건을 내걸게 된 것도 이런 이유에서이다. 남종선의 대표자 혜능의 경우만 하더라

三十六世百丈懷海禪師

백장은 저술도 아니고 설법도 아니고, 오직 온몸으로 자유를 꿈꾸는 종교로서 불교의 가르침을 전했다. 백장은 외적으로는 국가권력에서 자립할 수 있는 경제 공동체를 만들려고 했고, 내적으로는 모두가 육체노동을 하는 자유로운 수행 공동체를 만들려고 했다.

도《육조단경》에 따르면 일자무식 촌놈이었다는 사실은 매우 상징적인 전설이라고 하겠다. 북종선의 대표자 신수가 웬만한 경전에 무불통지했고, 글도 잘 썼다는 것과 대조되는 전설이다. 그러나 '불립문자'에는 더 심오한 의미가 있다. 문자로 이루어진 경전들은 묘한 위계 관계를 만들어내기 때문이다. 만일 경전에 절대적 권위가 부여되어 있다면, 글을 잘 읽고 이해하는 사람은 그렇지 않는 사람에 비해 여러모로 힘을 가지게 된다. "아는 것이 힘이다"라고 말했을 때, 베이컨Francis Bacon(1561~1626)조차도 자신의 명언이 얼마나 심각한 정치철학적 의미를 가지는지 깊게 자각하지는 못했을 것이다. 그래서 구조주의 인류학자 레비-스트로스Claude Lévi-Strauss(1908~2009)의 통찰은 매우 중요하다고 하겠다.

우리가 문자의 출현과 문명의 어떤 다른 특징들을 관련시키고자 한다면, 우리는 다른 곳에서 그 관련성을 찾아야만 한다. 여기서 항상 수반되는 한 가지 현상은 도시와 제국의 형성이다. 이 형성에 의해서 상당수의 개인들이 하나의 정치체계 속에 통합되고, 이 개인들이 계급과 위계 가운데로 배분되었다. 어쨌든 이런 현상이 문자가 처음으로 등장되었을 순간에 이집트에서 중국에 걸쳐서까지 발견되는 발달이다. 이 현상은 인간을 계몽시키기보다는 오히려 인간에 대한 약탈을 조장하는 듯하다. 이 약탈은 노동자를 수천 명씩이나 모아서 그들의 체력이 닿는 데까지 강제로 일을 시킬 수 있었다. 이 점과 관련하여 우리가 알고 있는 건축의 시작이 이런 약탈에 의존해 있었음을 인식해야만 한다. 만약 나의 가설이 정확하다면 의사소통의 한 수단으로서 문자의 원초적 기능은 정신의 만족이라는 관점과 함께, 공정한 목적에 문자를 사용하는 것은 문자 발명의 이차적 결과이며, 단지 그것은 원초적 기능을 강화하고 정당화하며 또는 은폐시키는 방식에 불과할 수도 있다. …… 문자는 인간의 지식을 공고하게 만들지는 않았고, 하나의 영속적인 지배 체계의 확립에 불가결한 존재가 되어왔던 것 같다.

–《슬픈 열대Tristes tropiques》

1955년에 출간된《슬픈 열대》에서 레비-스트로스는 문자가 국가와 계급의 탄생과 밀접히 관련된다고 지적한다. 뭐 어렵게 생각할 것 없다. 아이에게 심부름을 보내고 싶다면, 아이에게 말을 가르쳐주어야 한다. 일본 제국주의가 우리 민족을 지배하려면, 우리에게 일본어를 가르쳐주어야만 한다. 명령자의 말을 알아듣지 못하면, 어떻게 피지배자를 부릴 수 있다는 말인가? 난처한 상황을 하나 설정해보자. 일본 경찰이 어느 조선 사람에게 벽돌을 나르도록 시키고 싶었다. 그러나 그 조선 사람이 일본말을 모른다면, 일본 경찰은 자신이 몸소 벽돌을 나르는 시범을 보일 수밖에 없다. 더군다나 벽돌에 해당하는 일본말로는 충분하지 않다. '빨리', '저쪽', '이쪽', '천천히',

'한 개', '두 개' 등등 거의 모든 말을 가르쳐주어야, 일본 경찰은 명령을 내리며 편하게 나무그늘에 앉아 쉴 수 있다. 물론 그렇다고 답답해서 조선말을 직접 배우는 건 지배자로서 체통에 어울리지 않는 법이다. 간혹 그런 경우도 있었지만 말이다.

문자를 가르쳐주지 못하면, 지배자의 지배나 수탈은 불완전해질 수밖에 없다. 압도적인 무력을 가지고 있지만, 그것으로는 피지배자의 무릎을 꿇게 할 수는 있어도 노동을 시킬 수는 없기 때문이다. 좌우지간 억압과 수탈 체제가 가능하려면 피지배자들이 지배자의 언어를 배워야만 한다! 물론 적당한 당근만 사용하면 지배자들은 어렵지 않게 피지배자들의 문자 습득을 독려할 수 있다. 그것은 지배자의 언어를 능통하게 사용할 수 있는 소수 피지배자들에게 그들의 동료보다 월등한 특권을 부여하는 것이다. 심지어 자신들의 언어에 익숙한 피지배자들을 자신과 같은 정치사회적 위상에 올려놓는 것도 근사한 방법이다. 일제강점기 시절 조선의 경성제국대학이나 일본의 여러 대학들에 앞다퉈 입학하려고 했던 우리 조선의 청년들이 바로 그 유혹에 넘어간 불쌍한 사람들이었다. 자발적 복종이란 서글픈 풍경이 펼쳐진 셈이다.

이것은 굳이 식민지 상황에만 적용되는 것은 아니다. 현재도 '자본-국가'의 명령을 쉽게 들을 수 있는 준비를 갖추느라 우리 젊은이들은 체제의 언어를 배우고 있으니 말이다. 체제를 움직이는 사람과 체제의 지배를 받는 사람, 나아가 체제가 원하는 문자에 능숙한 사람과 그렇지 않은 사람 사이의 위계는 아직도 여전히 작동하기 때문이다. 지배자와 피지배자 사이에서만 이런 위계가 작동하는 것은 아니다. 사회 도처에 문자를 둘러싼 위계는 어렵지 않게 확인된다. 선생과 학생, 박사와 석사, 석사와 학사, 대졸과 고졸, 고졸과 중졸 등등, 이런 모든 위계구조의 핵심에는 바로 문자와 문자의 해독 능력이 도사리고 있었던 것이다. 문자와 관련된 능력이 탁월하면 애써 땀을 흘리지 않아도 되고, 반대로 그 능력이 부족하면 흙먼지나 기름 냄새를 맡으며 살아야 한다. 어쨌든 중요한 것은 지배자에 가까운 사람들이 정신노동에 종사한다면, 피지배자에 가까운 사람들은 육체노동에 종사한다는 사실이다.

아무리 지배와 억압의 논리가 세련되었다고 할지라도, 그 핵심은 육체노동을 하지 않겠다는 지배자의 의지라고 할 수 있다. 수만 명, 혹은 수십만 명이 동원된 피라미드 건설 현장이나 만리장성 건설 현장을 생각해보라. 분명 공사의 소음과 먼지로부터 일정 정도 떨어진 곳에 편안히 앉아 건설 현장을 내려다보는 이들이 존재했을 것이다. 그래서 레비-스트로스의 통찰은 예리할 뿐만 아니라 신랄하기까지 하다. 문자란 기본적으로 지배자가 피지배자에게 강요하는 것이고, 그것은 피지배자의 육체노동을 강제하기 위해서 존재하는 것이다. 결국 문자는 그것을 해독할 수 있는 사람과 그렇지 않은 사람이라는 원초적인 위계질서를 낳는 무서운 지배 도구였던 셈이다. 이 점에서 교종 교단 내부의 시스템은 국가권력의 그것과 구조적으로 유사할 수밖에 없었다. '깨달은 사람／경전／해석자'라고 설정된 원초적 위계 관계는 해석자들 사이에도 반복된다. 경전을 제대로 읽고 이해한 사람, 경전을 읽을 수 있지만 그 내용을 완전히 이해하지 못한 사람, 글자를 몰라 중요한 경전을 가지고만 있는 사람.

교종에서는 경전의 의미를 정확히 이해하고 있는 사람과 그렇지 않은 사람, 즉 스승과 제자라는 원초적 위계 관계가 존재한다. 반면 스스로의 깨달음에 비중을 두었던 선종에서는 교종과 같은 위계 관계가 어쩔 수 없이 약화될 수밖에 없었을 것이다. 비록 스승과 제자의 위계질서는 교종의 그것보다 약했지만 선종의 스님들 역시 공동생활을 영위했다. 하지만 그것은 기본적으로 자유로운 개인들의 공동체라는 성격을 가지고 있었다. 자신의 결단으로 들어온 공동체이자, 동시에 스스로의 힘으로 집착을 끊으려고 수행하고 있는 수행자들의 공동체였기 때문이다. 학교와 유사한 위계를 갖춘 교종과는 달리 선종은 자신들의 이념에 맞는 공동체의 규칙을 달리 모색할 수밖에 없었다. 바로 이 대목에서 우리는 백장이란 스님을 만나게 된다.

백장은 '불립문자'의 이념이 선종에서 얼마나 중요한지 누구보다 잘 알고 있었다. 스스로 부처가 되려는 사람들의 모임이니, 선종의 공동체에서는 지배관계가 있어서는 안 된다. 한마디로 국가 형식이 아니라 자유로운 수행자들의 공동체 형식이 선종이 꿈꾸는 수행 공동체의 모습이어야 한다는 것이다. 동시에 국가권력에서 자유로워야 한다는 점도 백장은 누구보다 잘 알고 있었다. 그러기 위해서는 선종의 수행 공동체가 경제적 자립을 먼저 달성할 필요가 있었다. 물론 백장의 수행 공동체는 경제적 효율을 극단적으로 추구할 수도 없고 해서도 안 된다. 효율의 논리는 그가 그리도 경계했던 정신노동과 육체노동이란 위계구조를 낳을 수 있으니 말이다. 다음 읽어볼 일화는 백장이 꿈꾸었던 선종 공동체의 모습을 잘 보여주고 있다.

> 백장 선사가 평생 동안 고결한 성품으로 수행한 일은 예를 들어 다 말할 수 없을 정도다. 매일 실시하는 노동에는 반드시 남보다 먼저 나섰다. 일을 주관하는 스님 한 분이 차마 볼 수가 없어서 농기구를 숨기고 쉬시라고 간청했다. 그러자 백장 선사가 "내가 아무런 덕이 없는데 어찌 남들만 수고스럽게 할 수 있겠는가!"라고 말하며, 숨겨놓은 농기구를 찾았다. 그러나 농기구를 찾지 못하게 되자 선사는 식사를 하지 않았다. 그래서 '하루 일하지 않으면 하루 먹지 않는다―日不作, 一日不食'라는 말이 천하에 퍼지게 되었던 것이다.
>
> ―《조당집祖堂集》,〈백장화상장百丈和尙章〉

불교에 관심 있는 사람이라면 누구나 "하루 일하지 않으면 하루 먹지 않는다"는 백장의 말을 기억하고 있을 것이다. 이 단순한 말 속에는 평등한 노동 공동체를 꿈꾸었던 백장의 정신이 고스란히 녹아들어 있다. 노동하지 않는 자가 무언가를 먹는다면, 그것은 노동한 사람에게서 온 것일 수밖에 없다. 이것이 구조화되는 순간 계급 분화는 불가피하다. 다시 말해 일하지 않은 자와 일하는 자, 즉 정신노동과 육체노동으로 노동이 분할되는 순간, 자유로운 수행 공동체에는 국가 형식, 혹은 지배 형식이 싹을 내리게 된다는 것이다. 그래서 백장은 가장 존경받는 자리에 있던 자신이 제자들과 함께 아니 더 열심히 육체노동을 해야 한다고 믿었던 것이다. 그는 자신의 편안함을 선택하기보다 백장청규를 지키는 쪽을 선택했던 것이다.

에피소드에서 백장의 농기구를 숨긴 스님을 주목하도록 하자. 이제 노동하기에 너무나 연로한 노스승이 측은해서 그랬을 것이다. 그러나 공동체 생활에서 중요한 것은 개개인의 마음보다는 공동체의 구조나 이념 아닌가? 백장이 일하지 않고 먹는 순간은 바로 자유로운 수행 공동체에 진정한 위기가 도래한 순간이다. 정신노동과 육체노동 사이에 분업이라는 형식, 그리고 정신노동이 육체노동보다 우월하다는 가치 평가도 동시에 발생하기 때문이다. 비록 그럴 리는 없겠지만 백장의 농기구를 숨긴 스님이 나쁜 마음을 먹을 가능성도 충분히 있다. 최고참 스님이 쉬어야 자신도 쉴 수 있다는 생각 말이다. 백장이 세상을 떠나면 그다음 자신이 수행 공동체의 최고 선참자가 된다. 그러니 최고 선참자는 육체노동을 하지 않는다는 선례를 만들어놓는 것이 자신에게 유리한 일인 셈이다.

자유로운 수행 공동체는 내적으로나 외적으로도 일체의 국가 형식으로부터 자유로워야 한다! 이것이 스스로 부처가 되려고 발원했던 구도자들이 죽을 때까지 폐부에 아로새겨야 할 가르침이다. 백장은 저술도 아니고 설법도 아니고, 오직 온몸으로 이 가르침을 전하고 있었던 것이다. 자유를 꿈꾸는 종교로서 불교는 누구나 그 자유를 얻을 수 있다고 긍정하며, 동시에 자유를 달성한 개인을 부처라고 부른다. 이런 자유의 종교로서 불교가 정점에 이른 것이 바로 선종이고, 더 정확히는 백장과 그의 청규였다. 백장은 자유를 꿈꾸려면 그 방법과 그 형식부터가 자유로워야 한다고 믿었기 때문이다. 자기 마음 이외에 일체의 권위에도 복종하지 말아야 자유 아닌가? 그래서 백장은 외적으로는 국가권력에서 자립할 수 있는 경제 공동체를 만들려고 했고, 내적으로는 모두가 육체노동을 하는 자유로운 수행 공동체를 만들려고 했던 것이다.

'직지인심直指人心!' 바로 자기 마음을 파악하라는 가르침이다. '교외별전

敎外別傳!' 경전으로 전달되지 않는, 아니 될 수도 없는 진실이 있다는 가르침이다. '불립문자不立文字!' 문자를 신성시하지 말라는 가르침이다. '견성성불見性成佛!' 자신의 본래 마음을 보는 순간 부처가 된다는 가르침이다. 백장은 선종의 네 원칙을 앵무새처럼 읊조리며 살았던 사람은 아니다. 이 네 가지 이념을 현실화하는 데 평생을 다 바쳤던 실천가였다. 자유로운 수행 공동체에 들어오면 누구나 쉽게 부처가 될 수 있다!《아함경阿含經》《구사론俱舍論》《대지도론大智度論》《섭대승론攝大乘論》 등을 읽어야 부처가 되는 것이 아니다. 낮밤을 가리지 않고 지속되는 치열한 참선으로 부처가 되는 것도 아니다. 타인의 부림도 받지 않고 타인을 부리려고 하지 않는 삶이 몸에 익어야, 우리는 부처가 될 수 있다. 타인의 부림을 받지 않는 것이 '자리自利'라면, 타인을 부리려 하지 않는 것이 바로 '이타利他' 아닌가. 이것이 바로 쟁기를 들 수 없을 때 이 세상을 떠난 어느 노승의 속내 아니었을까?

모든 사람이 부처가 될 수 있다고 확신하는 불교는 당연히 일체의 권력 형식을 거부해야만 한다. 그러나 교종도 그렇지만 선종 내부에서도 권력욕은 항상 꿈틀거리기 마련이다. 자신만이《구사론》에 능통하다는 자만, 자기만큼 치열하게 참선을 했던 사람도 없다는 자만! 그러나 그런 자만의 이면에는 육체노동을 경시하는 권력 욕구가 숨어 있다. 이만큼 권력에 대한 욕망만큼 개인을 휘어잡는 탐욕과 집착도 별로 없다고 할 수 있다. 하지만 불행히도 역사는 불교, 혹은 선종마저도 다른 종교와 마찬가지로 정치권력과 타협했고, 동시에 수행 공동체에도 권력 형식을 도입했다는 걸 보여주고 있다. 불교는 초월자와 피조물이라는 근본적인 위계구조를 가진 초월 종교는 아니었다. 불교는 모든 인간이 자유를 얻을 수 있다고, 즉 스스로를 구원할 수 있다고 확신했기 때문이다. 그러니 돌아보라! 지금 우리 사찰에는 백장의 정신이 조금이라도 남아 있는지.

불교는 유학자의 조롱을 반박할 수 있는가?

역사상 당제국은 불교를 후원하기도 했지만, 동시에 가혹하게 탄압하기도 했다. 바로 회창법란會昌法亂(842~845)이다. 정치권과 관련을 맺는 순간, 모든 종교나 사상은 정치적 역학 관계에 내던져져 부침을 겪을 수밖에 없는 법이다. 한때 동지가 지금은 적이 되는 비정함이 바로 슈미트가 말했던 '정치적인 것'의 본성 아닌가. 사실 모든 종교는 인류를 구제한다는 이념을 명분으로 내세우곤 한다. 그렇지만 사실 대다수의 국민들을 구제한다는 명분으로 자유롭게 공권력을 행사하는 것이 정치권력이 아니던가? 그래서 이런 성격 때문에 역사상 종교는 자주 정치권력과 결탁했고 나아가 어떤 경우 이해관계가 맞지 않으면 서로 대립하기도 했던 것이다. 정치권의 탄압에서 살아남는 불교 종파는 오직 정치권과 긴밀한 관계를 맺지 않았던, 다시 말해서 정치경제적으로 볼 때 당시 사회에서 나름대로 독립성을 유지하고 있던 선종뿐이었다.

그래서 선종을 정치권력에서 자유롭도록 만들었던 백장 선사의 정신은 주목받아 마땅하다고 하겠다. 물론 정치권력에서 얻을 수 있는 일말의 경제적 이득마저도 포기하지 않았다면, 당시 선종의 자율성은 확보될 수 없었을 것이다. 그래서 그는 백장청규라고 알려진 규율을 만들어 실천하려고 그토록 노력했던 것이다. 노구의 몸으로도 일을 하지 않는 날은 절대 먹기를 거부했던 백장의 정신은, 자유로운 수양 공동체로서 불교 종단을 유지하려는 그의 처절한 몸부림이었던 셈이다. 백장의 굶주림에 비추어볼 때, 우리는 화엄종을 정치권력의 이데올로기로 만드는 데 누구보다도 앞장섰던 법장의 행동을 달리 평가할 필요가 있다. 사실 이 점이 결국 후일 화엄종의 몰락을 이끈 중요한 동기가 되었기 때문이다. 때로는 복잡한 이론가보다 우직한 실천가가 역사에서 더 중요한 역할을 담당할 수도 있다는 점을 보여준 좋은 사례라고 할 수 있겠다.

아쉽게도 선종은 백장의 정신이 얼마나 중요한지 잊은 것처럼 보인다. 자유로운 개인들의 공동체가 아니라, 위계구조를 갖춘 수양 공동체로 전락하는 경우가 많기 때문이다. 선종, 구체적으로 조계종을 표방하고 있는 대부분의 사찰에 들러보라. 대웅전의 불상, 큰스님이나 주지스님, 보통 스님, 그리고 학인스님으로 이어지는 위계구조가 눈에 들어올 것이다. 그냥 수양의 단계에 맞는 정신적 위계구조가 아니라 정신노동과 육체노동이란 분업 논리가 작동하는 정치적 위계구조다. 하긴 이미 신유학자 정호程顥(1032~1085)의 눈에도 당시 선불교가 '견성성불見性成佛'의 가르침과는 달리 하나의 권위적 위계구조로 작동하는 조직으로 보였던 적이 있다.《주자어류朱子語類》〈정자지서程子之書〉 편을 읽어보자.

"명도明道 선생 정호가 선방禪房에 들렀던 적이 있다. 공양을 마치고 보니 스님들이 행동거지의 신중함과 공손함이 매우 훌륭해서 정호는 감탄하여 말했다. '하은주夏殷周의 세 나라의 위엄이 모두 여기에 있구나!'" 자유를 지향한다는 선종에 대한 조롱도 이 정도면 예술의 경지에 이르렀다고 할 수 있다. 하긴 지금도 그렇지만 사찰의 구조를 보면, 여전히 권위적인 위계가 관철되어 있다. 경복궁의 구조와 가까운 사찰의 구조를 비교해보라. 왕의 침소와 대웅전의 자리는 구조적으로 유사하다는 걸 확인하게 된다. 이런 권위적 구조에 맞게 스님들의 모습은 마치 궁궐에 들어온 관료들의 모습을 닮았던 것이다. 정호가 본 것은 바로 이것이었다.

물론 선종에서는 자신들의 위계가 정치적 위계구조와는 다른 것이라고 충분히 강변할 수 있다. 견성성불의 가르침은 맞지만, 모든 사람이 견성한 것이 아니기에 깨달음의 차이가 존재할 수밖에 없지 않느냐는 것이다. 본성은 같지만 그걸 현실화하는 정도는 다르다는 논리다. 과거 권위적인 신분제 사회에서는 아무리 능력이 탁월해도 주어진 신분을 극복할 수 없었다. 신라시대 진골이나 성골, 혹은 육두품이라는 신분과 조선시대 양반과 상민, 그리고 천민이란 신분을 보라. 혹은 서양의 귀족제도나 인도의 카스트제도를 보라. 그렇지만 이런 신분제도에 대한 불만이 쌓이면서 체제는 교묘한 논리를 만들어냈다. 그것이 바로 본성은 같지만 그걸 현실화하는 정도는 다르다는 수양론의 논리다. 다시 말해 최고로 수양한 사람이 지배층이 되고 별로 수양하지 않는 사람이 피지배층이 된다는 것이다.

니체는 낙타에서 사자로, 그리고 사자에서 어린아이로 인간은 변해야 한다고 이야기한다. 장자도 우리가 진인眞人, 즉 '진짜 인간'이 되어야 한다고 역설한다. 대자대비한 부처가 되어야 한다는 불교도 예외가 아니다. 결국 수양론은 더 성숙한 인간이 되기 위한 불가피한 논의라고 하겠다. 그러나 수양에 성공한 인간에게 독점적인 권위와 권력을 인정해야 한다고 주장하는 순간, 수양론은 위계구조를 정당화하는 보수적 이데올로기로 기능할 수 있다. 수양에 성공해서 권력자가 된 것인지, 권력자이기에 수양에 성공한 사람이라고 해야 하는지 애매한 지점이 만들어진 셈이다. 이렇게 국가주의는 집요하다. 스스로 더 자유로워지려는 인간의 노력마저 권위구조를 정당화하는 데 이용하니 말이다. 그러니 수양론과 관련된 모든 담론에 우리는 더 예민한 식별력을 길러야 한다.

결국 하나의 공식처럼 기억해두어야 할 것이 있다. 인간의 본성은 같다거나 선하다는 이야기가 항상 긍정적이지만은 않다는 사실이다. 모든 인간의 본성이 같다면, 직접적으로 자유롭고 평등한 공동체의 삶을 지향하면 된다. 그러나 여기에 갑자기 수양의 정도에 따라 본성이 실현되는 수준이 다르다는 논의가, 순식간에 억압과 권력의 논의가 끼어들게 된다. 아예 노골적으로 인간을 구별하고 차별한다면, 피통치자는 이전 체제와 맞서 싸우면 된다. 그러나 수양론에 입각한 인간의 차별은 교묘하기에, 피통치자의 반발과 저항을 무력화시키기 더 쉬운 법이다. 결국 수양론의 논리가 무서운 것은 피지배층에 속한 사람들이 자신의 비참한 처지를 자기 탓으로 돌리도록 한다는 데 있다. 수양이 아니어도 좋다. 학습이라고 해도 마찬가지다. 수양이든 학습이든 노력이 부족한 탓에 피지배층은 피지배층으로 머물고 있다는 것이다. 아무리 수양과 학습을 해도 신분을 뛰어넘지 못할 수도 있다. 이럴 때 사람들은 수양론의 허구성을 자각하기보다는 자신의 수양이 아직도 충분하지 않다고 체념하게 된다. 범아일여梵我一如를 믿고 있는 인도 사람들이 카스트제도를 벗어나지 못하는 아이러니는 바로 이 대목에서 해결된다.

그러나 잊지 말자. 현실적으로 지배층과 피지배층으로 사회가 분할되는 순간, 지배층은 수양할 여지가 많아지고 피지배층은 수양할 여력을 갖지 못한다는 사실을 말이다. 사찰에서도 마찬가지 아닐까? 직위가 높을수록 경전 읽기나 참선을 더 여유롭게 할 수 있는 것이 현실이니 말이다. 아직도 백장의 정신이 '아주 오래된 미래'로 기능하는 것도 이런 이유에서일 것이다. "하루 일하지 않으면 하루 먹지 않는다!" 이것은 주지스님이나 학인스님에게 모두 통용되어야 하는 정신이여야만 한다. 오직 이럴 때에만 정호는 사찰이 국가의 위엄이 아니라 자유로운 공동체의 활기로 움직인다고 인정할 것이다. 거의 폐기처분된 유학자에게도 조롱받아서야 어떻게 불제자를 자처할 수 있으며, 불교가 모든 사람이 부처가 되는 불국토를 꿈꾼다고 주장할 수 있다는 말인가?

19

마음은 무엇인가?

종밀

—————— VS ——————

임제

우리는 몸에 대해 얼마나 알고 있는가?

프랑스 철학자 베르그손은 이렇게 말했던 적이 있다. "모든 철학자는 두 가지의 철학을 가지고 있다. 자신의 철학과 그리고 스피노자의 철학을." 그만큼 스피노자는 어떤 사람의 입장에서 보더라도 매우 중요한 철학자라고 할수 있다. 철학사에서 스피노자가 차지하고 있는 중요성은 범신론pantheism과 평행론parallelism으로 요약할 수 있다. 첫째, 그는 범신론을 통해 초월적인 신에게서 개체들을 해방시켰다. 둘째, 그는 평행론을 통해 정신과 신체는 동일한 우리 삶의 두 가지 표현에 불과하다고 해명했다. 과거 정신과 육체의 작용은 반비례 관계에 있다고 보아온 해묵은 편견이 해소된 것이다. 그런데 스피노자의 평행론은 동양 사유의 특이성을 이해하는 데도 매우 중요한 것이라고 하겠다. 동양 사유, 특히 중국 사유에서 평행론은 근본적인 대전제 가운데 하나였기 때문이다. 《대학大學》이란 유학 경전 속에 '심광체반心廣體胖'이라는 흥미로운 표현이 등장하는 것도 다 이유가 있다. 오랫동안 정신 수양을 한 사람이 몸이 초췌해져서는 안 된다고 본 것인데, 바로 이 때문에 "마음이 넓어지면 몸이 윤택해진다"라는 발상을 했던 것이다. 바로 이런 점이 기본적으로 스피노자의 관점을 공유한 것이기도 하다.

그런데 이와 달리 기독교에서 숭상하는 성인들을 묘사한 그림 혹은 조각상을 살펴보면, 그들 대부분은 매우 마르고 수척한 상태로 묘사되어 있다. 이 경우 흔히 몸의 수척함이란 것은 거꾸로 정신의 순수함과 맑음을 상징하는 것으로 간주되었다. 물론 기독교에서 정신의 순수함을 강조한 것은, 신이 창조한 것 가운데 가장 아름답고 영원한 것이 다름 아닌 정신 혹은 영혼이라고 이해되었기 때문일 것이다. 정신에 비해 육체는 언제든지 소멸하는 생물에 불과한 부모에게서 받은 것이기 때문에 열등할 수밖에 없는 것이다. 따라서 이런 관점에서 보면, 육체의 역량이 줄어들수록 혹은 육체의 욕망을 통제할수록 우리는 신에게서 받은 정신의 역량을 더욱 강화시킬 수 있을 것이다. 사실 이 점은 기독교에서만 관찰된 입장은 아니었다. 플라톤도 "철학이란 죽음의 연습이다"라고 보았기 때문이다. 이것은 그의 대화편《파이돈Phaidon》에 나오는 유명한 말이다. 플라톤은 철학의 가치가 제대로 죽기 위한 연습 과정에 놓여 있다고 보았다. 이것은 물론 정신 혹은 영혼의 불멸성 그리고 지혜를 얻는 데 오히려 육체가 장애가 된다고 보았던 관점을 잘 보여준다. 플라톤은 오직 육체의 벽을 벗어남으로써만 인간이 참된 지혜를 얻을 수 있다고 보았던 것이다. 그렇기 때문에 훗날 기독교는 그리스 철학과 별다른 충돌 없이 잘 융합할 수 있었다.

그런데 이 점은 유럽과 같은 어군인 인도유럽어족에 속한 언어를 가지고 있던 인도의 경우에도 유사하게 적용할 수 있다. 싯다르타는 영원불멸하는 자아를 부정하면서 인간의 일상적인 삶을 긍정했던 사상가였다. 하지만 아이러니하게도 인도인들이 만들어놓은 싯다르타의 조각상, 즉 부처상은 너무도 깡말라서 뼈가 드러나 있는 형상을 하고 있다. 흔히 초인적인 고행, 혹은 육신에 대한 엄격한 학대를 통해 싯다르타가 열반이라는 대자유에 이른 것처럼 느껴질 정도이다. 브라흐만과 같은 초월자를 부정하고 나아가 지나친 금욕생활에 반대했던 싯다르타의 모습은, 이렇게 해서 그 후의 인도인들에 의해 이상한 형태로 왜곡돼버린 것이다. 그런데 불교가 동아시아, 특히 중국에 들어오면서부터 놀라운 반전이 일어나게 된다. 삐쩍 마른 부처상이 풍만한 부처상으로 돌변했기 때문이다. 이것은 물론 동아시아 사람들이 정신과 육체에 대해선 이미 스피노자적인 입장을 공유하고 있었기 때문에 생긴 현상이라고 볼 수 있다. 중국인들은 완전히 이상적인 인물이라면, 부처 역시 정신과 육체 모두 건강한 존재여야 한다고 생각했던 것이다. 인도에서 오해되었던 싯다르타가 동아시아에 들어와 우연찮게 자신의 외양을 갖추게 되었던 것은 어찌 보면 매우 아이러니한 일이라고도 할 수 있다.

불교는 마음의 고통을 치유하는 것을 목적으로 삼는 사유 체계이다. 여기서 중요한 점은 마음의 고통이 우리의 삶 자체를 무기력에 빠뜨린다는 점이다. 이뿐만 아니라 우리 마음의 고통은 결국 육체의 무기력으로도 드러난다. 역으로 우리 마음이 가진 고질적인 집착을 제거할 수만 있다면, 그래서 열반이라는 자유의 경지를 얻을 수 있게 된다면, 우리 몸은 그만큼 활력을 되찾게 될 것이다. 결국 열반이나 해탈은 우리가 가진 정신적 능력을 해방시켜줄 뿐만 아니라, 동시에 육체적인 활력도 되찾아줄 수 있어야 한다. 동아시아로 유입된 불교, 특히 선불교의 전통은 이 점을 가장 명확히 보여준다. 물론 마음에서 집착을 제거하는 것이 우선이기 때문에, 당연히 선불교도 마음의 문제에 자신들의 모든 관심을 집중시켰다. 그리고 바로 이런 측면 때문에 마음에 너무 몰입하여 자신의 신체성을 배려하지 못하는 경우도 가끔 발생했다. "빈대 잡다가 초가삼간 다 태우는"식의 어리석음을 범하기도 한 것이다. 하지만 해탈이나 열반은 정신의 역량을 깨우고 또한 마침내는 신체적 역량도 깨울 수밖에 없다는 사실을 깊이 통찰했던 인물도 있었다. 마음의 문제에만 초점을 맞춘 전자가 종밀宗密(780~840)이란 스님이었다면, 육체성의 문제도 고려한 후자의 경우는 바로 임제臨濟(?~867) 스님이었다.

Ⓘ

종밀: "거울 이미지로 마음을 체계화하다."

종밀은 한국 불교사와도 매우 관련이 깊은 중국의 불교 사상가이다. 그는 선교일치禪敎一致를 가장 강하게 피력함으로써 보조국사普照國師 지눌知訥(1158~1210)에게 절대적인 영향력을 미쳤기 때문이다. 선교일치란 글자 그대로 "선종과 교종은 그 가르침이 일치한다"라는 의미이다. 실제로 그는 도원道圓이란 선사에게 선종의 수행을 배웠으며, 화엄종 제4조인 징관澄觀(738~839)에게는 화엄 철학을 배우기도 했다. 이런 개인적인 경험이 그로 하여금 선교일치를 주장하도록 한 결정적인 계기가 된 것으로 보인다. 불교 전통이 참선을 뜻하는 정定 그리고 지적인 통찰을 의미하는 혜慧를 모두 긍정한다는 점에서, 종밀의 주장은 이론적으로는 별로 새로울 것이 없는 생각이라고도 볼

賢首五祖圭峰宗密禪師

종밀은 선교일치를 가장 강하게 피력하며 보조국사 지눌에게 절대적인 영향력을 끼쳤다. 선교일치란 글자 그대로 "선종과 교종은 그 가르침이 일치한다"라는 의미이다.

수 있다. 그렇지만 선종과 교종이 불과 얼음처럼 대립되는 소모적 투쟁을 벌였던 것이 동아시아 불교의 역사였다는 점을 고려한다면, 그의 주장은 나름대로 의의가 있다고 할 수 있겠다.

선교일치를 이론적으로 정당화하기 위해서 논증을 하던 종밀은 선종 특유의 개념인 '자성청정심自性淸淨心' 개념을 끌어들여 마음의 구조를 논하게 되었다. 사실 이 개념은 여래장如來藏, tathāgatagarbha이란 개념과 밀접한 관련이 있다. 여래장은 글자 그대로 부처가 될 수 있는 잠재성을 의미한다. 여래장 개념은 《여래장경如來藏經》에서 최초로 사용된 이래, 원효의 주석으로 유명한 《대승기신론》 등에서 본격적으로 거론되기 시작했다. 선종의 유명한 슬로건 '견성성불見性成佛', 즉 "자신의 불성을 보면 바로 부처가 된다"라는 주장에서 불성佛性, buddhadhatu이 곧 여래장에 해당한다고 볼 수 있다. 선종에서 이야기하는 '자성청정심'은 바로 이 여래장이나 불성을 의미하던 것이다. 바로 이런 맥락을 염두에 두고 종밀은 인간 마음에 불변하는 어떤 마음이 있다는 것을 전제하면서 다음과 같이 논의를 전개한다.

> 망념은 본래 적막하고, 대상은 본래 공한 것이다. 하지만 공하고 적막한 마음은 신비하게도 알아서 어둡지 않으니, 바로 이 공하고 적막한 앎空寂之知이 너의 참다운 본성이다. …… 하나의 진정한 마음의 본체心體는 공한 것도 아니고 차 있는 것도 아니지만 공할 수도 있고 채울 수도 있는 것이다. …… 거울 속 영상의 경우 푸른 것을 노랗다고 이야기할 수 없어서 고운 것과 추한 것이 명확히 구별된다. …… 그리고 거울의 영상에는 자성自性이 없어서 영상 하나하나가 전부 공한 것이다. …… 하지만 거울의 본체는 항상 밝아서 공하지도 않고 푸르거나 노랗지도 않지만, 공할 수도 있고 푸르거나 노랄 수도 있다.
>
> -《선원제전집도서禪源諸詮集都序》

신회神會(670~762)를 계승했다고 자부하던 종밀이 거울 비유를 통해서 마음의 구조를 설명하고 있다는 것은 의외의 일이다. 선종의 제6조, 그러니까 신회의 선생 혜능이 이미 마음을 거울에 비교했던 신수를 비판했다는 것은 이미 잘 알려진 사실이었다. 마음을 거울로 비유하면서 때가 끼지 않도록 매일 닦는다는 것 역시 또 하나의 집착이라고 보았기에 혜능은 신수를 비판했던 것이다. 하지만 그럼에도 혜능을 이었다고 자부하는 종밀이 이제 다시 신수의 거울 비유를 들고나온 것이다. 거울 비유를 다시 언급하면서 종밀은 마음의 본성이 "공하고 적막한 앎"이라고 단언했다. 우선 그는 "공하고 적막한 앎", 혹은 마음의 본체가 공할 수도 있고 차 있을 수도 있지만 그 자체로는 공하지도 차 있지도 않다고 이야기한다. 어찌 보면 이해하기 힘든 주장이라고 생각해서인지 종밀은 친절하게 마음의 본체를 거울에 빗대어 다음과 같이 설명했다.

그는 우선 거울의 본체와 거울의 영상을 구분한다. 거울이 담고 있는 영상에는 푸른 것과 노란 것, 고운 것과 추한 것이 명확히 구분된다. 하지만 그의 말대로 이런 영상들은 각각 일시적인 이미지에 지나지 않은 것이므로 공하다고 할 수 있다. 반면 거울의 본체는 항상 밝은 채로 존재하는 것이다. 사실 밝지 않다면 거울은 어떤 외부 대상도 제대로 비출 수 없을 것이다. 여기서 종밀이 거울의 본체를 흥미롭게 묘사하는 부분이 있다. "거울의 본체는 항상 밝아서 공하지도 않고 푸르거나 노랗지도 않지만, 공할 수도 있고 푸르거나 노랄 수도 있다." "항상 밝아서 공하지도 않고 푸르거나 노랗지도 않다"라는 앞부분의 표현은, 거울에 외부 대상을 밝게 비출 수 있는 역량이 존재하지만 그 자체로는 규정될 수 없다는 뜻이다. "공할 수도 있고 푸르거나 노랄 수도 있다"라는 뒷부분의 설명은, 외부 대상과 만나지 않으면 거울은 어떤 영상도 가지지 않을 것이지만 푸르거나 노란 외부 대상과 만나면 푸른빛이나 노란빛을 띨 수 있다는 뜻이다. 바로 이 두 측면에서 종밀은 마음의 본체를 "공하고 적막한 앎"이라고 이야기했던 것이다. 여기서 '공하고 적막하다空寂'라는 특성이 어떤 대상도 비추지 않은 거울의 상태를 가리킨다면 '앎知'이란 것은 모든 것을 밝게 비출 수 있는 거울의 잠재성을 의미한다. 종밀의 마음 이론이 어렵다면, 지눌의 이야기를 조금 더 들어보는 것이 도움이 될 수도 있다. 종밀을 높이 평가했던 지눌은 그의 마음 이론을 다음과 같이 설명한 적이 있다.

진심眞心의 본체本體에는 두 종류의 작용用이 있다. 하나는 자성의 본래적인 작용이고, 다른 하나는 외적인 대상에 감응하는 작용이니 구리거울에 비유할 수가 있다. 거울의 바탕이 자성체自性體이고 거울의 밝음이 자성용自性用이라면, 밝음이 드러내는 영상들은 수연용隨緣用이다. 마음의 영상들은 외적인 대상들과 마주쳐야 드러나는데, 그 드러남은 무한히 다양하다. 밝음은 항상 밝아서 밝음은 오직 한결같으니, 이것으로 마음이 항상 고요한 것이 자성체이고, 마음이 항상 알고 있는 것이 자성용이며, 이 앎이 언어활동과 분별활동 등을 수행하는 것이 수연용이라고 말할 수 있겠다.　　　　－《법집별행론절요병입사기法集別行錄節要幷入私記》

지눌의 《법집별행론절요병입사기》라는 저서는 흔히 《절요節要》라고 줄여 부른다. 《절요》에서 중요한 대목은 종밀의 논의를 명료화하기 위해서 지눌이 이중으로 체용體用의 논리를 적용하고 있는 부분이다. 체용 논리는 문제되는 상황을 본체體와 작용用으로 나누어서 설명하는 중국 사유 특유의 논리라고 볼 수 있다. 예를 들어 배가 물에 뜨는 것을 체용 논리로 설명하면, 배 자체가 본체이고 이 배가 물에 뜨는 것이 곧 작용이라고 말할 수 있다.

1차 체용	2차 체용	핵심 범주	마음의 구조	거울의 비유
본체	본체	자성체(自性體)	고요한 마음(空寂)	거울 자체
	작용	자성용(自性用)	마음의 앎(靈知)	거울의 밝음
작용		수연용(隨緣用)	언어와 분별활동	거울에 비친 영상들

지눌은 '밝은 거울'과 '거울에 비친 영상들'의 관계를 체용으로 설명한다. 그가 '밝은 거울'을 자성으로 '거울에 비친 영상들'을 수연이라고 부른 것도 이런 이유에서이다. 여기서 수연이란 말은 "어떤 조건(여기서는 외부 대상)을 따른다"라는 뜻이다. 결국 거울의 자성과 수연이란 것은 '밝은 거울'이 외부 대상에 따라서 영상들을 만들어낸다는 것을 의미하는 표현이라고 할 수 있다. 그런데 중요한 것은 지눌이 '밝은 거울' 자체도 이제 체용으로 다시 나누어 설명한다는 점이다. '거울의 바탕'이 체라면, '거울의 밝음'이 용이라고 본 것이다. 이 때문에 결국 자성도 둘로 나뉘어 '자성체'와 '자성용'으로 구분되었다. 이어서 지눌은 거울 비유를 마음의 내적 구조에도 그대로 적용시킨다. 그의 설명에 따르면 고요한 마음이 자성체이고, 마음이 항상 무엇인가를 알 수 있는 능력이 자성용이다. 결국 자성체와 자성용의 마음 상태가 우리 마음 본체, 즉 자성에 해당한다고 할 수 있겠다. 이 시점에서 보면 아직 우리 마음은 어떤 외부 대상과도 만나지 않은 상태이다. 선종에서 자주 강조한

'자성청정심'이란 바로 이 상태의 마음을 가리키는 것이다. 지눌은 이제 외부 대상과 만나서 언어와 분별활동을 하는 '자성청정심'은 수연용의 상태에 있는 것이라고 설명했다.

혜능의 계보에 속한 종밀이 다시 거울 이미지를 도입하는 무리수를 범한 이유는 무엇일까? 선교일치라는 그의 숙원 사업 때문이었다. 거울의 밝음에 해당하는 '자성용' 차원에서 그는 '견성성불'이란 선종의 수양론을 정당화하고, 거울에 비친 다양한 영상들에 비유되는 '수연용' 차원에서 그는 언어활동을 긍정하는 교종의 경전 공부를 긍정하려고 했던 것이다. 물론 '수연용' 차원의 수양론에는 교종의 간경看經 공부뿐만 아니라 선종 일부에서 강조했던 간화看話 공부도 포섭된다. 그렇지만 종밀의 이런 시도에는 교종과 간화선 자체에 대한 폄하 의식이 전제되어 있다. 아무리 '수연용' 차원에서의 수양이 긍정된다고 하더라도, 그것은 '자성용' 차원에서의 수양보다는 그 격이 떨어질 테니 말이다. '자성용'은 비록 작용의 차원에 있지만, 그래도 '자성'의 영역에 속해 있기 때문이다. 결국 종밀에게 '견성성불'은 최고 수준의 수양 원칙이었던 것이다. 이렇게 '견성성불'을 종지로 했던 묵조선默照禪은 종밀에 이르러 최상의 지위에 오르게 된다.

여담이지만 종밀의 시도는 간화선이 주류로 자리를 잡은 선종 내부에서 거의 영향을 끼치지 못한다. 당시는 견성을 강조했던 묵조선이 죽은 개 취급을 받던 때였기 때문이다. 아이러니하게도 종밀의 영향력은 중국이 아니라 선교일치를 꿈꾸던 고려의 지눌에게서 확인된다. 또 한 가지 기억해두어야 할 것이 있다. 그것은 동아시아 사상사에서 종밀의 논의는 신유학新儒學의 형성에 지대한 영향을 끼치게 된다는 점이다. 자성용 차원에서의 수양과 수연용 차원에서의 수양! 두 차원에서 수양이 가능하다는 종밀의 주장은 신유학의 심성론과 수양론에서 그대로 반복된다. 신유학자들도 두 차원의 공부, 즉 미발未發의 공부와 이발已發의 공부가 있다고 주장하기 때문이다. 미발이 마음이 아직 드러나지 않은 상태로서 자성용 차원을 가리킨다면, 이발은 마음이 이미 드러난 상태로서 수연용의 차원을 가리킨다. 자신의 심성론과 수양론이 불교계가 아니라 유학계에 영향을 끼쳤다는 걸 알았다면, 종밀은 어떤 표정을 지었을까? 정말 사상계의 아이러니라고 할 만한 일이다.

⑭

임제: "관조적 의식을 넘어 삶의 세계에서 자유를 꿈꾸다."

비록 종밀이 선교일치를 꿈꾸면서 도원이라는 선사에게서 선종을 공부했다고 하더라도, 그의 선종 사상은 결국 남종선의 전통이라기보다는 오히려 신수의 북종선에 가까운 것이었다. 거울 비유를 파괴하고자 했던 혜능의 남종선 전통에서 보면 그는 이단일 수밖에 없었던 것이다. 오가칠종五家七宗으로 정리되는 남종선 계보에서 종밀이 제외된 것도 바로 이런 이유에서였을 것이다. 종밀은 거울 비유를 들어 자성청정심, 불성, 혹은 여래장이 마음의 실체라고 정당화했던 사상가이다. 하지만 '여래장' '불성' '자성청정심'과 같은 개념들은 불교 전통에서 그토록 거부했던 불변하는 실체 개념과 유사한 것이 아닌가?

이 상황에서 과거 혜능이 신수의 거울을 부수었듯이, 종밀의 거울을 부수려는 사상가가 나타난다는 것은 어쩌면 당연한 귀결이라고 볼 수 있다. 마음을 실체로 보는 어떤 시도도 불교에서는 용납할 수 없는 일이기 때문이다. 바로 여기에 임제 선사의 중요성이 있다. 백장의 손자뻘 되는 스님답게 그는 싯다르타, 나가르주나, 혜능으로 이어지는 불교의 정신, 즉 인간을 고통에 빠뜨리는 실체나 본질에 대한 모든 집착을 산산이 부수려고 했기 때문이다.

> 안이건 밖이건 만나는 것은 무엇이든지 바로 죽여버려라. 부처를 만나면 부처를 죽이고, 조사를 만나면 조사를 죽이고, 나한을 만나면 나한을 죽이고, 부모를 만나면 부모를 죽이고, 친척을 만나면 친척을 죽여라. 그렇게 한다면 비로소 해탈할 수 있을 것이다. -《임제어록臨濟語錄》

임제는 싯다르타, 나가르주나, 혜능으로 이어지는 불교의 정신, 즉 인간을 고통에 빠뜨리는 실체나 본질에 대한 모든 집착을 산산이 부숴버리려고 했다. 임제는 이렇게 말한다. "그대들이 어느 곳에 서나 주인이 된다면 자신이 있는 그곳이 모두 참 될 것이다."

정통 인도 철학에서 해탈은 윤회의 수레바퀴에서 벗어나서 다시는 윤회하지 않고 우리의 아트만이 브라흐만에 머무르게 되는 것을 의미했다. 하지만 불교에서 해탈은 본질과 실체에 대한 집착에서 벗어났을 때의 자유를 상징하는 것이었다. 따라서 해탈이란 다른 어떤 것의 지배도 받지 않고 스스로 주인으로 서게 되는 경험이라고 할 수 있다. 임제가 "안이건 밖이건 만나는 것은 무엇이든지 바로 죽여버려라"라고 그토록 강하게 역설했던 것도 이런 이유에서이다. 해탈에 대한 지나친 열망 때문에 자기 내면에 부처의 모습이 자꾸 떠오르면 이것마저도 제거해야 한다고 보았다. 부처가 되려는 열망이 오히려 고통을 낳아 해탈하는 데 장애가 되기 때문이다. 외적으로 스승을 만났을 때 그 스승이 자신의 모범이나 혹은 이상향으로서 영향력을 행사한다면, 결국 그 스승도 제거하라고 말한다. 스승을 본받으려고 하는 것 자체가 이미 집착이며 해탈의 걸림돌이 된다고 보았기 때문이다. 물론 임제는 현실적으로 직접 스승을 죽여야 한다고 주장했던 것은 아니다. 그가

| 오가칠종 계보도 |

육조혜능六祖惠能
(638~713)

남악회양南岳懷讓
(677~744)

영가현각永嘉玄覺
(665~713)

청원행사青原行思
(?~740)

마조도일馬祖道一
(709~788)

석두희천石頭希遷
(700~790)

백장회해百丈懷海
(720~814)

조주종심趙州從諗
(778~897)

덕산선감德山宣鑑
(780~865)

동산양개洞山良价
(807~869)

황벽희운黃檗希運
(?~855)

위산영우潙山靈佑
(771~853)

설봉의존雪峰義存
(822~908)

조산본적曹山本寂
(840~901)

조동종曹洞宗

임제의현臨濟義玄
(?~867)

임제종臨濟宗

앙산혜적仰山慧寂
(807~883)

위앙종潙仰宗

법안문익法眼文益
(885~958)

법안종法眼宗

운문문언雲門文偃
(?~949)

운문종雲門宗

부용도해芙蓉道楷
(1043~1118)

흥화존장興化存獎
(830~888)

천태덕소天台德韶
(891~972)

향림징원香林澄遠
(?~987)

단하자순丹霞子淳
(1064~1117)

수산성념首山省念
(926~992)

영명연수永明延壽
(904~975)

설두중현雪竇重顯
(980~1052)

홍지정각弘智正覺
(1096~1156)

석상초원石霜楚圓
(986~1039)

만송행수萬松行秀
(1166~1246)

양기방회
楊岐方會
(992~1049)

양기파
楊岐派

황룡혜남
黃龍慧南
(1002~1069)

황룡파
黃龍派

수창혜경壽昌慧經
(1548~1618)

불과극근
佛果克勤
(1063~1135)

대혜종고
大慧宗杲
(1069~1163)

무준사범
無準師範
(1178~1249)

오가五家: 임제종, 위앙종, 법안종, 운문종, 조동종
칠종七宗: 임제종, 위앙종, 법안종, 운문종, 조동종, 양기파, 황룡파

죽여야 한다고 생각했던 것은 권위의 상징으로서 내면에 자리 잡은 스승의 이미지였기 때문이다.

이런 그에게 종밀의 자성청정심은 어떻게 받아들여졌을까? 아마도 그는 '자성청정심'을 비유하는 맑은 거울 자체를 깨버려야 해탈할 수 있다고 역설했을 것이다. 임제가 죽이라고 역설했던 대상들은 사실 구체적인 현실적 대상들이 아니라, 내면에 우리를 지배하는 주인으로 들어서 있는 이상향 혹은 특정 관념이라고 할 수 있다. 그래서 그가 죽이려고 했던 대상은 프로이트의 용어를 빌리자면 '초자아'라고 할 수 있는 것이었다. 육체적 욕망을 반영하는 이드, 사회적 금기를 반영하는 초자아, 그리고 자아라는 마음의 위상학을 고려한다면, 초자아를 제거했을 때 남는 것은 자아와 이드뿐일 것이다. 물론 우리가 살고 있는 현실 조건은 그대로 남지만 말이다. 초자아를 제거한 자아는 이제 자신의 육체와 자신을 둘러싸고 있는 현실 사이를 직접 매개할 수 있게 될 것이다. 임제의 다음 구절은 이런 측면에서 중요한 통찰을 담고 있다고 하겠다.

> 임제가 법당에 오르면서 말했다. "'벌거벗은 신체赤肉團'에 하나의 '무위진인無位眞人'이 있어서 항상 그대들의 얼굴에 출입하고 있다. 아직도 이것을 깨닫지 못한 사람은 거듭 살펴보아라." ―《임제어록》

집착의 근원인 이상적인 초자아를 제거하는 순간, 우리의 자아는 자유를 얻게 된다. 임제의 '무위진인'이란 것은 바로 자유를 얻은 자아를 의미한다. '무위'라는 말은 정해진 자리가 없다는 뜻이다. 선생 앞에서는 제자의 자리, 군주 앞에서는 신하의 자리, 아내 앞에서는 남편의 자리, 학생 앞에서는 선생의 자리, 남편 앞에서는 아내의 자리 등 자리라는 것은 바로 자신에게 기대되는 임무나 역할을 의미하는 것이다. 그리고 이런 임무나 역할로 인해 우리는 자신의 삶을 검열하게 된다. 그렇기 때문에 '자리'란 결국 앞서 말한 초자아의 기능을 상징하는 것이라고 볼 수 있다. 임제가 참다운 사람, 즉 진인의 수식어로 '자리가 없음'을 든 것도 이런 이유에서이다. 그런데 이 대목에서 주의를 기울여 보아야 할 것은, 초자아가 제거되었을 때 비로소 자아와 이드는 서로 화해하게 된다는 점이다.

초자아가 진정으로 우려했던 것은 바로 육체적 욕망, 즉 이드가 자아를 지배하는 것이었다. 그러나 초자아를 제거한 자아는 이제 이드를 검열할 이유가 없어진다. 이제 우리 자아는 이드의 욕망, 혹은 육체적 역능을 마음껏 향유하는 주체가 된다. 임제가 "'벌거벗은 신체'에 하나의 '무위진인'이 있어서 항상 그대들의 얼굴에 출입하고 있다"라고 말했던 이유도 바로 여기에 있다. 벌거벗은 신체란 바로 검열에서 벗어난 우리의 육체를 상징하기 때문이다. 이렇게 초자아를 제거하자마자 자아는 무위진인이 되고 결국 벌거벗은 신체와 화해하게 된다. 자유를 얻은 우리가 신체적 자아이면서도 동시에 자아적 신체로 통일될 수 있는 것도 바로 이 때문이다. 그렇다면 무위진인 혹은 벌거벗은 신체는 어떻게 현실의 삶을 영위하게 될까?

> 불교의 가르침에는 특별히 공부할 곳이 없으니, 다만 평상시에 일 없이 똥을 누고 소변을 보며, 옷을 입고 밥을 먹으며, 피곤하면 누워서 쉬는 것일 뿐이다. 어리석은 사람은 나를 비웃겠지만 지혜로운 사람은 알아들을 것이다. 옛 사람은 "외부로 치달아서 공부하는 자들은 모두 멍청한 놈들이다"라고 하였다. 그대들이 어느 곳에서나 주인이 된다면 자신이 있는 그곳이 모두 참될 것이다隨處作主, 立處皆眞.   -《임제어록》

평상심平常心이 바로 도道라고 사자후를 토했던 선종의 정신은 바로 이로부터 생긴 것이다. 세계에 대한 모든 생각이 단지 마음에 수렴된다고 이야기했던 불교 사유가 임제를 통해서 생활과 몸의 세계로 내려앉게 된 것이다. 배변의 욕구가 느껴지면 배변을 하고, 추우면 옷을 입고, 배고프면 밥을 먹고, 피곤하면 누워서 쉰다. 너무나 쉽지 않은가? 지금 임제는 자유를 되찾자마자, 우리가 신체적 역량과 정신적 역량의 통일 속에서 삶을 영위하게 된다고 이야기하고 있다. 일상적인 사람들은 배변의 욕구를 느끼지만 다른 무엇인가를 위해서 참는다. 또 그들은 춥지만 다른 무엇인가를 위해 옷을 입지 않는다. 배고프지만 다른 무엇인가를 위해서 먹기를 거부하기도 한다. 심지어 다른 무엇인가를 위해 피곤하지만 졸음을 쫓기까지 한다. 이것은 그들이 자신의 삶의 역량이 아니라 다른 무엇인가를 숭배하기 때문이다.

"똥을 누고 소변을 보며, 옷을 입고 밥을 먹으며, 피곤하면 누워서 쉰다"는 임제의 가르침을 다른 각도에서 생각해보는 것도 도움이 될 듯하다. 불교, 특히 선종에서 되려고 하는 부처는 직접적으로 말해 '삶의 주인'이라고 할 수 있다. 그러니까 손님처럼 자신의 행동을 검열하지 않아야 부처가 될 수 있다. 잊지 말아야 할 것은 남의 눈치를 보는 사람일지라도 삶의 주인이 되는 경험을 누구나 한다는 사실이다. 바로 대소변을 해결할 때다. 남의 눈치를 본다고 해도 어떻게 강력한 배변 욕구를 억압할 수 있다는 말인가? 배고플 때도 마찬가지고 졸릴 때도 마찬가지 아닌가. 어떻게 해서든지 밥을 먹으려고 할 것이고, 어떻게 해서든지 잠을 자려고 할 것이다. 하긴 남의 눈치를 본다고 해서 나오지 않는 대소변을 배설할 수도 없고, 남의 시선 때문에 배가 부른데 음식을 먹을 수도 없는 법 아닌가.

어쨌든 다른 무엇인가의 자리에는 '자본' '국가' '관습' '사회적 통념' '이상' '신' '부처' '불성' '자성청정심' '인간의 본성' 등 어느 것이라도 들어올 수 있다. 바로 여기에 인간의 부자유가 놓여 있는 것이다. 그래서 임제는 자신의 삶을 부정하는 다른 무엇인가를 계속 '자리位'라고 이야기했던 것이다. 하지만 이와 달리 무위진인은 자신의 육체적 역량을 긍정하며 행복을 느끼는 자유인이다. 배변의 욕구를 느낄 때 배변을 꺼리는 것은 다른 무엇인가가 주인이 되어 있다는 것을 의미한다. 그렇지만 배변의 욕구가 들 때 시원하게 배변을 하는 사람은 바로 그 순간 자기 삶의 주인이 된다. 그래서 임제는 이렇게 말한 것이다. "그대들이 어느 곳에서나 주인이 된다면 자신이 있는 그곳이 모두 참될 것이다"라고 말이다.

결국 무위진인이란 어려운 것이 아니었다. 그것은 어느 상황에서나 '손님客'이 아니라 '주인主'이 되는 사람을 가리키기 때문이다. 손님이 아니라 주인이다! 손님은 주인의 눈치를 보지만, 주인은 자신 외에는 그 어떤 것에도 눈치를 보지 않는다. 눈치를 본다는 것, 그것은 자기 자리를 의식하고 있다는 것을 말한다. 주인이 불쾌하게 여기지 않을 자리를 찾으려는 일종의 노예의식이다. 손님이 의식하는 주인이 반드시 사람인 것도 아니다. 그저 그의 정신을 지배하는 무엇이든지 그가 눈치를 보는 것이 주인일 수 있으니 말이다. 이렇게 무언가에 정신이 팔린 순간, 우리는 지금 자기 눈앞에 있는 것을 있는 그대로 향유할 수 없게 된다. 생각해보라. 시험을 걱정하고 있는 사람이 어떻게 영화에 몰입할 수 있겠으며, 주식 폭락에 마음을 빼앗긴 사람이 어떻게 붉은 단풍에 눈시울을 적실 수 있겠는가?

유유상종類類相從이 진리인 셈이다. 주인인 사람, 즉 진인은 가짜가 아닌 진짜 풍경을 향유할 수 있다. 이것은 역으로 어떤 사람이 진인인지 아닌지, 다시 말해 진짜인지 가짜인지를 구별하는 방법도 알려준다. 노을을 보고 깊이 몰입한다면, 그는 진인일 가능성이 크다. 음악을 듣고 눈물을 흘린다면, 그도 진인일 것이다. 있는 그대로의 사태! 싯다르타 이래 불교에서 말한 '진여眞如'나 '여여如如'란 바로 이것을 의미하는 것 아닌가. "그대들이 어느 곳에서나 주인이 된다면, 자신이 있는 그곳이 모두 참될 것이다"는 가르침을 전하는 '수처작주隨處作主, 입처개진立處皆眞'이란 여덟 글자의 가르침이 중요한 이유도 바로 여기에 있다. 주인이 되면 모든 것을 긍정할 수 있는 것처럼, 반대로 모든 것이 있는 그대로 긍정되고 향유될 때 우리는 주인이 된 것이다. '자성自性'에 집착하느라, 혹은 '자성'을 초월적 자리에 모시느라 여념이 없었던 종밀로서는 임제의 경지는 가늠하기 어려울 수도 있다. 그러니 임제의 사자후가 그렇게도 쩌렁쩌렁 울려퍼지는 것이다. 자성을 주인으로 모시는 사람이 어떻게 똥이라도 시원하게 누겠냐고.

불교의 정수, 무상과 찰나멸의 가르침

혜능이 그렇게도 부수려고 했던 거울의 비유는 반복 강박처럼 계속해서 불교 역사에 다시 나타났다. 혜능이 경고했던 것처럼 거울의 비유가 마음을 실체로 집착하게 만들고, 타자를 느끼기보다는 자신의 마음을 깨끗하게 닦으려는 일종의 결벽증을 낳을 수 있었는데도 말이다. 실제로 거울처럼 마음을 깨끗이 닦았다고 해도, 이런 마음은 세계를 풍경처럼 관조하는 마음이지 동체대비의 심정으로 세계와 섞여 들어가는 실천적 마음일 수는 없다. 관조하는 세계와 살아가는 세계! 이 두 세계는 다른 세계다. 전자가 창밖으로 폭풍우를 내다보거나 뉴스로 이웃들의 참사를 보는 세계라면, 후자는 온몸으로 폭풍우를 맞으며 냉기를 느끼거나 혹은 온몸으로 타인들의 고통에 전율하는 세계다. 전자는 세상을 냉정하게 관조하는 귀족과 지식인의 독백 세계라면, 후자는 타인과 일희일비하는 대화 세계라고도 할 수 있다.

    지식인들의 관조적 이론 세계를 비판했던 로티Richard Rorty(1931~2007)와 그의 신실용주의neopragmatism가 생각나는 대목이다. 그는 차가운 관조적 세계를 벗어나야 우발성contingency과 아이러니irony로 가득 차 있는 현실세계로 나아갈 수 있다고 확신했던 철학자였다. 흥미롭게도 로티가 관조적 세계를 부수기 위해서 제일 먼저 손대려고 했던 것은 마음을 일종의 거울로 보는 전통적 생각이었다. 1979년에 출간된 자신의 주저 《철학 그리고 자연의 거울Philosophy and the Mirror of Nature》에서 로티는 말한다. "대부분 우리의 철학적 확신을 규정하는 것은 명제라기보다는 이미지, 진술이라기보다는 은유다. 전통 철학을 사로잡고 있는 이미지는 마음을 커다란 거울로 보는 이미지다. …… 마음을 거울로 보는 이미지가 없다면, 인식을 표상representation의 정확성이라고 보는 견해도 나오지 않았을 것이다. 또한 이런 인식에 대한 견해가 없었다면, 데카르트와 칸트에 공통된 전략, 즉 거울을 조사하고 수리하고 닦아서 점점 더 정확한 표상을 얻겠다는 전략도 아무런 의미를 가지지 못했을 것이다."

    로티의 지적이 옳다면 우리는 데카르트와 칸트 옆에 신수와 종밀도 놓아야 할 것 같다. 그러나 거울 비유를 시작했던 신수와 그것을 더 세련되게 만든 종밀은 데카르트나 칸트보다 더 심각한 문제를 낳는다. 자기 마음의 거울을 닦느라, 한마디로 자기애에 빠져 자비라는 싯다르타의 가르침을 등한시할 수 있으니 말이다. 종밀이 후일 혜능의 후계자들에게 이단이라는 평가를 받게 되었던 것도 다 이유가 있었다. 이때 임제 선사의 등장은 거울 이미지가 다시 등장한 중국 불교의 역사에서 볼 때 불가피한 일이었는지도 모른다. 그는 다시 한 번 거울 이미지를 부수려는 혜능의 노력을 반복하려고 했던 것이다. 불교라는 사유 체계에서 혜능과 임제의 시도는 어쩌면 너무 당연한 것이다. 전혀 때가 묻지 않은 깨끗한 거울처럼 본래 마음이 있다는 생각 자체가 싯다르타의 무아無我론과 충돌할 수밖에 없기 때문이다.

동아시아 불교에서는 이런 본래의 깨끗한 마음을 자성청정심自性淸淨心이나 불성佛性, 혹은 여래장如來藏으로 개념화하고 있다. 중국을 포함한 동아시아에서 인성론과 그에 기반을 둔 수양론이 너무나 발달했던 탓일까? 그러니 중국에서는 인도 불교에서 거의 비주류에 가깝던 불성과 여래장 계열의 불교가 유행하게 된 것이다. 그러나 무아론을 부정하고서 어떻게 불교가 불교일 수 있다는 말인가? 물론 동아시아 사람들이 인성론을 강하게 믿고 있기에 방편의 차원에서 자성, 불성, 혹은 여래장과 같은 실체 개념을 사용했을 수도 있다. 실제로 여래장을 체계적으로 설명하고 있는 《보성론寶性論, Ratnagotravibhāga》을 보면 여래장은 공과 무아의 방편이라고 명시되어 있다. 그렇지만 원효 등 일부 탁월한 이론가를 제외한 대부분의 동아시아 불교 사상가들은 그렇지 못했다. 방편을 방편이 아니라 진리로 받아들였기 때문이다.

불교를 처음 수입했을 때 혜원을 대표로 하는 중국의 불교 이론가들은 불교의 핵심 가르침을 불변하는 자아를 전제로 한 윤회설이라고 착각했던 적이 있다. 이런 쓴웃음을 자아내는 에피소드가 중국 불교의 불행한 역사를 미리 예감하는 원형적인 사건이었다고 할 수 있다. 어쩌면 이것은 무아론이 가진 부작용일 수도 있다. 실체로서의 자아를 부정하는 싯다르타와 나가르주나의 논의를 접하는 순간, 그렇다면 실체로서의 자아를 극복한 자아, 혹은 진정한 자아는 존재하는 것 아니냐는 생각이 발생한 것이다. 《대승입능가경大乘入楞伽經, Laṅkāvatāra Sūtra》을 잠시 들여다보자. "싯다르타가 말한 여래장의 뜻은 외도外道가 말한 아我와 같은 것 아닌가? 외도의 견해를 떠났기에 무아에 근거한 여래장을 말한다. 청정한 '진아眞我'가 바로 여래장이다." 한마디로 '무아지아無我之我', 즉 무아의 상태에 있는 아가 존재한다는 것이고, 그것이 바로 '진짜 자아'이고 여래장이라는 의미다.

결국 제법무아諸法無我로 정리되는 싯다르타의 가르침으로는 집착의 기원이라고 할 수 있는 영원한 실체에 대한 열망을 종식시키기에는 역부족이었던 것이다. 싯다르타의 핵심 가르침을 요약한 삼법인三法印에 무아의 가르침 이외에도 무상無常의 가르침이 있는 것도 이런 이유에서이지 않을까? 삼법인이란 개념은 소승불교의 경전 중 하나인 《성실론成實論》에 최초로 등장한다. "부처의 설법에는 삼법인이 있는데, 모든 것은 무아無我라는 설법, 조건 지어진 모든 것은 무상無常하다는 설법, 그리고 모든 집착이 사라져서 열반에 이른다는 설법이다." 우리는 잊고 있었다. 무아 이외에 그보다 더 강력한 무상이란 가르침이 존재한다. 불교 내부나 외부에 집요하게 남아 있는 실체에 대한 집착을 한 방에 날리는 방법은 아주 단순하다. 이 세상 모든 것은 변한다는 무상의 설법으로 일체의 아트만 의의를 무력화하면 된다. 바로 이것이 불교인식론의 완성자였던 다르마키르티Dharmakīrti, 法稱의 생각이었다.

그래서 다르마키르티는 경량부經量部학파에서 유래한 개념 '찰나멸刹那滅, kṣaṇa-bhaṅga'에 집중한다. 순간적인 소멸을 의미하는 찰나멸에 대한 다르마키르티의 생각을 직관적으로 이해하려면 현대 열역학의 개념 엔트로피를 떠올리면 쉽다. 《양평석量評釋, Pramāṇavārttikakārika》에서 그는 말한다. "소멸하는 것에는 외적 원인이 없기에 존재는 그 자체의 본질에 따라 자발적으로 소멸하는 것이다." 조금 고급스럽게 이야기하면 '유有' 안에 '무無'가, 혹은 '존재' 안에 '비존재'가 본질로 내재한다는 것이다. 다르마키르티는 바로 이 찰나멸을 논리적으로 증명하려고 했다는 데 그 특이성이 있다. 통상적으로 주어가 동일성이나 연속성을 가지지 않으면, 논리적 추론은 불가능할 수밖에 없다. 그러니 찰나멸에 대한 논증식을 만들려는 다르마키르티의 시도는 정말로 불가능에 도전하는 것처럼 보인다.

주어에 해당하는 존재가 순간적으로 소멸하는데, 이런 존재에 대해 어떻게 술어를 붙여 참과 거짓을 논할 수 있다는 말인가? 그렇기에 다르마키르티 이후 불교인식론학파들은 불교 내부와 외부에서 활동하는 모든 실체론자들을 괴멸시킬 수 있는 찰나멸 논증식을 완성하기 위해 평생을 바쳤던 것이다. 즈냐나스리미트라Jñānaśrīmitra(975~1025)와 11세기에 활동했던 그의 제자 라트나키르티Ratnakīrti가 그 대표적인 사상가였다. 다르마키르티, 즈냐나스리미트라, 그리고 라트나키르티의 시도는 성공했을까? 논증식을 만든다는 것은 위자비량爲自比量이 아니라 기본적으로 위타비량爲他比量과 관련된다. 그러니까 실체를 믿고 있는 사람들을 설득시켜 집착에서 해방시키고자 불교인식론학파들은 찰나멸을 증명하려고 했던 것이다.

10세기에 《아트마타트바비베카Ātmatattvaviveka》라는 저서로 찰나멸 논증을 논

불교인식론의 완성자 다르마키르티.

박했던 우다야나Udayana와 같은 철학자들이 많았던 것으로 보아 불교인식론학파들의 시도는 나름 파괴력과 영향력이 있었던 것으로 보인다. 그러나 우다야냐의 주저 제목으로도 등장하는 '아트만'이란 불변하는 실체에 대한 집착은 논리적 설득으로 쉽게 해소될 성질의 것이 아니라고 해야 할 듯하다. 거울로 비유되는 자성청정심이나 불성을 신봉하던 동아시아 불교 이론가들이 불교인식론학파의 통찰을 무시했던 것도 다 이유가 있었던 셈이다. 잊지 말아야 할 것은 위타비량의 여부를 떠나 불교인식론학파는 현량으로나 비량으로나 모두 찰나멸을 확신하고 있었다는 점이다. 하긴 스스로 보았거나 혹은 스스로 납득되지 않은 것을 어떻게 타인에게 설득하려고 하겠는가?

찰나멸이란 우리를 포함한 모든 존재가 찰나적 존재, 즉 순간적 존재라는 걸 의미한다. 바로 이 점이 중요하다. 우리는 하루하루 변하고 끝내는 세상을 떠나는 존재라는 것이다. 영원한 실체에 집착한 사람들로서는 세속적 의미에서 인생무상을 이야기할 만한 비극적인 사태다. 태어나지 않았으면 그만인데 태어나서 죽는다는 것, 젊지 않았으면 그만인데 늙어간다는 것! 이 얼마나 허망한 일인가. 그러나 영원한 실체에 대한 집착이 끊어지면 무상은 허무한 이야기가 아니라, 아주 긍정적인 가르침으로 다가올 수 있다. 그냥 노골적으로 물어보자. 바람에 의해서 지든 아니면 질 때가 되어서 지든 찬란하게 피었다가 허무하게 지는 벚꽃이 좋은가? 아니면 가장 전성기 때의 모습을 플라스틱으로 정교하게 재현한 조화가 좋은가? 아마 전자가 좋을 것이다. 그렇지만 찰나멸의 존재인 벚꽃을 좋아한다는 것은 무척 아픈 일이다. 좋아하는 것을 가지고 싶은 것이 인간의 자연스런 욕망이지만, 그 꽃은 나의 소유욕을 비웃는 듯이 사라지기 때문이다.

소유욕과 집착이 있다면 찰나멸은 우리 내면에 고통을 만들고, 심지어 우리를 허무주의에 빠뜨릴 수도 있다. 반대로 소유욕과 집착이 사라진다면, 찰나멸은 우리에게 모든 순간적 존재에 대한 애틋한 마음을 가져다준다. 어차피 떨어질 테지만 벚꽃의 꽃잎들이 떨어질까 노심초사하는 마음, 이것이 동체대비의 자비심이 아니면 무엇이겠는가. 결국 찰나멸은 이중적으로 작용한다. 우리가 영원에 대한 집착이 있다는 걸 아프게 자각하도록 만드는 계기이기도 하고, 동시에 모든 찰나적 존재에 대한 자비심을 일어나도록 하는 계기이기도 하니까 말이다. 무상을 이야기할 때 싯다르타의 마음, 찰나멸을 논증하려고 할 때 다르마키르티의 마음이 바로 이것이었다. 여래장, 진정한 자아, 혹은 본래 깨끗한 거울과 같은 마음을 강조하는 사람들이 일으키기 어려운 자비심을 무상의 깨달음은 너무나 쉽게 알려준다. 로티가 거울을 깨고서 만나게 되는 세계가 아이러니의 세계였다면, 찰나멸의 세계를 만나면 우리 마음의 거울은 저절로 깨질 것이다.

20

세계는 무엇이 지배하는가?

장재

—————— VS ——————

주희

공자와 맹자를 업데이트한 신유학의 탄생

베이징 대학교에서 강의를 하면서 러셀은 중국 사유에서 충격을 받고 마침내 서양중심주의에서 벗어나게 되었다. 그가 보았을 때 중국 철학은 서양철학사에 비견될 정도의 규모를 갖추고 발전해온 사유 전통이었기 때문이다. 당시 베이징 대학교에서 러셀에게서 서양철학을 배웠던 영민한 중국인 제자한 명이 있었다. 그가 바로 펑유란馮友蘭(1894~1990)이다. 당연한 귀결이겠지만그는 스승에게서 기존의 서양철학사와 비견될 만한 중국 철학사를 반드시써야 한다는 강한 자극을 받게 되었다. 1934년 펑유란에 의해《중국 철학사中國哲學史》가 완성된 것도 바로 이런 이유에서이다. 이 책은 서양의 방법론에입각해서 쓰인 최초의 중국 철학사로서, 1952년 프린스턴 대학 출판부에서보드Derk Bodde(1909~2003)에 의해 'A History of Chinese Philosophy'로 번역되었고 오늘날에 이르기까지 중국 철학사의 고전으로 읽히고 있다.

자신의 중국인 제자가 중국 철학사를 집필한 것에 화답이라도 하려는듯 러셀 본인도 1945년 서양철학사를 저술하게 되었다. 흥미로운 것은 그의서양철학사 저서의 제목이 'A History of Western Philosophy'라고 적혀 있다는 점이다. 아직도 대부분의 서양철학사가 부주의하게 혹은 의식적으로'철학사A History of Philosophy'라는 제목만을 달고 출간된다는 점을 보더라도, 러셀의 작업은 그 내용이 어떻든지 간에 그 발상만으로도 중요한 의미를 지니는 것이라고 할 수 있겠다.《중국 철학사》를 넘겨보면 우리는 펑유란이 중국철학의 흐름을 크게 두 시기로 양분하고 있는 것을 확인할 수 있다. 하나는제자백가, 현학, 불교가 지배했던 당제국(618~907)까지의 시대라면, 다른 하나는 제가백가의 일원에 불과했던 공자와 맹자의 유학 사상을 새롭게 부활시킨 신유학新儒學의 시대, 즉 송제국 시대(960~1279)부터 서양 문명이 들어오기 이전까지의 시대였다.

펑유란이 처음 사용한 신유학Neo-Confucianism이란 표현은 글자 그대로

펑유란의 젊은 시절 모습. 펑유란은 서양의 방법론에 입각해서 처음으로 중국 철학사를 저술했다.

Professor Fung Yu-Lan, Ph. D.
馮友蘭

'새로운 유학'을 의미하는 것이었다. 그렇다면 신유학의 '새로움'의 정체는 무엇이었을까? 표면적으로 보면 그것은 공자와 맹자로 대표되는 선진유학先秦儒學을 낡아 보이게 할 정도로 유학을 새롭게 만들었다는 것이다. 그렇다면 신유학은 전통 유학 사상에 어떤 새로움을 들여온 것일까? 두 가지다. 하나는 거대한 우주론적 형이상학이고, 다른 하나는 심오하고 복잡한 수양론이다. 조금 극단적으로 말해 신유학을 표방했던 유학자들은 위로는 저 하늘, 저 우주까지 상승하려고 했고, 반대로 일상적이고 표면적인 마음을 뚫고서 마음 저 밑바닥까지 하강하려고 했던 것이다. 아마 공자가 1,000여 년 뒤 이 후배들을 보았다면 경악했을지도 모른다. 하늘을 보느라, 혹은 내면에 침잠하느라, 후배들이 가깝게는 가족생활, 그리고 멀리로는 공직생활을 등한시하기 쉬울 테니 말이다. 그래서 공자는 하늘과 내면에 대해 이야기하기를 그렇게 꺼렸던 것이다.

자공이 말했다. "선생님께서 과거 문헌들을 이야기하신 것은 들을 수가 있었지만, 선생님이 본성性과 천도天道에 대해 이야기하신 것은 들은 적이 없다."

-《논어》,〈공야장公冶長〉

공자의 비서실장격이었던 자공의 말이다. 공자는 인문세계, 혹은 인간 사이의 관계를 넘어서 사유하려는 걸 극히 꺼렸던 사상가였다. 그런데 바로 신유학은 인문세계를 넘어서려고 하고 있다. 바로 이것이 신유학의 새로움의 정체다. 신유학은 공자가 애써 말하지 않으려고 했던 것, 즉 천도와 본성을 공공연히 말하려고 했던 것이다. 이제 일상생활의 윤리학으로서 유학은 형이상학과 수양론이란 근사한 옷을 입게 된 셈이다. 불만스런 대선배 공자에게 그의 후배들은 변명할 수 있다. 천도로 상징되는 형이상학과 본성으로 상징되는 수양론으로 공자뿐만 아니라 맹자라는 선배 유학자들의 유학 사상을 반석에 올려놓겠다고, 혹은 다른 누구도 넘보지 못할 형이상학과 수양론의 성벽을 만들어 노장 사상이나 불교 사상을 압도할 것이라고.

애초에 형이상학과 수양론을 꺼렸던 것이 유학이기에, 신유학은 다른 학문에서 벤치마킹을 시도할 수밖에 없었다. 그런데 이 벤치마킹은 묘한 데가 있다. "이이제이以夷制夷", 즉 "오랑캐로 오랑캐를 제압하는"방식의 벤치마킹이었으니 말이다. 신유학이 형이상학과 수양론을 새롭게 도모했던 이유는, 유학의 라이벌 사상 체계가 대부분 중국인들을 유혹할 만큼 세련되고 체계적인 형이상학과 수양론을 구축했기 때문이다. 이제 더 이상 공자와 맹자의 유학으로 머물렀다가는 유학은 꼰대의 학문이라는 비아냥거림만 초래하게 될 것이다. 새 술을 만들어 새 부대에 담지 못할 바에는, 헌 술이라도 새 부대에 담아야 했던 것이다. 결국 신유학의 초기 사상가들, 다시 말해 주돈이周敦頤(1017~1073), 장재張載(1020~1077), 정호程顥(1032~1085), 정이程頤(1033~1107) 등은 당시 지성계를 압도했던 현학玄學과 불교를 공부하면서 해체하는 작업을 반복할 수밖에 없었다.

먼저 그들은 현학과 화엄종의 형이상학 체계와 씨름하기 시작했다. 왕필의 현학은 노자 철학에서 세계를 설명할 수 있는 형이상학적 구조를 읽어내면서 시작되었다. 현학은 세계를 거대한 나무의 이미지, 들뢰즈가 그렇게도 비판했던 나무 이미지를 가지고 이해하려고 했다. 세계의 근거는 하나의 뿌리本이고 세계의 현상들은 다양한 가지들末이라고 보면서, 왕필은 유명한 본말本末의 형이상학을 완성했던 것이다. 물론 땅속에 있는 뿌리는 눈에 보이지 않기 때문에 '무無'라고 보았고, 반면 다양한 가지들은 보이기 때문에 '유有'라고 규정하기도 했다. 뿌리가 가지들을 받치고 있듯이, 무도 유를 낳고 지탱하는 토대라고 생각했던 것이다. 그런데 얼마 지나지 않아 현학보다 더 강력한 형이상학적 사유가 등장한다. 당제국의 제국 이데올로기이기도 했던 화엄의 형이상학이었다. 화엄의 형이상학에서 중요한 것은 '개체가 곧 전체─即多이며, 전체가 곧 개체多即─'라는 논리였다고 볼 수 있다.

신유학자들은 현학과 화엄종의 논리를 전복시키지 않을 수 없었다. 이러한 이론적 전복의 과정이 수반되지 않으면 공맹孔孟의 유학 사상을 새롭게 부각시킬 수 없다고 본 것이다. 하지만 결국 신유학자들의 공격은 구조적인 것에까지는 이르지 못하고 단지 내용적인 수준에 그쳤을 뿐이다. 다시 말해 그들은 일─과 다多라는 논리로 구성된 현학이나 전체와 개체라는 논리로 무장한 화엄 철학의 구조 자체를 붕괴시키는 데는 실패했다는 말이다. 그들은 현학이나 화엄학이 이야기했던 무無나 공空이 허무주의적이라는 사실만을 비판했을 뿐이다. 그래서 신유학자들이 할 수 있었던 유일한 일은 무나 공의 자리에 기氣 혹은 이理와 같이 허무적인 것처럼 보이지 않는 다른 내용을 채우는 것뿐이었다. 한마디로 말해 현학과 화엄종이란 술 부대를 내용물만 버리고 그대로 사용했다는 것이다.

어쨌든 이런 과정을 통해 마침내 신유학은 이일분수理─分殊라는 형이상학적 도식을 만들어내는 데 성공한다. 한마디로 이치는 하나지만 그것은 다양한 모습으로 드러난다는 의미다. 북송北宋(960~1127)에서 시작되었던 신유학을 체계화했던 남송南宋(1127~1279)의 주희朱熹(1130~1200)는 말한다.

공자는 일찍이 이일理—을 말하지 않았고, 대부분 단지 분수分殊만을 말했다. 분수 가운데 다양한 사태와 대상에 대해 철두철미하게 그 당연한 이치들을 이해한 뒤에야 비로소 이理가 본래 하나로 관통한다는 것을 알 수 있기 때문이다. ─《주자어류朱子語類》 권27

이일理—이란 말은 이理의 일자성을 의미한다. 아무리 다양한 현상들과 그 현상들의 법칙들이 있다고 하더라도, 그것들은 하나의 이치의 지배를 받는다는 생각이다. 반면 분수分殊라는 개념은 일자와는 달리 다양성을 의미한다. 구체적으로 말해 현상들의 다양성을 의미하기도 하고, 아니면 개별 현상들에 관철되는 법칙들의 다양성을 뜻하기도 한다. 주희도《논어》에서 공자가 '이일'을 이야기했던 적이 없다는 걸 알고 있다. 공자는 단지 인仁이나 서恕, 혹은 효孝 등 인간이면 누구나 따라야 할 윤리법칙만을 이야기하고 있다. 그러나 주희는 공자의 모든 윤리법칙들이 하나의 법칙, 즉 이일로 수렴된다고 보았다. 하나하나 법칙들을 깨닫다보면, 어느 순간 우리는 다양한 법칙들이 하나의 법칙이 적용된 것에 지나지 않는다는 걸 안다는 것이다.

다음으로 그들은 수양론도 공부해야 했다. 여기서 결정적인 벤치마킹 대상은 불교, 특히 선종 중에서도 화엄종과 선종을 통일시키려고 했던 종밀宗密의 수양론, 즉 마음에 대한 논의였다. 거울 이미지로 종밀은 마음을 설명했던 적이 있다. 거울은 세 가지 요소로 구별된다. 거울의 몸체, 거울의 반사 능력, 그리고 거울의 반사 이미지다. 구체적으로 말해 현실적으로는 불가능하지만 이론적으로는 가능한 아무것도 비추지 않는 거울의 초월론적인 상태, 무언가를 밝게 비출 수 있는 거울의 역량, 그리고 앞에 있는 것이면 무엇이든지 담아내는 거울의 상태가 바로 그것이다. 종밀은 각각을 자성체自性體, 자성용自性用, 그리고 수연용隨緣用이라고 부른다. 결국 수양론의 관건은 자성용이란 계기에 집중된다. 마치 거울을 닦는 것처럼 있는 그대로 세계를 밝게 비출 수 있는 능력을 활성화시키지 않으면, 마음은 세계를 제대로 비춰낼 수 없다는 발상인 셈이다.

언제 우리는 마음을 닦으려고 할까? 이 질문은 언제 우리가 거울을 닦게 되는지의 질문과 맥을 같이한다. 거울이 제대로 사물을 비춰내지 못할 때 우리는 거울을 깨끗이 닦으려고 할 것이다. 마찬가지로 마음이 세계를 제대로 비춰내지 못할 때, 우리는 마음을 닦으려고 할 것이다. 결국 수연용 차원에서 문제가 발생하면, 우리는 자성용을 닦게 된다. 그러나 더 확실한 공부는 미리미리 자성용을 깨끗이 닦는 것이다. 미리미리 게으르지 않게 닦아야, 거울은 왜곡된 이미지나 흐릿한 이미지를 담아내지 않을 테니 말이다. 그러니 거울이 잘 작동하도록 하는 데에는 거울이 잘 비춰내지 못할 때 거울을 닦는 방법과 미리미리 거울을 닦는 방법이 있는 셈이다. 마음도 마찬가지다. 마음이 드러난 다음에 마음을 닦는 수양의 방법과 마음이 드러나기 전에 마음을 닦는 수양의 방법이 그것이다.

신유학에서는 이 두 가지 공부를 각각 이발已發 공부와 미발未發 공부라고 규정한다. 여기서 이발이 이미 드러난 마음 상태를 가리킨다면, 미발은 아직 드러나지 않은 마음 상태를 가리키는 개념이다. 주희는 말한다.

배우는 자는 희로애락喜怒哀樂이 미발할 때 지경持敬 공부를 하고, 희로애락이 이발할 때 성찰省察 공부를 해야 한다.　—《주자어류朱子語類》권55

《중용中庸》에는 "희로애락이 아직 드러나지 않은 상태를 중이라고 하고, 드러나서 모두 절도에 맞는 상태를 화라고 한다喜怒哀樂未發謂之中, 發而皆中節謂之和"는 구절이 등장한다. 인간을 뒤흔드는 감정이 드러나지 않을 때 완전한 균형 상태에 있고, 감정이 드러나도 모자라거나 과도하지 않게 적절히 감정 표현을 한다는 뜻이다. 전자가 바로 '중中'의 상태이고, 후자가 바로 '화和'의 상태이다. 물론 이것은 성인聖人이나 가능한 경지라고 할 수 있다. 보통 사람이라면 감정이 드러나지 않을 때에도 마음이 중심을 잃고 어디론가 쏠리기 마련이고, 또한 감정이 드러날 때도 상황에 맞는 감정 표현을 못하기 쉽기 때문이다. 당연히 성인을 꿈꾸는 보통 사람이라면 감정이 드러나지 않을 때 중심을 잡는 공부를, 그리고 감정이 드러날 때에는 절도에 맞았는지를 점검하고 수정하는 공부를 해야만 한다. 지경 공부와 성찰 공부가 바로 그것이다. 중도를 잃지 않을까 '경계하는敬 마음을 유지하는持' 공부가 미발 공부라면, 감정들이 드러났을 때 과도하게 즐거워했거나 부족하게 슬퍼한 것은 아닌지를 '살펴보는省察' 공부가 바로 이발 공부라고 할 수 있다. 어쨌든 여기서 주희는 '미발'과 '이발'을 수양론의 핵심 개념으로 부각시키게 된다.

공자로 대표되는 유학 사상을 세련되게 체계화하려고 현학이나 화엄철학, 혹은 선불교를 벤치마킹하면서 신유학은 치명적인 약점을 지니게 된다. 신유학이 제안한 '이일분수'의 형이상학과 '미발·이발'의 수양론은 현학과 불교와는 내용에서는 차이가 있지만 구조에서는 너무나 유사하기 때문이다. 신유학을 맹신하는 사람들에게는 모든 것이 근본적으로 바뀐 것처럼 보일지도 모른다. 그렇지만 조금이라도 신유학에 비판적이었던 사람들에게 집의 전체 구조는 그대로 둔 채 가구 혹은 장식만 바꾼 것으로 보일 것이다. 일본의 경우 이토 진사이伊藤仁齋(1627~1705)가, 중국의 경우 대진戴震(1723~1777)이, 그리고 우리의 경우 정약용丁若鏞(1762~1836)이 신유학 사유 가운데 여전히 불교의 흔적이 강하게 남아 있다고 비판했던 것도 이런 이유에서다. 흥미롭게도 이 세 명의 유학자들은 주희로 대표되는 신유학적 사유에 포획된 공자와 맹자의 유학 사상을 복원하려고 했다. 현학과 불교라는 방에 갇혔던 공자와 맹자 사상을 구원하는 것! 그것이 바로 신유학 이후 유학자들의 의지였다고 할 수 있다. 결국 철학사적으로 신유학의 사유는 거대한 해프닝으로 그 막을 내리게 된 셈이다.

장재: "기는 자발적으로 운동하는 유일한 실체이다."

신유학이 탄생하는 지점에서 가장 결정적인 역할을 했던 철학자는 바로 장재張載(1020~1077)였다. 그는 현학과 화엄 철학을 극복하지 못한다면 공자와 맹자의 유학이 다시 살아날 수 없다는 것을 자각했던 최초의 신유학자였다. 우선 장재는 무와 공의 자리에 명확한 물질적 이미지를 가진 기氣라는 범주를 도입하려고 했다. 그런데 흥미로운 것은 기에 대한 그의 사유가 현학과 불교가 발달하기 훨씬 전에 유행한 고대 중국인의 자연관을 계승하고 있다는 점이다. 한나라 때 만들어진 자전인 《설문해자說文解字》를 보면, 고대 중국인들은 기라는 글자를 "'구름 기운雲氣'으로 그 모양을 본뜬 것"이라고 이해했음을 알 수 있다. 그런데 여기서 '구름 기운'이란 과연 무엇일까? 《설문해자》의 주석서를 넘겨보자.

> 기의 모양은 구름과 같다. 그렇지만 나누어 말한다면 산골 시냇물에서 처음 나오는 것이 기이고, 하늘에 올라간 것이 구름이다. 합쳐서 보면 기는 구름이 흩어진 것이고, 구름은 기가 짙게 모인 것이다. 그러므로 《설문해자》에서는 '운기雲氣'라고 풀었던 것이다. 글자 모양이 세 줄을 겹쳐놓은 것은 기가 피어오를 때 여러 층이 겹쳐져 올라가기 때문에 획을 겹쳐서 그 모양을 본뜬 것이다.   -《설문해자부수정說文解字部首訂》

방금 읽은 구절은 고대 중국인이 아니더라도 산이나 야외에서 급격한 기상 변화를 겪을 때 지금 우리도 누구나 경험하는 현상이다. 특히 산간지역에서는 지형상의 특성으로 구름이 갑자기 만들어졌다가 또 갑자기 사라지는 현상이 자주 목격된다. 그렇다면 구름은 어떻게 만들어지며 또한 어떻게 사라지는 것일까? 이것을 해명하려면 이른 새벽 시냇가에 물안개가 피어오르는 모습이 중요한 역할을 할 수 있다. 이런 물안개처럼 층층이 아주 느리게 상승하는 수증기의 모양을 본뜬 것이 바로 '기'라는 글자였다. 이런 경험을 토대로 고대 중국인들은 눈에는 보이지 않지만 분명히 존재하는 기가 뭉쳐서 구름이 된다고 보았고, 이렇게 만들어진 구름은 다시 기로 흩어져서 우리 눈에 보이지 않게 된다고 생각했다. 그렇다면 구름은 우리 눈으로 볼 수 있게 된 기이고, 기는 눈으로 볼 수 없게 된 구름이라고 할 수 있다.

중국 사유에는 무형無形과 유형有形이라는 두 가지 범주가 자주 쓰인다. 형形이란 글자는 '형체를 만든다', 혹은 '드러난다'는 의미다. 무형이 형체가 드러나지 않으니 우리가 볼 수 없는 것을 가리킨다면, 유형은 형체를 드러내서 우리가 볼 수 있는 것을 의미한다. 그래서 고대 중국인들에게 '무형'이나 '무無'는 비존재를 가리키지 않는다. 무언가가 있지만 아직 눈으로 볼 수 없는 것이 바로 무형이나 무이기 때문이다. 그래서 보이지는 않지만 느낄 수 있는 기가 무형의 존재라면, 눈으로 확인할 수 있는 구름이 바로 유형의 존재라고 할 수 있다. 기가 응결하여 구름이 되고 역으로 구름이 흩어져 기가 된다는 역동적인 이미지를 토대로 장재는 자신만의 기 형이상학을 만들게 된다.

> 태허太虛란 형체가 없는 기의 본래 모습이다. 그 기가 모이고 흩어지는 것은 변화에 의해 발생하는 일시적인 형체客形에 지나지 않는다. ……
> 기가 태허에서 모이고 흩어지는 것은 마치 얼음이 물에서 얼고 녹는 것과도 같다.　　　　　　　　　　　　　　　　－《정몽正蒙》,〈태화太和〉

일단 장재는 세계를 보이는 영역과 보이지 않는 영역으로 나눈다. 물론 보이는 영역은 일상적인 세계를 말한다. 바위, 물, 나무, 개, 꽃, 인간, 여자, 남자, 아이 등이 여기에 살고 있다. 하지만 이것들은 이전에는 아직 없었고 또한 앞으로도 점차 없어질 것이 아닌가? 그렇다면 나무, 꽃, 인간 등은 어디에서 와서 어디로 사라지는 것일까? 장재는 고대 중국인들의 경험을 되살려낸다. 아무것도 없는 것 같지만 무엇인가가 있다. 그리고 이것이 모여서 구름이 된 것이다. 나아가 구름이 흩어지면 그것은 보이지 않게 된다. 장재는 눈에 보이지 않는 그것이 바로 기라면, 눈에 보이는 구름과 같은 것들은 객형客形이라고 보았다. 객형은 글자 그대로 왔다가 곧 가는 손님과도 같은 '형체'를 말한다. 만들어진 구름은 주인이 아니라 잠깐 손님처럼 왔다가 다시

장재는 현학과 화엄 철학을 극복하지 못한다면 공자와 맹자의 유학이 다시 살아날 수 없다는 것을 자각했던 최초의 신유학자였다. 장재는 무와 공의 자리에 명확한 물질적 이미지를 가진 기라는 범주를 도입했다.

떠나는 존재와도 유사하기 때문에 이런 표현을 사용한 것이다.

기氣의 두 양태	장재의 개념	공기의 비유	H2O의 비유
보이지 않는 기	태허太虛	수증기	물
보이는 기	객형客形	다양한 구름들	다양한 얼음들

결국 기가 모여서 일시적인 형체를 만들고, 일시적인 형체는 흩어져서 다시 기로 되돌아간다는 단순한 도식이 장재 형이상학의 핵심을 이루고 있다. 자신의 구도를 더 명확히 보여주기 위해서 그는 기와 객형의 관계를 이제 물과 얼음의 관계에 비유한다. 물이 얼면 특정한 모양을 가진 얼음이 되고, 이 얼음이 녹으면 다시 물로 돌아가기 때문이다. 결국 장재의 세계에서는 진정으로 소멸되는 것은 아무것도 없는 셈이다. 기로부터 태어나서 다시

기로 되돌아가는 것이 형체를 가진 모든 것의 숙명이기 때문이다. 그렇다면 사실 죽음이 자신의 눈앞에 있더라도 인간은 조바심을 내서는 안 될 것이다. 죽음이란 자신의 본래 자리로 돌아가는 과정일 뿐이기 때문이다. 장재는 기와 객형 사이의 역동적 관계가 세계의 진정한 모습이라고 확신했다. 자신의 통찰을 근거로 장재는 드디어 현학과 화엄 철학의 형이상학을 다음과 같이 공격하기 시작한다.

> 만약 허虛가 기를 낳을 수 있다고 말하면 …… 이러한 논의는 유가 무에서 생긴다고 하는 노자의 생각에 빠지게 되므로, 이른바 유와 무가 섞여 하나가 되는 상도를 이해하지 못할 것이다. 만약 온갖 현상들이 태허 안에서 드러나는 것이라고 주장한다면 …… 이러한 논의는 산, 강, 그리고 대지가 모두 주관적인 환상이라고 주장하는 불교의 학설에 빠지게 될 것이다.　　　　　　　　　　　　　　　-《정몽》,〈태화〉

장재에게 기는 두 가지 모습을 띤다. 하나는 보이지 않는 태허의 모습이고 다른 하나는 보이는 객형의 모습이다. 비록 구름 한 점 없이 비어 있는 곳에서 구름이 생긴다고 할지라도, 비어 있는 곳, 즉 허가 기를 새롭게 만드는 것은 아니다. 허는 기의 양태 가운데 하나일 뿐이기 때문이다. 허가 기를 만든다는 착각에 빠지는 것도 충분히 가능한데, 이런 착각에 빠진 것이 바로 "무에서 유가 생겼다"고 주장하는 노자, 즉 현학이라는 것이다. 장재에 따르면 현학은 기가 유와 무를 모두 관통하고 있다는 사실을 제대로 이해하지 못한 것이다. 한마디로 기는 실체이고, 태허는 객형과 마찬가지로 기의 양태에 지나지 않는다는 생각이다. 그러니 태허가 기를 낳는다는 주장은 전도된 견해에 지나지 않는다.

반면 화엄 철학에 따르면 하나의 개체는 전체의 계기가 모두 응축되어 만들어지는 것이다. 장재는 이런 화엄 철학을 "온갖 현상들이 태허 안에서 드러나는 것이라고 주장하는" 입장이라고 요약했다. 금이 금사자로 만들어지는 과정을 생각해보라. 법장은 금사자처럼 드러난 개별자들보다는 금, 혹은 전체의 계기를 중시했다. 이렇게 화엄 철학에 따를 때 눈에 보이는 것들은 일시적으로 구별되는 개체들이지만, 개체의 진정한 모습은 결국 전체일 뿐이라는 것이다. 그러나 장재에 따르면 개별자들, 혹은 개체들은 우리 마음과 상관없이 충분히 실재적인 것이다. 그렇지만 화엄 철학은 전체라는 관점에서 모든 개체들은 현상적 차이에도 불구하고 같은 것이라고 주장한다. 하긴 전체를 매개로 모든 개체들은 같다고 보자는 것이 법장이 체계화했던 화엄 철학의 핵심이었다. 이것은 객형들 각각의 고유성, 그러니까 실재성을 제거하는 주장일 뿐 아닌가? 장재는 이렇게 반문하며 화엄 철학의 관념성을 지적하고 있는 셈이다.

⑯

주희: "만물을 낳으려는 세계의지가 세계를 통제한다."

장재의 위대함은 그가 형이상학적 체계를 구성함으로써 현학과 화엄 철학의 세계관을 무력화시키려고 했다는 점에 있다. 물론 장재가 구성한 체계의 핵심에는, 보이든 보이지 않든 간에 세계를 관통하는 본질로서 기가 존재하고 있다. 그런데 장재가 만들어놓은 도식에서는 세계가 존재하는 이유 혹은 목적에 대해서는 분명한 답을 내놓지 않았다. 기는 저절로 뭉치고 흩어지는 실체로 간주되었을 뿐이기 때문이다. 객형으로 태어난 인간이나 동물은 어떻게 삶을 영위해야 하는가? 어차피 흩어져 보이지 않는 기로 돌아가는 것이라면, 우리는 자신의 삶을 적극적으로 영위할 필요가 있을까? 장재의 형이상학 체계의 중요성을 인정했지만 동시에 그 한계 또한 간파했던 탁월한 철학자가 그로부터 100년 뒤 탄생하게 된다. 그가 바로 뒷날 신유학의 대표 주자로 불리게 된 주희朱熹(1130~1200)였다.

주희가 장재의 도식에 남아 있던 맹점을 개선하려고 했던 실제 방법은 사실 매우 간단했다. 그것은 뭉치고 흩어지는 기에 불변하는 존재 이유나 목적, 즉 일종의 프로그램을 집어넣는 것이었다. 그는 존재의 프로그램을 태극太極 혹은 이理라고 불렀다. 눈에 보이는 세계와 눈에 보이지 않는 세계, 즉 기가 관통하는 유와 무의 세계 모두에 태극이 전혀 변하지 않은 채로 존재하고 있다는 것이다. 태극, 그것은 전체 우주의 DNA였던 셈이다. 그렇다면 태극으로 상징되는 세계의 근본 목적은 과연 무엇이었을까? 주희는 이 점에 대해 다음과 같이 이야기한다.

> 이 세계는 '만물을 낳는 것生物'을 마음으로 삼고 있다. 그리고 사람과 사물들은 각각 이 '세계의 마음天地之心'을 얻어 그것으로 자기 마음을 삼고 있다. 그러므로 마음의 덕을 말하면 비록 그것이 모든 것을 포괄해서 갖추고 있지 않음이 없지만, 한마디로 말하면 '인仁'일 따름이다.
>
> ─《주희집朱熹集》,〈인설仁說〉

장재에 따르면 기는 객형으로 응결하고, 객형은 다시 풀어져 기로 돌아간다. 그리고 이 순환은 영원히 반복된다. 분명 장재의 생각은 물과 얼음의 비유로 설명될 수 있을 정도로 물리화학적 이미지에 토대를 두고 있다. 주희는 장재의 형이상학적 도식을 받아들이지만, 그것을 기본적으로 생물학적 이미지로 변형시킨다. 다시 말해 주희는 '기가 뭉쳐서 객형으로 되는 과정'에 더 주의를 기울인다는 것이다. 그러니까 그는 '객형이 기로 돌아가는 과정', 즉 죽음과 소멸의 과정은 탄생과 생성의 과정에 비해 부차적이라고 사유한다. 올해 꽃이 지는 것은 내년에 새로운 꽃을 피우기 위함이라는 것이다. '객형이 기로 돌아가는 과정'은 새로운 객형을 생성하기 위한 예비 과정일 뿐이다. 이렇게 주희에게는 '기가 객형이 되는 생성의 과정'이 목적이라면, '객형이 기로 돌아가는 소멸 과정'은 단지 수단에 불과한 것이다.

주희는 세계가 부단히 새로운 객형을 만들어내려는 목적, 혹은 의지를 가지고 있다고 생각한다. 그것이 바로 "만물을 낳으려는 마음生物之心"이다. 결

元吳澂贊

주희에 따르면 만물은 세계의 마음, 즉 이理의 원리에 의해 발생한다. 결국 주희에 의하면 세계의 본질로서 이理는 모든 개체들을 낳을 뿐만 아니라, 동시에 개체들 속에 내재하는 진정한 원리로 정초된 것이었다.

코 만물을 사멸시키는 것이 세계의지는 아니다. 《주역周易》〈괘사卦辭〉에서 말한 '생생불식生生不息'을 주희가 그렇게도 강조했던 것도 다 이유가 있었던 셈이다. '생생불식'은 "낳고 낳기를 쉬지도 않는다"는 의미다. 이것이 바로 주희가 생각했던 세계의지, 즉 '만물을 낳으려는 마음'의 정체였던 것이다. 이런 세계의지에 따라 탄생한 만물들은 세계의지를 그 흔적으로 가지고 있다. 새끼 벚나무가 자신을 낳은 부모 벚나무를 닮고, 새끼 고양이는 자신을 낳은 부모 고양이를 닮는 법이다. 당연히 만물들도 세계의 마음, 혹은 세계의지를 그대로 가지게 된다. 이렇게 개체가 가진 세계의지의 흔적을 주희는 본성性이라고 부른다.

본성의 근본적 성격은 분명하다. 세계가 낳으려는 마음으로 탄생했기에 개체들의 본성은 근본적으로 서로를 살려주려는 방향으로 실현될 것이다. 주희는 이것을 공자가 강조했던 애정의 덕목, 즉 인仁이라고 규정했다. 아니 맹자가 말한 인仁이라고 해도 좋다. 맹자는 인간이라면 누구나 우물에 빠지려는 아이를 구하려고 하는 마음, 즉 측은지심惻隱之心을 가지고 있다고 말한 적이 있다. 이것이 바로 만물을 낳은 세계의지를 계승한 마음, 즉 서로를 살려주려는 마음 아닌가. 세계의지와 인간의지, 혹은 세계의 마음과 인간의 마음 사이에는 신비한 연속성이 있다. 바로 이런 연속성으로부터 주희는 '이일분수理—分殊'라는 형이상학적 구조를 만들게 된다.

이 기가 있기에 도리道理가 바로 그 안에 내재되어 있다. 이 기가 없다면 도리는 있을 곳이 없게 된다. 이것은 마치 물속에 달이 있는 것과 같다. 반드시 이 물이 있기에 비로소 하늘 위의 달을 비출 수 있으니, 만약 이 물이 없다면 결국 물에 비친 달도 없게 될 것이다.

-《주자어류》권16

주희에게 이理는 존재론적으로 두 가지 위상을 가지고 있다. 그 하나가 만물을 초월하고 있으면서 만물을 발생시키는 '이理'라면, 다른 하나는 만물에 내재하게 된 '이'라고 할 수 있다. 초월적인 이와 내재적인 이! 이 두 가지 이 사이의 관계를 설명하는 것이 바로 '월인천강月印千江'의 비유이다. 밤하늘에 달 하나가 밝게 빛나면, 천 개의 강에도 달그림자들이 빛을 발하게 된다. 그런데 강의 유속과 모양에 따라 달그림자의 모습은 천양지차일 것이다. 여기서 중요한 것은 하늘에 떠 있는 달이 없다면 천 개의 달그림자들 역시 존재할 수 없다는 점이다. 여기서 하늘에 떠 있는 달은 초월적인 이를 상징한다. 그리고 천 개의 달그림자들은 내재적인 이, 즉 성性을 상징하는 것이다. 유명한 성즉리性卽理의 테마도 바로 이런 맥락에서 출현한 것이다. 위의 논의는 인간을 포함한 모든 개체가 초월적인 이를 부여받아 자기 내면의 본성으로 삼게 되었다는 것을 말해주고 있다. '월인천강'의 비유로 주희가 말하고자 했던 것은 결국 '이일분수'라는 세계의 구조였다. 다시 말해 이理는 근본적으로 하나—이지만, 그것은 다양한 만물들 속에서 '다양한 모습으로 실현된다分殊'는 것이다.

그런데 바로 이 대목에서 주희는 장재가 강조한 기의 범주를 수용하면서도 또한 동시에 제한하고 있다. "이 기가 없다면 도리는 있을 곳이 없게 된다"라고 말하면서 장재의 기 개념을 의미심장하게 수용하고 있지만, 동시에 주희는 기라는 범주를 가급적 객형에 한정시키려고 한다. 결국 주희는 장재의 태허 개념을 지우고 있는 셈이다. 물론 이것은 태허의 자리에 태극, 즉 이理라는 범주를 새겨 넣으려는 복선이라고 할 수 있다. 어쨌든 태허를 빼앗긴 기는 이제 감각적으로 확인 가능한 객형과 같은 것이 되어버린다. 주희가 '이 기此氣'라는 구체적인 표현을 쓰는 것도 이런 이유에서이다. 주희는 눈에 보이는 객형, 즉 이것이나 저것으로 불릴 수 있는 구체적인 개체들에게만 기라는 범주를 적용하고자 했던 것이다. 물론 이런 개체들이 발생한 이유도 장재처럼 기의 자발적인 운동의 결과라고 보지 않았다. 주희에 따르면 만물은 세계의 마음, 즉 이理의 원리에 의해 발생한 것이기 때문이다. 결국 주희에 의하면 세계의 본질로서 이는 모든 개체들을 낳을 뿐만 아니라, 동시에 개체들 속에 내재하는 진정한 원리로 정초된 것이었다. 마침내 장재가 세계의 실체라고 강조했던 기는 이가 실현되는 매체로 전락해버린다. 이제 기학氣學은 자신이 차지했던 권좌를 이학理學에게 빼앗긴 셈이다.

주희가 이일분수의 도식으로 체계화했던 이학이 장재의 기학과 달라지는 지점은 어디일까? 그것은 태극, 혹은 이理가 목적론적 원리라는 데서 찾을 수 있다. 이것은 객형에서 태허로, 태허에서 객형으로 무한히 반복되는 장재의 기학에서는 발견되지 않는 특성이다. 결국 주희는 전체 세계를 거대한 목적론적 형이상학으로 포괄해버린 셈이다. 기계론적 형이상학이 생물학적 형이상학으로 환골탈태한 것이다. 이제 세계는 '만물을 낳으려는 마음生物之心', 혹은 그런 의지로 충만해 있는 것으로 사유된다. 그렇다면 주희의 이학은 왕필의 본말本末 형이상학이 전제하는 '나무 이미지'와 너무나 유사해지는 것 아닌가? 수많은 개체들로 이루어진 현상 세계는 하나의 뿌리에 의해 지탱되고 있다는 생각도 그렇고, 개체들은 절대로 자신의 단독성이나 고유성을 주장해서는 안 된다는 생각도 그렇다. 결국 왕필의 무無와 마찬가지로 주희의 태극도 전체주의적 원리일 뿐, 개체들의 단독성과 그들 사이의 마주침을 긍정하는 원리가 아니다. 이것은 일자와 다자의 구조로 작동하는 나무 이미지의 형이상학에서 항상 반복되는 특성이라고 할 수 있다. 사실 주희가 강조하는 내재적 이理, 즉 우리 인간에게 본성性은 결국 내재화된 전체 질서에 지나지 않는다. 바로 이 대목에서 주희는 자신도 모르게 화엄의 전체론적 형이상학에 가까워지고 있었던 것이다.

　　장재의 입장에서는 탄식이 나올 일이다. 애써 현학과 화엄 철학으로부터 거리를 두는 체계를 구성하려고 했지만, 자신의 후학은 그것도 모르고 점점 더 현학과 가까워지고 있으니 말이다. 결국 주희의 형이상학은 나무 이미지에 제대로 포획된 셈이다. 그러나 나무 이미지 형이상학의 단초를 마련한 당사자는 바로 장재 아니었던가? 특정한 형태를 취하지 않은 물과 다양한 모양의 얼음들이란 비유에는 이미 나무 이미지가 짙게 드리워져 있기 때문이다. 어쨌든 이제 신유학 이후 동아시아 지성인들은 나무 이미지에서 벗어나야 하는 과제를 떠안게 된다. 탈출의 실마리는 개체의 단독적인 욕망과 타자의 존재라고 할 수 있다. 가지들을 뿌리로부터 해방시키려면 개체와 타자에 대한 긍정이 불가피한 법이다. 아니나 다를까, 주희 이후 그를 극복하려는 동아시아 철학자들은 개체의 욕망을 긍정하거나, 아니면 타자의 존재를 도입하는 방향으로 사유를 전개하게 된다.

원문으로 접해보는 주희 심성론과 수양론의 핵심

신유학의 체계자였던 주희에게 이일분수理一分殊 형이상학은 결국 미발이발未發已發의 심성론이나 수양론을 정당화한다. 그러나 형이상학보다 중요한 것은 심성론이나 수양론일 수밖에 없다. 동아시아의 모든 사상은 서양과는 달리 순수한 사변을 지향하지 않고, 항상 실천적인 함축을 갖기 때문이다. 모든 사람이 부처가 될 수 있다는 불교의 주장에 강하게 영향을 받았던 신유학은 모든 사람이 성인聖人이 될 수 있다고 주장했다. 그래서 우리 마음에는 생성을 목적으로 하는 세계의지가 내재되어 있다는 논의가 중요한 것이다. 성즉리性即理! 초월적 세계의지는 내재된 세계의지와 같다는 주장, 혹은 초월적 이理는 내재적 이理와 같다는 주장이다. 결국 성인이 되려면 우리는 바깥으로 나갈 필요가 없다. 단지 우리 마음의 본성을 실현하기만 하면 된다. 여러모로 선종의 유명한 슬로건 견성성불見性成佛이 떠오른 대목이다. 불교의 불성佛性 논의이든 선종의 견성見性 논의이든, 주희는 본성을 실현하는 삶이 어떻게 가능한지, 같은 말이지만 성인이 어떻게 가능한지 체계화하려고 평생을 바치게 된다. 주희의 심성론이나 수양론은 동아시아 수양론의 일반 구조를 이해하는 가장 좋은 실마리가 될 수도 있다. 여기서 《주희집》〈장흠부에게 보내는 답신答張欽夫〉에 정리된 주희의 입장을 살펴보는 건 그래서 여러모로 도움이 될 듯하다.

　〔심성론心性論 혹은 성인聖人의 경지〕한 사람에게 무언가를 지각하고 움직이는 작용은 마음이 시키지 않은 것이 없다. 그러므로 마음이란 진실로 몸을 지배하는 원인이며, 동시에 우리가 움직일 때나 멈출 때 혹은 말할 때나 침묵할 때에도 항상 작동하는 것이다. 마음이 '고요할靜' 때에는 사물이 아직 인식되지 않고 사유가 아직 발생하지 않았지만, 하늘로부터 받은 본성이 그득하고 당연히 윤리적 잠재성이 온전히 갖추어져 있으니, 이른바 중中이다. 이 중이 마음의 본체가 되는 까닭이고, 동시에 고요하게 움직이지 않는 마음 상태이기도 하다. 마음이 '움직일動' 때에는 사물이 앞을 다투어 우리 마음에 들어오고 여기서 우리 사유는 발생하며, 동시에 일곱 가지 감정들도 교대로 발생하지만 각각에는 질서가 있으니, 이른바 화和다. 이

화가 마음이 작용이 되는 까닭이고, 동시에 외부 사물을 느껴서 이해하는 마음 상태이기도 하다人之一身, 知覺運用, 莫非心之所爲. 則心者固所以主於身, 而無動靜語默之間者也. 然方其靜也, 事物未至, 思慮未萌, 而一性渾然, 道義全具, 其所謂中. 是乃心之所以爲體, 而寂然不動者也. 及其動也, 事物交至, 思慮萌焉, 則七情迭用, 各有攸主, 其所謂和. 是乃心之所以爲用, 感而遂通者也.

　　〔수양론修養論 혹은 학자學者의 수양〕 그러나 사람에게는 누구나 이런 마음이 존재하지만 간혹 인仁하지 않는 사람도 있다. 이럴 때 그는 이런 마음의 신비함을 드러낼 수가 없다. 비록 인仁하려고 하지만 간혹 경敬한 마음이 없는 사람도 있다. 이럴 때 그는 인仁을 얻으려는 공부를 할 수가 없다. 대개 마음은 우리 자신을 지배하고, 우리가 움직일 때나 멈출 때 혹은 우리가 말할 때나 침묵할 때에도 항상 작동하는 것이다. 그러므로 군자君子는 자신이 움직일 때나 멈출 때 혹은 말할 때나 침묵할 때 항상 경敬 공부에 힘을 쓰는 것이다. '아직 드러나지 않을未發' 때 경의 상태가 유지되면 진실로 이미 자신의 본성을 보존하고 기르는 결실이 확립된 것이다. '이미 드러났을已發' 때 경의 상태를 유지하면, 이 상태는 자신의 마음을 성찰할 때에도 항상 유지된다. …… 우리 마음은 고요하지만 항상 외부 대상을 느낄 수 있고, 외부 대상을 느끼지만 항상 고요할 수 있다. 이것이 우리 마음이 두루 흘러 관통해서 한순간이라도 인仁하지 않은 적이 없는 까닭이다. 그렇기에 군자가 중中과 화和를 달성해서 하늘과 땅이 제자리를 잡고 만물이 길러지는 이유도 바로 여기에 있다然人有是心, 而或不仁. 則無以著此心之妙. 人雖欲仁而或不敬. 則無以致求仁之功. 蓋心主乎一身, 而無動靜語默之間. 是以君子之於敬, 亦無動靜語默而不用其力焉. 未發之前是敬也, 固已立乎存養之實. 已發之際是敬也, 又常行於省察之間. …… 寂而常感, 感而常寂, 此心之所以周流貫徹, 而無一息之不仁也. 然則君子之所以致中和, 而天地位萬物育者在此而已."

　　본문에 등장하는 〔심성론 혹은 성인의 경지〕와 〔수양론 혹은 학자의 수양〕이라는 표현만 제외하고는 모두 주희의 글을 번역한 것이다. 주희의 글을 음미하기에 앞서 먼저《중용》첫 장에 등장하는 유명한 구절을 읽어볼 필요가 있다. "희로애락이 아직 드러나지 않은 상태를 중이라고 하고, 드러나서 모두 절도에 맞는 상태를 화라고 한다. …… 중과 화를 달성하면 하늘과 땅이 제자리를 잡고 만물이 길러지게 된다喜怒哀樂之未發謂之中, 發而皆中節謂之和. …… 致中和, 天地位焉, 萬物育焉." 주희는 중中과 화和의 마음 상태를 달성한 사람과 중과 화를 이루려는 사람을 구분하고 있다. 전자가 바로 성인이고, 후자가 바로 군자, 즉 성인이 되려는 사람이다.《중용》의 순서처럼 주희도 성인의 경지를 논하는 것으로 자신의 논의를 시작한다. 이제 직접 〔심성론 혹은 성인의 경지〕에 대한 그의 논의를 음미해보도록 하자.

　　먼저 주희는 마음이란 우리 자신을 지배하는 것으로 우리가 살아 있는 이상 항상 작동하는 것이라고 이야기한다. 이상적 인격, 즉 성인의 경우도 마음은 평범한 사람과 마찬가지로 작동한다. 그러나 성인은 자신을 낳은 세계의지에 따라 살아가는 존재다. 그래서 성인의 마음을 설명할 때, 주희는 움직임과 고요함, 즉 동정動靜이란 개념만을 사용한다. 외부 대상과 관계할 때의 마음이 움직이는 마음이고, 외부 대상과 관계하지 않을 때의 마음이 고요한 마음이라고 할 수 있다. 마음이 고요할 때, 개체로서 성인의 마음은 움직이지 않지만 그의 마음에는 본성으로서 세계의지가 완전히 갖추어져 있다. 주희가 말한 중中의 상태. 반대로 마음이 움직일 때, 개체로서 성인의 마음과 감정도 모두 작동한다. 그렇지만 성인의 마음과 감정은 내면의 세계의지에 따라 움직이기에, 어떤 외부 대상을 만나도 가장 적절하게 반응하고 대응할 수 있다. 주희가 말한 화和의 상태. 이 세계를 낳은 세계의지에 따라 마음과 감정이 움직이기에, 성인의 마음은 일체의 주관성이 없이 완전히 객관적으로 움직이게 되는 셈이다.

다음으로 〔수양론 혹은 학자의 수양〕에 대한 논의를 살펴보자. 먼저 주희는 사람에게는 모두 성인이 될 수 있는 마음이 존재한다는 사실을 강조한다. 그러나 내재된 세계의지, 즉 인仁을 실현하지 못하는 사람들이 많다. 한마디로 말해 자신만 살려고 하고 남을 살리려고 하지 않는 사람들이 현실적으로 존재한다는 것이다. 이것은 자신에게 내재된 세계의지, 혹은 내재적 이理에 대한 공경심, 혹은 경외심이 없는 것이다. 세계의지는 항상 모든 것을 살리라고 명령하고 있으니 말이다. 결국 세계의지를 무시하는 순간, 인간은 함부로 자신만의 생각, 혹은 자신만의 감정대로 행동하게 되는 것이다. 그래서 주희는 경敬의 공부를 제안했던 것이다. 초월적인 세계의지에 대한 공경의 공부이자, 동시에 자기 마음에 내재하는 세계의지에 대한 공경의 공부이기도 하다. 바로 이 대목에서 주희는 '미발未發'과 '이발已發' 개념을 도입한다. 그러니까 외부 사물과 만나 마음이 드러나기 전에 수행하는 경敬 공부가 미발 공부라면, 외부 사물과 만나 마음이 드러난 다음에 경 공부를 수반한 성찰省察 공부가 바로 이발 공부라고 할 수 있다.

여기서 잠시 미발 공부와 이발 공부에 대해 자세히 살펴보도록 하자. 미발 상태의 경 공부는 자신에게 내재한 세계의지에 대한 공경이다. 현실적으로는 미발의 경 공부는 자신의 사사로운 판단과 욕망을 억제하는 공부일 수밖에 없다. 세계의지를 위해 자기의 개별의지를 제거하는 방법이기 때문이다. 이와는 달리 이발 상태의 성찰 공부는 드러난 마음에서 세계의지가 발현된 부분과 개별의지가 발현된 부분을 파악하여 전자를 명확히 하는 공부라고 할 수 있다. 당연히 이발의 성찰 공부는 자신의 사사로운 욕망과 생각에 가려져 있던 세계의지에 대한 공경심을 전제해야지만 가능한 것이다. 종밀의 비유를 들자면, 결국 미발 공부는 다른 것을 비추기에 앞서 거울을 미리 닦는 공부라고 할 수 있고, 이발 공부는 무언가를 비춘 뒤 거울에 묻은 얼룩 때문에 왜곡되게 비추는 거울의 부분과 다행히 얼룩의 영향을 받지 않아서 제대로 비추는 거울의 부분을 구분하는 공부라고 할 수 있다. 그러니까 자성용自性用 상에서의 공부가 미발 공부라면, 수연용隨緣用 상에서의 공부가 이발 공부인 셈이다.

원래 맑게 세상을 비출 수 있는 능력을 갖고 거울은 탄생했다. 그런데 시간이 지나면서 거울은 얼룩이 생기며 세상을 왜곡해서 비추기 시작한다. 바로 이 왜곡된 거울 이미지가 거울과 세계 사이의 관계를 좌절시키는 법이다. 결국 이 얼룩이 사사로운 욕망이자 생각이라고 할 수 있다. 미발 공부와 이발 공부를 동시에 수행하면서 조금씩 얼룩을 제거하다보면, 거울은 원래 갖고 태어난 맑게 비출 수 있는 능력을 회복하게 된다. 주희의 말대로 "고요하지만 항상 외부 대상을 느낄 수 있고 외부 대상을 느끼지만 항상 고요할 수 있는" 상태가 된 것이다. 성인의 마음은 이처럼 거울과 같다. 거울 안을 들여다보라. 구름이 날아가는 이미지, 혹은 나뭇잎이 흔들리는 이미지를 담고 있다고 해도, 거울 자체는 항상 고요한 채로 있는 것 아닌가. 물론 이런 거울 이미지만 밀어붙인다면, 주희의 심성론이나 수양론은 불교의 그것과 차이가 없게 될 것이다.

맑게 세상을 비출 수 있는 능력을 인仁의 능력, 즉 만물을 살리는 능력으로 바꾸어야 한다. 이럴 때 주희와 신유학이 꿈꾸던 심성론과 수양론, 불교와는 같은 듯 다른 심성론과 수양론이 완성된다. 주희가 "군자가 중과 화를 달성하여 하늘과 땅이 제자리를 잡고 만물이 길러진다"는 《중용》 구절을 인용하면서 자신의 논의를 마무리하는 것도 이런 이유에서다. '일즉다, 다즉일'이란 화엄 철학의 형이상학을 토대로 '이일분수'라는 형이상학을 만들었을 때, 주희는 공空을 이理로 바꾼다. 마찬가지로 심성론과 수양론에서도 주희는 밝게 비출 수 있는 마음의 능력을 만물을 살릴 수 있는 능력으로 바꾸고 있는 것이다. 불교와는 같은 구조지만 그 내용은 다른 신유학의 형이상학과 심성론은 이렇게 탄생한 것이다. 비록 주희는 자신의 작업에 만족을 표했겠지만, 불행히도 그의 작업 결과는 두고두고 후배 유학자들의 골칫거리로 남고 만다. 모든 것이 새 술을 새 부대에 담지 못해서 생긴 결과라고 할 수 있다.

21

태극은 존재하는가?

육구연

———————— VS ————————

주희

주희 형이상학의 근거,《태극도설》

1175년, 그의 나이 46세가 되던 해에 주희朱熹(1130~1200)는 친구이자 토론 상대자였던 여조겸呂祖謙(1137~1181)과 함께 한 권의 책을 출간하게 되었다. 이것이 바로《근사록近思錄》이다. 그는 자신보다 앞서 활약했던 신유학자들의 철학을 한 권의 책으로 정리해낸 것이다. 놀라운 것은 주돈이周敦頤(1017~1073), 장재張載(1020~1077), 정호程顥(1032~1085), 정이程頤(1033~1107) 등 쟁쟁한 선배 유학자들의 철학을 정리하는 데 단지 10일 정도만 소요되었다는 점이다. 그런데 여기서 주목해야 할 것은 이 책의 처음을 장식하는 철학자가 바로 염계濂溪라는 호로 더 유명한 주돈이였다는 점이다. 단지 그의 선배들 중에서 가장 나이가 많다는 이유로 주희가 주돈이를 책의 제일 처음에 등장시켰던 것은 아니다. 주돈이의 사상에서 주희는 장재의 형이상학을 극복할 수 있는 형이상학적 체계의 가능성을 보았던 것이다.

이렇게 해서《근사록》한 권으로 그때까지는 거의 무명에 가까웠던 주돈이라는 인물이 자신의 저작《태극도설太極圖說》과 함께 신유학의 탄생을 기념하는 상징처럼 부각된 것이다.

무극이면서 태극이다無極而太極. 태극은 운동하여 양陽을 낳는다. 운동이 극단에 이르면 정지한다. 그것은 정지하여 음陰을 낳는다. 정지 상태가 다하면 다시 운동한다. 한 번은 운동하고 한 번은 정지하는 것이 순환하여 서로 그 뿌리가 된다. 순환 과정에서 음으로 갈라지고 양으로 갈라져서 음양의 두 짝이 세워진다. 양이 변화하고 음이 그것과 결합하여 수·화·목·금·토의 오행五行을 낳는다. 이 다섯 가지 기가 순조롭게 펼쳐질 때 네 계절은 질서 있게 운행된다. 오행은 하나의 음양이고, 음양은 하나의 태극이며, 태극은 본래 무극이다. 음양으로부터 오행이 구성되면 그것들은 각각의 특수한 본성을 가진다. 무극의 실재와 음양·오행의 본질은 신묘하게 결합하여 통합된다. '하늘의 도乾道'는 남성적인 요소를 이루고 '땅의 도坤道'는 여성적인 요소를 이루면서, 음양의 두 기는 서로 교감하여 만물을 변화 생성시킨다. 그래서 만물은 생성되고 또 생성되어 변화가 끝이 없는 것이다. -《주돈이집周敦頤集》, 〈태극도설〉

지금까지 흩어진 퍼즐처럼 돌아다녔던 태극, 음양, 그리고 오행이란 범주가 주돈이에 의해 태극을 중심으로 유기적으로 결합된 것이다. 바로 이것이 주돈이에게 주희가 열광했던 이유다. 세계를 포괄적으로 이해하려는 야망을 가진 주희로서는 당연한 반응이라고 하겠다. 방금 읽은 구절은 다소 모호한 구절인 '무극이태극'이라는 표현으로 시작한다. 주희는 이 구절을 '무형이유리無形而有理'라고 해석한 바 있다. 다시 말해 '무극'이 '형체가 없다'는 뜻의 무형無形을 의미한다면, 태극은 '이理는 있다'는 뜻의 '유리有理'라는 의미를 담고 있다고 본 것이다. 그래서 주희에게 태극이란 비록 형체는 없지만 분명히 존재하는 이理를 의미했던 것이다. '태극=이'가 음과 양을 낳고, 이 음양이 오행, 즉 물水, 불火, 나무木, 쇠金, 흙土이란 원초적 질료들을 낳게 된다. 이어서 순차적으로 사계절, 그리고 하늘과 땅이 생성된다. 마침내 하늘과 땅은 마치 남녀 관계처럼 교감하여 온갖 만물을 낳는다. 결국《태극도설》에 따르면 전체 세계와 만물은 모두 태극이라는 일자에서 생성되어 나온 결과물이라고 할 수 있다.

주돈이의 《태극도설》은 일종의 우주발생론cosmogony이라고 이해할 수 있다. 그런데 주돈이의 우주발생론이 서양의 그것과 현격한 차이를 보이는 점이 하나 있다. 그것은 "오행은 하나의 음양이고, 음양은 하나의 태극이며, 태극은 본래 무극이다"라는 구절과 관련되어 있다. 서양의 경우 기독교에서는 창조주로서 신이 자신의 피조물인 만물과 무관하고, 플라톤의 데미우르고스도 만물에 별다른 흔적을 남기지 않는다. 그러나 주돈이는 "태극이 음양을, 음양은 오행을 낳았다"라고 주장하면서, 또한 동시에 "만물도 하나의 오행이고 오행도 하나의 음양이며, 음양도 하나의 태극이다"라는 단서를

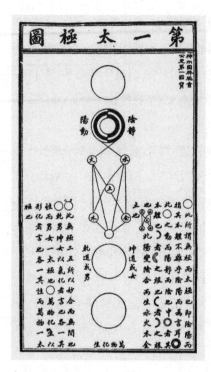

제일태극도. 《태극도설》에 따르면 전체 세계와 만물은 모두 태극이라는 일자에서 생성되어 나온 결과물이다.

더 첨가했던 것이다. "신이 만물을 창조했기에, 또한 만물도 역시 하나의 신이다"라는 이야기를 들으면 아마도 전통 서양인들은 납득하기 어려울지 모른다. 결국 태극은 만물을 낳았다는 점에서는 만물에 대해 '초월적이면서 transcendent', 또한 동시에 만물 속에 함께 "내재하는immanent" 원리를 가리켰다고 볼 수 있겠다. 주희가 주돈이의 우주발생론을 높이 받들었던 이유도 바로 여기에 있다. 주희의 다음 글을 더 읽어보도록 하자.

남녀를 살펴보면, 남녀가 각각 그 본성을 가지고 있지만 동시에 남녀도 하나의 태극이다. 만물을 살펴보면, 만물들이 각각 그 본성을 가지고 있지만 만물들도 하나의 태극이다. 합쳐서 말한다면 만물을 총괄하는 것이 하나의 태극이다. 또 나누어 말한다면 각각의 사물이 하나의 태극을 갖고 있다.

-《태극도설해太極圖說解》

마지막 두 구절이 결정적으로 중요하다. "만물을 총괄하는 것이 하나의 태극이다." 이것은 태극의 초월성을 의미하는 것이다. "각각의 사물이 하나의 태극을 갖고 있다." 이것은 태극의 내재성을 의미하는 것이다. 주희는 주돈이의 형이상학적 논리, 즉 태극은 만물에 대해 초월적이면서 동시에 내재적이라는 논리가 자신의 이일분수 논리를 정당화해줄 수 있다는 것을 직감했던 것이다. 그렇다면 주희는 무슨 이유로 이일분수의 논리를 이처럼 소중하게 생각했던 것일까? 이것은 이일분수의 논리야말로 두 가지 방향으로 전개되었던 주희의 수양론을 통일시킬 수 있는 매개 고리였기 때문이다. 외적으로 주희는 격물치지格物致知의 공부를 통해서 사태와 사물들의 이理를 찾으려고 시도했다. 또한 동시에 내적으로 그는 함양涵養의 공부를 통해서 주체 내면에 내재되어 있는 본성性을 현실화시키려고 노력했다. 객관적 공부로 보이는 격물치지 공부와 주관적인 수양으로 보이는 함양 공부는 사실 이일분수의 논리를 통해서만 통일될 수 있었던 것이다. 사태와 사물의 이理 그리고 나의 본성은 다른 것처럼 보이지만 "하나의 태극은 만물을 통괄하고 있기" 때문에 사태의 이理와 나의 본성은 사실 서로 같은 것이다.

ⓑ

육구연: "노자로부터 유래한 태극 개념은 버려야 한다."

주희의 불행은 얼마 지나지 않아 《태극도설》의 권위에 정면으로 도전했던 영민한 철학자가 등장하게 되었다는 점이다. 그가 바로 상산象山이란 호로 더 유명했던 육구연陸九淵(1139~1192)이란 젊은 유학자였다. 육구연이 주희의 형이상학을 공개적으로 비판하자, 주희의 친구였던 여조겸은 두 사람의 철학적 이견을 좁히기 위해서 지금의 장시성江西省 옌산현鉛山縣에 자리하고 있는 아호사鵝湖寺 모임을 주선하게 된다. 1175년에 있었던 중국 철학사의 전설적인 논쟁, 아호지쟁鵝湖之爭은 바로 이렇게 시작되었던 것이다. 먼저 이일분수

육구연은 주희의 《태극도설》의 권위에 정면으로 도전했던 영민한 철학자였다. 육구연은 철저한 맹자주의자였고, 맹자의 가르침만을 따르면 모든 사람이 성인이 될 수 있다고 확신하고 있던 인물이었다.

로 상징되는 주희의 형이상학을 육구연이 공격할 수밖에 없었던 이유를 살펴보는 것이 순서일 것 같다. 무엇보다도 먼저 기억해두어야 할 것은 육구연이 철저한 맹자주의자였다는 점이다. 그는 맹자의 가르침만을 따르면 모든 사람이 성인이 될 수 있다고 확신하고 있던 인물이었다.

맹자는 "사람이 동물과 다른 점은 적다. 일반 사람들은 그것을 버리지만 군자는 그것을 보존한다"고 말했다. 버리는 것은 이 마음을 버리는 것이다. 그러므로 이것이 맹자가 어떤 사람들은 그 본래의 마음을 버린다고 말했던 이유이다. 지키는 것은 이 마음을 지키는 것이다. 그러므로 맹자는 대인大人은 적자赤子의 마음을 잃지 않는다고 말했다. 사단四端이 곧 이 마음이다. 하늘이 나에게 준 것도 이 마음이다. 사람들은 모두 이 마음을 가지고 있다. 마음은 모두 이런 이理를 갖추고 있다. 마음

이 바로 이다心卽理. -《육상산선생전집陸象山先生全集》, 〈여이재서與李宰書〉

　　방금 읽은 구절에서 주의해야 할 것은 반복적으로 등장하는 '마음'이
란 개념이 일상적인 마음을 가리키는 것이 아니었다는 점이다. 육구연이 이
야기하고 있는 마음은 맹자가 말한 측은지심, 수오지심, 사양지심, 시비지심
등만을 의미하기 때문이다. 맹자는 이 네 가지의 마음, 즉 사단四端이 우리의
의식적 사유나 판단에서 나오는 것이 아니라, 우리 내면 깊숙한 곳에 자리
잡은 본성性 그 자체에서 나오는 것이라고 이야기했다. 윤리적 행위가 가능
하려면 우선 인간에게는 사단 같은 선천적인 도덕적 마음이 드러나야 한다
고 보았던 것이다. 육구연은 이렇게 기적적으로 드러난 선한 마음을 잡으면
된다고 생각했다. 그래서 이런 관점하에 육구연은 '심즉리心卽理' 명제의 의미,
즉 마음이 바로 윤리적 법칙을 가능하게 한다는 점을 주장하게 된 것이다.
사단을 지킬 수만 있다면 누구나 성인이 될 수 있다는 것, 이것이 맹자가 우
리에게 권한 수양의 원칙이었다. 바로 이런 맹자의 노선을 시종일관 충실히
따르면서 논지를 전개한 사람이 바로 육구연이었다.

　　이런 육구연에게 주희가 강조한 '이일분수' 같은 형이상학적 도식은 성
인이 되려는 사람들에게 혼란만을 가중시키는 쓸데없는 주장에 불과한 것
으로 보였다. 그래서 아호사 모임이 있은 지 10년이 지난 뒤 육구연은 본격
적으로 주희의 형이상학을 공격하기 시작한다. 그가 비판의 표적으로 삼았
던 것은 주희가 몹시 떠받든 주돈이의 《태극도설》이었다. 육구연은 《태극도
설》을 붕괴시키면 주희의 형이상학의 전거가 와해될 것이라고 믿었던 셈이
다. 이런 이유로 마침내 육구연은 주희에게 다음과 같은 충격적인 내용을
담은 서신을 보내게 된다.

　　노형께서는 염계가 목백장穆伯長에게서 태극도를 얻었고, 백장이 전한
　　것은 진희이陳希夷로부터 나왔다고 하였는데, 이것에는 반드시 근거가
　　있습니다. 희이의 학문은 노자의 학문입니다. 무극이라는 두 글자는

《노자》〈지기웅知其雄〉 장에 나오는 것으로, 우리 성인들의 책에는 결단코 없는 것입니다. 《노자》는 첫 장에서 "무명은 천지의 시작이고, 유명은 만물의 어머니이다"라고 했고, 마침내는 그것을 동일화시켜버렸습니다. 이것이 바로 노자의 핵심 가르침입니다. "무극이면서 태극이다"라는 것이 바로 이러한 노자의 가르침입니다. 노자의 학문이 바르지 않고 '이치'를 이해하는 것이 분명하지 않은 것도 그 가려진 곳이 바로 여기에 있기 때문입니다. 노형께서는 우리 학문에 힘쓰시는 것이 깊고 오래되었는데도, 오히려 이것을 구별할 수 없는 것은 무엇 때문입니까?

-《육상산선생전집》, 〈여주원회與朱元晦〉

주희는 본인 스스로 염계, 즉 주돈이의 《태극도설》이 유래한 기원을 밝혔던 적이 있다. 주돈이는 태극도를 목백장에게서 받았는데, 목백장은 태극도를 진희이라는 인물에게서 얻었다는 것이다. 여기서 목백장이 목수穆修를 가리킨다면, 진희이는 진단陳摶을 가리킨다. 육구연은 이 두 사람이 모두 유학자가 아니라 도교를 배웠던 도사道士들이라는 사실에 특히 주목했다. 이것은 주희가 자신의 형이상학의 토대로 생각했던 주돈이의 《태극도설》이 노자 철학에서 유래했다는 것을 밝히기 위한 기본 전제였기 때문이다. 이제 육구연의 《태극도설》 비판은 《태극도설》의 핵심 테마인 '무극이태극'이란 구절 자체로 옮겨간다. 우선 그는 '무극'이란 개념 자체가 유학 경전이 아니라 "그 수컷을 알고知其雄"라는 구절로 시작되는 《노자》 28장에 등장하는 개념일 뿐이라고 폭로하고 있다.

하지만 이보다 더 중요한 육구연의 주희 비판은, '무극이태극'이란 주돈이의 논리가 철학적으로 《노자》 1장에서 전개된 무명無名과 유명有名 논리를 구조적으로 그대로 답습한 것이라는 점을 보여줌으로써 주돈이를 이은 주희 자신도 결국 잘못된 길에 들어섰음을 보여준 데 있었다. 육구연이 인용한 것처럼, 노자 철학의 핵심은 "무명은 천지의 시작이고 유명은 만물의 어머니이다無名天地之始, 有名萬物之母"라는 구절에 압축되어 있다. 이어서 노자는

"이 두 가지가 동일한 곳에서 나오지만 이름만 다르다此兩者, 同出而異名"라고 말했던 적이 있다. 그렇다면 노자에게 무명과 유명은 모두 천지와 만물을 만들었던 동일한 근거를 가리키는 두 가지 명칭에 불과한 것이었다고 볼 수 있다. 이런 분석을 토대로 육구연은《태극도설》의 구성 논리를 해명하려고 했다. 즉 무명을 무극으로, 유명을 태극으로 바꾸면서 주돈이는 '무극이태극'이란 구절을 만들어냈다고 이해한 것이다. 이를 통해 주돈이는 무극과 태극을, 무명과 유명이 그랬던 것처럼, 만물을 생성하는 동일한 근거에 대한 다른 이름이라고 주장하게 되었다는 것이다. 그렇다면 과연 주희는 어떤 방식으로 이러한 비판적 물음에 대응했던 것일까?

◑

주희: "태극은 수많은 강물에 달그림자를 만드는 달과 같다."

주돈이의《태극도설》에 대한 육구연의 비판은 설득력이 있고 동시에 예리하기까지 하다. 그렇지만 육구연의 비판이 타당하다고 인정해버리면, 평생에 걸쳐서 구축했고 다듬었던 주희 본인의 형이상학 구도도 하루아침에 붕괴되는 운명을 맞게 될 것이다. 1188년 59세의 나이에 주희가 주돈이의《태극도설》을 지키기 위해 또다시 붓을 들 수밖에 없었던 것도 이런 이유에서다. 그렇다면 과연 주희는 육구연의 비판에 효과적으로 대응할 수 있었던 것일까? 나아가 주희의 대응 논리는 육구연을 설득시킬 정도의 타당성이 있었던 것일까? 이런 궁금증을 가지고 다음 한 구절을 읽어보도록 하자.

주돈이 선생이 무극이라고 말한 까닭은 바로 그것에 장소도 형체도 없기無方所, 無形狀 때문에, 사물들 앞에 있지만 사물들 뒤에도 서 있지 않은 적이 없다고 여겼고, 음양의 바깥에 있지만 음양 안에 작용하지 않은 적이 없다고 여겼고, 모든 것을 관통하는 온전한 도체가 어느 곳이나

주희가 무리수를 쓰면서까지 《태극도설》을 지키려고 했던 이유는 주돈이의 《태극도설》만이 태극이 가진 초월성과 내재성을 동시에 보여주고 있다고 보았기 때문이다. 결국 주희의 이일분수 도식은 오직 《태극도설》만이 정당화해줄 수 있다고 본 것이다.

없는 경우가 없지만 처음부터 말할 만한 소리, 냄새, 그림자, 메아리와 같은 감각적인 징후는 없다고 여겼기 때문입니다. 지금 무극이 그렇지 않다고 매우 심하게 비판한다면, 이것은 단지 태극이 형상과 장소를 가지고 있다고만 여기는 것입니다. …… 제가 이전에 "무극을 말하지 않으면 태극은 하나의 사물과 같아져서 모든 변화의 근본이 되기에 충분하지 않고, 태극을 말하지 않으면 무극은 공적함에 빠져서 모든 변화의 근본이 되기에 충분하지 않다"고 말했던 것도 모두 주돈이 선생의 이런 뜻을 미루어 본 것입니다. ─《주희집朱熹集》, 〈답육자정答陸子靜〉

육구연의 비판에 대응하려는 주희의 편지는 무척 길고 복잡하다. 그렇지만 그 핵심은 당연히 '무극이태극'이라는 구절을 어떻게 해석하느냐에 달려 있다고 할 수 있겠다. 우선 주희는 주돈이의 '무극' 개념이 "장소도 형체도 없다"는 뜻을 나타내는 것이라고 이야기한다. 눈에 보이는 모든 사물은 구체적인 장소에 놓여 있고 나아가 구체적인 형상을 가지고 있다. 그렇지만 '태극'은 장소와 형상을 가진 사물과는 다른 차원에 있기 때문에, 이것을 명료화하기 위해서 '무극'이란 개념을 '태극' 앞에 붙였다는 것이다. 그렇다면 주희에게 무극은 '무형無形'이라는 수식어에 지나지 않는다고 볼 수 있다. 결국 주희의 전략은 '무극'이란 개념을 노자의 '무명'처럼 하나의 실체적인 개념이 아니라 '태극'의 초월성을 수식하는 일종의 수식어로만 이해하려는 것이었다. 그래서 그는 과거 자신이 했던 말, "무극을 말하지 않으면 태극은 하나의 사물과 같아져서 모든 변화의 근본이 되기에 충분하지 않고, 태극을 말하지 않으면 무극은 공적함에 빠져서 모든 변화의 근본이 되기에 충분하지 않다"라는 주장을 다시 한 번 반복했던 것이다.

하지만 아쉽게도 주희의 대응 논리는 별로 설득력이 없는 것처럼 보인다. 만약 '무극'을 '무형'이라고 해석한다면 '태극'도 '태형太形'이라고 해석해야 할 것이다. '극'이라는 단어를 구체적인 장소나 형상을 의미하는 것으로 해석하려면, 주희는 무극이나 태극 모두에 이 원칙을 동일하게 적용했어야 했다. 그럼에도 주희는 태극에는 전혀 손을 대지 않고 무극의 글자 의미만을 임의적으로 변형시켜버렸다. 더구나 한문 문법에 따르면 '이而'는 영어로 표현할 경우 '구절 and(혹은 but) 구절'이나 '문장 and(혹은 but) 문장'이란 형식으로 사용되는 단어이다. 그래서 '무극이태극'은 '무극이면서 태극이다'라거나 아니면 '무극이지만 태극이다'라는 의미를 제외하고는 별다른 해석의 여지가 없는 구절이다. '무형한 태극'이라는 주희의 해석이 어설픈 것도 이런 이유에서이다. '이而' 자는 어떤 단어의 수식어를 만드는 접미사로 사용될 수 없는 글자이기 때문이다. 육구연의 입장에서 '무극이태극'에서 무극과 태극을 서로 다른 두 가지 계기로 사유할 수밖에 없었던 것도, 바로 이러한 제한된 어법 때문이었을 것이다.

체계적인 사유를 지향했던 주희가 이렇게 무리수를 쓰면서까지 《태극도설》을 지키려고 했던 이유는 사실 다른 데 있었던 것이 아니다. 그가 보았을 때 주돈이의 《태극도설》만이 태극이 가진 초월성과 내재성을 동시에 보여주고 있기 때문이다. 결국 월인천강으로 비유되는 주희의 이일분수 도식은 오직 《태극도설》만이 정당화해줄 수 있다고 본 것이다. 태극은 만물을 초월해 있는 일자적인 이理이지만 또한 모든 만물 가운데 내재되어 있는 다자의 모습을 동시에 갖고 있기 때문이다. 따라서《태극도설》의 도식이 붕괴되면 육구연은 잃는 것이 전혀 없지만, 주희는 너무나 많은 것을 잃게 된다. 특히 주희가 강조했던 격물치지格物致知라는 공부 방법까지 붕괴될 위험을 안고 있었다. 주희는《대학》이란 경전에 대해 주석을 달면서 격물치지의 공부에 대해 다음과 같이 이야기했던 적이 있다.

> 태학에서 처음 가르칠 때에는 반드시 배우는 사람들로 하여금 천하의 사물들에 나아가 자신이 이미 알고 있는 이理에 근거하여 더욱 연구해서 지극한 곳에 이르게 하도록 했다. 그런 식으로 오랫동안 공부하면 어느 날 하루아침에 '갑자기 비약적으로 이理를 깨닫게 될 것豁然貫通'이니, 그렇게 되면 만물들의 '겉과 내면表裏' '정밀한 것과 거친 것精粗'을 모두 파악하게 되고, 동시에 우리 마음의 '완전한 본래 모습全體'과 '커다란 작용大用'도 모두 밝혀지게 될 것이다.　　　　-《대학장구大學章句》

이일분수의 도식에 따르면 태극, 즉 이理는 인간뿐만 아니라 다른 모든 사물에게도 마찬가지로 내재되어 있다. 따라서 사물들에 내재된 이理를 찾는 격물치지의 공부를 통해서 인간은 결국 자신 마음에 내재되어 있는 본성을 확인할 수 있게 된다. 하지만 사물들 안에 내재된 이는 사물들의 개체성에 매몰되어 있어서 완전한 태극의 모습이라고 볼 수 없다. 마치 급하게 흐르는 물에 비친 달그림자가 완전한 둥근 모습의 달일 수 없는 것처럼 말이다. 그렇다 하더라도 다양한 사물들의 이理를 찾는 공부를 계속 하다보면, 어느 순간 완전한 태극의 모습을 직관할 수 있는 경지에 이를 수 있을 것이다. 주희가 말한 '갑자기 비약적으로 이理를 깨닫게 되는', 즉 활연관통豁然貫通하게 되는 경지가 바로 이것이다. 그런데 흥미로운 점은 바로 이 순간이 인간이 자신의 마음에 내재된 본성性을 자각하는 순간이기도 하다는 점이다. 주희에게서는 본성이란 이理와 다름없는 것이었기 때문이다. 하지만 격물치지의 공부와 이러한 공부를 정당화하는 성즉리性卽理, 그리고 이일분수의 주장은 《태극도설》 도식이 붕괴되는 순간 함께 와해될 수밖에 없는 것이었다. 이로부터 우리는 왜 육구연이 그렇게도 집요하게 《태극도설》을 공격했는지 어렵지 않게 이해할 수 있다.

주희와는 달리 심즉리心卽理를 주장했던 육구연은 마음을 보존하는 내면적 공부를 강조했던 사상가였다. 그런 그가 외면을 지향하는 격물치지 공부를 못마땅하게 보았을 것은 당연한 일이다. 《태극도설》을 비판하면서 육구연이 또 하나의 표적으로 생각했던 것은 바로 이 격물치지 공부였던 셈이다. 불행히도 육구연이 몰랐던 것은 주희도 기본적으로 마음을 강조하고 있다는 사실이다. 아무리 격물치지 공부를 강조한다고 해도, 그것은 자기 마음으로 환원되지 않는 타자의 고유성을 배우는 공부는 아니다. 그래서 《대학장구》의 활연관통을 묘사했던 구절이 중요하다. "만물의 겉과 내면, 정밀한 것과 거친 것을 모두 파악하게 되고, 동시에 우리 마음의 완전한 본래 모습과 커다란 작용도 모두 밝혀진다." 외부 사물이 명료히 보인다면 거울은 자신이 갖고 있던 밝은 역량을 완전히 실현한 것이다. 마찬가지로 외부 사물을 명료하게 인식했다면, 우리 마음은 자신의 '완전한 본래 모습'에 따라 '커다란 작용'을 하고 있는 셈이다. 결국 격물치지 공부의 궁극적 지점은 마음의 본성을 실현하는 것이었다. 단지 주희는, 바로 마음을 손댔던 육구연과 달리, 외부 사물과 사태라는 우회로를 거쳐서 마음에 이르려고 했던 것이다. 주희는 단지 객관주의자의 제스처를 취했을 뿐이다. 물론 이런 제스처는 "모든 것이 마음일 뿐"이라는 불교에 맞서기 위해 불가피한 것이었다. 주희의 제스처에 속은 육구연! 어쩌면 그야말로 정말 순진한 유학자였는지도 모를 일이다. 육구연과 주희! 두 사람의 속내는 겉보기와 달리 의외로 유사했던 셈이다.

주희를 곤혹스럽게 만든 어느 젊은 원리주의자

이일분수라는 도식으로 유학을 업데이트했다고 자부했던 주희에게 너무도 빨리 강력한 도전자가 출현하게 된다. 그가 바로 육구연이다. 주희와 육구연의 논쟁은 표면적으로 《태극도설》에 등장하는 '무극이태극無極而太極'이라는 구절을 놓고 벌어진 것이었다. 주희는 《태극도설》을 통해 이理가 만물을 초월하지만 동시에 만물에 내재한다는 자신의 주장을 정당화하려고 했다. 불행히도 육구연은 철저한 맹자주의자였다. 그래서 그는 이理란 우리 인간의 마음을 떠나서는 아무 의미가 없는 것이라고 주장했다. 육구연은 《육상산선생전집陸象山先生全集》〈잡설雜說〉에서 이렇게 말한다. "사방과 상하를 포괄하여 우宇라고 말하고 과거로부터 미래를 포괄하여 주宙라고 말한다. 이것이 곧 나의 마음이다. 나의 마음이 곧 우주이다. 천만년 전에 성인聖人이 나타났더라도 이 마음心은 같았을 것이며, 이 이理도 같았을 것이다. 천만년 후에 성인이 나더라도 이 마음은 같을 것이며 이 이도 같을 것이다. 동서남북의 바다에 성인이 나더라도 이 마음과 이 이理는 같을 것이다."

육구연의 입장과 생각은 단순하기도 하지만 그만큼 확고하다. 우리 마음이 사리사욕을 따르면, 우리는 세상, 그리고 사람들과 제대로 관계를 맺을 수 없다. 이 경우 우리는 세상을 살아가는 이치理를 모르고 있는 것처럼 보인다. 반면 우리 마음이 우주를 품을 정도로 커지면, 우리는 세상과 제대로 관계를 맺을 수 있다. 주변에서는 아마도 우리의 모든 행동이 이치에 맞는다고 칭송할 것이다. 우주를 품을 수 있을 만큼 마음을 확장시킨 사람, 즉 성인이 없다면 이치도 존재할 수 없다. 이것이 바로 육구연의 생각이었다. 〈어록語錄〉 편에서 그는 말한다. "배우려면 진실로 근본을 알아야 한다. 육경은 나의 주석에 불과한 것이다." 여기서 '근본'이란 바로 우리 마음을 가리키고, '육경六經'은 성인이 우리에게 남긴 여섯 경전, 즉 《시경詩經》《서경書經》《예기禮記》《악기樂記》《역경易經》《춘추春秋》를 말한다. 결국 경전을 아무리 읽어도 성인과 같은 마음이 되지 않으면, 우리는 결코 경전의 의미를 이해할 수 없다. 그러니 마음이 먼저이고 경전은 그 마음의 찌꺼기나 흔적에 지나지 않는다는 것이다.

마음이 사리사욕 없이 타자에게 흐르면, 그 결과로 드러나는 것이 이理일 뿐이다. 혹은 그 결과로 드러나는 것이 본성性일 뿐이다. 이것이 바로 심즉리心即理라는 주장으로 육구연이 말하곤 했던 것이다. 반면 주희는 마음속의 본성을 기르고, 혹은 사물의 이를 찾으려고 한다. 이렇게 기른 본성과 발견한 이理라는 통로로 마음을 흐르게 하려고 마음먹었던 것이다. 그러니 주희는 그렇게 성즉리性即理라는 주장을 강조했던 것이다. 아마 육구연의 눈에는 이런 주희가 소심하고 나약해 보였을 것이다. 수로를 찾아 졸졸 흐르는 물이 아니라 새로운 수로를 만드는 거대한 강물이 되어야 하는 것 아닐까? 이것이 육구연이 주희를 못마땅하게 여길 수밖에 없었던 이유였다. 육구연의 생각에 주희는 맹자가 강조했던 '대장부大丈夫'에 미치지 못한 나약한 지식인에 불과했던 것이다. 이런 육구연에게 사물 속에 존재하는 이를 찾으려는 격물 공부는 얼마나 쪼잔하게 보였겠는가? 이치가 기록되어 있는 경전도 찌꺼기인데, 세상에서 이치를 찾자는 공부는 시간 낭비를 하는 것 아니냐는 것이다. 정호程顥가 경계했던 '완물상지玩物喪志'다. 그러니까 주희의 격물 공부는 '외부 사물을 가지고 노느라 자신의 뜻을 잃어버릴 수 있는' 잘못된 공부라는 뜻이다.

《태극도설》을 통해 주희는 태극이란 이름으로 마음을 초월한 이치理를 설정하고, 동시에 마음 바깥의 사물에 이치理를 내재시키려고 했다. 그래서 육구연은 《태극도설》을 시작하는 다섯 글자, 즉 '무극이태극'이란 구절이 결국 노자의 철학에서 유래한 것이라고 폭로함으로써 주희의 형이상학 도식을 붕괴시키려고 애썼다. 이 다섯 글자만 붕괴시키면, 주희의 이론적 실험이 좌절될 수밖에 없을 것이라고 보았기 때문이다. 만약 육구연의 논박이 유효하다면, 주희는 자신의 철학적 근거들 가운데 가장 중요한 것들을 잃게 되는 셈이다. 주희가 무리수를 범하면서까지 《태극도설》을 옹호할 수밖에 없었던 것도 바로 이런 이유에서이다. 하지만 과연 육구연은 유학에 새로운 형이상학적 체계를 부여하려던 주희의 불가피한 고뇌를 이해하고 있었던 것일까? 마음 바깥의 사물에 이치가 있다고 해야만 불교의 유심론에서 벗어날 수 있다는 주희의 생각을 육구연은 짐작이라도 했던 것일까? 육구연과 논쟁하면서 주희가 느꼈을 외로움은 미루어 짐작이 가는 일이다. 자신과 마찬가지로 공자와 맹자의 사상을 함께 숭상해온 유학자들에게도 인정을 받지 못한다면, 자신이 평생 동안 구축했던 형이상학 체계란 과연 무슨 의미가 있단 말인가? 이것이 아마도 송제국 이후 가장 탁월했던 한 형이상학자의 깊은 고뇌였을 것이다.

22

이理는 마음을 넘어서는가?

주희

VS

왕수인

이理, 사물과의 관계를 보장해주는 목적론적 원리

주희에게 '이理'는 주체와 대상을 규정하는 초월적이면서도 내재적인 원리, 그래서 절대적인 원리라고 할 수 있다. 그러나 구체적으로 '이'란 어떤 개별 자의 동일성이라기보다 개체와 개체 사이의 관계 맺음의 원리로서 작동한 다. 이것은 사실 태극이란 것이 만물을 총괄하는 아버지와 같은 역할을 하 기 때문에 가능한 것이다. 만물의 진정한 아버지인 태극을 파악하면, 누구 든지 만물과 가족과 같은 조화로운 관계에 들어갈 수 있기 때문이다. 결국 어떤 사물의 이를 파악한다면, 우리는 그 이를 매개로 그 사물과 가장 조 화로운 관계에 놓일 수 있다는 말이다. '이'를 이야기할 때 주희가 관용적으 로 '내외합일지리內外合一之理'라는 표현을 자주 사용하게 된 것도 이런 이유에 서이다. '내외합일지리'는 "내부와 외부, 즉 나와 사물을 결합시켜주는 이理" 라는 의미를 가지고 있기 때문이다. 이것은 물론 주희만의 생각은 아니었다. 자신의 동생 정이와 함께 이정선생二程先生이라고 불렸던 정호도 다음과 같이 말했던 적이 있었다.

> 세상의 모든 만물의 이理에 따르면 홀로 고립하여 존재하는 사물은 없 고 반드시 짝을 가지고 있다. 이것은 모두 자연적으로 그러하며 인위적 으로 조작한 것이 아니다.　　　　　　　　　　　　－《이정유서二程遺書》

　사실 유학 전통이 인간관계의 전형이라고 생각한 오륜五倫 또한 기본적 으로는 다섯 가지 짝의 관계로 규정되어 있다. 군주와 신하 관계를 의미하 는 군신君臣, 아버지와 아들 관계를 의미하는 부자父子, 남편과 부인 관계를 의미하는 부부夫婦, 어른과 아이 관계를 의미하는 장유長幼, 그리고 두 사람 의 동년배 관계를 의미하는 붕우朋友 등은 모두 고립된 개인의 상태가 아니 라, 원초적인 짝 관계로 사유된 것이기 때문이다.《태극도설》에서도 확인할 수 있는 것처럼 이러한 근원적인 짝 관계는 모두 음양 관계로 다시 수렴될수 있다. 자석의 음극과 양극이 분리 불가능한 것처럼, 인간도 다른 타자와 짝 관계에 들어서면 분리 불가능하다고 생각했던 것이다. 사실 태극을 상징하는 문양(☯)도 세계가 짝 관계로 구성되어 있다는 것을 잘 보여주고 있다. 주희를 포함한 신유학자들이 《주역》〈괘사卦辭〉 편에 나오는 "일음일양지위도一陰一陽之謂道"라는 구절, 즉 "한 번 음하고 한 번 양하는 것을 도라고 부른다"는 구절을 그렇게도 애호했던 것에는 다 이유가 있었던 셈이다.

이처럼 주희가 강조했던 이理란 것은 단순한 사물의 본질, 그 이상을 의미한다. 특정 사물의 이를 안다면, 우리는 그것과 조화로운 관계에 들어갈수 있기 때문이다. 주희의 다음 이야기는 이 점을 매우 분명하게 보여주는 사례라고 하겠다.

> 여기 네 다리를 가진 의자가 있어서 앉을 수 있다. 이것이 바로 의자의 이理이다. 만약 다리를 하나 제거하면 앉을 수 없게 된다. 이것은 곧 의자의 이를 잃어버린 것이다. 형이상形而上을 도道라고 하고 형이하形而下를 기器라고 하는데, 이 형이하의 기 속에 저 형이상의 도가 내재해 있는 것이다. …… 여기에 부채가 하나 있다. 이것이 바로 사물物인데, 이 안에는 곧 부채의 도리道理가 숨겨져 있다. 부채는 이런 도리에 따라 만들어졌기 때문에, 반드시 이런 도리에 따라 사용해야만 한다. 이것이 바로 형이상의 이理이다. ──《주자어류朱子語類》

의자와 나 사이에는 눈에 보이지 않는, 즉 형이상의 이가 있다. 주희는 의자의 이를 "내가 앉을 수 있도록 하는 것"이라고 설명한다. 이것은 물론 의자라는 것의 관점에서 이야기된 것이다. 그렇다면 나의 관점에서는 어떻게 이야기할 수 있을까? 나의 본성은 "의자에 앉을 수 있는 것"이다. 부채의 경우도 마찬가지이다. 부채의 이는 "펼쳐서 바람을 일으켜 나를 시원하게 해주는 것"이다. 역으로 부채와의 관계에 있는 나의 본성은 직접 "부채를 펼쳐서 바람을 일으킬 수 있는 것"이다. 부채의 이와 나의 본성은 부채와 나를 조화로운 관계에 이르도록 해준다. 예를 들어 부채를 가지고 파리나 곤충을 잡는 데 사용한다면, 부채는 쉽게 부서지고 나는 더위에 바람을 일으킬 수 있는 도구를 잃게 될 것이다. 부채를 다른 용도로 사용하는 것은 글자 그대로 '무리無理'한 사용, 즉 이理를 잃어버린 사용이라고 말할 수 있다. 비록 한두 번은 이理에 어긋나는 관계 맺음도 실현 가능하지만, 얼마 지나지 않아 부채나 나는 모두 이理를 어긴 대가를 치르게 될 것이다. 부채는 부서지고 나는 더위에 시달리게 될 것이기 때문이다. 이렇게 주희에 따르면 부채의 이는 부채뿐만 아니라 우리의 삶에 도움을 주는 것이다.

그런데 이理와 관련된 주희의 이와 같은 이야기를 듣게 된다면, 우리가 앞서 살펴본 나가르주나나 혹은 비트겐슈타인 같은 철학자들은 박장대소를 했을지도 모른다. 세계의 모든 사물에게 정해진 이理가 있다면, 인간에게 자유란 원천적으로 불가능할 것이기 때문이다. 오직 인간에게 남는 것은 사물이나 사태 속에서 이理를 발견하고 그것을 따라 복종하는 일일 뿐이기 때문이다. 사실 사물에서 주희가 발견했다고 생각했던 이理란 기존의 관습 체계가 부여한 고정된 의미에 불과하다는 것이다. 주희는 과거 세대들의 관습을 그대로 학습하라는 주장을 하고 만 셈이다. 심지어 주희는 이것을 앞으로 태어날 모든 사람에게도 강제하고자 했다. 종이컵을 예로 생각해보자. 종이컵의 이는 주희에 따르면 "물과 같은 액체를 담도록 하는 것"으로 정의될 수 있다. 하지만 종이컵은 단지 액체를 담는 데만 써야 되는 것일까? 사실 종이컵은 담뱃재를 터는 재떨이로도, 혹은 작은 꽃을 키울 만한 화분으로도, 아니면 동전을 모아놓는 보관함으로도 쓰일 수 있다. 만약 이렇게 말한다면 주희는 '무리'한 일이라고 역정을 낼 수도 있지만 말이다.

주희: "사물에는 우리가 어찌할 수 없는 법칙이 존재한다."

주희는 불교에 맞서서 유학을 형이상학적으로 업데이트하려고 했던 철학자였다. 그런데 그에게 불교란 우선 주관적인 관념론으로 이해되었던 것이다. 다시 말해 주희는 불교가 "모든 것은 마음이 만든 것이다—切唯心造"라고 주장하는 사유 체계라고 이해하고 있었던 것이다. 사실 주희가 육구연에게 맞서 싸우게 된 심층적 동기도 이와 관련된다. '마음이 바로 이理'라는 육구연의 주장, 즉 심즉리心卽理는 불교의 주관적 관념론과 너무나 비슷하기 때문이다. 결국 육구연의 사유로는 불교와 맞서 싸울 수 없다는 것이 주희의 판단이었다. 그렇기 때문에 그는 자신이 강조한 격물치지의 공부, 즉 사물 상에 나아가 그 사물을 탐구해서 사물의 이치를 직접 연구하는 공부야말로 불교의 내성적인 수양론에 대응할 수 있는 유일한 방법이라고 확신했다. 다음 구절에는 주희의 확신, 즉 불교와는 다른 종류의 형이상학과 수양론을 구상했다는 그의 신념이 분명하게 드러나 있다.

> 대부분의 사람들은 도리道理를 하나의 공허한 것으로 생각한다. 그래서 《대학》은 궁리窮理라고 하지 않고 격물格物이라고 말해서, 사람들로 하여금 사태와 사물 차원에서 이해하도록 한 것이다. 이와 같다면 실제 모습實體을 볼 수 있을 것이다. 실제 모습이란 것은 사태와 사물의 차원에 있지 않으면 볼 수 없다. 예를 들어 배를 만들어 물을 건너고, 수레를 만들어 육지를 지나가는 것과 같다. 시험 삼아 여러 사람들의 힘을 모아서 배 한 척을 육지에서 밀어보라. 아마도 움직이지 않을 것이니, 그제야 배란 육지에서 운행할 수 없다는 것을 알게 될 것이다. 이것이 바로 실제 모습이다. ─《주자어류》

마음 바깥의 사물, 정확히 말해 마음으로 환원되지 않는 고유성을 갖

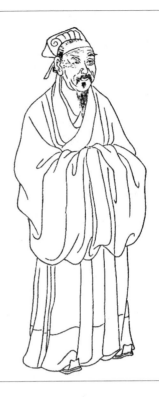

주희는 군주를 모시는 신하라면, 공부하는 주체는 군주의 이理를 찾아야만 한다. 그리고 이렇게 찾은 이理를 통해 군주와의 적절한 관계, 즉 조화로운 관계를 형성해나가야 한다고 말한다.

고 있는 사물을 강조해야 한다. 더 극적으로 말하자면 "마음이 만들 수 없는" 사물을 긍정해야 한다. 이것이 바로 주희의 생각이었다. 그래서 주희는 《대학》이란 경전을 중시했던 것이다. 이 경전에는 불교도 사용하는 이理라는 개념이 아니라 '사물'을 의미하는 물物이라는 개념이 중시되기 때문이다. 《대학》에 따라 주희는 격물格物을 강조하게 된다. 그것은 내 마음에도 어쩌지 못하는 사물에는 반드시 발견해서 따라야 하는 필연적인 이理가 있다는 주희 본인의 확신을 반영한다. 그래서 그에게 이理는 실제 모습, 즉 실체實體라는 존재론적 위상을 갖는다. 헛된 표상이란 의미에서 허상虛像이 아니라 실제 모습이기에 실체實體라는 것이다. 실체는 글자 그대로 '실제 몸뚱이'라는 뜻이니 말이다.

　배에는 배의 고유성이 있고, 수레에는 수레의 고유성이 있다. 그래서 주희는 "여러 사람들의 힘을 모아서 배 한 척을 육지에서 밀어보라"고 이야기한 것이다. 오직 그렇게 해볼 때에만, 우리는 배가 육지가 아니라 물에서만 움직일 수 있는 이理를 가지고 있다는 점을 분명하게 깨닫게 될 것이다. 물론 누군가는 배가 육지에서 전혀 움직이지 않는 것은 아니라고 반문할 수도 있다. 이 경우 주희의 대답은 항상 단순하다. 그것은 '무리'한 일일 뿐이다. 억지로 할 수는 있겠지만, 얼마 지나지 않아 사람들은 모두 지치고 배는 파손될 것이기 때문이다. 이렇게 자신의 고유성을 가진 사물들의 이理는 마음을 수양한다고 해서 곧바로 찾아질 수 있는 성질의 것은 아니었다. 어쩔 수 없이 직접 사물에 나아가 그 사물에 고유한 이理를 찾는 수밖에 없다. 이 것이 바로 주희의 근본적인 견해 가운데 하나였다.

비록 결과적으론 이일분수의 도식을 통해 정당화할 수 있을지도 모르지만, 사실 배나 수레가 가진 이理를 많이 안다고 해서 이것이 공자와 같은 성인이 되려는 자기 노력과 어떤 직접적인 관계가 있다고 보아야 할까? 양자 사이의 간극이 너무 크다는 것은 어쩔 수 없는 사실이다. 공자는 모든 사물의 이치를 다 알았던 사람이라기보다 윤리적으로 완전해진 인격체였다고 보는 것이 타당한 일이기 때문이다. 이 점에서 배나 수레에도 이理가 있다는 주희의 말은 이일분수 도식을 원론적인 수준에서 설명한 것일 뿐이었다고 할 수 있다. 다시 말해 이理의 절대성과 보편성을 강조하기 위해 주희는 인간관계, 즉 윤리적 관계를 중시하는 자신의 속내와는 달리 객관적 사물들의 이理에 대해 이야기했다는 것이다. 그의 레토릭에 속지 말고, 이제 직접 윤리적 관계나 사회적 관계에서 이理를 강조하고 있는 주희의 이야기를 경청해보도록 하자. 주희에게 격물의 주된 대상이 윤리적 관계라는 것이 분명해질 것이다.

문진文振이란 제자가 물었다. "사물物이란 이理가 놓여 있는 곳이어서 사람이 반드시 가지고 있되 없앨 수 없는 것입니다. 사물 가운데 어느 것이 가장 절실한 것입니까?"

주희가 대답했다. "군신, 부자, 형제, 부부, 붕우 관계는 모두 사람들이 없앨 수 없는 것이다. 그렇지만 배우는 사람은 반드시 격물하고 궁리해야만 한다. 부모를 섬기는 경우 효를 다해야 하고, 형제와 있을 때는 우애를 다해야 한다. 이와 같은 것들에서 반드시 철저하게 이理를 보아야만 한다. 만약 조금이라도 철저하지 못한 점이 있다면, 격물하고 궁리하지 못한 것이다." ―《주자어류》

비록 원리적으로 모든 사물에는 이理가 있다고 할지라도, 주희는 무엇보다도 먼저 군신, 부자, 형제, 부부, 붕우의 관계에서 이理를 찾는 공부를 해야 한다고 충고한다. 유학 관습이 지배하던 상황에서 모든 주체는 다섯 가지 관계에 반드시 속할 수밖에 없었을 것이다. 정치적으로 국가에서는 군주이거나 신하일 것이고, 가족에서는 아버지이거나 아들, 혹은 형이거나 동생, 아니면 남편이거나 아내였을 것이다. 국가와 가족질서를 넘어서면 어른이거나 젊은이였을 것이고 그렇지 않으면 비슷한 또래의 친구였을 것이다. 주희는 이 모든 관계에서 이제 이理를 찾으라고 주문하고 있다. 예를 들어 군주를 모시는 신하라면, 공부하는 주체는 군주의 이理를 찾아야만 한다. 그래서 군주의 이를 찾는다는 것은 신하로서 자신에게 내재된 신하의 이를 찾는다는 것과 마찬가지다. 그리고 이렇게 찾은 이理를 통해 군주와의 적절한 관계, 즉 조화로운 관계를 형성해나가야 한다. 만일 '군주의 이=신하의 이'를 제대로 찾지 못했다면, 우리는 군주를 만났을 때 그와 적절한 관계를 맺는 데 실패할 것이다. 이것은 물에서 항해하는 것이 배의 이라는 것을 알게 되었다면, 이제 이렇게 해서 찾은 이理를 근거로 배를 정말로 잘 조정할 수 있는 것과 마찬가지의 일일 것이다.

왕수인: "사물의 법칙은 항상 우리 마음과 관련된다."

격물치지를 강조했던 주희의 사상은 후대의 유학자들에게 불교와는 다른 유학만의 공부가 가능하다는 점을 보여주었다. 주희의 말대로 사물들의 이치를 파악하여 성인이 되려는 젊은 유학자가 한 명 있었다. 그는 자신이 근무하던 관청 뒤뜰에 심어진 대나무를 격물 공부의 처음 대상으로 선정했다. 진지한 학자였으면서도 동시에 무술에 능통했던 젊은이다운 패기였다. 하지만 불행히도 이 야심만만한 젊은 유학자는 7일도 되지 않아서 대나무의 이理를 파악하려는 공부를 그만두고 말았다. 격물치지의 공부를 통해 대나무의 이치를 꿰뚫어보겠다고 마음먹었지만, 이치를 알게 되기는커녕 오히려 심신이 피폐해지는 경험만을 한 것이다. 윤리적 관계의 객관성을 강조하는 레토릭 차원에서 주희가 언급했던 사물의 이理를 고지식하게 파고들었던 이 젊은이의 순진함은 측은함마저 들게 한다. 이 젊은 유학자가 바로 양명陽明이란 호로 더 유명한 왕수인王守仁(1472~1528)이다.

21세 무렵 겪은 위와 같은 경험은 그로 하여금 주희의 격물치지 공부를 회의하도록 만들었다. 이로 인해 마침내 왕수인은 이理란 것은 사물에 있는 것이 아니라, 오히려 우리 마음에 있는 것이라는 결론을 내리게 되었다. 이로써 육구연의 '심즉리心卽理'라는 주장은 이제 왕수인을 통해 다시 한 번 이 세상에 그 모습을 드러내게 된 것이다. 이 때문에 지금도 육구연과 왕수인 계열의 신유학 사상을 함께 병칭해서 '육왕심학陸王心學'이라고 부른다. 이것은 물론 정이와 주희의 '정주이학程朱理學'과는 대조적인 규정이라고 이해할 수 있다. 그럼 이제 주희의 격물치지를 비판하는 왕수인의 목소리를 직접 들어보자.

주자가 말한 격물이라는 것은 사물에 나아가 그 이理를 궁구하는 데 있다. 사물에 나아가 이理를 궁구한다는 것은 각각의 개별적 사물에서

왕수인은 이理란 것은 오히려 우리 마음에 있는 것이라는 결론을 내렸다. 왕수인과 그를 따르던 학자들의 사유 경향을 심학心學이라고 규정하는 것도 이런 이유에서이다.

이른바 정해진 이理를 구하는 것이다. 이것은 내 마음을 사용하여 각각의 개별적인 사물 가운데서 이理를 구하는 것이니, 마음과 이치를 둘로 나눠버린 것이다. 무릇 각각의 개별적 사물에서 이理를 구하는 것은 가령 부모에게서 효의 이理를 구한다는 말과 같다. 부모에게서 효의 이理를 구한다면 효의 이는 과연 내 마음에 있는가, 아니면 부모의 몸에 있는가? 가령 부모의 몸에 있다면 부모가 돌아가신 뒤 내 마음에는 곧 어떠한 효의 이도 없게 되는 것인가? ─《전습록傳習錄》

우선 왕수인은 주희의 격물치지 논리가 가진 중대한 문제점 하나를 지적한다. 사물에는 정해진 이理가 있고 이것을 우리의 마음이 알게 되는 것이라면, 주희는 마음과 이理를 둘로 나누고 있다고 본 것이다. 이것은 결국 우리 마음이 근본적으로 이理와 무관하다는 것을 주장하는 말이 되고 만다. 지금 왕수인은 주희의 핵심 테제, 성즉리性卽理를 일종의 역설로 만들고 있는

셈이다. 분명 주희는 우리의 본성이 태극이라는 초월적 이나 사물에 내재
되어 있는 내재적 이理와 같은 것이라고 주장했다. 그런데 만약 이렇게 '성즉
리'라는 주희의 주장이 타당하다고 여긴다면, 우리는 결국 외부 사물의 이
를 따로 찾는 공부를 할 필요가 전혀 없다. 어차피 모든 사물의 이는 내 마
음의 본성과 애초부터 같은 것이라고, 즉 동일한 태극이라고 전제되어 있기
때문이다. 따라서 우리는 내면의 본성을 찾으려는 공부만 하면 되지 굳이
밖으로 나가 외부 사물의 이치를 찾는 격물치지 공부를 할 필요가 없다는
말이 된다. 만약 외부 사물이나 사태의 이理를 반드시 찾아야 한다고 주장
하려면, 내 마음의 본성과 외부 사물의 이가 전혀 관계없는 것이라고 보아
야 할 것이다.

이 때문에 왕수인은 주희의 격물 공부가 결국 내 마음과 사물의 이를
둘로 나눈 것이라고 비판하면서, 자신의 비판에 힘을 더하기 위해 구체적
인 사례 하나를 언급하고 있다. 효의 이理는 과연 나의 외부에 있는 부모 자
신에게 있는 것인가? 아니면 내 마음 안에 있는 것인가? 주희의 격물 공부
의 논리에 따르면 효의 이는 부모에게 있어야 한다. 그리고 부모를 통해 나
는 효의 이치를 찾아낸 다음 그 이치로 부모를 섬기려고 할 것이다. 하지만
이렇게 보면 가령 부모가 돌아가실 경우 이제 효의 이는 그 부모와 함께 사
라지고 말 것이다. 바로 이 대목에서 왕수인은 부모가 돌아가셨을 때 제사
를 지내며 효를 실천하는 일반 사람들의 모습을 상기시키고 있다. 주희의 생
각이 옳다면 일반 사람들이 지내는 제사는 모두 쓸데없는 일이 되고 만다.
분명 유학자로서 주희도 제사를 어리석은 일이라고 평가하지는 않았을 것
이다. 그렇다면 주희도 제사를 긍정할 수밖에 없을 것이고, 결국 부모가 외
부에 존재하느냐의 여부를 떠나 부모에게 효를 실천하려는 마음은 우리 자
신의 마음 안에 있다는 점을 받아들일 수밖에 없을 것이다. 이런 추론 끝에
왕수인은 효의 이가 부모에게 있는 것이 아니라, 내 마음 안에 있다고 결론
내리게 된다.

주희가 외부에 있다고 설정했던 이理를 이제 마음 안으로 다시 수렴함

으로써, 왕수인은 글자 그대로 주희의 성즉리를 마음 차원으로 환원시켰다고 볼 수 있다. 더 부연설명하면 이理가 이렇게 마음에 수렴됨으로써 이제 이일분수라는 주희의 도식도 우주론적 차원이 아닌 우리의 마음 차원으로 축소되어버리고 말았다. 이에 따라 이理나 태극이 만물을 초월하면서 동시에 만물에 내재하고 있다고 본 주희의 형이상학 도식 자체가 붕괴될 위험에 처한 것은 어쩌면 자연스런 귀결이라고도 볼 수 있다. 왕수인과 육징陸澄이란 제자 사이에서 이루어졌던 다음 대화를 통해 이 문제를 더 살펴보도록 하자.

> 육징이 물었다. "인의예지라는 명칭은 마음이 이미 드러날 때 있는 것입니까?"
> 왕수인이 대답했다. "그렇다."
> 다음 날 육징이 다시 물었다. "측은지심, 수오지심, 사양지심, 시비지심은 본성이 드러난 덕입니까?"
> 왕수인이 대답했다. "인의예지는 드러난 덕이고 본성은 하나일 뿐이다. …… 마음이 드러날 때 아버지와 만나면 효라고 하고, 군주와 만나면 충이라고 한다. 이로부터 명칭들은 무궁하게 전개되지만 단지 하나의 본성일 뿐이다. 이것은 비록 사람은 한 명이지만, 아버지에 대해서는 아들이라고 하고, 아들에 대해서는 아버지라고 하는 것과 마찬가지이다. 이로부터 그 명칭들은 무궁하게 전개되지만 단지 한 사람일 뿐이다. 사람은 단지 본성 차원에서 공부를 해야 한다. 하나의 본성이라는 글자를 분명하게 직관하면, 만 가지 이치가 분명해진다."
> −《전습록傳習錄》

《주자어류》를 보면 주희가 "사람에게는 인의예지가 본성이다在人, 仁義禮智, 性也"라고 이야기하는 대목이 나온다. 하지만 왕수인은 인의예지란 것은 마음의 본성이 드러날 때 사태에 따라 마음이 달리 표현하고 있는 이理들일 뿐, 마음의 본성 그 자체는 아니라고 보았다. 그에 따르면 인의예지는 효나 충처럼 드러난 덕들, 정확히 말해서 드러난 이理들 가운데 몇몇 개에 지나지 않았다. 그래서 왕수인은 드러난 이理가 다양함에도 우리의 본성은 결국 하나라는 점을 거듭 강조했던 것이다. 이런 관점의 연속선상에서 왕수인은 주희의 이일분수 도식을 이제 마음 차원으로 모두 수렴시켜버리게 된다. 우리 마음의 본성은 하나이지만 사태에 따라 그것은 마음의 다양한 이理들로 실현된다고 보았기 때문이다. 제자와의 대화를 마무리하면서 그가 "하나의 본성이라는 글자를 분명하게 직관하면, 만 가지 이치가 분명해진다"라고 강조했던 것도 이런 이유 때문일 것이다. 결국 주희의 '이일분수'가 왕수인에 이르러 '성일분수性一分殊'로 내면화된 셈이다.

주희는 맹자를 따라 인간의 본성을 '인의예지' 네 가지 덕목으로 설정했다. 인이 실현되면 측은지심으로 드러나고, 의가 드러나면 수오지심으로 드러나고, 예가 실현되면 사양지심으로 드러나며, 마지막으로 지가 실현되면 시비지심으로 드러난다고 본 것이다. 하지만 왕수인은 인간의 본성이 규정될 수 없는 것이라고 보았다. 물론 이러한 그의 주장에는 인의예지만을 고유한 덕목으로 간주했을 때, 효나 충과 같은 매우 중요한 사회적 덕목들이 부수적인 위치로 전락하게 될 것이라는 우려가 깔려 있었다. 그런데 여기서 특히 문제가 될 수 있는 덕목은 충忠이라는 군신 간의 윤리이다. 효는 이미 맹자도 양지良知라고 규정하면서 인간이라면 누구나 가지고 있는 선천적인 도덕 감정이라고 주장한 바 있다. 그러나 맹자 혹은 주희에게 부차적인 감정에 불과했던 군주에 대한 충성심이 왕수인의 경우에 이르러 인의예지와 거의 유사한 위상으로까지 격상되고 있다.

농민봉기를 사례로 생각해보자. 왕수인에게 농민봉기는 일고의 가치도 없는 악惡이기에 무자비한 진압 대상일 뿐이다. 동일한 경우에 맞닥뜨렸다면 주희는 맹목적인 충성심보다는 농민봉기가 일어나게 된 객관적인 이理를 먼저 찾으려고 했을 것이다. 그러니까 충성과 반란이란 표피적 현상에 직접적이고 감정적으로 대응하기보다, 주희는 농민봉기의 이유부터 고민했으리라는 것이다. 신유학자들에게 성인으로 추앙되던 공자마저도 《논어》 〈학이 學而〉 편에서 말하지 않았던가? "천승의 나라를 다스릴 때 큰일을 신중히 거행하고 거행하더라도 신뢰를 얻어야 하며, 재정 지출을 절약해서 귀족층들을 아껴야 하고, 민중은 때에 맞게 부려야 한다道千乘之國, 敬事而信, 節用而愛人, 使民以時"고 말이다. 결국 함부로 전쟁이나 거대한 역사를 일으켰거나 재정 지출을 함부로 했거나, 혹은 생업에 장애를 줄 정도로 민중을 부리면, 이럴 때 농민봉기가 일어나기 쉽다. 그렇지만 마음속에 충성심을 포함한 모든 유학적 가치들을 내면화시킨 왕수인에게 그저 농민봉기는 충성이란 이념에 저항하는 폭거에 지나지 않는다. 그러니 '천하제일검天下第一劍'이라고 불렸던 왕수인은 단호하게 그리고 아무런 거리낌 없이 농민봉기를 진압할 수 있었던 것이다.

왕수인의 특이성은 주희가 애써 마련한 '이일분수' 도식을 마음으로 수렴하는 데서 찾을 수 있다. 이런 과정에서 그는 자신이 장재나 주희의 원초적 문제의식을 망각하고 있다는 사실을 의식하지 못했다. 장재나 주희는 당제국의 이데올로기였던 불교를 대신하는 새로운 제국의 이데올로기를 만들려고 했다. 이때 그들이 불교의 아킬레스건으로 보았던 것은 바로 불교의 관념론적 성격이었다. 그들의 눈에 불교는 외부의 구체적인 사태나 주어진 인류적 관계를 무시하고, 자신의 내면에만 침잠하는 유아론으로 보였던 것이다. 그렇기 때문에 장재는 기氣라는 범주를 강조했고, 주희는 인간의 관념을 초월하는 이理를 강조했던 것이다. 그렇지만 왕수인에 이르러 인간을 포함한 모든 사물의 원리였던 기나 이가 이제 마음으로 수렴되어버린 것이다. 왕수인과 그를 따르던 학자들의 사유 경향을 심학心學이라고 규정하는 것도 이런 이유에서이다. 바로 이런 경향 때문에 명제국 말기와 청제국 초기에 "유교, 불교, 도교의 가르침이 같다"는 삼교일치론三敎一致論이 나올 수 있었던 것이다.

자신도 모르게 주희를 닮아가는 왕수인

왕수인의 심학은 그의 호 양명陽明을 본떠서 양명학陽明學이라고 불린다. 태극이란 '초월적인 이理'를 다루느라, 혹은 본성性이란 '내재적 이'를 다루느라 분주했던 주희와는 달리 왕수인의 심학은 심플하다. 육구연의 비판처럼 심학은 "간이簡易"하고 주희의 철학은 "지리支離"한 것은 어쩌면 당연한 일인지도 모를 일이다. 모든 것을 마음으로 수렴해서 해결하려고 하니, 어떻게 간략하고 쉽지 않을 수 있겠는가? 그래서일까, 왕수인은 자신의 가르침을 네 구절로 요약한다. 그것이 바로 '사구교四句敎'이다. 그러나 간단한 만큼 어렵다. 소설보다 시가 어려운 것과 유사한 일이다. 당연히 '사구교'를 어떻게 이해해야 하는지 설왕설래가 불가피하다. 심지어 왕수인 본인이 살아 있을 때도 그랬으니, 그가 죽은 뒤 사정은 말해서 무엇하겠는가? 왕수인의 어록을 선집한《전습록傳習錄》을 넘기다보면 사구교를 둘러싼 해석적 갈등이 왕수인 생전에도 있었다는 걸 알려주는 흥미진진한 대목이 하나 등장한다.

　"1527년 9월 왕수인은 사은思恩과 전주田州 지역의 반란을 진압하라는 명령을 받고 떠나려고 할 때, 그의 제자 전덕홍과 왕기는 배움에 대해 토론하고 있었다. 왕기는 먼저 스승의 가르침을 인용했다. '선도 없고 악도 없는 것이 마음의 본체이고無善無惡是心之體, 선도 있고 악도 있는 것이 생각의 움직임이며有善有惡是意之動, 선을 알고 악을 아는 것이 바로 양지이고知善知惡是良知, 선을 행하고 악을 제거하는 것이 바로 격물이다爲善去惡是格物.' 전덕홍은 물었다. '사구교의 의미는 어떠한가?' 왕기는 말했다. '이것은 궁극적인 화두는 아닌 듯하네. 만일 마음의 본체에 선도 없고 악도 없다면, 생각意 또한 선도 없고 악도 없는 생각이어야 하고, 앎知 또한 선도 없고 악도 없는 앎이어야 하고, 사물物 또한 선도 없고 악도 없는 사물이어야 하네. 만일 생각에 선과 악이 있다고 한다면, 반드시 마음의 본체에도 선과 악이 있어야 하는 것 아닌가?' 그러자 전덕홍은 말했다. '마음의 본체는《중용》에서 말한 하늘이 명령한 본성天命之性이어서 원래 선도 없고 악도 없는 것이네. 그렇지만 사람에게는 외부에 영향받은 마음習心이 있어서 생각에 선과 악이 있는 법이네. 그러니 격물, 치지, 성의, 정심, 그리고 수신은 바로 이 본성性이란 본체를 회복하려는 공부라고 할 수 있지. 만일 원래부터 선과 악이 없다고 한다면, 공부 또한 말할 수 없게 될 것이네.' 이날 밤 왕수인은 제자들과 함께 밖으로 나가 천천교天泉橋에 앉았다. 전덕홍과 왕기는 자신들의 생각을 말하며 스승의 가르침을 청했다. 왕수인은 말했다. '나는 이제 명령을 받들어 잠시 떠나야 하니, 너희는 오늘 논의되었던 것을 철저하게 파헤쳐야 한다. 두 사람의 의견은 서로 도움이 되니 한쪽을 집착해서는 안 된다. 내가 사람들을 만나다보니, 두 종류의 인간이 있는 것 같다. 능력이 탁월한 인간利根之人은 곧바로 근본적인 곳으로 깨달아 들어간다. 마음의 본체는 원래 아무런 때도 끼지 않고 맑기에 미발의 중의 상태에 있다. 능력이 탁월한 인간은 한 번 본체를 깨닫는 것이 바로 공부이니, 남과 나 그리고 안과 밖이 한순간에 연결된다. 그다음 단계의 사람은 외부에 영향받은 마음이 있어서 마음의 본체가 가려진다. 그러므로 생각 차원에서 실제로 선을 행하고 악을 제거하도록 가르쳐야 한다. 공부가 익숙해진 뒤 본체를 가리던 찌꺼기가 모두 없어질 때, 마음의 본체도 또한 밝아질 것이다. 왕기의 의견은 능력이 탁월한 인간에게 맞고, 전덕홍의 의견은 그다음 단계의 인간에게 도움이 된다.'"

먼저 왕수인의 유명한 사구교부터 살펴보자. 주희 이래로 불교를 벤치마킹한 흔적이 고스란히 보인다. 신수나 종밀이 자성청정심自性淸淨心을 설명하려고 비유로 들었던 그 지긋지긋한 거울 비유다.

선도 없고 악도 없는 것이 마음의 본체다	無善無惡是心之體·········①
선도 있고 악도 있는 것이 생각의 움직임이다	有善有惡是意之動·········②
선을 알고 악을 아는 것이 양지다	知善知惡是良知·········③
선을 행하고 악을 제거하는 것이 격물이다	爲善去惡是格物·········④

①, ②, 그리고 ③은 우리 마음의 구조를 논의하고 있고, ④만이 마음 공부, 즉 수양을 이야기하고 있다. 여기서 사구교에 등장하는 선악은 악이 일차적이라는 걸 염두에 두자. 그러니까 악이 때가 끼어 있는 거울 부분으로, 그리고 선은 다행히도 때가 끼지 않은 거울 부분으로 이해하면 편하다. 양지良知는 때가 끼어 있는 부분과 그렇지 않은 부분을 아는 인식을 말한다. 당연히 양지에 따라 때가 끼어 있는 부분의 때를 제거하고, 때가 없는 부분은 때가 끼지 않도록 하면 된다. 이것이 바로 격물이라고 왕수인은 이야기한다. 결국 격물은 치양지致良知의 공부라고 할 수 있다. 양지를 현실에 그대로 달성하는 것이 바로 치양지니까 말이다. 결국 격물, 혹은 치양지의 공부가 완성되면, 거울에는 때가 긴 부분도 없어지고 당연히 그에 따라 때가 끼지 않은 부분도 사라진다. 때가 끼지 않은 부분은 때가 긴 부분과 대조해서 규정되기

때문이다. 결국 수양이 완성되면 ①의 상태를 회복하게 된다. 바로 이 순간 생각도, 양지도, 그리고 격물마저도 작동하지 않고, 정호程顥가 말한 "물래이순응物來而順應"의 경지, 즉 "사태가 다가오면 그 사태에 순응하게 되는" 성인의 경지가 달성된다. 이것은 어떤 때도 없는 맑은 거울이 무엇이 앞에 오든지 그걸 있는 그대로 비추는 것으로 비유될 수 있다.

여름밤 아직도 더워서인지 왕수인은 제자들과 천천교라는 교량 근처에 앉아 이야기를 주고받았다. 여기서 그는 자신의 수제자 두 사람, 즉 왕기王畿(1498~1583)와 전덕홍錢德洪(1496~1574)이 자신의 가르침에 미묘한 해석 차이가 있다는 걸 확인한다. 왕기의 입장은 전덕홍보다 래디컬하다. "선도 없고 악도 없는 것이 마음의 본체다"라는 주장이 옳다면, 사구교의 나머지 가르침도 의미가 없다고 주장했으니 말이다. 왕기의 입장은 타당하다. 선과 악이 없으니 생각이 움직일 리 없고, 선과 악이 없으니 그걸 구분하는 양지도 작동할 리 없고, 당연히 선과 악이 없으니 선을 행하고 악을 제거하는 격물 공부도 불필요하다는 것이다. 반대로 전덕홍은 사람에게는 현실적으로 선과 악의 관념이 있기에, ②와 ③뿐만 아니라 수양의 방법인 ④도 불가피하다고 주장한다. 중국 철학 연구자들은 왕기의 입장을 '사무四無'설이라고 이야기하고, 전덕홍의 입장을 '사유四有'설이라고 이야기한다. 혹은 왕기의 입장을 양명좌파라고 부르고, 전덕홍의 입장은 양명우파라고 부르기도 한다.

두 사람의 차이점을 더 자세히 살펴보면, 우리는 왕기가 ①의 입장에 서 있고, 전덕홍이 ②의 입장에 서 있다는 걸 확인할 수 있다. 사실 ①의 입장은 주희의 미발 공부와 유사하다면, ②의 입장은 주희의 이발 공부와 그 위상이 같다고 할 수 있다. 주희에게는 생각이 아직 드러나지 않았을 때의 공부가 미발 공부라면, 생각이 드러난 다음의 공부는 이발 공부이기 때문이다. 생각이 아직 작동하지 않을 때, 선과 악을 초월해 있는 마음의 본체, 즉 본성을 자각하는 것이 왕기가 생각했던 공부다. 그러니 이것은 미발 공부와 무슨 차이가 있는가? 혹은 불교식으로 말하자면 돈오頓悟의 공부였던 셈이다. 반면 전덕홍은 선과 악이 존재하는 생각의 차원에서 선을 행하고 악을 제거하는 치양지의 공부를 해야 한다고 주장한다. 주희의 이발 공부와 다름없고, 불교식으로 말하자면 점수漸修의 공부라고도 할 수 있다. 여기서 충격적인 것은 왕수인이 사구교를 우직하게 해석했던 전덕홍보다는 왕기의 해석이 더 수준이 높다고 인정한다는 점이다. 지금 왕수인은 자신이 양명학의 전매특허라고 할 수 있는 치양지 공부마저 폄하하고 있다는 사실을 알기나 알까. 어쨌든 왕기와 전덕홍을 둘 다 수용한 순간, 그리고 왕기의 입장이 더 탁월하다고 인정한 순간, 왕수인은 자신도 모르게 주희의 수양론에 그만큼 더 가까워지게 된다. 주희의 탁월함 때문일까, 아니면 왕수인의 철저하지 못함 때문일까? 모를 일이다.

23

돈오는 가능한가?

지눌

———————————— VS ————————————

성철

794년 티베트에서 무슨 일이 벌어졌는가?

794년 티베트의 쌈예bSam yas 사원에는 긴장감이 팽배해 있었다. 티베트 전체를 떠들썩하게 했던 불교계의 대논쟁이 벌어질 예정이었기 때문이다. 당시 티베트는 중국 당제국과 밀접한 관련을 가진 정치 세력들과 인도와 밀접히 연관된 정치 세력들의 다툼으로 혼란을 거듭하고 있었다. 물론 이런 정치적 대립은 겉으로는 불교 내부의 사상 논쟁이라는 형식을 띠고 있었다. 돈오頓悟를 강조하는 중국의 남종선과 점수漸修를 강조하는 인도의 유가행중관파瑜伽行中觀派, Yogācāra-Mādhyamika의 입장이 정면으로 부딪혔던 것으로 보였기 때문이다. 남종선은 비약적인 깨달음을 의미하는 돈오라는 슬로건으로 북종선과 맞섰던 중국의 불교 학파였다면, 유가행중관파는 바수반두의 유식불교 이론을 나가르주나의 중관불교 이론으로 흡수하여 탄생한 당시 인도의 대표적인 불교 학파였다. 그런데 이때 티베트의 군주였던 치쏭데젠Khri sroṅ lde brtsan(재위 기간: 742~797)은 모든 갈등과 대립을 해소하기 위해 남종선의 대표자로 마하연摩訶衍(?~?)을 부르고 또 유가행중관파의 대표적 이론가로 카말라실라Kamalaśīla(740?~795?)를 소집했던 것이다.

그렇다면 일대 이론적 격돌의 결과 과연 마하연이 이겼을까? 아니면 카말라실라가 이겼을까? 아쉽지만 어느 입장이 이겼는지에 대해서는 그 결과를 명확히 말하기 어렵다. 티베트의 역사에 따르면 카말라실라가 이긴 것으로 나오고, 중국의 기록에 따르면 반대로 마하연이 이긴 것으로 나오기 때문이다. 하지만 격렬한 논쟁이 끝나고 티베트를 떠난 것이 결국 마하연이었다는 점에서 볼 때, 아마도 쌈예에서 벌어진 유명한 논쟁은 카말라실라가 이긴 것으로 보는 것이 타당할 것 같다. 논쟁의 승자는 계속 그곳에 남아 자신의 권위를 과시할 수 있었던 것이다. 그렇다면 마하연과 카말라실라 사이에 벌어진 논쟁의 쟁점은 과연 무엇이었을까? 그것은 마하연이 주장했던 돈오의 논리, 즉 "생각하지도 않고 관조하지도 않으면 바로 해탈하게 된다"라는 논리와 관련된 것이다. 바로 이 주장을 집요하게 문제 삼았던 것이 인도 승려 카말라실라였다. 우선 마하연의 입장에 대해 먼저 살펴보자.

만일 망심이 일어나지 않고 일체의 망상을 떠났다면, 본래 존재하던 참된 본성과 모든 지혜가 저절로 드러나게 된다. 《화엄경》이나 《능가경》에서 말하는 것처럼 "해가 구름 속에서 나타나고 더러운 물이 맑아지고 거울이 밝고 깨끗하게 되는 것과 같고, 은이 광물로부터 나오는 것과 같은" 것이다. ―《돈오대승정리결頓悟大乘正理決》

마하연의 생각은 매우 단순했다. 그의 말처럼 물은 더러운 물이거나 혹은 그렇지 않은 깨끗한 물이거나 둘 가운데 하나일 뿐이다. 여기서 더러운 물이란 대상과 자아에 집착하는 망심 및 망상을 상징하는 것이다. 더러운 물에서 더러움이 사라진다면, 물은 깨끗한 물이 될 수 있을 것이다. 이와 마찬가지로 망심과 망상이 없다면 곧 참된 본성과 지혜가 바로 드러나게 된다는 것이 바로 마하연의 입장이었다. 사실 마하연의 이론은 어찌 보면 너무 단순하기까지 한데, 그렇다면 도대체 어떻게 수행해야 깨끗한 물 같은 마음을 얻는다고 생각했던 것일까? 바로 이 점을 지적하면서 카말라실라는 다음과 같이 비판하고 있다.

만약 모든 표상에 대해 생각하지 않고 관조하지 않는 것으로 무분별의 경지가 가능하다고 한다면, 이것은 불합리한 주장일 것이다. …… 만약 표상도 없고 생각도 없는 것으로 무분별의 경지에 이를 수 있다고 말한다면, '정신을 잃는 것'과 '생각하지 않고 관조하지 않는 것' 사이에 어떠한 구분도 없을 것이다. ―《수습차제修習次第, Bhāvanā-Krama》

방금 읽은 구절에서 '무분별'의 경지란 세계와 하나가 되는 체험을 말하는 것은 아니다. 이때의 무분별이란 어떤 대상을 불변하는 대상으로, 그리고 자신의 자아를 불변하는 자아로 집착하지 않아서 결국 자유를 얻게 된 경지를 의미하기 때문이다. 마하연은 "생각하지 않고 관조하지 않으면" 곧 이런 경지에 이를 수 있다고 이야기했다. 그러자 카말라실라는 이것이 너무나도 막연한 수행법, 아니 더 정확히 이야기하면 수행법일 수도 없는 방법이라고 비판한다. "생각하지 않고 관조하지 않는" 수행법은 "정신을 잃는" 상태와 거의 구별될 수 없다고 보았기 때문이다. 카말라실라에 따르면 마하연이 제안한 수행법은 해탈을 추구하는 중생들에게 권할 수 없는 방법이었던 셈이다. 이것은 마하연으로서는 치명적인 약점이 될 수밖에 없었다.

선종도 엄연히 대승불교의 전통에 속하는 종파이다. 그렇다면 마하연의 수행법은 중생들을 효과적으로 구제할 수 있어야 비로소 정당성을 얻을 수 있을 것이다. 하지만 불행히도 마하연이 제안했던 수행법은 그렇지 못했던 것으로 보인다. 바로 이 점이 마하연으로 하여금 쓸쓸히 티베트를 떠나게 만들었던 또 하나의 중요한 원인이었을지도 모른다. 하지만 격렬한 일대 논쟁은 마하연이 떠남으로써 깨끗하게 마무리된 것이 결코 아니었다. 쌈예에서 벌어진 논쟁 이후에도 티베트는 안정을 되찾지 못했기 때문이다. 티베트에 남아 있던 카말라실라도 결국 얼마 지나지 않아 암살되었다. 그나마 다행스러운 점은 카말라실라가 정착시킨 불교 사상, 즉 나가르주나의 이론을 기초로 유식불교의 수행법을 결합시킨 특유의 사유 전통이 티베트 불교의 상징적인 인물인 총카파Tsong Kha pa(1357~1419)라는 걸출한 불교 이론가를 낳는 중요한 원동력이 되었다는 사실이다.

흥미롭게도 1,000여 년이 더 지난 1981년 1월 20일, 우리나라에서 성철 性徹(1912~1993) 스님이 조계종 종정宗正으로 추대되면서 돈오점수 논쟁이 한국 불교계에서 다시 새롭게 반복된다. 그 당시 종정으로 추대되었을 때 성철 스님은 "산은 산이요, 물은 물이로다"라는 사자후를 토하면서 선불교의 핵심 가르침이 돈오에 있다는 것을 몸소 드러낸 바 있었다. 당시까지만 해도 성철은 선종 특유의 원론적인 입장을 피력한 것일 뿐이라고 이해되었다. 그런데 같은 해 출간된 《선문정로禪門正路》에서 성철이 지눌知訥(1158~1210)의 돈오점수를 비판하면서 돈오돈수頓悟頓修야말로 선종의 정통 입장이라고 주장하게 되면서 큰 파란이 일어나게 된다. 우리 불교계에서 차지하고 있는 지눌의 위상을 생각해보면, 성철의 냉혹한 비판이 얼마나 커다란 폭발력을 발휘했을지 어렵지 않게 짐작할 수 있다. 성철이 종정으로 추대된 조계종曹溪宗을 굳건한 반석 위에 올려놓은 스님이 바로 지눌이었기 때문이다. 그렇다면 자기 자신의 오래된 뿌리를 제 손으로 자르려는 성철의 결단은 어디에서 유래한 것일까? 나아가 지눌은 과연 성철이 비판한 것처럼 선종의 정통이 아니라고 보아야 할까?

지눌: "가야 할 곳을 알고 길을 가려고 해야 한다."

1170년에 고려는 무신정권의 시대에 돌입하고 있었다. 당시 대각국사大覺國師 의천義天(1055~1101)으로 상징되던 고려의 불교계도 이런 혼란한 정국과 함께 쇠락의 길을 걸어가고 있었다. 의천에 의해 통합되었던 것처럼 보였던 선종과 교종 간의 관계는 다시 분열의 조짐을 보이고 있었던 것이다. 게다가 더욱 큰 문제는 선교의 분열 양상이 발전적인 방향이 아니라 단지 부정적인 방향으로만 진행되었다는 점이다. 선교일치禪敎一致를 최초로 주장했던 종밀의 표현을 빌리자면, 교종은 단지 글만 파고드는 '미치광이 지혜狂慧'로 그리고 선종은 헛되이 침묵만 지키고 있는 '멍청이 선痴禪'으로 치달았기 때문이다. 지눌은 이렇게 자기 파괴적으로 갈라진 정定, samādhi과 혜慧, prajñā, 즉 선종과 교종을 다시 접목시키려고 출현했던 불교 사상가였다.

무엇보다도 먼저 지눌은 자신이 속한 선종의 폐단, 즉 '멍청이 선'의 치명적인 맹점을 개혁하려고 노력했다. 물론 그것은 상대편 교종의 장점이라고도 할 수 있는 지적인 이해의 중요성을 일면 부각하는 방식으로 이루어졌다. 멍청이를 지혜로운 사람으로 만들 수 있다면 '멍청이 선'은 '지혜로운 선'

지눌은 자기 파괴적으로 갈라진 선종과 교종을 다시 접목시킨 불교 사상가였다. 지눌에게 돈오는 "망념이 본래 공하고 심성이 본래 깨끗하다"는 것을 깨닫는 지적인 통찰을 의미했다.

으로 바뀔 수 있다고 확신했던 것이다. 이 대목에서 지눌은 종밀의 불교 사상을 발전적으로 계승할 필요성을 느끼게 된다. 다음 구절은 당시 고려 선종의 폐단을 지적하면서 개혁을 꿈꾸던 지눌의 속내를 잘 보여준다.

하택신회河澤神會는 지해종사知解宗師여서 비록 조계의 적자가 되지 못했다고 할지라도, 지적인 통찰이 고명하고 이론적인 분별이 명료하여 종밀 선사가 그 뜻을 계승하였다. 《법집별행록法集別行錄》에서 종밀 선사는 그의 이론을 개진하고 밝혀 누구나 볼 수 있게 하였다. 이제 가르침의 인연으로 마음을 깨달으려는 사람들을 위해 번거로운 말들은 제거하고 핵심적인 것만을 간추려서 깨우침에 대한 이해觀와 실천行의 귀감으로 삼고자 한다. 내가 살펴보니 요즘 마음을 닦는 사람들은 문자의 가르침에 의지하지 않고 곧장 마음을 서로 전하는 것만을 공부라고 생각하기 때문에, 항상 정신이 아득하여 앉으면 졸기만 하고 간혹 이해나 실천에서 마음을 잃고 혼란에 빠져 있을 뿐이다. 그러므로 마음 닦는 사람들이 반드시 확실한 이론적 가르침에 의지하여 깨달음悟과 수양修에서 무엇이 중요한지를 분명히 가려서 자기의 마음을 반성해보면 헛되게 공부하지는 않을 것이다.

-《법집별행론절요병입사기法集別行錄節要并入私記》

혜능의 제자였으며 동시에 혜능을 육조로 승격시키는 데 혁혁한 공을 세웠던 신회는 불행히도 후대 선불교 사상가들에 의해서 지해종사로 폄하되는 불운을 겪게 된다. 하찮은 지식에 매몰되었다고 보는 이러한 비판적 평가는 선사禪師에게는 매우 치명적인 상처가 될 수밖에 없었다. '불립문자'를 슬로건으로 삼고 있는 선사들에게 지적인 이해, 즉 지해知解를 추구했다는 불명예보다 더 치욕스러운 평가는 없기 때문이다. 하지만 당시 고려 선종의 상황을 개혁하려던 지눌이 이론적으로 의지하고자 했던 종밀은 바로 이 신회의 관점을 계승한 불교 이론가였다. 그렇다면 신회를 이은 종밀의 이론 가운데 과연 어느 측면이 지눌의 마음에 들었던 것일까? 그것은 바로 종밀의 돈오점수 관점이었다.

《선원제전집도서禪源諸詮集都序》에서 종밀은 "먼저 단박에 깨닫고 그 뒤에 점차 닦아나간다"라는 입장을 표방한 적이 있었다. "햇빛이 단박에 출현해도 서리는 점차로 녹고日出霜消, 광풍이 단박에 멈추어도 파도는 점차로 고요해진다猛風頓息, 波浪漸停"라는 멋진 비유와 함께 말이다. 종밀이 강조했던 '단박의 깨달음', 즉 '돈오'는 완전한 깨달음을 의미했던 것이 아니다. 그것은 단지 햇빛이 출현한 것 혹은 광풍이 단박에 멈춘 상태에 지나지 않았기 때문이다. 완전한 깨달음은 오직 서리가 모두 녹고, 파도가 완전히 고요해진 뒤에 나 올 수 있는 법이다. 따라서 종밀이 말했던 햇빛의 출현으로 상징되는 돈오는 지적인 통찰을 의미하던 것이라고 볼 수 있다. 바로 이런 측면 때문에 지눌은 종밀의 돈오점수 이론 가운데서 선종 특유의 병폐, 즉 '멍청함'을 치유할 수 있는 어떤 실마리를 보았던 것이다.

> 비록 뒤에 수양을 남겨두었다고 할지라도, 이미 망념이 본래 공하고 심성이 본래 깨끗함을 먼저 단박에 깨달았기 때문에, 악을 끊는 경우 끊기는 하지만 끊음이 없고 선을 닦는 경우도 닦기는 하지만 닦음이 없으니, 이것이 곧 참된 닦음이요 참된 끊음이다. ─《보조법어普照法語》

사실 종밀이나 지눌이 강조했던 돈오점수 이론은 우리 인간이 가진 실존적 조건에 나름대로 잘 부합하는 것이라고 볼 수 있다. 우리가 무엇인가를 안다고 해서 그것을 곧바로 실천할 수 있는 것은 아니기 때문이다. 예를 들어 일찍 일어나자고 결심한다고 해도 그다음 날 실제로 일찍 일어나기는 힘든 법이다. 또한 다섯 시간 정도는 공부를 해야겠다고 작심하더라도, 바로 그다음 날 실제로 다섯 시간 동안 공부에 몰입하기도 힘든 법이다. 이것은 인간의 실존적 조건, 즉 정신적 존재이면서 동시에 육체적 존재이기도 하다는 인간의 한계 때문에 벌어지는 일상적 현상이라고 할 수 있다. 그래서 우리 몸에 각인된 오래된 습관은 하루아침에 사라질 수 있는 것이 아니라, 점차로 오랫동안의 노력을 통해 사라질 수밖에 없는 것이다. 이것은 어쩌면 너무도 당연한 일인지 모른다.

지눌에게 돈오는 "망념이 본래 공하고 심성이 본래 깨끗하다"는 것을 깨닫는 지적인 통찰을 의미한다. 하지만 이 점을 알게 되었다고 해서 곧바로 인간이 완전한 깨달음을 얻게 되는 것은 결코 아니다. 우리는 습관으로 물든 몸을 가지고 삶을 영위하는 존재이기도 하기 때문이다. 그렇다면 자신의 실존 자체를 바꾸려는 지속적인 노력, 즉 점수는 불가피한 것이라고도 볼 수 있다. 종밀의 표현처럼 "서리가 녹고 파도가 가라앉을" 때까지는 오랜 시간이 더 필요한 법이다. 하지만 잊지 말아야 할 것은, 점수를 하는 과정에서도 최초의 지적인 통찰은 계속 유지되고 있다는 점이다. 그렇기 때문에 지눌은 "악을 끊는 경우 끊기는 하지만 끊음이 없고 선을 닦는 경우 닦기는 하지만 닦음이 없다"라는 역설적인 표현으로 점수의 과정을 설명했던 것이다. 몸으로는 악을 끊고 선을 닦는 수행을 지속하고 있지만, 정신은 이미 선이나 악과 같은 망념들이 모두 공하다는 사실을 알고 있기 때문이다. 이런 이유로 지눌은 점수 과정을 사실 끊을 것이 없는데도 끊는 것이고, 닦을 것이 없는데도 닦고 있는 수양이라고 정의했던 것이다.

지눌은 돈오점수라는 주장으로 '멍청이 선'을 바로잡으려고 했다. 여기서 '돈오'가 지적인 이해, 즉 교종의 방법을 상징한다면, '점수'는 치열한 자기 수양, 즉 선종의 참선 방법을 상징한다. 결국 돈오점수 이론은 선교일치라는 지눌의 이념에 철학적 정당성을 부여하고 있다. 흥미로운 것은 지눌도 돈오점수라는 주장 이외에 돈오돈수라는 주장도 한다는 점이다. 깨닫는 순간 바로 수행도 끝나니, 돈오돈수의 '돈오'는 단순한 지적 이해가 아니라 궁극적인 깨달음이자 자유를 나타낸다. 그렇지만 이것은 평범한 능력을 가진 수행자가 감당할 수 있는 것이 아니다. 그래서 지눌도 《수심결修心訣》에서 "돈오돈수는 최상의 능력을 갖춘 자만이 들어갈 수 있다頓悟頓修是最上根機得入也"라고 말했던 것이다.

성철: "가야 할 곳을 정말 안다면 우리는 이미 도착한 것이다."

지눌의 돈오점수는 철학적으로는 정신과 육체의 이분법을 전제로 하고 있는 이론이라고 할 수 있다. 이것은 돈오점수 이론이 이론과 실천의 간극을 인정하기 때문이다. 또한 돈오점수 이론은 돈오돈수가 힘든 평범한 수행자에게 궁극적인 깨달음에 이르는 가이드의 역할도 수행한다. 하지만 성철에게는 이론과 실천, 정신과 육체, 돈오와 점수를 구분하는 것 자체가 단지 지적인 이해, 혹은 사변적인 성찰에 지나지 않는 것으로 보였다. 다시 말해 종밀이

성철이 지눌의 돈오점수설을 이단의 설이라고 비판하자 한국 불교계는 발칵 뒤집어졌다. 사실 성철은 우리 시대 조계종이 선종의 정신에서 이탈해 지적인 이해에만 몰두하고 있는 현실을 개탄한 것이었다.

나 지눌의 이론 자체는 선종이라기보다 오히려 교종에 더 가깝다고 본 것이다. 성철에게 문제가 되었던 것은, 종밀과 지눌의 돈오점수 이론이 '불립문자'와 함께 선종의 핵심 테마라고 할 수 있는 '견성성불見性成佛'의 원리를 부정하고 있다는 점이었다. 그가 재차 견성성불을 강조하는 것도 바로 이런 이유에서이다.

> 망념妄念이 구멸하면 자성自性을 명견하고, 자성을 명견하면 이것이 정오正悟이며 무념無念이고, 지위와 계급을 경력經歷하지 않고 구경각인 불지佛地에 돈입頓入한다. 이것이 일초직입여래지의 묘결妙訣이어서, 타종들의 추수追隨를 불허하는 선문禪門의 특징이다. -《선문정로禪門正路》

성철은 망념과 자성의 이분법을 견지하고 있다. 비유하자면 그는 때가 낀 거울과 맑은 거울을 서로 대립시키고 있다는 것이다. 때가 모두 제거되면 거울은 바로 자신의 본래 깨끗한 모습을 드러내게 된다. 역으로 말해 거울이 본래의 깨끗한 모습을 드러내면, 이것은 곧 거울에는 때가 끼지 않았다는 것을 의미한다. 이와 마찬가지로 참선을 통해서 자신이 갖고 있는 자성청정심自性淸淨心을 보게 되었다면, 이것은 동시에 자성청정심을 덮고 있던 망념들이 모두 제거되었다는 것을 의미할 수밖에 없다. 이것이 바로 성철의 확고한 신념이었던 것이다. 여기서 또 거울 이미지가 강하게 반복된다. 이것은 자성청정심, 여래장, 불성 등의 유사 불교적 개념에 성철이 과도하게 집중한다는 사실을 보여준다.

결국 지눌에게 돈오라는 것은 '자신이 자성청정심을 가지고 있다는 것을 지적으로 이해하는 것'을 의미했다면, 성철에게는 '실제로 자신의 자성청정심을 본다는 것'을 의미했던 것이다. 지적으로 이해한 것과 실제로 경험한 것 사이에는 건널 수 없는 간극이 있는 법이다. 성철이 그렇게도 돈오점수 이론을 거부했던 것도 이런 이유 때문이다. 자신의 자성청정심을 실제로 본 사람에게는 망념이 존재할 수 없기 때문에, 그에게는 점차로 닦아서 제거해야 할 망념이 더 존재할 수 없다고 본 것이다. 성철의 지눌 비판은 나름대로 정합적인 논리로 무장되어 있다. 그에게 지적인 통찰이란, 그것이 자신이 자성청정심을 가지고 있다는 것을 알게 된 통찰이라고 하더라도, 일종의 집착에 지나지 않는 것으로 보였을 뿐이다. 지적으로 정립된 이상에 몰입하는 순간 우리는 그 이상의 노예가 될 수밖에 없기 때문이다.

그런데 학자적 엄밀함을 눈여겨본다면, 성철이 지눌을 공격하는 방식에는 문제가 있었다고 할 수 있다. 성철은 조계종의 종정답지 않은 방식으로 지눌의 이야기를 인용했기 때문이다.

무릇 이설異說 중의 일례는 돈오점수이다. 선문의 돈오점수 원조는 하택이며, 규봉이 계승하고 보조가 역설한 바이다. 그러나 돈오점수의 대종인 보조도 돈오점수를 상술한 그의 《절요節要》 벽두에서 "하택(신회)은 지해종사니 비조계 적자"라고 단언하였다. 이는 보조의 독단이 아니라고 육조가 수기하고 총림이 공인한 바이다. 따라서 돈오점수 사상을 신봉하는 자는 전부 지해종도知解宗徒이다.　　　　　-《선문정로》

성철의 말대로 지눌이 "하택(신회)은 지해종사니 비조계 적자"라고 이야기했던 것은 사실이다. 하지만 지눌이 이야기하려고 했던 논점은 결국 그럼에도 신회나 종밀의 지적인 통찰이 "깨우침에 대한 이해와 실천"에 도움이 된다는 것이었다. "하택신회는 지해종사여서 비록 조계의 적자가 되지 못했다고 할지라도, 지적인 통찰이 고명하고 이론적인 분별이 명료하여 종밀선사가 그 뜻을 계승하였다"고 지눌이 말했던 것도 이런 이유에서였다. 물론 성철과 그를 따르는 사람들은 성철이 지눌을 인용했던 방식을 일종의 방편에 불과하다고 변명할지도 모른다. 그렇지만 과연 이런 변명이 불교계 외부에서도 통용될 수 있을까? 이런 식으로 다른 사람의 말을 인용한다면, 세간의 학자들도 비판의 화살에서 자유로울 수 없는 법이다. 중요한 쟁점을 건드렸음에도 바로 이런 비학문적인 태도로 성철은 스스로 자신의 첨예했던 문제의식을 약화시켰다는 것은 두고두고 아쉬운 일로 기억될 것이다. 사실 돈오점수 논쟁으로 불교계가 시끄러웠을 때, 당시 몇몇 불교 학자들이 지눌에 대한 성철의 학문적 태도를 문제 삼을 수밖에 없었던 것도 이런 이유에서였다.

어쩌면 성철은 우리 시대 조계종이 선종의 정신에서 이탈해 지적인 이해에만 몰두하고 있는 현실을 개탄한 것인지도 모른다. 그럼에도 신회나 종밀에 관한 지눌의 전체 문맥을 무시하고, 마치 지눌도 신회나 종밀을 철저하게 부정했다는 인상을 주는 방식으로 그의 글을 인용한 것은 부당한 처사라고 할 수 있다. 지눌의 돈오점수 이론을 이해하는 데 가장 중요한 것은, 신회와 종밀의 이론을 도입하도록 만들었던 당시의 지성사적 분위기에 대한 지눌의 진단 및 인간의 실존적 조건에 대한 그의 통찰이라고 할 수 있기 때문이다. 이 점에서 지눌을 제대로 비판하려고 한다면, 성철은 다음과 같은 물음에 답할 수 있어야만 했다. 만약 현재의 선종이 지눌이 보았던 당시의 경우처럼 여전히 '멍청이 선'으로 치닫고 있었다면, 그래도 성철은 계속 '견성성불'만을 외칠 수 있었을까? 나아가 누군가 망념은 공하다는 것을 알고 있지만 여전히 고통에 빠진 삶을 영위하고 있다면, 성철은 그래도 계속 '견성성불'만을 외칠 수 있었을까? 이런 문제들에 대해 나름대로 해법을 제시할 수 없다면, 성철의 비판에도 지눌의 입장은 여전히 흔들리지 않을 것이다.

지눌과 성철! 돈오점수와 돈오돈수를 둘러싼 치열한 논쟁에도 불구하고 양자 사이에는 분명한 공통점이 있다. 바로 '거울 이미지'로 설명되는 자성청정심에 대한 심성론적 확신이다. 이것은 우리 선종사에 뚜렷한 족적을 남긴 두 스님의 치열한 논쟁에 시선을 빼앗겨 망각되기 쉬운 사실이다. 그러나 결국 이것은 남종선의 시조 혜능이 그렇게도 비판했던 신수의 견해에 지나지 않는다. 이 점에서 성철보다 지눌이 더 심오했다고 할 수 있다. 지눌은 마음뿐만 아니라 몸도, 다시 말해 깨달음에 저항하는 습관의 문제도 고민했기 때문이다. 이것은 지눌이 성철과는 달리 거울 이미지에 마냥 매달리지 않았다는 걸 시사한다. 그럼에도 지눌이 거울 이미지에 기대고 있는 것도 숨길 수 없는 사실이다. 그러나 맑은 거울 같은 자성에 때가 낄까 전전긍긍하는 모습만큼 강한 집착, 혹은 결벽증이 어디에 있는가? 혜능은 이미 이런 거울을 깨고 외부 세계로 한 발 내디뎠고, 백장도 이런 거울을 깨고 괭이를 잡고 땀 흘렸으며, 임제도 이런 거울을 깨고 시원하게 똥 누고 개운하게 잠들었다. 그러니 깨끗한 거울과 더러운 거울 사이에 갇혀 있는 두 스님이 측은할 뿐이다. 거울을 깨야 동체대비同體大悲의 마음도 생기고, 그에 따라 새로운 인연도 기대할 수 있는 것 아닌가? 합장!

쌈예와 서울,
한 번은 비극으로 또 한 번은 희극으로!

지눌과 성철의 논쟁은 치열하다. 그렇지만 아쉽게도 두 사람은 모두 자성自性 개념을 공유하고 있다. 그리고 심지어 그 자성을 '거울'에 비교하는 것도 판박이처럼 똑같다. 원래 맑은 거울 vs. 때가 낀 거울! 지눌은 원래 맑은 거울에 때가 끼었다는 것을 알고, 그 때를 닦자는 입장이다. 반대로 성철은 그냥 원래 맑은 거울로 한 번에 되자는 것이다. 그 순간 거울의 때는 씻은 듯이 혹은 허깨비가 대낮에 사라지는 것처럼 사라질 테니 말이다. 결국 두 사람은 '맑은 거울'로 비유되는 자성청정심을 공유하고 있었던 것이다. 그러나 혜능이 신수의 거울을 비판했던 것처럼, 이것은 우리 마음에 불변하는 아트만을 다시 끌어들이는 것 아닌가? 불교가 무아론을 벗어나면, 어디서 불교적인 것을 찾을 수 있을까.

바로 이 대목에서 우리는 1990년대 일본을 넘어 세계적으로 반향을 일으켰던 일본의 비판불교 운동에 주목하고자 한다. 비판불교 운동의 주도자 중 한 사람인 마츠모토 시로松本史朗(1950~)의 이야기를 들어보자. "우리의 주장은 기체론基體論, dhātu-vāda이라는 가설 위에서 전개되었는데, 나는 그 기체론이 여래장 사상의 논리적 구조라고 생각했다. 기체론적 가설에 따르면, 기체dhātu는 하나이며eka 동일한sama 반면, 상위 기체super-loci는 다수이며 차별상을 가지고 있다. …… 기본적으로 나는 선禪 사상의 근원이 불교 이전의 힌두 철학 속에 있다고 본다. 당시 불교의 흥기 이전에 선에 관한 이론들은 이원론적 자아관, 즉 아트만 이론ātman theory과 불가분의 관계에 있었음을 부정할 수 없다."

방금 읽은 구절은 1999년 마츠모토 시로의 내한 강연과 토론회에서 그가 발표한 간략한 글 〈비판불교에 대한 비판적 논의〉의 한 대목이다. 당시의 치열했던 토론 내용은 2000년 《비판불교의 파라독스》라는 제목으로 출간되었다. 마츠모토 시로가 제안했던 기체론은 기본적으로 들뢰즈가 말한 '나무 이미지'를 따른다. 그러니 왕필의 본말 형이상학으로 표현하자면, 기체는 뿌리이고, 상위 기체는 가지들에 해당한다고 하겠다. 마츠모토 시로는 이런 기체론에 근거한 것이 바로 아트만 이론이라고 이야기한다. 비록 그는 의식하고 있지는 않지만, 기체론에 대립되는 공空은 결국 들뢰즈가 말한 '리좀 이미지'를 따른다고 할 수 있다. 리좀, 뿌리 식물들은 다양한 마주침으로 새로운 연결을 만든다. 사실 이것이 연기緣起가 아니면 무엇이겠는가?

마츠모토 시로의 입장은 단순하다. 연기와 공을 제외한 모든 것, 특히 아트만과 유사한 여래장 사상은 불교적이지 않다는 것이다. 이것은 그가 불교의 핵심은 '무아'와 '연기', 즉 공空에 있다고 확신하기 때문이다. 음미해볼 만한 지적이다. 그렇지만 충격적인 것은 그가 선불교마저도 여래장 사상에 오염되었다고 주장한다는 데 있다. 일체의 집착에서 자유롭기를 원했던 선불교가 힌두 사상의 아트만론을 표절했다는 주장이 어떻게 파격이 아닐 수 있겠는가? 불변하는 아트만에 대한 집착과 티없이 맑은 마음에 대한 집착 사이에 얼마나 큰 거리가 있겠는가? 사실 그의 주장이 즉흥적이지 않다는 게 심각하다. 이미 마츠모토 시로는 1993년에 《선사상에 대한 비판적 연구禪思想の批判的研究》라는 책에서 자신의 입장을 차분히 논증했던 적이 있으니 말이다.

논쟁을 하던 지눌과 성철이 깜짝 놀랄 일이다. 더러운 마음을 닦아야 깨끗한 마음이 가능하다는 지눌의 주장, 그리고 깨끗한 마음으로 단박에 들어가야 더러운 마음이 사라진다는 성철의 주장은 모두 마츠모토 시로의 입장에서 보면 전형적인 기체론에 근거하고 있으니 말이다. 맑은 거울과 거울이 비춘 다양한 이미지들은 각각 기체와 상위 기체에 해당한다. 싯다르타를 잇고 있다고 자부했던 지눌과 성철이 졸지에 기체론적인 자성 개념에 매몰된 사이비 불교도로 전락한 셈이다. 그래서일까, 《비판불교의 파라독스》에 등장하는 국내 학자들은 지눌과 성철을 대신해 마츠모토 시로의 문제점을 지적하는 데 혈안이 되어 있다. 그렇지만 국내 학자들은 여래장 사상은 아트만론의 사생아적 개념에 지나지 않는다는 마츠모토 시로의 주장은 우회하고, 그가 자신의 주장을 정당화하려고 끌어들인 논거들이나 그의 논리구조, 즉 기체론를 비판하는 데 초점을 맞추고 있다. 그야말로 치졸한 일이다.

실제로 인도 불교사에서 여래장 사상은 주류가 아니다. 나가르주나의 중관불교, 바수반두의 유식불교, 디그나가와 다르마키르티의 불교인식론으로 정리되는 대승불교 사유 흐름에서 여래장 사상은 자리를 잡기 거의 힘들었다. 10세기까지 대승불교 이론가들은 강력한 논리로 무장한 채 싯다르타의 무아론을 와해시키려는 인도 주류 철학자들의 공세를 막기에 급급했다. 무아론으로 부족하다고 느꼈던지 대승불교의 흐름은 모든 실체에 대한 주장을 괴멸시키기 위해 무상론으로 수렴되었다. 이 정도로 당시 대승불교계는 싯다르타의 반실체론을 지키기 위해 노심초사했던 것이다. 이런 분위기에서 여래장 사상은 그야말로 내부의 적으로 치부될 수밖에 없었을 것이다.

인도 대승불교 전통이 고스란히 남아 아직도 전해지는 곳은 바로 티베트다. 이것은 모두 티베트를 754년에서부터 797년 동안 지배했던 군주 치쏭데짼Khri sroň lde Brtsan의 공이라고 할 수 있다. 이 사람이 당시 인도 대승불교의 거두 샨타락시타 Śāntarakṣita(725~788)와 그의 제자 카말라실라를 티베트로 초청했고, 그들의 사상을 보호했기 때문이다. 티베트 군주의 보호가 없었다면, 인도 불교 이론가들과 그들의 사상은 아마 이슬람의 무력 앞에 괴멸되었을 것이다. 794년 티베트의 쌈예 사원에서 벌어진 논쟁에서 카말라실라가

티베트 불교의 상징적 인물 총카파.

마하연을 이기면서, 이제 샨타락시타와 카말라실라로 대표되는 유가행중관파의 불교 사상이 티베트에 뿌리를 내리게 된다. 그 결실로 인해 티베트 불교의 상징적인 인물인 총카파Tsong Kha pa라는 걸출한 불교 이론가가 탄생할 수 있었다.

마츠모토 시로 이야기를 하면서 이렇게 장황하게 티베트 불교 이야기를 하는 이유는 다른 데 있는 것이 아니다. 마츠모토 시로가 선불교가 불교적이지 않다고 비판하는 근거로 티베트 불교 전통을 들고 있기 때문이다. 인도 대승불교의 정수가 응결되어 있는 티베트 불교에서 특히 유가행중관파에서 가장 중시되는 개념은 바로 공空이었다. 실제로 유식불교마저도 중관불교에 비해 하위 가르침이라고 여겼던 티베트 불교계가 여래장 개념을 어떻게 생각했을지 명약관화한 일이다. 실제로 마츠모토 시로는 티베트 불교의 전문가였다. 1997년 그는 지금까지 자신의 연구를 집대성한 《티베트 불교 철학チベット仏教哲学》을 출간하기까지 했다. 그러니 〈비판불교에 대한 비판적 논의〉란 그의 글에 등장하는 다음 이야기는 음미할 가치가 있다.

"교리적 측면에서 이런 주장은 티베트 불교인들의 불교 해석에 기인한 것이다. 티베트 불교 가운데, 특히 겔룩파에서 여래장 사상은 최상의 교리로 간주되었던 것이 아니라, 임시적 의미不了意, neyārtha를 갖는 하위 법문으로 취급되었다. 그 전통에서 중관의 공 사상śūnyatāvāda만이 최상의 법문으로 인식되었던 것이다. 따라서 교학적 측면에서 '비판불교'의 여래장 사상 비판은 티베트 불교도들의 불교 철학 해석에 영향을 받았다. 더구나 8세기 말 티베트에서 벌어졌던 쌈예 논쟁은 '비판불교'의 또

다른 교학적 근거가 되었다. 우리가 이해하기로, 그 유명한 논쟁의 핵심은 중국 불교의 여래장 사상과 인도 중관불교의 공 사상 사이의 교리적 갈등에서 비롯된 것이다. …… 엄밀히 말해 아주 현저한 변형을 거치지 않은 인도 중관철학은 중국에 소개되지 않았다. 총카파의 해석이 옳은지 틀린지에 대한 논의는 차치하고라도 '공空'의 진정한 의미를 이해하고자 한다면 우리는 무엇보다도 먼저 총카파의 해석을 검토해야 한다."

카말라실라와 마하연 사이의 논쟁은 점수와 돈오 사이의 논쟁이지만, 그 이면에는 마츠모토 시로의 지적처럼 중관불교의 공과 선종의 여래장 사이의 논쟁, 다시 말해 무아론과 아트만론 사이의 논쟁이 전제되어 있다. 결국 1999년 서울 고려대장경연구소에서 펼쳐진 마츠모토 시로와 우리 불교 학자들 사이의 논쟁은 카말라실라와 마하연 사이의 논쟁을 재연하고 있었던 셈이다. 순간적으로 서울이 쌈예가 되었고, 마츠모토 시로는 카말라실라가 되었으며, 우리 불교 학자들은 마하연이 되었던 것이다. 점수와 돈오, 혹은 공과 여래장이라는 날카로운 대립, 그리고 치열한 논쟁이 엄청난 시공간에도 불구하고 반복되었다는 건 정말 경이로운 일이다. 흥미롭게도 마츠모토 시로가 자기 입장의 준거점으로 삼고 있는 총카파도 마하연에 대해 비판적 입장을 견지하고 있다. 그는 자신의 주저《보리도차제론菩提道次第論, lam rim chen mo》에서 카말라실라를 인용하면서 이렇게 말한다.

"먼저 당신 마음이 이르는 곳과 그곳에 있는 마음을 꼼꼼히 조사해보면, 당신은 마음이나 마음의 대상이 공하다는 걸 알게 될 것이다. 그다음 그 두 가지가 공하다는 인식을 꼼꼼히 탐색하거나 분석해보면, 당신은 그 인식마저도 공하다는 걸 알게 될 것이다. 이렇게 그것들이 공하다는 것을 분석하고 깨달은 사람만이 분별하지 않는 요가에 들어갈 수 있다. 그러므로 마하연 화상이 주장했던 것은 불가능한 것이다. 마하연은 단지 마음으로 물러나 마음에 들어오는 모든 것을 거부하면, 실상을 분석적으로 이해하는 합리적 분석을 사용하지 않더라도 당신은 무분별의 상태, 혹은 비개념적인 상태에 들어갈 수 있다고 주장했기 때문이다."

왜 총카파가 유가행중관파라고 불리는지 명확해지는 구절이다. 그는 중관불교의 지성과 유식불교의 수행을 모두 포괄하고 있기 때문이다. 그렇지만 지성과 수행 중 결정적으로 중요한 것은 바로 모든 것이 공하다는 중관불교의 지성이라고 할 수 있다. 마치 지도가 잘못되면, 아무리 열심히 길을 걸어도 목적지에 도달하지 못하는 것처럼 말이다. 흥미롭게도 카말라실라의 점수 입장을 강조하는 총카파의 이야기에서 우리는 지눌의 돈오점수 이론을 떠올리게 된다. 지눌에게 돈오는 총카파가 이야기했던 합리적인 이해의 차원이고, 점수는 바로 참선과도 같은 구체적인 수행을 말하기 때문이다. 이런 유사성에도 불구하고 우리는 지눌이 성철과 마찬가지로 거울로 상징되는 자성청정심 이론을 공유하고 있다는 사실을 잊어서는 안 된다. 지눌에게 공은 거울에 비친 다양한 이미지들에 적용되는 것이지, 맑은 거울 자체에는 적용되지 않는다. 지눌이나 그가 따랐던 종밀에게 '자성체自性體'는 결코 폐기될 수 없는 개념이기 때문이다. 그래서 총카파의 이야기 중 마음의 대상도 공하지만 마음도 공하다는 지적은 매우 중요하다. 물론 중관불교 전통에 따라 인무아人無我와 법무아法無我를 강조하는 것이지만, 지금 문맥에서 총카파는 맑은 거울 자체를 부정하고 있기 때문이다.

　이제 총카파가 공에 대해 어떻게 이해했는지 알아볼 순서가 되었다. 마츠모토 시로가 불교적인 것과 그렇지 않은 것을 구분하는 결정적 계기가 바로 총카파의 공 개념이니까 말이다. 《보리도차제론》에서 총카파는 말한다. "본성raṅ bshin을 배제한다고 해서 그 대상을 부정할 필요가 있겠는가? 본성을 공하다고 이해하는 것은 두 가지 자아의 표상mtshan ma에 집착하는 것을 치료하기 위해서인데, 이렇게 되면 조금도 자아의 표상에 집착하지 않게 된다. 이와 같은 이해조차도 오류가 있다고 보고, 좋은 이해나 나쁜 이해를 모두 부정하려고 한다면, 중국 마하연 화상의 이론을 다시 주장하고자 하는 것이 명백하다." 여기서 두 가지 자아란 주체와 대상의 불변하는 아트만, 즉 본성을 가리킨다. 중관불교 전통에 서 있는 총카파는 단호히 두 가지 것에는 본성이 없다고 단언한다. 물론 그렇다고 해서 그가 현상적으로 존재하는 나라는 주체와 외부에 존재하는 대상을 부정하는 것은 아니다.

　흥미로운 것은 이 부분에서도 다시 총카파는 마하연을 공격하고 있다는 점이다. 하긴 《보리도차제론》을 넘기다보면 상당히 많은 부분에서 총카파는 마하연을 신랄하게 비판하고 있다. 이것은 물론 자성청정심이란 실체에 집중하느라, 다시 말해 내면에 침잠하느라, 자신을 포함한 현실세계를 부정하는 동아시아 선불교에 대한 노골적인 비판이라고 할 수 있다. 그래서 총카파는 반문했던 것이다. "본성을 배제한다고 해서 대상을 부정할 필요가 있겠는가?" 견성성불見性成佛을 종지로 하고 있는 선불교로서는 매우 당혹스런 사자후일 수밖에 없다. 마하연을 비판하면서 총카파는 좋은 견해가 있다는 걸 긍정한다. 그것은 물론 무아론, 공 사상, 그리고 연기 사상이다. 이런 좋은 이해도 마치 양비론처럼 부정한다면, 그것은 연기라는 가르침을 넘어서 실체로 존재하는 본성, 즉 여래장이나 자성을 강조하는 입장일 수밖에 없다. 비판불교로서 마츠모토 시로가 말하고자 했던 것은 바로 이것이다. 연기와 공의 지혜마저 초월해야 한다고 기염을 토한다면, 승복을 입고 참선을 하고 화두를 탐구한다고 해도 우리는 그저 불교도를 참칭하는 반불교도일 뿐이라고 말이다.

24

사단은 초월적인 감정인가?

이황

VS

이이

군주와 유학자의 갈등에서 유학자 내부의 갈등으로

조선왕조는 정치권력과 유학 이념 사이의 갈등, 구체적으로 정치권력과 이념권력 사이의 갈등으로 점철된 역사를 보여준다. 조선 전기에는 정치권력이 유학 이념을 압도했다. 태종太宗 이방원李芳遠(1367~1422)이 신유학자 정도전鄭道傳(1342~1398)을 살육한 사건이 아마도 그 상징이라고 하겠다. 조선 중기까지 네 차례나 반복된 사화士禍도 정치권력이 유학 이념을 힘으로 제압하려는 의지의 비극적 결과물이라고 할 수 있다. 그러나 시간이 갈수록 정도전의 후예들은 권력을 길들이는 데 성공한다. 조선 중기 이후부터 조선왕조 전체가 현실 정치가 아닌 이념 정치에 매몰되는 것도 이런 이유에서다. 심지어 왕들마저도 자신의 정치권력을 정당화하기 위해서 스스로 유학자 흉내를 내며 치열한 자기 수양을 강조하는 경우도 있었다. 정조正祖 이산李祘(1752~1800)은 스스로를 '만천명월주인옹萬川明月主人翁'이라고 부르면서 자신이 월인천강으로 상징되는 주희의 이일분수 원리를 충실히 따르고 있다는 것을 대내외적으로 천명했을 정도였다.

한편 권력의 중심에 직접 들어서는 데 성공했던 유학자들은 과연 어떤 모습을 보였을까? 불행히도 그들은 자신들이 외쳤던 수양의 논리를 뒤로한 채 자신들의 학연, 혈연, 지연의 이득을 지키려는 이전투구泥田鬪狗에 뛰어들게 된다. 물론 그들이 현실에서 사용한 칼과 방패는 여전히 유학의 이념과 명분 그 자체였다. 조선 중기부터 왕조가 몰락할 때까지 계속 반복되던 당쟁黨爭은 바로 이런 맥락에서 출현한 것이다. 참으로 아쉬운 점은 권력에게 윤리적일 것을 요구하던 유학자들 자신이 타락하고 탐욕스러워졌을 때, 그 유학자들에게 다시 윤리성을 강제할 만한 또 다른 세력이 거의 부재했다는 점이다. 비록 정약용 같은 또 다른 유학자들이 유학 내의 자정운동을 벌이려고 했지만, 그것만으로는 타락할 대로 타락한 조선 유학계를 정화하기에는 역부족이었다. 결국 조선왕조 전체의 역사를 돌아보면 대다수의 유학자들은 남이 하면 불륜이고 자신이 하면 로맨스라는 식으로 기만적인 삶에 연루되었다고 볼 수 있다.

다행히도 사화를 역사의 뒷전으로 보내고 처음으로 정치의 전면에 등장했을 때만 하더라도, 조선 유학자들은 유학자로서 명실상부한 모습을 일면 보여주고 있었다. 성인이 되려는 투철한 자기 수양뿐만 아니라, 유학 이념을 현실 정치에 관철시키기 위한 노력도 게을리하지 않았기 때문이다. 퇴계退溪 이황李滉(1501~1570)이 자신보다 26세나 어린 젊은 유학자 고봉高峯 기대승奇大升(1527~1572)과 사단칠정四端七情에 대한 철학 논쟁에 참여할 수 있었던 것도, 당시 유학계가 아직까지는 살아 있었다는 것을 보여주는 징표라고 할 수 있다. 뒤이어 율곡栗谷 이이李珥(1536~1584)마저 이 논쟁에 뛰어들면서, 그 이후 인물성논쟁人物性論爭과 함께 조선 유학의 2대 논쟁 가운데 하나로 기억되는 사단칠정논쟁, 혹은 사칠논쟁四七論爭이 화려하게 막을 올리게 된다.

사단칠정논쟁에 들어가기에 앞서 먼저 '사단'과 '칠정'이 무엇인지를 알아야 할 듯하다. 《맹자孟子》〈공손추公孫丑·상上〉편에 등장하는 '사단四端' 개념은 측은지심, 수오지심, 사양지심, 시비지심의 네 가지 마음을 가리킨다. 맹자 이래 주희까지도 이 네 가지 마음은 모두 본성性에서 유래한 것으로 이해하고 있었다. 반면 칠정七情은 《예기禮記》〈예운禮運〉편에 처음 등장한다. 구체적으로 기뻐함喜, 노여움怒, 슬픔哀, 두려움懼, 사랑함愛, 싫어함惡, 욕망함欲이란 일곱 가지 감정을 말하는데, 이 일곱 가지 감정은 인간이라면 배우지 않고도 저절로 행하게 되는 자연스러운 감정이라고 할 수 있다. 그러니까 사단이 본성에서 출현한 마음의 양태라고 한다면, 칠정은 인간이라면 누구에게나 있는 현실적인 마음의 양태를 가리키는 것이라고 볼 수 있겠다. 그래서 사단칠정논쟁은 사단이란 윤리적인 감정, 그리고 칠정이란 자연적인 감정 사이의 위상과 관계에 대한 논쟁이었다.

사단칠정논쟁은 인간의 감정에만 국한되지 않고, 인간의 마음에 대한 더 큰 논쟁으로 비화되고 만다. 바로 인심도심논쟁人心道心論爭이다. 감정에 대한 논쟁이 마음에 대한 논쟁으로 확산되는 것은 어쩌면 당연한 수순인지

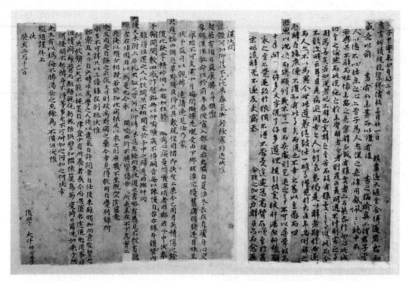

기대승이 이황에게 보낸 편지. 이황이 자신보다 26세나 어린 젊은 유학자 기대승과 사단칠정논쟁을 벌일 수 있었다는 건 당시 유학계가 아직까지는 살아 있었다는 것을 보여주는 징표라고 할 수 있다.

도 모를 일이다. 감정이란 바로 우리 마음에서 일어나는 현상이니까 말이다. 글자 그대로 인심도심논쟁은 인심人心과 도심道心이란 개념을 중심으로 전개된다. 신유학의 대표자 주희는 60대 말년의 나이에 미발이발설未發已發說과는 다른 인성론과 수양론을 제안했던 적이 있었다. 그것이 바로 인심도심설人心道心說이다. 이 인심도심설이 조선 중기 유학 공동체를 뒤흔들었던 사단칠정논쟁이나 인심도심논쟁의 배경이 된다. 사단칠정논쟁과 인심도심논쟁을 분석하기 전에 먼저 주희의 인심도심설을 살펴보는 것도 이런 이유에서다. 주희는 말한다.

> 마음의 허령한 본성과 지각의 역량은 하나일 따름이다. 그렇지만 인심人心과 도심道心의 차이가 있다고 여기는 것은 전자의 경우는 '육체의 개별성形氣之私'으로부터 기원하고 후자는 '본성의 올바름性命之正'에서 기원해서 각각 경우 지각하는 대상이 같지 않기 때문이다. 그래서 인심은 위태로워 편안하지 못하고, 후자는 심오하기에 파악하기 어렵다. 그렇

지만 사람들은 몸을 가지고 있지 않을 수가 없다. 그러므로 빼어난 성인이라도 인심이 없을 수가 없다. 또 사람들은 본성을 가지고 있지 않을 수가 없다. 그러므로 아주 어리석은 사람이라도 도심이 없을 수가 없다. 육체적인 것과 본성적인 것이 마음속에 뒤섞여 있는데도 그것을 바로잡지 못한다면, 위태로웠던 것은 더욱더 위태롭게 되고 심오한 것은 더욱더 심오하게 되어서, 공적인 본성의 보편성은 끝내 개체적 욕구의 개별성을 이길 수가 없게 된다. '정精'이라는 개념은 육체적인 것과 본성적인 것 사이의 차이를 파악해서 혼동하지 않는다는 것을 의미하고, '일一'이라는 개념은 본래 마음의 올바름을 지켜서 잃지 않음을 의미한다. '정精'과 '일一'의 공부에 쉬지 말고 힘써서, 도심으로 하여금 항상 개체성의 주인이 되게 하고, 인심으로 하여금 매번 도심의 명령을 듣도록 한다면, 위태로웠던 것은 편안해지고 심오한 것은 드러나게 되어서 일상적 행동에는 저절로 지나치고 모자라는 오류가 없게 된다.

-《중용장구中庸章句》,〈서序〉

말년의 주희가 장년기의 주희와 달라지는 대목이다. 그는 기氣의 힘을 거의 무시하고 이理만을 강조하던 장년기의 원리주의적이고 낙관주의적 태도를 버리고 있다. 전체성의 계기인 이理만큼이나 개별성의 계기인 기氣도 우리 실존에 강력한 영향을 미친다는 성숙한 인식에 도달한 것처럼 보인다. 과거 주희의 입장을 이학理學이라고 정의할 수 있다면, 인심도심설을 피력하고 있는 말년의 원숙한 주희는 이기학理氣學이라고 불릴 만한 이원론적 구조를 따르고 있다. 육체를 가지고 있기에 인간은 이기적일 수 있고, 또한 동시에 내재적 이, 즉 본성을 가지고 있기에 인간은 공적일 수도 있다. 한마디로 기도 자신을 유지하려고 하고, 이도 자신을 견지하려고 한다는 것이다. 당연히 우리의 마음은 항상 분열되어 갈등할 수밖에 없다. 기에 영향을 받는 마음과 이에 영향을 받는 마음! 바로 이것이 인심人心과 도심道心이다. 그러니 이제 수양은 인심과 도심을 구별해서, 도심이 인심을 지배하도록 하는 노력이라고 할 수 있다.

인심도심설의 수양론은 더 세분화된다. 하나의 마음에 인심과 도심이 섞여 있으니 양자를 구별하는 '정 공부'도 필요하고, 또한 인심이 항상 도심의 명령을 듣도록 하는 '일 공부'도 동시에 요구된다. 원래 '정精'이란 동사가 '식별한다'는 뜻이라면, '일—'이란 동사는 '통일시킨다'는 의미다. 어쨌든 하나의 마음에 병존하는 도심과 인심은 마치 하나의 국가에 병존하는 군주와 민중 사이의 관계와 같다. 위계질서를 분명히 하고 군주의 명령이 일사분란하게 민중에게 전해져야 국가가 평화로워진다. 이와 마찬가지로 도심과 인심 사이에 명확한 위계를 설정하여 도심이 지배력을 확고히 하는 것이 바로 주희가 말한 '정일精— 공부'의 취지였던 것이다. 그러나 민중이 반란할 수 있는 가능성이 국가 안에 항상 존재하듯이, 인심의 반란도 마음 안에서 언제든지 가능한 법이다. 당연히 죽을 때까지 우리는 정일 공부를 멈출 수 없는 법이다. 이제 성인聖人이 되면 누구나 불가역적으로 완전자가 된다는 장년기의 낙관론은 사라져버린 것이다. 언제든지 수양을 멈춘 순간 성인도 평범한 사람이 될 수 있고, 언제든지 수양을 하는 순간 평범한 사람도 성인이 될 수 있으니 말이다.

⑮

이황: "윤리적 마음은 개체의 일상적 마음을 초월한다."

정지운鄭之雲(1509~1561)이라는 젊은 유학자가 자신이 만든 〈천명도설天命圖說〉을 이황에게 보여주면서 비로소 사칠논쟁이 시작되었다고 할 수 있다. 〈천명도설〉에는 "사단은 이에서 드러난 것이고, 칠정은 기에서 드러난 것이다四端發於理, 七情發於氣"라는 구절이 들어 있었다. 이황은 이 구절을 보고 "사단은 이가 드러난 것이고, 칠정은 기가 드러난 것이다四端理之發, 七情氣之發"라고 고쳐주었다. 당시 정지운이나 이황 누구도 자신들의 이런 간략한 대화 내용이 조

사칠논쟁의 발단이 된 정지운의 〈천명신도〉.

선 유학계를 일대 철학 논쟁으로 몰고 가리라는 것을 예측하지 못했던 것 같다. 기氣는 활동하는 질료를 나타내기에 '기의 드러남氣之發'이란 표현은 아무런 문제가 될 것이 없다. 문제는 바로 '이의 드러남理之發'이란 표현에 있다. 플라톤의 경우만 하더라도 질료는 변화의 계기이지만 형상은 불변의 계기였던 것처럼, 이理라는 범주에 운동의 계기를 넣게 되면 이理는 불변하는 법칙이나 원리라는 뉘앙스가 훼손될 수밖에 없기 때문이다.

이理에 운동성을 부여하는 것의 어색함은 이理와 기氣의 관계가 신유학에서는 근본적으로 군주와 신하 사이의 위계를 가지고 있는 것으로 사유되었다는 것만 보아도 분명하다. 군주는 명령을 내리지만 직접 움직이지 않는 존재 아닌가. 권좌를 비우고 군주가 직접 현장에 뛰어들어 정사를 돌보는 순간, 다른 시급한 일들이 발생하면 국가는 위기에 빠질 수 있다. 그러니 군주는 가급적 중심을 잡고 움직이지 않아야만 한다. 그래야 다양한 일들을 일관적으로 처리할 수 있으니 말이다. 형이상학적으로 보아도 운동이란 A라는 곳에서 B라는 곳으로 이동하는 것이다. 당연히 B에 운동하는 것이 있다

이황은 사단과 칠정을 질적으로 다른 것으로 보았다. 사단이 본성에서 직접 드러나는 것이기에, 이理가 드러난 것이고, 반면 칠정은 본성과는 무관하게 사적인 개체의 감정이기에 기가 드러난 것이라고 보았다.

면, 그 순간 그것은 A에는 있을 수 없다. 그래서 플라톤 이래 모든 형이상학적 사유는 원리나 법칙에 해당하는 것에 운동성을 부여하지 않고, 그 대신 원리나 법칙에는 편재성이나 보편성을 부여했던 것이다. 그런데 지금 이황은 이理가 운동한다고 이야기하고 있으니, 어떻게 반론이 없을 수 있겠는가.

아니나 다를까, 본격적인 사칠논쟁은 이황에 의해 수정된 〈천명도설〉을 기대승이란 인물이 보고 나서 이황에게 편지를 보내면서부터 시작되었다. 물론 기대승은 "사단은 이가 드러난 것이고, 칠정은 기가 드러난 것"이라는 이황이 고친 문구를 논박하기 위해서 편지를 띄운 것이었다. 당시 기대승이 이황의 관점을 반박했던 이유는 다음과 같다.

원래 본성性이 발할 때 기氣가 잘못 작용하지 않으면 본연의 선이 곧 이루어지는데, 이것이 바로 맹자가 말한 사단입니다. 이것은 순수하게 천리가 드러난 것이긴 하지만 칠정의 범위를 벗어날 수는 없습니다. 사단은 바로 칠정 중 '드러나서 절도에 맞는 것'의 묘맥일 뿐입니다.

－《고봉집高峯集》,〈고봉상퇴계사단칠정설高峯上退溪四端七情說〉

이황은 사단과 칠정을 질적으로 다른 것으로 보았다. 사단이 본성에서 직접 드러나는 것이기에, 이理가 드러난 것이다. 반면 칠정은 본성과는 무관하게 사적인 개체의 감정이기에 기氣가 드러난 것이라고 보았기 때문이다. 그렇지만 기대승은 사단과 칠정을 존재론적으로 다른 것으로 보아서는 안 된다고 지적하면서 이황과 다른 견해를 피력했던 것이다. 분명 사람에게는 윤리적인 마음도 나올 수 있고 혹은 그렇지 않은 현실적인 마음도 실현돼 나올 수 있다. 하지만 어느 경우든 이理와 기氣는 동시에 함께 고려되어야 한다는 것이 기대승의 입장이었다. 기대승의 생각은 상당히 설득력이 있다. 그래서 그는 사단을 "본성이 발할 때 기가 잘못 작용하지 않으면 본연의 선이 곧 이루어지는" 경우로 이해해야 한다고 주장했던 것이다. 다시 말해 사단의 경우도 이와 기라는 두 가지 계기가 함께 작동하고 있다는 것이다. 그래서 기대승은 사단이란 마음도 결국 칠정으로 대표되는 현실적인 마음들 가운데 특히 '절도에 맞는' 윤리적 마음을 가리키는 것이라고 보아야 한다고 결론 내렸다.

한편 이황은 기대승의 편지를 받고 나서 그의 비판을 일정 부분 수용하게 된다. 하지만 그렇다고 하더라도 이황은 사단을 현실적인 마음 가운데 포함된 윤리적으로 타당한 마음이라고 본 기대승의 견해를 수용할 수 없었다. 이 점에서 이황의 다음 편지는 기대승의 비판도 일부 수용하면서 자신의 기존 입장 또한 고수하려는 타협책으로 나온 것이라고 할 수 있다.

사단이 외물에 감응하여 움직인다는 것은 진실로 칠정과 다르지 않습니다. 그러나 사단은 이理가 드러날 때 기氣가 따르는隨 것이고, 칠정은 기氣가 드러날 때 이理가 타는乘 것입니다. …… 대개 이理가 드러날 때

기氣가 따른다는 것은 이理를 주로 하여 말한 것일 뿐 기氣 밖의 이理를 말한 것이 아니니, 사단이 바로 이것입니다. 기氣가 드러날 때 이理가 탄다는 것은 기氣를 주로 하여 말한 것일 뿐 이理 밖의 기氣를 말한 것이 아니니, 칠정이 바로 이것입니다.

－《퇴계선생문집退溪先生文集》,

〈답기명언론사단칠정제이서答奇明彦論四端七情第二書〉

타협책으로 나온 이황의 해법은 사실 단순했다. 사단과 칠정에 모두 이理와 기氣라는 범주를 적용하지만, 사단에서는 이理가 중심 역할을 하는 반면 칠정에서는 기氣가 중심 역할을 한다는 것이었다. 사단과 칠정에는 이제 이理와 기氣라는 범주를 동일하게 적용하자고 본 이황의 생각은 기대승의 반박을 일부 수용했기 때문에 가능했던 것이다. 반면 그는 사단의 고유성, 혹은 사단의 우월성을 결코 포기할 수 없었다. 다시 말해 그는 사단이란 마음은 칠정으로 상징되는 현실적인 마음의 양태 가운데 윤리적인 마음에 지나지 않는다는 입장에 대해서는 끝내 받아들일 수 없었던 것이다. 그래서 이황은 자신의 사단칠정론을 최종적으로 다음과 같이 정리했던 것이다. "사단은 이理가 드러날 때 기氣가 따르는 것이고, 칠정은 기氣가 드러날 때 이理가 타는 것입니다." 이와 기를 사단과 칠정의 경우 모두 동일하게 적용하면서도, 사단은 이가 중심이 되어 실현되고 칠정은 기가 중심이 되어 드러난다는 매우 절묘한 타협안을 내놓았던 것이다.

사단과 칠정은 질적으로 다른 감정이라고 논증한 다음, 이황은 인심과 도심에 대한 논의에 착수한다. 이황은 말한다.

이미 칠정七情과 사단四端을 이야기해놓고, 또다시 인심人心과 도심道心을 이야기했던 이유는 무엇인가? 다음과 같이 대답할 수 있다. 인심, 칠정이 바로 이것이다. 도심, 사단이 바로 이것이다. 결단코 두 개의 도리가 있는 것이 아니다. 　　　　－《퇴계선생문집》,〈답이굉중문목答李宏仲問目〉

이황은 주희의 인심도심설이 가진 이원론적 계기를 정확히 간파하고 있었던 듯하다. 아니 사정은 그 반대인지도 모를 일이다. 이황은 주희의 인심도심설을 근거로 사단과 칠정을 해석했던 것일 수도 있다. 이황이 사단을 이理의 계기로, 칠정을 기氣의 계기로 설명하려고 했던 것도 이런 이유에서였을 것이다. 이황은 인심과 도심처럼 사단과 칠정도 극명하게 대립하는 것으로 만들려고 했던 것이다. 이미 주희는 도심이 성명性命에서 출현한 것이고, 인심은 형기形氣에서 출현한 것이라고 정의하지 않았던가? 그러니 이황은 간단하지만 명료한 도식을 단호하게 제안할 수 있었던 것이다. '사단=도심'이란 등식과 '칠정=인심'이란 등식이 바로 그것이다. 불행히도 이황의 생각처럼 사정이 그렇게 단순하게 정리되는 것은 아니다. 주희의 인심도심설에서 인심과 도심은 이질적인 마음이지만 하나의 마음 안에 병존한다. 그러니 인심이 매번 도심의 명령을 듣도록 하는 공부도 가능한 것이다. 그러나 과연 사단과 칠정도 인심이나 도심과 마찬가지로 마음 안에서 병존할 수 있는 계기일 수 있을까? 예를 들어 우물에 빠지려는 아이로 인해 발생한 측은지심에 사로잡혀 있는 순간, 우리의 마음속에서 도대체 칠정 중 어느 감정이 이 측은지심과 병존한다는 말인가? 곧 살펴볼 테지만 이황의 이런 맹점은 이이의 집요한 공격을 초래하는 결과를 낳게 될 것이다.

⑯

이이: "일상적 마음 중 선한 것은 윤리적 마음일 뿐이다."

이황의 타협책은 그리 오래가지 않아 다시 심각한 도전에 직면하게 되었다. 성혼成渾(1535~1598)이란 인물이 이황의 사단칠정론을 옹호하자, 이이는 성혼과 논쟁하면서 자신의 정신적 멘토이기도 했던 이황에게 비판의 칼날을 들이밀었기 때문이다. 젊었을 때부터 이이는 수재로 유명했다. 전해진 바처럼 어머니 신사임당申師任堂(1504~1551)의 교육 때문이었는지 아니면 다른 이유가 더 있었는지는 알 수 없지만, 그는 사대부들의 평생소원이었던 과거급제를 그것도 자그마치 아홉 번이나 장원으로 당선되어 '구도장원공九度壯元公'이라는 애칭으로 불릴 정도로 남다른 영민함을 과시했다. 그랬던 이이가 이제 이황이라는 당시 대선배 학자에게 도전장을 던진 것이다. 그런데 이이의 비판도 결국 "사단은 이가 드러날 때 기가 따르는 것이고, 칠정은 기가 드러날 때 이가 타는 것이다"라는 이황의 주장에 초점을 맞추었다. 앞서 언급한 이황의 이러한 입장에 대해 이이가 어떻게 비판하고 있는지 직접 살펴보도록 하자.

> 기氣가 드러나서 이理가 탄다는 (이황의) 말은 옳지만, 단지 칠정만이 그런 것은 아닙니다. 사단도 또한 기가 드러나서 이가 타는 것입니다. 왜냐하면 갓난아이가 우물 안으로 들어가는 것을 본 이후에야 측은지심이 드러나기 때문입니다. 갓난아이를 보고 측은해지는 것은 바로 기입니다. 이것이 이른바 '기가 드러났다는 것'입니다. 측은지심의 근본은 인仁이니, 이것이 이른바 '이理가 탄다는 것'입니다.
>
> ―《율곡전서栗谷全書》, 〈답성호원答成浩原〉

이이의 비판은 "기가 드러날 때 이가 탄다"라는 이황의 말에 대해서는 긍정하면서, "이가 드러날 때 기가 따른다"라는 이황의 첫 번째 주장에 대해서는 부정했던 것이라고 볼 수 있다. 이이가 보았을 때 "이가 드러날 때 기가 따른다"라는 이황 논리의 핵심은 결국 이理가 먼저 드러난다는 것을 그대로 주장한 데 지나지 않는다. 그렇다면 이것은 이황이 "사단은 이理가 드러난 것이다"라고 말한 처음 입장에서 한 걸음도 나아가지 않았다는 것을 의미하는 것이기도 했다. 그래서 이이는 사단 가운데 하나인 측은지심을 이기理氣라는 범주로 다시 분석하면서 이황의 논의를 전면적으로 비판하기 시작한다. 측은지심은 《맹자》의 사례에서도 설명된 것처럼, 갓난아이가 우물에 빠지려고 할 때 자신도 모르게 발생하는 선천적으로 선한 마음이다. 이 경우 측은지심이란 타인의 불행에 대해 공감하게 되는 일종의 동정심이라고도 볼 수 있다. 그런데 이황은 측은지심이 우리의 현상적 의식이 통제할 수 있는 그런 종류의 것이 아니므로 내면의 본성에서부터 필연적으로 실현돼 나온 마음이라고 본 맹자의 관점을 따르려고 했다. 그래서 그는 사단을 "이理가 드러난 것" 혹은 "이理가 드러날 때 기氣가 따르는 것"이라고 이해했던 것이다.

하지만 이이는 "갓난아이를 보고 측은해지는 것" 자체가 바로 기라는 범주로 설명되어야만 한다고 주장한다. 특히 이 대목에서 중요한 것은 "갓난아이를 본다"라는 경험적 사태에 주목하고 있는 이이의 의도이다. 과거에 주희는 만물이 개체성 혹은 개별화의 원리로서의 기와 공통성 혹은 동일성의 원리로서의 이理라는 두 범주에서 생성된다고 보았다. 바로 이런 맥락을 토대로 이이는 "갓난아이를 본다"라는 행위가, 만물에 공통된 원리라는 차원을 가리키는 것인지 아니면 개체성의 차원을 말하는 것인지 되묻고 있다. 당연히 이이는 아이를 보는 지각 작용은 개체성의 차원에서만 설명될 수 있는 것이라고 생각했다. 지각 작용은 지각하는 자와 지각되는 대상 간의 구별, 즉 개체적 구별이 먼저 전제되어야 가능한 것이기 때문이다. 그다음 단계부터 그의 논증은 일사천리로 진행된다. 갓난아이를 보았을 때에만 측은지심이 생긴다면, 결국 갓난아이를 보았던 기의 측면에 수반되어 측은지심이란 마음이 드러나는 것이고 이 마음을 통해 비로소 이理가 기氣 안에 타 있는 모습을 볼 수 있게 될 것이다. 그래서 이이는 단호하지만 부드럽게 자신의 입장을 다음과 같이 정리할 수 있었던 것이다. "기氣가 드러나서 이理가 탄다는 (이황의) 말은 옳지만, 단지 칠정만이 그런 것은 아닙니다. 사단도 또한 기氣가 드러나서 이理가 타는 것입니다."

얼마 지나지 않아 이이는 사단과 칠정을 포함한 인성론 전반을 깔끔하게 정리하면서, 자신의 입장을 견고하게 만들려고 한다. 전국 수석을 아홉 번 달성한 수재답게 이이의 정리와 요약은 명료하고 체계적이다.

이이는 대놓고 이황의 도식부터 공격한다. 이이는 이황의 '인심=칠정', 그리고 '도심=사단'이란 등식을 반박한다. 한마디로 이황은 범주 차이를 혼동하는 오류를 범하고 있다는 것이다.

마음心은 하나지만 '도심이다', 혹은 '인심이다'라고 말하는 것은 성명性命과 형기形氣가 구별되기 때문이다. 감정情은 하나지만 어느 경우는 '사단이다', 혹은 어느 경우는 '칠정이다'라고 말하는 것은 '전적으로 이理만을 말하는 경우專言理'와 '기氣도 함께 말하는 경우兼言氣'가 같지 않기 때문이다. 그러므로 인심과 도심은 서로 포괄할 수는 없지만 서로 시작과 끝이 되는 것이다. 사단은 칠정을 포괄할 수는 없지만 칠정은 사단을 포괄한다. …… 인심과 도심이 서로 시작과 끝이 된다는 것은 무슨 뜻인가? 지금 마음이 곧바로 성명의 올바름에서 나왔지만 간혹 그것을 현실에 관철시키지 못하고 '사사로운 의지私意'가 끼어들면, 마음이 처음에는 도심이었다가 끝내는 인심이 된 것이다. 반대로 마음이 형기로부터 나왔지만 올바른 이理를 어기지 않았다면 도심과 다름이 없는 것이다. 간혹 올바른 이理을 어겼더라도 이것이 그릇된 마음이라는 걸 알아서 통제하면, 처음에는 인심이었지만 끝내는 도심이 되는 경우다. 그러므로 인심과 도심은 감정情과 의지意를 포괄해서 말하는 것이지, 단지 감정만 말하지는 않는다. —《율곡전서》,〈답성호원〉

먼저 이이는 대놓고 이황의 도식부터 공격한다. 이황은 '인심=칠정', 그리고 '도심=사단'이란 등식을 내놓았던 적이 있었다. 그러나 이이는 인심과 도심은 마음이란 범주에 속하고, 칠정과 사단은 감정이란 범주에 속한다고 반박한다. 한마디로 이황은 범주 차이를 혼동하는 오류를 범하고 있다는 것이다. 이이는 육체의 계기에서 기원한 인심과 본성의 계기에서 기원한 도심은 대립적일 수 있지만, 사단과 칠정은 모두 육체의 계기에 근거한 감정 차원이기에 대립적으로 생각해서는 안 된다고 주장한다. 감정에 대한 자신의 논의를 더 분명히 하기 위해서 이이는 사단과 칠정 개념을 집합론적으로 설명한다. 사단은 칠정의 부분집합에 지나지 않는다. 물론 이이는 사단이 인간이 가진 감정들 중에서 선善한 감정이라는 걸 부정하지는 않는다.

신유학에서 마음에 대한 논의는 장재의 유명한 테제, 즉 '심통성정心統性情'으로 요약된다. '마음'이 '본성'과 '감정'을 포괄한다는 뜻이다. 거칠게 말해서 주희의 유명한 미발 공부와 이발 공부도 사실 이 장재의 심성론 공식에 기초하고 있다고 할 수 있다. 본성 차원에서 하는 공부가 미발 공부이고, 감정 차원에서 하는 공부가 이발 공부니까 말이다.《주자어류朱子語類》〈권5〉에서 주희는 말한다. "본성性은 '아직 움직이지 않은 것未動'이고, 감정情은 '이미 움직인 것已動'이다. 마음은 이미 움직인 것과 아직 움직이지 않은 것을 포괄할 수 있다. 그러므로 마음이 아직 움직이지 않는 것이 본성이고, 이미 움직인 것이 감정이다. 이것이 장재가 말한 '심통성정'이다. 욕망은 감정이 드러난 것이다. 마음은 물과 같고, 본성은 물의 고요함과 같고, 감정은 물의 흐름과 같고, 욕망은 물의 파문과 같다." 장년 주희의 낙관론이 그대로 묻어 있는 구절이다. 수양만 잘하면 윤리적 삶이 전혀 어렵지 않다고 확신하니 말이다.

말년의 주희에게서 장년기의 이런 낙관론은 사라지고 그 자리에 비관론이 들어선다. 그것이 바로 인심도심설이 가진 의의라고 하겠다. 물론 비관론이라는 말보다 완숙한 현실감각이 더 번뜩이게 되었다고 하는 것이 타당할지도 모를 것이다. 이제 주희는 성인도 한순간에 악을 행할 수 있고, 악인도 한순간에 선을 행할 수 있다고 보았다. 우리 마음을 도심과 인심의 각축장이라고 보는 인심도심설은 '심통성정'과 같은 낙관적 도식이 자리를 잡을 여지가 없다. 이이의 탁월함은 바로 여기에 있다. 그는 주희의 속내를 간파하고 있었던 것이다. 인심도심설에 어울리도록 이이는 '심통성정' 테제를 변형시킨다. 그것이 바로 '심통성정의心統性情意'라는 테제다. "마음은 본성性, 감정情, 그리고 의지意를 포괄한다"는 뜻이다. 신유학을 포함한 유학 전통에도 물론 의지에 대한 이야기는 등장한다. 그렇지만 그것은 항상 주변부의 논의였을 뿐, 이이처럼 심성론의 핵심부에 의지를 도입한 경우는 거의 없다고 할 수 있다.

인심과 도심, 즉 마음이란 범주가 사단과 칠정, 즉 감정이란 범주와 차이가 나는 결정적인 이유는 바로 '의지'라는 계기다. 우물에 빠지려는 아이를 보았을 때 측은지심이란 감정이 발생했다고 하자. 사단의 대표주자인 측은지심도 분명 칠정처럼 이理와 기氣의 계기를 아울러 가지고 있지만, 다른 감정과는 달리 선한 감정이다. 측은지심이 들었지만, 우리는 그 아이를 구하지 않을 수 있다. 아이가 불쌍하기는 하지만 잘못하면 구하려다 자신이 죽을 수 있다는 판단 때문이다. 의지가 공적으로 작용하는 것이 아니라 사적인 이익을 지향한 셈이다. 이럴 때 우리의 마음은 도심과 인심 사이의 각축장이 되어버린다. 이렇게 우리는 측은지심을 부정할 수도 있다. 이럴 때 사단을 따르겠다는 의지를 수반하고 있는 마음, 즉 도심은 허무하게도 사욕을 따르겠다는 의지를 수반하는 마음, 즉 인심으로 전락하게 된다. 이이의 논의는 성선性善을 낙관했던 신유학 전통과는 다른 뉘앙스를 풍긴다. 그것은 여러모로 인심도심설로 정리되는 주희의 말년 사상과 그 맥을 같이하고 있다.

성인이라도 수양하지 않으면 악인이 될 수 있다는 주장, 그리고 사사로운 의지가 개입하면 도심도 인심으로 전락한다는 주장! 주희의 주장과 이이의 주장은 이렇게 공명하고 있었던 것이다.

이황, 기대승 그리고 이이로 이어지는 심성론 논쟁은 복잡할 뿐만 아니라 섬세하다. 간혹 우리 지식인의 지적 수준이 중국 지식인보다 월등히 탁월하다는 인상마저 주기도 한다. 그러나 그렇다고 해서 이황이나 이이가 독창적인 철학자였다고 말하기는 힘들다. 바둑을 귀신같이 잘 두는 사람이 있다고 해서, 그가 바둑 자체를 만든 사람을 넘어설 수는 없는 법이다. 결국 우리가 철학자라고 숭상하는 이황과 이이는 지적인 취향Intellectual taste이 탁월했을 뿐 일급의 철학자라고 하기는 힘들다. 그들은 주희가 집대성한 신유학이라는 패러다임 아래에서 퍼즐 맞추기에 여념이 없던 지식인이었을 뿐이다. 물론 반복하지만 두 사람의 퍼즐 맞추기는 정말 섬세하고 논리적이다. 그러나 일급의 지성인이라면 패러다임에 순응하는 것이 아니라 패러다임을 창조하는 데 몰두해야 하는 것 아닐까? 이황과 이이! 두 지식인을 보면 그래서 《문화와 가치》에서 비트겐슈타인이 했던 말이 떠오른다. "가장 세련된 취향조차도 창조력과는 아무런 상관도 없다. 취향은 감각의 세련이다. 그러나 행하지는 않는다. 그것은 단지 받아들일 뿐이다."

도덕정치학으로서의 유학

1392년 조선왕조는 고려왕조를 붕괴시키고 새롭게 출현했다. 조선왕조 건국의 주된 동력은 이성계의 군사력과 사대부들의 주자학이라고 정리할 수 있다. 그런데 이 과정에서 가장 중요한 역할을 했던 인물은 바로 정도전鄭道傳(1342~1398)이다. 그는 이성계를 도와 주자학을 건국이념으로 만드는 데 혁혁한 공을 세운 인물이다. 이 대목에서 중요한 것은 정도전이 이성계를 다음 왕조를 개창할 주군으로 결정한 이유라고 할 수 있다. 그것은 이성계가 길들여지지 않은 사자와 같은 백전불패의 전사였기 때문이다. 정도전은 바로 이 사자를 길들이려고 했던 것이다. 어떤 통치 이데올로기도 가지고 있지 않던 전사에게 그는 자신이 신봉하던 이데올로기를 각인시키기 더 용이하다고 판단한 것이다. 정도전! 그는 길들여지기 어려운 사자 위에 유학 이념을 태우려고 했다. 그럴 때 그가 신봉하던 유학 사상은 공허한 이론이 아니라 현실에서도 빛을 발할 수 있을 것이다.

정도전이 1394년에 완성한 《심기리편心氣理篇》과 1398년에 완성한 《불씨잡변佛氏雜辨》은 바로 이런 그의 고뇌를 그대로 반영한 저작들이다. 두 텍스트를 통해 정도전은 불교를 부정하고 유학을 긍정하는 논리를 마련하려고 애썼던 것이다. 그는 조선이란 국가의 이데올로그 역할 이외에도 유학 이념을 토대로 하는 국가 시스템을 정비하기 위해 노력했다. 그 결과가 바로 1394년과 1395년에 연이어 나온 《조선경국전朝鮮經國典》과 《경제문감經濟文鑑》이었다. 그러나 이처럼 조선왕조의 탄생을 조율했던 유학자 정도전은 생을 비극적으로 마감하게 된다. 왕위 세습 문제로 갈등 관계에 있던 이방원李芳遠(1367~1422)과의 권력 투쟁 싸움에서 패해 무참하게 살해되었기 때문이다. 그런데 유학자 정도전의 죽음은 단순한 역사적 사건의 하나가 아니었다. 그의 죽음은 권력과 유학 사이의 암투를 상징하는 원형적인 사건으로 조선왕조 내내 반복적으로 나타나기 때문이다.

도대체 유학의 어떤 특징이 정치권력에 의해 현실의 유학자들을 도륙하도록 만들었던 것일까? 우리는 그 단서를 조선조 유학자들이 경전으로 숭배했던 사서四

書 가운데 한 권에서 찾을 수 있다.《맹자》라는 텍스트가 바로 그것이다.《맹자》〈양혜왕梁惠王·하下〉 편에는 국가권력의 입장에서는 당혹스럽기 짝이 없는 다음과 같은 구절이 등장한다. "제齊나라 선왕宣王이 물었다. '탕湯임금이 걸桀임금을 쫓아내고 무왕武王이 주紂임금을 정벌한 일이 있었습니까?' 맹자가 대답했다. '옛날 책을 보면 그런 일이 있었던 것 같습니다.' 선왕이 물었다. '신하가 군주를 시해할 수 있는 것입니까?' 맹자가 대답했다. '인仁을 파괴하는 사람은 도적이고, 의義를 파괴하는 사람은 강도라고 할 수 있습니다. 도적이나 강도는 단지 한 명의 평범한 필부에 지나지 않습니다. 한 명의 평범한 필부를 죽였다는 말은 들었지, 군주를 시해했다는 말은 아직 듣지 못했습니다.'"

제나라 선왕이라는 정치권력 앞에서 맹자는 과감하다. 군주란 존재는 인의仁義로 상징되는 유학 이념을 거부하면 언제든지 신하들에 의해 축출될 수 있다고 기염을 토하니 말이다. 다시 말해 윤리적이지 않다면 정치권력은 자신의 존재 이유를 곧 상실하게 되리라는 경고였다. 그런데 이 점은 거꾸로 보면 윤리적으로 완성된 사람이라면 누구라도 곧 군주가 될 수 있다는 논리를 반영한 것이기도 하다. 사실 맹자의 이러한 정치적 주장은 그의 성선설에서 충분히 연역 가능한 것이었다. 모든 사람의 본성은 윤리적으로 선하다. 선한 사람은 선한 본성을 자기 수양을 통해 기른 것이고, 반면 악한 사람은 선한 본성을 기르는 수양을 등한시했던 것일 뿐이다.《맹자》〈고자告子·상上〉 편에서 맹자는 전자의 경우를 대인大人으로, 후자의 경우를 소인小人으로 다음과 같이 대비시킨 적이 있다.

"공도자公都子가 물었다. '모든 사람이 똑같은 사람인데, 어떤 사람은 대인이 되고 어떤 사람은 소인이 되는 것은 무슨 까닭입니까?' 그러자 맹자가 대답했다. '대체大體를 따르면 대인이 되고 소체小體를 따르면 소인이 된다.'" 여기서 대체는 마음을 그리고 소체는 육체를 의미하는데, 더 구체적으로 풀면 대체는 마음의 윤리적 역량을 그리고 소체는 육체에 따른 물질적 욕망을 가리킨다. 대체를 따르면 대인이 되고 소체를 따르면 소인이 된다는 맹자의 입장은 다음과 같은 정치철학적 함축을 가지고 있다. 윤리적으로 선한 본성을 따르면 대인이 되는데, 당연히 대인은 물질적 욕망을 추종하는 소인들을 다스려야만 한다. 육체적 욕망을 따르는 소인에게는 윤리적인 마음이 실현되어 있지 않기에, 대인은 소인의 마음 역할을 해주어야 한다고 본 셈이다. 이런 관점에서 맹자는 당시 비윤리적인 폭군이었던 걸과 주를 임금이 아닌 일개 소인으로 간주할 수 있었던 것이다. 역사적 기록을 보면 두 임금은 모두 주지육림酒池肉林으로 상징되는 육체적 쾌락에 탐닉했던 것으로 알려져 있다.

사실 맹자가 권고하는 정치철학은 전근대적인 성격을 갖고 있다. 그는 윤리와 정치를 전혀 구분하려고 하지 않았기 때문이다. 이 점에서 맹자의 정치철학을《군주론Il Principe》에 등장하는 마키아벨리Niccolò Machiavelli(1469~1527)의 관점과 상호 비교해보는 것은 흥미로운 일일 것이다. "군주는 선한 품성을 실제 구비할 필요는 없지만, 구비한 것처럼 보이는 것은 반드시 필요하다. 심지어 나는 군주가 그런 성품을 갖추고 늘 가꾸는 것은 해로운 반면에, 갖추고 있는 것처럼 보이는 것은 유용하다고까지 감히 장담하겠다. …… 군주는 운명의 풍향과 변모하는 상황이 그를 제약함에 따라서 자신의 행동을 거기에 맞추어 자유자재로 바꿀 태세가 되어 있어야 하며, 내가 앞에서 말한 것처럼 가급적이면 올바른 행동으로부터 벗어나지 말아야 하지만 필요하다면 비행을 저지를 수도 있어야 한다."

마키아벨리가 근대 정치학을 개시했다고 일컬어지는 이유는 그가 윤리와 정치, 혹은 종교와 정치라는 해묵은 연결 관계를 해체해버렸기 때문이다. 마키아벨리는 군주가 윤리든 종교든 간에 통치에 필요하다면 무엇이든지 이용해야 한다고 주장한다. 윤리적인 수양이나 종교적 가르침은 정치의 목적이 아니라 하나의 단순한 수단에 지나지 않다고 보았기 때문이다. 그는 군주가 윤리적 제스처나 종교적 제스처를 취하는 것이 좋다고 권고한다. 물론 이것은 피통치자들 대부분이 아직도 윤리적인 통념이나 종교적 맹신 속에 빠져 있기 때문에 그런 것이었다. 이 점에서 보면 맹자가 제안하는 정치철학은 마키아벨리의 관점에서 가장 멀리 떨어져 있는 것이라고 볼 수 있다. 맹자에게 정치란 바로 도덕적 교화와 다름없는 것이었기 때문이다.

어쨌든 맹자의 관점에 근거해 유학을 통치 이데올로기로 수용하던 순간, 조선왕조는 '수양=권력'이란 공식도 함께 받아들였던 것이다. 이것은 결국 조선왕조가 수양하지 않는 군주를 언제든지 축출할 수 있다는 논리마저도 수용했다는 것을 의미한다. 이 점에서 유학자 정도전의 죽음은 적어도 초기의 조선왕조가 유학 이념에 쉽게 길들여지지 않은 정권이었다는 것을 보여주는 상징적인 사건이라고 할 수 있다. 1498년 무오사화戊午士禍, 1504년 갑자사화甲子士禍, 1519년 기묘사화己卯士禍, 1545년 을사사화乙巳士禍, 이른바 4대 사화는 글자 그대로 권력의 힘과 유학자들의 힘이 정면으로 충돌했던 일대 사건이었다. 물론 일시적인 패배는 유학자들의 몫이었지만, 오랜 시간에 걸친 유학자들의 집요한 권력 길들이기는 마침내 조선 중기부터 그 효과를 드러내기 시작했다. 1559년 퇴계 이황과 고봉 기대승 사이에 벌어졌던 철학 논쟁이 현실적으로 가능했던 이유도 바로 여기에 있다. 유학 이념 혹은 유학의 수양 논리가 힘을 받자마자, 유학자들은 유학적 세계관과 수양의 논리로 철학적 논쟁을 펼칠 수 있는 여유를 찾을 수 있었던 것이다.

25

인간과 동물의 본성은 같은가?

이간

—————— VS ——————

한원진

조선 후기 유학자들의 딜레마, 청제국

이황, 기대승, 성혼, 이이로 이어지는 사단과 칠정의 존재론적 위상에 대한 논쟁을 앞 장에서 사칠논쟁이라고 부른다고 했다. 이 논쟁의 핵심은 결국 사단의 순수성과 관련된 문제에 놓여 있었다. 이황은 사단이 본성性 혹은 이理로부터 직접 드러나는 것이기 때문에 가장 순수하다고 보았던 반면, 이이는 사단도 기氣와 관련될 수밖에 없기 때문에 절대적으로 순수할 수는 없다고 생각했던 것이다. 그런데 이 대목에서 주의해야 할 점은 이황과 이이 당시 본인들은 그러한 결과를 전혀 원하지 않았겠지만, 이황의 학문적, 정치적 후예들이 동인東人으로 집결하면서 그를 선봉장으로 삼게 되고, 반면 이이의 후예들은 서인西人으로 집결하면서 이이를 자신들 정파의 상징적 인물로 삼게 되었다는 점이다. 지연과 학연의 고리는 그 이후 더욱 심각해졌다. 과거의 순수했던 철학 논쟁이 점차 지연과 학연의 이해관계를 다투는 정치적 투쟁의 명분으로 악용되기 시작한 것이다.

1623년경 이이를 종주로 삼은 서인은 인조반정仁祖反正을 통해 동인 가운데 한 분파인 대북파大北派를 완전히 제거하고 정권을 장악하는 데 성공했다. 여기서 주목해야 할 것은 당시 서인의 외교 정책이었다. 그들은 자국의 실리를 추구했던 광해군光海君 이혼李琿(1575~1641)의 외교 노선을 백지에 붙이며, 이와 달리 중원에서 몰락하고 있던 명제국을 지지했던 것이다. 그들의 눈에는 새롭게 등장한 청제국은 그야말로 오랑캐, 즉 짐승들에 지나지 않는 것으로 보였고, 과거의 명제국은 여전히 그들의 표현대로 '제조지은濟朝之恩', 즉 "임진왜란 때 조선을 구제해준 은혜의 대상"으로 간주되었기 때문이다. 그들에게는 매우 애석한 일이었을지 모르지만, 결국 중원의 새로운 주인으로 청제국이 등극하게 되었고 그 결과 청제국을 적으로 돌리던 서인의 외교 정책은 정묘호란丁卯胡亂과 병자호란丙子胡亂을 초래하게 되면서 조선은 청제국의 공격으로 거의 초토화가 되었다. 하지만 이러한 궁지에 몰린 상황에서도 서인은 자신들의 입장을 조금도 굽히지 않았다. 그들의 내면에는 '명제국=주자학=문명'이라는 도식이 너무도 강하게 자리 잡고 있었기 때문이다.

그런데 사소한 문제로 서인이란 당파는 노론老論과 소론少論으로 갈라서게 된다. 숙종肅宗 이순李焞(1661~1720)이 통치하던 시절 서인은 남인에게서 정권을 되찾아왔는데, 이때 남인의 처리 문제로 내부에서 대립하게 된 것이다. 잔혹한 처벌을 요구했던 서인이 노론이었다면, 관대한 처벌을 요구했던 서인이 소론이라고 불리게 되었다. 그런데 어떤 대립이든지 흔히 근본주의fundamentalism 입장을 따르는 편이 승리를 거두게 마련이다. 그래서인지 노론 세력은 보수파라는 이름에 걸맞게 결국 서인 내의 주도권을 장악하게 된다. 이 당시 노론의 최고 영수가 바로 송시열宋時烈(1607~1689)이었다. 정계에서 은퇴한 송시열은 충청도 화양동華陽洞에서 은거하고 있었다. '화양'이란 단어만큼 송시열의 내면세계를 상징적으로 보여주는 것도 없을 것이다. 화양은 '중화 문명의 볕 혹은 양지'라는 뜻으로서, 송시열 본인의 강렬한 '소중화小中華' 의식을 상징하기 때문이다. 물론 그의 소중화 의식은 백일몽과도 같은 것이다. 중원대륙을 현실적으로 지배하는 청제국을 부정하고, 이미 멸망한 명제국으로 상징되는 중화 문명의 정수, 즉 주자학의 정신이 이제 오직 조선에만 있다는 기이하고 병적인 자부심이었으니 말이다. 비록 소국이지만 당시 조선이야말로 진정한 중국, 즉 중국 문명의 핵심을 계승한 곳이라고 보면서 송시열과 노론 세력은 자신들이 중국 성현들의 참다운 후예인 양 자처하며 정신승리를 구가했던 것이다.

자신이 살고 있는 지역적·문화적 공간이 한 인간의 의식을 결정하곤 하는 것을 종종 목격할 수 있다. '소중화' 의식으로 철저하게 무장한 노론 계열도 또다시 분열의 조짐을 보이기 시작했던 것이다. 이 대목에서 중요한 것은 충청도에 살고 있던 노론과 서울에 살고 있던 노론 사이의 첨예한 갈등이다. 충청도 노론은 별다른 사건이 벌어지지 않은 한적한 향촌에서 살고 있었다. 당연히 이런 조건에서라면 그들이 '소중화' 의식을 그대로 지키며 주자학을 공부하는 데 별다른 동요가 없었을 것이다. 하지만 서울 노론은 전

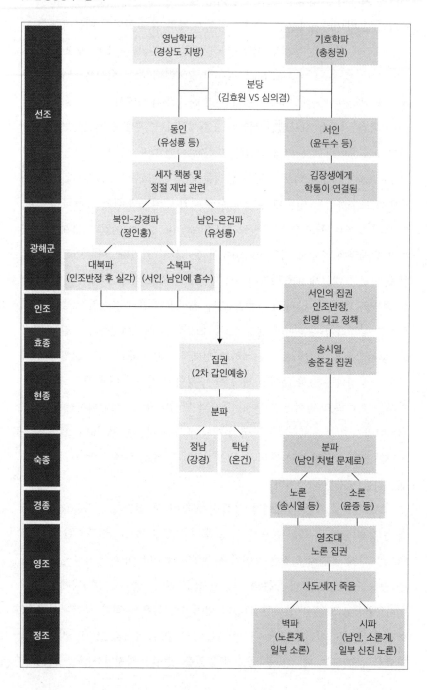

우암 송시열 초상화. 송시열은 과거 중원
대륙의 진정한 핵심인 중화 문명, 즉 주
자학의 정신은 오직 조선에만 있다고 주
장했다.

혀 다른 상황이었다. 정신적·물질적인 측면에서 청제국의 문물이 서울로 직
간접적으로 밀려들어오면서 '소중화' 의식으로 집약된 그들의 내면세계는
자신들도 알지 못하는 사이 무의식적으로 동요되기 시작했던 것이다. 거의
짐승에 가깝다고 본 오랑캐 청제국이 결코 그런 야만적인 제국이 아니라는
것을 어쩔 수 없이 조금씩 받아들이게 된 것이다. 나중에《열하일기熱河日記》
로 유명해진 박지원朴趾源(1737~1805)과 그의 몇몇 후예들이 노론 출신으로서
청제국을 직접 방문해 발전된 문물을 접했고, 그 결과 청제국을 배우자는
주장, 즉 북학北學을 소리 높여 외치게 된 데에는 나름대로 이유가 있었던 셈
이다. 이런 환경적 조건의 차이로 인해 충청도 노론에게는 청제국 사람들이
여전히 오랑캐이자 짐승과 다를 바 없는 존재로 간주된 반면, 서울 노론에
게는 청제국 사람도 명제국 사람 혹은 조선인과 별반 다를 것이 없는 존재
로 인정되기 시작했던 것이다.

이런 입장 차이를 거치면서 마침내 서울 노론과 충청도 노론은 철학적으로 정면 대결하게 되는 또 다른 논쟁에 휩싸인다. 물론 그것은 정치적인 대립이 아니라 철학적인 대립 형식을 띠고 드러났다. 사칠논쟁과 더불어 조선왕조를 양분하는 그 유명한 인물성논쟁人物性論爭은 바로 이런 배경에서 발생한 것이다. 인물성과 관련된 문제가 주희 당시에도 해결하기 힘든 난제였다는 사실이 논쟁을 더욱 치열하게 만들었다. 주희 당시에도 인물성 문제는 완전한 해결보다는 일시적인 미봉책으로 마무리되었기 때문이다.

어떤 사람이 주희에게 질문했다. "사람과 동물의 본성에는 같은 점도 있고 또 다른 점도 있는 것 같습니다. 왜 같은지를 알고 또 왜 다른지도 알아야 본성性을 논의할 수 있을 겁니다. 태극太極이 움직여서 음양陰陽의 기가 드러나고, 음양의 기가 드러나서 만 가지 변화가 발생합니다. 사람과 동물은 모두 이런 메커니즘에 근거하니 이것이 이른바 같은 점입니다. 음양과 오행이 서로 역동적으로 교감하여 수많은 변화가 고르지 않으니 이것이 이른바 다른 점입니다. 같은 점은 이理이고 다른 점은 기氣입니다. 반드시 이 이理를 얻어야 사람과 동물의 본성이 있게 되니, 그 같은 점은 진실로 다를 수가 없습니다. 그렇지만 반드시 이 기氣를 얻어야 사람과 동물의 형체가 있게 되니, 그 다른 점은 같을 수가 없습니다. 그러므로 주희 선생님께서는《대학혹문大學或問》에서 '이理라는 점에서 말하자면 만물은 근원이 같기에 진실로 사람과 동물 사이에는 귀천의 차이가 있을 수 없다. 기氣라는 점에서 말하자면 올바르고 투명한 기를 얻으면 사람이 되고, 치우치고 탁한 기를 얻으면 동물이 된다. 그러므로 어떤 것은 귀하고 어떤 것은 천해서 고르게 할 수 없다'고 말씀하신 것도 이 때문일 겁니다. 그렇지만 기氣에는 고르지 않은 측면이 있다고 하더라도 그것을 얻어서 태어난 것, 사람과 동물은 모두 이理를 가지지 않은 것이 없습니다. 비록 같은 점이 있다고 하더라도 그것을 얻어서 본성이 된 경우, 사람은 동물과는 확연히 구분됩니다. 지각知覺과

운동運動은 이 기氣의 작용이지만, 인의仁義와 예지禮智는 이 이理의 작용입니다. 지각과 운동은 사람도 할 수 있고 동물도 할 수 있습니다. 그러나 인의예지仁義禮智의 경우 동물들도 그것을 가지고 있다고 할지라도, 그것들이 어떻게 그것을 완전히 실현할 수 있겠습니까? 지금 고자告子가 그 기氣만 강조하고 그 이理를 망각해서 그 같은 점에 사로잡힌 것은 그가 다른 점을 알지 못하기 때문입니다. 이것 때문에 고자는 맹자에게 논박당한 겁니다. 주희 선생님께서는 《맹자집주孟子集註》에서 이야기하셨습니다. '기氣라는 관점에서 말하면 지각운동은 사람과 동물이 다르지 않다. 이理라는 관점에서 말하면 본성으로 받은 인의예지는 동물들이 완전히 실현할 수는 없는 것이다.' 지금 《맹자집주》에서 '기는 같지만 이는 다르다氣同而理異'고 말하신 것은 사람의 귀함을 동물이 함께 할 수 없는 이유를 밝히신 겁니다. 앞의 《대학혹문》의 경우 '이는 같지만 기는 다르다理同而氣異'고 말하신 것은 태극의 완전함은 개별자가 어찌할 수 없는 이유를 밝히신 겁니다. 이렇게 인물성 문제를 본다면, 어찌 의심이 있을 수 있겠습니까? 《맹자집주》와 《대학혹문》의 같고 다름을 질문하는 사람이 있다면 이처럼 답할 수 있는데, 이것이 옳은지 모르겠습니다." 주자는 이 글에 다음과 같이 논평했다. "이 글의 논의는 매우 분명하다. 과거에 친구들과 이 문제를 논의한 적이 있었지만 간략하게만 말했을 뿐이어서, 이 글의 논리정연함에는 미치지 못하는 것 같다."

-《주자어류朱子語類》 권4

사람과 동물의 본성은 다른가? 혹은 같은가? 이 문제를 낳은 주범은 다름 아닌 주희였던 셈이다. 《맹자》를 해석하면서 주희는 사람과 동물의 본성은 다르다고 했고, 이와는 달리 《대학》을 해석하면서 주희는 사람과 동물의 본성은 같다고 이야기했기 때문이다. 만약 자신의 이름을 걸고 논문 형식으로 글을 썼다면, 영민했던 주희가 이런 혼란을 자초할 리 없었을 것이다. 문제는 자신이 어찌할 수 없는 유학의 경전 《대학》과 《맹자》가 사람과 동물의 본성에 대해 다르게 말하고 있다는 데 있다. 주석가로서 주희에게는 여간 골치 아픈 일이 아니었을 것이다. 더군다나 이 문제는 단순히 본성의 문제를 넘어서 주희 형이상학의 핵심 범주인 이理와 기氣의 문제로까지 확산된다. 주희의 핵심 테제가 성즉리性卽理라는 사실을 생각해볼 때, 이것은 어쩌면 당연한 귀결인지도 모를 일이다. 주희의 곤혹스러움이 눈에 환히 보이는 듯하다. 바로 이때 다행히도 자신을 사숙하던 어떤 사람이 깔끔하게 문제를 정리한 서신을 보내게 된다. 주희로서는 쾌재를 불렀을 일이다. 주희에게 온 서신에 따르면 《대학》의 논의는 존재론적 지평에서의 논의이고, 《맹자》의 논의는 수양론적 지평에서의 논의로 정리된다.

먼저 《대학》에서 피력된 존재론적 지평의 논의를 살펴보자. 여기서 주희는 월인천강月印千江의 이미지로 설명되는 이일분수理一分殊 논리를 인간과 동물에게도 그대로 관철시킨다. 다시 말해 내재적인 이理, 즉 성性은 사람이나 동물의 차이가 없다는 것이다. 단지 사람과 동물이 차이가 나는 이유는 사람이 맑은 기를 받았고, 동물이 탁한 기를 받았기 때문이다. 서신을 보낸 제자는 주희의 논리를 "이는 같지만 기는 다르다理同而氣異"고 깔끔하게 정리한다. 그러니까 이理나 성性의 차원에서 사람과 동물은 같지만, 기氣의 차원에서 사람과 동물은 다르다는 것이다. 결국 이 문맥에서 이理는 일반성과 추상성의 원리라면 기氣는 개별성과 구체성의 원리로 사용되고 있다고 하겠다. 흔히 주희의 사유를 이학理學이라고 정의 내리는 것도 이런 이유에서다. 그는 개별성과 구체성보다는 우주의 본질, 혹은 세계의지를 더 중시하고 있기 때문이다.

다음으로 《맹자》에서 피력된 수양론적 지평의 논의를 분석해보자. 현실적 측면, 거의 자연과학적 관점에서 주희는 논의를 시작한다. 외부 대상을 지각하고 스스로 움직인다는 점에서 사람과 동물은 같다고 할 수 있다. 그러나 주희의 형이상학에 따르면 사람과 동물에는 동일한 본성이 내재되어 있다. 현실적 작용의 면에서도 사람과 동물은 같고 본성의 차원에서도 같다면, 정말 사람과 동물은 존재론적으로 같다고 해야 한다. 그렇지만 여기서 주희는 묘한 계기를 하나 도입한다. 그것은 사람은 수양해서 본성을 실현할 수 있지만, 동물은 수양할 수 없기에 본성을 실현하지 못한다는 사실이다. 바로 여기서 사람과 동물은 질적으로 다른 존재로 그려지게 된다. 서신을 보낸 제자는 이런 측면을 "기는 같지만 이는 다르다"고 규정한다. 그렇지만 이 규정에 등장하는 기氣와 이理라는 범주는 "이는 같지만 기는 다르다"라고 할 때의 기와 이라는 범주와는 내포와 그 외연이 완전히 다르다.

주희의 주장	출전	이기(理氣) 관계	이(理)의 지시체	기(氣)의 지시체
인성=동물성	《대학혹문》	이동기이(理同氣異)	성즉리(性卽理)	맑은 기, 탁한 기 등등
인성≠동물성	《맹자집주》	기동이이(氣同理異)	수양 가능성	지각과 운동

일급의 형이상학자라면 저지를 수 없는 실수를 지금 주희는 저지르고 있는 것이다. 개념은 동일하지만 그 내포와 외연이 다른 범주들로 아무리 근사한 형이상학 체계를 구성한다고 해도 그것은 사상누각에 불과할 테니 말이다. 어쨌든 주희가 남겨놓은 불씨, 즉 인성과 동물성의 문제는 정치적 대립이란 폭풍우에 휩싸인 조선조 지성계에서 걷잡을 수 없이 불타오르게 된 것이다. 흥미로운 점은 이 논쟁이 처음에는 충청도 노론 내부에서 발생했다는 점이다. 송시열의 후예 권상하權尙夏(1641~1721)의 두 제자, 즉 이간李柬(1677~1727)과 한원진韓元震(1682~1751)은 인성과 동물성에 관련된 대립된 주장을 전개했다. 이간이 인성과 물성이 같다고 주장했다면, 한원진은 인성과 동물성은 다르다고 주장했다. 그런데 서울 노론이 충청도에서 조용히 일어난 논쟁에 개입하게 되면서 사태는 걷잡을 수 없을 정도로 노론 내부 전체로 퍼져나갔다.

마침내 서울 노론이 이간을, 충청도 노론이 한원진을 지지하면서 인물성논쟁은 노론 내부의 분열 양상으로 전개되어갔다. 당시 서울을 상징하는 개념인 낙하洛下라는 표현에 근거해 서울 노론의 입장은 낙론洛論으로, 충청도를 상징하는 개념인 호서湖西를 따서 충청도 노론의 입장은 호론湖論으로 부르게 되었다. 인물성논쟁이 호락논쟁湖洛論爭이라고도 불리는 이유는 이 때문이다. 물론 서울 노론이 인성과 물성이 동일하다는 이간의 논의를 지지했던 이유는 다른 데 있었던 것은 아니다. 사실 사람의 본성과 사물의 본성에 대한 논쟁이라고 말은 했지만, 그들의 논리 이면에는 다음과 같은 의도가 숨어 있었다고 볼 수 있다. 서울 노론은 이간의 논리를 통해서 청제국 사람도 조선 사람이나 명제국 사람과 동일한 인간임을 정당화하고 싶었던 것이다. 그들의 발전된 문명에 대해서도 마찬가지의 평가를 내리고 싶었을 것이다. 그렇다면 충청도 노론이 한원진을 지지했던 이유도 분명해진다. 그들은 송시열을 따라 청제국 사람들은 짐승이며 소중화로 무장한 조선 사람들과 분명히 다르다는 점을 역설하고 싶었던 것이다. 그렇다면 동일한 노론임에도 이간과 한원진은 무슨 이유로, 또 어떤 대목을 근거로 인성과 물성에 대해 다른 견해를 피력하게 된 것일까? 그 전모에 대해 간략하게나마 살펴보도록 하자.

ⓖ

이간: "세계의지의 결과물이기에 인간과 동물은 같다."

이간은 인성과 물성, 즉 인간의 본성과 동물의 본성은 같다고 주장한다. 이간의 주장을 접하게 되면, 대부분의 사람은 당혹감을 느끼기 쉬울 것이다. 주변 사람들 가운데 누구도 개나 비둘기 혹은 바퀴벌레의 본성이 우리 인간과 같다고는 생각하지 않을 것이기 때문이다. 사실 이간 본인도 집을 지키는 개를 보면서 개의 본성이 자신과 같다고는 생각하지 않았을 것이다. 그렇다면 도대체 이간이 이런 당혹스러운 주장을 하게 된 이유는 무엇이었을까? 그것은 경험적이고 자연과학적인 시선이 아니라 특정 형이상학을 맹신하며 세상을 보았기 때문이다. 그만큼 송시열을 숭상하던 충청도 노론은 대부분 주희의 에피고네Epigone를 자처하고 있던 유학자들이었다. 《중용장구中庸章句》에 들어 있는 주희의 다음 이야기가 이간의 눈을 사로잡았던 것이다.

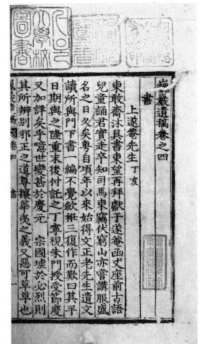

이간의 문집 《외암집畏庵集》. 이간은 형체가 다르다고
할지라도 모든 만물의 이치는 결국 같다고 강조했다. 이
런 그에게 동물의 본성과 사람의 본성은 서로 다른 것이
라고 말할 수 없는 것이었다.

> 본성性은 곧 이理이다. 하늘이 음양과 오행으로 만물을 낳아 기氣로써
> 형체를 이루면, 여기에 이理도 또한 부여된다. …… 그렇기 때문에 사람
> 과 동물의 본성은 각각 하늘로부터 받은 이理를 얻어서 건순健順과 오
> 상五常의 덕을 갖추게 되니, 이것이 바로 본성이다.　　　-《중용장구》

　방금 읽은 대목은 주희가 《중용》에 대한 자신의 주해서에서 만물이 어
떻게 생성되었는지 설명하는 부분이다. 주희는 자신의 논의를 '성즉리性卽理'
라는 기본 원리를 재차 강조하는 것으로 시작했다. 만물은 기氣라는 원리와
이理라는 원리를 통해 발생한다는 것이다. 구체적으로 말하면 음양과 오행
이란 기가 모여서 만물의 형체가 만들어지고, 형체가 만들어지는 순간 이理
도 함께 부여된다고 본 것이다. 그렇기 때문에 만물 모두에는 건순과 오상
이라는 윤리적 덕목이 존재하게 되었다고 말한다. 여기서 건순은 음양이라

는 기에 이理가 부여되면서 생기는 덕목이라면, 오상은 오행이라는 기에 이理가 부여되면서 생긴 덕목이다. 비록 구별되어 보이는 것 같지만 건순과 오상은 모두 동일한 이理의 두 가지 표현에 불과한 것이다. 마치 잔잔한 물에 비친 달그림자와 흐르는 물에 비친 달그림자가 다른 것 같지만 동일한 것이듯이 말이다.

결과적으로 방금 인용한 대목에서 가장 중요한 것은 주희가 사물의 형체가 어떻든지 간에 그 사물에 내재하는 이理, 곧 본성은 모두 동일한 것이라고 주장하고 있다는 점이다. 이간은 바로 주희의 이 대목을 주희 철학의 핵심이라고 이해하고 있었다. 그래서 그는 인간과 동물의 본성에 관해 다음과 같이 역설할 수 있었던 것이다.

이理가 비록 하나의 근원이라고 할지라도 기氣는 고르지 못합니다. 음양오행 중 바르고 소통하는 것을 얻어서 사람이 되고 치우치고 막힌 것을 얻어서 동물이 되는 것은 또한 자연스런 추세입니다. …… 사람과 동물 사이에 바르고 소통하는 기와 치우치고 막힌 기라는 차이가 있다고 말하는 것은 괜찮습니다. 하지만 사람만이 홀로 이理를 완전히 얻었고 동물의 경우는 반은 얻고 반은 얻지 못했다고 말한다면, 이런 논리의 오류에 대해서는 논할 여유가 없습니다.

-《외암유고巍巖遺稿》, 〈상수암선생별지上遂巖先生別紙〉

이간은 기가 모여서 이루어진 만물 중에서 어떤 것은 인간이 되고 또 어떤 것은 동물이 되는 이유를 설명하려고 한다. 그의 설명에 따르면 음양오행으로 상징되는 기 가운데 "바르고 소통되는" 기를 얻으면 사람이 되고, 그렇지 않고 "치우치고 막힌" 기를 얻으면 동물이 된다. 결국 사람과 동물의 차이는 근본적으로 그들의 형체를 규정하고 있는 기의 차이 때문에 발생한다고 본 것이다. 그렇지만 이간은 이런 기의 차이 때문에 이理도 차이가 난다고 생각해서는 안 된다고 보았다. 이런 잘못된 생각이 주희의 핵심 테마를 부정하는 결과를 낳으리라고 우려했다. 그래서 이간은 형체가 다르다고 할지라도 모든 만물의 이理는 결국 같다고 거듭 강조했던 것이다. 이런 그에게 동물의 본성과 사람의 본성은 서로 다른 것이라고 말할 수 없는 것이었다.

결국 인물성동론人物性同論을 주장했던 이간은 정말 원리주의적이었던 주자학 신봉자였다고 할 수 있다. 그는 주희의 핵심 테제, 성즉리를 글자 그대로 진리로 받아들이고 있기 때문이다. 이제 단호하기만 한 이간의 육성을 들어보자.

> 만일 '성性'을 말하는 곳에서 그 글자를 '이理'라는 글자로 바꿀 수 없거나, 반대로 '이'를 말하는 곳에서 그 글자를 '성'이라는 글자로 해석할 수 없다면, 어느 경우든 이것은 내 견해가 미칠 수 있는 것은 아니다.
>
> -《외암유고巍巖遺稿》,〈미발영未發詠〉

주희의 책들을 읽을 경우, 이간은 '성'이란 글자는 '이'로 바꿀 수 있고 반대로 '이'라는 글자는 모두 '성'이란 글자로 바꿀 수 있다고 주장한다. 흐르는 물속의 달그림자나 잔잔한 물속의 달그림자를 가리킬 때, 우리는 항상 달을 가리키고 있다는 것이다. 만일 흐르는 물속의 달그림자의 모양이 잔잔한 물속의 그것과 다르다고 주장하는 사람이 있다면, 이간은 코웃음을 치며 말할 것이다. "왜 당신은 물속의 달을 보지 않고, 물살을 보고 있는가?" 여러모로 이간은 아테네 학당에서 제자 아리스토텔레스와 달리 하늘을 손으로 가리키고 있던 플라톤을 연상시킨다. 다양한 물들이 품고 있는 다양한 달그림자들을 보면서, 그는 하늘에 떠 있는 하나의 달을 연상하고 있기 때문이다.

아이러니한 것은 사실 이간에게 인간성과 동물성은 이야기할 필요도 없다는 점이다. 잔잔한 물이든, 흐르는 물이든, 맑은 물이든, 탁한 물이든 이간은 다양한 달그림자들을 보는 것이 아니라, 그저 하늘에 떠 있는 둥근 달만 보려고 하기 때문이다. 결국 그의 마음에는 현상 세계의 다양성은 전혀 고려 대상이 아니다. 극단적으로 말해 사람이니 돼지니 말이니 꽃이니 하는 것은 그에게 전혀 중요하지 않았던 셈이다. 그러니 이간의 인물성동론은 동물성을 긍정하는 논의로 읽혀서는 안 된다. 그에게는 동물도 심지어 인간도 전혀 중요하지 않았다. 그저 세계를 낳은 일원적 원리, 즉 이理 혹은 태극만이 중요했으니 말이다.

ⓖ

한원진: "수양이 가능하기에 인간은 동물과 다르다."

이간은 사실 이일분수라는 주희의 형이상학 도식에 충실했던 유학자라고 할 수 있다. 만물에 다양하게 내재되어 있는 이理가 결국은 자기 동일적인 초월적인 이理의 반영에 지나지 않는다는 것이 주희의 기본 입장이었기 때문이다. 그러나 인간과 동물의 본성이 같다는 이간의 간단명료한 주장에 대해 한원진은 인간과 동물의 본성이 결코 같을 수 없다는 관점으로 논박했다. 그렇다면 지금 한원진은 주희의 이일분수를 부정하고 있는 것일까? 물론 그럴 수는 없었을 것이다. 한원진도 이간과 마찬가지로 주희의 에피고네를 자처했던 유학자였기 때문이다. 그렇다면 이일분수를 부정하지도 않으면서 또한 동시에 인간과 동물의 본성이 다르다고 주장하려면 어떻게 해야 했을까? 이런 의문을 갖고 한원진이 자신의 주장을 어떻게 정당화하는지 직접 살펴보도록 하자.

> 인의예지신仁義禮智信이라는 오상五常은 오행五行 가운데 빼어난 기氣의 이理이다. 반드시 빼어난 기를 얻은 다음에야 그 이理를 비로소 오상이라고 말할 수 있다. 만일 빼어난 기를 얻지 못했으면 비록 그 이理가 없는 것은 아니지만 오상이라고 말할 수는 없다. 사람은 오행의 빼어난 기를 모두 얻었으므로 오상의 덕을 모두 갖추었으나, 동물은 혹 하나의 빼어

한원진은 인간만이 인의예지신이라는 덕목 가운데 어느 하나라도 훼손하지 않고 실현할 수 있다고 말했다. 반면 동물은 인의예지신이라는 덕목 가운데 일부분만을 실현할 수 있을 뿐이라고 한정했다.

난 기만을 얻을 수는 있어도 오행의 빼어난 기를 모두 얻지는 못한다. 그러므로 호랑이나 이리의 인仁, 벌이나 개미의 의義 같은 것은 다섯 가지 덕 가운데 겨우 하나의 덕만을 가진 것이니, 그 나머지의 덕은 가질 수가 없다.   −《남당집南塘集》,〈답이공거임신팔월答李公擧壬辰八月〉

한원진의 글을 보면 그도 역시 이일분수라는 도식 자체를 거부하지는 않았다는 걸 알 수 있다. 하지만 그가 주목한 것은 고요한 물에 비친 달그림자와 흐르는 물에 비친 달그림자가 동일한 달을 반영하고 있더라도, 결국 두 가지 달그림자는 서로 다를 수밖에 없다는 점이었다. 전자의 경우에는 달이 완전하게 둥근 모습을 띠고 있지만, 후자의 경우에는 달이 흐르는 물살 때문에 찌그러지고 심지어는 찢어진 듯한 모습을 하고 있기 때문이다. 그래서 한원진은 고요한 물과 같은 "빼어난 기", 즉 수기秀氣를 얻었기 때문에 인간이 동물과는 달리 완전한 이理의 모습을 가지고 있다고 주장했다. 다시 말해 인간만은 인의예지신이라는 덕목 가운데 어느 하나라도 훼손하지 않고 실현할 수 있다는 것이다. 반면 동물은 흐르는 물에 찢어진 달그림자 모양의 경우처럼, 인의예지신이라는 덕목 가운데 일부분만을 실현할 수 있을 뿐이라고 한정했다. 그 증거로 한원진이 들고 있는 사례는 호랑이나 이리가 인의예지신 덕목 중 인만을 실현하고, 벌이나 개미는 다섯 가지 덕목 중 의만을 실현할 수 있다는 사실이다. 지금 그는 호랑이와 이리가 자신의 자식을 아끼는 모습이나, 벌이나 개미가 여왕벌이나 여왕개미에게 충성하는 모습을 염두에 두고 설명했던 것이다.

논의를 명확히 하기 위해, 이제 한원진이 주희의 핵심 테제를 어떻게 이해하는지 살펴보자. 이간이 성즉리를 원리주의적으로 맹신했다면, 한원진은 성性이란 글자와 이理라는 글자를 함부로 바꾸어 써서는 안 된다고 주장한다.

> 이理는 기氣 안에 부여된 다음에 비로소 성性이 된다. 그러므로 "기질氣質에 따라 말한다"고 한 것이다. 기질에 근거하지 않으면 성이란 개념을 써서는 안 된다. ─《주자언론동이고朱子言論同異攷》

다양한 물의 종류에 따라 달그림자도 천차만별이다. 수많은 달그림자들이 결국 하나의 달을 가리키고 있다고 이간이 생각했다면, 한원진은 하늘에 떠 있는 하나의 달이 아니라 달그림자들에 주목한다. 다양한 물에 따라 다양한 모양을 하고 있는 달그림자! 이것이 바로 한원진이 생각했던 본성, 즉 성性이었다. 반면 하늘에 일자一者처럼 떠 있는 달은 바로 이理라고 할 수 있다. 조금 어렵게 정리한다면, 본성은 기에 매개된 이이기에 순수한 이理와는 다른 것이다. 물론 그렇다고 해서 한원진이 인간성뿐만 아니라 동물성의 고유성을 사유했다고 추론해서는 안 된다. 아무리 그가 달그림자들의 다양성을 강조한다고 해도, 달그림자들을 규정하는 것은 하늘에 떠 있는 달이니 말이다.

한원진의 추론이 옳다면, 인간과 동물의 본성은 서로 다를 수밖에 없다. 전자가 초월적인 이理를 완전한 모습으로 갖추고 있다면, 후자는 불완전하게 갖추고 있기 때문이다. 얼핏 보면 한원진의 추론이 경험적인 관찰을 토대로 해서 이루어진 것처럼 보인다. 그래서 몇몇 학자들은 한원진의 이러한 경험적이고 구체적인 논의가 뒤에 실학實學의 전통으로 이어졌다고 무리하게 주장하기도 했다. 그러나 경험적인 관찰의 결과 때문에 한원진이 인간과 동물의 본성이 서로 다르다고 주장했던 것은 결코 아니다. 이간과 마찬가지로 주희의 대변자로서 한원진이 자신의 생각을 확신에 가득 차 역설할 수 있었던 이유는, 다음과 같은 주희의 설명을 그가 맹신했기 때문이었다.

본성이란 사람이 하늘로부터 얻은 이理이다. 삶이란 사람이 하늘로부터 얻는 기氣이다. 본성은 형이상이고 기는 형이하이다. 사람과 동물이 태어날 때 이 본성을 가지지 않은 것이 없고, 또한 이 기를 가지지 않은 것이 없다. 그렇지만 기의 측면에서 말한다면 지각과 운동은 사람과 동물이 다르지 않다. 반면 이理의 측면에서 말한다면 하늘로부터 받은 인의예지를 어찌 동물들이 완전하게 실현할 수 있는 것이겠는가? 이것이 바로 사람의 본성이 선하지 않은 적이 없어서 사람이 만물의 영장이 되는 까닭이다. ─《맹자집주孟子集注》

이간이 좋아했던《중용장구》의 내용과 마찬가지로 지금 주희는《맹자》를 해석하는 주해서에도 역시 '성즉리'라는 동일한 주장을 반복하면서 논의를 시작하고 있다. 이어서 그는 사람과 동물이 모두 이理와 기氣의 계기를 갖고 생성된 존재라고 주장한다. 그런데 바로 다음 대목이 중요하다. 이 대목이 곧 한원진으로 하여금 사람과 동물의 본성이 다르다는 주장을 갖도록 만들었기 때문이다. 주희는 기의 측면, 그러니까 개체가 가진 육체의 측면에서 사람과 동물을 비교해보면 오히려 유사하다고 이야기한다. 사람이나 동물은 모두 외부 사물들을 지각하고, 또 외부 사물에 대해 특정한 운동을 하거나 혹은 욕망을 느끼기 때문이다. 반면 그는 이理의 측면에서 보면 사람과 동물은 같을 수가 없다고 이야기한다. 동물은 "하늘로부터 받은 인의예지를 완전하게 실현할 수" 없지만, 사람들은 인의예지를 완전하게 실현할 수 있기 때문이다.

여기서 우리는 작지만 매우 중요한 문제점 하나를 생각하지 않을 수 없다. 한원진은 과연 《맹자집주》에 실려 있는 주희의 주장을 무리 없이 자기 주장의 전거로 삼을 수 있었던 것일까? 이런 의문이 드는 이유는, 주희가 《맹자집주》에서 말한 '기의 측면' 혹은 '이의 측면'이란 표현이 그의 존재론적 범주였던 기氣 그리고 이理와는 좀 다른 맥락을 가지고 언급된 것이었기 때문이다. 한원진처럼 《맹자집주》의 내용을 곧이곧대로 받아들여서 사물은 기라는 원리 차원에서는 서로 같고 이라는 원리 차원에서는 서로 다르다고 이야기할 수 있을까? 이것은 분명 개체화의 원리로서의 기氣 그리고 공통성의 원리로서의 이理라는 기존 함의와는 서로 달라 보인다. 그러나 사실 이 구절을 자세히 읽어보면 《맹자집주》와 《중용장구》에서 주희 본인의 설명이 서로 모순되지 않는다는 것을 알 수 있다.

주희가 《맹자집주》에서 말한 기氣와 이理의 의미는, 존재론적으로 어떤 본성을 부여받은 만물이 생존과 실존의 과정에서 수양을 통해 변화하는 측면을 가리켜 말한 것이었다고 볼 수 있다. 이 점에서 "하늘로부터 받은 인의예지를 어찌 동물들이 완전하게 할 수 있는 것이겠는가?"라는 주희의 반문이 중요하다. 이것은 사실 동물도 인의예지로 정의되는 본성을 인간과 마찬가지로 갖고 있다는 것을 전제하는 논의이다. 다만 동물은 그 부여받은 본성을 완전하게 실현할 수 없다는 것, 주희가 《맹자집주》에서 말하고자 했던 것은 바로 이 점이었다. 결국 한원진의 생각과는 달리 《맹자집주》에서 주희가 주목했던 점은 존재론적인 차원의 문제가 아니라 수양론적인 차원에서의 인간과 동물의 차이점이었다고 볼 수 있겠다. 주희가 사람과 동물이 다르다고 말한 이유는 사람과 동물의 본성이 다르기 때문이 아니라, 사람만이 수양을 통해 인의예지를 모두 실현할 수 있는 반면 동물은 건순오상의 덕을 모두 다 제대로 실현할 수 없다고 보았기 때문이다. 바로 이 점을 간과했던 것이야말로 주희의 에피고네를 자처한 한원진의 결정적인 오류가 아니었을까 생각된다.

인간성과 동물성은 같은가, 다른가? 얼핏 보면 근사한 철학적 논쟁인 것처럼 보인다. 하지만 그 실상을 들여다보면 그다지 생산적인 논쟁은 아니었다. 사단칠정논쟁이나 인심도심논쟁과 마찬가지로 인물성논쟁도 주희가 만들어놓은 패러다임의 지배를 받고 있기 때문이다. 조선조 노론계 지식인들의 지적인 퍼즐 맞추기 놀이를 보는 것 같아 씁쓸하기만 하다. 종 차원 차이, 나아가 개체의 고유성이나 단독성을 논의하려면, 태극이나 이理와 같은 절대적 원리를 부정해야만 한다. 이런 일자가 도입되는 순간, 차이나 단독성은 잘해야 일시적인 계기로 혹은 상태가 악화되면 부정적인 것으로 다루어질 수밖에 없다. 결국 하늘의 달만을 보려고 했던 이간이나 다양한 달그림자를 주목했던 한원진을 극복해야만 한다. 그래야 우리 눈에는 개체들과 개별적 사건들의 환원 불가능한 고유성이 눈에 들어올 테니 말이다. 결국 중요한 것은 다양한 속도와 다양한 모양으로 흐르고 있는 수많은 물들이니 말이다.

인물성논쟁의 이면, 사서四書의 불균질성

주희는 유학 경전 네 가지, 즉《논어》《맹자》《대학》《중용》을 사서四書로 묶었다. 이때 사실 중요한 한 가지 역사적 배경이 쉽게 망각되곤 한다. 그것은《논어》와《맹자》가 제자백가 시절의 텍스트라면,《대학》과《중용》은 한제국 때 만든《예기》라는 책에 수록되어 있는 텍스트라는 점이다.《논어》와《맹자》는 다양한 사상들이 난립했을 정도로 지식인들의 자율성이 나름대로 보장되었던 시절에 활동했던 공자와 맹자의 철학을 담고 있다. 반면《예기》는 지식인들의 자율성이 일정 부분 제약을 받을 수밖에 없었던 제국의 시대를 반영하고 있다. 그래서 그런지《맹자》를 보면 지식인 본인에 대한 자긍심, 나아가 인간에 대한 자긍심이 강하게 피력되어 있다. 하지만《중용》을 살펴보면 모든 것이 이제 제국 전체의 질서, 다시 말해 모든 만물을 포괄하는 우주적 질서에 포섭되었기 때문에, 다른 계층에 비해 특별히 지식인계층을 강조하거나 아니면 다른 생물종에 비해 특히 인류를 더 강조하는 듯한 정서는 별로 발견되지 않는다. 이제 제국의 통치하에서 모든 사람은 동일한 황제의 신하였고, 모든 사물은 황제의 소유라고 간주되었기 때문이다.

더 구체적으로 말해《논어》와《맹자》에서 핵심적인 것은 '나'라는 주체였다면,《대학》과《중용》에서는 '마음'이 중심 주제로 대두된다. 체제가 옴짝달싹하지 못할 정도로 강고해지면, 우리는 외면으로 나가기보다는 내면으로 침잠하는 법이다. 제자백가 시절 공자나 맹자는 세계에 나가 체제를 만들려고 했다면, 한제국 시절 유학자들은 세계와 필적할 정도로 거대한 마음의 세계를 만들어 그곳으로 들어갔던 것이다. 바로 수양론의 발달이다. 외적 세계를 변화시킬 수 없으니, 내적 세계의 변화를 도모하기 시작한 것이다. 아니 정확히 말해 외적 세계에 대한 완전한 굴복과 굴종이라고 해야 할 것이다. "나만 바뀌면 된다! 그러면 살아가는 데 아무런 문제가 없을 테니 말이다." 이것이 바로 수양에 들어가는 사람의 속내다. 수양론이 겉으로는 외적 세계와 내적 세계를 일치시키려고 하는 것처럼 보이지만, 사실 외적 세계를 내적 세계로 들여놓는 논리인 것도 이런 이유에서다. 이것은 로마제국 시대에도 그대로 발견되는 현상이다. 스토아학파가 얼마나 수양론을 발달시켰는지, 그리고 스토아의 수양론이 왜 전체와 개체 사이의 조화를 도모했는지를 생각해보라.

그래서 우리는《대학》의 다음 구절에 주목할 필요가 있다. "세계에 밝은 덕을 밝히고자 했던 옛 사람은 먼저 자기 국가를 다스렸다. 자기 국가를 다스리고자 하는 사람은 먼저 자기 가문을 가지런하게 만들었다. 자기 가문을 가지런하게 만들고자 하는 사람은 먼저 자신을 닦았다. 자신을 닦으려고 한 사람은 먼저 자신의 마음을 바르게 했다. 자신의 마음을 바르게 하고자 하는 사람은 먼저 마음의 지향성을 성실하게 하려고 했다. 마음의 지향성을 성실하게 하려고 하는 사람은 먼저 앎을 달성하려고 했다. 앎을 달성하는 것은 외부 사물에 부합되는 데 있다." 세계天下와 그것을 구성하는 사물들物! 그 사이에 인간은 자신의 알맞은 자리를 조율해야만 한다. 이미 절대적으로 주어진 세계가 존재한다. 그러니 숟가락을 어떻게 드는지, 인사는 어떻게 하는지, 혹은 선생을 만나면 어떻게 인사하는지 등등 주어진 예법을 배우면 된다. 이것이 바로 치지致知이고 격물格物이다. 이를 토대로 자신을 닦고修身 마음을 바르게 하고正心, 마음의 지향성을 성실하게 하는誠意 공부만 남은 것이다. 주어진 세계를 이루는 다양한 사건들과 사물들에 맞게 자신을 조절하는 것이다. 여기서 새로운 세계를 외향적으로 꿈꾸는 창조적 사유의 가능성은 생각할 수도 없는 일이다.

인간과 동물의 본성이 같다고 주장했던 이간은《중용》에 대한 주희의 해석을 신봉하고 있다. 이것은 그가 무의식적으로 한제국의 제국적 삶의 양식에 걸맞은 유학을 따르고 있다는 것을 말해주는 것이다. 인물성동론을 주장했던 서울·경기 지역 지식인들이 청제국과의 관계에서 오는 국제질서 혹은 대등한 인간관계의 논리에 더 주목하게 된 것도 이 점과 연관이 있을 것이다. 한편 인간과 동물의 본성이 다르다고 주장했던 한원진은《맹자》에 대한 주희의 해석에서 자신의 주장의 전거를 발견하고 있다. 그는 무의식적으로 지식인, 혹은 유학자의 자율성과 특유성을 강조하는《맹자》의 사유 경향을 따르고 있었던 셈이다. 이뿐만 아니라 인간과 동물 간의 차이를 유독 강조했던 그들의 논리는, 결국 새로운 국제질서에서도 여전히 과거와 같이 오랑캐와 문명인의 구별을 엄격히 강조하도록 만들었다. 가령 과거의 노론계 내부에서 사서의 계보학에 좀더 신경을 쓸 수 있는 비판적인 안목이 있었더라면, 이질적인 배경을 반영하고 있는 사서에 대해 주희가 왜 상이하게 해석할 수밖에 없었는지도 쉽게 납득되었을 것이고, 철학적 논쟁도 그만큼 더 생산적이고 유의미하게 전개되지 않았을까 하는 아쉬움이 남는다.

26

주자학은 극복 가능한가?

이지

—————— VS ——————

대진

주자학의 내적 논리, 일자의 존재론과 욕망 부정의 수양론

주희의 형이상학 체계는 월인천강月印千江으로 설명되는 이일분수理一分殊 도식으로 구성되어 있다. 이 도식에 따르면 모든 개체는 일자로서의 이理, 즉 태극太極을 자기 나름의 개체성에 입각해서 충실히 반영하고 있는 존재로 사유된다. 물론 이것은 인간에게도 예외가 아니다. 《태극도설》에 따르면 태극은 모든 개체의 유일한 아버지로서 기능하는 것이다. 흔히 자식들은 아버지의 피를 이어받아 그대로 아버지를 닮는 법이다. 자식들 내면에 존재하는 아버지의 흔적이 바로 주희가 말한 인간의 본성 혹은 사물의 이理라고 할 수 있다. 결국 주희의 철학적 구도는 아버지의 흔적을 따라가다가 진정한 아버지를 발견하게 되는 탕아의 논리와 다름없는 것이라고 비유해볼 수 있겠다. 그런데 만약 진정한 아버지, 즉 태극을 찾게 된다면 그때 우리에게는 과연 어떤 일이 벌어질까? 인간을 포함한 세계의 모든 개체가 거대한 우주가족의 성원으로 자리를 잡게 될 것이다. 주희의 형이상학을 통해 과거 공자가 주장했던 화和의 이념이 이제 인간을 넘어선 전체 우주로까지 확장된 셈이다.

주희에게 태극이란 모든 존재자의 근원적인 일자一者를 의미하는 것이었다. 그렇다면 어떤 경우 인간은 자신이 우주가족의 한 성원이라는 자명한 사실을 망각하게 되는 것일까? 주희는 개체의 사사로운 욕망이 바로 그러한 현상의 근본적인 원인이라고 지목한다. 동일한 하나의 아버지로부터 태어났음에도 탕아는 자신의 욕망만이 절대적이고 확실한 것이라고 생각할 수 있기 때문이다. 탕아가 집을 떠나는 이유도 바로 여기에 있다. 그러나 결국 자신의 개인적 욕망을 최대한 줄이거나 혹은 억제할 수 있을 때에만, 탕아는 본래의 자기 집으로 되돌아올 수 있을 것이다. 바로 이러한 근원으로의 복귀 혹은 귀환의 과정을 위해 주희는 다음과 같은 평상시의 개인적 공부가 필요하다고 역설했다.

생각이 아직 싹트지 않고 사물이 마음에 이르지 않은 때가 희로애락이 '아직 드러나지 않은未發' 상태입니다. 이러한 때에는 이 마음이 고요한 채로 있지만 여기에는 하늘이 부여한 '본성'이 구비되어 있습니다. …… 미발未發의 상태가 어떠한지를 찾아내는 것이 불가능하고, 이미 깨달은 뒤에는 어떻게 손을 써볼 도리가 없습니다. 다만 평소에 엄숙하고 공경하며 '함양涵養'하는 공부를 지극하게 해서 욕망의 사사로움이 그것을 어지럽히는 일이 없도록 하면, 미발한 상태에는 거울에 먼지가 끼지 않은 것처럼 깨끗하고 물이 흐르지 않아 고요한 것과도 같을 것이며, 그것이 발동했을 때에는 절도에 맞지 않는 때가 없을 것입니다.

-《주희집》, 〈여호남제공론중화제일서與湖南諸公論中和第一書〉

희로애락이라는 감정이 아직 드러나지 않았을 때란, 마치 달그림자를 비추고 있는 그릇의 물이 요동치지 않은 상태와 유사하다고 볼 수 있다. 물이 요동치지 않으면 달그림자가 가장 완전하게 반사될 것이다. 이와 마찬가지로 희로애락의 감정이 발동하지 않을 때, 우리가 하늘로부터 부여받은 '본성' 또한 온전한 자신의 모습을 가장 잘 드러낼 것이다. 그런데 희로애락의 감정이 아직 드러나지 않았을 때에 적극적으로 공부를 한다는 것 역시 어려운 일이다. 왜냐하면 공부하려는 의식적인 욕구 자체가 자신의 감정을 동요시킬 수 있기 때문이다. 그래서 주희가 제안했던 공부법은, 평상시에 항상 흔들리는 물을 고요하게 만들듯이 사사로운 감정들을 억제하려는 엄숙하고 공경스런 태도를 지녀야 한다는 것이었다. 주희는 이러한 태도를 유지해서 사사로운 욕망이 끼어들지 못하도록 만들면, 결국 명경지수明鏡止水와 같은 마음 상태, 즉 맑고 고요한 마음 상태를 유지할 수 있다고 보았다. 그리고 바로 이 순간 우리가 하늘에서 부여받은 본성이 가장 이상적인 상태로 밝게 드러난다고 생각했던 것이다.

결국 주희의 사유에서 일자의 존재론과 개인의 사적 욕망을 부정하는 수양론은 표리 관계를 이루고 전개된 것이었다고 볼 수 있다. 이것은 어쩌면 당연한 귀결일지도 모른다. 구체적인 개체들보다 그것들을 넘어선 일자를 지향하면서도, 또한 동시에 개체들의 고유한 욕망들을 모두 인정한다는 것은 사실 논리적으로 볼 때 있을 수 없는 일이기 때문이다. 그런데 바로 이로부터 우리는 주희를 극복할 수 있는 두 가지 유효한 전략을 추론해볼 수 있다. 하나가 일자의 존재론을 극복하는 전략이라면, 다른 하나는 개인의 사적 욕망을 그 자체로 고유하게 긍정하려는 전략일 것이다. 하지만 이 두 가지 전략의 차이는 사실 순서상의 차이에 지나지 않는 것이다. 일자의 존재론을 공격하는 순간 개체들과 그들의 고유한 욕망은 긍정될 수밖에 없으며, 역으로 개체들의 욕망을 긍정하는 순간, 그동안 개체들의 욕망을 억압해온 일자의 지배 역시 도전에 직면할 수밖에 없기 때문이다. 아니나 다를까 실제로 중국 철학사에서는 일자의 존재론을 거부하는 첫 번째 전략에 의거해 주희 철학을 공격했던 철학자와 욕망을 긍정하는 두 번째 전략에 따라 주희 철학을 극복하려 했던 철학자가 모두 등장하게 된다. 전자가 바로 이지李贄(1527~1602)라면, 후자는 바로 대진戴震(1723~1777)이라는 인물이었다.

卐

이지: "일자로부터 다자가 나올 수는 없다."

앞서 먼저 살펴본 왕수인의 심학心學 혹은 양명학陽明學은 일체의 초월적인 이理를 거부하면서 실존하는 인간의 마음을 강조하려는 경향이 있었다. 그런데 중요한 점은 이렇게 구체적인 인간의 마음에 대해 강조하면 할수록 결국 심학은 개체성을 옹호하는 방향으로 발전할 수밖에 없었다는 점이다. 유학 전통에 따르면 개체들은 기존의 오륜五倫 관계에 속하는 대상으로서밖에 의미가 없었다. 하지만 개체성을 강조하는 양명학의 내적 속성은 유학적 관습 체계를 벗어나려는 자유로운 개체의 이미지를 부각시켰고 또 그에 상응하는 이론 체계를 배출해내도록 강제했다. 이 점에서 양명학을 포함한 유학

명제국의 이단적 사상가 이지. 그는 주희의 형이상학을 포함한 동서양 모든 형이상학의 핵심이라고 할 수 있는 '일자'의 논리를 해체하려고 시도했다.

전통의 마지막 한계에까지 육박했던 사상가, 어쩌면 그 한계를 돌파했을지도 모르는 탁월한 인물이 출현하게 된 것도 결코 우연은 아닐 것이다. 바로 그 사람이 명제국 최고의 베스트셀러 작가이자 이단적 사상가로 유명했던 이지였다. 그는 "태워버려야 할 책"이라는 의미를 지닌《분서焚書》, 그리고 "누구에게도 보여주지 않고 혼자만 간직해야 할 책"이라는 의미를 지닌《장서藏書》의 저자로도 매우 유명했다. 바로 이런 기묘한 제목 때문에도 사람들은 그의 책을 사보려고 혈안이 되었고 그래서 그의 책들은 당시 서점에서 빗발치게 팔렸나갔던 것이다. 태워버려야 하고 혼자만 보아야 한다는 책을 기필코 보고야 말겠다는 것은 예나 지금이나 인간이 지닌 가장 원초적인 반응 가운데 하나였던 것으로 보인다.

　《분서》에 실린 작품 중 가장 유명한 것은 역시 〈동심설童心說〉이라고 할 수 있다. 이지의 견해는 여러모로 볼 때 낙타, 사자, 아이라는 상징과 관련된 니체의 논의와 매우 유사해 보인다. 사회적 의무를 충실히 따르는 낙타, 사회적 의무를 부정하는 사자, 새로운 가치를 창조하는 아이. 가령 이 단계를 이지의 〈동심설〉에 적용해보면, 그는 이곳에서 어떻게 아이들이 한동안 사자가 되었다가 어느 겨를에 결국 낙타로 타락하게 되는지 설명한다. 당연히 그는 우리 모두가 아이의 마음을 회복해야만 비로소 진정한 삶의 주체로 거듭날 수 있다고 역설하게 된다. 사실《속분서續焚書》의 〈성교소인聖敎小引〉 편을 보면 새로운 주체로 거듭나기 위한 이지의 각오가 매우 처절하게 기록되어 있다. "나이 오십 이전의 나는 정말로 한 마리의 개에 불과하였다. 앞의 개가 그림자를 보고 짖으면 나도 따라 짖어댔던 것이다." 삶에 대한 이지의 태도가 가장 분명하게 드러나는 〈동심설〉은 그를 인간적으로 이해하는 데 매우 중요하다. 하지만 철학적으로 살펴보면 그의 〈부부론夫婦論〉만큼 중요한 글도 별로 없을 것이다. 이 짧은 글에서 그는 주희의 형이상학을 포함한 동서양 모든 형이상학의 핵심이라고 할 수 있는 '일자'의 논리를 해체하려고 시도했기 때문이다.

남편과 아내는 인간의 시작이다. 남편과 아내가 있은 다음에 아버지와 아들이 있고, 아버지와 아들이 있은 다음에 형과 동생이 있고, 형과 동생이 있은 다음에 아래와 위가 있다. 부부가 바르게 된 다음에야 온갖 일이 모두 바르게 시작된다. 부부는 이와 같이 만물의 시초이다. 극단적으로 말해 하늘과 땅도 하나의 남편과 아내이다. 그러므로 하늘과 땅이 있은 다음에 만물이 있는 것이다. 그렇다면 천하의 만물은 모두 '둘兩'로부터 생긴 것이지 '하나一'로부터 생긴 것이 아님이 명백하다. '하나'가 '둘'을 낳고 '이치理'가 기氣를 낳으며 태극이 음과 양을 낳는다고 말하는데, 이것은 도대체 무슨 의미인가? 애초에 사람을 낳을 때 단지 음과 양이라는 두 가지의 기氣 혹은 남자와 여자라는 두 생명만이 있었지 이른바 하나라든가 이치와 같은 것은 전혀 존재하지 않았는데, 어찌 태극이 있을 수 있단 말인가?　　　　　　　－《분서》, 〈부부론〉

《태극도설》에 등장하는 일자로서의 '태극'을 이처럼 신랄하게 비판했던 글은 중국 사상사에서 그 유례를 찾아보기 힘들다. 아이들은 남편과 아내의 결합으로 생기는 것처럼, 모든 존재자는 기본적으로 '하나'가 아닌 '둘'의 계기에서 발생한다는 것이 이지의 근본적인 입장이다. 그의 이야기를 듣다 보면 우리는 사랑에 대한 프랑스 현대철학자 바디우의 정의를 떠올리지 않을 수 없다. 《철학을 위한 선언Manifeste pour la philosophe》에서 바디우도 "사랑이란 '하나'의 지배가 균열되었을 때 '둘'이 생각되어지는 장소"라고 말한 적이 있기 때문이다. 이렇게 원초적인 '둘'의 계기를 강조하면서 이지는 이理 혹은 태극이라는 일자 관념이 지닌 허구성과 독단성을 폭로하게 되었다. 이지에 이르러 주희가 그렇게도 애지중지하던 이일분수의 도식이 그 근본에서부터 강한 도전에 직면하게 된 셈이다. 이제 일자의 신화는 더 이상 유지하기 힘든 꿈이 되어버릴 위기에 처했다.

여기서 가능한 오해 한 가지를 바로잡아야 한다. 그것은 바디우가 말한 '둘'이나 이지의 '둘'도 태극이나 이理처럼 절대적이고 초월적인 원리라는 오해와 관련된다. 바디우도 그렇지만 이지에게서 '둘'은 개체들과 사건들의 다양성을 부정하는 원리가 아니다. 생성이 가능하려면 개체들의 마주침이 일어나야 하는데, 그 마주침의 최소 요건은 바로 개체 '둘'이다. 바디우와 이지의 '둘'은 바로 이 점을 가리키고 있었던 것이다. 한마디로 말해 '둘'은 일원론 대신에 이원론을 주장하는 것과는 아무런 상관이 없다는 것이다. 도미노 게임을 생각해보라. 수많은 도미노들이 모두 넘어지는 것으로 게임은 끝난다. 그러나 최소 두 개의 도미노가 마주쳐서 하나의 도미노가 다른 하나의 도미노를 넘어뜨리지 않는다면, 화려한 도미노 게임은 시작될 수도 없다.

한 가지 더 주목해봐야 할 것이 있다. 그것은 '둘'을 강조하게 되는 순간, 기존에 억압되었던 여성성femininity 또한 남성성masculinity과 동일한 반열에 오르게 된다는 점이다. 이것은 그가 과거 유학의 통념, 즉 '여필종부女必從夫'라는 가부장적 입장을 정면으로 거부하고 있다는 것을 보여주는 것이기도 하다. 실제로 이지는 많은 여성을 제자로 받아들여 기꺼이 함께 가르쳤다.

16세기 초반 당시로서는 너무나도 파격적이고 충격적이었던 이러한 행보 때문에 이지는 수많은 사람의 지탄의 대상이 되기도 했고 또 근거 없는 스캔들에 휘말려 곤혹을 치르기도 했다. 하지만 '둘'의 계기에 대한 그의 강한 신념은 이런 스캔들마저도 무시해버릴 정도로 강렬한 것이었다. 여성을 폄하하던 어느 유학자에게 보낸 이지의 다음 편지는 그의 이런 정신을 극적으로 보여주는 좋은 사례라고 하겠다.

> 어제 내려주신 커다란 가르침에는 부녀자의 소견은 좁아서 도를 함께 배울 수가 없다고 적혀 있었습니다. 진실로 그렇습니다! 진실로 그렇습니다! 무릇 부녀자는 문지방을 나갈 수 없고 남자들은 활이나 화살을 들고 나가 사방으로 사냥할 수 있기 때문에, 그 소견의 좁고 넓음은 말할 필요도 없을 것입니다. 하지만 이른바 소견이 좁다는 것은 부녀자가 본 것이 안방문을 벗어나지 않았다는 것을 말하는 것이고, 소견이 넓다는 것은 밝고 넓은 벌판을 깊이 살펴보았기 때문에 그런 것입니다.
>
> ―《분서》,〈답이여인학도위견단서答以女人學道爲見短書〉

이지가 여성을 제자로 함께 가르치려고 하자 당시의 어떤 유학자가 여성은 소견이 좁아 제자로 가르칠 수 없다는 의견을 피력했던 것 같다. 그러자 이지는 여성이 소견이 좁은 것은 그녀들이 오랫동안 집 안에 갇혀 지내왔기 때문에 생긴 결과일 뿐이라고 반론을 제기했다. 다시 말해서 소견이 좁아서 집 안에 있는 것이 아니라, 집 안에만 머물러 있도록 강제했기 때문에 지금처럼 소견이 좁아지게 되었다는 것이다. 만약 남성들처럼 집 안을 떠나 사방으로 돌아다닐 수만 있다면, 여성들 또한 충분히 소견이 넓어질 것이라는 것, 이것이 바로 이지의 근본적인 생각이었다. 그가 여성을 제자로 삼아 가르친 것도 다 이유가 있었던 셈이다.

주희로 대표되는 신유학은 땅보다는 하늘을, 여성보다는 남성을, 그리고 기氣보다는 이理를 강조한다. 이것은 결국 세계 생성의 원리인 '둘'을 부정하고 '하나'라는 원리로 세계의 다양성과 복수성을 제거하는 시도일 뿐이다. 이와는 대조적으로 이지에게 땅은, 여성은, 그리고 기는 그 자체로 다양성, 생산성, 그리고 생성의 계기였던 셈이다. 하지만 불행한 것은 여성을 제자로 거두어들인 점이 이지를 감옥에 보내고 마침내는 자살을 선택하도록 만든 결정적 계기들 가운데 하나로 작용했다는 점이다. 그렇지만 달리 보면 이지의 죽음은 그렇게 불행한 것만은 아니었다고도 볼 수 있을 것이다. 그는 50세 이후에는 더 이상 개처럼 살지 않았으며 자신의 삶의 준칙에 따라, 즉 자신이 강조해온 동심童心에 따라 자유자재로 삶을 영위했기 때문이다.

⑯

대진: "욕망이 부정되면 인간관계도 불가능해진다."

동아시아 삼국, 즉 중국, 한국, 일본 모두에서 17세기부터 19세기까지는 동요의 시대였다고 할 수 있다. 동요의 원동력 가운데 가장 중요한 것은 서양 문명과의 마주침이라고 할 수 있다. 총포로 무장한 함대였든, 십자가를 메고 온 신부들이었든, 아니면 교역을 요구했던 상선이었든 이들의 출현은 동아시아의 전통 질서를 교란할 만한 심각한 의미를 지니고 있었다. 하지만 다른 한편에선 바로 이러한 이질적 세계와의 마주침을 통해 비로소 동아시아인들은 자신들의 삶과 사유를 비판적으로 바라볼 수 있는 거리감을 확보할 수 있었다. 다른 세계가 있다는 사실, 그리고 그 세계가 반문명적인 야만이 아니라는 자각! 그것은 중국 중심의 세계관을 의식적이든 무의식적이든 침식하는 중요한 계기가 될 수밖에 없었다.

이러한 동요는 철학적으로 당시 동아시아 지식인들을 지배하던 담론인 신유학의 동요로 이어졌다. 그리고 이러한 전통 철학의 동요로부터 지금은 실학이라고 분류되는 새로운 학문 경향이 비로소 대두되기 시작했다. 그런데 흥미로운 점은 그 당시 동아시아의 비판적 지식인들이 신유학을 모두 한

중국 실학의 대표자 대진. 그는 주희의 사유가
불교적이라고 비판했다. 대진에게 인은 자신
의 삶을 실현하려고 욕망하면서, 동시에 타인
의 삶도 실현하려고 욕망하는 덕목을 가리키
는 것이었다.

결같이 '불교적'이라고 비판했다는 점이다. 평생 불교를 비판하면서 유학에
형이상학적 구도를 부여하려고 했던 주희로서는 상상하기 어려운 후대의
평가였을 것이다. 한국 실학의 대표자 정약용丁若鏞(1762~1836)이나 일본 고학
古學의 대표자 이토 진사이伊藤仁齋(1627~1705)는 모두 주희의 사유가 너무나 불
교적이라고 비판한 바 있다. 이 점은 중국 실학의 대표자 대진의 경우도 결
코 예외가 아니었다. 그렇다면 대진은 왜 주희의 사유를 불교적이라고 보았
던 것일까?

정이와 주희가 강조하는 이理는 (사물과 무관하게) 사물에 내재되어 있는
것이다. 이것은 형체에 잠재되어 있다고 하는 노장의 '진재眞宰'나 불교
의 '진공眞空'과 마찬가지이다. 이理가 이미 개체 내부에 완전히 내재한

다고 보았기 때문에 정이나 주희는 배워서 이理를 밝혀야 한다고.말하기 어려웠다. 그러므로 그들은 이와 기를 두 가지 근본으로 나누어서 모든 잘못을 형기形氣에 돌렸을 뿐이다. —《맹자자의소증孟子字義疏證》

대진은 "정이와 주희가 강조하는 이理는 (사물과 무관하게) 사물에 잠재되어 있는 것"이라고 지적하면서 자신의 논의를 시작한다. 사실 대진의 주희 이해는 나름대로 타당한 것이었다고 볼 수 있다. 주희에게 이理는 모든 사물을 하나로 묶는 통일의 원리였던 반면 기는 만물들 각각의 개체성을 정당화하는 원리였는데, 바로 이런 성격 때문에 주희가 말한 사물의 이理는 그 사물의 고유성을 설명할 수 없는 것이기도 했다. 사물 안의 이理란 자기동일적으로 존재하는 초월적 이理를 그 사물이 반영하고 있는 것에 지나지 않았기 때문이다. 그래서 그는 주희의 이理 개념을 비판하면서 어떤 사물과 무관하게 존재하는 것이라고 설명했던 것이다. 그리고 만약 사물과 무관하게 사물 속에 잠재해 있는 것이라면, 주희의 이理는 결국 노장 철학의 '진재'나 불교 철학의 '진공' 개념과 구별될 수 없다고도 말한다. 사실 '참된 주재자', 즉 진재로서의 도가 모든 사물에 공통적인 초월적 근거를 가리키는 개념이라면, 이와 마찬가지로 '참된 공'을 의미하는 진공도 모든 사물이 상호 의존적으로 존재한다는 사실을 나타내는 근본 개념이었기 때문이다.

자신의 주저 《맹자자의소증》에서 대진은 "이理는 사물을 살피면 미묘한 차이점들이 구별된다는 측면을 가리키는 개념理者察之而幾微必區以別之名也"이라고 다시 정의 내린 적이 있다. 따라서 그에게 이理란 사물들이나 사태들의 조리條理, 사물들의 고유한 법칙을 나타내는 개념으로 부각된 것이었다. 대진은 오직 그럴 때에만 이理 개념이 불교나 노장 사상과는 다른 의미를 지닐 수 있다고 확신했던 것이다. 절대적이고 초월적인 이理가 객관적이고 감각적인 것으로 전회한 셈이다. 이런 그에게 주희의 이理는 노장의 도나 불교의 공과 별다른 차이가 없는 것으로 보일 수밖에 없었다. 이 세 가지 개념은 모두 사물의 고유성과 무관하게 모든 사물이 공유하는 전체의 본성을 가리키는 용어였기 때문이다. 바로 이런 맥락 때문에 주희의 도식에서는 어떤 개체가 잘못을 저지를 때 그 잘못의 원인이 이理가 아닌 기氣의 영역에만 귀속될 수밖에 없었던 것이다.

하지만 기에 모든 잘못을 물을 경우, 형기로 대표되는 개체의 자연스러운 욕망마저 폄하하는 논리가 발생하게 된다. 개체와 무관한데도 모든 개체에 동일하게 내재되어 있다고 본 이理만을 강조하는 순간, 현실적인 다양한 개체들의 욕망은 부정적인 것으로 사유될 수밖에 없기 때문이다. 여기서 대진이 주희의 사유를 불교적이라고 진단했던 진정한 이유가 더 분명해진다. 개체의 자연스러운 욕망을 부정적으로 다룬다는 점에서 주희의 사유는 현실적 삶을 긍정하는 데 전혀 어울리지 않다고 보았던 것이다. 신유학을 그렇게 비판했지만, 아이러니하게도 대진도 공자를 추종했던 유학자였다. 대진이 욕망을 긍정하지 않는다면 공자의 인仁마저도 무의미해질 것이라고 역설했던 것도 이런 이유에서였다.

사람의 삶에서 자신의 삶을 실현하지 못하는 것보다 더 문제가 되는 것은 없다. 자신의 삶을 실현하려고 욕망하면서 동시에 타인의 삶도 실현해주려고 욕망하는 것이 바로 인仁이다. 자신의 삶을 실현하려고 욕망하느라 타인의 삶을 해치고도 돌아보지 않는 사람은 불인不仁한 사람이다. 불인은 실제로는 자신의 삶을 실현하려는 욕망으로부터 기원하는 것이다. 만약 이런 욕망을 없애버린다면, 반드시 불인 자체도 없어질 것이다. 하지만 만약 이런 욕망도 없애버리게 되면, 세상 사람들에게 살아갈 길이 막혀 있다고 해도 이런 상황을 멍하니 보고만 있게 될 것이다. 왜냐하면 자신의 삶을 실현하지 않으면서 타인의 삶을 실현시켜주는 경우는 없기 때문이다.   -《맹자자의소증》

대진에 따르면 불교나 노장 철학에서 욕망을 부정하는 것과는 달리 유학은 자신의 삶을 실현하려는 인간의 욕망을 긍정한다. 만약 주희의 경우처럼 인간의 현실적 욕망을 부정하게 되면, 유학을 불교나 노장 철학과 구별할 수 있는 방법이 사라지게 될 것이다. 이것이 바로 주희를 불교적이라고 비판했을 때 대진이 품고 있던 속내였다. 그가 공자의 인에도 삶에 대한 인간의 욕망이 전제되어 있다고 해석했던 것도 이런 이유 때문이었다. 대진의 해석이 옳다면 인은 자신의 삶을 실현하려고 욕망하면서, 동시에 타인의 삶도 실현하려고 욕망하는 덕목을 가리키는 것이었다고 볼 수 있다. 반대로 불인은 우리가 자신의 삶만을 욕망하고 타인의 삶을 돌보지 않아서 발생하는 현상이라고 이해할 수 있다. 그래서 우리는 불인을 없애기 위해 삶에 대한 인간의 욕망을 제거해야만 한다는 유혹에 빠지기 쉽다. 대진에 따르면 이런 유혹에 빠져들었던 사람이 바로 다름 아닌 주희 자신이었다. 하지만 대진은 주희에게 다시 되물어본다. 삶에 대한 인간의 욕망을 제거하는 순간, 공자가 그렇게도 강조했던 인이라는 윤리적 덕목마저도 불가능해지는 것이 아닌가? "자신의 삶을 실현하지 않으면서 타인의 삶을 실현시켜주는 경우는 없기 때문이다."

　주희는 이 세계에는 하나의 욕망, 혹은 하나의 의지만 있다고 인정한다. 그것이 바로 만물을 낳는 태극 혹은 이理의 의지였다. 당연히 태극의 결과물인 우리도 태극의 의지나 욕망에 복종해야만 한다. 그러나 이지와 대진은 그런 초월적이고 절대적인 욕망을 부정한다. 의지나 욕망은 개별자에게만 허용될 수 있다고 확신했기 때문이다. 마침내 이제 나는 나의 욕망을 되찾은 셈이다. 그러나 동시에 우리는 이제 타자의 욕망도 긍정할 수밖에 없다. 타자는 나로 환원되지 않듯이, 그의 욕망은 나의 욕망과 다르기 때문이다. 그래서 대진은 이미 이理란 모든 개별자에 공통적인 일자의 원리가 아니라 타자의 타자성, 혹은 차이의 원리라고 역설했던 것이다. 마침내 이지와 대진을 거치면서 하나의 욕망이 아닌 복수적인 욕망의 세계, 동일자의 세계가 아니라 차이의 세계가 도래한 셈이다. 불행히도 동아시아 지성계는 주희의 신유학을 극복할 수 있는 역량을 실현하지 못한다. 제국주의로 무장한 서양 자본주의가 강제로 신유학적 사유를 생매장해버리기 때문이다.

동아시아의 니체, 이지

들뢰즈가 지적했던 것처럼 전통 형이상학은 나무의 이미지를 함축하고 있다. 이런 형이상학적 도식에서 가지들은 겉으로는 자율성과 독립성을 가지고 있는 것처럼 보이지만 사실 뿌리에 절대적으로 의존하고 있는 것으로 사유될 뿐이다. 결국 가지들은 자신들의 사적인 욕망을 버리고, 뿌리로 상징되는 일자의 절대적 욕망을 자신의 욕망으로 그대로 수용해야만 한다. 오직 그럴 때에만 가지들은 제대로 생존할 수 있기 때문이다. 주희는 왕필의 현학이나 화엄의 형이상학이 함축하는 나무 이미지를 '이일분수'라는 도식으로 계승했던 철학자였다. 이 점에서 보면 주희의 형이상학 속에서 불교의 냄새를 맡았던 대진의 후각은 매우 예민한 것이었다고 할 수 있다. 자신의 욕망을 부정하고 태극이라는 유일한 태양을 멍한 눈으로 바라보고 있는 수많은 개체들의 모습이 대진에게는 매우 안타깝게 보였던 것이다.

한편 청제국 때의 대진보다 명제국 때의 이지의 주희 비판이 어떤 면에서는 더 근본적이고 철저했다고 말할 수 있다. 이지는 일자의 논리를 부정하며 과감하게 이자二者의 논리를 새로이 제안했기 때문이다. 중요한 것은 이지의 이런 입장이 억압되었던 여성성의 계기를 남성성과 동등한 것으로 긍정하도록 만들기까지 했다는 점이다. 이것은 당시 중국의 유학 관습을 정면으로 거부한 용맹한 태도의 결과이기도 했다. 당시 유학 관습에서 여성은 남성이 부여한 절개 혹은 정조라는 가치의 희생양에 지나지 않은 존재들이었다. 여성을 폄하했던 당시 사회의 모습은 주희의 정신적 지주였던 정이의 이야기에서 상징적으로 표현될 수 있다. 어느 제자가 가난하여 의탁할 곳이 없다면 과부는 재가하는 것이 좋을 것 같다고 의견을 말하자, 정이는 "굶주려 죽는 일은 매우 작은 일이지만, 절개를 잃는 일은 매우 큰 일이다"라며 오히려 과부의 죽음을 재촉했던 적이 있었다. 물론 여성의 절개는 여성을 위해서가 아니라 남성을 위해서 필요한 가치일 뿐이다. 이런 사회 분위기에 맞서 이지는 여성성을 긍정하는 사상을 피력했으며, 실제로도 여성들을 제자로 받아들여 가르치기까지 했다.

도대체 왜 이지는 중국 사회를 2,000여 년 동안 지배해왔던 유학 이념을 부정하게 되었을까? 그것은 그가 니체의 자유정신을 공유하고 있었기 때문이다.《차라투스트라는 이렇게 말했다》에서 니체는 우리 인간은 낙타에서, 사자로, 그리고 최종적으로 어린아이로 돌아가야 한다고 강조했던 적이 있다. 낙타가 자신이 원하지 않는 사회적 의무와 책임을 감당하는 길들여진 인격을 상징한다면, 사자는 자신이 원하지 않는 일체의 것을 거부하는 저항적 인격을 상징한다. 그리고 어린아이는 세상을 있는 그대로 긍정해서 좋으면 좋다고, 싫으면 싫다고 말하는 당당한 인격을 말한다. 사자가 어린아이에 비해 부족한 것은 좋은 걸 좋다고 긍정하는 정신, 혹은 좋은 걸 더 좋게 만들려는 창조의 정신일 것이다. 그래서 니체의 어린아이는 그가 강조했던 초인을 상징하는 비유가 될 수 있었던 것이다.《분서》〈동심설童心說〉편을 읽다보면, 우리는 니체가 이지의 화신은 아닌지 놀라게 되는 구절을 하나 발견하게 된다.

"무릇 동심이란 진심眞心이다. 만약 동심이 불가능하다고 한다면, 이것은 진심이 불가능하다고 이야기하는 것과 마찬가지이다. …… 어린아이는 사람의 처음 모습이고, 동심은 사람의 처음 모습이다. 처음 마음이 어찌 없어질 수 있는 것이겠는가? 그렇지만 동심은 왜 갑자기 없어지는 것일까? 처음에는 견문見聞이 귀와 눈으로부터 들어와 우리 내면의 주인이 되면 동심이 없어지게 된다. 자라나서는 도리道理가 견문으로부터 들어와 우리 내면의 주인이 되면서 동심이 없어지게 된다. 이러기를 지속하다보면, 도리와 견문이 나날이 많아지고 아는 것과 깨닫는 것이 나날이 넓어진다. 이에 아름다운 명성이 좋은 줄 알고 명성을 드날리려고 힘쓰게 되니 동심이 없어지게 된다. 또 좋지 않은 평판이 추한 줄 알고 그것을 가리려고 힘쓰게 되니 동심이 없어지게 된다."

방금 읽은 구절은 의외로 매우 중요한 의의를 갖는다. 무엇보다도 중요한 것은 내 마음의 본성에서 나오는 앎을 부정하고 있다는 데 있다. 신유학자들은 측은지심처럼 우리 인간에게는 경험적 앎 이외에 본성적 앎이 있다고 확신하고 있었다.《정몽正蒙》〈대심大心〉편에서 장재張載도 말했던 적이 있다. "'견문을 통한 앎見聞之知'은 사물과 관련하여 알게 된 것이지 '본성이 아는 것德性所知'은 아니다. 본성이 아는 것은 견문으로부터 생기는 것은 아니다." 그러기에 본성을 함양涵養하려고 했던 주희의 미발 공부도 가능했던 것이다. 그런데 지금 이지는 우리의 윤리적 마음은 모조리 견문의 과정, 즉 경험적 앎의 과정에서 기원한다고 주장한다. 프로이트의 말을 빌리자면 본성이란 것은 사회적 통념이나 규범이 초자아로 내면화된 것에 지나지 않는다는 것이다.

결국 유학적 사회에 살다보니, 우리는 어떤 행위가 칭찬을 낳고 어떤 행위가 비난을 낳는지 알게 된다. 견문을 통한 앎이다. 시간이 지나다보면, 이런 경험적 앎이 내면화되어 별로 생각하지 않아도 유학적 사회에 맞는 행위를 하게 된다. 마치 우리에게 도리가 원래부터 내재되어 있었던 것처럼 말이다. 초자아가 내면화된 사회적 규범인 것처럼, 이지는 본성이 아는 것, 혹은 도리도 내면화된 규범에 지나지 않는다고 생각했던 것이다. 이 정도면 거의 니체의 '도덕의 계보학'에 필적할 만한 계보학적 사유 아닌가. 결국 영구하게 이식된 색안경과 같은 것이 도리이고 본성이라는 것이다. 바로 이 색안경을 벗고서 세상을 있는 그대로 보는 마음이 이지가 말한 동심이고 진심이다. 물론 그렇다고 해서 동심이나 진심을 어렵게 생각할 필요가 없다. 그것은 누구도 의식하지 않고 오직 내가 보고 내가 느끼고 내가 판단하는 것이 동심이고 진심이니까 말이다.

물론 동심을 회복하는 과정에서 중요한 것은 자기 행위에 대한 남의 평판에 신경을 쓰지 않는 담대함이다. 그래서 이지의 이야기가 중요한 것이다. "아름다운 명성이 좋은 줄 알고 명성을 드날리려고 하면 동심이 없어지고, 좋지 않은 평판이 추한 줄 알고 그것을 가리려고 하면 동심은 없어진다!" 칭찬과 모욕에 휘둘리면, 우리는 남의 시선에 따라 삶을 영위하게 된다. 이렇게 되면 삶의 주인은 우리가 아니라, 남 혹은 사회가 된다. 이지가 여성들을 제자로 들인 것도 별다른 이유가 있었던 것이 아니다. 남의 평가에 연연하지 않고 자신이 옳다고 확신했던 것을 했을 뿐이다. 여러 모로 이지의 당당한 정신은 고대 그리스 디오게네스의 뻔뻔함과 고대 중국 송견의 초탈함과 닮았다. 결국 니체가 말한 초인은 그다지 어려운 것이 아니었던 셈이다. 남의 시선과 평가에 자유로울 때, 우리는 아이이자 동시에 초인이 되니까 말이다.

니체에게 어린아이로 비유되는 초인은 당당한 주체이면서 동시에 새로운 가치의 창조자다. 이지의 경우 동심을 회복한 사람도 마찬가지다. 〈동심설〉의 다음 구절을 읽어보자. "동심이 이미 막혀 있으면, 말을 해도 속에 나온 것이 아니고, 정치를 행해도 정치에는 근본이 없고, 문장을 지어도 문장이 감동을 주지 않는다. …… 견문과 도리를 자기 마음이라고 착각하면, 말하는 것이 모두 견문과 도리의 말이지 동심에서 자연스럽게 나오는 말일 수는 없다. 말이 아무리 세련되어도, 나 자신과 무슨 상관이 있다는 말인가? 거짓된 사람이 되어 거짓된 말을 하고, 거짓된 일에 힘쓰고, 거짓된 문장을 짓는 것이 아니고 무엇이겠는가? …… 세상의 가장 탁월한 문장은 모두 동심으로부터 나오는 법이다." 남의 눈치를 보고 남의 흉내를 내지 않아야 우리는 진짜가 된다. 이지는 진짜 인간, 즉 진인眞人이 되기 위해 우리가 동심을 회복해야 한다고 역설한다. 진짜배기의 말, 진짜배기의 정치, 그리고 진짜배기의 문장을 꿈꾸는가? 이지가 동심을 강조했던 진정한 이유는 바로 이것이었다

27

공자는 누구인가?

이토 진사이

———————— VS ————————

오규 소라이

공자는 신적인 인물이었을까?

중국 송제국 때 시작된 신유학은 공자와 맹자의 유학 사상에 형이상학적 체계를 부여하면서 탄생한 것이다. 물론 그것은 현학과 화엄의 형이상학 체계에 맞설 수 있도록 유학 사상을 업데이트하려는 의도였다. 장재에서 시작된 유학자들의 노력은 마침내 주희에 이르러 월인천강의 비유로 설명될 수 있는 새로운 형이상학으로 체계화된다. 동시에 유학의 창시자 공자는 자신을 포함한 다양한 사물의 본성을, 나아가 세계의 본질을 직관한 위대한 성인聖人으로 격상된다. 따라서 공자는 어떤 인간적인 욕망이나 오류에 대해서도 자유로운 완전한 인격, 사실 거의 신적인 존재에 가까운 인물로 이해되기 시작한 것이다. 주희에 의해 신유학의 네 창시자 가운데 한 명으로 지목된 정호程顥의 다음 이야기는, 신유학자들에게 공자라는 성인의 존재가 어떤 위상을 차지하고 있는지 잘 보여준다.

> 천지가 변함없는 것은 천지의 마음이 모든 사물을 포괄하면서도 사사로운 마음을 두지 않기 때문입니다. 성인이 변함없는 것은 성인의 감정情이 만사에 순응하면서도 사사로운 감정을 두지 않기 때문입니다. 그러므로 군자의 학문은, 무엇에 얽힘이 없이 크고 공정한 마음을 가지고, '사태가 다가오면 그 사태에 순응하는 것物來而順應'보다 더 좋은 방법이 없습니다.　　　－《이정집二程集》,〈답횡거장자후선생서答橫渠張子厚先生書〉

보통 인간에게는 특별히 더 좋아하는 것과 그렇지 않은 것이 따로 있다. 하지만 성인은 희로애락 등의 감정을 사사롭게 지니지 않는다. 기쁜 사람이 있으면 그와 함께 기쁨의 감정을 느끼고, 슬픈 사람이 있으면 그와 더불어 슬픔의 감정을 품을 뿐이기 때문이다. 결국 성인은 맑은 거울과도 같은 사람이라고 할 수 있다. 미인이든 추녀든 상관없이 거울은 자신 앞에 있는 것이라면 무엇이든지 그 모습 그대로를 비추기 때문이다. 정호는 성인의 감정이 기본적으로 천지, 즉 세계의 마음을 그대로 실현하고 있다고 보았다. 그의 생각에 따르면 세계는 암세포, 기생충 혹은 인간을 비롯한 모든 다양한 것을 낳았지만 그것에 사사로운 마음을 두지 않는다. 성인도 만물의 일원으로 한 사람의 구성원일 뿐이기 때문에 천지처럼 직접 만물을 낳을 수는 없다. 하지만 성인은 특이한 존재이다. 그는 자신이 관계하는 만물에 대해 일체의 사사로운 감정을 가지지 않는 존재, 즉 세계처럼 무심한 마음을 가진 사람이기도 하기 때문이다. 이런 식으로 해서 성인으로서 공자는 더 이상 인간의 냄새를 풍기지 않으면서, 인간이 도달하기에는 너무도 먼 신의 자리에 오르게 된 것이다.

신유학자들은 과연 공자를 제대로 이해했던 것일까? 그들의 말대로 공자는 인간적 약점이 전혀 없으면서 모든 사태에 완벽하게 대응할 수 있는 존재였을까? 하지만 《논어》를 직접 읽어보면 우리는 공자를 신으로 만들려는 신유학자들의 프로젝트가 결코 성공할 수 없다는 사실을 알게 된다. 《논어》에 등장하는 공자를 보면, 그는 신적인 완전자라기보다 완전한 인격이 되기 위해 노력했던 사람이자 동시에 춘추시대의 정치적 혼란을 잠재우려고 노력했던 정치철학자이기도 했기 때문이다. 먼저 완전자가 아니라 유한자로서 공자의 모습을 보여주는 《논어》 한 구절을 읽어보자.

중궁仲弓이란 제자가 인仁에 대해 물었다. 그러자 공자가 대답했다. "집 밖으로 나가서는 사람들을 만날 때마다 마치 큰 손님을 접대하는 것처럼 하고, 민중을 부릴 때에는 큰 제사를 모시는 것처럼 해야 한다. …… 그러면 나라에서도 가정에서도 원망이 사라질 것이다."

-《논어》, 〈안연顔淵〉

방금 읽은 구절에서 물래이순응物來而順應으로 상징되는 성인 공자가 아니라 인간관계에 전전긍긍하는 유한자로서 공자가 잘 드러나 있다. 오히려 공자는 자족적이고 낙천적인 사람이 아니라, 타자에 대해 극도로 민감한 히스테릭한 인물로도 보이기까지 한다. 자신과 유사한 귀족이나 지식인계급 사람을 만날 때 공자는 그들의 허영을 충족시키려고 노력했다. 인간이라면 누구나 높게 대접받으려는 허영이 있으니 말이다. 그러나 이런 허영은 민중들이라고 예외는 아니다. 민중계급과 관계할 때조차도 공자는 그들의 허영을 다치지 않게 하려고 노력했다. 결국 자신을 둘러싼 거의 모든 타자들로부터 좋은 사람이라는 평판을 들으려고 노력했던 사람이 바로 공자였던 셈이다. 반대로 그가 가장 두려워했던 것은 타자들이 자신을 원망怨하는 사태였다. 정신분석학에 따르면 섬세한 여성에게 많이 관찰되는 히스테리의 경향이 공자에게 있었던 셈이다. 히스테리는 자신의 욕망보다 타자의 욕망을 더 중시할 때 나타나는 정신 상태니까 말이다.

그럼에도 공자는 정치적 야심을 품고 있었다. 물론 그 야심이 충족되어 수많은 사람들의 생사여탈권을 쥐게 되었을 때, 공자의 히스테리는 치유될 수 있었을 것이다. 때로는 여리고 섬세한 사람들이 자신의 히스테리를 치유하기 위해 오히려 과도하게 자신의 욕망을 타자에게 강요하는 경우가 있다. 히틀러를 포함한 모든 독재자에게 반복적으로 관찰되는 특징이기도 하다. 여리기에 강한 척하는 것, 이것이 독재자의 일반적인 심리적 메커니즘이다.

> 공자가 말했다. "민중民은 따라오게 하면 되지, 어디로 가는지 알게 해서는 안 된다."
> ―《논어》,〈태백泰伯〉

민중을 생각하도록 하면 안 된다! 왜냐하면 생각은 자신을 포함한 위정자만이 하면 되니까 말이다. 이것이 바로 정치적 야망을 가진 공자의 속내였다. 여기서 "민중을 부릴 때 큰 제사를 모시는 것처럼 한다"는 공자의 이야기가 얼마나 정치술에 가까운 것이었는지 분명해진다. 이처럼 공자는 정신노동과 육체노동, 혹은 지배자와 피지배자라는 원초적 분업을 긍정하고 있던 보수적인 정치 사상가였다. 그리고 스스로 정신노동에 종사하는 지배자의 정점에 서려고 했던 것도 바로 공자였던 것이다. 공자는 바로 이런 정치철학을 자신이 그리도 좋아했던 《춘추春秋》에서 배웠다. 《춘추좌전春秋左傳》 〈양공襄公〉 편을 보면 "지배자는 마음을 수고롭게 하고 피지배자는 몸을 수고롭게 하는 것이, 바로 선왕先王이 만든 제도다君子勞心, 小人勞力, 先王之制也"라는 구절이 등장하기 때문이다.

일본 에도江戶 시대의 유학자 이토 진사이伊藤仁齋(1627~1705)와 오규 소라이荻生徂徠(1666~1728)가 주목했던 공자는 신유학의 성인이 아니라, 바로 이런 현실적인 공자였다. 그렇지만 두 사람이 강조하고자 했던 공자의 모습은 서로 상이했다. 이토 진사이가 윤리적 인격자로서 공자의 모습에 주목했다면, 오규 소라이는 정치철학자로서 공자의 모습에 더 큰 관심을 피력했기 때문이다. 물론 이들이 모두 《논어》를 새롭게 독해하고자 한 이유는, 신유학자들이 덧칠해놓았던 신적인 공자 이미지를 벗어던지기 위해서였다. 이런 이유로 이토 진사이와 오규 소라이의 유학 사상을 흔히 고학古學으로 부르게 된 것이다. 그들이 신유학자들에 의해 형이상학적으로 절대화된 공자를 비판하고 고대의 《논어》 텍스트를 통해 춘추시대 공자의 본래 모습을 복원하려고 했기 때문에 그렇게 불린 것이기도 하다. 그렇다면 왜 그들은 역사적인 공자의 모습을 복원하려고 했던 것일까? 그것은 《논어》에서 읽어낸 공자의 새로운 모습을 통해 그들이 자신만의 고유한 철학을 피력하려고 했기 때문이다.

⊕

이토 진사이: "공자, 타자에게 민감하게 반응했던 철학자."

《논어》를 새롭게 읽으면서 이토 진사이가 주목했던 것은 공자가 기본적으로 타자에 대한 섬세한 감각을 지니고 있다는 점이었다. 사실 이것은 공자를 유명하게 만든 행위 원칙, 즉 서恕의 논리에도 함축되어 있던 것이다. 《논어》 〈위령공衛靈公〉 편을 보면 자공이란 제자가 평생 지켜야 할 원칙이 무엇인

이토 진사이는 《논어》의 정신이 바로 타자와의 관계에 있다는 점을 발견했던 사상가였다. 그는 내가 기준이 되는 것이 아니라 바로 "타자가 좋아하고 싫어하는 것"을 파악하여 그 기준에 따라 상대와 관계를 맺어야 한다고 강조했다.

지를 묻자, 스승 공자는 그에게 '서'라는 행위 원칙을 일러주는 대목이 등장한다. 그리고 공자는 이 행위 원칙을 다음과 같은 일종의 정언명법으로 구체화해 일러준다. "자신이 원하지 않는 것을 남에게도 행하지 말라己所不欲, 勿施於人." 바로 여기서 나己를 상대해서 등장하는 개념인 남人이 바로 타자의 존재를 의미했던 것이다. 사실 타자의 의미를 발견하지 못했다면, 공자가 서에 대해 이야기하는 것 자체가 불가능했을 것이다. 타자에 대한 공자의 감각을 분명하게 보여주는 에피소드 하나를 읽어보자.

> 공자가 태묘太廟에 들어갔을 때 일일이 물어보았다. 어떤 사람이 말했다. "누가 저런 추인鄹人의 아들이 예禮를 안다고 말했는가? 태묘에 들어가서는 일일이 묻고 있다니!" 공자가 이 말을 듣고 말했다. "이렇게 하는 것이 바로 예이다."　　　　　　　　　　　　-《논어》, 〈팔일八佾〉

당시 공자는 주공이 만든 예에 가장 정통했다고 인정받던 사람 가운데 하나였다. 방금 읽은 구절은 주공의 묘에 참배하러 갔을 때 생긴 에피소드를 기록하고 있다. 묘에 들어간 공자는 묘를 참배하는 예에 관해 묘 관리자인 담당자에게 계속 되물었던 것이다. 당연히 그것을 보던 사람들이 공자가 예를 전혀 모른다고 쑥덕거렸다. 하지만 공자는 단호하게 이야기한다. 묘를 관리하는 사람을 배려하는 것이야말로 주공이 만든 예의 정신에 맞는 행위라고 말이다. 여기서 우리는 공자가 예를 강조했던 이유를 어느 정도 짐작할 수 있다. 그의 생각에 따르면 예란 나와 다른 타자와 공존할 수 있게 해주는 유일한 방법이었던 셈이다. 그렇기 때문에 묘 관리인의 심정을 자극하지 않기 위해서, 공자는 자신이 이미 알고 있던 것마저도 모르는 척 되물어보려고 했던 것이다. 이토 진사이는 《논어》의 정신이 바로 타자와의 관계에 있다는 점을 발견했던 사상가였다. 그는 공자의 사유를 다음과 같이 정의하는데 이르게 된다.

> 성인의 도는 오로지 사람을 대하고 사물과 관계하는 것을 임무로 삼을 뿐, 편안히 자신의 마음을 지키고 경敬의 태도를 유지하는 것을 일로 삼지 않는다. ─《어맹자의語孟字義》, 〈충서忠恕〉

이 대목에서 주희가 강조한 '월인천강'의 비유를 한 번 더 상기해보자. 항아리 안의 물을 고요하게 만들지 못하면 그 안에 비친 달그림자 또한 온전하게 할 수 없을 것이다. 여기서 항아리 안의 물을 고요하게 만들어서 달그림자를 온전하게 만드는 방법, 즉 마음을 고요하게 만들어서 마음속 깊은 곳에 내재된 본성을 밝게 드러내도록 하는 공부가 바로 주자학에서 늘 강조해온 경敬 공부였다. 하지만 이토 진사이는 공자의 관심사가 자신의 외부, 즉 타자 및 다양한 사물들과의 관계에 놓여 있다고 생각했다. 그렇다면 내면에 있는 본성을 직관하여 성인이 되려고 하는 신유학자들의 생각은 결국 공자와는 무관한 것일 수밖에 없었다. 혼자 있을 때 아무리 경 공부를 잘하고, 또 본성을 밝히는 수양의 공부를 하더라도, 예측할 수 없는 어떤 타자가 도래하면 고요했던 자신의 마음이 항상 동요될 수밖에 없는 것이 아닐까? 따라서 결국 중요한 점은 자기 내면의 본성을 밝히는 것이라기보다 타자와의 관계라고 볼 수밖에 없었던 것이다.

배를 띄운다고 해보자. 고요한 물을 만들어 배를 띄우는 것이 가장 좋다. 그러나 물은 다양한 힘과 습기를 머금은 바람들에 의해 항상 요동칠 수밖에 없지 않은가? 결국 우리의 마음은 항아리의 물과 같지 않고, 거대한 강이나 바다와 같은 것이다. 그러니 중요한 것은 이렇게 요동치는 대양에서 배를 좌초시키지 않고 조종하는 기술이다. 이런 기술은 물살이 잔잔한 호수에서는 배울 수 없다. 결국 우리는 때로는 잔잔하기도 하지만 때로는 세상을 뒤집을 정도로 사나운 대양으로 나아가야 한다. 고요한 방에서 이뤄지는 마음 수양만으로는 세상 사람이나 사물과 제대로 관계하기는 힘든 법이다. 이것이 이토 진사이가 그토록 역설했던 새로운 관점이기도 했다. 그런데 타자 문제를 숙고하던 이토 진사이는 이 문제에 대한 공자의 사유를 좀더 극단으로까지 밀어붙이게 된다.

무릇 사람은 자신이 좋아하고 싫어하는 것은 매우 분명하게 알지만, 남이 좋아하고 싫어하는 것에 대해서는 막연하여 살필 줄을 모른다. 그러므로 남과 나의 사이가 항상 멀리 떨어져 있는 것이 마치 북쪽의 호胡와 남쪽의 월越 사이와도 같다. …… 진실로 남을 대할 때 그가 좋아하고 싫어하는 것이 어떠하고 그가 대처하고 행하는 것이 어떠한지를 살펴서, 그의 마음으로 자신의 마음을 삼고 그의 몸으로 자신의 몸을 삼아 자세히 살피고 헤아려야만 한다. -《어맹자의》, 〈충서〉

공자는 "자신이 원하지 않는 것을 남에게도 행하지 말라"라는 윤리적 명령을 서라는 한 글자로 요약했다. 공자는 한편으론 분명히 타자를 발견했기 때문에, 타자와의 관계 맺음에 대해 고민했던 것이고 마침내 서라는 윤리적 명령을 주장할 수 있게 된 것이다. 하지만 이 대목에서 한 가지 잊지 말아야 할 점이 있다. 그것은 자신이 원하는 것과 원하지 않는 것이 타자가 원하는 것 그리고 원하지 않는 것과 완전히 같을 때에만, 공자의 윤리적 명령이 보편적으로 타당할 수 있다는 점이다. 물론 이와 같이 모든 사람의 욕망이 같을 수도 없지만, 가령 나의 욕망과 타자의 욕망이 모두 같다면 결국 타자란 나의 또 다른 분신에 불과한 존재가 돼버리는 것이 아닐까? 만약 타자가 나에 대해 진정한 타자일 수 있으려면, 그 타자는 나와는 다른 욕망 구조를 가지고 있어야 한다.

이토 진사이의 탁월함은 바로 여기에 있었다. 그는 내가 기준이 되는 것이 아니라 바로 "타자가 좋아하고 싫어하는 것"을 파악하여 그 기준에 따라 상대와 관계를 맺어야 한다고 강조했기 때문이다. 결국 이토 진사이는 공자의 서를 급진적으로 변형시켜서 내가 원하고 원하지 않는 것이 아니라, "타자가 원하지 않는 것을 타자에게 행하지 말라"라는 원칙을 만들어낼 수 있었던 것이다. 타자라는 문제를 매우 진지하게 숙고했던 일본 현대 사상가 가라타니 고진이 《유머로서의 유물론ヒュ-モアとしての唯物論》(1999)에서 이토 진사이를 다시 주목했던 이유도 바로 이런 맥락 때문이라고 볼 수 있다. 어쨌든 이토 진사이의 시도가 성공한다면, 이제 공자의 서恕는 윤리나 처세의 원리가 아니라 사랑의 원리가 된다. 사랑이란 내가 원하는 것이 아니라 사랑하는 대상이 원하는 것을 기꺼이 하려는 감정이니까 말이다. 타자의 타자성을 발견하면서, 이토 진사이는 공자의 트레이드마크였던 인仁에 이제 실질적 가치를 부여하는 데 성공한 셈이다.

오규 소라이: "공자, 제왕의 꿈이 좌절된 야심가."

이토 진사이에 따르면 공자는 매번 타자의 심정을 읽어내려고 노력했던 사람일 뿐 신유학자들이 이야기했던 것처럼 어떤 노력도 없이 저절로 타자와 좋은 관계를 맺을 수 있는 신적인 존재는 결코 아니었다. 그런데 《논어》에는

오규 소라이는 공자에게서 정치가의 야망, 그리고 정치철학자의 비전을 눈여겨보았다. 그리고 공자와 그의 제자들의 관계마저도 정치철학적 의미로 새롭게 독해하고 있다.

한편으론 윤리적인 공자의 모습과도 매우 이질적인 공자, 즉 정치적 야망을 품은 또 다른 면모가 잘 반영되어 있다. 사실 공자는 주공의 예를 회복해서 춘추시대의 혼란상을 극복하려는 정치가를 꿈꾸었던 인물로도 유명하다. 물론 자신의 정치적 꿈을 실현하기 위해 그는 우선 정치권력을 얻어야만 했다. 하지만 불행히도 70여 나라를 돌아다녔어도 결국 공자는 자신을 등용하려는 군주를 제대로 만날 수가 없었다. 당연히 공자의 정치적인 조바심은 커져만 갔을 것이다. 다음 에피소드는 조바심에 빠진 공자가 정치적 무리수를 두려고 했던 사건을 말해주고 있다.

공산불요公山弗擾가 비費읍을 거점으로 반란을 일으키고 공자를 초청하자 공자는 가려고 하였다. 자로가 언짢아하며 말했다. "가지 마십시오! 어찌 반드시 공산 씨에게로 가려고 하십니까?" 공자가 말했다. "나를 부르는 사람이라면 어찌 부질없이 그러겠는가? 만약 나를 써주는 사람만 있다면, 나는 동방의 주나라를 만들 것이다!"   -《논어》,〈양화陽貨〉

55세부터 68세까지 14년 동안 공자는 자신의 정치적 야망을 실현하려고 천하를 돌아다녔다. 이른바 주유천하周遊天下의 시기다. 불행히도 제후들중 누구도 공자를 객경客卿으로 등용해 정권을 맡기지 않았다. 그러자 공자의 인내심이 한계에 이른 모양이다. 자신이 그리도 강조하던 '주나라의 예절周禮'마저도 이제 안중에 없었다. 공자는 반란의 우두머리 공산불요가 자신을 부르자 기꺼이 초대에 응하려고 했을 정도다. 주례 어디에 반란자를 도우라는 이야기가 있었겠는가? 그러나 좌절된 정치가 공자는 조바심에 견딜수가 없었던 것이다. 이러다가 자신의 정치적 포부도 펴지 못하고 세상을 떠날 수도 있다는 조바심 말이다. 반란자에 합류하는 건 스승의 정치철학에 맞지 않는다는 걸 직감했던 제자 자로는 스승 공자를 말린다. 여기서 공자의 대답이 압권이다. 모로 가도 서울만 가면 된다는 식이다. 비록 반란의 무리이지만 과거 주나라, 즉 서주西周제국처럼 훌륭한 새로운 제국, 동주東周를 만들겠다는 공자의 대답은 정신승리치고는 압권이라고 할 수 있다.

《사기》〈공자세가孔子世家〉를 함께 살펴보면, 다행히도 공자는 이 당시의 반란에 가담하지 않았던 것으로 보인다. 그러나 만약 공산불요에게로 갔다면, 그는 아마도 만세의 사표라는 자리를 영원히 잃어버리게 되었을지도 모른다. 공자로서는 오히려 자신의 제자인 자로에게 고마워해야 할 일이다. 그러나 마음 한구석에서 공자는 자신의 꿈을 실현할 수 있는 기회를 제자 때문에 잃은 것 아니냐는 회한도 품었을 것이다. 그런데 오규 소라이가 주목했던 점은 바로 이 대목과 관련이 있었다. 그는 공자에게서 정치가의 야망, 그리고 정치철학자의 비전을 눈여겨보았던 것이다.

공자의 도는 선왕先王의 도이다. 선왕의 도는 천하를 안정시키는 도이다. 공자는 평생 동방의 주나라를 만들려고 했다. 그는 제자를 가르칠 때 그들 각각의 재질을 완성하여 장차 그들을 등용하려고 했다. 마침내 제위를 얻지 못하자 그 뒤에 그는 육경六經을 편수하여 전하게 되었다. 육경은 선왕의 도이다. 그러므로 최근에 선왕과 공자의 가르침이 다르다고 이야기하는 사람이 있는데, 이는 잘못된 것이다. 천하를 안정시키는 일은 수신修身을 근본으로 삼지만, 반드시 천하를 안정시키는 일을 자신의 마음으로 삼아야 하니 이것이 이른바 인仁이다. -《변도弁道》

신유학에 따르면 공자가 강조한 도는 결국 태극이나 이理로 해석될 수밖에 없는데, 이것은 자연세계와 인간세계를 동시에 지배하는 최고 원리를 의미했다. 하지만 오규 소라이는 공자의 도가 기본적으로 인간세계, 즉 구체적으로 말해 인간의 정치세계에만 한정된 것이었다고 평가했다. 그가 공자의 도란 선왕의 도에 불과한 것이라고 선언했던 것도 이런 이유에서이다. 요堯, 순舜, 우禹, 탕湯과 같은 선왕들이 훌륭한 통치자였던 이유는 그들이 민중을 통치하는 방법, 즉 진정한 도를 가지고 있었기 때문이다. 바로 공자는 이것을 계승했던 사람이라는 말이다. 심지어 오규 소라이는 공자와 그의 제자들의 관계마저도 정치철학적 의미로 새롭게 독해하고 있다. 공자가 자신의 제자들을 키운 이유는, 그가 권력을 얻었을 때 관료들이 필요했기 때문이라는 것이다. 바로 자신이 키운 제자들을 앞으로 자기가 거느릴 특정한 국가의 중요 관료들로 등용하려고 했다는 말이다. 그러나 결국 자신의 정치적 야망을 끝내 달성하지 못하자, 공자는 이제 육경, 즉《주역周易》《서경書經》《시경詩經》《춘추春秋》《예기禮記》《악기樂記》를 편찬하는 일에 자신의 남은 생을 쏟아붓게 된다.

재위에 대한 자신의 꿈을 달성하지 못하자 공자는 천하를 안정시키려는 후대의 군주들을 위해 정치철학의 매뉴얼, 즉 도道를 전달하고자 했다. 이것이 바로 육경이 편찬된 이유라고 오규 소라이는 역설했던 것이다. 따라서 어떤 경우라고 하더라도 오규 소라이는 공자라는 인물이 위대한 성인, 완전한 인격체라기보다 결국 정치적 야망을 품었으되 그것을 실현하지 못한 좌절한 정치가라고 이해했을 것이다. 주희를 포함한 신유학자들이 들었으면 경악했을 내용이다. 공자가 불행한 야심가였다니 얼마나 충격적인 생각인가. 신유학자들에게 공자란 지상에서 누릴 수 있는 즐거움을 모두 향유했던 완전자로 이해되었기 때문이다.

오규 소라이 이전 신유학은 수양을 하면 모든 사람이 공자와 같은 성인이 될 수 있다고 주장했다. 그러나 오규 소라이에게 공자의 수양은 최고 통치자나 정치적 야심가에게만 통용된다. 한마디로 제왕의 품격이나 마음가짐을 갖는 것이 수양이라는 것이다. 그래서 오규 소라이는 인仁이란 덕목이 "천하를 안정시켜야 한다"는 소명의식에 불과하다고 주장할 수 있었던 것이다. 군신 관계, 가족 관계, 심지어 친구 관계 등 다양한 인간관계에 적용되는 인이란 덕목도 오규 소라이에게는 완전히 다른 의미를 갖게 된다. 인은 조화로운 관계나 혹은 애정이나 온정의 의미가 아니라 "천하를 안정시키는 임무"를 자신의 소명으로 받아들이는 마음 상태이기 때문이다. 결국 주어진 국가를 유지하려는 군주나 새로운 국가를 만들려는 야심가에게만 인이란 덕목이 허용된다. 결국 세상을 감당할 지위가 없거나 야망이 없는 사람은 아무리 수양을 해도 인자仁者가 될 수 없다는 것이다.

오규 소라이의 통찰은 동아시아의 주류 담론이라고 자처했던 유학계에는 폭탄과도 같은 위력을 가지고 있다. 그의 주장이 옳다면, 후대 유학자들이 믿고 있던 유학의 역사는 한 번에 날아가버릴 수도 있기 때문이다. 소라이의 말처럼 유학이 좌절된 정치가의 정치적 담론에 지나지 않는다면, 유학의 흐름은 공자에게서 맹자로 이어지는 것이 아니라 오히려 공자에게서 순자로 이어져야만 한다. 순자는 성악설을 통해 이미 군주와 유학 이념에 의한 통치를 정당화했던 정치철학자였기 때문이다. 흥미로운 것은 오규 소라이에 맞서 공자와 맹자의 유학 전통을 지키려는 학자가 출현한다는 점이다. 그 사람은 중국이나 일본이 아니라, 바로 조선 출신의 유학자 정약용이었다. 《논어고금주論語古今註》라는 주석서를 통해 정약용은 다자이 슌다이太宰春臺(1680~1747)가 지은 《논어고훈외전論語古訓外傳》을 비판한다. 《논어고훈외전》은 다자이 슌다이가 자신의 스승 오규 소라이의 정치철학적 통찰을 계승하여 《논어》를 해석한 책이었기 때문이다. 정약용이란 인물은 조선의 유학사를 넘어 동아시아 유학사라는 거대한 지평에 들어서 있었던 것이다.

주희 사유의 맹점, 타자

27세 때 이토 진사이는 자신을 '교사이敬齋'라고 불렀다. 이것은 주희의 경 공부를 따르겠다는 그의 결단을 반영하는 것이었다. 경 공부는 희로애락의 감정이 아직 드러나지 않았을 때 자신의 마음을 명경지수明鏡止水처럼 맑고 고요하게 만들려는 공부였다. 마음이 명경지수처럼 되었을 때에만 마음 안에 내재하고 있는 이理, 혹은 성性이 온전하게 현실화될 수 있다고 보았기 때문이다. 이 당시 이토 진사이는 바로 주희의 경 공부를 미련할 정도로 곧이곧대로 따랐던 것이다. 하지만 마음을 명경지수처럼 만들려는 그의 공부는 그에게 심각한 신경증과 분열증만을 남겨주었을 뿐이다. 분명 혼자 있을 때는 마음을 고요하게 할 수 있었겠지만, 타자를 만났을 때는 자신의 마음이 여지없이 동요되곤 하는 경험을 겪을 수밖에 없었기 때문이다.

무엇인가 공부 방법이 잘못되었다는 느낌이 들었던 것인지, 그는 29세에서 36세에 이르는 동안 아무도 모르는 곳에서 은둔생활을 하게 된다. 마침내 8년에 가까운 은둔생활을 끝마치고 돌아온 진사이는 이제 자신의 호를 '교마이'에서 '진사이仁齋'로 바꾸어버린다. 경敬에서 인仁으로 전회했다는 의지를 표현하는 변화였다고 볼 수 있겠다. 이것은 물론 그가 고독한 내면세계에서 삶의 현장으로, 혹은 주희의 형이상학에서 공자의 윤리학으로 전회했다는 것을 상징하는 일이기도 했다. 이토 진사이가 주희의 사유를 벗어나 타자와의 관계를 중시했던 공자 사상으로 돌아가면서, 마침내 일본에는 고학古學이란 새로운 학풍이 활기를 띠기 시작한다. 잊지 말아야 할 것은 고학이라는 새로운 학풍이 없었다면 공자를 정치철학자로 독해했던 오규 소라이 또한 등장할 수 없었을 것이라는 점이다. 그만큼 이토 진사이는 일본 사상사에서 매우 중요한 위치를 점하고 있는 철학자였다.

여기서 또 한 가지 주목해야 할 것이 있다. 그것은 이토 진사이가 직간접적으로 정약용에게 강력한 영향을 미쳤다는 사실이다. 이토 진사이와 마찬가지로 정약용도 인간의 내면에 감금된 인仁을 일상세계로 끌어내려고 노력한다.《대학공의大學公議》에서 정약용은 역설한다. "사람이 이 세상에서 살아갈 때 선과 악은 모두 사람과 사람이 서로 만나는 관계에서 일어난다. 사람과 사람이 서로 만나는 관계에서 자신의 본분을 다하는 것을 '인'이라고 한다. 인은 '두 사람=人'이다. 아버지를 효성스럽게 섬기면 인이라 하니, 자식과 아버지가 두 사람이기 때문이다. 형을 공경스럽게 섬기면 인이라 하니, 동생과 형이 두 사람이기 때문이다. 자식을 자애롭게 기르면 인이라 하니, 아버지와 자식이 두 사람이기 때문이다. 임금과 신하는 두 사람이요, 남편과 부인은 두 사람이요, 어른과 어린이는 두 사람이며, 백성과 목민관도 두 사람이다."

주희는 인을 마음의 덕이라고 나아가 인간의 본성이라고 정의한다. 그러니까 고독한 함양涵養 공부도 가능했던 것이다. 본성으로서 인이 잘 실현될 수 있도록 사사로운 욕망과 생각이 개입하지 않도록 하는 공부가 바로 함양 공부이자 경 공부 아니었던가. 이런 유아론적 입장을 근본적으로 벗어나기 위해서 정약용은 경탄할 만한 재치를 발휘한다. 그것은 바로 인이란 글자를 파자破字하는 것이다. 사람을 뜻하는 '인人'과 둘을 뜻하는 '이二'가 결합된 글자가 바로 인仁이다. 이로부터 정약용은 '두 사람=人' 사이의 관계가 바로 인이라는 덕목이 가진 진정한 의미라고 주장한다. 마침내 내면에 갇혀 있던 인은 관계의 영역으로 탈출하게 된다. 두 사람이라고 해서 주체와 타자가 남남으로 돌아서 있다고 오해해서는 안 된다. 주체는 타자로 환원되지 않고 타자도 주체로 환원되지 않은 채, 적절한 관계를 맺어야 한다는 것! 이것이 바로 두 사람으로 인을 해석했던 정약용의 속내이기 때문이다.

결국 아들이 아버지에게 효성을 다해도, 그 행위가 아들과 아버지라는 둘의 관계를 소원하게 만들 가능성이 있다. 이 경우 아들은 효를 실천했다고 할 수 없다. 두 사람의 관계, 즉 인을 훼손했기 때문이다. 마찬가지로 남편이 부인에게 애정어린 행동을 해도, 그것이 부부 사이의 관계를, 즉 인을 해칠 수도 있다. 결국 칸트와는 달리 선의지, 혹은 동기와 같은 것은 윤리적 관계의 충분조건일 수는 없다. 이것이 정약용의 윤리학이 가진 의의라고 할 수 있다. 그에게 아들의 효성이나 남편의 애정은 필연적으로 아버지와의 관계나 아내와의 관계를 원만하게 만드는 것은 아니었기 때문이다. 정약용의 유학을 실학實學이라고 부르는 것도 다른 데 있는 것이 아니다. 윤리적 행동은 그 자체의 선의지나 동기에서 측정되는 것이 아니라, 구체적 인간관계에서 인을 달성했는지의 여부에서만 의미를 갖기 때문이다. 바로 이것이 이토 진사이뿐만 아니라 정약용이 가진 철학사적 중요성이다. 두 사람은 주체의 윤리학이나 본성의 윤리학이 아니라 타자의 윤리학이나 관계의 윤리학을 모색했던 것이다.

28

이理와 기氣는 어떻게 변주되는가?

정약용

———————— VS ————————

최한기

이理와 기氣는 서양철학 개념으로 번역될 수 있는가?

많은 사람은 주희의 '이理'와 '기氣'가 각각 플라톤의 형상form과 질료matter에 유사하거나 대등한 범주라고 생각하곤 한다. 하지만 과연 이런 식의 이해는 타당한 것일까? 이런 의문에 답하기 위해서는 먼저 플라톤에게서 형상과 질료가 무엇을 의미했는지 살펴보는 것이 순서일 것이다. 우리 앞에 모래사장이 있다고 해보자. 그곳에 있는 모래를 둥근 그릇에 담아 꾹꾹 눌러서 바닥에 놓고 그릇을 빼면, 우리는 둥근 모양으로 서 있는 모래 덩어리를 보게 된다. 이 둥근 모래 덩어리는 플라톤의 용어를 빌리자면 세 가지 원인aitios으로 설명될 수 있는 존재이다. 첫 번째는 둥근 모래 덩어리를 구성하고 있는 모래 자체이고, 두 번째는 둥근 모양을 가능하게 했던 둥근 그릇이라면, 마지막 세 번째는 둥근 모래 덩어리를 만든 사람 본인이다. 모래가 첫 번째 원인으로서 '질료'이고, 둥근 그릇이 두 번째 원인으로서 '형상'이라면, 둥근 그릇으로 둥근 모래 덩어리를 만든 사람이 세 번째 원인으로서 '제작자'이다.

플라톤은 눈에 보이는 모든 것이 둥근 모래 덩어리와 마찬가지로 질료, 형상, 제작자를 그 원인으로 가진다고 생각했던 사람이다. 그런데 그가 중요하게 여긴 것은 질료와 형상이 서로 대립적인 방향으로 운동한다고 본 점이다. 형상이 둥근 모래 덩어리를 둥근 모양으로 계속 유지하려는 방향으로 작용한다면, 질료는 둥근 모양을 벗어나서 무질서한 혹은 무규정적인 방향으로 가려는 힘을 상징하기 때문이다. 그래서 아마도 플라톤이라면 해변에 만들어놓은 모든 모래성이 시간이 지나면 흩어져서 모래사장으로 되돌아가려 한다고 이해했을 것이다. 고대 그리스에서 형상이 한정peras과 관련된 용어라면, 질료는 그와 달리 무한정apeiron과 관련된 것으로 사유된 것도 이런 이유에서다. 이제 그럼 주희의 '기氣'가 플라톤의 '질료'로, 혹은 '이理'가 '형상'으로 번역 가능한 것인지를 검토해볼 차례가 된 듯하다. 황도부에게 보내는 주희의 서신에 다음과 같은 구절이 등장한다.

이 세상에는 이理도 있고 기氣도 있다. 이라는 것은 감각적으로 확인될 수 없는 도이자 만물을 낳는 근본이다. 기라는 것은 감각적으로 확인될 수 있는 형기器이자 만물을 낳는 도구이다. 그러므로 사람과 사물들이 태어날 때, 이것들은 이 이理를 받은 후에 본성性을 갖게 된다. 그리고 이 기氣를 받은 후에 형체形를 갖게 된다.

-《주희집》,〈황도부에게 답하는 서신答黃道夫書〉

주희의 형이상학 체계는 월인천강으로 비유되는 이일분수의 구조로 이루어져 있다고 했다. 하늘의 달이 유일하고 초월적인 이理를 상징한다면, 천 개의 강에 비친 달그림자는 내재적인 본성을 상징한다. 주희에게 이理란 '초월적인 태극'을 가리키고, 본성은 개체들에 잠재되어 있는 '내재적인 태극'을 의미했다. 주희에게는 다양한 사물들이 존재하지만 이理는 오직 하나일 뿐이었던 셈이다. 비록 천 개의 강에 달그림자가 다양한 모습을 하고 드러나 있지만 하늘에는 오직 하나의 달만이 존재하는 것처럼 말이다. 이에 비해 기氣는 모든 개별자들을 개별자로 만들면서 다른 것들과 구별시켜주는 형체를 갖도록 하는 개별성의 원리를 의미했다. 다시 말해 이理가 통일의 원리라면, 기氣는 구별의 원리, 혹은 개별화의 원리를 가리켰던 것이다. 그런데 이 통일의 원리로서의 이理가 만물들 속에 내재될 때, 그것을 곧 본성이라고 부르기도 했던 것이다.

그러면 이제 주희의 이理와 기氣에 대한 관점을 앞서 플라톤의 경우 사례로 든 모래 덩어리에 적용해서 살펴보도록 하자. 플라톤의 입장에서 보았을 때 둥근 모래 덩어리와 네모난 모래 덩어리의 공통점은 무엇이었을까? 그것은 두 경우 모두 모래라는 질료로 이루어져 있다는 점일 것이다. 반면 두 모래 덩어리의 차이점은 과연 무엇일까? 그것은 두 모래 덩어리가 서로 다른 형상을 부여받고 있다는 점이다. 그렇다면 결국 플라톤에게는 형상이 둥근 모래 덩어리와 네모난 모래 덩어리를 구분해주는 구별의 원리인 반면, 오히려 질료는 두 모래 덩어리를 관통하는 공통된 원리였다고 볼 수 있을 것이다. 그러나 두 모래 덩어리의 서로 다른 상이한 모습을 예로 든다면, 주희는 우선 두 모래 덩어리 각각이 바로 기라고 이야기했을 것이다. 그리고 또한 둥근 모양인가 혹은 네모난 모양인가라는 문제도 결국 기에 속하는 것이라고 생각했을 것이다. 따라서 주희의 경우는 오히려 기 차원의 다양한 모래의 모습이 서로를 구별해주는 개별화의 원리를 의미하는 반면, 모든 모래속에 내재된 동일한 이가 만물의 공통된 원리를 가리키는 것이었다고 볼 수있다. 따라서 이 점만 보아도 플라톤의 형상을 곧바로 이로, 그리고 플라톤의 질료를 곧바로 기로 이해하는 관행은 재고의 여지가 많다고 하겠다.

⑯

정약용: "이理와 기氣는 속성과 실체일 뿐이다."

주희의 이기론理氣論은 그 자체로도 흥미로운 세계 이해의 한 방식이다. 하지만 더 중요한 것은 인간의 본성이 단순히 인간만이 가진 본성이 아니라, 이제 인간 바깥의 모든 만물이 공유한 일종의 통일성으로 간주되었다는 점이다. 인간을 포함한 만물을 모두 동일한 태극의 자식이라고 이해했던 것이다. 그렇다면 이러한 논리에 따를 때 굳이 외부로 나가 다른 타자나 사물들을 연구할 필요가 없게 될 것이다. 우리 내면에 이미 그들과 동일한 본성이 자리 잡고 있기 때문이다. 따라서 만약 이 본성만 현실화시킬 수 있다면, 우리는 이 세계의 만물과 하나의 '가족'처럼 서로 조화롭게 관계를 맺을 수 있을 것이다. 주희를 필두로 한 신유학자들은 세계 안에 살고 있는 모든 존재, 인간뿐만 아니라 모든 사물이 하나의 가족이라는 생각을 하고 있었다. 하지만 이것은 과연 그들만의 고유한 발상이었을까? 사실 이러한 생각은 주희 이전에도 '개체가 전체이고, 전체가 개체'라는 화엄의 형이상학을 통해 강조된바 있었다. 그렇다면 신유학의 내적 논리에 과거 불교의 흔적이 상당히 깊이남아 있다는 말이 되는데, 바로 이 점을 감지했던 또 다른 철학자가 있었다.

정약용은 신유학의 내적 논리에 과거 불교의 흔적이 상당히 깊이 남아 있다는 걸 감지했던 철학자였다. 그래서 그는 신유학의 이기론을 전적으로 개조하는 작업에 착수하게 된다.

그가 바로 조선 후기의 대표적 사상가 정약용丁若鏞(1762~1836)이다. 주희의 이 일분수론에 대해 그가 강하게 비판했던 대목을 먼저 살펴보도록 하자.

> 성리학性理學은 형체가 없는 것, 형체가 있는 것, 영명한 것, 어리석은 것 등 모든 만물을 하나의 이理에 귀속시킨다. 크든 작든 중심적이든 부수적이든 간에 만물들은 '하나의 이理〔태극〕'로부터 시작되어 만 가지로 흩어져 다르게 생성되지만 끝내는 다시 이 '하나의 이理'로 합해진다는 것이다. 이것은 조주라는 선사禪師가 말한 "모든 존재들은 하나로 귀속된다"라는 불교 이론과 조금의 차이도 없는 것이다. 대개 성리학자들은 어렸을 때 대부분 선불교에 빠졌는데, 그들이 유학으로 다시 돌아온 뒤에도 본성性과 이理에 관한 불교 이론을 따르지 않았던 적이 없었다.
>
> ―《맹자요의孟子要義》

여기서 정약용이 말한 성리학은 주희의 신유학적 사유를 가리키는 것이다. 주희의 사유는 성즉리性即理라는 테마로 규정될 수 있기 때문에, 보통 주희가 체계화한 신유학을 성리학이라고 부르는 것이다. 정약용이 무엇보다도 먼저 주목했던 점은 이 세계가 형체 있는 것, 형체 없는 것, 인간처럼 사유하는 존재, 그렇지 못한 동물을 포함한 너무도 이질적인 존재자들로 가득차 있다는 점이었다. 그런데도 주희는 이 모든 상이한 만물을 하나의 이理, 즉 '태극'으로 환원시켜버렸다. 어쨌든 주희의 신유학적 사유가 옳다면 우리는 타자를 알기 위해 외부로 나갈 필요도 없을 텐데, 이것은 자기 내면의 본성과 타자의 본성이 결국 같다고 간주했기 때문이다. 따라서 우리는 내면에 가려진 본성을 찾기 위한 공부에 더 매진할 필요가 있을 것이다. 그러나 주희를 비판한 정약용은 이런 논리가 참선을 강조한 불교의 논리와 유사한 것이라고 보았다. 그는 주희의 사유가 불교와 동일한 논리로 구성되어 있다고 직감했던 것이다.

정약용의 진단이 옳다면 불교와 구별되기 위해서 유학은 내면에 몰입하기보다 반드시 외부로 나갈 필요가 있었다. 물론 이러한 주장은 인간 밖의 다양한 사물들을 그 다양성에 입각해서 긍정할 수 있는 새로운 논리를 만들어내야만 가능한 일이었다. 그래서 마침내 정약용은 신유학의 이기론을 전적으로 개조하는 작업에 착수하게 된다. 이 문제와 관련된 그의 설명을 직접 읽어보도록 하자.

> 기氣라는 것은 '스스로 존재하는自有' 사물을 말하고, 이理라는 것은 '붙어 있는依附' 속성일 뿐이다. '붙어 있는' 것은 반드시 '스스로 존재하는' 것에 의지해야만 한다. 그러므로 기氣가 드러나야 이것에 대한 이理가 있을 수 있다. ─《중용강의보中庸講義補》

신유학에서 이理가 통일의 원리였다면 기氣는 개별화의 원리였다. 그런데 이제 정약용은 기氣가 개별 사물이라고 본다면 이理는 그것에 소속돼 있는 구체적 속성에 불과하다고 주장하고 있다. 결국 그는 주희의 이기理氣 개념 중 기氣 범주만 수용하게 된다. 전체 세계의 개별자들을 하나로 묶어주던 이理라는 개념은 이제 일자—者라는 지고한 권좌에서 추락해 개별자들에 귀속되는 속성이란 지위로 전락한 셈이다. 개별자가 사라지면 동시에 소멸할 수밖에 없으니 이理의 신세가 처량하기 이를 데 없게 된 것이다. 그런데 이 대목에서 우리가 함께 살펴보아야 할 것은 기氣를 '스스로 존재하는 사물'로, 그리고 이理를 이 사물에 '붙어 있는 속성'으로 간주한 정약용의 생각이, 그의 독창적인 견해였다기보다는 사실 중국에 들어온 예수회 신부 마테오 리치Matteo Ricci(1552~1610)의 《천주실의天主實義》에서 배운 내용의 일부였다는 점이다. 정약용의 관점과 매우 유사하게 《천주실의》에서 마테오 리치가 실체와 속성을 해명하는 다음 한 구절을 살펴보자.

> 사물의 범주에는 두 가지가 있습니다. 실체自立者가 있고 속성依賴者이 있습니다. …… 이제 (예로) '흰 말白馬'을 살펴보면, '흼白'이라고 하고 '말馬'이라고도 합니다. 그런데 '말'은 실체요, '흼'은 속성입니다. 비록 그 '흼'이 없을지라도 말은 그대로 존재합니다. 만약 그 말이 없으면 필연적으로 흰색은 존립할 수 없기 때문에 (흰색은) 속성이 되는 것입니다. 이 두 가지 사물의 범주들을 존재의 형식에서 비교해보면, 실체가 속성보다 앞서 있어서 더 귀중하고 속성은 실체가 있고 난 나중의 것이라서 천한 것입니다.   -《천주실의》

예수회 신부였던 마테오 리치는 기본적으로 중세의 자연관을 수용한 스콜라철학의 입장에서 중국에 신학을 전파하려고 했던 인물이다. 잘 알려져 있듯이 중세 스콜라철학은 기독교라는 종교와 아리스토텔레스의 철학을 결합해서 출현한 사상이었다. 그래서 위의 인용문에서 마테오 리치가 사용하고 있는 두 범주, 즉 '실체'와 '속성'이라는 범주 역시, 만물의 존재 양태에 대한 아리스토텔레스의 두 범주인 '실체substantia'와 '속성accidens'에서 차용된 것임을 알 수 있다. 그렇다면 정약용이 기氣와 이理의 의미를 새롭게 정의 내리면서 사용하게 된 두 범주는, 결국 중국에 선교하러 온 신부 마테오 리치를 거쳐서 드디어 고대 그리스의 아리스토텔레스에게까지 그 기원을 둔 것이었음을 알 수 있다. 놀랍게도 지금 정약용은 신유학의 핵심 범주를 비판하는 과정에서 아리스토텔레스의 중세적 세계관을 다시 끌어들였던 셈이다.

최한기: "기氣는 에너지이고 이理는 법칙이다."

신유학의 핵심 범주를 공격하느라 정약용은 의도치 않게 서양의 중세철학의 일부를 끌어들이게 되었다. 하지만 정약용의 시대에 이미 서양에서는 갈릴레이로 상징되는 근대적 사유로 접어든 지 오래였다. 그렇다면 이제 얼마 지나지 않아 서양의 근대적 자연관에 입각해서 전통 신유학을 공격하려는 움직임이 발생할 것이라는 점을 충분히 예견할 수 있을 만한 상황이었다. 그런데 서구 근대 자연관의 핵심은 바로 양화量化, quantification의 원리로 요약된다. 아리스토텔레스는 불이 위로 타오르고 돌이 땅으로 떨어지는 이유를 모두 목적론적으로 설명하는 것으로 만족했던 인물이다. 불의 원래 자리가 하늘이고 돌의 원래 자리가 땅이기 때문에, 불은 자신의 목적인 위의 방향으로 그리고 돌은 아래로 떨어진다고 본 것이다. 하지만 근대적 자연관에서는 더 이상 자신이 다루는 대상을 '질적으로' 문제 삼지 않는다. 다시 말해 근대 자연과학은 자신의 대상을 '양적으로만' 문제 삼게 되었다는 것이다.

'질적으로' 구별되는 불이나 돌의 운동을 '양적으로' 측정하여 그것을 기계론적으로 예측하려는 것이 근대 자연과학의 정신이자 방법이다. 근대 자연과학에서 질량, 시간, 거리로 상징되는 양적 관계가 중시되었던 것도 바로 이런 이유에서였다. 이러한 서구 근대과학의 양화의 원리를 심각하게 받아들이고, 이를 통해 신유학의 핵심 범주를 공격하고자 했던 사람이 바로 조선 후기의 또 다른 사상가 최한기崔漢綺(1803~1877)였다. 정약용과 최한기가 모두 후대에 실학을 표방했던 대표적 인물로 이해되어왔지만, 사실 그들의 학문은 위에서 해명했듯이 이미 확연한 차이를 보이고 있다. 전자가 아리스토텔레스로 상징되는 서양의 중세적 자연관과 밀접히 관련되었다면, 후자는 갈릴레이로 상징되는 근대적 자연관에서 일부 영향을 받았기 때문이다. 이제 직접 최한기가 어떻게 기 개념을 새롭게 사유하면서 전통적 이기론을 붕괴시켰는지 살펴보도록 하자.

> (우주에 가득 차 여러 가지 형상으로) 나열되어 있는 이 기氣를 구획 짓고, 이 기의 원근·지속을 비교 검증하고, 이 기의 장단·대소·경중을 헤아리며, 이 기의 냉열·조습을 증명하고, 또 이 기가 시시각각 변해가는 것을 측정한다. 물과 불의 기를 변통하고 크고 무거운 기를 움직이는 것은 역수학歷數學과 기계학器械學이 잘하는 것이다. 기계가 아니면 이 기에 착수할 수 없고 역수가 아니면 이 기를 나누어 볼 수 없으니, 역수와 기계가 서로 드러내주어야 기를 인식하고 증명할 수 있다. -《기학氣學》

여기서 중요한 것은 최한기가 기를 갖가지 실험기구와 수학을 통해서 양화되어 객관적으로 측정 가능한 것으로 사유하고 있다는 점이다. 그가 역수학과 기계학을 강조하는 것도 바로 이런 측면 때문이다. 역수학이 수학을 통한 양화의 논리를 함축하는 것이라면, 기계학은 실험 장치의 조작을 상징하는 것이기 때문이다. 전통적인 동아시아 지식인에게서 찾을 수 없는 정신을 지금 최한기는 피력하고 있다. 측정에의 의지와 양화에의 의지! 최한기는 정약용이 그나마 보존하고 있던 개별자의 원리로서 기 개념도 버리고 있다. 이제 기는 측정 가능하고 양화될 수 있는 에너지, 혹은 일과 치환 가능한 그 무엇으로 다루어진다. 그래서 "물과 불의 기를 변통하여 크고 무거운 기를 움직인다"는 표현이 중요하다. 이것은 바로 증기기관을 의미하니까 말이다. 그러나 그렇다고 해서 최한기가 서양의 근대적 자연관을 그대로 수

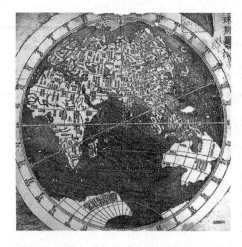

1834년 최한기가 김정호와 함께 제작한 지구 전도. 최한기는 서구 근대과학의 양화의 원리를 심각하게 받아들이고, 이를 통해 신유학의 핵심 범주를 공격하고자 했던 사상가였다.

용하기만 했다고 속단해서는 안 된다. 그는 자연세계에서 운행되는 기의 본질을 활동운화活動運化, 즉 자발적으로 유동하는 것이라고 이해하고 있었기 때문이다.

> 활동운화는 기학氣學의 핵심적인 가르침이다. 우주를 가득 채운 기를 세상 사람들이 활동운화하는 것이 아니라고 말한다면, 기학은 망언이 될 것이다. 사람이나 동물의 기를 세상 사람들이 활동운화하는 것이 아니라고 말한다면 기학은 허언이 될 것이다. 우리 자신의 마음을 세상 사람들이 활동운화하는 것이 아니라고 말한다면 기학은 쓸모가 없을 것이다. ─《기학》

활동운화라는 개념 자체가 역동성을 강하게 강조하고 있다. 사실 이것은 근대 자연과학, 특히 뉴턴Isacc Newton(1642~1727) 물리학의 기본 원칙과는 조금 다르다. 사물 자체에 활동성이 있다고 보기보다는 외부에서 에너지나 일이 공급되었기에 운동을 한다는 것이 뉴턴 물리학의 근본 입장이기 때문이다. 물론 뉴턴 본인도 기계론적 자연관 이외에 물활론物活論적 자연관에도 관심을 가지고 있었지만 말이다. 최한기는 뉴턴의 기계론적인 사유뿐만 아니라 물활론적 사유에도 깊은 인상을 받은 것으로 보인다. 자발적으로 운동하는 기는 동시에 측정도 가능하다는 그의 주장은 바로 이런 문맥에서 가능했다. 어쨌든 최한기에게 기는 자발적으로 운동하는 것으로 사유된다. 이것은 최한기가 기에는 모이고 흩어지는 힘이 있다고 본 신유학자 장재의 생각을 일정 정도 계승하고 있다는 것을 보여준다.

최한기로 하여금 장재의 기철학에 새롭게 주목하도록 만든 결정적인 요인은 기계론적 자연관이라기보다 뉴턴의 물활론적 사유라고 할 수 있다. 그래서 우리는 당시 동아시아에 뉴턴의 '에테르aether' 가설이 유행했다는 사실에 주목할 필요가 있다. 에테르는 빛의 반사나 굴절을 설명하려고 뉴턴이 도입한 빛의 매질이다. 바로 이 에테르를 접하고서 동아시아 지식인들은 기를 연상했던 것이다. 정확히는 아직 형체로 응결되지 않는 태허太虛 상태의 기로 말이다. 자신의 주저 《인학仁學》에서 담사동譚嗣同(1865~1898)이 세계의 본질이라고 말한 이태以太도 바로 이 에테르의 번역어였다. 실제로 1670년 전후에 작성된 것으로 보이는 뉴턴의 글을 보면, 누구라도 장재로부터 유래한 기학을 연상할 것이다.

> 물질 전체는 아니더라도 상당 부분은 에테르가 응고되고 뒤섞여 다양한 조직을 이루는 것에 지나지 않는다. …… 물체는 생성될 때 공기와 더불어 에테르를 흡수하는 것 같은데, 에테르 속에는 정기가 혼합되어 있다. 아마도 이 정기는 빛의 입자일 것이다. 그 이유는 첫째 둘 다 굉장한 활동 원리이자 영원한 활동자이기 때문이며, 둘째 모든 것은 열을 가하면 빛을 방출하기 때문이다.
>
> ─〈금속과 광물질의 생장에 관한 불완전한 두 논문
> Two incomplete treatises on the vegetative growth of metals and minerals〉

뉴턴에게 에테르는 단순한 매질이 아니라 빛을 품은 영원한 활동자로 사유되고 있다. 바로 이 에테르가 응결되어 구체적인 물질들이 만들어졌다는 것, 이것이 바로 뉴턴의 생각이었다. 기가 모여서 객형客形을 만든다는 장재의 철학이 뉴턴의 에테르 가설과 만나는 순간, 최한기의 활동운화하는 기 개념은 바로 탄생한다. 당시 최한기가 얼마나 서양 문명을 스폰지처럼 흡수했는지 보여주는 대목이다. 하지만 그럼에도 결국 최한기는 기의 작용이 반드시 한열조습寒熱燥濕으로 드러나며, 이를 통해 측정 가능하다고 이야기함으로써 기의 구체적 검증 가능성을 여전히 강조하게 되었다. 바로 이 점이 최한기가 근대적 형식의 자연관에 연결되는 지점이기도 하다. 《추측록推測錄》이라는 책에서 최한기가 차가움과 열기를 재는 온도계 그리고 건조함과 습함을 재는 습도계를 그림까지 곁들이며 자세하게 설명했던 것도 다 이유가 있었던 셈이다. 이를 기초로 최한기는 전통적인 이기理氣 범주를 다음과 같이 수정하게 된다.

이理는 기氣의 조리條理이기 때문에, 기가 있으면 반드시 이가 있고 기가 없으면 이는 없는 것이다. …… 만약 기를 분명하게 안다면 이는 그 속에 자연스럽게 있게 된다. 먼저 이理를 탐구하려고 한다면 기는 숨게 되어 표준이 없어질 것이다. 이理는 형체가 없지만 기는 흔적이 있는 것이다. 그러므로 그 흔적을 추적하면 이理는 저절로 드러나서 생각할 수 있는 실마리를 갖게 될 것이다. ─《추측록推測錄》

주희의 월인천강 비유에 따르면 달그림자를 품고 있는 강물이 증발되어 사라진다고 해도 달은 그대로 존재하고 있다. 이것은 구체적인 개체가 소멸해서 그것들 각각의 본성이 함께 사라진다고 하더라도, 초월적인 이理 혹은 태극 자체는 자기동일적인 것으로 항상 존재하고 있다고 본 관점을 잘 보여준다. 하지만 최한기는 기와 무관한 초월적인 존재가 따로 있다는 사실을 강하게 비판했다. 이理란 기氣의 조리, 즉 기의 구체적인 패턴에 불과한 것이라고 보았기 때문이다. 따라서 이런 관점에서 본다면 결국 기氣가 없을 경우 이理도 결코 존재할 수 없게 될 것이다. 겉보기에 최한기의 생각은 정약용과 유사한 것처럼 보인다. 특히나 이理라는 범주가 기氣라는 범주에 비해 부차적이라고 두 사람이 이구동성으로 주장하는 대목에서 이런 인상은 강화된다.

주희의 형이상학 도식을 공격할 때, 정약용과 최한기는 닮아 있다. 그러나 정약용과 최한기 두 사람을 직접 비교하면, 현격한 차이점이 드러난다. 기氣라는 개념의 경우, 정약용은 감각적으로 구별되는 개별자를 생각했다면, 최한기는 일종의 에테르와 같은 에너지를 상정하고 있다. 또 이理라는 개념의 경우, 정약용은 보편자로 표기되는 속성으로 생각했다면, 최한기는 측정된 양적 요소들의 패턴이나 법칙이라고 이해하고 있다. 물론 이러한 차이는 정약용이 아리스토텔레스의 사유에서 영향을 받은 반면, 최한기의 관점은 갈릴레이와 뉴턴의 자연과학 도식에서 어느 정도 중요한 영향을 받았다는 점에서 빚어진 불가피한 결과의 하나였을 것이다.

서양 문물에 직간접적으로 노출되어 있다는 사상사적 문맥을 무시하면, 정약용과 최한기는 상당히 독창적인 철학자로 보인다. 그러나 두 사람은 신유학과는 다른 패러다임을 수입했던 지성인에 지나지 않았다. 1840년 아편전쟁을 겪은 청제국은 더 이상 동아시아 문명이 우월하다는 생각을 품을 수 없게 되었다. 자연과학 기술로 무장한 영국군에 의해 청제국 정규군은 무력하게 괴멸되었으니 말이다. 정약용과 최한기가 신유학적 세계관과 범주들을 해체하려고 했던 것은 두 사람이 서양 문명의 우월성을 긍정했기 때문이다. 한마디로 두 사람은 패러다임을 갈아탔던 것이다. 단지 차이점은 정약용이 아리스토텔레스의 철학을 끌어들였다면, 최한기는 서양 근대 자연관에 접속했다는 것뿐이다. 불행히도 19세기 우리의 두 지성인은 여전히 수입 학문의 전통에서 자유롭지 않았던 셈이다.

신유학의 세 패밀리, 이학, 심학, 기학

신유학은 송제국 시대 이후부터 전개된 유학의 새로운 경향을 가리키는 용어이다. 그런데 신유학의 흐름은 연속적인 것이라기보다 오히려 단절적인 것이었다. 신유학의 범주 가운데 가장 핵심적인 것은 이理, 기氣, 심心, 성性 등이다. 송제국의 신유학은 이理와 성性을 강조했기 때문에 '성리학性理學'이나 '이학理學'으로 불렸고, 혹은 당시 지성계를 대표했던 주희를 따라서 '주자학朱子學'으로도 불렸다. 반면 명제국의 신유학은 심心을 강조했기 때문에 '심학心學'으로, 혹은 당시를 대표했던 왕수인을 따라서 양명學陽明學으로 불렸다. 그리고 청제국 때의 신유학은 기氣를 강조했기 때문에 '기학氣學'이라고 불렸다. 청제국의 신유학을 대표했던 왕부지王夫之(619~1692)나 대진戴震(1723~1777)은 모두 기를 핵심 범주로 설정한 사상가였다. 물론 기라는 범주가 구체적인 현실을 설명하기 위해 강조된 것이었기 때문에 청제국 때의 신유학적 경향을 '실학實學'이라고 부르기도 했다.

한 가지 철학사적 의미에서 흥미로운 것은 중국 사회가 위기에 빠질 때마다 이학과 심학은 위축되고 기학이 대두한다는 사실이다. 이학이 현실을 중시하기보다는 이상주의 경향을 강하게 띠고, 심학은 전체 공동체보다는 개체나 그의 마음을 중시하는 경향이 강하다. 반면 기학은 현실주의와 공동체를 지향한다. 그래서 위기가 닥칠 때마다 중국 지식인들은 기학에 몰두했던 것이다. 위기에 빠진 현실을 직시하고, 그 위기를 공동체적 차원에서 극복하겠다는 의지의 표명인 셈이다. 당연히 기학의 원형은 장재의 형이상학에서 찾아야 한다. 눈에 보이지 않지만 곧 구체적인 사물로 응결될 힘을 가진 기의 양태인 태허太虛, 그리고 비록 사라질 것이지만 그 기는 결코 소멸되지 않는 객형客形! 이렇게 무형에서 유형으로, 그리고 유형에서 무형으로 리드미컬하게 반복하는 기의 운동을 긍정하는 것이 바로 장재의 형이상학이었다. 그래서일까, 장재 이후 기학적 사유 경향은 바로 기라는 범주로 형이상학적 도식을 완성했던 장재 다시 읽기라는 형식으로 구체화된다.

명제국이 혼란에 빠졌을 때 왕정상王廷相(1474~1544)이 잡으려고 했던 것도 장재의 기학이었다. 그의 주저 《신언愼言》 〈도체道體〉 편을 보자. "기에는 흩어지고 모이는 작용만 있을 뿐 소멸은 없다. 빗물의 시작은 '기의 변화氣化'인데, 불의 뜨거움을 얻어 다시 증발하면 기가 된다. 초목의 생겨남도 기가 응결한 것인데, 불사름을 얻으면 다시 변하여 연기가 된다. 그 모습으로 보자면 마치 존재와 비존재라는 구분이 있는 듯하지만, 태허에 출입하는 기 자체는 처음부터 감소했던 적이 없다." 만주족의 지배를 받은 울분에 한족 지배의 시대를 꿈꾸었을 때 왕부지의 손에 들려 있던 책도 바로 장재의 주저 《정몽正蒙》이었다. 《정몽주正蒙注》에서 왕부지는 말한다. "허공은 기가 있는 곳이다. 기는 끝없이 가득 차 있으면서 미세하여 형태를 띠지 않아 사람들은 허공을 보면서 기는 보지 못한다. 허공은 모두 기다. 모이면 드러나는데 드러나면 사람들은 '있다有'고 말하고, 흩어지면 감추어지는데 감추어지면 사람들은 '없다無'고 말할 뿐이다."

심지어 만주족이든 한족이든 중국문화 전체가 서양 문명에 압도당할 수 있다는 위기감에 젖은 담사동譚嗣同이 부여잡은 것도 바로 기학이었다. 그의 주저 《인학仁學》을 넘겨보자. "전체 물질세계나 우주, 혹은 인간사회에는 무엇에나 붙어 있고 어디에나 사무치고 무엇이든지 통제하고 어디든 편재하는 지극히 미세한 것이 있다. 눈으로도 그 모양을 볼 수 없고, 귀로도 그 소리를 들을 수 없고 입과 코로도 맛과 냄새를 맡을 수 없어 규정할 수 없지만 억지로 이름을 붙여 '이태以太'라고 한다. 공자가 '인仁' '원元' '성性'이라고 불렀고, 묵자는 '겸애兼愛'라고 불렀고, 부처는 '성해性海'나 '자비慈悲'라고 불렀고, 예수는 '영혼'이라고, '남을 자신처럼 사랑하고 원수를 친구로 보라'고 말했던 것이고, 과학자들은 '인력'이라고 불렀던 것이 모두 이것을 가리킨다."

담사동의 '이태'는 당시 서양 물리학에서 추정했던 물질, 즉 에테르를 가리킨다. 소리가 전달되려면 공기가 필요하듯, 빛도 움직이려면 매체가 필요하다는 것이다. 바로 이 매체가 에테르였다. 그러나 에테르는 단순히 매체라는 기능을 넘어서 더 근본적인 역할을 했다. 19세기까지 서양이나 동아시아에서 에테르는 감각할 수는 없으나 분명히 작용하고 있는 근본적인 에너지처럼 이해되었기 때문이다. 장재를 알고 있던 담사동이 에테르에서 태허 상태의 기를 본 것도 이 때문이다. 그는 서양 문명도 유형으로 응결되고 흩어져서 다시 무형으로 돌아가는 기를 발견했다고 확신했던 것이다. 이로부터 그는 장재의 우주가족 이념을 확신하고 공자의 인, 예수의 사랑, 부처의 자비, 그리고 서양 물리학의 인력 등이 모두 에테르의 작용을 설명하는 것이라고 주장하는 데까지 나아갔다. 세계, 나아가 우주 전체를 우주가족으로 묶으려는 담사동의 무리수가 애처로움을 넘어서 안타까움을 자아내게 하는 장면이다.

이처럼 왕정상, 왕부지, 그리고 담사동의 기학은 기학이 가진 의미 중 한 가지,

즉 우주가족의 이념만 계승한 것에 지나지 않는다. 이런 식이라면 기학은 심학을 공격할 수 있을 뿐이지, 이학을 공격하기에는 역부족일 수밖에 없다. 주희도 '이일분수'의 도식으로 우주가족 이념을 긍정하고 있으니 말이다. 대진의 기학이 중요한 이유도 바로 여기에 있다. 오직 그만은 우주가족 이념보다는 기학이 가진 현실주의적 측면을 더 중시했기 때문이다. 순자를 연상시키는 자연주의적 기학은 이렇게 탄생한 것이다. 문제는 대진마저도 주희 도식에 포섭될 수 있다는 데 있다. 대진의 기학은 '이일분수'의 도식 중 '이일'만 부정할 뿐 '분수' 측면은 수용한 것이라고 평가할 수 있으니 말이다.

불행히도 다양한 편차에도 불구하고 주희 이후의 모든 신유학자들은 그가 사용했던 범주들과 체계들에서 여전히 자유롭지 못했던 것이다. 어쩌면 그들은 주희의 범주들이 없었다면 주희의 사유를 공격할 수조차 없었을 것이다. 이것은 정약용과 최한기의 경우에도 그대로 적용된다. 그들은 주희의 세계관을 비판하면서도 결국 주희의 핵심 범주인 이기理氣 개념 자체를 제거하려고 하지 않았다. 오직 이기 개념을 새롭게 정의함으로써 주희의 형이상학적 구조를 흔들어보려고 시도했을 뿐이다. 들뢰즈는 철학적 사유가 새로운 개념의 창조를 통해서만 이루어진다고 이야기했다. 그렇다면 정약용과 최한기의 시도는 반은 성공작이었지만 반은 실패작이었다고 말할 수 있을 것이다. 그들은 주희를 넘어서려고 여러 차례 시도했지만, 주희의 개념들을 상당수 그대로 사용함으로써 주희를 떠나는 것 자체를 무의식적으로 두려워한 자신들의 모습을 내비쳤기 때문이다.

서양철학사의 저수지가 바로 칸트의 철학이라면, 동아시아 사상의 저수지는 주희의 철학이라고 할 수 있다. 앞의 모든 물들이 모여들고, 이로부터 또 새로운 물길이 시작되는 것이 바로 저수지니까 말이다. 결국 주희의 형이상학 내부에는 이학, 심학, 그리고 기학의 계기가 모두 함축되어 있는 것이다. 서양의 경우 칸트는 비트겐슈타인에 이르러 나름 극복되었다고 할 수 있다. 그런데 동아시아의 경우 주희는 철학적으로 극복되었던 것일까? 이지, 대진, 이토 진사이, 정약용 등 다양한 사상가들이 주희를 공격했지만, 주희를 대체할 만한 철학을 체계화하는 데는 실패한 것으로 보인다. 아니 정확히 말해 주희의 철학을 주체적으로 극복하지 못한 채, 서양 문명의 현란한 빛에 사로잡혀 그냥 망각했다는 것이 정확한 진단일 것이다. 아이러니하게도 주희 철학은 사망선고를 받은 것이 아니라 실종 처리된 것이다. 모든 실종자가 그렇지만, 실종된 철학은 귀신처럼 언제든지 우리 주변을 떠돌다가 우리 삶에 개입할 가능성이 있다. 그래서 당분간 우리는 주희의 철학을 극복하기 위해 더 노력을 경주해야만 한다. 특히나 세계 자본주의의 패권을 잡으려는 중국이 유학을 새롭게 살려내려는 지금 현실에서는 말이다.

29

동양철학은 어디로 가는가?

정약용

─────────── VS ───────────

최제우

신유학적 사유와 마테오 리치의 충격

서양철학의 다양한 흐름들을 강줄기들로 본다면, 칸트의 철학은 그 모든 강물들이 합류하고 또 여기서부터 다시 흐르기 시작하는 저수지와도 같다. 동아시아 철학의 경우 이런 저수지의 역할을 했던 것이 주희를 정점으로 하는 신유학이라고 할 수 있다. 기존의 유학 사상, 노장 사상, 그리고 심지어 선불교 사상까지 모조리 신유학에 흘러들어왔다. 그만큼 신유학은 크고도 넓었던 것이다. 저수지처럼 다양한 흐름들은 합류되어 전혀 새로운 흐름을 만들기도 하고, 앞으로 흘러가기에 무거운 것들은 저수지 바닥으로 가라앉을 것이다. 그러니까 신유학은 동아시아 과거 사상의 집대성이자 동시에 필터링 작업이라는 두 가지 과업을 동시에 수행했던 것이다. 물론 신유학이 하나의 사유 경향으로 규정되기는 어려운 법이다. 장재張載(1020~1077)는 기氣라는 범주를 중심으로, 주희朱熹(1130~1200)는 이理라는 범주로, 왕수인王守仁(1472~1528)은 심心이라는 범주로 우주와 인간을 모두 아우르고 있기 때문이다.

그렇지만 신유학은 만물일체萬物一體라는 주장, 즉 만물은 하나의 몸에 속한다는 주장으로 요약할 수 있다. 그러니까 겉보기에는 서로 무관해 보이는 모든 존재자가 사실 하나의 계기로 통일되어 있다는 것이다. 그 하나를 어떤 사람은 '기'라고 하고, 어떤 사람은 '이'라고 하며, 어떤 사람은 '심'이라고 하는 차이만 있을 뿐이다. 그러니 형이상학을 구축하지 않았던 심학心學의 대표자 왕수인도 만물일체를 이야기했다는 말에 당혹할 필요가 없다.

대인大人은 천지만물을 하나의 몸으로 여기는 사람이다. 그는 천하를 볼 때 하나의 가족으로 보니 중국을 볼 때도 한 사람으로 볼 뿐이다. 그 외면적인 몸들을 구분해서 '너니 나니'라고 구분하는 사람이 바로 소인小人이다. 대인이 천지만물을 하나의 몸으로 여기는 것은 의도적으로 그런 것이 아니라, 그 마음이 가진 본성, 즉 인仁이 본래 그렇기에 그는 천지만물과 함께 하나가 되는 것이다. 어찌 대인만 그러겠는가? 비록 소인의 마음이더라도 그러하지 않음이 없다. 단지 그는 자신을 작게 볼 뿐이다.　　　　　　　　　　　　　　　　　　　　　－《대학문大學問》

마음이 커지면 온 세상을 하나의 몸으로 볼 수 있다는 원대한 주장이다. 그러니 마음이 작은 소인이 아니고 마음이 큰 대인을 지향해야 한다는 것, 이것이 바로 왕수인의 신유학을 심학이라고 부르는 이유다. 결국 왕수인은 만물일체로 정리되는 신유학 사유를 깔끔하게 성인聖人이 되는 수양론으로 정리해버린 것이다. 하나의 기氣이기 때문에 만물은 하나라는 기학氣學의 주장이나, 혹은 하나의 이理로 규정되기에 만물은 하나라고 주장하는 이학理學의 주장도, 결국 현실적으로 자신을 포함한 모든 존재자를 하나의 몸으로 느끼는 마음이 아니라면, 모두 사변적인 공리공담에 지나지 않는다. 이것이 바로 왕수인의 입장이었던 것이다. 그러니 신유학의 가능성을 열었던 장재의 유명한 글 〈서명西銘〉은 기학을 넘어서 신유학 일반의 슬로건을 보여준다고 하겠다.

하늘을 나의 아버지라고 부르고 땅을 나의 어머니라고 부르며, 나는 이처럼 미미한 존재로 아득하고 광대한 그 사이에서 태어났다. 천지를 가득 채운 것을 나는 나의 몸으로 삼고 천지를 이끄는 것으로 나는 나의 본성으로 삼았다. 사람들은 모두 나와 같은 배를 타고난 가족이고, 만물들은 모두 나의 동료다. …… 천하에 피곤하고 고달픈 사람, 병들고 불구인 사람, 그리고 부모나 자식 혹은 남편이나 아내가 없는 사람들은 모두 나의 형제들 중에서 넘어져 고통스러우면서도 하소연할 곳이 없는 사람들이다.　　　　　　　　　　　　　　　　　　　　　－〈서명〉

모든 개별자를 관통하는 하나의 기氣를 본 사람이나 하나의 태극太極,

즉 이理를 본 사람은 왕수인이 말한 대인大人이 된다. 한마디로 만물일체를 몸소 느꼈고 그렇게 살아가는 사람이 바로 대인이자 성인인 셈이다. 사람뿐만 아니라 사물들까지도 모조리 하나의 가족이 되는 거대한 우주가족은 이렇게 탄생하는 것이다. 그러나 우주가족의 이념이 현실에 통용되기에는 너무나 어려운 일이다. 대인과 소인의 이념은 현실에서는 항상 뒤틀어지기 쉽기 때문이다. 중국의 경우 황제는 대인이어야만 한다. 그러나 현실적으로 황제는 대인이어서 황제가 된 것이 아니라, 아버지를 잘 만나서 황제가 된 것뿐이다. 한마디로 압도적인 권력을 가진 자가 황제가 된다는 아이러니가 발생한 것이다. 권력이란 무엇인가? 그것은 타인을 가족으로 보지 않아야 휘두를 수 있는 치명적인 무기일 뿐이다.

'성인=황제'의 이념은 이중적으로 현실에 기능할 수 있다. 하나는 기존의 권력에 반기를 들 때 사용될 수 있다. 그러니까 지금 황제는 성인이 아니니 제거해야 한다는 주장도 가능하다. 이 경우 만물일체의 신유학 이념은 혁명의 무기로 빛을 발할 수 있다. 다른 하나는 압도적 무력으로 권좌에 오른 황제가 자신의 핏빛 과거를 희석하기 위해 자신을 성인으로 포장할 수도 있다. 이럴 때 신유학 이념은 불행히도 정권 정당화의 이데올로기가 되고 만다. 불행히도 신유학의 이념은 정권 정당화의 도구로 사용되는 방향으로 이용되었다. 이것은 1271년부터 1368년 중국을 지배했던 원元제국이 주희가 편찬한 《사서집주四書集註》를 과거시험 정식 교재로 선택하면서 시작된 일이다. 이제 정권 정당화와 당쟁의 논리, 혹은 보수적인 이념이 되면서 만물일체를 꿈꾸었던 신유학의 찬란한 이념은 쇠락하고 만 것이다. 당연히 새로운 질서를 꿈꾸는 사람들은 이제 무엇보다도 먼저 신유학의 이념을 공격할 수밖에 없다. 이것은 신유학의 자장에 강하게 흡수되어 있었던 중국이나 조선에서도 그대로 적용될 수밖에 없는 현상이라고 할 수 있다.

이런 와중에 동아시아에는 유학자의 옷을 입은 푸른 눈의 선교사가 한 명 등장한다. 바로 마테오 리치Matteo Ricci(1552~1610)다. 동아시아인에게 친근한 이름인 이마두利瑪竇로 개명한 마테오 리치는 예수회 소속 선교사로서 명제국이 지배하던 중국에 들어온 것이다. 동아시아에 그가 가져온 것은 당시 서양 문명의 총화였다고 할 수 있다. 토마스 아퀴나스를 정점으로 하는 중세 스콜라철학, 유클리드 기하학으로 상징되는 서양 기하학과 지리학, 그리고 천문을 중요시했던 동아시아 사람을 매료시켰던 당시 서양의 정교한 천문학과 산수 등이 대표적이라고 할 수 있다. 그러나 무엇보다도 중요한 것은 그가 토마스 아퀴나스의 철학을 소개했다는 사실이다. 아퀴나스는 기독교 신앙을 아리스토텔레스의 경험론적 철학을 방편으로 유럽인의 뇌리에 심어 주려고 했던 철학자였다. 마침내 마테오 리치를 통해 개체와 논리를 중시했던 아리스토텔레스의 철학, 그리고 인격적 창조자이자 심판자였던 신을 숭배하는 기독교 사상이 풀 패키지로 동아시아에 들어온 것이다. 그것이 바로 1595년 중국에서 출간된《천주실의天主實義》라는 책이 가진 중요성이다. 조선에서는 임진왜란이 발발한 지 3년째 되던 해였다.

당시 중국은 나름 정치사회적으로 안정적이었던 탓인지, 중국 지식인들은 마테오 리치가 번역해서 소개한《기하원본幾何原本》《측량법의測量法義》《동문산지同文算指》와 같은 서양 과학책이나, 아니면 동아시아의 지리관에 충격을 주었던 세계지도《곤여만국전도坤與萬國全圖》에 더 많은 관심을 기울였다. 이런 상황에서《천주실의》는 뇌관을 건드리면 곧 터질 지뢰처럼 본격적으로 활동할 준비를 모두 갖추게 된 셈이다. 신유학의 이념과 현실 정치의 괴리가 심해지는 순간, 더 정확히 말해 신유학의 이념이 부조리한 정치를 정당화하는 방패막이 되는 순간,《천주실의》는 긍정적이든 부정적이든 기존 신유학을 공격하는 촉매가 될 수 있다. 그렇다면《천주실의》의 어느 부분이 신유학을 공격하는 무기가 된다는 것일까? 바로 전통 동아시아 지식인들에게는 낯선 아리스토텔레스의 경험론과 기독교의 신 관념이다. 이 두 가지 계기가 각각 만물일체의 이념과 성인 관념을 붕괴시킬 수 있었던 것이다.

먼저 아퀴나스 버전의 아리스토텔레스 자연학이 어떻게 만물일체 이념을 붕괴시키는지 살펴보도록 하자.

마테오 리치는 예수회 소속 선교사로 명제국이 지배하던 중국에 들어왔다. 동아시아에 그가 가져온 것은 당시 서양 문명의 총화였다고 할 수 있다.

세상의 혼에는 등급이 있습니다. 하급의 이름은 생혼生魂이니 곧 초목의 혼이 그것입니다. 이 혼은 초목을 도와 낳고 자라게 하며, 초목이 말라비틀어지면 혼도 소멸합니다. 중급의 이름은 각혼覺魂이니 곧 동물의 혼입니다. 이는 동물에 붙어 있어서 성장과 발육을 돕고, 또한 동물들이 눈으로 보고 귀로 듣게 하고, 입으로 맛보고 코로 냄새를 맡게 하며, 사지와 몸체로 사물의 실정을 지각하게 합니다. 그러니 각혼은 이치를 추론할 수 없습니다. 동물이 죽으면 각혼 역시 소멸합니다. 상급의 이름은 영혼靈魂인데, 곧 사람의 혼입니다. 이 혼은 생혼과 각혼을 함께 가지고 있습니다. 이 혼은 사람의 성장과 발육을 돕고 사람으로 하여금 사물의 실정을 지각하게 하며, 또한 사람들로 하여금 추론하게 하여 이치와 의리를 명백하게 분석하도록 합니다. 사람의 몸이 비록 죽는다고 해도 영혼은 죽지 않습니다.   -《천주실의》

방금 읽은 부분은 아퀴나스의 《신학대전Summa Theologiae》에도 거의 그대로 반복되는 것으로, 아리스토텔레스에게서 유래한 경험론적 자연학을 피력하고 있다. 식물, 동물, 그리고 인간은 질적으로 완전히 다르다는 주장이다. 인간중심주의가 물씬 풍기는 주장이지만, 동아시아 사람들은 쉽게 납득했을 것이다. 어떻게 인간이 집에서 키우는 개나 돼지, 혹은 들판의 들꽃과 본질적으로 같을 수 있다는 말인가? 상식과 경험에 부합되는 이야기가 아닌가. 더군다나 식물과 동물의 혼과는 달리 인간의 혼은 사후에도 불멸하니, 인간과 여타의 동물은 정말 질적으로 구별되는 탁월한 존재라고 할 수 있다. 그것은 인간이 식물의 생혼, 동물의 각혼 이외에 불멸하는 영혼을 가지고 있기 때문이다. 바로 이 대목에서 기氣의 차원에서든 이理의 차원에서든 아니면 심心의 차원에서든, 인간을 포함한 모든 만물은 질적으로 동일한 존재라는 생각, 즉 만물일체라는 이념은 거부된다.

마테오 리치의 이야기를 얼핏 들으면 인간의 우월함을 긍정하는 주장처럼 들린다. 그러나 그가 인간에게 불멸하는 영혼을 부여한 것은 기독교적 논리에 입각한 것이다. 사후에 심판을 받기 위해서 영혼은 불멸해야 하니까 말이다. 이처럼 인간이 모든 동식물의 우위에 놓인 이면에는 인간을 창조주이자 심판자인 신 아래에 두려는 기독교적 야심이 숨어 있다. 그래서 "추론"을 통해 "이치와 의리를 명백하게 분석"할 수 있는 지적 능력, 곧 인간만이 가진 영혼이 문제가 된다. 바로 이런 자유로운 판단 능력으로 인간은 자신이 결정한 행동에 대해 신 앞에서 책임을 져야 하기 때문이다. 이것은 미성년자에게 법적 책임을 묻지 않고, 성년인 어른에게만 책임을 물을 수 있다는 사법적 논리와 유사한 것이다. 마테오 리치의 속내는 다음 구절에서 가장 분명하게 드러난다.

세상에는 선을 행하려는 의지意가 없고서는 선을 실천할 수도 없습니다. 억지로 선을 행하라고 강제하지 않아도 우리 스스로 나아가서 선을 행할 수 있다면 비로소 선을 행한 군자라고 할 수 있습니다. 천주께서 이런 본성을 인간들에게 부여하여 선과 악을 행할 수 있게 한 것은 인류를 두텁게 사랑하시기 때문입니다. 사람들이 이렇게 선을 선택할 수도 그만둘 수도 있게 하신 것은 단지 선을 실천하는 공로를 늘려줄 뿐만 아니라 더욱이 그 공로를 우리의 공로로 만들려고 한 것입니다.

-《천주실의》

마테오 리치는 천주, 즉 신이 인간에게 선을 할 수도 있고 악을 할 수도 있는 능력을 부여했다고 말한다. 한마디로 자유의지, 즉 의意가 인간에게 주어져 있다는 것이다. 이런 자유의지에 따라서 선을 행하고 악을 행하기 때문에, 이제 인간은 선악에 대해 책임을 져야만 한다. 《도덕의 계보학 Zur Genealogie der Moral》에서 니체가 정말로 혐오했던 논리가 지금 전개되고 있는 것이다. 자유의지라는 건 그저 수사적 표현일 뿐이고, 그냥 신이란 재판관 앞에서 심판받는 피고가 되라는 것 아닌가. 그리고 신의 법전이 《성경》이라면 가급적 이 책이 원하는 삶을 살아야 신의 심판이 좋게 끝나는 것 아닌가. 바로 이 점이다. 인간을 위하는 것 같지만, 지금 마테오 리치는 인간을 신의 감시하에 두려는 논리를 피력하고 있다. 자신의 논리에 깔린 억압성을 사람들이 눈치를 챌까 두려웠던지, 마테오 리치는 자유의지를 준 것은 신의 간교한 저주가 아니라 인간에게 선을 행하는 공로를 늘려주려는 신의 사랑이라는 궤변으로 자기 논의를 급하게 마무리하고 만다.

어쨌든 자유의지라는 개념은 인간이 성인, 즉 완전자가 되는 걸 가로막는 교묘한 장치로 기능한다. 이제 완전히 선을 행하며 살아가는 삶, 선 자체인 삶은 인간에게 불가능하다. 그것은 오직 심판자인 천주, 즉 신에게만 가능한 것이다. 자유의지라는 축복, 아니 존재론적 저주가 있기 때문에 인간은 생전에 누구나 악을 행할 수가 있다. 생각해보라. 비록 지금 선을 행했다고 하더라도, 다음 순간 잘못된 판단으로 인간은 누구나 악을 행할 수 있다. 바로 자유의지가 있기 때문이다. 더군다나 내가 선이라고 생각한 것이 진정으로 선인지의 여부는 오직 신만이 판단할 수 있을 뿐이다. 그러니 선을 지향한다고 해도 이제 인간은 사후에 그것이 선이라고 판결될지 여부를 항상 근심하며 창백한 낯빛으로 살아갈 수밖에 없다. 이제 맹자가 말한 "발이 땅을 밟고 손이 춤추는 걸 의식하지 못할不知足之蹈之, 手之舞之" 정도의 즐거움, 즉 성인이 된 희열은 다시 찾아오기 힘들게 된 것이다.

ⓑ

정약용: "기독교적 인간관으로 자기 검열의 주체를 복원하자!"

1368년에 창업되어 1644년에 붕괴된 명제국을 이어서 만주족이 지배하는 청제국이 들어서자, 중국에서는 더 이상 신유학 이념은 이데올로기로서 힘을 발휘하지 못했다. 어차피 모든 유학 사상과 마찬가지로 신유학 이념에도 한족漢族 중심주의가 짙게 깔려 있으니 말이다. 한족 중심주의가 붕괴되니, 신유학 이념은 재론의 여지가 사라진 셈이다. 그러나 한반도의 사정은 사뭇 달랐다. 정조正祖 이산李祘(1752~1800)이 집권하던 시기, 조선은 동아시아 3국 중 유일하게 아직도 신유학의 자장 속에 놓여 있었다. 당시 조선은 소중화小中華의 국가였던 것이다. 세도정치를 조금씩 준비하던 노론 계열 유학자들은 자신들의 기득권을 유지하기 위해 왕권을 농락하고 민중을 착취했다. 자신들의 부정의와 허위를 정당화하려고 그들은 신유학을 교묘히 이용하게 된다. 이것이 소중화라는 이념의 정체였다. 정약용丁若鏞(1762~1836)이 마테오 리치와 그의 주저 《천주실의》라는 지뢰를 터트린 것도 이런 이유에서다.

만물일체와 성인이란 관념을 무장해제하지 않으면, 소중화를 표방하던 노론계 유학자들의 민낯을 폭로할 수 없다! 그것이 자신이 따랐던 이산이란 군주의 왕권을 강화해줄 뿐만 아니라, 나아가 민중을 착취하는 유학 관료들의 전횡을 막을 수 있는 방법이라고 정약용은 확신했다. 마테오 리치는 당시 중국인에게는 너무나 낯선 창조자와 심판자로서 천주 개념을 납득시키기 위해 고대 유학 경전인 《서경書經》이나 《시경詩經》 등에 등장하는 상제上帝

정약용이 그린 〈열상산수도洌上山水圖〉. 정약용은 《천주실의》에 피력된 아리스토텔레스의 자연철학을 반복하면서 마테오 리치와 마찬가지로 신유학의 핵심 이념, 즉 만물일체의 이상을 붕괴시키려고 했다.

라는 관념을 이용했다. 그러나 정약용은 《천주실의》의 아리스토텔레스적 자연학과 초월적 신 관념을 신유학 이념의 보고였던 사서四書에도 각인시키려고 했다. 《사서집주》의 저자 주희와의 전면전이 불가피한 대목이었다. 그러나 정약용은 호랑이를 잡으려면 호랑이 굴로 직접 뛰어들어가려는 기백으로 자신의 의지를 관철시켰다. 먼저 《중용》에 정약용이 어떤 주석을 붙였는지 살펴보자.

> 본성性에는 세 가지 등급이 있다. 초목의 본성은 생명은 있으나 지각이 없고, 금수의 본성은 생명도 있고 지각도 있다. 우리 사람의 본성은 생명도 있고 지각도 있고 또 영명함과 선함도 있다. 이 상중하 세 등급의 본성은 확연히 같지 않기에, 그것을 실현하는 방법도 완전히 다를 수밖에 없다. ─《중용강의보中庸講義補》

놀라운 일이다. 지금 정약용은《천주실의》에 피력된 아리스토텔레스의 자연철학을 그대로 반복하고 있다.《천주실의》에 등장하는 생혼, 각혼, 혹은 영혼 개념을 몰랐더라면, 아마 우리는 정약용의 독창성을 찬양했을 수도 있다. 이렇게 아리스토텔레스의 자연철학을 반복하는 이유는 자명하다. 마테오 리치와 마찬가지로 정약용은 신유학의 핵심 이념, 즉 만물일체의 이상을 붕괴시키려는 것이다.《맹자요의孟子要義》에서는 정약용의 속내를 더 노골적으로 보여주는 표현이 등장한다. "후세의 학문後世之學은 모두 세상의 온갖 사물들을, 형태가 있는 것과 없는 것, 정신 능력이 있는 것과 미련하게 꿈틀거리기만 하는 것 등을 가리지 않고 한꺼번에 '하나의 이-理'에 귀속시킨다. 여기서 큰 것과 작은 것, 주체와 대상이라는 구분은 생길 수도 없다." 물론 정약용이 말한 후세의 학문이란 바로 공자와 맹자 이후의 유학, 즉 신유학을 가리키는 것이다.

무엇 때문에 마테오 리치나 정약용은 만물일체의 이상에 이리 연연하는 것일까? 그것은 만물일체의 이상에 따르면 모든 만물의 수평적 유대나 연대가 긍정되기 때문이다. 만물일체를 통해 모든 개별자들은 유한자로서의 한계도 서로 보충하며 나름대로 현실세계에서 완전성을 향유할 가능성도 생긴다. 그러니 중요한 것은 타인과의 일체감, 혹은 인간을 넘어서 식물과 동물과의 일체감을 확보하는 것이다. 이런 논리에 따르면 모든 만물을 낳고 거두어들인다는 창조자와 심판자로서 신이 들어설 여지가 없게 된다. 그러니 신에게 절대적으로 의존하도록 만들려면, 만물들은 서로 유대하거나 연대하지 말아야 한다. 그래서 마테오 리치는 만물일체라는 이상을 공격했던 것이다. 만물들은 질적으로 서로 다르니, 유대나 연대는 불가능하다는 논리로 말이다. 지금 정약용도 마찬가지다. 개별자들의 유대와 연대를 이론적으로 원천 봉쇄하고 싶었던 것이다.

정약용이 정치적인 의도로《천주실의》의 사상을 받아들인 것일 수도 있고, 아니면 그 자신이 신앙으로 천주교를 받아들였을 수도 있다. 유학자가 기독교 신자라는 사실이 불쾌한 사람들을 위해 정약용을 옹호해준다면, 그는 지금 노론 등 유학자들의 당파를 해체하는 논리가 필요했던 것이다. 이런 논리가 확보될 때에만 군주 이산을 중심으로 하는 수직적 정치구조를 복원할 수 있다는 복안이었던 셈이다. 그렇지만 문제는 유대와 연대에 대한 혐오는 단순히 집권층 내부에만 적용되는 것이 아니라는 점이다. 수직적 질서구조에 대한 정약용의 확신은 민중에게도 그대로 적용되니까 말이다. 그래서 정약용은 민중 지향적이었던 사상가는 아니었다고 할 수 있다. 진정으로 민중적이었다면, 그는 민중의 자발적인 연대나 유대를 긍정했어야 했다. 불행히도 그는 단지 군주에 의한 제도 변화, 군주가 주체가 되어 민중이란 객체를 지향하는 변화만을 꿈꾸었을 뿐이다.

마테오 리치나 정약용이 신과 만물 사이의 관계를 통해 긍정하는 수직적 위계구조는 모든 면에서 구조적으로 반복될 수 있다. 군주와 민중들 사이나 아버지와 자식들 사이에도 말이다. 어쨌든 정약용의 저술에서 등장하는 내용을 보면, 그가 마테오 리치와 마찬가지로 심판자로서 신 관념을 긍정하고 있다는 건 아주 분명하다. 당연히 정약용에서도 만물일체를 달성해서 즐거워하는 성인은 사라지고 매사에 신을 의식하며 전전긍긍하는 도덕주체, 혹은 두려움에 떠는 주체만 남게 된다.

《중용》은 말한다. "귀신의 덕은 성대하구나! 보려고 해도 보이지 않고 들으려고 해도 들리지 않으나 사물에 사무쳐 빠뜨림이 없으며 천하의 사람들로 하여금 재계하고 깨끗이 하며 제사를 받들게 하고 충만하게 그 위에 있는 듯하며 그 좌우에 있는 듯하다.' 보이지도 않고 들리지도 않는 것'이 하늘이 아니고 무엇이겠는가? 백성이 태어나면서 욕심이 없을 수 없으며 그 욕심을 좇아 그것을 충족하고자 거리낌 없는 행동과 사치스러운 짓을 하지 않음이 없다. 그러나 백성들이 감히 드러내놓고 범하지 않는 것은 삼가기戒慎 때문이고, 두려워하기恐懼 때문이다. 누구를 삼가는가? 자기 위로 법을 집행하는 관리다. 누구를 두려워하는가? 자기 위로 자신을 죽일 수 있는 군주다. …… 밤에 산길을 가는 이가 두려워하지 않아도 저절로 두려워지는 이유는 그곳에 호랑이와 표범이 있다는 걸 알기 때문이다. 군자가 어두운 방에 거처하여 두려워 떨며 감히 악을 행하지 않는 이유는 그곳에 상제上帝가 강림하여 있음을 알기 때문이다. ─《심경밀험心經密驗》

마테오 리치의 신, 혹은 천주는 창조자나 심판자의 이미지가 강했다면, 정약용의 신, 즉 상제는 감시자의 기능마저도 얻게 된다. 거의 CCTV처럼, 아니 더 정확히 말해 사람이 가는 곳이면 어디라도 따라오는 이동식 CCTV처럼, 상제는 항상 우리가 악을 행하는지 혹은 선을 행하는지 감시하고 있다. 흥미로운 것은 이렇게 심판자이면서 동시에 감시자인 신이 우리 주변에 있다면, 사실 인간이 자유의지를 가지고 있다는 논의는 희석될 수밖에 없다. 법을 집행하는 관리와 자신을 죽일 수 있는 군주 앞에서 어떻게 평범한 사람들이 권력자가 정한 규칙을 어길 수 있다는 말인가. 그래서 정약용에게는 선을 할 수도 있고 악을 할 수도 있는 자유의지는 거의 타율에 가까운 것으로 변질되고 마는 것이다. 문제는 그럼에도 정약용이《천주실의》를 따라 상제가 인간에게 자유의지를 주었다는 걸 강변하고 있다는 점이다.

하늘은 인간에게 덕을 좋아하고 악을 싫어하는 본성을 부여하고 나서, 선을 행할 수도 있고 악을 행할 수도 있는 것에 대해서는 유동적으로 만들어서 인간의 행동에 맡겨버렸다. 이것이 정말로 두려워할 만한 하늘의 신비한 권능과 오묘한 가르침이다. 왜 그런가? 덕을 좋아하고 악을 싫어하는 것은 이미 분명하니, 이로부터 네가 선으로 향하면 그건 너의 공이고, 네가 악으로 향하면 그것은 너의 죄다. 그러니 어찌 두려워하지 않을 수 있겠는가? ─《논어고금주論語古今註》

기독교 특유의 재주넘기를 정약용도 반복하고 있다. 상제가 인간에게 자유의지를 준 이유는 인간의 선행을 인간의 공로로 돌리려는 신의 뜻이라는 것이다. 그렇지만 핵심은 여전히 인간이 저지른 악행에 대해 단호하게 죄를 물으려는 신의 협박 아닌가. 여기서 결국 정약용의 자유의지도 신에 대한 두려움으로 귀결되어버리고 만다. 사실 이런 난점은 마테오 리치도, 그리고 아퀴나스에게도 그대로 확인되는 사실이다. 아니 기독교 일반이 가진 태생적 문제점이라고 할 수 있다. 자유의지를 가진 인간을 창조했으면 신은 인간에게 손을 떼면 그만이다. 그러나 인간에게 자유의지를 주어 악을 저지를 위험에 노출시킨다는 건 일종의 가학증적 행위 아닌가. 결국 선만 따르게 되는 자유의지로 기독교의 신이 인간에게 원하던 것은 자발적 복종일 뿐이다.

어쩌면 자신에게 자유의지를 주고 시험에 빠뜨린 신에 대한 두려움, 혹은 자유의지를 주었으니 "네가 악으로 향하면 그건 너의 죄다"라고 심판할 신의 판결에 대한 두려움 앞에서 인간은 이제 자신에게 자유의지가 있다는 건 축복이 아니라 일종의 저주라는 걸 토로할 수밖에 없을 것이다. 바로 이것이다. 자신에게 주어진 자유를 자유롭게 부정하는 인간, 그래서 철저하게 신의 명령에 자발적으로 복종하는 인간, 이것이 정약용, 마테오 리치, 아퀴나스, 나아가 예수가 원했던 인간이었다. 어쨌든 이제 인간은 죽어야 모든 시험에서 해방될 수 있다. 살아 있을 때 인간은 이제 즐거움을 가져서는 안 되는 피감시자에 지나지 않는다. 어떻게 피고의 신분에 있는 사람이 얼굴에 미소를 띨 수 있다는 말인가? 여기서 신유학의 이상적 인격 성인은 완전히 파탄을 맞게 된다.

ⓑ

최제우: "수평적 연대를 위해 동양적 범신론을 재정립하자!"

마테오 리치가 동아시아에 들여온 아퀴나스의 교부철학은 보통 '서학西學'이라고 불린다. 최소한 정약용에게 서학적 사유는 일체의 수평적 연대를 부정할 뿐만 아니라, 수직적 위계에 자발적으로 복종하는 주체를 만들려고 했

최제우의 동학은 지금까지 무관심했던 타인들이나 사물들과 수평적으로 연대하려는 노력이다. 결국 최제우는 마테오 리치와 정약용이 붕괴시키려고 했던 만물일체의 이념을 다시 복원하려고 한 것이다.

다. 이제 인간에게는 만물일체라는 수평적 감수성은 붕괴되고 계신공구戒愼恐懼라는 수직적 감수성만이 남게 된다. 노론이란 이름으로 연대하고 있는 기득권 유학자들을 견제하는 효과는 충분히 있지만, 서학과 정약용의 사유는 빈대 잡자고 초가삼간 다 태우는 격이었다. 신은 차치하더라도 군주에게만 모든 것이 집중되는 순간, 군주가 사라질 때 공동체는 그대로 와해될 수밖에 없다. 정조 이산과 같은 영민한 군주도 있지만, 순조純祖 이공李玜 (1790~1834)과 같은 우둔한 군주도 있으니 말이다. 결국 군주가 누구냐에 따라 좌지우지되는 사회는 약한 사회일 수밖에 없고, 그래서 역사는 일원적인 군주제보다는 다원적인 민주제가 순간적으로는 약해 보여도 더 강한 생명력을 보인다는 것을 증명하고 있지 않은가.

군주가 있고서 공동체가 있는 것이 아니라 공동체가 있고서 군주도 있는 법이다. 극단적으로 말해 군주가 없어도 공동체는 충분히 유지될 수 있다. 여기서 중요한 것은 당연히 수평적 연대의식일 것이다. 이미 정약용이 활동했던 18세기와는 달리 19세기 동아시아 3국은 서양의 제국주의 침탈의 표적이 되어버린다. 1840년에 시작되어 2년간 중국을 초토화했던 아편전쟁이 그 대표적인 사례라고 하겠다. 그럼에도 당시 군주나 기득권층은 제국주의를 막을 힘이나 의지가 있었던 것도 아니다. 이런 위기 상황 속에서 상제에게 기도하는 것처럼 군주나 국가가 자신을 지켜주기를 소망하는 것이 무슨 도움이 되겠는가. 그러니 서학의 수직적 논리를 부정해서 다시 수평적 연대의 이념을 복원하려는 움직임이 생기는 것은 어쩌면 당연한 수순인지도 모를 일이다. 그것이 바로 최제우崔濟愚(1824~1864)의 '동학東學'이다.

상제나 군주만을 수직적으로 응시하느라 지금까지 무관심했던 타인들이나 사물들과 수평적으로 연대하려는 노력! 이것이 바로 동학이다. 결국 최제우는 마테오 리치와 정약용이 붕괴시키려고 했던 만물일체의 이념을 다시 복원하려고 한 것이다. 그러니 아주 당당하게 '서학'이 아니라 '동학'이라고 자신의 사상 체계를 규정할 수 있었던 것이다. 수평적 연대를 꿈꾸었기에 최제우의 가르침은 상당히 민중 지향적이었다. 그가 자신의 가르침을 한문으로 되어 있는 《동경대전東經大全》 이외에 한글 가사집 《용담유사龍潭遺詞》에도 담은 것도 이런 이유에서다. 나아가 최제우는 자신의 가르침을 간단한 주문으로 만들어 제자들이나 민중이 암송해 익히도록 했다. 마치 민중에게 '아미타불'이나 '관세음보살'을 읊조리는 것으로 충분히 극락정토에 갈 수 있다고 설교했던 불교의 정토종淨土宗을 보는 듯하다. 《동경대전》에 보면 제자들이 외워야 하는 주문은 두 종류다. 하나는 마음에 신령함이 깃들기를 원하는 주문, 즉 강령주降靈呪이고, 다른 하나는 가장 중요한 주문, 즉 본주문本呪文이다.

강령주는 "지기금지, 원위대강至氣今至, 願爲大降"이다. 풀이하자면 "지극한 기에 지금 이르렀으니, 크게 내려주시기 원합니다"라고 할 수 있다. 그리고 본주문은 "시천주조화정, 영세불망만사지侍天主造化定, 永世不忘萬事知"로 되어 있는데, 풀이하자면 "한울님을 모시어 조화가 내게 자리를 잡으니, 언제나 잊지 않으면 만사가 다 알아질 것이네!"라고 할 수 있다. 21자 주문에 최제우는 자신의 사유 체계를 모두 응축시킨다. 그러나 이 짧은 주문을 들여다보면, 우리의 머리는 복잡해진다. 주문을 외는 전통은 다분히 도교道敎와 관련되어 있고, 지기至氣, 즉 지극한 기라는 표현에는 장재의 기학이 녹아들어 있기 때문이다. 심지어 최제우는 마테오 리치가 사용했던 천주天主라는 개념마저 거침없이 사용하고 있다. 그만큼 당시 고단했던 민중의 마음에는 내세의 행복을 약속했던 서학의 천주 관념이 깊이 들어가 있었던 것이다.

21자 주문을 통해 최제우는 이이제이以夷制夷, 즉 오랑캐로 오랑캐를 제압하려는 전략을 선택한 것이다. 초월자로 민중이 신봉하고 있는 천주를 일단 받아들인 뒤, 사실 그 천주는 바로 당신 자신이라고 반전의 가르침을 주고 싶었던 것이다. 고단한 사람들을 구원하는 천주를 기다리는 것이 아니라, 고단한 사람들을 구원하는 연대의 주체가 될 수 있다. 한마디로 인간은 자신뿐만 아니라 타인도 구할 수 있는 구원자가 될 수 있다는 것이다. 기氣가 서로 감응하는 것처럼 수평적으로 연대하고 유대할 수 있을 때, 바로 이 순간 우리 자신은 천주와 다름없게 된다. 이미 《용담유사》에서 최제우는 말했던 적이 있다. "천상에 상제님이 옥경대에 계시다고 보는 듯이 말을 하니, 음양이치 고사하고 허무지설 아닐런가." 이렇게 최제우는 일체의 초월자에 대해 단호한 거부반응을 보였던 사람이다. 그래서 그가 초월적인 종교 주문처럼 보이는 21자 주문을 내재적으로 푸는 것은 어쩌면 너무나 당연한 귀결이라고 할 수 있다.

'지至'란 지극한 것을 말하고, '기氣'는 비어 있으나 신비함이 가득 차서 어느 일이든 간섭하고 명령하지 않는 적이 없다. 그렇지만 드러나는 것 같지만 묘사하기 힘들고 들리는 것 같지만 보기 어려우니 이것이 바로 혼원한 통일적인 기다. '금지今至'란 지금 입도해서 그 기에 접한다는 것을 안다는 것이고, '원위願爲'는 청해서 축원한다는 뜻이다. '대강大降'이란 것은 기화氣化를 바란다는 것이다. '시侍'는 안으로는 신령神靈이 있고 밖으로는 기화氣化가 있어서 세상 사람들 모두가 옮기지 않는다는 것이다. '주主'란 부모를 섬기듯이 존귀하다는 걸 말한다. '조화造化'란 인위적으로 하지 않아도 변화를 일으킨다는 것이고, '정定'은 그 덕德에 부합해서 마음을 안정시킨다는 것이다. '영세永世'는 사람의 평생이고, '불망不忘'은 생각을 보존한다는 뜻이다. '만사萬事'란 많은 수를 가리키고 '지知'는 그 도道를 알아 그 앎을 받는다는 것이다. 그러므로 그 덕을 밝히고 밝히면, 그리고 생각 생각마다 잊지 않으면, 기화하는 지기에 이르러 마침내 지극한 성인에 이른다.　　　　　　　　　　　-《동경대전》

　　무엇보다도 먼저 우주를 움직이는 지기至氣가 자신에게 내려주기를 소망하는 강령주를 잊어서는 안 된다. 그래야 '시천주侍天主'의 의미에 가능한 오해가 발생하지 않을 수 있다. 한울님을 모신다는 것은 정약용처럼 상제와 같은 초월자를 두려워해서 모시는 것이 아니다. 그것은 우주 삼라만상을 관통하는 지기를 모신다는 뜻이기 때문이다. 최제우에게 지기는 "비어 있으나 신비함이 가득 차서 어느 일이든 간섭하고 명령하지 않는 적이 없는 것"이다. 모신다는 의미의 '시侍'라는 글자를 풀면서 최제우는 "안으로는 신령이 있고 밖으로는 기화가 있어서 세상 사람들 모두가 옮기지 않는다"고 이야기했다. 결국 시천주는 지기가 자신의 몸에서 작동하도록 하는 것과 다를 바 없다. 어차피 우리 개개인도 지기의 작용으로 만들어졌을 뿐만 아니라, 지기의 작용으로 생존하고 활동하는 것이기 때문이다.
　　결국 '시천주'는 세상만물을 살게 하는 지기를 온 마음과 온몸으로 모시라는 것이다. 시천주는 왕수인의 표현을 빌리자면 소인의 마음이 아니라 대인의 마음을 모신다는 것이고, 주희의 표현을 빌리자면 인심人心이 아니라 도심道心을 모신다는 것이다. 최제우를 이어 동학 2대 교주였던 최시형崔時亨(1827~1898)이 《해월신사법설海月神師法說》에서 "한울님을 공경한다는 것은 결단코 허공을 향해서 상제를 공경하는 것이 아니고, 내 마음을 공경하는 것이 곧 한울님을 공경하는 도를 바르게 하는 길이다"라고 강조했던 것도 이런 이유에서다. 그러나 최제우의 주문은 마음에만 국한되는 것이 아니라, 우리의 실존 자체 혹은 삶 자체와 관련된다는 것도 잊어서는 안 된다. 이 점에서 최시형의 다음 이야기는 우리에게 많은 시사점을 준다.

스승 해월이 물었다. "제사를 지낼 때 벽을 향하여 위패를 모시는 것이 옳으냐, 아니면 나를 향해 위패를 모시는 것이 옳으냐?" 손병희가 대답했다. "나를 향해 위패를 모시는 것이 옳습니다." 그러자 해월은 다시 말했다. "그렇다. 이제부터는 나를 향하여 위패를 모시는 것이 옳은 일이다. 그렇다면 제사 음식을 준비할 때 급하게 집어먹는 경우가 발생한다면 다시 제사 음식을 차려 제사를 지내는 것이 옳으냐, 그냥 그렇게 제사를 지내는 것이 옳으냐?" 이번에는 손천민이 대답했다. "그냥 그대로 제사를 지내는 것이 옳은 일입니다."　　　　　　　　－《해월신사법설》

동양 전통에서 암묵적으로 전제되는 피의 형이상학을 생각해보자. 나의 피는 부모에게서 물려받은 것이고, 나는 또한 나의 피를 후손들에게 물려줄 것이다. 자! 이제 분명해진다. 살아 있는 나의 피에는 과거 모든 조상의 피와 앞으로 태어날 모든 후손의 피가 생생하게 존재하고 있다. 생명력, 혹은 생성력이라고 해도 좋다. 그러니 제사를 지낼 때, 이미 죽은 조상을 위해 지내지 말라는 것이다. 그건 모두 껍데기일 뿐, 죽은 조상들의 생명력은 그들을 떠나 이미 살아 있는 내 몸 안에서 박동치고 있기 때문이다. 지기至氣도 마찬가지다. 이것은 단순한 조상을 넘어서 모든 만물을 낳는 근원적인 생명력이자 생성력이기 때문이다. 당연히 이 지기도 이미 죽은 조상이 아니라 살아 있는 나에게 있는 것이다. 그리고 또 무언가를 낳으려는 생명력으로 작용하게 될 것이다. 《주역》에서 말하는 생생불식生生不息, 즉 "낳고 낳기를 끊이지 않는" 힘이 바로 지기니까 말이다.

생명력과 생성력으로 자신에게 내재해 있는 지기를 모시는 것, 이것이 바로 '시천주'의 의미였던 셈이다. 그러니 지기는 안으로는 마음의 신령神靈으로, 밖으로는 육체의 기화氣化로 드러나게 될 것이다. 이렇게 되었을 때 우리는 마음과 몸으로 지기의 조화造化, 즉 생성의 작용에 참여하게 된다. 이것이 바로 '조화정'의 의미다. 자신도 살리고 남도 살리는 것이 바로 조화가 아닌가. 그러나 문제는 인간은 항상 남을 죽여서 자신만 살려고 할 수 있다는 점이다. 생명력과 생성력으로 탄생한 일시적 존재로서는 이것은 사실 자기부정에 가까운 것이다. 생명력과 생성력을 자신뿐만 아니라 타인들, 나아가 사물들을 살도록 하는 데 사용해야만 한다. 그래서 지기의 생명력과 생성력을 영원히 잊어서는 안 된다는 수양론을 최제우는 역설했던 것이다. 그럴 때에만 우리는 자신을 포함한 모든 존재들이 생명력과 생성력의 결과물이라는 진실을 알게 된다. "언제나 잊지 않으면 만사가 다 알아질 것이네!"라고 번역된 본주문의 '영세불망만사지永世不忘萬事知'라는 구절로 최제우가 말하려고 했던 것은 바로 이것이다.

만물일체라는 이념은 이렇게 최제우를 통해 화려하게 생성과 생명의 철학으로 부활한 것이다. 더군다나 최제우는 만나는 모든 것마다 살려주는 경지에 우리가 이를 수 있다고 단언한다. 한마디로 마테오 리치나 정약용이 부정했던 성인聖人 관념을 최제우는 다시 멋지게 살려낸 것이다. 21자 주문을 푸는 마지막 구절에서 그가 "생각 생각마다 잊지 않으면, 기화하는 지기에 이르러 마침내 지극한 성인에 이른다"고 말했던 것이 그 증거라고 할 수 있다. 지기처럼 자연스럽게 세상에 생명을 북돋아주는 존재가 되었을 때, 인간은 성인이 될 수 있다. 그리고 바로 이 순간은 동시에 '인내천人乃天'이라는 동학 이념이 실현되는 순간이기도 하다. 인간은 자신뿐만 아니라 지기가 낳은 모든 존재자에게 생명력의 기운을 북돋아주는 존재가 될 수 있다. 생성과 생명의 수호천사, 수평적 연대의 전사, 그것이 바로 최제우가 생각했던 성인이었던 셈이다.

동학의 핏빛 절규, 칼의 노래

《해월신사법설》에서 최시형은 강조했던 적이 있다. "만물 중 한울님을 모시지 않은 존재는 없다. 이것을 알면 살생을 금지하지 않아도 저절로 금지될 것이다." 모두가 우주적 생성력과 생명력, 즉 지기至氣의 자식들이라는 발상인 것이다. 그러니 어떻게 타인이나 다른 생명체를 살리지 않고 죽일 수 있다는 말인가? 장재가 말한 것처럼 우리는 우주가족이니 말이다. 그러나 모든 존재의 생명력을 위축시키거나 빼앗아가는 사태가 벌어질 수도 있다. 한마디로 말해 모든 존재의 수평적 연대와 유대를 수직적 억압과 복종의 관계로 만들려는 음모가 항상 발생할 수 있다는 것이다. 조선왕조의 억압적 구조도 그렇고, 제국주의의 침탈도 마찬가지다.

이미 동등한 생명체로 우주의 생성에 참여하고 있다고 자각한 주체, 한마디로 말해 자유로운 개인들의 공동체를 지향하고 있는 주체는 이런 경우 어떻게 해야 하는가? 이론적으로 두 가지 가능성이 있다. 하나는 수평적 연대를 부정하는 사람들도 수평적인 생명의 연대에 들어갈 수 있도록 인내하는 것이다. 다른 하나는 수평적 연대를 위해 단호하게 저항하는 것이다. 전자는 사변적인 종교인의 길이고, 후자는 현실적인 투사의 길이다. 그러나 우리는 19세기 후반 동학이 현실적인 투사의 길을 걸었다는 걸 잘 알고 있다. 수평적이고 민주적인 정치 조직, 즉 집강소執綱所를 만들었고 그것을 지키고자 했던 1894년 한 해를 그야말로 찬란하게 장식했던 동학의 갑오농민전쟁甲午農民戰爭이 바로 그것이다. 1894년 전라도의 53개 군현에는 모두 집강소가 설치되어 민중자치가 이루어지고 있었다. 그것은 물론 제1차 갑오농민전쟁의 승리의 대가였다.

전라도에 집강소를 중심으로 민중자치가 이루어진 시기는 1894년 음력 5월 8일부터 9월 12일까지, 양력으로는 6월 11일부터 10월 10일까지 대략 4개월 동안이었다. 오지영吳知泳(?~1950)의 《동학사東學史》는 당시 집강소의 강령 12가지를 알려주고 있다. 첫째, 동학교도와 정부는 오랜 의심을 풀고 여러 정사에 협력한다. 둘째, 탐관오리는 그 죄목을 조사하여 엄하게 처벌한다. 셋째, 포악스런 지주들을 엄하게 처

김개남(왼쪽)과 한양으로 압송되는 전봉준. 남접의 지도자 전봉준과 김개남은 제2차 농민전쟁 때 일본군 관군과 접전을 벌였다. 바로 자신들의 존엄성을 지키기 위해서였다.

벌한다. 넷째, 선량하지 않은 유림들과 양반들을 처벌한다. 다섯째, 노비문서는 태워 없앤다. 여섯째, 천민들에 대한 대우를 개선하고 평양립을 쓰지 않는다. 일곱째, 청상과부의 재혼을 허락한다. 여덟째, 규정되지 않는 세금은 일절 걷지 않는다. 아홉째, 관리는 지연에 좌우되지 않고 능력에 의해 채용한다. 열째, 일본과 우호적인 자들은 처벌한다. 열한째, 모든 채무 관계는 백지화한다. 열두째, 토지는 골고루 나누어 경작한다.

집강소 시절 전라도 땅에는 정말 1871년 3월 28일부터 5월 28일까지 파리를 해방시켰던 파리코뮌에 부럽지 않을 정도로 자유로운 개인들의 공동체가 달성되었던 것이다. 물론 이것은 전라도 지역의 동학 지도자, 즉 남접南接의 세 지도자 전봉준全琫準(1855~1895), 김개남金開南(1853~1895), 손화중孫華仲(1861~1895)의 힘이라고 할 수 있다. 그렇지만 청일전쟁에 승리한 일본, 그리고 그와 결탁한 조선왕조가 민중자치 조직 집강소를 그냥 두고 볼 리 없다. 그래서 마침내 음력 9월 13일, 그러니까 양력으로 10월 11일 김개남을 중심으로 제2차 동학농민전쟁이 일어나게 된 것이다. 앞서 음력 1월 11일에서부터 3월 3일까지, 양력으로는 2월 16일부터 4월 8일까지 일어났던 제1차 동학농민전쟁이 조선왕조의 수탈에 저항하는 민란의 성격이었다면, 이 두 번째 농민전쟁은 완전히 성격이 달랐다.

1차 농민전쟁이 굶어 죽으나 잡혀 죽으나 마찬가지라는 절박감에서 일어났다면, 2차 농민전쟁은 자신들에게 자유와 평등을 주었던 집강소를 지키기 위한 저항이었다. 2차 농민전쟁 때 일본군, 관군과 접전을 벌였던 것은 남접의 지도자 전봉준과 김개남이었다. 남은 지도자 손화중은 53곳의 집강소를 지키는 데 집중했다. 그만큼 2차 농민전쟁은 집강소 조직과 밀접한 관련이 있었던 것이다. 4개월 동안 지속되었던 민중자치 시기에 동학 지도자들과 민중은 집강소를 통해 자신들의 존엄성을 되찾았던 것이다. 바로 이 존엄성을 지키기 위해, 상투적으로 말하면 "자유가 아니면 죽음을 달라!"는 구호로, 제2차 동학농민전쟁이 발생했던 것이다. 동학의 창시자 최제우는 시천주侍天主라는 진언을 외우도록 했다. 그러나 바로 이 천주天主, 즉 하늘님은 존엄성을 회복한 자유로운 우리 자신이 아닌가? 집강소를 통해 민중은 자신이 하늘님이라는 걸 알았던 것이고, 그들은 자신들이 자각한 존엄성을 지키려고 했던 것이다. 그러니 어떻게 자신을 하늘님으로 거듭나게 했던 집강소를 와해시키려는 전제왕권과 제국주의에 맞서 싸우지 않을 수 있겠는가? 하늘님을 모셔야 한다! 집강소를 지켜야만 한다! 수평적 연대를 사수해야만 한다! 이것이 바로 시천주 아닌가.

'시侍'라는 글자는 귀한 사람을 모신다는 뜻이다. 물론 동학에서 귀한 사람은 바로 자기 자신이다. 그런데 그 귀한 사람을 누군가 해치려고 한다면, 혹은 귀한 사람에게서 귀한 지위를 빼앗으려고 하는 사람이 있다면, 우리는 칼을 들어야 하는 것 아닌가? 결국 현실에서 시천주는 칼의 주문이게 된다. 아니 신명나는 칼춤으로 드러날 수밖에 없다고 하겠다. 그러니 시천주는 무저항과 비폭력과는 아무런 상관이 없다. 그것은 정당한 폭력, 혹은 당당한 폭력으로 드러날 수밖에 없으니 말이다. 아이러니한 것은 '시'라는 글자의 이런 의미가 동학을 궤멸시키려고 했던 일본에서는 그대로 보존되어 있다는 사실이다. 지금도 그렇지만 과거에도 '시'라는 글자는 일본에서 사무라이さむらい라고 발언된다. 바로 무사다. 동학의 정수에도 바로 이 무사, 즉 전사의 정신과 기백이 있었던 것이다. 물론 사무라이가 자신이 아닌 주인을 지키려는 무사라면, 동학교도는 자신의 존엄성을 지키려는 무사다.

바로 여기서 우리는 지금의 《천도교 경전》에서는 증발된 최제우의 칼노래를 기억해야만 한다. 동학의 창시자 최제우가 1864년 41세의 나이로 세상을 떠날 수밖에 없었던 가장 중요한 이유가 바로 그의 칼노래와 칼춤이었기 때문이다. 《일성록日省錄》을 보면 최제우를 잡아들인 당시 대구감사 서헌순徐憲淳(1801~1868)이 그를 취조하는 대목이 등장한다. "서헌순이 물었다. '네가 도道로 세상을 가르친다고 하면서도 목검을 만들어 사용하고 제자들에게 그것을 가르쳤으니, 그것은 무엇 때문인가?' 그러자 최제우가 대답했다. '도를 닦는 것은 천심天心을 지키고 정기正氣를 기르는 것을 말한다. 그래서 우리들은 사람의 정기를 기르기 위해 목검을 만들어 검무를 추게 한 것이지, 다른 뜻이 있었던 것은 아니다.'" 그렇다면 최제우가 제자들과 검무를 추면서 불렀던 칼노래는 어떤 내용이었을까?

시호시호時乎時乎 이내 시호時乎, 부재래지시호不再來之時乎로다
만세일지장부萬世一之丈夫로서 오만년지시호五萬年之時乎로다

용천검龍泉劍 드는 칼을 아니 쓰고 무엇하리
무수장삼無袖長衫 떨쳐입고 이 칼 저 칼 넌줏 들어
호호망망浩浩茫茫 넓은 천지天地, 일신一身으로 비켜서서
칼노래 한 곡조를 시호시호時乎時乎 불러내니
용천검龍泉劍 날랜 칼은 일월日月을 희롱하고
게으른 무수장삼無袖長衫, 우주宇宙에 덮여 있네
만고명장萬古名將 어데 있나, 장부당전丈夫當前 무장사無壯士라
좋을시고 좋을시고 이내 시호時乎 좋을시고.

이걸 요즘 말로 해석하면 아래와 같다.

때로구나! 때로구나! 우리 때로구나! 다시 오지 않을 때로구나!
영원을 꿈꿀 장부에게는 오만 년 만에 도래한 때로구나!
용천검 날카로운 칼을 아니 쓰고 무엇하겠는가!
소매가 없는 장삼을 걸쳐 입고 이 칼이나 저 칼 조용히 들어
광대하고 넓은 세상에 온몸으로 맞서서
칼의 노래 한 곡조를 "때로구나! 때로구나!"라고 불러보니
용천검 빠른 칼은 해와 달을 희롱하고
여유로운 소매가 없는 장삼은 우주를 덮는구나!
옛날의 명장들은 어디에 있나? 장부 앞에는 대적할 장사도 없구나!
좋구나! 좋아! 우리 때가 좋기만 하구나!

최제우와 제자들이 행했던 칼춤과 칼노래는 조선왕조에게 최제우와 동학이 혁명을 도모한다는 결정적인 증거로 보였다. 사실 최제우를 처형한 결정적인 계기도 바로 이 칼과 노래, 그리고 춤과 관련된 것이다. 정부의 취조에 최제우는 수양의 일환이라고, 반란의 뜻이 없었다고 이야기한다. 아마 자신은 죽음을 면하지 못하겠지만, 따르는 제자들은 구원하겠다는 속내일 것이다. 그래서 칼노래에서 우리는 억압과 굴종에서 벗어나 당당함을 되찾은 최제우와 그의 제자들이 다시는 자유로움과 당당함을 빼앗기지 않겠다는 결의를 다지고 있는 극적인 장면을 읽어내야만 한다. 되찾은 존엄을 지키려면 전사가 되어야만 했던 것이다. 결국 시천주의 사상은 칼노래와 칼춤에서 그 정점에 이를 수밖에 없다. 바로 이 정신이 있었기에 동학혁명도 가능했고, 우금치의 장렬한 전투도 가능했던 것이다.

경주 외각에 최제우가 동학의 가르침을 자각한 곳, 용담정龍潭亭이 있다. 이곳은

지금도 천도교의 성지로 관리되고 있다. 그런데 용담으로 들어가는 입구에 서 있는 최제우의 동상은 동학의 정신이 얼마나 그 빛이 바랬는지 보여주고 있다. 동상의 오른손은 하늘을 가리키고, 왼손은 책을 들고 있다. 하늘이 아니라 자신의 뜨거운 심장을 가리켜야 하고, 책이 아니라 칼을 들고 있어야 하는 것이 아닌가? 너무나 슬프고 너무나 분통이 터질 일이다. 수직적 억압과 굴종을 칼춤으로 돌파하고자 했던 동학의 정신을 이렇게 모독해도 괜찮은 것인가? 불행히도 최시형도 죽고, 전봉준도 죽고, 김개남도 죽고, 손화중도 죽은 뒤, 지금 최제우와 그의 제자들이 달밤에 즐겼던 칼춤과 칼노래는 그저 수양의 차원에서 이루어졌던 종교적 춤과 노래로 전락한 것 아닌가.

동학의 심오함은 갑오농민전쟁으로 포괄되지 않는다는 주장이나, 혹은 종교의 길이 개혁의 길보다 더 좋다는 논의는 동학의 생명력 자체를 부정하는 수정주의의 길이라고 할 수 있다. 수직적 억압과 굴종은 수평적 유대와 연대와는 결코 타협할 수 없는 얼음과 불 사이의 관계이기 때문이다. 이런 수정주의 탓에, 혹은 정신승리를 추구하는 사변적인 길 때문에, 1991년 5월 5일 시인 김지하는 《조선일보》에 〈죽음의 굿판을 걷어치워라〉라는 제목의 칼럼을 기고해서, 당시 인위적 정계 개편으로 민주주의를 희롱하고 있던 노태우 정권에 힘을 실어주었던 적이 있다. 노태우 정권의 탄압에 분신 등 극단적인 방법으로 저항했던 민주화 세력들을 동학의 생명 중시 사상을 이용하여 비난했던 것이다. 그러나 잊지 말자! 시천주의 현실적 모습은 칼을 든 무사이고, 자신과 연대를 지키려는 무사만이 시천주의 동학교도라는 사실을. 달 밝은 밤 제자들과 검무를 추었던 최제우의 힘, 혹은 동학의 힘은 바로 여기에 있다.

30

민족주의는 극복 가능한가?

청년 신채호

———————————— VS ————————————

장년 신채호

적에게 감금된 우리의 아나키스트, 신채호

"죽은 자들도 적이 승리한다면 그 적 앞에서 안전하지 못하다!"〈역사의 개념에 대하여Über den Begriff der Geschichte〉에 등장하는 벤야민의 말이다. 벤야민의 한탄에 가장 어울리는 불행한 사상가가 우리에게 있다. 바로 신채호申采浩(1880~1936)다. 승리한 적들은 그에게 민족주의라는 라벨을 붙여 박제해버렸다. 분명 신채호는 민족주의자의 길을 걸었던 것은 맞다. 그러나 그것은 그의 삶과 사유 과정 중 과도기, 즉 1920년대 이전에만 해당되는 일이다. 민족주의자로서 신채호는 일본 제국주의의 노예로 전락했던 우리 민족의 정신을 깨우기 위해 역사연구에 몰입했다. 1910년대 집필되었던《조선상고문화사朝鮮上古文化史》《조선사론朝鮮史論》등이 바로 그 결과물이다. 최소한 이때의 저작들은 신채호가 강한 민족주의자라는 걸 말해준다.

그러나 민족주의 프레임으로 신채호를 보던 사람은 1920년대 초에 집필된《단아잡감록丹兒雜感錄》에 등장하는 그의 말을 보면 경악하게 될 것이다. 적들이 애써 은폐하려고 했던 말년의 신채호가 번개의 불빛에 모습을 드러내기 때문이다. 〈위학문僞學問의 폐해弊害〉라는 제목이 붙은《단아잡감록》의 여섯 번째 글을 마무리하면서 신채호는 "빠곤이 쿠로파트킨로 도덕道德을 강술하야 우리 청년靑年의 두뇌頭腦를 다시 씨슬는지"라며 탄식한다. '빠곤이'와 '쿠로파트킨'은 무엇을 가리키는가? 바로 러시아의 대표적인 아나키스트 바쿠닌Mikhail Bakunin(1814~1876)과 크로포트킨Pyotr Kropotkin(1842~1921)을 말한다. 그러니까 신채호의 생각에 따르면 "바쿠닌, 크로포트킨으로 도덕을 강의해야 우리 청년의 정신을 다시 씻을 수 있다"는 것이다. 바로 이것이다. 1920년대 이후 죽을 때까지 약 15년 동안 신채호는 동아시아가 자랑하는 아나키스트 사상가였을 뿐만 아니라, 직접 아나키즘을 실천하며 살았던 것이다.

프랑스대혁명 이후 19세기에 폭발했던 아나키즘은 글자 그대로 어떤 강압적인 지배도 부정하는 입장, 특히 국가가 없는 사회를 꿈꾸었던 입장이

아나키스트 미하일 바쿠닌(왼쪽)과 표트르 크로포트킨. 신채호는 "바쿠닌, 크로포트킨으로 도덕을 강의해야 우리 청년의 정신을 다시 씻을 수 있다"고 말했다.

다. 19세기 아나키스트들은 연맹과 연대의 사회, 혹은 자유로운 개인들의 공동체를 꿈꾸었다. 아이러니한 것은 당시에는 아나키스트들과 마찬가지로 억압이 사라진 사회, 혹은 피억압자들이 주인이 되는 사회를 꿈꾸었던 다른 사상가들도 존재했다는 점이다. 그들이 바로 마르크스와 그의 추종자들이었다. 아나키스트와 마르크스주의자들은 모두 근대 이후 등장한 국가가 부르주아, 즉 자본가의 이익을 위한 억압기구에 불과하다는 데 동의하고 있었다. 그러나 혁명 과정 중 혁명 주체를 설정하는 문제에서 아나키스트와 마르크스주의는 노선을 달리하게 된다. 바쿠닌의 경우처럼 아나키스트는 연맹federation을 주장하며 초지일관 "자유로운 개인들의 공동체"를 지향했다면, 마르크스는 프롤레타리아 정당을 중심으로 혁명을 추진하는 중앙집권주의Centralism를 지향했던 것이다.

여기서 마르크스는 낙관했던 것이다. 억압받는 자들을 대표하는 정당이 어떻게 억압받는 자들을 억압할 수 있느냐고 말이다. 물론 말년의 마르크스는 젊은 시절의 낙관론에 거리를 두고 있다는 점도 중요하다. 어쨌든 프롤레타리아 정당에 대한 바쿠닌의 입장은 비관적이다. 대표자, 혹은 중심이 있다는 이유 하나만으로 피대표자나 주변이 발생하는 것 아닐까? 당연히 유일한 집권세력으로 등장하는 프롤레타리아 독재도 억압체제일 수밖에 없다는 것이다. 바쿠닌의 이야기를 직접 들어보자.

> 마르크스주의자들은 단지 하나의 독재, 물론 그들의 독재만이 민중들의 의지를 창조할 수 있다고 주장하지만, 우리의 입장은 다르다. 어떤 독재도 자기 영속화를 제외하고는 어떤 목적도 가질 수 없다. 독재는 그것을 감내하는 민중들에게 단지 노예 상태를 낳을 뿐이다. 자유는 단지 자유에 의해서만, 다시 말해 민중 입장에서의 보편적인 저항과 밑에서부터 위로 분투하는 대중들의 자유로운 조직에 의해서만 창조될 수 있는 것이다. ─《국가주의와 아나키Statism and Anarchy》

물론 마르크스는 기존의 억압 세력들과 효과적으로 싸우기 위해서는 전위적인 정당이 반드시 있어야 하는 것 아니냐고 반문할 것이다. 이 프롤레타리아 정당은 노동자들의 의식을 깨우쳐서 혁명 전선에 효율적으로 배치하고, 동시에 자유를 되찾으려는 노동자들을 탄압하는 부르주아나 국가권력에 맞서 싸우는 일종의 임시적인 사령부라고 생각할 것이다. 만일 프롤레타리아 정당이 집권하는 데 성공하는 순간, 다시 말해 프롤레타리아 독재가 완수되는 순간, 더 이상 억압자들이 존재하지 않게 된다. 당연히 임시방편적인 프롤레타리아 정당은 해산되어야 한다. 적들이 사라져 전쟁이 없어졌다면, 임시 사령부는 해체되는 것이 순서일 테니 말이다. 그러나 영민한 바쿠닌은 권력을 잡은 프롤레타리아 정당은 결코 자신의 권력을 놓지 않으리라 직감했던 것이다.

바쿠닌의 걱정은 충분히 타당하지 않은가. 기존의 부르주아나 관료들이 사라졌다고 해도, 프롤레타리아 정당은 없어지지 않을 가능성이 더 많으니 말이다. 아직도 억압받는 자들이 깨어 있지 않다는 이유나 혹은 새로운 부르주아들이 곧 출현할 것이라는 이유만 들면, 프롤레타리아 정당은 언제든지 그리고 언제까지나 권력을 영속화할 수 있는 것 아닌가. 결국 마르크스의 입장을 따르면 정권만 바뀌었을 뿐 국가 형식은 끝내 폐기되지 않고 남아 있게 되고, 당연히 억압체제는 기묘한 방식으로 유지된다는 것. 이것이 바쿠닌, 아니 아나키스트들의 일반적인 생각이었던 것이다. 한마디로 말해 마르크스와 그 추종자들은 호랑이를 쫓아내려고 곰을 주인으로 들이는 우를 범하고 있다는 것이다. 결국 자유로운 민중들의 자유로운 조직, 즉 연맹만이 프롤레타리아 독재 등 가능한 모든 억압체제를 제거할 수 있다. 이것이 바로 아나키즘의 정신이다. 물론 그러기 위해서 민중들 개개인은 과거보다 엄청 더 강력한 의지로 무장해야만 할 것이다.

불행히도 마르크스와 그 추종자들은 1872년 9월 바쿠닌과 아나키스트들을 국제노동자협회International Working Men's Association, 즉 인터내셔널International에서 축출하는 데 성공한다. 아나키즘을 축출하는 데 성공한 1872년 9월의 헤이그대회는 어쩌면 20세기, 아니 어쩌면 21세기까지 진보적 운동의 운명을 예견할 수 있는 상징이라고 할 수 있다. 진보를 자처하는 사람들이 민중들의 보편적인 저항의 힘과 그들의 자유로운 조직을 부정할 수 있다는 가르침을 주었으니 말이다. 실제로 바쿠닌의 지적처럼 20세기 러시아와 동유럽, 그리고 동아시아의 마르크스주의 정권은 아이러니하게도 가장 억압적인 체제를 유지하지 않았던가?

바쿠닌과 함께 러시아를 대표하는 아나키스트 크로포트킨도 자신을 존경했던 레닌Vladimir Lenin(1870~1924)을 직접 만난 뒤 러시아 혁명정권의 암울한 미래를 걱정했다. 레닌에게 보내는 첫 번째 서신에서 크로포트킨은 쓰고 있다. "자코뱅당이 집권한 지 40년이 지나서 프랑스에서는 '평등'이라는 말이 저주가 되었던 것과 마찬가지로, 현 상황이 지속된다면 '사회주의'라는 말도 저주가 될 것이다." 평등이라는 좋은 말도 억압적인 정권에서는 획일주의를 강요하는 수단으로 쓰일 수 있고, 사회주의라는 좋은 말도 억압적인 정권에서는 개인의 자유를 억누르는 수단으로 쓰일 수 있다는 지적이다. 결국 중요한 것은 억압적인 정권, 혹은 국가 자체의 소멸이다. 물론 그러기 위해서는 민중들, 혹은 대중들은 스스로 자신들의 주권을 찾고 그에 입각해서 연맹과 연대를 구성할 수 있어야만 한다. 그럴 때에만 대중들은 자신들을 지켜주겠다는 권력자를 철저히 경계하고 부정할 수 있는 단호한 의지와 현실적 힘을 유지할 수 있으니 말이다.

레닌이 주도한 러시아혁명이 민중과 대중을 배신하리라는 불길한 예감에 사로잡혔던 크로포트킨은 러시아 민중에게 절절한 유언을 남기고는 1921년 세상을 떠나게 된다. 그의 유언은 1922년 그의 사후 출간된 책에 기록되어 있다.

혁명을 준비하는 시기에 러시아 혁명가들이 보여준 놀랄 만한 헌신적 행위와 러시아 혁명가들을 고무시켰던 고귀한 사회적 이상에도 불구하고, 우리는 최근 몇 년간 우리 생활 전반에 점차로 침투한 이론, 즉 경제적 유물론이 결국 우세해지는 것을 목격하게 된다. …… 마지막으로 남은 것, 우리 인생의 유일한 희망은 혁명이 전제정치의 막바지에 받은 해로운 영향을 극복하고, 건전한 정신을 지닌 러시아 민중이 기운을 되찾아서, 혁명의 모든 힘을 빼앗고 혁명을 볼모로 만들려고 위협하는 악에서 해방되는 것이다. –《이상과 혁명Idéal et Révolution》

혁명을 통해 집권한 러시아공산당은 혁명을 완수하는 소명을 받은 중심으로 자처하고 있었다. 마르크스와 엥겔스의 역사유물론의 입장에 따르면 특정 사회는 봉건주의에서 자본주의로, 그리고 이 자본주의를 넘어 공산주의로 넘어가야만 한다. 당연히 아직도 농업경제에 머물고 있는 러시아에 진정한 공산주의를 만들기 위해 공산당은 스스로 중심이 되어 졸속으로라도 자본주의 단계의 경제적 토대를 만들려고 했다. 바로 계획경제, 즉 '국가=자본'이란 기묘한 사생아의 탄생이다. 당연히 러시아 민중은 역사의 방향을 알고 있다고 자처하는 공산당의 지침을 수용해야만 했다. 그러나 얼마나 우스운 일인가. 모든 생산을 통제하며 노동자를 부렸던 자본가계급을 없앴다고는 했지만, 국가 자체가 하나의 유일한 자본가인 것처럼 행세하고 있으니 말이다. 그러니 크로포트킨은 러시아 민중에게 공산당 독재가 독점한 혁명의 힘을 빼앗아, 억압 일체가 사라지는 진정한 혁명을 달성하라는 유언을 남겼던 것이다.

억압받는 자들을 위한 정권이라고 자처했던 프롤레타리아 정당마저도 부정했던 사람들이 바로 바쿠닌과 크로포트킨과 같은 아나키스트들이었다. 그러니 신채호가 미래를 담당한 젊은이들에게 아나키즘으로 정신무장을 하라고 촉구하고 있다는 건 여간 심각한 일이 아니다. 과거 그가 지향했던 민족주의는 일본 제국주의의 수탈과 억압을 감내하고 있던 우리 민족에게 자유를 되찾아주려는 논리였다. 당연히 민족주의는 일본인 지배자를 거부할 수는 있지만 한국인 지배자에 대해 무력할 수밖에 없는 입장이다. 아나키즘을 받아들이는 순간, 신채호는 이제 한국인 지배자에 대해서도 저항할 수 있게 된 것이다. 자유로운 개인들의 공동체를 도모했던 신채호, 억압 형식 자체, 혹은 국가 형식 자체를 부정하던 아나키스트 신채호. 그런데 1962년 그에게 정말 아이러니한 일이 벌어진다. 쿠데타로 정권을 잡은 박정희가 건국훈장 대통령장을 수여한 것이다. 국가라는 억압적 형식을 부정했던 아나키스트에게 쿠데타 정권에서 그것도 국가를 건립했다는 표창장을 주었으니, 아이러니도 이 정도면 엽기적이기까지 하다.

⑯

청년 신채호: "영웅, 민족, 국가를 삼위일체로 묶어야 한다."

"개체발생은 계통발생을 반복한다Ontogeny recapitulated phylogeny"고 헤켈Ernst Haeckel(1834~1919)은 말했던 적이 있다. 하나의 개체는 자신이 속한 전체 계통의 역사를 압축적으로 반복하며 성장한다는 이야기다. 이 말에 가장 어울리는 사람이 바로 신채호였다. 좁게는 한국 민족의 역사, 넓게는 인류의 역사를 반복하며 살았고 성장했으니까 말이다. 그는 동양의 전통 학문 주자학을 거쳐서 실학을, 그리고 사회진화론 등 당시 서양 사상도 배웠으며, 마지막으로 동양과 서양을 넘어서 가장 강력한 인문주의자, 즉 아나키스트로 성장하게 된다. 그의 인생 과정에서 아마도 가장 커다란 사건은 1894년 그의 나이 15세 때의 경험이었을 것이다. 그것은 바로 갑오농민전쟁, 즉 동학군의 혁명을 몸소 목격했던 사건이었다. 위로부터의 개혁이 아니라, 아래로부터의 혁명!

불행히도 1919년 3·1운동이 일어나기 전까지 동학혁명에서 보았던 아래로부터의 혁명의 가능성은 아직 그의 내면에 잠자고 있었다. 40세 때까지 그는 유학자, 즉 선비로 살았고 사유했기 때문이다. 의식적으로나 무의식적으로 동서양의 모든 지식인의 내면에는 계몽주의적 우월의식이 깔려 있는 법이다. 그러니까 자신의 지성으로 모든 무지몽매한 민중들이 가야 할 길에 불을 밝힐 수 있다는 일종의 엘리트주의가 그것이다. 신채호도 이 엘리트주의에서 자유롭지 않았던 셈이다. 하긴 유학을 배웠던 신채호가 공자의 유명한 가르침을 잊을 리 없는 일이다. "군자의 덕은 바람과 같고, 소인의 덕은 풀과 같다. 바람이 위에서 불면 풀은 반드시 눕는다君子之德風, 小人之德草. 草上之風, 必偃."《논어》〈안연顏淵〉편에 등장하는 유명한 말이다. 결국 어떤 바람을 일으키느냐에 따라 민중의 삶, 나아가 전체 공동체의 운명은 확연히 바뀔 것이라는 주장이다. 1908년 1월《대한매일신보大韓每日新報》에 신채호가 쓴 계몽주의적 엘리트주의가 물씬 풍기는 칼럼도 이런 문맥에서 탄생한 것이다.

영웅이란 세계를 창조하는 성스러운 정신이고 세계란 영웅이 활동하는 무대다. 만일 상제가 세상을 만든 이래 영웅이 한 사람도 없었다면, 활량하고 광활한 산야는 날짐승과 들짐승이 울부짖는 황무지가 되었을 것이고, 푸른 바다는 물고기와 용이 출몰하는 길고 어두운 굴이 되었을 것이고, 이른바 인류는 한쪽 구석에 숨어 웅크려서 몸은 있지만

역사가이자 민족주의자로서 신채호는 영웅과 국가를 불신하는 민중들의 내면에 영웅에 대한 애정과 국가에 대한 신뢰를 회복시키는 것이 급선무라고 생각했다.

가족이 없고 무리는 있지만 국가는 없고, 생활은 있지만 법률은 없어서, 단지 벌과 개미와 같은 벌레처럼 태어나고 죽을 것이니 곰과 호랑이와 같은 맹수에게 복종하느라 한 번 웃고 한 번 울 때에도 그 소리를 감히 크게 하지 못했을 것이다. …… 그 지식은 만인을 뛰어넘고 그 기개는 한 세상을 덮어, 어떤 종류의 마력을 사용하든지 반드시 한 국가가 바람처럼 쏠리고 천하가 산처럼 받들어, 태양이 모든 존재를 끌어당기듯 동서남북 수많은 인물들이 모두 그 한 사람을 향하여 노래하고 울고 사랑하고 숭배하니, 바로 영웅이 그 사람이다.

– 〈영웅英雄과 세계世界〉

아주 강력한 영웅주의이고 부끄럽기까지 한 엘리트주의다. 하지만 이때 신채호는 영웅주의를 확신했다. 가족제도를 만들고, 국가를 만들고, 법률도 만들어서 인류를 가장 강한 동물로 만들어준 것은 바로 한 사람의 영웅이다. 식민지로 전락한 조선이기에 망정이지, 독일과 같은 국가에서 이런 영웅주의는 히틀러의 파시즘으로 러시아의 경우에서는 공산당 일당독재로 변주되었을 것이다. 물론 식민지 조선의 암흑기를 밝힐 독립 지도자를 꿈꾼다는 맥락에서는 신채호의 영웅주의는 나름 납득이 가기도 한다. 이집트에서 노예생활을 하던 이스라엘 민족을 가나안 땅으로 이끄는 절대적 지도자 모세를 떠올리게 하는 대목이니 말이다. 이런 맥락에서 신채호는 1907년에 량치차오梁啓超(1873~1929)의 《의태리건국삼걸전意太利建國三傑傳》을 저본으로 삼아 《이태리건국삼걸전伊太利建國三傑傳》을 썼고, 1908년에는 《을지문덕전乙支文德傳》을 썼던 것이다. 신채호는 위기에 빠진 국가나 민족을 구한 영웅 이야기를 통해 조선의 독립에 희망을 주려고 했던 것이다.

등불을 들고 앞장서는 영웅, 그리고 그를 따르는 충직한 민중들! 이것이 바로 신채호가 꿈꾸던 조선 독립의 이미지였다. 물론 이렇게 하나의 등불에 모여든 영웅과 민중들을 제외한 다른 사람들은 곰과 호랑이와 같은 맹수들과 다름없다고 사유된다. '적과 동지'를 정치적 범주라고 외쳤던 슈미트를 연상시키는 아주 거친 이분법이다. 바로 여기서 신채호의 민족주의가 그 모습을 드러낸다. 영웅이 들고 있는 등불을 중심으로 모여들고 있는 민중들, 바로 이 전체가 민족이었다. 등불 바깥 어둠 속에도 엄연히 우리와 마찬가지로 희로애락을 느끼는 인간이 살고 있다는 생각은 여기서는 사치일 뿐이다. 바깥은 어둡고 차갑고 바람이 매섭게 불고 있으니 말이다. 우리가 떠받드는 영웅이 넘어지면, 그가 들고 있던 등불도 땅에 떨어질 것이다. 그러면 간만에 찾은 밝음도 다시 어둠으로 던져질 테니 말이다. 제국주의라는 음습한 바람이 몰아치던 20세기 초를 염두에 둔다면, 이 또한 나름 이해할 수 있는 발상이다.

1909년 5월 《대한매일신보》의 칼럼 〈제국주의帝國主義와 민족주의民族主義〉에서 신채호는 강조한다. "민족주의가 확대되고 웅장해지고 견고해지는 빛을 띠면, 어떤 극렬하고 사악한 제국주의라도 감히 침입하지 못하니, 요컨대 제국주의는 민족주의가 박약한 나라에만 침입하는 것이다. 비단이나 꽃과 같은 한반도가 지금에 이르러 어두워지고 무기력하게 일본의 마수에 떨어진 것은 무슨 까닭인가? 한인韓人의 민족주의가 강건하지 못한 까닭이다. 오직 바라건대 한국 동포는 민족주의를 크게 분발하여 '우리 민족의 나라는 우리 민족이 주장한다'는 한 구절을 호신부護身符로 생각해서 민족을 보전해야 할 것이다." 절절한 이야기이지만, '우리 민족의 나라는 우리 민족이 주장한다'는 구절의 정확한 속내는 '우리 민족의 나라는 우리의 영웅이 주장한다'가 되겠다.

불행히도 1908년과 1909년 현해탄 너머 일본 제국주의의 야욕이 노골화되고 있을 때, 대한제국에는 영웅이 없었다. 훗날 고종高宗이라 불리는 조선왕조 26대 왕 이희李熙(1852~1919)도 영웅은 아니었고, 내각의 중심에 있었던 이완용李完用(1858~1926)도 박제순朴齊純(1858~1916) 등도 영웅은 아니었다. 그렇다고 해서 재야에 있으며 대한제국의 미래를 걱정했던 장지연張志淵(1864~1921)이나 황현黃玹(1855~1910)이 영웅일 수 없었다. 과거 수차례 우리 민중들은 자신들을 노예로 만들려는 위기 상황에 노출된 적이 있었다. 바로 이때 등불을 높이 들어 민중들의 중심이 되어 위기를 극복하는 데 앞장섰던 영웅들이 있었다. 현재에 없으면 과거에서 찾으면 된다. 과거의 영웅은 환생할 수 없지만, 이를 통해 영웅의 부재에 절망한 민중들은 다시 힘을 되찾게 될 것이다. 항상 위기 때마다 영웅은 등장했으니 현 시국에 절망하지 말자는 기대감이다. 바로 이것이 신채호가 역사에 몰입했던 이유였다.

마침내 역사가 신채호가 탄생한 것이다. 1908년 6월 《대한협회보大韓協會報》에 실린 자신의 칼럼을 통해 신채호는 역사가로서 소명의식을 다음과 같이 피력했던 적이 있다.

국國이란 한 글자는 머릿속에 잠시라도 빛나던 때가 없었던 이런 사람들에게 어찌 작은 혀와 작은 붓의 능력으로 애국심愛國心을 불어넣을 수 있다고 하겠는가. 아! 내가 나라를 사랑하려거든 역사를 읽어야 하며, 남으로 하여금 나라를 사랑하게 하려거든 역사를 읽게 해야 한다.

…… 영국의 거대함과 미국의 부유함을 화포와 군함에서 나오는 것이라 하고 자연과 광산에서 나오는 것이라고 하는가? 아니다. 단지 그 한편의 역사에서 나오는 것이리라. 독일의 웅장함과 프랑스의 강함을 상업과 공업에서 나오는 것이고 경제와 법률에서 나오는 것이라 하는가? 아니다. 단지 그 한 편의 역사에서 나오는 것이다. 사람들이 모두 역사를 읽고 사람들이 모두 나라를 사랑하면, 어떤 나라인들 저들 강대국에 미치지 못하겠는가.　　　－〈역사歷史와 애국심愛國心의 관계關係〉

제국주의에 맞서려면, 민족주의로 무장해야 한다. 그러나 '대한제국을 사랑하자!' '우리는 같은 민족이다!'라고 아무리 떠들고 아무리 글을 써도, 지금 민중들은 민족의식도 애국심도 갖지 않는다. 당연한 일이다. 기득권 세력들은 아쉬울 때에만 국가나 민족을 강요할 뿐, 평상시에는 민중들을 착취하고 수탈했기 때문이다. 당연히 '이게 너희의 나라일 뿐이지, 한 번이라도 우리의 나라인 적이 있었는가?'라는 반문이 나올 수밖에 없다. 19세기 내내 조선왕조가 얼마나 타락했는지 경험했던 민중들이었다. 그러니 그사이에 동학농민혁명도 일어났던 것이다. 결국 이런 상황이라면 영웅이 나와도 어느 민중도 그를 따르려고 하지 않을 것이다. 그러니 신채호는 영웅과 국가를 불신하는 민중들의 내면에 영웅에 대한 애정과 국가에 대한 신뢰를 회복시키는 것이 급선무라고 생각했던 것이다.

지금은 존재하지 않지만 을지문덕과 연개소문, 혹은 이순신과 같은 영웅들 그리고 그 영웅들을 따랐던 민중들! 그리고 마침내 위기에서 벗어난 민중들의 삶과 국가! 과거 역사의 영웅들을 갈 길을 잃은 지금의 민중들에게 중심이 되도록 한다면, 민족의식, 혹은 애국심은 다시 한 번 불타오르게 될 거라는 확신이었다. 이것이 바로 신채호의 역사철학이었다. 그러니 칼럼에 등장하는 신채호의 '역사'라는 개념에는 영웅주의와 민족주의라는 가치평가가 깊이 스며들어 있다. 그의 사학은 객관적이거나 실증적인 사학과는 무관한 일종의 정신사학이란 성격을 띠는 것도 이런 이유에서다. 민중들을 위기에서 건진 영웅들이 주인공이고 민중들보다는 자신의 안위를 걱정했던 악인들이 조연인 역사이기 때문이다. 장기적으로 영웅들이 승리하고 악인들이 멸망하는 가치론적 역사철학을 신채호는 지향하고 있었던 셈이다.

ⓛ

장년 신채호: "삶의 주인만이 지배를 받지 않는다."

신채호가 영웅주의, 민족주의, 그리고 국가주의를 모두 극복하고 아나키즘에 이른 이유는 무엇이었을까? 무엇보다도 먼저 동학농민혁명, 즉 위로부터의 개혁이 아니라 아래부터의 혁명이 가능하다는 그의 젊은 시절의 체험 때문이었을 것이다. 그러나 1917년에 발생한 러시아혁명과 1919년 3·1운동이 아니었다면, 신채호는 아래로부터의 혁명을 진지하게 고민하지 않았을지도 모른다. 당시만 하더라도 러시아혁명은 억압받았던 민중들이 전제군주를 붕괴시키고 자신들만의 정권을 만든 경천동지할 사건이었다. 러시아가 아니더라도 1919년 3·1운동에서 민중들은 바람에 나부끼는 풀처럼 수동적이지 않았고, 오히려 자신들 스스로 바람이라도 되는 것처럼 능동적이기까지 했다. 아래로부터의 혁명에 대한 경험은 신채호에게는 너무나 충격적이었다.

　민중이 스스로 영웅일 수 있으니, 영웅주의와 같은 엘리트주의가 무슨 소용이 있다는 말인가? 당연히 한 명의 영웅과 다수의 민중으로 구성된 민족이나 국가 관념도 심각한 동요를 겪게 된다. 더군다나 3·1운동 당시 33명의 민족지도자들은 지도자로서 임무를 완수하지도 못했다. 애초 민족지도자들은 3월 1일 탑골공원에서 최남선이 기초한 〈독립선언서〉를 읽고 만세운동을 벌일 생각이었다. 그렇지만 이들은 무슨 생각에서인지 태화관이라는 중국집에 틀어박혀 〈독립선언서〉를 읽는 것으로 자신들의 임무를 마무리하고 만다. 그들은 시위에 직접 참여하지 않았던 것이다. 결국 시위에 몸을 던진 것은 학생들과 민중들뿐이었다. 신채호로서는 너무나 부끄러운 일

동아시아 한반도의 작은 지성인 신채호는 전통 유학 사상, 서양의 근대 사상, 그리고 러시아혁명의 마르크스주의 등 모든 사유를 온몸으로 검증하며 자신을 처절하게 극복해나갔다. 마침내 이른 목적지는 자유로운 공동체를 꿈꾸는 아나키즘이었다.

이었다. 영웅들이라고 생각했던 사람들이 결정적인 순간에 민중들을 이끌지 않고, 그들에게 무거운 짐만 안기고 피해버린 형국이니 말이다.

1919년 상해 임시정부에서 대통령으로 이승만李承晩(1875~1965)을 선출했을 때, 신채호는 3·1운동 당시보다 더 큰 충격을 받게 된다. 당시 이승만은 일본 제국주의에 맞서는 방식으로 일본으로부터 조선의 자치권을 얻어야 한다고, 혹은 일본 대신 미국이 조선을 통치해야 한다고 주장하고 있었다. 자치권을 얻는 방식이 무슨 독립이란 말인가? 또한 미국이 조선을 통치해야 한다는 것이 무슨 독립이란 말인가? 신채호의 반대에도 불구하고 1919년 9월 6일 임시의정원 전원회의에서 16명 찬성과 1명 무효라는 결과로 이승만은 대통령으로 선출되고 만다. 친일파들이 자신들의 안위를 위해 나라를 팔아먹었듯, 임시정부의 지도자들도 목숨을 건 독립 투쟁을 하지 않아도 되는 보신주의를 선택한 것이다.

결국 해방과 독립은 민중 스스로의 힘으로 해야만 한다. 다행스럽게도 스스로의 결단과 의지로 만세운동에 참여했던 학생들과 민중들은 그것이 가능하다는 걸 몸소 보여주었다. 그러나 자유를 본능적으로 꿈꾸는 학생들과 민중들은 지도자를 자처하는 사람들을 조심해야만 한다. 그들이 원하는 것은 지도자라는 자리이지, 자유나 해방이 아니기 때문이다. 신채호가 바쿠닌과 크로포트킨을 극찬하며 마무리했던 〈위학문의 폐해〉라는 글에서 말하고자 했던 것은 바로 이것이다.

군신유의君臣有義 네 글자 밑에 엎드려 삶을 보내서 삼강오륜의 노예교육에 그 심골心骨이 녹아 혁명의 칼을 빼지 못하니, 거짓 도덕 학설이 사람을 죽이는 것이 이처럼 심한 것이다. 지금 나라를 가진 자가 나라를 잃은 인민을 속이는 것이 전제시대의 군주와 무엇이 다른가. 이른바 정치政治는 강자의 행복을 증진해서 나라를 잃은 나약한 인민이 다시 머리를 들지 못하게 하는 그물이고, 이른바 역사歷史는 이긴 자를 군주로 만들고 패한 자를 도적으로 만들어 영민함과 둔함으로 시비를 삼는 구렁텅이이고, 이른바 학설學說은 이따위 정치나 이따위 역사를 옹호하는 마설魔說일 뿐이다. 우리 두뇌가 단순한 청년들이 이런 학설을 보고는 자신의 위치를 잊고서 그 말을 신봉하니 망한 놈이 더 망할 뿐이로다.
                                                    - 〈위학문의 폐해〉

신채호의 내면에서 한 명의 영웅과 다수의 민중이란 도식 자체가 산산이 붕괴되고 있다. 아무리 영웅주의, 민족주의, 국가주의로 미화한다고 해도, 이것은 다수에 대한 소수의 지배, 즉 국가 형식이나 지배 형식을 인정하는 것에 지나지 않는다. 벤야민이 지적한 것처럼 과거 모든 역사는 승자의 역사일 뿐이다. 당연히 다수는 패자로 전락할 것이고 소수 승자의 지배를 받게 될 것이다. 억압 사회, 혹은 국가는 이렇게 출현하는 것이다. 국가를 영속화하기 위해 소수는 사회의 질서를 잡는다는 미명하에 '정치'를 이야기하고, 일순간의 승리를 군주라는 형식으로 미화하기 위해 '역사'를 만든다. 이런 식으로 국가는 억압적 지배 형식인 '정치'와 '역사'를 다수의 민중에게 하나의 학설로, 하나의 윤리로 강요한다. 이미 자유를 빼앗긴 것도 억울한 일인데, 민중들은 이제 억압을 정당화하는 학설을 내면화하는 데까지 이른 것이다. 신채호의 말대로 정말 "망한 놈이 더 망하게 된" 형국이다.

청년 신채호는 장년이 되면서 이렇게 가장 강력한 아나키스트로 변한 것이다. 이것은 물론 1919년 3·1운동이나 9·6 대통령 선출에서 신채호가 지도자나 대표자라는 사람들의 계급성을 온몸으로 겪었기 때문에 가능했던 것이다. 더군다나 당시는 러시아혁명마저도 혁명 주체 세력에 의해 변질되고 있던 시절이었다. 민중을 위한다는 러시아공산당 정권이 과거 전제 정권처럼 그들 위에 진리와 이성의 이름으로 군림하려고 했기 때문이다. 결국 마지막 희망은 공자의 말처럼 바람이 아니라 풀들에 있었던 것이다. 이것이 신채호가 아나키즘을 심각하게 고민하고 마침내 스스로 아나키스트 투사가 되었던 배경이라고 할 수 있다. 1920년 이후 신채호는 이제 단순히 동아시아 한반도의 독립투사가 아니라, 러시아혁명의 한계를 직감하고 인류가 나아가야 할 길을 온몸으로 고민하는 탁월한 인문주의자로 거듭나게 된 것이다.

기적과도 같은 일이 우리에게 일어난 셈이다. 동아시아 한반도의 작은 지성인 한 명이 전통 유학 사상, 서양의 근대 사상, 그리고 러시아혁명의 마르크스주의 등 모든 사유를 온몸으로 검증하며 자신을 처절하게 극복해나갔던 것이다. 마침내 신채호 자신이 이른 목적지는 자유로운 공동체를 꿈꾸는 아나키스트, 가장 탁월한 인문주의였다. 인간의 자유와 해방을 위해 헌신하며 죽어갔던 우리 아나키스트들의 속주머니에서 항상 발견되던 문건, 1925년 신채호가 자신의 아나키즘을 당당히 피력했던 〈조선혁명선언朝鮮革命宣言〉은 바로 그 결실이었던 셈이다.

구시대의 혁명을 말하면 인민은 국가의 노예가 되고, 그 이상에 인민을 지배하는 상전 곧 특수세력이 있어, 그 소위 혁명이란 것은 특수세력의 명칭을 변경함에 불과하였다. 다시 말하자면 '을'의 특수세력으로 '갑'의 특수세력을 변경함에 불과하였다. 그러니 인민은 혁명에 대해 갑·을 양 세력, 즉 신구 양 상전 중 누가 어질고 누가 억압적인지 누가 선하고 누가 악한지를 보아 그 향배를 정할 뿐이고, 자신들과 직접적인 관계가 없다. …… 지금 혁명으로 말하면 민중이 곧 민중 자신을 위하여 하는 혁명이기에 '민중혁명'이라고 혹은 '직접혁명'이라고 칭한다. …… 돈도 없고 무기도 없는 민중으로 백만의 군대와 억만의 재력을 가진 제왕을 타도하며, 외적도 몰아내야 하니, 그러므로 우리 혁명의 제일보는 민중 각오의 요구일 수밖에 없다. 민중은 어떻게 각오하는가? 민중은 신인神人이나 성인聖人이나 어떤 영웅호걸이 있어 '민중을 각오'하도록 지도하는 데서 각오하는 것도 아니고, "민중아, 각오하자!" "민중이여! 각오하여라!" 그런 절절한 소리에서 각오하는 것도 아니다. 오직 민중이 민중을 위하여 일체 불평등·부자유·불합리한 민중 향상의 장애부터 먼저 타파함이 곧 '민중을 각오케' 하는 유일한 방법이다. 다시 말하면 곧 선각한 민중이 민중의 전체를 위하여 혁명적 선구가 됨이 민중 각오의 첫 번째 길인 것이다.　　　　　　　　　　－〈조선혁명선언〉

이제 신채호에게 좋은 군주와 나쁜 군주, 혹은 좋은 대통령과 나쁜 대통령이 중요한 것이 아니라, 군주나 대통령으로 상징되는 국가라는 지배 형식 자체가 문제일 뿐이다. 더 큰 시선에서 보자면 지배자와 피지배자의 도식은 작게는 국가라는 형식으로 드러날 수도 있고, 크게는 제국주의로 드러날 수 있다. 이제 국가 내부에서 국가라는 제도를 없애는 것과 국가 외부에서 제국주의를 없애는 것은 동일한 운동의 두 가지 양상일 뿐이다. 억압과 지배가 있는 곳에서는 인간들의 자유로운 공동체는 불가능하니까 말이다. 그러니 일본 제국주의와 맞선 독립 투쟁의 결과가 일본인 지배자가 조선인 지배자로 바뀌는 것이라면, 정신승리는 가능하겠지만 사실 아무것도 바뀐 것이 없는 셈이다. 이렇게 신채호는 민족주의라는 관념에서 멋지게 벗어나는 데 성공한 것이다. 이제 지배자의 형식에 들어온 제왕이나 대통령, 혹은 총독부 등은 모조리 혁명의 표적이 되어야만 한다.

자유로운 개인들의 공동체를 위한 혁명은 개인의 자유를 위한 혁명이자 동시에 정의로운 공동체를 만들겠다는 혁명이다. 그러니 이제 민중의 직접혁명은 그들 스스로 주인이 되어서 이루어져야만 한다. 한마디로 이제 각자가 모두 자신의 삶을 주인으로 끌고 가는 영웅이 되어야 한다는 것이다. 그래서 신채호는 민중의 직접혁명에서 관건은 '민중의 각오'라고 역설했던 것이다. 스스로 삶의 주인이고, 계속 삶의 주인이겠다는 각오다. 이 각오가 있어야만 혁명은 민중들의 직접혁명일 수 있고, 혁명 뒤에 가능한 불행, 즉 반혁명을 막을 수 있다. 잘못하면 갑의 정권이 을의 정권으로 바뀌는 것으로 혁명이 배신당할 수도 있으니 말이다. 여기서 신채호는 지식인이니 지도자니 하는 일체의 우월의식마저 버리게 된다. 이제 그는 자신의 위치를 '선각한 민중'에 놓을 정도로 성숙했던 것이다.

신채호는 민중들 앞에서 그들을 이끈다는 엘리트주의마저 모두 놓아버리고, 민중들 옆에 서려고 한다. 3·1운동 때 직접 시위에서는 한 발 물러나 만세운동의 과실만 가져갔던 민족지도자들이나 이승만을 대통령으로 선출하면서 일신의 편안함을 취했던 민족지도자들처럼 살아서는 안 된다! 지도자가 아니라 민중으로 살아가기! 신채호가 몸소 위조지폐를 만들어 아나키즘 활동의 경비를 만들려고 했던 것도 이런 이유에서다. 자유로운 개인들의 공동체를 꿈꾸는 아나키스트가 어떻게 다른 자유인에게 특정 행동을 지시할 수 있다는 말인가. 그저 몸소 시행해 다른 자유인이 자유인으로서 각오를 하도록 자극만 줄 수 있을 뿐이다. 《어느 혁명가의 회상Memoirs of a Revolutionist》에서 크로포트킨도 말하지 않았던가. "비밀결사와 혁명조직의 임무와 역사적 사명은 혁명에 정신을 불어넣는 것이다. 그리고 혁명이 준비되었을 때 최후의 박차를 가하는 것은 선도적인 그룹이 아니라 사회의 하부조직 바깥에 머물러 있는 대중들"이라고 말이다. 이 말을 누구보다 잘 알았고 그렇게 살았던 사람이 바로 조선의 아나키스트 신채호였다.

고찰
REMARKS

아나키즘의 꿈, 연대와 자유의 공동체

완전한 민주주의, 혹은 완전한 인문사회가 바로 아나키즘이 꿈꾸던 이상향이다. 자유로운 개인들의 공동체라고 해도 좋고 코뮌commune이라고 해도 좋고 연맹federation 이라고 말해도 좋다. 아니면 연대solidarity라고 불러도 좋을 것이다. 바로 이것이 바쿠닌, 크로포트킨, 그리고 신채호가 꿈꾸었던 것이다. 누가 이런 사회를 부정할 수 있다는 말인가. 그러나 대부분의 사람들은 자유로운 공동체가 꿈에서나 가능하고 현실에서는 불가능하다고 체념하고 있다. 이것은 국가주의자들이나 그들의 추종자들이 국가가 아니면 무질서라는 허구적 이분법으로 아나키즘을 왜곡하여 일반 대중들을 오도하고 있기 때문이다. 그러나 개인의 자유를 너무 인정하면 사회는 무질서하게 된다는 국가주의의 주장은 과연 옳을까?

아나키스트 중 가장 급진적이었던 바쿠닌의 말을 들어보면 이런 저주와 편견은 쉽게 해소된다. "개인의 자유는 결코 개인적인 사실이 아니라 집단적 사실이고, 집단의 산물이다. 어느 누구도 모든 인간 사회의 협력 없이, 인간 사회 밖에서 자유로울 수 없다. 개인주의자들이나 노동자대회에서 우리가 싸웠던 모든 거짓된 친구는 도덕주의자들과 부르주아 경제학자들과 함께, 인간이 자유로울 수 있고, 사회 밖에서도 인간일 수 있으며, 사회는 예전에 인간들의 자유로운 계약에 의거해서 만들어졌다고 주장한다." 뮈노즈François Muñoz가 출간한 바쿠닌 선집 《자유La Liberté》에 실려 있는 말이다. 여기서 바쿠닌은 명확히 하고 있다. 자유는 인간관계에서만 의미가 있는 가치라고 말이다. 그러니까 인간관계 혹은 공동체는 자유롭거나 억압적이거나 둘 중 하나라는 것이다. 반대로 인간관계나 공동체를 완전히 떠난 사람에게는 자유라는 가치가 존재할 수조차 없다. 그저 남는 것은 생존에 대한 불안감일 뿐이니 말이다. 그러니 자유냐 사회냐는 이분법은 허구적인 것이다. "사회 밖에서도 인간일 수도 있고 자유로울 수 있다"고 주장하는 사람들은 암암리에 사회에는 자유가 없거나 드물 수밖에 없다고 주장하고 있는 셈이다. 한마디로 말해 자유를 찾으려거든 계약이든 무엇이든 타인과의 관계를 모두 끊고 홀로 있으라는 것, 그러니까 자유를 사회나 공동체에서 찾지 말라는 것이다. 그러니 바쿠닌은 이들을 "거짓된 친구"라고 명명했던 것이다. 사회나 공동체 내에서 던져야 할 진정한 이분법은 단 한 가지일 뿐이다. 자유로운 사회인가? 아니면 억압적인 사회인가? 이와 관련하여 《자유》에 기록되어 있는 바쿠닌의 흥미로운 말을 하나 더 읽어보자. "상호 침투하고 있고 분리할 수 없는 이 두 가지 법칙은 인간성의 본질을 구성하고 있다. 이처럼 자유는 연대를 부정하지 않는다. 오히려 이와는 반대로 자유는 연대가 발전한 것이고, 말하자면 연대를 인간화하는 것이다."

연대와 자유, 혹은 사회와 자유는 모순의 관계에 있는 것이 아니라 내적으로 연결된 관념이라는 것이 바쿠닌의 확고한 신념이다. 이것은 아나키스트가 아니더라도 모든 인문주의 정신이 품고 있는 핵심이라고 할 수 있다. 조금 더 생각해본다면, 이 문제는 사실 사랑과 자유의 문제로 수렴된다. 흔히 사랑과 자유는 모순된 개념이라고 이해된다. 이것은 사랑은 자유와는 달리 구속이란 뉘앙스를 가지고 있다고 생각하기에 발생하는 오해라고 할 수 있다. 그러나 사랑과 자유는 동전의 양면과도 같은 것이다. 사랑은 자유를 요구하고, 자유는 바로 사랑할 자유를 의미하기 때문이다. 결국 진정한 자유는 사랑할 자유를 말한다. 사랑의 대상이 이성異姓이나 동성同姓일 수도 있고, 음악일 수도 있고, 책일 수도 있다. 이런 사랑의 대상을 마음껏 향유할 수 있는 것, 이런 사랑의 대상에 일체의 방해와 검열 없이 직대면할 수 있는 것, 이것이 바로 자유다. 그러니 진정한 자유는 허구적 자유, 즉 이유 없는 반항과 같은 변덕스러운 자유나 고독한 탐욕을 충족시키는 소비의 자유와는 아무런 상관이 없다. 사랑하는 대상이 없는 자유란 앞면만 존재하는 동전처럼 허구적일 뿐이다.

연대와 자유가 공존한다는 사실에 고개를 갸우뚱거리는 독자가 아직도 있을 수 있다. 그렇다면 누구나 경험하는 사랑의 경험을 다시 떠올려보라. 어느 경우든 사랑에 빠진 사람은 자유를 요구하게 되고, 자유로운 사람만이 사랑을 감당할 수 있는 법이다. 부모의 말을 충실히 들었던 딸도 애인이 생기면 부모의 명령을 거부하는 것도, 그리고 마마보이는 결코 애인을 지킬 수 없는 것도 이런 이유에서다. 그래서 자유를 박탈당한 사람, 즉 노예는 사랑할 자격이 없다. 설령 사랑을 할 수 있다고 해도, 노예의 사랑은 자신이나 사랑하는 대상에게 비극만을 초래할 것이다. 생각해보라. 사랑하는 사람과 함께 있기로 한 순간, 주인이 다른 일을 시키면 어떻게 하겠는가? 주인의 눈치를 볼 수밖에 없으니 노예는 마음껏 사랑할 수도 없고, 또 동시에 사랑하는 사람을 지켜줄 수도 없다. 그래서 노예의 사랑은 비극으로 귀결될 수밖에 없다. 이렇게 자유는 사랑을 가능하게 하고, 사랑은 자유를 갈망하는 법이다. 남녀의 사랑이 인간과의 유대와 연대로 확장되는 건 한 걸음이면 족한 일 아닌가? 자유와 사랑이 동전의 양면인 것처럼, 자유와 연대도 마찬가지니까 말이다.

31

제국주의는 사라졌는가?

니시다 기타로

VS

가라타니 고진

제국 논리의 동양적 기원, 노자 철학

《일본정신의 기원日本精神分析》에서 가라타니 고진柄谷行人(1941~)은 국가의 작동 원리에 대해 예리하게 분석했던 적이 있다. "국가는 더 많이 그리고 계속해서 수탈하기 위해 재분배해줌으로써 토지나 노동력의 재생산을 보장하고 관개 등 공공사업을 통해 농업 생산력을 높이려고 한다. 그 결과 국가는 수탈의 기관으로 보이지 않고, 오히려 농민이 영주의 보호에 대한 답례로 연공年貢을 지불하는 것처럼 생각된다. 그렇기 때문에 일면적으로 국가는 초계급적이고 '이성적'인 것처럼 표상된다. 예컨대 유교가 그러한데, 치세자治世者의 '덕德'이 설파되기도 한다." 아직도 국가가 우리를 보호하기 때문에 당연히 우리는 그 대가를 치러야 한다고 믿고 있는 많은 사람들은 고진의 말에 불쾌감을 느낄 수도 있을 것이다. 하지만 무의식적인 불쾌감이 강하면 강할수록 고진의 지적은 우리가 처한 진실을 제대로 보여주고 있다고 할 수 있다. 우리의 불쾌감은 우리가 애써 부인하려고 했던 정치적 트라우마를 그가 정확히 건드리고 있다는 증거라고 할 수 있기 때문이다.

그런데 흥미로운 점은 2,000년도 더 지난 오래전에 이미 국가가 수탈과 재분배의 논리로 작동한다는 것을 명확하게 통찰했던 철학자가 있었다. 그 사람은 아직도 신비에 쌓여 있는 인물로 그려지곤 하는 노자이다. 노자의 정치철학적 통찰은 '미명微明'이란 중요한 한 가지 개념에 잘 압축되어 있다.

> 빼앗으려고 한다면 먼저 반드시 주어야만 한다. 이것을 '미묘한 밝음微明'이라고 한다. 유연하고 약한 것이 강한 것을 이기는 법이다. 물고기는 연못을 벗어나게 해서는 안 되고, 국가의 이로운 도구는 사람들에게 보여서는 안 된다. ─《노자》, 36장

여기서 "빼앗기 위해서 먼저 반드시 주어야만 한다"라는 노자의 주장

이 매우 중요하다. 이에 따를 때 통치자의 재분배 행위는 결국 새로운 수탈을 위한 일시적 수단에 불과하다는 것을 분명히 알 수 있기 때문이다. 그러나 통치자는 자신의 재분배 행위를 일종의 은혜 혹은 시혜로 드러나도록 만들어야 한다. 그렇지 않고 만약 통치자가 재분배하려고 하는 속내가 노출된다면, 피통치자들이 통치자의 새로운 수탈에 곧 저항할 수 있기 때문이다. 그래서 노자는 "국가의 이로운 도구를 사람들에게 보여서는 안 된다"라고 그렇게 경고했던 것이다. 결국 재분배의 의도는 끝내 공개되어서는 안 되는 통치 비밀이었던 셈이다. 그렇다면 이제 우리는 노자가 말한 '미묘한 밝음'이란 것이 무엇을 의미하는지 이해할 수 있을 것 같다. 여기서 '미묘함'이란 표현이 국가 시스템의 작동 원리를 피통치자에게 알려서는 안 된다는 점을 의미한다면, '밝음'이란 표현은 국가 시스템의 작동 원리를 통치자 자신은 명확하게 알고 있어야 한다는 점을 의미한다고 볼 수 있다.

그런데 여기서 중요한 것은 노자가 자신이 통찰한 국가 논리를 제국의 논리로까지 확장했다는 점이다. 아마도 '수탈과 재분배'의 논리가 국가 내에서뿐만 아니라 '천하'에서도 보편적으로 적용될 수 있다는 사실을 확신했던 것 같다. 전국시대라는 갈등과 대립의 시대 속에서 노자는 일관된 논리를 통해 안정된 국가 및 이를 기반으로 한 '천하'의 제국을 꿈꾸고 있었던 것이다. 그리고 자신의 정치 논리를 이해하고 실현할 만한 통치자를 고대하고 있었던 것으로 보인다. 그런데 노자가 권고했던 '제국의 논리'는 다음과 같은 평화로운 외양을 띠고 있었다.

'큰 국가大邦'는 아래로 흐르는데, 천하의 암컷이자 천하가 모이는 곳이다. 암컷은 항상 고요함으로써 수컷을 이긴다. 암컷은 고요하기 때문에 마땅히 아래에 있게 된다. 큰 국가가 작은 국가小邦의 아래에 있게 되면 작은 국가를 취할 수 있다. 작은 국가가 큰 국가의 아래에 있게 되면 큰 국가에 의해 받아들여지게 된다. 이처럼 아래에 있음으로써 취하게 되는 경우가 있고 아래에 있음으로써 취해지는 경우가 있다. 그러므로 큰 국가는 단지 작은 국가를 통합하여 기르려고 하고, 작은 국가는 큰 나라에 병합되어 섬기려고 한다. 양자가 모두 원하는 것을 얻으려고 한다면, 큰 것이 마땅히 아래에 있어야만 한다. ─《노자》 61장

우리는 '큰 국가'와 '작은 국가' 사이의 논리에, 통치자와 피통치자 사이에 있었던 수탈과 재분배의 논리가 그대로 적용되고 있다는 점을 확인할 수 있다. 노자에게 전쟁의 와중에 휘말려 있는 국가들을 통일할 만한 진정으로 큰 국가는 "작은 국가의 아래에 있게 되면 작은 국가를 취할 수 있는以下小邦, 則取小邦" 국가였다. 그런데 "작은 국가의 아래에 있어야만 한다"라는 말로 노자가 의도했던 것은 과연 무엇이었을까? 그것은 패권을 꿈꾸는 국가가 주변의 국가들에 대해 안정적인 수탈을 계속 유지하기 위해서는, 폭력에만 의지해서는 결코 안 되고 사랑과 은혜라는 재분배의 방법을 적절히 활용해야만 한다는 것을 말한다. 그러나 우리가 간과해서는 안 되는 점은 제국의 논리에는 이미 '큰 국가'가 주어져 있다는 사실, 다시 말해 국가들 사이에도 이미 원초적인 불평등의 상태가 전제되어 있다는 사실이다.

역사적으로 보면 노자가 제안했던 제국의 논리는 국가기구가 작동하는 곳에서라면 어디에서든 채택될 만한 것이었다. 서양의 경우 로마제국이 그 대표적인 경우라고 할 수 있겠다. 다음은 마키아벨리의 유명한 《로마사 논고Discorsi sopra la prima deca di Tito Livio》에 등장하는 구절로서, 로마가 제국이 될 수 있었던 비밀을 해명하는 부분이다.

도시를 위대한 국가로 만들 것을 계획하는 자들은 모두 지혜를 발휘하여 도시가 주민들로 가득 찰 수 있도록 온갖 노력을 다해야 할 것이다. 인구가 많지 않으면 도시를 위대하게 만드는 데 결코 성공하지 못할 것이기 때문이다. 인구를 늘리는 데에는 두 가지 방식이 있는데, 하나는 사랑에 의한 것이고 하나는 무력에 의한 것이다. …… 로마를 성장시키고 강력하게 만들기 위해 사용된 이런 방법이 필수적이고 유익하다

는 점은 스파르타와 아테네의 사례를 통해 밝혀진다. 즉 이 두 공화국은 모두 훌륭한 군사력을 보유하고 최선의 법률로 정비되어 있었음에도 오히려 이들 두 나라보다 잘 조직되지도 않았고 분란이 많았던 로마제국이 도달한 위대함을 얻지는 못했던 것이다.　　　－《로마사논고》

마키아벨리에게 스파르타는 무력에 의해서만 통치되던 국가였다면, 아테네는 토론과 대화로 상징되듯이 사랑에 의해 통치되던 국가였다. 당연히 두 국가는 나름대로 국가로 번성했지만 로마와 같은 제국으로 성장하지는 못했다. 무슨 이유에서일까? 바로 이것이 마키아벨리의 화두였던 것이다. 스파르타는 자국 내에서 압도적인 무력으로 피통치자를 지배했고, 또 동시에 이 원리로 다른 국가를 지배하려고 했다. 결국 스파르타는 국내나 국외에서 모두 수탈의 원리만을 관철하려고 했던 것이다. 이와 달리 아테네는 반폭력의 원리를 국내나 국외 정책으로 채택한다. 그러나 아테네는 다중심의 정치 상황이나 다른 국가를 배려하는 외교 정책으로는 결코 강력한 제국을 만들 수 없었다. 아테네 내부는 항상 혼란스러웠고, 당연히 다른 국가에 대한 헤게모니도 취약했던 것이다. 결국 일관된 사랑의 원리로 무장한 아테네는 제국으로 발전하는 데 한계를 드러낸 것이다. 스파르타와 아테네, 혹은 무력과 사랑의 원리를 결합할 수는 없을까? 마키아벨리는 로마가 그것에 성공했다고 생각했던 것이다.

　우리는 로마가 검투사의 죽음에 열광했던 콜로세움의 흥분 속에서 유지된 국가였다는 사실을 알고 있다. 이것은 로마제국의 밑바탕에 기본적으로 파시즘적인 열광과 그로부터 불가피하게 대두할 수밖에 없는 다른 공동체에 대한 적대적 감정이 내재되어 있었다는 것을 잘 보여준다. 하지만 그럼에도 마키아벨리가 지적했던 것처럼 로마제국이 제국으로서 성장할 수 있었던 이유는, 아테네 그리고 스파르타의 경우와는 달리 로마가 다른 국가들에 대해서 폭력과 아울러 사랑의 전략을, 다시 말해서 수탈과 재분배의 논리를 적절히 병행할 수 있었기 때문이라고 할 수 있다. 물론 로마는 자국 내에서 먼저 통치자와 피통치자 사이의 수탈과 재분배의 교환 논리를 사용했고, 그 다음에 로마와 다른 국가 사이에도 사랑과 폭력이라는 동일한 제국 논리를 사용했을 것이다. 이런 이중적인 수탈과 재분배의 논리를 잘 적용함으로써 로마는 하나의 도시 국가에서 그 당시 역사상 유례를 찾아보기 어려웠던 대 제국으로 성장할 수 있었던 것이다.

⑯

니시다 기타로: "전체에 참여하려면 자신을 부정해야 한다."

노자는 큰 나라와 작은 나라가 모두 원하는 것을 얻을 수 있다는 아름다운 그림으로 자신의 '제국의 논리', 혹은 '중국 통일의 원리'를 역설했다. 그런데 잊지 말아야 할 것은 이러한 노자의 논리가, 히틀러의 독일과 마찬가지로 후발 자본주의 국가였던 일본의 제국주의 논리에도 그대로 적용되었다는 역사적 사실이다. 일본의 제국주의 논리는 단순히 자본주의의 내적 모순만으로는 이해될 수 없는 고유한 성격을 가지고 있다. 독일의 경우 파시즘적 원리가 노골적으로 다른 민족 및 인종에 대한 무차별적 학살로 귀결되었다면, 일본의 경우에는 오히려 로마나 노자 철학이 제공했던 '제국의 논리'를 이데올로기적 장치로 채택했기 때문이다. 이 대목에서 상징적인 역할을 했던 두 사람의 일본 철학자를 기억해둘 필요가 있다. 천황 앞에서 《화엄경》을 강의했던 스즈키 다이세쯔鈴本大拙(1870~1966)라는 불교 철학자와 일본 교토학파의 창시자 니시다 기타로西田幾多郞(1870~1945)가 그들이다. 그러나 두 사람에게 공통점이 있다. 바로 불교, 특히 화엄 철학이다. 실제로 젊은 시절 니시다 기타로는 참선에 직접 뛰어들었을 정도로 불교에 심취했던 적이 있다.

다이세쯔뿐만 아니라 니시다 기타로가 노골적으로 일본식 제국주의의 이데올로그가 되었던 것은 아니다. 그렇지만 최소한 두 사람은 일본식 제국주의와 공명할 수 있는, 혹은 공명하는 사유 체계를 구성했다는 건 숨길

니시다 기타로는 결국 일본이라는 대국을 중심으로 해서 동아시아 여러 국가들을 소국으로 아우르는 새로운 '제국의 논리'를 제안한 셈이었다.

수 없는 사실이다. 결론적으로 이 두 명의 일본 지성과 일본 제국주의 사이의 관계는 하이데거와 독일 파시즘 사이의 관계를, 아니 더 거슬러 올라가면 법장과 측천무후 무조의 제국주의 사이의 관계, 혹은 의상과 신라 패권주의 사이의 관계를 반복하고 있다고 하겠다. 그러니 스즈키 다이세쯔와 니시다 기타로는 일본 제국주의의 양상을 복잡하게 만든 주범이라고 할 수 있다. 로마의 제국주의와 노자의 제국주의를 반복하고 있던 일본의 제국주의에 "일즉다—即多, 다즉일多即—"로 정리되는 화엄 철학의 세계관, 즉 법계法界마저 도입시켰기 때문이다. 이 점에서 우리는 다이세쯔보다는 니시다를 주목할 필요가 있다. 프러시아 제국의 국가대표 철학자였던 헤겔이 당제국의 국가대표 철학자 법장과 만나서 기묘한 전체주의 논리를 꽃피우기 때문이다.

시간과 공간이란 절대적 모순의 자기동일성으로서 우리 세계는 무한한 인과因果의 세계다. 세계는 절대적 현재의 자기규정으로서 만들어진 것에서부터 만드는 것으로 이행한다. 자아自我는 이런 세계에 존재하지만, 파스칼이 말했던 것처럼 우리는 자아를 초월해서 자아를 알기 때문에, 우리는 우리를 압살하는 전 우주보다 더 귀한 존재다. 이렇게 말할 수 있는 이유는 우리 자아는, 자기표현으로 자신을 규정하는 절대자의 자기부정의 결과라고 할 수 있는 모순적 자기동일성의 형식을 띠고, 절대적인 일자가 포괄하는 수많은 개체들 중 하나가 되기 때문이다. 우리는 역대응의 행위로 자신을 부정함으로써 절대적 일자에 접근해 있다. 따라서 우리는 생즉사生卽死와 사즉생死卽生의 방식으로 영원한 생명에 들어갈 수 있다고 말할 수 있으니, 그래서 우리는 종교적일 수 있다.

－〈장소적 논리와 종교적 세계관場所的論理と宗教的世界觀〉

1945년 세상을 떠나기 직전, 지금까지 고민해왔던 자신의 철학을 담담하지만 깔끔한 형식으로 요약한 니시다의 논문이 바로 〈장소적 논리와 종교적 세계관〉이다. 헤겔의 변증법, 화엄 철학의 세계관, 그리고 동양철학 특유의 인생관이 잘 버무려져 퓨전 음식처럼 근사하게 차려져 있다. 니시다와 제국주의 사이의 긴밀한 관계를 간과했던 많은 동서양 철학자들이 니시다에게서 동서 비교철학의 정수를 찾으려고 했던 것도 다 이유가 있었던 셈이다. 그러나 헤겔과 법장의 만남 이외에 에피쿠로스와 장자의 만남, 혹은 시니시즘과 선불교의 만남도 가능한 법이다. 그러니 중요한 것은 동서양 비교철학을 했다는 데 있는 것이 아니라 국가주의라는 관점을 가지고 있느냐 아니면 인문주의라는 관점을 가지고 있느냐의 여부일 것이다.

니시다의 사유 체계를 간단히 음미하기 위해 그가 인용했던 파스칼의 《팡세》에서 시작하는 것이 좋을 듯하다. "인간은 갈대처럼 이 우주에서 가장 약한 존재지만, 인간은 생각하는 갈대다. 전체 우주가 인간을 죽이려면 손을 사용할 필요도 없다. 작은 수증기, 한 방울의 물로도 인간을 죽이기에 충분하니 말이다. 그렇지만 우주가 인간을 파괴할 수 있다고 할지라도, 인간은 자신을 죽이는 우주보다 더 고귀할 수 있다. 인간은 자신이 죽는다는 것도 알고 우주가 자신보다 압도적이라는 것도 알고 있기 때문이다. 그렇지만 우주는 이런 사실을 하나도 알지 못한다." 한마디로 인간은 자신을 반성할 수 있다는 것이다. 사과를 묘사하기 위해서 우리는 일정 정도 사과로부터 거리를 두어야 한다. 마찬가지로 인간이 자신을 반성한다는 것은 자신한테 서 일정 정도 거리를 둘 수 있어야만 한다. 이것이 '자기부정'이자 '자기초월' 이다. 여기까지는 인간 반성이 가진 자기부정의 논리를 우주에까지 확장했 던 헤겔의 변증법과 유사한 논의다.

눈이 밝은 독자라면 헤겔이 당혹스럽게 생각할 사유 요소들이 눈에 들어올 것이다. '무한한 인과因果'라는 개념, 그리고 '일자와 다자'라는 논리도 그렇다. '일一'과 '다多', 혹은 전체와 부분으로 구성된 화엄 철학의 세계관이다. 전체 우주는 자신을 부정하면서 성장해간다. 그리고 이런 과정에서 전체 우주를 구성하던 과거 개체들은 사라지고, 새롭게 생성된 전체에 맞는 새로운 개체들이 등장한다. 무한한 인과의 세계란 바로 이런 세계다. 한 아이가 어른이 되려면, 아이를 구성하던 팔, 다리, 뼈, 눈, 머리카락 등등도 새롭게 바뀌어야만 한다는 생물학적 논리와 유사하다. 결국 자기부정의 방식, 즉 자신과 일정 정도 거리를 두고 반성하면서, 인간은 자신도 이런 전체 세계의 수많은 다자들 중 하나라는 걸 자각하게 된다. 마침내 화엄 철학의 세계관을 우리는 받아들이게 되는 셈이다. "나는 전체의 일원이다! 나는 전체의 생성 과정에서 탄생했기에, 나의 본질은 전체에 있다고 할 수 있다. 그러니 전체가 새롭게 생성하면, 기꺼이 나는 나 자신을 소멸시켜야 한다."

니시다는 "우리는 생즉사와 사즉생의 방식으로 영원한 생명에 들어갈 수 있다"고 강조한다. 즉即이란 글자 앞의 생사는 개체로서 생사이고, 뒤의 생사는 전체로서 생사로 읽으면 이해하기 쉽다. "개체로서 내가 계속 살려고 하면 전체는 생성을 멈추고 죽을 것이고, 개체로서 내가 죽으려고 하면 전체는 생성을 지속할 것이다!" 뭐 이런 논리다. 니시다 입장에서는 너무나 당연한 일이다. 전체가 죽으면 살아 있는 나도 죽은 것과 다름없고, 전체가 살아 있다면 비록 죽는다고 해도 나는 살아 있는 것과 다름없지 않느냐

는 것이다. 어쨌든 개체를 부정하는 니시다의 사유에는 민주주의 이념이란 존재할 수도 없다. 태평양전쟁이 막바지에 이르렀던 1943년, 니시다는 〈세계 신질서의 원리世界新秩序の原理〉라는 글에서 너무도 당당하게 제국의 논리를 역설하며, 자신이 가진 반민주성과 반인문성을 거침없이 피력했던 적이 있다.

> 각 국가 민족이 자기를 초월하여 하나의 세계를 구성한다는 것은, 윌슨의 국제연맹처럼, 단순히 평등하게 각 민족의 독립을 인정한다는 식의 소위 민족자결주의는 아니다. 그런 세계는 18세기적인 추상적 세계 이념에 불과하다. 이런 이념에 의해서 현실의 역사적 과제 해결이 불가능한 것임은, 금일의 세계대전이 증명하고 있다. 어느 국가 민족도 제각기의 역사적 지반 위에 성립하고, 제각기의 세계사적 사명을 가지는 것이고, 거기에 각 국가 민족이 각자의 역사적 생명을 가지는 것이다. 각 국가 민족이 자기에 즉하면서도 자기를 초월하여, 제각기 지역 전통에 따라서, 우선 하나의 특수적 세계를 구성하는 것이라야 한다. 그런데 이렇게 역사적 지반에 의해 구성된 특수적 세계가 결합하여, 전 세계가 하나의 세계적 세계로 구성된다. ─〈세계 신질서의 원리〉

이 대목에서 함께 주목해봐야 할 점은 니시다의 글이 당시 일본 군부의 요청으로 쓰여졌다는 사실이다. 다시 말해 태평양전쟁 발발 후 18개월이 지난 당시에 일본 군부는 동아시아에서 일본의 역할에 대한 이데올로기가 절실히 필요했던 것이다. 실제로 니시다의 글을 당시 일본 수상이었던 도조 히데키東條英機(1884~1948)가 곧바로 국정연설의 토대로 채택하게 되었다. 그런데 국정연설의 내용을 신문을 통해 확인한 니시다는 자신의 글이 단지 원리적이고 이념적인 차원, 즉 철학적인 수준에서만 작성된 것일 뿐이라고 일부 변명하기도 했다. 도조 히데키 수상이 자신의 철학적인 글을 제대로 이해하지 못했다는 탄식을 덧붙이면서 말이다. 하지만 오히려 니시다 기타로 본인이야말로 자신이 도대체 어떤 현실적 위력을 낳을 글을 썼는지 제대로 의식하지 못했던 것이 아닐까? 의식했든 혹은 그렇지 않았든 니시다의 글은 결국 일본이라는 대국을 중심으로 해서 동아시아 여러 국가들을 소국으로 아우르는 새로운 '제국의 논리'를 제안한 셈이었기 때문이다.

니시다 기타로가 제안했던 제국의 논리는 '팔굉일우八紘一宇'라는 표현, 혹은 우리에게는 '대동아공영大東亞共榮'이라고 알려진 유명한 문구로 집약될 수 있다. 그는 일본만이 번영하려고 하는 것이 결코 아니라 모든 동아시아 국가들이 '함께 번영해야 한다共榮'는 논리를 주장한 것이다. 하지만 우리는 그의 속내를 그리 어렵지 않게 간파할 수 있다. 대동아공영의 논리는 노자철학이 제안했던 '제국의 논리', 즉 '큰 나라'와 '작은 나라'가 모두 자신이 원하는 것들을 얻는다는 논리, 2,000여 년 전의 바로 그 논리가 다시 화려하게 부활한 것이라고 볼 수 있기 때문이다. 새롭게 포장된 제국의 논리를 구성했던 니시다의 철학에는, '개체=전체'라는 화엄불교의 논리도 한몫을 하고 있다는 점에 주목할 필요가 있다. 이것은 "각 민족이 자기에 즉하면서 자기를 초월하자"라는 슬로건으로도 표현되고 있다. 각 민족은 자신의 한계를 긍정하고(개체로서 자신을 인정하고), 자신의 한계를 보완해주는 전체에 복종해야 한다(개체로서 자신을 초월해야 한다)는 것이다. 이것은 결국 조선이 봉건적이고 미개발된 자신의 상황을 받아들이고, 식민지와 식민 모국의 관계에 들어가되 전체 세계가 우리에게 부여한 식민지로서의 의무를 충실히 시행해야 한다는 주장으로 현실화되었다.

흥미로운 점은 니시다의 사유에는, 개별 민족과 전체 세계 사이에 특수한 지역 공동체가 매개로 설정되어 있었다는 점이다. 바로 이 대목이 노자의 제국 논리, 로마의 제국 논리, 그리고 화엄의 제국 논리와 서로 구별되는 지점이기도 하다. 아마도 이 점에 대해서는 니시다가 유학의 전통적 사유에서 영향을 받았을 것으로 보인다. 《대학》이라는 유학 경전에는 "수신제가치국평천하修身齊家治國平天下"라는 유명한 구절이 나온다. 이것은 '자신' '가문' '국가' '세계'의 범주를 단계적으로 구분해놓은 논리이다. 물론 자신과 가문 사이, 가문과 국가 사이, 국가와 세계 사이에는 모두 개체와 전체의 논리가 동일하게 적용될 수 있을 것이다.

이와 같은 유학의 논의에 따르면, 개인身이 가문家을 우회해서 국가國나 세계天下로 직접 나아갈 수 없다는 논리가 도출된다. 가령 이 점에서 보면 가문이란 것은, 개인과 세계를 연결해주는 것으로 보일 수 있지만, 다른 한편 양자 사이의 연결을 가로막고 있는 것으로 사유될 수도 있다. 매개라는 것은 사실 연결을 가능하게 하지만 동시에 직접적인 연결을 가로막는 일차적 장애물로도 기능하는 법이기 때문이다. 《대학》의 관점에서 유래한 매개의 논리를 통해 이제 니시다는, 조선 민족이 직접 세계로 나갈 수 있는 창구를 막으려고 시도했던 것이다. 그의 논리에 따르면, 조선 민족은 동아시아 지역 공동체를 넘어서 세계와 직접 연결될 수 없다. 그런데 여기서 그가 강조한 것은 동아시아 지역 공동체의 중심이 여전히 일본으로 상정될 수밖에 없다는 점이다. 그래서 니시다 기타로의 사유는 결국 조선 민족을 지배하려는 일본 제국주의적 야망을 정당화한 논리에 지나지 않는 것이라고 볼 수 있다. 주목해야 할 것은 그의 사유가 아직도 유효하게 작용하고 있다는 점이다. 누구나 알다시피 현대 세계는 자본주의의 세계화에 맞서서 역사, 문화, 인종을 토대로 다양한 블록화의 방향으로 움직이고 있기 때문이다.

가라타니 고진: "타자의 논리는 제국주의를 붕괴시킨다."

가라타니 고진은 일본 현대 사상가 가운데 가장 주목받는 철학자라고 할 수 있다. 그의 매력은 20세기 서양 현대철학의 양대 테마라고 할 수 있는 '차이'와 '타자'의 문제를 주체적으로 재해석해서 언어철학, 형이상학, 나아가 실천철학까지 아우르는 인문정신의 극치를 보여주는 데서 찾을 수 있다. 그에게 가장 커다란 영향을 주었던 철학자로는 아마도 우선 비트겐슈타인을 꼽을 수 있을 것이다. 특히 비트겐슈타인이 《철학적 탐구》에 남겼던 유명한 명

가라타니 고진은 일본 현대 사상가 가운데 가장 주목받는 철학자다. 그의 매력은 20세기 서양 현대철학의 양대 테마라고 할 수 있는 '차이'와 '타자'의 문제를 주체적으로 재해석해서 인문정신의 극치를 보여주는 데서 찾을 수 있다.

제는 고진에게 결정적인 역할을 했던 것으로 보인다. "규칙을 따를 때 나는 선택하지 않는다. 나는 규칙을 맹목적으로 따를 뿐이다." 우리는 특정 공동체를 선택해서 태어나는 것이 아니라, 특정 공동체에 던져져서 우연히 그곳에 통용되는 규칙을 맹목적으로 배운다. 그런데 바로 이러한 조건 때문에 우리에게 어쩔 수 없이 타자가 존재한다는 것이 가라타니 고진의 근본적인 통찰이었다. 타자란 한마디로 말해 "나와는 다른 규칙을 따르고 있는" 존재를 의미하기 때문이다.

가라타니 고진에게 타자는 우리의 삶을 위태롭게 하지만, 동시에 우리의 삶을 변화시켜줄 수 있는 계기이기도 하다. 타자가 우리를 위태롭게 하는 이유는, 우리와는 다른 규칙을 따르고 있기 때문에 그가 맹목적으로 영위되는 우리의 삶과 사유가 보편적이지 않다는 것을 드러내 보여주기 때문이다. 그래서 압도적인 힘의 우위를 가지고 있을 경우 대부분의 사람들은 자신과 다른 타자에게 자신의 규칙을 강요하는 폭력적 자세를 취하기 쉽다.

물론 이것은 자신이 따르던 규칙을 고수하려는 유아론적인 전략이라고 할 수 있을 것이다. 그러나 다른 한편 타자의 존재는 우리 삶을 위해 매우 소망스러운 것이라고도 말할 수 있다. 왜냐하면 우리는 타자에게로 도약함으로써 자신이 맹목적으로 따르던 과거의 규칙과는 다른 새로운 규칙을 만들어 낼 수도 있기 때문이다.

이처럼 가라타니 고진은 주체로 환원할 수 없는 타자의 성격, 즉 타자의 외면성을 강조하면서 새로운 타자와의 연대를 도모하던 철학자였다. 그런 그가 니시다 기타로의 제국 논리에 대해 분명한 반대 입장을 표명했다는 것은 어쩌면 당연한 일이라고도 볼 수 있다. 제국의 논리란 기본적으로 타자를 동일자로 환원해버리는 폭력적인 지배의 논리이기 때문이다. 먼저 가라타니 고진이 니시다의 사유를 어떻게 논평하고 있는지 살펴보도록 하자.

> 니시다의 생각은 '생태학적'이다. 각각이 각자의 '지역 전통'에 존재하면서도 '자기를 넘어서는' 시스템을 구성하고, 나아가 그것들이 '세계적 세계'를 구성한다. 여기에서는 …… 부분이 즉 전체이며, 전체가 즉 부분에 있어 존재한다는 시점이 제시되고 있다. …… 나아가 니시다의 철학은 '생물학적'이다. 즉 거기에서부터 '책임'이 나올 수 없는 논리인 것이다. 책임은 주체에게만 관계된 것이 아니라 상대적인 타자와도 관계되는 것이다. …… 그런데 니시다 철학에는 처음부터 관계의 외면성이 제거되어 있다.　　　　　　　　　　　　　-《유머로서의 유물론》

먼저 가라타니 고진은 니시다의 철학이 '생태학적'이라고 지적한다. 이것은 물론 부분을 곧 전체라고 본 니시다의 사유구조로 인해 파생된 불가피한 결과라고 할 수 있겠다. 생태학적 사유에 따르면 인간은 자연에서 독립된 존재가 아니라, 자연 속에서 존재할 수밖에 없는 존재로 이해된다. 다시 말해 '부분'으로서 인간은 '전체'로서 자연에 속할 경우에만 자신의 삶을 제대로 영위할 수 있는 존재라는 것이다. 더 중요한 것은 하나의 생명체가 자신이 직접적으로 속한 환경을 건너뛰고 그보다 더 넓은 환경에 속할 수 없다는 사실이다. 서울에 살고 있는 사람이 서울을 부정하고 바로 한반도와 접속할 수 없는 것과 같은 이치라고 하겠다. 바로 이것이 가라타니 고진이 니시다의 생각이 '생태학적'이라고 규정한 속내다. 결국 일본이 맹주로 있는 동아시아라는 '작은 환경'을 부정하고 세계라는 '큰 환경'에서는 살 수 없다는 것이다. 바로 대동아공영의 논리다.

이어서 가라타니 고진은 니시다의 철학이 '생물학적'이라고 분석한다. 사실 '생태학적'인 사유는 항상 '생물학적'인 논리일 수밖에 없다. 생명과 환경 사이의 관계에 생물학적 논리를 관철시킬 때 출현할 수 있는 것이 바로 생태학적 사유이기 때문이다. 그럼에도 가라타니 고진이 니시다 철학에 '생물학적'이라는 규정을 한 번 더 덧붙인 이유는 무엇일까? 그것은 '생물학적 사유'가 '책임'이 나올 수 없는 논리를 함축하고 있다고 보았기 때문이다. 이 대목에서 중요한 것은 "책임은 주체에게만 관계된 것이 아니라 상대적인 타자와도 관계되는 것"이라는 고진의 생각이다. 생물학적 사유는 한 생명체의 다양한 기관들을 전체 생명체의 이익에 종사하는 것으로 간주한다. 따라서 생명체의 각 기관들이 서로에 대해 책임을 느낄 이유는 전혀 없을 뿐만 아니라, 어떤 생명 개체도 오직 자신만이 살아남으면 그만일 뿐 다른 개체의 생명 연장에 대해 신경 쓸 필요가 전혀 없다. 가령 이런 세계에서라면 타인에 대한 인간 주체의 책임감이란 문제를 설파하기가 거의 불가능할 것이다.

사실 니시다의 사유가 '생태학적'이며 동시에 '생물학적'이라는 가라타니 고진의 지적은 나름대로 매우 타당한 것이었다. 니시다의 사유 속에서 개체들은 서로 관계하지 못하고, 오직 하나의 전체만을 해바라기처럼 바라볼 수밖에 없었다. 그것이 작은 전체이든 큰 전체이든 상관없이 말이다. 그가 "니시다 철학에는 처음부터 관계의 외면성이 제거되어 있다"고 지적했던 것도 이런 이유에서이다. 모든 개체가 전체의 기능에 종속돼 있다는 것은 그들이 전체에 의해 부과된 동일한 규칙을 따르고 있다는 것을 의미한다. 그렇기에 니시다의 경우에는 나와 다른 규칙을 가진 타자라는 것을 생각하기 어려웠던 것이다. 바로 이런 맥락을 통해 고진은 니시다 사유의 비밀, 혹은 제국 논리의 비밀을 파악할 수 있게 되었다. 그에 따르면 제국은 "관계의 외면성", 다시 말해 타자의 외면성을 배제하면서, 모든 개체가 하나의 중심인 전체만을 바라보도록 유도하는 논리로 작동하는 것이었다. 사실 개체들이 다른 개체들을 만나 새로운 연대를 구성할 수 있는 다양한 가능성을 애초에 차단해버리지 못한다면, 제국은 제국으로서의 위상을 유지하기 어려운 법이다.

그런데 흥미로운 점은 가라타니 고진의 이러한 통찰이 레비나스의 그것과 매우 유사하다는 점이다. 레비나스 역시 고진과 마찬가지로 타자의 외면성을 숙고했던 철학자라는 점을 생각해보면, 이 점은 그리 놀랄 만한 일은 아닐지도 모른다.

한 사람과 다른 사람의 관계에서 매우 특이한 점을 플라톤은 전혀 보지 못하고 지나쳐버렸다. 플라톤은 이데아 세계를 반영할 수 있는 공화국을 구상했다. 그는 빛의 세계, 시간이 없는 세계의 철학을 지향했던 것이다. 플라톤 이후부터 사람들은 사회적인 것의 이상을 융합의 이상에서 찾았다. 그래서 주체는 타자와의 관계에서 타자를 자신으로 동일시하는 경향이 있고 그리하여 집단적 표상이나 공동의 이상을 갖게 된다고 사람들은 생각했다. 이것은 '우리'라고 말하는 집단성이고, 인식 가능한 태양이며, 진리로 향하면서 타자를 자신의 얼굴과 얼굴을 맞댄 존재로 보지 않고 단지 자신과 나란히 서 있는 자로 인식하는 집단성이다. 이것은 매개자로서 역할을 하는 제3자를 중심으로 형성된 집단성이다. 하이데거의 '서로-함께-있음Miteinanadersein'도 '함께mit'라는 집단성에 머물러 있고, 진리를 매개로 그것의 본래적 형식 안에서의 자신을 드러낸다. 이것은 어떤 공통적인 것을 중심으로 하는 집단성이다.

—《시간과 타자》

유대인으로서 레비나스는 전체주의의 무서움을 몸소 겪었던 철학자이기도 했다. 타자에 대한 그의 사유는 그가 유대인으로서 제2차 세계대전의 참혹함을 경험했던 데서 그 유래를 찾을 수 있을 것이다. 그에게 유럽을 휩쓴 제2차 세계대전은 히틀러로 상징되는 국가사회주의의 무서움을 알려주는 분명한 증거였다. 그래서 레비나스는 전체주의의 기원을 철학적으로 찾기 시작했고, 마침내 그것이 '일자-#'로 모든 것을 포괄하려는 서양철학의 전통 그 자체에 내재되어 있다고 진단했다. 그 일자가 곧 플라톤의 이데아든, 아니면 하이데거의 존재든 간에 이러한 흐름이 철학사 내에서 면면히 지속돼왔다는 점을 알게 된 것이다. 레비나스가 평생 동안 일자로 모든 것을 환원하려는 철학적 시도에 단호하게 맞선 것도 이런 이유에서였다. 가라타니 고진과 마찬가지로 레비나스도 '타자'라는 범주야말로 개체들을 일자로 환원하려는 전체주의적 사유를 원천적으로 봉쇄시킬 수 있고, 나아가 타자와의 새로운 관계는 새로운 사회의 연대를 가능하게 하리라고 확신했던 것이다. 레비나스를 읽으면 가라타니 고진이, 혹은 가라타니 고진을 읽으면 레비나스가 저절로 떠오르는 것도 다 이유가 있었던 셈이다.

역사의 희비극에서 벗어나려면

니시다 기타로와 가라타니 고진 사이의 논쟁을 보면 《루이 보나파르트의 브뤼메르 18일Der 18te Brumaire des Louis Napoleon》에서 마르크스가 쓴 유명한 이야기가 생각난다. "역사는 두 번 반복된다. 한 번은 비극으로, 또 한 번은 희극으로." 이것은 공화정에서 독재정으로 이행했던 로마의 비극이, 당시 프랑스에서 희극적으로 반복되었다는 사실에 대한 마르크스의 위트 섞인 표현이다. 하지만 마르크스가 말한 희극은 피눈물이 나는 희극이었다. 지적인 인간들이라면 결코 동일한 실수를 반복해서는 안 되는 것을 반복했기 때문에 희극이라고 말한 것이다. 니시다 기타로의 철학은 동양의 입장에서 보면 노자 철학이나 화엄 철학의 반복이자, 서양의 입장에서 보면 로마제국의 반복이라고 할 수 있는 것이었다. 이 때문에 니시다의 철학이 희극적 경향을 띠게 되는 것이다.

그렇지만 당장 니시다가 제안한 방식으로 식민지가 되고 말았던 우리 입장에서는, 이 희극이 사실 너무나 버겁고 갑갑한 희극으로 다가올 수밖에 없다. 이 시점에서 더 중요한 것은 니시다의 희극이 다시 반복되어 더 소름끼치는 희극으로 확대재생산될 수도 있다는 점이다. 지금 미국 중심의 세계질서가 미래에는 중국 중심의 세계질서로 재편될 것이라는 이야기가 심심찮게 등장하고 있기 때문이다. 그래서 가라타니 고진이나 레비나스의 통찰은 우리에게 매우 중요한 시사점을 주고 있다. 하지만 그럼에도 우리의 현재 모습은 과연 어떠한가? 우리 주변에는 새롭게 상연될 희극에 조연으로나마 출현하고 싶어 안달하고 있는 사람들이 너무도 많다. 새로운 제국질서에 앞다퉈 먼저 달려가려는 우리 이웃들의 모습이 마르크스가 말했던 진정 '희극적'인 사례가 아닐까?

이런 연극판에서 벗어나는 방법은 무엇일까? 가라타니 고진이 찾은 방법은 타자와의 비대칭적 관계를 복원하는 것이다. 《은유로서의 건축隱喩としての建築》에서 고진은 말한다. "교환은 현재에도 어떤 한 무리의 공통 규칙들을 공유하지 않는 공동체들 사이에서 일어난다. 그러므로 공동체는 무엇보다도 먼저, 그것의 실제 규모와

상관없이, 어떤 규칙들의 체계 안에서 갇혀 있는 공간으로 재정의되어야만 한다. 마을, 인종, 민족국가, 서방세계, 그리고 심지어는 자아(독백적 공간에 담겨 있는 자아)조차도 공동체로 보일 수 있다. 마르크스는 한 공동체 안에서 일어나는 교환과는 구별되는, 한 무리의 공통규칙들을 공유하지 않는 공동체들 사이의 교환이 지니는 고유한 특징을 기술하기 위해서 '사회적'이라는 말을 사용했다."

　'공동체적인 것'과 '사회적인 것'은 고진에게만 해당하는 특이한 구별법이다. 고진에 따르면 '공동체'가 공통규칙에 따라 개체들이 무언가를 교환하며 유지된다면, '사회'는 공통규칙이 없이 개체들의 직접적인 마주침, 그리고 교환이란 비약이 이루어지는 곳이라고 할 수 있다. 결국 공동체를 가장 극명하게 보여주는 것은 생명체라고 할 수 있다. 모든 장기들은 그 자체로 존재 이유가 없고, 오직 전체 생명체의 유지라는 공통규칙에 종속되기 때문이다. 그래서 공동체는 본질적으로 제국주의 논리에 포획된다. 따라서 제국주의 논리를 벗어나기 위해서 고진은 공동체가 아니라 사회를 지향해야 한다고 보았던 것이다. 사회, 혹은 사회적인 것! 그것은 나와 다른 규칙에 따라 살아가는 타자를 긍정하는 것이다. 수평적 연대의 사회, 혹은 들뢰즈가 말한 리좀적 사회는 바로 이렇게 탄생할 수 있다.

　그러나 이것은 얼마나 힘든 일인가? 나와 규칙을 공유하지 않는 타자와 부대끼며 산다는 것은 생각처럼 그렇게 만만한 일이 아니다. 타자를 강제로 나의 규칙에 편입해도 안 되고, 반대로 나의 규칙을 버리고 타자에게로 투항해서도 안 된다. 정말 아찔한 균형 감각이 필요한 일이다. 그러나 이런 균형 감각을 기르는 출발점이 있다. 다행히도 "책임은 주체에게만 관계되는 것이 아니라 상대적인 타자와도 관계된다"는 고진의 말이 그 실마리가 될 수 있다. 책임의 영어 표현 'responsibility'에 주목해보자. 책임이란 한자 표현보다 더 많은 걸 말해주지 않는가? 바로 '반응response'이 '가능함ability'을 의미하는 말이다. 그러니까 'responsibility'는 '책임'이라는 뜻 이전에 '반응할 수 있음'이란 원초적 뜻을 가지고 있었던 것이다. 바로 이 '반응할 수 있음'에서 우리는 수평적 연대의 가능성을 찾을 수 있다.

　반응에서 중요한 것은 그것이 타자에 대한 감수성이면서 동시에 깨어 있는 주체를 전제한다는 사실이다. 이처럼 깨어 있는 주체가 되려면, 우리는 타자에게 반응할 수 있어야만 한다. 바로 이것이 고진이 '책임' 개념을 강조했던 속내였다고 할 수 있다. 그러나 살아 있으면서도 살아 있지 않은 사람을 되살리는 것은 만만한 일이 아니다. 반응할 수 있는 능력을 잃은 사람은 되살리려는 노력을 해도 잘 반응하지 않기 때문이다. 그럼에도 우리는 마비된 우리의 감수성을, 그리고 이웃들의 무감각을 깨우려고 필사의 노력을 경주해야만 한다. 이런 각오와 그에 걸맞은 실천이 없다면, 우리에게 남는 것은 그저 공동체, 혹은 제국주의뿐이니 말이다.

32

문학은 순수한가?

이어령

———— VS ————

김수영

문학의 꿈, 혹은 불가능을 가능하게 만드는 상상력

영화관이어도 좋고 TV여도 좋다. 아니면 컴퓨터나 태블릿PC나 작게는 스마트폰이어도 좋다. 이런 기계들을 통해 20세기부터 이야기는 동영상으로 재현되어 소비되고 있다. 여기서 가장 커다란 위기에 봉착한 것은 책이라는 매체로 움직였던 문학, 특히 소설 장르라고 할 수 있다. 이제 소설은 동영상의 시나리오가 되든가, 아니면 새로운 모색을 시도해야만 했다. 20세기의 위대한 작가 프루스트Marcel Proust(1871~1922), 조이스James Joyce(1882~1941), 카프카 Franz Kafka(1883~1924), 그리고 베케트Samuel Beckett(1906~1989)가 하려고 했던 것은 영화가 할 수 없는 것을 문학에 담으려고 했던 시도라고 규정할 수도 있다. 사회와 세계, 그리고 자연을 사실 그대로 묘사하는 작품이 영화의 시대에 더 이상 유효하지 않다면, 현대문학이 가야 할 곳은 인간의 내면에 대한 천착일 수밖에 없다. 바깥이 아니면 내부만 남으니 말이다. 결국 현대문학은 사실주의가 아니라 일종의 표현주의 문학으로 정의할 수도 있다.

그래서일까, 이 네 작가의 작품에는 작가 고유의 내면, 다시 말해 작가만의 단독적인 역사와 그와 관련된 욕망들이 분출되어 있다. 사진에 맞서 세잔, 클레, 로스코가 하려고 했던 것을, 영화에 맞서 프루스트, 카프카, 조이스, 베케트가 달성하려고 했던 것이다. 표현주의 회화와 마찬가지로 현대 소설이 난해한 이유가 바로 여기에 있다. 작가나 독자가 모두 확인할 수 있는 객관적인 상황이 문학세계로 펼쳐지는 것이 아니라, 작가만의 고유한 내면이 바로 그만의 문학세계로 펼쳐지기 때문이다. 도식적이지만 산문, 소설, 시를 생각해보자. 산문이 읽기에 가장 쉽고, 그다음이 소설이고, 가장 읽기 힘든 것이 시라고 할 수 있다. 신문기사와 같은 산문에는 주관성이 가장 적게 개입되어 있고, 시에는 주관성이 가장 강하게 개입되어 있기 때문이다.

통상적으로 소설에는 산문이나 시의 중간 정도로 작가의 주관성이 개입되어 있다고 할 수 있다. 그러나 사실주의가 아니라 표현주의를 선택하면서 프루스트, 카프카, 조이스, 베케트의 현대소설은 점점 더 시에 가까워지고 있었다. 아니 가까워질 수밖에 없었다. 현대소설이 독자들과 멀어지게 된 것도 이런 이유에서다. 작가가 자신의 내면에 집중할수록, 독자들은 제대로 읽어내기가 힘들 테니 말이다. 그러나 잊지 말아야 할 것은 자신이니까 쓰고 말할 수 있는 내용과 형식을 갖춘 소설이 탄생했다는 점이다. 한마디로 소설도 시처럼 이제 자유의 매체가 되어가고 있는 셈이다. 물론 현대의 모든 소설이 그런 것은 아니다. 과거와 마찬가지로 흥행에 성공하려고 독자의 욕망과 기호에 맞추려는 대중소설은 여전히 기획되고 유통되고 있다. 그러나 분명 시에 가까운 소설들, 혹은 자유의 소설들이 현대문학의 중요한 특징 중 하나라는 건 숨길 수 없는 사실이다.

그렇다고 해서 현대소설가들이 영화와 싸워 자기 직업을 정당화하려는 목적에서 글을 쓰고 있다고 폄하해서는 안 된다. 영화와 현대소설과의 관계는 역사적 층위에서의 관계일 뿐, 그러니까 현대소설가에게 영화와의 관계는 무의식적인 영역에 속한다. 현대소설가들은 영화가 하는 걸 자신이 구태여 할 필요가 없다고 생각했다는 것이 사실에 가까울 것이다. 더군다나 시와 같은 소설, 자신의 내면에 충직한 소설을 쓰려는 더 강력한 동기가 존재하고 있었다. 과거보다 더 자유로운 사회에 살고 있다고 대부분의 사람들은 믿고 있지만, 우리 위대한 작가들은 자유가 더 불가능해졌다고 직감하고 있었던 것이다. 조이스의《더블린 사람들Dubliners》과《율리시즈Ulysses》, 혹은 카프카의《소송Der Prozess》이나《성Das Schloss》을 읽어보라. 자유에 대한 이들의 잿빛 전망과 아울러 자유를 쟁취하려는 절망적인 노력이 우리의 마음을 한없이 무겁고 답답하게 할 테니 말이다. 직접적이고 거시적이었던 억압의 시대가 간접적이고 미시적인 억압의 시대로 바뀐 것이다. 좁은 철창 안의 억압은 사라졌지만, 사파리 공원이나 자연 농원처럼 억압의 철조망은 아주 멀리, 혹은 아예 우리 내면에 설치되어 있다.

철조망이 너무 멀리 있어서 보이지 않고, 철조망이 내면에 있으니 보이지 않는다. 얼마나 교묘하고 정교하게 작동하는 억압 메커니즘인가. 위대

제임스 조이스(왼쪽)와 프란츠 카프카. 조이스와 카프카의 소설을 읽어보라. 자유에 대한 이들의 잿빛 전망과 아울러 자유를 쟁취하려는 절망적인 노력이 우리의 마음을 한없이 무겁고 답답하게 할 테니 말이다.

한 작가들은 이걸 직감했던 것이다. 좁은 철창으로 상징되는 직접적인 억압의 상황에서는 둔감한 사람들이라도 자신의 자유가 억압되고 있다는 걸 쉽게 자각하고 저항할 수 있다. 반대로 드넓은 초원에 만든 사파리 공원이나 자연 농원에서 일반 사람들은 자신이 자유롭다고 착각하기 쉽다. 그러니 민감한 영혼들은 오히려 더 조바심을 칠 수밖에 없다. 자유롭다는 허위의식에 길들여져 점점 인간들은 억압에 둔감해져가고 있기 때문이다. 1904년 1월 27일에 쓰인 한 서신에서 카프카도 말하지 않았던가.

우리는 불행처럼 우리 자신을 자극하는 책들, 다시 말해 우리에게 아주 깊이 상처를 남기는 책이 필요하다. 이런 책들은 우리가 자신보다 더 사랑했던 사람의 죽음처럼 느껴지고, 사람들로부터 격리되어 추방된 것처럼 느껴지고, 심지어 자살처럼 느껴질 것이다. 책은 우리 내면에 얼어 있는 바다를 내려치는 도끼와 같은 것이어야만 한다.

- 〈친구들, 가족, 그리고 편집자에게 보내는 서신

Letters to Friends, Family and Editors〉

억압을 자유로 느끼는 무감각 상태를 깨야 한다. 물론 그러기 위해서 작가 스스로 무감각 상태에서 벗어나야 할 것이다. 손톱으로 칠판을 긁는 소리처럼, 혹은 손에 '찡' 하고 불쾌한 전율을 주는 얼어 있는 바다를 내려치는 도끼처럼, 우리 시대 책들은 그렇게 불쾌해야만 한다는 것이다. 불행히도 노골적인 구속 상태가 없다고 이를 자유로 착각하는 사람들이 늘어나고 있으니 말이다. 어쩌면 노골적인 억압 시대, 즉 왕조 시대나 파시즘 시대가 더 상황이 좋았는지도 모른다. 당시에는 도처에 원군이 존재했고 쉽게 연대가 이루어질 수 있었으니 말이다. 이제 연대도 힘들어지고 기다리는 원군도 도달할 기미가 보이지 않는다. 그렇다고 작가는 좌절하고 절망할 수 없다. 그만이라도 이제 자신의 내면에까지 침투해온 억압과 맞서는 투쟁을 해야 한다. 자유를 꿈꾸고 그것을 독자들에게 보여주어야 한다.

여기서 1900년에 출간된 《꿈의 해석Die Traumdeutung》에 등장하는 프로이트의 공식 하나를 기억해둘 필요가 있다. "꿈은 억압된 소망의 간접적인 실현이다." 한마디로 인간은 현실적으로 불가능한 것을 꿈에서라도 가능하도록 만든다는 것이다. 문학도 마찬가지 아닌가. 문학도 억압된 욕망의 간접적 실현이기 때문이다. 노골적으로 말해 연애에 실패한 사람이라면 소설을 통해 근사하게 연애에 성공하는 세계를 꿈꿀 수 있고, 억압적 체제에 사는 사람이라면 소설을 통해 억압을 넘어서 민주주의가 구현되는 세상을 꿈꾸어 볼 수 있다. 그러나 만약 현실에서 사랑이 이루어진다면, 혹은 민주주의가 달성된다면 더 이상 소설은 불필요하게 될 것이다. 이제 더 이상 욕망을 억압할 필요가 없기 때문이다. 그러나 불행히도 억압은 사라지지 않았고, 단지 사라진 것처럼 보일 뿐이다. 이제 억압은 직접적이고 노골적으로 이루어지기보다 간접적이고 은밀하게 진행되기 때문이다. 이렇게 억압의 메커니즘이 너무나 멀리 있거나 너무 가까이 있다면, 우리의 싸움은 그만큼 내면적으로 펼쳐질 수밖에 없다. 프로이트는 말한다.

작가는 자기 마음에 있는 무의식에 주의를 집중한다. 그는 무의식의 가능한 발전들에 귀를 기울이고, 의식적 비평으로 억압하기보다는 그것들에 예술적 표현을 제공한다. 이렇게 그는 자기 내면에서 타인들에게서 배운 것—무의식의 활동들이 복종해야만 하는 법칙들—을 경험하게 된다.

－〈젠센의 그라디바에서의 환각과 꿈Der Wahn und die Träume in W. Jensen's Gradiva〉

황제나 독재자와 싸우지 않는다고 해서, 현대 작가들이 나약하다고 생각하지 말라! 이제 그들은 승패를 예측할 수 없는 자기 투쟁에 돌입한 것이다. 초자아와의 전쟁! 여기에서 이겨야 초자아의 외적 형식인 가부장적 아버지, 초월적 신, 권위적인 정치권력과 비인격적인 자본과 싸워 이길 희망을 얻을 수 있을 테니 말이다. 그러니 문학의 종언을 외치는 몇몇 소동에 불안에 떨 필요는 없다. 자유로운 공동체, 혹은 억압이 줄어든 사회가 이루어졌다면, 문학은 행복한 마지막 숨을 내쉬고 우리 곁을 떠날 수도 있다. 그러나 그렇지 않았는데도 문학의 종언을 외치는 사람이 있다면, 그는 불가능한 것을 꿈꾸는 인간의 힘을 와해시키고 인간을 영원한 굴종 상태에 던져 넣으려는 의도를 가지고 있다고 할 수 있다. 결국 1948년 사르트르가 했던 이야기는 아직도 유효하다고 할 수 있다.

구체적인 문학은 주어진 조건에서 벗어나는 힘으로서의 부정성과 미래적 질서의 소묘로서의 기투를 종합하는 것이 될 것이다. …… 작가에게 모든 것을 말할 수 있는 자유를 부여하는 것만으로는 충분하지 않다. 작가의 글을 읽게 될 독자 역시 모든 것을 변혁할 자유를 가지고 있어야 하는 것이다. 따라서 계급이 없어질 뿐만 아니라, 모든 독재가 철폐되고 사회 기구는 늘 새로워져야 하며, 질서가 굳어지기 시작하면 부단히 해체되어야 하는 것이다. 한마디로 말해 문학은 그 본질상 영구혁명 중에 있는 사회의 주관성이다.

－《문학이란 무엇인가Qu'est - ce que la littérature》

거시적인 억압이든 미시적인 억압이든, 인간의 자유를 억압하는 일체의 권위적 메커니즘이 사라질 때까지, 문학은 우리의 호흡처럼 혹은 잠시라도 멈출 수 없는 희망처럼 우리에게 남아 있어야만 한다. 사르트르의 말처럼 문학은 그 자체로 자유이기 때문이다. 억압과 구속이 있기에 그걸 뛰어넘으려는 구체적인 자유이기에, 문학은 작가의 자유뿐만 아니라 독자의 자유도 촉구하는 법이다. 물론 작가는 계속 글을 쓰지만, 독자들이 글을 외면할 수도 있다. 자유를 요구하는 문학작품의 압박을 감당하기 힘든 정치경제학적인 상황에 던져 있을 때, 독자들은 문학을 멀리하는 쪽으로 방향을 정하기 쉽다. 1941년에 출간된 프롬Erich Fromm(1900~1980)의 책 제목처럼 인간은 '자유로부터의 도피Escape from Freedom'가 충분히 가능한 존재다. 얼어붙은 바다를 내려치는 도끼의 파열음이 체제에 순응하고 있는 자신을 깨울까 두려운 것이다. 모르고 있으면 그만이지만 자신이 억압되고 있다는 걸 아는 순간, 인간이라면 누구나 자유를 갈망할 테니 말이다. 이것이 바로 "영구혁명 중에 있는 사회적 주관성"으로서 문학이 갖고 있는 힘이자, 체제나 그 수호자들이 문학을 서둘러 장례 지내려고 하는 이유다.

이어령: "문학의 순수성을 위해 정치에 무관심해야 한다."

1968년 1월에서부터 3월까지는 우리 지성계가 두고두고 기억해야 할 빛나는 시기라고 할 수 있다. 당시는 1964년 굴욕적인 한일협정을 비상계엄이란 억압적 수단으로 관철시켰던 박정희 정권이 유신독재를 서서히 준비하던 시절이었다. 당연히 민감한 문학계가 이런 암울한 조짐을 감지하지 못할 리가 없다. 더군다나 일본의 식민지 지배에 법적 정당성을 부여했던 한일협정을 가장 강렬하게 반대했던 사람들이 문학인들이었으니, 1968년은 그야말로 문학인의 지성이 새로 벼른 칼날처럼 날카로웠던 때였다. 돌아보면 1960년대에는 1960년의 4·19 민주혁명, 1961년 5·16 군사쿠데타, 그리고 1964년의 6·3 한일협정 반대운동이 연이어 일었던 격동기였다. 민주주의를 갈망하던 시민들과 5·16쿠데타 주도 세력들 사이에 팽팽한 긴장감이 감돌던 때, 1968년 1월 20일 조선일보 '문예시평文藝時評' 코너에 30대 중반의 젊은 평론가가 당시 문화계, 즉 문학계에 거침없는 사자후를 토하게 된다.

바로 이어령李御寧(1934~2022)이란 평론가와 그의 글 〈누가 그 조종弔鐘을 울리는가?〉이다. 문제는 젊은 지식인답지 않게 그가 최소한 문학계와 관련해서는 4·19 민주혁명을 달갑지 않게 보고 있다는 데 있다. 팽팽한 긴장과 균형의 상태에서 두 입장 중 어느 한쪽을 공격하는 순간, 누구라도 자의반 타의반 공격하지 않는 쪽 입장에 쏠릴 수밖에 없는 법이다.

'권력을 가진 관의 검열자들'은 육안으로 볼 수 있는 문화의 병균에 지나지 않는다. 아무리 문화의 생명을 위협하는 병이라 하더라도 누구나 병균을 알고 있는 한 치유의 방법도 그렇게 절망적인 것만은 아니다. 문화의 위기는 자유 속에 내던져지는 순간이 더욱 무서운 것이다. 그때 문화인들은 눈으로 볼 수 없는 자각조차 할 수 없는 '숨어 있는 또 다른 검열자'와 만나게 된다. …… 아프리카의 밀림에서 야생의 사자를 쏠 때에만 엽사는 정말 엽사일 수가 있다. 일본 관헌이나 경무대의 경찰들이 울 안에 갇힌 사자가 된 것을 확인한 후에야 녹슨 언어의 라이플총을 들고나와 사자 사냥에 나섰다. …… 문화인들이 자유당 정권의 비호를 받아가며 만송예찬을 했던 것이 참으로 쉽고 편하고 수지맞는 일이었듯이, 대중들의 박수를 받아가면서 무너진 구정권을 욕하고 좌경적인 발언을 하여 그들의 구미에 맞추는 일 또한 그렇게 쉽고 편하고 수지맞는 일일 것이다. …… '용감한 동물원의 사냥꾼'들은 맹목적인 대중들의 환심을 사기 위해서 이번엔 숨어 있는 '대중의 검열자'에게 무릎을 꿇었던 것이다.

- 〈누가 그 조종을 울리는가?: 오늘의 한국문화를 위협하는 것〉

패기만만한 젊은 평론가답게 이어령의 글은 거침이 없을 뿐만 아니라 유려하다. 그래서일까, 그의 글에는 계몽주의자의 오만함이 짙게 드리워져 있다. 정치권력의 검열보다는 대중의 검열이 더 심각한 문제라고 지적할 때는 심지어 파시즘적 태도마저 풍기고 있다. 그에게 대중은 '맹목적인 대중'일 뿐이기 때문이다. 맹목盲目이란 글자 그대로 장님의 눈이라는 의미다. 대중에게는 눈이 없으니, 누군가가 그들의 눈이 되어주어야 한다. 바로 자신과 같은 지성인이 그 역할을 해야 한다는 것이다. 곧 계몽주의다. 그러나 이런 계몽주의적 태도는 겉보기와는 달리 파시즘과 묘한 친족 관계에 있다는 걸 잊어서는 안 된다. 계몽주의와 파시즘은 다른 것 아니냐고 고개를 갸우뚱할 수도 있다. 그러나 눈이 없는 사람들은 믿고 따르라는 계몽적 지식인의 태도는 역사의 방향을 미리 알고 있으니 자신을 따르라는 독재 권력자의 태도와 무슨 차이가 있겠는가.

물론 젊은 평론가 이어령은 아직 파시즘의 노골적인 옹호자는 아니다. 그러나 대중들의 맹목성을 강조하고 있다는 면에서, 그는 최소한 엘리트주의나 혹은 반민주주의를 표방하고 있다는 건 분명하다. 특히나 맹목적인 대중에게 자유를 주어서는 안 된다는 취지의 발언은 지금 들어도 모골이 송연해지기만 하다. 어쨌든 대중들이 진리를 알고 있는 나를 따르지 않으면 강제로라도 따르게 하겠다고 생각하는 순간, 계몽주의는 바로 파시즘으로 진화하게 될 것이다. 결국 파시즘과 계몽주의 사이에는 단지 강제성의 유무의 차이만 존재할 뿐이다. 지금도 간혹 회자되는 '포퓰리즘populism'과 '여론'이란 두 개념을 생각해보라. 민주주의 사회라면 사회 성원들 대부분의 뜻을 따라서 공동체의 방향을 정해야 한다. 이럴 때 여론이란 단어는 아주 긍정적인 뜻으로 쓰인다. 반대로 계몽주의적 시선을 갖고 있는 사람에게, 혹은 지적이나 신분적 우월성을 확보한 사람에게, 여론은 무지몽매한 대중들의 인기에 영합하는 포퓰리즘으로 인식될 뿐이다.

계몽주의자 이어령의 눈에는 독재권력의 검열보다는 맹목적인 대중들을 따르는 것이 더 위험한 것으로 보였다. 이것은 계몽주의자나 엘리트주의자의 조바심이다. 어쨌든 독재권력은 맹목적인 대중들을 통제라도 했지만, 대중들에게 자유를 부과한 민주주의는 대중들의 맹목성에 날개를 달아줄 것이라는 조바심 말이다. 그러니 민주주의의 기치를 들고 사회에 참여하는 문인들이 "대중들의 박수를 받아가면서 무너진 구정권을 욕하고 좌경적인 발언을 하여 그들의 구미에 맞추고" 있다고 비하하게 된다. 억압받았던 대다수 사람들의 소망을 듣고 그들을 대변하는 것이 민주주의의 본령일 텐데, 이어령의 눈에는 그것이 좌경적으로 보였던 것이다. 지긋지긋한 색깔론을 반복할 정도로 계몽주의자 이어령은 불안했던 것이다. 자신만이 촛불을 들고 있어 어둠을 밝혀야 하는데, 모든 사람이 촛불 하나씩을 들고 제 갈 길을 가려고 하고 있으니 말이다. 지금 이어령의 눈에는 4·19혁명 뒤 사람들이 들게 된 수많은 촛불들이 혼란으로 보였던 것이다. 그러니 극언까지 하며 심경의 불편함을 숨기지 않았던 것이다.

"권력을 가진 관의 검열자들'은 육안으로 볼 수 있는 문화의 병균에 지나지 않는다. 아무리 문화의 생명을 위협하는 병이라 하더라도 누구나 병균을 알고 있는 한 치유의 방법도 그렇게 절망적인 것만은 아니다." 얼마나 무서운 말인가. 지금 이 젊은 평론가는 제정신을 가지고 있는 것인가. 문학과 사상에 대한 권력의 검열은 그 권력이 파시즘이나 독재로 치달아서 생기는 현상이다. 이걸 안다고 해도 파시즘과 독재를 없앤다는 건 정말로 목숨을 건 투쟁이어야 가능하다는 건 삼척동자도 다 아는 일이다. 이승만 독재정권을 붕괴시킬 때까지 얼마나 많은 피를 흘렸는지, 이어령은 정말 모른단 말인가. 울 안에 간신히 가두어놓았을 때 민주주의를 위협하는 사자들을 사냥해야 할 일이다. 그러나 지금 이어령은 이걸 비겁한 일이라고 힐난하고 있는 중이다. 울 안에 갇힌 사자들, 그러니까 이승만 정권 때 권력을 행사하던 친일파들이나 친일 문인들로서는 쾌재를 부를 일이다. 그런데 지금 젊은 평론가는 기염을 토하고 있다. 사자를 풀어놓고 맞장을 떠라! 독재에 항거하지 못했다면, 독재 붕괴 뒤의 잔당들도 공격하지 말라!

이어령은 말한다. 이승만 독재 시절 부통령을 지내던 권력 2인자 이기

조선일보 1968년 2월 20일 자에 실린 이어령의 〈누가 그 조종을 울리는가?〉.

붕李起鵬(1896~1960)에게 아첨했던 것도 문학계였고, 4·19혁명 이후 민주주의
를 갈망하던 시민들에게 편승했던 것도 문학계였다고. 그러나 4.19혁명 이
후 민주주의를 외쳤던 일부 문인들이 정말로 편승하고자 했던 것은 새롭게
등장한 장면張勉(1899~1966) 정권이었다는 사실을 잊어서는 안 된다. 그러니
포퓰리즘은 민주주의를 악용하는 야심가들에게나 적용될 뿐, 민주주의를
지향하는 시민들이나 문인들에게 적용되어서는 안 된다. 그러나 이어령에게
서 이런 균형 감각은 찾을 수가 없다. 작가로서 사상과 표현의 자유를 견지
하려는 문인과 문학자의 포즈만을 취하고 있는 문인도 구별하지 못하기 때
문이다. 예를 들어 신동엽申東曄(1930~1969)이나 김수영金洙暎(1921~1968) 시인을
보라. 문학의 힘으로 그들은 이승만 독재에 극렬하게 저항했을 뿐만 아니라,

4·19혁명의 한계마저도 비판하지 않았던가.

　이어령은 민주주의를 표방하며 시민들과 함께했던 지성인 일반을 일종의 포퓰리즘에 빠졌다고 싸잡아 비판하고 있는 것이다. 빈대 잡자고 초가삼간 다 태우는 꼴이다. 그의 지적이 옳다면 이제 문인들은 대중들과 떨어져 고독한 창작의 세계로 돌아가야만 한다. 이것은 결국 역사와 사회에 대해, 혹은 민주주의에 대해 문학과 문인들은 신경을 쓰지 말아야 한다는 이야기다.

> 결국 문화는 타살되는 경우보다, 해방 직후나 4·19 직후처럼 자살하는 경우에 더 심각한 위기를 내포하고 있음을 알아야 한다. …… 얻은 것은 자유였지만 잃은 것은 순수한 시요 소설이요 예술이다. …… 사회나 현실에서 통로가 막혔을 때 타의적일망정 순수한 문학적 내면의 창조력과 만나게 되었다는 이 사실이 무엇을 암시하는가를 작가들은 좀 더 겸허하게 생각할 줄 알아야 한다. 이 말은 한국의 시조문학 가운데 정치와 관련이 없었던 기생들에게서(황진이) 도리어 가장 높은 향기를 발현할 수 있다는 것과 상통하는 현상이다. …… 문화를 정치사회의 이데올로기와 동일시하는 문화인 자신의 문예관이 부당한 정치권력으로부터 받고 있는 그 문화의 위협보다도 몇 배나 더 위험한 일이기 때문이다. ─〈누가 그 조종을 울리는가?: 오늘의 한국문화를 위협하는 것〉

　미리 명확히 해두어야 할 것이 있다. 문학이란 불가능한 것을 꿈꾸는 활동이자, 프로이트의 말처럼 억압된 욕망의 간접적인 실현이다. 결국 억압이 없는 사회가 정말로 도래한다면, 지금 우리가 알고 있는 문학은 소멸하게 될 것이다. 이것이 모든 문학의 꿈은 자신의 소멸에 있다는 아이러니의 실체다. 해방 직후나 4·19혁명 직후, 불가능하던 것이 현실로 가능해진 것이다. 이때 문학이, 꿈이 무슨 필요가 있는가? 그저 삶으로서 자유를 그리고 사랑을 구가하면 될 일이다. 그러나 알다시피 얼마 지나지 않아 불행히도 문학은 다시 시작될 수밖에 없었다. 이승만 정권의 뒤를 이은 장면 민주당 정권도 부르주아 정권일 뿐, 민주주의를 전면적으로 실행할 의지도 생각도 없었기 때문이다. 더군다나 그나마 이승만 독재정권보다는 염치가 있었던 장면 정권도 1년도 되지 않아 군사쿠데타로 괴멸되어버린다. 현실에서 불가능한 것이 도래하니, 인간은 다시 꿈을 꾸게 된 것이고 문학은 재개되는 것이다.

문학은 자유가 불가능한 현실에서도 그 불가능한 것을 꿈꾸는 인간의 활동이다. 그러니 순수문학과 참여문학이란 구분법은 문학에 대한 무지에서나 가능한 허구적인 이분법에 지나지 않는다. 현실에서 불가능한 것과 관련이 있기에 문학은 참여적일 수밖에 없고, 동시에 그 불가능한 것을 꿈꾸고 있기에 문학은 순수하기 때문이다. 아직 젊은 평론가의 눈에는 순수와 참여는 서로 모순되는 것으로 보일 뿐이다. 바로 이 대목이 그의 모든 난점들이 출현하는 배경이다. 그러니 그는 친일 문인들이나 고마워할 만한 무리수를 다시 한 번 던질 수 있었던 것이다. 해방 직후나 4·19 직후 "얻은 것은 자유였지만 잃은 것은 순수한 시요 소설이요 예술이다". 자유와 예술을 거친 이분법에 던져놓는 그의 패기, 자유와 예술 사이에는 반비례 관계가 있다는 그의 판단은 경악할 만한 것이다. 이런 판단에 따라 그는 기가 막힌 결론도 마다하지 않는다. "사회나 현실에서 통로가 막혔을 때 타의적일망정 순수한 문학적 내면의 창조력과 만나게 된다."

정치적 자유, 혹은 현실적인 자유와 무관한 순수한 예술과 문학이 있다는 평론가의 발상, 나아가 그런 순수한 예술과 문학이 더 가치가 있다는 그의 생각은 타당한 것일까? 현실적 자유가 없는 상태에서 그 불가능한 자유를 꿈꾸지 않는 문학이라면, 그것은 그야말로 루쉰魯迅(1881~1936)의 《아Q정전阿Q正傳》의 주인공 아Q가 했던 정신승리를 구가하는 문학일 뿐이다. 현실에서의 무력감을 떨치려고 노력하지 않고 그런 노력 자체를 정신적 정당화의 방법으로 무화시키는 것이 바로 '정신승리' 아닌가. 정치에 무관심하고 현실에 무관심한 순수문학! 아니 정치와 현실에 무관심하도록 만드는 순수문학! 사실 이마저도 어쩔 수 없이 정치적일 수밖에 없다. 생각해보라. 황제나 독재자들은 이어령이 강조했던 순수문학에 얼마나 쾌재를 불렀을지 말이다.

당시 1960년대 문화계라는 문맥에서 본다면, 지금 이어령은 선배 친일 문학자들에게 순수문학이라는 근사한 면사포를 부여하고 있다. 그러나 서정주徐廷柱(1915~2000)나 모윤숙毛允淑(1910~1990) 등 친일 문학자들이 비판받는 이유는 그들이 일제강점기에 순수문학을 지향해서가 아니라, 노골적으로 친일적인 정치 행동을 했기 때문이다. 젊은 후배 이어령이 마련한 하얀 면사포를 쓰려면, 친일 문학자들은 일본 제국주의의 정책을 미화했던 자신들의 정치적 작품들을 모조리 없앨 수 있어야만 한다. 이것은 애초에 불가능한 일 아닌가. 어쨌든 문학과 예술의 순수성을 강조하는 이어령의 생각은 아이러니하게도 전혀 순수하지 않은 정치적 효과를 갖게 된다. 친일 선배 문인들, 그리고 그들을 선생으로 둔 후배 문인들에게 정치적 무관심과 무책임이 미덕일 수 있다는 정당화의 논리를 제공했으니 말이다. 이제 순수문학의 기치 아래 친일활동도 잘못된 것인 만큼 반일운동도 잘못된 것이고, 독재에 부화뇌동하는 것도 잘못된 것이지만 그만큼 민주화투쟁도 잘못된 것이다.

순수를 지향하는 이어령이 더 불순하다는 느낌이 드는 것은 "사회나 현실에서 통로가 막혔을 때", 즉 자유가 부재할 때가 오히려 더 "순수한 문학적 내면의 창조력"을 발견하게 된다는 그의 문학사적 판단 때문이다. 왕조 시대, 일제강점기, 이승만 독재는 결국 의도하지 않게 순수문학의 든든한 후원자가 된다. 심지어 당시 박정희는 순수문학, 문학자들의 "순수한 문학적 내면의 창조력"을 증진시키기 위해 유신독재를 준비하고 있는 셈이 된다. 자신의 황당한 문학사적 견해를 정당화하려고 이어령은 조선 중기의 명기名妓 황진이黃眞伊의 시조문학을 끌어들인다. 가장 정치적 지위가 낮았던 황진이, 다시 말해 자유가 없었던 황진이는 그보다 자유가 많았던 선비들보다 더 순수하고 예술적인 시조를 지었다는 것이다. 역으로 이 말은 기생이란 신분에서 벗어나 자유를 구가했다면, 황진이는 해방 직후나 4·19 직후의 문인들처럼 문학적으로 타락하게 되었으리라는 걸 의미한다.

자, 이제 까마득한 후배 평론가의 상찬을 받아 어리둥절한 황진이에게 물어보자. 근사한 순수 시조를 짓는 기생의 삶을 살 것인가? 아니면 당당한 여성으로 삶을 영위할 것인가? 아마 그녀는 후자를 선택했을 것이다. 그러나 그것이 불가능했기에, 그리고 정신승리에 매몰되지 않았기에, 황진이는 문학을 했던 것이다. 조선시대 이형상李衡祥(1653~1733)이 편찬한《병와가곡집 甁窩歌曲集》에 실려 있는 황진이의 시조들을 보면, 우리는 그녀가 문학의 본령, 즉 불가능한 것을 꿈꾸는 데 충실했던 근사한 작가였다는 걸 알게 된다. 기녀라는 신분상의 부자유에 체념하지 않고, 그녀는 조선시대 가부장적 질서를 조롱하는 근사한 작품, 혹은 진실한 사랑을 꿈꾸는 애절한 작품을 남겼다. 이어령의 생각과는 달리 황진이는 조선시대 불순하기 이를 데 없는 가장 탁월한 참여 시인이었던 셈이다. 기생의 몸으로 유교문화의 허례허식과 정면으로 맞장을 뜨며, 불가능했던 여성으로서의 삶을 근사하게 꿈꾸고 있으니 말이다. 정말 아이러니하지 않은가. 황진이는 의식적이든 무의식적이든 이어령보다 문학이 무엇인지 더 잘 알았고 문학을 더 근사하게 살아냈던 것이다.

김수영: "불온하지 않다면 문학은 자유일 수 없다."

김수영金洙暎(1921~1968)은 자유의 시인이다. 여기서 자유란 말은 단순한 레토릭이 아니라, 그의 문학 정신과 세계를 관통하는 하나의 핵심이라고 할 수 있다. 자기니까 쓸 수 있는 것을 쓰는 것! 내용이나 형식에서 타인의 포즈를 취하지 않는 것! 자신만의 포즈, 즉 스타일을 창조해야만 하는 것! 이럴 때에만 글은 단순한 글이 아니라 문학이 될 수 있다는 것! 이런 김수영의 눈에 후배 평론가 이어령의 글이 들어왔을 때 얼마나 분노했을지 명약관화한 일이다. 정치적 자유를 부정하고 정신승리적인 내면의 자유만을 강조하는 주장, 심지어 정치적 부자유가 오히려 순수문학을 가능하게 했다는 주장 등이 얼마나 문학의 본령을 오도하는지, 김수영은 너무나 잘 알았던 것이다.

조선일보 1968년 2월 27일 자에 실린 김수영의 〈실험적인 문학과 정치적 자유〉.

당시 김수영은 박정희 정권이 강력한 파시즘적 독재정치로 귀결되리라는 불길한 예감을 갖고 있었다. 1964년에 이미 박정희 정권은 굴욕적인 한일협정을 추진했고, 같은 해 월남전 파병을 결정하지 않았던가. 한일협정 반대시위마저도 비상계엄이란 공포 조치로 무력화시켰던 박정희 정권 아닌가.

　1968년 초입에 서 있던 김수영은 4·19혁명이 8년 전에 일어난 일이지만 이제 까마득한 일이 된 것처럼 느끼고 있었을 것이다. 민주주의의 가치는 과거보다 더 심각하게 훼손되고, 그만큼 유신독재의 암울한 전망이 점점 구체화되고 있었으니 말이다. 모든 독재정치가 그렇지만 이제 박정희 정권도 서서히 정치적 자유뿐만 아니라 표현의 자유도 옥죄는 중이었다. 그런데 지금 후배 평론가 하나가 4·19혁명 직후의 문학보다는 1930년대 일제강점기의 문학이 더 순수하고 예술적이었다는 황당한 궤변을 피력하고 있다. 이제 독재의 먹구름이 밀려오더라도 걱정할 필요는 없다. 이런 막막한 어둠 속에서 예술가는 내적 창조력을 불태울 수 있으니 말이다. 그러나 정치적 자유가 없는 곳에서 어떻게 예술의 자유가 존재할 수 있다는 말인가. 후배 평론가의 궤변에 분노하며 김수영은 마침내 1968년 2월 27일에 글을 발표하게 된다.

> 그는 모든 진정한 새로운 문학은 그것이 내향적인 것이 될 때는—즉 내적 자유를 추구하는 경우에는—기존의 문학 형식에 대한 위협이 되고, 외향적인 것이 될 때에는 기성사회의 질서에 대한 불가피한 위협이 된다는, 문학과 예술의 영원한 철칙을 소홀히 하고 있거나, 혹은 일방적으로 적용하려 들고 있다. 얼마 전에 내한한 프랑스 앙티로망의 작가인 뷔토르도 말했듯이, 모든 실험적인 문학은 필연적으로 완전한 세계의 구현을 목표로 하는 진보의 편에 서지 않을 수 없게 되는 것이다. 모든 전위문학은 불온하다. 그리고 모든 살아 있는 문화는 본질적으로 불온한 것이다. 그것은 두말할 것도 없이 문화의 본질이 꿈을 추구하는 것이고 불가능을 추구하는 것이기 때문이다. 그런데 '오늘의 한국문화를 위협하는 것'의 필자의 논지는 그것을 더듬어보자면 문화의 형식면에서만은 실험적인 것은 좋지만 정치사회적 '이데올로기의 평가는 안 된다는 것이다.   —〈실험적인 문학과 정치적 자유〉

자기니까 표현할 수 있는 것, 자기만의 스타일로 자신의 느낌과 사유를 표현하는 것! 그래서 문학과 예술에서, 혹은 작가나 예술가에게 모방과 표절은 최고의 악덕이 되는 것이다. 여기서 우리는 김수영이 말한 "모든 진정한 새로운 문학"이란 표현에 주목해야 한다. 진정성도 없고 구태의연한 문학도 있다는 말이 아니다. 이런 문학이 어떻게 문학일 수 있는가? 자신이 절실히 느끼지 않으면서도 마치 자신이 직접 느낀 것처럼 과거의 글들을 모방한 글들은 진정성을 결여하고 있기에 구태의연할 수밖에 없다. 아무리 존경하는 작가가 있다고 하더라도, 작가나 예술가를 꿈꾸는 사람은 그를 모방해서는 안 된다. 그가 자신의 이야기를 자신만의 스타일로 이야기했던 것처럼, 자신도 자신만의 이야기를 자기만의 스타일로 이야기해야 한다. 존경하는 작가이지만 그는 그이고, 자신은 자신이기 때문이다.

김수영이 프랑스의 소설가이자 평론가 뷔토르Michel Butor(1926~2016)를 중시하는 것도 이런 이유에서다. 새로운 소설, 즉 누보로망nouveau roman은 항상 기존의 소설 형식에 반대하는 소설, 즉 앙티로망anti-roman일 수밖에 없다고 역설했던 사람이 바로 뷔토르였으니 말이다. 어쨌든 새로움과 진정성은 외적인 가치가 아니라, 내적인 가치라고 할 수 있다. 작가 자신이 절실하게 느꼈던 것을 자기만의 호흡으로 표현할 때, 그의 작품은 새로움과 진정성을 확보하게 된다. 이렇게 문학다운 문학, 예술다운 예술은 인간의 자유를 긍정하고 표현한다. 김수영이 말한 "완전한 세계의 구현"이란 바로 이것을 말한다. 모든 사람이 자유롭게 자신을 표현할 수 있는 사회, 형식만이 아니라 내용마저도 완전히 자유를 긍정하는 사회! 이것이 바로 작가와 예술가가 자신의 작품활동으로 자신도 모르게 지향하고 있는 사회다.

결국 새롭게 탄생한 작가나 예술가는 과거 선배 작가나 예술가들에게 커다란 위협이 될 수밖에 없다. 권위적이고 억압적인 사회에서 작가나 예술가가 커다란 정치적 위협이 되는 것도 마찬가지 이유에서다. 권위적인 사회일수록 획일적인 내용과 스타일만이 강요될 테니 말이다. 비록 정치적으로 표현의 자유를 요구하지 않을지라도 작가나 예술가가 가장 자유롭게 창조한 작품은 그 존재 자체가 자유에 대한 요구일 수밖에 없다. 그러니 주류 문화계뿐만 아니라 권위적인 정권에게서 예술과 문학은 '불온'한 것으로 보일 수밖에 없다. 그건 주류 기득권 세력들이 원하는 예술과 삶이 아닌 다른 예술과 삶, 주류 세력들의 억압으로 거의 불가능해 보이는 자기만의 예술과 삶을 작가나 예술가들은 꿈꾸기 때문이다. 다른 예술이 충분히 가능하다고, 다른 삶과 다른 공동체도 충분히 가능하다고? 이것처럼 혁명적이고 전위적인 것이 어디에 있겠는가?

문학평론가에게 "문학과 예술의 영원한 철칙"을 가르쳐줄 때, 선배로서 김수영은 상당히 조심스럽다. 그렇지만 이것은 단순히 후배에 대한 애정으로 넘어갈 문제는 아니다. 잘못 오도된 문학관과 예술관은 작가나 예술가를 정신승리의 아편에 취하게 하고, 마침내 그들로부터 자유를 지키고 노래할 수 있는 힘을 빼앗아갈 수 있기 때문이다. 더군다나 한반도를 조금씩 덮어가고 있는 파시즘의 먹장구름에 이어령이 자의반타의반 호응하고 있다는 불길한 느낌을 김수영은 지울 수 없었던 것이다.

> 획일주의의 검열의 범죄와 대중 검열자의 범죄 …… 그는 두 개의 범죄를 다 인정하는 듯한 가면을 쓰고 있을 뿐, 사실은 한쪽의 범죄만을 두둔하는 '조종'을 울리고 있는 것이다. 엄격히 말하자면 그의 조종의 종지기는 유령이다. 오늘날 우리의 문학에서는 '대중의 검열자'가 종을 칠 만한 힘이 없다. 그런 종지기를 떠받들어놓고 누구를 장송하는 종을 쳤다고 하는 것인지 모르겠다. 우리의 질서는 조종을 울리기 전에 벌써 죽어 있는 질서니까. '질서는 위대한 예술이다.'— 이것은 정치권력의 시정구호로서는 알맞지만 문학 백년의 대계를 세워야 할 전위적인 평론가가 내세울 만한 기발한 시사는 못 된다.
>
> – 〈실험적인 문학과 정치적 자유〉

권력의 검열과 대중의 검열! 그러니까 문학과 예술의 자유에 대한 정치권력의 노골적인 검열과 대중에 아첨하고 그들의 구미에 맞는 작품을 쓰려는 작가 내부에서 이루어지는 은근한 검열! 이어령이 이야기했던 두 가지 검열이 모두 범죄라는 것을 김수영이 거부하는 것은 아니다. 어느 경우든 자기니까 쓸 수 있는 작품을 만들어야 하는 문학의 본령에 장애가 되기는 마찬가지니까 말이다. 그러나 김수영이 받아들이기 힘든 것은 권력의 검열보다 대중의 검열이 더 문제가 된다는 이어령의 논법이다. "문화를 정치사회의 이데올로기와 동일시하는 문화인 자신의 문예관이 부당한 정치권력으로부터 받고 있는 그 문화의 위협보다도 몇 배나 더 위험한 일"이라고 이어령은 반복적으로 강조했던 적이 있다. 그러나 김수영의 판단으로 이어령이 간과하고 있었던 것이 하나 있다. 획일주의적 검열이 하나의 정치 이데올로기만 강요한다면, 대중의 검열은 다양한 정치 이데올로기의 난장판을 토대로 이루어진다는 사실 말이다.

일제강점기나 이승만 독재 시절 획일주의적 검열은 권력자를 제외한 모든 구성원들의 자유를 부정했다. 그러니 문인들은 울며 겨자 먹기 식으로 내면적 자유만 구가했던 것이다. 아니 정확히 말해 내면적 자유에 몰두하느라 외향적 자유 따위는 방기했다고 해야 할 것이다. 순수문학은 이렇게 불순한 조건에서만 탄생하는 법이다. 반대로 해방 직후나 4·19 직후는 모든 구성원들의 자유가 긍정되던 시절이었다. 당연히 어떤 지성인이라도 정치적 자유를 행사할 수 있다. 골방에 처박혀 자신의 작품에서만 꿈꾸던 것을 현실에서도 꿈꿀 수 있다니, 얼마나 행복한 일인가. 지나친 단순화의 오류를 범하더라도 이어령이 극찬했던 순수문학은 하나의 이데올로기만 강요되는 사회와 관련되고, 이어령이 저주했던 4·19 직후의 문학은 다양한 이데올로기가 경쟁하는 자유로운 사회와 관련된다고 정리하자.

결국 이어령은 계몽주의자답게 민주주의 사회의 다양성과 복잡성을 혐오하고 있었던 것이다. 일제강점기나 이승만 독재 시절처럼 획일적인 질서가 지배했을 때 사생아처럼 탄생한 순수문학을 너무 좋아했던 탓일까, 아니면 더 깊은 정치적 복선이 있었던 것일까. 최소한 문학에서만큼은 민주주의보다는 전체주의가 더 좋다는 엽기적인 주장을 그는 주저하지 않는다. 그러나 정말 우습지 않은가. 이미 1968년은 문인들이나 시민들이 거리로 나가 정치 이데올로기적 격론을 벌이던 시절이 아니기 때문이다. 1964년 합일협정 반대시위를 비상계엄으로 진압하며 위세를 떨쳤던 박정희 정권은 1968년에 이미 하나의 질서, 하나의 이데올로기로 군림하고 있었다. 그러니 김수영의 말처럼 "문학에서는 '대중의 검열자'가 종을 칠 만한 힘이 없다". 그런데 일제강점기 친일파 문인들이 내선일체內鮮一體라는 주장에 동조했던 것처럼, 지금 억압적 정치 상황에서 이어령은 "질서는 위대한 예술이다"라고 주장하며 유신독재로 성장할 권위적 정권에 날개를 달아주고 있는 것이다.

김수영의 반론에 젊은 평론가 이어령은 그래도 꼬리를 내리지 않고 맞선다. 그러나 이어령의 재반박은 말장난과 궤변, 그리고 문맥 이탈로 점철되어 있다. 김수영으로서는 황당하기 이를 데 없는 논쟁의 진행이었을 것이다. 그러니 대충 흐지부지 논점을 비봉한 채 각자의 입장을 재확인하는 것으로 논쟁이 끝날 수밖에 없었다. 다행스럽게도 우리는 커다란 소득 하나를 얻었다. 이어령과의 논쟁이 없었다면, 김수영이 썼던 최고의 명문을 우리는 결코 볼 수 없었을 테니 말이다. 이어령과의 논쟁이 있는 지 한 달 뒤, 1968년 4월 김수영은 부산 지역 시인들을 상대로 자신의 문학론을 피력했던 적이 있다.

자유의 이행에는 전후좌우의 설명이 필요 없다. 그것은 원군援軍이다. 원군은 비겁하다. 자유는 고독한 것이다. 그처럼 시는 고독하고 장엄한 것이다. 내가 지금, 바로 지금 이 순간에, 해야 할 일은 이 지루한 장광설을 그치고, 당신의, 당신의, 당신의 얼굴에 침을 뱉는 일이다. 당신이, 당신이, 당신이 내 얼굴에 침을 뱉기 전에…… 자아 보아라, 당신도, 당신도, 당신도, 나도 새로운 문학에의 용기가 없다. 이러고서도 정치적 금기에만 다치지 않는 한, 얼마든지 '새로운 문학'을 할 수 있다는 말을 할 수 있겠는가. 정치적 자유를 인정하지 않은 사회에서는 개인의 자유도 인정하지 않는다. '내용'을 인정하지 않는 사회에서 '형식'도 인정하지 않는 것이다.   -〈시여, 침을 뱉어라: 힘으로서의 시의 존재〉

방금 우리는 김수영의 산문 중 최고의 별미 〈시여, 침을 뱉어라: 힘으로서의 시의 존재〉 중 일부분을 읽어보았다. 자유의 문학, 즉 자기니까 쓸 수 있는 글을 써야 하는 사람들이 어떤 사람의 시론을 들으려고 모였으니 웃기는 일이다. 또 자기 글을 쓰고 있으면 그만이지 그걸 또 시론이라고 강의하러 서울에서 온 문인이 강단에 선 것도 웃기는 일이다. 유명한 시인 김수영을 원군으로 삼으려고 부산 시인들은 모여들었던 것일까? 아니면 자신의 문학관을 지지하는 시인들을 원군으로 만들려고 김수영은 부산 강단에 섰던 것일까? 웃기는 일이기도 하지만 작가나 예술가로서는 너무나 남루한 일이다. 그러니 서로 침을 뱉자는 것이다. 이렇게 당당히 자신이 글을 못 쓰고 나약하기만 하니 정치적 억압이 먹구름처럼 밀려들었을 때, 진정한 작가나 예술가는 몇 명이 남아 있을까? 아니 정말 문학과 예술은 존재하기라도 할 수 있을까?

김수영의 걱정은 바로 이것이었다. 더 당당해야 한다. 새로운 문학, 진정한 문학을 하려면, 일체의 검열과 맞서 싸울 수 있는 용기가 불가피하니까 말이다. 여기서 김수영은 묘하게도 이어령의 궤변을 떠올렸던 것으로 보인다. 검열의 시대가 도래하는 순간, 이들은 정신승리와 별반 다르지 않는 순수문학으로 도망칠 수도 있다. 그러고는 이들은 "사회나 현실에서 통로가 막혔을 때 타의적일망정 순수한 문학적 내면의 창조력과 만나게 되었다"는 이어령의 말을 방패로 삼을지도 모른다. 이어령의 궤변과 예언을 마지막으로 좌절시키려는 듯, 김수영은 마지막 힘을 다해 외친다. "정치적 자유를 인정하지 않은 사회에서는 개인의 자유도 인정하지 않는다. '내용'을 인정하지 않는 사회에서 '형식'도 인정하지 않는 것"이라고. 불행 중 다행이랄까, 김수영은 유신시대도, 그리고 당연히 정신승리하는 후배 문인들의 남루한 몰골도 볼 필요가 없었다. 이어령과 논쟁했던 1968년, 그해 6월 16일에 김수영은 비운의 교통사고로 우리만 남기고 이 세상을 떠나고 만다.

문학은 죽지 않는다!

프로이트가 말한 것처럼 문학은 일종의 꿈과 같다. 현실에서 이루지 못한 걸 꿈에서나마 간접적으로 이루려는 인간의 심리적 메커니즘은 현실에서 불가능한 것을 문학세계에서 가능하게 만드는 창작 메커니즘과 구조적으로 유사하기 때문이다. 이런 맥락에서 근대문학, 즉 소설이 더 이상 유효하지 않다는 충격적인 발언을 했던 어느 사상가의 이야기에 주목할 필요가 있다. 바로 가라타니 고진이다. 2005년에 출간된 《근대문학의 종언近代文学の終わり》에서 그는 말한다. "한국에서 학생운동이 활발했던 것은 그것이 노동운동이 불가능한 시대, 일반적으로 정치운동이 불가능한 시대의 대리적 표현이기 때문입니다. 그러므로 보통 정치운동이나 노동운동이 가능하게 되면, 학생운동은 쇠퇴하기 마련입니다. 문학도 그것과 닮아 있습니다. 실제 한국에서 문학은 학생운동과 같은 위치에 있었습니다. 현실적으로는 불가능하기 때문에 문학이 모든 것을 떠맡았던 것입니다."

고진의 이야기는 분명하다. 정치운동이나 노동운동이 불가능했기에 학생운동이 번성했던 것처럼, 현실적인 자유가 불가능했기에 문학적 자유를 꿈꾸게 된다는 논지다. 이제 정치운동과 노동운동이 가능하기에 더 이상 학생운동은 유효하지 않고, 마찬가지로 현실에서 가능하기에 문학도 더 이상 유효하지 않다는 것이다. 그러나 고진에게 되물어보고 싶다. 현실적으로 정치운동이나 노동운동이 가능해진 것인지? 마찬가지로 현실적으로 모든 것이 가능해진 것인지? 우리는 단호하게 그렇지 않다고 말할 수 있다. 비정규직과 실업의 양산, 정규직마저 위태로운 시대에 무슨 노동운동이 가능하겠는가? 대의제도를 민주주의 정신의 구현을 막는 방해물로 사용하는 시대에 무슨 정치운동이 가능하겠는가? 생계의 불안으로 자신의 욕망을 접거나 유예하는 시대에 현실적으로 불가능한 것이 어떻게 사라질 수 있겠는가?

결국 고진의 판단과는 상황이 완전히 다르다. 최소한 우리의 경우 학생운동이 쇠퇴한 이유는 정치운동과 노동운동이 가능해서 그런 것이 아니다. 자본주의 체제의 노골적인 잉여가치의 추구가 대학가마저 생존경쟁의 아수라장으로 만든 것이다.

경쟁의 논리에 포획되어 훈육된 청년들이 공동체의 미래와 정의를 부르짖기는 정말 힘든 법이다. '제 코가 석 자'라는 느낌 속에서 어떻게 타인과 나아가 공동체에 대해 고민하고 정의를 실천할 수 있다는 말인가? 결국 체제는 정치운동과 노동운동을 불가능하게 만들었고, 나아가 학생운동마저 불가능하게 만드는 데 성공한 셈이다. 이제 우리 사회 도처에 그리고 심지어 내면 깊숙한 곳까지 자유는 불가능의 위기에 처한 것이다. 아이러니하게도 그만큼 불가능을 가능하도록 만드는 꿈은 지뢰처럼 폭발을 기다리고 있다. 그것이 정치운동이든 노동운동이든 학생운동이든 아니면 예술과 문학이든 상관없이 말이다.

물론 고진은 문학 일반이 아니라 '근대문학'에 대한 종언을 이야기했다는 반론을 제기할 수 있다. 실제로도 《근대문학의 종언》에는 다음과 같은 글귀가 있다. "오늘날에는 이미 민족=국가가 확립되어 있습니다. 즉 세계 각지에서 민족으로서의 동일성은 완전히 뿌리를 내렸습니다. 그 때문에 옛날에는 문학이 불가결했지만, 이제 그 같은 동일성을 상상적으로 만들어낼 필요가 없습니다. …… 다만 근대문학이 끝났다고 해도 우리를 움직이고 있는 자본주의와 국가의 운동은 끝난 것이 아닙니다. 그것은 모든 인간적 환경을 파괴하더라도 계속될 것입니다. 우리는 그 한복판에서 대항해갈 필요가 있습니다. 그러나 그 점에 관해 나는 더 이상 문학에 아무것도 기대하고 있지 않습니다." 흥미롭게도 이 대목에서 고진은 '불가능을 꿈꾼다'는 정의와는 사뭇 다른 정치경제학적, 아니 정치문화사적 문학론을 피력하고 있다. 그것은 '민족국가'라는 상상적 동일성을 만드는 데 근대문학이 작동했다는 정의다. 영민한 사상가 고진이 이렇게도 문학에 대한 입장이 왔다 갔다 하는지 안타까운 일이다.

십분 고진을 옹호한다고 하더라도, 불가능을 꿈꾸는 문학은 세계화 시대에도 계속될 것이고, 계속되고 있다. 왜냐고. 그것은 우리 개개인에게 불가능한 것을 여전히 체제가 제공하고 있기 때문이다. 민족국가에 이바지했던 문학이 근대문학이라면, 문학이 죽은 것은 맞다. 아니 잘 죽었다고 해야 할 듯하다. 그러나 카프카, 조이스, 보르헤스, 베케트로 이어지는 현대문학은 결코 죽지 않았다. 아니 죽기는커녕 우리 시대가 직면하고 있는 불가능을 가능하도록 만들기 위해 정말 절절히 분투하고 있다. 그러니 우리 시대에 "나는 더 이상 문학에 아무것도 기대하고 있지 않습니다"라는 고진의 말은 비판받아 마땅하다. 2010년에 출간된 《세계사의 구조世界史の構造》에서 완성된 자신의 거시적인 역사철학에 너무 매몰되어, 미시적 영역에서 분투하는 문학의 힘을 경시하는 우를 범한 것 같다. 고진의 나이 듦이 쓸쓸해지는 대목이다. 그러나 우리는 알고 있고, 우리는 믿고 있다. 세상에 자유가 불가능한 한 문학은 자유를 꿈꿀 것이며, 또한 사회에 부정의가 횡행할 때 비록 학생운동은 아닐지라도 청년들은 다시 꿈꾸리라는 사실을.

33

한국 철학은 가능한가?

박종홍

———————— VS ————————

박동환

이 땅에서 철학하기, 그 슬픈 자화상

식민지 시대 이 땅에 살던 사람들은 1920년대에 들어서면서부터 본격적으로 서양철학을 접할 수 있게 되었다. 우선 1921년부터 서양에서 철학을 공부했던 첫 세대들이 이관용李灌鎔을 필두로 속속 귀국하기 시작했다. 또한 1923년에 지금의 서울대학교 전신인 경성제국대학이 설립되었고, 이어 1926년 법문학부 내에 철학과가 설치되면서부터 국내에서도 서양철학을 본격적으로 공부하기 시작했던 것이다. 당시의 철학은 다만 서양철학을 의미했기 때문에, 철학을 공부한다는 것은 결국 유학 사상, 노장 사상, 불교 사상 등의 전통 사상들과 단절한다는 것을 의미했다. 커피와 맥주를 수입해서 먹고 마시면서 그것에 길들여졌던 것처럼, 이 땅의 사람들에게 철학이란 우리가 빨리 모방해야 할 서양 문명의 정수였던 셈이다. 이 때문에 불행한 일이었지만 결국 조선인으로서 철학자가 된다는 것은 서양철학자들처럼 생각하고 글 쓰는 방법을 배우는 행위에 지나지 않게 되었다. 이런 상황에서 당시 서양철학을 배워 그 프리즘을 통해 우리 사회의 현실을 비판적으로 성찰한다는 것은 기대하기 힘든 일일 수밖에 없었다.

1945년 해방이 되면서 서양철학을 배웠던 학자들은 나름대로 사상적 자유를 구가할 수 있게 되었다. 이 당시 서양철학을 제도적으로 배웠던 선배 학자들은 다음과 같은 두 가지 경향의 길을 걸어가게 된다. 하나의 길이 식민지 시절에 그랬던 것처럼 부단히 새로운 철학 사조를 수입하여 가르치는 것이었다면, 다른 하나의 길은 자신이 배운 서양철학의 이론을 통해 해방된 한국의 정치사회적 현실에 나름대로 참여해보는 것이었다. 전자의 길, 즉 학문적 수입상의 길은 나름대로 편안했다고 할 수 있다. 계속 세계 철학계의 동향에 주목해서 최신 유행하는 것을 수입하기만 하면 되었기 때문이다. 그렇지만 후자의 길은 그리 만만한 길이 아니었음을 어렵지 않게 추측할 수 있을 것이다. 그것은 우선 그들이 학습한 서양철학에 비해 해방된 조국의 현실이 너무도 낙후되어 있었기 때문이기도 했다. 자신들이 배운 서양철학을 활용할 만한 물질적 토대 혹은 여건이 전무했을 때, 선배 철학자들이 얼마나 절망했을지 미루어 짐작해볼 수 있다.

그런데 사실 두 가지 길 가운데 어느 것을 선택했든지 간에 결국 서양철학 1세대라고 할 만한 사람들은 서양철학에 대해 근본적으로 회의하거나 혹은 비판하는 행동을 하지 못했다. 하지만 철학은 자명하다고 여기는 삶을 낯설게 성찰하여 바람직한 방향으로 미래의 삶을 새롭게 기획할 수 있도록 이론적 도움을 주는 것이어야 한다. 사실 서양철학 1세대들은 자신들 그리고 이웃들이 살고 있는 척박한 삶의 환경을 애정 어린 눈으로 살펴보는 데 실패했던 사람들이다. 그저 그들은 우리 이웃의 삶을 결국 극복하고 지양되어야 할 것으로, 다시 말해 서양 수준에서 볼 때 하루속히 부정해버려야 할 것으로 보았을 뿐이다. 서양철학 1세대들은 본질적으로 계몽주의자들이었던 셈이다. 그래서 그들은 해방된 조국, 나아가 분단된 국가인 우리나라가 하루빨리 서양 수준의 근대화를 실현할 수 있기를 그토록 원했던 것이다. 박종홍朴鍾鴻(1903~1976), 이규호李奎浩(1926~2002), 김형효金炯孝(1940~2018) 등의 철학자들이 박정희 군사쿠데타와 유신 통치에 긍정적인 입장을 표명했던 것도 대부분 이런 이유에서였다. 자신들의 철학적 관념을 실현할 수 있기 위해서는 그러한 관념에 어울릴 만한 정치경제적 토대가 먼저 갖추어져야 한다고 생각했던 것이다. 계몽주의와 독재정권은 이렇게 동거를 시작한다.

여기서 박정희 군사독재 정권이 주장했던 '한국적 민주주의'라는 기묘한 논리가 매우 중요한 역할을 담당했다는 점을 상기해볼 필요가 있다. 물론 여기에는 북한을 적으로 설정하는 반공 논리, 하루속히 남한 경제를 산업자본주의로 변화시켜야 한다는 근대화 논리, 그리고 그것을 위해서는 독재가 어느 정도 불가피하다는 논리가 함께 전제되어 있다. 결국 '한국적 민주주의'라는 논리는 반공과 개발을 위해서는 독재를 긍정할 수 있다고 본 셈이다. 따라서 '한국적 민주주의'라는 표현에서 '민주주의'의 의미는 실제로는 존재하지 않은 관념, 혹은 유예되어야만 했던 개념에 지나지 않았다고 볼 수 있을 것이다. 오직 '한국적'이라는 특수한 조건만을 강조해 자신들의 논리를 정당화했을 뿐이기 때문이다. 이처럼 개인의 보편적인 자유와 평등을 유예시키면서 박정희 정권이 그토록 강하게 내세웠던 것이 바로 '민족' 개념이었다. 이 점에서 볼 때 1968년 12월 5일 정권에 의해 선언된 〈국민교육헌장〉의 의미는 매우 중요하다고 볼 수 있다. "우리는 민족중흥의 역사적 사명을 띠고 이 땅에 태어났다." 자신의 행복을 누릴 권리는 사라지고 오직 민족중흥이라는 역사의 지고한 목적을 위해서 우리는 태어났고 살아가고 죽어야만 한다는 것을 역설한 내용이다. 이런 논리에서 민주주의 정신은 한 순간도 제대로 숨쉴 수 없을 것이다.

상당수의 서양철학 1세대들은 박정희의 '한국적 민주주의' 논리를 그대로 수용하게 되었다. 물론 조국 근대화와 반공의 이념을 위해서였겠지만 말이다. 그 대표적인 목소리로 김형효의 다음 이야기를 들어보도록 하자.

〈국민교육헌장〉이 제정되기 이전의 한국 국민교육은 애오라지 시민교육이었다. 그런데 한반도의 특수성에 있어서 이 시민교육만 강조되는 경우에 이 나라를 지키고 보위하는 정신이 영글지 못한다. …… 그러므로 우리의 정치교육은 시민교육과 민족교육이 균형을 이루게 해야 한다. ─〈남북한 통일이념과 목표 비교〉,《통일정책統─政策》, 1978년 7월호

김형효의 글에는 이 땅에 살고 있는 모든 사람을 계몽해야 하는 대상으로 간주하는 서구중심적인 의식이 강하게 깔려 있다. 사실 서양 근대 시민사회는 위계적이고 봉건적인 정치질서를 타파하고 인간의 권리를 주장하면서 출현했다. 따라서 시민사회란 결국 계몽적 교육을 통해서 만들어진 것이 아니라 패권적인 권력과의 치열한 투쟁을 통해서 이루어진 것임을 알 수 있다. 하지만 김형효는 이 점을 간과하고 있다. 그저 서양 시민사회의 외관만을 흉내 낼 수 있도록 국민을 교육시키는 것으로 충분하다고 보았기 때문이다. 결국 그가 생각한 시민교육은 자신의 권리 주장을 당당히 외칠 수 있

는 시민을 양성하는 것이 아니라, 표면적으로만 서양 시민사회와 비슷한 수준의 외양을 갖춘 국민을 교육하는 데 그 목적이 있었던 것이다.

그런데 박정희의 '한국적 민주주의' 논리를 수용하자마자 그의 위와 같은 인식은 더욱 파국으로 치닫게 된다. 그는 시민교육의 부작용, 즉 사상과 삶의 자유를 요구하는 주체들의 탄생을 어느 정도 통제해야 한다고 생각했기 때문이다. 그가 '민족교육'이라는 논리를 도입하게 된 것도 바로 이런 이유에서이다. 시민교육이 탄생시킬 수도 있는 자유로운 주체들이, 결국 근대화와 반공 이념을 내건 독재권력에 저항할까봐 두려웠던 것이다. 1978년에 발표한 이 글에서 김형효가 국민교육에는 시민교육 외에 민족교육을 더 도입해야 한다고 주장했던 것도 이런 이유 때문일 것이다. 가족 논리가 가족 성원들의 내부 갈등을 미봉하는 힘을 가지고 있는 것처럼, 그는 민족이란 범주로 개인의 치열한 권리 주장을 억제시키려고 의도했던 것이다. 박종홍, 이규호, 김형효 등이 과거 한국 철학, 특히 그 가운데 가족적 조화를 이념으로 지향했던 유학 사상에 일정 부분 관심을 기울이게 된 것도 바로 이런 점과 일맥상통하는 것으로 보인다.

⑮

박종홍: "주희와 헤겔의 안내로 계몽주의자가 독재의 손을 잡다."

서양철학 1세대들은 국가주의 철학자의 길과 서양철학 수입상의 두 가지 길을 자유자재로 넘나들었다. 지금은 프랑스 현대철학의 소개자, 그리고 동서 비교철학의 거두로만 알려진 김형효 역시 그 대표적인 인물 가운데 한 사람이다. 하지만 그 깊이에서나 영향력 면에서 위와 같은 두 가지 길을 더 분명하게 드러냈던 인물은 다름 아닌 박종홍이다. 〈국민교육헌장〉을 만드는 데 가장 중요한 역할을 맡았던 기초위원 가운데 한 사람이었던 박종홍은 국가주의자로서 분명한 면모를 드러내기도 했지만, 서양철학 수입상이란 측면에서 볼 때는 독일의 대표적인 철학자 헤겔을 주된 수입 대상으로 삼았던 인물이었다. 그런데 이 대목에서 우선 "역사는 절대정신이 자신을 전개한 흔적에 불과하다"라고 정리될 수 있는 헤겔의 역사철학에 대해 먼저 생각해볼 필요가 있다. 헤겔의 역사철학 속에는 구체적인 삶을 영위하는 개체들이 절대정신의 전개를 위한 단순한 매체들에 지나지 않는다. 헤겔의 사유 속에서 개체들의 권리와 자유를 긍정했던 근대철학의 핵심 정신이 무력화되는 것도 바로 이런 이유 때문이다. 구체적인 개인들은 더 큰 정신을 발화시키는 밀알들에 불과하다는 생각, 분명 국가주의 혹은 전체주의로 흐를 수 있는 이와 같은 위험한 헤겔의 발상을 박종홍은 별다른 저항 없이 그대로 수용하게 된다.

박종홍은 궁핍한 조국을 외양으로나마 부르주아 국가로 만들려고 조바심을 쳤다. 이런 그에게 헤겔은 철학적으로 커다란 힘을 주었다. 역사는 끝없는 자기부정의 여정으로 사유될 수 있기 때문에, 궁핍한 조국도 언젠가는 서양에 비견할 만한 부르주아 국가로 환골탈태할 수 있다는 것을 암시해주었기 때문이다. 아이러니한 점은 이런 박종홍의 속내가, 18세기 후반 당시 영국과 프랑스에 비해 너무도 낙후된 자신의 조국 독일에서 부르주아 국가를 그토록 염원하던 헤겔의 모습을 거의 그대로 반복하고 있다는 점이다. 낙후된 조국이 그가 원하는 조국으로 변하려면, 당연히 낙후된 조국은 부정되어야만 할 대상으로 간주된다. 물론 그렇다고 할지라도 여기서의 부정은 철저한 단절을 의미하지는 않는다. 그래서 박종홍의 부정 개념은 극복과 보존을 동시에 의미하던 헤겔의 지양止揚, Aufheben 개념을 통해서만 이해될 수 있는 것이었다. 마치 유년기의 모습은 장년기의 모습 속에서 극복되지만 동시에 보존되는 것처럼 말이다.

이제 박종홍의 숙제는 명확해졌다. 과거 전통의 모습을 보존하면서도 한편으론 그것을 극복하는 길을 모색하는 것. 덧없는 개체의 자기주장을 넘어서 진정한 정신의 자기실현을 도모하는 것. 바로 이 대목에서 박종홍은 박정희의 '한국적 민주주의'와 '개발독재'의 이념과 서로 만나게 된다. 앞서

1968년 12월 5일에 열린 〈국민교육헌장〉 선포식. 박종홍은 〈국민교육헌장〉을 만드는 데 가장 중요한 역할을 맡았던 기초위원 가운데 한 사람이었다. 박종홍은 궁핍한 조국을 외양으로나마 부르주아 국가로 만들려고 조바심을 쳤다.

밝혔듯이 그가 〈국민교육헌장〉을 제정하는 작업에 깊이 연루된 것도 이 때문이었을 것이다.

> 조상의 빛난 얼을 오늘에 되살린다는 것은, 그러므로 '우리의 처지를 약진의 발판으로 삼아' 새 역사를 창조해온 우리의 그 정신을 오늘의 현실에 되살리는 것이 아닐 수 없다. 이것이 바로 민족중흥을 꾀함이요, 유신과업의 수행을 다짐하는 것이다.
> —《박종홍전집 VI》, 〈새 역사의 창조: 유신시대의 기조 철학〉

헤겔의 철학에 따라 역사란 과거와의 단절이 아니라 과거의 보존이면서 동시에 극복의 과정이라고 보고, 또한 이러한 과정에서 개체들은 정신의 매체에 불과한 존재라고 본다면, 이제 박종홍에게 남는 역사의 진정한 주체는 '민족'이 될 수밖에 없을 것이다. 마침내 박종홍과 박정희의 만남을 통해 개체 정신이 민족 정신의 발전을 위해 사용되고, 심지어는 개체의 체력마저도 국력으로 환원되는 시대가 도래하게 되었다. 그런데 또 다른 흥미로운 점은 민족중흥의 철학적 근거들 가운데 하나가 한반도를 과거 500년 동안 지배해왔던 주희의 철학이었다는 점이다. 물론 박종홍은 우선 주희의 철학조차도 철저하게 헤겔식으로 재해석함으로써 자신의 위와 같은 주장이 타당성을 가질 수 있도록 만들고자 했다.

> 부정성은 동양의 이른바 천명지성天命之性이요 곧 천리天理다. 부정성을 자각함은 곧 천부본연天賦本然의 성性을 자각함이요, 또한 천리天理를 자각함이다. 부정성에 즉卽한 생활이 곧 천명지성을 따르는 솔성率性의 생활이요, 천리에 즉한 생활이다. 인도人道는 천도天道를 떠날 수 없거니와 인도는 천도인 부정성을 자각하여 천지의 화육化育을 돕는 데 있다. 이것이 인간의 창조이다. …… 헤겔도 "자연은 인간에 있어서는, 인간이 고쳐 만들어야 하는 출발점에 불과하다"고 하며, "사물에 있어서의 참인 것을 경험하기 위하여서는, 한갓된 주의注意만으로서는 끝마쳐지는 것이 아니요, 직접적으로 현존하는 것을 변형하는 우리의 주체적인 활동이 필요하다"고 한다. 인간의 자각적인 즉 주체적인 부정성에 의하여서만 문화의 형성도, 진리의 파악도 가능한 것이다.
>
> ─《박종홍전집 Ⅲ》, 〈부정에 관한 연구〉

이 글만을 통해서는 명확히 알 수 없지만, 박종홍이 주자학에서 유독 강조된 본성性이나 이理 개념을 이제 자신의 현상태를 부단히 극복하는 부정성으로 독해했던 전거는 《주역》에 등장하는 변화의 철학이었을 것이다. 〈괘사卦辭〉에 나오는 "생생지위역生生之謂易"이라는 표현이 그 대표적인 사례라고 할 수 있을 것이다. 이 구절은 "낳고 낳는 것을 변화라고 한다"고 번역할 수 있다. 주희 철학에서 성性이나 이理 개념이 과연 부정성이나 운동성으로 사유될 수 있는지의 여부에 대해서는 여전히 논란의 여지가 있을 수 있다. 성이나 이 개념은 주자학의 경우, 변화 혹은 운동과는 무관한 세계의 절대적 본질로 간주된 것이었기 때문이다. 다만 이 대목에서 중요한 것은 박종홍에게 헤겔과 주희의 철학으로 대표되는 동서양의 양대 사유가 모두 과거의 극복 및 보존이라는 부정성의 논리를 분명하게 드러내고 있다고 본 점이다. 아쉬운 점은 민족의 과거, 현재, 미래를 기획했던 박종홍의 시선에 우리 삶의 고유의 실존적 정황 혹은 구체적 시선이 전혀 반영되어 있지 않다는 점이다. 이미 그는 헤겔에, 그리고 주자학에 깊이 물들었기 때문일 것이다.

독일 관념론을 대표하는 헤겔 철학도, 그리고 조선 유학을 가능하게 했던 주희 철학도 모두 주체나 타자들이 가진 삶의 고유성을 억제하면서 궁극적인 이념의 실현에 더 주목했다. 가령 박정희나 박종홍의 민족 개념도 주체와 타자, 그리고 그 둘 사이에서 만들어질 소망스러운 관계를 부정하기는 마찬가지 아니었을까? 개체의 체력마저도 국가나 민족의 체력으로 간주해버리는 상황에서는, 인문학 혹은 철학이 숨을 쉬기 어려운 법이다. 이 점에서 박종홍을 포함한 서양철학 1세대들은 달리 보면 오히려 인문학 정신의 배신자들이었다고도 할 수 있다. 인문학, 혹은 철학의 정신은 인간을 제외한 일체의 초월적 존재의 권위를 부정하는 데서 의미가 있기 때문이다. 신의 자리를 절대정신이나 태극, 혹은 민족으로 대치하려고 한다면, 이것은 결국 인문학 정신에 대한 배신행위라고 할 수밖에 없을 것이다. 모든 주체들, 그리고 그들이 삶에서 만나는 다양한 타자들은 (헤겔의) 절대정신 혹은 (주희의) 태극이 드러내는 자기부정의 논리에 따라 민족을 위해 희생되어야 할 숙명을 감수해야 한다고 보았기 때문이다.

박동환: "한반도에는 보편적인 철학이 항상 존재했다."

박종홍은 헤겔 철학과 주희 철학을 '부정성' 혹은 '창조성'의 논리로 수용하며, 이것을 토대로 '민족중흥'을 모색했던 인물이다. 물론 그의 민족중흥은 인문학적 정신의 발화라기보다는 서양 따라잡기의 일환과 다름없는 것이었다. 그런데 문제는 그가 따라잡아야 한다고 생각하고 있던 서양의 모습이 경제적으로는 산업자본주의, 정치적으로는 부르주아 대의민주주의, 철학적으로는 독일 관념론에 국한된 것이었다는 점이다. 그는 산업자본주의의 억압 논리를 비판했던 마르크스, 대의민주주의의 허구성을 공격했던 아나키즘, 나아가 헤겔 철학에 함축되어 있는 전체주의를 공격했던 헤겔 좌파들의 사유에 대해서는 매우 부정적이었다. 따라서 결국 박종홍이 따라잡으려고 했던 서양 문명이란 매우 협소한 영역, 어쩌면 근대 서양 문명이나 서양철학의 흐름에서 보아도 매우 보수적이었던 특정 경향만을 대표하는 것들이었다. 이 점에서 그가 키운 제자들이 항상 정치적, 경제적 혹은 철학적으로 보수적인 입장을 견지하게 된 것은 전혀 이상한 일이 아닐지도 모른다.

　서양철학 1세대들이 국가주의 철학자로 혹은 서양철학 수입상으로 변신을 거듭하며, 정치권과 대학을 배회할 때, 서양철학 1세대들과는 다른 길을 조용히 준비하고 있던 한 명의 철학자가 있었다. 그가 바로 박동환朴東煥(1936~)이다. 미국에서 철학박사 학위를 받았으며 연세대학교 철학과에서 교수로 재직하면서도 박동환은 기존 세대들과는 좀 다른 행보를 보였다. 그는 국가주의 철학자의 길도, 혹은 서양철학 수입상의 길도 던져버리고 제3의 길을 걸으려고 시도했기 때문이다. 우선 그는 한국 사람들에게 철학이란 무엇인지를 깊이 숙고하는 일로부터 자신의 숙제를 풀기 시작했다.

　서양철학에 대해서도 동양철학에 대해서도 한국 사람은 다만 관망하고 모방할 뿐인 그래서 만들지 못하는 주변의 제삼자다. 오늘 벌어지는 현대철학자들 사이의 논쟁은 주변에 놓인 자에게는 구경거리에 지나지 않는다. …… 주변에 놓인 자는 일시적으로 실현된 패권의 진리가 아니라 그것이 모두 무너져 흩어진 다음에도 남아 있을 원자의 진리를 구한다.

-《안티 호모에렉투스》

박동환은 매우 자명한 한 가지 사실에서 출발한다. 그는 한국 사람들이 한 번도 진지하게 자신이 수입했던 외래 철학들을 비판적이고 주체적으로 극복하지 않았다는 점에 주목했던 것이다. 삼국시대부터 고려시대까지는 당제국에서 화엄종, 천태종, 선종이 수입되어 당시 우리 지성계를 지배했고, 조선시대에는 송제국에서 수입된 주자학이 우리 지성계를 절대적으로 지배해왔다. 물론 불교든 주자학이든 그 수용의 이면에는 항상 정치적 이해관계나 권력의 이데올로기 작업이 도사리고 있었다. 그러나 어떤 시대를 막론하고 당시 중국을 지배하던 이념의 변동에 따라 한반도 지성계의 지적 패러다임 역시 돌변할 수밖에 없는 상황에 처하곤 했다. 이런 경향이 20세기에 와서는 과연 사라졌을까? 20세기에 들어서면 우리의 삶에서 불교나 유학은 낡은 것으로 치부되었다. 그런데 이러한 변화 양상은 우리가 불교나 유학을 극복했기 때문이라기보다, 오히려 우리 삶에 강한 영향을 미치는 문명이 중국에서 서양 문명으로 바뀌었기 때문에 생긴 결과라고 보아야 할 것이다.

해방 이후 1970년대까지는 우리 지성계에서 독일 철학이나 영미 철학이 막강한 힘을 발휘했다. 물론 이것은 식민지 시대 때 일본의 영향으로 독일 철학을 배웠던 우리 지성인들, 그리고 해방 이후 미국의 영향력이 커지면서 미국으로 유학을 떠났던 우리 지성인의 국내 귀환 때문이었다. 그런데 흥미로운 것은 1980년대 개발독재의 폐해를 진단하고 해소하는 주요 이론적 무기로 수입된 마르크스의 철학과 정치경제학의 경우였다. 지금까지 대부분의 철학 수입 과정이 기득권층에 의해 이루어졌다면, 마르크스 철학은 사회 변혁의 열망을 지닌 다른 계층의 요구에 의해 수입되었기 때문이다. 그런데 1990년대 이후에 우리 지성계는 독일과 영미권 철학에 비해 비중이 적었

해방 이후 1970년대까지 우리 지성계에는 독일 철학이나 영미 철학이 인기를 끌었고, 1980년대에는 마르크스 철학이, 1990년대 이후에는 프랑스 현대철학이 막강한 힘을 발휘했다. 박동환은 "서양철학에 대해서도 동양철학에 대해서도 한국 사람은 다만 관망하고 모방할 뿐인 그래서 만들지 못하는 주변의 제삼자다"라고 이야기했다. 위에서부터 헤겔, 칸트, 마르크스, 부르디외, 들뢰즈, 니체, 러셀.

던 프랑스 현대철학에 폭발적인 관심을 피력하게 된다. 억압받아온 욕망 그리고 자신의 개성을 해방시켜야 한다는 프랑스 철학자들의 반권위주의적인 논의가, 민족 개념을 강조해온 1세대들의 철학과 마르크스주의를 기반으로 한 민중 이념에 짓눌려 있던 우리 지성계에 또 다른 해방구 역할을 했기 때문일 것이다.

그러나 박동환에 따르면 신라시대부터 지금까지 한국 사람의 철학은 주류 문명의 철학에 자신들의 사유와 삶을 맞추려는 지난한 노력에 지나지 않았다. 그가 "서양철학에 대해서도 동양철학에 대해서도 한국 사람은 다만 관망하고 모방할 뿐인 그래서 만들지 못하는 주변의 제삼자다"라고 이야기했던 이유도 바로 여기에 있다. 박동환의 지적은 한국 사람이 지금까지 가지고 있었던 문화적 허영의식, 반만년의 유구한 전통을 운운하는 자기최면을 일시에 해체하는 폭발력을 가지고 있었다. 그의 말대로 우리 한국 사람들은 창조의 힘이 없는 관망자 혹은 모방자에 불과한 것일까? 우리에게 우리의 철학이란 것은 불가능한 꿈에 불과할까? 그런데 흥미로운 점은 이런 절망적인 진단을 통해 오히려 박동환은 동양철학과 서양철학을 넘어서는 보편적인 사유, 혹은 보편적인 철학의 가능성을 끄집어내려고 했다는 점이다. 박동환에 따르면 한때 주류 철학이었던 동양철학도, 그리고 지금 현재의 주류 철학인 서양철학마저도 어느 때가 되면 마치 옷을 갈아입듯이 가볍게 버린다는 점, 바로 이런 태도 자체가 동양철학과 서양철학을 어떤 절대적 진리로 수용하지 않으려 한 한국 사람들의 성향을 잘 보여준다는 것이다.

박동환은 과거를 회고하면서 한국 사람들이 "일시적으로 실현된 패권의 진리가 아니라 그것이 모두 무너져 흩어진 다음에도 남아 있을 원자의 진리를 구했던" 것이라고 진단한다. 패권의 진리와 원자의 진리 간의 구별은 매우 중요하다. 패권의 진리가 전체 혹은 공동체의 논리와 관련이 있는 것이라면, 원자의 진리는 전체 혹은 공동체의 논리를 벗어나는 단독적인 개체의 논리를 함축한 것이기 때문이다. 가정이 파괴되고 국가가 망하고 세계질서가 와해된다고 해도, 우리는 살아야 하고 살 수 있어야만 한다. 이때 이런 절절한 삶이 직면한 진리가 "원자의 진리"라고 할 수 있다. 그럼 구체적으로 '주변의 제삼자'로서 우리 한국 사람의 철학하는 모습은 과연 어떠했을까?

> 도시 문명의 그물 밖에서 생명이 그 자신의 타고난 기능으로 자연에 관계하는 데서는 도시 공체公體의 삶 가운데서 일어나는 유類들의 집체부쟁集體不爭이니 정체쟁의正體爭議니 하는 환원의 표, 그리고 거기서 세련된 동일보존, 모순배제, 대대待對, 무대無待와 같은 논리는 준거의 표가 될 수가 없다. 도시의 그물 밖의 생명이, 환경 또는 자연이라고 부르지만 실은 그 끝을 알 수 없는 미지의 세계〔 〕에 몸으로 부딪혀 얽히는 '관계', 그것이 삶이 준거하는 절대적 표가 된다.   -《안티 호모에렉투스》

박동환에 따르면 과거의 동양철학은 공동체의 삶에서 서로 다투지 않는 것, 즉 집체부쟁集體不爭을 이념으로 해온 것이다. 집체부쟁! 이것은 글자 그대로 '개체들이 모여 이루어진 공동체는 다툼을 피해야 한다'는 의미다. 이것은 물론 동양철학 전통을 상징하는 공자나 노자에게서 확인할 수 있는 특징이기도 하다. 《논어》〈팔일八佾〉 편을 보면 공자는 "군자에게는 다투는 것이 없다君子無所不爭"라고 이야기했고, 《노자》 66장을 보면 노자도 "다투지 않기 때문에 천하는 그와 다툴 수 없다以其不爭, 故天下莫能與之爭"라고 역설하기도 했기 때문이다. 그래서 동양철학에서는 남자와 여자, 군주와 신하, 아버지와 아들 등등의 상호 의존적인 관계, 즉 대대待對 관계를 매우 강조했고, 더 나아가 그 대대 관계의 바람직한 최종 원리를 찾기도 했던 것이다. 물론 이 원리 자체는 더 이상 다른 것에 의존하지 않아야 하기 때문에 무대無待라는 성격을 갖는 것으로 설명되었다.

이어서 박동환은 서양철학의 이념을 진단하고 있다. 그에 따르면 서양철학은 공동체의 삶에서 성원들의 잘잘못을 엄격히 따지고 가장 올바른 의미가 무엇인지를 논의하는 정체쟁의正體爭議를 이념으로 삼아왔다. 정체란 영어로 아이덴티티identity를 말한다. 그러니까 정체쟁의는 '아이덴티티를 두고 다툰다'는 의미니까, '문제가 되는 것의 정체가 무엇이냐고 다툰다'는 뜻이다. 너무 심각하게 받아들이지 말고, ID카드만 생각해보라. 그것은 우리의 정체를 알려주는 카드니까 말이다. 이 점에서 아리스토텔레스의 삼단논법 자체가 서양철학의 정신을 잘 보여주는 것이라고 할 수 있겠다. 논증과 설득의 과정이란 다름 아니라 자신의 정당성을 옹호하거나 혹은 오해를 해소하는 쟁의의 과정이기 때문이다. 그런데 쟁의의 과정에서 가장 중요한 원리는 동일률principle of identity과 모순율principle of contradiction이라고 할 수 있다. 동일률이 참인 명제는 참이라는 단순한 사실을 나타내는 것이라면, 모순율은 '어떠한 명제도 동시에 참이면서 또한 거짓일 수 없다'는 것을 의미하는 것이다. 그래서 사실 동일률과 모순율은 동전의 양면이라고 할 수 있다. 어떤 사람이 범인이면서 동시에 범인이 아닐 수는 없다고 말하는 모순율은, 결국 그 사람이 범인이면 범인이고 범인이 아니라면 범인이 아닐 수밖에 없다고 보는 동일률과 유사한 효과를 낳기 때문이다.

박동환은 공동체에서의 다툼 현상을 가장 부정적으로 생각하는 동양철학이나, 혹은 개인들의 다툼을 통해 정의를 확보해야 비로소 공동체가 건강해진다고 보는 서양철학이 모두 특정한 공동체를 전제하는 사유 전통이라고 지적한다. 따라서 동양철학이나 서양철학은 모두 역사의 부침에 노출될 수밖에 없다는 것이다. 아무리 보편적 사유라고 주장하고 있더라도, 두 주류 철학은 모두 특수하고 제약된 사유 전통일 수밖에 없다는 것이 그의 입장이었다. 그렇다면 과연 어떤 철학이 더 보편적일 수 있을까? 박동환은 보편적 사유란 것은 특정한 공동체를 넘어서서, 공동체와 무관하게 영위되는 생명 개체를 생명의 논리 차원에서 숙고해야만 가능하다고 이야기한다. 그리고 바로 이 점에서 박동환은 일시적으로 동양철학이나 서양철학의 담론을 채택하여 삶을 영위해온 한국 사유의 탄력성에 주목하게 된 것이다. 마치 다양한 소라껍질을 구해서 그것으로 자신의 몸을 보호하는 갯벌의 바닷개처럼 말이다. 박동환의 지적이 타당하다면, 한국 사람은 늘 생명 개체로서 사유해왔고 살아왔다고 볼 수 있다. 그렇다면 학연, 지연, 혈연, 동양철학, 서양철학, 민족, 국가, 블로그, 혹은 SNS 활동 등등도, 그들에게는 박동환이 '〔 〕'라는 기호로 표기했던 미지의 세계에 대응하기 위한 다양한 소라 껍질을 의미하는 것이었다고 볼 수 있겠다.

박동환의 사유는 드라마틱하다. 그것은 우리의 지적 콤플렉스를 껴안고 성찰할 수 있는 하나의 방법을 보여주었기 때문이다. 약점이 강점일 수 있다니 얼마나 극적인 반전인가? 그러나 그의 사유는 한두 가지 아쉬움을 우리에게 남기는 것도 어쩔 수 없는 사실이다. 우선 박동환의 사유에는 타자와의 연대에 대한 전망이 전무하다는 점이다. 잘해야 그에게 타자는 주체의 삶에서 자신의 조절을 강제하는 타자적 힘〔 〕으로만 기능할 뿐이다. 그렇지만 타자는 또한 예기치 않은 기쁨을 우리에게 제공하는, 따라서 기쁨의 감정으로 연대를 도모할 수 있는 삶의 짝이기도 하지 않을까? 아쉽게도 박동환에게는 스피노자와 들뢰즈가 추구했던 '기쁨의 연대'가 보이지 않는다. 이것은 그가 생명 개체 차원에서 자신의 사유를 전개하고 있다는 사실과 무관하지만은 않을 것이다.

다른 한 가지 아쉬운 것은 박동환에 따르면 앞으로 태어날 후손들도 바닷개처럼 이것저것 자신의 보호막을 찾아서 스스로 방랑해야만 한다는 점이다. 그러나 이것은 후손들에게 너무 가혹한 짊을 지도록 만드는 것 아닐까? 우리에게는 그들이 자유롭고 행복하게 삶을 영위할 튼튼한 성곽을 만들어 남겨줄 의무가 있기 때문이다. 이러저러한 아쉬움에도 우리는 박동환에 대해 고마움을 느껴야 할 것이다. 우리가 지금까지 남의 옷을 입고 살면서 그것이 마치 자기 옷이라도 되는 양 허위의식 속에 살아왔다는 걸 자각하게 해주니까. 나아가 그 옷 이면의 맨몸을 숙고할 수 있는 기회도 덤으로 얻게 된다. 자! 이제 시작이다. 이제 우리 힘으로 우리 몸을 보호할 수 있는 근사한 옷을 만들 때다. 더 이상 수입한 옷에 몸을 맞추는 것이 아니라 우리 몸에 맞는 옷을 만들 때다.

주변부 지성인의 사명

중심적인 문명을 향유하는 사람은 항상 극소수이다. 반면 주변부적 삶을 살아가는 사람들은 대부분을 차지한다. 한반도에서 우리 언어로 사유하고자 했던 사람들이 항상 다수이지만 소수자minority의 삶을 영위할 수밖에 없었던 것도 이런 이유에서 이다. 들뢰즈가 이야기했던 것처럼 소수자와 다수자는 소수와 다수와 아무런 상관이 없는 개념이다. 조선시대 농민들은 다수이지만 소수자였고, 양반계층들은 소수였지만 다수자였고 할 수 있다. 소수자! 특정 시대에는 거의 식별되지 않지만, 앞으로 도래한 세계를 만드는 생성의 힘을 가지고 있어야 소수자라고 불릴 수 있다. 그러니까 다수와 소수는 양적인 개념이지만, 다수자와 소수자는 질적인 개념이라고 할 수 있다. 그냥 단순히 정리하면 된다. 소수자는 미래 세계를 만드는 생성의 잠재력을 가지고 있다고 말이다. 그래서 조선시대 농민, 상인 혹은 장인은 지금 양반층을 넘어 우리 시대의 다수가 될 수 있었던 것이다.

들뢰즈의 역사철학은 역사에서 이런 소수자의 계기를 발견하는 데 달려 있다. 지금은 삶의 주인이 아니지만 소수자가 자기 삶의 주인이 되는 순간, 역사는 전혀 다른 국면으로 생성될 테니 말이다. 결국 중요한 것은 소수자가 자신이 갖고 있는 생성력을 긍정해야 한다는 사실이다. 어떻게 하면 소수자는 자신의 삶을 긍정할 수 있을까? 주변이 중심이 되는 것이 방법일까? 예를 들어 농민이 새로운 중심이 되어 기존 양반계층들을 주변으로 쫓아내는 방법이다. 그렇지만 이것은 또다시 중심과 주변의 논리를 변주할 뿐이다. 중심과 주변이란 형식은 변하지 않았는데, 그 내용물만 바뀐 형국이라고 하겠다. 그렇다면 주변에 속한 사람들이 중심을 벗어나, 그것도 아주 멀리 중심이 보이지 않을 정도로 중심의 반대 방향으로 탈주하는 것이 방법일까? 예를 들어 주변부의 삶에 지친 농민들이 전답을 모두 버리고 깊은 산골이나 아니면 배를 타고 아주 멀리 떠나버리는 방법이다. 그러나 이것은 단지 주변부가 무한히 확장된 것에 지나지 않는다. 그래서 중심으로 향하는 방법 혹은 중심으로부터 멀어지는 방법, 어느 것도 옳은 해법은 아니다.

그렇다면 남겨진 방법은 무엇인가? 주변부에 속한 소수자들은 지금 당장 자신의 자리를 있는 그대로 중심으로 긍정해야만 한다. 한마디로 말해 '주변=중심'이 되는 결단을 수행해야만 한다는 것이다. 임제의 표현을 빌리자면 "수처작주隨處作主, 입처개진立處皆眞"의 길이라고 할 수 있다. "이른 곳마다 주인이 되면 서 있는 곳이 모두 참되다"는 의미다. 여행을 가면 항상 집을 그리워하는 사람이 있다. 이런 사람은 자신이 서 있는 곳에서 펼쳐지는 모든 것을 있는 그대로 향유할 수 없다. 고향에 대한 생각 때문에, 이 사람은 어디에 있든 항상 타향에 있다고 느끼게 될 테니 말이다. 자신이 있는 곳이 바로 고향이고, 자신이 서 있는 곳이 여행지가 아니라 집이라고 생각해야만 한다. 바로 이것이 '주변=중심'이 의미하는 것이다. 결국 어느 곳을 가든 내가 서 있는 곳이 바로 중심이고 고향이고 집이게 된다. 결국 '주변=중심'을 달성한 주체의 가장 큰 특징은 그에게는 '노스텔지어nostalgia', 즉 향수가 없다는 데 있다.

한국적 사유를 꿈꾸었을 때 박동환의 사유가 단지 한반도에만 국한되지 않는 이유도 바로 여기에 있다. 그것은 새로운 중심을 만들겠다는 것이 아니라, 자신이 살고 있는 곳을 중심으로 긍정하는 것과 관계 있기 때문이다. 다중심이니 결국 중심과 주변의 논리는 파괴될 수밖에 없다. 이것은 결국 타자에게 중심을 허락하는 논리로 발전할 수밖에 없다. 지금까지 우리의 경우 대부분의 철학자들은 소수자로서 자신의 삶을 극복하기 위해서 다수자의 문명을 흉내 내려고 했다. 의상도 그랬고, 지눌도 그랬고, 이황도 그랬고, 심지어 정약용마저 그랬다. 그러나 다행스럽게도 '주변=중심'일 수 있는 논리를 계발하는 데 사활을 걸었던 철학자도 있었다. 대표적으로 원효나 김수영을 생각해볼 수 있겠다. 그것은 소수자로서의 삶 자체에 몸을 던져서 새로운 긍정을 끌어올리려는 시도였다고 할 수 있다.

바로 이런 비범한 길을 우리 시대의 철학자 박동환이 다시 애써 개척하고자 한다. 중심 문명에 대한 콤플렉스를 버리지 않는다면, 불가능한 일이다. 그래서 중심이 되려는 조바심도, 혹은 중심이 될 수 없다는 슬픔도 박동환의 사유에서 찾아서는 안 된다. 그러나 불행히도 중심과 주변이라는 위계적 논리 자체를 극복하려고 했지만 박동환은 자유로운 연대의 논리에 대한 전망을 제공하는 데까지 이르지는 못하고 있다. 어쩌면 이것은 우리가 감당해야 할 과제인지도 모른다. 한 가지 확실한 것은 이 숙제가 박동환이 걸으려고 했던 길을 더 과감하게 걸어가야만 해결될 수 있다는 사실이다. 그러기에 앞서 우리는 박동환이 걸었던 길을 당분간 진득하게 반복해야 할 것이다. 그래야 그가 걸으려고 했던 길에서 어떤 전망이 보이는지 분명해질 테니 말이다.

들뢰즈와 바디우

소크라테스는 지혜롭기 위해서 우리는 자신의 무지를 깊고 통렬하게 자각해야만 한다고 말한다. 무지의 자각이 깊을수록 지혜에 대한 우리의 갈망은 커질 테니 말이다. '지혜sophos'에 대한 '사랑philo'으로서의 철학, 즉 필로소피philosophy는 이렇게 탄생한 것이다. 한참 뒤 칸트는 우리에게 철학이 아니라 철학함을 배우라고 이야기한다. 지혜로운 척하는 것이 아니라 스스로 지혜로워져야 한다는 이야기다. 결국 무지도 자신의 무지이고, 지혜도 자신의 지혜여야 한다는 것이다. 소크라테스와 칸트는 남의 철학을 앵무새처럼 읊조리지 말고 자기만의 이성으로 주어진 사태를 생각해야 한다고 강조했던 것이다. 이것이 소크라테스가 시작하고 칸트가 명료화했던 철학함의 정신이다. 그래서 철학이란 무엇인가라는 질문을 받으면, 서양철학자들은 무지에 대한 자각과 지혜에 대한 목마름이라고 이구동성으로 이야기했던 것이다. 그러나 이것은 소크라테스로 상징되는 서양철학에만 적용되는 것은 아니었다. 공자로 상징되는 동양철학자들도 소크라테스나 칸트의 입장에 긍정을 표하니까 말이다.

　이제 우리 시대 철학자들에게 되물어보도록 하자. 지금 철학이란 무엇인가? 그들의 말은 과거의 철학자들과 같을까? 아니면 확연히 다를까? 과거 전통을 극복했다고 자의반타의반 외치고는 있지만, 놀랍게도 현대철학자들 또한 소크라테스와 공자, 그리고 칸트가 공유했던 철학함의 정신을 한 번도 잊지 않은 것 같다. 아니 잊기는커녕 우리 시대 철학자들은 지혜를 갈망하도록 만드는 무지의 자각을 더 깊게 숙고하려고 한다. 사실 무지에 대한 자각은, 자신은 사태에 대해 별로 아는 것이 없다는 데카르트적 제스처와는 아무런 상관이 없다. 오히려 무지를 절망적으로 토로하도록 만드는 어떤 난처한 상황, 혹은 외부적 사건들이 더 중요한 것 아닐까. 유한한 것처럼 보이지만 우리가 살고 있는 세계는 사실 무한한 세계라고 할 수 있다. 이 세계에는 너무나 많은 새로운 생명체들이 끝없이 탄생하고, 그만큼 너무나 새로운 관계들이 출몰하기 때문이다.

지금 우리 시대 철학은 무지의 자각을 강요하는 생성의 세계와 씨름하고 있다. 사실 생성의 세계에 산다는 것, 그것은 항상 무지의 자각을 촉구하고 그만큼 철학함이 시급해진 세계에 살 수밖에 없다는 것을 말한다. 현대철학자들 중 들뢰즈가 중요한 이유도 바로 여기에 있다. 이 영민한 프랑스 철학자만큼 생성의 세계에 맞서 철학의 정의를 근사하게 업데이트했던 인물도 없으니까 말이다.

진리 찾기는 비자발적인 것의 고유한 모험이다. 사유하도록 강요하고 사유에 폭력을 행사하는 어떤 것이 없다면 사유란 아무것도 아니다. 사유보다 더 중요한 것이 있으니 '사유의 재료를 주는' 어떤 것이다. …… 우리에게 응시하라고 강요하는 인상들, 우리에게 해석하라고 강요하는 마주침들, 우리에게 사유하라고 강요하는 표현들.

-《프루스트와 기호들Proust et les Signes》

들뢰즈는 사유보다 더 중요한 것은 사유를 강요하는 생성의 세계라고 단언한다. 당연히 우리 자신이 스스로의 힘으로 무지를 자각하는 것만으로 충분하지 않다. 오히려 중요한 것은 우리로 하여금 무지를 자각하도록 만들어, 마침내 우리가 지혜를 찾는 사유의 길로 떠나도록 강제하는 어떤 타자적 사건들이니까 말이다. 시민을 보호한다고 하지만 시위 대열을 무장 경찰이 포위하고 있는 장면일 수도, 마음을 받아주지 않은 애인의 눈물일 수도, 아니면 명예훼손의 이유로 시민을 고발하는 대통령의 고발장일 수도 있다. 기존의 지식으로는, 혹은 타인의 생각으로는 절대 합리적으로 이해될 수 없는 사건들이다. 그러니 우리는 자기 이성을 사용하여 이런 타자적 사건들의 의미를 사유할 수 있어야 한다. 당연히 기존 개념들로는 타자적 사건을 사유할 수 없기에, 우리는 그것을 사유할 수 있는 새로운 개념을 창조해야만 한다. 결국 지혜에 대한 갈망이 개념이라는 자식을 낳은 셈이다.

> 철학의 힘은 자신이 창조하거나 그 의미를 변형시킨 개념들, 사태와 행동에 새로운 분할을 부과하는 개념들에 의해 측정된다.
>
> –《스피노자와 표현의 문제Spinoza et le problème de l'expression》

한때는 "열 번 찍어 안 넘어가는 나무는 없다"는 생각이 지배했던 시절이 있었다. 그러니까 끈덕지게 한 여자에게 구애를 하다보면, 그 여자를 얻게 된다는 믿음이다. 이런 믿음을 실천하는 남자를 남자답다고 여기고, 심지어 이런 남자에게 마음을 주는 여자도 있었다. 그렇지만 이런 남자의 구애를 받고서 행복을 얻기는커녕 자살을 하는 여자가 생기는 사건, 다시 말해 사유를 강요하는 사건이 발생한 것이다. 마침내 '스토커stalker'라는 개념이 생기면서, 상황은 급변하게 된다. 열 번 찍어 안 넘어가는 나무가 없다는 신념으로 이루어지는 남자의 구애는 '낭만적 사태'가 아니라 '정신질환적 사태'가 되었고, 이런 식의 남자의 구애 행위는 찬양되기는커녕 죄악시되기에 이른 것이다. 물론 '스토커'라는 개념이 만들어지려면, 어떻게 해서든지 사랑하는 여자를 쟁취해야 한다는 남자의 집요한 시도가 진짜 사랑의 행위인지를 반성할 수 있어야만 한다. 그래서 '스토커'라는 새로운 개념보다 사랑에 대한 '무지의 자각'이 훨씬 더 중요하다. 그러니 새롭게 만들어진 개념 '스토커'에는 '열 번 찍어 안 넘어가는 나무는 없다'는 생각은 사랑이 아니라 폭력일 뿐이라는 사유의 흔적이 전제되어 있는 것이다.

마침내 들뢰즈는 소크라테스나 공자, 그리고 칸트로 이어지는 철학함의 정수에 이른 것이다. 지금 누군가 철학이란 무엇인지를 묻는다면, 들뢰즈는 말할 것이다. 사건을 새롭게 사유할 수 있는 개념의 창조가 바로 철학의 힘이라고 말이다. 들뢰즈의 탁월함은 '철학이란 무엇인지? 혹은 철학함의 본질은 무엇인지?'라는 물음에 가장 현대적인 대답을 제공했다는 데 있다. 현대철학자들 중 누가 들뢰즈가 해명한 철학함의 비밀을 거부할 수 있다는 말인가? 들뢰즈에 대한 가장 강력한 비판자라고 할 수 있는 알랭 바디우도 이점에서 예외는 아니다. 비록 1997년에 출간한 《들뢰즈: 존재의 소음Deleuze: Clamour de l'être》에서 들뢰즈의 '철학'을 신랄하게 비판하지만, 그는 결코 들뢰즈의 '철학함'을 부정했던 적이 없기 때문이다. 부정은커녕 바디우는 들뢰즈의 '철학함'을 더 명료화하고 더 구체화하려고 노력했던 철학자였다.

> 선택choice과 거리distance, 그리고 예외exception를 다루는 것이 철학이 수행해야 할 세 가지 큰 과제가 된다. 적어도 철학이 삶 속에서 학문적 분과와는 다른 어떤 중요성을 가지려면 말이다. …… 어떤 철학적 개념, 그러니까 들뢰즈 방식으로 말해 창조로서의 철학적 개념은 항상 선택(또는 결정decision)의 문제와 거리(또는 틈새gap)의 문제, 그리고 예외(또는 사건event)의 문제를 한데 결합시킨다고 나는 주장하고 싶다.
>
> —《현재의 철학Philosophy in the Present》

바디우의 이야기는 들뢰즈의 개념 창조를 더 구체화해서 부연한 것에 지나지 않는다. 새로운 개념은 사태에 대한 새로운 위상 설정과 함께 새로운 행동을 정당화하는 것이다. 앞에서 들었던 '스토커' 개념을 통해 바디우의 생각을 대략적이나마 스케치해보도록 하자. 낭만적인 집요한 구애 행각이 '스토커'라는 개념으로 포착되는 순간, 우리는 마음에 드는 사람에게 강요하는 것이 사랑이 아니라는 걸 알게 된다. 바로 여기서 일종의 '선택'의 계기를 찾을 수 있다. 그리고 사랑을 할 때 남성이 주도권을 가져야 한다는 통념과 '거리'가 생기게 된 걸 알 수 있다. 물론 이런 선택과 거리는 모두 어떤 남성에게 집요한 구애를 받은 여인이 자살을 했다는 예외적 사건이 전제되어야 할 것이다. 최종적으로 《철학을 위한 선언》에서 바디우가 "둘의 경험"

이라고 사랑을 정의한 것도 바로 이런 이유에서일 것이다.

결국 바디우에 따르면 철학함의 메커니즘은 다음과 같이 요약될 수 있겠다. 예외적 사건에 직면한 우리는 기존 통념과는 다른 진리를 포착하는 개념을 만들고, 그에 따라 우리는 새로운 삶과 실천을 선택하게 된다는 것이다. 흥미로운 일 아닌가. 들뢰즈와 바디우는 철학함에 있어서 거의 동일한 입장을 견지했지만, 두 사람은 상대방이 만든 개념들을 불만족스럽게 생각하고 있었던 것이다. 지금 철학이란 무엇인가? 새로운 개념을 충실하게 실천적으로 만드는 것, 바로 이것이 우리 시대의 철학이다. 물론 예외적 사건을 어떻게 이해해야 할지 모르겠다는 무지의 자각, 그리고 이 무지를 메우려는 앎에 대한 갈망, 즉 소크라테스와 공자의 철학함은 여전히 우리 시대의 철학에도 유효한 것이다. 예외적 사건에 더 충실한 개념, 자본과 권력의 통념과 더 거리가 있는 개념, 더 강력한 선택과 결단을 촉발하는 개념. 이런 개념을 만들 수 있는가. 만약 이것에 성공한 사람이 있다면, 그가 바로 들뢰즈와 바디우의 철학을 극복한 위대한 철학자가 아니겠는가.

에필로그

석가가 들어오면 조선의 석가가 되지 않고 석가의 조선이 되며,
공자가 들어오면 조선의 공자가 되지 않고 공자의 조선이 되며,
무슨 주의가 들어와도 조선의 주의가 되지 않고 주의의 조선이 되려고 한다.
그리하여 도덕과 주의를 위하는 조선은 있고 조선을 위하는 도덕과 주의는 없다.
아! 이것이 조선의 특색이냐, 특색이라면 특색이나 노예의 특색이다.
나는 조선의 도덕과 조선의 주의를 위하여 곡하려 한다.

– 신채호, 〈낭객의 신년만필〉, 동아일보, 1925년 1월 2일

1.

대학교 신입생들에게 철학을 강의할 때 내가 첫 시간에 반드시 이야기하는 것이 있다. "여러분은 지금 결단의 순간에 서 있습니다. 스무 살로 1학년을 보낼 것인가, 아니면 한 살로 1학년을 보낼 것인가? 결정을 해야만 합니다." 대부분의 학생들은 고개를 갸우뚱거리지만, 나의 이야기는 계속된다. "지금까지 여러분은 가정, 학교, 그리고 대중매체를 통해서 훈육되었습니다. 당연히 여러분의 자아는 구성된 자아라고 할 수 있을 겁니다. 물론 이것은 무력한 여러분으로서는 불가피한 일입니다. 모든 제도 교육의 목적이 그렇지만, 교육은 기본적으로 교육을 받는 사람들을 위해서가 아니라 교육을 수행하는 사람들을 위해서 기능하기 때문입니다. 물론 여러분을 위한다는 귀에 솔깃한 이야기도 절대 빼먹지는 않을 겁니다. 이제 제가 여러분이 한 살로 살아야 한다고 강조하는 이유를 짐작하시겠습니까? 이제 여러분은 자신의 자

아를 여러분 스스로 만들 기회를 잡은 겁니다. 물론 이것은 여러분이 삶의 주체가 되는 결단을 의미합니다."

나의 이야기를 잠잠히 경청하던 학생들은 어떻게 하면 그럴 수 있는지 되물어본다. 이 경우 나는 어김없이 다음과 같이 말해준다. "새로운 삶의 주체로 거듭나기 위해서 여러분은 과거에 배웠던 모든 가르침, 그 기억을 버려야만 합니다. 그리고 새로운 기억을, 여러분의 삶을 긍정할 수 있는 새로운 기억을 하나씩 다시 쌓아야만 합니다. 사실 새로운 기억들이 만들어지지 않는다면, 낡은 기억들을 밀어내서 버릴 수 있는 방법은 없다고 할 수 있습니다. 그러니 중요한 것은 이제 거의 모든 것을 직접 온몸으로 경험하도록 노력해야 한다는 겁니다. 처음에는 불쾌한 경험과 유쾌한 경험이 교차할 겁니다. 불쾌한 경험은 우리를 위축시키지만, 유쾌한 경험은 우리를 달뜨게 만듭니다. 불쾌한 경험은 우리를 무기력하게 만들지만, 유쾌한 경험은 우리에게 활기를 부여합니다. 그렇지만 항상 불쾌한 경험과 유쾌한 경험이 동일한 비중으로 일어난다고 비관하실 필요는 없습니다. 시간이 지날수록, 여러분은 불쾌한 경험을 피하고 유쾌한 경험을 지향하는 삶의 의지가 강해지게 될 테니까요. 이런 식으로 반복하다보면, 유쾌한 경험이 많아지고 그에 따라 유쾌한 기억도 차곡차곡 쌓일 겁니다. 마침내 자신도 모르는 사이에 무겁고 불쾌한 과거 기억들은 점점 여러분의 내면에서 자취를 감추게 될 겁니다."

그렇다. 인간은 기억의 지배를 받는 존재다. 문제는 기억에 다음과 같은 두 가지 종류가 있다는 사실이다. 첫 번째는 우리의 삶을 우울하고 비참하게 만들어 삶을 체념하도록 만드는 기억, 즉 불쾌한 기억이다. 에너지 보존의 법칙을 한번 생각해보자. 우울하고 무거운 삶을 영위할 때, 우리는 그만큼 자신의 삶이 가진 활력을 다른 사람들에게 빼앗기고 있는 셈이다. 유년 시절 부모에게서 받은 경제적 혹은 정서적 상처, 생활 도처에서 경험할 수밖에 없는 정치적 억압, 대중매체를 통해 얻은 자본주의적 감성, 학교 혹은 여타 조직을 통해 반복적으로 주입되는 보수적 교훈들. 이런 기억들의 지배를 받을 때, 우리는 하염없이 무기력해진다. 당연한 결과지만 우리의 무기력을 대가로 소수의 누군가는 이와 반대로 과도한 활력, 과도한 지배력을 얻게 될 것이다. 그래서 불쾌한 기억은 노예의 기억, 그러니까 자유와 당당함을 빼앗긴 사람의 기억이다.

다행스럽게도 우리에게는 불쾌한 기억 이외에 다른 종류의 기억도 존재한다. 바로 이것이 유쾌한 기억이다. 유쾌한 기억은 우리의 삶을 즐겁고 유쾌하게 만들어 도전적인 삶을 영위하도록 만든다. 자신의 힘이 커졌다는 느낌, 그리고 더 커질 것 같다는 느낌을 주니까 말이다. 물론 이 기억은 자기 삶의 당당한 주인이 아니라면 누릴 수 없는 것이다. "스무 살로 1학년을 보낼 것인가, 아니면 한 살로 1학년을 보낼 것인가?" 대학 신입생들에게 던진 나의 질문은 사실 우리 모두에게 던지고 싶은 질문이기도 했다. 불쾌한 기억을 지속하며 살 것인가, 아니면 유쾌한 기억을 만들며 살 것인가? 우울하고 무기력한 삶을 살 것인가, 아니면 명랑하고 활기찬 삶을 살 것인가? 국가, 자본, 관습 등의 지배를 받고 살 것인가, 아니면 자유를 관철하는 주인의 삶을 살아낼 것인가? 전자에 대해 단호하게 '노No!'라고, 그리고 후자에 대해 활기차게 '예스Yes!'라고 외칠 수 있어야 한다. 이런 결단을 통해서만 우리에게 정말 주인, 혹은 주체로서의 삶이 허용될 테니 말이다.

2.

만약 소망스러운 삶을 영위하고 싶다면, 우리는 이런 암울한 기억부터 하나하나 극복해나가야 한다. 오직 이 경우에만 우리는 삶의 기쁨, 유쾌함, 명랑함을 되찾을 희망을 품을 수 있기 때문이다. 우리에게 역사라는 학문이 존재하는 이유도 바로 여기에 있는 것 아닐까. 역사야말로 다름 아닌 기억의 학문이기 때문이다. 그런데 주의해야 할 점이 있다. 기억과 마찬가지로 역사에도 서로 상이한 두 가지 성격의 부류가 존재한다. 유쾌한 기억을 가능하게 하는 역사가 있고, 반대로 우울한 기억을 조장하는 역사가 있다. 대개의 경우 전자가 인문주의자들의 저작물에서 발견된다면, 후자는 국가나 대학 등 제도권에서 쓰인 역사에서 주로 발견된다. 김수영의 시나 최인훈의 소설에서 우리가 유쾌한 기억을 지키고 만들려는 선배들의 집요한 의지를 발견하게 되는 것도 우연만은 아니었던 셈이다. 반면 대개의 제도권 역사는 이런 인문주의를 폄하하거나 왜곡하는 기능을 수행하고 있다.

지금은 인문학과 문학이 위기에 처한 시대라고 한다. 대학에서는 인문학과들이 심하게 천대받고 있고, 심지어 인문학 전공자들이 취업에 불이익을 받고 있다. 한마디로 인문학은 밥벌이가 안 된다는 것이다. 이것은 물론 돈이 없으면 살아갈 수 없도록 만들어 보편적 매춘을 강요하는 자본주의 탓이 크다. 그러나 더 큰 문제는 이런 자본주의 체제의 압력에 순응하면서 체념하는 인문학 교수들이 늘고 있다는 데 있다. 인간의 자유를 위해 가장 앞장서서 싸워야 할 장수들이 이미 패배의식에 사로잡혀 있고, 그것도 모자라 그걸 학교나 사회에 퍼뜨리고 있다. 바로 이것이 인문학과 문학이 위기에 빠지게 된 진정한 이유다. 한때는 신과, 그리고 한때는 왕과 싸웠던 것이 인문학과 문학이었다. 인간의 자유와 사랑, 그리고 유쾌한 기억을 위해서 일체의 억압과 검열에는 일말의 타협주의나 수정주의도 허락하지 않는 것이 인문정신이다. 그러니 돈벌이가 되도록 인문학을 개조하는 것, 그러니까 인문학을 상품으로 만드는 것으로 인문학의 위기가 타개되지 않는다. 돈의 노예가 되어서야, 다시 말해 인간으로서 자긍심을 잃어버려서야, 인문학자와 문학자가 어떻게 인간에게 유쾌한 기억의 전망을 줄 수 있다는 말인가.

철학사도 마찬가지 아닌가. 인문주의적 철학사와 제도권의 철학사! 철학의 역사를 한번 살펴보자. 그 안에는 인간의 사랑과 자유를 노래하는 수많은 철학자들도 있지만, 동시에 개개인의 행복보다는 국가와 같은 공동체의 안정 혹은 자본주의 등 기존의 질서를 정당화하려는 철학자들도 있다. 전자의 철학자를 중심으로 인문주의적 철학사를 구성할 수 있고, 아니면 후자의 철학자를 중심으로 제도권의 철학사를 구성할 수도 있다. 유쾌한 기억의 싹을 소망스럽게 품고 있는 철학사와 불쾌한 기억을 탁하게 유포하려는 철학사! 인문학적 감수성을 가진 사람이라면, 다시 말해 인간의 소망스러운 미래를 낙관하는 사람이라면, 누구든 전자의 철학사를 구성하려고 시도할 것이다. 이것은 물론 내 경우에도 예외가 아니다. 하지만 미래의 희망을 위해 유쾌한 기억을 복원하는 것만으로 충분하지 않다. 우리는 유쾌한 기억을 위해 암울한 기억을 조장하는 철학자들의 논리와 맞서 싸울 수 있어야만 한다.

어떤 형식으로 이루어지든, 논쟁은 논쟁 당사자의 승패의 문제로 끝나지 않는다. 논쟁에서 더 중요한 것은 논쟁에 참여하지 않고 논쟁을 지켜보고 있는 불특정 다수의 사람들을 자기편으로 만들 수 있느냐의 여부에 있기 때문이다. 그래서 우리는 암울한 철학자들의 내적 논리의 허약함, 그리고 인간에 대한 그들의 비관적인 전망을 폭로해야만 한다. 오직 그럴 때에만 대다수의 우리 이웃들이 암울한 철학자들의 논리에 말려들지 않을 것이기 때문이다. 이 책을 통해 내가 진정으로 의도했던 것은 바로 이 점이다. 나는 유쾌한 기억과 소망스러운 미래를 약속했던 철학자들을 제 위치에 복원시키고, 반면 암울한 기억과 잿빛 미래를 구가했던 철학자들의 내적 논리를 폭로하려고 했다. 그래서 이 철학사로 인문주의적 철학자들을 지킬 수 있고, 동시에 인문주의를 능욕하려는 제도권 철학자들의 침입도 격퇴할 수 있는 든든한 성곽을 쌓고 싶었던 것이다. 최선의 노력을 다했지만 정말 내가 원했던 성곽이 만들어진 것일까. 최종적으로는 독자들이 판단할 일이지만, 지금 나는 그렇게 믿고 있다.

3.

《철학 VS 철학》을 집필하면서 나는 1925년 동아일보 1월 2일 자에 실린 신채호의 이야기를 되뇌곤 했다. 고난의 시절 거의 모든 지성인들이 사유의 사대주의에 빠져 허우적거리고 있을 때, 오직 신채호만은 자신의 사상을 집요하게 반성하며 끝없이 성장시켜나갔다. 당시 상황에 비추어보았을 때, 이것은 거의 기적에 가까운 일이었다고 할 수 있다. 민족주의에서 아나키즘에 이르는 그의 철학적 진화 과정을 살펴보면, 우리의 말로 사유하는 누구든지 신채호라는 탁월한 지성의 중요성을 어렵지 않게 이해할 수 있다. 그런 그가 당시 우리 지성계의 노예적 근성을 질타했던 것은 어쩌면 당연한 일이었을지도 모른다. "석가가 들어오면 조선의 석가가 되지 않고 석가의 조선이 되며, 공자가 들어오면 조선의 공자가 되지 않고 공자의 조선이 되며, 무슨 주의가 들어와도 조선의 주의가 되지 않고 주의의 조선이 되려고 한다." 여기서 잊지 말아야 할 것이 있다. 신채호는 한 번도 저급한 민족주의를 내세워 외래 사상을 배척하지는 않았다.

우리의 소망스러운 삶을 가능하게 해주는 것이라면, 그것이 외래의 이질적 사상이라고 하더라도 아무런 상관이 없다. 단 그것은 반드시 우리의 것이 되어야만 한다. 이것이 바로 신채호의 핵심 전언이었다. '조선의 석가'와 '석가의 조선', '우리의 마르크스'와 '마르크스의 우리', 혹은 '우리의 들뢰즈'와 '들뢰즈의 우리' 사이에는 건널 수 없는 간극이 도사리고 있다. 바로 이 점을 간파한 데 신채호의 탁월함이 있다. 서양인들의 옷을 수입했다고 해보자. 이것을 받은 그대로 입는다면, 우리 모습은 너무도 볼품없고 우스꽝스러워 보일 것이다. 이 서글픈 상황이 바로 '서양의 우리'이다. 우리 신체 사이즈에 잘 맞을 수 있도록 기장도 수선하고 품도 줄였어야만 했다. 원하는 대로 수입된 서양 옷을 과감하게 자르고 줄여서 몸에 어울리게 걸치면, 우리는 과거에는 없던 좋은 옷 하나를 더 가지게 된다. 이 옷은 나를 멋스럽게 하고 빛내줄 수 있을 것이다. 이것이 바로 '우리의 서양'이다. 시험 삼아 이렇게 개조된 옷을 원래 수입했던 서양 땅으로 보내 그곳 사람들이 입게 했다고 해보자. 아마도 너무 소매가 짧고 품이 좁아 그들은 걸치기도 어려울 것이다. 이미 개조된 옷은 다른 누구도 아닌 '우리 것'이 되어버렸기 때문이다.

중국 당나라에 불교가 유행했을 때, 우리는 불교를 수입해 들여와 그것으로 세상과 자신에 대해 사유했고 삶을 영위했다. 하지만 당시의 불교를 우리 자신의 삶에 맞게 개조해서 '우리의 불교'로 만들지는 못했다. 물론 내가 가장 존경하는 원효를 제외하고 말이다. 송나라나 명나라에서 신유학이 유행했을 때, 우리는 또한 신유학을 수입해왔다. 그렇지만 아쉽게도 우리는 '우리의 신유학'을 만들지 못하고, 이때 역시 '신유학의 우리'로 삶을 영위했다. 문명적 헤게모니가 중국에서 서양으로 옮겨졌을 때, 우리는 일본의 영향으로 데카르트, 칸트, 쇼펜하우어로 상징되는 유럽 철학, 흔히 '데칸쇼의 철학'이라고 불리는 사유 경향들을 수입해왔다. 하지만 이 경우에도 '우리의 데칸쇼'를 만드는 데는 결국 실패하고 말았다. 제2차 세계대전 이후 미국이 패권을 차지하자, 비트겐슈타인을 대표로 하는 영미 분석철학이 들어오기 시작했다. 그러나 역시 우리는 우리의 언어, 우리의 언어생활을 성찰하기보다 오히려 영어를 성찰하는 데 분석철학을 활용했을 뿐이다. '분석철학의 우리'가 된 것이다. 그 후 본격적으로 연구된 마르크스 철학이나 프랑스 철학도 마찬가지의 결과를 낳지 않았을까? 옷을 개조하지 않고 수입된 그대로 입고 다니던 사람들은 유행이 지나자마자 곧바로 다른 옷을 수입하고 싶은 강한 충동을 느낄 수밖에 없었다. 적절히 개조하지 않고 입고 다닌 옷들이 우리 몸에 얼마나 불편했겠는가?

하나의 철학사로서 《철학 VS 철학》은 철학에 관심을 가진 독자들로 하여금 독창적인 안목을 제시한 철학자들과 그들의 텍스트를 직접 읽도록 유혹하는 역할에 충실하려고 했다. 하지만 이것은 교과서적인 방식이나 맹목적인 추종의 방식으로는 불가능한 일이다. 철학자로서 냉정한 판단 그리고 과감한 논지 전개가 없다면, 이 철학사는 기존의 철학사가 가지고 있던 동일한 폐단에 빠지고 말 것이다. 그래서 나는 다양한 측면에서 신채호의 정신을 계승하려고 노력했다. 다시 말해 나는 이 철학사를 통해 '동양철학의 우리'가 아닌 '우리의 동양철학'을, '서양철학의 우리'가 아닌 '우리의 서양철학'을 모색하려고 시도했던 것이다. 매번 철학자들을 다룰 때, 현재 우리의 삶을 철학적으로 성찰하는 데 도움이 되는 측면을 특히 부각시키려고 애썼던 것도 이 때문이다. 중요한 것은 철학적 정보가 아니라 철학적 사유일 테니 말이다. 그렇다면 과연《철학 VS 철학》은 서양의 철학사도 아니고 동양의 철학사도 아닌 '우리의 철학사'가 되었을까? 나로서는 쉽게 판단하기 힘든 일이다. 어쩌면 당연한 말인지도 모르지만, 이러한 판단은 결국 독자들의 몫이 될 것이다.

4.

개인적으로《철학 VS 철학》은 내게 무척 소중한 책이라고 할 수 있다. 1930년의 한 서신에서 벤야민은 자신의 절친한 친구였던 게르숌 숄렘Gershom Scholem에게 이렇게 말했던 적이 있다. "다음으로 특히 이야기하고 싶은 것은 나의 책《파리의 아케이드들》이라네. 사실을 말하자면 이 책은 나의 모든 투쟁, 나의 모든 사상의 무대라네."《철학 VS 철학》의 집필을 모두 끝마쳤을 때 나는 벤야민의 이 말을 떠올렸다. 물론 이 책이 미완성으로 끝난《파리의 아케이드들》, 즉 지금은《아케이트 프로젝트》라는 이름으로 출간된 벤야민의 연구처럼 새로운 시선을 열어주는 훌륭한 대작이라는 말은 결코 아니다. 나는 그 정도로 주제넘은 사람은 아니다. 하지만 이 책을 집필하면서, 나는 철학에 빠져 있던 20대의 청년 시절로 되돌아가 내가 그간 읽었던 수많은 책들을 다시 넘겨보는 너무도 소중한 경험을 했다. 먼지 쌓인 책들에는 빛바랜 색연필 볼펜 자국들이 무성했고, 곳곳에 깨알 같은 글씨들이 빼곡히 채워져 있었다. 나의 20대는 무슨 고민이 그렇게도 많았던 것일까?

펼쳐본 책들의 여백에는 부끄러움을 자아내는 유치한 논평도 보였고, 지금의 내가 보아도 이해하기 어려운 사유의 편린들도 촘촘히 기록되어 있었다. '우偶', '도道', '춘春', '무無', '유有', '생성', '마주침', '시간', '관계의 외재성', '소통', '언어와 무의식', '자유로운 연대' 등등. 하지만 놀라운 것은 무질서한 듯한 이런 사유의 흔적들이 어느새 일관된 방향으로, 다시 말해 현재의 나의 사유의 밑거름으로 함께 성장해왔다는 사실이다. 프루스트의《잃어버린 시간을 찾아서》처럼, 나는 과거의 내 논평들과 사유의 단상들을 새롭게 숙고하면서 다듬어나갔다. 물론 그 와중에 나는 읽지 않았던 새로운 책들도 함께 읽었다. 과거와 현재의 책읽기가 부단히 교차되면서 마침내 중요한 대개의 철학자들이 내 사유와 판단의 틀을 거쳐 이 책 안에 조금씩 그 모습을 드러내기 시작했다. 20년 동안 철학을 공부해오면서 나는 얼핏 철학사라는 숲을 엿본 적이 있었다. 하지만 이 책을 통해 철학사라는 숲을 내 나름대로 모두 메우고 난 뒤에야, 나에게 좋든 싫든 깊은 영향을 주었던 동서양 철학자들이 어떤 자리에 서 있는지 명확하게 의식하게 되었다.

흥미로운 것은 이 책의 초고가 완성되자 나는 내 자신에 대해서도 과거보다 더 많은 점을 이해할 수 있게 되었다. 어쩌면 이것은 당연한 일인지도 모르겠다. 동쪽의 실개울, 서쪽의 아카시아 나무, 저 남쪽에 멀리 뻗은 험준한 능선 등, 내 주변의 위치가 모두 확인될 때, 비로소 내 자신의 위치와 존재 성격도 더 분명히 드러나는 법이니 말이다. 원고를 집필하면서 가끔 과거 학창 시절의 일들이 떠오르기도 했는데 지금으로선 이러한 회상이 행복한 경험이라고 할 수 있다. 경제적으로 몹시 궁핍했던 유년 시절, 술에 만취한 교련 선생의 화풀이 대상이 되며 분노했던 고교 시절, 최루탄 가스가 가실 줄 몰랐던 1980년대 대학 캠퍼스, 개발독재의 브레이크를 참혹하게 경험했던 1990년대 대학원 시절. 자본주의와 파시즘의 모래폭풍이 암울한 잿빛 미래를 드리우고 있는 지금 나는 책과 강의를 통해 "남을 지배하지도 남에게 지배받지도 않는 자유인의 정신" "새로운 마주침을 통한 기쁨의 연대" "타자와의 관계와 사랑의 어려움"에 대해 역설하고 있다. 《철학 VS 철학》이 아니었다면, 이 모든 잃어버린 시간을 되찾을 수 있는 기회는 상당한 시간이 더 흐른 뒤에 왔을지도 모른다. 그래서 이 책은 내게는 하나의 축복이라고도 할 수 있는 것이다.

언젠가 한 선생님이 내게 이렇게 일러주었던 적이 있다. "모든 것을 글로 쏟아부어야 다시 공부할 것이 생긴다"라고. 우물의 물을 바닥이 드러날 정도로 모두 다 퍼냈을 때에만 새로운 물이 고이게 된다는 멋진 비유와 함께 말이다. 《철학 VS 철학》 원고를 완성하고 난 뒤, 나는 순간적으로나마 일종의 패닉 상태에 빠져 있었다. 마치 바닥이 드러난 우물처럼 우물이기도 하면서 우물도 아닌 정신적 공백 상태에 놓여 있었던 셈이다. 두렵기도 하고 놀랍기도 한 경험이었다. 사실 여러분이 읽고 있는 이 에필로그는 본문 원고를 모두 완성한 뒤 보름 이상 지난 뒤에 쓰인 것이다. 보름 동안 나는 글 한 줄 쓰기가 힘들었고, 새로운 무엇인가를 사유하기도 힘들었다. 짧은 시간이긴 했지만, 어쩌면 앞으로 글을 못 쓸 것 같다는 두려운 느낌에 사로잡혀 외롭게 보낸 시간이기도 했다. 그러나 지나고 보니 보름 동안의 공백은 그 선생님의 말처럼 아마도 새로운 물이 점차 차오르기 시작한 시기였던 것 같다. 이렇게 에필로그를 한달음에 쓰면서 여러분에게 달려가고 있는 것을 보니 말이다. 이제 화려했던 한동안의 축제는 끝났고 새로운 삶을 시작할 때가 다가온 것 같다.

부록

인명사전

가라타니 고진(柄谷行人, 1941~)

현대 일본이 낳은 가장 탁월한 인문학자. 서양철학과 동양철학 전통 일반이 '타자'를 배제하는 '유아론'을 함축하고 있다고 주장하면서, 타자와 차이의 문제를 자신의 핵심 문제로 설정한다. 타자와의 관계 문제를 심화시켜 타자와 공존하는 사회를 고민하며 자본주의 사회를 넘어서려고 한다. 주요 저서로《은유로서의 건축(隱喩としての建築)》《트랜스크리틱(トランスクリティーク)》등이 있다.

22, 1176, 1245, 1255~1262, 1285, 1286

가우스(Carl Friedrich Gauss, 1777~1855)

"수학은 과학의 여왕이고, 정수론은 수학의 여왕이다"란 말로 유명한 서양 최고의 수학자. 그렇지만 가우스의 연구 분야는 수학에만 국한된 것이 아니라, 천문학, 전자기학, 그리고 광학 분야 등 물리학의 영역에까지 이른다. 그는 뉴턴과 함께 서양 근대 자연과학의 쌍두마차라고 해도 과언이 아니다. 주요 저서로는《산술적 고찰(Disquisitiones Arithmeticae)》이 있다.

383~386, 389

갈릴레이(Galileo Galilei, 1564~1642)

중세시대까지 서양을 지배했던 아리스토텔레스의 목적론적이며 질적인 세계관을 기계론적이며 양적인 세계관으로 바꾸어버렸던 과학자. 아리스토텔레스가 운동을 물체가 자신이 있던 원래 자리로 가는 과정이라고 생각했던 것과는 달리, 그는 이런 목적론적 설명을 아예 배제하고 물체의 운동을 질량, 거리, 시간의 함수로만 표시하려고 했던 것이다. 주요 저서로는《두 주요 세계관에 대한 대화(Dialogo dei due massimi sistemi del mondo)》등이 있다.

526, 766~768, 777, 1190, 1191, 1195

갈홍(葛洪, 283~343?)

중국 동진(東晉) 시대의 의학자이자 사상가. 갈홍은 노자와 장자의 도가 사상을 신비주의적으로 계승해서 신선이 되는 종교로 개조했다. 도교(道教)가 바로 그것이다. 그는 노자와 장자의 철학적 진술들을 수양을 통해 신선이 될 수 있는 비밀을 담고 있는 주문으로 독해한다. 결국 노자와 장자로 상징되는 도가 사상이 신비주의 색채를 띠게 된 것도 다 갈홍 때문이라고 할 수 있다. 더군다나 도교를 하나의 종교 제도로 공인받기 위해 갈홍은 노골적으로 국가주의를 피력하고 있다. 주요 저서로는《포박자(抱朴子)》가 있다.

932, 934

고자(告子, ?~?)

공자를 되살리려고 노력했고, 맹자로부터 가장 위협적인 사상가로 지목되기도 했던 생(生)의 철학자. 맹자는 인간의 삶은 공동체적 질서에 부합되도록 만들어져 있다고 주장한다. 이에 대해 고자는 인간의 삶은 유동적이고 역동적인 삶에 대한 의지를 가지고 있다고 이야기하면서, 공동체적 질서에 포획되는 순간 인간의 삶은 박제가 되고 만다고 역설한다.

맹자와 고자 사이의 흥미진진한 논쟁은 《맹자(孟子)》, 특히 〈고자(告子)〉 편에 실려 있다.
788~793, 801, 802

공손룡(公孫龍, BC 320?~BC 250)

순자에 의해 "이름을 사용하는 데 미혹되어 대상을 어지럽혔다(惑於用名以亂實)"고 비판받았던 중국 전국시대의 논리학자. 순자의 비판처럼 그는 집요하게 명(名), 즉 언어 논리의 한계를 위험하게 넘나드는 사유를 전개했던 사람이다. 특히 '희고(白) 단단한(堅) 돌(石)'을 감각기관에 입각해서 분석하는 부분이 압권이다. 그의 사유는 후대 사람들이 편집한 《공손룡자(公孫龍子)》에 단편적으로나마 남아 있다.

748, 750, 757~762, 764

공자(孔子, BC 551~BC 479)

중국 춘추시대의 사상가. 과거 주(周) 왕조의 규범이었던 예(禮)를 회복함으로써 시대적 혼란을 극복하려고 시도한다. 예를 내면화했을 때 인간은 인(仁)한 사람이 될 수 있다고 확신하며 '극기복례(克己復禮)'를 역설했다. 나아가 그는 타자와의 윤리적 관계를 가능하게 하는 정언명령, 즉 "자신이 원하지 않는 것을 남에게 하지 말라"를 남긴 것으로 유명하다. 그의 사상이 담겨 있는 어록은 제자들에 의해 정리되어 《논어(論語)》에 남아 전해지고 있다.

20, 22, 29~33, 129, 191, 192, 243, 244,
317, 677~685, 687, 688, 690, 691, 722~724,
730~734, 737, 742, 793, 802, 814, 818,
827~832, 857, 1040~1042, 1044, 1046, 1047,
1053, 1082, 1088, 1150, 1153, 1163, 1164,
1169~1181, 1197, 1209, 1231, 1239, 1305,
1307, 1309, 1311, 1316

곽상(郭象, 252?~312)

중국 위진 시대 왕필과 함께 현학(玄學)이라고 불리던 형이상학적 사유 경향을 양분했던 중요한 형이상학자. 왕필이 《노자》를 독창적으로 독해함으로써 하나의 뿌리가 수많은 가지들을 통제한다는 일원론적 세계를 피력했다면, 그는 《장자》를 일원적 중심이 없는 다원론적 세계관을 보여주는 것으로 독해한다. 흥미로운 것은 중심이 없는 다원론적 세계를 구제하기 위해서 그는 일종의 예정조화설을 피력하게 된다는 점이다. 그의 사유는 《장자주(莊子注)》에 실려 전해지고 있다.

925~931, 935

괴델(Kurt Gödel, 1906~1978)

"우리는 알아야만 한다, 그러니 우리는 알 수가 있다"는 힐베르트의 합리론을 그 뿌리에서부터 괴멸시킨 수학자이자 논리학자. '불완전성의 정리'로 괴델은 자명한 공리들로 수학에 기초를 놓으려는 수학기초론 자체를 괴멸시킨다. 수학의 기초에 놓여 있다고 전제된 공리들 중 최소 하나는 증명될 수 없다는 것이다. 잊지 말아야 할 것은 이성에 한계, 혹은 파국을 가져온 괴델의 불완전성의 정리 그 자체는 수학적으로 증명되었다는 점이다. 그나마 힐베르트가 편안히 눈을 감을 수 있었던 것도 바로 이런 이유 때문일 것이다. 2013년 그의 전체 논문 모음집이 옥스퍼드대학 출판부에서 5권으로 출간되었다.

359, 393, 396~398

그람시(Antonio Gramsci, 1891~1937)

문화 헤게모니를 숙고했던 현대 이탈리아의 마르크스주의 철학자. 무솔리니 파시즘 정권에 맞서 그람시는 왜 민중은 무솔리니라는 독재자를 지지하는지 숙고한다. 여기서 그는 문화 헤게모니를 누가 장악하느냐의 문제가 얼마나 중요한지 간파한다. 마침내 그람시는 진보적 지성인이란 사변적 이성에 머물러서는 안 되고, 체제의 헤게모니 전략을 무력화시키는 실천적 투사여야 한다고 강조하게 된다. 주요 저서로는 《옥중서신(Lettere dal carcere》》이 있다.

기대승(奇大升, 1527~1572)

1559년 이황(李滉)에게 한 통의 편지를 보냄으로써 조선 유학계를 사단(四端)과 칠정(七情)과 관련된 철학적 논쟁으로 몰아넣었던 조선의 유학자. 사단이 네 가지 도덕적인 마음이라면, 칠정은 희로애락(喜怒哀樂)과 같은 우리의 일상적 감정을 말한다. 이황이 사단과 칠정을 이분법적으로 이해했던 것과는 달리 기대승은 사단과 같은 도덕적 마음도 일상적 마음에서 분리될 수 없다고 주장했다. 후에 이이(李珥)는 기대승의 입장을 지지했던 적이 있다. 그의 사유는《고봉집(高峯集)》과《퇴계선생문집(退溪先生文集)》에 남아 아직도 전해지고 있다.

김개남(金開南, 1853~1895) → 전봉준/김개남/손화중

김수영(金洙暎, 1921~1968)

4·19로 상징되는 자유의 시인이자 탁월한 에세이스트. 김승옥이 우리말로 소설 쓰기가 가능하다는 걸 보여주었다면, 시인으로서 김수영은 우리말로 시 쓰기가 가능하다는 걸 보여주었다. 나아가 그는 소설가 최인훈과 함께 분단과 독재의 현실에 치열하게 맞서 자유를 관철하려고 했다. 그래서 그는 문학, 나아가 예술은 "불가능한 것"을 꿈꾸기에 체제로부터 "불온하다"는 평가를 받을 수밖에 없다고 역설할 수 있었던 것이다. 그의 작품은 두 권으로 되어 있는《김수영 전집》에 대부분 수록되어 있다.

김형효(金炯孝, 1940~2018)

민정당 소속으로 12대 국회의원을 역임했던 현대 한국 철학계의 원로. 그는 젊은 시절 벨기에 루뱅 대학에서 마르셀(Gabriel Marcel, 1889~1973)의 철학으로 박사학위를 취득했다. 국내로 돌아와 독재정권이 내건〈국민교육헌장〉의 취지에 적극 동감하기도 했다. 독재정권이 몰락을 고한 뒤 한국학중앙연구원 교수로 재직하면서 프랑스 현대철학을 수입하는 데 일익을 담당하게 된다. 주요 저서로는《구조주의의 사유 체계와 사상》,《철학적 사유와 진리에 대하여》등이 있다.

나가르주나(Nāgārjuna, 150?~250?)

"모든 것에 불변하는 본질이란 존재하지 않는다"는 사실을 '공(空)'이란 개념으로 천명했던 철학사상 가장 탁월했던 비판철학자. '나가르'는 용(龍)을 '주나'는 나무(樹)를 의미하기 때문에 동아시아에서는 용수(龍樹)라고 불린다. 특히 현상 세계에 불변하는 본질이 없기 때문에 모든 존재자가 변화를 긍정할 수 있게 되었다는 점은 매우 중요하다. 그가 인연의 마주침과 연결로 새로운 존재 양상을 꿈꿀 수 있었던 것도 이런 이유에서이다. 주요 저서로는《중론(中論, Madhyamaka-śāstra)》《회쟁론(廻諍論, Vigrahavyāvartanī)》등이 있다.

네그리(Antonio Negri, 1933~)

이탈리아 아우토노미아(autonomia) 운동의 이론적 토대를 마련한 현대 정치철학자. 이후에 들뢰즈가 복원시킨 스피노자의 철학에 강한 영향을 받아, 아우토노미아에서 표방된 자율 이념을 다중(multitude)이란 개념으로 확장시킨다.《야만적 별종(The Savage Anomaly)》《제국(Empire)》《다중(Multitude)》등의 저서가 있다.

134~136, 162, 455

노자(老子, ?~?)

춘추전국시대의 혼란을 종식시킬 제국을 꿈꾸며 그 논리를 숙고했던 정치철학자. 자발적 복종의 논리를 숙고하면서 그는 국가나 제국이 기본적으로 통치자와 피통치자 사이의 원활한 교환에 의해 가능하다고 역설했다. 이런 원활한 교환을 추상화한 것이 그가 말한 도(道)이다. 그는 도를 생태계에서 지속적으로 순환하는 물의 흐름에 자주 비유한다. 간혹 노자를 생태철학자로 독해하는 경향이 있지만, 노자 사상의 최초의 주석가가 한비자라는 사실을 잠시라도 잊어서는 안 된다. 그의 정치철학 사상은 철학시로 쓰인 《도덕경(道德經)》 81편에 압축적인 형식으로 실려 있다.

73, 240, 730, 733~738, 742~746, 818, 858, 918, 921, 924, 1043, 1050, 1067, 1070, 1075, 1245~1247, 1249, 1254, 1261, 1300, 1302

누스바움(Martha Nussbaum, 1947~)

헬레니즘 철학을 대중적으로 소개해서 주목을 받은 현대 미국의 여성 철학자. 스토아학파가 논의했던 다양한 인간 감정들에 주목하면서, 그녀는 인간의 지적인 판단이나 공동체적 가치가 결국 인간의 감정들에 기초하고 있다고 주장했다. 그녀의 대중적 인기는 이제 영국이나 미국의 철학 전통이 분석철학적 경향에서 벗어나고 있다는 걸 상징한다고 하겠다. 주요 저서로는 《욕망의 치유: 헬레니즘 윤리학에서 이론과 실천(The Therapy of Desire: Theory and Practice in Hellenistic Ethics)》과 《혐오와 수치심(Hiding from Humanity: Disgust, Shame, and the Law)》 등이 있다.

77

뉴턴(Isaac Newton, 1642~1726)

물리학자이자 수학자, 아니 아직도 영향력이 줄지 않은 가장 중요한 영국의 자연철학자. 수학을 중시하는 합리론의 측면과 실험을 중시하는 경험론의 측면을 모두 아우르기에, 그의 사유에는 칸트의 종합철학과 유사한 특징들이 편재해 있다. 특히나 신이 우주를 수학적으로, 특히 역학적으로 창조했다는 그의 입장, 즉 이신론(理神論)은 19세기 계몽주의 사조에 결정적인 영향을 미친다. 주요 저서로는 《자연철학의 수학적 원리(Philosophiæ Naturalis Principia Mathematica)》와 《광학(Opticks)》이 있다.

87, 378, 600, 602~604, 608, 611, 615, 766, 1192, 1193, 1195

니담(Joseph Needham, 1900~1995)

중국의 과학 사상을 연구했던 영국의 과학사가. 니담은 《중국의 과학과 문명(Science and Civilisation in China)》이라는 이름으로 방대한 중국 과학사 총서를 기획한 것으로 유명하다. 현대 자연과학의 성과, 특히 양자역학의 세계관에 영향을 받은 니담은 화이트헤드의 유기체 철학을 선호하고 있다. 유기체론적 성격이 강했던 중국 과학 사상이 그의 눈에는 '아주 오래된 미래'로 보였던 것은 어쩌면 너무나 당연한 귀결이었을 것이다.

691, 769, 777

니시다 기타로(西田幾多郞, 1870~1945)

의식적이든 무의식적이든 '대동아공영(大東亞共榮)'으로 상징되는 일본 제국주의 논리와 연루된 일본 교토(京都)학파의 창시자. 그는 당제국의 제국 이데올로기였던 불교와 독일 관념론을 융합하여, '절대무(絕對無)'의 사상을 체계화하게 된다. 그의 사유 체계는 많은 부분 왕필(王弼)의 일원론적 세계관과 구조적으로 유사하다. 이것은 그의 사유가 일자와 다자의 논리로 직조되어 있다는 것을 보여준다. 그 일자의 자리에 철학적으로는 '절대무'

가 들어서고, 정치적으로 천황이 들어간다. 주요 저서로는 《선의 연구(善の研究)》《무의 자각적 한정(無の自覚的限定)》등이 있다.

1249~1255, 1257, 1261

니체(Friedrich Wilhelm Nietzsche, 1844~1900)

이성과 도덕으로 정리되는 서양 학문의 양대 축을 가장 강력하게 비판했던 철학자. 그는 기존의 통념에 대한 칸트의 비판을 더 근본적으로 밀어붙여 칸트마저도 전복시키려고 했다. 현대 프랑스 철학자들의 비판정신도 그들이 모두 니체를 정신적 멘토로 삼았기 때문에 가능했던 것이다. 주요 저서로는 《차라투스트라는 이렇게 말했다(Also sprach Zarathustra)》《도덕의 계보학(Zur Genealogie der Moral)》등이 있다.

20, 23, 52, 53, 64, 118, 169, 173, 233~243, 245, 250~256, 295, 296, 314, 335, 375, 437, 552, 553, 577, 579, 583, 629, 790, 791, 867, 897, 920, 936, 937, 1156, 1165~1167, 1206

다르마키르티(法稱, Dharmakīrti, 7세기 무렵)

디그나가가 시작했던 불교인식론학파를 완성시켰던 인도 철학의 심장. 그는 디그나가의 미비점을 바로잡아 불교인식론과 논리학을 더 체계화했다. 중요한 것은 이런 체계화를 통해 다르마키르티는 인도 정통 철학의 실체론을 정면에서 논박하려고 했다는 점이다. 그의 반격이 얼마나 강력했는지, 정통만 묵수하고 있던 힌두 정통 사상가들은 다르마키르티의 논박을 재반격하기 위해 사유를 거듭할 수밖에 없었다. 결국 정체되었던 인도 철학사에 다시 생동감을 주었기에, 다르마키르티는 인도 철학의 심장이라고 불리게 된다. 주요 저서로는 《양평석(量評釋, Pramāṇavārttikakārika)》이 있다.

24, 473, 474, 764, 873, 878, 879, 882, 883, 914, 953, 954, 992, 995, 996, 1037, 1038, 1107

다윈(Charles Darwin, 1809~1882)

갈라파고스제도에서 겪은 경험을 통해 생명의 역사를 새로운 시선으로 통찰했던 과학자. 생명은 환경과의 역동적인 관계로 부단히 진화하고 있다는 진화론을 피력했다. 프로이트의 정신분석학과 갈릴레이의 지동설, 그리고 다윈의 진화론으로 인해 기독교적 세계관은 회복 불가능한 타격을 입게 된다. 20세기 유전공학의 발달은 다윈의 진화론을 다시 한 번 화려하게 부활시켰다. 주요 저서로는 《종의 기원(The Origin of Species)》《인간의 유래와 성 선택(The Descent of Man, and Selection in Relation to Sex)》등이 있다.

628, 632

다자이 슌다이(太宰春臺, 1680~1747)

스승 오규 소라이의 뒤를 이어 《논어》를 정치철학적으로 주석한 일본의 유학자. 오규 소라이와 마찬가지로 다자이 슌다이도 모든 사람이 수양을 하면 성인이 될 수 있다는 신유학의 사유를 극복하고자 했다. 결국 유학은 근본적으로 제왕의 학이라는 것이다. 다자이 슌다이가 유학의 최고 경전 《논어》를 정치철학적으로 독해하려고 했던 것도 이런 이유에서다. 그의 《논어》해석은 정약용에게 신선한 자극제로 기능했다는 점도 잊지 말아야 한다. 주요 저서로는 《논어고훈외전(論語古訓外傳)》이 있다.

1180

달마(達磨, 460~532?)

남인도 사람으로 중국에서 선종(禪宗)을 창시했다고 알려진 전설적인 인물. 원래 이름은 보디다르마(Bodhidharma)를 한역한 보리달마(菩提達磨)였는데, 줄여서 달마라고 부른다. 선종에서는 보통 지적인 이해보다는 마음을 직관하는 수행을 강조한다. 소림사에서의 면벽과 관련된 전설이 달마에게 붙여진 것도 이런 이유에서이다. 그렇지만 그의 어록을 모아놓은 저서 《이입사행론(二入四行

論》을 보면 그는 직접적인 수행도 강조했지만 아울러 지적인 이해도 강조하고 있다.

960, 968

담사동(譚嗣同, 1865~1898)

장재로부터 시작되어 왕부지에서 정점에 이른 기학(氣學)을 숭상했던 근대 중국의 사상가. 담사동에게 가장 큰 충격을 준 사건은 청일전쟁에서 청제국이 패전한 것이었다. 바로 여기서 그는 강력한 현실주의의 필요성을 자각하고, 신유학자답게 기학에서 그 실마리를 찾으려고 했다. 그는 당시 서양 물리학에서 빛의 매질로 추정되던 에테르가 바로 기(氣)라고 확신하며, 동양과 서양을 아우르는 새로운 기학을 만들려고 노력했다. 주요 저서로는 《인학(仁學)》이 있다.

1193, 1197

대진(戴震, 1723~1777)

이일분수(理一分殊)라는 주희의 형이상학을 현실주의적 입장에서 비판했던 중국 청제국 시대의 철학자. 그의 비판의 초점은 개체들이 발생하기도 전에 일자로서 존재한다는 '하나의 이(一理)'였다. 그는 이(理)란 개체들을 통해 사후적으로 발견되는 것이라고 생각했기 때문이다. 당연히 그의 이(理)는 주희와는 달리 개체들마다 다른 양상을 가질 수밖에 없다. 이를 통해 그는 인간의 현실적인 욕망도 긍정하는 데 이르게 된다. 저서로는 《맹자자의소증(孟子字義疏證)》《원선(原善)》등이 있다.

1046, 1155, 1160~1165, 1196~1198

대혜(大慧, 1089~1163)

중국 남송 시대의 임제 계열의 선사. 대혜는 간화선(看話禪)의 전통을 확립한 것으로 유명하다. 묵조선(黙照禪)이 내면에 침잠하는 참선의 방법이었다면, 간화선은 글자 그대로 '화두를 간파하는 참선'의 방법이었다. 대혜의 영향력은 단순히 불교, 좁게는 선종 내부에만 국한된 것은 아니었다. 주희를 포함한 동시대의 신유학자들의 사유와 수양법에 지대한 영향을 끼쳤기 때문이다. 젊은 시절 과거를 보러 가던 주희가 항상 대혜의 책을 소지했을 정도였다. 주요 저서로는 《대혜보각선사어록(大慧普覺禪師語錄)》이 있다.

967

데리다(Jacques Derrida, 1930~2004)

지금까지의 서양 형이상학 전통이 '아버지' '국가' '진리' '아름다움' 등과 같은 형이상학적 울타리를 쳐놓고 세계를 위계적으로 배열해왔다고 주장하며 이를 해체하려고 했던 프랑스 철학자. 치열한 비판정신으로 인해 그의 철학적 경향은 보통 해체주의라고 불린다. 아쉽게도 우리 사회에서는 그의 치열한 해체 정신에만 눈이 팔렸던 것 같다. 전통 형이상학을 치열하게 해체한 후, 말년의 그는 파괴의 잔해 속에서 새로운 윤리의 구성 가능성에 대해 진진하게 숙고했기 때문이다. 주요 저서로 《글쓰기와 차이(L'écriture et la Différence)》《주어진 시간 1(Donner le temps 1)》등이 있다.

73, 169, 240, 337, 338, 422, 528, 585~591, 594, 595, 620, 668, 949

데모크리토스(Democritus, BC 460?~BC 370?)

플라톤과 아리스토텔레스의 질적 자연관과는 달리 양적 자연관을 대표하는 원자론을 피력했던 고대 그리스의 철학자. 원자론은 미시세계의 원자들이 거시세계의 모든 것을 구성하고 있다는 입장이다. 처음에는 강한 영향력은 없었지만 훗날 수학에 의존했던 근대 자연과학이 발달하면서 원자론은 크게 각광을 받는다. 미시세계와 거시세계 사이의 필연성을 강조하고 있다는 점에서 데모크리토스의 원자론은 미시세계와 거시세계 사이의 우발성을 강조하는 루크레티우스의 원자론과는 구별된다. 그의 사상을 알려주는 단편들은 《원자론자들: 레우키포스와 데모크리토스, 단편들(The Atomists: Leucippus and Democritus, Fragments)》에서 확인할 수 있다.
66, 839

데카르트(Descartes, 1596~1650)

플라톤의 이데아나 중세철학의 신을 대신해서 인간과 그의 고독한 사유를 철학의 중심으로 끌어들인 근대철학의 개척자. 그의 고독한 코기토는 암스테르담이란 근대 도시에서 발견되었다는 사실은 매우 중요하다. 번잡하고 낯선 도시만큼 인간을 내면으로 침잠하게 하는 것도 없는 법이다. 불행히도 그는 사유, 즉 코기토를 지나치게 강조하다가 사유와 육체를 이분법적으로 설정하는 잘못을 범하게 된다. 이 숙제를 끌어안은 철학자가 바로 스피노자였다. 저서로는 《방법서설(Discours de la méthode)》《성찰(Meditationes)》 등이 있다.
32, 77, 112, 117, 119~125, 128~130, 133, 153, 157~161, 163, 168, 210, 211, 410, 529, 584, 589, 901, 903, 938, 1035, 1317

도킨스(Richard Dawkins, 1941~)

유전공학의 발달을 등에 업고 다윈의 진화론이 가진 혁명적 힘을 전파하는 데 여념이 없는 진화론의 전도사. '이기적 유전자'라는 다소 과장된 표현으로 그는 인간을 포함한 생명체의 진정한 주인이 유전자이며, 생명체들은 단지 매체에 지나지 않는다는 과격한 주장을 서슴지 않는다. 불행히도 그는 유전자란 생명체의 진화 과정의 흔적일 뿐, 그것으로 미래의 생명체를 결정할 수 없다는 점을 간과하고 있다. 저서로는 《이기적 유전자(The selfish gene)》《만들어진 신(The God Delusion)》 등이 있다.
307, 311, 624~635

동중서(董仲舒, BC 176~BC 104)

천인감응설(天人感應說)로 유명한 한제국 시대의 유학자. 천인감응설은 자연의 변화가 인간 사회의 변화를 낳고, 역으로 인간 사회의 변화가 자연의 변화를 낳을 수도 있다는 이론이다. 이를 통해 그는 황제의 주권을 정당화하면서 동시에 제약하려고 했다. 만약 자연적 재앙이 벌어지면 모든 책임은 인간 사회의 수장인 황제에게로 돌아갈 수 있기 때문이다. 그의 사상은 《춘추번로(春秋繁露)》라는 책에 잘 드러나 있다.
132, 689, 785, 786, 789, 846~860, 918

두순(杜順, 557~640) → 지엄/두순

둔스 스코투스(Duns Scotus, 1266~1308)

극단적으로 함축적이고 전문적이었던 사유를 전개했기에 '미묘 박사'라고 불렸던 중세 철학자. 전문가 내부에서만 다루어졌던 그가 현대에 다시 부각된 것은 프랑스 철학자 들뢰즈의 공이 크다고 할 수 있다. 특히 들뢰즈가 좋아했던 건 스코투스의 '존재의 일의성(Univocity of Being)' 개념이었다. '존재의 일의성'에 따르면 존재라는 범주를 포함한 모든 추상적 술어들은 '비유적인 의미'에서가 아니라 '일의적인 의미'에서 실체와 속성, 혹은 신과 피조물에 대해 동일하게 적용될 수 있다. 이것이 들뢰즈가 초월주의에 반대해서 주창했던 내재주의의 내적 논리가 된다.
108~112, 618, 939

들뢰즈(Gilles Deleuze, 1925~1995)

강단 철학에서 박제가 되어가고 있던 철학적 사유에 다시 생명을 불어넣은 프랑스 철학자. 들뢰즈는 철학의 목적이 주어진 것들을 정당화하는 데 있는 것이 아니라, 새로운 개념을 창조함으로써 시대를 극복하는 데 있다고 주장한다. 그가 창조했던 많은 개념들은 당분간 인간과 세계를 사유하는 데 중요한 도구로 기능할 것이다. 주요 저서로 《차이와 반복(Différence et répétition)》《천 개의 고원(Mille Plateaux)》등이 있다.

20, 22, 23, 29, 64, 73, 76, 77, 92, 93, 101, 109, 110, 102, 186, 211, 215~222. 245. 300, 335, 338, 360, 377~379, 422, 446, 447, 510~512, 528, 545, 567, 573~580, 583, 585, 591~595, 598, 620, 634, 636, 642, 650, 668, 669, 859, 917~922, 930, 931, 936~939, 952, 1043, 1106, 1107, 1165, 1198, 1262, 1302, 1303, 1305~1309, 1316

디그나가(Dignāga, 陳那, 480~540)

불교 철학을 인식론과 논리학의 측면에서 발전시킨 탁월한 불교 사상가. 내적인 인식 요소, 즉 행상(相, ākāra)을 부정하면 논리적 사유나 추론도 부정할 수밖에 없기에, 디그나가는 무상(無常, anitya)을 주장했던 스티라마티와는 달리 유상(有相, sākāra)의 입장을 견지한다. 이런 이유에서 불교 사상가 중에서 디그나가는 칸트와 상당히 유사하다는 느낌이 든다. 칸트도 표상의 고유성을 강조했던 철학자이기 때문이다. 주요 저서로는 《인명정리문론(因明正理門論, Nyāyamukha)》과 《집량론(集量論, Pramāṇa-samuccaya)》이 있다.

473, 474, 764, 882, 883, 914, 945~954, 992~998, 1107

디오게네스(Diogenēs of Sinope, BC 400?~BC 323)

플라톤에게서 '미친 소크라테스'라고 불렸던 고대 그리스의 가장 혁명적인 철학자. 디오게네스는 살아낸 만큼 말하고, 말한 만큼 살아야 한다는 근본적인 철학적 입장을 견지했다. 사변적이고 냉소적인 주체에서 벗어나 실천적이고 긍정적인 주체를 모색할 때, 푸코가 가장 중시했던 철학자도 바로 디오게네스였다. 시니시즘이라고 불리는 그의 철학적 입장은 철학사가 디오게네스 라에르티오스(Diogenēs Lāertios)의 주저 《유명한 철학자들의 생애와 사상(Βίοι καὶ γνῶμαι τῶν ἐν φιλοσοφίᾳ

εὐδοκιμησάντων)》에 전해진다.

825, 826, 836, 837, 1167

라이프니츠(Gottfried Wilhelm von Leibniz, 1646~1716)

근대철학이 발견한 고독한 주체의 내면에 전체 세계를 말아 넣음으로써 근대철학의 혁명성을 미봉하려고 했던 철학자. 특히 중요한 것은 그가 경험을 통해서만 참과 거짓을 확인할 수 있는 종합명제를 모두 분석명제로 만들려고 했다는 점이다. 이것은 주어로 지칭되는 개체 안에 모든 가능한 술어들이 함축되어 있다는 것을 의미하는 것이다. 바로 이것이 '모나드(monad)'이다. 저서로는 《단자론(Monadologie)》《새로운 인간오성론(Nouveaux essais sur l'entendement humain)》등이 있다.

109, 112, 158, 163~169, 208~210, 240, 343~345, 353, 356, 378, 618, 929, 983, 984, 991

라이히(Wilhelm Reich, 1897~1957)

프로이트의 제자로서 융(Carl Gustav Jung, 1875~1961)이 정신분석학을 보수화시켰던 것과는 달리 정신분석학을 정치철학적으로 급진화시켰던 정신분석학자. 프로이트는 개인의 정신과 정서가 형성되는 데 가족의 중요성을 강조했다. 가족이란 원초적 공동체가 아니라, 국가와 같은 더 큰 조직에 의해 규정될 수밖에 없다고 주장하면서 라이히는 정신분석학을 가족 논리에서 구해낸다. 들뢰즈의 동지였던 가타리(Félix Guattari, 1930~1992)는 라이히의 계승자였다. 저서로는 《파시즘의 대중심리(Die Massenpsychologie des Faschismus)》《오르가즘의 기능(Die Funktion des Orgasmus)》등이 있다.

440

라일(Gilbert Ryle, 1900~1976)

데카르트의 심신이원론을 집요하게 공격했

던 영국의 분석철학자. 라일에 따르면 데카르트의 이원론은 정신과 관련된 진술과 육체와 관련된 진술이 별개의 것이라고 전제하고 있다. 육체와 관련된 진술은 정신과 관련된 진술과 무관할 수는 있지만, 정신과 관련된 진술은 항상 육체와 관련된 진술과 복잡하게 연루되어 있다는 것이 라일의 핵심 주장이었다. 그가 '명제적 앎(know-that)'은 단지 '실천적 앎(know-how)'을 무리하게 추상화하는 데서 유래한다고 강조했던 것도 이런 이유에서다. 주요 저서로는 《마음의 개념(Concept of Mind)》이 있다.

732

라캉(Jacques Lacan, 1901~1981)

정신분석학을 생물학적으로 환원시키려는 미국 정신분석학계에 맞서 "프로이트로 돌아가자"라는 표어를 내걸며 정신분석학의 인문학적 정신을 되찾으려고 노력했던 정신분석가. 알렉산드르 코제브에게서 인정을 받으려는 인간의 욕망과 구조주의 언어학으로부터 언어가 얼마나 인간의 내면을 지배하는지를 배웠다. 그의 사유는 인간이 자신에 대해 생각한 것과 그의 실제 삶 사이에 존재하는 커다란 괴리에 집중되어 있다. 저서로는 《에크리(Écrits)》 등이 있다.

64, 117, 186, 300, 302, 303, 313, 358, 371, 372, 471, 496, 497, 522, 567~573, 577, 585, 591, 595, 877

라트나키르티(Ratnakīrti, 11세기 무렵)

불교인식론학파의 마지막 대가. 스승 즈냐나스리미트라의 찰나멸 논증에 대한 인도 정통 철학자들의 반박에 맞섰던 라트나키르티는 찰나멸 논증을 더 논리적으로 체계화화는 데 노력한다. 실체론을 괴멸시키기 위해 찰나멸을 주장하는 간접적인 전략 이외에 라트나키르티는 아예 노골적으로 인도 정통 철학이 숭배하던 유일신마저 공격하는 데까지 이른다. 주요 저서로는 《찰나멸논증(kṣaṇabhaṅgasiddhi)》이 있다.

474, 1037

라플라스(Pierre-Simon Laplace, 1749~1827)

고전적 확률 이론을 완성했던 프랑스의 수학자이자 천문학자. 확률 이론의 대가지만, 아이러니하게도 라플라스는 결정론적 인과론을 가장 강하게 주장한다. 만일 인과론적 법칙을 알고 동시에 원인들을 아는 정신이 있다면, 이 정신은 미래의 결과를 정확히 예측할 것이다. 흔히 이런 이상적인 정신을 '라플라스의 정령(Laplace's demon)'이라고 부른다. 당연히 그에게 확률은 법칙과 원인을 모두 모르기 때문에 임시방편적으로 의미가 있는 도구일 뿐이다. 주요 저서로는 《확률 해석 이론(Théorie analytique des probabilités)》이 있다.

603, 604, 606, 611, 614, 617, 840, 841

랑시에르(Jacques Rancière, 1940~)

알튀세르의 제자뻘이라고 할 수 있는 프랑스의 정치철학자. 랑시에르는 체제의 지배는 피지배자의 감성구조를 지배하는 데서 완성된다고 주장한다. 결국 억압에서 벗어나기 위해서 인간은 지배자가 내면화한 감성구조를 극복하고 민주주의적 감성구조를 회복해야만 한다. 그래서 랑시에르는 '치안'과 '정치'를 구분한다. 치안이란 체제의 감성구조를 수용하는 것이고, 정치는 체제의 감성구조에 균열을 만드는 행위이기 때문이다. 주요 저서로는 《불화(Dissensus: On Politics and Aesthetics)》가 있다.

73, 671~673

러셀(Bertrand Russell, 1872~1970)

모든 종합명제를 분석명제로 만들고 싶었던 라이프니츠와 마찬가지로 수학과 논리를 집합론으로 환원시키려는 야심찬 계획을 시도했던 영국의 철학자. 자연수를 집합으로 환원시키거나 혹은 고유명사를 기술구들

(descriptions)로 대체하려는 그의 노력은 특기할 만하다. 나아가 그는 권력, 여성 인권, 평화, 자본주의, 기독교 등 굵직굵직한 사회철학 테마들과 관련된 흥미로운 저서를 많이 남기기도 했다. 서양철학사를 최초로 서양에만 한정지은 것도 그의 균형 감각을 보여주는 사례라고 하겠다. 주요 저서로는 《철학의 문제들(The Problems of Philosophy)》 《권력(Power: A New Social Analysis)》 등이 있다.

44, 343~353, 395~397, 416, 885~889, 898, 1040

레비나스(Emmanuel Levinas, 1906~1995)

자신의 수업 조교였던 데리다를 통해 타자의 철학자로 유명해진 리투아니아 출신 프랑스 철학자. 그는 철학적으로는 후설의 현상학, 종교적으로는 탈무드에서 많은 영향을 받았다. 전통적으로 형이상학이 윤리학의 기초였던 것에 비해, 그의 철학적 시도는 형이상학을 윤리학의 기초 위에 세우려는 데 있다. 그에게 윤리학은 타자와의 차이를 긍정할 수 있지만, 형이상학은 그와는 달리 동일성만을 긍정하려는 폭력적인 경향을 가지고 있기 때문이다. 주요 저서로 《전체와 무한(Totalité et Infini)》 《시간과 타자(Le Temps et L'Autre)》 등이 있다.

186, 325, 337, 338, 446, 448, 465~469, 744~746, 1258~1261

레비-스트로스(Claude Lévi-Strauss, 1908~2009)

인간의 자유를 강조했던 사르트르의 실존주의를 비판하면서 인간은 구조의 산물이라고 주장했던 프랑스 구조주의 인류학자. 원시사회에서부터 현대사회에 이르기까지 인간 사회의 본질적 구조는 일종의 '교환'으로 유지되고 있다는 것을 밝혔다. 특히 근친상간의 금지에 대한 통찰을 통해 모든 공동체가 다른 공동체와 일종의 교환 관계로 맺어져 있다는 것을 밝힌 부분은 매우 중요하다. 저서로는 《야생의 사고(La Pensée sauvage)》 《구조주의 인류학(Anthropologie structurale)》 등이 있다.

93, 422, 1010, 1012

레우키포스(Leucippus, BC 5세기 무렵)

서양 원자론를 체계화했던 데모크리토스의 스승. 레우키포스는 강력한 결정론을 표방하면서 그의 제자가 원자론의 길을 여는 데 크게 일조한다. "아무것도 무의미하게 일어나지 않는다"는 그의 입장은 데모크리토스뿐만 아니라 근대 서양 과학의 모토로도 그대로 적용된다. 그래서 레우키포스의 입장은 "의미는 무의미에서 일어난다"는 루크레티우스와 알튀세르의 입장과는 가장 대척점에 있다고 할 수 있다. 《원자론자들: 레우키포스와 데모크리토스, 단편들(The Atomists: Leucippus and Democritus, Fragments)》에 레우키포스의 단편들이 실려 있다.

839, 840

로스코(Mark Rothko, 1903~1970)

1950년대 뉴욕 미술계를 풍미했던 추상표현주의를 대표했던 화가. 마티스에게 강한 영향을 받은 로스코는 일체의 윤곽선이 없는 색 덩어리들을 화폭에 가득 채우는 파격적인 방법을 고안했다. 다른 추상표현주의 화가와는 달리 그는 작품의 표현성 이외에도 작품의 소통성도 강조한 것으로 유명하다. 다시 말해 그는 작가의 솔직한 표현만으로 만족하지 못하고, 작가의 내면적 정서도 관객에게 전달하려고 애썼다는 것이다. 주요 저작으로는 《미술에 관한 글들(Writings on Art)》 등이 있다.

547~557, 1264

로크(John Locke, 1632~1704)

데카르트와 같은 근대 합리론자들이 인간에게는 본유 관념(innate idea)이 있다고 주장했던 것과는 달리 인간이 가진 모든 관념은 경험에서 유래한 것이라고 역설했던 영국의 경험론자. 그가 인간의 마음을 '백지(tabula rasa)'에 비유한 것도 이런 이유에서이다. 인식론과 관련된 중요한 공헌과 함께 그는 지금까지 지속되는 근대 부르주아 정치체계를 정치철학적으로 정당화하는 데도 한몫을 했다. 저서로는 《통치에 대한 두 가지 논고(Two Treatises of Government)》《인간오성론(An Essay Concerning Human Understanding)》 등이 있다.

112, 133, 150, 193~205, 241

로티(Richard Rorty, 1931~2007)

신실용주의(Neopragmatism)를 피력했던 미국의 철학자. 로티는 관조적이고 사변적인 인식론 중심의 철학을 해체하고 실천적인 삶의 철학을 재건하려고 노력했다. 그가 데카르트로부터 유래한 서양철학이 기본적으로 마음을 거울 이미지로 사유하고 있다고 비판했던 것도 거울 이미지가 관조적 철학을 정당화하기 때문이었다. 그래서 로티는 거울 이미지를 파괴해서 철학을 삶에 유용한 사유로 다시 탄생시키려고 노력했던 것이다. 주요 저서로는 《철학 그리고 자연의 거울(Philosophy and the Mirror of Nature)》이 있다.

668, 1035, 1038

루소(Jean-Jacques Rousseau, 1712~1778)

근대 정치철학의 가능성과 한계의 중심에 서 있었던 위대한 정치철학자. '자연상태'와 '자연인'이라는 방법론적 장치를 통해서, 그는 인간과 사회에 대한 가장 냉정한 분석을 시도한다. 특히 사회에서 인간의 불평등이 어떻게 조장되었는지를 해명하는 그의 논의는 통용되는 정치체제를 철학적으로 극복하려는 사람이라면 그 누구도 우회할 수 없는 대목일 것이다. 주요 저서로 《인간 불평등 기원론(Discours sur l'origine et les fondements de l'inégalité)》《사회계약론(Du contrat social)》 등이 있다.

134, 139, 140, 147, 157, 199~205, 655, 670, 712

루카치(György Lukács, 1885~1971)

니체나 베르그손을 중심으로 전개된 생의 철학이 자본주의 사회를 이성적으로 포착하는 데 장애가 된다고 역설했던 헝가리의 철학자. 그는 '물화'나 '계급의식'이란 개념을 통해서 자본주의 사회에서 우리의 내면이 어떻게 기능하는지를 신랄하게 분석했고, 스탈린의 국가사회주의에 대해 비판적인 자세를 취한 것으로 유명하다. 저서로는 《역사와 계급의식(Geschichte und Klassenbewußtsein)》《이성의 파괴(Die Zerstörung der Vernunft)》 등이 있다.

658

루크레티우스(Lucretius, BC 96?~BC 55)

사물의 본질과 의미가 먼저 존재한다는 플라톤적 사유를 비판하면서 본질이나 의미란 사물들 이후에 사후적으로 출현하는 것에 지나지 않는다고 주장했던 헬레니즘 시대의 철학자. 에피쿠로스의 철학을 계승한 그는 클리나멘으로 상징되는 우발성의 철학을 정초한다. 마르크스와 알튀세르는 루크레티우스의 존재론에서 정치철학적 통찰을 이끌어낸다. 저서로는 《사물의 본성에 관하여(De Rerum Natura)》가 있다.

59, 60, 65~73, 79, 81, 82, 86, 329, 375, 839~843

뤼미에르 형제(Les frères Lumière)

영화라는 대중매체를 처음으로 시작했던 영화의 아버지라고 부를 수 있다. 오귀스트 뤼미에르Auguste Lumière(1862~1954)와 루이 뤼미에르Louis Lumière(1864~1948)가 바로 그들로, 이 형제는 영화 카메라 겸 영사기인 시네마토그라프(Cinematographe)를 만들었고, 이 장비를 통해 최초의 영화 〈열차의 도착(L'Arrivée d'un Train en Gare de la Ciotat)〉을 촬영하고 상영했다.

642

르봉(Gustave Le Bon, 1841~1931)

파리코뮌과 드레퓌스 사건을 목격하면서 군중 심리의 중요성을 간파했던 프랑스의 사회심리학자. 군중이 하나로 묶여가는 과정을 설명할 때 그는 익명성, 전염성, 그리고 암시성이란 세 가지 개념을 강조한다. 특히나 마지막 암시성은 군중이 선동자의 강한 목소리를 어떻게 자기의 이야기로 받아들이게 되는지를 설명하는 매우 흥미로운 대목이다. 주요 저서로는 《군중심리학(La Psychologie des foules)》이 있다.

리오타르(Jean-François Lyotard, 1924~1998)

모더니티의 본질이 새로움에 대한 강박적 집착에 있다는 것을 밝혀낸 프랑스 철학자. '숭고'에 대한 칸트의 통찰에 근거하여 그는 현대사회의 심미적 특성을 해명했다. 웅장하고 거대한 자연물에 직면할 때 느껴지는 '숭고'는 동일한 대상에 다시 직면하는 경우 그 강도가 약해지는 법이다. 그는 숭고의 논리가 바로 모더니티와 포스트모더니티를 관통하고 있다고 주장했다. 저서로는 《포스트모던의 조건(La Condition Postmoderne)》《분쟁(Le Différend)》등이 있다.

마다바(Mādhava, 1238?~1317?)

이원론적 베단타 철학을 정초했던 인도의 철학자. 인도 철학사에서는 《사르바다르샤나 상그라하(Sarvadarśana saṃgraha, 全哲學綱要)》의 저자로 중요한 위상을 차지하고 있다. 특히나 이 책에서 마다바가 인식론적 근거로 불교를 네 가지 학파로 요약한 부분은 매우 중요하다. 설일체유부, 경량부, 유식학파, 중관학파가 바로 그것이다. 불교에 적대적이었던 정통 인도 철학자였지만, 바로 그렇기에 불교의 객관적 모습에 대해 많은 정보를 제공한다.

마르크스(Karl Marx, 1818~1883)

자본의 논리를 해명함으로써 인간이 어떻게 자본의 노예로 전락하는지를 보여주었던 철학자. 그는 차이를 횡단하면서 자신만의 고유한 사유를 만들어나갔던 사유의 대가였다. 구체적으로 말해 그는 프랑스의 사회주의 철학에서 자본주의를 성찰할 수 있는 새로운 정치적 전망을, 영국의 경제학에서 자본주의의 내적 논리에 대한 성찰을, 그리고 헤겔 좌파의 철학적 사유에서 자본주의를 포착할 수 있는 개념적 도구를 얻었던 것이다. 주요 저서로 《자본론(Das Kapital)》《독일 이데올로기(Die Deutsche Ideologie)》등이 있다.

마쓰오 바쇼(松尾芭蕉, 1644~1694)

일본 에도 시대(江戸時代)를 하이쿠라는 일본 특유의 시를 절정에 이르게 했던 시인. 바쇼는 흔히 '하이쿠의 성인(俳聖)'이라고 불린다. 그는 하급 무사 출신이어서 그런지 일본도를 휘두르듯 찰나의 감각을 포착하는 데 탁월했다. 여기에 중국의 장자(莊子)와 두보(杜甫)를 사랑했던 인문학적 감수성이 덧붙여지면서, 일본 역사상 가장 탁월한 하이쿠 작가가 된 것이다. 그의 하이쿠 작품들과 기타 저작들은 일본에서 《校本芭蕉全集》으로 묶여 출간되었다.

마이몬(Salomon Maimon, 1753~1800)

라이프니츠의 미적분 개념을 근본적으로 숙고해서 들뢰즈에게 '차이' 개념의 아이디어를 제공했던 리투아니아 출신 독일 철학자. 철학사적으로 마이몬은 칸트의 물자체 개념을 비판해서 피히테와 헤겔의 절대적 관념론으로 이르는 길을 닦은 것으로 유명하다. 그에 따르면 물자체는 표상 바깥에 존재하

는 실재 대상이 아니라 단지 한계 개념에 지
나지 않는다. 주요 저서로는《선험 철학 시론
(Versuch über die Transscendental philosophie)》이
있다.

377

마츠모토 시로(松本史朗, 1950~)

티베트 불교를 전공했던 일본의 불교 학자.
마츠모토 시로는 불성론이나 여래장 사상
이 싯다르타의 무아론을 어기고 있다고 신랄
하게 비판한 것으로 유명하다. 실제로 인도
나 티베트 불교 역사에서 불성론이나 여래장
사상은 주류라기보다는 비주류에 가까운 입
장이었다고 할 수 있다. 문제는 동아시아에
서 불성과 여래장 사상은 주류 불교로서 기
능했다는 데 있다. 심지어 선종이 강조했던
자성청정심(自性淸淨心)이란 개념에서도 불성
과 여래장 사상의 흔적이 보일 정도다. '비판
불교'라는 입장에서 마츠모토 시로가 불성
과 여래장 사상을 신봉하는 동아시아 불교
전통을 이단이라고 공격했을 때, 그렇게 많
은 반향과 반감이 발생했던 것도 다 이유가
있었던 셈이다. 주요 저서로는《티베트불교철
학(チベット仏教哲学)》과《선사상에 대한 비판
적 연구(禪思想の批判的研究)》가 있다.

1106~1110

마키아벨리(Niccolò Machiavelli, 1469~1527)

종교와 윤리가 정치와 혼재되었던 중세시대
까지의 정치철학을 극복하고 윤리와 종교를
정치에서 분리시키는 데 성공했던 근대 정
치철학의 창시자. 군주를 위한 냉혹한 정치
철학을 피력했던 국가주의자로 알려져 있지
만, 루소에 따르면 마키아벨리는 "국가의 압
제 속에서 자유에 대한 사랑을 감추지 않
을 수 없었던" 공화주의자로 기억되기도 한
다. 저서로는《군주론(Il Principe)》《로마사논
고(Discorsi sopra la prima deca di Tito Livio)》등이
있다.

69, 240, 660, 833, 1129, 1130, 1247, 1248

마테오 리치(Matteo Ricci, 1552~1610)

동아시아에 기독교를 전교하기 위해서 왔다
가 아리스토텔레스의 존재론을 전파했던 예
수회 선교사. 중국에서 '이마두(利瑪竇)'라고
불렸던 그는 기독교라는 종교와 아리스토텔
레스의 철학이 사생아적으로 결합되어 만들
어졌던 중세 스콜라 철학의 사유 전통에 속
했던 사람이다. 공자 이전의 유학 사상이 상
제(上帝)나 천(天)을 숭배했던 유신론적 사유
였다는 것을 보여줌으로써 그는 동아시아에
기독교의 유신론적 세계관을 납득시키려고
노력했다. 저서로는《천주실의(天主實義)》《교
우론(交友論)》등이 있다.

680, 1189, 1190, 1200~1218

마투라나(Humberto R. Maturana, 1928~2021)

도킨스가 주도하는 유전자 중심주의의 경향
과는 달리 생물체의 자기조절과 자기생산 능
력을 중시했던 칠레 출신의 과학자. 그는 제
자 바렐라와 함께 신경생물학(neurobiology)에
기초한 구성주의적 인식론을 피력했던 철학
자이기도 했다. 그를 통해서 "우리는 자신이
구성한 것만을 인식한다"는 칸트의 인식론이
다시 조명을 받게 되었다는 것이 이채롭다.
저서로는 바렐라와 공저한《앎의 나무(The
tree of knowledge)》《자기생산과 인식(Autopoiesis
and Cognition)》등이 있다.

226, 227, 236, 241, 624, 629~636

마하연(摩訶衍, ?~?)

794년 티베트의 쌈예 사원에서 카말라실라
와 수행론을 두고 논쟁했던 당제국의 승려.
마하연은 선종, 구체적으로 남종선을 표방했
던 승려였다. 쌈예의 논쟁에서 그는 혜능 이
래로 남종선의 근본 입장이었던 돈오(頓悟)
를 관철하려고 노력했다. 점수(漸修)를 표방
했던 카말라실라와의 치열한 논쟁이 어떻게
끝났는지 상세한 내막은 알 수 없지만, 역사
적으로 보면 마하연이 논쟁에서 패한 것으
로 추정된다. 쌈예의 논쟁 이후 티베트 불교

는 카말라실라의 입장을 토대로 발전하기 때문이다. 주요 저서로는 《돈오대승정리결(頓悟大乘正理決)》이 있다.

1094~1096, 1108~1110

말로(André Malraux, 1901~1976)

프랑스의 문학가이자 정치가. 말로는 카뮈, 사르트르와 함께 기본적으로 실존주의 계열에 속하는 인물이다. 신이 존재하지 않는 세상에서 인간이 살아가야 할 의미를 추구했던 작가로 유명하다. 마침내 말로는 인간의 의미를 예술과 창작에서 찾아낸다. 신이 미리 만든 의미가 없다면, 인간은 의미를 만들어 살아야 한다는 것이다. 주요 저서로는 소설 《인간의 조건(La Condition humaine)》이 있다.

644

맹자(孟子, BC 372?~BC 289?)

예(禮)의 학습을 강조했던 공자의 정신을 본성(性)의 수양론으로 변질시킨 중국 전국시대의 유학자. 주나라의 예를 학습해서 인자(仁者)가 되려고 열망했던 공자와는 달리, 그는 일종의 윤리적 잠재성이라고 할 수 있는 본성을 수양하기만 하면 누구나 쉽게 성인이 될 수 있다고 주장했다. 그에 따르면 예도 인과 마찬가지로 우리의 본성에 내재하고 있기 때문이다. 그의 사유는 제자들에 의해 편집된 《맹자(孟子)》에 실려 있다.

185, 565, 685, 742, 788~802, 808~810, 819, 829~832, 857, 933, 1040, 1041, 1046, 1047, 1054, 1066, 1067, 1074, 1075, 1086~1088, 1113, 1118, 1123, 1129, 1130, 1137, 1169, 1179, 1180, 1207

메를로-퐁티(Maurice Merleau-Ponty, 1908~1961)

명료한 의식을 중시하던 서양철학의 전통을 반전시켜 인식이나 지각에 있어 몸이 가진 중요성을 부각시켰던 프랑스의 현상학자. 그를 통해 우리는 인식이나 사유의 존재이기보다는 무엇보다도 먼저 몸을 가지고 살아가는 존재라는 소중한 사실을 배우게 되었다. 부르디외의 아비투스(Habitus) 개념도 메를로-퐁티의 통찰이 없었다면 상당히 다른 모습을 띠었을 것이다. 저서로는 《지각의 현상학(Phénoménologie de la perception)》《보이는 것과 보이지 않는 것(Le Visible et l'invisible)》등이 있다.

210, 325, 331~338, 400, 401, 528, 590, 643~647

모네(Claude Monet , 1840~1926)

인상주의라는 새로운 화풍을 이끌던 프랑스의 화가. 인상주의(impressionism)란 용어 자체도 그의 그림 〈인상, 일출(impression, soleil levant)〉에서 유래한 것이다. 그러나 그의 수많은 그림들을 보면, 우리는 모네가 화폭에 옮기려고 했던 것이 단순히 자신의 인상에 포착된 모든 것이 아니라는 걸 느끼게 된다. 화폭에는 바닷가, 들판, 번화한 도시, 그리고 수련이 가득 핀 호수가 펼쳐지지만, 그가 진정으로 그림에 담고자 했던 것은 '바람'이었기 때문이다.

536, 537

묵적(墨翟, BC 470?~BC 390?)

공자의 인(仁)이 차별적인 사랑이라는 것을 폭로하고 진정한 사랑은 모든 이를 보편적으로 사랑하는 것이라고 역설했던 중국 춘추시대의 철학자. 묵적의 가르침을 따르던 묵가(墨家)는 반전과 사랑의 정신으로 약소국을 지키는 수비 전쟁에 자발적으로 참여했다. 그렇지만 어제의 약자가 오늘의 강자가 되어 다시 약소국을 공격하는 아이러니에 직면하면서, 묵가는 사랑과 평화를 지탱할 수 있는 강력한 군주제와 종교체제에 호소하게 된다. 묵적과 묵가의 사상은 《묵자(墨子)》에 실려 있다.

663, 679, 680, 685~692, 805, 808, 809, 814, 818, 933, 1197, 1217

밀(John Stuart Mill, 1806~1873)

현존하는 대의제에 정치철학적인 토대를 마련했던 영국의 정치철학자. 자유주의자였던 밀은 민주주의를 실현하는 가장 효과적인 제도로 대표를 뽑는 대의제를 옹호했다. 그렇지만 더 중요한 것은 밀이 대의제도가 가진 위험성에도 매우 민감하게 고민했다는 사실이다. 바로 계급독재와 계급입법의 문제가 그것이다. 그렇지만 이것은 대의제의 단순한 부수효과라기보다는 오히려 대의제도의 본질에 해당한다고 보는 것이 좋다. 다시 말해 계급독재와 계급입법을 정당화하기 위해 대의제가 작동한다는 것이다. 주요 저서로는 《대의정부론(Considerations on Representative Government)》이 있다.

340~342, 670

바디우(Alain Badiou, 1937~)

이성에 비판적이었던 프랑스 현대철학의 경향과는 달리 체계와 진리를 추구했던 프랑스 철학자. 그는 라캉의 정신분석학, 칸토르(Georg Cantor)의 집합론, 마르크스의 혁명이론, 하이데거의 철학을 수용하면서 자신의 사유를 확장시킨다. 그는 철학의 역할을 수학, 시, 정치, 사랑이라는 네 가지 과정들이 생산해낸 진리들이 소통할 수 있도록 통일된 개념적 공간을 제시하는 데 있다는 흥미로운 견해를 제안했다. 주요 저서로《존재와 사건(L'Être et l'Événement)》《세계의 논리(Logiques des mondes)》 등이 있다.

377~379, 504~512, 516, 1158, 1305~1309

바르트(Roland Barthes, 1915~1980)

20세기 독일의 벤야민과 함께 쌍벽을 이루는 프랑스의 종합 인문학자. 인간과 사회를 이해하기 위해 필요한 것이라면, 그것이 마르크스주의이든, 구조주의이든, 비평이론이든, 정신분석학이든, 일체의 선입견이 없이 사용했던 인문학자였다. 그래도 바르트의 종합 인문주의 정신의 핵심은 언어를 포함한 기호

학 이론이었다고 할 수 있다. 주요 저서로는 《사랑의 단상(Fragments d'un discours amoureux)》과 《기호학의 모험(L'Adventure semilogique)》이 있다.

640~642

바수반두(Vasubandhu, 世親, 320?~400?)

"모든 것은 공(空)하다, 즉 불변하는 본질이 없다"는 나가르주나의 가르침을 이어서 모든 것을 공이라고 깨닫는 의식은 존재한다고 주장했던 인도 유식학파(Yogācāra school)의 창시자. 특히 인간의 실존적 고통을 낳는 집착의 기원을 일종의 기억의식인 알라야식에서 찾는 대목은 무척 중요하다. 자유와 구속이란 문제가 기억이란 철학적 쟁점과 관련되어 숙고되어야만 하는 필요성을 보여주었기 때문이다. 저서로는 《유식20송(Viṃśatikākārikāvṛtti)》과 《유식30송(Triṃśatikākārikāvṛtti)》 등이 있다.

96, 473, 474, 582, 583, 591, 594, 595, 872~883, 913, 942, 951, 957, 966, 1094, 1107

바슐라르(Gaston Bachelard, 1884~1962)

프랑스의 과학철학자이자 문학평론가. 바슐라르는 베르그손이 역설했던 '지속'의 철학, 혹은 연속성의 철학을 집요하게 공격했다. 과학철학에 대한 연구를 통해 그는 불연속과 단절이 우리의 인식과 삶을 지배한다고 보았기 때문이다. 흥미롭게도 과학의 발전을 가로막는 인식론적 장애물을 연구하던 중 바슐라르는 대지, 물, 불, 그리고 바람이란 물질적 이미지가 인간 상상력의 원형이라고 확신하게 된다. 이로부터 그는 과학철학자 이외에 문학평론가라는 이중적 작업에 몰두한다. 주요 저서로는 《순간의 직관(L'Intuition de l'instant)》과 《바람과 그 노래들(L'air et les songes)》이 있다.

514, 530~534, 700

바쿠닌(Mikhail Bakunin, 1814~1876)

마르크스의 프롤레타리아 독재 개념에서 국가주의의 냄새를 맡고 끝까지 저항했던 러시아의 위대한 아나키스트. 피지배자로서 프롤레타리아가 집권을 했기 때문에 국가는 소멸되었다는 마르크스와는 달리, 그는 지배와 피지배라는 형식 자체가 더 중요하다고 통찰했던 것이다. 그는 인간의 자유를 억압하는 종교, 국가, 그리고 자본과 치열하게 싸웠던 혁명가이기도 하다. 저서로는《신과 국가(God and the State)》《국가주의와 아나키 (Statism and Anarchy)》 등이 있다.

118, 134, 271, 1225~1228, 1230, 1238, 1242, 1243

바타유(Georges Bataille, 1897~1962)

인간의 경제에서 '필요' '생산' '축적'보다 중요한 것은 '사치' '소비' '낭비'라고 주장했던 프랑스의 철학자. 그는 과잉된 에너지가 어느 정도까지는 체계의 성장에 도움이 되지만, 그 이상은 체계를 파괴시킨다고 생각했다. 이것이 바로 그의 '일반경제론'이다. 일반경제론을 토대로 그는 에로티즘이 성적 대상에 대한 금기를 어기려는 욕망이라고 정의할 수 있었던 것이다. 저서로는《저주의 몫(La part Maudite)》《에로티즘(L'érotisme)》 등이 있다.

308~314, 318, 578, 663

박동환(朴東煥, 1936~)

서양철학을 수입하여 전파하느라, 혹은 중국 철학 전통을 재발견하느라 여념이 없을 때 거의 홀로 한국 철학의 가능성을 숙고했던 한국의 철학자. 그는 서양철학이 'A=A'라는 동일률을, 중국 철학은 'A와 -A 사이의 조화'를 지향하고 있다고 분석한다. 이와 달리 그는 한국과 같은 비주류 문명권에서는 새로운 사건과의 마주침을 통해서 끊임없이 삶의 형식을 바꾸는 제3의 논리가 발전했다고 주장한다. 저서로는《안티 호모에렉투스》

《동양의 논리는 어디에 있는가》 등이 있다.

1296~1302, 1304

박종홍(朴鍾鴻, 1903~1976)

해방된 조국이 근대화되지 않을 조바심에 박정희 개발독재에 개입했던 비운의 철학자. 박정희 정권이 '한국적 민주주의'를 표방하면서 독재국가라는 비판의 화살을 피하려고 했을 때, 그는 '한국적인 것'으로 과거 조선왕조를 지배했던 유학 사상을 복원하고, '민주적인 것'으로 헤겔 철학으로 상징되는 독일 관념론을 채택한다. 그의 저서들은 전체 7권으로 구성되어 있는《박종홍 전집》에 실려 있다.

1289, 1291~1296

박지원(朴趾源, 1737~1805)

당시 젊은 지식인들의 의식을 상징했던 유학자. 보수적이었던 충청도 노론(老論)과는 달리 개방적이었던 서울 노론에 속해 있었다. 홍대용(洪大容, 1731~1783)과 함께 그는 청제국을 오랑캐로 보기보다는 현실적 힘을 지닌 강대국으로 인식하며 그들의 물질문명을 배워야 한다는 북학파(北學派)의 일원이기도 했다. 실제로 그는 몸소 청제국의 문물을 살피러 길을 떠나기도 했다. 당시 조선에서 그의 문체가 물의를 불러일으킬 정도로 그의 글은 애호가들의 사랑을 받았다. 주요 저서로는《열하일기(熱河日記)》《연암집(燕巖集)》 등이 있다.

976, 977, 1135

배위(裵頠, 267~249)

개별자들을 유(有)로, 개별자들을 통괄하는 본질을 무(無)로 규정하는 왕필의 형이상학을 허무주의라고 공격했던 중국 서진(西晉) 시대 철학자. 그는 무는 유를 낳을 수 없으며, 그것은 단지 유의 결여태에 지나지 않는다고 주장했다. 뒤에 등장하는 곽상은 배위의 논의를 토대로 왕필을 공격하는 논리를 마련하게 된다. 주요 저서로는《진서(晉書)》에 실려 있는 〈숭유론(崇有論)〉이 있다.

925~928, 931

백장(百丈, 749~814)

선종의 삶의 방식을 자유로운 승려 공동체로 바꾸었던 당제국 시대의 승려. 우리 인상과는 달리 당시에는 선종의 승려들도 권력층과 일정 정도 유착 관계를 유지하고 있었다. 열반으로 상징되는 자유를 추구하던 승려들에게는 있을 수 없는 일이었다. 백장은 승려들이 권력에서 자유로울 수 있는 생활 규범 '백장청규'를 만들어서 자유로운 수도 공동체의 전통을 만들었다. 그의 삶과 사상은 《조당집(祖堂集)》의 〈백장화상장(百丈和尙章)〉에 실려 있다.

1002, 1008~1018, 1028, 1030, 1105

버클리(George Berkeley, 1685~1753)

보통 로크, 흄과 함께 경험론의 대표주자로 불리지만 사실 새롭게 부각된 경험론을 토대로 기독교를 정당화하려고 했던 아일랜드 출신의 주교 철학자. 그의 철학은 "존재하는 것은 지각된 것이다"라는 경험론적 명제로 요약된다. 그렇지만 그는 인간의 지각만으로 세계가 존재하기에는 충분하지 않다고 주장한다. 이 대목에서 그는 인간이 보지 않더라도 모든 존재를 지각하고 있는 신을 찬양하게 된다. 주요 저서로는 《인간 지식의 원리에 대한 논고(A Treatise Concerning the Principles of Human Knowledge)》 《하일라스와 필로누스 사이의 세 가지 대화(Three Dialogues between Hylas and Philonous)》 등이 있다.

112, 208, 211~215, 219, 222

범진(范縝, 450~515)

중국에 들어온 불교가 윤회설을 맹신하며 제기한 영혼불멸설을 전통적인 기론(氣論)에 입각하여 반박했던 중국 남조 시대의 무신론적 철학자. 중국 전통의 기론에 따르면 개체들은 기(氣)가 모여서 만들어지고 기가 흩어지면 소멸한다. 불교의 영혼불멸설을 공격하면서 범진은 정신과 육체는 동일한 실존의 다른 표현에 불과하다는 스피노자의 평행론과 유사한 논의를 전개한다. 그의 저서로는 《홍명집(弘明集)》에 실려 있는 〈신멸론(神滅論)〉과 〈답조사인(答曹舍人)〉만이 남아 있다.

908~912

법장(法藏, 643~712)

당제국의 통치 이데올로기라고 할 수 있는 화엄종(華嚴宗)을 실제로 열었던 불교 철학자. 제국 이데올로기는 종교적 개인주의나 내면주의를 취하는 것이 관례라고 할 수 있다. 개인주의는 지역주의, 민족주의 등등 제국의 질서를 위태롭게 하는 공동체주의를 제거하는 데 도움이 되기 때문이다. 로마제국이 기독교를, 당제국이 화엄종을 필두로 한 불교를 이데올로기로 채택한 것도 이런 이유에서이다. 물론 종교적 개인주의로 확보된 개인들은 제국의 질서로 다시 묶이는 원자들로 기능하게 된다. 법장이 "전체가 개체이고, 개체가 전체"라고 역설했던 것도 이런 맥락에서이다. 그의 저서로는 《화엄금사자장(華嚴金獅子章)》 《화엄탐현기(華嚴探玄記)》 등이 있다.

951, 958, 978, 996, 1001~1008, 1016, 1050, 1051, 1249~1251

베르그손(Henri Bergson, 1859~1941)

공간을 중심으로 전개되었던 서양철학의 전통을 시간을 중심으로 하는 형이상학을 통해 극복하려고 했던 프랑스 철학자. 그는 당대 자연과학의 업적들을 비판적으로 섭취하여 거대한 생명과 생성의 형이상학을 완성한다. 그에 따르면 생명 현상은 우리에게 '창조적 진화(Évolution créatrice)'나 '생의 약동(Élan vital)'이 존재한다는 사실을 증명해주고 있다. 주요 저서로 《창조적 진화(L'évolution créatrice)》 《물질과 기억(Matière et mémoire)》 등이 있다.

460~475, 530~534, 582, 622, 623, 864, 865, 1020

베른슈타인(Eduard Bernstein, 1850~1932)

사회민주주의를 표방했던 정치가이자 철학자. 청년기의 마르크스보다는 장년기의 마르크스를 자신의 전거로 삼아서, 베른슈타인은 의회를 통한 개혁으로 사회주의가 구현 가능하다고 확신한다. 물론 그가 장년기의 마르크스를 의도적이든 아니든 간에 오해하고 있었던 건 확실하다. 이미 마르크스는 《고타강령 비판(Kritik des Gothaer Programms)》에서 사회민주주의를 노골적으로 비판하기까지 했다. 주요 저서로는 《사회주의의 전제와 사민당의 과제(Die Voraussetzungen des Sozialismus und die Aufgaben der Sozialdemokratie)》가 있다.

270

베버(Max Weber, 1864~1920)

근대 서양에서 자본주의가 발달하게 된 원인을 프로테스탄티즘의 금욕정신에서 찾았던 보수적인 독일 사회학자. 그렇지만 금욕정신은 자본주의의 순환 과정을 경직시켜서 잉여가치 발생을 저해할 수 있는 것이다. 마르크스나 보드리야르가 유통 과정, 즉 소비과정이 활성화되지 않으면 자본의 증식은 불가능하다고 지적했던 것도 이런 이유에서다. 그의 저서로는 《경제와 사회(Wirtschaft und Gesellschaft)》《프로테스탄티즘 윤리와 자본주의 정신(Die Protestantische Ethik und der Geist des Kapitalismus)》 등이 있다.

479~485, 491

베유(Simone Weil, 1909~1943)

육체노동이 존중받는 사회를 진정한 문명사회라고 주장했던 기독교 철학자이자 아나키스트. 인간에게 필요한 재화는 그렇게 많지 않다는 통찰, 그리고 인간은 무엇보다도 육체적 존재이고 육체로 타자들과 관계한다는 통찰 등등 그녀는 아직도 음미할 가치가 있는 수많은 정치철학적 전망을 우리에게 던진다. 전쟁에 대한 통찰을 통해 그녀는 자유로운 인간들의 진정한 적은 국가기구라고 규정하기도 한다. 저서로는 《자유와 사회적 억압의 원인들에 대한 성찰(Réflexions sur les causes de la liberté et de l'oppression sociale)》《뿌리박기(l'Enracinement)》 등이 있다.

199, 452

베이트슨(Gregory Bateson, 1904~1980)

'이중구속(double bind)' 등 참신한 개념들을 만들어서 인간 마음을 생태학적으로 해명했던 영국의 인류학자이자 기호학자이며 인공지능학자. 그는 인류학에서부터 컴퓨터에 이르기까지 모든 분야를 섭렵하며 인간의 마음을 다양한 차원에서 해명하는 놀라운 박식함을 보여주었다. 특히 이중구속 개념으로 정신분열증이 어떻게 일어나는지 설명한 대목은 아직도 인간의 마음을 이해하려는 많은 철학자들에게 지적인 자극이 되고 있다. 저서로는 《네이븐(Naven)》《마음의 생태학(Steps to an Ecology of Mind)》 등이 있다.

629, 886~889

베이컨(Francis Bacon, 1561~1626)

서양 근대 자연관을 열었던 영국의 철학자이자 과학방법론자. 아리스토텔레스 이후 지배했던 연역의 논리를 대신하는 귀납의 논리를 제안하면서, 베이컨은 근대 자연과학 방법론을 확고히 했다. 그렇지만 그가 생각했던 귀납의 논리는 단순히 사례를 열거하는 것이 아니라 변수와 상수를 구별하는 과학적 실험과 관련된 것이었다. 베이컨은 인간은 실험실에서 귀납되고 검증된 이론으로 자연에 개입할 수 있다고 확신했던 거의 최초의 근대인이었다. 주요 저서로는 《학문의 진보(Advancement of Learning)》가 있다.

600, 1009

베이컨(Francis Bacon, 1909~1992)

관객의 정서적 반응을 끌어낼 수 있는 회화를 모색했던 아일랜드 출신의 영국 화가. 베이컨이 무엇보다도 강조했던 것은 그림을 본 관객의 정서적 반응이었다. 이것은 그가 화가 본인의 내면을 표현하는 데 역점을 두었던 표현주의를 넘어서 있다는 걸 말해준다. 그는 들뢰즈가 이야기했던 것처럼 그림을 하나의 '기호'로 만들려고 했던 화가였던 것이다. '기호'란 사유를 강요하는 그 무엇이기 때문이다. 베이컨의 그림이 가진 의미를 철학적으로 분석한 글로는 들뢰즈의《감각의 논리》가 가장 유명하다.

555~557

베케트(Samuel Beckett, 1906~1989)

근대사회가 훈육한 인간을 넘어서려고 집요하게 모색했던 아일랜드 출신 문학가. 인간의 몸에 각인된 훈육의 흔적을 지우기 위해 베케트는 소설을 통해 근대사회가 부여했던 언어의 논리와 그로부터 발생하는 자의식마저도 파괴하는 사유 실험을 집요하게 시도한다. 너무나 집요한 사유 실험에 지쳐서 가볍게 썼던 희곡《고도를 기다리며(En attendant Godot)》는 그를 유명하게 만들었다. 주요 저서로는《몰로이(Molloy)》와《말론은 죽다(Malone meurt)》가 있다.

1264, 1286

벤야민(Walter Benjamin, 1892~1940)

20세기 자본주의가 은폐하고 있는 비밀을 19세기 세계 자본주의의 수도 파리를 통해서 폭로하려고 했던 독일계 유대인 철학자. 그는 자본주의를 정치경제학적 차원이 아니라 문화적 차원에서 다루려고 노력했다. 그의 연구를 추동했던 원점은 19세기 파리의 시인이었던 보들레르(Charles-Pierre Baudelaire, 1821~1867)와 그의 시집《악의 꽃(Les Fleurs du Mal)》이었다. 미완으로 끝난 그의 연구는 그의 추종자 아감벤의 노력으로《아케이드 프로젝트(Arcades Project)》로 출간되었다.

27, 275~277, 293, 294, 297, 432~438, 446, 448, 493, 508, 541~545, 652, 653, 663, 664, 666, 863, 1225, 1238, 1318

보드리야르(Jean Baudrillard, 1929~2007)

마르크스의 생산력 중심주의를 거부하고 자본 증식의 최대 비밀은 소비 차원에 있다고 역설했던 프랑스의 철학자. 그의 생각에 따르면 새롭고 다양한 상품들을 생산한다고 할지라도 이것은 자본이 잉여가치를 남길 수 있는 필요조건이지 충분조건은 아니다. 노동자들이 소비자가 되어 상품들을 소비하지 않는다면, 잉여가치는 발생할 수 없기 때문이다. 당연히 자본은 상품에 필요가치 이상의 여러 문화적이고 미적인 가치를 각인시켜서 소비를 증진시킬 필요가 있다는 것이 그의 핵심적인 논지이다. 저서로는《소비의 사회(La Société de consommation)》《생산의 거울(Le miroir de la production)》등이 있다.

267, 268, 308, 485~493, 566, 567

보어(Niels Bohr, 1885~1962)

원자구조를 해명하고 양자역학의 발전에 영향을 미쳤던 덴마크의 물리학자이자 철학자. 보어는 원자핵과 전자로 구성된 수소 원자에 대한 새로운 모델을 제공한 것으로 유명하다. 그것이 바로 '보어의 모델'이다. 기본적으로 보어는 원자핵과 전자 사이의 관계를 항성 주변을 도는 행성 사이의 관계로 이해하고 있다. 수소 원자가 빛을 받으면 전자의 궤도는 상승되고, 빛을 방출하면 반대로 궤도가 하강한다는 것을 밝힌 것도 보어의 중요한 업적이다. 양자역학의 업적을 숙고하면서 보어는 하나의 형이상학적 원리를 제안하는데, 그것이 바로 '상보성 원리'다. 모든 존재는 상호 보충하는 두 가지 계기를 함축하고 있다는 것이다.

605, 606, 777

볼츠만(Ludwig Eduard Boltzmann, 1844~1906)

통계역학을 창시했던 이론물리학자이자 철학자. 볼츠만은 양자역학이 발달하기 이전에 이미 라플라스의 결정론적 자연관을 뒤흔들었다. 그의 통계열역학은 화학과 물리학의 결합을 가능하게 만들었다. 특히 열역학의 제2법칙, 엔트로피 법칙은 볼츠만의 통계열역학적 성찰로 체계화될 수 있었던 것이다. 흥미롭게 개인적으로는 그도 라플라스의 입장을 받아들이고 있었다. 이것이 아마도 뒷날 자살로 이끈 우울증의 한 계기일지도 모를 일이다. 그의 주요 논문들은 《이론물리학과 철학적 문제(Theoretical physics and philosophical problem)》에 실려 있다.

부르디외(Pierre Bourdieu, 1930~2002)

후설의 데카르트적 성찰에 맞서서 의식적으로 파스칼적 성찰의 중요성을 강조했던 프랑스 사회철학자. 데카르트로 상징되는 투명한 이성보다는 파스칼로 상징되는 불투명한 인간의 심정을 강조하면서, 그는 인간의 마음 깊은 곳에 구조화된 구조이자 구조화시키는 구조인 '아비투스'가 있다는 것을 발견한다. 그에게 아비투스는 일종의 습관화된 기억의 체계, 혹은 육화된 구조라고 할 수 있다. 저서로는 《구별짓기(La Distinction)》《파스칼적 성찰(Méditations pascaliennes)》 등이 있다.

뷔토르(Michel Butor, 1926~2016)

김수영에게 강한 자극을 주었던 프랑스의 문학가. 뷔토르는 문학, 구체적으로 소설은 항상 작가의 단독성과 자유의 실현이라고 강조했다. 이것이 바로 그의 '누보로망(nouveau roman)'의 이념이다. '누보로망', 그러니까 새로운 소설은 기존의 소설 형식에 반대하는 소설일 수밖에 없다. '누보로망'은 '앙티-로망'일 수밖에 없다는 뷔토르의 주장은 바로 이런 문맥에서 출현한 것이다. 주요 저서로는 《등급(Degrés)》과 《어린 원숭이를 닮은 예술가의 초상(Portrait de l'artiste en jeune singe)》이 있다.

브라우어(Luitzen Egbertus Jan Brouwer, 1881~1966)

힐베르트와는 달리 이성에 대해 별로 신뢰하지 않았던 네덜란드의 수학자이자 철학자. 쇼펜하우어의 염세주의에 영향을 받았다고는 하지만, 브라우어는 이성보다는 삶에 더 큰 가치를 두었다고 해야 할 듯하다. 수학기초론에서 힐베르트의 형식주의에 맞서 직관주의를 표방하면서, 그는 수학을 인간 삶과의 관련 속에서 사유하려고 했다. 특히나 아리스토텔레스 이후 누구도 의심하지 않았던 논리 법칙, 배중률을 비판한 것으로 유명하다. 그의 논문들은 《전집(Collected works)》 두 권으로 묶여 출간되었다.

비트겐슈타인(Ludwig Wittgenstein, 1889~1951)

데카르트부터 철학의 화두였던 마음 대신 언어를 새로운 화두로 제기했던 가장 탁월한 언어철학자. 그는 청년 시기에 언어의 의미는 지시(reference)에 있다고 주장했지만, 장년기에 들어서 언어의 의미는 사용(use)에 있다고 자신의 생각을 확장한다. 그의 통찰은 언어를 통해서 작동하는 인간의 마음이 모두 구체적인 삶의 맥락에 의존한다는 것을 보여주고 있다. 그를 통해 서양철학은 마음에서 언어로, 마침내는 삶에 대한 통찰로 이르게 된 것이다. 저서로는 《논리철학논고(Tractatus Logico-Philosophicus)》《철학적 탐구(Philosophical Investigations)》 등이 있다.

사르트르(Jean-Paul Sartre, 1905~1980)

"자유롭도록 저주받은 존재"로 인간을 규정하면서 인간의 자유를 극한에까지 추구했던 프랑스 실존주의 철학자. 그에게는 나의 자유를 발견하자마자 타자의 자유도 발견된다는 점이 중요하다. 그가 타자와의 소통 문제를 심각하게 생각했던 것도 이런 이유에서이다. 인간의 자유란 언제나 구체적인 상황 속에서 이루어진다는 점을 숙고하면서 그는 마르크스의 혁명적 철학에 깊은 동감을 표명하기도 했다. 주요 저서로는 《존재와 무(L'Être et le Néant)》《변증법적 이성비판(La critique de la Raison Dialectique)》 등이 있다.

93, 223, 337, 362~368, 373~375, 465~468, 495, 497~499, 504, 508, 1268, 1269

사마천(司馬遷, BC 145?~BC 86?)

궁형(宮刑)으로 현실 정치에 대한 발언권이 부정되자 자신의 울분을 과거 역사에 투사했던 비운의 역사학자. 남성 세계에서 추방되는 것을 상징하는 궁형은 그가 조정에서 정치적 발언을 할 수 없게 되었다는 것을 의미한다. 아버지 사마담(司馬談)의 유업을 이어받아 그는 황제(黃帝)에서부터 한(漢) 무제(武帝)에 이르는 역사서 《사기(史記)》를 마무리한다. '역사가의 기록'이라는 의미를 가진 《사기》의 압권은 단연코 세계를 선인과 악인이 공존하는 일종의 연극판으로 이해하고 있는 〈열전(列傳)〉에 있을 것이다.

716, 782, 783, 827~829

상앙(商鞅, ?~BC 338)

고대 중국 최고의 정치철학자. 상앙은 변방에 위치했던 진(秦)제국이 천하를 통일할 수 있는 토대를 마련했던 정치가이기도 했다. 두 차례에 걸친 제도 개혁, 즉 변법(變法)을 통해 상앙은 절대군주를 정점으로 하는 중앙집권제를 진나라에 이식하는 데 성공했다. 정치철학적으로 상앙은 법 개념을 철학적으로 정당화한다. 법치를 강조했던 상앙은 인치(人治)를 철저하게 배제하려고 했다. 이런 이유로 인치를 강조했던 유학자들의 공공의 적이 되어버렸다. 주요 저서로는 《상군서(商君書)》가 있다.

719

샨타락시타(Śāntarakṣita, 725~788)

유식학파와 중관학파의 종합을 꿈꾸었고 동시에 티베트 불교의 기초를 마련했던 인도 대승불교의 마지막 이론가. 인도에서 이슬람 세력이 패권을 차지하자, 샨타락시타는 인도의 불교 전통을 티베트로 옮겨놓으려고 했다. 동시에 그는 당시 인도에서 유행했던 금강승, 즉 밀교 전통의 불교 사상도 티베트에 이식하기도 했다. 주요 저서로는 《중관장엄론(中觀莊嚴論, Madhyamakālaṃkāra)》과 《섭진실송(攝眞實頌, Tattvasaṃgrahakārikā)》이 있다.

914, 1107, 1108

성철(性徹, 1912~1993)

지눌부터 유래하는 한국 선종(禪宗)의 종지(宗旨)인 '돈오점수(頓悟漸修)'를 비판하고 '돈오돈수(頓悟頓修)'라는 원리주의적 입장을 피력했던 현대 한국의 승려. 지눌에게 '돈오'란 수행에 들어가기 전에 요청되었던 깨달음에 대한 지적인 이해였다. 성철은 이것이 결국 치열한 자기 수행을 가로막는 사변적 이해에 불과한 것이라고 생각했던 것이다. 저서로는 《선문정로(禪門正路)》《한국불교의 법맥》 등이 있다.

1096, 1097, 1101~1109

세잔(Paul Cézanne, 1839~1906)

모네가 본격적으로 시작했던 인상주의를 완숙한 경지에까지 이끈 화가. 그렇지만 세잔은 메를로-퐁티마저도 인정할 정도로 탁월한 미학자이기도 했다. 특히 색이 교차되는 곳에서 윤곽선이 나온다는 그의 통찰은 매우 중요하다. 결국 인상의 핵심은 윤곽선이

아니라 색에 있었던 것이다. 이런 통찰로 세
잔은 수많은 현대 화가들에게 자극과 영감
의 기원이 될 수 있었다. 주요 저서로는 《세
잔 서신집(The Letters of Paul Cézanne)》이 있다.

536~540, 545, 547, 551, 554, 557

셸러(Max Scheler, 1874~1928)

현상학 운동의 창시자. 후설의 법통을 이은
사상적 적장자로 불리던 독일 철학자. 현상
학의 방법을 윤리학의 영역에 적용하여 그는
칸트에 대응할 만한 현상학적 윤리학을 체
계화했다. 특히 중요한 것은 그가 동감과 사
랑이란 감정이 없다면 윤리학은 공허할 뿐
이라고 주장했던 대목이다. 칸트 식의 형식
적 윤리학이 이제 심장이 뛰는 실질적 윤리
학으로 전환된 것이다. 저서로는 《동감의 본
질과 형식(Wesen und Formen der Sympathie)》, 《윤
리학에 있어서 형식주의와 실질적 가치 윤
리학(Der Formalismus in der Ethik und die materiale
Wertethik)》 등이 있다.

178, 179, 337, 338

셸링(Friedrich Wilhelm Joseph von Schelling, 1775~1854)

스피노자의 범신론을 독일 관념론에 맞게
개조했던 독일 낭만주의 철학의 대표자. 그
는 모든 사물 내부에는 자신을 전개하는 역
동적인 정신, 즉 자기의식이 존재하고 있다
고 주장했다. 그가 예술적 표현을 강조했던
것도 이런 이유에서이다. 예술작품은 예술가
내부의 역동적 정신이 외부로 표현된 것이기
때문이다. 그의 범신론적 사유는 후에 헤겔
의 변증법적 사유로 흡수된다. 저서로는 《선
험적 관념론의 체계(System des transcendentalen
Idealismus)》, 《예술의 철학(Philosophie der Kunst)》
등이 있다.

250

소쉬르(Ferdinand de Saussure, 1857~1913)

어떤 단어가 무엇인가를 지시할 수 있는 것
은 다른 단어와의 '차이' 때문이라는 것을 보
여주었던 프랑스 구조주의 언어학자. 그는 언
어와 그 지시 대상 사이에는 어떤 필연적인
관계도 없다고 주장했다. 즉 기표(signifiant)와
기의(signifié)의 관계는 자의적이라는 것이다.
또한 그는 언어를 구조적인 측면으로서 랑그
(langue)와 개인이 발화하는 측면으로서 파
롤(parole)로 나누며, 전자만이 언어학의 대상
이라고 규정했다. 저서로는 《일반언어학강의
(Cours de linguistique générale)》 등이 있다.

24, 740, 750

소옹(邵雍, 1011~1077)

장재(張載), 주돈이(周敦頤), 정호(程顥), 정이
(程頤)와 함께 북송의 오자(五子)로 주희에게
서 숭배되었던 유학자. 소옹은 《주역(周易)》
을 원회운세(元會運世)라는 개념으로 수비학
적으로 독해한다. 이런 독해를 통해 그는 미
래가 결정되어 있다는 결정론적 세계 이해,
정확히 말해 순환론적 세계 이해를 표방했
던 사상가였다. 현재에도 통용되는 사주팔
자 등 점술과 작명술에도 지대한 영향을 미
친 사상가이기도 하다. 주요 저서로는 《황극
경세서(皇極經世書)》가 있다.

90, 91

소크라테스(Sokrates, BC 469~BC 399)

공자가 동양철학의 아버지라고 한다면, 서양
철학의 아버지라고 불리는 철학자. 그는 철
학을 산파술에 비유한다. 산파가 산모가 아
이를 잘 낳도록 돕는 사람인 것처럼, 철학
자는 대화 상대방이 스스로의 힘으로 어
떤 결론을 내리도록 돕는 역할을 해야 하
는 사람이라는 것이다. 여기서 바로 대화
(dialogue), 혹은 변증법(dialectic)의 전통이 생
긴 것이다. 소크라테스는 이런 식으로 제자
들을 키웠고, 당연히 그들은 스스로의 힘으
로 사유하는 능력을 갖추게 되었다. 소크라

테스의 삶과 사유에 대해서는 그의 가장 탁월한 제자 플라톤이 정리한 초기 소크라테스 대화편에서 확인할 수 있다. 《소크라테스의 변명(Apology)》《파이돈(Phaedo)》《향연(Symposium)》 등이 매우 중요한 대화편이라고 할 수 있다.

29~33, 50~52, 60, 102, 120, 129, 515, 822, 1305, 1307, 1309

손자(孫子, ?~?)

전쟁에서 승리하기 위해서는 군사들로 하여금 싸울 수밖에 없도록 만드는 힘, 즉 세(勢)를 강조했던 춘추시대 전략가. 그에게 '세'란 물이 아래로 흘러가는 것처럼 병사들로 하여금 전쟁에 목숨을 걸도록 하는 형세를 의미했다. 손무(孫武)라는 본명보다 손자로 더 유명한 그는 법치(法治)의 논리를 선점하여 그것을 전쟁 승리의 관건으로 만들었다. 그의 병법은 《손자병법(孫子兵法)》이라고도 불리는 《손자(孫子)》에 기록되어 있다.

716~721, 725, 726

손화중(孫華仲, 1861~1895) → 전봉준/김개남/손화중

송견(宋鈃, ?~?)

맹자보다 한 세대 정도 앞선 것으로 보이는 중국 고대철학자. 사회적으로 훈육된 허위적 욕망의 허구성을 폭로하면서, 송견은 인간을 반전 평화주의의 투사로 변형하려고 했다. 맹자, 순자, 한비자가 가장 싫어했던 철학자이자 동시에 장자가 가장 존경했던 철학자라는 사실만으로 그의 철학이 제자백가 내부에서 얼마나 영향력이 있었는지 확인할 수 있다. 아쉽게도 그의 주저는 전해지지 않지만, 그의 사상은 지금도 《맹자》《순자》《한비자》《장자》 등에서 흔적으로나마 남아 있다.

240, 832~837, 1167

송시열(宋時烈, 1607~1689)

조선 후기 정치계와 지성계의 패권을 차지했던 노론(老論)의 이데올로그. 송시열은 자의 반타의반 주자학을 글자 그대로 불변의 진리로 맹신했을 뿐만 아니라, 중국 문화를 엄청 숭배했다. 실제로 명제국이 망하고 청제국이 들어서자, 그는 조선을 주자학에서 정점에 이른 중국 문화를 유일하게 간직한 '소중화(小中華)'라고 규정할 정도였다. 말년에 주자학과 중국 문화에 더 심하게 경도된 송시열은 화양동에 정말 주희가 공부했던 곳을 그대로 복원하려는 해프닝을 벌이기까지 했다. 주요 저서로는 《송자대전(宋子大全)》이 있다.

1133~1135, 1139, 1140

쇼펜하우어(Arthur Schopenhauer, 1788~1860)

인간을 포함한 세계의 모든 존재자가 맹목적인 의지에 의해 움직인다고 주장했던 독일 염세주의 철학자. 이런 맹목적 의지에 의해 무엇인가를 욕망하고 사랑하고 파괴하고 좌절하는 모습을 그는 고통이라고 이해했다. 바로 여기서 그는 동정심의 윤리학을 제안한다. 맹목적 의지에 휘둘려 고통받는 생명을 보면 동정심은 불가피하게 발생한다는 것이다. 저서로는 《의지와 표상으로서의 세계(Die Welt als Wille und Vorstellung)》《도덕의 기초에 관하여(Über die Grundlage der Moral)》 등이 있다.

174, 176, 185, 241, 303~307, 310~312, 314, 634, 1164, 1317

순자(荀子, BC 298?~BC 238?)

고대 중국 철학계의 아리스토텔레스라고 불릴 만한 체계를 지닌 자연주의 철학자. 보통 맹자가 성선설을 주장했던 것과 달리 순자는 성악설을 주장한 사상가라고 단순히 이해되지만, 당시 철학계에서의 영향력과 위상은 맹자가 넘볼 수 없을 만큼 컸다. 제자백가가 모여들었던 제(齊)나라 직하학사(稷下學

荀)의 수장을 세 차례나 역임했다. 그의 사상은 제자들에 의해 《순자(荀子)》라는 책으로 정리되어 있다.

슈뢰딩거(Erwin Schrödinger, 1887~1961)

'슈뢰딩거의 고양이'라는 사유 실험으로 유명한 양자역학의 이론가. 미시세계의 입자가 발견될 수 있는 확률과 관련된 슈뢰딩거의 방정식을 만든 것으로 유명하다. 복소수와 편미분방정식으로 구성되어 있는 슈뢰딩거의 방정식은 다른 어떤 원리에서 유도되는 것이 아니라, 그 자체로 받아들여야 할 절대적인 근본원리다. 양자역학의 확률론적 세계관을 나타내는 다양한 방정식들이 고안되었지만, 그것은 모두 이 슈뢰딩거 방정식에서 유도된 것이다.

슈미트(Carl Schmitt, 1888~1985)

'정치적인 것'의 범주를 '적과 동지'로 규정했던 독일의 정치철학자. 슈미트에 앞서 칸트는 '윤리적인 것'의 범주를 '선과 악'으로, '미학적인 것'의 범주를 '아름다움과 추함'으로, '과학적인 것'의 범주를 '참과 거짓'으로 설정했지만, '정치적인 것'을 '윤리적인 것'과 혼동했다. 슈미트는 '정치적인 것'을 '윤리적인 것'에서 단절시킴으로써 마키아벨리가 시작했던 근대 정치학을 새롭게 숙고하도록 만들었다. 긍정적이든 부정적이든 슈미트에게서 영향을 받았던 아감벤의 정치철학이 부각되면서, 그의 중요성이 다시 진지하게 숙고되고 있다. 저서로는 《정치적인 것의 개념(Der Begriff des Politischen)》 《정치신학(Politische Theologie)》 등이 있다.

슈베르트(Franz Schubert, 1797~1828)

가난하고 궁핍하게 살았을 뿐만 아니라 매독으로 추정되는 병으로 요절했던 오스트리아의 작곡가. 자신보다 1년 앞서 떠난 음악계의 거성 베토벤의 눈에 조금이라도 일찍 띠었더라면, 슈베르트는 생전에 많은 사랑을 받았을 것이다. 비트겐슈타인이 "종교적이지 않으면서도 깊이가 있는 작곡가"로 극찬했을 정도로, 그는 수많은 걸작을 작곡해서 삶의 절망적인 희열을 담아냈다. 주요 작품으로는 《겨울나그네(Winterreise)》와 D.959로 명명된 《피아노 소나타(Sonata in A major)》가 있다.

슈티르너(Max Stirner, 1806~1856)

개인의 삶은 다른 어떤 가치로도 환원할 수 없는 절대적인 것이라고 천명했던 독일의 아나키스트. 철저한 개인주의자로 오해되고 있지만 그는 자유로운 개인들의 연대(association)를 부정했던 적은 없었다. 단지 그가 부정했던 것은 개인들을 수단으로 만들고 있는 국가(state)나 사회(society)였을 뿐이다. 전국시대 중국의 아나키스트 양주(楊朱)와의 사상적 유사성은 놀랍기만 하다. 그의 주저로는 《유일자와 그의 소유(Der Einzige und sein Eigentum)》가 있다.

스즈키 다이세쯔(鈴本大拙, 1870~1966)

한때 서양에 선불교(禪佛敎)의 열풍을 일으켰던 일본의 불교 사상가. 20세기 중엽 미국 호텔 객실에는 《성경》과 아울러 선불교와 관련된 그의 영어 책들이 같이 구비되어 있을 정도였다. 제2차 세계대전 당시 일본 천황에게 《화엄경》을 강의하면서 그는 대동아공영(大東亞共榮)으로 불리던 일본식 제국주의를 정당화하는 데 직간접적으로 개입하기도 했다. 저서로는 《선과 일본문화(禪と日本文化)》 《선이란 무엇인가(禪とは何か)》 등이 있다.

스트로슨(Peter Frederick Strawson, 1919~2006)

프레게에게서 시작되어 러셀에 이르러 완성된 기술이론(theory of descriptions)에 대한 가장 강력한 비판자였던 영국의 철학자. 고유명사를 몇몇 술어들로 해체하려는 노력에 맞서 그는 일상생활에서 고유명사가 어떻게 사용되는지를 살펴보라고 충고한다. 고유명사의 일차적인 목적은 어떤 사람을 다른 사람과 구별하는 데 있다는 것이 그의 일관된 입장이었다. 저서로는《개체들(Individuals)》《의미의 한계(The Bounds of Sense)》등이 있다.

342, 343

스티라마티(Sthiramati, 安慧, 510~570)

바수반두가 시작한 유식불교의 가르침을 체계화하는 데 가장 커다란 공헌을 했던 불교 사상가. 무상유식(無相唯識)을 주장한 것으로 유명하다. 무상(無相, nirākāra)을 주장하는 유식 이론가들은 인식을 구성하는 요소(相, ākāra)들, 칸트의 말을 빌리자면 표상과 같은 것들은 해탈에 이르기 위해서는 없애야 한다고 주장한다. 수많은 유식불교 해설서들 중《유식삼십송석(唯識三十頌釋, triṃśikāvijñaptibhāṣya)》이 가장 유명하다.

939~944, 952

스피노자(Baruch de Spinoza, 1632~1677)

신의 지배를 받았던 인간을 신적인 지위로 격상시켰던 근대 최고의 인문주의 철학자. 자유도시 암스테르담의 자식으로서 그는 치밀하고 파괴적인 자연주의 철학을 구성한다. 마침내 그는 의식의 독립성을 부정하는 유물론, 선의 절대성을 부정하는 비도덕론, 기독교적 신을 부정하는 무신론에 이르게 된다. 주요 저서로《에티카(Ethica Ordine Geometrico Demonstrata)》《신학-정치학 논고(Tractatus Theologico-Politicus)》등이 있다.

6, 19, 20, 29, 30, 59, 64, 82, 83, 92, 93, 109, 110, 153, 158~163, 168, 169, 172~174, 208, 209, 210, 237, 238, 250, 304, 314, 335, 343, 375, 527, 627, 637, 695, 696, 709, 902, 903, 918, 920, 1020, 1021, 1302

슬로터다이크(Peter Sloterdijk, 1947~)

동시대 프랑크푸르트학파의 거장 악셀 호네트로부터 가장 멀리 벗어나 있는 독일 철학자. 인정투쟁이란 유아적이고 협소한 논리에서 벗어나기 위해서 슬로터다이크는 고대 그리스의 시니시즘을 다시 부활시키려고 했다. 이 대목에서 슬로터다이크는 구성된 주체가 아니라 구성하는 주체를 모색했던 말년의 푸코와 공명하게 된다. 지금은 독일권뿐만 아니라 영미권에서도 가장 주목받는 철학자 중 한 사람으로 인정받고 있다. 주요 저서로는《냉소적 이성 비판(Kritik der zynischen Vernunft)》과《너는 너의 삶을 바꿔야 한다(Du mußt dein Leben andern)》등이 있다.

438

승조(僧肇, 374~414)

윤회설에 아직도 허우적거리고 있던 당시 불교계에 맞서 나가르주나의 공(空) 개념의 중요성을 천명했던 중국 동진(東晉) 시대의 불교 사상가. 쿠마라지바(Kumārajīva)의 불경 번역 사업에 참여했던 제자들 중 네 명의 위대한 제자에는 도생(道生), 도융(道融), 승예(僧叡), 그리고 승조가 있었다. 승조는 쿠마라지바의 제자들 중 나가르주나의 공 사상에 가장 정통했다고 알려져 있다. 주저로는 '승조의 논의'라는 뜻을 지닌《조론(肇論)》이 있다.

921

신도(愼到, BC 395~BC 315)

압도적 힘, 즉 세(勢)를 정치철학적 개념으로 숙고했던 고대 중국의 철학자. 신도는 뛰어난 개인도 세를 얻지 못하면 아무런 힘을 발휘하지 못한다는 사실을 강조했다. 결국 개인의 내적 역량보다는 객관적 조건이나 형세가 상황의 반전을 낳는 데 더 효과적이라는 것이다. 신도가 등장한 뒤 동아시아는 정치철학, 혹은 정치과학이 드디어 가능하게 되었던 것이다. 주요 저서로는 《신자(愼子)》가 있다.

719~721

신불해(申不害, ?~BC 337?)

신하들을 통제하는 통치술을 강조했던 고대 중국의 철학자. 신불해가 강조했던 술(術), 즉 통치술의 핵심은 신하들에게 군주의 내면을 비밀로 하는 데 있다. 거의 변덕에 가까울 정도로 군주가 자신의 의도를 바꾸게 되면, 신하들에게 군주는 헤아릴 수 없고 규정할 수 없는 존재가 된다. 이럴 때 신하들은 군주의 권력을 농단할 생각을 아예 품을 수 없다. 결국 신불해가 제안했던 통치술은 군주가 철저한 정치적 고독을 감당해야만 가능한 것이라고 할 수 있다. 주요 저서로는 《신자(申子)》가 있다.

719

신수(神秀, ?~706)

선종의 전설적인 계보에 따르면 혜능(慧能)에게 육조(六祖)의 자리를 빼앗긴 것으로 등장하는 비운의 승려. 혜능을 신봉했던 남종선(南種禪) 계열이 선불교에서 패권을 차지하자, 그는 자신이 이끌었던 북종선(北種禪)과 함께 깨우침이 부족했다고 폄하되는 운명을 겪게 된다. 그렇지만 그는 당제국 시기에 감히 혜능이 넘보지 못할 만큼의 성공과 추앙을 받았던 승려였다. 측천무후(則天武后)에게서 '대통선사(大通禪師)'라는 칭호를 받은 것도 그 증거 중 하나일 것이다. 저서로는 《관심론(觀心論)》이 남아 전해지고 있다.

959~968, 1001, 1009, 1024, 1028, 1035, 1091, 1105, 1106

신채호(申采浩, 1880~1936)

민족주의자에서 아나키스트로 지적 성숙을 일구어낸 입지전적인 한국의 사상가. 신채호는 자유와 독립을 숙고하고 몸소 실천했던 살아 있는 지성인이었다. 그는 진정한 독립과 자유는 결국 지배 관계가 철폐된 자유로운 공동체에서나 가능하다고 주장했다. 지배자가 일본인에서 같은 한국인으로 바뀐다고 해서 달라진 것은 하나도 없다는 생각이다. 주요 저서로는 민족주의자의 면모를 잘 보여주는 《조선상고사(朝鮮上古史)》가 있고, 아나키스트의 면모를 유감없이 보여주는 〈조선혁명선언(朝鮮革命宣言)〉 등이 있다.

1225~1243, 1311, 1315~1317

싯다르타(Gautama Siddhārtha, BC 563?~BC 483?)

인도 전통의 형이상학적 자아(ātman) 이론을 부정하고 '무아(無我, Anātma)'를 주장하면서 현세에서의 자유를 추구했던 불교의 창시자. 석가모니(釋迦牟尼)라고도 불리는 그는 원래 석가족이 살고 있던 카필라바투(Kapilvastu)라는 작은 도시국가의 왕자였지만, 삶이 수반하는 고통을 직면하게 된다. 삶의 고통을 해소하기 위해 수행하던 중 그는 사성제(四聖諦)와 관련된 고통 치유법을 자각하게 된다. 그의 사상은 《법구경(法句經, Dharmapāda)》《아함경(阿含經, āgama)》 등에 잘 드러나 있다.

22, 240, 317, 417~419, 472~475, 638, 679, 697, 702~710, 878, 879, 881~883, 899, 904, 905, 912~914, 947, 948, 964, 967, 984, 985, 991, 996, 998, 1004, 1008, 1021, 1028, 1036, 1038, 1107

아감벤(Giorgio Agamben, 1942~)

벤야민의 정치철학적이고 문화철학적인 통찰을 너무나 사랑했던 이탈리아 철학자. 그를 흥분시킨 것은 벤야민의 두 논문이다. 하나는 법과 폭력의 문제를 다루고 있는 〈폭력 비판을 위하여(Zur Kritik der Gewalt)〉였고, 다른 하나는 정치적 예외상태는 결코 예외가 아니라 상례라는 점을 밝힌 〈역사의 개념에 대하여(Über den Begriff der Geschichte)〉였다. 벤야민의 통찰에 입각해서 그는 생명정치에 관한 푸코의 논의를 새롭게 부각시켰다. 저서로는 《호모 사케르(Homo Sacer)》《예외상태(Stato di Eccezione)》 등이 있다.

22, 646, 663~669

아도르노(Theodor Adorno, 1903~1969)

나치의 전체주의가 발생할 수 있었던 이유로 '차이'를 억압하고 '동일성'을 추구했던 인간 이성을 지목했던 독일 철학자. 단독적인 개체들을 분류하고 규정하는 동일성을 넘어서기 위해서 그는 그 대안으로 성좌(constellation)의 사유를 제안한다. 두 별의 위치는 서로의 차이나 관계에 의해서만 확인된다. 이처럼 성좌의 사유는 개체들을 동일성에 묶지 않고 차이나 관계로 다루려는 시도였다. 저서로는 《부정변증법(Negative Dialektik)》《미니마 모랄리아(Minima Moralia)》 등이 있다.

443~448, 451~453, 668, 950

아렌트(Hanna Arendt, 1906~1975)

아도르노와는 달리 나치 전체주의의 기원을 인간의 '무사유'에서 찾았던 철학자. 그녀는 '사유'가 인간에게 주어진 기능이 아니라 반드시 수행해야만 하는 의무라고 규정한다. 그녀가 강조하는 사유는 '타자의 입장에서 자신의 행동을 성찰하고 결정하는 사유'라는 좀더 특수한 함의를 갖고 있다. 그녀의 후반 작업이 인간의 사유, 나아가 마음에 대한 성찰에 집중된 것도 우연만은 아닐 것이다. 저서로는 《예루살렘의 아이히만(Eichmann in Jerusalem)》《정신의 삶(Life of the Mind)》 등이 있다.

443, 444, 446, 448~453

아리스토텔레스(Aristoteles, BC 384~BC 322)

플라톤의 이상주의적 경향에 대해 현실주의적 경향을 표방했던 고대 그리스의 위대한 철학자. 경험의 다양성을 강조했던 그는 형상(eidos)이 경험 대상의 구성 원리이기 때문에, 경험 대상이 소멸하면 같이 소멸하는 것이라고 보았다. 이것이 아리스토텔레스의 사유를, 경험 대상이 소멸해도 형상은 영원하다고 주장했던 플라톤과 구별시켜주는 지점이다. 주요 저서로 《형이상학(Metaphysica)》《분석론 전서(Analytica Priora)》 등이 있다.

22, 41, 46~53, 76, 95, 101, 103, 108, 111, 112, 340~342, 347, 355, 382, 385, 387, 565, 600, 759, 760, 766~768, 779, 845, 1143, 1189~1191, 1194, 1195, 1203, 1205, 1208, 1209, 1301

아리야데바(提婆, Āryadeva 3세기 무렵)

나가르주나의 제자로서 중관학파의 이론을 정교화했던 불교 이론가. 나가르주나의 공 이론은 불교 내부에서나 외부에서 수많은 논란과 논박을 낳게 된다. 그의 영민했던 제자 아리야데바는 스승의 공 이론에 대한 오해도 해명하고, 동시에 중관학파를 공격해왔던 인도 정통 철학자들의 논박에 맞서 싸웠다. 주요 저서로는 《사백론(四百論, Catuḥśataka)》이 있다. 불행히도 산스크리트어 원본은 없어졌고, 티베트어 번역본으로만 전해진다. 지금 《백론(百論)》 혹은 《광백론(廣百論)》이라고 불리는 한문본은 《사백론》 전체 26장 중 1장에서부터 10장까지만 수록하고 있다.

472~474

아우구스티누스(Aurelius Augustinus, 354~430)

플라톤 철학을 통해 기독교 사상을 전파하려고 했던 교부철학자. 그는 신의 빛(illumintio)인 영원한 진리, 즉 에이도스를 통해서 인간은 자신을 자각하게 된다고 주장했다. 가장 중요한 철학적 공헌은 그가 인간의 마음이 가진 기대, 기억, 지각에서 미래, 과거, 현재라는 시간을 정초했다는 데 있다. 저서로는《고백록(Confessiones)》《신국론(De civitate Dei)》등이 있다.

아우렐리우스(Marcus Aurelius Antoninus, 121~180)

인간의 삶은 신적 이성이 마련해놓은 거대한 연극판에 던져진 것이라고 역설했던 스토아 철학자이자 로마 황제. 그는 신적 이성, 혹은 전체 세계와 일치된 삶을 영위할 때, 인간은 가장 행복할 수 있다고 주장했다. 니체의 운명애(amor fati)나 영원회귀 사상은 다분히 아우렐리우스가 피력했던 스토아 사상에서 영향을 받은 것이다. 그의 주저로는《명상록(Imperium Romanum)》이 있다.

아인슈타인(Albert Einstein, 1879~1955)

근대 과학 사상의 마지막 적장자이자 동시에 양자역학의 서막을 열었던 이론물리학자. 철학적으로는 라플라스의 20세기 화신이라고 볼 수 있다. 강력한 결정론을 피력했지만, 동시에 아인슈타인은 지적 수준의 결여로 우리는 확률을 사용할 수밖에 없다고 보았기 때문이다. 결국 언젠가 확률은 폐기되어 라플라스가 이야기했던 결정론이 확립될 것이라는 확신이다. 이런 그의 확신은 "신은 주사위 놀이를 하지 않는다"는 말로 요약될 수 있다. 그래서 아인슈타인은 존재나 인식에서 확률론을 적극적으로 긍정했던 후배 양자역학 이론가들과 대립할 수밖에 없었던 것이다. 주요 저서로는《보른-아인슈타인 서신 1916~1955(Born-Einstein Letters, 1916~1955)》이 있다.

아지타(Ajita Kesakambala, ?~?)

영원불멸하는 자아, 즉 아트만을 거부했던 고대 인도의 유물론 철학자. 그는 인간을 포함한 모든 개체는 땅, 물, 불, 바람이라는 네 요소로 구성되어 있다고 주장했다. 그에 따르면 개체들이 소멸한다는 것은 이 네 구성요소가 흩어진다는 것과 다름없다. 아지타의 유물론은 허무주의라고 비판받았지만, 불교에서도 그가 주장했던 존재의 네 가지 구성 요소를 '사대(四大)'라고 부르며 수용한다. 그의 사유는 불교에서 만든 경전인《사문과경(沙門果經, Sāmaññaphala Sutta)》에 남아 전해지고 있다.

아퀴나스(Thomas Aquinas, 1225?~1274)

기독교를 유럽에 전파하기 위해서 플라톤 철학에 의지했던 아우구스티누스와는 달리, 경험을 강조했던 아리스토텔레스의 존재론을 통해 기독교를 전파하려고 했던 중세철학의 대가. 그 과정에서 그는 신, 군주, 귀족, 평민으로 이루어지는 중세적 위계질서를 그대로 긍정하는 정치적으로 보수적인 태도를 취하게 된다. 아리스토텔레스를 따라 현실을 그대로 긍정한 결과이다. 후에 아리스토텔레스의 철학으로 선교하려던 자신의 기획이 덧없다는 것을 느끼고 자신의 스콜라철학을 스스로 폐기해버리고 만다. 저서로는《신학대전(Summa Theologiae)》《대이교도대전(Summa contra gentiles)》등이 있다.

안셀무스(Anselm of Canterbury, 1033~1109)

경험세계에 대한 이성과 초월적인 신에 대한 신앙을 조화시키려 노력하면서 중세철학의 속앓이를 대변했던 신학자. 후대의 모든 중세철학자들은 그가 던진 이성과 신앙 사이의 관계를 화두로 삼아 고민을 거듭하게 된다. 그는 이성적인 논증으로 신을 존재론적으로 증명하려고 시도했으며, 추상명사로 이해될 수 있는 보편자가 고유명사로 이해될 수 있는 개체들에 선행하여 존재하고 있다는 실재론의 입장을 취하기도 했다. 저서로는《모놀로기온(Monologion)》《프로슬로기온(Proslogion)》등이 있다.

103, 104, 936

알튀세르(Louis Althusser, 1918~1990)

인간 해방을 꿈꾸었던 마르크스의 정치경제학적 사유가 억압적 국가사회주의로부터 착취되는 것을 막기 위해서 마르크스의 사유에 철학을 부여하려고 시도했던 프랑스의 철학자. 자임했던 임무를 완성하기 위해서 그는 스피노자, 루소, 마키아벨리 등을 철학적으로 다시 읽어낸다. 마침내 그는 마르크스에게 '철학', 즉 목적론적인 헤겔의 변증법이 아닌 반목적론적인 '마주침의 유물론'을 되돌려주게 된다. 주요 저서로《마르크스를 위하여(Pour Marx)》,《철학에 대하여(Sur la philosophie)》등이 있다.

6, 65, 68~71, 73, 76, 338, 368~375, 522, 530, 578, 631, 633, 634, 636, 845, 918

양주(楊朱, BC 440?~BC 360?)

부국강병의 논리로 무장한 국가주의 사유에 맞서서 아나키즘을 강력하게 주창했던 중국 전국시대의 아나키스트. 맹자나 한비자에 따르면 그의 아나키즘은 전국시대 중기에서부터 진(秦)나라가 천하를 통일하기 직전까지 상당한 영향력을 행사했던 것으로 보인다. 그는 개체적 삶을 존중하며 일체의 국가주의적 이념을 거부했다. 그는 장자의 사상에 깊은 영향을 준 것으로 추정된다. 그의 사유는《맹자》《열자(列子)》《한비자(韓非子)》《여씨춘추(呂氏春秋)》등에 단편적으로 흩어져 남아 있다.

78, 84, 86, 240, 663, 808~811, 814, 816~820, 931, 933

에버렛(Hugh Everett, 1930~1982)

라이프니츠의 가능세계론을 양자역학에 도입해서 '다수세계론(many worlds theory)'을 주장했던 이론물리학자. 입자의 위치가 확률적으로만 추측 가능하다는 양자역학의 주장을 더 근본적으로 밀어붙인다. A 장소에 50퍼센트의 확률로 입자가 있을 수 있다고 한다면, 이 입자는 다른 장소에도 50퍼센트의 확률로 있을 수 있다. 에베렛은 입자가 A에 있는 세계와 입자가 다른 곳에 있는 세계가 모두 존재한다고 주장한다. 결국 우리가 A에서 입자를 확인한다고 해도, 우리가 확인할 수는 없지만 그 입자는 다른 곳에서 존재하는 세계는 없어지지 않는다는 것이다.

610, 618, 619

에이젠슈타인(Sergei Eisenstein, 1898~1948)

몽타주 이론을 체계화했던 구소련의 영화이론가이자 영화감독. 에이젠슈타인은 레닌이 통치하던 시절 몽타주 이론에 입각한 강렬한 정치적 메시지를 담은 영화를 자유롭게 만들었지만, 스탈린이 들어선 이후 자유로운 창작에 많은 제약을 받게 된다. 그는 감독이기 이전에 억압이 없는 세상을 꿈꾸었고 영화로 그걸 호소하려고 했던 자유인이자 예술가였다. 그가 감독한 주요 영화로는 〈전함 포템킨(Броненосец Потемкин)〉과 〈알렉산드르 네프스키(Александр Невский)〉등이 있다.

435, 641, 642, 652, 653

에크하르트(Meister Eckhart, 1260~1328)

부정신학을 표방했던 중세 독일의 신비주의 신학자. 신에 대한 일체의 합리적인 진술을 거부했던 그는 교황을 정점으로 하는 신부들에게 눈엣가시일 수밖에 없었다. 침묵 속에서 신과의 합일을 꿈꾸었던 그의 입장에는 성당이나 교회는 사실 불필요한 것이었다. 그래서 여러모로 에크하르트의 부정신학은 프로테스탄티즘의 선구라고도 이해되는 측면이 있다. 한편으로 신에 대한 합리적인 비판마저도 거부했기에, 어쩌면 에크하르트는 가장 보수적인 신도였다고 할 수도 있을 것이다.

937

에피쿠로스(Epikouros, BC 342?~BC 271)

서양철학사에서 가장 많이 폄하되고 멸시되었던 헬레니즘 시대의 가장 중요한 철학자. 그는 인간의 단독적인 삶과 행복을 지상의 목적으로 생각하며 자유로운 공동체를 꿈꾸었다. 실제로 그는 BC 306년에 아테네 북서쪽에 정원을 구입하여 자신의 학파이자 생활 공동체였던 에피쿠로스학파를 창설했다. 그의 단편적인 저술과 서신들은 인우드(Brad Inwood)라는 현대 학자에 의해 《에피쿠로스 선집(The Epicurus Reader: Selected Writings and Testimonia)》으로 정리되어 있다.

59, 68, 70, 76~87, 92, 93, 168, 663, 819, 918, 1251

에픽테토스(Epiktētos, 50?~138?)

황제였던 마르쿠스 아우렐리우스의 후광에 가려 그 중요성이 망각되었던 노예 출신 스토아학파의 최고 사상가. 초기 스토아학파가 신적 이성이나 전체 세계와 관련된 존재론에 주목했다면, 그는 자신을 둘러싼 삶의 세계에서 어떻게 처신할 것인지의 문제, 즉 윤리학적 문제에 시선을 집중한다. 인간이 통제할 수 있는 것과 그렇지 않은 것을 구분하면서, 그는 후자에 대해서는 아파테이아(apatheia), 즉 부동심의 상태를 유지해야만 한다고 권고한다. 그의 윤리학은 자신의 삶을 긍정하는 주체를 구성하고자 했던 푸코에게 많은 영향을 끼친다. 저서로는 《엥케이리디온(Enchiridion)》《담화록(Diatribai)》이 있다.

82

엘리아데(Mircea Eliade, 1907~1986)

초월적인 신이 아니라 신앙 자체가 가진 인문학적 함의를 숙고했던 루마니아 출신 종교학자. 그는 신학을 넘어서 인문학으로서 종교학을 열었던 사람이다. 특히 중요한 것은 '종교적인 것'의 범주를 그가 확정했다는 데 있다. 그는 성스러운 것과 세속적인 것, 즉 '성속(聖俗)'이 기능한다면, 그것이 어떤 현상이든지 간에 '종교적인 것'으로 다루려고 했다. 마침내 그를 통해 대중 스타에 대한 사람들의 열광도 종교적인 것으로 숙고할 수 있게 된 셈이다. 저서로는 《요가: 불멸성과 자유(Le Yoga. Immortalité et liberté)》《성스러운 것과 세속적인 것(Le Sacré et le profane)》 등이 있다.

660

여조겸(呂祖謙, 1137~1181)

주희의 이학(理學)과 육구연의 심학(心學)을 절충하기 위해서 아호사(鵝湖寺) 모임을 중재했던 중국 남송(南宋) 시대 신유학자. 주희가 형이상학적 본질인 이(理)를, 육구연이 수양 주체의 마음, 즉 심(心)을 강조했다면, 그는 역사나 사회의 문제를 중시했다. 그는 주희와 함께 《근사록(近思錄)》을 편찬하여 신유학의 계보를 확정하는 데 도움을 주었다. 저서로는 《동래집(東萊集)》《동래좌전박의(東萊左傳博議)》 등이 있다.

1062, 1065

오규 소라이(荻生徂徠, 1666~1728)

공자의 사상에서 타자에 대한 감수성을 발견했던 이토 진사이의 입장에 반대하며 공자를 기본적으로 정치철학자로 독해했던 일본 에도 시대의 유학자. 그는 공자의 도(道)가 과거 문명을 개척했던 선왕(先王)들의 정치적 이념에 지나지 않는다고 주장했으며, 현대 일본 사상가 마루야마 마사오(丸山眞男, 1914~1996)에 의해 일본에서 근대적 의미에서의 정치를 최초로 숙고했던 사상가라는 평가를 받기도 했다. 저서로는 《태평책(太平策)》《변도(弁道)》 등이 있다.

1172, 1176~1181

오자(吳子, BC 440~BC 381)

군사들을 자애롭게 대하여 그들의 자발적 복종을 유도하는 것이 승리의 묘책이라고 역설했던 중국 전국시대 초기의 전략가. 오기(吳起)가 그의 본명이다. 군사들이 싸울 수밖에 없는 형세(勢)를 만들어서 전쟁에 승리하려고 했던 손자의 병법과는 분명히 구별된다. 이것은 그가 공자의 제자였던 증자(曾子), 즉 증삼(曾參, BC 505~BC 433)에게서 유학 사상을 배웠던 것과 관련 있다. 통치자의 윤리적 솔선수범이 피통치자의 자발적 복종을 유도할 수 있다는 것이 공자의 핵심 사상이기 때문이다. 그의 병법은 《오자(吳子)》에 남아 전해지고 있다.

721~726

오컴(William of Ockham, 1285?~1349)

안셀무스부터 아퀴나스에 이르는 모든 중세 철학자들이 꿈꾸어왔던 이성과 신앙의 조화가 불가능하다는 것을 공식적으로 천명했던 마지막 중세철학자. 그의 유명한 '오컴의 면도날'은 바로 신앙만을 남기고 이성을 잘라버리려는 칼날이었던 셈이다. 정치철학적으로 그는 군주나 민중을 포함한 모든 사람이 동일한 신의 자식이라는 것을 강조하면서, 일종의 해방신학적 전망에 이르기도 한다. 저서로는 《임의토론집(Quodlibeta)》《정리집(Ordinatio)》 등이 있다.

97, 98, 103~112, 126

왕기(王畿, 1498~1583)

양명 좌파의 수장으로 불리는 양명학자. 왕기는 스승 왕수인의 가르침 중 마음의 본체에는 선악이 없다는 생각에 입각해 사유를 전개한다. 맑은 거울처럼 아무런 때가 없는 밝은 마음을 확보할 수만 있다면, 우리는 저절로 선을 행하고 악을 멀리한다는 입장이다. 그의 입장은 불교 전통으로 말하자면 돈오(頓悟)에, 그리고 주희의 수양론에서 말하자면 미발(未發) 공부에 가깝다고 할 수 있다. 주요 저서로는 《용계왕선생전집(龍溪王先生全集)》이 있다.

1090~1092

왕부지(王夫之, 1619~1692)

신유학이 주체의 마음을 강조하는 심학(心學)으로 흐르자 이에 맞서서 기학(氣學)을 복원시키려고 했던 중국 명청(明淸) 제국 교체기의 신유학자. 그는 중화민족이 지배하던 명제국이 이민족 지배의 청제국으로 바뀐 이유를 마음의 수양만을 강조하던 명제국 지식인들의 지적 분위기에서 찾았다. 북송(北宋) 시대 장재가 마음만을 강조하던 불교를 비판하기 위해서 기(氣)라는 범주를 강조했던 것처럼, 그도 기학을 다시 정립하여 심학으로 치닫는 신유학의 분위기를 쇄신하고자 한 것이다. 저서로는 《주역외전(周易外傳)》《독사서대전설(讀四書大全說)》 등이 있다.

1196, 1197

왕수인(王守仁, 1472~1528)

외부 사물의 객관적 이(理)를 강조하던 주희에 반대하여 마음 바깥에는 이(理)가 없다고 주장했던 명제국 시대의 신유학자. 마음이 지향성을 가지고 있다는 사실에 주목하면서 그는 마음 바깥에 사물은 존재하지 않는다고 주장했다. 마음, 즉 주체적 역량을 강조했던 왕수인의 정신은 논리적으로 신분고하를 떠난 모든 인간에게 강한 호소력을 지녔다. 전통적인 지식인계층을 넘어서 소금장수와 같은 평민도 왕수인의 철학에 환호했던 것도 이런 이유에서였다. 저서로는 《전습록(傳習錄)》《대학문(大學問)》 등이 있다.

322~324, 1083~1092, 1155, 1196, 1200~1202, 1216

왕정상(王廷相, 1474~1544)

명제국 시대 지성계를 주관주의로 몰아갔던 양명학에 맞서 기학(氣學)을 주창했던 신

유학자. 왕정상이 양명학의 심학(心學)을 비판
했다고 해서 주자학의 이학(理學)을 긍정했던
것은 아니다. 심학이든 이학이든 인간과 사
회, 그리고 자연의 현실주의적 풍모를 읽지 못
하는 것은 마찬가지이기 때문이다. 그가 다시
장재의 기학을 복원시키려고 했던 것도 이런
이유에서다. 주요 저작으로는 《신언(愼言)》과
《아술(雅述)》이 있다.

1196, 1197

왕충(王充, 27~100)

중국 후한(後漢) 시대에 태어나 불우하게 살았
던 자연주의 철학자. 그는 동중서의 천인감응
설 등과 같은 일체의 종교적이고 신비적인 사
유를 해체했다. 일체의 종교적인 사유를 공격
할 때 그의 속내는 우발성을 의미하는 우(偶)
라는 개념에 응축되어 있다. 불행히도 아직까
지 그의 우발성 개념은 숙명론적인 사유라고
평가절하되고 있다. 그의 사상은 《논형(論衡)》
이란 방대한 저서에 잘 드러나 있다.

20, 78, 788, 789, 551~861, 918, 920, 928, 931

왕필(王弼, 226~249)

중국 삼국시대의 혼란기에 살면서 새로운 제
국의 논리를 꿈꾸었던 철학자. 그는 노자의
《노자》에서 뿌리와 가지라는 비유로 설명될
수 있는 본말(本末)의 형이상학을 찾아낸다.
물론 뿌리가 군주의 위상을 상징한다면, 가
지는 피통치자를 상징하는 것이다. 그는 조조
(曹操, 155~220)의 셋째아들 조식(曹植, 192~232)
을 황제로 만들려고 노력했지만 실패했다. 결
국 그는 요절하고 말았다. 주요 저서로 《노자
주(老子注)》《주역주(周易注)》 등이 있다.

78, 921~931, 934, 1043, 1055, 1056, 1106,
1165

우다야나(Udayana, 10세기 무렵)

불교인식론에 맞서서 인도 정통 철학 사유를
옹호하려고 했던 니야야학파의 철학자. 우다

야나는 다르마키르티에서부터 라트나키르티
로 이어지는 불교인식론학파의 찰나멸 논증
을 괴멸시키고, 개념 실재론을 옹호하려고
했다. 불교에 맞서 싸우던 우다야나의 시도
가 성공했는지 여부와 상관없이, 10세기 이
후 인도 지성계에서는 더 이상 찰나멸과 관
련된 심각한 논쟁은 벌어지지 않는다. 나가
르주나에서 시작되었던 인도 철학의 찬란했
던 시기를 마지막으로 불태웠던 철학자가 바
로 우다야나였던 셈이다. 주요 저서로는 《아
트마타트바비베카(Ātmattavaviveka)》가 있다.

1038

원효(元曉, 617~686)

신라에서뿐만 아니라 동아시아 불교의 메카
였던 당제국에도 막대한 영향을 끼쳤던 독
창적인 불교 철학자. 그의 사상은 '화쟁(和諍)'
이란 말로 요약할 수 있다. '논쟁을 조화시킨
다'는 뜻을 가진 '화쟁'을 통해 그는 '모든 것
에는 실체가 없다'는 중관불교의 사상과 '마
음만은 존재한다'는 유식불교의 사상을 종
합하려고 했다. 의상과는 달리 민중 속에 살
면서 그들의 삶을 쓰다듬는 실천불교를 지
향했다는 것도 주목할 만하다. 주요 저서로
《십문화쟁론(十門和諍論)》《대승기신론소별기
(大乘起信論疏別記)》 등이 있다.

7, 29, 115, 186~188, 206, 241, 317, 638, 945,
950, 975~978, 986~998, 1023, 1036, 1304,
1316

유부(兪跗, ?~?)

동양의학은 진맥(診脈)과 문진(問診)을 통해
서 탕약이나 침으로 환부를 고친다는 우리
의 일상적인 통념과는 달리 고대 중국에서
현대 서양의학에 버금가는 외과수술을 집도
했다고 전해지는 의사. 전국시대에 활약했던
편작은 의식적으로 유부의 외과의학과 거리
를 두면서 동양의학 전통을 구축하게 된다.
유부의 외과의학 전통은 뒤에 삼국시대 관
우(關羽, ?~219)의 환부를 집도했던 화타(華陀,

145~208) 등에 의해 계승된다. 그에 대한 기록은 《사기》〈편작창공열전(扁鵲倉公列傳)〉에서 간략하게 확인할 수 있다.

769~775

유클리드(Euclid, BC 330?~BC 275?)

유클리드 기하학의 창시자로 그의 저서 《원론(Stoicheia)》은 현대에 이르기까지 강력한 영향을 미치고 있다. 유클리드 기하학은 자명한 공리 체계를 토대로 계산되고 증명된다. 가장 대표적인 것이 바로 '평행선 공리(the parallel axiom)'다. 어떤 평면에 직선 L이 있고, 이 직선 위에 있지 않은 점을 지나면서 L과 마주치지 않은 직선은 오직 하나만 있다는 공리다. 유클리드의 공리론적 사유는 20세기 논리학과 수학기초론, 특히 힐베르트에게 강한 영향을 끼쳤다. 유클리드의 공리에서 내용을 빼고 형식적 논리만 남겨놓은 것이 바로 힐베르트의 형식주의(formalism)니까 말이다.

377, 385, 777, 1203

육구연(陸九淵, 1139~1192)

주희 형이상학 체계의 핵심인 태극(太極) 개념의 기원과 함의를 문제 삼았던 중국 남송 시대 신유학자. 주희에게서 태극은 우주를 통괄하는 본질이자 동시에 개체들에게도 내재되어 있는 원리였다. 마침내 외부 대상들을 연구하여 성인이 될 수 있는 길이 열린 셈이다. 이것이 바로 격물치지(格物致知)로 주희가 말하려고 했던 것이다. 이런 주희의 시도를 좌절시키기 위해 육구연은 태극 개념을 공격했던 것이다. 마음에 내재하는 본성만을 현실화시키면 누구나 성인이 될 수 있다는 것이 확고한 그의 입장이었다. 이 점에서 그는 철저한 맹자주의자였다고 할 수 있다. 그의 모든 저서는 《상산선생전집(象山先生全集)》에 실려 있다.

1065~1075, 1080, 1084, 1090

의상(義相, 625~702)

동아시아 최대의 제국 당제국에서 유학하여 최신 불교 이론인 화엄종(華嚴宗)을 수입했던 신라 진골 출신의 불교 사상가. 60권 혹은 80권으로 되어 있는 방대한 《화엄경(華嚴經)》의 사상을 단 210개의 글자로 요약하고 도표화한 것으로 유명하다. 귀국한 다음 신라 왕실의 비호로 토착 불교 세력들을 몰아내고 화엄종을 표방하는 10개 사찰을 건립하는 무리수를 범하기도 한다. 이것은 당제국의 통치 이데올로기였던 화엄을 신라 왕조에 그대로 적용하려는 과정의 일환이라고 할 수 있다. 그의 저서로는 《화엄일승법계도(華嚴一乘法界圖)》《백화도량발원문(白花道場發願文)》이 있다.

951, 975~986, 991, 1249, 1304

의천(義天, 1055~1101)

화엄종(華嚴宗)과 천태종(天台宗)을 아우르며 고려 왕조의 통치 이데올로기로서 불교의 위상을 정립했던 고려의 불교 사상가. 민중 지향적이었던 균여(均如, 923~973)의 불교 사상을 비판하면서, 왕실과 문신 귀족 중심의 불교 사상을 지탱했다. 지방에서 번성했던 선종을 포섭하는 듯했지만 끝내 선종을 폄하하는 자세를 버리지는 않았다. 많은 점에서 균여와 의천의 관계가 원효와 의상의 관계를 반복하고 있다는 점이 이채롭다. 저서로는 《신편제종교장총록(新編諸宗敎藏總錄)》《원종문류(圓宗文類)》 등이 있다.

1097

이간(李柬, 1677~1727)

충청도 노론 계열의 거두 권상하(權尙夏, 1641~1721)의 제자로서 사람과 동물의 본성이 같다는 인물성동론(人物性同論)을 피력했던 조선 유학자. 이 경우 동물의 본성은 만주족이 세운 청제국을 함축한다. 그래서 그런지 그의 입장은 청제국의 힘을 현실적인 것으로 인정했던 서울 지역 노론 유학자들의 지지를 받게 된다. 그의 저술과 서신들은《외암유고(巍巖遺稿)》에 모아져 지금도 전해온다.

1139~1149, 1151

이어령(李御寧, 1934~2022)

한국문학계에 순수냐 참여냐라는 허구적인 이분법이 창궐하는 데 일조했던 문학평론가. 김수영과의 논쟁을 통해 이어령은 자의 반타의반 정치에 거리를 둔 문학만이 문학성을 담보할 수 있다는 순수문학론을 피력한다. 본인이 의도했든 그렇지 않았든 간에 결과론적으로 순수문학론은 친일문학자들이나 친유신 문학자들에게 정당성, 혹은 면죄부를 주는 데 일조하게 된다. 주요 저서로는《축소지향의 일본인》등이 있다.

1269~1177, 1181~1184

이이(李珥, 1536~1584)

윤리적 마음, 즉 사단(四端)의 순수성을 존재론적으로 정당화하려고 했던 선배 이황의 시도를 비판하며 윤리적 마음도 현실적 마음의 한 양태에 불과하다고 주장했던 조선의 유학자. 성혼(成渾, 1535~1598)이 이황을 편들자 이이는 기대승의 입장, 즉 사단은 칠정(七情)의 한 가지 양태에 불과하다는 입장을 반복한 것이다. 또 하나 기억해두어야 할 것은 그가 향약(鄕約)을 실시하여 지방에도 자신이 신봉했던 신유학 이념을 각인시키려고 노력했다는 점이다. 그의 저술과 서신들은《율곡전서(栗谷全書)》에 정리되어 있다.

1113, 1121~1127, 1132

이지(李贄, 1527~1602)

주체의 마음을 강조했던 왕수인의 신유학을 극한에까지 밀어붙여 유학을 파국으로 몰아넣었던 비극적인 유학자. 동심(童心)을 회복해야 한다는 그의 주장은 주어진 가치를 부정하고 새로운 가치를 창조하는 초인을 상징했던 니체의 '아이'를 연상시킨다. 동시에 그는

당시 독자들이 신간을 목 놓아 기다리곤 했던 베스트셀러 인문 저술가이기도 했다. '태워버려야 할 책'이라는《분서(焚書)》나 '숨겨서 보이지 않아야 하는 책'이라는《장서(藏書)》라는 제목만 보아도 본인뿐만 아니라 출판업자가 얼마나 독자들의 호기심을 자극하려고 애썼는지 미루어 짐작이 가는 일이다.

1155~1160, 1164~1167

이토 진사이(伊藤仁齋, 1627~1705)

주희가 거의 신적인 인물로 묘사했던 공자에게서 타자에 대한 섬세한 감각을 발견했던 에도 시대의 유학자. 그는 내면의 본성을 응시하고 이것을 현실화해야 한다는 신유학의 수양론이 타자를 주체의 내면으로 환원시키는 공부에 지나지 않는다고 신랄하게 비판했다. 그는 윤리는 타자만이 가진 고유한 욕망 체계를 인식하는 것에서 출발해야 한다고 역설했다. 저서로는《어맹자의(語孟字義)》《동자문(童子問)》등이 있다.

1046, 1161, 1172~1176, 1181

이황(李滉, 1501~1570)

도덕적 마음의 순수성을 존재론적으로 정당화하기 위해서 노력했던 조선의 신유학자. 젊은 유학자 기대승과의 논쟁을 통해 그는 사단(四端)이란 도덕적 마음에는 이(理)가, 그리고 칠정(七情)이란 현실적 마음에는 기(氣)가 지배적인 역할을 한다고 주장한다. 그의 주장으로 인물성논쟁(人物性同論)과 함께 조선 유학계를 들끓게 했던 사단칠정논쟁(四端七情論爭)이 시작된다. 그의 저술과 서신들은《퇴계선생문집(退溪先生文集)》에서 확인할 수 있다.

1113, 1114, 1116~1126, 1130, 1304

임제(臨濟, ?~867)

인간의 삶을 지배하는 일체의 이념들을 제거하고 삶의 긍정에 이르는 데 성공한 선종

의 최고봉. 자신의 의지와 무관하게 각인된 기억에서 벗어나기 위해 모든 불교 이론가들은 치열하게 노력했다. 그렇지만 열반, 혹은 해탈이라고 불리는 마음의 자유가 어떤 모습일지에 대해 대부분 침묵으로 일관했다. 임제는 '무위진인(無位眞人)'이란 개념으로 해탈한 마음을 가진 인간이 다양한 일상생활에서 항상 주체로 설 수 있는 인간이라는 사실을 명확히 한다. 그의 사자후(獅子吼)는《임제어록(臨濟語錄)》에서 아직도 울리고 있다.

7, 941, 1022~1034, 1036, 1105, 1304

장자(莊子, BC 369~BC 289?)

타자와 소통하는 삶을 꿈꾸었던 중국 전국시대의 철학자. 그는 타자와의 소통을 가로막는 일체의 유아론적 사유를 꿈에 비유하면서 공격했다. 타자와 소통하기 위해서 그는 유아론적 사유를 망각(忘)하거나 비워야(虛) 한다고 권고했다. 타자와의 소통이 주체적 결단에 의해 가능하다고 강조하기 위해서 그는 "길은 걸어 다녀야 이루어진다"고 역설했다. 그의 사유는《장자》, 특히〈내편(內篇)〉일곱 장에 실려 있다.

6, 20, 21, 29, 73, 78, 96, 186, 187, 240, 243, 245, 360, 361, 402, 663, 678, 679, 737~743, 745, 746, 751, 755~757, 818, 858, 918, 920, 931, 932, 1251

장재(張載, 1020~1077)

주체의 마음에 모든 관심을 집중했던 불교이론을 논박하기 위해 전통 동아시아에서 원초적 질료를 의미했던 기(氣) 개념을 되살려낸 신유학의 정초자. 그에 따르면 기가 모이면 인간을 포함한 개체들이 만들어지고, 반대로 기가 흩어지면 개체들은 소멸하는 것이다. 이로부터 그 특유의 사해동포주의(四海同胞主義), 즉 모든 개체는 거대한 우주가족의 성원이라는 발상이 출현하게 된다. 흥미로운 것은 신유학이 내면화되어 불교와 유사해질 때마다 그의 기학(氣學)이 항상 반복적으로 재생된다는 점이다. 주요 저서로는《정몽(正蒙)》《경학이굴(經學理窟)》등이 있다.

58, 805, 857, 1042, 1046~1052, 1055, 1062, 1088, 1089, 1125, 1166, 1169, 1192, 1193, 1196, 1197, 1200, 1201, 1215, 1219

전덕홍(錢德洪, 1496~1574)

양명 우파의 좌장에 해당하는 양명학자. 친구 왕기와는 달리 전덕홍은 스승 왕수인의 핵심적 가르침은 치양지(致良知)에 있다고 확신했다. 그가 선악이 없는 마음의 본체에서 공부하기를 거절하고 선을 행하고 악을 제거하는 치양지 공부를 강조했던 것도 이런 이유에서다. 스승 왕수인의 사유를 후대에 전하기 위해 전덕홍은《전습록(傳習錄)》과《왕문성공전서(王文成公全書)》를 편집하는 데 핵심적 역할을 맡기도 했다. 주요 저서로는《서산집(緒山集)》이 있다.

1190~1192

전봉준(全琫準, 1855~1895)/김개남(金開南, 1853~1895)/손화중(孫華仲, 1861~1895)

1894년 갑오농민전쟁 당시 전라도, 즉 남접(南接)을 이끌었던 세 명의 동학 지도자. 세 사람은 모두 인내천(人乃天)을 제도적으로 뒷받침할 수 있는 집강소 조직을 만들어 남접에 코뮤니즘을 이식하려고 노력했다. 인간의 존엄성을 지키려면 슬로건이 아니라 조직과 무력이 수반되어야 한다는 걸 자각했던 것이다. 실제로 집강소로 구체화된 코뮤니즘을 유지하기 위해 세 사람은 전제왕권과 제국주의에 맞서 치열하게 투쟁했다. 불행히도 그들이 꿈꾸던 세상은 반년도 버티지 못하고, 그들과 민중의 수많은 죽음으로 막을 내리고 만다. 최제우를 죽음으로 몰고 갔던 그의 칼노래와 칼춤의 화신이 바로 전봉준, 김개남, 손화중이었던 셈이다.

1220, 1223

정도전(鄭道傳, 1342~1398)

고려왕조의 이념적 토대였던 불교 사상을 제거하고 신유학을 조선왕조의 통치 이데올로기로 정초하려고 했던 조선의 신유학자. 어떤 이념에도 물들어 있지 않는 이성계(李成桂, 1335~1408)를 새로운 왕조의 주군으로 선택한 것도 조선을 신유학의 왕조로 만들고자 했던 그의 의도가 반영된 것이다. 무엇인가 들어서 있는 곳보다는 아무것도 없는 땅에 건물을 짓는 것이 더 용이한 일이기 때문이다. 저서로는 《심기리편(心氣理篇)》《불씨잡변(佛氏雜辨)》 등이 있다.

1112, 1128, 1130

정약용(丁若鏞, 1762~1836)

신유학의 형이상학적 사유 경향을 극복하고 공자와 맹자로 대표되는 원시 유학의 윤리학적 태도를 복원하고자 노력했던 조선 유학의 마지막 대가. 주희가 체계화했던 이일분수(理一分殊)의 논리를 공격하는 데 도움이 된 것이 마테오 리치에게서 배운 아리스토텔레스의 존재론이었다. 특히 아리스토텔레스의 두 가지 범주 '실체(substantia)'와 '속성(accidens)'이 매우 중요한 역할을 담당했다. 개체를 상징하는 실체가 없다면 속성도 존재할 수 없다는 아리스토텔레스의 발상은 기(氣)가 없다면 이(理)도 존재할 수 없다는 정약용의 주장을 정당화했기 때문이다. 그의 모든 저술과 서신들은 《여유당전서(與猶堂全書)》에 집대성되어 있다.

20, 22, 829, 976, 977, 1046, 1112, 1161,
1180~1182, 1186~1191, 1194, 1195, 1198,
1207~1214, 1216, 1218, 1304

정이(程頤, 1033~1107)

형 정호와 함께 이정(二程)으로 불리면서 존경받았던 북송의 신유학자. 논리적이고 분석적이었고 심지어는 원리주의적인 측면도 강했던 정이는 특히나 그와 성격이 비슷했던 주희에게 강한 영향을 끼쳤다. 정이는 이기론(理氣論)과 성정론(性情論)을 체계화하여 신유학에 이론적 체계를 제공했다. 특히나 그가 수양의 양 날개로 제안했던 경(敬) 공부와 격물치지(格物致知) 공부는 주희의 수양론에 결정적인 영향을 끼친다. 주요 저서로는 《이정집(二程集)》이 있다.

24, 1042, 1062, 1077, 1084, 1161, 1162, 1165

정호(程顥, 1032~1085)

동생 정이와 함께 이정(二程)이라고 불렸던 북송 시대 신유학자. 분석적이고 논리적이었던 동생 정이와는 달리 정호는 종합적이었고 직관적이었던 사상가였다. 특히나 공자와 맹자가 강조했던 인(仁) 개념을 만물일체(萬物一體)의 감수성으로 해석했던 그의 사상은 후대 신유학 사유에 지대한 영향을 미치게 된다. 세계의 모든 것에 대해 마비가 풀리는 순간 누구라도 성인(聖人)이 될 수 있다고 정호는 확신했던 것이다. 주요 저서로는 《이정집(二程集)》이 있다.

24, 1017, 1018, 1042, 1062, 1065, 1077, 1092,
1169, 1170

조이스(James Joyce, 1882~1941)

체제의 훈육이 인간을 어떻게 변모시키는지 집요하게 묘사했던 아일랜드 출신의 소설가. 이념, 관습, 법, 자본주의 등등은 인간을 훈육하여 자신들이 부정하고자 하는 것에 무감각하도록 만든다. 바로 여기서 지배와 예속은 완성되는 것이고, 이때 인간은 마비의 상태에 이른다. 조이스는 마비된 인간의 내면을 다루며, 마비에서 풀리는 단서를 집요하게 모색했다. 주요 저서로는 《더블린사람들(Dubliners)》과 《율리시즈(Ulysses)》가 있다.

1264~1266, 1286

종밀(宗密, 780~840)

선교일치(禪敎一致)를 표방하며 치열한 참선과 냉철한 이해를 겸해야 한다고 강조했던 당제국의 불교 사상가. 수정주의자, 혹은 절충주의자로 비칠 수밖에 없었던 그는 임제를 대표로 하는 근본주의적 선종에서는 이단 취급을 받았던 불운한 인물이었다. 그렇지만 그의 정신은 고려왕조의 지눌에 의해 계승되어 성철이 등장할 때까지 한국 불교에 지속적인 영향을 끼친다. 저서로는《선원제전집도서(禪源諸詮集都序)》《원인론(原人論)》등이 있다.

973, 1022~1029, 1036, 1044, 1059, 1091, 1097~1100, 1102, 1104, 1105, 1109

주돈이(周敦頤, 1017~1073)

《태극도설(太極圖說)》이란 짧은 글로 신유학의 형이상학 체계가 구성되는 데 결정적인 공헌을 했던 중국 북송 시대 신유학자. 주희는《태극도설》에서 이일분수(理一分殊)로 요약되는 형이상학 체계를 구성하는 실마리를 얻었다. 주희의 형이상학적 경향에 반대했던 육구연이《태극도설》이 유학적이지 않다고 공격했던 것도 이런 이유에서다. 주희와 육구연 사이에 벌어졌던 논쟁의 핵심에는 주돈이가 태극 위에 설정한 무극(無極)이란 개념이 도사리고 있다. 이 개념은 도가 철학의 중심 범주 '무(無)'와 유사했기 때문이다. 저서로는《통서(通書)》가 있다.

24, 778, 779, 1042, 1062~1065, 1067~1071

주희(朱熹, 1130~1200)

중국 남송 시대 최고의 철학자. 서양철학사의 '저수지'가 칸트였던 것과 유사하게 주희는 유학, 불교, 도가 철학의 사유 경향이 합류하는 동양철학의 저수지에 해당하는 인물. 하늘의 달이 천 개의 강에 달그림자를 드리운다는 이미지를 지닌 이일분수(理一分殊)는 그의 형이상학적 체계의 핵심이었다. 이를 통해 그는 외적인 격물치지(格物致知) 공부나 내적인 함양(涵養) 공부가 모두 상이해 보이지만 동일한 달그림자에 대한 공부라고 설명할 수 있었다. 물론 두 가지 공

부의 최종 목적은 하늘에 떠 있는 하나의 달과 같은 태극(太極)에 대한 직관에 있었다. 저서로는《주희집(朱熹集)》《주자어류(朱子語類)》등이 있다.

23, 79, 322, 829, 830, 857, 918, 1043~1046, 1051~1060, 1062~1075, 1077~1092, 1112~1116, 1121, 1123, 1125~1127, 1136~1151, 1153~1166, 1169, 1174, 1181, 1182, 1184~1188, 1194, 1196~1198, 1200, 1202, 1208, 1216, 1294~1296

즈냐냐스리미트라(Jñānasrimitra, 975~1025)

다르마키르티 이후 후기 불교인식론학파를 이끌었던 불교 이론가. 동시에 즈냐냐스리미트라는 금강승을 따랐던 것으로도 유명하다. 그러니까 그는 대승과 금강승 사이의 과도기를 상징하는 인물이라고 볼 수 있다. 불교 철학에서 즈냐냐스리미트라가 중요한 이유는 그가 다르마키르티가 자신의 다양한 저서에서 추구했던 찰나멸 논증을 논리학적으로 더 명료하게 전개했다는 데 있다. 주요 저서로는《찰나멸론(kṣaṇabhaṅgādhyāya)》이 있다.

474, 1037

지눌(知訥, 1158~1210)

원숭이처럼 참선 흉내만 내고 화두를 던지고 죽장자를 함부로 휘두르는 당시 선불교의 폐단을 제거하기 위해서 선불교도 지적인 이해를 전제해야 한다고 주장했던 고려의 불교 이론가. 선교일치(禪敎一致)를 주장했던 종밀의 정신을 계승했던 그는 마침내 돈오점수(頓悟漸修)라는 슬로건을 제창하게 된다. 여기서 돈오는 궁극적인 깨달음이 아니라 인간의 실존과 자유에 대한 지적인 이해를 의미한다. 이런 지적인 이해를 기초로 점진적으로 수행하자는 것이 바로 지눌의 돈오점수 이론이다. 저서로는《법집별행론절요병입사기(法集別行錄節要幷入私記)》《보조법어(普照法語)》등이 있다.

958, 973, 1022, 1025~1027, 1096~1109, 1304

지엄(智儼, 602~668)/두순(杜順, 557~640)

화엄종 제2조로서 법장과 의상의 스승이기도 했던 당제국 시기의 승려. 보통 두순을 화엄종을 개창한 제1조로 놓지만, 실질적으로 화엄종을 건립하고 체계를 마련한 것은 모두 지엄의 공이라고 할 수 있다. 실제로 지엄에게 《화엄경》을 가르쳐주었던 것은 두순이 아니라 지정(智正)이란 승려였다. 주요 저서로는 《화엄경수현기(華嚴經搜玄記)》와 《화엄오십요문답(華嚴五十要問答)》이 있다.

976, 978, 1002

지오노(Jean Giono, 1895~1970)

프랑스의 반전 평화주의자이자 작가. 지오노는 제1차 세계대전을 겪으면서 전쟁의 참상과 본질을 직시했고, 자신의 경험을 수많은 소설로 전하려고 노력했다. 다양한 문학적 작업으로 지오노는 반전의 정서를 독자들에게 각인시키려고 했다. 일체의 영웅주의가 체제에 의해 유포된다고 확신했던 지오노는 평화주의는 반영웅주의에서 시작되어야 한다고 역설했다. 주요 저서로는 자전적 소설 《푸른 장(Jean le bleu)》과 서신집 《농민에게 보내는 가난과 평화에 대한 서신(Lettre aux paysans sur la pauvreté et la paix)》 등이 있다.

726~728

지의(智顗, 538~597)

중국 남북조 시대에 전쟁의 참화 속에 덧없이 사라지는 중생들의 비참을 구제하기 위해 《법화경(法華經)》의 강렬한 구세의식을 표방했던 천태종(天台宗)의 창립자. 그는 타인을 이롭게 하는 자비심이 강하게 피력된 《법화경》을 가장 중시했고, 깨달은 자의 마음과 그 마음에 비친 비참한 세계는 하나일 수밖에 없다고 생각했다. 그가 "세계를 구제하는 것이 바로 나를 구제하는 길"이라고 역설했던 것도 이런 이유에서이다. 저서로는 《법화문구(法華文句)》 《법화현의(法華玄義)》 등이 있다.

957, 969~972, 1001

짐멜(Georg Simmel, 1858~1918)

칸트와 니체가 자본주의적 대도시의 일란성 쌍둥이에 지나지 않는다는 것을 분명하게 보여준 독일의 사회철학자. 그에 따르면 칸트의 사유가 도시인의 상호 무관심을, 그리고 니체의 사유는 그런 상호 무관심 속에서 자신의 개성을 표출하려는 도시인의 열망을 반영한다. 마르크스와 베버처럼 거대 사회학적 담론이 횡행했던 때에 그는 예민한 시선으로 자본주의와 대도시의 소소한 것들이 가진 중요성을 부각시켰다. 그의 미시사회학적 연구 시선은 젊은 시절 루카치나 벤야민에게 강한 영향력을 행사한다. 저서로는 《돈의 철학(Philosophie des Geldes)》 《쇼펜하우어와 니체(Schopenhauer und Nietzsche)》 등이 있다.

129, 153, 155, 190, 294, 453, 454, 483, 484

징관(澄觀, 738~839)

화엄종의 제4조로 숭상되는 당나라의 승려. 징관은 화엄종 제2조 지엄과 제3조 법장이 체계화했던 화엄종을 더 교조적인 형식으로 단순화했다. 이런 노력의 일환으로 만들어진 것이 바로 그 유명한 화엄의 사법계설이다. 징관 당시는 화엄종의 영향력이 갈수록 떨어졌고, 오히려 선종이 불교의 패권을 서서히 잡아가고 있던 시절이었다. 징관은 화엄종을 유지하기 위해 선교일치(禪敎一致)를 주장하기에 이르게 된다. 주요 저서로는 《법계현경(法界玄鏡)》이 있다.

1006, 1007, 1022

총카파(Tsong Kha pa, 1357~1419)

나가르주나의 공(空) 사상을 토대로 바수반두의 유식(唯識) 사상의 수행론을 접목시켜 티베트 불교의 고유한 전통을 만들었던 티베트의 불교 이론가. 티베트에서 활약하다가 비극적인 죽음을 맞았던 인도의 불교 사상가 카말라실라에게 큰 영향을 받았던 그는 신라의 원효와 비견될 만한 인물이다. 두 사람 모두 나가르주나와 바수반두를 종합하는 데 일생을 바쳤기 때문이다. 총카파의 저서로는 《깨달음에 이르는 길(lam rim chen mo)》 《상대성의 예찬(rten 'brel bstod pa)》 등이 있다.

1096, 1108~1110

최시형(崔時亨, 1827~1898)

동학의 창시자 최제우를 계승한 동학의 2대 교주. 스승 최제우의 저술들을 편찬하고 교세를 확장하는 등 최시형의 각고의 노력이 없었다면 우리가 알고 있던 동학은 지금 전해지지 않았을 것이다. 그렇지만 최시형이 최제우의 사상을 그냥 그대로 전했다고 생각해서는 안 된다. 최제우의 내재주의 사상을 더 근본적으로 밀어붙여, 최시형은 자기만의 몸과 생명의 철학을 완성하기 때문이다. 그는 초월주의를 없애고 내재주의를 완성하려면, 초월자가 아닌 우리 인간이, 정신이 아닌 우리의 몸의 지위가 바로잡아져야 한다고 생각했던 것이다. 주요 저서로는 《해월신사법설(海月神師法說)》이 있다.

1216, 1217, 1219, 1223

최제우(崔濟愚, 1824~1864)

서학(西學)에 맞서 동학(東學)을 창시했던 조선 후기 사상가. 기독교의 초월적 사유에 맞서 최제우는 동아시아 사유의 정수였던 내재주의를 동학이란 이름으로 다시 체계화했다. '인내천(人乃天)'이란 슬로건에 맞게 그는 인간 개개인을 자유로운 주체로 긍정했다. 왕이나 양반, 그리고 민중은 모두 지기(至氣)의 결과물에 지나지 않을 뿐이다. 결국 지기의 차원에서는 빈부귀천의 차이는 존재할 수도 없는 것이다. 당연히 그의 가르침을 받은 제자들과 민중은 나중에 억압에 맞서 싸운 갑오농민전쟁의 주역이 된다. 주요 저서로는 《동경대전(東經大全)》과 《용담유사(龍潭遺詞)》가 있다.

115, 1212~1218, 1221~1223

최한기(崔漢綺, 1803~1877)

서양의 기계론적 자연관을 받아들여 동아시아 전통의 기(氣) 개념과 조화를 모색했던 19세기 조선의 유학자. 당시 서울에서 가장 많은 책을 소장하고 있던 사람으로 유명하다. 그는 당시 청제국에서 번역, 출간된 다수의 서양과학 서적을 구입했던 장서가로 유명했다. 비록 말년에 그 책을 팔아 연명하게 되지만 말이다. 그는 질적인 개념이어서 측정이 불가능했던 기를 수량화하려고 많은 노력을 경주했다. 저서로는 《추측록(推測錄)》과 《기학(氣學)》이 있다.

1190~1195, 1198

추연(鄒衍, BC 350~BC 270)

고대 중국의 자연철학자이자 역사철학자. 추연은 오행(五行)의 논리를 자연뿐만 아니라 역사에도 그대로 적용한 것으로 유명하다. 여기서 추연이 강조했던 것은 나무(木), 불(火), 흙(土), 쇠(金), 물(水)의 순서였다. 자연계에서는 불이 나무를 태우고, 흙이 불을 끄고, 흙은 쟁기와 같은 쇠붙이로 경작되고, 쇠붙이는 물에 의해 녹슨다. 추연은 이런 상극(相克)의 논리를 역사철학에 적용해서, 나무의 덕을 가진 국가는 불의 덕을 가진 국가에 의해 멸망한다는 역사철학적 결정론을 피력했다. 주요 저서로는 지금은 남아 있지 않지만 《종시(終始)》와 《대성(大聖)》이 있었다고 한다.

782~784

카말라실라(Kamalaśīla, 740?~795?)

샨타락시타의 제자로서 중국의 선종 전통을 공격하고 인도 불교 전통으로 티베트 불교의 토대를 닦았던 인도의 불교 이론가. 794년 자신이 티베트에 건립했던 쌈예 사원에서 카말라실라는 중국 선종의 대표자 마하연과 돈오와 점수와 관련된 치열한 논쟁을 펼쳤던 적이 있다. 주요 저서로는 스승 샨타락시타의 《섭진실송(攝眞實頌, Tattvasaṃgrahakārikā)》에 대한 방대한 주석서 이외에 《수습차제(修習次第, Bhāvanā-Krama)》가 있다.

24, 914, 1094~1096, 1107~1109

카프카(Franz Kafka, 1883~1924)

근대사회의 새로운 훈육 논리였던 법과 인간 사이의 기묘한 연루 관계를 응시했던 체코 독일계 유대인 문학가. 카프카의 문학세계에는 아감벤이 '호모 사케르(Homo Sacer)'라는 개념을 통해 숙고했던 배제의 논리가 이미 근사하게 포착되어 있다. 배제의 논리는 인간에게 배제에 대한 공포와 포함에 대한 열망을 동시에 각인시킨다. 주요 저서로는 《심판(Der Prozess)》과 《성(Das Schloss)》이 있다.

1264~1266, 1286

칸토르(Georg Cantor, 1845~1918)

수학과 수학의 기초를 바꾸었던 독일 수학자. 집합론의 창시자였던 그는 무한을 수학적으로 이론화하는 방법을 창조했던 철학자이기도 했다. 특히 기억해야 할 것은 칸토르의 집합론은 20세기 초 서양 지성계의 화두였던 수학기초론에 엄청난 자극을 주었다는 점이다. 칸토르의 집합론이 없었다면, 지금 우리가 알고 있는 프레게, 러셀, 화이트헤드, 그리고 심지어 힐베르트마저도 전혀 다른 사람으로 기억되었을 것이다. 대표작으로는 《초한수 이론의 기초를 위한 논문집(Contributions to the Founding of the Theory of Transfinite Numbers)》이 있다.

377, 379~389, 392, 393, 898, 899

칸트(Immanuel Kant, 1724~1804)

흄으로 상징되는 경험론과 라이프니츠로 대표되는 합리론을 종합하려고 노력했던 근대 철학사에서 가장 중요한 위상을 가진 철학자. 흔히 그의 철학으로 과거 모든 서양철학의 흐름들이 모여들고 동시에 그의 철학에서부터 모든 사유가 전개되어 나왔다고 해서,

칸트의 철학을 '서양철학의 저수지'라고 부른다. 특히 칸트가 진위, 미추, 선악을 범주적으로 구분하는 데 성공한 것은 특기할 만한 일이다. 주요 저서로 3대 비판서라고 부르는 《순수이성비판(Kritik der reinen Vernunft)》《실천이성비판(Kritik der praktischen Vernunft)》《판단력비판(Kritik der Urteilskraft)》 등이 있다.

20, 23, 29, 30, 63, 64, 174, 178~187, 208,
215~217, 228~238, 241, 246, 247, 249,
270, 279~294, 298, 304, 317, 320, 321, 323,
336~378, 358~362, 389, 392, 395, 414, 416,
430, 433, 470, 471, 618, 641, 660, 668, 938,
994, 995, 1035, 1200, 1305, 1307, 1317

코제브(Alexandre Kojève, 1902~1968)

프랑스 지성계에 헤겔이 표방했던 주인과 노예의 변증법이 지닌 중요성을 설파했던 러시아 출신 프랑스 철학자. 헤겔의 《정신현상학》에 등장하는 주인과 노예의 변증법을 창조적으로 독해하면서 그는 타자에게서 인정받으려는 인간의 욕망을 부각시킨다. 라캉을 포함한 현대 프랑스 철학계에 지대한 영향을 미쳤을 뿐만 아니라, 《인정투쟁(Kampf un Anerkennung)》이라는 책으로 타자와의 관계에서 인정이 가진 중요성을 강조했던 독일 철학자 호네트에게도 영향을 주었다. 저서로는 《헤겔독해입문(Introduction à la lecture de Hegel)》《무신론(L'Athéisme)》 등이 있다.

568~570, 822, 823

코헨(Paul Joseph Cohen, 1934~2007)

바디우의 존재론에 지대한 영감을 주었던 현대 수학자. 코헨은 칸토르의 연속체 가설을 입증한 것으로 유명하다. 칸토르는 $\aleph_0$ 다음의 실수 농도 $\aleph$가 $\aleph_1$이기를 원했다. 칸토르는 유리수와 실수 사이에 어떤 무한 집합이 있다고 하고, 그 집합의 농도를 연속체(continuum)의 머리글자를 따서 c라고 붙였다. 그러니까 연속체의 가설은 'c=$\aleph_1$'라고 표기된다. 바디우에게 깊은 영감을 준 '선택

공리(axiom of choice)'를 통해 코헨은 공리를 무엇으로 선택하느냐에 따라 'c=ℵ1'일 수도 있고, 아니면 'c≠ℵ1'일 수도 있다는 걸 증명한 것이다. 주요 저서로는《집합론과 연속체가설(Set Theory and the Continuum Hypothesis)》이 있다.

393

쿠르노(Antoine-Augustin Cournot, 1801~1877)

확률론이 원인에 대한 불완전한 인식에 기원한다고 생각했던 라플라스와는 달리 확률론을 긍정했던 프랑스의 과학철학자이자 수학자. 철학적으로 쿠르노의 생각은 루크레티우스의 우발적 원자론에 토대를 두고 있다고 할 수 있다. 물론 그렇다고 해서 그의 우발성 개념이 인과론을 부정하는 것은 아니다. 독립된 인과계열들의 마주침으로 그는 우발성과 확률 개념을 강조하고 있기 때문이다. 주요 저서로는《우연과 확률 이론에 대한 해명(Exposition de la théorie des chances et des probabilités)》이 있다.

841~843

쿠마릴라(Kumārila Bhaṭṭa, 8세기 중엽)

인도 미망사학파의 철학자. 미망사학파는 인도 철학의 치열한 논쟁사에서 한 걸음 발을 빼고 있었다. 브라흐만에 대한 제사 용어와 의식을 명료화하는 데 중점을 두었던 미망사학파는 쿠마릴라가 등장하면서 인도 철학의 논쟁사에 개입하게 된다. 디그나가와 다르마키르티가 아포하 논리로 개념을 해체했기 때문에 벌어진 일이라고 할 수 있다. 신뿐만 아니라 제사 용어마저도 와해될 위기에 봉착했던 쿠마릴라는 학파의 명운을 걸고 불교인식론학파의 인식론을 공격할 수밖에 없었던 것이다. 주요 저서로는《쉬로카바르티카(Ślokavārtika)》와 《탄트라바르티카(Tantravārtika)》가 있다.

953, 954

쿤(Thomas Kuhn, 1922~1996)

과학은 연속적이고 누적적으로 발전하는 것이 아니라 불연속적이고 단절적인 과정으로 진행한다고 주장했던 미국의 과학철학자. '과학혁명'과 '패러다임'이란 개념으로 과학사에 대한 그의 통찰을 요약할 수 있다. 비록 과학사에 국한되었지만, 그의 연구는 각 시대마다 특유한 인식구조, 즉 에피스테메가 존재한다는 푸코의 역사철학과 많은 부분 유사성을 공유하고 있다. 주요 저서로는《과학혁명의 구조(The Structure of Scientific Revolution)》가 있다.

515, 523~530

크로네커(Leopold Kronecker, 1823~1891)

가우스를 이어서 독일 정수론을 체계화했던 독일의 수학자. 가우스의 후계자답게 크로네커는 자연수만이 신이 창조한 것이고, 그 이외의 모든 수는 인간이 편의를 위해 만든 것에 지나지 않는다고 생각했다. 심지어 크로네커는 원주율 π마저도 존재하지 않는 수라고 단언했을 정도다. 그가 자신의 천재적인 제자 칸토르의 무한집합론을 공격했던 것도 어쩌면 당연한 귀결이라고 하겠다. 주요 저서로는《정수론 강의(Vorlesungen über Zahlentheorie)》가 있다.

383, 384, 388, 389, 899

크로포트킨(Pyotr Kropotkin, 1842~1921)

경쟁이 바로 진보라는 주장이 진화론에 의해 정당화되자 진화란 경쟁이 아니라 상호부조로 진행한다는 것을 밝히고자 노력했던 러시아의 대표적인 아나키스트. 상호부조에 입각한 자유로운 연대를 도모하던 그는 러시아혁명에 성공한 레닌(Vladimir Ilyich Lenin, 1870~1924)에게서도 존경을 받았을 정도로 당시 러시아에서는 절대적인 영향력을 행사했다. 민족주의에서 아나키즘으로 사상적 진화를 겪었던 신채호(申采浩, 1880~1936)에게도 그의 영향력은 매우 지대했다. 저서로는《상호부조론(Mutual Aid)》《빵의 정복(The Conquest of Bread)》등이 잇다.

크립키(Saul A. Kripke, 1940~2022)

고유명사를 술어들의 덩어리로 해체하려는 러셀의 시도를 '가능세계론'으로 좌절시킨 미국의 철학자. 그는 고유명사는 가능세계에서도 통용될 수 있지만 고유명사를 대치하는 기술구(descriptions)들은 가능세계에서는 통용될 수 없다고 주장했다. 다시 말해 가능세계에서는 '이순신'은 임진왜란 때 일본 해군을 물리치지 않을 수도 있지만, '일본 해군을 물리친 사람'이 일본 해군을 물리치지 않을 수 있다는 것은 불가능하다는 것이다. 저서로는 《이름과 필연(Naming and Necessity)》《비트겐슈타인, 규칙과 사적 언어(Wittgenstein on Rules and Private Language)》등이 있다.

클라스트르(Pierre Clastres, 1934~1977)

구조주의 인류학 및 마르크스주의 인류학과 구별되는 정치인류학이라는 독창적인 학문 분야를 개척했던 정치철학자. 그는 인디언 사회가 결코 야만사회가 아니라 문명사회였으며, 오히려 진정한 야만사회는 우리가 살고 있는 국가사회라고 폭로했다. 들뢰즈의 정치철학이 '전쟁기계'에 대한 클라스트르의 통찰에서 크게 영향을 받았던 것도 주목할 만한 일이다. 주요 저서로는 《국가에 대항하는 사회(La Société Contre l'Etat)》《폭력의 고고학(Archéologie de la violence)》등이 있다.

클라우시우스(Rudolf Clausius, 1822~1888)

열역학 개념을 기초했던 독일의 물리학자이자 수학자. 1865년에 엔트로피라는 개념을 도입하면서 클라우시우스는 열역학을 하나의 고유한 분과학문으로 만드는 데 결정적인 공헌을 한다. 엔트로피 개념과 함께 당시 그는 열역학의 두 가지 법칙을 명료화한다. 하나는 우주의 에너지는 일정하다는 것이고, 다른 하나는 우주의 엔트로피는 최대치로 이르려는 경향이 있다는 것이다. 주요 저서로는 1867년 출간된 영어로 번역된 논문집 《역학적 열이론(The Mechanical Theory of Heat)》이 있다.

클레(Paul Klee, 1879~1940)

표현주의는 인간의 자유를 실현하는 방법이라고 확신했던 독일의 화가. 색으로만 경도되었던 표현주의 기법에서 벗어나 클레는 인간의 감정을 표현하는 매체로 선과 문자마저 이용한 것으로 유명하다. 특히 날지 못하는 천사의 이미지로 파시즘에 의해 억압된 인간의 자유를 그림으로 많이 담았다. 10년 동안 바우하우스의 교수로 지내면서 예술, 특히 회화의 본질에 대한 많은 글을 쓴 것으로도 유명하다. 주요 저서로는 《현대미술에 관하여(Über die moderne kunst)》, 《창조와 관련된 고백(Creative Confession)》등이 있다.

키르케고르(Søren Kierkegaard, 1813~1855)

덴마크 코펜하겐에서 태어나 어릴 때부터 개신교 교육을 받았던 종교철학자. 청년 시절 사랑하던 올센(Regine Olsen)과의 파혼 경험은 개신교와 더불어 그의 사상에 중대한 영향을 주었다. 그는 이성을 통해 신에 이를 수 있다는 헤겔의 보편적 이성주의에 반대했다. 그래서 그는 신앙을 '목숨을 건 비약'이라고 말하면서 인간 실존의 단독성을 강조했다. 주요 저서로 《두려움과 떨림(Frygt og Bæven)》《반복(Gjentagelsen)》등이 있다.

키케로(Marcus Tullius Cicero, BC 106~BC 43)

스토아학파를 중심으로 헬레니즘 사유 전통을 종합했던 헬레니즘 시대의 철학자. 그는 수사학 전통에 입각한 화려한 문체로 유명하며 칸트가 자신의 모국어인 독일어로 철학을 시작하기 전까지 라틴어를 철학의 언어로 만드는 데 결정적인 공헌을 했다. 특히 삶의 소소한 측면들을 성찰한 그의 글들은 아직도 대중적인 처세서로 많이 읽히고 있다. 저서로 《신본성론(De natura deorum)》《최고선과 최고악에 관하여(De finibus bonorum et malorum)》등이 있다.

87, 88

탈레스(Thales, BC 624?~BC 546?)

세계의 근원, 즉 아르케(arche)를 유동적인 '물'이라고 규정하면서 종교적 세계관을 넘어서 철학적 세계관을 열었던 서양 최초의 철학자. 그를 서양 최초의 철학자라고 규정했던 것은 바로 아리스토텔레스였고, 뒤에 러셀도 "서양철학은 탈레스로부터 시작된다"고 주장했던 적이 있다. 그의 삶과 사유를 알려주는 텍스트로는 디오게네스 라에르티오스가 지은《유명한 철학자들의 생애와 사상》이 있다.

41

튜링(Alan Mathison Turing, 1912~1954)

컴퓨터와 암호 해독으로 유명했던 영국의 수학자이자 논리학자. 튜링은 제2차 세계대전 당시 독일의 암호 체계 에니그마(enigma)를 해독한 것으로 유명하다. 비트겐슈타인의 제자이기도 했던 그는 25세의 나이에 튜링기계라는 사유 실험을 통해 컴퓨터의 원리를 기초했던 천재이기도 했다. 흥미로운 것은 튜링기계를 통해 그는 계산 가능성에는 한계가 있다는 사실도 함께 증명했다. 괴델이 수학기초론에서 했던 것을 튜링은 컴퓨터에서 수행했던 것이다. 컴퓨터의 아버지가 컴퓨터의 한계도 증명했다니 정말 아이러니한 일이다.

397, 398

파스칼(Blaise Pascal, 1623~1662)

데카르트가 인간의 이성(raison)만을 강조했던 것과는 달리 인간에게는 이성뿐만 아니라 심정(cœur)도 존재한다고 주장했던 프랑스의 근대철학자. 심정을 가진 존재로서 인간을 성찰하려고 했다는 것이 그를 일급의 철학자로 만든 비밀이다. 그는 데카르트가 애써 눈감고 보지 않으려고 했던 인간의 허영, 비참함, 부조리를 응시한다. 이렇게 허위의식에 가득 차 있는 인간세계에서 신이 존재하지 않는다면, 어떤 희망도 있을 수 없다는 주장으로 기독교를 변호하려고 했다. 저서로는 《기하학적 정신에 대해(De l'Esprit géométrique)》《팡세(Pensées)》등이 있다.

124~130, 493, 1250, 1251

펑유란(馮友蘭, 1894~1990)

베이징 대학에서 러셀을 만난 영향으로 현대적 의미에서의 철학사를 중국 사유 전통에 최초로 적용시켰던 철학사가. 1934년 그가 집필한 《중국 철학사》는 1952년 프린스턴 대학 출판부에서 보드(Derk Bodde)에 의해《A History of Chinese Philosophy》라는 제목으로 번역되어 아직도 중국 철학사에 대한 세계적인 고전으로 통용되고 있다. 후에 중국 공산당 정권하에서 과거 자신의 철학사를 부정하고 사적유물론에 입각한 중국 철학사 《중국 철학사 신편(中國哲學史新編)》을 다시 집필하게 된다.

21, 22, 1040, 1041

편작(扁鵲, ?~?)

유부(俞跗)라는 의사로 상징되는 외과의학 전통을 근본적으로 극복하고 동양의학 전통을 새롭게 재정립한 중국 전국시대의 의학자. 그는 해부를 하지 않고 병을 진단하는 진맥을 처음으로 시도했고, 그것을 유기체적 자연관으로 정당화했다. 그가 시작했던 동양의학은 한제국 시대에 《황제내경(黃帝內經)》이란 의학서로 집대성되고, 이 전통은 허준(許浚,

1539~1615)의 《동의보감(東醫寶鑑)》으로까지 이어진다. 편작과 그의 의술에 대한 것은 《사기》〈편작창공열전(扁鵲倉公列傳)〉에서 간접적으로 확인할 수 있다.

포경언(鮑敬言, ?~?)

3세기쯤 중국에서 활동했던 것으로 추정되는 동아시아의 아나키스트. 전국시대 장자와 양주의 도가 사상을 계승했던 포경언은 가장 분명하고 노골적으로 아나키즘을 피력한다. 그의 아나키즘은 군주제도 자체를 부정했기에 '무군론(無君論)'이라고 규정되기도 한다. 양주와 마찬가지로 한 시대를 풍미했던 그의 아나키즘은 국가주의라는 분위기 속에 삭제, 혹은 은폐되었지만, 아이러니하게도 반대자들, 혹은 국가주의자들의 기록으로 그 단편은 아직도 전해오고 있다. 《포박자(抱朴子)》의 〈힐포(詰鮑)〉 편이 바로 그것이다.

포퍼(Karl Popper, 1902~1994)

과학과 사이비 과학을 구분하려고 노력했던 빈 출신의 과학철학자. 그는 반증 가능성(falsifiability)의 정신으로 과학과 사이비 과학을 구분하려고 했다. 다시 말해 과학은 항상 반증 가능한 형식으로 진행되지만, 점이나 점성술과 같은 사이비 과학은 반증 가능성을 가지지 않는다는 것이다. 불행히도 그는 반증 가능성을 정신분석학이나 마르크시즘과 같은 인문학적 담론에도 무차별하게 적용하여 그것을 사이비 과학이라고 비판했다. 그의 사유가 의도하지 않게 정치적 보수주의를 정당화하는 데 이용되었던 것도 이런 이유에서이다. 저서로는 《과학적 발견의 논리(The Logic of Scientific Discovery)》《열린 사회와 그 적들(The open society and its enemies)》 등이 있다.

푸코(Michel Foucault, 1926~1984)

니체의 계보학적 방법론을 사용하여 어떻게 인간이 정치권력에 의해 훈육되었는지를 폭로했으며 나아가 자신의 삶을 긍정하는 인간을 만들 수 있는 방법을 숙고했던 프랑스 철학자. 스스로 주체 형식을 만들지 않으면 정치권력에 의해 훈육될 수밖에 없다는 것이 그가 우리에게 던진 생명정치(biopolitics)와 관련된 교훈이었다. 현대 정치철학자 아감벤은 푸코의 생명정치가 21세기 정치철학의 화두라고 역설한다. 저서로는 《주체의 해석학(L'herméneutique du sujet)》《성의 역사(Histoire de la sexualité)》 등이 있다.

프레게(Gottlob Frege, 1848~1925)

고유명사에는 외연뿐만 아니라 내포도 존재한다는 사실을 밝혀내 고유명사를 기술구들로 치환하려는 러셀의 시도를 가능하게 했던 독일의 논리철학자. 〈의미와 지시체에 관하여(Über Sinn und Bedeutung)〉라는 작은 논문에서 그는 금성을 사례로 들면서 고유명사에도 내포가 있다는 사실을 증명하려고 노력했다. 저서로는 《개념 표기(Begriffsschrift)》《산수의 기초(Die Grundlagen der Arithmetik)》 등이 있다.

프로이트(Sigmund Freud, 1856~1939)

인간의 의식 이면에 무의식이 있다는 혁명적인 사실을 발견한 정신분석학의 창시자. 정신병의 원인을 육체에서 찾았던 기존 의학자들은 정신병을 치료하기 위해서 환자에게 전기충격을 가하기도 하고, 밀폐된 공간에 감금하기도 했다. 인문주의자였던 그는 이런 야만적인 치료법을 거부하고 환자와의 대화나 자유연상을 통해 정신병을 해소할 수 있다고 보았다. 마침내 그는 정신병 자체가 정신 자체의 고유한 메커니즘에서 유래한다는 것을 확인하게 된다. 주요 저서로《쾌락 원리를 넘어서(Jenseits des Lustprinzips)》《정신분석학 개요(Abriss der Psychoanlyse)》등이 있다.

83, 171, 182~184, 300, 302, 303, 358, 471, 520~522, 528, 567, 570, 571, 583, 585, 833, 1031, 1056, 1166, 1267, 1274, 1285

프루동(Pierre-Joseph Proudhon, 1809~1865)

재산의 사유화와 국유화 모두를 철저하게 비판했던 프랑스의 아나키스트. 프루동은 국가를 폐지하고 그 대신 상호부조주의에 입각한 협동조합으로 공동체를 재구성해야 한다고 주장했다. 철학적으로 프루동은 루소로 대표되는 사회계약론에 대한 가장 근본적인 비판자였다고 할 수 있다. 사회계약론은 사회 구성원들의 자유를 증진하기보다는 억제하는 방향으로 작동하기에, 국가 혹은 정부의 사상일 수밖에 없다는 것이 그의 핵심 논지였다. 주요 저서로는《소유란 무엇인가(Qu'est ce que la propriété)》와《19세기의 혁명사상(Idée générale de la révolution au XIXe siècle)》등이 있다.

240, 712, 713

프루스트(Marcel Proust, 1871~1922)

영화가 등장한 뒤 소설을 어떻게 정당화할 수 있는지를 고민했던 프랑스의 문학가. 프루스트가 특히나 주목했던 것은 '비자발적 기억(le souvenir involontaire)'의 논리였다. 의지를 가지고 자발적으로 수행되는 기억과는 달리 비자발적 기억은 타자와 기호와 마주침으로써 내면에 숨어 있던 기억이 분출하는 것이다. 그는 소설이야말로 이런 비자발적 기억의 논리를 가장 잘 포착할 수 있는 매체라고 확신했던 것이다. 주요 저서로는《잃어버린 시간을 찾아서(À la recherche du temps perdu)》가 있다.

497~499, 510~512, 1264, 1318

프리고진(Ilya Prigogine, 1917~2003)

비평형 열역학이란 새로운 연구 분야를 개척했던 벨기에의 물리화학자. 비평형 상태에서는 엔트로피는 죽음의 계기가 아니라 생성의 계기이도 하다는 걸 해명했다. 비평형 열역학의 통찰을 통해 프리고진은 루크레티우스, 화이트헤드 등 생성을 강조했던 서양철학 전통에 새로운 생명을 불어넣으려고 했다. 주요 저서로는《존재에서 생성으로(From Being to Becoming)》와《혼돈으로부터의 질서(Order out of chaos)》등이 있다.

73, 612~620

플라톤(Plato, BC 428?~BC 348?)

긍정적이든 부정적이든 서양철학의 흐름에서 가장 중요한 영향을 끼쳤던 고대 그리스의 위대한 철학자. "2000년 동안 서양의 철학은 모두 플라톤의 각주에 불과했다"고 화이트헤드가 말했을 정도로 서양 사유 전통의 중심에 있는 철학자라고 할 수 있다. 그는 세계를 변화하는 질료와 불변하는 이데아라는 두 차원으로 규정한다. 이것은 서양철학사의 주류 전통, 즉 육체와 정신, 현세와 피안이란 이원론적 세계 이해의 기원이 된다. 저서로는《국가(Politeia)》《티마이오스(Timaios)》등의 대화편들이 있다.

20, 22, 23, 41~53, 59~65, 67~73, 76, 77, 81, 82, 95, 99, 102, 108, 159, 191~193, 213, 228, 243~248, 250, 279, 280, 294, 296, 303, 310, 311, 314, 329, 337, 377, 379, 416, 445, 447, 460, 584, 585, 600, 634, 640, 845, 889, 918, 1005, 1021, 1063, 1117, 1143, 1184~1186, 1259

플로티누스(Plotinus, 204?~270?)

신이 무에서 세계를 창조했다는 기독교의 우주발생론과는 달리 신에게서 세계가 유출되었다는 유출설(theory of emanation)을 주장했던 신플라톤주의(Neoplatonism)의 창시자. 그는 신, 혹은 일자(Hen)가 여러 단계를 거쳐서 인간과 같은 개체들까지 유출시켰다고 생각했다. 마치 마르지 않는 샘물이 흘러나와서 대지의 모든 곳을 적시는 것처럼 말이다. 그에 따르면 인간은 이 유출의 흐름을 거슬러 올라가 일자에 이르게 되었을 때 신적인 지혜와 행복을 얻게 된다. 그의 주저로는 《엔네아데스(Enneades)》가 있다.

918

피타고라스(Pythagoras, BC 570?~BC 495?)

피타고라스의 정리로 유명한 고대 그리스의 수학자. 현상이 수학적 법칙에 의해 결정되어 있다는 그의 생각은 서양 문명의 핵심을 이룬다. 수학적 법칙의 불변성을 주장했을 뿐만 아니라, 인도의 윤회 사상과 유사한 영혼불멸설과 영혼윤회설을 주장했다. 플라톤은 수학과 영혼에 대한 피타고라스의 생각을 거의 그대로 수용한다. 불변하는 형상과 관련된 이론이나 인간 정신은 태어나기 전에 알고 있던 형상을 기억할 뿐이라는 상기이론이 그 증거라고 할 수 있다.

377, 391

피히테(Johann Gottlieb Fichte, 1762~1814)

사물의 동일성의 철학적 기초를 자기의식의 동일성에서 찾았던 독일 관념론 철학자. 그에 따르면 오늘 만난 친구가 어제 만난 친구라는 동일성을 확인하기 위해서, 우리는 어제 친구를 보고 있었던 나의 의식을 지금 기억하고 있어야만 한다는 것이다. 후에 자기의식의 동일성과 관련된 그의 논의는 헤겔에 이르러 절대정신의 자기의식으로 형이상학화된다. 저서로는 《전체지식론의 기초 (Grundlage der gesammten Wissenschaftslehre)》 《독일 국민에게 고함(Reden an die deutsche Nation)》 등이 있다.

245~250, 252, 255, 416, 470

필머(Robert Filmer, 1589~1653)

군주의 권력은 신에게서 부여받은 것이라는 취지의 왕권신수설을 체계화했던 근대 영국의 정치철학자. 필머가 정치철학사에서 중요한 이유는 그가 사회계약론을 의식적으로 부정하려고 했다는 점이다. 왕권신수설을 정당화하면서 그는 신이 아담에게 자신의 후손들을 통제할 수 있는 권리를 주었다는 《성경》의 대목을 중시한다. 그의 논의는 인식론에 주력했던 로크로 하여금 《통치에 대한 두 가지 논고》를 쓰도록 자극했다. 그의 주저로는 《가부장권력론(Patriarcha)》이 있다.

193, 194

하비(William Harvey, 1578~1657)

해부학과 생리학에 탁월한 공헌을 했던 서양 근대의학의 아버지. 하비는 혈액순환의 체계를 해부학적으로 최초로 해명하면서 근대적 의미의 외과의학을 시작했다. 엄격히 말해 혈액순환 체계와 관련된 그의 진술은 여전히 중세적인 논리와 개념에서 자유롭지 못하다. 그렇지만 심장, 그리고 심장에서 나오는 동맥, 그리고 심장으로 들어가는 정맥 등 혈액과 관련된 하비의 해부학적 접근법이 외과의학의 진정한 출발이라는 데는 이견이 있을 수 없다. 주요 저서로는 《동물의 심장과 혈액의 운동에 관한 해부학적 연구 (Exercitatio Anatomica de Motu Cordis et Sanguinis in Animalibus)》가 있다.

771, 772

하이데거(Martin Heidegger, 1889~1976)

의식의 지향성을 탐구했던 후설의 제자이자 동시에 후설을 넘어서려고 했던 독일의 철학자. 하이데거는 지향성으로 규정되는 의식이 자신을 둘러싼 세계와의 친숙한 관계가 와해될 때에만 출현한다고 생각했다. 결국 의식은 세계-내-존재로서의 인간에게는 이차적인 것에 지나지 않는다는 것이다. 주요 저서로 《존재와 시간(Sein und Zeit)》 《칸트와 형이상학의 문제(Kant und das problem der metaphysik)》등이 있다.

243, 244, 324~331, 336, 440~444, 515~517, 744~746, 1249, 1259

하이젠베르크(Werner Heisenberg, 1901~1976)

불확정성의 원리를 제안해서 현대 양자역학에 이론적 토대를 마련했던 이론물리학자. 초기 양자역학이 미시세계 입자의 거동이 이산적이고 불연속적이라는 데 주목했다면, 하이젠베르크는 미시세계의 이산성에 존재론적이고 인식론적 기초를 제공했다. 불확정성의 원리에 따르면 미시세계 입자의 위치와 운동량을 동시에 정밀하게 측정할 수 없다. 무엇을 측정한다는 것, 혹은 관찰한다는 것은 그것에 반사되어 나온 빛을 본다는 것이다. 그런데 빛 입자보다 작거나 혹은 유사하다면 관측하려는 입자는 이미 빛에 부딪히는 순간 다른 곳으로 튕겨버릴 수밖에 없다는 것이다. 주요 저서로는 《물리학과 철학(Physics and Philosophy)》등이 있다.

73, 604~612, 618

한비자(韓非子, BC 280?~BC 233)

전국시대 국가주의 철학을 집대성한 고대 중국의 정치철학자. 그를 통해 군주의 통치술, 즉 술(術)을 강조했던 신불해(申不害)의 정치철학, 정치적 권력이나 공권력의 힘, 즉 세(勢)를 강조했던 신도(慎到)의 정치철학, 그리고 마지막으로 군주가 전체 사회를 통제하는 방법, 즉 법(法)을 강조했던 상앙(商鞅)의 정치철학이 통합된다. 잊지 말아야 할 것은 그가 국가주의를 피력했던 이유가 반복되는 전쟁으로 비참한 삶을 영위했던 민중에 대한 애정 때문이었다는 사실이다. 그의 사유는 지금 《한비자(韓非子)》라는 책으로 전해지고 있다.

240, 715, 721, 722, 746, 801, 812~818, 820, 833, 933

한원진(韓元震, 1682~1751)

송시열(宋時烈) 이래 충청도 노론(老論)의 종지였던 '반청(反淸)'과 '소중화(小中華)' 이념을 형이상학적으로 정당화했던 조선 유학자. 그는 동물로 표상되던 청제국과 소중화를 표방하던 조선은 질적으로 다르다는 정치적 입장을 인물성이론(人物性異論)으로 정당화했다. (조선) 사람과 (청제국을 건립한 만주족이란) 동물의 본성은 서로 다르다는 것이다. 당연히 그의 입장은 충청도 노론의 거두였던 그의 스승 권상하의 지지를 얻게 된다. 그의 저술과 서신들은 《남당집(南塘集)》에 묶여 전해지고 있다.

1139, 1140, 1144~1149, 1151

헤겔(Georg Wilhelm Friedrich Hegel, 1770~1831)

칸트로부터 유래하는 독일 관념론을 집대성한 철학자. 헤겔 이전 관념론이 주체의 자기의식을 중심으로 전개되었다면, 그에 이르러 자기의식은 인간을 넘어서 일종의 세계정신, 혹은 절대정신으로 신격화된다. 그래서 그는 역사도 절대정신의 자기 전개 과정, 즉 변증법적 과정의 결과물이라고 이해할 수 있었던 것이다. 저서로 《정신현상학(Phenomenologie des Geistes)》《법철학 강요(Grundlinien der Philosophie des Rechts)》등이 있다.

23, 65, 222, 233, 241, 250, 260~269, 272~274, 277, 307, 334, 416, 447, 499~510, 668, 822, 823, 936, 942, 1250~1252, 1292~1296

현장(玄奘, 602~664)

몸소 인도로 가서 유식불교를 배웠으며 동시에 귀국길에 수많은 유식경전들을 들여와 번역했던 당제국 시대의 승려. 현장은 《서유기(西遊記)》에 등장하는 삼장법사의 실제 모델로도 유명하다. 과거 쿠마라지바(Kumārajīva)가 번역한 불경들이 주로 중관학파 경전이었다면, 현장으로 인해 동아시아에는 유식학파 경전들이 소개된다. 이때 번역된 주요 경전으로는 《섭대승론(攝大乘論)》《구사론(俱舍論)》《성유식론(成唯識論)》등이 있다. 주요 저서로는 《대당서역기(大唐西域記)》가 있다.

474, 914, 958, 992, 993, 995, 998

혜능(慧能, 638~713)

자신의 제자 신회(神會, 670~762)에 의해 선종, 특히 북종선과의 헤게모니 싸움에서 승리한 남종선의 전설로 승화된 승려. 전설에 따르면 신수(神秀)와 선종 육조(六祖)의 자리를 놓고 다투다가 그는 자신의 스승 오조(五祖) 홍인(弘忍, 601~674)에게서 육조의 자리를 물려받는다. 마음을 실체적인 것으로 이해했던 신수와는 달리 마음을 실체가 아니라는 사실을 깨닫고 있었다는 이유 때문이다. 그의 삶과 사상은 《육조단경(六祖壇經)》에 남아 전해지고 있다.

243, 321~324, 836, 956~961, 963~968, 1001, 1008, 1024, 1027~1030, 1035, 1099, 1105, 1106

혜시(惠施, BC 370?~BC 310?)

사물들의 같고 다름을 해명하여 세계의 모든 개체들이 같아지는 추상적 지평을 발견했던 고대 중국의 논리학자. 같고 다름, 즉 동이(同異)를 중심으로 전개된 추상적 추론 끝에 그는 "만물을 널리 사랑하면, 천지는 하나의 단위로 세어질 수 있다"고 주장했다. 공손룡(公孫龍)이 감각경험을 강조했다면, 그는 추상적 사유를 중시했던 것이다. 나아가 그는 장자에게 기존의 통념들을 해체하는 논리적 방법을 전수해주었다. 그의 사유는 《장자》 〈천하(天下)〉 편에 단편적으로 남아 전해지고 있다.

748, 751~758, 762, 764

혜원(慧遠, 334~416)

불교의 윤회설을 정당화하기 위해서 영혼이 불멸한다는 사실을 논증했던 중국 동진 시대 불교 이론가. 불행히도 그는 자신의 주장이 나가르주나의 공(空) 이론과 충돌될 수 있다는 사실을 자각하지 못했다. 그의 영혼불멸설은 뒤에 정신과 육체에 대한 평행론을 주장했던 범진(范縝)에 의해 도전받는다. 그의 사유는 《홍명집(弘明集)》에 실려 있는 〈사문불경왕자론(沙門不敬王者論)〉에서 확인된다.

837, 904~907, 909, 912, 915, 1036

호네트(Axel Honneth, 1949~)

나치즘과 전체주의를 비판적으로 사유했던 독일 프랑크푸르트학파의 3세대 철학자. 1세대였던 호르크하이머와 아도르노, 2세대였던 하버마스를 계승한 호네트는 프랑크푸르트학파의 비판철학적 기획을 헤겔의 인정투쟁 논리로 체계화하려고 시도했다. 그렇지만 호네트는 그 대가로 전체주의와 치열하게 싸웠던 이전 비판철학적 정신을 상당 부분 상실하게 된다. 주요 저서로는 《인정투쟁(Kampf un Anerkennung)》과 《물화: 인정이론적 탐구(Verdinglichung: Eine anerkennungstheoretische Studie)》등이 있다.

823, 829

호이징하(Johan Huizinga, 1872~1945)

서양 중세와 르네상스를 연구했던 네덜란드 역사학자이자 인문학자. 그의 역사 연구 방법론은 후에 인간의 심성 내용을 주로 연구했던 프랑스 아날학파에 큰 영향을 미친다. 특히 그의 놀이에 관한 연구는 노동을 강조하는 현대 문명을 비판적으로 성찰할 수 있는 많은 통찰을 제공하고 있다. 주요 저서로는 《호모 루덴스(Homo Ludens)》와 《중세의 가을(Herfsttij der Middeleeuwen)》등이 있다.

648

홉스(Thomas Hobbes, 1588~1679)

사회계약론을 토대로 국가를 정당화하려고 최초로 시도했던 근대 영국의 정치철학자.

그에 따르면 '만인에 대한 만인의 전쟁'을 방지하기 위해서 사람들은 자신의 권력을 주권자에게 자발적으로 양도한다. 사람들에게서 양도받은 권력이 집결되면서 '리바이어던'이라고 불리는 국가가 탄생하게 되는 것이다. 불행히도 권력을 양도하는 순간 사람들은 권력을 행사할 수 없는 상태, 즉 자발적 복종의 상태에 놓이게 된다. 이런 아이러니를 푸는 것이 앞으로 전개될 정치철학의 과제라고 할 수 있다. 저서로는《리바이어던(Leviathan)》《자유, 필연, 그리고 우연과 관련된 문제들(The Questions concerning Liberty, Necessity and Chance)》등이 있다.

137~144, 146, 147, 150, 157, 670, 712, 933

화이트헤드(Alfred Whitehead, 1861~1947)

불변하는 본질을 추구하던 서양철학 전통을 거부하고 역동적인 변화와 생성을 사유하고자 했던 현대의 가장 탁월한 형이상학자. 생성의 역동적인 과정을 중시했던 그는 모든 존재자들이 합생(concrescence)에 의해 출현한다고 설명한다. '함께(con)' '자라남(crescence)'을 의미하는 합생은 이접적으로 존재하는 다원적인 요소들이 연접적으로 결합되어 새로운 계기가 출현하는 메커니즘이다. 말년의 들뢰즈는 자신의 연결(connection) 개념이 화이트헤드의 합생 개념과 유사하다는 사실을 발견했던 적이 있다. 저서로는《과정과 실재(Process and Reality)》《관념의 모험(Adventures of Ideas)》등이 있다.

24, 60, 64, 73, 243, 355, 395, 573, 574, 618, 619, 636, 769, 919, 920

후설(Edmund Husserl, 1859~1938)

인간 마음의 본질이 지향성에 있다는 사실을 발견하면서 현상학이란 철학적 탐구 방법을 개시했던 유대계 독일 철학자. 초기에는 마음의 능동적인 지향성과 구성작용에 주목했지만, 후기에 들어서는 생활세계로부터 신체가 받아들인 영향을 숙고하기 시작한다. 그래서 학자들은 전기 후설의 사유를 '선험적 현상학'이라고 하고, 후기 후설의 사유를 '생활세계의 현상학'이라고 구분한다. 후설의 후기 사유가 없었다면 지각과 신체와 관련된 메를로-퐁티의 현상학적 탐구도 불가능했을 것이다. 저서로는《유럽 학문의 위기와 선험적 현상학(Die Krisis der europäischen Wissenschaften und die transzendentale)》《경험과 판단(Erfahrung und Urteil)》등이 있다.

24, 130, 178, 241, 323~326, 328, 330~332, 335~338, 457, 459, 744

후쿠야마(Francis Fukuyama, 1952~)

자본주의의 세계화를 정당화했던 보수적인 정치학자. 동구권의 몰락과 시장경제의 확산에 고무된 후쿠야마는 헤겔의 역사철학을 나름 패러디해서 자유주의와 자본주의가 인류 역사의 정점이자 종말이라고 기염을 토한다. 체제 정당화의 파수꾼이자 선전가로 아직도 지속적인 활동을 하고 있지만, 세계화의 병폐가 드러나면서 그의 영향력은 갈수록 줄어들고 있다. 주요 저서로는《역사의 종언과 최후의 인간(The End of History and the Last Man)》이 있다.

265

흄(David Hume, 1711~1776)

칸트를 '독단의 잠'에서 깨어나도록 했던 근대 영국 경험론의 대표자. 그는 사건들을 관찰할 때 확인되곤 하는 인과율이 세계에 실제로 존재하는 것이 아니라고 주장했다. 인과율은 반복되는 사건에 입각하여 우리가 상상력을 발휘하여 구성한 것에 지나지 기 때문이다. 인식론적 테마 외에도 그는 모든 학자들이 마치 검증된 진리인 것처럼 신봉하던 사회계약론을 허구적이라고 논박했던 최초의 정치철학자이기도 했다. 저서로는《인간 본성에 관한 논고(A Treatise of Human Nature)》《정치적 논고들(Political Discourses)》등이 있다.

힐베르트(David Hilbert, 1862~1943)

20세기 초 서양 지성의 중심부에 있었던 수학자. 인간의 지성으로 모든 것을 해결할 수 있다고 믿은 철저한 합리론자이기도 했다. 힐베르트는 1900년 8월 8일 파리에서 열렸던 수학자 대회에서 23개의 미해결 과제를 지정할 정도로 영향력이 컸다. 그 유명한 힐베르트 프로그램이다. 영국 케임브리지 대학이 지성의 패권을 잡기 전, 힐베르트는 서양 지성의 패권을 장악했던 독일 괴팅겐 대학의 실질적 지배자였다. 안타깝게도 말년의 힐베르트는 자신의 프로그램이 좌절되는 불행을 맛보게 된다. 괴델이 자신의 유명한 불완전성의 정리로 모든 것이 완전히 증명될 수 없다는 걸 증명했기 때문이다. 주요 저서로 《기하학의 기초(Grundlagen der Geometrie)》가 있다.

개념어사전

가능세계(Possible World)

라이프니츠는 우리가 살고 있는 현실세계가 가능세계들 중 최선의 세계로 신에 의해 창조되었다고 주장했던 적이 있다. 라이프니츠를 신봉했던 러셀이 고유명사를 기술구들로 해체하려고 하자, 크립키는 가능세계라는 라이프니츠의 개념을 통해서 그에게 맞서게 된다. 크립키에 따르면 가능세계에서 고유명사는 아무런 문제없이 사용될 수 있지만, 고유명사를 치환한 기술구들은 가능세계에 사용될 수 없다는 것이다. 가능세계에 대한 논의는 둔스 스코투스에서부터 유래한 것이지만, 양자역학에도 적용될 정도로 아직도 영향력을 잃지 않고 있다.

109, 110, 348, 351~353, 356, 618

간화선(看話禪)

불립문자(不立文字), 혹은 이심전심(以心傳心)이란 슬로건처럼 선종(禪宗)은 경전에 대한 이론적 성찰을 거부하고 치열한 자기 수행이나 스승과 제자 사이의 직대면을 강조했던 불교 종파였다. 이 점에서 간화선은 변형된, 혹은 타락한 선종 전통이라고 할 수 있다. 과거 선종 어록에 나와 있는 대화를 성찰하는 수양 방법이 바로 간화선이기 때문이다. 마침내 간화선에 이르러 선종은 교종처럼 과거 텍스트의 의미를 독해하는 식으로 변질된 것이다.

967, 968, 972, 1027

감성(Sensibility, Sinnlichkeit)

외부의 어떤 자극을 수용할 수 있는 능력을 말한다. 여기서 중요한 것은 감성이 가진 존재론적 함의이다. 감성은 인간과 같은 생명체가 유한한 존재라는 것을 보여준다. 생명체가 유한하다는 것은 그에게 외부가 있다는 말이다. 결국 감성은 외부, 혹은 타자와의 관계를 가능하게 하는 중요한 통로라고 할 수 있다. 잊지 말아야 할 것은 생명체마다 감성의 깊이와 폭이 다르다는 점이다.

64, 230~232, 236, 247, 304, 395, 430, 470, 618, 620, 938

개별사물(Res) → 보편자/개별사물

객형(客形) → 태허/객형

건순오상(健順五常)

건순은 《주역》에 등장하는 건괘(乾卦)와 곤괘(坤卦)를 상징하는 용어이다. 《주역》에 따르면 건괘가 상징하는 하늘은 굳건하게 작용하고, 곤괘가 상징하는 땅은 하늘의 작용을 수용한다. 오상(五常)은 유학의 이념, 즉 인의예지신(仁義禮智信)을 가리킨다. 결국 신유학이 강조하는 건순오상은 하늘의 질서와 인간의 질서를 포괄하는 용어라고 할 수 있다.

1141, 1142, 1148

격물치지(格物致知)

《대학》에 등장하는 개념으로 '사물을 연구하여 앎을 달성한다'는 의미를 가진 개념이다. 신유학의 대가 주희(朱熹)의 격물치지 공부는 주체 내면의 본성을 기르는 함양(涵養) 공부와 함께 그의 수양론을 이끄는 두 바퀴 중 하나에 해당한다. 물론 이것은 그가 외부 사물의 이(理)와 인간 내부의 성(性)은 같다고 이해했다는 것과 밀접한 관련이 있다.

1065, 1071~1073, 1075, 1080, 1082~1085, 1090~1092, 1151

견성성불(見性成佛)/교외별전(敎外別傳)/불립문자(不立文字)/직지인심(直指人心)

동아시아 선종의 네 가지 슬로건. 견성성불은 외부 세계로 나아가지 않고 자신의 본래 맑은 마음을 보면 부처가 될 수 있다는 뜻이고, 교외별전은 싯다르타의 진정한 가르침은 경전과는 무관하게 전해졌다는 뜻이고, 불립문자는 경전, 즉 문자를 숭상하지 않고 마음을 보아야 한다는 뜻이고, 직지인심은 문자를 포함한 일체의 외적 수단에 의지하지 않고 바로 자기 마음을 간파해야 한다는 뜻이다.

952, 963, 967, 968, 996, 1008, 1009, 1012, 1014, 1017, 1023, 1027, 1057, 1099, 1102, 1105, 1110

결정론(Determinism)/비결정론(Indeterminism)

인과, 즉 원인과 결과 사이의 필연성을 긍정하는 입장이 결정론이라면, 원인과 결과 사이에 우발성을 도입하는 입장이 비결정론이라고 할 수 있다. 바꾸어 말한다면 결정론은 원인을 모두 알면 결과도 필연적으로 모두 알 수 있다는 입장이라면, 비결정론은 원인이란 단수적이지 않을 뿐만 아니라 복수적이고, 따라서 원인들의 결합을 미리 예측할 수 있는 방법은 없다고 이해한다. 비결정론의 입장에 따르면 사실 결과들이 발생한 다음에 사후에 우리는 가능한 원인들에 대해 고민할 수 있을 뿐이다. 수학적으로는 결정론과 비결정론의 차이는 확률에 대한 입장 차이에서 확연히 드러난다. 결정론은 확률이란 원인에 대한 완전한 인식이 부재하기에 임시적으로 사용하는 수학적 방법이라고 본다면, 비결정론은 확률이란 불가피하고 필연적인 인식 방법이라고 주장하기 때문이다.

78, 87, 374, 375, 422, 604, 614~619, 630, 839~841

겸애(兼愛)

공자가 주장했던 인(仁)이란 개념이 귀족계층에게만 적용되는 제한된 애정에 불과했다면, 묵자(墨子)가 제안했던 겸애는 모든 사람에게 적용되는 보편적인 애정을 의미한다. 묵자는 전쟁과 갈등의 기원을 서로에 대한 적대감에서 찾았던 철학자였다. 겸애는 타자에 대한 적대감, 즉 슈미트가 말한 것처럼 '적과 동지'라는 정치적인 것의 범주를 폐기하려는 의도에서 나온 이념이었다.

663, 680, 685~688, 690~692, 805, 808, 809, 811, 814, 1197

경(敬)/함양(涵養)

격물치지(格物致知)라는 외향적인 수양법과는 달리 내향적인 수양법. 주희에 따르면 사사로운 감정과 사유가 드러나지 않은 상태, 즉 미발(未發)의 상태는 본성(性)과 밀접한 관련이 있다. 초목의 씨앗처럼 구체적인 세계에 실현하려는 힘을 가진 본성만이 작동하는 상태이기 때문이다. 바로 이 실현되려는 본성의 힘에 공경하는 마음을 갖는 것이 경(敬) 공부이고, 함양(涵養) 공부이기도 하다. 함양은 식물을 기르는 것처럼 식물 그 자체에 개입하지 않고 거름을 주거나 아니면 잡초를 제거해서 생장의 역량을 증대하는 것을 말한다.

1058, 1059, 1065, 1154, 1166, 1174, 1181, 1182

경락(經絡)

기(氣)가 흐르는 통로로 상정된 경맥(經脈)과

낙맥(絡脈). 인체의 경맥은 12개의 커다란 하천에 비유할 수 있다면, 낙맥은 12개의 하천 사이를 잇는 수많은 지류에 비유할 수 있다. 한의학은 모든 질병은 이 경맥과 낙맥이 막혀서 기가 흐르지 않아서 생긴 것으로 이야기한다. 특히 심각한 질병은 낙맥이 아니라 경맥에서 문제가 발생한 것이라고 할 수 있다. 침이나 뜸은 경맥과 낙맥, 즉 경락의 막힌 부분을 뚫는 도구라고 할 수 있다.

774~776

경량부(經量部, Sautrāntika)

설일체유부(說一切有部, Sarvāstivādin)와 함께 철학적으로 가장 중요했던 소승불교 학파. 싯다르타의 가르침이 담겨 있는 불경만을 진리의 기준(量)으로 인정했기에, 경량부라는 이름을 얻게 되었다. 경량부가 싯다르타의 가르침 중 특히 중시했던 것은 '생성된 모든 것은 영원하지 않다'는 가르침, 즉 제행무상(諸行無常)이었다. 이런 경량부의 전통은 찰나멸 논증을 통해 아트만론을 괴멸시키려고 했던 불교인식론학파에 그대로 계승된다.

240, 241, 878~883, 913, 1037

경험론(Empiricism)

인간이 알고 있는 모든 지식은 경험을 통해서만 유래한다는 입장으로, 근대철학 초기 영국을 중심으로 로크, 흄, 버클리 등이 제안한 것으로 유명하다. 합리론이 경험과 무관한 인간의 사유나 이성을 강조했던 것과는 대조를 이룬다. 철저하게 경험을 통해서만 유래하는 지식이나 혹은 완전히 인간 사유에 의해서만 가능한 지식은 존재하지 않는다는 점을 잊어서는 안 된다.

107, 112, 151, 177, 193, 208~213, 215, 231, 241, 347

계보학(Genealogy, Genealogie)

《도덕의 계보학》을 썼던 니체에서부터 철학적 중요성이 부각되었던 학문의 방법론이다. 이 책에서 니체는 도덕을 주어진 것으로 다루기보다 어떤 논리로 도덕이 탄생했는지를 보여주려고 했다. 그를 이은 푸코와 같은 계보학자들은 주어진 것을 주어진 대로 정당화하는 것이 아니라, 그것이 어떤 다양한 힘들의 착종과 결합으로 탄생했는지를 밝히려고 한다.

169, 655, 873, 1151, 1167

고(故)/우(偶)

왕충(王充)의 사유를 관통하는 두 가지 핵심 개념이다. 고(故)라는 글자가 '이유', '목적' 등을 의미한다면, 우(偶)라는 글자는 '마주침'을 의미한다. 세계의 모든 것에는 이유나 목적이 있다고 주장했던 동중서(董仲舒)를 비판할 때, 왕충은 이 두 가지 개념을 통해 세계는 우발적인 마주침으로 형성되고 소멸한다는 것을 보여주려고 했다.

855, 860

고유명사(Proper Noun, Proper Name)

아리스토텔레스에게 제1실체를 가리키는 언어적 표현으로, 결코 술어가 될 수 없는 명사이다. "강신주는 남자다"는 가능한 문장이지만, "남자는 강신주이다"라는 문장은 불가능한 법이다. 현대 영미철학에서 고유명사가 부각된 이유는 러셀과 크립키 사이의 논쟁 때문이었다. 프랑스 현대철학에서 고유명사 논쟁은 단독성(singularity)과 특수성(particularity)이란 개념을 통해 개체의 존재론적 위상과 관련된 논쟁으로 반복되는 것이 이채롭다.

340~356

고정 지시어(Rigid Designator)

고유명사를 몇몇 기술구들도 해체하려는 러셀의 시도에 맞서 크립키는 고유명사란 '고정 지시어'이기 때문에 그럴 수 없다고 반박한다. 어느 집에서 딸이 태어났고 누군가가 그녀에게 '나흔'이란 이름을 붙였다면, 나흔이란 이름은 고정 지시어로 쓰인 것이다. 이런 명명의 자리에 있지 않았던 사람도 최초로 나흔이란 이름이 어느 아이에게 고정될 때의 명명 의식을 준수해야 한다는 것이다.

351~353, 356

공(空, Śūnyatā)

모든 다양한 원인과 조건들의 결합으로, 다시 말해 인연에 의해 만들어졌다는 것이 불교의 근본적인 가르침이다. 그렇기 때문에 존재하는 모든 것에는 불변하는 본질이나 자기동일성, 혹은 불교식 표현으로는 자성(自性)이란 있을 수 없다. 나가르주나는 공이란 개념을 통해 모든 것에는 자성이 없다는 사실을 명료화했다.

39, 40, 241, 243, 315~317, 418, 866, 868~871, 879, 880, 890~899, 904, 906, 915, 921, 944, 948, 956, 967, 971, 972, 985, 1003~1006, 1024, 1025, 1060, 1107~1110

공간(Space) → 시간/공간

공동체(Community)

공통적인 삶의 규칙, 다시 말해 언어와 관습 등을 공유하고 있는 인간의 집단을 말한다. 그렇기 때문에 공동체는 개체의 안전을 보장하는 것 같지만, 동시에 개체로부터 다른 삶의 가능성을 빼앗기도 한다. 가라타니 고진이 공동체에는 타자가 존재하지 않는다고 이야기했던 것도 이런 이유에서다.

79~81, 86, 116, 134, 137, 146, 147, 173, 174, 192, 198, 205, 206, 269, 272, 273, 425, 426, 619, 620, 663, 666, 713, 714, 740, 745, 746, 791, 802, 808, 811, 818, 820, 933, 1002, 1012~1018, 1196, 1219, 1220, 1226, 1230, 1239~1243, 1255, 1261, 1262, 1268, 1281, 1299~1301, 1314

공상(共相, Sāmānyalakṣaṇa)/자상(自相, Svalakṣaṇa)

불교에서 인정하는 세 가지 인식은 현량, 비량, 성언량이다. 현량이 감각 인식이라면, 비량은 추상적인 사유이고, 성언량은 경전의 이해라고 할 수 있다. 지금 바로 우리 눈앞에 보이는 '저 연꽃'이 감각될 때, 저 연꽃이 바로 현량의 대상이라고 할 수 있는 '자상'이다. 반면 눈에 보이는 '저 연꽃'도 '연꽃'이나 '꽃'에 속한다고 우리는 추론할 수 있다. 이때 '연꽃'이나 '꽃', 즉 추상명사 '연꽃'이나 '꽃'이 바로 비량의 대상인 '공상'이다. 반면 경전에 등장하는 연꽃이란 단어의 상징이 바로 성언량의 대상이라고 할 수 있다.

881, 947~950

과정 철학(Process Philosophy)

불변하는 본질에 대한 신앙을 버리고 세계의 모든 것은 부단한 변화 과정에 있다고 화이트헤드가 자신의 주저 《과정과 실재》에서 피력했던 철학적 입장이다. 주저 제목 그대로 '과정'이 바로 '실재'라는 것이다. 들뢰즈의 생성의 철학을 포함한 현대철학의 존재론적 경향이 여러 면에서 과정 철학이 피력했던 세계관을 기초로 움직이고 있다는 것이 이채롭다.

769

과학혁명(Scientific Revolution)

과학의 역사는 점진적으로 진행되기보다 혁명적으로 진행한다고 주장했던 토머스 쿤의 개념이다. 그는 《과학혁명의 구조》에서 패러다임의 변화를 과학혁명이라고 규정했던 적이 있다. 반대로 그는 패러다임이 지속되는 시기 동안의 과학을 정상과학(normal science)이라고 불렀다.

515, 524~527, 530, 600, 601, 766, 768

관계의 내재성(Internality of Relation)/관계의 외재성(Externality of Relation)

라이프니츠는 우리가 맺는 모든 관계란 사실 우리 내면에 있던 것이 실현되었다고 주장한다. 반면 스피노자에게는 우리가 맺는 관계는 외부와의 마주침에 의해 결정되는 것이다. 결국 라이프니츠가 관계의 내재성을, 스피노자는 관계의 외재성을 주장하고 있었던 셈이다. 언어철학적 관점에서 관계의 내재성은 분석명제와, 관계의 외재성은 종합명제와 관련되어 있다.

169, 467, 1318

관념론(Idealism)

이데아(idea)와 같은 본질이 정신 바깥에 실제로 존재한다고 주장했던 입장이다. 실재론은 플라톤 이후 서양 중세철학 때까지 지속되었던 사유 전통이었다. 반면 근대철학 이후부터 관념론의 의미는 미묘하게 변한다. 관념론이 어떤 물질적 존재도 관념을 떠나서는 존재할 수 없다는 입장을 가리켰기 때문이다. 참고로 근대철학에서 말한 관념은 인간이 가진 관념일 수도 있고, 혹은 세계정신과 같은 절대자가 가지고 있는 관념을 의미하기도 했다.

46, 97, 241, 246, 248, 250, 254, 416, 589, 858~860, 1080, 1295, 1296

관점주의(Perspectivism)

플라톤주의에서 가장 멀리 벗어나 있는 니체의 철학적 입장을 요약하는 개념.《도덕의 계보학》에서 니체는 "모든 것은 단지 하나의 관점에 입각한 앎"일 뿐이라고 역설했던 적이 있다. 그는 주체, 나아가 하나의 생명체는 자기 보존과 자기 강화에 도움이 되는 관점을 갖게 된다고 보았다. 결국 주체가 다르면 생명체가 다르면, 흔히 말하는 진리마저도 달라질 수밖에 없다. 문제는 자기 보존과 강화에 도움이 되는 관점을 우리 주체는 가지고 있는지의 여부라고 할 수 있다. 이런 관점

을 만들고 유지하는 주체가 바로 니체가 말한 '초인'이라고 할 수 있다.

236, 241, 629, 897

교외별전(敎外別傳) → 견성성불/교외별전/불립문자/직지인심

교종(敎宗) → 율종/선종/교종

교환가치(Exchange Value) → 사용가치/교환가치/상징가치/기호가치

구조(Structure)

구조주의가 강조했던 변별적 차이의 체계. 구조주의는 모든 구체적인 것들은 구조에 의해 규정된다고 본다. 과거 본질이 더 세련되게 변모한 것이 구조라고 보면 좋다. 예를 들어 의자의 구조는 네 다리와 받침대, 등받이로 구성된다고 하자. 그중 다리 하나가 파손되었을 때, 나무가 아닌 금속으로 바꾸어도 아무런 차이가 없다. 중요한 것은 질료가 아니라 의자로서의 구조가 그대로 유지되느냐에 달려 있기 때문이다. 나아가 금속으로 바꾸는 것이 가능했던 것도 의자로서의 구조가 그것을 가능하도록 했다고 할 수 있다.

93, 372, 373~375, 422~424, 454

구조주의(Structualism)

구조주의는 인간은 구조에 포획되어 훈육된 존재라는 입장을 견지한다. 경제구조, 친족구조, 정치구조, 정신분석학적 구조 등 구조주의는 다양한 분야에서 우리 내면에 각인된 구조를 발견해냈다. 결국 구조주의는 인간은 자유롭다는 실존주의 입장이 순진한 생각이란 걸 폭로한 셈이다. 구조주의 입장에서 인간 내면은 무한한 자유를 상징하는 '무'이기는커녕 '구조화된 구조(structured structure)'였던 셈이다.

국가(State)

수탈과 재분배를 지속적으로 반복함으로써 영속적인 지배관계를 관철시키려는 인간 공동체의 한 가지 형식이다. 근대 이전에 국가는 왕권신수설이라는 다분히 종교적 담론으로 정당화되었다. 이후 근대 사회에 접어들면서 국가는 사회계약론에 의해 정당화된다. 자유로운 계약에 의해 인간은 자신의 권력을 국가나 주권자에게 양도했다는 것이다. 그렇지만 삶의 권력은 양도할 수도 혹은 양도받을 수도 없다는 점에서, 국가는 어떤 정당성도 없는 채로 유지되고 있다고 해야 할 것이다.

권력(Power)

실체 개념이라기보다 관계 개념으로 이해해야 하는 실천철학적 범주이다. 내가 약하기 때문에 상대방이 강한 것이고, 그래서 나는 그의 지배를 받는 것이다. 루소나 푸코가 지적했던 것처럼 이런 지배 상태가 지속되면 권력이란 관계는 약자의 내면에 내재화된다. 지배자에 대한 자발적 복종은 이런 식으로 시작되는 것이다. 그래서 부당한 권력과의 싸움은 외적으로 내적으로 동시에 이루어질 수밖에는 없는 법이다.

귀류법(歸謬法, Reductio ad Absurdum)

배중률을 이용하는 증명 방법. 전제를 거짓으로 놓고서 증명을 수행하다가 결론이 모순에 빠지는 걸 보이는 방법이다. 결론이 모순에 빠지니까 전제를 거짓으로 놓은 것이 부당했다고 할 수 있다. 이를 통해 전제가 참이었다고 주장한다. 주어진 명제는 참이거나 거짓이라는 배중률이 부정되는 순간, 귀류법은 정당한 증명 방법이란 자격을 상실하게 된다. 수학기초론에서 직관주의를 주창했던 브라우어는 배중률의 타당성을 부정한 것으로 유명하다.

그림이론(Picture Theory)

청년 비트겐슈타인이 《논리철학논고》에서 피력했던 언어이론이다. 어떤 단어의 의미는 그것이 마치 그림처럼 묘사하고 있는 실재 대상이라는 것이다. '빨간 하이힐'이란 단어의 의미는 언어를 사용하고 있는 사람의 외부에 실제로 존재하는 '빨간색 하이힐'을 가리키는 것으로 명확해진다는 것이다.

근본적 생태론(Radical Ecology)

스피노자의 범신론처럼 인간을 포함한 모든 것이 동일한 자연의 자손이라는 입장을 피력하는 생태학을 말한다. 《가이아: 지구의 생명에 대한 새로운 시선(Gaia: A New Look at Life on Earth)》에서 러브록(James Lovelock)이 피력했던 '가이아 가설(Gaia hypothesis)'도 그 대표적인 사례일 것이다. 그에 따르면 지구는 죽어 있는 혹성이 아니라 그 자체로 살아 있는 어머니와 같은 존재라는 것이다.

금강승(金剛乘, Vajrayāna)

불교사에서 소승, 대승 이후 마지막으로 탄생해서 8세기 이후 번성했던 불교 종파. 금강승은 초기에는 밀교(密敎, esoteric buddhism)라고 불리다가 최근에는 탄트라불교(tantric buddhism)로 불리기도 한다. 금강승이라는 이름은 이 종파가 가장 중요시하던 경전《금강정경(金剛頂經, Vajraśekhara-sūtra)》에서 유래한 것이다. 논리적 담론을 강조했던 소승, 대승과는 달리 금강승은 문맹자가 대부분이었던 민중들을 위해 다양한 방편들을 사용한다. 다라니(Dhāraṇī)와 같은 주문, 요가와 같은 체조 수행, 나아가 섹스 등 생활 전반에서 금강승은 민중들이 무아를 깨달아 자비행을 실천할 수 있는 다양한 가능성을 마련했다.

315~318

금기(Taboo)

공동체를 유지하기 위해서 그 성원들에게 해서는 안 될 것으로 강제되었던 금지 사항들을 가리킨다. 레비-스트로스는 모든 인간 공동체의 공통된 금기가 바로 '근친상간'이라는 걸 발견했다. 그렇지만 바타유는 근친상간과 같은 금기를 숙고하면서 이것을 넘어서려는 인간만의 고유한 욕망을 발견하게 된다. 금지된 것이 인간의 욕망을 부채질할 수 있다는 것이다.

303, 311~313, 314, 318, 578, 1031, 1283

기(氣)

동양 사유를 대표하는 가장 독특한 개념으로, 자발적 힘을 가진 에너지와 물질의 중간 태라고 이해할 수 있다. 기가 응결하면 우리 눈에 보이는 사물들이 된다. 반대로 사물들이 사라져서 우리 눈에 보이지 않게 되는 것은 사물들을 구성하는 기가 흩어져버린 것이다. 동양의학에서는 섭취한 음식은 위장에서 기로 변하여 경락(經絡)을 따라 순환한다고 보았다. 물론 이 경우도 기나 경락은 경험적으로는 관찰 불가능하다.

57, 295, 620, 775, 805, 1043, 1047, 1055, 1089, 1115~1127, 1132, 1136~1149, 1157, 1159, 1163, 1184~1198, 1200, 1201, 1205

기계론적 자연관(Mechanistic Nature View)/유기체적 자연관(Organic Nature View)

기계론적 자연관은 생명을 포함한 모든 사물을 일종의 기계로 사유하는 경향을 가리키고, 유기체적 자연관은 만물을 살아 있는 생명체로 사유하는 경향을 의미한다. 기계론적 자연관에 따르면 어떤 사물의 내적 구성 요소를 바꾼다고 해서 그 사물이 변하는 것은 아니다. 반면 유기체적 자연관에 따르면 어떤 사물의 내적 구성 요소 하나를 바꾸면 그 사물 전체가 질적으로 변하게 된다.

601~604, 766~770, 773, 777

기독교(the Christian Religion)

유대인이 믿었던 폐쇄적인 지역 종교가 예수라는 인물에 의해 세계 종교로 승화되면서 기독교가 출현한다. 세계 종교는 지역, 민족, 가족 등을 해체하고 개인들을 종교적 주체로 만든다. 이제 모든 인간은 유일한 신의 자식들로 이해된 것이다. 로마제국이 제국의 이념으로 기독교를 받아들인 것도 이런 이유에서였다. 지역이나 민족 등 제국질서를 위험에 빠뜨릴 수 있는 특수성을 세계 종교는 제거해줄 수 있기 때문이다.

58~60, 63, 65, 68, 70, 77, 82, 98~105, 111, 112, 114, 115, 126, 130, 153, 159, 166, 196, 208, 211, 214, 219, 235, 245, 314, 317, 481, 484, 565, 573, 643, 663, 680, 687, 690, 695, 696, 709, 845, 901, 903, 907, 918, 936, 937, 939, 941, 1020, 1021, 1063, 1203, 1205, 1209, 1211, 1212

기술구에 의한 인식(Knowledge by Description)/직접 대면에 의한 인식(Knowledge by Acquaintance)

러셀이 분류했던 두 종류의 인식. '직접 대면에 의한 인식'은 '이것'이나 '저것'이란 주어로 작동하는 인식이다. "이것은 사과다" "저것은 노랗다" 등등이 그 예가 될 수 있다. 반면 '기술구에 의한 인식'은 흔히 사용되는 고유명사, 즉 주어에 해당하는 사람이나 사물이 어떻게 기술되는지를 알아야 기능하는 인식이다. "히틀러는 독재자다" "이카루스는 날개를 가지고 있다" 등등이 그 예가 되겠다.
347

기술이론(Theory of Descriptions)

고유명사를 기술구들(descriptios)로 치환 가능하다고 러셀이 제안했던 이론. 예를 들어 나혼이라는 고유명사는 "비파 연주를 좋아했던 여성" "당제국 문인들이 아꼈던 여성" 등과 같은 기술구로 바꿀 수 있다. 후에 비트겐슈타인을 따르던 크립키는 러셀의 기술이론을 토대에서부터 와해시킨다.
343, 347, 348, 351

기억(Memory)

과거의 일을 다시 떠올릴 수 있는 마음의 능력을 의미한다. 기억이란 능력은 서양철학 전통을 이해하는 데 가장 중요하다. 인식이란 기본적으로 상기, 즉 기억에 불과하다고 주장했던 플라톤 이래 서양철학의 심층에는 기억에 대한 강조가 지속적으로 이루어지고 있기 때문이다. 칸트 이후 독일 관념론에서 집요하게 모색했던 자기의식도 바로 이 기억이란 능력이 없다면 불가능한 것이었다.
459

기표(記標, Signifiant, Signifier)/기의(記意, Signifié, Signified)

프랑스 구조주의 언어학자 소쉬르는 기호에는 기표의 측면과 기의의 측면이 있다고 말했다. 기표가 음성이나 형상과 같이 감각적으로 수용되는 기호의 물질적인 측면이라면, 기의는 특정 기표를 들었거나 보았을 때 머릿속에 떠오르는 기호의 관념적인 측면이다. '자동차'라는 기표를 들었을 때, 우리는 특정한 자동차를 그리게 된다. 이렇게 그려진 자동차가 '자동차'라는 기호의 기의이다.
740, 750

기하학(Geometry) → 집합론/기하학/미적분학

기학(氣學)

주희의 이학(理學), 육구연과 왕수인의 심학(心學)과 함께 신유학을 구성하는 3대 경향 중 하나. 이학이 불변하는 원리로서 이(理)를 강조하고, 심학은 주체의 능동성과 수양으로서 심(心)을 강조한다면, 기학은 세계를 관통하는 원초적이고 일원적인 질료성으로서 기(氣)를 강조한다. 흥미롭게도 신유학은 이학, 심학, 기학을 하나의 주기로 삼아 변모하고 변주한다. 이(理)가 너무 객관주의로 흐르면 심(心)이란 주체성의 계기가 부각되고, 심(心)이 지나치게 주관주의로 흐르면 물질적 현실을 강조하는 기(氣)라는 범주가 부각되는 식으로 말이다.
1055, 1192, 1193, 1196~1198, 1201, 1215

기호(Sign, Signe)

어떤 대상을 대신해서 그것을 지칭하도록 사용되는 모든 것을 의미한다. 하트 모양이 사랑을 대신하고, '낙타'라는 단어가 실제 낙타를 대신한다. 그러니까 언어는 기호 중 하나의 특수한 사례라고 할 수 있다. 기호는 기표와 기의라는 두 요소로 구성되어 있다. 그렇지만 소쉬르가 이야기했던 것처럼 기표와 기의 사이의 관계는 자의적이기 때문에, 매 경우 기표와 기의 사이를 연결시키는 해석 활동이 불가피하다. 반면 들뢰즈는 기호를 더 강하게 해석한다. 그에게 기호는 '사유를 강제하는 것'이기 때문이다. 한마디로 말해 해석을 강제하는 것이 기호라는 것이다.

360, 486, 511, 545

기호가치(sign value) → 사용가치/교환가치/상징가치/기호가치

깨달음(覺)

불교의 치열한 자기 수행이 최종적으로 달성되었을 때 발생하는 마음의 이상적인 상태를 말한다. 각(覺)이란 한자어가 상징하듯이, 깨달은 자는 잠에서 깨어난 것과 같이 자신을 포함한 모든 것을 있는 그대로 직관할 수 있다. 물론 깨달은 자에 의해 있는 그대로 직관된 세계는 인연에 의해 발생하고 소멸하는 역동적이지만 나름대로 지속의 폭을 가진 세계라고 할 수 있다.

40, 873~875, 945, 957, 959, 961, 967, 976, 986, 993, 1008, 1012, 1027, 1038, 1094, 1099~1101

꿈(Traum, Dream)

프로이트에 의해 그 중요성이 부각된 수면 상태에서 인간 상상력이 만드는 것. 1900년에 출간된 《꿈의 해석》에서 프로이트는 "꿈은 억압된 소망의 간접적 실현"이라고 정의했던 적이 있다. 여기서 '억압된'이란 의미는 체제나 현실의 논리에 의해 우리 인간의 소망이 좌절되었다는 것이고, '간접적'이란 의미는 직접적으로 소망을 피력했다가는 체제나 현실의 논리로부터 억압을 받기에 검열의 그물망을 교묘히 피한다는 것이다. 결국 넓게는 정신분석, 혹은 좁게는 꿈의 해석은 이렇게 간접적으로 구성된 꿈을 독해해서 억압된 소망을 찾아내 그걸 해방시키는 것이다. 어쨌든 꿈은 금기나 억압에도 불구하고 인간은 자신의 소망을 포기하지 않는 증거가 될

수 있다.

1267, 1268

나무(tree) → 리좀/나무

나치즘(Nazism)/파시즘(Fascism)

나치즘은 국가사회주의(Nationalsozialismus)의 줄임말로 히틀러로 상징되는 독일 국가주의를 상징하고, 파시즘은 무솔리니로 상징되는 이탈리아 국가주의를 상징한다. 나치즘과 파시즘을 가로지르는 근본적 공통점은 사회 성원들이 강력한 지도자에 대한 맹목적 열광과 복종의 정서를 보인다는 데 있다. 자신을 구원하지 못하고 타인의 구원을 갈망하는 정서가 공동체에 횡행할 때, 구원을 약속하는 강력한 지도자가 등장하게 된다. 결국 나치즘과 파시즘을 막기 위해서 민주주의를 강화시키는 것이 유일한 방법이라고 할 수 있다.

275, 276, 440~444, 448, 453, 545, 595, 663, 746, 950, 1233, 1248, 1249, 1267, 1271, 1272, 1278, 1281, 1319

남종선(南種禪)/북종선(北種禪)

선종(禪宗)의 계보에 따르면 오조 홍인(弘忍)의 법통을 이으려고 경쟁했던 두 명의 제자가 있었다. 한 명은 중국 북부 도시 출신이었던 지적인 신회(神會)였고, 다른 한 명은 중국 남부 시골 출신이었던 일자무식 혜능(慧能)이었다. 신회를 따르던 선종 전통은 북종선, 그리고 혜능을 따르던 선종 전통은 남종선이라고 불렀다. 신회가 지적인 이해에 토대를 둔 점진적인 수행을 강조했다면, 혜능은 직관적이고 순간적인 깨달음을 강조했다고 한다.

321, 836, 959, 961~964, 969, 1001, 1008, 1009, 1028, 1094, 1105

내단(內丹) → 도교/내단/외단

내재성(Immanence)

초월성과 더불어 세계를 설명하는 두 가지 입장 중 하나로, 프랑스 철학자 들뢰즈에 의해 강하게 피력되었다. 내재성의 입장을 따르는 사람들은 세계를 설명할 때 세계를 넘어서는 신과 같은 초월적인 원리들에 호소하지 않는다. 모든 것이 내재성의 장에서 내재적인 요소들의 마주침과 연결로 발생하기 때문이다.

217, 218

내포(Intension)/외연(Extension)

논리학은 하나의 개념에는 두 가지 측면이 있다고 말한다. 그 하나가 내포이고, 다른 하나는 외연이다. 내포라는 것은 어떤 개념이 함축하는 성질이고, 외연은 그 개념이 적용되는 범위나 대상들을 가리킨다. 예를 들어 인간이란 개념의 내포는 '생각한다', '직립으로 걷는다', 혹은 '역사를 가진다' 등등이라면, 인간이란 개념의 외연은 구체적인 인간 개체들 전부를 의미한다. 거칠게 말하자면 '강신주'라는 고유명사의 경우 내포는 무한대이고 그 외연은 하나라면, '존재'라는 개념의 경우 그 내포는 '있다'라는 것 하나이고 그 외연은 무한대라고 할 수 있다.

779

노에시스(Noesis)/노에마(Noema)

정신을 의미하는 희랍어 누스(Nous)에서 유래한 말로 우리 의식에 주어진 사태 자체로 되돌아가자고 했던 후설 현상학의 핵심 개념들이다. 노에시스가 어떤 사태를 지향하는 우리의 마음 작용을 가리킨다면, 노에마는 우리의 마음이 지향하고 있는 대상이라고 할 수 있다. 잊지 말아야 할 것은 후설에게 노에시스가 없다면 노에마도 존재하지 않고, 노에마가 없다면 노에시스도 불가능하다는

점이다.

336, 338

노장 철학(老莊哲學)

노자가 도가(道家) 사유를 시작했고 장자가 노자의 사유를 심화시켰다는 이해를 바탕으로 만들어진 학술 용어이다. 이 용어는 공자(孔子)와 맹자(孟子)의 유학 사상을 공맹 사상이나 공맹 철학으로 부르는 패턴을 반복하고 있다. 사실 노자가 국가와 제국의 존망을 사유했다면, 장자는 개체의 삶을 중시했던 철학자였다. 그래서 노장 철학이란 말은 노자와 장자 사이의 철학적 간극을 간과하도록 만들 수 있는 위험한 용어일 수도 있다.

73, 742

논리적 고유명사(Logically Proper Names)

러셀이 이야기했던 논리적으로 유일한 고유명사. 보통 우리가 사용하는 들뢰즈, 강신주 등등의 고유명사는 정확히 고유명사라고 할 수 없다는 것이 러셀의 입장이다. 이런 고유명사만 듣고서 누구도 들뢰즈와 강신주를 찾아낼 수 없으니 말이다. 결국 들뢰즈라는 고유명사가 어떤 사람을 기술하는지, 강신주라는 고유명사가 어떤 사람을 기술하는지 우리는 알아야만 한다. 그래서 러셀은 우리가 흔히 사용하고 있는 고유명사는 모두 기술구들로 환원될 수 있다고 주장한다. 결론적으로 러셀은 '이것(this)'과 '저것(that)'처럼 우리가 감각적으로 지목할 수 있는 것만이 논리적으로 가능한 유일한 고유명사라고 주장했던 것이다.

346

논리주의(Logicism)/형식주의(Formalism)/직관주의(Intuitionism)

20세기 초 서양 지성계를 뜨겁게 달구었던 수학기초론의 세 가지 입장. 프레게와 러셀은 수학의 기초를 집합논리로 잡으려고 했는

데, 이것이 바로 논리주의다. 이와 달리 힐베르트는 형식화된 공리로 수학에 기초를 부여하려고 했다. 바로 형식주의다. 마지막으로 칸토르와 힐베르트에 격렬하게 반대했던 브라우어는 인간의 감성적 경험으로 수학에 기초를 부여하려고 했는데, 이것이 직관주의 입장이다. 괴델의 불완전성의 정리로 논리주의와 형식주의는 파산 선고를 받았다. 물론 그렇다고 해서 브라우어의 직관주의가 수학의 기초로 받아들여졌다는 것은 아니다. 정확히 말해 괴델의 등장으로 수학기초론이란 지성계의 화두 자체가 차갑게 식어버렸다고 할 수 있다.

355, 389~393, 395, 396

논리철학(Philosophy of Logic)

유효한 추론들의 과학이라고 할 수 있는 논리학을 반성하는 철학 분과이다. 인간이 가진 추론 능력, 즉 이성을 강조했다는 점에서 논리철학은 현대판 합리론이라고 할 수 있다. 그렇지만 논리철학이 무제한적으로 이성을 강조하는 것은 아니다. 비트겐슈타인이 보여주었던 것처럼 논리철학은 논리학의 한계, 그러니까 이성의 한계도 진지하게 숙고하기 때문이다.

748, 755

논리학(Logic)/수사학(Rhetoric)

타당한 추론의 규칙을 통해 어떤 주장을 전개하는 것이 논리학이라면, 수사학은 타당한 추론 규칙보다는 청자를 격동시킬 수 있는 다양한 정서적 방법을 통해 어떤 주장을 전달하는 방법이다. 논리학의 좌우명이 이성이라면, 수사학의 좌우명이 감성인 것도 이런 이유에서다. 그렇지만 수사학의 이면에 논리학이 전제되어 있다는 걸 잊어서는 안 된다. 수사학을 강조하는 사람도 스스로 어떤 주장을 명료화할 때 논리적 추론 규칙, 혹은 사유 규칙을 사용하기 때문이다.

885, 888

뇌(Brain)

정신활동과 관련된 인간의 해부학적 부위. 과거 심장이 인간의 중심이라고 생각했다면 지금은 뇌가 그 역할을 맡고 있다. 신경과학에 따르면 진화론적으로 뇌는 세 가지 층위로 구성되어 있다. 가장 밑층에는 있는 '오래된 뇌(old brain)'는 생명 유지와 행동과 관련된 기능을 담당하고, 두 번째 층은 '중간 뇌(middle brain)'인데, 이 부분은 정서와 감정과 관련된 기능을 담당한다. 마지막 제일 위 3층에는 '새로운 뇌(new brain)'라고 불리는 부분인데, 인간의 추상적 사유를 담당한다. 철학적으로 인간을 특정 행동으로 이끌기 쉬운 부분은 새로운 뇌가 아니라 중간 뇌, 그러니까 정서적인 반응이지 추상적 사유가 아니라는 대목이 매우 중요하다.

595~598, 636

뉴런(Neuron) → 시냅스/뉴런

능산적 자연(Natura Naturans)/소산적 자연(Natura Naturata)

스피노자가 사용한 말로서 능산적 자연은 자연이 가진 능동적이고 생산적인 측면, 소산적 자연은 자연이 가진 수동적이고 결과적인 측면을 가리킨다. 다시 말해 소산적 자연은 우리가 감각적으로 확인할 수 있는 자연을, 능산적 자연은 감각으로 직접 확인되지 않지만 소산적 자연을 낳는 자연의 역동적 힘을 나타내는 말이다. 스피노자에게 능산적 자연은 바로 '신'이었고, 소산적 자연은 '만물'이었다.

209

니르바나(Nirvāṇa) → 열반/니르바나

니야야학파(Nyāya)/
바이쉐쉬카학파(Vaiśeṣika)

개념 실재론을 표방했던 인도의 두 학파. 니야야학파나 바위쉐시카학파는 모두 실체에 속하는 아트만이나 보편에 속하는 보편자들도 실재한다고 주장한다. 공통된 입장은 같지만, 두 학파의 주안점은 달랐다. 바이쉐쉬카학파가 주로 형이상학에 몰두했다면, 니야야학파는 인식론과 논리학에 집중했다. 두 학파 중 니야야학파는 나가르주나의 중관파나 디그나가의 불교인식론을 이해하는 데 매우 중요하다. 나가르주나나 디그나가는 실체론을 논리적으로 정당화했던 니야야학파를 최고의 논적으로 생각했기 때문이다.

879, 890~899, 940, 953

다수세계론(Many worlds theory)

이론물리학자 에버렛이 주장했던 양자역학적 세계관. 뚜껑을 열기 전에 죽었는지 살았는지 확인할 수 없는 슈뢰딩거의 고양이는 '중첩'의 상태에 있다고 양자역학은 생각했다. 에버렛은 한 단계 더 나아가 뚜껑을 열기 전에 두 가지 세계가 있다고 주장한다. 살아 있는 고양이의 세계와 죽어 있는 고양이의 세계! 뚜껑을 열어 죽어 있는 고양이를 보았다고 해도, 살아 있는 고양이의 세계는 여전히 다른 세계라는 형식으로 존재한다는 것이다. 에버렛의 생각은 둔스 스코투스와 라이프니츠의 가능세계론의 현대판 버전이라고 할 수 있다.

610, 618

다자(Many)

다른 것으로 환원될 수 없는 단독성을 가지고 존재하는 다양한 개체와 사건들을 의미한다. 화이트헤드나 들뢰즈에게 다자는 이접적으로, 그러니까 서로 무관한 채로 병존하지만 어느 순간 연접적으로 결합하여 새로운 다자를 생성한다. 그래서 들뢰즈는 이런 생성의 사태를 연결(connection)이란 개념으로 공식화했던 적도 있다. 다시 말해 기존의 다자에서 새로운 하나가 출현했다는 것이다.

859, 917, 919, 920, 924, 1056, 1071, 1155, 1252

다중(Multitude)

이탈리아 철학자 네그리의 용어로 어떤 이념에 복종하는 획일적 집단이 아니라 기쁨으로 공명하는 이질적인 개체들의 우발적 연대를 가리키는 개념이다. 네그리에 따르면 다중은 자본의 세계화라는 암울한 전망에서 연꽃처럼 피어난 새로운 혁명 주체들이라고 할 수 있다. 다중은 국가기구에 의해 규정되는 국민이나 시민, 그리고 마르크시즘이란 이념에 종속되는 민중과는 구별되는 21세기적 개념이다.

134, 135, 137, 162, 455

단견(斷見) → 상견/단견

단자(單子)/모나드(Monad)

라이프니츠가 코기토로 상징되는 주체의 단독성을 미봉하려고 만든 개념이다. 어떤 개체가 탄생하여 소멸할 때 겪는 모든 일들이 그 개체의 내면에 미리 프로그램되어 있었다고 이해한다면, 우리는 그 개체를 모나드로 이해하고 있는 셈이다. 마치 영화가 상영되기 이전에도 영화의 전체 장면들은 필름에 각인되어 하나의 롤에 완전히 결정되어 감겨 있듯이 말이다.

163, 164, 167, 209, 345, 929, 983

대승(大乘, Mahāyāna)/소승(小乘, Hīnayāna)

뒤에 패권을 잡은 철학 사조는 자기 앞 사조를 일정 정도 폄하하기 마련이다. 대승과 소승의 관계도 마찬가지다. 모든 중생을 태울 정도로 큰 수레를 가지고 있다고 주장하는 대승은 자기 수양에 몰두했던 기존 불교도들을 작은 수레, 즉 소승이라고 비판했던 것이다. 그렇지만 자기 자신을 구원하는 데 실패한 사람이 몰고 가는 큰 수레가 무슨 의미가 있다는 말인가. 결국 진정으로 대승일 수 있으려면, 대승은 본질적으로 소승의 과정을 넘어서야 하는 것 아닐까. 그러니 대승의 핵은 소승에 있고, 소승의 자비심은 대승이 되어야 한다고 정리하는 게 타당할 듯하다.

240, 241, 315, 425, 472, 473, 582, 764, 878, 883, 913~915, 969, 991, 992, 1000~1002, 1107

대원경지(大圓鏡智, Mahādarśa-jñāna)/
평등성지(平等性智, Samatā-jñāna)/
묘관찰지(妙觀察智, Pratyavekṣaṇa-jñāna)/
성소작지(成所作智, Kṛtyānuṣṭhāna-jñāna)

유식불교에서 깨달은 사람, 즉 부처의 여덟 가지 의식 양태를 규정하는 개념들. 깨닫는 순간 알라야식은 사라지고 그 자리에 타자나 사태를 마치 거울처럼 있는 그대로 비추는 대원경지가 나타난다. 알라야식이 대원경지로 대체되는 순간, 자기의식으로 작동하는 '마나스'는 자신과 타자를 똑같이 볼 수 있는 '평등성지'로 바뀐다. 이어서 개념적 사유를 하는 '의식'은 '묘관찰지'로 대체된다. 마지막으로 다섯 가지 감각 의식들은 '성소작지'로 변한다. 여기서 중요한 것은 깨닫기 이전의 마음에는 의식을 의미하는 비쥬냐나(vijñāna)라는 용어를 쓰지만 깨달은 상태의 마음에는 지혜를 의미하는 쥬냐나(jñāna)라는 용어를 쓴다는 사실이다. 산스크리트어의 '비vi'라는 접두사는 구분과 구별의 뜻을 지닌다는 사실을 유념할 필요가 있다. 결국 나와 타자뿐만 아니라 일체의 구별과 차별 의식이 없는 것이 바로 깨달은 자의 마음 상태였던 것이다.

875, 876

대의민주주의(Representation)

국민이 대표를 뽑아 자신의 정치적 의사를 대신하게 하는 이념이자 제도를 말한다. 흥미로운 것은 대표나 혹은 국회를 의미하는 'Representation'이 근대철학에서는 '표상'이란 개념을 의미하기도 한다는 점이다. 표상은 어떤 것을 '다시, 혹은 간접적으로 드러낸다'는 의미를 가진다. 당연히 표상은 직접적인 드러남의 왜곡된 형태일 수밖에 없다. 직접적인 드러남이 가능하냐는 인식론적 문제는 삶의 주체들의 정치적 의사가 직접 표출될 수 있느냐는 정치철학적 쟁점을 구조적으로 반복하고 있다. 근대철학의 가능성과 한계가 'Representation'의 가능성과 한계의 문제로 응축될 수 있는 것도 이런 이유에서이다.

136, 137, 440, 453, 455, 619, 657, 658, 668, 670, 1296

대인(大人)/소인(小人)

맹자(孟子)는 모든 인간의 본성은 선하다고 주장했다. 그렇다면 이제 본성의 차원에서 계급의 구별은 불가능해진다. 그래서 맹자는 계급의 구별을 윤리적 수양 여부로 정당화하려고 했다. 그는 마음은 대체(大體)로, 몸은 소체(小體)로 규정하는데, 대체를 따르는 사람은 대인이 되고, 소체를 따르는 사람은 소인이 된다. 이런 식으로 맹자는 육체노동에 대한 정신노동의 우월성을 확보한 것이다.

620, 831, 1066, 1129, 1200~1202

대자(對自, Pour-Soi, For-Itself) → 즉자/대자

데미우르고스(Dēmiourgos)

플라톤의 우주발생론에서 세계를 만든 제작자로 이해되었던 신이다. 기독교의 창조주와는 달리 데미우르고스는 질료나 형상을 만들지는 못한다. 그는 단지 형상을 가지고 질료에 특정한 패턴을 부여하는 역할을 담당할 뿐이다. 칸트에 들어와 데미우르고스는 이성으로 내면화된다. 이성은 오성의 범주들을 가지고 감성에 주어진 것을 판단하기 때문이다.

62~64, 99, 1063

도(道)

중국 철학의 가장 핵심 범주로서 서양의 'truth'와는 달리 실천적인 함의를 가진 진리 개념이라고 할 수 있다. 도를 안다는 것은 길 버트 라일이 강조했던 '노하우(Know-how)'를 안다는 것과 매우 유사하다. 노자(老子)에 이르러 도는 삶이나 정치의 길이나 방법이란 원초적 의미를 벗어던지고 추상적인 일자(一者), 혹은 세계의 본질로 이해되기 시작한다. 형이상학적으로 이해된 도 개념은 이후 위진 시대의 현학과 송명 시대의 신유학 사유에서도 그대로 계승된다.

677, 691, 730~743, 918

도가(道家)

관례적으로 노자와 장자, 그리고 그들의 사상을 따르는 전국시대의 학파. 흥미로운 것은 제자백가가 활동했던 시절에는 노자와 장자가 노장(老莊)으로 병칭된 적도 없었다는 점이다. 결국 도가라는 학파 이름은 춘추전국시대의 제자백가를 분류할 수밖에 없었던 사마천이나 반고와 같은 역사가들의 임의적 분류법에서 기원한 것에 지나지 않는다. 국가주의 색채를 강하게 띠었던 노자와 아나키즘 경향이 강했던 장자를 같은 학파로 묶는 것만큼 비철학적인 사유도 없을 것이다.

932

도교(道敎)/내단(內丹)/외단(外丹)

노자와 장자로 상징되는 도가 사상을 토대로 2, 3세기에 시작되었던 중국의 민간 종교. 도교는 불로장생(不老長生)의 이념, 그리고 불로장생을 실현한 인격으로서 신선(神仙)을 강조한다. 도교는 크게 외단(外丹)을 중시하는 입장과 내단(內丹)을 중시하는 입장으로

양분된다. 외단을 중시했던 도교는 환약(丸藥)을 제조해서 불로장생을 꿈꾸었는데, 서양의 연금술처럼 동아시아 화학의 발전에 간접적인 영향을 끼쳤다. 이와 달리 내단을 중심했던 도교는 수양을 통해 불로장생을 꿈꾸었는데, 이 경향은 갈홍(葛洪)을 통해 체계화된다.

858, 859, 932, 1068, 1089, 1215

도심(道心) → 인심/도심

독각(獨覺, Pratyeakabuddha) → 성문/독각/보살

돈오점수(頓悟漸修)

고려시대 지눌(知訥)이 당시의 고려 선승들의 어리석은 수행과 치기 어린 광기를 질타하면서 만든 수행의 핵심 원리이다. 돈오가 인간의 마음과 수행에 대한 지적인 이해를 뜻한다면, 점수는 돈오를 토대로 내면에 깔려 있는 습관과 정서를 변화시키는 점진적인 수행을 의미한다. 태양이 뜬다고 바로 눈이 녹지 않듯이, 인간의 변화는 하루아침에 이루어질 수 없다는 지눌의 현실 감각이 번뜩이는 가르침이라고 하겠다.

1096, 1099, 1100~1105, 1109

동심(童心)

이탁오(李卓吾)로 더 유명한 이지(李贄)의 사유를 관통하는 핵심 개념이다. 그에게 동심은 임금님의 귀를 당나귀 귀라고 외칠 수 있는 혁명적 마음, 혹은 진솔한 마음을 가리킨다. 이지의 주장은 《차라투스트라는 이렇게 말했다》에서 니체가 피력했던 정신의 자기 변형 논의와 매우 흡사하다. 니체도 정신은 낙타에서 사자로, 그리고 최종적으로는 '어린 아이'에 도달해야 한다고 역설했기 때문이다.

1160, 1166, 1167

동일률(Principle of Identity)/모순율(Law of Contradiction)

동일률은 논리학의 기본 원리로서 하나의 동일한 명제는 참이면서 동시에 거짓일 수 없다는 원리를 말한다. 형식적으로 동일률은 "A는 A이다"라고 표시된다. 반면 모순율은 정확히 말해 모순을 배제하자는 원리이다. 그래서 모순율은 "A는 -A가 아니다"라고 표현된다. 결국 동일률과 모순율은 동일한 정신, 즉 "A는 A이고 그래서 -A일 수 없다"는 판단을 공유하고 있다. 그렇지만 이 세상에 마지막 숨을 내쉬는 사람은 살아 있으면서 동시에 죽은 순간을, 그리고 사랑에 빠진 사람은 사랑하지 않지만 사랑하는 순간을 통과하는 것 아닌가? 정말 중요한 순간은 동일률과 모순율로 포착되지 않는다는 점이 이채롭다.

382, 1301

동일성(Identity)/차이(Difference)

프랑스 현대철학에 도달하기 전까지 서양 사유는 기본적으로 동일성을 중심으로 사유를 전개했다. 당연히 차이는 동일성에 대한 인식에서 파생되는 찌꺼기와 같은 범주에 지나지 않았다. 두 명의 여성이 있다. 그들은 여성이란 동일성을 공유하지만, 한 명은 음악을 좋아하고 한 명은 영화를 좋아한다. 전통적인 입장에 따르면 음악을 좋아하거나 영화를 좋아하는 차이는 두 사람이 여성이란 사실에 비해 부차적인 것이다. 그렇지만 단독성의 입장에서 진정으로 중요한 것은 음악을 좋아하거나 영화를 좋아하는 차이가 아닐까?

245, 248, 249, 251, 280, 445, 446, 453, 508, 509, 566, 579, 580, 588, 620, 624, 642, 668, 699, 751, 764, 869, 949, 1007, 1037, 1077, 1123, 1286

동체대비(同體大悲) → 자비/동체대비

동학(東學)

서학에 맞서기 위해 최제우가 창시하고 최시형이 체계화한 동아시아 사유의 마지막 정수. 서학이 자연과학으로는 객관주의를 표방하고 천주교로는 초월주의를 표방했던 것과는 달리, 동학은 의도적으로 강력한 주체주의와 내재주의로 서학의 경향에 맞서려고 했다. 동학의 슬로건 인내천(人乃天)에는 동학의 정신이 그대로 응축되어 있다. 갑오농민전쟁 이후 동학의 정신은 집강소주의라고 불릴 만한 강력한 코뮤니즘으로 진화하게 된다.

115, 1213, 1214, 1216, 1218, 1219~1223, 1231

디오니소스(Dionysus)/아폴로(Apollo)/비극(Tragedy)

《비극의 탄생》에서 니체가 강조했던 두 가지 미학 개념. 아폴로가 동일성의 원리를 상징하는 것이라면, 디오니소스는 동일성 와해의 원리를 상징한다. 간단히 말해 "나는 나고 너는 너다"라는 원리가 아폴로적인 것이라면, "내가 너이고, 너는 나이기도 하다"는 원리가 디오니소스적인 것이라고 할 수 있다. 니체는 이 두 가지 원리가 통일되어 있는 상태를 '비극'이라고 규정한다. 그렇지만 비극에서 중요한 것은 아폴로적인 것이라기보다는 디오니소스적인 것이라고 할 수 있다. "내가 너이고 너는 나이기도 하다"는 디오니소스의 원리에는 이미 '나'와 '너'라는 아폴로적인 구분이 전제되어 있기 때문이다. 그래서 좁은 의미에서 비극적이라는 것은 디오니소스적인 것과 같은 뜻이라고 할 수 있다.

550, 552~554, 579

로고스(Logos)

고대 그리스에서 로고스는 법칙이나 언어를 모두 의미했던 용어였다. 이것은 기본적으로 로고스가 기본적으로 언어를 통해 이루어지는 대화 상황을 전제로 해서 사용되었다는 것을 의미한다. 물론 대화는 두 사람 사이

에서 이루어질 수도 있고, 혹은 내면의 자기
와 직면하여 고독하게 이루어질 수도 있다.
이 점에서 로고스의 근본에는 다이얼로그
(dialogue), 즉 둘(dia) 사이에 이루어지는 말하
기(logue)의 정신이 흐른다고 할 수 있다.

585, 918

로카야타(Lokāyata)/차르바카(Cārvāka)

불교와 함께 초월적인 세계를 거부했던 유물
론적이고 현실주의적이었던 학파. 인도 민중
들에게 강한 영향을 미쳤던 탓으로 인도 정
통 철학자들에게 신랄한 비판과 저주의 대
상이 된다. 이들 현실주의 학파를 인도 정통
철학자들은 조롱투로 '차르바카'라고 부르기
도 한다. '차르바카'라는 말은 감언이설을 의
미한다. 결국 '차르바카'보다는 '로카야타'라
는 이름이 이 학파에게 더 공정할 것 같다.
'로카야타'는 '이 세계만을 지향한다'는 의미
를 갖고 있기 때문이다.

697, 700, 701, 702, 704, 705, 708, 709, 710

리좀(Rhizome)/나무(Tree)

들뢰즈는 전통 사유가 나무 이미지로 작동
했다면, 자신이나 앞으로의 철학은 리좀 이
미지로 움직일 것이라고 말했던 적이 있다.
리좀이란 땅속에서 부단히 증식하면서 다
른 뿌리줄기와 연결되기도 하고 분리되기도
하면서 온갖 방향으로 뻗어나가는 뿌리줄기
식물을 가리킨다. 나무의 이미지를 따르는
전통 형이상학은 뿌리로 상징되는 일자(一者)
와 가지들로 상징되는 다자(多者)의 논리로
움직인다. 반면 리좀 이미지를 따른다면, 우
리는 초월적인 일자를 상정할 필요도 없이
다자들의 연결과 생성을 있는 그대로 사유
할 수가 있다.

859, 917~922, 924, 925, 927, 929~931, 1043,
1055, 1056, 1106, 1107, 1165

마음(心, Mind)

컴퓨터에 비유한다면, 마음은 감각으로 들어
오는 것을 판단하고 처리하는 중앙처리장치
와 같은 것으로 설명할 수 있을 것이다. 그렇
지만 동양 전통이나 서양 현대철학의 현상학
전통은 마음의 작용을 수동적이라기보다는
적극적으로 무엇인가를 지향하는 것으로 이
해한다. 다시 말해 마음이 어떤 대상을 지향
하지 않는다면, 그것에 대한 우리의 감각은
작동하지도 않는다는 것이다.

99~103, 320~336, 457~460, 901~904,
956~973, 986~998, 1020~1038, 1080, 1081,
1083~1092

마주침의 유물론(Matérialisme de la Rencontre)

국가사회주의라는 사생아적 전체주의로부터
마르크스의 해방적 사유를 지키기 위해서 알
튀세르가 마르크스에게 부여했던 철학이다.
마주침의 유물론은 에피쿠로스학파의 원자
론과 클리나멘 개념을 토대로 우발적인 마주
침으로 자유로운 연대가 가능하다는 속내를
숨기고 있다. 알튀세르의 노력으로 마침내 마
르크스의 코뮤니즘(communism) 개념은 철학
적 토대를 얻은 셈이다.

70, 71, 845

만물일체(萬物一體)

불교의 동체대비(同體大悲)에 비교될 수 있는
신유학의 핵심 이념 중 하나. 만물일체는 특
히나 정호(程顥)나 왕수인(王守仁)처럼 심학(心
學) 경향의 신유학자들에게 가장 중요한 이념
이었다. 이 이념은 만물은 하나라는 존재론
적 주장이라기보다 만물을 자신의 몸처럼 보
는 마음의 감수성과 더 관계가 있다. 왕수인
은 소인이 자신에 대해서만 감수성을 갖지만
대인은 만물을 자신의 몸처럼 느끼는 무한한
감수성의 존재라고 규정했던 적이 있다.

185, 1200~1203, 1205, 1207~1210,
1212~1214, 1218

만인에 대한 만인의 전쟁(Bellum Omnium contra Omnes, the War of All against All)

홉스가 국가라는 괴물, 즉 리바이어던을 정당화하기 위해 요청했던 자연상태를 가리킨다. 국가가 생기기 이전에 인간은 상호 불신에 빠져 서로에 대해 선제공격을 감행하게된다는 것이 홉스의 생각이었다. 그렇지만 클라스트르라는 정치인류학자에 따르면 국가가 탄생하기 이전에 인류는 자유로운 공동체를 유지하고 있었다.

139, 712

망각(忘, Forgetfulness)

플라톤이 상기설을 제안했을 때부터 서양철학 내면은 기억에 대한 의지에 의해 지배되어왔다. 서양철학 전통을 가장 근본적으로 숙고했던 니체는 기억이란 일종의 소화불량에 지나지 않는다고 비판하면서 망각이야말로 삶의 긍정을 위해 불가피한 덕목이라고 강조했다. 흥미롭게도 동양의 사유 전통에서 망각은 2,000여 년 전부터 가장 긍정적인 마음 상태로 긍정되고 있었다.

44, 45, 243, 245, 250~254, 295, 583, 637, 744, 919

매개(Mediation)

A와 B 사이에 개입하여 그것을 연결시키는 작용을 말한다. 잊지 말아야 할 것은 매개에는 일종의 아이러니가 존재한다는 점이다. 매개란 표면적으로 A와 B를 연결시켜주는 듯이 보이지만, 실제로는 A와 B를 직접 만나지 못하도록 하는 역할도 수행하기 때문이다. 그래서 매개의 부정적 역할에 주목했던 철학자들은 일체의 매개를 제거하자는 직접성(Immediacy)의 입장을 취하기도 했다. 직접성이란 글자 그대로 '매개(mediacy)가 없음(Im)'을 의미하기 때문이다.

179, 262, 296, 303, 307, 313, 333, 516, 734, 823, 1006, 1051, 1077, 1257, 1259

맹목적 의지(Blinder Wille sur Leben)

헤겔이 합리적인 절대정신이 개체의 정신을 조종하고 있다고 주장했다면, 쇼펜하우어는 개체를 지배하는 것은 맹목적인 삶의 의지라고 이야기했다. 개체들은 자신과 종족을 보존하려는 맹목적인 의지에 의해 움직인다는 것이다. 여러모로 쇼펜하우어는 암울한 헤겔주의자였던 셈이다.

303~307, 310, 311

메텍시스(Methexis)/분유(Participation)

플라톤의 존재론를 규정하는 내적 논리가 메텍시스, 즉 분유이론이다. 장미꽃, 안개꽃 등등이 꽃일 수 있는 이유는 그것들이 모두 '꽃'이란 이데아에 부분으로 참여하고 있기 때문이라는 것이다. 장미꽃이 시들게 되면, 플라톤은 장미꽃이 더 이상 '꽃' 이데아에 부분으로 참여하지 못하게 되었다고 설명할 것이다. 이 경우에도 '꽃' 이데아는 그 자체로 불변한 채로 존재하고 있다.

43, 44

명(名)/실(實)

고대 중국의 언어논리철학을 지배했던 핵심 쟁점은 명실론(名實論)이었다. 명실론은 글자 그대로 개념을 의미하는 명(名)과 지시 대상을 의미하는 실(實)과 관련된 논쟁이다. 흥미롭게도 당시 명실론은 기표와 기의는 자의적이지만, 한 번 결합되면 절대적으로 고착된다는 소쉬르의 통찰을 선취하고 있었다.

734, 735, 748

명가(名家)

혜시(惠施)나 공손룡(公孫龍)과 같이 언어와 논리에 주목했던 고대 중국의 학파를 가리킨다. 명가의 탄생은 유세(遊說)가 빈번했던 전국시대의 지적인 분위기와 무관하지 않다. 언어로 타인, 특히 군주를 설득하는 능력이 없다면 자신의 정치적 소신을 펴는 것은 불

가능하다. 불행하게도 언어와 논리에 대한
관심은 중국에 제국이 들어서면서 사라지게
된다. 이로부터 동양 사유에는 논리철학이
없다는 해묵은 편견이 발생한 것이다.

748

명제적 앎(Know-that)/실천적 앎(Know-how)

영국의 분석철학자 길버트 라일의 핵심 개념
쌍. 예를 들면 자전거를 탈 줄 아는 것이 '실
천적 앎'이라면, 자전거의 운동 방식과 자전
거의 구조에 대한 인식이 '명제적 앎'이다. 흥
미로운 것은 명제적 앎이 실천적 앎을 보장
하지는 못하지만, 실천적 앎은 명제적 앎을
가능하게 한다는 사실이다. 다시 말해 자전
거를 탈 줄 아는 사람은 자전거의 객관적 기
능과 구조에 대해 알 수 있지만, 자전거의 객
관적 기능과 구조를 아는 사람이 자전거를
탈 수 있는 것은 아니라는 것이다.

732

모나드(Monad) → 단자/모나드

모순율(Law of Contradiction) → 동일률/
모순율

목숨을 건 비약(Salto Mortale)

헤겔의 절대정신은 합리적으로 실현된다. 그
렇다면 당연히 인간은 합리적 이성으로 절
대정신, 즉 신의 속내를 알 수가 있다. 헤겔의
합리주의가 지배하던 시대에 키르케고르는
합리적인 단계나 절차가 아니라 자신의 삶을
내건 비약을 통해서만 신에게 이를 수 있다
고 주장했다. 그의 주장을 숙고함으로써 현
대철학은 논리가 닿지 않은, 따라서 결단과
실천을 통해서만 도달할 수 있는 타자의 타
자성을 통찰할 수 있게 되었다.

623, 936, 937~939, 952

목적론(Teleology)

새의 날개가 왜 존재하는가? 목적론은 날개
의 목적은 새가 날기 위해서 필요하다고 이
야기한다. 목적론이 사후적 입장, 혹은 결과
에 입각해서 나오는 가장 원시적인 사유인
것도 이런 이유에서이다. 새가 날개로 나는
것을 보지 않는다면, 목적론은 날개의 목적
을 규정할 수 없기 때문이다. 강한 목적론에
빠진 사람은 펭귄의 날개를 조롱하게 될 것
이다. 그렇지만 펭귄의 날개는 나름대로 완
벽하게 기능하고 있지 않은가?

273, 768

목적인(目的因, Causa finalis) → 질료인/
형상인/작용인/목적인

몸(身, Body)

인간의 경우 몸은 협소하게 사용되면 육체
를 가리키지만, 넓혀서 사용하면 우리 자신
을 가리킨다. 이 점에서 몸은 보디(body)라는
서양 개념과 미세한 차이를 보인다. 동양 전
통에서 '수신(修身)' 개념은 '몸을 닦는다'가
아니고, '나 자신을 닦는다'로 번역되어야만
하는 것도 이런 이유에서다. 우리의 삶과 인
식에서 몸이 가진 중요성을 발견했던 메를
로-퐁티 이전에 동양에서는 몸은 우리 삶과
사유에서 핵심적인 것으로 이미 전제하고
있었던 셈이다.

627, 628, 634, 637, 643~647, 766~777, 802,
901~911, 1020~1022, 1032

몽타주(Montage)

영화의 숏들을 연결시키는 기법이 바로 몽
타주다. 빰을 때리는 숏과 포옹하는 숏, 이
두 숏을 연결시키는 방법, 즉 몽타주는 두
가지가 가능하다. 빰을 때리는 숏이 먼저 오
는 몽타주라면 갈등했던 남녀가 화해한다
는 의미를 제공하고, 반대로 포옹하는 숏
이 먼저 오는 몽타주는 남녀가 결별한다는

의미를 제공할 것이다. 이처럼 몽타주는 숏에서는 없는 새로운 느낌이나 의미를 숏들을 연결해서 만들어내는 편집 기법, 들뢰즈의 연결(connection)이나 화이트헤드의 합생(concrescence)으로 추상화될 수 있는 영화 기법이다.

434~436, 640~642, 652, 653

묘관찰지(妙觀察智, Pratyavekṣaṇa-jñāna) → 대원경지/평등성지/묘관찰지/성소작지

무명(無名) → 유명/무명

무상(無常, Anitya)

만들어진 모든 것은 영원하지 않다는 불교의 핵심 주장. 초기 대승불교는 무아에 집중해서 집착을 낳은 모든 실체론적 사유를 공격하는 데 집중했다면, 6세기 디그나가에서 시작되어 다르마키르티로 이어지는 불교인식론학파는 무아보다는 무상에 집중해서 불교 내부나 외부에서 발호했던 실체론적 사유를 괴멸하려고 노력했다. 그러나 불교 철학사적 맥락에서 무상의 가르침을 가장 중시했던 학파는 설일체유부와 함께 소승불교를 이론적으로 양분했던 경량부 학파라고 할 수 있다.

472, 474, 475, 881, 883, 1035~1038

무아(無我, Anātma)

불변하는 자아가 존재하지 않는다는 불교의 핵심 주장. 그렇지만 주의해야 할 것은 불교에서 부정하는 자아가 무엇인가를 기억하고 지각하고 기대하는 현실적인 자아는 아니라는 점이다. 불교에서 부정했던 자아는 불변하는 형이상학적 주체로 상정되었던 자아, 즉 아트만(ātman)이었다. 불변하는 아트만에 대한 집착이 현실 삶을 부정하게 된다고 불교는 이해했기 때문이다. 나가르주나는 싯다르타의 무아를 '공(空, Śūnyatā)'이란 개념으로 명료화한다.

240, 315, 317, 638, 697, 710, 879, 881, 904, 905, 912, 913, 915, 1004, 1036, 1037, 1107

무위(無位)

선종 자유정신의 화신 임제(臨濟)의 핵심 개념으로, 주체를 지배하는 내적이거나 외적인 권위를 부정하는 용어이다. 이 개념을 통해 임제는 외적으로는 군주, 아버지, 혹은 스승의 권위를, 내적으로 프로이트의 초자아와 같은 검열체계도 부정하려고 했다. 오직 그럴 때에만 인간은 참다운 사람, 즉 진인(眞人)이 될 수 있다고 확신했던 것이다.

1031

무위(無爲)/**유위**(有爲)

노자 철학의 핵심 개념으로 유위(有爲)라는 단어와 대립된다. 위라는 글자는 "~라고 생각하다" "~을 위해" "~을 한다" 등 다채로운 의미를 가지고 있다. 그래서 유위는 "어떤 목적을 가지고 행동한다"는 의미를 가진다. 이와 달리 무위는 사적인 생각이나 행동을 제거하고 전체 질서에 맞게 행동해야 한다는 이념이다. 그래서 무위는 사사롭지 않은 행동이나 생각을 의미하는 것이지, 무행동이나 무사유를 의미하는 것은 아니다.

837, 851, 880, 924~926, 933

무위진인(無位眞人)

선종 역사상 가장 강력했던 선사 임제가 생각했던 부처의 이미지. 무위(無位)라는 개념에 등장하는 위(位)는 자리라는 뜻인데, 특정한 사회적 지위나 지리적 위치, 혹은 시간적 위상 등을 모두 포괄한다. 결국 무위라는 말은 이런 외적 규정으로부터 자유롭다는 의미다. 여기에 임제는 장자의 진인(眞人) 개념을 더해서 중국적 부처의 이미지를 만들어낸 것이다. 어느 곳에서나 어느 시간에서 부

처는 참다운 자신으로 당당히 서 있을 수 있다는 취지다.

1031, 1032, 1034

무의식(Unbewußte, Unconsciousness)

의식이 아닌 것, 혹은 의식되지 않지만 우리의 삶에 영향을 끼치는 정신적 요소를 가리킨다. 이 점에서 라이프니츠가 말한 미세지각도 일종의 무의식이라고 할 수 있을 것이다. 그렇지만 프로이트에 이르러서야 무의식은 내적인 논리로 작동하는 정신적 기능으로 제대로 숙고되기 시작한다. 그는 무의식이 '쾌락원리'라는 1차적 원리와 '현실원리'라는 2차적 원리로 기능한다고 해명한다.

471, 520, 528, 529, 549, 567, 575, 583, 740, 877, 882, 989, 1008, 1267, 1268, 1318

무자성(無自性, Asvabhāvatva) → 자성/무자성

무정부주의 → 아나키즘

무한(Infinity)

한계(finis)가 없음을 뜻하는 개념. 서양 전통 형이상학에서는 인간 인식의 한계를 넘어서는 어떤 초월적 존재, 흔히 신을 무한이라고 보았다. 그러나 17세기 미적분학이 발달하면서 인간은 무한을 인식의 대상으로 삼기 시작했고, 마침내 19세기 말 칸토르에 의해 무한은 직접적으로 셀 수 있는 것으로 다루어지기 시작했다. 무한한 자연수의 집합보다는 무한한 실수의 집합이 더 많다는 걸 칸토르가 입증했으니 말이다. 그러나 동시에 이미 셀 수 있는 무한은 무한이 아니라는 반박도 강하게 이루어졌다. 이미 인간이 다룰 수 있는 무한이라면, 그것은 진정한 의미에서 무한일 수 없다는 입장인 셈이다.

377, 380, 383~386, 388, 393, 623

무한정(Apeiron) → 한정/무한정

묵가(墨家)

중국 춘추전국시대에 유가와 함께 사상계를 양분했던 학파. 창시자 묵적(墨翟)의 이름을 따서 학파 이름이 생겼을 정도로 묵가는 학파 내부의 강력한 유대감을 자랑했다. 유가가 지배층의 입장에서 사유를 전개했다면, 묵가는 직접 생산자들, 그러니까 피지배층의 입장에 서 있었다. 지배계층 내부의 유대를 강조했던 유가를 비판하면서 유대와 연대는 모든 계층을 아울러야 한다고 주장했다. 묵가는 이것을 겸애(兼愛)라는 주장으로 요약했다. 어쨌든 대인과 소인이란 유가의 구분법에 따르면 묵가의 철학은 소인의 철학인 셈인데, 묵가는 이런 소인마저도 포괄하려고 했다.

761, 762, 811

묵조선(默照禪)

간화선과 쌍벽을 이루었던 선종의 전통. 화두를 실마리로 참선을 했던 간화선과 달리 묵조선은 글자 그대로 '묵묵히 자기 내면의 불성을 비추려고' 했다. 마음을 거울에 비유하는 '거울 이미지' 그리고 '자성청정심'이란 개념은 묵조선 계통의 트레이드마크였다. 그들은 참선을 통해 맑은 불성을 실현해 세상을 있는 그대로 비추고 싶었던 것이다.

972, 1027

문학(文學, Literature)

김수영의 말처럼 꿈을 추구하고 불가능을 추구하는 인간 상상력의 결과물. 여기서 꿈과 불가능은 주어진 현실과의 관계 속에서 의미를 갖는 개념이다. 현실에서 이루지 못한 것을 작품을 통해 현실화하는 것, 현실에서는 불가능한 것을 작품을 통해 가능하도록 하는 것. 이것이 바로 문학을 포함한 모든 예술의 본령이다. 아이러니하게도 현실에서 불가능한 것을 꿈꾸어 작품으로 구체화하는 순간, 문학은 꿈을 불가능하게 만들었던 현실도 분명하게 보여준다. 결국 문학을 통해 꿈과 현실, 혹은 불가능한 것과 가능한 것이 동시에 작가나 독자에게 드러난다는 사실이 중요하다.

19, 116, 530, 532, 534, 598, 1264, 1267~1269, 1272~1279, 1281~1286, 1314

물래이순응(物來而順應)

북송 신유학자 정호(程顥)가 묘사했던 성인(聖人)의 경지. 여기서도 장자 이후 반복적으로 등장하는 거울 이미지가 다시 등장한다. '물래이순응'이란 거울이 추하건 아름답건 귀하건 천하건 간에 자기 앞에 있는 걸 어떤 편견도 없이 비추는 것에 비유할 수 상태이기 때문이다. 세상을 있는 그대로 비추기 위해서 거울은 티끌이 없어야 하는 것처럼, 세상의 타자에 제대로 반응하기 위해서 성인은 일체의 사적인 감정과 사유가 없어야 한다.

1092, 1170

물자체(Ding an Sich, the Thing-in-Itself)

칸트의 인식론에서 절대적인 타자를 가리키는 개념이다. 그는 물자체를 '초월론적 대상'이라고 부르기도 한다. 우리가 외부 사물이라고 인식하는 것은 이미 인간의 인식 조건에 의해 규정되어 있는 것이다. 붉은색 선글라스를 내내 착용하고 있는 사람이 원래 사물이 가진 색을 결코 볼 수 없는 것처럼 말이다. 칸트에 따르면 우리는 자신의 인식 조건을 넘어서 있는 사물 그 자체를 인식할 수 없다.

64, 228, 231~236, 238~241, 246, 247, 304, 336, 470, 471, 641, 668, 669

미(美) → 아름다움

미래(Future)

과거, 현재와 함께 시간의 세 가지 시제 중 하나이다. 아우구스티누스 이래로 서양철학은 미래라는 시제가 가능한 이유를 앞일을 기대할 수 있는 인간의 능력에서 찾았다. 그렇지만 레비나스가 등장하면서 상황은 반전된다. 그는 미래란 현재의 타자와 마주치면서 어떻게 전개될지 모르는 불확실성을 가진 새로운 세계를 의미한다고 보았기 때문이다. 한마디로 말해 우리의 기대를 좌절시킬 수 있어야 미래가 가능하다는 것이다.

353, 365~367, 457~475

미망사학파(Mimāmsa)/베단타학파(Vedānta)

여섯 학파로 구성되는 인도의 정통 철학 학파들 중 가장 《베다》의 권위를 긍정했던 두 학파. 결국 미망사학파와 베단타학파는 정통 중의 정통 학파였다고 할 수 있다. 두 학파가 모두 '범아일여(梵我一如)'라는 이론을 가장 중시했던 것도 이런 이유에서다. 미망사학파가 브라흐만에 대한 제사의식에 집중했다면, 베단타학파는 브라흐만과 아트만의 관계를 형이상학적으로 숙고하는 데 더 커다란 관심을 보였다. 미망사학파가 후에 불교인식론의 무아론과 찰나론을 공격하는 데 뛰어들게 된다는 점도 특기할 만하다.

890, 892, 953

미명(微明)

"빼앗기 위해서는 주어야만 한다"로 요약되는 노자 정치철학의 핵심 개념이다. 노자는 피통치자들에 대한 통치자의 시혜가 그들의 자발적 복종을 유도할 수 있는 힘을 가진다고 역설한다. 그렇지만 통치자는 피통치자가 자신의 속내를 알도록 해서는 안 된다. 이것이 바로 '은미함', 즉 '미(微)'라는 개념의 의미이다. 반대로 통치자는 자신의 시혜가 선물이 아니라 자발적 복종을 유도하려는 목적에 종사된다는 것을 결코 잊어서는 안 된다. 이것이 바로 '밝음', 즉 '명(明)'이라는 개념의 의미이다.

1245

미발(未發)/이발(已發)

신유학 수양론의 핵심 개념. 미발이 아직 감정과 사유가 드러나지 않은 상태를 말한다면, 이발은 감정과 사유가 이미 드러난 상태를 말한다. 도식적으로 미발의 상태는 본성과 관련되고, 이발의 상태는 감정과 관련된다. 주희에 따르면 미발의 상태에는 본성(性)의 힘을 기르는 공부, 즉 함양(涵養) 공부를 해야 하고, 이발의 상태에는 공정한 본성이 드러난 부분과 사적인 감정이나 사유가 드러난 부분이 혼재하기에 전자를 파악하는 공부, 즉 찰식(察識) 공부를 해야 한다.

1027, 1045, 1046, 1057, 1059, 1060, 1091, 1092, 1114, 1125, 1154, 1166

미세지각(Minute Perception)

인간의 일상적 지각을 설명하기 위해서 라이프니츠가 사용한 개념이다. 그에 따르면 인간의 일상적 지각은 무한히 작은 미세한 지각들의 무의식적인 종합의 결과물에 지나지 않는다. 바닷가의 파도소리는 바닷물을 이루는 작은 물방울들이 내는 소리들이 종합된 결과물이며, 오케스트라의 웅장한 화음은 바이올린, 피아노, 하프 등등이 내는 미세한 소리들이 종합된 결과물이라는 것이다.

209, 210

미적분학(Calculus) → 집합론/기하학/미적분학

미학(Aesthetics)

아름다움을 철학적으로 성찰하는 학문이다. 미학적인 것, 혹은 미적인 것의 범주는 '아름다움과 추함'이라고 할 수 있다. 미학을 독립적인 학문으로 만드는 데 공헌한 것은 칸트와 그의 《판단력비판》이라고 할 수 있다. 칸트에 따르면 일체의 관심을 떠나서, 즉 무관심으로 어떤 대상을 보면 우리는 그것이 우리에게 만족을 주는지 여부를 판단할 수 있다. 만족을 준다면 그것은 아름다운 것이고, 불만족을 준다면 그것은 추한 것이다.

280, 283, 287, 289, 292, 293, 294, 298

바라밀(波羅蜜, Pāramitā)

자비(慈悲, maitri-karuṇa)의 화신, 즉 부처가 되는 방법. 불교에서는 부처가 되는 여섯 가지 방법을 이야기하는데, 보시(布施, dāna), 지계(持戒, śila), 인욕(忍辱, kṣānti), 정진(精進, vīrya), 선정(禪定, dhyāna), 그리고 지혜(智慧, prajñā)가 바로 그것이다. 특히 주목해야 할 것은 여섯 가지 바라밀 중 제일 중시했던 것이 바로 '보시 바라밀'이라는 점이다. 타자에게 의식적으로 아낌없이 내어주는 노력을 하다보면, 어느 순간 자비를 노력하지 않고도 실천하는 부처의 경지에 오를 수 있다는 것이다.

206

반증 가능성(Falsifiability)

과학철학자 포퍼가 과학적인 명제와 그렇지 않은 명제를 구분하기 위해서 도입한 개념이다. 예를 들어 "모든 백조는 희다"라는 명제는 과학적 명제이다. 호주에 검은 백조가 살고 있다는 사실이 확인된다면, 언제든지 이 명제는 거짓으로 반증될 수 있기 때문이다. 반면 "사후세계가 존재한다"는 명제는 비과학적인 명제이다. 이것은 경험적으로 반증될 가능성이 전혀 없기 때문이다.

518, 519, 521, 522, 525

방편(方便, Upāya)

고대 서양철학에서는 논리학(logic)과 수사학(rhetoric) 사이의 묘한 긴장 관계가 있다. 수사학에는 청자가 강하게 도입되어 있다면, 상대적으로 논리학에서는 화자만이 강조된다고 하겠다. 자기뿐만 아니라 타인도 구제하려는 대승불교에서 강조되는 방편은 바로 이 수사학적 정신의 아시아적 버전이라고 할 수 있다. 곧이곧대로 진리를 전하기보다는 말을 듣는 사람의 수준에 따라 진리를 전하려고 하는 것, 그것이 바로 방편이기 때문이다.

277, 315, 425, 426, 764, 945, 948, 982, 1036, 1104, 1203

배중률(排中律, Principle of Excluded Middle)

명제 A는 참이거나 거짓이지, 그 중간 즉 참이면서 동시에 거짓은 있을 수 없다는 논리학의 법칙. 아리스토텔레스 이후 논리학의 핵심 법칙 중 귀류법(歸謬法)이란 유명한 증명 방법의 토대가 된다. 다치 논리(multi-valued logic), 혹은 퍼지 논리(fussy logic)의 등장으로 엄격한 의미에서 배중률의 지위는 흔들리고 있지만, 일상적인 의미에서는 아직도 유의미하게 사용되고 있다.

382, 383, 386, 387, 392, 393

벌거벗은 생명(Bare Life)

푸코의 생명정치에 영향을 받아 만들어진 아감벤 정치철학의 핵심 개념이다. 슈미트는 정치적인 것의 범주를 '적과 동지'라고 규정했다. 이에 대해 아감벤은 정치적인 것의 범주는 '벌거벗은 생명과 정치적 존재'라고 설정한다. 항상 죽음을 당할 수 있는 존재와 정치적으로 보호되는 존재 사이, 혹은 위험과 안전 사이의 간극에서 정치는 개입한다는 것이다.

664~667, 669

범신론(Pantheism)

모든 존재(Pan)가 신(theos)적이라는 주장(ism)이다. 범신론은 기독교처럼 신을 초월적인 존재로 설정하는 초월 종교에서 가장 멀리 떨어져 있는 입장이라고 할 수 있다. 스피노자의 존재론을 통해 확인할 수 있는 것처럼 범신론을 통해서 이제 모든 존재, 즉 개체들은 신이 지녔다고 생각되는 생산성과 창조성을 획득했다고 할 수 있다.

59, 109, 208, 209, 694~696, 709, 1020

범아일여(梵我一如, Brahman-ātman-āikyam)

한자어로 브라흐만(brahman)은 범(梵)으로, 아트만(ātman)은 아(我)라고 옮긴다. 범아일여는 우주의 신과 개체들의 자아가 같다는 범신론적 주장이다. 잊지 말아야 할 것은 범아일여 사상은 개체들의 자아보다는 우주의 신에 강조점을 두고 있다는 점이다. 범아일여 사상이 스피노자의 범신론과는 달리 개체들의 현실적 삶을 긍정하지 못하는 허무주의로 귀결되어버린 것도 이런 이유에서이다.

304, 305, 314, 694, 695, 697~699, 702, 704, 705, 709, 710, 878, 879, 890, 892, 904, 912, 1018

법(法)/술(術)/세(勢)

중국 고대 제자백가 중 법가가 강조했던 군주가 명심해야 할 세 가지 핵심 개념. 여기서 가장 중요한 것은 세(勢)라고 할 수 있다. 이것은 압도적인 힘을 의미하기 때문이다. 세가 없다면, 법이니 술은 아무런 힘도 발휘할 수 없다. 병가(兵家) 중 손무는 세의 논리를 전쟁에서 가장 포괄적으로 적용했던 적이 있다. 다행스럽게도 이 압도적인 힘을 얻은 군주는 전체 사회를 제대로 통제하기 위해서 법(法), 즉 일종의 성문법을 사용하는 것이 효과적이다. 일일이 주어진 사태에 행위를 명령하기보다 미리 어떤 행동을 하면 벌을 받고 어떤 행동을 하면 상을 받는지 명문화하는 것이 더 효율적이라는 것이다. 법가가 강조하는 술(術)은 전체 사회를 대상으로 한다기보다는 권력 주변부를 대상으로 한다. 군주의 권좌를 위협하는 것은 고급 관료들이나 귀족층들일 수밖에 없기 때문이다. 술의 핵심은 군주가 주변 측근들로 하여금 자신의 정치적 의도를 파악하지 못하도록 하는 데 있다.

717~721, 723

법가(法家)

고대 중국 춘추전국시대의 정치적 혼란상을 강력한 국가질서 구축으로 해소하려고 했던 정치철학자들을 일컫는 용어이다. 당시에는 유가가 표방하던 예치(禮治)와 법가가 표방하던 법치(法治)가 정치 이념의 자리를 놓고 치열하게 싸우고 있었다. 예치가 귀족계층의 기득권을 옹호하는 이념이었다면, 법치는 이와 달리 부국강병을 위해 기득권을 인정하지 않으려고 했다. 유명한 법가 사상가로는 상앙(商鞅), 신불해(申不害), 신도(愼到), 한비자(韓非子) 등이 있었다.

688, 719, 721, 790, 801, 934

법계(法界, Dharmadhātu)

세계를 의미하는 불교 개념. 그렇지만 법계란 객관적으로 존재하는 세계관을 의미하는 것이 아니라, 우리 마음이 지향하는 대상 세계 전체를 의미한다. 실제로 불교에서 법(法, Dharma)이라는 개념은 마음의 지향 대상, 후설의 용어를 빌리자면 노에마(Noema)를 뜻한다. 법계에서 중요한 것은 평범한 사람이 느끼는 세계와 부처가 느끼는 세계는 다르다는 사실이다. 천태종에서는 10가지 법계가 있다고 주장하고, 화엄종에서는 4가지 법계가 있다고 이야기한다. 이렇게 차이가 나는 것은 종파마다 수양 단계를 다르게 설정하기 때문이다. 천태종은 부처가 될 때까지 최소한 열 계단이 필요하다면, 화엄종은 그와 달리 네 계단만 존재했던 것이다. 물론 그 제일 마지막 계단에 서면 우리는 부처의 마음을 갖게 되고, 그에 어울리는 세계관도 갖추게 될 것이다.

1006, 1249

변증법(Dialectics)

변증법은 대화와 토론을 의미하는 '디아레게인(dialegein)'이란 고대 그리스어에서 유래한 것으로 타자를 통해서 자기 인식에 이르는 운동을 뜻한다. 인간의 정신은 타자와 마주치면서 그 타자의 시선으로 자신을 성찰하고, 마침내 자신에 대한 이해에 이르게 된다. 외국인과 마주치면서 우리는 자신이 한국인이라는 사실을 자각하는 것과 마찬가지로 말이다. 헤겔은 인간의 자기이해 메커니즘을 우주로 확장하여 세계란 절대정신의 부단한 자기이해 과정이라고 설명한다. 이것이 바로 관념론적 변증법이다. 그렇지만 마르크스는 인간의 정신보다는 육체성, 혹은 인간의 실존이 직면하고 있는 물질적 환경을 중시한다. 그가 사회적이고 경제적인 차원, 즉 물질적 차원에 주목했던 것도 이런 이유에서이다. 이로부터 유물론적 변증법이 탄생하게 된 것이다.

222, 233, 264, 265, 273, 274, 314, 447, 448,
502, 503, 763, 822, 823, 825, 831, 1251

변증법적 이미지(Dialectical Image)

영화의 편집, 즉 몽타주를 역사철학이나 글쓰기 작업에 적용했던 벤야민의 핵심 개념. 두 가지 사실을 하나의 몽타주로 만들어 두 가지 사실에 새롭게 부여된 의미, 혹은 각성된 의미가 바로 변증법적 이미지다. 변증법적 이미지로 벤야민은 무언가 주의주장을 말하기보다는 그것을 보여주려고 했다. 지적으로 이해하는 것보다는 정서적으로 혹은 감각적으로 보는 것만큼 강력한 설득 방법도 없으니 말이다.

652, 653

보살(菩薩, Bodhisattva) → 성문/독각/보살

보편자(Universals)/개별사물(Res)

서양 중세철학에서 거의 대부분의 철학자들

은 보편자가 개별사물보다 선행하는지 여부에 대한 논쟁, 즉 보편자 논쟁에 참여했다. 여기서 개별사물은 우리가 만날 수 있는 사물이나 사건들을, 그리고 보편자는 '인간', '동물', '여성'과 같은 추상적인 보편명사를 가리킨다. 개별사물과 무관하게 보편자가 미리 존재하고 있다는 입장이 실재론(realism)이라면, 개별사물이 탄생한 뒤에 그것을 분류하는 보편자가 관습적으로 붙는 것에 지나지 않는다는 입장이 유명론(nominalism)이다.

48, 95, 97, 99, 102, 103, 105, 106, 107, 759, 892, 947~950

본말(本末)

노자 철학을 업데이트했던 왕필(王弼)의 형이상학을 관통하는 개념쌍이다. 본은 뿌리를, 말은 가지를 의미한다. 왕필은 세계를 하나의 뿌리와 다양한 가지들로 구성된 거대한 나무로 사유하려고 했다. 그래서 인간을 포함한 세계에 존재하는 만물은 바로 이 가지들에 해당한다. 왕필을 읽었다면, 들뢰즈는 그로부터 아마 자신이 비판했던 나무 이미지의 전형을 읽어냈을 것이다.

921, 922~925, 928~930, 1043, 1055, 1106

본성(性, Nature)

서양철학과 다른 동양철학의 특징으로는 본성론과 수양론의 발달을 들 수 있다. 석류 씨에는 완성된 석류의 잠재성이 내재하는 것처럼, 본성이란 인간에게 내재한 잠재성을 가리킨다. 당연히 수양은 이 잠재성을 현실화하거나, 혹은 막으려는 주체의 노력이라고 할 수 있을 것이다. 맹자의 경우 본성은 선한 것이기 때문에 현실화해야 할 것으로 사유되고, 순자의 경우는 그것은 악하기 때문에 그것의 현실화는 막아야 할 것으로 규정된다.

788~799, 801, 802, 829, 832, 902, 920, 972, 979, 980, 983, 985, 1016, 1017, 1024, 1034, 1042, 1053, 1054, 1056~1059, 1062, 1064, 1065, 1067, 1072, 1073, 1078, 1079,

1085~1087, 1090~1092, 1095, 1110, 1113, 1114, 1115, 1118, 1119, 1123, 1125, 1126, 1129, 1132, 1136~1144, 1146~1148, 1151, 1153, 1154, 1162, 1166, 1167, 1169, 1174, 1175, 1182, 1185, 1186, 1188, 1189, 1194, 1201, 1206, 1208, 1211, 1294

본질(Essence)

어떤 사물에게 없어서는 안 될 성질을 의미한다. 예를 들어 컵의 경우 손잡이가 있다는 성질은 없어도 되지만, 액체를 담을 수 있는 성질은 없어서는 안 된다. 이 경우 액체를 담을 수 있는 성질은 컵의 본질이라고 말할 수 있다. 그렇지만 본질에 대한 지나친 집착은 우리의 자유를 빼앗을 수도 있다. 물이 새는 컵을 이용하여 작은 화분을 만들 수 있다는 사실도 잊지 말자.

37~41, 46, 49~53, 65, 72, 73, 77, 83, 108, 160, 163, 169, 192, 228, 238, 254, 275, 328, 362, 364, 366, 367, 374, 380, 414, 417, 445, 460, 462, 506, 553, 577, 579, 620, 659, 668, 670, 673, 830, 854, 870, 895, 898, 904, 938, 964, 965, 1028, 1037, 1051, 1055, 1063, 1078, 1138, 1169, 1191, 1193, 1243, 1252, 1279, 1295, 1308

부정신학(Negative Theology, 否定神學)

신의 존재를 긍정적인 진술로 증명하려는 중세철학의 시도에 맞서 신에 대해 일체의 긍정적인 진술을 부정하는 입장. 극단적인 예를 들면 신은 '무한하다', 신은 '강하다'라고 말하면서, 신을 규정하기보다는 신은 '유한하지 않다'라거나 '약하지 않다'라고 설명해야 한다는 것이 바로 부정신학의 입장이다. 결국 부정신학은 극단으로 치닫게 되면, 철저한 침묵으로 귀결될 수밖에 없다.

937

북종선(北種禪) → 남종선/북종선

북학(北學)/북학파(北學派)

청제국을 배우자는 조선 후기 현실주의적 사유 경향. 박지원 등 젊은 실학자들은 소중화(小中華)의 이념에 정신승리를 구가하는 노론 지배층의 이상주의에 반기를 들었다. 그들의 눈에는 노론 지배층의 이상주의는 조선의 정치사회적 현실을 돌보지 않고 자신들의 기득권만을 옹호하는 논리로 보였던 것이다. 실제로 이들 북학파 실학자들은 여행과 서적을 통해 청제국의 현실을 배우면서 소중화 논리의 허구를 폭로하는 데 힘을 기울였다.

977, 1135

분석명제(Analytical Proposition)

주어를 정확히 이해하면 거기에 어떤 술어가 붙더라도 참인지 거짓인지를 확인할 수 있는 명제를 말한다. '사각형은 내각의 합이 360도이다' '물에는 수소와 산소가 들어 있다' 등과 같은 명제가 분석명제의 대표적인 예라고 할 수 있다. 근대 합리론에서처럼 인간의 이성을 중시하는 철학자들은 분석명제를 매우 선호한다. 그것은 분석명제가 인간 이성이 가진 힘을 잘 보여주는 사례였기 때문이다.

164, 165, 209, 343, 344, 356

분유(Participation) → 메텍시스/분유

불가능한 교환(L'Échange Impossible)

보드리야르가 제안했던 개념으로 반자본주의적 교환을 의미한다. 그러니까 '불가능한 교환'은 애초에 불가능한 교환을 의미하는 것이 아니라 '자본주의에서는 불가능한 교환'을 의미한다. 역으로 말해 이 불가능한 교환이 이루어지면 자본주의는 심각한 타격을 받게 된다. 사랑하는 사이에 이루어지는 선물이 아마 가장 대표적인 사례가 될 수 있다. 상대방이 받았다는 이유만으로 행복해지는 교환은 자본주의 교환에서는 정말 희소한 것이기 때문이다. 결국 불가능한 교환이란 개념으로

보드리야르는 우정, 사랑, 연대의 중요성을 강조했던 것이다.

493

불교인식론(Buddhist Epistemology)/ 인명학(因明學, Hetuvidya)

중관학파와 유식학파를 이어 6세기와 7세기 인도에서 발전했던 대승불교의 세 번째 사유 경향. 불교인식론학파는 현량(現量)과 비량(比量)만을 참다운 근거라고 주장했던 디그나가로부터 시작해 다르마키르티에 이르러 그 정점에 올랐다. 특히 비량, 즉 사유나 논증에 대해 많은 힘을 기울였기에 불교인식론학파는 상당히 논리학적인 경향을 강하게 띤다. 한자문화권에서 불교인식론학파의 전통을 인명론이라고 부르는 것도 이런 이유에서다. 원인, 혹은 근거를 의미하는 '인(因)'을 해명하는 데 많은 힘을 기울인 것이 불교인식론학파이기 때문이다.

473, 474, 882, 953, 992, 993, 995, 1037, 1107

불립문자(不立文字) → 견성성불/교외별전/ 불립문자/직지인심

불성(佛性, Buddhadhatu)

부처, 즉 붓다가 될 수 있는 잠재성을 의미한다. 불성은 불교의 근본적 이론에 따르면 매우 위험한 개념이라고 할 수 있다. 무아(無我), 즉 불변하는 자아가 없다는 싯다르타의 주장, 혹은 모든 것에는 불변하는 본질이 없다는 나가르주나의 주장과 충돌할 수밖에 없기 때문이다. 물론 불성이란 개념은 이론적인 맥락이 아니라 수행론적 맥락에서 제기된 것이다. 자신이 언젠가 부처가 될 수 있는 잠재성을 가지고 있다는 확신은 치열한 자기 수행을 용이하게 해주기 때문이다.

883, 967, 972, 996, 1023, 1024, 1027, 1028, 1034, 1036, 1057, 1103

불완전성의 정리(Gödel's Incompleteness Theorems)

1931년 괴델이 발표한 정리를 말한다. 이 정리에 따르면 "산술을 포함한 귀납적이고 무모순적인 체계 P에 있어서 P의 무모순성은 P가 무모순인 한 P로는 증명 가능하지 않다. 물론 P가 모순적이라면 모든 명제는 P로 증명 가능하다." 힐베르트는 공리 체계를 구성해서 수학에 기초를 마련하려고 했다. 그러나 괴델은 체계를 구성하는 공리들 중 최소 하나는 증명 불가능하다는 걸 증명한 것이다. 결국 괴델의 불완전성의 정리로 힐베르트가 꿈꾸었던 수학기초론은 불가능한 꿈이 되어버린 셈이다.

356

불확정성원리(不確定性原理, Uncertainty Principle)

괴델의 불완전성의 정리와 함께 인간 인식의 한계를 드러냈던 양자역학의 근본 원리. 1927년 이론물리학자 하이젠베르크가 제안했던 불확정성의 원리는 '$\triangle x \cdot \triangle p \geq (h/2\pi)$'로 표기된다. 여기서 $\triangle x$는 위치의 부정확도, $\triangle p$는 운동량의 부정확도, 그리고 h는 플랑크 상수다. 이 원리에 따르면 미시세계의 특정 입자의 위치와 운동량은 동시에 정확히 측정할 수 없다. 잊지 말아야 할 것은 이 원리는 정밀한 실험 장치를 고안한다고 해도 그대로 적용된다는 점이다.

608, 610, 611

브라흐만(Brahman)/아트만(Ātman)

고대 인도 사유에서 우주의 신은 브라흐만으로, 그리고 세상에 존재하는 다양한 개체들의 자아는 아트만이라고 불렸다. 특히 아트만은 개체가 소멸되어도 파괴되지 않고 윤회한다는 것이 당시 인도인들의 생각이었다. 싯다르타는 무아라는 주장을 통해 이런 불변하는 자아가 존재한다는 통념을 해체하려고 했던 것이다.

304, 314, 417, 418, 694, 695, 697, 699, 700, 709, 872, 878, 879, 904, 1004, 1021, 1028, 1037, 1038, 1106, 1107, 1110

비결정론(Indeterminism) → 결정론/비결정론

비극(Tragedy) → 디오니소스/아폴로/비극

비대칭적 차이(Asymmetrical Difference)

진정한 차이는 일체의 동일성이 상정되지 않았을 때 발견된다는 점에서 비대칭적일 수밖에 없다. 이와 달리 대칭적인 차이는 암암리에 어떤 동일성을 전제하고 있다. 예를 들어 '남자'와 '여자'라는 개념을 보자. 두 개념이 드러내는 차이는 개념적 차이에 불과하고, 이미 인간이란 동일성이 전제되어 있다. 심지어 남자라는 개념 안에 '여자가 아님'이나, 혹은 여자라는 개념 안에 '남자가 아님'이란 내포가 깔려 있기까지 하다.

508, 509, 623, 624

비량(比量, Anumāna-pramāṇa) → 현량/비량/비유량/성언량

비유량(譬喩量, Upamāna-pramāṇa) → 현량/비량/비유량/성언량

비인칭성(Impersonality) → 인칭성/비인칭성

비판불교(批判佛敎)

1990년대 일본을 넘어 세계적으로 반향을 일으켰던 일본의 불교 운동. 비판불교의 핵심은 관습적인 불교가 아니라 이론적으로 '불교적인 것'이 무엇인지를 고민하자는 데 있다. 비판불교 운동의 주도자들 중 한 사람인 마츠모토 시로(松本史朗)에 따르면 '불교적인 것'의 핵심은 불변하는 실체를 부정하는 무아론에 있다. 이런 입장에 따라 비판불교는 여래장과 불성 사상에 매몰된 동아시아 불교가 '불교적인 것'에서 벗어난 사이비 불교라고 신랄하게 비판했다.

1106, 1108, 1110

비판적 합리주의(Critical Rationalism)

인간의 이성을 신뢰하지만 이성에 의해 만들어진 모든 법칙은 경험이란 시험대를 통과해야만 한다는 포퍼의 입장. 그는 여기에 한 가지 단서를 더 붙인다. 그것은 모든 법칙과 이론은 경험이란 시험대에 놓일 수 있도록 구성되어야만 한다는 조건이다. 비판적 합리주의를 주창했던 포퍼는 과학의 발달이 이성적 추론과 주장, 그리고 반증을 통해 합리적으로 발전한다고 믿었다. 이 점에서 비판적 합리주의는 세련된 합리주의라고 할 수 있다.

518

비평형 열역학(Nonequilibrium Thermodynamics) → 열역학/비평형 열역학

사건(Événement, Event)

다양한 인과계열들의 마주침을 의미하는 개념으로 확률론의 주요 관심사. 고대 그리스의 루크레티우스에서 현대의 쿠르노에 이르기까지 비결정론을 피력했던 사상가들은 사건을 사유하는 데 집중한다. 사실 결정론에서 사건은 별다른 위상을 가지지 못한다. 모든 것이 결정되어 있다면, 사건은 그저 원인들이 현실화된 것에 지나지 않기 때문이다. 철학사적으로 사건을 존재론적으로나 인식론적으로 숙고했던 가장 중요한 철학자는 현대 프랑스 철학자 들뢰즈라고 할 수 있다.

30, 72, 92, 110, 184, 209, 217, 218, 252, 378, 433, 506, 507, 556, 622, 623, 633, 842~845,

848, 854, 855, 860, 869, 870, 919, 1158, 1306~1309

사구교(四句敎)

왕수인이 자신의 심학(心學)을 요약했던 네 구절. "선도 없고 악도 없는 것이 마음의 본체이고(無善無惡是心之體), 선도 있고 악도 있는 것이 생각의 움직임이며(有善有惡是意之動), 선을 알고 악을 아는 것이 바로 양지이고(知善知惡是良知), 선을 행하고 악을 제거하는 것이 바로 격물이다(爲善去惡是格物)." 사구교의 핵심은 양지(良知)라는 개념에 있다. 선과 악을 구분할 수 있는 양지에 따라 인간은 선을 행하고 악을 제거할 수 있기 때문이다. 이렇게 양지를 구체적 상황에서 실현하는 것이 바로 치양지(致良知)다. 사구교에서 왕수인은 치양지를 격물(格物)로 달리 표현하고 있다.

1090~1092

사단(四端)/칠정(七情)

사단이 공동체를 지향하는 감정, 혹은 공적 감정이라면, 칠정은 생물학적 자기 보존의 무의식에서 기원하는 개체 자신의 사적인 감정이라는 특성을 갖는다. 사단은 《맹자》에 처음 등장하는 개념으로 인간의 본성에서 직접 나오는 네 가지 마음. 타인의 고통에 대한 동정심이라고 할 수 있는 측은지심(惻隱之心), 자신과 타인의 잘못을 부끄러워하거나 미워하는 마음인 수오지심(羞惡之心), 부모나 어른에게 양보하는 마음인 사양지심(辭讓之心), 어떤 행위의 옳고 그름을 판단하는 마음인 시비지심(是非之心) 등이 바로 그것이다. 이와는 달리 칠정은 《예기》에 처음 등장하는데, 구체적으로 기뻐함(喜), 노여움(怒), 슬픔(哀), 두려움(懼), 사랑함(愛), 싫어함(惡), 욕망함(欲)이란 일곱 가지 감정을 말한다.

185, 830, 1066, 1067, 1113, 1114, 1116, 1118~1126, 1132, 1149

사단칠정논쟁(四端七情論爭)/
사칠논쟁(四七論爭)

사단(四端)은 측은지심 등 인간의 선한 본성에서 출현했다는 네 가지 윤리적 마음을 가리킨다. 반면 칠정(七情)은 즐거움, 노여움 등과 같은 인간의 일곱 가지 현실적 마음을 가리킨다. 기대승(奇大升)과 이황(李滉)이 시작한 사단칠정논쟁은 사단과 칠정이 질적인 차이가 있는 마음인지의 여부를 놓고 벌였던 논쟁이다. 기대승이 두 마음 사이에 질적인 차이가 없다고 주장했다면, 이황은 질적인 차이가 있다고 역설했다. 뒤에 이이(李珥)마저 논쟁에 뛰어들면서 조선시대 내내 지성계는 이 논쟁으로 조용할 날이 별로 없었다.

1113, 1114, 1149

사대(四大)/4원소(Four Element)

4원소(four element) 세계를 구성하는 네 가지 요소, 즉 땅이란 요소, 물이란 요소, 불이란 요소, 그리고 바람이란 요소를 가리킨다. 동양과 서양, 혹은 고대와 현재를 관통해서 사대, 즉 4원소설이 발견된다는 건 흥미로운 일이다. 가장 최근에는 바슐라르에게서 4원소 이론을 확인할 수 있다.

700

사랑(Love)

우발적으로 만난 타자로부터 삶의 긍정과 기쁨에 이를 뿐만 아니라 상대방의 부재로 심한 고통을 경험하게 되는 감정이다. 사랑한다는 것은 정확히 말해 사랑하는 사람에게서 사랑을 받으려는 무의식적인 지향이라고 할 수 있다. 사르트르나 바디우에 따르면 사랑의 관계에서 중요한 것은 타자의 자유를 긍정할 수 있느냐의 여부다.

104, 178, 179, 187, 188, 205, 206, 218, 221, 256, 258, 306, 307, 310, 317, 359, 360, 475, 490, 495~512, 569, 572, 580, 638, 679~691, 745, 746, 844, 874, 889, 938, 939, 1158, 1243, 1248, 1267, 1277, 1307~1309

사법계(事法界) → 사법계설/사법계/이법계/ 이사무애법계/사사무애법계

사법계설(四法界說)/사법계(事法界)/ 이법계(理法界)/이사무애법계(理事無碍法界)/ 사사무애법계(事事無碍法界)

화엄종이 주장했던 네 가지 세계관. 사법계(事法界), 이법계(理法界), 이사무애법계(理事無碍法界), 사사무애법계(事事無碍法界)가 바로 그것이다. 사법계는 구별되어 존재하는 사물들의 세계를 말하고, 이법계는 사물들 이면에 존재하는 공(空)의 세계이고, 이사무애법계는 사물들과 공이 동시에 존재하는 세계이고, 사사무애법계는 사물들이 서로 유기적으로 연결되어 있는 세계를 말한다. 여기서 중요한 것은 네 가지 세계관이 동일한 가치를 가진 것이 아니라 위계가 존재한다는 사실이다. 그러니까 가장 평범한 수준의 마음은 사법계를 보고, 부처와 같은 깨달은 사람의 마음은 사사무애법계를 보게 된다는 것이다.

1006, 1107

사사무애법계(事事無碍法界) → 사법계설/ 사법계/이법계/이사무애법계/사사무애법계

사성제(四聖諦, Caturāryasatya, the Four Noble Truths)

불교를 창시했던 싯다르타가 치열한 수행 끝에 깨우친 고(苦), 집(集), 멸(滅), 도(道)에 대한 가르침을 말한다. 고는 삶의 고통에 대한 가르침, 집은 고통을 발생시키는 집착과 같은 원인에 대한 가르침이다. 멸은 집착을 제거하여 고통이 사라진 자유로운 상태에 대한 가르침이고, 도는 집착을 제거하는 방법에 대한 가르침을 말한다. 싯다르타는 집착을 제거하는 여덟 가지의 방법을 제안하는데, 이것이 바로 팔정도(八正道)이다.

705

사용가치(Use Value)/교환가치(Exchange Value)/상징가치(Symbolic Value)/ 기호가치(Sign Value)

사물이 가진 의미나 중요성을 뜻하는 가치의 네 가지 종류. 가장 세련된 가치론은 보드리야르의 《기호의 정치경제학 비판》에 등장한다. 사용가치, 교환가치, 상징가치, 기호가치가 그것이다. 1억 원의 스포츠카가 있다고 하자. 빠른 속력으로 이동하는 것이 이 스포츠카의 '사용가치'이고, 1억 원이 바로 이 스포츠카의 '교환가치'이고, 애인이 선물한 것이라면 이것이 이 스포츠카의 '상징가치'이고, 스포츠카로 신분이 드러난다면 이것이 바로 이 스포츠카의 '기호가치'라고 할 수 있다. 마르크스가 사용가치와 교환가치에 주목했다면, 보드리야르는 이외에도 상징가치와 기호가치가 존재한다는 걸 해명했던 것이다. 나아가 보드리야르는 현대사회에서는 사용가치와 교환가치는 기호가치에 의해 지배된다고 주장한다. 기호가치에 의해 지배되는 자본주의적 가치 세계를 극복하기 위해서, 보드리야르가 강조했던 것은 '선물'로서 기능하는 '상징가치'였다.

485~489, 492

4원소 → 사대/4원소

사유(Thinking)

인간을 규정하는 본질적인 정신적 능력을 가리킨다. 사유주체, 즉 코기토를 발견했던 데카르트에게서 사유는 회의, 이해, 소망, 상상, 느낌 등을 다 포괄했지만, 칸트는 개념을 통해 인식하고 판단하는 능력으로 축소시킨다. 전체주의의 기원을 숙고했던 아렌트는 사유가 인간에게 주어진 능력이라기보다 인간의 의무라고 주장했던 적도 있다. 물론 그녀에게 사유란 타자의 입장에서 자신의 행위를 숙고한다는 의미였다.

117, 119, 122~125, 129, 130, 157~161, 168, 448~452, 744~746, 992~998

사유재산(Private Property)

자본주의 사회를 정당화하는 핵심 논리 중 하나이다. 사유재산에 대한 정당화는 인간은, 정확히 말해 인간의 정신은 자신의 육체를 소유하며, 나아가 육체적 노동을 통해 자연을 개조한 것도 소유한다는 로크의 생각으로부터 유래한다. 로크를 비판하면서 루소는 사유재산제가 인류에게 암적인 재앙이라고 주장하게 된다. 주의해야 할 것은 로크가 노동의 결과물보다는 육체가, 육체보다는 정신이 더 우월하다는 입장을 전제한다는 점이다. 현대철학에 이르러 로크의 사유가 전도되기 시작했다는 점이 이채롭다. 메를로-퐁티나 베유를 통해서 확인할 수 있는 것처럼 노동, 즉 자연과의 관계가 육체를 규정하고, 육체가 정신을 규정할 수 있다는 논의가 등장했기 때문이다.

97, 98, 193, 194, 197~200, 202, 203

사칠논쟁(四七論爭) → 사단칠정논쟁/ 사칠논쟁

사회계약론(Theory of Social Contract)

근대 시민사회가 도래하면서 중세적인 왕권신수설로는 더 이상 국가를 정당화할 수 없게 되었을 때 출현한 새로운 국가 이론이다. 홉스에 따르면 자신이나 자신이 가진 사유재산을 보호하기 위해서 사람들은 계약을 통해 국가라는 괴물을 만들게 되었다는 것이다. 그렇지만 영국의 경험론자 흄은 경험을 기초로 사회계약론은 단지 허구에 불과한 것이라고 비판한다. 그렇지만 국가를 정당화할 수 있는 별다른 방법이 없었던 근대국가 이데올로그들에 의해 흄의 비판은 은폐되고 만다.

133, 134, 137, 140, 143, 150, 151, 157, 158, 190, 194, 670, 712, 713

삼단논법(Syllogism)

아리스토텔레스가 《분석론 후서》에서 처음으로 제안했던 형식적 추론 형식이다. 삼단논법에 따르면 "모든 인간은 죽는다"라는 명제와 "강신주도 인간이다"라는 명제가 모두 참이라면, "강신주는 죽는다"는 명제는 필연적으로 참이다. 삼단논법의 내부를 보면 집합과 원소 사이의 관계가 내재되어 있다는 점이 이채롭다. 훗날 러셀 등이 집합론을 논리학에 도입하려 했던 것도 어쩌면 당연한 수순이었는지도 모를 일이다.

355, 1301

삼법인(三法印, Tridharma laksana)

싯다르타의 세 가지 가르침. 《성실론(成實論, Satyasiddhi-śastra)》이란 소승경전에 최초로 등장한다. 첫 번째가 바로 제법무아(諸法無我, niratmanah sarva-dharmah)의 가르침인데, '모든 존재에는 불멸하는 실체가 없다'는 뜻이다. 두 번째는 제행무상(諸行無常, Anityā bata saṃskārāh)의 가르침이다. '만들어진 존재는 영원하지 않다'는 뜻이다. 그리고 마지막으로 세 번째는 열반적정(涅槃寂靜, samatam nirvanam)의 가르침인데, '번뇌로부터 자유로운 마음은 편안하고 고요하다'는 뜻이다.

472, 1036, 1037

삼보(三寶, Tri-ratna)

부처(Buddha), 경전의 설법(Dharma), 그리고 승려(Saṅgha)를 세 가지 보물로 숭상하라는 불교의 가르침. 한자문화권에서는 삼보를 불법승(佛法僧)이라고 번역한다. 삼보는 철학으로서의 불교보다는 종교로서의 불교에서 중시되는 개념이다. 일반 대중들이 이 세 가지를 숭상하지 않는다면, 제도로서 불교는 유지될 수 없기 때문이다. 결국 삼보에서는 정신적인 숭상도 중요하지만 물질적인 숭상이 더 중요하다고 할 수 있다.

939

삼학(三學, Triśiksa)

고통에서 해방되려는 다양한 수행 방법들을 세 가지로 분류한 계학(戒學), 정학(定學), 혜학(慧學)을 의미한다. 계학이 몸이나 습관과 관련된 계율에 대한 배움이고, 정학은 참선을 통한 수행에 대한 배움이라면, 혜학은 불교의 핵심 가르침에 대한 지적인 배움을 의미한다. 《서유기(西遊記)》에 등장하는 세 명의 주인공은 바로 이 삼학을 상징하는 캐릭터였다. 손오공(孫悟空)은 혜학을, 사오정(沙悟淨)은 정학을, 저팔계(猪八戒)는 계학을 상징했다.

956, 957

상견(常見, Śāśvasta-dṛsti)/단견(斷見, Ucchesadarśana)

불교에서는 모든 것에 불변하는 본질이 있다는 생각을 상견이라고 하고, 불변하는 본질이란 존재하지 않는다는 생각을 단견이라고 부른다. 논리적으로는 상견은 인중유과론(因中有果論), 즉 원인 속에 이미 결과가 함축되어 있다는 논의로 풀 수 있고, 단견은 인중무과론(因中無果論), 즉 원인 속에는 어떤 결과도 함축되어 있지 않다는 논의로 풀 수가 있다. 연기(緣起) 이론을 통해 나가르주나는 상견의 본질주의와 단견의 허무주의를 극복하고 중도(中道)에 이르려고 했다.

704, 867, 868, 882

상기설(Theory of Remembrance)

인간의 모든 인식은 기본적으로 상기, 즉 기억에 지나지 않는다는 플라톤의 인식론이다. 그리스어로 상기는 아남네시스(anamnēsis)라고 하는데, 이 말은 기억의 여신을 의미하는 므네모시네(Mnemosyne)와 관련이 있다. 플라톤에 따르면 탄생하기 전에 모든 인간은 이데아의 세계에서 절대적인 진리를 보았지만, 태어나면서 그것을 망각하게 된다. 그에게 진리에 대한 인식이 기본적으로 상기로 이해되었던 것도 이런 이유에서이다.

243

상대성이론(相對性理論, Theory of Relativity)

뉴턴의 절대적 시간과 절대적 공간을 무력화했던 아인슈타인의 시공간론. 1905년에 발표된 특수상대성(special relativity)이론으로 그는 시간과 공간이 절대적으로 독립된 것이 아니라 관측자에게 상대적일 뿐만 아니라 시간과 공간은 상호 관련되어 시공간을 이루고 있다는 것을 밝혔고, 이어서 1916년에는 일반상대성(general relativity)이론으로 중력은 공간을 휠 뿐만 아니라 시간마저도 느리게 흐르게 한다는 걸 밝혔다. 이렇게 일반상대성이론은 시간, 공간, 힘, 에너지 등등을 통합해서 다룰 수 있는 통일장 이론의 토대가 된다.

385, 469, 470, 603, 604, 768

상보성(相補性, Complementarity)

양자역학의 귀결을 통해 닐스 보어(Niels Bohr, 1885~1962)가 제안했던 형이상학적 원리. 빛이 입자성과 파동성을 동시에 보인다는 사실에 착안해서, 보어는 빛 이외에 모든 존재도 이런 상보성의 원리에 지배된다고 주장했다. 마음과 몸, 주체와 대상, 이성과 감정, 자유의지와 인과율, 유기화학과 무기화학 등등. 보어는 기존에 대립적인 것으로 보였던 것들이 서로 보충하는 유기적 관계에 있다고 주장했던 것이다. 바로 이것이 상보성이다.

777

상상적인 것(Imaginaire)/상징적인 것(Symbolique)/실재적인 것(Réel)

라캉이 인간의 정신을 해명하기 위해 만든 세 가지 요소. 세 가지 중 가장 중요한 것은 '상징적인 것'이라고 할 수 있다. 이 요소가 실재적인 것을 은폐하고 그 자리에 신기루와 같은 상상적인 것을 만들기 때문이다. 직관적으로 비유하자면 상징적인 것은 붉은 선글라스로 비유할 수 있다. 이 선글라스를 끼면 하얀색도 붉은색으로 보이게 될 것이다. 알튀세르는 라캉의 세 요소를 이용해서 이데올로기가 어떻게 작동하는지 해명했던 적

도 있다.

64, 368, 372, 591, 592, 595

상위결정(相違決定, Viruddha-avyabhicārin)

불교인식론, 혹은 인명학에서 가장 쟁점이 되었던 논리 형식. 두 가지 서로 모순된 철학적 주장이 있다고 하자. 문제는 이 두 가지 주장이 각각 완전히 이유나 근거로 정당화된다는 것이다. '서로 위배된다'는 뜻의 '상위'라는 개념은 서로 모순된다는 의미이고, '결정'이란 개념은 '이유나 근거로 정당화된다'는 의미다. 칸트에 따르면 이율배반(Antinomie)에 해당하는 논리 형식이 바로 '상위결정'이라고 할 수 있다. 디그나가는 서로 모순되지만 두 주장은 참일 수 있다는 애매한 입장을 취했지만, 다르마키르티나 원효는 서로 모순된다면 두 주장은 제대로 된 이유나 근거를 가지고 있지 못하다고 주장했다. 상위결정이 원효에게서 중요한 이유는 이 개념이 그의 유명한 화쟁(和諍) 논리를 이해하는 관건이기 때문이다.

993~995

상징가치(symbolic Value) → 사용가치/교환가치/상징가치/기호가치

상키야학파(Sāṃkhya)/요가학파(Yoga)

심신이원론을 주장했던 인도의 정통 학파. 상키야학파가 형이상학적 차원에서 심신이원론을 주장했다면, 요가학파는 심신이원론을 토대로 치열한 수행을 모색했다. 두 학파에 따르면 세계의 모든 존재는 정신(puruṣa)과 물질(prakṛti)이란 두 가지 원리로 구성된다. 여섯 학파로 분류되는 인도의 정통 학파들 중 상키야학파와 요가학파는 가장 빨리 소멸되어 다른 학파에 흡수 통합되었다.

890

상품(Commodity)

자본주의 사회에서 화폐의 존재론적 우월성이 확보되면서 모든 것은 상품으로 전락하게 된다. 다시 말해 자본주의 사회에서 어떤 개체나 사물도 자본의 양, 즉 교환가치에 의해 측정되었다는 것이다. 심지어 인간마저도 자본주의에서는 상품의 하나로 전락하게 된다. "보편적 매춘의 시대"라는 마르크스의 말이 가능했던 것도 이런 이유에서이다.

268, 290, 291, 426, 434, 477~479, 484~486, 488~493, 566, 567, 648

생멸문(生滅門) → 일심/생멸문/진여문

생명(Life)

자연계를 지배하는 엔트로피의 법칙을 교묘하게 우회하면서 종족을 번식시켜 자신의 힘을 보존하려는 생명체의 힘을 말한다. 물론 그렇게 하기 위해서 생명은 자신이 조우한 환경을 하나의 문제로서 직면하고 그것을 해결해야만 한다. 그러니까 우리가 눈으로 확인할 수 있는 모든 생명체는 이런 문제 해결에 성공한 결과라고 할 수 있다. 물론 문제를 해결하기 위해서 생명에게는 마투라나의 지적처럼 부단한 자기생산의 역량, 즉 오토포이에이시스(autopoiesis)의 역량이 전제되어 있어야만 한다.

76, 78, 217, 225~227, 236~238, 306, 307, 597, 622~638, 655, 657, 663~667, 669, 818~820, 1213, 1217~1219, 1223, 1251~1253, 1257, 1258, 1301, 1302

생명정치(Biopolitics)

지배 권력과의 투쟁 장소를 살아 있는 개체 차원으로 옮기면서 새롭게 논의되는 정치 이론이다. 훈육을 성찰한 끝에 푸코는 자유를 획득하려면 우리는 자신의 생명 차원에 각인된 지배 권력의 흔적과 맞서 싸워야 한다고 결론을 내린다. 물론 그렇게 하기 위해서 지배 권력에 의해 훈육되지 않은 우리 삶의 속성을 찾아 길러야 한다고 그는 제안한다.

76, 655, 657

생성(Becoming)

창조가 무(無)에서 유(有)를 만들어내는 것이라면, 생성은 유에서 유를 만들어내는 것이다. 구체적으로 말해 생성은 다양한 존재들의 우발적인 마주침으로 새로운 존재로 변형될 수 있다는 논리로 설명할 수 있다. 알튀세르가 제안했던 마주침의 유물론, 들뢰즈가 체계화했던 생성의 철학, 화이트헤드의 과정 철학은 모두 창조가 아닌 생성의 입장에 서 있었다고 할 수 있다.

37, 53, 72, 73, 218, 220, 245, 250, 255, 256, 280, 378, 433, 511, 517, 573~575, 612, 614, 617, 618, 619, 620, 634, 636, 638, 708, 849, 858, 919, 920, 929, 1052, 1057~1160, 1218, 1219, 1252, 1303, 1306, 1318

생활세계(Lebenswelt)

초기 후설이 중시했던 개념이 마음의 지향성이었다면, 후기 후설의 사유를 가로지르는 핵심 개념은 바로 '생활세계'였다. 후설은 무엇인가를 지향하는 마음의 능동성 이면에 생활세계로부터 유래하는 수동성을 발견했던 것이다. 결국 우리 마음은 생활세계로부터의 수동적인 영향을 전제로 해서 능동성을 발휘할 수 있었던 것이다. 메를로-퐁티는 생활세계에 대한 후설의 통찰에서 영감을 받아 자신만의 고유한 몸의 현상학을 만들게 된다.

331, 332, 337, 1033

서(恕)

"자신이 원하지 않는 것을 남에게도 행하지 말라(己所不欲, 勿施於人)"라는 문장으로 구체화될 수 있는 공자의 정언명령이다. 공자의 가장 위대함은 그가 자신(己)과 함께 동시에

남(人), 즉 타자를 발견했다는 데 있다. 그렇
지만 자신의 욕망, 혹은 자신의 규범에 입각
하여 타자와 관계하자는 그의 입장은 타자
에 대한 폭력을 낳을 가능성에 노출되어 있
다. 장자가 공자가 제안했던 서의 원리가 유
아론적인 꿈에 불과하다고 비판했던 것도 이
런 이유에서였다.

677, 1044, 1172, 1176

서학(西學)

크게는 서양 문명 전체를 가리키기도 하고
좁게는 동아시아에 전래된 마테오 리치의 천
주교 사상을 가리키는 개념. 그렇지만 객관
적으로 판단하자면 서학은 동아시아에 맞게
변형된 아퀴나스의 스콜라철학이라고 정의
해야 한다. 중화주의를 표방하며 '소중화(小
中華)'를 외치던 조선시대 기득권층들에게는
격렬한 반감의 대상이었지만, 정약용처럼 소
외된 지식인들이나 일반 민중들에게는 나름
환영을 받았다. 불행히도 서학은 현실의 문
제에 직면하도록 만들기보다는 내세의 구원
만을 꿈꾸도록 만드는 경향이 강했다. 최제
우가 동학을 만들어 민중들의 나약함을 바
로잡으려고 했던 것도 이런 이유에서다.

1212~1215

선물(Gifts)

보드리야르가 자본주의를 넘어설 수 있는
교환 논리의 사례로 긍정했던 것이다. 보드
리야르에 따르면 선물은 사용가치, 교환가치,
그리고 신분가치를 모두 벗어나는 상징적 가
치만을 갖는다. 선물의 내적 논리를 성찰한
뒤에 보드리야르는 인간을 포함한 세계의 모
든 존재를 절대적으로 주어진 선물로 보았
을 때, 자본주의를 벗어날 수 있는 삶의 전망
이 열린다고 역설한다.

308, 488~490, 493

선불교(禪佛敎)

동양 대승불교는 크게 교종(敎宗)과 선종(禪
宗)으로 양분된다. 화엄종과 천태종으로 상
징되는 교종이 지적인 통찰을 강조했다면,
선종, 즉 선불교는 수행자 개인의 치열한 수
행이나 스승과 제자 사이의 생생한 가르침
을 강조한다. 선불교는 이론적 지향이 새로
운 집착이라고 보았기 때문에 불립문자(不立
文字)라는 슬로건을, 그리고 치열한 자기 수
행의 가능성을 보여주기 위해서 견성성불(見
性成佛)이라는 슬로건을 제안하게 된다.

243, 321, 620, 746, 826, 836, 959, 961, 967,
968, 1017, 1022, 1046, 1096, 1099, 1104,
1107, 1108, 1110, 1188, 1200, 1251

선종(禪宗) → 율종/선종/교종

설일체유부(說一切有部, Sarvāstivādin)

경량부와 함께 철학적으로 가장 중요한 소
승불교 학파. 설일체유부는 글자 그대로 '모
든 것(一切)'이 '존재한다(有)'는 입장을 주장
한 학파다. 설일체유부는 분명 감각 대상이
외부에 실재하는 것처럼 사유 대상도 외부
에 실재한다고 확신했다. 그렇지만 설일체유
부가 실재한다고 주장했던 사유 대상, 즉 개
념은 싯다르타가 이야기한 개념들, 다시 말
해 불교적 개념들에 국한된다는 사실을 잊
어서는 안 된다.

240, 418, 879, 880, 882, 913, 1004

성리학(性理學)/주자학(朱子學)/이학(理學)

'성즉리(性卽理)'라는 정이(程頤)의 철학적 테
제에 입각해서 구축된 주희의 신유학 체계.
심(心)이나 기(氣)보다 이(理)라는 범주를 강
조하기에 이학(理學)이라고도 불린다. 인간의
본성과 외부 사물의 이(理)가 같다는 주장
이 옳다면 유학의 이상적 인격인 성인이 되
는 방법은 두 가지로 정리된다. 하나는 내면
의 본성을 기르는 함양(涵養) 공부이고, 다른

하나는 외부 사태의 이(理)를 파악하는 격물치지(格物致知) 공부이다. 공자와 맹자의 유학 사상을 중심으로 주희는 화엄불교나 선불교, 심지어는 위진 시대 현학(玄學)마저도 비판적으로 흡수하는 데 주저하지 않는다. 이를 통해 그는 동양철학 역사상 가장 방대하고 치밀한 철학을 구성하게 된다. 그의 철학, 즉 주자학이 동양철학의 가능성의 중심일 수 있는 이유도 바로 여기에 있다.

322, 337, 1055, 1115, 1128, 1133, 1138, 1143, 1153, 1174, 1187, 1188, 1196, 1197, 1201, 1231, 1294, 1295, 1297

성무선악설(性無善惡說)

맹자가 가장 껄끄럽게 생각했던 고자(告子)의 인간 본성론이다. 고자는 인간의 본성에는 선과 악이란 규정을 붙일 수 없다고 주장했다. 중국에 유독 유행했던 인성론(人性論)은 정치철학적 함축을 강하게 띠고 있다. 인간의 본성은 선하지도 악하지도 않다고 주장했을 때, 그는 삶 자체가 지닌 역동성과 유동성을 지키려는 아나키즘의 길을 걸어가고 있었던 것이다.

789, 790

성문(聲聞, Śrāvaka)/독각(獨覺, Pratyeakabuddha)/보살(菩薩, Bodhisattva)

성문은 부처의 설법을 직접 듣고 깨달은 수행자들, 독각은 외적인 도움 없이 홀로 깨달은 수행자들을 의미한다. 대승불교에서는 성문과 독각으로 분류되는 수행자들을 소승불교도라고 폄하해서 부른다. 자신만의 깨달음을 추구했기 때문에 작은 수레에 불과하다는 것이다. 그래서 대승불교는 보살이란 새로운 수행자의 모습을 이야기한다. 보살은 자신의 깨달음만이 아니라 타인의 깨달음도 동시에 이루려고 노력하는 수행자들이다.

1000

성선설(性善說)/성악설(性惡說)

인성론에 따르면 인간의 본성이 선하다면 자율적인 수양이 정당성을 얻게 되고, 반대로 인간의 본성이 악하다면 외적 강제력이 정당성을 얻게 된다. 성선설을 주장했던 맹자가 자신을 포함한 유학자들의 자율성을 정당화할 수 있었고, 성악설을 주장했던 순자가 군주나 스승의 외적 강제력을 정당화할 수 있었던 것도 이런 이유에서이다.

185, 788~790, 792, 795, 797, 798, 801, 812, 1129, 1180

성선악혼설(性善惡混說)

순자와 맹자의 입장을 절충하여 인간의 본성에는 선한 측면도 악한 측면도 있다고 주장했던 인성론이다. 순자와 맹자의 극단적인 주장을 따르기보다 대부분의 중국 유학자들은 현실적인 이유에서 성선악혼설을 따르게 된다. 자율적인 수양으로도 윤리적인 사람이 될 수도 있지만, 외적인 강제력에 의해서만 선해질 수 있는 사람도 있기 때문이다. 그래서 주희도 인간에게 기질지성(氣質之性)과 본연지성(本然之性)이란 두 종류의 본성이 있다고 강조했던 것이다.

789

성소작지(成所作智, Kṛtyānuṣṭhāna-jñāna) → 대원경지/평등성지/묘관찰지/성소작지

성언량(聖言量, Āptopadesa-pramāṇa) → 비량/현량/성언량

성즉리(性卽理)

중국 북송 시대 유학자 정이(程頤)의 주장으로 "인간의 본성(性)이 우주 전체의 이(理)와 같다. 혹은 외부 사물이나 사태의 이(理)와 같다"는 의미이다. 보통 우주 전체의 이(理)는 태극(太極)이라고 불리기도 한다. 성즉리라는

테제를 토대로 주희는 신유학의 형이상학과
수양론 체계를 완성하게 된다. 성(性)과 이(理)
라는 두 범주로 말하자면, 성의 차원에서 출
발해서 성즉리를 실현하는 것이 경(敬) 공부
라면, 이의 차원에서 출발해서 성즉리를 실
현하는 것이 바로 격물치지(格物致知) 공부라
고 할 수 있다.

세(勢) → 법/술/세

세계-내-존재(In-der-Welt-sein)

후설은 인간의 마음이 무엇인가를 능동적으
로 의식하는 지향성을 가지고 있다고 주장했
다. 이와는 달리 하이데거는 우리가 무엇인가
를 의식하려면 친숙한 세계가 낯설어져야만
한다고 후설의 주장에 이의를 제기한다. 하이
데거에 따르면 컴퓨터 자판에 익숙해지면 우
리는 더 이상 그것을 의식하지 않는다. 우리
는 이미 컴퓨터 자판과 친숙한 관계에 들어
있기 때문이다. 하이데거의 세계-내-존재는
세계 내의 사물들과 이미 친숙한 관계에 들
어 있는 인간의 모습을 가리키는 용어였다.

세계정신(Weltgeist)

역사철학을 숙고하면서 헤겔이 제안했던 개
념으로 개인들의 정신을 지배하고 조종하는
유일한 관념적 실체다. 헤겔은 역사의 진정
한 동력은 개인들의 자유로운 결단이나 판단
에서 유래하는 것이 아니라 세계정신의 자기
실현 의지 때문에 가능하다고 주장한다. 그
가 역사를 '이성의 간지(List der Vernunft)'라고
설명했던 것도 이런 이유에서다. 물론 여기서
이성은 세계정신에 대한 다른 표현이다.

소리(Sound)

플라톤 이래 서양철학은 청각보다는 시각에
특권적인 위상을 부여한다. 플라톤의 에이도
스가 '보다'라는 뜻을 가진 '이데인(idein)'에서
유래했다는 사실은 이 점을 잘 보여준다고
하겠다. 반면 동양 사유는 청각적 이미지를
강하게 띠고 있다. 《중용(中庸)》에 등장하는
"하늘의 명령을 본성이라고 한다(天命之謂性)"
라는 구절을 보면, 인간의 본성을 '하늘의 명
령' '하늘이 내는 소리'라고 이해했던 동양인
들의 속내가 확인된다. 후에 들뢰즈도 우리
내면을 뒤흔드는 청각의 힘에 대해 숙고했던
것도 기억해둘 만한 일이다.

소산적 자연(Natura Naturata) → 능산적 자연/소산적 자연

소승(小乘, Hīnāyāna) → 대승/소승

소인(小人) → 대인/소인

소통(疏通)

커뮤니케이션(communication)이 어떤 공동체
(community)로 타자를 편입시킨다는 의미라
면, 반대로 소통은 타자와의 직접적인 연결
을 도모하기 위해 자신이 따르는 공동체의
규칙을 버리겠다는 결단을 전제하고 있는
개념이다. 소(疏)가 무엇인가 막고 있는 것을
제거한다는 뜻이라면, 통(通)은 연결과 연대
를 의미하기 때문이다.

속성(Accidens, Attribute)

실체가 논의나 판단의 주어에 해당한다면

속성은 그것에 부여되는 술어에 해당한다고 할 수 있다. 속성은 실체에 본질적인 것인지, 아니면 우연적인 것인지의 여부에 따라 본질적인 속성과 부수적인 속성으로 나뉠 수 있다. 흔히 본질적인 속성을 어떤 실체의 '본질'이라고 이야기한다. 예를 들어 삼각형이란 실체의 경우, 내각의 합이 180도라는 것이 본질적인 속성이라면, 이등변 삼각형이라는 것은 부수적인 속성에 지나지 않는다.

67, 108, 159, 606, 628, 657

수리학(水理學, Hydrography)

고대 중국의 제왕들은 자신의 능력을 치수 산업으로 증명해야만 했다. 치수는 기본적으로 하천의 범람을 막기 위해서 물길을 정비하고 연결시키는 작업으로 진행되었다. 이렇게 하천의 흐름을 통제하고 조절하는 것을 다룬 과거의 학문 전통을 수리학이라고 불렀다. 흥미로운 것은 동양의학은 인간의 몸을 기가 흐르는 일종의 대지로 이해했다는 점이다. 막힌 것을 뚫지 않으면 기는 원활하게 흐를 수 없고 질병이 발생한다는 수리학적 상상력이 동양의학의 내적 논리였던 것이다.

775

수사학(Rhetoric) → 논리학/수사학

수양(Self-Cultivation)

주체가 자신에게 주어진 주체 형식을 극복하고 새로운 주체 형식으로 거듭나려는 노력을 가리킨다. 서양의 경우 헬레니즘 시대의 스토아학파가 수양을 강조했다면, 동양의 경우 유교, 불교, 도교 등 대부분의 사유가 수양을 강조했다. 그렇지만 수양은 두 가지 방향으로 진행될 수 있다. 하나는 주어진 전체 질서에 복종하여 이것을 내면화하는 방식이고, 다른 하나는 주어진 질서를 극복할 수 있도록 개체적 역능을 발현하는 방식이다.

푸코는 바로 이 후자의 길을 집요하게 사유했던 것이다.

75, 78, 79, 796, 829, 830, 932, 942, 956, 959, 962, 963, 970, 1001, 1008, 1016~1018, 1020, 1027, 1036, 1041, 1042, 1044~1046, 1057~1060, 1065, 1067, 1080, 1081, 1091, 1092, 1100, 1102, 1112~1116, 1126, 1129, 1130, 1138, 1139, 1148, 1150, 1151, 1153, 1154, 1175, 1179, 1201, 1222, 1223

수연용(隨緣用) → 자성체/자성용/수연용

술(術) → 법/술/세

숭고(Das Erhabene, the Sublime)

칸트에게 어떤 대상에서 아름다움을 느끼려면 우리는 그 대상을 이론적이거나 실천적인 관심이 아니라 무관심하게 볼 수 있어야만 한다. 그렇지만 어떤 대상들은 폭력적으로 우리의 마음을 무관심의 상태로 만들기도 한다. 엄청나게 커다란 폭포나 하늘을 뒤엎을 것 같은 폭풍우가 그 예일 것이다. 이때 우리는 아름다움이 아닌 숭고를 느끼게 된다.

283~286, 289~292, 294

슈뢰딩거의 고양이(Schrödinger's Cat)

미시세계와 거시세계의 차이와 관계를 설명하기 위해 슈뢰딩거가 고안한 사유 실험에 등장하는 고양이. 미시세계 입자의 거동은 확률적으로만 확인된다. 입자의 운동으로 유독가스가 분출되는 밀폐된 공간에 고양이를 넣는다. 뚜껑을 열어 확인하기 전 우리는 고양이가 죽었는지 살았는지 결정할 수 있는 방법은 없다. 입자가 유독가스를 분출하는 방향으로 움직일 수도 있고, 그렇지 않을 수도 있기 때문이다. 바로 이렇게 영원히 고통받는 상태에 있는 고양이가 슈뢰딩거의 고양이다. 역사상 가장 불행한 고양이라고 할 수 있다.

스토아학파(Stoicism)

전체 질서와 조화된 삶을 추구했던 헬레니
즘 시대 철학 학파이다. 에피쿠로스학파와
함께 헬레니즘 시대를 양분했던 스토아학파
는 우주는 인간의 힘으로 거부할 수 없는 필
연적인 인과관계로 결정되어 있다고 생각했
다. 당연히 스토아학파에 따르면 전체 우주
의 성원으로서 인간은 필연적 인과관계를
수용하여 자신의 삶을 전체 질서에 부합되
는 방향으로 영위해야만 한다.

시간(Time)/공간(Space)

동양의 사유 전통에서 시간과 공간은 하나
의 통일된 장으로 사유되었다. 고대 중국에
서 우주라는 개념이 중요한 것도 이런 이유
에서이다. 우(宇)가 공간의 측면을 가리켰다
면, 주(宙)는 시간의 측면을 가리켰기 때문이
다. 반면 서양의 경우 아인슈타인이나 화이
트헤드가 등장할 때까지 공간과 시간은 하
나의 통일체가 아니라 질적으로 다른 것으
로 사유되었다. 특히 플라톤에게서 시간은
질료의 계기, 즉 변화의 계기로 사유되었기
때문에 공간적인 것보다 열등한 것으로 사유
되었다.

시냅스(Synapse)/뉴런(Neuron)

신경계의 작동에서 가장 핵심적 메커니즘을
나타내는 개념. '함께'를 의미하는 신(syn)과
'묶다'라는 뜻의 앱시스(apsis)가 결합되어 만
들어진 말이다. 신경계는 뉴런이라고 불리는
신경세포들의 복잡한 연결 관계로 기능한다.
시냅스는 신경세포, 즉 뉴런들의 전기화학
적 연결 관계를 의미한다. 시냅스가 중요한
이유는 이 신경과학적 개념이 철학의 오래

된 테마, 즉 기억과 학습의 메커니즘을 이해
하는 데 새로운 지평을 열었기 때문이다. 신
경과학에 따르면 학습이란 새로운 시냅스가
만들어지는 과정이라고 할 수 있다. 흥미롭
게도 한 번 만들어진 시냅스는 나름 지속력
을 갖는데, 바로 이것이 기억이란 정신활동
을 설명한다. 반대로 시냅스가 해체되면, 우
리는 그 시냅스와 관련된 특정한 행동을 완
전히 망각하게 된다.

시니시즘(Cynicism)

'개와 같다'는 키니코스(kynikos, κυνικός)에서
유래한 시니시즘은 인간의 사변적인 사유 경
향을 신랄하게 비판한다. 인간은 두 다리로
걷는 존재라는 말을 듣자, 디오게네스가 털
을 뽑은 닭을 플라톤에게 던진 것으로 유명
하다. 보통 냉소적이라는 의미로 쓰이는 '시
니컬(cynical)' 때문에 시니시즘을 냉소주의로
이해하는 경향이 있지만, 사실 시니시즘은
순수한 추상을 가장 뜨겁게 비판했던 삶의
철학을 표방하고 있었던 것이다.

시천주(侍天主)

인내천(人乃天)을 실현하기 위해 최제우가 제
안했던 핵심 가르침. 시천주는 글자 그대로
천주를 모신다는 뜻이다. 여기서 천주(天主)
는 천주교의 신을 말하는 것이 아니라 하늘
만큼 존귀한 자기 자신, 혹은 존귀해진 자존
적 주체성을 가리키는 말이다. 그래서 '모신
다'는 뜻의 시(侍)라는 글자는 두 가지 합의
를 가지게 된다. 첫째는 자신의 존엄성을 확
보하지 못하는 사람에게 '시'는 존엄성을 확
보하려는 수양의 의미를 띠고, 둘째 자신의
존엄성을 확보한 사람에게 '시'는 존엄성을
유지하려는 투쟁의 의미를 띠게 된다.

신(God)

서양의 사유 전통에는 세 종류의 신이 있었다. 첫째는 고대 그리스에서 유래한 제작자로서의 신이었다. 제작자로서의 신은 법칙이나 질료를 만들지 못하고, 질료에 법칙을 부여함으로써 세계를 만든다. 둘째는 기독교에서 유래한 자신을 제외한 모든 것을 창조한 신이었다. 기독교의 신은 법칙이나 질료마저도 모두 만드는 절대적 창조자였다. 마지막 세 번째로는 자연 자체로 이해된 스피노자의 신이 있었다. 스피노자에 이르러 전체 자연을 구성하는 모든 개체들은 질서 부여와 창조의 역량이 있는 것으로 긍정된다.
55~59, 208~215, 219, 222, 223, 694~696, 698, 709

신경과학(Neuroscience)

신경세포, 즉 뉴런과 관련된 복잡한 신경계를 다루는 생물학의 한 분과. 신경계가 주로 뇌에 집중되어 있기에 뇌과학(Brain science)이라고 불리기도 한다. 철학적으로 신경과학은 스피노자의 평행론, 즉 육체와 정신은 동일한 실체의 두 가지 표현에 불과하다는 입장이 옳다는 걸 과학적으로 보여주고 있다고 하겠다. 신경과학의 연구 결과에 따르면 뉴런들의 미시적이고 복잡한 물질적 연결 관계(육체적인 것)는 우리의 일상적이고 거시적인 정신활동(정신적인 것)과 연동하기 때문이다.
596~598, 636, 638, 902

신유학(新儒學)

중국 당제국의 통치 이데올로기는 화엄종을 대표로 하는 불교 사유였다고 할 수 있다. 송제국이 시작되면서 유학자들은 공자와 맹자의 유학 사상을 우주론적 규모로 업데이트해서 제국의 형이상학으로 만들려고 했다. 남송 시대 주희는 북송 시대 주돈이(周敦頤), 장재(張載), 정호(程顥), 정이(程頤) 등의 선배 유학자의 노력을 집대성하여 화엄의 형이상학에 필적할 만한 거대한 우주론적 유학 사상, 즉 신유학을 체계화하는 데 성공한다.
78, 79, 90, 91, 185, 778, 857, 858, 930, 1017, 1027, 1040~1047, 1049, 1051, 1057, 1060, 1062, 1078, 1084, 1112, 1114, 1117, 1125~1127, 1159, 1160, 1163, 1169, 1172, 1178, 1187~1196, 1198, 1200~1203, 1207~1209, 1212, 1316, 1317

실재성(Réalité, Reality) → 잠재성/현실성/실재성

실존(實存)/탈존(脫存, Existence)

'existence'라는 말은 일본 학자들에 의해 실존이라고 번역되었다. 그렇지만 'existence'는 사르트르나 메를로-퐁티가 이야기했던 것처럼 '밖으로(ex)' 향하는 '존재(istence)'라는 의미를 보존하여 번역되어야만 한다. 자신을 부단히 극복하는 존재라는 점에서 'existence'는 탈존이라고 번역할 필요가 있다. 탈(脫)이 '벗어난다' '탈주한다'는 것을 의미하기 때문이다.
366, 375

실존주의(Existentialism)

실존주의는 인간에게는 본질이 주어져 있다고 보지 않는다. 즉 다른 동물이나 사물이 주어진 본질에 따라 살아간다면, 인간은 자신의 본질을 만들어가는 존재라는 것이다. 간혹 인간의 본질을 무(Neant, Nothingness)라고 정의하는 것도 이런 이유에서다. 주어진 본질이 '없다'는 것이다. 그래서 실존주의는 다양한 장르와 분야에서 자신의 본질을 만들어가는 인간의 모습, 즉 인간의 자유와 그 가능성을 포착해서 알리려고 시도했다. 실존주의의 대표자로는 사르트르와 카뮈를 들 수 있다.
93, 366, 422

실천적 앎(Know-how) → **명제적 앎/실천적 앎**

실체(Ousia, Substantia, Substance)

아리스토텔레스의 핵심 개념으로서 제1실체와 제2실체로 나뉜다. 제1실체란 다양한 변화를 겪지만 일시적이나마 자기동일성을 유지하고 있는 개체들을 가리키고, 제2실체는 개체와는 무관하게 보편적인 자기동일성을 유지하고 있는 보편자들을 의미한다. 예를 들어 '강신주' '들뢰즈'와 같은 이름으로 부르는 개체들이 제1실체이고, '인간' '동물' 등과 같은 추상명사들이 바로 제2실체에 해당한다.

46~51, 340, 347

실학(實學)

주희로 상징되는 신유학의 형이상학적 경향을 극복하고 공자와 맹자의 유학 사상을 되찾으려는 18, 19세기 동양 유학의 경향이다. 흔히 실사구시(實事求是)를 강조한다고 해서 경험과학을 긍정한 것으로 오해되고 있지만, 실학은 공자와 맹자의 윤리적 경향과 치열한 자기 수양의 전통을 실재적인 것(實)이라고 강조하고 있다. 청제국의 대진(戴震), 조선의 정약용(丁若鏞), 그리고 일본의 이토 진사이(伊藤仁齋) 등이 대표적인 실학자라고 할 수 있다.

1147, 1160, 1161, 1191, 1196, 1231

심즉리(心卽理)

주희의 성즉리(性卽理)를 비판하면서 육구연(陸九淵)과 왕수인(王守仁)이 그 대안으로 내세웠던 핵심 테제이다. "마음이 바로 이(理)다"는 주장을 통해 육구연과 왕수인은 성즉리라는 테제에서 빠져서는 안 될 결정적인 계기, 즉 주체의 마음을 강조하고 있다. 만약 주체의 생생한 마음이 없다면, 본성이나 이(理)는 아무런 의미도 없다는 것이다. 그래서 육구연은 "육경(六經)은 내 마음의 각주에 불

과하다"고 선언했고, 왕수인도 "마음이 없다면 사물도 존재하지 않는다"고 역설했던 것이다.

1067, 1073, 1080, 1084

심통성정(心統性情)

신유학의 심성론과 수양론을 요약한 테제. 장재가 처음으로 이야기했던 심통성정이라는 테제는 "마음(心)은 본성(性)과 감정(情)을 통제한다"는 뜻으로, 혹은 "마음은 본성과 감정을 포괄한다"는 뜻으로 해석 가능하다. 전자라면 수양론의 테마로 테제를 읽은 것이고, 후자라면 심성론의 테마로 테제를 읽은 것이다. 본성의 계열로는 이(理), 미발(未發), 사단(四端), 그리고 도심(道心) 등의 개념들이 올 수 있고, 반대로 감정의 계열에는 기(氣), 이발(已發), 칠정(七情), 그리고 인심(人心) 등의 개념들이 올 수 있다. 이처럼 심통성정이란 테제는 신유학의 체계를 이해하는 데 가장 중요한 구조적 계기라고 할 수 있다.

1125, 1126

심학(心學) → 육왕심학/심학

십칠청정구(十七淸淨句)

금강승의 대표 경전《이취경(理趣經)》에 등장하는 연애, 섹스, 그리고 감각의 쾌락과 관련된 17가지 가르침. 경전을 읽고 이해하거나 혹은 참선을 할 여유가 없는 대다수 민중들에게 가장 평범한 생활 속에서도 부처가 될 수 있다는 희망을 주는 가르침이다. 사욕에 입각한 연애, 섹스, 감각도 가능하지만, 타인을 위한 연애, 섹스, 감각도 충분히 가능하다는 걸 강조한다. 금강승은 제법무아(諸法無我)의 가르침을 정말 글자 그대로 보통 동물적이고 천하다는 영역에까지 관철시켰다.

315~318

아나키즘(Anarchism)

일체의 중심 권력을 부정하는 정치 이념이다. 그렇다고 해서 아나키스트가 일체의 공동체 형식을 버리고 고독한 개인의 자유를 향유하려고 한다고 오해해서는 안 된다. 아나키즘은 일체의 공동체를 부정하기보다는 '자유로운 공동체', 즉 개인의 자유를 유지하는 공동체를 지향하고 있기 때문이다.

132, 134, 240, 792, 808, 933, 1225, 1228, 1230, 1236, 1239, 1241, 1242, 1296, 1315

아름다움(Das Schöne, the Beautiful)

미학이 숙고하는 핵심 범주이다. 대도시의 빌딩 너머로 해가 지려고 할 때의 보라색 풍광을 바라보면 아름다움을 느낄 수 있다. 그렇지만 이 풍경을 환경오염으로 인한 빛의 굴절로 일어난 현상으로 보든가(이론적 관심), 아니면 자본가의 탐욕이 낳은 결과로 본다면(실천적 관심), 우리는 아름다움을 느낄 수가 없다. 칸트의 말대로 이론적이거나 실천적인 관심을 버리고 무관심하게 보았을 때에만 우리는 보라색 풍광의 아름다움을 느낄 수 있는 법이다.

283~286

아비다르마(Abhidharma)

부파불교, 즉 소승불교의 문헌들을 통칭하는 개념. 아비다르마는 '싯다르타의 설법(dharma)에 대한(abhi) 연구'를 뜻하기에 한자로는 대법(對法)으로 번역된다. 보통 부파불교는 18개의 학파로 세분화되지만, 프랑스 불교 연구자 앙드레 바로는 고고학적 연구를 토대로 34개의 학파가 있었다고 고증하기도 한다. 그만큼 아비다르마의 문헌들은 복잡하고 광범위할 수밖에 없다. 그러나 철학적으로 중요한 학파는 설일체유부(說一切有部, Sarvāstivādin)와 경량부(經量部, Sautrāntika) 두 개의 학파가 있고, 종교적으로 중요한 학파는 정량부(正量部, Saṃmitīya) 정도가 중요하다고 하겠다.

878

아비투스(Habitus)

'습관'을 뜻하는 라틴어에서 유래한 용어로 부르디외 사회철학의 중심 개념. 부르디외는 아비투스를 '구조화된 구조(structures structurées)'이자 '구조화하는 구조(structures structurantes)'라고 정의한다. 그러니까 아비투스는 내면화된 과거 구조이지만 동시에 현재나 미래를 구조화하는 구조이기도 하다는 것이다. 습관이란 말처럼 아비투스는 단순히 사유에만 적용되는 것이 아니라 심층의 정서와 심지어 행동의 규정 원리이기도 하다.

130, 217

아우라(Aura)

《기술복제시대의 예술작품》에서 벤야민이 사용했던 개념이다. 기술복제시대 이전에 예술작품들은 하나하나가 자신만의 고유한 분위기를 가지고 있었다. 예를 들어 레오나르도 다빈치의 〈모나리자〉에는 다른 무엇과도 바꿀 수 없는 어떤 분위기가 있었다. 그렇지만 기술복제시대에 들어서면 모나리자는 대량으로 복제되어 우리가 볼 수 있게 되었다. 그래서 벤야민은 이런 시대를 '아우라 상실의 시대'라고 이야기했던 것이다.

293, 294

아장스망(Agencement)

들뢰즈 철학의 핵심을 관통하는 개념이다. 아장스망은 이질적인 존재들 사이에 만들어지는 연결이나 관계를 의미한다. 들뢰즈는 아장스망을 다중체(multiplicité)라고 부르기도 한다. 다중체란 개념으로 그는 모든 개체들이 다른 이질적인 것들과 마주치면서 다양한(multi) 주름(pli)을 함축하고 있다는 사실을 보여주려고 한 것이다. 예를 들어 친구 집에서 컴퓨터 자판을 만지다보면, 무엇인가 낯선 기분이 든다. 그것은 그 자판이 친구와 연결된 다중체였기 때문이었다.

574~576

아트만(Ātman)/다르마(Dharma)

아트만은 자아나 주체를, 반면 다르마는 대상들을 의미한다. 한자로 아트만은 아(我)로 번역되고, 다르마는 법(法)이라고 번역된다. 잊지 말아야 할 것은 법으로 번역되는 다르마가 마음 바깥에 존재한다고 상정되는 대상들뿐만 아니라 마음이 구성한 허구적 대상들까지도 모두 가리킨다는 점이다. 그러니까 용(龍)이나 봉황(鳳凰)과 같은 것도 법, 즉 다르마라고 불릴 수 있다는 것이다.

304, 305, 314, 418, 695, 699, 700, 872, 878, 879, 892, 904, 1004, 1028, 1037, 1038, 1106~1110

아파테이아(Apatheia)

스토아학파가 인간이 도달해야만 한다고 강조했던 이상적인 마음 상태로 부동심이라고 번역되기도 한다. '정념'이나 '감정'을 의미하는 파토스(pathos)라는 글자와 '부정'을 의미하는 아(a)로 구성되어 있는 것처럼, 아파테이아는 마음에 일체의 사적인 감정을 들여놓지 않은 상태, 즉 무정념, 무감정의 상태를 말한다. 스토아학파는 이런 마음 상태에 이르기 위해서 전체 질서의 필연성에 대한 투철한 통찰이 불가피하다고 생각했다. 죽음이 필연적이라는 사실을 정확히 안다면, 우리는 죽음에 대해 공포나 두려움을 느낄 필요가 없다는 것이다.

89

아포하(Apoha)

배제(exclusion)라는 의미를 가진 개념으로 불교인식론학파의 핵심 개념. 개념들, 혹은 공상(共相)들은 배제에 의해 작동한다고 말했을 때, 디그나가는 '아냐아포하(anya-apoha)'라고 말한다. 여기서 '아냐'는 바로 타자, 혹은 다른 것을 의미한다. 예를 들어 동쪽이란 개념은 서쪽이란 개념을 배제하고, 여자라는 개념은 남자라는 개념을 배제한다. 결국 이렇게 대립되는 혹은 다른 개념을 배제하면

서 기능하기에, 개념들은 있는 그대로의 실제, 즉 자상(自相)들을 포착할 수 없다는 것이 디그나가의 생각이었다.

948~950

아폴로(Apollo) → 디오니소스/아폴로/비극

아호지쟁(鵝湖之爭)

1175년 심학 계열의 육구연과 이학 계열의 주희가 지금의 장시성(江西省) 엔산현(鉛山縣)에 있는 아호사(鵝湖寺)에서 벌인 철학 논쟁. 《태극도설(太極圖說)》로 체계화된 주돈이의 형이상학을 통해 주희는 이일분수(理一分殊)로 설명되는 신유학적 형이상학 체계를 완성하려고 했다. 형이상학적 경향이 강했던 이학(理學)에 불만이 많았던 육구연은 주돈이의 《태극도설》 자체가 공자와 맹자의 유학 사상과 아무런 관련이 없다고 논증함으로써, 주희의 형이상학적 시도를 무력화시키려고 했다. 아호지쟁은 심학과 이학 사이의 팽팽한 긴장과 간극만 노정한 채로 막을 내리게 된다.

1065

알라야식(Ālayavijñāna)

유식불교의 핵심 개념으로 인간 의식의 가장 심층에 있는 일종의 기억의식이라고 할 수 있다. 알라야(Ālaya)는 저장(藏)을 의미하기 때문에 한자로 알라야식은 장식(藏識)이라고 번역된다. 유식불교는 알라야식이야말로 모든 집착과 편견의 진정한 원인이라고 설명한다. 당연히 알라야식을 해체하는 것이 유식불교의 최대 과제였다.

583, 591, 872~877, 882, 943, 966

알레테이아(Alētheia)

부정을 뜻하는 접두사 '아(a)'와 망각을 뜻하는 '레테(Lēthē)'가 합성된 말로서 기억이나

상기를 의미하는 고대 그리스어이다. 알레테이아라는 말은 인식이란 기억에 불과하다는 플라톤의 입장을 가장 분명하게 보여주는 개념이라고 할 수 있다. 현대 존재론자 하이데거에게 알레테이아는 탈은폐, 즉 망각된 존재가 우리에게 환히 드러나는 사태를 가리키는 것으로 심화된다.

45, 243

양명학(陽明學)

왕수인(王守仁)의 호인 양명(陽明)을 따서 그가 표방했던 심학(心學)을 가리키는 말이다. 양명학의 핵심 가르침은 마음이 없다면 대상도 없다는 '심외무물(心外無物)'이란 주장, 그리고 마음이란 이(理)의 절대적 근거라고 보는 '심즉리(心卽理)'라는 주장으로 요약할 수 있다. 특히 심외무물이란 주장은 후설의 지향성 개념과 밀접하게 연결된다는 점에 주목할 필요가 있다. 양명학의 최종적 가르침은 유명한 사구교(四句教)로 요약된다.

322, 337, 1090, 1092, 1155, 1196

양자역학(Quantum mechanics)/양자론(theory of Quantum)

미시세계는 이산적(discreet)으로, 즉 불연속적으로 움직인다는 현대 물리학 이론. 예를 들어 원자에 빛을 쏘면 원자핵을 회전하던 전자는 에너지를 받아 회전궤도가 상승하게 된다. 그러나 이렇게 작은 반경의 회전궤도에서 큰 반경의 회전궤도로 전자가 이동할 때 연속적이지 않다. 일정 정도 에너지가 쌓인 다음 갑자기 어느 순간 전자는 다음 회전궤도로 점프하듯이 움직이기 때문이다. 고전역학의 결정론이 무색해지는 지점은 바로 이것이다. 에너지를 받고 에너지를 분출하는 것에 따라 주어진 입자가 연속적인 반응을 보여야 결정론이 성립할 수 있기 때문이다.

73, 109, 385, 386, 517, 534, 604, 607, 610~615, 618

양지(良知)/치양지(致良知)

왕수인의 심학(心學), 즉 양명학의 핵심 개념. 맹자에서 유래한 양지는 윤리적 반성 능력을 말하고, 치양지는 그 반성의 결과물을 현실에서 관철시키는 것을 말한다. 맹자를 이어 왕수인은 양지를 '지선지악(知善知惡)'으로 정의하며, 인간이라면 누구나 이런 반성 능력을 가지고 있다고 말한다. 그는 선이라고 생각되면 아무리 어려워도 실천하고, 악이라고 생각되면 아무리 힘들어도 제거하려고 애써야 한다고 주장한다. 바로 이것이 치양지라는 수행법이다.

1088, 1090~1092

양화(Quantification)

질적인 것들을 양적인 것으로 만드는 지적인 작용을 의미한다. 아리스토텔레스로 대변되는 서양 근대 이전의 자연관은 기본적으로 대상들을 질적으로 고유한 것으로 다루려고 했다. 그렇지만 갈릴레이로 대표되는 근대 자연관은 대상들의 질적 고유성을 무시하고, 그것들을 세 가지 단위, 즉 거리, 시간, 무게라는 단위에 의해 양적으로 다루게 된다. 이제 동일한 무게를 가진 돌과 사람이 같은 시간 동안 같은 거리를 추락했다면, 두 가지 대상은 동일한 운동을 한 것에 지나지 않는다. 또 하나 기억해두어야 할 것은 질적인 기(氣) 개념을 양적으로 측정하려고 했던 최한기(崔漢綺)도 양화의 논리를 따르려고 했다는 점이다.

601, 602, 604, 615, 1190, 1191

언어(Language)

서양철학의 역사를 살펴보면 크게 세 가지 특이점이 눈에 들어오게 된다. 중세철학까지 서양철학은 이데아나 신과 같은 초월적인 존재를 탐구하는 데 여념이 없었고, 근대철학에 들어서면서 서양철학은 인간의 마음, 특히 자기의식을 치열하게 성찰했다. 그러던 것이 20세기 이후부터 서양철학은 인간의 마음이 기본적으로 언어와 불가분의 관계에 있다는 사실을 이해하게 된다. 언어학적 전회(linguistic turn)가 일어난 셈이다. 프랑스의 경우 데리다, 들뢰즈, 메를로-퐁티, 독일의 경우 하이데거나 하버마스, 영미권의 경우 러셀이나 비트겐슈타인도 이 점에서 예외는 아닐 것이다. 다행스럽게도 언어의 중요성을 깨닫는 순간, 이제 서양철학은 일찌감치 언어의 가능성과 한계를 사유했던 동양의 사유 전통과 대화할 준비를 갖추게 된 셈이다.

73, 77, 95, 97, 400~420, 561, 562, 735, 740~742, 748~764, 898

언어 게임(Language Game)

다양한 언어들은 다양한 게임들처럼 자기만의 고유한 규칙을 가지고 있다는 후기 비트겐슈타인의 통찰에 녹아 있는 개념이다. 여기서 '다양한 언어들'은 다양한 모국어들만을 가리키는 것이 아니라, 동일한 모국어를 공유할지라도 시장에서 쓰는 언어, 대학교 강의실에서 쓰는 언어, 가정에서 쓰는 언어 등등도 모두 가리킨다. '언어=게임'이란 발상을 토대로 비트겐슈타인은 타자를 언어 규칙을 공유하지 않은 사람이라고 정의할 수 있었던 것이다.

412, 414, 417, 561

업(業, Karman)/업보(業報, Karma-vipāka)

행동을 의미하는 불교 개념. 업은 보통 업보 개념과 함께 사용된다. 업이 원인이면 업보는 그 결과에 해당한다고 하겠다. 그렇지만 또한 업보가 새로운 업의 원인으로 작동하기에 업과 업보 사이의 인과관계는 그렇게 확정적인 것만은 아니다. 소승불교에서 업은 신업(身業), 구업(口業), 그리고 의업(意業) 세 가지로 구별된다. 몸으로 하는 행동이 신업이고, 언어활동이 구업이고, 마지막으로 마음의 작동이 의업이다. 보통 신업과 구업은 겉으로 드러나기에 표업(表業)이라고 말하기도 하며, 반대로 의업은 내적인 것이기에 무

표업(無表業)이라고 말하기도 한다.
914

업보(業報, Karma-vipāka) → 업/업보

없음(無) → 있음/없음

에로티즘(Erotism)

금기와 위반의 철학자 바타유의 사유를 대표하는 개념이다. 그는 지금까지 동물적인 것이라고 폄하되었던 에로티즘이 너무나 인간적인 것이었다는 사실을 밝혔다. 바타유에 따르면 에로티즘은 금기시된 성적 대상에 대한 욕망이기 때문이다. 여기서 중요한 것은 금기가 사회적 차원과 동시에 역사적 차원을 갖는다는 점이다. 남녀가 같이 있는 것을 금기시했던 조선시대에는 남녀가 함께 있을 때 조선 사람들은 강한 에로티즘을 느꼈을 것이다. 반면 지금은 이성과 함께 있는 것만으로 에로티즘을 느끼는 사람은 별로 없을 것이다. 물론 이 경우 아직도 에로티즘을 느끼는 사람도 있을 것이다. 그것은 그가 조선시대의 금기를 내면화하고 있다는 것을 말해주는 것이다.

303~318

에이도스(Eidos) → 이데아/에이도스/~인 것 자체/형상

에포케(Epoché) → 판단중지

에피스테메(Epistēmē) → 인식

엔트로피(Entropy)

질서가 있는 시스템이 자발적으로 무질서하

게 되는 정도를 나타내는 개념. 볼츠만은 통계학의 방식으로 엔트로피를 공식화했던 적이 있다. 기체가 들어 있는 단열 용기와 진공 상태의 단열 용기가 있다고 하자(질서의 상태). 두 용기 사이에는 밸브가 설치되어 있다. 밸브를 여는 순간, 기체 분자들은 진공 용기 쪽으로 이동하게 될 것이다. 어느 순간 양쪽 용기의 기체 밀도가 같아진다(무질서의 상태). 어떤 외부적 조작이 없다면 처음 질서의 상태로, 즉 한때 진공 상태였던 용기를 기체가 모두 빠져나와 원래 자신이 들어 있던 단열 용기로 되돌아갈 수는 없다. 이것이 바로 열역학 제2법칙, 즉 엔트로피의 법칙이다.

475, 612~617, 619, 1037

여래장(如來藏, Tathāgatagarbha)

여래(Tathāgata), 즉 부처가 될 수 있는 잠재성을 가리키는 용어로서 불성(佛性)과 거의 동일한 함의를 갖는 개념이다. 존재론적 의미로 독해된 여래장은 불교의 핵심 가르침인 무아(無我) 주장과 충돌할 수밖에 없다. 무아란 불변하는 자아가 없다는 가르침이기 때문이다. 그렇지만 수행론적 의미로 독해된다면, 여래장은 수행하는 사람들에게 수행의 방향과 목적을 제시하는 개념이라고 이해될 여지는 있다.

883, 987, 996, 1023, 1024, 1028, 1036, 1038, 1103, 1106~1110

역사유물론(Historical Materialism) → 유물론/역사유물론

역사철학(Philosophy of History)

역사의 진행과 그 방향에 함축되어 숨겨져 있는 논리나 동력을 추적하거나, 아니면 인간에게 역사란 어떤 의미가 있는지를 해명하려는 철학 분과다. 헤겔은 관념적 실체인 절대정신이 인간의 정신을 조정하여 역사라는 드라마를 연출한다고 보았다면, 마르크스는 인간과 그의 물질적 환경 사이의 역동적인 관계가 역사의 드라마를 만든다고 이야기했다. 거대 담론을 지향했던 역사철학이 급변하게 된 것은 모두 푸코의 공이다. 그는 역사철학의 쟁점을 기억 사이의 투쟁, 구체적으로 말해 지배 권력이 주입하려고 했던 암울한 기억과 삶을 긍정으로 이끌 유쾌한 기억 사이의 투쟁으로 명료화했기 때문이다.

260, 261, 266, 360, 520, 529, 782~784, 863, 1235, 1236, 1286, 1292, 1303

연기(緣起, Pratītyasamutpāda)

모든 것에 불변하는 본질이 존재하지 않는다는 사실을 보여주기 위해서 불교에서 주장했던 이론이다. 연기란 글자 그대로 '조건에 의해 발생한다'는 의미이다. 모든 것은 다양한 인연의 마주침으로 형성되고, 그 인연이 다함으로써 소멸된다는 것이다. 오해하지 말아야 할 것은 그럼에도 생성된 모든 것은 일정한 지속의 폭을 가지고 있다는 점이다.

642, 869~871, 984, 985, 1003~1005, 1107, 1110

연장(Extension)/사유(Thought)

데카르트는 육체의 본성을 연장에서 찾았고, 정신의 본성을 사유에서 찾았다. 여기서 연장이란 특정한 공간을 점유하고 있다는 것을 의미한다. 바로 이 순간 육체와 정신은 전혀 무관한 실체로 분리되어버린다. 육체와 정신은 그 본성이 다르기 때문이다. 근대철학의 아버지라고 불리는 데카르트가 플라톤과 기독교에서 주장했던 해묵은 심신이원론을 반복한 것은 너무나 불행한 일이었다. 이 점에서 스피노자야말로 근대철학의 핵심이라고 할 수 있을 것이다. 심신이원론을 극복하기 위해서 그는 데카르트의 숨겨진 기원인 플라톤과 기독교마저도 붕괴시키려고 했기 때문이다.

901, 902

연접(Conjunction) → 이접/연접

열반(涅槃)/니르바나(Nirvāṇa)

모든 집착과 고통에서 벗어났을 때의 마음
상태를 나타내는 불교 개념이다. 불꽃(vāṇa)
이 꺼진다(nir)는 의미인 니르바나는 동양에
서는 한자음을 빌려 열반이라고 표현한다.
잊지 말아야 할 것은 열반의 마음에서 타자
에 대한 절대적 감수성, 즉 자비의 마음이
가능하다는 점이다. 그러니까 열반의 달성은
주체에게는 완성의 시점이지만, 타자와의 관
계에서는 시작을 알리는 시점인 셈이다.

315, 418, 472, 705, 706, 865, 879, 969, 970,
980, 989~991, 1021, 1022, 1037

열역학(Thermodynamics)/비평형
열역학(Nonequilibrium Thermodynamics)

어떤 주어진 시스템의 열에너지와 그 변화
를 다루는 역학 분야. 열역학의 핵심은 세 가
지 법칙으로 요약된다. 열역학 0법칙은 "물
체 A와 B가 다른 물체 T와 각각 열평형을 이
룬다면, A와 B도 열평형을 이룬다"는 것이
고, 열역학 제1법칙은 "주어진 시스템의 내
부 에너지는 열의 형태로 에너지가 더해지
면 증가하고 반대로 시스템이 일을 하면 감
소한다"는 것이다. 그리고 가장 중요한 열역
학 제2법칙은 "주어진 시스템에서 엔트로
피, 즉 무질서의 정도는 결코 감소하지 않는
다"는 것이다. 열역학은 크게 '평형 열역학
(equilibrium thermodynamics)'과 '비평형 열역학
(nonequilibrium thermodynamics)'으로 양분된다.
평형이란 정반응과 부반응이 동시적으로 일
어나는 상태, 혹은 그 정반응과 부반응 사이
의 차이가 크지 않은 상태이고, 비평형이란
이런 평형 상태에서 아주 멀리 떨어져 있는
상태를 말한다. 20세기 말 비평형 열역학을
통해 프리고진은 비평형 상태에서는 엔트로
피가 무질서나 파괴보다는 생성을 설명하는
논리일 수 있다는 걸 보여주고 있다.

73, 386, 475, 612~617, 629, 1037

영화(Cinéma)

뤼미에르 형제가 만든 최초의 영화 촬영기
이자 동시에 영사기였던 시네마토그라프
(Cinematographe)에서 유래된 말. 시네마토그
라프는 운동(cinema)의 기록(graph)이란 의미
를 가지고 있었다. 원래 '시네마(cinema)'라는
단어는 운동을 의미하는 그리스어 '키네마
(kinema)'에서 유래한 것이다. 아감벤이 영화
의 본질을 '제스처'에 있다고 말했던 것도 이
런 이유에서다. 제스처는 바로 특정한 대상
의 특정한 운동이기 때문이다.

433~436, 598, 641~653, 1264, 1265

영혼(Psychē, Soul)

아리스토텔레스에게 생명체의 조직 원리라
는 의미를 가지고 있었던 개념이다. 그렇지
만 뒤에는 주로 사후에도 불변하는 정신적
실체라는 종교적 의미로 사용되었다. 이성,
사유, 정신 등이 살아 있는 인간의 마음을
설명하는 데 사용되는 것과는 구별된다. 이
점에서 영혼은 인도 철학에서 불변하는 자
아라고 상정되었던 아트만과 유사한 역할을
수행한다고 할 수 있다.

44~46, 51, 123, 296, 303, 643, 644, 646

예(禮)

인(仁)과 함께 공자의 사유를 결정하는 핵심
개념으로 귀족계급 내부에서 통용되던 사회
적 예절을 의미했다. 공자가 숭배했던 주나
라의 경우 예가 귀족계급 내부의 규범으로
기능했다면, 법(法)은 피지배계급에게 통용
되던 것이었다. 예를 어겼을 때 귀족들은 정
신적 치욕을 느끼는 것으로 자신의 잘못에
책임을 졌다. 반면 법을 어겼을 대 피지배계
급들은 참혹한 육체적 형벌에 처해졌다. 공
자는 춘추전국시대의 혼란했던 원인을 귀족
계급들이 예를 지키지 않고 있다는 데서 찾
았다. 그가 극기복례(克己復禮), 즉 "자신을 이
겨서 예를 회복하자"고 주장했던 것도 이런
이유에서이다.

683~685, 734, 794, 798, 1173

예정조화설(the Doctrine of Pre-established Harmony)

라이프니츠의 모나드 개념을 부연해주는 핵심 원리로서 개체들에게 일어나는 모든 일은 이미 신에 의해 미리 정해져 있다는 주장이다. 나실(那室)이란 문인이 비파로 유명한 나흔(那昕)이란 여인을 당제국의 수도 장안 거리에서 만났던 일을 예로 들어보자. 라이프니츠는 두 사람의 만남이 우연이 아니라 이미 신에 의해 예정되어 있던 일이라고 설명할 것이다. 나실에게는 "나흔을 화려했던 장안 거리 객잔에서 만난다"라는 사건이 미리 내재되어 있었고, 나흔에게도 "나실을 장안 거리 객잔에서 만난다"라는 사건이 미리 내재되어 있었다는 것이다.

166, 167, 929

오가칠종(五家七宗)

선종의 일곱 종파. 육조 혜능 이후 남종선은 선사의 개성과 스타일에 따라 크게 다섯 가지로 분화된다. 위앙종(潙仰宗), 임제종(臨濟宗), 조동종(曹洞宗), 법안종(法眼宗), 운문종(雲門宗) 등이 바로 그것이다. 이 다섯 종파를 오가라고 부른다. 뒤에 임제종에서 황룡파(黃龍派)와 양기파(楊岐派)가 갈라져 나오는데, 결국 오가와 합쳐서 전체 칠종이라고 부르게 된다.

1028, 1030

오륜(五倫)

유학의 윤리는 주체의 자유를 전제하는 윤리라기보다 관계에 의해 규정되는 윤리라고 할 수 있다. 유학은 인간이면 피할 수 없는 관계들을 다섯 가지로 요약하는데, 이것이 바로 오륜이다. 구체적으로 말해 군신(君臣)이란 정치적 관계, 부자(父子)나 부부(夫婦)라는 가족 관계, 장유(長幼)나 붕우(朋友)라는

사회적 관계가 바로 그것이다. 군신, 부자, 부부, 장유, 붕우라는 관계에는 반드시 따라야 할 규범이 있었는데, 의(義), 친(親), 별(別), 서(序), 신(信)이 바로 그것이다.

1077, 1155, 1238

오성(悟性, Veratand, Understanding)

인간의 지적인 이해 능력을 가리키는 개념이다. 보통 감성이 수동적인 감각 능력으로, 오성은 능동적인 지적 능력으로 이해되었던 것이 칸트 이전의 일반적 관례였다. 칸트는 인간의 지적 능력을 더 세분화해서 오성과 이성으로 구분한다. 그에 따르면 오성이 감성을 통해 주어진 경험을 범주를 통해 지적으로 처리하는 능력이라면, 이성은 경험과는 무관한 형이상학적 사유를 가능하게 하는 지적 능력이었다.

63, 64, 216, 231, 232~236, 247, 430

오온(五蘊, Pañca Khandha, the Five Aggregates)

싯다르타가 인간의 자아를 구성한다고 주장했던 다섯 가지 요소이다. 다섯 가지 요소는 몸(rūpa, 色), 감각(vedanā, 受), 지각(sanna, 想), 성향(saṅkhāra, 行), 의식(vinnāṇa, 識)이다. 몸을 제외한 나머지 네 가지는 정신적인 작용이기 때문에, 흔히 다섯 가지 요소는 명색(nāmarūpa, 名色)이라고 불리기도 한다. 여기서 명은 정신적 요소를, 색은 몸을 가리킨다.

706~708, 913, 1004, 1005

오컴의 면도날(Occam's Razor)

"다수성은 필연성 없이 설정되어서는 안 된다"는 오컴의 유명론적 전략을 비유하는 표현이다. 경제의 원리라고도 불리는 오컴의 면도날은 신이나 세계에 대한 복수의 담론이 있을 때, 가급적 보편자들을 적게 사용한 담론을 사용해야 한다는 원리이다. 오컴에게 보편자란 마음 바깥에 존재하는 것이 아니라 단지 인간의 마음 안에서만 존재하는 것

이었다. 당연히 그의 눈에는 보편자를 세계나 신에게 함부로 투사하는 것은 부당한 일로 보였던 것이다.

107

오행(五行)

중국 전국시대 추연(鄒衍)이란 역사철학자가 역사 발전을 오행이란 다섯 가지 요소로 설명하면서 대중화된 개념이다. 다섯 가지 요소란 흙(土), 나무(木), 쇠(金), 불(火), 물(水)이다. 흙을 이기는 것은 나무이고, 나무를 이기는 것은 쇠이고, 쇠를 이기는 것은 불이고, 불을 이기는 것은 물이다. 추연은 이런 순서로 왕조의 흥망성쇠를 예언했던 것이다. 후대에 가면 오행은 변화의 논리보다는 세계의 사물들을 구성하는 다섯 가지 정적인 요소라는 의미로 주로 사용되었다.

782~784

왕권신수설(王權神授說, Divine Right of Kings)

필머가 자신의 주저 《가부장권력론》에서 피력했던 왕권 정당화 이론이다. 신이 아담에게 모든 것을 지배하는 권리를 부여했던 것처럼, 신은 왕에게 모든 것을 통제할 수 있는 권력을 부여했다는 이론이다. 근대철학 초기 사회계약론은 필머에 의해 체계화된 왕권신수설을 공격하여, 새롭게 등장한 부르주아 시민계급에게 권력의 정당성을 부여하려는 노력이었다고 할 수 있다.

132, 133, 194, 205, 712

외단(外丹) → 도교/내단/외단

외연(Extension) → 내포/외연

요가학파(Yoga) → 상키야학파/요가학파

욕구(Need)/욕망(Desire)

라캉은 욕구나 욕망은 모두 결여를 전제하고 있다고 생각했다. 그에 따르면 자신이 목적으로 했던 것을 얻게 되면 욕구가 사라지는 반면, 욕망은 그것을 얻는다고 해도 쉽게 해소되지 않는다. 성적인 욕구는 성관계를 통해 사라지지만, 사랑에 대한 욕망은 성관계를 통해 해소되기는커녕 오히려 강화되는 것이 그 사례라고 할 수 있겠다. 라캉과는 달리 들뢰즈는 욕망에서 결여의 이미지를 제거하고, 거기에 창조적 모험이란 의미를 부여하려고 한다.

300~303, 565~578

우(偶) → 고/우

우발성(Contingency)

접촉(contact)을 의미하는 라틴어 '콘틴제르(contingere)'에서 유래한 말로 독립적인 두 가지 인과계열들이 마주쳤을 때 발생하는 사건의 성격. 우발성은 세계에 수많은 인과계열들이 존재하고 있다는 사실을 전제하는 개념이다. 인과적 필연성을 가진 계열들이 다른 계열들과 마주치면서 교란되고, 그로부터 새로운 인과계열이 출현할 수 있다. 들뢰즈의 '연결(connection)' 개념은 바로 이 우발성을 토대로 만들어진 것이다.

69, 70, 76, 86, 109, 526, 634, 636, 839~845,
854~856, 858, 859, 929, 1035

우주발생론(Cosmogony)

우주와 세계의 발생 과정에 주목했던 근대 이전에 중시되었던 학문 분과이다. 우주발생론에는 전체와 개체 사이의 관계를 중시했던 고대 사람들의 속내가 묻어 있다. 개체로서 자신의 삶을 잘 영위하기 위해서 자신을 포함한 만물이나 세계가 어떤 과정이나 목적에 의해 창조되었는지 알 필요가 있었던 것이다. 헬레니즘 시대의 스토아학파나 중국의

신유학이 우주발생론에 주목했던 것도 이런
이유에서였다.

55, 57~63, 65, 68, 76, 99, 1063, 1064

원인(Aitios)/원인론(Aitiolgy)

고대 그리스 철학의 특징 중 하나는 사물이
나 세계가 존재하는 원인을 발견하려는 의
지라고 할 수 있다. 세계의 원인을 탈레스가
'물'에서, 헤라클레이토스가 '불'에서 찾았던
것이 그 대표적인 사례였다. 그렇지만 진정한
의미의 원인론은 플라톤에게서 만개한다고
할 수 있다. 만물의 원인으로 플라톤이 제안
했던 것은 세 가지였다. 첫째 '데미우르고스'
라는 제작자, 둘째 '에이도스'라는 법칙, 셋째
데미우르고스가 법칙을 부여하는 대상이라
고 할 수 있는 '질료'였다.

62~64, 67, 1184

월인천강(月印千江) → 이일분수/월인천강

위자비량(爲自比量, Svārthānumāna)/
위타비량(爲他比量, Parārthānumāna)

불교인식론, 즉 인명학에서 강조하는 두 종
류의 비량(比量). 서양의 주류 철학 전통에서
는 자신을 위한 추론이나 타인을 위한 추론
은 동일해야만 한다. 그렇지만 불교인식론에
서는 두 가지를 확연히 구분한다. 불교인식
론은 그만큼 타자를 고려하고 있다는 방증
이기도 하다. 타자는 나와 다른 전제와 추론
규칙을 가지고 있을 수 있다. 결국 불교의 가
르침을 전파하기 위해서 타인을 위한 추론,
즉 위타비량은 불가피한 법이다. 불교 전통
에서 강조하는 방편(方便)도 바로 이 위타비
량과 동일한 성격을 띠고 있다고 하겠다.

764, 1037

위타비량(爲他比量, Parārthānumāna) →
위자비량/위타비량

유가(儒家)

동아시아, 특히 중국에서 가장 지배적이었던
학파. 보통 유가는 철학적 유학 사상을 피력
했던 철학자들을 말한다. 공자와 맹자가 철
학적으로 체계화하기 이전에도 유학(儒學)은
농경사회를 토대로 했던 관습 체계로 기능했
고 정치, 경제, 사회, 그리고 자연과학에까지
강한 영향을 미쳤다. 기본적으로 유학은 군
주와 신하, 아버지와 아들, 남자와 여자, 하늘
과 땅 사이에 위계질서를 긍정한다. 유학을
철학으로 체계화했던 공자에 의해 이 위계질
서는 예(禮)로, 그리고 위계질서를 내면화한
주체의 상태는 인(仁)으로 정의된다.

742, 811, 933, 934

유가행중관파(瑜伽行中觀派, Yogācāra-
Mādhyamika)

인도에서 유래했으나 티베트에서 번성했던
불교 학파. 학파 이름 그대로 중관학파의 입
장에서 유가학파의 수행론을 통일한 입장이
라고 할 수 있다. 유가행중관파는 인도 대승
불교의 마지막 대가 샨타락시타(Śāntarakṣita)
와 그의 제자 카말라실라(Kamalaśīla)가 티베
트에 들어오면서 번성했다. 티베트 불교에서
유가행중관파를 대표했던 인물이 바로 총카
파(Tsong Kha pa)다.

1094, 1108, 1109

유기체적 자연관(Organic Nature View) →
기계론적 자연관/유기체적 자연관

유명(有名)/무명(無名)

노자(老子)에게 유명(有名)은 명(名)으로, 그리
고 무명(無名)은 무(無)로 표현될 수 있다. 노
자는 개체를 식별할 수 있는 원리를 명이라
고, 그리고 관계 맺음의 원리를 무라고 이야
기한다. 예를 들어 어떤 컵이 있다고 하자. 이
것은 일단 '컵'으로 다른 것과 구별 가능하
다. 바로 명의 측면이다. 그렇지만 이 컵은 아

직 비어 있어서, 아직 술잔인지 아니면 물잔인지 결정되지 않았다. 바로 이것이 무의 측면이다.

735~738

유명론(Nominalism)

유명론은 보편자가 개별적 사물이 만들어진 뒤 인간이 만든 이름에 불과하다는 입장이다. 그래서 유명론에 따르면 보편자란 실재론자가 주장하는 것처럼 인간 정신 밖에 실제로 존재하는 것이 아니라, 단지 인간 정신 속에만 존재하는 것에 지나지 않는다. 오컴에 의해 강하게 피력되었던 유명론이 인간의 사유를 강조했던 근대철학 전통을 낳게 되었던 것도 이런 이유에서였다.

95~97, 106, 898, 948

유물론(Materialism)/역사유물론(Historical Materialism)

정신적인 것이 세계와 역사를 움직인다고 보는 것이 헤겔로 대표되는 관념론이라면, 반대로 세계와 역사의 진정한 동력은 물질적인 것이라고 주장했던 것이 유물론과 역사유물론이었다. 중요한 것은 이 두 가지 입장이 모두 결정론적이고 목적론적인 색채를 띠고 있다는 점이다. 알튀세르가 유물론과 역사유물론을 비판하면서 우발성의 유물론을 제안했던 것도 이런 이유에서이다. 이제 인간의 자유로운 연대, 즉 코뮤니즘을 꿈꾸던 마르크스의 유물론이 반목적론적이고 비결정론적인 면모를 갖추게 된 것이다.

46, 65, 68~71, 76, 271, 375, 633, 634, 698~700, 704, 709, 845, 858~860, 1229

유물론적 변증법 → 변증법

유식학파(唯識學派, Yogācāra)

바수반두, 즉 세친(世親)에 의해 체계화된 불교 종파로서 중관학파와 함께 대승불교의 양대 학파를 형성한다. 세계의 모든 존재가 공(空)하다는 이론적 통찰을 중시했던 중관학파와는 달리, 유식학파는 집착을 낳는 인간의 무의식을 강조하며 그것을 직접 제거하려고 노력했다. 수행론적 관심에서 출발했지만, 유식학파가 제안했던 의식의 계보학은 정신분석학과 함께 아직도 우리에게 유효한 통찰을 제공하고 있다.

878, 882, 995

유위(有爲) → 무위/유위

유전자(Gene)

20세기 중엽까지 물리학이 과학적 담론을 주도했다면, 20세기 후반부터는 생물학이 그 역할을 떠맡게 된다. 그 핵심에는 바로 유전자라는 개념이 있다. 유전자는 부모가 자식에게 자신의 특성을 물려주는 단위로서, 염색체 속에 들어 있는 DNA라는 고분자에 존재한다고 알려져 있다. 도킨스의 말대로 유전자는 삶과 진화의 방향을 결정하는 진정한 주체인지, 아니면 중요하기는 하지만 역동적인 생명의 흔적에 불과한 것인지가 첨예한 철학적 쟁점이라고 할 수 있다.

307, 311, 622~635

육사외도(六師外道, Sad-darama)

《사문과경(沙門果經)》이란 불교 초기 경전에서 아트만의 불멸성을 인정하는 인도의 사유 전통을 거부했다고 알려진 여섯 명의 사상가들이다. 푸라나 캇사파, 막칼리 고살라, 산자야 벨랏티풋타, 아지타 케사캄발라, 파쿠다 카차야나, 니간타 나타풋타가 바로 그들이다. 불변하는 자아를 부정했던 싯다르타의 무아론은 이들 여섯 사상가들의 비판적 사유가 없었다면 지금과는 다른 모습을 보였을 것이다.

697, 698, 702, 704

육왕심학(陸王心學)/심학(心學)

주체의 마음에 주목했던 육구연(陸九淵)과 왕수인(王守仁)의 사유 경향을 통칭하는 개념으로 마음을 강조하기에 심학이라고 불리기도 한다. 두 사람은 모두 주희의 공부 방법 중 격물치지(格物致知)를 집요하게 공격했다. 성인이 되려는 공부에서 외부 사태나 사물의 이(理)를 탐구하는 것은 지엽적일 뿐만 아니라 윤리적 수양에 장애가 될 뿐이라고 확신했기 때문이다. 그만큼 그들은 주체의 치열한 마음 공부를 했던 것이다. 심학이란 용어로 육구연과 왕수인의 입장을 규정하는 것도 이런 이유에서이다.

육체노동(Physical labor)/정신노동(Mental Labor)

모든 분업의 논리 이면에 최종적으로 존재하는 분업. 인간에게 몸과 마음이 분리되기 어려운 것처럼 완전한 육체노동도 그리고 완전한 정신노동도 현실적으로 불가능하다고 할 수 있다. 그렇지만 정도상으로 정신노동의 비중이 큰 경우와 그렇지 않고 육체노동의 비중이 큰 경우는 분명 존재한다. 동서양의 구분 없이 정신노동은 지배자의 노동으로, 그리고 육체노동은 피지배자의 노동으로 상정된다. 그러나 정신노동은 결국 육체노동을 하지 않는 자들의 자기 정당화에 지나지 않는다. 육체노동보다 정신노동이 공동체에 더 큰 도움을 준다는 논리다. 문제는 이로부터 육체노동에 대한 비하와 폄하가 이어지게 된다. 육체에 대한 정신의 우월성, 육체적 지식보다는 정신적 지식의 우월성, 피지배자에 대한 지배자의 우월성, 인간보다는 신의 우월성 등등 모든 철학적 논의는 사실 육체노동의 폄하를 정당화하는 논리로 기능했다. 그러나 육체노동을 하지 않고 무언가를 먹고 휴식을 취하고 있다면, 우리는 자신도 모르게 누군가의 노동을 착취하고 있다는 걸 명심해야만 한다.

윤리(Ethics)

인간의 자유를 전제로 타자와의 관계를 숙고하는 실천론이다. 스피노자는 도덕(moral)으로부터 윤리(ethics)를 구별했던 적이 있다. 도덕이 인간의 자유와 무관하게 선과 악이라는 범주를 통해 인간의 삶을 통제하려고 한다면, 윤리는 자유로운 인간을 전제로 인간 사이의 마주침을 긍정하기 때문이다. 그래서 스피노자의 윤리학은 선과 악이란 초월적 범주를 넘어서 기쁨과 슬픔이란 내재적 범주로 인간의 자유와 관계를 숙고하려고 했던 것이다.

윤회(輪廻, Saṃsāra)

특정한 개체의 행동이 다음 생에서 전개될 자신의 모습을 결정한다는 이론이다. 《우파니샤드》에 피력된 고대 인도인의 소망은 윤회로부터의 자유였다. 끝없는 여행이 고단함을 주는 것처럼, 윤회는 삶을 피곤하게 만든다. 그들이 윤회의 고리를 끊어 브라흐만이란 신과 하나가 됨으로써 안식을 취하려고 했던 것도 이런 이유에서였다. 불교에서도 윤회를 이야기하지만, 사실 윤회는 무아론과 전면적으로 대립되는 것이다. 윤회란 불변하는 자아를 전제하고 있기 때문이다. 윤회를 믿고 있던 인도인들에게 가르침을 전하느라고 싯다르타가 윤회를 긍정하는 것처럼 보이는 이야기를 한다고 할지라도, 이것은 단지 방편에 불과하다는 사실을 잊지 말자.

율종(律宗)/선종(禪宗)/교종(敎宗)

집착을 끊기 위해서 대승불교가 제안했던 방법은 계(戒, śila), 정(定, dhyāna), 혜(慧, prajñā)라는 세 가지로 요약된다. 계는 불교도로서 반드시 지켜야 할 생활의 계율을, 정은 불교도의 참선을, 혜는 세계와 자신에 대한 지적인 통찰을 의미한다. 계를 강조하는 종파가 율종이고, 참선을 중시하는 종파가 선종이고, 마지막으로 지혜를 중시하는 종파가 교종이다. 그렇지만 계, 정, 혜의 수행법이 항상 분리 불가능한 것처럼, 율종, 선종, 교종의 구분도 단지 강조점의 차이에 지나지 않는다. 다시 말해 율종도 선종과 교종의 측면을 아울러 가지고 있다는 것이다.

957

음성중심주의(Phonocentrism)

데리다가 의식 주체의 순수성을 해체할 때 사용했던 개념이다. 데리다에 따르면 의식이란 자신의 목소리를 듣는 것이라고 정의한다. 다시 말해 자신이 말하고 있는 내용을 이해하는 정신의 작용이 의식이라는 것이다. 그렇다면 여기서 중요한 것은 말, 즉 발화라고 할 수 있다. 데리다는 발화가 이미 텍스트, 즉 언어적 구조에 포획되어 있기 때문에 순수할 수 없다고 지적한다. 이를 통해 의식의 순수성은 하나의 신화에 불과하다는 사실이 폭로된 셈이다.

585~591, 594

음양(陰陽)

동양 사유의 특징을 가장 잘 보여주는 개념 쌍으로 동양의 우주론과 인생론의 전형을 보여주는《주역》의 구성 원리이기도 하다. 음양의 논리에 따르면 자석의 음극과 양극처럼 모든 사물이나 사건에는 능동적인 측면과 수동적인 측면이 공존한다. 물론 어느 사물이나 사건에는 양의 측면이 절대적인 것처럼 보이지만, 이 경우에도 음의 측면이 완전히 부재하는 것은 아니다. 신유학에 이르러 태극이란 관념적 실재에 포섭되는 것으로 이해되었지만, 전통적으로 음양은 기의 두 가지 양태로 이해되었다.

778~786, 848, 849, 857, 1062, 1063, 1069, 1078, 1136, 1141, 1142

의(義)

유학의 이념은 인의(仁義)로 요약된다. 인이 지배계급 내부의 상호 배려를 의미한다면, 의는 지배계급 내부의 예절(禮)에 부합되는 행위를 가리킨다. 이처럼 인과 의는 각각 정서적 유대의 측면과 형식적 예절의 측면을 나타내는 것이었다. 묵자는 인의가 가진 폐쇄성을 극복하고 이 덕목을 피지배계급에게까지 확장하려고 했다. 그에 따라 인은 겸애(兼愛)라는 보편적인 사랑으로, 의는 타인에게 직접적인 이익을 주는 이타적 행동으로 이해되었다.

244, 685, 688, 792, 794, 829, 830, 849, 850, 1129, 1137

의미(Sense)/지시(Reference)

어떤 단어의 의미가 그것이 가리키는 것에 있다고 볼 때, 언어가 무엇인가를 가리키는 작용을 지시라고 한다. 프레게는 고유명사를 포함한 모든 단어에는 의미와 지시의 차원을 동시에 가지고 있다고 주장했던 적이 있다. 장미라는 단어는 우리 바깥의 노랗기도 하고 붉기도 한 가시를 가진 꽃을 '지시'할 수도 있고, 아니면 사랑을 '의미'할 수도 있다.

341, 342

의지(Voluntas, Will)/충동(Appetitus, Appetite)/욕망(Cupiditas, Desire)

스피노자에 따르면 자신을 보존하려는 개체의 힘인 코나투스(conatus)는 다양한 모습으로 드러난다. 코나투스가 정신에만 관계될 때에는 의지라고 불리고, 그것이 정신과 신체에 동시에 관계될 때에는 충동이라고 불린다. 코나투스, 의지, 충동은 모든 생명체에게 공통적인 것이지만, 욕망은 인간에게만 해당되는 것이다. 자신의 충동을 의식하는 인간은 그것을 욕망으로 경험한다. 그래서 욕망은 의식된 충동이라고 규정할 수 있다.

160~163, 302, 303

이(理)

원래는 보석 원석에서 발견되는 자연적인 결을 의미했지만, 주희에 이르러 만물을 포괄하는 세계 본질을 가리키는 것으로 사용되었던 개념이다. 간혹 주희는 순수한 세계 본질을 태극(太極)이라고 부르기도 한다. 주희에 따르면 하나의 달이 천 개의 강에 달그림자를 남기듯이, 태극은 만물에 투영되어 다양한 이(理)로 현실화된다. 인간에게 부여된 태극의 경우 주희는 본성이라고 부르지만, 존재론적 차원에서 사람의 본성은 사물의 이(理)와 같은 것일 수밖에 없다. 이것이 바로 성즉리(性卽理)라는 테제의 의미이다.

90, 620, 1043, 1044, 1051, 1054~1060, 1063~1066, 1071~1075, 1077~1092, 1115~1127, 1132, 1136~1149, 1153, 1155, 1158, 1159, 1161~1164, 1178, 1181, 1184~1198, 1200~1202, 1205, 1294

이데아(Idea)/에이도스(Éidos)/~인 것 자체(Auto ho esti)/형상(形相)

플라톤에게 세계와 만물의 법치적인 측면, 즉 자기동일적인 측면을 가리키는 용어이다. 플라톤은 만물의 출현을 제작자의 비유로 이해한다. 데미우르고스라는 제작자가 자기동일적인 틀로 유동하는 질료를 고정하면서 만물이 탄생했다는 것이다. 둥근 그릇으로 모래사장의 모래를 찍어 둥근 모양의 모래성을 만드는 것과 같다. 바로 이 둥근 그릇이 둥긂의 이데아, 둥긂의 에이도스, 둥근 것 자체, 둥긂의 형상이라고 불린다. 둥근 모래성이 부수어져도 둥근 그릇은 영원하다는 것, 이것이 플라톤의 생각이었다.

42~49, 99, 102~105, 191, 193, 243, 279, 280, 377, 460, 584, 889, 1259

이드(Id, It)/자아(Ich, Ego)/초자아(Über-Ich, Super-Ego)

프로이트가 인간의 의식을 해명하면서 발견했던 의식의 내적 구조이다. 이드가 인간의 신체에서 기원하는 본능의 힘을 나타내고, 초자아는 인간의 사회성에서 유래하는 문명의 힘을 나타낸다. 서로 상이함에도 이드와 초자아는 모두 자아에게 '과거'라는 시제를 띠는 것으로 드러난다. 프로이트는 이드와 초자아라는 무의식적 기억을 토대로 자아는 현실 속에서 타자와 사건을 경험하고 인식하게 된다.

171, 182~184, 186, 358, 570, 571, 1031, 1032, 1056, 1166, 1167

이발(已發) → 미발/이발

이법계(理法界) → 사법계설/사법계/이법계/이사무애법계/사사무애법계

이사무애법계(理事無碍法界) → 사법계설/사법계/이법계/이사무애법계/사사무애법계

이성(Reason)

'reason'이란 단어는 기본적으로 '이유'나 '계산'이란 의미를 가지고 있다. 인간을 이성적 존재라고 할 때, 이것은 인간이 어떤 사물이나 사건의 이유를 계산할 수 있는 존재라는 것을 긍정하는 것이다. 칸트에 이르러 이성은 인간의 자율적 사유 능력으로 격상된다. 그에게 이성은 경험과 무관한 것을 사유하거나 혹은 행위의 규칙을 마련할 수 있는 능력으로 이해되었기 때문이다.

123~125, 128, 177~182, 208, 210, 216, 247,

이성중심주의(Logocentrism)

데리다가 과거 전통 서양철학의 핵심을 규정했던 개념이다. 'logocentrism'이 이성중심주의로 번역되는 것은 사실 적절하지 않다. 정확히 말해 이 개념은 '로고스중심주의'로 번역되는 것이 좋다. 고대 그리스에서 로고스(logos)라는 단어는 '법칙'뿐만 아니라 '언어'도 의미했던 것이기 때문이다. 데리다가 로고스중심주의를 해체할 때 음성중심주의를 집요하게 문제 삼았던 것도 이런 이유에서였다.

이신론(理神論, Deism)

진정한 종교는 자연종교뿐이라고 주장하는 입장. 그래서 처음에 이신론은 계시종교를 부정하는 기독교의 한 분파로 이해되었다. 그러나 근대 자연과학이 발달하면서, 대부분의 과학자들은 이신론을 신봉하게 된다. 이신론에 따르면 신은 세계를 창조하고 그 법칙들을 정한 다음에는 개입하지 않는다. 당연히 만물의 영장으로서 인간은 신이 만든 법칙들을 인식하고 세계가 제대로 돌아가도록 도와야만 한다. 시계를 만들고 시계공이 떠났다면 남은 사람들은 시계의 메커니즘을 이해해서 고장이 날 때마다 수리할 수 있어야 하는 것처럼 말이다.

이원론(Dualism)

초월성을 고수하는 모든 철학이 따르는 근본적인 경향이다. 현상적으로 정신과 육체의 이원론으로 드러나지만, 그 이면에는 창조자와 피조물이라는 해묵은 우주발생론이 깔려 있다. 피조물이 소멸된다고 할지라도,

창조자는 불변의 모습으로 존재한다는 논리가 초월적 우주발생론의 전형적인 발상이다. 이런 논리가 인간에게 적용될 때, 육체가 소멸될지라도 정신은 영원하다는 생각이 발생할 수 있었던 것이다. 그래서 이원론을 극복하려고 했던 스피노자는 자연 자체가 신이라는 범신론과 정신과 육체가 별도의 실체가 아니라는 평행론을 주장했던 것이다.

이일분수(理一分殊)/월인천강(月印千江)

주희의 형이상학 체계를 설명하는 핵심 명제다. 주희는 이일분수를 월인천강의 비유로 설명하곤 한다. 하늘의 달은 하나이지만, 천 개의 강에는 그 달의 그림자가 천 개 찍혀 있다. 물론 강의 유속과 모양에 따라 강에 찍힌 달그림자들은 서로 달라 보일 것이다. 하늘에 떠 있는 달이 바로 세계를 규정하는 일자로서의 이(理), 즉 태극(太極)이며, 인간이란 강에 찍힌 달그림자는 본성(性), 외부 사물이나 사태에 찍힌 달그림자는 이(理)이다.

이접(Disjunction)/연접(Conjunction)

이접은 'A 또는 B'라는 관계를, 반면 연접은 'A 그리고 B'를 의미한다. 들뢰즈나 화이트헤드에 따르면 세계에는 다양한 존재들이 이접적 관계로 병존하고 있다. 이접적 관계로 병존하고 있던 존재들이 서로 마주치고 결합되는 순간 새로운 존재가 출현하게 된다. 생성은 이렇게 이접의 관계가 연접의 관계로 변하는 사건을 가리키는 용어이다. 화이트헤드는 이런 생성의 논리를 합생(concrescence)이라고 불렀고, 들뢰즈는 아장스망(agencement)이라고 불렀다.

이중구속(Double Bind)

정신분열의 내적 논리를 설명하기 위해 베이트슨이 사용했던 개념. 예를 들어 어느 어머니가 아이에게 "내 말을 듣지 말라"고 명령했다고 하자. 어머니의 명령을 들으면, 아이는 어머니의 명령을 어긴 셈이 된다. 그렇다고 해서 어머니의 명령을 듣지 않으면, 아이는 어머니의 명령을 따른 셈이 된다. 이렇게 이중으로 구속되어 옴짝달싹 못할 때 아이에게 분열증이 도래할 수밖에 없다는 것이다.

886~889

이타(利他, Parahitam) → 자리/이타

이학(理學) → 성리학/주자학/이학

인(仁)

아직도 보편적인 사랑이라고 너무 쉽게 오해되곤 하는 공자의 핵심 개념이다. 그렇지만 묵자가 공자를 비판하면서 겸애(兼愛)를 주장했던 것만 보아도, 그의 인은 보편적인 사랑과는 거리가 먼 것이었다. 그것은 귀족계급 내부에서만 통용되는 애정과 관심일 뿐이었다. 그러나 주희에 이르러 태극(太極), 즉 세계의 본질로 승격되면서 인은 인간적 가치를 넘어서 만물을 창조하는 동력이라는 의미를 띠게 된다.

244, 679~683, 685, 688, 793, 794, 802, 814, 848, 849, 1044, 1052~1054, 1058~1060, 1122, 1129, 1163, 1170, 1176, 1178, 1179, 1181, 1182

인간중심주의(Anthropocentrism)

인간적 가치를 투영해서 인간 이외의 모든 존재를 이해하는 사유 방식을 말한다. 특히 세계를 지배한다고 상정된 초월적 신의 경우 인간중심주의는 노골적으로 관철되어 있다. 서양의 경우 기독교의 신을 비판했을 때, 스피노자는 기독교가 인간중심주의적 사유에 사로잡혀 있다는 것을 폭로했다. 마찬가지로 동양의 경우 동중서의 천(天)을 비판했을 때, 왕충(王充)도 동중서의 사유에서 인간중심주의를 직감했던 것이다.

56~59, 600, 852, 854, 1205

인내천(人乃天)

동학 사상의 핵심 슬로건. 인내천 사상은 스피노자의 범신론처럼 내재주의적 사유를 가능하도록 했다. 구체적으로 인내천은 초월자가 없다는 선언이고, 이것은 최시형에게 정신의 우월성을 부정하는 논리로까지 이어진다. 민중들에게는 자기 삶을 긍정하도록 만드는 계기로 작용했던 인내천은 정치철학적으로 강력한 민주주의 정신의 기초로도 기능했다. 갑오농민전쟁 당시 일종의 코뮌으로 기능했던 집강소(執綱所)가 그 사례라고 할 만하다.

1218

인명학(因明學, hetuvidya) → 불교인식론/인명학

인물성논쟁(人物性論爭)/호락논쟁(湖洛論爭)

사단칠정논쟁과 함께 조선 유학계를 지속적으로 들끓게 했던 논쟁이다. 흔히 호락논쟁으로 불리기도 한다. 서울과 경기 지역 노론계 지식인들은 사람과 동물의 본성이 같다는 입장을 취했는데, 그들의 거주 지역에 따라 그들의 주장을 낙론(洛論)이라고 했고, 반면 충청 지역 노론계 지식인들은 사람과 동물의 본성은 다르다고 주장했는데, 그들의 거주 지역에 따라 그들의 주장을 호론(湖論)이라고 불렀다. 그럼에도 이 논쟁이 유독 조선 유학계에서만 치열하게 전개되었던 이유는 청제국을 세운 만주족 때문이었다. 지금까지 동물로 폄하되던 만주족을 조선 사람과 같은 사람으로 볼 것인가? 아니면 본성적으로 다른 동물로 볼 것인가? 전자라면 조선은 청제국과 관계를 개선할 수 있을 것이고, 후자라면 조선은 소중화(小中華)라는 고립의 길을 감내해야 할 것이다.

1113, 1136, 1139, 1150, 1151

인상주의(Impressionism)

모네(Claude Monet)의 1872년 그림 〈인상, 일출(Impression, Sunrise)〉에서 유래한 회화 양식. 미술사적으로 인상주의는 사실주의에서 표현주의로 이행하는 과도기라고 할 수 있다. 흥미로운 것은 사실주의, 인상주의, 표현주의는 철학사적으로 실재론, 표상론(칸트), 관념론(헤겔)에 대응한다는 점이다. 사실주의가 외부 대상의 객관적 묘사를 강조했고, 인상주의는 객관성보다는 우리에게 어떻게 현상하는지를 중시했고, 표현주의는 외부 대상이나 인상보다는 오히려 우리 내면의 자연스런 표현, 즉 분출에 신경을 썼기 때문이다.

537~540, 543, 546, 547, 551, 554, 555

인성론(人性論)

수양론(修養論)과 함께 동양의 유학 사유를 결정했던 인간 본성에 대한 이론이다. 유학자들에게 인성이란 기본적으로 인간의 잠재성으로 사유되었다. 수양이란 인간 이면에 숨어 있는 잠재성을 현실화시키려는 주체의 노력이라고 할 수 있다. 당연히 인성론은 수양의 방향과 목적을 규정하는 일차적 이론이라고 할 수 있다. 그래서 어떤 유학자의 인성론이 불투명하다면, 우리는 그 유학자의 수양론에서 인성론의 실마리를 읽어낼 수 있다.

788~792, 801~803, 1036, 1114, 1123

인식(에피스테메, Epistēmē)

플라톤에게 인식은 기본적으로 상기, 즉 기억이었다. 육신으로 들어오기 전 이데아의 세계 속에 살고 있었던 영혼은 이미 모든 이데아들을 알고 있었다. 그렇지만 육신에 갇히면서 영혼은 이데아를 망각하게 된다. 그러나 논리적인 추론을 통해 인간은 영혼이 원래 알고 있던 진리, 즉 이데아를 기억하게 된다. 이것이 바로 플라톤의 인식이다. 흥미로운 것은 인식을 뜻하는 에피스테메라는 단어가 푸코에 이르러 쿤의 패러다임과 유사한 의미로 사용된다는 점이다. 푸코에 따르면 시대마다 인식 가능성의 조건으로서 에피스테메가 존재한다.

44, 527~529

인식론적 단절(Coupure Épistémologique)/인식론적 장애물(Obstacle Épistémologique)

바슐라르의 과학사에서 가장 핵심적인 두 가지 개념. 직관적으로 설명하자면 인식론적 장애물은 사태를 있는 그대로 보지 못하도록 하는 일종의 색안경에, 그리고 인식론적 단절은 이런 색안경을 과감하게 벗는 것에 비유할 수 있다. 그렇지만 색안경이 없이 맨눈으로 세계를 보는 것으로 인식론적 단절을 이해해서는 안 된다. 엄밀하게 말하자면 인식론적 단절은 사태를 제대로 보도록 만드는 새로운 안경을 끼는 것이기 때문이다. 결국 인식론적 단절은 인식론적 장애물을 극복하여 새로운 이론적 전망을 제기했을 때 달성된다고 할 수 있다. 바슐라르의 두 개념은 알튀세르의 이데올로기론에 결정적인 영향을 끼친다.

530~534

인심(人心)/도심(道心)

개인의 내면에 갈등을 일으키는 두 가지 마음 양태. 인심이 자신의 안위를 도모하는 사적인 마음이라면, 도심은 공동체, 나아가 전체 우주와 소통하는 공적인 마음이다. 인심과 도심은 《중용장구(中庸章句)》의 서문에서 주희가 개념화한 것이다. 이 서문에서 주희는 인심이 '육체의 개별성(形氣之私)'에서 기원하는 것이고 도심은 '본성의 올바름(性命之

正)'에서 기원한 것이라고 규정하고 있다.

1114~1116, 1120, 1121, 1124~1127

인심도심논쟁(人心道心論爭)

조선 중기 사단칠정논쟁과 함께 이루어졌던 인심과 도심 사이의 관계에 대한 논쟁. 인심과 도심이 질적으로 다른 감정인지의 여부가 논쟁의 쟁점이었다고 할 수 있다. 이황이 인심과 도심을 질적으로 다른 감정으로 보았다면, 이이는 도심이란 다양한 인심들 중 가장 선한 마음에 지나지 않는다고 설명한다. 사단과 칠정이란 두 가지 감정을 이원론적으로 볼 것인가, 아니면 일원론적으로 볼 것인가의 문제가 그대로 도심과 인심 사이의 관계에서도 반복되었던 셈이다.

1113~1116, 1121, 1126, 1149

인연(因緣)

직접 원인을 뜻하는 인(因, hetu)이란 말과 간접 조건을 뜻하는 연(緣, pratītya)이란 말로 구성된 단어이다. 불변하는 본질을 부정하는 불교는 모든 존재가 다양한 원인과 조건들의 마주침으로 발생한다고 주장한다. 이것이 바로 연기(緣起)의 법칙이다. 그래서 인연은 연기를 설명할 때 결코 없어서는 안 되는 개념이다.

418, 473, 869~871, 895, 956, 985, 1105

인의예지(仁義禮智)

맹자 이래로 유학자들이 인간의 본성을 규정하는 데 사용했던 네 가지 덕목이다. 인의예지는 각각 측은지심(惻隱之心), 수오지심(羞惡之心), 사양지심(辭讓之心), 시비지심(是非之心)으로 드러난다. 뒤에 신유학에 이르면 인간의 인의예지는 자연계의 춘하추동(春夏秋冬)과 구조적으로 같은 것으로 사유된다. 이것이 바로 한제국의 동중서와 마찬가지로 신유학자들이 공유하고 있었던 천인합일(天人合一)의 논리이다.

794, 795, 799, 1086~1088, 1137, 1147, 1148

인정투쟁(Kampf un Anerkennung)

타자에게서 인정받으려는 투쟁을 말한다. 인정투쟁을 강조했던 독일 철학자 호네트는 인간의 모든 사유와 행동의 바탕에는 타자에게서 인정받으려는 욕망, 혹은 인정욕구가 존재한다고 주장한다. 헤겔의 변증법, 즉 주인과 노예의 변증법에서 유래한 인정투쟁은 호네트와 같은 사회철학적 사유에서만 중요했던 것이 아니라, 라캉의 정신분석학에서도 핵심 테마로 기능한다. 사실 "나는 타자의 욕망을 욕망한다"는 라캉의 주장에는 인정투쟁의 내적 메커니즘뿐만 아니라, 그 허무한 귀결도 함축되어 있다고 할 수 있다.

822~826, 831~836

인중유과론(因中有果論, Satkāryavāda)/
인중무과론(因中無果論, Asatkāryavāda)

인중유과론이 글자 그대로 원인 속에는 이미 결과가 함축되어 있다는 주장이라면, 인중무과론은 원인 속에는 어떤 결과도 함축되어 있지 않다는 주장이다. 서양철학 전통에 따르면 인중유과론과 인중무과론은 분석명제와 종합명제로 설명될 수 있다. 주어 속에 술어가 함축되어 있는 것이 분석명제이고 그렇지 않은 것이 종합명제이기 때문이다. 이 점에서 불교가 지향했던 중도(中道)란 극단적인 종합명제와 극단적인 분석명제를 모두 피하려는 의지였다고 할 수도 있다.

867

인칭성(Personality)/비인칭성(Impersonality)

자기의식을 전제하는 마음을 인칭적이라고 한다면, 자기의식이 부재한 마음은 비인칭적이라고 규정할 수 있다. 자기의식이 무엇보다 기억 능력에 의존하는 것이라면, 비인칭성은 기억 능력이 아니라 망각 능력이 활성화되었을 때에만 달성될 수 있다. 니체의 사자나 어린아이, 이지의 동심, 장자의 허심(虛心), 불교의 공(空)은 모두 비인칭적인 마음 상태를 상징하는 것이라고 할 수 있다.

255, 256

일반경제(General Economy) → 제한경제/일반경제

일심(一心)/생멸문(生滅門)/진여문(眞如門)

동아시아 불교에 가장 강력한 영향을 끼쳤던 《대승기신론(大乘起信論)》의 핵심 범주. 일심은 '하나의 마음', 혹은 '통일된 마음'을 의미하는데, 정확히는 우리의 마음에는 부처의 마음과 아울러 범부의 마음이 동시에 갖추어져 있다는 것을 말한다. 부처의 마음이 바로 진여문이고, 범부의 마음이 바로 생멸문이다. 여기서 '문(門)'이라는 표현은 마음에는 두 가지 문이 있다는 비유라고 할 수 있다. 진여문으로 나오면 우리 마음은 부처의 마음이 되고, 생멸문으로 나오면 우리 마음은 필부의 마음이 된다는 식이다. 결국 부처도 잘못하면 범부로 전락하고, 범부도 노력하면 부처가 될 수 있다는 논리도 성립한다.

987~989

일의성(Univocity)

'존재'라는 개념은 일의적(univocal)으로 사용된다고 강조할 때 둔스 스코투스가 사용했던 개념. 존재의 일의성은 이중적으로 작동한다. 하나는 존재론으로 신학을 매개하려고 했던 아우구스티누스와 아퀴나스의 시도를 좌절시키는 것이고, 다른 하나는 개체들을 신적인 위상으로 올려놓을 수 있다는 것이다. 바로 이 후자의 측면을 강하게 밀어붙였던 것이 바로 스피노자와 들뢰즈였다. 여기서 범신론, 혹은 내재주의 철학이 출현하게 된다.

108~110, 112

일자(一者)

다자(多者)와 짝을 이루는 개념이다. 들뢰즈에 따르면 서양의 전통 형이상학은 나무의 이미지를 전제로 하고 있다. 나무의 이미지로 사유한다는 것은 세계를 하나의 뿌리와 다양한 가지들로 구분하여 사유한다는 것을 의미한다. 여기서 하나의 뿌리가 모든 존재를 지탱하는 일자를 상징한다면, 다양한 가지들은 일자에 의해 지탱되는 다자를 상징한다. 서양의 경우 기독교나 라이프니츠의 신이나 헤겔의 절대정신 등이 일자의 사례였다면, 동양의 경우 노자의 도(道), 왕필의 무(無), 주희의 태극(太極) 등이 일자의 사례였다고 할 수 있다.

744~746, 778, 859, 918, 924, 925, 1044, 1056, 1063, 1146, 1149, 1153~1158, 1164, 1165, 1250, 1252, 1259, 1260

있음(有)/없음(無)

노자 철학을 본말(本末), 즉 뿌리와 가지의 형이상학으로 체계화했던 중국 위진 시대 왕필의 핵심 개념쌍이다. 나무의 뿌리는 감각적으로 확인되지 않고 있기 때문에 없음, 즉 무(無)라고 규정된다면, 다양한 가지들은 감각적으로 확인 가능하기 때문에 있음, 즉 유(有)라고 규정된다. 뒤에 배위(裵頠)라는 철학자는 없음이란 있음의 결여태에 불과하다고 왕필의 형이상학을 비판하게 된다.

922, 925, 926, 927, 928

잉여가치(Surplus Value)

자본 축적의 비밀을 밝히면서 마르크스가 제안했던 개념이다. 마르크스에 따르면 자본의 일반 공식은 M-C-M′이다. 자본가가 최초 자본 M으로 노동력과 원료를 구입하여 상품 C를 만들고 팔아서 최종적으로 M′라는 자본을 회수한다. 이 M과 M′의 차액, 즉 ΔM이 '잉여가치'이다. 노동자가 자본가에게서 받은 임금으로 자신이나 다른 노동자가 만든 상품을 구매하지 않는다면, 자본가는 결코 잉여가치를 남길 수 없다. 바로 여기에 자본 축적의 비밀, 즉 자본 축적은 노동자에 대한 착취가 아니면 불가능하다는 사실이 분명해진다.

274, 275, 290, 426, 434, 477~479, 491, 492, 567

자기생산(Autopoiesis)

생명체는 변화하는 환경에 맞게 자신을 생산하는 힘을 가지고 있다는 점을 밝힌 마투라나의 핵심 개념이다. 물론 자기생산에 실패한 생명체는 이 세상에서 사라지게 된다. 마투라나가 자기생산 개념을 강조했던 이유는 도킨스와 같은 유전자 결정론자들이 피력했던 생명의 논리가 기본적으로 생명이 가진 역동적 자기생산의 힘을 간과하고 있다고 보았기 때문이다.

629, 632~635

자기의식(自己意識, Self-Consciousness, Selbstbewußtsein)/통각(統覺, Apperception, Apperzeption)

흔히 '통각'이라고 정의되기도 하는 "나는 나다"라며 자신을 의식하는 의식. 자기의식은 기본적으로 기억이란 능력에 의존해 있다. 자기의식을 가장 심각하게 고민했던 피히테에 따르면 현재의 내가 어제의 나를 기억하지 못한다면, 오늘 내가 만난 것이 어제 내가 만났던 것과 같다는 것도 알지 못할 것이다. 이 점에서 양상은 다르지만 자기의식이란 개념에 몰입했던 독일 관념론은 상기설을 피력했던 플라톤의 진정한 적자라고 할 수 있다. 독일 관념론을 극복하려고 했던 니체가 플라톤의 상기설마저 공격했던 것도 이런 이유에서였을 것이다.

246~250, 264, 304, 416, 470, 471, 589, 590

자리(自利, Ātmahitam)/이타(利他, Parahitam)

원효가 강조했던 대승불교의 두 가지 이념.

불교에서 최고의 이익은 부처가 되는 것이다. 부처는 마음이 평화로운 사람, 지혜로운 사람, 자기 삶의 주인이 되는 사람을 말한다. 한마디로 말해 일체의 고통에서 벗어난 사람이 바로 부처라고 할 수 있다. 자리는 결국 자신을 부처가 되도록 만드는 치열한 수행을 말하는 것이고, 이타는 보살의 마음으로 중생들을 부처가 되도록 만드는 보살행을 말한다. 원효에 따르면 스스로 부처가 되는 순간, 누구나 아직도 부처가 되지 못한 중생들의 고통을 절실하게 느끼게 된다. 결국 자리의 완성 여부는 이타의 마음이 생기는지에 달려 있다고 할 수 있다.

317, 425, 431, 638, 982, 988, 991, 1015

자본주의(Capitalism)

상품과 화폐 사이의 비대칭적 교환으로 자신을 증식시켜가는 자본이 신적인 위력을 발휘하는 경제 체계이다. 모든 자연물뿐만 아니라 인간마저도 상품으로 만드는 힘을 가지고 있기 때문에, 자본주의는 모든 인문학자의 공공의 적이 된 지 오래되었다. 자본주의 체계는 상품을 만드는 인간들에게 임금이란 명목의 화폐를 주고, 만들어진 상품을 인간들 스스로 구매하도록 하여 자본가에게 잉여가치를 남기도록 만든 교묘한 시스템이다. 상품을 구매해서 화폐를 결여하게 된 인간은 다시 노동자로 돌아가 임금이 나올 때까지 자본에 봉사해야만 한다.

69, 70, 115, 134, 264, 265, 267, 268, 271, 272, 274~276, 281, 282, 289, 292, 308, 310, 368, 371, 374, 426, 433, 440, 477, 479~493, 500, 542, 554, 567, 640, 647, 649, 650, 653, 663, 669, 690, 834, 836, 1229, 1243, 1249, 1255, 1286, 1312, 1314, 1319

자비(慈悲, Maitri-karuṇa)/동체대비(同體大悲)

원수마저도 사랑하라는 기독교의 적극적인 사랑과는 달리, 타자에 대한 절대적 감수성에서 우러나오는 타자에 대한 공감의 한 형식이다. 일체의 집착에서 벗어나 깨달음에 이른 사람은 거울과도 같은 맑은 마음을 가지게 된다. 이 마음에 비친 타자들의 슬픔, 회한, 분노를 있는 그대로 받아들이며 반응하게 되는 것이 바로 자비이다. 원효는 자비를 더 적극적으로 동체대비라고 표현한다. 동체대비란 타자의 고통이 자기의 고통으로 느껴지는 마음 상태를 의미한다. 마치 타자와 한 몸인 것처럼 느끼기에 타자의 고통이 그만큼 더 절실하게 느껴진다는 것이다.

188, 206, 317, 475, 620, 638, 679, 965, 971, 988~990, 997, 998, 1035, 1038, 1105, 1197

자상 → 공상/자상

자성(自性, Svabhāva)/무자성(無自性, Asvabhāvatva)

개체들의 자기동일성을 불교에서는 자성이라고 부른다. 싯다르타는 개체에게 불변하는 본질이 없다는 무아(無我)라는 테제를 주장했다. 모든 개체는 불변하는 본질에서 생성되는 것이 아니라, 인연의 우발적인 마주침에서 생성된다고 통찰했기 때문이다. 싯다르타를 따르던 불교가 무자성, 즉 자성과 같은 것은 존재하지 않는다고 주장했던 것도 어쩌면 당연한 일일 것이다. 나가르주나가 말한 공(空)도 바로 무자성이란 주장을 요약하는 개념이었다.

868~870, 879, 891, 894, 895~898, 904, 985, 1003, 1007, 1024, 1025, 1026, 1036, 1102, 1106, 1107, 1110

자성용(自性用) → 자성체/자성용/수연용

자성청정심(自性清淨心)

인간의 마음은 본성적으로 맑고 깨끗하다는 의미의 용어로 아직도 중국이나 한국의 선불교에서 빈번히 사용되고 있는 개념이다.

자성청정심은 불성(佛性)이나 여래장(如來藏)과 마찬가지로 오해의 여지가 많은 개념이다. 특히 나가르주나가 애써 부정하려고 했던 자성(自性)이란 개념을 아무런 거리낌 없이 사용하고 있다는 점에서 더욱 그렇다. 그래서 자성청정심이란 개념은 이론적인 맥락이 아니라 수행에 희망을 주기 위한 실천적 맥락에서 사용되었다고 이해할 필요가 있다.

963, 1023, 1024, 1027~1029, 1031, 1034, 1036, 1091, 1103, 1105, 1106, 1109, 1110

자성체(自性體)/자성용(自性用)/수연용(隨緣用)

선교일치를 꿈꾸었던 당제국 시기의 종밀과 고려시대의 지눌이 제안했던 자성청정심(自性清淨心)의 세 가지 핵심 계기. 자성청정심은 불성, 혹은 여래장에 기초한 심론이라고 할 수 있다. 자성청정심을 관통하는 핵심 계기는 북종선의 상징 신수가 강조했던 거울 이미지다. 다시 말해 종밀과 지눌은 마음을 거울 이미지로 이해하려고 했다는 것이다. '자성체'는 아무것도 비추지 않는 거울의 상태에 비유할 수 있고, '자성용'은 그럼에도 무언가를 밝게 비출 수 있는 거울의 역량에 비유할 수 있고, '수연용'은 자기 앞에 있는 물체를 담고 있는 거울상에 비유할 수 있다.

1025~1027, 1044, 1045, 1060, 1109

자아(Ich, Ego) → 이드/자아/초자아

자연선택(Natural Selection)/자연표류(Natural Drift)

다윈에 따르면 생명체는 번식할 때 다양한 변종들을 낳게 되는데, 이들 중 환경에 맞는 종만이 생존한다. 이것이 바로 진화론의 핵심을 이루는 다윈의 자연선택 이론이다. 그렇지만 생명의 능동성을 강조하던 마투라나에게 자연선택이란 용어는 마치 자연이 생명체를 선택하는 힘이 있다는 부당한 인상을 주는 것으로 보였다. 그래서 그는 자연선택이란 용어 대신 자연표류라는 용어를 선호한다. 산꼭대기에 물을 흘리면, 그 물은 자신의 유동성에 따라 산의 다양한 굴곡을 흐르면서 표류한다. 이런 이미지를 통해 마투라나는 생명 진화를 설명하고 싶었던 것이다.

628, 629, 632, 636

자유(Freedom)

인간이 새롭게 무엇인가를 시작할 수 있는 능력을 가리키는 말이다. 자유를 생각할 때 인간이 기본적으로 유한자라는 사실을 명심해야만 한다. 유한자라는 것은 스스로 존재할 수 없다는 의미이다. 결국 자연, 역사, 사회, 타자 등등의 외부로 포획되어 있는 인간의 자유는 절대적일 수 없고, 조건적이고 상대적일 수밖에 없다. 그래서 거친 바람이란 악조건 속에서 행글라이더를 능숙하게 조종하면서 자신이 가고자 하는 방향으로 선회하는 모습이 인간의 자유를 상징하는 가장 좋은 이미지일 것이다.

26, 27, 37~47, 71, 75, 85, 93, 115, 118, 133, 134, 140, 144, 147, 148, 155~159, 169, 172, 186, 195, 252, 258, 277, 312, 314, 334, 358~375, 422~426, 429, 434, 465, 468, 495~508, 566, 597, 656, 666, 716, 727, 728, 836, 863, 994, 995, 1008, 1014, 1015, 1031~1034, 1079, 1101, 1221, 1227, 1228, 1238, 1241~1243, 1264~1286, 1290~1292, 1313, 1314

자율(Autonomy)/타율(Heteronomy)

주체 자신이 스스로 법칙을 만들어서 행위를 결정하는 것이 자율이라면, 타율은 타자가 만든 법칙에 따라 자신의 행위를 수행하는 것을 말한다. 이성의 능력을 강조했던 칸트는 인간이 자유롭게 입법할 수 있는 존재, 즉 자율적 존재라고 주장했다. 불행히도 프로이트나 마르크스가 등장하면서 칸트의 생각은 너무나 순진했던 것으로 판명된다. 자

율 속에서 의식하지 못한 타율의 계기가 존재할 수 있다는 것이 발견되었기 때문이다.

182

작용인(作用因, Causa Efficiens) → 질료인/형상인/작용인/목적인

잠재성(Virtualité, Virtuality)/현실성(Actualité, Actuality)/실재성(Réalité, Reality)

들뢰즈의 철학을 이해하는 데 가장 핵심적인 개념들이다. 들뢰즈의 생성철학은 '실재성=잠재성+현실성'이라는 공식으로 요약될 수 있다. 그에게 잠재성은 차이의 세계, 혹은 강도의 세계라고 할 수 있다. 잠재성의 층위로 이동하면, 누구든지 새로운 현실적 세계나 자아를 생성할 수 있다. 특히 잠재성마저도 충분히 실재적이라는, 그리고 잠재성은 현실성을 닮지 않았다는 들뢰즈의 지적은 매우 중요하다. 잠재성으로의 이동, 혹은 탈영토화는 전혀 낯선 세계로의 여행이라는 것이 분명해지기 때문이다.

592

재이설(災異說)

중국 한제국의 철학자 동중서의 핵심 주장. 자연세계와 인간세계 사이에 유기체론적 관계를 설정했던 동중서는 인간의 행위가 자연의 행위를 유발할 수 있고, 역으로 자연의 행위가 인간의 행위를 유발할 수 있다고 주장했다. 재이설은 전자의 경우를 설명하는 논리다. 그러니까 군주가 통치를 잘못하면 자연계는 이상 징후를 보인다는 것이다. 작은 이상 징후가 '재(災)'이고, 커다란 이상 징후가 '이(異)'라고 불린다. 동중서에 따르면 작은 이상 징후로도 군주가 통치를 바로잡지 못한다면, 자연은 이상 징후의 강도를 강화하는 셈이다.

846, 848, 851, 852, 857

전쟁(War)

슈미트가 말한 정치적인 것의 범주, 즉 '적과 동지'가 가장 첨예하게 부각되는 정치적 사건이다. 개인들의 자유와 그 연대 가능성을 가로막고 국가가 자신의 권력을 계속 유지하기 위한 가장 효과적인 수단이 바로 전쟁이다. 국가의 규정에 의해 아무런 원한도 없는 개인들이 서로를 살육할 때, 그리고 그것이 개인적 원한으로 내면화될 때, 자유로운 연대나 국가의 폐지는 멀고 먼 이상으로만 남게 될 것이다.

661, 662, 728, 804, 805

전체주의(全體主義, Totalitarianism)

개체는 전체를 이루는 구성 요소에 불과하다는 정치철학적 입장이다. 전체주의는 민주주의와는 가장 거리가 먼 입장으로, 흔히 독재자들이 선택하는 정치 이념이다. 과거 박정희 독재 시절에 유행했던 "체력은 국력이다"라는 표어나, 〈국민교육헌장〉에 등장하는 "우리는 민족 중흥의 역사적 사명을 띠고 이 땅에 태어났다"는 표어는 이런 전체주의 이념을 가장 분명하게 보여준다고 하겠다.

276, 443~446, 448, 451~453, 542, 453, 545, 554, 991, 1008, 1250, 1259, 1260, 1282, 1292, 1296

절대정신(Absoluter Geist)

세계정신이라고도 불리는 유일한 정신적 실체이다. 헤겔은 기독교의 신을 스피노자의 범신론과 결합시키면서 기묘한 정신적 실체를 만들어냈다. 기독교에서 신은 초월자로 머물고 있지만 이 세상을 주재하고, 스피노자의 신은 다양한 양태들로 자신의 생산성을 드러낸다. 이 두 가지 관념을 결합시켜서 헤겔은 절대정신이란 실체를 만들어낸 것이다. 그에게 절대정신은 이 세계에 자신의 모습을 드러내고, 동시에 그 모습을 스스로 반성하고 극복하여 새로운 세계를 만들어나가는 힘을 가진 것으로 사유된다.

250, 272, 274, 277, 307, 936, 1292, 1295

정량부(正量部, Saṃmitīya)

전통적인 불교의 가르침과는 달리 인격적 자아가 존재한다고 가르쳤던 소승불교의 한 학파. 싯다르타 이래 불교의 핵심 가르침은 무아론이었지만, 정량부는 '정의할 수 없는 풋갈라(avaktavya pudgala)'라는 자아가 존재한다고 이야기했다. 자아가 철저하게 부정되는 순간, 일체의 종교 행위도 불가능하다고 정량부는 현실적인 판단을 내렸던 것으로 보인다. 실제로 정량부의 힘으로 4세기에서부터 7세기까지 인도에서는 불교가 대중들의 종교적 관심을 끌 수 있었다. 정량부는 이론이나 철학으로서의 불교가 아니라 제도로서의 불교를 선택했던 것이다.

912~915

정상과학(Normal Science)

일정 시기 동안 주어진 패러다임을 지키면서 발전하고 있는 과학의 양태를 규정했던 토머스 쿤의 용어이다. 정상과학이 지배하던 시기 동안 모든 실험실에서는 정상과학이 전제하는 패러다임을 몸에 익히기 위한 실험이 진행된다. 상식적인 생각과는 달리 과학적 실험은 발견의 수단이 아니라, 훈련의 수단이었던 셈이다. 이런 식으로 정상과학은 과학혁명, 즉 특정 패러다임이 붕괴되고 새로운 패러다임이 대두될 때까지는 안전하게 지속된다.

515, 524~527, 530

정신노동(Mental Labor) → 육체노동/정신노동

정신분석(Psychoanalysis)

인간의 투명한 의식 이면에 의식을 억제하고 통제하는 무의식이 있다는 통찰을 기초로 프로이트에 의해 창안된 학문 분과이다. 오랜 임상경험 끝에 프로이트는 인간의 마음이 이드-자아-초자아라는 삼원적 위상 구조로 작동한 것을 밝히게 된다. 여기서 물론 자아가 의식을 상징한다면, 이드나 초자아는 자아에게 일종의 무의식으로 기능하게 되는 것이다. 뒤에 프로이트 정신분석학을 업데이트하면서 라캉은 정신분석학을 철학의 반열에 올려놓으려고 애쓰게 된다. "나는 내가 존재하지 않는 곳에서 생각한다. 그러므로 나는 내가 생각하지 않는 곳에서 존재한다"고 주장하면서, 라캉은 정신분석학이 사유와 존재 사이의 간극을 해소하려는 인문학이라는 사실을 분명히 한다.

117, 186, 300, 358, 444, 471, 520, 521, 567, 568, 571, 1171

정일(精一) 공부

인심도심설과 관련된 주희 말년의 공부 방법론. 중년의 주희는 미발의 함양(涵養) 공부와 이발의 찰식(察識) 공부를 강조했다. 여기서 문제가 되는 것은 미발의 공부였다. 아직 감정이나 사유가 드러나지 않은 영역에서의 공부, 즉 미발 공부는 너무나 불교적 색채가 강했기 때문이다. 참선을 통해 돈오(頓悟)에 이르는 선종의 공부 방법과 무슨 차이가 있는가? 그래서 말년의 주희는 이발 공부를 강화하는 방향으로 수양론을 개정한다. 마음이 드러나면 사적인 인심과 공적인 도심이 동시에 작동한다. 이때 두 마음을 구분하는 것이 바로 정(精) 공부이고, 인심이 도심의 명령을 듣도록 하는 공부가 바로 일(一) 공부였다.

1116

정치(Politique)/치안(Police)

프랑스 철학자 랑시에르의 정치철학을 가로지르는 핵심 개념쌍. 두 단어 모두 제한적이나마 직접민주주의가 관철되었던 고대 그리스 폴리스(polis)에서 유래된 말이다. 치안은 합의와 조화를 상징한다면, 정치는 불일치와 불화를 상징하는 것이다. 계급독재에 의한 계급입법에 따라 공동체 생활이 유지되는 것이 치안이라면, 반대로 민주주의를 관철하기 위해 계급입법에 균열을 내는 것이 바로 정치라고 할 수 있다.

668~673

정치적인 것(Politischen, the Political)

과학적인 것, 미적인 것, 윤리적인 것을 칸트는 범주적으로 구분했다. 그에 따르면 과학적인 것의 범주는 '참과 거짓(眞僞)', 미적인 것의 범주는 '아름다움과 추함(美醜)', 윤리적인 것의 범주는 '선함과 악함(善惡)'이다. 여기서 칸트는 정치적인 것의 범주에 대해 침묵하고 있다. 아니 정확히 말해 그는 정치적인 것도 사실 '윤리적인 것'의 범주로 환원해버린 것이다. 바로 이 대목에서 '정치적인 것'은 과학적인 것, 미적인 것, 윤리적인 것과 범주적으로 다르다고 주장했던 정치철학자가 등장한다. 그가 바로 슈미트이다. 그에 따르면 정치적인 것의 범주는 '적과 동지'였기 때문이다. 슈미트에 따르면 '적과 동지'라는 구분, 그리고 동지의 연대의식이나 적에 대한 적대의식이 작동하는 순간, '정치적인 것'은 사라질 수 없다.

70, 149, 658~665, 804~808, 836, 1016

정혜쌍수(定慧雙修)

정(定)이 수행자의 치열한 참선을 의미한다면, 혜(慧)는 지적인 통찰을 의미한다. 중국 불교에서 수행자의 치열한 참선을 강조했던 종파가 선종이었다면, 마음, 고통, 깨달음에 대한 지적인 통찰을 강조했던 종파는 교종이었다. 결국 정혜쌍수라는 슬로건은 사람의 두 발처럼 치열한 수행과 지적인 통찰이 병행되어야만 한다는 주장이다. 뒤에 중국의 종밀이나 우리의 지눌이 선종과 교종의 일치를 주장할 때 정혜쌍수의 슬로건을 다시 강조했던 것도 이런 이유에서이다.

958, 969

제국(帝國, the Empire)

역사적으로 존재했던 제국의 사례는 서양의 경우 로마제국이 있었고, 동양의 경우에는 당제국이 있었다. 다양한 지역과 문화를 통제하기 위해서 제국은 항상 철저한 개인주의 전략을 취하게 된다. 개인들을 고립시킬 때는 그렇지 않을 때보다 통치가 더 용이하기 때문이다. 그래서 로마는 기독교를, 당제국은 불교를 제국의 이데올로기로 선택했던 것이다. 지금은 자본제국의 시대이다. 물론 소비문화와 경쟁 논리를 통해서 자본제국은 개인들이 연대할 수 있는 가능성을 막고, 자본주의적 개인주의를 심화시킨다. 네그리의 다중은 이런 자본제국의 논리에 맞서 개인들의 연대를 도모하는 논리였던 셈이다.

78, 115, 640, 746, 818, 837, 1010, 1233~1235, 1240, 1246~1258, 1261, 1262

제스처(Gesture)

벤야민을 사숙했던 이탈리아 철학자 아감벤은 제스처를 영화의 본질이라고 주장했던 적이 있다. 어떤 담론이나 이론보다는 행동이나 행위를 강조하는 것은 단순히 영화에만 국한되는 것이 아니라, 현대철학의 핵심 테마였다고 할 수 있다. 비트겐슈타인이 언어의 의미는 '사용', 혹은 '쓰임'에 있다고 한 것도 같은 맥락이기 때문이다. 하긴 자전거와 관련된 책보다 자전거를 타는 사람의 제스처를 보는 것이 더 도움이 된다는 건 너무나 자명한 사실 아닌가.

646

제한경제(Restrictive Economy)/
일반경제(General Economy)

생산과 축적으로 요약되는 자본주의 경제가 제한경제에 불과하다고 비판하면서, 바타유는 제한경제를 넘어서 더 포괄적인 경제 형식인 일반경제를 제안한다. 그가 일반경제를 제안했던 진정한 속내는 자본주의적 제한경제가 인류의 파멸을 낳을 것이라고 확신했

기 때문이다. 에너지가 어떤 체계에 유입되면, 어느 정도까지는 체계의 성장에 도움이 된다는 것은 사실이다. 그렇지만 과도한 에너지가 그 이상으로 체계에 들어오면, 체계는 폭발할 수밖에 없다는 것이다. 따라서 과도한 에너지가 들어올 때마다 체계는 그것을 무상으로 배출하고 소비해야만 한다. 이렇게 생산과 축적보다는 소비와 발산에 초점을 맞추고 있는 경제가 바로 바타유의 일반경제이다.

308, 310

존재(Seyn)/존재(Sein)/존재자(Seiendes)/
존재론(Ontology)

17세기가 되어서 자주 사용되기 시작했던 용어로, 존재, 즉 있음 자체를 숙고하려는 분과를 말한다. 존재론은 20세기 하이데거에 의해 새롭게 조명을 받게 되었다. 그에게 존재는 존재자들을 '밝히면서 건너오는' 신적인 무엇으로 사유되었고, 꽃이나 의자 등과 같은 개체들을 의미하는 존재자들은 '밝혀져 있음 속에서 스스로를 간직하는' 방식으로 우리에게 의식된다. 그렇지만 꽃이나 의자가 존재한다고 의식할 때, 우리는 그것들이 자신의 힘으로 존재한다고 착각하기 쉽다. 그렇지만 만약 존재자들을 밝혀주는 '존재'가 없었다면, 꽃이나 의자는 존재할 수도 없었다. 마침내 하이데거는 존재자의 '있음'과 존재자들을 밝혀주는 '있음' 사이에는 건널 수 없는 존재론적 차이(ontological difference)가 있다고 주장하게 된다. 존재론적 차이에 있는 '있음', 즉 '존재'를 혼동하지 않기 위해서 하이데거는 간혹 '존재'를 나타내는 독일어 '자인(Sein)' 대신 신조어 '자인(Seyn)'을 사용하기도 한다.

325~331, 744~746

종교(Religion)

종교학자 엘리아데에 따르면 종교란, 혹은 종교적인 것이란 '성스러운 것'과 '세속적인 것'

이란 범주, 즉 성속(聖俗)이란 범주를 통해 작동하는 것이다. 과거 종교는 초월적인 신에 대한 맹목적인 복종이나 헌신을 상징하는 것이었다. 그렇지만 엘리아데를 통해서 초월적인 신이란 단지 '성스러운 것'의 사례에 지나지 않게 되었다. 결국 사람마다 '성스러운 것'은 다른 모습을 가질 수 있고, 이 점에서 모든 사람은 종교적일 수 있다. 어떤 사람에게 대중 스타가 성스러운 것일 수도 있고, 다른 사람에게는 어느 작가가 성스러운 것이 될 수 있고, 또 다른 사람에게는 아침 카페에서 먹는 커피가 성스러운 것이 될 수도 있다.

660

종합명제(Synthetic Proposition)

경험을 거치지 않고 명제의 진위를 결정할 수 있었던 분석명제와는 달리 종합명제는 반드시 경험에 의해서만 진위를 결정할 수 있는 명제를 말한다. 예를 들어 "나흔(那昕)은 가야금을 연주할 수 있는 여자이다" "강신주는 장자를 좋아하는 철학자다" "부석사는 소백산 자락에 있다" 등등과 같은 명제들을 들 수 있다.

164, 165, 343, 356

주권(主權, Sovereign)

한자어가 상징하는 것처럼 노예에 대한 주인의 권리를 말한다. 사회계약론에 입각한 대의 민주주의 제도에서 사람들은 자신의 정치적 권력을 한 명 혹은 다수의 대표자들에게 위임한다. 이럴 때 대표자는 자신을 선택한 사람들에 대해 주권을 행사할 수 있다. 그렇지만 과연 인간은 자신의 정치적 권력을 타인에게 양도하는 것이 가능할까? 권력을 양도하는 순간, 인간은 노예로 전락하는 것은 아닐까? 대의민주주의 주권의 논리에 함축되어 있는 자발적 복종이란 기묘한 논리를 어떻게 폭로하고 극복하느냐의 문제, 나아가 권력을 양도하지 않은 자유로운 개인들의 공동체가 어떻게 가능하느냐의 문제가 미래 정치철

학의 화두라고 할 수 있다.

58, 132~143, 151, 194, 205, 658, 712, 726. 1229

주름(le Pli, the Fold)

20세기 프랑스 철학의 저변에 깔려 있는 근본적인 사유 이미지이다. 이 이미지에 따르면 모든 존재는 타자와 마주쳐서 생긴 주름을 가지고 있고, 앞으로 만날 타자에 의해 또 다른 주름을 기대할 수 있는 존재이다. 주름을 뜻하는 'pli'가 들어 있는 두 단어만 생각해보자. 함축을 의미하는 'Implication'과 설명을 의미하는 'explication'이 바로 그것이다. 글자 그대로 'Implication'은 글자 그대로 '안으로(Im=in) 주름이 만들어지는 과정'을, 그리고 'explication'은 '밖으로(ex=out) 주름을 펼치는 과정'을 의미한다. 모든 존재가 안으로 주름을 만들고 밖으로 그 주름을 펼치는 과정에 있다는 것, 이것이야말로 메를로-퐁티나 들뢰즈가 모두 공유하던 기본적인 사유 이미지였다.

334, 335, 575

주자학(朱子學) → 성리학/주자학/이학

주체(主體, Subject)

잊지 말아야 할 것은 'subject'라는 단어가 '주체'와 동시에 '주어'도 의미한다는 점이다. '나'라는 단어로 무엇인가를 느끼고, 희망하고, 사유하고, 실천하는, 그리고 표현하는 것이 바로 주체라고 할 수 있다. 푸코의 지적처럼 많은 부분 우리는 구성된 주체라고 할 수 있기 때문에, 이런 수동성을 벗어나서 자신을 스스로 구성할 수 있는 능동성을 회복해야만 우리는 주체가 될 수 있다. 오직 그럴 때에만 세계에 대한 우리의 개입은 길들여진 것이 아니라, 우리만의 단독성을 함축할 수 있을 것이다.

27, 64, 75, 143, 153, 156~163, 182, 184~188,

중관학파(中觀學派, Mādhyamaka)

나가르주나가 싯다르타의 중도 사상을 철학적으로 체계화하여 만든 불교 종파. 유식학파와 함께 중관학파는 대승불교의 양대 산맥을 형성한다. 중관학파를 상징하는 핵심 개념은 공(空)이다. 이 개념은 모든 사물에는 불변하는 본질이 존재하지 않는다는, 자성(自性)이 존재하지 않는다는 싯다르타의 무아(無我)론을 계승한 것이다. 중관학파에 따르면 모든 존재는 인연의 마주침과 연결로서 임시적으로 지속하는 것에 지나지 않는다. 이것이 바로 연기(緣起)의 법칙, 즉 조건에 의존하여 일어난다는 학설이다.

중도(中道, Madhyamā-Pratipad, the Middle Way)

이론적으로는 극단적인 허무주의인 단견(斷見)과 극단적인 본질주의인 상견(常見)을, 그리고 실천적으로는 극단적인 고행과 극단적인 향락을 피하기 위해서 싯다르타가 제안했던 가르침이다. 뒤에 중도의 가르침을 철학적으로 옹호하기 위해서 나가르주나는 공(空)이란 개념으로 모든 종류의 극단적 근본주의를 해체하게 된다.

중첩(superposition)

슈뢰딩거 고양이는 밀폐된 용기에 있을 때, 죽었는지 살았는지 우리가 정확히 결정할 수가 없다. 유독가스를 분사하도록 입자가 움직였는지의 여부는 확률적이기 때문이다. 입자가 움직일 확률이 50퍼센트, 움직이지 않을 확률이 50퍼센트라고 할 때, 고양이는 반은 죽었고 반은 죽지 않은 묘한 상태로 존재한다고 할 수 있다. 반생반사(半生半死)의 고양이, 바로 이것이 중첩의 상태이고 양자역학이 다루는 미시세계의 존재론을 상징한다.

중층결정(Surdétermination, Over-determination)

경제적 관계가 모든 것을 결정한다는 과도한 경제결정론을 거부하면서 알튀세르가 제안했던 개념이다. 그에 따르면 경제라는 하부구조가 최종적으로 사회를 결정하지만 법률과 정치라는 상부구조도 나름대로 자율성을 가진다. 나아가 어느 경우에는 법률이나 정치가 결정적인 역할을 수행할 때도 있다. 중층결정이란 개념이 중요한 이유는 이를 통해 역사결정론이 가지고 오는 허무주의를 극복하고 인간이 마침내 사회 변혁에 개입할 수 있는 자유를 확보할 수 있기 때문이다.

즉자(卽自, En-Soi, an sich, In-itself)/대자(對自, Pour-Soi, für sich, For-Itself)

사르트르에 따르면 인간을 제외한 모든 사물을 즉자, 즉 "자신(自)에게 맞닿아(卽) 있는" 존재라고 하고, 인간처럼 "자신(自)에 거리를 두고 맞서고(對) 있는" 존재를 대자라고 한다. 그에 따르면 돌멩이나 개와는 달리 인간은 자신의 삶을 새롭게 개척할 수 있는 자유를 가지고 있다. 물론 이것은 인간이 대자라는 구조를 가지고 있어서 자신을 낯설게 성찰할 수 있는 거리를 만들 수 있기 때문에 가능한 것이다.

증여(Gift)

어떤 대가를 전제로 하고 있는 일반적인 교환 형식과는 다른 교환 형식이다. 보드리야르는 증여의 논리를 불가능한 교환이라고 이야기했던 적이 있다. 다이아몬드가 누군가에게 선물로 주어질 때, 즉 증여될 때, 상대방은 강가의 작은 조약돌을 대응 선물로 줄 수도 있다. 분명 다이아몬드와 조약돌은 자본주의 사회에서 교환될 수 없는 것이다. 그렇지만 불가능할 것만 같은 교환은 실제로 일어난 것이다. 그래서 증여의 논리는 《경제학-철학 수고》에서 마르크스가 꿈꾸었던 것처럼 "세계에 대한 인간의 관계를 인간적 관계라고 전제한다면, 그대는 인간을 인간으로서만, 사랑을 사랑으로서만, 신뢰를 신뢰로서만 교환할 수 있는" 새로운 인간적 사회에 대한 기초로 작용할 수 있다.

488, 489

지관(止觀)

천태종에서 강조했던 수행법의 핵심. 참선의 첫 단계에서 수행자는 자신의 호흡에 집중한다. 어느 정도 호흡이 가라앉으면 수행자는 호흡마저도 신경 쓰지 않고 마음을 고요해지도록 해야 한다. 이것이 바로 지(止)라는 수행법이다. 마음이 고요해진 다음에는 수행자는 자신을 포함한 대상을 명료하게 보도록 노력해야 한다. 이것이 바로 관(觀)이란 수행법이다. 천태종은 지관을 동시에 강조했는데, 결국 지관 수행법은 정혜쌍수(定慧雙修)의 구체적 양태라고 할 수 있다. 또 한 가지 기억해야 할 것은 지관이란 수행법은 간화선과 함께 선종의 양대 수행법이라고 할 수 있는 묵조선(默照禪)에 지대한 영향을 미친다는 사실이다.

969~971

지속(Dureé)

시계로 대표되는 양화된 시간이 아닌 체험된 시간을 가리키는 베르그손의 개념이다. 지루한 영화나 흥미로운 영화가 모두 두 시간 상영되었다고 하자. 두 경우 우리가 체험하는 시간 감각은 매우 다르다. 전자는 다섯 시간 정도 상영된 영화로 느껴지고, 후자는 30분 정도 상영된 것이기 때문이다. 바로 이 체험된 시간, 상이하게 경험되는 시간이 바로 '지속'이다. 이를 통해서 베르그손은 사회적으로 포획된 우리의 시간을 다시 한 번 숙고하도록 만들고 있는 셈이다.

461~464, 467~469, 471, 474

지시(Reference) → 의미/지시

지양(Aufheben)

헤겔의 변증법을 작동시키는 핵심 개념으로 '극복과 보존'이란 함의를 가지고 있다. 한국인으로서 자기의식에 이르려면 우리는 외국인을 만나는 것이 좋다. 외국인의 언어와 삶을 보면서 우리는 자신이 그와 다르다는 것을 자각하게 된다. 그 결과 우리는 한국인으로서 자기의식에 이르게 된다. 이런 자기의식의 내용에는 외국인의 삶에 대한 규정들은 극복되지만 보존될 수밖에 없다. "그들은 동사가 중간에 오지만 우리는 제일 뒤에 와" "그들은 고기를 좋아하지만 우리는 발효음식을 좋아해" 등등으로 말이다.

1292

지향성(Intentionalität, Intentionality)

후설이 시작했던 현상학을 관통하고 있는 핵심 개념이다. 지향성이란 개념을 통해 후설은 인간의 의식이 항상 무엇인가를 지향하고 있다고 주장했다. 이런 지향성의 작용이 노에시스라면, 지향된 대상이 바로 노에마라고 불린다. 그의 제자 하이데거는 인간의 의식이 항상 지향성을 띠지는 않는다고 자신의 스승을 비판했던 적이 있다. 하이데거에 따르면 세계-내-존재로서 인간은 친숙한 사물들을 의식적으로 지향하지 않고, 오직 친숙한 사물들이 낯설어질 때에만 그것을 지향하게 될 뿐이다.

직관주의(Intuitionism) → **논리주의/형식주의/직관주의**

직접 대면에 의한 인식(Knowledge by Acquaintance) → **기술구에 의한 인식/직접 대면에 의한 인식**

직지인심(直指人心) → **견성성불/교외별전/불립문자/직지인심**

진리(Truth)

서양 중세철학의 고전적 정의에 따르면 진리는 "존재와 사유의 일치"로 정의된다. 중세철학에서 생각한 것을 바로 존재하도록 만들 수 있다는 점에서 신은 진리 자체로 사유될 수 있었다. 존재와 사유의 일치라는 정의에서 강조점을 존재에 두느냐 아니면 사유에 두느냐에 따라 상이한 진리 개념이 가능해진다. 존재에 강조점을 두면 존재에 부합되는 사유를 생산해야만 진리에 이를 수 있고, 사유에 강조점을 두면 존재를 사유에 입각해서 개조해야만 진리에 이를 수 있을 것이다. 타자에 입각한 사유와 자아에 입각한 사유, 혹은 유물론과 관념론 사이의 간극은 바로 여기서 출현하는 것이다.

진여문(眞如門) → **일심/생멸문/진여문**

질료(Hylē, Matter)

고대 그리스에서는 형상, 즉 에이도스라는

한정, 혹은 규정이 가해져야만 무규정적이고 유동적인 물질로 이해되었다. 에이도스가 가해져 한정이 된다고 하더라도 질료는 자신이 가진 유동적인 힘에 의해서 한정을 벗어나려는 경향을 띤다. 현대 화학에서 이야기하는 엔트로피(entropy) 개념은 아마 질료의 이런 성향을 포착한 것이라고 할 수 있을 것이다. 반면 동양의 질료 개념인 기(氣)는 서양의 질료 개념과 미묘한 차이를 보인다. 기는 무질서에서 질서로, 혹은 질서에서 무질서로 가려는 리드미컬한 운동을 하기 때문이다.

질료인(質料因, Causa Materialis)/형상인(形相因, Causa Formalis)/작용인(作用因, Causa Efficiens)/목적인(目的因, Causa Finalis)

사물을 설명하기 위해 아리스토텔레스가 명료화했던 네 가지 원인들. 의자가 있다고 하면, 목재가 질료인이고, 의자의 설계도가 형상인이고, 목수가 작용인이고, 마지막으로 앉기 위한 목적이 목적인이다. 네 가지 원인으로 세계를 설명하는 방식은 중세 시절까지 통용되었다. 특히나 목적인은 가장 중요한 원인으로 간주되었기에, 중세 시절까지의 서양 자연관을 목적론적 자연관이라고 부른다. 그러나 갈릴레이와 뉴턴이 등장하면서, 형상인과 목적인은 원인의 지위를 상실하게 된다. 그러니까 근대 자연관은 질료인과 작용인 두 가지만으로 세계를 설명하려는 시도였다. 기계론적 자연관이 마침내 탄생한 것이다.

집강소(執綱所)

1894년 갑오농민전쟁 전후에 전라도 53개 군현에 설치된 수평적인 자치 조직. 자신이 하늘만큼 존귀하다는 자각도 중요하다. 각 개인들에게 그런 자각을 유지할 수 있는 조직이 없다면, 인내천(人乃天)이란 슬로건은 공염불에 지나지 않는다. 결국 수평적인 공동체가 없다면, 동학의 이념은 무기력할 수밖에 없다는 것이다. 서양의 파리코뮌과 함께 동학의 집강소는 19세기 코뮌주의의 정점에 해당한다고 하겠다. 실제로 2차 갑오농민전쟁은 왕정과 제국주의로부터 집강소를 사수하기 위해 발발한 것이기도 하다.

1219~1221

집합론(Theory of Sets)/기하학(Geometry)/미적분학(Calculus)

칸토르가 개척했던 20세기 현대 수학의 새로운 분과. 서양 고대와 중세를 지배했던 수학 분과가 기하학이었고, 서양 근대를 지배했던 수학 분과가 미적분학이었다면, 현대를 지배하고 있는 수학 분과는 집합론이라고 할 수 있다. 불변하는 모양, 즉 형상을 강조했던 기하학적 상상력은 형상의 동일성을 강조하는 플라톤에게 강한 영향을 주었다면, 운동과 변화를 강조했던 함수적 상상력, 즉 미적분학적 상상력은 라이프니츠의 미세지각론과 모나드론에 지대한 영향을 끼쳤다. 반면 연속적인(continuous) 사유라기보다는 이산적인(discrete) 원소의 세계를 다루는 집합론적 상상력은 바디우의 사건의 존재론을 자극했다고 할 수 있다. 현대 집합론의 중심이었던 칸토르와 코헨이 없었다면, 아마도 바디우의 새로운 형이상학은 거의 불가능했을 것이다.

355, 377~380, 382, 383, 385, 386, 388, 395~397, 760, 899

차르바카(Cārvāka) → 로카야타/차르바카

차이(Difference) → 동일성/차이

차이(Différence)/반복(Répétition)

들뢰즈 철학을 가로지르는 가장 핵심적인 개념쌍. 차이라는 개념이 베르그손의 철학에서 유래한 것이라면, 반복이란 개념은 키르케고르에게서 유래한 것이다. 들뢰즈는 자신의 저서에서 반복의 대상은 '동일성'이 아니라 '차이'라고 수차례 강조한 적이 있다. 쉽게 말해 어떤 위대한 사람과 우리 자신은 다르다. 바로 이 차이를 삶에서 실행하는 것이 바로 '반복'이라는 것이다. 흥미롭게도 이럴 때 우리는 그 위대한 사람의 삶을 이해할 수 있게 된다. 내가 그 사람이었다면 그렇게 살았을 것이라고, 반대로 그 위대한 사람도 나였다면 나처럼 살았을 것이라는 확신을 하면서 말이다.

508, 509, 579, 580, 949

찰나멸(刹那滅, Kṣaṇa-bhaṅga)

경량부가 처음으로 중시했고 7세기 이후 인도 철학사의 핵심 쟁점이 되었던 개념. 찰나멸은 '순간적인 소멸'이란 의미로서, 제행무상(諸行無常)이란 싯다르타의 가르침을 인식론적으로 그리고 존재론적으로 정당화하는 개념이라고 할 수 있다. 찰나멸의 입장에 따르면 모든 존재는 외적 조건에서가 아니라 그 내적 조건으로 필연적으로 파괴와 파멸의 경향성을 갖게 된다. 다르마키르티, 즈냐냐스리미트라, 그리고 라트나키르티는 찰나멸을 증명하기 위해 무던히도 애를 썼다. 만일 찰나멸이 증명된다면, 불교가 표적으로 삼고 있던 모든 실체론적 사유는 완전히 논박될 테니 말이다.

240, 474, 475, 1035~1038

천(天)

고대 중국 상나라의 최고신이 상제(上帝)라고 불렸다면, 상나라를 붕괴시키고 설립된 주나라의 최고신은 천(天)이라고 불렸다. 한제국의 동중서에 이르기까지 천은 자연계와 인간계를 지배하는 초월적인 인격신으로 간주되었다. 동중서의 천인감응설(天人感應說)은 바로 이런 맥락에서 출현했던 것이다. 그후 천 관념은 지금까지 동양 사회를 관통하는 관례로 자리 잡게 된다. 그렇지만 장자나 왕충의 경우 천은 자연계 전체나 혹은 자연의 운동을 나타내는 비종교적인 용어로 쓰이기도 했다.

57, 58, 90, 132, 133, 192, 296, 689, 690, 780, 857, 918

천인감응(天人感應)

천인감응은 중국 한제국의 철학자 동중서가 제안했던 일종의 거대한 종교적 유기체론이다. 천(天)은 자연계, 특히 초월적인 상제(上帝)를 상징하고, 인(人)은 인간 사회, 특히 최고 통치권자인 천자(天子)를 상징한다. 동중서에 따르면 천자의 통치 여부에 따라 상제는 자연계의 변화를 일으켜 그에 화답한다. 그의 생각은 후에 왕충에 의해 신랄하게 비판된다.

689, 857

천인합일(天人合一)

한제국 이후 동아시아를 지배했던 형이상학적 신념. 천인합일은 자연계와 인간계의 구조는 같고, 더 나아가 인간 개체의 구조마저도 자연계의 구조와 동일하다는 발상이다. 결국 부분은 전체의 구조를 반복하고 있다는 것이 바로 천인합일론이라고 할 수 있다. 그래서 디테일에서는 차이가 나지만, 천인합일론은 라이프니츠의 모나드론과 유사하다고 할 수 있다. 라이프니츠에 따르면 모든 개체는 자기의 관점에서 전체를 반영하고 있기 때문이다.

857

천태종(天台宗)

중국 수제국 시절 지의(智顗)에 의해 체계화된 불교 종파이다. 천태종은 당제국의 화엄종과 함께 중국 교종의 양대 산맥을 이루고 있다. 《법화경(法華經)》의 구세의식으로 무장한 천태종은 세계의 고통을 내 마음의 고통으로 여기는 강렬한 보살 정신을 피력했다. 이론적으로 화엄종이 바수반두의 유식불교에 기초하고 있다면, 천태종은 나가르주나의 중관불교를 토대로 체계화된다.

957~959, 969~973, 1001, 1297

철학(哲學, Philosophy)

라캉은 "나는 내가 존재하지 않는 곳에서 생각한다"라고 말했던 적이 있다. 이런 생각과 존재의 불일치, 혹은 간극을 극복하려는 인문학적 정신의 결정체가 바로 철학이다. 이런 맥락에서 "너 자신을 알라"라는 소크라테스의 격언이나, "아는 것을 안다고 하고 모르는 것을 모른다고 하는 것이 앎이다"라는 공자의 가르침은 중요한 의미가 있는 것이다. 생각과 존재의 간극을 극복하려고 할 때, 철학이 사용하는 무기가 바로 개념이다.

29~33, 336~338, 1288~1291, 1305~1309

체용(體用)

불교나 신유학에서 세계를 분석할 때 사용되던 형이상학적 범주이다. 아리스토텔레스 이래로 서양 사유는 실체와 속성을 사용해서 세계를 이해하려고 했던 것과는 대조를 이룬다. '강신주'라는 실체가 있다면 '인간'이 그의 본질적인 속성이라는 식이다. 반면 체용 개념에 따르면 '강신주'라는 체(體)가 있다면 '커피를 마신다' '책을 쓴다' '시인과 만난다' 등등이 용(用)이 된다. 이처럼 실체와 속성 범주가 관조적이고 사변적인 반면, 체와 용 범주는 실천적이고 관계적이라는 성격을 띤다.

1026

초월론적 경험론(Transcendental Empiricism)/초월론적 관념론(Transcendental Idealism)

'초월론적'이란 용어는 어떤 주어진 것의 조건을 비판적으로 음미하는 태도를 가리킨다. 예를 들어 사랑의 감정이 발생했다고 하자. 이 경우 어떤 조건에 의해 사랑이 가능했던 것인지를 반성한다면, 이것이 바로 '사랑'에 대한 초월론적 반성이라고 할 수 있다. 칸트는 자신의 철학을 초월론적 관념론이라고 이야기했던 적이 있다. 그는 표상이나 관념을 초월론적으로 반성하려고 했던 것이다. 여기서 문제는 칸트가 관념에 몰입하느라 경험 자체에 대해서는 초월론적 반성을 철저하게 시도하지 않고 있다는 점이다. 들뢰즈의 '초월론적 경험론'은 바로 이 대목에서 출현하게 된다. 칸트가 경험을 원초적으로 주어진 것으로 생각했던 반면, 들뢰즈는 경험을 다양하고 복잡한 조건들에 의해 발생하는 것이라고 이해하고 있었던 것이다. 주어진 경험 자체를 초월론적으로 해명함으로써 들뢰즈는 새로운 경험이 가능할 수 있는 조건, 다시 말해 새로운 경험의 생성 가능성을 모색할 수 있었다.

211, 215~218, 241

초월성(Transcendence)

내재성(immanence)을 따르는 입장의 반대편에 있는 입장이다. 내재주의가 만물과 사건들의 변화와 생성을 세계 내적인 연결과 마주침으로 사유하려고 한다면, 초월성을 신봉하는 초월주의는 세계 바깥에 신이나 본질을 설정하여 만물과 사건을 사유하려고 한다. 플라톤이나 기독교의 우주발생론, 헤겔의 역사철학, 동중서나 주희의 유학 사상들이 초월성을 지향했던 철학의 대표적인 사례라고 할 수 있다.

109, 272, 515, 1064, 1070, 1071

초자아(Über-Ich, Super-Ego) → 이드/자아/초자아

초한수(Transfinite Number)

무한집합들의 농도를 나타내는 수. 무한집합들은 원칙적으로 그 원소의 수가 무한하기에, 그 수를 셀 수가 없다. 그렇지만 칸토르는 1:1 대응 방식으로 무한집합들의 원소를 세려고 했다. 결국 칸토르는 무한집합들의 농도가 서로 같은 것이 아니라 상이하다는 걸 알게 된다. 이렇게 상이한 농도를 가리키는 수가 필요했기에 칸토르는 알레프란 기호로 숫자를 만들었는데, 이것이 바로 초한수다. 칸토르에 따르면 양의 자연수 전체의 농도와 양의 유리수 전체의 농도는 같은데, 이 최초의 무한집합 농도를 나타내는 초한수가 바로 $\aleph_0$이다. 나아가 $\aleph_0$보다 큰 실수의 농도를 칸토르는 초한수 $\aleph_1$으로 표기한다.

381, 385, 386, 393

추상표현주의(Abstract Expressionism)

20세기 초 유럽을 휩쓸었던 표현주의 기법을 더 근본적으로 밀어붙인 회화 기법. 추상표현주의는 제2차 세계대전 이후 회화에서 주도권을 잡은 뉴욕 화단을 중심으로 발달한다. 이 기법을 따랐던 화가들은 화가 본인의 의도를 배제하고 자신의 무의식적인 충동을 있는 그대로 화폭에 옮기려고 시도했다. 로스코와 함께 추상표현주의를 대표했던 잭슨 폴락의 액션 페인팅(action painting)이 그 대표적인 사례라고 할 수 있다. 폴락은 물감이 잔뜩 묻은 붓을 커다란 캔버스에 역동적으로 휘둘러 작품을 만들곤 했다.

548, 549, 551

축제(Festival)

개체들의 동일성을 잠시 잠재우고 디오니소스적 환희와 일체감을 만드는 장치. 작은 집단이나 민족 같은 큰 집단에서도 축제는 공동체적 소속감을 만드는 데 결정적인 역할을 한다. 축제를 거친 뒤 구성원들은 결코 과거 자신의 동일성으로 다시 돌아갈 수 없다. 이처럼 축제는 한 인간의 내면에 공동체성을 심어주는 결정적인 계기라고 할 수 있다. 문제는 그렇게 각인된 공동체성이 복종의 공동체성일 수도 있고, 아니면 저항의 공동체성일 수도 있다는 데 있다. 억압적인 체제도 그리고 체제에 저항하는 사람들도 모두 축제를 어떻게 장악할 것인지 고민할 수밖에 없는 것도 이런 이유에서다.

453~455

충동(Appetitus, Appetite) → **의지/충동/욕망**

치안(Police) → **정치/치안**

치양지(致良知) → **양지/치양지**

칠정(七情) → **사단/칠정**

코기토(Cogito)

인간 바깥의 존재보다 인간의 마음에 관심을 기울였던 근대철학자 데카르트가 발견했던 사유주체를 말한다. 코기토는 "나는 생각한다, 그러므로 나는 존재한다(Cogito, ergo Sum)"는 그의 유명한 명제에서 유래한 것이다. 잊지 말아야 할 것은 코기토가 발견된 것이 근대 도시 암스테르담의 번잡함과 분주함 속에서라는 점이다. 길거리에서 마주치는 무수한 타자들 속에서 데카르트는 고독한 코기토를 발견했던 것이다.

111, 117, 121~124, 129, 133, 153, 156, 157, 168, 190, 210, 211, 584, 589

코나투스(Conatus)

스피노자에 따르면 모든 사물의 현실적 본질로서 자신의 존재를 지속하려는 힘을 가리킨다. 자신의 코나투스를 확인하려면 개체는 타자와의 관계를 거쳐야만 한다. 어떤 타자와 마주쳤을 때 기쁨의 감정이 든다면, 개체는 자신의 코나투스가 증가되었다는 것을 느낀 것이다. 반면 슬픔의 감정이 든다면, 개체는 코나투스가 감소되었다는 것을 느낀 것이다. 이처럼 스피노자의 코나투스는 고정

된 힘이 아니라, 증가되고 감소될 수 있는 역동적인 힘이었다.

83, 159~163, 172, 209, 237, 238, 335, 375, 577, 696

코뮤니즘(Communism)

마르크스가 꿈꾸었던 "자유로운 개인들의 연합"을 가리킨다. 마르크스는 자신의 이념이 "각자의 자유로운 발전이 모든 이의 자유로운 발전을 위한 조건이 되는 연합체"라고 수차례 언급했던 적이 있다. 여기서 '자유로운 개인들'이 제거되는 순간, 코뮤니즘은 일국사회주의로 변질하게 된다. 알튀세르가 제안했던 우발성의 유물론은 마르크스가 소망했던 코뮤니즘이 일국사회주의로 변질되지 못하도록 고안된 것이다.

70, 269, 270, 272

쾌락(Hēdonē, Pleasure)/쾌락주의(Hedonism)

헬레니즘 시대 에피쿠로스학파는 개체의 쾌락을 긍정했기 때문에 쾌락주의를 표방했다고 이해된다. 유한자로서 개체는 타자와의 관계에서 강한 쾌락과 불쾌감을 느끼기 마련이다. 그래서인지 국가를 포함한 모든 공동체는 개체들이 느끼는 쾌락을 금기시했다. 이것은 개체가 자신에게 쾌락을 제공하는 타자와 새로운 연대를 맺을 수도 있기 때문이었다. 에피쿠로스의 쾌락주의가 뒤에 스피노자의 코나투스나 네그리의 다중 논의로 연결되는 것도 다 이유가 있었던 셈이다.

79~86

쾌락원리(Lustprinzip, Pleasure Principle)/현실원리(Realitätsprinzip, Reality Principle)

인간을 다른 생명체와 구별되는 독특한 존재로 보지 않았던 프로이트의 눈에 포착된 인간의 삶과 내면을 규정하는 두 가지 원리이다. 쾌락원리는 인간이 쾌감을 추구하고 불쾌감을 피한다는 원칙이고, 현실원리는 사회

적 규범에 따라 쾌감을 미루는 것이 더 큰 쾌감을 줄 수 있다는 원칙이다. 쾌락원리에 따르면 배가 고플 때 제사 음식을 당장 먹으면 된다. 쾌락원리를 따르는 자아가 바로 '쾌락-자아'이다. 반면 먹고서 부모에게 혼나는 것보다 제사를 지내고 나서 먹는 것이 더 낫다고 판단한다면, 이것은 현실원리를 따르는 것이 된다. 이 경우 자아는 '현실-자아'라고 불린다. 잊지 말아야 할 것은 현실원리도 기본적으로 쾌락원리에 종속된다는 점이다. 현실원리도 기본적으로 쾌락을 추구하고 불쾌감을 피하려는 인간의 모습을 전제하고 있기 때문이다.

83, 300~303

클리나멘(Clinamen)

에피쿠로스의 우발성 철학에서 가장 중요한 개념이다. '최대한도로 작은 편차, 혹은 기울어짐'을 의미한다. 에피쿠로스학파에 따르면 세계가 탄생하기 전에 원자들은 비처럼 평행으로 내리고 있었다고 한다. 원자들이 서로 마주치지 않는다면, 세계란 탄생할 수 없다. 어느 순간 무한한 원자들 중 하나가 평행 궤도에서 '최대한도로 작게 벗어나면서' 옆에서 운동하던 원자와 마주치고, 이렇게 마주친 두 원자가 옆의 다른 원자들과 연쇄적으로 마주치면서, 세계는 탄생하게 된 것이다. 만약 최대한도로 작은 편차, 즉 클리나멘이 발생하지 않았다면 세계는 탄생할 수 없었을 것이다.

68, 71, 86, 841

타율(Heteronomy) → 자율/타율

타자(the Other)

타자는 주체, 즉 '나'라는 범주와 함께할 수밖에 없는 범주이다. 비트겐슈타인의 표현을 빌리자면 타자는 주체와 삶의 규칙을 공유하지 않는 존재라고 할 수 있다. 그렇지만

타자가 따르고 있는 삶의 규칙은 이러저러하다고 규정 가능하다면, 이미 타자는 더 이상 타자로서 나에게 현상할 수는 없다. 나아가 내가 맹목적으로 따르고 있는 삶의 규칙을 자각하도록 만든다는 점에서, 그리고 타자와의 소통을 통해 나는 전혀 다른 주체로 변형될 수 있다는 점에서, 타자는 우리 삶에서 매우 중요한 역할을 수행한다.

30, 39, 64, 72, 73, 115~117, 129, 153~169, 173, 176, 177, 179, 184~189, 191, 196~199, 205, 206, 208~223, 231, 232, 241, 245, 255, 256, 294, 315~317, 351, 359, 360, 362, 400~414, 417, 450, 451, 465~469, 495, 496~508, 512, 567~577, 620, 638, 668, 669, 677~679, 730, 733~735, 742, 744~746, 822, 823, 844, 845, 863, 870, 871, 876, 889, 918, 919, 937~939, 945, 949, 963~968, 988~991, 1035, 1056, 1164, 1171~1176, 1181, 1182, 1188, 1255~1262, 1295, 1302, 1304, 1306, 1307, 1319

탈영토화(Déterritorialisation)

들뢰즈는 세계의 모든 존재가 잠재성(virtualité)과 현실성(actualité)이라는 두 가지 측면을 가지고 있다고 이해한다. 존재의 잠재적 측면이 복수적인 차이들이 병존하고 연결되는 역동적인 생성의 측면이라면, 존재의 현실적 측면은 이런 복수적 차이들이 특정한 구조나 형식으로 굳어져 있는 동일성의 측면이라고 할 수 있다. 탈영토화는 현실성의 측면에서 잠재성의 측면으로 이행하는 과정을 의미한다. 오직 그럴 때에만 새로운 현실성을 창조할 수 있기 때문이다.

591, 593

탈존(脫存, Existence) → 실존/탈존

태극(太極)

신유학, 특히 주희에게서 모든 만물에 내재

하면서 동시에 모든 만물을 초월하는 원리로 이해되었던 우주의 본질이다. 주돈이(周敦頤)의 짧은 글 《태극도설(太極圖說)》에 처음으로 태극은 만물을 생성하는 초월적인 존재이지만, 만물을 생성하면서 그 만물 안에 자신의 흔적으로 남긴다는 생각이 피력되었다. 주돈이의 이런 생각 이면에는 아버지가 자식을 낳았지만, 자식에게 아버지의 흔적을 남긴다는 유전적 지식이 깔려 있는 것으로 보인다.

778, 918, 1051, 1052, 1055, 1056, 1061~1075, 1077, 1078, 1085, 1086, 1090, 1136, 1137, 1144, 1149, 1153, 1157, 1158, 1164, 1165, 1185~1188, 1201, 1295

태허(太虛)/객형(客形)

중국 북송 시대 신유학자 장재(張載)가 세계를 이해하는 데 사용했던 핵심 개념쌍이다. 태허와 객형은 기(氣)의 두 양태이다. 태허가 눈에 보이지 않고 유동적인 기의 측면을 가리킨다면, 객형은 유동적이고 미세한 기가 모여서 생성된 대상들을 가리킨다. 태허와 객형 사이의 관계는 물과 얼음 사이의 관계로 비유할 수 있다. 유동적이고 투명한 물이 얼게 되면 특정 모양의 얼음이 만들어지고, 특정 모양의 얼음이 녹으면 다시 이것은 물로 돌아가기 때문이다.

1048~1052, 1055, 1193, 1196, 1197

통각(統覺, Apperception, Apperzeption) → 자기의식/통각

통약 불가능성(Incommensurability)

과학혁명 이전의 정상과학과 과학혁명 이후 새롭게 만들어진 정상과학 사이에는 서로 비교할 수 있는 공통점이 전혀 없다는 토머스 쿤의 원리이다. 쿤에 따르면 과학혁명 전후에 존재하는 두 가지 정상과학 중 어느 것이 옳은 것인지, 혹은 어느 것이 진보한 것인지

논할 수 없다. 그들 모두 다른 것으로 환원 불가능한 자신만의 패러다임을 가지고 있기 때문이다. 통약 불가능성이란 개념을 통해 토머스 쿤은 과학의 역사가 누적적으로 진보한다는 포퍼의 생각에 치명타를 가한 셈이다.

524, 526, 527

트라우마(Trauma)

'정신적 외상'을 가리키는 정신분석학의 핵심 개념이다. 감당 못할 사건이 벌어졌을 때, 그 사건은 정신적 외상으로 남아서 사건의 경험자를 지속적으로 지배한다. 예를 들어 비행기 추락과 같은 대형 참사에서 가까스로 살아난 사람들의 내면에는 당시 사건과 관련된 다양한 이미지들이 흉터처럼 각인된다. 트라우마를 극복하지 못한다면, 그들은 과거의 노예가 되어 현실적 삶을 제대로 영위할 수 없게 된다.

301, 444, 1245

파르헤지아(Parrhēsia)

후기구조주의자로서 푸코는 구성된 주체에서 벗어나 구성하는 주체가 되기 위해 파르헤지아라는 담론적 실천이 불가피하다고 진단한다. 고대 그리스 철학에서 파르헤지아는 모든 것을 숨김없이 말하는 것을 의미한다. 푸코는 새로운 주체를 모색하기 위해 고대 그리스 철학의 파르헤지아 전통을 되살리려는 것이다. 사실 모든 것을 숨김없이 말하기 위해서 우리에게는 용기가 필요한 법이다. 그래서 파르헤지아라는 실천에는 진실에 대한 용기라는 비범한 덕목이 함께 작동하게 된다.

75, 76, 422~424

판단중지(에포케, Epoché)

일상적 생각에 따르면, '내가 나무를 본다'는 것은 여기에 있는 내가 저기에 있는 나무

를 보는 것이다. 그렇지만 내가 의식하지 않았다면 나무는 내 의식에서 하나의 대상으로 존재할 수 없는 법이다. 결국 나나 나무는 모두 내 의식이 가지고 있는 지향성이 없다면 구성될 수 없는 것이다. 우리 마음의 지향성을 발견하기 위해서 후설은 우리로 하여금 일상적 의식, 혹은 일상적 판단을 중지하라고 요청한다.

336, 338

팔식(八識, Aṣṭavijñāna)

바수반두가 제안했던 심층 심리학, 혹은 집착의 계보학을 관통하는 개념이다. 인간의 의식은 양파껍질처럼 층층이 쌓여 있는 여덟 가지의 의식으로 결정된다는 것이다. 가장 표면적인 의식에서부터 가장 심층에 있는 의식을 순서대로 나열하면 다음과 같다. '눈의 의식' '귀의 의식' '코의 의식' '혀의 의식' '촉감의 의식' '의식' '자기의식' 그리고 '기억 의식'이다. 이 여덟 가지 의식에 대한 이론을 통해 바수반두는 알라야식이라고도 불리는 기억 의식을 붕괴시켜야 집착에서 해방될 수 있다고 강조하게 된다.

582, 872

팔정도(八正道)

싯다르타가 확정했던 사성제(四聖諦) 중 도제(道諦)를 말한다. 집착에서 벗어나 자유로움을 얻기 위해 따라야 할 길로서 싯다르타가 제안한 여덟 가지 방법이다. '올바른 견해(正見)' '올바른 사유(正思)' '올바른 말(正語)' '올바른 행동(正業)' '올바른 생활(正命)' '올바른 노력(正精進)' '올바른 집중(正念)' '올바른 참선(正定)' 등이 바로 그것이다.

706

패러다임(Paradigm)

토머스 쿤의 과학철학으로 세계적으로 유명세를 타게 된 개념이다. '패턴' '모델' '사례'를 의미하는 희랍어 '파라데이그마(paradeigma)'에서 유래한 패러다임은 쿤에 따르면 "어느 주어진 시대의 어느 성숙한 과학자 사회에 의해 수용된 문제풀이의 표본"이라고 정의된다. 그에게 과학혁명이란 패러다임의 질적인 변화를 의미한다. 나아가 쿤은 과학이 누적적으로 발전하는 것이 아니라 단지 단절적으로 진행될 뿐이라고 주장했다. 다시 말해 새롭게 대두된 과학이 기존의 과학보다 더 낫다고, 혹은 진보했다고 말할 수는 없다는 것이다.

523~529

평등성지(平等性智, Samatā-jñāna) →
대원경지/평등성지/묘관찰지/성소작지

평행론(Parallelism)

초월적인 사유가 집요하게 피력해왔던 해묵은 심신이원론을 비판하면서 스피노자가 제안했던 새로운 심신론이다. 데카르트까지 정신과 신체는 질적으로 다른 것으로, 심지어는 대립적인 관계에 있는 것으로 생각되었다. 그래서 정신과 신체는 반비례 관계에 있다는 발상도 출현하게 되었다. 다시 말해 정신의 능력이 왕성해질 때 신체의 능력은 약화되고, 그 반대로 신체의 능력이 강해지면 정신의 능력은 약해진다는 것이다. 이에 대해 스피노자는 정신과 신체가 동일한 개체의 두 가지 표현에 불과하다고, 나아가 둘 사이의 능력은 비례 관계에 있다고 주장했다. 신체의 능력이 강해지면 정신의 능력도 그만큼 강해지고, 그 역도 사실이라는 것이다. 흥미로운 것은 심신과 관련하여 동양 사유는 심신이원론이 아니라 심신평행론을 전제하고 있다는 점이다.

82, 637, 902, 903, 1020

포스트모더니즘(Postmodernism)

리오타르가 20세기 말의 자본주의 사회의

내적 논리를 해명하면서 사용했던 개념이다. 리오타르는 모더니즘과 포스트모더니즘 사이의 질적인 차이를 인정하지 않는다. 모더니즘이 새로움을 강박적으로 지향했던 19세기나 20세기 초의 사조를 가리킨다면, 포스트모더니즘은 모더니즘의 낡음을 극복하고 다시 새로움을 추구했던 20세기 말의 사조이기 때문이다. 결국 모더니즘이란 본질적으로 포스트모더니즘이라는 숙명을 안고 갈 수밖에 없다는 것이다. 다시 말해 '포스트(post)'의 정신, 즉 부단히 새로운 것을 추구하는 강박 관념이 없다면, 모더니즘은 모더니즘일 수도 없다는 것이다.

290, 566, 669

표상(表象, Vorstellung, Representation)

재현이라고도 번역되는 근대철학의 핵심 개념이다. 근대철학은 'Representation'이란 단어가 함축하는 '다시, 혹은 간접적으로 드러냄'이라는 이미지에서 자유롭지 않다. 근대의 정치철학은 투표로 대표자(representation)를 뽑아서 사람들의 정치적 의사를 대신할 수 있다고 믿으면서 출발했고, 칸트로 대표되는 근대 인식론은 물자체는 알 수 없고 사물은 단지 우리의 감성과 오성에 의해 재구성된 현상일 뿐이라고 주장하면서 출발했기 때문이다. 근대철학의 위기가 '표상이나 재현의 위기'로 불리는 것도 이런 이유에서이다. 미래의 새로운 철학은 'Representation'을 극복하고 'Presentation', 즉 '직접적인 드러남'과 '직접민주주의'를 숙고할 수 있어야만 할 것이다.

193, 231~233, 247, 320, 390, 668, 669

표현주의(Expressionism)

19세기 말과 20세기 초 인상주의 이후 유럽을 석권했던 회화 양식. 표현주의는 사물을 있는 그대로 '재현'하기보다는 화가 자신의 억압된 무의식적인 욕망을 '표현'하려고 노력한다. 후기 인상주의 화가들에게도 표현주

의적 요소가 강하게 드러나지만, 그래도 키르히너(Ernst Ludwig Kirchner), 칸딘스키(Wassily Kandinsky), 클레(Paul Klee) 등 독일 화단에서 표현주의는 정점에 이른다. 표현주의에 대한 중요한 글로는 1911년 칸딘스키가 발표한 《예술에서의 정신적인 것에 대해》가 있다.

540, 543, 546~549, 1264

프로테스탄티즘(Protestantism)

교황을 정점으로 하는 중세 기독교 교회의 위계적 질서를 비판하고, 모든 인간이 성경을 통해 신과 직대면할 수 있다고 주장했던 새로운 기독교 사상이다. 이 종교개혁(Reformation) 운동은 16세기 루터(Martin Luther)와 칼뱅(Jean Calvin)에 의해 주도되었다. 불행히도 이 운동은 표면적으로는 신으로부터 인간을 자유롭게 만든 것처럼 보이지만, 사실 신을 인간 내면에 자유롭게 풀어놓은 것에 지나지 않았다. 그래서 프로이트라면 신이 초자아의 자리에 들어서서 인간을 검열하게 되었다고 이야기했을 것이다.

480~484, 491

필연성(Necessity)

우발성의 가장 반대편에 있는 개념으로 서양이나 동양의 주류 철학이나 보수적인 철학이 선호했던 입장이다. 어떤 사건이 필연적이라고 말한다면, 그것은 그 사건이 인과적으로 완전히 결정되었다는 선언이나 다름없다. 그렇지만 실제 세계는 다양한 인과계열들이 마주치고, 교차하고, 간섭하여 이루어진다. 결국 폐쇄된 조건, 다시 말해 우발성을 배제하는 경우에만 우리는 나름대로 완전한 필연성을 사유할 수 있을 뿐이다. 잊지 말아야 할 것은 우발성이 개체들의 마주침과 새로운 연대를 가능하게 한다면, 필연성은 개체들을 종교적 숙명론과 허무주의로 이끌 수 있다는 점이다.

68, 69, 93, 109, 272, 768, 839~845, 848, 850, 851, 854, 856, 858~860

하이쿠(はいく, 俳句)

일본 에도 시대에 번성했던 일본 특유의 시 장르. 하이쿠는 첫 번째 행은 5음절, 두 번째 행은 7음절, 그리고 마지막 세 번째 행은 5음절로 구성된다. 그러니까 이 전체 17음절로 하이쿠는 찰나의 감수성, 혹은 정중지동이나 동중지정의 영화적 몽타주를 표현한다. 하이쿠의 대가 바쇼의 하이쿠 중 "초겨울 찬비/안타깝게 여기는/소나무 위 눈"이라고 번역되는 것이 있다. 비의 운동과 눈의 정지라는 대조 속에서 찰나적으로 조우한 비와 눈 사이의 안타까운 관계가 영상처럼 펼쳐진다.

640~642

한정(Peras)/무한정(Apeiron)

모래사장에 원을 그리게 되면, 모래사장은 원 안과 원 밖으로 분리되며, 안과 밖은 서로를 한정하게 된다. 이렇게 원이 그려지기 전의 상태, 혹은 미분화된 상태를 무한정의 상태라고 한다면, 원이 그려진 상태, 혹은 분화된 상태를 한정의 상태라고 한다. 고대 그리스에서 에이도스(eidos) 혹은 형상은 한정의 원리였고, 힐레(hylē) 혹은 질료는 바로 무한정의 원리로 사유되었다. 이처럼 서양 사유에서 한정의 원리는 무한정의 원리 외부에 존재하는 것으로 이해되었다. 반면 신유학의 사유를 제외하고 동양 사유에서는 한정의 원리로서 이(理)는 무한정의 질료로서 기(氣)를 초월하지 않는다. 다시 말해 모이고 흩어지는 기(氣)에 따라 이(理)는 다양하게 드러나는 것으로 사유되었던 것이다.

1184

함양(涵養) → 경/함양

합리론(Rationalism)

경험론과 함께 서양 근대철학을 양분했던 사유 경향이다. 경험론과는 달리 합리론은 인간 경험보다는 인간 이성이 가진 합리적인 추론 능력을 더 강조한다. 합리론의 특성을 가장 잘 보여주는 것은 분석명제에 대한 합리론자들의 집요할 정도의 집착이다. 분석명제는 경험을 통해 진위 여부가 결정될 필요가 없다. 오직 주어를 정확히 이해한다면 어떤 술어를 붙였을 때 참인지 거짓인지를 알 수 있기 때문이다. 예를 들어 삼각형의 본질을 정확히 아는 사람은 경험을 통하지 않고도 "삼각형은 360도를 내각의 합으로 갖는다"라는 명제가 거짓이라는 것을 알 수 있다.

98

해방신학(Theology of Liberation)

예수로부터 시작되어 오컴, 베유, 그리고 남미의 신학자들을 관통하는 가장 혁명적인 기독교 사상이다. 해방신학은 가족, 민족, 국가를 넘어서 인간은 모두 동일한 신의 자식이라는 예수의 주장을 근본적으로 관철시키려고 한다. 해방신학을 옹호하는 사람들은 신이 자신의 자식들 중 어느 아이에게 더 큰 관심과 애정을 기울일지를 되물어본다. 가난한 사람들, 억압받는 사람들, 소외된 사람들, 병든 사람들일 것이다. 진정한 기독교도라면 신의 뜻에 따라 상처받은, 혹은 상처받고 있는 이웃들을 사랑해야만 할 것이다. 이것이 바로 해방신학의 근본적인 입장이다.

98

해체(Deconstruction)/
해체주의(Deconstructionism)

동일성에서 차이를 구제하려는 20세기 후반기의 서양철학을 규정하는 개념이자 사유 경향이다. 해체라는 개념은 재기발랄한 프랑스의 철학자 데리다를 통해서 세계적으로 유명해졌지만, 사실 나치로 상징되는 전체주의를 경험했던 아도르노와 같은 독일 철학자들도 억압과 살육의 원인을 동일성에 대한 인간 이성의 편집증적 집착에서 찾는 데 한목소리를 냈다. 이 대목에서 들뢰즈의 철학은 매우 중요하다. 그는 다시는 동일성에서 포획되지 않는 차이의 존재론을 피력하고 있기 때문이다.

566

핵시어티(Haecceity)

'이것임(this-ness)'으로 번역되는 '하이세이타스(haecceitas)'의 영어 표현. 둔스 스코투스가 개체화의 문제를 해결하기 위해 도입한 개념이다. 형상과 질료만으로 개체를 개체로 식별할 수 없었기 때문에, 둔스 스코투스는 다른 무엇도 아닌 바로 '이것'이란 개념이 필요하다고 주장했던 것이다. 문맥은 조금 다르지만 핵시어티는 단독성(singularity)과 유사한 개념이고, 고유명사와 밀접한 관련이 있는 개념이라고 할 수 있다.

110~112

허무주의(Nihilism)

삶과 감정의 풍요로움을 긍정하지 못하고 그것을 저주하는 사유 경향이다. 플라톤에 따르면 소크라테스는 "철학은 죽음에 대한 연습"이라고 했다고 한다. 육체에 들어오기 이전에 영혼이 순수하게 알고 있었던 이데아의 세계에 대한 갈망 때문이었다. 여기서 육체와 함께 펼쳐지는 삶의 세계의 풍요로움은 폄하되고 부정된다. 모든 허무주의는 육체와 감각에 대한 부정으로 이어진다. 삶을 긍정했던 동양의 임제나 서양의 니체가 육체와 감각의 긍정에 이르게 되었던 것도 다 이유가 있었던 셈이다.

93, 235, 244, 254, 702, 704, 708~710, 971, 1038

헤게모니(Hegemony, Egemonia)

'지도'와 '지배'를 의미하는 고대 그리스어 헤게모니아(ήγεμονία, hegemonia)에서 유래한 말. 헤게모니, 즉 문화 헤게모니는 지배계급이 자신의 세계관을 피지배계급의 세계관으로 만들어 하나의 문화로까지는 만드는 메커니즘을 가리키는 말이다. 문화 헤게모니를 통

해 지배계급은 피지배계급의 내면, 즉 인식뿐만 아니라 취향이나 감각까지도 장악하게 된다. 그래서 문화 헤게모니가 관철되는 순간, 피지배계급은 자신을 극복하지 않으면 저항운동에 참여할 수조차 없게 된다. 이제 억압과 통제는 외부에서가 아니라 내면에서 이루어지기 때문이다.

429, 430, 432

현량(現量, Pratyakṣa-pramāṇa)/비량(比量, Anumāna-pramāṇa)/비유량(譬喩量, Upamāna-pramāṇa)/성언량(聖言量, Āptopadesa-pramāṇa)

불교를 포함한 인도 철학 전통에서 프라마나(pramāṇa)는 참이라고 인정되는 인식을 의미한다. 비량, 현량, 비유량, 그리고 성언량이 그것이다. 현량은 감각 인식을 통한 진리를 의미하고, 비량은 추론이나 사유를 통해 얻어진 진리를 의미한다. 비유량은 언어적 표현이 묘사하는 대상을 발견하는 진리를 의미하고, 그리고 마지막으로 성언량은 신뢰할 만한 사람, 불교 입장에서는 경전에 기록된 부처의 말을 진리로 보는 것이다. 그렇지만 마지막 성언량에 대해서는 불교 내부에서도 이론이 많았다. 예를 들어 동아시아 불교의 경우 교종은 성언량을 진리로 인정하지만, '불립문자(不立文字)'를 슬로건으로 했던 선종의 경우에는 성언량을 진리라기보다는 단지 방편 정도로 이해하는 경향이 강했다.

882, 893, 894, 896, 940~948, 953, 954, 952, 953, 1038

현상학(Phenomenology)

20세기 초반 독일에서 "사태 자체로!"라는 표어로 시작되었던 새로운 철학적 사유 경향을 말한다. 현상학의 창시자 후설은 과학적 태도와 일상적 태도를 판단중지하고 세계가 어떻게 마음에 드러나는지, 즉 현상하는지를 기술하자고 제안했다. 지구가 태양의 주위를 돌고 있다는 과학적 태도를 받아들이

기 전에 우리는 태양이 동쪽에서 떠올라 하늘을 가로질러 서쪽으로 진다고 의식하고 있었다. 만약 후자의 원초적 의식이 없었다면, 지동설이란 과학적 입장도 불가능했다는 것이 후설의 근본적 입장이었다.

178, 241, 323~328, 330, 332, 335~338

현실성(Actualité, Actuality) → 잠재성/ 현실성/실재성

현실원리(Realitätsprinzip, Reality Principle) → 쾌락원리/현실원리

현존(現存, Dasein)

하이데거가 어떻게 인간을 사유하고 있는지를 보여주는 개념이다. 현존으로 번역되는 'Dasein'은 영어로 표현하자면, 'There is~'라고 번역할 수 있다. "에스프레소 커피네"라고 말할 때, 이 표현에는 에스프레소 커피 향을 느끼며 보고 있는 '나'가 전제되어 있다. 그럼에도 에스프레소 향에 취해서 우리는 나 자신이 에스프레소 향을 가능하게 했다는 사실을 망각하기 쉽다. 이처럼 인간은 세계에 대해 개방되어 있어서, 사물을 존재하도록 만드는 존재라고 할 수 있다. 그래서 하이데거는 세계나 사물에 대해 개방되어 있음 자체가 인간의 본성이라고 말했던 것이다. 간혹 현존을 '터-있음'이라고 번역하는 것도 이런 이유에서이다.

442

현학(玄學)

중국 위진 시대의 형이상학적 사유 경향을 말한다. 《주역》《노자》《장자》라는 세 가지 경전을 당시에는 세 가지 신비한 텍스트, 즉 삼현(三玄)이라고 불렸다. 현학에서 가장 중요한 사건은 왕필이란 천재적인 형이상학자가 《주역》과 《노자》를 뿌리와 가지, 혹은 없음

과 있음으로 독해한 일이었다. 그가 제안했던 형이상학적 범주들을 통해 당시 지식인들은 세계와 인간의 본질에 대한 집요한 논의를 개시할 수 있었기 때문이다.

78, 920, 921, 930, 931, 1040, 1042, 1043, 1046, 1047, 1050, 1051, 1169

형상(形相) → 이데아/에이도스/~인 것 자체/형상

형상인(形相因, Causa Formalis) → 질료인/ 형상인/작용인/목적인

형식주의(Formalism) → 논리주의/ 형식주의/직관주의

형이상학(Metaphysics)

전통적으로 형이상학은 모든 사물의 최종적인 근거를 탐구하거나 사물의 현상을 넘어서 사물의 본질이나 존재를 탐구하는 것으로 알려져 있다. 이처럼 전통 형이상학은 초월적(transcendent) 대상을 다루고 있었던 셈이다. 그렇지만 칸트에 이르러 형이상학은 초월론적(transcendental) 철학으로 변형된다. 외부 사물에 대한 관심보다는 그것을 그렇게 보도록 만든 우리 인식의 조건을 탐구하기 시작했던 것이다.

58, 108~112, 330, 377~380, 405, 416~420, 618, 620, 735, 744, 746, 780, 855, 857~860, 864~867, 892, 917, 921~931, 985, 1041~1043, 1049~1057, 1060, 1062, 1065, 1067~1069, 1075, 1157, 1165, 1169, 1196, 1217

호락논쟁(湖洛論爭) → 인물성논쟁/호락논쟁

호명(Interpellation)

알튀세르에 따르면 특정 사회가 어느 벌거벗은 개인을 주체로 구성하는 데 사용하는 핵심 방식이다. 알튀세르는 주체가 선천적으로 존재하는 것이 아니라, 사회의 호명에 의해 구성된다고 이야기한다. 그가 "모든 이데올로기는 구체적인 개인들을 주체로 호명한다"고 말했던 것도 이런 이유에서이다. 길을 가다가 "여보세요"라는 소리를 듣고 돌아본다는 경험을 떠올려보라. 이때가 바로 우리가 상대방으로부터 주체로 호명되는 순간이다.

369, 371, 373, 578

화두(話頭)

선불교 전통 중 간화선(看話禪)이 중시했던 깨달음과 관련된 과거 선승들의 에피소드이다. 선어록을 모은 《벽암록》에 등장하는 에피소드가 하나 있다. 스승이 "달마가 서쪽에서 온 이유가 무엇이냐?"라고 묻자 스승에게서 깨달았다고 인정받았던 제자의 대답은 "정원의 동백꽃!"이었다. 도대체 이 대화에서 깨달음의 의미는 어디에 있는가? 간화선은 이런 에피소드를 하나의 화두로 삼아 성찰함으로써 깨달음에 이르려고 한다. 흔히 화두는 공안(公案)이라고도 불린다.

967, 968, 1027, 1110

화엄(華嚴)

중국 교종에 속하는 불교 사유로 가장 형이상학적인 체계를 갖춘 것으로 유명한 종파이다. 가장 동양적인 색깔을 띠는 불교 사유로서 화엄 사상은 당제국의 제국 이데올로기로 채택되기도 했다. 전체가 개체이고, 개체가 전체라는 이념, 즉 '일즉다(一卽多), 다즉일(多卽一)'은 화엄의 형이상학 체계를 요약하는 명제였다고 할 수 있다. 화엄이 작은 미물의 죽음에도 마치 우주의 소멸을 경험한 것 같은 감수성을 발휘할 수 있었던 것도 이런 형이상학을 토대로 하고 있었기 때문이다.

930, 951, 957~959, 969~973, 976, 978,

979, 981~983, 991, 996~1008, 1016, 1022, 1042~1044, 1046, 1047, 1050, 1051, 1060, 1165, 1169, 1249, 1251, 1252, 1254, 1261

화폐(Money)

자본주의는 상품과 화폐 사이의 비대칭적 교환을 통해서 작동하는 체계이다. 비대칭성은 상품보다 화폐가 존재론적 우월성을 갖는다는 것을 의미한다. 그렇기 때문에 화폐를 가진 자본가는 노동력이란 상품을 가진 노동자보다 우월한 것이다. 잊지 말아야 할 것은 일순간이나마 노동자도 우월한 위치에 설 수 있다는 점이다. 임금으로 받은 화폐를 가지고 있을 때 말이다. 그렇지만 소비사회의 논리를 통해 자본가는 노동자들의 임금을 회수하고 곧바로 자신의 우월성을 되찾게 된다.

197, 198, 477~480, 489, 492

확률(Probability)

20세기 수학뿐만 아니라 자연과학에서도 강하게 대두되는 비결정론적 분과. 현대적 의미에서 확률론을 가장 정치하게 사유했던 라플라스는 확률이란 우리의 무지로 인해 기능하지만 언젠가는 없어져야 할 방편일 뿐이라고 주장했던 적이 있다. 반대로 쿠르노는 확률이란 세계의 실상을 반영하는 기법이라고 긍정한다. 흥미롭게도 통계열역학이나 양자역학에서 확률론은 인간의 무지와는 무관한 세계의 작동 방식을 반영한다고 이해된다. 그렇지만 아인슈타인을 포함한 일부 과학자들은 알려지지 않은 변수만 발견되면 확률론은 해소될 수 있다고 아직도 확신하고 있다.

609~612

활연관통(豁然貫通)

성즉리(性卽理), 즉 개체의 본성과 우주의 본성이 같다는 원리를 갑자기 깨닫는 경험. 주희는 격물치지(格物致知) 공부를 하다보면 어느 순간 개체의 본성과 우주의 본성을 비약적으로 깨닫는 경험에 이른다고 주장한다. 대혜의 간화선에 커다란 영향을 받은 주희는 선종에서 강조하는 깨달음의 경험, 즉 돈오(頓悟)의 경험을 신유학에 도입하고 있는 셈이다. 뒤에 이 활연관통이란 비약적 깨달음의 논리는 정약용에 의해 신랄한 비판의 대상이 된다.

1072, 1073

후기구조주의(post-structualism)

논리적으로는 구조주의의 통찰과 실존주의의 통찰을 결합시킨 것이 바로 후기구조주의다. 구조주의가 실존주의를 비판하면서 등장했다면, 후기구조주의는 구조주의의 사변성과 추상성을 넘어서 구조를 극복할 수 있는 인간의 자유를 긍정하려고 했다. 어쩌면 실존주의라는 인문정신의 귀환이라고 할 수 있다. 구조를 발견한 뒤 냉소주의에 빠진 지성계에 후기구조주의는 새로운 실천적 전망, 혹은 바람직한 구조를 만들 수 있다는 희망을 안겨주었던 것이다.

93, 422~424

훈육(Discipline)

푸코에 따르면 권력이 자신에게 자발적으로 복종하는 주체를 구성하기 위해서 정신이나 신체라는 모든 차원에서 개체를 길들이려는 전략이다. 이렇게 '구성된 주체'는 자신의 삶을 긍정하거나 향유하기보다는 자신의 삶을 권력의 수단으로 인정하는 불행한 주체라고 할 수 있다. 푸코는 우리에게 아직도 권력에 길들여지지 않는 삶의 속성을 찾아야 한다고 역설한다. 다시 말해 삶을 향유하기 위해서 우리는 구성된 주체에서 구성하는 주체로 변형되어야만 한다는 것이다.

422, 424, 425, 432, 578, 583, 656~658, 667

힌두교(Hinduism)

인도의 주류 종교 사상으로 범아일여(梵我一如)라는 허무주의적 범신론으로 무장하고 있다. 범아일여는 우주의 신인 브라흐만과 개체적 자아인 아트만이 동일하다는 일종의 범신론적 주장이다. 그렇지만 스피노자처럼 현재의 삶을 신적인 것으로 긍정하는 것이 아니라, 힌두교는 현재의 삶을 포기하고 신적인 삶을 도모하려고 했다. 뒤에 삶의 긍정에 이르려고 했던 싯다르타가 힌두교적 사유를 비판했던 것도 다 이유가 있었던 셈이다.

304, 914, 953

힘에의 의지(Der Wille zur Macht, The Will to Power)

기쁨과 쾌활을 추구했던 스피노자의 정신이 니체에게로 이어져 나온 개념이다. 어떤 해석 체계를 수용하면 우리의 삶은 우울해지고, 반대로 그와는 다른 해석 체계는 우리의 삶을 유쾌하게 만들기도 한다. 니체에게 자신의 힘을 긍정할 수 있는 새로운 해석 체계를 생산할 수 있는 내적 동력이 바로 '힘에의 의지'이다. 우리는 자신이나 소중한 사람과의 관계를 지킬 수 있는 해석 체계, 즉 담론을 만들어야만 한다. 그렇지 않을 때 우리는 삶의 긍정에 이를 수 없다는 것, 이것이 바로 니체가 '힘에의 의지'를 통해 하고 싶었던 이야기였다.

135, 136, 236~239, 254, 335

더 읽을 책들 & 참고문헌

철학사

길희성,《인도 철학사》, 민음사, 2001.

사르베팔리 라다크리슈난,《인도 철학사》(전4권), 이거룡 옮김, 한길사, 1999.

북경대학교 철학과연구실,《중국 철학사》(전4권), 오상무 외 옮김, 간디서원, 2005.

한스 요하임 슈퇴리히,《세계 철학사》, 박민수 옮김, 이룸, 2008.

심재룡,《중국 불교 철학사》, 한국학술정보, 2004.

이효걸 외,《논쟁으로 보는 불교철학》, 예문서원, 1998.

중국철학연구회,《논쟁으로 보는 중국철학》, 예문서원, 1994.

풍우란(평유란),《중국 철학사》(상·하), 박성규 옮김, 까치, 1999.

한국불교원전연구회,《인물로 보는 한국의 불교사상》, 예문서원, 2004.

한국철학사상연구회,《논쟁으로 보는 한국철학》, 예문서원, 1995.

요하네스 힐쉬베르거,《서양철학사》(상·하), 강성위 옮김, 이문출판사, 2002.

內山勝利·小林道夫 外 編,《哲學の歷史》(全13卷), 中央公論新社, 2008.

平川彰,《インド佛教史》(上·下), 春秋社, 2011.

Anthony Kenny, *A New History of Western Philosophy*(4 Vols), Oxford Univ Press, 2008.

C. C. W. Taylor etc(ed.), *Routledge History of Philosophy*(10 Vols), Routledge, 2003.

Emile Brehier, *Histoire de la philosophie*(3Tom), PUF, 1981.

Frederick Copleston, *History of Philosophy*(11 Vols), Image, 1993.

H. Gene Blocker & Christopher L. Starling, *Japanese Philosophy*, State Univ of New York Press, 2001.

Surendranath Dasgupta, *A History of Indian Philosophy*, Cambridge Univ. Press, 2009.

철학사전

우리사상연구소,《우리말 철학사전》(전5권), 지식산업사, 2007.

엘리자베스 클레망 외,《철학사전》, 이정우 옮김, 동녘, 1996.

高崎直道,《佛教·インド思想辭典》, 春秋社, 2013.

中山元,《思考の用語辭典: 生きた哲學のために》, 筑摩書房, 2007.

中山元,《思考のトポス: 現代哲學のアポリアから》, 新曜社, 2006.

永井均, 小林康夫 外,《事典, 哲学の木》, 講談社, 2002.

林達夫,《哲學事典》, 平凡社, 1998.

広松渉,《哲学思想事典》, 岩波書店, 1998.

Antonio S. Cua(ed.), *Encyclopedia of Chinese Philosophy*, Routledge, 2002.

Bo Mou(ed.), *History of Chinese Philosophy*, Routledge, 2009.

Donald M. Borchert(ed.), *Encyclopedia Of Philosophy*(10 Vols), Gale Group, 2006.

Edward Craig(ed.), *Shorter Routledge Encyclopedia Of Philosophy*, Routledge, 2005.

Edward Craig(ed.), *Routledge Encyclopedia of Philosophy*(10 Vols), Routledge, 1998.

John Grimes, *A Concise Dictionary of Indian Philosophy*, SUNY, 1996.

Jonathan Ree and J. O. Urmson(ed.), *The Concise Encyclopedia of Western Philosophy*, Taylor & Francis, 2005.

Oliver Leaman(ed.), *Encyclopedia of Asian Philosophy*, Taylor & Francis, 2001.

Robert Audi(ed.), *The Cambridge Dictionary of Philosophy*(3rd ed.), Cambridge Univ Press, 2015.

Simon Blackburn, *Oxford Dictionary of Philosophy*(2nd ed.), Oxford Univ Press, 2005.

서양편

안토니오 그람시,《그람시의 옥중수고》(1·2), 이상훈 옮김, 거름, 2006.

안토니오 네그리,《제국》, 윤수종 옮김, 이학사, 2001.

안토니오 네그리·마이클 하트,《다중》, 조정환·정남영·서창현 옮김, 세종서적, 2008.

프리드리히 니체,《니체 전집》(전21권), 정동호 외 옮김, 책세상, 2005.

르네 데카르트,《방법서설: 정신지도를 위한 규칙들》, 이현복 옮김, 문예출판사, 1997.

르네 데카르트,《성찰》, 이현복 옮김, 문예출판사, 1997.

자크 데리다,《목소리와 현상》, 김상록 옮김, 인간사랑, 2006.

리처드 도킨스,《이기적 유전자》, 홍영남 옮김, 을유문화사, 2006.

질 들뢰즈,《감각의 논리》, 하태환 옮김, 민음사, 2008.

질 들뢰즈,《디알로그》, 허희정 옮김, 동문선, 2005.

질 들뢰즈,《스피노자의 철학》, 박기순 옮김, 민음사, 2001.

질 들뢰즈,《매저키즘》, 이강훈 옮김, 인간사랑, 2007.

질 들뢰즈,《시네마 1: 운동-이미지》, 유진상 옮김, 시각과언어, 2002.

질 들뢰즈,《시네마 2: 시간-이미지》, 이정하 옮김, 시각과언어, 2005.

질 들뢰즈,《의미의 논리》, 이정우 옮김, 한길사, 1999.

질 들뢰즈,《차이와 반복》, 김상환 옮김, 민음사, 2004.

질 들뢰즈,《프루스트와 기호들》, 서동욱 외 옮김, 민음사, 2004.

질 들뢰즈·펠릭스 가타리,《안티 오이디푸스》, 김재인 옮김, 민음사 2014.

질 들뢰즈·펠릭스 가타리,《천개의 고원》, 김재인 옮김, 새물결, 2001.

질 들뢰즈·펠릭스 가타리,《철학이란 무엇인가》, 이정임 외 옮김, 현대미학사, 1995.

질 들뢰즈·펠릭스 가타리,《카프카: 소수적인 문학을 위하여》, 이진경 옮김, 동문선, 2001.
디오게네스 라에르티오스,《그리스철학자열전》, 전양범 옮김, 동서문화사, 2008.
고트프리트 라이프니츠,《모나드론 외》, 배선복 옮김, 책세상, 2007.
빌헬름 라이히,《파시즘의 대중심리》, 황선길 옮김, 그린비, 2006.
길버트 라일,《마음의 개념》, 이한우 옮김, 문예출판사, 1994.
자크 랑시에르,《정치적인 것의 가장자리에서》, 양창렬 옮김, 길, 2013.
버트런드 러셀,《나는 이렇게 철학을 하였다》, 곽광제 옮김, 서광사, 2008.
엠마누엘 레비나스,《시간과 타자》, 강영안 옮김, 문예출판사, 1996.
엠마누엘 레비나스,《존재에서 존재자로》, 서동욱 옮김, 민음사, 2003.
클로드 레비-스트로스,《슬픈 열대》, 박옥줄 옮김, 한길사, 1998.
리처드 로티,《철학 그리고 자연의 거울》, 박지수 옮김, 까치, 1998.
존 로크,《통치론》, 강정인, 문지영 옮김, 까치, 2007.
존 로크,《인간지성론》(1·2) 정병훈 외 옮김, 한길사, 2014.
장 자크 루소,《인간 불평등 기원론》, 주경복 외 옮김, 책세상, 2003.
장 자크 루소,《사회계약론》, 이환 옮김, 서울대학교출판부, 1999.
게오르그 루카치,《이성의 파괴》(전3권), 변상출 옮김, 백의, 1996.
루크레티우스,《사물의 본성에 관하여》, 강대진 옮김, 아카넷, 2012.
조지프 르두,《시냅스와 자아》, 강봉균 옮김, 동녘사이언스, 2005.
귀스타브 르 봉,《군중심리》, 이상률 옮김, 지도리출판사, 2012.
리처드 르원틴,《DNA 독트린》, 김동광 옮김, 궁리, 2001.
장 프랑수아 리오타르,《포스트모던의 조건》, 유정완 외 옮김, 민음사, 1992.
카를 마르크스,《데모크리토스와 에피쿠로스 자연철학의 차이》, 고병권 옮김, 그린비,
    2001.
카를 마르크스·프리드리히 엥겔스,《칼 맑스 프리드리히 엥겔스 저작선집》(전6권), 최인호
    외 옮김, 박종철출판사, 1991/1997.
카를 마르크스,《공산당 선언》, 강유원 옮김, 이론과실천, 2008.
카를 마르크스,《자본론》(전5권), 김수행 옮김, 비봉출판사, 2005.
카를 마르크스·프리드리히 엥겔스,《독일 이데올로기 I》, 박재희 옮김, 청년사, 2007.
움베르또 마뚜라나,《있음에서 함으로》, 서창현 옮김, 갈무리, 2006.
움베르또 마뚜라나·프란시스코 바렐라,《앎의 나무》, 최호영 옮김, 갈무리, 2007.
니콜로 마키아벨리,《군주론》, 신복룡 옮김, 을유문화사, 2007.
니콜로 마키아벨리,《로마사 논고》, 강정인 외 옮김, 한길사, 2003.
모리스 메를로-퐁티,《의미와 무의미》, 권혁면 옮김, 서광사, 1990.
모리스 메를로-퐁티,《지각의 현상학》, 류의근 옮김, 문학과지성사, 2002.
존 스튜어트 밀,《대의정부론》, 서병훈 옮김, 아카넷, 2012.
알랭 바디우,《철학을 위한 선언》, 이종영 옮김, 백의, 1995.
알랭 바디우,《조건들》, 이종영 옮김, 새물결, 2006.
알랭 바디우,《윤리학》, 이종영 옮김, 동문선, 2001.
롤랑 바르트,《롤랑 바르트, 마지막 강의》, 변광배 옮김, 민음사, 2015.

가스통 바슐라르, 《불의 정신분석》, 김병욱 옮김, 이학사, 2007.

가스통 바슐라르, 《새로운 과학정신》, 김용선 옮김, 인간사랑, 1990.

가스통 바슐라르, 《순간의 미학》, 이가림 옮김, 영언문화사, 2002.

조르주 바타유, 《저주의 몫》, 조한경 옮김, 문학동네, 2000.

조르주 바타유, 《에로티즘의 역사》, 조한경 옮김, 민음사, 1998.

조지 버클리, 《하일라스와 필로누스가 나눈 대화 세 마당》, 한석환 옮김, 숭실대학교출판
　　부, 2001.

데이비드 버튼, 《수학의 역사 입문》(상·하), 허민 옮김, 교우사, 2013

앙리 베르그손, 《창조적 진화》, 황수영 옮김, 아카넷, 2005.

앙리 베르그손, 《사유와 운동》, 이광래 옮김, 문예출판사, 1993.

막스 베버, 《프로테스탄티즘 윤리와 자본주의 정신》, 김덕영 옮김, 길, 2010.

그레고리 베이트슨, 《마음의 생태학》, 박대식 옮김, 책세상, 2006.

프랜시스 베이컨, 《학문의 진보》, 이종흡 옮김, 아카넷, 2002.

발터 벤야민, 《기술복제시대의 예술작품/사진의 작은 역사 외》, 최성만 옮김, 길, 2007.

발터 벤야민, 《아케이드 프로젝트》(1·2), 조형준 옮김, 새물결, 2005.

발터 벤야민, 《역사의 개념에 대하여/폭력비판을 위하여/초현실주의 외》, 최성만 옮김, 길,
　　2008.

발터 벤야민, 《일방통행로》, 조형준 옮김, 새물결, 2007.

장 보드리야르, 《소비의 사회》, 이상률 옮김, 문예출판사, 1992.

장 보드리야르, 《기호의 정치경제학 비판》, 이규현 옮김, 문학과지성사, 1992.

장 보드리야르, 《불가능한 교환》, 배영달 옮김, 울력, 2001.

장 보드리야르, 《생산의 거울》, 배영달 옮김, 백의, 1994.

장 보드리야르, 《암호》, 배영달 옮김, 동문선, 2006.

피에르 부르디외, 《구별짓기》(상·하), 최종철 옮김, 새물결, 2005.

루트비히 비트겐슈타인, 《논리철학논고》, 이영철 옮김, 책세상, 2006.

루트비히 비트겐슈타인, 《문화와 가치》, 이영철 옮김, 책세상, 2006.

루트비히 비트겐슈타인, 《수학의 기초에 관한 고찰》, 박정일 옮김, 서광사, 1997.

루트비히 비트겐슈타인, 《철학적 탐구》, 이영철 옮김, 책세상, 2006.

루트비히 비트겐슈타인, 《확실성에 관하여》, 이영철 옮김, 책세상, 2006.

장 폴 사르트르, 《문학이란 무엇인가》, 정명환 옮김, 민음사, 1998.

장 폴 사르트르, 《방법의 탐구》, 윤정임 옮김, 현대미학사, 1995.

장 폴 사르트르, 《변증법적 이성비판》(전3권), 박정자 옮김, 나남, 2009.

장 폴 사르르트, 《실존주의는 휴머니즘이다》, 박정태 옮김, 이학사, 2008.

장 폴 사르트르, 《존재와 무》, 정소영 옮김, 동서문화사, 2009.

막스 셸러, 《동감의 본질과 형태들》, 조정옥 옮김, 아카넷, 2006.

페르디낭 드 소쉬르, 《일반언어학 강의》, 최승언 옮김, 민음사, 2006.

아르투어 쇼펜하우어, 《의지와 표상으로서의 세계》, 홍성광 옮김, 을유문화사, 2009.

아르투어 쇼펜하우어, 《성애론》, 조규열(편역), 문예출판사, 1999.

칼 슈미트, 《정치적인 것의 개념》, 김효전 외 옮김, 살림, 2012.

바뤼흐 스피노자,《에티카》, 강영계 옮김, 서광사, 2007.

페터 슬로터다이크,《냉소적 이성비판 I》, 이진우·박미애 옮김, 에코리브르, 2005.

조르조 아감벤,《호모 사케르》, 박진우 옮김, 새물결, 2008.

테오도르 아도르노,《부정변증법》, 홍승용 옮김, 한길사, 1999.

한나 아렌트,《예루살렘의 아이히만》, 김선욱 옮김, 한길사, 2006.

한나 아렌트,《전체주의의 기원》(1·2), 박미애 외 옮김, 한길사, 2006.

아리스토텔레스,《형이상학》, 김진성 옮김, 이제이북스, 2007.

아리스토텔레스,《범주들.명제에 관하여》, 김진성 옮김, 이제이북스, 2009.

아우구스티누스,《고백록》, 김기찬 옮김, 크리스챤다이제스트, 2005.

아우렐리우스,《명상록》, 천병희 옮김, 숲, 2005.

토마스 아퀴나스,《신학대전》(전12권), 정의채 외 옮김, 바오로딸, 2008.

루이 알튀세르,《맑스를 위하여》, 이종영 옮김, 백의, 1997.

루이 알튀세르,《철학과 맑스주의》, 백승욱·서관모 옮김, 새길, 1996.

루이 알튀세르,《아미엥에서의 주장》, 김동수 옮김, 솔출판사, 1991.

세르게이 에이젠슈타인 외,《사유 속의 영화》, 이윤영 옮김, 문학과지성사, 2011.

에피쿠로스,《쾌락》, 오유석 옮김, 문학과지성사, 1998.

윌리엄 오컴,《오컴 철학 선집》, 이경희 옮김, 간디서원, 2004.

게오르그 짐멜,《짐멜의 모더니티 읽기》, 김덕영 외 옮김, 새물결, 2005.

게오르그 짐멜,《돈의 철학》, 김덕영 옮김, 길, 2014.

임마누엘 칸트,《순수이성비판》(1·2), 백종현 옮김, 아카넷, 2006.

임마누엘 칸트,《실천이성비판》, 백종현 옮김, 아카넷, 2009.

임마누엘 칸트,《윤리형이상학》, 백종현 옮김, 아카넷, 2012.

임마누엘 칸트,《판단력비판》, 백종현 옮김, 아카넷, 2009.

토머스 쿤,《과학혁명의 구조》, 김명자 옮김, 까치, 2007.

솔 크립키,《이름과 필연》, 정대현 옮김, 서광사, 1989.

피에르 클라스트르,《국가에 대항하는 사회》, 홍성흡 옮김, 이학사, 2005.

키케로,《최고선악론》, 김창성 옮김, 서광사, 1999.

마르쿠스 툴리우스 키케로,《키케로의 신들의 본성에 관하여》, 강대진 옮김, 나남출판, 2012.

블레즈 파스칼,《팡세》, 이환 옮김, 민음사, 2003.

칼 포퍼,《열린사회와 그 적들》(1·2), 이한구 옮김, 민음사, 1998.

칼 포퍼,《추측과 논박》(1·2), 이한구 옮김, 민음사, 2001.

미셸 푸코,《말과 사물》, 이광래 옮김, 민음사, 1986.

미셸 푸코,《성의 역사》(전3권), 이규현 외 옮김, 나남, 2004.

미셸 푸코,《주체의 해석학》, 심세광 옮김, 동문선, 2007.

고트롭 프레게,《산수의 기초》, 최원배 외 옮김, 아카넷, 2003.

지그문트 프로이트,《프로이트전집》(전15권), 임홍빈 외 옮김, 열린책들, 1997.

피에르 프루동,《소유란 무엇인가》, 이용재 옮김, 아카넷, 2013.

일리야 프리고진,《있음에서 됨으로》, 이철수 옮김, 민음사, 1988.

일리야 프리고진 외,《혼돈으로부터의 질서》, 신국조 옮김, 자유아카데미, 2011.

플라톤,《고르기아스》, 김인곤 옮김, 이제이북스, 2011.

플라톤,《국가》, 박종현 옮김, 서광사, 2005.

플라톤,《에우티프론, 소크라테스의 변론, 크리톤, 파이돈》, 박종현 옮김, 서광사, 2008.

플라톤,《티마이오스》, 박종현 옮김, 서광사, 2008.

플라톤,《향연》, 강철웅 옮김, 이제이북스, 2014.

요한 고틀리프 피히테,《전체 지식론의 기초》, 한자경 옮김, 서광사, 1996.

마르틴 하이데거,《동일성과 차이》, 신상희 옮김, 민음사, 2000.

마르틴 하이데거,《존재와 시간》, 이기상 옮김, 까치, 1998.

베르너 하이젠베르크,《하이젠베르크의 물리학과 철학》, 구승회 옮김, 온누리, 2011.

게오르크 헤겔,《헤겔의 미학강의》(전3권), 두행숙 옮김, 은행나무, 2010.

게오르크 헤겔,《법철학》, 임석진 옮김, 한길사, 2008.

게오르크 헤겔,《역사철학강의》, 권기철 옮김, 동서문화사, 2008.

게오르크 헤겔,《헤겔 예나 시기 정신철학》, 서정혁 옮김, 이제이북스, 2006.

게오르크 헤겔,《정신현상학》(1·2), 임석진 옮김, 한길사, 2005.

악셀 호네트,《인정투쟁》, 문성훈 외 옮김, 사월의책, 2011.

악셀 호네트,《물화: 인정(認定)이론적 탐구》, 강병호 옮김, 나남출판, 2015.

토머스 홉스,《리바이어던》(1·2), 진석용 옮김, 나남, 2008.

앨프리드 노스 화이트헤드,《과정과 실재》, 오영환 옮김, 민음사, 2003.

에드문트 후설,《데카르트적 성찰》, 이종훈 옮김, 한길사, 2002.

에드문트 후설,《시간의식》, 이종훈 옮김, 한길사, 1996.

에드문트 후설,《유럽학문의 위기와 선험적 현상학》, 이종훈 옮김, 한길사, 2007.

프랜시스 후쿠야마,《역사의 종말》, 이상훈 옮김, 한마음사, 1997.

데이비드 흄,《오성에 관하여》(인간 본성에 관한 논고 1), 이준호 옮김, 서광사, 1994.

데이비드 흄,《정념에 관하여》(인간 본성에 관한 논고 2), 이준호 옮김, 서광사, 1996.

데이비드 흄,《도덕에 관하여》(인간 본성에 관한 논고 3), 이준호 옮김, 서광사, 2008.

Alain Badiou, *Logics of Worlds*, Alberto Toscano trans, Continuum, 2013.

Alain Badiou, *Being and Event*, Oliver Feltham trans, Bloomsbury Academic, 2013.

Jeffrey A. Barrett(Ed.), *The Everett Interpretation of Quantum Mechanics: Collected Works 1955-1980 with Commentary*, Princeton Univ Press, 2012.

Paul Benacerraf and Hilary Putnam(Ed.), *Philosophy of Mathematics: Selected Readings*, Cambridge Univ Press, 1984.

Henry Bergson, *Bergson Oeuvres*, PUF, 1959.

Pierre Bourdieu, *Pascalian Meditations*, Richard Nice trans, Stanford Univ Press, 2000.

Georg Cantor, *Contributions to the Founding of the Theory of Transfinite Numbers*, Dover Publications, 1955.

Herschel B. Chipp(ed.), *Theories of Modern Art: A Source Book by Artists and Critics*, Univ of California Press, 1984.

Paul J. Cohen, *Set Theory and the Continuum Hypothesis*, Dover Publications, 2008.

Antoine Augustin Cournot, *Exposition de la théorie des chances et des probabilités*, Librarie J. Vrin, 1984.

Jacques Derrida, *The Post Card*, Alan Bass trans, Univ of Chicago Press, 1987.

Joseph Warren Dauben, *Georg Cantor: His Mathematics and Philosophy of the Infinite*, Princeton Univ Press, 1990.

Sam Dolgoff(Ed.), *Bakunin on Anarchy*, Routledge, 2013.

A. Einstein and M. Born, *Born-Einstein Letters, 1916-1955: Friendship, Politics and Physics in Uncertain Times*, Palgrave Macmillan, 2004.

Albert Einstein, *A Stubbornly Persistent Illusion: The Essential Scientific Works of Albert Einstein*, Running Press, 2007.

Epicurus, *The Epicurus Reader*, Brad Inwood & Lloyd P. Gerson trans, Hackett Pub Co Inc, 1994.

William Ewald(ed.), *David Hilbert's Lectures on the Foundations of Arithmetic and Logic, 1917-1933*, Springer, 2013.

Michel Foucault, *Le gouvernement de soi et des autres*, Frédéric Gros(ed.), Seuil, 2008.

Michel Foucault, *Power/Knowledge: Selected Interviews and Other Writings, 1972-1977*, Vintage Books, 1980.

Gottlob Frege, Michael Beaney(ed.), *The Frege Reader*, Wiley-Blackwell, 1997.

Jean Giono, *Écrits pacifistes*, Gallimard, 1939.

Prakash Gorroochurn, *Classic Topics on the History of Modern Mathematical Statistics: From Laplace to More Recent Times*, Wiley, 2016.

Daniel Greenberger(Ed.), *Compendium of Quantum Physics: Concepts, Experiments, History and Philosophy*, Springer, 2009.

Kurt Gödel, *Kurt Gödel: Collected Works*(5 Vols), Oxford Univ Press, 2013

William Harvey, *On the Motion of the Heart and Blood in Animals*, Robert Willis trans, Prometheus Books, 1993.

Martin Heidegger, *Philosophical and Political Writings: Martin Heidegger*, Manfred Stassen trans, Continuum, 2003.

Jean van Heijenoort(ed.), *From Frege to Godel: a Source Book in Mathematical Logic*, Harvard Univ Press, 1967.

A. Heyting(Ed.), *Philosophy and Foundations of Mathematics: L. E. J. Brouwer*, North Holland, 1975.

David Hume, *Hume: Political Essays*, Knud Haakonssen(ed.), Cambridge Univ Press, 1994.

Brad Inwood and Lloyd P. Gerson(ed. and trans), *The Stoics Reader*, Hackett Pub Co Inc, 2008.

Roman Jakobson, *Six Lectures on Sound and Meaning*, MIT Press, 1978.

Mary McAllester Jones, *Gaston Bachelard, Subversive Humanist: Texts and Readings*, Univ of Wisconsin Press, 1991

Paul Klee, *Paul Klee: Creative Confession and Other Writings*, Tate, 2014.

Paul Klee, *Paul Klee on Modern Art*, Faber & Faber, 1966.

Paul Klee, *The Notebooks of Paul Klee*(2 Vols), George Wittenborn, 1961.

Alexandre Kojève, *Introduction to the Reading of Hegel: Lectures on the Phenomenology of Spirit*, James H. Nichols trans, Cornell Univ Press, 1980.

Pyotr Kropotkin, *Kropotkin: The Conquest of Bread and Other Writings*, Marshall S. Shatz trans, Cambridge Univ Press, 1995.

Kerry Kuehn(ed.), *A Student's Guide Through the Great Physics Texts*(4 Vols), Springer, 2015.

Jacques Lacan, *Ecrits*, Bruce Fink trans, W. W. Norton & Co Inc, 2007.

Jacques Lacan, *The Seminar of Jacques Lacan: The Other Side of Psychoanalysis*, Jacques-Alain Miller(ed.), Russell Grigg trans, W. W. Norton & Co Inc, 2007.

Russell Marcus(ed.), *An Historical Introduction to the Philosophy of Mathematics: A Reader*, Bloomsbury USA Academic, 2016.

Reinhard May, *Heidegger's Hidden Sources : East-Asian Influences on His Work*, Graham Parkes trans, Routledge, 1996.

Martha Nussbaum, *The Therapy of Desire: Theory and Practice in Hellenistic Ethics*, Princeton Univ Press, 2009.

Pierre-Simon Laplace, *Essai philosophique sur les probabilités*, CreateSpace Independent Publishing Platform, 2015.

Gottfried Wilhelm Leibniz, *Philosophical Papers and Letters: A Selection*, L. E. Loemker trans, Springer, 1975.

John Locke, *An Essay Concerning Human Understanding*, Oxford Univ Press, 1979.

A. A. Long and D. N. Sedley, *The Hellenistic Philosophers*, Cambridge Univ Press, 1990.

Lucretius, *On the Nature of Things*, Martin Ferguson Smith trans, Hackett Pub Co Inc, 2001.

Jean-Francois Lyotard, *The Postmodern Condition: A Report on Knowledge*, Univ of Minnesota Press, 1984.

Timothy McGrew(ed.), *Philosophy of Science: An Historical Anthology*, Wiley-Blackwell, 2009.

Pierre-Joseph Proudhon, *Property Is Theft!: A Pierre-Joseph Proudhon Reader*, Iain McKay(ed.), AK Press, 2011.

Michael Rosen(ed.), *Political Thought*, Oxford Univ Press, 1999.

Mark Rothko, *Writings on Art*, Miguel Lopez-remiro(ed.), Yale Univ Press, 2006.

Bertrand Russell, *Philosophy of Logical Atomism*, Routledge, 2009.

Andrew B. Schoedinger(ed.), *Readings in Medieval Philosophy*, Oxford Univ Press, 1996.

Paul V. Spade(ed. and trans), *Five Texts on the Mediaeval Problem of Universals: Porphyry, Boethius, Abelard, Duns Scotus & Ockham*, Hackett Pub Co Inc, 1994.

Max Stirner, *The Ego and its Own*, David Leopold trans, Cambridge Univ Press, 1995.

P. F. Strawson, *Individuals*, Taylor & Francis, 1990.

C. C. W. Taylor(ed.), *The Atomists: Leucippus and Democritus: Fragments*, Univ of Toronto
　　Press, 2010.
Evan Thompson, *Mind in Life*, Harvard Univ Press, 2007
Simone Weil, *Oppression and Liberty*, Routledge, 2001.
Ludwig Wittgenstein, *Philosophical Remarks*, Univ of Chicago Press, 1980.
Keith Seddon and C. D. Yonge, *An Outline of Cynic Philosophy*, Lulu, 2008.

동양편

가노우 요시미츠,《몸으로 본 중국사상》, 동의과학연구소 옮김, 소나무, 1999.
가라타니 고진,《근대문학의 종언》, 조영일 옮김, 도서출판 b, 2006.
가라타니 고진,《세계사의 구조》, 조영일 옮김, 도서출판 b, 2014.
가라타니 고진,《유머로서의 유물론》, 이경훈 옮김, 문화과학사, 2002.
가라타니 고진,《일본정신의 기원》, 송태욱 옮김, 이매진, 2006.
가라타니 고진,《은유로서의 건축》, 김재희 옮김, 한나래, 1998.
갈홍,《포박자: 외편》(전3권), 석원태 옮김, 서림문화사, 1995.
견혜,《보성론》, 안성두 옮김, 소명출판, 2011.
고려대 민족문화연구원 한국사상연구소(엮음),《자료와 해설 한국의 철학사상》, 예문서원,
　　2001.
공자,《논어한글역주》(전3권), 김용옥 옮김, 통나무, 2008.
공자,《논어》, 동양고전연구회 옮김, 지식산업사, 2003.
관중,《관자》, 김필수 외 옮김, 소나무, 2006.
《금강정경》, 김영덕 옮김, 동국역경원, 2007.
기대승,《국역 고봉집》(1~4), 민족문화추진회 옮김, 솔, 1998.
김성철,《원효의 판비량론 기초연구》, 지식산업사, 2003.
김수영,《김수영전집》(1·2), 민음사, 2003.
김용휘,《최제우의 철학》, 이화여자대학교출판부, 2012.
나가르주나,《중론》, 김성철 옮김, 경서원, 1993
나가르주나,《회쟁론》, 김성철 옮김, 경서원, 1999
노자,《백서 노자》, 이석명 옮김, 청계, 2006.
《능가경 역주》, 박건주 옮김, 운주사, 2011.
다르마끼르티,《니야야 빈두 외》, 원의범 옮김, 동국역경원, 2013.
다르마키르티/다르못따라,《니야야빈두/니야야빈두띠까》, 박인성 옮김, 2000.
담사동,《인학》, 임형석 옮김, 산지니, 2016.
《대방광불화엄경》(전5권), 이운허 옮김, 동국역경원, 2006.
대진,《맹자자의 소증·원선》, 임옥균 옮김, 홍익출판사, 1998.
도사키 히로마사,《불교인식론 연구》, 박인성 옮김, 길, 2015.
도원,《전등록》, 김월운 옮김, 동국역경원, 2008.

동국대학교불교편찬위원회,《한국불교전서》(전14권), 동국대학교출판부, 1998.

동중서,《동중서의 春秋繁露: 춘추-역사해석학》, 신정근 옮김, 태학사, 2006.

라뜨나키르티,《찰나멸논증》, 우제선 옮김, 소명출판, 2013.

라모뜨,《인도불교사》(1·2), 호진 옮김, 시공사, 2006.

마테오 리치,《천주실의》, 송영배 외 옮김, 서울대학교출판부, 1999.

마츠모토 시로,《티베트 불교 철학》, 김명우 외 옮김, 불교시대사, 2008.

맹자,《맹자》, 우재호 옮김, 을유문화사, 2007.

《묘법연화경》, 이운허 옮김, 동국역경원, 2005.

무문,《무문관》, 정성본 옮김, 한국선문화연구원, 2004.

묵자,《묵자》(상·하), 김학주 옮김, 명문당, 2003.

바수반두,《아비달마구사론》, 권오민 옮김, 동국역경원, 2002.

박동환,《안티호모에렉투스》, 길, 2001.

박인성,《인명입정리론의 분석》, 경서원, 2000.

박종홍,《박종홍 전집》(전7권), 민음사, 1998.

《브리하다라냐카 우파니샤드》, 남수영 옮김, 여래, 2009.

사마천,《사기본기》, 정범진 외 옮김, 까치, 1994.

사마천,《사기세가》(상·하), 정범진 외 옮김, 까치, 1994.

사마천,《사기열전》(상·중·하), 정범진 외 옮김, 까치, 1995.

성철,《선문정로》, 장경각, 1987.

소옹,《황극경세》(전5권), 윤상철 옮김, 대유학당, 2011.

소흥렬 외,《비판불교의 파라독스》, 고려대장경연구소, 2000.

손무,《손자병법》, 유동환 옮김, 홍익출판사, 2002.

손무·오기,《역주 손무자직해·오자직해》, 성백효 외 옮김, 전통문화연구회, 2013.

순자,《순자》, 김학주 옮김, 을유문화사, 2008.

스티라마티,《유식삼십송석》, 박인성 옮김, 민족사, 2000.

승우,《홍명집》, 계환 옮김, 동국역경원, 2008.

승조,《조론》, 송찬우 옮김, 경서원, 2009.

신채호,《단재신채호전집》(전9권), 독립기념관한국독립운동사연구소, 2008.

심재룡,《고려시대의 불교사상》, 서울대학교출판문화원, 2011.

싯다르타,《법구경·담마파다》, 전재성 옮김, 한국빠알리성전협회, 2008.

싯다르타,《초전 법륜경·무아경》, 범라 옮김, 위빠싸나출판사, 2003.

싯다르타,《쌍윳따니까야》, 전재성 옮김, 한국빠알리성전협회, 2014.

싯다르타,《맛지마니까야》, 전재성 옮김, 한국빠알리성전협회, 2009.

싯다르타,《앙굿따라니까야》, 전재성 옮김, 한국빠알리성전협회, 2007.

여불위,《여씨춘추》, 정하현 옮김, 소명출판, 2011.

연수,《종경록》, 송찬우 옮김, 세계사, 1992.

염정삼,《설문해자주 부수자 역해》, 서울대학교출판부, 2013.

열자,《열자》, 김학주 옮김, 을유문화사, 2000.

《예기》(상·중·하), 이상옥 옮김, 명문당, 2003.

오기, 《오자병법》, 김경현 옮김, 홍익출판사, 1998.

왕양명, 《실천적 삶을 위한 지침, 전습록》(1·2), 정인재 외 옮김, 청계, 2007.

왕충, 《논형》, 이주행 옮김, 소나무, 1996.

왕필, 《왕필의 노자주》, 임채우 옮김, 한길사, 2005.

왕필, 《주역 왕필주》, 임채우 옮김, 길, 2006.

《우파니샤드》, 임근동 옮김, 을유문화사, 2012.

원오, 《벽암록》, 정성본 옮김, 한국선문화연구원, 2006.

원효, 《대승기신론 소·별기》, 은정희 옮김, 일지사, 1991.

원효, 《금강삼매경론》, 은정희 옮김, 일지사, 2000.

폴 윌리엄스, 《인도불교사상》, 안성두 옮김, CIR, 2009.

의상, 《일승법계도합시일인》, 김지견 옮김, 초롱, 1997.

이간, 《외암집》 한남대학교 충청문화연구소, 1989.

이규성, 《최시형의 철학》, 이화여자대학교출판부, 2011.

이이, 《국역 율곡전서》(전7권), 김동주 외 옮김, 한국정신문화연구원, 2002.

이이, 《율곡집》, 정종복 옮김, 명문당, 2009.

이지, 《분서》(1·2), 김혜경 옮김, 한길사, 2004.

이지, 《속 분서》, 김혜경 옮김, 한길사, 2007.

이지수, 《인도불교철학의 원전적 연구》, 여래, 2014.

이토 진사이, 《이토오진사이》, 이기동 옮김, 성균관대학교 출판부, 2000.

이황, 《퇴계전서》(전5권), 성대대동문화연구원 옮김, 대동문화연구원, 1992.

임제, 《임제어록》, 정성본 옮김, 한국선문화연구원, 2003.

장자, 《역주 장자》(전4권), 안병주 외 옮김, 전통문화연구회, 2002.

정·균, 《조당집》(1·2), 역경원편집부 옮김, 동국대학교역경원, 2001.

정도전, 《증보 삼봉집》(전4권), 정병철 옮김, 한국학술정보, 2009.

정약용, 《정본 여유당전서》(전37권), 사암, 2013.

종밀, 《선원제전집도서》, 원순 옮김, 법공양, 2000.

주희, 《주자어류》(1~4), 허탁 외 옮김, 청계, 2001.

주희 외(엮음), 《근사록집해》(1·2), 이광호 옮김, 아카넷, 2004.

지눌, 《보조법어》, 김탄허 옮김, 교림, 2002.

진고응, 《진고응이 풀이한 노자》, 최재목·박종연 옮김, 영남대학교출판부, 2008.

최한기, 《기학》, 손병욱 옮김, 통나무, 2004.

최한기, 《명남루총서》(전5권), 대동문화연구원 옮김, 성균관대학교 출판부, 2002.

한비자, 《한비자》(1·2), 이운구 옮김, 한길사, 2002.

한원진, 《남당선생문집》, 경인문화사, 1994.

《황제내경소문》, 홍원식 옮김, 전통문화연구회, 1992.

《황제내경영추》, 홍원식 옮김, 전통문화연구회, 1994.

허남진, 《삼국과 통일신라의 불교사상: 한국철학자료집 불교편1》, 서울대학교출판부, 2011.

허신, 《단옥재주 설문해자》, 금하연 외 옮김, 자유문고, 2015.

혜능, 《돈황본 육조단경》, 정성본 옮김, 한국선문화연구원, 2003.

혜연,《임제어록》, 정성본 옮김, 한국선문화연구원, 2003.

桂紹隆,《認識論と論理學》, 春秋社, 2012.

桂紹隆,《唯識と瑜伽行》, 春秋社, 2012.

桂紹隆,《空と中觀》, 春秋社, 2012.

公孫龍,《公孫龍子形名發微》, 中華書局, 1996.

谷貞志,《刹那滅の研究》, 春秋社, 2000.

宮坂宥勝,《理趣經》, 大藏出版, 2003.

梶山雄一,《認識論と論理學》, 春秋社, 2013.

梶山雄一,《中觀と空》(I・II), 春秋社, 2013.

梶山雄一,《世親論集》, 中央公論新社, 2005.

梶山雄一,《龍樹論集》, 中央公論新社, 2004.

班固,《漢書》(全12冊), 中華書局, 1990.

方立天(編),《中國佛教思想資料選編》(全10冊), 中華書局, 2014.

房玄齡,《晉書》(全四冊), 中華書局, 1974.

法藏,《華嚴金師子章校釋》, 中華書局 1983.

竝川孝儀,《インド佛教教團 正量部の研究》, 大藏出版, 2011

司馬遷,《史記》(全10冊), 中華書局, 1982.

西田幾多郎,《西田幾多郎全集》(全24卷), 岩波書店, 2009.

王守仁,《王陽明全集》(全2冊), 上海古籍出版社, 2012.

王充,《論衡校釋》(全四冊), 中華書局, 1990.

陸九淵,《陸九淵集》, 中華書局, 1980.

莊子,《莊子集釋》, 中華書局, 2004.

張載,《張載集》, 中華書局, 2006.

荻生徂徠,《徂徠集・徂徠集拾遺》, ぺりかん社, 1985.

程顥·程頤,《二程集》, 中華書局, 2004.

周敦頤,《周敦頤集》, 中華書局, 2009.

朱熹,《朱熹集》(全10冊), 四川教育出版社, 1996.

朱熹,《四書章句集注》, 中華書局, 1989.

朱熹,《朱子語類》(全8冊), 中華書局, 1994.

贊寧,《宋高僧傳》(全2冊), 中華書局, 1987.

平井俊榮·池田道浩·荒井裕明,《成實論》(1·2), 大藏出版, 1999.

下田正弘,《如來藏と佛性》, 春秋社, 2014.

Aryadeva, *Aryadeva's Four Hundred Stanzas On The Middle Way: With Commentary By Gyel-Tsap*, Ruth Sonam trans, Snow Lion, 2008.

Andre Bareau, *The Buddhist Schools of the Small Vehicle*, Univ of Hawaii Press, 2013.

Dharmakirti, *Dharmakirti on the Duality of the Object: Pramanavarttika III 1-63*, Eli Franco trans, LIT Verlag, 2014.

Dharmakirti, *Can the Veda speak?: Dharmakirti against Mimamsa Exegetics and Vedic authority*, Vincent Eltschinger tran, Austrian Academy of Sciences Press, 2012.

Dharmakirti, *The Pramanavarttikam of Acarya Dharmakiriti*, Ram Chandra Pandeya(ed.), Motilal Banarsidass, 1989.

John D. Dunne, *Foundations of Dharmakirti's Philosophy*, Wisdom Publications, 2004.

William Edelglass and Jay Garfield(ed.), *Buddhist Philosophy: Essential Readings*, Oxford Univ Press, 2009.

Bhikkhu Silachara, *The fruit of the homeless life: the Samaññaphala sutta*, Nabu Press, 2010.

Debiprasad Chattopadhyaya, *Carvaka/Lokayata: An Anthology of Source Materials and Some Recent Studies*, Abm Komers, 1994.

Dignaga, *Dignaga on perception*, Masaaki Hattori trans, Harvard Univ Press, 1968.

R. P. Hayes, *Dignaga on the Interpretation of Signs*, Springer, 2012.

A. C. Graham, *Chuang-Tzu: The Inner Chapters*, Unwin Paperbacks, 1981.

Jaimini, *Mimamsa Sutra of Jaimini*, N. V. Thadani trans, Bharatiya Kala Prakashan, 2007.

Kamalasila, *Bhavanakrama of Kamalasila*, Parmanad Sharma trans, Aditya Prakashan, 1997.

Kamalasila, *The Tattvasangraha of Shantaraksita*, Ganganatha Jha trans, Motilal Banarsidass, 1986.

Thomas A. Kochumuttom, *A Buddhist Doctrine of Experience: A New Translation and Interpretation of the Works of Vasubandhu the Yogacarin*, Motilal Banarsidass, 2008.

Kumarila, *Slokavartika*, Ganganath Jha trans, Pilgrims Publishing, 1983.

Kumarila, *Tantravarttika*, Ganganath Jha trans, Pilgrims Publishing, 2002.

Dan Lusthaus, *Buddhist Phenomenology*, Taylor & Francis, 2003.

Madhava, *The Sarvadarshanasamgraha of Madhavacharya*, E. B. Cowell trans, D.K. Printworld, 2016.

Joseph Needham, *Science and Civilisation in China*(Vol. 2): *History of Scientific Thought*, Cambridge Univ Press, 1991.

Pingala, *Nagarjuna in China*, Brian Bocking trans, Edwin Mellen Press, 1995.

Sarvepalli Radhakrishnan, *A Sourcebook in Indian Philosophy*, Princeton Univ Press, 1957.

Siddhartha, *The Middle-Length Discourses of the Buddha*, Bhikkhu Ñāṇamoli trans, Wisdom Publications, 2001.

Siddhartha, *The Connected Discourses of the Buddha*, Bhikkhu Bodhi trans, Wisdom Publications, 2000.

Tsong Kha Pa, *The Great Treatise on the Stages of the Path to Enlightenment*(3 Vols), Lamrim Chenmo Translation Committee trans, Snow Lion, 2014.

Roy W. Perrett(ed.), *Indian Philosophy: A Collection of Readings*(5 Vols), Routledge, 2000.

Udayana, *Atmattavaviveka*, Shiv Kumar trans, Eastern Book Linkers, 1987.

Vasubandhu, *Seven Works of Vasubandhu*, Stefan Anacker trans, Motilal Bararsidass, 2002.

Paul Williams(ed.), *Buddhism*(Critical Concepts in Religious Studies)(8 Vols), Routledge, 2006.

Wonhyo, *Wonhyo's Philosophy of Mind*, A. Charles Muller(ed.), Univ of Hawaii Press, 2011.

Zongmi, *Zongmi on Chan*, Jeffrey Lyle Broughton trans, Columbia Univ Press, 2009.

철학사 연표

* ● 앞의 숫자는 해당 연대의 연도이다.
* '철학·사상서'에서 저술 연도가 명확하지 않은 책은 그 저자의 사망 연도에 기록해놓았다.

서양사	철학가·사상가 생몰 연도	연도
50 ● 그리스 각지에 폴리스 성립		**BC 700**
68 ● 아시리아 오리엔트 통일 24 ● 아테네의 드라콘, 성문법 공포	24 ● 탈레스(~BC 546?) ? ● 편작(~?)	**BC 600**
45 ● 아테네 참주정 확립 10 ● 아테네 귀족들, 참주정 무너뜨림 10 ● 로마, 공화정기 시작 08 ● 아테네의 클레이스테네스, 민주 정치 기초 다지고 도편추방제 실시	? ● 아지타(~?) ? ● 노자(~?) 70? ● 피타고라스(~BC 495?) 63? ● 싯다르타(~BC 483?) 51 ● 공자(~BC 479) ? ● 손자(~?) ? ● 송견(~?)	**BC 500**
94 ● 로마, 평민회와 호민관 설치 92 ● 페르시아 전쟁 시작(~BC 479) 60 ● 페리클레스 시대(~BC 429), 아테네 민주정치의 확립기 58 ● 아이스킬로스의 비극 〈오레스테이아〉 초연 50 ● 로마, 최초의 성문법 12표법 공포 31 ● 펠로폰네소스 전쟁(~BC 404)	96 ● 소포클레스(BC 406) 70? ● 묵적(~BC 390?) 69 ● 소크라테스(~BC 399) 60? ● 데모크리토스(~BC 370?) 40 ● 오자(~BC 381) 40? ● 양주(~BC 360?) 28? ● 플라톤(~BC 348?) 00? ● 디오게네스(~BC 323)	**BC 400**
	95 ● 신도(~BC 315) ? ● 상앙(~BC 338) ? ● 신불해(~BC 337?) 84 ● 아리스토텔레스(~BC 322) ? ● 고자(~?) 72? ● 맹자(~BC 289?) 70? ● 혜시(~BC 310?) 69 ● 장자(~BC 289?)	**BC 300**

서양사	철학가·사상가 생몰 연도	연도
황제이자 철학자인 아우렐리우스 사망. 그 이후 로마제국은 쇠퇴		100
로마 황제 카라칼라, 안토니우스 칙령 발표 페르시아 아르다시르 1세, 사산 왕조 발흥 로마, 군인 황제 시대 시작 기독교 대박해 시작	04? ● 플로티누스(~270?) ? ● 포경언(~?) ? ● 디오게네스 라에르티오스(~?) 26 ● 왕필(~249) 52? ● 곽상(~312)	200
	67 ● 배위(~249) 83 ● 갈홍(~343?)	
로마, 밀라노 칙령으로 기독교 공인 니케아 공의회 열림	20? ● 바수반두(~400?) 34 ● 혜원(~416) 54 ● 아우구스티누스(~430) 74 ● 승조(~414)	300
게르만 족 대이동 시작 기독교, 로마 국교로 승인 로마제국, 동서로 분열		
	50 ● 범진(~515) 60 ● 달마(~532?) 80 ● 디그나가(~540) 80? ● 보에티우스(~524?)	400
서로마제국 멸망 프랑크 왕국 건국		
	10 ● 스티라마티(~570)	
유스티니아누스 황제, 법전 편찬 시작		500
콘스탄티노플, 성소피아 성당 건립 동로마제국, 사산 왕조 전쟁	38 ● 지의(~597) 57 ● 두순(~640)	
로마 교황 그레고리우스 1세 즉위, 교황권 확립		

연도	철학·사상서	동양사
BC 700	00? ● 호메로스《오디세이아》	70 ● 중국 춘추전국시대 돌입 22 ● 노(魯),《춘추》 편집 시작
BC 600		85 ● 제(齊), 환공 즉위 36 ● 진(晉), 문공 즉위 23 ● 진(秦), 서융 정벌 00 ● 인도에서 브라만교 성립, 우파니샤드 시대
BC 500	? ● 손자《손자(孫子)》	97 ● 진(晉)·초(楚) 전쟁에서 초나라 승리 46 ● 송의 수도에서 미병회담(彌兵會談) 열림. 이로써 40년간 평화기 06 ● 오(吳), 초 수도 함락
BC 400	79? ● 공자《논어(論語)》	93 ● 인도, 마가다의 아자타사트루 대왕 등극 73 ● 월왕(越王) 구천, 오 멸망시킴
	00? ● 바수반두《유식20송》《유식30송》	03 ● 중국 전국시대 돌입
BC 300	81? ● 오자《오자(吳子)》	78 ● 제, 위왕 즉위

서양사	철학가·사상가 생몰 연도	연도
	50 ● 추연(~BC 270) 42? ● 에피쿠로스(~BC 271)	
38 ● 마케도니아, 제1차 헬라스 동맹 소집 34 ● 알렉산더 대왕 동방 원정(~BC 323) 23 ● 알렉산더 대왕 사망	30? ● 유클리드(~BC 275?) 20 ● 공손룡(~BC 250)	BC 300
87 ● 로마, 호르텐시우스 법 공포, 로마 공화정 완성 64 ● 로마와 카르타고, 포에니전쟁(~BC 146)	98? ● 순자(~BC 238?) 80? ● 한비자(~BC 233)	BC 200
16 ● 카르타고의 한니발, 이탈리아 침입		
46 ● 로마, 카르타고 점령, 스파르타 실권 장악, 마케도니아 복속 33 ● 로마, 그라쿠스 형제의 사회 개혁 시작	76 ● 동중서(~BC 104) 45? ● 사마천(~BC 86?) 06 ● 키케로(~BC 43)	BC 100
60 ● 로마, 제1회 3두동맹(카이사르, 폼페이우스, 크라수스) 58 ● 로마의 장군 카이사르, 갈리아 정복(~BC 51) 47 ● 클레오파트라, 카이사르 도움으로 이집트의 왕 등극 37 ● 헤롯, 유대 왕 등극 31 ● 옥타비아누스(뒤에 아우구스투스 황제), 악티움 해전 승리 27 ● 로마 제정 시작 04 ● 예수 탄생	96? ● 루크레티우스(~BC 55)	BC 1
30 ● 예수, 십자가에 못 박힘 54 ● 로마 황제 네로 즉위 64 ● 로마 대화재 66 ● 유대인, 로마에 항거 반란 일으킴 96 ● 로마 황제 네르바 즉위, 5현제 시대	27 ● 왕충(~100) 50? ● 에픽테토스(~138?)	AD 1
66 ● 로마, 중국에 사신 파견	21 ● 아우렐리우스(~180) 50? ● 나가르주나(~250?) 70? ● 아리야데바(~270?)	100

연도	철학·사상서	
BC 300	48? ● 플라톤 《국가》 《티마이오스》 37? ● 신불해 《신자(申子)》 22? ● 아리스토텔레스 《정치학》 《형이상학》 《니코마코스 윤리학》 15? ● 신도 《신자(愼子)》	51 ● 한(漢) 소후가 소 43 ● 인도, 난다 왕조 27 ● 알렉산더 대왕, 20 ● 제, 선왕 즉위. 17 ● 인도의 찬드라
BC 200	90? ● 묵적 《묵자(墨子)》 89? ● 장자 《장자(莊子)》, 맹자 《맹자(孟子)》 75? ● 유클리드 《원론(Stoicheia)》 ? ● 노자 《도덕경(道德經)》 50? ● 공손룡 《공손룡자(公孫龍子)》 39 ● 여불위 《여씨춘추(呂氏春秋)》 38? ● 순자 《순자(荀子)》 33? ● 한비자 《한비자(韓非子)》	68 ● 인도, 아소카왕 47 ● 진시황 즉위 27 ● 형가, 진시황 암 21 ● 진(秦), 중국 통일 13 ● 진시황, 분서갱유 06 ● 유방이 진을 멸
BC 100	08 ● 사마천, 《사기(史記)》(~BC 91) 04 ● 동중서 《춘추번로(春秋繁露)》	85 ● 인도, 마우리아 39 ● 장건, 서역으로 36 ● 한 무제, 동중서 사상으로 확립 28 ● 인도, 샤타바하니 19 ● 장건, 다시 서역으 08 ● 고조선 멸망
BC 1	55? ● 루크레티우스 《사물의 본성에 관하여》 43? ● 키케로 《신본성론》 《최고선과 최고악에 관하여》 19? ● 베르길리우스 《아이네이스》	57 ● 신라 건국 37 ● 고구려 건국 18 ● 백제 건국 02? ● 중국에 불교가
AD 1		25 ● 유수, 동한(東漢) 78 ● 인도, 쿠샨 왕조 86 ● 인도, 샤타바하니 통치(~114) 91 ● 한, 북흉노 궤멸.
100	38? ● 에픽테토스 《엥케이리디온(Enchiridion)》 《담화록》 60? ● 마명 《대승기신론(大乘起信論)》 74 ● 아우렐리우스 《명상록》	00 ● 인도, 간다라와 05 ● 채륜, 제지술 개

80 ●
15 ● 26 ● 35 ● 50 ●
13 ● 25 ●
75 ● 92 ● 95 ●
76 ●
81 ●
29 ● 37 ● 40 ●
90 ●

연도	철학·사상서	동양사
100	86? ● 왕충 《논형(論衡)》	84 ● 황건의 난 일어남 94 ● 고구려, 진대법 실시
200	49? ● 왕필 《노자주(老子注)》《주역주(周易注)》 50? ● 나가르주나 《중론(中論)》《회쟁론(廻諍論)》 ? ● 디오게네스 라에르티오스 《유명한 철학자들의 생애와 사상》 70? ● 아리야데바 《사백론(四百論)》, 플로티누스 《엔네아데스(Enneades)》 85 ● 진수 《삼국지(三國志)》	08 ● 손권·유비 연합군 적벽대전에서 조조 군대 물리침 60 ● 백제, 16관등과 공복 제정 63 ● 위, 촉을 멸망시킴 80 ● 진이 오를 멸망시키고 통일
300	12? ● 곽상 《장자주(莊子注)》 43? ● 갈홍 《포박자(抱朴子)》 97 ● 아우구스티누스 《고백록》(~401)	04 ● 중국, 16국 시대 시작 13 ● 고구려, 낙랑군 멸망시킴 20 ● 인도의 찬드라 굽타 1세, 굽타 왕조 창립 53 ● 막고굴 조성 시작 72 ● 고구려에 불교 들어옴. 백제, 동진에 사절 보냄 84 ● 백제에 불교 들어옴
400	13 ● 아우구스티누스 《신국론》(~426) 14? ● 승조 《조론(肇論)》 50? ● 《베단타 수트라》	05 ● 백제, 일본에 한학 전함 13 ● 법현, 인도 순례 뒤 귀국. 그 뒤 《불국기》 편찬 14 ● 고구려, 광개토대왕비 건설 20 ● 중국, 송 건국 27 ● 고구려, 평양 천도 39 ● 중국, 남북조 시대 시작 46 ● 위 태무제, 불교 탄압 60 ● 운강석굴 개착 시작 94 ● 고구려, 부여 합병
500	02? ● 자사 《중용(中庸)》 ? ● 승우 《홍명집(弘明集)》(범진 〈신멸론(神滅論)〉, 혜원 〈사문불경왕자론(沙門不敬王者論)〉 수록) 24? ● 보에티우스 《철학의 위안》 32? ● 달마 《이입사행론(二入四行論)》 40? ● 디그나가 《인명정리문론(因明正理門論)》《집량론(集量論)》 70? ● 스티라마티 《유식삼십송석(唯識三十頌釋)》 94 ● 지의 《마하지관(摩訶止觀)》	03 ● 신라, 국호와 왕호를 정함 05 ● 훈족, 북서 인도 침공, 굽타 왕조 쇠퇴 27 ● 신라, 불교 공인 52 ● 백제, 일본에 불교 전함 70 ● 무함마드 탄생 74 ● 북주의 무제, 불교·도교 금지 89 ● 수(隋), 중국 통일

서양사	철학가·사상가 생몰 연도	연도
03 ● 동로마제국, 페르시아의 공격을 받음	02 ● 현장(~664) 02 ● 지엄(~668) ? ● 다르마키르티(~680?) ? ● 신수(~706) 17 ● 원효(~686) 25 ● 의상(~702) 38 ● 혜능(~713) 43 ● 법장(~712)	600
11 ● 이슬람, 유럽 침략 시작 51 ● 프랑크 왕국, 카롤링거 왕조 성립 71 ● 카롤루스 대제, 프랑크 왕국 통일	? ● 마하연(~?) ? ● 쿠마릴라(~?) 25 ● 샨타락시타(~788) 38 ● 징관(~839) 40? ● 카말라실라(~795?) 49 ● 백장(~814) 80 ● 종밀(~840) ? ● 임제(~867)	700
29 ● 잉글랜드 왕국 성립 43 ● 베르됭 조약, 프랑크 왕국 3개로 분할		800
11 ● 노르망디 공국 성립 62 ● 신성로마제국 탄생 87 ● 프랑스, 카페 왕조 시작	? ● 우다야나(~?) 75 ● 즈냐냐스리미트라(~1025)	900
	11 ● 소옹(~1077) 17 ● 주돈이(~1073) 20 ● 장재(~1077) 30 ● 주희(~1200) 32 ● 정호(~1085) 33 ● 정이(~1107)	1000

연도	철학·사상서	동양사
600	28 ● 지엄 《화엄경수현기(華嚴經搜玄記)》 46 ● 현장 《대당서역기(大唐西域記)》 68 ● 의상 《화엄일승법계도(華嚴一乘法界圖)》 71 ● 원효 《판비량론(判比量論)》 80? ● 다르마키르티 《양평석(量評釋)》《니야야빈두》 86? ● 원효 《금강삼매경론(金剛三昧經論)》	00 ● 인도, 팔라바 왕조 수립 12 ● 고구려 살수대첩 18 ● 중국, 당나라 건국 30 ● 현장, 인도 구법여행(~644) 45 ● 일본, 다이카 개신 60 ● 백제 멸망 68 ● 고구려 멸망 90 ● 일본, 천황 칭호 개시. 무측천, 황제를 칭하고 주(周)를 세움 98 ● 대조영, 발해 건국
700	06? ● 신수 《관심론(觀心論)》 12? ● 법장 《화엄금사자장(華嚴金獅子章)》 13? ● 혜능 《육조단경(六祖壇經)》 71 ● 불공 《이취경(理趣經)》 88? ● 샨타라시타 《중관장엄론(中觀莊嚴論)》 95? ● 카말라실라 《수습차제(修習次第)》 ? ● 쿠마릴라 《쉬로카바르티카(Ślokavārtika)》	12 ● 인도에 아랍 제국 침입 33 ● 신라, 당과 연합해 발해 공격 40 ● 팔라바 왕조, 멸망 51 ● 신라, 불국사와 석굴암 세움 55 ● 중국, 안사의 난(~763) 94 ● 티베트 쌈예 논쟁. 일본, 헤이안 시대 돌입
800	14? ● 백장 《조당집(祖堂集)》 39? ● 징관 《법계현경(法界玄鏡)》 40? ● 종밀 《선원제전집도서(禪源諸詮集都序)》《원인론(原人論)》 67? ● 임제 《임제어록(臨濟語錄)》	45 ● 당 무종, 불교 탄압 74 ● 최치원, 당에서 과거 급제 80 ● 당, 황소의 난
900	75? ● 연수 《종경록(宗鏡錄)》	07 ● 당 멸망, 5대 10국 시대 18 ● 왕건, 고려 건국 36 ● 고려, 후삼국 통일 60 ● 조광윤, 송 건국 80 ● 송, 중국 통일 88 ● 마흐무드 가즈니, 북서 인도 침입
1000	25? ● 즈냐냐스리미트라 《찰나멸론》	19 ● 강감찬, 귀주대첩 38 ● 중국, 서하 건국

서양사	철학가·사상가 생물 연도	연도
37 ● 셀주크 튀르크 건국 54 ● 기독교, 동서로 분열 66 ● 노르망디 공 윌리엄, 잉글랜드 정복 77 ● 카노사의 굴욕, 신성로마제국 황제와 교황과의 싸움에서 교황이 승리 96 ● 십자군전쟁 시작	33 ● 안셀무스(~1109) 55 ● 의천(~1101) 89 ● 대혜(~1163)	1000
45 ● 이슬람 세력, 이베리아 반도 지배 47 ● 제2회 십자군 원정(~1149) 52 ● 신성로마제국 황제 프리드리히 1세 즉위 89 ● 제3회 십자군 원정(~1192)	37 ● 여조겸(~1181) 39 ● 육구연(~1192) 58 ● 지눌(~1210)	1100
02 ● 제4회 십자군 원정(~1204) 04 ● 동로마제국 멸망 09 ● 케임브리지 대학 설립 15 ● 영국, 대헌장 제정 28 ● 제5회 십자군 원정(~1229) 41 ● 신성로마제국, 한자동맹 성립 48 ● 제6회 십자군 원정(~1254) 70 ● 제7회 십자군 원정(~1272) 71 ● 마르코 폴로 동방으로 여행(~1295)	25 ● 아퀴나스(~1274) 38? ● 마다바(~1317?) 60 ● 에크하르트(~1328) 66 ● 둔스 스코투스(~1308) ? ● 라트나키르티(~?) 85? ● 오컴(~1349)	1200
09 ● 로마 교황청 아비뇽으로 이전 25 ● 이븐 바투타, 세계여행 시작 38 ● 영국과 프랑스, 백년 전쟁 발발	42 ● 정도전(~1398) 57 ● 총카파(~1419)	1300
14 ● 콘스탄츠공의회 열림 50 ● 구텐베르크, 활판 인쇄술 시작 53 ● 동로마제국 멸망		1400

연도	철학·사상서	동양사
1000	65 ● 사마광 《자치통감(資治通鑑)》(~1084) 73? ● 주돈이 《태극도설(太極圖說)》 73 ● 의천 《신편제종교장총록(新編諸宗敎藏總錄)》 76 ● 장재 《정몽(正蒙)》 77? ● 소옹 《황극경세서(皇極經世書)》 85? ● 정호·정이 《이정집(二程集)》 86 ● 의천 《속장경》 조판	82 ● 북송, 서하에 대패
1100	09? ● 안셀무스 《모놀로기온》 《프로슬로기온》 35? ● 극근 《벽암록(碧巖錄)》 45 ● 김부식 《삼국사기》 63? ● 대혜 《대혜보각선사어록(大慧普覺禪師語錄)》 75 ● 주희 《근사록(近思錄)》 81? ● 여조겸 《동래집(東萊集)》 82 ● 주희 《대학장구(大學章句)》 《중용장구(中庸章句)》	15 ● 여진족, 금 건국 27 ● 송 멸망, 강남에 남송 건국 75 ● 주희, 육구연 철학 논쟁(아호지쟁) 92 ● 일본, 가마쿠라 막부 성립
1200	09 ● 지눌 《법집별행록절요병입사기(法集別行錄節要并入私記)》 28 ● 혜개 《무문관(無門關)》 66 ● 아퀴나스 《신학대전》(~1273) 85 ● 일연 《삼국유사》 97 ● 스코투스 《오르디나티오(Ordinatio)》	05 ● 이슬람, 북인도 지배 06 ● 칭기즈 칸, 몽골 제국 세움 27 ● 칭기즈 칸, 사망 34 ● 금, 몽골에 멸망 58 ● 몽골, 바그다드 침략, 아바스 왕조 멸망 71 ● 원제국 성립 79 ● 쿠빌라이 칸, 중국 통일 94 ● 로마 교황, 중국에 선교사 파견
1300	08 ● 단테 《신곡》(~1321) 17? ● 마다바 《사르바다르샤나 상그라하》 27 ● 오컴 《임의토론집(Quodlibeta)》 49 ● 보카치오 《데카메론》(~1353) 94 ● 정도전 《불씨잡변(佛氏雜辨)》	38 ● 일본, 무로마치 막부 성립 68 ● 주원장, 명 건국 88 ● 이성계, 위화도 회군 92 ● 고려 멸망, 조선 건국
1400	19? ● 총카파 《깨달음에 이르는 길》	05 ● 명, 정화의 남해 원정(~1433) 07 ● 명 영락제, 《영락대전》 편찬 43 ● 일본, 포르투갈인이 총포 전래 46 ● 훈민정음 반포 50 ● 초대 달라이 라마 출현

서양사	철학가·사상가 생몰 연도	연도
55 ● 영국, 장미 전쟁 발발	69 ● 마키아벨리(~1527) 72 ● 왕수인(~1528) 74 ● 왕정상(~1544)	1400
79 ● 에스파냐 왕국 성립 92 ● 콜럼버스, 아메리카 대륙 상륙 94 ● 메디치 가, 피렌체에서 쫓겨남	96 ● 전덕홍(~1574) 98 ● 왕기(~1583)	
	01 ● 이황(~1570)	
17 ● 루터의 종교 개혁	27 ● 기대승(~1572) 27 ● 이지(~1602)	
36 ● 칼뱅의 종교 개혁 43 ● 코페르니쿠스, 지동설 주장	36 ● 이이(~1584) 47 ● 세르반테스(~1616) 52 ● 마테오 리치(~1610)	
62 ● 위그노 전쟁 시작(~1598)	61 ● 베이컨(~1626) 64 ● 셰익스피어(~1616) 64 ● 갈릴레이(~1642)	1500
	78 ● 하비(~1657)	
88 ● 영국, 에스파냐의 무적함대 격파	88 ● 홉스(~1679) 89 ● 필머(~1653)	
	96 ● 데카르트(~1650)	
	07 ● 송시열(~1689)	
13 ● 러시아, 로마노프 왕조 성립 18 ● 독일, 30년 전쟁 발발	19 ● 왕부지(~1692) 23 ● 파스칼(~1662) 27 ● 이토 진사이(~1705)	
28 ● 영국, 권리청원 제출	32 ● 스피노자(~1677) 32 ● 로크(~1704)	
33 ● 갈릴레이의 종교 재판 열림 40 ● 영국, 청교도혁명 일어남 52 ● 제1차 영국·네덜란드 전쟁(~1654) 56 ● 스피노자, 유대교에서 파문당함 60 ● 영국 왕정복고 61 ● 프랑스 왕 루이14세, 친정 시작 75 ● 그리니치 천문대 설립	42 ● 뉴턴(~1726) 46 ● 라이프니츠(~1716) 66 ● 오규 소라이(~1728) 77 ● 이간(~1727) 80 ● 다자이 다이(~1747) 82 ● 한원진(~1751) 85 ● 버클리(~1753)	1600
89 ● 영국, 명예혁명 성공, 권리장전 제정	89 ● 몽테스키외(~1755) 94 ● 볼테르(~1778)	

연도	철학·사상서	동양사
1400		67 ● 일본, 전국시대 돌입 98 ● 포르투갈 상인들, 인도에 도착
1500	11 ● 에라스뮈스《우신예찬》 13 ● 마키아벨리《군주론》 16 ● 모어《유토피아》 18 ● 왕수인《전습록(傳習錄)》 44? ● 왕정상《신언(愼言)》 58 ● 이황《자성록(自省錄)》 74 ● 진덕홍《서산집(緖山集)》 75 ● 이이《성학집요(聖學輯要)》 76 ● 보댕《국가에 관한 6권의 책》 80 ● 몽테뉴《수상록》(~1588) 83? ● 왕기《용계왕선생전집(龍溪王先生全集)》 92 ● 이지《동심설(童心說)》 99 ● 셰익스피어《햄릿》	26 ● 무굴 제국 건설 83 ● 마테오 리치, 중국에서 포교 시작 90 ● 도요토미 히데요시, 일본 통일 92 ● 조선, 임진왜란 발발
1600	02? ● 이지《분서(焚書)》《장서(藏書)》 03 ● 마테오 리치《천주실의(天主實義)》 05 ● 세르반테스《돈 키호테》, 베이컨《학문의 진보》 14 ● 기대승《고봉집(高峯集)》 27 ● 베이컨《노바 아틀란티스》 28 ● 하비《동물의 심장과 혈액의 운동에 관한 해부학적 연구》 32 ● 갈릴레이《두 주요 세계관에 대한 대화》 37 ● 데카르트《방법서설》 41 ● 데카르트《성찰》 51 ● 홉스《리바이어던》 55 ● 왕부지《주역외전(周易外傳)》 57 ● 데카르트《서간집》(~1667) 70 ● 스피노자《신학·정치론》, 파스칼《팡세》 77 ● 스피노자《에티카》 80 ● 필머《가부장권력론》 87 ● 뉴턴《자연철학의 수학적 원리》 89 ● 로크《인간오성론》 90 ● 로크《통치에 대한 두 가지 논고》	00 ● 영국, 동인도 회사 설립 03 ● 일본, 에도 막부 수립 16 ● 누르하치, 후금 건국 23 ● 인조반정 발발 27 ● 조선, 정묘호란 36 ● 후금, 국호를 청으로 고침. 조선, 병자호란 44 ● 명, 멸망 53 ● 하멜, 제주도 도착

서양사	철학가·사상가 생몰 연도	연도
01 ● 프로이센 왕국 성립.		
13 ● 위트레히트 조약 체결	07 ● 린네(~1778)	
	11 ● 흄(~1776)	
	12 ● 루소(~1778)	
21 ● 영국 산업혁명 시작	23 ● 대진(~1777)	
	23 ● 스미스(~1790)	
	24 ● 칸트(~1804)	
	29 ● 버크(~1797)	
	37 ● 박지원(~1805)	
	48 ● 벤담(~1832)	
	49 ● 라플라스(~1827)	
	53 ● 마이몬(~1800)	1700
	59 ● 울스턴크래프트(~1797)	
	62 ● 피히테(~1814)	
65 ● 와트, 증기기관 완성	62 ● 정약용(~1836)	
	66 ● 맬서스(~1834)	
	70 ● 헤겔(~1831)	
76 ● 미국 독립 선언	75 ● 셸링(~1854)	
	77 ● 가우스(~1855)	
89 ● 프랑스혁명 일어남, 인권선언 발표	88 ● 쇼펜하우어(~1860)	
93 ● 루이16세 처형, 공포정치 시작		
	01 ● 쿠르노(~1877)	
	02 ● 위고(~1885)	
	03 ● 최한기(~1877)	
04 ● 나폴레옹, 황제 즉위	05 ● 토크빌(~1859)	
06 ● 신성로마제국 멸망	06 ● 슈티르너(~1856)	
	06 ● 밀(~1873)	1800
	09 ● 프루동(~1865)	
	09 ● 다윈(~1882)	
	13 ● 키르케고르(~1855)	
14 ● 빈 회의 개최(~1815)	14 ● 바쿠닌(~1876)	
	18 ● 마르크스(~1883)	

연도	철학·사상서	동양사
1700	04 ● 라이프니츠 《새로운 인간오성론》(1765년 출간) 05? ● 이토 진사이 《어맹자의(語孟字義)》 《동자문(童子問)》 10 ● 버클리 《인간 지식의 원리에 대한 논고》 13 ● 버클리 《하일라스와 필로누스 사이의 세 가지 대화》 14 ● 라이프니츠 《단자론》, 맨더빌 《꿀벌의 우화》 27? ● 이간 《외암유고(巍巖遺稿)》 28? ● 오규 소라이 《태평책(太平策)》《변도(弁道)》 40 ● 흄 《인간 본성에 관한 논고》 45 ● 라메트리 《영혼의 자연사》 47 ● 다자이 슌다이 《논어고훈외전(論語古訓外傳)》 48 ● 몽테스키외 《법의 정신》 51 ● 《백과전서》(~1772) 51? ● 한원진 《남당집(南塘集)》 52 ● 흄 《정치적 논고들》 53 ● 대진 《원선(原善)》, 린네 《식물의 종》 55 ● 루소 《인간불평등기원론》 59 ● 볼테르 《캉디드》 62 ● 루소 《사회계약론》《에밀》 69 ● 디드로 《달랑베르의 꿈》 74 ● 괴테 《젊은 베르테르의 슬픔》 76 ● 스미스 《국부론》 80 ● 박지원 《열하일기》 81 ● 칸트 《순수이성비판》, 《실천이성비판》(1888), 《판단력비판》(1890) 82 ● 루소 《고백록》 85 ● 칸트 《도덕형이상학원론》 87 ● 송시열 《송자대전(宋子大全)》 89 ● 벤담 《도덕 및 입법의 원리서설》 90 ● 버크 《프랑스혁명에 관한 성찰》 92 ● 울스턴크래프트 《여성의 권리옹호》 98 ● 칸트 《도덕의 형이상학》, 맬서스 《인구론》	08 ● 조선, 대동법 전국에 실시 16 ● 《강희자전》 편찬 20 ● 청 강희제, 천주교 포교 금지 25 ● 조선, 탕평책 실시 25 ● 《고금도서집성》 1만 권 완성 73 ● 중국 최대 총서 《사고전서》 편찬 84 ● 조선 이승훈, 천주교 전도 86 ● 조선, 서학을 금함 96 ● 청, 백련교의 난(~1804)
1800	00 ● 셸링 《선험적 관념론의 체계》 01 ● 가우스 《산술적 고찰》 07 ● 헤겔 《정신현상학》 08 ● 피히테 《독일 국민에게 고함》 09 ● 라마르크 《동물철학》 12 ● 라플라스 《확률 해석 이론》 18 ● 정약용 《목민심서(牧民心書)》 19 ● 쇼펜하우어 《의지와 표상으로서의 세계》	03 ● 일본, 미국 배가 나가사키에 들어와 통상 요구 10 ● 아편, 북경 수입 금지

연도	철학·사상서	동양사
	21 ● 헤겔 《법철학 강요》	
	35 ● 토크빌 《미국의 민주주의》(~1840)	34 ● 인도 국민회의 결성 39 ● 임칙서. 영국 상인의 아편 2만여 상자 몰수
	41 ● 프루동 《소유란 무엇인가》	40 ● 제1차 아편전쟁 발발 42 ● 중국과 영국, 난징조약 체결
	43 ● 키르케고르 《두려움과 떨림》	
	45 ● 마르크스 《경제학·철학수고》 46 ● 마르크스 《독일 이데올로기》, 슈티르너 《유일자와 그 소유》 48 ● 마르크스·엥겔스 《공산당선언》, 밀 《경제학 원리》 49 ● 키르케고르 《죽음에 이르는 병》 51 ● 프루동 《19세기의 혁명 사상》	51 ● 태평천국이 세워짐
	57 ● 최한기 《기학(氣學)》 59 ● 다윈 《종의 기원》, 셸링 《예술의 철학》, 마르크스 《정치경제학 비판》	56 ● 제2차 아편전쟁 발발 57 ● 인도, 세포이 항쟁(~1858) 58 ● 인도 무굴제국 멸망
1800	61 ● 밀 《대의정부론》	60 ● 최제우, 동학 창시 61 ● 김정호, 《대동여지도》 제작
	62 ● 위고 《레미제라블》	62 ● 제1차 프랑스·베트남 전쟁(사이공 조약) 63 ● 고종 즉위, 흥선대원군 집권
	65 ● 톨스토이 《전쟁과 평화》 66 ● 도스토옙스키 《죄와 벌》 67 ● 마르크스 《자본론》, 클라우시우스 《역학적 열이론》	68 ● 일본, 메이지 유신 일어남
	72 ● 니체 《비극의 탄생》	
	75 ● 마르크스 《고타강령비판》 76 ● 바쿠닌 《국가주의와 아나키》	77 ● 인도 제국 성립
	80 ● 최제우 《동경대전(東經大全)》, 엥겔스 《공상에서 과학으로》, 라파르그 《게으를 수 있는 권리》	
		82 ● 조선, 임오군란 일어남
		84 ● 청·프 전쟁(~1885)
	85 ● 니체 《차라투스트라는 이렇게 말했다》	
	87 ● 니체 《도덕의 계보학》, 퇴니스 《게마인샤프트와 게젤샤프트》	

서양사	철학가·사상가 생물 연도	연도
	91 ● 그람시(~1937)	
	92 ● 벤야민(~1940)	
	94 ● 펑유란(~1990)	
	95 ● 지오노(~1970)	1800
	97 ● 라이히(~1957)	
	97 ● 바타유(~1962)	
	98 ● 에이젠슈타인(~1948)	
99 ● 헤이그 평화회의 열림		
	00 ● 라일(~1976)	
	00 ● 니담(~1995)	
	01 ● 말로(~1976)	
	01 ● 하이젠베르크(~1976)	
	01 ● 라캉(~1981)	
	02 ● 코제브(~1968)	
	02 ● 포퍼(~1994)	
	03 ● 아도르노(~1969)	
	03 ● 로스코(~1970)	
	03 ● 박종홍(~1976)	
	04 ● 베이트슨(~1980)	
05 ● 러시아, 피의 일요일 사건	05 ● 사르트르(~1980)	
	06 ● 아렌트(~1975)	
	06 ● 괴델(~1978)	
	06 ● 베케트(~1989)	
	06 ● 레비나스(~1995)	
07 ● 영·프·러, 3국 협상 성립	07 ● 엘리아데(~1986)	
	08 ● 메를로-퐁티(~1961)	
	08 ● 레비-스트로스(~2009)	
	09 ● 베유(~1943)	
10 ● 멕시코 혁명(~1917)	09 ● 베이컨(~1992)	1900
	12 ● 튜링(~1954)	
	12 ● 성철(~1993)	
14 ● 사라예보 사건, 제1차 세계 대전 발발(~1918)		
	15 ● 바르트(~1980)	
17 ● 러시아혁명	17 ● 프리고진(~2003)	
18 ● 영국, 30세 이상 여성들에게 투표권 인정	18 ● 알튀세르(~1990)	
19 ● 베르사유 조약, 독일 바이마르 공화국 성립	19 ● 스트로슨(~2006)	
	21 ● 김수영(~1968)	
22 ● 소비에트 사회주의 공화국 연방(소련) 수립. 이탈리아, 파시스트 성립	22 ● 쿤(~1996)	
	24 ● 리오타르(~1998)	
	25 ● 들뢰즈(~1995)	
	26 ● 푸코(~1984)	
	26 ● 뷔토르	

연도	철학·사상서	동양사
1800	90 ● 마셜 《경제학 원리》 92 ● 크로포트킨 《빵의 정복》 93 ● 프레게 《산수의 기초》 95 ● 르봉 《군중심리학》 96 ● 베르그손 《물질과 기억》, 담사동 《인학(仁學)》 98 ● 베른슈타인 《사회주의의 전제와 사민당의 과제》 99 ● 힐베르트 《기하학의 기초》	94 ● 조선, 갑오농민전쟁, 청일전쟁 발발 95 ● 조선, 을미사변. 중국과 일본, 시모노세키 조약 체결 98 ● 대한제국, 만민공동회 개최. 필리핀, 아기날도 독립 선언 99 ● 의화단운동 일어남
1900	00 ● 프로이트 《꿈의 해석》, 짐멜 《돈의 철학》 02 ● 크로포트킨 《상호부조론》 03 ● 짐멜 〈대도시와 정신적 삶〉 05 ● 베버 《프로테스탄티즘의 윤리와 자본주의의 정신》, 아인슈타인 〈빛의 생성과 변환에 관한 발견적 관점에 관하여〉 09 ● 레닌 《유물론과 경험비판론》 10 ● 러셀·화이트헤드 《수학원리》 11 ● 니시다 기타로 《선의 연구》 12 ● 뒤르켐 《종교생활의 기본적 형태들》, 슘페터 《경제발전의 이론》 13 ● 프루스트 《잃어버린 시간을 찾아서》(~1927) 14 ● 조이스 《더블린 사람들》 15 ● 프로이트 《정신분석 입문》 16 ● 소쉬르 《일반언어학강의》 17 ● 레닌 《국가와 혁명》《제국주의론》 21 ● 비트겐슈타인 《논리철학논고》, 벤야민 〈폭력비판을 위하여〉, 루쉰 《아Q정전》(~1923) 22 ● 조이스 《율리시즈》 23 ● 신채호 〈조선혁명선언〉, 루카치 《역사와 계급의식》 24 ● 클레 《현대미술에 관하여》 25 ● 카프카 《심판》, 베케트 《고도를 기다리며》 26 ● 카프카 《성》 27 ● 슈미트 《정치적인 것의 개념》, 하이데거 《존재와 시간》, 라이히 《오르가즘의 기능》, 벤야민 《아케이드 프로젝트》(~1940)	 04 ● 러일전쟁 발발. 한일의정서 체결 05 ● 을사조약 체결. 경부선 개통. 인도, 벵골 분할령 발표 06 ● 인도, 스와데시·스와라지 운동 10 ● 대한제국, 국권 피탈 11 ● 신해혁명 일어남 12 ● 중화민국 성립 19 ● 3·1운동. 인도, 간디의 비폭력·무저항 운동. 중국, 5·4 운동 21 ● 중국공산당 창당 25 ● 페르시아, 팔레비 왕조 성립 27 ● 중국, 난징에 국민 정부 수립

서양사	철학가·사상가 생몰 연도	연도
29 ● 미국, 대공황 발생(~1932)	28 ● 마투라나	
	29 ● 보드리야르(~2007)	
	30 ● 에버렛(~1982)	
	30 ● 부르디외(~2002)	
	30 ● 데리다(~2004)	
	31 ● 로티(~2007)	
33 ● 미국, 뉴딜 정책(~1936). 독일, 나치 정권 수립	33 ● 네그리	
	34 ● 코헨(~2007)	
	34 ● 클라스트르(~1977)	
	34 ● 이어령	
36 ● 에스파냐, 인민전선 정부 수립, 파시스트 반란으로 내전(~1939)	36 ● 박동환	
	37 ● 바디우	
39 ● 제2차 세계 대전 발발(~1945)		
	40 ● 김형효	
	40 ● 랑시에르	
	40 ● 크립키	
	41 ● 가라타니 고진	
	41 ● 도킨스	
	42 ● 아감벤	
45 ● 얄타 회담 열림, 독일 항복, UN 성립		
46 ● 파리 평화회의		
47 ● 미국, 트루먼 독트린 발표, 마셜 계획 발표	47 ● 누스바움	1900
	47 ● 슬로터다이크	
48 ● 소련, 베를린 봉쇄		
	49 ● 호네트	
50 ● 미국, 메카시즘 광풍	50 ● 마츠모토 시로	
53 ● 왓슨, DNA 이중나선 구조 규명	52 ● 후쿠야마	
57 ● 소련, 세계 최초 인공위성 스푸트니크 1호 발사		
59 ● 쿠바혁명.		
60 ● 아프리카 17개국 독립		
62 ● 알제리 독립. 쿠바 미사일 위기		
63 ● 미국·영국·소련, 부분적 핵실험 금지 조약 체결		

연도	철학·사상서	동양사
	28 ● 벤야민 《독일 비애극의 원천》《일방통행로》	28 ● 인도의 네루, 인도 독립연맹 결성
	29 ● 화이트헤드 《과정과 실재》, 만하임 《이데올로기와 유토피아》	
	30 ● 하이젠베르크 《양자론의 물리적 원칙》	30 ● 호찌민, 베트남 공산당 창당
	32 ● 바슐라르 《순간의 직관》, 지오노 《푸른 장》	31 ● 만주사변 일어남
	33 ● 라이히 《파시즘의 대중심리》, 말로 《인간의 조건》	
	34 ● 펑유란 《중국 철학사》, 포퍼 《과학적 발견의 논리》, 토인비 《역사의 연구》(~1961)	
	36 ● 후설 《유럽 학문의 위기와 선험적 현상학》, 케인스 《고용·이자 및 화폐에 관한 일반이론》	
	37 ● 마오쩌둥 《모순론》《실천론》	37 ● 중·일 전쟁 발발
	38 ● 호이징가 《호모 루덴스》, 듀이 《논리학》	
	39 ● 엘리아스 《문명화 과정에 대하여》, 후설 《경험과 판단》	
	40 ● 벤야민 〈역사의 개념에 대하여〉, 스즈키 다이세쓰 《선과 일본문화》	40 ● 일본, 독일 이탈리아와 삼국 군사 동맹 체결
		41 ● 태평양전쟁 발발(~1945)
	43 ● 사르트르 《존재와 무》, 바슐라르 《바람과 그 노래들》	
1900	45 ● 메를로-퐁티 《지각의 현상학》, 포퍼 《열린 사회와 그 적들》, 러셀 《서양철학사》	45 ● 한국 해방
	46 ● 사르트르 《실존주의는 휴머니즘이다》	46 ● 중국, 국공내전 발발. 일본, '평화헌법' 공포
	47 ● 아도르노·호르크하이머 《계몽의 변증법》, 그람시 《옥중서신》, 코제브 《헤겔 독해 입문》	47 ● 여운형, 피살. 인도·파키스탄 분리 독립
	48 ● 레비나스 《시간과 타자》	48 ● 제주 4·3항쟁. 남과 북에 단독정부 수립
	49 ● 보부아르 《제2의 성》, 오웰 《1984》, 바타유 《저주의 몫》, 라일 《마음의 개념》, 베유 《뿌리박기》	49 ● 김구 피살. 중화인민공화국 탄생
	50 ● 리스먼 《고독한 군중》	50 ● 한국전쟁 발발
	52 ● 파농 《검은 피부, 흰가면》	52 ● 일본 주권 회복
	53 ● 비트겐슈타인 《철학적 탐구》, 《사상계》 창간	
	54 ● 니담 《중국의 과학과 문명》	
	55 ● 레비-스트로스 《슬픈 열대》, 칸토르 《초한수 이론의 기초를 위한 논문집》	
	56 ● 밀스 《파워 엘리트》	
	57 ● 바타유 《에로티즘》, 엘리아데 《성스러운 것과 세속적인 것》, 로스코 《예술가들과의 대화》	58 ● 중국, 대약진 운동
	59 ● 김수영 《달나라의 장난》, 스트로슨 《개체들》	59 ● 티베트, 반중국 봉기 실패
	60 ● 가다머 《진리와 방법》	60 ● 한국, 4월혁명. 일본, 안보투쟁 발발. 베트남민족해방전선 결성
	61 ● 푸코 《광기의 역사》, 레비나스 《전체와 무한》	61 ● 5·16군사쿠데타
	62 ● 쿤 《과학혁명의 구조》, 카슨 《침묵의 봄》, 레비-스트로스 《야생의 사고》	
	63 ● 아렌트 《예루살렘의 아이히만》, 코헨 《집합론과 연속체가설》	
	64 ● 맥루언 《미디어의 이해》, 메를로-퐁티 《보이는 것과 보이지 않는 것》	64 ● 미국, 베트남전 본격 개입(~1975)
	65 ● 알튀세르 《맑스를 위하여》	
	66 ● 푸코 《말과 사물》, 라캉 《에크리》, 아도르노 《부정변증법》, 메를로-퐁티 《의미와 무의미》	66 ● 중국 문화대혁명(~1976)
	67 ● 데리다 《글쓰기와 차이》《목소리와 현상》	

서양사	철학가·사상가 생몰 연도	연도
68 ● 프라하의 봄. 프랑스, 68혁명		
69 ● 미국, 각지에서 베트남 반전 시위. 우드스탁 축제 개최		
73 ● 칠레, 아옌데 정권 붕괴, 피노체트 독재		
74 ● 포르투갈, '카네이션 혁명'		
79 ● 소련, 아프가니스탄 침공(~1989)		
80 ● 폴란드 자유 노조 '연대' 탄생		
81 ● MTV 개국		1900
85 ● 고르바초프, 소련공산당 서기장 취임		
86 ● 소련, 체르노빌 원자력 발전소 방사능 누출 사고		
88 ● 소련, 고르바초프의 개혁		
89 ● 베를린 장벽 붕괴		
90 ● 이라크, 쿠웨이트 침공. 미국, 이라크 공격		
92 ● 소련의 해체, 독립국가연합(CIS) 성립, 보스니아 내전 발발		
93 ● 유럽연합 출범		
95 ● GATT 해체, 세계 무역 기구(WTO) 출범		
98 ● 유고, 코소보 사태		
99 ● 미국 시애틀에서 반세계화 운동		
01 ● 9·11테러. 미국, 아프가니스탄 침공		2000
03 ● 미국, 이라크 침공		

연도	철학·사상서	동양사
1900	68 ● 들뢰즈 《차이와 반복》, 박종홍 《한국의 사상적 방향》 69 ● 푸코 《지식의 고고학》, 들뢰즈 《의미의 논리》 70 ● 보드리야르 《소비의 사회》 72 ● 베이트슨 《마음의 생태학》, 들뢰즈·가타리 《안티 오이디푸스》 73 ● 레비-스트로스 《구조주의 인류학》 74 ● 클라스트르 《국가에 대항하는 사회》 76 ● 도킨스 《이기적 유전자》, 푸코 《성의 역사》(~1984) 77 ● 바르트 《사랑의 단상》, 갤브레이스 《불확실성의 시대》 79 ● 리오타르 《포스트모던의 조건》, 부르디외 《구별짓기》, 로티 《철학 그리고 자연의 거울》, 《해방전후사의 인식》 80 ● 고진 《일본 근대문학의 기원》, 들뢰즈 《천개의 고원》, 크립키 《이름과 필연》, 클라스트르 《폭력의 고고학》, 프리고진 《존재에서 생성으로》 81 ● 김수영 《김수영 전집》, 성철 《선문정로(禪門正路)》, 로티 《철학 그리고 자연의 거울》 82 ● 알튀세르 《마주침의 유물론이라는 은밀한 흐름》, 이어령 《축소지향의 일본인》, 크립키 《비트겐슈타인, 규칙과 사적 언어》, 푸코 《주체의 해석학》 83 ● 슬로터다이크 《냉소적 이성 비판》, 고진 《은유로서의 건축》, 들뢰즈 《시네마 I: 운동이미지》, 조영래 《어느 청년 노동자의 삶과 죽음》 84 ● 프리고진 《혼돈으로부터의 질서》 85 ● 들뢰즈 《시네마 II: 시간이미지》, 황석영 《죽음을 넘어 시대의 어둠을 넘어》 88 ● 바디우 《존재와 사건》 90 ● 랑시에르 《정치적인 것의 가장자리에서》 91 ● 데리다 《주어진 시간 1》 92 ● 마투라나·바렐라 《앎의 나무》, 호네트 《인정투쟁》, 후쿠야마 《역사의 종언과 최후의 인간》 93 ● 박동환 《동양의 논리는 어디에 있는가》 95 ● 랑시에르 《불화》, 아감벤 《호모 사케르》 96 ● 아감벤 《목적 없는 수단: 정치에 관한 노트》 98 ● 기든스 《제3의 길》	68 ● 한국, 국민교육헌장 선포 70 ● 전태일 분신. 새마을운동 시작 72 ● 7·4남북공동성명. 유신헌법 통과. 닉슨, 중국 방문. 73 ● 제1차 석유 파동 (~1974) 75 ● 인혁당사건 8명 처형 78 ● 제2차 석유 파동 (~1980) 79 ● YH사건, 10·26사태, 12·12쿠데타 일어남. 이란, 호메이니의 이란혁명 80 ● 광주민중항쟁 85 ● 구로동맹파업 87 ● 6월항쟁 89 ● 중국 천안문 사건. 전교조 설립 92 ● 김영삼, 14대 대통령 당선 94 ● 김일성 주석 사망 95 ● 삼풍백화점 붕괴 97 ● 한국 정부, IMF 구제금융 신청 98 ● 한국, 정리해고제 도입
2000	00 ● 네그리 《제국》 01 ● 박동환 《안티 호모에렉투스》 03 ● 아감벤 《예외상태》 04 ● 누스바움 《혐오와 수치심》, 네그리 《다중》, 마투라나·푀르크젠 《있음에서 함으로》	00 ● 분단 이후 최초 남북정상회담 개최 01 ● 일본 후쇼샤 교과서, 역사왜곡 논란 02 ● 일본 고이즈미 총리, 평양 방문

철학 VS 철학

초판 1쇄 펴낸날	2010년 2월 25일(그린비)
개정판 1쇄 펴낸날	2016년 8월 10일
개정판 6쇄 펴낸날	2022년 11월 15일
지은이	강신주
펴낸이	박재영
편집	이정신·임세현·한의영
마케팅	신연경
디자인	조하늘
제작	제이오
펴낸곳	도서출판 오월의봄
주소	경기도 파주시 회동길 363-15 201호
등록	제406-2010-000111호
전화	070-7704-2131
팩스	0505-300-0518
이메일	maybook05@naver.com
트위터	@oohbom
블로그	blog.naver.com/maybook05
페이스북	facebook.com/maybook05
인스타그램	instagram.com/maybooks_05
ISBN	979-11-87373-01-8 03100